Streitsache Staat

Streitsache Staat

Die Vereinigung der Deutschen Staatsrechtslehrer 1922–2022

im Auftrag der

Vereinigung der Deutschen Staatsrechtslehrer e.V.

herausgegeben von

Pascale Cancik, Andreas Kley, Helmuth Schulze-Fielitz, Christian Waldhoff und Ewald Wiederin

Mohr Siebeck

ISBN 978-3-16-160988-6 / eISBN 978-3-16-161710-2
DOI 10.1628/978-3-16-161710-2

Die Deutsche Nationalbibliothek verzeichnet diese Publikation in der Deutschen Nationalbibliographie; detaillierte bibliographische Daten sind über *http://dnb.dnb.de* abrufbar.

Das Buch wurde von Gulde Druck in Tübingen gesetzt, auf alterungsbeständiges Werkdruckpapier gedruckt und von der Buchbinderei Spinner in Ottersweier gebunden.

Printed in Germany.

Vorwort

Die Vereinigung der Deutschen Staatsrechtslehrer wurde 1922 auf Initiative des Berliner Staatsrechtlers *Heinrich Triepel* gegründet, um den Boden für eine dringend erwünschte und trotz vielfacher Gegensätze in wissenschaftlicher Methode und politischer Anschauung mögliche Arbeitsgemeinschaft zu bieten. Was vor einhundert Jahren mit 43 Mitgliedern begann, führte zum heutigen Mitgliederbestand von 798 Öffentlichrechtlerinnen und Öffentlichrechtlern. In dieser fachwissenschaftlichen Vereinigung sind damit praktisch alle Hochschullehrerinnen und Hochschullehrer des öffentlichen Rechts in Deutschland, Österreich und der deutschsprachigen Schweiz versammelt, die habilitiert sind oder dauerhaft an einer Universität unterrichten.

Das Wort „Staatsrecht" im Namen der Vereinigung steht für das gesamte öffentliche Recht, neben dem Staats- oder Verfassungsrecht insbesondere für das Verwaltungsrecht, aber auch für dessen Spezialgebiete wie Völkerrecht, Europarecht, Steuerrecht oder Sozialrecht. Dass es dabei nicht nur um Recht geht, macht der Titel des vorliegenden Bandes deutlich. Die historischen, philosophischen, soziologischen, rechtsökonomischen und vergleichenden Aspekte von Staat und Verwaltung werden in der Vereinigung ebenfalls gepflegt, selbst wenn hier überwiegend spezielle Fachgesellschaften bestehen.

Auf der Saarbrücker Tagung der Vereinigung der Deutschen Staatsrechtslehrer 2017 wurde eine Steuerungsgruppe, bestehend aus den Unterzeichnenden, eingesetzt, um Vorschläge für einen Band zum Gründungsjubiläum 2022 vorzulegen. Jene Steuerungsgruppe hat während eines zweitägigen Treffens im Wissenschaftskolleg zu Berlin im Spätherbst 2017 das Konzept dieses Bandes entwickelt. Ziel war eine kritische, wissenschaftlichen Standards genügende Geschichte der Staatsrechtslehrervereinigung in Innen- und Außensicht, keine „Festschrift" im Wortsinn.

Die Beiträgerinnen und Beiträger repräsentieren verschiedene Alterskohorten der Vereinigung – von der Privatdozentin zum Emeritus –, verschiedene Zugänge und Sichtweisen auf ihren Gegenstand, sie sind in allen Teilen Deutschlands sowie in Österreich und in der Schweiz tätig. Die Außensicht, deren Bedeutung für das Vorhaben immer besonders betont wurde, deren Herstellung angesichts des Gegenstandes aber besonders schwierig ist, vereint Blicke aus dem Ausland sowie aus anderen Teilrechtsgebieten und Fachdisziplinen. Sie ist damit sowohl vergleichend als auch intra- wie interdisziplinär. Zur Abbildung dieser Perspektiven wurden Fachvertreter anderer Disziplinen sowie ausländische Kolleginnen und Kollegen gewonnen.

„Streitsache Staat" versucht eine vergangene und fortdauernde Geschichte darzustellen. An jener Geschichte sind die Beiträgerinnen und Beiträger mehr oder weniger beteiligt, in Teilen sind sie Zeitzeugen. Das klassische Problem der Zeitgeschichte, die besondere Nähe zum Gegenstand, stellt sich für viele der Beiträge. Dem Dilemma entkommt man bekanntermaßen nicht, es wahrzunehmen ist ein Anliegen des Bandes.

Dazu gehört nicht zuletzt die kritische Aufarbeitung der Verbindungen zum Nationalsozialismus. Die Vereinigung war seit 1933 *de facto*, seit 1938 *de iure* aufgelöst und wurde 1949 wiedergegründet. Eine zeitgenössische Verstrickung der Organisation selbst in die nationalsozialistische Ideologie oder Herrschaft war gleichsam historisch unmöglich. Jedoch ist eine wissenschaftliche Vereinigung zugleich auch die Summe ihrer Mitglieder, von denen sich damals zahlreiche in vielfältiger Weise mit dem Nationalsozialismus eingelassen haben, nicht zuletzt verdiente Mitglieder, ja Ehrenvorsitzende der Vereinigung. Auch dies und seine Nachgeschichte in der bundesdeutschen Zeit gehört zum Narrativ der Vereinigung. Sie verdeutlicht die Ambivalenzen der Historie einer herrschaftsnahen Disziplin in Deutschland.

Der vorliegende Band betrachtet in einem *ersten Teil* Perioden der Vereinigungsgeschichte der vergangenen 100 Jahre. Auch die spezifischen Beiträge Österreichs und der Schweiz zu und in der Vereinigung finden hier ihren Platz. Ein *zweiter Teil* widmet sich den auf den Tagungen behandelten Themen. Den Herausgebern ist bewusst, dass diese Beiträge nicht lückenlos sämtliche Beratungsgegenstände abdecken können – es war Mut zum Exemplarischen gefordert. Auch prominente Themen, wie etwa der Rechtsstaat, erscheinen so lediglich indirekt bei den verwaltungsrechtlichen Beiträgen oder in ihrer Spannung zur Sozialstaatlichkeit. Im *dritten Teil* werden neuralgische Punkte und Konfliktzonen der Geschichte der Vereinigung behandelt. Wie gingen die Mitglieder mit ihrer NS-Vergangenheit um? Welche Auswirkungen hatten die gesellschaftlichen und politischen Umbrüche, die mit der Chiffre „1968" verbunden werden? Gab es Kontakt zu benachbarten Disziplinen und wie sahen solche Verbindungen aus? Wie wird die zentrale gesellschaftliche Veränderung zunehmender Gleichberechtigung von Frauen und Männern in der Vereinigung sichtbar? Die „Außensichten" im *vierten Teil* des Buches beziehen sich auf das Ausland und auf andere Disziplinen. Einer Einordnung der Vereinigung in zeithistorische Deutungsmuster folgen kontrastierend-vergleichende Berichte ausländischer Beobachter und Beobachterinnen sowie der anderen großen Rechtsdisziplinen. Die notwendig begrenzte Auswahl der ausländischen Sichtweisen orientiert sich an der Verbundenheit der Kolleginnen und Kollegen aus diesen Ländern mit der Vereinigung, insbesondere an der Zahl der Mitglieder und dem Besuch als Gäste, nicht an der Wechselwirkung der deutschen mit der jeweiligen ausländischen Rechtsordnung. Ein abschließender *fünfter Teil* enthält statistische Angaben zur Geschichte der Vereinigung der Deutschen Staatsrechtslehrer.

Für die Bebilderung wurden die Porträts des Gründers *Heinrich Triepel* (1868–1946), des Wiedergründers *Walter Jellinek* (1885–1955) sowie der drei Ehrenvorsitzenden der Vereinigung *Richard Thoma* (1874–1957), *Erich Kaufmann* (1880–1972) und *Hans Peter Ipsen* (1907–1998) aufgenommen. Durch die Kontrastierung der Fotos der Tagungsteilnehmer 1926 in Münster und 2018 in Bonn wird die quantitative Entwicklung der Vereinigung augenfällig. Andere Abbildungen zeigen Tagungsszenen – als dokumentarisches Foto oder als Karikatur – oder faksimilierte Dokumente aus der vor allem älteren Vereinigungsgeschichte. Vielfalt und Entwicklung der Staatsrechtslehrervereinigung im Lauf von 100 Jahren werden auch dadurch plastisch.

Parallel zur Erstellung dieses Bandes wurde 2018/19 das lange Jahre von *Reinhard Mußgnug*, nun von *Ekkehart Reimer* in Heidelberg betreute Archiv der Vereinigung neu geordnet, aufgestellt und durch ein Findbuch erschlossen. Das hat die Abfassung mancher Beiträge in diesem Werk erleichtert. Den beiden Archivaren der Vereinigung sei an dieser Stelle dafür herzlich gedankt.

Berlin, Osnabrück, Wien, Würzburg und Zürich, am 1. Februar 2022

Pascale Cancik, Andreas Kley, Helmuth Schulze-Fielitz,
Christian Waldhoff und Ewald Wiederin

Inhaltsverzeichnis

I. Zur Geschichte der Staatsrechtslehrervereinigung

Christoph Schönberger, Köln
Ein sonderbares Kind der Revolution. Die Gründung der Vereinigung und die Weimarer Zeit 3

Andreas Kley, Zürich
Die Vereinigung in der Zeit des Nationalsozialismus und ihre Auflösung 39

Anna-Bettina Kaiser, Berlin
„Arbeits- oder Bekenntnisgemeinschaft"? Die Neugründung der Staatsrechtslehrervereinigung 1949 und ihre Konsolidierung bis 1970 75

Hinnerk Wißmann, Münster
Zwischen Aufbruch und Bewahrung. Die Verhandlungen der Vereinigung der Deutschen Staatsrechtslehrer 1971–1991 121

Christian Waldhoff, Berlin
Die Staatsrechtslehrervereinigung im Wandel von Selbstverständnis und Außenwahrnehmung. Die Jahre von 1992 bis heute 151

Franz Reimer, Gießen
„Diese Zurückhaltung ist sicherlich ein guter Brauch …".
Satzungsaufträge und Selbstverständnis der Staatsrechtslehrervereinigung 183

Helmuth Schulze-Fielitz, Würzburg
Elemente einer Kulturgeschichte der Staatsrechtslehrervereinigung 215

Ewald Wiederin, Wien
Die Vereinigung und Österreich 245

Benjamin Schindler, St. Gallen
Die Vereinigung und die Schweiz 273

II. Themengeschichte der Tagungen der Staatsrechtslehrervereinigung

Udo Di Fabio, Bonn
Verschränkte Funktionen: Verfassung und Staat als Gegenstand der Staatsrechtslehre 305

Julian Krüper, Bochum
Rousseaus langer Schatten. Die Vereinigung der Deutschen Staatsrechtslehrer und ihr Ringen mit der Wirklichkeit moderner Demokratie 325

Giovanni Biaggini, Zürich
Bundesstaat als Gegenstand der Beratungen: Hundert Jahre Föderalismusfragen im Spiegel der Jahrestagungen der Vereinigung der Deutschen Staatsrechtslehrer 355

Ulrike Davy, Bielefeld
Aus dem Schatten ins Licht: Zum Verhältnis von Sozialstaat und Rechtsstaat . . . 381

Ekkehart Reimer, Heidelberg
„Das Steuerrecht soll seine wissenschaftliche Existenzberechtigung nachweisen". Finanz- und Steuerrecht als Themen der Staatsrechtslehrervereinigung 403

Matthias Jestaedt, Freiburg i. Br.
Ein Grundrechtslaboratorium – sic et non. Die Behandlung der Grundrechte durch die Staatsrechtslehrervereinigung 431

Ute Sacksofsky, Frankfurt a. M.
Gleichheitsdiskussionen der Staatsrechtslehrervereinigung – Paukenschlag, Stille, Marsch, Sinfonie 479

Horst Dreier, Würzburg
Vom Stabilitätsgaranten zum Gefahrenherd: Kirchen und Religionen als Beratungsgegenstand der Staatsrechtslehrervereinigung 497

Marcel Kau, Heidelberg und Jan Philipp Schaefer, München
Die deutsche Teilung und die Wiedervereinigung 519

Anna Katharina Mangold, Flensburg
Deutsch und Staat. Die Europäische Integration in den Tagungsthemen 545

Bardo Fassbender, St. Gallen
Das Völkerrecht als Gegenstand der Beratungen der Vereinigung: Bildnis eines Unsichtbaren? 567

Christoph Gusy, Bielefeld
Asymmetrische Dialoge. Verfassungsgerichtsbarkeit als Themenstellung 585

Friedrich Schoch, Freiburg i. Br.
Wandel von Staatlichkeit im Brennglas des Verwaltungsrechts 607

Margrit Seckelmann, Hannover
Verwaltungswissenschaften und Verwaltungsrealität als Themen oder Nichtthemen 665

Franz Merli, Wien
Verwaltungsrechtsvergleichung in den Tagungen der Vereinigung 681

III. Konflikte, retardierende Kräfte, Abgrenzungen

Jan Thiessen, Berlin
„Selbstgerechtigkeit ist gräßlich". Der Umgang der Staatsrechtslehrervereinigung mit der NS-Vergangenheit 697

Florian Meinel, Göttingen
Die Staatsrechtslehrervereinigung und die Studentenbewegung 733

Oliver Lepsius, Münster
Interdisziplinarität auf der Staatsrechtslehrertagung 753

Pascale Cancik, Osnabrück
Die verspätete Zunft? Frauen in der Vereinigung der Deutschen Staatsrechtslehrer 795

Jens Kersten, München
Mitglieder der Vereinigung in der politischen und gerichtlichen Praxis 829

IV. Außensichten auf die Staatsrechtslehrervereinigung

Frieder Günther, Berlin
Antiliberalismus, liberaler Konsens, Neoliberalismus. Die Debatten der Staatsrechtslehrervereinigung und die zeitgeschichtliche Forschung 867

Michel Fromont, Paris und Aurore Gaillet, Toulouse
Die Vereinigung der Deutschen Staatsrechtslehrer als Garant der einheitlichen Wissenschaft vom Öffentlichen Recht. Eine Betrachtung aus französischer Perspektive . . . 893

Atsushi Takada, Osaka
Die Staatsrechtslehrervereinigung aus japanischer Perspektive. Ein Vergleich zwischen der Vereinigung der Deutschen Staatsrechtslehrer (VDStRL) und der Japan Public Law Association (JPLA) . . . 909

Reinhard Zimmermann, Hamburg
Wie es die anderen machen ... Charakteristika der Zivilrechtslehrervereinigung und ihrer „Kultur" . . . 919

Klaus Ferdinand Gärditz, Bonn
Das andere Öffentliche Recht: Die Staatsrechtslehrervereinigung im Vergleich mit der Strafrechtslehrervereinigung . . . 951

Christoph Möllers, Berlin
Die Staatsrechtslehrervereinigung im Spiegel anderer wissenschaftlicher Vereinigungen . . . 973

Hermann Pünder, Hamburg
Zum Weg in die „Zunft" der Staatsrechtslehre. Erfahrungen, Beobachtungen, Einordnungen . . . 995

V. Die Staatsrechtslehrervereinigung in Daten und Zahlen

Die Mitglieder der Vereinigung der Deutschen Staatsrechtslehrer 1922–2022 . . . 1035

Die Vorstände der Vereinigung der Deutschen Staatsrechtslehrer 1922–2022 . . . 1069

Tagungsthemen, Tagungsorte und Tagungsberichte . . . 1071

Autorinnen und Autoren . . . 1095

Bildquellennachweise . . . 1099

Personenregister . . . 1101

Sachregister . . . 1129

I. Zur Geschichte der Staatsrechtslehrervereinigung

Ein sonderbares Kind der Revolution

Die Gründung der Vereinigung und die Weimarer Zeit

Christoph Schönberger

I. Rokoko und Revolution 4
II. Ein ganz normaler Gelehrtenclub? 7
1. Die fehlende Selbstverständlichkeit des Ob: Ein Blick nach Frankreich 7
2. Die fehlende Selbstverständlichkeit des Wann: Ein Blick auf die Nationalökonomie und die Geschichtswissenschaft 10
III. Der Gründer: Heinrich Triepel 11
IV. Die Revolution von 1918 als Geburtshelferin der Vereinigung 14
1. Das Fach vor der Revolution von 1918 14
a) Sekurität... 14
b) ... auf leise zitterndem Boden 15
aa) Veränderungsprozesse an den Universitäten 15
bb) Wandlungen der Reichsverfassung 16
cc) Verunsicherung über die wissenschaftlichen Fundamente 17
2. Das Fach nach dem Ende der Monarchie 18
a) Umbrüche an den Universitäten: Das Zeitalter der „Organisation" 19
b) Demokratische Staatlichkeit 20
c) Ungeklärte wissenschaftliche Grundlagen 20
d) „Orthodoxe" und „Modernisierer" 22
V. Motive und Ziele der Gründung der Vereinigung 22
1. Das Zentralmotiv: Die Furcht vor der Marginalisierung der nationalkonservativen Professoren 23
2. Zusammenhalt des Fachs jenseits politischer Gegensätze zur Sicherung der „Autorität" der Staatsrechtswissenschaft 26
3. Vereinigung der „deutschen" Staatsrechtslehrer 28
4. Forum für die wissenschaftliche Diskussion 29
5. Zwischenbilanz: Die Gründung einer wissenschaftlichen Vereinigung aus primär politischen Motiven 30
6. Der Niederschlag der Gründungsmotive in der satzungsmäßigen Aufgabe der Vereinigung 30
VI. Das kurze Weimarer Jahrzehnt der Vereinigung 31
1. Organisation und Erfolg 31
a) Mitgliedschaft und Beteiligung 31
b) Die Vorstände als Ausdruck des Gründungskompromisses 32
2. Die Vereinigung als Forum des „Methoden- und Richtungsstreits" 33
a) Wissenschaftlicher Streit in einer Vereinigung zur Vermeidung politischen Streits 34
b) Ein disparater Disput 34
c) Die Bedeutung der Vereinigung als Ort des Streits 35
VII. Was bleibt? 37

I. Rokoko und Revolution

Am 13. und 14. Oktober 1922 traf sich in Berlin-Mitte eine Gruppe von gut vierzig Staatsrechtsprofessoren. Gerade einmal vier Jahre waren vergangen, seit *Philipp Scheidemann* von einem Fenster an der Westfassade des Reichstagsgebäudes aus die Republik ausgerufen hatte, gerade einmal vier Monate seit der Ermordung von Reichsaußenminister *Walter Rathenau* durch junge Rechtsterroristen.

Man tagte im Senatssaal neben der alten Aula des früheren Prinz-Heinrich-Palais, dem Hauptgebäude der Universität. Der Ort des Treffens war in besonderer Weise symbolträchtig: Seit der Reichsgründung 1871 war die Berliner Universität zum Zentrum des preußisch-deutschen wissenschaftlichen Lebens geworden.[1] Die alte Aula im ersten Stock des Mitteltrakts – der frühere Fest- und Audienzsaal des *Prinzen Heinrich*, eines Bruders *Friedrichs des Großen* – und der sich daran nach Westen hin anschließende Senatssaal – ein früheres Wohn- und Gesellschaftszimmer von dessen Ehefrau, *Prinzessin Wilhelmine* – waren die einzigen Säle des Gebäudes, die ihre prunkvolle Wand- und Deckendekoration aus friderizianischer Zeit bewahrt hatten.[2] Den nach Berlin gereisten Staatsrechtsprofessoren zeigten sich beide Räume, die später im Zweiten Weltkrieg zerstört wurden[3], noch in der ganzen angejahrten Pracht ihres Rokoko-Klassizismus.

Alles an diesem Tagungsort erinnerte an die lange Epoche der Monarchie, die kurz zuvor untergegangen war. Noch trug die Friedrich-Wilhelms-Universität den Namen ihres königlichen Stifters, der in goldenen Buchstaben über dem Hauptportal prangte.[4] Noch lag sie am Kaiser-Franz-Joseph-Platz, wie der alte Opernplatz, an dessen Nordseite das Hauptgebäude stand, seit 1910 zu Ehren des vorletzten österreichischen Kaisers hieß.[5] Noch war der Platz ungeteilt und vereinigte Universität, Oper, Hedwigskathedrale und „Kommode" zum Forum Fridericianum. Noch lag es in der Zukunft, dass die Na-

[1] Zur zentralen Rolle der Berliner Friedrich-Wilhelms-Universität als bedeutendster preußischer Universität im Kaiserreich und der Weimarer Republik: *Hubert Laitko*, Zentrum, Magistrale und Fluchtpunkt, in: vom Bruch/Henning (Hrsg.), Wissenschaftsfördernde Institutionen im Deutschland des 20. Jahrhunderts, 1999, S. 11.

[2] *Klaus-Dietrich Gandert*, Vom Prinzenpalais zur Humboldt-Universität, 1986, S. 37 ff., 96 ff.; *Edmund Hildebrandt*, Die alte Aula der Friedrich-Wilhelms-Universität, 1928.

[3] Der Wiederaufbau des durch Bombenangriffe 1943/44 zum größten Teil zerstörten Gebäudes in der SBZ/DDR nach dem Zweiten Weltkrieg orientierte sich nur hinsichtlich der Fassadenarchitektur am traditionellen Bau, während das Innere komplett neu gestaltet wurde. Heute befindet sich im ersten Stock des Mitteltrakts der „Senatssaal" der Humboldt-Universität. Aufgrund des 1951/52 anders wiederaufgebauten Treppenhauses befindet sich dieser Saal aber an der Südseite des Gebäudes, während die alte Aula und der frühere Senatssaal an dessen Nordseite lagen: *Gandert*, Vom Prinzenpalais zur Humboldt-Universität (Fn. 2), S. 85, 103 ff.

[4] Die Universität beging den Geburtstag ihres Stifters, des preußischen Königs *Friedrich Wilhelm III.*, auch in der Weimarer Zeit weiterhin an jedem 3. August mit einer Feierstunde. Vgl. dazu *Heinrich Triepel*, Die Staatsverfassung und die politischen Parteien. Rede bei der Feier der Erinnerung an den Stifter der Berliner Universität König Friedrich Wilhelm III. in der alten Aula am 3. August 1927, 1927, S. 3.

[5] Der Platz mit dem Forum Fridericianum, an dessen Nordseite das Hauptgebäude der Universität lag, hieß zunächst „Platz am Zeughaus" bzw. „Platz am Opernhause", bevor er 1910 aus Anlass des achtzigsten Geburtstags des österreichischen Kaisers in „Kaiser-Franz-Joseph-Platz" umbenannt wurde. Die Straße „Unter den Linden" begann noch in der Weimarer Zeit erst westlich dieses Platzes.

Abbildung 1: Senatssaal der Berliner Universität vor der Kriegszerstörung, Sitzungsort der ersten Tagung 1922.

tionalsozialisten im Jahr 1937 die Straße Unter den Linden bis zur Schlossbrücke verlängerten, um eine längere Aufmarschmeile im Herzen Berlins zu gewinnen, und dadurch die Zerschneidung des Opernplatzes anbahnten. Und in einer etwas ferneren Zukunft lag es, dass der südliche Teil des Opernplatzes im Jahr 1947 in der sowjetischen Besatzungszone den Namen „Bebelplatz" bekam und die Friedrich-Wilhelms-Universität im Jahr 1949 in „Humboldt-Universität" umbenannt wurde. Im Jahr 1922 trug der ungeteilte Kaiser-Franz-Joseph-Platz hingegen noch ganz den Stempel des preußisch-deutschen Kaiserreichs. Bereits der Ort des Treffens zeigte an, dass bei der Gründung der neuen Vereinigung das wilhelminische Establishment der Staatsrechtswissenschaft die Regie führte.

Für die Berliner Kollegen hatte *Heinrich Triepel* eingeladen. In seinen eigenen Worten handelte es sich um „eine von den Berliner Staatsrechtslehrern einberufene und vorbe-

Abbildung 2: Alte Aula der Berliner Universität vor der Kriegszerstörung, Sitzungsort der ersten Tagung 1922.

reitete Versammlung“[6]. Seiner Einladung[7], ausgesprochen in einem Rundbrief an die mit „Sehr geehrter Herr Kollege!“ angesprochenen Empfänger – Kolleginnen gab es in dieser Herrenriege noch nicht – hatten 42 Kollegen aus den damaligen deutschen juristischen Fakultäten von Köln bis Königsberg, von Kiel bis München Folge geleistet.[8]

Die Versammlung beschloss die Satzung der Vereinigung, der alle Anwesenden beitraten. Auf der Grundlage der beschlossenen Satzung wählte sie den ersten dreiköpfigen Vorstand. Nach der Satzung bestand dieser „aus einem Vorsitzenden, seinem Stellver-

[6] Siehe seinen Bericht über die erste Tagung: *Heinrich Triepel*, Die Vereinigung der deutschen Staatsrechtslehrer, AöR 43 (1922), S. 349.

[7] Ein Exemplar des Schreibens aus dem September 1922 befindet sich in: BArch Koblenz, N 1242/60, fol. 1 (*Walter Jellinek*), Faksimile abgedruckt auf S. 8 f. dieses Bandes.

[8] Aufzählung der – *Triepel* selbst eingeschlossen – 43 Teilnehmer bei *Triepel*, Die Vereinigung (Fn. 6), S. 349.

treter und einem Schriftführer, der auch die Kasse führt".[9] *Heinrich Triepel* wurde Vorsitzender, *Gerhard Anschütz* (Heidelberg) sein Stellvertreter, *Fritz Stier-Somlo* (Köln) Schriftführer und Kassenwart. Man diskutierte auf der Grundlage von Berichten von *Max Fleischmann* (Halle) und *Carl Sartorius* (Tübingen) über die Stellung des Staatsrechts in der Unterrichts- und Prüfungsordnung und war sich – nicht überraschend – einig, dass das öffentliche Recht im Universitätsunterricht und Referendarexamen den ihm gebührenden Platz einnehmen müsse. Den wissenschaftlichen Höhepunkt bildete am zweiten Tag der Vortrag von *Richard Thoma*, der damals noch in Heidelberg lehrte, über das zeitgenössisch besonders virulente Thema des richterlichen Prüfungsrechts[10], an den sich eine kontroverse Diskussion anschloss. Die Stimmung wird als sehr harmonisch berichtet, und man trennte sich in den Worten *Fritz Stier-Somlos* „in dem Gefühl und der sicheren Erwartung, daß die Vereinigung der deutschen Staatsrechtslehrer allmählich ein nicht zu übersehender geistiger Faktor im wissenschaftlichen und öffentlichen Leben der Nation werden könne"[11].

II. Ein ganz normaler Gelehrtenclub?

Bei aller Aufgewühltheit der Zeit und allem Aufgebot preußischen Glanzes war die Gründung einer wissenschaftlichen Vereinigung als solche kein besonders ungewöhnlicher Vorgang. Vereinigungen, in denen sich Wissenschaftler einer Fachrichtung zusammenfinden, um wissenschaftlichen und persönlichen Austausch zu pflegen, sind vielmehr ein gängiges Phänomen, zumal im Land der „Vereinsmeierei"[12]. Und doch versteht sich gerade auf dem Gebiet des öffentlichen Rechts die Existenz einer Vereinigung, die nach Anspruch und Wirklichkeit alle Fachvertreter vereinigt und versammelt, auch nicht schlicht von selbst:

1. Die fehlende Selbstverständlichkeit des Ob: Ein Blick nach Frankreich

Das zeigt bereits der Blick über den Rhein auf den französischen Nachbarn. Eine wissenschaftliche Vereinigung aller Professoren des öffentlichen Rechts als zentrales Forum des Fachs gibt es in Frankreich bis heute nicht. Hierbei spielt eine Fülle von Faktoren mit, die von der größeren Zahl und statusmäßigen Heterogenität des hauptamtlichen Lehrpersonals an den französischen Rechtsfakultäten bis zur deutlich stärkeren Distanz zwischen Verwaltungsrechtlern und Verfassungsrechtlern in Frankreich reichen.[13] Zudem mag

---

[9] § 4 Abs. 1 Satz 1 der Stammfassung der Satzung vom 13. Oktober 1922, abgedruckt in: VVDStRL 1 (1924), S. 145 f.

[10] *Richard Thoma*, Das richterliche Prüfungsrecht, AöR 43 (1922), S. 267.

[11] *Fritz Stier-Somlo*, Die zweite Tagung der Vereinigung der deutschen Staatsrechtslehrer, AöR 46 (1924), S. 88 (88), im Rückblick auf das erste Treffen.

[12] Dazu ebenso amüsant wie aufklärend *Hermann Bausinger*, Typisch deutsch: Wie deutsch sind die Deutschen?, 2009, S. 66 ff.

[13] Eingehend zum Vergleich *Michel Fromont/Aurore Gaillet*, in diesem Band, S. 893 ff. Die Abgren-

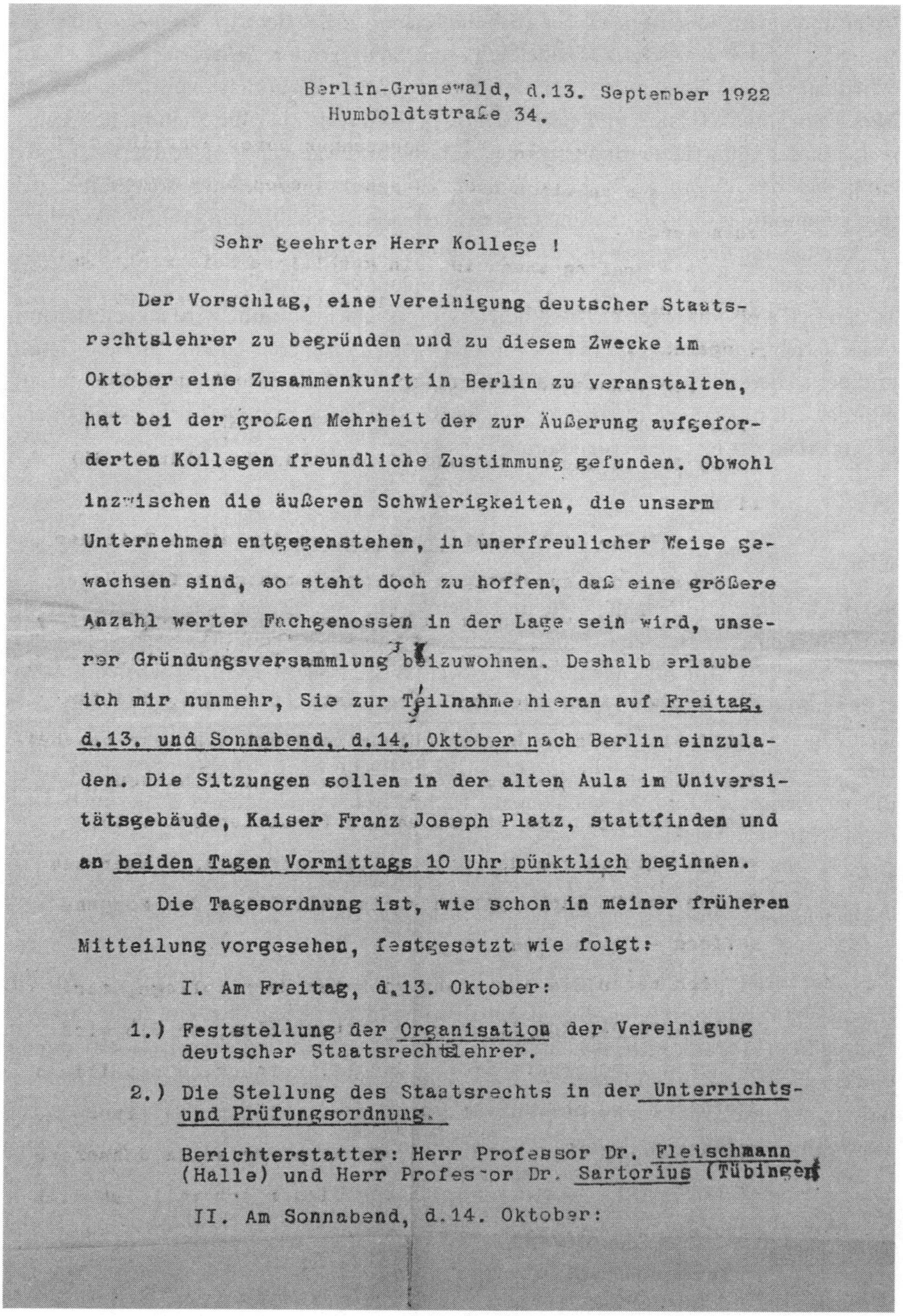

Berlin-Grunewald, d.13. September 1922
Humboldtstraße 34.

Sehr geehrter Herr Kollege !

Der Vorschlag, eine Vereinigung deutscher Staatsrechtslehrer zu begründen und zu diesem Zwecke im Oktober eine Zusammenkunft in Berlin zu veranstalten, hat bei der großen Mehrheit der zur Äußerung aufgeforderten Kollegen freundliche Zustimmung gefunden. Obwohl inzwischen die äußeren Schwierigkeiten, die unserm Unternehmen entgegenstehen, in unerfreulicher Weise gewachsen sind, so steht doch zu hoffen, daß eine größere Anzahl werter Fachgenossen in der Lage sein wird, unserer Gründungsversammlung beizuwohnen. Deshalb erlaube ich mir nunmehr, Sie zur Teilnahme hieran auf Freitag, d.13. und Sonnabend, d.14. Oktober nach Berlin einzuladen. Die Sitzungen sollen in der alten Aula im Universitätsgebäude, Kaiser Franz Joseph Platz, stattfinden und an beiden Tagen Vormittags 10 Uhr pünktlich beginnen.

Die Tagesordnung ist, wie schon in meiner früheren Mitteilung vorgesehen, festgesetzt wie folgt:

I. Am Freitag, d.13. Oktober:

1.) Feststellung der Organisation der Vereinigung deutscher Staatsrechtslehrer.

2.) Die Stellung des Staatsrechts in der Unterrichts- und Prüfungsordnung.

Berichterstatter: Herr Professor Dr. Fleischmann (Halle) und Herr Professor Dr. Sartorius (Tübingen)

II. Am Sonnabend, d.14. Oktober:

Abbildung 3: Entwurf des Einladungsschreibens (Vorder- und Rückseite) Triepels zur ersten Tagung 1922 in Berlin.

- 2 -

Am Freitag sollen die Beratungen durch ein einfaches Mittagessen an einem noch zu bestimmenden Orte unterbrochen werden.

Für Freitag abend ist ein geselliges Beisammensein in der Deutschen Gesellschaft 1914 (Wilhelmstraße 67) vorgesehen.

Für Sonnabend Nachmittag 1/2 5 Uhr möchten meine Frau und ich die Teilnehmer der Versammlung zu einer Tasse Tee in unsere Wohnung (Grunewald, Humboldtstr.34) bitten.

Ich habe mich bemüht, wenigstens für einen Teil der zu erwartenden auswärtigen Kollegen unentgeltliche Unterkunft in Privatwohnungen zu sichern. Das ist mir leider bisher nur in geringem Maße gelungen. Immerhin sind mir einige Quartiere zur Verfügung gestellt worden, und für zwölf bis fünfzehn Herren, die allerdings nur sehr bescheidene Ansprüche stellen dürfen, kann ich im Johanneum, einem theologischen Studentenheim (Artilleriestr. 15, wenige Minuten von der Universität entfernt), Zimmer zum Preise von 75 Mark täglich - einschließlich des Morgenkaffees - beschaffen.

Ich bitte Sie nun, sehr geehrter Herr Kollege, mir spätestens bis zum 1. Oktober mitzuteilen, ob Sie sich an der Zusammenkunft am 13. und 14. Oktober zu beteiligen gedenken, und ob Sie wünschen, unentgeltlich in einer Privatwohnung oder zu dem angegebenen Preise im Johanneum untergebracht zu werden. Wünsche dieser Art will ich mich bemühen, nach Kräften zu erfüllen.

Mit kollegialer Begrüßung

Ihr sehr ergebener

T r i e p e l

ein gewisser Paris-Effekt hinzukommen, weil die Hauptstadt das wissenschaftliche Leben Frankreichs nach wie vor in besonderer Weise bündelt und damit andere Formen von Zusammenkünften verstreut lebender Wissenschaftler vielleicht weniger dringlich erscheinen läßt.[14] Erst seit den 1990er Jahren sind auch in Frankreich auf dem Gebiet des Verfassungsrechts zwei Vereinigungen entstanden, die aber längst nicht alle Fachvertreter umfassen und überdies untereinander in Konkurrenz stehen.[15] Bereits der Blick nach Frankreich dementiert mithin die vielleicht durch bundesdeutsche Erfahrung nahegelegte Annahme, die Staatsrechtslehrervereinigung sei ein gleichsam natürliches Phänomen, das zum staatsrechtlichen Wissenschaftsbetrieb nun einmal genauso selbstverständlich dazugehöre wie die juristischen Fakultäten an den Universitäten.

2. Die fehlende Selbstverständlichkeit des Wann: Ein Blick auf die Nationalökonomie und die Geschichtswissenschaft

Die fehlende Selbstverständlichkeit zeigt sich überdies am eher späten Zeitpunkt der Gründung der Staatsrechtslehrervereinigung im Vergleich mit anderen Universitätsdisziplinen. Das öffentliche Recht war ein an den deutschen Universitäten bereits jahrhundertelang gepflegtes Rechtsgebiet[16], bevor sich in der Weimarer Zeit erstmals eine wissenschaftliche Vereinigung seiner annahm. In anderen Fächern gehen die entsprechenden deutschen Gelehrtenvereinigungen hingegen nicht selten schon auf die Zeit nach der Reichsgründung im vereinsseligen neunzehnten Jahrhundert zurück.[17] So wurde die Fachvereinigung der Nationalökonomen, der „Verein für Socialpolitik", bereits 1873 gegründet[18] und entstand der Historikerverband im Jahr 1895[19]. Je auf ihre Weise

---

zung der Fachvertreter des öffentlichen Rechts als wissenschaftliche Gruppe wird in Frankreich überdies traditionell in erster Linie durch die sogenannte *agrégation* geleistet. Dieser zentrale staatliche Wettbewerb, durch den die wichtigsten Professorenstellen besetzt werden, kennt bereits seit 1894 eine auf das öffentliche Recht spezialisierte *agrégation du droit public*: *Guillaume Richard*, Enseigner le droit public à Paris sous la Troisième République, 2015, S. 257 ff.; *Jean-Marie Carbasse*, L'agrégation des facultés de droit, in: Revue du droit public et de la science politique en France et à l'étranger, 2009, S. 301.

[14] Vgl. dazu für den Bereich der Historikerverbände die vergleichenden Überlegungen bei *Gabriele Lingelbach*, Funktion und Entwicklung von Historikerverbänden im internationalen Vergleich, GWU 64 (2013), S. 139 (150). Gerade in der modernen Gründungszeit der französischen Wissenschaft vom öffentlichen Recht unter der Dritten Republik war dieser Paris-Effekt allerdings noch deutlich weniger ausgeprägt, lehrten doch viele der prägenden Autoren damals gerade nicht in Paris, sondern in der „Provinz" (*Léon Duguit* in Bordeaux, *Maurice Hauriou* in Toulouse, *Raymond Carré de Malberg* in Nancy bzw. Straßburg); zur damaligen Rolle von Paris näher *Richard*, Enseigner le droit public à Paris (Fn. 13).

[15] Zum Hintergrund des vergleichsweise späten Bedeutungsgewinns des Verfassungsrechts durch die steigende Bedeutung der Rechtsprechung des Conseil constitutionnel seit den 1980er Jahren siehe *Michel Fromont/Aurore Gaillet*, in diesem Band, S. 894 ff.

[16] Zusammenfassend *Michael Stolleis*, Öffentliches Recht in Deutschland. Eine Einführung in seine Geschichte (16.–21. Jahrhundert), 2014.

[17] Mit Recht hervorgehoben bei *Helmuth Schulze-Fielitz*, Die Wissenschaftskultur der Staatsrechtslehrer – im Spiegel der Geschichte ihrer Vereinigung, 2021, S. 9.

[18] *Dieter Lindenlaub*, Richtungskämpfe im Verein für Sozialpolitik. Wissenschaft und Sozialpolitik im Kaiserreich vornehmlich vom Beginn des „Neuen Kurses" bis zum Ausbruch des Ersten Weltkrieges (1890–1914), Bd. 1, 1967, S. 1 ff.

[19] *Matthias Berg*, Institutionalisierung als Pluralisierung (1893–1900), in: Matthias Berg/Olaf Blaschke/

entstanden diese Gelehrtenorganisationen dabei aus einem grundsätzlichen Richtungsstreit in der jeweiligen Disziplin heraus.[20] Die Vereinigung der deutschen Staatsrechtslehrer ist hingegen erst ein Kind der stürmischen Anfangsjahre der Weimarer Republik.

Um diese Gründung besser zu verstehen, muss man den Auftakt 1922 und das kurze erste Jahrzehnt der Tätigkeit der Vereinigung während der Weimarer Republik genauer in den Blick nehmen. Die Vereinigung wäre nicht entstanden ohne die prägende Gründungsfigur ihres ersten Vorsitzenden Heinrich Triepel (III). Ihre eigentliche Geburtshelferin war indes die Revolution von 1918 und die Entstehung der Weimarer Republik (IV). Die damaligen Zeitumstände prägten maßgeblich die Motive, aus denen heraus die Vereinigung gegründet wurde, und schlugen sich auch in den Aufgaben nieder, die sie sich in ihrer Satzung stellte (V). In einem kurzen Weimarer Jahrzehnt zwischen der ersten Tagung 1922 in Berlin und der letzten 1931 in Halle gewann die Vereinigung ihr besonderes Profil und wurde zum Ort tiefgehender wissenschaftlich-politischer Kontroversen über das Verständnis des öffentlichen Rechts der Republik von Weimar (VI). Das Gründungsjahrzehnt der Vereinigung hinterließ ein zwiespältiges Erbe, das bis heute nachwirkt (VII).

III. Der Gründer: Heinrich Triepel

Im Anfang war Triepel. Wenige Vereinigungen von Wissenschaftlern dürften ihre Entstehung und ihr charakteristisches Gepräge so sehr einem einzelnen Gelehrten verdanken wie die Vereinigung der deutschen Staatsrechtslehrer. Der 1868 geborene, seit 1913 in Berlin lehrende *Triepel* verkörperte wissenschaftlich wie politisch in herausragender Weise das damalige Universitätsmilieu.[21] Wissenschaftlich war er der Autor bedeutender, auch stilistisch glanzvoller Monographien zum Völkerrecht und Bundesstaatsrecht.[22] Vom staatsrechtlichen Positivismus *Paul Labands* hatte sich *Heinrich Triepel* bereits im Kaiserreich zunehmend gelöst und vertrat unter dem Einfluss der Interessenjurisprudenz *Philipp Hecks* eine Einbeziehung politischer, historischer und rechtsvergleichender Aspekte in die staatsrechtliche Forschung.[23] Politisch war er wie ein großer Teil der damaligen Staatsrechtsprofessoren nationalkonservativ, hatte im Kaiserreich einer auf ein imperialistisches Kaisertum bezogenen Unitarisierung und Nationalisierung das Wort geredet[24], im Ersten Weltkrieg einer ausgreifenden Annexionspolitik[25]. Zugleich war er ein begabter und unermüdlicher Wissenschaftsorganisator.[26]

Martin Sabrow/Jens Thiel/Krijn Thijs, Die versammelte Zunft. Historikerverband und Historikertage in Deutschland 1893–2000, Bd. 1, 2018, S. 27 (29 ff.).

20 Siehe dazu näher unter IV.1.b.cc.

21 *Ulrich M. Gassner*, Heinrich Triepel. Leben und Werk, 1999; Edition wichtiger Schriften der Weimarer Zeit: *Heinrich Triepel*, Parteienstaat und Staatsgerichtshof, hrsg. v. Bogdandy/Mehring, 2021.

22 *Heinrich Triepel*, Völkerrecht und Landesrecht, 1899; Unitarismus und Föderalismus im Deutschen Reiche. Eine staatsrechtliche und politische Studie, 1907; Die Reichsaufsicht. Untersuchungen zum Staatsrecht des Deutschen Reiches, 1917.

23 *Nikolaus Forschner*, Rechtshandwerk, Rechtsgemeinschaft und Rechtsidee, AöR 136 (2011), S. 616.

24 *Triepel*, Unitarismus und Föderalismus (Fn. 22), S. 79 f., 124 f.; *ders.*, Die Reichsaufsicht (Fn. 22), S. 714 f.

25 *Gassner*, Heinrich Triepel (Fn. 21), S. 181.

26 *Gassner*, Heinrich Triepel (Fn. 21), S. 121 ff.

Für *Triepel* wie für viele nationalkonservative Staatsrechtsprofessoren war mit der Kriegsniederlage, dem Ende der Monarchie und der Gründung der Weimarer Republik eine Welt, ihre Welt zusammengebrochen. Aus ihnen wurden in Weimar bestenfalls „Verlegenheitsrepublikaner"[27], die die Weimarer Verfassungsordnung zwar nicht aktiv bekämpften, dieser aber doch mit Distanz und inneren Vorbehalten gegenüberstanden. Das deutsche Kaiserreich hatte sie geprägt, dieses Reich war ihnen Herzenssache gewesen, und wenn auch kaum einer von ihnen der Restauration der diskreditierten Monarchie, zumal jener der Hohenzollern, anhing[28], so steckten sie doch mental viel zu sehr in der Welt von gestern fest, um die demokratische Republik so zu ihrer Sache zu machen, wie es das Reich von 1871 gewesen war. Das galt zumal für die um 1920 tonangebende Generation der Mittfünfziger, die den Höhepunkt ihrer wissenschaftlichen Karriere im Kaiserreich erreicht hatte. Nach dem Ersten Weltkrieg wurde *Heinrich Triepel* – ebenso wie *Rudolf Smend* – denn auch Mitglied der republikfeindlichen DNVP und unterzeichnete entsprechende Wahlaufrufe.[29]

Triepels Initiative, eine Vereinigung der deutschen Staatsrechtslehrer zu gründen, war vor diesem Hintergrund eine Art Vorwärtsverteidigung des nationalkonservativen Universitätsestablishments, das durch die Revolution in die Defensive geraten war oder sich doch in der Defensive wähnte. Diese Vorwärtsverteidigung geschah durch eine gezielte Umarmungsstrategie gegenüber jener Minderheit von Staatsrechtsprofessoren, welche die junge Republik von Anfang an aus Überzeugung zu ihrer Sache machte, seien es dem Linksliberalismus nahestehende Fachvertreter wie *Gerhard Anschütz, Richard Thoma* und *Fritz Stier-Somlo* oder auch die sehr vereinzelten Staatsrechtler im Umfeld der Sozialdemokratie wie *Rudolf Laun, Hermann Heller* und *Hans Kelsen*[30]. Erleichtert wurde dieser Brückenschlag durch die damals über alle politischen Unterschiede hinweg praktisch einhellig geteilte „nationale" – nach heutigen Maßstäben nationalistisch zu nennende – Gesinnung, die etwa die Forderung nach einer Revision des Versailler Vertrages und insbesondere den Anschluss Österreichs an das Deutsche Reich zu selbstverständlich geteilten Positionen machte.

---

[27] Ausdruck bei *Christoph Gusy*, „Vernunftrepublikanismus" in der Staatsrechtswissenschaft der Weimarer Republik, in: Wirsching/Eder (Hrsg.), Vernunftrepublikanismus in der Weimarer Republik, 2008, S. 195 (199).

[28] Zur Marginalität der Monarchisten als politischer Bewegung unter der Weimarer Republik: *Arne Hofmann*, Obsoleter Monarchismus als Erbe der Monarchie, in: Biskup/Kohlrausch (Hrsg.), Das Erbe der Monarchie, 2008, S. 241; zur Rolle der Hohenzollern nach 1918: *Stephan Malinowski*, Die Hohenzollern und die Nazis, 2021.

[29] Näher dazu *Gassner*, Heinrich Triepel (Fn. 21), S. 179 ff. Triepel und Smend traten erst um 1930 aus der DNVP aus, als diese sich unter Hugenberg zunehmend nach rechts hin radikalisierte: *Gassner*, ebd., S. 181 f.; *Alexander Hollerbach*, Zu Leben und Werk Heinrich Triepels, AöR 91 (1966), S. 417 (420 Fn. 15a); *Manfred Friedrich*, Rudolf Smend (1882–1975), AöR 112 (1987), S. 1 (16).

[30] *Rudolf Laun* und *Hermann Heller* waren Mitglieder der SPD, während *Hans Kelsen* bewusst nicht einer Partei angehörte, sich aber politisch der sozialdemokratischen Programmatik verbunden fühlte; vgl. dazu: *Rainer Biskup*, Staatsrechtslehrer zwischen Republik und Diktatur: Rudolf Laun (1882–1975), 2010, S. 112 f.; *Michael Henkel*, Hermann Hellers Theorie der Politik und des Staates, 2011, S. 74 Fn. 77; *Thomas Olechowski*, Hans Kelsen, 2. Aufl. 2021, S. 178 ff., 225, 364, 428, 924.

Abbildung 4: Heinrich Triepel (1868–1946), Gründer der Staatsrechtslehrervereinigung.

IV. Die Revolution von 1918 als Geburtshelferin der Vereinigung

Die Bedeutung dieser Triepelschen Vorwärtsverteidigung wird deutlicher, wenn man sich vor Augen führt, in welchem Ausmaß die Gründung der Staatsrechtslehrervereinigung eine Reaktion auf die Erschütterung durch die Revolution von 1918, den Zusammenbruch der Monarchie und die Gründung der Weimarer Republik darstellte.

1. Das Fach vor der Revolution von 1918

Die Staatsrechtsprofessoren hatten vor 1918 ein Gefühl der Sekurität genossen, das in ihrer sozialen Situation als bildungsbürgerliche Elite ebenso wurzelte wie in der Identifikation mit dem monarchisch geprägten Nationalstaat und der vergleichsweise starken Entfernung von der Politik. Der Boden unter ihren Füßen hatte indes bereits seit den neunziger Jahren des neunzehnten Jahrhunderts leise, aber doch vernehmlich zu zittern begonnen, seit die dynamische Entwicklung hin zur Industriegesellschaft sich in beschleunigten Wandlungsprozessen an den Universitäten wie im Verfassungsgefüge niederschlug und die wissenschaftlichen Fundamente der damaligen Staatsrechtswissenschaft erschütterte:

a) Sekurität ...

Im wilhelminischen Deutschland waren die Staatsrechtslehrer ein Teil der Universitätselite des in besonderer Weise staatsbezogenen deutschen Bildungsbürgertums, das sich vor allem in der höheren Beamtenschaft fand, aber auch auf freie Berufe wie Rechtsanwälte und Ärzte ausstrahlte. Einfluss und Wertschätzung der Universitäten in der Gesellschaft des kaiserlichen Deutschland beruhten auf ihrer engen Verbindung mit dem Beamtentum, der aktiven Teilnahme am System der Staatsprüfungen und Berechtigungen und ihrer traditionellen Rolle als Hüter reiner Wissenschaft.[31] Überwiegend nationalprotestantisch geprägt, war dieses bildungsbürgerliche Milieu eine wichtige Trägerschicht des monarchisch geprägten Nationalstaats, wie er sich seit 1871 herausgebildet hatte.

Bei den Staatsrechtsprofessoren wurde das Sicherheitsgefühl überdies dadurch bestärkt, dass die Staatsrechtswissenschaft im kaiserlichen Deutschland trotz oder gerade wegen ihres Forschungsgebiets in deutlicher Distanz zu Staatspraxis und Politik stand. Das lag auch an der Natur des damaligen Verfassungsrechts. Denn der Hauptgegenstand der wissenschaftlichen Bemühungen der Staatsrechtslehre, die Bismarckverfassung, war seinen Ursprüngen nach eher diplomatisches Dokument als Rechtstext und bestand überwiegend aus einer wenig durchgearbeiteten Ansammlung organisatorischer Regeln.[32] Mehr als die Hälfte der Verfassungsvorschriften handelte in teilweise äußerst de-

---

[31] *Fritz K. Ringer*, Die Gelehrten, (1969) 1987, S. 41 ff.; *Klaus Vondung*, Zur Lage der Gebildeten in der wilhelminischen Zeit, in: ders. (Hrsg.), Das wilhelminische Bildungsbürgertum, 1976, S. 20.

[32] Hierzu und zum Folgenden sehr treffend *Manfred Friedrich*, Geschichte der deutschen Staatsrechtswissenschaft, 1997, S. 245 ff.; *ders.*, Der Methoden- und Richtungsstreit, AöR 102 (1977), S. 161 (178 ff.).

taillierten Regelungen von besonderen Verwaltungsgebieten wie Zoll und Handel, Militär und Eisenbahnwesen. Eine wichtige Institution wie die Reichsregierung fehlte hingegen in der Verfassung, die nur den Reichskanzler als Vorsitzenden des Bundesrates und einzigen verantwortlichen Reichsminister kannte. Grundrechte enthielt die Verfassung nicht und besaß auch keinen gesicherten Vorrang vor den Reichsgesetzen. Es gab keine Verfassungsgerichtsbarkeit, die dazu berufen gewesen wäre, verfassungsrechtliche Konflikte rechtsförmlich zu lösen.

Die „normative Sparsamkeit" (*Manfred Friedrich*) der Bismarckverfassung fand ihre Entsprechung in der institutionellen Praxis. Das äußerst komplexe Institutionengefüge aus Bundesrat, Kaiser und Reichstag, das die Reichsregierung im Bundesrat versteckte und die preußische Hegemonie über das Reich kunstvoll verhüllte,[33] war auf permanente Kompromisse der beteiligten Akteure angewiesen, die sich häufig hinter den Kulissen abspielten. Insbesondere auf dem Hauptfeld des geschriebenen Verfassungstexts, der bundesstaatlichen Zusammenordnung von Reich und Einzelstaaten, wurden Konflikte und Interessengegensätze in informellen Verhandlungen bearbeitet. Förmliche Kompetenzstreitigkeiten zwischen den verschiedenen Verfassungsorganen, die auf die Klärung verfassungsrechtlicher Fragen hinwirkten, kamen unter diesen Bedingungen kaum vor. Gerade deshalb konnte die Staatsrechtslehre des Kaiserreichs den Charakter einer von juristischer Praxis unabhängigen systematischen Wissenschaft[34] gewinnen. Ereignisse wie der Lippische Thronfolgestreit[35], in den viele Fachvertreter als Gutachter intervenierten, blieben hingegen die seltene Ausnahme. Gemessen an den späteren Verfassungen von Weimar und erst recht von Bonn gab es unter der Bismarckverfassung nur eine vergleichsweise geringe Zahl streitiger Verfassungsfragen. Häufig begleitete lediglich ein vielstimmiger Chor von Gelehrtenmeinungen das pragmatische *muddling through* der Staatspraxis.

b) ...auf leise zitterndem Boden

Die Sekurität einer bildungsbürgerlichen Elite, die in gesicherter Entfernung von Staatspraxis und Politik ihrer wissenschaftlichen Wege ging, wurde indes seit den neunziger Jahren des neunzehnten Jahrhunderts zunehmend erschüttert:

aa) Veränderungsprozesse an den Universitäten

Der Umbruch zur industriellen Massengesellschaft begann, die Welt auch an den Universitäten zu verändern.[36] Der Fortschritt von Wissenschaft und Technik erforderte eine zunehmend komplexere Organisation des Wissenschaftsbetriebs. Durch den Aufstieg der Naturwissenschaften wurde das Deutungsmonopol der bildungsbürgerlich gepräg-

---

33 *Hans Boldt*, Deutscher Konstitutionalismus und Bismarckreich, in: Stürmer (Hrsg.), Das kaiserliche Deutschland, 1984, S. 119.

34 Formulierung nach *Martin Kriele*, Theorie der Rechtsgewinnung, entwickelt am Problem der Verfassungsinterpretation, 2. Aufl. 1976, S. 43.

35 *Elisabeth Fehrenbach*, Der Lippische Thronfolgestreit, in: FS Theodor Schieder, 1968, S. 337; *Anna Bartels-Ishikawa*, Der Lippische Thronfolgestreit, 1995.

36 Zum Folgenden *Rüdiger vom Bruch*, Abschied von Humboldt?, in: Strobel (Hrsg.), Die deutsche Universität im 20. Jahrhundert, 1994, S. 17; *Ringer*, Die Gelehrten (Fn. 31), S. 54 ff.

ten Geisteswissenschaften, als deren Teil sich die Staatsrechtsprofessoren verstanden, mehr und mehr in Frage gestellt. Die Studentenzahlen stiegen stark an und führten zu einem wachsenden Staatseinfluss wie einer stärkeren bürokratischen Kontrolle des Universitätsalltags. Innerhalb der Fakultäten wuchsen die Einkommensunterschiede aufgrund der Vorlesungsgebühren, die damals einen erheblichen Teil des Einkommens der Professoren ausmachten; zugleich stieg der Anteil von Privatdozenten und außerordentlichen Professoren in rechtlich und finanziell prekärer Lage. Die oligarchische Ordinarienuniversität geriet insgesamt unter wachsenden Veränderungsdruck, auf den nicht wenige Hochschullehrer mit der kulturkritischen Klage über das heraufziehende Zeitalter der „Maschine“ und der „Massen“ reagierten.[37]

bb) Wandlungen der Reichsverfassung

Der Übergang zur industriellen Massengesellschaft machte sich seit den 1890er Jahren auch auf dem wichtigsten wissenschaftlichen Arbeitsgebiet der Staatsrechtswissenschaft bemerkbar, im Reichsverfassungsrecht. Die wachsende Unitarisierung verschob die Gewichte im Institutionengefüge der Bismarckverfassung. Der Bundesrat verlor an Bedeutung, während die kaiserliche Reichsleitung – die man offiziell nach wie vor nicht Reichsregierung nannte – und der Reichstag an Gewicht gewannen.[38] Das System der Personalunionen zwischen Preußen und dem Reich vermochte immer weniger, das wachsende Auseinanderklaffen zwischen den agrarisch-konservativen Prägungen Preußens und dem zur Industriegesellschaft voranschreitenden Reich zu überbrücken, wie es besonders deutlich im Kontrast zwischen dem preußischen Dreiklassenwahlrecht und dem allgemeinen Männerwahlrecht auf Reichsebene zum Ausdruck kam.

Die Staatsrechtslehre beobachtete diese Entwicklungen in einer Reihe von Arbeiten, deren Reigen ausgerechnet *Laband* im Jahr 1895 eröffnete.[39] Gerade ihr distanzierter Habitus, der sich nicht in erster Linie als Arbeit an der Lösung einzelner verfassungsrechtlicher Rechtsprobleme begriff, ermöglichte es ihr, vergleichsweise unbefangen größere Entwicklungslinien wahrzunehmen und nachzuzeichnen. Sie tat sich freilich aufgrund ihrer überwiegend nationalkonservativen bis nationalliberalen Prägung deutlich leichter, die Verschiebungen im bundesstaatlichen Gefüge zugunsten des Reichs und der kaiserlichen Reichsleitung zu analysieren, als den Bedeutungsgewinn des Reichstags genauer zu beschreiben und zu deuten. Die unausgesprochene Idealvorstellung der meisten Autoren war ein von einer juristisch geschulten Bürokratie geleiteter Nationalstaat über den Parteien und Interessengruppen, der im Namen des jungen Kaisertums nach innen ausgebaut wurde und nach außen imperialistisch ausgriff. Während vor diesem Hintergrund der Bundesrat, das Kaisertum und die Reichsleitung kenntnisreiche und ver-

---

[37] *Ringer*, Die Gelehrten (Fn. 31), S. 47 ff.

[38] *Manfred Rauh*, Föderalismus und Parlamentarismus im wilhelminischen Reich, 1973; *Oliver F. R. Haardt*, Bismarcks ewiger Bund, 2020.

[39] *Paul Laband*, Die Wandlungen der deutschen Reichsverfassung, 1895; *ders.*, Die geschichtliche Entwicklung der Reichsverfassung seit der Reichsgründung, JöR 1 (1907), S. 1; *Georg Jellinek*, Verfassungsänderung und Verfassungswandlung, 1906; *Heinrich Triepel*, Unitarismus und Föderalismus (Fn. 22); *Conrad Bornhak*, Wandlungen der Reichsverfassung, AöR 26 (1910), S. 373; *Eduard Rosenthal*, Die Reichsregierung, 1911.

ständnisvolle staatsrechtliche Interpreten fanden, galt das für den Reichstag nicht. Es blieb dem Zunftaußenseiter *Julius Hatschek* überlassen, im Auftrag des Reichstages während des Ersten Weltkrieges erstmals ein monographisches „Parlamentsrecht des Deutschen Reiches" vorzulegen.[40] Erst recht fand die von bürgerlichen Honoratioren geprägte Staatsrechtslehre – von seltenen Ausnahmen abgesehen[41] – keinen wissenschaftlichen Zugang zu dem entstehenden politischen Massenmarkt, auf dem immer besser organisierte Parteien um Stimmen und Sitze kämpften, unter ihnen nicht zuletzt die Sozialdemokraten und die katholische Zentrumspartei, die dem nationalprotestantischen Universitätsmilieu besonders fernstanden.

cc) Verunsicherung über die wissenschaftlichen Fundamente

Die enormen Umbrüche in den Jahrzehnten um 1900 verunsicherten die Staatsrechtslehre nicht zuletzt auch im Hinblick auf ihre wissenschaftlichen Fundamente.[42] Eine Zeit lang hatte man sich insoweit im sogenannten staatsrechtlichen Positivismus *Paul Labands* mit Anleihen bei der als vorbildlich geltenden zivilrechtlichen Pandektistik beholfen und das Staatsrecht mit deren allgemeinen Kategorien wie „Person" und „Wille" zu strukturieren versucht. Die statische Ausrichtung des spröden Normenmaterials der Bismarckverfassung auf eine mit dem monarchisch-bürokratischen Apparat gleichgesetzte „Staatsperson" überzeugte freilich seit den 1890er Jahren immer weniger, zu offensichtlich war die dynamische Veränderung im Verfassungsgefüge, die nach anderen Arten der Analyse verlangte.[43] Wie selbstverständlich öffneten sich die Staatsrechtslehrer – darunter nicht zuletzt der frühe *Triepel* – damals wieder stärker für die Beobachtung der Staatspraxis, historische und vergleichende Beschreibungsformen.[44] Diese Öffnung wurde indes nicht durch eine explizite Diskussion über den wissenschaftlichen Gegenstand der Staatsrechtslehre begleitet, die etwa die Beantwortung einzelner Rechtsprobleme am Maßstab des positiven Verfassungsrechts stärker von der Analyse institutioneller Grundstrukturen und Entwicklungsverläufe unterschieden hätte oder auch der Eigenart des Verfassungsrechts als besonderer Normschicht nachgegangen wäre. *Julius Hatschek* blieb mit seinem vom englischen Beispiel inspirierten Deutungsangebot, Verfassungsrecht in erster Linie als Geflecht von „Konventionalregeln" zu verstehen,[45] in der zeitgenössischen Diskussion erneut singulär.

---

40 *Julius Hatschek*, Das Parlamentsrecht des Deutschen Reiches, Bd. 1, 1915; dazu *Jörg-Detlef Kühne*, Hatscheks teilerschienenes Parlamentsrecht, ZParl. 36 (2005), 554 (557 ff.).

41 *Hermann Rehm*, Deutschlands politische Parteien, 1912; vgl. näher *Max Rehm*, Der Staatsrechtslehrer Hermann Rehm (1862–1917), ZgesStW 119 (1963), S. 130 (135 ff.).

42 *Stefan Korioth*, Erschütterungen des staatsrechtlichen Positivismus im ausgehenden Kaiserreich, AöR 117 (1992), S. 212. Zeitgleich wurde auch in der allgemeinen juristischen Methodendiskussion die Vorstellung von einer strikten Vorzeichnung richterlichen Entscheidens durch das Gesetz grundlegend in Frage gestellt: *Rainer Schröder*, Die deutsche Methodendiskussion um die Jahrhundertwende, Rechtstheorie 19 (1988), S. 323.

43 *Christoph Schönberger*, Das Parlament im Anstaltsstaat, 1997, S. 83 f., 183 ff.

44 *Fulco Lanchester*, Alle origini di Weimar, 1985; speziell zu Triepel in diesem Zusammenhang: *Hollerbach*, Heinrich Triepel (Fn. 29), S. 431 ff.; *Lanchester*, ebd., S. 132 ff.

45 *Julius Hatschek*, Konventionalregeln oder über die Grenzen der naturwissenschaftlichen Begriffsbildung im öffentlichen Recht, JöR 3 (1909), S. 1.

Da die auseinanderstrebenden Vorverständnisse sich nicht in grundlegenden Programmschriften[46] oder gar Schulbildungen ausdrückten, boten sie in der Staatsrechtswissenschaft des wilhelminischen Deutschland auch keine Veranlassung zur Gründung entsprechender Gelehrtenvereinigungen. Anders war es zeitgenössisch in anderen wissenschaftlichen Disziplinen wie der Nationalökonomie oder der Geschichtswissenschaft. Dort entstanden die entsprechenden Vereinigungen zunächst, um einer bestimmten wissenschaftlichen Richtung einen Kristallisationspunkt zu bieten und zum Durchbruch zu verhelfen, und erweiterten sich erst später zu einem allgemeinen Forum der jeweiligen Disziplin. So stand an der Wiege des „Vereins für Socialpolitik" die historische Schule der Nationalökonomie, deren Vertreter als „Kathedersozialisten" gegen den Liberalismus der Manchesterschule für eine Lösung der sozialen Frage durch bürokratische Sozialpolitik eintraten.[47] In den Anfängen des Historikerverbands spielte die Schule *Karl Lamprechts* eine bedeutende Rolle, die anstelle einer auf Staat und Politik ausgerichteten Geschichtsschreibung in erster Linie Kultur- und Wirtschaftsgeschichte betreiben wollte.[48] Zu derartigen Kristallisierungen wissenschaftlicher Richtungen, die sich zu Gelehrtenvereinigungen hätten verdichten können, kam es in der wilhelminischen Staatsrechtslehre hingegen nicht.

2. Das Fach nach dem Ende der Monarchie

Die Veränderungsprozesse vor dem Ersten Weltkrieg hatten sich schleichend vollzogen. Die Staatsrechtswissenschaft hatte sie in einem vergleichsweise geschützten Raum vorsichtig verarbeiten oder auch noch eine ganze Weile ignorieren können. Im November 1918 war es damit schlagartig vorbei. Alle Probleme Deutschlands gerieten durch den sang- und klanglosen Zusammenbruch des Kaiserreichs gleichzeitig auf die Tagesordnung, und dies geschah unter den besonders ungünstigen Bedingungen von Kriegsniederlage und wirtschaftlicher Not.

Das Krisengefühl, das sich der bildungsbürgerlichen Eliten schon in der wilhelminischen Zeit bemächtigt hatte, war nun nicht länger ein feinfühlig-klagendes Verzeichnen langsamer Wandlungsprozesse, sondern wurde zum allgemeinen Zeitbewusstsein. In den Universitäten erfuhr man die Entwicklung nicht selten als dreifache Verlustgeschichte[49]:

---

[46] Solche Schriften hatten noch in den 1880er Jahren *Otto von Gierke* und *Felix Stoerk* in kritischer Auseinandersetzung mit Labands Staatsrecht verfasst, ohne damit aber im Fach allzu viel Gehör zu finden: *Otto von Gierke*, Labands Staatsrecht und die deutsche Rechtswissenschaft, 1883; *Felix Stoerk*, Zur Methodik des öffentlichen Rechts, 1885.

[47] *Lindenlaub*, Richtungskämpfe (Fn. 18), S. 1 ff.; *Rüdiger vom Bruch*, Bürgerliche Sozialreform im deutschen Kaiserreich, in: ders. (Hrsg.), ‚Weder Kommunismus noch Kapitalismus': Bürgerliche Sozialreform in Deutschland vom Vormärz bis zur Ära Adenauer, 1985, S. 61. In der Nationalökonomie verschlangen sich dabei wissenschaftstheoretische Fragen besonders stark mit politischen Optionen.

[48] *Berg*, Institutionalisierung als Pluralisierung (Fn. 19), S. 29 ff.; zum zugrundeliegenden wissenschaftlichen Richtungsstreit („Lamprecht-Streit"): *Gerhard Oestreich*, Die Fachhistorie und die Anfänge der sozialgeschichtlichen Forschung in Deutschland, HZ 208 (1969), S. 320.

[49] Zum Folgenden prägnant *Dieter Langewiesche*, Die Eberhard-Karls-Universität Tübingen in der Weimarer Republik, in: Zeitschrift für württembergische Landesgeschichte 51 (1992), S. 345 (365).

Zum anhaltenden Bedeutungsverlust traditionellen Bildungswissens trat der Eindruck einer politischen Enteignung des protestantischen Bildungsbürgertums durch die Kriegsniederlage 1918 hinzu. Im Selbstverständnis vieler protestantischer Bildungsbürger, die sich als geistiges Rückgrat von Kultur und Nation verstanden hatten, schienen den preußisch-protestantischen Nationalstaat nun diejenigen in Besitz zu nehmen, die man zuvor als national unzuverlässig und kulturell minderwertig eingestuft hatte: Sozialisten und Katholiken. Neben dieses Gefühl kultureller und politischer Enteignung trat als dritte Verlusterfahrung noch die materielle Enteignung durch die Inflation. Dringlichkeit des Krisenbewusstseins und nüchterne Analyse der Probleme fanden dabei freilich eher selten zusammen:

a) Umbrüche an den Universitäten: Das Zeitalter der „Organisation"

Revolution und Republikgründung setzten die Universitäten sofort unter massiven Reformdruck.[50] Die ungelösten Hochschulprobleme des Kaiserreichs – Rechtsstellung der Nichtordinarien und Privatdozenten, erweiterter Hochschulzugang, studentische Mitbestimmungsrechte – gerieten mit neuer Dringlichkeit auf die Tagesordnung. So gewannen nun etwa die Allgemeinen Studentenausschüsse staatliche Anerkennung. Aus der ökonomischen Notsituation heraus entstanden auch rasch neue Strukturen außeruniversitärer Forschungsförderung wie etwa die 1920 gegründete Notgemeinschaft der Deutschen Wissenschaft, die seit 1929 den Namen Deutsche Forschungsgemeinschaft trägt.

Unter dem Eindruck der Not der Zeit und des Übergangs der hochschulpolitischen Macht auf sozialdemokratische und linksliberale Parteien insbesondere in Preußen gaben die Hochschulprofessoren auch ihre traditionelle Zurückhaltung auf, die eigenen Standesinteressen durch Verbände zu verfolgen. Zuvor hatte man die Idee einer „Professorengewerkschaft" an den Universitäten nicht selten mit herablassendem Spott bedacht, sahen sich doch die Professoren als besondere Staatsdiener, die den kleinlichen Interessenkämpfen um Gehälter und Arbeitsbedingungen enthoben waren.[51] Mit dem bereits im Januar 1920 in Halle gegründeten *Verband der Deutschen Hochschulen* entstand nun hingegen erstmals ein nationales Forum für hochschul- wie berufspolitische Anliegen der Hochschullehrerschaft. Anders als seine spätere Nachfolgeorganisation in der Bundesrepublik, der Deutsche Hochschulverband, blieb der Verband in der Weimarer Zeit in institutioneller Nähe zur sich damals ebenfalls verfestigenden Rektorenkonferenz und hatte als Mitglieder nicht die einzelnen Hochschullehrer, sondern die Universitäten. Er verstand sich in erster Linie als Selbstschutzorganisation der überkommenen Ordinarienuniversität gegenüber der Hochschulpolitik in der Weimarer Republik. Seine führenden Exponenten waren nationalkonservativ getreu der Devise *pro patria et litteris*,

---

50 Zum Folgenden zusammenfassend *Jürgen John*, „Not deutscher Wissenschaft"?, in: Grüttner u.a. (Hrsg.), Gebrochene Wissenschaftskulturen, 2010, S. 107 (116ff.).

51 Diese vor dem Ersten Weltkrieg besonders an den preußischen Universitäten noch sehr verbreitete Haltung ist etwa deutlich formuliert bei *Hans Delbrück*, Eine Professorengewerkschaft?, in: Preußische Jahrbücher 129 (1907), S. 129.

standen politisch überwiegend der DNVP nahe und verharrten in Distanz gegenüber der ungeliebten Republik.[52]

b) Demokratische Staatlichkeit

Die Revolution von 1918 beendete schlagartig die lange Epoche der konstitutionellen Monarchie in Deutschland. In Reich und Ländern entstanden nun in rascher Folge neue Verfassungen auf der Grundlage der Volkssouveränität. Besonders stark war der Kontrast auf Reichsebene zwischen der diplomatisch-technischen Sprödigkeit der Bismarckverfassung und der liberaldemokratischen Vollverfassung von Weimar. Anders als die Bismarckverfassung verschob die Weimarer Verfassung in ihrem Organisationsteil den Schwerpunkt vom Reich-Länder-Verhältnis zum Verhältnis der obersten Staatsorgane untereinander. Sie regelte das Regierungssystem dort nun detailliert, wo sich die Bismarckverfassung noch mit einer vieldeutigen „Verantwortlichkeit" des Reichskanzlers begnügt hatte, schuf neuartige Möglichkeiten unmittelbarer Volksgesetzgebung und verlieh den Grundrechten nationalen Verfassungsrang. Das Verfassungsrecht erfuhr dadurch in der Tendenz eine starke Geltungserweiterung und praktische Aufwertung.

Für die Staatsrechtslehre war das alles aber sehr viel mehr als nur eine grundlegende Änderung des auszudeutenden Normenmaterials. Die Staatsrechtsprofessoren hatten sich vor 1918 mit der konstitutionellen Monarchie identifiziert. Ihr hatten sie als Staatsbeamte gedient, und manche ihrer Wortführer hatten diese Monarchie gerade noch im Ersten Weltkrieg gegenüber den demokratischen Mächten der Entente als die deutschem Wesen gemäße Form politischer Organisation verteidigt und gefeiert[53]. Nun bekam das geschlagene Deutschland alle die „westlichen" Institutionen, gegen die man sich mit wenigen Ausnahmen vor 1918 so erbittert gewehrt hatte: insbesondere Volksvertretungen auf der Grundlage des allgemeinen Wahlrechts, das nun auch die Frauen einschloss, in Reich und Ländern, und das parlamentarische Regierungssystem, das den Bestand der Regierung vom Vertrauen des Parlaments abhängig machte und damit der parteienstaatlichen Regierung den Weg bereitete. Sozialdemokraten und katholische Zentrumspartei, die vor 1918 die Outcasts des wilhelminischen Parteiensystems gewesen waren und dem überwiegend nationalprotestantischen Universitätsmilieu besonders fernstanden, waren nun zentrale Akteure der jungen Republik und insbesondere in Preußen bis 1932 ständige Regierungsparteien. Auf die neue Bedeutung der Verfassung in einem demokratischen und parteienstaatlichen Gemeinwesen war die Staatsrechtslehre kaum vorbereitet.

c) Ungeklärte wissenschaftliche Grundlagen

Im Hinblick auf die wissenschaftliche Arbeitsweise der Staatsrechtslehre traf die Revolution auf jenen ambivalenten Entwicklungsstand, der sich seit der Zeit um 1900 heraus-

---

[52] *Eckhard Oberdörfer*, Der Verband der Deutschen Hochschulen in der Weimarer Republik, in: Strobel (Hrsg.), Die deutsche Universität im 20. Jahrhundert, 1994, S. 69; *Franz J. Bauer*, Geschichte des Deutschen Hochschulverbandes, 2000, S. 11 ff., 17 ff.

[53] *Hermann Rehm*, Das politische Wesen der deutschen Monarchie, in: FG Otto Mayer, 1916, S. 59; *Erich Kaufmann*, Bismarcks Erbe in der Reichsverfassung, 1917.

gebildet hatte.[54] Da eine wissenschaftstheoretische Grundlagendiskussion ausgeblieben war, wurden Grundfragen, die man eigentlich hätte auseinanderhalten oder zumindest unterscheiden müssen, zumeist gleichzeitig und ohne vertieftes Problembewusstsein behandelt. Dabei wären zumindest vier Aspekte zu unterscheiden gewesen: die rechtsdogmatische Frage nach den Grenzen der Determinationskraft des positiven Rechts und der überkommenen „juristischen" Methodenlehre; die damit verbundene, aber doch zugleich eigenständige Frage nach möglichen Eigenheiten des Verfassungsrechts, erst recht des Verfassungsrechts der demokratischen Republik; die Frage nach der Rolle der Staatsrechtswissenschaft im Verhältnis zu den Institutionen des Rechtssystems wie den Verfassungsorganen und Gerichten; schließlich die darüber hinaus gehende Frage nach den Möglichkeiten einer nicht rechtsdogmatisch arbeitenden Rechtswissenschaft als Kultur- und Sozialwissenschaft, die sich etwa mit den historischen, sozialen und kulturellen Bedingungen für den Erfolg demokratischer Verfassungen beschäftigt hätte. Von derartigen Unterscheidungen war das Fach zu Beginn der Weimarer Republik aber weit entfernt. Die Mehrheit der Fachvertreter folgte vielmehr ohne tiefere Reflexion über den Charakter rechtswissenschaftlicher Aussagen einem vorsichtig relativierten Gesetzespositivismus.

Dieser wissenschaftstheoretisch kaum reflektierte Status quo traf 1918/19 auf eine Situation, in der die Staatsrechtslehre sich praktisch von Beginn an in – wenige – überzeugte Anhänger der Weimarer Republik und – viele – sie faktisch hinnehmende, aber zu ihr in mehr oder minder großer Distanz verharrende Professoren teilte. Die Zunft reagierte darauf dadurch, dass sich die Publikationsgenres in Abhängigkeit von der Einstellung der Autoren zur Weimarer Republik auffächerten: Die Kommentare und systematischen Lehrbücher zum neuen Verfassungsrecht in Reich und Ländern wurden in der Weimarer Zeit von republiktreuen linksliberalen Autoren verfasst[55], während sich nationalkonservative Professoren zumeist auf Einzelstudien zu sie besonders umtreibenden Themen – insbesondere Föderalismus, Schul- und Hochschulrecht und evangelisches Kirchenrecht nach dem Ende des landesherrlichen Kirchenregiments – beschränkten[56] und schließlich die „Verfassungslehre" als eine neue Disziplin entdeckten, in der sie sich vom positiven Verfassungsrecht der ungeliebten Republik stärker lösen oder diesem doch eine höchst eigenwillige Deutung geben konnten[57]. Erst in den mittleren Jahren der Weimarer Republik wurde im sogenannten „Methoden- und Richtungsstreit"[58] versucht, die ausgebliebene Grundlagendiskussion nachzuholen.

---

[54] Siehe dazu oben IV.1.b.cc.

[55] Siehe etwa: *Gerhard Anschütz*, Die Verfassung des Deutschen Reichs vom 11. August 1919, 1921; *Friedrich Giese*, Grundriß des neuen Reichsstaatsrechts, 1921; *Julius Hatschek*, Deutsches und preußisches Staatsrecht, Bd. 1, 1922; Bd. 2, 1923; *Fritz Stier-Somlo*, Das Preußische Verfassungsrecht, 1922.

[56] Siehe etwa: *Heinrich Triepel*, Streitigkeiten zwischen Reich und Ländern, 1923; *Günther Holstein*, Die Grundlagen des evangelischen Kirchenrechts, 1928.

[57] *Rudolf Smend*, Verfassung und Verfassungsrecht, 1928; *Carl Schmitt*, Verfassungslehre, 1928.

[58] Siehe unten VI.2.

d) „Orthodoxe" und „Modernisierer"

Ohne allzu große Schematisierung lassen sich die etablierten prominenten Fachvertreter am Beginn der Weimarer Republik dabei in Anknüpfung an eine Unterscheidung des deutsch-amerikanischen Historikers *Fritz K. Ringer* in „Orthodoxe" und „Modernisierer" einteilen.[59] Die „Orthodoxen" mit *Heinrich Triepel* an der Spitze blieben am Ideal des nationalen und vermeintlich „überparteilichen" Obrigkeitsstaats orientiert und sahen die parteienstaatliche Demokratie mit großer Skepsis. Die „Modernisierer", angeführt von *Gerhard Anschütz* und *Richard Thoma*, bejahten hingegen die Etablierung der demokratischen Republik und akzeptierten, bei gelegentlich aufscheinenden letzten liberalen Vorbehalten, die parteienstaatliche Massendemokratie. Die Unterschiede zwischen diesen beiden Lagern waren in der Staatsrechtslehre – wie in der Professorenschaft insgesamt[60] – schon während des Ersten Weltkriegs offen aufgebrochen. Auf der einen Seite standen die Hochschullehrer, die für einen Siegfrieden und die Bewahrung der Bismarckverfassung eintraten, auf der anderen diejenigen, die sich für einen Verständigungsfrieden und die innere Demokratisierung einsetzten.[61] Während etwa *Heinrich Triepel* und *Erich Kaufmann* in Berlin für die Bewahrung der Bismarckverfassung und eine ausgreifende Annexionspolitik stritten[62], plädierte *Gerhard Anschütz* in Heidelberg für die Demokratisierung und Parlamentarisierung Deutschlands und gegen Annexionen[63]. Zwischen diesen politisch markierten Polen bewegte sich am Anfang der Weimarer Zeit die Mehrheit des Fachs, welche die Republik nach der Kriegsniederlage ohne Begeisterung als unvermeidliche Tatsache akzeptierte und deren Recht zunächst nüchtern gesetzespositivistisch begleitete, ohne dabei der grundlegenden Änderung der Verfassungsverhältnisse besondere Beachtung zu schenken.

V. Motive und Ziele der Gründung der Vereinigung

Die dargestellten Umstände der Lage des Fachs nach 1918 – die größere Bereitschaft der Professoren zur Selbstorganisation angesichts des Wandels an den Universitäten, die Konfrontation mit dem neuen Verfassungsrecht der Republik und die seit dem Ersten Weltkrieg gewachsene politische Spaltung innerhalb der Professorenschaft – wirkten bei der Gründung der Vereinigung zusammen. Nach außen betonte man bei der Gründung vor allem den spezifisch wissenschaftlichen Charakter der Vereinigung und hob hervor, was man nicht sein wollte: weder eine Standesvertretung noch ein politischer Verein.[64]

---

[59] *Ringer*, Die Gelehrten (Fn. 31), S. 120 ff.

[60] *Hermann Lübbe*, Politische Philosophie in Deutschland, 1963, S. 173 ff.; *Klaus Schwabe*, Wissenschaft und Kriegsmoral, 1969; *Kurt Töpner*, Gelehrte Politiker und politisierende Gelehrte, 1970.

[61] Prägnant dazu: *Theodor Eschenburg*, Aus dem Universitätsleben vor 1933, in: Flitner (Hrsg.), Deutsches Geistesleben und Nationalsozialismus, 1965, S. 24 (27 ff.).

[62] *Gassner*, Heinrich Triepel (Fn. 21), S. 181; *Kaufmann*, Bismarcks Erbe (Fn. 53).

[63] *Gerhard Anschütz*, Aus meinem Leben, herausgegeben und eingeleitet von Walter Pauly, 1993, S. 158 ff.

[64] *Triepel*, Die Vereinigung (Fn. 6), S. 349 f.

Was die berufliche Interessenvertretung anging, konnte sich *Heinrich Triepel* dabei mit dem lapidaren Hinweis begnügen, für „die Wahrung unserer Standesinteressen" sorgten bereits „andere Organisationen"[65] und spielte damit sicherlich auf die bereits erwähnte Gründung des Verbands der Deutschen Hochschulen im Jahr 1920 an.

Weniger klar war hingegen die Abgrenzung zum „politischen Verein" jedenfalls dann, wenn dadurch nicht allein die Selbstverständlichkeit ausgedrückt werden sollte, dass die Vereinigung keiner bestimmten Partei oder politischen Richtung verpflichtet sein sollte. Denn *Triepels* eigene Beschreibung der Ziele der Vereinigung wie auch der Satzungstext selbst deuteten klar auf eine nicht berufsspezifische rechtspolitische Zielsetzung der Vereinigung hin.[66]

Sieht man genauer hin, dann folgte die Gründung der Vereinigung einem unausgesprochenen Zentralmotiv und mehreren von *Heinrich Triepel* ausdrücklich formulierten Beweggründen, die näherer Betrachtung bedürfen:

1. Das Zentralmotiv: Die Furcht vor der Marginalisierung der nationalkonservativen Professoren

Zentral für die Gründungsinitiative *Triepels* war ein Motiv, das als solches nicht offengelegt wurde und auch kaum hätte offengelegt werden können: die Furcht. Das nationalkonservative Universitätsestablishment befürchtete seine drohende Marginalisierung unter den Bedingungen der neuen republikanischen Verfassungsordnung. Das bedeutsamste Zeugnis dafür ist ein Brief *Rudolf Smends* an *Hermann Jahrreiß* aus dem Jahr 1955, in der dieser für Milde bei der Aufnahme NS-belasteter Kollegen in die nach dem Zweiten Weltkrieg neugegründete Staatsrechtslehrervereinigung plädierte und aus diesem Anlass auf die Gründung der Vereinigung in der Weimarer Zeit zurückblickte:

> „Wir haben die Vereinigung seinerzeit unter einem gewissen Druck gegründet, nämlich angesichts eines von Stier-Somlo und anderen betriebenen Planes einer republikanischen Staatsrechtslehrervereinigung. Eine solche Gründung hätte nicht die ‚reaktionären' Fachgenossen, sondern das Fach diskreditiert, und damit das ohnehin so labile Weimarer Verfassungswerk noch zusätzlich in Frage gestellt. Sofern Triepels Gründungsinitiative sich gegen diesen Plan richtete, war er ‚verfassungstreuer' als der ‚republikanische' Gegenplan. Hauptverdienst der Vereinigung bis 1933 war es, die Fachgenossen zusammenzuhalten..."[67]

Smend, der seit 1922 an der Seite *Triepels* in Berlin gelehrt[68] und die Gründung der Vereinigung mitbegleitet hatte, legte hier das Hauptmotiv für *Triepels* Initiative offen. Das

---

[65] *Triepel*, Die Vereinigung (Fn. 6), S. 350; zum Verband der Deutschen Hochschulen siehe oben IV.2a.

[66] Dazu treffend *Wolfgang März*, Der Richtungs- und Methodenstreit der Staatsrechtslehre, oder der staatsrechtliche Antipositivismus, in: Nörr u. a. (Hrsg.), Geisteswissenschaften zwischen Kaiserreich und Republik, 1994, S. 75 (118 f.).

[67] Schreiben von *Rudolf Smend* an *Hermann Jahrreiß* vom 13. September 1955, Archiv VDStRL, im hier interessierenden Teil abgedruckt bei *Michael Stolleis*, Geschichte des öffentlichen Rechts in Deutschland. Bd. 4: 1945–1990, 2012, S. 85.

[68] *Smend* hatte zum Sommersemester 1922 das durch den Weggang *Erich Kaufmanns* nach Bonn

frühere DNVP-Mitglied, das sich selbst zu den von ihm erwähnten „‚reaktionären' Fachgenossen" zählen durfte[69], verwob diese Offenlegung freilich in der ihm eigenen Weise in eine verteidigende Legende. Was man seinem Brief jedenfalls entnehmen kann, ist die Tatsache, dass *Triepel* und *Smend* damals befürchteten, die „republikanischen" Kollegen könnten sich zusammenschließen und damit unter den neuen politischen Verhältnissen die nationalkonservativen Professoren innerhalb der Zunft an den Rand drängen.

Ob diese Befürchtung ein Gegenstück in der Wirklichkeit besaß, lässt sich im Rückblick kaum beantworten. Konkrete zeitgenössische Zeugnisse über entsprechende Pläne *Stier-Somlos* gibt es, soweit ersichtlich, nicht. Unzweifelhaft handelte es sich bei dem führend an der Neugründung der Kölner Universität im Jahr 1919 beteiligten Staatsrechtler *Fritz Stier-Somlo* (1873–1932) aber um einen engagierten linksliberalen Anhänger der Weimarer Republik, der bereits 1918/19 mit einem eigenen Verfassungsentwurf hervortrat und später Monographien zum republikanischen Staatsrecht Preußens und des Reiches verfasste.[70] Sicher ist auch, dass gerade in den Jahren zwischen 1920 und 1922 mehrfach Hochschullehrer, zu denen *Stier-Somlo* gehörte, in öffentlichen Aufrufen für die Weimarer Verfassung eintraten. So war *Stier-Somlo* etwa Mitunterzeichner einer „Kundgebung deutscher Hochschullehrer" für die republikanische Verfassung, die als Reaktion auf den Kapp-Putsch im Mai und Juni 1920 in mehreren der großen linksliberalen Tageszeitungen erschien.[71] Gemeinsam mit klangvollen Namen wie *Adolf von Harnack*, *Friedrich Meinecke*, *Ernst Troeltsch* und *Max Weber* fanden sich hier neben *Stier-Somlo* als staatsrechtliche oder staatsrechtsnahe Unterzeichner *Wilhelm von Blume* (Tübingen), *Godehard Josef Ebers* (Köln), *Friedrich Giese* (Frankfurt), *Hermann Heller* (Kiel), *Eduard Hubrich* (Greifswald), *Rudolf Laun* (Hamburg), *Robert Piloty* (Würzburg), *Hugo Preuß* (Berlin), *Gustav Radbruch* (Kiel), *Eduard Rosenthal* (Jena), *Karl Rothenbücher* (München), *Carl Sartorius* (Tübingen), *Richard Schmidt* (Leipzig) und *Walther Schücking* (Marburg). Eine Übersicht über prononciert für die Republik eintretende Staatsrechtsprofessoren, die ein kundiger Journalist der Vossischen Zeitung im April 1922 unter dem Titel „Politische Professoren" veröffentlichte, erwähnte wiederum *Stier-Somlo* und nannte neben einigen der Mitunterzeichner des zitierten Aufrufs noch *Gerhard Anschütz* und *Richard Thoma* in Heidelberg.[72]

Man wird freilich bezweifeln dürfen, ob dieser heterogene Personenkreis tatsächlich den Kern einer „republikanischen" Staatsrechtslehrervereinigung hätte bilden können;

---

freigewordene öffentlich-rechtliche Ordinariat übernommen: *Angela Klopsch*, Die Geschichte der juristischen Fakultät der Friedrich-Wilhelms-Universität zu Berlin im Umbruch von Weimar, 2009, S. 141 f.

[69] *Smends* Selbstverortung auf der nationalkonservativen Rechten Weimars wird besonders deutlich in seinem Text: Hochschule und Parteien, in: Doeberl u. a. (Hrsg.), Das akademische Deutschland, Bd. 3, 1930, S. 153. Sie war auch für seine Berliner studentischen Hörer erkennbar: *Eschenburg*, Aus dem Universitätsleben vor 1933 (Fn. 61), S. 37.

[70] Zur Person näher *Martin Otto*, Fritz Stier-Somlo, NDB 25 (2013), S. 334 f.; wenig ergiebig ist: *Ina Gienow*, Leben und Werk von Fritz Stier-Somlo, 1990.

[71] Kundgebung deutscher Hochschullehrer für die republikanische Verfassung, in: Berliner Tageblatt v. 30. Mai 1920, S. 1; Kundgebung deutscher Hochschullehrer, in: Frankfurter Zeitung v. 5. Juni 1920, S. 1 f. Siehe zu diesem Aufruf näher *Herbert Döring*, Der Weimarer Kreis, 1975, S. 67 ff.

[72] *Erich Everth*, Politische Professoren, in: Vossische Zeitung v. 25. April 1922, S. 1 f.

der Organisationsgrad der Anhänger der Weimarer Republik war in der Professorenschaft insgesamt ohnehin eher schwach ausgeprägt[73]. Es mag hier bei *Triepel* und *Smend* durchaus auch Projektion mitgespielt haben, weil eine derartige Entwicklung sich in dieser Zeit gerade in der juristischen Berufswelt vollzogen hatte, wo der neu gegründete „Republikanische Richterbund“ seit der Jahreswende 1921/22 Richter, Verwaltungsbeamte und Rechtsanwälte vereinigte, die sich staatspolitisch engagiert zur Weimarer Republik bekannten.[74] In jedem Fall war die Zahl und das Gewicht der prononciert für die Republik eintretenden Staatsrechtsprofessoren aber groß genug, um aus Sicht *Triepels* und *Smends* unter den neuen politischen Verhältnissen den wissenschaftlichen Vormachtanspruch der nationalkonservativen Ordinarien grundlegend in Frage zu stellen. Das galt erst recht deshalb, weil sich in diesem „republikanischen“ Personenkreis nicht selten der traditionelle politische Entwicklungsvorsprung des deutschen Südens und Westens gegenüber dem Norden und Osten abbildete.

Der Druck auf *Triepel* und *Smend* wuchs im Übrigen durchaus auch in Berlin selbst. So beklagte etwa das liberale Berliner Tageblatt im Jahr 1926, dass das öffentliche Recht an der Berliner Universität lediglich von „den Staatslehrern *Triepel* und *Smend*, die beide deutschnational sind“ vertreten werde: „Der jetzige Zustand, daß es in Berlin Studenten nicht möglich ist, das Staatsrecht der Republik bei einem Ordinarius zu hören, der sich aus Überzeugung zur Republik bekennt, bedeutet eine schwere Versäumnis der preußischen Hochschulverwaltung, die schleunigst wieder gutgemacht werden muss…“[75] Die Situation in Berlin führte schließlich sogar dazu, dass das preußische Unterrichtsministerium unter dem Einfluss der regierenden Sozialdemokraten im Jahr 1928 gegen den erbitterten Widerstand der Fakultät *Hermann Heller* dort zum Extraordinarius ernannte.[76]

Vor diesem Hintergrund war das zentrale Motiv der Gründungsinitative *Triepels* negativer Art. Die Einrichtung einer alle Staatsrechtsprofessoren umfassenden Vereinigung sollte verhindern, dass sich die „republikanischen“ Staatsrechtslehrer zusammenschlossen und dadurch eine auf eine eigenständige Organisation gestützte Stimme gewannen. Es galt vielmehr, diese nach Möglichkeit einzuhegen und zu neutralisieren.[77] Damit sollte zugleich einer befürchteten Marginalisierung der republikfernen nationalkonservativen Ordinarien im Umfeld der DNVP entgegengewirkt werden.

---

[73] *Döring*, Der Weimarer Kreis (Fn. 71), S. 75 f.; zeitgenössisch *Heinrich Gerland*, Das geistige Deutschland und die neuen Verhältnisse, in: Frankfurter Zeitung v. 10. April 1921, S. 1 f.

[74] *Birger Schulz*, Der Republikanische Richterbund (1921–1933), 1982.

[75] Eine gescheiterte Berufung. Sind die Lehrstühle für Staatsrecht an der Berliner Universität deutschnationales Monopol?, in: Berliner Tageblatt v. 29. Juli 1926, S. 3; ähnlich der linksliberale Jurist und Historiker *Erich Eyck*, Wer soll Staatsrecht lehren?, in: Vossische Zeitung v. 5. Januar 1927, S. 2 f., der beklagte, bei aller Anerkennung der wissenschaftlichen Bedeutung *Triepels* und *Smends* stünden beide doch „politisch weit rechts“ und könnten die Weimarer Reichsverfassung in Berlin nicht aus Überzeugung lehren. Den Hintergrund bildete damals die vom Auswärtigen Amt gewünschte Rückberufung des ebenfalls deutschnationalen Staatsrechtlers *Erich Kaufmann* an die Berliner Fakultät; siehe dazu *Anna-Maria Gräfin von Lösch*, Der nackte Geist, 1999, S. 88 ff.

[76] *Michael Grüttner*, Die Universität in der Weimarer Republik, in: vom Bruch/Tenorth (Hrsg.), Geschichte der Universität Unter den Linden 1810–2010, Bd. 2: 1918–1945, 2012, S. 67 (106 ff.); *Lösch*, ebd., S. 92 ff.

[77] Insoweit treffend *Helena Flam*, Juristische Expertise zwischen Profession und Protest, 2020, S. 73.

2. Zusammenhalt des Fachs jenseits politischer Gegensätze zur Sicherung der „Autorität" der Staatsrechtswissenschaft

Ins Positive gewendet, sollte die Vereinigung den Zusammenhalt des Fachs jenseits politischer Gegensätze erhalten. In der Formulierung *Heinrich Triepels* ging es darum, „den Boden für eine, in den Nöten der Gegenwart dringend erwünschte, und trotz vielfacher Gegensätze in wissenschaftlicher Methode und politischer Anschauung mögliche Arbeitsgemeinschaft" zu bieten.[78] *Rudolf Smend* hat dieses Ziel rückblickend noch deutlicher dahin formuliert, *Triepel* habe mit seiner Autorität und seinem Gewicht „den Kreis der Fachgenossen vor einem ihre fachliche Autorität und Glaubwürdigkeit bedrohenden Zerfall in streitende politische Parteien" retten wollen.[79]

Dieses Ziel war freilich in mehrfacher Hinsicht unklar und ambivalent. Insoweit es der Gründungsinitiative darum ging, die Fachvertreter trotz offenkundiger politischer Gegensätze zusammenzuhalten, war sie nicht frei von einer antipluralistischen Perhorreszierung politischer Gegensätze und politischen Streits auch unter Wissenschaftlern.[80] In *Triepels* eigenen Worten klang das freilich vorsichtiger als in der rückblickenden Erläuterung *Smends*:

> „Gewiß lassen sich, wie wir Heutigen mit wenigen Ausnahmen glauben, Staatsrecht und Politik nicht völlig voneinander trennen, lassen sich staatsrechtliche Fragen nur selten lösen, ohne daß die letzte Entscheidung von politischen Werturteilen bestimmt wird. Aber es ist eben das Ziel der Wissenschaft, die Grenze aufzuzeigen, wo objektive Erkenntnisse durch subjektive Urteile aufgelöst werden; es ist ihre Pflicht, zu versuchen, diese Grenze möglichst weit hinauszuschieben, und sie hat endlich nach allgemeingültigen Maßstäben zu forschen, nach denen sich die zur Entscheidung rechtlicher Interessenkonflikte erforderlichen Abwägungen wertenden Charakters zu vollziehen haben."[81]

Auch bei *Triepel* selbst war aber erkennbar, dass es der Gründungsinitiative weniger darum ging, wissenschaftliche Auffassungsunterschiede im Diskurs der anwesenden Fachgenossen untereinander zumindest zu klären und einfließende politische Wertungen offenzulegen, als vielmehr gerade umgekehrt, einen möglichst großen Bereich von politischen Werturteilen freier Rechtserkenntnis zu erreichen, zumal *Triepel* sogar das wissenschaftliche Auffinden „allgemeingültige[r] Maßstäbe" für die Entscheidung rechtlicher Interessenkonflikte für denkbar hielt. Die angestrebte Einheit der Fachgenossen schien vor allem darin zu bestehen, unter diesen nach Möglichkeit übereinstimmende Rechtsmeinungen herzustellen.

---

78 *Triepel*, Die Vereinigung (Fn. 6), S. 349.

79 *Rudolf Smend*, Zur Geschichte der Berliner Juristenfakultät im 20. Jahrhundert, in: Kotowski u. a. (Hrsg.), Studium Berolinense, 1960, S. 109 (123 f.); ähnlich *ders.*, Die Vereinigung der Deutschen Staatsrechtslehrer und der Richtungsstreit, in: FS Ulrich Scheuner, 1973, S. 575 (576).

80 Das extreme Gegenmodell dazu – nämlich die aus der Einsicht in die unvermeidliche Abhängigkeit staatsrechtlicher Einschätzungen von vorgelagerten politischen Werthaltungen abgeleitete Forderung nach einer bewussten Abbildung politischer Weltanschauungspluralität bei der Besetzung der staatsrechtlichen Lehrstühle – formulierte zeitgenössisch *Rudolf Laun*, Der Staatsrechtslehrer und die Politik, AöR 43 (1922), S. 145 (181 ff.).

81 *Triepel*, Die Vereinigung (Fn. 6), S. 350.

Noch fragwürdiger war das dabei mitschwingende Motiv, durch die Neutralisierung der politischen Pluralität unter den Staatsrechtsprofessoren die fachliche „Autorität" der Staatsrechtswissenschaft vor deren Diskreditierung zu retten. Hier schwang Nostalgie für eine damals bereits versunkene Epoche der geistigen Führungsrolle der Universitäten im deutschen neunzehnten Jahrhundert mit. Denn das traditionell hohe Prestige der deutschen Professorenschaft hatte nach dem Ersten Weltkrieg schon stark abgenommen. Nüchtern konstatierte der preußische Kultusminister *Carl Heinrich Becker* im Jahr 1919:

> „Es war einmal, da standen die Universitäten im Brennpunkt des geistigen Lebens der Nation, da saßen auf den Lehrstühlen die Wortführer des Volkes, und da sandte das Volk seine Professoren, weil es niemanden besseren wußte, in die Nationalversammlung. Heute spricht man davon wie von einem Märchen. Heute verhallt die Stimme der Professorenschaft unbeachtet im Lärm des Tages, und ihre Resolutionen wirken in der Öffentlichkeit nicht stärker als die einer untergeordneten Interessentenvereinigung ..."[82]

Dass dieser grundlegenden Veränderung durch die Gründung einer neuen Gelehrtenvereinigung nachhaltig entgegengewirkt werden konnte, war aber kaum zu erwarten. Ebenso unklar war, warum die öffentliche Offenlegung grundlegender politischer Auffassungsunterschiede zwischen Staatsrechtsprofessoren – und insbesondere der Tatsache, dass die deutschnationalen Professoren der Weimarer Reichsverfassung distanziert bis ablehnend gegenüberstanden – den sozialen Geltungsanspruch der Zunft insgesamt hätte in Frage stellen sollen.

Vor allem aber blieb offen, was die beschworene fachliche „Autorität" gerade für die Staatsrechtswissenschaft bedeuten sollte. Es liegt wohl nicht fern anzunehmen, dass hier in erster Linie das traditionell ungeklärte Verhältnis der Staatsrechtswissenschaft zu den institutionellen Akteuren der Rechtsproduktion mitschwang. Aus dem deutschen neunzehnten Jahrhundert, als die Rechtswissenschaft nicht selten an die Stelle zersplitterter, kleinstaatlicher oder ganz fehlender Institutionen getreten war, hatte die Staatsrechtswissenschaft einen prägenden Habitus bewahrt, der in der Tradition des „allgemeinen deutschen Staatsrechts" staatsrechtswissenschaftliche Entwürfe wie Recht behandelte, ohne sich genauer um deren rechtsquellentheoretische Einordnung zu bemühen.[83] Dieser Habitus wurde immer fragwürdiger, je stärker der deutsche Nationalstaat seit 1871 institutionelle Gestalt gewann und das Reichsrecht durchpositiviert wurde, auch wenn Höchstgerichte auf dem Gebiet des öffentlichen Rechts bis in die Weimarer Zeit hinein noch weitgehend fehlten. Mit dem Übergang zur Weimarer Republik wurde aus Sicht der Staatsrechtswissenschaft vor allem der Gesetzgeber zum Problem, weil die Parlamente in Reich und Ländern nun in ihrer Zusammensetzung die heterogene Pluralität der Weimarer Gesellschaft widerspiegelten, die den Führungsanspruch professoraler Bildungsbürger in den juristischen Fakultäten endgültig irreal erscheinen ließ. Denn im Hinblick auf die politischen Orientierungen der Professoren bot die Staatsrechtslehre ein recht verzerrtes Abbild des Weimarer Parteiensystems, in dem ein Teil mit den bürgerlichen

---

[82] *Carl Heinrich Becker*, Gedanken zur Hochschulreform, 1919, S. 10, mit eingehender Bestandsaufnahme der dahinterstehenden gesellschaftlichen Entwicklung.

[83] Zu diesem Habitus näher *Christoph Schönberger*, Der „German Approach", 2015, S. 18 ff.

Rechtsparteien DNVP und DVP sympathisierte, ein anderer mit der linksliberalen DDP, während Sozialdemokratie wie katholische Zentrumspartei kaum Anklang fanden.[84]

Vor diesem Hintergrund lässt sich die Gründung der Staatsrechtslehrervereinigung auch verstehen als Reaktion auf die Bedrohung des traditionellen Selbstbilds der deutschen (Staats-)Rechtswissenschaft durch die stärkere Positivierung und Institutionalisierung der Rechtsproduktion, zumal diese in den Parlamenten nun maßgeblich in den Händen anderer sozialer Trägerschichten lag als derjenigen, die in den Universitäten den Ton angaben. Die Staatsrechtswissenschaft institutionalisierte sich stärker, um einen behaupteten sozialen Geltungsanspruch zu bewahren oder zu erneuern. Manchmal wurde dieser Anspruch auch laut proklamiert, wie es etwa *Günther Holstein* in seinem großen Bericht über die Münsteraner Tagung 1926 tat:

> „Indem aber ein ganzer Stand, nicht in schematisierter Einheit, wohl aber in einheitlicher produktiver Arbeit an der Gestaltung drängendster Gegenwartsprobleme vor die juristische Öffentlichkeit tritt, meldet er seinen entschlossenen Anspruch an, mitgehört zu werden bei der gesetzgeberischen Lösung aller jener Fragen, eingedenk der großen und verpflichtenden Tradition, die die Geschichte der deutschen staatsrechtlichen Wissenschaft untrennbar mit der deutschen Staats- und Rechtsgeschichte verbunden hat…“[85]

In dem Augenblick, in dem die Parlamente Weimars zum Spiegel einer äußerst vielschichtigen Gesellschaft wurden, organisierten sich die Staatsrechtslehrer in einem elitären Para-Parlament, das dem Anspruch nach über den politischen Streit hinweg „wissenschaftlich“ das verbindliche Recht zu klären unternahm. Es liegt in der Logik dieses latenten Konkurrenzverhältnisses, dass die Vereinigung sich in Weimar zwar vielfältigen Problemen des neuen Verfassungsrechts zuwandte, Parlamente und Parteien hingegen gerade nicht zum Beratungsgegenstand machte[86].

3. Vereinigung der „deutschen“ Staatsrechtslehrer

Ein weiteres politisches Motiv der Gründung – nämlich ein großdeutsch geprägtes außenpolitisches Leitbild – zeigte sich auch darin, welche Wissenschaftler man als deutsche Staatsrechtslehrer und damit als geeignete Mitglieder der Vereinigung ansah. Denn die „deutschen“ Staatsrechtslehrer, die sich hier vereinigten, schrieb man in Weimar in der Regel noch klein, verstand sie aber im Geist der Zeit wie selbstverständlich großdeutsch[87]. Hier vermischte sich das Ziel, eine Kommunikationsgemeinschaft deutschsprachiger Staatsrechtswissenschaftler zu begründen, mit außenpolitischem Irredentismus im Hinblick auf Österreich und die Sudetendeutschen. Deshalb trug man auch den Staatsrechtsprofessoren an den Universitäten Österreichs und der deutschen Universität zu

---

[84] Vgl. *Friedrich*, Geschichte (Fn. 32), S. 335 f.

[85] *Günther Holstein*, Von Aufgaben und Zielen heutiger Staatsrechtswissenschaft, AöR 50 (1926), S. 1 (39).

[86] Zutreffend verzeichnet bei *Ulrich Scheuner*, Die Vereinigung der Deutschen Staatsrechtslehrer in der Zeit der Weimarer Republik, AöR 97 (1972), S. 349 (354).

[87] *Anschütz*, Aus meinem Leben (Fn. 63), S. 295.

Staatsrechtslehrertagung in Münster 1926.

1 Franz Wilhelm Jerusalem (?)
2 Günther Holstein
3 Willibalt Apelt (?)
4 Rudolf Smend
5 (?)
6 (?)
7 Godehard Josef Ebers
8 Rudolf Laun
9 Hans Helfritz
10 (?)
11 Walter Jellinek
12 (?)
13 Ottmar Bühler (?)
14 Hermann Jahrreiß
15 Edgar Tatarin-Tarnheyden
16 Erich Kaufmann
17 Otto Koellreutter
18 Hermann Heller (?)
19 Friedrich Giese
20 Erwin Jacobi
21 Felix Genzmer
22 Heinrich Pohl
23 Ernst von Hippel (?)
24 Hans Gerber
25 Hans Gmelin
26 Hans Peters (?)
27 (?)
28 Friedrich Marschall von Bieberstein
29 Wilhelm van Calker
30 Carl Bilfinger
31 Albert Hensel
32 Alexander Graf zu Dohna
33 Fritz Stier-Somlo
34 Heinrich Triepel
35 Gerhard Anschütz
36 Hans Kelsen
37 Richard Thoma
38 Viktor Bruns
39 Hans Nawiasky

Nicht zugeordnet werden konnten, obwohl sie nach Günther Holstein, Von Aufgaben und Zielen heutiger Staatsrechtswissenschaft. Zur Tagung der Vereinigung deutscher Staatsrechtslehrer, in AöR N.F. 11 (1926), S. 1–40 (2 Anm. 1), an der Münsteraner Tagung teilgenommen haben: Anton Dyroff, Ernst Isay, Josef Lukas, Erhard Neuwiem, Post (angeblich aus Prag, Vorname unbekannt), Richard Schmidt, Carl Schmitt, Walther Schönborn, Ernst Wolgast. – Bei der Identifikation der abgebildeten Personen haben dankenswerter Weise mitgeholfen: Thomas Duve, Gerd Giesler, Frieder Günther, Reinhard Mehring, Florian Meinel, Alena Míšková, Martin Otto, Christoph Schönberger, Michael Stolleis, Christian Waldhoff, Alexander Zahoransky.

Abbildungsnachweis: Das Gruppenfoto der Tagung der Staatsrechtslehrervereinigung Münster 1926 wurde freundlicher Weise von Friedrich Smend zur Verfügung gestellt.

Prag regelmäßig die Mitgliedschaft an.[88] Mit den Kollegen an den deutschsprachigen Universitäten „außerhalb dieses ‚Großdeutschlands'"[89], namentlich den Fachkollegen aus der deutschsprachigen Schweiz, tat man sich vor diesem großdeutschen Hintergrund schwerer, ermöglichte aber auch ihnen die Mitgliedschaft auf individuellen Antrag.[90]

4. Forum für die wissenschaftliche Diskussion

Originär wissenschaftlicher Beweggrund der Gründung war die fachliche Diskussion und damit das typische Motiv jeder Gelehrtenvereinigung. Im Vergleich zu älteren juristischen Foren wie etwa dem stark von Praktikern geprägten Deutschen Juristentag, der sich – wiederum unter maßgeblicher Mitwirkung *Heinrich Triepels* – in der Weimarer Zeit ebenfalls stärker Fragen des öffentlichen Rechts zuwandte[91], war die Staatsrechtslehrervereinigung, der nur Universitätslehrer des öffentlichen Rechts angehören konnten, bereits nach ihrem Mitgliederzuschnitt von vornherein eine wissenschaftlich-akademische Veranstaltung.[92] Auch innerhalb der Wissenschaft ging es betont um ein Generalistenforum, weshalb man diejenigen Fachgenossen von der Mitgliedschaft ausschloss, die ausschließlich auf engeren Spezialgebieten tätig waren.[93]

Es fällt allerdings auf, dass bei der Gründung Fragen nach dem Gegenstand und der Arbeitsweise des Fachs keine besondere Bedeutung beigemessen wurde. Zwar erwähnte *Triepel* in seinem Bericht über die Gründung wie selbstverständlich die Existenz „vielfacher Gegensätze in wissenschaftlicher Methode"[94], aber grundsätzliche wissenschaftliche Auffassungsunterschiede im Kreis der Staatsrechtsprofessoren lagen doch weder im Horizont der Gründer noch allgemein in demjenigen der Gründungszeit[95]. Man setzte vielmehr schlicht die in der Staatsrechtswissenschaft des Kaiserreichs seit den neunziger Jahren eingetretene Öffnung voraus, die sich ohne eine ernsthafte wissenschaftstheoretische Begleitdebatte vollzogen hatte. Der sogenannte „Methoden- und Richtungsstreit", der seit der Münsteraner Tagung von 1926 ausgefochten wurde[96], war deshalb bei der Gründung der Vereinigung im Jahr 1922 noch keineswegs vorhersehbar, die im Gesichtskreis der Gründungsinitiative ohnehin stärker auf die Suche nach Gemeinsamkeit zwischen den Fachgenossen ausgerichtet war als auf die grundsätzliche Konfrontation und Klärung unterschiedlicher Wissenschaftsverständnisse. Indirekt zeigte sich darin wiederum, wie sehr die Gründung der Vereinigung in erster Linie politisch motiviert war. Die zentralen Unterschiede zwischen den Staatsrechtsprofessoren, mit denen man

---

88 Siehe dazu auch *Ewald Wiederin*, in diesem Band, S. 245 ff.

89 Formulierung bei *Anschütz*, Aus meinem Leben (Fn. 63), S. 295.

90 *Triepel*, Die Vereinigung (Fn. 6), S. 350; *Anschütz*, Aus meinem Leben (Fn. 63), S. 295; zur – bescheidenen – Rolle der Schweizer Kollegen in der Vereinigung der Weimarer Jahre siehe näher *Benjamin Schindler* in diesem Band S. 273 ff.

91 Dazu *Gassner*, Heinrich Triepel (Fn. 21), S. 127 ff.

92 *Anschütz*, Aus meinem Leben (Fn. 63), S. 294 f.

93 *Triepel*, Die Vereinigung (Fn. 6), S. 350.

94 *Triepel*, Die Vereinigung (Fn. 6), S. 349.

95 Insoweit treffend *Smend*, Die Vereinigung (Fn. 79), S. 576.

96 Siehe dazu sogleich unter VI.2.

rechnete und die man durch die Gründung der Vereinigung zu überbrücken suchte, waren nicht solche der wissenschaftlichen, sondern der politischen Ausrichtung.

5. Zwischenbilanz: Die Gründung einer wissenschaftlichen Vereinigung aus primär politischen Motiven

Blickt man auf die Gesamtheit der Motive und Ziele der Gründung der Vereinigung, dann stößt man auf ein grundlegendes Paradox: Hier wurde eine wissenschaftliche Vereinigung primär aus politischen Motiven errichtet. Bereits der verborgene Hauptgrund der Gründungsinitiative, die Angst der nationalkonservativen Staatsrechtsprofessoren vor ihrem Bedeutungsverlust in der jungen Republik, stellte ein menschlich verständliches, aber offenkundig wissenschaftsfremdes Motiv dar. Ebenso wissenschaftsfremd war das Motiv, unter den Kollegen möglichst gemeinsame (Rechts-)Auffassungen herbeizuführen. Denn Wissenschaft besteht nicht darin, unter Fachleuten konsensuale Auffassungen herzustellen, sondern soll gerade auch durch deren Streit Erkenntnisse hervorbringen. Ebenso wenig wissenschaftlich war das Motiv, die „Autorität" der Staatsrechtswissenschaft zu bewahren. Denn inwieweit Wissenschaft auf die Gesellschaft einwirkt und welcher soziale Geltungsanspruch Wissenschaftlern dort zugesprochen wird, ist ebenfalls keine Frage der Wissenschaft selbst.

6. Der Niederschlag der Gründungsmotive in der satzungsmäßigen Aufgabe der Vereinigung

Die gesamte Ambivalenz der skizzierten Motive schlug sich in der satzungsmäßigen Aufgabe der Vereinigung nieder, wie sie § 1 der Satzung formulierte. Nach dieser wohl von *Triepel* selbst entworfenen[97] Satzung stellte sich die Vereinigung die Aufgabe

„1. wissenschaftliche und Gesetzgebungsfragen aus dem Gebiete des öffentlichen Rechts durch Aussprache in Versammlungen der Mitglieder zu klären;
2. auf die ausreichende Berücksichtigung des öffentlichen Rechts im Universitätsunterricht und bei staatlichen und akademischen Prüfungen hinzuwirken;
3. in wichtigen Fällen zu Fragen des öffentlichen Rechts durch Eingaben an Regierungen und Volksvertretungen oder durch öffentliche Kundgebungen Stellung zu nehmen".

Für eine wissenschaftliche Vereinigung selbstverständlich oder doch jedenfalls naheliegend waren insoweit nur die Aussprache über wissenschaftliche Fragen in Versammlungen der Mitglieder und die Beschäftigung mit Ausbildungs- und Prüfungsfragen. In die Ambivalenzzone des „politischen Vereins", der man doch eigentlich nicht sein wollte, hinein führte hingegen die Aufgabe, „Gesetzgebungsfragen … zu klären" und zu wichtigen Fragen des öffentlichen Rechts durch Eingaben und öffentliche Aufrufe Stellung zu nehmen.

---

97 *Michael Stolleis*, Die Vereinigung der Deutschen Staatsrechtslehrer, KritV 80 (1997), S. 339 (341).

Denn Gesetzgebungsfragen waren damals wie heute Fragen der politischen Entscheidung durch gewählte Parlamentarier, nicht solche der wissenschaftlichen „Klärung" durch ungewählte Professoren. Es blieb bei dieser „Aufgabe" überdies offen, mit welchen wissenschaftlichen Mitteln die Staatsrechtslehrervereinigung denn in der Lage sein sollte, Gesetzgebungsfragen „zu klären". Die entsprechende Aufgabenbestimmung in der Satzung machte daher in erster Linie das Konkurrenzverhältnis deutlich, in dem sich die Vereinigung gegenüber dem Gesetzgeber sah.

Auf andere Weise deutlich wurde diese Konkurrenzsituation auch in der Aufgabenbestimmung hinsichtlich von Eingaben und öffentlichen Aufrufen der Vereinigung. Hier zeigte nicht nur bereits die Reihenfolge der möglichen Adressaten – man nannte zunächst die Regierungen, dann die Parlamente, dann die Öffentlichkeit – das Verhaftetsein der Gründer in gouvernementaler Gelehrtenpolitik an. Unklar blieb dabei vor allem die Abgrenzung zum bürgerschaftlichen Engagement von Staatsrechtsprofessoren. Denn so legitim die Einmischung von Staatsrechtsprofessoren als Bürger in den allgemeinen politischen Diskurs war, so wenig erschloss sich doch, warum eine wissenschaftliche Vereinigung sich die Aufgabe stellte, derartige Eingaben und Aufrufe gleichsam zur Sache des wissenschaftlichen Kollektivs der Staatsrechtswissenschaft zu machen. Auch hier zeigte sich erneut das Selbstbild einer Vereinigung, die sich im rechtspolitischen Wettstreit mit dem Gesetzgeber um die Gestaltung des Rechts sah.

VI. Das kurze Weimarer Jahrzehnt der Vereinigung

1. Organisation und Erfolg

Die Gründungsinitative hatte großen Erfolg, was ihr Ziel anging, den Zusammenhalt des Fachs zu stärken. Durch die persönliche Begegnung und Aussprache der Kollegen schuf sie Gemeinsamkeiten und wirkte einem möglichen Auseinanderbrechen in Sondergruppierungen entgegen.[98] Es gelang ihr, praktisch die gesamte Disziplin zu versammeln und im Gespräch zu halten. Das beruhte maßgeblich auf dem Gründungskompromiss zwischen dem nationalkonservativen und dem „republikanischen" Lager, der das Gesicht der Vereinigung in ihrem kurzen ersten Jahrzehnt prägte und es ihr erlaubte, zum Forum des für die Gründungsgeneration noch nicht vorhersehbaren „Methoden- und Richtungsstreits" in den mittleren Jahren der Weimarer Republik zu werden.

a) Mitgliedschaft und Beteiligung

Im Gefolge der Berliner Gründungsversammlung im Oktober 1922 traten fast alle Fachvertreter der neuen Vereinigung bei. Es fällt allerdings auf, dass einige politisch besonders exponierte Staatsrechtsprofessoren nicht Mitglieder der neuen Vereinigung wurden[99] wie der Pazifist *Walther Schücking*, der einsame Parlamentsrechtler *Julius Hatschek*,

[98] Treffend dazu *Scheuner*, Die Vereinigung (Fn. 86), S. 351.

[99] Dazu *Stolleis*, Die Vereinigung (Fn. 97), S. 342.

der deutschnationale Mittelstandspolitiker *Johann Viktor Bredt* und der erzreaktionäre völkische Nationalist *Axel von Freytagh-Loringhoven*. Im linksliberalen Spektrum mochte für diese Entscheidung die politische Ablehnung *Triepels* als Annexionsanhänger des Ersten Weltkriegs und staatsrechtlicher Frontmann der republikfeindlichen DNVP maßgeblich sein, auf der Rechten die aktiv-kämpferische Ablehnung der Weimarer Republik als vermeintliches Ergebnis eines Hochverrats[100]. Aber das blieben Einzelfälle. Die Vereinigung erfasste mit 80 bis 90 Mitgliedern in der Weimarer Zeit praktisch das gesamte Fach, bei den Tagungen waren meist zwischen 40 und 50 Mitglieder anwesend.[101] Dieses überwältigend positive Echo auf *Triepels* Initiative zeigt, dass das Bedürfnis nach einer stärkeren organisatorischen Vernetzung damals weit verbreitet war[102] und viele Motive der Gründungsinitiative von den damaligen Kollegen geteilt wurden.

b) Die Vorstände als Ausdruck des Gründungskompromisses

Wie sehr der Erfolg der Vereinigung auf dem anfänglichen Brückenschlag zwischen den nationalkonservativen und den „republikanischen" Staatsrechtsprofessoren beruhte, zeigte sich besonders anschaulich in der Besetzung der Vorstände. Neben *Heinrich Triepel* als ersten Vorsitzenden traten im ersten Vorstand als sein Stellvertreter *Gerhard Anschütz* und als Schriftführer und Kassenwart *Fritz Stier-Somlo*. Der seit 1916 in Heidelberg lehrende *Gerhard Anschütz* war einer der profiliertesten linksliberalen Anhänger der Weimarer Republik in der Staatsrechtslehre und hatte bereits 1921 seinen bedeutenden Verfassungskommentar vorgelegt.[103] Wenige Wochen nach der Gründung der Staatsrechtslehrervereinigung verteidigte er die Weimarer Republik im November 1922 in einer großen Rektoratsrede in Heidelberg als demokratischen Nationalstaat.[104] Mit dem Kölner Staatsrechtler *Fritz Stier-Somlo* holte man als drittes Mitglied schließlich noch denjenigen Kollegen in den Vorstand, dem man in Berlin zuvor den Plan einer eigenen „republikanischen" Staatsrechtslehrervereinigung nachgesagt hatte. Als führender Autor des Sozial- wie Kommunalrechts, Protagonist der zunächst städtischen Neugründung der Kölner Universität im von separatistischen Tendenzen erschütterten Rheinland und stadtbürgerlicher Gelehrter jüdischer Herkunft[105] verkörperte *Stier-Somlo* viele Eigenschaften, Themen und Tendenzen der gesellschaftlichen Modernisierung in der Weimarer Republik.

Dieses erste Personaltableau führte den Gründungskompromiss der Vereinigung deutlich vor Augen. Es war ein Kompromiss zwischen Gelehrten, die derselben, um 1870 geborenen Generation angehörten, jedoch politisch völlig unterschiedlich dachten.[106]

---

100 *Axel von Freytagh-Loringhoven*, Die Weimarer Verfassung in Lehre und Wirklichkeit, 1924.

101 *Stolleis*, Die Vereinigung (Fn. 97), S. 342, mit weiteren Nachweisen.

102 *Stolleis*, Die Vereinigung (Fn. 97), S. 341.

103 Zu ihm *Ernst Forsthoff*, Gerhard Anschütz, Der Staat 6 (1967), S. 139; *Horst Dreier*, Ein Staatsrechtslehrer in den Zeiten des Umbruchs: Gerhard Anschütz (1867–1948), ZNR 20 (1998), S. 28.

104 *Gerhard Anschütz*, Drei Leitgedanken der Weimarer Reichsverfassung. Rede, gehalten bei der Jahresfeier der Universität Heidelberg am 22. November 1922, 1923.

105 Zur Person siehe *Otto*, Fritz Stier-Somlo (Fn. 70).

106 Geburtsjahre: Carl Sartorius 1865, Gerhard Anschütz 1867, Heinrich Triepel 1868, Fritz Stier-Somlo 1873, Richard Thoma 1874. Mit aller Vorsicht lässt sich sagen, dass es Angehörigen dieser – durch

Neben *Triepel* als Gründungsfigur mit großer fachlicher Autorität, aber unverkennbarer politischer Distanz zur Weimarer Republik, traten zwei Kollegen, die als engagierte Anhänger der jungen Republik hervorgetreten waren. *Heinrich Triepel* schien begriffen zu haben, dass seine Autorität in der Vereinigung darauf beruhte, dass im dreiköpfigen Vorstand mit ihm zwei profilierte „republikanische" Kollegen amtierten. So blieb es im Vorstand der Vereinigung bis zum Ende der Weimarer Republik. Stets gab es dort zwei „republikanische" Mitglieder, die nach *Triepel* mit *Richard Thoma* und *Carl Sartorius* auch jeweils den Vorsitzenden stellten, und einen Nationalkonservativen (*Rudolf Smend, Otto Koellreutter*). Ohnehin blieben in der kurzen Zeit zwischen der Gründung in Berlin 1922 und der letzten Tagung in Halle 1931 *Triepel, Anschütz* und *Thoma* als selbstverständliches Führungstrio der Vereinigung konstant. Noch beim Hallenser Treffen saßen nach dem Zeugnis des von deutschen räumlichen und sonstigen Hierarchien irritierten Schweizer Beobachters *Dietrich Schindler senior* „oben am Tisch, in der Nähe des Vorstands (*Sartorius, Kelsen, Koellreutter*) die Prof. *Triepel, Anschütz, Thoma*, gleichsam als Päpste …"[107].

2. *Die Vereinigung als Forum des „Methoden- und Richtungsstreits"*

Die Jahrestagungen der Vereinigung wurden ab dem Jahr 1926 zum zentralen Forum einer grundsätzlichen Auseinandersetzung um die Wissenschaft vom öffentlichen Recht, die unter der gängigen, wenn auch nicht unproblematischen Bezeichnung als „Methoden- und Richtungsstreit" in die Wissenschaftsgeschichte des Fachs eingegangen ist.[108] Den Hintergrund für diesen Streit bildete der revolutionäre Umbruch zur demokratischen Republik. Allerdings begann die entsprechende Auseinandersetzung erst mit einiger Verzögerung. Die prägende Sozialisation der meisten Gelehrten durch die lange Zeit des Kaiserreichs, das abwartende Beharrungsvermögen, das juristische Arbeit häufig kennzeichnet, der sich erst langsam vollziehende Generationswechsel und die anfangs noch zögerliche Wahrnehmung des Bedeutungsgewinns, den das Verfassungsrecht durch die Weimarer Verfassung erlebte, sorgten zunächst dafür, dass in den ersten Jahren der Republik von Weimar bei allen äußeren Umbrüchen im staatsrechtlichen Wissenschaftsbetrieb Kontinuität vorherrschte.[109] Das änderte sich grundlegend, als die Republik in der zweiten Hälfte der zwanziger Jahre vor dem Ausbruch der Weltwirtschaftskrise im Jahr 1929 in eine ruhigere Phase gelangte. Nun brach der Streit innerhalb der

---

die stabile Vorkriegszeit geprägten – Generation insgesamt leichter fiel, sich auf die Weimarer Republik positiv einzulassen: *Andreas Wirsching*, „Vernunftrepublikanismus" in der Weimarer Republik, in: Wirsching/Eder (Hrsg.), Vernunftrepublikanismus (Fn. 27), S. 9 (18 ff.).

[107] Siehe dazu den Beitrag von *Benjamin Schindler* in diesem Band, S. 273 ff., mit Nachweis in Fn. 16.

[108] Aus der umfangreichen Literatur siehe insbesondere: *Scheuner*, Die Vereinigung (Fn. 86), S. 349; *Friedrich*, Der Methoden- und Richtungsstreit (Fn. 32), S. 161; *ders.*, Geschichte (Fn. 30), S. 322 ff.; *Werner Heun*, Der staatsrechtliche Positivismus in der Weimarer Republik, Der Staat 28 (1989), S. 377; *März*, Der Richtungs- und Methodenstreit (Fn. 66), 1994, S. 75; *Michael Stolleis*, Geschichte des öffentlichen Rechts in Deutschland, Bd. 3: 1914–1945, 1999, S. 153 ff.; *Christoph Gusy*, 100 Jahre Weimarer Verfassung, 2018, S. 77 ff.

[109] *Friedrich*, Der Methoden- und Richtungsstreit (Fn. 32), S. 168.

Staatsrechtslehre mit elementarer Heftigkeit aus und fand auf den Jahrestagungen der neugegründeten Vereinigung sein zentrales Forum.

a) Wissenschaftlicher Streit in einer Vereinigung zur Vermeidung politischen Streits

Im Ausbruch dieses Streits liegt zunächst ein bemerkenswertes Paradox. Anders als bei anderen Gelehrtenvereinigungen hatte an der Wiege der Staatsrechtslehrervereinigung gerade nicht die Auseinandersetzung um den wissenschaftlichen Gegenstand des Fachs gestanden, sondern die Sorge vor dem politischen Zerwürfnis unter den Fachvertretern. Diesen politischen Streit hatte man durch den wissenschaftlichen Dialog gerade abwenden oder doch überbrücken wollen. In der Vereinigung bekam man in den mittleren Jahren Weimars aber gerade nicht den befürchteten politischen Zwist, sondern vielmehr einen grundsätzlichen wissenschaftlichen Streit, den die Gründer nicht vorhergesehen hatten und der zumeist von der jüngeren Generation der seit den 1880er Jahren geborenen Staatsrechtsprofessoren ausgetragen wurde.[110] Eine Vereinigung, welche die Fachvertreter integrieren sollte, machte deren grundlegenden Dissens überhaupt erst offenbar.[111]

In der damaligen Debatte ging es letztlich um die modernisierte Bewahrung oder die Überwindung des „Positivismus“ in der (Staats-)Rechtswissenschaft, wobei freilich im Einzelnen in vielfacher Hinsicht unklar blieb, worum eigentlich genau gestritten wurde. In dieser Auseinandersetzung schwangen politische Wertungen und Einstellungen durchaus mit. So waren die in die Debatte verwickelten „Positivisten“ von *Kelsen* und *Nawiasky* bis hin zu *Anschütz* und *Thoma* durchweg entschiedene Anhänger der Weimarer Republik, während die Antipositivisten – mit der bemerkenswerten Ausnahme *Hermann Hellers* – zumeist zum republikdistanzierten nationalkonservativen Spektrum gehörten. Aber man entzweite sich am Ende nicht über Politik, sondern über Wissenschaft.

b) Ein disparater Disput

Der Streit war disparat. Unterschiedliche Arten von „Positivismus“ – der österreichisch-rechtstheoretische Positivismus *Hans Kelsens*, der eher schlichte Gesetzespositivismus von *Gerhard Anschütz*, der soziologisch und werturteilstheoretisch aufgeklärte Positivismus *Richard Thomas* – stritten mit unterschiedlichen Erneuerungstendenzen, die „teleologisch“ (*Triepel*), „geisteswissenschaftlich“ (*Smend, Holstein*), „institutionell“ (*Kaufmann*) oder „phänomenologisch“ (*Leibholz*) daherkamen. Häufig ging es besonders den Neuerern eher um die Staatslehre als um das Staatsrecht oder wurde zwischen beiden gar nicht erst genauer unterschieden. Methodenfragen im engeren juristischen Sinn – also die Ermittlung von Regeln für die Auslegung staatsrechtlicher und insbeson-

---

[110] Zum Generationsaspekt als einem der Hintergründe des Streits siehe *Friedrich*, Der Methoden- und Richtungsstreit (Fn. 32), S. 168; *Christoph Möllers*, Der Methodenstreit als politischer Generationenkonflikt, Der Staat 43 (2004), S. 399.

[111] Treffend dazu *Peter C. Caldwell*, Popular Sovereignty and the Crisis of German Constitutional Law, 1997, S. 80.

dere verfassungsrechtlicher Normen – standen hingegen nicht im Vordergrund der Diskussion und wurden auch nur selten spezifisch erörtert. Gerade weil die Probleme einer Verfassungshermeneutik in der Weimarer Debatte keine eigenständige Aufmerksamkeit erfuhren, ist es durchaus zweifelhaft, ob die Bezeichnung der damaligen Debatte als „Methodenstreit" eigentlich zutrifft. Vielleicht ist deshalb die noch unbestimmtere Bezeichnung „Richtungsstreit" die treffendere[112], deutet damit aber zugleich auch daraufhin, dass in vielerlei Hinsicht offenblieb, worüber man stritt.

Man wird dem damaligen Streit aber jedenfalls das Verdienst zuschreiben können, die neue Bedeutung von Verfassungsrecht in der demokratischen Republik entdeckt und zum Gegenstand rechtswissenschaftlicher Reflexion gemacht[113] und den Abschied von einer auf die Situation der konstitutionellen Monarchie zugeschnittenen staatsrechtlichen Begrifflichkeit zumindest eingeleitet zu haben[114]. Der insgesamt eher magere systematische Ertrag der damaligen Diskussion hängt dabei auch damit zusammen, dass die zeitgenössischen Neuerer mit dem von ihnen posthum bekämpften Begriffskonstruktivismus *Paul Labands* mehr verband als sie selbst dachten.[115] Denn sie teilten mit der Staatsrechtslehre *Labands* zumeist den Habitus einer Rechtswissenschaft, die sich wie in den Zeiten vor der Positivierung, Institutionalisierung und schließlich Demokratisierung der Rechtsproduktion als Herrin des Staatsrechts gebärdete und gerade durch diesen Habitus weder die Probleme eines neuartig ausdifferenzierten und demokratisierten Verfassungsrechts noch die mögliche Rolle der Staatsrechtswissenschaft im Umgang damit nüchtern zu begreifen vermochte.

c) Die Bedeutung der Vereinigung als Ort des Streits

In diesen tiefgehenden Auseinandersetzungen der Weimarer Staatsrechtswissenschaft spielte die Vereinigung eine wichtige Rolle, mehr noch: Diese sind ohne die Jahrestagungen der Vereinigung gar nicht vorstellbar. Denn die Tagung bot den Ort, an dem die Kontrahenten persönlich aufeinandertrafen, einander zuhörten und unmittelbar aufeinander reagierten, und dies geschah in einem kleinen, geradezu intim zu nennenden Kreis von 40 bis 50 Teilnehmern. Das von Anfang an praktizierte System, dass jeweils ein Thema durch Referat und Koreferat behandelt wurde und die anschließende Diskussion sofort den Umfang der Ablehnung oder Zustimmung zu den vertretenen Thesen enthüllte, stachelte den „Methoden- und Richtungsstreit" geradezu an und befeuerte ihn.[116] Besonders deutlich wurde die Vereinigung dabei zum Ort eines grundlegenden Wortgefechts, wenn die Tagungsregie als Referenten einen Neuerer auf einen „positivistischen" Vertreter treffen ließ. Das Urbild dieser Art von Aufeinandertreffen bildete die Tagung in Münster 1926, wo ein naturrechtlich inspirierter *Erich Kaufmann* mit dem skeptischen Positivisten *Hans Nawiasky* über die Bedeutung des Gleichheitssatzes in der Weimarer

---

[112] *Friedrich*, Der Methoden- und Richtungsstreit (Fn. 32), S. 165 f.

[113] *Friedrich*, Der Methoden- und Richtungsstreit (Fn. 32), S. 170 ff.; *März*, Der Richtungs- und Methodenstreit (Fn. 66), S. 88 ff.

[114] *Scheuner*, Die Vereinigung (Fn. 86), S. 349 ff., 355 ff.

[115] Treffend *Friedrich*, Der Methoden- und Richtungsstreit (Fn. 32), S. 200 f.

[116] *Friedrich*, Der Methoden- und Richtungsstreit (Fn. 32), S. 184 Fn. 50.

Verfassung stritt.[117] Der Disput war umso virulenter, als die Weimarer Reichsverfassung weder eine ausdrückliche Bindung des Gesetzgebers an den Gleichheitssatz vorsah noch eine klare Aussage über das richterliche Prüfungsrecht getroffen hatte.

Die Tagungen hinterließen dabei allerdings vor allem immer neue Bekundungen wechselseitigen Nichtverstehens. So entgegnete *Richard Thoma* in Reaktion auf eine Diskussionsbemerkung von *Erich Kaufmann*, das sei[118]

„für mich sozusagen chinesisch. Ich verstehe es einfach nicht und bin durchaus nicht der einzige in diesem Saale, der es nicht versteht. Ich spreche das aus, weil es doch ein sehr beunruhigendes Symptom der gegenwärtigen wissenschaftlichen Situation ist, daß selbst in einem so engen Kreise spezialisierter Fachgelehrter sich eine solche Kluft des Nichtverstehens der Problematik und der Terminologie der einen Gruppe durch die andere Gruppe auftut."

Als *Heinrich Triepel* und *Hans Kelsen* 1928 in Wien äußerst unterschiedliche Vorstellungen über die Verfassungsgerichtsbarkeit vorgetragen hatten, stellte *Triepel* in seinem Schlusswort fest, *Kelsen* und er redeten „mit verschiedenen Zungen, weil wir mit verschiedenen Augen die Dinge sehen", während *Kelsen* seinerseits *Triepel* beipflichtete, „dass wir uns heute nicht begegnet sind, und wohl auch nie begegnen werden."[119] Wenn der Streit ein „Richtungsstreit" war, dann waren dessen Teilnehmer zumeist in unterschiedliche Richtungen unterwegs und gingen aneinander vorbei.

Bemerkenswert ist dabei allerdings, dass es den Teilnehmern über ihre tiefgreifenden Auffassungsunterschiede hinweg überhaupt gelang, im Gespräch zu bleiben, mochte dieses auch nicht selten nur wechselseitiges Unverständnis dokumentieren. Das persönliche Zusammentreffen und die Zusammenarbeit innerhalb der Vereinigung wirkten nicht selten konfliktmindernd. So führte die äußerst scharfe wissenschaftliche Auseinandersetzung zwischen *Smend* und *Kelsen*, bei der antisemitische Anspielungen und politische Verdächtigungen mitspielten, an den Rand eines persönlichen und öffentlichen Bruchs zwischen den beiden Gelehrten, die in den zwanziger Jahren nacheinander auch Vorstandsmitglieder der Vereinigung waren. Dem amtierenden Vorsitzenden der Vereinigung, *Carl Sartorius*, gelang es jedoch, seinen Mitvorstand *Kelsen* zu einem Brief zu bewegen, in dem er im Hinblick auf *Smend* Missverständnisse bedauerte und damit die Angelegenheit bereinigte.[120] *Sartorius* berief sich in seinem entsprechenden Brief an *Kelsen* aus dem Jahr 1930 gerade auch auf die Funktionsfähigkeit der durch die Vereinigung begründeten „Arbeitsgemeinschaft":

„...Bei allen tiefgehenden Verschiedenheiten des Temperaments, der wissenschaftlichen Methode und der politischen Einstellung ihrer Mitglieder, hat bis jetzt die Arbeitsgemeinschaft der Vereinigung der deutschen Staatsrechtslehrer in voller Harmonie ihre Wirksamkeit entfaltet. Es wäre

[117] Die Gleichheit vor dem Gesetz im Sinne des Art. 109 der Reichsverfassung, VVDStRL 3 (1927), S. 2 ff.

[118] *Richard Thoma*, Diskussionsbemerkung, VVDStRL 4 (1928), S. 86 f.

[119] VVDStRL 5 (1929), S. 117.

[120] Näher dazu *Thomas Olechowski*, Hans Kelsen als Mitglied der Staatsrechtslehrervereinigung, in: Jestaedt (Hrsg.), Hans Kelsen und die deutsche Staatsrechtslehre, 2013, S. 11 (23 ff.).

doch außerordentlich bedauerlich, wenn nun ein Riss in diese Geschlossenheit der Vereinigung gebracht würde und wir müssen, wie ich glaube, alles tun, um diese Gefahr zu beschwören." [121]

Die Vereinigung erfüllte so in den Weimarer Jahren eine bemerkenswerte Doppelfunktion. Sie bot dem Streit überhaupt erst die Bühne, hegte diesen durch die Schaffung persönlicher Verbindungen aber zugleich auch ein.

VII. Was bleibt?

Das Weimarer Gründungsjahrzehnt der Vereinigung liegt nun fast hundert Jahre zurück. Vieles ist versunken, die Rechtsprobleme des Weimarer Verfassungsrechts ebenso wie die Intimität und Intensität der Gespräche eines kleinen Herrenclubs. Weimar erinnert aber daran, dass das Format der Plenartagung der Vereinigung sich erst voll zu entfalten vermag, wenn in den Vorträgen und Diskussionen grundsätzliche Unterschiede der wissenschaftlichen Auffassungen und Herangehensweisen hervortreten. Zur Pfadabhängigkeit der Vereinigung aus ihrer Gründungszeit gehört es freilich auch, dass sie grundlegende Auffassungsunterschiede eher im Politischen als im Wissenschaftlichen vermutet und ihre Aufgabe weniger in der Klärung originär wissenschaftlicher Positionen sieht als in der Stiftung sozialer Kompatibilität unter ihren Mitgliedern. Nicht zuletzt ist in ihre Weimarer DNA auch ein soziales Geltungsbedürfnis ihrer Mitglieder eingelassen, das zum ausdifferenzierten Rechtssystem des demokratischen Staates in einem ebenso spannungsreichen Verhältnis steht wie zur primären Aufgabe von Wissenschaft, die nicht im praktischen Einfluss von Professoren, sondern in der Erarbeitung neuer Erkenntnisse liegt. Weimarer Hybris zu dämpfen und zugleich Weimarer Ideenreichtum zu fördern, wäre daher nicht die schlechteste Lehre aus der Gründungszeit der Vereinigung für die Gegenwart.

---

[121] Eine maschinenschriftliche Abschrift des Briefes von *Sartorius* an *Kelsen* wurde *Smend* übersandt und befindet sich in UB Göttingen, Cod. Ms. R. Smend C 10. Der Brief ist hier zitiert nach *Olechowski*, ebd., S. 24.

Die Vereinigung in der Zeit des Nationalsozialismus und ihre Auflösung

Andreas Kley

I. Thema 39
II. Staatsrechtliche Denkrichtungen in der Weimarer Republik 41
1. Drei Arten des rechtswissenschaftlichen Denkens 41
2. Methoden-, Richtungs- und Grundlagenstreit in der Weimarer Republik 43
3. Weimarer Konferenzen der Verfassungstreuen 1926 bis 1932 45
4. Aufruf an der Tagung von Halle 1931 zu Art. 48 Abs. 2 WRV 46
III. Auflösung der Vereinigung 48
1. Absage der Tagung von Marburg 1933 und Stilllegung der Vereinigung 48
2. Paralleles Schicksal der Gesellschaft für Völkerrecht 49
3. Förmliche Liquidation der Vereinigung 1938 52
IV. Staatsrechtslehrer und ihre Organisationen in der Zeit des Nationalsozialismus 54
1. Vergebliche Nachfolgerivalität nationalsozialistischer Organisationen 54
2. Virtuelle Gruppen der Staatsrechtslehrer 55
V. Schrifttum der Staatsrechtslehrer in der Zeit des Nationalsozialismus 57
1. Schrifttum in den drei Phasen des NS-Regimes 57
2. Flug-, Bekenntnis- und Wendeschriften 59
3. Vom institutionellen Rechtsdenken zur „nationalsozialistischen" Methodenlehre . . 61
4. Nationalsozialistische Gesamtdarstellungen versus Exilliteratur 63
5. Nationalsozialistische Aufsatzliteratur ab 1939 67
6. Habilitationsschriften 68
7. Am Ende: Staatsrechtslehre ohne Staatsrecht 70
VI. Epilog: Der „liegengebliebene, rechte braune Lederhandschuh" 72

I. Thema

Ernst Rudolf Huber schrieb 1941 im Vorwort des von ihm herausgegebenen Bandes „Idee und Ordnung des Reiches": „Nach einer Unterbrechung von neun Jahren sind die deutschen Staatsrechtslehrer am 4. und 5. Oktober 1940 zum ersten Male wieder zu einer Arbeitstagung, und zwar in Leipzig im Rahmen des ‚Einsatzes der Geisteswissenschaften', zusammengetreten. Mitten im Krieg, in der Kampfpause zwischen den großen Schlachten im Westen und Osten, vereinten sich bei dieser Leipziger Tagung die Vertreter des deutschen Verfassungs- und Verwaltungsrechts, um den Grund einer neuen Gemeinschaftsarbeit zu legen."[1] Der Band sollte „die Geschichte und die gegenwärtige

[1] Idee und Ordnung des Reiches, Gemeinschaftsarbeit deutscher Staatsrechtslehrer, herausgegeben

Gestalt des Reiches“ erforschen. *Huber* formulierte ein Bekenntnis der beteiligten Autoren. Ihnen gehe es um das „Gefüge der führenden und bewahrenden Macht, die aus der europäischen Mitte ausstrahlend ihre große Ordnungsaufgabe“ erfülle. „Verfassungsrecht bedeutet uns die politische Grundordnung, die allen Lebensbereichen der Volksgemeinschaft die sie bestimmenden Prinzipien vermittelt und die ihnen gemäße Stellung im gegliederten Bau des Reiches zuweist.“ Die Haltung der Autoren verbinde „rückhaltlose Entschiedenheit mit strengster Sachlichkeit“ und verschmelze „die Stärke deutscher wissenschaftlicher Überlieferung mit der Intensität, die die großen Ziele der Gegenwart“ erfordern. Das Vorwort spricht jenseits nationalsozialistischer Anleihen („neue Gemeinschaftsarbeit“, „rückhaltlose Entschiedenheit“) verklausuliert zwei Grundfragen an: Wer sollte nach der Stilllegung und Auflösung der Vereinigung die „Lücke“[2] füllen und die Tradition der Staatsrechtslehrervereinigung übernehmen?

Zwischen 1933 und 1949 gab es faktisch keine Vereinigung mehr, *Rudolf Smend* spricht daher konsequent von einer „Lücke von siebzehn Jahren“[3]. Das war die Sprachregelung anlässlich der Neugründung 1949. Der Altersvorsitzende *Richard Thoma* stellte fest, dass die Vereinigung anlässlich ihrer Wiedererrichtung „erhobenen Hauptes [...] wieder hervortrete“[4]. Trotz der plausiblen Unterbrechungsthese ist auch eine abgeschwächte Kontinuitätsthese einsichtsvoll. Der Bruch zeigte sich schon vor 1933, und die Kontinuität bestand in den zwölf Jahren des „Dritten Reiches“ in der Idee einer Staatsrechtslehre, die in den neuen Strukturen der nationalsozialistischen Gewaltherrschaft und im Verhalten ihrer einstigen und potenziellen Mitglieder zum Ausdruck kam. Die Vereinigung verkörpert, wie *Schuppert* richtig betont hat, die deutsche Staatsrechtslehre und repräsentiert deren Meinungsstand[5]. Sie ist in den Worten von *Holstein* eine „geistige Genossenschaft, die sich ihrer Pflicht zum Dienst am Volksganzen zutiefst bewußt wird“ und deren „tragende gemeinsame Gedanken [...] eine weitgehende inhaltliche Einheit“ bestimmen[6]. Ab 1933 traten an die Stelle der Vereinigung andere Organisationsstrukturen, und etliche der verbliebenen Staatsrechtslehrer unterhielten eine Debatte im Rahmen des mutmaßlich Geduldeten. Die Radikalisierung des Regimes und der Krieg unterdrückten ab 1942 außerhalb des Kreises der nationalsozialistischen Staatsrechtslehrer jede Form der normativen Diskussion.

Die Vereinigung erkannte an ihrer letzten Tagung 1931 in Halle die sich abzeichnende Problematik der Kompetenzkonzentration in der Exekutive. Den Boden für eine „neue Gemeinschaftsarbeit“ im „Dritten Reich“ legte der 1919 einsetzende Methodenstreit. Die

---

von Ernst Rudolf Huber, 1941, Vorwort unpag. Es ist nicht erstellt, wer an dieser „Tagung“ vom 4. und 5. Oktober 1940 in Leipzig anwesend war.

[2] Brief von Otto Koellreutter an Werner Weber vom 28.5.1937, zit. bei *Andreas Koenen*, Der Fall Carl Schmitt. Sein Aufstieg zum „Kronjuristen des Dritten Reiches“, 1995, S. 500 Fn. 243.

[3] *Rudolf Smend*, Die Vereinigung der Deutschen Staatsrechtslehrer und der Richtungsstreit, in: *ders.*, Staatsrechtliche Abhandlungen und andere Aufsätze, 4. Aufl. 2010, S. 620 (620).

[4] *Richard Thoma*, Eröffnung, VVDStRL 8 (1950), S. 1.

[5] *Gunnar Folke Schuppert*, Die Privatisierungsdiskussion in der deutschen Staatsrechtslehre, Staatswissenschaften und Staatspraxis 5 (1994), S. 541.

[6] Beide Zitate: *Günther Holstein*, Von Aufgaben und Zielen heutiger Staatsrechtswissenschaft. Zur Tagung der Vereinigung deutscher Staatsrechtslehrer [in Münster 1926], AöR 50 (1926), S. 1 (38).

Weimarer Konferenz der verfassungstreuen Hochschullehrer 1931 zeigte, dass es um mehr als um bloße Methode ging, denn der Gegenstand und das Ziel der Forschung waren umstritten (Ziff. II.). Die Absage der Marburger Tagung 1933 bereitete die Stilllegung und Auflösung der Vereinigung vor (Ziff. III.). Nach dem 30. Januar 1933 stellte sich die Frage, welche nationalsozialistische Organisation der Vereinigung folgen sollte (Ziff. IV.). Die Analyse der Tätigkeit der Staatsrechtslehrer zur Zeit des Nationalsozialismus ist vor dem *Hintergrund der fortschreitenden Zerstörung und Auflösung der Rechtsordnung* erhellend. Nach 1939 löste der reine Maßnahmenstaat den verbliebenen Normenstaat gänzlich ab: Die im normlosen Nationalsozialismus agierenden Staatsrechtslehrer unterstützten diesen Vorgang mit Verschleierung und Propaganda (Ziff. V.). Nach dem Krieg stellte sich im Zuge des Wiederaufbaus die Frage nach der Wiedererrichtung der Vereinigung. Die kompromittierende Verwicklung vieler Staatsrechtslehrer in den Nationalsozialismus warf die zunächst nicht öffentlich verhandelte Frage auf, wie mit den nationalsozialistischen Staatsrechtslehrern überhaupt zu verfahren sei. Das Tabu war stark, erst 2000 verhandelte die Vereinigung das Thema öffentlich (Ziff. VI.).

II. Staatsrechtliche Denkrichtungen in der Weimarer Republik

1. Drei Arten des rechtswissenschaftlichen Denkens

Drei Arten des Denkens – normativ, dezisionistisch und institutionell – bestimmten die Staatsrechtslehre seit Ende des 19. Jahrhunderts[7].

Zunächst setzte sich im 19. Jahrhundert das *normative Denken* durch, und im Deutschen Kaiserreich erhielt dieses normative Denken unter der Bezeichnung Positivismus eine herausragende Stellung. Er hatte die wichtige Funktion, die Wissenschaft von der Politik fernzuhalten. Die Verfassungs- und Rechtsordnung war gegeben, deren Normen galten unbestritten, und die Lehre akzeptierte die begrenzt demokratische Ordnung, indem sie mit der Verfassung des Kaiserreichs arbeitete, ohne sie zu hinterfragen. *Paul Laband* gab dieser Haltung in seinem „Staatsrecht des Deutschen Reiches" Ausdruck, ohne dass er rechtshistorische, philosophische oder politische Erörterungen für wertlos halten wollte[8]. *Laband* stützte die bestehende Ordnung faktisch, indem er sich auf „die gewissenhafte und vollständige Feststellung des positiven Rechtsstoffes und die logische Beherrschung desselben durch Begriffe"[9] konzentrierte. Die spätere Lehre rügte diesen Positivismus als „unpolitisch"[10], dabei ignorierte sie, dass die Positivisten auch politi-

---

7 *Christian Graf von Krockow*, Die Entscheidung, Diss. Göttingen, 1958, S. 94 m. w. H.; *Carl Schmitt*, Politische Theologie, 7. Aufl. 1996, S. 8 (Vorbemerkung zur 2. Auflage).

8 *Paul Laband*, Das Staatsrecht des Deutschen Reiches, 2. Aufl. in zwei Bänden, 2. Auflage 1888 mit den Vorworten von 1876 und 1888, S. V, IX.

9 *Laband*, Staatsrecht (Fn. 8), S. XI; *Kurt Sontheimer*, Zur Grundlagenproblematik in der deutschen Staatsrechtslehre in der Weimarer Republik, Archiv für Rechts- und Sozialphilosophie 46 (1960), S. 39 m. w. H.

10 *Gerhard Leibholz*, Zur Begriffsbildung im öffentlichen Recht, Blätter für deutsche Philosophie 5 (1931), S. 175 (176); *Michael Stolleis*, Geschichte des öffentlichen Rechts in Deutschland, Bd. II, 1992, S. 36

sche, ideelle und andere Betrachtungsweisen zuließen, einfach nicht innerhalb der Dogmatik des positiven Rechts. Die Forderung, dass die Wissenschaften wertfrei und objektiv arbeiten sollen, erhob ab 1904 *Max Weber* in verschiedenen Aufsätzen und Vorträgen.[11] Er löste damit einen wissenschaftlichen Grundlagenstreit aus. Der Positivismus schrieb seinem Gegenstand, den Rechtssätzen aller Rangstufen, *normative Geltung* zu und erhob die unbedingte Verbindlichkeit der gesetzten Rechtssätze zu seinem Dogma. Der Untergang der kaiserlichen Herrschaft am 9. November 1918 erschütterte auch den Positivismus und sein Dogma. Schon im Krieg kam die Frage nach der gerechten Ordnung, nach dem Naturrecht und der Demokratie auf. Das gesetzte Recht erhielt übergesetzliche Konkurrenz. Es stellte sich die Frage: Warum gilt das durch Staatsorgane gesetzte Recht? Das Dogma der Normativität des gesetzten Rechts war in Frage gestellt. *Carl Schmitt*[12] stellte fest: „Wenn im Interesse der politischen Existenz des Ganzen solche Durchbrechungen [...] vorgenommen werden, so zeigt sich darin die Überlegenheit des Existentiellen über die bloße Normativität. Wer zu solchen Handlungen befugt und imstande ist, handelt souverän." Die Normativität der Weimarer Reichsverfassung und des untergeordneten Rechts bildete den Kern des Methoden-, Richtungs- und Grundlagenstreits[13].

Andere Denkweisen waren der *Dezisionismus* und der Institutionalismus. *Carl Schmitt* begreift in seiner Verfassungslehre die Tätigkeit der verfassungsgebenden Nationalversammlung als „Gesamtentscheidung über Art und Form der politischen Einheit"[14]. Der Normierung geht „eine grundlegende politische Entscheidung des Trägers der verfassunggebenden Gewalt"[15] voraus. Für die Weimarer Republik betreffen diese Entscheidungen die Demokratie, die Republik, den Bundesstaat und den bürgerlichen Rechtsstaat.[16] *Schmitt* spricht dabei von der „konkreten Dezision der souveränen Instanz", die den „konkreten Inhalt"[17] schaffe. Er übernimmt damit seinen 1922 in der „Politischen Theologie" entwickelten Dezisionismus. Die Entscheidung beruht gerade nicht auf einer sie stützenden Norm: „Die Entscheidung ist, normativ betrachtet, aus einem Nichts geboren."[18] Sie erfolgt also ohne jede Bindung an etwas Vorbestehendes. Die Entscheidung sondert sich „von der Rechtsnorm, und (um es paradox zu formulieren) die Autorität

m. w. H.; *Ernst-Wolfgang Böckenförde*, Gesetz und gesetzgebende Gewalt. Von den Anfängen der deutschen Staatsrechtslehre bis zur Höhe des staatsrechtlichen Positivismus (1958), 2. Aufl. 1981, S. 214; *Horst Dreier*, Zerrbild Rechtspositivismus, in: FS für Heinz Mayer, 2011, S. 61 (69).

[11] *Max Weber*, Die Objektivität sozialwissenschaftlicher und sozialpolitischer Erkenntnis (1904), in: *ders.*, Gesammelte Aufsätze zur Wissenschaftslehre, 4. Aufl. 1973, S. 146; *ders.*, Wissenschaft als Beruf (1918), a. a. O., S. 582.

[12] *Carl Schmitt*, Verfassungslehre, 1928, S. 107.

[13] *Smend*, Richtungsstreit (Fn. 3); *Sontheimer* (Fn. 9), S. 65; *Michael Stolleis*, Der Methodenstreit der Weimarer Staatsrechtslehre – ein abgeschlossenes Kapitel der Wissenschaftsgeschichte?, in: *ders.*, Ausgewählte Aufsätze und Beiträge, 2011, S. 545 (565 m. w. H.); *Kathrin Groh*, Demokratische Staatsrechtslehrer in der Weimarer Republik, 2010, S. 4, 552.

[14] *Schmitt*, Verfassungslehre (Fn. 12), S. 20.

[15] *Schmitt*, Verfassungslehre (Fn. 12), S. 23.

[16] *Schmitt*, Verfassungslehre (Fn. 12), S. 23.

[17] *Schmitt*, Verfassungslehre (Fn. 12), S. 49.

[18] *Schmitt*, Theologie (Fn. 7), S. 37.

beweist, daß sie, um Recht zu schaffen, nicht Recht zu haben braucht". *Schmitt* spitzt seine These zu: „Alles Recht ist ‚Situationsrecht'".[19] Damit erlaubt der Dezisionismus eine rechtlich getarnte beliebige Verfügung über Menschen und Welt[20] und mündet in den Nihilismus.

Nach dem Ersten Weltkrieg entwickelte sich das *institutionelle Rechtsdenken*, namentlich durch *Maurice Hauriou* (1856–1929), als weitere Strömung, welche das normative und das dezisionistische Denken in sich aufnimmt[21]. Danach manifestiert sich das Recht in sozialen Tatbeständen, genannt Institutionen[22]. Institutionelles Denken ermöglicht, rechtliche Fragen anders zu entscheiden und zu begründen, als es in den normativen Vorgaben angelegt ist. Die institutionelle Wesensschau der Normen ergreift „auch die Struktur der außerpositiv-rechtlichen Sphäre"[23] und bringt sie normativ zur Geltung. Nüchtern betrachtet werden über die Rechtsnormen soziale Phänomene wie etwa Ehe, Familie, Eigentum gestülpt. Die sozialen Phänomene wirken normativ. Diese sogenannten „Institutionen" haben eine überrechtliche Natur und sind dem staatlichen Gesetz vorgegeben. Die Institutionen bilden Teile eines „sinnvollen Gemeinwesens, die auf einen übergeordneten ‚organischen', d. h. weltanschaulichen Zusammenhang ausgerichtet sind"[24]. Letzterer wird mit Gerechtigkeit, Natur, Naturrecht, völkischem Denken, Rechtsidee, Sittenordnung und andern abstrakten Vorstellungen bezeichnet. Mit diesen Konzepten können für einzelne oder alle „Institutionen" konkrete Rechtsfolgen hergeleitet werden. Damit lassen sich die bisher gültigen Inhalte der positiven Rechtsordnung ohne Änderung des Gesetzes verändern. Diese Umwertung kann als bloße Anwendung des geltenden Rechts getarnt werden, was die Durchsetzung der neuen weltanschaulichen Konzepte erleichtert.[25]

2. Methoden-, Richtungs- und Grundlagenstreit in der Weimarer Republik

Diese drei Denkrichtungen bestimmten die europäische Rechtswissenschaft schon vor dem Ersten Weltkrieg. In der Weimarer Republik taten sich nach der Revolution 1919 zwei Fronten auf, die man technisch als „Normativisten" und „Antinormativisten" bezeichnen kann. Die ersteren standen für die Geltung der Weimarer Verfassung und die von ihr errichtete politische Ordnung ein. Es handelte sich im weitesten Sinne um liberale Kräfte, die den Schutz der Individualfreiheit und der Demokratie betonten; die Positivisten standen in der Regel auf dieser Seite. Die Antinormativisten waren heterogener zusammengesetzt und bezweifelten die Geltung der Weimarer Verfassung. Sie standen der dezisionistischen und vor allem der institutionellen Denkrichtung nahe.

---

19 *Schmitt*, Theologie (Fn. 7), S. 19 (beide Zitate).

20 *Krockow*, Entscheidung (Fn. 7), S. 144.

21 *Maurice Hauriou*, Die Theorie der Institution und zwei andere Aufsätze, 1965.

22 *Ute Mager*, Einrichtungsgarantien, 2003, S. 128 m. w. H., namentlich *Maurice Hauriou*, La théorie de l'institution et de la fondation, in: *ders.*, Aux sources du droit, 1986, S. 89.

23 *Leibholz*, Begriffsbildung (Fn. 10), S. 187.

24 *Bernd Rüthers*, Das Ungerechte an der Gerechtigkeit, 3. Aufl. 2009, S. 99.

25 *Rüthers*, Gerechtigkeit (Fn. 24), S. 99; *Bernd Rüthers*, Wir denken die Rechtsbegriffe um, 1987, S. 60.

Die Schaffung der Weimarer Republik folgte aus der Kriegsniederlage und der erfolgreichen Revolution. Die verfassungsgebende Nationalversammlung übernahm die Staatsgewalt, erarbeitete und verabschiedete die Verfassung und bereitete die Bestellung der Organe vor. Die Staatsrechtslehre erhielt einen neuen Gegenstand. Diesen bildete nicht mehr die Reichsverfassung von 1870, sondern die Weimarer Reichsverfassung vom 11. August 1919. „Wer sich unter deren Geltung mit dem Staatsrecht befasste, musste sich also mit dem Verfassungsrecht der Republik beschäftigen."[26] Nicht alle Staatsrechtslehrer hatten den grundlegenden Herrschaftswechsel begrüßt, und einige zweifelten an der Normativität der Weimarer Reichsverfassung. Die Gründung der Vereinigung der Deutschen Staatsrechtslehrer hängt mit dieser Grundlagendiskussion zusammen. Berliner Professoren, namentlich *Heinrich Triepel*, vernahmen, dass der sozialdemokratisch gesinnte *Fritz Stier-Somlo* eine republikanische Staatsrechtslehrervereinigung plante. Sie wollten eine Spaltung der Staatsrechtslehrer in Verteidiger und Gegner der Weimarer Verfassung verhindern und luden auf den 13./14. Oktober 1922 nach Berlin ein, um die Vereinigung zu gründen[27]. Diese umfasste in der Folge fast alle Staatsrechtslehrer und damit das gesamte Meinungsspektrum. An der Tagung 1926 über „die Gleichheit vor dem Gesetz im Sinne des Art. 109 der Reichsverfassung" prallten die Meinungen zwischen dem Antinormativisten *Erich Kaufmann* und dem Positivisten *Hans Kelsen* aufeinander. *Kaufmann* attackierte schon zu Beginn seines Referats den Rechtspositivismus, der „erledigt" sei. Hinter dem positiven Recht sei „das wahrhaft Reale, in dem wir mit dem Besten in uns wurzeln, wenn wir geistig und moralisch aufrecht stehen wollen"[28]. *Kaufmann* bekannte sich dabei nicht zu einem beliebigen Naturrecht, sondern zum „rationalistischen Naturrecht des 17. und des 18. Jahrhunderts"[29]. Das Referat kulminierte in der Aussage: „Der Staat schafft nicht Recht, der Staat schafft Gesetze; und Staat und Gesetz stehen unter dem Recht"[30]. In der Diskussion widersprach *Hans Kelsen*[31] der These eines Naturrechts. Der Weimarer Streit war an dieser Tagung und an den meisten späteren Tagungen offen anwesend[32].

Die Weimarer Staatsrechtslehrer fanden für die entgegengesetzten Meinungen, genauer für die Aporie, prägnante Metaphern und Formeln. *Hans Nawiasky* sagte nach dem

---

[26] *Christoph Gusy*, „Vernunftrepublikanismus" in der Staatsrechtswissenschaft der Weimarer Republik, in: Wirsching/Eder (Hrsg.), Vernunftrepublikanismus in der Weimarer Republik, 2008, S. 195 (196).

[27] *Michael Stolleis*, Die Vereinigung der Deutschen Staatsrechtslehrer. Bemerkungen zu ihrer Geschichte, Kritische Vierteljahresschrift für Gesetzgebung und Rechtswissenschaft 80 (1997), S. 339 (340); *Smend*, Richtungsstreit (Fn. 3), S. 621; *Ulrich M. Gassner*, Heinrich Triepel. Leben und Werk, 1995, S. 134 sieht die Gründung nicht als eine Reaktion auf das Vorhaben von Stier-Somlo.

[28] VVDStRL 3 (1927), S. 3.

[29] VVDStRL 3 (1927), S. 4.

[30] VVDStRL 3 (1927), S. 21.

[31] VVDStRL 3 (1927), S. 53.

[32] *Groh*, Staatsrechtslehrer (Fn. 13), S. 552; *Smend*, Richtungsstreit (Fn. 3), S. 624; 1922 im Eröffnungsreferat von *Richard Thoma*, Das richterliche Prüfungsrecht, AöR 43 (1922), S. 267 (267); VVDStRL 1 (1924), S. 63 (63 1. Satz), *Schmitt/Jacobi*, Diktaturgewalt; VVDStRL 2 (1925), S. 8, *Jellinek/Lassar*, Schutz des öffentlichen Rechts; VVDStRL 3 (1927), S. 2, *Kaufmann/Nawiasky*, Gleichheitssatz (namentlich S. 3 und die Entgegnung von *Kelsen*, S. 53); VVDStRL 4 (1928), S. 98 (99), *Heller/Wenzel*, Der Begriff des Gesetzes in der Reichsverfassung; VVDStRL 5 (1929), S. 2, *Triepel/Kelsen*, Wesen und Entwicklung der Staatsgerichtsbarkeit; VVDStRL 7 (1932), S. 1, Eröffnung mit dem Aufruf betreffend die Anwendung des Art. 48 WRV.

Zweiten Weltkrieg in seinen Vorlesungen: „Eine gelungene Revolution hat soziologisch betrachtet staatsrechtliche und eine mißlungene Revolution hat rechtlich betrachtet strafrechtliche Folgen“.[33] Freiherr *von der Heydte* führte aus: „Der Hochverrat [ist] nur strafbar [...], wenn er mißlingt“[34]. Die Langform des Diktums findet sich etwa im Votum *Jellinek-Kiel* an der Tagung von 1928: Der Votant beobachtete eine Szenerie anlässlich einer Versammlung: „Einige Leute betraten den Rasen, wurden aber vom Schutzmann aufgeschrieben. Nachher drängte die ganze Menschenmenge auf den Rasen; da stellte der Schutzmann seine Tätigkeit ein. Da verglichen wir das Gesehene mit der Revolution. Wir sagten: wenn die Revolution im Anfangsstadium sich befindet, ist sie ungesetzlich; wenn sie sich einmal durchgesetzt hat, dann hat sie das entgegenstehende Recht besiegt.“[35]

Das Thema verschwand nach der Machtergreifung der Nationalsozialisten nicht und bestand in modifizierter Form fort.[36] Das nationalsozialistische Herrschaftssystem hatte es darauf abgesehen, die Normativität von Recht abzuschaffen und „Recht“ zur Tarnung von Willkür einzusetzen.

3. Weimarer Konferenzen der Verfassungstreuen 1926 bis 1932

1926 – im Jahr der Stabilisierung der Weimarer Republik – beschloss eine kleine Minderheit der deutschen Hochschullehrer, sich öffentlich zur Weimarer Republik zu bekennen. Einige Berliner Professoren gründeten die formlose Vereinigung „verfassungstreuer Hochschullehrer“ und hielten 1926 eine erste Tagung in Weimar ab[37], worauf 1927, 1931 und 1932 weitere folgten. An den Tagungen nahmen vor allem Professoren der Geisteswissenschaften sowie eine ansehnliche Zahl deutscher Staatsrechtslehrer teil, zumeist auch Mitglieder der Vereinigung, insbesondere *Gerhard Anschütz* und *Richard Thoma*[38]. 1931 änderte die lose Vereinigung ihren Namen in „Weimarer Kreis“[39]. Die Zusammenkunft von

---

[33] *Andreas Kley*, Rechtsstaat und Widerstand, in: Aubert/Thürer/Müller (Hrsg.), Handbuch des schweizerischen Verfassungsrechts, 2001, S. 285 (289) und dazu die Begründung im Detail bei *Hans Nawiasky*, Allgemeine Staatslehre, Zweiter Teil, Bd. 2, Staatsgesellschaftslehre, 1955, S. 40.

[34] *F. A. Freiherr von der Heydte*, Stiller Verfassungswandel und Verfassungsinterpretation, Archiv für Rechts- und Sozialphilosophie 39 (1951), S. 461 (465); *Hans Julius Wolff*, Organschaft und Juristische Person, Bd. 1, 1933, S. 390: „Der in einer Revolution Siegreiche setzt danach ‚Recht‘, der Unterliegende ‚Unrecht‘.“

[35] VVDStRL 5 (1929), S. 215; ähnliche Überlegungen bei *Hermann Herrfahrdt*, Revolution und Rechtswissenschaft, Habil., 1930, S. 5, 53, 147.

[36] *Stolleis*, Methodenstreit (Fn. 13), S. 560; a. M. *Smend*, Richtungsstreit (Fn. 3), S. 632 spricht von „Stilllegung“ dieser Diskussion.

[37] Die deutschen Universitäten und der heutige Staat. Referate, erstattet auf der Weimarer Tagung deutscher Hochschullehrer am 23. und 24. April 1926, hrsg. von Wilhelm Kahl, Friedrich Meinecke und Gustav Radbruch, Recht und Staat in Geschichte und Gegenwart, Heft 44, 1926. Dazu grundlegend die materialreiche Studie, *Herbert Döring*, Der Weimarer Kreis, 1975, S. 4, 82.

[38] Außer um die aktiven G. Anschütz und R. Thoma handelt es sich um W. Apelt, O. Bühler, F. Giese, H. Heller, A. Hensel, W. Jellinek, K. Loewenstein, A. Mendelssohn-Bartholdy, H. Nawiasky, K. Perels, H. Peters, H. Preuß, G. Radbruch, L. Richter, K. Rothenbücher, C. Sartorius, W. Schücking, H. Sinzheimer, F. Stier-Somlo, R. Thoma, L. Waldecker, L. Wittmayer, H.J. Wolff, E. Jacobi, F. Jerusalem, H.U. Kantorowicz, H. Kelsen, L. v. Koehler, R. Laun, Nachweise bei *Gusy*, „Vernunftrepublikanismus“ (Fn. 26), S. 195 Fn. 2.

[39] *Döring*, Kreis (Fn. 37), S. 7 m. w. H.

1926 verabschiedete eine wegleitende Resolution zum Teilnehmerkreis: Danach hieß man jeden Kollegen willkommen, „welcher – unbeschadet seiner wie immer gearteten politischen Grundüberzeugung – gewillt ist, auf dem Boden der bestehenden demokratisch-republikanischen Staatsordnung positiv mitzuarbeiten am Ausbau unseres Verfassungslebens“[40]. Die rechtsstehenden Unterzeichner bekundeten erhebliche Mühe mit diesem Text, weil sie sich nicht als Demokraten oder Republikaner verstanden. So formulierte der abwesende *Otto Koellreutter*, damals Mitglied der Deutschen Volkspartei, dass die Resolution ein „unnötig bekenntnismäßiges Element“, sozusagen einen „Geßlerhut“[41], enthalte.

Die Tagungen waren keineswegs repräsentativ und eher schlecht besucht. Am meisten Teilnehmer erhielt die Tagung 1927 in Weimar über den Parlamentarismus, nämlich 114, und sie wurde in der Presse breit wiedergegeben.[42] Die Tagung 1931 in Weimar war auf Pfingsten anberaumt und wurde wegen Uneinigkeit der Organisatoren auf den 26./27. Oktober verschoben und mit 59 Teilnehmern durchgeführt. Thema war der „Kampf gegen die Invasion des Nationalsozialismus in die Universitäten“[43]. Die letzte Tagung Ende Oktober 1932 in Leipzig umfasste nur 30 Teilnehmer. Sie widmete sich den Themen des liberalen Staatsgedankens im Verhältnis zum totalen Staat und der akademischen Jugend.[44]

4. Aufruf an der Tagung von Halle 1931 zu Art. 48 Abs. 2 WRV

Die regelmäßigen Teilnehmer am Weimarer Kreis vertraten in der Staatsrechtslehrertagung die demokratisch-republikanische Staatsordnung, wie sie in der Weimarer Verfassung von 1919 von der verfassungsgebenden Nationalversammlung konzipiert worden war. Auf der Gegenseite standen die Kritiker der Weimarer Verfassung und die nichtdemokratischen Professoren, die eine autoritäre Staatsordnung bevorzugten. Der Weimarer Kreis stand also tendenziell eher auf der Seite der Positivisten im Rahmen des „Methodenstreits“ innerhalb der Staatsrechtslehrervereinigung. Er bildete damit den Widerpart zu den Vertretern des dezisionistischen oder institutionellen Rechtsdenkens. Die Weimarer Tagung des Weimarer Kreises vom 26./27. Oktober und die achte und letzte Tagung der Vereinigung vom 27. bis zum 29. Oktober 1931 in Halle überlappten sich an einem Tag. Die Überlappung war auch inhaltlicher Art, da die achte und letzte Tagung zur Zeit der Weimarer Republik außerhalb der beiden Themen Beamtenrecht und Wahlrecht einen spontan angesetzten Tagesordnungspunkt diskutierte. Der Tagungsband berichtet unter der „Eröffnung“, außerhalb der Tagesordnung habe eine Aussprache über die Handhabung des sogenannten Notverordnungsrechts stattgefunden. Das Ergebnis der Aussprache sei in einer an die Presse gegebenen Mitteilung niedergelegt worden, in der die Vereinigung als ihre Überzeugung ausspreche: „Daß es die Aufgabe der Regierungen des Reiches und der Länder sei, strenger als bisher darüber zu wachen, daß das

[40] Deutsche Universitäten und der heutige Staat (Fn. 37), S. 38.

[41] *Döring*, Kreis (Fn. 37), S. 87 Anm. 52 in einem Brief vom 9.6.1926 an Hans Delbrück.

[42] *Döring*, Kreis (Fn. 37), S. 96.

[43] *Döring*, Kreis (Fn. 37), S. 104.

[44] *Döring*, Kreis (Fn. 37), S. 111.

Mittel der Notverordnung nicht mißbraucht werde durch die Einfügung von Bestimmungen, welche weder mit dem Schutze der öffentlichen Sicherheit und Ordnung, noch mit der Behebung der gegenwärtigen Notlage auch nur in mittelbarem Zusammenhange stehen."[45] Dem Tagebuch von *Carl Schmitt* ist zu entnehmen, dass eine „heftige Diskussion über unsere Resolution" stattfand, in welcher er, *Bilfinger* und andere überstimmt worden seien, und er fuhr fort: [Ich] „[s]ah die Gemeinheit und Bösartigkeit von *Rothenbücher, Kaufmann* und *Smend*. War nicht geschickt genug, aber mutig. Die Resolution wurde beschlossen, es ist ganz gleichgültig"[46].

Diese vorsichtige und schwache Mahnung wurde zum Vermächtnis der Weimarer Zeit. Die Presse hatte den Aufruf nur am Rande aufgenommen[47], und er entfaltete keine politische Wirkung. Die beiden Berichte zur Tagung von *Arnold Köttgen* und *Friedrich Giese* enthielten keine weitergehenden Informationen zum Aufruf[48]. Die Öffentlichkeit überging die Mahnung nahezu mit Stillschweigen. Ganz im Gegensatz dazu merkte *Otto Koellreutter* bei diesem Thema auf und verfasste einen Epilog zum Aufruf von Halle.[49] Er geißelte darin auch die fast gleichzeitig stattfindende „Konferenz der Verfassungstreuen" vom 26./27. Oktober 1931 – wie sie sich selbst bezeichnete, bevor sie den Namen wechselte – und erklärte deren Liberalismus für widersprüchlich und unmöglich. Zudem verfolge der umbenannte „Weimarer Ring" [recte „Kreis"] eine „bewußte politische Linie", gegen die ein echt liberaler Kreis protestieren müsste. Er urteilte wohlwollender zum Aufruf der Hallenser Tagung der Staatsrechtslehrer, denn diese konnte „in völliger Geschlossenheit und echt wissenschaftlichem Geiste durchgeführt werden"[50]. Der Aufruf über das Notrecht veranlasste *Koellreutter* zum Nachdenken. Er bezog sich dabei auf die entsprechende Kontroverse zwischen den beiden Schweizer Staatsrechtsprofessoren *Dietrich Schindler sen.* und *Zaccaria Giacometti*[51]. Ersterer befürwortete ein ungeschriebenes Notrecht, wenn es um die Existenz des Staates gehe, wogegen *Giacometti* kein ungeschriebenes Notrecht außerhalb der Verfassung anerkennen wollte. *Koellreutter* schlug sich auf die Seite von *Schindler* und wollte keinen Zweifel am Notmaßnahmenrecht zulassen, „wenn man den Staat nicht konsequent atomisieren will"[52]. Das hinderte ihn aber nicht, sich dem Anschein nach für den Aufruf einzusetzen und der Weimarer Republik den Missbrauch des Notverordnungsrechts vorzuwerfen. Leider könne man nicht behaupten, „daß alle Bestimmungen der Notverordnungen nur von einem *nationalen* und *sozialen* Staats- und Rechtsdenken beherrscht sind"[53]. Seine Hinwendung zu einem „*nationalen* und *sozialen*

45 VVDStRL 7 (1932), S. 1.

46 *Carl Schmitt*, Tagebücher 1930 bis 1934, 2010, S. 141.

47 Die Vossische Zeitung vom 30. Oktober 1931, Nr. 512, S. 3 gab die Mahnung kommentarlos wieder.

48 *Arnold Köttgen*, Bericht zur 8. Tagung, AöR 21 (1932), S. 404; *Friedrich Giese*, DJZ 1931, Sp. 1438.

49 *Otto Koellreutter*, Zur Krise des liberalistischen Staatsdenkens. Zugleich ein Epilog zur Weimarer Tagung „verfassungstreuer" Hochschullehrer und zur 8. Tagung der Vereinigung deutscher Staatsrechtslehrer in Halle, Zeitschrift für Politik 21 (1932), S. 472.

50 *Koellreutter*, Krise (Fn. 49), S. 474.

51 Im Detail *Andreas Kley*, Von Stampa nach Zürich. Der Staatsrechtler Zaccaria Giacometti, sein Leben und Werk und seine Bergeller Künstlerfamilie, 2014, S. 244.

52 *Koellreutter*, Krise (Fn. 49), S. 477.

53 *Koellreutter*, Krise (Fn. 49), S. 478.

Denken", eben dem „Nationalsozialismus", war schon im Gange. Im Juli 1932 hatte *Koellreutter* – als einziger Staatsrechtslehrer – zusammen mit 31 anderen Professoren anlässlich der Reichstagswahl zur Wahl für die Nationalsozialisten aufgerufen[54]. Er war am Ende der Weimarer Republik vom Nationalsozialismus überzeugt und trat am 1. Mai 1933 der Partei bei.[55] Der Aufruf der Staatsrechtslehrer war inhaltlich zutreffend, aber schwach formuliert, da er in der Vereinigung nur begrenzte Unterstützung genoss[56].

III. Auflösung der Vereinigung

1. Absage der Tagung von Marburg 1933 und Stilllegung der Vereinigung

Die Vereinigung trat nach ihrer achten Tagung 1931 in Halle nicht mehr zusammen. Die seit 1926 sich entwickelnden Meinungsgegensätze[57] verstärkten sich. Sie bereiteten den Boden für die nahezu unverzügliche Stilllegung der Vereinigung nach der Machtergreifung der Nationalsozialisten am 30. Januar 1933. Im März 1933 erklärten die Mitglieder *Gerhard Anschütz, Carl Schmitt, Carl Bilfinger, Edgar Tatarin-Tarnheyden* und das Vorstandsmitglied *Otto Koellreutter* ihren Austritt aus der Vereinigung[58]. Mit Ausnahme von *Anschütz* handelte es sich um rechtsgerichtete Mitglieder. Selbst der verfassungstreue *Anschütz* glaubte offenbar nicht mehr an eine Zukunft der Vereinigung[59]. Die seit 1929 amtierenden Vorstandsmitglieder *Carl Sartorius* (Vorsitz), *Hans Kelsen* und *Otto Koellreutter* hatten zur Tagung vom 20. bis 22. April 1933 in Marburg eingeladen, die sich mit der Reichsreform (*Apelt/Herrfahrdt*) und der Reform des preußischen Polizeirechts (*Genzmer/Peters*) befassen wollte[60]. Dazu sollte es nicht mehr kommen: „*Erich Kaufmann*, der damals für das Auswärtige Amt in Berlin arbeitete", rief *Rudolf Smend* an und „berichtete, dass die ‚hohe Bürokratie' befürchte, es werde bei der nächsten Tagung zu unabsehbaren Folgen – Loyalitätserklärungen zum neuen Regime einerseits, Bekenntnissen zum Rechtsstaat andererseits – kommen; man wünsche die ‚Vertagung auf unbestimmte Zeit'. *Smend* gab diese Mitteilung an den Vorstandsvorsitzenden *Sartorius*

---

[54] *Jörg Schmidt*, Otto Koellreutter, 1883–1972. Sein Leben, sein Werk, seine Zeit, 1995, S. 13, 84, 183.

[55] *Schmidt*, Koellreutter (Fn. 54), S. 71.

[56] *Smend*, Richtungsstreit (Fn. 3), S. 622.

[57] *Thomas Olechowski*, Hans Kelsen als Mitglied der Deutschen Staatsrechtslehrervereinigung, in: Hans Kelsen und die deutsche Staatsrechtslehre. Stationen eines wechselvollen Verhältnisses, herausgegeben von Matthias Jestaedt, 2013, S. 21.

[58] Undatierte Aufzeichnung „Die Stilllegung der Vereinigung der Deutschen Staatsrechtslehrer im April 1933", UB Göttingen, Cod. Ms. R. Smend C 2, S. 119 zitiert bei *Olechowski*, Mitglied (Fn. 57), S. 25 Fn. 61 und *Thomas Olechowski*, Hans Kelsen. Biographie eines Rechtswissenschaftlers, 2020, S. 558 Fn. 420.

[59] *Michael Stolleis*, Geschichte des öffentlichen Rechts in Deutschland, Bd. III, 1999, S. 311; *Olechowski*, Mitglied (Fn. 57), S. 25; *Olechowski*, Hans Kelsen (Fn. 58), S. 558.

[60] DJZ 1933, Sp. 485 (Heft 7): „Die 9. Tagung der Vereinigung der deutschen Staatsrechtslehrer findet vom 20. (Begrüßungsabend) bis 22. April in Marburg statt. Beratungsgegenstände: 1. Die Reichsreform, Berichterstatter: Staatsminister a. D. Prof. Dr. Apelt, Leipzig, und Prof. Dr. Herrfahrdt, Greifswald. 2. Die Reform des preußischen Polizeirechts, Berichterstatter: die Proff. Dres. Genzmer, Marburg, und Peters, M.d.L., Berlin".

weiter“[61]. Anfang März 1933 widerrief der Vorstand die Einladung und trat zurück. Die Deutsche Juristen-Zeitung gab bekannt: „Auf Beschluß des Vorstandes ist die Abhaltung der Marburger Tagung auf einen späteren Zeitpunkt verschoben worden. Der bisherige Vorstand hat seinen Rücktritt erklärt und führt bis zur satzungsgemäßen Neuwahl des Vorstandes durch die nächste ordentliche Mitgliederversammlung die Geschäfte weiter.“[62] Nach *Smend* und *Koellreutter* hatte dieses Vorgehen *Hans Kelsen* eine Absetzung erspart[63]. Ausgerechnet der aus der Vereinigung ausgetretene *Otto Koellreutter* behielt sich die Geschäftsführung vor, „wohl in Erwartung baldiger Liquidation“[64]. Die Vereinigung blieb bis zu ihrer förmlichen Auflösung 1938 stillgelegt. Es wurden keine Beiträge der abgesagten Tagung 1933 veröffentlicht; *Koellreutter* sorgte dafür, dass *Heinrich Herrfahrdts* Beitrag nicht publiziert wurde[65].

2. Paralleles Schicksal der Gesellschaft für Völkerrecht

Die Machtergreifung der Nationalsozialisten sollte sich für alle wissenschaftlichen und akademischen Vereinigungen vernichtend auswirken. Unter den vielen parallelen Vorgängen[66] ist jener der Gesellschaft für Völkerrecht hervorzuheben. Wie bei der Staatsrechtslehrervereinigung überrascht dabei die Geschwindigkeit dieser Anpassung sowie die Parallelität der Geschehnisse. Die 1917 gegründete Deutsche Gesellschaft für Völkerrecht konnte von 1918 bis zum Herbst 1932 ihre Tagungen durchführen[67]. Sie zählte 1932 425 Mitglieder, darunter fanden sich etliche Mitglieder der Vereinigung der Deutschen Staatsrechtslehrer. Die Referate zur Tagung in Kassel vom 22. bis 25. September 1932 erschienen im April 1933. Der Vorsitzende *Walter Simons* hoffte in seinem Vorwort, dass die nationale Revolution am traditionellen Charakter der Tätigkeit nichts ändere. Er bekundete gegenüber der neuen Führung, dass die Gesellschaft nichts unternehme, was die Stellung der „politischen Führer dem Ausland gegenüber irgend erschweren könnte“. Und dies sei umso weniger verzeihlich, wo „von allen Seiten sich eine Flut von Haß“[68] gegen das deut-

---

[61] *Olechowski*, Hans Kelsen (Fn. 58), S. 558 m.H. und *Olechowski*, Mitglied (Fn. 57), S. 26 m.H.

[62] Der Widerruf erfolgte in der nächsten Ausgabe DJZ 1933, Sp. 548.

[63] *Olechowski*, Hans Kelsen (Fn. 58), S. 558 Fn. 420 m.H. auf die Schrift „Stilllegung“ (Fn. 58).

[64] *Olechowski*, Hans Kelsen (Fn. 58), S. 558 und *Olechowski*, Mitglied (Fn. 57), S. 26.

[65] *Jörg Luther*, Werte an der Front. Eine Geschichte der Lehren Heinrich Herrfahrdts, JöR 62 (2014), S. 421 (431); *Stolleis*, III (Fn. 59), S. 311 Fn. 413.

[66] Etwa die Beispiele des Juristen- und Historikertags: *Peter Landau*, Die deutschen Juristen und der nationalsozialistische Deutsche Juristentag in Leipzig 1933, Zeitschrift für Neuere Rechtsgeschichte 16 (1994), S. 373; *Hermann Conrad*, Der Deutsche Juristentag 1860–1960, in: Hundert Jahre deutsches Rechtsleben. Festschrift zum hundertjährigen Bestehen des Deutschen Juristentages 1860–1960, 1960, Bd. I, S. 1; *Matthias Berg/Olaf Blaschke/Martin Sabrow/Jens Thiel/Krijn Thijs*, Die versammelte Zunft. Historikerverband und Historikertage in Deutschland 1893–2000, 2018.

[67] *Daniel-Erasmus Khan*, Die Deutsche Gesellschaft für Völkerrecht von 1917 bis 1933, in: Dethloff/Nolte/Reinisch (Hrsg.): Rückblick nach 100 Jahren und Ausblick. Migrationsbewegungen, 2018, S. 11; *Hermann Mosler*, Die Deutsche Gesellschaft für Völkerrecht. Ihr Beitrag zum Internationalen Recht seit der Wiedergründung im Jahre 1949, in: Deutsche Gesellschaft für Völkerrecht (Hrsg.), Rechtsfragen der Rüstungskontrolle im Vertragsvölkerrecht der Gegenwart, 1990, S. 9.

[68] Alle Zitate: Mitteilungen der Deutschen Gesellschaft für Völkerrecht, Heft 12, 1933, S. IX.

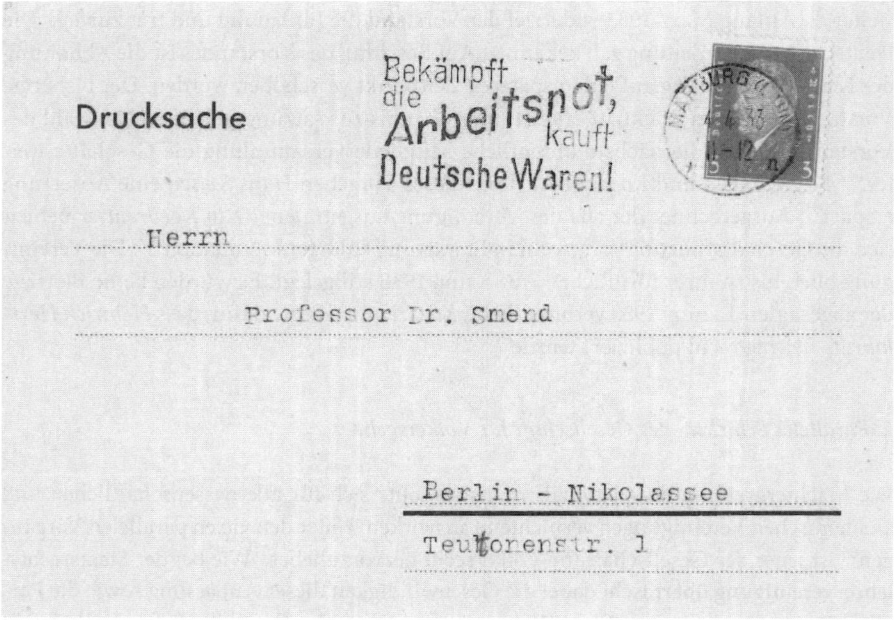

Drucksache

Bekämpft die Arbeitsnot, kauft Deutsche Waren!

MARBURG (LAHN) 4.4.33 11–12 n

Herrn

Professor Dr. Smend

Berlin - Nikolassee

Teutonenstr. 1

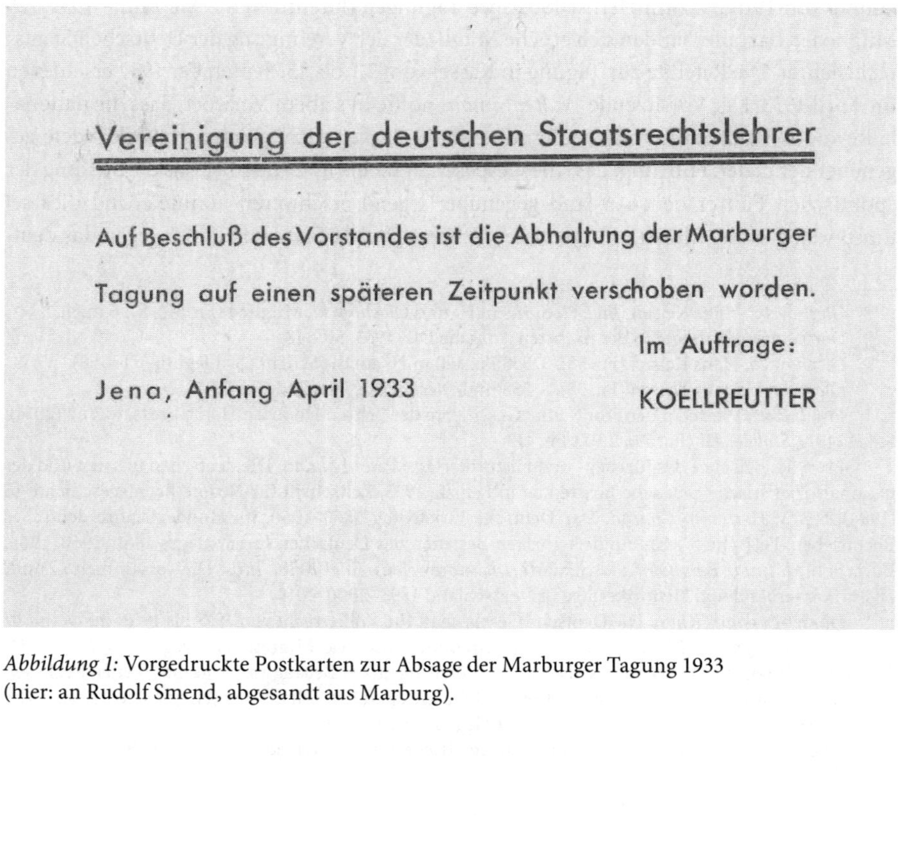

Vereinigung der deutschen Staatsrechtslehrer

Auf Beschluß des Vorstandes ist die Abhaltung der Marburger Tagung auf einen späteren Zeitpunkt verschoben worden.

Im Auftrage:

Jena, Anfang April 1933

KOELLREUTTER

Abbildung 1: Vorgedruckte Postkarten zur Absage der Marburger Tagung 1933 (hier: an Rudolf Smend, abgesandt aus Marburg).

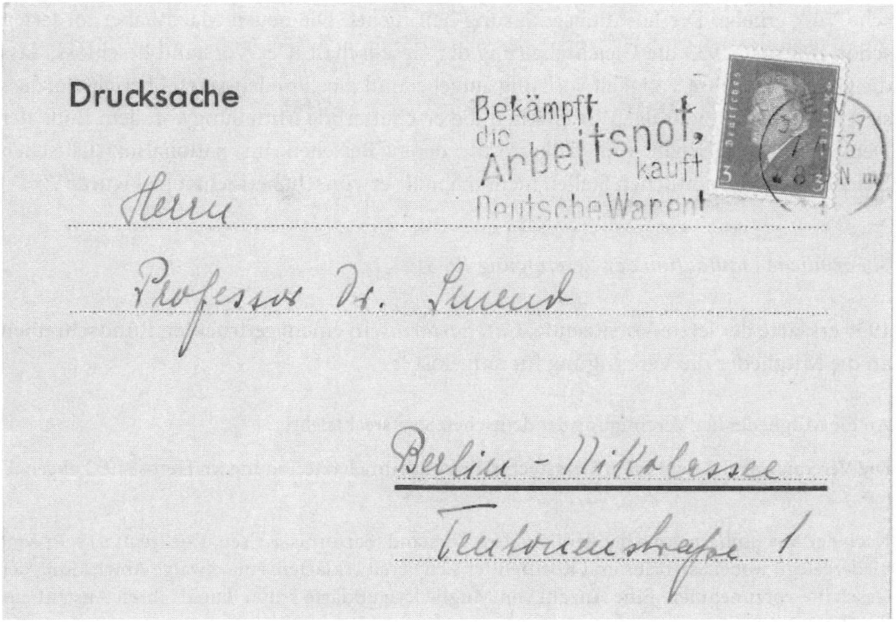
Drucksache

Bekämpft die Arbeitsnot, kauft Deutsche Waren!

Herrn

Professor Dr. Smend

Berlin-Nikolassee

Teutonenstraße 1

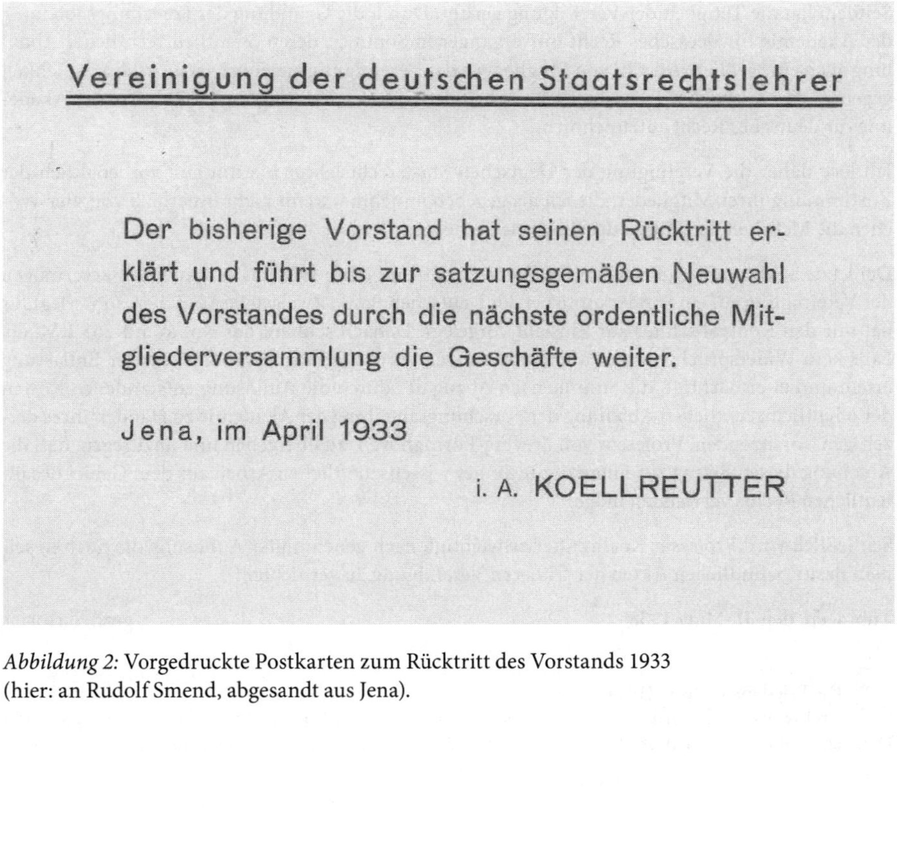
Vereinigung der deutschen Staatsrechtslehrer

Der bisherige Vorstand hat seinen Rücktritt erklärt und führt bis zur satzungsgemäßen Neuwahl des Vorstandes durch die nächste ordentliche Mitgliederversammlung die Geschäfte weiter.

Jena, im April 1933

i. A. KOELLREUTTER

Abbildung 2: Vorgedruckte Postkarten zum Rücktritt des Vorstands 1933 (hier: an Rudolf Smend, abgesandt aus Jena).

sche Volk erhebe. Die Loyalitätserklärung half nichts. Die neuen Machthaber forderten schon im April 1933 die Gleichschaltung der Gesellschaft. Der Vorstand beschloss, dass die Gesellschaft ihre Tätigkeit vorläufig aufgebe, und die „Friedenswarte" berichtete, dass sie 1934 liquidiert wurde: „Wir erhalten die erschütternde Mitteilung von dem Ende der Deutschen Gesellschaft für Völkerrecht, deren Bestehen im nationalsozialistischen Deutschland von amtlichen Stellen nicht mehr als erwünscht betrachtet [...] wurde".[69]

3. *Förmliche Liquidation der Vereinigung 1938*

1938 erklärte der letzte Vorsitzende, *Carl Sartorius*, in einem gedruckten Rundschreiben an die Mitglieder die Vereinigung für aufgelöst[70]:

An die Mitglieder der Vereinigung der deutschen Staatsrechtslehrer

Die Vereinigung der deutschen Staatsrechtslehrer hat ihre letzte Tagung im Herbst 1933 abgehalten.

Nach der Machtübernahme hat der damalige Vorstand (Sartorius, Kelsen, Koellreutter) sein Amt niedergelegt, wobei Sartorius und Koellreutter sich bereit erklärten, eine etwaige Abwicklung der Geschäfte vorzunehmen. Eine Anzahl von Mitgliedern erklärte schon damals ihren Austritt aus der Vereinigung.

Seitdem hat die Tätigkeit der Vereinigung geruht. Durch die Gründung der Forschungsabteilung der Akademie für deutsches Recht im vergangenen Sommer, deren öffentlich-rechtlicher Abteilung auch eine größere Anzahl von Mitgliedern der Vereinigung angehört, ist nun die Möglichkeit gegeben, die wertvolle wissenschaftliche Arbeit der früheren Vereinigung im Rahmen der Akademie für deutsches Recht aufzunehmen.

Ich löse daher die Vereinigung der Deutschen Staatsrechtslehrer hiermit auf, vorbehaltlich der Zustimmung ihrer Mitglieder, die ich als gegeben annehme, wenn nicht innerhalb von vier Wochen die Mehrheit der Mitglieder Einspruch erhebt.

Der letzte Schatzmeister, Professor Koellreutter, hatte im Jahre 1933 das vorhandene Barvermögen der Vereinigung auf ein Sonderkonto bei der Deutschen Bank, Zweigstelle München, hinterlegt. Er hat mir den Kontoabschluß zur Einsicht vorgelegt. Danach schließt das Konto mit 265 RM. ab. Falls kein Widerspruch von der Mehrheit erhoben wird, wird Professor Koellreutter Entlastung erteilt und er ermächtigt, die Summe nach Abzug der durch die Auflösung entstandenen Kosten der öffentlich-rechtlichen Abteilung der Forschungsabteilung der Akademie zu Händen ihres derzeitigen Vorsitzenden, Professor von Freytag-Loringhoven, zu übergeben und anzuregen, daß die Abteilung diesen Betrag zur Finanzierung einer wissenschaftlichen Arbeit aus dem Gebiet des öffentlichen Rechts verwenden möge.

Schließlich wird Professor Koellreutter ermächtigt, nach genehmigter Auflösung die noch in seinem Besitz befindlichen Akten der früheren Vereinigung zu vernichten.

Tübingen, den 31. März 1938 (gez.) Sartorius

[69] Die Friedenswarte 34 (1934), S. 79.

[70] Archiv VDStRL, Ordner-Nr. 1, Reg.-Nr. 6; *Konrad Hesse*, Zur Geschichte der Vereinigung der Deutschen Staatsrechtslehrer, AöR 99 (1974), S. 312. Hesse veröffentlichte das ihm von Rudolf Smend

An die Mitglieder der Vereinigung der deutschen Staatsrechtslehrer

Die Vereinigung der deutschen Staatsrechtslehrer hat ihre letzte Tagung im Herbst 1931 abgehalten.

Nach der Machtübernahme hat der damalige Vorstand (Sartorius, Kelsen, Koellreutter) sein Amt niedergelegt, wobei Sartorius und Koellreutter sich bereit erklärten, eine etwaige Abwickelung der Geschäfte vorzunehmen. Eine Anzahl von Mitgliedern erklärte schon damals ihren Austritt aus der Vereinigung.

Seitdem hat die Tätigkeit der Vereinigung geruht. Durch die Gründung der Forschungsabteilung der Akademie für deutsches Recht im vergangenen Sommer, deren öffentlich-rechtlicher Abteilung auch eine größere Anzahl von Mitgliedern der Vereinigung angehört, ist nun die Möglichkeit gegeben, die wertvolle wissenschaftliche Arbeit der früheren Vereinigung im Rahmen der Akademie für deutsches Recht aufzunehmen.

Ich löse daher die Vereinigung der deutschen Staatsrechtslehrer hiemit auf, vorbehaltlich der Zustimmung ihrer Mitglieder, die ich als gegeben annehme, wenn nicht innerhalb von vier Wochen die Mehrheit der Mitglieder Einspruch erhebt.

Der letzte Schatzmeister, Professor Koellreutter, hatte im Jahre 1933 das vorhandene Barvermögen der Vereinigung auf ein Sonderkonto bei der Deutschen Bank, Zweigstelle München, hinterlegt. Er hat mir den Kontoabschluß zur Einsicht vorgelegt. Darnach schließt das Konto mit 265 RM. ab. Falls kein Widerspruch von der Mehrheit erhoben wird, wird Professor Koellreutter Entlastung erteilt und er ermächtigt, die Summe nach Abzug der durch die Auflösung entstandenen Kosten der öffentlich-rechtlichen Abteilung der Forschungsabteilung der Akademie zu Händen ihres derzeitigen Vorsitzenden, Professor von Freytag-Loringhoven, zu übergeben und anzuregen, daß die Abteilung diesen Betrag zur Finanzierung einer wissenschaftlichen Arbeit aus dem Gebiet des öffentlichen Rechts verwenden möge.

Schließlich wird Professor Koellreutter ermächtigt, nach genehmigter Auflösung die noch in seinem Besitz befindlichen Akten der früheren Vereinigung zu vernichten.

Tübingen, den 31. März 1938

(gez.) Sartorius

Abbildung 3: Schreiben zur Information der Mitglieder der Vereinigung über deren Auflösung durch den letzten Vorsitzenden Carl Sartorius 1938.

übergebene Schreiben. Hans Peter Ipsen, Vereinigung der Deutschen Staatsrechtslehrer 1922–1992, in: VVDStRL 52 (1993), S. 7 (7) berichtete, dass das Auflösungsschreiben gemäß Beurteilung von Prof. Dr. Götz Landwehr zivilrechtlich unwirksam war.

Das Schreiben schaffte über eine „neue" Vereinigung, die Finanzen und den Verbleib der Akten Klarheit. Die fünf Jahre nach der Machtergreifung der Nationalsozialisten erfolgte Auflösung hängt wohl mit verschiedenen Umständen zusammen. Gründe für die späte Auflösung sind die Auseinandersetzungen zwischen *Heinrich Triepel, Otto Koellreutter* und *Carl Schmitt.* Nach der Machtergreifung versuchten *Schmitt* und *Koellreutter* die Vereinigung unter ihren Einfluss zu bringen, indem sie sie entweder in den Bund Nationalsozialistischer Deutscher Juristen oder in die Akademie für Deutsches Recht zu integrieren suchten[71]. Der Konflikt blieb in der Schwebe. Nach *Schmitts* Kaltstellung Ende 1936 eröffnete sich die Möglichkeit, dass der Restsaldo und die „Nachfolge" der Vereinigung in die Akademie für Deutsches Recht überführt werden konnten. Selbstverständlich war das keine Nachfolge, so hatte es *Heinrich Triepel* abgelehnt, Mitglied der Akademie zu werden[72]. Das am 27. Mai 1937 von der Reichsregierung beschlossene Gesetz über Beamtenvereinigungen[73] löste alle Spitzenverbände der Beamtenschaft sowie die ihnen auch nur mittelbar angehörenden Beamtenvereinigungen auf den 1. Juli 1937 auf und übertrug das Vermögen auf den NS-Rechtswahrerbund (BNSDJ)[74]. Das letzte Rundschreiben, das Datum der Auflösung und die Überweisung des Restsaldos zeigen, dass das Gesetz nicht auf die Vereinigung angewandt wurde.[75]

IV. Staatsrechtslehrer und ihre Organisationen in der Zeit des Nationalsozialismus

1. Vergebliche Nachfolgerivalität nationalsozialistischer Organisationen

Nach der Stilllegung der Vereinigung rangen nationalsozialistische Organisationen und ihre Exponenten um die Einverleibung der Vereinigung. Diese wollten damit ihr Renommee und ihren Geist aufnehmen, fortan für sich beanspruchen und sich damit dem System andienen und Einfluss gewinnen. Im Vordergrund standen für die Nachfolge der 1928 gegründete Deutsche Rechtswahrerbund (Bund Nationalsozialistischer Deutscher Juristen, BNSDJ) und die 1933 vom Reichsrechtsführer *Hans Frank* gegründete Akademie für Deutsches Recht. Der Nationalsozialistische Deutsche Dozentenbund schied als bloße Parteiorganisation für eine derartige Nachfolge aus. Im Rechtswahrerbund dominierte bis 1936 *Carl Schmitt*, und er suchte erfolglos das Erbe der Vereinigung in den Rechtswahrerbund einzubringen. *Otto Koellreutter*, ein Gegner von *Carl Schmitt*[76], wollte als Gründungsmitglied der Akademie für Deutsches Recht dasselbe für die Akademie erreichen. Formal hatte *Koellreutter* 1938 Erfolg, allerdings hatte die politische und rechtliche

[71] Siehe die detaillierte Darlegung mit Nachweisen bei *Gassner*, Heinrich Triepel (Fn. 27), S. 141.

[72] *Gassner*, Heinrich Triepel (Fn. 27), S. 144.

[73] RGBl. I, S. 597; *Koenen*, Fall (Fn. 2), S. 500 Fn. 243 mit weiteren Hinweisen auf Schreiben der Beteiligten.

[74] *Gassner*, Heinrich Triepel (Fn. 27), S. 144; *Stolleis*, Vereinigung (Fn. 27), S. 344; *Stolleis*, III (Fn. 59), S. 312.

[75] Wohl irrtümlich a. M. *Koenen*, Fall (Fn. 2), S. 500 Fn. 243 und S. 557.

[76] *Schmidt*, Koellreutter (Fn. 54), S. 76.

Entwicklung[77] ein Diskussionsforum für staatsrechtliche Fragen hinfällig gemacht. Die Vereinigung und deren allfällige Nachfolge hatte 1938 jede Relevanz eingebüßt.[78]

Der Akademie für Deutsches Recht gehörten zu Beginn viele prominente nationalsozialistische Amtsträger an wie Reichsminister, Rechtsprofessoren und ehemalige Mitglieder der Vereinigung, so etwa *Carl Bilfinger, Georg Dahm, Axel Freiherr von Freytagh-Loringhoven, Johannes Heckel, Wilhelm Kisch, Otto Koellreutter* und *Carl Schmitt*[79]. Allerdings war nur ein kleiner Teil der Mitglieder der Vereinigung in die Akademie eingetreten. Von einer Fortsetzung der Diskussionen im bisherigen Stil konnte nicht die Rede sein. Die zur Verfügung stehenden nationalsozialistischen Organisationen wollten keine freien wissenschaftlichen Gespräche führen oder die Meinungen der Mitglieder austauschen.

2. Virtuelle Gruppen der Staatsrechtslehrer

Während der NS-Herrschaft gab es keine förmliche Vereinigung der Deutschen Staatsrechtslehrer mehr. Gleichwohl lassen sich entsprechend dem wissenschaftlichen und übrigen beruflichen Verhalten der Professoren und Privatdozenten Gruppen bilden, die an die Stelle der Vereinigung traten. Selbstverständlich sind das keine Organisationen mehr, sondern ähnliche Verhaltensweisen, die die Personen virtuell zusammenfassen.[80] Entsprechend den Anforderungen der neuen Machthaber und dem daraus folgenden Verhalten der Individuen lassen sich innerhalb Deutschlands zwei Gruppen von Staatsrechtslehrern unterscheiden.

Die Mitglieder der ersten Gruppe verloren ihre berufliche Stellung. Das nationalsozialistische Regime enthob sie einerseits aus politischen Gründen oder wegen ihrer jüdischen Herkunft ihrer Ämter. Viele von ihnen flohen ins Ausland, da ihr Leben gefährdet war. Es handelt sich beispielsweise um *Hermann Heller, Hans Kelsen, Karl Loewenstein, Felix Genzmer, Hans Nawiasky, Erich Kaufmann* und *Gerhard Leibholz*. Weitere Professoren nahmen sich das Leben wie *Gerhard Lassar* (1888–1936) oder *Kurt Perels* (1878–1933). Andererseits gehören zu dieser Gruppe auch Professoren, die wegen grundlegend anderer Ansichten schwiegen oder sich in Rechtsgebiete flüchteten, die politisch unbedenklicher waren. Als Beispiele sind hier zu nennen der Gründer der Vereinigung, *Heinrich Triepel* (1868–1946), *Gerhard Anschütz* (1867–1948), *Ottmar Bühler* (1884–1965), *Friedrich Giese* (1882–1958), *Erwin Jacobi* (1884–1965), *Walter Jellinek* (1885–1955), *Wilhelm Laforet* (1877–1959), *Rudolf Laun* (1882–1975) und *Rudolf Smend* (1882–1975).[81] Im Ergebnis waren diese Mitglieder auf dem politisch heiklen Gebiet des Staatsrechts nicht mehr aktiv.

---

77 Dazu unten, S. 57 ff., zu den drei Phasen der Entwicklung.

78 *Stolleis*, Methodenstreit (Fn. 13), S. 560.

79 Akademie für Deutsches Recht, Jahrbuch 1 (1934), S. 252.

80 *Horst Dreier*, Die deutsche Staatsrechtslehre in der Zeit des Nationalsozialismus, VVDStRL (60), 2001, S. 9 (15) teilt die Staatsrechtslehrer nach der Machtergreifung differenziert in vier Gruppen ein. Es ist unmöglich, das Ausmaß der Verstrickung und der „Schuld" von außen festzustellen, wenn man von den Extremfällen Carl Schmitt und Johannes Heckel absieht.

81 *Dreier*, Staatsrechtslehre (Fn. 80), S. 15 unterscheidet die Gruppe der Verfolgten und der Verstummten.

Die Mitglieder der zweiten Gruppe hatten sich auf die Seite der nationalsozialistischen Machthaber gestellt und die Errichtung der neuen „völkischen" Ordnung unterstützt[82]. Diese Gruppe pflegte als solche ein virtuelles Mittun, das sich in realen Treffen niederschlug[83]. Die Unterstützung erfolgte unterschiedlich intensiv. Das Handeln dieser Professoren reichte – stets nach deren Verhalten – mutmaßlich von Gedrängtwerden, Opportunismus bis zur vorbehaltlosen Übernahme der Ideologie und ihrer Durchsetzung bis zu den letzten Konsequenzen. Dokumentiert und erkennbar ist freilich nur das äußere Verhalten; es lässt sich nicht eruieren, was diese Mitglieder wirklich gedacht haben. Es liegen denn auch kaum Bekenntnisse über das Verhalten der Juristen vor[84].

Verschiedene Autoren haben sich bei ihrer moralischen Beurteilung des Verhaltens an der maßnahmenstaatlichen bzw. normenstaatlichen Beschäftigung der inkriminierten Staatsrechtslehrer orientiert. Die Unterstützer der Nationalsozialisten haben sich nach dieser Kategorienbildung am Maßnahmenstaat und ihre versteckten Gegner am Normenstaat orientiert. Mit andern Worten wird für die Unterscheidung der Unterstützer das Analyseinstrument von *Ernst Fraenkels* Doppelstaat herangezogen[85]. Diese Unterscheidung hat aber nur auf den ersten Blick etwas für sich. Denn auch damit lassen sich die inneren Vorgänge der einzelnen Akteure nicht eruieren. Es gibt gegensätzliche und widersprüchliche Motive, weshalb ein Staatsrechtsprofessor sich maßnahmen- oder normenstaatlich äußert. Ein wichtiges Motiv für das letztere Verhalten liegt in der Tatsache, dass kein Staatsrechtsprofessor die Normativität von Recht grundsätzlich leugnen kann, so wie das die Nationalsozialisten letztlich gefordert haben. Ein Rest von Selbstachtung zeigt sich, wenn ein nationalsozialistischer Staatsrechtslehrer es unternimmt, die Führerbefehle rechtlich zu kategorisieren[86]. Denn damit bestätigt er wenigstens sich gegenüber, dass es Recht als normative Ordnung geben soll. Zudem bediente sich das „Dritte Reich" in der Anfangsphase der Juristen, um Legitimation zu suggerieren. Deshalb leistet die normenstaatliche Orientierung keine Entlastung. Vielmehr muss man jeden Text eines nationalsozialistischen Staatsrechtsprofessors für sich ansehen. Dabei spielt allerdings die jeweilige Phase der nationalsozialistischen Herrschaft eine Rolle. Die zunehmende Radikalisierung des NS-Regimes brachte einige der opportunistischen Professoren in Verlegenheit und bewegte sie zum Rückzug.

In andern juristischen Berufen im „Dritten Reich" ist die Sachlage fundamental anders. Der Normenstaat gibt Rechtsanwälten und Verwaltungsjuristen die Möglichkeit, versteckt und getarnt Widerstand gegen den Maßnahmenstaat zu leisten, wie das *Ernst*

---

[82] *Dreier*, Staatsrechtslehre (Fn. 80), S. 17.

[83] Etwa im Rahmen der Tagung vom 4. und 5. Oktober 1940 in Leipzig, Fn. 1.

[84] *Bernd Rüthers*, Deutsche Funktionseliten als Wende-Experten?, 2017, S. 13 berichtet lediglich von Carl August Emge und von Fritz Hartung, beide waren keine Staatsrechtslehrer. Emge gestand: Die juristische Dogmatik sei die „Höchstform der (jeweils herrschenden) Ideologie" (S. 14); ferner die Bemerkung in der Diskussion zur Tagung von 2000, VVDStRL 60 (2001), Votum Bayer, S. 124 über Ottmar Bühler, dazu: *Simon Kempny/Henning Tappe*, Ottmar Bühler. Meine Stellung zum Nationalsozialismus, StuW 2009, S. 376 (377).

[85] *Ernst Fraenkel*, Der Doppelstaat (1974), in: *ders.*, Gesammelte Schriften, Bd. 2, 1999, S. 33; die frühere Fassung, Der Urdoppelstaat (1938), ist in demselben Bd. 2, S. 267.

[86] Dazu unten, S. 67 f., und Fn. 155.

Fraenkel anhand zahlreicher Beispiele gezeigt hat. Im Bereich der Wissenschaft geht es um die Bildung, die zum Zweck der unumschränkten Herrschaft instrumentalisiert worden ist. Daher kann man die normenstaatlichen Äußerungen der das Regime unterstützenden Professoren keinesfalls als verborgene Äußerungen des Widerstands ansehen. Es sind vielmehr Versuche, die realen Vorgänge zu vernebeln.

V. Schrifttum der Staatsrechtslehrer in der Zeit des Nationalsozialismus

1. Schrifttum in den drei Phasen des NS-Regimes

Der beschriebene Methoden-, Richtungs- und Grundlagenstreit in der Weimarer Republik reicht bis in das Kaiserreich zurück und setzt sich im Nationalsozialismus in verzerrter Form fort. Grob betrachtet schied er die Staatsrechtslehrer in zwei Hauptgruppen, nämlich in jene, die die Weimarer Ordnung akzeptierten, und in die Antinormativisten, die aus vielfältigen Gründen nicht an das von der Revolution 1918 gesetzte Recht glauben wollten, sondern an ein anderes und höheres Recht dachten. Die Nationalsozialisten verachteten das gesetzte Recht, weshalb politisch angepasste Juristen sich als antinormativistisch betätigten. Dies bedeutete, dass die überwundene Ordnung der Weimarer Reichsverfassung und des Kaiserreichs abzuwerten und als nicht mehr verbindlich anzusehen war. Dabei halfen neue Auslegungsmethoden und vor allem das institutionelle Rechtsdenken. Freilich bestand die bisherige Rechtsordnung weiter, und sie galt insoweit, als sie für die Politik der Nationalsozialisten nicht relevant war. Es entstand der von *Ernst Fraenkel* beschriebene Doppelstaat, der sich in den Normen- und den Maßnahmenstaat aufteilte. Dabei ist das Phänomen entscheidend, dass „es zur Auflösung und zum Verfall des Rechts im Dritten Reich“[87] kam. „Die Auflösung des Rechts im Nationalsozialismus ist keine unbeabsichtigte Nebenerscheinung des nationalsozialistischen Regimes, sondern ein essentieller Bestandteil der nationalsozialistischen Weltanschauung“.[88] Von der Machtergreifung bis zum Kriegsende zersetzte sich die normative Ordnung schrittweise. Das antinormative Denken der Nationalsozialisten sorgte dafür, dass der Rechtsbegriff völlig entleert wurde[89]. Die NS-Herrscher wünschten kein nationalsozialistisches Recht; es sollte keine Bindung an eine abstrakte Norm mehr geben. Der letzte Beschluss des nur aus Nationalsozialisten zusammengesetzten Reichstags vom 26. April 1942 löste die deutsche Rechtsordnung im Führerbefehl auf: „Der Führer muß daher – ohne an bestehende Rechtsvorschriften gebunden zu sein – in seiner Eigenschaft als Führer der Nation [...] jederzeit in der Lage sein, nötigenfalls jeden Deutschen [...] mit allen ihm geeignet erscheinenden Mitteln zur Erfüllung seiner Pflichten anzuhalten [...]“[90]. Schon vor diesem

[87] *Ernst Fraenkel*, Auflösung und Verfall des Rechts im III. Reich (1960), in: *ders.*, Gesammelte Schriften, Bd. 2, 1999, S. 608 (610), dazu *Horst Dreier*, Nachwort. Was ist doppelt am „Doppelstaat“?, in: *Ernst Fraenkel*, Der Doppelstaat, 3. Aufl. 2012, S. 274.
[88] *Fraenkel*, Auflösung und Verfall (Fn. 87), S. 617.
[89] *Fraenkel*, Auflösung und Verfall (Fn. 87), S. 609.
[90] RGBl. 1942 I, S. 247.

Beschluss dienten nationalsozialistische „Gesetze" dazu, die normenlose Herrschaft zu tarnen, wie das die „nationalsozialistische" Methodenlehre für die überkommenen Normen des Kaiserreiches und der Weimarer Republik besorgte.

Der Verfall des Normativen entzieht den rechtswissenschaftlich tätigen Staatsrechtslehrern den Boden ihres Arbeitsfelds. Die diskretionäre Maßnahmenherrschaft breitete sich unaufhaltsam aus: Gleichwohl gibt es Schwellen, die die NS-Herrscher überschritten haben. Es lassen sich drei Phasen unterscheiden.

Erste Phase: Es handelt sich um die Übergangsphase von der Weimarer Reichsverfassung zur NS-Herrschaft. Der Bruch der Weimarer Verfassung erhielt den Titel der „nationalsozialistischen Revolution". Sofort bemühten sich die nationalsozialistischen Juristen zu behaupten, dass dieser Übergang legal gewesen sei. Die zum Nationalsozialismus umschwenkenden Staatsrechtslehrer suchen die Öffentlichkeit zu täuschen und wollen die Legalität der Machtergreifung und ihrer Folgen herstellen.[91]

Zweite Phase: In den Jahren 1935 und 1936 verzichtete das preußische Oberverwaltungsgericht schrittweise darauf, die „Akte irgendwelcher Art der Sonderpolizeibehörden einer verwaltungsgerichtlichen Nachprüfung zu unterziehen"[92]. Damit war entschieden, „daß es staatliche Instanzen gab, die außerhalb des Rechts zu operieren befugt waren".[93] Der Maßnahmenstaat war damit eingerichtet und konnte sich ausbreiten. Die NS-Herrschaft hatte sich in den Reichstagswahlen vom 29. März 1936 endgültig durchgesetzt: Die Nationalsozialisten erreichten 98,8 % der Stimmen[94]. In der zweiten Phase hatten die nationalsozialistischen Staatsrechtslehrer die Strategie zu überdenken. Es ist hinfällig geworden, sich zum „Dritten Reich" zu bekennen. Vielmehr geht es jetzt darum, mit neuen juristischen Methoden und den erlassenen NS-Gesetzen, etwa den Nürnberger Rassegesetzen, die einsetzende Gewaltherrschaft zu verhüllen. In dieser Phase verlieren die Juristen an Bedeutung und sind in ihrer „juristischen Tätigkeit" bloße Helfer der NS-Herrscher.

Dritte Phase: Mit dem Angriff auf die Sowjetunion am 22. Juni 1941 setzte die Vernichtung der Juden ein. Die nationalsozialistischen Gewaltherrscher setzten ihre Vernichtungsideologie in die Tat um. Die rechtlichen Verschleierungen und Täuschungen traten in den Hintergrund. Es setzte eine Personalherrschaft ein, die nicht mehr auf Normen angewiesen war und im erwähnten Beschluss des Großdeutschen Reichstages vom 26. April 1942 ihren förmlichen Ausdruck fand. Rechtsetzung war lediglich eine Technik der Rationalisierung, um die Vernichtung der Juden und die Kriegsziele zu verfolgen. Das normative Element in der Herrschaftsausübung blieb in Kümmerformen bis Kriegsende erhalten, wie es der Bereich des Bildungswesens zeigte[95]. Das Phänomen Recht und Rechtswissenschaft erwies sich als ein veraltetes Überbleibsel gesetzesgebundenen Den-

---

[91] Zum Beispiel Diller (Fn. 116) sowie die Staatsrechtsbücher von Koellreutter und E. R. Huber.

[92] *Fraenkel*, Auflösung und Verfall (Fn. 87), S. 616; *Fraenkel*, Doppelstaat (Fn. 85), S. 80 m.H.

[93] *Fraenkel*, Auflösung und Verfall (Fn. 87), S. 616; *Theodor Maunz* feierte diese Entwicklung im Beitrag: Das Ende des subjektiven öffentlichen Rechts, Zeitschrift für die gesamte Staatswissenschaft 96 (1936), S. 71.

[94] *Heinrich August Winkler*, Der lange Weg nach Westen, Bd. 2, 2005, S. 32; *Alfred Voigt*, Die Staatsrechtslehrer und das Dritte Reich, Zeitschrift für Religions- und Geistesgeschichte 31 (1979), S. 195 (196).

[95] Dazu unten, S. 68 ff.

kens[96]. Zwischen realem Maßnahmenstaat und Rechtswissenschaft besteht in der dritten Phase ein nicht mehr überwindbarer Graben. Forschung zum geltenden deutschen öffentlichen Recht ist ausgeschlossen, aber sie wird immer noch unternommen. Im Ergebnis werden die Staatsrechtslehrer in der dritten Phase überflüssig, weshalb sich verschiedene dem Völkerrecht, dem ausländischen Staatsrecht oder der von den Nationalsozialisten hoch geschätzten Geschichte zuwenden. Etliche halten trotz vorherrschender Normlosigkeit am nationalsozialistischen Recht fest. Sie huldigen dem Führer und täuschen eine normative Normalität vor.

2. Flug-, Bekenntnis- und Wendeschriften

In den Jahren 1932 bis 1935, in der ersten Phase, entstand eine staatsrechtliche Literaturgattung, „die vorher nicht vorhanden gewesen war [und] alsbald versiegte“[97]. Es kamen Flug- oder Bekenntnisschriften in Umlauf, die gewöhnlich einen geringen Umfang aufwiesen und einer Parteisache dienten. Dem nach Straßburg geflohenen Soziologen *Gottfried Salomon* (1892–1964) war dies aufgefallen, als er einen Beitrag im Band „Freie Wissenschaft. Ein Sammelbuch aus der deutschen Emigration“ des Pazifisten *Emil Gumbel* (1891–1966) verfasste. *Salomon* fiel das „Schrifttum des ersten Aufbruchs und Aufschwungs der Jugend“ auf. Er behandelte die „Aufbruchsschriften“ der Staatsrechtslehrer, etwa von *Arnold Köttgen*, *Hans J. Wolff*, *Heinrich Hellfritz*, *Otto Koellreutter*, *Johannes Heckel* und *Carl Schmitt*. Mit letzterem rechnete er schonungslos ab und war zufrieden, dass die Nationalsozialisten den „Opportunisten“ und „politischen Romantiker“ Ende 1936 kaltstellten.[98]

Der Verlag J.C.B. Mohr (Paul Siebeck) in der Reihe „Recht und Staat“, die Hanseatische Verlagsanstalt Hamburg mit der Reihe „Der deutsche Staat der Gegenwart“ und weitere Verlage stellten dem neuen Staatsdenken Broschüren im Umfang von maximal zwei Bögen zur Verfügung[99]. Diese neue Literaturgattung eröffnet *Otto Koellreutter* 1932 mit dem Heft Nr. 89 der Reihe „Recht und Staat“[100]. Es handelt sich nicht um eine staatsrechtliche Schrift, vielmehr will er die Leser davon überzeugen, dass ein nationaler Rechtsstaat nötig wird, der im Gegensatz zum bürgerlichen Rechtsstaat steht. Die Schrift eröffnete er mit einem Zitat der Aussprache der Hallenser Tagung 1931, wonach es nur eine Wirtschafts-, aber keine Staatskrise gebe[101]. Für *Koellreutter* vertröstet man „sich auf bessere Zeiten und glaubt, in der Zwischenzeit hinter den Wällen eines rechtstechnischen Positivismus Schutz zu finden“[102]. Dabei kenne „der bürgerliche Rechtsstaat allein

96 *Fraenkel*, Auflösung und Verfall (Fn. 87), S. 618.

97 *Voigt*, Staatsrechtslehrer (Fn. 94), S. 195; Staff (Hrsg.), Justiz im Dritten Reich. Eine Dokumentation, 1964, S. 160 zitiert im Kapitel über die Hochschullehrer zumeist aus eben dieser Literaturgattung.

98 *Gottfried Salomon*, Staatsrecht in Deutschland, in: Gumbel (Hrsg.), Freie Wissenschaft. Ein Sammelbuch aus der deutschen Emigration, 1938, S. 174.

99 *Voigt*, Staatsrechtslehrer (Fn. 94), S. 195.

100 *Otto Koellreutter*, Der nationale Rechtsstaat, Heft Nr. 89 der Reihe Recht und Staat von J.C.B. Mohr (Paul Siebeck), 1932.

101 VVDStRL 7 (1932), S. 201, *Richard Thoma*.

102 *Koellreutter*, Rechtsstaat (Fn. 100), S. 4.

den Begriff der individuellen Rechtssicherheit, ihrer Erhaltung und ihres Schutzes"[103], was abzulehnen sei. Der nationale Rechtsstaat stelle „das Primat der Sicherheit der nationalen Lebensordnung auf. Das Staatsnotrecht positiviert sich also soweit, als der Staat rechtliche Sicherheiten für die Existenz der nationalen Lebensordnung treffen muß." Das rechtfertige „dann auch Eingriffe in die individuellen Rechtspositionen"[104]. „Nur ein Volk, das sich zu ihm bekennt und sich ihm eingliedert, wird auch Zeiten höchster Not überwinden können, ohne die Idee des Rechtsstaates zu zerbrechen."[105] *Koellreutter* zeigt mit seiner „Regimeapotheose"[106] mustergültig, wie die nationalsozialistischen Staatsrechtslehrer zentrale Begriffe eines freiheitlichen Staatsrechts umfunktionierten.

Kurzgefasst postulierte *Koellreutter*, wie in andern Schriften jener Jahre, den Vorrang des Kollektivs vor dem Individuum, und das Staatsnotrecht soll nicht die Individuen schützen, sondern die Lebensordnung des Kollektivs. In der Schrift verwendet *Koellreutter* unzählige Male die Adjektive „politisch", „national", „sozial" sowie die Nomina „Rechtsstaat" und „Leben" in zahllosen Zusammensetzungen wie Lebensordnung, Rechtsleben, Verfassungsleben, Lebenskraft, Staatsleben, Lebensmöglichkeiten, Lebensgemeinschaft, Gemeinschaftsleben, Kulturleben, Parteileben, Lebensform, Lebensrecht und Volksleben. Das Adjektiv „politisch" hat in seinem Text keine Bedeutung, sondern signalisiert nur, dass es nicht um die normative Ordnung, sondern um das Beliebige geht. Das Nationale bezeichnet die Kollektivität und damit den Gegensatz zu einer Ordnung, die sich primär am Individuum ausrichtet. Das häufig verwendete Hochwertwort „Rechtsstaat" indiziert, dass die höchsten Güter bewahrt werden. Schließlich vermag das pausenlose Trommelfeuer mit dem Ausdruck „Leben" die Leser zu beruhigen, geht es doch um das Wichtigste überhaupt, das mit dem Staatsnotrecht geschützt und gestärkt werden soll. *Koellreutter* entfaltet eine Wortzauberei, die für die staatsrechtlich-nationalsozialistischen Flugschriften stilbildend wurde. Die „meist suggestiv geschriebenen"[107] Flugschriften argumentieren nicht, sie suchen vielmehr mit wohlklingenden Abstrakta zu betören. *Koellreutter* lädt die „Begriffe mit politischer Energie" auf, „die alles zum Vibrieren bringen". Diese „verlieren aber an Bestimmtheit und Schärfe"[108].

Das Charakteristikum der nationalsozialistischen Flugschriften der Staatsrechtslehrer besteht in der Abstraktheit der Texte, in ihrer wolkigen Widersprüchlichkeit und ihrer ausgefeilten rhetorischen Beschaffenheit. Die Texte machen deutlich, dass staatsrechtliche Reflexion eine reale normative Ordnung mit „länger gefestigten Strukturen" [109] vor-

---

[103] *Koellreutter*, Rechtsstaat (Fn. 100), S. 35.

[104] *Koellreutter*, Rechtsstaat (Fn. 100), S. 35, beide Zitate.

[105] *Koellreutter*, Rechtsstaat (Fn. 100), S. 35, beide Zitate.

[106] *Uta Gerhardt*, Der Universitätshistoriker Edward Y. Hartshorne, in: Hermann u. a. (Hrsg.), Nationalsozialismus und Recht. Zweite und Dritte Babelsberger Gespräche, 2018, S. 250.

[107] *Dietrich Schindler sen.*, Nationalsozialistische Staatslehre (Besprechung von Otto Koellreutters Allgemeiner Staatslehre, 1933), NZZ vom 22.4.1934, Nr. 708, Blatt 4, Erste Sonntagsausgabe.

[108] *Schindler sen.* (Fn. 107). *Otto Koellreutter*, Volk und Staat in der Weltanschauung des Nationalsozialismus, 1935, S. 4 entgegnet Schindlers Kritik. Als ein besonders instruktives Beispiel dient die Schrift von *Hans J. Wolff* über „Die neue Regierungsform des Deutschen Reiches" von 1933, der eine an Novalis gemahnende mystische Huldigung an den Führer entwickelt, *Voigt*, Staatsrechtslehrer (Fn. 94), S. 198.

[109] *Voigt*, Staatsrechtslehrer (Fn. 94), S. 197.

aussetzt. Die Staatsrechtswissenschaft kann nur dann ihren Stoff erforschen, wenn die nationale Geschichte eine praktizierte Normenordnung hervorgebracht hat. Im Fall eines fundamentalen Umbruchs, eben einer Revolution oder eines Staatsstreichs, fehlen diese Voraussetzungen, und die staatsrechtlichen Texte der „neuen Ordnung" werden zu Prophetien, mystischen Beschwörungen[110] oder Bekenntnissen. Ein Beispiel für letzteres bietet *Hans Gerber*, der an der Tagung 1931 nüchtern zum Beamtenrecht referiert hatte. 1933 schrieb er: „Das Dritte Reich ist da! In dieser Hoffnung wollen wir unsere ganze Kraft einsetzen in treuer Gefolgschaft unseres großen Führers, der uns allen in solcher Verfassungsgesinnung ein leuchtendes Vorbild ist! Heil Deutschland."[111] Es ist ein Kennzeichnen der nationalsozialistischen Staatsrechtslehrer, dass sie eine neue Sorte von Schriften entwickelt haben, „die einen wissenschaftlichen Unterbau für das politische Denken der Zeit bieten"[112]. Denn die deutschen Hochschulen sollten „durch die neue Staatsauffassung zu einer […] im völkischen Sinne ‚politischen Universität' werden".[113] Das „Dritte Reich" bedurfte nur vorübergehend dieser Form der Unterstützung[114]. Nach den Reichstagswahlen vom 29. März 1936 war die Sachlage klar[115]. Die Machthaber waren nicht mehr auf die suggestive Mystik seitens der Wissenschaft angewiesen. Vielmehr setzten sie unverhüllte Gewalt ein. Die charakteristischen Flugschriften verschwanden aus den Programmen der Verlage[116].

3. Vom institutionellen Rechtsdenken zur „nationalsozialistischen" Methodenlehre

Das institutionelle Rechtsdenken sorgt dafür, dass die Normen des gesetzten Rechts mit außerrechtlichen Inhalten angereichert werden können. Im „Dritten Reich" zeigte sich das institutionelle Denken in den zwei Ausprägungen von *Carl Schmitts* „konkretem Ordnungsdenken" sowie von *Karl Larenz*' „konkret-allgemeinen Begriffen"[117]. Die beiden Autoren bestimmten die rechtswissenschaftliche Diskussion der Professoren, die den Nationalsozialisten nahestanden. Sie machten sich der nationalsozialistischen Gewaltherrschaft dienstbar, denn die Methode ändert ohne textliche Anpassung den Inhalt der Norm.[118] Die neue Ordnung ließ sich mit einem nur geringen Aufwand an Rechtsetzung einführen.

---

110 *Voigt*, Staatsrechtslehrer (Fn. 94), S. 197.

111 *Hans Gerber*, Staatsrechtliche Grundlinien des neuen Rechts, 1933, S. 33.

112 *Otto Koellreutter*, Grundriß der Allgemeinen Staatslehre, 1933, S. V.

113 *Koellreutter*, Grundriß (Fn. 112), S. V.

114 *Franz Neumann*, Behemoth. Struktur und Praxis des Nationalsozialismus 1933–1944, neu herausgegeben von Alfons Söllner und Michael Wildt, 2018, differenziert zu dieser Rolle der Staatsrechtslehrer 1933–1944, S. 76.

115 *Voigt*, Staatsrechtslehrer (Fn. 94), S. 196.

116 *Voigt*, Staatsrechtslehrer (Fn. 94), S. 196 hielt die Flugschriften ab 1936 für hinfällig, weil wissenschaftliche Texte wesensnotwendig kritische Elemente enthalten müssten, was er am Beispiel einer Flugschrift von Ernst Forsthoff belegt, S. 197. Die Erklärungen über „die Legalität der nationalsozialistischen Revolution" (z. B. von Albert Diller, 1935) verloren jeden Sinn und verschwanden rasch.

117 *Rüthers*, Gerechtigkeit (Fn. 24), S. 99.

118 Dazu oben, S. 41 ff.

Ein Meister im Bereich dieser „Einlegung"[119] von Inhalten in Normen war außer *Carl Schmitt* der Zivilrechtler *Karl Larenz* (1903–1993). Er gesellte sich zu den nationalsozialistischen Staatsrechtslehrern. Im Nationalsozialismus haben sich *Larenz* und weitere Professoren aus andern Rechtsgebieten berufen gefühlt, die Gewaltherrschaft juristisch zu unterstützen und zu legitimieren. Sie kamen dadurch zwanglos zum Thema des „nationalsozialistischen Staatsrechts". *Larenz*, der die „Kieler Schule" mit ihrer Stoßtruppfakultät repräsentierte, führte die Arbeitsweise einer scheinrechtlichen Argumentation mit seinem konkret-allgemeinen Begriff vor.

Als 32-Jähriger begründete *Larenz* im Werk „Rechtsperson und subjektives Recht"[120] 1935, dass der Satz „Jedermann ist rechtsfähig" (§ 1 BGB) nicht für Juden, sondern nur für „Arier" gelte:

„Nicht als Individuum, als Mensch schlechthin oder als Träger einer abstrakt-allgemeinen Vernunft habe ich Rechte und Pflichten und die Möglichkeit, Rechtsverhältnisse zu gestalten, sondern als Glied einer sich im Recht ihre Lebensform gebenden Gemeinschaft, der Volksgemeinschaft. Nur als in Gemeinschaft lebendes Wesen, als Volksgenosse ist der einzelne eine konkrete Persönlichkeit. Nur als Glied der Volksgemeinschaft hat er seine Ehre, genießt er Achtung als Rechtsgenosse. Rechtsgenosse zu sein, das heißt im Recht zu leben und eine bestimmte Gliedstellung auszufüllen, ist also ein Vorrecht des Volksgenossen. Es ist, wenn man so will, eine besondere Qualität nicht des Menschen schlechthin, sondern des Volksgenossen. Rechtsgenosse ist nur, wer Volksgenosse ist; Volksgenosse ist, wer deutschen Blutes ist. Dieser Satz könnte an Stelle des die Rechtsfähigkeit ‚jedes Menschen' aussprechenden § 1 BGB an die Spitze unserer Rechtsordnung gestellt werden."

Als Zivilrechtsprofessor in der Bundesrepublik kommentierte er den textlich seit 1900 unveränderten § 1 BGB im Jahr 1989 anders:

„Die Rechtsfähigkeit kommt jedem Menschen zu, weil er seinem Wesen nach Person im ethischen Sinn ist. Als solche steht er im ‚rechtlichen Grundverhältnis' zu allen anderen, d. h. er hat das Recht auf Achtung seiner Personwürde und die Pflicht, jeden anderen als Person zu achten. [...] Personhaftigkeit des Menschen und mit ihr seine Rechtsfähigkeit ist dem positiven Recht vorgegeben."[121]

Larenz täuscht 1935 mit den jeweils zeitgemäßen Jargons eine schlüssige Argumentation vor. Die Ausdrücke „Glied", „Lebensform", „Gemeinschaft", „Volksgemeinschaft", „Wesen", „Volksgenosse", „konkrete Persönlichkeit", „Rechtsgenosse" kulminieren im Satz: „Rechtsgenosse ist nur, wer Volksgenosse ist; Volksgenosse ist, wer deutschen Blutes ist." Die Scheinargumentation verkleidet diesen Satz. Er kann auf die Tatsache reduziert werden, dass die von der Rechtlosigkeit Getroffenen „zu keiner irgendwie gearteten Gemeinschaft gehören"[122]. Einen anderen Grund als die vorgegebene Diskriminierung gibt es nicht. Nach *Arendt* bedeutet das „Recht, Rechte zu haben", „in einem Beziehungssystem zu leben, in dem man aufgrund von Handlungen und Meinungen beurteilt wird"[123]. *Larenz* hat vorgeführt, dass dann, wenn das Beziehungssystem ändert, auch die vorhandenen Rechte ändern.

---

119 *Bernd Rüthers*, Entartetes Recht, 2. Aufl. 1989, S. 54.
120 *Karl Larenz*, Zur Wandlung der Rechts-Grundbegriffe, 1935, S. 21.
121 *Karl Larenz*, Allgemeiner Teil des deutschen bürgerlichen Rechts, 7. Aufl. 1989, S. 88.
122 *Hannah Arendt*, Elemente und Ursprünge totaler Herrschaft, 1986, S. 612.
123 *Arendt*, Elemente (Fn. 122), S. 614.

Larenz demonstriert an diesem Beispiel die Arbeitsweise der Unterstützer des Nationalsozialismus, die mit zeitgemäßen Wortwolken und Jargon jegliche Normativität von Recht aufzulösen vermögen. Es war das erklärte Ziel der Nationalsozialisten und ihrer professoralen Unterstützer, die Normativität von Recht aufzugeben und nur ein „Rechtsdenken" zu praktizieren, „das von konkreten Ordnungen ausgeht"[124]. In der Theorie nahm *Larenz* eine Vorrangstellung ein, indem er mit seiner Methode des „konkreten Ordnungsdenkens" die Normativität des Rechts mit einem Schlag beseitigte. *Larenz* kann wegen seiner theoretisch wichtigen Unterstützungsarbeit nicht ausgeblendet werden, obwohl er im Rahmen der Vereinigung der Deutschen Staatsrechtslehrer keine Rolle spielte.

4. Nationalsozialistische Gesamtdarstellungen versus Exilliteratur

Die Literaturgattung der staatsrechtlichen Gesamtdarstellungen verkümmert ab 1933, weil ein erheblicher Teil der Professoren sich zurückzieht, ins Ausland vertrieben wird oder ums Leben kommt. Zusätzlich entzieht die antinormative Ausrichtung der Nationalsozialisten den Staatsrechtsbüchern den Boden. Im nationalsozialistischen Deutschland entstehen in der ersten und zweiten Phase mindestens sechs größere Übersichten, nämlich die Werke von *Otto Koellreutter*, „Grundriß der Allgemeinen Staatslehre" (1933), „Verfassungsrecht" (1935^{1}, 1936^{2}, 1938^{3}), „Verwaltungsrecht" (1936^{1}, 1937^{2}), *Theodor Maunz*, „Verwaltung" (1937), und von *Ernst Rudolf Huber*, „Verfassung" bzw. „Verfassungsrecht" (1937^{1}, 1939^{2}). Zusätzlich erscheinen Aufsätze vor allem im Rahmen der Akademie für Deutsches Recht sowie der weitergeführten Zeitschriften, die einen nationalsozialistischen Kurs zu fahren hatten. Die von *Wilhelm Stuckart* und weiteren in der Praxis tätigen Autoren verfasste, in zahlreichen Auflagen bis 1944 erschienene Heftreihe „Neues Staatsrecht"[125] hat den Charakter einer Aufzählung der Organisationsstrukturen, der Herrschaftsmaßnahmen und des Territoriums des „Dritten Reichs". Da wo die Autoren etwas erklären sollten, geben sie die völkische Sprachregelung wieder. Es handelt sich in diesem Sinn nicht um ein „rechtswissenschaftliches Werk".

Koellreutter erklärte im „Verfassungsrecht", wie sich der Weimarer Staat mit dem Kanzler weiterentwickelte und dass der liberale Staat der Gegensatz des nationalsozialistischen Staates sei. Die Verneinung der Weimarer Verfassung ist die wesentliche Stütze des Werks. Lässt man die Verneinungen und die historischen Teile weg, bleibt eine Huldigung des Nationalsozialismus übrig, die nicht einmal die „Qualität" der Flugschriften erreicht. Der Inhalt des „Völkischen" lässt sich mit wenigen Worten wiedergeben. Der Autor hebt in der neuen Ordnung die Gemeinschaft hervor und schiebt das Individuum

[124] *Karl Larenz*, Über Gegenstand und Methode des völkischen Rechtsdenkens, 1938, S. 43; weitere Hinweise bei *Rüthers*, Entartetes Recht (Fn. 119), S. 77 Fn. 203. Es ist bemerkenswert, dass Larenz' konkret-allgemeiner Begriff in der Figur der Allgemeinverfügung (einem Zwitter zwischen Norm und Einzelakt) aufscheint.

[125] *Wilhelm Stuckart/Rolf Schiedermair*, Neues Staatsrecht I. Der neue Staatsaufbau, 18. Aufl. 1943; *Wilhelm Stuckart/Rolf Schiedermair*, Neues Staatsrecht II. Die Errichtung des Großdeutschen Reiches, 15. Aufl. 1941; *Wilhelm Stuckart/Rolf Schiedermair/Harry v. Rosen-v. Hoewel*, Neues Staatsrecht III. Der Staatsaufbau des Deutschen Reichs in systematischer Darstellung, 1. Aufl. 1943.

beiseite. „Daß es liberale Grundrechte [...] im deutschen Führerstaat nicht mehr geben kann, ist selbstverständlich“[126]. Diese neue Orientierung ist durch den Ersten Weltkrieg mit seinen Frontsoldaten entstanden[127]. Das wichtigste Gut ist die Hingabe der Volksgenossen an die Gemeinschaft. Die „politischen Soldaten“ gehorchen ihren Vorgesetzten blind. Der Ausdruck Verfassung ist „vieldeutig“ [128], und als Rechtsquelle scheint sie bei *Koellreutter* bereits nicht mehr auf[129]. Er spricht bei den Gesetzen, welche die Macht in der Hand der Exekutive und des Führers vereinigen, von „Verfassungsgesetzen“ [130], aber sie bilden keine ganzheitliche, abgestimmte Ordnung. Am Ende bildet die „Verfassung“ einen Nebel, der aus nationalsozialistischen Kampfbegriffen, Leerformeln, Beschwörungen, Widersprüchen und Tautologien besteht. Das Buch wiederholt immer wieder die „völkisch“ umgeformten Begriffe, ohne dass klar wird, was diese bedeuten. *Koellreutter* setzt sich kaum mit anderen Autoren auseinander. Er attackiert *Carl Schmitt* und verballhornt etwa *Erich Kaufmanns* Aussage in dessen Referat von 1926: „Erst kommt das Recht, dann kommt das Gesetz“ [131]. In seinem Konzept bedeutet „Recht“ nationalsozialistische Ideologie, und das Gesetz ist die willfährige Umsetzung des NSDAP-Parteiprogramms. *Koellreutter* betont den normativen Charakter von Gesetzen[132], um die wirklichen Vorgänge zu verschleiern. Das Buch will den Graben von der Präsidialdiktatur der Weimarer Verfassung 1932 zum Führerstaat überbrücken. *Koellreutter* setzt die liberale Staatsauffassung herab und argumentiert in den staatsrechtlichen Passagen scheinjuristisch, um den fundamentalen Bruch mit der Tradition zu tarnen. *Fritz Morstein Marx* sah 1938 im Buch die Kombination von „political orthodoxy and plain common sense“[133].

Ernst Rudolf Huber nimmt sich – später als *Koellreutter* – der Verfassung an. Der Erstauflage 1937 der „Verfassung“[134] folgt 1939 die stark erweiterte Zweitauflage „Verfassungsrecht des Großdeutschen Reiches“[135]. Die NS-Herrschaft ist gefestigt, sie intensiviert in der zweiten Phase Gewalt und Terror und ist nicht mehr auf die schattenhafte Unterstützung von Weimar angewiesen. *Huber* konzentriert sich im Gegensatz zu *Koellreutter* nicht auf die flächendeckende Negation der Weimarer Republik, sondern sucht die faktische Herrschaft, eben die nationalsozialistische Verfassung, systematisch und positiv darzustellen. Er stellt anders als *Koellreutter* in der ersten Auflage fest: „Die Wei-

---

[126] *Otto Koellreutter*, Deutsches Verfassungsrecht. Ein Grundriß, 2. Aufl. 1936, S. 86.

[127] *Koellreutter*, Verfassungsrecht (Fn. 126), S. 4.

[128] *Koellreutter*, Verfassungsrecht (Fn. 126), S. 17.

[129] *Koellreutter*, Verfassungsrecht (Fn. 126), S. 54.

[130] *Koellreutter*, Verfassungsrecht (Fn. 126), S. 18. *Heinrich Herrfahrdt*, Die Verfassungsgesetze des nationalsozialistischen Staates dem Text der Weimarer Verfassung gegenübergestellt, 1935, veröffentlicht die Gegenüberstellung „altes Recht“/„neues Recht“ als Materialsammlung für den Unterricht. Die Schrift kennzeichnet den Übergang in den Führerstaat; ferner *Wilhelm Albrecht*, Neues Staatsrecht, 1933.

[131] Z. B. *Koellreutter*, Verfassungsrecht (Fn. 126), S. 25.

[132] *Koellreutter*, Verfassungsrecht (Fn. 126), S. 15: „Deshalb wirkt im nationalsozialistischen Rechtsstaat nicht jede Willensäußerung der Führung als Gesetz. Sondern, um als Gesetz wirksam zu sein, muß der Führerwille sich auch in die Form des Gesetzes kleiden.“ Siehe ferner S. 14, 56.

[133] Harvard Law Review 51 (1938), S. 954.

[134] *Ernst Rudolf Huber*, Verfassung, 1937.

[135] *Ernst Rudolf Huber*, Verfassungsrecht des Großdeutschen Reiches, 2. Aufl. 1939.

marer Verfassung gilt nicht mehr; es gilt die Verfassung des Dritten Reiches"[136]. In der zweiten Auflage verschärft er den Ton: „Der Name *Adolf Hitler* ist ein Programm, in dem der äußerste und tödliche Kampf gegen das Weimarer System ein Kernpunkt ist." „[...] In allen wesentlichen Bestimmungen war das alte Verfassungssystem durch die Revolution beseitigt, ohne daß es eines formellen Aktes, einer Proklamation oder eines Ausspruchs bedurft hätte."[137] *Ernst Fraenkel* zitiert in dieser Frage einen nationalsozialistischen Autor: „Die Verfassung abzuschaffen, wäre einer Leichenschändung gleichgekommen."[138] Als besonderes Kampfmittel gegen alte Feinde hebt *Huber* „die Errichtung der Konzentrationslager" hervor, „in denen die in Schutzhaft genommenen staatsfeindlichen Personen zusammengefasst wurden".[139] Die Juden „genießen" für *Huber* „nicht die Stellung einer fremdvölkischen Minderheit, sondern ihnen ist eine Sonderstellung zugewiesen, die sich aus dem Ziel einer völligen Ausscheidung des Judentums erklärt"[140]. In der Folge zählt *Huber* auf dreieinhalb Seiten die 1939 bestehenden Diskriminierungen auf, inklusive die Namensregelung, wonach jüdische Frauen Sara und Männer Israel als zusätzliche Vornamen tragen[141]. Ist es aus dem Blickwinkel des Jahres 1939 offen, was die „völlige Ausscheidung" der Juden bedeutet? *Huber* postuliert nicht die Ermordung der Juden, doch kommt seine Formulierung den sich in den folgenden Jahren abspielenden Ereignissen nahe.[142]

In der völkischen Verfassung fallen die „Freiheitsrechte" dahin[143]. Sie werden durch die „volksgenössische Rechtsstellung" ersetzt. Dabei handelt es sich um „gemeinschaftsbezogene und pflichtgebundene Berechtigungen des Volksgenossen, die ihren Sinn und Inhalt aus der konkreten Ordnung gewinnen, in der der Volksgenosse steht".[144] Diese widersprüchliche Leerformel ist für nationalsozialistische Staatsrechtstexte beispielhaft. Ohne die scheinjuristischen Ausführungen erweist sich das Buch als Propaganda für den Nationalsozialismus, wie er etwa in den Schulbüchern in reiner Form vorkam[145].

Es zeigt sich, dass *Huber* auf die Mittel des Widerspruchs, der wolkigen Begriffe und der Tautologien angewiesen ist, die *Koellreutter* eingesetzt hatte. Freilich wird *Hubers* Werk im Zug der Radikalisierung des „Dritten Reichs" ebenfalls hinfällig. Die Gewaltherrschaft ist nach dem Kriegsausbruch nicht mehr auf den Anschein einer Rechtsherr-

---

136 *Huber*, Verfassung (Fn. 134), S. 51; *Huber*, Verfassungsrecht (Fn. 135), S. 46 ausführlicher.

137 *Huber*, Verfassungsrecht (Fn. 135), S. 51.

138 *Fraenkel*, Auflösung und Verfall (Fn. 87), S. 613.

139 *Huber*, Verfassung (Fn. 134), S. 38, auch S. 43, textgleich mit *Huber*, Verfassungsrecht (Fn. 135), S. 40, 46.

140 *Huber*, Verfassungsrecht (Fn. 135), S. 181.

141 § 2 Abs. 1 der zweiten Verordnung zur Durchführung des Gesetzes über die Änderung von Familiennamen und Vornamen vom 17. August 1938, RGBl. I, S. 1044.

142 *Dreier*, Staatsrechtslehre (Fn. 80), S. 39 stellt fest, dass keiner der Staatsrechtslehrer des „Dritten Reiches" in den Schriften den Massenmord an den Juden thematisiert hat. Die Staatsrechtslehrer mieden den Ausdruck „Konzentrationslager", nicht aber *Otto Koellreutter*, Der Deutsche Führerstaat, 1934, S. 21: „Es wäre widersinnig, zu behaupten, daß zum Beispiel die Konzentrationslager eine betont rechtsstaatliche Einrichtung wären, aber sie sind zur Sicherung der neuen Staats- und Rechtsgrundlagen unentbehrlich, solange den Grundlagen des völkischen Staates noch Angriffe drohen."

143 *Huber*, Verfassungsrecht (Fn. 135), S. 363.

144 *Huber*, Verfassungsrecht (Fn. 135), S. 366.

145 Z.B. *Wilhelm Vonolfen* usw., Der Weg zum Reich, 1944, S. 207.

schaft angewiesen, demzufolge verkümmern die „verfassungsrechtlichen" und ideologischen Huldigungen der mitwirkenden Staatsrechtslehrer von selbst. *Koellreutter* wendet sich dem japanischen Staatsrecht zu[146], *Huber* schreibt vermehrt über die Rechtsgeschichte[147], aber beide verfassen weiterhin Huldigungsaufsätze. Nach 1940 werden Bücher über Verfassungsrecht zwecklos. Die „Verfassung" bedeutet faktisch Gewaltherrschaft und Krieg mit allen Folgen.

Die ins Ausland geflohenen Juristen sahen die deutsche Verfassung in einem andern Licht. *Karl Loewenstein*, Mitglied der Vereinigung, analysierte 1936 Ideologie und Rechtsetzung der Nationalsozialisten und stellte die gravierenden und illegalen Änderungen gegenüber der Weimarer Reichsverfassung fest.[148] *Loewenstein* schob 1939 eine Gesamtdarstellung nach und zeigte darin, wie sich die europäischen Demokratien gegen die faschistischen Bewegungen wehrten.[149] Die Darstellung zeigte den Widerspruch zwischen dem Nationalsozialismus oder dem Faschismus zur liberalen Ordnung der verbliebenen Demokratien.

Ernst Fraenkel hielt in der Urfassung seines in Deutschland geschriebenen „Doppelstaates" in den ersten beiden Sätzen 1938 fest: „Die Verfassung des dritten Reiches ist der Belagerungszustand. Die Verfassungsurkunde des dritten Reiches ist die Notverordnung vom 28.2.1933".[150] Die ausdehnende Auslegung der Reichstagsbrandverordnung erlaubte die Errichtung einer Diktatur, die rasch zur Einrichtung einer Parallelwelt führte, indem der bisherige Normenstaat durch einen Maßnahmenstaat ergänzt wurde. Dieser war nicht an das Recht gebunden, sondern verfolgte die Umsetzung der nationalsozialistischen Politikinhalte, namentlich der Tötung der vermeintlichen und tatsächlichen Gegner, des Rassenwahns und insbesondere der Ausrottung der Juden. Es ist bemerkenswert, dass *Ernst Fraenkel*, kein Staatsrechtslehrer, sondern Rechtsanwalt und Gewerkschafter, die Reichstagsbrandverordnung zunächst als die Verfassung des Nationalsozialismus identifiziert. Sie wird in dem Moment überflüssig, in dem die Gewaltherrschaft sich ungehindert durchsetzen kann. Der von *Franz Neumann* 1942 veröffentlichte und 1944 erweiterte „Behemoth" untersucht aus politikwissenschaftlicher und soziologischer Sicht die institutionelle Entwicklung des „Dritten Reichs". Das Recht spielt in seinem Werk nicht die entscheidende Rolle, da er das NS-Regime als einen zur „Herrschaft der Gesetzlosigkeit" mutierenden „Unstaat" versteht[151]. *Hans Nawiasky* kommentierte 1934 das national-

---

[146] Das politische Gesicht Japans, 1940; Der heutige Staatsaufbau Japans, 1951.

[147] *Martin Jürgens*, Staat und Reich bei Ernst Rudolf Huber. Sein Leben und Werk bis 1945 aus rechtsgeschichtlicher Sicht, 2005, S. 293.

[148] *Karl Loewenstein*, Law in the Third Reich, The Yale Law Journal 45 (1936), S. 779 (787 Fn. 20). Er sieht im illegalen Ermächtigungsgesetz vom 23.3.1933 die Grundlage der neuen Herrschaft; *ders.*, Dictatorship and the German Constitution, 1933–1937, The University of Chiacago Law Review 4 (1937), S. 537. Nach *Neumann*, Behemoth (Fn. 114), S. 82 vermieden die Nationalsozialisten den Ausdruck „Ermächtigungsgesetz", da sie die Legitimität ihrer Herrschaft nicht aus der Weimarer Reichsverfassung beziehen wollten.

[149] *Karl Loewenstein*, Legislative control of political extremism in european democracies, Columbia Law Review 38 (1938), S. 591 und S. 725; *ders.*, De L'extrémisme politique dans les démocraties européennes, Paris 1939.

[150] *Fraenkel*, Urdoppelstaat (Fn. 85), S. 273.

[151] *Neumann*, Behemoth (Fn. 114), S. 16, 75, 90.

sozialistische Deutschland nüchtern: Die Weimarer Verfassung von 1919 sei „in sehr vielen entscheidenden Punkten beiseitegeschoben"[152] worden. In der Folge zählt er die bekannte Machtkonzentration bei der Reichsregierung auf. *Hans Kelsen* beschäftigte sich nach seiner Vertreibung aus Deutschland intensiv mit den Vorgängen, allerdings verschloss sich ihm der Zugang zu deutschen Verlagen. Er setzte seine schon vor 1933 begonnene theoretische Arbeit am praktischen Beispiel von Deutschland fort.[153]

5. Nationalsozialistische Aufsatzliteratur ab 1939

Die juristische Aufsatzliteratur kommt in allen drei Phasen der NS-Herrschaft vor, aber sie bildete die bevorzugte Textsorte in der dritten Phase ab 1940. Einige der nationalsozialistischen Staatsrechtslehrer veröffentlichten bis 1944 „nationalsozialistisch-rechtswissenschaftliche" Texte, die politisch, ideologisch und normativ argumentierten. Die dabei behandelten Themen betrafen etwa die Weitergeltung der Weimarer Reichsverfassung[154], die Systematisierung der Führerbefehle und Gesetze[155] oder die Errichtung des Reichsverwaltungsgerichts im Jahr 1941[156]. Die Aufsätze waren für die NS-Herrschaft ohne Relevanz. Es fragt sich deshalb, aus welchem Motiv die Autoren trotz fortgeschrittener Zersetzung der Rechtsordnung und zunehmendem Chaos unbeirrt weiterschrieben.

Die NS-Herrschaft war im Krieg innenpolitisch gefestigt und es kam nicht auf die allfällige Unterstützung von Juristen an. Der propagandistische Nutzen dieser juristischen Aufsätze war vermutlich gering. Das Recht spielte in dieser Spätphase keine Rolle mehr. *Ernst Fraenkel* ordnete das normative Handeln, Argumentieren und Denken als ohnehin überholt ein: „Vom Blickpunkt der Endphase des NS-Staates aus gesehen, waren die Nürnberger Gesetze ein Überbleibsel veralteten gesetzgebundenen Denkens."[157] Das galt erst recht für die „wissenschaftlichen" Äußerungen der Staatsrechtslehrer. Ihre Wissenschaft bestand darin, dass sie Methoden und Sprachregelungen entwickelten, die die Gewaltherrschaft und die Lösung der Judenfrage in eine „Art juristischen Schleier"[158] hüllten. Mit der unbegrenzten Radikalisierung, die mit der physischen Ausrottung der Juden einsetzte, glaubte der nationalsozialistische Staat, „es nicht mehr nötig zu haben, sich den Juden gegenüber Methoden zu bedienen, die auch nur äußerlich den Anschein von gesetzlichen Verfahrensmethoden hatten"[159]. Die Professoren, die die NS-Herrschaft

---

152 *Hans Nawiasky*, Staatstypen der Gegenwart, 1934, S. 147.

153 *Olechowski*, Hans Kelsen (Fn. 58), S. 939 (Werke von Hans Kelsen ab 1931).

154 *Reinhold Horneffer*, Das Problem der Rechtsgeltung und der Restbestand der Weimarer Verfassung, Zeitschrift für die gesamte Staatswissenschaft 99 (1939), S. 148.

155 *Werner Weber*, Führererlaß und Führerverordnung, Zeitschrift für die gesamte Staatswissenschaft 102 (1942), S. 101; *ders.*, Die Verkündung von Rechtsvorschriften, 1942; *Ernst Rudolf Huber*, Gesetz und Maßnahme (1944, Vortrag), Der Staat 55 (2016), S. 69 (mit einer editorischen Notiz von *Ewald Grothe* und *Reinhard Mehring*).

156 *Theodor Maunz*, Der Staatsanwalt am Verwaltungsgericht, Zeitschrift für die gesamte Staatswissenschaft 102 (1942), S. 715.

157 *Fraenkel*, Auflösung und Verfall (Fn. 87), S. 618.

158 *Fraenkel*, Auflösung und Verfall (Fn. 87), S. 618.

159 *Fraenkel*, Auflösung und Verfall (Fn. 87), S. 618; *Horst Dreier*, Rechtszerfall und Kontinuität. Zur

unentwegt und bis zum Ende unterstützten, handelten aus ideologischer Verblendung. Hinzu kam ihre Selbstachtung als Juristen, die sie veranlasste, normative und quasirechtswissenschaftliche Aussagen zu machen. Mit Sicherheit wollten sie nicht den Normenstaat stützen[160] und damit versteckt Widerstand leisten.

6. *Habilitationsschriften*

Die Nationalsozialisten haben die Habilitation beibehalten und neu organisiert. Die Reichs-Habilitations-Ordnung vom 13. Dezember 1934[161] wollte den akademischen Nachwuchs „mit denkbar größter Sorgfalt" auswählen und formen. Reichsminister *Bernhard Rust* (1883–1945, 1934–1945 im Amt) wertete, im Unterschied zur bisherigen Ordnung, die Habilitation zu einer bloßen Voraussetzung der Lehrberechtigung herab. Als weitere Voraussetzung für eine Dozentur kam eine Eignungsprüfung für „Lehrer an den Hochschulen des nationalsozialistischen Staates" hinzu. Am 17. Februar 1939 erfolgte eine Revision dieser Vorschriften, um auf den Mangel an Nachwuchs und die Erweiterung des Reiches zu reagieren.[162] Mit dieser einheitlichen Rechtsgrundlage hatte es das Regime in der Hand, nur nationalsozialistisch orientierte Hochschullehrer zuzulassen. Selbstverständlich sollten nicht nur die Hochschullehrer systemkonform unterrichten, auch die Studenten waren auf das neue Regime auszurichten: „Die deutsche Rechtswissenschaft muß nationalsozialistisch werden".[163] Minister *Rust* erließ am 18. Januar 1935 einen einheitlichen Studienplan Rechtswissenschaft, in dem die Fächer Geschichte, Volk und Rasse, Volkskunde, Sippenforschung, Familienerbe und Rechtsphilosophie ein großes Gewicht besaßen. Allerdings galt die Rechtswissenschaft als nicht besonders wichtig und wurde deshalb abgebaut.[164] Auch die anderen Studienfächer erhielten einheitliche Ordnungen, wobei fast überall die Rassenkunde und NS-konforme historisch-politische Vorlesungen angesetzt wurden.

Vor diesem Hintergrund drängt es sich auf, die kurz vor, während und kurz nach der NS-Zeit habilitierten Mitglieder der 1949 neugegründeten Vereinigung[165] durchzuge-

---

asynchronen Entwicklung von Staatsrecht und Wirtschaftssystem in der Zeit des Nationalsozialismus, Der Staat 43 (2004), S. 235 (241). *Neumann*, Behemoth (Fn. 114), S. 541 kritisierte Fraenkel, weil es gar keinen Normenstaat gebe, vielmehr bestehe der Nationalsozialismus aus einem „Unstaat". Er bilde „ein Chaos, eine Herrschaft der Gesetzlosigkeit und Anarchie, welche die Rechte wie die Würde des Menschen verschlungen hat" (S. 16).

160 Zutreffend *Christoph Möllers*, Erwiderung auf Ewald Grothe und Reinhard Mehring (Fn. 155), Der Staat 55 (2016), S. 9; a. M. *Stolleis*, Methodenstreit (Fn. 13), S. 560 zu den früheren Phasen des „Dritten Reiches". In der dritten Phase schwiegen die ehemaligen Positivisten und äußerten sich nicht mehr.

161 Deutsche Wissenschaft, Erziehung und Volksbildung 1 (1935), Nr. 11, S. 12.

162 Deutsche Wissenschaft, Erziehung und Volksbildung 4 (1939), Nr. 103, S. 126.

163 Richtlinien für das Studium der Rechtswissenschaft, Deutsche Wissenschaft, Erziehung und Volksbildung 1 (1935), Nr. 59, S. 48. Die Intensivierung des Krieges erforderte Erleichterungen, die eine Neuordnung des Rechtsstudiums nötig machten, Deutsche Wissenschaft, Erziehung und Volksbildung 10 (1944), Nr. 352, S. 202.

164 *Gerhardt*, Universitätshistoriker (Fn. 106), S. 250.

165 VVDStRL 8 (1950), S. 166.

hen. Dazu gehören *Erich Becker*[166], *Viktor Böhmert*[167], *Martin Drath*[168], *Ernst Friesenhahn*[169], *Wilhelm Grewe*[170], *Hermann Held*[171], *Hans Peter Ipsen*[172], *Friedrich Klein*[173], *Herbert Krüger*[174], *Günther Küchenhoff*[175], *Hermann von Mangoldt*[176], *Theodor Maunz*[177], *Eberhard Menzel*[178], *Richard Naumann*[179], *Friedrich Schack*[180], *Hans-Jürgen Schlochauer*[181], *Hans Schneider*[182], *Hans Ulrich Scupin*[183], *Rolf Stödter*[184], *Carl Hermann Ule*[185], aber nicht *Werner Weber*, der 1935 aus der Praxis ohne Habilitation berufen wurde[186]. Die Literaturgattung Habilitationsschrift ist gegenüber der Weimarer Republik stark geschwächt, da jüngere Aspiranten auf die Universitätskarriere entweder geflohen waren oder ihre wissenschaftliche Arbeit nicht verfolgen wollten oder durften. Von den Habilitationen betreffen einige Arbeiten historische oder sonst einigermaßen von wenig ideologischen Erwartungen beschwerte Themen. Verschiedene Personen wurden habilitiert, ohne dass eine publizierte Habilitationsschrift vorlag, was daran liegt, dass das Ministerium wegen des Papiermangels die Pflicht zum Druck Ende 1941 aufgab. Danach mussten für nach dem Kriegsbeginn 1939 eingereichte Dissertationen und Habilitationen nur sechs maschinengeschriebene Exemplare abgegeben werden[187]. Von besonderem Interesse sind

---

166 Habil.: Gemeindliche Selbstverwaltung, Teil 1, Grundzüge der gemeindlichen Verfassungsgeschichte, 1941.

167 Habil.: Der Art. 19 der Völkerbundsatzung, Kiel 1933.

168 Habil.: Carl Schmitts Freund-Feind-Theorie – eine Staatstheorie des neuen deutschen Imperialismus, Jena 1946.

169 Habil.: 1932 durch den Beitrag „Die Staatsgerichtsbarkeit", in: Anschütz/Thoma (Hrsg.), Handbuch des Deutschen Staatsrechts, 1932, S. 523.

170 Habil.: Epochen der Völkerrechtsgeschichte, Königsberg 1941.

171 Habil.: Die Überwindung des Friedensvertrages von Versailles durch die deutsche Völkerrechtspolitik 1933–1938, JöR 1938, S. 418.

172 Habil.: Politik und Justiz, 1937.

173 Habil.: Die mittelbare Haftung im Völkerrecht, 1941.

174 Habil.: Recht und Wirklichkeit. Das Verhältnis von Recht und Wirklichkeit in der Rechts- und Staatslehre des 19. Jahrhunderts, 1936.

175 Die Habilitation erfolgte am 19.12.1939 in Breslau, es besteht keine publizierte Schrift.

176 Habil.: Geschriebene Verfassung und Rechtssicherheit in den Vereinigten Staaten von Amerika, Königsberg 1934.

177 Habil.: Hauptprobleme des öffentlichen Sachenrechts, München 1932.

178 Habil.: 1943 in Frankfurt, kein als Habilitationsschrift publiziertes Werk vorhanden.

179 Habil.: Die Wandlungen im Recht des Widerrufs von Verwaltungsakten, 1938.

180 Habil.: 1941 in Hamburg, kein als Habilitationsschrift publiziertes Werk vorhanden.

181 Habil.: 1946 in Köln mit der nicht publizierten Schrift Der völkerrechtliche Vertrag.

182 Habil.: 1940 in Berlin, Der preußische Staatsrat 1817–1848. Die Arbeit erschien 1952 mit einer nach dem Krieg verfassten Erweiterung um die Jahre 1849 bis 1918: Der preußische Staatsrat 1817–1918. Ein Beitrag zur Verfassungs- und Rechtsgeschichte Preußens, 1952.

183 Habil.: Volk und Reich bei Justus Möser, Breslau 1938.

184 Habil.: Flottengeleit im Seekrieg. Untersuchungen zur seekriegsrechtlichen Stellung feindlicher Geleitzüge, Hamburg 1935.

185 Habil.: Herrschaft und Führung im nationalsozialistischen Reich, München 1940.

186 *Eberhard Schmidt-Aßmann*, Werner Weber (1904–1976), in: Häberle/Kilian/Wolff (Hrsg.), Staatsrechtslehrer des 20. Jahrhunderts, 2. Aufl. 2018, S. 793 (794).

187 Die Druckpflicht ist in: Deutsche Wissenschaft, Erziehung und Volksbildung 6 (1940), Nr. 101, S. 144, deren Aufhebung per 1.9.1939 ist in: Deutsche Wissenschaft, Erziehung und Volksbildung 8 (1942), Nr. 3, S. 2.

jene Autoren, die sich nebst normativer Inhalte der Ideologie des Nationalsozialismus annahmen und ein Bekenntnis zum Nationalsozialismus und zum Führer abgaben. Sie folgten *Wilhelm Kisch*, der von den Rechtslehrern der Universitäten forderte, dass sie sich „mit Kopf und Herz, nicht bloß mit den Lippen"[188] zum nationalsozialistischen Staat und seinem Recht bekennen. Der Autor fordert die vollständige Unterwerfung der Hochschullehrer unter die nationalsozialistische Ideologie. Bei der Forschung müssen diese logisch und methodisch einwandfrei arbeiten, um zu „‚richtigen' Ergebnissen zu gelangen". Das kann nur gelingen, wenn man „von der weltanschaulichen Grundlage eben dieser bestimmten Rechtsordnung" ausgeht und feststellt, „welche Gestaltung des Rechtes diesem ideologischen Ausgangspunkt gemäß ist [und] welche nicht"[189]. Etwa die Autoren *Forsthoff, Held, Becker, Ule* und *Heckel* legen derartige Bekenntnisse in ihren Habilitationsschriften und in Aufsätzen ab. Die rechtswissenschaftliche Forschung verkümmert. Forschung zu Normen war nur noch begrenzt möglich, so etwa bei regimenahen Themen[190].

7. Am Ende: Staatsrechtslehre ohne Staatsrecht

In der letzten Phase des „Dritten Reichs" verliert die Staatsrechtslehre ihren Gegenstand. Der Nationalsozialismus und *Hitler* sind antinormativ eingestellt, und sie setzen dieses Programm konsequent um. Der hierarchische Aufbau der Rechtsordnung löste sich auf und damit die Kompetenzordnung des Staatsapparates. *Hitler* verneinte jede Art von Regulation und Ordnung.[191] In seiner Person konzentrierte sich die dem Reich zustehende Kompetenz-Kompetenz[192], und ein lückenloser Rechtsschutz „bedeutet deshalb nicht die Krönung des Rechtsstaates, sondern seine Zerstörung"[193]. Am Ende blieb als einzige Rechtsform nur der Führerbefehl. Die ordnende und dämpfende Kraft des Rechts wich unbegrenzter Willkür. Die NS-Herrschaft übte immer mehr Gewalt gegen Menschen aus. Sie war in keiner Weise auf die Verschleierungsfunktion des Rechts und der nationalsozialistischen Staatsrechtsprofessoren mehr angewiesen[194]. Die höchst personenhaf-

188 *Wilhelm Kisch*, Der Deutsche Rechtslehrer, 1939, S. 62.

189 *Kisch*, Rechtslehrer (Fn. 188), S. 50.

190 Die schon vor 1933 begonnene Habilitationsschrift von Hans Peter Ipsen zu den justizfreien Hoheitsakten (Fn. 172) ist ein Beispiel dafür. Das Thema kam als solches dem nationalsozialistischen Regime entgegen. In der Arbeit fehlen Verbeugungen vor den nationalsozialistischen Größen wie auch die methodischen Kniffe mit dem konkreten Ordnungsdenken oder dem konkret-allgemeinen Begriff (es erscheint dreimal „die konkrete Ordnung" von Carl Schmitt auf, S. 10, 275, 310) und antisemitische Ausfälle. Ipsen musste sich bei diesem Thema nicht zum Regime bekennen, was aber nichts beweist. Ipsen hat sich in andern Schriften und in seinem Handeln für den NS-Staat eingesetzt, dazu *Norman Paech/Ulrich Kampe*, Hochschulalltag im Faschismus, Demokratie und Recht 14 (1986), S. 377 (378); *Anna Katharina Mangold*, Hans Peter Ipsen. Ein technokratischer Meister der Begriffsprägung, in: Kremer (Hrsg.), Die Verwaltungsrechtswissenschaft in der frühen Bundesrepublik (1949–1977), 2017, S. 177 (181, 187).

191 *Dreier*, Rechtszerfall (Fn. 159), S. 246.

192 *Huber*, Verfassungsrecht (Fn. 135), S. 249.

193 *Koellreutter*, Grundriß (Fn. 112), S. 253.

194 *Dreier*, Rechtszerfall (Fn. 159), S. 251.

te Herrschaft *Hitlers* verdrängte die im liberalen Staat gewollte unpersönliche Herrschaft der Gesetze („government of laws, not of men").[195] Die gänzliche Zerstörung der Rechtsordnung[196] ging mit der physischen Zerstörung Deutschlands einher. Die Betätigung als „rückhaltloser" nationalsozialistischer Staatsrechtsprofessor musste in einer Leere enden: Der Nationalsozialismus wollte keine Normen, kein Recht, keine förmliche Hierarchie. Mit der Vollendung des Rechtszerfalls hatten sich die nationalsozialistischen Staatsrechtslehrer überflüssig gemacht.

Als sich die Überflüssigkeit und Unerwünschtheit des normativen Denkens offen zeigte, haben die Staatsrechtslehrer unterschiedlich reagiert. Die Gruppe jener, die sich schon ab 1933 inhaltlich zurückgezogen hatten, vergrößerte sich. Die zweite Gruppe, die virtuelle „Gemeinschaft der Staatsrechtslehrer", die *Ernst Rudolf Huber* in seinem Sammelwerk „Idee und Ordnung des Reiches" (1941–1943) angerufen hatte, bestand fort. Ihre Gemeinsamkeit bestand darin, dass sie am Nationalsozialismus und den Gewaltherrschern festgehalten haben. Ihr juristisches Denken pflegten sie insoweit, als sie in dieser faktischen Lage so taten, als handele sich um eine auf Recht abgestützte Herrschaft. So hatte *Johannes Heckel* im Bereich der Wehrmacht von der Publikation der Rechtsvorschriften absehen wollen. Ihm widersprach *Werner Weber.* Er erinnerte an die alte Wahrheit, dass Rechtsvorschriften „nur durch Mitteilung an die Betroffenen und im Allgemeinen nur durch öffentliche Verkündung Wirksamkeit erlangen"[197]. Dieses Argumentieren und Schreiben entbehrte jeden Realitätsbezugs. Es entlastet die Betroffenen nicht mit dem Argument, sie hätten dem Normenstaat *Fraenkels* (dem Überrest des Rechtsstaates) gedient. Im besten Fall haben diese nationalsozialistischen Professoren ihr juristisches „Gewissen" beruhigen wollen[198]. Eine dritte (Klein-)Gruppe pervertiert die monotheistische Vorstellung des Absoluten: *Carl Schmitt* und *Johannes Heckel* verherrlichten den „Führer" als Gott.[199] Das entschuldigte überhaupt alles und jedes: „Das Amt des Führers ist [...] wesentlich ein providentielles Amt und entzieht sich einer juristischen Technisierung."[200]

---

[195] *Dreier,* Rechtszerfall (Fn. 159), S. 247.

[196] *Stolleis,* III (Fn. 59), S. 316; *Dreier,* Rechtszerfall (Fn. 159), S. 235.

[197] *Werner Weber,* Die Verkündung von Rechtsvorschriften (Fn. 155), S. 7, 11; dazu *Dreier,* Rechtszerfall (Fn. 159), S. 250.

[198] Für Theodor Maunz war jedes normative Denken sekundär. Seine Nähe zum Nationalsozialismus dauerte bis zu seinem Tod, *Michael Stolleis,* Theodor Maunz – Ein Staatsrechtslehrerleben, Kritische Justiz 26 (1993), S. 393.

[199] *Dreier,* Staatsrechtslehre (Fn. 80), S. 23 Anm. 64. Der Verweis auf die Fundstelle von J. Heckels Vergötterungsbeitrag, DVBl. 1937, 49 ff., den Dreier und alle übrigen Autoren jeweils anführen, stimmt nicht. Der Aufsatz findet sich gerade nicht im Preußischen Verwaltungsblatt bzw. ab 1928 im Reichsverwaltungsblatt. Von 1934 bis 1937 gab es während nur vier Jahren die „Deutschen Verwaltungsblätter – Blätter für administrative Praxis". Diese übernahmen die Jahrgangsnummerierung der „Bayerischen Verwaltungsblätter" und waren früher unter dem Namen „Blätter für administrative Praxis und Polizeigerichtspflege zunächst in Bayern" (seit 1873) bekannt. Das Blatt ging ab 1937 in der „Deutschen Verwaltung (Berlin)" auf, ebenfalls eine NS-Zeitschrift. Der Aufsatz von Heckel, Die Führerrede und das sog. Ermächtigungsgesetz vom 30. Januar 1937. Eine verfassungsrechtliche Studie, erschien also in den Deutschen Verwaltungsblättern – Blätter für administrative Praxis, im 85. Jahrgang, dem 3. Heft vom Februar 1937, S. 49–64. Zu Schmitt: *Dreier,* Staatsrechtslehre (Fn. 80), S. 31 Anm. 106.

[200] *Heckel,* Führerrede (Fn. 199), S. 60.

VI. Epilog: Der „liegengebliebene, rechte braune Lederhandschuh“

Nach der Kapitulation Deutschlands gab es für staatsrechtliches Denken weiterhin keinen Gegenstand mehr: Der Nationalsozialismus und sein Gewaltverhüllungsrecht waren untergegangen. *Hans Peters* schrieb zwei Jahre nach Kriegsende: „Die heutige politische Lage Deutschlands ist durchaus unklar.“[201] Es blieb zunächst die Spekulation übrig. Nach dem Vakuum entstand mit dem Aufkommen des Ost-West-Konflikts ein neues weltpolitisches Koordinatensystem. Die Verurteilung des Nationalsozialismus blieb zwar bestehen, aber in der Öffentlichkeit verstummte die entsprechende Diskussion.

Das Bewusstsein für das Mitläufertum mancher Staatsrechtslehrer blieb allerdings erhalten, und dieses kam in privaten, meist bilateralen Diskussionen und Briefen zum Ausdruck. Der umfangreiche Nachlass von *Walter Jellinek*[202] bietet dafür eine verlässliche Grundlage. Die bilateralen Debatten nach dem Krieg sind bislang kaum erforscht. Es war nach 1945 klar, dass das Verhalten mancher Mitglieder im Nationalsozialismus ein Hindernis für eine erneute Mitgliedschaft darstellte. Der erste Vorsitzende nach dem Krieg, *Walter Jellinek*, korrespondierte intensiv mit den einzelnen Protagonisten. Es galt herauszufinden, wieviel Mitbeteiligung geduldet werden konnte. Da der Austausch darüber formlos und bilateral geführt wurde, blieb die Akzeptanz einer allfälligen Aufnahme eines ehemaligen Nationalsozialisten in die wiedergegründete Vereinigung unsicher.

Die Vereinigung der Deutschen Staatsrechtslehrer wurde 1949 wiedergegründet. Nach der Tagung vom 20./21. Oktober 1949 sandte der Vorsitzende *Walter Jellinek* am 8. Dezember ein Rundschreiben an die Mitglieder. Dieses endete mit der administrativen Bemerkung: „Wer von den Herren Kollegen in Heidelberg einen rechten braunen Lederhandschuh liegen gelassen hat, möge sich bitte melden.“[203] Im Rückblick liest sich das wie eine Metapher aus der Geschichte der Vereinigung: Sind Vorwürfe berechtigt? An wen müssten diese gehen? Wer machte sich womit schuldig?

1949 traten viele ehemalige Nationalsozialisten der wiedergegründeten Vereinigung bei, so etwa *Johannes Heckel*, *Hermann Held*, *Heinrich Herrfahrdt*, *Herbert Krüger*, *Günther Küchenhoff*, *Theodor Maunz*, *Ulrich Scheuner*, *Carl Hermann Ule*, *Werner Weber* und *Hans Julius Wolff*[204]. Dagegen konnten *Carl Schmitt* und *Otto Koellreutter* und weitere nicht riskieren, der Vereinigung beizutreten. Sie wären als erstrangige Exponenten des Nationalsozialismus wohl abgewiesen worden. Der NS-Exponent *Ernst Rudolf Huber* konnte nach einer Wartezeit 1956 beitreten.[205] Im Ergebnis nahm die Vereinigung fast alle ehemaligen Nationalsozialisten auf. Diese Tatsache hatte die Diskussion der Problematik in der Nachkriegszeit verhindert. Es ist bemerkenswert, dass *Ilse Staff* im Jahr 1964 einen Band mit Dokumenten zur Justiz aus der Zeit des National-

---

201 *Hans Peters*, Deutscher Föderalismus, 1947, S. 5.

202 Bundesarchiv Koblenz N 1242/60.

203 *Walter Jellinek*, Rundschreiben nach der ersten Tagung der wiedergegründeten Vereinigung der Deutschen Staatsrechtslehrer vom 8.12.1949 in Heidelberg.

204 VVDStRL 8 (1950), S. 166.

205 *Jürgens*, Staat (Fn. 147), S. 151; *Stolleis*, Vereinigung (Fn. 27), S. 347.

sozialismus herausgegeben hatte.[206] Die Staatsrechtslehrerin nahm sich nicht nur früh dieses Themas an, sie war auch mit dem Beitrittsjahr 1970 das erste weibliche Mitglied der Staatsrechtslehrervereinigung.

Michael Stolleis rügte nach dem Tod von *Theodor Maunz*, dass die Vereinigung der Deutschen Staatsrechtslehrer die Mitläuferei nicht diskutiere. Kein Vorstand würde sich an dieses Thema heranwagen[207]. *Bernd Rüthers* warf 2017 den Deutschen Staatsrechtslehrern vor, dass sie das „Staatsrecht im Nationalsozialismus erstmals 1998 (!) [recte 2000, A.K.] zu einem Nebenthema einer ihrer Tagungen" gemacht hätten. „In der Diskussion lobten und bestätigten sich gegenseitig mehrere Redner 55 Jahre nach dem Zusammenbruch (!) den vermeintlichen ‚Mut' zu dieser Themenwahl. Das Staatsrecht der DDR wurde dagegen bereits 1992 auf einer Tagung ausführlich behandelt."[208] Der Vorwurf wendet sich nicht an die Vereinigung als solche, wie sie bis 1933 bestand, sondern an das Verhalten der Vereinigung nach ihrer Neugründung 1949: Die Behandlung des Themas erfolgte spät[209].

---

206 Fn. 97 und zu Staff der Beitrag von *Pascale Cancik*, in diesem Band, S. 795 ff.

207 *Stolleis*, Maunz (Fn. 198), S. 396.

208 *Rüthers*, Funktionseliten (Fn. 84), S. 26.

209 Siehe den Beitrag von *Jan Thiessen*, in diesem Band, S. 697 ff.; *Rüthers*, Funktionseliten (Fn. 84), S. 26, gerade im Vergleich zum Deutschen Juristentag, *Ulrich Weber*, Bericht über den 46. Deutschen Juristentag 1966 in Essen, JZ 1966, S. 714.

„Arbeits- oder Bekenntnisgemeinschaft“?

Die Neugründung der Staatsrechtslehrervereinigung 1949 und ihre Konsolidierung bis 1970

*Anna-Bettina Kaiser**

The Show Must Go On
„Empty spaces, what are we living for?
Abandoned places, I guess we know the score, on and on
Does anybody know what we are looking for?
Another hero, another mindless crime
Behind the curtain, in the pantomime
Hold the line
Does anybody want to take it anymore?

The show must go on“

aus: Queen, Innuendo, 1991

I. „Demokratische“ oder „politisch neutrale“ Staatsrechtslehre? 76
II. Neugründung und Konsolidierung der Vereinigung 77
1. Vorarbeiten 77
2. Frühe Auseinandersetzungen um die Mitgliedschaftsfrage 80
3. Die erste Tagung 85
4. Umgang der Vereinigung mit NS-Belasteten 87
a) Ernst Forsthoff, 1. Akt 87
b) Edgar Tatarin-Tarnheyden, 1. Versuch 87
c) Ernst Rudolf Huber und Otto Koellreutter, 1. Versuch 88
d) Carl Schmitt 94
e) Ernst Rudolf Huber, 2. Versuch 96
f) Edgar Tatarin-Tarnheyden, 2. Versuch 102
g) Otto Koellreutter, Nachspiel 103
h) Ernst Forsthoff, 2. Akt 104

---

* Ich danke meinen Wissenschaftlichen Mitarbeitern *Jan-Henrik Herchenröder* und *Dominik Rennert* für ihre Anregungen, Herrn *Herchenröder* auch für seine Recherchen im Bundesarchiv.

Kürzel der Nachlässe: BArch. N 1220 = Nachlass Hans Peters; BArch. N 1242 = Nachlass Walter Jellinek: BArch. N 1156 = Nachlass Hermann von Mangoldt; BArch. N 1086 = Nachlass Hermann L. Brill; BArch. N 1505 = Nachlass E. R. Huber; BArch. N 1539 = Nachlass Konrad Hesse; BArch. N 1341 = Nachlass Martin Drath; BArch. N 1334 = Nachlass Gerhard Leibholz.

5. Umgang mit Kollegen aus der Sowjetischen Besatzungszone und der DDR 105
6. Umgang mit Emigranten 107
III. Die Vereinigung aus wissenschaftssoziologischer Sicht: „Grundgesetzler“ versus „Arbeitsgemeinschaftler“ 107
IV. Krisenthemen, Anlassthemen, Grundsatzthemen. Eine Topographie der ersten 21 Jahre 112
V. 1922–1949–1970 116

I. „Demokratische“ oder „politisch neutrale“ Staatsrechtslehre?

Die Strategie war bereits bekannt. Schon die Gründung der Vereinigung zielte wohl darauf, eine „Republikanische Staatsrechtslehrervereinigung“ um *Fritz Stier-Somlo* zu verhindern.[1] Von Anfang an trug die Staatsrechtslehre also die Gefahr der latenten Spaltung in sich. Und aus eben diesem Grund war die Gründung der Vereinigung 1922 von vornherein mit dem Kalkül verknüpft, die Vereinigung als eine streng „wissenschaftliche“, nicht politische, auszuflaggen.[2]

In freilich erheblicher Zuspitzung stellte sich dasselbe Problem in der Phase der Wiedergründung. Erneut stand das Auseinanderbrechen der Staatsrechtslehre bevor. Und wieder stellte sich die Frage, ob mit der alten Strategie der – vorgeblichen – politischen Neutralität eine Vereinigung wiederbegründet werden könnte, die sämtliche deutschen[3] Staatsrechtslehrer würde aufnehmen können. Wie sollte mit der NS-Belastung von Kollegen umgegangen werden? Wie mit den Kollegen aus der SBZ? Und wie mit den in die Emigration getriebenen Kollegen? Und würde man Kollegen aus der Schweiz und aus Österreich gewinnen können?

Diese Mitgliederdiskussion steht im Zentrum des vorliegenden Beitrags (II.). Interessant ist sie nicht aus anekdotischen Gründen, sondern weil die Vereinigung in ihrem Ringen um Aufnahme oder Ausschluss ihr Selbstverständnis aushandelte. Wie aktiv sollte sich die Vereinigung am demokratischen Neuaufbau der jungen Bundesrepublik beteiligen? Würde ein solches Mitwirken erfordern, die NS-Belasteten auszuschließen? Oder sollte sich die Vereinigung umgekehrt nach dem Weimarer Vorbild als neutrale „Arbeitsgemeinschaft“ (*Smend*) imaginieren, um möglichst ‚integrativ‘ zu sein und ein Zerfallen der Staatsrechtslehre in verschiedene Lager zu vermeiden? Die Vereinigung diskutierte die angesprochenen Fragen vor allem in fünf Fällen (bei *Ernst Forsthoff*, *Edgar Tatarin-Tarnheyden*, *Ernst Rudolf Huber*, *Otto Koellreutter* und – deutlich weniger – bei *Carl Schmitt*), wobei der „Fall *Huber*“ als der paradigmatische gelten kann. Gerade die erste Hälfte der 1950er Jahre erweist sich daher als die entscheidende Weichenstellung für die weiteren anderthalb Jahrzehnte.

---

[1] So jedenfalls *Rudolf Smend* an *Adolf Schüle* vom 29.9.1957, Archiv VDStRL, Ordner-Nr. 9, Reg.-Nr. 9a; dazu *Michael Stolleis*, Die Vereinigung der Deutschen Staatsrechtslehrer. Bemerkungen zu ihrer Geschichte, KritV 80 (1997), S. 339 (340); ausführlich nunmehr *Christoph Schönberger*, in diesem Band, S. 3 (23 ff.).

[2] *Stolleis*, Vereinigung (Fn. 1), S. 341.

[3] Wer davon umfasst sein sollte, dazu näher unten II.

Bei der Rekonstruktion der Aushandlungsprozesse zeigt sich, dass die Vereinigung in den Anfangsjahren in zwei Lager zerfiel (III.): in das große Lager der beharrenden Kräfte, die sich für das Selbstbild der Vereinigung als „Arbeitsgemeinschaft" aussprachen, und das kleine Lager, das sich dezidiert auf die Seite des Grundgesetzes stellte, sich gerade auch im Rahmen der Vereinigung aktiv beim Aufbau der jungen Demokratie einbringen wollte und deshalb ein demokratisches Bekenntnis der Mitglieder für selbstverständlich erachtete („Grundgesetzler"[4]). Noch keine Bedeutung kam in dieser Frage dagegen dem Streit zwischen *Schmitt*- und *Smend*-Schule zu. Das änderte sich in den 1960er Jahren, als die junge Generation der *Smend*-Schule in die Position der „Grundgesetzler" einrückte und auf diese Weise den alten Konflikt fortsetzte.

Die Lagerbildung zwischen den „Arbeitsgemeinschaftlern" und den „Grundgesetzlern" kam auch bei den auf den Tagungen diskutierten Inhalten zum Tragen (IV.). Dies zeigt sich weniger bei den Themenstellungen der ersten zwei Jahrzehnte als bei deren Behandlung und den anschließenden Aussprachen. Hier dominierten, kam es wie beim Thema „G 131" zum Schwure, die beharrenden Kräfte. Nach alledem stand für einen „Neubeginn"[5] zunächst nur eine Minderheit in der Vereinigung, doch sie hatte Grundgesetz und Bundesverfassungsgericht auf ihrer Seite. Daran kam mittelfristig auch die Vereinigung nicht mehr vorbei (V.).

II. Neugründung und Konsolidierung der Vereinigung

1. Vorarbeiten

Erste Ideen zur Wiedergründung der Vereinigung kursierten schon 1947.[6] Der Plan verdichtete sich dann aber erst auf der Hamburger Völkerrechts-Tagung im April 1949, auf der auch zwölf Staatsrechtslehrer der ehemaligen Vereinigung versammelt waren.[7] Hinzu kam die bevorstehende Verabschiedung des Grundgesetzes, die sicherlich Anlass war, die Wiedergründung voranzutreiben.[8]

Die Initiative ging schließlich von *Hans Helfritz*[9] als ältestem anwesenden Öffentlichrechtler aus, *Walter Jellinek*[10] bot noch auf der Tagung seine „Hilfe" an; *Willibalt*

---

[4] Näher zu dieser Bezeichnung unten III. mit Fn. 212.

[5] Kritisch gegenüber der Debatte der Geschichtswissenschaft um „Neubeginn oder Restauration" *Michael Stolleis*, Geschichte des öffentlichen Rechts in Deutschland, Band IV, 2012, S. 30 f.

[6] Schreiben *Martin Drath* an *Hans Peters* vom 4.4.1947: *Drath* begrüßte die Aussicht, die Vereinigung wieder ins Leben zu rufen, und bedankte sich für einen diesbezüglichen Brief von *Peters* vom 3.3.1947; *Drath* schrieb weiter, er könne wohl *Smend* und *Walter Jellinek* dafür gewinnen, auch die Kollegen der Ostzone, BArch. N 1220/35.

[7] S. Anwesenheitsliste in BArch. N 1220/84.

[8] Am deutlichsten die Schilderung der ersten Schritte zur Wiedergründung von *Jellinek* an *Richard Thoma*, Schreiben vom 11.8.1949, Archiv VDStRL, Ordner-Nr. 2, Reg.-Nr. 1a.

[9] *Hans Helfritz*, 1877–1958, Monarchist und Deutschnationaler, hatte zum Nationalsozialismus Abstand gewahrt. Von Dezember 1945 bis zu seiner Emeritierung im Juni 1949 lehrte er mit einer Unterbrechung in Erlangen. S. näher zu seiner Person *Stolleis*, Geschichte (Fn. 5), S. 47.

[10] *Walter Jellinek*, 1885–1955. S. zu ihm sogleich näher im Haupttext.

Apelt[11] und der seit 1947 wie *Apelt* in München lehrende *Erich Kaufmann*[12] wurden vom Erlanger *Helfritz* als „benachbart" dazugeladen.[13] Die konkrete Planung nahm allerdings vornehmlich *Jellinek* vor, der sich bei *Richard Thoma*[14] in den wichtigen Fragen stets absicherte. Gegen den monarchistischen *Helfritz* bestanden freilich von Anfang an Bedenken, auch unter seinen Mitstreitern.[15] Und so wurde die maßgebliche Arbeit der Wiedergründung von *Jellinek* und, etwas schwächer, *Kaufmann* geleistet, *Apelt* trat dagegen kaum in Erscheinung.[16] Im Ergebnis lag die Wiedergründung mit *Jellinek* und *Kaufmann* in der Hand von zwei NS-Opfern. Doch ob dieses liberal-konservative Duo „den meisten als geschickter Ausweg aus der schwierigen Situation" erschien,[17] ist nach heutiger Forschungslage zweifelhaft, wie zu zeigen sein wird.

Walter Jellinek hatte seine Professur in Heidelberg 1935 verloren aufgrund seiner jüdischen Abstammung.[18] Zwar war er als Sohn von *Georg Jellinek* mit den Gegebenheiten in Heidelberg, der alten bürgerlichen Vorzeigefakultät außerhalb Preußens, gut vertraut. Doch geriet er in der Phase der Wiedergründung der Vereinigung schnell, wie er selbst feststellen musste, ins „Kreuzfeuer" der unterschiedlichen Auffassungen,[19] wie mit NS-Belasteten umzugehen sei, und besaß dann gerade nicht die Autorität, eine klare Linie zu verfolgen. Ein Grund hierfür mag auch die Tatsache sein, dass „er sich den [NS-] Machthabern auf eine hilflos demütigende Weise zu unterwerfen [ge]sucht" hatte.[20] Noch einmal anders war die Lage bei *Erich Kaufmann*, der zu Weimarer Zeiten national-

---

[11] *Willibalt Apelt*, 1877–1965, war 1933 von den Nationalsozialisten in den zwangsweisen Ruhestand versetzt worden; nach dem Krieg nahm er eine führende Rolle an der Juristischen Fakultät in München ein, s. *Stolleis*, Geschichte (Fn. 5), S. 62.

[12] *Erich Kaufmann*, 1880–1972, s. zu ihm sogleich den Haupttext.

[13] Schreiben *Jellinek* an *Thoma* vom 11.8.1949, Archiv VDStRL, Ordner-Nr. 2, Reg.-Nr. 1a, dort auch die Zitate im Haupttext.

[14] *Richard Thoma*, 1874–1957, lehrte in Bonn; *Walter Jellinek* war sein Nachfolger auf dem Lehrstuhl in Heidelberg. Zu *Thoma Kathrin Groh*, Richard Thoma (1874–1957), in: Häberle/Kilian/Wolff (Hrsg.), Staatsrechtslehrer des 20. Jahrhunderts, 2. Aufl. 2018, S. 183.

[15] *Thoma* hatte gegen *Helfritz* erhebliche Bedenken wegen dessen „monarchistisch-nationalistisch antidemokratische[r] Beeinflussung", Schreiben *Thoma* an *Jellinek* vom 7.8.1949, BArch. N 1242/61. In der Tat sollte *Helfritz* fünf Jahre später noch eine Rechtfertigung von Wilhelm II. veröffentlichen: Wilhelm II. als Kaiser und König, 1954. Allerdings sah sich *Jellinek* nicht in der Lage, den Bedenken Rechnung zu tragen, s. Schreiben *Jellinek* an *Thoma* vom 11.8.1949: „In diesem Stadium des Verfahrens können wir Helfritz, der sich während der Nazizeit sehr anständig benommen hat, unmöglich ausbooten, schon um seine bereits einmal gefährdet gewesene Stellung im Erlangen nicht noch einmal zu gefährden".

[16] Seine Rolle bei der Gründung der Vereinigung 1922 ist wohl als größer einzuschätzen als bei der Wiedergründung, s. insb. die fehlende Erwähnung seines Einsatzes für die Wiedergründung durch *Günter Dürig*, Willibalt Apelt zum achtzigsten Geburtstag, AöR 82 (1957), S. 157.

[17] So noch *Stolleis*, Vereinigung (Fn. 1), S. 346.

[18] Schon 1933 hatte *Jellinek* Aufgaben in der universitären Selbstverwaltung aufgeben müssen, dazu *Klaus Kempter*, Die Jellineks 1820–1955, 1998, S. 478. Zum 1.7.1935 wurde er sodann von seiner Lehrtätigkeit entbunden, zum 31.12.1935 zwangsweise in den Ruhestand versetzt, Details zum genauen Vorgehen bei *Birthe Pasemann*, Walter Jellinek und der Nationalsozialismus, KJ 38 (2005), S. 418 (419 ff.), dort auch zu den massiven Studentenprotesten gegen „nichtarische" Professoren nach 1933, die auch *Jellineks* Vorlesung betrafen.

[19] Schreiben *Jellinek* an *Hans-Jürgen Schlochauer* vom 7.6.1950, BArch. N 1242/62.

[20] *Michael Stolleis*, Geschichte des öffentlichen Rechts in Deutschland, Band III, 1999, S. 275; dazu ausführlich *Kempter*, Jellineks (Fn. 18), S. 479 ff.

Abbildung 1: Walter Jellinek (1885–1955), Wiedergründer der Staatsrechtslehrervereinigung 1949.

protestantischer Monarchist gewesen war, jedoch wegen seiner jüdischen Abstammung auf hart antisemitisches Betreiben von *Schmitt* seine Berliner Stellung verloren hatte und nach der Reichspogromnacht in die Niederlande fliehen musste;[21] als international anerkannter Völkerrechtler und Rechtsphilosoph lehrte er ab 1947 in München.[22] 1965 wurde *Kaufmann* in Würzburg auf Vorschlag des damaligen Vorsitzenden *Werner Weber* Ehrenvorsitzender.[23]

2. Frühe Auseinandersetzungen um die Mitgliedschaftsfrage

Die äußeren Zeichen standen auf Kontinuität. Man entschied sich nicht nur, Verlag und Bandzählung der Veröffentlichungen aus Weimar weiterzuführen. Die Organisatoren konnten auch bei der Satzung guten Gewissens auf diejenige von 1922 zurückgreifen.[24] Allein eine Vorschrift war neu zu fassen – § 2, der die Aufnahme in die Vereinigung regeln sollte und über dessen Formulierung schon vor der ersten Tagung im Oktober 1949 reger Streit herrschte. In der Tat, in der Auseinandersetzung um § 2 wurde über das Eigentliche, den Charakter der Vereinigung, verhandelt, hier waren alle wesentlichen Fragen gebündelt: Wie sollte mit den im NS belasteten Staatsrechtslehrern umgegangen werden?[25] Wie mit den Emigranten? Und wie mit Staatsrechtslehrern aus der Sowjetischen Besatzungszone?

In seinem ersten Rundschreiben vom 18. Juli 1949 unterbreitete das Gründungskomitee einen restriktiven Vorschlag für diese Frage:[26] Nur amtierende Professoren an deutschen Universitäten, die ohne Einschränkung lehren konnten, sollten in die wiederzubegründende Vereinigung aufgenommen werden. Mit dieser Formulierung wären gleich zwei Probleme gelöst gewesen: Die eindeutig NS-Belasteten wären klar außen vor geblieben; zugleich hätte man das NS-Problem über die Entnazifizierungsverfahren der Landeswissenschaftsverwaltungen umgangen und keine eigenen Kriterien aufstellen müssen. An eben diesem § 2 richtete das Gründungskomitee auch den Adressatenkreis für das Gründungsrundschreiben aus.[27]

---

[21] Kurze Schilderung seiner Lage in den Niederlanden in einem Schreiben an *Otto Koellreutter* v. 6.8.1950, Archiv VDStRL, Ordner-Nr. 1, Reg.-Nr. 5.4. S. auch *Anna-Maria Gräfin von Lösch*, Der nackte Geist. Die Juristische Fakultät der Berliner Universität im Umbruch von 1933, 1999, S. 207 (dort zu *Schmitts* unfassbar hässlicher Agitation gegen *Kaufmann*).

[22] Näher *Stolleis*, Geschichte (Fn. 5), S. 62 f.; s. zum Lebensweg auch den Überblick bei *Jochen Rozek*, Erich Kaufmann (1880–1972), in: Häberle/Kilian/Wolff (Hrsg.), Staatsrechtslehrer des 20. Jahrhunderts, 2. Aufl. 2018, S. 263.

[23] Niederschrift der Mitgliederversammlung vom 8.10.1965, Ziffer 8, Archiv VDStRL, Ordner-Nr. 3, Reg.-Nr. 16.

[24] Nur der – gleich gebliebene – Mitgliedsbeitrag von 5 Mark konnte jetzt erlassen werden, s. § 7 S. 2 der Satzung vom 21.10.1949 in VVDStRL 8 (1950), S. 171.

[25] Siehe zu den „Auswirkungen von NS-Belastungen" nunmehr auch *Helmuth Schulze-Fielitz*, Die Wissenschaftskultur der Staatsrechtslehrer, 2022, S. 19 ff. S. ferner *Jan Thiessen*, in diesem Band, S. 697 ff.

[26] Archiv VDStRL, Ordner-Nr. 2, Reg.-Nr. 1a.

[27] Die Liste der Adressaten vom 18.7.1949 liegt der Verfasserin dieses Beitrags nicht vor, es kann nur aus dem sich an das erste Rundschreiben anschließenden Briefverkehr rekonstruiert werden, wer nicht eingeladen wurde.

Abbildung 2: Richard Thoma (1874–1957), Ehrenvorsitzender der Vereinigung (1949).

Doch gegen diesen wohl auf *Jellinek* zurückgehenden Entwurf regte sich entschiedener Protest der beharrenden Kräfte, die vor allem in *Helfritz* zurecht einen Verbündeten vermuteten.[28] Exemplarisch kann auf den mehrseitigen Brief von *Rolf Stödter*[29] an *Helfritz* verwiesen werden.[30] *Stödter* wies zunächst auf den entsprechenden § 2 der Satzung der Völkerrechtslehrer hin, der ausdrücklich auch „ehemalige" Amtsinhaber einbezog und auf der Völkerrechtstagung diskutiert und akzeptiert worden war. „[B]edauerliche" Ergebnisse sollten, so *Stödter*, vermieden werden – Kriegsgefangene, aus der Ostzone Wechselnde etc. Vor allem würden die Kollegen *Herbert Krüger, Ulrich Scheuner, Forsthoff, Arnold Köttgen* und *Hans Gerber* herausfallen, obwohl deren „charakterliche Haltung einwandfrei" sei, „Denazifizierungsverfahren in Gruppe IV oder V". „Hiesse es nicht, den Denazifizierungsbestimmungen, deren Fragwürdigkeit immer offenbarer geworden ist, für den Bereich einer privaten Institution in einer intensiveren als der im staatlichen Bereich vorgesehenen Weise zu dauernder Geltung zu verhelfen, wenn man den Mitgliederkreis der neuen Vereinigung in der vorhergesehenen Weise einschränkt?" „Zurücksetzungen" sollten vermieden werden. *Stödter* schloss mit den Worten: „Die Wiedergründung unserer wissenschaftlichen Gesellschaft wäre, wie ich glaube, eine gute Gelegenheit, die unveränderte Zugehörigkeit dieser Herren zu unserem Kreise zu dokumentieren." (S. 3) Um seinem Protest mehr Gewicht zu verleihen, kündigte er auch noch den Widerspruch von *Rudolf Laun* und *Hans Peter Ipsen* an.[31]

Der Protest weiterer Kollegen folgte. Nacheinander meldeten sich *Walther Schoenborn*[32], *Werner Weber, Wilhelm G. Grewe* und *Carl Bilfinger* bei *Helfritz*.[33] Während sich *Weber* für *Huber* einsetzte,[34] ging es den meisten um *Forsthoff*.[35] Dieser beschwerte sich derweilen bei *Schmitt* über die Einladungspolitik zur Wiedergründung, denn weder er noch *Schmitt* hatten eine Einladung erhalten. Es sei eine „Aufkündigung der Kollegialität", dass man *Theodor Maunz, Gerber* und *Johannes Heckel* [lies: und *Schmitt* und ihn selbst] außen vor lassen wolle.[36] „Man müßte eines Tages zu einer zwanglosen Gegengründung kommen, so locker, wie der Kreis der Ahlmann-Freunde."[37]

---

[28] Die Fassung der Satzung sei „Gegenstand heftiger Angriffe", so *Helfritz* an *Jellinek* vom 21.9.1949, Archiv VDStRL, Ordner-Nr. 2, Reg.-Nr. 2d.

[29] *Rolf Stödter* gehörte dem Kreis um *Carl Schmitt* an, s. *Stolleis*, Geschichte (Fn. 5), S. 129. Hervorgetreten war er durch die Monographie „Deutschlands Rechtslage" aus dem Jahr 1948.

[30] Schreiben vom 8.9.1949, Archiv VDStRL, Ordner-Nr. 2, Reg.-Nr. 2c.

[31] *Stödter* wandte sich ferner auch direkt an *Jellinek*: Am 19.9.1949 schrieb er, nur ein größerer Teilnehmerkreis könne die „Wiedergründung einer arbeitsfähigen Staatsrechtslehrer-Vereinigung" gewährleisten, BArch. N 1242/61.

[32] *Walther Schoenborn*, 1883–1956, lehrte von 1920 bis 1951 in Kiel.

[33] So *Helfritz* an *Jellinek* vom 21.9.1949, Archiv VDStRL, Ordner-Nr. 2, Reg.-Nr. 2d.

[34] So jedenfalls sein Schreiben an *Huber* vom 25.9.1949, BArch. N 1505/197, in Durchschrift sein Schreiben an *Helfritz* vom 28.7.1949.

[35] So *Frieder Günther*, Denken vom Staat her, 2004, S. 67.

[36] Schreiben *Forsthoff* an *Schmitt* vom 30.8.1949, in: Mußgnug/Mußgnug/Reinthal (Hrsg.), Briefwechsel Ernst Forsthoff Carl Schmitt (1926–1974), 2007, Nr. 23, S. 51. – Forsthoff bekam aber nachträglich, wohl Ende September 1949, doch noch eine Einladung, s. näher unten Haupttext zu Fn. 43 f.

[37] *Wilhelm Ahlmann*, 1895–1944; siehe Tymbos für Wilhelm Ahlmann. Ein Gedenkbuch. Herausgegeben von seinen Freunden, Berlin 1951, das auch einen Beitrag von *Schmitt* enthält.

Abbildung 3: Erich Kaufmann (1880–1972), Ehrenvorsitzender der Vereinigung (1965).

Nach all den genannten Protesten ruderte *Helfritz* zurück. Dementsprechend ließ er *Jellinek* wissen,[38] nach der Rede *Adenauers* zur Entnazifizierung, es sollen keine „zwei Klassen von Deutschen" mehr geben,[39] habe sich die Lage verändert. Sein Vorschlag lautete nun, „negativ" zu begrenzen und nur eindeutig vorbelastete Kollegen aus der Vereinigung herauszuhalten, jedenfalls *Schmitt* und *Huber*. Auf die Bitte von *Jellinek* hin habe er ferner *Maunz* (auf der Negativ-Liste) ergänzt, auf die Intervention von *Kaufmann* hin *Friedrich Berber*, Völkerrechtler und ehemaliger Berater von *Joachim von Ribbentrop*.[40] *Bilfinger, Adolf Schüle, Scheuner, Krüger, Forsthoff*,[41] *Max Wenzel, Gerber, Heckel, Heinrich Henkel, Günther Küchenhoff, Curt Rühland, Hans Ulrich Scupin, Friedrich Glum, Franz Jerusalem, Karl Hettlage, Heinrich Drost* und *Erich Schwinge* sollten dagegen eingeladen werden.[42]

Mit diesem Vorschlag konnte sich *Helfritz* weitgehend durchsetzen: Mit Ausnahme von *Henkel, Drost* und *Schwinge*[43] erhielten die von *Helfritz* vorgeschlagenen Personen tatsächlich eine Einladung zur Tagung in Heidelberg,[44] ebenso *Maunz*, nachdem *Jellinek* seinen Widerstand gegen ihn aufgegeben hatte.[45] Diese endgültige Liste fand auch bei

---

[38] Schreiben vom 21.9.1949, Archiv VDStRL, Ordner-Nr. 2, Reg.-Nr. 2d.

[39] In der ersten Regierungserklärung *Adenauers* am 20.9.1949 hatte es geheißen: „Durch die Denazifizierung ist viel Unglück und viel Unheil angerichtet worden. (*Sehr richtig! in der Mitte und rechts*) Die wirklich Schuldigen an den Verbrechen, die in der nationalsozialistischen Zeit und im Kriege begangen worden sind, sollen mit aller Strenge bestraft werden. (*Zurufe von der KPD*) Aber im übrigen dürften wir nicht mehr zwei Klassen von Menschen in Deutschland unterscheiden: (*Zustimmung rechts*) die politisch Einwandfreien und die Nichteinwandfreien. Diese Unterscheidung muß baldigst verschwinden." Zitiert nach Deutscher Bundestag, Plenarprotokoll der 5. Sitzung der ersten Wahlperiode am 20. September 1949, S. 19ff. (27 (B)).

[40] Nicht zur Diskussion stand eine Einladung von *Reinhard Höhn*, der nach 1945 als Rechtswissenschaftler nicht mehr in Erscheinung trat; eine Erwähnung auf Negativ-Listen erschien den Initiatoren wohl überflüssig. Über eine Einladung von *Edgar Tatarin-Tarnheyden* wurde ebenfalls nicht diskutiert, da sich dieser in sowjetischer Kriegsgefangenschaft befand; allerdings stand dessen Beitritt später zur Diskussion, s. dazu die ausführliche Rekonstruktion unten.

[41] *Jellinek* hatte wenige Tage zuvor noch die Idee gehabt, *Forsthoff* als Gast einzuladen, d.h. nicht als vollwertiges Mitglied der Vereinigung, so jedenfalls *Forsthoff* an *Schmitt* vom 18.9.1949, in: Mußgnug/Mußgnug/Reinthal (Hrsg.), Briefwechsel Ernst Forsthoff Carl Schmitt (1926–1974), 2007, Nr. 26, S. 54f. Über diese Idee ging *Helfritz* nun hinaus.

[42] Nicht bei allen Personen war freilich eine Einladung wegen einer NS-Belastung fraglich gewesen. Eine Diskussion um eine Mitgliedschaft folgte teilweise daraus, dass die Kandidaten „nicht genügend vom Fache" waren (so die Formulierung von *Jellinek* bzgl. *Henkel, Küchenhoff, Rühland* und *Schwinge*, Schreiben an *Helfritz* vom 26.9.1949, BArch. N 1242/61), da eher völkerrechtlich oder strafrechtlich tätig. Die fehlende Einladung von *Henkel, Drost* und *Schwinge* lässt sich wohl damit erklären. Bei *Forsthoff, Heckel, Maunz, Scheuner, Krüger* und *Küchenhoff* steht eine NS-Belastung demgegenüber außer Frage, da sie sich 1933 „auf die Seite des neuen Systems" gestellt hatten, so *Horst Dreier*, Die deutsche Staatsrechtslehre in der Zeit des Nationalsozialismus, VVDStRL 60 (2001), S. 9 (17), mit ausführlicher Begründung auf den folgenden Seiten. Umso bemerkenswerter ist es, dass insbesondere *Heckel* und *Scheuner* zwar nicht auf der ersten Einladungsliste standen, aber, nachdem *Helfritz* ihre Einladung forciert hatte, auch keine wirkliche Diskussion zustande kam; zu *Maunz* s. Fn. 45.

[43] Dieser wurde allerdings schon ein Jahr später Mitglied, s. unten Fn. 107.

[44] S. das Einladungsschreiben in BArch. N 1334/641, das als „Bemerkung" eine Auflistung der eingeladenen Herren enthält.

[45] Schreiben *Jellinek* an *Helfritz* vom 26.9.1949, BArch. N 1242/61: Nach „telefonischer Rücksprache" mit *Kaufmann* habe er seine Bedenken zurückgestellt und werde *Maunz* nunmehr einladen. S. zum (späteren) „Fall Maunz" auch den Beitrag von *Christian Waldhoff*, in diesem Band, S. 169f.

Thoma Zustimmung, insbesondere war er mit der „Auswahl der schwarzen Böcke“ – *Jellinek* hatte ihm mitgeteilt, *Schmitt, Huber, Koellreutter* und *Berber* seien nicht eingeladen[46] – einverstanden, obwohl „zwischen den vier Exkludierten unter sich nicht unerhebliche Abstufungen bestehen“.[47]

Damit gehörten auch Personen wie *Scheuner, Forsthoff* und *Schüle*, die die Vereinigung in den folgenden Jahren maßgeblich prägen sollten, zu den 82 Eingeladenen. Allerdings zeigt die dargelegte Genese der Einladungen, dass beispielsweise die Mitgliedschaft *Forsthoffs* alles andere als selbstverständlich[48] war. Gerade deshalb war es indes im Gegenzug für *Forsthoff* alles andere als selbstverständlich, an der Heidelberger Tagung auch tatsächlich teilzunehmen.[49] Emigranten, die wie *Hans Kelsen* nicht aus dem Ausland zurückgekehrt waren, suchte man auf der Liste vergebens.[50] Aus Ostdeutschland hatte man *Hermann Mirbt* und *Erwin Jacobi* eingeladen.[51] Aus der Schweiz war niemand eingeladen,[52] aus Österreich nur zwei Kollegen.[53] Eine verbindliche Liste wurde schließlich erst auf der ersten Tagung erstellt.

3. *Die erste Tagung*

Zur ersten Tagung der Vereinigung in der jungen Bundesrepublik am 20. und 21.10.1949 erschienen schließlich 52 Eingeladene; 40 Kollegen waren seit 1932 verstorben.[54] Man traf sich, wohl auf das Betreiben *Jellineks* hin, in Heidelberg, im Historischen Seminar.[55] *Jellinek* hatte *Thoma* den Vorsitz der ersten Tagung angetragen, der lehnte aber aus gesundheitlichen Gründen ab und wollte allein durch die Wahlen leiten und als Alterspräsident begrüßen[56]:[57] (Unmittelbar nach der ersten Tagung wurde *Thoma* jedoch unkontrovers Ehrenpräsident.[58])

[46] *Jellinek* an *Thoma* mit Schreiben vom 29.9.1949, BArch. N 1242/61.

[47] Schreiben *Thoma* an *Jellinek* vom 6.10.1949, BArch. N 1242/61.

[48] Vgl. aber auch die Darstellung durch *Forsthoff* in einem Brief an *Schmitt* vom 18.9.1949: *Helfritz* habe an *Alfred Voigt* geschrieben, die Mitgliedschaft *Forsthoffs* sei für ihn „selbstverständlich“ und *Kaufmann* habe gegenüber *Wilhelm Grewe* erklärt, *Forsthoff* müsse „natürlich“ dabei sein, s. Mußgnug/Mußgnug/Reinthal (Hrsg.), Briefwechsel Ernst Forsthoff Carl Schmitt (1926–1974), 2007, Nr. 26, S. 54 f.

[49] Dazu unten unter II.2.4.a.

[50] Näher dazu unten II.6. mit Fn. 209.

[51] S. näher unten im Haupttext bei Fn. 200.

[52] S. auch *A. Kley*, Geschichte des öffentlichen Rechts der Schweiz, 2011, S. 223. Erst 1958 traten *Hans Huber* und *Max Imboden* bei. Näher *Benjamin Schindler*, in diesem Band, S. 276 ff. Erst 1969 traf sich die Vereinigung in der Schweiz, nämlich in Bern.

[53] *Ludwig Adamovich* (Wien) und *Godehard Josef Ebers* (Innsbruck), näher *Ewald Wiederin*, in diesem Band, S. 248 ff. Auf der Wiener Tagung 1958 waren nur sechs (!) österreichische Kollegen anwesend.

[54] *Stolleis*, Geschichte (Fn. 5), S. 82.

[55] S. das Programm der Tagung, Archiv VDStRL, Ordner-Nr. 2, Reg.-Nr. 3.

[56] *Stolleis*, Geschichte (Fn. 5), S. 82 mit Fn. 377, deutet *Jellineks* Schachzug, *Thoma* für die Begrüßung anzufragen, als Taktik, um den „erzkonservativen *Helfritz*“ zu verhindern.

[57] Schreiben *Thoma* an *Jellinek* vom 6.10.1949, BArch. N 1242/61.

[58] Rundschreiben *Jellinek* vom 8.12.1949, Archiv VDStRL, Ordner-Nr. 2, Reg.-Nr. 1b. Die Idee kam von *Kaufmann*, s. Schreiben an *Weber* und *Jellinek* vom 23.11.1949. Mit Antwort vom 26.11.1949 stimmte *Jellinek* der Idee zu; *Weber*, s. Schreiben vom 26.11.1949, hielt den Vorstand jedoch nicht für eine

„Achtzehn Jahre sind vergangen, seit die deutschen Staatsrechtslehrer zum letzten Male versammelt waren. Es waren Jahre der Verwirrung, der Gewaltherrschaft, des verheerendsten Krieges, der unsagbaren Mord- und Greueltaten! Wenige sind unter uns, deren Herz nicht bedrückt ist von diesem oder jenem tiefen Leid, keiner, dessen Seele nicht beschattet wäre von Vorstellungen der Angst und von Erwägungen der Sorge. Unser Vaterland ist auseinandergerissen und fremder Hilfe bedürftig. Die nächste Zukunft der ganzen Menschheit verbirgt sich hinter finster drohenden Wolken.

Dennoch ist es uns Pflicht und Vorsatz, nicht zu verzagen, sondern, solange wir leben, zu hoffen, und solange uns Kraft bleibt, zu wirken.

Das Werk unserer Vereinigung war und bleibt Dienst am Verfassungsleben einer nach Einigkeit und Recht und Freiheit strebenden Volksgemeinschaft; Dienst an der richtigen Deutung und wohlerwogenen Fortbildung des Staatsrechts eines demokratischen Rechtsstaates.

Als der Rechtsstaat unterwühlt und erstickt wurde, hat sich unsere Vereinigung nicht gleichgeschaltet, sondern ihre Tätigkeit eingestellt; erhobenen Hauptes kann sie jetzt wieder hervortreten."[59]

Nicht nur rückblickend,[60] sondern schon von kritischen Zeitgenossen wurde diese Rede als „gespenstisch" bezeichnet.[61] In der Tat fallen vor allem zwei Leerstellen der Rede ins Auge: Weder wird die Mitverantwortung der Staatsrechtslehre bei der Zerstörung der Weimarer Republik und im anschließenden Nationalsozialismus auch nur angedeutet,[62] noch findet sich eine Erwähnung der im NS ermordeten oder in die Emigration getriebenen Kollegen. Die selbstbeschworene Integrationsfunktion der Vereinigung kam im Hinblick auf die Emigranten auffällig schnell zum Erliegen. Stattdessen vereint *Thoma* die anwesenden Staatsrechtslehrer in einem kollektiven Wir der Sorge und einem Aufruf, gemeinsam die Zukunft des Verfassungsstaates zu gestalten. Unter dem Dach der Vereinigung konnten bei *Thoma* auch alle NS-Belasteten wieder „erhobenen Hauptes [...] hervortreten".

Im Anschluss verabschiedete die Mitgliederversammlung in Heidelberg denn auch die endgültige Fassung des § 2 der Satzung: Mitglied war, wer zur ersten Tagung eingeladen worden war; danach sollte ein Siebverfahren greifen: Hatten fünf Mitglieder einer Aufnahme widersprochen, sollte die Mitgliederversammlung entscheiden.[63] Nach der Tagung wurde eine erste Mitgliederliste versandt:[64] „Nicht sind in das Verzeichnis aufge-

---

Entscheidung befugt – es bestand also Einigkeit über das Ob einer Ehrung, nicht aber über das Wie; man einigte sich dann aber auf ein gemeinsames Vorgehen (Schreiben in BArch. N 1242/64).

[59] VVDStRL 8 (1950), Eröffnung, S. 1.

[60] Zu Recht sehr kritisch *Stolleis*, Geschichte (Fn. 5), S. 83, der auch hervorhebt, wie unbefangen *Thoma* wieder von „Volksgemeinschaft" sprach.

[61] *Ernst Friesenhahn*, Staatsrechtslehrer und Verfassung, in: Wandersleb (Hrsg.), Recht, Staat, Wirtschaft, Band 3 (1951), S. 51 (52); deutlich positiver hingegen die Bewertung durch *Grewe*, der in Bezug auf die Ansprache von *Thoma* von „bewundernswerter Frische und Spannkraft" spricht, s. AöR 75 (1949), S. 473.

[62] Deutlich von Mitverantwortung spricht dann aber *Konrad Hesse*, Grundfragen einer verfassungsmäßigen Normierung des Ausnahmezustandes, JZ 1960, S. 105 (106), bzgl. der Handhabung von Art. 48 WRV; zu dieser Verantwortung ausführlich *Anna-Bettina Kaiser*, Die Verantwortung der Staatsrechtslehre in Krisenzeiten – Art. 48 WRV im Spiegel der Staatsrechtslehrertagung und des Deutschen Juristentages 1924, in: Schröder/Ungern-Sternberg (Hrsg.), Zur Aktualität der Weimarer Staatsrechtslehre, 2011, S. 119.

[63] Siehe § 2 der Satzung vom 21.10.1949, abgedruckt in VVDStRL 8 (1950), S. 170.

[64] Das genaue Datum der Versendung lässt sich nicht rekonstruieren, es spricht aber vieles dafür,

nommen, die Professoren: Carl Schmitt, Berber, Maunz,[65] Huber, Koellreutter [s. unten], Steiniger [s. unten], Polak [DDR-Staatsrat und Mitverfasser der Verfassung]". Außen vor blieben aber freilich auch *Reinhard Höhn*[66] sowie *Tatarin-Tarnheyden*, der verschollen war und deshalb auf dieser Liste nicht genannt wurde.

Schließlich wählte die Mitgliederversammlung auch ihren ersten Vorstand:[67] Zum ersten Vorsitzenden wurde *Kaufmann* gewählt, der sich damit gegen *Helfritz* durchsetzte. *Jellinek* wurde zweites Vorstandsmitglied, im letzten Wahlgang landete *Weber* mit 16 Stimmen vor *Ernst Friesenhahn* mit 11 Stimmen. Gerade die Entscheidung für *Weber* und gegen *Friesenhahn* sollte die weitere Ausrichtung der Vereinigung maßgeblich prägen.

4. Umgang der Vereinigung mit NS-Belasteten

a) Ernst Forsthoff, 1. Akt

Forsthoff hatte es am Ende über die erweiterte *Helfritz*-Liste doch noch auf die Einladungsliste für die Heidelberger Tagung geschafft. Vor allem sein Fakultätskollege *Jellinek* hatte sich für ihn eingesetzt.[68] Zwar war *Forsthoff* aus Stolz der Heidelberger Tagung ferngeblieben,[69] doch verschaffte ihm schon allein die Heidelberger Einladung offiziell den Mitgliedsstatus.[70] Und so nahm *Forsthoff* spätestens ab 1953 an den Tagungen der Vereinigung teil und trug in jenem Jahr auch vor.

b) Edgar Tatarin-Tarnheyden, 1. Versuch

Die erste Tagung der Vereinigung und damit die Verabschiedung des umstrittenen § 2 lag noch keinen Monat zurück, als sich bereits ein erster neuer Konflikt anbahnte.

---

dass es diese Liste war, die im Anhang des Rundschreibens vom 8.12.1949 versendet wurde, s. Archiv VDStRL, Ordner-Nr. 2, Reg.-Nr. 2a. S. aber Fn. 65.

65 Bei der Liste muss es sich um eine Vorversion gehandelt haben, da *Maunz* nach Auskunft der verfügbaren Quellen an der Heidelberger Tagung teilnahm, s. Archiv VDStRL, Ordner-Nr. 2, Reg.-Nr. 3.

66 S.o. Fn. 40.

67 S. die handschriftliche Notierung der einzelnen Ergebnisse durch *Jellinek* in BArch. N 1242/61, dort auch zum genauen Verfahren der Wahlen.

68 Insb. Schreiben *Jellinek* an *Forsthoff* vom 10.10.1949, BArch. N 1242/61; *Jellinek* hatte ferner *Alfred Voigt* damit betraut, *Forsthoff* von einer Teilnahme zu überzeugen, s. Schreiben *Forsthoff* an *Jellinek* vom 14.10.1949, Archiv VDStRL, Ordner-Nr. 2, Reg.-Nr. 1a. *Jellinek* ging ursprünglich offensichtlich davon aus, *Forsthoff* würde kommen (s. Schreiben vom 26.9.1949, BArch. N 1242/61: So fragte er an, ob für die Egmont-Aufführung am 20.10. auch eine Karte für *Forsthoffs* ältesten Sohn reserviert werden sollte). Zur Deutung des Verhaltens von *Jellinek* s. den Haupttext bei Fn. 295.

69 Wohl wegen *Schmitt*, *Huber* und womöglich auch *Koellreutter*, die nicht eingeladen worden waren, und aus Kränkung darüber, dass über seine Mitgliedschaft überhaupt eine Diskussion entstanden sei (so *Forsthoff* an *Huber*, 20.6.1949, BArch. N 1505/197). *Forsthoff* verkündete anschließend, er komme erst, wenn wieder „moralische Indifferenz gegenüber den politischen Überzeugungen anderer" gelte, was Voraussetzung für einen fachlichen Austausch sei (Schreiben *Forsthoff* an *Jellinek* vom 14.10.1949, Archiv VDStRL, Ordner-Nr. 2, Reg.-Nr. 1a). In einem weiteren Brief vom 7.10.1949 an das Gründungskomitee schreibt er von „Offenheit und Unbefangenheit der persönlichen Begegnung" als Voraussetzung für eine Teilnahme, BArch. N 1242/61.

70 S. oben Fn. 63.

Werner Weber, nunmehr Mitglied des Vorstands, und *Scheuner* hatten *Tatarin-Tarnheyden* „nominiert“,[71] der überraschend nach fünf Jahren in russischer Kriegsgefangenschaft zurückgekehrt war. Doch in diesem Fall legte *Jellinek* ein deutliches Veto ein und verwies auf die antisemitischen Werke *Tatarin-Tarnheydens*, in denen er auch *Kaufmann* angegriffen hatte.[72] *Scheuner* und *Weber* lenkten augenblicklich ein – von den Schriften *Tatarin-Tarnheydens* während der NS-Zeit hätten sie nichts gewusst.[73]

c) Ernst Rudolf Huber und Otto Koellreutter, 1. Versuch

Hielten *Helfritz* und *Jellinek* noch vor der ersten Tagung 1949 eine Aufnahme *Hubers* und *Koellreutters* für ausgeschlossen,[74] kam schon kurz nach dem (gescheiterten) Versuch, *Tatarin-Tarnheyden* in die Vereinigung zurückzuholen, Bewegung in die Sache. Auch hier ging der Anstoß von *Weber* aus, der schon im Januar 1950 Sympathie für eine Mitgliedschaft von *Koellreutter* erkennen ließ.[75] Das wiederum erhöhte den Druck auf *Jellinek*, der seine Linie gegenüber *Koellreutter* verteidigte, sich auf die Rückendeckung durch die Kollegenschaft auf der Mitgliederversammlung zurückzog und die gefundene Linie mit einer Sorge vor einer Spaltung der Vereinigung erklärte. Gleichzeitig kam er – aus Schwäche? – *Koellreutter* aber entgegen. Der Vorstand werde sich der Sache annehmen, es komme lediglich auf einen günstigen Zeitpunkt an.[76]

---

[71] Auslöser: Schreiben *Scheuner* an *Weber* vom 31.10.1949, BArch. N 1242/64. *Scheuner* wollte seinen Hinweis auf *Tatarin-Tarnheyden* allerdings ausdrücklich nicht als Aufnahmegesuch verstanden wissen, sondern als bloßen informatorischen Hinweis, s. Fn. 73.

[72] So schreibt *Jellinek* an *Weber* am 8.11.1949, Archiv VDStRL, Ordner-Nr. 2, Reg.-Nr. 1a: „[Wir dürfen] unmöglich Mitglieder … [haben], durch die wir uns offensichtlich kompromittieren“; „Ich schreibe dies ohne Fühlungnahme mit Herrn Kaufmann, würde auch in keiner Weise mich von diesem meinem Standpunkte abbringen lassen.“ Zu *Kaufmanns* Emigration s. Fn. 21.

[73] *Scheuner* an *Weber* vom 15.11.1949: Er habe bzgl. *Tatarin-Tarnheyden* kein Aufnahmegesuch stellen, sondern nur auf den Fall *Tatarin-Tarnheyden* hinweisen wollen. *Weber* an *Jellinek* vom 11.11.1949: Die Sache *Tatarin-Tarnheyden* lasse man auf sich beruhen, da auch er – wie *Scheuner* – nichts von den Schriften von *Tatarin-Tarnheyden* während der NS-Zeit gewusst habe. Gegen *Tatarin-Tarnheyden* hatte sich ferner *Helfritz* ausgesprochen, s. Schreiben an *Jellinek* vom 18.11.1949, alle Schreiben in BArch. N 1242/64.

[74] S. das Schreiben von *Helfritz* an *Jellinek* vom 23.9.1949, in dem er die Entscheidung über *Huber* und *Koellreutter* zwar anheimstellte, jedoch skeptisch anmerkte: „Ich glaube aber nicht, dass es für die Vereinigung vorteilhaft wäre, beide Herren zur Teilnahme aufzufordern, da sie doch einen extrem-nationalistischen Standpunkt eingenommen haben. Dies trifft besonders bei Herrn Huber zu.“; s. auch schon Schreiben an *Jellinek* vom 21.09.1949, beide Schreiben in BArch. N 1242/61.

[75] S. Schreiben *Weber* an *Koellreutter* vom 17.1.1950, BArch. N 1242/64, in dem er sich vom Vorgehen des vorläufigen Ausschusses sowie vom Verhalten der Mitgliederversammlung 1949 distanzierte (bei der er nach eigener Aussage nicht anwesend war).

[76] S. Schreiben *Jellinek* an *Koellreutter* vom 20.1.1950 (Archiv VDStRL, Ordner-Nr. 2, Reg.-Nr. 5.1): Vor der Heidelberger Tagung habe man, gerade angesichts der erweiterten Einladungslisten, einige „prominente Nationalsozialisten“ auslesen müssen. Dieser Standpunkt sei in Heidelberg gebilligt worden. Für eine Aufnahme von *Koellreutter* habe es, auch aufgrund der Sorge der Universität Heidelberg vor kritischen Berichten der ausländischen Presse, keine Mehrheit gegeben; außerdem hätte ein Beitritt, „wenn er nicht von langer Hand gut vorbereitet war“, zu Austritten geführt – „Damit wäre die Spaltung da gewesen.“ *Jellinek* appellierte an *Koellreutter*, die Angelegenheit dem Vorstand zu überlassen. Ähnlich argumentierte Jellinek in einem zweiten Brief an *Koellreutter* vom 26.1.1950 (Archiv VDStRL, Ordner-Nr. 2, Reg.-Nr. 6.1). Ungefähr zeitgleich schrieb auch *Arnold Köttgen*, eine wissenschaftliche Verei-

Und tatsächlich versandte der Vorstand im Mai 1950 einen Rundbrief,[77] in dem vom Wunsch *Koellreutters*, Mitglied der Vereinigung zu werden, berichtet und dann für eine Gleichbehandlung von *Huber* plädiert wurde, „der sich in keiner Weise nach 1945 vorgedrängt“ habe. „Auf der Heidelberger Tagung kam ja zum Ausdruck, dass nach einer gewissen Wartezeit auch solchen Kollegen der Eintritt in unsere Vereinigung nicht versagt werden sollte, die sich im Hitlerreich überdurchschnittlich nationalsozialistisch verhalten haben.“ (!)

Eine derartig schnelle Rückkehr zur Tagesordnung alarmierte nun aber diejenigen Teile der Vereinigung, deren Abspaltung der Vorstand von vornherein befürchtet hatte. Es regte sich lautstarker Protest, der von *Hans Peters*[78] angeführt und koordiniert wurde.[79] Dieser ließ den Vorstand wissen,[80] dass *Koellreutter* und *Huber* nicht aufgenommen werden dürften, wenn die Staatsrechtslehre mehr als Restauration von Kameradschaft, nämlich eine Stimme in der demokratischen Öffentlichkeit sein wolle. Die Nationalsozialisten seien nicht nur eine politische Partei gewesen, sondern Verbrecher gegen die Menschlichkeit: „Daß man die einzelnen früheren Kollegen, die sich freiwillig und mit Nachdruck dem Nationalsozialismus verbanden, nicht wirtschaftlichem Ruin anheimfallen lassen will und soll, kann nicht dazu führen, diese nun in eine Vereinigung aufzunehmen, die an dem Neubau der damals von ihnen bewusst vernichteten Demokratie mitzuwirken hat.“ Auch bei den Kollegen, die wieder lehren dürften, sei der Bogen bereits überspannt. „Der Augenblick ist m. E. nicht mehr fern, wo weite Kreise der demokratischen Öffentlichkeit sehr intensiv auf Vorgänge reagieren werden, die man nicht durch kollegiales Totschweigen aus der Welt schaffen kann“. Mit einer Fassung von § 2, wie sie das Gründungskomitee ursprünglich vorgeschlagen hatte, hätte man diese Vorgänge verhindern können; „Diskussionen um die Belastung oder Nichtbelastung im Kollegenkreis haben immer etwas Peinliches an sich, das ich lieber vermieden hätte.“

Widerstand organisierte für das sozialdemokratische Lager vor allem *Wolfgang Abendroth*,[81] für das christdemokratische Lager – durchaus in Abstimmung mit *Abendroth* – *Peters*: Dieser verfasste ein Schreiben an „15 bis 20“ Mitglieder, um eine starke Gruppe für die anstehende Mitgliederversammlung zu mobilisieren und die Aufnahmen zu verhin-

---

nigung brauche „politische Neutralität“, Schreiben an *Weber* vom 23.1.1950 (Archiv VDStRL, Ordner-Nr. 2, Reg.-Nr. 5.1), und stärkte damit die Seite der NS-Belasteten; ähnliche Tendenz bei *Alfred Voigt*, Schreiben an *Peters* vom 29.7.1950, BArch. N 1220/84.

[77] Rundschreiben vom 23.5.1950, Archiv VDStRL, Ordner-Nr. 2, Reg.-Nr. 4a.

[78] *Hans Peters*, 1896–1966, war seit 1923 Mitglied der Zentrumspartei und vertrat diese 1933 kurzzeitig im preußischen Landtag. Er vertrat auch das Land Preußen vor dem StGH nach dem „Preußenschlag“. Während des Krieges war er im Widerstand des Kreisauer Kreises aktiv. 1946 wurde er ordentlicher Professor an der späteren Humboldt-Universität, bevor er 1949 an die Universität Köln wechselte. Zu ihm im Haupttext vor Fn. 213 sowie *Steffen Augsberg*, Widerstand und innere Emigration der Daheimgebliebenen. Das Beispiel von Hans Peters, in: Seckelmann/Platz (Hrsg.), Remigration und Demokratie in der Bundesrepublik nach 1945, 2017, S. 263; *Jens Kersten*, Hans Peters (1896–1966): Methodenwandel durch Unrechtserfahrung, in: Augsberg/Funke (Hrsg.), Kölner Juristen im 20. Jahrhundert, 2013, S. 211; *Klaus Joachim Grigoleit/Jens Kersten*, Hans Peters (1896–1966), DV 30 (1997), S. 365.

[79] S. zur Koordination dieser Gruppe näher unten sub III.

[80] Schreiben *Peters* an *Jellinek* und die anderen Mitglieder des Vorstands vom 30.5.1950, Archiv VDStRL, Ordner-Nr. 2, Reg.-Nr. 5.1.

[81] S. Fn. 88.

dern:[82] Die „Tendenzen, die alte Vereinigung in Form und Inhalt als Neuauflage von 1932 zu restaurieren", gefährdeten die „Wirkungsmöglichkeiten im demokratischen Inland wie im Ausland" – man dürfe nicht aus Kollegialität schweigen, wenn die „andere Seite" so wenig „Takt und Fingerspitzengefühl" zeige, dass sogar *Huber* und *Koellreutter* vorgeschlagen würden. Er vermisse ein Verständnis für die Aufgabe der Staatsrechtslehrer beim Aufbau der neuen deutschen Demokratie. Die „überdurchschnittlich"-Formulierung des Vorstands gehe wohl von der Auffassung aus, „daß der ‚durchschnittlich' nationalsozialistische Flügel nach und nach stark genug sei, um dies durchzusetzen". Man müsse Aufbauarbeit leisten, die mit solchen Kollegen nicht machbar sei. Daher sei Austritt und Gründung einer neuer Vereinigung, „in der die wirklich lebenswichtigen Probleme des deutschen Staatsaufbaus" behandelt würden, zu bedenken.[83]

Tatsächlich reagierten zahlreiche Kollegen und legten bereits schriftlich beim Vorstand Einspruch gegen beide Aufnahmeanträge ein, teilweise auch unabhängig vom Schreiben *Peters*[84]: *Hans Nawiasky* (26.5.), *Hubert Armbruster* (27.5.), *Godehard Josef Ebers* (28.5.), *Hermann L. Brill* (30.5.)[85], *Martin Drath* (1.6.), *Wilhelm Laforet* (1.6.)[86], *Hans-Jürgen Schlochauer* (3.6.)[87], *Abendroth* (6.6.)[88], *Ottmar Bühler* (11.6.), *Gerhard Leibholz* (25.6.)

---

[82] Schreiben vom 2.6.1950, Archiv VDStRL, Ordner-Nr. 2, Reg.-Nr. 5.1. Freilich konnte *Peters* nicht alle Adressaten seines Aufrufs überzeugen. So heißt es in einem Schreiben *Alfred Voigts* an *Peters* vom 29.7.1950: „Ich habe mich nicht entschließen können, Ihrem Protest beizutreten, weil ich die Staatsrechtslehrervereinigung für keine in erster Linie politische Angelegenheit halte, sondern [...] für eine kollegial-fachliche, aber nicht zuletzt für eine der wenigen Möglichkeiten, bei der Individualitäten sich begegnen können." (BArch. N 1220/84).

[83] Dabei kämpfte *Peters* mit offenem Visier und legte sogar *Koellreutter* persönlich seine Motive dar, so insbesondere im Schreiben an *Koellreutter* v. 27.9.1950 (Archiv VDStRL, Ordner-Nr. 2, Reg.-Nr. 5.4): Sein Vorgehen richte sich nicht gegen ihn, *Koellreutter*, persönlich, es gehe bei seiner Ablehnung um das Ziel der Vereinigung, am demokratischen Wiederaufbau mitzuwirken; dafür brauche man eine demokratische Einstellung. Dafür wiederum sei maßgebend, ob ein Kollege nach 1945 eine Stelle innehabe. Wenn dieser Forderung nicht entsprochen werde, dann sei das bereits jetzt eine Belastung für die Vereinigung „und kann höchstens intern die Frage entstehen lassen, ob Mitgliedschaft und Vereinigung heute überhaupt nicht bereits ihren Sinn verloren haben".

[84] Diese Einsprüche gegen *Huber* und *Koellreutter* finden sich in BArch. N 1242/62, soweit nicht anders gekennzeichnet. Dort zeigt sich deutlich das Ausmaß an Koordinierung innerhalb der Kritiker des Beitritts von *Huber* und *Koellreutter*, dazu auch unten unter III.

[85] Einspruch *Brill* an *Kaufmann* gegen *Huber* und *Koellreutter* vom 30.5.1950, Archiv VDStRL, Ordner-Nr. 2, Reg.-Nr. 5.1: *Brill* kritisiert insbesondere die Formulierung, „ob sich bestimmte Personen ‚im Hitlerreich überdurchschnittlich nationalsozialistisch verhalten haben'".

[86] Schreiben *Laforet* an *Jellinek* vom 1.6.1950: Er habe ebenfalls Bedenken gegen H. und K., weniger aus persönlichen Gründen als aus prinzipiellen Erwägungen angesichts der Bedeutung der Vereinigung „für die demokratische Grundordnung" und ihr Ansehen im Ausland (BArch. N. 1242/62).

[87] *Schlochauer* schreibt am 3.6.1950 an *Jellinek*, die Absicht, *Koellreutter* und *Huber* aufzunehmen, habe im Bundesministerium der Justiz und im Bundesministerium der Finanzen „Erstaunen" ausgelöst, da diese Beitritte der Vereinigung und ihrer „staatspolitische[n] Aufgabe[...]" abträglich seien, BArch. N 1242/62. *Peters* und *von Mangoldt* standen ferner in Kontakt mit *Walter Strauß*, Staatssekretär im Bundesministerium der Justiz, der sich ebenfalls interessiert an der causa zeigte und angab, selbst Gespräche zu führen, s. BArch. N 1220/81.

[88] *Abendroth* an *Brill* vom 6.6.1950 (Archiv VDStRL, Ordner-Nr. 2, Reg.-Nr. 5.1): Er habe sich dem Einspruch angeschlossen und auch *Drath* dazu aufgefordert; den Einspruch erhob er noch am selben Tag (ebd.) und forderte *Peters* auf, es ihm (sowie *Brill*, *Wengler* und *Armbruster*) gleichzutun (ebd.; *Peters* hatte allerdings schon Einspruch eingelegt, s. Fn. 80).

und *Mirbt*[89] (undatiert). Auch *Wilhelm Wengler* gehörte dieser Gruppe an.[90] Zentrales Argument war zumeist die negative Wirkung im Ausland sowie die Möglichkeit von Angriffen gegen die Vereinigung. Einige wenige Kollegen wandten sich gezielt gegen *Huber*, so *Hermann von Mangoldt*[91] und *Adolf Julius Merkl*[92]. Andere hatten „bloß“ schwere Bedenken im Hinblick auf die beiden Aufnahmen, so beispielsweise *Friedrich Klein*.[93]

Besonderes Gewicht kam dem Einspruch von *Nawiasky* zu, der sogar offen drohte:[94] Aufgabe der Vereinigung sei es immer gewesen und sollte es weiter sein, am Aufbau eines demokratischen Staates mitzuwirken; aus diesem Grund sei die Vereinigung auch 1933 aufgelöst worden. Eine Aufnahme von *Huber* und *Koellreutter* widerspreche diesem Zweck, die Vereinigung verlöre dann „jeden Kredit“. Bei einer Aufnahme der beiden würde er austreten und gehe davon aus, dass einige Kollegen es ihm gleichtun würden (insbesondere nennt er, mit dessen Einverständnis, *Peters*); die Gründe seines Austritts aber würde er öffentlich machen.

Nach diesen zahlreichen Schreiben sah *Jellinek* den Vorstand im „Kreuzfeuer“.[95] Bei Lichte besehen war es freilich in erster Linie er selbst, der im Kreuzfeuer stand. Denn als *Jellinek* dem Vorstand vorschlug, die Anträge förmlich zurückzuziehen,[96] musste er einsehen, dass er isoliert war; beide Vorstandskollegen plädierten dafür, die Anträge aufrechtzuerhalten.[97] Erneut erwies sich *Weber* als die treibende Kraft: „Allgemein bin ich der Ansicht, dass die Staatsrechtslehrervereinigung umso besser gedeiht, je eher diese Fälle bereinigt werden. Die allgemeine Lage Deutschlands scheint mir nicht dazu angetan, daß man diese Dinge allzu lange weiterschwelen lässt.“[98] Im Hintergrund bestärkte er *Huber* ausdrücklich, den Vorstand nicht zu bitten, den Antrag zurückzuziehen.[99]

Auch *Kaufmann* stand nach wie vor hinter den Aufnahmen, war sich seiner Sache aber weniger sicher. Seiner Antwort an *Brill* (auf dessen Einspruch hin) lassen sich paradigmatisch die Erwägungen der Zeitgenossen ablesen:[100] „Ich kenne die Delikatheit der Fra-

---

89 Im Schreiben von *Mirbt* heißt es: „Wenn sie aufgenommen werden, so bleibt kaum etwas anderes übrig, als sie zusammen mit H**** (falls diesen nicht, wie es heisst, der Teufel geholt hat) und C. SCHMITT […] mit einem kräftigen ‚Heil Hitler‘ willkommen zu heissen!“ (BArch. N 1242/62).

90 S. Fn. 88.

91 Schreiben *v. Mangoldt* an den Vorstand vom 14.6.1950, Abschrift an *Peters* in BArch. N 1220/81: Nach *Hubers* Ansichten im „Verfassungsrecht des Großdeutschen Reiches“ sei eine Aufnahme völlig undenkbar; die Aufgaben der Vereinigung seien nur erfüllbar, wenn sie so homogen sei, dass alle „die Grundlagen des gegenwärtigen Staates voll bejahen“; auch würde die deutsche Öffentlichkeit keinerlei Verständnis zeigen. Privat schreibt *von Mangoldt* am selben Tag an *Peters*, bei Aufnahme von *Huber* würde er austreten, BArch. N 1220/81.

92 Schreiben an *Jellinek* vom 9.7.1950, BArch. N 1242/62.

93 Schreiben an *Kaufmann* vom 6.6.1950, BArch. N 1242/62.

94 Schreiben an *Jellinek*, undatiert, BArch. N 1242/63.

95 Antwort *Jellineks* an *Schlochauer* vom 7.6.1950, BArch. N 1242/62.

96 Schreiben *Jellineks* vom 24.6.1950, BArch. N 1242/64.

97 Schreiben *Kaufmanns* vom 28.6.1950 und *Webers* vom 7.8.1950, BArch. N 1242/64.

98 Schreiben *Weber* an *Kaufmann* und *Jellinek* vom 7.8.1950 (BArch. N 1242/62).

99 Schreiben vom 11.9.1950, BArch. N 1505/197; *Huber* hatte mit Schreiben vom 7.9.1950 laut darüber nachgedacht, den Vorstand zu bitten, seinen Antrag zurückzuziehen, *Grewe* habe ihm aber davon abgeraten.

100 Antwort *Kaufmann* an *Brill* vom 8.6.1950, Archiv VDStRL, Ordner-Nr. 2, Reg.-Nr. 5.1.

gen genau. Im Grunde geht es mehr darum, wo die Grenzen zu ziehen sind. Da bin ich wohl etwas weitherziger als manche andere; aber auch ich kenne Grenzen!!" In seiner Argumentation zog er dann das *Gleichheitsargument* heran, das immer wieder von verschiedener Seite bemühte wurde[101] und für die gesamten Aufnahmevorgänge von entscheidender Bedeutung werden sollte: Da *Maunz* bereits Mitglied sei, müsse auch *Koellreutter* aufgenommen werden, der schließlich schon vor 1945 „geheilt" gewesen sei. Schwieriger verhalte es sich mit *Huber*, dem aber anzurechnen sei, dass er sich, anders als andere, zurückhalte (Spitze wohl gegen *Schmitt* und vor allem *Koellreutter*). Zwar könne er, *Kaufmann*, die Ablehnung *Hubers* durch *Brill* nicht übelnehmen, er selbst stehe *Huber* jedoch menschlich nahe, sei ihm seit dessen Bonner Assistententagen verbunden und habe ihn auch am Feldberg besucht.

Kaufmanns Einschätzung änderte sich erst, als sich *Koellreutter* pöbelnd und drohend bei ihm meldete:[102] Er sei „hinterrücks" vorgeschlagen worden, habe beim Vorstand nur protestiert gegen die „offenbaren Schiebungen" bei der Zusammensetzung (scil.: die Negativliste sei wahllos zusammengestellt gewesen). Wer *Schmitt* ausschließe, sei nicht ernst zu nehmen. Weiter spielte *Koellreutter* auf *Jellineks* „Verhimmlung" des „Genies" *Hitler*[103] und auf das Verhalten von *Anschütz* und anderen (*J. Heckel*) an. Der Höhepunkt der Anwürfe bestand schließlich in dem Satz, die Nazis hätten *Kaufmann* und *Jellinek* besser behandelt als die „christliche Demokratie" ihn. *Kaufmann* stellte daraufhin *Koellreutter* gegenüber die Vorgänge richtig,[104] sprach sich aber nun ebenfalls für eine Rücknahme der Anträge aus.[105] Und so setzten sich die Streitereien noch eine Weile fort: *Ule*, Schüler *Koellreutters*, suchte zu vermitteln und eine öffentliche Aussprache in München, dem nächsten Tagungsort, zu verhindern,[106] *Koellreutter* pöbelte weiter.[107]

---

[101] Weiteres Beispiel: Schreiben *Klein* an *Kaufmann* vom 6.6.1950, BArch. N. 1220/81, bezüglich einer Mitgliedschaft von *Schmitt*. S. auch Fn. 127 und Fn. 157 f.

[102] Schreiben vom 20.7.1950 (Archiv VDStRL, Ordner-Nr. 2, Reg.-Nr. 5.2). Weiter heißt es: *Kaufmann* habe ihm am 14.1.1950 vorgeschlagen, beizutreten; er habe geantwortet, er könne verzichten, also abgelehnt.

[103] S. o. Fn. 20. *Koellreutter* versandte auch selbst zusammengestellte Auszüge aus Veröffentlichungen von *Jellinek* aus den Jahren 1934 und 1935 an Kollegen wie bspw. *Ernst Friesenhahn*, s. Schreiben vom 25.9.1951, BArch. N 1557/75.

[104] Antwort *Kaufmann* vom 6.8.1950 (Archiv VDStRL, Ordner-Nr. 2, Reg.-Nr. 5.4): *Koellreutter* habe sie im Brief vom 3.1.1950 „mit scharfen Worten ... beschimpft"; trotzdem habe man ihm „[u]m des lieben Friedens willen" Aufnahme versprochen; *Jellinek* habe ihm versprochen, es „ins Reine zu bringen" (s. oben); das habe *Koellreutter* akzeptiert, nicht abgelehnt; sodann wies *Kaufmann* die Denunziationen und Vergleiche zurück: „Das darf auch der sagen, der vieles stark mißbilligt, was heute geschieht."

[105] Schreiben *Kaufmann* an *Jellinek* vom 8.8.1950, in Durchschrift an *Weber* (BArch. N 1242/64).

[106] Schreiben an *Kaufmann* vom 7.8.1950 (Archiv VDStRL, Ordner-Nr. 2, Reg.-Nr. 5.4); *Ule* machte dort auch den Vorschlag, die Satzung zu ändern, um alle (auch *Steiniger*, gegen den *Ule* selbst Einspruch eingelegt hatte, s. unten) aufzunehmen.

[107] Antwortbrief *Koellreutter* an *Kaufmann* vom 15.8.1950, Archiv VDStRL, Ordner-Nr. 2, Reg.-Nr. 5.4: *Koellreutter* behauptete nunmehr, keine nationalsozialistische Lehre vertreten zu haben; *Kaufmann* sei umgekehrt kaum „sozialer Demokrat"; „Was Herrn Peters anlangt, so kann ich nur jetzt schon sagen: Pfui Teufel!"; der gegen Maunz' Rehabilitation widersprechende *Grewe* sei selbst Adlatus von *Berber*, *Ribbentrops* völkerrechtlichem Berater, gewesen; besonders ausfällig wurde *Koellreutter* gegen den „allgewaltigen" *Jellinek*, der Drahtzieher sei und von *Kaufmann* „gedeckt" werde; schließlich beklagte *Koellreutter*, dass *Schwinge* nicht aufgenommen worden sei (*Schwinge* wurde allerdings wenig

Es ist bemerkenswert, dass *Jellinek* in dieser heiklen Situation wiederum bei *Thoma* Zuflucht suchte, der *Koellreutter* mäßigen und Rat geben sollte: Andernfalls „besteht die Gefahr, dass unsere Vereinigung gespalten wird; denn es sind mehr Nazis unter unseren Kollegen als wir vielleicht in unserer Harmlosigkeit vermuten."[108] Es erscheint daher nicht übertrieben, in *Thoma* eine Schlüsselfigur der Geschehnisse zu vermuten. Doch *Thoma* stärkte *Jellinek* nicht den Rücken. Vielmehr plädierte er für eine Differenzierung zwischen *Huber* und *Koellreutter*:[109] Gegen *Huber* lägen 26 Einsprüche vor, daher sei es das Richtigere, „wenn der Vorstand seine Absicht, Huber in die Vereinigung aufzunehmen, für diesmals [sic] fallen läßt und je nach Umständen im nächsten Jahr darauf zurückkommt". Gegen *Koellreutter* lägen dagegen „nur etwa 13 Einsprüche" vor und der „Vorstand [habe] zugesagt", für ihn einzutreten, daher solle die Aufnahme nicht verschoben werden: „Ich vermute, daß eine starke Mehrheit der Vollversammlung für seine Aufnahme stimmen wird und das schafft dann einen Präzedenzfall, der sich nächstes Jahr für Huber günstig auswirken wird". „Meine persönliche Ansicht geht dahin, daß die Karenz jetzt lang genug gedauert hat und Beide aufgenommen werden sollen." Anders liege es dagegen im Fall *Steiniger*: „Gegen die Aufnahme von Steiniger [s. unten zur DDR] liegt jetzt das m. E. unüberwindliche Hindernis vor, daß er sich öffentlich und mit Enthusiasmus für die Oder-Neisse-Linie ausgesprochen hat".

Die Entscheidung fiel schließlich auf der Mitgliederversammlung in München.[110] *Kaufmann*, immer noch erbost über die Anwürfe *Koellreutters*, schlug vor, nicht zu beraten, bis dessen Drohung, den Vorstand durch öffentliche „Denunziationen" bloßzustellen, zurückgenommen worden sei; „Denunziation" wurde auf Antrag von *Weber* als Wort gestrichen, so wurde der Vorschlag angenommen (bei Enthaltungen). Im Fall von *Huber* hatten seine Unterstützer, denen klar war, dass dieser durch eine Aussprache nur verlieren könnte, das Vorgehen geplant und *Scheuner* dafür gewonnen, einen Antrag zu stellen, die Sache ohne sachliche Aussprache zu vertagen;[111] der Antrag wurde bei 10 Gegenstimmen angenommen.

Huber und *Koellreutter* blieben also zunächst ausgeschlossen, waren aber auch nicht abgelehnt worden. So entstand vorübergehend ein gewisses Patt zwischen der Gruppe um *Weber* und derjenigen um *Peters*.[112] Dabei blieb es auch ein Jahr später, auf der Mit-

später, im Rundschreiben vom 9.9.1950, vom Vorstand vorgeschlagen und im Anschluss auch aufgenommen, Archiv VDStRL, Ordner-Nr. 2, Reg.-Nr. 4c).

[108] *Jellinek* an *Kaufmann* vom 17.8.1950, BArch. N 1242/64.

[109] *Thoma* an *Jellinek* vom 29.7.1950, Archiv VDStRL, Ordner-Nr. 2, Reg.-Nr. 5.4.

[110] 20. und 21.10.1950, s. die Niederschrift in Archiv VDStRL, Ordner-Nr. 2, Reg.-Nr. 6.1.

[111] Dazu *Weber* an *Huber* vom 23.11.1950: „Glücklicherweise hatten wir die Dinge taktisch so vorbereitet, dass über Ihre Person wie überhaupt über Ihren ‚Fall' von einigen Bemerkungen von Peters abgesehen dann überhaupt keine Erörterung zustandekam und einfach alles vertagt wurde." (BArch. N 1505/197). Eine ähnliche Bewertung der Tagung fand durch *Forsthoff* statt, Schreiben an *Huber* vom 30.11.1950, BArch. N 1505/197: „Im Allgemeinen neige ich dazu, das Ergebnis in Deiner Sache nicht für einen Schaden zu halten. Ein magerer Sieg wäre viel übler gewesen und da die Zeit immer schneller fortschreitet, halte ich die Vertagung für einen guten taktischen Zug."

[112] Dementsprechend herrschte auf beiden Seiten eine große Unzufriedenheit. *Peters* schrieb am 22.12.1950 an *Merkl*: „Die Staatsrechtslehrertagung ist leidlich verlaufen, indem man den politischen Problemen aus dem Weg ging." (BArch. N 1220/67). Auf der anderen Seite beklagte sich *Weber* in seinem

gliederversammlung in Göttingen 1951; wieder wurden die Entscheidungen über *Huber* und *Koellreutter* vertagt.[113] Zwar unterstützte etwa *Jellinek* nunmehr *Huber* im Gegensatz zu *Koellreutter*, durch den er sich erneut beleidigt sah,[114] doch die bereits abgereisten Mitglieder *Nawiasky* und *Peters* leisteten (schriftlich) erbitterten Widerstand und drohten mit „Austritt und Presseskandal"[115], würden die beiden aufgenommen.

Doch nur vordergründig hatte sich damit die Position von *Peters* durchgesetzt, denn dieser wusste genau, dass der Kampf eigentlich schon verloren war. Konsterniert stellte er fest:[116] Man müsse „in der Tat aufpassen, dass nicht alle alten Nazis wieder in die Staatsrechtslehrervereinigung kommen, sie haben sowieso schon einen ziemlich grossen Einfluss darin"; in den letzten Jahren habe man vor allem gegen die Aufnahme von *Huber* sowie *Koellreutter* gekämpft, „alle anderen sind inzwischen darin". Noch pessimistischer fiel die Bewertung von *Merkl* aus,[117] der die „Verseuchung der deutschen Hochschulen mit totalitärem Ungeist" anprangerte und sich insbesondere gegen *Forsthoff* wandte; er sei über die Entwicklung an einzelnen deutschen Universitäten bestürzt und rechne damit, dass auch *Huber* und *Schmitt* noch „für würdig befunden werden, die Bonner Verfassung zu lehren".

d) Carl Schmitt

Carl Schmitt war allerdings einer der wenigen Fälle, bei denen sehr weitgehender Konsens bestand, dass eine Aufnahme nicht in Betracht kam. Gründe für einen Ausschluss lagen in der Tat reichlich vor. Zu nennen sind nicht nur sein Mitwirken im NS sowie seine Schriften während der ersten Phase des Nationalsozialismus[118] (gepaart mit seinem berüchtigten Antisemitismus[119]) und das daraus in der Bundesrepublik folgende Lehrverbot, sondern auch – aus Sicht der Vereinigung höchst relevant – das Agitieren gegen die Vereinigung im Jahr 1933.[120]

Doch selbst bei diesem klaren Fall fehlte es nicht an einem Aufnahmeantrag,[121] der schriftlich am 16.10.1953, also dem zweiten Tag der Bonner Tagung, von *Friedrich August*

Schreiben an *Huber* vom 23.11.1950, trotz der an sich positiven Bewertung der Vertagung: „Die Münchener Tagung hat mich in vielfacher Hinsicht enttäuscht. Die Dinge liegen aber nun einmal so, dass diese Vereinigung für mehrere Jahre nichts weiter tun kann als vegetieren."; als Schuldigen identifizierte *Weber Kaufmann*, dem er vorwarf, den Fall *Huber* in seinen einleitenden Bemerkungen zum Tagesordnungspunkt auf der Mitgliederversammlung zu negativ vorgetragen zu haben (BArch. N 1505/197).

[113] Rundschreiben vom 13.12.1951, Archiv VDStRL, Ordner-Nr. 2, Reg.-Nr. 7e; Niederschrift der Mitgliederversammlung vom 19.10.1951, Archiv VDStRL, Ordner-Nr. 3, Reg.-Nr. 3.

[114] *Jellinek* berichtete auf der Mitgliederversammlung laut Protokoll, er werde Schritte unternehmen, um mit *Koellreutter* ins Reine kommen; bis dahin aber solle *Koellreutter* unter keinen Umständen aufgenommen werden, weil *Jellinek* sich dessen Groll „im Frontdienst der Vereinigung" zugezogen habe, nicht als Privatperson, s. Niederschrift der Mitgliederversammlung vom 19.10.1951, Ziffer 6, Archiv VDStRL, Ordner-Nr. 3, Reg.-Nr. 3.

[115] So der Bericht von *Forsthoff* an *Huber* vom 2.11.1951, BArch. N 1505/197.

[116] In einem Schreiben an den Schweizer *Hans Huber* vom 30.9.1952, BArch. N 1220/47.

[117] Schreiben an *Peters* vom 25.9.1952, BArch. N 1220/67.

[118] Der Führer schützt das Recht, DJZ 1934, S. 945; Staat, Bewegung, Volk, 1934.

[119] *Reinhard Mehring*, Carl Schmitt. Aufstieg und Fall, 2009, S. 358 ff.

[120] *Stolleis*, Vereinigung (Fn. 1), S. 344 f. *Andreas Kley*, in diesem Band, S. 48 ff.

[121] Die Materialien dazu finden sich in Archiv VDStRL, Ordner-Nr. 8c, Reg.-Nr. Sch.

Freiherr von der Heydte gestellt wurde, der wohl nicht wusste, wie er von *Schmitt* verspottet wurde.[122] *Von der Heydte* berief sich auf eine andere Interpretation des Beschlusses der Mitgliederversammlung 1953 über die Frage der Aufnahme von Persönlichkeiten mit NS-Belastung als der damalige Vorstand.[123]

Der noch amtierende Vorstand um *Ulrich Scheuner* löste das Problem dilatorisch, indem er es dem neuen Vorstand überließ. Und so war es eine der ersten Amtshandlungen des neuen Vorsitzenden, *Hermann Jahrreiß*, seine Vorstandskollegen *Klein* und *Hans Schneider* zu informieren; *Jahrreiß* sprach von einer „heiklen Situation“.[124] Interessanterweise begründete er das Heikle der Situation nicht etwa mit der NS-Vergangenheit *Schmitts*, sondern damit, dass es alles andere als sicher sei, ob *Schmitt* einer Einladung überhaupt Folge leisten würde, zumal bei Beschluss (nur) mit knapper Mehrheit für die Aufnahme. *Jahrreiß* schlug daher vor, an *von der Heydte* zu schreiben und um Rücknahme des Antrags zu bitten,[125] und ging anschließend vor wie vorgeschlagen.[126] *von der Heydte* zeigte sich einsichtig und stellte dem Vorstand anheim, mit dem Antrag auf Aufnahme von *Schmitt* nach seinen Wünschen zu verfahren.[127] Der Vorstand aber behandelte den Antrag danach als nicht gestellt:[128] Angesichts der „jedenfalls zur Zeit“ bestehenden Gefahren für den Bestand der Vereinigung komme eine Aufnahme *Schmitts* nicht in Betracht.[129] Zu groß war die Sorge des amtierenden und Vorgängervorstands vor Austritten und letztlich einem Auseinanderbrechen der Vereinigung.[130]

---

122 *Stolleis*, Geschichte (Fn. 5), S. 86 mit Fn. 390.

123 Der Beschluss ergibt sich aus der Niederschrift der Mitgliederversammlung vom 15. und 16.10. 1953, Ziffer 3, Archiv VDStRL, Ordner-Nr. 3, Reg.-Nr. 4: Die Versammlung hatte sich darauf geeinigt, „auf einzelne literarische Wendungen oder Stellungnahmen nationalsozialistischen Inhalts, Buchwidmungen und dergl. des Kandidaten in Aufnahmedebatten nicht zurückzugreifen“; *von der Heydte* schloss daraus, nationalsozialistische Belastung und Tätigkeit dürfe keine Berücksichtigung mehr finden.

124 Brief vom 5.1.1954 an die Vorstandskollegen, Archiv VDStRL, Ordner-Nr. 8c, Reg.-Nr. Sch.

125 *Klein* war einverstanden mit diesem Vorgehen, Schreiben vom 7.1.1954, Archiv VDStRL, Ordner-Nr. 8c, Reg.-Nr. Sch.

126 Das Schreiben *Jahrreiß* an *von der Heydte* vom 19.1.1954 war ein recht deutlicher Aufruf, den Antrag zu überprüfen und ggf. zurückzuziehen, Archiv VDStRL, Ordner-Nr. 8c, Reg.-Nr. Sch.

127 S. Antwort *von der Heydte* vom 4.2.1954, Archiv VDStRL, Ordner-Nr. 8c, Reg.-Nr. Sch. Darin lobt *von der Heydte Schmitt* als einen der „geistvollsten Staatsrechtslehrer“, der immer noch von Bedeutung sei, da viele seiner Schüler aktiv seien; persönlich lehne er als *Kelsen*-Schüler *Schmitt* aber ab. Mit der Aufnahme von *Helfried Pfeifer* 1953 habe die Vereinigung einen Präzedenzfall geschaffen, der mit „weit grösserem Fanatismus und viel geringerer Selbstständigkeit“ nationalsozialistische Theorien vertreten haben. Die Aufnahme von *Schmitt* sei nun ein „Gebot der Gerechtigkeit“.

128 S. Schreiben *Jahrreiß* an *Scheuner* vom 17.3.1954, Archiv VDStRL, Ordner-Nr. 8c, Reg.-Nr. Sch.

129 Schreiben *Jahrreiß* an *von der Heydte*, 17.3.1954, Archiv VDStRL, Ordner-Nr. 8c, Reg.-Nr. Sch.

130 Am 19.1.1954 schrieb *Jahrreiß* an *Scheuner*, er fürchte bei Festhalten am Antrag mit Einsprüchen und Anträgen auf Debatte sowie mit einzelnen Austritten, sollte *Schmitt* aufgenommen werden. Er selbst sei den Tagungen in Göttingen und Marburg ferngeblieben, da er schon die Debatte in München nicht habe ertragen können. Debatten seien für die Vereinigung schädlich und peinlich, ggf. sogar blamabel. Allgemeiner zur Vergangenheitsbewältigung schreibt *Jahrreiß* allerdings: „Mir scheint, die Vereinigung wird sich eines Tages entschließen müssen, unter die Hitler-Zeit einen radikalen Strich zu ziehen und Aufnahmefragen im Stil von vor 1933 zu behandeln; sonst gibt es eben nach wie vor – und kein Vorstand könnte das verhindern – solche Debatten, wie wir sie in München erlebt haben […]“. In seiner Antwort vom 24.1.1954 schloss sich *Scheuner* der Einschätzung von *Jahrreiß* an: Es gehe nicht nur

e) Ernst Rudolf Huber, 2. Versuch

Der erneute Versuch, *Huber* in die Vereinigung zu bringen, führte wohl zur härtesten Probe für die Vereinigung, bei der in der Tat ein Auseinanderbrechen drohte. Die Debatten und Vertagungen zu *Huber* hatten sich bis zur Tagung 1954 fortgesetzt.[131] Inzwischen war *Huber* allerdings für eine Professur in Nürnberg (an der Handelshochschule; Nachfolge *Ernst Wolgast*)[132] und eine Honorarprofessur in Freiburg[133] im Gespräch, nachdem er dort bereits vier Semester als Lehrbeauftragter unterrichtet hatte; die Kultusverwaltungen zögerten aber jeweils, u.a. weil er nicht Mitglied der Vereinigung war.[134] Die Frage der Mitgliedschaft wurde für *Huber* aus diesem Grund nunmehr existenziell. Der neue Vorstand mit *Jahreiß*[135] als erstem Vorsitzenden und dem *Schmitt* und *Huber* nahestehenden Tübinger *Hans Schneider* (dieser wiederum eng mit *Weber*, *Forsthoff* und *Wilhelm Grewe*) begann noch auf der Tagung 1954, *Hubers* Aufnahme auf der nächsten Tagung von langer Hand zu planen; zu diesem Zweck kam es auch zu einer Besprechung und Entscheidung der „vereinigten Gesamtvorstände"[136], d.h. aller Vorstandsmitglieder seit der Wiedergründung.

---

um Vergangenheitspolitik, sondern „um die in solchen Bestrebungen [Aufnahme aller Belasteten, auch *Schmitt* und *Höhn*] zu Tage tretende Politisierung". Eine solche werde er immer bekämpfen. Auch er plädiere für eine Rücknahme des Antrags und habe in diesem Sinne an *von der Heydte* geschrieben. Das Ausscheiden einiger Persönlichkeiten würde das Ende der Vereinigung bedeuten, da die Restvereinigung politischen Angriffen ausgesetzt wäre. Nur mit sehr viel Behutsamkeit lasse sich ein Zusteuern auf eine „Klippe" verhindern.

131 *Huber* wurde nicht müde zu betonen, dass ihm an der Mitgliedschaft in der Vereinigung persönlich nichts liege – so schrieb er am 29.9.1954 an *Forsthoff*: „Ich möchte nicht gerne, daß meinetwegen ein offener Streit in einer Institution entsteht, die neben ihren Fragwürdigkeiten wahrscheinlich auch einige nützlichen Seiten hat", BArch. N. 1505/197.

132 S. aber das Schreiben von *Hermann Eichler* an *Klein* vom 28.7.1955, Archiv VDStRL, Ordner-Nr. 7, Reg.-Nr. H, Blatt 250: *Huber* habe die Stelle in Nürnberg nicht bekommen.

133 S. dazu *Alexander Hollerbach*, Öffentliches Recht an der Universität Freiburg in der frühen Nachkriegszeit, 2019, S. 19f.

134 Die Frage der Mitgliedschaft in der Vereinigung werde „als ein Präjudiz angesehen" (so *Huber* an *Forsthoff*, Schreiben vom 1.6.1955, BArch. N 1505/197). Zunächst hatte *Forsthoff* die Idee, 1954 in Tübingen eine Resolution zu erwirken, mit der festgestellt werden sollte, dass eine Berufung auf einen Lehrstuhl nicht von der Mitgliedschaft in der Vereinigung abhänge – von dieser Idee brachte ihn aber insb. *Huber* ab (eindringliches Schreiben vom 7.10.1954, in BArch. N 1505/197). 1955 war *Huber* ferner für eine Professur in Kiel im Gespräch; allerdings bestand in der Wahrnehmung von *Huber* für diese Stelle kein Konnex zur Mitgliedschaft in der Vereinigung. Deshalb schlug *Forsthoff Huber* am 19.9.1955 vor, die Frage der Mitgliedschaft doch nicht auf der Hamburger Tagung erörtern zu lassen, um kein Aufsehen zu erregen. Wohl *Hans Schneider* überzeugte *Huber* aber davon, es 1955 darauf ankommen zu lassen, s. Schreiben *Forsthoff* an *Huber* vom 6.10.1955, BArch. N 1505/197.

135 *Hermann Jahrreiß*, 1894–1992, lehrte von 1937 bis 1962 in Köln öffentliches Recht. Er war also schon zu Zeiten des Nationalsozialismus berufen worden, jedoch „ohne sich dem Regime verschrieben zu haben", so *Stolleis*, Geschichte (Fn. 5), S. 58.

136 Brief *Schneider* an *Jahrreiß* vom 18.11.1954, Archiv VDStRL, Ordner-Nr. 7, Reg.-Nr. H, Blatt 24; Brief *Jahrreiß* an *Schneider* vom 5.7.1955, Archiv VDStRL, Ordner-Nr. 7, Reg.-Nr. H, Blatt 209. Ein ähnliches Vorgehen der Einbindung der bisherigen Vorstände gab es etwa zur gleichen Zeit in der causa *Tatarin-Tarnheyden*, dazu sogleich im Haupttext.

Auf den Rat von *Jellinek* hin[137] suchte *Jahrreiß* das persönliche Gespräch mit seinem Fakultätskollegen *Peters*, bei dem es ihm gelang, diesen umzustimmen.[138] Auch die übrigen kritischen Kollegen sollten in Einzelgesprächen von ihrer Linie abgebracht werden,[139] doch viele ließen sich nicht beirren, so etwa *Nawiasky*[140] oder *Hermann Mosler*[141].

Daraufhin überlegte der Vorstand hin und her, zählte mögliche Gegenstimmen,[142] sah aber keine Zeit mehr abzuwarten angesichts der Stellenchancen für *Huber*, deren Realisierung, wie erwähnt, von der Mitgliedschaft in der Vereinigung abhängig gemacht wurden[143]. Auch

[137] *Jahrreiß* hatte *Jellinek* (wohl auf der Tagung am 14. und 15.10.1954) gefragt, wer 1950 Einspruch erhoben habe. *Jellinek* ging mit Schreiben an *Jahrreiß* vom 18.10.1954 darauf ein (Archiv VDStRL, Ordner-Nr. 7, Reg.-Nr. H, Blatt 4): Wer widersprochen habe, wisse er nicht genau, da *Kaufmann* die Einsprüche entgegengenommen habe, jedenfalls aber *Laforet, v. Mangoldt, Merkl, Mirbt, Peters;* wohl auch *Abendroth, Brill, Laun, Nawiasky* und *Wengler.* Am schwierigsten werde *Peters* umzustimmen sein, den müsse sich *Jahrreiß* „persönlich vornehmen“; an *Merkl* könne man über *Adamovich* herantreten; von *Nawiasky* und *Wengler* erwarte er eine starre Haltung. „Ich empfehle Ihnen daher, an alle genannten Herren persönlich mit Engelszungen zu schreiben, damit bei dem offiziellen Rundschreiben an die Mitglieder [...] keine Schwierigkeit entsteht“.

[138] *Jahrreiß* berichtete *Jellinek* mit Schreiben vom 13.12.1954 (Archiv VDStRL, Ordner-Nr. 7, Reg.-Nr. H, Blatt 55): „Wegen Huber hatte ich mit Peters ein sehr befriedigendes Gespräch. Er will *nicht* widersprechen; damit dürfte eines der stärksten Hindernisse, wenn nicht *das* stärkste, genommen sein.“ *Jahrreiß* berichtete weiter, er kümmere sich auch um *Tatarin-Tarnheyden* und *Koellreutter.* Eine handschriftliche Notiz auf dem Brief gibt allerdings wieder, *Jahrreiß* müsse *Jellinek* noch einmal erinnern, dass auch Mitglieder, die nicht widersprechen, große Bedenken haben (damit war wohl *Peters* gemeint).

[139] *Schneider* an *Jahrreiß* vom 18.11.1954 (Archiv VDStRL, Ordner-Nr. 7, Reg.-Nr. H, Blatt 24): Er habe *Huber* in Freiburg besucht und über die Absicht des Vorstandes unterrichtet – *Huber* sei sehr erfreut und dankbar, einverstanden „mit der von den vereinigten Gesamtvorständen ins Auge gefaßten Art des Vorgehens.“ *Schneider* schlug dann Einzelverhandlungen mit *Peters, Nawiasky, Leibholz, Apelt* vor; *Grewe* könne Vermittler für *Leibholz* sein; *Nawiasky* umzustimmen sei hoffnungslos, aber ein „tolerari potest“ möglich; auch die Festlegungen der früheren Vorstände für *Huber* könne Eindruck machen. Allerdings gingen über den Inhalt des Beschlusses der Gesamtvorstände später die Meinungen auseinander: *Schneider* glaubte ein eindeutiges Plädoyer gehört zu haben, *Jahrreiß* meinte mit *Klein, Abendroth* habe sich keinesfalls für die Aufnahme von *Huber* ausgesprochen (s. Schreiben *Jahreiß* an *Schneider* vom 15.7.1955, Archiv VDStRL, Ordner-Nr. 7, Reg.-Nr. H, Blatt 226).

[140] *Maunz* versuchte *Nawiasky* umzustimmen, scheiterte aber. *Maunz* an *Jahrreiß* (Schreiben vom 5.7.1955, Archiv VDStRL, Ordner-Nr. 7, Reg.-Nr. H, Blatt 212) „Ich habe mir alle erdenkliche Mühe gegeben, ihn von seiner Stellungnahme gegen E.R. Huber anzubringen. Er erklärte am Schlusse doch wieder: ‚Ich bin dagegen.‘“ Allerdings drohe er nicht mehr damit, auszutreten; vielmehr erkenne er *Hubers* „vornehme zurückhaltende Haltung [...] seit 10 Jahren voll an“.

[141] *Schneider* an *Mosler* vom 27.6.1955 (Archiv VDStRL, Ordner-Nr. 7, Reg.-Nr. H, Blatt 202); *Mosler* weigerte sich: „Wer die Ordnung eines unseren wesentlichen Anschauungen konträren Regimes führend mitgestaltet hat, kann jetzt nicht in diesem Bereich lehren, ohne die Glaubwürdigkeit der Universität vor den Studenten zu gefährden. Dies ist der entscheidende Maßstab“ (Schreiben *Mosler* an *Schneider* vom 20.6.1955, Archiv VDStRL, Ordner-Nr. 7, Reg.-Nr. H, Blatt 200). Dagegen wandte *Schneider* ein, das sei ein Werturteil, das die Kultusverwaltung, nicht die Vereinigung treffen müsse; *Huber* lehre bereits seit vier Semestern als Lehrbeauftragter in Freiburg; § 2 der Satzung sage nichts von Werturteilen, sondern lasse alle Lehrenden gleichermaßen zu.

[142] *Jahrreiß* an *Schneider* vom 5.7.1955 (Archiv VDStRL, Ordner-Nr. 7, Reg.-Nr. H, Blatt 209): Es werde sicher mehr als fünf Einsprüche geben (*Apelt, Brill, Drath, Wilhelm Hoegner, Schlochauer, Schüle*).

[143] Schreiben *Klein* an *Jahrreiß* vom 7.7.1955 (Archiv VDStRL, Ordner-Nr. 7, Reg.-Nr. H, Blatt 218): *Jahrreiß* wollte offenbar an Ministerpräsidenten/Kultusverwaltungen schreiben, dass die Mitgliedschaft in der Vereinigung auf eine Stelle folge, nicht umgekehrt (vgl. Schreiben *Jahrreiß* an *Schneider* vom 5.7.1955, Archiv VDStRL, Ordner-Nr. 7, Reg.-Nr. H, Blatt 209).

Huber drängte jetzt erstmals.[144] Umgekehrt trieb den Vorstand weiterhin die Sorge vor der Spaltung um.[145] Am Ende entschied sich der Vorstand für ein Rundschreiben,[146] an dessen Formulierung lange gefeilt worden war.[147] Doch die Einsprüche gingen ein, wie vom Vorstand bereits befürchtet, und zwar von *Leibholz*[148], *Schlochauer*[149], *Merkl*[150], *Mosler*[151], *Helmut*

[144] S. Fn. 145.

[145] Schreiben *Jahrreiß* an *Nawiasky* vom 27.7.1955 (Archiv VDStRL, Ordner-Nr. 7, Reg.-Nr. H, Blatt 240) als „Erläuterung zum Rundschreiben", faktisch wohl als gewisse Drohung: „Es ist [...] damit zu rechnen, daß eine Diskussion der Frage den Zusammenhalt in der Vereinigung auf eine harte Probe stellen wird, und es mag Kollegen geben, die das Weiterdraußenbleiben Hubers nicht länger ertragen, wie es sicherlich Kollegen gibt, die den Eintritt Hubers als Zumutung empfinden." *Huber* wolle eine Entscheidung, *Tatarin-Tarnheyden* dagegen habe auf eine Entscheidung der Versammlung verzichtet (s. unten); Rücksicht müsse außerdem auf Kollegen aus Österreich und der Schweiz genommen werden. S. zur Sorge um ein Auseinanderbrechen der Vereinigung auch das Schreiben von *Köttgen* vom 13.9.1955 an *Jahrreiß* (Archiv VDStRL, Ordner-Nr. 7, Reg.-Nr. H, Blatt 283): „[I]ch sehe die Gefahr von Sezession in verschiedensten Richtung heraufziehen und würde dieses allerdings für eine Katastrophe halten, die um jeden Preis vermieden werden müsste. Ein dann schliesslich dreigeteiltes Deutschland können wir uns wirklich nicht mehr leisten." Man müsse die Satzung ändern: allein der akademische Status solle entscheidend sein. Eine Aufnahme sei keine moralische Qualifikation als *nihil obstat*.

[146] Rundschreiben 1/1955 vom 22.7.1955, Archiv VDStRL, Ordner-Nr. 4, Reg.-Nr. 33, Blatt 233: Die endgültige Fassung lautete: Der Vorstand habe mit den früheren Vorständen beraten und wolle eine Entscheidung; mehrere Mitglieder, die widersprochen hatten, seien befragt worden; *Huber* unterrichte wieder, habe zwar keinen Antrag gestellt, aber viele Mitglieder wollten ihn.

[147] *Jahrreiß* an *Schneider* vom 5.7.1955 (Archiv VDStRL, Ordner-Nr. 7, Reg.-Nr. H, Blatt 209): Der Vorstand dürfe nicht Partei ergreifen und sich nicht auf ehemalige Vorstände zu *Hubers* Gunsten berufen; stattdessen müsse er alles als „Wunsch der Mitglieder" im Rundschreiben formulieren; sollte es Einsprüche geben, solle *Huber* über *Forsthoff* gefragt werden, ob er eine Diskussion wolle.

[148] *Leibholz* an *Klein* vom 25.7.1955 (Archiv VDStRL, Ordner-Nr. 7, Reg.-Nr. H, Blatt 243): Es bedürfe einer „völlig eindeutigen objektiven Klärung", ob *Huber* noch zu seinen Ansichten stehe. „Denn es ist m. E. nicht möglich, daß in einer wissenschaftlichen Organisation wie der unsrifen [sic] auch nur möglicherweise von Mitgliedern Auffassungen vertreten werden können, die wegen ihres tendenziös politischen Gehalts für die Vereinigung kompromittierend wirken würden."

[149] *Klein* an *Jahrreiß* vom 7.8.1955 (Archiv VDStRL, Ordner-Nr. 7, Reg.-Nr. H, Blatt 254): auch *Schlochauer* erhebe Einspruch – die Einwendungen von 1949 gegen eine Aufnahme „beruhen auf grundsätzlichen Erwägungen, die auch jetzt noch gelten."

[150] *Merkl* an *Klein* vom 31.7.1955 (Archiv VDStRL, Ordner-Nr. 7, Reg.-Nr. H, Blatt 251): Sein Gewissen verpflichte ihn, Einspruch zu erheben, ein Irrtum sei möglich, aber nur ein gutgläubiger zu entschuldigen. „Herr E. R. Huber scheint mir leider diese Voraussetzung nicht zu erfüllen und daher für unsere Vereinigung [...] gegenüber dem Inland und Ausland [...] untragbar zu sein." Sein Werk „Verfassung des Grossdeutschen Reiches" habe das Hitlerreich und seine politische Ideologie mitgestaltet: Der Führerwille sei darin allein maßgeblich. „Angesichts einer derartigen Meinungsäußerung fragt man sich, wie Herr Huber mit gutem Gewissen die politische Grundeinstellung einer Vereinigung [...] teilen und gar repräsentieren" und das Gedankengut des Bonner Grundgesetzes überzeugend vermitteln kann: *Huber* sei ein anderer Fall als die, die mit innerem Vorbehalt das positive Recht gelehrt hätten; *Huber* habe außerdem Konzentrationslager „als eine wesenhafte und von ihm vorbehaltlos gebilligte Einrichtung des Reiches dargestellt." Die Grundwerte des Rechtsstaats könne er nicht vermitteln; er habe auch den Krieg des NS-Reiches gutgeheissen und sei moralisch verantwortlich zu machen. „Die Mitglieder der Vereinigung der Deutschen Staatsrechtslehrer würden sich vor dem deutschen Volke und anderen Völkern moralisch mitverantwortlich machen, wenn sie ihn als vollwertiges Mitglied in ihren Reihen aufnähmen." *Merkl* sandte am 2.8.1955 eine Durchschrift seines Schreibens an *Peters* und einige nicht näher genannte andere Mitglieder der Vereinigung, s. BArch. N 1220/67.

[151] Schreiben *Mosler* vom 2.8.1955 (Archiv VDStRL, Ordner-Nr. 7, Reg.-Nr. H, Blatt 247): Seine Gründe seien immer noch wie vormals genannt: „Ich tue dies nicht leichten Herzens, bin aber überzeugt, dass die Vereinigung, wenn sie die Staatsrechtswissenschaft nicht nur als wertfremde Rechtstech-

Ridder[152], *Brill*[153], *Ebers*[154] und *Schüle*[155]. Auch *Peters* kehrte wieder zu seinem alten Protest zurück,[156] während *Friesenhahn* sich nunmehr für eine Aufnahme *Hubers* aussprach.[157]

Die Gefahr der Spaltung der Vereinigung war nun real geworden. Was folgte, war das berühmte Schreiben *Smends*,[158] mit dem er dem amtierenden Vorstand den Rücken stärkte und die Stichworte nicht nur für das weitere Vorgehen lieferte, sondern das Selbstverständnis der Vereinigung bestimmen sollte, denn seine Worte wurden mit aller Gewissheit auf der bevorstehenden Mitgliederversammlung öffentlich gemacht:[159]

---

nik der öffentlichen Gewalt auffasst, ihrem Mitgliederkreis eine Grenze ziehen muss, die führende Juristen des national-sozialistischen Regimes ausschliesst.“

[152] Schreiben *Ridder* vom 18.8.1955 (Archiv VDStRL, Ordner-Nr. 7, Reg.-Nr. H, Blatt 264): Über Charakter und Zielsetzung der Vereinigung bestehe keine Einigkeit, auch nach sechs Jahren nicht: § 2 I und § 1 I der Satzung sprächen für eine berufsständische Zusammenfassung; § 1 III mache die VDStRL aber auch zum „Sprecher in grundlegenden politischen Entscheidungen“ – *Ridder* bat um Klärung über Charakter und Zielsetzung der Vereinigung anlässlich der Sache *Huber*; er würde seinen Einspruch zurücknehmen, wenn die Vereinigung rein berufsständisch zu charakterisieren sei. Dann behalte er sich aber eine „Entscheidung über mein persönliches Verhältnis zu der Vereinigung“ vor; wenn es sich bei der VDStRL auch um eine politische Vereinigung handele, sei ein Einspruch wichtig.

[153] Schreiben *Brill* an *Klein* vom 15.8.1955 (Archiv VDStRL, Ordner-Nr. 7, Reg.-Nr. H, Blatt 262): „Eine Begründung meines Einspruchs behalte ich mir vor, bin aber der Meinung, daß sie nach der Rolle, die Herr Huber literarisch während der nazistischen Diktatur gespielt hat, überflüssig sein sollte.“ (Randnotiz *Jahrreiß*: „das ist etwas zu einfach *gebrillt*“).

[154] Schreiben *Ebers* vom 6.8.1955 (Archiv VDStRL, Ordner-Nr. 7, Reg.-Nr. H, Blatt 260): Er teile die Meinung von *Merkl*; wenn *Huber* dieselbe Meinung wie früher vertrete, sei er (zur Bekleidung eines Lehrstuhls an einer deutschen Unversität) untauglich. Wenn er seine Meinung aus Opportunitätsgründen gewechselt habe, sei er unzuverlässig; jedenfalls sei *Huber* nicht aufzunehmen.

[155] Schreiben *Schüle* vom 13.8.1955 (Archiv VDStRL, Ordner-Nr. 7, Reg.-Nr. H, Blatt 257): *Huber* habe sich so exponiert, dass er für eine „Standesvertretung demokratischer Hochschullehrer“ untragbar sei; es gehe um das Ansehen der Vereinigung und deutscher Universitäten.

[156] S. sein Schreiben an *Jahrreiß* vom 5.8.1955, Archiv VDStRL, Ordner-Nr. 7, Reg.-Nr. H, Blatt 248: Er habe gemerkt, dass die Beurteilung *Hubers* nicht nur bei ihm, „sondern auch noch bei zahlreichen anderen Kollegen, auch über die Bundesgrenze hinaus, lebendig ist.“ (*Peters* spielt hierbei wohl auf *Merkl* an).

[157] Schreiben *Friesenhahn* an *Jahrreiß* vom 10.10.1955 (Archiv VDStRL, Ordner-Nr. 7, Reg.-Nr. H, Blatt 322): *Friesenhahn* war offenbar am 4.10. von *Jahrreiß* angeschrieben worden und meinte nun zum Prozedere, eine Aufnahme brauche eine Mehrheit der Mitgliederversammlung, nicht der Mitglieder; „Dass der Fall Huber uns so zerreißt, tut mir sehr leid. [...] Dass der Fall schwierig ist, ist sicher. Ich habe mich nach langem Schwanken für die Aufnahme entschieden, u. a. schon deswegen, weil in der Vereinigung von Anfang an Mitglieder sind, die die gleichen und schlimmere Dinge als Huber geschrieben haben, nur dass ihre Taten in Aufsätzen verborgen sind, während Huber seine Ansichten zu dem System zusammengefasst hat und damit nach aussen (sicher nicht innerhalb des Heiligtums!) zu einer Art Klassiker des nationalsozialistischen Staatsrechts geworden ist. Es ist für mich schon eine Frage der Gleichheit und Gerechtigkeit, dass man Huber nicht die Aufnahme verweigern kann, wenn so viele andere prominente und enragierte [sic] Vertreter des ns Staats- und Verwaltungsrechts bereits Mitglieder sind. Sonst hätte man die Weichen 1949 anders stellen müssen und der Vereinigung einen anderen Charakter geben müssen als sie vor 1933 hatte und 1949 wieder bekommen hat.“ (Randnotiz *Jahrreiß*: „in der Tat“). Für eine Aufnahme plädierte auch *Franz W. Jerusalem* mit Schreiben vom 25.7.1955 (Archiv VDStRL, Ordner-Nr. 7, Reg.-Nr. H, Blatt 238): „Unzweifelhaft gehörte Hr. Huber zu den Matadoren des Nationalsozialismus auf den Universitäten, neben Carl Schmitt und Koellreutter.“ Es sei aber nicht gerecht, dass *Koellreutter* dann nicht aufgenommen werde – darüber müsse man beraten; er persönlich denke, es sei Gras über die Sache gewachsen, er sei daher für die automatische Aufnahme der alten Mitglieder.

[158] Dazu schon *Stolleis*, Geschichte (Fn. 5), S. 85; nun auch *Christoph Schönberger*, in diesem Band, S. 23.

[159] Schreiben *Smend* vom 13.9.1955 (Archiv VDStRL, Ordner-Nr. 7, Reg.-Nr. H, Blatt 283): *Köttgen* habe ihm berichtet, *Jahrreiß* trage Sorge um das Zusammenbleiben der Vereinigung.

„Wir haben die Vereinigung seinerzeit unter einem gewissen Druck gegründet, nämlich angesichts eines von Stier-Somlo und Anderen betriebenen Planes einer republikanischen Staatsrechtslehrervereinigung. Eine solche Gründung hätte nicht die ‚reaktionären' Fachgenossen, sondern das Fach diskreditiert und damit das ohnehin so labile Weimarer Verfassungswerk noch zusätzlich in Frage gestellt. Sofern Triepels Gründungsinitiative sich gegen diesen Plan richtete, war er ‚verfassungstreuer', als der ‚republikanische' Gegenplan, und ich meine, dass das Hauptverdienst der Vereinigung von 1922 bis 1933 darin bestanden hat, die Fachgenossen als eine Arbeitsgemeinschaft zusammenzuhalten und damit der Staatsrechtswissenschaft (bei allen Gegensätzen unter ihren Vertretern) die Rolle einer verbindenden Autorität einigermassen zu bewahren. [...] Da wir aber keine Bekenntnisgemeinschaft, sondern nur eine lose Arbeitsgemeinschaft sind und sein können, so ist bei der anderseits umzweifelhaften [sic] Lebenswichtigkeit des Bestandes dieses Kreises, bei der Gefährlichkeit seiner Infragestellung gerade in heutiger Zeit, die Frage an die Dissentierenden erlaubt, ob ihre Berufspflicht hier nicht dahin geht, das Äusserste zur Erhaltung unserer Gemeinschaft beizutragen."

Aus alledem zog *Smend* den bemerkenswerten Schluss, im Geist der alten Vereinigung, die eine unpolitische reine Arbeitsgemeinschaft gewesen sei, hätten die Mitglieder eine moralische Verpflichtung, ihre Einsprüche zurückzunehmen.

Jahrreiß griff die Formulierung *Smends* dankbar auf und fühlte sich in seiner Diagnose der Lage von *Smend* bestätigt: Er sei in der Tat in großer Sorge über den Zusammenhalt der Vereinigung, doch wolle eine Mehrzahl die Vereinigung erhalten in *Smends* Sinne, als *„Arbeitsgemeinschaft"*, und ihre Wirkungskraft wachsen lassen. „Diese Auffassung vom Wesen und der Funktion der Vereinigung steht ganz im Einklang mit dem § 1 der Satzung."[160]

Abermals war es *Weber*, der zum energischen Handeln aufrief.[161] Im Folgenden wurde das Vorgehen auf der kommenden Mitgliederversammlung sorgsam geplant. So unterbreitete *Schneider Jahrreiß* einen minutiösen Vorschlag, wie er auf der Mitgliederversammlung vorgehen solle:[162] Begonnen werden solle zunächst mit einem ausführlichen Sachbericht, der die Sicht des Vorstandes sowie der früheren Vorstände wiedergeben sollte; die Bedenken der Einsprüche sollten sogleich mitgeteilt werden, um die Gegenargumente vorwegzunehmen; die Aufnahme oder Nichtaufnahme einer Persönlichkeit dürfe den Zusammenhalt der Vereinigung nicht stören. „Wir sind, wie Smend ganz richtig sagt, keine Bekenntnisgemeinschaft, sondern eine lose Arbeitsgemeinschaft. Der Bestand dieser Arbeitsgemeinschaft darf nicht in Frage gestellt werden." Die Freiheit der Kritik bleibe – mit diesem Argument solle den möglichen Austritten der Wind aus den Segeln genommen werden (und zwar von beiden Seiten, denn auch mit Austritten der *Huber*-Befürworter sei bei Ablehnung zu rechnen). „Die Drohung mit dem Austritt muß höflich aber bestimmt als unzulässige Pression von vornherein zurückgewiesen werden"

---

[160] Schreiben *Jahrreiß* vom 5.10.1955 (Archiv VDStRL, Ordner-Nr. 7, Reg.-Nr. H, Blatt 302). Aber: „Nun scheint man uns aber in eine ganz andere Richtung zwängen zu wollen." Die Bayerische Regierung und die Regierung in Baden-Württemberg würden die Mitgliedschaft als Stellen-Voraussetzung einstufen.

[161] *Werner Weber* an *Jahrreiß* vom 8.9.1955 (Archiv VDStRL, Ordner-Nr. 7, Reg.-Nr. H, Blatt 280): Sie müssten sich trotz starken Widerstands zu Abstimmung durchringen; er selbst würde mit *Köttgen* für *Huber* eintreten.

[162] *Schneider* an *Jahrreiß* vom 10.10.1955 (Archiv VDStRL, Ordner-Nr. 7, Reg.-Nr. H, Blatt 316).

(*Jahrreiß* am Rand: „nur nicht so forsch“); *Schneider* schlug weiter vor, das Wort an *Friesenhahn* als Fürsprecher zu geben, was freilich strategisch äußerst geschickt gewesen wäre, gehörte doch *Friesenhahn* ursprünglich den Kritikern an[163] (*Jahrreiß* wollte aber, so eine Randnotiz, zuerst *Merkl* als „schärfste[n]“ Opponenten sprechen lassen); dann als dritten Versöhnenden etwa *Ipsen*. „Auch er könnte im Sinne des Schreibens von Smend darauf hinweisen, daß wir eine Arbeitsgemeinschaft sind und keine Bekenntnisse ablegen sollen“. Die Debatte sollte möglichst abgekürzt werden; es sei „anzudeuten, daß gerade die jüngeren Herren, die sich womöglich erst nach dem Kriege habilitiert haben, sich nicht zum Richter über ältere Kollegen aufschwingen .... Es steht m. E. Herrn Ridder schlecht an, sich im Falle Huber maßgeblich zu äußern.“ (Randnotiz *Jahrreiß*: „geht wirklich nicht“). Für die Abstimmung bedürfe es der einfachen Mehrheit der Versammlung. Nach der Aufnahme sei ein Rundschreiben an die Kultusministerien zu verfassen.

Die Redeskizze von *Jahrreiß* für die Mitgliederversammlung am 13.10.1955 in Hamburg weist darauf hin, dass er in der Tat weitgehend *Schneiders* Rat folgte.[164] Stark machte er vor allem das *Smend'sche* Argument der Arbeitsgemeinschaft; auch habe *Huber* nunmehr eine ehrlich andere Meinung als früher und sich nach 1945 vorbildlich verhalten. Eine Aufnahme hätte im Übrigen auch keine Folgewirkung, vielmehr sei jeder Fall für sich zu beurteilen.

Das Protokoll gibt wieder, dass der Erste Vorsitzende zu *Huber* einen „ausführlichen Bericht“ über den Gang des Verfahrens, die Verquickung der Mitgliedschaft mit Fragen der Berufung, über die Gegen- und Für-Argumente erstattete und mitteilte, „daß der Ehrenpräsident der Vereinigung, Herr Thoma, die Aufnahme von Herrn Huber befürwortet.“ Dann fasst es knapp zusammen:[165] „Nach ausführlicher Diskussion, an der sich die Herren Merkl, Friesenhahn, Peters, Schüle, Dürig, Krüger, Partsch, Menzel, Giese, Ridder, Grewe und Kaufmann beteiligen und die damit endet, daß Herr Merkl erklärt, er habe sich nach dieser Diskussion entschlossen, seine Bedenken zurückzustellen, ergibt die geheime Abstimmung über den Aufnahmeantrag 34 ... Ja-Stimmen, 8 ... Nein-Stimmen und 2 ... weiße Zettel.“

---

[163] „Herr Friesenhahn ist gewiß unverdächtig, und andererseits kann er nicht als engerer Freund Hubers angesehen werden, so daß seine Meinung in diesem Falle besonders wichtig ist.“

[164] Archiv VDStRL, Ordner-Nr. 7, Reg.-Nr. H, Blatt 399: Grund der Erörterung sei ein „Schwebezustand seit Jahren. Innere Ruhe der Vereinigung.“ Zunächst Argumente der Gegner: Wenn noch für NS – geht nicht in Demokratie; wenn nicht mehr dafür – Opportunist; § 1 der Satzung: Vereinigung brauche in Öffentlichkeit Autorität; wirke über Grenzen hinaus; Konsequenz: „Carl Schmitt“ müsse auch hinein; Dann Argumente der Befürworter: Huber habe heute ehrlich andere Meinung; nach 1945 vorbildlich verhalten; keine Folgewirkung, jeder Fall für sich. „Smend, Thoma.“ (*Smend* hatte gesonderte Beurteilung jedes Falls in seinem Brief erwähnt); „Die Vereinigung muß Arbeitsgemeinschaft sein, Appell an alle. Smend. Thoma.“ (Verweis auf Blatt „290 Smend“ – Brief von Smend); Anlässe für den Vorstand: Drängen auf Klärung in der Vereinigung; Verfahren in Nürnberg und Freiburg: „Verkoppelung zurückgewiesen“; „Huber bittet, so oder so.“ *„Entschluß: Klärung jetzt.“ (dick unterstrichen);* dann auf der zweiten Seite die einzelnen Einwände aus den Einsprüchen ausführlich nach Namen aufgelistet.

[165] Niederschrift der Mitgliederversammlung vom 13.10.1955, Archiv VDStRL, Ordner-Nr. 6a, Reg.-Nr. 10.

Die „Arbeitsgemeinschaftler“ konnten hochzufrieden sein:[166] Auch *Huber* war nun Mitglied geworden.[167]

f) Edgar Tatarin-Tarnheyden, 2. Versuch

In der Zwischenzeit war *Tatarin-Tarnheyden* bei den Strafrechtlern 1954 als Gast mit Applaus begrüßt worden. Dies nahm *Schneider* zum Anlass, sich – gerade auch angesichts der zurückliegenden Gefangenschaft – für eine Aufnahme von *Tatarin-Tarnheyden* auszusprechen.[168]

Der Vorstand, der sich nicht noch einmal auf das Nichtwissen von *Tatarin-Tarnheydens* Vergangenheit berufen konnte, entschied sich für dasselbe Vorgehen wie im Fall von *Huber*: Das 9er-Gremium der alten Vorstände und des neuen Vorstands sollte die Angelegenheit vorbereiten. Es lässt sich unschwer vorstellen, wie *Jellinek* und *Kaufmann* im Kollegenkreis unter Druck gerieten, und tatsächlich gaben sie ihren Widerstand auf, obwohl für beide eine Mitgliedschaft *Tatarin-Tarnheydens* zuvor untragbar gewesen war.[169] Für den aktuellen Vorstand hatte sich die geschickte Strategie ausgezahlt: Er konnte nun vor die Vereinigung treten und mit dem Einverständnis sogar der beiden NS-Opfer *Jellinek* und *Kaufmann* werben. Diese hatten ihr Einverständnis immerhin an eine Bedingung geknüpft: *Tatarin-Tarnheyden* sollte seine Schrift „Einfluß des Judentums in Staatsrecht und Staatslehre“ offiziell bedauern.[170]

---

[166] Schreiben *Schneider* an *Jahrreiß* (nach der Tagung) vom 19.10.1955 (Archiv VDStRL, Ordner-Nr. 7, Reg.-Nr. H, Blatt 363): „Ich glaube, daß die glatte Erledigung der Aufnahmeangelegenheit Huber den Zusammenhalt unserer Vereinigung gestärkt hat. Ich erkenne dankbar und neidlos an, daß dies in erster Linie das Verdienst unseres Ersten Vorsitzenden gewesen ist.“ In diese Richtung auch *Forsthoff* an *Huber* vom 27.10.1955, BArch. N 1505/197: „es ging auf beiden Seiten sehr fair zu“: „Die Diskussion hatte das Niveau, das bei der Beratung solcher Themen überhaupt erreichbar ist“.

[167] S. Schreiben *Jahrreiß* an *Huber* vom 20.10.1955 (Archiv VDStRL, Ordner-Nr. 7, Reg.-Nr. H, Blatt 355) und die Antwort von *Huber* vom 31.10.1955 (Archiv VDStRL, Ordner-Nr. 7, Reg.-Nr. H, Blatt 372): „von Herzen danke ich Ihnen für die Mitteilung“ … „nehme ich mit Freude an“ … „Ihnen […] danke ich aufrichtig und herzlich für die Mühe, die Sie in dieser Sache auf sich genommen haben“.

[168] *Schneider* an *Jahrreiß* vom 28.6.1954 (Archiv VDStRL, Ordner-Nr. 5, Reg.-Nr. 11, Blatt 153): Der alte Widerspruch von *Jellinek* sei aber verständlich. Darin auch „Ich kann mir eigentlich kaum vorstellen, daß aus unseren Kreisen gegenüber einem Mann, der mehr als acht Jahre lang in sowjetischer Haft gehalten worden ist, noch Vorwürfe erhoben werden im Hinblick auf seine Veröffentlichungen während der nationalsozialistischen Zeit“.

[169] S. oben Fn. 72.

[170] S. Schreiben *Jahrreiß* an *Tatarin-Tarnheyden* vom 21.10.1954, Abschrift in BArch. N 1242/63: Der Vorstand habe gemeinsam mit den früheren Vorständen beraten und alle neun (!) hätten sich geeinigt, dass sie eine Aufnahme empfehlen würden. Es folgt die Passage über die im Haupttext genannte Bedingung. Die Einigung der neun, gerade auch unter Einschluss von *Jellinek* und *Kaufmann*, beruhe auf der „aufrichtigen Bereitschaft“, „Vergangenes abzuschließen und für die Zukunft zusammenzuarbeiten“; in einem Schreiben vom 30.10.1954 bedankte sich *Tatarin-Tarnheyden* bei *Jahrreiß*, der das Schreiben an *Jellinek* weiterleitete, Abschrift in BArch. N 1242/63.

Tatarin-Tarnheyden ‚widerrief',[171] so dass sich der Vorstand mit Rundschreiben vom 15. Dezember 1954 an die Vereinigung wenden konnte:[172] *Tatarin-Tarnheyden* habe diese Erklärung zu seiner Schrift „Einfluß des Judentums in Staatsrecht und Staatsrechtslehre", „wie er ausdrücklich sagt: gern" abgegeben und dabei „in bewegten Worten der Einstellung der Herren Kollegen Kaufmann und Jellinek gedacht." Die Mitgliedschaft solle ihm daher wieder angetragen werden. Der Vorstand ging wohl noch davon aus, dass sich die Vereinigung für eine Mitgliedschaft aussprechen würde.[173]

Und so sahen sich die „Grundgesetzler"[174] drei Monate nach ihren Einsprüchen gegen *Huber* abermals gezwungen, ihrem Protest Ausdruck zu verleihen. *Brill, Hoegner, Schlochauer, Mosler, Carlo Schmid, Drath* und *Schüle* erhoben Einspruch.[175] Unterdessen berieten die „Grundgesetzler" über ihre Strategie. Den striktesten Kurs verfolgte *Wengler,* der intern vorschlug, bei Aufnahme von *Tatarin-Tarnheyden* gemeinschaftlich auszutreten und eine Vereinigung demokratischer Staatsrechtslehrer zu gründen.[176] Diesen weitgehenden Schritt wollte *Brill* wiederum nicht mitgehen, der nur *Tatarin-Tarnheyden* ausgeschlossen wissen wollte.[177] *Wengler* zeigte sich enttäuscht: „Ich sehe jedenfalls keinen besonderen ‚Erfolg' darin, wenn Tatarin-Tarnheyden nicht aufgenommen werden sollte, und würde es für wichtiger halten, wenn die Diskussion um ihn Anlaß für eine reinliche Scheidung der Geister geben würde."[178]

Der massive Widerstand muss sich jedoch herumgesprochen haben. Der Punkt der Aufnahme *Tatarin-Tarnheyden* wurde auf der Mitgliederversammlung 1955 sofort vertagt. *Tatarin-Tarnheyden* sollte einer der Wenigen bleiben, die aufgrund ihrer NS-Belastung ausgeschlossen blieben.

g) Otto Koellreutter, Nachspiel

Jahrreiß suchte schließlich auch das Problem *Koellreutter* zu lösen. Voraussetzung hierfür war freilich, die alten Auseinandersetzungen mit *Kaufmann* und *Jellinek* zu bereinigen, weshalb *Jahrreiß Koellreutter* bat, seine Drohungen zurückzunehmen.[179] *Jellinek*

---

[171] Am 2.11.1954 schrieb *Jahrreiß* an *Jellinek*, er hoffe, die Erklärung von *Tatarin-Tarnheyden* befriedige ihn; ferner dankte er *Jellinek* auch in der „Sache Huber" für guten Rat und gab an, mit *Peters* sprechen zu wollen, BArch. N 1242/63. Die Erklärung *Tatarin-Tarnheydens* selbst liegt der Verfasserin dagegen nicht vor.

[172] Rundschreiben 2/1954 vom 15.12.1954, Archiv VDStRL, Ordner-Nr. 4, Reg.-Nr. 34.

[173] Schreiben *Schneider* an *Jahrreiß* vom 28.9.1954 (Archiv VDStRL, Ordner-Nr. 5, Reg.-Nr. 9, Blatt 264): „Ich hoffe, daß er [Tatarin-Tarnheyden] Verständnis dafür hat und uns durch seine Abwesenheit den Aufnahmebeschluß erleichtert. Ich glaube, daß sich eine große Mehrheit für die Aufnahme finden wird. Ob man den Herren Kaufmann und Jellinek zumuten soll, sich überstimmen zu lassen, oder ob man ihnen Gelegenheit gibt, der Verhandlung zu diesem Punkte der Tagesordnung fernzubleiben, könnten wir hier noch überlegen".

[174] S. zu diesem Begriff näher unten, Fn. 212.

[175] Schreiben *Jahrreiß* an *Klein* vom 30.1.1955, Archiv VDStRL, Ordner-Nr. 5, Reg.-Nr. 6, Blatt 109.

[176] Schreiben vom 7.1.1955 an *Brill*, BArch. N 1086/46a.

[177] Schreiben vom 4.2.1955 an *Wengler,* BArch. N 1086/46a.

[178] Antwort vom 16.2.1955, BArch. N 1086/46a.

[179] Vgl. Schreiben an *Klein* und *Schneider* vom 17.9.1954, Archiv VDStRL, Ordner-Nr. 5, Reg.-Nr. 9, Blatt 253.

habe ein „sehr besorgtes Leben" deswegen gehabt.[180] Doch *Koellreutter* dachte gar nicht daran, irgendetwas zurückzunehmen.[181] Der Vorstand ließ die Sache daher auf sich beruhen. So schrieb *Schneider* seinem Vorstandskollegen *Jahrreiß*: „Der Brief des Herrn Koellreutter [...] zeigt m. E. Spuren einer, milde ausgedrückt, Verwirrtheit". Er halte öffentliche Reden, dass der Nationalsozialismus bis 1938 Rechtsstaat gewesen sei und habe deswegen ein Auftrittsverbot in Rheinland-Pfalz: „Ich sehe also gar keine Veranlassung, unsere Vereinigung in diese Streitereien hineinzutreiben."[182] Und so ging auch die Mitgliederversammlung nach kurzem Bericht über die Vermittlungsversuche mit *Koellreutter* gleich zur Tagesordnung über.[183] Spätestens 1959 wurden die Bemühungen um *Koellreutter* endgültig aufgegeben – nach einem letzten Versöhnungsversuch von *Peters* gegenüber dem mittlerweile 75-Jährigen.[184]

h) Ernst Forsthoff, 2. Akt

Forsthoffs Belastung schien fast vergessen,[185] als ihn seine Vergangenheit Mitte der 1960er Jahre einholte und zur „Affäre Forsthoff"[186] führte. Ihm sollte zu jener Zeit nicht nur die Ehrendoktorwürde an der Universität Wien verliehen werden, sondern er sollte 1965 auch ein zweites Mal vor der Vereinigung referieren,[187] die sich in Basel treffen wollte. Inzwischen war eine jüngere Generation herangewachsen, die eine vertiefte Beschäftigung mit *Forsthoffs* Buch „Der totale Staat" in der Fassung von 1933 wagte, das in den Bibliotheken jahrelang im sog. Giftschrank verwahrt worden war[188]. Die geplante Verleihung der Ehrendoktorwürde in Wien rief zunächst dort einen Presseskandal hervor, der dann von der Schweizer Presse aufgegriffen wurde.[189] Daraufhin wandten sich die beiden Basler Kollegen *Max Imboden* und *Kurt Eichenberger* an *Werner Weber*, den damaligen Vorsitzenden, mit der Bitte, *Forsthoff* als Referenten zu ersetzen; andernfalls sehe man sich gezwungen, die Einladung aus Basel zurückzuziehen angesichts des zu erwartenden öffentlichen Aufschreis in der Schweiz.[190] Es waren Ausführungen *Forst-*

[180] *Jahrreiß* an *Ipsen* vom 5.7.1955, Archiv VDStRL, Ordner-Nr. 8c, Reg.-Nr. K, Blatt 206.

[181] Vgl. *Jahrreiß* an *Klein* vom 30.1.1955, Archiv VDStRL, Ordner-Nr. 5, Reg.-Nr. 6, Blatt 109.

[182] Schreiben vom 28.9.1954, Archiv VDStRL, Ordner-Nr. 5, Reg.-Nr. 9, Blatt 264.

[183] Brief *Jahrreiß* an *Koellreutter* vom 9.12.1955, Archiv VDStRL, Ordner-Nr. 8c, Reg.-Nr. K, Blatt 416; Niederschrift über die Mitgliederversammlung vom 14.10.1955, Archiv VDStRL, Ordner-Nr. 3, Reg.-Nr. 6, Ziffer II.3.

[184] S. die zahlreiche Korrespondenz zwischen *Peters* und *Koellreutter* in Archiv VDStRL, Ordner-Nr. 8c, Reg.-Nr. K.

[185] S. aber *Peter Schneider*, Prinzipien der Verfassungsinterpretation, VVDStRL 20 (1961), S. 3 Fn. 7, der klar Stellung gegen *Forsthoffs* Schriften im NS bezog. S. *John Philipp Thurn*, Welcher Sozialstaat?, 2013, S. 124f.

[186] *Max Imboden*, Überschrift zu Tagebucheinträgen ab dem 30.3.1965, zit. nach den von *A. Kley* besorgten Auszügen aus dessen Tagebüchern; zum Konflikt s. auch die Zusammenfassung von *Reinhard* und *Dorothee Mußgnug*, Einleitung, in: Mußgnug/Mußgnug/Reinthal (Hrsg.), Briefwechsel Ernst Forsthoff Carl Schmitt (1926–1974), 2007, S. 26ff.

[187] *Florian Meinel*, Der Jurist in der industriellen Gesellschaft, 2011, S. 409.

[188] Mündlicher Erfahrungsbericht von *Dieter Simon* über die Situation in Heidelberg Mitte der 1950er Jahre gegenüber der Verfasserin.

[189] Dazu *Günther*, Denken (Fn. 35), S. 218; *Kley*, Schweiz (Fn. 52), S. 223.

[190] *Max Imboden*, Tagebucheintrag vom 10.5.1965, zit. nach den von A. Kley besorgten Auszügen aus dessen Tagebüchern, vgl. Archiv VDStRL, Ordner-Nr. 15, Reg.-Nr. 2.

hoffs wie: „Darum wurde der Jude, ohne Rücksicht auf guten oder schlechten Glauben und wohlmeinende oder böswillige Gesinnung zum Feind und musste als solcher unschädlich gemacht werden.", die die Schweizer Kollegen mit Entsetzen studierten und die unter kritischen Mitgliedern der Vereinigung herumgereicht wurden.[191]

Forsthoff sagte sein Referat tatsächlich ab, doch wurde mit Rundschreiben vom 31.5.1965 die Verlegung der Tagung nach Würzburg verkündet;[192] dennoch erklärte *Forsthoff* seinen Austritt aus der Vereinigung wegen fehlender Solidarität;[193] seine Schüler dachten über einen Sympathiestreik für ihn nach und es stand einmal mehr die Spaltung der Vereinigung im Raum; *Krüger, Friesenhahn* und *Scheuner* vermittelten.[194] Doch *Forsthoff* sollte sich erneut durchsetzen. So heißt es in der Niederschrift der Mitgliederversammlung von 1967 in Frankfurt a. M.: Ohne Debatte und auf Antrag von *Scheuner* beschloss die Versammlung einstimmig [!], *Forsthoff* zu bitten, „in Würdigung seiner wissenschaftlichen Leistungen" „seine Zugehörigkeit" zur Vereinigung „zu erneuern".[195] Dieser kam der Bitte nach. Die Vereinigung hatte sich abermals für einen ‚Schlussstrich' gegenüber Fehlverhalten im Nationalsozialismus entschieden.

5. Umgang mit Kollegen aus der Sowjetischen Besatzungszone und der DDR

Freilich musste sich die Vereinigung auch zu der Frage verhalten, wie mit Kollegen aus der Sowjetischen Besatzungszone und später der DDR verfahren werden sollte. Tatsächlich kam es nur in ganz wenigen Fällen zum Schwure, denn die allermeisten Kollegen waren noch in den 1940er Jahren an Universitäten im Westen gewechselt. Beispielhaft: *Peters* verließ 1949 die Humboldt-Universität und ging an die Universität Köln, sein Fakultätskollege *Wengler* im gleichen Jahr an die Freie Universität.[196] *Drath* verließ Jena 1948 und lehrte ab 1949 an der Freien Universität in Berlin[197], *Abendroth*, ein NS-Opfer und Sozialdemokrat, war zunächst 1947/48 in Halle, Leipzig und Jena und wurde dort im Oktober 1948 Professor, floh aber schon im Dezember 1948 nach Westberlin. Im Westen

---

[191] Der Tagebucheintrag von *Imboden* vom 8.5.1965 zitiert diese Passage aus dem „totalen Staat", S. 39, wörtlich. Zu weiteren Aspekten dieses Buches s. *Walter Pauly*, Die deutsche Staatsrechtslehre in der Zeit des Nationalsozialismus, VVDStRL 60 (2001), S. 73 (80 ff.).

[192] Auf Schweizer Seite störte man sich an der Art und Weise der Verlegung und an dem Vorwurf, man hätte gegen *Forsthoff* als Referenten früher Einspruch einlegen sollen; *Imboden* notiert, *Werner Weber* habe mit „der ihm eigenen Brutalität" und Promptheit gehandelt, s. Tagebucheintrag vom 2.6.1965; auch *Friesenhahn* wird, trotz eines eigentlich guten Verhältnisses, Unverständnis vorgeworfen, s. Tagebucheintrag vom 18.7.1965, zit. nach den von *A. Kley* besorgten Auszügen aus *Imbodens* Tagebüchern.

[193] S. die Darstellung der persönlichen Kränkung von *Forsthoff* bei *Karl Doehring*, Ernst Forsthoff als Hochschullehrer, Kollege und Freund, in: Blümel/Doehring/Klein (Hrsg.), Ernst Forsthoff, 2003, S. 9 (15).

[194] *Günther*, Denken (Fn. 35), S. 218 f. m. w. N.; dort auch Einordnung der causa *Forsthoff* als „Ausnahmeerscheinung" der 60er Jahre.

[195] Niederschrift der Mitgliederversammlung vom 6.10.1967, Punkt 12, Archiv VDStRL, Ordner-Nr. 3, Reg.-Nr. 18.

[196] *Stolleis*, Geschichte (Fn. 5), S. 106.

[197] *Stolleis*, Geschichte (Fn. 5), S. 109.

erhielt er keine Professur für Staatsrecht mehr, sondern für Politikwissenschaft.[198] *Hermann Mirbt* war ab 1947 in Halle tätig und floh 1950 nach Westberlin.[199] Von den Kollegen, die bereits in der Weimarer Zeit Mitglied der Vereinigung gewesen waren, blieb allein *Jacobi* in der SBZ, nämlich in Leipzig[200] – und er war von vornherein Mitglied der neugegründeten Vereinigung und besuchte die jährlichen Tagungen noch bis in die 1950er Jahre. Doch sorgten zwei Fälle in der Vereinigung für Aufsehen:

Der wohl prominenteste Fall war derjenige von *Peter Alfons Steiniger*. Er war Assistent von *Peters* an der Humboldt-Universität gewesen und hatte sich dort 1947 habilitiert mit einer Arbeit zum Blocksystem. Er war nicht nur loyales SED-Mitglied, sondern bekleidete auch zahlreiche Ämter an der Juristischen Fakultät, die ihn nach der Habilitation sogleich als Professor berufen hatte, sowie auf staatlicher Ebene.[201] Sein Lehrer *Peters* beantragte, zusammen mit *Abendroth* und *Jacobi*, *Steiningers* Aufnahme. Während *Jellinek*, auch in dieser Frage weich und integrativ, keine Bedenken gegen eine Aufnahme hatte[202] und sich sogar für *Steininger* verwandte, „schon um der Einheit von Ost und West willen",[203] bestanden bei vielen Mitgliedern große Bedenken. Zunächst war *Weber* peinlich darauf bedacht, sich als Vorstand den Aufnahmeantrag nicht zu eigen zu machen, sondern diesen ohne Stellungnahme des Vorstands den Mitgliedern zuzuleiten.[204]

Auf das entsprechende Rundschreiben vom 8.12.1949 hin gingen zahlreiche Einsprüche ein. Bemerkenswert ist freilich die Art der Argumentation, die sich paradigmatisch an den Ausführungen des *Koellreutter*-Schülers *Ule* zeigen lässt: Solange *Huber*, *Schmitt* und *Koellreutter* aus politischen Gründen nicht aufgenommen würden, komme auch eine Mitgliedschaft *Steiningers* nicht in Betracht.[205] Einsprüche von *Hans Schneider* (16.12.1949), *Schoenborn* (17.12.), *Schüle* (13.12.) sowie *Mirbt*[206] folgten. Auf der Mitgliederversammlung in München im Oktober 1950 mussten *Peters* und *Abendroth* ihren Antrag schließlich zurücknehmen. Der Antrag *Scheuners*, die Sache zu vertagen, wurde angenommen.[207] Ebenso wurde verfahren mit *Karl Polak*, „da beide [scil.: Steininger und Polak] in ihren Veröffentlichungen einen Standpunkt einnehmen, der sich mit den deutschen Belangen unmöglich vereinigen lässt, insbesondere in der endgültigen Festlegung der Oder-Neisse-Linie".[208]

---

198 *Stolleis*, Geschichte (Fn. 5), S. 109.

199 *Stolleis*, Geschichte III (Fn. 20), S. 269 Fn. 149, und *ders.*, Geschichte (Fn. 5), S. 108.

200 *Bernd Rüthers*, Schwierigkeiten mit der Geschichte? JZ 2001, S. 181 (182 f.); *Stolleis*, Geschichte (Fn. 5), S. 113.

201 S. zu Person und Werk *Steiningers* im Einzelnen *Stolleis*, Geschichte (Fn. 5), S. 107 f.

202 Schreiben *Jellinek* an *Kaufmann* vom 14.11.1949, BArch. N. 1242/64.

203 Schreiben *Jellinek* an *Weber* vom 15.11.1949, BArch. N 1242/64.

204 Schreiben *Weber* an *Jellinek* vom 20.11.1949, BArch. N 1242/64; so auch in weiterem Schreiben vom 26.11.1949, BArch. N. 1242/64. *Kaufmann* antwortete *Jellinek* und *Weber* am 1.12.1949, es sei ihm recht, wenn der Antrag persönlich von *Jellinek* und ihm ausgehe und nicht als ein Vorschlag des Vorstandes gelte, BArch. N 1242/64.

205 Schreiben *Ule* an *Kaufmann* vom 13.12.1949, Abschrift in BArch. N 1242/64.

206 Abschriften dieser vier Einsprüche befinden sich in BArch. N 1242/62; der Einspruch von *Mirbt* ist undatiert.

207 Niederschrift der Mitgliederversammlung vom 20.10.1950, Ziffer I, Archiv VDStRL, Ordner-Nr. 2, Reg.-Nr. 6.1.

208 Schreiben *Helfritz* an *Jellinek* vom 21.9.1949, Archiv VDStRL, Ordner-Nr. 2, Reg.-Nr. 2d. Auch

6. Umgang mit Emigranten

So „integrativ“ sich die Vereinigung zeigte, wenn es um die Aufnahme von NS-Belasteten ging, so wenig integrativ war sie im Hinblick auf die Emigranten, die nach 1945 zunächst nicht zurückgekehrt waren. Tatsächlich waren diese Emigranten wie *Kelsen* zur ersten Tagung und auch später nicht eingeladen worden. Doch diese Leerstelle schien ernsthaft nur *Wengler* gestört zu haben, der sich bei *Jellinek* beschwerte und an *Kelsen*, *Karl Loewenstein* und *John Herz* erinnerte.[209] Seine Beschwerde zeitigte jedoch keine Wirkung. Erst 1961 konnte man sich dazu durchringen, *Kelsen* ein Glückwunschtelegramm zu übermitteln.[210]

III. Die Vereinigung aus wissenschaftssoziologischer Sicht: „Grundgesetzler“ versus „Arbeitsgemeinschaftler“

Die Vereinigung in den 1950er und 60er-Jahren ist aus wissenschaftshistorischer und -soziologischer Sicht bereits intensiv analysiert worden. Im Zentrum der Forschung steht der Streit zwischen der *Schmitt*- und der *Smend*-Schule, die das Öffentliche Recht in den ersten beiden Jahrzehnten der Bundesrepublik geprägt haben.[211] Die hier gewählte Fragestellung – „demokratische“ oder „politisch neutrale“ Staatsrechtslehre – hat indes (zunächst) eine völlig andere Lagerbildung aufgedeckt. Dem Lager, das dezidiert für eine am Ideal demokratischer Erneuerung ausgerichtete Vereinigung kämpfte (im weiteren „Grundgesetzler“[212]), stand das Lager derjenigen gegenüber, die – vorgeblich – für eine politische Neutralität der Vereinigung eintraten (im weiteren „Arbeitsgemeinschaftler“). Wer also waren diejenigen, die stets Einspruch erhoben und ernsthaft mit der Gründung einer demokratischen Staatsrechtslehrervereinigung drohten? Und wer bildete den Kern des anderen Lagers?

Zunächst ist auffällig, dass die „Grundgesetzler“ verschiedenen politischen Lagern angehörten. In ihrer Kritik an der Aufnahme ehemaliger dezidierter Nationalsozialisten finden sie als Christdemokraten (*Peters*; mit Abstrichen der selbst nicht unbelastete *v. Mangoldt*, *Laforet*, *Walter Strauß* [aber kein Mitglied der Vereinigung]) und Sozialdemokraten (*Abendroth*, *Brill*, *Drath*, *Schmid*, *Hoegner*, *Ridder*, mit Sympathien wohl auch *Wengler*) zusammen. Hinzu treten mit *Nawiasky* und *Merkl* zwei (österreichische) Ver-

---

Elfried Härle wurde nicht aufgenommen, s. dazu das bzgl. *Härle* sehr kritische Schreiben von *Scheuner* an *Jahrreiß* vom 10.7.1955, schon *vor* einem Aufnahmegesuch *Härles*, Archiv VDStRL, Ordner-Nr. 8c, Reg.-Nr. Härle.

209 Schreiben *Wengler* an *Jellinek* vom 28.12.1949, BArch. N 1242/62.

210 Rundschreiben 7/1961 vom 30.10.1961, Ziffer 7, Archiv VDStRL, Ordner-Nr. 4, Reg.-Nr. 1.

211 Grundlegend *Günther*, Denken (Fn. 35).

212 Der Begriff „Grundgesetzler“ ist ein zeitgenössischer, er stammt von *Carl Schmitt* (Eintrag vom 23.7.1949, in: Giesler/Tielke (Hrsg.), Carl Schmitt. Glossarium. Aufzeichnungen aus den Jahren 1947 bis 1958, 2015, Buch III, S. 197), war negativ konnotiert und richtete sich gerade gegen *Peters*, *Friesenhahn* u. a., die sich dezidiert mit dem Grundgesetz identifizierten. Hier wird diese Gruppenbezeichnung freilich positiv verstanden. S. auch *Stolleis*, Geschichte (Fn. 5), S. 129.

treter der „alten Garde“ (wobei der in München lehrende *Nawiasky* als Vertrauter von *Hoegner* am Herrenchiemseer Konvent mitwirkte und gut auch als „Grundgesetzler“ zählen kann), mit *Friesenhahn* und *Leibholz* (neben dem bereits erwähnten *Drath*) zwei (weitere) amtierende Verfassungsrichter, mit *Mosler* und *Schlochauer* zwei politisch sehr gut vernetzte Völkerrechtler sowie mit *Otto Bachof* und *Günter Dürig* zwei jüngere Staatsrechtslehrer, die sich erst nach dem Krieg habilitiert hatten. Damit eint die „Grundgesetzler“ weniger die politische oder generationelle Sozialisation als ihr Verantwortungsbewusstsein für die neue Verfassungsordnung, das sich häufig in der (zeitweiligen) Übernahme von Ämtern in Parteien, Verwaltung oder Rechtsprechung ausdrückte (ob nun als Verfassungsrichter, Rechtsberater oder Parteifunktionär).[213] Als der entschiedenste Kritiker kann dabei *Peters* gelten.[214] Als Mitglied des Kreisauer Kreises und bekennender Katholik hatte er im Nationalsozialismus wohl als einziger damaliger Staatsrechtslehrer aktiv Widerstand geleistet,[215] so dass man sich seine Irritationen vorstellen kann, als im NS schwer Belastete in die Vereinigung wieder aufgenommen wurden oder werden sollten.

Die „Grundgesetzler“ nahmen sich, ungeachtet ihrer politischen Differenzen, als ein Lager wahr. So versandten sie, wie erwähnt, Einsprüche gegen *Huber* und *Koellreutter* sofort an einige Vertraute, warben gegenseitig für die Übernahme von Vorstandsposten und koordinierten ihr Vorgehen.[216] Sie wurden auch durchaus als neuer Block kritisch wahrgenommen. So beklagte die Gegenseite die „politische Stigmatisierung“. Aus „der früher vornehmen gesellschaftlichen Organisation der Vereinigung [solle] ein politischer Verein mit den Allüren der Vereinsmeierei gemacht werden“. Das „demokratische Misstrauen“ aber sei eine Gefahr für „die künftige Wirksamkeit der Vereinigung“.[217]

---

[213] Beispielhaft: In der Politik engagiert waren *Brill*, *Laforet*, *von Mangoldt* und *Hoegner*, hohe Regierungsbeamte waren *Mosler* und *Strauß*, Richter am BVerfG waren *Drath*, *Friesenhahn* und *Leibholz*, Richter an Staatsgerichtshöfen bzw. Verwaltungsgerichtshöfen der Länder *Abendroth*, *Dürig*, *Schlochauer* und *von Mangoldt*.

[214] S. bereits die zeitgenössische Einschätzung von *Jellinek* in seinem Brief an *Jahrreiß*, Fn. 137.

[215] *Levin von Trott zu Solz*, Hans Peters und der Kreisauer Kreis, 1997, S. 151 ff.; *Grigoleit/Kersten*, Hans Peters (Fn. 78), S. 365.

[216] Dies lässt sich an der causa *Huber* und *Koellreutter* illustrieren: *Nawiasky* teilte *Peters* am 25.5.1950 mit, dass er gegen die Aufnahmeanträge von *Huber* und *Koellreutter* Einspruch erhebe und sich freuen würde, wenn sich *Peters* und andere ihm nahestehende Kollegen anschließen würden (BArch. N 1220/70). *Peters* wiederum schickte am 2.6.1950 einen Rundbrief an nach eigener Aussage 15–20 Kollegen (s. Fn. 82) und forderte zum Handeln auf. *Leibholz* wiederum wandte sich an *Walter Strauß* im Justizministerium (so *Strauß* an *v. Mangoldt*, 28.6.1950, BArch. N 1156/4); *Strauß* indes hatte schon mit *Schlochauer* und *Laforet* gesprochen (s. Schreiben an v. *Mangoldt* vom 24.5. und 28.6.1950, BArch. N 1156/4). Am 6.6.1950 bat *Abendroth Peters* um Unterstützung bei Einsprüchen gegen *Huber* und *Koellreutter* (BArch. N 1220/81).

In der causa *Tatarin-Tarnheyden* lässt sich eine ähnliche Form der Koordination beobachten: *Brill* legte Einspruch gegen die Aufnahme von *Tatarin-Tarnheyden* ein und informierte *Peters* am 6.1.1950 darüber (BArch. N 1220/81). Auch 1955 informierte er Kollegen über seinen Einspruch gegen *Tatarin-Tarnheyden* vom 6.1.1955, so *Drath*, *Glum*, *Abendroth*, *Peters*, *Armbruster*, *Hoegner* (BArch. N 1086/46a).

[217] *Helfritz* an *Kaufmann*, in Durchschrift an *Jellinek*, 26.10.1949. Das Schreiben bezieht sich primär auf bzw. gegen *Brill* (BArch. N 1242/65).

In der Tat – und das erscheint zentral – ging es den „Grundgesetzlern“ nur sekundär um Personen, sondern in erster Linie um die Ziele der Vereinigung. So fragte *Peters* rhetorisch in seinem Rundschreiben an 15–20 Kollegen und Mitglieder, ob die Vereinigung den Staat demokratisch mitaufbauen oder zu einem ständisch-restaurativen Versorgungsverein werden wolle?[218] Und so wandten sich die „Grundgesetzler“ denn auch nicht pauschal gegen die Aufnahme sämtlicher Personen, die während des sog. Dritten Reiches nationalsozialistisch publiziert hatten, sondern suchten sich sehr bewusst die Schlachten aus, die sie zu schlagen bereit waren; teilweise mögen auch persönlich-kollegiale Nähebeziehungen sowie Fehleinschätzungen dazu geführt haben, von Einsprüchen oder Kritik abzusehen.[219]

Den „Grundgesetzlern“ gegenüber standen als „Arbeitsgemeinschaftler“ zunächst Freunde, Schüler und Unterstützer von *Schmitt*, die sich selbst als Außenseiter stilisierten und die Gegenseite spöttisch als „Innenseiter“ titulierten,[220] aber auch Nachwuchskräfte wie *Rolf Stödter*, freilich selbst belastet. Hinzu kamen Gefolgsleute anderer Ausgeschlossener wie *Ule*, der für seinen akademischen Lehrer *Koellreutter* eintrat. Soweit Angehörige dieser Seite bereits (wieder) Mitglied in der Vereinigung waren, hatten sie folgerichtig auch gegen § 2 in seiner ursprünglichen Form protestiert.[221] Entscheidend aber ist, dass sich auch der Kreis um *Rudolf Smend* den „Arbeitsgemeinschaftlern“ nicht nur anschloss, sondern ihre Ziele auch nachhaltig unterstützte.[222]

Das Gründungskomitee nahm eine ambivalente Zwischenstellung ein: *Helfritz* als überzeugter Monarchist hatte gar selbst die Änderung von § 2 angestoßen.[223] Auch *Kaufmann* wandte sich ernsthaft nur gegen *Schmitt* und *Tatarin-Tarnheyden* und damit gegen diejenigen, die ihn persönlich vertrieben hatten.[224] Eine Schlüsselstellung kam damit dem NS-Opfer *Jellinek* zu, dem es einerseits um Versöhnung gegangen sein mochte,[225] dessen Position in der wissenschaftlichen Gemeinschaft aber vielleicht auch zu schwach war, um sich durchzusetzen;[226] so musste er seine eigene Position Stück für Stück aufgeben. Letztlich war er aber auch nicht bereit, einen Kampf wirklich durchzufechten,[227] sondern versuchte es allen Seiten recht zu machen, was ihm wiederum die harsche Kritik

218 Schreiben vom 2.6.1950, Archiv VDStRL, Ordner-Nr. 2, Reg.-Nr. 5.1.

219 So korrespondierte *Peters* bspw. mit *Maunz* durchaus freundschaftlich, s. die Korrespondenz in BArch. N 1220/66, und unterstützte ihn nach 1945 durch Einladungen und Empfehlungen. Allerdings ging *Peters* fälschlicherweise von einer nur geringen Belastung von *Maunz* aus. *Peters* wollte nach 1945 umgekehrt *Scheuner* trotz dessen Bitte nicht mit einem Entlastungsschreiben unterstützen, s. Anfrage vom 25.1.1946 und daraufhin Schreiben vom 3.5.1946 (BArch. N 1220/77). *Nawiasky* setzte sich für *Johannes Heckel* und *Theodor Maunz* ein (so *Günther*, Denken (Fn. 35), S. 68 mit Fn. 31).

220 Nachweis bei *Stolleis*, Geschichte (Fn. 5), S. 41 mit Fn. 117.

221 So insb. *Werner Weber*, aber auch *Ipsen* und *Stödter*, dazu oben Haupttext mit Fn. 31 und 33.

222 S.o. Fn. 159.

223 S. insb. das in Fn. 38 genannte Schreiben an *Jellinek*.

224 S.o. Fn. 72 und 169.

225 So jedenfalls *Jellinek* an *Peters* vom 25.9.1950: Versöhnung von alt und neu sei wünschenswert, aber man müsse Grenzen ziehen, damit nicht die Vereinigung auffliege, BArch. N 1242/65.

226 S. etwa das Schreiben von *Jellinek* an *Weber*, 21.8.1950: „Wer hätte gedacht, daß man im Vorstand der Vereinigung der Deutschen Staatsrechtslehrer so viele Scherereien haben würde wie wir“ (BArch. N 1242/64); an andere Stelle sprich er vom „Kreuzfeuer“, in dem der Vorstand sich befinde, s. o. Fn. 95.

227 Beispielhaft: *Jellinek* wehrte sich in einem Schreiben vom 1.11.1951 an *Schwinge*, dem er die Mit-

der „Grundgesetzler“ einbrachte.[228] Schließlich war es *Weber*, Vorstandsmitglied seit 1949 und dem Kreis um *Schmitt* zugehörig, der strategisch agierte und die Mitgliedschaft von *Huber* geschickt einfädelte.

Es war allerdings eine große Stärke der Vereinigung, in den Vorständen, aber auch bei den Referaten beide Seiten zusammenzubringen. So waren die „Grundgesetzler“ stets eingebunden: *Abendroth* wurde 1951 Vorstand[229],[230] *Peters* referierte 1952 und wurde 1957 als Vorsitzender gewählt; zu erwähnen sind in diesem Zusammenhang auch die Referate von *Drath*, *Ridder* und *Friesenhahn*.

Bemerkenswert aus heutiger Sicht erscheint der Umstand, dass die Kontroverse zwischen den (noch) herrschenden „Arbeitsgemeinschaftlern“ und den „Grundgesetzlern“ in der Vereinigung allmählich durch den Streit zwischen der *Schmitt*- und der *Smend*-Schule überlagert wurde.[231] Als Zäsur kann die Publikation der Festschrift für *Carl Schmitt* 1959 gelten.[232] Doch handelt es sich nur vermeintlich um eine neue Konfliktlinie. Bei näherem Hinsehen rückte die jüngere *Smend*-Schule (insbesondere *Konrad Hesse* und *Horst Ehmke*) in die Position der „Grundgesetzler“ ein,[233] während die *Schmitt*-Schule sich immer mehr in ihre überkommenen Positionen verbiss und der anderen Seite nicht verzeihen mochte, dass sie sich allmählich die Position der „Grundgesetzler“ zu eigen gemacht hatte.[234] *Smend* war inzwischen zum „Hausgott“ des Bundesverfassungsgerichts mutiert.[235] Dabei arbeitete die Zeit freilich für die „Grundgesetzler“: Schon durch die gewaltige Neuaufnahme von Mitgliedern, die nach dem Krieg sozialisiert wor-

---

gliedschaft antrug, gegen die Behauptung, er habe sich aus persönlichen oder politischen Gründen gegen eine Aufnahme von *Schwinge* ausgesprochen, BArch. N 1242/65.

228 *Merkl* im Schreiben an *Peters* vom 12.1.1950: *Jellinek* zeige „christliche[…] Nächstenliebe, fast hätte ich gesagt: Naziliebe“, BArch. N 1220/67.

229 *Abendroth* war sich seiner Rolle als Aushängeschild der Vereinigung gerade gegenüber dem Ausland sehr bewusst: „Ich wurde in den Vorstand gewählt, weil man wusste, daß ich im Dritten Reich nicht dabeigewesen war, daß ich im Zuchthaus gesessen hatte. Man konnte mich also den Juristenvereinigungen im Ausland vorweisen.“ (*Wolfgang Abendroth*, Ein Leben in der Arbeiterbewegung, Gespräche, aufgezeichnet und herausgegeben von Barbara Dietrich und Joachim Perels, 1976, S. 213).

Der Einfluss der „Grundgesetzler“ blieb aber gerade in der Anfangszeit beschränkt: *Abendroth* versuchte im Vorstand des Jahres 1953 *Ridder* durchzusetzen, scheiterte mit diesem Ansinnen aber, da *Ridder* mit einem Gutachten für den Juristentag für einen Eklat gesorgt hatte (*Günther*, Denken (Fn. 35), S. 75).

230 Zum großen Bedauern der Gegenseite: So berichtet *Forsthoff* an *Huber*, 2.11.1951, BArch. N 1505/197, *Schwinge* seit entsetzt über *Abendroth* im Vorstand.

231 Dieser Schulenstreit ist bereits hervorragend aufgearbeitet worden durch *Günther*, Denken (Fn. 35), und kann daher im vorliegenden Beitrag kursorisch behandelt werden.

232 Festschrift für Carl Schmitt, herausgegeben von Hans Barion, Ernst Forsthoff und Werner Weber, 1959.

233 S. den bemerkenswerten letzten Satz des Schlusswortes nach der Aussprache von *Ehmke*, VVDStRL 20 (1963), S. 133: „Darum gestatten Sie mir zum Schluß die Frage, ob sich nicht auch unsere Vereinigung als mehr verstehen muß als nur eine Art ‚Berufsvereinigung', nämlich auch als einen möglichen institutionellen Ansatzpunkt für das verfassungstheoretische Wissen und Gewissen unseres demokratischen Gemeinwesens“.

234 Unter diesen veränderten Vorzeichen konnte dann *Konrad Hesse* auch an *Smends* Verständnis der Vereinigung und ihrer Funktion anknüpfen, *Konrad Hesse*, Zum 50. Jahrestag der Gründung der Vereinigung der Deutschen Staatsrechtslehrer, AöR 97 (1972), S. 345 (347 ff.).

235 *Wilhelm Hennis*, Integration durch Verfassung? – Rudolf Smend und die Zugänge zum Verfas-

den waren, verschoben sich die Anteile notwendig.[236] In den 1960ern verharrte die Vereinigung aufs Ganze gesehen allerdings noch in einem neutralen „Dazwischen". Sie „modernisierte" sich jedenfalls nicht rasant, was auch die Vorstandsentwicklung zeigt (*Weber* war von 1964 bis 1966 erneut Vorstand, 1969 wurde noch einmal *Schneider* in den Vorstand gewählt; konstant referierten außerdem weiterhin *Schmittianer*: *Schneider* 1960, *Weber* 1962, *Joseph H. Kaiser* 1964, *Quaritsch* 1967). Progressive mieden die Vereinigung zunehmend.[237]

Diese neutrale „Zwischenstellung" lässt sich am deutlichsten an der Zurückhaltung der Vereinigung bei zeitgenössischen Kontroversen erkennen. So wandte sich *Hesse* zwar im November 1962, ohne zuvor Rücksprache mit dem Vorstand gehalten zu haben, an die Mitglieder und bat um Unterzeichnung eines offenen Briefs an den Bundesratspräsidenten als Vertreter des Bundespräsidenten zur Spiegel-Affäre[238].[239] Doch es beteiligten sich nur 29 Kollegen,[240] *Forsthoff* und seine Vertrauten spotteten[241].[242] Drei Jahre später kam es auf Initiative von *Ehmke* hin zu einer gemeinsamen Erklärung von Staatsrechts- und Strafrechtslehrern, die die rückwirkende Verlängerung der Verjährungsfristen nationalsozialistischer Verbrechen betraf, aber von vornherein außerhalb der Vereinigung organisiert wurde.[243] Die im Juni 1968 von *Bachof*, *Dürig*, *Klaus Obermayer* und *Thomas Oppermann* angeregte kritische Stellungnahme[244] zum aktuellen Entwurf der Notstandsverfassung wurde den Mitgliedern vom Vorstand zur Abstimmung vorgelegt,[245] doch wurde das 2/3-Quorum verfehlt.[246] Noch einmal brach der Streit zwischen „Arbeitsgemeinschaftlern" und „Grundgesetzlern" auf, als sich *Kaiser* auf der anschließenden Mitgliederversammlung (schriftlich) auf den überparteilichen Charakter der Vereinigung berief und sich derartige Initiativen für die Zukunft verbat, *Friesenhahn* als Vorsitzender dagegen den Satzungsauftrag in Erinnerung rief.[247]

---

sungsproblem nach 50 Jahren unter dem Grundgesetz, in: Vorländer (Hrsg.), Integration durch Verfassung, 2002, S. 267 (269).

236 Die Mitgliederzahlen verdoppelten sich von 1956 (102) bis 1971 (206), vgl. VVDStRL 14 (1956), S. 212 ff., und VVDStRL 29 (1971), S. 279 ff. Überblick über die Veränderungen im personellen Bestand an den Jurafakultäten bei *Stolleis*, Geschichte (Fn. 5), S. 411 ff. Zu den Folgen für die Rechtswissenschaft ausführlich *Günther*, Denken (Fn. 35), S. 212 ff., 257 ff.

237 *Günther*, Denken (Fn. 35), S. 96.

238 Das Mitglied *von der Heydte* hatte Anzeige wegen Landesverrats erstattet (siehe *Thurn*, Sozialstaat? (Fn. 185), S. 121 Fn. 14).

239 S. das Schreiben von *Hesse* vom 16.11.1962, BArch. N 1539/5.

240 S. die Absagen-Schreiben mit sehr unterschiedlichen Begründungen in BArch. N 1539/5.

241 *Günther*, Denken (Fn. 35), S. 243.

242 S. auch *Günther*, Denken (Fn. 35), S. 240 ff.; dazu auch den Beitrag von *Franz Reimer*, in diesem Band, S. 202 ff.

243 *Günther*, Denken (Fn. 35), S. 285–287; dazu auch den Beitrag von *Franz Reimer*, in diesem Band, S. 204 ff.

244 Im Sinne des § 1 Abs. 3 der Satzung.

245 S. Rundschreiben 3/1968 vom 5.6.1968, S. 1 und 3, Archiv VDStRL, Ordner-Nr. 20, Reg.-Nr. 10.

246 *Günther*, Denken (Fn. 35), S. 287 ff.; *Anna-Bettina Kaiser*, Ausnahmeverfassungsrecht, 2020, S. 225 f. mit Fn. 113 f., 282; dazu auch den Beitrag von *Franz Reimer*, in diesem Band, S. 204 ff.

247 Niederschrift der Mitgliederversammlung vom 2.10.1968 in Bochum, Ziffer 2, Archiv VDStRL, Ordner-Nr. 3, Reg.-Nr. 19.

IV. Krisenthemen, Anlassthemen, Grundsatzthemen. Eine Topographie der ersten 21 Jahre

Ungeachtet der Tatsache, dass sich die „Arbeitsgemeinschaftler" im Kampf um die Deutungshoheit über die Vereinigung durchgesetzt hatten, lässt die *Themen*wahl[248] der ersten zwei Jahrzehnte der Bundesrepublik überwiegend den Blick nach vorn erkennen. So wurden in erster Linie die neue Verfassung und mit ihr die neuen Verfassungsorgane erkundet, wenngleich bisweilen (und unvermeidbar) im Lichte der Weimarer Zeit[249]: Gleich auf der ersten Tagung 1949 war die grundgesetzliche Innovation des Art. 19 Abs. 4 GG Thema der ersten beiden Referate.[250] Weitere Beispiele sind die Auseinandersetzung mit dem Bundesverfassungsgericht als neuer Institution[251] oder die allmähliche Thematisierung der zentralen Verfassungsprinzipien: Während Rechts- und Sozialstaatsprinzip, genauer: ihr Verhältnis zueinander, schon früh als Referatsthemen vergeben wurden,[252] folgte das Demokratieprinzip allerdings erst 1970 und damit verhältnismäßig spät.[253] Auffällig ist weiterhin die dreifache Berücksichtigung internationaler Themen.[254] Vor allem aber wurden auch verwaltungsrechtliche Fragestellungen[255] neben verfassungsrechtlichen gleichberechtigt vergeben, so wie es im internationalen Vergleich ohnehin eine Besonderheit der Vereinigung war und ist, das Verfassungs- und Verwaltungsrecht unter einem Dach zusammenzufassen.[256]

Die Vorstände waren bei der Themenvergabe überdies häufig ausreichend flexibel, um aktuelle rechtliche oder gesellschaftspolitische Entwicklungen aufzugreifen und in The-

---

[248] Vgl. auch *Hans Peter Ipsen*, 50 Jahre deutsche Staatsrechtswissenschaft im Spiegel der Verhandlungen der Vereinigung der Deutschen Staatsrechtslehrer: II. Die Verhandlungen von 1949 (Heidelberg) bis 1971 (Regensburg), AöR 97 (1972), S. 375.

[249] Das gilt etwa für das Thema „Kabinettsfrage und Gesetzgebungsnotstand nach dem Bonner Grundgesetz", VVDStRL 8 (1950).

[250] *Friedrich Klein, Heinrich Herrfahrdt*, Tragweite der Generalklausel im Art. 19 Abs. 4 des Bonner Grundgesetzes, VVDStRL 8 (1950), S. 67, 126.

[251] *Erich Kaufmann, Martin Drath*, Die Grenzen der Verfassungsgerichtsbarkeit, VVDStRL 9 (1952), S. 1, 17.

[252] *Ernst Forsthoff, Otto Bachof*, Begriff und Wesen des sozialen Rechtsstaats, VVDStRL 12 (1954), S. 8, 37.

[253] *Werner von Simson, Martin Kriele*, Das demokratische Prinzip im Grundgesetz, VVDStRL 29 (1971), S. 3, 46; dazu *Stolleis*, Geschichte (Fn. 5), S. 350ff.

[254] *Wilhelm Grewe, Eberhard Menzel*, Die auswärtige Gewalt der Bundesrepublik, VVDStRL 12 (1954), S. 129, 179; *Georg Erler, Werner Thieme*, Das Grundgesetz und die öffentliche Gewalt internationaler Staatsgemeinschaften, VVDStRL 18 (1960), S. 7, 50; *Joseph H. Kaiser, Peter Badura*, Bewahrung und Veränderung demokratischer und rechtsstaatlicher Verfassungsstruktur in den internationalen Gemeinschaften, VVDStRL 23 (1966), S. 1, 34; dazu *Stolleis*, Geschichte (Fn. 5), S. 612. Auch das Referat von *Hartwig Bülck*, Föderalismus als internationales Ordnungsprinzip, VVDStRL 21 (1964), S. 1 war international ausgerichtet.

[255] Beispiele: *Erich Becker, Helmut Rumpf*, Verwaltung und Verwaltungsrechtsprechung, VVDStRL 14 (1956), S. 96, 136; *Max Imboden, Klaus Obermayer*, Der Plan als verwaltungsrechtliches Institut, VVDStRL 18 (1960), S. 113, 144; *Werner Weber, Klaus Stern*, Die öffentliche Sache, VVDStRL 21 (1964), S. 145, 183.

[256] Anders in Frankreich, Italien und den USA. S. zu Frankreich *Michel Fromont/Aurore Gaillet*, in diesem Band, S. 894ff.

men umzumünzen. Bekannte Beispiele sind die Unterzeichnung der Römischen Verträge, die zum Thema „Das Grundgesetz und die öffentliche Gewalt internationaler Staatengemeinschaften“ führten, die Debatte über die Beendigung der Beamtenverhältnisse 1945, thematisiert auf der Tagung 1954,[257] die Demokratisierungseuphorie, die auf der Tagung 1970 kritisch begleitet wurde, oder die Proteste der Studierenden 1968, die zum Thema „Die Stellung der Studenten in der Universität“ führten.[258] Erst recht gilt dies für die Krise der Spiegel-Affäre 1962, die zum Thema „Pressefreiheit“ führte, das 1963 diskutiert wurde. Nicht aufgegriffen wurde dagegen die Debatte um die Notstandsverfassung.[259]

Obwohl die Zeit der Wiedergründung nun bereits über 70 Jahre zurückliegt, gehören einige Referate dieser Zeit und der darauffolgenden Jahre noch heute zum Kanon wichtiger Texte zum Verfassungs- und Verwaltungsrecht. Manche Referate können inzwischen gar als Klassikertexte bezeichnet werden. Hervorzuheben sind die Referate von *Forsthoff* zum „Begriff und Wesen des sozialen Rechtsstaats“[260], zu „Parlament und Regierung im modernen Staat“ von *Friesenhahn*,[261] zur „verfassungsrechtliche[n] Stellung der politischen Parteien im modernen Staat“ von *Hesse*[262] und dasjenige zu den „Prinzipien der Verfassungsinterpretation“ von *Ehmke*.[263]

Allerdings sind auch auffällige Leerstellen zu verzeichnen: Grundrechte spielten – von der frühen Thematisierung des Art. 19 Abs. 4 GG abgesehen – lange Zeit keine Rolle, erst im Jahr 1963 folgten mit den Referaten zur Pressefreiheit, dann 1969 zur Gewissensfreiheit wieder Grundrechtsthemen.[264] Im Übrigen fällt eine nationale Introvertiertheit auf, Rechtsvergleichung war nicht von Interesse; nie war ein Thema explizit als vergleichendes ausgewiesen.[265] Auch sonst fehlte es an Grundlagenthemen, etwa an verfassungsge-

---

[257] *Richard Naumann, Hans Spanner*, Die Berufsbeamten und die Staatskrisen, VVDStRL 13 (1955), S. 88, 119 (*Spanner* dabei für die österreichische Perspektive). S. zu diesem Fragenkomplex vor dem Hintergrund der Entscheidung des BVerfG in BVerfGE 3, 58 *Matthias Roßbach*, Weichenstellung und Vergangenheitsbewältigung im Öffentlichen Dienst. Das Urteil zum G 131, in: Meinel (Hrsg.), Verfassungsgerichtsbarkeit in der Bonner Republik 2019, S. 229.

[258] Referate von *Hans Heinrich Rupp, Wilhelm Karl Geck*, diskutiert 1968, VVDStRL 27 (1969), S. 113, 143 (dazu *Stolleis*, Geschichte (Fn. 5), S. 321). Zum Umgang der Vereinigung mit der 68er-Bewegung *Florian Meinel*, in diesem Band, S. 733 ff., dort auch zu den Studentenprotesten vor dem Tagungsort.

[259] Allerdings wurde 1967 über Führung und Organisation der Streitkräfte im demokratisch-parlamentarischen Staat referiert, *Georg Christoph von Unruh, Helmut Quaritsch*, VVDStRL 26 (1968), S. 157, 207.

[260] S. Fn. 252. Freilich hat sich *Forsthoffs* Position nicht durchgesetzt. S. in diesem Zusammenhang auch zur Forsthoff-Abendroth-Kontroverse *Meinel*, Jurist (Fn. 187), S. 360; *Thurn*, Sozialstaat (Fn. 185), S. 41 ff.

[261] VVDStRL 16 (1958), S. 9.

[262] VVDStRL 17 (1959), S. 11, dazu *Stolleis*, Geschichte (Fn. 5), S. 330.

[263] VVDStRL 20 (1963), S. 53.

[264] *Ulrich Scheuner, Roman Schnur*, VVDStRL 22 (1965), S. 1, 101; *Richard Bäumlin, Ernst-Wolfgang Böckenförde*, Das Grundrecht der Gewissensfreiheit, VVDStRL 28 (1970), S. 3, 33; zur erst allmählichen Thematisierung der Grundrechte *Matthias Jestaedt*, in diesem Band, S. 431 ff.

[265] S. aber zum Streit, ob ein vergleichendes Argument dogmatisch herangezogen werden kann, bereits *Erich Kaufmann*, Die Gleichheit vor dem Gesetz im Sinne des Art. 109 der Reichsverfassung, VVDStRL 3 (1927), S. 2 (5), einerseits, *Hans Nawiasky*, Die Gleichheit vor dem Gesetz im Sinne des Art. 109 der Reichsverfassung, VVDStRL 3 (1927), S. 25 (26 f.), andererseits; s. ferner auch die Ausrichtung der

schichtlichen, erst recht an zeitgeschichtlichen Fragestellungen. Der Schwerpunkt der Themen lag klar auf der (Wissenschafts)Dogmatik[266].

Der hier gewählte Fokus drängt danach, die Frage zu stellen, inwieweit sich der Sieg der „Arbeitsgemeinschaftler" inhaltlich niedergeschlagen hat. Dass er sich ausgewirkt hat, wird man nicht bezweifeln können. Denn selbstverständlich prägt die personelle Zusammensetzung eine wissenschaftliche Vereinigung. Was „macht" es also mit einer Vereinigung, wenn die „alten Nazis wieder in die Staatsrechtslehrervereinigung kommen"[267], wichtige Emigranten nicht eingeladen werden, Schweizer und Österreicher die Vereinigung (in großen Teilen bis heute[268]) meiden, mit *Ilse Staff* die erste Frau erst 1970 aufgenommen wird[269] und die Vereinigung sich im Übrigen hermetisch abschirmt[270]?

Die Antwort auf diese komplexe Frage kann hier nur angedeutet und am Beispiel der Diskussion zur Frage des Erlöschens der Beamtenverhältnisse 1945 veranschaulicht werden. 1953 hatte der Erste Senat des Bundesverfassungsgerichts in seinem berühmten „Beamtenurteil" das Erlöschen sämtlicher Beamtenverhältnisse zum 8.5.1945 angenommen und damit einen Sturm der Entrüstung auch in der Staatsrechtslehre ausgelöst.[271] Schon 1954 nahm sich auch die Vereinigung dieses Themas an und diskutierte „Die Berufsbeamten und die Staatskrisen".[272] Bei diesem Thema handelte es sich nicht nur um ein hoch umstrittenes, sondern vor allem um eines, bei dem die Vereinigung um eine Stellungnahme zur Zeit des Nationalsozialismus nicht mehr umhin kam. Denn hinter der Frage, ob die Beamtenverhältnisse 1945 erloschen waren, stand das auch rechtstatsächliche Problem, ob sich das Beamtenverhältnis während der Zeit des Nationalsozialismus gewandelt hatte oder ob es bei einer politisch neutralen, allein am Staat – im

französischen Wissenschaft des öffentlichen Rechts auf die Vergleichung *Laura Jung*, Rechtsvergleichung als Postulat. Eine deutsch-französische Wissenschaftsgeschichte seit 1870, 2022, i. E.

266 Zur Unterscheidung von Wissenschafts- und Gebrauchsdogmatik näher *Anna-Bettina Kaiser*, Juristische Methode, Dogmatik, System, in: Kahl/Ludwigs (Hrsg.), Handbuch des Verwaltungsrechts, Band I, 2021, § 24 Rn. 46, 48; *dies.*, Die Öffnung der öffentlich-rechtlichen Methode durch Internationalität und Interdisziplinarität, DVBl. 2014, S. 1102 (1105).

267 Schreiben *Peters* an *Hans Huber* vom 30.9.1952, BArch. N 1220/47.

268 So wird die Staatsrechtslehrertagung von österreichischen Kollegen und Kolleginnen spöttisch-ironisch „Stasi-Tagung" genannt.

269 S. Niederschrift der Mitgliederversammlung vom 7.10.1970, Punkt 2, Archiv VDStRL, Ordner-Nr. 3, Reg.-Nr. 21. Näher zur späten Aufnahme von Kolleginnen *Pascale Cancik*, in diesem Band, S. 795 ff.

270 So wurde etwa 1955 *Willi Geiger* von der Vereinigung nicht aufgenommen, weil die Speyrer Hochschule nicht als Universität anerkannt wurde und Honorarprofessoren nicht akzeptiert wurden (man bemerke den Vergleich zu *Huber*, bei dem die Freiburger Honorarprofessur als Argument galt); um die Frage zu vertagen, setzte man eine Kommission zur Klärung der Aufnahme von nicht habilitierten und nicht hauptamtlich tätigen Lehrkräften ein, Schreiben *Jahrreiß* an *Willi Geiger* vom 10.11.1955, Archiv VDStRL, Ordner-Nr. 8c, Reg.-Nr. Geiger und Niederschrift der Mitgliederversammlung vom 14.10.1955, Archiv VDStRL, Ordner-Nr. 3, Reg.-Nr. 6. Mit Satzungsänderung von 1956 wurden Honorarprofessoren dann von der Mitgliedschaft ausgeschlossen, s. Niederschrift der Mitgliederversammlung vom 10.10.1956, Ziffer 1, Archiv VDStRL, Ordner-Nr. 2, Reg.-Nr. 7. Die Akzeptanz der Speyrer Hochschule erfolgte erst später (s. Satzungsänderung vom 5.10.1962, Niederschrift der Mitgliederversammlung, Ziffer 9, Archiv VDStRL, Ordner-Nr. 3, Reg.-Nr. 13). Zum Vergleich mit anderen Fachgesellschaften *Christoph Möllers*, in diesem Band, S. 973 ff.

271 BVerfGE 3, 58. Zur anschließenden Diskussion in der Rechtswissenschaft *Stolleis*, Geschichte (Fn. 5), S. 161 ff.; *Justin Collings*, Democracy's Guardians, 2015, S. 28 ff.

272 S. oben Fn. 257.

Gegensatz zum ‚Führer' – ausgerichteten Beamtenschaft geblieben war. Viele der anwesenden Staatsrechtslehrer – überwiegend schon vor dem oder während des Nationalsozialismus verbeamtet – waren persönlich betroffen.

Mit sehr wenigen Ausnahmen[273] waren sich die Kollegen völlig einig darin, dass das Bundesverfassungsgericht eine unerhörte Fehlentscheidung getroffen habe. Die Referate und Diskussionsbemerkungen enthüllen, wie die Kollegen lavierten, fabulierten, verdrängten und vom Eigentlichen abzulenken suchten, um ihre Ansicht zu begründen. *Richard Naumann* suchte sich etwa dadurch aus der Affäre zu ziehen, dass er das Problem als ein in erster Linie sozial- und finanzpolitisches verstanden wissen wollte.[274] Die „auf den Staat bezogene, versachlichte Funktion des Berufsbeamtentums und damit dessen traditionellen Wesenskern" habe das NS-Regime aber entgegen der Auffassung des Bundesverfassungsgerichts gerade nicht beseitigt.[275] Noch harscher fiel die Kritik von *Forsthoff* aus, der in der Entscheidung einen „den gegenwärtigen Justizstaat charakterisierende[n], apokryphe[n] Souveränitätsakt" erblickte.[276] *Weber* wollte in diesem Sinne gar einen „Kampf zwischen Beamtentum und Partei" beobachtet haben, der „1945 noch nicht ausgetragen war", denn das Beamtentum habe sich „zum Teil sehr wacker behauptet".[277] Dem schloss sich *Wilhelm Merk* an, demzufolge das Beamtenverhältnis „in jener Zeit verschiedene Wandlungen erfahren" habe, die ihm aber „nicht als so wesentlich" erschienen, „daß man zu den Folgerungen des BVerfG kommen müßte."[278] *Heinrich Herrfahrdt* verstieg sich gar zu der Auffassung, das Beamtentum habe 1933 „lediglich Fassade und Spitze gewechselt". Die „Anordnungen Hitlers" seien daher faktisch „unverbindliche Privatmeinungen" gewesen.[279] Auch *Bachof* kritisierte das Gericht, nahm aber insgesamt eine vermittelnde Position ein und wandte sich, als ehemaliger Nachrichtenoffizier, gegen *Herrfahrdt*: „Wenn jemand unmittelbare Befehle Hitlers als ‚Privatäußerungen' angesehen hätte, so hätte er wohl den nächsten Tag kaum mehr erlebt!".[280]

Es war auf der Tagung – *Peters* hatte sich zuvor bereits schriftlich zugunsten des Gerichts geäußert – lediglich eine einzige Stimme, die die Entscheidung des Ersten Senats verteidigte, und das war diejenige *Friesenhahns*, zu jener Zeit freilich Richter des Zweiten Senats. In einer ausführlichen Stellungnahme kritisierte er nicht nur die Referate, sondern auch die Diskussion aufs Schärfste: „Ich verstehe nicht ganz, warum […] dieses [NS]-Regime plötzlich so angesehen wird, als ob es ein Rechtsstaat […] gewesen sei."[281] Für die Pervertierung des Beamtentums zitierte er *Hubers* Ausführungen aus dem Jahr

273 *Hans Peters*, Der Streit um die 131er-Entscheidungen des Bundesverfassungsgerichts, JZ 1954, S. 589; *Otto Bachof*, Das Bundesverfassungsgericht und die Beamtenverhältnisse, DÖV 1954, S. 33.

274 *Richard Naumann*, Die Berufsbeamten und die Staatskrisen, VVDStRL 13 (1955), S. 88 (97); s. hierzu die Kritik von *Friesenhahn*, VVDStRL 13 (1955), S. 162 ff.

275 Ebd., LS 5 auf S. 117.

276 Ebd., S. 161.

277 Ebd., S. 172 f.

278 Ebd., S. 183.

279 Ebd., S. 187.

280 Ebd., S. 187 f.

281 Ebd., S. 168.

1939, demzufolge der Beamte „zum Handlungsorgan des Führerwillens geworden" sei,[282] und schloss mit den Worten: „Wollen Sie wirklich behaupten, daß damals der Beamte sich gegen Maßnahmen des ‚Führers' oder seiner Geheimen Staatspolizei hätte mit Erfolg wehren können? Und dann soll der heutige Staat genötigt sein, jene Beamten, deren Rechte in der verflossenen Ära so wenig gesichert waren, nun mit größerer Sicherung in seine heutige Verfassungsordnung zu übernehmen?"[283] Doch *Friesenhahn* wusste, dass er mit diesen Ansichten, wie er selbst festhielt, „Vertreter einer hoffnungslosen Minderheit" war.[284] In der Vereinigung konnten sich die „Grundgesetzler" gegenüber den „Arbeitsgemeinschaftlern", die sich in ihrem Bekenntnis auffällig einig waren, vorerst nicht durchsetzen.

V. 1922 – 1949 – 1970

Der Gründungsmythos von 1922 – Einheit einer zu einem gewissen Grade unpolitischen Vereinigung – wurde in den 1950er Jahren und später immer wieder bemüht. Am deutlichsten kommt dieses Denken im berühmten Schreiben von *Smend* zum Ausdruck, in dem er der Vereinigung, anknüpfend an die Vorgänge von 1922, den Charakter einer Arbeitsgemeinschaft attestiert und sie einer Bekenntnisgemeinschaft entgegensetzt.[285]

Aus heutiger Sicht erscheint diese Selbstimagination der Vereinigung hochproblematisch. Mag dieses Denken zu Weimarer Zeiten plausibel gewesen sein,[286] irritiert für die Zeit der jungen Bundesrepublik die verharmlosende Kontinuität zu Weimar, als wäre in der Zwischenzeit nichts geschehen. Konnte die Bezeichnung „Arbeitsgemeinschaft" nach dem Nationalsozialismus wirklich noch eine angemessene Selbstbeschreibung sein, nachdem namhafte Staatsrechtslehrer an der Zerstörung der ersten deutschen Demokratie aktiv mitgewirkt hatten? Für die Mehrheit der Vereinigung war sie es offensichtlich trotzdem, und das hatte seinen Grund. Denn bei näherem Hinsehen diente die Selbstbeschreibung dazu, hochpolitische Vorgänge zu legitimieren, nämlich sämtliche Nationalsozialisten, mit sehr wenigen Ausnahmen,[287] wieder aufzunehmen und umgekehrt Wissenschaftler aus der Ostzone und DDR auszuschließen. Vor allem aber gehörten die im Ausland verbliebenen Emigranten der so konzeptualisierten „Arbeitsgemeinschaft" nicht an. Die Rede von der angeblich unpolitischen „Arbeitsgemeinschaft" wurde so zum *politischen* Instrument.

Diese Entwicklung und Selbstimagination der Vereinigung lässt sich nur durch eine Zusammenschau verschiedener Dimensionen erklären:

Zunächst ist an die bekannte gesellschaftspsychologische Deutung zu erinnern, die deutsche Nachkriegsgesellschaft sei unfähig gewesen, über die Vergangenheit zu reflek-

[282] Ebd., S. 170.
[283] Ebd., S. 171.
[284] Ebd., S. 163.
[285] S. o., Fn. 159.
[286] Kritisch allerdings *Christoph Schönberger*, in diesem Band, S. 30 f.
[287] Insbesondere *Höhn*, *Schmitt*, *Koellreutter* und *Tatarin-Tarnheyden*.

tieren, aber auch, Schuld einzugestehen.[288] Die Zeugnisse der Vereinigung aus jener Zeit stützen diese Interpretation. So sprach *Thoma* in seiner Eröffnungsrede 1949 zwar von „Greueltaten", aber von den Opfern, gerade auch in den eigenen Reihen der Vereinigung, oder gar dem Eingeständnis eigener Schuld (hier: von Teilen der Staatsrechtslehre) war keine Rede.

Freilich wäre es extrem schwierig gewesen, belastbare Ausschlusskriterien aufzustellen, um eine demokratisch-republikanische „Bekenntnisgemeinschaft" zu gründen. Die ursprüngliche Idee des Gründungskomitees, schlicht an die Kategorisierungen in den Entnazifizierungsverfahren anzuknüpfen, war angesichts der mit diesen Verfahren verbundenen Probleme und Ungerechtigkeiten[289] zum Scheitern verurteilt. Und nicht zuletzt waren wohl doch so große Teile der Vereinigung mehr oder weniger mit dem NS-Regime verstrickt gewesen oder hatten anbiedernd publiziert,[290] dass eine konsequente Entnazifizierung kaum möglich gewesen wäre. So heißt es etwa bei *Uwe Wesel* im Hinblick auf die gesamte Gesellschaft, dass „die Zahl der [Nationalsozialisten] so groß war, dass der Aufbau einer neuen deutschen Demokratie ohne oder gegen sie kaum möglich gewesen wäre".[291] So verwundert es nicht, dass auch der Deutsche Historikerverband im Ergebnis ganz ähnlich wie die Staatsrechtslehrervereinigung verfuhr und nur einige herausgehobene Fälle ausgegrenzt wurden.[292] Doch selbst wenn man die genannten Punkte in Rechnung stellt, bleibt rückblickend die Verwunderung darüber bestehen, dass sich gerade diejenigen, deren Mitgliedschaft ursprünglich so umstritten gewesen war, in der Vereinigung letztlich als Meinungsführer in ihrer Zeit etablieren konnten. Bestes Beispiel hierfür ist *Forsthoff*, der als einer der ganz wenigen in der Geschichte der Vereinigung zweimal für ein Referat angefragt wurde, für den die Vereinigung sogar rücksichtslos gegenüber den Schweizer Kollegen den Tagungsort verlegte und den sie einstimmig zum Wiedereintritt aufforderte. Auch *Maunz* referierte bereits 1955. Das geht deutlich über eine (angeblich) nicht vermeidbare „Integration" hinaus.[293]

Diese auf einer strukturellen Ebene angesiedelten Argumente müssen jedoch um eine Akteursebene ergänzt werden. Ohne das geschickt-strategische Agieren einzelner Vorstände wie *Werner Weber*, der sich massiv für andere Mitglieder der *Schmitt*-Schule wie etwa *Huber* einsetzte, wären die ersten Jahre der Vereinigung anders verlaufen. Eigens hervorzuheben ist aber auch das Zusammenspiel der *Schmitt*-Schule und *Smend*, die sich in dieser Sache bezeichnend einig waren. Ohne das Sekundieren von *Smend* in entschei-

---

288 *Hannah Arendt*, Besuch in Deutschland. Die Nachwirkungen des Naziregimes (1950), in: dies., Zur Zeit. Politische Essays, herausgegeben von Marie Luise Knott, 1986, S. 43 (44ff.).

289 *Arendt*, Deutschland (Fn. 288), S. 53ff.; *Ulrich Herbert*, Geschichte Deutschlands im 20. Jahrhundert, 2014, S. 569ff. m. w. N.

290 Gerade die Staatsrechtslehrerreferate von *Horst Dreier* und *Walter Pauly* zeigen eindrücklich, wie viele der in der Phase nach der Wiedergründung diskursbestimmenden Staatsrechtslehrer in freilich unterschiedlichem Ausmaß an Verbreitung, Legitimation und Fortentwicklung des NS-„Rechts" mitgewirkt hatten, s. die zahllosen Belege in den Fußnoten bei *Dreier*, Staatsrechtslehre (Fn. 42), und *Pauly*, Staatsrechtslehre (Fn. 191).

291 *Uwe Wesel*, Der Gang nach Karlsruhe. Das Bundesverfassungsgericht in der Geschichte der Bundesrepublik, 2004, S. 147.

292 *Stolleis* (Fn. 5), S. 84 mit Fn. 384.

293 Vgl. *Dreier*, Staatsrechtslehre (Fn. 42), S. 69 Fn. 291.

denden Momenten hätte sein Fakultätskollege *Weber* vermutlich weniger bewirkt. Es war *Smend*, der die maßgeblichen Stichworte lieferte.

Im Zentrum der gesamten Problematik aber steht die Schlüsselfigur *Walter Jellinek*. Er stellte die entscheidenden Weichen, war aber gerade kein „Drahtzieher",[294] sondern wurde von den widerstreitenden Kräften sowohl in die eine als auch in die andere Richtung gezerrt. Einerseits betonte er regelmäßig, die Vereinigung dürfe sich nicht kompromittieren, andererseits setzte er sich, nachdem *Forsthoff* auf die Einladungsliste für die Heidelberger Tagung gelangt war, intensiv für dessen Kommen ein, und das nicht ohne Grund: Es ist inzwischen dokumentiert, mit welcher Brutalität *Forsthoff* in der maßgeblichen Zeit gegen *Jellinek* vorging und ihn unter Druck setzte.[295] Diese Episode zeigt, dass sich *Jellinek* keineswegs in einer starken Position befand, sondern sich vielmehr eine Restauration der alten Machtverhältnisse belegen lässt. So mag auch zu erklären sein, wie peinlich *Jellinek* darauf bedacht war, *Forsthoff* bei der Wiedergründung „einzuschleusen" und wie sehr er sich um seinen Konkurrenten im Verwaltungsrecht bemühte. Gerade die Aufnahme *Forsthoffs* wurde jedoch neben derjenigen von *Maunz* zum Präzendenzfall für die Vereinigung. Immer wieder beriefen sich Mitglieder später auf das Gleichheitsargument, um ihre Unterstützung für belastete Kollegen zu begründen.[296]

Es wäre indes unterkomplex, an dieser Stelle die fachliche Brillanz gerade von *Forsthoff* und *Huber* zu verschweigen. Wäre eine Vereinigung vorstellbar gewesen, die den wohl besten zeitgenössischen Verwaltungsrechtler bzw. Verfassungshistoriker nicht in ihre Reihen aufgenommen hätte? In diesem Sinne beklagt etwa *Michael Stolleis*, der einerseits die „relative Milde" der Vereinigung deutlich anprangert, andererseits den fachlichen Verlust, den die Vereinigung durch die Nichtaufnahme *Schmitts* erlitten habe.[297]

Nicht zuletzt waren es persönliche Freundschaften und Verbundenheiten aus früheren Zeiten, die die Kollegen in Zweifelsfällen über die politische Lagerbildung stellten.

---

[294] So aber *Koellreutter* (Fn. 107).

[295] *Meinel*, Jurist (Fn. 187), S. 312; *Ino Augsberg*, „Groß Neues ist ja nicht nachzutragen". Walter Jellineks „Verwaltungsrecht" in der frühen Bundesrepublik, in: Kremer (Hrsg.), Die Verwaltungsrechtswissenschaft in der frühen Bundesrepublik (1949–1977), 2017, S. 11 (22 ff., insb. Fn. 59); s. auch die Beschreibung des Streits durch *Forsthoff* an *Schmitt* vom 30.8.1949, in: Mußgnug/Mußgnug/Reinthal (Hrsg.), Briefwechsel Ernst Forsthoff Carl Schmitt (1926–1974), 2007, Nr. 23, S. 51: Er habe *Jellinek* eine „Abrechnung gehalten, über die sich die Heidelberger Geistigkeit entsetzt hat". An *Huber* schrieb *Forsthoff* am 23.2.1949 über eine „Aussprache" mit *Jellinek*: „Ich hatte vorher mit [scil: Johann Daniel] Achelis taktisch die Lage genau durchgesprochen und wir hatten uns dahin schlüssig gemacht, daß jetzt Terror das richtige wäre. [...] Ich sagte ihm, daß ich mir weitreichende publizistische Möglichkeiten geschaffen habe, daß ich jede Zeile besitze, die er seit 1933 geschrieben hat, daß der Fall Forsthoff zu Ende sei und der Fall Jellinek begonnen habe, daß ich ein verbessertes MG34 auf ihn gerichtet habe, während er nur über einen Vorderlader verfüge, daß er schon heute isoliert sei und in der Fakultät allein stehe, daß sogar die Entnazifikatoren ihn eines Tages fallen lassen würden um die eigene Haut zu retten, daß er sich für einen erledigten Mann halten dürfe, da nur noch der Zeitpunkt des öffentlichen Eklats offen stehe usw. [...] Zum Schluss sagte ich ihm, wenn er es wagen sollte, gegen mich oder einen der im Gespräch Genannten auch nur das Geringste zu unternehmen, würde der Nervenkrieg sofort in Schießkrieg übergehen. [...] Jedenfalls bin ich entschlossen, die Rechnung mit ihm endgültig zu begleichen, nehme mir aber Zeit. Noch ist es zu früh.", zitiert nach *Meinel*, Jurist (Fn. 187), S. 312 Fn. 56.

[296] Siehe beispielsweise oben den Haupttext zu Fn. 101.

[297] *Stolleis*, Geschichte (Fn. 5), S. 85, sowie *ders.*, Vereinigung (Fn. 1), S. 357.

Zwei Beispiele: *Kaufmann* erinnerte sich, als es um die Aufnahme von *Huber* ging, an die gemeinsame Assistentenzeit und Besuche bei *Huber* im Schwarzwald.[298] *Peters* schrieb *Maunz* freundschaftliche Briefe, er werde sich für ihn verwenden.[299]

Und so fand sich am Ende die Vereinigung als vorgebliche „integrative" Arbeitsgemeinschaft zusammen, die dank der „Grundgesetzler" in einigen Fällen immerhin noch Karenzzeiten und die Verpflichtung zum Abschwören durchsetzte. *Unverzeihlich aber bleibt das Desinteresse an den Emigranten*, für deren „Integration" sich, von *Wengler* abgesehen, (fast) niemand einsetzte. Während man sich um *Koellreutter*, der den Nationalsozialismus verharmloste, über Jahre hinweg bemühte, war *Kelsen*, der Demokrat jenseits des Atlantiks, (nahezu) vergessen. Inhaltlich kann von einem wirklichen Aufbruch in eine neue Zeit wohl erst 1971 mit den Referaten von *Peter Häberle* und *Winfried Brohm* gesprochen werden. Doch das ist eine andere Geschichte.[300]

---

298 Schreiben *Kaufmann* an *Brill* vom 8.6.1950, Archiv VDStRL, Ordner-Nr. 2, Reg.-Nr. 5.1.

299 S. die Korrespondenz in BArch. N 1220/66.

300 Siehe *Hinnerk Wißmann*, in diesem Band, S. 121 ff.

Zwischen Aufbruch und Bewahrung

Die Verhandlungen der Vereinigung der Deutschen Staatsrechtslehrer 1971–1991

*Hinnerk Wißmann**

I. Einleitung 121
II. Die Verhandlungen der Jahrestagung als ein Zentrum der Staatsrechtslehre 122
1. Überblick über die äußere Entwicklung 122
2. Neu im Ungewissen (1971–1975) 126
3. Konsolidierung und Konkretion (1976–1980) 132
4. Verfestigungen und Diskurs (1981–1985) 137
5. Normalitäten und Aufbrüche (1986–1991) 142
III. Ertrag: Veränderung durch Kontinuität 149

I. Einleitung

Zwischen spektakulären Zäsuren der Zeitgeschichte – „68" und Wiedervereinigung – liegen zwei Jahrzehnte, deren Bedeutung für die deutschsprachige Staatsrechtslehre sich nicht auf den ersten Blick erschließt. Doch handelt es sich – wie hier gezeigt werden soll – bei diesen mittleren Jahren der Bundesrepublik nicht um eine bloße Zwischenphase, sondern geradezu um eine Sattelzeit des Öffentlichen Rechts in (West-) Deutschland und Europa, die große Prägekraft entfaltet. Denn durch eine Überblendung alter und neuer Perspektiven etabliert sich in diesen Dekaden ein *Normalmaß staatsrechtlicher Grundannahmen*, die als Tiefenschicht des staatsrechtlichen Denkens bis heute wirksam sind: Die Freiheit der Bürger und die potentielle Allzuständigkeit des Staates schließen sich danach (erstens) nicht aus – ganz im Gegenteil werden sie in vielfältigen demokratischen Prozeduren immer wieder aufeinander bezogen; und die Wirkung der Grundrechte geht (zweitens) weit über die Sicherung eines vorstaatlichen Status quo hinaus – vielmehr dienen sie wesentlich gerade dazu, wirkliche Freiheit erst zu ermöglichen. Die Verhandlungen der Staatsrechtslehrer tragen zu dieser doppelten Normalität das ihre bei. Allerdings ist (drittens) auch ein blinder Fleck zu verzeichnen, der ebenfalls langanhaltende, bewusstseinsprägende Wirkungen entfaltet hat: Die Rede vom Staat meint in diesen Jah-

---

* Ich danke dem wissenschaftlichen Team meines Lehrstuhls und dabei insbesondere Herrn Ass. iur. *Jonas Fechter* für die Hilfe bei der Aufbereitung des Materials.

ren in diesem Forum der Staatsrechtslehre eigentlich durchgehend nur die Bundesebene – es handelt sich um eine Hochzeit des verfassungsrechtswissenschaftlichen Unitarismus, der die tatsächliche Mehrzahl von Bewirkungsebenen (Europäische Integration ebenso wie Bundesländer und örtliche Selbstverwaltung) fast völlig aus dem Blick verliert.

Referate und die Aussprache im Plenum bilden damals wie heute das Zentrum der gemeinsamen Arbeit in der Vereinigung.[1] Die folgende Durchsicht, die das Zusammenspiel dieser Elemente in den Mittelpunkt stellt, zeigt: Der langgezogene, immer wieder neu aufgelegte und verfeinerte Argumentationsgang prägt das große Forum des deutschsprachigen Staats- und Verwaltungsrechts, spektakuläre Aufbrüche stehen nicht im Mittelpunkt – in der Summe entsteht ein Integrationsvorgang besonderer Art, der über Generationen, Vorverständnisse und Anschauungen hinweg in beachtlicher Weise wirksam bleibt, mit spezifischen Chancen und Grenzen.[2]

II. Die Verhandlungen der Jahrestagung als ein Zentrum der Staatsrechtslehre

1. Überblick über die äußere Entwicklung

a) Die Vereinigung hat nach dem Mitgliederverzeichnis im Mai 1971 206 Mitglieder, von denen 27 als Privatdozenten (sowie drei als Universitätsdozenten) geführt werden. In den folgenden Jahren steigt in den 1970ern die Mitgliederzahl im Fünf-Jahres-Takt (wie schon zuvor seit 1965) zunächst um jeweils ca. 50 über 252 (1975) auf 302 (1980), danach bremst sich der Anstieg deutlich ab: 1985 werden 332 Mitglieder verzeichnet, am Jahresende 1991 361. Die Zahl der Privatdozenten unterliegt deutlichen Schwankungen und verändert sich in dieser Zeit von 12 (1975) über 10 (1980) und 17 (1985) auf 27 (einschließlich Universitätsdozenten) 1991.

Den Hintergrund des großen Zuwachses an Mitgliedern bildet zunächst die allgemeine Entwicklung der juristischen Fakultäten – die Vereinigung der Staatsrechtslehrer ist zu allen Zeiten in erster Linie ein Berufsverband, dessen starke Mitte Hochschullehrer bilden, die auch tatsächlich ein entsprechendes Hauptamt bekleiden (oder bekleidet haben). Neben den Universitätsprofessoren spielen andere Berufe für den Gesprächsgang der Vereinigung keine tragende Rolle. Das zeigt sich in Bezug auf freie Berufe ebenso wie auf andere Staatsämter – obwohl Mitglieder der Vereinigung immer wieder in höchste Ver-

[1] Unzweifelhaft relevant sind darüber hinaus die Mitgliederversammlung samt ihrer Vorsteuerung durch den Vorstand sowie die unzähligen Gespräche am Rande des Plenums und an den Abenden. Sie sind Teildiskurse besonderer Art, weil sie andere (oft äußerst wirksame) Töne in das Gesamtbild mischen als der offene Austausch in der Abfolge von These, Antithese und Synthese in den eigentlichen Verhandlungen.

[2] Eine umfangreiche Darstellung zu den hier besprochenen Tagungen aus der Teilnehmerperspektive findet sich bei *Hans Peter Ipsen*, Weitere zehn Staatsrechtslehrer-Tagungen 1972–1981, AöR 109 (1984), S. 555 ff.; *ders.*, Staatsrechtslehrer Tagungen 1982–1991 – 70 Jahre Staatsrechtslehrervereinigung, AöR 117 (1992), S. 595 ff.

antwortung einschließlich des Amtes des Bundespräsidenten gerufen werden.[3] Die Zahl der Bundesverfassungsrichter in der Vereinigung ist im Berichtszeitraum im Übrigen deutlich kleiner als in der Gegenwart.[4] Nachdem der starke Ausbau mit zahlreichen neuen Fakultäten und zahlreichen neuen Stellen nach 1965 in der Mitte der 1970er Jahre zunächst im Wesentlichen abgeschlossen ist,[5] werden Habilitationen in den 1980er Jahren (wieder) zu starken persönlichen Wagnissen, weil bei den gerade berufenen Professoren noch für längere Zeit kaum Pensionierungen anstehen – erst die deutsche Einheit verändert hier für einige Jahre die Situation nochmals radikal zugunsten der jüngeren Mitglieder der Vereinigung; auch danach wiederholt sich noch öfter das Muster des nachlaufenden Überangebots. Festgehalten werden sollte, dass bis 1990 (nach dem Tod von *Erwin Jacobi* 1965) kein Rechtslehrer mit Dienstsitz in der DDR Mitglied der Vereinigung war.

Als erste Frau ist just 1970 *Ilse Staff* als Frankfurter Privatdozentin aufgenommen worden, sie wird für lange Zeit das einzige weibliche Mitglied bleiben. Sie ist in mehrfacher Weise eine besondere Erscheinung – so bleibt sie ihrem Frankfurter Standort verbunden, wo sie schon vor ihrer Habilitation lehrt und ein Mittelpunkt der besonderen hessischen Rechtspolitik ist.[6] In den Debatten der Vereinigung ergreift sie 1979 das erste Mal öffentlich das Wort, ein Referat wird ihr nicht übertragen. Die nächsten beiden weiblichen Mitglieder der Vereinigung habilitieren sich in der Schweiz – *Beatrice Weber-Dürler* (1983) und *Diemut Majer* (1984), zunächst kommen dann nur noch *Gertrude Lübbe-Wolff* (1987) und *Lerke Osterloh* (1989) hinzu. Bei über 350 Mitgliedern sind somit am Ende des Berichtszeitraums gerade einmal fünf Staatsrechtslehrerinnen in der Vereinigung zu verzeichnen. Der rasante Aufwuchs der Mitgliederzahlen ändert also über einen langen Zeitraum noch fast nichts an dem Charakter eines Herren-Clubs. Erst mit der Verzögerung einer ganzen Generation verändert sich das Bild hier ab der Jahrtausendwende merklich.[7]

b) Durchgehend hält die Vereinigung in den Jahren 1971 bis 1991 an der Nachkriegsübung fest, den dreiköpfigen *Vorstand* jeweils zwei Jahre amtieren zu lassen.[8] In den

---

[3] Karl Carstens wird auf der Jubiläumstagung 1979 in Berlin ausdrücklich als Teilnehmer der Verhandlungen begrüßt, s. VVDStRL 38 (1980), S. 5.

[4] Von insgesamt 44 Bundesverfassungsrichtern, die von 1971 bis 1991 im Amt sind, sind gerade einmal acht Mitglieder der Vereinigung. Nach dem Ausscheiden von Gerhard Leibholz 1971 war bis zur Doppelbesetzung 1975 (Konrad Hesse/Helmut Steinberger) gar kein Staatsrechtslehrer im Gericht. 1987 folgten passgenau Dieter Grimm und Paul Kirchhof. Erst seit im Dezember 1983 neben die bisherigen „Solisten" Hesse und Steinberger Roman Herzog (als Vizepräsident), Hans Hugo Klein und Ernst-Wolfgang Böckenförde treten, kann von einer gewissen Häufung mit 3 bzw. 2 Richtern in den Senaten gesprochen werden, wobei Herzog und Klein als aktive Politiker in das Gericht eintraten. 2021 sind zeitgleich acht Richterinnen und Richtern, also 50 %, Mitglied der Vereinigung.

[5] Zu nennen sind Bochum (1965), Konstanz (1966), Mannheim (1967), Regensburg (1967), Bielefeld (1969), Trier (1970), Augsburg (1971), Bremen (1971), Hannover (1973), Bayreuth (1975), Passau (1978), Hagen (1979), Osnabrück (1980). Erst nach einer längeren Pause treten nach 1990 nochmals Wiedereröffnungen und Neugründungen hinzu.

[6] Vgl. nähere Angaben bei *Ute Sacksofsky*, Kritische Vorreiterin und erste deutsche Staatsrechtslehrerin, Nachruf auf Ilse Staff (1928–2017), KJ 51 (2018), S. 3 ff.

[7] Siehe näher *Pascale Cancik*, in diesem Band, S. 795 ff.

[8] Freilich zeitweise mit Wiederwahl nach einem Jahr. Zur Übersicht der Vorstände im Einzelnen s. Anhang, S. 1069 ff.

Abbildung 1: Hans Peter Ipsen (1907–1998), Ehrenvorsitzender der Vereinigung (1990).

zwanzig Jahren war mit *Günther Winkler* (Wien) nur ein einziges Mal ein Kollege aus Österreich Vorsitzender, die Schweiz war im Vorstand überhaupt nicht vertreten. Zu beachten ist das Lebensalter der Vorstände während ihrer Amtszeit: Die ersten Vorsitzenden des Berichtszeitraums *Hans Schneider* (*1912), *Konrad Hesse* (*1919) und *Hans Peter Ipsen* (*1907) gehören wie ihre Vorgänger voll zur Kriegsgeneration – *Hans Schneider* und *Hans Peter Ipsen* hatten als Juristen nach 1933 im Dienst des nationalsozialistischen Staates gestanden und waren u.a. auch Mitglied der NSDAP, während *Konrad Hesse* nach der Schule als Soldat gedient hatte.[9] Der dann für 1976/77 gewählte, markant jüngere *Peter Badura* (*1934) sowie die späteren Vorsitzenden sind erst nach dem Krieg erwachsen geworden und haben als Angehörige der „skeptischen Generation" (*Helmut Schelsky*) ihr Studium unter anderen Prägungen aufgenommen – so unterschiedlich ihre späteren Wege und Auffassungen auch sein mochten.[10] Es kommt im Übrigen in den zwei Dekaden durchaus häufiger vor, dass Beisitzer später in einer zweiten Amtszeit zu Vorsitzenden gewählt werden, so *Peter Lerche* 1982/83 (nach 1972/73), *Hans Heinrich Rupp* 1984/85 (nach 1972/73), *Hans Zacher* 1986/87 (nach 1970/71) und *Klaus Vogel* 1990/91 (nach 1974/75).[11]

Von 1971 bis 1991 findet die Jahrestagung regelmäßig im Herbst immer von Mittwoch bis Samstag statt, nur im Frühjahr 1990 tritt eine Sondertagung in Berlin aus Anlass der bevorstehenden Wiedervereinigung hinzu.[12] Der äußere Ablauf folgt einer grundsätzlich stabilen Grundanordnung, die allerdings im Detail zahlreiche Varianten aufweist: Die zwei Tage der wissenschaftlichen Verhandlungen sind jeweils durch ein Doppel- (oder Dreifach-) Referat am Vormittag strukturiert (zum Teil mit ergänzenden kürzeren Länderberichten aus der Schweiz und Österreich); ihnen folgt eine ausführliche Debatte am Nachmittag. Der Donnerstag gehört dem Staatsrecht, der Freitag (nominell) dem Verwaltungsrecht.

---

[9] Die VDStRL hat Hans Peter Ipsen, dem langjährigen Matador der Tagungen, auf Vorschlag des damaligen Vorstands (und der Vor-Vorstände) am 4. Oktober 1989 die Ehrung eines Vorsitzenden auf Lebenszeit angetragen. Ipsen folgte in dieser Position Erich Kaufmann (1880–1972) nach, der 1938 ins Exil hatte gehen müssen. Bereits zuvor war Ipsens Engagement im Nationalsozialismus ausdrücklich und auch öffentlich wahrnehmbar thematisiert worden, s. unter Auswertung diverser Akten und Veröffentlichungen *Norman Paech/Ulrich Krampe*, Demokratie und Recht 1986, S. 373 (378 ff.). Aktuell *Anna Katharina Mangold*, in: Kremer (Hrsg.), Die Verwaltungsrechtswissenschaft in der frühen Bundesrepublik (1949–1977), 2017, S. 177 ff.

[10] Zu Konrad Hesse ist anzumerken, dass er erst nach dem Weltkrieg sein Jurastudium begann und insoweit in erweitertem Sinn zu der von Helmut Schelsky gemeinten Gruppe gezählt werden darf (Die skeptische Generation, 1957). Dazu gehören jedenfalls altersmäßig neben Peter Badura auch Klaus Stern (*1932), Günther Winkler (*1929), Peter Lerche (*1928), Hans Heinrich Rupp (*1926), Hans Zacher (*1928), Martin Heckel (*1929) und Klaus Vogel (*1930), also sämtliche nachfolgende Vorsitzende des Berichtszeitraums. Der Vorstand von 1976/1977 brachte neben dem vergleichsweise sehr jungen Vorsitzenden Badura die ebenfalls jungen Beisitzer Jochen A. Frowein und Josef Isensee ins Amt, die unabhängig von inhaltlichen Positionen jedenfalls äußerlich auch als Gruppe einen Generationenwechsel signalisierten.

[11] Auch Hans Schneider (Vorsitz 1970/71) war bereits 1954/55 Beisitzer gewesen, ebenso Hans Peter Ipsen (Vorsitz 1974/75) schon 1952/53.

[12] Der Vorstand ruft erst im Jahr 2021 aus Anlass der Corona-Pandemie wieder zu einer (virtuellen) Sondertagung nach Wien.

Die insgesamt über neunzig Referate wie die Diskussionen in den Nachmittagssitzungen können an dieser Stelle selbstverständlich nicht im Einzelnen gewürdigt werden. Die Jahrfünfte mit Orten, Themen, Referenten und deren Hauptthesen sowie die hier im Einzelnen ausgewiesene Arithmetik der Diskutanten (die tatsächlich nicht bestimmten Mythen vorzeitlicher Diskursherrschaft qua Hierarchie entspricht) geben freilich eine Anschauung von dem Modus, in dem sich das deutschsprachige Staatsrecht mit seiner Zeit, seinen Voraussetzungen, seiner Umgebung auseinandersetzt.

2. Neu im Ungewissen (1971–1975)

a) In den Jahren *1971* bis *1975* war die Vereinigung nacheinander an den Hochschulen in *Regensburg, Salzburg, Mannheim, Bielefeld* und *Augsburg* zu Gast. In allen Fällen handelte es sich um einen Erstbesuch an Fakultäten, die nach 1945 (wieder-) gegründet worden waren. Zuvor hatte die Vereinigung 1969 zum ersten Mal in der Schweiz (Bern) getagt, und 1970 war für die Tagung in Speyer im Vorwort ausdrücklich festgehalten worden: „Die Tagung war durch keine Störung getrübt".[13] Die Wahl der Orte in diesen Jahren lässt sich als ambivalente Besonderheit rekonstruieren: In ihr ist das Interesse an neuen Verhältnissen abzulesen, an den besonderen Studienbedingungen der Verwaltungshochschule, an den neuen Campusuniversitäten, in denen z. T. ein verändertes, interdisziplinär durchgeplantes Studium der Rechtswissenschaft erprobt wurde.[14] Zugleich war so aber auch gewährleistet, den unruhigen Verhältnissen in den klassischen Universitätsstädten einstweilen aus dem Weg zu gehen. Vor dem Urteil des Bundesverfassungsgerichts vom Mai 1973 zum Spannungsverhältnis von Wissenschaftsfreiheit und Hochschulorganisation war jedenfalls keineswegs ausgemacht, zu welcher Seite sich die Entwicklung im Öffentlichen Recht auch in Sachen Hochschullandschaft neigen würde.[15] Während die „50jährige Wiederkehr der Gründung der Vereinigung" 1972 in Salzburg durch eine im Tagungsband abgedruckte Ansprache von *Ulrich Scheuner* gewürdigt wurde,[16] waren 25 Jahre Grundgesetz 1974 in Bielefeld nur für den konkreten Arbeitsauftrag bestimmend.[17]

b) Die Zusammenkunft *1971* hat bis in die Gegenwart einen legendären Ruf als sprichwörtliche *„Regensburger Tagung"*. Es referierten zunächst *Wolfgang Martens* (damals Bochum) und *Peter Häberle* (damals Marburg) zu „Grundrechten im Leistungsstaat".[18] Vor allem der Zweitbericht von *Peter Häberle* über „Grundrechte im Leistungsstaat" erregte Aufsehen und auch Widerspruch; der junge Referent hatte schon zuvor in seinen ersten Wortmeldungen als „Neuling in diesem Kreis" ab 1969 den prinzipiellen Abstand

---

[13] VVDStRL 29 (1971), S. 1.

[14] Zu den unterschiedlichen Ausformungen der einstufigen Juristenausbildung *Michael Stolleis*, Geschichte des Öffentlichen Rechts Bd. IV, 2012, S. 407 ff.

[15] BVerfGE 35, 79 (Hochschul-Urteil) [1973].

[16] VVDStRL 31 (1973), S. 7–12. Die Jahre 1933–1949 (ohne Tagungen der Vereinigung) werden von *Scheuner* nur in allgemeinen Formeln angesprochen.

[17] VVDStRL 33 (1975), S. 6.

[18] VVDStRL 30 (1972), S. 7–42 (Martens), 43–141 (Häberle).

zu überkommenen Sichtweisen eingefordert und sein Lebensthema der pluralistisch-offenen Demokratie adressiert.[19] Ihm wurde nun sogleich ein Thema übertragen, bei dem dieser Ansatz auf die Rekonstruktion der Grundrechte ausgeweitet werden konnte. *Wolfgang Martens* hatte vorsichtiger argumentiert und bekam angesichts des „knisternden Antagonismus“[20] zunächst mehr Unterstützung.[21] Der besondere Charakter des Referats von *Peter Häberle* gründete sich (neben dem Format der Druckfassung) sowohl auf der pointierten Zukunftsorientierung, die einen Brückenschlag zwischen Staatsrecht und schnell wachsendem Leistungsstaat anbot, aber auch auf der sonst ganz seltenen Thematisierung der eigenen und fremder Methoden – wahrlich ein Referat „von außen nach innen“ und zugleich „von innen nach außen“.

Otto Bachof (Tübingen) und *Winfried Brohm* (damals Bielefeld) sprachen am Folgetag zur „Dogmatik des Verwaltungsrechts vor den Gegenwartsaufgaben der Verwaltung“.[22] Dass *Otto Bachof* (*1914) nach 1953 ein zweites Mal vor der Vereinigung sprach, dürfte zum besonderen Ruf der Tagung beigetragen haben. Er hielt ein ungewöhnlich persönliches Referat, das nicht nur das große Thema aufnahm, sondern auch wägend in den Kontext der historischen Entwicklung stellte: Noch war das VwVfG nicht verabschiedet, die Dogmatik des Verwaltungsrechts daher durch Praxis und Wissenschaft mindestens so bestimmt wie durch die bereits stark zunehmende Vielzahl von Gesetzen aller Art und Sachbereiche; *Otto Bachof* wies die (auch heute vielfach gängigen) Verkürzungen einer linearen Entwicklung vom Obrigkeitsstaat zum Sozial- und Leistungsstaat als ahistorisch zurück und rief insbesondere die Notwendigkeit einer umfassenden Wirklichkeitsorientierung der Verwaltungsrechtslehre als integrale Ergänzung der rechtsstaatlichen Gesetzesbindung in Erinnerung. *Winfried Brohm* stellte dem eine methodische Reflexion über die Funktion von Dogmatik an die Seite und wies im Einzelnen nach, dass verwaltungsrechtliche Dogmatik sich nicht auf die verkürzte Wahrnehmung der abschließenden Entscheidung beschränken dürfe; insbesondere die Gestaltungsfunktion müsse in neuer Weise rechtsstaatlich umgrenzt werden, was systemtheoretische und entscheidungstheoretische Erweiterungen verlange. In beiden Referaten war ein Maßstab für verwaltungsrechtliche Untersuchungen formuliert worden, der Tradition und Öffnung zu einem Arbeitsprogramm für Jahrzehnte verband. Die Diskussion erkannte beides an – die historische Kontextualisierung wie den Aufbruch.[23]

---

[19] *Häberle*, Diskussionsbeiträge, VVDStRL 28 (1970), S. 110f., 111f., 116, 117, 259ff.; ebenso VVDStRL 29 (1971), S. 98f., 125f.

[20] *Oppermann*, Diskussionsbemerkung, VVDStRL 30 (1972), S. 322.

[21] VVDStRL 30 (1972), S. 142–191. Diskussionsleitung: Hollerbach. Diskutanten: Scheuner, Hesse, Herzog, Häberle, Martens, Zacher (unterbrochen von Martens), Dürig, Kaiser, Geck, Kriele, Böckenförde, Häberle (nochmals), Martens (nochmals), Häberle (nochmals), Oppermann, H. H. Klein, Schmitt Glaeser, Mayer-Tasch, Achterberg, Roellecke, Scholler, Münch, Schnur, Rauschning, Rupp, Kröger, Maurer, Vogel, Selmer, Häberle (Schlusswort), Martens (Schlusswort).

[22] VVDStRL 30 (1972), S. 193–244 (Bachof), 255–312 (Brohm).

[23] VVDStRL 30 (1972), S. 313–364. Diskussionsleitung: Zacher. Diskutanten: Ipsen, Quaritsch, Brohm, Bachof, Oppermann, Vogel, Badura, König, Winkler, Bullinger, Rupp, Thieme, Dagtoglou, Götz, Kisker, Blümel, Kopp, Frowein, Achterberg, Brohm (Schlusswort), Bachof (Schlusswort).

c) *1972* kam die Vereinigung zu ihrer Tagung in *Salzburg* zusammen. *Jochen Abr. Frowein* (damals Bielefeld) und *Ingo v. Münch* (damals Bochum) referierten zu „Gemeinschaftsaufgaben im Bundesstaat".[24] *Jochen Abr. Frowein* ging von der noch frischen Bestimmung des Art. 91a GG (1969) aus, die eine allgemein anerkannte Anforderung abgestimmter Planung zu „Wohlstand und Wohlergehen der Bevölkerung" in sichtbarer Weise institutionalisiere; zugleich sprach er sich für eine weite Auslegung des ebenfalls neuen Art. 104a Abs. 4 GG aus, durch den das Zusammenwirken von Land und Bund „bei allen wichtigen Infrastrukturmaßnahmen" möglich sei. *Ingo v. Münch* wies auf den langen Vorlauf der Neufassung und die weiter fortlaufenden Änderungsbemühungen hin und stellte für eine Systematisierung der Gemeinschaftsaufgaben mit dem Beispiel des Hochschulbaus die Staatszielbestimmungen des Grundgesetzes in den Mittelpunkt. Die Verflechtung von Bund und Ländern mit den schon damals festgestellten Einwirkungswünschen des Bundes traf in der Diskussion auf Bedenken, die sich auch heute nicht erledigt haben.[25]

Mit direktem Bezug zu politischen Großfragen der Zeit war das zweite Thema „Partizipation an Verwaltungsentscheidungen" gestellt, das *Robert Walter* (Wien) und *Walter Schmitt Glaeser* (damals Marburg) bearbeitet hatten.[26] *Robert Walter* erörterte die doppelte Dimension der individuellen wie der gruppenbezogenen Partizipation und verwies etwa auf die stärkere Tradition der Partizipation im Gerichtswesen im Vergleich zur hoheitlichen Verwaltung sowie die wachsende betriebliche Mitbestimmung. Bei Gestaltung und Ermessen wäre die fachliche Legitimation der Verwaltung unter demokratischen Gesichtspunkten nicht ohne weiteres unzweifelhaft – wobei die Vertretung spezieller Interessen durch Gruppenvertreter insoweit aber gerade eine Gefährdung des Rechtsstaats darstelle. *Walter Schmitt Glaeser* ordnete Partizipation als „politischen Kampfbegriff" ein und gab so seiner Analyse eine klare Richtung, der sich ein (Gegen-) Modell einer spezifischen „verfassungs- und verwaltungsrechtlichen Partizipation" anschloss, das Raum vor allem für sozialstaatliche Beteiligungsformen sah. In der Diskussion wurden diese beiden (tatsächlich ja staatsrechtlich ausgerichteten) Referate vor allem auf ihre Rückbindung an die Praxis des Verwaltungsrechts befragt, die insbesondere mit der Unterscheidung von individuellen Rechten und gruppenbezogener Beteiligung zu tun habe.[27]

d) Die *Mannheimer Tagung von 1973* widmete sich mit den Referaten von *Karl Doehring* (Heidelberg) und *Josef Isensee* (damals Saarbrücken) zunächst dem Thema „Die staats-

---

[24] VVDStRL 31 (1973), S. 13–50 (Frowein), 51–86 (v. Münch).

[25] VVDStRL 31 (1973), S. 87–146. Diskussionsleitung: Lerche. Diskutanten: Rill, Saladin (Länderberichte Österreich und Schweiz), sodann Hettlage, Partsch, Stern, Kewenig, Frowein, Soell, Rudolf, Kisker, Scupin, Brohm, Ipsen, von Simson, Franz Mayer, Achterberg, Wenger, Soell (nochmals), Mußgnug, Partsch (nochmals), v. Münch (Schlusswort), Frowein (Schlusswort).

[26] VVDStRL 31 (1973), S. 147–178 (Walter), 179–265 (Schmitt Glaeser).

[27] VVDStRL 31 (1973), S. 266–312. Diskussionsleitung: Rupp. Diskutanten: Bullinger, Denninger, v. Unruh, Püttner, Bettermann, Kisker, Merten, Schmitt Glaeser, Walter, Delbrück, Wenger, Franz Mayer, Winkler, Bachof, Maurer, Ipsen, Brohm, Roellecke, Häberle, Bachof (nochmals), Blümel, Hellbling, Schmitt Glaeser (Schlusswort), Walter (Schlusswort).

rechtliche Stellung der Ausländer in der Bundesrepublik Deutschland".[28] Damit war mit einem Jahrzehnt Verzögerung die Frage der „Gastarbeiter", also in Wahrheit der Migration, im staatsrechtlichen Forum angekommen. Sowohl die Fragestellung als auch die beiden Berichte waren freilich von einer abwartend-distanzierten Dichotomie zwischen Staatsbürgern und „Fremden" geprägt – ihre staatsrechtliche Ungleichbehandlung wurde als selbstverständlich vorausgesetzt bzw. als völkerrechtlich imprägniertes Verfassungsgebot postuliert. In der Diskussion wurden gegenüber dieser stark konventionellen Position die Fragen der europarechtlichen Differenzierung und etwa bei langem Aufenthalt die Beteiligung an der Willensbildung auf kommunaler Ebene thematisiert – anders als in Regensburg zwei Jahre zuvor war das Auditorium nicht durch zu viel Disruption aufgeschreckt, sondern verlangte eher nach mehr Aktualitätssinn.[29]

Zum zweiten Beratungsgegenstand wurde zu „Vertrauensschutz im Verwaltungsrecht" von *Gunter Kisker* (Gießen) und *Günter Püttner* (damals Frankfurt am Main/Speyer) berichtet.[30] Diese klassische Fragestellung stand – wie das auch für andere verwaltungsrechtliche Themen dieser Jahre galt – unter dem Eindruck der Arbeit am Verwaltungsverfahrensgesetz für Länder und Bund, für das in jenem Sommer der entscheidende Gesetzentwurf vorgelegt worden war.[31] Hier war noch letzte Begleitarbeit für eine große Kodifikation zu leisten – auch wenn die Vereinigung dabei nicht als zentraler Ort zu begreifen ist.[32] *Gunter Kisker* bot mit der Formel „Vertrauensschutz ist Dispositionsschutz" eine zentrale individualrechtliche Bezugsformel an, die er dann in Bezug auf die dadurch gebundenen Staatsorgane deutlich differenzieren wollte. *Günter Püttner* entwarf eine konkrete, sehr vertrauensschutzfreundliche Dogmatik zu Rücknahmeentscheidungen. Vor allem die Frage der Herleitung wurde in der Diskussion ausführlich und „verfassungsbezogener" adressiert – ein Beispiel für die Dauerfrage, ob und wie das Verwaltungsrecht im Verfassungsstaat einen echten Selbststand bewahren kann.[33]

---

[28] VVDStRL 32 (1974), S. 7–48 (Doehring), 49–106 (Isensee).

[29] VVDStRL 32 (1974), S. 107–148. Diskussionsleitung: Lerche. Diskutanten: Kewenig, Zuleeg, Doehring, Mosler, Isensee, Vogel, Dürig, Zacher, Herzog, Zacher (nochmals), Tomuschat, Herzog (nochmals), Isensee (nochmals), Bachof, Isensee (nochmals), Bachof (nochmals), Isensee (nochmals), Doehring (nochmals), Frowein, Isensee (nochmals), Bachof (nochmals), Oppermann, Leisner, Doehring (nochmals), Leisner (nochmals), Erbel, Isensee (nochmals), Saladin, Böckenförde, Doehring (nochmals), Böckenförde (nochmals), Doehring (nochmals), Hans Meyer, Merten, Hans Meyer (nochmals), Oppermann (nochmals), Fritz Münch, Mußgnug, Isensee (nochmals), Scholz, Böckenförde (nochmals), Leisner (nochmals), Isensee (Schlusswort), Doehring (Schlusswort).

[30] VVDStRL 32 (1974), S. 149–199 (Kisker), 200–227 (Püttner).

[31] BT-Drs. 7/910 vom 18. Juli 1973.

[32] Zur Entstehungsgeschichte des VwVfG im knappen Überblick *Hermann Pünder*, Verwaltungsverfahren, in: Ehlers/Pünder (Hrsg.), Allgemeines Verwaltungsrecht, 15. Aufl. 2016, § 13, Rn. 4 f.

[33] VVDStRL 32 (1974), S. 228–268. Diskussionsleitung: Rupp. Diskutanten: Bachof, Wenger, Rüfner, H.P. Ipsen, Achterberg, Walter Schmidt, Kisker, Püttner, Grabitz, Püttner (nochmals), Grabitz (nochmals), Kisker (nochmals), Hans Schneider, Ossenbühl, Kisker (nochmals), Ossenbühl (nochmals), Püttner (nochmals), Bachof (nochmals), Blümel, Böckenförde, Püttner (nochmals), Blümel (nochmals), Püttner (nochmals), Hans Schneider (nochmals), Kisker (nochmals), Dürig, Fritz Münch, H. P. Ipsen (nochmals), Kisker (nochmals), H. P. Ipsen (nochmals), Kisker (nochmals), Badura, H. P. Ipsen (nochmals), Zacher, Bachof (nochmals), Zacher (nochmals), Dürig (nochmals), Kisker (nochmals), Leisner, Wenger (nochmals), Selmer, Püttner (nochmals), Selmer (nochmals), Püttner (nochmals), Bachof (nochmals), Selmer (nochmals), Kisker (nochmals), Bachof (nochmals), Badura (nochmals), Dürig (noch-

e) Die Tagung in *Bielefeld 1974* widmete sich nach 25 Jahren Grundgesetz mit den Referaten von *Thomas Oppermann* (Tübingen) und *Hans Meyer* (damals Frankfurt) zunächst dem politisch und verfassungspolitisch naheliegenden Thema „Das parlamentarische Regierungssystem des Grundgesetzes, Anlage – Erfahrungen – Zukunftseignung".[34] *Thomas Oppermann* bescheinigte dem Parlamentarismus im Ganzen Bewährung und konkrete Alternativlosigkeit, gerade im Angesicht neuer, grundständiger Kritik; auch dem Bundesverfassungsgericht wurde eine systemgerechte, in Bezug auf die Staatsorganisation im Zweifelsfall zurückhaltende Definition der eigenen Rolle bescheinigt. *Hans Meyer* wies auf die Grenzen allgemeiner Grundmodelle (etwa Repräsentation vs. Identität) für das tatsächliche Regierungssystem hin, arbeitete die asymmetrische Verschränkung von erster und zweiter Gewalt heraus und warb stärker als der Erstreferent für eine Stärkung direkt-demokratischer Elemente. Anzumerken ist, dass die Frage des Landesparlamentarismus die Teilnehmer nicht besonders interessierte.[35] In der Diskussion bestimmte der Großbegriff der Repräsentation mit den damit verbundenen Denkvoraussetzungen das Feld, daneben wurden aber auch konkrete Abgrenzungen zur Frage von Plebisziten und der Entgrenzung repräsentativer Aufgaben streitig behandelt.[36]

Walter Schmidt (Frankfurt) und *Richard Bartlsperger* (Erlangen) sprachen am zweiten Tag zum Thema „Organisierte Einwirkungen auf die Verwaltung. Zur Lage der zweiten Gewalt".[37] Anders als im Vorjahr ging es – jedenfalls auf den ersten Blick – eher um den politischen Charakter verwaltungsrechtlicher Konstellationen als um Rechtsdogmatik. Freilich hatten die konkreten Fragen der Mitwirkung etwa durch Bürgerinitiativen eben auch die Entwicklung solcher Verfahren im Blick, die damals für das VwVfG als „besondere Verwaltungsverfahren" auszuformen waren. Hier wurden von *Walter Schmidt* strukturelle Defizite im Verhältnis zu den organisierten Einwirkungen etwa durch Industrieverbände benannt; sachgerechte Partizipation wäre sowohl von der Entscheidungsfindung im öffentlichen Interesse wie auch von der privatnützigen Wahrnehmung individueller Rechte zu unterscheiden; in eine ähnliche Richtung zielte mit einem theoretisch unterlegten Begriffsapparat auch *Richard Bartlsperger*. Beide Referenten setzten auf die Einsicht in den notwendig politischen und darum zu demokratisierenden Cha-

mals), Tomuschat, H.P. Ipsen (nochmals), Kaiser, Dürig (nochmals), Hans Meyer, Kisker (nochmals), Wenger (nochmals), Püttner (Schlusswort), Kisker (Schlusswort).

34 VVDStRL 33 (1975), S. 7–68 (Oppermann), 69–119 (Meyer).

35 Oppermann benannte allerdings die Gefahren in Bezug auf die Stärkung exekutiver Kompetenzen durch das Europarecht, in dessen Bereich eine hinreichende parlamentarische Rückbindung nicht gegeben sei, VVDStRL 33 (1975), S. 33, 40, 62; in der Diskussion wird die Rolle der Landtage als Leerstelle vermerkt S. 172 f.

36 VVDStRL 33 (1975), S. 120–182. Diskussionsleitung: Vogel. Diskutanten: Scheuner (unterbrochen von Meyer), Hans Huber, Kaiser, Zuleeg, Stern, Zippelius, Friauf, Schnur, Böckenförde, Mayer-Tasch, Häberle, Merten, Bull, Zacher, Badura, Knöpfle, Meyer (vielfach von Krüger unterbrochen), Oppermann (unterbrochen von Meyer), Hans H. Klein (zweifach von Meyer unterbrochen), Frowein, Hans-Peter Schneider, Kröger (unterbrochen von Meyer), Kisker, Stein, Quaritsch, Friauf (nochmals), Püttner, Stern (nochmals), Kaiser (nochmals), Rauschning, Soell (unterbrochen von Oppermann), Hans Schneider, Korinek, Stern (nochmals und unterbrochen von Oppermann), Badura (nochmals), Maurer, Wilke, Kewenig, Hans Schneider, Kisker (nochmals), Meyer (Schlusswort, unterbrochen von Stern, Hans Peter Schneider und Zacher), Oppermann (Schlusswort).

37 VVDStRL 33 (1975), S. 183–220 (Schmidt), 221–271 (Bartlsperger).

rakter des Verwaltungshandelns und auf Verfahrenselemente zur Bewältigung dieses Umstands – eine Grundlinie des modernen Verwaltungsrechts bis heute. In der Diskussion[38] fanden sich etliche Vertreter des Repräsentationsgedankens vom Vortag konsequenterweise als Kritiker der hier vorgetragenen Öffnungsstrategien ein – Bielefeld hatte eine bemerkenswerte verwaltungsrechtliche Debatte erlebt.

f) In *Augsburg* berichteten *1975* zunächst zur *„Bindung des Richters an Gesetz und Verfassung"* *Gerd Roellecke* (Mannheim) und *Christian Starck* (Göttingen).[39] *Gerd Roellecke* betonte die Rückbindung an das Gesetz als notwendige Grundlage richterlichen Handelns, während *Christian Starck* stärker die vorhandenen Regelungslücken thematisierte und die Fragen des Richterrechts und des Verfassungsbezugs (wie auch der Vor- und Nachwirkung des Bundesverfassungsgerichts im Gesetzgebungsverfahren) herausarbeitete. Die Begrenzung der richterlichen Rollendefinition gegenüber dem demokratischen Gesetzgeber bei *Gerd Roellecke* wurde in der Diskussion aus unterschiedlichen Motiven zum Teil deutlich kritisiert, in umgekehrter Weise galt dies auch für die haushaltsrechtlichen Vorbehalte, die *Christian Starck* gegenüber richterlicher Tätigkeit anbringen wollte; Referate wie Diskussion ließen erahnen, dass in der Richterschaft ein neuer „Gang durch die Institutionen" begonnen hatte und die schon immer virulente Rolle der Richterschaft in ihrer politischen Dimension zum Thema werden sollte.[40]

Am zweiten Tag sprachen zu *„Verwaltungsverantwortung und Verwaltungsgerichtsbarkeit"* *Rupert Scholz* (damals Berlin) und *Eberhard Schmidt-Aßmann* (damals Bochum).[41] *Rupert Scholz* eröffnete mit der These von der einheitlichen Ermessenskompetenz und einer entsprechenden Kritik am „Beurteilungsspielraum". Insbesondere die gesetzliche Ermächtigung der Verwaltung zur Selbstprogrammierung müsse konsequenterweise zu einer Beschränkung gerichtlicher Kontrolle auf Verfahrensfehler führen; zugleich verlangte der Referent eine Öffnung des subjektiven Rechts, dem Bürger käme auch die Vertretung des öffentlichen Interesses zu. *Eberhard Schmidt-Aßmann* arbeitete die Spannungslage zwischen komplexen Verwaltungsverfahren und angemessener gerichtlicher Kontrolle heraus und betonte die Funktion von Programmbegriffen und Abwägungsklauseln, die die gesetzliche Abbildung besonderer Kontrollkonstellationen darstellten. Das subjektive Recht müsse kongruent in seiner systematischen Bedeutung rekonstru-

---

[38] VVDStRL 33 (1975), S. 272–332. Diskussionsleitung: Ossenbühl. Diskutanten: Zacher, Quaritsch, Stern, Roellecke, Schmidt, Bullinger, Thieme, Kaiser (unterbrochen von Hans Peter Ipsen), Martens, Brohm, Dürig, Badura, Püttner, Schnur, Böckenförde, Schmitt Glaeser, Kisker, Korinek, Vogel, Doehring, Häberle, Friauf, Meyer, Blümel, Frowein, Bachof, Hans Schneider, Zuleeg, Bartlsperger (Schlusswort, unterbrochen von Hans Peter Ipsen), Schmidt (Schlusswort).

[39] VVDStRL 34 (1976), S. 7–42 (Roellecke), 43–93 (Starck).

[40] VVDStRL 34 (1976), S. 94–144. Diskussionsleitung: Vogel. Diskutanten: Scheuner, Kriele, Partsch, Zacher, Roellecke, Bachof, Oppermann, Roellecke (nochmals), Häberle (unterbrochen von Roellecke), Roellecke (nochmals), Badura, Fleiner, Roellecke (nochmals), Krawietz, Starck, Steiger, Kopp, Püttner, Soell, Kriele (nochmals), Starck (nochmals), Roellecke (nochmals), Achterberg (unterbrochen von Roellecke), Kaiser, Wielinger, Frowein, Rauschning, Dürig, Hans Meyer, Dürig (nochmals), Kisker, Knut Ipsen, Fromont, Häberle (nochmals und unterbrochen von Roellecke), Roellecke (nochmals), Fritz Münch, Kaiser (nochmals), Kriele (nochmals), Starck (Schlusswort), Roellecke (Schlusswort).

[41] VVDStRL 34 (1976), S. 145–220 (Scholz), 221–274 (Schmidt-Aßmann).

iert werden. In der Diskussion[42] wurde die „Verwaltungsfreundlichkeit" (*Otto Bachof*) der Referate vermerkt, die in Wellenbewegungen auf Verwaltungsskepsis folge (was damals wie heute gelten dürfte). Freilich wurde die rechtsdogmatische Orientierung an neuen und schwierigen Entscheidungskonstellationen, vor allem am Planungsrecht, kritisch thematisiert, weil sich so Kontrollform nach Handlungsform richte und nicht umgekehrt. Die Frage nach der Verrechtlichung (nicht Vergesetzlichung) des gesamten Verwaltungsauftrags wie auch diejenige nach der personellen Substanz der Verwaltungsverantwortung wurde hier auch angesichts neuer Anforderungen noch einmal (bzw. schon) mit großem Ernst gestellt.

3. Konsolidierung und Konkretion (1976–1980)

a) In den Jahren *1976* bis *1980* tagte die Vereinigung an den Universitäten in *Heidelberg*, *Basel*, *Bonn*, *Berlin* und *Innsbruck*. Sie kehrte damit in der Mitte der 1970er Jahre unter dem Vorsitz einer neuen Generation an Orte zurück, die (was Deutschland betrifft) schon zuvor Veranstaltungsorte gewesen waren, in den Vorjahren aber Zentren des demokratischen Aufbruchs und studentischer Unruhe gebildet hatten.[43] Die Veränderung der Bundesrepublik war in diesen „Schmidt-Jahren" ambivalenter angelegt als zuvor unter *Willy Brandt*. Der Sozialhaushalt und die Verflechtungen zwischen Staat und Gesellschaft wuchsen weiter, zugleich war der Drang zur grundsätzlichen Systemveränderung in radikalisierte Randgruppen abgewandert, die zunehmend eher polizeilich (und nicht politisch) bekämpft wurden. Entsprechend waren auch die Themen der Staatsrechtslehrer nun wieder stärker auf Konkretion und auch auf Konvention angelegt – was sich nicht zuletzt als ein wechselseitiger Integrationsvorgang begreifen lässt: Die Staatsrechtslehre sah sich nicht mehr grundsätzlich in Frage gestellt – hatte aber auch zur Kenntnis zu nehmen, dass sie umrissene Problembereiche bearbeitete, während für die Gesamtdeutungen der Staatlichkeit nun eher andere Disziplinen wie etwa die Politikwissenschaft oder die Soziologie herangezogen wurden. Die ganz grundsätzlichen Verschiebungen durch die europäische Integration waren – ungeachtet der längst vorliegenden Bindungen – mit Ausnahme der konkreten Aufgabenstellung 1977[44] höchstens als Streif am Horizont zu erahnen.

b) Die *Heidelberger Tagung 1976* begann mit den Referaten von *Peter Saladin* (Bern) und *Hans-Jürgen Papier* (damals Bielefeld) zu „Unternehmen und Unternehmer in der

[42] VVDStRL 34 (1976), S. 275–333. Diskussionsleitung: Ossenbühl. Diskutanten: Bachof, Lerche, Zacher, Dürig, Bettermann, Rupp, Vogel, Bachof (nochmals), Rupp (nochmals), Knöpfle, Badura, Thieme, Denninger, Götz, Scholz, Wenger, Scholz (nochmals), Walter Schmidt, Scholz (nochmals), Hans Meyer (unterbrochen von Scholz), Scholz (nochmals), Maurer, Bettermann (nochmals), Bachof (nochmals), Ule, Schnur (unterbrochen von Bachof), Häberle, Partsch, Scholler, Menger, Scholler (nochmals), Ule (nochmals), Fritz Münch, Kirchhof (unterbrochen von Bachof), Soell, Wenger (nochmals), von Unruh, Bartlsperger, Barbey, Adamovich, Krause, Kriele, Püttner, Steiger, Suhr, von Mutius, Herrmann, Thieme (nochmals), Dürig (nochmals), Schmidt-Aßmann (Schlusswort), Scholz (Schlusswort).

[43] Siehe im hiesigen Kontext *Florian Meinel*, in diesem Band, S. 733 ff.

[44] VVDStRL 36 (1978): Der Verfassungsstaat im Geflecht der internationalen Beziehungen, s. näher unten bei c), S. 134.

verfassungsrechtlichen Ordnung der Wirtschaft".[45] Das Thema folgte dem in Deutschland kurz zuvor beschlossenen Mitbestimmungsgesetz[46] nach – was für einen hohen Aufmerksamkeits- und Erregungsgrad sorgte. Zugleich war klar, dass der Rahmen der Debatte durch die Politik gesetzt worden war und nachlaufend durch das Bundesverfassungsgericht entschieden werden würde.[47] *Peter Saladin* betonte die Pflichtenstellung von Unternehmen als „machtbewehrten Organisationen", die sich aus mittelbaren grundrechtlichen Bindungen ebenso wie aus Staatsaufgaben (Umweltschutz!) ergäben. Das müsse allerdings staatstheoretisch und auch durch Veränderung des Verfassungstextes besser abgebildet werden, welcher die Gegenübersetzung von Staat und Gesellschaft an dieser Stelle überwinden müsse. *Hans-Jürgen Papier* setzte dem die Auffassung des Schutzes unternehmerischer Freiheit durch die Grundrechte von Art. 9, 12 und 14 GG entgegen, denen die gesamthafte Vorstellung einer privaten Wettbewerbsordnung vorausliege. Dadurch sei die gesetzgeberische Ausgestaltung der Unternehmensverfassung begrenzt. In einer äußerst lebhaften, hin und her wogenden Diskussion ging es letztlich um die Reichweite der Verfassung für die Gestaltung der (Wirtschafts-)Politik, einschließlich der praktischen Anwendung, welche Inhalte dieser Verfassungsbindung dann unterlegt werden könnten – was damals als Systemfrage wahrgenommen wurde.[48]

Hans-Uwe Erichsen (damals Bochum) und *Franz-Ludwig Knemeyer* (Würzburg) referierten am zweiten Tag zum Thema „Der Schutz der Allgemeinheit und der individuellen Rechte durch die polizei- und ordnungsrechtlichen Handlungsvollmachten der Exekutive".[49] Die Kombination von grundrechtsbezogenen Schutzversprechen und Eingriffsbefugnissen war im Angesicht terroristischer Bedrohungen insbesondere durch die RAF eine naheliegende Fragestellung. Referate und Diskussion ordneten die allgemeinen Grundfragen des Polizeirechts vor allem vor dem Hintergrund des durch die Exekutive erstellten Mustergesetzentwurfs von 1976/77. Die Referate traten dabei mit kräftigen Thesen hervor (so zur Erweiterung des Polizeigedankens über die Gefahrenabwehr hinaus, die befugnisunabhängige Ausrichtung auf Aufgaben sowie die Reduzierung der Opportunität); die anschließende Debatte ließ sich in vorwiegend kritischer Weise auf diese dogmatischen Rekonstruktionen ein.[50]

---

45 VVDStRL 35 (1977), S. 7–54 (Saladin), 55–108 (Papier). Siehe zur Einordnung weiter *Frieder Günther*, in diesem Band, S. 867 ff.

46 BGBl. I 1976, S. 1153.

47 Dazu dann BVerfGE 50, 290 (Mitbestimmung) [1978].

48 VVDStRL 35 (1977), S. 109–170. Diskussionsleitung: Badura. Diskutanten: Korinek (Länderbericht Österreich), Bull, Friedrich Müller, Kriele, Tomuschat, Fritz Münch, Häberle, Stern, Meessen, Suhr, Merten, Burmeister, Saladin, Papier, Mußgnug, Merten (nochmals), von Arnim, Stern (nochmals), Friedrich Müller (nochmals), Vogel, Hoffmann-Riem, Soell, Suhr (nochmals), Saladin (nochmals), Soell (nochmals), Saladin (nochmals), Hans Peter Ipsen, Hoffmann-Riem (nochmals), Grabitz, Kisker, Stern (nochmals), Rüfner, Papier (nochmals und unterbrochen von Kisker und Stern), Hans-Peter Schneider, Hans Meyer, Götz, Bull (nochmals), Dicke, Roellecke, Kaiser, Wenger, Battis, Vogel (nochmals), Papier (Schlusswort), Saladin (Schlusswort).

49 VVDStRL 35 (1977), S. 171–220 (Erichsen), 221–294 (Knemeyer).

50 VVDStRL 35 (1977), S. 295–356. Diskussionsleitung: Isensee. Diskutanten: Eichenberger und Funk (Länderberichte Schweiz und Österreich), Vogel, Häberle, Quaritsch, Erichsen, Hans Peter Ipsen, Erichsen (nochmals), Herzog, Martens, Scheuner, Knemeyer, Erichsen (nochmals), Zuleeg, Friauf, Mußgnug, Wilke, Erichsen (unterbrochen von Wilke), Götz, Fromont, Vogel (nochmals), Erichsen

c) Die Tagung in *Basel* fand im Oktober *1977* unter dem unmittelbaren Eindruck des „Deutschen Herbstes“ statt. Anders als in den Vorjahren war aber nicht die Wehrfähigkeit und innere Konstruktion, sondern „Der Verfassungsstaat im Geflecht der internationalen Beziehungen“ das Thema der staatsrechtlichen Referate von *Christian Tomuschat* (damals Bonn) und *Reiner Schmidt* (Augsburg).[51] Dabei wurde mit der unterschiedlichen Grundperspektive der Referenten bei *Christian Tomuschat* die funktionierende und grundsätzlich widerspruchsfreie Einpassung der Bundesrepublik in die völker- und europarechtliche Rechtsordnung betont, während *Reiner Schmidt* die konkrete Handlungsfähigkeit des integrierten Verfassungsstaats am Beispiel des internationalen Währungs- und Wirtschaftssystems durchmusterte, was die Diskussion lobend aufnahm.[52]

Willi Blümel (Speyer) und *Rolf Grawert* (Bochum) sprachen am Folgetag zum Thema „Gemeinden und Kreise vor den öffentlichen Aufgaben der Gegenwart“.[53] *Willi Blümel* konzentrierte sich auf die Darstellung eines Realbefunds, nach dem die kommunale Selbstverwaltung an „fortschreitender Auszehrung“ leide, die sich aus der Vergesetzlichung von Aufgaben samt zunehmender staatlicher Planung und das Fehlen einer aufgabengerechten Finanzausstattung ergebe, aber auch durch die Verschiebung der Aufgaben von unten nach oben. *Rolf Grawert* betonte die verfassungsrechtliche Sicherung der kommunalen Selbstverwaltung, die allerdings sowohl durch die Finanzausstattung wie auch durch die Aufgabenverteilung unterlaufen werde. In der Diskussion wurde demgegenüber sowohl eine abstraktere Ordnung der Aufgaben wie auch eine Gegenkritik kommunal beklagter Nöte angemahnt.[54]

d) *Bonn* sah *1978* die Referate von *Erhard Denninger* (Frankfurt) und *Hans Hugo Klein* (Göttingen) zu „Verfassungstreue und Schutz der Verfassung“.[55] Hier war theoretischer wie politischer Antagonismus zu erwarten, den die Referenten auch lieferten: Sie und auch die Diskutanten rangen darum, ob der Staat der Bundesrepublik zuerst als „streitbare“ Demokratie oder als tatsächlich freiheitliches Gemeinwesen zu begreifen wäre, entlang der Stichworte Grundrechtsverwirkung, Parteiverbot, Treuepflicht, Zweck und

---

(nochmals), Knemeyer (nochmals), Lerche, Bachof, von Mutius, Haller, Mußgnug (nochmals), Grabitz (unterbrochen von Bachof), Bullinger, Blümel, Öhlinger, Breuer, Götz, Erichsen (nochmals), Knemeyer (nochmals), Ossenbühl, Berg, Selmer, Bachof (nochmals), Friauf (nochmals), Vogel (nochmals), Knemeyer (nochmals), Vogel (nochmals), Knemeyer (Schlusswort), Erichsen (Schlusswort).

[51] VVDStRL 36 (1978), S. 7–64 (Tomuschat), 65–109 (Schmidt).

[52] VVDStRL 36 (1978), S. 110–170. Diskussionsleitung: Frowein. Diskutanten: Jörg Paul Müller und Winkler (Länderberichte Schweiz und Österreich), Partsch, Meessen, Häberle, Bernhardt, Grabitz, Zacher, Grewe, Zieger, Geck, Vogel, Tomuschat, Reiner Schmidt, Doehring, Bothe, Dicke, Hans Peter Ipsen, Achterberg, Mußgnug, Delbrück, Bernhardt (nochmals), Kopp, Grabitz (nochmals), Geck (nochmals), Meessen (nochmals), Sattler, Häberle (nochmals), Vogel (nochmals), Suhr, Brohm, Roellecke, Reiner Schmidt (Schlusswort), Tomuschat (Schlusswort).

[53] VVDStRL 36 (1978), S. 171–276 (Blümel), 277–336 (Grawert).

[54] VVDStRL 36 (1978), S. 337–404. Diskussionsleitung: Badura. Diskutanten: Fleiner und Rill (Länderberichte Schweiz und Österreich), Zacher, Scheuner, Hans Meyer, Häberle, Scholz, Brohm, Kisker, Bullinger, Burmeister, Knemeyer, Frido Wagener, Berg, Franz Mayer, Ossenbühl, Püttner, Soell, Hans-Peter Schneider, Doehring, Blümel, Grawert, Kirchhof, Knemeyer (nochmals), Mayer-Tasch, Breuer, Siedentopf, Starck, Franz Mayer (nochmals), Hans Meyer (nochmals), Püttner (nochmals), Thieme, Wielinger, Frotscher, Zippelius, Hans Meyer (nochmals), Saladin, Grawert (Schlusswort), Blümel (Schlusswort).

[55] VVDStRL 37 (1979), S. 7–52 (Denninger), 53–113 (Klein).

Grenzen des politischen Strafrechts oder Ämter für Verfassungsschutz. *Erhard Denninger* rief die „Freiheit von Angst" als Voraussetzung lebendiger Demokratie in Erinnerung, die weder ständige Gewissensproben noch ein staatliches Grundmisstrauen gegen die eigene Bürgerschaft vertrage – was in der Diskussion jedenfalls als Beschränkung exekutiver Handlungsstrategien vielfältig bestritten wurde.[56] Die Debatte folgte der damals noch selbstverständlichen Einsicht, dass es bei der Erfüllung staatlicher Aufgaben auf das Personal ankäme, weswegen der Extremistenbeschluss mit heißem Herzen angegriffen und verteidigt wurde.

Im verwaltungsrechtlichen Block berichteten *Walter Rudolf* (Mainz) und *Frido Wagener* (Speyer) zu „Der öffentliche Dienst im Staat der Gegenwart" – was in vielem eine Weiterführung der Fragen des Vortags sein konnte.[57] Allerdings wurden im Schwerpunkt doch relativ konkret Fragen der Alimentation, der Teilzeit, des Funktionsvorbehalts abgehandelt.[58]

e) *1979* trafen die Staatsrechtslehrer in *Berlin* zusammen und tagten „mit deutlichem Bezug zum ersten Beratungsgegenstand" in einem Saal des Reichstagsgebäudes, u. a. in Anwesenheit des Bundespräsidenten, der als Mitglied der Vereinigung zu den Beratungen zugelassen war.[59] Zu „Deutschland nach 30 Jahren Grundgesetz" sprachen *Rudolf Bernhardt* (Heidelberg) und *Norbert Achterberg* (Münster).[60] In der Aussprache wurde deutlich, wie sehr nach einem unruhigen und rechtsdynamischen Jahrzehnt manche Auffassungen auseinandergingen. Die Referenten konzentrierten sich auf eine nüchtern-völkerrechtliche bzw. staatstheoretische Sicht auf die Teilung und innere Verfasstheit Deutschlands, die zugleich Gebot einer flexiblen Auslegung des Grundgesetzes als „*living constitution*" sei. Neben überwiegender Zustimmung zu der völkerrechtlichen Perspektive fanden sich in Einzelvoten der Diskussion teilweise ungewöhnlich scharfe Zurückweisungen der Perspektive vor allem des zweiten Vortrags.[61]

---

56 VVDStRL 37 (1979), S. 114–174. Diskussionsleitung: Oppermann. Diskutanten: Haller und Morscher (Länderberichte Schweiz und Österreich), Zacher, Häberle, Klein, Denninger, H. P. Ipsen, Isensee, Grabitz, Roellecke, Tomuschat, Denninger (nochmals), Hans-Peter Schneider, Böckenförde, Starck, Quaritsch, Denninger (nochmals), Stein, Klein (nochmals), Doehring, Denninger (nochmals), Doehring (nochmals), Delbrück, Klein (nochmals), Bull, Klein (nochmals), Meyer, Fromont, Schlaich, Zuleeg, Kriele, Mußgnug, Küchenhoff, Klein (Schlusswort), Denninger (Schlusswort).

57 VVDStRL 37 (1979), S. 175–214 (Rudolf), 215–266 (Wagener).

58 VVDStRL 37 (1979), S. 267–328. Diskussionsleitung: Scholz. Diskutanten: Schäffer und Schindler (Länderberichte Österreich und Schweiz), Badura, Quaritsch, Häberle, Zacher, Partsch, Dürig, Wagener, Dürig (nochmals), Wilke, Hans Peter Ipsen, Wagener (nochmals), Dürig (nochmals), Wagener (nochmals), Rudolf, Dürig (nochmals), Rudolf (nochmals), Bull, Rudolf (nochmals), Burmeister, Ossenbühl, v. Mutius, Bartlsperger, Lange, Kröger, Breuer, Erich Küchenhoff, Soell, Bull (nochmals), Kisker, von Arnim, Isensee, Dürig (nochmals), Wagener (Schlusswort), Rudolf (Schlusswort).

59 Zur Wahl des Tagungsorts und den äußeren Umständen VVDStRL 38 (1980), S. 5.

60 VVDStRL 38 (1980), S. 7–54 (Bernhardt), 55–111 (Achterberg).

61 VVDStRL 38 (1980), S. 112–165. Diskussionsleitung: Oppermann. Diskutanten: Mosler, Häberle, Geck, Böckenförde, Meessen, Ress, Schiedermair, Bernhardt, Achterberg, Quaritsch, Bernhardt (nochmals und mit Zwischenruf v. Münch), Rumpf, Frowein, Zieger, Zuleeg, Rauschning, Küchenhoff, Bothe, Doehring, Tomuschat, Kewenig, Quaritsch (nochmals), Bayer, H. P. Ipsen, Hailbronner, Bernhardt (nochmals), Staff (Einwurf H. P. Ipsen), Zacher, Badura, Bachof, Grimm, Jarass, Hollerbach, Achterberg (Schlusswort), Bernhardt (Schlusswort).

Am Folgetag berichteten zum Thema „Staatsaufgabe Umweltschutz" *Dietrich Rauschning* (Göttingen) und *Werner Hoppe* (Münster).[62] Die Spannung von Umweltnutzung und erschöpfender Umweltbelastung wurde durchaus nicht als neues Thema begriffen und zunächst in internationalrechtlicher und verfassungsrechtlicher Hinsicht besprochen – einschließlich der schon damals intensiv erörterten Frage eines eigenständigen Grundrechts auf Umweltschutz wie den Grenzen staatlicher Lebens- und Gesundheitsgewährleistung; ferner standen bereits die praktischen Fragen der Dauer und Kontrolldichte von Genehmigungsverfahren wie auch des tatsächlichen Rechtsvollzugs sowie insbesondere die Strukturen der Umweltschutzplanung im Mittelpunkt. Der Diskussion waren wie bereits seit 1972 und dann regelmäßig seit 1976 eingeübt Kurzberichte aus Österreich und der Schweiz vorangestellt, die nun zum ersten Mal auch in das Inhaltsverzeichnis des Bandes aufgenommen wurden.[63]

f) Im Herbst *1980* kam die Vereinigung zu ihrer Jahrestagung in *Innsbruck* zusammen. Die Zahl der Mitglieder hatte die Marke von 300 überschritten, und erstmals im Berichtszeitraum wurde der Bericht des ersten Tages zur „Verfassungsgerichtsbarkeit im Gefüge der Staatsfunktionen" in dreifacher Weise und grenzüberschreitend abgegeben, nämlich von *Karl Korinek* (Wien), *Jörg P. Müller* (Bern) und *Klaus Schlaich* (Bonn).[64] Die in Deutschland eingeübte Verengung auf das mächtige Bundesverfassungsgericht mit der Selbstverständlichkeit judizieller Letztentscheidung gegenüber dem politischen Prozess konnte so (gerade auch durch *Klaus Schlaich*) in den historischen und methodischen Kontext eingeordnet werden, dem sie entspringt. Die umfassende Diskussion präparierte das ungelöste Grundproblem der (Selbst-) Bindung der Verfassungsgerichtsbarkeit durch Text, Methode, *self restraint*, öffentliche und wissenschaftliche Debatte heraus – wobei als Sonderfrage die bis heute anhaltende kommunikative Privilegierung des Gerichts im Vergleich zu anderen staatlichen Verfassungsinterpreten deutlich wurde.[65] Die

[62] VVDStRL 38 (1980), S. 167–210 (Rauschning), 211–317 (Hoppe).

[63] VVDStRL 38 (1980), S. 318–324 (Karl Wenger, Wien), S. 325–330 (Luzius Wildhaber, Basel), folgend S. 331–386. Diskussionsleitung: Scholz. Diskutanten: Dürig, Ipsen, Bachof, Vogel, Pernthaler, Häberle, Püttner, Mayer-Tasch, Rauschning, Hoppe, Zacher, Badura, Suhr, Dürig (nochmals), Steiger, Soell, Saladin, Breuer, Blümel, Steinberg, Salzwedel, Götz, Fleiner, Bachof (nochmals), Papier, Vogel (nochmals), Bartlsperger, Kloepfer, Krause, Barbey, Blümel (nochmals), Mayer-Tasch (nochmals), Häberle (nochmals), Hoppe (Schlusswort), Rauschning (Schlusswort).

[64] VVDStRL 39 (1981), S. 7–52 (Korinek), 53–98 (Müller), 99–146 (Schlaich) – unter Wegfall der im Jahr zuvor aufgewerteten Länderberichte aus Österreich und der Schweiz.

[65] VVDStRL 39 (1981), S. 147–212. Diskussionsleitung: Bullinger. Diskutanten: H.-P. Schneider, Dagtoglou, Walter, Burmeister, Friesenhahn, Wenger, H. P. Ipsen, J. P. Müller, Schlaich, Quaritsch, Schlaich (nochmals), Korinek, Häberle, Badura, Schlaich (nochmals), Lerche, Stern, Schlaich (nochmals), Friesenhahn (nochmals), Sattler, Brohm, Meyer (Zwischenruf H. P. Ipsen), J. P. Müller (nochmals), Korinek (nochmals), Zacher, J. P. Müller (nochmals), Kisker, Böckenförde, Schlaich (nochmals), Böckenförde (nochmals), Schlaich (nochmals), Böckenförde (nochmals), Bachof, Quaritsch (nochmals), Bachof (nochmals), Grimm, Böckenförde (nochmals), Schlaich (nochmals), Zacher, Frowein, Meessen, Korinek (nochmals), Donner, Meyer, Soell, Meyer (nochmals), Bettermann, Rauschning, Selmer, Korinek (nochmals), Grimm (nochmals), Schlaich (nochmals), J. P. Müller (nochmals), Ossenbühl, Schlaich (nochmals), Ossenbühl (nochmals), Öhlinger, H.-P. Schneider (nochmals), Lerche (nochmals), Bachof (nochmals), H. P. Ipsen (nochmals), Schuppert, Korinek (nochmals), Schlaich (nochmals), Wahl, Grabitz, Vogel, Bachof (nochmals), Schlaich (nochmals), Wenger (nochmals), Böckenförde (nochmals),

Begrenzung des Bundesverfassungsgerichts durch den EuGH oder auch den EGMR hingegen war für die gesamte Debatte kein Punkt – *tempi passati*!

Am zweiten Tag referierten *Paul Kirchhof* (damals Münster) und *Hans-Herbert von Arnim* (damals Marburg) zu „Besteuerung und Eigentum" – ein klassisches, sozusagen zeitloses Thema auf der Grenze von Staats- und Verwaltungsrecht.[66] Dabei wurde um die Substanz und den Grad des privatnützigen Eigentums gerungen, mit einer verfassungspraktischen Präferenz für Begrenzungen des sozialstaatlichen Zugriffs – in gewisser Weise auch in der Diskussion ein Wiedergänger der Debatte zu den Unternehmerrechten von 1978.[67]

4. Verfestigungen und Diskurs (1981–1985)

a) Die Jahre *1981* bis *1985* sahen Jahrestagungen in *Trier*, *Konstanz*, *Köln*, *Göttingen* und im schweizerischen *Fribourg* (Freiburg i. Üe.). Ab 1982 waren in Deutschland durch die „Wende" veränderte Umstände gegeben: Die Staatsrechtslehre musste Positionen entwickeln, in welcher Weise sie sich zu der konservativen Erneuerung stellen wollte, die nun die Bundespolitik bestimmte – so wurde etwa das dann ab 1987 erscheinende „Handbuch des Staatsrechts" (das auch für die innere Gruppierung der Vereinigung und nach dem allgemeinen Anekdotenschatz sogar für den Ablauf der Tagungen eine gewisse Rolle spielte) vor allem in seiner 1. Auflage zu einem Kanon der Verfassungsauslegung, die sich nicht mehr gegen eine reformerische Staatspraxis richten musste, sondern in ihrem bewahrenden Charakter den Grundsound der letzten Bonner Jahre bestimmen sollte. Das Jahrfünft war nicht zuletzt von einer Reihe von Experimenten in der Tagungsführung geprägt – die Zahl der Referenten, unterschiedliche Formen der Vorgaben zur Aufteilung der Themen, Versuche einer Lenkung der Diskussion durch Zeitmaß, formalisierte Spontanbeiträge, Einbeziehung der besonderen Situation Österreichs und der Schweiz schwankten hin und her, ohne schon eine stabile neue Form zu finden.

b) *1981* tagte die Vereinigung in *Trier*, und damit wieder am „Sitz einer der jungen Rechtsfakultäten".[68] Der Vorstand hatte für beide Themen jeweils drei Berichterstatter benannt, denen engere Vorgaben sowohl für die Referate als ausdrücklich auch für den Umfang der Nachweise gemacht wurden.[69] Zur „Gesetzgebung im Rechtsstaat" referier-

---

Häberle (nochmals), Meyer (nochmals), Stern (nochmals), Burmeister, Quaritsch (nochmals), Hesse, Schlaich (Schlusswort), J. P. Müller (Schlusswort), Korinek (Schlusswort).

[66] VVDStRL 39 (1981), S. 213–285 (Kirchhof), 286–360 (v. Arnim).

[67] Diskussion VVDStRL 39 (1981), S. 361–423. Diskussionsleitung: Martens. Diskutanten: Vogel, Bayer, H. P. Ipsen, Herzog, Friauf, Bayer (nochmals), Papier, Rüfner, Kloepfer, Kirchhof, v. Arnim, Selmer, Püttner, Mußgnug (unterbrochen von Zacher), Meessen, Breuer, Partsch, Zacher, Kirchhof (nochmals), Zacher (nochmals), Novak, Herzog (nochmals), Trzaskalik, Mußgnug (nochmals), Friauf (nochmals), Zacher (nochmals), Soell, Badura, v. Arnim (nochmals), Kirchhof (nochmals), Wilke, Häberle, Kloepfer (nochmals), Selmer (nochmals), Meyer, Bayer (nochmals), Papier (nochmals), Schmidt-Jortzig, Trzaskalik (nochmals), Vogel (nochmals), Zacher (nochmals), v. Arnim (Schlusswort), Kirchhof (Schlusswort).

[68] VVDStRL40 (1982), Vorwort S. 5.

[69] Dieser Versuch ist aufgegeben worden, mit der Folge, dass bestimmte Referate späterer Jahre sich

ten *Kurt Eichenberger* (Basel), *Richard Novak* (Graz) sowie *Michael Kloepfer* (damals Trier).[70] Den Referenten wie der Diskussion ging es um die Frage, ob und wie sich der Rechtsstaat durch das Mittel des Gesetzes und durch das Verfahren der Gesetzgebung verwirkliche – bzw. wieweit nicht doch vor allem auch der Gegensatz zwischen dem Instrument der Mehrheit und der Rechtsposition des Einzelnen zu betonen sei; dabei wurden Normenvermehrung ebenso wie Qualitätsmängel als Indizien für den „verbleichenden Glanze" (*Kurt Eichenberger*) der „Gesetzgebung im Zwielicht" (*Richard Novak*) benannt sowie neue Formen von Experimentiergesetzgebung auf Zeit (*Michael Kloepfer*) gefordert – eine auffällige Gegenbewegung zu der noch nicht lange zurückliegenden Ausweitung des Gesetzesvorbehalts als verfassungsstaatlichem Generalprogramm.[71]

Am zweiten Tag referierten *Dieter H. Scheuing* (Köln), *Wolfgang Hoffmann-Riem* (Hamburg) und *Bernhard Raschauer* (Wien) zu „Selbstbindungen der Verwaltung".[72] Das Thema umfasste eine drängende Frage der Verwaltungswirklichkeit, die in einer juridifizierten Einzelfallorientierung oft zu kurz kommt, die den Normalfall vorgängig festliegender Selbstbindungen aus hierarchischer Anordnung wie jene wegen vorangegangenem Handeln nicht originär im Blick hat. Die Referate legten einen Schwerpunkt auf die Bewältigung komplexer Verfahren durch gestufte Bindungsentscheidungen; bemerkenswert war die ausdrückliche Aufteilung des Zugriffs auf das Thema zur Sicherung „eine(r) bisher nicht üblichen(n) Breite und Vielfalt";[73] insbesondere im Referat von *Wolfgang Hoffmann-Riem* wurde ausdrücklich ein Realbefund als Kontrast zur bloßen Gesetzesdogmatik angeboten, der dann zu einer integrierten, wirklichkeitsorientierten Rekonstruktion von Rechtsbindungen führte. Man darf festhalten, dass diese später vielfach wirksam gewordene Erweiterung der Perspektiven damals zunächst vielfach als Grenzerfahrung wahrgenommen wurde.[74]

---

als Fußnotenapparate mit vorangestelltem Text darstellten. Die Sanktion bei Überschreitung der Vorgaben bestand 1981 im verkleinerten Abdruck der Fußnoten im Referat von *M. Kloepfer*, S. 63 ff. (dazu ausdrücklich das Vorwort S. 6). Zur Kritik dieser Vorgabe aus Referentensicht *W. Hoffmann-Riem*, S. 190, Fn. 1.

[70] VVDStRL 40 (1982), S. 7–39 (Eichenberger), 40–62 (Novak), 63–98 (Kloepfer).

[71] VVDStRL 40 (1982), S. 8, 40; zur Diskussion S. 99–151. Diskussionsleitung: Martens. Diskutanten: Kaiser, Hans Schneider, v. Simson, Püttner, Grimm, Badura, Denninger, Roellecke, Häberle, Burmeister, Schwabe, Schäffer, Rauschning, Wielinger, Lerche, Dagtoglou, H.-P. Schneider, Doehring, Frowein, Bull, Frowein (nochmals), Mußgnug, Starck, Kirn, Staff, Kaiser (nochmals), Bachof, Erichsen, Tomuschat, Eichenberger, Novak, Kloepfer, Zacher, Meyer, Vogel, Stern, Schuppert, Kloepfer (Schlusswort), Novak (Schlusswort), Eichenberger (Schlusswort).

[72] VVDStRL 40 (1982), S. 153–186 (Scheuing), 187–239 (Hoffmann-Riem) und 240–272 (Raschauer).

[73] *Hoffmann-Riem*, VVDStRL 40 (1982), S. 190, der damit vor allem auf die empirische Analyse für den „Ablauf eines konkreten Problemlösungsprozesses mit zergliedertem Problemlösungsverhalten" zielte, ebenda, namentlich auf informelle Elemente von Selbstbindungen wie Vorverhandlungen, Regelungssurrogate usw.

[74] Zur Diskussion VVDStRL 40 (1982), S. 273–327; Diskussionsleitung: Bullinger. Diskutanten: Brohm, Merten, Brohm (nochmals), Battis, Schmidt-Aßmann, Dagtoglou, Häberle, Kisker, Rauschning, Mußgnug, Soell, Meessen, Papier, Hoffmann-Riem, Wahl, Badura, Breuer, Isensee, Zacher, Burmeister, Vogel, Wilke, Bartlsperger, Lange, Hoffmann-Riem (nochmals), Bachof, Schenke, Ruland, Suhr, Püttner, Burmeister (nochmals), Bachof (nochmals), Burmeister (nochmals), Rauschning (nochmals), Götz, Bachof (nochmals), Mußgnug (nochmals), Vogel (nochmals), Bachof (nochmals), Meyer, Raschauer (Schlusswort), Hoffmann-Riem (Schlusswort), Scheuing (Schlusswort).

c) Im Oktober *1982* versammelte sich die Staatsrechtslehrervereinigung in *Konstanz*. Wenige Tage zuvor war in Bonn *Helmut Schmidt* als Bundeskanzler durch *Helmut Kohl* abgelöst worden. Zum Thema „Grundpflichten als verfassungsrechtliche Dimension" berichteten (nun wieder in einer Zweier-Konstellation) *Volkmar Götz* (Göttingen) und *Hasso Hofmann* (Würzburg).[75] Den Terminus der Grundpflichten ordneten die Berichterstatter als staatsbürgerlichen Beitrag zum Gemeinwohl ein, der politische wie soziale Dimensionen haben könne, dabei aber asymmetrisch zu den verfassungsrechtlich geschützten Grundrechten bleibe. Für unsere heutige Verfassungssituation ist an die Feststellung *Hasso Hofmanns* zu erinnern, dass selbst in der (damaligen) Rechtsprechung des BVerfG ein Ausgleich zwischen Grundrechten und staatlichen Schutzpflichten durch eine allgemeine Pflicht bestünde, gewisse Risiken als „sozialadäquate Lasten" der technischen Zivilisation zu tragen.[76] Die Gratwanderung, einen Großbegriff wie die „Grundpflichten" heuristisch oder als Teil einer Konstitutionalisierung einzusetzen, wurde auch in der Diskussion deutlich – mit der bereits damals sichtbaren Gefahr, dass Staatsaufgaben und Bürgerpflichten amalgiert werden, und es dadurch zu einem Verlust an Rationalität und Freiheitlichkeit kommt.[77]

Zum zweiten Beratungsgegenstand „Verwaltungsverfahren zwischen Verwaltungseffizienz und Rechtsschutzauftrag" referierten *Rainer Wahl* (Freiburg) und *Jost Pietzcker* (Bonn). Dieses ganz klassische Thema folgte zunächst der gerichtszentrierten Perspektive des deutschen Verwaltungsrechts mit den Wunschvorstellungen eines „dienenden" Verfahrens, das durch materielle Normen bestimmt sei, und der (dazu dann rechtsstaatlich notwendig passenden) richterlichen Vollkontrolle. Dabei waren insbesondere bei *Rainer Wahl* die komplexen Abläufe der Großverfahren im Blick, für die ein stärker sektoralisiertes Verfahrensrecht gefordert wurde – eine quasi natürliche Reaktion auf die vorangegangene Verallgemeinerung durch das VwVfG.[78] Gerade der Ausgleich zwischen drohender Abkapselung und fachlicher Differenzierung wurde in der Diskussion kontrovers aufgenommen – ein Spannungsfeld bis heute, ebenso wie die Frage nach der Subjektivierung von Verfahrenspositionen.[79]

---

[75] VVDStRL 41 (1983), S. 7–41 (Götz), 42–86 (Hofmann).

[76] VVDStRL 41 (1983), S. 82 f.

[77] VVDStRL 41 (1983), S. 87–149. Diskussionsleitung: Schmitt Glaeser. Diskutanten: H.P. Ipsen, Zacher, Häberle, Oppermann, Bachof, Doehring, Grimm, Vogel, Zacher (nochmals), Grimm (nochmals), Bullinger, Schuppert, Berg, Hailbronner, Zippelius, Starck, Bachof (nochmals), Starck (nochmals), Heckel, Böckenförde, Götz, Hofmann, Bachof (nochmals), Zippelius (nochmals), Hollerbach, Kirchhof, Grimm (nochmals), Kirchhof (nochmals), Isensee, Hailbronner (nochmals), Püttner, Dagtoglou, Bachof (nochmals), Götz (nochmals), Isensee (nochmals), Erichsen, Suhr, Roellecke, E. Klein, Novak, Kloepfer, Rauschning, Breuer, Oppermann (nochmals), Hofmann (Schlusswort), Götz (Schlusswort).

[78] VVDStRL 41 (1983), S. 151–192 (Wahl), 193–231 (Pietzcker).

[79] VVDStRL 41 (1983), S. 232–295. Diskussionsleitung: Schmidt-Aßmann. Diskutanten: Badura, Meyer, Battis, Ossenbühl, Thieme, Quaritsch, Zuleeg, Bullinger, Bettermann, Isensee, H.P. Schneider, Bachof, Bullinger (nochmals), Kloepfer, Bachof (nochmals), Dagtoglou, Fleiner, Trzaskalik, Wilke, Bettermann, Meyer (nochmals), Bettermann (nochmals), Mußgnug, Wahl, Pietzcker, Rauschning, Münch, Wagener, Schenke, Häberle, Kisker, Steiner, Erichsen, Breuer, Püttner, H. P. Schneider (nochmals), Schwabe, v. Mutius, Isensee (nochmals), Zacher, Pietzcker (Schlusswort), Wahl (Schlusswort).

d) Zur Tagung *1983* kam die Vereinigung in *Köln* zusammen.[80] Es referierten zunächst *Udo Steiner* (Regensburg) und *Dieter Grimm* (damals Bielefeld) zum Thema „Kulturauftrag im staatlichen Gemeinwesen".[81] Diesmal wurden den Referaten wieder formalisierte, auch im Inhaltsverzeichnis ausgewiesene Länderberichte von *Norbert Wimmer* (Innsbruck) und *Thomas Fleiner-Gerster* (Freiburg/Schweiz) an die Seite gestellt.[82] Der Gegenstand bot Gelegenheit, die Gesamtfrage nach dem „Grundgesetz als kulturverfassungsrechtlichem Gesamtkunstwerk"[83] zu stellen – also nach dem Verhältnis von Grundrechten und objektivem Verfassungsrecht, nach dem föderalen wie systematischen Geltungsanspruch der Bundesverfassung und die nach Kultur als notwendiger Basis jeder Integrationsleistung und damit als Voraussetzung des Staats überhaupt (was bei *Dieter Grimm* in Bezug auf Förderpflichten für den Rundfunk näher entfaltet wurde). Die klar gegensätzlichen Grundverständnisse von der Reichweite der Verfassung *de lege lata* und *de lege ferenda* (hier vorgetragen von zwei nachmaligen Bundesverfassungsrichtern) prägten auch die Diskussion, wobei vor allem der Bereich von Schule und Hochschule als Desiderat der Debatte angemahnt wurde.[84]

Zum Thema „Die Steuerung des Verwaltungshandelns durch Haushaltsrecht und Haushaltskontrolle" wurden Referate von *Albert von Mutius* (Kiel) und *Gunnar Folke Schuppert* (damals Hamburg) erstattet.[85] Mit diesem Thema wurde erneut auf die gelegentlich übersehenen Realitäten des Verwaltungsstaats hingewiesen, die vor (und neben) den Normvollzug die Bereitstellung der dafür erforderlichen Mittel setzen – insofern bildeten die Referate auch einen Spiegel zu den kulturstaatlichen Überlegungen des Vortags. Zwischen Haushaltsplanung bzw. Haushaltsbewirtschaftung und der „eigentlichen" Dogmatik des Verwaltungsrechts eine schlüssige Beziehung herzustellen (im Übrigen auch im Bereich der Pflichtaufgaben), wurde hier als wichtiges Anliegen für eine rationale Staatspraxis vorgestellt, auch wenn in der Diskussion der Vorrang des aufgabenbezogenen Rechts in klassischer Manier viele Verteidiger fand.[86]

e) Im Oktober *1984* tagte die Vereinigung „im traditionsreichen *Göttingen*"[87]. Zunächst trugen *Hans-Peter Schneider* (Hannover) und *Helmut Lecheler* (Erlangen) zum Thema „Artikel 12 GG – Freiheit des Berufs und Grundrecht der Arbeit" vor – wie die

---

[80] Zuvor war Köln 1960 Ort der Jahrestagung gewesen.

[81] VVDStRL 42 (1984), S. 7–45 (Steiner), 46–82 (Grimm).

[82] VVDStRL 42 (1984), S. 83–89 (Wimmer), 90–96 (Fleiner-Gerster).

[83] Dazu dezidiert ablehnend *Steiner*, VVDStRL 42 (1984), S. 16.

[84] VVDStRL 42 (1984), S. 97–146. Diskussionsleitung: Schmitt Glaeser. Diskutanten: Zacher, Oppermann, Badura, Brohm, Böckenförde, Häberle, Kaiser, Roellecke, Steiger, Steiner, Grimm (unterbrochen von Rauschning), Öhlinger, Erichsen, Leisner, Kirn, Heckel, Hoffmann-Riem, Isensee, H.P. Ipsen, Püttner, Häberle (nochmals), Kaiser (nochmals), Isensee (nochmals), Frowein, Rauschning, Bryde, Grimm (Schlusswort), Steiner (Schlusswort).

[85] VVDStRL 42 (1984), S. 147–215 (von Mutius), S. 216–266 (Schuppert).

[86] VVDStRL 42 (1984), S. 267–327. Diskussionsleitung: Schmidt-Aßmann. Diskutanten: Isensee, Vogel, Reiner Schmidt, Papier, Friauf, Brohm, Bull, H.-P. Schneider, Mußgnug, Hoffmann-Riem, Kirchhof, Püttner, Häberle, Lecheler, Meyer, Oldiges, Kisker, Kloepfer, Thieme, Zacher, von Arnim, Soell, Schmidt-Jortzig, Breuer, Zeh, Hufen, Jörn Ipsen, Siedentopf, Wilke, Meyer (nochmals), Schuppert (Schlusswort) und von Mutius (Schlusswort).

[87] VVDStRL 43 (1985), S. 5, dort wird auch auf die Vorgängertagung 1951 hingewiesen.

Referenten des zweiten Tages wieder in klassischer Manier mit zwei Hauptreferaten ohne zusätzliche Berichte.[88] Insbesondere in der Diskussion trat der Gegensatz zwischen einer umfassenden grundrechtlich-„personalen" Konstitutionalisierung (hier: der Arbeits- und Berufswelt) und einer eher offenen Zuordnung von Interessengegensätzen durch die verfassungsrechtliche Ordnung zutage, in der damaligen Situation großer und verfestigter Arbeitslosigkeit zugleich ein Thema praktischer politischer Dimension.[89]

Im Anschluss sprachen *Hartmut Maurer* (Konstanz) und *Friedrich E. Schnapp* (Bochum) zum Thema „Der Verwaltungsvorbehalt".[90] Die Themenstellung wurde als „Hypothese" aufgefasst (so ausdrücklich *Hartmut Maurer*), weil sie sich als asymmetrische Gegengröße zu den verfassungsrechtlich bekannten Vorbehalten (des Gesetzes, des Richters) darstellte: Es war (und ist) die Frage, ob sich mit einem solchen Großbegriff ein verfassungsfester Eigenbereich der Verwaltungstätigkeit erfassen lässt – was freilich letztlich auch als ihre Begrenzung wirken könnte, wenn damit die Identifikation von Gesamtstaat und Exekutive endgültig verabschiedet würde. Im Vergleich zu den üblichen Vorgehensweisen war geradezu auffällig, dass beide Referenten (und darin folgte ihnen die Diskussion nur zum Teil[91]) den vorgegebenen Begriff letztlich nicht mit neugeschöpfter Substanz füllen wollten, sondern reserviert (und damit in einer bestimmten neoklassischen verfassungsstaatlichen Tradition) blieben.[92]

f) *1985* trafen die Staatsrechtslehrer in *Freiburg i.Üe.* in der Schweiz zusammen. Zu „Parteienstaatlichkeit – Krisensymptome des demokratischen Verfassungsstaats?" trugen *Michael Stolleis* (Frankfurt), *Heinz Schäffer* (Salzburg) und *Rene A. Rhinow* (Basel) vor.[93] Im Gegensatz zum Vorjahr hatte der (gleiche) Vorstand nun wieder drei Referate im Länderproporz aufgerufen. Für Deutschland war die Stellung der Parteien zum und im Staat offensichtlich ambivalent geworden: Einerseits war die Bemächtigung immer größerer Lebensbereiche im Parteienproporz inzwischen gut sichtbar (von den Rund-

---

[88] VVDStRL 43 (1985), S. 7–47 (H.-P. Schneider), 48–75 (Lecheler).

[89] VVDStRL 43 (1985), S. 76–134. Diskussionsleitung: Häberle. Diskutanten: Badura, Leisner, Grimm, Oppermann, G.Müller, Öhlinger (beide als verkappte Länderberichte), v. Arnim, Zacher, Stern, Schmidt-Jortzig, Lecheler, H.-P. Schneider, Leisner (nochmals), Staff, Rauschning, H.-P. Schneider (nochmals), Karpen, Bachof, H.-P. Schneider, H.P. Ipsen, Püttner, Staff (nochmals), Isensee, Jörn Ipsen, Raschauer, Haverkate, Meessen, Dagtoglou, Selmer, Steinberg, Hans Meyer, Soell, Fromont, Bachof, Tomuschat, Lecheler (Schlusswort) und H.-P. Schneider (Schlusswort). Die Einleitung der Diskussion durch *Peter Häberle* ist wegen der Transparenz der prozeduralen Überlegungen („nach vier Minuten zeige ich Ihnen meine Uhr") nochmals lesenswert.

[90] VVDStRL 43 (1985), S. 135–171 (Maurer), 172–201 (Schnapp).

[91] VVDStRL 43 (1985), S. 202–258. Diskussionsleitung: Erichsen. Diskutanten: Denninger, Thieme, Ossenbühl, Starck, Wielinger, Fleiner, Lerche, Oldiges, Selmer, Bachof, Rauschning, Ronellenfitsch, Steinberg, Breuer, Bachof (nochmals), Rengeling, Frowein, Ossenbühl (nochmals), Meessen, Kisker, Zacher, H.P. Ipsen, Schnapp, Maurer, Schmidt-Jortzig, Schwabe, Raschauer, Öhlinger, Mußgnug, Meyn, Mußgnug (nochmals), Meessen (nochmals), Goerlich, Soell, Öhlinger (nochmals), Jörn Ipsen, Battis, Wahl, Zuleeg, Wilke, Hufen, Loschelder, Schnapp (Schlusswort), Maurer (Schlusswort), Erichsen (Schlusswort), Rupp (Vorsitzender).

[92] Zu erinnern ist an den Diskussionsbeitrag von *Fleiner*, der aus der Perspektive der Schweiz auf die gänzlich anders gearteten Vorverständnisse der USA, Frankreichs und in Großbritannien hinwies, S. 211 ff.

[93] VVDStRL 44 (1986), S. 7–45 (Stolleis), 46–82 (Schäffer), 83–113 (Rhinow).

funkräten bis zu den Richterwahlen); andererseits war die Stellung der klassischen Parteien durch die außerparlamentarischen Bürgerinitiativen, Verbände und auch den Erfolg der GRÜNEN scheinbar unsicherer. Im Vergleich zu Österreich und der Schweiz musste sich das als eine Lage mittlerer Art darstellen, bei der Kritik vor allem an der überbordenden staatlichen Finanzierung ansetzte.[94]

Zum Thema *„Die öffentlichrechtliche Anstalt"* referierten *Klaus Lange* (Gießen) und *Rüdiger Breuer* (Trier).[95] Mit der Aufgabenstellung war eine Organisationsform des deutschen Verwaltungsrechts aufgerufen, die in der klassischen Hochzeit der rechtsstaatlichen Systematisierung viele unterschiedliche Verwaltungstätigkeiten außerhalb der strengen liberalen Lehre zusammengefasst hatte und danach an den Rand der Aufmerksamkeit geraten war. Anders als vor allem in den 1960er Jahren stand jetzt nicht die Überwindung der hier geltenden „besonderen" Verwaltungsverhältnisse im Zentrum der Überlegungen, sondern ihre Durchdringung und Vermessung als sozialstaatlicher Normalfall – mit einer bereits ziemlich selbstverständlichen Nutzung des interdisziplinär importierten Terminus „Steuerung".[96] Die Diskussion nahm die Frage auf, ob das Anstaltsdenken letztlich ein Sammelbegriff für das (praktisch deutlich überwiegende) Staatshandeln außerhalb formalisierter Handlungsformen sei oder doch eher eine spezifische (und damit auch systematisch zu begrenzende) Art der Tätigkeit.[97] Das spätere Organisationsrecht hat an diesen Ernst der Befassung insgesamt nicht angeschlossen.

5. Normalitäten und Aufbrüche (1986–1991)

a) In den Jahren *1986–1991* wurden die Tagungen in *München*, *Passau*, *Tübingen*, *Hannover*, als zusätzliche Sondertagung im Frühjahr *1990* in *Berlin*, in *Zürich* und in *Gießen* abgehalten. Selbstverständlich ist dabei die Zäsur von 1989/1990 von größter Bedeutung: Noch im Oktober 1989 war die 49. Jahrestagung ganz vom Gleichmut der „alten" Bundesrepublik geprägt – die revolutionären Veränderungen in der DDR erreichten weder Referate noch Diskussion und nicht einmal das später erstellte Vorwort. Mit der Frühjahrstagung 1990 nahm die Vereinigung allerdings ihre besondere Verantwortung für staatsrechtliche Fragen grundsätzlicher Art sichtbar wahr. Dass die reguläre Tagung

---

[94] So auch in der Diskussion VVDStRL 44 (1986), S. 114–168. Diskussionsleitung: Häberle. Diskutanten: Grewe, Oppermann, Schlaich, Pestalozza, Wenger, Grimm, Stern, Frowein, Meyer, Knemeyer, Stettner, Krause, Gerhard Schmid, Meessen, Kaiser, Bull, Dicke, Meyn, Kriele (unterbrochen von Grabitz), Rauschning, Wielinger, Zeh, Jörn Ipsen, Hans-Peter Schneider, Meessen (nochmals), von Armin, Wahl, P. Kirchhof, Frotscher, Stolleis, Battis, Magiera, Quaritsch, Meyer (nochmals), Rhinow (Schlusswort), Schäffer (Schlusswort) und Stolleis (Schlusswort).

[95] VVDStRL 44 (1986), S. 169–210 (Lange), 211–247 (Breuer).

[96] *Lange*, S. 175 ff.

[97] VVDStRL 44 (1986), S. 248–307. Diskussionsleitung: Erichsen. Diskutanten: Badura, Bayer, Kisker, Quaritsch, Burmeister, Bachof, Burmeister (nochmals), Bachof (nochmals), Wahl, Fromont, Gygi, Berg, Wenger, Bachof (nochmals), Quaritsch (nochmals), Isensee, Ruland, P. Kirchhof, Riedel, Meyer, Lange, Breuer, Scherer, Bayer (nochmals), Denninger, Kloepfer, Gramlich, Bachof (nochmals), Hendler, Badura (nochmals), Herrmann, Weides, Schenke, Meyer (nochmals), Breuer (Schlusswort) und Lange (Schlusswort).

dann am Tag der deutschen Einheit, dem 3. Oktober 1990, in Zürich eröffnet wurde, ist ein schönes Bild für die Einbettung der Bundesrepublik in die Gemeinschaft der europäischen Verfassungsstaaten.

b) Im Jahr *1986* wurde in *München* für die Aufstellung der Referate wieder eine neue Form erprobt, indem nun einmal (nur) das verwaltungsrechtliche Thema des zweiten Tags dreifach ausgegeben wurde. Zunächst jedoch trugen *Axel Frhr. v. Campenhausen* (Göttingen) und *Heinhard Steiger* (Gießen) zum Thema „Verfassungsgarantie und sozialer Wandel – Das Beispiel von Ehe und Familie" vor.[98] Hier trafen, sozusagen den Erwartungen gemäß, die Grundanschauungen klar aufeinander: Während *Axel Frhr. v. Campenhausen* die Festigkeit insbesondere des verfassungsrechtlichen Ehebildes betonte und den Schutz der Institute von Familie und Ehe mit der markanten Formulierung „Ein wirksamer Schutz ist in erster Linie eine Geldfrage" auf das Steuer- und Rentenrecht bezog (und z. B. bereits ein Familiensplitting forderte), legte *Heinhard Steiger* in Hinblick vor allem auf die Familie einen Schwerpunkt auf die Fragen sozialen Wandels, den zu verarbeiten gerade eine Aufgabe einer freiheitlichen Verfassung sei. Bemerkenswert war bei beiden Referenten die zumindest partielle Bezugnahme auf das europäische Recht, ebenso wie die sehr konkreten Forderungen zur Änderung der Gesetzeslage. Die Diskussion folgte dem Unterschied zwischen einer „substantiellen" (*Dieter Grimm*) und funktionalen Betrachtung – mit ersten vorsichtigen Anfragen in Bezug auf die Reproduktionsmedizin oder die Verschiedengeschlechtlichkeit der Ehepartner.[99]

Es referierten dann *Thomas Fleiner-Gerster* (Freiburg/Schweiz), *Theo Öhlinger* (Wien) und *Peter Krause* (Trier) zum Thema „Rechtsverhältnisse in der Leistungsverwaltung". Das Thema war durch die Wahl der Berichterstatter auf einen länderübergreifenden Vergleich angelegt, der bestimmte Prämissen der deutschen Lehre (etwa schon die Unterscheidung zwischen Ordnungs- und Leistungsverwaltung) offenlegte.[100] Dabei ging es zunächst um die Schilderung und Systematisierung der reichen Vielfalt der (oft auf Dauer und Informalität angelegten) leistungsrechtlichen Rechtsbeziehungen insbesondere im Sozialrecht, wie auch um die Frage, welche Gestaltungsmöglichkeiten das Privatrecht in diesen Bereichen eröffne. Letztlich stand die allgemeinere Frage im Mittelpunkt, wieweit die Chiffre „Rechtsverhältnis" für die typischerweise asymmetrischen Beziehungen zwischen Staat und Bürger hilfreich sein könnte – ein Abbild der allgemeinen Debatte um den Wert dieser Lehre.[101]

---

[98] VVDStRL 45 (1987), S. 7–54 (von Campenhausen), S. 55–93 (Steiger).

[99] VVDStRL 45 (1987), S. 94–151. Diskussionsleitung: Kriele. Diskutanten: Berka und Thürer (Länderberichte Schweiz und Österreich), Oppermann, Grimm, Pirson, Zacher, Roellecke, Häberle, Scholler, Stettner, Saladin, Vogel, Böckenförde, Lange, Staff, Ebsen, Partsch, Schmidt-Jortzig, Hoffmann-Riem, Soell, Vogel (nochmals), Wahl, Kisker, Schachtschneider, Thieme, Zuleeg, Steinberg, Mantl, Steiger (Schlusswort), von Campenhausen (Schlusswort).

[100] VVDStRL 45 (1987), S. 152–181 (Fleiner-Gerster), 182–211 (Öhlinger), 212–249 (Krause).

[101] VVDStRL 45 (1987), S. 250–303. Diskussionsleitung: Tomuschat. Diskutanten: Häberle, H. P. Ipsen, Burmeister, Bachof, Zuleeg, Haverkate, Battis, Zacher, Götz, Bothe, Raschauer, Meyer, Breuer, Oldiges, Meyer (nochmals), Oldiges (nochmals), Frotscher, Bachof (nochmals), Maurer, Schachtschneider, Püttner, Burmeister (nochmals), Vogel, Zacher (nochmals), Ress, Burmeister (nochmals), Vogel (nochmals), Löwer, Zuleeg (nochmals), Meyer (nochmals), Schachtschneider (nochmals), Krause (Schlusswort), Öhlinger (Schlusswort), Fleiner-Gerster (Schlusswort), Zacher.

c) Die Tagung in *Passau 1987* wurde mit Referaten von *Wolfgang Graf Vitzthum* (Tübingen), *Bernd-Christian Funk* (Graz) und *Gerhard Schmid* (Basel) zum Thema „Die Bedeutung gliedstaatlichen Verfassungsrechts in der Gegenwart" eröffnet.[102] Nach geradezu jahrzehntelanger Abstinenz von Fragen des Landesverfassungsrechts bot sich die Chance, hier neuen Abstand von den Pfaden der deutschen Verfassungsunitarisierung zu gewinnen – gerade im Abgleich zu den Modellen in Österreich und der Schweiz. Mehr oder weniger fatalistisch wurde jedoch insbesondere in der Diskussion Einheitlichkeit der nationalen Staatsgeschäfte als unabänderlich qua Bundesverfassungsgericht und sozialer Integration abgebildet – ohne sich zu der naheliegenden Parallelfrage der europäischen Integration (25 Jahre nach *Van Gend & Loos*[103]) zu verhalten.[104]

Brun-Otto Bryde (damals Universität der Bundeswehr) und *Görg Haverkate* (Frankfurt) referierten am Folgetag zum Thema „Die Einheit der Verwaltung als Rechtsproblem".[105] *Brun-Otto Bryde* stellte dem überkommenen Einheitsbegriff die Formel von der „pluralisierten Verwaltung" entgegen, die sich aus Bestimmungen des Organisationsrechts im Bundesstaat wie auch aus den Erfordernissen grundrechtsbezogener Verwaltung ergebe; daraus folge höchstens mittelbar eine differenzierte Handlungs-, Informations- und Entscheidungseinheit; *Görg Haverkate* verwies insbesondere auf einen handlungsformunabhängigen Vorrang von demokratie- und gemeinwohlbezogenen Rechtssätzen als Gebot der Rechtstreue – was wegen der langjährigen Debatten um die innere Struktur des „Verwaltungsprivatrechts" und wegen des aktuellen Bezugs zu Fragen des Datenschutzes auch die Diskussion prägte.[106]

d) In *Tübingen* tagte die Vereinigung *1988* zum zweiten Mal nach 1954. Zum Thema „Der Gleichheitssatz" referierten *Reinhold Zippelius* (Erlangen) und *Georg Müller* (Zürich); wie zuletzt bereits 1984 wurde damit ein Einzelgrundrecht zur verfassungsdogmatischen Erläuterung aufgerufen.[107] Die Schlüsselstellung des Gleichheitssatzes wurde dabei im Schwerpunkt auf den Freiraum des Gesetzgebers appliziert, um hier zu präziseren Ergebnissen als einem bloßen Willkürverbot zu gelangen – mit der gleichzeitig auch in der Diskussion überwiegend verteidigten Grenze, dass egalitäre Zielvor-

---

102 VVDStRL 46 (1988), S. 7–56 (Vitzthum), 57–91 (Funk), 92–119 (Schmid).

103 EuGH Slg. 1963, S. 1, der damit den Vorrang des Europarechts apostrophiert.

104 VVDStRL 46 (1988), S. 120–180. Diskussionsleitung: Tomuschat. Diskutanten: Isensee, Fleiner, Doehring, Partsch, Öhlinger, Grimm, H. P. Ipsen, Maurer, Graf Vitzthum, Selmer, Kisker, Stern, Bachof, Bayer, Frowein, Häberle, Püttner, Zippelius, Schmidt-Jortzig, Starck, Fiedler, Wenger, Rack, Wahl, Lerche, J. Ipsen, Zuleeg, Steiger, H. P. Ipsen (nochmals), Zeh, Dittmann, Schmid (Schlusswort), Funk (Schlusswort), Graf Vitzthum (Schlusswort). Zu verzeichnen ist, dass Graf Vitzthum die Frage der europäischen Integration als Faktor für die Bedeutung des Landesverfassungsrechts anspricht, S. 47 ff.

105 VVDStRL 46 (1988), S. 181–216 (Bryde), 217–258 (Haverkate).

106 VVDStRL 46 (1988), S. 259–322. Diskussionsleitung: Kriele. Diskutanten: G. Müller, Wielinger (Länderberichte), Schäffer, Mußgnug, Grimm, Häberle, Ebsen, von Arnim, Berg, Schuppert, Ossenbühl, von Mutius, Fiedler, Wahl, Wenger, Vogel, Fleiner-Gerster, Kisker, Meyer, H. P. Ipsen, Bryde, Haverkate, Bachof, Selmer, Gallwas, Denninger, Zacher, Püttner, Schmidt-Jortzig, Tomuschat, Eberle, Schachtschneider (unterbrochen von H. P. Ipsen), Breuer, Steinberg, Wallerath, Gallwas (nochmals), Zacher (nochmals), Gallwas (nochmals), Scherer, Hilf, Hendler, Haverkate (Schlusswort), Bryde (Schlusswort), Zacher.

107 VVDStRL 47 (1989), S. 7–36 (Zippelius), 37–62 (Müller).

stellungen (in der damaligen Fassung des GG) erst der programmatischen Schicht des Gleichheitssatzes zugehörten.[108]

Der zweite Beratungsgegenstand „Gesetzesgestaltung und Gesetzesanwendung im Leistungsrecht" war in sichtbarer Weise an das verwaltungsrechtliche Thema des vorvergangenen Jahres herangerückt worden.[109] Es referierten *Reinhard Mußgnug* (Heidelberg), *Friedhelm Hufen* (damals Regensburg) und *Hermann Hill* (Speyer) – und somit zum ersten Mal drei Berichterstatter aus einem Land.[110] In eher staatsrechtlicher Manier ging es dabei zunächst um die denkbare Reichweite der Steuerung durch den Haushaltsplan und um Begrenzungen des Leistungsrechts durch reale Staatseinnahmen im Bereich der Subventionsverwaltung, dann im Bericht von *Friedhelm Hufen* um eine erneuerte Einbindung des Leistungsrechts in allgemeine Lehren des Verwaltungsrechts und bereits um eine Öffnung hin zu verbesserter Selbstregulierung von Leistungsträgern und bei *Hermann Hill* um die Frage flexibilisierter Gesetzesbestimmungen. Gerade der Aspekt einer neu regulierten Selbstregulierung wurde in der Diskussion breit aufgegriffen – auch dies einer der Startpunkte der steuerungswissenschaftlich orientierten Verwaltungsrechtslehre.[111]

e) Die Tagung des Jahres *1989* fand vom 4.-7. Oktober 1989 in *Hannover* statt. In jenem deutschen Schicksalsjahr lohnt sich ein tage-genauer Rückblick: In der Mitgliederversammlung am 4.10.1989 war zunächst *Hans Peter Ipsen* auf Vorschlag des Vorstands durch eine Akklamation der Mitglieder zum Ehrenpräsidenten auf Lebenszeit gewählt worden – ohne eine inhaltliche Begründung oder dass dazu das Wort gewünscht worden wäre, obwohl die Rolle des jungen Parteimitglieds, Wissenschaftlers und Regierungsbeamten im Nationalsozialismus zu diesem Zeitpunkt bereits öffentlich gemacht worden war.[112] Die Grundaufstellung der Tagung entsprach der des Vorjahres mit zwei staatsrechtlichen und drei (sämtlich deutschen) verwaltungsrechtlichen Referaten. Die Bundesrepublik hatte ihr Staatsjubiläum bereits im Frühjahr begangen – wovon das Thema des ersten Tages „Staatszwecke im Verfassungsstaat – nach 40 Jahren Grundgesetz" mit den Referaten von *Christoph Link* (Erlangen) und *Georg Ress* (Saarbrücken) zeugte.[113]

---

[108] VVDStRL 47 (1989), S. 63–112. Diskussionsleitung: Denninger. Diskutanten: Vogel, Zippelius, Heckel, Korinek, Zippelius (nochmals), Lerche, Zippelius (nochmals), Meyer, Häberle, Riedel, Starck, Schachtschneider, Sachs, Hoffmann-Riem, Schiedermair, Kloepfer, H.P. Ipsen, Müller, Zippelius (nochmals), Stern, Badura, Böckenförde, Schuppert, Kisker, Bayer, Gramlich, Mantl, Weber, Suhr, Zacher, Frowein, H.P. Schneider, Lange, Oldiges, Murswiek, Müller (Schlusswort), Zippelius (Schlusswort).

[109] VVDStRL 45 (1987): Rechtsverhältnisse in der Leistungsverwaltung.

[110] VVDStRL 47 (1989), S. 113–141 (Mußgnug), 142–171 (Hufen), 172–199 (Hill).

[111] VVDStRL 47 (1989), S. 200–273. Diskussionsleitung: Starck. Diskutanten: P. Kirchhof, H.P. Ipsen, von Arnim, Hoffmann-Riem, Wenger, von Mutius, Oppermann, Schmidt-Aßmann, Suhr, Püttner, Quaritsch, Bachof, Soell, Schuppert, Isensee, Gramlich, Haverkate, Bachof (nochmals), Hill, Hufen, Mußgnug, Meyer, Breuer, Dittmann, Zeh, Schneider, von Arnim (nochmals), Steinberg, Schachtschneider, Wallerath, Schmidt-Jortzig, Ress, Isensee (nochmals), Häberle, Riedel, Steiger, Steinberg (nochmals), Sachs, Schweizer, Hill (Schlusswort), Hufen (Schlusswort) und Mußgnug (Schlusswort).

[112] S. bereits oben Fn. 9. Genaueren Aufschluss über den Ablauf gibt die nachlaufende Korrespondenz des Vorsitzenden Martin Heckel mit Hans Peter Ipsen, die M. H. dem Verf. freundlicherweise überlassen hat. Die Beteiligten waren im Vorfeld durchaus nicht sicher gewesen, wie der Vorschlag aufgenommen würde.

[113] VVDStRL 48 (1990), S. 7–55 (Link), 56–118 (Ress).

Die Referenten legten das Schwergewicht auf die historischen, staatstheoretischen und internationalrechtlichen Dimensionen der Staatszwecklehre, also das Verhältnis von Frieden, Sicherheit, Wohlfahrt zum staatstypusbestimmenden Wert der Freiheit.[114] Die flirrende Situation in der DDR wurde nur in Andeutungen über „Flüchtlinge" und in einer eher abstrakten (wenn auch schneidigen) Debatte über das Wiedervereinigungsgebot aufgenommen – wenige Tage vor den ersten großen Demonstrationen bei den Staatsfeierlichkeiten in Ostberlin.[115] Es lässt sich sagen: Die Tagung zum 40-jährigen Jubiläum des Grundgesetzes war ein Rückblick auf die „Bonner" Bundesrepublik, deren Ende just in jenen Tagen auch für Westdeutschland begann.[116]

Das verwaltungsrechtliche Thema „Die Bewältigung der wissenschaftlichen und technischen Entwicklungen durch das Verwaltungsrecht" war *Jörn Ipsen* (Osnabrück), *Dietrich Murswiek* (damals Göttingen) und *Bernhard Schlink* (damals Bonn) übertragen worden.[117] In dem kürzeren Vortragsformat teilten die drei Referenten sich das Thema mit den Schwerpunkten auf Großanlagentechnik, Gentechnik als Beispiel für die Frage der unsicheren Risikoabschätzung und die Informations- und Kommunikationstechnik auf, wobei wie auch in Teilen der Diskussion verfassungsrechtliche und politikbezogene Grundüberlegungen ein Zentrum bildeten.[118]

f) Am 27. April *1990* trat die Vereinigung – erstmals in ihrer Geschichte – zu einer eintägigen Sondertagung zusammen, um in der großen Dynamik des Einheitsprozesses „Deutschlands aktuelle Verfassungslage" zu diskutieren. Die deutsche Einheit war in kürzester Frist in den Bereich des Möglichen, ja des Wahrscheinlichen gerückt, der Weg dorthin war aber auch verfassungsrechtlich alles andere als eindeutig. Offene Fragen bezogen sich vor allem auf die Spannungslage von Präambel, Art. 23 GG und Art. 146 GG in der damaligen Form und das Verhältnis zu den vormaligen Besatzungsmächten und den europäischen Nachbarn. Als Ort wurde *Berlin* gewählt, und es trugen als bekannte

---

[114] Das Referat von Ress enthielt vergleichsweise umfassende Bezugnahmen auf die Internationalisierung der Staatlichkeit und die damit verbundene Veränderung der Staatszwecklehre, ebenda S. 79 ff., 98 ff. – eines der ganz wenigen Beispiele im Berichtszeitraum.

[115] Zur Diskussion VVDStRL 48 (1990), S. 119–176. Diskussionsleitung: Denninger, der mit einem ausdrücklichen Aufruf zur Beteiligung an jüngere Kollegen startet. Diskutanten: Ralf Dreier, Alexy, Stettner, Mantl, Leisner, Häberle, Schuppert, Steiger, Grimm, Isensee, Burmeister, Ress, Link, Brohm, Lecheler, Rauschning, Bothe, Wielinger, Suhr, Meyer, Bartlsperger, Grimm (nochmals), Doehring, Meyer (nochmals), Bartlsperger (nochmals), Schachtschneider, Suhr (nochmals), Mußgnug, Roellecke, Bothe (nochmals), Meyer (nochmals), Rauschning (nochmals), Häberle (nochmals), Isensee (nochmals), Ress (Schlusswort), Link (Schlusswort).

[116] Die unmittelbare Implosion des Herbstes begann im engeren Sinn am 7. Oktober, dem letzten Tag der Tagung, mit den Staatsfeierlichkeiten der DDR. Allerdings war die Grenze in Ungarn bereits geöffnet und die Opposition in der DDR hatte seit den Kommunalwahlen im Frühjahr nicht nachgelassen, offen die Wahlfälschungen zu benennen.

[117] VVDStRL 48 (1990), S. 177–206 (Ipsen), 207–234 (Murswiek), 235–264 (Schlink).

[118] Zur Diskussion VVDStRL 48 (1990), S. 265–328. Diskussionsleitung: Schneider (in Vertretung von Ch. Starck), der zunächst ein Dank-Telegramm von H. P. Ipsen verliest. Diskutanten: Badura, Leisner, Zacher, Schuppert, Schmidt-Aßmann, Breuer, Götz, Brohm, Häberle, Thieme, Isensee, Bullinger, Wahl, Murswiek, Schlink, Ipsen, Vogel, Schlink (nochmals), Bryde, Hufen, Lerche, Meyer, Battis, Suhr, Gusy, Pitschas, Schachtschneider, Steinberg, Wieland, Goerlich, Ronellenfitsch, Bothe, Steiger, Murswiek (Schlusswort), Ipsen (Schlusswort), Schlink (Schlusswort), Heckel, Vogel (nochmals), Heckel (nochmals).

Altreferenten vor *Jochen A. Frowein* (Heidelberg) zu „Die Verfassungslage Deutschlands im Rahmen des Völkerrechts", *Josef Isensee* (Bonn) zu „Staatseinheit und Verfassungskontinuität", *Christian Tomuschat* (damals Bonn) zu „Wege zur deutschen Einheit" sowie erstmals *Albrecht Randelzhofer* (Berlin) zu „Deutsche Einheit und Europäische Integration".[119] Die vorherrschende (und dann auch praktisch gewordene) Auffassung dieser Referenten war, dass eine Integration der DDR in die Bundesrepublik, die das überkommene staatliche Subjekt Deutschland repräsentiert habe, über Art. 23 GG vorzugswürdig sei. Gestritten wurde auch in der Diskussion fast nur darüber, ob (aus staatspraktischen oder legitimatorischen Zwecken) der Art. 146 GG damit bereits endgültig obsolet geworden sei – bekanntlich blieb Art. 146 GG in neuer, aber bis heute ungenutzter Form als Möglichkeit einer Verfassungsgebung durch das Volk erhalten.[120]

g) Am Tag der deutschen Einheit, dem 3. Oktober *1990*, begann die 50. Tagung der Vereinigung in *Zürich*. So fielen Innensicht und Außensicht auf das prägende Ereignis der jüngeren Verfassungsgeschichte von vornherein zusammen.[121] Dies wurde durch die Themenstellung des ersten Arbeitstages „Der Verfassungsstaat als Glied einer europäischen Gemeinschaft" mit den Referaten von *Helmut Steinberger* (Heidelberg), *Eckart Klein* (damals Mainz) und *Daniel Thürer* (Zürich) vertieft.[122] Die Perspektive wurde also – in gewisser Weise die geschichtliche Entwicklung nachholend und überholend – in dieser Anfangsstunde geweitet, über die deutsche Einheit hinaus in den europäischen Raum, der seine Teilung auch soeben überwand. Freilich wurde aus „einer" Gemeinschaft in Europa vor allem in den deutschen Berichten sogleich „die" europäische Gemeinschaft im Sinn der bestehenden EG: Die deutsche Einheit markiert auf diese Weise sozusagen einen limitierenden Qualitätssprung in der Rezeption der europäischen Rechtsgemeinschaft durch die deutsche Staatsrechtslehre – was in der Diskussion mit ganz unterschiedlichen Vorverständnissen und Erwartungen aufgenommen wurde.[123]

Am zweiten Beratungstag wurde zu „Verwaltungsrecht als Vorgabe für Zivil- und Strafrecht" mit den Berichten von *Meinhard Schröder* (Trier) und *Hans D. Jarass* (damals

---

[119] VVDStRL49 (1990), S. 7–38 (Frowein), 39–69 (Isensee), 70–100 (Tomuschat), 101–124 (Randelzhofer).

[120] VVDStRL 49 (1990), S. 125–198. Diskussionsleitung: Götz. Diskutanten: Oppermann, Quaritsch, Doehring, Rauschning, Eckart Klein, Ress, Fiedler, Schiedermair, Dolzer, Bothe, Frowein, Randelzhofer, Tomuschat, Brohm, Badura, Stern, Häberle, Scholz, Murswiek, Burmeister, Meyer, Rudolf, Maurer, Kirn, Küchenhoff, Riedel, Albrecht Weber, Lange, Sachs, Grabitz, Blumenwitz, Steiger, Kaiser, Hailbronner, Meessen, Vedder, Pernice, Isensee (Schlusswort), Tomuschat (Schlusswort), Randelzhofer (Schlusswort) und Frowein (Schlusswort).

[121] Eröffnungsansprache von *Klaus Vogel*, VVDStRL 50 (1991), S. 5 f.

[122] VVDStRL 50 (1991), S. 9–55 (Steinberger), 56–96 (Klein), 97–139 (Thürer).

[123] Siehe zu Vorarbeiten im Berichtszeitraum insbesondere das Referat von *Ress*, VVDStRL 48 (1990), S. 56–118, und *Randelzhofer*, VVDStRL 49 (1990), S. 101 ff. sowie zuvor unter allerdings ganz anderen Umständen die Tagungen Erlangen 1959 und Kiel 1964. Zur den Wirkfaktoren KSZE und Europarat Thürer, VVDStRL (1991), S. 97 (101 ff.). Zur (im Tagesablauf legendär verspäteten) Diskussion VVDStRL 50 (1991), S. 140–195. Diskussionsleitung: Götz. Diskutanten: H. P. Ipsen, Kaiser, Frowein, H.-P. Schneider, Schwarze, Rupp, Riedel, Scherer, Meyer, Zuleeg, Grabitz, Häberle, Dicke, Zacher, Steinberger, E. Klein (mit Zwischenfragen von Grabitz und Dicke), Thürer, Wildhaber, Ress, Kisker, Rack, Pernice, Nicolaysen, Schachtschneider, Pitschas, Vedder, Leisner, Fastenrath, Kisker (nochmals), Fleiner-Gerster, Thürer (Schlusswort), E. Klein (Schlusswort), Steinberger (Schlusswort).

Bochum) verhandelt.[124] Damit fand die intradisziplinäre Perspektive – allerdings in einer Art Einbahnstraßensystem – vorsichtigen Widerhall; im Mittelpunkt standen konkrete Probleme der Vorwirkung von gegebenen Verwaltungsentscheidungen im Zuge der damals angenommenen allgemeinen Publifizierungstendenz, und nicht so sehr die ältere Frage nach der Abhängigkeit des Verwaltungsrechts von der Systematisierungskraft des Zivilrechts. Im Anschluss an vormalige Übungen wurden vor der eigentlichen Aussprache wieder einmal informelle Länderberichte (noch als Teil des Vormittags) aufgerufen – und mit *Beatrice Weber-Dürler* (Zürich) wurde erstmals eine Frau mit einem Auftrag zu solcher Berichterstattung betraut; neben dem Ländervergleich stand in der Diskussion der Gedanke der verbindenden Kraft des Verfassungsrechts im Mittelpunkt.[125]

h) *1991* tagte die Vereinigung in *Gießen*.[126] Die Referate von *Christian Starck* (Göttingen), *Wilfried Berg* (Bayreuth) und *Bodo Pieroth* (damals Marburg) zum Thema „Der Rechtsstaat und die Aufarbeitung der vor-rechtsstaatlichen Vergangenheit" gehörten zu einem ersten staatsrechtlichen Abschluss der Wiedervereinigung: Denn gemeint war damit ganz vorrangig (und denn doch in dieser Engführung: bemerkenswerterweise) der Umgang mit der DDR, insbesondere mit den offenen Fragen der Stasi-Akten, Mauerschützen und die Frage der Enteignungen[127] – und damit abstrakter gefasst die Frage nach Übergangs- und Vermittlungsmomenten im Verfassungsrecht.[128] Die Vereinigung hatte inzwischen 361 Mitglieder, einen historischen Höchststand – Hochschullehrer aus der ehemaligen DDR waren (noch) nicht darunter.[129]

Heinz Peter Rill (Wien), *Dirk Ehlers* (Münster) und *Peter Hänni* (für das schweizerische Freiburg) sprachen dann am Folgetag zu „Eigentumsschutz, Sozialbindung und

---

[124] VVDStRL 50 (1991), S. 196–237 (Schröder), 238–274 (Jarass).

[125] Zur Diskussion VVDStRL 50 (1991), S. 275–343. Diskussionsleitung: Papier. Diskutanten: Weber-Dürler (Länderbericht Schweiz S. 275–278), Öhlinger (Länderbericht Österreich, S. 278–287), Badura, Rupp, Bettermann, Bullinger, H.-P. Schneider, v. Arnim, Vogel, Ossenbühl, Häberle, Thieme, Kloepfer, Pitschas, Bullinger (nochmals), Meyer, J. Ipsen, Bayer, Jarass, Schröder, Breuer, Trzaskalik, Schachtschneider, Wieland, Gröschner, Schenke, Mußgnug, Trzaskalik (nochmals), Ronellenfitsch, Hufen, Meyer (nochmals), Sachs, Vogel (nochmals), Rupp (nochmals), Berg, Schröder (Schlusswort), Jarass (Schlusswort), Vogel (Schlusswort).

[126] Die Zusammenkunft wurde ausdrücklich als „50. Jahrestagung" wahrgenommen, die einen Bogen zur 30. Jahrestagung 1971 in Regensburg schlüge – und damit zum Beginn dieses Berichts: *Ossenbühl*, VVDStRL 51 (1992), S. 285. Die fehlenden Jahre zwischen 1931 und 1949 wurden nicht thematisiert.

[127] VVDStRL 51 (1992), S. 9–45 (Starck), 46–90 (Berg), 91–115 (Pieroth). Zur Perspektive Wiedervereinigung bei der Vergabe des Themas ausdrücklich für den Vorstand Götz, VVDStRL 51 (1992), S. 116.

[128] Zur Diskussion VVDStRL 51 (1992), S. 116–176. Diskussionsleitung: Götz. Diskutanten: Häberle, Eckart Klein, Hofmann-Riem, Kisker, Bachof, Quaritsch, Kriele, Alexy, Isensee, H. Dreier, Fastenrath, Herdegen, Starck, Pieroth, Berg, Vogel, Fiedler, Maurer, Pitschas, Czybulka, Schachtschneider, Streinz, Dicke, Meyer, Denninger, Murswiek, Rauschning, Bryde, Schoch, Gröschner, Fastenrath (nochmals), Streinz (nochmals), Pieroth (Schlusswort mit Zwischenfrage von Kisker), Berg (Schlusswort), Starck (Schlusswort).

[129] Dazu mit einer Ermahnung als doppelter Zeitzeuge *Otto Bachof*, VVDStRL 51 (1992), S. 127: „Wenn wir die Maßstäbe, die wir heute dort anlegen, nach 1945 bei uns angelegt hätten: Wie viele unserer Kollegen wären dann nie in die Staatsrechtslehrervereinigung aufgenommen worden?"

Enteignung bei der Nutzung von Boden und Umwelt".[130] Dieses also von vornherein übernational angesetzte Thema balancierte auf der Grenze zwischen verfassungsrechtlichen Vorgaben und verwaltungsrechtlicher Umsetzung – wobei ein deutlicher Akzent auf das Verfassungsrecht und die Verarbeitung der Nassauskiesungsentscheidung des Bundesverfassungsgerichts gelegt wurde.[131] Die Diskussion vertiefte dann vor allem, dass in Bezug auf „Umweltnutzungen" und deren Regulierungen das Eigentum als normatives Grundrecht in seiner Reichweite immer wieder neu bestimmt werden müsste, in Erweiterung wie Beschränkung der zugeordneten Freiheitsräume – eine Perspektive mit unmittelbarer Anknüpfung an unsere Gegenwart und Zukunft.[132]

III. Ertrag: Veränderung durch Kontinuität

Der Durchgang durch zwei Jahrzehnte der Staatsrechtslehrervereinigung in ihrer „mittleren" Geschichte erbringt als Ertrag: Manche Legende von der Festigkeit (um nicht zu sagen Steifigkeit) der Vorfahren erweist sich als Vorurteil. Nicht erst die „Jungen" einer späteren Zeit suchten nach Veränderungen, wo die Alten nur Tradition verwalteten – seit 100 Jahren dürfte sich letztlich jede Generation als jung gegenüber den Vorgängern erleben. So ist das Format der Referate (samt ihrer Länge in der Druckfassung) damals eine dauernde Frage von „Versuch und Irrtum", mit wechselnden Zahlen der Hauptreferate zwischen vier und sechs, wie auch den unterschiedlich formalisierten zusätzlichen Länderberichten.[133] Auch die Erzählung von der hierarchisch strukturierten Diskussion lässt sich bei tatsächlicher Durchsicht der Abläufe für diesen Zeitraum kaum halten: Zwar traten bestimmte Redner zuverlässig auf und ergriffen in der überwiegenden Anzahl der Diskussionen das Wort – aber weder regelmäßig zu Beginn noch in besonderer Länge, und zudem in durchaus pluraler Grundaufstellung.[134] Unmittelbare Widerrede,

---

[130] VVDStRL 51 (1992), S. 177–210 (Rill), 211–251 (Ehlers), 252–282 (Hänni). P. Hänni, dem als einziger Privatdozent im Berichtszeitraum ein Referat vor der Vereinigung anvertraut wurde, hatte diese Aufgabe von dem ursprünglich vorgesehenen Walter Haller „unter besonderen Umständen" übernommen, vgl. VVDStRL 51 (1992), S. 253.

[131] Davon zeugen schon die Fragen, die der Vorstand den Referenten vorab vorgelegt hatte und die hier als Teil der Aussprache abgedruckt wurden, s. VVDStRL 51 (1992), S. 283, s. auch Einleitung Papier: „Todesstoß" für die „herkömmliche Eigentumsdogmatik" durch das Bundesverfassungsgericht; BVerfGE 58, 300 (Nassauskiesung) [1981].

[132] VVDStRL 51 (1992), S. 283–348. Diskussionsleitung: Papier. Diskutanten: Ossenbühl, Badura, Wahl, Schmidt-Aßmann, Häberle, Stolzlechner, Roellecke, Lange, Fleiner-Gerster, Zacher, Rill, Ehlers, Hänni, Frotscher, Oldiges, Breuer, Wieland, Hoffmann-Riem, Murswiek, Püttner, Steinberg, Pitschas, Huber, Friauf, Meyer, Friauf (nochmals), Schachtschneider, Sachs, Maurer, Hänni (Schlusswort), Ehlers (Schlusswort), Rill (Schlusswort), Bachof.

[133] Neben der Zahl schwankt auch die Länge der (Haupt-) Referate in der Druckfassung zwischen 22 S. (VVDStRL 40 [1982], S. 40–62 [Novak]) und 106 S. (VVDStRL 38 [1980], S. 211–317 [Hoppe]).

[134] So spricht etwa H. P. Ipsen in 23 von 43 Diskussionen nicht, auch bereits regelmäßig in den 1970er Jahren; O. Bachof und P. Badura sprechen beide 19 mal nicht; H. Zacher ergriff in zwölf Diskussionen nicht das Wort, H. Meyer in 14 Diskussionen – und für alle gilt, dass die „Fehlzeiten" sich auf den ersten und zweiten Tag verteilten. Peter Häberle sprach außer bei seiner Referatstagung 1971, seinen Vorstandsjahren und in den Jahren 1972 und 1973 in jeder Diskussion.

Zwischenrufe und direkter Austausch wurden durchaus mehr geübt als in späteren Zeiten.

Was aber zutrifft, und das führt zur eigentlichen Eigenart im Diskurs der Staatsrechtslehrer in ihrer Vereinigung: Offene, auf prinzipiellen Gegensatz zielende Kontroversen werden fast vollständig vermieden (jedenfalls, wenn man den Maßstab anderer Gesprächsformate der gesellschaftlichen, politischen oder auch professionellen Auseinandersetzung heranzieht). Freilich wird manche Einsicht vor allem im Verwaltungsrecht „vor der Zeit" vorgetragen und überfordert den allgemeinen Erfahrungsspeicher zunächst; dem entspricht auch die besonders auffallende Verspätung in Sachen Mehrebenensystem – ein vielleicht typischer Preis für die langgezogene Integration neuer Sichtweisen in dieses besondere Plenum. Festzuhalten bleibt: Die mittleren Jahre der Bundesrepublik überwinden die Vorstellungen einer statischen, vorverfassungsrechtlichen Staatsidee, setzen aber gleichzeitig dem Konzept einer prinzipiellen Verflüssigung der Staatlichkeit Grenzen. Wo die Staatsrechtslehrervereinigung durch entsprechende Thesen und Diskurse zum Fortgang der Staatsgeschäfte beiträgt, tut sie dies in einer eigenen, sublimierten Form. Neben dem Angebot neuer wissenschaftlicher Einsicht ist jedes Referat und jedes Votum immer auch ein Beitrag, die spezifische Grundkonstruktion der deutschen Staatsrechtslehre, jenen eigentümlichen Grenzgang zwischen Nähe und Distanz zu ihrem Gegenstand, fortzuschreiben. Diese doppelte Achse der Arbeit in der Vereinigung trägt Aufbruch und Bewahrung – damals wie heute.

Die Staatsrechtslehrervereinigung im Wandel von Selbstverständnis und Außenwahrnehmung

Die Jahre von 1992 bis heute

Christian Waldhoff

I. Einleitung 152
II. Allgemeine Entwicklung der Staatsrechtslehrervereinigung 153
1. Mitgliederzahl und Mitgliederstruktur 153
2. Vorstände 154
3. Tagungsorte und Teilnehmerzahl 156
4. Voranschreitende Institutionalisierung – Die Gründung eines „e.V." 157
5. Entwicklung des Begleitprogramms und des informellen Teils der Tagungen als Spiegel wissenschaftssoziologischer Veränderungen 158
III. Tagungsstruktur und Tagungsthemen 160
1. Experimente mit der Tagungsstruktur 160
2. Klimatische Entwicklungen 160
3. Entwicklung und Neugründung von Arbeitskreisen 162
4. Vortragsthemen 162
IV. Referentinnen und Referenten 165
V. Konflikte 167
1. Der „Fall Neumann" 167
2. Der „Fall Bremen" 168
3. Der „Fall Maunz" 169
4. Das Ringen um Auftritt und Öffentlichkeit 170
5. Der „Fall Guttenberg" und die gute wissenschaftliche Praxis 172
VI. Zukunftsfragen 172
1. Anachronismen und Eigensinn in der Bewährung – die wirkliche oder vermeintliche Sonderstellung der Staatsrechtslehrervereinigung 173
2. Das Problem der Einheit angesichts einer voranschreitenden Diversifizierung des Faches 177
3. Das Problem der Einbindung des wissenschaftlichen Nachwuchses angesichts eines Wandels der Qualifzierungsformen 179
4. Das Problem der Verbindung zur internationalen Community 181

I. Einleitung

Der letzte chronologische Bericht des vorliegenden Jubiläumsbandes erreicht die Gegenwart und blickt 30 Jahre zurück.[1] Das Jahr 1992 stellt – wie zu zeigen sein wird – eine Zäsur in der Vereinigungsgeschichte dar. Der Bericht schließt mit einem Ausblick, in dem vier zentrale Probleme der Vereinigung der Deutschen Staatsrechtslehrer in der Gegenwart und näheren Zukunft angesprochen werden.

Das Selbstverständnis der Vereinigung hat sich in dem hier behandelten Zeitabschnitt verändert, mit zeitlicher Verzögerung folgt auch die entsprechende Wahrnehmung von außen.[2] Alles in allem handelt es sich um einen Prozess der Normalisierung. Die Besonderheiten der Vereinigung haben sich abgeschliffen, ohne ganz verloren zu gehen. Darauf wird zurückzukommen sein.

Dieser Bericht reiht sich – wie vorliegender Jubiläumsband insgesamt – in eine Konjunktur der Selbstbespiegelung der Staatsrechtslehrervereinigung, des öffentlichen Rechts, ja der Rechtswissenschaft insgesamt,[3] die zugleich eine Form von Selbstvergewisserung ist, ein.[4] Das wird fachfremden Leserinnen und Lesern noch deutlicher auffallen, als den Öffentlichrechtlerinnen und Öffentlichrechtlern in Deutschland, Österreich und der Schweiz. Das muss kein Nachteil sein, ist man sich der Gefahren und Grenzen eines solchen Vorgehens bewusst. In vorliegendem Band wird es zudem dadurch aufgefangen, dass die Außensichten (Abschnitt IV) besonders betont werden.

Ich habe sämtliche Tagungen seit 2002 persönlich miterlebt, 2006 referiert, war 2018/19 Mitglied des Vorstands. Daraus resultiert das Problem, dass ich für zwei Drittel der abzuhandelnden Zeit persönliche Eindrücke besitze, für die ersten zehn Jahre von 1992 bis 2001 mich auf Quellen bzw. Augenzeugenberichte stützen muss. Durch diese „Asymmetrie" des Miterlebten und des nur aus Quellen zu Erschließenden stellen sich die Probleme der Zeitgeschichtsschreibung in besonderem Maße.[5]

---

[1] Die Jubiläumstagung 2022 in Bremen konnte aufgrund des Redaktionsschlusses vorliegenden Bandes nicht berücksichtigt werden.

[2] Vgl. dazu Abschnitt IV dieses Bandes sowie *Reinhard Müller*, Eine Zunft mit Gewicht. Die traditionsreiche deutsche Staatsrechtslehrervereinigung öffnet sich, Frankfurter Allgemeine Zeitung Nr. 133 vom 12. Juni 2007, S. 14; Schulze-Fielitz, Elemente einer Kulturgeschichte der Staatsrechtslehrervereinigung, in diesem Band; *ders.*, Die Wissenschaftskultur der Staatsrechtslehrer – im Spiegel der Geschichte ihrer Vereinigung, 2022, passim.

[3] Vgl. etwa Schulze-Fielitz (Hrsg.), Staatsrechtslehre als Wissenschaft, 2007; *dens.*, Staatsrechtslehre als Mikrokosmos, 2013; Hilgendorf/Schulze-Fielitz (Hrsg.), Selbstreflexion der Rechtswissenschaft, 2. Aufl. 2021.

[4] Von *Christoph Schönberger*, Der „German Approach", 2015, S. 3, als Ausdruck eines Unbehagens gedeutet; ähnlich *Oliver Lepsius*, Relationen: Plädoyer für eine bessere Rechtswissenschaft, 2016, S. 1 ff. Davon zu trennen wäre freilich das Nachdenken über Defizite in der eigenen Disziplin; in diesem Sinn *Martin Morlok*, Die politische Dimension der Staatsrechtslehre, in: Schulze-Fielitz (Hrsg.), Staatsrechtslehre als Wissenschaft, 2007, S. 49 ff.

[5] Vgl. etwa *Horst Möller*, Was ist Zeitgeschichte?, in: ders./Wengst (Hrsg.), Einführung in die Zeitgeschichte, 2003, S. 13 (18 ff.); *Achim Saupe*, Authentizität, in: Bösch/Danyel (Hrsg.), Zeitgeschichte. Konzepte und Methoden, 2012, S. 144; *Christoph Cornelißen*, Erinnerungskulturen, ebd., S. 166 (176 ff.).

II. Allgemeine Entwicklung der Staatsrechtslehrervereinigung

1. Mitgliederzahl und Mitgliederstruktur

Die Mitgliederzahl der Vereinigung hat sich seit 1992 erneut signifikant erhöht, nachdem seit Anfang der 1970er Jahre bereits ein ungewöhnlicher Aufwuchs zu verzeichnen war.[6] Beide Mitgliederschübe waren Folgen der Steigerung der Zahl an Fakultäten und Professuren: In der Bildungsreformphase der 1960er und 1970er Jahre sowie durch die Neugründung zahlreicher juristischer Fakultäten im Gefolge der Wiedervereinigung nach 1990. Konkret: Die Mitgliederzahl stieg von 368 (1992) über 518 (2002) und 714 (2012) auf 799 (2022). Seit einigen Jahren verharrt sie mehr oder weniger auf diesem – hohen – Niveau. Das wird aller Voraussicht nach in etwa so bleiben, ist doch auch bei den Neuaufnahmen ein Höhepunkt zu Beginn der 2000er Jahre überschritten (die höchste Zahl ausweislich der Vorworte der Tagungsbände wohl 2005 in Frankfurt a. M. – „über 40"; 2002 St. Gallen: 36 Neuaufnahmen, 2001 Würzburg: 32 Neuaufnahmen; allein in den drei Jahren 2002 bis 2004 traten über 100 Neumitglieder bei![7]). Diese außergewöhnlich hohen Zahlen haben sich inzwischen normalisiert. Außerdem dürfte auch ein Scheitelpunkt in der Anzahl öffentlich-rechtlicher Lehrstühle und Professuren[8] erreicht sein, die nach der Wiedervereinigung noch mal einen kräftigen Schub erhalten hatte. Daneben sind private Fakultätsgründungen zu erwähnen;[9] auf der anderen Seite wurden mit Dresden und Rostock zwei Fakultäten in Ostdeutschland entweder geschlossen oder umgewandelt. Diese „Mitgliederexplosion" hat den Charakter der Vereinigung verändert. In den Worten von *Michael Stolleis* (schon auf 1997 bezogen):

> „Es liegt auf der Hand, daß mit diesem enormen Zuwachs notwendig Veränderungen verbunden sind. Sie betreffen die Kommunikation miteinander, die Organisation der Tagungen und die Aufnahme neuer Mitglieder. Als die Gesamtzahl der Öffentlichrechtler sich um 50 bewegte, war es bei normaler Aufmerksamkeit möglich, nicht nur jeden einzeln zu kennen, sondern auch deren literarische Produktion wahrzunehmen. Bei einer Zahl von über 400 (1997) ist heute niemand mehr in der Lage, das gesamte Schrifttum des öffentlichen Rechts samt der dazugehörigen Rechtsprechung zu überblicken, ganz zu schweigen von einer auch nur flüchtigen Wahrnehmung der Produktion der gesamten Rechtswissenschaft. Die Spezialisierung hat (wie auf allen anderen Gebieten der Wissenschaft) solche Fortschritte gemacht, daß längst ernsthafte Wahrnehmungsstörungen eingetreten sind. Das Größenwachstum hat daneben den Effekt, daß das Interesse des durchschnittlichen Einzelnen an der Vereinigung diffus wird. Nur der Kreis derjenigen, die einmal Vorstandsfunktionen ausgeübt haben, pflegt stärkere Identifikationen zu entwickeln. Die Mehrzahl läßt die Bestimmung der Themen, über die referiert wird, die Planung der Tagungen und die Besetzung des Vorstands mehr oder weniger passiv über sich ergehen."[10]

---

[6] Zur Mitgliederentwicklung auch *Christian Starck*, Die Vereinigung der Deutschen Staatsrechtslehrer, Rechtswissenschaft 6 (2015), S. 118 (127).

[7] *Schulze-Fielitz*, Wissenschaftskultur (Fn. 2), S. 13.

[8] Verwiesen sei auf die Statistiken des Deutschen Juristen-Fakultätentages unter www.djft.de.

[9] 2000 die von der Zeit-Stiftung getragene Bucerius-Law-School in Hamburg; 2010 die EBS in Wiesbaden mit 4 öffentlich-rechtlichen Professuren. Der Erfolg der 2021 in Berlin gegründeten BSP Business & Law School erscheint ungewiss und bleibt abzuwarten.

[10] *Michael Stolleis*, Die Vereinigung der Deutschen Staatsrechtslehrer. Bemerkungen zu ihrer Ge-

Die Vereinigung der Deutschen Staatsrechtslehrer adressierte von Anfang an die deutschen und die österreichischen Fachvertreter.[11] Die Schweizer Kolleginnen und Kollegen kamen später hinzu.[12] Gäste aus anderen Staaten gehören schon lange zum Normalbild der Jahrestagungen. Doch wie verhielt und verhält es sich mit ausländischen Mitgliedern? Waren diese in Deutschland, Österreich oder der Schweiz habilitiert worden, konnten sie schon immer aufgenommen werden. Ein Beispiel stellt etwa der spätere EuGH-Präsident *Wassilios Skouris* dar, der sich bei *Karl August Bettermann* an der Freien Universität Berlin habilitiert hat. Seit 2006 ermöglicht eine Satzungsänderung nun auch die Aufnahme von nicht Habilitierten, die auch nicht eine planmäßige Professur an einer deutschen, österreichischen oder schweizerischen Universität innehaben. Der Bewerber muss a) eine Professur innehaben, „die einer Professur an einer juristischen Fakultät einer deutschen oder deutschsprachigen Universität entspricht, b) seine Befähigung zur Forschung und Lehre durch hervorragende wissenschaftliche Veröffentlichungen auch in deutscher Sprache zum Öffentlichen Recht Deutschlands, Österreichs oder der Schweiz nachgewiesen und c) seine Verbundenheit mit der Vereinigung durch mehrmalige Teilnahme als Gast an den Jahrestagungen bekundet" haben (§ 4 Satz 1 der Satzung). Auf diesem Weg wurden etwa 2008 *Julia Iliopoulos-Strangas* (Universität Athen), 2009 *Olivier Jouanjan* (seinerzeit Universität Straßburg, jetzt Paris II Panthéon-Assas), 2013 *Shu-Perng Hwang* (Institutum Iurisprudentiae, Academia Sinica, Taipeh) oder *Hidemi Suzuki* (Keio Universität Tokyo) 2018 Mitglieder.

2. Vorstände

Auch im Berichtszeitraum 1992 bis heute blieb die Vorstandsstruktur mit einem Vorsitzenden und zwei Beisitzern erhalten. Sie geht bereits auf die Weimarer Epoche zurück. Diese Kontinuität war nicht selbstverständlich, hat sich die Mitgliederzahl doch vervielfacht. [13] Auch im internationalen Vergleich handelt es sich um einen ausgesprochen schlanken Vorstand.[14] Der Vorstand hat wohl eine größere „Machtfülle" als diejenigen anderer wissenschaftlicher Vereinigungen. Er allein bestimmt die Themen und die Referenten der Tagungen. Er schlägt einen Nachfolgevorstand vor, der bisher von der Mitgliederversammlung – zunächst per Akklamation, später durch formalisierte Wahlen – auch stets bestätigt wurde. Nur der jeweilige Ort der Jahrestagung steht schon lange fest, wenn der neue Vorstand die Amtsgeschäfte übernimmt. Diese meritokratischen Elemente in der Führung der Vereinigung sind erträglich, weil seit Jahrzehnten die Amts-

---

schichte, KritV 80 (1997), S. 339 (355); auf die Tagungen bezogen *Thomas Oppermann*, Meine sechs Jahrzehnte Öffentliches Recht, JöR 62 (2014), S. 511 (520), spricht von einem „locker strukturierten pluralistischen Großgremium".

[11] *Christoph Schönberger*, in diesem Band, S. 28 f.; *Ewald Wiederin*, in diesem Band, S. 245 ff.

[12] *Benjamin Schindler*, in diesem Band, S. 273 ff.

[13] Vgl. auch *Helmut Schulze-Fielitz*, in diesem Band, S. 224 ff.

[14] Vgl. für Japan und die in ihren Dimensionen ohnehin bemerkenswerten Schwestervereinigung etwa *Atsushi Takada*, in diesem Band, S. 909 ff.

periode des Vorstands nur zwei Jahre beträgt.[15] Durch diesen vergleichsweise häufigen Wechsel ist gewährleistet, dass die Pluralität der Zugänge und Prägungen der Mitglieder hinreichend repräsentiert wird.[16] Lange Zeit stiegen besonders bewährte Vorstandsmitglieder einige Jahre später dann in einem neuen Vorstand zum Vorsitzenden auf. Diese Praxis wurde inzwischen eingestellt, um möglichst vielen Kolleginnen und Kollegen die Chance, Vorstand zu werden, offenzuhalten. Der letzte Fall war *Helmuth Schulze-Fielitz*, der 2002/03 als „einfaches" Vorstandsmitglied unter dem Vorsitz von *Gunnar Folke Schuppert*, 2008/09 als Vorsitzender fungierte.[17] Waren die Vorstände nach der Wiedergründung 1949 der Ausrichtung der Vereinigung entsprechend, freilich auch mit markanten Ausnahmen (*Wolfgang Abendroth*), eher konservativ ausgerichtet,[18] hat später ein Proporzdenken eingesetzt, dass zu Ausgewogenheit führte. Heute werden neben einer angemessenen Berücksichtigung von weiblichen, österreichischen und Schweizer Mitgliedern auch politische oder methodische Grundpräferenzen berücksichtigt, sodass sich damit ein ausgewogenes, die gesamte Vereinigung repräsentierendes Bild des Vorstands ergibt.

Nach wie vor wird zur Organisation der konkreten Tagung vor Ort ein Mitglied der gastgebenden Fakultät kooptiert; dieses Mitglied trägt eine enorme Arbeitsbelastung und Verantwortung, nimmt jedoch nicht an der Bestimmung der Themen und der Referenten durch den Vorstand teil.[19] Gelingt die Tagung nach allgemeiner Überzeugung besonders gut, ist der Dank der Teilnehmer gewiss;[20] misslingt zu viel, wird auch offene Kritik geübt.

2001 wurde mit *Beatrice Weber-Dürler* (Zürich) erstmals eine Frau in den Vorstand gewählt (Vorstandszeit 2002–2003). Es folgten *Anne Peters* (Heidelberg) (2014–2015), *Ute Sacksofsky* (Frankfurt a. M.) (2018–2019), *Pascale Cancik* (Osnabrück) (2020–2021) sowie mit *Angelika Nußberger* (Köln) (gewählt 2021 für die Vorstandszeit 2022–2023) – erstmals eine Vorsitzende.[21] Von 15 Vorständen war damit ein Drittel unter Beteiligung ei-

---

15 Seit 1952, vgl. *Starck,* Vereinigung (Fn. 6), S. 125 f.; *Helmuth Schulze-Fielitz*, in diesem Band, S. 225.

16 *Starck,* Vereinigung (Fn. 6), S. 126; *Helmut Schulze-Fielitz*, in diesem Band, S. 225.

17 Vgl. *Starck,* Vereinigung (Fn. 6), S 126.

18 Hiervon noch geprägt die Analyse bei *Stolleis*, Vereinigung (Fn. 10), S. 355.

19 Die kooptierten Vorstandsmitglieder sind im Anhang dieses Bandes nicht aufgeführt. Für den Berichtszeitraum handelte es sich um:

1992 Bayreuth: *Wilfried Berg;* 1993 Mainz: *Walter Rudolf;* 1994 Halle: *Michael Kilian;* 1995 Wien: *Bernhard Raschauer;* 1996 Dresden: *Hartmut Bauer;* 1997 Osnabrück: *Jörn Ipsen;* 1998 Potsdam: *Michael Nierhaus;* 1999 Heidelberg: *Reinhard Mußgnug;* 2000 Leipzig: *Martin Oldiges;* 2001 Würzburg: *Franz-Ludwig Knemeyer;* 2002 St. Gallen: *Bernhard Ehrenzeller;* 2003 Hamburg: *Stefan Oeter;* 2004 Jena: *Martina Haedrich;* 2005 Frankfurt: *Ingwer Ebsen;* 2006 Rostock: *Hubertus Gersdorf;* 2007 Freiburg: *Thomas Würtenberger;* 2008 Erlangen: *Max-Emanuel Geis;* 2009 Graz: *Franz Merli;* 2010 Berlin: *Rosemarie Will;* 2011 Münster: *Janbernd Oebbecke;* 2012 Kiel: *Thomas Giegerich;* 2013 Greifswald: *Claus Dieter Classen;* 2014 Düsseldorf: *Lothar Michael;* 2015 Speyer: *Wolfgang Weiß;* 2016 Linz: *Katharina Pabel;* 2017 Saarbrücken: *Hendrik Klement;* 2018 Bonn: *Christian Hillgruber;* 2019 Marburg: *Sebastian Müller-Franken;* 2021 Mannheim: *Ralf Müller-Terpitz;* 2022 Bremen: *Claudio Franzius.*

20 Bei den jüngeren Tagungen stachen hier Saarbrücken 2017 und Mannheim 2021 hervor.

21 Vgl. *Pascale Cancik*, in diesem Band, S. 803 ff.

nes weiblichen Mitglieds aktiv. Mit *Martina Haedrich* war in Jena 2004 zum ersten Mal eine Frau kooptiertes Vorstandsmitglied.

3. *Tagungsorte und Teilnehmerzahl*

Die Vereinigung lebt vor allem in ihren Tagungen. Das entspricht auch § 1 Nr. 1 der Satzung. Außerhalb derselben stellen sich im Wesentlichen nur für den Vorstand Termine. Die Mitglieder verbinden in erster Linie die Tagungen (und die Tagungsbände) mit ihrer Vereinigung. Daher lohnt sich auch ein statistischer Blick auf die Jahrestagungen, die für viele Mitglieder immer noch einen Pflichttermin im Jahreslauf darstellen. Wegen der Corona-Pandemie musste die für 2020 geplante Mannheimer Tagung in das Jahr 2021 verschoben werden – erstmals seit der Neugründung der Vereinigung 1949 fiel damit eine Jahrestagung aus. Die Pandemie gab zugleich Anlass zu einer Online-Sondertagung am 9. April 2021; sie sollte ursprünglich in Wien in Präsenz stattfinden, musste jedoch aufgrund der Lage virtuell durchgeführt werden.

Ausweislich der Vorworte der Tagungsbände schwankt die Teilnehmerzahl der Mitglieder zwischen 200 und 400. Vor allem bei besonders attraktiven Tagungsorten wie in Wien 1995 (insgesamt 420 Personen – Mitglieder, Gäste, Begleitpersonen), Freiburg 2007 (knapp 400 Mitglieder, insgesamt 530 Personen) oder Berlin 2010 (400 Mitglieder, insgesamt 575 Personen). Die Teilnehmerzahl an den jährlichen Tagungen war in den letzten Jahren zwischen etwa 250 und gut 300 Mitgliedern weitgehend konstant; pandemiebedingt lag sie in Mannheim 2021 etwas niedriger. An der virtuellen Sondertagung 2021 „Staat und Gesellschaft in der Pandemie“, die technisch im Wiener Juridicum loziert war, nahmen rund 250 Teilnehmer „online“ teil. Relativ zur Mitgliederzahl ist die Teilnahme an den Jahrestreffen damit rückläufig (im Berichtszeitraum von ca. 54 % über 50 % auf aktuelle knapp 40 %[22]), wenngleich inzwischen einigermaßen stabil. Im Vergleich zu den Versammlungen anderer Fachgesellschaften dürfte die Relation gleichwohl einmalig sein.

Von den 30 Tagungen im Berichtszeitraum fanden drei in Österreich statt (Wien 1995; Graz 2009 und Linz 2016), eine in der Schweiz (St. Gallen 2002). Auffällig ist, dass im zeitlichen Zusammenhang mit der Wiedervereinigung nach 1990 die neu- oder wiedergegründeten juristischen Fakultäten in den „neuen Bundesländern“ bevorzugt die Tagung ausrichteten (beginnend 1994 mit Halle, gefolgt von Dresden 1996, Potsdam 1998, Leipzig 2000, Jena 2004, Rostock 2006, Berlin 2010 – die Tagung wurde von der nach 1990 reorganisierten Fakultät an der Humboldt-Universität organisiert –, Greifswald 2013). Die einzige Fakultät, die in diesem Reigen fehlt, ist diejenige der Europauniversität Viadrina in Frankfurt/Oder – freilich dürfte es dort schon an den erforderlichen Hotelkapazitäten fehlen.

Teilt man das Gebiet der alten Bundesrepublik räumlich in drei „Zonen“ (Norden, Mitte, Süden) ein, ergibt sich folgendes Verhältnis in der geographischen Lage der Tagungsorte: Norddeutschland fünf Tagungen (Osnabrück 1997, Hamburg 2003, Münster

[22] Zahlen nach *Helmuth Schulze-Fielitz*, in diesem Band, S. 229.

1
2
3
4
5
6
7
8
9
10
11
12
13
14
15
16
17
18
19
20
21
22
23
24
25
26
27
28
29
30
31
32
33
34
35
36
37
38
39
40
41
42
43
44
45
46
47
48
49
50
51
52
53
54
55
56
57
58
59
60
61
62
63
64
65
66
67
68
69
70
71
72
73
74
75
76
77
78
79
80
81
82
83
84
85
86
87
88
89
90
91
92
93
94
95
96
97
98
99
100
101
102
103
104
105
106
107
108
109
110
111
112
113
114
115
116
117
118
119
120
121
122
123
124
125
126
127
128
129
130
131
132
133
134
135
136
137
138
139
140
141
142
143
144
145
146
147
148
149
150
151
152
153
154
155
156
157
158
159
160
161
162
163
164
165
166
167
168
169
170
171
172
173
174
175
176
177
178
179
180
181
182
183
184
185
186
187
188
189
190
191
192
193
194
195
196
197
198
199
200
201
202
203
204
205
206
207
208
209
210
211
212
213
214
215
216
217
218
219
220
221
222
223
224
225
226
227
228
229
230
231
232
233
234
235
236
237
238
239
240
241
242
243
244
245
246

1 Jacques Ziller
2 Indra Spiecker genannt Döhmann
3 Jens-Peter Schneider
4 Friedrich Schoch
5 Christoph Görisch
6 Roland Broemel
7 Tahir Muratoglu (Gast)
8 Shusaku Takechi (Gast)
9 Munsik Jeong (Gast)
10 Hinnerk Wißmann
11 Michael Lysander Fremuth
12 Norbert Ullrich
13 Anja Seibert-Fohr
14 Paul Kirchhof
15 Michael Goldhammer
16 Stefan Huster
17 Claudio Franzius
18 Christian Heitsch
19 Markus Ogorek
20 Arno Kahl
21 Magdalena Pöschl
22 Johannes Rux
23 Lothar Michael
24 Hans-Joachim Cremer
25 Bernd Grzeszick
26 Markus Möstl
27 Margrit Seckelmann
28 Udo Steiner
29 Wolfgang Durner
30 Stefan Magen
31 Pascale Cancik
32 Uwe Volkmann
33 Albrecht Weber
34 Erich Pürgy
35 Sebastian Schmid
36 Thomas Kröll
37 Robert Uerpmann-Wittzack
38 Ute Mager
39 Hermann Pünder
40 Veith Mehde
41 Michael Fehling
42 Sven Eisenmenger
43 Bernhard Waldmann
44 Matthias Valta
45 Christian Bickenbach
46 Henning Tappe
47 Wolfgang Hoffmann-Riem
48 Osamu Nishigami (Gast)
49 Tomohiko Tatsumi (Gast)
50 (?)
51 Fabian Wittreck
52 Markus Winkler
53 Liv Jaeckel
54 Stefan Ulrich Pieper
55 Rainer Wernsmann
56 Matthias Schmidt-Preuß
57 Meinhard Schröder jun.
58 Hans-Georg Dederer
59 Jan Philipp Schaefer
60 Tobias Herbst
61 Karl Stöger
62 Antje von Ungern-Sternberg
63 Carsten Kremer
64 Friedhelm Hufen
65 Ino Augsberg
66 Jörn Lüdemann
67 Christian Thiemann
68 Frank Schorkopf
69 Georg Müller
70 Christian von Coelln
71 Frank Fechner
72 Helmut Philipp Aust
73 Thomas Kleinlein
74 Foroud Shirvani
75 Ulrich Jan Schröder
76 Joachim Lege
77 Hans Meyer
78 Ann-Katrin Kaufhold
79 Konrad Lachmayer
80 (?)
81 Matthias Knauff
82 Bernd Hartmann
83 Andreas Funke
84 Marcel Kau
85 Johannes Saurer
86 Andrea Edenharter
87 (?)
88 Andreas Th. Müller
89 Jan Hendrik Klement
90 (?)
91 Martin Eifert
92 (?)
93 (?)
94 Thorsten Kingreen
95 Ulrich Fastenrath
96 Thilo Rensmann
97 Gregor Kirchhof
98 Ekkehard Hofmann
99 Franz C. Mayer
100 Christian Hillgruber
101 Diana zu Hohenlohe
102 Martin Morlok
103 Ewald Wiederin
104 Siegfried Magiera
105 Thorsten Siegel
106 Markus Heintzen
107 Gregor Heißl
108 Kai von Lewinski
109 Rudolf Streinz
110 Anna Leisner-Egensperger
111 Thomas Mann
112 Sebastian Unger
113 Christoph Ohler
114 Reinhard Mußgnug
115 Sebastian Kluckert
116 Christoph Schönberger
117 Sophie Schönberger
118 Albert Ingold
119 Claudia Maria Hofmann
120 Annette Guckelberger
121 Florian Becker
122 Carsten Bäcker
123 Heinrich Amadeus Wolff
124 Joachim Suerbaum
125 Peter M. Huber
126 Christian Walter
127 Arnd Uhle
128 Hermann Butzer
129 Angela Schwerdtfeger
130 Heiko Sauer
131 Bernhard Ehrenzeller
132 Benjamin Schindler
133 Johannes Hellermann
134 Alexander Thiele
135 Axel Tschentscher
136 Matthias Mahlmann
137 Dieter Grimm
138 Dirk Ehlers
139 Ulrich Haltern
140 Michael Germann
141 Hans Michael Heinig
142 Michael Kilian
143 Maximilian Wallerath
144 Christian Seiler
145 Martin Nettesheim
146 Markus Kotzur
147 Marc Desens
148 Kurt Faßbender
149 Jörg Ennuschat
150 Armin Steinbach
151 Stefan Oeter
152 Andreas von Arnauld
153 Hans D. Jarass
154 Udo Di Fabio
155 Wolfram Höfling
156 Charlotte Kreuter-Kirchhof
157 Mehrdad Payandeh
158 Felix Hanschmann
159 Dirk Hanschel
160 Christoph Enders
161 Stephanie Schiedermair
162 Matthias Ruffert
163 Gertrude Lübbe-Wolff
164 Friedhelm Hase
165 Karl-Heinz Ladeur
166 Sebastian Müller-Franken
167 Oliver Lepsius
168 Norbert Janz
169 Max Emanuel Geis
170 Cristina Fraenkel-Haeberle
171 Claus Dieter Classen
172 Michel Fromont
173 Ulrich Stelkens
174 Martin Borowski
175 Matthias Cornils
176 Hubertus Gersdorf
177 Daniel Thym
178 Ralf Brinktrine
179 Markus Ludwigs
180 Yuri Matsubara (Gast)
181 Peter Bußjäger
182 Christian Calliess
183 Anna Katharina Mangold
184 Sven Hölscheidt
185 (?)
186 Gerrit Hornung
187 Christoph Engel
188 Uwe Kischel
189 Michael Sachs
190 Diana-Uriana Galetta
191 Hans Christian Röhl
192 Monika Böhm
193 Elke Gurlit
194 Frauke Brosius-Gersdorf
195 Sigrid Boysen
196 Florian Meinel
197 Dominik Steiger
198 Philipp Reimer
199 Stefanie Schmahl
200 Armin von Bogdandy
201 Günter Püttner
202 Klaus Ferdinand Gärditz
203 Thorsten Ingo Schmidt
204 Daniel Moeckli
205 Andreas Glaser
206 Nadja Braun-Binder
207 Horst Dreier
208 Eberhard Schmidt-Aßmann
209 Rüdiger Wolfrum
210 Christian Tomuschat
211 Eckart Klein
212 Meinhard Hilf
213 Angelika Siehr
214 Oliver Diggelmann
215 Christoph Möllers
216 Simon Kempny
217 Ekkehart Reimer
218 Bettina Schöndorf-Haubold
219 András Jakab
220 Wolfgang Rüfner
221 Rainer Pitschas
222 Josef Isensee
223 Toshiyuki Munesue (Gast)
224 Hidemi Suzuki
225 Mitsuhiro Matsubara (Gast)
226 Adelheid Puttler
227 Martin Hochhuth
228 Michael Kotulla
229 Gernot Sydow
230 Wolfgang Bock
231 Andras Kley
232 Friederike Wapler
233 Jochen Abr. Frowein
234 Karl-Peter Sommermann
235 Ines Härtel
236 Ute Sacksofsky
237 Rudolf Wendt
238 Christian Waldhoff
239 Moris Lehner
240 Helmuth Schulze-Fielitz
241 Franz Reimer
242 Philipp Dann
243 Steffen Augsberg
244 Sven Simon
245 Ferdinand Wollenschläger
246 Chien-Liang Lee

Staatsrechtslehrertagung in Bonn 2018.

2011, Kiel 2012, Bremen 2022), „Mitte" sieben Tagungen (Mainz 1993, Frankfurt a. M. 2005, Düsseldorf 2014, Speyer 2015, Saarbrücken 2017, Bonn 2018, Marburg 2019) und Süddeutschland sechs Tagungen (Bayreuth 1992, Heidelberg 1999, Würzburg 2001, Freiburg i. Br. 2007, Erlangen 2008, Mannheim 2021). Teilweise waren die Tagungsorte bewusst wegen „runder" Universitätsjubiläen ausgewählt worden (Berlin 2010, Bonn 2018, jeweils zum 200jährigen Universitätsgründungsjubiläum) – durchaus ambivalente Entscheidungen, fällt die Staatsrechtslehrertagung doch in einem ganzen Ensemble von Jubiläumsveranstaltungen kaum wirklich auf. Auch sind die finanziellen Ressourcen der gastgebenden Fakultät/Universität durch ein solches Jubiläum nicht notwendigerweise größer. Eine Gesamtschau der Tagungsorte ergibt alles in allem ein geographisch ausgeglichenes Bild.

4. Voranschreitende Institutionalisierung – Die Gründung eines „e.V."

Bis 2006 hatte sich – für eine Juristenvereinigung durchaus überraschend – offenbar niemand über die Rechtsform der Vereinigung der Deutschen Staatsrechtslehrer Gedanken gemacht. Mit den Mitgliederzahlen stiegen auch die Teilnehmerzahlen der Tagungen und damit auch deren Finanzvolumina. Dies war der Hintergrund, um der Vereinigung die Rechtsform eines eingetragenen Vereins zu geben. Beschlossen wurde dies auf der Mitgliederversammlung in Freiburg i. Br. 2007. Die Eintragung erfolgte beim Registergericht Heidelberg. Eine Satzungsänderung gab dem § 2 die aktuelle Fassung. Zuvor dürfte es sich bei der Staatsrechtslehrervereinigung zivilrechtlich um einen nichteingetragenen Verein gehandelt haben. Die formellen Anforderungen, etwa an Vorstandswahlen, sind durch den Rechtsformwechsel gestiegen und richten sich inzwischen an vereinsrechtlichen Vorgaben aus. Größere Rechtssicherheit wurde mit einer gewissen Formalisierung der Prozesse erkauft. Ob es sich um einen sinnvollen Schritt handelte, war umstritten, auch wenn die Mitgliederversammlung in Freiburg insofern ein einmütiges Votum abgab. Konnte durch diese Rechtsformwahl auch das persönliche Haftungsrisiko der Vorstandsmitglieder verringert werden, hat eine Bürokratisierung der Administration der Vereinigung, v. a. wegen der häufigen und zähen Einschaltung des Registergerichts zugenommen. Auch im Hinblick auf die Vereinigung der Deutschen Staatsrechtslehrer teilt die Rechtsformwahl die Ambivalenz einer gewissen Rationalisierung, aber auch einer Erschwerung der Prozesse.

Nur erwähnt werden soll hier, dass – mit der vielleicht üblichen zeitlichen Verzögerung – auch die Staatsrechtslehrervereinigung inzwischen eine gut gepflegte Homepage besitzt[23] und die Kommunikation mit ihren Mitgliedern, d. h. die Versendung der Rundschreiben, der Nachrufe, der Einladungen zu den Tagungen usf. im Wesentlichen elektronisch erfolgt. Das online-Format der Sondertagung zur Corona-Pandemie im April 2021 wurde unfreiwillig gewählt. Auf der ordentlichen Jahrestagung 2021 in Mannheim wurden die Hauptvorträge zugleich gestreamt, d. h. waren nicht nur im Saal, sondern auch online verfolgbar.

---

[23] www.vdstrl.de.

Eine außerordentlich geglückte Innovation war es, dass der Vorstand seit 2008 alle Neuaufgenommenen und ihre akademischen Lehrer am Vorabend der Tagung zu einem Abendessen einlädt. Das zeigt nicht nur die besondere Aufmerksamkeit für die Neumitglieder, sondern ermöglicht diesen zugleich sich in Vereinigung wie Tagung gut einzufinden.[24]

5. Entwicklung des Begleitprogramms und des informellen Teils der Tagungen als Spiegel wissenschaftssoziologischer Veränderungen

An kaum einem Punkt werden die wissenschaftssoziologischen Veränderungen deutlicher, als an den Wandlungen des Begleitprogramms (früher: „Damenprogramm"). Aus Berichten unserer akademischen Lehrer und deren Gattinnen wissen wir, dass die Bedeutung dieses Nebenstrangs der jährlichen Tagungen eminent war.[25] Der Abschlussabend umfasste zumeist – freilich auch erst seit den 1970er Jahren – Tanz. Waren früher sog. Damenreden üblich, gibt es in der Gegenwart noch oftmals geglückte ironische Zusammenfassung der Tagung.[26] Schon bei meiner ersten persönlich erlebten Tagung in St. Gallen 2002 wurde das bereits relativiert. Immerhin noch 2003 in Hamburg, eine Tagung bei der mich meine Frau begleitete, war der Begrüßungstee im noblen Hotel Vierjahreszeiten mit der traditionellen, womöglich teilweise auch bereits ironisch gemeinten Formel „Die Damen feiern Wiedersehen und schließen neue Bekanntschaften" annonciert. 2002 nahm ich als Neuaufgenommener an sämtlichen Programmpunkten teil, insbesondere am festlichen Abschlussabend und am noch existierenden Samstagsausflug. Letzterer fand mit zwei Bussen, also alles in allem fast 100 Teilnehmern statt. Das lag nicht zuletzt an dem äußerst interessanten Besichtigungsprogramm in Appenzell-Innerrhoden und Appenzell-Ausserrhoden. Gut anderthalb Jahrzehnte später, bei der Bonner Tagung 2018, nahmen nur noch etwa 30 Personen am Begleitprogramm teil, am Samstagsausflug zum Regierungsbunker und in das Weinland im Ahrtal nur noch 24. Zu dieser Zeit formierten sich Überlegungen, das Begleitprogramm drastisch zu verschlanken und auf den Samstagsausflug als offiziellem Tagungsbestandteil zu verzichten, weil Organisationsaufwand und Ertrag in keinem Verhältnis mehr zu einander standen.[27] Partnerinnen oder Partner der Mitglieder der Vereinigung sind heute fast ausnahmslos selbst berufstätig; die Kinderbetreuungsfrage tritt hinzu. An kaum einem anderen Indikator ist so klar ersichtlich, dass die jährlichen Staatsrechtslehrertagungen sich zu rein „wissenschaftlichen" Konferenzen und Kontaktbörsen entwickelt haben, die „gesellschaftliche" Dimension, die schon in der Anfangsphase,[28] dann jedoch vor allem

---

[24] *Helmuth Schulze-Fielitz*, in diesem Band, S. 222.

[25] Zum „Damenprogramm" etwa bereits *Fritz Stier-Somlo*, Die zweite Tagung der Vereinigung der Deutschen Staatsrechtslehrer, AöR 46 (1924), S. 88 (90); zur Bedeutung, v. a. auf die Empfänge bezogen, *Schulze-Fielitz*, Kulturgeschichte (Fn. 2), S. 171: „zentraler Bestandteil des Tagungsgeschehens".

[26] Einen Höhepunkt bildete sicherlich die Ansprache *Wolfgang Durners* beim Abschlussabend der Bonner Tagung 2018.

[27] Zur quantitativen Entwicklung *Schulze-Fielitz*, Wissenschaftskultur (Fn. 2), S. 180 f.

[28] Vgl. den Text des Triepelschen Einladungsschreibens, abgedruckt bei *Christoph Schönberger*, in diesem Band, S. 8 f.

in der frühen und mittleren Bundesrepublik charakteristisch wurde, zum Auslaufmodell wurde. Die veränderte wissenschaftssoziologische Lage des typischen Fachvertreters oder der Fachvertreterin als Teilelement einer weiter zunehmenden Individualisierung der Gesellschaft[29] wirkt sich so unmittelbar auf die Tagungsstruktur aus. Zu bedenken wäre bei diesem Befund des „Abschneidens alter Zöpfe" jedoch, ob sich nicht über das Damenprogramm ganz andere Kommunikationsbeziehungen bildeten. Ein befreundeter Kollege beschrieb den Wert des überkommenen Damen- bzw. Begleitprogramms als „fachlich durchkreuzte Netzwerkbildung im Sinne einer Pluralismusförderung".

War es noch vor 20 Jahren selbstverständlich oder zumindest üblich, dass zumindest alle Referentinnen und Referenten von ihren Partnern begleitet wurden und dass der Vorstand ebenfalls mit Ehefrau bzw. Ehemann am Abschlussabend teilnahm, ist dies heute eher der Ausnahmefall. Kurzum: Auch hier Normalisierung aller Orten.[30]

Zum gesellschaftlichen Teil der Jahrestagungen gehören auch die traditionellen Abendempfänge – am Mittwochabend üblicherweise durch den Oberbürgermeister der gastgebenden Stadt und den Rektor bzw. Präsidenten der gastgebenden Universität. Am Donnerstagabend wird der Empfang durch die jeweilige Landesregierung ausgerichtet. Die Kulturgeschichte und die Soziologie dieses Teils des Begleitprogramms ist ausführlich geschildert worden.[31] Auf den Berichtszeitraum bezogen seien einige Beobachtungen ergänzt: Die Empfänge sind ein guter Indikator für das Auseinanderfallen von Selbst- und Fremdeinschätzung der Vereinigung. Oberbürgermeister und Rektor/Präsident der Universität richten nach wie vor regelmäßig ihren Empfang aus. Bei den Landesregierungen sieht das teilweise anders aus. Kommt der Ministerpräsident oder die Ministerpräsidentin persönlich (und macht womöglich auch noch einen guten Eindruck, wie dies – aus eigenem Erleben – etwa 2005 in Frankfurt, konkret im Kloster Eberbach mit *Roland Koch*, 2012 in Kiel im Landtag mit *Torsten Albig*, 2017 in Saarbrücken, konkret in der Völklinger Hütte mit *Annegret Kramp-Karrenbauer* oder 2018 in Bonn, konkret in der Redoute Bad Godesberg mit *Armin Laschet* der Fall war), sonnt sich die Vereinigung in deren Glanz. Interessant kann das Gefälle zwischen dem Politiker und dem Vorsitzenden sein, der auf die Rede des Empfangenden reagiert. Hier kann manches misslingen; nach entsprechenden Kommunikationspannen bei der Freiburger Tagung 2007 ließen sich einige Jahre keine Ministerpräsidenten mehr blicken. Meist kommt nicht der Regierungschef, sondern dessen Justizminister oder dessen Innenministerin und empfängt.[32] Höhepunkt der auch gefühlten Missachtung der Vereinigung auf dieser Ebene war die kurzfristige Absage der seinerzeitigen nordrhein-westfälischen Landesre-

---

[29] *Helmuth Schulze-Fielitz*, in diesem Band, S. 241 f.

[30] Vgl. *Schulze-Fielitz*, Wissenschaftskultur (Fn. 2), S. 186: „Dieser scheinbar wenig schmerzhafte Verlust an Tagungskultur ist Teil einer Entwicklung, mit der sich auch die Vereinigung im Milieu der akademischen Mittelklasse in einer ‚Gesellschaft der Singularitäten' von einem parawissenschaftlichen Gemeinschaftsbewusstsein der Staatsrechtslehre als ‚Zunft' wohl dauerhaft verabschiedet."

[31] *Schulze-Fielitz*, Wissenschaftskultur (Fn. 2), S. 171 ff.

[32] Unangenehm fällt auf, wenn ein Minister wie 2019 in Marburg der hessische Innenminister *Peter Beuth* seine ganze Rede als Kritik an Rechtsprechungslinien des Bundesverfassungsgerichts konzipiert und nicht die Vereinigung und ihre Mitglieder, sondern explizit die anwesenden Richterinnen und Richter des Karlsruher Gerichts anspricht.

gierung unter der Ministerpräsidentin *Hannelore Kraft* bei der Düsseldorfer Tagung 2014, ausdrücklich aus Gründen der Sparsamkeit. Das blieb ein krasser Einzelfall. Enttäuschung über zu „niederrangige" Vertreter gab es öfter. Ein Tiefpunkt in dieser Hinsicht war die Tagung in Linz 2016, wo die Vereinigung unter allgemeiner Missbilligung von subalternen Kommunalvertretern empfangen wurde.

III. Tagungsstruktur und Tagungsthemen

1. Experimente mit der Tagungsstruktur

Der dramatische Anstieg der Mitgliederzahl und parallel der Zahl der Tagungsbesucher stellt nach wie vor Fragen nach der Tagungsstruktur. 1992 existierte noch die aus der Weimarer Zeit überkommene Aufteilung mit einem verfassungsrechtlichen Thema am ersten Tag, einem verwaltungsrechtlichen Problem am zweiten Tag, wobei zu jedem Thema zwei Kollegen referierten. Zur Zeit referieren jenseits der Arbeitskreise regelmäßig acht Kolleginnen bzw. Kollegen; die Referate dauern 45 Minuten. Diese acht Referentinnen bzw. Referenten behandelten freilich etwa 1995 noch zwei Themen, während in den letzten Jahren entweder vier Themen oder gar unter dem Leitthema acht Themen verhandelt wurden (2021). Erst seit 2004 wird zumeist ein Leitthema für die ganze Tagung ausgebracht (2004 „Der Sozialstaat in Deutschland und Europa"). Zumindest zeitweise erreichten diese Oberthemen freilich einen Abstraktionsgrad, dass darunter alles fassbar gewesen wäre (2017: „Fragmentierungen"; 2021: „Machtverschiebungen"). 2018 in Bonn wurde auf ein übergreifendes Thema insgesamt verzichtet (erster Tagungstag: „Gleichheit und Vielfalt"; zweiter Tagungstag „Rechtliche Verarbeitung des technischen und medizinischen Wandels"). Acht Referate haben sich offensichtlich durchgesetzt, die Frage eines Leitthemas bleibt schwierig. Unmittelbarer Korrekturbedarf besteht hier m. E. nicht.

Auf der Pandemie-Sondertagung 2021 fand unter der Themenstellung „Corona als Motor: Transformationen und öffentliches Recht" erstmals eine Podiumsdiskussion zwischen den Vereinigungsmitgliedern *Gertrude Lübbe-Wolff, Klaus Ferdinand Gärditz* und *Hans Michael Heinig* mit dem Münchener Soziologen *Armin Nassehi* statt.

2. Klimatische Entwicklungen

Von Anfang an spielten die Aussprachen über die Referate eine bedeutende Rolle. Angesichts der Größenverhältnisse kann es sich nicht um eine offene, spontane Diskussion handeln. Seit langer Zeit werden Diskussionsbemerkungen oder Statements zunächst gesammelt, die dann zum Ende der Aussprache von den Referenten gebündelt pariert werden. Unabhängig von der Tagungsstruktur nehmen sie die gleiche Zeit in Anspruch, wie die Referate selbst. Das ist nicht selbstverständlich und zeugt von einem durchgehend diskursiven Charakter des wissenschaftlichen Programms.

Das Tagungsklima hat sich in den letzten Jahrzehnten normalisiert. Mitglieder meiner Generation können über wirkliche oder angebliche Hintanstellungen von Neumitgliedern, wie es sie in früheren Zeiten gegeben haben mag, nichts mehr berichten – ganz im Gegenteil: Es herrscht gewöhnlich eine offene Neugierde auf die jungen Privatdozentinnen und Privatdozenten. Eine gegenteilige „Fama" hatte sich womöglich verselbständigt.[33] *Helmuth Schulze-Fielitz* hat herausgestellt, dass angesichts der Regelmitgliedschaftsvoraussetzung der Habilitation gute Umgangsformen die Regel sind – nicht mehr und nicht weniger.[34]

Objektivieren lässt sich die Struktur der Diskutanten nach den Referaten. Hier war in vorangegangenen Jahrzehnten in der Tat Praxis, dass – sofern sich nicht noch Landesberichte aus Österreich und der Schweiz an die Referate anschlossen – nach gewissen Anciennitätsschlüsseln besonders verdiente, angesehene, vorzugsweise ältere Vereinigungsmitglieder die Diskussion begannen, die dann nicht selten zu Korreferaten ausholten: „Eröffnet wurden die Diskussionen jahrzehntelang stets durch dieselben Mitglieder, freilich meist mit großem Namen." [35] Einzelne Diskutanten waren für die Länge ihrer Äußerungen in der Diskussion berüchtigt.[36] Dieses Problem wurde durch eine egalisierende „Ampel" entschärft, die für alle Diskutanten optisch die gleiche Zeit anzeigt und schließlich auf gelb und rot springt. Dies hat die Diskussionsdisziplin erstaunlich verbessert.[37] Auch manche Schärfe früherer Jahrzehnte hat sich verflüchtigt – teilweise eine durchaus ambivalente Entwicklung, sind doch auch Diskussionen in Erinnerung, die gar nicht richtig in Gang kommen wollten und denen kontroverse Elemente zu sehr fehlten. In der Gegenwart eröffnen oftmals auch junge Kolleginnen und Kollegen die Diskussion.[38] Die Reihenfolge bestimmt das jeweils sitzungsleitende Vorstandsmitglied.

---

33 *Schulze-Fielitz,* Wissenschaftskultur (Fn. 2), S. 111.

34 Ebd.

35 *Peter Häberle,* Vermachtungsprozesse in nationalen Wissenschaftlergemeinschaften, insbesondere in der deutschen Staatsrechtslehre, in: Schulze-Fielitz (Hrsg.), Staatsrechtslehre als Wissenschaft, 2007, S. 159 (168); *Schulze-Fielitz,* Wissenschaftskultur (Fn. 2), S. 129–149 (!), S. 129 spricht von „reputationshierarchischen Gesichtspunkten"; ausführlich auch *Peter Häberle,* Die geschlossene (?) Vereinigung der deutschen Staatsrechtslehrer – ihr offenes Diskussionsforum, in: FS für Dimitris Tsatsos, 2003, S. 164 (166 ff.); allgemein zu Reputationsmechanismen in diesem Kontext *Schulze-Fielitz,* Mikrokosmos (Fn. 3), S. 187 ff.; *Helmut Goerlich,* Die Rolle von Reputation in der Rechtswissenschaft, in: Hilgendorf/Schulze-Fielitz (Hrsg.), Selbstreflexion der Rechtswissenschaft, 2. Aufl. 2021, S. 207.

36 Vgl. ironisierend der die Diskussion des ersten Beratungsgegenstandes auf der Tübinger Tagung 1988 leitende *Erhard Denninger,* VVDStRL 47 (1989), S. 67: „Vielen Dank, Herr Kollege *Vogel.* Sie haben das Recht des ersten Redners jedenfalls zeitlich, glaube ich, voll in Anspruch genommen. Sie haben 13 Minuten gesprochen. Ich appelliere an die nachfolgenden Redner, es ihm in diesem Punkt nicht unbedingt gleichzutun. Wir haben beim Mittagessen mit den Referenten scherzhafterweise die Redezeitfrage erörtert, und es wurde von dem Herrn Erstberichterstatter gemeint, es hätten die Kollegen *Häberle* und *Zacher* traditionellerweise das Recht, hier 8–10 Minuten zu sprechen, die anderen vielleicht 5 oder 6."

37 Positive Bilanz bei *Schulze-Fielitz,* Mikrokosmos (Fn. 3), S. 165.

38 Beispiele: *Christoph Ohler,* VVDStRL 66 (2007), S. 181; *Christoph Gröpl,* ebd., S. 335; *Franz Mayer,* VVDStRL 76 (2017), S. 217; *Ulrich Stelkens,* ebd., S. 443; *Christian Bickenbach,* VVDStRL 77 (2018), S. 465; „Platzhirsche" reihen sich manchmal erst gegen Ende der Diskussion ein.

3. *Entwicklung und Neugründung von Arbeitskreisen*

Nach 1992 wurden neben dem seit 1972 fortbestehenden Arbeitskreis „Verwaltungslehre“ (inzwischen: „Verwaltung“)[39] zwei neue Arbeitskreise mit großer Resonanz begründet: Auf der Jahrestagung 1998 in Potsdam wurde von *Eckart Klein* als Vorsitzendem und *Ingolf Pernice* als Stellvertreter der Arbeitskreis „Europäisches Verfassungsrecht“ aus der Taufe gehoben und von der Mitgliederversammlung einstimmig bestätigt. Inhaltlich geht es dort seitdem um drei Problemkreise: „die Rechtsvergleichung mit Schwerpunkt im europäischen Bereich; die Entwicklung von Standards eines gemeineuropäischen Verfassungsrechts; die Untersuchung der Wechselwirkungen zwischen den einzelnen nationalen öffentlich-rechtlichen Systemen und dem europäischen Recht“.[40] 2010 auf der Jahrestagung in Berlin stimmte die Mitgliederversammlung der „Einrichtung und Angliederung“ eines Arbeitskreises „Gesprächskreis Grundlagen des öffentlichen Rechts“ zu. Die Leitung übernahmen *Rolf Gröschner*, *Hans-Peter Schneider* und *Matthias Jestaedt*. An die Stelle von *Schneider* trat 2019 *Anna-Bettina Kaiser*.

In gewisser Weise befriedigen die Arbeitskreise das stets abgewehrte Bedürfnis nach Sektionen während der Jahrestagungen.[41] Ohne valides statistisches Material scheint es so zu sein, dass – je nach Themenstellung und Referenten – die beiden neuen Arbeitskreise den überkommenen zur Verwaltung in der Nachfrage übertroffen haben. Beide Neugründungen spiegeln Veränderungen des Faches wider: Der „Grundlagengesprächskreis“ das verstärkte Bedürfnis nach Theorie in einem weiteren Sinn; der „Europaarbeitskreis“ ist Folge der enorm gewachsenen Bedeutung der europäischen Integration für das öffentliche Recht, in Deutschland und in Österreich, abgeschwächt auch in der Schweiz. Die Arbeitskreise treten wegen der Attraktivität von Themen und / oder Referenten (auch Nichtmitgliedern!) und dem weniger formalisierten und damit „frischeren“ Diskussionsprozess gelegentlich durchaus in eine gewisse Konkurrenz zum „Hauptprogramm“ der Tagungen, auch wenn es keinerlei zeitliche Überschneidungen mit diesem gibt.[42] Der Status der Arbeitskreise ist dabei unklar. Sie verwalten sich autonom

4. *Vortragsthemen*

Da ausführliche Analysen der von der Staatsrechtslehrervereinigung behandelten Themen in Teil 2 dieses Bandes vorliegen, kann es an dieser Stelle nur um Beobachtungen zu Strukturveränderungen in der Themenwahl in den 30 Jahren zwischen 1992 und der Gegenwart gehen.

Jahrzehntelang und auf die Weimarer Tradition zurückgehend bestand ein Gleichgewicht zwischen verfassungs- und verwaltungsrechtlichen Themen: Am ersten Tag dominiert das Verfassungs-, am zweiten das Verwaltungsrecht. Durch die Experimente hin-

---

39 Siehe *Hinnerk Wißmann*, in diesem Band, S. 128.

40 VVDStRL 58 (1999), S. 6.

41 *Starck*, Vereinigung (Fn. 6), S. 128.

42 A. A. *Schulze-Fielitz*, in diesem Band, S. 230.

sichtlich der Tagungsstruktur, durch die verstärkte Einbeziehung auch völker- und europarechtlicher Fragestellungen ist das durcheinandergekommen. Gelegentlich war von verwaltungsrechtlicher Seite zu hören, die genuinen Verwaltungsrechtler fühlten sich nicht (mehr) hinreichend berücksichtigt. Solche Monita sind ernst zu nehmen; freilich verwischen die Grenzen zwischen den beiden Hauptdisziplinen des öffentlichen Rechts immer stärker, kann das „Verwaltungsrecht als konkretisiertes Verfassungsrecht" (*Fritz Werner*) ohnehin nicht isoliert betrieben werden.[43] Viele Sachthemen liegen „quer" zu derartigen disziplinären Unterscheidungen. Das Thema des demographischen Wandels etwa wurde zunächst verfassungs-, später verwaltungsrechtlich behandelt.[44]

Länderberichte zur Rechtslage in Österreich und in der Schweiz – seien es eigenständige Referate,[45] seien es vorangestellte und herausgehobene Diskussionsbeiträge[46] – sind ein Auslaufmodell. Die Anzahl von internationalrechtlichen, v.a. europarechtlichen Themenstellungen ist demgegenüber signifikant gestiegen. Hier folgen die Themen den Veränderungen des Erkenntnisgegenstands des öffentlichen Rechts. Freilich diffundieren die unionsrechtlichen Fragestellungen jenseits institutioneller Aspekte in die Teilrechtsgebiete, besonders deutlich etwa im Umwelt- oder Datenschutzrecht, so dass eine entsprechende Auffächerung von Themenstrukturen zunehmend sinnlos erscheint.

Ein Meilenstein in der Vereinigungsgeschichte waren sicherlich die Referate von *Horst Dreier* und *Walter Pauly* „Die deutsche Staatsrechtslehre in der Zeit des Nationalsozialismus", die erste offizielle inhaltliche Befassung der „Zunft" mit dieser Problematik. Vorliegender Band enthält dazu eine eigene Analyse.[47]

Tagesaktuelle Themen sind auf einer Tagung, deren Programm regelmäßig ein Jahr im Voraus geplant wird, ein Problem. Im Falle des überraschenden Mauerfalls 1989 führte das zur Sondertagung in Berlin 1990.[48] Für die zweite Sondertagung in der Vereinigungsgeschichte – Wien 2021 zur Corona-Pandemie – gilt Entsprechendes.[49] „Neue Themen" wie Informationsrecht,[50] demographischer Wandel,[51] Wettbewerb von Rechts-

[43] Vgl. etwa *Rainer Wahl*, Zwei Phasen des Öffentlichen Rechts nach 1949, in: ders., Verfassungsstaat, Europäisierung, Internationalisierung, 2003, S. 411 (414ff.).

[44] Siehe unten Fn. 51.

[45] Zuletzt wohl VVDStRL 52 (1993), S. 111 und 123, zur Finanzverfassung mit den Berichten von *Herbert Haller* und *Tobias Jaag*; Europäische Union: Gefahr oder Chance für den Föderalismus in Deutschland, Österreich und der Schweiz?, VVDStRL 53 (1994), S. 48 und 70 mit *Michael Schweitzer* und *Dietrich Schindler*; Erziehungsauftrag und Erziehungsmaßstab der Schule im freiheitlichen Verfassungsstaat, VVDStRL 54 (1995), S. 75 und 95 mit *Wolfgang Mantl* und *Yvo Hangartner*; Kontrolle der Verwaltung durch Rechnungshöfe, VVDStRL 55 (1996), S. 278 und 298 mit *Heinz Schäffer* und *Alexander Ruch*; Kontrolle der auswärtigen Gewalt, VVDStRL 56 (1997), S. 67 und 81 mit *Luzius Wildhaber* und *Theo Öhlinger*.

[46] Zuletzt wohl *Jörg Paul Müller* für die Schweiz, VVDStRL 55 (1996), S. 128.

[47] *Jan Thiessen*, in diesem Band, S. 697ff.

[48] Dazu *Hinnerk Wißmann*, in diesem Band, S. 146f.

[49] Staat und Gesellschaft in der Pandemie, VVDStRL 80 (2021).

[50] *Friedrich Schoch/Hans Heinrich Trute*, Rechtliche Rahmenbedingungen einer Informationsordnung, VVDStRL 57 (1998), S. 158 und 216, sowie *Rolf Gröschner/Johannes Masing*, Transparente Verwaltung – Konturen eines Informationsverwaltungsrechts, VVDStRL 63 (2004), S. 344 und 377.

[51] *Winfried Kluth/Susanne Baer*, Demographischer Wandel und Generationengerechtigkeit,

ordnungen,[52] Verbraucherschutz und Regulierungsverwaltungsrecht,[53] die Verschuldungs- und Finanzkrise,[54] Migrationsprobleme,[55] Wandlungen im Bild von Ehe und Familie,[56] Digitalisierung[57] sowie Fortschritte im medizinischen Bereich[58] treten neben aktuelle Aspekte in überkommenen Fragestellungen.[59]

Der Wissenschaft vom Öffentlichen Recht war zwischenzeitlich vorgeworfen worden, sie erschöpfe sich in überkommener Dogmatik,[60] ja betreibe letztlich „Bundesverfassungsgerichtspositivismus" (*Bernhard Schlink*)[61]. Diese womöglich zeitweise übertriebene Dogmatikzentrierung, die in den 1980er Jahren einen Höhepunkt erreichte, sei nicht nur ahistorisch, erschwere die Anschlussfähigkeit an Nachbardisziplinen, sondern behindere auch den internationalen Austausch.[62] Entsprechendes wurde schon früh auch für die Staatsrechtslehrervereinigung diagnostiziert, wenn etwa *Hans Peter Ipsen* in seinem Rückblick auf die Zeit von Mitte der 1970er zur Mitte der 1980er Jahre ausführte: Grundsatz- und Methodenfragen „Fehlanzeige".[63] Das hat sich inzwischen durchaus

---

VVDStRL 68 (2014), S. 246 und 290; *Jan Ziekow/Stephan Rixen*, Gestaltung des demographischen Wandels als Verwaltungsaufgabe, VVDStRL 74 (2015), S. 245 und 293.

[52] *Anne Peters/Thomas Giegerich,* Wettbewerb von Rechtsordnungen, VVDStRL 69 (2010), S. 7 und 57.

[53] *Johannes Hellermann/Wolfgang Durner,* Schutz der Verbraucher durch Regulierungsrecht, VVDStRL 70 (2011), S. 366 und 398.

[54] *Christian Calliess/Frank Schorkopf,* Finanzkrisen als Herausforderung der internationalen, europäischen und nationalen Rechtsetzung, VVDStRL 71 (2012), S. 113 und 183.

[55] *Christian Walter/Klaus Ferdinand Gärditz,* Der Bürgerstatus im Lichte von Migration und europäischer Integration, VVDStRL 72 (2013), S. 7 und 49, sowie große Teile der Linzer Tagung von 2016 unter dem Generalthema „Grenzüberschreitungen", VVDStRL 76 (2017).

[56] *Monika Böhm/Michael Germann*, Dynamische Grundrechtsdogmatik von Ehe und Familie?, VVDStRL 73 (2014), S. 211 und 257.

[57] *Annette Guckelberger/Hanno Kube*, E-Government: Ein Paradigmenwechsel in Verwaltung und Verwaltungsrecht?, VVDStRL 78 (2019), S. 235 und 289.

[58] *Gernot Sydow/Angelika Siehr*, Regulierungsauftrag für den Staat im Bereich der Fortpflanzungsmedizin?, VVDStRL 78 (2019), S. 361 und 393.

[59] Hier könnten die religionsbezogenen Themen Erwähnung finden, die maßgeblich durch die religiöse Pluralisierung geprägt waren: *Wilfried Fiedler/Gerhard Robbers/Michael Brenner,* Staat und Religion, VVDStRL 59 (2000), S. 199, 231 und 265; *Ute Sacksofsky/Christoph Möllers,* Religiöse Freiheit als Gefahr?, VVDStRL 68 (2009), S. 7 und 47; *Markus Müller,* Neutralität als Verfassungsgebot? Der Staat und religiöse oder weltanschauliche Überzeugungen, erscheint in VVDStRL 81; zu den religionsbezogenen Themen in der Behandlung durch die Vereinigung insgesamt *Horst Dreier,* in diesem Band, S. 498 ff.

[60] *Oliver Lepsius*, Kritik der Dogmatik, in: Kirchhof/Magen/Schneider (Hrsg.), Was weiß Dogmatik?, 2012, S. 39; *ders.*, Problemzugänge und Denktraditionen im öffentlichen Recht, in: Hilgendorf/Schulze-Fielitz (Hrsg.), Selbstreflexion der Rechtswissenschaft, 2. Aufl. 2021, S. 53.

[61] *Bernhard Schlink,* Die Entthronung der Staatsrechtswissenschaft durch die Verfassungsgerichtsbarkeit, Der Staat 28 (1989), S. 161; *Walter Pauly,* Wissenschaft vom Verfassungsrecht: Deutschland, in: von Bogdandy/Cruz Villalón/Huber (Hrsg.), Handbuch Ius Publicum Europeaum, Bd. 2, 2008, § 27 Rn. 16 f., der darauf hinweist, dass durch den Bedeutungszuwachs des Europarechts und damit auch der Judikatur des EuGH sich die Entwicklung relativiert habe. Zu den personellen Verschränkungen *Thomas Oppermann*, Das Bundesverfassungsgericht und die Staatsrechtslehre, in: Badura/Dreier (Hrsg.), Festschrift 50 Jahre Bundesverfassungsgericht, Bd. 1, 2001, S. 421; *Jens Kersten*, in diesem Band, S. 830 ff.; zu den inhaltlich-prozeduralen Wechselwirkungen zwischen Staatsrechtslehre und Bundesverfassungsgericht *Schulze-Fielitz*, Mikrokosmos (Fn. 3), S. 375 ff.

[62] Vgl. die Nachweise in Fn. 60.

[63] *Hans Peter Ipsen*, Weitere zehn Jahre Staatsrechtslehrer-Tagungen, AöR 109 (1984), S. 555 (561 f.).

geändert.[64] Die disziplingeschichtliche Aufarbeitung der NS-Vergangenheit des Faches und seiner Fachvertreter wurde bereits erwähnt.[65] Die Freiburger Tagung von 2007[66] sowie Teile der Münsteraner (2011),[67] der Düsseldorfer (2014),[68] der Saarbrücker (2017),[69] der Bonner (2018)[70] sowie der Marburger Tagung 2019[71] waren methoden- und grundlagenorientiert, einschließlich intra- und interdisziplinärer Aspekte. Von einer Vernachlässigung von Methoden- oder Theoriefragen kann in der Gegenwart nicht mehr gesprochen werden.

IV. Referentinnen und Referenten

Die Auswahl der Referentinnen und Referenten obliegt allein dem Vorstand. Fehlgriffe fallen auf ihn zurück, geglückte Auswahlentscheidungen lassen den Vorstand in hellem Licht strahlen. Im Berichtszeitraum wurden im „Hauptprogramm" der jährlichen Tagungen (d. h. ohne die Arbeitskreise) insgesamt 220 Referate gehalten. Mit 31 Referentinnen betrug der Frauenanteil in diesen 30 Berichtsjahren 14,1 % und entspricht ziemlich genau dem aktuellen Anteil weiblicher Mitglieder der Staatsrechtslehrervereinigung. Eine solche statistische Bewertung wäre freilich ahistorisch. Betrachtet man die letzten zehn Jahre 2012 bis 2021, steigt der Anteil der Referentinnen immerhin auf 17 von 72 und damit auf 23,6 %. 17 der Referenten waren zwischen 1992 und 2021 an einer Fakultät in Österreich, 14 an einer Schweizer Fakultät tätig. Auf den Jahrestagungen 1999 in Heidelberg, 2002 in St. Gallen, 2003 in Hamburg, 2008 in Erlangen, 2012 in Kiel und 2015 in

[64] Vgl. etwa die Analysen bei Funke/Krüper/Lüdemann (Hrsg.), Konjunkturen in der öffentlich-rechtlichen Grundlagenforschung, 2015.

[65] Oben bei Fn. 47.

[66] Unter dem Leitthema „Die Leistungsfähigkeit der Wissenschaft des Öffentlichen Rechts" und dort v. a. die Referate von *Christian Hillgruber* und *Uwe Volkmann*, Das Verfassungsrecht zwischen normativem Anspruch und politischer Wirklichkeit, VVDStRL 67 (2008), S. 7 und 57; *Ivo Appel* und *Martin Eifert*, Das Verwaltungsrecht zwischen klassischem dogmatischem Verständnis und steuerungswissenschaftlichem Anspruch, ebd., S. 226 und 286.

[67] Unter dem Leitthema „Grundsatzfragen der Rechtsetzung und Rechtsfindung", dort v. a. die Referate von *Marion Albers* und *Christoph Schönberger*, Höchstrichterliche Rechtsfindung und Auslegung gerichtlicher Entscheidungen, VVDStRL 71 (2012), S. 257 und 296.

[68] Unter dem Leitthema „Öffnung der öffentlich-rechtlichen Methode durch Internationalität und Interdisziplinarität: Erscheinungsformen, Chancen, Grenzen" und dort v. a. die Referate von *Hans Christian Röhl* und *Andreas von Arnauld*, Öffnung der öffentlich-rechtlichen Methode durch Internationalität und Interdisziplinarität, VVDStRL 74 (2015), S. 7 und 39.

[69] Unter dem Leitthema „Fragmentierungen" und dort v. a. die Referate von *Stefan Griller* und *Uwe Kischel*, Diskursvergleich im internationalen und nationalen Recht, VVDStRL 77 (2018), S. 237 und 285; *Olivier Jouanjan* und *Franz Reimer*, Diskursvergleich im Verfassungs- und Verwaltungsrecht, ebd., S. 351 und 413.

[70] Unter dem ersten Thema „Gleichheit und Vielfalt" *Steffen Augsberg* und *Friederike Wapler*, Gleichheit angesichts von Vielfalt im philosophischen und juristischen Diskurs, VVDStRL 78 (2019), S. 7 und 53.

[71] Unter dem Leitthema „Öffentliches Recht und Privatrecht" und dort v. a. *Alexander Somek* und *Julian Krüper*, Kategoriale Unterscheidung von Öffentlichem Recht und Privatrecht?, VVDStRL 79 (2020), S. 7 und 43.

Speyer gab es weder Referentinnen oder Referenten aus Österreich oder der Schweiz. Mit *Olivier Jouanjan* referierte in Saarbrücken 2017 erstmals ein Mitglied, das nicht an einer juristischen Fakultät in Deutschland, Österreich oder der Schweiz, sondern an der Université Panthéon-Assas (Paris II) lehrt.[72]

Das erste Referat einer Kollegin war dasjenige von *Lerke Osterloh* 1994 in Halle. Nach der Freiburger Tagung 2007 gab es keine Tagung mehr, ohne mindestens eine Referentin (Höchststände mit jeweils drei Referentinnen bei jeweils acht Vorträgen waren Erlangen 2008 und Bonn 2018).

Während in der Frühphase der Staatsrechtslehrervereinigung, insbesondere in der Nachkriegszeit, oftmals auch Privatdozenten zum Vortrag aufgefordert wurden, ist dies seit Jahrzehnten nicht mehr geschehen. Einem gewissen Mangel an Referenten ist der Tatbestand gegenübergetreten, dass angesichts der Explosion der Mitgliederzahl trotz der quasi-Verdoppelung der Referate auf acht seit der Tagungsstrukturreform von St. Gallen 2002 nicht mehr alle Mitglieder werden referieren können. Mehrfach zum Vortrag eingeladen wurden Referentinnen oder Referenten nur, sofern es um „Landesberichte" oder Sondertagungen ging. Vorträge in den Arbeitskreisen sind völlig unabhängig von den Hauptvorträgen.

Keine Regel- oder Gesetzmäßigkeiten können hinsichtlich der Frage festgestellt werden, wie das Thema zum Referenten gelangt: Teilweise wird zu Themen aufgefordert, mit den sich der Referent oder die Referentin schon seit Jahren befassen;[73] teilweise werden sie mit für sie vollkommen neuen Fragestellungen „überrascht".[74]

Der Vortragsstil hat sich erstaunlich wenig verändert. Standard ist nach wie vor der vorgetragene bis „vorgelesene", schriftlich ausgearbeitete Vortrag – für manche andere Disziplin wäre dies ein Zumutung, zumindest ungewöhnlich.[75] Um Exzesse in der Veröffentlichungsfassung zu vermeiden dekretierte der Vorstand in den letzten Jahren, dass schriftliche und mündliche Fassung der Referate übereinstimmen müssen – die Vortragsform ist dadurch weitgehend vorgegeben. Abweichungen hiervon sorgen entsprechend für Aufmerksamkeit.[76] Powerpoint oder andere Konferenztechnik wurde – soweit ersichtlich – bei einem Vortrag noch nie verwendet.

---

[72] *Olivier Jouanjan*, Diskursvergleich im Verfassungs- und Verwaltungsrecht, VVDStRL 77 (2018), S. 351.

[73] Beispielsweise *Manfred Zuleeg* und *Hans-Werner Rengeling* 1993 in Mainz, *Kay Hailbronner*, *Rüdiger Wolfrum* und *Luzius Wildhaber* 1996 in Dresden, *Christian Waldhoff* und *Johanna Hey* 2006 in Rostock, *Ekkehart Reimer* 2013 in Greifswald oder *Klaus-Dieter Drüen* 2019 in Marburg.

[74] Beispielsweise *Matthias Ruffert* 2005 in Frankfurt a. M., *Klaus Gärditz* und *Hermann Pünder* 2012 in Kiel, *Ulrich Haltern* 2013 in Greifswald oder *Anna-Bettina Kaiser* 2021 in Mannheim.

[75] Vergleich bei *Christoph Möllers*, in diesem Band, S. 984 f.

[76] Überliefert etwa der betont freie Vortrag von *Gertrude Lübbe-Wolff*, Europäisches und nationales Verfassungsrecht, VVDStRL 60 (2001), S. 246, oder die witzig-spritzige Vortragsweise von *Heinrich Amadeus Wolff*, Prävention durch Verwaltungsrecht: Sicherheit, in Mannheim (VVDStRL 81, im Erscheinen); insgesamt zum Vortragsstil *Schulze-Fielitz*, Mikrokosmos (Fn. 3), S. 179 ff.

V. Konflikte

Die hier geschilderten unmittelbaren und mittelbaren Konflikte der Vereinigung im Berichtszeitraum 1992 bis 2022 betrafen in unterschiedlicher Weise deren Selbstverständnis. Die auslösenden Irritationen bezogen sich entweder phasenverschoben auf im Grunde vergangene gesellschaftliche Großkonflikte – „1968" / Vergangenheitsbewältigung bei NS-Belastungen – oder auf aktuelle Ereignisse (Affäre Guttenberg). Nur die Diskussionen über Auftritt und Öffentlichkeit der Vereinigung blieben quasi „anlasslos", sind daher Indikatoren für interne Befindlichkeiten. In keinem Fall ließen die hier zu schildernden Vorkommnisse die Vereinigung unverändert.

1. Der „Fall Neumann"

Ein sich an einer einzelnen Person entzündender Konflikt war die Aufnahme von *Volker Neumann* auf der Bayreuther Tagung 1992. *Neumann* hatte sich 1991 in Frankfurt a. M. habilitiert, die Öffentlichrechtler der Frankfurter Fakultät hatten – wie üblich – seine Aufnahme vorgeschlagen. Nun passierte jedoch das äußerst Seltene: 49 Staatsrechtler erhoben schriftlich Einspruch gegen die Aufnahme des Kandidaten. Hintergrund waren mehr als 20 Jahre zurückliegende Vorfälle während der Studentenunruhen in Heidelberg im Jahr 1970. Dort war bei Auseinandersetzungen gegen das Heidelberger Fakultätsmitglied *Hans Schneider* Gewalt angewendet worden, nachdem dieser – die Einzelheiten blieben umstritten – u. a. eine Studentin geohrfeigt hatte.[77] *Neumann* wurde als Anführer der protestierenden Gruppe angesehen; unstrittig war, dass er selbst nicht gewalttätig geworden war. Satzungsgemäß hatte nach dem Einspruch nun die Mitgliederversammlung zu entscheiden. Nach mehrstündiger Diskussion war es ausgerechnet *Hans Peter Ipsen*, der ihr Ende forderte – wohl nicht zuletzt deshalb, um eine Sezession und damit das Ende der Vereinigung abzuwenden. Es kam zu einer Kampfabstimmung: Die Aufnahme erfolgte mit 87 zu 61 Stimmen bei 13 Enthaltungen.[78] Die Diskussion ist deshalb aufschlussreich, weil es letztlich – aus Anlass des „Falles Neumann" – um das Selbstverständnis der Staatsrechtslehrervereinigung ging: Konnte diese als „Zunft", als homogene geschlossene Fachgesellschaft mit weitgehend homogener Gesinnung erhalten bleiben oder musste sie sich notwendigerweise an Gegenwartsentwicklungen anpassen? Nachträglich wurde die Auseinandersetzung als Beginn eines durch Generationenwechsel ausgelösten Wandels im Stil der Vereinigung interpretiert.[79] Diese pluralisierte sich in ihrer Zusammensetzung und damit war auch die vorher vielleicht zeitweise beste-

---

[77] Eingehende Schilderung bei *Bernhard Schlink*, Sommer 1970, Merkur 656 (2003), S. 1121; die Position *Schneiders* einnehmend *Reinhard Mußgnug*, Hans Schneider (1912–2010), in: Häberle/Kilian/Wolff (Hrsg.), Staatsrechtslehrer des 20. Jahrhunderts, 2. Aufl. 2018, S. 945 (952 ff.); knapp und konkret aus derselben Perspektive *Karl Doehring*, Von der Weimarer Republik zur Europäischen Union. Erinnerungen, 2008, S. 143 f.

[78] *Schulze-Fielitz*, Wissenschaftskultur (Fn. 2), S. 28.

[79] *Schlink*, Sommer 1970 (Fn. 77), S. 1131.

hende große Geschlossenheit dahin.[80] Etwaige „Machtpositionen"[81] – z. B. bei der Besetzung von Lehrstühlen in Zeiten von Stellenknappheit – waren damit auch passé. Es dürfte daher nicht übertrieben sein, das Jahr 1992 als das entscheidende Datum im Prozess der Normalisierung der Staatsrechtslehrervereinigung als wissenschaftliche Fachvereinigung zu sehen.

2. Der „Fall Bremen"

Ebenfalls eine Folge der Ereignisse von „1968"[82] waren die Auseinandersetzung um die Aufnahme von Bremer Kollegen. Die 1971 gegründete Universität Bremen und dort auch der Fachbereich Rechtswissenschaft galten als exponiert „links". Da zudem die Sozialwissenschaften in das Rechtsstudium integriert werden sollten, wurde eine Politisierung von Fach und Ausbildung befürchtet. Die wenigsten der seinerzeit berufenen Hochschullehrer waren habilitiert, was teilweise freilich auch an der Personalknappheit gelegen hat. Daher war eine Aufnahme unmittelbar nach Errichtung der Fakultät kaum möglich, ein Vorstoß Mitte der 1980er Jahre war noch erfolglos geblieben.[83] Eine Gruppe um *Otto Bachof* herum schlug die nicht förmlich habilitierten Bremer Professoren *Alfred Rinken, Ulrich K. Preuß* und *Dian Schefold* zur Aufnahme vor. Für die Aufnahme Nichthabilitierter, bei denen jedoch habilitationsäquivalente Leistungen festgestellt wurden, gab es durchaus Präzedenzfälle. Auch hier gab es mehr als fünf Einsprüche, so dass wiederum die Mitgliederversammlung auf der Wiener Tagung 1995 zu entscheiden hatte. Die Diskussion dauerte wiederum lange – so lange, dass sie wegen des abendlichen Empfangs abgebrochen werden musste und erst am Freitag Spätnachmittag fortgesetzt wurde. *Ulrich K. Preuß* wurden noch am Mittwoch mit recht deutlicher Mehrheit das Vorliegen habilitationsgleicher Leistungen attestiert;[84] bei *Alfred Rinken* am Freitag nachmittag war das Ergebnis knapper.[85] *Dian Schefold* war zwar an der FU Berlin habilitiert worden, besaß freilich nicht die venia für Staatsrecht. Seine Aufnahme erfolgte, insbesondere auch auf Intervention der schweizerischen Mitglieder für den in Basel geborenen Kandidaten, immer noch per Kampfabstimmung[86] 1997 in Osnabrück.[87] Auch hier sollte wieder eine befürchtete Sezession der Schweizer abgewendet werden.

Dass die Jubiläumstagung der Staatsrechtslehrervereinigung 2022 – zum ersten Mal – in Bremen stattfindet, kann auch als Geste der Versöhnung Bedeutung erlangen. Vier der dortigen Öffentlichrechtler sind Mitglieder der Staatsrechtslehrervereinigung.

---

[80] *Schulze-Fielitz,* Wissenschaftskultur (Fn. 2), S. 28; zur politischen „Geschlossenheit" und deren Ende auch *Andreas Voßkuhle,* Die politische Dimension der Staatsrechtslehre, in: Schulze-Fielitz (Hrsg.), Staatsrechtslehre als Wissenschaft, 2007, S. 135.

[81] Dazu insgesamt *Häberle,* Vermachtungsprozesse (Fn. 35), S. 167 ff.

[82] Dazu *Florian Meinel,* in diesem Band, S. 733 ff.

[83] Vgl. *Schulze-Fielitz,* Wissenschaftskultur (Fn. 2), S. 29.

[84] 131 Jastimmen, 58 Neinstimmen bei 9 Enthaltungen.

[85] 89 Jastimmen, 40 Neinstimmen bei 4 Enthaltungen.

[86] 89 Jastimmen, 38 Neinstimmen bei 8 Enthaltungen.

[87] Einzelheiten bei *Schulze-Fielitz,* Wissenschaftskultur (Fn. 2), S. 28 ff.

3. Der „Fall Maunz"

Mittelbar einen Konflikt der Staatsrechtslehrervereinigung stellten die Enthüllung dar, die nach dem Tod von *Theodor Maunz* 1993 erfolgten. Dieser Konflikt hat keinen unmittelbaren Bezug zu den Veränderungen, die schlagwortartig mit „1968" umschrieben zu werden pflegen; nun wurden die Spätfolgen mangelhafter Vergangenheitsaufarbeitung im Zusammenhang mit der Neugründung der Vereinigung nach 1949 sichtbar. Was war geschehen? Es wurde offenbar, dass *Maunz* längere Zeit anonym Artikel für die rechtsradikale „Deutsche Nationalzeitung" verfasst und dem Vorsitzenden der rechtsradikalen Partei „Deutsche Volks-Union" mehrfach Rechtsgutachten erstattet hatte. Das erregte beträchtliches Aufsehen, galt *Maunz* seinerzeit doch als wichtige Figur der Staatsrechtslehre der Nachkriegszeit, Autor des Standardlehrbuchs zum Staatsrecht in den 1950er und 1960er Jahren[88] und trug ein einflussreicher Grundgesetz-Kommentar seinen Namen als Mitbegründer.[89] Schon 1964 hatte *Maunz* u.a. nach Anschuldigungen des Bonner Anwalts *Konrad Redeker*[90] und der Münchener Politikerin *Hildegard Hamm-Brücher* sowie aus der DDR[91] als bayerischer Kultusminister zurücktreten müssen, als Schriften und Funktionen unter dem Nationalsozialismus öffentlich wurden. Das alles könnte in der Rubrik der Verstrickung zahlreicher Staatsrechtslehrer in den Nationalsozialismus verbucht werden. Immerhin bekam die Kandidatur als Bundespräsident des Vereinigungsmitglieds, Maunz-Schülers und seinerzeitigen Präsidenten des Bundesverfassungsgerichts *Roman Herzog* durch die Affäre erhebliche Kratzer.[92] In den hiesigen Kontext gehört der „Fall Maunz", weil sich an ihm eine Debatte entspann, welche Verantwortung der „Zunft", konkret der Vereinigung der Deutschen Staatsrechtslehrer zukommt. *Michael Stolleis* – Habilitationsbetreuer von *Volker Neumann*, dessen Aufnahme ein Jahr zuvor nur knapp geglückt war – hatte, ausgelöst durch den vereinigungsinternen Nachruf *Peter Lerches*, in einem sowohl in der Frankfurter Allgemeinen Zeitung[93] als auch in der „Kritischen Justiz"[94] veröffentlichten Artikel, diese Frage in das Zentrum seiner Kritik gestellt:

„Es macht die Neonazis reputierlicher, wenn sie zeigen können, daß es ihnen gelungen ist, sozusagen schon in den Vorhof der Vereinigung der deutschen Staatsrechtslehrer eingedrungen zu sein. […] Wo aber liegt, jenseits der Unappetitlichkeit des ganzen Vorgangs, das moralische Problem für die deutsche Staatsrechtslehre? Es liegt, so scheint mir, nicht bei Maunz und seinem Bild in der Wissenschaftsgeschichte, sondern in der Staatsrechtslehrerschaft als Korporation. Vorgänge wie diese werden in der Vereinigung Deutscher Staatsrechtslehrer nicht diskutiert, ja wohl nicht ein-

---

88 *Theodor Maunz*, Deutsches Staatsrecht, 23 Auflagen von 1951 bis 1980. Spätere Co-Autoren bzw. „Übernehmer" der Autorenschaft waren *Reinhold Zippelius* und *Thomas Würtenberger*.

89 Das provozierte wiederum die Forderung, den Namen aus dem Kommentar zu tilgen: *Hanno Kühnert*, Zeit-Online v. 11. Februar 1994, www.zeit.de/1994/maunz-raus/komplettansicht. Die Streichung seines Namens erfolgte 2021.

90 *Konrad Redeker*, Bewältigung der Vergangenheit als Aufgabe der Justiz, NJW 1964, S. 1097.

91 *Gerhard Haney*, Theodor Maunz – im Dienste des Faschismus und der CSU, Jena 1964.

92 Interview in der FAZ vom 6. Februar 1994, S. 3, „Ich glaube nicht, daß ich dem Zeitgeist huldige".

93 FAZ vom 21. Dezember 1993.

94 *Michael Stolleis*, Theodor Maunz – Ein Staatsrechtslehrerleben, KJ 1993, S. 393. Erneut veröffentlicht und mit einem Kommentar zur Rezeption versehen in *ders.*, in: ders., Recht im Unrecht, 1994, S. 306.

mal als diskussionswürdig empfunden. Die Verantwortung des Öffentlichrechtlers als Rechtslehrer, Forscher, Gutachter und Prozeßvertreter vor dem Hintergrund solcher Erfahrungen – das wäre ein Thema. Aber diese Büchse der Pandora zu öffnen, wagt kein Vorstand jener Vereinigung."[95]

Und dann als Kommentar zum Verlauf der Debatte:

„Was einzelne Staatsrechtslehrer aber besonders verstimmte, war die Ausweitung des Problems auf die Vereinigung der Deutschen Staatsrechtslehrer. Es wäre gewiß angenehmer gewesen, man hätte den ‚Fall Maunz' isolieren und als bedauerlichen Fehltritt eines Kollegen betrachten können, dem man seines hohen Alters und seiner sonstigen unbestreitbaren Verdienste wegen Nachsicht entgegenbringen müsse. In diesem Falle wäre es mit einer kleinen Relativierung seiner Lebensleistung im Nachruf getan gewesen. Aber woher diese Milde in einer Vereinigung, die sonst mit Argusaugen darüber wacht, daß keine ‚Radikalen' in ihr Aufnahme finden?"[96]

Bezeichnenderweise thematisierte die Assistententagung in Rostock 1995 das Problem in Form einer Podiumsdiskussion zwischen *Michael Stolleis* und *Gerd Roellecke*. *Stolleis* sprach nach meiner Erinnerung konsequent von der Staatsrechtslehrervereinigung nur als dem „Verein".[97] Für die Assistenten war die Thematisierung des Problems der Höhepunkt der gesamten Tagung. Die Staatsrechtslehrervereinigung thematisierte den Fall nicht.[98] Die Auseinandersetzung um eine Verantwortung der „Zunft" fand in Fachjournalen[99] und in der Tagespresse statt.[100]

4. Das Ringen um Auftritt und Öffentlichkeit

Auf der Mitgliederversammlung der Grazer Tagung 2009 wurde u.a. über den öffentlichen Auftritt der Vereinigung diskutiert. Eine Homepage gab es bereits seit 2002. Anlass war, dass der Vorstand das berühmte Frontispiz des Leviathans aus der ursprünglichen Ausgabe von *Thomas Hobbes* staatsphilosophischem Traktat zur Visualisierung

---

[95] So im ursprünglichen Artikel, hier zitiert nach *Stolleis*, Staatsrechtslehrerleben (Fn. 94), S. 310, 311 f.

[96] Beispiele für die schamhafte Randthematisierung etwa bei *Peter Lerche*, Theodor Maunz †, AöR 119 (1994), S. 156 (167); *ders.*, Theodor Maunz (1901–1993), in: Häberle/Kilian/Wolff (Hrsg.), Staatsrechtslehrer des 20. Jahrhunderts, 2. Aufl. 2018, S. 673 (675 f.).

[97] Bericht bei *Hermann Butzer/Volker Epping*, Kommunale Selbstverwaltung im Spiegel von Verfassungsrecht und Verwaltungsrecht. Bericht über die 35. Assistententagung Öffentliches Recht in Rostock vom 7. bis 10. März 1995, DVBl. 1995, S. 553 (556 ff.); *Dirk Heckmann*, Zwischen Spontanietät und Professionalität. Zehn weitere Jahre Assistententagung Öffentliches Recht (1986–1995), JöR 44 (1996), S. 237 (246 f.).

[98] In den Worten von *Schulze-Fielitz*, Wissenschaftskultur (Fn. 2), S. 38: „Das kritische Unbehagen blieb auch unterhalb der Schwelle eines Anlasses für Vorstandsaktivitäten, als die Vereinigung und ihr Vorstand die jahrelangen anonymen Publikationen eines einfachen, aber prominenten verstorbenen Mitglieds im rechtsradikalen Milieu der Deutschen National-Zeitung nach dessen Tod beschwiegen."

[99] Einerseits *Gerd Roellecke*, Theodor Maunz und die Verantwortung des Öffentlichrechtlers, KJ 1994, S. 344; andererseits *Günter Frankenberg*, Vom Schweigen der Öffentlichrechtler und ihrer Verantwortung, dieses bisweilen zu brechen, ebd., S. 354.

[100] Vgl. die Leserbriefe von *Klaus Vogel*, Staatsrechtler in die Nähe der Theologen, FAZ v. 5. Januar 1994, S. 6; *Günther Felix*, Irrwege deutscher Rechtslehrer, FAZ v. 15. Januar 1994, S. 8; *Joseph H. Kaiser*, FAZ v. 29. Januar 1994, S. 8.

im Internetauftritt der Vereinigung benutzte.[101] Das stieß auf unerwarteten Widerstand – sei es, weil *Hobbes* (zu Unrecht[102]) als konservativer Theoretiker und Vorbereiter absolutistischer Herrschaftsformen eingeordnet wurde, sei es wegen seiner Instrumentalisierung in anderen Kontexten.[103] Die Diskussion blieb letztlich eindimensional. Da es schon zur Gründungsidee der Staatsrechtslehrervereinigung gehört hatte, methodische, politische und weltanschauliche Gräben zu überbrücken, lag auch hier die dann verfolgte Lösung auf der Hand, der Verzicht auf eine zu Identifikation oder Distanzierung einladende Ikonographie. Die Vereinigung blieb ikonographisch symbolfrei.

Es gehört zu den Besonderheiten der Staatsrechtslehrervereinigung, dass die Aussprachen nach den Referaten seit 1922 weitgehend nicht öffentlich sind.[104] Auf der Freiburger Mitgliederversammlung 2007 kam es wie später auch in Düsseldorf 2014 zu einer größeren Diskussion darüber, ob die Tagung für Externe, konkret für fachlich einschlägige Journalisten, geöffnet werden solle.[105] Insbesondere Journalisten der Frankfurter Allgemeinen Zeitung – *Friedrich Karl Fromme*, später *Reinhard Müller* – hatten um Zugang gebeten.[106] Aus Anlass der Frankfurter Tagung gab es Berichte, die die Abgeschlossenheit bemängelten.[107] *Michael Stolleis* weist darauf hin, dass sich diese Form der „Abschließung" erst seit den 1960er Jahren verstärkt habe. Der Ausschluss von Journalisten sei etwa u. a. Folge davon gewesen, dass sich *Hans Peter Ipsen* über einen Artikel in der Frankfurter Allgemeinen Zeitung über eine der Tagungen besonders geärgert habe.[108] Auch zu einer solchen Öffnung konnte man sich nicht durchringen; die Argumente reichten von der Befürchtung, dass sich durch die Möglichkeit, in der Presse zitiert zu werden, die Diskussionskultur ändern könne,[109] bis hin zu der nicht nur ironisch gemeinten Bemerkung, man dürfe durch zu viel Öffentlichkeit nicht die Aura der Tagungen und der Vereinigung gefährden. Zu wenig wird im Zusammenhang mit dem Problem der Öffentlichkeit der Tagungen beachtet, dass die Vereinigung in ihren jährlichen Tagungsbänden auch die Diskussionen vollständig im Wortlaut publiziert. Die geschilderten Abschließungstendenzen sind durch die online-Sondertagung zur Coroan-Pandemie und durch das hybride Veranstaltungsformat der Mannheimer Jahrestagung, beide 2021, relativiert worden. Es bleibt abzuwarten, was das für die Zukunft bedeutet.

---

101 Zu Ikonographie und Rezeption vgl. *Horst Bredekamp*, Der Behemoth. Metamorphosen als Anti-Leviathan, 2016.

102 *Quentin Skinner*, Thomas Hobbes und die Person des Staates, 2017.

103 Hier dürfte die Monographie *Carl Schmitts*, Der Leviathan in der Staatslehre des Thomas Hobbes. Sinn und Fehlschlag eines politischen Symbols, zuerst 1938, von Relevanz sein.

104 *Schulze-Fielitz*, Wissenschaftskultur (Fn. 2), S. 105.

105 Vgl. auch *Starck*, Vereinigung (Fn. 6), S. 129 f.

106 Einzelheiten mit Nachweisen bei *Schulze-Fielitz*, Wissenschaftskultur (Fn. 2), S. 105 ff.

107 *Müller*, Zunft mit Gewicht (Fn. 2).

108 *Michael Stolleis*, Geschichte des öffentlichen Rechts in Deutschland, Bd. 4, 2012, S. 87.

109 *Starck*, Vereinigung (Fn. 6), S. 129 f.

5. Der „Fall Guttenberg" und die gute wissenschaftliche Praxis

Auf der Kieler Tagung 2012 wurden Leitsätze zur guten wissenschaftlichen Praxis im Öffentlichen Recht verabschiedet.[110] Eine auf der Münsteraner Tagung 2011 eingesetzte Gruppe unter Leitung des Bonner Wissenschaftsrechtlers *Wolfgang Löwer* hatte das vorbereitet. Dieses Vorgehen ist als Vermeidung einer offenen Aussprache über eine Affäre – die immerhin dazu führte, dass ein vorgesehenes Vorstandsmitglied sich zurückzog – durch Prozeduralisierung gekennzeichnet worden.[111] Anlass war der „Plagiatsfall Guttenberg",[112] der – ausgerechnet im Öffentlichen Recht loziert, Erst- wie Zweitgutachter waren Bayreuther Kollegen – insgesamt in den Rechtswissenschaften eine Rückbesinnung auf wissenschaftliche Standards und Sorgfaltspflichten hervorrief. Einzelne involvierte Vereinigungsmitglieder erfuhren stillschweigende Sanktionen bei der Berücksichtigung für meritokratischer Ämter. Angesichts dieses Hintergrundes erschien die Diskussion auf der Kieler Mitgliederversammlung dann doch erstaunlich kontrovers. Der „Affäre Guttenberg" war nicht der erste, einzige oder letzte Plagiatsfall. Er war freilich der mit Abstand prominenteste und auch folgenreichste. Da die Vorkommnisse aus dem Kern der „Zunft" kamen, war es unumgänglich, dass die Vereinigung reagierte. Die Zivilrechtslehrervereinigung hat sich dem dann kurze Zeit später mit nur wenigen Abweichungen angeschlossen.[113]

VI. Zukunftsfragen

Die Vereinigung der Deutschen Staatsrechtslehrer sieht sich in 100jähriger Kontinuität – trotz der Tatsache, dass sie zwischen 1933/38 und 1949 zunächst faktisch und dann auch rechtlich nicht existierte.[114] Das zeigt sich äußerlich etwa an der Durchzählung der Tagungsbände, die seit 1924 im Verlag de Gruyter, Berlin, und in zumindest ähnlicher äußerer Aufmachung erscheinen.[115] Die Vereinigung feiert sich gerne selbst[116] und pflegt eine – womöglich in Maßen zumindest hilfreiche oder zumindest verständliche – Selbstbezogenheit. Ein notwendig wertender Rückblick auf die letzten 30 Jahre der Geschichte der Staatsrechtslehrervereinigung kann unter den Leitaspekten Professionalisierung, Pluralisierung (personale Diversität; politische Pluralität; wissenschaftliche Offenheit),

---

[110] Auf der Homepage der Staatsrechtslehrervereinigung unter www.vdstrl.de zugänglich.

[111] *Schulze-Fielitz*, Wissenschaftskultur (Fn. 2), S. 46.

[112] Vgl. etwa *Tanjev Schultz/Roland Preuß*, Guttenbergs Fall. Der Skandal und seine Folgen für Politik und Gesellschaft, 2011; Lepsius/Meyer-Kalkus (Hrsg.), Inszenierung als Beruf. Der Fall Guttenberg, 2011; *Andreas Fischer-Lescano*, Guttenberg oder der „Sieg der Wissenschaft"?, Blätter für deutsche und internationale Politik 2012, S. 53.

[113] Positionspapier „Gute Wissenschaftliche Praxis für das Verfassen wissenschaftlicher Qualifikationsarbeiten", vom 17.09.2013, abrufbar unter: http://www.zivilrechtslehrervereinigung.de/leitlinien.

[114] Vgl. *Andreas Kley*, in diesem Band, S. 39 ff.; zur Wiedergründung *Anna-Bettina Kaiser*, in diesem Band, S. 76 ff.

[115] Näher *Schulze-Fielitz*, Wissenschaftskultur (Fn. 2), S. 162.

[116] *Helmut Goerlich*, Die deutsche „Staatsrechtslehre", ihre „Festschrift" und ihre Zukunft, JöR 64 (2016), S. 625 (632 f.).

Individualisierung, Enthierarchisierung (*Schulze-Fielitz*)[117] insgesamt eine „Normalisierung" feststellen: Eine Normalisierung als Annäherung an vergleichbare Fachgesellschaften, eine Normalisierung politischer Präferenzen oder Polarisierungen, eine Normalisierung des gesellschaftlichen Umfelds der Jahrestagungen.[118] Normalisierung in diesem Sinne bedeutet jedoch zugleich auch Profilverlust. Abschließend soll daher nach einer Balance zwischen diesen Polen gefragt werden. Eines erscheint sicher: Selbstverständnis und Habitus wandeln sich und werden sich weiter wandeln.[119] Ein Spannungsverhältnis besteht insofern zwischen eingeschliffenen Routinen einerseits, „einer Annäherung an die Normalität wissenschaftlicher Fachgesellschaften" andererseits.[120] Die Profession folgt dem Erkenntnisgegenstand – und der verändert sich kontinuierlich.

1. Anachronismen und Eigensinn in der Bewährung – die wirkliche oder vermeintliche Sonderstellung der Staatsrechtslehrervereinigung

Die Vereinigung der Deutschen Staatsrechtslehrer hat immer schon eine gewisse Aura umgeben. Teils selbstinszeniert, teils durch bewundernde oder auch bloß neidische, bisweilen ironische[121] Blicke von außen wurde dieser wissenschaftliche Fachverband lange als etwas Besonderes wahrgenommen.[122] In der Binnen- wie in der Außensicht repräsentiert die Vereinigung in gewisser Weise nach wie vor eine sich diversifizierende deutsche Staatsrechtslehre.[123] Auch heute noch gilt die Analyse *Michael Stolleis*':

„Die Selbsteinschätzung der Vereinigung ist hoch. Einige ihrer Mitglieder sind Bundesverfassungsrichter oder Landesverfassungsrichter, einige haben Ministerämter bekleidet, zwei Mitglieder sind Bundespräsidenten geworden. Viele sind als Gutachter für Bund, Länder und Parteien, als Autoren, als Publizisten und als Mitglieder vieler anderer Gremien in einem landläufigen Sinne ‚wichtig'. Dies und die Spezifika des Gegenstandes ‚Staat' mögen dazu beitragen, daß hier ein be-

---

[117] *Schulze-Fielitz*, Wissenschaftskultur (Fn. 2), S. 187 ff.

[118] Im Ergebnis durchaus ähnlich *Michael Stolleis*, Geschichte des öffentlichen Rechts in Deutschland, Bd. 4, 2012, S. 474 ff.

[119] *Goerlich*, Staatsrechtslehre (Fn. 116), S. 633.

[120] *Schulze-Fielitz*, Wissenschaftskultur (Fn. 2), S. 187.

[121] Siehe anekdotisch etwa *Schulze-Fielitz*, Wissenschaftskultur (Fn. 2), S. 176.

[122] Vgl. etwa *Schlink*, Sommer 1970 (Fn. 77), S. 1127: „gestaltgewordene deutsche Staats- und Verwaltungsrechtswissenschaft"; *Häberle*, geschlossene Vereinigung (Fn. 35), S. 164: „gilt als eine der vornehmsten Gelehrtengesellschaften"; *Florian Meinel*, Unser Jahrhundert, Der Staat 54 (2015), S. 231 (auf die Vergangenheit bezogen): „relativ geschlossene akademisch-politische Elite"; kritisch *Goerlich*, Staatsrechtslehre (Fn. 116), S. 626: „Dabei ist zu berücksichtigen, dass sich jede wissenschaftliche Zunft häufig überschätzt, auch an allen Eigenheiten des Karrierewissenschaftlers und seiner Entourage leidet und demgemäß oft dazu neigt, sich für ‚bedeutend' zu halten und Aufmerksamkeit zu erwarten – obwohl außerhalb der Zunft Leistungen und Namen, die in ihr eine Rolle spielen, einer weiteren wissenschaftlichen oder politischen Öffentlichkeit ebenso wenig bekannt sind wie die Personen selbst." Einen Vergleich mit anderen Fachgesellschaften und deren Tagungen bei *Christoph Möllers*, in diesem Band, S. 974 ff.

[123] *Helmuth Schulze-Fielitz*, in diesem Band, S. 238 ff.; als „symbolische Funktion" gedeutet *ders.*, Wissenschaftskultur (Fn . 2), S. 3; deutlicher *Schlink*, Sommer 1970 (Fn. 77), S. 1127: „gestaltgewordene deutsche Staats- und Verwaltungslehre".

sonderes Binnenklima entsteht, daß sich von dem etwa der Rechtshistoriker, Strafrechtler oder Zivilrechtler deutlich unterscheidet.«[124]

Der Erkenntnisgegenstand Staat i. w. S. umfasst die normativen Bindungen der Politik und ihrer Institutionen, die Disziplin konnte „sich damit aber einer inhärenten Grundpolitizität als ‚systemtragende' Disziplin noch nie [...] entziehen".[125] Kurz: Das durch das öffentliche Recht verwaltete Wissen war und bleibt Herrschaftswissen. Der einst als (hoch)konservativ gekennzeichnete Zusammenschluss hat sich politisch normalisiert, der Mainstream ist inzwischen liberal, womöglich leicht linksliberal.[126] Schon der seit der Gründung 1922 unveränderte Name „Vereinigung der Deutschen Staatsrechtslehrer" stimmt semantisch nicht (mehr), stellt einen Anachronismus dar: Es geht nicht nur um Staatsrecht, sondern um Öffentliches Recht, d. h. im Kern Staats- und Verwaltungsrecht; nicht nur deutsche Kolleginnen und Kollegen sind Mitglieder, sondern auch Österreicher und deutschsprachige Schweizer sowie mittlerweile auch andere Ausländer; und selbstverständlich geht es nicht nur um männliche Kollegen, die Vereinigung stand theoretisch schon immer Frauen offen, auch wenn erst 1970 das erste weibliche Mitglied aufgenommen wurde.[127]

Oftmals entsprach das Herausgehobene auch der Wahrnehmung der Mitglieder. Die aus der Außenwahrnehmung anachronistische Tagungsstruktur der – für die meisten wissenschaftlichen Vereinigungen atypischen – jährlichen Versammlung ohne Sektionen, die immer noch relativ große Geschlossenheit der Fachcommunity, die trotz allem erfreulich hohen Teilnehmerzahlen auf den jährlichen Staatsrechtslehrertagungen haben diese Stellung wenn nicht befestigt so doch zumindest gehalten. Nicht zuletzt die Tatsache, dass praktisch ausnahmslos alle Aufnahmeberechtigten des Faches bzw. der Fächer die Aufnahme beantragen und erlangen und – von ganz wenigen Ausnahmen abgesehen – sich auch der Mitgliederversammlung kurz persönlich vorstellen, zeigt die Bedeutung der Vereinigung im Fach und für den wissenschaftlichen Nachwuchs. Die zivil- und strafrechtlichen Kollegen reagieren noch heute eher defensiv, freilich teilweise auch ironisch:[128] Ihre Tagungen finden entweder nur alle zwei Jahre statt und / oder der wissenschaftliche Nachwuchs ist zugelassen. Die Teilnehmerzahlen im Verhältnis zu den Mitgliedern sind eher bescheiden. Weder die Vereinigungen noch die Tagungen erreichen die Bedeutung wie diejenigen der VDStRL.

Auf der anderen Seite machen sich Fliehkräfte bemerkbar:

Die Bedeutung eines Referats dürfte gegenüber früheren Zeiten schon deshalb abgenommen haben, weil in der Gegenwart fast nur bereits etablierte, zumeist einen Lehrstuhl innehabende Kolleginnen und Kollegen vortragen.[129] Andererseits kann man sich

---

[124] *Stolleis*, Die Vereinigung (Fn. 10), S. 355 f.

[125] *Klaus Ferdinand* Gärditz, Wissenschaftsgeschichte und politisches System, WissR 53 (2020), S. 59 (82 f.).

[126] *Schulze-Fielitz*, Wissenschaftskultur (Fn. 2), S. 194 ff.

[127] Dazu *Pascale Cancik*, in diesem Band, S. 795.

[128] *Reinhard Zimmermann*, in diesem Band, S. 919 ff.; *Klaus F. Gärditz*, in diesem Band, S. 952 ff.

[129] Ähnlich *Schulze-Fielitz*, Wissenschaftskultur (Fn. 2), S. 111; in der Tendenz anders *Schlink*, Sommer 1970 (Fn. 77), S. 1127; *Pauly*, Wissenschaft (Fn. 61), Rn. 19; allgemeine Charakterisierung des Staatsrechtslehrerreferats durch *Schulze-Fielitz*, Mikrokosmos (Fn. 3), S. 145 ff.

angesichts der großen Unübersichtlichkeit der gewachsenen Zunft durch ein pointiertes Referat auch breiten Mitgliederkreisen bekanntmachen.[130] Wegen eines Mangels an Referenten mussten in den 1950er Jahren noch Privatdozenten ein Referat übernehmen, was bei Misslingen zu Karrierebehinderungen führen konnte.[131]

Früher wäre es schwer vorstellbar gewesen, als Emeritus aus der Vereinigung auszutreten;[132] überhaupt ist die Teilnahmefrequenz der älteren Generation tendenziell gesunken. Im persönlichen Gespräch erfährt man, dass sich ältere Kollegen auf einer Massenveranstaltung, bei der sie den Großteil der Teilnehmer nicht mehr persönlich kennen, kaum noch wohl fühlen.[133] Auch von den mittleren Jahrgängen haben sich manche, nachdem sie ihr Referat halten durften, weitgehend verabschiedet.[134] Fachliche „Randgruppen“ wie ausgesprochene Völker-, Steuer- oder Sozialrechtler scheinen eine Teilnahme an der Jahresversammlung von den Referatsthemen abhängig zu machen. Die soziale Bindung in und zur Vereinigung nimmt – generellen gesellschaftlichen Trends folgend – ab.[135]

Gerade in Konfliktsituationen provozierte diese wirkliche oder vermeintliche Sonderstellung jedoch auch Kritik oder Spott: Bereits oben wurde die äußerst kontroverse Podiumsdiskussion zwischen *Michael Stolleis* und *Gerd Roellecke* auf der Rostocker Assistententagung 1995 erwähnt, auf der *Stolleis* mit ironischem bis verächtlichem Unterton demonstrativ stets nur von „dem Verein“ sprach, wenn er die Vereinigung ansprach und kritisierte.

Trotz gegenteiliger Ansichten wird man die Jahrestagungen allenfalls bedingt als „Rahmen für wesentliche Teile der wissenschaftlichen Diskussion im Öffentlichen Recht“[136] ansehen können. Das mag in der Weimarer Gründungsphase anders gewesen sein, spielten sich doch zentrale Teile des „Methoden- und Richtungsstreits“ auf den Jahrestagungen ab. Berühmt sind insoweit die Referate zum Gleichheitssatz und die sich anschließende Diskussion in Münster 1926.[137] In der Nachkriegszeit gab es immer wieder einzelne Referate, die dem Fach neue Dimensionen aufstießen.[138] So hat sicherlich

---

130 *Helmuth Schulze-Fielitz*, in diesem Band, S. 230, S. 237 f.

131 Überliefert etwa für *Alfred Voigt*, Ungeschriebenes Verfassungsrecht, VVDStRL 10 (1951), S. 33; „misslingen“ bezog sich dabei weniger auf objektives Versagen, als vielmehr auf wirkliche oder vermeintliche Wahrnehmungen etablierter Fachvertreter.

132 Vgl. auch *Helmuth Schulze-Fielitz*, in diesem Band, S. 221 f.

133 Vgl. etwa *Ingo von Münch*, Erinnerungen eines Zeitzeugen, 17. November 2018, S. 2, Archiv VDStRL, Ordner 128, Nr. 9; *Peter Häberle*, Interview, 10. Juli 2018, S. 15, Archiv VDStRL, Ordner 128, Nr. 2.

134 *Stolleis*, Vereinigung (Fn. 10), S. 355.

135 *Schulze-Fielitz*, Wissenschaftskultur (Fn. 2), S. 35.

136 So *Helmuth Schulze-Fielitz*, in diesem Band, S. 216, vgl. auch S. 230.

137 *Erich Kaufmann*, Die Gleichheit vor dem Gesetz im Sinne des Art. 109 der Reichsverfassung, VVDStRL 3 (1927), S. 2 ff.; *Hans Nawiasky*, ebd., S. 25 ff.; zur Verbindung zur Staatsrechtslehrervereinigung *Ulrich Scheuner*, 50 Jahre deutsche Staatsrechtswissenschaft im Spiegel der Verhandlungen der Vereinigung der Deutschen Staatsrechtslehrer. I. Die Vereinigung der Deutschen Staatsrechtslehrer in der Weimarer Republik, AöR 97 (1972), S. 349; *Manfred Friedrich*, Geschichte der deutschen Staatsrechtswissenschaft, 1997, S. 322 ff, 324: „Zum Ausbruch kam der Methoden- und Richtungsstreit – so die einhellige Ansicht bis heute – 1926 auf einer Tagung der erst vor kurzem gegründeten Vereinigung der Deutschen Staatsrechtslehrer zu Münster.“

138 Vgl. etwa die Zusammenstellung bei *Häberle*, geschlossene Vereinigung (Fn. 35), S. 172 ff.; zur Innovationsfrage im Hinblick auf Referate *Schulze-Fielitz*, Mikrokosmos (Fn. 3), S. 167 ff.

Peter Häberles Referat über Grundrechte im Leistungsstaat[139] 1971 in Regensburg die Grundrechtsdogmatik in der wissenschaftlichen Auseinandersetzung wie auch in der Verfassungsrechtsprechung entscheidend vorangebracht;[140] *Winfried Brohms* Zukunftsperspektive für das Verwaltungsrecht auf derselben Tagung[141] ist mit gehöriger Phasenverschiebung aufgegriffen worden.[142] Innovativ waren in verschiedener Hinsicht auch die Referate von *Fritz Ossenbühl* und *Hans-Ulrich Gallwas* 1970.[143] *Wolfgang Hoffmann-Riems* Referat über die Selbstbindung der Verwaltung[144] hat durch die Einbeziehung sozialwissenschaftlicher, insbesondere empirischer Methoden wegweisend gewirkt. Andere Referate haben einer im Lauf befindlichen Entwicklung einen entscheidenden Impuls oder Dreh gegeben[145] oder wirkten zumindest begriffsprägend.[146] Auch in jüngerer Zeit gab es immer wieder mutige Referate mit unkonventionellen Thesen,[147] die gegen einen festgefahrenen Mainstream argumentierten, sich freilich zumeist nicht durchsetzten. Alles in allem ist jedoch wahrscheinlich die Innovationsfunktion der Tagungen durch eine breite Information- und Diskursfunktion ersetzt worden.[148] Diese Entwicklung hat sicherlich auch mit der in der Weimarer Epoche keine Parallele findenden Bedeutung des

---

139 *Peter Häberle*, Grundrechte im Leistungsstaat, VVDStRL 30 (1972), S. 43.

140 Vgl. etwa m. w. N. *Erhard Denninger*, Staatliche Hilfe zur Grundrechtsausübung durch Verfahren, Organisation und Finanzierung, in: Isensee/Kirchhof (Hrsg.), Handbuch des Staatsrechts der Bundesrepublik Deutschland, Bd. 9, 3. Aufl. 2011, § 193 Rn. 1 f.; *Anna-Bettina Kaiser*, Die Kommunikation der Verwaltung, 2009, S. 148 ff.

141 *Winfried Brohm*, Die Dogmatik des Verwaltungsrechts vor den Gegenwartsaufgaben der Verwaltung, VVDStRL 30 (1972), S. 245.

142 Etwa durch die „Neue Verwaltungsrechtswissenschaft", vgl. nur *Christian Bumke*, Die Entwicklung der verwaltungsrechtswissenschaftlichen Methodik in der Bundesrepublik Deutschland, in: Schmidt-Aßmann/Hoffmann-Riem (Hrsg.), Methoden der Verwaltungsrechtswissenschaft, 2004, S. 73; insgesamt zur Rezeption *Anna-Bettina Kaiser*, Winfried Brohm: Dogmatik als „Zukunftswissenschaft", in: Kremer (Hrsg.), Die Verwaltungsrechtswissenschaft in der frühen Bundesrepublik (1949–1977), 2017, S. 345.

143 *Fritz Ossenbühl* und *Hans Ulrich Gallwas*, Die Erfüllung von Verwaltungsaufgaben durch Private, VVDStRL 29 (1970), S. 137 und 211.

144 *Wolfgang Hoffmann-Riem*, Selbstbedingungen der Verwaltung, VVDStRL 40 (1982), S. 187.

145 *Hans Heinrich Trute*, Öffentlich-rechtliche Rahmenbedingungen einer Informationsordnung, VVDStRL 57 (1998), S. 216, mit einer zukunftsweisenden Strukturierung des Informationsverwaltungsrechts; *Andreas Voßkuhle*, Beteiligung Privater an der Wahrnehmung öffentlicher Aufgaben und staatliche Verantwortung, VVDStRL 62 (2003), S. 266, mit dem Postulat, ein Gewährleistungsverwaltungsrecht zu entwickeln.

146 *Ingolf Pernice*, Europäisches und nationales Verfassungsrecht, VVDStRL 60 (2001), S. 148, mit der Wortprägung vom „Europäischen Verfassungsverbund".

147 Aus persönlicher Erinnerung etwa *Lothar Michael*, Verfassung im Allgemeinen Verwaltungsrecht, VVDStRL 75 (2016), S. 131; *Mehrdad Payandeh*, Die Organisation politischer Willensbildung: Parlamente, erscheint in VVDStRL 81 (2022); *Markus Müller*, Neutralität als Verfassungsgebot? Der Staat und religiöse oder weltanschauliche Überzeugungen, erscheint ebd.

148 Deutlich weitergehend *Schulze-Fielitz*, Wissenschaftskultur (Fn. 2), S. 4: „Die Vereinigung erbringt mithin zwei maßgebliche, miteinander verschränkte Ordnungs- und Orientierungsleistungen für diese Fachgemeinschaft der Öffentlich-Rechtler: Steuerung von wissenschaftlichen Diskursen und Integration durch die symbolische Darstellung eines Sinnes oder eines Sets von Leitideen, der den Mitgliedern einen Orientierungsrahmen für ihre Mitwirkung bietet. Sie etabliert damit zugleich für die Mitglieder mehr oder weniger stabile Statuspositionen und strukturiert auch Formen der Machtausübung im wissenschaftlichen Diskurs [...]"

Bundesverfassungsgerichts[149] und der daraus resultierenden Beschäftigung mit seiner Judikatur zu tun.[150]

2. Das Problem der Einheit angesichts einer voranschreitenden Diversifizierung des Faches

Die Vereinigung der Deutschen Staatsrechtslehrer geht ex- wie implizit von einer Einheit der Disziplin des öffentlichen Rechts aus. Deutlich zeigt sich das nicht nur darin, dass neben den Kernfächern des Staats- und Verwaltungsrechts auch genuine Steuer-, Sozial- und Völkerrechtler meist Mitglieder werden. Auch die Tagungsstruktur baut auf der Annahme der Einheit der Disziplin auf. In den Worten *Helmuth Schulze-Fielitz:* „der Plenarcharakter hat so auch eine spezifisch wissenschaftssoziale Funktion".[151] In den letzten 100 Jahren hat sich jedoch auch das öffentliche Recht deutlich diversifiziert. Staats- und Verwaltungsrecht als die beiden Kernfächer hatten sich schon seit der „Juridifizierung" des Faches ausgeformt.[152] Zur Zeit der Gründung der Vereinigung 1922 bildete sich gerade das moderne, dogmatisch arbeitende Steuerrecht[153] und auch das Sozialrecht[154] aus. Das Völkerrecht existierte schon lange parallel;[155] bemerkenswert war, dass oftmals gar nicht genuine Öffentlichrechtler, sondern auch Strafrechtler dieses Fach prominent vertraten.[156] Für alle „Subdisziplinen" des öffentlichen Rechts jenseits von Staats- und Verwaltungsrecht gibt es inzwischen eigene Vereinigungen, Foren und Tagungen: Im Völkerrecht existiert die traditionsreiche, 1917 als Deutsche Gesellschaft für Völkerrecht (und 1949 wiedergegründete) gegründete Deutsche Gesellschaft für Internationales Recht.[157] Sie umfasst freilich auch das Internationale Privatrecht.[158] Die Societas Iuris

---

149 Siehe bereits oben Fn. 61.

150 *Gärditz*, Wissenschaftsgeschichte (Fn. 125), S. 80: „ […] Diskurse der Staatsrechtslehre entfalten ihre sehr eigenartige Politizität heute vor allem dadurch, dass das Bundesverfassungsgericht als Organ mit realer politischer Entscheidungsmacht Teil einer Diskursgemeinschaft ist, die über die Wissenschaft hinausweist, und verfassungsrechtliche Debatten zudem in die Entscheidungsfindung anderer Institutionen (wie z. B. in Parlamente und Regierungen) projiziert."

151 *Helmuth Schulze-Fielitz*, in diesem Band, S. 230.

152 Vgl. nur *Michael Stolleis*, Geschichte des öffentlichen Rechts in Deutschland, Bd. 2, 1992, S. 322 ff., 381 ff.; *Pauly*, Wissenschaft (Fn. 61), Rn. 7 f.; zu den Ausdifferenzierungen / zur Ausbildung der Teilfächer vgl. *Michael Stolleis*, Geschichte des öffentlichen Rechts in Deutschland, Bd. 3, 1999, S. 216 ff. (Sozialrecht), S. 220 ff. (Steuerrecht).

153 Vgl. etwa *Michael Stolleis*, Geschichte des öffentlichen Rechts in Deutschland, Bd. 3, 1999, S. 220 ff.; *Ekkehart Reimer/Christian Waldhoff*, Steuerrechtliche Systembildung und Steuerfassungsrecht in der Entstehungszeit des modernen Steuerrechts in Deutschland, in: dies. (Hrsg.), Albert Hensel, 2000, S. 1; *Christian Waldhoff*, Erforschtes und Unerforschtes zur Geschichte der Steuerrechtswissenschaft in Deutschland, Rechtsgeschichte 19 (2011), S. 322; *Michael Droege*, Eigenheiten der Steuerrechtswissenschaft, 2016.

154 *Michael Stolleis*, Geschichte des Sozialrechts, 2003.

155 *Michael Stolleis*, Geschichte des öffentlichen Rechts in Deutschland, Bd. 3, S. 86 ff.

156 Bekanntestes Beispiel dürfte *Franz von Liszt* sein.

157 http://www.dgfir.de /gesellschaft/geschichte/; Vgl. *Hermann Mosler*, Die Deutsche Gesellschaft für Völkerrecht. Ihr Beitrag seit der Wiedergründung im Jahre 1949, Berichte der deutschen Gesellschaft für Völkerrecht 30 (1990), S. 9.

158 1912 (Wiedergründung 1951) wurde die das Völkerrecht, das IPR sowie das Internationale Straf-

Publici Europaei (SIPE) geht auf eine Initiative der Staatsrechtslehrervereinigung zurück: „Das Ziel ist eine europäische Rechtswissenschaft des öffentlichen Rechts.“[159] Auf deutscher Seite sind damit nur Staatsrechtslehrerinnen und Staatsrechtslehrer Mitglieder. Ein deutlich jüngeres Forum stellt seit einigen Jahren ICONS dar; auf deutscher Seite finden sich hier freilich überwiegend Nachwuchswissenschaftlerinnen und -wissenschaftler.[160] Für das Europarecht kann als Untergliederung der Gesellschaft für Rechtsvergleichung die Deutsche Gesellschaft für Europarecht im nationalen Kontext erwähnt werden,[161] auf europäischer Ebene die Féderation International de Droit Européen (FIDE).[162] 1977 wurde die Vereinigung für Verfassungsgeschichte ins Leben gerufen. Hier treffen Juristen – neben Öffentlichrechtlern v.a. Rechtsgeschichtler – mit Historikern und Archivaren zusammen und bestreiten zweijährliche Konferenzen.[163] Für die Juristen ist die Habilitation sowie ein Ausweis in Verfassungs- oder Verwaltungsgeschichte Aufnahmevoraussetzung. Erster Vorsitzender war von 1977 bis 1981 *Helmut Quaritsch*, Vorsitzende, die Mitglieder der Staatsrechtslehrervereinigung sind, waren *Reinhard Mußgnug* (1989–1993) sowie *Christoph Schönberger* (2014–2018). Im Steuerrecht wurde 1976 die Deutsche steuerjuristische Gesellschaft (DStjG) für deutsche und österreichische Steuerrechtswissenschaftler gegründet, um neben den in diesem Gebiet so zahlreichen Praktikertagungen ein genuin wissenschaftliches Forum zu etablieren.[164] Die Tagungen finden jährlich statt. Im Sozialrecht nehmen die Fachvertreter an den allgemeinen sozialrechtlichen Tagungen teil. Hauptforum des Religionsverfassungsrechts sind die seit 1966 jährlich stattfindenden überkonfessionellen Essener Gespräche zum

---

recht umfassende Deutsche Vereinigung für internationales Recht (DVIR) als deutsche Sektion der International Law Association (ILA) gegründet; zum Hintergrund der ILA vgl. *Martti Koskenniemi*, The Gentle Civilizer of Nations, 2002, S. 61.

[159] Vgl. *Christian Starck*, Societas Iuris Publici Europaei, JZ 2003, S. 895.

[160] www.icon-society.org/.

[161] www.gfr.jura.uni-bayreuth.de/.

[162] www.fide-europe.org/de/.

[163] Inzwischen sind 20 Tagungsbände als Beihefte zu der Zeitschrift „Der Staat“ erschienen.

[164] Deren erster Vorsitzender war mit *Klaus Tipke* nicht Mitglied der Staatsrechtslehrervereinigung, da er unhabilitierter „reiner“ Steuerrechtler, der auf den Kölner Lehrstuhl als Finanzrichter berufen worden war, vgl. *Klaus Tipke*, Lebensbericht aufgrund von Lebenserinnerungen, 2021, S. 206 f.: „Von der Staatsrechtslehrervereinigung unterscheidet sich die Steuerjuristische Gesellschaft dadurch, dass sie nicht nur Hochschullehrer des Steuerrechts aufnimmt, sondern auch der Steuerrechtswissenschaft interessierte Praktiker (Steuerberater, Fachanwälte für Steuerrecht, Steuerbeamte, Finanzrichter). Eine Beschränkung auf Hochschullehrer schied auch schon deshalb aus, weil die Zahl der Steuerrechtsprofessoren gering ist. Aber wir sahen in der Abschottung gegen die Praxis auch einen Nachteil. Wir wollten einen fruchtbaren Gedankenaustausch zwischen Theorie und Praxis zum Vorteil beider Seiten.“; im Hintergrund waren die treibenden Kräfte die Mitglieder der Staatsrechtslehrervereinigung *Klaus Vogel* und *Karl Heinrich Friauf*. Vorsitzende, die zugleich Mitglied der Staatsrechtslehrervereinigung waren, waren *Paul Kirchhof*, *Roman Seer* und *Klaus-Dieter Drüen*. Inzwischen liegen 43 Tagungsbände in eigener Schriftenreihe vor.

Thema Staat und Kirche.[165] Für Rechtsvergleichung existieren verschiedene Fachgesellschaften, die sich regelmäßig jedoch nicht auf das öffentliche Recht beschränken.[166]

Sofern die Fachwissenschaftler dieser Disziplinen auch im Staats- und Verwaltungsrecht, d. h. im Öffentlichen Recht habilitiert sind, werden sie regelmäßig auch Mitglieder der Staatsrechtslehrervereinigung. Im Steuer- und Sozialrecht finden sich auch Kollegen aus dem Zivilrecht, diese Rechtsgebiete sind damit von vornherein intradisziplinär ausgerichtet. In Österreich und in der Schweiz existiert eine gewisse Tradition, nur eine Völkerrechtsvenia zu erlangen, was zur Exklusion dieser Personen führt.[167]

Themen dieser öffentlich-rechtlichen Subdisziplinen werden im Tagungsprogramm der Staatsrechtslehrertagungen berücksichtigt, wenn sie entweder Schnittstellen zum Kernfach darstellen[168] oder unter das Generalthema der Tagung subsumiert werden und als Anwendungsfälle oder Emanationen desselben gesehen werden können[169].

3. Das Problem der Einbindung des wissenschaftlichen Nachwuchses angesichts eines Wandels der Qualifzierungsformen

Nach § 3 Abs. 1 der geltenden Satzung der Staatsrechtslehrervereinigung kann Mitglied werden, wer „auf dem Gebiet des Staatsrechts und mindestens eines weiteren öffentlich-rechtlichen Fachs a) seine Befähigung zu Forschung und Lehre durch hervorragende wissenschaftliche Leistung nachgewiesen hat und „b) an einer deutschen oder deutschsprachigen Universität einschließlich der Deutschen Universität für Verwaltungswissenschaften Speyer als Forscher und Lehrer tätig ist oder gewesen ist"; eine Fußnote erläutert, dass damit regelmäßig die Habilitation oder ein Äquivalent gemeint ist. Alternativ zur Habilitation ist damit implizit das dauerhafte Innehaben einer planmäßigen Professur an einer *juristischen* oder im Sinne eines Erläuterungszusatzes zur Satzung gleichgestellten Fakultät. Konkret: Auch ohne Habilitation kann der Inhaber einer öffentlich-rechtlichen Professur an den beiden Universitäten der Bundeswehr Mitglied werden, wenn dort der Dr. iur. vergeben wird. Die öffentlich-rechtlichen Professuren an den Technischen Universitäten scheiden insofern regelmäßig aus – freilich haben auch

---

165 Inzwischen 55 Bände in eigener Schriftenreihe. Leiter der Essener Gespräche waren stets Mitglieder der VDStRL: zunächst *Ulrich Scheuner*; dann *Alexander Hollerbach*, *Christian Starck*, *Paul Kirchhof* und seit 2018 *Arnd Uhle*. Vgl. zur Entstehung *Heiner Marré* und *Franz Hengsbach*, in: Krautscheidt/Marré (Hrsg.), Essener Gespräche zum Thema Staat und Kirche 1, 1969, S. 4 ff.

166 Gesellschaft für Rechtsvergleichung, www.gfr.jura.uni-bayreuth.de/; Deutsche Sektion der Internationalen Juristenkommission, www.juristenkommission.de/. Nur hingewiesen werden kann an dieser Stelle auf die zahlreichen „bilateralen" Juristengesellschaften, wie die Deutsch-Amerikanische, Deutsch-israelische oder Deutsch-Japanische Juristengesellschaft. Hierzu existiert soweit ersichtlich kein valider Überblick.

167 Vgl. in diesem Band *Ewald Wiederin*, S. 252 f., sowie *Benjamin Schindler*, in diesem Band, S. 281 f.

168 Vgl. etwa das Oberthema der Rostocker Staatsrechtslehrertagung 2006: Bundesstaat und Europäische Union zwischen Konflikt und Kooperation, VVDStRL 66 (2007).

169 So etwa besonders deutlich auf der Marburger Tagung 2019, die unter dem Generalthema „Öffentliches Recht und Privatrecht" stand, die Referate von *Klaus-Dieter Drüen* zum Steuerrecht, *Christoph Ohler* und *Jochen von Bernstorff* zum Völkerrecht. Ähnlich auch die Beobachtung von *Starck*, Vereinigung (Fn. 6), S. 133.

dort die Kolleginnen und Kollegen sich regelmäßig an einer juristischen Fakultät habilitiert. Kategorial ausgeschlossen sind Fachhochschulprofessoren, sofern sie nicht habilitiert sind. Das ist nach wie vor überzeugend, findet dort (zumindest im juristischen Bereich) doch keine genuine Forschung statt.[170] Insgesamt ist nach wie vor der ganz überwiegende Teil der Kolleginnen und Kollegen habilitiert.[171] Der Ausschluss der Assistentinnen und Assistenten, insbesondere derjenigen mit Habilitationsabsicht, wurde vereinigungsintern bisher selten als Problem wahrgenommen, führte jedoch 1961 zur Gründung eines eigenen Forums, der ebenfalls bereits traditionsreichen (und im Gegensatz zur „Hauptvereinigung" gleich mit mehreren Festschriften gewürdigten) Assistententagung (heute: „Junge Tagung Öffentliches Recht" nachdem die Veranstaltung 1999 in Zürich schon als „Assistierendentagung" firmierte).[172] Angesichts neuer Qualifizierungswege im Hochschulbereich sinkt jedoch die Bedeutung der förmlichen Habilitation für die Erlangung einer Professur seit Jahren. Die Vereinigung der deutschen Staatsrechtslehrer hat auf diese hochschulpolitische Entwicklung nur begrenzt Einfluss.[173] Mögen die juristischen Fakultäten diesem Trend oftmals auch (noch) reserviert begegnen, gelangt mittlerweile doch ein Teil des Nachwuchses über eine Juniorprofessur[174] mit Tenure-Track[175] auf eine dauerhafte Professur. Dadurch stellt sich auch das Problem der Einbindung des wissenschaftlichen Nachwuchses neu. In der Sache geht es um eine sinnvolle Koordination des aktuellen Hochschulrechts mit dem Zugang zur Staatsrechtslehrervereinigung. Noch auf der Mitgliederversammlung 2003 in Hamburg wurde das Problem der Juniorprofessuren dilatorisch behandelt, die weitere Entwicklung solle abge-

---

170 Zu entsprechenden Diskussionen BVerfGE 126, 1 [2010].

171 Beispiele für die Aufnahme wegen Erlangung einer Dauerprofessur noch vor der Habilitation bei Vorliegen habilitationsäquivalenter Leistungen sind *Anna-Bettina Kaiser*, HU Berlin (2014), und *Thomas Wischmeyer*, Bielefeld (2021); beide sind inzwischen habilitiert (*Kaiser* in Freiburg i. Br. im Jahr 2017) bzw. streben dies an. Hier ist auch die Aufnahme von *James Fowkes* 2021, Universität Münster, zu erwähnen, der – aus einer ausländischen Rechtsordnung kommend – eine juristische Dauerprofessur innehat.

172 Vgl. dazu die Berichte von *Helmuth Schulze-Fielitz*, 25 Jahre Assistententagung. Über Geschichte und Funktion der Tagungen der wissenschaftlichen Mitarbeiter der Fachrichtung „Öffentliches Recht" 1961–1985, JöR 34 (1985), S. 35; *Dirk Heckmann*, Zwischen Spontanietät und Professionalität. Zehn weitere Jahre Assistententagung Öffentliches Recht (1986–1995), JöR 44 (1996), S. 237; *Florian Gröblinghoff/ Konrad Lachmayer*, Die Assistententagung Öffentliches Recht auf dem Weg ins 21. Jahrhundert, JöR 55 (2007), S. 429. Bemerkenswerter Weise sind gleich zwei Festschriften zu mehr oder weniger runden Jubiläen der Assistententagung erschienen: Dalibor u. a. (Hrsg.), Perspektiven des Öffentlichen Rechts. Festgabe 50 Jahre Assistententagung Öffentliches Recht, 2011; Bretthauer u. a. (Hrsg.), Wandlungen im Öffentlichen Recht. Festschrift zu 60 Jahren Assistententagung – Junge Tagung Öffentliches Recht, 2020. Vgl. insgesamt in diesem Band *Hermann Pünder*, S. 997 ff.

173 Auch hier zeigt sich die Abhängigkeit der Wissenschaft(sentwicklung) von politischen Entscheidungen; vgl. insgesamt *Rüdiger vom Bruch/Aleksandra Pawliczek*, Zum Verhältnis von politischem und Wissenschaftswandel, in vom Bruch/Gerhardt/Pawliczek (Hrsg.), Kontinuitäten und Diskontinuitäten in der Wissenschaftsgeschichte des 20. Jahrhunderts, 2006, S. 9; *Klaus Ferdinand Gärditz*, Wissenschaftsgeschichte (Fn. 125), S. 59.

174 Vgl. §§ 47, 48 Hochschulrahmengesetz als Rechtsgrundlage mit weitergehenden Regelungen in den Hochschulgesetzen der Länder.

175 Dabei handelt es sich um ein Verfahren bei dem eine Berufung auf eine unbefristete Professur zugesagt wird unter dem Vorbehalt einer positiven Evaluation der Bewährungszeit, vgl. etwa § 102c Berliner Hochschulgesetz.

wartet werden.[176] Ein Vorstoß *Martin Burgis* 2015 in Speyer blieb folgenlos. Beide Erörterungen erfolgten freilich noch nicht unter dem inzwischen prägenden Eindruck sog. Tenure Tracks. Schätzungsweise ein Viertel der freiwerdenden Stellen werden – nicht zuletzt angestoßen durch Förderprogramme des Bundes[177] – inzwischen so vergeben.

Zukünftige Vorstände und zukünftige Mitgliederversammlungen werden zu überlegen haben, ob die Juniorprofessur mit Tenure Track einzubeziehen sein wird. Worst case wäre es, wenn die Vereinigung diese Öffentlichrechtlerinnen und Öffentlichrechtler nicht mehr als Mitglieder gewänne. Das könnte Anlass sein, weitere Korrekturen hinsichtlich der Aufnahmebedingungen zu erwägen, etwa auch diejenigen Kolleginnen und Kollegen ohne Habilitation einzubeziehen, die eine dauerhafte öffentlich-rechtliche Professur an einer anderen als einer juristischen Fakultät innehaben, die nicht den Doctor Iuris vergeben können (Technische Universitäten; geisteswissenschaftliche Fakultäten). Für Schwierigkeiten hat in den letzten Jahren auch das Erfordernis gesorgt, dass ausdrücklich die Befähigung im Staatsrecht (und einem weiteren öffentlich-rechtlichen Fach, § 3 Abs. 1 der Satzung) Aufnahmevoraussetzung ist. Auf den Fall *Schefold* wurde bereits oben hingewiesen.[178] In der Gegenwart exkludiert dies häufig Völkerrechtler aus Österreich und der Schweiz. Mir scheinen daher die „Auffassungen über die Mitgliedschaftsvoraussetzungen" gerade nicht konsolidiert[179] zu sein, sondern der Überarbeitung zu harren.

4. Das Problem der Verbindung zur internationalen Community

Bereits oben wurde festgehalten, dass das Adjektiv „deutsch" im Namen der Staatsrechtslehrervereinigung mindestens missverständlich ist. Da die Kolleginnen und Kollegen aus Österreich und der deutschsprachigen Schweiz seit Jahrzehnten gleichberechtigt einbezogen sind, kann es nur als „deutschsprachig" gelesen werden, *Schulze-Fielitz* spricht von einer „deutschsprachigen Internationalität".[180] „Gegenstand" der Vereinigung ist damit das öffentliche Recht in den Ländern Deutschland, Österreich und der Schweiz. Völker- und Europarecht, „internationales Recht" sind heute unhintergehbar mit den nationalen Rechtsordnungen im Sinne einer „offenen Staatlichkeit" (*Klaus Vogel*) verflochten und insofern auch „Gegenstand" der Vereinigung. Die daraus notwendig resultierende Internationalisierung des öffentlichen Rechts ist beschrieben worden.[181]

---

176 *Schulze-Fielitz*, Wissenschaftskultur (Fn. 2), S. 32; *ders.*, in diesem Band, S. 218.

177 „Tausend Tenure-Trackprofessuren", vgl. Verwaltungsvereinbarung zwischen Bund und Ländern gemäß Artikel 91b Absatz 1 des Grundgesetzes über ein Programm zur Förderung des wissenschaftlichen Nachwuchses vom 19.10.2016 und Richtlinie zum Bund-Länder-Programm zur Förderung des wissenschaftlichen Nachwuchses vom 3.5.2018 (BMBF).

178 Siehe oben Fn. 86.

179 So jedoch *Schulze-Fielitz*, Wissenschaftskultur (Fn. 2), S. 32.

180 *Schulze-Fielitz*, Wissenschaftskultur (Fn. 2), S. 209.

181 *Armin von Bogdandy*, Internationalisierung der deutschen Rechtswissenschaft. Betrachtungen zu einem identitätswahrenden Prozess, in: Hilgendorf/Schulze-Fielitz (Hrsg.), Selbstreflexion der Rechtswissenschaft, 2. Aufl. 2021, S. 135. Neuestes größeres Beispiel ist Herdegen/Masing/Poscher/Gärditz

Für genuin völker- und europarechtliche Fragestellungen gibt es nationale wie international eigene Vereinigungen und Foren.[182] Aus dem Gegenstand folgt, dass Tagungen und Veröffentlichungen in deutscher Sprache erfolgen. Ausländische Gäste sind seit Jahren selbstverständlich und waren dies wohl auch immer. Über die Aufnahme ausländischer Kolleginnen und Kollegen wurde bereits berichtet.[183] Das deutsche öffentliche Recht ist zwar nicht weltweit, wohl aber für zahlreiche andere Rechtsordnungen nach wie vor attraktiv. Die große Ausnahme stellt der international besonders wirkmächtige anglo-amerikanische Bereich dar.[184] Insofern ist es auch kein Zufall, dass für eine Außensicht aus *dieser* Perspektive kein Autor und keine Autorin für vorliegenden Band zu gewinnen war. Faktische wie satzungstechnische Grenze für die Vereinigung ist und bleibt die deutsche Sprache. Es wäre freilich auch mindestens paradox, über deutsches / deutschsprachiges Recht im deutschsprachigen Bereich, selbst angesichts der internationalen Verflechtungen aller Rechtsordnungen, auf englisch zu referieren und zu debattieren. Die Gründung der SIPE[185] war ein Versuch, aus der Vereinigung heraus für das europäische Ausland Vergleichbares zu schaffen. Gelegentlich erreichen den Vorstand Anfragen ausländischer, v. a. europäischer Schwestervereinigung im Hinblick auf nähere Kooperation. Das ist jedoch regelmäßig mit Problemen behaftet: In einigen Ländern (Italien) gibt es konkurrierende Vereinigungen, zum Teil mit unterschiedlichen politischen und methodischen Ausrichtungen. Zudem sind Verfassungs- und Verwaltungsrecht regelmäßig getrennt organisiert, die „Einheit des Faches"[186] bildet sich mithin gerade nicht ab. Jenseits solcher Institutionalisierungen gilt es, wie *Christoph Schönberger* (übrigens im Grundlagenarbeitskreis auf einer Staatsrechtslehrertagung!) herausgestellt hat, den „German Approach" zu erneuern, um ihn zu bewahren.[187]

(Hrsg.), Handbuch des Verfassungsrechts, 2021, das in der deutschsprachigen Ausgabe laut Untertitel eine transnationale Perspektive einnimmt und parallel in englischer Sprache erscheinen soll.

[182] Siehe oben unter VI 2.

[183] Oben unter II 1.

[184] Auch hier bestätigen Ausnahmen die Regel: *Justin Collings* (Bingham Young University), *Bruce Ackerman* (Yale University), *Daniel Halberstam* (University of Michigan), *William Ewald* (University of Pennsylvania), *Russel A. Miller* (Washington and Lee University).

[185] Siehe oben bei Fn. 159.

[186] Siehe oben unter VI 2.

[187] *Christoph Schönberger*, German Approach (Fn. 4), S. 47 ff.

„Diese Zurückhaltung ist sicherlich ein guter Brauch …“

Satzungsaufträge und Selbstverständnis der Staatsrechtslehrervereinigung

*Franz Reimer**

I. Einführung . . . 184
II. Satzungsrechtlicher Ausgangspunkt . . . 184
1. Klärung von wissenschaftlichen und Gesetzgebungsfragen (§ 1 Nr. 1 Satzung) . . . 188
a) Wissenschaftliche Fragen . . . 188
b) Gesetzgebungsfragen . . . 189
2. Hinwirken auf die ausreichende Berücksichtigung des Öffentlichen Rechts im Hochschulunterricht (§ 1 Nr. 2 Satzung) . . . 189
3. Stellungnahme durch Eingaben oder schriftliche Kundgebungen (§ 1 Nr. 3 Satzung) 190
III. Aktivitäten zu Gesetzgebungsfragen . . . 192
1. Weimarer Republik . . . 192
2. Bonner Republik (1949–1990) . . . 193
3. Berliner Republik (1991–2020) . . . 196
IV. Aktivitäten zu Ausbildungsfragen . . . 197
1. Weimarer Republik . . . 197
2. Bonner Republik . . . 198
3. Berliner Republik . . . 201
V. Stellungnahmen zu politischen Fragen . . . 201
1. Weimarer Republik . . . 201
2. Bonner Republik . . . 202
a) Spiegel-Affäre (1962) . . . 203
b) Verjährung nationalsozialistischer Morde (1965) . . . 204
c) Notstandsverfassung (1968) . . . 205
d) Wiedervereinigung . . . 206
3. Berliner Republik . . . 207
VI. Bewertung . . . 209
1. Kriterien . . . 209
2. Anwendung auf die Einzelaufträge . . . 210
a) Klärung von Gesetzgebungsfragen . . . 210
b) Hinwirken auf die ausreichende Berücksichtigung des Öffentlichen Rechts im Hochschulunterricht . . . 211
c) Stellungnahme durch Eingaben oder schriftliche Kundgebungen . . . 211
3. Vereinigung und Öffentlichkeit – eine Vogelperspektive . . . 212

* Für wertvolle Hinweise danke ich *Pascale Cancik*, *Andreas Kley* und *Helmuth Schulze-Fielitz*.

I. Einführung

Die Frage nach Satzungsaufträgen, insbesondere unerfüllten, richtet sich nicht auf ein Urteil darüber, ob die Staatsrechtslehrervereinigung *wissenschaftliche* Fragen aus dem Gebiet des Öffentlichen Rechts geklärt hat (§ 1 Nr. 1 Alt. 1 der Satzung). Denn dies wird allgemein als der eigentliche Auftrag der Vereinigung verstanden; seiner Erfüllung dienen die Jahrestagungen, und seiner Bewertung sind zahlreiche Beiträge in diesem Band gewidmet. Vielmehr richtet sich das Interesse auf die weiteren satzungsgemäßen Aufgaben, schlagwortartig: auf das Verhältnis der Vereinigung zur Öffentlichkeit, beispielsweise auf die Frage nach Vorschlägen, Stellungnahmen, Eingaben – und nach ihrem Ausbleiben oder Scheitern. Die folgende Untersuchung soll ihren Ausgangspunkt – bewusst positivistisch – bei der vierfachen satzungsrechtlichen Vorgabe nehmen (II.). Die weiteren Abschnitte gelten den drei im weitesten Sinne an die Öffentlichkeit gerichteten Aktivitäten der Vereinigung: solchen zu Gesetzgebungsfragen (III.), zu Ausbildungsfragen im weiten Sinne (IV.) und zu politischen Fragen (V.). Dabei wird sich der Befund der „Zurückhaltung“, den *Ulrich Scheuner* hinsichtlich solcher Stellungnahmen im Rückblick auf die ersten fünfzig Jahre der Vereinigung getroffen hat,[1] auch zum 100. Geburtstag bestätigen. Der abschließende Abschnitt versucht eine Bewertung dieser Zurückhaltung; sie fällt skeptischer aus als bei *Ulrich Scheuner* (VI.).

II. Satzungsrechtlicher Ausgangspunkt

Bedarf die Satzung „keines Kommentars“, wie *Heinrich Triepel* 1922 meinte?[2] Schon aufgrund des hundertjährigen Abstands zu Entwurf und Verabschiedung wird man das heute nicht mehr sagen können. In ihrer ursprünglichen Fassung sah die Satzung in ihrem § 1 folgende „Aufgabe“ der Vereinigung vor:[3]

„Die Vereinigung der deutschen Staatsrechtslehrer stellt sich die Aufgabe:
1. wissenschaftliche und Gesetzgebungsfragen aus dem Gebiete des öffentlichen Rechts durch Aussprache in Versammlungen der Mitglieder zu klären;
2. auf die ausreichende Berücksichtigung des öffentlichen Rechts im Universitätsunterricht und bei staatlichen und akademischen Prüfungen hinzuwirken;
3. in wichtigen Fällen zu Fragen des öffentlichen Rechts durch Eingaben an Regierungen oder Volksvertretungen oder durch öffentliche Kundgebungen Stellung zu nehmen.“

Geändert hat sich der Wortlaut der Bestimmung seither nur marginal: in selbstbewussten Großschreibungen („Deutschen Staatsrechtslehrer“, „Öffentlichen Rechts“), den Er-

---

[1] *Ulrich Scheuner*, Ansprache zur 50jährigen Wiederkehr der Gründung der Vereinigung, in: VVDStRL 31 (1973), S. 7 (8): „Aber zu Recht hat sich die Vereinigung von allen politischen Stellungnahmen ferngehalten. Sie hat so gut wie niemals von der in ihrer Satzung erteilten Ermächtigung zu Eingaben an amtliche Stellen Gebrauch gemacht. Sie hat dies nur im Hinblick auf Fragen des akademischen Unterrichts und seiner Reform getan. Diese Zurückhaltung ist sicherlich ein guter Brauch der Vereinigung, zumal bei ihrer grenzüberschreitenden Zusammensetzung.“

[2] Die Vereinigung der deutschen Staatsrechtslehrer, AöR 43 (1922), S. 349.

[3] Beschlossen am 13.10.1922, abgedruckt in VVDStRL 1 (1924), S. 145 f.

satz des „Universitäts-" durch den „Hochschulunterricht" (in Nr. 2) sowie den Austausch der missverständlichen Formulierung „öffentliche Kundgebungen" durch „schriftliche Kundgebungen" (Nr. 3). Demnach lautet die geltende Fassung:

„Die Vereinigung der Deutschen Staatsrechtslehrer stellt sich die Aufgabe:
1. wissenschaftliche und Gesetzgebungsfragen aus dem Gebiet des Öffentlichen Rechts durch Aussprache in Versammlungen der Mitglieder zu klären;
2. auf die ausreichende Berücksichtigung des Öffentlichen Rechts im Hochschulunterricht und bei staatlichen und akademischen Prüfungen hinzuwirken;
3. in wichtigen Fällen zu Fragen des Öffentlichen Rechts durch Eingaben an Regierungen oder Volksvertretungen oder durch schriftliche Kundgebungen Stellung zu nehmen."

Von den sich daraus ergebenden *vier* Satzungsaufträgen – der Klärung wissenschaftlicher Fragen (§ 1 Nr. 1 Alt. 1), der Klärung von Gesetzgebungsfragen (§ 1 Nr. 1 Alt. 2), dem Hinwirken auf eine ausreichende Berücksichtigung des Öffentlichen Rechts in Studium und Prüfung (Nr. 2) sowie der Aufgabe der öffentlichen Stellungnahme (Nr. 3) – interessieren im Folgenden im Schwerpunkt die letzten drei. Dabei ist hinsichtlich der letzten beiden auf die Verfahrensbestimmungen in § 8 der Satzung hinzuweisen. Die Norm konserviert (wohl als Redaktionsversehen) in der geltenden Fassung noch die Formulierung „öffentliche Kundgebungen" aus § 1 Nr. 3 a. F. und lautet:

„[1]Über Eingaben in den Fällen des § 1 Ziffer 2 und 3 und über öffentliche Kundgebungen kann nach Vorbereitung durch den Vorstand oder einen Ausschuss im Wege schriftlicher Abstimmung der Mitglieder beschlossen werden. [2]Ein solcher Beschluss bedarf der Zustimmung von zwei Dritteln der Mitgliederzahl; die Namen der Zustimmenden müssen unter das Schriftstück gesetzt werden."[4]

Vor einer näheren Analyse soll darauf hingewiesen werden, dass die Satzung mit ihrem § 1 hinsichtlich der Öffentlichkeitsaktivitäten deutlich über die Aufgaben etwa der Zivilrechtslehrervereinigung hinausgeht. Deren Satzung sieht in § 1 vor:[5]

(1) Der Verein dient der Pflege und Vertiefung der Zivilrechtswissenschaft.
(2) […] [3]Der Verein kann zu Fragen der Zivilrechtsentwicklung Stellung nehmen.

Derartige Stellungnahmen hat die Zivilrechtslehrervereinigung 1983 und 2001 zur Schuldrechtsreform, ferner 2012 zum Common European Sales Law abgegeben.[6]

Ganz anders wiederum ist die Ausgangslage bei den schweizerischen Staats- und Verwaltungsrechtslehrern: Sie treffen sich ebenfalls (und zwar seit 1963, zunächst zweimal jährlich,[7] seit 1995 meist[8] jährlich[9]) zu Tagungen, die aber von den Fakultäten in alphabetischer Reihenfolge organisiert werden; ein ortsübergreifender Verein oder eine sonstige

---

[4] Zur Problematik vgl. unten 2 b).

[5] Errichtet am 29.9.2009 und durch Beschluss des Vorstandes v. 21.12.2009 geändert; aktuelle Fassung zugänglich unter http://www.zivilrechtslehrervereinigung.de/index.php?id=14 (30.9.2020).

[6] Freundlicher Hinweis von Herrn Kollegen *Reinhard Zimmermann*, 29.9.2020. Näher *ders.*, in diesem Band, S. 919 (944 ff.).

[7] *Andreas Kley*, Die öffentlichen Stellungnahmen der schweizerischen Staats- und Verwaltungsrechtslehrer, in: Schweizerisches Zentralblatt für Staats- und Verwaltungsrecht, Jg. 112 (2011), H. 1, S. 2 (11).

[8] *Andreas Kley*, Die Tagungen der schweizerischen Staats- und Verwaltungsrechtslehrer, in: Commentationes Historiae Iuris Helveticae, Bd. V (2010), S. 9 (18 f.), zum Stocken 1995 und 1996.

[9] *Benjamin Schindler*, in diesem Band, S. 273 (299).

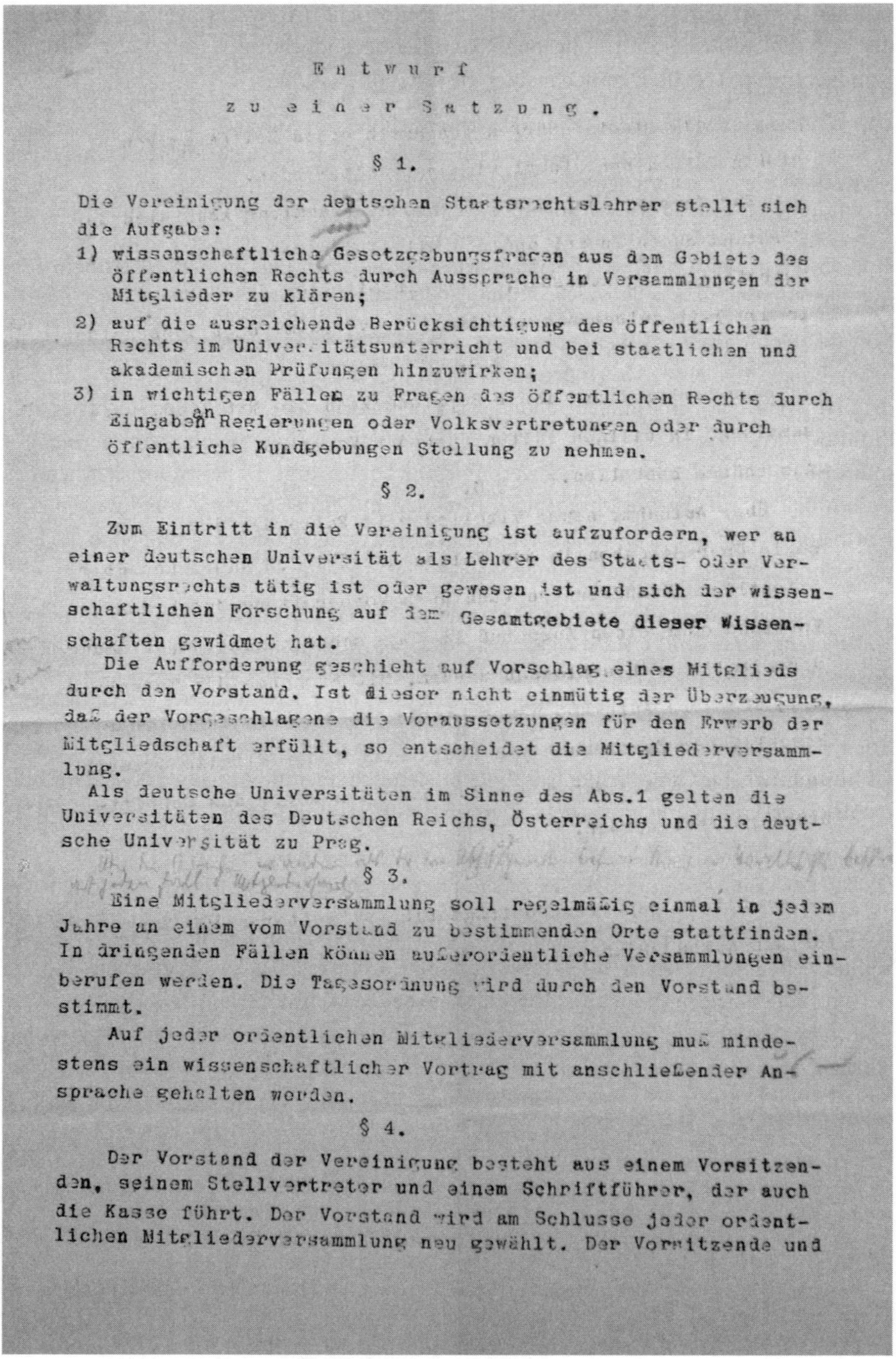

E n t w u r f

z u e i n e r S a t z u n g .

§ 1.

Die Vereinigung der deutschen Staatsrechtslehrer stellt sich die Aufgabe:

1) wissenschaftliche Gesetzgebungsfragen aus dem Gebiete des öffentlichen Rechts durch Aussprache in Versammlungen der Mitglieder zu klären;
2) auf die ausreichende Berücksichtigung des öffentlichen Rechts im Universitätsunterricht und bei staatlichen und akademischen Prüfungen hinzuwirken;
3) in wichtigen Fällen zu Fragen des öffentlichen Rechts durch Eingaben an Regierungen oder Volksvertretungen oder durch öffentliche Kundgebungen Stellung zu nehmen.

§ 2.

Zum Eintritt in die Vereinigung ist aufzufordern, wer an einer deutschen Universität als Lehrer des Staats- oder Verwaltungsrechts tätig ist oder gewesen ist und sich der wissenschaftlichen Forschung auf dem Gesamtgebiete dieser Wissenschaften gewidmet hat.

Die Aufforderung geschieht auf Vorschlag eines Mitglieds durch den Vorstand. Ist dieser nicht einmütig der Überzeugung, daß der Vorgeschlagene die Voraussetzungen für den Erwerb der Mitgliedschaft erfüllt, so entscheidet die Mitgliederversammlung.

Als deutsche Universitäten im Sinne des Abs.1 gelten die Universitäten des Deutschen Reichs, Österreichs und die deutsche Universität zu Prag.

§ 3.

Eine Mitgliederversammlung soll regelmäßig einmal in jedem Jahre an einem vom Vorstand zu bestimmenden Orte stattfinden. In dringenden Fällen können außerordentliche Versammlungen einberufen werden. Die Tagesordnung wird durch den Vorstand bestimmt.

Auf jeder ordentlichen Mitgliederversammlung muß mindestens ein wissenschaftlicher Vortrag mit anschließender Aussprache gehalten werden.

§ 4.

Der Vorstand der Vereinigung besteht aus einem Vorsitzenden, seinem Stellvertreter und einem Schriftführer, der auch die Kasse führt. Der Vorstand wird am Schlusse jeder ordentlichen Mitgliederversammlung neu gewählt. Der Vorsitzende und

Abbildung 1: Satzungsentwurf Heinrich Triepels 1922.

\- 2 -

sein Stellvertreter dürfen innerhalb eines Zeitraums von sieben Jahren nur einmal wiedergewählt werden.

Zur Vorbereitung der Mitgliederversammlung kann sich der Vorstand durch Zuwahl anderer Mitglieder verstärken. Auch ist Selbstergänzung zulässig, wenn ein Mitglied des Vorstandes in der Zeit zwischen zwei Mitgliederversammlungen ausscheidet.

§ 5.

Zur Vorbereitung ihrer Beratungen kann die Mitgliederversammlung, in eiligen Fällen auch der Vorstand, besondere Ausschüsse bestellen.

§ 6.

Über Aufnahme neuer Mitglieder im Falle des § 2 Abs.2 sowie über Eingaben in den Fällen des § 1 Z.2 und 3 und über öffentliche Kundgebungen kann nach Vorbereitung durch den Vorstand oder einen Ausschuß im Wege schriftlicher Abstimmung der Mitglieder beschlossen werden. Mit Ausnahme der Entscheidung über die Aufnahme neuer Mitglieder bedarf ein solcher Beschluß der Zustimmung von zwei Drittel der Mitgliederzahl, und es müssen die Namen der Zustimmenden unter das Schriftstück gesetzt werden.

§ 7.

Der Mitgliedsbeitrag beträgt bis auf weiteres 100 Mark für das Kalenderjahr.

==============

übergreifende juristische Person existiert nicht,[10] und damit auch keine gemeinsame Satzung. Aktiv waren die schweizerischen Kolleginnen und Kollegen zwischen 1966 und 2008 mit sechs öffentlichen Äußerungen unterschiedlicher Genres,[11] die – bei unterschiedlicher Konkretheit – allesamt erfolgreich waren.[12] In Österreich existiert mangels entsprechender Fachgesellschaft[13] ebenfalls keine vergleichbare Satzung. Demgegenüber enthält die Satzung des Deutschen Juristentages unter anderem den Auftrag, „der Öffentlichkeit Vorschläge zur Fortentwicklung des Rechts vorzulegen".[14] Was bedeutet es vor diesem Hintergrund, dass die Satzung der Staatsrechtslehrervereinigung die Klärung von „wissenschaftliche[n] und Gesetzgebungsfragen" (1.), das Hinwirken „auf die ausreichende Berücksichtigung des Öffentlichen Rechts im Hochschulunterricht" (2.) und „in wichtigen Fällen zu Fragen des Öffentlichen Rechts" Stellungnahmen „durch Eingaben an Regierungen oder Volksvertretungen oder durch schriftliche Kundgebungen" (3.) vorsieht?

1. Klärung von wissenschaftlichen und Gesetzgebungsfragen

a) Wissenschaftliche Fragen

Wissenschaft im satzungsrechtlichen Sinne dürfte weit, als planmäßiges, methodengeleitetes Erkenntnisstreben, zu verstehen sein, nicht als Gegenbegriff zu „Dogmatik" o.ä. Die jüngeren Diskussionen zum Verhältnis von Rechtswissenschaft und Rechtsdogmatik[15] tragen daher weder bei genetischer noch bei teleologischer Betrachtung etwas aus; die satzungsrechtliche Aufgabe – wenn man überhaupt zwischen den Polen Rechtswissenschaft und Rechtsdogmatik unterscheiden will – umfasst beides. Zu wissenschaftlichen Fragen dürften auch rechtswissenschaftstheoretische Fragen gehören, etwa die in den 1960er Jahren diskutierte der Verhältnisbestimmung zur Politikwissenschaft (s.u. IV.2 a). Auch die Festlegung von Standards guter wissenschaftlicher Praxis, an die 1922 niemand gedacht haben dürfte, gehört hierher. Ein Beispiel sind die am 3.10.2012 in Kiel auf der Mitgliederversammlung beschlossenen Leitsätze: Aus Sicht der Mitglieder stellen sie kein Verbandsregelwerk, sondern eine „Selbstvergewisserung über die Grundlagen ihrer Arbeit" dar.[16] Es handelt sich um eine rechtswissenschaftstheoretische Standortbestimmung,[17] die sich unter die Satzungsaufgabe „wissenschaftliche Fragen" (Nr. 1 Alt. 1) subsumieren lässt.

---

[10] Zum „Vorortssystem" *Kley*, Tagungen (Fn. 8), S. 9 (18f.); *Schindler*, (Fn. 9), S. 299.

[11] *Kley*, Tagungen (Fn. 8), S. 9 (20ff.); *ders.*, Öffentliche Stellungnahmen (Fn. 7), S. 2 (10ff.), dort auch zu den Gründen (S. 21ff.) und Wortlauten der Aufrufe (S. 30ff.).

[12] So das Fazit bei *Kley*, Stellungnahmen (Fn. 7), S. 2 (19), Stand: 2011.

[13] Näher *Wiederin*, in diesem Band, S. 245 (264f.).

[14] S.u. Fn. 155.

[15] Differenzierender Überblick bei *Anna-Bettina Kaiser*, Die Öffnung der öffentlich-rechtlichen Methode durch Internationalität und Interdisziplinarität. Erscheinungsformen, Chancen, Grenzen, DVBl. 2014, S. 1102 (1103ff.) mit Vorschlag der Unterscheidung von Gebrauchs- und Wissenschaftsdogmatik.

[16] Leitsätze „Gute wissenschaftliche Praxis im Öffentlichen Recht", Präambel (abrufbar über https://www.vdstrl.de/gute-wissenschaftliche-praxis/).

[17] Ibid.: „Die Leitsätze wollen als die Arbeit begleitende „Regeln der Kunst" gelesen werden, die das wissenschaftsadäquate Verhalten beschreiben, und nicht als Verbandsregelwerk mit gesetzesgleicher Kraft."

b) Gesetzgebungsfragen

Die zweite Alternative des § 1 Nr. 1 stellt demgegenüber eine Verbindung zur Rechtspraxis, nämlich zur „Gesetzgebung“, her. Angemessen erscheint dabei ein weites Verständnis, das unter „Gesetzgebung“ Setzung von Rechtsnormen aller Art versteht (soweit sie inhaltlich hinreichende Bedeutung haben), also sowohl verfassungsändernde und einfache Gesetzgebung als auch – sofern es darauf ankommt[18] – Setzung untergesetzlichen Rechts umfasst. Mit dem Etikett „Gesetzgebungsfragen“ schlägt die Satzung die Brücke zur 1922 noch sehr lebendigen Diskussion um Gesetzgebungskunst[19] – einer Diskussion, die heute zu Recht wiederauflebt.[20] In zukunftsweisender Art bezieht die Satzung damit die Rechtsetzungslehre in das Arbeitsprogramm der Vereinigung ein – und zwar in doppelter Weise: hinsichtlich ihrer theoretischen Seite als wissenschaftliche Frage, hinsichtlich ihrer praktischen, angewandten Seite als Gesetzgebungsfrage.

2. Hinwirken auf die ausreichende Berücksichtigung des Öffentlichen Rechts im Hochschulunterricht

a) Die Formel vom „Hinwirken auf die ausreichende Berücksichtigung des Öffentlichen Rechts im Hochschulunterricht“ erklärt sich aus dem curricularen Rückstand des Öffentlichen Rechts im 19. und frühen 20. Jahrhundert.[21] Nicht ohne Grund beschäftigte sich die erste Tagung, und dies sogar an erster Stelle, mit der Stellung des Staatsrechts in der Unterrichts- und Prüfungsordnung (Referate von *Max Fleischmann* und *Carl Sartorius*).[22] Insofern meinte die Satzung also nicht alle Lehr- und Studienfragen. Ob oder inwieweit diese Begrenzung fortgilt oder die Satzung umgekehrt als *living instrument* heute dahingehend verstanden werden kann, dass zu den Aufgaben der Vereinigung die Beschäftigung mit weiteren oder gar allen Fragen der Juristenausbildung (bzw. jedenfalls des Jurastudiums) zählt, ist eine vereinsrechtliche Frage. Nach überwiegender Auffassung sind Satzungen i. S. d. § 25 BGB objektiv und grundsätzlich allein aus sich heraus (d. h. nach Wortlaut, Telos, Gesamtzusammenhang) auszulegen, wobei auch die satzungsmäßigen Mitgliederinteressen und die ständige Übung berücksichtigt werden können.[23] Der Wortlaut („*ausreichende* Berücksichtigung“) spricht eher für ein quanti-

---

[18] Vgl. bspw. die Aussprache zur hochpolitischen Frage des Änderungsbedarfs bei § 14 Geschäftsordnung der Bundesregierung (Vertretung der Bundesminister, insbesondere des Verteidigungsministers) in VVDStRL 26 (1968), S. 260 ff. (insbes. Diskussionsbemerkungen *Karl Carstens*, S. 299 ff., und *Günter Dürig*, S. 307). Eine gewisse Rolle spielten die Coronaschutzverordnungen nach §§ 28, 28a, 32 IfSG in VVDStRL 80. Zur Unterschätzung von Rechtsverordnungen *Johannes Saurer*, Die Funktionen der Rechtsverordnung, 2005, S. 19 ff.

[19] Zur Wahrnehmung der „legislativen Aufgabe in der Staatsrechtswissenschaft“ des Kaiserreichs *Sigrid Emmenegger*, Gesetzgebungskunst, 2006, S. 52 ff.

[20] Vgl. *Franz Reimer*, Rechtsetzungslehre – warum?, in: Marburg Law Review 2022, i.V.

[21] Zur Lage 1900–1914 *Michael Stolleis*, Geschichte des öffentlichen Rechts in Deutschland, Bd. 3, S. 51.

[22] Vgl. *Christoph Schönberger*, in diesem Band, S. 7. sub I.

[23] *Lars Leuschner*, in: Säcker/Rixecker/Oetker/Limperg (Hrsg.), Münchener Kommentar zum BGB, 9. Aufl. 2021, § 25 Rn. 41; einer längeren vereinsinternen Übung soll insbesondere dann Bedeutung zu-

tatives Verständnis; mit dem Begriff „Berücksichtigung" richtet er den Blick auf die für das jeweilige Curriculum Verantwortlichen, so dass jedenfalls nicht alle Fragen der Juristenausbildung, sondern allenfalls die Einwirkung auf deren institutionelle Rahmenbedingungen Aufgabe der Vereinigung sein sollen; und auch aus Zusammenhang und Telos folgt keine Ausweitung auf alle Fragen der Juristenausbildung. Richtig erscheint daher eine Beschränkung auf die quantitativen Rahmenvorgaben für das öffentliche Recht im Jurastudium und in den Prüfungen. Fest steht, dass die Vereinigung keine Standesvertretung war und ist[24] – was nicht ausschließt, dass sie mit der Erfüllung satzungsmäßiger Aufgaben zugleich Standesinteressen verfolgt.

b) Beschlüsse zum Hinwirken auf die ausreichende Berücksichtigung des Öffentlichen Rechts im Hochschulunterricht und bei Prüfungen können nach § 8 Satz 1 der Satzung[25] schriftlich getroffen werden. „Ein solcher Beschluss" bedarf nach Satz 2 einer Zweidrittelmehrheit der Mitglieder (und zwar aller, d.h. staatenübergreifend[26]); dies wird zum Teil auf alle Beschlüsse nach § 1 Nr. 2 bezogen, nicht nur auf die schriftlichen.[27] Zugrunde liegt ein Verständnis, nach dem § 8 einschränkt, nicht erweitert; versteht man demgegenüber die Norm als Erweiterung der Beschlussfassungsmöglichkeiten, liegt es näher, das Erfordernis der Zweidrittelmehrheit nur auf die schriftliche Abstimmung zu beziehen, in den Verhandlungen beschlossene Eingaben und Stellungnahmen also mit einfacher Mehrheit zuzulassen.

3. Stellungnahme durch Eingaben oder schriftliche Kundgebungen

Schließlich soll die Vereinigung „in wichtigen Fällen zu Fragen des Öffentlichen Rechts durch Eingaben an Regierungen oder Volksvertretungen oder durch schriftliche Kundgebungen Stellung" nehmen. Für *Heinrich Triepel* war klar, dass die Vereinigung so wenig wie eine Standesvertretung

„ein politischer Verein sein will. Ihr Grundcharakter ist der eines akademisch-wissenschaftlichen Verbandes. Gewiß lassen sich, wie wir Heutigen mit wenigen Ausnahmen glauben, Staatsrecht und Politik nicht völlig trennen, lassen sich staatsrechtliche Fragen nur selten lösen, ohne daß die letzte Entscheidung von politischen Werturteilen bestimmt wird. Aber es ist eben das Ziel der Wissenschaft, die Grenze aufzuzeigen, wo objektive Erkenntnisse durch subjektive Urteile abgelöst wer-

---

kommen können, „wenn sie sich in Beschlüssen der Mitgliederversammlung manifestiert hat": *Thomas Heidel/Daniel Lochner*, in: Heidel/Hüßtege/Mansel/Noack (Hrsg.), BGB Allgemeiner Teil / EGBGB, § 25 BGB Rn. 38.

[24] So mit Verweis auf die Satzung in aller Deutlichkeit *Heinrich Triepel*, Die Vereinigung der deutschen Staatsrechtslehrer, AöR 43 (1922), S. 349f. – Zum 1920 gegründeten „Verband der Deutschen Hochschullehrer" als „nationales Forum für hochschulpolitische wie standespolitische Anliegen" *Schönberger*, in diesem Band, S. 3 ff.; zur Abgrenzung der Staatsrechtslehrervereinigung ebd., S. 3 (19).

[25] Text oben bei Fn. 3.

[26] Vgl. hierzu den Hinweis von *Helmuth Schulze-Fielitz*, Die Wissenschaftskultur der Staatsrechtslehrer, 2022, S. 11 Fn 50: „Gelegentliche Anläufe, durch Satzungsänderung die Beschlussfassung bei solchen Stellungnahmen auf die Mitglieder eines der drei Länder zu beschränken, haben sich nicht durchgesetzt, vgl. Protokoll der Mitgliederversammlung vom 1.–4.10.1969, TOP 2b; Niederschrift der Mitgliederversammlung vom 7.–9.10.1970, TOP 3b".

[27] Bspw. bei *Helmuth Schulze-Fielitz*, in diesem Band, S. 215 (235). sub III.1.c).

den; es ist ihre Pflicht, zu versuchen, diese Grenze möglichst weit hinauszuschieben, und sie hat endlich nach allgemeingültigen Maßstäben zu forschen, nach denen sich die zur Entscheidung rechtlicher Interessenkonflikte erforderlichen Abwägungen wertenden Charakters zu vollziehen haben. Wenn es daher die Natur unseres Arbeitsgebiets und das Programm unserer Vereinigung mit sich bringen wird, daß diese auch zu brennenden Fragen des öffentlichen Lebens Stellung nimmt, so muß und wird dies in wissenschaftlicher Weise und unter Fernhaltung aller parteipolitischen Gesichtspunkte geschehen.“[28]

Insofern deuten sowohl Satzung als auch die Beschreibung durch *Heinrich Triepel* auf eine bedingt rechtspolitische Zielsetzung der Vereinigung.[29] In diesem Kontext ist Politik aber nicht als Ersatz von Wissenschaft, sondern als Konsequenz aus Wissenschaft zu verstehen.[30]

Verstanden wurde die dritte Aufgabe von Anfang an dahingehend, gegenüber der Öffentlichkeit, „nach außen“[31] Stellung, und d.h. Einfluss zu nehmen.[32] Wie selten das geschehen ist, wird gleich zu zeigen (V.) und zu bewerten sein (VI.); an dieser Stelle genügt die Erinnerung, dass mit Initiativen durch Mitglieder außerhalb der Vereinigung (bspw. V.2 a) wie auch durch Reden oder Appelle des Vorstands oder des oder der Vorsitzenden[33] und zumal – gewissermaßen als Königsweg – durch persönliches politisches En-

---

[28] *Triepel* (Fn. 24), S. 349 (350), der hinzufügt: „Daß dies möglich ist, wurde schon auf der ersten Tagung durch die musterhaft objektive Form bewiesen, in der sich der Vortrag und die Debatte über das Problem des richterlichen Prüfungsrechts bewegten.“

[29] *Schönberger*, in diesem Band, S. 3 ff., der zugleich davon ausgeht, die Gründung sei „nicht frei von einer antipluralistischen Perhorreszierung politischer Gegensätze und politischen Streits auch unter Wissenschaftlern“ (S. 26). Die Gesamtdeutung („Gründung einer wissenschaftlichen Vereinigung aus primär politischen Motiven“, V.5) erscheint aber als Überzeichnung, zumal sie von einem rein wissenschaftlichen Anspruch der Vereinigung ausgeht – eine solche Ausschließlichkeit beglaubigt die Satzung angesichts des ausdrücklichen vierfachen Satzungsauftrags aber gerade nicht. Dieser lässt sich auch nicht kurzerhand tribunalisieren oder irregularisieren (wie bei *Schönberger*, V.6). Umgekehrt wird ein Schuh daraus: Wissenschaft und Rechtspolitik waren 1922 und sind heute keine getrennten Welten; „wissenschaftliche und Gesetzgebungsfragen“ gehen nicht selten ineinander über, weshalb sie satzungsmäßig ihren gleichberechtigten Platz in der Vereinigung haben.

[30] In diese Richtung auch *Rudolf Laun* (Gründungsmitglied der Vereinigung, insoweit aber nicht über die oder zur Vereinigung sprechend) in seinem Aufsatz „Der Staatsrechtslehrer und die Politik“, AöR 43 (1922), S. 142 (192): „Mir scheint demnach, daß uns der Weg klar vorgezeichnet ist: der Einfluß der Wissenschaft auf die Politik muß erhöht werden.“

[31] Vgl. die Formulierung in der Notiz über die Gründung der Vereinigung in DJZ 1922, S. 679: „sowie in wichtigen Fällen zu Fragen des öffentlichen Rechts nach außen Stellung zu nehmen“.

[32] So, auf die erste Tagung zurückblickend, *Fritz Stier-Somlo*, Die zweite Tagung der Vereinigung der deutschen Staatsrechtslehrer, AöR 46 (1924), S. 88 (89): „berufen […] zur Einflußnahme in wichtigen einschlägigen Angelegenheiten gegenüber Regierungen, Volksvertretungen und der breiten Oeffentlichkeit“.

[33] Nachdrücklich bspw. *Heinrich Triepel*, Eröffnungsansprache, VVDStRL 1 (1924), S. 5 (9): „Es scheint, als ob die durch einen mehrjährigen Krieg herbeigeführte Rechtsverwilderung bei uns zu einer chronischen Krankheit werden will. Und es ist schlimm, daß sich diese Verfallserscheinung auch an hohen Stellen zeigt, die in der Beobachtung von Verfassung und Gesetz dem Volke ein Vorbild sein sollten.“ *Triepel* schließt (S. 10): „Wir haben gewiß hier nicht die Aufgabe, anzuklagen. Aber zu mahnen, das ist in ernster Zeit unser, der deutschen Staatsrechtslehrer, gutes Recht, ja unsere heilige Pflicht. Justitia est fundamentum non solum regnorum, sed etiam rerum publicarum. Lassen sie das aber, meine Herren, auch gelten als eine Mahnung an uns selbst. Möchten alle unsere Beratungen, an jeder Stelle, getragen sein von dem festen Willen, der Auslegung des geltenden Rechts sowohl wie den Vorschlägen

gagement einzelner Mitglieder[34] alternative Instrumente zur Verfügung stehen – wenn auch jeweils ohne das Gewicht eines Beschlusses der Vereinigung. Was die Verfahrensanforderungen an Beschlüsse nach § 1 Nr. 3 der Satzung angeht, so ist auch hier auf § 8 und die mit ihm verbundene Unklarheit zu verweisen (s. o. 2 b).

III. Aktivitäten zu Gesetzgebungsfragen

1. Weimarer Republik

Gesetzgebungsfragen waren bereits auf der ersten Tagung durch das Thema „Der deutsche Föderalismus in Vergangenheit, Gegenwart und Zukunft" präsent;[35] aber auch die „Diktatur des Reichspräsidenten nach Art. 48 der Reichsverfassung" wurde von *Erwin Jacobi* mit Blick auf das ausstehende Ausführungsgesetz nach Art. 48 Abs. 5 WRV partiell als Gesetzgebungsfrage behandelt.[36] Besonders konkret war die Anknüpfung an Gesetzgebungsfragen allerdings auf der zweiten Tagung, als *Walter Jellinek* und *Gerhard Lassar* über „Der Schutz des öffentlichen Rechts durch ordentliche und durch Verwaltungsgerichte (Fortschritte, Rückschritte und Entwicklungstendenzen seit der Revolution)" referierten. Beide Referate bezogen sich vielfach auf die Entwürfe zu einem Reichsverwaltungsgericht. Auch die Diskussionen bezogen diesen Aspekt des Themas ein; ein Tagungsbericht fasst zusammen:

> „Endlich wurde einhellig dem Wunsche nach stärkerer Einflußnahme und Berücksichtigung der staatsrechtlichen Theorie bei der Vorbereitung des Reichsverwaltungsgerichtsgesetzes Ausdruck gegeben."[37]

Sehr prominent war die Beschäftigung mit Gesetzgebungsfragen auch auf der achten, der Hallenser Tagung. Das von *Friedrich Giese* verlesene Referat des zum Zeitpunkt der Tagung 1931 bereits verstorbenen Berichterstatters *Heinrich Pohl*[38] über „Die Reform des Wahlrechts" ging vom (durchaus vertraut klingenden, → V.3) Befund aus:

> „Die Gestaltung des Wahlrechts ist eines der wichtigsten und aktuellsten Probleme. Eine durchgreifende Wahlreform erscheint dringend geboten. Die Staatsrechtslehrer sind zur Mitarbeit daran berufen."[39]

Das Referat enthielt vielfältige konkrete Verbesserungsvorschläge, vor allem zum Gesetzentwurf des Innenministers *Wirth*. Gegen Ende bekräftigt *Heinrich Pohl*:

---

für die Entwicklung unseres öffentlichen Rechts die R e c h t s idee und, was dasselbe ist, die Gerechtigkeit zugrunde zu legen."

[34] Hierzu *Jens Kersten*, in diesem Band, S. 829 ff.

[35] Vgl. in diesem Sinne *Gerhard Anschütz*, VVDStRL 1 (1924), S. 11 (22 ff.); *Carl („Karl") Bilfinger*, a. a. O., S. 35 (47 ff.).

[36] VVDStRL 1 (1924), S. 105 (133 ff.).

[37] *Lutz Richter*, Tagungsbericht, DJZ 1925, Sp. 569 (570).

[38] Vgl. *Arnold Köttgen*, Die achte Tagung der Vereinigung deutscher Staatsrechtslehrer, AöR 60 (1932), S. 404 (419).

[39] *Heinrich Pohl*, Die Reform des Wahlrechts, VVDStRL 7 (1932), S. 131 (157), LS 1.

„Welches Schicksal die Wirthsche Reformvorlage im Reichstag haben wird, wie die politischen Parteien sich dazu stellen werden, läßt sich zur Zeit auch nicht mit annähernder Sicherheit vorhersagen. Professoren sollen nicht unter die Propheten gehen, weder unter die großen noch unter die kleinen. Wir Staatsrechtslehrer haben uns aber in der Satzung unserer Vereinigung die Aufgabe gestellt, Gesetzgebungsfragen aus unserem Arbeitsgebiet durch Aussprache in unseren Versammlungen zu klären und in wichtigen Fällen zu Fragen des öffentlichen Rechts Stellung zu nehmen. Man wird uns daher die Kompetenz zur Stellungnahme zu der vor ihrer Entscheidung stehenden Wahlreform nicht bestreiten können.“[40]

Insgesamt wird man sagen dürfen, dass der Anspruch der Vereinigung auf Mitgestaltung der Gesetzgebung in der Weimarer Republik selbstverständlich war.[41]

2. Bonner Republik[42] *(1949–1990)*

Das ändert sich in der Bonner Republik. Stand am Beginn der neuen Epoche noch ein offen gesetzgebungsorientiertes Thema wie „Die Gestaltung des Polizei- und Ordnungsrechts“[43] (München 1950), so ist im weiteren – mit einzelnen Ausnahmen[44] – ein konstantes Diminuendo zu beobachten. Die Themen sind überwiegend auf *constitutio lata* und *lex lata* konzentriert. In den Referaten werden die großen Gesetzesvorhaben, soweit ersichtlich, nur punktuell kommentiert, beispielsweise die Verwaltungsgerichtsordnung durch *Helmut Rumpf*[45] oder *Karl August Bettermann*[46]; das Vorhaben eines Verwaltungsverfahrensgesetzes erwähnt *Karl August Bettermann* in einer Fußnote,[47] kritisiert *Roman Herzog* auf einigen Seiten,[48] sprechen *Walter Schmitt Glaeser,*[49] *Gunter Kisker*[50] und *Günter Püttner*[51] im Vorübergehen an. Die als „einfache Notstandsgesetze“[52] be-

---

[40] VVDStRL 7 (1932), S. 131 (156).

[41] Vgl. bspw. den von *Schönberger* (in diesem Band, S. 3 (26 ff.) sub V.2) zitierten Passus aus dem Bericht *Günther Holsteins* über die Münsteraner Tagung 1926.

[42] Die Etikettierungen „Bonner“ und „Berliner Republik“ dienen hier nur der Strukturierung und enthalten nicht die These eines Mentalitätswandels; zu dieser Frage die Beiträge von *Gunnar Folke Schuppert, Julian Krüper* und *Stefan Magen*, in: Duve/Ruppert (Hrsg.), Rechtswissenschaft in der Berliner Republik, 2018.

[43] Vgl. *Hans Julius Wolff*, Die Gestaltung des Polizei- und Ordnungsrechts insbesondere in der britischen Besatzungszone, VVDStRL 9 (1951), S. 134 (153–177); weniger eingehend bei *Otto Gönnenwein*, Die Gestaltung des Polizei- und Ordnungsrechts in den Ländern der amerikanischen und französischen Besatzungszone, a. a. O., S. 181 (insbes. S. 195 f.).

[44] Wie „Gefährdungshaftung im öffentlichen Recht?“, Freiburg/Brsg. 1961, s. sogleich im Text.

[45] Verwaltung und Verwaltungsrechtsprechung, VVDStRL 14 (1956), S. 136 (137 ff.).

[46] Das Verwaltungsverfahren, VVDStRL 17 (1959), S. 118 (162).

[47] A.a.O, S. 150 Fn. 89.

[48] Gesetzgeber und Verwaltung, VVDStRL 24 (1966), S. 183 (194–197).

[49] Partizipation an Verwaltungsentscheidungen, VVDStRL 31 (1973), S. 179 (184 Fn. 18, 196, 244), in der Aussprache S. 279.

[50] Vertrauensschutz im Verwaltungsrecht, VVDStRL 32 (1974), S. 149 (159).

[51] Ebd., S. 200 (211 f., 220 f., 224 f.).

[52] So zeitgenössisch bspw. *Hans-Ulrich Evers*, Verfassungsrechtliche Bemerkungen zu den Entwürfen der „Einfachen Notstandsgesetze“, JZ 1964, S. 697 ff.

zeichneten, bereits sehr umstrittenen[53] Sicherstellungsgesetze[54] erwähnt auf der Würzburger Tagung 1965 sehr kritisch *Klaus Vogel*; er befindet sie der Beschäftigung im Rahmen einer eigenen Tagung für würdig,[55] zu der es aber nicht kommt. Die Notstandsgesetzgebung im engeren Sinne der Verfassungsänderung spielt eine geringe Rolle: Auch sie wird 1965 im Rahmen von „Gesetzgeber und Verwaltung" am Rande angesprochen,[56] 1967 im Rahmen des Themas „Führung und Organisation der Streitkräfte im demokratisch-parlamentarischen Staat", insbesondere bei *Georg-Christoph von Unruh*[57] und in der Aussprache,[58] erwähnt, kommt im Übrigen aber nur in Randbemerkungen vor.[59] Ganz am Ende des Gesetzgebungsverfahrens wird die Vereinigung außerhalb der Tagungen Hals über Kopf tätig, nämlich mit dem Versuch einer Eingabe, freilich ohne Erfolg (→ V.2.c). Auch die großen Themen der 1970er Jahre, soziale Sicherung und Umweltschutz, werden kaum *de lege ferenda* behandelt. So erwähnt *Peter Häberle* die Pläne zu einem Sozialgesetzbuch in einer Fußnote,[60] im Weiteren tritt das SGB erst ab Mitte der 1980er Jahre in Erscheinung, und zwar im Wesentlichen mit den Büchern, die jeweils bereits erlassen sind.[61] Die „Staatsaufgabe Umweltschutz" wird 1979 in Berlin diskutiert, jedoch weitgehend ohne Bezug auf Gesetzgebungsvorschläge[62] oder eigene Vorschläge.[63] In den 1980er Jahren kommen die Vorarbeiten zu einem Umweltgesetzbuch,[64] soweit

[53] Vgl. bspw. *Helmut Ridder/Ekkehart Stein*, Der permanente Notstand. Memorandum im Auftrag der Vereinigung deutscher Wissenschaftler e. V. zusammengestellt, 1. und 2. Aufl. 1963.

[54] Ernährungssicherstellungsgesetz, Wassersicherstellungsgesetz, Verkehrssicherstellungsgesetz, Wirtschaftssicherstellungsgesetz.

[55] *Klaus Vogel*, Gesetzgebung und Verwaltung, VVDStRL 24 (1966), S. 125 (177) zu den „beklemmenden sog. ‚einfachen' Notstandsgesetzen […], mit ihren nahezu unbegrenzten Auskunfts- und Prüfungsermächtigungen an die Verwaltung und ihrer Einbeziehung auch noch des letzten Bürgers, selbst schon im Frieden, in ein an *Orwellsche* Phantasien erinnerndes hyperperfektioniertes ‚Selbstschutz'-System". Die Kritik ist auch deshalb von Interesse, weil diese Gesetze in der Diskussion um die Corona-Bekämpfung eine gewisse Rolle gespielt haben, vgl. bspw. *Jens Kersten/Stephan Rixen*, Der Verfassungsstaat in der Corona-Krise, 2. Aufl. 2021, S. 245; *Stephan Rixen*, Gesundheitsschutz in der Coronavirus-Krise. Die (Neu-)Regelungen des Infektionsschutzgesetzes, NJW 2020, S. 1097 (1102).

[56] In der Aussprache von *Evers*, VVDStRL 24 (1966), S. 241 f.

[57] VVDStRL 26 (1968), 157 (193 ff.); weniger bei *Helmut Quaritsch*, a. a. O., S. 207 (226 f.).

[58] Bspw. *Scheuner*, S. 280; *von der Heydte*, S. 281; *Ehmke* (Diskussionsleiter), S. 284.

[59] Bspw. im nicht im Referat vorgetragenen, nur zur Diskussion mitgeführten Leitsatz *Ernst Friesenhahns*, Parlament und Regierung im modernen Staat, VVDStRL 16 (1958), S. 9 (70): „Bei der noch ausstehenden Regelung des Notstandsrechts wird in besonderer Weise auf das Zusammenwirken von Regierung und Parlament Bedacht genommen werden müssen, um ausreichende Kompetenzen der Regierung mit einer effektiven Kontrolle des Parlaments zu koppeln."

[60] Grundrechte im Leistungsstaat, VVDStRL 30 (1972), S. 43 (95 Fn. 219).

[61] Dokumentarisch bspw. bei *Peter Krause*, Rechtsverhältnisse in der Leistungsverwaltung, VVDStRL 45 (1987), S. 212 ff.; in der Regel aber eher illustrativ und typischerweise in den Fußnoten, vgl. bspw. die Referate zur „Gesetzesgestaltung und Gesetzesanwendung im Leistungsrecht" (Tübingen 1988, VVDStRL 47 [1989]). Retrospektive Kritik bei *Friedhelm Hufen*, VVDStRL 47 (1989), S. 142 (153).

[62] Eine gewisse Rolle spielte – in den Fußnoten! – der Vorschlag eines Umweltpolitikgesetzes von *Eckart Rehbinder*, vgl. *Werner Hoppe*, Staatsaufgabe Umweltschutz, VVDStRL 38 (1980), S. 211 (255 ff. Fn. 99, 101). Intensiv kommen nur die Schweizerischen Entwürfe für ein Umweltschutzgesetz zur Sprache: 4. Bericht von *Luzius Wildhaber*, S. 325 (328–330); zum österreichischen Entwurf knapp *Karl Wenger*, S. 318 (322).

[63] Vgl. aber *Werner Hoppes* Überlegungen zu einer Regelung über Umweltverträglichkeitsprüfungen, Umweltinformationen u. a.: a. a. O., S. 275 ff.

[64] Initialzündung war wohl der Umweltbericht der Bundesregierung 1976 (BT-Drs. 7/5684, S. 23);

ersichtlich, noch nicht zur Sprache. Die Entwürfe zu einem Staatshaftungsgesetz erscheinen in Fußnoten.[65]

Selbstverständlich ist damit das Feld „Gesetzgebungsfragen“ nicht vollständig abgemessen. Auf der Habenseite steht beispielsweise die Diskussion um „Gefährdungshaftung im öffentlichen Recht?“ mit den gründlichen Referaten von *Günther Jaenicke*[66] und *Walter Leisner*, (Freiburg i. B. 1961), die von einem Vorschlag *Ernst Forsthoffs*[67] ausgehen. Auch das Thema „Gesetzesgestaltung und Gesetzesanwendung im Leistungsrecht“ (Tübingen 1988) lässt sich gesetzgebungspraktisch lesen.[68] Die auf der Sondertagung „Deutschlands aktuelle Verfassungslage“ im April 1990 erstatteten Berichte enthielten naturgemäß zahlreiche rechtspolitische Erwägungen. Auch im Übrigen begegnen im Rahmen von Referaten immer wieder *de-lege-ferenda*-Überlegungen,[69] gelegentlich auch in den Aussprachen.[70] Insgesamt ist die Beschäftigung mit Gesetzgebungsfragen aber nicht systematisch, sondern in Ob und Wie den einzelnen Referenten[71]

---

vgl. dann die Überlegungen zu einem „Bundesumweltschutzgesetzbuch – BUG“ bei *Michael Kloepfer*, Systematisierung des Umweltrechts (Forschungsbericht 77–101 06007 im Auftrag des Umweltbundesamtes), 1978, S. 87 ff.; *ders./Klaus Meßerschmidt*, Innere Harmonisierung des Umweltrechts (Forschungsbericht 101 06 117), 1987; Professorenentwurf UGB (1990); Kommissionsentwurf (1997); Referentenentwurf (2008).

65 So bei *Günter Püttner*, Vertrauensschutz im Verwaltungsrecht, VVDStRL 32 (1974), S. 100 (223 Fn. 97; S. 224 Fn. 101); *Otto Bachof*, Diskussionsbemerkung, VVDStRL 32 (1974), S. 229.

66 VVDStRL 20 (1963), S. 135 ff. mit dem Fazit (LS 12, S. 184): „Die Ergänzung des bestehenden Systems der Staatshaftung durch eine zusätzliche Verursachungshaftung für außergewöhnliche Schäden ist nicht erforderlich, wenn der Tatbestand der Aufopferung in Übereinstimmung mit der Tendenz der neueren Rechtsprechung so weit ausgelegt wird, daß jede zur Duldung verpflichtende Form hoheitlicher Einwirkung auf eine geschützte Rechtsposition und jeder dadurch adäquat verursachte Folgeschaden (...) eine Aufopferungslage zu begründen vermag. Eine Kodifizierung des Tatbestandes der Aufopferung ist dem Bundesgesetzgeber nur für den Bereich seiner Sachkompetenzen gestattet. Eine allgemein für Bundes- und Landesrecht geltende Kodifizierung könnte nur in Form einer Ergänzung des Grundgesetzes erfolgen. Ihr praktischer Wert ist zweifelhaft.“

67 Lehrbuch des Verwaltungsrechts, 1. Bd.: Allgemeiner Teil, 8. Aufl. 1961, S. 315 ff.

68 Und ist von den Referenten (*Reinhard Mußgnug*, *Friedhelm Hufen*, *Hermann Hill*) zum Teil so aufgegriffen worden, insbes. *Hufen*, VVDStRL 47 (1989), S. 142 (150–155).

69 Bspw. *Wolfgang Hoffmann-Riem*, Selbstbindungen der Verwaltung, VVDStRL 40 (1982), S. 187 (226 f.) zur bereichsspezifischen Verrechtlichung faktisch bindender Entscheidungselemente; *Rainer Wahl*, Verwaltungsverfahren zwischen Verwaltungseffizienz und Rechtsschutzauftrag, VVDStRL 41 (1983), S. 151 (181) zu Fehlerfolgen; *Hans-Peter Schneider*, Artikel 12 GG – Freiheit des Berufs und Grundrecht der Arbeit, VVDStRL 43 (1985), S. 7 (32) abl. zum Recht auf Arbeit als Grundrecht oder Staatsziel; *Reinhard Mußgnug*, Gesetzesgestaltung und Gesetzesanwendung im Leistungsrecht, VVDStRL 47 (1989), S. 113 (136 f.) für Angleichung der Ermittlungsbefugnisse nach VwVfG an das SGB X.

70 Vgl. den spontanen Vorschlag von *Günter Dürig*, VVDStRL 26 (1968), S. 307, am Ende der Aussprache zu „Führung und Organisation der Streitkräfte im demokratisch-parlamentarischen Staat“: „Wir könnten ja jetzt mal Nägel mit Köpfen machen und als einhellige Meinung des Gremiums feststellen, daß § 14 der Geschäftsordnung der Bundesregierung nicht befriedigt und daß die Vertretungsordnung präzise und konzis geregelt werden sollte; wir könnten das gewissermaßen als unser petitum weiterleiten.“; dies wurde von *Horst Ehmke* als Diskussionsleiter abgelehnt. Hierzu *Jochen A. Frowein*, Staatsrechtslehrertagung 1967, JZ 1967, S. 713 (716): „Daß die Vertretungsregelung des § 14 der Geschäftsordnung der Bundesregierung für die Probleme der Befehls- und Kommandogewalt nicht ausreichend sei, war wohl allgemeine Auffassung, wenn auch *Dürigs* Vorschlag einer Resolution in diesem Sinne der ständigen Praxis der Vereinigung entsprechend nicht verwirklicht wurde.“

71 Hier nicht nur als generisches Maskulinum verstanden; zu den ersten Referentinnen (seit 1994)

überlassen, die nur sehr zurückhaltend Gesetzentwürfe analysieren oder gar eigene Gesetzgebungsvorschläge machen.[72]

3. Berliner Republik (1991–2020)

Vom Themenkomplex Wiedervereinigung in den Jahren 1991/92 abgesehen,[73] behandelt die Vereinigung Gesetzgebungsfragen weiterhin randständig. Die Arbeit der Gemeinsamen Verfassungskommission sowie die Verfassungsänderungen im Nachgang zur Wiedervereinigung werden keiner eigenen Tagung oder eigener Themen, sondern einiger Nebenbemerkungen gewürdigt.[74] Hochpolitische Vorhaben wie die Verfassungsänderungen zu Art. 13 und Art. 16/16a GG erfahren keine Behandlung. Das Wahlrecht wird gelegentlich inzident aufgerufen,[75] prinzipal aber erst gut 80 Jahre nach der Hallenser Tagung des Jahres 1931 auf der Kieler Tagung 2012 behandelt,[76] und zwar zusammen mit dem Parlamentsrecht, und ohne dass sich die Vereinigung zu einer Diskussion konkreter Vorschläge, einer Empfehlung oder gar einer öffentlichen Stellungnahme hätte durchringen können.[77]

Es sind eher unpolitischere Materien, zu denen die Frage nach Gesetzgebung und insbesondere Kodifizierung gestellt wird, so im Gewährleistungsverwaltungsrecht,[78] im Informationsverwaltungsrecht[79] und im Umweltrecht. Zwar konstatierte *Martin Eifert* auf der Freiburger Tagung 2007, es zeichne

„sich vorsichtig eine Renaissance des Kodifikationsgedankens in Wissenschaft und Politik ab. Professorenentwürfe und bereichsumfassende Gutachten zur kodifikatorischen Fortentwicklung

Pascale Cancik, in diesem Band, S. 795 (807 ff.) (sub II.2), dort auch Hinweis auf den Länderbericht von *Beatrice Weber-Dürler* im Jahre 1990: VVDStRL 50 (1991), S. 275–278.

72 Bspw. im Rahmen des Themas „Besteuerung und Eigentum" (Innsbruck 1980) *Paul Kirchhof*, VVDStRL 39 (1981), S. 213 (275) und *Hans-Herbert von Arnim*, a. a. O., S. 286 (355 f.); mit konkreter Formulierung *Mußgnug* (Fn. 69), S. 136 Fn. 83.

73 Vgl. die Referate der Gießener Tagung 1991 zum Thema „Der Rechtsstaat und die Aufarbeitung der vor-rechtsstaatlichen Vergangenheit" (VVDStRL 51), insbesondere *Christian Starck* (S. 9 ff.) und *Wilfried Berg* (S. 46 ff.), sowie der Bayreuther Tagung 1992 über „Grundsätze der Finanzverfassung des vereinten Deutschland" (bei *Peter Selmer* mit zwei „verfassungsrechtspolitischen Ausblicken", S. 39 ff., 58 f., querschnittsartig bei *Ferdinand Kirchhof*, S. 71 ff.).

74 Bspw. *Peter Häberle*, Diskussionsbemerkung, VVDStRL 54 (1995), S. 107: „Wir alle kennen die einfach fabelhaften Ergebnisse der gemeinsamen Verfassungskommission von Bundestag und Bundesrat (1993)."

75 So auf der Bielefelder Tagung 1974 beim Thema „Das parlamentarische Regierungssystem des Grundgesetzes" und auf der Grazer Tagung 2009 unter „Demokratie als Wettbewerbsordnung".

76 Vgl. *Julian Krüper*, in diesem Band, S. 325 (336 ff.) sub III.2 a.

77 Vornehm formulierte Bilanz bei *Krüper* (Fn. 76): „Nicht zu verkennen ist, dass die in der Vereinigung institutionalisierte Staatsrechtslehre in ihrer neueren Geschichte nicht der zentrale Akteur in der Wahlrechtsarena ist." – Zum Offenen Brief „Verkleinert den Bundestag!" von etwa 100 Staatsrechtslehrerinnen und Staatsrechtslehrern aus dem Jahre 2019 s. u. V.3.

78 *Andreas Voßkuhle*, Beteiligung Privater an öffentlichen Aufgaben und staatliche Verantwortung, VVDStRL 62 (2003), S. 266 (327 f.).

79 So *Rolf Gröschner*, Transparente Verwaltung – Konturen eines Informationsverwaltungsrechts, VVDStRL 63 (2004), S. 344 (367 f.) unter Erinnerung an den Satzungsauftrag (anhand des Professorenentwurfs IGB).

zeigen ein neues Selbstvertrauen der Jurisprudenz und eine erhöhte Rezeptionsbereitschaft der Politik“.[80]

Doch findet das keinen spürbaren Niederschlag in den Themen und Diskussionen. Kodifikationsvorschläge werden nur punktuell in die Betrachtung (und das heißt meist in die Fußnoten) einbezogen; das gilt für Umweltgesetzbuch,[81] Informationsgesetzbuch[82] und Bundessteuergesetzbuch[83] gleichermaßen. Selbstverständlich werfen erneut sowohl die grundlagenorientierten als auch die an der *lex lata* orientierten Analysen zahlreiche rechtspolitische Vorschläge ab.[84] Von einer systematischen Klärung von „Gesetzgebungsfragen“ lässt sich aber nicht sprechen.

IV. Aktivitäten zu Ausbildungsfragen

1. Weimarer Republik

Gleich auf der ersten Tagung widmeten sich die Mitglieder mit den Referaten von *Max Fleischmann* und *Carl Sartorius* der „Stellung des Staatsrechts in der Unterrichts- und Prüfungsordnung“. Die Referate, von *Heinrich Triepel* als „vortrefflich“ bezeichnet,[85] sind aber – soweit ersichtlich – nicht gedruckt und spielen im kollektiven Gedächtnis der Vereinigung keine Rolle.[86] Auf keiner der weiteren Tagungen sind Referate ausdrücklich Ausbildungs- und Prüfungsfragen gewidmet. Seit der Münchener Tagung 1927 führten die Einladungen allerdings die Rubrik „außerhalb der Tagesordnung nach Wunsch der Teilnehmer unverbindliche Besprechungen über praktische Fragen“ auf. Während für München vorab nur das Thema „Fühlungnahme über die Beteiligung an den Verwal-

---

[80] Das Verwaltungsrecht zwischen klassischem dogmatischen Verständnis und steuerungswissenschaftlichen Anspruch, VVDStRL 67 (2008), S. 286 (322f.) unter Hinweis auf die Professorenentwürfe zum UGB, zum IFG und zum ArchG (Fn. 162).

[81] *Hartmut Bauer*, Privatisierung von Verwaltungsaufgaben, VVDStRL 54 (1995), S. 243 (280 Fn. 190); *Matthias Schmidt-Preuß*, Verwaltung und Verwaltungsrecht zwischen gesellschaftlicher Selbstregulierung und staatlicher Steuerung, VVDStRL 56 (1997), S. 160 (165 Fn. 8 und S. 227 Fn. 258); *Friedrich Schoch*, Öffentlich-rechtliche Rahmenbedingungen einer Informationsordnung, VVDStRL 57 (1998), S. 158 (211); *Astrid Epiney*, Primär- und Sekundärrechtsschutz im Öffentlichen Recht, VVDStRL 61 (2002), S. 362 (414 Fn. 213); prominentere Berücksichtigung bei Vertretern der Neuen Verwaltungsrechtswissenschaft: *Voßkuhle*, Beteiligung (Fn. 78), S. 327; *Martin Eifert*, VVDStRL 67 (2008), S. 286 (320, 322).

[82] *Hans-Heinrich Trute*, Öffentlich-rechtliche Rahmenbedingungen einer Informationsordnung, VVDStRL 57 (1998), S. 216 (219 Fn. 4); *Johannes Masing*, Transparente Verwaltung: Konturen eines Informationsverwaltungsrechts, VVDStRL 63 (2004), S. 377 (433).

[83] *Christian Seiler*, Verfassung in ausgewählten Teilrechtsordnungen – Steuerrecht, VVDStRL 75 (2016), S. 333 (357 Fn. 108, S. 360 Fn. 122), *Klaus-Dieter Drüen*, Verschränkungen öffentlich-rechtlicher und privatrechtlicher Regime, VVDStRL 79 (2020), S. 127 (145 Fn. 122, S. 155 Fn. 178).

[84] Bspw. *Michael Fehling*, Eigenwert des Verfahrens im Verwaltungsrecht, VVDStRL 70 (2011), S. 278 (325f.).

[85] *Triepel*, Vereinigung (Fn 24), S. 349 (350).

[86] So heißt es bei *Ulrich Scheuner*, Ansprache zur 50jährigen Wiederkehr der Gründung der Vereinigung, in: VVDStRL 31 (1973), S. 7, nicht in den Veröffentlichungen der Vereinigung erschienen sei „das Referat der ersten Tagung von 1922, das Richard Thoma über das richterliche Prüfungsrecht erstattete.“

tungsakademien" angeführt wurde,[87] gehörten zu den für die Wiener Tagung 1928 gemeldeten Gegenständen „1. Die Reform des Rechtsstudiums und die Vorbildung der Beamten; 2. Ausbildung der Geschichtslehrer in Staatsbürgerkunde. 3. Wissenstoff [sic] der Vorlesung über allgemeine Staatslehre".[88] Für die Frankfurter Tagung 1929 gab es keine thematische Vorankündigung.

2. Bonner Republik

Während die Tagungen – wenn man von den vorgeschalteten Kurzreferaten auf der Bochumer Tagung 1968 (s. u.) absieht – weiterhin keine Referate zu Ausbildungs- und Prüfungsfragen vorsahen, beschäftigten sich die Mitgliederversammlungen gelegentlich mit curricularen, prüfungsbezogenen und wissenschaftsinstitutionellen Themen. So behandelte die Versammlung der Wiener Tagung 1958 unter TOP 5 die „Gestaltung der Studienpläne (insbes. Vorlesungen über Staatsrecht und Allgemeine Staatslehre)". Sowohl über die Teilung der Vorlesung „Staatsrecht" (in Staatsorganisationsrecht und Grundrechte) als auch über die richtige Verortung der Vorlesung „Allgemeine Staatslehre" am Beginn oder am Ende des Studiums sind die Meinungen geteilt.[89]

Intensiv beschäftigte die Vereinigung in den 1960er Jahren das Verhältnis zur Politikwissenschaft: Nachdem der Vorstand *Hans Schneiders* Bitte an *Herbert Krüger*, das Verhältnis von Staatsrechtlehre und Politikwissenschaft auf der nächsten Tagung wissenschaftlich behandeln zu lassen, abgelehnt hatte,[90] beschloss die Mitgliederversammlung auf der Saarbrücker Tagung 1963, eine Kommission unter *Hans Schneiders* Vorsitz einzusetzen. Der berief *Horst Ehmke*, *Gustav E. Kafka*, *Arnold Köttgen*, *Gerhard Leibholz*, *Peter Lerche* und *Adolf Schüle*. Die Kommission erbat Berichte über die „französischen Verhältnisse" von *Herbert Wehrhahn* und *Michel Fromont* und „über die entsprechenden Verhältnisse in der Schweiz" von *Dietrich Schindler* und versandte Fragebögen.[91] Der Kommissionsbericht wurde dem Rundschreiben v. 28.7.1964 beigefügt und mit marginalen Textänderungen von der Mitgliederversammlung auf der Kieler Tagung 1964 beschlossen.[92] An der Spitze der „Empfehlungen der Vereinigung der Deutschen Staatsrechtslehrer zu der Frage, in welcher Form sich die juristischen Fakultäten in Forschung und Lehre an der Pflege der Wissenschaft von der Politik beteiligten sollten", stand die Forderung:

„1. Da eine sinnvolle Pflege der Staatsrechtlehre ohne die ständige Berücksichtigung der Wissenschaft von der Politik nicht möglich erscheint, sollte in jeder Juristischen, Rechts- und Staatswissenschaftlichen oder Rechts- und Wirtschaftswissenschaftlichen Fakultät einer der Lehrstuhl-

---

87 Vgl. Einladung zur fünften Tagung, sub IV., in: Archiv VDStRL, Ordner-Nr. 1, Reg-Nr. 5.
88 Einladung zur sechsten Tagung, sub IV., in: Archiv VDStRL, Ordner-Nr. 1, Reg-Nr. 6.
89 Protokoll der Mitgliederversammlung v. 8./10.10.1958, S. 3.
90 Schreiben Herbert Krüger an Hans Schneider v. 21.1.1963, in: Archiv VDStRL, Ordner-Nr. 13, Reg-Nr. 1.
91 Protokoll der Mitgliederversammlung v. 9./11.10.1963, sub 5., S. 2 f.
92 Protokoll der Mitgliederversammlung v. 7.10.1964, sub III., S. 2.

inhaber des öffentlichen Rechts schwerpunktmäßig das Fach „Wissenschaft von der Politik“ vertreten.“[93]

Weitere Forderungen betrafen u. a. die Zusammenarbeit der Fakultäten bei Errichtung und Besetzung von Lehrstühlen, die Erteilung der Venia für die Wissenschaft von der Politik durch die Juristischen Fakultäten und die juristische Promotion bei politikwissenschaftlichen Themen. Aus den Empfehlungen wurde drei Jahre später – durch Beschluss auf der Frankfurter Tagung 1967[94] – eine gemeinsame Empfehlung der Vereinigung und der Deutschen Vereinigung für Politische Wissenschaft.[95]

Eine Anregung *Günter Dürigs* auf der Mitgliederversammlung der Frankfurter Tagung 1967 und die Zustimmung einer deutlichen Mehrheit der Mitglieder[96] führte dazu, dass dem wissenschaftlichen Programm der Bochumer Tagung 1968 eine eintägige Beschäftigung mit dem Thema „Probleme des öffentlichen Rechts im Universitätsunterricht“ vorangestellt wurde.[97] Den Hintergrund hierfür lieferten die Münchener Beschlüsse zur Studienreform[98] und die sie begleitenden Diskussionen. Vier Aspekten galten Kurzreferate:

Werner Thieme: „Das öffentliche Recht im rechtswissenschaftlichen Studienplan (Bestandsaufnahme und Möglichkeiten)“,
Jürgen Salzwedel: „Empfiehlt sich eine Vorlesung ‚Einführung in das öffentliche Recht?‘“,
Günter Dürig: „Empfiehlt es sich, den Stoff der Vorlesung ‚Deutsches Staatsrecht‘ aufzuteilen und die Grundrechte in eine Sondervorlesung für spätere Semester zu verweisen?“,
Hans Schneider: „Die Übung für Anfänger und Vorgerückte im öffentlichen Recht“.[99]

Zusätzlich behandelte die Mitgliederversammlung die Frage, was zum „Besonderen Verwaltungsrecht“ als Prüfungsfach im Sinne der Münchener Beschlüsse zählen sollte, und verabschiedete eine Entschließung, nach der „mindestens die Grundzüge des Völkerrechts Pflichtfach im Bereiche der Kernfächer des Münchener Systems bleiben“ müssten.[100]

---

93 AöR 89 (1964), S. 485 f. = DÖV 1964, S. 810 f. = JZ 1964, S. 694 f., sowie DVBl. 1965, S. 118 f.; nicht dagegen in den Tagungsberichten in MDR 1965, S. 21 ff., sowie NJW 1964, S. 2147 f.

94 Protokoll der Mitgliederversammlung v. 4./6.10.1967, sub 2., S. 2.

95 Abgedruckt in DVBl. 1968, S. 110.

96 Protokoll der Mitgliederversammlung v. 4./6.10.1967, sub 6., S. 3.

97 Vgl. VVDStRL 27 (1969), S. V; ferner *Peter Wittig*, Staatsrechtslehrertagung in Bochum, DÖV 1968, S. 791 f.; *Walter Schmidt*, Bericht über die Tagung der Vereinigung der Deutschen Staatsrechtslehrer, AöR 94 (1969), S. 116 ff.

98 Münchener Beschlüsse zur Fortführung der Studienreform v. 16./17.2.1968, gefasst vom Ausschuss des juristischen Fakultätentages für die Studienreform, abgedr. in JZ 1968, S. 223 ff. sowie NJW 1968, S. 784; hierzu *Thilo Ramm*, zu den Münchener Studienreformbeschlüssen, JZ 1968, S. 294 (297): „Die Münchener Beschlüsse sind zwar radikal, doch gleichen sie einem Chirurgen, der die Rettung des Patienten in einer Amputation von Haupt und Gliedern sieht“; Entgegnung: *Fritz Rittner*, JZ 1968, S. 369 ff.

99 Abgedruckt in der gleichnamigen Sonderveröffentlichung, Hamburg 1969.

100 Protokoll der Mitgliederversammlung v. 2./4.10.1968, S. 6 f.

Auch die Regensburger Tagung 1971 widmete sich – nun allerdings im Rahmen der Mitgliederversammlung – mit Kurzreferaten der Juristenausbildung. Der Vorsitzende, *Hans Schneider*, „eröffnete die Aussprache mit dem Hinweis, daß sich die Zuständigkeit der Vereinigung zur Behandlung dieses Punktes aus § 1 Nr. 2 ihrer Satzung ergibt."[101] Auf der Basis von Referaten zu den Wahlfächern durch *Thomas Oppermann* (Allgemeine Staatslehre, Völkerrecht, Europarecht), *Martin Bullinger* (Verwaltungsrecht), *Franz Mayer* (Verwaltungslehre), *Roman Schnur* (Rechtssoziologie), *Alexander Hollerbach* (Kirchenrecht), *Ernst-Wolfgang Böckenförde* (Verfassungsgeschichte) bestand Einigkeit, dass es „erforderlich sei, mit einer Stellungnahme an die Öffentlichkeit zu treten, um auf die Mängel bei der Zusammenstellung der einzelnen Wahlfachgruppen aufmerksam zu machen, Hinweise für die Lösung klärungsbedürftiger Punkte zu geben, Bedenken gegen den völligen Ausschluss einzelner Fächer (Kirchenrecht) darzulegen und die Notwendigkeit, dem Examenskandidaten eine Schwerpunktbildung zu ermöglichen, zu unterstreichen."[102] Zusammen mit *Rupert Scholz* arbeiteten die Referenten einen Resolutionsentwurf aus, der in die „Regensburger Empfehlung" mündete.[103] Der bayerische Kultusminister und der Präsident des baden-württembergischen Justizprüfungsamts lehnten die Empfehlung, den Kandidaten einen Schwerpunkt innerhalb der Wahlprüfungsfächer zu erlauben, umgehend ab; trotzdem (so der Vorstand im Rundschreiben Ende Dezember 1971) „wollen wir unser Anliegen weiterhin verfechten. Sobald die Justizminister praktische Erfahrungen mit den zu breit angelegten Wahlprüfungsfächern gesammelt haben, werden sie geneigt sein, eine Korrektur vorzunehmen."[104]

Die „Salzburger Empfehlung" 1972 widmete sich demgegenüber nur dem Fach „Verwaltungslehre". Zur Vorbereitung der Studenten auf das Wahlfach empfiehlt die Vereinigung den Fakultäten, „als ständige Lehrveranstaltungen, die in jedem Jahr mindestens einmal gehalten werden, einzurichten: a) eine Grundvorlesung, aufbauend auf den verwaltungsrechtlichen Hauptvorlesungen (2–3stündig), b) ein Seminar oder Kolloquium zur Vertiefung (2stündig), c) falls möglich, eine weitere Veranstaltung zur Vertiefung." Weitere Empfehlungen beziehen sich auf Inhalte der Grundvorlesung, das Seminar – mit der Anregung „zu prüfen, inwieweit moderne Lehrmethoden (z. B. Planspiele, Exkursionen) Anwendung finden können" – und Spezialveranstaltungen.[105]

Zuvor – im Februar 1972 – hatte der Vorstand (*Konrad Hesse, Peter Lerche, Hans H. Rupp*) mit dem Rundschreiben 1/1972 den Vorschlag einer auf § 1 Nr. 3 der Satzung gestützten Eingabe an den Bundestag zum Hochschulrahmengesetz auf den Weg an die in der Bundesrepublik amtierenden Mitglieder der Vereinigung gebracht. Der Kern des Resolutionsentwurfs lautete:

„Die Vereinigung der Deutschen Staatsrechtslehrer hält es für dringend erforderlich, im Hochschulrahmengesetz zu bestimmen, daß bei Verfahren, die der Beurteilung einer wissenschaft-

---

[101] Protokoll der Mitgliederversammlung v. 29.9.1971, S. 3.

[102] Protokoll der Mitgliederversammlung v. 29.9.1971, S. 4f.

[103] Abgedruckt in JZ 1971, S. 725f.; vgl. auch *Rupert Scholz*, Bericht über die Jahrestagung 1971 der Deutschen Staatsrechtslehrer, AöR 97 (1972), S. 124f.

[104] Rundschreiben 7/1971, S. 2.

[105] JZ 1973, S. 333f.

lichen Qualifikation dienen, nur mitentscheiden darf, wer mindestens die gleiche Qualifikation erworben hat."[106]

Zur schriftlichen Abstimmung nach § 6 der Satzung (a. F. = § 8 n. F.) hatte der Vorstand einen Abschnitt zur Rücksendung beigefügt und eine Zweiwochenfrist gesetzt. Von 175 der in der Bundesrepublik tätigen Mitglieder stimmten 133 (d. h. ungefähr drei Viertel) fristgerecht zu, drei Zustimmungen folgten; ein Mitglied dissentierte.[107] Die Eingabe wurde dem Bundestagspräsidenten, den beteiligten Ausschüssen, den Fraktionen, dem Bundesrat und dem Bundesministerium für Wissenschaft und Bildung zugeleitet. Sie hatte Erfolg; § 15 Abs. 4 Satz 2 HRG sah anders als noch der Regierungsentwurf vor: „Prüfungsleistungen dürfen nur von Personen bewertet werden, die selbst mindestens die durch die Prüfung festzustellende oder eine gleichwertige Qualifikation besitzen."

Die Mitgliederversammlung in Köln 1983 nahm als zusätzlichen Tagesordnungspunkt die Juristenausbildung in Baden-Württemberg auf: Mit Auslaufen der einphasigen Ausbildung in Konstanz und dem Scheitern einer Einigung auf bundeseinheitliche Regelungen war in Baden-Württemberg eine Neuordnung der Juristenausbildung geplant, die als Bedrohung für das Öffentliche Recht empfunden wurde. Auf der Basis eines Entwurfs des Gesprächskreises „Verwaltungslehre" verabschiedete die Mitgliederversammlung folgende Resolution:

„Die Vereinigung der Deutschen Staatsrechtslehrer ist bestürzt, daß Baden-Württemberg im Entwurf zur Regelung der Juristenausbildung die Fächer des Öffentlichen Rechts erheblich zurückdrängen und ihnen in der ersten juristischen Staatsprüfung nur noch eine untergeordnete Stellung zumessen will. Das widerspricht nicht nur dem Rang des Öffentlichen Rechts, sondern auch den Ausbildungsbedürfnissen der Studierenden, die zu über einem Drittel später in Staat, Verwaltung und Rechtsberatung hauptsächlich mit dem Öffentlichen Recht befaßt sein werden. Baden-Württemberg würde mit diesem Alleingang außerdem die erstrebte Einheitlichkeit der Juristenausbildung und die Vergleichbarkeit der Prüfungsleistungen gefährden. Die Vereinigung hält den Entwurf im Hinblick auf die genannten Mängel insgesamt für untauglich."[108]

Das Rundschreiben 5/1983 hält befriedigt eine positive Resonanz fest.[109]

3. Berliner Republik

Die Mitgliederversammlungen berühren gelegentlich Fragen der Juristenausbildung,[110] ohne dass es jedoch – soweit ersichtlich – zu konzertiertem Tätigwerden und insbesondere zu Resolutionen o. ä. käme. Für eine kurze Zeit wird als fester Tagesordnungspunkt „Angelegenheiten i. S. v. § 1 Nr. 2 und 3 der Satzung" vorgesehen,[111] der jedoch nur als Hülse und Merkposten dient und nicht gefüllt wird.

---

106 Rundschreiben 1/72 v. 7.2.1972, Blatt 2.

107 Rundschreiben 2/72 v. 10.3.1972, S. 1.

108 Protokoll der Mitgliederversammlung v. 28.9.1983, S. 7.

109 Rundschreiben 5/1983, S. 1.

110 Bspw. in Mainz 1993, vgl. Protokoll der Mitgliederversammlung v. 6.10.1993, TOP XIII, S. 4 f.

111 So Halle 1994, vgl. Protokoll der Mitgliederversammlung v. 5.10.1994, S. 3; Wien 1995, Protokoll der Mitgliederversammlung v. 6.10.1995, S. 3.

V. Stellungnahmen zu politischen Fragen

1. Weimarer Republik

Die einzige Resolution zu politischen Fragen bis zur Selbstauflösung der Vereinigung war die des Jahres 1931 zur Handhabung des Notverordnungsrechts. Bereits 1924 hatte die Vereinigung in Jena über die „Diktatur des Reichspräsidenten nach Art. 48 der Reichsverfassung“ diskutiert. Dabei wurde der „Mißbrauch des Art. 48 zu dort nicht vorgesehenen Zwecken ... mehrfach scharf angegriffen, der baldige Erlaß des Ausführungsgesetzes von vielen Seiten für dringend geboten erachtet“,[112] ohne dass es zu einer kollektiven Willensbildung bzw. einer Resolution gekommen wäre. In Halle fand dagegen

> „[a]ußerhalb der Tagesordnung [...] auf eine Anregung aus der Mitte der Versammlung am Vormittag des zweiten Tages eine Aussprache über die Handhabung des sogenannten Notverordnungsrechts statt. Das Ergebnis der Aussprache wurde in einer an die Presse gegebenen Mitteilung niedergelegt, in der die Vereinigung als ihre Überzeugung ausspricht: „Daß es die Aufgabe der Regierungen des Reiches und der Länder sei, strenger als bisher darüber zu wachen, daß das Mittel der Notverordnung nicht mißbraucht werde durch die Einfügung von Bestimmungen, welche weder mit dem Schutze der öffentlichen Sicherheit und Ordnung, noch mit der Behebung der gegenwärtigen Notlage auch nur in mittelbarem Zusammenhange stehen.“[113]

Die Resolution wurde mit großer Mehrheit gefasst[114] und veröffentlicht,[115] verhallte aber.[116]

Zugleich mit dieser Resolution des Jahres 1931 – „Vermächtnis der Weimarer Zeit“[117] – muss der vielen Resolutionen gedacht werden, die in den Jahren der Paralyse bis zur Selbstauflösung der Vereinigung 1938 *nicht* angeregt und gefasst wurden – Teil der „sprechenden Stummheit“[118] der Vereinigung in der Diktatur.

2. Bonner Republik

In der Bonner Republik (1949–1990) gab es verschiedene Anlässe, die Mitglieder der Staatsrechtslehrervereinigung zu Stellungnahmen herausforderten – zum Teil außerhalb

---

[112] *Gerhard Lassar*, Tagungsbericht, DJZ 1924, Sp. 371 (372).

[113] VVDStRL 7 (1932), S. 1; vgl. auch *Andreas Kley*, in diesem Band, S. 39 (46 ff.).

[114] Von drei Gegenstimmen spricht *Ernst R. Huber*, Deutsche Verfassungsgeschichte, Bd. 4, S. 730 Fn. 117; dagegen hält *Carl Schmitt* unter dem 29.10. in seinem Tagebuch fest: „Mehrmals heftige Diskussion über unsere Resolution und (mit Bilfinger und anderen) überstimmt.“ Schuller (Hrsg.), Carl Schmitt Tagebücher 1930 bis 1934, 2010, S. 141).

[115] Bspw. unter der Überschrift „Mahnung der Staatsrechtslehrer“ in der Vossischen Zeitung v. 30.10. 1931, S. 3; ferner in der Besprechung von *Friedrich Giese*, DJZ 1931, Sp. 1438 f. *Arnold Köttgens* Tagungsbericht in AöR 60 (1932), S. 404 ff. schweigt vom Aufruf, anders als *Otto Koellreutter*, Zur Krise des liberalistischen Staatsdenkens, Zeitschrift für Politik 21 (1932), S. 472 (476 f.).

[116] Eine „vorsichtige und schwache Mahnung“ sieht in ihm *Kley*, in diesem Band, S. 39 (46 ff.) sub II.4. Zu weiterer Literatur *Franz Reimer*, Diskursvergleich, VVDStRL 77 (2018), S. 413 (431 f. Fn. 81).

[117] *Kley*, in diesem Band, S. 39 (46 ff.) sub II.4.

[118] *Michael Stolleis*, Im Bauch des Leviathan – Staatsrechtslehre im Nationalsozialismus, in: *ders.*, Recht im Unrecht, 1994, S. 126 (143).

der Vereinigung wie im Falle der Spiegel-Affäre (a) und der Verjährung nationalsozialistischer Morde (b), zum Teil unter dem Dach der Vereinigung wie im Falle der Notstandsgesetzgebung (c).

a) Spiegel-Affäre (1962)

Die Politikwissenschaftler *Arnold Bergstraesser*, *Theodor Eschenburg* und *Wilhelm Hennis* hatten Mitte November 1962 ein Schreiben an den Bundesratspräsidenten (als Vertreter des in Indien weilenden Bundespräsidenten)[119] entworfen, in dem sie ihrer Sorge über die Nichtunterrichtung des Bundestages über die Ermittlungen Ausdruck verliehen und den Rücktritt verantwortlicher Minister forderten:

„Als Staatsbürger der Bundesrepublik und als Inhaber eines Lehramts, dem die Pflege des Verfassungsbewußtseins und die Erziehung zur politischen Verantwortlichkeit anvertraut ist, wenden wir uns an Sie als den Vertreter des Herrn Bundespräsidenten, weil uns tiefe Sorge um die Glaubwürdigkeit und damit um die Zukunft unserer freiheitlich-rechtsstaatlichen Verfassung erfüllt.

Wir versagen uns, vor dem Abschluß der in Gang befindlichen gerichtlichen Verfahren zu der gegen Verleger, Herausgeber und Mitarbeiter der Wochenschrift ‚Der Spiegel‘ erhobenen Anklage des Landesverrats, zu dem Problem des Verhältnisses von Pressefreiheit und Geheimnisinteresse des Staates und der Frage der Rechtmäßigkeit und politischen Klugheit von Einzelheiten der polizeilichen Ermittlungsaktion Stellung zu nehmen.

Wir sind aber überzeugt, daß Lebensnerv und innere Autorität eines freiheitlichen Staatswesens dadurch schmerzlich verwundet worden sind, daß nicht einmal das vom Volke gewählte Parlament von Mitgliedern der aus demselben Parlament hervorgegangenen und ihm verantwortlichen Regierung rechtzeitig und wahrheitsgemäß über Vorgänge unterrichtet worden ist, die für die Rechtsstaatlichkeit unseres Gemeinwesens zentrale Bedeutung haben. Der aus diesem Verstoß gegen den Geist der Verfassung entstandene und noch zu erwartende Schaden ist schwer und muß das Vertrauen des Bürgers zu Parlament und Regierung ernstlich erschüttern. Seine Wiederherstellung scheint uns nur möglich, wenn dafür verantwortliche Minister die Konsequenzen aus ihrem wie immer erklärbaren Versagen ziehen.“

Dieses Schreiben wurden allen politikwissenschaftlichen Lehrstuhlinhabern zur Mitzeichnung angeboten. *Konrad Hesse* machte sich das Anliegen zu eigen, schickte am 16.11.1962 den Vorschlag „mit Eilboten“ an *Hans Schneider* und erbat eine Antwort „ebenfalls mit Eilboten“. Dieser lehnte mit Schreiben vom 18.11.1962 ab und schickte Abschriften seiner Ablehnung offenbar an 13 Kollegen, darunter *Hans Peter Ipsen*, *Arnold Köttgen*, *Ulrich Scheuner*, aber auch *Theodor Eschenburg* selbst.

In einem vierseitigen Schreiben v. 19.11.1962 an *Theodor Eschenburg* lehnte *Arnold Köttgen* eine Mitunterzeichnung ab, unter anderem, weil „eine wissenschaftliche Aussage zu den incriminierten Fakten auf der Grundlage „allgemein zugänglicher Quellen“ im Augenblick nicht möglich ist und wir daher insoweit – und zwar nicht nur aus Gründen der Rücksichtnahme auf ein schwebendes Gerichtsverfahren – aus Gründen unseres Amtes schweigen müssen.“[120]

---

[119] Zur Indienreise von Bundespräsident Lübke 15.11.-5.12.1962 vgl. *Günther Scholz/Martin E. Süskind*, Die Bundespräsidenten, 2004, S. 181.

[120] Abschrift des Schreibens, S. 2, in: Archiv VDStRL, Ordner-Nr. 13, Reg-Nr. 2.

Im Archiv der Vereinigung findet sich ferner ein ablehnendes Schreiben *Ulrich Scheuners* an *Hans Schneider* v. 23.11.1962: „Einer solchen Massenaktion schliesse ich mich ungern an und ich hatte auch den Eindruck, dass der Aufruf nun zu spät kommt und nur den allgemeinen Lärm verstärkt. Es wäre anders, wenn man die Öffentlichkeit erst hätte aufwecken müssen."[121] Auch *Hans Peter Ipsen* lehnte in einem Schreiben an *Konrad Hesse* vom 29.11.1962 ab und verwies auf die Gründe *Hans Schneiders*, nahm aber auch auf die Satzung Bezug:

„Im übrigen meine ich, daß meine Mitwirkung nur im Rahmen von Aktionen in Betracht kommt, wie sie in § 1 Ziffer 3 der Satzung unserer Staatsrechtslehrer-Vereinigung vorgesehen sind. Deshalb bedaure ich, daß Sie die Frage, *ob* zu solcher Eingabe oder Kundgebung Anlaß gewesen wäre, nicht dem Vorstand unserer Vereinigung vorgelegt haben. Das ist, wie mir Herr Krüger bestätigte, indes nicht geschehen."[122]

Der Brief wurde von insgesamt 29 Politikwissenschaftlern und Staatsrechtslehrern (darunter neben *Konrad Hesse* auch *Otto Bachof, Horst Ehmke, Dietrich Jesch, Walter Mallmann, Rudolf Smend* u. a.) unterzeichnet, veröffentlicht und in der Presse durchaus wahrgenommen.[123] Ob die Aktion als „weitgehend gescheitert" zu bezeichnen ist,[124] hängt von den Erwartungen ab. Einen Beitrag zur Sensibilisierung der Öffentlichkeit mag er[125] bewirkt und auch eine Bresche geschlagen haben; zeigte sich doch „seit Mitte der sechziger Jahre, daß solche politischen Erklärungen plötzlich bei der Mehrheit der Mitglieder der Staatsrechtslehrervereinigung auf Zustimmung stießen."[126]

b) Verjährung nationalsozialistischer Morde (1965)

Auch die bei *Frieder Günther* nachgezeichnete Initiative *Horst Ehmkes* auf rückwirkende Verlängerung der Verjährungsfrist für nationalsozialistische Verbrechen,[127] die sich *Otto Bachof* zu eigen machte und die in eine gemeinsame Erklärung von Staatsrechtslehrern und Strafrechtslehrern vom 4.3.1965 an den Bundestag mündete, vollzog sich formal außerhalb der Staatsrechtslehrervereinigung. Etwa die Hälfte der Mitglieder der Vereinigung unterstützte die Erklärung[128] (womit das Quorum des § 6 Satz 2 a. F. = § 8 Satz 2

[121] Archiv VDStRL, Ordner-Nr. 13, Reg-Nr. 2.

[122] Abschrift, in: Archiv VDStRL, Ordner-Nr. 13, Reg-Nr. 2.

[123] Spiegel 48/1962 v. 28.11.1962, S. 38: „29 Professoren der politischen Wissenschaft und des Staatsrechts an den Universitäten und wissenschaftlichen Hochschulen der Bundesrepublik haben sich vergangene Woche in einer Adresse an Ministerpräsident Kiesinger als Bundesratspräsidenten und Vertreter des Bundespräsidenten gewendet: […]".

[124] So *Frieder Günther*, Denken vom Staat her, 2004, S. 285.

[125] Zusammen mit ähnlichen Initiativen wie der von 63 Professoren der Universität Bonn aus vielen Fakultäten (darunter Juristen wie Ballerstedt, Beitzke, Flume, Ridder, A. Kaufmann), ferner der von 54 Professoren der Universität Tübingen (darunter J. Esser, E. Fechner, E. Kern, Ludwig Raiser).

[126] *Günther*, Denken (Fn. 124), S. 285. Darüber hinaus kam 1963 die „Pressefreiheit" auf die Tagesordnung der Vereinigung (*Scheurer* und *Schnur*, VVDStRL 22 [1965], S. 1 ff., 101 ff.), wohl als Reaktion auf die Spiegel-Affäre (so *Anna-Bettina Kaiser*, in diesem Band, S. 75 (112 ff.), sub IV.).

[127] *Günther*, Denken (Fn. 124), S. 285–287.

[128] Nämlich 76, vgl. *Günther* (Fn. 124), S. 286, der dies als Erfolg wertet.

n. F. nicht erreicht worden wäre). Der Vorgang hat, soweit ersichtlich, auch keinen Niederschlag auf den Mitgliederversammlungen 1964/65 gefunden.

c) Notstandsverfassung (1968)

Anders verliefen die Dinge, als drei Jahre später – Ende Mai 1969 – der Bundestag die Notstandsverfassung beschloss: *Otto Bachof, Günter Dürig,*[129] *Klaus Obermayer* und *Thomas Oppermann* regten kurzfristig beim Vorstand (*Ernst Friesenhahn, Werner Thieme, Helmuth Quaritsch*) eine Stellungnahme nach § 1 Nr. 3 der Satzung an, der Anfang Juni 1968 einen wichtigen Fall im Sinne der Satzung bejahte und den Mitgliedern durch Rundschreiben 3/1968 folgende an den Bundesrat gerichtete Entschließung vorlegte:

„In ernster Sorge um Bestand und Glaubwürdigkeit unserer rechtsstaatlichen Verfassungsordnung bitten die unterzeichneten Hochschullehrer des öffentlichen Rechts den Bundesrat dringend, der im Entwurf einer Notstandsverfassung zu Art. 10 Abs. 2 Satz 2 und Art. 19 Abs. 4 Satz 2 GG vorgesehenen Beeinträchtigung der Rechtsschutzgarantie bei Beschränkungen des Brief-, Post- und Fernmeldegeheimnisses die Zustimmung zu versagen. Sie halten es für unerträglich, daß derartig schwerwiegende Eingriffe in die Freiheitssphäre des Einzelnen nur von Organen der Volksvertretung, nicht dagegen von unabhängigen Richtern überprüft werden sollen."[130]

Unterschriebene Rückmeldungen wurden angesichts der anstehenden Bundesratssitzung innerhalb von wenigen Tagen erbeten. Für den Fall, dass die erforderliche Zweidrittel-Mehrheit nicht zustande komme, „unterstellen wir das Einverständnis derjenigen Mitglieder, die die Eingabe unterzeichnen, daß die Eingabe als Sammelpetition von Staatsrechtslehrern ohne Anführung der Vereinigung dem Bundesrat übergeben wird, falls dieser Weg nicht in einem Begleitschreiben ausdrücklich ausgeschlossen wird."[131]

Mit 67 von 159 zustimmenden Rückmeldungen verfehlte die Initiative das Quorum des § 6 Satz 2 a. F. (§ 8 Satz 2), was der Vorstand im nächsten Rundschreiben mitteilte:

„Der Beschluß ist also nicht zustandegekommen. Der Text der Entschließung ist von Herrn Friesenhahn privat ohne Inanspruchnahme von Mitteln der Vereinigung dem Bundesrat mit 60 Unterschriften als Sammelpetition vorgelegt und den Unterzeichnern abschriftlich mitgeteilt worden. Die Zahl 60 erklärt sich daraus, daß drei Mitglieder der Verwendung des Textes als Sammelpetition nicht zugestimmt hatten, drei zustimmende Erklärungen von Kollegen stammten, die an österreichischen Hochschulen lehren und eine Zustimmungserklärung verspätet eingegangen ist."[132]

Im Bundesrat spielte die Petition „keine Rolle, da die einzelnen Landesregierungen die Entscheidung über ihre Haltung im Bundesrat schon vor Eintreffen der Petition getrof-

---

[129] Der am 27.5.1968 die Bundestagsfraktionen per Telegramm bat, bei Art. 10 Abs. 2 GG den Rechtsweg nicht auszuschließen, so *Jürgen Glückert*, Orwell und die deutschen Staatsrechtslehrer, ZRP 1969, S. 176 (178). Vgl. auch Dürigs Kurzbeiträge „Ein Orwellsches Experiment" (ZRP 1968, S. 11) und „Man hielt es nicht für möglich!" (ZRP 1969, S. 179), in letzterem auf den Vorwurf *Glückerts* (S. 178 f.) antwortend, dass sich die Staatsrechtslehrer viel zu spät zu Wort gemeldet hätten.

[130] Rundschreiben 3/1968 v. 5.6.1968, S. 1 und 3.

[131] Rundschreiben (Fn. 130), S. 1 f.

[132] Rundschreiben 4/1968 v. 15.7.1968, S. 1. Dagegen spricht *Glückert,* Orwell (Fn. 129), S. 179 Fn. 27 von „58 (nicht 60!)" Staatsrechtlehrern.

fen hatten".[133] Ein zeitgenössischer Beobachter war der Auffassung, dass die Politik möglicherweise auf die kritisierte Ermächtigung zum Ausschluss des Rechtswegs verzichtet hätte,

> „wenn die Petition der 58 Staatsrechtslehrer frühzeitig, d.h. im Laufe der Ausschußberatungen, spätestens aber bis zur zweiten Lesung, beim Bundestag eingegangen wäre. Angesichts des Ansehens, das Professoren in der deutschen Öffentlichkeit (einschließlich des Parlamentes) genießen, hätte sich der Bundestag über die „geballte Ladung" einer von 58 Staatsrechtslehrern unterzeichneten Eingabe nicht ohne weiteres hinwegsetzen können."[134]

Auf der Mitgliederversammlung der folgenden (Bochumer) Tagung kam Grundsatzkritik von Mitgliedern zur Sprache; so wurde ein Brief von *Joseph H. Kaiser* verlesen,

> „der sich gegen die Initiative des Vorstandes unter Hinweis auf den überparteilichen Charakter der Vereinigung und die Mitgliedschaft auch österreichischer und Schweizer Kollegen ausgesprochen hatte. Der Vorsitzende verwies demgegenüber auf die Satzung, nach der die Vereinigung durch Eingaben an Regierungen und Volksvertretungen zu Fragen des öffentlichen Rechts Stellung nehmen kann."[135]

So unbestreitbar richtig dieser Hinweis ist und so wenig die Satzung für einen „überparteilichen Charakter der Vereinigung" hergibt, so falsch wäre es, in diesem Vorgang einen Paradigmenwechsel hin zu einer bewussteren gemeinsamen politischen Einflussnahme zu sehen[136] – dafür geben die folgenden Jahrzehnte, um es vorsichtig zu formulieren, zu wenig Beispiele (etwa von Anträgen i.S.d. § 1 Nr. 3 der Satzung) her.

d) Wiedervereinigung

Das epochale Ereignis der friedlichen Revolution in der DDR und des Falls der Mauer, der das Staatsziel Wiedervereinigung aus seinem Dornröschenschlaf erweckte,[137] forderte auch die Staatsrechtslehre heraus. 1990 sprachen sich, initiiert von *Josef Isensee*, 100 Staatsrechtslehrer in einer Erklärung für die Wiedervereinigung im Wege des Art. 23 GG aus.[138] Erneut wurde hierfür nicht der Weg über eine Stellungnahme nach § 1 Nr. 3

---

[133] *Glückert,* Orwell (Fn. 129), S. 178.

[134] *Glückert,* Orwell (Fn. 129), S. 179; der Autor war zu jener Zeit wiss. Assistent der SPD-Bundestagsfraktion.

[135] Protokoll der Mitgliederversammlung v. 2.–4.10.1968, TOP 2 („Aussprache über die Anwendung des § 1 Nr. 3 und des § 6 der Satzung"), S. 2.

[136] So aber die Bilanz bei *Günther,* Denken (Fn. 124), S. 288: „Das Ideal als juristische Wissenschaftsorganisation war nicht länger das der politischen Zurückhaltung, sondern es ging um zielgerichtete politische Einflußnahme, sofern eine Einigung unter der Mehrheit der Staatsrechtslehrer zu erreichen war."

[137] In den Jahren vor 1990 hatte es nur wenige Mitglieder der Vereinigung gegeben, die beharrlich an das Staatsziel Wiedervereinigung erinnert haben, allen voran *Dietrich Murswiek* bereits in seiner Saarbrücker Assistentenzeit, vgl. *ders.*, Deutschland als Rechtsproblem, in: Kaltenbrunner (Hrsg.), Was ist deutsch?, 1980, S. 92ff.; vgl. ferner *ders.*, Das Staatsziel der Einheit Deutschlands nach 40 Jahren Grundgesetz (Vortrag gehalten in der Carl Friedrich von Siemens Stiftung am 31. Mai 1989).

[138] „Der Beitritt über Artikel 23 ist der richtige Weg zur deutschen Einheit", Die Welt Nr. 74 v. 28.3.1990, S. 5; sehr krit. hierzu *Jürgen Seifert*, Klassenkampf von rechts oder Modernisierung des Grundgesetzes?, Gewerkschaftliche Monatshefte 10/90, S. 614ff.

der Satzung genommen. Auf der am 27.4.1990 in Berlin abgehaltenen Sondertagung[139] „Deutschlands aktuelle Verfassungslage" sprachen mit *Jochen A. Frowein*, *Josef Isensee*, *Christian Tomuschat* und *Albrecht Randelzhofer*[140] vier Unterzeichner der Erklärung.[141]

3. Berliner Republik

In der Berliner Republik gab es keine Resolutionen der Vereinigung im Sinne der Satzung und nur gelegentlich Anfragen oder Anregungen in diese Richtung, so 2016 mit Blick auf eine Stellungnahme zur politischen Entwicklung in der Türkei, die der Vorstand ablehnte.[142] Allerdings erhoben verschiedentlich Mitglieder der Vereinigung in der Öffentlichkeit durch „Offene Briefe" gebündelt ihre Stimme. Eine dieser Äußerungen betraf die „causa Brender": Im Jahre 2009 verlautete, dass der ZDF-Verwaltungsrat den Vertrag des Chefredakteurs *Nikolaus Brender* nicht verlängern wolle. In einem offenen Brief kritisierten dies 35 Staatsrechtslehrerinnen und -lehrer als Bedrohung der Rundfunkfreiheit:

> „Es handelt sich um den offenkundigen Versuch, einen unabhängigen Journalisten zu verdrängen und den Einfluss der Parteipolitik zu stärken. Damit wird die Angelegenheit zum Verfassungsrechtsfall, und deshalb mischen wir uns ein."[143]

Der Brief fand große Aufmerksamkeit in den Medien, bei den Landesregierungen und wohl auch im Bundestag. Die sich anschließenden Normenkontrollanträge der Länder Hamburg und Rheinland-Pfalz waren erfolgreich.[144]

Während Wahlrechtsfragen auf den Tagungen eher selten, nämlich ungefähr alle achtzig Jahre einmal,[145] dann aber auf hohem Niveau erörtert wurden,[146] ging es in ei-

---

[139] *Christian Waldhoff*, Das andere Grundgesetz, 2019, S. 32: „einmaliger Vorgang", gute drei Jahrzehnte später allerdings durch die digitale Tagung „Staat und Gesellschaft in der Pandemie" am 9.4.2021 beerbt.

[140] VVDStRL 49 (1990).

[141] Hierzu *Seifert*, Klassenkampf (Fn. 138), S. 615 f.: „Kennzeichnend dafür, in welcher Weise der politische Kampf den Anspruch auf Pluralismus verdrängte, ist die Tatsache, daß alle vorgesehenen Referenten die „Erklärung" unterschrieben hatten. Ein Austausch der Referenten fand nicht statt."

[142] Protokoll der Mitgliederversammlung in Linz v. 5.10.2016, TOP 5, S. 2: „Zum anderen sei vorgeschlagen worden, die Vereinigung möge zu den rechtsstaatliche Bedenken hervorrufenden Entwicklungen in der Türkei in Folge des Putschversuches im Juli dieses Jahres Stellung nehmen. Davon ausgehend, dass keine gesicherten Informationen vorliegen und nicht jedes rechtsstaatlich bedenkliche Ereignis Grund für eine Stellungnahme der Vereinigung sein sollte, werde diesem Vorschlag vorerst nicht gefolgt; anders wäre dies allenfalls dann, sollte beispielsweise eine Partnerorganisation aufgelöst werden, so der Vorsitzende abschließend."

[143] Abgedruckt in: Frankfurter Allgemeine Sonntagszeitung v. 22.11.2009, S. 25; ferner in: Der Spiegel 48/2009 S. 171.

[144] BVerfGE 136, 9 [2014]; den Zusammenhang zwischen Offenem Brief und Normenkontrollanträgen stellen *Albrecht Hesse/Axel Schneider*, Anmerkung, NVwZ 2014, S. 881 her. Einer der beiden Prozessbevollmächtigten, *Wolfgang Schulz*, war zugleich Unterzeichner des Offenen Briefs.

[145] Vgl. oben bei Fn. 76.

[146] Vor allem *Hermann Pünder* und *Pascale Cancik*, Wahlrecht und Parlamentsrecht als Gelingensbedingungen repräsentativer Demokratie, VVDStRL 72 (2013), S. 191 (insbes. 212–234), S. 268 (insbes. S. 298–304).

nem Offenen Brief von etwa 100 Staatsrechtslehrern und -lehrerinnen (fast ausnahmslos Mitglieder der Vereinigung) unter dem Titel „Verkleinert den Bundestag!" eher handfest zu:

„Der Bundestag hat derzeit 709 Mitglieder, 111 mehr, als das Bundeswahlgesetz normalerweise vorsieht. Nach der nächsten Wahl könnten es sogar über 800 Abgeordnete sein. Aufgrund eines Wandels der Parteienlandschaft haben – so, wie das Wahlrecht derzeit ausgestaltet ist – Überhangmandate und die 2013 eingeführten entsprechenden Ausgleichsmandate in einer noch nie da gewesenen Größenordnung zugenommen. Zugleich hat das Wahlrecht als wichtigste demokratische Äußerungsform paradoxerweise einen geradezu entdemokratisierenden Effekt: Es ist derart kompliziert geworden, dass kaum noch ein Wähler versteht, was seine beiden Stimmen letztlich bewirken.

Die gewaltige Übergröße des Bundestags beeinträchtigt seine Funktionen und bewirkt unnötige Zusatzkosten von vielen Millionen Euro. Der Bundestag sollte deshalb das Bundeswahlgesetz unverzüglich vereinfachen und an die neuen Gegebenheiten anpassen, sodass die Zahl der Abgeordneten bei der nächsten Wahl auf die Normalgröße von 598 zurückgeführt wird.

Vorschläge für eine solche Reform, die übrigens auch ohne die (aufwendige) Vergrößerung der Wahlkreise möglich ist, liegen auf dem Tisch. Das verlangt Einschränkungen bei Abgeordneten aller Parlamentsparteien. Im Interesse der Handlungs- und Reformfähigkeit des Bundestags müssen sie aber in Kauf genommen werden.

In Sorge um das Ansehen der Demokratie appellieren wir deshalb an den Deutschen Bundestag, die Reform des Bundeswahlgesetzes alsbald in Angriff zu nehmen. Die Zeit drängt. Auf keinen Fall darf der Eindruck entstehen, viele Abgeordnete würden die dringend nötigen Änderungen verzögern, weil das eigene Hemd ihnen wichtiger sei als der Gemeinwohlrock. Das würde das Vertrauen der Menschen in unsere Demokratie schwer erschüttern."[147]

Darüber, welche Wirkungen der Brief entfaltete – insbesondere: ob er nicht auch selbst den angeführten paradoxen „entdemokratisierenden Effekt" hatte[148] –, lässt sich nur spekulieren. Der Brief wurde im Bundestag zitiert,[149] ohne aber zu einer nachhaltigen – allseits überzeugenden – Änderung des Wahlrechts zu führen.

Ein letztes Beispiel betrifft das Vertragsverletzungsverfahren der Kommission gegen die Bundesrepublik im Gefolge der PSPP-Entscheidung des Bundesverfassungsgerichts aus dem Jahre 2021. Unter dem Titel „Das Vertragsverletzungsverfahren der Kommission darf nicht betrieben werden. Es legt die Axt an die Grundlagen der europäischen Integration." riefen 29 Mitglieder (2 Staatsrechtslehrerinnen und 27 Staatsrechtslehrer) die Kommission auf, das Verfahren nicht weiter zu betreiben.[150] Dass das Verfahren am 2. Dezember 2021 eingestellt worden ist, begründete die Kommission mit drei Zusicherungen der Bundesregierung.[151]

Im Rahmen der Corona-Pandemie wurden interessanterweise bislang keine gebündelten Stellungnahmen laut. Die Äußerungen von Mitgliedern zur Staatspraxis waren vielstimmig, häufig kritisch, aber ein kollektives Vorgehen wurde – soweit ersichtlich –

[147] Die Welt v. 20.9.2019, S. 3.

[148] Insbesondere durch den simplistischen Hinweis, Reformvorschläge lägen „auf dem Tisch".

[149] In der 19. Wahlperiode, 151. Sitzung v. 11.3.2020, von Albrecht Glaser AfD, vgl. Plen.-Prot. 18856 D.

[150] Der Aufruf wurde in der FAZ Einspruch v. 4.7.2021 abgedruckt und auf der Titelseite der FAZ v. 5.7.2021 in Bezug genommen („Staatsrechtler kritisieren EU-Kommission").

[151] https://germany.representation.ec.europa.eu/news/vertragsverletzungsverfahren-im-dezember-eu-kommission-stellt-verfahren-gegen-deutschland-wegen-ezb-2021-12-02_de.

nicht initiiert. Die Sondertagung 2021 macht die Polyphonie der Staatsrechtslehre insbesondere in den Aussprachen anschaulich.[152]

VI. Bewertung

Um das hier – gewiss unvollständig – gegebene Bild des Umgangs mit den Satzungsaufträgen angemessen zu bewerten, also weder einem Betriebs- oder Milieupositivismus[153] einerseits noch unrealistischen Erwartungen andererseits zu verfallen, bedarf es einer kurzen Besinnung auf sachgerechte Kriterien (1.), anhand derer die Erfüllung der Einzelaufträge (2.) und das Verhältnis der Staatsrechtslehrervereinigung zur Öffentlichkeit insgesamt (3.) beurteilt werden sollen.

1. Kriterien

Satzungsaufträge sind im doppelten Sinne des Wortes *wahrzunehmen*. Sie sind zunächst zu sehen und zu reflektieren; nur dann kann sich die Vereinigung – und konkret vor allem der jeweilige Vorstand, besonders bei der Entscheidung über Tagungsthemen und Anträge – zu ihnen positionieren. Bei der Frage, in welcher Situation welche Satzungsaufträge in welchem Umfang aufzugreifen und umzusetzen sind, kommt es (wenn man nicht Werturteile generell als unwissenschaftlich auszuschließen versucht[154]) auf die Eignung der Vereinigung und ihre komparativen Vorteile mit Blick auf andere Organisationen an. Zur Eignung wird man einerseits die soziologische und andererseits die satzungsrechtliche Situation in Rechnung stellen müssen: Gesetzgebungsfragen (Nr. 1), Ausbildungs- und Prüfungsfragen (Nr. 2), aber auch politische Fragen (Nr. 3) stellen sich in den Ländern des deutschsprachigen Raums, aus denen die Mitglieder kommen (vgl. § 3 Abs. 1 lit. b Satzung) oder auf die jedenfalls die Tätigkeit bezogen ist (vgl. § 4 Satz 1 der Satzung), in ganz unterschiedlicher Weise. Für auf die Bundesrepublik bezogene Gesetzgebungsfragen steht mit dem Deutschen Juristentag ein Forum zur Verfügung, das hierauf spezialisiert ist[155] und durch die Beteiligung von Praktikern auch gewisse Vorteile gegenüber der Staatsrechtslehrervereinigung genießt – aber damit (zumal vor dem Hintergrund der niedrigschwelligen Beitrittsmöglichkeit) auch gewisse Nachteile aufweist. Schließlich ist mit Blick auf Ausbildungs- und Prüfungsfragen und Eingaben und Stel-

---

152 VVDStRL 80 (2021), S. 141 ff., 190 ff.

153 Hierzu *Martin Hochhuth*, Methodenlehre zwischen Staatsrecht und Rechtsphilosophie – und als Verschleierung des Theorie-Praxis-Bruchs, Rechtstheorie 32 (2001), S. 227 (237).

154 Zum Werturteilsstreit und zur notwendigen Wertebasierung des Staatsrechts *Kley*, Stellungnahmen (Fn. 7), S. 27 ff.

155 § 2 Abs. 1 der Satzung des Vereins Deutscher Juristentag e.V. i. d. F. v. 2002: „§ 2 Abs. 1 „In Fortführung der Tradition des 1860 gegründeten Deutschen Juristentages verfolgt der Verein den Zweck, auf wissenschaftlicher Grundlage die Notwendigkeit von Änderungen und Ergänzungen der deutschen und der europäischen Rechtsordnung zu untersuchen, der Öffentlichkeit Vorschläge zur Fortentwicklung des Rechts vorzulegen, auf Rechtsmissstände hinzuweisen und einen lebendigen Meinungsaustausch unter den Juristinnen und Juristen aller Berufsgruppen und Fachrichtungen herbeizuführen.“

lungnahmen auf § 8 der Satzung zu verweisen, dem prohibitive Wirkung zugemessen wird.[156]

2. Anwendung auf die Einzelaufträge

a) Klärung von Gesetzgebungsfragen

Wissenschaftliche und Gesetzgebungsfragen stehen in der Satzung gleichberechtigt nebeneinander, nicht aber in der Praxis der Vereinigung. In der Weimarer Republik lassen sich einige der Themen der Klärung von Gesetzgebungsfragen im Sinne der Satzung zuordnen.[157] andere Themen werden auch mit Blick auf Gesetzgebungsbedarfe behandelt.[158] In der Bundesrepublik dagegen steht sie – von wiedervereinigungsbedingten Fragen 1990–1992 abgesehen – kaum je im Zentrum eines Themas oder auch nur eines Referats,[159] sondern ist, zugespitzt formuliert, in Fußnoten verbannt.[160] Auch sind Gesetzgebungslehre, Rechtsetzungslehre, Legistik erstaunlich wenig präsent – sei es als Objekt der Diskussion, sei es als maßstäbliche Perspektive. Zu den wissenschaftstheoretischen Gründen mag die Gerichtsfixierung des deutschen Rechtsdenkens zählen, auch in der Spielart des Bundesverfassungsgerichtspositivismus,[161] zu den institutionellen die Existenz des Deutschen Juristentags. So mag man in der Staatsrechtslehrervereinigung theoretischen Sachverstand, im Juristentag praktischen Sachverstand gebündelt sehen. Doch läge dem eine sachfremde Aufspaltung zugrunde, weil sich auch in der Staatsrechtslehre Praxis an Theorie, Theorie an Praxis messen lassen muss. Zu Recht sah *Heinrich Triepel* „Praxis und Theorie des Rechts in einer *unlöslichen Ehe* verbunden."[162] Die zunehmende Vernachlässigung von Gesetzgebungsfragen ist damit eine Unterlassungssünde der Vereinigung.

---

[156] S.o. bei Fn. 27, dort auch zur hier vertretenen Lesart, wonach eine Zweidrittelmehrheit nur bei schriftlicher Abstimmung erforderlich ist.

[157] Insbesondere „Der deutsche Föderalismus in Vergangenheit, Gegenwart und Zukunft", vgl. *Gerhard Anschütz*, VVDStRL 1 (1924), S. 11 (22 ff.), *Carl („Karl") Bilfinger*, a. a. O., S. 35 (47 ff.); „Der Schutz des öffentlichen Rechts durch ordentliche und durch Verwaltungsgerichte (Fortschritte, Rückschritte und Entwicklungstendenzen seit der Revolution)", *Hans Gerber/Adolf Merkl*, Entwicklung und Reform des Beamtenrechts, VVDStRL 7 (1932), S. 2 ff., 55 ff., sowie *Heinrich Pohl/Gerhard Leibholz*, Die Reform des Wahlrechts, a. a. O., S. 131 ff., 159 ff.

[158] So bei *Erwin Jacobi* die „Diktatur des Reichspräsidenten", VVDStRL 1 (1924), S. 105 ff.

[159] Beispiel für eine Ausnahme ist wohl die „Gefährdungshaftung im öffentlichen Recht?", vgl. oben bei Fn. 66.

[160] So sehr deutlich bei *Werner Hoppe*, Staatsaufgabe Umweltschutz, vgl. oben Fn. 62.

[161] Näher mit Kritik am zu apolitischen Denken *Franz Reimer*, Diskursvergleich im Verfassungs- und Verwaltungsrecht, VVDStRL 77 (2018), S. 413 (427 ff.).

[162] Eröffnungsansprache, VVDStRL 2 (1925), S. 1 (3); Hervorhebung im Original.

b) Hinwirken auf die ausreichende Berücksichtigung des Öffentlichen Rechts im Hochschulunterricht

Die Aufgabe der Vereinigung, auf die (quantitativ[163]) ausreichende Berücksichtigung des Öffentlichen Rechts im Hochschulunterricht und bei staatlichen und akademischen Prüfungen hinzuwirken, ist derzeit weitgehend gegenstandlos, weil das Öffentliche Recht nicht nennenswert unterrepräsentiert ist. Um eine Generalklausel zur Beschäftigung mit Ausbildungsaufgaben handelt es sich bei diesem Satzungsauftrag nicht. Immerhin erfüllt die Vereinigung aus Sicht eines kenntnisreichen französischen Kollegen „faktisch“ die Funktion als „Garant wissenschaftlicher Standards“.[164]

c) Stellungnahme durch Eingaben oder schriftliche Kundgebungen

Nach wie vor ist *Ulrich Scheuners* für die ersten fünfzig Jahre des Bestehens der Vereinigung im Jahre 1972 ausgesprochener Sachbefund richtig und seine Bewertung repräsentativ:

„Aber zu Recht hat sich die Vereinigung von allen politischen Stellungnahmen ferngehalten. Sie hat so gut wie niemals von der in ihrer Satzung erteilten Ermächtigung zu Eingaben an amtliche Stellen Gebrauch gemacht. Sie hat dies nur im Hinblick auf Fragen des akademischen Unterrichts und seiner Reform getan. Diese Zurückhaltung ist sicherlich ein guter Brauch der Vereinigung, zumal bei ihrer grenzüberschreitenden Zusammensetzung.“[165]

Wieder und wieder ist die Praxis der Vermeidung politischer Stellungnahmen betont und bekräftigt worden:

„Unsere Vereinigung will weder Vertretung von Standesinteressen noch – wie Heinrich Triepel formuliert hat – ein politischer Verein sein.“[166]

Sie „scheut bis heute davor zurück, sich als solche in die (Tages-)Politik einzumischen. Sie sperrt sich gegen diese Politisierung, weil das Grundgesetz – ob ‚offene Verfassung‘ oder ‚Rahmenordnung‘ – regelmäßig mehr Alternativen zulässt als solche Aktivitäten nahelegen wollen.“[167]

Kurz: „Von thematisch ‚heißen Eisen‘ hält man sich tendenziell eher fern.“[168] Das ist nicht unverständlich, weil ein gemeinsames Forum aller Öffentlichrechtler unselbstverständlich und kostbar ist.[169] Dennoch erscheint es mit Blick auf die Satzung wie auf die Sache problematisch, zugunsten einer ungeschriebenen „Integrationsaufgabe“[170] der Vereinigung die geschriebenen Sachaufgaben zu kurz kommen zu lassen, und mit Blick auf Politik und Gesellschaft bedauerlich. Zugleich sollte zu denken geben, dass die Grün-

---

163 Vgl. oben II.2 nach Fn. 23.

164 *Michel Fromont*, in diesem Band, S. 893 ff.

165 Ansprache zur 50jährigen Wiederkehr der Gründung der Vereinigung, in: VVDStRL 31 (1973), S. 7 (8).

166 *Hans Peter Ipsen*, Vereinigung der Deutschen Staatsrechtslehrer 1922–1992, VVDStRL 52 (1993), S. 7 (8); Andeutung von Reserven gegenüber einer Politisierung auch bei *Ipsen*, Weitere zehn Staatsrechtslehrer-Tagungen 1972–1981, AöR 109 (1984), S. 555 (591 f.).

167 *Schulze-Fielitz*, in diesem Band, S. 215 (235). sub III.1 c).

168 Zutreffend *Josef Franz Lindner*, Desiderate an die deutsche Staatsrechtslehre, JZ 2015, S. 589 (594).

169 Wie etwa der Blick nach Frankreich zeigt, vgl. *Schönberger*, in diesem Band, S. 7 ff.

170 *Schulze-Fielitz*, in diesem Band, S. 215 (219). sub II.2.

dungsinitiative *Heinrich Triepels* trotz der „Perhorreszierung politischer Gegensätze und politischen Streits auch unter Wissenschaftlern“[171] und der Wertschätzung „wissenschaftlichen Ernstes und kollegialer Eintracht“[172] wie selbstverständlich die politischen Satzungsaufträge enthielt und die Mahnung von Politik und Öffentlichkeit als „heilige Pflicht“ betrachtete.[173]

3. Vereinigung und Öffentlichkeit – eine Vogelperspektive

Fritz Stier-Somlo sprach 1924 im Rückblick auf die Gründungstagung von der „sicheren Erwartung, daß die Vereinigung der deutschen Staatsrechtslehrer allmählich ein nicht zu übersehender geistiger Faktor im wissenschaftlichen und öffentlichen Leben der Nation werden könne“.[174] Hat sich diese Erwartung bewahrheitet? Kann sie sich in Zukunft erfüllen? Ergibt sich aus den satzungsrechtlichen Möglichkeiten eine Verantwortung der Vereinigung, etwa wenn ein neuer Populismus, ein neuer Totalitarismus droht?

Die Vereinigung klärt wissenschaftliche und Gesetzgebungsfragen aus dem Gebiet des Öffentlichen Rechts, also einem Feld, das öffentlicher kaum gedacht werden kann. Sie tut es *in camera*: in Verhandlungen, von denen – gewiss mit guten Gründen – die Öffentlichkeit einschließlich der Medien ausgeschlossen ist.[175] Trotz der anschließenden Dokumentation in den Verhandlungsbänden ist dieses Verfahren mit den Worten beschrieben worden: „[W]issenschaftlicher und esoterischer ging es nicht.“[176] Wissenschaft hat in aller Regel erst langfristig Wirkung. Für kurz- und mittelfristige Einwirkungen sind möglicherweise die anderen Informations- und Wirkungsformen besonders wichtig, formelle wie informelle: die satzungsrechtlich vorgesehenen Stellungnahmen zu Fragen des Öffentlichen Rechts „in wichtigen Fällen“; daneben das Instrumentarium, das dem Vorstand auch ohne satzungsrechtliche Ermächtigung zu Gebote steht: Pressemitteilungen, Pressekonferenzen, Ansprachen, Gestaltung des Internetauftritts der Vereinigung. Allerdings sind die diesbezüglichen Erfahrungen gemischt; so ist zu der 2004 in Jena anberaumten Pressekonferenz kein Medienvertreter erschienen.[177] Ansprachen der

---

171 *Schönberger*, in diesem Band, S. 3 (26 ff.) sub V.2.

172 *Triepel*, Vereinigung (Fn. 24), S. 349 (351): „von dem gleichen Geiste wissenschaftlichen Ernstes und kollegialer Eintracht beseelt“.

173 „Aber zu mahnen, das ist in ernster Zeit unser, der deutschen Staatsrechtslehrer, gutes Recht, ja unsere heilige Pflicht.“: *Triepel* (Fn. 33), VVDStRL 1 (1924), S. 10; von *Alexander Hollerbach*, AöR 1966, S. 417 (422) auf „das Recht zu Mahnung und öffentlicher Stellungnahme“ bezogen.

174 *Fritz Stier-Somlo*, Die zweite Tagung der Vereinigung der deutschen Staatsrechtslehrer, AöR 46 (1924), S. 88.

175 Vgl. hierzu die intensive Öffnungsdiskussion auf den Mitgliederversammlungen der Freiburger Tagung v. 3.10.2007, TOP 12, Protokoll, S. 5–7, und der Düsseldorfer Tagung v. 1.10.2014, TOP 10, Protokoll S. 3 f.; sowie *Schulze-Fielitz*, in diesem Band, S. 215 (230 f.). sub II.7 e).

176 *Friedrich Karl Fromme*, Von der Schwierigkeit, befangen zu sein, FAZ v. 11.8.1986, S. 8: „Leibholz hatte die Gegner staatlicher Parteienfinanzierung etwas salopp als Liberale bezeichnet, die sich mit Demokratiegegnern (zu den Klägern gehörte die NPD) verbänden. Die Worte fielen auf einer Tagung der Staatsrechtslehrervereinigung; wissenschaftlicher und esoterischer ging es nicht.“

177 Hinweis von *Horst Dreier* auf der Mitgliederversammlung der Freiburger Tagung v. 3.10.2007, TOP 12, Protokoll, S. 7.

Vorsitzenden bei den Abendempfängen gegenüber den gastgebenden Vertretern der Politik können sich auf einen Austausch von Höflichkeiten beschränken oder versuchen, inhaltliche Akzente zu setzen; nicht immer war dies in der Vergangenheit von Erfolg gekrönt. In allen Fällen ist die Voraussetzung für die Nutzung der bereitstehenden Instrumente zur Erfüllung der Satzungsaufträge, dass die Mitglieder die Satzungsaufträge einerseits und die Instrumente zu ihrer Erfüllung andererseits sehen und bewusst über sie entscheiden. Die Berufung auf „Tradition“ als Argument gegen die Nutzung satzungsrechtlicher Möglichkeiten[178] genügt jedenfalls nicht.

In diesem Sinne wird man sagen müssen, dass die Vereinigung der deutschen Staatsrechtslehrer in Übereinstimmung mit *Fritz Stier-Somlos* Hoffnung ein nicht zu übersehender geistiger Faktor im wissenschaftlichen, nicht aber in gleicher Weise im öffentlichen, im politischen Leben der Nation geworden ist.

178 So bei *Horst Ehmke*, Bemerkung als Diskussionsleiter in der Aussprache, VVDStRL 26 (1968), S. 307, gegen den Vorschlag *Dürigs* (s. o. Fn. 70).

Elemente einer Kulturgeschichte der Staatsrechtslehrervereinigung

Helmuth Schulze-Fielitz

I. Was meint hier „Kulturgeschichte“? . . . 216
II. Die Staatsrechtslehrervereinigung als ein Unikat . . . 217
1. Strenge Aufnahmevoraussetzungen . . . 217
2. Hoher Organisationsgrad bei fächerübergreifender Struktur . . . 219
3. Nähe und Distanz zu Staat und Politik . . . 220
4. Kulturelle Kontexte der Mitgliedschaft . . . 221
a) Dauerhaftigkeit der Mitgliedschaft . . . 221
b) Nichtfachliche Kommunikation . . . 222
c) Pflege des kulturellen Gedächtnisses der Vereinigung . . . 223
5. Aristokratische Vereinsstrukturen . . . 224
a) Der Vorstand . . . 224
b) Gestaltungsmacht des Vorstandes . . . 226
6. Deutschsprachige Internationalität . . . 226
7. Charakteristische Eigenarten der Jahrestagungen . . . 228
a) Jährlicher Tagungsrhythmus . . . 228
b) Hohe Teilnahmehäufigkeit der Mitglieder . . . 228
c) Teilnahmebegrenzung von Nichtmitgliedern . . . 229
d) Plenarveranstaltungen als Zentrum . . . 230
e) Nichtöffentliche Diskussionen . . . 230
f) Dialogische Tagungsstrukturen . . . 231
g) Intensive fachpublizistische Umrahmung der Tagungen . . . 233
III. Vereinigungskultur zwischen Kontinuität und Wandel . . . 233
1. Kontinuitäten . . . 233
a) Ausgeprägtes Traditionsbewusstsein . . . 233
b) Wissenschaftlicher Diskurs als zentrale Aufgabe . . . 234
c) Politische Zurückhaltung . . . 235
d) Akademische Umgangsformen . . . 235
2. Wandlungsprozesse . . . 236
a) Aufnahmepraxis . . . 236
b) Tagungsatmosphäre . . . 237
c) Professionalisierung . . . 238
IV. Entwicklungslinien der Vereinigungskultur . . . 238
1. Pluralisierungsprozesse . . . 239
a) Personale Diversität . . . 239
b) Politische Pluralität . . . 240
c) Wissenschaftliche Offenheit . . . 241
2. Auswirkungen des gesellschaftlichen Wertewandels . . . 241
a) Individualisierung . . . 241
b) Enthierarchisierung . . . 242
3. Internationalisierungstendenzen . . . 243
V. Zukunft der Vereinigungskultur . . . 243

I. Was meint hier „Kulturgeschichte"?

Die Kulturgeschichte der Vereinigung der Deutschen Staatsrechtslehrer[1] bezieht sich nicht auf die fachliche Ebene der Wissenschaft des Öffentlichen Rechts, sondern auf den damit untrennbar verknüpften[2] Kontext der sozio-kulturellen Handlungszusammenhänge, in denen die einzelnen Wissenschaftler als Personen miteinander – wissenschaftlich und nichtwissenschaftlich – kommunizieren. Der vielschichtige Begriff der Kultur[3] zielt allgemein auf kommunikative Strukturen, Assoziationsmodelle sowie Formen des Konflikts um Bedeutungen, Sinnorientierungen, Symbole und Werte, wie sie in der menschlichen Lebenspraxis erfahren werden. Diese prägen auch die wissenschaftlichen Fachgesellschaften, in denen die Wissenschaftler einer Disziplin organisiert sind. Deren spezifische interne soziale Organisation prägt z.B. die Erwartungshaltungen, soziale Kontrolle und Belohnungssysteme, Machtstrukturen, Karrieremuster, Kommunikationsprozesse oder sonstigen Rahmenbedingungen für wissenschaftliche Konkurrenz (mit).[4] Ihre Mitglieder teilen ein zu einem großen Teil gemeinsames Hintergrundwissen und stecken bei ihrer Zusammenarbeit die Konturen der selbstverständlich praktizierten Konventionen immer wieder neu ab, offen oder subkutan. Fachgesellschaften als soziale Institutionen, verstanden als „relativ auf Dauer gestellte, durch Internalisierung verfestige Verhaltensmuster und Sinngebilde mit regulierender und orientierender Funktion",[5] strukturieren die Prozesse wissenschaftlicher Forschung und Kommunikation.

In der Wissenschaft des Öffentlichen Rechts ist die Staatsrechtslehrervereinigung seit 100 Jahren organisatorischer Kristallisationskern für die soziale Wissenschaftsgemeinschaft der Staatsrechtslehrer.[6] Sie bildet einen Rahmen für wesentliche Teile der wissenschaftlichen Diskussionen im Öffentlichen Recht. Zugleich hat sie eine symbolische Funktion: Die Vereinigung trägt durch die Art ihrer Wirkung immer wieder neu dazu bei, was aus Binnen- wie aus Außensicht als „die deutsche Staatsrechtslehre" wahrgenommen wird. In beiden Dimensionen hat sie wohl eine „wissenschaftskulturell für das Öffentliche Recht überragende Bedeutung",[7] gerade weil „angesichts der methodischen Vielfalt, der Breite der Forschungsthemen, der Pluralität der erforschten Akteure und der supra- wie internationalen Einbindung" ein einheitsstiftender Gegenstand des Faches

---

[1] Der nachstehende Text stützt sich weitgehend auf die Darstellung von *Helmuth Schulze-Fielitz*, Die Wissenschaftskultur der Staatsrechtslehrer, 2022; dort auch ausführliche Nachweise für die hier stark komprimierten Thesen.

[2] Vgl. *Helmuth Schulze-Fielitz*, Staatsrechtslehre als Mikrokosmos, 2., erw. Auflage 2022, S. 3 f.; *Peter Weingart*, Wissenschaftssoziologie, 2003, S. 41 ff.

[3] Vgl. zum Folgenden nur *Gunnar Folke Schuppert*, Politische Kultur, 2008, S. 57 ff., 60, 64 f., 70 f., 78.

[4] In diesem Sinne *Steffen Augsberg*, Konjunkturen der öffentlich-rechtlichen Grundlagenforschung, in: Funke/Krüper/Lüdemann (Hrsg.), Konjunkturen der öffentlich-rechtlichen Grundlagenforschung, 2015, S. 197 (205).

[5] Begrifflichkeit bei *Gerhard Göhler*, Politische Institutionen und ihr Kontext, in: ders. (Hrsg.), Die Eigenart der Institutionen, 1994, S. 19 (22).

[6] Vgl. näher *Schulze-Fielitz*, Staatsrechtslehre (Fn. 2), S. 7 ff.

[7] *Simon Kempny*, Fragmentierungen, JZ 2018, S. 197 (197).

nur schwierig zu bestimmen ist.[8] Die Vereinigung erbringt mithin zwei maßgebliche Ordnungs- und Orientierungsleistungen für diese Fachgemeinschaft der Öffentlich-Rechtler: Steuerung von wissenschaftlichen Diskursen und Integration durch die symbolische Darstellung eines Sinnes oder eines Sets von Leitideen, der den Mitgliedern einen Orientierungsrahmen für ihre Mitwirkung bietet.[9] Sie strukturiert dabei auch Formen der Machtausübung im wissenschaftlichen Diskurs; in diesem wirken auch Kräfte- und Herrschaftsverhältnisse, findet ein Ringen um die Durchsetzung von Deutungs- und Geltungsansprüchen statt.[10]

Eine Kulturgeschichte der Vereinigung nimmt in den Blick, wie die (Satzungs-)Regeln der Vereinigung praktiziert werden und sich auf die Ausübung der Wissenschaft in der Vereinigung auswirken. Sie versucht zugleich zu ergründen, wie sich die rechtlich nicht vorgegebenen, teils historisch kontingent gewachsenen, teils punktuellen und situativen informellen Usancen einer Kultur des wissenschaftlichen Miteinanders in der Vereinigung – insbesondere auf ihren Jahrestagungen – entwickelt und verändert haben.

II. Die Staatsrechtslehrervereinigung als ein Unikat

Unter den etwa 300 wissenschaftlichen Fachgesellschaften, die Vorschlagsrechte für die Fachkollegienwahlen der DFG haben,[11] dürfte die Vereinigung eine Reihe von charakteristischen Besonderheiten aufweisen. Sie unterscheidet sich von allen anderen Fachgesellschaften nicht in jedem einzelnen dieser Merkmale, aber jedenfalls in ihrer Summe deutlich.

1. Strenge Aufnahmevoraussetzungen

Bis heute kann nur Mitglied werden, wer aufgrund eines Vorschlages von mindestens drei Mitgliedern vom Vorstand zuvor dazu aufgefordert wird. Das präsumtive Mitglied musste ursprünglich an einer deutschen Universität als „Lehrer des Staats- oder Verwaltungsrechts“ und als Forscher tätig (ggf. gewesen) sein; nicht dazu gehörten „die nur auf engeren Spezialgebieten tätigen Fachgenossen“.[12] Als Ausweis galt die traditionelle Form der Erteilung der Lehrbefugnis für Staats- oder Verwaltungsrecht durch Habilitation[13]

---

[8] So *Klaus Ferdinand Gärditz*, Die Staatsrechtslehre im Streit um ihren Gegenstand, Der Staat 57 (2018), S. 633 (634).

[9] Vgl. *Göhler*, Institutionen (Fn. 5), S. 38 ff.; allg. zur symbolischen Funktion von Institutionen *Karl-Siegbert Rehberg*, Institutionen als symbolische Ordnungen, in: Göhler, Institutionen (Fn. 5), S. 47 (57 ff.); *André Brodocz*, Die symbolische Dimension der Verfassung, 2003, S. 54 ff.

[10] So (im Anschluss an *Pierre Bourdieu*) *Julian Krüper*, Kategoriale Unterscheidung von Öffentlichem Recht und Privatrecht?, VVDStRL 79 (2020), S. 43 (83).

[11] Vgl. *Johannes Herrmann*, Fachgesellschaften als akademische Wegbegleiter, Forschung und Lehre 26 (2019), S. 620 (621).

[12] *Heinrich Triepel*, Die Vereinigung der Deutschen Staatsrechtslehrer, AöR 43 (1922), S. 349 (350).

[13] In den Rechts-, Wirtschafts- und Sozialwissenschaften machten 1992 neben der VDStRL nur noch eine weitere Fachgesellschaft eine Habilitation zur Aufnahmebedingung, so *Wissenschaftsrat*, Zur För-

an der juristischen Fakultät einer Universität oder die Inhaberschaft eines (außer-)ordentlichen Ordinariats. Bestehen bei Feststellung dieser Voraussetzungen Zweifel, so hat die Mitgliederversammlung zu entscheiden. Gegen die Aufnahme von Juniorprofessoren ohne Habilitation auf befristeten Stellen sperrt sich die Vereinigung, indem sie 2003 beschloss, „die weitere Entwicklung abzuwarten",[14] was sie bis heute tut.

Diese „Zugangshürden"[15] schließen die Aufnahme insbesondere von Honorarprofessoren aus und verhindern von vornherein Größenordnungen wie die von Fachgesellschaften, die auch interessierte Praktiker aufnehmen. Sie orientieren sich an der staatlichen Universität als institutioneller Grundeinheit öffentlich-rechtlicher Forschung[16] und unterstreichen insoweit die Autonomie der Wissenschaft gegenüber Politik und Verwaltung.[17] Sie konstituieren objektiv nach den formalen Voraussetzungen eine „relativ geschlossene akademisch-politische Elite"[18] und subjektiv nach dem Selbstverständnis der Mitglieder ein recht hohes Selbstbewusstsein.

Die Zugangsvoraussetzung der Habilitation mag europaweit fast singulär sein.[19] Sie fördert aber auf Basis gemeinsamer Interessenlagen und einer sachlichen Problemverbundenheit über politische Differenzen hinweg eine professionelle Homogenität. Dieser Kreis der habilitierten Staatsrechtslehrer gewährleistet „verlässliche Wissenschaftlichkeit", Indiz u.a. für handwerkliche Fähigkeiten, wissenschaftlichen Ernst und Verantwortung für das Gelingen dieses Verfassungsstaats.[20] Davon kann jedes Mitglied in seinem Berufsalltag profitieren.[21] Ein Indiz dürfte das heute vorbehaltlose Bestreben nahezu aller Habilitierten in Deutschland, Österreich[22] und großteils auch der Schweiz[23] sein, möglichst bald in die Vereinigung aufgenommen zu werden.

---

derung von Wissenschaft und Forschung durch wissenschaftliche Fachgesellschaften, Drs. 823/92 vom 3.7.1992, S. 14f.

[14] Protokoll der Mitgliederversammlung vom 1.10.2003, TOP 12; wohl auch deshalb wollen sich Juniorprofessoren im Öffentlichen Recht regelmäßig auch noch habilitieren.

[15] *Florian Meinel,* Die Jahrestagung der Vereinigung der Deutschen Staatsrechtslehrer 2018 in Bonn, AöR 144 (2019), S. 133 (133).

[16] So *Armin v. Bogdandy,* Wissenschaft vom Verfassungsrecht: Vergleich, in: ders./Cruz Villalón/Huber (Hrsg.), Handbuch Jus Publicum Europaeum, Band II: Offene Staatlichkeit. Wissenschaft vom Verfassungsrecht, 2008, § 39 Rn. 59.

[17] *v. Bogdandy,* Wissenschaft (Fn. 16), Rn. 65.

[18] *Florian Meinel,* Unser Jahrhundert, Der Staat 54 (2015), S. 231 (231).

[19] Sie scheint nur in Deutschland, Österreich, Polen oder Ungarn maßstäblich zu sein, vgl. *v. Bogdandy,* Wissenschaft (Fn. 16), Rn. 66, aber auch in der (Deutsch-)Schweiz, vgl. *Andreas Kley,* Geschichte des öffentlichen Rechts in der Schweiz, 2011, S. 356ff.

[20] In diesem Sinne *Paul Kirchhof,* Das Staatsrecht als Gemeinschaftswerk, in: FS für Josef Isensee, 2007, S. 3 (23).

[21] *Schulze-Fielitz,* Staatsrechtslehre (Fn. 2), S. 183ff.

[22] Vgl. *Ewald Wiederin,* in diesem Band, II.5. S. 245 (252).

[23] Einschränkend *Benjamin Schindler,* in diesem Band, I.3. S. 273 (282f.).

2. Hoher Organisationsgrad bei fächerübergreifender Struktur

Für alle habilitierten Öffentlich-Rechtler gemeinsam gibt es nur diese einzige Fachgesellschaft. In ihr versammelt sich – europaweit einzigartig[24] – in Orientierung am „Leitbild einer Einheit des Öffentlichen Rechts"[25] professorale Expertise teilgebietsübergreifend, d.h. im Verfassungs-, Verwaltungs-, Europa- und Völkerrecht einschließlich der jeweiligen speziellen Teilgebiete wie z.B. Sozialrecht oder Steuerrecht. Demgegenüber sind im Ausland selbst schon die Vertreter des Verfassungs- und des Verwaltungsrechts organisatorisch und fachlich meist voneinander geschieden. Der Organisationsgrad bei den nicht entpflichteten Professoren in Deutschland dürfte nahe bei 100 Prozent liegen.

Auch eine Aufspaltung in gesinnungsabhängige Teilgesellschaften existiert nicht. Schon in Weimar,[26] eben infolge der Gründung der Vereinigung,[27] hatte sie „ihren ersten, nie ausgesprochenen aber für die Gründer dringlichsten Zweck erfüllt, den Auseinanderfall der Fachgenossen in gegensätzliche politische Gruppen und damit den öffentlichen Kreditverlust der deutschen Staatsrechtswissenschaft zu verhindern".[28] Nach 1949 war die „Gefahr schismatischer Anwandlungen oder einer Sezession"[29] in der Rückschau wohl nicht sehr real. Gleichwohl polarisierten die Auseinandersetzungen um die Aufnahme der „Alt-1968er"[30] zeitweise sehr und beschäftigten namentlich die Vorsitzenden gedanklich,[31] ebenso wie schon bei den Auseinandersetzungen um die von Basel nach Würzburg verschobene Jahrestagung 1965[32]. Diese hohe Wertschätzung des Einheitscharakters der Vereinigung gründet in der Intention, einer – möglicherweise wegen der Nähe der Verfassungsrechtslehre zur politischen Machtausübung besonders wichtigen – Integrationsaufgabe gerecht zu werden.[33]

---

[24] Vgl. *v. Bogdandy*, Wissenschaft (Fn. 16), Rn. 64f.

[25] *Franz C. Mayer*, Das Verhältnis von Rechtswissenschaft und Rechtspraxis im Verfassungsrecht – Deutschland, in: Masing u.a. (Hrsg.), Rechtswissenschaft und Rechtspraxis, 2019, S. 31 (41).

[26] *Ulrich Scheuner*, 50 Jahre deutsche Staatsrechtswissenschaft im Spiegel der Verhandlungen der Vereinigung der Deutschen Staatsrechtslehrer. I. Die Vereinigung der Deutschen Staatsrechtslehrer in der Zeit der Weimarer Republik, AöR 97 (1972), S. 349 (351).

[27] Vgl. *Rudolf Smend*, Zur Geschichte der Berliner Juristenfakultät im 20. Jahrhundert (1960), in: ders., Staatsrechtliche Abhandlungen, 4. Aufl. 2010, S. 527 (541).

[28] *Rudolf Smend*, Die Vereinigung der Deutschen Staatsrechtslehrer und der Richtungsstreit (1973), in: ders., Abhandlungen (Fn. 27), S. 620 (621).

[29] *Hans Peter Ipsen*, Vereinigung der Deutschen Staatsrechtslehrer 1922–1992, VVDStRL 52 (1993), S. 7 (9).

[30] Ausf. *Schulze-Fielitz*, Wissenschaftskultur (Fn. 1), S. 26ff.

[31] Vgl. *Thomas Oppermann*, Meine sechs Jahrzehnte Öffentliches Recht, JöR 62 (2014), S. 511 (520): „allerlei Spaltungsdrohungen" (betr. 1992); *Walter Rudolf*, Interview vom 29.8.2018 (Archiv VDStRL, Ordner Nr. 128, Reg.-Nr. 3), S. 11 f. zu einem denkbaren Austritt der Schweizer Mitglieder (1997); *Martin Heckel*, Interview vom 8.1.2019 (Archiv VDStRL, Ordner-Nr. 128, Reg.-Nr. 6), S. 15 und 27; *Klaus Stern*, Interview am 21.5.2019 (Archiv VDStRL, Ordner-Nr. 128, Reg.-Nr. 8), S. 17.

[32] *Reinhard* und *Dorothee Mußgnug*, Einleitung, in: Briefwechsel Ernst Forsthoff und Carl Schmitt, 2007, S. 1 (27f.).

[33] Vgl. *Schulze-Fielitz*, Staatsrechtslehre (Fn. 2), S. 187f., ferner S. 177ff., 270f. u.ö.

3. Nähe und Distanz zu Staat und Politik

Manche Mitglieder scheinen etwa als Inhaber höchster staatlicher Ämter, als Minister oder Verfassungsrichter, als Mitglieder von Beratungsgremien für Ministerien und Parlamente, als Gutachter für Bund und Länder oder als Prozessvertreter in verfassungsgerichtlichen Verfahren „wichtig" zu sein – deshalb soll sich das Binnenklima der Vereinigung deutlich von anderen wissenschaftlichen Fachgesellschaften (etwa der Rechtshistoriker, Strafrechtler oder Zivilrechtler) unterscheiden.[34] So wird mitunter eine „auffällige Politisierung der Staatsrechtslehre" mit einer „mentalen ‚Staatsnähe'" gesehen, deren Beiträge nicht selten „eher wie öffentliche politische Glaubensbekenntnisse mit magerem Erkenntniswert" erscheinen (sollen).[35]

Die praktische Wirksamkeit der Verfassungsrechtswissenschaft erscheint jedenfalls – zumal im Vergleich mit dem Ausland – insgesamt recht erfolgreich[36] und fügt sich in ältere Traditionslinien einer „Nähe von Theorie und Praxis im Verfassungsrecht" ein.[37] Sie prägt in wohl weltweit einzigartiger Weise zu einem wesentlichen Teil die Verfassungswirklichkeit in Deutschland.[38] Dieses wird versinnbildlicht, wenn die Vorsitzenden als Repräsentanten der Staatsrechtswissenschaft bei Gelegenheitseinladungen zu Feierlichkeiten aus Anlass von Jubiläen der Verfassungsorgane oder Richterwechseln im Bundesverfassungsgericht[39] durch schlichte Anwesenheit mitwirken. Solches wird dadurch unterstrichen, dass auch die Übernahme von ehrenvollen internationalen oder nationalen Aufgaben im weiteren Bereich von Politik und Wissenschaft, von Politik und Verwaltung oder im Bereich des Justizwesens in den Rundschreiben der Vereinigung bekannt gemacht werden.[40] Bis heute senden die Vorstände auf Bitten des Bundesministers des Innern diesem eine Liste mit „runden" Geburtstagen von Mitgliedern im bevorstehenden neuen Jahr, die als Grundlage für entsprechende individuelle Glückwunschschreiben des Ministers dienen.

Einen zentralen Bestandteil des Tagungsgeschehens bilden die abendlichen Empfänge durch staatliche Institutionen für alle Teilnehmer einschließlich ihrer Begleitpersonen, bereits in Weimar in grundsätzlicher Orientierung an den Institutionen Universität, Stadt und Regierung und ihren Repräsentanten. Schon seit der zweiten Nachkriegstagung bilden sie ein Grundgerüst der Tagungen: In München 1950 gab es Empfänge durch die Stadt München und den Präsidenten des Bayerischen Landtags,[41] in Göttingen 1951 empfing außer der Stadtverwaltung der niedersächsische Ministerpräsident *Hinrich*

---

[34] So jedenfalls *Michael Stolleis*, Die Vereinigung der Deutschen Staatsrechtslehrer, KritV 80 (1997), S. 339 (355 f.).

[35] So *Gärditz*, Staatsrechtslehre (Fn. 8), S. 645, leider unter Verzicht auf Belege.

[36] *Michael Kloepfer*, Vom Zustand des Verfassungsrechts, JZ 2003, S. 481 (483).

[37] *Mayer*, Verhältnis (Fn. 25), S. 32 ff.

[38] So jedenfalls *Thomas Würtenberger*, Rahmenbedingungen von normativer Kraft und optimaler Realisierung der Verfassung, in: FS für Michael Kloepfer, 2013, S. 277 (283).

[39] Vgl. z. B. Protokoll der Mitgliederversammlung vom 29.9.2010, TOP 4; Protokoll der Mitgliederversammlung vom 5.10.2011, TOP 4.

[40] Ausf. Nw. bei *Schulze*-Fielitz, Wissenschaftskultur (Fn. 1), S. 17 f.

[41] *Friedrich Klein*, Die Münchener Staatsrechtslehrertagung 1950, AöR 76 (1950/51), S. 483 (490).

Wilhelm Kopf persönlich[42]. Ungeachtet gelegentlicher Vorbehalte, die die Staatsferne stärker betont sehen wollen, empfängt in gefestigter Praxis seit vielen Jahrzehnten regelmäßig auch die Regierung des Landes, in dem der Tagungsort liegt, vertreten durch den Ministerpräsidenten selbst oder einen Minister (meistens den Justizminister). Bei entsprechender räumlicher und personeller Konstellation gab es auch Empfänge durch Bundespräsidenten.[43]

Die Vereinigung legt auf solche Empfänge durch Vertreter staatlicher Institutionen, die ihr Amt durch politische Wahl erworben haben, großen Wert. Sie symbolisieren objektiv „in freundlicher Neutralität“[44] einen gegenseitigen Respekt von Politik und Wissenschaft in der wechselseitigen Anerkennung ihrer jeweils andersartigen, mitunter konfligierenden macht- bzw. erkenntnisgetriebenen Funktionslogiken. Sie bestätigen so die „staatsferne Autonomie des Staatsrechtslehrers als Wissenschaftler“ als „eine besondere Errungenschaft des deutschen Verfassungsstaates“.[45] Dem vergleichbar werden Richter des Bundesverfassungsgerichts, wenn sie nicht als Professoren ohnehin Mitglied der Vereinigung sind, auf ausdrücklichen Beschluss der Mitgliederversammlung nicht zu den Tagungen eingeladen:[46] Auch dieser Umstand sucht zwischen der Logik der Wissenschaft und der Logik der gerichtlichen Entscheidungspraxis deutlich zu unterscheiden.

4. Kulturelle Kontexte der Mitgliedschaft

Mit der Mitgliedschaft in der Vereinigung verbinden sich ungeschriebene Erwartungen an die aktive Mitwirkung der Mitglieder. Sie lassen sich als kulturelle Kontexte des Mitgliedschaftsstatus begreifen, die ein Zusammenwirken der Mitglieder fördern und die Sphäre einer bloß fachlichen Professionalität überschreiten. Erwartet wird nicht nur ein regelmäßiger Tagungsbesuch, sondern eine auch sonst dauerhaft positive Mitwirkung am Vereinigungsgeschehen i. S. der Förderung einer sozial besonders verbundenen Gemeinschaft von Wissenschaftlern.

a) Dauerhaftigkeit der Mitgliedschaft

Ein bis vor wenigen Jahrzehnten völlig dominierendes Verständnis sah die Mitgliedschaft in der Vereinigung als prinzipiell lebenslänglich an; eine Beendigung der Mitgliedschaft wurde überhaupt erstmals 2007 satzungsrechtlich regelt. Nach drei vereinzelten Austritten im ersten Jahrzehnt der Vereinigung kam es im März 1933 im Kontext des „Endes“

[42] *Walter Mallmann*, Staatsrechtslehrertagung in Göttingen, JZ 1951, S. 763 (763).

[43] Zuerst *Walter Scheel* (Bonn 1978); später *Karl Carstens* (Köln 1983), der noch 1979 in Berlin beim 1. Beratungsgenstand nur teilgenommen hatte; *Kurt Furgler* (Freiburg i.Ue./CH 1985); *Richard v. Weizsäcker*, der zuvor auch den Referaten zugehört hatte (Sondertagung Berlin 1990); *Thomas Klestil* (Wien 1995); *Roman Herzog* (Potsdam 1998).

[44] So schon *o. Verf.*, Staatsrechtslehrertagung 1953, DÖV 1953, S. 753 (753).

[45] Vgl. *Peter Häberle*, Ein „Zwischenruf“ zum Diskussionsstand in der deutschen Staatsrechtslehre (1996), in: ders., Kleine Schriften, 2002, S. 140 (152).

[46] Zuerst Niederschrift der Mitgliederversammlung in Göttingen vom 19.10.1951, TOP 3, und mehrfach bestätigt, zuletzt Niederschrift der Mitgliederversammlung in Freiburg vom 4. und 6.10.1961, TOP 13.

der Vereinigung nach der Machtergreifung des NS-Regimes zu einer Reihe von Austrittserklärungen als Ausdruck unterschiedlich motivierter politischer Demonstration;[47] sie liefen freilich angesichts des faktischen Endes der Vereinigung ins Leere. Auch nach 1949 war ein Austritt zunächst sehr selten; in den ersten drei Nachkriegsjahrzehnten sind nur vier Mitglieder[48] ausgetreten. Obwohl seit 1981 Austritte diese Singularität verloren, erregte die Mitteilung eines Austritts im Rundschreiben oft Aufsehen. Im Bericht über die Jahrestagung 1981 klingt solches Bedauern mit: „...mußte der Austritt dreier langjähriger Mitglieder bekanntgegeben werden".[49] Sie löste mitunter Aktivitäten von Vorstand oder Mitgliedern aus, den entsprechenden Kollegen zu veranlassen, seine Entscheidung zu überdenken; noch 2008 war ein Austritt Anlass für eine Diskussion in der Mitgliederversammlung über die möglichen Ursachen.[50] In den beiden Jahrzehnten seit 1982 sind weitere 13 Mitglieder ausgetreten (davon vier aus Deutschland), in den beiden Folgejahrzehnten seit 2002 aber schon 43 (davon 33 aus Deutschland), ohne dass dieses mit dem Wachstum der Mitgliederzahlen erklärbar wäre. Auch heute gibt es das Motiv der privaten oder beruflichen (Zwischen-)Bilanzierung, parallel zum Eintritt in das Pensionsalter oder im sehr hohen Lebensalter (2018 ist erstmals ein ehemaliger Vorsitzender aus Anlass seines 85. Geburtstages ausgetreten). Hinzu tritt zunehmend als Grund, angesichts geringer universitärer Perspektiven nach einer mittlerweile beruflich veränderten Orientierung einen gewissen Schlusspunkt im spezifisch wissenschaftlichen Wettbewerb zu setzen. Jeder Austritt eines Mitglieds wird als außerordentlich wahrgenommen und in den vierteljährlichen Rundschreiben namentlich bekannt gemacht.

b) *Nichtfachliche Kommunikation*

Die sozialen Beziehungen innerhalb der Vereinigung beschränken sich nicht auf den fachwissenschaftlichen Austausch. Deutlich stärker als in anderen Fachgesellschaften wird ein gewisser sozialer Zusammenhalt bewusst gepflegt, so sehr die Näheverhältnisse zwischen den Gelehrtengenerationen lockerer geworden sind und das Gefühl sozialer Verbundenheit abgenommen hat. Seit 2008 laden die Vorstände alle Neumitglieder und ihre akademischen Mentoren zu einem gemeinsamen Abendessen am Vorabend der Tagung ein, um das Kennenlernen zu fördern, psychologische Barrieren von Beginn an zu überwinden und gleichzeitig den besonderen Status der Mitgliedschaft in der Vereinigung zu unterstreichen. Eine gewisse Nähe der Mitglieder dieser Vereinigung über eine bloße fachliche Professionalität hinaus zeigt sich weiter darin, dass der Vorsitzende jedem Mitglied (bis 2006 vom 65., heute) vom 70. Geburtstag an zu jedem (halb-)runden Geburtstag durch ein sehr persönliches Schreiben zu gratulieren pflegt, so wie auch alle

---

[47] Dazu *Thomas Olechowski*, Hans Kelsen als Mitglied der Deutschen Staatsrechtslehrervereinigung, in: Jestaedt (Hrsg.), Hans Kelsen und die deutsche Staatsrechtslehre, 2013, S. 11 (25 ff.), auf Basis von Notizen im Nachlass von *Smend*.

[48] Vgl. insoweit zu dem 1969 ausgetretenen, für die Vereinigung fachlich bedeutungslosen und in seiner Einstellung zu seinem Wirken vor 1945 eher untypischen Strafrechtslehrer *Erich Schwinge*: *Jens Kersten*, in diesem Band, III.1. S. 829 (838); *Klaus Ferdinand Gärditz*, in diesem Band, II. S. 951 (954 f.).

[49] Vgl. VVDStRL 40 (1982), S. 5; ähnlich VVDStRL 43 (1985), S. 5.

[50] Vgl. Protokoll der Mitgliederversammlung vom 1.10.2008, TOP 12.

Mitglieder am Jahresende im Rundschreiben auf „runde“ Geburtstage aller Mitglieder im neuen Jahr hingewiesen werden. In diesen Zusammenhang gehört der Umstand, dass (seit 1968) auch die Witwen der verstorbenen Mitglieder zu den Tagungen eingeladen werden.[51]

Der Vorstand kooptiert regelmäßig ein Mitglied der einladenden Fachkollegen einer Fakultät als ein viertes Vorstandsmitglied ohne Stimmrecht. Diesem obliegt vor allem die Organisation der nächsten Jahrestagung. Es aktiviert am Tagungsort seine Fachkollegen und im Blick auf das Begleitprogramm auch deren Lebenspartner,[52] um den Aufenthalt für alle zu einem gemeinsamen Tagungserlebnis werden zu lassen. Diese Einbeziehung der Ehefrauen galt schon für die Weimarer Tagungen.[53] Zeitlich parallel zu den wissenschaftlichen Vorträgen und Diskussionen gibt es traditionell ein Begleitprogramm (früher: „Damenprogramm“) für Begleitpersonen, bevor alle Tagungsteilnehmer bei den abendlichen Veranstaltungen gemeinsam zusammenfinden. Die Bedeutung der Begleitpersonen für die Tagungen erschließt sich aus ihrer Anzahl. Erstmals wurden die Ehefrauen in Tübingen 1954 im Teilnehmerverzeichnis gekennzeichnet; auch in den weiteren Jahrzehnten bis zur Jahrtausendwende besuchten immer[54] mehr als die Hälfte aller Mitglieder mit ihren Ehepartnern oder Begleitpersonen die Tagungen. Seit 1975 war die Zahl der Ehefrauen regelmäßig dreistellig.

Seit Jahrzehnten endet die Tagung am Freitag mit einem geselligen oder festlichen Abschlussabend, auf dem Mitglieder, Gäste und Begleitpersonen die Sachdiskussionen gemeinsam hinter sich lassen. Er wurde erstmals in Bielefeld 1974 als „Experiment: Tanz bis Mitternacht“ ausgeflaggt und begründete für zwei Jahrzehnte eine neue Tradition, großteils in der klassischen Form eines Ballabends. Letzter und außerordentlicher Höhepunkt dieser Ball-Tradition war ein „Wiener Ball“ 1995 „nach allen Kunstregeln der Tradition“.[55] Ob mit oder ohne Tanz – die von Beginn an angestrebte integrierende Funktion eines solchen nicht fachwissenschaftlich, sondern persönlich geprägten geselligen Abschlusses bleibt gleich. Das gilt ebenso für den von 1924 bis 2018 üblichen „Tagungsanhang“ in Form einer Samstagsexkursion in die nähere Umgebung des universitären Tagungsorts zu landschaftlichen oder baulichen Attraktionen.

c) Pflege des kulturellen Gedächtnisses der Vereinigung

Im kulturellen Kontext der Mitgliedschaft ist die Praxis der erinnernden Vergegenwärtigung der verstorbenen Mitglieder bemerkenswert. Es ist nicht nur üblich, eines jeden Mitglieds der Vereinigung nach seinem Ableben – wie auch sonst in Fachgesellschaften ver-

---

51 Als Tatbestand hervorgehoben in VVDStRL 47 (1989), S. 5.

52 So wurde die Tagung 1995 in Wien von der „Familie Raschauer bestens organisiert“, so *Ewald Wiederin*, Die Tagung der Vereinigung der Deutschen Staatsrechtslehrer 1995 in Wien, AöR 121 (1996), S. 96 (112); s. auch VVDStRL 55 (1996), S. 5.

53 *Fritz Stier-Somlo*, Die zweite Tagung der Vereinigung der deutschen Staatsrechtslehrer, AöR 46 (1924), S. 88 (90).

54 Die 50-Prozent-Grenze wurde signifikant unterschritten nur in Hamburg 1955, Wien 1958, Bochum 1968 und Osnabrück 1997.

55 So VVDStRL 55 (1996), S. 5. Nie zuvor und dann nur noch einmal (in Potsdam 1998) waren mit über 160 so viele Begleitpersonen von Vereinigungsmitgliedern angemeldet.

breitet praktiziert – zu Beginn der Mitgliederversammlungen mündlich zu gedenken. Die Vereinigung pflegt darüber hinaus seit 1963 bis heute grundsätzlich ausnahmslos jedem Verstorbenen auch eine ausführliche schriftliche Würdigung im Rundschreiben nachzurufen. Der Nachruf wird seit 1992 regelmäßig namentlich durch einen Schüler, Freund, Fakultätskollegen, mitunter den akademischen Mentor verfasst; davor verantwortete ihn stets der Vorstand selbst. Auf diese Weise entsteht so etwas wie ein soziales oder kollektives Gedächtnis, in dem sich die Mitglieder der Vereinigung finden können. In ihm verbinden sich die je eigenen, selbst gemachten Erfahrungen des Einzelnen mit dem angeeigneten Wissen von den Traditionen der Vereinigung[56] zu einer Erinnerungskultur, in der die Beiträge der Verstorbenen zur vorangegangenen Entwicklung der Wissenschaft sozial rekonstruiert[57] werden. Diese Würdigungen als Medien gegenwärtiger Erinnerung aktualisieren auch die Identität und das Selbstverständnis der Vereinigung als Gruppe.[58] Unverändert pflegt der Vorsitzende auch stets persönlich zu kondolieren. Solche für wissenschaftliche Fachgesellschaften jedenfalls nicht typischen Usancen symbolisieren wohl auch eine spezifische Eigenart der Staatsrechtslehrervereinigung als Institution.

5. Aristokratische Vereinsstrukturen

a) Der Vorstand

Der Vorstand besteht ungeachtet einer Verzehnfachung der Mitgliederzahl seit 1922 bis heute aus nur drei Personen. Diese Konzentration auf wenige Köpfe ist Ausdruck eines aristokratischen Grundzugs[59] der Vereinigung. Sie vertraut der Kompetenz des „Dreigestirns", interessante wissenschaftliche Themen zu identifizieren und mit guter Kenntnis von den wissenschaftlichen und persönlichen Profilen der Mitglieder angemessene Personalentscheidungen zu treffen. Das gilt auch hinsichtlich der Kandidaten für den Nachfolgevorstand.

Der Vorstand bestand anfangs aus „einem Vorsitzenden, seinem Stellvertreter und einem Schriftführer, der auch die Kasse führt"; damit waren eine gewisse Hierarchisierung der Aufgaben der vorgeschlagenen Personen verbunden. In der Folge war der eher nachrangige „Kassier" oft auch das dem Lebensalter nach jüngste Vorstandsmitglied. Erst seit einer Satzungsänderung 1960 hat der Vorsitzende zwei gleichberechtigte Stellvertreter, die sich die Arbeit nach eigenem Ermessen teilen. Die ritualisierte Übergabe der Amtsgeschäfte vom alten an den neuen Vorstand erfolgt seit 1970 regelmäßig an einem 6. Januar (dem Dreikönigstag) in Heidelberg als dem Neugründungsort von 1949, umrahmt durch ein gemeinsames Mittagessen im Kreise der Heidelberger Öffentlich-Rechtler und ihrer Lebenspartner.

---

[56] Vgl. allg. zur Kategorie des kollektiven Gedächtnisses *Ralf Bohnsack*, Praxeologische Wissenschaftssoziologie, 2017, S. 109 ff.; *Jan Assmann*, Das kulturelle Gedächtnis (1992), Sonderausgabe, 8. Aufl. 2018, S. 35 ff.

[57] *Assmann*, Gedächtnis (Fn. 56), S. 40, 47 f.

[58] Vgl. *Assmann*, Gedächtnis (Fn. 56), S. 39 f., 46.

[59] *Peter Häberle*, Interview vom 10.7.2018 (Archiv VDStRL, Ordner-Nr. 128, Reg.-Nr. 2), S. 2 f., 10; *Christian Waldhoff* spricht von „meritokratischen" Elementen, in diesem Band, S. 151 (154).

Der Vorstand wird von der Mitgliederversammlung gewählt – früher „durch Zuruf"[60], erst seit 1966 in geheimer Wahl mit Stimmzetteln durch „Blockwahl" eines (vom alten Vorstand vorgeschlagenen) Dreier-Vorschlags,[61] seit 2011 durch Wahl von drei Einzelvorschlägen. Die Kandidaten stellen sich (seit 2003) vor der Wahl in der Mitgliederversammlung persönlich vor. Die Amtsdauer beträgt seit 2002 zwei Jahre. Seit 1966 betont jeder Vorstand stets ausdrücklich das Recht eines jeden Mitglieds, einen alternativen Wahlvorschlag zu unterbreiten; seine Dreier-Vorschläge für einen neuen Vorstand sind noch nie von der Mitgliederversammlung abgelehnt worden.

Ein näherer Blick auf die 22 Wahlergebnisse der jeweils erstmaligen (Block-)Wahl der Vorstände (1967–2009) zeigte bemerkenswerte Tendenzen.[62] In den 15 Wahlen bis 1995 fanden nur drei Vorstände mit über 90 Prozent der abgegebenen Stimmen Zustimmung (1973, 1975 und 1981), in den sieben Wahlen seit 1997 blieben aber nur zwei Vorsitzende unter dieser 90-Prozent-Marke (2003 und 2007). Diese Ergebnisse spiegeln eine deutliche Entspannung innerhalb der Vereinigung, wenn man berücksichtigt, dass die Vorstände 1967, 1971 und 1979 bei nur ca. 80 % Zustimmung noch deutlich darunter lagen. Bei den Vorstandswahlen mit oft konservativ profilierten Vorsitzenden-Kandidaten seit Mitte der 1980er Jahre zeigte offenbar eine Minderheit von „Abweichlern" regelmäßig politische oder diffuse Vorbehalte an; diese spielen spätestens seit der Jahrtausendwende keine zentrale Rolle mehr.

Im Vergleich mit anderen wissenschaftlichen Fachgesellschaften scheint diese „undemokratische" Praxis ohne erkennbare „Wahlkämpfe" an einem vormodernen Modell der spezifischen Vernetzung von Pflicht, Ehre und Interesse[63] orientiert zu sein, dessen Kriterien intransparent bleiben.[64] Ein Grund für die historisch gewachsene Akzeptanz dieser Organisationskultur der Vereinigung liegt in der kurzen Amtszeit: Kein Vorstandsmitglied darf faktisch länger als zwei Jahre amtieren; diese Rotation garantiert einen häufigen Neuanfang, die „das Leben der Vereinigung immer jung und innovativ hält".[65] Hinzu kommt das Bemühen der Vorstände, in ihrem Wahlvorschlag die wissenschaftliche Reputation der Kandidaten, die Vielfalt der unterschiedlichen politischen Vorverständnisse und Problemzugänge in der Vereinigung als solcher, aber auch das Interesse an der Vereinigung durch regelmäßige Teilnahme an den Jahrestagungen – soweit möglich – abzubilden. Eine weitere Erklärung mag darin liegen, dass für Vorstand und Mitglieder eine anspruchsvolle Jahrestagung ganz im Vordergrund steht und nicht politische oder wissenschaftliche Parteinahmen erkennbar werden.

---

[60] So Rundschreiben vom 13.12.1951 (Archiv VDStRL, Ordner-Nr. 2, Reg.-Nr. 7e).

[61] Niederschrift der Mitgliederversammlung vom 12. und 14.10.1966, TOP 4 und 7.

[62] Die nachstehenden Quantifizierungen beruhen auf einer Auswertung der in den Protokollen der Mitgliederversammlungen angegebenen Zahlen; ausf. Nw. der Einzelheiten bei *Schulze-Fielitz*, Wissenschaftskultur (Fn. 1), S. 49 ff.

[63] Vgl. *Joachim Raschke*, Vom Sinn des Wählens, Merkur 52 (1998), S. 598 (601 f.); *Schulze-Fielitz*, Staatsrechtslehre (Fn. 2), S. 186 f.

[64] Krit. *Josef Franz Lindner*, Desiderate an die deutsche Staatsrechtslehre, JZ 2015, S. 589 (593).

[65] So *Christian Starck*, Die Vereinigung der Deutschen Staatsrechtslehrer, RW 6 (2015), S. 118 (133).

b) Gestaltungsmacht des Vorstandes

Die wichtigsten Erwartungen der Mitglieder an den Vorstand zielen auf attraktive Jahrestagungen und begründen auch seine „Macht, das Thema und die Referenten zu bestimmen".[66] In kritischer Wendung soll er eine relative Homogenität der Vereinigung sichern und als „konstituierenden Teil der ‚Konstruktion von Wirklichkeit'" die „Definitionsmacht über ‚Wissenschaft' im Bereich des öffentlichen Rechts" erhalten.[67] Der Vorstand vertraut seinem Gespür für Themen, die „in der Luft liegen" oder die er für allzu lange vernachlässigt hält. Gelegentlich werden fehlende Aktualität oder ein zu hoher Abstraktionsgrad der Themen moniert.[68] Das gilt jedenfalls insoweit, als die Themen ein Jahr im Voraus festgelegt werden und die Wissenschaft des Öffentlichen Rechts im Regelfall Tagesaktualitäten nicht hinterherhecheln muss – Element wissenschaftlicher Theoriebildung ist seit jeher ein Mindestmaß an Distanz.

Bei der Auswahl der Referenten veränderten sich mit dem Mitgliederwachstum die Chancen auf ein Referat spätestens in den 1970er Jahren; deshalb wurden immer häufiger auch älter Gewordene zum Referat gebeten. Mit der Verschärfung der Auswahlproblematik war zugleich ein Machtzuwachs des Vorstandes verbunden.[69] Bei wachsender Unübersichtlichkeit der Kollegenschaft nahm auch die Bedeutung eines Referats für einen weiteren Karrierefortschritt zu. Unverändert gilt die Betrauung mit dieser Aufgabe als Ehre.[70] Viele Mitglieder mussten auf diese Weise ohne wissenschaftliche Gründe „leer" ausgehen und haben das möglicherweise unterschwellig als verletzend empfunden. Daran konnte die Strukturreform seit der Jahrestagung 2002, die die Zahl der Referenten auf Dauer verdoppelt und die Wettbewerbssituation gemildert hat, nichts mehr ändern.

6. Deutschsprachige Internationalität

Die Mitglieder der Vereinigung setzen sich aus den deutschsprachigen Staatsrechtslehrern aus Deutschland, Österreich und der Schweiz zusammen. Die Mitwirkung der Österreicher war schon 1922 selbstverständlich vor dem Hintergrund der allgemeinen gegenseitigen Erwartung, Deutschösterreich werde bald dem Deutschen Reich beitreten (vgl. Art. 61 Abs. 2 WRV).[71] Allerdings gab es auch nach 1949 mitunter Friktionen, die

---

[66] *Christian Starck*, VVDStRL 76 (2017), S. 463; dazu näher *Schulze-Fielitz*, Staatsrechtslehre (Fn. 2), S. 186 ff., 192 ff.

[67] In diesem Sinne *Wolfgang Hoffmann-Riem*, Bericht über die Jahrestagung 1975 der Vereinigung der Deutschen Staatsrechtslehrer, AöR 101 (1976), S. 89 (89).

[68] Z. B. *Lindner*, Desiderate (Fn. 64), S. 594; anders strich etwa für *Stolleis* nach 1971 der „Wind der aktuellen Politik durch die … Themen", s. *Michael Stolleis*, Geschichte des öffentlichen Rechts in Deutschland. Vierter Band 1945–1990, 2012, S. 476; ähnlich *Bernhard Schlink*, Vergangenheitsschuld und gegenwärtiges Recht, 2002, S. 126 f.; s. auch *Ewald Wiederin*, in diesem Band, S. 245 (261).

[69] *Heckel*, Interview (Fn. 31), S. 21.

[70] Ausdrücklich z. B. *Bernd Grzeszick*, VVDStRL 71 (2012), S. 104 (109) – Schlusswort.

[71] Vgl. näher *Michael Stolleis*, Geschichte des öffentlichen Rechts in Deutschland. Dritter Band 1914–1945, 1999, S. 145 ff.

eine gemeinsame Diskussion erschwerten[72]; Österreicher sollen auf das anscheinend Stil prägende „Staatsrechtslehrerdeutsch" gemeinhin durch die Bank allergisch reagieren.[73] Dennoch lässt sich schon früh etwa in der Frage der Kodifikation des Verwaltungsverfahrens eine atmosphärisch deutlich positive Wirkung auf den bundesdeutschen Diskurs zugunsten einer solchen Kodifikation feststellen.[74] Mit einer Annäherung der pluralisierten öffentlich-rechtlichen Wissenschaftskulturen beider Länder sind solche Dissonanzen wohl großteils hinfällig geworden.[75]

Mehr aus politisch-historischen Gründen traten demgegenüber die Kollegen aus der Schweiz der Vereinigung nach 1949 nur sehr zögerlich bei.[76] Schon zu Weimarer Zeiten waren sie mit gerade einmal zwei Schweizern sehr deutlich unterrepräsentiert.[77] Nach 1949 waren erstmals *Hans Huber* und *Werner Kägi* „zur besonderen Freude der Versammlung"[78] 1952 als Gäste auf der Marburger Tagung.[79] Wie *Huber* den deutschen Kollegen schrieb, komme ein förmlicher Beitritt aber erst später in Frage, „wenn sichergestellt sei, dass Carl Schmitt nicht in die Vereinigung aufgenommen werde".[80] *Huber* und *Imboden* traten der Vereinigung 1958 als erste Schweizer bei. Als die Jahrestagung dann erstmals in Basel 1965 stattfinden sollte, aktualisierten sich die Gründe für diese anfängliche Zurückhaltung deutlich. Der Vorstand unter Vorsitz von *Werner Weber* hatte *Ernst Forsthoff*, wie *Weber* Mitherausgeber und der maßgebliche Gestalter der polarisierenden Festschrift für Carl Schmitt von 1959[81] zum zweiten Mal nach 1949 als Referenten vorgesehen. *Forsthoffs* antisemitische Veröffentlichungen zur NS-Zeit[82] hatten allerdings kurz vorher anlässlich der beabsichtigten Verleihung eines Ehrendoktorats der Universität Wien dort zu breiteren öffentlichen Diskussionen geführt, die sich bis nach Basel herumsprachen. Wegen zu befürchtender Belastungen der wissenschaftlichen Erörterungen durch „Imponderabilien ..., die sich aus der früheren oder gegenwärtigen Haltung unserer Gesprächspartner ergeben",[83] baten *Kurt Eichenberger* und *Imboden* um eine Verschiebung, auch noch nach dem Verzicht *Forsthoffs* auf seinen Vortrag. Der Vorstand hielt eine Verlegung der Tagung nach Würzburg für richtig.

---

72 So etwa *Arnold Köttgen*, VVDStRL 16 (1958), S. 268; s. dazu auch, betont als Methodenproblem, *Werner Thieme*, Staatsrechtslehrertagung 1957, AöR 82 (1957), S. 492 (493); *Ewald Wiederin*, Die Neue Wiener Schule und die Vereinigung der Deutschen Staatsrechtslehrer, in: Jestaedt, Kelsen (Fn. 47), S. 85 (85 f.).

73 So *Wiederin*, Schule (Fn. 72), S. 95.

74 Vgl. nur *Anna-Bettina Kaiser*, Die Kommunikation der Verwaltung, 2009, S. 81 ff.

75 *Wiederin*, Schule (Fn. 72), S. 97.

76 Siehe *Stolleis*, Geschichte IV (Fn. 68), S. 86 f.

77 Ausf. *Benjamin Schindler*, in diesem Band, I.1. S. 273 ff.

78 So *Otto Bachof*, Tagung der Vereinigung der deutschen Staatsrechtslehrer, DÖV 1952, S. 687 (687).

79 Vgl. aus der Diskussion auch *Hans Huber*, VVDStRL 11 (1954), S. 122 ff.

80 So *Andreas Kley*, Hans Huber (1901–1987) – der „Preis der Unsicherheit und der Unruhe", in: Häberle/Kilian/Wolff (Hrsg.), Staatsrechtslehrer des 20. Jahrhunderts, 2. Aufl. 2018, S. 637 (647).

81 Vgl. dazu *Florian Meinel*, Der Jurist in der industriellen Gesellschaft, 2011, S. 402 ff.

82 Zsfssd. *Meinel*, Jurist (Fn. 81), S. 83 ff., 91 ff.

83 So in verklausulierter Formulierung das Schreiben an den Vorsitzenden *Werner Weber*, zitiert nach *Max Imboden*, Tagebucheintrag vom 10.5.1965, zit. nach den von *Andreas Kley* besorgten Auszügen aus dessen Tagebüchern, vgl. Archiv VDStRL, Ordner-Nr. 15, Reg.-Nr. 2.

Die unterschiedliche politisch-verfassungskulturelle Grundierung der Schweizer Staatsrechtslehre wirkte sich auch später vereinigungskulturell vor allem in den internen Auseinandersetzungen um die Aufnahme von „Alt-1968ern" sehr positiv zugunsten eines atmosphärischen Pluralismus aus, der die Staatsrechtslehre nicht zu einer politisch nach links geschlossenen Gesellschaft provinzialisiert. Die spezifischen Nachkriegsvorbehalte in der Schweiz gegenüber der Vereinigung dürften keine bedeutsame Rolle mehr spielen, wohl aber unvermeidlich bestehende (auch: wissenschafts-)kulturelle Differenzen.[84]

7. Charakteristische Eigenarten der Jahrestagungen

a) Jährlicher Tagungsrhythmus

Von Anfang an (seit 1922) finden die Jahrestagungen einmal jährlich statt. Die Mitgliederversammlung hatte 1928 beschlossen, diesen Ein-Jahres-Rhythmus beizubehalten,[85] und die Entscheidung 1954 bestätigt.[86] Diese Tagungsfrequenz unterscheidet sich vom Zwei-Jahres-Turnus vieler anderer wissenschaftlichen Fachgesellschaften. Vereinigungskulturell verhindert allein schon diese regelmäßige Häufigkeit der persönlichen Begegnungen strukturell eine unangenehm anonyme Tagungsatmosphäre. Die für einen unbefangenen Beobachter auffällig häufigen persönlichen Begrüßungen durch Handschlag als Ausdruck gegenseitigen Wiedererkennens ist eine geradezu typische Tagungsgestik. Sie trägt zu einer sozialen Vertrautheit bei, die die von größeren Fachgesellschaften übertreffen dürfte.

b) Hohe Teilnahmehäufigkeit der Mitglieder

Die Teilnahmequote i. S. des prozentualen Anteils der angemeldeten zur Gesamtzahl der Mitglieder ist trotz des Ein-Jahres-Rhythmus sehr hoch. Auch in den beiden Jahrzehnten des Mitgliederschubs nach 1970 betrug die Teilnahmequote durchschnittlich 60 % bzw. 57 %, bei besonders attraktiven Tagungsorten bis 67,8 % (Basel 1977).[87] Erstmals war der 1957 geringer als erwartete Besuch der Tagung (von nur 43,6 % aller Mitglieder) Anlass zu fragen, ob der Ein-Jahres-Rhythmus aufgegeben werden sollte; dreißig Jahre später sorgte sich der Vorsitzende *Hans F. Zacher* wegen der nur sporadischen Teilnahme der „gestandenen" Mitglieder intuitiv gar um die Identität der Vereinigung,[88] obwohl auch damals nach Passau über die Hälfte aller Mitglieder gekommen war (52,6 %, freilich nach einer sehr hohen Teilnehmerquote von 61,5 % im Jahr zuvor in München). Für eine Erklärung dieser hohen Teilnahmeintensität einer jährlichen Tagung finden sich ver-

---

84 S. näher *Benjamin Schindler*, in diesem Band, I.3., II., III. S. 273 (282 ff., 292 ff.).

85 *Lutz Richter*, Die sechste Tagung der Vereinigung der Deutschen Staatsrechtslehrer, AöR 53 (1928), S. 441 (442).

86 Beschluss der Tübinger Mitgliederversammlung vom 14.10.1954, Niederschrift TOP d (Archiv VDStRL, Ordner-Nr. 3, Reg.-Nr. 5).

87 Eigene Berechnungen wie auch bei anderen Prozentangaben in dieser Studie. – Vgl. auch schon *Schulze-Fielitz*, Staatsrechtslehre (Fn. 2), S. 10, 270; das galt auch schon in Weimar, vgl. *Stolleis*, Geschichte III (Fn. 71), S. 188 mit Fn. 190.

88 Protokoll der Mitgliederversammlung vom 7.10.1987, TOP 2.

schiedene, mitunter nur leicht spekulativ plausible Momente.[89] Sie scheinen sukzessive im Schwinden begriffen zu sein: Im Jahrzehnt nach 1989 besuchten im Durchschnitt 54,1 % aller Mitglieder die Jahrestagungen, im folgenden Jahrzehnt 50,0 % und im Zeitraum 2010 bis 2019 nur noch 39,1 %, ohne dass solches auf Tagungsorte oder Tagungsthemen zurückgeführt werden könnte.

c) Teilnahmebegrenzung von Nichtmitgliedern

Früher waren auch Nicht-Mitglieder als Gäste anwesend, in Leipzig 1925 etwa Richter des Reichsgerichts,[90] in den ersten Nachkriegsjahren auch zivilrechtliche Kollegen aus der einladenden Fakultät vor Ort. In München 1950 waren noch „eine Reihe von Gästen aus Ministerien, aus der Staatskanzlei, aus dem Verfassungs- und Verwaltungsgerichtshof sowie einigen sonstigen obersten Behörden des Landes Bayern erschienen“.[91] In Göttingen 1951 waren die Verwaltungsgerichtspräsidenten eingeladen, auf der Tagung 1952 (u. a. zum Staatskirchenrecht) beteiligten sich an der Aussprache eingeladene Vertreter der Kirche.[92] In diesem Sinne können auch die Fakultätskollegen „vor Ort“ eingeladen werden,[93] die keine Staatsrechtslehrer sind; solches wird in nennenswertem Umfang nur selten praktiziert.[94] Nach der Bonner Tagung 1953 wurde beschlossen, grundsätzlich keine Gäste einzuladen, weil die Zahl der Gäste ständig zugenommen hatte, die Ablehnung von Einladungen zu Empfindlichkeiten führten und eine Grenzziehung schwierig wäre.[95]

Wohl aber werden – neben den stets eingeladenen Vertretern von Verlagen und Fachzeitschriften – der deutschen Sprache mächtige Gäste aus dem Ausland immer sehr gern gesehen. Ihre Teilnahme scheint zu bestätigen, dass die deutsche Staatsrechtslehre „Vorbildwirkung für die Verfassungsrechtswissenschaft in zahlreichen Ländern der Erde … ausstrahlt“.[96] Im Laufe der Jahre kamen auf diese Weise Teilnehmer (stets mehrheitlich) aus Japan, aber auch (gelegentlich) aus Argentinien, Brasilien, Chile, Dänemark, Finnland, Frankreich, Griechenland, Großbritannien, Indien, Irak, Irland, Italien, Japan, Korea, Luxemburg, Mexiko, Niederlande, Österreich, Portugal, Russland, Schweden, Schweiz, Südafrika, Taiwan, Türkei, Ungarn und den USA.

---

89 Dazu näher ausf. *Schulze-Fielitz*, Wissenschaftskultur (Fn. 1), S. 84 f.

90 *Lutz Richter*, DJZ 1925, Sp. 569 (570).

91 *Klein*, Staatsrechtslehrertagung 1950 (Fn. 41), S. 483.

92 Vgl. *Christian-Friedrich Menger*, Die Gegenwartslage des Staatskirchenrechts, DVBl. 1952, S. 749 (752).

93 Niederschrift der Mitgliederversammlung vom 4. und 6.10.1967, TOP 8; auch die Assistenten der Organisatoren dürfen danach zuhören.

94 Praktiziert etwa 1969, 1970 und 1972; in den letzten drei Jahrzehnten waren Angehörige der örtlichen Fakultät lediglich in München 1986 (5), Passau 1987 (1), Gießen 1991 (7), Osnabrück 1997 (6) und Saarbrücken 2017 (1) in den Teilnehmerlisten verzeichnet.

95 Vgl. Scheiben des Vorsitzenden *Bachof* an seine Vorstandsmitglieder vom 25.7.1967 (Archiv VDStRL, Ordner-Nr. 19, Reg.-Nr. 4).

96 So *Matthias Jestaedt*, Autorität und Zitat, in: FS für Herbert Bethge, 2009, S. 513 (517).

d) Plenarveranstaltungen als Zentrum

Es gehört zu den charakteristischen Eigenarten des Diskursformats der Jahrestagungen,[97] dass die Vorträge und ihre Diskussionen an beiden Verhandlungstagen stets im Plenum aller anwesenden Mitglieder angehört und diskutiert wurden. Dem entspricht das Bemühen der Vereinigung, „unbeschadet aller zentrifugalen Tendenzen eine wissenschaftliche Vereinigung des gesamten öffentlichen Rechts im deutschsprachigen Raum zu bleiben".[98] Diese diskursive Gemeinsamkeit hilft eine organisatorische Zersplitterung in mehrere Staatsrechtslehrervereine auf Basis divergierender Gesinnungen zu vermeiden. Die Auswahl von kontroversen Verhandlungsthemen korrespondiert der auf einen dialogischen Diskurs hin angelegten Tagungsstruktur. Diese vertraut auf die integrierende Kraft durch die diskursive Entfaltung politischer und wissenschaftlicher Kontroversen.

Fachwissenschaftlich zwingt der Plenarcharakter jeden Zuhörer zur Wahrnehmung von Themen oder Problemzugängen, die von den eigenen speziellen Arbeitsgebieten stark abweichen mögen. In gegenläufiger Perspektive bleiben besondere oder vernachlässigte Felder der Wissenschaft des Öffentlichen Rechts in der „institutionellen Mitte der Staatsrechtslehre" präsent, wie das z.B. *Hans F. Zacher* für das Sozialrecht gefordert hat.[99] Der Plenarcharakter gewährleistet institutionell eine Pflege von Intradisziplinarität, beugt einer Spezialisierung mit Scheuklappen vor und kann durch Problem- oder Problemlösungstransfer für andere Teilbereiche des öffentlichen Rechts Innovationen nahelegen.[100] Es ist eine bleibende Aufgabe der Jahrestagungen, im Medium einer gemeinsamen Fachsprache und disziplinierten Rhetorik[101] das wissenschaftliche Gespräch zwischen den verschiedenartigen Erscheinungsformen von Segmenten, Netzwerken oder Rezeptionsgemeinschaften und die Bereitschaft dazu zu erhalten; der Plenarcharakter hat so auch eine spezifisch wissenschaftssoziale Funktion. Drei (seit 1972, 1998 bzw. 2011 vor Tagungsbeginn zusammentretende, autonom organisierte) Gesprächskreise von speziell interessierten Mitgliedern zu den Themenfeldern Verwaltung, Europäisches Verfassungsrecht bzw. Grundlagen des Öffentlichen Rechts sind nach Themenzuschnitt, Dauer, Diskussionsverlauf oder Teilnehmerzahlen keine Konkurrenz zu den Plenarveranstaltungen.

e) Nichtöffentliche Diskussionen

Von 1922 an bis heute finden die Diskussionen unter Ausschluss der allgemeinen Öffentlichkeit statt. Diese hervorstechende Besonderheit weicht von der Praxis anderer Fachgesellschaften ab und stieß öfter auf Kritik namentlich der dadurch Ausgeschlossenen.[102]

---

[97] In diesem Sinne auch *Matthias Jestaedt*, in diesem Band, I.2. S. 431 (435).

[98] *Udo Steiner*, Richterliche Rechtsfindung und die Wissenschaft vom Öffentlichen Recht, DVBl. 2018, S. 1097 (1098).

[99] Vgl. *Stephan Rixen*, Staatsrecht des Sozialen: Hans F. Zachers wissenschaftliches Lebensthema, JöR 64 (2016), S. 679 (681).

[100] Vgl. auch *Wolfram Höfling*, VVDStRL 71 (2012), S. 481.

[101] Vgl. *Heckel*, Interview (Fn. 31), S. 9.

[102] Vgl. *Stolleis*, Geschichte IV (Fn. 68), S. 87; *Lindner*, Desiderate (Fn. 64), S. 593; dagegen *Hans Peter Ipsen*, Weitere zehn Staatsrechtslehrer-Tagungen, AöR 109 (1984), S. 555 (556, 573).

Immer wieder haben Journalisten vergeblich einen Zugang zur Tagung gesucht, immer wieder hat die Mitgliederversammlung diskutiert, ob diese Exklusivität der Plenardiskussionen nicht geöffnet werden sollte.[103] Neben pragmatischen Überlegungen gibt es wissenschaftstheoretische und wissenschaftssoziologische Gründe; sie folgen aus der deutlichen Divergenz zwischen kurzfristigen, oft nur personalisierten Medieninteressen unter dem Diktat der Aufmerksamkeitsökonomie und längerfristigen wissenschaftlichen Erkenntnisinteressen. Die zurückhaltende Praxis entspricht einer Unterscheidung von *Ludwik Fleck*, der zwischen einer esoterischen und einer exoterischen wissenschaftlichen Kommunikation von Denkkollektiven unterscheidet:[104] Während erstere auf die Diskussionen im kleinen Kreis von Spezialisten zielt, wo tentativer, vorläufiger, persönlicher, kontroverser und ergebnisoffener gestritten wird, will die exoterische Kommunikation tendenziell dogmatische, eher vereinfachte, anschauliche und zuverlässige Wahrheits- und Konsensansprüche nach außen demonstrieren. Die Aussprachen der Vereinigung finden auf der in diesem Sinne esoterischen Diskussionsebene statt, um sich falschen, wenig diskursfreundlichen Gewissheitserwartungen zu entziehen.

Auf der Kehrseite werden die Aussprachen als fester Bestandteil des Tagungsgeschehens vollständig in den Tagungsbänden auf der Basis von Stenogrammen und seit Anfang der 1960er Jahre von Tonbandaufnahmen abgedruckt. Die seit 1924 erschienenen 80 Tagungsbände bilden eine in dieser Vollständigkeit sonst nirgends erreichte Dokumentation der fachgesellschaftlichen Plenardiskussionen, die in aller Regel schon wenige Monate später für die Öffentlichkeit nachlesbar sind.

f) Dialogische Tagungsstrukturen

Alle Themen wurden jahrzehntelang durch zwei Referate zum selben Thema aufbereitet, in neuester Zeit auch äußerlich abweichend mit von vornherein unterschiedlichen thematischen Akzentsetzungen. Diese Tagungsstruktur ist auf dialogischen Widerspruch hin angelegt,[105] der die Jahrestagungen zu einem Medium wissenschaftlicher Kontroversen machen kann.[106] Schon im Weimarer „Richtungsstreit" konnten sich die unmittelbaren Kontroversen im Wesentlichen nur auf den Jahrestagungen 1926, 1927 und 1928 entfalten,[107] so dass fraglich ist, ob jene Grundsatzkontroverse ohne diese Tagungen „überhaupt als Ereignis verzeichnet werden könnte".[108] Diese dialogische Grundstruktur relativiert die Vorstellung, die Tagungsdiskussion solle auf bestimmte Begriffe oder Theorien verengt werden.[109] Die Idee der doppelten Berichterstattung will gerade ungeachtet

[103] Dazu *Starck*, Vereinigung (Fn. 65), S. 129 f.; zuletzt ausf. Protokoll der Mitgliederversammlung vom 1.10.2014, TOP 10; Protokoll der Mitgliederversammlung vom 3.10.2007, TOP 12.

[104] Vgl. *Ludwik Fleck*, Entstehung und Entwicklung einer wissenschaftlichen Tatsache (1935), 1980, S. 138 f., 146 ff.; s. im Blick auf die gesellschaftsweiten virologischen Diskussionen 2020/2021 *Michael Hagner*, Auf die Probe gestellt, Forschung und Lehre 28 (2021), S. 100 (102).

[105] Für Weimar: *Scheuner*, Staatsrechtswissenschaft (Fn. 26), S. 374.

[106] *Schulze-Fielitz*, Staatsrechtslehre (Fn. 2), S. 10 f.

[107] Vgl. *Stolleis*, Geschichte III (Fn. 71), S. 189 ff.

[108] So *Manfred Friedrich*, Der Methoden- und Richtungsstreit, AöR 102 (1977), S. 161 (184, Fn. 50).

[109] Vgl. *Anna-Bettina Kaiser*, Rechtswissenschaft als Rezeptionswissenschaft, in: Marsch/Münkler/Wischmeyer (Hrsg.), Apokryphe Schriften, 2018, S. 17 (21).

begleitender Absprachen der Beteiligten[110] die unterschiedliche und kontroverse Vielfalt von Problemzugängen deutlich werden lassen.[111] Staatsrechtslehrerreferate sind so – zumal im unmittelbaren Wettbewerbsvergleich mit einem Korreferenten – eine große Herausforderung,[112] auch weil es keine sonstige Gelegenheit gibt, sich so vielen professoralen Fachgenossen gleichzeitig zu präsentieren und sofort anschließend ihren kritischen Einwänden zu stellen.

Alle Vortragspaare werden von Anfang an sehr ausführlich im Plenum diskutiert. Diese mündlichen Aussprachen unter Leitung eines Vorstandsmitglieds sind traditionell auf spezifische Weise strukturiert. Das beginnt mit der regelmäßig als ehrenvoll angesehenen Aufgabe für den, der mit seinem Beitrag auf Bitte des diskussionsleitenden Vorstandsmitglieds[113] die Diskussion eröffnen „darf".[114] Anspruchsvoll ist dabei die Erwartung, etwa auch zur Einordnung der Thematik in die bisherige Tagungstradition[115] oder zur wertenden Vergleichung der Referate[116] beizutragen oder „mögliche Ansatzpunkte zur Aussprache zu bezeichnen".[117] Früher waren es meist weithin anerkannte Koryphäen der Vereinigung, die dann den Gang der Diskussion ein Stück vorprägen und dabei so weit „ausholen" konnten, dass die Beiträge funktional fast einem „Drittreferat" nahe kamen.[118] Dahinter verbirgt sich ein strukturelles Problem vieler Fachgesellschaften, dass ihre Stars „in schroffem Widerspruch zur Gleichheit aller Mitglieder" in die Versuchung geraten, „die eigene Fachgesellschaft oder deren Kongreß zur Arena der eigenen Reputation, wenn nicht gar des eigenen Geltungsdrangs zu machen".[119]

Dabei waren die verbal oft geforderten Redezeitbegrenzungen wenig wirksam. Eine nachhaltige Selbstdisziplinierung setzte insoweit mit der Tagungsreform 2002 in St. Gallen ein: Seitdem wurde das Ende der vorgegebenen Redezeit durch ein rotes Licht angezeigt, mittlerweile perfektioniert in Form einer mehrfarbigen „Ampel", die das drohende Ende der Redezeit anzeigt, indem sie von „grün" auf „gelb" springt. Die für jeden im Saal unübersehbare Lichtanzeige ist als Akt der „Nachhilfe für praktizierte Kollegialität"[120] zu einem weiteren Charakteristikum der Diskussionen in der Vereinigung geworden.

---

[110] Dazu näher *Friedrich Schoch*, in diesem Band, I.1.b. S. 607 (610 f.).

[111] Dazu schon *Schulze-Fielitz*, Staatsrechtslehre (Fn. 2), S. 192 ff.

[112] Ausf. *Schulze-Fielitz*, Staatsrechtslehre (Fn. 2), S. 175 ff.

[113] Das wird oft selbstreflexiv oder rechtfertigend angesprochen, von z. B. *Hans Peter Ipsen*, VVDStRL 16 (1958), S. 113 bis *Uwe Volkmann*, VVDStRL 68 (2009), S. 355.

[114] So von z. B. *Hans F. Zacher*, VVDStRL 33 (1975), S. 273 bis *Ulrich Stelkens*, VVDStRL 76 (2017), S. 443.

[115] Z. B. *Ulrich Scheuner*, VVDStRL 23 (1966), S. 106 ff.

[116] Vgl. z. B. *Peter Häberle*, VVDStRL 45 (1987), S. 251; *ders.*, VVDStRL 54 (1995), S. 105; *Reinhard Mußgnug*, VVDStRL 60 (2001), S. 350; *Günter Püttner*, VVDStRL 60 (2001), S. 591; *Martin Morlok*, VVDStRL 65 (2006), S. 218.

[117] So *Hans Peter Ipsen*, VVDStRL 16 (1958), S. 113.

[118] Vgl. schon *Hans Kelsen*, VVDStRL 4 (1928), S. 168 ff.; *Hans Peters*, VVDStRL 23 (1966), S. 249 ff.; *Martin Heckel*, VVDStRL 59 (2000), S. 303 ff.

[119] *Heinz Heckhausen*, Zur Rolle und Bedeutung wissenschaftlicher Fachgesellschaften (1987), 1994, S. 19.

[120] *Wolfram Höfling*, VVDStRL 70 (2011), S. 82.

g) Intensive fachpublizistische Umrahmung der Tagungen

Wie wohl für kein sonstiges jährlich tagendes wissenschaftliches Forum in Deutschland sind für die Jahrestagungen der Vereinigung regelmäßige Begleitaufsätze aus der Feder von Kollegen in Fachzeitschriften charakteristisch. Sie sollen vorbereitend die Diskussionen und Referenten anregen und die Fachöffentlichkeit themensetzend informieren. Auf dem Höhepunkt dieser Aktivitäten stellten sie die Referenten vor ganz erhebliche Herausforderungen. Sie sollten etwas „Neues" zum Thema sagen, obwohl unmittelbar zuvor zu exakt demselben Thema bis zu sieben (so 1988 zum Thema „Der Gleichheitssatz"[121]) Beiträge erschienen waren. Schon früh wurde die Institution der Begleitaufsätze für die Berichterstatter auf der Tagung als problematisch angesehen. So war es konsequent, wenn mit Ausnahme des DVBl. nach den Übertreibungen Ende der 1980er Jahre eine Zeitschrift nach der anderen auf eine Veröffentlichung von Begleitaufsätzen verzichtete; erst seit 2015 aus Anlass der 75. Jahrestagung veröffentlicht auch die NVwZ wieder solche Abhandlungen. Sie verdeutlichen eine wissenschaftskulturelle Eigenart der Jahrestagungen: Diese stellen nicht nur einen Diskussionszusammenhang zwischen den Mitgliedern her, sondern auch zwischen den Publikationsformaten und Institutionen, die den äußeren Prozess der Wissenschaft des Öffentlichen Rechts strukturieren.

Von Anfang an wurden die Jahrestagungen nachträglich auch von einem dichten Netz von Tagungsberichten in Fachzeitschriften aus der Feder Beteiligter begleitet. Zeitweilig (zwischen 1966 und 1980) erschienen so regelmäßig Berichte in bis zu acht verschiedenen Zeitschriften; auch heutzutage sind es noch vier. Diese Praxis der Tagungsberichte spiegelt zunächst einmal einen Anspruch der Vereinigung selbst: Man wird für alle Berichterstatter einen starken Willen zur möglichst wirkungsvollen Außendarstellung auch der Vereinigung als solcher erblicken dürfen. Er wurde von einem Selbstverständnis getragen, dass die Diskussionen von wesentlicher Bedeutung für die Entwicklung des bundesdeutschen Verfassungsstaats und seiner wissenschaftlichen Diskurse sind: Es ging um die Bewahrung und Entfaltung wissenschaftlicher Definitionsmacht.

III. Vereinigungskultur zwischen Kontinuität und Wandel

1. Kontinuitäten

a) Ausgeprägtes Traditionsbewusstsein

Die 1922 gegründete Vereinigung hat sehr unterschiedliche verfassungsrechtliche Lagen überdauert; daraus speist sich eine andauernde Pflege ihrer Traditionen. Unter den 52 Staatsrechtslehrern, die sich 1949 in Heidelberg zur Neugründung zusammenfanden, war gut die Hälfte schon 1931 Mitglied der Vereinigung gewesen; deshalb haben sie sich

---

[121] Jeweils unter diesem Titel: *Gerhard Robbers*, DÖV 1988, S. 749; *Friedrich Schoch*, DVBl. 1988, S. 863; *Christoph Gusy*, NJW 1988, S. 2505; *Rudolf Wendt*, NVwZ 1988, S. 778; *Rupert Stettner*, BayVBl. 1988, S. 545; *Michael Sachs*, NWVBl. 1988, S. 295; zudem *Hans-Wolfgang Arndt*, Gleichheit im Steuerrecht, NVwZ 1988, S. 787.

weitestgehend an den Usancen jener Zeit orientiert.[122] Das ermöglichte auch den Anschein, die NS-Zeit mit Stillschweigen übergehen zu können[123] und unter gewandelten Verfassungszuständen einfach fortzusetzen, was mit dem faktischen Untergang der Weimarer Reichsverfassung beendet worden zu sein schien, nun aber nur 16 Jahre lang unterbrochen war, zumal von Anfang an scheinbar selbstverständlich auch die vier vor 1945 aktiven Widerstandskämpfer, die NS-Opfer und alle Emigranten (mit Ausnahme der beiden dauerhaft in den USA ansässigen) als Mitglieder mit dabei waren; diese waren zudem gezielt durch vier der Sozialdemokratie eng verbundene nicht habilitierte Honorarprofessoren verstärkt worden (zuvor und danach die einzigen in der Geschichte der Vereinigung). Die vorbildgebende Rolle der acht Weimarer Tagungen spiegelt sich nicht nur in der in Weimar begründeten und umstandslos fortgesetzten Veröffentlichungsreihe im selben Verlag.[124] Sämtliche historischen Vergegenwärtigungen aus Anlass der Reaktivierung von 1949[125] oder von Jubiläen[126] richten stets auch den Blick auf historische Kontinuitätslinien, ebenso Tagungsbände,[127] viele Diskussionsbeiträge,[128] vorbereitende Zeitschriftenaufsätze zu Themen der bevorstehenden Jahrestagung der Vereinigung,[129] Berichte von den Jahrestagungen[130] oder teilweise auch die Referate selbst.[131] Alles das ist Ausdruck eines ausgeprägten historischen Bewusstseins, selbst bei der Wahl der Tagungsörtlichkeiten: Seit der Gründungstagung 1922 in den Räumen des preußischen OVG wird regelmäßig favorisiert, wenn Vorträge und Aussprachen in einem entsprechenden Rahmen stattfinden können, etwa in geschichtlichen Erinnerungsorten;[132] Gleiches gilt für die Örtlichkeiten von den Empfängen.

b) Wissenschaftlicher Diskurs als zentrale Aufgabe

Bis heute steht an der Spitze der drei satzungsgemäßen Aufgaben die Klärung wissenschaftlicher und Gesetzgebungsfragen durch Aussprache in Versammlungen der Mit-

---

[122] So auch *Frieder Günther*, Denken vom Staat her, 2004, S. 76; *Ipsen*, Vereinigung (Fn. 29), S. 7 f.

[123] Vgl. *Stolleis*, Geschichte IV (Fn. 68), S. 83; krit. *Ernst Friesenhahn*, Staatsrechtslehrer und Verfassung, 1951, S. 7; *Andreas Kley*, in diesem Band, VI. S. 39 (72 f.); vgl. zu Einzelheiten im nachstehenden Text *Schulze-Fielitz*, Wissenschaftskultur (Fn. 1), S. 20 ff.; s. auch *Jens Kersten*, in diesem Band, S. 829 (839).

[124] *Starck*, Vereinigung (Fn. 65), S. 125; *Stolleis*, Geschichte IV (Fn. 68), S. 85 ff.

[125] *Richard Thoma*, Eröffnungsansprache, VVDStRL 8 (1950), S. 1.

[126] Von z. B. *Konrad Hesse*, Zum 50. Jahrestag der Gründung der Vereinigung der Deutschen Staatsrechtslehrer, AöR 97 (1972), S. 345 bis *Jochen Frowein*, Ansprache des Vorsitzenden Jochen Abr. Frowein, VVDStRL 60 (2001), S. 7.

[127] Zuletzt VVDStRL 79 (2020), S. 5.

[128] Beispiele aus jüngerer Zeit: *Karl Doehring*, VVDStRL 48 (1990), S. 155; *Eberhard Schmidt-Aßmann*, VVDStRL 56 (1997), S. 294; *Peter Häberle*, VVDStRL 65 (2006), S. 88; *Hans-Ullrich Gallwas*, VVDStRL 69 (2010), S. 351.

[129] Z. B. *Christian Tietje*, Die Staatsrechtslehre und die Veränderung ihres Gegenstandes: Konsequenzen von Europäisierung und Internationalisierung, DVBl. 2003, S. 1081 (1081 ff.).

[130] Z. B. *Dieter Grimm*, Staatsrechtslehrertagung 1980 in Innsbruck, AöR 106 (1981), S. 115.

[131] Jüngst wieder *Wolfram Cremer* und *Benjamin Schindler*, Rechtsanwendungsgleichheit im Mehrebenensystem, VVDStRL 78 (2019), S. 117 (119 ff.) bzw. S. 167 (168 f., 172, 173 f.).

[132] Z. B. Sitzungssaal des Römer (Frankfurt 1929); Reichstagsgebäude (Berlin 1979); Neues Palais im Garten von Sanssouci (Potsdam 1998); Paulskirche (Frankfurt 2005); der alte neue Plenarsaal des Bundestages (Bonn 2018).

glieder. Zweitrangig werden die Sorge um die ausreichende Berücksichtigung des Öffentlichen Rechts im Hochschulunterricht und bei Prüfungen, drittrangig „in wichtigen Fällen" Stellungnahmen durch Eingaben an Regierungen oder Parlamente oder schriftliche öffentliche Kundgebungen genannt. Dessen ungeachtet ist auch für die Vereinigung wie für viele andere Fachgesellschaften eine gewisse Introvertiertheit und wissenschaftspolitisch eher marginale Rolle kennzeichnend.[133] Ganz im Zentrum ihres Wirkens stehen seit 100 Jahren die wissenschaftlichen Vorträge und ihre Diskussion auf den Jahrestagungen.

c) Politische Zurückhaltung

Zu Stellungnahmen der Vereinigung zu hochpolitischen Fragen ist es schon deshalb fast nie[134] gekommen, weil zwei Drittel aller Mitglieder im Wege einer schriftlichen Abstimmung zustimmen müssten (§ 8 der Satzung). Zudem müsste die Vereinigung auf Basis ihrer spezifisch wissenschaftlichen Expertise immer auch für ihre Mitglieder aus nichtdeutschen Staaten sprechen. Unabhängig davon scheut die Vereinigung – trotz oder wegen der Nähe des Faches zu Staat und Politik – bis heute davor zurück, sich als solche in die (Tages-)Politik einzumischen. Sie sperrt sich gegen diese Politisierung, weil das Grundgesetz – ob „offene Verfassung" oder „Rahmenordnung" – regelmäßig mehr Alternativen zulässt als solche Aktivitäten nahelegen wollen. So mutierten einzelne Initiativen stets zu Stellungnahmen durch Gruppen von Staatsrechtslehrern: erstmals 1962 nahmen 14 zur „Spiegel"-Affäre Stellung, zuletzt 102 zur Verkleinerung des Bundestages durch Reform des Wahlrechts (2019)[135] oder jüngst 29 gegen ein Vertragsverletzungsverfahren der EU-Kommission gegen Deutschland (2021). Mag eine Spaltungsgefahr aufgrund vereinigungsinterner Konflikte heute auch weitgehend irreal (geworden) sein – als Hintergrundmotiv für die Präferenz politischer Zurückhaltung dürfte sie noch wirken.

d) Akademische Umgangsformen

Zum „Tagungsklima" gehört, dass die teilnehmenden Zuhörer eine gewisse Ernsthaftigkeit ihrer wissenschaftlichen Motivation deutlich werden lassen. Das findet seit Jahrzehnten darin einen Ausdruck, dass die Teilnehmer Kleidung in eher gedeckten Farben mit Krawatte zu tragen pflegen; dieser Habitus dominiert bis heute und scheint – ähnlich wie (früher) bei Opern-, Theater- oder Besuchen klassischer Konzerte den Künstlern gegenüber – eine gewissen Respekt gegenüber den Vortragenden zum Ausdruck zu bringen. Dieser Kleidungsstil ist lockerer geworden – aber „man" hört den Vorträgen nicht in Jeans und Pullover zu.

Versteht man Wissenschaft auch als einen akademischen Sozialisationsprozess,[136] so werden auch in den Aussprachen Regeln der Wissenschaft des Öffentlichen Rechts in

---

133 Vgl. *Heckhausen*, Fachgesellschaften (Fn. 119), S. 7.

134 Zu einer Ausnahme 1931 Nw. bei *Schulze-Fielitz*, Wissenschaftskultur (Fn. 1), S. 11 f.; *Andreas Kley*, in diesem Band, II.4. S. 39 (46 f.).

135 Ausf. Nachweise bei *Schulze-Fielitz*, Wissenschaftskultur (Fn. 1), S. 195 ff.

136 S. näher *Schulze-Fielitz*, Staatsrechtslehre (Fn. 2), S. 13 ff. m. w. N.

einem eigengearteten „sozialen Feld" (i. S. von *Pierre Bourdieu*) gelernt.[137] Der Habitus von Staatsrechtslehrern wird durch Teilnahme an einem komplexen „Spiel" (in Form des Mitmachens, Abguckens, Ausprobierens, Einübens) mimetisch gelernt,[138] wie unbewusst auch immer ein solches disziplinspezifisch implizites, d. h. nicht vollständig verbal explizierbares Wissen über angemessenes und erfolgreiches wissenschaftliches Verhalten emotional weitergegeben werden mag.[139] Das gilt zumal dann, wenn bei Rekrutierung des wissenschaftlichen Nachwuchses in den Rechtswissenschaften die sozialen Kompetenzen eine größere Rolle spielen sollten als in anderen Wissenschaften.[140]

2. Wandlungsprozesse

a) Aufnahmepraxis

Seit einer Satzungsänderung 1956 stellten die Aufnahmevoraussetzungen ausdrücklich auf eine Habilitation oder planmäßige Professur im Fach Staatsrecht und einem weiteren öffentlich-rechtlichen Fach ab. Als im Zuge der Neugründung der Universität Bremen 1971 vielfach Nichthabilitierte auf planmäßige Professuren für Öffentliches Recht berufen wurden, fasste ein Beschluss der Mitgliederversammlung am 1971 die Aufnahmevoraussetzungen neu: Gefordert war nun, dass das Mitglied „seine Befähigung zu Forschung und Lehre durch hervorragende wissenschaftliche Leistung nachgewiesen hat", die den bisher üblichen Anforderungen an die Habilitation entspreche. Eine planmäßige Professur allein schien nun (anders als vorher) nicht mehr zu reichen. Diese Diskriminierung wurde weithin als auch politisch motiviert verstanden.[141] Der implizite Anspruch auf eine materielle „Qualitätskontrolle" von universitären Habilitations- oder Berufungskommissionen[142] führte zwischen 1984 und 1997 zu hitzigen Aufnahmekontroversen, wenn die wissenschaftliche Bewertung zusätzlich mit politischen Konnotationen verbunden war. In den 25 Jahren seitdem hat es keine Einsprüche gegen Aufnahmeanträge mehr gegeben, weil eine „hervorragende wissenschaftliche Leistung" stets vermutet wurde. Darin wird ein kultureller Wandel des „Mainstreams" unter den tagungsaktiven Mitgliedern manifest. Politische Vorverständnisse werden bei den formellen Aufnahmevoraussetzungen weithin zurückgestellt, Inhaber planmäßiger Professuren gelten auch ohne Habilitation als wissenschaftlich hervorragend, und ein breiter wissenschaftlicher und politischer Pluralismus gilt eher als für die Wissenschaft förderlich.

---

[137] Vgl. *Steffani Engler*, „In Einsamkeit und Freiheit"?, 2001, S. 146 ff.

[138] Vgl. *Beate Krais/Gunter Gebauer*, Habitus, 2002, S. 55 ff., 61 ff.; *Regula Julia Leemann*, Chancenungleichheiten im Wissenschaftssystem, 2002, S. 30 ff.; *Ulrike Felt/Helga Nowotny/Klaus Taschwer*, Wissenschaftsforschung, 1995, S. 78 f.

[139] Dazu *Schulze-Fielitz*, Staatsrechtslehre (Fn. 2), S. 15 f.; allg. *Felt u. a.*, Wissenschaftsforschung (Fn. 138), S. 131 f.

[140] Vgl. *Leemann*, Chancenungleichheiten (Fn. 138), S. 69 ff., 73, 75, 108 ff.

[141] Vgl. z. B. *Stolleis*, Vereinigung (Fn. 34), S. 356; *Uwe Wesel*, Die verspielte Revolution, 2002, S. 227.

[142] Vgl. *Hans Peter Ipsen*, 50 Jahre deutsche Staatsrechtswissenschaft im Spiegel der Verhandlungen der Vereinigung der Deutschen Staatsrechtslehrer. II. Die Verhandlungen von 1949 (Heidelberg) bis 1971 (Regensburg), AöR 97 (1972), S. 375 (375 f. mit Fn. 3).

Abbildung 1: Die neuaufgenommenen Mitglieder auf der Tagung in Graz 2009.

b) Tagungsatmosphäre

Seit 1949 hat sich die Mitgliederzahl in verschiedenen Entwicklungsschüben bis heute nahezu verzehnfacht. Dieses Größenwachstum hat zwar sozial oder „bewußtseinstechnisch" nicht zu quasi-revolutionären Veränderungen des deutschen Professorenmilieus geführt.[143] Aber es konnte nicht ohne Folgen für die Tagungskultur bleiben, sei es für die gegenseitige Wahrnehmung, sei es für den Verlauf der Jahrestagungen. Die einem größeren Seminar nahekommende Atmosphäre auf den Jahrestagungen in den 1950er Jahren (wie einst auch in den 1920er Jahren) mit regelmäßig nie mehr als fünf Dutzend Teilnehmern kann nur begrenzt mit Tagungen mit mehreren hundert Teilnehmern fünfzig Jahre später verglichen werden.[144] Nachdem die ca. 130 Teilnehmer in Bern 1969 erstmals mit Namensschildern ausgestattet worden waren, lehnte der Vorsitzende *Hans Schneider* diese Praxis für Speyer 1970 noch ab, um „den familiär-kollegialen Umgangsstil zu retten": Er wollte stattdessen die neuen Mitglieder der Mitgliederversammlung persönlich einzeln vorstellen und sie um einige Sätze bitten.[145] Die heute selbstverständlichen Namensschilder stehen symptomatisch für einen Wandel, an dem die seitdem unveränderte Praxis einer Vorstellungsrunde der Neumitglieder während der Mitgliederversammlung nichts hat ändern können. Erstmals waren über 200 Teilnehmer in München 1986, über 300 in Hamburg 2003; seitdem schwankte die Teilnehmerzahl zwischen dem abso-

143 So *Peter Moraw*, Der deutsche Professor vom 14. bis zum 20. Jahrhundert (1998), in: ders., Gesammelte Beiträge zur Deutschen und Europäischen Universitätsgeschichte, 2008, S. 353 (367).

144 Dazu *Kloepfer*, Zustand (Fn. 36), S. 483 f.

145 Schreiben vom 25.9.1970 an *Zacher* (Archiv VDStRL, Ordner-Nr. 25a, Reg.-Nr. 1).

luten Höhepunkt von 369 Anmeldungen von Mitgliedern in Frankfurt 2005 und 246 Angemeldeten in Greifswald 2013.

c) Professionalisierung

Unverkennbar sind Prozesse einer Professionalisierung im Sinne einer internen Formalisierung von Routinen sowie einer Annäherung an die Normalität wissenschaftlicher Fachgesellschaften. Zur Formalisierung im ersten Sinne gehört etwa, dass die Organisation der Tagungen von einem speziell für ein Jahr nur zu diesem Zweck kooptierten Vorstandsmitglied geleistet wird. Zur Professionalisierung gehört, dass Vorstandswahlen (seit 1967) durch geheime Wahl mit Hilfe von Stimmzetteln erfolgen. Dazu gehört die Umwandlung der Regelkommunikation auf den elektronischen Weg (E-Mail).

Wichtiger sind Prozesse der Annäherung an die „Normalität" wissenschaftlicher Fachgesellschaften. Eine Reihe von signifikanten Veränderungen setzt sich von Vielem ab, was mit der gelegentlich verwendeten Kategorie „Zunft" der Staatsrechtslehrer einst oft auch assoziiert wurde. So wird etwa ein Austritt aus der Vereinigung nicht mehr als außerordentliches Ereignis wahrgenommen. Speziell die Abkehr von der zeitweise engen Verknüpfung der Tagungen mit einem Ballabend, allgemein die Zurückstufung des Begleitprogramms und der Begleitpersonen scheinen den rein fachlichen Tagungszweck heute stärker zu betonen. Auch für die deutsche Staatsrechtslehre gilt, dass sie unter dem Einfluss ihres Wachstums in ihrem Charakter als eine Forscher-Gemeinschaft geschwächt wird, in der „persönliche Bekanntschaft, gemeinsame Ausbildung und der Einfluss hervorragender und mächtiger Professoren jene Konformität und interne Geschlossenheit erzeugen" konnten, welche die Mitglieder „zu einer quasi handwerklichen Zunft oder Korporation" zusammenschweißen konnten.[146] Vielfältige Pluralisierungsprozesse haben manche Kritik an einer hierarchisch-zünftigen Struktur „erledigt",[147] ohne dass solches die Eigenart einer in gewisser Weise geschlossenen Gesellschaft fundamental geändert hätte.

IV. Entwicklungslinien der Vereinigungskultur

Ein Blick zurück auf ein Jahrhundert Vereinigungskultur lässt sich unter verschiedenen Entwicklungslinien zusammenfassen, die die Vereinigung z. T. wesentlich verändert haben. Sie gründen in Prozessen tiefgreifenden gesellschaftlichen Wandels, von denen die Vereinigung nicht unberührt geblieben ist.

---

[146] So für die Historiker: *Lutz Raphael*, Geschichtswissenschaft im Zeitalter der Extreme, 2003, S. 219.

[147] So *Walter Pauly*, Wissenschaft vom Verfassungsrecht: Deutschland, in: Bogdandy/Cruz/Villalón, Handbuch (Fn. 16), § 27 Rn. 19.

1. Pluralisierungsprozesse

a) Personale Diversität

Personal besonders sichtbar ist der inzwischen deutliche Wandel von einer jahrzehntelang „bloßen Herrenrunde" zu einer Vereinigung mit männlichen und weiblichen Mitgliedern. *Ilse Staff*, dem 1969 in Frankfurt habilitierten ersten weiblichen Mitglied, folgten erst in den 1980er Jahren weitere Kolleginnen.[148] Mittlerweile bilden sie eine Hundertschaft innerhalb der Vereinigung, ohne dass sich deshalb schon die „männliche Herrschaft" (*Pierre Bourdieu*) durch eine auch in der Vereinigung männlich geprägte Fachkultur völlig verflüchtigt hätte.[149]

Der Anteil von nur 14,3 % an der Gesamtzahl der Vereinigungsmitglieder ist vielleicht weniger irreführend, wenn man nur die Neuaufnahmen der letzten zwei Jahrzehnte betrachtet: Von den 2000–2009 neu aufgenommenen 169 Mitgliedern sind 42 weiblich (= 25 %), im nächsten Jahrzehnt waren es 40 von 138 (= 29 %); unter den Teilnehmern auf der letzten Jahrestagung in Marburg 2019 waren von den 262 gemeldeten Mitgliedern 21 % weiblich. Im Vergleich zu den Jahrzehnten zuvor muss das als eine signifikante Veränderung des Binnenklimas der Vereinigung gelten, auch wenn sie (nicht nur) einer feministisch getönten Kritik kaum als ausreichend erscheinen kann.[150] Das gilt auch für den Umstand, dass der Anteil an weiblichen Referenten in diesen beiden Jahrzehnten seit 2000 jeweils auf 12 % bzw. 21 % gestiegen ist. Erstmals wurde 2002 mit *Beatrice Weber-Dürler* eine Frau Vorstandsmitglied, 2022 mit *Angelika Nußberger* eine Frau Vorsitzende.

Weniger offensichtlich sind Verschiebungen in der Altersstruktur der Tagungsteilnehmer. In den ersten drei Jahrzehnten nach der Neukonstituierung lässt sich kontinuierlich ein deutlich absinkender Altersdurchschnitt feststellen, von 54,4 Jahren (1949) auf 45,9 Jahre (1979).[151] Darin spiegelt sich der Zustrom junger Privatdozenten im Zuge der Ausweitung von Fakultäten und Universitäten, so wie sich die anschließende Zunahme auf 50,0 Jahre (1989) mit einem Rückgang dieses Zustroms in den 1980er Jahren erklären lässt. Anders läuft dem außerordentlichen Mitgliederwachstum nach 1991 eher eine leichte Steigerung des Altersdurchschnitts auf den Tagungen parallel, zuletzt deutlich in Marburg 2019 auf 53,2 Jahre. Das gilt indessen tendenziell wohl auch schon für die beiden Jahrzehnte seit der Jahrtausendwende, in denen die Teilnehmerquote im Vergleich zu früheren Jahrzehnten im Durchschnitt auf 50 % bzw. 39,1 % gesunken ist. Das lässt sich vermutlich nur mit grundlegenden Veränderungen der Rolle der Vereinigung und / oder der Einstellung ihrer Mitglieder zu ihr erklären.

---

[148] S. dazu *Ute Sacksofsky*, Ilse Staff – die erste deutsche Staatsrechtslehrerin, in: 100 Jahre Rechtswissenschaft in Frankfurt, 2014, S. 185.

[149] Vgl. dazu *Cristina Möller*, Herkunft zählt (fast) immer. Soziale Ungleichheiten unter Universitätsprofessorinnen und -professoren, 2015, S. 142 ff.; *Leemann*, Chancenungleichheiten (Fn. 138), S. 40 ff.

[150] Vgl. etwa *Ulrike Lembke/Dana-Sophia Valentiner*, Diskriminierung und Antidiskriminierung in der juristischen Ausbildung, in: Bretthauer u. a. (Hrsg.), Wandlungen im Öffentlichen Recht, 2020, S. 279 (296 ff.).

[151] Einzelheiten bei *Schulze-Fielitz*, Wissenschaftskultur (Fn. 1), S. 193.

b) Politische Pluralität

Auch der Prozess einer politischen Pluralisierung innerhalb der Vereinigung ist unverkennbar. Noch in den 1950er Jahren war der vereinigungsinterne *mainstream* sehr konservativ,[152] geprägt von Staatsrechtslehrern, die oft schon in Weimar der politischen Rechten oder nach 1933 dem Nationalsozialismus eng verbunden waren und nicht „über Nacht Demokraten und demokratische Werte vertretende Staatsrechtslehrer" wurden.[153] Sie mussten in den 1950er Jahren den Zugang zur pluralistischen Demokratie mit ihrer sehr spezifischen pluralen Richtungsvielfalt durch Parteien und Interessen(-verbänden) erst noch finden, war doch „die politische, ideologische und mentale Einwurzelung des NS-Regimes in der deutschen Gesellschaft" noch tiefgreifend wirksam.[154]

Das änderte sich während der 1960er und 1970er Jahre mit einer unter den Verhältnissen des Grundgesetzes politisch sozialisierten neuen, um 1930 herum geborenen Gelehrtenkohorte und ihrer Hinwendung zum Staat des Grundgesetzes als Prototyp des westlichen Verfassungsstaats.[155] Damit war aber keine deutliche Verschiebung des politischen Koordinatensystems innerhalb in der Vereinigung „nach links" verbunden. Das änderte sich erst in den 1980er und 1990er Jahren. Die neuen Mitglieder waren in ihrer universitären Sozialisation zwar auch durch die Veränderungen im Gefolge der Studentenbewegung der „1968er" (i. S. einer Überwindung tradierter autoritären Verhaltensdispositionen[156]) mitgeprägt worden, weit mehr aber durch die etwa zwischen 1959 und 1973 gesellschaftsweiten fundamentalen Verschiebungen von kulturellen und politischen Wertungen als Folge eines Modernisierungsprozesses in der Gesellschaft der Bundesrepublik.[157] Seit den 1980er Jahren schlug sich das in der Vereinigung darin nieder, dass „Schulen aufgebrochen", festgefahrene Debatten entpolitisiert und ein bewussteres Wissenschaftsverständnis gegen die Vermachtung in der deutschen Staatsrechtslehre in Stellung gebracht wurden.[158] Der Wandel der Aufnahmepraxis in der Vereinigung war nur symptomatisch für ihre veränderte Zusammensetzung. Heute darf die Vereinigung als solche nicht mehr als eindeutig „konservativ" gelten: „In der Wissenschaft des öffentlichen Rechts macht sich, ablesbar an den Vorständen und Referaten der Staatsrechts-

---

[152] Allg. begriffliche Konkretisierungen bei *Andreas Kulick/Johann Justus Vasel*, Das konservative Gericht, 2021, S. 4 ff.; *Otto Depenheuer*, Grundrechte und Konservatismus, in: Merten/Papier (Hrsg.), HGR, Band I, 2004, § 11 Rn. 11, 18 ff.; *Görg Haverkate*, Was heißt Konservativ?, in: FS für Martin Kriele, 1997, S. 123 (bes. 138 ff.).

[153] *Rainer Wahl*, Die normative Kraft der Verfassung, in: Krüper/Payandeh/Sauer (Hrsg.), Konrad Hesses normative Kraft der Verfassung, 2019, S. 19 (22).

[154] Vgl. *Ulrich Herbert*, Liberalisierung als Lernprozeß. Die Bundesrepublik in der deutschen Geschichte, in: ders. (Hrsg.), Wandlungsprozesse in Westdeutschland, 2002, S. 7 (15 ff.).

[155] Vgl. in diesem Sinne zsfssd. *Frieder Günther*, „Jemand, der sich schon vor fünfzig Jahren selbst überholt hatte", in: Jestaedt, Kelsen (Fn. 47), S. 67 (80 f.).

[156] Bilanzierend *Ingrid Gilcher-Holtey*, Die 68er Bewegung, 6. Aufl. 2018, S. 124, 127.

[157] Knappe Skizze bei *Ingrid Gilcher-Holtey*, 1968 – War da was?, in: Wengst (Hrsg.), Reform und Revolte, 2011, S. 103 (108 ff.); übersichtlich *Axel Schildt*, Materieller Wohlstand – pragmatische Politik – kulturelle Umbrüche. Die 60er Jahre in der Bundesrepublik, in: ders./Siegfried/Lammes (Hrsg.), Dynamische Zeiten, 2000, S. 21 (22 ff.); empirisch-statistisch ausf. *Helmut Klages*, Wertorientierungen im Wandel, 2. Aufl. 1985, S. 17 ff., 39 ff., pass.

[158] So zugespitzt zsfssd. *Oliver Lepsius*, Diskussionsbeitrag, in: Jestaedt, Kelsen (Fn. 47), S. 201.

lehrervereinigung, mehr und mehr ein liberaler, manche sagen: linksliberaler Mainstream breit".[159] Dennoch hatten alle diese Veränderungen für den persönlichen Umgang innerhalb der Vereinigung kaum sichtbare Folgen. Der wechselseitige Respekt, wie er in den akademischen Formen des Umgangs enthalten ist, bleibt bis heute prägend.

c) Wissenschaftliche Offenheit

Parallel zur personalen und politischen Pluralisierung lässt sich über die Jahrzehnte ein Prozess der Öffnung oder Verbreiterung des Verständnisses von dem belegen, was das „Gebiet des Öffentlichen Rechts" als Bezugspunkt der wissenschaftlichen Aussprachen kennzeichnet. Für die 1950er und 1960er Jahre sind mitunter zwei vereinigungsprägende Erscheinungsformen des Problemzugangs als „Schulen" im Gefolge von *Rudolf Smend* und *Carl Schmitt* stark betont worden.[160] Die Verblassung von Schulenstreitigkeiten[161] und damit von scharfen Polarisierungen[162] lässt sich auch methodisch als Kehrseite einer wissenschaftlichen Pluralisierung bei den Problemzugängen interpretieren. Die einstigen Vorbehalte gegenüber der Politikwissenschaft haben sich wohl weithin aufgelöst, die Kritik an sozialwissenschaftlichen Anleihen durch interdisziplinäre Brückenschläge ist weithin verstummt – es gibt keine methodischen Monopolansprüche bestimmter Arten des Problemzugangs mehr. Umgekehrt zeigen die Themen der Jahrestagungen ebenso wie die Neugründung des Arbeitskreises „Europäisches Verfassungsrecht" eine wachsende methodische Offenheit auch für die Rechtsvergleichung als europäische Zukunftswissenschaft.

2. Auswirkungen des gesellschaftlichen Wertewandels

a) Individualisierung

Die Kommunikationskultur in der Staatsrechtlehrervereinigung wird unvermeidlich von gesamtgesellschaftlichen Megatrends des Wandels von Werteinstellungen beeinflusst. So gehört zum soziologischen Alltagswissen, dass es seit Jahrzehnten in den westlichen Industriegesellschaften einen fundamentalen Wertewandel gibt.[163] Im Zuge dieser vielschichtigen Veränderungen gibt es auch immer wieder neue Schübe von institutionengeprägten Individualisierungsprozessen[164] hin zu einer Vielfalt unterschiedlicher Erwartungen auf persönliche Entfaltung durch aktive Gestaltung des eigenen Lebens.[165]

---

[159] So *Uwe Volkmann*, Zur heutigen Situation einer Verfassungstheorie, Der Staat 51 (2012), S. 601 (610).

[160] Vgl. *Günther*, Denken (Fn. 122), S. 34 ff., 112 ff., pass.

[161] Vgl. *Hans-Peter Schneider*, 50 Jahre Grundgesetz – Vom westdeutschen Provisorium zur gesamtdeutschen Verfassung, NJW 1999, S. 1497 (1503).

[162] *Konrad Hesse*, Die Welt des Verfassungsstaates, in: Morlok (Hrsg.), Die Welt des Verfassungsstaates, 2001, S. 11 (12).

[163] Zsfssd. *Andreas Reckwitz*, Das Ende der Illusionen, 2019, S. 83 ff., 92 ff., 210 ff.; begrifflich themensetzend *Ronald Inglehart*, The silent Revolution, 1977.

[164] Vgl. insoweit für die deutsche Diskussion grdl. *Ulrich Beck*, Jenseits von Stand und Klasse?, in: Kreckel (Hrsg.), Soziale Ungleichheiten, 1983, S. 35 (42 ff.); *ders.*, Risikogesellschaft, 1986, S. 205 ff.

[165] *Frank Vogelsang*, Soziale Verbundenheit, 2020, S. 15 f., 38 u. ö.

Mit ihnen ist auch verbunden, dass die Bindungs- und Attraktionskraft von herkömmlichen Institutionen und Organisationen mit ihren dauerhaft kollektiven Ansprüchen zugunsten von eher kurzfristig intendierten Bindungen des Einzelnen abnimmt. In der Vereinigung lassen sich die Zunahme von Austritten in den letzten Jahrzehnten oder die tendenziell abnehmende Quote der Mitglieder, die an den Jahrestagungen teilnehmen, umstandslos als Erscheinungsformen solcher in der Vereinigung eher schleichenden fundamentalen Entwicklungen einordnen. Auch der zahlenmäßige Rückgang der Begleitpersonen gründet zu einem großen Teil darin, dass die Ehefrauen oder -männer der Mitglieder als Ausdruck eines gesellschaftsweiten innerfamilialen Individualisierungsschubs vor allem in den höheren Bildungsschichten[166] mittlerweile überwiegend berufstätig sind, insoweit ihrem individuellen Lebensentwurf folgen und nicht mehr (nur oder auch) dem des Lebenspartners.[167]

b) Enthierarchisierung

Jedenfalls für die 1950er Jahre wurde für das Tagungsklima der Jahrestagungen in einer historischen Studie aus diesem Jahrtausend eine Prägung durch „autoritär-hierarchische Umgangsformen" diagnostiziert.[168] Indessen kann nicht plausibel gemacht werden, dass diese sich zur damaligen Zeit von sonstigen vergleichbaren gesellschaftlichen Feldern signifikant unterscheiden würden. Auch die These von einem wissenschaftlich subtil repressivem Binnenklima lässt sich kaum empirisch belegen.

Selbst wenn derartige Annahmen richtig sein sollten, so dürfte sich der Umgang innerhalb der Vereinigung spätestens in den letzten drei Jahrzehnten sehr wesentlich verändert haben. Das eher „konservative" Bewusstsein für gute Formen im Umgang miteinander geht über die üblichen Höflichkeitsregeln im kollegialen akademischen Umgang mit ihren komplexen sozialen Leistungen[169] nicht hinaus. Es bestätigt freilich mittelbar die These, dass darin nur ein herkunftsspezifischer, für das akademische Milieu kulturell „passfähiger" Habitus abgebildet sein könnte,[170] weil die Beherrschung der Umgangsnormen das Gruppenethos und die Geltung der Werte bekräftigt, in denen sich die gefühlte Zusammengehörigkeit der Vereinigung manifestiert.[171] Auch ein verbreiteter Sinn für Anciennität als eine entlastende Vorzugsregel bei formalen Entscheidungszwängen oder der psychologisch subkutane oder implizite Respekt vor der unbeschriebenen Reputation des anderen sind eher wissenschaftsspezifische Erscheinungsformen des akademischen Umgangs als Ausdruck einer Tendenz zur Hierarchisierung. Versteht man Liberalisierung als einen „wert- und handlungsbezogenen Begriff der politischen Kultur, der sich vor allem auf Mentalitäten, Wahrnehmungs-, Aktions- und Reaktions-

---

[166] Vgl. *Andreas Hirseland/Kathrin Leuze*, Jenseits der traditionellen Paarbeziehung?, in: Berger/Hitzler (Hrsg.), Individualisierungen, 2010, S. 191 (192 ff., 196, 203, 205).

[167] Deshalb wirkt heutzutage die Kritik am „Spagat-Professor" nur noch unzeitgemäß.

[168] *Günther*, Denken (Fn. 122), S. 192, ferner S. 71, 77 (für die 1950er Jahre).

[169] Vgl. *Rainer Paris*, Der Wille des Einen ist das Tun des Anderen, 2015, S. 246 f.

[170] Vgl. *Möller*, Herkunft (Fn. 149), S. 60 ff., 108 f., 112 f., 116 ff., 182 f.; *Leemann*, Chancenungleichheit (Fn. 138), S. 35 ff.

[171] Vgl. *Paris*, Wille (Fn. 169), S. 248.

muster bezieht, mithin auf Dispositionsstrukturen der Gesellschaft",[172] dann unterlag auch die Vereinigung in jeder Hinsicht einer solchen „Liberalisierung als Lernprozess".[173] Deutlich lässt sich das beispielhaft an Veränderungen in der persönlichen Ansprache während der Diskussionen auf den Jahrestagungen ablesen.[174]

3. *Internationalisierungstendenzen*

Internationalisierung i. S. einer nationale Grenzen und Fachkulturen überschreitenden sozialen Zusammenarbeit der Wissenschaftler eines Fachgebiets gehört zu den Megatrends der Wissenschaftsentwicklung der Gegenwart. Demgegenüber ist die Staatsrechtslehrervereinigung von Anfang an durch eine eher begrenzte, vor allem deutschsprachige Internationalität geprägt. Sie hat Mitglieder aus Österreich und der Schweiz gewonnen, hat sich 2006 auch Professoren an nicht deutschsprachigen juristischen Fakultäten anderer ausländischer Universitäten (bei hervorragenden Veröffentlichungen auch in deutscher Sprache) geöffnet, und sie hat durch Gründung eines Gesprächskreises zum Europäischen Verfassungsrecht dem Europäischen Recht, z. T. auch mit ausländischen Referenten, besondere Bedeutung eingeräumt. Dennoch bleiben auf den Jahrestagungen der Vereinigung immer das nationale Staats- und Verwaltungsrecht und seine Grundlagen und das national umgesetzte oder ausgelegte Europarecht der zentrale Bezugspunkt der Erörterungen. Eine Internationalisierung der Wissenschafts- und Kommunikationskultur stößt daher, abweichend von nahezu allen anderen fachwissenschaftlichen Kommunikationsräumen, von vornherein auf spezifische Grenzen.

V. Zukunft der Vereinigungskultur

Haben die Besonderheiten der Vereinigung im Vergleich mit anderen Fachgesellschaften Zukunft? Daran mag zweifeln, wer manche ubiquitären Eigenarten anderer Fachgesellschaften in den Geistes- und Sozialwissenschaften für attraktiv und vorbildlich ansieht. Für diese Kritik erscheinen die bisherigen Vereinigungsstrukturen vor dem Hintergrund des Wandels der Mitgliederzahlen als ein bloßes Festhalten an alten Ritualen und reformbedürftig, wenn nicht gar hoffnungslos rückständig. Es ist indessen ein Kennzeichen guter Institutionen, dass sie sich ihre Regeln und Routinen durch Reaktualisierung immer wieder neu aneignen;[175] dabei bedarf es stets auch der Erörterung von Einwänden gegen Alternativformate.[176]

Die vor diesem Hintergrund beachtliche Kontinuität der Vereinigungsstrukturen kann nur damit erklärt werden, dass sich mit ihnen manifeste Vorteile verbinden. Die

---

[172] So *Herbert*, Liberalisierung (Fn. 154), S. 14.

[173] Vgl. auch *Rudolf*, Interview (Fn. 31), S. 12 f.

[174] Vgl. ausf. *Schulze-Fielitz*, Wissenschaftskultur (Fn. 1), S. 206 ff.

[175] Vgl. *Rahel Jaeggi*, Was ist eine (gute) Institution?, in: Forst u. a. (Hrsg.), Sozialphilosophie und Kritik, 2009, S. 528 (542 f.).

[176] Vgl. etwa am Beispiel von Soziologentagen *Rainer Paris*, Normale Macht, 2005, S. 17 f.

Eigenart des Öffentlichen Rechts, namentlich des Verfassungsrechts verlangt zur Ermöglichung der Integrationsfunktion der Verfassung[177] einen auf Klärung durch Konsens und Dissens angelegten kommunikativen Austausch über deren Bedeutung;[178] dieser kann wegen der Deutungsoffenheit der Verfassung erst im Diskurs über die politische Ordnung Identität stiften.[179] Eine Fragmentierung juristischen Wissens im öffentlichen Recht[180] und eine daraus folgende Ausdifferenzierung durch stärker spezialisierte Diskurse (und entsprechende spezialisierte Fachgesellschaften oder Sektionen) birgt im Ansatz einen Verlust an Intra- und Interdisziplinarität, die in der Wissenschaftspolitik der Gegenwart geradezu als Schlüssel für Innovationen angesehen werden und durch den Plenarcharakter der Diskussionen in der Vereinigung gefördert werden.[181] Plenardiskussionen begrenzen die Gefahr von Diskussionen in wissenschaftlich spezialisierten „Echokammern“ und sperren sich so auch gegen Ideologisierungstendenzen einer kurzschlüssigen Moralisierung und Politisierung der rechtswissenschaftlichen Forschung. Zudem konstituiert der „aristokratisch“ geschlossene Kreis habilitierter Staatsrechtslehrer ein Forum mit einem theoretisch-thematischen Anspruch, der sonst bei keinen anderen, regelmäßig von praktischen Bedürfnissen des Rechtssystems dominierten Tagungsformen gepflegt wird. Insoweit bleibt die Staatsrechtslehrervereinigung einzigartig – solange eine Mehrheit ihrer Mitglieder diese ihre besonderen Eigenarten als vorteilhaft wahrnimmt.

---

177 Übersichtlich *Uwe Volkmann*, Rechts-Produktion oder: Wie die Theorie der Verfassung ihren Inhalt bestimmt, in: Der Staat 54 (2015), S. 35 (50 ff.); *Gunnar Folke Schuppert*, Staatswissenschaft, 2003, S. 762 ff., 766 ff.

178 Vgl. *Andreas Voßkuhle*, Verfassungsstil und Verfassungsfunktion, AöR 119 (1994), S. 35 (46 ff.).

179 *Brodocz*, Dimension (Fn. 9), S. 228 ff., 238 ff.

180 Vgl. *Thomas Vesting*, Wie verändert der Medienwandel juristische Rezeptionsprozesse?, in: Marsch u. a., Schriften (Fn. 109), S. 63 (74 f.).

181 Vgl. *Helmuth Schulze-Fielitz*, Der Schutzauftrag des Rechts – im Lichte der 70. Staatsrechtslehrertagung 2010 in Berlin, RW 1 (2010), S. 440 (441 ff., 445 f.).

Die Vereinigung und Österreich

Ewald Wiederin

I. Am Beginn: Die Vereinigung als Vorgriff auf die Reichs- und Rechtseinheit 245
II. Österreicher als Mitglieder der Vereinigung 246
1. Präsenz in der Zwischenkriegszeit 246
2. Zurückhaltung nach der Neugründung und ihre Überwindung 248
3. Austritte und ihre Gründe 250
4. Verbreiterung der Mitgliedschaft seit 1995 252
5. Vergleichende Bemerkungen 252
III. Mittun: Österreichische Beteiligung in der Vereinigung 254
1. Tagungsorganisation 254
2. Vorstandstätigkeit 255
3. Berichterstattung 256
4. Diskussionsbeteiligung 258
IV. Gelten: Der Stellenwert der Vereinigung in Österreich 262
1. Irrelevanz der Vereinigung für den Stellenmarkt 262
2. Die Vereinigung als Ort grenzüberschreitender Kontaktpflege 263
3. Die Vereinigung als Surrogat einer österreichischen Fachvereinigung 264
4. Die Vereinigung als Maßstab im öffentlichen Recht 265
V. Gelten: Der Stellenwert Österreichs in der Vereinigung 267
1. Die österreichische Tradition als befruchtender Kontrast 267
2. Wertschätzung der österreichischen Offenheit gegenüber europäischem Recht und Rechtsvergleichung 269

I. Am Beginn: Die Vereinigung als Vorgriff auf die Reichs- und Rechtseinheit

Am 14. April 1924, auf der zweiten Tagung der Vereinigung, rief *Heinrich Triepel* in seiner Eröffnungsansprache den Kollegen aus Österreich, die zum ersten Male an den Beratungen teilnahmen, einen warmen Willkommensgruß zu:

„Daß sie und wir die Jünger einer einheitlichen deutschen Wissenschaft sind, darüber brauche ich kein Wort zu verlieren."[1]

Er bat die österreichischen Freunde um Verständnis, dass in Jena nur Fragen des deutschen Verfassungsrechts auf der Tagesordnung stünden. Doch die Zeit, da die Vereini-

---

[1] *Heinrich Triepel*, Eröffnungsansprache, VVDStRL 1 (1924), S. 5 (5).

gung, von einer unnatürlichen Trennung befreit, sich mit einer Verfassung Gesamtdeutschlands zu beschäftigen haben werde, sie werde bald kommen:

> „Denn nichts ist gewisser als dies, daß sich eine große Nation, wie die deutsche, die Einheit ihres Staates auf die Dauer von keiner äußeren Gewalt, und sei es das Diktat einer ganzen Welt, wird versagen lassen."[2]

Diese Überzeugung des ersten Vorsitzenden der Vereinigung fand auch in den Statuten ihren Niederschlag. Deutscher Staatsrechtslehrer war nach § 2 der Satzung,[3] wer an einer Universität des Deutschen Reichs, Österreichs oder an der deutschen Universität zu Prag das Staats- und Verwaltungsrecht lehrte und beforschte. Die Vereinigung war angelegt als Vorgriff auf eine künftige Reichs- und Rechtseinheit, die im Hinblick auf die Deutschschweiz weder realistisch war, noch erstrebenswert erschien. Die dortigen Universitäten blieben deshalb außen vor. Dass indes die deutsche Universität zu Prag in der Satzung angeführt wird, ist ein symbolisches Zeichen, mit dem die Zunft gegen den Verlust der sudetendeutschen Gebiete opponieren und das „Deutschtum" in der jungen tschechoslowakischen Republik protegieren wollte.

Die Tür zur Vereinigung stand für Österreich also weit offen, von allem Anfang an. Wie hat es diesen Zugang genutzt, über alle politischen Umbrüche hinweg, die die ersehnte Einheit brachten, sie aber nachhaltig diskreditierten? Welchen Stellenwert hatte und hat die Vereinigung hierzulande, und was zählt umgekehrt Österreich in der Vereinigung? Der folgende Beitrag geht diesen Fragen in zwei Doppelschritten nach. In den ersten beiden Abschnitten zeichnet er auf, welche Personen aus Österreich in der Vereinigung Mitglieder waren (II) und wie sie sich an ihr beteiligten (III). Dabei stehen Zahlen und Fakten im Vordergrund, weil es insoweit an Vorarbeiten fehlt und weil die inhaltliche Auseinandersetzung den thematischen Beiträgen dieses Bandes vorbehalten ist; mitunter geht es aber selbst hier nicht ohne Spekulationen ab. Die nachfolgenden beiden Abschnitte sind mit der Reputation jener Münze gewidmet, die nur schwer zu fassen ist, die aber in der Wissenschaft am meisten gilt: hier der Bedeutung der Vereinigung in Österreich (IV), dort dem Renommee Österreichs in der Vereinigung (V).

II. Dabeisein: Österreicher als Mitglieder der Vereinigung

1. Präsenz in der Zwischenkriegszeit

Bei der Gründung der Vereinigung am 13. Oktober 1922 in Berlin war aus Österreich niemand präsent. Die von *Heinrich Triepel* am 13. September 1922 versandten Einladungen galten wohl auch den österreichischen Fachvertretern, sie dürften diese aber zu kurzfristig erreicht haben, um zu Semesterbeginn nach Berlin zu reisen. Schon im Jahre 1924 gehörten jedoch etliche Personen mit Wohnsitz in Österreich der Vereinigung als Mit-

---

[2] *Triepel*, Eröffnungsansprache (Fn. 1), S. 6.

[3] Erster Abdruck bei *Heinrich Triepel*, Die Vereinigung der deutschen Staatsrechtslehrer, AöR 43 (1922), S. 349 (351 ff.).

glieder an: aus Wien *Hans Frisch*, *Walter Henrich*, *Hans Kelsen*, *Adolf Menzel*, *Adolf Merkl*, *Josef Redlich*, *Gustav Seidler*[4] und *Leo Wittmayer*; *Max Layer* aus Graz; aus Innsbruck *Max Kulisch* und *Karl Lamp*. Damit stellte die junge Republik elf von 81 Mitgliedern, also einen erheblichen Anteil, der sich nochmals vergrößert, wenn die Nationalität zum Kriterium genommen und die schon vor der Gründung der Vereinigung nach Deutschland gezogenen Österreicher *Hermann Heller*, *Rudolf Laun*, *Josef Lukas*, *Hans Nawiasky* und der in Prag lehrende *Ludwig Spiegel* mitgezählt werden.

Nur wenige heimische Fachvertreter blieben der Vereinigung fern. Bei *Rudolf Herrnritt* und *Friedrich Tezner*, um mit den Prominentesten zu beginnen, dürfte der Hauptgrund darin gelegen haben, dass sie hauptberuflich Richter am Verwaltungsgerichtshof waren und sich nicht (mehr) als Staatsrechtslehrer verstanden. Gleiches gilt wohl für *Otto Dungern* und *Friedrich Hawelka*, die ihren fachlichen Schwerpunkt in die Rechtsgeschichte bzw. in die Sozialpolitik verlagert hatten. Die übrigen im öffentlichen Recht Tätigen kamen für eine Aufnahme überwiegend gar nicht in Frage: *Alexander Hold-Ferneck*, *Leo Strisower*, *Alfred Verdross* und später *Josef Kunz*, weil sie nur Völkerrecht lehrten, das in Österreich schon damals vom Staats- und Verwaltungsrecht institutionell getrennt war; die Finanzrechtler *Alfred Gürtler*, *Emanuel Hugo Vogel* und *Otto Wittschieben*; der nur für Verwaltungsrecht habilitierte *Karl Brockhausen*.

Ludwig Adamovich, *Karl Hugelmann* und *Norbert Wurmbrand* warteten zunächst ab und traten im Jahre 1928 bei. Beim Beitritt wird mitgespielt haben, dass die damalige Jahrestagung in Wien stattfand; für *Adamovich* war aber wohl sein Übertritt aus der Ministerialverwaltung an die Universität ausschlaggebend.[5] Auch *Franz Schránil* und *Fritz Sander*, beide 1917 bzw. 1920 in Wien habilitiert, traten erst nach ihrer Berufung an die Deutsche Universität Prag 1927 bzw. 1931 in die Vereinigung ein. *Walter Henrich* wechselte 1928 von Wien an die Deutsche Technische Hochschule Brünn, ohne seine Mitgliedschaft zu verlieren; 1929 kam mit *Franz Adler* ein weiteres Mitglied aus Prag hinzu. Im Jahr 1927 gab es schließlich mit *Karl Lamp* auch einen Austritt zu verzeichnen.[6]

Die erste Phase der Geschichte der Vereinigung war somit durch einen hohen Anteil österreichischer Mitglieder geprägt, der in etwa dem Bevölkerungsverhältnis zwischen Österreich und Deutschland entsprach und der über die Jahre stabil blieb.[7] Das erscheint

---

[4] Bis einschließlich VVDStRL 3 (1927) wird im Mitgliederverzeichnis nicht er, sondern *Ernst Seidler*, „früher ord. Professor an der Universität, jetzt Präsident", geführt, was auf *Ernst Seidler von Feuchtenegg* deutet, der 1906–1908 Hochschulprofessor und 1917–1918 Ministerpräsident der Monarchie war. Die trotz Korrektur des Vornamens und der Funktionsbezeichnung in VVDStRL 4 (1928) unverändert gebliebene Adressangabe (Hasenauerstraße 53) spricht jedoch dafür, dass von Beginn an *Gustav Seidler* – und nur er – in der Vereinigung Mitglied war.

[5] *Ludwig Adamovich* trat im Herbst 1927 in der Nachfolge *Ludwig Spiegels* eine Stelle an der Deutschen Universität in Prag an und trat bei dieser Gelegenheit ein: vgl. VVDStRL 5 (1929), S. 1 (Begrüßung der neuen Mitglieder). Im Mitgliederverzeichnis des Bandes scheint er bereits mit Grazer Adresse auf (S. 232).

[6] In VVDStRL 7 (1932) nicht mehr als Mitglied geführt wird auch der 1933 verstorbene *Gustav Seidler*. Wahrscheinlicher als sein Austritt ist indes eine abermalige Verwechslung mit dem 1931 verstorbenen *Ernst Seidler* (vgl. Fn. 4).

[7] Die Schwankungen lassen überwiegend auf Berufungen über die Grenze zurückführen (*Walter Henrich*, *Franz Schránil*, *Ludwig Adamovich*, *Hans Kelsen*).

umso bemerkenswerter, als den Vertretern des Völkerrechts und des Finanzrechts die Zugehörigkeit zur Vereinigung verschlossen war. Zu erklären ist es nur durch eine großdeutsche Grundeinstellung, die die im Staatsrecht Tätigen ebenso einte wie die maßgeblichen politischen Kräfte: Nicht nur die Nationalliberalen, nicht nur die Sozialdemokraten, auch die Konservativen traten für den Anschluss ein, soweit sie demokratisch ausgerichtet waren. Vorbehalte gab es einzig bei jenen Teilen der Christlichsozialen, die sich mit dem Untergang der Donaumonarchie noch nicht abgefunden hatten und auf eine Restauration der Habsburgerdynastie hofften. Das könnte das Fernbleiben *Rudolf Herrnritts* und *Friedrich Tezners* sowie das Zögern *Ludwig Adamovichs* mitbestimmt haben.

Eine weitere Hervorhebung verdient die hohe Beteiligung aus Prag (*Franz Adler, Fritz Sander, Franz Schránil, Ludwig Spiegel*) und Brünn (*Walter Henrich*), die jene aus der Schweiz übersteigt. Auch sie hat weniger fachliche denn politische Gründe.

2. Zurückhaltung nach der Neugründung und ihre Überwindung

Nach dem Zweiten Weltkrieg war das Großdeutschtum desavouiert, diesseits wie jenseits der Grenze. Anders als bei ihrer Gründung strebte die Vereinigung bei ihrer Wiederbegründung anfangs eine kleindeutsche Ausrichtung an. Auf der Liste jener Personen, die zur Gründungsversammlung eingeladen werden sollten, findet sich niemand mit Wohnsitz in Österreich, lediglich *Hans Nawiasky* (St. Gallen) und *Franz Schránil* (Dudweiler/Saar) sind in ihr als aus dem Ausland Einzuladende verzeichnet.[8] Außer *Adolf Merkl*, der damals seinen Wohn- und Berufssitz in Tübingen hatte, war folglich bei der Wiederbegründung der Vereinigung am 21. Oktober 1949 aus Österreich niemand dabei.

Die in Heidelberg beschlossene Satzung[9] bestätigte diese Linie, indem sie in § 2 Abs. 1 für die Regelmitgliedschaft in der Vereinigung eine Tätigkeit im Staats- und Verwaltungsrecht an einer deutschen Universität oder Hochschule forderte. Zugleich sah sie aber in § 2 Abs. 3 vor, dass auch Staatsrechtslehrer an ausländischen deutschsprachigen Universitäten und Hochschulen auf ihren Antrag als Mitglieder aufgenommen werden konnten.

Diese Öffnungsklausel ermöglichte auch Österreichern den Beitritt; von der Antragsmöglichkeit wurde anfangs jedoch nur spärlich Gebrauch gemacht. Im Mitgliederverzeichnis des 1950 erschienenen Heidelberger Tagungsbandes finden sich außer *Adolf Merkl*, der schon wieder mit Wiener Adresse aufscheint, nur *Ludwig Adamovich*, Präsident des Verfassungsgerichtshofes in Wien, und *Josef Godehard Ebers*, der nach seiner Zwangsemeritierung in Köln im Jahr 1936 einem Ruf nach Innsbruck gefolgt war. 1951 wurden *Hans Spanner* (Graz) und *Rudolf Stanka* (Wien) aufgenommen, im Jahre 1953 *Helfried Pfeifer* (Wien), der in der Folge eine Art Präzedenzfall bildete, weil mit ihm ein in der Wolle gefärbter Nationalsozialist in die Vereinigung aufgenommen wurde. Im

---

8 Archiv VDStRL, Ordner-Nr. 2, Reg.-Nr. 2-a.

9 Erstabdruck in VVDStRL 8 (1950), S. 170 f.

Jahre 1945 hatte er Lehrstuhl wie Lehrbefugnis verloren, er führte aber weiterhin in rechtswidriger Weise den Professorentitel.[10]

Ende 1955 stellte Österreich gerade einmal sechs von 99 Mitgliedern. Vor allem eine Leerstelle ist bezeichnend: *Hans Kelsen* blieb der Vereinigung fern. Noch schütterer war die schweizerische Beteiligung, die sich auf *Hans Nawiasky* beschränkte.

Vor diesem Hintergrund setzte es sich der 1955 in Hamburg gewählte Vorstand zum Ziel, die Vereinigung jenseits der Bundesrepublik wieder attraktiver zu machen. Zum einen brachte er eine Statutenänderung auf den Weg, die alle deutschsprachigen Universitäten gleichstellte und damit die Differenzierung zwischen ordentlicher deutscher und außerordentlicher ausländischer Mitgliedschaft beseitigte.[11] Zum anderen bemühte sich namentlich Spanner aktiv um den Beitritt österreichischer Kollegen, mit einigen Erfolgen: 1956 traten *Walter Antoniolli* und *Gustav E. Kafka* bei, 1957 *Erwin Melichar*. Der 1956 von *Adolf Merkl* gestellte Antrag, auch *Johann Mokre* (Graz)[12] die Mitgliedschaft anzutragen, stieß indes auf Ablehnung. Der Vorstand hegte Zweifel an der Erfüllung der Aufnahmekriterien und verwies den Antrag an die Mitgliederversammlung,[13] die ihn zurückstellte, ohne ihn je inhaltlich zu behandeln.[14]

Auch der Antrag auf Aufnahme *Ignaz Seidl-Hohenveldern*s gab zu Diskussionen Anlass. 1956 fühlte *Werner Thieme* für ihn vor, ob er, wiewohl nur im Völkerrecht und im Verwaltungsrecht habilitiert, in der Vereinigung Mitglied werden könne. Der Vorstand lehnte eine Stellungnahme ab, signalisierte aber, er gedenke „keine Schwierigkeiten zu machen, falls es sich um einen Kandidaten handelt, der an einer deutschen oder österreichischen Universität das Staatsrecht im üblichen Umfang vertritt."[15] Darauf entschloss sich *Seidl*, in Saarbrücken einmal Staatsrecht zu lesen, und der 1958 gestellte förmliche Aufnahmeantrag wurde den Mitgliedern befürwortend zur Kenntnis gebracht.[16] Ende 1959 trat sodann *Günther Winkler* bei, und der 1956 aufgenommene *Heinrich Kipp* nahm einen Ruf nach Innsbruck an.

In den 1960er-Jahren stieg die Mitgliederzahl zunächst ebenfalls nur allmählich an, weil Habilitationen noch selten waren: 1963 trat *Robert Walter* ein, 1965 *Hans R. Klecatsky*, *René Marcic* und *Peter Pernthaler*, 1966 *Rudolf Petz*, im Jahre 1968 folgten *Friedrich Koja*, *Kurt Ringhofer* und *Richard Novak*, 1969 *Florian Gröll*. Der österreichische Anteil wurde jedoch durch Berufungen über die Grenze verstärkt: *Ludwig Fröhler*, eingetreten 1957, wechselte 1965 nach Linz, *Gerhard Schnorr* (1966) im Jahre 1967 nach Innsbruck.

---

10 Eingehend *Irmgard Schartner*, Die Staatsrechtler der juridischen Fakultät der Universität Wien im „Ansturm" des Nationalsozialismus, 2011, S. 119 ff.

11 Vgl. die Satzung in der Fassung der Beschlüsse der Mitgliederversammlung vom 10. Oktober 1956 in Mainz, abgedruckt in VVDStRL 15 (1957), S. 234 f.

12 *Johann Mokre*, 1931 in Graz für Rechtsphilosophie habilitiert, emigrierte 1939 und bekleidete nach seiner 1948 erfolgten Rückkehr ab 1949 in Graz eine Professur der Rechts- und Staatswissenschaften mit der Lehrverpflichtung für Rechtsphilosophie, Allgemeine Staatslehre und Soziologie.

13 Rundschreiben 2/1956 vom 10.09.1956, Archiv VDStRL, Ordner-Nr. 4, Reg.-Nr. 29.

14 Niederschrift der Mitgliederversammlung vom 10. und 12. Oktober 1956 in Mainz, S. 4.

15 Archiv VDStRL, Ordner-Nr. 9, Reg.-Nr. 3.

16 Rundschreiben 3/1958 vom 22.09.1958, Archiv VDStRL, Ordner-Nr. 4, Reg.-Nr. 21.

Hugo Joseph Hahn (1966) tat es ihm 1970 gleich, und im selben Jahr wurde *Ferdinand Otto Kopp* (1969) nach Graz berufen, 1971 *Hans-Ulrich Evers* (1961) nach Salzburg.

In den 1970er-Jahren mehrten sich die Habilitationen und in ihrem Gefolge auch die Beitritte, die den Habilitierten von ihren Lehrern durchwegs nahegelegt wurden: 1970 traten *Walter Barfuß, Klaus Berchtold, Ernst C. Hellbling* und *Karl Wenger*[17] ein, 1971 *Heinz Peter Rill, Peter Oberndorfer, Heinz Schäffer, Norbert Wimmer* und *Karl Korinek*; 1973 *Ludwig K. Adamovich, Andreas Khol, Siegbert Morscher* und *Theo Öhlinger*; 1975 *Wolfgang Mantl* und *Gerhart Wielinger*, 1976 *Bernd-Christian Funk* und *Christian Brünner*, 1977 *Reinhard Rack*, 1978 *Johannes Hengstschläger*, 1979 *Bernhard Raschauer, Kurt Gallent, Heinz Mayer, Herbert Haller, Hans René Laurer* und *Herbert Schambeck*. In Summe also 25 österreichische Neuzugänge in einem Jahrzehnt – mit diesem fulminanten Schub, der die Anzahl der österreichischen Mitglieder mehr als verdoppelte, war Ende 1979 in der Beteiligung das Niveau der Zwischenkriegszeit wieder erreicht.[18]

Weit wichtiger indes: Die Mitgliedschaft in der Vereinigung war selbstverständlich geworden, keine methodische Richtung im Fach und keine rechtswissenschaftliche Fakultät in Österreich blieben ihr fern. Damit bildete die Vereinigung ein gemeinsames Dach, unter dem sich alle österreichischen Fachvertreter des Staats- und Verwaltungsrechts versammelten.

3. Austritte und ihre Gründe

Zu Beginn der 1980er-Jahre änderte sich diese Situation, denn einige wenige, aber prominente Personen kehrten der Vereinigung wieder den Rücken.

Im Dezember 1980 erklärte *Peter Pernthaler* seinen Austritt. Der Grund ist nicht aktenmäßig überliefert, er liegt aber auf der Hand: Die Innsbrucker Tagung 1980 war im Rahmenprogramm teilweise dermaßen chaotisch verlaufen, dass der Vorstand sich im Rundschreiben 4/1980 bei den Mitgliedern für die Mängel entschuldigte.[19] Als Organisator dieser Tagung sah sich Pernthaler dadurch tief getroffen. *Günther Winkler* als Vorsitzendem gelang es jedoch, *Pernthaler* dazu zu bewegen, seinen Austritt zurückzunehmen. In einer Beilage zur Widerrufserklärung vom 16. Jänner 1981 erläuterte *Pernthaler* freilich, dass er sich von der Vereinigung und ihrem Tagungsbetrieb innerlich entfernt habe, und er kündigte an, er werde „bei Gelegenheit (nach einem Wechsel im Vorsitz) still und unauffällig austreten."[20] Im Jahr 2006, also spät erst, setzte er schließlich diesen

---

[17] Da *Karl Wenger* nur eine Venia für Verwaltungsrecht innehatte, war sein Antrag in Bern 1969 von der Mitgliederversammlung zurückgestellt worden: Niederschrift der Mitgliederversammlung vom 1. Oktober 1969 in Bern, S. 5. Nachdem er aber 1970 einen Lehrstuhl erhielt, der auch das Staatsrecht abdeckte, informierte der Vorstand die Mitglieder über seine Absicht, Wenger die Mitgliedschaft anzutragen: Rundschreiben 1/1970 vom Jänner 1970, Archiv VDStRL Ordner-Nr. 24, Reg.-Nr. 1, S. 4. Dagegen wurden Einsprüche nicht erhoben.

[18] 40 von 302 (13,2 %).

[19] Rundschreiben 4/1980 vom November 1980, Archiv VDStRL Ordner-Nr. 41, Reg.-Nr. 18, S. 1.

[20] Archiv VDStRL, Ordner-Nr. 44, Reg.-Nr. 3.

Schritt. Sein Fakultätskollege *Gerhard Schnorr* kehrte der Vereinigung indes schon im Jahr nach der Innsbrucker Tagung den Rücken.

1981 erklärte auch *Friedrich Koja* aus Salzburg seinen Austritt, und bei ihm unternahm *Günther Winkler* keinen Umstimmungsversuch.[21] Auch hier sind die bestimmenden Motive mit Händen zu greifen: Für die Tagung in Trier hatte *Winkler* an der Spitze des Vorstands gleich zwei eigene Schüler betraut, *Richard Novak*, seit 1970 Professor in Graz, und *Bernhard Raschauer*, 1978 habilitierter und 1979 in die Vereinigung aufgenommener Dozent.[22] Dass der etablierte und renommierte Novak ihm als Referent vorgezogen wurde, konnte *Koja* gewiss verstehen. Beim jungen *Raschauer* vermochte er es sichtlich nicht.

Ende des Jahres 1983 verließ *Robert Walter* die Vereinigung. Mit seinem normativen Zugang zum Staatsrecht sah er sich in der Vereinigung isoliert, und die Lust an der Auseinandersetzung war ihm im Laufe der Jahre abhandengekommen, weil die dortigen Diskussionen auf Ebenen verliefen, die er in rechtswissenschaftlicher Hinsicht für irrelevant hielt.[23] Für andere mochte solche Ermüdung bloß Grund sein, den Jahrestagungen fernzubleiben. Anders *Robert Walter*: Aus Aktivitäten, in denen er keinen Sinn mehr sah, zog er sich konsequent zurück.[24]

1986 folgte ihm *Heinz Mayer*, 1991 *Christian Brünner*,[25] 1992 *Hans R. Klecatsky* und *Kurt Ringhofer*. Damit hatten die Anhänger der Reinen Rechtslehre die Vereinigung überwiegend verlassen. Gegründet, um methodische Gräben zu überbrücken, bildete die Vereinigung nunmehr in Österreich einen solchen ab. In der Folge hielten sich während der 1980er- und frühen 1990er-Jahre – nicht zuletzt wegen Fernbleibens der Personen im

---

[21] Sein Austritt wurde den Mitgliedern in Trier zur Kenntnis gebracht: Niederschrift der Mitgliederversammlung vom 30. September 1981 in Trier, Archiv VDStRL, Ordner-Nr. 3, Reg.-Nr. 32, S. 2.

[22] Dazu *Helmuth Schulze-Fielitz*, Die Wissenschaftskultur der Staatsrechtslehrer im Spiegel der Geschichte ihrer Vereinigung, 2022, S. 64 f.; *Ewald Wiederin*, Die Neue Wiener Schule und die Vereinigung der Deutschen Staatsrechtslehrer, in: Jestaedt (Hrsg.), Hans Kelsen und die deutsche Staatsrechtslehre, 2013, S. 85 (96).

[23] Vgl. die Erläuterung seiner Gründe im Brief an *Peter Lerche* vom 21.12.1983, Archiv VDStRL, Ordner-Nr. 46, Reg.-Nr. 8: „Sie liegen darin, daß eine überwiegende Anzahl von Vertretern der Vereinigung und notwendigerweise damit die Vereinigung selbst, einen Gegenstand und eine Art der Behandlung des Staatsrechts gewählt hat, die von dem von mir gewählten wissenschaftlichen Gegenstand und dessen methodischer Behandlung weithin abweicht. […] So sehr ich die rhetorische Eleganz und die imponierende Eloquenz bewundere, so wenig vermag ich davon schwarz auf weiß nachhause zu tragen. Es ist mir selbstverständlich bewußt, daß den Bemühungen aller meiner Herren Kollegen durchaus ernstzunehmende Anliegen zugrunde liegen und daß es vielleicht (obgleich alle Deutsch sprechen) die Verschiedenheit der Sprache ist, die die Kluft so tief erscheinen läßt. Es ist aber unmöglich geworden, durch eingehende Lektüre aller wesentlichen Schriften im gesamten deutschen Sprachraum sich alle diese verschiedenen Sprachen anzueignen, um einerseits zu verstehen und andererseits verstanden zu werden." – Gleiche Beobachtungen ein Vierteljahrhundert später bei *Josef Isensee*, Staatsrechtslehre als Wissenschaft, JZ 2009, S. 949 (951): „Die babylonische Sprachenverwirrung, die zwischen den verschiedenen Wissenschaften herrscht, ist inzwischen auch in das Internum der Staatsrechtslehre eingezogen. Das Pfingstwunder, daß ein jeder einen jeden aus der ins Unübersehbare angeschwollenen Menge der Tagungsteilnehmer unter den Bedingungen eines knappen Zeitkontingents wieder versteht, ist bislang ausgeblieben."

[24] Vgl. schon *Wiederin*, Neue Wiener Schule (Fn. 22), S. 97.

[25] Bei ihm mag die im Oktober 1990 erfolgte Wahl in den Nationalrat ein Motiv für den Austritt gewesen sein. Im Unterschied zu den anderen im Text Genannten stand er der Reinen Rechtslehre fern.

Umfeld der Ausgetretenen – auch die Neueintritte in Grenzen,[26] so dass die Zahl der österreichischen Mitglieder nahezu konstant blieb, während sie ansonsten um ein Drittel wuchs.

4. *Verbreiterung der Mitgliedschaft seit 1995*

Diese Stagnation kam im Jahr 1995 an ein Ende. In diesem Jahr traten der Vereinigung gleich sechs Österreicher bei, unter ihnen mit *Rudolf Thienel* auch ein Schüler *Robert Walters*.[27] Habilitationen wurden wieder häufiger, die Habilitierten wurden regelmäßig Mitglied, sodass bis einschließlich 1999 weitere sechs Personen zur Vereinigung stießen.[28]

In den 2000er-Jahren sowie in den 2010er-Jahren kam es wiederum zu Beitrittsschüben, die mit 21 bzw. 24 Personen das Niveau der 1970er-Jahre wieder (annähernd) erreichten. Besondere Hervorhebung verdient zum einen, dass 2004 und 2005 mit *Dieter Kolonovits* und *Gabriele Kucsko-Stadlmayer* zwei weitere Schüler *Robert Walters* den Weg in die Vereinigung fanden, die 1999 bzw. 1985 habilitiert worden waren, und dass 2009 mit *Karl Stöger* ein Schüler *Heinz Mayers* beitrat. Damit war das kleine österreichische Schisma überwunden. Zum anderen wurden im Jahr 2015, also im Jahr vor der Linzer Tagung, *Andreas Hauer*, *David Leeb* und *Michael Mayrhofer* zu Mitgliedern. Seither ist auch die Linzer Fakultät, die zuvor einen schütteren Beteiligungsgrad aufgewiesen hatte, in der Vereinigung in aller Breite vertreten. Die Austritte hielten sich seit 1995 in Grenzen.[29]

5. *Vergleichende Bemerkungen*

Wie in der Zwischenkriegszeit, so ist also auch heute die Mitgliedschaft in der Vereinigung allgemein üblich. Anders als in Deutschland, wo der Antrag auf Aufnahme einer Person in die Vereinigung meist unmittelbar nach der Habilitation gestellt wird, lässt man sich mit dem Beitritt jedoch mitunter ein wenig Zeit.

Nicht alle im öffentlichen Recht Tätigen kommen indes in Frage, sehr vielen ist die Mitgliedschaft versperrt. Der Grund liegt nicht nur in den Statuten der Vereinigung, die

---

[26] 1981 trat *Harald Stolzlechner* bei, 1982 *Walter Berka*, 1985 *Bruno Binder*, 1988 *Karl Weber*, 1990 *Stefan Griller*, 1991 *Benjamin Davy*, *Michael Potacs* und *Manfred Stelzer*. Der 1981 gestellte Antrag, *Franz Zehetner* die Mitgliedschaft anzutragen, wurde von den Initiatoren 1982 zurückgezogen: Archiv VDStRL, Ordner-Nr. 48, Reg.-Nr. I.

[27] Bei den anderen fünf Aufgenommenen handelt es sich um *Christian Kopetzki*, *Joseph Marko*, *Franz Merli*, *Dietmar Pauger* und *Ewald Wiederin*.

[28] 1996 *Michael Holoubek* und *Wolfgang Pesendorfer*, 1997 *Ulrike Davy*, *Christoph Grabenwarter* und *Bernd Wieser*, 1999 *Gerhart Holzinger*.

[29] *Andreas Kohl* verließ die Vereinigung 2004, mithin während seiner Zeit als Erster Präsident des Nationalrates. *Wolfgang Pesendorfer* und *Gerhart Holzinger* traten 2007 bzw. 2018 aus, also jeweils nach Beendigung ihrer Funktionen als Vizepräsident des Verwaltungsgerichtshofes bzw. als Präsident des Verfassungsgerichtshofes. Weitere Austritte erfolgten durch *Peter Oberndorfer* 2000, *Peter Pernthaler* 2006, *Dietmar Pauger* 2007 und *Reinhard Rack* 2008.

neben der Beherrschung des Staatsrechts die Befähigung zu Forschung und Lehre in einem weiteren öffentlichen-rechtlichen Fache fordern.[30] Er liegt vor allem an der österreichischen Praxis der Venienvergabe. Nachdem das Völkerrecht, das Europarecht, das Finanzrecht und das Sozialrecht in den Institutsgliederungen vom Staats- und Verwaltungsrecht getrennt sind, fällt es Habilitanden ausnehmend schwer, neben einer Lehrbefähigung in diesen Fächern auch eine solche im Staatsrecht und im Verwaltungsrecht zu erlangen. Anders als in Deutschland ist es mit dem einen oder anderen Aufsatz nicht getan, es muss schon ein Buch oder das Äquivalent eines solchen sein. Es kommt deshalb immer wieder vor, dass überaus fähige Personen nur für das Verfassungsrecht oder nur für das Verwaltungsrecht habilitiert werden. Diese Knausrigkeit schadet nicht nur dem Nachwuchs, sie entzieht auch der Vereinigung attraktive Mitglieder.[31] Als Konsequenz sind einerseits das Völkerrecht, das Finanzrecht und das Sozialrecht in ihr auf österreichischer Seite nicht bzw. so gut wie nicht vertreten, und andererseits bleibt den führenden Vertretern dieser Fächer – von *Alfred Verdross* über *Bruno Simma* bis hin zu *August Reinisch*, um exemplarisch einige Völkerrechtler zu nennen[32] – die Vereinigung verschlossen. Der gleiche Befund ergibt sich für das Europarecht, wenngleich er dort weniger drastisch ausfällt. Auf einer für die Zwecke dieses Beitrags erstellten Liste von Personen, die zwischen 1922 und 2022 im öffentlichen Recht mit Habilitation oder Professur in Österreich lehrten und forschten,[33] finden sich ca. 300 Namen, und sie ist damit gewiss noch nicht komplett. Nur die Hälfte davon scheint auch in den Mitgliederverzeichnissen der VVDStRL auf. Demgegenüber liegt in Deutschland der Organisationsgrad der Vereinigung bei 97 %.[34]

Damit nicht genug, sind auch die Gräben zwischen der Rechtsgeschichte und dem öffentlichen Recht vergleichsweise tief. Wer aus einem rechtsgeschichtlichen Institut heraus eine Lehrbefähigung für das Verfassungs- oder Verwaltungsrecht anstrebt, steht ohne einschlägiges Buch auf verlorenem Posten.

Ähnlich trist ist es um die Geschlechterparität bestellt. Ganze 75 Jahre, also wesentlich länger als in Deutschland und in der Schweiz, sollte es dauern, bis mit *Ulrike Davy* anno 1997 die erste österreichische Frau in die Vereinigung aufgenommen wurde. 2003 folgte *Kirsten Schmalenbach*, als sie einen Ruf nach Graz annahm, und erst im Jahre 2004 machten *Anna Gamper*, *Magdalena Pöschl* und *Eva Schulev-Steindl* die erste Hand voll.

---

30 Vgl. § 3 Abs. 1 der Satzung sowie ihren Regensburger Zusatz, der „eine den bisher üblichen Anforderungen an die Habilitation entsprechende Leistung" in beiden öffentlich-rechtlichen Fächern verlangt.

31 So kam etwa *Günther Winkler*, Vorsitzender der Vereinigung 1980–1981, für eine Aufnahme erst in Frage, nachdem ihm 1959 an der Universität Wien ein Extraordinariat für Verfassungsrecht, Verwaltungsrecht und Allgemeine Staats- und Rechtslehre übertragen worden war; seine Habilitation in Innsbruck 1956 war nur für Verwaltungsrecht erfolgt. *Clemens Jabloner*, eine unbestrittene Größe im Fach, war 1988 in Wien nur für Verfassungsrecht habilitiert worden und erfüllte deshalb die Aufnahmevoraussetzungen nicht, wiewohl er 1993 Präsident des Verwaltungsgerichtshofes geworden war.

32 Im Finanzrecht seien *Gerold Stoll*, *Hans-Georg Ruppe*, *Werner Doralt*, *Markus Achatz* und *Michael Lang* erwähnt.

33 Für mühselige Feldarbeit bei der Vermessung der öffentlich-rechtlichen Gebiete innerhalb der österreichischen Staatsgrenze schulde ich *Luka Samonig* tiefen Dank.

34 *Helmuth Schulze-Fielitz*, Das Staatsrechtslehrerreferat, in: *ders.*, Staatsrechtslehre als Mikrokosmos, 2013, S. 145 (153).

Der Anteil weiblicher Mitglieder ist deplorabel niedrig geblieben: Bis heute kamen mit *Gabriele Kucsko-Stadlmayer, Barbara Leitl-Staudinger, Lamiss Khakzadeh-Leiler, Dragana Damjanovic, Iris Eisenberger* und *Bettina Perthold-Stoitzner* sowie mit den Berufungen über die Grenze von *Bettina Spilker, Diana zu Hohenlohe, Monika Polzin* und *Paulina Starski* lediglich neun weitere Frauen dazu. Mit 14,11 % liegt der weibliche Anteil an den österreichischen Mitgliedern[35] noch unter jenem in der Vereinigung insgesamt (14,28 %[36]). Das ist insofern besorgniserregend, als die Vereinigung mit ihrem Frauenanteil hinter jenem vergleichbarer Fachgesellschaften rangiert,[37] und ein Indiz dafür, dass es strukturelle Diskriminierung von Frauen in Österreich weithin und weiterhin gibt.

III. Mittun: Österreichische Beteiligung in der Vereinigung

Dabei sein ist das eine, Mittun etwas anderes. Wer hat sich aus Österreich in der Vereinigung wie engagiert? Wie in allen Vereinen kommt auch in der Vereinigung erst die Arbeit, dann das Sagen.

1. Tagungsorganisation

Die Organisation einer Jahrestagung der Vereinigung ist mit immenser Arbeit verbunden und bedeutet eine Bürde für die gesamte Fakultät. Personen, die sich zur Durchführung entschließen, bringen daher neben Idealismus stets auch eine besondere Verbundenheit mit der Vereinigung mit. Die Organisation der Wiener Tagung 1928 lag in den Händen *Hans Kelsens*, der sich die Jahre zuvor rege in die Diskussionen eingebracht hatte und für die Wiener Tagung mit einem Referat betraut worden war.[38] Die Wiener Tagung 1958 wurde von *Walter Antoniolli* ausgerichtet,[39] vielleicht auch, um zu kompensieren, dass er im März 1957 nach überlanger Überlegung eine Referatseinladung ausgeschlagen hatte. Für die Vorbereitung der Grazer Tagung 1966 zeichnete vor Ort *Gustav E. Kafka* verantwortlich,[40] für jene in Salzburg 1972 *Hans-Ulrich Evers*,[41] für die Inns-

---

[35] 12 von 85 Personen (Stand 6. Oktober 2021). Abgestellt wurde auf den Wirkungsort, nicht auf die Nationalität.

[36] 114 von 798 Personen (Stand 6. Oktober 2021).

[37] Vgl. den Beitrag von *Pascale Cancik*, in diesem Band, S. 795 (813 f.).

[38] Näher zum Ablauf der Wiener Tagung *Lutz Richter*, Die sechste Tagung der Vereinigung der Deutschen Staatsrechtslehrer, AöR 53 (1928), S. 441; *Michael Stolleis*, Geschichte des Öffentlichen Rechts in Deutschland Bd. 3, 1999, S. 193 ff.; *Thomas Olechowski*, Hans Kelsen als Mitglied der Deutschen Staatsrechtslehrervereinigung, in: Jestaedt (Hrsg.), Hans Kelsen und die deutsche Staatsrechtslehre, 2013, S. 11 (14 ff.)

[39] Vgl. den eingehenden Bericht von *Klaus Obermayer*, Staatsrechtslehrertagung 1958, AöR 84 (1959), S. 94, mit einem abschließenden „Wort herzlichen Dankes für die so großzügige Wiener Gastfreundschaft" (120); ferner *Günter Dürig/Walter Mallmann*, Staatsrechtslehrertagung 1958, JZ 1959, S. 291, und *Günther Jaenicke*, Tagung der Vereinigung der Deutschen Staatsrechtslehrer in Wien, DÖV 1958, S. 925.

[40] Berichte bei *Wilhelm Henke/Karl Heinrich Friauf*, Staatsrechtslehrertagung 1966, DVBl. 1967, S. 142, *Martin Kriele*, Staatsrechtslehrertagung in Graz, DÖV 1966, S. 821, und *Hartmut Maurer*, Staatsrechtslehrertagung 1966, JZ 1967, 186.

[41] Zu dieser Jubiläumstagung näher *Rolf Grawert*, Bericht über die Jahrestagung 1972 der Vereini-

brucker Tagung 1980 *Peter Pernthaler*.[42] Für die Jahrestagung Wien 1995 wurde *Bernhard Raschauer* in den Vorstand kooptiert,[43] für Graz 2009 *Franz Merli*,[44] für Linz 2016 *Katharina Pabel*.[45]

Das Engagement der österreichischen Fakultäten liegt im Rahmen des Üblichen. Jede österreichische Universitätsstadt, die über eine rechtswissenschaftliche Fakultät verfügt, hat bereits eine Jahrestagung ausgerichtet, Graz so wie viele andere größere Universitäten deren zwei. Wien schließlich ist neben Berlin der einzige Ort, an dem schon vier Tagungen der Vereinigung stattfanden, drei reguläre Jahrestagungen sowie eine Sondertagung, sofern die über Zoom abgewickelte Tagung zu „Staat und Gesellschaft in der Pandemie" am 9. April 2021 für Wien verbucht werden kann.

2. Vorstandstätigkeit

Im Vorstand der Vereinigung ist Österreich ebenfalls regelmäßig vertreten: *Hans Kelsen* von 1929 bis 1933, *Hans Spanner* 1956–1957, *Günther Winkler* 1980–1981, *Karl Korinek* 1994–1995, *Michael Holoubek* 2008–2009, *Franz Merli* 2016–2017, *Ewald Wiederin* 2020–2021. Neben der vorangegangenen Betrauung mit einem Referat ist diesen Personen gemeinsam, dass sie zuvor eine Tagung organisiert,[46] einer Arbeitsgruppe angehört oder sich auf andere Weise für die Vereinigung engagiert hatten.[47] Dass es sich durchwegs um

---

gung der Deutschen Staatsrechtslehrer, AöR 98 (1973), 103; *Klaus Lange*, Staatsrechtslehrertagung 1972 (I), DVBl. 1972, S. 914: *Udo Steiner*, Staatsrechtslehrertagung 1972 (II), DVBl. 1973, S. 175.

[42] Für Berichte vgl. *Dieter Grimm*, Staatsrechtslehrertagung 1980 in Innsbruck, AöR 106 (1981), S. 115; *Dieter H. Scheuing*, Staatsrechtslehrertagung 1980 in Innsbruck, NJW 1981, S. 324; *Gunnar Folke Schuppert*, Staatsrechtslehrertagung 1980, JZ 1980, S. 823.

[43] Berichte bei *Max-Emanuel Geis*, Tagung der Vereinigung der Deutschen Staatsrechtslehrer 1995 in Wien, JZ 1996, S. 241, und *Ewald Wiederin*, Die Tagung der Vereinigung der Deutschen Staatsrechtslehrer 1995 in Wien, AöR 121 (1996), S. 96.

[44] Näher *Gregor Kirchhof*, Gemeinwohl durch Wettbewerb?, AöR 135 (2010), S. 289, und *Tade M. Spranger*, Gemeinwohl durch Wettbewerb?, JZ 2010, S. 459.

[45] Vgl. *Thomas Kleinlein*, Grenzüberschreitungen, AöR 142 (2017), S. 133; *Katharina Lang*, Bericht über die 76. Jahrestagung der Vereinigung der Deutschen Staatsrechtslehrer vom 5. bis 8. Oktober 2016 in Linz, BayVBl. 2017, S 619.

[46] So führt *Thomas Olechowski*, Hans Kelsen. Biographie eines Rechtswissenschaftlers, 2020, S. 421, die 1928 erfolgte Wahl Kelsens in den Vorstand der Vereinigung auf die Ausrichtung der Wiener Tagung zurück.

[47] Bei *Günther Winkler* trafen alle genannten Aspekte zusammen. Schon vor seinem Eintritt in die Vereinigung hatte er anno 1958 als Assistent *Walter Antoniollis* die Wiener Tagung der Vereinigung mitorganisiert. 1965 in Würzburg erstattete er ein Referat (*ders.*, Staat und Verbände, VVDStRL 24 [1966], S. 34), das einen politikwissenschaftlichen Ansatz fruchtbar machte und nach allgemeinem Eindruck das Erstreferat von *Gerhard Leibholz* in den Schatten stellte. Auf der Jahrestagung 1968 in Bochum ließ er sich auf eine Diskussion mit den protestierenden Studierenden ein und „diskutierte die Rädelsführer einfach weg. […] Die haben nachher berichtet, da sei ein Österreich gewesen, der sei zwar erzreaktionär, aber gut. Er hat die irgendwie auf die österreichische Art wegkomplimentiert" (Gespräch mit *Walter Rudolf* vom 29.08.2018, Archiv VDStRL, Ordner-Nr. 128, Reg.-Nr. 3, S. 11). Die Bochumer Mitgliederversammlung wählte ihn zum Mitglied eines Ausschusses, der die Erweiterung der Mitgliedschaft prüfen sollte (Niederschrift über die Mitgliederversammlung am 2.-4. Oktober 1968 in Bochum, S. 4f.) und in der Folge Vorschläge zur Reform der Satzung ausarbeitete. Auf der Basler Tagung 1977 leitete er die Diskussion zum Thema „Der Verfassungsstaat im Geflecht der internationalen Beziehun-

Männer handelt, fügt sich in das zuvor gezeichnete Bild. Prozentuell liegt der österreichische Anteil im Vorstand zwar unter dem deutschen, aber doch signifikant über jenem der Schweiz.

3. *Berichterstattung*

Ähnlich ist es bei den Berichten, die Mitglieder dem Plenum erstatteten: Von den 432 Referaten, die zwischen 1922 und 2021 gehalten wurden, entfielen 34 auf Personen aus Österreich – ein Verhältnis, das leicht unter dem österreichischen Anteil der Mitglieder liegt. Gut ist Österreich vor allem dann vertreten, wenn die Tagungen in Österreich stattfinden: In Wien referierten 1928 *Hans Kelsen*[48] und *Max Layer*[49], 1958 *Gustav E. Kafka*[50] neben *Erwin Melichar*[51], 1995 *Walter Berka*[52] und *Heinz Schäffer*[53]; 2016 in Linz standen *Kirsten Schmalenbach*[54] und *Arno Kahl*[55] am Redepult. Und anders als in der Schweiz[56] fand in Österreich noch nie eine Tagung der Vereinigung ohne inländische Beteiligung statt: In Graz 1966 trug *Peter Pernthaler* vor, in Salzburg 1972 *Robert Walter*[57]; in Innsbruck referierte 1980 *Karl Korinek*[58], in Graz 2009 *Michael Potacs*[59], schließlich auf der virtuellen Tagung in Wien 2021 *Andreas Th. Müller*.[60] Es schadet aber auch nicht, wenn – wie bei den Referaten von *Adolf Merkl*[61] in Halle 1931, jenen von *Richard Novak*[62] und *Bernhard Raschauer*[63] in Trier 1981, von *Wolfgang Mantl*[64] und *Johannes Hengstschläger*[65] in Halle 1994, bei den Wiener Tagungen 1995 und 2021 oder in Linz 2016 – ein Österreicher im Vorstand sitzt. Zudem kam es zwei Mal – und damit vergleichsweise häufiger als

gen" mit ebenso niveauvollen wie launigen Bemerkungen aus österreichischer Perspektive ein (*ders.*, Diskussionsbemerkung, VVDStRL 36 [1978], S. 119).

48 *Hans Kelsen*, Wesen und Entwicklung der Staatsgerichtsbarkeit, VVDStRL 5 (1929), S. 30.

49 *Max Layer*, Überprüfung von Verwaltungsakten durch die ordentlichen Gerichte, VVDStRL 5 (1929), S. 124.

50 *Gustav E. Kafka*, Die verfassungsrechtliche Stellung der politischen Parteien im modernen Staat, VVDStRL 17 (1959), S. 53.

51 *Erwin Melichar*, Das Verwaltungsverfahren, VVDStRL 17 (1959), S. 183.

52 *Walter Berka*, Bürgerverantwortung im demokratischen Verfassungsstaat, VVDStRL 55 (1996), S. 48.

53 *Heinz Schäffer*, Kontrolle der Verwaltung durch Rechnungshöfe, VVDStRL 55 (1996), S. 278.

54 *Kirsten Schmalenbach*, Völker- und unionsrechtliche Anstöße zur Entterritorialisierung des Rechts, VVDStRL 76 (2017), S. 245.

55 *Arno Kahl*, Entterritorialisierung im Wirtschaftsrecht, VVDStRL 76 (2017), S. 343.

56 In Basel 1977 sowie in St. Gallen 2002 trugen nur Deutsche vor.

57 *Robert Walter*, Partizipation an Verwaltungsentscheidungen, VVDStRL 31 (1973), S. 147.

58 *Karl Korinek*, Die Verfassungsgerichtsbarkeit im Gefüge der Staatsfunktionen, VVDStRL 39 (1981), S. 7.

59 *Michael Potacs*, Herstellung von Wettbewerb als Verwaltungsaufgabe, VVDStRL 69 (2010), S. 254.

60 *Andreas Th. Müller*, Europa und die Pandemie. Zuständigkeitsdefizite und Kooperationszwänge, VVDStRL 80 (2021), S. 105.

61 *Adolf Merkl*, Entwicklung und Reform des Beamtenrechts, VVDStRL 7 (1932), S. 55.

62 *Richard Novak*, Gesetzgebung im Rechtsstaat, VVDStRL 40 (1982), S. 40.

63 *Bernhard Raschauer*, Selbstbindungen der Verwaltung, VVDStRL 40 (1982), S. 240.

64 *Wolfgang Mantl*, Erziehungsauftrag und Erziehungsmaßstab der Schule im freiheitlichen Verfassungsstaat, VVDStRL 54 (1995), S. 75.

65 *Johannes Hengstschläger*, Privatisierung von Verwaltungsaufgaben, VVDStRL 54 (1995), S. 165.

bei deutschen oder schweizerischen Mitgliedern – vor, dass eine Person mehrfach mit einem Bericht betraut wurde: *Heinz Schäffer* für die Tagungen 1985[66] und 1995[53], *Theo Öhlinger* für die Jahre 1986[67] und 1996[68].

Was die Vertretung von Frauen anbelangt, hinkt Österreich einmal mehr hinten nach. *Magdalena Pöschl*[69] war 2014 die erste weibliche Vortragende aus Österreich, *Kirsten Schmalenbach*[54] im Jahr 2016 die zweite. Eine dritte steht bis dato aus, sieht man von *Ulrike Davy* ab, deren Referat 2008[70] zu einem Zeitpunkt erfolgte, als sie schon lange Jahre aus Österreich ausgewandert war.

Die Beratungsgegenstände, zu denen österreichische Vortragenden zugezogen wurden, ziehen sich über das gesamte Spektrum der behandelten Themen. Eine Marginalisierung lässt sich ebenso wenig beobachten wie eine Betrauung mit Nischenthemen oder eine Beschränkung auf die österreichische Rechtslage. Gleichwohl fällt die eine oder andere Massierung ins Auge. Eine solche findet sich etwa auf Themenfeldern, mit denen Österreich wenn nicht identifiziert, so doch in starke Verbindung gebracht wird: Zur Verfassungsgerichtsbarkeit referierten *Hans Kelsen*[48] und *Karl Korinek*[58], zum Verwaltungsverfahren *Erwin Melichar*[51] und *Robert Walter*[57], zu den Beamten neben *Adolf Merkl*[61] auch *Hans Spanner*[71]. Zweitens kamen an den Schnittstellen von nationalem zu internationalem Recht mit *Theo Öhlinger*[68], *Christoph Grabenwarter*[72], *Franz Merli*[73] und *Stefan Griller*[74] häufig Österreicher zum Einsatz. Drittens ist das Wirtschaftsrecht ein Schwerpunkt, zu dem neben *Theo Öhlinger*[67], *Michael Potacs*[59] und *Arno Kahl*[55] auch *Michael Holoubek*[75] berichtete. Auffällig ist ferner, dass neben *Richard Novak*[62] auch *Herbert Haller*[76] und *Georg Lienbacher*[77] zur Gesetzgebung sprachen. Das Staatsorganisationsrecht, in der Vereinigung eher unterbelichtet, gelangte ebenfalls oft in österreichische Hand: *Felix Ermacora* referierte zur Organisationsgewalt,[78] *Günther Winkler* zu Staat und Verbänden,[47] *Peter Pernthaler* zum Staatsoberhaupt,[79] *Bernd-Christian Funk* zum

---

[66] *Heinz Schäffer*, Parteienstaatlichkeit – Krisensymptome des demokratischen Verfassungsstaats?, VVDStRL 44 (1986), S. 46.

[67] *Theo Öhlinger*, Rechtsverhältnisse in der Leistungsverwaltung, VVDStRL 45 (1987), S. 182.

[68] *Theo Öhlinger*, Kontrolle der auswärtigen Gewalt, VVDStRL 56 (1997), S. 81.

[69] *Magdalena Pöschl*, Sicherung grund- und menschenrechtlicher Standards gegenüber neuen Gefährdungen durch private und ausländische Akteure, VVDStRL 74 (2015), S. 405.

[70] *Ulrike Davy*, Soziale Gleichheit – Voraussetzung oder Aufgabe der Verfassung?, VVDStRL 68 (2009), S. 122.

[71] *Hans Spanner*, Die Berufsbeamten und die Staatskrisen, VVDStRL 13 (1955), S. 119.

[72] *Christoph Grabenwarter*, Europäisches und nationales Verfassungsrecht, VVDStRL 60 (2001), S. 290.

[73] *Franz Merli*, Rechtsprechungskonkurrenz zwischen nationalen Verfassungsgerichten, Europäischem Gerichtshof und Europäischem Gerichtshof für Menschenrechte, VVDStRL 66 (2007), S. 392.

[74] *Stefan Griller*, Diskursvergleich im internationalen und nationalen Recht, VVDStRL 77 (2018), S. 237.

[75] *Michael Holoubek*, Der Staat als Wirtschaftssubjekt und Auftraggeber, VVDStRL 60 (2001), S. 513.

[76] *Herbert Haller*, Rechtliche Optimierungsgebote oder Rahmensetzungen für das Verwaltungshandeln?, VVDStRL 58 (1999), S. 177.

[77] *Georg Lienbacher*, Rationalitätsanforderungen an die parlamentarische Rechtsetzung im demokratischen Rechtsstaat, VVDStRL 71 (2012), S. 7.

[78] *Felix Ermacora*, Die Organisationsgewalt, VVDStRL 16 (1958), S. 191.

[79] *Peter Pernthaler*, Das Staatsoberhaupt in der parlamentarischen Demokratie, VVDStRL 25 (1967), S. 95.

Landesverfassungsrecht.[80] Vergleichsweise selten sind hingegen österreichische Referate zu den Grundrechten: Neben *Magdalena Pöschl*[69] ist einzig *Heinz Peter Rill* zu nennen.[81]

Insgesamt, so lässt sich resümieren, hat die Vereinigung bei der Auswahl ihrer Vortragenden aus Österreich keine schlechte Hand bewiesen. Die erste Garnitur ist durchwegs präsent, wenngleich man den einen oder anderen klingenden Namen vermissen mag. In der älteren Generation lag es selten daran, dass die betreffende Person nicht gefragt worden wäre.

4. *Diskussionsbeteiligung*

Wie die Mitgliedschaft in der Vereinigung, so verlief auch die Beteiligung an der Diskussion in Wellen. In der Zwischenkriegszeit ragte *Hans Kelsen* mit seinen teils langen, stets pointierten, oft scharfen Voten[82] und einem souveränen Schlusswort[83] in der Diskussion heraus. Auch *Adolf Merkl* beteiligte sich rege, einmal ebenfalls mit einem regelrechten Koreferat.[84] Die übrigen Österreicher schwiegen, soweit sie nicht ein Referat zu verteidigen hatten.[85]

Die Jahre nach der Neubegründung der Vereinigung war die österreichische Beteiligung an den Diskussionen hingegen erstaunlich breit und lebhaft, insbesondere, wenn man die Zahl der Voten zur geringen Zahl der österreichischen Mitglieder ins Verhältnis setzt. Es lag indes stärker daran, dass die involvierten Personen sich gerne reden hörten, als dass sie mehr zu sagen gehabt hätten. *Helfried Pfeifer* etwa brachte sich intensiv in die Aussprachen ein,[86] ohne in der Sache viel Substantielles beizutragen. Auch *Adolf Merkl* gehörte zu den übereifrigen Diskutanten: Unabhängig vom Thema soll er stets zum Minderheitenschutz und zur Südtirolfrage gesprochen und mit seinen Redebeiträgen das eigene Denkmal ramponiert haben.[87] So scheint er zu jenem Ritter von der traurigen Ge-

---

80 *Bernd-Christian Funk*, Die Bedeutung gliedstaatlichen Verfassungsrechts in der Gegenwart, VVDStRL 46 (1988), S. 57.

81 *Heinz Peter Rill*, Eigentumsschutz, Sozialbindung und Enteignung bei der Nutzung von Boden und Umwelt VVDStRL 51 (1992), S. 177.

82 Vgl. etwa *Hans Kelsen*, Diskussionsbemerkung, VVDStRL 4 (1928), S. 168, mit einem zwölfseitigen Koreferat zur Einheit des Rechtssystems, zur Stufentheorie und zum Gesetzesbegriff; weiters *dens.*, Diskussionsbemerkung, VVDStRL 3 (1927), S. 53 (55), mit dem klassisch gewordenen Hinweis auf das hinter dem Schleier des Rechts verborgene „Gorgonenhaupt der Macht"; ferner *dens.*, Diskussionsbemerkungen, VVDStRL 6 (1929), S. 57 (57 f.), 65, mit Ablehnung eines Vorranges des Bundesrechts im Bundesstaat.

83 *Hans Kelsen*, Schlusswort, VVDStRL 5 (1929), S. 117, mit eingehender Kritik der Hauptthesen seines Mitberichterstatters *Heinrich Triepel* (S. 117 ff.) und prägnanten Antworten auf die Einwände der Diskussionsredner (S. 120 ff.).

84 Vgl. *Adolf Merkl*, Diskussionsbemerkung, VVDStRL 5 (1929), S. 97; ferner *dens.*, Diskussionsbemerkungen, VVDStRL 4 (1928), S. 200, VVDStRL 5 (1929), S. 218, 226, und VVDStRL 7 (1932), S. 199.

85 *Max Layer*, Schlusswort, VVDStRL 5 (1929), S. 227.

86 Zwischen 1954 und 1969 sind von ihm 31 Redebeiträge auf elf Tagungen überliefert.

87 Gespräch mit *Martin Heckel* vom 08.01.2019, Archiv VDStRL, Ordner-Nr. 128, Reg.-Nr. 6, S. 3 f.; Gespräch mit *Klaus Stern* vom 21.05.2019, Archiv VDStRL, Ordner-Nr. 128, Reg.-Nr. 8, S. 14, unter Hinweis auf Retouchen der Tagungsbandredaktion.

stalt geworden zu sein, als den ihn *Alf Ross* bereits im Jahre 1929 charakterisiert hatte.[88] Den Rekord an Wortmeldungen im Rahmen einer einzigen Tagung hält indes *Günther Winkler*, der auf seiner ersten Tagung in Erlangen 1959 gleich sechs Redebeiträge beisteuerte.[89] Das ist umso bemerkenswerter, als er zum damaligen Zeitpunkt noch nicht einmal Mitglied der Vereinigung war, sondern als Gast an der Jahrestagung teilnahm.[90] Ein Dutzend Wortmeldungen insgesamt sind auch von *Gustav E. Kafka* und von *Felix Ermacora* verzeichnet, eine Handvoll von *Hans Spanner* und von *René Marcic*.

Diese gelegentlich fast schon überschäumende Diskussionsfreude der österreichischen Mitglieder brach jedoch im Laufe der 1970er-Jahre sukzessive ein. Es dürfte damit zusammenhängen, dass der Vorstand Mitte der 1960er-Jahre[91] begann, zu Themen, die auf das deutsche Recht zugeschnitten waren, bei schweizerischen und österreichischen Mitgliedern Diskussionsbeiträge zu bestellen, welche die von deutschen Mitgliedern erstatteten Berichte ergänzen und abrunden sollten. 1966 in Graz leiteten *Dietrich Schindler* und *Felix Ermacora* die Aussprache zu „Verwaltung durch Subvention" ein,[92] auf der Frankfurter Tagung 1967 berichteten *Kurt Eichenberger* und *Günther Winkler* über die Führung und Organisation der Streitkräfte in der Schweiz und in Österreich.[93] Als 1970 in Speyer das Thema „Das demokratische Prinzip im Grundgesetz" verhandelt wurde, hielt einmal mehr *Kurt Eichenberger* das einführende Kurzreferat zur Lage in der Schweiz, *Robert Walter* jenes zur Demokratie in Österreich.[94] Zwei Jahre später wurde zu den „Gemeinschaftsaufgaben im Bundesstaat" *Heinz Peter Rill* um den österreichischen Länderbericht gebeten,[95] 1976 *Karl Korinek* zu „Unternehmen und Unternehmer in der verfassungsrechtlichen Ordnung der Wirtschaft"[96] sowie *Bernd-Christian Funk* zum „Schutz der Allgemeinheit und der individuellen Rechte durch die polizei- und ordnungsrechtlichen Handlungsvollmachten der Exekutive".[97] In der Folge wurden die Länderberichte zur Regel, und die österreichischen Mitglieder hatten entsprechend zu tun: 1977 im Jahr darauf sprach (wieder) *Günther Winkler* zum Verfassungsstaat im Geflecht internationaler Beziehungen[98] und (wieder) *Heinz Peter Rill* zu den öffentlichen Aufgaben der Gemeinde,[99] im Jahre 1978 führten *Siegbert Morscher* in „Verfassungstreue und

---

88 *Alf Ross*, Theorie der Rechtsquellen, 1929, S. 329.

89 *Günther Winkler*, Diskussionsbemerkungen, VVDStRL 18 (1960), S. 180, 189, 195, 203, 204, 208.

90 Als geladener Gast aus dem Ausland sprach später auch *Otto Pfersmann*, Diskussionsbemerkung, VVDStRL 61 (2002), S. 177 (177).

91 Zuvor hatten schon auf der Marburger Tagung 1951 *Hans Spanner*, *Hans Huber* und *Godehard Josef Ebers* einleitende Bemerkungen aus österreichischer bzw. schweizerischer Sicht beigesteuert, die vom Vorstand erbeten worden waren (VVDStRL 11 [1952], S. 113. S. 122, S. 215).

92 Vgl. *Dietrich Schinder* und *Felix Ermacora*, Diskussionsbemerkungen, VVDStRL 25 (1967), S. 401 und S. 405.

93 *Kurt Eichenberger* und *Günther Winkler*, Diskussionsbemerkungen, VVDStRL 26 (1968), S. 260 und S. 267.

94 Vgl. *Kurt Eichenberger* und *Robert Walter*, Diskussionsbemerkungen, VVDStRL 29 (1971), S. 85 und S. 90.

95 *Heinz Peter Rill*, Diskussionsbemerkung, VVDStRL 31 (1973), S. 87.

96 *Karl Korinek*, Diskussionsbemerkung, VVDStRL 35 (1977), S. 110.

97 *Bernd-Christian Funk*, Diskussionsbemerkung, VVDStRL 35 (1977), S. 300.

98 *Günther Winkler*, Diskussionsbemerkung, VVDStRL 36 (1978), S. 119.

99 *Heinz Peter Rill*, Diskussionsbemerkung, VVDStRL 36 (1978), S. 342.

Schutz der Verfassung“[100] sowie *Heinz Schäffer* in den „öffentliche[n] Dienst im Staat der Gegenwart“ ein.[101]

Der Umstand, dass sich *Heinz Schäffers* Diskussionsbeitrag über 13 Seiten zog, macht augenfällig, dass die einführenden Länderberichte sich schrittweise zu Quasireferaten ausgewachsen hatten. Im Zuge der Veröffentlichung des 38. Bandes erkannte der Vorstand diesen Umstand halbherzig an, indem er den Beitrag *Karl Wengers* zur „Staatsaufgabe Umweltschutz“[102] – wie jenen von *Luzius Wildhaber* für die Schweiz – im Inhaltsverzeichnis als 3. (bzw. 4.) Bericht zum Thema vermerkte.[103] Im Titel des Bandes schienen indes lediglich die Hauptreferenten auf. Unter eigener Überschrift, aber ohne Nennung *Norbert Wimmers* im Titel des Bandes wurde auch dessen 1983 in Köln gehaltener Redebeitrag zum „Kulturauftrag im staatlichen Gemeinwesen“ veröffentlicht.[104]

Die folgenden Vorstände hielten „nach alter Sitte“[105] an den Länderberichten fest, stuften diese jedoch wieder zu Diskussionsbeiträgen herab: den Bericht *Walter Berkas* zu den Austriaca von „Verfassungsgarantie und sozialer Wandel – Das Beispiel von Ehe und Familie“,[106] die Bemerkungen *Heinz Schäffers* zur „Einheit der Verwaltung als Rechtsproblem“[107] und die Ausführungen *Theo Öhlingers* zum „Verfassungsstaat als Glied einer europäischen Gemeinschaft“.[108] Die Länderberichte der Bayreuther Tagung 1992 wurden hingegen wieder als Quasireferate publiziert.[109] Bald darauf kam die Gattung an ihr Ende: Nachdem 1993 Vortragende deutscher, österreichischer und schweizerischer Herkunft auf ein vergleichendes Thema angesetzt worden waren, wurden die Länderberichte der Tagungen 1994, 1995 und 1996, wiewohl leitsatzlos[110] und als solche ausgewiesen, durch Nennung der Autoren im Titel des Bandes als vollwertige Referate anerkannt.[111] Es sollten die letzten Vertreter der Gattung bleiben.

In der Sache ist das nicht zu bedauern.[112] Die Länderberichte boten wohl Einführungen auf höchstem Niveau, mit subtilen Beobachtungen und feinsinnigen Ergänzungen,

---

[100] *Siegbert Morscher*, Diskussionsbemerkung, VVDStRL 37 (1979), S. 118.

[101] *Heinz Schäffer*, Diskussionsbemerkung, VVDStRL 37 (1979), S. 267.

[102] *Karl Wenger*, Staatsaufgabe Umweltschutz in Österreich, VVDStRL 38 (1980), S. 318.

[103] VVDStRL 38 (1980), S. 3.

[104] *Norbert Wimmer*, Kulturauftrag im staatlichen Gemeinwesen Österreichs, VVDStRL 42 (1984), S. 83.

[105] So *Martin Kriele*, VVDStRL 45 (1987), S. 94.

[106] *Walter Berka*, Diskussionsbemerkung, VVDStRL 45 (1987), S. 94.

[107] *Heinz Schäffer*, Diskussionsbemerkung, VVDStRL 46 (1988), S. 265.

[108] *Theo Öhlinger*, Diskussionsbemerkung, VVDStRL 50 (1991), S. 278.

[109] Vgl. *Herbert Haller*, Grundsätze der Finanzverfassung in Österreich, VVDStRL 52 (1994), S. 111, und *Johannes Hengstschläger*, Verträge und Absprachen zwischen der Verwaltung und Privaten in Österreich, ebd. S. 298.

[110] Bis einschließlich VVDStRL 55 (1996); in VVDStRL 56 (1997) weisen auch die Länderberichte Leitsätze auf.

[111] Sie sind deshalb unter 3. vermerkt.

[112] Ebenso *Franz Merli*, in diesem Band; S. 681 (687, 693), und *Schulze-Fielitz*, Wissenschaftskultur (Fn. 22), S. 123 f. Entgegengesetzte Bewertung hingegen bei *Benjamin Schindler*, in diesem Band, S. 273 (285 f.); eine gewisse Wehmut ob der Abschaffung der Landesberichte kommt auch bei *Peter Häberle*, Pädagogische Briefe an einen jungen Verfassungsjuristen, 2010, S 92 f., zum Ausdruck.

die passgenau auf den Horizont der deutschen Mitglieder abgestimmt waren.[113] Zeitlich limitiert und durch die Aufgabenstellung auf Sherpadienste beschränkt, konnten die Referenten jedoch weder ein Gesamtbild zeichnen, noch eigene Thesen präsentieren. *Theo Öhlinger* brachte das Unbefriedigende dieser Situation auf den Punkt, als er einleitend festhielt:

„Wenn mein Bericht zur Diskussion Positives beitragen und sich nicht im Blick auf eine etwas exotische Rechtsordnung erschöpfen soll, so kann dies wohl nur darin bestehen, ein sehr stark durch die jeweilige positive Rechtsordnung geprägtes Thema durch einige zusätzliche Aspekte anzureichern."[114]

Doch auch die Hoffnung, dass die Diskussion von den Ergänzungen zu Österreich und der Schweiz profitieren werde, hat sich nicht erfüllt. Im Rückblick hat es vielmehr den Anschein, als seien in dem Maße, in dem der Vorstand Redebeiträge zum österreichischen Recht kanalisiert hatte, die hiesigen Mitglieder in der allgemeinen Diskussion verstummt.[115] Seit den 1980er-Jahren sind ihre Redebeiträge jedenfalls kontinuierlich zurückgegangen.[116] Sie häufen sich, wenn eine Person aus Österreich referiert;[117] sie melden mitunter Zweifel an und rufen die österreichische Sichtweise in Erinnerung, unter Einschluss des oft beschworenen Methodengrabens;[118] sie mischen jedoch selten im Zentrum der Auseinandersetzungen mit.[119] Offensichtlich existiert zum einen eine gewisse Scheu, sich in die oft hochabstrakt geführten Debatten einzumengen; zum anderen scheint es Zweifel zu geben, ob die österreichische Sicht der Probleme für die überwiegend deutsche Kollegenschaft von hinreichendem Interesse ist.[120]

---

113 Vgl. etwa *Rill*, VDStRL 31 (1973), S. 87 f.

114 Öhlinger, VVDStRL 50 (1992), S. 278.

115 Der Tagungsbesuch ist demgegenüber konstant geblieben, im Unterschied zur Schweiz, wo es einen Trend in Richtung Passivmitgliedschaft gibt: vgl. *Schindler*, in diesem Band, S.283.

116 Im Zeitraum zwischen 1980 und 2021 haben sich lediglich vier Personen aus Österreich fünfmal (oder mehr) zu Wort gemeldet: *Wolfgang Mantl*, *Theo Öhlinger*, *Bernard Raschauer* und *Gerhart Wielinger*. Vgl. demgegenüber die Auflistung jener Debattenredner, die es in den 2000er- bzw. in den 2010er-Jahren auf jeweils mehr als zehn Wortmeldungen brachten, bei *Schulze-Fielitz*, Wissenschaftskultur (Fn. 22), S. 139.

117 Vgl. etwa die Wortmeldungen von *Robert Walter*, VVDStRL 39 (1981), S. 150, *Karl Wenger*, ebd. S. 152, S. 199, und *Theo Öhlinger*, ebd. S. 190, zum Referat von *Korinek*, Verfassungsgerichtsbarkeit (Fn. 58); die Diskussionsbemerkungen von *Karl Wenger*, VDStRL 44 (1986), S. 123, und *Gerhart Wielinger*, ebd. S. 145, zum Referat von *Schäffer*, Parteienstaatlichkeit (Fn. 66); die Nachfragen von *Theo Öhlinger*, VVDStRL 46 (1988), S. 128, *Karl Wenger*, ebd. S. 158, und *Reinhard Rack*, ebd. S. 159, zum Referat von *Funk*, Bedeutung (Fn. 80); schließlich die Kritik von *Harald Stolzlechner*, VVDStRL 51 (1992), S. 298, am Referat von *Rill*, Eigentumsschutz (Fn. 81).

118 Vgl. etwa *Stefan Griller*, Diskussionsbemerkung, VVDStRL 60 (2001), S. 392; *Karl Korinek*, Diskussionsbemerkung, VVDStRL 47 (1989), S. 70; *Richard Novak*, Diskussionsbemerkung, VVDStRL 39 (1981), S. 388; *Theo Öhlinger*, Diskussionsbemerkung, VVDStRL 42 (1984), S. 121.

119 Eine Ausnahme bildet namentlich *Bernhard Raschauer*: vgl. etwa dessen Diskussionsbemerkungen in VVDStRL 58 (1999), S. 266, VVDStRL 66 (2007), S. 195, VVDStRL 67 (2008), S. 347, und ebd., S. 457.

120 Keine Scheu kannte insoweit *Karl Wenger*: vgl. etwa seine Diskussionsbemerkungen in VVDStRL 31 (1973), S. 134, VVDStRL 32 (1974), S. 229, VVDStRL 34 (1976), S. 315, VVDStRL 35 (1977), S. 163, VVDStRL 44 (1986), S. 264, VVDStRL 46 (1988), S. 284, VVDStRL 47 (1989), S. 212.

IV. Gelten: Der Stellenwert der Vereinigung in Österreich

Schon die Tatsache, dass die Mitgliedschaft in der Vereinigung auch in Österreich wieder die Regel ist und das Bedauern darüber groß, wenn sie aufgrund einer zu engen Venia nicht in Betracht kommt, weist auf hohes Renommee der Vereinigung in Österreich hin. Ihr Stellenwert in der Wissenschaft vom öffentlichen Recht ist aber mit ihrer Bedeutung in Deutschland nicht entfernt vergleichbar: Die Vereinigung steht hierzulande weniger im Zentrum, sie erfüllt andere Funktionen.

1. Irrelevanz der Vereinigung für den Stellenmarkt

Die Vereinigung war und ist noch immer ein Markt: Wer neu ist im Fach, hat in ihr ein Forum, das Gelegenheit bietet, sich zu präsentieren, mit allen ins Gespräch zu kommen und von ihnen als forschende Persönlichkeit wahrgenommen zu werden. Diese Aufgabe hat die Vereinigung für Österreich von vornherein nicht. Die öffentlich-rechtliche Szenerie ist wesentlich kleiner, die Zeitschriftenlandschaft überschaubarer, so dass niemand mit einer Habilitation hervortritt, der sich nicht zuvor schon im Fach einen Namen erschrieben hat, welcher allen geläufig ist. Die handelnden Personen sind auf wenige Fakultäten verteilt, die vergleichsweise viele Veranstaltungen durchführen, so dass sich alle Beteiligten unabhängig von den Tagungen der Vereinigung persönlich kennen. Die Dominanz Wiens bringt es zudem mit sich, dass Theorie und Praxis sich wesentlich stärker mischen, als dies in Deutschland oder in der Schweiz der Fall ist: Es gibt kaum eine relevante Veranstaltung im öffentlichen Recht, auf der nicht auch die Ministerialbürokratie und die Gerichtshöfe des öffentlichen Rechts angemessen vertreten wären. Das prägt auch den Erwartungshorizont, vor dem rechtswissenschaftliche Aussagen getätigt werden.

In Summe führen all diese Faktoren dazu, dass die Vereinigung für das berufliche Fortkommen gänzlich irrelevant ist.[121] Niemand fährt zu Tagungen der Vereinigung, um sich der österreichischen Kollegenschaft bekannt zu machen, und niemand übernimmt ein Referat, um damit einen Ruf an eine renommierte österreichische Universität zu befördern. Man kann ohne Schaden für die eigene Karriere der Vereinigung fernbleiben, so wie man als Mitglied ein angetragenes Referat ausschlagen kann, ohne auch nur indirekt Sanktionen befürchten zu müssen. Dementsprechend fällt es dem Vorstand in Österreich schwerer als in Deutschland, Mitglieder für einen Bericht zu gewinnen. Wenn es sich fügt, sagt man der Ehre wegen gerne zu; wenn indes thematische, familiäre, berufliche oder sonstige Gründe gerade dagegen sprechen, schlägt man das Angebot ohne Skrupel aus. Die Quote der Absagen ist demgemäß nicht unerheblich, wenngleich nur die wenigsten von ihnen den Weg in die Akten finden.[122]

---

[121] Ebenso die Einschätzung der Relevanz der Vereinigung für die Schweiz bei *Schindler*, in diesem Band, S. 282.

[122] So etwa die Absage *Walter Antoniollis*, die denn auch bei *Schulze-Fielitz*, Wissenschaftskultur (Fn. 22), S. 66 Fn. 430, verzeichnet ist.

2. Die Vereinigung als Ort grenzüberschreitender Kontaktpflege

Wichtig ist die Vereinigung jedoch als ein Forum, das es mit vergleichsweise kleinem Aufwand erlaubt, die Kontakte mit deutschen und schweizerischen Kolleginnen und Kollegen zu pflegen. Nicht nur in der Zwischenkriegszeit, auch nach dem Zweiten Weltkrieg blieb die österreichische Wissenschaft im öffentlichen Recht primär nach Deutschland hin orientiert: Die Literatur war in Österreich gut zugänglich, die Sprache stellte keine Barriere dar, Forschungsaufenthalte ließen sich aufgrund der räumlichen Nähe mit geringerem Aufwand realisieren, und auf Grundlage großzügiger Förderungsprogramme wie namentlich des Alexander von Humboldt-Stipendiums kamen auch längere Aufenthalte in Betracht. Der wissenschaftliche Nachwuchs blickte daher bis um die Jahrtausendwende so gut wie ausschließlich nach Deutschland, nicht in die Vereinigten Staaten, nicht in das Vereinigte Königreich und schon gar nicht nach Frankreich, und er publizierte nahezu ausschließlich in deutscher Sprache.[123] In der jüngeren Generation haben sich die Gewichte verschoben. Deutschland ist aber auch für sie das wichtigste Orientierungs- und Referenzland geblieben, schon deshalb, weil das Gros der dogmatisch anschlussfähigen Literatur und Judikatur in deutscher Sprache erscheint.

All das führt dazu, dass die im Fach Tätigen regelmäßig über gute Kontakte nach Deutschland und in die Schweiz verfügen, die gepflegt werden wollen. Die Vereinigung ist dafür das ideale Forum. Auf den Jahrestagungen trifft man einander verlässlich, ohne sich zuvor aufwändig verabreden zu müssen, und man kann die Gespräche dort fortsetzen, wo sie beim letzten Mal geendet hatten. Man lernt die Autoren von Arbeiten, die man mit Gewinn studiert hat, endlich persönlich kennen, kann nachfragen, loben, kritisieren, in die Diskussion eintreten, dem Gegenüber einen Gefallen anbieten und die Scheu verlieren, um einen solchen zu bitten. Gar nicht selten verläuft der Weg der Erkenntnis aber auch umgekehrt: Man lernt ebenso nette wie kluge Kolleginnen und Kollegen persönlich kennen, von deren Existenz man nicht wusste, wähnt, sie müssten bei so viel Charme und Witz doch auch fachlich etwas zu sagen haben, und sieht sich in aller Regel bestätigt. Negative Erfahrungen gibt es selbstverständlich ebenfalls, und auch sie haben mitunter ihren Nutzen, denkt man doch still bei sich, dass es ein Risiko sein könnte, sich in einem Berufungs- oder Habilitationsverfahren vertrauensvoll in die Hände des betreffenden Kollegen zu legen und sich seinem Urteil zu unterwerfen.

Dass es in der Vereinigung so gut gelingt, Kontakte zu halten und Verbindungen nicht abreißen zu lassen, dazu trägt der Rahmen der Jahrestagungen maßgeblich bei.[124] Sie ziehen sich über mehrere Tage und finden in einem lockeren Rahmen statt, der Gewähr für Begegnungen bietet, weil alle Zeit haben und diese gemeinsam verbringen: in den Pausen beim Kaffee, an den Büchertischen der Verlage, am Abend bei den Empfängen, in prächtigen Räumen und schöner Umgebung. Die Vereinigung ist zwar keine professionelle Tagungsagentur,[125] sie kann aber mit einer solchen in vielerlei Hinsicht konkur-

---

[123] Ausnahmen bilden *Theo Öhlinger* und *Heinz Schäffer*, die schon in den 1970er- und 1980er-Jahren auf ein beachtliches fremdsprachiges Œuvre verweisen konnten.

[124] Zu Ablauf und Struktur der Tagungen vgl. *Schulze-Fielitz*, Wissenschaftskultur (Fn. 22), S. 94ff.

[125] Den Mitgliedern in Erinnerung gerufen von *Schulze-Fielitz*, Schlusswort, VVDStRL 63 (2004), S. 467.

rieren, und aus österreichischer Sicht erfüllt sie durchaus Funktionen eines Reisebüros.[126] Mitglieder der Vereinigung lernen die deutschen Universitätsstädte kennen, mitunter samt Umgebung, und damit schöne Teile Deutschlands, die Österreichern sonst verborgen blieben wären, weil sie Deutschland bei der Urlaubswahl überwiegend gar nicht erst in Betracht ziehen.

3. *Die Vereinigung als Surrogat einer österreichischen Fachvereinigung*

Eine zweite Funktion erwächst der Vereinigung daraus, dass sie eine in Österreich klaffende Lücke füllt. Anders als beispielsweise in der Schweiz,[127] aber auch im Unterschied zu jenen rechtswissenschaftlichen Fächern, die – wie das Völkerrecht, das Finanzrecht, das Europarecht und das Sozialrecht – in Österreich vom Staats- und Verwaltungsrecht abgetrennt und in separaten Instituten beheimatet sind, gibt es hierzulande weder eine öffentlich-rechtlich ausgerichtete nationale Vereinigung noch ein entsprechendes Tagungsformat, das dem österreichischen Völkerrechtstag[128] oder dem österreichischen Europarechtstag[129] an die Seite gestellt werden könnte. In der Zwischenkriegszeit ließen schon ideologische Gründe den Wunsch nach einem solchen Forum gar nicht aufkommen. Nach ihrer Wiederbegründung war die Vereinigung den hiesigen Fachvertretern als gemeinsames Dach gut genug. Denn deren Zahl war überschaubar, die Gelegenheit zu bilateraler Begegnung häufig, und in dem Maße, in dem die Mitgliedschaft in der Vereinigung in allen Fakultäten Österreichs zur Regel wurde, sank das Bedürfnis nach einer rein nationalen Verbindung im Fach.

Das ist bis heute so geblieben, aber keineswegs selbstverständlich. Auf der Ebene der Assistierenden wurde etwa, wiewohl mit der „Jungen Tagung Öffentliches Recht" ebenfalls ein den ganzen deutschsprachigen Raum einbeziehendes Pendant besteht,[130] im Jahr 2010 eine eigene österreichische Tagung ins Leben gerufen, die jährlich stattfindet

---

[126] Gleiches scheint aus schweizerischer Sicht zu gelten: vgl. *Georg Müller* und *Jörg Paul Müller*, Interview vom 15.04.2019, Archiv VDStRL, Ordner-Nr. 128, Reg.-Nr. 7. S. 2: „Bei uns ging es zudem auch noch um das Kennenlernen der österreichischen und deutschen Universitätsstädte."

[127] Näher *Schindler*, in diesem Band, S. 299.

[128] Der Völkerrechtstag wird seit 1976 veranstaltet; seit 1979 steht er auch im Ausland tätigen Fachvertretern mit Verbindung zu Österreich offen, mitunter – wie 2017 in Tutzing – wird er außerhalb Österreichs veranstaltet. Zu den Anfängen *Konrad Ginther*, Der österreichische Völkerrechtstag, AVR 28 (1990), S. 285. Die Ergebnisse werden meist in Buchform veröffentlicht, eine eigene Schriftenreihe besteht jedoch nicht. Letzte Veröffentlichung: August Reinisch/Astrid Reisinger Coracini (Hrsg.), Zurück zu den Quellen des Völkerrechts. Beiträge zum 44. Österreichischen Völkerrechtstag 2019 in Rust am Neusiedlersee, 2021.

[129] Der Europarechtstag findet seit 2000 im Wechsel der Fakultäten statt, zuletzt in Innsbruck (2018) und an der WU Wien (2019). Vgl. dazu den Bericht von *Corina Kruesz*, 19. Österreichischer Europarechtstag, ZfV 2020, S. 55.

[130] Zu den Anfängen als Assistententagung vgl. *Helmuth Schulze-Fielitz*, 25 Jahre Assistententagung. Über Geschichte und Funktion der Tagungen der wissenschaftlichen Mitarbeiter der Fachrichtung „Öffentliches Recht" 1961–1985, JöR 34 (1985), S. 35, und *Dirk Heckmann*, Zwischen Spontaneität und Professionalität. Zehn weitere Jahre Assistententagung Öffentliches Recht (1986–1995), JöR 44 (1996), S. 237; zur derzeitigen Organisation vgl. https://www.juwiss.de/junge-wissenschaft-im-offentlichen-recht-e-v/ (21.01.2022).

und deren Ergebnisse in einer eigenen Schriftenreihe veröffentlicht werden.[131] Es ist nicht unwahrscheinlich, dass jene jüngere Generation im Fach, die vor einem Dutzend Jahren die „kleine" inländische Staatsrechtslehrendentagung ins Leben gerufen hat, sich eines Tages zur Begründung einer rein österreichischen „großen" Vereinigung entschließen wird.[132] Im Unterschied zur VDStRL würde sie freilich aller Voraussicht nach nicht das gesamte öffentliche Recht repräsentieren, sondern auf das Verfassungs- und Verwaltungsrecht beschränkt sein. Denn das Völkerrecht, das Finanzrecht und auch das Europarecht sind als Institute entweder verselbständigt oder untereinander bzw. – wie das Sozialrecht – mit anderen Fächern institutionell verbunden, und sie verfügen bereits über entsprechende Tagungsforen.

4. Die Vereinigung als Maßstab im öffentlichen Recht

Neben vielem anderen ist die Vereinigung auch ein Maßstab, wenn nicht der Maßstab für die Wissenschaft im öffentlichen Recht. Darin liegt kein Vereinszweck, sondern eine Funktion, die ihr im Laufe ihrer Geschichte sukzessive zugewachsen ist.[133] Mehrere Faktoren trugen und tragen dazu bei. Die Verhandlungen finden ausschließlich im Plenum statt[134] mit der Folge, dass alle alles registrieren.[135] Die Zahl der Mitglieder ist wesentlich größer als die Zahl der zu vergebenden Berichte. Mit einem Referat betraut zu werden, gilt darum als Ehre;[136] auf wen sie fällt, der strengt sich entsprechend an. Dabei sieht er sich einem Publikum gegenüber, das er unangenehmer nicht zusammenstellen hätte können:[137] Alle Personen im Auditorium sind in der Sache denkbar kundig, die Hälfte von ihnen stünde statt seiner gerne selbst am Podium. Während es jedoch im Theater zu Ende ist, wenn der Applaus verebbt und der letzte Vorhang fällt, steht in der Vereinigung

131 Sie erscheint im Jan Sramek Verlag und hält derzeit bei zehn Bänden. Zuletzt ist erschienen Myriam Becker u.a. (Hrsg.), Gesellschaftliche Herausforderungen – Öffentlich-rechtliche Möglichkeiten. Tagung der Österreichischen Assistentinnen und Assistenten Öffentliches Recht, 2020.

132 Denkbar – und in der Sache wesentlich sinnvoller – wäre auch eine Öffnung der „kleinen" Tagung für alle Fachvertreter. Sie müsste freilich vom Mittelbau ausgehen, der damit weiter an Autonomie verlieren würde.

133 Sie wird erstmals unterstrichen bei *Ulrich Scheuner*, Ansprache zur 50jährigen Wiederkehr der Gründung der Vereinigung, in: VVDStRL 31 (1973), S. 7 (12).

134 Zu diesem Charakteristikum und seinen Konsequenzen für Themenwahl und Vortragsgestaltung vgl. *Schulze-Fielitz*, Wissenschaftskultur (Fn. 22), S. 95 ff.; *Häberle*, Briefe (Fn. 112), S. 121; *Christian Starck*, Die Vereinigung der Deutschen Staatsrechtslehrer, Rechtswissenschaft 2015, S. 118 (128).

135 Prägnant *Schulze-Fielitz*, Staatsrechtslehrerreferat (Fn. 34), S. 146: „Nirgendwo gibt es die Möglichkeit, sich durch einen einzigen Vortrag vor einer so großen Anzahl von professoralen Fachkollegen nachhaltig vorzustellen, ob im schlechten oder ob im guten Sinne."

136 *Häberle*, Briefe (Fn. 112), S. 102, sieht darin die „letzte große Ehre in der Zunft", für *Helmuth Schulze-Fielitz*, Leicht spekulative Notizen zur Reputationshierarchie in der deutschen Staatsrechtslehre, in: *ders.*, Staatsrechtslehre als Mikrokosmos, 2013, S. 187 (192), ein Symbol für „besondere wissenschaftliche Akzeptanz und Reputation".

137 Bewertungen: „wohl die größte Ballung von Fachkompetenz auf unserem Gebiet [...], die es weltweit gibt" (*Daniel Thürer*, Diskussionseröffnung, VVDStRL 58 [1999], S. 81 [81]); „fast einzigartig" (*Häberle*, Briefe [Fn. 112], S. 99).

mit der Bewährung in der Diskussion die eigentliche Probe erst an.[138] Dabei geht es offen zur Sache und direkt zum Punkt, in aller Freundschaft, aber auch in aller Härte.[139] Die Vereinigung ist Bühne und Arena, sie ist Richtmaß und Richtstatt zugleich.

Wer aus Österreich kommt, wo die Vereinigung für das berufliche Fortkommen keine Rolle spielt, der hat es einerseits leichter. Das Urteil braucht er weniger zu fürchten, weil er weiß, dass es im Inland ohnehin nicht vollstreckbar ist. Andererseits hat er es schwerer dadurch, als er sich den Erwartungshaltungen eines fremden Publikums[140] stellen und diese antizipieren muss. Das führt regelmäßig in ein Dilemma, sowohl in gegenständlicher als auch in methodischer Hinsicht. Beim Zuschnitt des Themas stellt es ein hohes Risiko dar, ausschließlich das österreichische Recht ins Zentrum zu rücken, weil das Publikum weder mit ihm vertraut ist, noch an ihm Interesse hat. Die vortragende Person sieht sich daher veranlasst, das Thema breiter anzulegen und damit den Kernbereich der eigenen Sachkompetenz zu verlassen. In methodischer Hinsicht ist ebenfalls absehbar, dass es mit handfester Dogmatik allein nicht getan ist,[141] schon gar nicht in ihrer rigiden österreichischen Prägung.[142] Das Publikum will intellektuell gefordert werden, es giert nach Innovation, es erwartet interdisziplinäre Zugänge.[143] Auch dies lädt dazu ein, den Kreis der eigenen Kompetenz zu verlassen, um auf fremden Feldern zu dilettieren.[144]

Die eine wie die andere Selbstreflexion, die die Erwartungen des Publikums bei österreichischen Vortragenden unweigerlich auslösen, macht ihnen die eigenen Grenzen und Defizite bewusst. Das Plenum der Vereinigung ist „eine Art fachliches Übergremium, vor dem man bestehen musste",[145] ein rechtswissenschaftliches Über-Ich, dessen Ansprüchen man nie vollauf genügen wird können.

---

[138] Ratschläge zur Bewältigung dieser „höchste Anforderungen" stellenden Situation bei *Häberle*, Briefe (Fn. 112), S. 102 ff., und *Schulze-Fielitz*, Staatsrechtslehrerreferat (Fn. 34), S. 183 ff. („wahrscheinlich der anstrengendste Teil der ganzen Tagung" (185).

[139] Vgl. zum einen das Verzeichnis von Kontroversen bei *Häberle*, Briefe (Fn. 112), S. 110 ff., zum anderen aber auch die eingehenden Beobachtungen zum Diskussionsstil und seinem Wandel bei *Schulze-Fielitz*, Wissenschaftskultur (Fn. 22), S. 133 ff.

[140] Dazu eingehend *Schulze-Fielitz*, Staatsrechtslehrerreferat (Fn. 34), S. 169 ff.

[141] Vgl. nur *Matthias Jestaedt*, Vom Beruf der Rechtswissenschaft – zwischen Rechtpraxis und Rechtstheorie, in: Dreier (Hrsg.), Rechtswissenschaft als Beruf, 2018, S. 227 (229).

[142] Zu ihr einerseits *Christoph Bezemek/Alexander Somek*, Die Wiederentdeckung Weltösterreichs. Eine Denkschrift, Der Staat 57 (2018), S. 135, in ironischer und sarkastischer Brechung; andererseits *Ewald Wiederin*, Verfassungsinterpretation in Österreich, in: Lienbacher (Hrsg.), Verfassungsinterpretation in Europa, 2011, S. 81, in affirmativer Tönung (106 ff.).

[143] Detaillierte Kataloge von Aufgaben des Referats und Anforderungen an die Vortragenden bei *Schulze-Fielitz*, Staatsrechtslehrerreferat (Fn. 34), S. 146 ff., 167 ff.

[144] Gleiche Beobachtung bei *Anne Peters*, Diskussionsbemerkung, VVDStRL 74 (2015), S. 105: „Einerseits ist relativ klar, dass man, will man international in Topjournals veröffentlichen, mit einem dogmatischen Paper niemals landen kann. Das gilt schlicht als viel zu langweilig, und das ist vollkommen eindeutig. Andererseits habe ich das Gefühl, dass die Dogmatik das einzige Fach ist, in dem ich so richtig kompetent bin."

[145] *Peter Pernthaler*, Gespräch vom 24.09.2018, Archiv VDStRL, Ordner-Nr. 128, Reg.-Nr. 4, S. 6.

V. Gelten: Der Stellenwert Österreichs in der Vereinigung

Die Vereinigung gilt demnach in Österreich viel, und sie gilt weit mehr, als es ihrer tatsächlichen Bedeutung entspricht. Trifft dies auch umgekehrt zu? Wird die österreichische Beteiligung in der Vereinigung auf deutscher und schweizerischer Seite geschätzt, würde ihr ohne österreichische Mitglieder etwas fehlen? Diese Fragen sind naturgemäß schwerer zu beantworten, zumal aus österreichischer Perspektive. Gleichwohl seien abschließend einige Mutmaßungen unternommen.

1. Die österreichische Tradition als befruchtender Kontrast

Wissenschaftsgeschichtliche Bedeutung erlangte die Vereinigung in der Zwischenkriegszeit dadurch, dass in ihr der Weimarer Methodenstreit ausgefochten wurde, der die Disziplin stimulierte.[146] In diesem Streit kämpften österreichische Protagonisten mit *Hans Kelsen* an der Spitze maßgeblich mit, und die dabei zu Tage tretenden methodischen Divergenzen gingen zu einem guten Teil auf kulturelle Unterschiede zurück. Die Betonung der Rolle des Rechts, das Verständnis der Verfassung als Spielregel politischer Gegner, das Festhalten am Buchstaben des Gesetzes und das Insistieren auf rechtlich geregelten Verfahren hängen damit zusammen, dass im Vielvölkerstaat der Donaumonarchie in Ermangelung gemeinsamer Werte mit solchen kein Staat zu machen war.[147] Dieser rechtskulturell imprägnierte Unterschied ist bis heute nicht verschwunden, und er wird in den Aussprachen der Vereinigung regelmäßig angesprochen.[148] Gleich einem Mantra insistieren österreichische Mitglieder auf dem Primat der Rechtstexte[149] und po-

---

[146] Dazu *Stolleis*, Geschichte Bd. 3 (Fn. 38), S. 158 ff.; *Hans-Joachim Koch*, Einleitung: Über juristisch-dogmatisches Argumentieren im Staatsrecht, in: ders. (Hrsg.), Seminar: Die juristische Methode im Staatsrecht, 1977, S. 13 (81 ff.).

[147] Vgl. nur *Hans Kelsen*, Autobiographie (1947), in: Hans Kelsen Werke Bd. 1, 2007, S. 29 (59 f.): „Es mag sein, dass ich zu dieser Anschauung nicht zuletzt dadurch gekommen bin, dass der Staat, der mir am naechsten lag, und den ich aus persoenlicher Erfahrung am besten kannte, der oesterreichische Staat, offenbar nur eine Rechtseinheit war. Angesichts des oesterreichischen Staates, der sich aus so vielen nach Rasse, Sprache, Religion und Geschichte verschiedenen Gruppen zusammensetzte, erwiesen sich Theorien, die die Einheit des Staates auf irgendeinen sozial-psychologischen oder sozial-biologischen Zusammenhang der juristisch zum Staat gehoerigen Menschen zu gruenden versuchten, ganz offenbar als Fiktionen. Insofern diese Staatstheorie ein wesentlicher Bestandteil der Reinen Rechtslehre ist, kann die Reine Rechtslehre als eine spezifisch oesterreichische Theorie gelten."

[148] Vgl. *Max Layer*, Schlusswort, VVDStRL 5 (1929), S. 227 (227): „Zunächst muß ich konstatieren, was ich nicht anders erwartet habe, nämlich daß […] die Herren aus Österreich einen anderen Standpunkt haben als die Herren aus Deutschland"; *Ludwig K. Adamovich*, Diskussionsbemerkung, VVDStRL 34 (1976), S. 320 (320): „Ich möchte sagen, daß ich mich am Vormittag als Österreicher hier geradezu in eine andere Welt versetzt gefühlt habe"; *Griller*, VVDStRL 60 (2001), S. 392: „Ich habe das nie verstanden, vielleicht, weil ich aus Wien komme".

[149] *Günther Winkler*, VVDStRL 22 (1965), S. 329 (330): „In Freiburg habe ich mich einmal zu Wort gemeldet und bemerkt, daß wir Österreicher gesetzestreuer sind oder dem Gesetz näher stehen, als die Herren der Bundesrepublik. Diese Feststellung hat damals wie heute allgemeine Heiterkeit hervorgerufen. Dabei will ich mir nicht verhehlen, daß diese Heiterkeit weniger in dem Wohlgefallen an der Äußerung ihre Erklärung finden mag, als vielleicht in dem Umstand, daß man sich insgeheim gedacht hat: ‚Naja, da spricht ein Positivist.' Selbst auf die Gefahr hin, mich diesem Prädikat auszusetzen, muß ich

chen auf das Legalitätsprinzip;[150] sie treten abgehobenen Interpretationen entgegen;[151] und sie mokieren sich darüber, dass Deutsche die Verfassung zwar im Herzen tragen, aber um ihren Text nicht mehr wissen.[152] Ostinato wollen sie verschiedene Ebenen auseinander gehalten wissen, wo Deutsche zu deren Integration neigen.[153] Und ostentativ bringen sie ihre Skepsis gegenüber der Gerechtigkeit zum Ausdruck, wo Deutsche in ihr den Leitstern sehen.[154] Diese sich durch die Debatten der Vereinigung ziehenden Widerworte der österreichischen Mitglieder haben mit der Reinen Rechtslehre wenig bis gar nichts zu tun. Es waren fast ausschließlich hiesige Kritiker *Kelsens*, die sich entsprechend positionierten.[155]

Innerhalb der Vereinigung wird dieser methodische Gegensatz überwiegend als produktiv empfunden.[156] Auf deutscher Seite hat die Wertschätzung niemand eindringlicher formuliert als *Hans Heinrich Rupp*, wenn er schreibt:

---

nun doch in dieselbe Kerbe schlagen wie in Freiburg." Ferner *Ewald Wiederin*, Sozialstaatlichkeit im Spannungsfeld von Eigenverantwortung und Fürsorge, VVDStRL 64 (2005), S. 53 (70).

[150] *Theo Öhlinger*, Diskussionsbemerkung, VVDStRL 35 (1977), S. 339 (339); *Günther Winkler*, Diskussionsbemerkung, VVDStRL 24 (1966), S. 228 (229).

[151] Vgl. *Winkler*, VVDStRL 24 (1966), S. 229: „Im übrigen aber habe ich Herrn Vogel bewundert, wie er sich zunächst von den geistigen Wurzeln des geltenden Verfassungsgefüges sachte entfernt hat, wie er schließlich seine Zuflucht in der Verfassung gesucht hat und meisterlich die Verfassungskonzeption vor unseren Augen völlig aufgelöst hat, gar keine Struktur mehr übriggelassen hat, so daß in dem barocken Schmuck, den er darbot, gewissermaßen die Gestalt des Gebäudes untergegangen ist"; ferner *Bernhard Raschauer*, Diskussionsbemerkung, VVDStRL 43 (1985), S. 113 (116): „Daß die österreichische Dogmatik solchen verfassungstextunabhängigen Höhenflügen des deutschen Geistes nicht zu folgen bereit ist, ist bekannt, das brauche ich nicht näher auszuführen."

[152] *Günther Winkler*, Diskussionsbemerkung, VVDStRL 36 (1978), S. 119 (119f.): „Ich habe während der Vorträge einen sehr prominenten Staatsrechtslehrer gefragt, was denn genau im Artikel 24 des Bonner Grundgesetzes zu lesen steht. Nach dieser sehr gesetzestextarmen Diskussion von heute vormittag hatte ich ein starkes Bedürfnis, mich am Verfassungstext erneut zu orientieren. Er hat geantwortet: ‚Ein richtiger deutscher Staatsrechtslehrer trägt die Verfassung im Herzen.' Das will ich für das Grundgesetz akzeptieren, ich will es aber für die österreichische Bundesverfassung bei den deutschen und schweizerischen Kollegen nicht voraussetzen."

[153] *Günther Winkler*, Diskussionsbemerkung, VVDStRL 22 (1965), S. 329 (330): „Daher scheint es mir, daß angesichts des vorliegenden verwaltungsrechtlichen Themas vielleicht doch einmal bemerkt werden soll, daß es für die Bewältigung eines solchen Themas ganz bestimmte mögliche methodische Ausgangspositionen gibt, die man nicht miteinander vermengen soll. Man muß klarmachen, ob eine Aussage verfassungsrechtlich von Bedeutung ist, ob sie als eine allgemeine Aussage über eine vielschichtige oder vielgestaltige Gesetzeslage gedeutet werden soll, oder als eine Aussage über tatsächliche Verhältnisse und Verhaltensweisen oder als eine Aussage über rechtspolitische Vorstellungen." Ins selbe Horn stoßend und überdies sein Verständnis von Rechtswissenschaft reflektierend *ders.*, Diskussionsbemerkung, VVDStRL 30 (1972), S. 333 (334ff.).

[154] Vgl. etwa *Hans Spanner*, Diskussionsbemerkung, VVDStRL 20 (1965), S. 126 (126): „Die Feststellung der konkreten Gehalte der ‚Gerechtigkeit' muß doch wohl in erster Linie dem Gesetzgeber in Durchführung der Verfassung verbleiben."; *Karl Korinek*, Diskussionsbemerkung, VVDStRL 47 (1989), S. 70 (71): „Ist nicht ein so angereicherter Gleichheitssatz als Gerechtigkeitspostulat verstanden nurmehr so wenig rationalisierbar, daß letztlich einfach gilt: gleich ist, was die Mehrheit für gleich hält, sei es im Gesetzgebungsverfahren, sei es bei der verfassungsgerichtlichen Kontrolle? […] Führt das dann nicht zum Paradoxon, daß je mehr wir in den Gleichheitssatz hineintragen, um so weniger Gehalt der Gleichheitssatz letztlich hat?"

[155] Dies ist etwa betont bei *Winkler*, VVDStRL 30 (1972), S. 334.

[156] *Häberle*, Briefe (Fn. 112), S. 147f.; Gespräch mit *Klaus Stern* (Fn. 87), S. 3.

„Die österreichische Staats- und Verwaltungsrechtslehre mit ihrer großen Tradition hat viele von uns – mich eingeschlossen – nachhaltig beeinflußt, und wir schulden ihr tiefen Dank. Deshalb sind wir auch in Zukunft auf die österreichische Lehre angewiesen und müssen um der wissenschaftlichen Offenheit und Fruchtbarkeit willen mit ihr die Begegnung, das wissenschaftliche Gespräch, die belebende Auseinandersetzung suchen."[157]

Es ist aber vielleicht kein Zufall, dass *Rupp* diese Worte an *Robert Walter* richtete, und dies just in jenem Moment, als dieser die Vereinigung zu verlassen sich anschickte, weil er in solcher Auseinandersetzung keinen Sinn mehr sah. Denn aufgrund ihrer anderen methodischen und rechtskulturellen Prägung laufen österreichische Vortragende leicht Gefahr, den Erwartungshorizont des überwiegend deutschen Publikums zu verfehlen. So selten sie offen artikuliert werden, so weit sind denn auch in der Vereinigung Vorbehalte gegen den *modus austriacus* im Staatsrecht[158] verbreitet. Die hiesige Argumentationsweise wird als ungewöhnlich schlicht empfunden, und mitunter wird ein deutlicher Unterschied zur Kollegenschaft aus der Schweiz konstatiert, die im Niveau mit den Deutschen gleichauf lägen.[159]

Dieser Befund entbehrt sicherlich nicht des materiellen Substrats. Zu einem gewissen Teil dürfte er jedoch auch die Folge jener methodischen Gegensätze sein, die älter sind als die Vereinigung und die Wiener Schule des Rechtspositivismus. Während im Deutschen Kaiserreich das Staatsrecht als Instrument erschien, um die politisch ersehnte Einheit zu beschleunigen, wurde es in der Donaumonarchie als Instrument begriffen, das das politische Auseinanderdriften ihrer Teile bremsen sollte.[160] Vergleichbare Vorbehalte gegen ihre Problemzugänge bekamen die österreichischen Mitglieder denn auch schon in der Zwischenkriegszeit zu spüren, die heute im Rückblick wegen der damals geführten Methodenkontroversen als Glanzzeit der Vereinigung erscheint. Es mag aber sein, dass damals auf österreichischer Seite die methodische Reflexion im Zentrum stand, die heute zu kurz greift.

2. Wertschätzung der österreichischen Offenheit gegenüber europäischem Recht und Rechtsvergleichung

Wertschätzung schlägt den österreichischen Referaten und Diskussionsbeiträgen entgegen, wenn sie die Europäische Menschenrechtskonvention einbeziehen, wenn sie auf das Unionsrecht eingehen oder wenn sie eine rechtsvergleichende Betrachtung einschlagen. Nachdem mit Dogmatik allein vor der Vereinigung schlecht zu reüssieren ist, legen die

---

157 *Hans Heinrich Rupp*, Brief an Robert Walter vom 17.01.1984, Archiv VDStRL, Ordner-Nr. 46, Reg.-Nr. 8.

158 Auf diese Formel habe ich die österreichischen Eigenheiten zu bringen versucht: vgl. *Ewald Wiederin*, Denken vom Recht her. Über den modus austriacus in der Staatsrechtslehre, in: Schulze-Fielitz (Hrsg.), Staatsrechtslehre als Wissenschaft, Die Verwaltung Beiheft 7, 2007, S. 293.

159 Gespräch mit *Martin Heckel* (Fn. 87), S. 5.

160 Vgl., jeweils in einen breiteren historischen Kontext eingebettet, einerseits *Oliver F. R. Haardt*, Bismarcks ewiger Bund, 2020, S. 687 ff., andererseits *Jana Osterkamp*, Vielfalt ordnen, 2020, S. 205 ff., 343 ff.

österreichischen Vortragenden ihre Referate regelmäßig in diesem Sinne an.[161] Namentlich bei Befassung mit der Menschenrechtskonvention trafen sie auf ein gutes Echo.[162] Das mag mit an einem gewissen Startvorteil liegen, der geschwunden, aber noch immer nicht völlig verschwunden ist. Nachdem die Konvention in Österreich Verfassungsrang genießt[163] und dem Staatsgrundgesetz über die allgemeinen Rechte der Staatsbürger aus dem Jahr 1867[164] als zweiter – auch nationaler – Grundrechtskatalog gegenübersteht, ist die Vertrautheit mit ihr und den zu ihr in Straßburg ergangenen Entscheidungen hoch. Die österreichischen Verfassungskommentare sind gleichzeitig gute EMRK-Kommentare,[165] das führende Lehrbuch zur Konvention stammt aus österreichischer Feder,[166] und der Verfassungsgerichtshof hat in der Auslegung der Konvention bisweilen eigenständige Akzente gesetzt.[167]

Das Unionsrecht bildet mehr und mehr ein gemeinsames Dach, das alle interessiert, selbst die nicht unmittelbar unter ihm stehende Schweiz, und in dessen Pflege ein Rechtsprechungspositivismus dominiert, der alle eint.

Rechtsvergleichende Zugänge sind hingegen vielfach aus der Not geborene Einbahnstraßen. Österreichische Vortragende schlagen sie ein, um mit Ausführungen zu Frankreich, Großbritannien, Deutschland oder zur Schweiz im Publikum auf mehr Resonanz zu stoßen.[168] Deutsche Referierende nehmen demgegenüber auf Österreich und die Schweiz allenfalls punktuell Bezug; wenn sie ihre Berichte vergleichend anlegen, sind andere Rechtsordnungen die Vergleichsobjekte.[169]

Aus der Not könnte freilich auch eine Tugend werden. Aus österreichischer Perspektive und für die österreichische Beteiligung an ihr scheinen mir Stärke wie Chance der Vereinigung darin zu liegen, dass sie ein Forum für öffentlich-rechtliche Rechtsvergleichung bietet, wie es besser nicht vorstellbar ist:

Die Rechtsordnungen Deutschlands, Österreichs und der Schweiz weisen hinreichende Gemeinsamkeiten auf, aber auch tiefgreifende Unterschiede, die den Vergleich lohnen

---

161 Einzige Ausnahme seit Abschaffung der Länderberichte: *Lienbacher*, Rationalitätsanforderungen (Fn. 77).

162 Vgl. die Hervorhebungen bei *Häberle*, Briefe (Fn. 112), S. 138 ff.

163 Vgl. Art. II Z 7 BGBl. Nr. 59/1964.

164 RGBl. Nr. 142/1867.

165 Vgl. die Großkommentare von Karl Korinek/Michael Holoubek/Christoph Bezemek/Claudia Fuchs/Andrea Martin/Ulrich E. Zellenberg (Hrsg.), Österreichisches Bundesverfassungsrecht, Stand 16. Lfg. 2021, und von Benjamin Kneihs/Georg Lienbacher (Hrsg.), Rill-Schäffer-Kommentar Bundesverfassungsrecht, Stand 26. Lfg. 2021, aber auch die kompakten Kommentare von Arno Kahl/Lamiss Khakzadeh/Sebastian Schmid (Hrsg.), Kommentar zum Bundesverfassungsrecht, 2021, und von *Gerhard Muzak*, Das österreichische Bundes-Verfassungsrecht, 6. Aufl. 2020.

166 *Christoph Grabenwarter/Katharina Pabel*, Europäische Menschenrechtskonvention, 7. Aufl. 2021.

167 Vgl. VfSlg. 11.506/1987, 19.420/2011 zum Strafrechtsbegriff des Art. 6 EMRK; VfSlg. 14.696/1996, 18.833/2009, 20.246/2018 zum Doppelbestrafungsverbot des Art. 4 7. ZP zur EMRK.

168 Vgl. etwa *Holoubek*, Staat als Wirtschaftssubjekt (Fn. 75), S. 518 ff.; *Merli*, Rechtsprechungskonkurrenz (Fn. 73), S. 397 ff.; *Pöschl*, Sicherung (Fn. 69), S. 408 ff.; *Wiederin*, Sozialstaatlichkeit (Fn. 149), S. 66 ff.

169 Exemplarisch aus jüngerer Zeit *Gernot Sydow*, Regulierungsauftrag für den Staat im Bereich der Fortpflanzungsmedizin?, VVDStRL 78 (2019), S. 361 (369 ff.), der Deutschland, Frankreich und Großbritannien untersucht; „Vergleichungsstatistik" bei *Merli*, in diesem Band, S. 686 ff.

und die bewusst machen, dass es zu den vertrauten nationalen Strukturen eine Alternative gibt. Die maßgeblichen Werke sind leicht zugänglich, die Rechtstexte und Gerichtsentscheidungen ohnehin. Die Sprache fällt als Verständigungshürde fort, soweit das überhaupt möglich ist, und der jeweilige kulturelle Kontext ist allen Beteiligten im Großen und Ganzen geläufig. Der Erkenntnisgewinn wäre hoch, weil sich vergleichende Betrachtung mit rechtsdogmatischem Anspruch verbinden ließe, und das Plenum der Vereinigung stellt eine Kontrollgruppe dar, in der höchste Expertise für alle drei Rechtsordnungen gewährleistet ist. Es wäre also lohnend und leicht – wenn nur die Rechtsvergleichung nicht so schwierig wäre.

Die Vereinigung und die Schweiz

Benjamin Schindler

I. Personen: Eine wechselvolle Beziehungsgeschichte . . . 273
1. Weimarer Jahre: Erste Berührungen . . . 273
2. Bonner Jahre: Von der Toröffnung mit Nebengeräuschen zur Integration . . . 276
3. Berliner Jahre: Stilles Auseinanderleben? . . . 282
II. Themen: Worüber man (nicht) spricht . . . 284
1. „Agenda Setting“ und Tagungsformate: Macht des Vorstandes . . . 284
2. Themen: verbindend und trennend . . . 286
3. Erkenntnisinteresse und -perspektive: Einheit und Vielfalt . . . 289
III. Kulturen: Gleich und doch irritierend anders . . . 292
1. Modus helveticus: Denken vom Konkreten . . . 293
2. Sprache(n): verbindend und trennend . . . 295
3. Ambiance: Heidi in Frankfurt . . . 296
IV. Alternativen: Beziehungsnetze außerhalb der Vereinigung . . . 298
1. Traditionell: Schweizerischer Juristenverein und Juristentag . . . 298
2. Informell: Tagungen der Schweizer Staats- und Verwaltungsrechtslehrer . . . 299
3. Individuell: Kontaktpflege über Landesgrenzen hinweg . . . 300
V. Ein Lied zum Schluss . . . 301

I. Personen: Eine wechselvolle Beziehungsgeschichte

1. Weimarer Jahre: Erste Berührungen

Bei Gründung der Vereinigung der Deutschen Staatsrechtslehrer im Jahr 1922 fanden sich im handverlesenen Publikum ausschließlich Staats- und Verwaltungsrechtslehrer, die an Universitäten des Deutschen Reichs tätig waren.[1] Von Beginn weg war es aber das Ziel, auch die Kollegen aus Österreich einzubinden – wie dies bereits beim Deutschen Juristentag Tradition war.[2] Der an der ersten Zusammenkunft den österreichischen Kol-

---

[1] Von den 43 Teilnehmern an der ersten Tagung vom 13. und 14. Oktober 1922 in Berlin lehrten alle an reichsdeutschen Universitäten. Vgl. die Teilnehmerliste bei *Heinrich Triepel*, Die Vereinigung der deutschen Staatsrechtslehrer, AöR 43 (1922), S. 349. Vgl. auch *Helmuth Schulze-Fielitz*, Die Wissenschaftskultur der Staatsrechtslehrer im Spiegel der Geschichte ihrer Vereinigung, 2022, S. 12, 73, 75.

[2] Die österreichischen Juristen gehörten 1860 bis 1931 auch dem Deutschen Juristentag an und die Veranstaltung fand mehrfach in Österreich statt: 1862 und 1912 in Wien, 1876 und 1928 in Salzburg sowie 1904 in Innsbruck. Vgl. *Rainer Maria Kiesow*, Der Deutsche Juristentag. Ein Charakterbild – 1860 bis 2010, in: Busse (Hrsg.), 150 Jahre Deutscher Juristentag, 2010, S. 3 (17 ff.).

legen zugerufene „warme Willkommensgruß“[3] wurde denn auch rasch erwidert. Bereits an der zweiten Tagung in Jena nahm eine Delegation aus Wien teil.[4] Hinter dieser Öffnung stand die vom ersten Vorsitzenden der Vereinigung *Heinrich Triepel* (1868–1946) ausgesprochene Gewissheit, „daß sich eine große Nation, wie die deutsche, die Einheit ihres Staates auf die Dauer von keiner äußeren Gewalt, und sei es das Diktat einer ganzen Welt, wird versagen lassen“.[5] Die Hoffnung auf eine kommende Reichseinheit spiegelte sich auch in der Satzung der Vereinigung. Zum Eintritt in die Vereinigung aufzufordern waren die Staats- und Verwaltungsrechtslehrer, die an einer „deutschen Universität“ tätig waren. Hierzu gehörten „die Universitäten des Deutschen Reichs, Österreichs und die deutsche Universität zu Prag“[6]. Wer an „anderen deutschen Universitäten“ tätig war, konnte zwar auch Mitglied werden, doch wurden diese Personen nicht aufgefordert; vielmehr mussten sie aktiv einen Antrag auf Aufnahme stellen.[7] Vor dem Hintergrund dieses „großdeutschen“ Anspruchs[8] erstaunt es nicht, dass in den ersten fünf Jahren kein einziger Schweizer an den Tagungen teilnahm.[9]

Es sollte bis 1928 dauern, als mit *Fritz Fleiner* (1867–1937) erstmals ein Schweizer an der Tagung in Wien begrüßt werden konnte.[10] Nach Promotion und Habilitation an der Universität Zürich und ersten Professuren in Zürich sowie Basel war *Fleiner* seit 1906 an der Universität Tübingen und seit 1908 an der Universität Heidelberg tätig gewesen. Hier hatte er sich nicht zuletzt mit den 1911 erstmals erschienenen „Institutionen des Deutschen Verwaltungsrechts“ einen Namen gemacht. Im Herbst 1915 verließ er Heidelberg und nahm einen Ruf zurück an seine Heimuniversität Zürich an. Durch den Ersten Weltkrieg hatte sich *Fleiner* von seinen deutschen Kollegen zunehmend entfremdet.[11] Bei seiner Aufnahme waren diese Differenzen offenbar vergessen und bereits ein Jahr später

---

[3] *Heinrich Triepel*, Eröffnungsansprache, VVDStRL 1 (1924), S. 5.

[4] Hierbei handelte es sich um *Hans Kelsen* (1881–1973) und *Leo Wittmayer* (1876–1936): *Fritz Stier-Somlo*, Die zweite Tagung der Vereinigung der deutschen Staatsrechtslehrer, AöR 46 (1924), S. 88 (89).

[5] *Heinrich Triepel*, Eröffnungsansprache, VVDStRL 1 (1924), S. 6.

[6] § 2 Abs. 3 Satzung, VVDStRL 1 (1924), S. 145.

[7] § 2 Abs. 4 Satzung, VVDStRL 1 (1924), S. 145.

[8] Dazu *Christoph Schönberger*, in diesem Band, S. 3 (28 f.).

[9] Seit 1924 wird *Erwin Ruck* (1882–1972) als Mitglied der Vereinigung geführt, doch nahm er offenbar nie an einer Tagung teil. In den ersten Tagungsberichten erscheint er nicht in den Teilnehmerlisten und ein Votum von ihm ist an keiner Tagung protokolliert. Nach dem Krieg trat er der Vereinigung nicht mehr bei. Der aus dem württembergischen Bibersfeld stammende *Ruck* hatte in Tübingen promoviert und habilitiert und war von 1912 bis 1953 als Ordinarius für öffentliches Recht an der Universität Basel tätig. 1939 erhielt er das Schweizer Bürgerrecht. Vgl. nähere Angaben bei *Andreas Kley*, Geschichte des öffentlichen Rechts der Schweiz, 2. Aufl. 2015, S. 80 f., 219, 528; *Benjamin Schindler*, 100 Jahre Verwaltungsrecht in der Schweiz, ZSR 130 (2011), S. 331 (350, 434). Vgl. auch *Michael Stolleis*, Geschichte des öffentlichen Rechts in Deutschland, Dritter Band 1914–1945, 1999, S. 188 Fn. 188.

[10] VVDStRL 5 (1929), S. 1.

[11] Er weigerte sich, die Verletzung der belgischen Neutralität durch Deutschland zu rechtfertigen, und seine Ehefrau galt wegen ihrer Sympathien für Frankreich als deutschfeindlich. Dazu der Dekan der juristischen Fakultät *Friedrich Endemann* (1857–1936): „Das Verhältnis, das Fleiner zu Deutschland einnahm, war während des Krieges durchaus fremdländisch. […] Wir waren froh, den feindlich gesinnten, glatten Kollegen los zu werden.“ (zitiert nach *Roger Müller*, Verwaltungsrecht als Wissenschaft, Fritz Fleiner 1867–1937, Diss. Zürich, 2006, S. 19 Fn. 75).

(1929) hielt er an der Tagung in Frankfurt a. M. ein Referat zur „Bundesstaatlichen und gliedstaatlichen Rechtsordnung in ihrem gegenseitigen Verhältnis im Rechte Deutschlands, Österreichs und der Schweiz".[12] Damit wurde erstmals ein rechtsvergleichender Zugriff auf ein Tagungsthema vorgegeben. Dass die Wahl auf *Fleiner* fiel, dürfte auch dem Umstand geschuldet sein, dass dieser mit dem „Schweizerischen Bundesstaatsrecht" (1922 bzw. 1923) inzwischen ein weiteres und viel beachtetes Lehrbuch verfasst hatte.

Bereits an der Folgetagung (1931) nahm *Fleiner* aber nicht mehr teil.[13] Anwesend war hingegen *Dietrich Schindler sen.* (1890–1948), der bei *Fleiner* in Zürich doktoriert und habilitiert hatte. *Schindler* hatte einen Teil seines Studiums an den Universitäten Leipzig und Berlin verbracht und pflegte außerdem verwandtschaftliche Beziehungen zur deutschen Juristenfamilie *van Calker*.[14] Nach einem Ruf an die Universität Zürich (1927) ließ er sich im Wintersemester 1931/1932 beurlauben, um gezielt Kollegen in Deutschland, Frankreich und England zu besuchen und ein Beziehungsnetz aufzubauen. Den Beginn dieser Bildungsreise machte der Besuch der Tagung Ende Oktober 1931 in Halle, wo er auch in die Vereinigung aufgenommen wurde. Hier verfolgte er als aufmerksamer Zaungast das Geschehen und hielt seine Beobachtungen in einem Notizbuch fest. Zu fast allen anwesenden Größen der deutschen und österreichischen Staatsrechtslehre verfasste er kleine physiognomische Charakterstudien.[15] Die Ambiance[16] der Diskussionen empfand er – leicht irritiert – als ausgesprochen hierarchisch: „Bei den Verhandlungen saßen oben am Tisch, in der Nähe des Vorstands (Sartorius, Kelsen, Koellreutter) die Prof. Triepel, Anschütz, Thoma, gleichsam als Päpste, was dann auch in den schmeichelnden Erwähnungen in den Diskussionsvoten der jüngeren Mitglieder (Löwenstein!) oft recht unangenehm zum Ausdruck kommt, wie z. T. auch in den Voten dieser drei selbst."[17] Im Anschluss an die Tagung hielt er sich einige Wochen in Berlin auf, wo er Vorlesungen von *Smend, Triepel* und *Schmitt* besuchte und bei verschiedenen Kollegen auch privat eingeladen war. Nach einem Treffen mit *Smend* hielt er eine aufschlussreiche Bemerkung seines Gesprächspartners fest: „Smend meint, wir Schweizer könnten Deutschland helfen, zur Klarheit über sich selber zu kommen. Welche Bedeutung für uns. Aber ist das mög-

---

12 VVDStRL 6 (1929), S. 2.

13 Es ist kein Votum von ihm protokolliert und auch *Schindler* erwähnt ihn in seinem Tagebuch nicht, obwohl er dort über die Teilnehmer genauestens berichtet (vgl. Hinweise in Fn. 15). *Fleiner* wurde außerdem 1930 zum Präsidenten des „Institut International de Droit Public" gewählt und fokussierte sich auf diese neue Aufgabe (*Müller*, Fleiner [Fn. 11], S. 23).

14 *Dietrich Schindler sen.* pflegte den Kontakt zu seinem „Onkel Fritz" *van Calker* (1864–1957; Strafrechtsprofessor in München), der mit Louise Schindler (Tante von Dietrich) verheiratet war. *Van Calker* war Doktorvater und ein erster Förderer von *Carl Schmitt*. Der Bruder von *Fritz*, *Wilhelm van Calker* (1869–1937, Staatsrechtsprofessor), gehörte seit Beginn der Vereinigung an.

15 Tagebucheintrag vom 27. Oktober 1931, Nachlass *Dietrich Schindler sen.*, Archiv für Zeitgeschichte der ETH Zürich, Nr. 423, S. 1 ff. Die Einträge sind teilweise sehr direkt und nicht immer schmeichelhaft, weshalb hier auf eine Wiedergabe verzichtet wird. Eine Auswahl der Beschreibungen findet sich bei *Dietrich Schindler jun.*, Ein Schweizer Staats- und Völkerrechtler der Krisen- und Kriegszeit, Dietrich Schindler (sen.) 1890–1948, 2005, S. 53 f.

16 Zur Bedeutung derselben für das Recht und die Rechtswissenschaft *Dietrich Schindler sen.*, Verfassungsrecht und soziale Struktur, 1931, S. 92 ff.

17 Eintrag vom 29. Oktober 1931, Tagebuch Schindler (Fn. 15), S. 9.

lich?"[18] Offenbar bestand von deutscher Seite die Hoffnung, die Schweizer Kollegen könnten einen „katalysatorischen Einfluss"[19] auf die Vereinigung ausüben – eine Erwartungshaltung, die sich nach dem Krieg bei Teilen der deutschen Staatsrechtslehre akzentuiert zeigen sollte.

In der Weimarer Zeit beschränkten sich die persönlichen Beziehungen der Schweiz zur Vereinigung damit auf zwei Personen, die bereits enge Beziehungen zu Deutschland hatten oder diese gezielt ausbauen wollten. Trotz dieser weitgehenden Absenz der Schweizer in der Zwischenkriegszeit ist bereits das Grundmuster einer späteren Entwicklung erkennbar. Schweizer Mitglieder werden vorzugsweise zu bestimmten Themen angefragt, wobei der Föderalismus zu *dem* „Schweizer Klassiker" werden sollte. Soweit sie nicht als Referenten angefragt werden, beschränken sich viele Besucher aus der Schweiz auf die Rolle als Zaungäste, die dem Geschehen mit einer gewissen Faszination für das Andersartige folgen.

2. Bonner Jahre: Von der Toröffnung mit Nebengeräuschen zur Integration

Als die Vereinigung nach dem Krieg neu gegründet wurde und sich die Mitglieder im Oktober 1949 erstmals wieder zu einer Tagung trafen, waren wiederum keine Schweizer anwesend.[20] Die beiden einzigen Schweizer Mitglieder (*Fleiner* und *Schindler*) waren in der Zwischenzeit verstorben.[21] Die primäre Zielgruppe der Vereinigung waren gemäß der Satzung weiterhin Personen, die „an einer deutschen Universität" wirkten. Wer an einer „ausländischen deutschsprachigen Universität oder Hochschule" lehrte, konnte aber wie bisher einen Antrag auf Aufnahme stellen.[22] Zu Beginn der 1950er-Jahre wuchs von Seiten der Vereinigung das Interesse, den Kreis der Mitglieder um Vertreter der Schweizer Rechtswissenschaft zu erweitern. Dabei ging der entscheidende Impuls von den in Bonn tätigen *Ernst Friesenhahn* (1901–1984) und *Ulrich Scheuner* (1903–1981) aus.[23] An der Tagung in Göttingen (1951) wurde auf Anregung *Scheuners* beschlossen, diskret die Fühler in Richtung Schweiz auszustrecken. Man wollte einen Weg finden, „der die Schweizer Kollegen im Einzelfalle nicht einer möglichen Ablehnung durch die Vereinigung, die Vereinigung andererseits nicht der Zurückweisung ihrer ausgestreckten Hand durch die Schweizer Kollegen aussetze"[24]. Daher sollten erste und vertrauliche Kontakte mit *Werner*

---

[18] Eintrag vom 15. Dezember 1931, Tagebuch Schindler (Fn. 15), S. 49a.

[19] *Helmuth Schulze-Fielitz*, Staatsrechtslehre als Mikrokosmos, 2013, S. 27.

[20] Vgl. Tagungsbericht von *Walter Mallmann*, DRZ 4 (1949), S. 496.

[21] *Erwin Ruck* (inzwischen Schweizer) ist nach dem Krieg der Vereinigung nicht mehr beigetreten (vgl. Fn. 9). Zu erwähnen ist immerhin *Hans Nawiasky* (1880–1961), der 1933 in die Schweiz geflohen war, seine Lehrtätigkeit in München aber 1947 wieder aufnahm. *Nawiasky* hatte der Vereinigung von Beginn weg angehört.

[22] § 2 Abs. 2 der Satzung vom 21. Oktober 1949, VVDStRL 8 (1950), S. 171.

[23] Zur Rolle *Scheuners* vgl. *Frieder Günther*, Denken vom Staat her: Die bundesdeutsche Staatsrechtslehre zwischen Dezision und Integration 1949–1970, 2004, S. 134 f.; zur Rolle *Friesenhahns* vgl. *Jochen Abr. Frowein*, Interview, Archiv VDStRL, Ordner-Nr. 128, Reg.-Nr. 6.

[24] Niederschrift der Mitgliederversammlung vom 19. Oktober 1951, Archiv VDStRL, Ordner-Nr. 3, Reg.-Nr. 3.

Kägi (1909–2005) von der Universität Zürich geknüpft werden. Dessen 1945 publizierte Habilitationsschrift über „Die Verfassung als rechtliche Grundordnung des Staates" hatte auch in der jungen Bundesrepublik eine gewisse Beachtung gefunden. Die Kontaktaufnahme mit den Schweizer Kollegen erfolgte rasch[25] und bereits im Frühjahr 1952 konnte *Scheuner*, der die Rolle als Mittelsmann übernommen hatte, dem Vorstand Bericht erstatten. Die Reaktion von Schweizer Seite sei „zustimmend im Ganzen, aber mit einer Einschränkung versehen, die mich nicht überrascht, die aber natürlich nicht leicht wird beantwortet sein".[26] Der an der Universität Bern tätige *Hans Huber* (1901–1987) hatte *Scheuner* gegenüber Vorbehalte wegen den durch die NS-Zeit vorbelasteten Kollegen geäußert und den Beitritt der Schweizer zur Vereinigung insbesondere vom Fernbleiben *Carl Schmitts* (1888–1985) abhängig gemacht. Die *Schmitt* nahestehenden *Werner Weber* (1904–1976) und *Hans Peter Ipsen* (1907–1998) hatten für diese Forderung wenig Verständnis und drängten mit Erfolg darauf, dass der Vorstand den Schweizern gegenüber keinerlei Garantien abgab.[27] Dennoch nahmen im Oktober 1952 *Hans Huber* und *Werner Kägi* als Gäste an der Tagung teil. Und auch in den Folgejahren konnten Schweizer an den Tagungen begrüßt werden.[28] 1953 betonte *Ipsen* in seiner Eröffnungsansprache, die Vereinigung halte die Tore für die Schweizer weiterhin geöffnet und es sei nun an ihnen, „dieses Tor zu durchschreiten"[29]. Dieser Schritt folgte allerdings erst 1958, nachdem zwei Jahre zuvor auch die Satzung angepasst worden war. Neu wurde als Aufnahmekriterium die Tätigkeit an einer „deutschen oder deutschsprachigen ausländischen Universität" in einem Atemzug genannt.[30] Damit konnten auch die „Schweizer Kollegen als ordentliches Mitglied in die Vereinigung" aufgenommen werden.[31] *Hans Huber* und *Max Imboden* (1915–1969) machten den Anfang. Es mag ein Zufall sein, dass der Wiedereintritt der Schweizer in die Vereinigung genau 30 Jahre nach dem ersten Beitritt eines Schweizers erfolgte – und wiederum auf Wiener Boden. Der Vorsitzende *Hans Peters* (1896–1966) bezeichnete es als „ein glückliches Omen [...], daß heute die deutschsprachigen Kollegen aus drei Staaten [...] in dieser traditionsreichen Stadt Wien versammelt sind" und gab der Hoffnung Ausdruck, der gegenseitige Erfahrungsaustausch möge sich „von Jahr zu Jahr fruchtbarer gestalten".[32] In den Folgejahren wurde das Bemühen des Vorstandes offensichtlich, die Schweizer Kollegen rasch in die Vereinigung einzubinden. Bereits 1959 hielt *Imboden* ein Referat, schon im Jahr darauf wurde er in den Vorstand gewählt – gleichzei-

---

25 Rundschreiben vom 13. Dezember 1951, Archiv VDStRL, Ordner-Nr. 2, Reg.-Nr. 7-e.

26 Schreiben *Ulrich Scheuners* an *Hans Peter Ipsen* vom 28. März 1952 (Nachlass *Wolfgang Abendroth*, International Institute of Social History, Amsterdam, Nr. 566).

27 Vgl. Schreiben *Scheuners* an *Ipsen* (Fn. 26) und Schreiben *Ipsens* an *Hans J. Wolff* und *Wolfang Abendroth* vom 16. April 1952 (Nachlass Abendroth, Fn. 26). Hierzu auch *Günther*, Staatsrechtslehre (Fn. 23), S. 134.

28 Vgl. Votum *Huber*, VVDStRL 11 (1954), S. 122 sowie die Eröffnungsansprachen, VVDStRL 12 (1954), S. 5 und VVDStRL 13 (1955), S. 4; *Otto Bachof*, Bericht über die Tagung der Vereinigung der deutschen Staatsrechtslehrer, DÖV 1952, S. 687.

29 VVDStRL 12 (1954), S. 5.

30 § 2 Abs. 1 der Satzung in der neuen Fassung vom 10. Oktober 1956, VVDStRL 15 (1957), S. 235.

31 Schreiben *Karl Hettlages* an *Adolf Schüle* vom 28. Februar 1956, S. 2, Archiv VDStRL, Ordner-Nr. 9, Reg.-Nr. 17.

32 VVDStRL 12 (1954), S. 5.

tig mit *Scheuner* als Vorsitzendem. Und an den Tagungen 1960 und 1961 waren unter den Referenten mit *Wilfried Schaumann* (1923–1971) und *Peter Schneider* (1920–2002) zwei Schweizer, die an deutschen Universitäten lehrten.

Die Integration der Schweizer in die Vereinigung wurde von unterschiedlichen Motiven getragen: Auf deutscher Seite bestand ein starkes Interesse daran, die demokratisch-freiheitlichen Kräfte zu stärken und die Legitimationsbasis der Vereinigung zu erweitern.[33] Einzelne deutsche Kollegen wie *Ernst Friesenhahn* und *Hans Peters* erhofften sich von den Schweizern vermutungsweise auch den entscheidenden Anstoß, um innerhalb der Vereinigung offen über die Zeit des Nationalsozialismus zu sprechen und die „kollegiale Solidarität des Verschweigens"[34] aufzubrechen.[35] Von schweizerischer Seite bestand nach Jahren der Isolation das Bedürfnis, den wissenschaftlichen Austausch über die Landesgrenzen hinweg zu verstärken. Anders als in Deutschland bewirkte das Kriegsende in der Schweiz keine „Stunde Null" und erzwang keinen grundlegenden Neuanfang. Das Erbe der über Jahre eingeübten „geistigen Landesverteidigung" bewirkte eher das Gegenteil. Unter der „Glasglocke seiner Verschontheit" machte sich im Kleinstaat eine reformunwillige Selbstgefälligkeit breit, die in intellektuellen Kreisen zunehmend ein Unbehagen auslöste.[36] *Max Imboden* beklagte die Reformunfähigkeit der Schweiz in seiner viel beachteten Schrift „Helvetisches Malaise", worin er einen „bewussten Neubau" und eine Totalrevision der Bundesverfassung von 1874 forderte.[37] Aus dieser Perspektive bot das Mitwirken in der Vereinigung die einmalige Möglichkeit, am Aufbau einer neuen Verfassungsordnung in Westdeutschland als engagierte Beobachter teilzuhaben.[38]

Sowohl auf deutscher wie auf schweizerischer Seite gab es aber auch Kräfte, die einer Annäherung ablehnend gegenüberstanden. Während die skeptischen Schweizer der Tagung einfach fernblieben,[39] war dies auf deutscher Seite weniger einfach. Die Vereinigung galt damals (und gilt noch heute) in Deutschland als „Zunft" der Staatsrechtslehrer schlechthin, was sich in einer Mitgliedschaftsquote von gegen 100 % äußert.[40] *Carl Schmitt* und einige der kompromittiertesten Kollegen blieben nach dem Krieg von der Vereinigung ausgeschlossen.[41] *Schmitt* verfügte aber weiter über eine große Anhänger-

---

[33] Auf die „stärker bewahrte liberale Grundhaltung" der Schweiz verweisend etwa *Ulrich Scheuner*, Die staatliche Intervention im Bereich der Wirtschaft, VVDStRL 11 (1954), S. 1 (12). Vgl. *Günther*, Staatsrechtslehre (Fn. 23), S. 134 f., 161 f.; *Schulze-Fielitz*, Wissenschaftskultur (Fn. 1), S. 75.

[34] *Bernd Rüthers*, Geschönte Geschichte – Geschonte Biographien, 2001, S. 22.

[35] *Friesenhahn* applaudierte *Adolf Schüle* zu seiner kritischen Besprechung der *Schmitt*-Festschrift (*Florian Meinel*, Der Jurist in der industriellen Gesellschaft, Ernst Forsthoff und seine Zeit, 2012, S. 407). *Peters* sah in der Vereinigung eine „Sammlung alter Kameraden"(*Klaus Kempter*, Die Jellineks 1820–1955, Eine familienbiographische Studie zum deutschjüdischen Bildungsbürgertum, 1998, S. 536).

[36] *Karl Schmid*, Unbehagen im Kleinstaat, 1963, hier zitiert nach der Auflage von 1977, S. 172.

[37] *Max Imboden*, Helvetisches Malaise (1964), in: Ders., Staat und Recht, Ausgewählte Schriften und Vorträge, 1971, S. 279 (300 f.).

[38] Vgl. *Giovanni Biaggini*, Die Staatsrechtswissenschaft und ihr Gegenstand: Wechselseitige Bedingtheiten am Beispiel der Schweiz, in: Schulze-Fielitz (Hrsg.), Staatsrechtslehre als Wissenschaft, 2007, S. 267 (269).

[39] Dazu unten, S. 282 ff.

[40] *Schulze-Fielitz*, Mikrokosmos (Fn. 19), S. 153; *ders.*, Wissenschaftskultur (Fn. 1), S. 19. Vgl. auch *Hermann Pünder*, in diesem Band, S. 995 ff.

[41] *Michael Stolleis*, Die Vereinigung der Deutschen Staatsrechtslehrer, Bemerkungen zu ihrer Ge-

schaft, die die Integration der Schweizer mit Skepsis verfolgte. *Ipsen* war an der Tagung von 1959 mit *Imboden* zusammengestoßen, als er dem Schweizer Kollegen vorhielt, „er stecke seine Nase zu sehr in unsere Dinge“[42]. Und *Roman Schnur* (1927–1996) beklagte sich gegenüber *Schmitt*, dass nun die Schweizer in der Vereinigung „das große Wort“ führten.[43] Dieser Konflikt zwischen der *Schmitt*-Schule und den Schweizern, der sich schon im Rahmen der Beitrittsgespräche abgezeichnet hatte, eskalierte weiter, als *Hans Huber* 1959 die Festschrift für *Carl Schmitt* „rezensierte“. Es war indes eher ein Aufruf zur *Damnatio memoriae*, da es nach *Huber* nicht anging, eine Festgabe und ihre einzelnen Beiträge zu besprechen, die einem „geistigen Wegbereiter des Nationalsozialismus“ gewidmet seien.[44] *Huber* griff damit frontal die gesamte *Schmitt*-Schule an.[45] Dies wurde auch deshalb als feindseliger Akt empfunden, da *Huber* erst kürzlich als einer der ersten Schweizer in die Vereinigung aufgenommen worden war.[46] Als Anfang der 1960er-Jahre die Idee geäußert wurde, *Huber* solle für den Vorstand der Vereinigung in Betracht gezogen werden, löste dies heftige Ablehnung aus.[47] Mitte der 1960er-Jahre kam es schließlich zum offenen Eklat, als die erste Tagung in der Schweiz hätte stattfinden sollen. *Imboden* hatte sich als ehemaliges Vorstandsmitglied erfolgreich darum bemüht, die Tagung für 1965 nach Basel zu holen. Der Vorstand unter dem Vorsitz *Werner Webers* hatte nun ausgerechnet ein Referat von *Ernst Forsthoff* (1902–1974) auf die Tagesordnung gesetzt. Von Schweizer Seite musste dies als Affront empfunden werden, konnte dieses Referat doch nur als indirekte Antwort auf die seinerzeitige Forderung nach dem Fernbleiben belasteter Kollegen gewertet werden.[48] Verschärft wurde der Konflikt dadurch, dass die Wiener Fakultät im Frühjahr 1965 *Forsthoff* die Ehrendoktorwürde verleihen wollte, wodurch seine Vergangenheit einem breiteren Publikum bekannt wurde. Vom Pressewirbel in Wien hatten auch die Basler Medien Wind bekommen.[49] *Forsthoff* teilte darauf dem Vorstand von sich aus mit, dass er auf sein Referat verzichten werde, um die Vereinigung nicht zu belasten. Praktisch zeitgleich baten die Basler Professoren *Imboden* und *Kurt*

---

schichte, KritV 80 (1997), S. 339 (346 ff.); *ders.*, Geschichte des öffentlichen Rechts in Deutschland, Vierter Band 1945–1990, 2012, S. 84.

42 Wiedergegeben im Schreiben von *Roman Schnur* an *Carl Schmitt* vom 22. Januar 1960, Nachlass *Carl Schmitt*, Landesarchiv Nordrhein-Westfalen, RW 0265 Nr. 14309. Vgl. *Günther*, Staatsrechtslehre (Fn. 23), S. 135.

43 A. a. O.

44 *Hans Huber*, Festschrift für Carl Schmitt, ZSR 78 (1959), S. 431 f. Parallel und vermutlich in Absprache mit *Huber* erfolgte eine vergleichbare „Besprechung“ von *Adolf Schüle*, Eine Festschrift, JZ 1959, S. 729 ff. Hierzu eingehend *Günther*, Staatsrechtslehre (Fn. 23), S. 134; *Kley*, Geschichte (Fn. 9), S. 221 f.; *Meinel*, Forsthoff (Fn. 35), S. 402 ff.

45 Dass ausgerechnet *Huber* einen moralischen Feldzug gegen *Schmitt* führte, ist auch aus Schweizer Sicht irritierend, gehörte *Huber* doch zu den wenigen Schweizer Staatsrechtslehrern, die in den 1930er-Jahren offen mit autoritärem Gedankengut sympathisierten und *Schmitt* bewunderten. Zum Gesinnungswandel *Hubers* vgl. *Kley*, Geschichte (Fn. 9), S. 173 ff., 220 ff.

46 Vgl. mit zahlreichen Nachweisen *Günther*, Staatsrechtslehre (Fn. 23), S. 134 f.; *Kley*, Geschichte (Fn. 9), S. 221 f.

47 *Günther*, Staatsrechtslehre (Fn. 23), S. 134.

48 Vgl. *Schulze-Fielitz*, Wissenschaftskultur (Fn. 1), S. 76.

49 Vgl. *Günther*, Staatsrechtslehre (Fn. 23), S. 218.; *Kley*, Geschichte (Fn. 9), S. 223 f.; *Reinhard* und *Dorothee Mußgnug*, Briefwechsel Ernst Forsthoff Carl Schmitt (1926–1974), 2007, Einleitung, S. 27.

Eichenberger (1922–2005) den Vorstand darum, eine „Änderung des Programms" vorzunehmen oder die Tagung zu verschieben. Als Grund für dieses Anliegen nannten sie den durch die Presse publik gewordenen „militanten Antisemitismus" *Forsthoffs*.[50] Der Vorstand entschied schließlich, die Tagung von Basel nach Würzburg zu verlegen. Mit Rundschreiben vom 31. Mai 1965 wurde den Mitgliedern mitgeteilt, man habe damit den „Bedenken der Schweizer Kollegen" Rechnung getragen, die befürchteten, dass „im gegenwärtigen Zeitpunkt die Abhaltung der Tagung in Basel [...] zu unerwünschten Erörterungen in der schweizerischen Presse Anlaß geben könnte"[51]. *Forsthoff* war verletzt, da er sich „einem in der Vereinigung präzedenzlosen Angriff schweizer [sic] Kollegen ausgesetzt" sah, ohne von der Vereinigung Rückendeckung erhalten zu haben, weshalb er 1966 seinen Rücktritt aus der Vereinigung erklärte.[52] Dieser Austritt brachte die Vereinigung an den Rand einer Spaltung, die nur durch intensive Bemühungen vermieden werden konnte. *Friesenhahn* und *Scheuner* übernahmen wiederum die Rolle von Mittelsmännern und erreichten bei den Schweizer Kollegen, dass diese nicht opponierten, als die Vereinigung 1967 *Forsthoff* zum Wiedereintritt aufforderte.[53]

In der Rückschau erscheint die von *Ipsen* an der Tagung von 1953 verwendete Metapher der Richtung Schweiz geöffneten Tore zu euphemistisch. Die Tore mussten erst durch eine Satzungsänderung ganz aufgestoßen werden. Das Durchschreiten des Tors verursachte zudem einige Erschütterungen, die bereits übertünchte Risse innerhalb der Vereinigung nochmals aufbrechen ließen. Ende der 1960er-Jahre beruhigte sich die Lage und beide Seiten waren sichtlich bemüht, die Wogen zu glätten. 1969 fand unter dem Vorsitz von *Friesenhahn* erstmals eine Tagung in der Schweiz (Bern) statt, wobei mit *Richard Bäumlin* (geb. 1927) auch ein Schweizer das erste Referat halten durfte.[54] *Friesenhahn* bedankte sich in seiner Eröffnungsansprache insbesondere bei *Hans Huber* für „die überaus sorgfältige Vorbereitung der Tagung [...], die einen reibungslosen Verlauf nahm und in angenehmster Atmosphäre stattfand". Gedacht wurde auch dem inzwischen verstorbenen *Imboden*, der „sich in besonderer Weise bemüht hatte, die Vereinigung zu einer Jahrestagung in die Schweiz einzuladen"[55]. Die meisten Tagungsteilnehmer wussten wohl noch um die Gründe des gescheiterten Bemühens, doch wurden diese nun nicht mehr offen angesprochen. Auch als die Tagung dann 1977 tatsächlich in Basel stattfand, wurden die Ereignisse nicht mehr erwähnt.[56] Der Weg hin zur Integration der Schweizer Kollegen war damit freigeräumt.

---

[50] *Kley*, Geschichte (Fn. 9), S. 223 f.; *Meinel*, Forsthoff (Fn. 35), S. 409; *Mußgnug*, Briefwechsel (Fn. 49), S. 27.

[51] Rundschreiben vom 31. Mai 1965, S. 3, Archiv VDStRL, Ordner-Nr. 12, Reg.-Nr. 2.

[52] Austrittschreiben *Forsthoff* vom 5. September 1966, zitiert nach *Mußgnug*, Briefwechsel (Fn. 49), S. 27. Vgl. auch *Meinel*, Forsthoff (Fn. 35), S. 408 ff.; *Schulze-Fielitz*, Wissenschaftskultur (Fn. 1), S. 77.

[53] *Mußgnug*, Briefwechsel (Fn. 49), S. 28. Vgl. auch *Günther*, Staatsrechtslehre (Fn. 23), S. 218 f.

[54] *Bäumlin* hatte 1956 im Rahmen der Ausarbeitung seiner Habilitationsschrift ein Jahr am Göttinger Lehrstuhl *Smends* verbracht: *Günther*, Staatsrechtslehre (Fn. 23), S. 161, 187.

[55] VVDStRL 28 (1970), S. 1.

[56] VVDStRL 36 (1978), S. 5 f.; Niederschrift der Mitgliederversammlung vom 6. Oktober 1976, S. 7, Archiv VDStRL, Ordner-Nr. 3, Reg.-Nr. 27.

Die Berner Tagung von 1969 nahm der Vorstand zum Anlass, weitere Schweizer Kollegen als Gäste zur Tagung einzuladen.[57] Unabhängig davon lud 1974 das deutsche Bundesministerium der Justiz eine Delegation von Schweizer Staats- und Verwaltungsrechtlern nach Bonn und Karlsruhe ein, um die „engen freundschaftlichen Beziehungen" zu Schweizer Juristen zu pflegen.[58] In Bonn trafen die Schweizer mit *Fritz Ossenbühl* (geb. 1934) auch ein Vorstandsmitglied der Vereinigung und äußerten den Wunsch, man möge doch für die nächste Tagung auch die Kollegen aus der französischsprachigen Schweiz als Gäste einladen. *Ossenbühl* hatte keine Bedenken gegen diesen Vorschlag,[59] stieß aber beim Vorsitzenden *Ipsen* auf entschiedene Ablehnung.[60] Dennoch stieg nun die Zahl der Schweizer Mitglieder in der Vereinigung rasch an und Anfang der 1980er-Jahre gehörte bereits eine knappe Mehrheit der an deutschsprachigen Schweizer Universitäten tätigen Kollegen der Vereinigung an. Bis im Jahr 2010 stieg dieser Anteil knapp über 70 % und hat sich seither etwas unterhalb dieser Marke eingependelt. Im Verhältnis zu den übrigen Mitgliedern der Vereinigung liegt der Anteil derjenigen mit Tätigkeitsschwerpunkt in der Schweiz seit 2010 bei knapp 8 %. Die dauerhafte Verwurzelung der Schweizer Kolleginnen und Kollegen zeigte sich auch darin, dass weitere Tagungen in der Schweiz stattfanden (1977 in Basel, 1985 in Freiburg i. Üe., 1990 in Zürich, 2002 in St. Gallen, 2024 in Luzern geplant). Die Vergabe von Referaten an Schweizerinnen und Schweizer wie auch die seinerzeitigen Länderberichte erleichterten zusätzlich die Integration.[61] Seit den 1990er-Jahren gehörten dem Vorstand zudem wiederholt Schweizer Mitglieder an (*Thomas Fleiner-Gerster* 1992–1993; *Daniel Thürer* 1998–1999; *Beatrice Weber-Dürler* 2002–2003; *Giovanni Biaggini* 2012–2013).

Dieser Prozess der freundschaftlichen Annäherung geriet an den Tagungen von 1985 in Freiburg (Schweiz) und von 1995 in Wien nochmals kurzzeitig ins Stocken. Die Berner Fakultät hatte 1984 *Diemut Majer* (geb. 1938) mit einer Arbeit über das Recht in der NS-Zeit habilitiert, die zuvor von der FU Berlin abgelehnt worden war. An der Freiburger Tagung beantragten die Berner Kollegen nun die Aufnahme dieser Privatdozentin. Nach intensiver und kontroverser Debatte wurde der Antrag auf Aufnahme schließlich gutgeheißen. Offenbar wollte man auf Schweizer Boden nicht einen Antrag der Schweizer Kollegen ablehnen und damit den alten Konflikt neu aufbrechen lassen.[62] Wiederum eine Personalie führte zu Spannungen, als 1995 der in Bremen lehrende Schweizer *Dian*

---

[57] *Kley*, Geschichte (Fn. 9), S. 225.

[58] Vgl. die Berichterstattung von *Walter Haller*, SJZ 70 (1974), S. 180. Mit weiteren Nachweisen *Kley*, Geschichte (Fn. 9), S. 224.

[59] Schreiben *Ossenbühls* an die Vorstandskollegen *Ipsen* und *Vogel* vom 30. Mai 1974, Archiv VDStRL, Ordner-Nr. 32a, Reg.-Nr. 1.

[60] Schreiben *Ipsens* an *Ossenbühl* vom 4. Juni 1974: „Wir sind eine deutsche Vereinigung, die die deutschsprachigen Österreicher und Schweizer einbezieht. […] Wenn wir die Schweizer Franzosen-Kollegen einladen, sprengen wir diesen Rahmen und werden alsbald vor der Frage stehen, ob sie nicht auch Mitglieder werden müßten." (Archiv VDStRL, Ordner-Nr. 32a, Reg.-Nr. 1).

[61] Dazu unten, S. 284 ff.

[62] Vgl. Niederschrift der Mitgliederversammlung vom 2. Oktober 1985, Archiv VDStRL, Ordner-Nr. 3, Reg.-Nr. 36. Aus Sicht der Betroffenen *Diemut Majer*, Neunzehn Jahre an der Universität Bern, Commentationes Historiae Iuris Helveticae IV (2009), S. 145 ff. Vgl. auch *Pascale Cancik*, in diesem Band, S. 795 (804 ff.); *Schulze-Fielitz*, Wissenschaftskultur (Fn. 1), S. 27.

Schefold (geb. 1936) hätte aufgenommen werden sollen. Eine Mehrheit der Vereinigung lehnte dies ab. Formal konnte auf die fehlende Venia im Staatsrecht verwiesen werden; ausschlaggebend dürften aber eher die politischen Vorbehalte konservativer Mitglieder gegenüber dem „linken" Kollegen gewesen sein. Auf Antrag mehrerer Schweizer kam die Vereinigung 1997 auf ihre Entscheidung zurück und nahm *Schefold* nach einer Kampfabstimmung doch noch auf. Offenbar schwang bei diesem Meinungswechsel die Befürchtung mit, die Schweizer Mitglieder könnten aus Verärgerung die Vereinigung verlassen.[63] Aus heutiger Perspektive scheinen diese Auseinandersetzungen wie ein nochmaliges Aufflackern des alten Konflikts zwischen der deutschen und schweizerischen „Fraktion" der Vereinigung.[64] Heute erinnert sich nur noch ein kleiner Kreis von älteren Kollegen an diese Ereignisse und das Verhältnis zwischen deutschen, österreichischen und schweizerischen Kolleginnen und Kollegen kann als entspannt bis freundschaftlich bezeichnet werden. 2011 durfte *Peter Häberle* daher mit einer gewissen Befriedigung feststellen: „Viele Schweizer Staatsrechtslehrer sind in alle Aktivitäten der VDStRL integriert: vom Referat über den Landesbericht bis zum Diskussionsleiter als Vorstandsmitglied und Diskutanten."[65]

3. Berliner Jahre: Stilles Auseinanderleben?

Von einer vollständigen Integration der Schweizer Staatsrechtslehre in die Vereinigung zu sprechen wäre dennoch nicht zutreffend. Neben der Abwesenheit der Kolleginnen und Kollegen aus der lateinischen Schweiz bleibt ein Drittel der deutschsprachigen schweizerischen Staats- und Verwaltungsrechtslehre der Vereinigung konsequent fern. Auch wiederholte Bemühungen des Vorstands, den Anteil der Schweizer Mitglieder zu erhöhen, blieben erfolglos.[66] Anders als möglicherweise bei deutschen Kollegen handelt es sich bei diesem „Absentismus" nicht um eine „Rückzugsstrategie durch Reputationsverzicht"[67]. Unter den Absentisten sind zahlreiche Kolleginnen und Kollegen, die in der Schweiz hohe Anerkennung genießen.[68] Neben den anfänglichen Bedenken gegenüber dem Umgang mit der Vergangenheit wirkt der Name der Vereinigung aus Schweizer Perspektive zu wenig inklusiv oder trägt gar (in Großschreibung des Adjektivs) „etwas

63 Vgl. Niederschrift der Mitgliederversammlungen vom 4. und 6. Oktober 1995 sowie vom 1. Oktober 1997, Archiv VDStRL, Ordner-Nr. 3, Reg.-Nr. 46 und 48. Eingehend *Schulze-Fielitz*, Wissenschaftskultur (Fn. 1), S. 30; *Christian Waldhoff*, in diesem Band, S. 151 (168).

64 Vgl. *Schulze-Fielitz*, Mikrokosmos (Fn. 19), S. 27.

65 *Peter Häberle*, Beiträge von Schweizer Staatsrechtslehrern auf den deutschen Staatsrechtslehrertagungen, in: FS für Paul Richli, 2011, S. 109 (114).

66 Mit Blick auf die Grazer Tagung von 2009 wurden gezielt Schweizer Kolleginnen und Kollegen eingeladen, von denen aber niemand der Einladung folgte: Protokoll der Mitgliederversammlung vom 7. Oktober 2009, S. 2, Archiv VDStRL, Ordner-Nr. 3, Reg.-Nr. 60.

67 *Schulze-Fielitz*, Mikrokosmos (Fn. 19), S. 202 f.

68 Ohne Anspruch auf Vollständigkeit gehör(t)en der Vereinigung nicht an: *Zaccaria Giacometti* (ließ an der Tagung 1954 immerhin seine Wünsche überbringen: VVDStRL 13 [1955], S. 4), *Werner Kägi* (nahm 1952 in Marburg und 1953 in Bonn als Gast teil), *Hans Nef* (nahm 1954 in Tübingen als Gast teil), *Hans Ryffel, Alfred Kölz, Andreas Auer, Ulrich Zimmerli, Paul Richli, Riccardo Jagmetti, Walter Kälin, Pierre Tschannen, Hansjörg Seiler, Regina Kiener* und *Alain Griffel*.

Alldeutsches in sich“[69]. Daneben dürften Unterschiede des ausgeprägt demokratischen Staatsdenkens und der anderen Wissenschaftskultur für viele Schweizer Kolleginnen und Kollegen Gründe sein, der Vereinigung fernzubleiben.[70] Verbreitet ist sodann die Wahrnehmung, dass der Wissenstransfer zwischen Deutschland und der Schweiz einer „Einbahnstraße“ gleicht, weshalb man im Rahmen der Vereinigung nicht in die Rolle dekorativer „Gartenzwerge“ schlüpfen will.[71] Anders als in Deutschland ist die Mitgliedschaft oder Betätigung in der Vereinigung für die wissenschaftliche Laufbahn in der Schweiz zudem ohne erkennbare Bedeutung.[72]

Neben dem eigentlichen Fernbleiben lassen sich seit der Jahrtausendwende auch gewisse Anzeichen eines stillen Rückzugs der Schweizer Mitglieder beobachten.[73] Es gibt Tagungen, an denen die Schweizerinnen und Schweizer mit Referaten oder Diskussionsvoten kaum präsent sind.[74] Indirekt kam dies an der Mitgliederversammlung von 2009 in Graz zum Ausdruck, wo sich der Vorstand äußerte, dass er „es gerne sehen [würde], dass das Engagement der Schweizer Staatsrechtslehre aufrechterhalten“ bliebe.[75] Dass viele Schweizer ihre Mitgliedschaft eher als Passivmitgliedschaft interpretieren und nur gelegentlich an Tagungen teilnehmen, mag verschiedene Gründe haben. Eine wesentliche Rolle könnte der Umstand spielen, dass die Totalrevision der Bundesverfassung von 1999 eine stärkere Konzentration auf das schweizerische Verfassungsrecht bewirkt hat, was sich in der Veröffentlichung einer Vielzahl von Monographien und Kommentarwerken zeigt.[76] Möglicherweise wurde dadurch einem schweizerischen „Verfassungsprovinzialismus“[77] der Weg bereitet und das Bedürfnis nach Orientierung an der deutschen Staatsrechtslehre ist zurückgegangen. Auf deutscher Seite hat sodann die „Wiedervereinigung“ von 1990 eine intensivere Auseinandersetzung mit der Zukunft des eigenen Staatswesens ausgelöst.[78] Die Verlagerung des politischen Zentrums von Bonn nach Berlin hatte auf das Verhältnis zur Schweiz zwar keine direkten Auswirkungen, steht aber doch für eine gefühlt wachsende Distanz zwischen den Nachbarn. Verstärkt wurde diese Distanz durch das sich immer deutlicher und endgültiger abzeichnende Abseitsstehen

---

69 *Alfred Kölz* (1944–2003), Beobachtungen, hrsg. von Monika Kölz, 2008, S. 19.

70 Dazu unten, S. 293 ff.

71 Auskunft eines nicht namentlich genannt sein wollenden Kollegen. Die Ansicht eines stark einseitigen Austauschs wird aber auch von in der Vereinigung aktiven Schweizer Kollegen geteilt (vgl. Interview mit *Jörg Paul Müller* und *Georg Müller*, Archiv VDStRL, Bd. 124).

72 Den Stellenwert der Vereinigung für die Schweiz wohl überschätzend *Schulze-Fielitz*, Wissenschaftskultur (Fn. 1), S. 19.

73 Vielleicht lässt sich so auch das subjektive Gefühl mancher Schweizer erklären, „immer mehr zur Minderheit geworden“ zu sein (*Georg Müller*, Interview, Archiv VDStRL, Bd. 124). Ein Gefühl, das nicht korreliert mit dem bis 2010 wachsenden Anteil der Schweizerinnen und Schweizer an der Vereinigung und sich seither bei knapp 8 % (bezogen auf alle Mitglieder) eingependelt hat.

74 Vgl. etwa die Tagungen in den Jahren 2000, 2003, 2004, 2006, 2008, 2011 und 2014.

75 Protokoll der Mitgliederversammlung vom 7. Oktober 2009, S. 2, Archiv VDStRL, Ordner-Nr. 3, Reg.-Nr. 60.

76 Die von *Biaggini* bereits 2007 erwähnte Literaturproduktion ist seither noch einmal angeschwollen. Vgl. *Biaggini*, Staatsrechtswissenschaft (Fn. 38), S. 267 f.

77 Zum „Grundgesetzprovinzialismus“ *Peter Häberle*, Einleitendes Votum, VVDStRL 44 (1986), S. 116.

78 Sondertagung zu „Deutschlands aktueller Verfassungslage“ vom 27. April 1990, VVDStRL 49 (1990).

der Schweiz vom europäischen Einigungsprozess.[79] Eine wichtige und das öffentliche Recht zunehmend stärker prägende gemeinsame Basis fehlt damit. Schließlich hat die – ausgerechnet seit St. Gallen (2002) etablierte – Praxis der Erhöhung der Tagungsreferate bewirkt, dass die verschiedenen Tagungsformate zur Einbindung des österreichischen und schweizerischen Standpunkts ersatzlos wegfielen.[80] Der rechtsvergleichende Austausch wurde dadurch geschwächt. Vielleicht besuchen die an Rechtsvergleichung im öffentlichen Recht interessierten Kolleginnen und Kollegen heute ohnehin vermehrt europäische oder internationale Tagungen, z.B. der International Society of Public Law. Wurde der Beitritt zur Vereinigung in der Nachkriegszeit als Chance empfunden, aus der Glasglocke kleinstaatlicher Isolation auszubrechen, kann die Beschränkung der Vereinigung auf den deutschsprachigen Raum heute auch als beengend empfunden werden.

II. Themen: Worüber man (nicht) spricht

1. „Agenda Setting" und Tagungsformate: Macht des Vorstandes

Es gehört zu den Charakteristika der Vereinigung der Deutschen Staatsrechtslehrer, dass ihrem sehr kleinen Vorstand eine bestimmende Rolle zukommt. Die Ausgestaltung des Vorstands als Triumvirat erlaubt keine dauerhafte Einbindung von schweizerischen oder österreichischen Mitgliedern.[81] Umso wichtiger werden für die Integration aller Gruppierungen die personellen und thematischen Weichenstellungen durch die Programmierung der Tagungen.[82] Der Vorstand war sich dessen offensichtlich bewusst, als er 1929 *Fleiner* und 1959 *Imboden* für Referate vorsah – beide Male kurz nach ihrer Aufnahme.[83] Auch mit der Anfrage zweier noch junger (in Deutschland lehrender) Schweizer als Referenten zu Beginn der 1960er-Jahre (*Wilfried Schaumann* und *Peter Schneider*) wollte der Vorstand ein positives Signal Richtung Schweiz senden. Umgekehrt konnte die Auswahl der „falschen" Personen weitreichende Folgen haben, wie das für Basel 1965 geplante Referat von *Ernst Forsthoff* zeigte und die Vereinigung einer schweren Belastungsprobe aussetzte. Auch in thematischer Hinsicht kommt dem Vorstand mit dem „Agenda Setting" eine Schlüsselrolle zu. Dabei lässt sich erkennen, dass sich der Vorstand darum bemühte, für bestimmte Themen gezielt Schweizer anzufragen. Bei anderen Themen hingegen wurden mit einer gewissen Konsequenz – bewusst oder unbewusst – keine Schweizer angefragt oder gewisse Themen wurden gar nicht erst auf die Agenda gesetzt.

---

79 In einer Volksabstimmung von 1992 lehnte das Stimmvolk den Beitritt der Schweiz zum Europäischen Wirtschaftsraum (EWR) ab und 2016 zog die Schweiz ihr Beitrittsgesuch zur EU offiziell zurück. 2021 schließlich brach die Schweizer Regierung die Verhandlungen über das Institutionelle Abkommen mit der EU ab. Vgl. Votum *Frank Schorkopf*, VVDStRL 76 (2017), S. 328: „Denken Sie nur an die schöne blaue Karte mit dem weißen Widerstandsnest der Schweiz, was viele einfach schon deshalb ärgert, weil es diesen ‚weißen Klecks' im Blau Europas gibt."

80 Dazu unten, S. 284 ff.

81 Zur Besonderheit dieses schlanken Vorstands *Christian Waldhoff*, in diesem Band, S. 151 (154 ff.).

82 *Schulze-Fielitz*, Mikrokosmos (Fn. 19), S. 156, 165 f.

83 Zur Bedeutung der schnellen Referatsanfrage *Schulze-Fielitz*, Mikrokosmos (Fn. 19), S. 192.

Neben der Themenauswahl[84] spielte und spielt auch das Format der Tagungen eine nicht zu unterschätzende Rolle. Bereits an der Tagung von 1958 – *Huber* und *Imboden* nahmen erstmals als Mitglieder teil – wurde *Imboden* die Gelegenheit gegeben, zu Beginn der Aussprache einen kurzen Länderbericht aus Schweizer Sicht zum Thema „Verwaltungsverfahren" zu erstatten.[85] Während die Form der (Haupt-)Referate bzw. „Berichte" seit 1922 kaum verändert wurde, war der Einbezug der österreichischen und schweizerischen Kollegen während knapp fünfzig Jahren ein Experimentierfeld für unterschiedliche Formate, die den Vorstand wiederholt beschäftigten.[86] Seit den späten 1960er-Jahren wurden Länderberichte erstattet, die nach Abschluss der Referate und vor Beginn der Aussprache eingeschoben wurden. Die Länderberichte waren vorbereitet und mit 15 Minuten kürzer als die Referate, doch länger als die (üblichen) Diskussionsbeiträge. Dieses Format erfreute sich vor allem in den 1970er-Jahren großer Beliebtheit und wurde bis zur Jahrtausendwende beibehalten.[87] Da die Länderberichte teilweise zu umfangreichen Kurzreferaten auswuchsen, war es nur folgerichtig, drei „richtige" und gleichwertige Referate aus deutscher, österreichischer und schweizerischer Sicht für die Tagung vorzusehen. Dies geschah erstmals 1980 und wurde dann noch mehrfach bis Mitte der 1990er-Jahre wiederholt.[88] Mit den Kurzreferaten aus je österreichischer und

---

[84] Dazu unten, S. 286 ff.

[85] VVDStRL 17 (1959), S. 213 ff.

[86] *Peter Häberle* zu Beginn der Diskussion, VVDStRL 43 (1985), S. 78: „Wir haben im Vorstand lange beraten, wie wir unsere lieben Schweizer und Österreichischen Kollegen möglichst lebendig in die Diskussion integrieren können". Vgl. *Schulze-Fielitz*, Wissenschaftskultur (Fn. 1), S. 120 f.

[87] Vgl. z. B. die Länderberichte von *Dietrich Schindler jun.* und *Felix Ermacora* zum Thema „Verwaltung durch Subventionen", VVDStRL 25 (1967), S. 401. Weiter *Kurt Eichenberger* und *Günther Winkler* zum Thema „Führung und Organisation der Streitkräfte im demokratisch-parlamentarischen Staat", VVDStRL 26 (1968), S. 260; *Kurt Eichenberger* und *Robert Walter* zum Thema „Das demokratische Prinzip im Grundgesetz", VVDStRL 29 (1971), S. 86; *Heinz Peter Rill* und *Peter Saladin* zum Thema „Gemeinschaftsaufgaben im Bundesstaat", VVDStRL 31 (1973), S. 87; *Kurt Eichenberger* und *Bernd-Christian Funk* zu „Der Schutz der Allgemeinheit und der individuellen Rechte durch die polizei- und ordnungsrechtlichen Handlungsvollmachten der Exekutive", VVDStRL 35 (1977), S. 295; *Jörg Paul Müller* und *Günther Winkler* zum Thema „Der Verfassungsstaat im Geflecht der internationalen Beziehungen", VVDStRL 36 (1978), S. 110; *Thomas Fleiner* und *Heinz Peter Rill* zum Thema „Gemeinden und Kreise vor den öffentlichen Aufgaben der Gegenwart", VVDStRL 36 (1978), S. 337; *Walter Haller* und *Siegbert Morscher* zum Thema „Verfassungstreue und Schutz der Verfassung", VVDStRL 37 (1979), S. 114; *Heinz Schäffer* und *Dietrich Schindler jun.* zum Thema „Der öffentliche Dienst im Staat der Gegenwart", VVDStRL 37 (1979), S. 268; *Walter Berka* und *Daniel Thürer* zum Thema „Verfassungsgarantie und sozialer Wandel", VVDStRL 45 (1987), S. 94; *Georg Müller* und *Gerhart Wielinger* zum Thema „Die Einheit der Verwaltung als Rechtsproblem", VVDStRL 46 (1988), S. 260; *Beatrice Weber-Dürler* und *Theo Öhlinger* zum Thema „Verwaltungsrecht als Vorgabe für Zivil- und Strafrecht", VVDStRL 50 (1991), S. 275.

[88] *Karl Korinek, Jörg Paul Müller* und *Klaus Schlaich* zum Thema „Die Verfassungsgerichtsbarkeit im Gefüge der Staatsfunktionen", VVDStRL 39 (1981), S. 7; *Kurt Eichenberger, Richard Novak* und *Michael Kloepfer* zum Thema „Gesetzgebung und Rechtsstaat", VVDStRL 40 (1982), S. 7; *Michael Stolleis, Heinz Schäffer* und *René A. Rhinow* zum Thema „Parteienstaatlichkeit – Krisensymptome des demokratischen Verfassungsstaats?", VVDStRL 44 (1986), S. 7; *Thomas Fleiner, Theo Öhlinger* und *Peter Krause* zum Thema „Rechtsverhältnisse in der Leistungsverwaltung", VVDStRL 45 (1987), S. 152; *Wolfgang Graf Vitzthum, Bernd-Christian Funk* und *Gerhard Schmid* zum Thema „Die Bedeutung gliedstaatlichen Verfassungsrechts in der Gegenwart", VVDStRL 46 (1988), S. 7; *Heinz Peter Rill, Dirk Ehlers* und *Peter Hänni* zum Thema „Eigentumsschutz, Sozialbindung und Enteignung bei der Nutzung von Boden und Umwelt", VVDStRL 51 (1992), S. 177; *Meinhard Hilf, Torsten Stein, Michael Schweitzer* und *Dietrich*

schweizerischer Perspektive wurde schließlich ein Mittelweg zwischen den kurzen Länderberichten und den „richtigen" Referaten beschritten.[89] Wo keine Länderberichte oder Referate vorgesehen waren, erbat der Vorstand teilweise spontan Diskussionsbeiträge von österreichischen und schweizerischen Kollegen[90] oder ein Vorstandsmitglied brachte den schweizerischen Standpunkt gleich selber ein.[91] Seit der Jahrtausendwende und mit der Erhöhung der Anzahl Referate fielen diese Gefäße eines trinationalen Rechtsvergleichs weg. Man kann hierin aus deutscher Sicht den bedauernswerten Verlust ergiebiger „Dreiklänge"[92] erblicken oder aber begrüßen, dass die „additiven" Beiträge aus deutscher, österreichischer und schweizerischer Sicht weggefallen sind und aufgrund des meist fehlenden gemeinsamen Kenntnisstands keine „wechselseitige Sprach- und Verständnislosigkeit mit weitgehendem Dialogausfall"[93] mehr droht. Aus schweizerischer Sicht führt das seit der Jahrtausendwende eingeführte Tagungsformat allerdings dazu, dass der schweizerische Standpunkt nur noch dort vertieft eingebracht werden kann, wo der Vorstand ein Mitglied aus der Schweiz mit einem Referat betraut und sich das Thema für einen rechtsvergleichenden Zugriff eignet.[94]

2. Themen: verbindend und trennend

Sieht man die Themen durch, zu denen Schweizerinnen und Schweizer in den letzten hundert Jahren referiert haben, so sticht der Themenkomplex Föderalismus (bzw. „Mehrebenensysteme") heraus. Dies beginnt mit *Fritz Fleiners* Referat von 1929 und setzt sich bis in die jüngste Vergangenheit fort.[95] Die Sonderstellung bundesstaatlicher Themen

---

Schindler jun. zum Thema „Europäische Union: Gefahr oder Chance für den Föderalismus in Deutschland, Österreich und der Schweiz?", VVDStRL 53 (1994), S. 108; *Christoph Degenhart, Helmuth Schulze-Fielitz, Heinz Schäffer* und *Alexander Ruch* zum Thema „Kontrolle der Verwaltung durch Rechnungshöfe", VVDStRL 55 (1996), S. 190.

89 *Norbert Wimmer* und *Thomas Fleiner* zum Thema „Kulturauftrag im staatlichen Gemeinwesen", VVDStRL 42 (1984), S. 83; *Herbert Haller* und *Tobias Jaag* zum Thema „Grundsätze der Finanzverfassung des vereinten Deutschlands", VVDStRL 52 (1993), S. 111; *Christian Autexier* (Frankreich!), *Johannes Hengstschläger* und *Rainer J. Schweizer* zum Thema „Verträge und Absprachen zwischen der Verwaltung und Privaten", VVDStRL 52 (1993), S. 285; *Wolfgang Mantl* und *Yvo Hangartner* zum Thema „Erziehungsauftrag und Erziehungsmaßstab der Schule im freiheitlichen Verfassungsstaat", VVDStRL 54 (1995), S. 75; *Tobias Jaag* zum Thema „Privatisierung von Verwaltungsaufgaben", VVDStRL 54 (1995), S. 287; *Luzius Wildhaber* und *Theo Öhlinger* zum Thema „Kontrolle der auswärtigen Gewalt", VVDStRL 56 (1997), S. 67.

90 Vgl. Aufforderung von *Peter Häberle*, VVDStRL 43 (1985), S. 78 mit Voten von *Georg Müller* (S. 85) und *Theo Öhlinger* (S. 87); Votum von *Jörg Paul Müller*, VVDStRL 55 (1996), S. 128; Aufforderung von *Beatrice Weber-Dürler* und Votum von *Jörg Paul Müller*, VVDStRL 62 (2003), S. 194.

91 Vgl. etwa die Eröffnungsvoten von *Daniel Thürer*, VVDStRL 58 (1999), S. 81 und VVDStRL 59 (2000), S. 301.

92 *Häberle*, Beiträge (Fn. 65), S. 110 f. Der Dreiklang bezog sich konkret auf das „Spielen mit bzw. auf *drei* Klavieren" (*Peter Häberle*, Einleitendes Votum, VVDStRL 44 [1986], S. 114).

93 *Schulze-Fielitz*, Mikrokosmos (Fn. 19), S. 164. Vgl. *Ders.*, Wissenschaftskultur (Fn. 1), S. 123 f.

94 Vgl. *Andreas Kley*, Votum, VVDStRL 77 (2018), S. 231, der auf die mangelnde Relevanz des ihm gestellten Referatsthemas aus schweizerischer Perspektive hinweist.

95 Ohne Länderberichte sind zu erwähnen *Wilfried Schaumann*, Verträge zwischen Gliedstaaten im Bundesstaat, VVDStRL 19 (1961), S. 86; *Dietrich Schindler jun.*, Europäische Union: Gefahr oder Chance

dürfte zweifelsohne dadurch bedingt sein, dass die föderale Staatsordnung der Schweiz seit 1848 über eine ungebrochene verfassungsrechtliche Kontinuität verfügt, deren Wurzeln aber wesentlich weiter zurückreichen. Deutsche Kollegen stellen bewundernd die „uralte Tradition der Schweiz“[96] fest oder sehen in ihr gar den „Ausbund an föderaler Gesundheit“[97]. Aus schweizerischer Perspektive ist das Thema besonders dankbar, weil sich Vergleiche mit den anderen Bundesstaaten Deutschland und Österreich aufdrängen, zugleich aber auch die Brücke zur europäischen Ebene schlagen lässt.[98] Aus deutscher Sicht mag man in der Schweiz gar einen Vorbildcharakter für das künftige Europa erkennen.[99] Themen, die verbindend wirken und wo ein teilweise intensiver wissenschaftlicher Austausch stattfindet, sind sodann die Grundrechte und insbesondere die Rechtsgleichheit.[100] Die Rechtsprechung des Schweizer Bundesgerichts zum Gleichheitsartikel (Art. 4 BV 1874) wurde in der Weimarer Zeit auch von deutscher Seite aufmerksam verfolgt.[101] Die Schweiz galt zudem als Hort der Freiheit in bedrängten Zeiten,[102] und umgekehrt orientierte sich die Schweizer Lehre in der Nachkriegszeit stark an der deutschen Grundrechtsdogmatik. Hier fand man sich in der Gewissheit zusammen, „auf eine gemeineuropäische Grundrechtslehre hinzuarbeiten“[103]. Gleichzeitig werden bei den Grundrechten auch Differenzen deutlich, etwa mit Blick auf die Bedeutung der Europäischen Menschenrechtskonvention (EMRK) im innerstaatlichen Recht. In der Schweiz hat die EMRK – nicht zuletzt, weil sie dem Bundesgericht eine wirksame Normenkontrolle ge-

---

für den Föderalismus in Deutschland, Österreich und der Schweiz?, VVDStRL 53 (1994), S. 70; *Bernhard Ehrenzeller*, Der Bildungsföderalismus auf dem Prüfstand, VVDStRL 73 (2014), S. 7; *Stephan Breitenmoser*, Migrationssteuerung im Mehrebenensystem, VVDStRL 76 (2017), S. 9; *Benjamin Schindler*, Rechtsanwendungsgleichheit in Mehrebenensystemen, VVDStRL 78 (2019), S. 167. Mit engen Bezügen zum Föderalismus sodann *Rainer J. Schweizer*, Sprache als Kultur- und Rechtsgut, VVDStRL 65 (2006), S. 346.

[96] Votum *Friedrich August Freiherr von der Heydte*, VVDStRL 12 (1954), S. 238.

[97] Mit leichter Ironie *Christian Tomuschat* im einleitenden Votum, VVDStRL 46 (1988), S. 121. Vgl. auch Votum *Detlev Dicke*, VVDStRL 50 (1991), S. 149: „In der Schweiz […] hat [es] sehr viel mehr Bundesstaatlichkeit als in der Bundesrepublik“.

[98] Vgl. das Votum von *Daniel Thürer*, VVDStRL 58 (1999), S. 137 f.: „Es ist mir auch bewußt geworden, welche Ur-Föderalisten wir Schweizer eigentlich sind. Es wurde gesagt, die Deutschen seien reife Föderalisten, die Europäer Prä-Föderalisten, die Schweizer Ur-Föderalisten“. Vgl. auch *Giovanni Biaggini*, in diesem Band, S. 355 (355 ff., 375 f., 378 f.).

[99] Vgl. etwa *Ernst-Wolfgang Böckenförde*, Die Schweiz – Vorbild für Europa?, in: Ders., Staat, Nation, Europa, 2011, S. 25 ff.

[100] Vgl. *Richard Bäumlin*, Das Grundrecht der Gewissensfreiheit, VVDStRL 28 (1970), S. 3; *Georg Müller*, Der Gleichheitssatz, VVDStRL 47 (1989), S. 37; *Beatrice Weber-Dürler*, Der Grundrechtseingriff, VVDStRL 57 (1998), S. 57; *Oliver Diggelmann*, Grundrechtsschutz der Privatheit, VVDStRL 70 (2011), S. 50.

[101] Vgl. *Erich Kaufmann*, Die Gleichheit vor dem Gesetz im Sinne des Art. 109 der Reichsverfassung, VVDStRL 3 (1927), S. 2 (10, 19); Votum *Walter Jellinek*, VVDStRL 3 (1927), S. 59. Vgl. auch *Gerhard Leibholz*, Die Gleichheit vor dem Gesetz: Eine Studie auf rechtsvergleichender und rechtsphilosophischer Grundlage, 1925, S. 36, 78 f.; *Carl Schmitt*, Verfassungslehre, 1928, S. 113; *Richard Thoma*, Grundrechte und Polizeigewalt (1925), in: Dreier (Hrsg.), Richard Thoma: Rechtsstaat – Demokratie – Grundrechte: Ausgewählte Abhandlungen aus fünf Jahrzehnten, 2008, S. 130 (158).

[102] Vgl. das leicht verklärende Votum von *Peter Häberle*, VVDStRL 60 (2001), S. 404: „Tu felix Helvetia! Die nationale Staatsrechtslehre der Schweiz erwies sich, von einigen Randerscheinungen abgesehen, als gegen die Degeneration der Rechts- und Verfassungsidee wie in Deutschland und Österreich gefeit.“

[103] Votum *Christian Starck*, VVDStRL 57 (1998), S. 104.

genüber dem Bundesgesetzgeber ermöglicht – eine größere Bedeutung als etwa in Deutschland und wurde auch schon als Schweizer „Überverfassung“[104] bezeichnet.[105]

Neben verbindenden Themen gibt es aber auch solche, die eher trennend wirken. Zuvorderst kann hier das Thema Demokratie genannt werden. Das Thema war zwar wiederholt Gegenstand von Tagungen,[106] doch wurde nur selten ein Schweizer für ein Referat angefragt.[107] Hier offenbart sich ein tief wurzelndes Misstrauen gegenüber direktdemokratischen Elementen schweizerischer Prägung.[108] Dass nicht einmal an der Tagung in Kiel (2012) – wo die „Elemente direkter Demokratie als Entwicklungsperspektive“ auf der Tagesordnung standen – eine Schweizerin oder ein Schweizer referierte, stach sogar einem der deutschen Vortragenden ins Auge.[109] Offene Kritik von Seiten der Schweizer Mitglieder an einem in Deutschland und Österreich vorherrschenden einseitig-repräsentativen („elitären“) Demokratieverständnis blitzt in Referaten und Voten nur gelegentlich auf.[110] Möglicherweise kann dies damit erklärt werden, dass prominente Schweizer Staatsrechtler mit besonderer Affinität für demokratietheoretische Fragestellungen der Vereinigung von vorneherein fernbleiben.[111] Umgekehrt nutzen einzelne Kollegen aus der Schweiz den „geschützten Rahmen“ der Vereinigung für Kritik an der

---

104 Votum *Daniel Thürer*, VVDStRL 59 (2000), S. 329.

105 Länderbericht *Jörg Paul Müller*, VVDStRL 36 (1978), S. 110 (118); *Ders.*, Die Verfassungsgerichtsbarkeit im Gefüge der Staatsfunktionen, VVDStRL 39 (1981), S. 53 (65 ff.); *Rudolf Streinz*, Primär- und Sekundärrechtsschutz im Öffentlichen Recht, VVDStRL 61 (2002), S. 300 (314); Votum *Rainer J. Schweizer*, VVDStRL 66 (2007), S. 428 f.

106 So 1964 („Bewahrung und Veränderung demokratischer Strukturen und rechtsstaatlicher Verfassungsstruktur in den internationalen Gemeinschaften“), 1966 („Das Staatsoberhaupt in der parlamentarischen Demokratie“), 1970 („Das demokratische Prinzip im Grundgesetz“ [hier mit Länderbericht von *Kurt Eichenberger*]), 1995 („Bürgerverantwortung im demokratischen Verfassungsstaat“), 2008 („Erosion demokratischer Öffentlichkeit?“), 2009 („Demokratie und Wettbewerbsordnung“), 2012 („Repräsentative Demokratie in der Krise?“).

107 *René A. Rhinow*, Parteienstaatlichkeit – Krisensymptome des demokratischen Verfassungsstaats?, VVDStRL 44 (1986). Die Tagung fand 1985 in Freiburg (Schweiz) statt und dem Vorstand gehörte seit 1984 der „Schweiz-Versteher“ *Peter Häberle* an. Beim Referat von *Andreas Kley* (Herrschaftsausübung in Arbeitsteilung, VVDStRL 77 [2018]) wurde vom Referenten die mangelnde Anschlussfähigkeit der Themenstellung aus Schweizer Sicht moniert (VVDStRL 77 [2018], S. 231: „Mir ist dazu, bezogen auf die Schweiz, nichts eingefallen. [...] Es ist ein sehr deutsches Thema.“).

108 Neben den „Weimarer Erfahrungen“ dürfte auch das Bedürfnis prägend gewirkt haben, 1949 vorerst eine funktionstüchtige parlamentarische Demokratie zu stabilisieren: *Markus Möstl*, Elemente direkter Demokratie als Entwicklungsperspektive, VVDStRL 72 (2013), S. 355 (409). Vgl. auch *Frieder Günther*, in diesem Band, S. 867 (881 ff.).

109 *Möstl*, Elemente direkter Demokratie (Fn. 108), S. 356: „Der Vorstand hat das Thema ‚direkte Demokratie‘ zwei Deutschen anvertraut, d. h. Angehörigen einer Nation, für die direkte Demokratie nicht, wie für die Schweiz, ein prägendes Stück Verfassungsidentität bedeutet, sondern die zur direkten Demokratie ein gespaltenes und gebrochenes Verhältnis hat.“

110 Votum *Jörg Paul Müller*, VVDStRL 55 (1996), S. 128; *ders.*, Votum, VVDStRL 62 (2003), S. 159; Votum *Andreas Kley*, VVDStRL 72 (2013), S. 486. Das Referat von *Andreas Kley*, Herrschaftsausübung in Arbeitsteilung, VVDStRL 77 (2018), S. 125, kann durchaus auch als deutliche Kritik am deutschen Demokratieverständnis gelesen werden. Entsprechend fiel die Reaktion von deutscher Seite aus. Vgl. etwa Votum *Claudio Franzius*, VVDStRL 77 (2018), S. 213.

111 Dies gilt insbesondere für *Zaccaria Giacometti*, *Alfred Kölz*, *Andreas Auer* und *Pierre Tschannen*. Umgekehrt gehören mit *Jörg Paul Müller* und *Andreas Kley* auch zwei prominente Vertreter der „demokratischen Fraktion“ der Vereinigung an (vgl. die Hinweise in Fn. 110).

direkten Demokratie, die sie in der Schweiz vermutlich kaum so offen artikulieren würden.[112] Neben dem potentiell konfliktträchtigen Thema der Demokratie gibt es verfassungsrechtliche Themen, die aus Schweizer Sicht hohe Priorität hatten, die von der Vereinigung aber nie aufgegriffen wurden. Das gilt in besonderem Maß für die in der Schweiz über Jahrzehnte hinweg intensiv geführte Debatte um die Totalrevision der Bundesverfassung von 1874. Dass dieses Thema – im Unterschied zu gewissen innerdeutschen Themen – nie von der Vereinigung aufgegriffen wurde, empfanden die Schweizer Mitglieder vermutlich deshalb nicht als Manko, weil alternative Schweizer Diskussionsforen bestanden und auch intensiv genutzt wurden.[113]

3. *Erkenntnisinteresse und -perspektive: Einheit und Vielfalt*

Eng mit der Themensetzung des Vorstands und mit der Ausgestaltung des Tagungsformats verbunden ist die Frage, welches Erkenntnisinteresse die Vereinigung antrieb und antreibt. Die Gründung der Vereinigung erfolgte ganz in der Hoffnung auf die kommende Reichseinheit. Indem die Rechtswissenschaft einen Beitrag zur Rechtsvereinheitlichung leistete, trug sie zum „nation building" bei. *Triepel* ließ an dieser gemeinsamen Mission anlässlich der Eröffnung der Tagung von 1924 keine Zweifel aufkommen. Seinem „warmem Willkommensgruß" an die österreichischen Kollegen folgte ein unitarisches Bekenntnis: „Daß sie und wir die Jünger einer einheitlichen deutschen Wissenschaft sind, darüber brauche ich kein Wort zu verlieren."[114] *Triepel* war geprägt von einem ethnisch-kulturellen Nationenbegriff, bei dem die gemeinsame Sprache und Kultur zu bestimmenden Faktoren wurden.[115] Dieses „germanische Urdenken" war für *Triepel* auch im Staatsrecht der Schweizer Kantone sichtbar, dem er gar „urdeutsche" Eigenschaften zusprach.[116] Der offene Rekurs auf einen „gemeindeutschen" Nationenbegriff verschwindet in der Nachkriegszeit weitgehend, wirkt in Restbeständen aber noch lange nach. So äußerte sich der in St. Gallen und München lehrende und lebende, ursprünglich aus Österreich stammende *Hans Nawiasky* (1880–1961) an der Tübinger Tagung von 1954: „Es gibt auch staatlich geteilte Völker – man denke beispielsw. an das deutsche Volkstum in Deutschland, Österreich, Liechtenstein, eventuell in der Schweiz [...]".[117] 1976 taucht die deutschnational gefärbte Argumentation wieder im Schreiben *Ipsens* auf, in dem er den Plänen zur Integration der französischsprachigen Schweizer Kollegen eine

---

112 Länderbericht von *Kurt Eichenberger*, VVDStRL 29 (1971), S. 85; Votum *Hans Huber*, VVDStRL 33 (1975), S. 124; *Kurt Eichenberger*, Gesetzgebung im Rechtsstaat, VVDStRL 40 (1982), S. 7 (8 f.); Votum *Detlev Dicke*, VVDStRL 50 (1991), S. 159; Votum *Markus Müller*, VVDStRL 72 (2013), S. 479 f.: „Ich will die Gelegenheit nutzen, Ihnen aus sicherer Distanz zur Schweizer Grenze darzulegen, wieso ich der schweizerischen Demokratie(praxis) mit Skepsis und Vorbehalten begegne."; Votum *Axel Tschentscher*, VVDStRL 75 (2016), S. 433.

113 Dazu unten, S. 298 ff.

114 *Heinrich Triepel*, Eröffnungsansprache, VVDStRL 1 (1924), S. 5.

115 Zur Herkunft dieses Nationenverständnisses in Deutschland *Böckenförde*, Vorbild (Fn. 99), S. 26 f.

116 *Heinrich Triepel*, Wesen und Entwicklung der Staatsgerichtsbarkeit, VVDStRL 5 (1929), S. 2 (10).

117 Votum, VVDStRL 13 (1955), S. 66.

deutliche Absage erteilt.[118] Und noch 1992 betont *Ipsen* aus Anlass ihres 70-jährigen Bestehens, dass die Vereinigung „zu einer Gesellschaft gewachsen [ist], die in ihrer Geschlossenheit die Staats- und Verwaltungsrechtswissenschaft des deutschen Sprachraumes repräsentiert".[119]

Diese unitarische Perspektive kontrastiert mit einer Haltung, die in der Vielfalt der unterschiedlichen Rechtsordnungen in erster Linie eine Bereicherung sieht. So betonte *Hans Peters* (1896–1966) in seiner Eröffnungsansprache der Wiener Tagung von 1958, wie fruchtbar die Auseinandersetzung mit „verschiedenen Verfassungssystemen und Erfahrungen" sei und die „durchaus verschiedenen Persönlichkeiten" für die Vereinigung eine Bereicherung darstellten.[120] Dieses Bekenntnis entsprach zweifelsohne *Peters'* innerer Überzeugung, der im Pluralismus eine Chance und keine Bedrohung sah.[121] Zudem bot die Wiener Tagung, an der erstmals nach dem Krieg wieder zwei Schweizer aufgenommen wurden, eine ideale Plattform, um einen Kontrapunkt zur deutschnationalen Perspektive zu setzen. Eng verbunden war diese Ausrichtung innerhalb der Vereinigung mit der Förderung eines dezidiert rechtsvergleichenden Ansatzes, was in den Tagungsformaten seit den späten 1960er-Jahren deutlich zum Ausdruck kam.[122] Der wohl prominenteste Befürworter dieser Ausrichtung ist *Peter Häberle* (geb. 1934), der in unzähligen Tagungsvoten die „Werkstatt Schweiz" lobte, die in ihrer reichen Verfassungslandschaft manch anregendes Vergleichsobjekt biete.[123] Vollständig durchsetzen konnte sich dieser Fokus auf eine trinationale oder gar internationale Rechtsvergleichung aber nicht. Dies zeigt sich daran, dass *Imbodens* (posthum) zur Abstimmung gebrachter Antrag auf Aufnahme ausländischer Wissenschaftler ebenso abgelehnt wurde[124] wie das Anliegen, die Vereinigung um die französischsprechenden Schweizer Kollegen zu erweitern.[125] Mit der Umstellung des Tagungsformats und dem Verzicht auf die Länderberichte wurde die rechtsvergleichende Perspektive zusätzlich geschwächt. Allerdings tritt in jüngerer Vergangenheit die Ausrichtung auf die europäische und internationale Ebene immer stärker in den Vordergrund.[126]

---

[118] Vgl. Fn. 60.

[119] *Hans Peter Ipsen*, Vereinigung der Deutschen Staatsrechtslehrer 1922–1992, VVDStRL 52 (1993), S. 7 (8).

[120] *Hans Peters*, Eröffnungsansprache, VVDStRL 17 (1959), S. 5 (6).

[121] *Hans Peters*, Die Gewaltentrennung in moderner Sicht (1954), in: Rausch (Hrsg.), Zur heutigen Problematik der Gewaltentrennung, 1969, S. 78 (110).

[122] Dazu oben, S. 284 ff.

[123] Vgl. stellvertretend statt vieler Voten die Diskussionsbeiträge in VVDStRL 44 (1986), S. 114; VVDStRL 64 (2005), S. 86; VVDStRL 68 (2009), S. 225.

[124] Niederschrift über die Mitgliederversammlung vom 1. Oktober 1969, S. 3, Archiv VDStRL, Ordner-Nr. 3, Reg.-Nr. 20.

[125] Vgl. Hinweise in Fn. 60. 2017 stellte *Kischel* bedauernd fest, dass der Vereinigung „kein welschschweizerischer Staatsrechtslehrer" angehöre, was zu einer Engführung der Rechtsvergleichung führe, weil diese auf einen Sprachraum beschränkt bleibe: *Uwe Kischel*, Diskursvergleich im internationalen und nationalen Recht, VVDStRL 77 (2018), S. 285 (298); vgl. auch *Bardo Fassbender*, in diesem Band, S. 567 (573 ff.).

[126] Vgl. *Christian Starck*, 1949–1999, VVDStRL 59 (2000), S. 7 (11 f.).

Es wäre freilich irreführend, wenn man eine unitarische und eine rechtsvergleichende Perspektive im Sinne von zwei unversöhnlichen Standpunkten oder gar „Schulen" einander gegenüberstellen wollte. Im Schrifttum prominenter Schweizer Mitglieder der Vereinigung kommen beide Aspekte in dialektischer Weise zum Ausdruck. So sind insbesondere die schweizerische Verwaltungsrechtsdogmatik seit dem frühen 20. Jahrhundert und später auch die Grundrechtsdogmatik stark von deutschen Vorbildern beeinflusst worden. Bis in die Gegenwart hinein wurden im schweizerischen Verwaltungsrecht mit *Fleiners* „Institutionen des Deutschen Verwaltungsrechts" zentrale Weichen gestellt. Das Buch wurde für das Bundesgericht zur „ratio scripta"[127]. Und als die „Institutionen" nach Hitlers Machtergreifung nicht mehr erhältlich waren, wurde eigens für den Schweizer Gebrauch eine unveränderte Fassung dieser „Lehren des liberalen Verwaltungsrechtes" nachgedruckt.[128] *Fleiner* war nun allerdings keineswegs ein bedingungsloser „Unitarier", der eine deutsch-schweizerische Rechtsangleichung befürwortet hätte. In staatstheoretischen und staatsrechtlichen Fragen betonte er vielmehr die Gegensätze zwischen Deutschland und der Schweiz.[129] Eine ähnlich differenzierte Haltung nahm *Max Imboden* ein. In seinem Referat zum „Plan als verwaltungsrechtlichem Institut"[130] war er ganz der Tradition eines „allgemeinen" und damit gemeindeutschen Verwaltungsrechts verpflichtet. Gleichzeitig enervierte er sich über die „Germanozentritis"[131] innerhalb der Vereinigung und nutzte die Tagungen auch für Voten, um dezidiert auf die Unterschiede zwischen der schweizerischen und deutschen Rechtsordnung hinzuweisen.[132] Zahlreiche Schweizer Referenten haben später in ihren Beiträgen und Diskussionsvoten rechtsvergleichende Überlegungen eingebaut; allerdings auch aus dem einfachen Grund, weil eine Beschränkung auf das Schweizer Recht in der Vereinigung kaum anschlussfähig gewesen wäre.[133] Der Tenor dieser Beiträge schwankt dabei – ganz in der Tradition *Fleiners* und *Imbodens* – zwischen Betonung der Gemeinsamkeiten und Pflege des Schweizer „Sonderfalls".[134]

---

[127] *Max Imboden*, Der Beitrag des Bundesgerichts zur Fortbildung des schweizerischen Verwaltungsrechts (1959), in: Ders., Staat und Recht, ausgewählte Schriften und Vorträge, 1971, S. 367 (371). Vgl. mit weiteren Hinweisen *Schindler*, 100 Jahre (Fn. 9), S. 391 ff.

[128] So *Zaccaria Giacometti* im Vorwort zum Nachdruck von 1939.

[129] Vgl. etwa *Fritz Fleiner*, Beamtenstaat und Volksstaat (1916), in: Ders., Ausgewählte Schriften und Reden, 1941, S. 235 ff.

[130] VVDStRL 18 (1960), S. 113.

[131] Tagebucheintrag vom 26. Juni 1961, Nachlass *Max Imboden*, Archiv für Zeitgeschichte der ETH Zürich, Tagebuch Nr. 1, S. 41. Das Wort „Germanozentritis" ist in Großbuchstaben hervorgehoben.

[132] Vgl. Votum, VVDStRL 20 (1963), S. 251.

[133] *Häberle* stellte fest, dass es „eine Besonderheit der meisten Schweizer Autoren" sei, rechtsvergleichend zu arbeiten (*Häberle*, Beiträge [Fn. 65], S. 114). Dies dürfte indes vor allem auf die Beiträge im Rahmen der Vereinigung zutreffen und kein generelles „Schweizer Phänomen" sein.

[134] Die Neigung gewisser Schweizer Autoren zur „schroffen Betonung der Einzigartigkeit des heimischen Staatswesens" fiel bereits dem in Basel lebenden Österreicher *Edmund Bernatzik* auf (*Bernatzik*, Zur Literatur des schweizerischen Staatsrechts, Kritische Vierteljahresschrift für Gesetzgebung und Rechtswissenschaft [35] 1893, S. 271 [302]). Vgl. zur Sonderfallthese *Biaggini*, Staatsrechtswissenschaft (Fn. 38), S. 270; *Sebastian Brändli-Traffelet*, Verwaltung des Sonderfalls: Plädoyer für eine Verwaltungskulturgeschichte der Schweiz, Schweizerische Zeitschrift für Geschichte 54 (2004), S. 79.

III. Kulturen: Gleich und doch irritierend anders

Die Vereinigung der Deutschen Staatsrechtslehrer wurde auch schon als „Mikrokosmos" oder als „Zunft" mit einem außerordentlich hohen Homogenitätsgrad und eigenem „Korpsgeist" bezeichnet. Manch älterem Kollegen soll sie sogar ein Gefühl von „Heimat" vermitteln.[135] Die Mehrheit der Schweizer Wissenschaftlerinnen und Wissenschaftler vom öffentlichen Recht dürfte sich kaum mit diesem „Korpsgeist" identifizieren. Und auch wenn die Schweizer Mitglieder an den Tagungen kein *morbus helveticus* (Heimweh) befällt, sind es doch Anlässe, die kaum Heimatgefühle aufkommen lassen. Die Gründe hierfür sind in unterschiedlichen Rechts- und Wissenschaftskulturen zu suchen. Bei der Suche nach solchen Unterschieden besteht die Gefahr, Opfer der Schweizer „Sonderfallthese" zu werden. Vorab ist daher festzuhalten, dass die Rechts- und Wissenschaftskultur in der Schweiz (auch der französischsprachigen) über Jahrhunderte von den deutschsprachigen Nachbarstaaten mitgeprägt wurde. Bis weit ins 19. Jahrhundert studierten zahlreiche Schweizer Juristen an deutschen Universitäten. Nicht wenige Schweizer Juristen machten zudem Karriere an deutschen Universitäten. Umgekehrt wäre der Aufbau der Schweizer Universitätslandschaft im 19. Jahrhundert nicht ohne deutsche und österreichische Fachkräfte möglich gewesen.[136] Und die Universität Basel entwickelte sich im 19. Jahrhundert zum eigentlichen Sprungbrett für Koryphäen der deutschen und österreichischen Rechtswissenschaft.[137] Die gemeinsame Wissenschaftstradition Deutschlands, Österreichs und der Schweiz äußert sich im internationalen Quervergleich darin, dass die Dogmatik das „Gravitationszentrum" der Rechtswissenschaft bildet.[138] Geprägt durch die „Juristische Methode" steht das am geltenden Recht orientierte und auf die Praxis zielende Herausarbeiten von Begriffen und Lehrsätzen mit normativem Anspruch im Zentrum, die wiederum in ein Orientierung vermittelndes System eingebettet werden.[139] Vielleicht ist es gerade diese geteilte Wissenschaftstradition, die gewisse Unterschiede umso spürbarer hervortreten lässt.

---

[135] *Schulze-Fielitz*, Mikrokosmos (Fn. 19), S. 153 f.

[136] *Dietrich Schindler jun.*, Die Staatslehre in der Schweiz, JöR 25 (1976), S. 255 (260 ff.).

[137] *Kley*, Geschichte (Fn. 9), S. 26 ff.

[138] *Andreas von Arnauld*, Öffnung der öffentlich-rechtlichen Methode durch Internationalität und Interdisziplinarität: Erscheinungsformen, Chancen, Grenzen, VVDStRL 74 (2015), S. 39 (46).

[139] Vgl. *Otto Bachof*, Die Dogmatik des Verwaltungsrechts vor den Gegenwartsaufgaben der Verwaltung, VVDStRL 30 (1972), S. 193 (197 f.); *Eberhard Schmidt-Aßmann*, Das allgemeine Verwaltungsrecht als Ordnungsidee, 2. Aufl. 2004, S. 3 f.; *Pierre Tschannen*, Wissenschaft vom Verwaltungsrecht: Schweiz, in: Bogdandy/Cassese/Huber (Hrsg.), Handbuch Ius Publicum Europaeum, Band IV, 2011, § 65 Rn. 8 ff. Selbstkritisch *Christoph Schönberger*, Der „German Approach": Die deutsche Staatsrechtslehre im Wissenschaftsvergleich, in: Ders. (Hrsg.), Der „German Approach", 2015, S. 1.

1. Modus helveticus: Denken vom Konkreten

Als Eigenheit der deutschen Staatsrechtslehre kann man ihr „Denken vom Staat"[140] bezeichnen. Der *modus austriacus* ist hingegen durch das „Denken vom Recht"[141] geprägt. Will man diese zwangsläufig etwas vereinfachende Zuspitzung auf einen archimedischen Punkt für die Schweiz weiterführen, so könnte man den *modus helveticus* als „Denken vom Konkreten" umschreiben. Der Staat eignete sich in der Schweiz kaum als Anknüpfungspunkt der Rechtswissenschaft. Die Frage, ob und inwiefern der Eidgenossenschaft als Ganzes bzw. ihren einzelnen Orten Staatlichkeit oder Souveränität zukommt, war bereits in der „Alten Eidgenossenschaft" (bis 1798) umstritten und blieb letztlich ungeklärt.[142] Die Bundesverfassung von 1848 erwähnte zwar die Souveränität der Kantone, mied aber für den Bund den Souveränitäts- wie auch den Staatsbegriff.[143] Selbst der Begriff „Bundesstaat" schien den Verfassungsvätern zu heikel und findet sich nicht im Schweizer Grundgesetz. Diese „Kunst des Ausklammerns"[144] wurde bei den Verfassungen von 1874 und 1999 weitergeführt. Die Schweiz kennt auch keine „Hauptstadt" und verzichtet auf ein formelles Staatsoberhaupt. Es scheint ein historisches Kontinuum zu sein, dass typische Kristallisationspunkte von Staatlichkeit bewusst vermieden werden.[145] „Staatliche" Herrschaft ist in der Schweiz vielmehr auf verschiedene Ebenen, Organe und Personen der „res publica"[146] bzw. des „Gemeinwesens"[147] verteilt. „Der Staat" eignet sich in seiner diffusen und historisch gewachsenen Komplexität nicht als Anknüpfungspunkt der Rechtswissenschaft.[148] Anders als in Österreich bildet aber auch

140 *Günther*, Staatsrechtslehre (Fn. 23), S. 1. Vgl. auch *Christoph Möllers*, Staat als Argument, 2011.

141 *Ewald Wiederin*, Denken vom Recht her, Über den modus austriacus in der Staatsrechtslehre, in: *Schulze-Fielitz* (Fn. 38), S. 293 (295).

142 Vgl. *Thomas Maissen*, Die Geburt der Republic: Staatsverständnis und Repräsentation in der frühneuzeitlichen Eidgenossenschaft, 2006, S. 572; *Hans Conrad Peyer*, Verfassungsgeschichte der alten Schweiz, 1978, S. 146 f.; *Andreas Würgler*, Geschichte des schweizerischen Verfassungsrechts bis 1798, in: Diggelmann/Hertig Randall/Schindler (Hrsg.), Verfassungsrecht der Schweiz, 2020, Bd. 1, I.2, Rn. 1, 36 ff.

143 Vgl. zur bewusst offengelassenen und früher noch heftig umstrittenen Souveränitätsfrage im föderalen Gefüge der Schweiz *Gerhard Schmid*, Die Bedeutung gliedstaatlichen Verfassungsrechts in der Gegenwart, VVDStRL 46 (1988), S. 92 (94).

144 *Biaggini*, Staatsrechtswissenschaft (Fn. 38), S. 275.

145 Bezeichnend sind die Ausführungen des Basler Juristen und Philosophen *Isaak Iselin* (1728–1782) in seinem Tentamen Iuris Publici Helvetici von 1751: „Du musst bei den Schweizern deswegen nicht nach der Einheit des Staates suchen und nach einem gemeinsamen Herrscher – nichts als Freiheit atmet hier […]." (zitiert nach der Übersetzung von *Florian Gelzer* [Hrsg.], Isaak Iselin, Gesammelte Schriften, Band 1, 2014, S. 54). Dass die Schweiz kein inneres Antriebszentrum von Staatlichkeit kennt, sondern vielmehr von den sie umgebenden Staaten zu einem staatsähnlichen Gebilde zusammengepresst wird, wurde im 18. Jahrhundert auch in den USA festgestellt: „The Swiss & Belgic Confederacies were held together not by any vital principle of energy but by the incumbent pressure of formidable neighbouring nations …" (Votum vom 20. Juli 1787 im Kongress von Philadelphia, aus: Notes of Debates in the Federal Convention of 1787 reported by James Madison, 1984, S. 161 f.).

146 *Josias Simler*, De republica Helvetiorum libri II, 1576.

147 *Richard Bäumlin*, Der schweizerische Rechtsstaatsgedanke, ZBJV 101 (1965), S. 81 (88).

148 Bezeichnend das Votum von *Horst Ehmke*, VVDStRL 25 (1967), S. 239: „Ich habe schon unsere Schweizer Kollegen gefragt, warum sie in der Schweiz eigentlich ohne Staatsoberhaupt oder jedenfalls ohne Staatspräsidenten auskommen, aber sie haben mir gesagt, das sei historisch zu kompliziert, um uns das hier schnell zu erklären."

das Recht nicht Dreh- und Angelpunkt der Auseinandersetzung mit dem Gemeinwesen. Dessen demokratische Prägung macht es schwer, sich auf eine Analyse unter streng juristischen Gesichtspunkten zu beschränken. Die Verfassungen von Bund und Kantonen sind weniger unverbrüchliche Rahmenordnungen der Politik, sondern Gegenstand oder gar „Fechtboden“[149] der Politik.[150] Die Interpretation dieser Verfassungen ist zudem nicht monopolartig bei einem Verfassungsgericht konzentriert, sondern Aufgabe aller Staatsorgane und weiterer Akteure.[151] Das Bundesgericht übernimmt zwar traditionell eine Leitfunktion bei der Verfassungsinterpretation, doch sind der Verfassungsgerichtsbarkeit aufgrund der Bindungswirkung der Bundesgesetze Grenzen gesetzt. Wer sich vertieft mit Verfassungsrecht und seiner Umsetzung im Alltag befassen will, kommt daher nicht umhin, in gewissem Umfang auch dem historischen, politischen, ökonomischen, soziologischen und psychologischen Kontext des Rechts Rechnung zu tragen. Wer sich dieser ganzheitlichen Schau verschließt, riskiert als „realitätsfremd“ abgestempelt zu werden.[152] Hinzu kommt, dass viele Professorinnen und Professoren des öffentlichen Rechts in der Schweiz in der politischen oder gerichtlichen Praxis tätig waren und sind.[153]

Vor diesem Hintergrund erstaunt es nicht, dass die Befassung mit dem öffentlichen Recht in der Schweiz stark problemorientiert ausgerichtet ist. Die Auseinandersetzung mit grundlegenden Fragestellungen findet in der Schweiz nur dann statt, wenn dies mit Blick auf die konkrete Problembewältigung notwendig scheint: „Ein Denken, das vom Konkreten ausgeht und im Konkreten mündet.“[154] In diesem Umfeld bestehen keine Anreize für eine vom Rechtsalltag entkoppelte System- und Begriffsbildung oder die Errichtung komplexer Theoriegebäude.[155] Die Problemorientierung der Schweizer Rechtswissenschaft äußert sich methodisch in einem ausgesprochenen Pragmatismus.[156] Die Tagungen der Vereinigung boten daher für viele Schweizer die „Gelegenheit, von Zeit zu Zeit jenem platten helvetischen Pragmatismus zu entrinnen, über den wir uns leider so selten zu erheben vermögen“[157]. Gerade für *Max Imboden*, den grundlegende Fragen zu Recht und Staatlichkeit intensiv beschäftigten, waren die Tagungen und der Austausch mit den deutschen und österreichischen Kollegen zweifelsohne eine willkommene Horizonterweiterung. Gleichzeitig entwickelten die Mitglieder an den Tagungen aber auch ein verstärktes Methodenbewusstsein und einen gewissen Stolz, nicht in abstrakten Be-

---

149 *Georg Müller*, Neue Zürcher Zeitung vom 10./11.1.1998, S. 7.

150 *Biaggini*, Staatsrechtswissenschaft (Fn. 38), S. 271.

151 *Giovanni Biaggini*, Verfassungsauslegung, in: Diggelmann/Hertig Randall/Schindler (Fn. 142), Bd. 1, I.10 Rn. 22; *Kaspar Ehrenzeller*, Koordination von Verfassungsrecht im Widerspruch, 2020, Rn. 190.

152 Vgl. *Schindler*, Staatslehre (Fn. 136), S. 273 f. Zum gegenteiligen Bemühen um Ausgrenzung dieser Aspekte in der österreichischen Staatsrechtslehre *Wiederin*, Denken vom Recht her (Fn. 141), S. 295.

153 Vgl. *Jens Kersten*, in diesem Band, S. 829 (836, 853 f., 858).

154 *Hans Barth*, Über den schweizerischen Beitrag zur Staatsphilosophie, erläutert an Werken Pestalozzis, 1946, S. 52. Vgl. *Schindler*, Staatslehre (Fn. 136), S. 265.

155 Vgl. *Biaggini*, Staatsrechtswissenschaft (Fn. 38), S. 289.

156 Der „Methodenpluralismus“, mit dem das Bundesgericht eine Prioritätenordnung einzelner Auslegungselemente ablehnt (BGE 128 I 34 E. 3b S. 41; BGE 141 II 262 E. 4.1 S. 272), weist somit weniger eine Grundsatzlosigkeit oder einen Methodenopportunismus aus als ein Bewusstsein für die Relativität der eigenen Methode.

157 *Schmid*, Bedeutung (Fn. 143), S. 116.

griffswelten verhaftet zu sein.[158] Auch hierfür steht *Imboden* exemplarisch, der sich an den Tagungen irritiert über die innere Befangenheit der deutschen Kollegen zeigte und das schweizerische Verwaltungsrecht aus der Umklammerung durch die deutsche Dogmatik befreien wollte. Diese intensive Auseinandersetzung half ihm zweifelsohne, seine eigene, betont induktive und am angelsächsischen *Case law* orientierte Methode im Verwaltungsrecht zu schärfen.[159] Gleichzeitig wurde die „pragmatische Grundierung“[160] der Schweizer Beiträge und Voten im Rahmen der Tagungen von deutscher Seite durchaus als wohltuender Kontrast geschätzt.[161]

2. *Sprache(n): verbindend und trennend*

Seit dem Ende des Zweiten Weltkriegs und der endgültigen Zerschlagung der Idee einer kommenden Reichseinheit wurde die gemeinsame Sprache – neben der fachlichen Qualifikation – zum zentralen Merkmal der Vereinigung. Auch wenn die deutsche Sprache die Kommunikation über den Rhein und Walserberg hinweg enorm erleichtert, kann sie doch auch Anlass zu Missverständnissen und Irritationen sein. Denn gleichlautende Wörter und Begriffe sind im jeweiligen rechtlichen und rechtskulturellen Kontext keineswegs immer gleichbedeutend.[162] *Fleiner* stellte schon vor über 100 Jahren fest, dass dem „Ausländer“ das Verständnis für die Schweizer Rechtsordnung erschwert werde „durch die Neigung der schweizerischen Literatur, schweizerische Einrichtungen wegen ihrer äußerlichen Ähnlichkeit mit ausländischen, insbesondere reichsdeutschen Erscheinungen mit den im deutschen Recht dafür geprägten Ausdrücken zu belegen“. Damit werde aber „die richtige juristische Charakterisierung verwischt“[163]. Solche Sprachverwirrungen finden sich auch im Rahmen der Staatsrechtslehrertagungen, etwa wenn ein deutscher Kollege den Schweizer Bundesrat für die Länderkammer des Bundesparlaments hält.[164] Während sich solche Missverständnisse leicht aufklären lassen, können terminologische Differenzen auch auf tieferliegende Unterschiede hindeuten. So ist das Adjektiv „plebiszitär“ in der Schweiz eindeutig negativ konnotiert und steht für obrig-

---

[158] Votum *Georg Müller*, VVDStRL 43 (1985), S. 85: „Wir kennen in der Schweiz allerdings keine Stufentheorie. Da fehlt uns Schweizern offenbar wieder einmal das notwendige Differenzierungsvermögen. Nach dem, was Herr Lecheler heute morgen gesagt hat zur Praxis der Stufentheorie, brauchen wir uns deswegen, wie mir scheint, allerdings nicht zu schämen.“

[159] *Schindler*, 100 Jahre (Fn. 9), S. 353 f.; *ders.*, Verwaltungsermessen, 2010, Rn. 142 f.

[160] *Michael Stolleis*, Geschichte des öffentlichen Rechts in Deutschland, Zweiter Band 1800–1914, 1992, S. 409 (hier bezogen auf *Fleiners* „Institutionen“).

[161] Votum *Christian Starck*, VVDStRL 57 (1998), S. 104: „Frau Weber-Dürler hat im Gegensatz zu Herrn Bethges theoretisch-abstrakten Ansatz einen bewundernswert pragmatischen, an der Rechtsprechung orientierten und – was besonders hervorzuheben ist – rechtsvergleichenden Ansatz gewählt.“ *Peter Häberle*, VVDStRL 47 (1989), S. 75: „Heute hat Herr Georg Müller vorgeführt, was der ‚Schweizer Pragmatismus‘ leisten kann, zumal wenn er hintergründig wirksame theoretische Vorgaben besitzt. Erneut zeigt sich das generationenübergreifende rechtskulturelle Geben und Nehmen bei der deutsch-schweizerischen Gemeinschaftsarbeit am Verfassungsstaat.“

[162] So für das Verhältnis Deutschland-Österreich *Wiederin*, Denken vom Recht her (Fn. 141), S. 294 f.

[163] *Fleiner*, Beamtenstaat (Fn. 129), S. 146.

[164] So in VVDStRL 58 (1999), S. 25.

keitlich angeordnete Volksbefragungen nach französischem Modell. Wenn in Deutschland die Begriffe „plebiszitär“ und „direktdemokratisch“ gleichgesetzt werden,[165] schmerzt dies in Schweizer Ohren.[166]

Die Irrungen und Wirrungen innerhalb der deutschen Sprachgemeinschaft beschränken sich freilich nicht allein auf die Schweiz und können außerdem Anlass zu erhellenden Erkenntnissen im trinationalen Rechtsvergleich sein. Aus Schweizer Perspektive schwerer verdaulich ist die Tatsache, dass das Sprachkriterium die französischsprachigen Kollegen ausschließt.[167] Draußen vor der Tür bleibt auch die italienischsprachige Schweiz. Dass der an der Universität Zürich lehrende *Zaccaria Giacometti* (1893–1970) der Vereinigung nie beitrat, kann auch mit seiner Herkunft aus einem Bündner Südtal erklärt werden. Sein Vortragsstil war „stockend, seine Aussprache stark durch die italienische Muttersprache geprägt“[168]. Die Atmosphäre der Vereinigung, in der es mit rhetorischem Schliff zu glänzen gilt, hätte ihm kaum behagt. Hinzu kam, dass er ein engagierter Kämpfer für die „Italianità“ der Schweiz war.[169] Für ihn und andere Schweizer war und ist die Fokussierung der Vereinigung auf den deutschen Sprachraum möglicherweise mehr als eine bloße Sprachbarriere, sondern auch eine Anfechtung schweizerischen Selbstverständnisses. Denn neben der direkten Demokratie, dem Föderalismus und der Neutralität bildet die Mehrsprachigkeit zweifelsohne ein „nationales Identitätsmerkmal“[170].

3. *Ambiance: Heidi in Frankfurt*

Aus deutscher Sicht wird die Vereinigung gerne mit einer Zunft verglichen.[171] Demgegenüber greifen Schweizer Beobachter bevorzugt zu klerikaler Vergleichsmetaphorik.[172] *Schindler* fühlte sich 1931 an ein Papstkollegium erinnert.[173] Und *Fleiner* bemühte den Vergleich mit der katholischen Kirche in verwandtem Kontext. Er bezeichnete den deutschen Beamtenapparat als „weltlichen Klerus der Regierenden gegenüber den Regier-

---

[165] Selbstkritisch reflektierend *Möstl*, Elemente direkter Demokratie (Fn. 108), S. 357, Fn. 12.

[166] Vgl. Voten *Jörg Paul Müller*, VVDStRL 55 (1996), S. 129 und *Andreas Kley*, VVDStRL 72 (2013), S. 486 f.

[167] Vgl. Ausführungen bei Fn. 60.

[168] *Cyril Hegnauer*, Zürcher Jus-Studium 1939–1946 – Ein Rückblick, Commentationes Historiae Iuris Helveticae V (2010), S. 61 (66).

[169] Für *Giacometti* war der Erhalt der italienischen Sprache eine „heilige Pflicht“, bei der nicht weniger als die „Existenz des Bundes“ auf dem Spiel stand: *Zaccaria Giacometti*, Die Erhaltung der sprachlich kulturellen Italianità der Südschweiz: Ein brennendes Problem der Bundespolitik, Neue Schweizer Rundschau 3 (1935/1936), S. 257 (261).

[170] Botschaft des Bundesrates über die Revision des Sprachenartikels der Bundesverfassung (Art. 116 BV) vom 4. März 1991, BBl 1991 II S. 309, 314.

[171] *Hermann Pünder*, in diesem Band, S. 995 ff.; *Schulze-Fielitz*, Mikrokosmos (Fn. 19), S. 153.

[172] Vgl. allerdings – an der St. Galler Tagung – auch *Armin von Bogdandy*, Europäische und nationale Identität: Integration durch Verfassungsrecht?, VVDStRL 62 (2003), S. 156 (159): „Der Staat wird zur Kirche, die Richter am Bundesverfassungsgericht zu Hohepriestern und die Staatsrechtslehrer, je nach Standpunkt, zu Klerus, Kirchendienern oder Gemeinde.“ Siehe auch *Franz Reimer*, Fragmentierungen im Öffentlichen Recht: Diskursvergleich im Verfassungs- und Verwaltungsrecht, VVDStRL 77 (2018), S. 413 (417).

[173] Vgl. oben bei Fn. 17.

ten"[174] – im Gegensatz zu dem vom Gedanken der Selbstverwaltung durchdrungenen Schweizer Volksstaat. Und *Daniel Thürer* (geb. 1945) empfand an seiner ersten Tagung in Köln (1983) die Ambiance offenbar gleich wie *Schindler* ein halbes Jahrhundert zuvor: „Der andere prägende Eindruck, den ich von unserer Vereinigung erfuhr, war der einer ‚Quasikirche': Das Bild einer Institution, die – verzeihen Sie mir die Ungereimtheiten des Vergleichs! – etwas hierarchisch gestaltet ist mit ihren unsichtbaren ‚Kardinälen', ‚Bischöfen' und ‚Kaplänen', mit ihren ‚Dogmen' und ‚Traditionen'."[175] Die Schilderungen bringen einerseits die Irritationen der zwinglianisch und calvinistisch geprägten schweizerischen Staatsrechtslehre zum Ausdruck, die episkopal-hierarchischen Strukturen ablehnend gegenübersteht.[176] Losgelöst vom konfessionellen Hintergrund sind die Vergleiche andererseits Ausdruck einer betont egalitären Grundhaltung, die schweizerisches Staatsdenken mit einer im Alltag spürbaren Lebenshaltung verbindet: „Die Gleichheit ist der wesentliche Inhalt der demokratischen Idee. Die Rechtsgleichheit steht in der Schweiz nicht bloß auf dem Papier, sie ist in Fleisch und Blut des Schweizers übergegangen."[177] Eine von ihrer Aufnahmepraxis her zwangsläufig elitäre Vereinigung, in der Hierarchien spürbar und – zumindest bis in die jüngere Vergangenheit – äußerlich sichtbar waren,[178] kann als ausgesprochen „unschweizerisch" empfunden werden. So manch ein Schweizer Mitglied mag sich im förmlichen Umfeld der Tagungen schon gefühlt haben wie die Hauptfigur in *Johanna Spyris* Kinderbuchklassiker. Während Heidis Verstöße gegen die Benimmregeln im Frankfurter Hause Sesemann teilweise mit Rottenmeier'scher Strenge geahndet werden, darf man umgekehrt auch mit gütiger Nachsicht einzelner Familienmitglieder rechnen.[179] An der Heidelberger Tagung von 1976 wollte die Ehefrau von *Peter Saladin* (1935–1997) in den hinteren Rängen der Alten Aula dem Referat ihres Gatten folgen. Im Unterschied zu Heidis Kätzchen gab sie keinen Ton von sich. Doch das kümmerte den Vorsitzenden wenig und die ungebetene Person wurde des Saales verwiesen. Ein deutscher Kollege schlüpfte darauf in die Rolle von Großmutter Sesemann und nahm sich fürsorglich der Hinauskomplimentierten an.[180] Dieses „Heidi-Gefühl" kann Schweizer Mitglieder aber auch beim fachlichen Austausch beschleichen. Entweder wird der Eindruck vermittelt, keinen Begriff von deutscher Wissenschaftlichkeit zu haben.[181]

174 *Fleiner*, Beamtenstaat (Fn. 129), S. 143.

175 Votum *Daniel Thürer*, VVDStRL 58 (1999), S. 81.

176 Zur evangelisch-reformierten Prägung der Schweizer Staatsrechtslehre *Kley*, Geschichte (Fn. 9), S. 75 ff., 420 ff., 426 ff. Zu den Einflüssen reformierten Denkens auf das Schweizer Staatswesen *Maissen*, Republic (Fn. 142), S. 307; *Benjamin Schindler*, Reformation und öffentliches Recht, ZBl 2017, S. 129; *Dietrich Schindler sen.*, Der Einfluss der Genfer Reformation auf die staatspolitische Entwicklung, in: Ders./Farner (Hrsg.), Johannes Calvin, 1936, S. 15.

177 *Fritz Fleiner*, Schweizerisches Bundesstaatsrecht, 1923, S. 282.

178 *Klaus Stern* zu seiner Aufnahme in die Vereinigung Anfang der 1960er-Jahre: „Selbstverständlich habe ich mich bei allen Staatsrechtslehrern vorgestellt und einen Diener gemacht. Das ist sehr angenehm empfunden worden." (Interview, Archiv VDStRL, Bd. 124). Der „Diener" war demgegenüber in der Schweiz nie üblich: *Adolf Guggenbühl*, Die Schweizer sind anders, 1967, S. 30 f.

179 *Gerhard Schmid*, Die Bedeutung gliedstaatlichen Verfassungsrechts (Fn. 88), S. 93.

180 Vgl. Interviews mit *Peter Häberle* sowie *Jörg Paul Müller* und *Georg Müller*, Archiv VDStRL, Bd. 124; *Schulze-Fielitz*, Wissenschaftskultur (Fn. 1), S. 109.

181 Zur weit zurückreichenden und in Deutschland lange vorherrschenden Tradition, die Schweiz als Zone ungelehrten Rechts zu betrachten: *Clausdieter Schott*, Wir Eidgenossen fragen nicht nach Bartele

Oder aber man begegnet einer verklärenden Bewunderung für die Schweiz, die wohl eher von Ferienerinnerungen in der reinen Bergluft genährt werden als von vertiefter fachlicher Auseinandersetzung.[182]

IV. Alternativen: Beziehungsnetze außerhalb der Vereinigung

Um den Stellenwert der Vereinigung aus Schweizer Sicht richtig einordnen zu können, soll ein kurzer Blick auf alternative Strukturen wissenschaftlichen Austauschs in der Schweiz geworfen werden.

1. Traditionell: Schweizerischer Juristenverein und Juristentag

Das traditionelle Forum der schweizerischen Rechtswissenschaft ist der 1861 gegründete Schweizerische Juristenverein (SJV).[183] Seine Gründung wurde – ähnlich wie der 1860 erstmals durchgeführte Deutsche Juristentag – von der Idee der nationalen Rechtsvereinheitlichung getragen.[184] Im Unterschied zur Vereinigung der Deutschen Staatsrechtslehrer sind die Zutrittsschranken zum SJV vergleichsweise tief; zur Mitgliedschaft reicht ein juristisches Hochschulstudium. Die Anforderungen an die Referate am jährlichen Juristentag können aber durchaus mit denjenigen an der Staatsrechtslehrertagung verglichen werden. Es gilt als Zeichen der Anerkennung für bereits etablierte Rechtswissenschaftlerinnen und Rechtswissenschaftler, ein Referat am Juristentag halten zu dürfen, und die umfangreichen Druckfassungen (i. d. R. ca. 100 Seiten) gelten als Referenzwerke im wissenschaftlichen Diskurs. Bei der Auswahl der Referentinnen und Referenten wird darauf geachtet, dass bei jedem Thema die deutsch- und französischsprachige Perspektive einfließen kann. Standen zu Beginn vor allem Themen des Zivil- und Strafrechts im Zentrum, wurden nach 1880 zunehmend auch Fragen aus dem Staats- und Verwaltungsrecht auf die Agenda gesetzt.[185] Dabei dominierten naturgemäß Themen mit einem starken Bezug zur Rechtslage und Rechtspolitik in der Schweiz. Immer wieder gab es aber auch Tagungen, an denen nahezu zeitgleich die gleichen oder sehr ähnliche Themen diskutiert wurden wie im Rahmen der Vereinigung.[186] Der deutlichste Unterschied zur Ver-

---

und Baldele…, in: Kroeschell (Hrsg.), Gerichtslauben-Vorträge, Freiburger Festkolloquium zum 75. Geburtstag von Hans Thieme, 1983, S. 17 (43 f.).

182 Vgl. Interview *Jörg Paul Müller* und *Georg Müller*, Archiv VDStRL, Bd. 124.

183 Vgl. *Kley*, Geschichte (Fn. 9), S. 226 f.

184 Vgl. *Lukas Gschwend/Karin Ingber/Stefan Wehrle*, 150 Jahre Schweizerischer Juristenverein (1861–2011), 2011, S. 13 ff. Zu den Parallelen in Deutschland bzw. Österreich a. a. O., S. 121 f.

185 So die Themen Verfassungsgerichtsbarkeit (1886, 1934, 1935, 1950, 1962, 1975, 1982, 2010), Verwaltungsgerichtsbarkeit (1889, 1892, 1897, 1947, 1975, 1988, 2019), Grundrechte (1936, 1964, 1973, 1977, 1979, 1987, 1992), Demokratie (1956, 1959, 1984, 1998, 2013), Föderalismus (1871, 1969, 1984, 1998, 1999), Gewaltenteilung (1871, 1943, 1954, 1966), Rechtsstaat (1931, 1944, 1980, 1993), Verfassungsgebung (1974, 1991), Wirtschaftsverfassung (1970) und Gemeinderecht (1972). Eine detaillierte Übersicht aller Tagungsthemen und Referenten findet sich bei *Gschwend/Ingber/Wehrle*, 150 Jahre (Fn. 184), S. 146 ff.

186 *René Rhinow* referierte am Juristentag 1984 zum Thema „Grundprobleme der schweizerischen Demokratie“ (ZSR 103 [1984], S. 111) und an der Staatsrechtslehrertagung 1985 zu „Parteienstaatlich-

einigung dürfte in der stärker rechtspolitischen Ausrichtung des Juristentags und seiner Referate liegen, was die wiederholte Verabschiedung von Resolutionen deutlich macht.[187]

2. *Informell: Tagungen der Schweizer Staats- und Verwaltungsrechtslehrer*

Zu Beginn der 1960er-Jahre wuchs unter den Schweizer Professoren für öffentliches Recht das Bedürfnis nach einem ergänzenden Format des fachlichen Austauschs.[188] Die deutsche Staatsrechtslehrertagung wie auch der Schweizerische Juristentag sind von großem Aufwand für die Referenten und von förmlicher Strenge der Diskussionen geprägt. Gleichzeitig ist man an beiden Tagungen nicht „unter sich" und an den deutschen Tagungen sind die französisch- und italienischsprachigen Kollegen ausgeschlossen. Im Oktober 1963 trafen sich daher erstmals die „Herren Staats- und Verwaltungsrechtslehrer an schweizerischen Hochschulen",[189] um aktuelle Fragen aus ihrem Fachgebiet zu diskutieren.[190] Im Zentrum standen und stehen weniger die Referate, die meist kürzer sind und vor allem als „Input" für die anschließende Diskussion dienen. Das Schwergewicht liegt vielmehr auf dem möglichst offenen und ungezwungenen Fachaustausch. Die Atmosphäre gleicht einer „Klassenzusammenkunft"[191]. Dieses Format wird bis heute beibehalten, wobei der ursprünglich halbjährliche Tagungsrhythmus seit 1995 auf eine jährliche Zusammenkunft reduziert wurde. Auf eine förmliche Vereinsstruktur wurde bewusst verzichtet. Nach dem „Vorortssystem" organisieren die rechtswissenschaftlichen Fakultäten die Zusammenkünfte in einem alphabetischen Turnus. Eingeladen sind zwar weiterhin in erster Linie die Professorinnen und Professoren für öffentliches Recht. Teilnehmen können aber auch Lehrbeauftragte, Assistierende, akademische Nachwuchskräfte sowie ausländische Kolleginnen und Kollegen. Diese Charakteristika machen deutlich, dass die Tagungen als bewusste Ergänzung zu den Tagungen der Vereinigung der Deutschen Staatsrechtslehrer und des SJV konzipiert wurden.

---

keit – Krisensymptome des demokratischen Verfassungsstaats?", VVDStRL 44 (1986), S. 7. Am Juristentag 2006 stand das „Internationale Verwaltungsrecht" (mit Referaten von *Minh Son Nguyen* und *Christine Breining-Kaufmann*) im Zentrum und an der Staatsrechtslehrertagung 2007 „Die Entwicklung eines Internationalen Verwaltungsrechts als Aufgabe der Rechtswissenschaft" (mit Beiträgen von *Claus Dieter Classen* und *Giovanni Biaggini*).

187 *Ulrich Scheuner*, Ansprache zur 50-jährigen Wiederkehr der Gründung der Vereinigung, VVDStRL 31 (1973), S. 7 (8): „Ungeachtet der Aktualität mancher Themen haben auch die Diskussionen der Vereinigung im allgemeinen keinen rechtspolitischen Charakter getragen. In den Ländern, aus denen die Mitglieder der Vereinigung kommen, bestehen andere Institutionen, vor allem in der Bundesrepublik und Österreich die Juristentage, in der Schweiz der Schweizerische Juristenverein, die sich diese rechtsgestaltende Aufgabe besonders zum Ziel gesetzt haben."

188 Vgl. *Dietrich Schindler jun.*, Zur Lage der Staatslehre und der politischen Wissenschaft in der Schweiz, Der Staat 1964, S. 85 (87). *Kley*, Geschichte (Fn. 9), S. 225 ff. zu den öffentlichen Aufrufen im Rahmen dieser Zusammenkünfte: *Andreas Kley*, Die öffentlichen Stellungnahmen der schweizerischen Staats- und Verwaltungsrechtslehrer, ZBl 2011, S. 2.

189 So die Anrede im ersten Einladungsschreiben. An den Zusammenkünften nahm indes von Beginn weg mit der Steuerrechtlerin *Irene Blumenstein-Steiner* (1896–1984) auch eine Frau teil. Vgl. auch *Pascale Cancik*, in diesem Band, S. 795 (815 f.).

190 Eingehend zur Geschichte, den Themen und Teilnehmenden *Kley*, Geschichte (Fn. 9), S. 219 ff.

191 *Tschannen*, Wissenschaft (Fn. 139), Rn. 29.

3. *Individuell: Kontaktpflege über Landesgrenzen hinweg*

In der Schweiz tätige Rechtswissenschaftlerinnen und Rechtswissenschaftler waren aufgrund der kleinräumigen Verhältnisse schon immer darauf angewiesen, den Blick über die Landesgrenzen zu werfen. Viele Schweizer machten zudem an ausländischen Universitäten Karriere, und bis heute sind zahlreiche Kolleginnen und Kollegen aus den Nachbarstaaten an Schweizer Rechtsfakultäten tätig.[192] Aber nicht nur die grenzüberschreitende Migration fördert den Austausch. Dazu gehört auch die persönliche Kontaktpflege. Diese kann dazu dienen, die im Rahmen der Vereinigung geknüpften Kontakte zu vertiefen oder sich ein ergänzendes oder alternatives Beziehungsnetz aufzubauen. So pflegten *Ernst-Wolfgang Böckenförde* (1930–2019) und *Kurt Eichenberger* (1922–2005) einen intensiven Austausch zwischen Freiburg i. Br. und Basel.[193] *Peter Pernthaler* (geb. 1935) knüpfte von Innsbruck Kontakte in die Schweiz, um eine westliche Alternative zur „Wiener Schule" aufzubauen.[194] Und für *Hans Nawiasky* war die Vermittlung im Bodensee-Dreiländereck zur biographisch bestimmten Lebensaufgabe geworden.[195]

Für den individuellen Fachaustausch zwischen Österreich und der Schweiz muss schließlich noch der Staat erwähnt werden, der kaum je im Lichtkegel der Vereinigung auftaucht – der aber streng genommen der Einzige ist, der vorbehaltlos das Prädikat „deutsch" für sich reklamieren kann.[196] Das Fürstentum Liechtenstein hat sich in seiner über 300-jährigen Geschichte phasenweise stark an Österreich oder an die Schweiz angelehnt. Dies zeigt sich auch an der bis heute geltenden Landesverfassung vom 5. Oktober 1921, die direktdemokratische, rechtsstaatliche und monarchische Elemente auf originelle Art und Weise miteinander verbindet. Besonders deutlich werden die beiderseitigen Einflüsse beim Staatsgerichtshof: Das Modell eines eigenständigen Verfassungsgerichts stammte aus Österreich; die individuelle Verfassungsbeschwerde wurde hingegen der staatsrechtlichen Beschwerde ans Schweizer Bundesgericht nachgebildet. Seit Aufnahme seiner Tätigkeit (1926) hat sich der Staatsgerichtshof zu einer „personalen, institutionalisierten Form der Verfassungsvergleichung"[197] entwickelt. Dem Gericht mit fünf ordentlichen Mitgliedern und fünf Ersatzmitgliedern gehören usanzgemäß je ein ordentliches Mitglied und ein Ersatzmitglied aus beiden Nachbarstaaten an. Die ausländischen Richter sind traditionell Professoren an österreichischen und schweizerischen Universitäten und oft auch Mitglieder der Vereinigung.[198] Im Rahmen der gerichtlichen

[192] Vgl. *Kley*, Geschichte (Fn. 9), S. 253 ff.

[193] *Kley*, Geschichte (Fn. 9), S. 259 f.

[194] *Peter Pernthaler*, Interview, Archiv VDStRL, Bd. 124.

[195] Vgl. die Beiträge in Ehrenzeller/Schindler (Hrsg.), Hans Nawiasky – Leben, Werk und Erinnerung, 2012.

[196] Nach Art. 6 der liechtensteinischen Verfassung ist die deutsche Sprache (einzige) Staats- und Amtssprache. Die 1850 verfasste Landeshymne enthielt bis 1963 eine zweite Strophe, welche die Erinnerung an die Zugehörigkeit zum Deutschen Bund wach hielt: „Dort an dem Grenzenstein/Und längs dem jungen Rhein/Steht furchtlos Liechtenstein/Auf Deutschlands Wacht".

[197] *Peter Häberle*, Der Kleinstaat als Variante des Verfassungsstaates, in: Waschkuhn (Hrsg.), Kleinstaat: Grundsätzliche und aktuelle Probleme, 1993, S. 121 (163).

[198] Dem Staatsgerichtshof gehör(t)en an: *Klaus Berchtold* (1939–2013), *Walter Berka* (1948–2021), *Peter Bußjäger* (geb. 1963), *Bernhard Ehrenzeller* (geb. 1953), *Christoph Grabenwarter* (geb. 1966), *Yvo*

Beratungen kommt es daher immer wieder zu Grundsatzdebatten inhaltlicher oder methodischer Art, die nicht selten sehr konkret spürbare Unterschiede im Rechtsverständnis der Nachbarstaaten offenbaren.[199]

V. Ein Lied zum Schluss

Eine Analyse der Beziehungen zwischen der Schweiz und der Vereinigung der Deutschen Staatsrechtslehrer macht deutlich, dass es in der 100-jährigen Geschichte „Hochs" und „Tiefs" gab. In der Weimarer Zeit spielten die Schweizer – sieht man von *Fleiners* Referat ab – keine Rolle. Die Integration der Schweizer Kollegen erfolgte erst gegen Ende der 1950er-Jahre, wenn auch nicht konfliktfrei. Die betont liberal-demokratische Ausrichtung der Schweizer Kollegen verschärfte die innerhalb der Vereinigung schwelenden Konflikte. Das Verhältnis normalisierte sich im Lauf der 1960er-Jahre und ermöglichte, dass sich die Vereinigung seit den 1970er-Jahren zu einer fruchtbaren Plattform des trinationalen Rechtsvergleichs entwickeln konnte. Mit der Jahrtausendwende endet dieses Kapitel und die Schweizer Mitglieder scheinen sich der Vereinigung eher wieder zu entfremden. Die totalrevidierte Bundesverfassung auf schweizerischer Seite und die Wiedervereinigung auf deutscher Seite haben wohl dies- und jenseits des Rheins eine stärkere Nabelschau begünstigt. Die weiter fortschreitende Europäisierung und Internationalisierung erzwingen zwar den Blick in die gleiche Richtung und bieten gemeinsame Anknüpfungspunkte. Gleichzeitig wird der Seitenblick zu den deutschsprachigen Nachbarn nicht mehr als horizonterweiternd, sondern eher als beengend empfunden. Neben diesen zeitlichen Phasen sind aber auch in thematischer Hinsicht Unterschiede festzustellen. Während Themen wie Föderalismus und Grundrechte bei allen Differenzen im Kleinen verbindend wirken, haben die unterschiedlichen Demokratieverständnisse eine nahezu tabuisierende Wirkung. Ein wissenschaftlicher Austausch findet hier kaum statt.

Höhen und Tiefen zeigen sich aber auch im Gefühlsleben der Schweizer Tagungsteilnehmenden. Da ist die große Bewunderung für die einmalige „Ballung von Fachkompetenz"[200] in fast allen Gebieten des öffentlichen Rechts, wie sie in der kleinräumigen Schweiz nicht denkbar wäre. Der exklusive Charakter der Vereinigung kann – bei der latenten helvetischen Geringschätzung alles „Elitären" – als wohltuend anders oder aber gerade als abstoßend empfunden werden. Und die geballte Übermacht der deutschen

Hangartner (1933–2013), *Josef Kühne* (1924–2014), *August Mächler* (geb. 1954), *Wilhelm Oswald* (1900–1982), *Heinz Schäffer* (1941–2008), *Benjamin Schindler* (geb. 1971), *Daniel Thürer* (geb. 1945), *Klaus Vallender* (geb. 1941), *Luzius Wildhaber* (1937–2020), *Norbert Wimmer* (geb. 1942). Vgl. auch die Hinweise bei *Jens Kersten*, in diesem Band, S. 829 (850, 854 f., 858 f.); für die Schweizer Mitglieder auch *Kley*, Geschichte (Fn. 9), S. 232.

199 Zu den grundlegenden und bis heute bestehenden Differenzen zwischen freizügiger Interpretation und formal-logischer Auslegungsmethodik bereits *Bernatzik*, Literatur (Fn. 134), S. 274. Zu den teilweise erheblichen Differenzen in der Zeit des Nationalsozialismus vgl. *Anna-Carolina Perrez*, Fremde Richter: Die Rechtsprechung im Fürstentum Liechtenstein unter dem Einfluss schweizerischer und deutsch-österreichischer Richter 1938–1945, 2015.

200 *Daniel Thürer*, VVDStRL 58 (1999), S. 81.

Kolleginnen und Kollegen kann schnell in ein Gefühl alles dominierender „Germanozentritis“[201] umschlagen. Einer homogenen „Zunft“ fühlen sich die Schweizer Mitglieder kaum zugehörig, geschweige denn einem gemeinsamen „Korpsgeist“ verpflichtet. Möglicherweise ist es aber genau diese Ambivalenz, die für beide Seiten eine Bereicherung ist, indem verkrustete Denkmuster in Frage gestellt werden und die Vereinigung offener und pluralistischer wird.[202] Die Gefahr beim Erzeugen von „Dreiklängen“ sind gelegentliche Dissonanzen. Bekanntlich können diese aber auch reizvoll sein und verhindern die einschläfernde Wirkung monotoner Einförmigkeit. Das zwiespältige, aber vielleicht notwendige Gefühl emotionaler Ambivalenz lässt sich am besten in den Worten des Berner Chansonniers und Staatsrechtlers *Mani Matter* (1936–1972) ausdrücken. *Matter* ist vor allem als Liedermacher in Erinnerung geblieben, doch war er auch Rechtskonsulent der Stadt Bern, ehemaliger Doktorand *Hans Hubers* und Assistent von *Richard Bäumlin*. Pläne zur Fertigstellung seiner Habilitationsschrift über eine pluralistische Staatstheorie wurden durch seinen plötzlichen Unfalltod zunichte gemacht.[203] Die Frage eines Beitritts in die Vereinigung stellte sich für *Matter* nicht mehr. Nur zu gut wusste er aber um die ambivalenten Gefühle, die wohl jedes Mitglied eines Vereins beschleichen können. Er brachte sie in seinem Lied „Mir hei e Verein“ („Wir haben einen Verein“) treffend auf den Punkt:[204]

„So ghör i derzue, ghöre glych nid derzue
Und stande derzue, stande glych nid derzue
Bi mängisch stolz und ha mängisch gnue
Und das ghört derzue.“

„So gehör ich dazu, gehöre doch nicht dazu
Und stehe dazu, stehe doch nicht dazu
Bin manchmal stolz und habe manchmal genug
Und das gehört dazu.“

---

201 Hinweis in Fn. 131.

202 *Schulze-Fielitz*, Wissenschaftskultur (Fn. 1), S. 78.

203 *Benjamin Schindler*, Einführung, in: Ders. (Hrsg.), Hans Peter Matter, Die pluralistische Staatstheorie oder Der Konsens zur Uneinigkeit, 2012, S. 7 ff.

204 Zweitletzte Strophe des Lieds „Mir hei e Verein“, abgedruckt bei *Mani Matter*, Us emene lääre Gygechaschte, 1969/2011, S. 15. Die Übersetzung aus dem Berndeutschen stammt vom Verfasser dieses Beitrags.

II. Themengeschichte der Tagungen der Staatsrechtslehrervereinigung

Verschränkte Funktionen: Verfassung und Staat als Gegenstand der Staatsrechtslehre

Udo Di Fabio

I. Verfassung und Staat: Thematische Ausgangslage 1924 305
II. Auftakt in Jena: Föderalismus und Diktaturgewalt 308
1. Der Föderalismus als Problemhorizont der Staatsidee 308
2. Ausnahmezustand und Notstand 309
III. Der Staat als Institution: Die Hallenser Tagung 1931 310
1. Beamtentum als Dienst am Staat als Rechtsgemeinschaft 311
2. Die Wahl: Transsubstantiation gesellschaftlichen Willens in staatliche Mandats- und Amtsmacht 312
IV. Der demokratische Staat als Frage kluger Verfasstheit 314
V. Der offene Verfassungsstaat: Verschränkung von Außen und Innen 315
1. Klassische Auswärtige Gewalt und das Novum der Integrationsgewalt 315
2. Fluide Grundnormen im Staatenverbund 316
3. Die Verschränkung von staatlicher und überstaatlicher Ordnungsbildung 318
4. Verbundtheorie: innovative Theorie oder Hilfskonstruktion europäischer Staatswerdung? 319
VI. Staat und Verfassung im Wandel zur offenen Gesellschaft oder Erosion des Verfassungsstaates? 321

I. Verfassung und Staat: Thematische Ausgangslage 1924

Verfassung und Staat bilden eine Korrelation, deren Verständnis den Entwicklungsstand der Staatsrechtslehre wie in einem Schauglas sichtbar macht. Die Eröffnungsansprache des Gründers der Vereinigung der Deutschen Staatsrechtslehrer *Heinrich Triepel* formuliert die klassische Fassung des Themas, wie sie die Deutsche Staatsrechtslehre seit der Reichsgründung 1871 vertreten hat.[1] Danach stehen Verfassung und Staat in keiner nur binären Beziehung, das hätte der Geheimrat als blutleer angesehen. Die beiden Begriffe benötigen nach damaliger Vorstellung als ideelle Grundlegung die „Nation", eine in der Wirklichkeit eines Volkes angelegte Substanz. Im Staat gelangt die geschichtlich gewordene und kulturell wirkmächtige Nation zu ihrer Form – und der Vorgang der Formgebung heißt Verfassung. Das zeichnet die deutsche staatsrechtliche Entwicklung des 19. Jahrhunderts nach, als aus dem kulturellen und öffentlichen Bewusstsein einer Nation erst spät und unter gleichzeitiger Berufung auf das Volk und seine Vertretung gleichsam in inverser Asymme-

[1] VVDStRL 1 (1924), S. 5.

trie von oben herab ein Staat wurde, wobei die Reichsverfassung als bloßes Organisationsstatut erschien, als Instrument des politischen Willens zur staatlichen Form.[2]

Der Staat galt, vor allem bei *Georg Jellinek*, als „natürliches Faktum", als vorfindliche Tatsache.[3] Für ihn war das vor allem in föderaler Hinsicht ein entscheidender Gesichtspunkt, der mit der Gründung der Weimarer Republik nicht seine theoretische Bedeutung verloren hatte. Der zunächst in Wien und Basel lehrende Österreicher *Jellinek* gewann seine Anschauung aus dem Vielvölkerstaat, aber auch im Blick auf das preußisch-deutsche Reich. Nach der Reichsgründung 1871 war es die Frage, ob nicht nur die Verfassung des Reiches aus einem Bundesvertrag der Fürsten hervorgegangen sei und insofern die Fürsten auch Herren der Verträge und damit des Gründungsstatuts blieben. Es ging damit zugleich darum, ob das mit der Reichsverfassung normativ begründete Reich seine Staatsqualität genau jener „Vertragsverfassung" verdankte, also durch sie buchstäblich erst konstituiert wurde. Hinter einer solchen Auffassung stand die westliche, naturrechtlich-rationalistische Deutung des Staates als Leviathan, als Ergebnis eines Ur- oder Grundvertrages, der erst aus dem Willen freier Menschen zu einer politischen Gemeinschaft gelangt. Diese Deutung wird von *Jellinek* dezidiert abgelehnt. Schon lange vor seiner Allgemeinen Staatslehre[4] hat er es als die eigenartige Natur des Staates bezeichnet, die maßgebliche Herrschaftseinheit des organisierten Volkes zu sein, eine Einheit, die dem Individuum wie allen Verbänden ihre Stellung zuweise, also auch Privatautonomie und Vertragsfreiheit erst ermögliche.[5] Das Faktum der Nation und der daraus entstandene Staat erhalten damit einen konstruktiv bedeutsamen Vorrang im Sinne eines impulsgebenden kollektiven Daseins.

Für die verschränkte Beziehung von Verfassung und Staat ist es von Bedeutung, dass der Staat für die klassische deutsche Staatsrechtslehre nach der Reichsgründung als etwas Prioritäres galt und die Verfassung weniger seiner Organisationswelt zugrunde lag, sondern ihr vielmehr entsprang, auch wenn sie dem Staat dann die Form vorschrieb. Im 19. Jahrhundert wurde das mit der „Wirklichkeit" der historisch gewachsenen „Nation" unterlegt. Dahinter schimmert auch die Wirkung *Hegels* durch, der juristischer Rationalität nur ordnende Verstandesfunktion (formale Logik) zuschrieb, während die eigentliche Vernunft, die metaphysische Logik, dem lebendigen Geschichtsprozess konstruktiv abgelauscht werden müsse. Mit den Worten *Heinrich Triepels*:

> „Hegels Konstruktion ist also nur verstehende Konstruktion, und zwar ist sie, auch soweit sie sich auf das Recht bezieht, Geschichtskonstruktion, nicht Rechtskonstruktion; Staat und Recht werden eingereiht in die Entfaltung des Geistes in der Geschichte."[6]

---

[2] Der wohl einflussreichste Staatsrechtslehrer des Reiches von 1867/71, *Paul Laband*, verwies auf Bismarcks Erklärung von 1863 über „die wichtigste und wesentlichste Reform der Bundesverfassung, die Einfügung einer National-Vertretung, welche berufen sei, ‚die Sonderinteressen der einzelnen Staaten im Interesse der Gesamtheit Deutschlands zur Einheit zu vermitteln'", Das Staatsrecht des Deutschen Reiches, Erster Band, 1876, S. 9.

[3] *Georg Jellinek*, Die Lehre von den Staatenverbindungen, 1882 (Nachdruck 1996), S. 99.

[4] *Georg Jellinek*, Allgemeine Staatslehre, 1900.

[5] *Jellinek*, Staatenverbindungen (Fn. 3), S. 261.

[6] *Heinrich Triepel*, Staatsrecht und Politik, in: von Bogdandy/Mehring (Hrsg.), Heinrich Triepel – Parteienstaat und Staatsgerichtshof, 2021, S. 173 (189).

Die hegelsche Staatsmetaphysik war in der frühen deutschen Staatsrechtslehre und auch noch in der Weimarer Republik virulent, nicht nur bei *Carl Schmitt* durch „die Anerkennung des Staates als einer über-, nicht interindividuellen sittlichen Größe".[7] Noch einen Schritt weiter reicht die Vorstellung, dass der Staat in dieser Funktion nicht allein die politisch-rechtlich institutionelle Zweitcodierung der Gesellschaft sei, sondern „als ein in der Selbstverwirklichung stehendes, individuelles soziales Lebensganzes" zu betrachten sei.[8]

Das durch ein organisch-naturales (metaphysisches) Vernunftkonzept grundierte Staatsverständnis förderte das etatistische Denken,[9] aber es war nicht inkompatibel mit der Demokratiebewegung des 19. Jahrhunderts.[10] Das kulturelle Faktum der sich entfaltenden Nation ließ die gekrönten Souveräne an den Rand treten und sie allenfalls als Exponenten des geschichtlichen Entfaltungsprozesses legitim erscheinen.[11] Volksvertretung und Nationalversammlung waren in dieser Sichtweise weit mehr geeignet, den Geist der Nation zu repräsentieren und mit einem – von ihnen und aus ihrem Willen heraus – als *pouvoir constituant* geschaffenen Verfassungswerk dem Staat einen Grund zu geben. Damit ergab sich dann doch eine Konvergenz zu der westlichen, naturrechtlich hergeleiteten Staatsphilosophie mit ihrer Vertragslehre, die der Idee des Konstitutionalismus noch verdeckt zugrunde lag und die sich in der Forderung nach maßgeblicher Bürger- und Volksrepräsentation seit der Amerikanischen Unabhängigkeitsbewegung und der französischen Revolution dann als Grundsatz der Volksrepräsentation durchsetzte.[12]

Im Methodenverständnis des Staatsrechts musste das aus Sicht des Rechtspositivismus, mit dessen starker Betonung der Rolle des parlamentarischen Gesetzgebers, dann eigentlich für eine einheitliche Verständigungsgrundlage sorgen. Das traditionell geerdete Staatsverständnis führte aber die Auslegung zu einer besonderen Berücksichtigung der Staatsräson und zu einer besonderen Gewichtung politischer Ziele und Selbsterhaltungszwecke. Auf der anderen Seite des Weimarer Methodenstreits stand das, was *Heinrich Triepel* als „normlogische Staatsrechtsschule" bezeichnete[13] und die erst mit *Hans*

---

7 *Hasso Hofmann*, Legitimität gegen Legalität, 3. Aufl. 1995, S. 56.

8 *Hans Gerber*, Entwicklung und Reform des Beamtenrechts, VVDStRL 7 (1932), S. 2 (19).

9 Das gilt auch für die idealistische Philosophie des späten Fichte, der dem Staat die Rolle der sittlichen Vervollkommnung des Menschen zuschrieb, siehe *Andreas Haratsch*, Die Geschichte der Menschenrechte, 5. Aufl. 2020, S. 60.

10 Setzt man wie bei Hobbes oder Locke den Einzelwillen an den konstruktiven Anfang, bekommt die Verfassung eine Tendenz, etwas urvertraglich Mythisches und Prioritäres zu sein, und der Staat wird zu ihrem Geschöpf: Verfassungsstaat. Das klingt konstruktiv jedenfalls liberaler, kann aber auch als Herrschaft der Verfassungsexegeten elitär werden und in einen Gegensatz zur Demokratie treten, der bereits im 19. Jahrhundert spürbar war.

11 Dass nach dem Wiener Kongress der Deutsche Bund dennoch als Bündnis souveräner Fürsten errichtet worden war, wurde im liberalen Deutschland von vornherein als Anachronismus empfunden, und die Ablehnung dessen war eines der geistesgeschichtlichen Motive des Vormärz auf dem Weg zur Paulkirchenverfassung. Siehe näher *Thomas Würtenberger*, Der Konstitutionalismus des Vormärz als Verfassungsbewegung, Der Staat 35 (1998), S. 165.

12 *Dieter Grimm*, Ursprung und Wandel der Verfassung, in: Isensee/Kirchhof (Hrsg.), Handbuch des Staatsrechts, Bd. I, 3. Aufl. 2003, § 1 Rnrn. 17 ff.; *Udo Di Fabio*, Staat im Recht, 2020, S. 13.

13 *Triepel*, Staatsrecht und Politik (Fn. 6), S. 195.

Kelsen ihre eigentliche theoretische Ausprägung erhalten sollte.[14] Mit der Betonung des Vorrangs der Verfassung im Stufenbau der Rechtsordnung und mit der selbstbezüglichen Rechtsidee der aus einer Grundnorm wachsenden Rechtsordnung begann ein anderer Weg, der als „Reine Rechtslehre" sich zwar nicht durchsetzen konnte, aber die spätere Entwicklung der Bundesrepublik gleichwohl beeinflusste. Denn die Normativität der Verfassung und ihre Wertegebundenheit, die auch praktische institutionelle Wirkungsvoraussetzungen umfasst, schlägt die Brücke im Weimarer Methodenstreit. Aus dem Telos der Verfassung, aus den grundrechtlichen Wertentscheidungen respektive dem westlich-individualistischen Menschenrechtsverständnis werden Auslegungsmaximen gewonnen, die auch der demokratischen Gesetzgebung Grenzen ziehen können, um ein freiheitliches System politisch stabil zu halten und damit zugleich die Rechtlichkeit als System substantiell zu erhalten.

II. Auftakt in Jena: Föderalismus und Diktaturgewalt

1. Der Föderalismus als Problemhorizont der Staatsidee

Die in der Denkfigur der verfassungsgebenden Gewalt des Volkes gefundene neue demokratische Radizierung von Staatlichkeit und Rechtlichkeit war die Ausgangslage nach der Verabschiedung der Weimarer Verfassung durch die von Frauen und Männern im Januar 1919 frei gewählte Nationalversammlung. Es war zugleich eine rechtswissenschaftlich noch unverarbeitete Ausgangslage, als sich die Staatsrechtlehrertagung zum ersten Mal 1924 unweit von Weimar in Jena traf.

In seinem dortigen Referat über den deutschen Föderalismus hat *Gerhard Anschütz*[15] durch Gegenüberstellung der Entwicklung im Kaiserreich und der Weimarer Verfassung wesentliche Kräfte im Parallelogramm zwischen Verfassung und Staat analytisch scharf herausgearbeitet. Zum einen wurde die Verfassungsrechtslage mit ihrer normativen Kraft erkannt und auf der anderen Seite eine tatsächliche politische Tendenz zum Unitarismus als ebenso bedeutsam beschrieben. Während die Verteilung der Gesetzgebungskompetenz und die Stärke des Verwaltungsvollzuges die Gliedstaaten stark hielt, verlor ihr verfassungsrechtlich an sich vorgesehener Einfluss auf die Reichsgewalt in einer unitarischen Dynamik praktische Bedeutung. Normativität bestimmt in einer Blickrichtung die Staatspraxis, aber auf einem anderen Feld, mit anderer Perspektive, verändert die Staatspraxis das normative Gefüge.[16] Die unitarische Tendenz hat aber wiederum

[14] Der Methodenstreit wurde insbesondere auf der Münsteraner Tagung 1926 und auf der Münchener Staatsrechtslehrertagung im März 1927, dort in der Diskussion zwischen Heller und Kelsen deutlich, siehe *Christian Starck*, Die Vereinigung der Deutschen Staatsrechtslehrer, RW 6 (2015), S. 118 (120). Dazu auch *Christoph Schönberger*, in diesem Band, S. 3 ff.

[15] *Gerhard Anschütz*, Der Deutsche Föderalismus in Vergangenheit, Gegenwart und Zukunft, VVDStRL 1 (1924), S. 11. Hierzu auch *Giovanni Biaggini*, in diesem Band, S. 355 (357 ff.).

[16] Der Mitberichterstatter *Karl Bilfinger* erwartete für Weimar im Grunde einen gegenteiligen Effekt, wenn der „forcierte Unitarismus" der Verfassung durch die Staatspraxis abgebremst würde, Der deutsche Föderalismus in Vergangenheit, Gegenwart und Zukunft, VVDStRL 1 (1924), S. 35 (47).

nicht nur praktische Gründe in der Funktionsmechanik des politischen Prozesses, sondern auch in der normativen Tiefenstruktur des Verhältnisses von Staat und Verfassung: Bereits vor 1919 sieht *Anschütz* den maßgeblichen Grund für die Unitarisierung vor allem und nicht überraschend in der Rolle des Reichstages als Volksvertretung, weil das Reich kein Bund der Länder (mehr) sei, die Länder also nicht mehr Träger der Reichsgewalt seien. Das Fundament der Legitimation sei nunmehr jedenfalls mit der Weimarer Verfassung völlig unbestreitbar das deutsche Volk.[17] Das föderale staatstheoretische Problem, ob Staatlichkeit ohne Souveränität denkbar sei, wird in der von Bayern aufgeworfenen Frage der Verfassungsautonomie der Länder mit der Homogenitätsanforderung jedenfalls im Hinblick auf die Staatsform von *Anschütz* pragmatisch beantwortet,[18] wie man es noch heute in Art. 28 Abs. 1 GG nachlesen kann.

2. *Ausnahmezustand und Notstand*

Der Referent *Carl Schmitt* handelte (ebenso wie *Erwin Jacobi*) von Art. 48 Abs. 2 WRV.[19] Für das Thema Staat und Verfassung war besonders seine Erwägung zum Staatsnotstand von Interesse. Das Notverordnungsrecht war als eine dem Reichspräsidenten verfassungsrechtlich zugewiesene Zuständigkeit kein Staatsnotrecht, gerade kein außer- oder übergesetzlicher Notstand. Deswegen grenzt *Schmitt* ab zwischen außerordentlichen Befugnissen und einem Staatsnotrecht, bei dem es darum gehe, „die Existenz des Staates zu retten".[20] Bemerkenswerterweise oszilliert er hier bei dem Rettungsobjekt zwischen Staat und Verfassung, weil nicht nur die Existenz des Staates, sondern auch der Staatsstreich gegen die Verfassungsordnung und damit der Schutz der Verfassungsordnung vor dem Angriff aus der Organisationswelt des Staates von ihm angesprochen wird. Diese Unschärfe, die eine Vorschrift wie Art. 20 Abs. 4 GG insofern beseitigt hat, als dass es hier um die freiheitliche, rechtsstaatliche Ordnung als Schutzobjekt geht, hat sich zum Ende der Weimarer Republik durchaus aktualisiert: Durfte der Reichspräsident zum Schutz der Verfassungssubstanz die Verfassung brechen, indem er entgegen Art. 25 Abs. 2 WRV nach Auflösung des Reichstages die Neuwahl auf einen späteren als den dort vorgesehenen oder auf einen unbestimmten Zeitpunkt hinausgeschoben hätte?[21] Aber der Liebhaber des Grenzfalls warf mit seiner Unterscheidung einer „souveränen Diktatur" und der „rechtsstaatlichen Regelung des Ausnahmezustands" zugleich ein Schlaglicht auf die

---

[17] *Anschütz*, Föderalismus (Fn. 15), S. 17.

[18] *Anschütz*, Föderalismus (Fn. 15), S. 25 f.

[19] Die Diktatur des Reichspräsidenten nach Art. 48 der Reichsverfassung, VVDStRL 1 (1924), S. 63, 105. Siehe auch *Frieder Günther*, in diesem Band, S. 867 (872 ff.).

[20] *Schmitt*, Diktatur (Fn. 19), S. 83.

[21] Das wäre in der Linie von Schmitts Staatsrechtslehrervortrag später, im Jahr 1932, durchaus als Argumentationsfigur vorstellbar gewesen, weil spätestens nach der Reichstagswahl vom 31. Juli 1932 klar war, dass die Mehrheitsverhältnisse im Reichstag (mit seiner Mehrheit verfassungsfeindlicher Parteien) in jeder denkbaren Konstellation zu einem Staatsstreich oder zum Bürgerkrieg führen würden, *Udo Di Fabio*, Die Weimarer Verfassung, 2018, S. 235 f. Gegen die extensive Inanspruchnahme des Notverordnungsrechts durch Reichspräsident Hindenburg wandte sich die in Halle tagende Staatslehrervereinigung 1931 mit einer Presseerklärung, siehe VVDStRL 7 (1932), S. 1.

verwobene Beziehung von Verfassung und Staat.[22] Die wirklich ungezügelte Diktatur duldet keinerlei verfassungsrechtliche Bindung, weil sie schrankenlos ist. Und umgekehrt kann sich die Verfassung staatliche Gewalt selbst im Ausnahmezustand überhaupt nur als rechtsförmliche, in den Bahnen der Zuständigkeits- und Formenordnung verlaufende vorstellen. Die totalitären Diktaturen des 20. Jahrhunderts ließen das Recht und die förmliche staatliche Ordnung nur als Fassade bestehen: Für sie waren gewalttätige Bewegungen, Partei- und Führerwille die maßgeblichen Bezugspunkte der Herrschaft, mit davon deklamatorisch abstrahierten Referenzsubjekten wie Volk, Klasse oder Rasse.[23] Die damit erfolgende Loslösung der Verfassung vom Staat lässt insofern nicht nur den Zusammenbruch des Rechts erwarten, sondern auch den des rationalen Staates als Institution.

Die gewaltenteilige Verschränkung von Staat und Recht ist nicht nur für die Existenz des Rechtsstaates konstitutiv, sondern für den Staat an sich, der ohne grundlegende Verbindung zu einem autonomen Rechtssystem (mit unabhängiger Gerichtsbarkeit) nicht seine Rationalitätsleistungen als Ordnungssystem – als Institution – für die Gesellschaft erbringen kann. Natürlich funktioniert ein Staat als Herrschaftssystem auch unter den Bedingungen einer Diktatur, aber bei näherem Hinsehen überlagert, stört oder zerstört die herrschende Partei, die bestimmende Person oder Oligarchie mit einer zumindest parallel laufenden Ordnungsstruktur aus Korruption und Repression nach und nach die Substanz der Staatlichkeit und macht sie zur Fassade oder zum bloß formalen Anknüpfungspunkt des internationalen Rechtsverkehrs im Völkerrecht.

III. Der Staat als Institution: Die Hallenser Tagung 1931

Den Staat nicht länger als metaphysischen Ort überindividueller Vernunft zu verstehen, sondern als rationales Menschenwerk, geprägt durch eine institutionelle Ordnungsbildung, als funktionelles Sinnsystem politischer Herrschaft in einer ausdifferenziert-individualisierten Gesellschaft: Das führt zu technisch klingenden, indes verfassungssystematisch grundlegenden Fragen. Die Hallenser Tagung 1931, in der Phase eines stillgestellten Parlamentarismus und der Hochzeit Brüningscher Präsidialregierung, beschäftigte sich mit Beamtenrecht und Wahlrecht.[24]

---

[22] *Schmitt*, Diktatur (Fn. 19), S. 86 f.

[23] *Ernst Rudolf Huber* hat die Denaturierung des Gesetzes durch die souveräne Diktatur in elaborierter Weise formuliert: „Dieser Übergang der gesetzgebenden Gewalt auf den Führer ist keine bloße Änderung der Zuständigkeit zum Erlass von Gesetzen, sondern es führt zu einem völlig neuen Begriff des Gesetzes", Verfassungsrecht des Großdeutschen Reiches, 2. Aufl. 1939, S. 239. Am Ende der folgenden Ausführungen steht ein „politischer Begriff des Gesetzes", der mit dem Führerwillen identisch ist, also den Gesetzesbegriff entrechtlicht.

[24] Zur Entwicklung und Reform des Beamtenrechts siehe die Referate von *Hans Gerber* und *Adolf Merkl*, zur Reform des Wahlrechts *Heinrich Pohl* und *Gerhard Leibholz*, VVDStRL 7 (1932); ferner den Tagungsbericht von *Otto Koellreutter*, ZfP 21 (1932), S. 472.

1. Beamtentum als Dienst am Staat als Rechtsgemeinschaft

Die Beobachtung *Hans Gerbers*,[25] dass die Idee des Berufsbeamtentums und seine institutionelle Ausgestaltung unabhängig von der Staatsform seien, in der Monarchie im Prinzip nicht anders wirkten als in der parlamentarischen Demokratie,[26] ist der Ausgangspunkt für die funktionelle Verbindung mit dem neuzeitlichen rationalen Staat, wie er von *Max Weber* in seiner Herrschaftssoziologie beschrieben wurde.[27] Anders als das Grundgesetz hat sich die Weimarer Verfassung mit dem Beamtentum (als Institution) nicht befasst, sondern es lediglich vorgefunden und vorausgesetzt, aber – so *Gerber* – ihm mittelbar über die Grundrechte der Beamten gleichwohl den Rang als „verfassungsmäßig begründete Institution" des Staates eingeräumt.[28] Der Referent sieht sie sogar als eine der im Rechtsverfahren unabänderbaren Grundlagen einer Staatsverfassung.[29] Man könnte heute unter der Geltung des Grundgesetzes fragen, ob die Gewährleistung des Berufsbeamtentums in Art. 33 Abs. 5 GG dem Grunde nach über das Rechtsstaatsprinzip mit Art. 79 Abs. 3 GG von der Ewigkeitsklausel erfasst ist.[30] Aber was ist die Funktion des Berufsbeamtentums im demokratischen Rechtsstaat? Ist es allein die fehlerfreie Umsetzung des gesetzlichen Willens und die geschmeidige Unterordnung unter die ministerielle Führung? Im verlöschenden Alten Reich zu Beginn des 19. Jahrhunderts, aber auch im Jahr 1931 ging es noch um etwas anderes: um die selbständige Funktion des Berufsbeamtentums zur Stabilisierung der Staatsleitung[31] und zur Förderung des Gemeinwohls in einer Zeit der Diskontinuitäten oder von Defiziten der zuerst monarchischen, dann demokratischen politischen Führung: um die „Sonderaufgabe des Beamtentums" als neutrale Gewalt gegenüber dem parteipolitischen Betrieb, als „Hüter der Verfassung" und „Wahrer der nationalen Verantwortlichkeit".[32] Mit der Fülle solcher Erwartungen wird deutlich, dass man 1931 in Deutschland, in einem blockierten und gefährdeten Parlamentarismus, auf die Sachlichkeit, Neutralität und Gemeinwohlorientierung des

---

25 Zur Biographie: *Martin Bullinger*, Hans Gerber, AöR 106 (1981), S. 651.

26 Der Mitberichterstatter aus österreichischer Sicht, *Adolf Merkl*, ist hier in der Wortwahl etwas vorsichtiger. Er hält jedenfalls das Berufsbeamtentum mit der Demokratie nicht nur für kompatibel, sondern für „gerade mit der Demokratie vereinbar", Entwicklung und Reform des Beamtenrechts, VVDStRL 7 (1932), S. 55 (57).

27 Wobei für Weber die Ko-Evolution von Markt- und Geldwirtschaft auf der einen Seite und von einem ebenso professionalisierten wie verrechtlichten Amtsverständnis auf der anderen Seite Bedingung oder jedenfalls Katalysator der institutionellen Entwicklung bürokratisch vermittelter Herrschaft ist, siehe *Max Weber*, Wirtschaft und Gesellschaft, MWG I/22-4, 2005, S. 176 ff.

28 *Hans Gerber*, Entwicklung und Reform des Beamtenrechts, VVDStRL 7 (1932), S. 2 (5).

29 *Gerber*, Entwicklung (Fn. 28), S. 7.

30 Das kann man insofern bejahen, als das ganze Programm des Gesetzesvollzuges im System der Gewaltenteilung von einer professionalisierten, hierarchisch gegliederten und politisch geführten Staatsverwaltung abhängt. Siehe BVerfGE 148, 296 (346) [2018]; insofern auch *Matthias Herdegen*, in: Maunz/Dürig, Grundgesetz, Art. 79 Rn. 145 ff. (Stand: 72. Ergänzungslieferung 2014).

31 *Gerber*, Entwicklung (Fn. 28), S. 17.

32 *Gerber*, Entwicklung (Fn. 28), S. 17 f.

Beamtenapparats hoffte, während der österreichische Mitberichterstatter *Adolf Merkl*[33] mehr die Gehorsamspflicht der Beamten betonte.[34]

Das preußische, pflichtethisch-protestantisch geprägte Ethos des mitdenkenden und gewissensgeleiteten Beamten blitzte jedenfalls kurz vor dem Untergang der rechtsstaatlichen Demokratie noch einmal auf, wenn die Funktion des Beamtentums im „Dienst am Staat als Rechtsgemeinschaft" erkannt wurde.[35] Der strukturellen Kopplung politischer Herrschaft und rechtlicher Entscheidungslogik wird in der Dualität politischer und rechtlicher Elemente im Staat (ministerielle, politische Leitung und sachlich-beamtenrechtliche Neutralität) Ausdruck verliehen – und zwar in der Gleichzeitigkeit des „Gegensatz[es] von Recht und Politik" einerseits und ihrer „notwendige[n] Zusammengehörigkeit" andererseits.[36] Pikanterweise hat der in Halle so klug auftretende Referent schon zwei Jahre später all das verraten, was er im Staatsrechtslehrervortrag vertrat, und damit auch die rationale Staatsidee.[37] Der „Dienst am Staat als Rechtsgemeinschaft" von 1931 wird zwei Jahre später von der Verfassung, ja vom klassischen Gesetzesbegriff gelöst. Er wird bei *Gerber* im Oktober 1933 zum Dienst am lebendigen Volk und seiner Emanation im politischen Willen des Machthabers[38] und seiner Bewegung, die als Weltanschauungspartei selbst Staat geworden sei.[39] Jetzt sollte der Beamte wie auch die Universität nicht länger unpolitisch sein, sondern im Geist der Zeit „politisch" werden.[40] Liest man beide Texte *Gerbers* zusammen, ergibt sich ein bemerkenswertes Dokument juristischer Elastizität, es löst ein Schaudern aus weit über den Tag hinaus, wenn man an das Vertrauen in die Festigkeit geisteswissenschaftlicher Bildungsfundamente und juristischer Rationalität denkt.

2. Die Wahl: Transsubstantiation gesellschaftlichen Willens in staatliche Mandats- und Amtsmacht

Wie aus dem amorphen Zustand einer gesellschaftlich-pluralen Willensmelange ein Prozess der politischen Willensbildung und dann organisierte Herrschaft im Staatsapparat werden kann: Das ist die Achillesferse des Verfassungsstaates. Insbesondere das Referat von *Gerhard Leibholz* auf der Hallenser Tagung im Oktober 1931 beschäftigt sich anlässlich der im Jahr zuvor von Innenminister *Joseph Wirth* gemachten Reformvor-

---

[33] Zur Rolle Adolf Merkls in der Vereinigung siehe auch *Ewald Wiederin*, in diesem Band, S. 245 ff.

[34] *Merkl*, Entwicklung (Fn. 26), S. 88 f.

[35] *Gerber*, Entwicklung (Fn. 28), S. 18. Speziell zur Staatsrechtslehrervereinigung siehe *Andreas Kley*, in diesem Band, S. 39 ff.

[36] *Gerber*, Entwicklung (Fn. 28), S. 19.

[37] Hans Gerber wirkte am Untergang des rechtlich verfassten Staates mit, auch indem er die Neutralität des Berufsbeamtentums preisgab, ja sie verriet, wenn er vom Beamtentum verlangte „mit der Zeit zu gehen" und jetzt zum Hüter und Wahrer des jeweiligen gesellschaftlichen Zustandes zu werden, der im Staat nicht seine institutionelle Korrelation, sondern nur noch sein Abbild fände, siehe *Hans Gerber*, Politische Erziehung des Beamtentums im Nationalsozialistischen Staat, 1933, S. 10.

[38] Das Gesetz findet seinen Ausdruck im Führerwillen, hier schon formuliert vor Ernst Rudolf Huber bei *Gerber*, Erziehung (Fn. 37), S. 30.

[39] *Gerber*, Erziehung (Fn. 37), S. 11.

[40] *Gerber*, Erziehung (Fn. 37), S. 15 f.

schläge zum Wahlrecht auch theoretisch mit der Funktion der Wahl im verfassten Staat.[41] Das geht nicht ohne Hinweis auf den Methodenstreit, wobei *Gerhard Leibholz* auf die Notwendigkeit verfassungsrechtlicher Analyse unter Nutzung soziologisch-verfassungstheoretischer Erkenntnisse hinweist und erläutert, warum das keine subjektive Wertung des Rechtsinterpreten, sondern eine reflektierte Rechtsanwendung sei.[42]

In dieser Analyse weist *Gerhard Leibholz* auf die repräsentative Funktion des Parlaments hin und auf die daraus folgende notwendige Legitimierung, um als Instanz des Volksganzen gelten zu können.[43] Er erkennt im Anschluss an *Max Weber*, dass politische Legitimität (er spricht von Legitimierung) durch ganz verschiedene soziale Faktoren wie Tradition oder personales Charisma entstehen kann, weist aber darauf hin, dass jedenfalls die Idee und ihre institutionelle Ausprägung des Parlaments ohne Volkswahl nicht auskommen kann. Was aus dieser allgemeinen Funktionsbestimmung für das Wahlrecht folgt, hängt wiederum mit einer realsoziologischen Analyse der jeweiligen Gesellschaftsstruktur zusammen. Die ständische Gesellschaft konnte sich in einem Parlament nur repräsentiert sehen, wenn die Gruppen angemessen als solche in der Vertretung abgebildet wurden. Auch das preußische Dreiklassenwahlrecht mit der Beschränkung des Wahlrechts auf bestimmte Personenkreise und der Anknüpfung an ein bestimmtes Vermögen oder Einkommen wurde lange Zeit vom liberalen Bürgertum mit den Grundlagen der parlamentarischen Repräsentation für vereinbar gehalten. Wer heute an Paritätsgesetze denkt, wird diese Überlegung womöglich für wieder aktuell halten und sich fragen, ob wir noch in jener Etappe antielitärer, demokratisch-egalitärer Prägung sind, die *Gerhard Leibholz* als die in Weimar verfasste Gegenwart beschreibt.[44] Von besonderer Bedeutung sind dabei seine Analyse und Gegenüberstellung des Mehrheitswahlsystems und des Verhältniswahlsystems. Kritisch wird zum Verhältniswahlsystem angemerkt:

> „Der Wahlakt führt nicht mehr wie beim Mehrheitswahlsystem zur Überwindung der im Volk vorhandenen Gegensätze, sondern lediglich zur Offenbarung ihrer zahlenmäßigen Stärke."[45]

Für *Gerhard Leibholz* ist das Verhältniswahlrecht dennoch die richtige Entsprechung zum modernen Parteienstaat,[46] eine Auffassung, die auch heute noch vorherrscht, obwohl in der volatilen Gesellschaft[47] unserer Tage vom Parteienstaat nicht mehr mit derselben Überzeugungskraft gesprochen werden kann. Der massendemokratische Parteienstaat mediatisiere zwar in der Verhältniswahl jene beim Mehrheitswahlrecht bestehende Ursprünglichkeit (Unmittelbarkeit der Wahl) der Verwandlung des Wählerwillens in Amtsmacht, stehe indes unter dem Druck des täglichen Plebiszits.[48]

---

[41] Siehe auch *Julian Krüper*, in diesem Band, S. 325 (336 ff.).

[42] *Gerhard Leibholz*, Die Reform des Wahlrechts, VVDStRL 7 (1932), S. 159.

[43] *Leibholz*, Reform (Fn. 42), S. 160. Siehe auch *ders.*, Das Wesen der Repräsentation unter besonderer Berücksichtigung des Repräsentativsystems, 1929 (Neudruck 2020); zur Rezeption: *Angelika Siehr*, Repräsentation bei Gerhard Leibholz, in: Kaiser (Hrsg.), Der Parteienstaat, 2013, S. 43 ff.

[44] *Leibholz*, Reform (Fn. 42), S. 163.

[45] *Leibholz*, Reform (Fn. 42), S. 170.

[46] *Leibholz*, Reform (Fn. 42), S. 171.

[47] *Udo Di Fabio*, Herrschaft und Gesellschaft, Studienausgabe 2019, S. 201 ff.

[48] *Leibholz*, Reform (Fn. 42), S. 173.

Das Verhältniswahlsystem und die Vielheit der Parteien führen auf der theoretischen Folie wie auch in der Weimarer Wirklichkeit zu einer entsprechenden Heterogenität des Parlaments und zu permanenten Koalitionszwängen, und dennoch muss die Vielheit der Stimmen wenn nicht in ein homogenes, so doch in konsistentes Staatshandeln umgesetzt werden. *Gerhard Leibholz* ist 1931 jedenfalls der Auffassung, dass der „alte Gegensatz von Staat als politischer Einheit und Gesellschaft als apolitischer Vielheit" fortbestehe.[49] Vielleicht konnte sich die junge Bundesrepublik mit dem Modell von *Gerhard Leibholz* auch deshalb so gut anfreunden, weil die Verankerung der Parteien in der Gesellschaft stark war und das sich rasch herausbildende faktische Drei-Parteien-System mit der Dominanz nur zweier miteinander konkurrierender Volksparteien die Vielheit erheblich abgemildert hat. Heute dagegen kehren die Risiken des Verhältniswahlsystems wieder ein Stück weit zurück, wenngleich ohne die vergiftete und extremistische Atmosphäre der Spätphase Weimars. Die Verschränkung der Staatsfunktion mit dem Verfassungsmechanismus der Wahl kann immer noch als ein weltlicher Vorgang der Transsubstantiation von gesellschaftlicher Gemengelage hin zur staatlichen Ordnung verstanden werden. Aus der Normalität der Parteilichkeit wird so die Erwartung von Neutralität. Dass es Ministern oder Fraktionen mitunter schwerfällt, die Grenze zwischen Amts- und Parteitätigkeit zu wahren,[50] mag mit den praktischen Bedingungen eines dicht getakteten Alltags zusammenhängen, aber auch mit schwindender Einsicht in die verfassungsrechtlich gezogene Trennlinie.

IV. Der demokratische Staat als Frage kluger Verfasstheit

Der Bonner Staatsrechtslehrer *Richard Thoma* eröffnete als Alterspräsident die Heidelberger Tagung im Oktober 1949 und definierte die Rolle der Staatsrechtlehre als „Dienst an der richtigen Deutung und wohlerwogenen Fortbildung des Staatsrechts eines demokratischen Rechtsstaates".[51] Der neue, pragmatische Ansatz der Staatsrechtslehre unter dem Grundgesetz lag darin, aus den Konstruktionsfehlern Weimars zu lernen und das sogar zur Auslegungsmaxime zu erheben.[52] Die Beziehung der Verfassung zum Staat wurde mit der Funktionssicherung einer stabilen Demokratie unlösbar zusammengedacht. Die von *Walter Jellinek* und *Hans Schneider* behandelte Kabinettsfrage und der Gesetzgebungsnotstand bringen heute keine Saiten zum Klingen – das war 1949 im Rückblick auf Weimar noch anders. Denn hier ging es um die Frage, wie der Staat auch bei einem stark fraktionierten Parlament funktionieren kann, und zwar auf der festen Grundlage eines Prinzips demokratischer Selbstregierung. Es ging um das Verhältnis

---

[49] *Leibholz*, Reform (Fn. 42), S. 178.

[50] „Die chancengleiche Beteiligung an der politischen Willensbildung des Volkes macht es erforderlich, dass Staatsorgane im politischen Wettbewerb der Parteien Neutralität wahren. Demgemäß wird in den Anspruch der Parteien auf Chancengleichheit gemäß Art. 21 Abs. 1 Satz 1 GG eingegriffen, wenn staatliche Organe auf die Ankündigung oder Durchführung politischer Kundgebungen in einseitig parteiergreifender Weise reagieren", BVerfGE 148, 11 (25) [2018].

[51] *Richard Thoma*, Eröffnung, VVDStRL 8 (1950), S. 1.

[52] *Walter Jellinek*, Kabinettsfrage und Gesetzgebungsnotstand nach dem GG, VVDStRL 8 (1950), S. 3 (5).

von repräsentativer Volksvertretung und Regierung, um die Bekämpfung obstruktiver Parlamentskräfte und die Umstellung auf das nur noch konstruktive Misstrauensvotum. Letztlich waren es die Wählerinnen und Wähler der jungen Bundesrepublik, die dieses Problem gelöst haben, weil sie die Volksparteien stärkten, doch die „wohlerwogenen" Regelungen der Art. 63 und 67 GG begünstigten dies ebenso wie die im Wahlrecht dann eingeführte Sperrklausel. Zum Lernprogramm gehörte auch der Verzicht auf ein in Weimar über den Art. 48 WRV extensiv gehandhabtes Notverordnungsrecht der Exekutive. Art. 111 des Herrenchiemseeer Verfassungsentwurfs wurde nicht übernommen. *Hans Schneider* bedauert das nicht in seinem Referat, weil ja, wie er anfügt, unter den Bedingungen der Besatzungsherrschaft „die Behebung von auftretenden Gefahrenfällen vertrauensvoll der Entscheidung einer Alliierten Hohen Kommission"[53] überlassen wäre. Hier schimmert hinter der ironisierenden Anmerkung aber auch ein Stück bundesrepublikanischer Gründungserfahrung durch: Die verfassungsgebende Gewalt des deutschen Volkes wurde gleichsam unter Aufsicht ausgeübt und mit dem bereits in der Präambel formulierten Verfassungsversprechen, sich für alle Zeit in kollektive Sicherheitssysteme und andere multilaterale Organisationen einzufügen, sich demnach in einem nächsten Schritt wieder gleichberechtigt, aber dauerhaft zu binden und nicht in ein machtstaatlich egozentrisches Souveränitätsverständnis zurückzufallen.

V. Der offene Verfassungsstaat: Verschränkung von Außen und Innen

1. Klassische Auswärtige Gewalt und das Novum der Integrationsgewalt

Wilhelm Grewe und *Eberhard Menzel* referierten auf der Bonner Staatsrechtslehrertagung 1953 über die auswärtige Gewalt der Bundesrepublik auf dem Boden der neuen Verfassung.[54] *Wilhelm Grewe* stellt an den Anfang die konstitutionelle Staatstheorie, wonach der Staat im auswärtigen Verkehr nur mit einer Stimme sprechen könne und wodurch die formell-figurativ angelegte Rechtspersonalität des Staates in der Spitze auf der internationalen Bühne auch in einem funktionell-praktischen Sinne gegenständlich würde. Daraus hat die konstitutionelle Monarchie das Argument geschmiedet, im auswärtigen Verkehr könnten nicht die Volksvertretungen handeln, sondern nur der Monarch unter der Vorstellung eines Völkerrechts als die Versammlung gekrönter Häupter und präsidialer Staatsoberhäupter, weil die auswärtige Gewalt „doch ihrem ganzen Wesen nach in die Hände des Trägers der vollziehenden Gewalt gehöre".[55]

Dieser funktionelle Mechanismus der im Staatenverkehr sich bindenden Exekutivspitzen bleibt allerdings auch dann bestehen, wenn die gekrönten Häupter als Regenten abgedankt haben. Denn auch die parlamentarisch gewählte Regierung agiert und ver-

---

[53] *Hans Schneider*, Kabinettsfrage und Gesetzgebungsnotstand nach dem GG, VVDStRL 8 (1950), S. 21 (41).

[54] *Wilhelm Grewe*, Die auswärtige Gewalt der Bundesrepublik, VVDStRL 12 (1954), S. 129; *Eberhard Menzel*, Die auswärtige Gewalt der Bundesrepublik, VVDStRL 12 (1954), S. 179.

[55] *Grewe*, Auswärtige Gewalt (Fn. 54), S. 131.

handelt nach außen allein: Die in Art. 23 Abs. 2–6 GG festgelegten Beteiligungsrechte des Bundestags und vor allem des Bundesrats sind eine Konzession ohne wirkliche praktische Bedeutung, weil sie immer wieder von jenem Funktionsmechanismus der „Tendenz zur Spitze“, wenn es um die Auswärtige Gewalt geht, überrollt werden. Selbst Außenminister wirken blass, weil grundlegende Außenpolitik oder Europapolitik nun einmal im Kanzleramt oder im Palais de l'Élysée gemacht werden. Bemerkenswert ist, dass *Wilhelm Grewe* die auswärtige Gewalt von vornherein nach Innen denkt, also die Frage stellt, ob man mit dem äußeren Handeln, verstanden als verbindliche Vertragsgewalt, nicht die innere Verfassungsordnung verändern oder gar umstürzen könnte.[56] Es ist auffällig, wie stark zu Beginn der Bundesrepublik auch das Bundesverfassungsgericht zunächst an traditionellen Mustern der auswärtigen Gewalt festhielt,[57] wenn unterstrichen wurde, dass auswärtiges Handeln nach Art. 65 GG der Richtlinienkompetenz des Kanzlers unterfalle und Gesetzgebungsrechte nach Art. 59 Abs. 2 GG nur Ausnahmen beträfen, und wenn das Bundesverfassungsgericht demgemäß davon spricht, dass Art. 59 Abs. 2 GG das Gewaltenteilungssystem „durchbricht“.[58] Noch vor der irreversiblen Durchsetzung neuer Formen überstaatlichen Regierens entnimmt *Wilhelm Grewe* dem Grundgesetz aber eine insofern nicht eng traditionsverhaftete, sondern eine innovative Botschaft: die Veränderung des rein national gedachten Souveränitätsbegriffs und den Auftrag zur supranationalen und internationalen Bindung.[59] Die „Tendenz zu einer stärker integrierten Staatengemeinschaft“[60] sei keine „One World-Idee“, aber doch ein grundlegender Strukturwandel von Staatlichkeit, der von der neuen Verfassung textlich und im Willen des Parlamentarischen Rates auch als Ziel mit der Einführung einer Integrationsgewalt[61] sichtbar zu Tage läge:[62] die Verfassung als Schrittmacher einer sich erst abzeichnenden neuen Staatspraxis.[63]

2. *Fluide Grundnormen im Staatenverbund*

Dabei hatte gerade die Perspektive des „Außenstaatsrechts“ bereits entscheidende Fragen der Funktionsverschränkung zwischen Verfassung und Staatlichkeit im Blick, wenn etwa *Menzel* diskutiert, ob das Grundgesetz, wie es im Jahr 1953 ausgelegt wurde, die

---

[56] *Grewe*, Auswärtige Gewalt (Fn. 54), S. 133.

[57] „Die Bestimmungen über die auswärtige Gewalt im Bonner Grundgesetz haben einen recht traditionellen Charakter. Sie gehen auf Anschauungen zurück, die im 19. Jahrhundert ausgeprägt wurden und sind nur in diesem Rahmen zu verstehen“, *Menzel*, Auswärtige Gewalt (Fn. 54), S. 183.

[58] BVerfGE 1, 351 (369) [1952]; *Grewe*, Auswärtige Gewalt (Fn. 54), S. 135.

[59] *Grewe*, Auswärtige Gewalt (Fn. 54), S. 137.

[60] *Grewe*, Auswärtige Gewalt (Fn. 54), S. 141.

[61] Näher zu diesem Begriff auch *Menzel*, Auswärtige Gewalt (Fn. 54), S. 211 ff., der darauf hinweist, dass es sich um einen Unterfall der auswärtigen Gewalt handele (S. 211).

[62] *Grewe*, Auswärtige Gewalt (Fn. 54), S. 142 f.

[63] Bei Grewe schält sich das Verfassungsprinzip der Supranationalität bereits im Ursprungstext des Grundgesetzes (Präambel, Art. 24 GG) deutlich heraus. Das kann als Brücke gesehen werden zu einem gemeinen europäischen Verfassungsrecht: siehe *Wolfram Hertel*, Supranationalität als Verfassungsprinzip, 1999.

Beteiligung der Bundesrepublik Deutschland an der damals noch im Schwange befindlichen europäischen politischen Gemeinschaft (EPG)[64] erlaube, die nicht nur als Nukleus, sondern als Konstituierung des europäischen Bundesstaates gesehen werden durfte.[65] Die Preisgabe der souveränen Staatlichkeit lässt das Grundgesetz nach Ansicht *Eberhard Menzels* nicht zu, hier müsse letztlich das Volk zu einer entsprechenden Verfassungsänderung, die wohl Verfassungsneuschöpfung wäre, unmittelbar befragt werden, obwohl das Grundgesetz so etwas gar nicht vorsehe[66] – eine bemerkenswerte Vorwegnahme dessen, was das Bundesverfassungsgericht in seinem Lissabon-Urteil 2009 für den Eintritt in einen europäischen Bundesstaat aus dem Sinn und Zweck des Art. 146 GG geschlussfolgert hat.[67]

Die Verfassung ist das genuine Instrument einer Verschränkung (strukturellen Kopplung) des politischen Systems mit dem des Rechts, aber damit bleibt in einer kritischen Interferenzzone offen, wer die maßgebliche „Verfügungsgewalt" über die Verfassung in ihrer Qualität als „Grundnorm"[68] besitzt. Bis zu welchem Punkt darf über die Verfassung allein von verfassten staatlichen Organen (*pouvoir constitué*) verfügt werden? Darf die Internationalisierung und insbesondere die Supranationalisierung so weit getrieben werden, dass sie die Verfassung nicht nur berührt, sondern strukturell bis hin zu dem Punkt abzuändern vermag, an dem ihr die Qualität als Grundnorm genommen würde? Schon 1964 diagnostizierte *Peter Badura* ebenso nüchtern wie präzise die dialektische Ambiguität der verselbständigten supranationalen Ordnung, die Anwendungsvorrang funktional beanspruchen müsse, aber keine Derogation, nur eine Überlagerung des nationalen Rechts bewirken könne. Die Stufentheorie gelte nicht – und dennoch könne eine Überformung der Verfassung durch die nichtstaatliche supranationale Ordnung erfolgen.[69] Man erkennt die Aktualität der schon zu Beginn der fünfziger und in den sechziger Jahren rechtswissenschaftlich wahrgenommenen, innovativen Veränderung des Rechts durch Supranationalisierung, wenn man an das Vertragsverletzungsverfahren aus Anlass des PSPP-Urteils des BVerfG vom 5. Mai 2020 denkt.[70]

---

64 Die EPG hatte 1953 immerhin den Status eines Satzungsentwurfs erreicht und sollte als funktioneller Komplementär der mit dem Vertrag über die Gründung einer europäischen Verteidigungsgemeinschaft (EVG) die einheitliche politische Führung der europäischen Armee sicherstellen. Mit der Ablehnung des EVG-Vertrages durch die französische Nationalversammlung im August 1954 entfiel die Grundlage für dieses Projekt. Kritisch und zu den italienischen Wurzeln der Initiative zur politischen Integration: *Michael Gehler*, Europa, 3. Aufl. 2018, S. 243 f.

65 Vgl. allgemein *Giovanni Biaggini*, in diesem Band II, S. 355 (367 f.; 370 f.).

66 *Menzel*, Auswärtige Gewalt (Fn. 54), S. 216.

67 „Das Grundgesetz ermächtigt die für Deutschland handelnden Organe nicht, durch einen Eintritt in einen Bundesstaat das Selbstbestimmungsrecht des Deutschen Volkes in Gestalt der völkerrechtlichen Souveränität Deutschlands aufzugeben. Dieser Schritt ist wegen der mit ihm verbundenen unwiderruflichen Souveränitätsübertragung auf ein neues Legitimationssubjekt allein dem unmittelbar erklärten Willen des deutschen Volkes vorbehalten", BVerfGE 123, 267 (347 f.) [2009].

68 Als Grundnorm soll diejenige Norm gelten, die den Geltungsgrund für die gesamte Normerzeugung im Stufenbau der Rechtsordnung darstellt, *Hans Kelsen*, Reine Rechtslehre, Studienausgabe der 2. Aufl. 1960, herausgegeben von Matthias Jestaedt, 2017, S. 356, 359 ff.

69 *Peter Badura*, Verfassungsstruktur in den internationalen Gemeinschaften, VVDStRL 23 (1966) S. 34 (63 ff.).

70 *Christian Callies*, Konfrontation statt Kooperation zwischen BVerfG und EuGH?, NVwZ 2020,

3. Die Verschränkung von staatlicher und überstaatlicher Ordnungsbildung

Wenn der Geltungsgrund einer Rechtsnorm mit *Hans Kelsen* in der Faktizität einer anerkannten, tatsächlich durchgesetzten Zwangsordnung besteht, die aus einem unabgeleiteten eigenen Anspruch Rechtserzeugung „erlaubt" und legitimiert, dann ist der Streit um den absoluten Vorrang von Unionsrecht in der alleinigen Auslegung durch den EuGH weit mehr als ein Wettstreit von Eitelkeiten oder unnötige Prinzipienreiterei. Wenn aus völkervertraglich verliehener Autonomie ein Anspruch auf unbedingten Geltungsvorrang abgeleitet und diese Auffassung politisch durchgesetzt wird, etabliert sich eine neue Verfassungsordnung, die sich auf die geltenden Legitimationsstränge über die Verträge aus den Verfassungen der Mitgliedstaaten nicht mehr berufen kann und das auch nicht mehr will. Noch einen Schritt über die supranational-nationale Konfliktlage hinausgedacht, wird das rechtsstaatlich-konstitutionelle Denken auch durch moralische Vorranganspüche oder mit überstaatlichen Universalnormen, auch mit regionalen oder universellen Menschenrechten, aktuell klimapolitisch gewendet, relativiert und fluide gemacht. Es war insofern ein langer, aber früh absehbarer Weg von der Erörterung der auswärtigen Gewalt im Jahr 1953 über die Erlanger Tagung 1959,[71] die Kieler Tagung 1964,[72] die Basler Tagung 1977,[73] die Züricher Tagung 1990,[74] die Dresdner Tagung 1996[75] und die Leipziger Tagung im Jahr 2000,[76] dann 2002 in Sankt Gallen[77] und 2003 in Hamburg[78] bis zu der Feststellung *Franz C. Mayers* auf der Tagung in Speyer 2015:

> „Wie auch immer man den theoretischen Ausgangspunkt formuliert und die Eingangsfrage beantwortet: Am Ende bleibt als Befund die Wandlung der nationalen Verfassung durch ihre ‚überstaatliche Bedingtheit'. Diesen Befund zu leugnen, führt ebenso wenig weiter wie die Beschränkung auf binäre Gegenüberstellungen wie Gesamtordnung-Teilordnung, Staat-Nichtstaat, souverän-nicht souverän."[79]

S. 897; *Ulrich Haltern*, Ultra-vires-Kontrolle im Dienst europäischer Demokratie, NVwZ 2020, S. 817; *Vassilios Skouris*, Der Vorrang des Europäischen Unionsrechts vor dem nationalen Recht, EuR 2021, S. 3; *Klaus F. Gärditz*, Glaubwürdigkeitsprobleme im Unionsverfassungsrecht, EuzW 2020, S. 505; *Günther Krings*, Die Kompetenzkontrolle der EU – einer muss es ja machen, ZAP 2020, S. 160; *Louise Sophia Kavacs/Pauline Naujoks*, Das Spannungsverhältnis von BVerfG und EuGH, VR 2021, S. 1.

[71] *Georg Erler* und *Werner Thieme*, Das Grundgesetz und die öffentliche Gewalt internationaler Staatengemeinschaften, VVDStRL 18 (1968), S. 47, 78.

[72] *Joseph H. Kaiser* und *Peter Badura*, Bewahrung und Veränderung demokratischer und rechtstaatlicher Verfassungsstruktur in den internationalen Gemeinschaften, VVDStRL 23 (1966), S. 1, 34.

[73] *Christian Tomuschat* und *Reiner Schmidt*, Der Verfassungsstaat im Geflecht der internationalen Beziehungen, VVDStRL 36 (1978), S. 7, 65.

[74] *Helmut Steinberger*, *Eckart Klein* und *Daniel Thürer*, Der Verfassungsstaat als Glied einer europäischen Gemeinschaft, VVDStRL 50 (1991), S. 9, 56, 97; siehe dazu auch *Joachim Wieland*, Die Tagung der Vereinigung der deutschen Staatsrechtslehrer 1990 in Zürich, AöR 116 (1991), S. 120.

[75] *Kay Hailbronner*, *Jürgen Wolfrum*, *Luzius Wildhaber* und *Theo Öhlinger*, Kontrolle der auswärtigen Gewalt, VVDStRL 56 (1997), S. 7, 38, 67, 81.

[76] *Ingolf Pernice*, *Peter M. Huber*, *Gertrude Lübbe-Wolf* und *Christoph Grabenwarter*, Europäisches und nationales Verfassungsrecht, VVDStRL 60 (2001), S. 148, 194, 246, 290.

[77] *Stefan Korioth* und *Armin von Bogdandy*, Europäische und nationale Identität, VVDStRL 62 (2003), S. 117, 156.

[78] *Juliane Kokott* und *Thomas Vesting*, Die Staatsrechtslehre und die Veränderung ihres Gegenstandes, VVDStRL 63 (2004), S. 7, 41.

[79] *Franz C. Mayer*, Verfassung im Nationalstaat, VVDStRL 75 (2016), S. 7 (58).

Natürlich darf man dieses Axiom auch einfach umkehren und darauf hinweisen, dass jede überstaatliche, jede internationale Ordnung staatlich bedingt ist – also mindestens mit derselben Berechtigung die staatliche Bedingtheit aller internationalen Organisations- oder Integrationsgewalt dem Befund *Franz C. Mayers* als die andere Seite der Medaille weniger entgegenstellen, denn im Sinne der Vollständigkeit aber doch zeigen.

4. Verbundtheorie: innovative Theorie oder Hilfskonstruktion europäischer Staatswerdung?

Es gibt eine wiederholt gezeigte Resilienz von Staaten, die auf der Grundlage eines tradierten Narrativs, einer dezidierten Ordnungsidee und Herrschaftsvorstellung mit einer national definierten politischen Gemeinschaft als Identitätsfolie verbunden sind:

> „Kollektive Bewusstseinsakte sind es, die Völker zu Nationen machen und damit geschichtliche Bedeutung für sich beanspruchen. Sie sind es zugleich, die dem Staat seine Legitimität vermitteln."[80]

China wird sich nicht supranational einbinden und wird auch die regelbasierte, multilaterale, vom Westen geschaffene Weltordnung nicht unverändert lassen, sondern in seinem Sinne umgestalten, wenn seine Kraftzuwächse weiter anhalten. Die neue geopolitische Konstellation einer Gleichzeitigkeit von fortgesetzter Globalisierung und politisch spannungsgeladener Multipolarität[81] wird die allzu einfach gestrickten weltrepublikanischen Träume ebenso zerstören wie sie für die Sehnsucht nach einer Rückkehr zur Welt der Nationalstaaten keine Nahrung bietet.

Die Resilienz der Staaten und die Abhängigkeit aller internationalen Organisationen von ihrer Stabilität und politischen Ausrichtung ändert nichts an der definitiv eingetretenen Verschränkung von Innen und Außen, von Staat und Gesellschaft, von Norm und Faktizität. Sie ändert nichts an der spürbaren Plastizität der geradezu vagabundierenden Grundnorm(en) im Prozess der tatsächlichen Akzeptanz und Relevanz „geglaubter" und beglaubigter Ordnungen. Wenn die Verfassung nicht mehr auf einer konkreten politischen Gemeinschaft unter Einschluss ihres (insoweit konstitutiven) Gemeinschaftsbewusstseins (ihrer Identität) als Idee der Selbstregierung basiert, wird die Grundnorm stärker als ohnehin eine Sache der Dezision und Konstruktion. Politische Herrschaft und juristische Rechtsauslegung könnten sich einander nähern und das Legitimationssubjekt des Volkes, den Bürgerbegriff, die Staatsangehörigkeit gemeinsam allmählich dekomponieren.

Betrachtet man die Entwicklungsgeschichte der Vereinigung der Deutschen Staatsrechtslehrer, so kann eine solch usurpatorische Tendenz nicht nachgewiesen werden. Im Gegenteil: Es war immer wieder gerade auch die Staatsrechtslehre, die versucht hat zu vermitteln zwischen der demokratischen Bindung des Verfassungsstaats und den normativen und faktischen Konsequenzen der überstaatlichen Einbindung.[82] Die Korrela-

---

80 *Gerhard Leibholz*, Staat und Verbände, VVDStRL 24 (1966), S. 5 (7).

81 *Di Fabio*, Herrschaft (Fn. 47), S. 235 ff.

82 Zur monographischen Aufarbeitung siehe nur *Christian Seiler*, Der souveräne Verfassungsstaat

tion zwischen Verfassungsgerichtsbarkeit und Staatsrechtslehre war dabei durchaus eine konstruktive gegenseitige Befruchtung.[83] Ein Begriff wie der des „Staatenverbundes" („Verbund demokratischer Staaten") ist vom Bundesverfassungsgericht mit der Maastricht-Entscheidung als Versuch der Verschränkung von Innen und Außen und der Verbindung von mitgliedstaatlichen Legitimationssubjekten in einer autonomen Rechtsordnung in Umlauf gesetzt worden,[84] aber er folgte Argumentations- und Denkmustern gleich mehrerer vorangegangener Staatsrechtslehrertagungen.

Der Ambiguität zwischen Völkervertragsgemeinschaft und durchgreifender Autonomie entspricht die Metapher des Verbundes, abgeleitet aus dem „engeren Rechtsverbund"[85] und als Definition fortentwickelt „als eine enge, auf Dauer angelegte Verbindung souverän bleibender Staaten, die auf vertraglicher Grundlage öffentliche Gewalt ausübt, deren Grundordnung jedoch allein der Verfügung der Mitgliedstaaten unterliegt und in der die Völker – d. h. die staatsangehörigen Bürger – der Mitgliedstaaten die Subjekte demokratischer Legitimation bleiben."[86] Die Tendenz zu einem Verbundsystem auch der Gerichte wurde nach dem Maastricht-Urteil gedacht als eine „Kooperation der Verfassungsgerichte im überstaatlichen Verbund".[87] Die Ordnungsidee[88] des kooperativ-netzwerkartigen europäischen Verfassungsgerichtsverbundes[89] hat sich der EuGH allerdings nicht zu eigen gemacht. Er hat sich mit dem Willen zur hierarchischen Singularität den Verbundofferten gegenüber verschlossen gezeigt, ob sie nun von nationalen Höchstgerichten wie dem BVerfG stammen oder ob sie Konsequenz bindender Vertragsbestimmungen seien, etwa hinsichtlich des Beitritts zur EMRK und damit der Anerkennung der Rolle des EGMR[90] oder auch im Blick auf Beschlüsse des UN-Sicherheitsrats.

Wer allerdings die Europäischen Verträge zur bundestaatlichen Grundnorm unter Ausblendung des Ableitungszusammenhangs machen möchte, der bringt den über Jahrzehnte entstandenen supranationalen Herrschaftsverbund in eine prekäre Lage. Auch wenn es in der Tat einer verkürzten Sichtweise entspräche, „die Verfassung mit dem Staat zu identifizieren oder im Staat zu konservieren",[91] so lässt sich doch der Verfassungsbegriff auch nicht beliebig vom Staat lösen[92] und damit auch von den praktischen Erfordernissen einer politischen Gemeinschaftsbildung, die der Idee und dem Geltungsanspruch

---

zwischen demokratischer Rückbindung und überstaatlicher Einbindung, 2005; *Frank Schorkopf*, Staatsrecht der internationalen Beziehungen, 2017.

[83] Zur Thematisierung des Bundesverfassungsgerichts auf den Staatsrechtslehrertagungen siehe *Christoph Gusy*, in diesem Band, S. 585 (586 ff.).

[84] Verbund demokratischer Staaten: BVerfGE 89, 155 (184) [1993].

[85] BVerfGE 89, 155 (183) [1993].

[86] BVerfGE 123, 267 (348) [2009].

[87] *Udo Di Fabio*, Der Verfassungsstaat in der Weltgesellschaft, 2001, S. 78.

[88] *Eberhard Schmidt-Aßmann*, Einleitung: Der Europäische Verwaltungsverbund und die Rolle des Europäischen Verwaltungsrechts, in: ders./Schöndorf-Haubold (Hrsg.), Der Europäische Verwaltungsverbund, 2005, S. 1 (7).

[89] *Andreas Voßkuhle*, Der europäische Verfassungsgerichtsverbund, NVwZ 2010, S. 1.

[90] *Daniel Thym*/*Christoph Grabenwarter*, Das EMRK-Gutachten des EuGH, EuZW 2015, S. 180.

[91] *Claudio Franzius*, Recht und Politik in der transnationalen Konstellation, AöR 138 (2013), S. 204 (231).

[92] *Franzius*, Recht und Politik (Fn. 91), S. 231.

einer Grundnorm eine ausreichend breite Basis in der gesellschaftlichen Wirklichkeit verschaffen.

„Namentlich demokratische Bestimmungsmacht auszuüben, gelingt allenfalls noch im Staat, abgeschwächt vielleicht sogar in einer ideologisch homogenen Regionalgemeinschaft, nicht aber auf Weltebene, wo die repräsentative Entfremdung unüberbrückbare Kluften aufreißt."[93]

VI. Staat und Verfassung im Wandel zur offenen Gesellschaft oder Erosion des Verfassungsstaates?

Mit ebenso großer Sensibilität wie sie den Prozess der internationalen Einbindung der Republik beobachtet hat, so hat die Staatsrechtslehre auch den Wandel des Verhältnisses von Staat und Gesellschaft immer wieder behandelt, wobei die institutionellen Strukturmerkmale wie Parlament, Regierung, Berufsbeamtentum oder Föderalismus thematische Anker bildeten. Eine der Neuakzentuierungen des Staatsbegriffes der Verfassung lag in dem Prozess einer relativen Vergesellschaftung des Staates über die intermediäre Funktion von Parteien und Verbänden.

Betrachtet man die katastrophale Zäsur zwischen Weimar und Bonn, so muss es etwas ganz Besonderes gewesen sein, *Gerhard Leibholz* nach seinem Hallenser Vortrag von 1931 als erneut Vortragenden zu erleben.[94] Bei seinem Würzburger Vortrag 1965 ging es um eines der markantesten Elemente der jungen Bundesrepublik, die Herausbildung des Parteien- und Verbändestaates.[95] Niemand konnte hier berufener sein, nicht nur wegen seiner Biografie als ein aus dem Lande getriebener Wissenschaftler, sondern auch, weil er schon seit Gründung des Gerichts Richter des Zweiten Senats des BVerfG und hier unter anderem als Berichterstatter für das Wahlrecht und das Parteienrecht zuständig war.[96] Offen bricht *Leibholz* hier mit der deutschen und kontinentaleuropäischen Tradition des ideellen Etatismus. Er wendet sich gegen die traditionelle Staatslehre, die den „Staat hypostasiert und als autonomes, geistig-sinnerfülltes, seinen Wert in seiner Existenz tragendes Gebilde" begreift.[97] Die Abwertung der Gesellschaft als bloßes System der Bedürfnisse versteht *Gerhard Leibholz* als Konsequenz eines zu frühen Bruchs mit dem klassischen Naturrechtsdenken. Die Kritiker der Weimarer Verfassung sahen den Staat als Beute und Opfer eines egoistischen Parteienbetriebes.[98] Dem stellt *Leibholz* den angelsächsischen, im Vereinigten Königreich und den USA vorherrschenden modernen Gesellschaftsbegriff „Society" entgegen, der den Staat aus seiner gesellschaftlichen Funktion heraus, also als geschaffene, veränderbare Institution[99] im Dienst einer bestimmten

---

[93] *Tomuschat*, Verfassungsstaat (Fn. 73), S. 58.

[94] Siehe dazu oben, III.2.

[95] *Leibholz*, Staat und Verbände (Fn. 80).

[96] Zum Einfluss seiner Parteienstaatslehre: *Jan Hecker*, Die Parteienstaatslehre von Gerhard Leibholz in der Wissenschaftlichen Diskussion, Der Staat 1995, S. 287.

[97] *Leibholz*, Staat und Verbände (Fn. 80), S. 8.

[98] *Leibholz*, Staat und Verbände (Fn. 80), S. 9.

[99] *Udo Di Fabio*, Der Staat als Institution, in: FS für Walter Leisner zum 70. Geburtstag, 1999, S. 225.

Werte- und Gesellschaftsordnung, als Resultat individueller Bestimmungsmacht der *citoyens* sieht.[100] Die individuelle Bestimmungsmacht fließt nicht allein und nicht nur unmittelbar über den Wahlakt in die staatliche Organisationswelt, sondern kennt über politische und zivilgesellschaftliche Vereinigungen noch eine intermediäre Schicht gemeinschaftlicher Artikulation mit Bedeutung für die politische Willensbildung im Staat.[101] Die intermediären Kräfte von der Familie über Vereine, Gewerkschaften, Kirchen, Initiativen bis zu den politische Parteien sind keine Störfaktoren oder Faktoren der Desintegration, sondern Kräfte und Fermente der vorstaatlichen zivilen und politischen Willensbildung. Hier schlummert eine der spannendsten Fragen der Gegenwart: Was wäre, wenn aus der *pluralen* Gesellschaft der frühen und mittleren Bundesrepublik im weltweiten Trend liegend die *volatile* Gesellschaft geworden wäre – stimmungsbewegt, sprunghafter, fragmentierter und vielleicht auch wieder „desintegrativer"?

Indes war es nicht *Leibholz*, der hier als erster die spezifische Verschränkung von Verfassung und Staat unter den Bedingungen einer offenen, pluralen Gesellschaft grundlegend thematisierte, denn schon auf der Wiener Staatsrechtslehrertagung 1958 hat *Konrad Hesse* ganz ähnlich argumentiert.[102] Hesse hat hier grundlegendes gesagt zur Rolle der Verfassung als Instrument des Rechts zur Kreation und Gewährleistung einer demokratischen Herrschaftsordnung im Dienst der Würde und Entfaltungsfreiheit des einzelnen Menschen. Sein Staatsrechtslehrervortrag und auch seine Freiburger Antrittsvorlesung aus demselben Jahr lohnen auch und gerade heute die Befassung.[103] Denn es geht um die Normativität der Verfassung im Sinne sowohl einer funktionellen wie normativen Richtigkeit. Eine Verfassung ist dann ein grundlegender Faktor für die Stabilität eines demokratischen Gemeinwesens, wenn sie nicht im Widerspruch zu einer gesellschaftlichen Wirklichkeit steht und zugleich dem vorrechtlichen und verfassungskonstitutiven Grundentwurf eines Menschen- und Gesellschaftsbildes entspricht. So sagt *Hesse* in Bezug auf Art. 21 GG:

> „Mit dieser Entscheidung normiert das Grundgesetz nicht ein von der Wirklichkeit losgelöstes Theorem, das im Fall einer Konfrontierung mit der Wirklichkeit nur mit Hilfe von Fiktionen gerettet werden kann oder einen offenen Widerspruch zwischen Verfassungsrecht und Verfassungswirklichkeit zu Tage treten läßt. Sondern es bezieht die Grundwerte der Demokratie: Legitimierung am Volk, Gleichheit und Freiheit auf die Wirklichkeit und konstituiert damit eine sachliche Ordnung konkreter Lebensverhältnisse und Lebensformen als Sinn und Grundlage staatlicher Existenz."[104]

Es geht darum, eine vorfindliche gesellschaftliche Wirklichkeit auch in ihren Wandlungsprozessen zur Kenntnis zu nehmen und sie mit der Geltungskraft der Verfassung immer wieder neu auf die Gleise der grundlegenden normativen Vernunftgehalte und

---

100 *Leibholz*, Staat und Verbände (Fn. 80), S. 10.

101 *Leibholz*, Staat und Verbände (Fn. 80), S. 14 f.

102 *Konrad Hesse*, Die verfassungsrechtliche Stellung der politischen Parteien, VVDStRL 17 (1959), S. 11. Vgl. hierzu *Julian Krüper*, in diesem Band, S. 325 (339 f.).

103 *Olaf Kowalski*, Verfassungsethik zwischen Norm und Wirklichkeit, AöR 143 (2020), S. 352.

104 *Hesse*, Parteien (Fn. 102), S. 17.

der sich daraus ergebenden Verfassungsidentität zu setzen.[105] Der Staat als unentbehrliches Zweckgeschöpf wird zur Resultante gesellschaftlicher Prägekräfte und verfassungsrechtlicher Bindungskraft: funktionell in wechselseitiger Angewiesenheit verschränkt. In diesem Sinne haben die Tagungen der Staatsrechtslehrer etwa zum demokratischen Prinzip im Grundgesetz,[106] zum Sozialstaat,[107] zu Statusfragen der Staatsbürgerschaft,[108] des Bürgerstatus oder der staatsrechtlichen Stellung der Ausländer[109] oder auch der Migration,[110] über Staatszwecke,[111] Prozesse der Entparlamentarisierung[112] oder zum „Metaprozess der Digitalisierung"[113] immer wieder den wachen Sinn für die Veränderung der Wirklichkeit und den festen Kern der beharrenden wie den staatlichen Herrschaftsmechanismus gestaltenden Kraft der Verfassung gezeigt.

---

[105] *Udo Di Fabio*, Normativitätsdiskurse im Vergleich der Verfassungswissenschaften, in: Krüper/Payandeh/Sauer (Hrsg.), Konrad Hesses normative Kraft der Verfassung, 2019, S. 105 (109 f.). Vgl. noch *Frieder* Günther, in diesem Band, S. 867 (877 ff.).; *Krüper*, in diesem Band, S. 325 (340 ff.; 343 ff.). Für analoge Wandlungen innerhalb der Vereinigung siehe den Beitrag von *Helmuth Schulze-Fielitz*, in diesem Band, S. 215 (240 f.; 241 ff.).

[106] VVDStRL 29 (1971); *Indra Spiecker* und *Stefan Magen*, Kontexte der Demokratie, VVDStRL 77 (2018), S. 9, 67.

[107] VVDStRL 31 (1973).

[108] *Karl Döhring* und *Josef Isensee*, Die rechtsstaatliche Stellung der Ausländer in der Bundesrepublik, VVDStRL 32 (1974), S. 7, 48.

[109] *Christian Walter* und *Klaus Ferdinand Gärditz*, Der Bürgerstatus im Lichte von Migration und europäischer Integration, VVDStRL 72 (2013), S. 7, 49.

[110] *Stephan Breitenmoser* und *Kerstin Odendahl*, Migrationssteuerung im Mehrebenensystem, VVDStRL 76 (2017), S. 9, 49; *Markus Krajewski* und *Daniel Thym*, Status als Instrument des Migrationsrechts/Migrationsfolgenrecht, VVDStRL 76 (2017), S. 123, 169.

[111] *Heinz-Christoph Link* und *Georg Ress*, Staatszwecke im Verfassungsstaat, VVDStRL 48 (1990), S. 7, 56.

[112] *Matthias Herdegen* und *Martin Morlok*, Informalisierung und Entparlamentarisierung politischer Entscheidungen als Gefährdungen der Verfassung, VVDStRL 62 (2003), S. 7, 37.

[113] *Stefan Muckel*, Wandel des Verhältnisses von Staat und Gesellschaft, VVDStRL 79 (2020), S. 245.

Rousseaus langer Schatten

Die Vereinigung der Deutschen Staatsrechtslehrer und ihr Ringen mit der Wirklichkeit moderner Demokratie

Julian Krüper

I. Die Vereinigung – eine späte Demokratin? ... 325
II. Auf der Suche nach dem Gegenstand Demokratie ... 327
1. Vexierbild Demokratie ... 327
2. Sedimentschichten der Demokratie ... 329
III. Drei Explorationsbohrungen ... 330
1. Grundlagen der Demokratie ... 331
a) Demokratie und Demokratisierung ... 331
b) Der Demos der Demokratie ... 333
c) Direkte und indirekte Demokratie ... 335
2. Legitimationsvermittlung in der repräsentativen Demokratie ... 336
a) Wahlrecht ... 336
b) Parteien und Parteienrecht ... 338
3. Parlament und parlamentarisches Regierungssystem ... 340
IV. Streitsache Demokratie: Ideale und Wirklichkeiten der Volksherrschaft ... 343
1. Demokratie als „leerer Signifikant“ ... 343
2. Demokratischer Idealismus – demokratischer Realismus ... 345
3. Die Unvermeidlichkeit demokratischer Organisationalität ... 347
4. Gegenbewegungen ... 350
V. Von der demokratischen Krise zur Organisation der Demokratie ... 352

I. Die Vereinigung – eine späte Demokratin?

Halle an der Saale, 29. Oktober 1931, am Nachmittag: Privatdozent Dr. *Heinrich Herrfahrdt* (1890–1969), 1926 in Greifswald habilitiert und von 1933 bis 1958 Ordinarius in Marburg, ergreift im Plenum der Staatsrechtslehrertagung das Wort, legt an und schießt: „Was bei uns heute wirklich als Staat funktioniert, beruht nicht auf Demokratie, und was auf Demokratie beruht, funktioniert nicht“.[1] Er eröffnete damit die Aussprache über die Referate von *Heinrich Pohl* (1883–1931)[2] und *Gerhard Leibholz* (1901–1982) über „Die

[1] *Heinrich Herrfahrdt*, Diskussionsbeitrag, VVDStRL 7 (1932), S. 191; die Einlassung stieß in der kurzen Diskussion nicht auf Resonanz, sondern wurde übergangen.

[2] *Heinrich Pohl* war vor der Tagung in Halle verstorben; sein Referat wurde von *Friedrich Giese* (1882–1958) vorgetragen.

Reform des Wahlrechtes"[3] und nutzte die Gelegenheit, seine Geringschätzung der Demokratie zu Protokoll zu geben.[4] Gewiss, *Leibholz* hatte mit einem ebenso kraftvollen wie kulturpessimistischen Referat voller Invektiven gegen den demokratischen Parteienstaat[5] zuvor schon einen skeptischen Ton gesetzt,[6] seine Einwände aber gerade nicht als Kritik *der* Demokratie, sondern eben ihrer *parteienstaatlichen* Verwirklichungsform formuliert. Damit hatte er bei seinen Zuhörern, *nota bene* höchst unterschiedlichen Protagonisten der Weimarer Staatsrechtslehre, offenbar einen Nerv getroffen: *Karl Loewenstein* (1891–1973) konnte sich „des Gefühls einer gewissen Erschütterung nicht erwehren"[7] und *Otto Koellreutter* (1883–1972) bekannte, durch die „tragische Haltung des ausgezeichneten Referats von Leibholz auf das tiefste berührt" zu sein.[8] Allein *Richard Thoma* (1874–1957) wollte zum „Untergang des Abendlandes"[9] nichts beitragen und wandte sich gegen eine allzu fatalistische Lesart des *Leibholzschen* Referats.[10] Und doch: Ein demokratischer *haut-goût* lag in der Luft.

Die Vereinigung der Deutschen Staatsrechtslehrer, so wirkt es, lässt sich nicht bruchlos als Freundeskreis der Volksherrschaft historisieren. Das scheint nicht zuletzt dadurch belegt, dass man sich mit ‚der Demokratie' lange Zeit gelassen hat. Erst 1970 verhandelte die Vereinigung „Das demokratische Prinzip im Grundgesetz" in Speyer, 48 Jahre nach ihrer Gründung in Berlin und immerhin 21 Jahre nach der ersten Nachkriegstagung 1949 in Heidelberg.[11] *Werner v. Simson* (1908–1996) und *Martin Kriele* (1931–2020) übernahmen die Referate.[12] Die späte Behandlung des Themas ist bemerkenswert, hätten doch der verfassungsrechtliche Aufbruch in die Weimarer Republik 1919[13] und der kon-

---

[3] *Heinrich Pohl* und *Gerhard Leibholz*, Die Reform des Wahlrechtes, VVDStRL 7 (1932), S. 131 bzw. S. 159.

[4] S. außerdem *Heinrich Herrfahrdt*, Der Aufbau des neuen Staates, 1932; *ders.*, Werden und Gestalt des Dritten Reiches, 1933; *ders.*, Tragweite der Generalklausel im Art. 19 Abs. 4 des Bonner Grundgesetzes, VVDStRL 8 (1950), S. 126 (146): „Der liberale und demokratische Gedanke gehören der Vergangenheit an […]"; *ders.*, Diskussionsbeitrag, VVDStRL 17 (1959), S. 109: Demokratie heute „nicht mehr als eine Herrschaft des Volkes" zu begreifen; *ders.*, Diskussionsbeitrag, VVDStRL 23 (1966), S. 105: „Demgegenüber möchte ich allerdings sagen, daß wir den Begriff ‚Demokratie' für die Gegenwart und Zukunft überhaupt nicht mehr benutzen sollten und er nur Schaden anrichten kann"; zur Staatsauffassung *Herrfahrdts* s. auch *Walter Pauly*, Die deutsche Staatsrechtslehre in der Zeit des Nationalsozialismus, VVDStRL 60 (2001), S. 73 (86, dort Fn. 53).

[5] *Leibholz*, Wahlrecht (Fn. 3), S. 179, 187: „als Tyrannis empfundene Parteiherrschaft"; „als Diktatur empfundene Herrschaft der Parteibürokratie".

[6] Einordnung der politischen und intellektuellen Positionen *Leibholz'* bei *Frieder Günther*, „Eine in jeder Richtung veränderte Wirklichkeit", in: Kaiser (Hrsg.), Der Parteienstaat, 2013, S. 23 (27 ff.).

[7] *Karl Loewenstein*, Diskussionsbeitrag, VVDStRL 7 (1932), S. 192.

[8] *Otto Koellreutter*, Diskussionsbeitrag, VVDStRL 7 (1932), S. 198.

[9] *Loewenstein*, Diskussionsbeitrag (Fn. 7), S. 192.

[10] *Richard Thoma*, Diskussionsbeitrag, VVDStRL 7 (1932), S. 200 f.; auch *Gerhard Leibholz* selbst distanzierte sich, nicht ganz überzeugend, von der überskeptischen Lesart seines Referates, ebd., S. 202, möglicherweise, um einer Fehlinterpretation der Art *Herrfahrdts* entgegenzutreten.

[11] Zur „Wiedergründung" der Vereinigung *Michael Stolleis*, Geschichte des öffentlichen Rechts in Deutschland, Bd. 4, 2012, S. 82 ff.; zur Problematik, den Neubeginn 1949 zu erfassen *Klaus Stern* im Interview mit *Helmuth Schulze-Fielitz* (21.05.2019), S. 18 f.: „Wie wollen Sie denn titulieren, was dann 1949 geschah: ‚Wiedergründung', ‚Wiederaufrichtung', ‚Wiedererrichtung'[?]".

[12] *Werner v. Simson* und *Martin Kriele*, Das demokratische Prinzip im Grundgesetz, VVDStRL 29 (1971), S. 3 bzw. S. 46.

[13] Dazu *Gertrude* Lübbe-Wolff, Das Demokratiekonzept der Weimarer Reichsverfassung, in: Dreier

stitutionelle Neubeginn von 1949 reichen Anlass geboten, sich der Demokratie als solcher zuzuwenden[14] – von einer seit dem Spätmittelalter entwickelten demokratischen Tradition der Schweiz nicht zu reden.[15] Und sicher: Nicht alle Mitglieder der Vereinigung haben stets mit Inbrunst dem Demos das *Gloria* gesungen.[16] Doch wäre es zu kurz gegriffen, der Vereinigung einen anti-demokratischen Affekt zu attestieren. Natürlich war die Themenstellung der Tagung 1970 auch vom Zeitgeist diktiert, schließlich war 1968 auch 1970 noch nicht vergangen,[17] doch auch zuvor hatte die Vereinigung schon Fragestellungen des demokratischen Themenkreises behandelt. Halle bildete 1931 eine wichtige Wegmarke, unmittelbar bevor die Jahrestagungen bis 1949 eingestellt wurden.[18] Ab 1949 wandte sich die Vereinigung dann regelmäßig demokratiebezogenen Themen zu und kehrte auch nach der Speyerer Tagung 1970 immer wieder zu ihnen zurück. Von demokratischer Verspätung kann insoweit keine Rede sein.

II. Auf der Suche nach dem Gegenstand Demokratie

1. Vexierbild Demokratie

Nimmt man die Tagungs- und Vortragsgeschichte der Vereinigung in den Blick, stellt sich die schlichte, aber nicht einfach zu beantwortende Frage, welche ihrer Beratungen thematisch überhaupt der Demokratie zuzuschlagen sind: Was also ist Demokratie im Sinne der Fachgesellschaft deutschsprachiger Verfassungsrechtler eigentlich?

Schien *Carlo Schmid* (1896–1979) den Begriff der Demokratie im Parlamentarischen Rat noch mit einiger Gewissheit bestimmen zu können[19] – *Werner v. Simson* spricht mit

---

u. a. (Hrsg.), Das Wagnis der Demokratie, 2018, S. 111; *Christoph Gusy*, 100 Jahre Weimarer Reichsverfassung, 2018, S. 109 ff.

[14] Zu den Gründen, aus denen die Staatsrechtslehre nach dem Zusammenbruch des NS-Regimes „große Themen" zunächst mied, s. *Michael Stolleis*, Geschichte (Fn. 11), S. 171 ff. (dort zur Lage des Verwaltungsrechts).

[15] S. weitergehend zur späten verfassungsrechtlichen Aktivierung des Demokratieprinzips in der Bundesrepublik *Christoph Möllers*, Demokratie, in: Herdegen u. a. (Hrsg.), Handbuch des Verfassungsrechts, 2021, § 5 Rn. 1 ff.

[16] *Frieder Günther*, Ordnen, Gestalten, Bewahren, Vierteljahreshefte für Zeitgeschichte 59 (2011), S. 353 am Beispiel von *Ernst Forsthoff* (1902–1974), *Ernst Rudolf Huber* (1903–1990) und dem Zivilrechtler *Karl Larenz* (1903–1993); s. auch *Helmuth Schulze-Fielitz*, Die Wissenschaftskultur der Staatsrechtslehrer, 2022, S. 194 f.; für ein Gegenbild der Weimarer Situation s. *Kathrin Groh*, Demokratische Staatsrechtslehrer in der Weimarer Republik, 2010; aus der zeitgenössischen Literatur prominent *Hans Kelsen*, Vom Wesen und Wert der Demokratie, 1920; Einordnung bei *Horst Dreier*, Kelsens Demokratietheorie, in: Walter u. a. (Hrsg.), Hans Kelsens Wege sozialphilosophischer Forschung, 1997, S. 79; für eine zeitgenössische Gegenposition klassisch *Carl Schmitt*, Die geistesgeschichtliche Lage des heutigen Parlamentarismus, 1923.

[17] Zum Verhältnis der Vereinigung zu ‚1968' in diesem Band *Florian Meinel*, S. 733 ff.

[18] S. dazu *Michael Stolleis*, Die Vereinigung der Deutschen Staatsrechtslehrer, KritV 80 (1994), S. 339 (342 ff.).

[19] Der Parlamentarische Rat 1948–1949, hrsg. vom Deutschen Bundestag/Bundarchiv, Bd. 9, 1996, S. 20 ff., 35 ff.

Überschwang von einer „magistrale[n] Definition“[20] –, so sah jener die Konturen des Begriffs schon durch „progressistische“[21] Auffassungen verwässert. *Konrad Hesse* (1919–2005) urteilte in seinen „Grundzügen“: „Es gibt kaum einen verfassungsrechtlichen Begriff, dem so unterschiedliche Deutungen gegeben werden wie dem der Demokratie“.[22] Und beklommen stellte *v. Simson* in Ansehung seines Vortragsthemas fest: „Es umfaßt, wollte man es voll ausschöpfen, so ungefähr den gesamten Bereich des geltenden deutschen Staatsrechts“.[23]

Offenkundig lassen sich also unterschiedliche Demokratiegeschichten und damit auch unterschiedliche Geschichten der demokratiebezogenen Beratungen der Vereinigung erzählen, von denen dieser Beitrag *eine* erzählt. Als Quellen herangezogen werden eine *Auswahl* von Vorträgen und die jeweiligen Aussprachen auf den Jahrestagungen der Vereinigung, sonstige Literatur aber nur ergänzend. Das bedeutet selbstverständlich nicht, dass die in der Vereinigung organisierte Staatsrechtslehre ein Monopol auf die Deutung der Demokratie hätte, nicht als juristisches Prinzip und weniger noch als Idee der politischen Theorie.[24] Sie muss ihre Annahmen vielmehr zu den Urteilen einer lebendigen Verfassungsgerichtspraxis ins Verhältnis setzen und ist mit den Thesen anderer Verfassungswissenschaften konfrontiert, von denen regelmäßig wirkmächtige Impulse ausgehen.[25] Daher verfügen die Themen, Referate und Diskussionsbeiträge der Jahrestagungen der Vereinigung nicht über eine höhere demokratische Dignität, sondern bleiben individuelle wissenschaftliche Stellungnahmen. Dessen ungeachtet sind sie als Ausdruck einer *fachwissenschaftlichen Beschreibung* des Forschungsgegenstands Demokratie wert-

---

[20] *v. Simson*, Prinzip (Fn. 12), S. 5.

[21] Der Parlamentarische Rat (Fn. 19), S. 37.

[22] *Konrad Hesse*, Grundzüge des Verfassungsrechts der Bundesrepublik Deutschland, 1967, S. 52; die Aussage findet sich wortgleich bis in die 20. (letzte) Auflage der Grundzüge 1995, dort S. 58; s. auch *Hans Kelsen*, Vom Wesen und Wert der Demokratie, 1. Aufl. 1920/2. Aufl. 1929, S. 1: „Demokratie ist […] das allgemein beherrschende Schlagwort. Gerade darum aber verliert es – wie jedes Schlagwort – seinen festen Sinn.“; *Hans Meyer*, Das parlamentarische Regierungssystem des Grundgesetzes, VVDStRL 33 (1975), S. 69 (74); aus der jüngeren Literatur *Möllers*, Demokratie (Fn. 15), § 5 Rn. 2: „Einer der umstrittensten Begriffe der politischen Theorie […]“; *Sebastian Unger*, Das Verfassungsprinzip der Demokratie, 2008, S. 85 f. m. w. N.; *Pascale Cancik*, Wahl- und Parlamentsrecht als Gelingensbedingungen der Demokratie, VVDStRL 72 (2013), S. 268 (272 f.) weist auf das parallel gelagerte Problem für den Begriff des Parlaments hin; nimmt man die Beratungen der Vereinigung gesamthaft in den Blick, fallen die unzähligen Varianten des Demokratiebegriffs auf, die zu seiner Konkretisierung gebildet werden, etwa Massendemokratie, Verhandlungsdemokratie, Gefälligkeitsdemokratie, Wirtschaftsdemokratie, Versammlungsdemokratie, Konkurrenzdemokratie, Grundrechtsdemokratie usf.; insgesamt hat eine kursorische Durchsicht der Materialien über 70 verschiedene Begriffsschöpfungen ergeben.

[23] *v. Simson*, Prinzip (Fn. 12), S. 4.

[24] Unterscheidung etwa bei *Peter Badura*, Diskussionsbeitrag, VVDStRL 29 (1971), S. 95.

[25] Zum Verhältnis *Markus Kotzur*, Demokratie als Wettbewerbsordnung, VVDStRL 69 (2010), S. 173 (219); die in den letzten Jahren international wirkmächtige Debatte über die „Postdemokratie“ wurde von dem britischen Politikwissenschaftler und Soziologen *Colin Crouch* angestoßen, vgl. *ders.*, Postdemokratie, 2008, sowie *ders.*, Postdemokratie revisited, 2021; Bezugnahme darauf etwa bei *Hermann Pünder*, Wahlrecht und Parlamentsrecht als Gelingensbedingungen repräsentativer Demokratie, VVDStRL 72 (2013), S. 191 (193); die Debatte über die Epistemisierung der repräsentativen Demokratie wird etwa geprägt durch den französischen Historiker *Pierre Rosanvallon*, die amerikanischen Philosophen *Jason Brennan*, den belgischen Historiker *David Van Reybrouck* und den deutschen Soziologen *Helmut Willke*, der indes ‚von Hause aus‘ Jurist ist.

voll. Diese Beschreibung mag lückenhaft sein und von historischer Kontingenz geprägt: Nach 81 Tagungen in 100 Jahren, mehr als 110 verschiedenen Vorstandsmitgliedern und über 440 gehaltenen Vorträgen scheint die Vermutung einer gewissen Repräsentativität des Quellenmaterials gleichwohl berechtigt, auch aufgrund der mitpublizierten Diskussionen. Deren spezifischer dokumentarischer Wert darf wiederum nicht überschätzt werden – sie sind ebenso Ausdruck wie Simulation von Diskursivität.[26]

2. Sedimentschichten der Demokratie

Nimmt man die Beratungen der Vereinigung zur Demokratie in diesem Sinne ordnend in den Blick, lassen sich verschiedene Themenschichten ausmachen, die zusammen einen durch Gegenstand und historischen Verlauf gebildeten diskursgeologischen Querschnitt des Themas ergeben.[27] Manche der Schichten grenzen aneinander an, andere verlaufen ineinander oder trennen sich, brechen ab und setzen erneut an. Sie sind in verschiedenem Maße historisch, politisch oder dogmatisch geprägt, von unterschiedlicher Körnung und Schattierung, aber doch historisch miteinander verbunden. Unterscheiden lassen sich die Themenschichten der Einsetzung, der Ausformung und der Weiterung von Demokratie.

Zur *Einsetzung* der Demokratie zählen die Beratungen über die geistesgeschichtlichen, konzeptionellen und rechtlichen Grundlagen und Voraussetzungen demokratischer Ordnung und deren Verlust, einschließlich der zentralen grundrechtlichen Bezüge des Themas.[28]

Zur *Ausformung* der Demokratie zählen die Beratungen über demokratische Legitimationsvermittlung durch das Wahl- und Parteienrecht[29] sowie die Organisation des

---

[26] Zu den Aussprachen *Schulze-Fielitz*, Wissenschaftskultur (Fn. 16), S. 126 ff., insb. 129 f. zur Reihenfolge der Redner; s. aber auch *Peter Lerche*, Diskussionsbeitrag, VVDStRL 32 (1974), S. 108: „keine Rednerliste führen wollen im Sinne einer feststehenden, vorher festgelegten Liste".

[27] Ein eigenes analytisches Modell der „Tiefenstruktur" des Demokratieprinzips bei *Unger*, Demokratie (Fn. 22), S. 249 ff. et passim.

[28] Vortragsthemen und Tagungen: „Das Recht auf freie Meinungsäußerung", München 1927; „Pressefreiheit", Saarbrücken 1963; „Das demokratische Prinzip im Grundgesetz", Speyer 1970; „Die staatsrechtliche Stellung der Ausländer in der Bundesrepublik Deutschland", Mannheim 1973; „Bürgerverantwortung im demokratischen Verfassungsstaat", Wien 1995; „Erosion demokratischer Öffentlichkeit", Erlangen 2008; „Demokratie als Wettbewerbsordnung", Graz 2009; „Der Bürgerstatus im Licht von Migration und Europäischer Integration" sowie „Elemente direkter Demokratie als Entwicklungsperspektive", jeweils Kiel 2012; „Fragmentierungen: Parteien – Medien – Sozialstrukturen" sowie „Kontexte der Demokratie – Herrschaftsausübung in Arbeitsteilung", jeweils Saarbrücken 2017; „Wandel des Verhältnisses von Staat und Gesellschaft – Folgen für Grundrechtstheorie und Grundrechtsdogmatik", Marburg 2019.

[29] Vortragsthemen und Tagungen: „Die Reform des Wahlrechts", Halle 1931; „Die verfassungsrechtliche Stellung der politischen Parteien im modernen Staat", Wien 1958; „Parteienstaatlichkeit – Krisensymptome des demokratischen Verfassungsstaats", Freiburg i. Ü. 1985; „Informalisierung und Entparlamentarisierung politischer Entscheidungen als Gefährdungen der Verfassung", St. Gallen 2002; „Fragmentierungen: Parteien – Medien – Sozialstrukturen", Saarbrücken 2017; „Machtverschiebungen: Die Organisation politischer Willensbildung – Parteien" sowie „Machtverschiebungen: Die Organisation politischer Willensbildung – Parlamente", Mannheim 2021.

Parlaments und des parlamentarischen Regierungssystems.[30] In diesem Zusammenhang fällt bereits auf, dass die Vereinigung nie ausdrücklich über die Regierung als Organ und ihre Funktion beraten hat.[31] Auch die Mannheimer Tagung 2021 hat diese Lücke insoweit nicht gefüllt, da die Referentin *Angelika Nußberger* (*1963) auf Grundlage eines weiten Regierungsbegriffs besonders die Regierungsfunktion von Verfassungsgerichten thematisierte.

Zu den *Weiterungen* der Demokratie zählen die Beratungen über die Demokratisierung der Verwaltung und der Gesellschaft und damit verbunden über die Bedeutung von Partizipation, Pluralismus und einer demokratischen Öffentlichkeit,[32] aber natürlich auch die Beratungen über die Bewahrung und Entwicklung demokratischer Strukturen im Bereich offener Staatlichkeit.[33]

III. Drei Explorationsbohrungen

Konkretere Anschauung von den Beratungen der Vereinigung über die Demokratie soll hier anhand von Explorationsbohrungen in drei ausgewählte Sedimentschichten des Themas gewonnen werden. Die Auswahl ist dabei von der Überlegung geleitet, Themenschichten zu untersuchen, die unabhängig von unterschiedlich weiten Demokratiebegriffen zweifelsfrei Demokratiefragen betreffen und die vorzugsweise nicht nur einmal Thema der Beratungen waren, um damit eine Vergleichsperspektive zu eröffnen. Durch die relative sachliche Nähe der gewählten Themenschichten sollen, soweit vorhanden,

---

[30] Vortragsthemen und Tagungen: „Der Begriff des Gesetzes in der Reichsverfassung", München 1927; „Kabinettsfrage und Gesetzgebungsnotstand nach dem Bonner Grundgesetz", Heidelberg 1949; „Das Gesetz als Norm und Maßnahme", Mainz 1956; „Parlament und Regierung im modernen Staat", Berlin 1957; „Das Staatsoberhaupt in der parlamentarischen Demokratie", Graz 1966; „Führung und Organisation der Streitkräfte im demokratischen Staat", Frankfurt 1967; „Das parlamentarische Regierungssystem des Grundgesetzes", Bielefeld 1974; „Das parlamentarische Regierungssystem und der Bundesrat – Entwicklungsstand und Reformbedarf", Potsdam 1998; „Rationalitätsanforderungen an die parlamentarische Rechtsetzung im demokratischen Rechtsstaat", Münster 2011.

[31] S. dazu jüngst *Roland Lhotta*, Der Bereich der Regierung – Reloaded, in: Krüper u. a. (Hrsg.), Die Organisationsverfassung der Regierung, 2020, S. 1, sowie ebd. *Klaus Ferdinand Gärditz*, Der Begriff der Regierung, S. 25.

[32] Vortragsthemen und Tagungen: „Staat und Verbände", Würzburg 1965; „Die Stellung der Studenten in der Universität", Bochum 1968; „Die Erfüllung von Verwaltungsaufgaben durch Private", Speyer 1970; „Partizipation an Verwaltungsentscheidungen", Salzburg 1972; „Organisierte Einwirkungen auf die Verwaltung", Bielefeld 1974; „Verfassungstreue und Schutz der Verfassung", Bonn 1978; „Bürgerverantwortung im demokratischen Verfassungsstaat", Wien 1995; „Beteiligung Privater an der Erledigung öffentlicher Aufgaben und staatliche Verantwortung", St. Gallen 2002; „Großvorhaben als Herausforderung für den demokratischen Rechtsstaat", Kiel 2012.

[33] Vortragsthemen und Tagungen: „Das Grundgesetz und die öffentliche Gewalt internationaler Staatengemeinschaften", Erlangen 1959; „Bewahrung und Veränderung demokratischer und rechtsstaatlicher Verfassungsstruktur in den internationalen Gemeinschaften", Kiel 1964; „Der Verfassungsstaat im Geflecht der internationalen Beziehungen", Basel 1977; „Der Verfassungsstaat als Glied einer europäischen Gemeinschaft", Zürich 1990; „Europäisches und nationales Verfassungsrecht", Leipzig 2000; „Verfassung im Nationalstaat: von der Gesamtordnung zur Teilordnung?", Speyer 2015; dazu in diesem Band *Anna Katharina Mangold*, S. 545 ff.

Gemeinsamkeiten und Unterschiede in den Beratungen sichtbar gemacht werden. Dass die hier ausgesparten Themenschichten der Demokratisierung von Verwaltung und Gesellschaft, Partizipation und Pluralismus und der Demokratie in der offenen Staatlichkeit wichtige demokratieverfassungsrechtliche Fragen aufwerfen, ist damit natürlich nicht bestritten. Sie betreffen sachlich aber überwiegend auch andere Beiträge dieses Bandes, auf die hier verwiesen werden muss.[34]

1. Grundlagen der Demokratie

a) Demokratie und Demokratisierung

Nach dem politisch ereignisreichen Jahr 1968 einschließlich der studentischen Störungen der Bochumer Tagung trat die Vereinigung nach Bern 1969 im Jahr 1970 in Speyer zusammen, hielt thematisch aber Tuchfühlung mit 1968. Die Referenten berichteten, bei unterschiedlichen Akzentsetzungen und Zugriffen,[35] im Wesentlichen zum ‚Stand der Dinge' und äußerten sich zur virulenten Debatte über die Demokratisierung der Gesellschaft kaum beziehungsweise eher vorsichtig. Auf die Bildung neuer Theorien der Demokratie wurde „vernünftigerweise"[36] verzichtet. 1970 war man angekommen im liberalen Mainstream westlicher Demokratien.[37] Und doch war die demokratische Debatte unter dem Eindruck der Studentenbewegung bereits weitergezogen und hinterließ auch in der Aussprache ihre Spuren. So hielt *Peter Badura* (*1934) den beiden Berichterstattern eine Engführung des Demokratiebegriffs vor:

> „Es kommt jedoch noch hinzu, daß Demokratie – wie es ihre folgerichtigen Verfechter immer verstanden haben – ein *evolutionäres* und in gewisser Weise auch *revolutionäres* Prinzip ist [Hervorh. i.O.], ein Prinzip, das niemals ganz vollständig in den Institutionen einer bestehenden Verfassung aufgeht, sondern immer bestehen bleibt als ein Prinzip der Kritik und ein Prinzip des Weiterdrängens; in diesem Sinne gibt ‚Demokratisierung', so sehr es sich um ein Schlagwort handelt, ein richtiges Moment der demokratischen Idee an".[38]

Für die Tagung war damit eine zentrale Frage formuliert, auf die bereits der Vorsitzende *Hans Zacher* (1928–2015) hingewiesen hatte: Ist Demokratie ein normatives Prinzip allein staatlicher oder eben auch gesellschaftlicher Ordnung, die es zu demokratisieren gilt?[39] Schon 1968 hatte sich die Vereinigung mit dem Thema „Die Stellung der Studenten in der Universität" einer Facette dieses Problems zugewandt, die an Bedeutung auch zwei Jahre später nichts eingebüßt hatte.[40]

---

[34] Siehe dazu die Beiträge in diesem Band von *Bardo Faßbender*, S. 567 ff.; *Udo Di Fabio*, S. 305 ff.; *Andreas Kley*, S. 39 ff.; *Anna Katharina Mangold*, S. 545 ff. und *Friedrich Schoch*, S. 607 ff.

[35] S. etwa *Kriele*, Prinzip (Fn. 12), S. 50 ff. sowie 130 f. (Schlusswort) zum Verhältnis von Demokratie und Rechtsstaat; aus der Diskussion *René Marcic, Fritz Münch* und *Hans Hugo Klein* VVDStRL 29 (1971), S. 100 f., 109 f., 120 f.

[36] *Stolleis*, Geschichte (Fn. 11), S. 351, dort in Bezug auf das Referat *v. Simsons*, Prinzip (Fn. 12).

[37] *Stolleis*, Geschichte (Fn. 11), S. 356.

[38] *Badura*, Diskussionsbeitrag (Fn. 24), S. 96.

[39] *Hans Zacher*, Diskussionsbeitrag, VVDStRL 29 (1971), S. 83.

[40] *Kriele*, Prinzip (Fn. 12), S. 74 ff., *v. Simson* (Fn. 12), S. 35 f.; aus der Diskussion *Peter Badura, Gerhard Leibholz, Roman Herzog, Peter Häberle* und *Günter Dürig* („Demokratisierungsrausch", die moder-

Die verspätete Themensetzung der Tagung 1970 mag ein Grund dafür sein, warum beide Referate, so überfällig sie einerseits waren, andererseits in den einschlägigen Beratungen der Vereinigung seither keine exponierte Rolle mehr spielen.[41] Auch war die rechtlich wirksame Aktivierung des Demokratieprinzips in der Bundesrepublik eher ein Prozess der 1980er Jahre – mit eigenen Fragestellungen und eigener Literatur.[42] Vor allem aber zeigt sich an der eher schwachen Rezeption der Speyerer Referate, dass selbst unter dem Rubrum eines einzelnen Verfassungsprinzips Teilbereichsdogmatiken ausgeformt werden, hier etwa im Wahl-, Parteien- und Parlamentsrecht, die einen Selbststand erreichen, der einen Rückgriff auf das Grundsätzliche nicht nur nicht mehr erforderlich macht, sondern beinahe ausschließt.[43] Die dogmatische Verbindung zwischen Grundlegung und Operationalisierung der Demokratie, zwischen ihrer Idee und ihrer Organisation, ist juristisch also eher schwach ausgeprägt.

Sachliche Verbindungen zwischen den Tagungen gibt es gleichwohl, wie sich beispielhaft an einer Einlassung *Erich Küchenhoffs* (1922–2008) aus der Diskussion 1970 zeigt:

> „Nicht allein die Pressekonzentration, sondern vor allem die Verfälschung und Unterdrückung von Nachrichten sind eine große Gefahr für eine repräsentativ-demokratische Meinungsbildung".[44]

Dass die von ihm thematisierte Erosion und Fragmentierung demokratischer Öffentlichkeit 39 respektive 47 Jahre später das Plenum der Vereinigung eingehend beschäftigten,[45] hat *Erich Küchenhoff* indes nicht mehr erlebt.

Ins Grundsätzliche der Demokratie zielte 2009 auch die Tagung in Graz unter dem Titel „Gemeinwohl durch Wettbewerb?", deren Thema sich als verfassungsrechtliche ‚Nachführung' zuvor in der Verwaltungsrechtswissenschaft geführter Deregulierungs- und Privatisierungsdebatten interpretieren lässt.[46] *Armin Hatje* (*1959) und *Markus Kotzur* (*1968) übernahmen die Referate zum Thema „Demokratie als Wettbewerbsordnung". Der im Titel der Tagung anklingende Zweifel an wettbewerblicher Gemeinwohlproduktion wurde auch von den Referenten aufgenommen und für verschiedene Bereiche des politischen Wettbewerbs spezifiziert.[47] Wettbewerb als Konstante eines freiheitlichen Gemeinwesens insgesamt unterliege in seiner demokratischen Erscheinungsform viel-

---

ne Universität als „ständestaatliche […] Karrikatur [sic!]"), VVDStRL 29 (1971), S. 96, 105, 114 f., 125 f. bzw. S. 127; zum Verhältnis von Demokratie und Demokratisierung *Möllers*, Demokratie (Fn. 15), § 5 Rn. 100.

41 S. mit einer Kritik *Meyer*, Regierungssystem (Fn. 22), S. 75, dort Fn. 21.

42 *Möllers*, Demokratie (Fn. 15), § 5 Rn. 2.

43 Zur Trennung des Grundsatz- vom Anwendungsdiskurs der Demokratie unter dem Grundgesetz *Möllers*, Demokratie (Fn. 15), § 5 Rn 6.

44 *Erich Küchenhoff*, Diskussionsbeitrag, VVDStRL 29 (1971), S. 111.

45 S. *Bernd Holznagel* und *Hans-Detlef Horn* Erosion demokratischer Öffentlichkeit, VVDStRL 68 (2009), S. 381 (391 ff.) bzw. S. 413; *Indra Spiecker gen. Döhmann* und *Stefan Magen*, Fragmentierungen: Parteien – Medien – Sozialstrukturen, VVDStRL 77 (2018), S. 9 (29 ff.) bzw. S. 67 (73 f.).

46 Zur Prägung der jüngeren Verfassungsrechtsprechung durch Konzepte der Neuen Verwaltungsrechtswissenschaft *Florian Meinel*, Das Bundesverfassungsgericht in der Ära der großen Koalition, Der Staat 60 (2021), S. 43 (46 ff.) et passim.

47 *Armin Hatje*, Demokratie als Wettbewerbsordnung, VVDStRL 69 (2010), S. 133 (151 ff. [Parteienwettbewerb], 155 ff. [Wahlrecht], 158 ff. [Regierung]); *Kotzur*, Demokratie (Fn. 25), S. 196 ff. (Zugehörigkeit zum Demos), 199 ff. (Wahlrecht), 206 ff. (Parteien), 209 ff. (Parlamentsrecht), 212 ff. (Medien).

fältigen Prämissen und Schranken. Demokratie gehe, so *Hatje*, deshalb nicht im Wettbewerb auf.[48] Auch *Kotzur* warnte vor einer „vorschnell[en] und vielleicht auch allzu selbstverständlichen" Vergemeinschaftung der Demokratie mit dem Wettbewerb[49] und simplifizierenden wettbewerblichen Deutungen.[50] Gleichsinnig meldeten die meisten Diskussionsteilnehmer Zweifel an der Explikationskraft des Wettbewerbsbegriffs für die Demokratie, aber auch an der praktischen Leistungsfähigkeit des demokratischen Wettbewerbs an.[51] Am schärfsten urteilte *Christoph Möllers* (*1969): „Man lernt durch den Begriff des Wettbewerbs gar nichts über den Begriff der Demokratie".[52]

b) Der Demos der Demokratie

Fast vierzig Jahre lagen zwischen der Mannheimer Tagung 1973 und jener in Kiel 2012, auf denen verwandte (staats-)bürgerschaftsrechtliche Fragen erörtert wurden: *Karl Doehring* (1919–2011) und *Josef Isensee* (*1937) referierten 1973 über „Die staatsrechtliche Stellung der Ausländer in der Bundesrepublik Deutschland" und *Christian Walter* (*1966) und *Klaus Ferdinand Gärditz* (*1975) 2012 über den „Bürgerstatus im Lichte von Migration und europäischer Integration".[53] Beide Tagungen standen im Zeichen einer Migrationsdebatte,[54] die 1973 vor allem mit Blick auf die in Deutschland seit den 1960er Jahren tätigen „Gastarbeiter" geführt wurde. Thematische Kontinuitäten zwischen den Referaten sind unverkennbar,[55] auch wenn sich dies nicht durchweg im Literaturapparat der späteren Texte zeigt – Tagungsthemen, so scheint es, bestehen, Referate aber vergehen.[56]

Jenseits unterschiedlicher konzeptioneller Zugriffe, Akzente und Terminologien spielt in allen vier Referaten das Problem der politischen Mitwirkungsrechte von Ausländern

---

48 *Hatje*, Demokratie (Fn. 47), S. 148.

49 *Kotzur*, Demokratie (Fn. 25), S. 175.

50 *Kotzur*, Demokratie (Fn. 25), S. 190 f.

51 *Christoph Ohler*, Diskussionsbeitrag, VVDStRL 69 (2010), S. 227: Wettbewerb als „Entmachtungsverfahren"; ebd. aus der Diskussion *Uwe Volkmann*, S. 230 zum Verlust der normativen Dimension des Wettbewerbs; *Friedhelm Hufen*, S. 233 zum Ausfall des politischen Wettbewerbs; ebd. *Hans-Peter Schneider*, S. 234 f. zur Rationalitätsfunktion politischer Wettbewerbsvorstellungen; gleichsinnig ebd. *Ingo v. Münch*, S. 236 zur Überschätzung der Gemeinwohlorientierung von Politik; differenzierend aber ebd. *Joachim Lege*, S. 241 f.

52 *Christoph Möllers*, Diskussionsbeitrag, VVDStRL 69 (2010), S. 228.

53 *Karl Doehring* und *Josef Isensee* Die staatsrechtliche Stellung der Ausländer in der Bundesrepublik, VVDStRL 32 (1974), S. 7 (34 f.) bzw. S. 49 (91 ff.); *Christian Walter* und *Klaus Ferdinand Gärditz*, Der Bürgerstatus im Lichte von Migration und europäischer Integration, VVDStRL 72 (2013), S. 7 (22 ff., 37 ff.) bzw. S. 49 (89).

54 S. aus der Diskussion 1973 etwa *Günter Dürig*, VVDStRL 32 (1974), S. 117, der davon spricht, das „Ausländerproblem" sei „normativ entglitten"; in eigener Zuspitzung *Walter Leisner*, ebd., S. 130: „Denn wenn die Entwicklung so beängstigend fortschreitet, […] wenn eines Tages dann türkische Divisionen unsere Grenze schützen, werden wir nur unseren eigenen zukünftigen Status hier diskutiert haben".

55 *Hans Meyer*, Diskussionsbeitrag, VVDStRL 72 (2013), S. 179 zum Zweitreferenten: „Wenn Sie diesen Vortrag vor 40 Jahren gehalten hätten […], hätten Sie kein Jota ändern müssen".

56 Für die relevanten Thesen des Referats von *Josef Isensee* gilt dies insoweit nicht, als dass er in den Folgejahren seine Grundannahmen anderwärts eingehend entfaltet und fortentwickelt hat, wesentlich auch als Prozessbevollmächtigter in den verfassungsgerichtlichen Verfahren zum kommunalen Ausländerwahlrecht und die Referate diese späteren Quellen vorrangig verwerten; das Referat *Karl Doehrings* indes bleibt in den Vorträgen 2012 praktisch unbeachtet.

eine zentrale Rolle. Es war vor dem Hintergrund des Auseinanderfallens von Herrschaftsunterworfenen und demokratisch Mitwirkungsberechtigten bereits 1973 relevant, hat bis 2012 an Bedeutung noch zugenommen und seither nichts an Aktualität eingebüßt. Es kulminiert in der „wohl wichtigsten Einzelfrage“[57] nach einem *Ausländerwahlrecht* in Gemeinden, Ländern und im Bund.

Prägend für die Beratungen 1973 und 2012 ist dabei der Gegensatz zwischen formal-normativen und materiell-empirischen Ansätzen zur Bestimmung des Volksbegriffs im Sinne des Art. 20 Abs. 2 S. 1 GG: Ist er „dem deutschen Volke“ oder – im Sinne der Plastik *Hans Haackes* (*1936) im Innenhof des Reichstags – „der Bevölkerung“ gewidmet?[58] Dahinter verbergen sich unterschiedliche verfassungstheoretische Perspektiven auf die Frage, welches Maß an Wirklichkeitsorientierung die normative Kraft der Verfassung verträgt beziehungsweise verlangt: Nur der Staatsbürger im formellen Sinne sei der Staatsgewalt „unentrinnbar“[59] unterworfen und deswegen zur politischen Gestaltung berechtigt, so *Josef Isensee* 1973. *Klaus Ferdinand Gärditz* unterstrich 2012 die Bedeutung des Bürgerstatus als „demokratisches Heimatrecht“, der nur als *Staats*bürgerschaftsstatus eine „hinreichend stabile Formalität“ für die Organisation politischer Teilhabe aufweise.[60] Dieser „Formalität des Rechts“[61] ist 1973 wie 2012 mit faktisch-empirischen Einwänden begegnet worden. Welche *tatsächlichen* Leitvorstellungen dem Begriff des Ausländers bzw. des ‚Fremden‘ rechtlich zugrunde zu legen seien, fragten etwa *Wilhelm Kewenig* (1934–1993), *Günter Dürig* (1920–1996) und *Ernst-Wolfgang Böckenförde* (1930–2019).[62] *Manfred Zuleeg* (1935–2015) wandte sich gegen eine individualisierende Betrachtung ‚des Ausländers‘ und optierte stattdessen dafür, das Tagungsthema aus der Perspektive von Minderheiten, also gruppenbezogen zu verstehen.[63] Und *Klaus Vogel* (1930–2007) wandte gegen eine rein rechtliche Zugehörigkeitsbestimmung von Bürgern schließlich die faktischen Bleibenszwänge ein, denen ansässige und erwerbstätige Ausländer unterlägen.[64]

Von vornherein stärker auch auf das Tatsächliche gerichtet war der Blick *Christian Walters*, der seine Überlegungen zum Bürgerstatus mit Statistiken zur Aufenthaltsdauer von Ausländern in der Bundesrepublik unterlegte und die Frage aufwarf, ob nicht recht-

---

57 *Wilhelm Kewenig*, Diskussionsbeitrag, VVDStRL 32 (1974), S. 107.

58 S. dazu auch *Friedhelm Hufen*, Diskussionsbeitrag, VVDStRL 72 (2012), S. 473; s. zur Auseinandersetzung um das Kunstwerk *Hans Haackes* „Der Bevölkerung“ im Innenhof des Reichstags *Gärditz*, Bürgerstatus (Fn. 56), S. 51.

59 *Isensee*, Ausländer (Fn. 53), S. 58.

60 *Gärditz*, Bürgerstatus (Fn. 53), S. 100.

61 *Klaus Ferdinand Gärditz*, Schlusswort, VVDStRL 72 (2013), S. 184.

62 *Kewenig*, Diskussionsbeitrag (Fn. 57), S. 107 f.; aus der Diskussion *Dürig*, Diskussionsbeitrag (Fn. 53), S. 116, unter Hinweis auf die 4,5 Millionen in der Bundesrepublik ansässigen Ausländer: „Da stellt sich doch die Frage, ob hier nicht allein schon aufgrund der Quantität auch die Qualität umschlägt, d. h. die materiellrechtliche Regelung dem zu folgen hat“; *Ernst-Wolfgang Böckenförde*, Diskussionsbeitrag, VVDStRL 32 (1974), S. 134: „Die Gastarbeiter-Wirklichkeit ist meines Erachtens nicht mehr damit adäquat zu erfassen, daß es sich hier um Gäste handelt, die dem Fremdenrecht als einer Ausformung des Gastrechts unterstehen“; in diesem Sinne ähnlich *Walter*, Bürgerstatus (Fn. 56), S. 41; *Meyer*, Diskussionsbeitrag (Fn. 55), S. 179.

63 *Manfred Zuleeg*, Diskussionsbeitrag, VVDStRL 32 (1974), S. 110; dagegen ebd. *Hermann Mosler*, S. 113.

64 *Klaus Vogel*, Diskussionsbeitrag, VVDStRL 32 (1974), S. 115.

lich andere Kriterien von demokratischer Inklusion und Exklusion anzuerkennen seien als die Staatsangehörigkeit allein.[65]

Was die Entscheidung für ein Ausländerwahlrecht auf Bundesebene betrifft, steht es in der Sprache des Sports nach den beiden Tagungen 3:1. Während *Karl Doehring*, *Josef Isensee* und *Klaus Ferdinand Gärditz* die Einführung eines Ausländerwahlrechts vor allem im Hinblick auf Art. 79 Abs. 3 GG für ausgeschlossen halten und auf – gegebenenfalls erleichterte[66] – Einbürgerungen verweisen, sieht *Christian Walter* die Frage in den Händen des insoweit nicht gebundenen verfassungsändernden Gesetzgebers: Die klassische „Schicksalsgemeinschaft" wird darin zu einer faktischen Verbundenheitsgemeinschaft, die auch ansässige Ausländer umfasst.[67]

c) Direkte und indirekte Demokratie

Das Verhältnis von direkter und indirekter Demokratie in modernen Flächenstaaten bildet einen *locus classicus* der (deutschen) Verfassungsrechtsdebatten und ist bis heute Schauplatz engagierter Kontroversen. Dabei hat die parteienstaatliche Durchformung der repräsentativen Demokratie die Forderungen nach mehr unmittelbarem Einfluss der Bürger noch verstärkt. In diesem Sinne schrieb *Werner Weber* (1904–1976) Elementen der direkten Demokratie das Potential zu, die politischen Parteien „einem fruchtbaren demokratischen Risiko auszusetzen".[68]

Das Verhältnis von direkter und indirekter Demokratie hat bei der Speyerer Tagung 1970 kaum eine Rolle gespielt. Vier Jahre später gingen *Thomas Oppermann* (1931–2019) und *Hans Meyer* (*1933) in ihren Berichten auf die Ergänzung des parlamentarischen Regierungssystems durch plebiszitäre Elemente ein und befürworteten diese übereinstimmend.[69] Erst 2012 aber machte die Vereinigung „Elemente direkter Demokratie als Entwicklungsperspektive" ausdrücklich zum Thema: *Markus Möstl* (*1969) und *Margarete Schuler-Harms* (*1959) erstatteten Bericht[70] zu einem Thema, das nicht zuletzt durch die plebiszitäre ‚Spaltung' von Bundes- und Landesverfassungsrecht in Deutschland und den unterschiedlichen Verfassungstraditionen in den Vereinigungsländern Deutschland, Österreich und der Schweiz Potential zur Kontroverse bot. Von der Tagungsdramaturgie wohl als Antipoden verstanden, zeichneten beide Referenten ein abgewogenes und trotz je unterschiedlicher Vorzeichen durchaus ähnliches Bild. Während *Markus Möstl* einen leichten normativen

---

65 *Walter*, Bürgerstatus (Fn. 53), S. 14 f., 40; kritisch dazu *Gärditz*, Bürgerstatus (Fn. 53), S. 100 Fn. 168: „Insoweit müsste dann eine Kritik des etablierten Bezugssystems [der Staatsangehörigkeit, Anm. JK] auch den Eigenwert des Formalen in Frage stellen".

66 *Gärditz*, Bürgerstatus (Fn. 53), S. 119 ff.

67 *Walter*, Bürgerstatus (Fn. 53), S. 41.

68 *Werner Weber*, Spannungen und Kräfte im westdeutschen Verfassungssystem, 3. Aufl. 1970, S. 54; s. auch *Anna-Bettina Kaiser*, Die Organisation politischer Willensbildung: Parteien, VVDStRL 81 (2022), S. 117 (153 ff.), zu „losbasierten Bürgerräten".

69 *Thomas Oppermann*, Das parlamentarische Regierungssystem des Grundgesetzes, VVDStRL 33 (1975), S. 7 (26, 44); *Meyer*, Regierungssystem (Fn. 22), S. 115 (These 28).

70 *Markus Möstl* und *Margarete Schuler-Harms*, Elemente direkter Demokratie als Entwicklungsperspektive, VVDStRL 72 (2013), S. 355 bzw. S. 417; zur Bedeutung des Themas in vorhergehenden Tagungen auch ebd. *Möstl*, S. 358, Fn. 16: „behandelt bzw. gestreift".

Vorrang des repräsentativen Systems vor dem direktdemokratischen System postulierte, ging *Margarete Schuler-Harms* von vornherein von einem demokratischen Mischsystem aus, wie es vor allem in Kommunen und Ländern verwirklicht sei. Einig aber war man sich in der Funktion direktdemokratischer Elemente als *punktuelle Ergänzung* repräsentativ-demokratischer,[71] uneinig hingegen im Hinblick auf die Einführung plebiszitärer Elemente auf Bundesebene: Während sich *Möstl* innerhalb seines restriktiveren Ansatzes dafür aussprach, optierte *Schuler-Harms*, eher überraschend,[72] dagegen. Dass die normativen Grenzen plebiszitärer Elemente im Sinne des Referats von *Möstls* mit ihren faktischen Verwirklichungsgrenzen im Sinne *Schuler-Harms'* wohl weitgehend in eins fallen, relativiert die Debatte über das Verhältnis die beiden Formen der Demokratie und lenkt den Blick auf praktikable Kombinationen beider Modelle, die Defizite des repräsentativen Systems kompensieren, ohne es in Frage zu stellen – rechtlich oder tatsächlich.

2. Legitimationsvermittlung in der repräsentativen Demokratie

Kennzeichen der repräsentativen Demokratie ist die Ausübung öffentlicher Gewalt durch demokratisch legitimierte Organe. Das Gelingen der Legitimationsvermittlung wird damit zu einem verfassungsrechtlichen Prüfstein repräsentativer Demokratie. Gesteuert wird dieser Vermittlungsvorgang vor allem durch das „Betriebsrecht"[73] der Demokratie in Gestalt des Parteien- und Wahlrechts, die durch Normen des formellen und materiellen Verfassungsrechts gebildet werden.

a) Wahlrecht

Mit der Reform des Weimarer Wahlrechts thematisierte die Tagung in Halle 1931 einen Kernbereich demokratischer Legitimationsvermittlung und fand mit den beiden Referaten von *Heinrich Pohl* und *Gerhard Leibholz* das thematische Panorama zwischen Technik und Theorie des Wahlrechts breit entfaltet. Es sollten danach gut 80 Jahre vergehen, bis sich die Vereinigung mit den sich in ihrer „je eigenen Signatur"[74] ergänzenden Referaten von *Hermann Pünder* (*1966) und *Pascale Cancik* (*1967)[75] erneut Wahlrechtsfragen widmete. Und wiewohl in der Zwischenzeit mehrere politische Systeme auf deutschem Boden gekommen und gegangen (worden) waren, die Bonner zur Berliner Republik erwuchs und ein deutlich modifiziertes Wahlrecht galt,[76] sind die thematischen Kontinuitäten frappierend: Es geht um die Urfrage nach dem richtigen Wahlsystem,[77] um Wahlkreiseinteilung,[78]

---

[71] S. auch *Meyer*, Regierungssystem (Fn. 22), S. 82.

[72] *Friedhelm Hufen*, Diskussionsbeitrag, VVDStRL 72 (2013), S. 472.

[73] *Cancik*, Gelingensbedingungen (Fn. 22), S. 280, 287, 322.

[74] *Martin Morlok*, Diskussionsbeitrag, VVDStRL 72 (2013), S. 335.

[75] *Pünder*, Gelingensbedingungen (Fn. 25), S. 191 ff. sowie *Cancik*, Gelingensbedingungen (Fn. 22).

[76] *Julian Krüper*, Auf der Suche nach neuer Identität, in: Duve u. a. (Hrsg.), Rechtswissenschaft in der Berliner Republik, 2018, S. 238 (263).

[77] *Cancik*, Gelingensbedingungen (Fn. 22), S. 292: „Grundlagendebatten um die ‚wahre' Repräsentation" deren „[p]rominentestes Beispiel die Diskussion um Mehrheitswahl versus Verhältniswahl" ist.

[78] *Pohl*, Wahlrecht (Fn. 3), S. 144 ff.

Reststimmenverwertung,[79] starre und offene Listen,[80] die Senkung des Wahlalters[81] oder die Einführung von Vorwahlen nach amerikanischem Vorbild.[82] Nur vereinzelt wirken Einschätzungen von 1931 zeithistorisch gebunden: Das prinzipielle Bedauern *Gerhard Leibholz*' über die Abschaffung des Mehrheitswahlsystems, das allein fähig sei, echte Repräsentation herzustellen im Gegensatz zum Verhältniswahlsystem, das nur die politischen Differenzen des Volkes offenlege, dürfte nicht mehr ohne weiteres anschlussfähig sein,[83] wie ohnehin die repräsentationstheoretische Annahmen *Leibholzscher* Provenienz an Gewicht verloren haben.

Das Wahlrecht gehört, der Vergleich macht das deutlich, zu den Ewigkeitslasten der repräsentativen Demokratie, die es unter immer wieder veränderten gesellschaftlichen und politischen Voraussetzungen zu tragen gilt.[84] Dabei geht es um das Gelingen von Repräsentation im Sinne einer „Repräsentativität" als Ergebnis legitimationsvermittelnder Verfahren.[85] Das Wahlrecht steht dabei unter besonderem Bewährungszwang, weil es unmittelbar mit der sozialen Wirklichkeit Tuchfühlung aufnimmt und deren Veränderungen angemessen verarbeiten muss.

Nicht zu verkennen ist, dass die *in der Vereinigung institutionalisierte Staatsrechtslehre* in ihrer neueren Geschichte nicht der zentrale Akteur in der Wahlrechtsarena ist.[86]

---

79 Das Weimarer Wahlrecht kannte dazu das Institut der Reichsliste, der nicht verwertbare Reststimmen in den Wahlkreisen zugeschlagen und sodann addiert wurden, um nach dem jeweils maßgeblichen Schlüssel darüber Mandate zuzuteilen. Die Reichsliste galt als ein Institut der Absicherung von „Parteibonzen", so mit einer offenkundigen und süffisanten Lust an ironischer Provokation *Pohl*, Wahlrecht (Fn. 3), S. 152; für das bundesdeutsche Wahlrecht *Pünder*, Gelingensbedingungen (Fn. 25), S. 220, dort Fn. 115.

80 *Leibholz*, Wahlrecht (Fn. 3), S. 179 f.; *Pünder*, Gelingensbedingungen (Fn. 25), S. 226 f.

81 *Pohl*, Wahlrecht (Fn. 3), S. 136: „Die Herabsetzung des Wahlalters war ein Fehler"; *Pünder*, Gelingensbedingungen (Fn. 25), S. 233: „Um das Interesse der Jugend für die Demokratie soweit wie möglich zu wecken, erscheint es aber sinnvoll, das Wahlalter – wie es etwa in Österreich geschehen ist – auf 16 Jahre zu senken"; dazu *Harald Eberhard*, Diskussionsbeitrag, VVDStRL 72 (2012), S. 341 und ebd. aus der Diskussion *Janbernd Oebbecke*, S. 340.

82 *Leibholz*, Wahlrecht (Fn. 3), S. 187; *Loewenstein*, Diskussionsbeitrag (Fn. 7), S. 193; aus der Diskussion *Heinrich Triepel*, Diskussionsbeitrag, VVDStRL 7 (1932), S. 195; *Pünder*, Gelingensbedingungen (Fn. 25), S. 229 f.; s. auch *Michael Stolleis*, Parteienstaatlichkeit – Krisensymptome des demokratischen Verfassungsstaats?, VVDStRL 44 (1986), S. 7 (36).

83 *Leibholz* hielt die Entwicklung zum Verhältniswahlsystem für eine konsequente Folge der Entwicklung von der in seinem Sinne repräsentativen hin zur parteienstaatlichen Demokratie; s. zur Abbildungsfähigkeit des Mehrheitswahlsystems für Niederlagen aber *Joachim Lege*, Diskussionsbeitrag, VVDStRL 72 (2013), S. 332; wohl für das Mehrheitswahlsystem ebd. aus der Diskussion *Thomas Oppermann*, S. 340; dagegen unter Hinweis auf die Repräsentationsausfälle ebd. *Hans Meyer*, S. 344.

84 Eine gewisse thematische Engführung der Wahlrechtsdiskurse ist festzustellen; so bleibt die organisatorisch-institutionelle Dimension der Wahlen, die in den USA (unter anderen und prekären Voraussetzungen) einen wichtigen Teil der Debatte ausmacht, hierzulande eher unterbelichtet, s. aber etwa *Arne Pilniok*, Das Personal der Wahlen, in: Richter u. a. (Hrsg.), Kultur und Praxis der Wahlen, 2017, S. 265 zu einer „Geschichte der Verwaltung der Demokratie".

85 Zentrale These bei *Cancik*, Gelingensbedingungen (Fn. 22), S. 279; „‚Repräsentativität' soll, im Unterschied zu ‚Repräsentation', das schwer fassbare Ziel und Ergebnis von Repräsentationsvorgängen beschreiben. Repräsentativität transportiert eine Erwartung an die Qualität der Repräsentanten, des Verfahrens und des ‚outcome'".

86 S. aber *Schulze-Fielitz*, Wissenschaftskultur (Fn. 16), S. 196 zum „Offenen Brief an den Deutschen Bundestag" zur Reform des Wahlrechts, den 102 Mitglieder der Vereinigung 2019 unterzeichneten; selbstverständlich nehmen Vereinigungsmitglieder intensiv an der Diskussion um das Wahlrecht teil,

Unter einem in seinen Grundfesten seit Mitte der 1950er Jahre unveränderten personalisierten Verhältniswahlsystems dominieren in der Bundesrepublik seither die technischen Probleme der Mandatsberechnungs- und zuteilungsverfahren,[87] die mehr mathematischen als juristischen Sachverstand voraussetzen. Rechtspolitisch sind Verfassungsgericht und Gesetzgeber die maßgeblichen Akteure.[88]

b) Parteien und Parteienrecht

In der Perspektive der Vereinigung sind die politischen Parteien die Sorgenkinder des demokratischen Verfassungsstaats: „Parteienstaatlichkeit" – nach *Gerhard Leibholz* bereits ein Problem an sich – wird als „Krisensymptom des Verfassungsstaats" gedeutet[89] und „Fragmentierungen"[90] des Parteiensystems werden diagnostiziert. Interpretationsoffener war demgegenüber das Thema der Mannheimer Tagung 2021, das „Machtverschiebungen" auch im Hinblick auf die Parteien bilanzierte, was sich allerdings ebenso deskriptiv wie normativ interpretieren lässt. Nur 1958 in Wien näherte sich die Vereinigung den Parteien nominell neutral und fragte nach ihrer „verfassungsrechtlichen Stellung im modernen Staat".

Dass die Parteien keine Lieblingskinder der Deutschen seien,[91] und im Übrigen auch nicht der Österreicher und der Schweizer,[92] hat *Heinrich Triepel* (1868–1946) auf den Begriff gebracht: Zunächst wurden die Parteien bekämpft, dann ignoriert, später legalisiert und schließlich verfassungsrechtlich inkorporiert,[93] ohne dass damit für sie ein signifikanter Prestigegewinn verbunden gewesen wäre.[94]

---

zum Teil auch zusammen mit einschlägig ausgewiesenen Mathematikern. Das Forum der Vereinigung ist aber bislang nicht der Ort für detailorientierte Wahlrechtsdebatten – möglicherweise auch durchaus zu Recht.

[87] *Julian Krüper*, Wahlrechtsgeschichte(n) unter dem Grundgesetz, in: Heinig u. a. (Hrsg.), 70 Jahre Grundgesetz, 2019, S. 149 (150) zur Differenzierung von subjektivem Wahlrecht, Wahlsystem und Mandatszuteilungsverfahren.

[88] *Julian Krüper*, Constitutionalizing Electoral Politics, in: Chommeloux u. a. (Hrsg.), Contemporary Voting in Europe, 2017, S. 90 (93 ff.).

[89] Wien 1985; Zur Deutung des Titels auch *Christian Graf von Pestalozza*, Diskussionsbeitrag, VVDStRL 44 (1986), S. 122.

[90] Der Begriff „Fragmentierungen" bildete den Obertitel der Tagung in Saarbrücken 2017.

[91] S. etwa *Wilhelm Grewe*, Diskussionsbeitrag, VVDStRL 44 (1986), S. 118; *Hermann Scheer*, Parteien contra Bürger?, 1980.

[92] Für Österreich *Heinz Schäffer*, Parteienstaatlichkeit – Krisensymptome des demokratischen Verfassungsstaats?, VVDStRL 44 (1986), S. 46 (48, 55): „Parteienfeindlichkeit"; für die Schweiz *René Rhinow*, Parteienstaatlichkeit – Krisensymptome des demokratischen Verfassungsstaats?, VVDStRL 44 (1986), S. 83 (99): „geringes Ansehen in der Öffentlichkeit".

[93] *Heinrich Triepel*, Die Staatsverfassung und die politischen Parteien, 1927, S. 8; zur Konstitutionalisierung der Parteien in Österreich durch das Parteiengesetz von 1975 *Schäffer*, Parteienstaatlichkeit (Fn. 92), S. 50 sowie für die Schweiz *Rhinow*, Parteienstaatlichkeit (Fn. 92), S. 94 ff.; heute sind die politischen Parteien in Art. 137 der Schweizer Bundesverfassung konstitutionalisiert; kritisch gegenüber der Konstitutionalisierung *Pestalozza*, Diskussionsbeitrag (Fn. 89), S. 123; zum Problem der latenten Insuffizienz des Verfassungsrechts gegenüber den Parteien *Dieter Grimm*, Diskussionsbeitrag, VVDStRL 44 (1986), S. 125.

[94] *Gustav E. Kafka*, Die verfassungsrechtliche Stellung der politischen Parteien im modernen Staat,

Für die verfassungsrechtliche Erschließung der 1949 durch Art. 21 GG semikonstitutionalisierten Parteien war das Referat *Konrad Hesses* grundlegend.[95] Er legte eine Status-Lehre politischer Parteien vor, deren Dreiklang aus Freiheit, Gleichheit und Öffentlichkeit verfassungsrechtliches Gemeingut geworden ist.[96] Auch der Mitberichterstatter *Gustav E. Kafka* (1907–1974) ließ an der Bedeutung der politischen Parteien wenig Zweifel. Ausgehend von einer Deutung des Verfassungsrechts als Ordnung des Parteienwettbewerbs – ein Gedanke, der später eingehender ausgearbeitet wurde[97] –, wies er dem Volk die Rolle des Schiedsrichters zu und folgerte: „Streng genommen müßte man also sagen, daß die verfassungsrechtliche Stellung des ‚Volkes' auf der verfassungsrechtlichen Stellung der Parteien beruht und nicht umgekehrt".[98]

Waren Vorträge und Diskussion in Wien bereits bedeutend nüchterner als in Halle 1931, ist doch immer wieder ein Fremdeln mit den Parteien zu spüren. Es manifestierte sich zum einen in der Kritik an *Konrad Hesses* verfassungstheoretischen Prämissen,[99] vor allem aber an der Frage des institutionellen Arrangements von Staat und Parteien,[100] wie er es entworfen hatte. Die darin beschriebene intermediäre Stellung der Parteien zwischen Staat und Gesellschaft sowie zwischen öffentlichem Recht und Privatrecht gibt bis heute verfassungsrechtliche Probleme auf.[101]

Knapp drei Jahrzehnte später berichteten *Michael Stolleis* (1941–2021), *Heinz Schäffer* (1941–2008) und *René Rhinow* (*1942) der Vereinigung erneut über die politischen Parteien, damals im Schatten der aufsehenerregenden Flick-Affäre.[102] Der Vorstand hatte das normativ ambivalent formulierte Thema „Parteienstaatlichkeit – Krisensymptome des demokratischen Verfassungsstaats?" gesetzt, dessen (relativierender) Deutung sich die Referenten und eine Reihe von Diskutanten annahmen.[103] Wenn auch eine Gewöhnung an die Parteien und ihre hervorgehobene Rolle eingetreten war, waren doch viele der Grundfragen der parteienstaatlichen Demokratie nach wie vor aktuell:[104] demokratische Ewigkeitslasten auch hier.

Die Diskussion 1985, die zeitlich in die Mitte der bisherigen Nachkriegsgeschichte der Vereinigung fällt, ist immer wieder von einer ‚ja, aber…-Stimmung' gegenüber den Par-

---

VVDStRL 17 (1959), S. 53 (58 f.) zur Bedeutung von Prestige und Autorität politischer Führungseinrichtungen.

95 S. zum Status des Textes etwa *Julian Krüper*, Wiedergelesen: Klassiker des Parteienrechts, MIP 2007, S. 22.

96 *Konrad Hesse*, Die verfassungsrechtliche Stellung der Parteien im modernen Staat, VVDStRL 17 (1959), S. 11 (27 ff.).

97 *Martin Morlok*, Parteienrecht als Wettbewerbsrecht, in: FS für Dimitris Tsatsos, 2003, S. 408; *Hatje*, Demokratie (Fn. 47), S. 151 ff.; *Kotzur*, Demokratie (Fn. 25), S. 206 ff.

98 *Kafka*, Parteien (Fn. 94), S. 78; zum Wettbewerbsgedanken S. 76 et passim.

99 *Hans Peters*, Diskussionsbeitrag, VVDStRL 17 (1959), S. 108; ebd. aus der Diskussion *Joseph H. Kaiser*, S. 112 f.

100 *Felix Ermacora*, Diskussionsbeitrag, VVDStRL 17 (1959), S. 103; ebd. aus der Diskussion *Wilhelm Merk*, S. 104.

101 Dazu etwa *Grimm*, Diskussionsbeitrag (Fn. 93), S. 125.

102 Ausdrücklich bei *Rhinow*, Parteienstaatlichkeit (Fn. 92), S. 108.

103 Titelexegese bei *Schäffer*, Parteienstaatlichkeit (Fn. 92), S. 47.

104 *Stolleis*, Parteienstaatlichkeit (Fn. 82), S. 9.

teien gekennzeichnet.[105] *Klaus Schlaich* (1937–2005) spricht von der „Okkupation des Gemeinwohls“ durch die Parteien,[106] *Christian Graf von Pestalozza* (*1938) stellt die Konstitutionalisierung der Parteien infrage[107] und *Klaus Stern* (*1932) würdigt, „daß keines der Referate in eine Parteieneuphorie oder -eloge“[108] ausgebrochen sei; ein „Lob der Parteien“[109] schien offenbar untunlich. Ein Leitmotiv bildete die Frage nach den Grenzen der Verrechtlichung des Parteiwesens – als Frage nach der Verrechtlichung von Politik eine Kernfrage des Demokratieverfassungsrechts schlechthin. *René Rhinow* hatte hier in seinem Referat einen eigenen Akzent gesetzt,[110] den *Dieter Grimm* (*1937), *Klaus Stern* und *Hans-Peter Schneider* (1937–2021) aufgriffen, letzterer resignierend: „Ich halte das Problem der Parteienfinanzierung letzten Endes für unlösbar“.[111]

Daran anknüpfend setzte *Anna-Bettina Kaiser* (*1976) auf der Mannheimer Tagung 2021 einen besonderen Akzent, indem sie als wesentlichen Baustein eines „resilienten Parteienrechts“ eine Modifikation der geltenden deutschen Parteienfinanzierungsregeln forderte.[112] Namentlich sei eine Anpassung der verfassungsrechtlichen Vorgaben an die Entwicklung der Parteien von Mitgliederparteien hin zu Wählerparteien notwendig, um dauerhaft die Funktionsfähigkeit des Parteiensystems zu garantieren. Vor allem aber sei die Parteienfinanzierung künftig im Sinne eines Modells einer inklusiven Politikfinanzierung neu zu ordnen, in die die Zuwendungen an die Parlamentsfraktionen und die parteinahen Stiftungen einzubeziehen sei. Während nämlich die staatliche Parteienfinanzierung selbst streng reglementiert sei, erfolgten die Zuflüsse an Fraktionen und Stiftungen weitgehend unbeschränkt.

3. *Parlament und parlamentarisches Regierungssystem*[113]

Zum 25. Jahrestag des Grundgesetzes 1974 zog die Vereinigung in Bielefeld eine erste Bilanz über das parlamentarische Regierungssystem des Grundgesetzes. *Thomas Oppermann* und *Hans Meyer* erstatteten Bericht. *Zuvor* hatten 1949 in Heidelberg *Walter Jellinek* (1885–1955) und *Hans Schneider* (1912–2010) und 1957 in Berlin *Ernst Friesenhahn* (1901–1984) und *Karl Josef Partsch* (1914–1996), *danach* 1998 in Potsdam föderalistisch gefärbt *Rudolf Dolzer* (1944–2020) und *Michael Sachs* (1951–2022), 2002 in St. Gallen *Matthias Herdegen* (*1957) und *Martin Morlok* (*1949), 2012 in Kiel *Pascale Cancik* und

[105] S. etwa *Karl Wenger*, Diskussionsbeitrag, VVDStRL 44 (1986), S. 123.
[106] *Klaus Schlaich*, Diskussionsbeitrag, VVDStRL 44 (1986), S. 121.
[107] *Pestalozza*, Diskussionsbeitrag (Fn. 89), S. 123.
[108] *Klaus Stern*, Diskussionsbeitrag, VVDStRL 44 (1986), S. 126.
[109] S. aber *Martin Morlok*, Lob der Parteien, in: Neumann u. a. (Hrsg.), Jahrbuch der Juristischen Gesellschaft Bremen, 2001, S. 53.
[110] *Rhinow*, Parteienstaatlichkeit (Fn. 92), S. 107 ff.
[111] *Grimm*, Diskussionsbeitrag (Fn. 93), S. 124 f., aus der Diskussion *Klaus Stern* und *Hans-Peter Schneider*, VVDStRL 44 (1986), S. 127 bzw. 149 (151).
[112] *Kaiser*, Parteien (Fn. 68).
[113] Nicht berücksichtigt werden nachstehend die Referate von *Rudolf Dolzer* und *Michael Sachs*, Das parlamentarische Regierungssystem und der Bundesrat – Entwicklungsstand und Reformbedarf, VVDStRL 58 (1999), S. 7 bzw. 39, weil sie thematisch im Schwerpunkt dem Themenkreis des Föderalismus zuzurechnen sind.

Hermann Pünder und 2021 in Mannheim *Mehrdad Payandeh* (*1978) die Aufgabe, aus dem Themenkreis Parlament und parlamentarisches Regierungssystem vorzutragen. Die regelmäßige Behandlung des Themenkreises ist kaum zufällig, denn die Vereinigung stößt damit in die Herzkammer der demokratischen Ordnung vor, wie *Meyer* formuliert: „Das Grundgesetz kennt den Begriff der repräsentativen Demokratie nicht. Was wir haben, ist ein parlamentarisches Regierungssystem“.[114] Wer über Demokratie spricht, das wird daran deutlich, spricht also immer auch über die Form ihrer konkreten Institutionalisierung.[115]

Während für *Walter Jellinek* und *Hans Schneider* im Schatten des soeben in Kraft getretenen Grundgesetzes technische Normierungsdefizite der neuen Verfassung im Vordergrund standen,[116] griff *Ernst Friesenhahn* 1957 ins Grundsätzliche aus. Er warnte vor überzogener Kritik und unangemessener Skepsis gegenüber den Funktionsbedingungen moderner parlamentarischer Regierungssysteme, stellte der Kritik ein realistisches Institutionenverständnis gegenüber und buchstabiert dessen Eigengesetzlichkeiten aus, beinahe im Sinne einer Karlsruher Regieanweisung zum Grundgesetz.[117] Ganz wesentlich komme es neben den Normen der Verfassung auf die Menschen an, die die Verfassung handhabten,[118] eine These ähnlich dem von *Konrad Hesse* formulierten Gedanken des „Willens zur Verfassung“[119] als Voraussetzung ihrer normativen Kraft.

Als alternativlos bewerteten *Thomas Oppermann* und *Hans Meyer* 1974 das parlamentarische Regierungssystem, vor allem wegen seiner politischen Leistungsfähigkeit.[120] Auf dem Höhepunkt der Zustimmung der deutschen Bevölkerung zur Demokratie – zwischen 1969 und 1976 lag die Wahlbeteiligung bei Bundestagswahlen bei über 90 % – konnten sie eine positive Bilanz ziehen und das parlamentarische Regierungssystem des Grundgesetzes gegen alte und neue Parlamentarismuskritik in Schutz nehmen.[121] Hervorhebung verdient aus dem Referat *Meyers* der Akzent auf der organisatorischen Di-

---

114 *Hans Meyer*, Diskussionsbeitrag, VVDStRL 72 (2013), S. 344; zur Entgegensetzung von Demokratiegewährleistung und parlamentarischem Regierungssystem auch *Möllers*, Demokratie (Fn. 15), § 5 Rn. 5.

115 *Karl Doehring*, Diskussionsbeitrag, VVDStRL 29 (1971), S. 110 mahnt zur Diskussion über die Demokratie im Hinblick auf konkrete Realisierungsformen.

116 *Walter Jellinek* etwa präparierte zahlreiche verfassungsrechtliche und verfassungspolitische Monita des neuen Grundgesetzes, etwa im Hinblick auf den Mehrheitsbegriff, die Kanzlerwahl, Vertretungsregelungen, Wahlanfechtungen usf. heraus, vgl. *ders.*, Kabinettsfrage und Gesetzgebungsnotstand unter dem Bonner Grundgesetz, VVDStRL 8 (1950), S. 3; ebd. *Hans Schneider*, S. 21 (26 ff.) mit historischem und rechtsvergleichendem Ansatz.

117 *Ernst Friesenhahn*, Parlament und Regierung im modernen Staat, VVDStRL 16 (1958), S. 10 (19 f., 24 f.).

118 *Friesenhahn*, Parlament (Fn. 117), S. 19, 29, 64, dort: „es kommt auf die Menschen an, nicht auf die Paragraphen“.

119 *Konrad Hesse*, Die normative Kraft der Verfassung, 1959, S. 14 und öfter.

120 Dagegen betont 2012 *Matthias Herdegen*, Informalisierung und Entparlamentarisierung als Gefährdungen der Verfassung, VVDStRL 62 (2013), S. 7 (29), dass das parlamentarische System „evolutionsgeschichtlich an die Grenzen seiner Leistungsfähigkeit“ gekommen sei.

121 Eingehend *Oppermann*, Regierungssystem (Fn. 69), S. 9 ff., 35 ff.; zur Tradition der Parlamentskritik auch *Martin Morlok*, Informalisierung und Entparlamentarisierung politischer Entscheidungen als Gefährdungen der Verfassung?, VVDStRL 62 (2003), S. 37 (64 f.).

mension demokratischer Herrschaft, die in der Bewertung des Parlaments als Verfassungs- und Herrschaftsorgan zum Ausdruck kommt und in der Feststellung, dass die „Entscheidung durch Organe eine *natürliche Verbandsorganisation* [Hervorh. JK]" darstelle.[122] Diese zunächst unscheinbar anmutende Feststellung ist als Bekenntnis zu einem normativen Eigenwert des Organisationalen wichtig und im Hinblick auf die demokratieverfassungsrechtlichen Diskussionen der Vereinigung insgesamt bedeutsam, in denen die normative Bewältigung der organisatorischen Seiten der Demokratie ein Dauerthema ist (dazu unter IV.3.).

2002 wurden in St. Gallen unter dem Rubrum von Informalisierung und Entparlamentarisierung mögliche Gefährdungen der Verfassung erörtert. Ins Auge fällt, dass die gegeneinander gestellten Referate beinahe in Reinform unterschiedliche methodische Zugriffe auf ein Phänomen demonstrierten, in dessen Beschreibung sie weitgehend übereinstimmten. Der normativ orientierten „Bonner Sicht der Dinge"[123] *Matthias Herdegens* – eine „Philippika"[124] und ein „Niedergangsbericht"[125] ersten Ranges – stellte *Martin Morlok* eine rechtssoziologisch grundierte Analyse parlamentarischer Informalisierungsphänomene entgegen, die er als „Muskeln, die das Skelett der Verfassung bewegen", beschrieb.[126] Was die verfassungstheoretische Deutung des Verhältnisses von Norm und Wirklichkeit angeht, hätten beide Referate kaum weiter auseinanderliegen können.[127] Während *Herdegen* den „ideellen *splendeur* verfassungsrechtlicher Institutionen" mit „der *misère* ihrer phänotypischen Ausprägungen"[128] kontrastierte, wandte sich *Morlok* dagegen, „die Wirklichkeit an einem schlecht konstruierten Ideal zu messen und zu denunzieren und darüber zu versäumen, die tatsächlichen Handlungsbedingungen des Parlamentarismus zur Kenntnis zu nehmen"[129].

Die Organisation legitimer gesellschaftlicher Einflussnahme auf das Parlament und ihre Scheidung von illegitimer Einflussnahme ist ein Prüfstein für die Qualität der repräsentativen Demokratie, die neben den formalen Verfahren der Legitimationsvermittlung durch Wahlen auch auf „Responsivität"[130] des politischen Systems angewiesen ist. Hier setzte die Kieler Tagung 2012 mit ihrer Frage nach den Gelingensbedingungen der repräsentativen Demokratie an. Zu ihnen zählen tradierte Institute wie das Petitionsrecht,[131] aber auch die funktionale arbeitsteilige Organisation von Plenum und Ausschüssen[132] sowie ein angemessener Umgang mit dem Lobbyismus.[133]

---

[122] *Meyer*, Regierungssystem (Fn. 22), S. 82.

[123] In gewohnt scharfzüngiger Zuspitzung *Uwe Volkmann*, Diskussionsbeitrag, VVDStRL 62 (2003), S. 96.

[124] *Christoph Engel*, Diskussionsbeitrag, VVDStRL 62 (2003), S. 87; ebd. aus der Diskussion *Klaus Meßerschmidt*, S. 109.

[125] *Wolfgang Graf Vitzthum*, Diskussionsbeitrag, VVDStRL 62 (2003), S. 88.

[126] *Morlok*, Informalisierung (Fn. 121), S. 79.

[127] S. dazu auch *Volkmann*, Diskussionsbeitrag (Fn. 123), S. 96.

[128] *Herdegen*, Informalisierung (Fn. 120), S. 32.

[129] *Morlok*, Informalisierung (Fn. 121), S. 64.

[130] *Pünder*, Gelingensbedingungen (Fn. 25), S. 198; s. auch *Kotzur*, Demokratie (Fn. 25), S. 209.

[131] *Pünder*, Gelingensbedingungen (Fn. 25), S. 247 ff.

[132] *Pünder*, Gelingensbedingungen (Fn. 25), S. 235 ff.; *Cancik*, Gelingensbedingungen (Fn. 22), S. 307 ff.

[133] *Pünder*, Gelingensbedingungen (Fn. 25), S. 253 ff.; *Cancik*, Gelingensbedingungen (Fn. 22), S. 311 ff.

2021 hat *Mehrdad Payandeh* in Mannheim ein Ordnungsmodell des Parlamentsrechts vorgestellt, das dieses als *Organisationsrecht einer spezifisch politischen Organisation* versteht, die die starke demokratische Legitimation des einzelnen Abgeordneten zwar nicht übergeht, diesen aber einstellt in eine Funktionenlehre des Parlaments, die die Bedeutung der Fraktionen für die Parlamentsarbeit und den Gegensatz von Regierungs- und Oppositionsfraktionen produktiv verarbeitet. Das lebhaft diskutierte Referat enthält sich verbreiteter Krisenbeschreibungen und entwickelt eine Perspektive, die die Organisation des Parlaments stärker als üblich als eigenwertigen Belang versteht, entwickelt und verfassungstheoretisch rahmt.

IV. Streitsache Demokratie: Ideale und Wirklichkeiten der Volksherrschaft

1. Demokratie als „leerer Signifikant"

Nimmt man die Beratungen der Vereinigung über die Demokratie insgesamt in den Blick, so bestätigt sich, dass sie sich nicht auf den *einen* Begriff oder die *eine* These bringen lassen. Das liegt offenkundig an der Fülle des Materials, der Zahl der Beteiligten und der historischen Spanne, entscheidend aber auch an den Mechanismen des Diskurses selbst. Denn der Begriff der Demokratie hat auch dort, wo er für die Zwecke einer wissenschaftlichen Fachgesellschaft disziplinär eng geführt wird, die Funktion eines „leeren Signifikanten". Damit bezeichnet die politische Theorie in Anlehnung an *Jacques Lacan* (1901–1981) „diskursive Leitbegriffe von äußerster Allgemeinheit".[134] In einem „Verständnis von Politik als ein[em] Feld von Antagonismen zwischen widersprechenden Definitionen kollektiver Identitäten" fungieren leere Signifikanten als die sprachlichen Schauplätze dieser politischen Deutungskonflikte, die in ihrer Beschreibung als „Hegemonialkonflikte"[135] den damit verbundenen Macht- und Geltungsanspruch verdeutlichen. Begriffe wie Freiheit und Gleichheit, Einheit und Gerechtigkeit, aber eben auch Demokratie sind solche leeren Signifikanten, die Deutungskonflikte zugleich anregen und einrahmen. Das Antagonistische und Unabgeschlossene dieser Konflikte sind auch Recht und Rechtswissenschaft geläufig, die hier meist mit dem Instrument und dem Begriff des Formelkompromisses arbeiten.[136]

Was das Ringen um die Demokratie betrifft, ist die Vereinigung in einem doppelten Sinne Akteur solcher Hegemonialkonflikte. In ihrer Funktion als wissenschaftliche Fachgesellschaft ringt sie um eine disziplinäre Verständigung über einen ihrer zentralen Forschungsgegenstände. Weil es sich bei der Vereinigung aber um eine *rechtswissenschaftliche* Fachgesellschaft handelt, ist ihr Ringen nicht nur von der politischen Bedeu-

---

[134] *Andreas Reckwitz*, Die Politik der Moderne aus kulturtheoretischer Perspektive, in: Schwelling (Hrsg.), Politikwissenschaft als Kulturwissenschaft, 2004, S. 33 (44).

[135] *Reckwitz*, Politik (Fn. 134), S. 42 f.

[136] Das Unabgeschlossene, Unausgetragene, Formelkompromisshafte des politischen Konflikts um die Demokratie zwischen den Alliierten 1944/45 betont *Fritz Münch*, Diskussionsbeitrag, VVDStRL 29 (1971), S. 109.

tung, sondern auch von der verfassungsrechtlichen Normativität der Demokratie affiziert und weist darin über den Rahmen der Fachgesellschaft selbst hinaus. Die Vereinigung nimmt insofern eine Art Stellvertreterrolle für die Reflexion und Fortbildung des Demokratieverfassungsrecht wahr.[137] Der damit verbundene Bedeutungszuwachs ist angesichts der vielfältigen Verstrickungen der Vereinigungsmitglieder mit Politik und Verfassungsgerichtsbarkeit ein objektiver, der im Resonanzraum der ihrer selbst durchaus gewissen Vereinigung noch subjektiv verstärkt wird. Dabei spielt deren „subkutane politische Struktur"[138] eine wichtige Rolle. Natürlich ist die Vereinigung in der „offenen Gesellschaft der Verfassungsinterpreten"[139] in der Funktion der Reflexion und Fortbildung des Demokratieverfassungsrechts weder allein noch unangefochten, aber eben auch keine nachrangige Stimme.[140] Kraft dieser Doppelstellung geht es in ihren Beratungen also stets um einen doppelten Machtgewinn: den disziplinären und den allgemeinpolitischen. Anders sind viele der engagierten und immer wieder auch scharfen Debatten im Plenum der Vereinigung kaum zu erklären. In ihnen streiten Wissenschaftler über Wissenschaft, aber eben immer auch über Politik. Die notorische Selbstsituierung der Rechtswissenschaft in der Nähe zur Rechtspraxis breitet dabei gnädig ihren Mantel über diese Grenzverwischung.

Disziplinäre Deutungskonflikte über die Demokratie sind zudem in geistes- und wissenschaftsgeschichtliche Kontexte eingestellt, zu denen die weidlich bekannten Schulen-Konflikte der Staatsrechtslehre im 20. Jahrhundert zählen.[141] Wichtiger aber ist, dass Demokratie als normatives Prinzip besonders eng mit der Wirklichkeit der politischen Ordnung verbunden ist,[142] was für die angesprochenen Deutungskonflikte durchaus folgenreich ist. Denn damit wird der Umgang mit dem für das Recht prägenden Konflikt von Norm und Wirklichkeit selbst Gegenstand des disziplinären Hegemonialkonflikts.[143] Daher ist in den Verhandlungen der Vereinigung über die Demokratie nicht nur ein gegenständlich-disziplinärer und ein politischer, sondern zugleich ein *methodisch-*

---

[137] Man mag hier erinnern an *Friedrich Carl von Savigny*, Vom Beruf unserer Zeit für Gesetzgebung und Rechtswissenschaft, 1814, S. 12: „Das Recht bildet sich nunmehr in der Sprache aus, es nimmt eine wissenschaftliche Richtung, und wie es vorher im Bewußtseyn des gesammten Volkes lebte, so fällt es jetzt dem Bewußtseyn der Juristen anheim, von welchen das Volk nunmehr in dieser Function repräsentirt wird".

[138] *Stolleis*, Vereinigung (Fn. 18), S. 357.

[139] *Peter Häberle*, Die offene Gesellschaft der Verfassungsinterpreten, JZ 1975, S. 297.

[140] *Stolleis*, Vereinigung (Fn. 18), S. 355: „Die Selbsteinschätzung der Vereinigung ist hoch"; *Schulze-Fielitz*, Wissenschaftskultur (Fn. 16), S. 16, 110 et passim, insbesondere S. 160: „Er [der Wille zur Außendarstellung der Vereinigung in Tagungsberichten – Anm. JK] wurde von einem Selbstverständnis getragen, dass vor allem auch die Diskussionen im exklusiven Kreis der Mitglieder von wesentlicher Bedeutung für die weitere Entwicklung des bundesdeutschen Verfassungsstaats und seiner wissenschaftlichen Diskurse sind: Es ging um die Bewahrung und Entfaltung wissenschaftlicher Definitionsmacht".

[141] S. *Frieder Günther*, Denken vom Staat her, 2004, S. 112 ff. et passim; *Verena Frick*, Die Staatsrechtslehre im Streit um ihren Gegenstand, 2018.

[142] *Ulrich Scheuner*, Diskussionsbeitrag, VVDStRL 33 (1975), S. 121; ebd. aus der Diskussion *Peter Häberle*, S. 134; *Unger*, Demokratie (Fn. 22), S. 48 ff.; grundlegend zum Verhältnis von Verfassungsnorm und Verfassungswirklichkeit *Hesse*, Verfassung (Fn. 119), S. 6 ff.

[143] Typisch insoweit die Diskussion über die dem Referat von *Hesse*, Parteien (Fn. 96) zugrundeliegenden verfassungstheoretischen Prämissen s. dazu oben Fn. 99.

verfassungstheoretischer Konflikt zu sehen, die miteinander auf das Engste verbunden sind. Es dürfte kaum zu weit gehen, in diesem Methodenkonflikt eines der prägenden Merkmale der Debatten der Vereinigung über die Demokratie zu sehen.[144] Macht man sich auf die Suche nach ihm, finden sich in den Beratungen „überall Spuren vom Thema" (*Botho Strauß*), die sich als Gegensatz von demokratischem Idealismus und demokratischem Realismus zeigen.

2. Demokratischer Idealismus – demokratischer Realismus

Als charakteristisch darf insoweit ein Wortwechsel aus den Beratungen im Jahr 1985 gelten. *Rupert Stettner* (*1945) gab gegen die offene Parteienskepsis der vom Vorstand festgelegten Themenstellung der Freiburger Tagung zu bedenken:

> „Unser Thema […] scheint mir die Frage zu stellen nach einer Abweichung von einem Idealzustand, einem vorgestellten Idealzustand, und ich könnte jetzt ein paar Worte über Verfallshypothesen seit Carl Schmitt verlieren, die natürlich auch politisch eingesetzt werden können. Aber wir dürfen nicht vergessen, daß hinter Verfallshypothesen eine hohe Idealität steht, die Hoffnung, der Glaube, ein Ideal auf Erden verwirklichen zu können. […] Idealismus in Potenz getrieben, kann sehr große Gefahren heraufbeschwören […] und ich meine, daß wir als Juristen, die wir gerade von Berufs wegen Idealisten sind, weil wir uns stets auf der Suche nach der Rechtsidee befinden, besonders in der Gefahr sind, pragmatische Gesichtspunkte zu verkennen".[145]

Dagegen wandte sich der Trierer Sozialrechtler und Rechtsphilosoph *Peter Krause* (*1936):

> „Ich fühle mich herausgefordert durch Herrn Stettner und seine Warnung, die Parteien an einem Idealbild zu messen. Gewiß ist es problematisch, ein Element der Wirklichkeit, wie die Parteien, an einem Idealbild zu messen. Aber der Verzicht auf Maßstäbe ist noch viel bedenklicher. Wir müssen uns jedenfalls fragen, was die Parteien für das Gemeinwesen leisten sollen und was sie tatsächlich leisten, und ich glaube nicht, daß man diese Fragen damit erledigen kann, daß man den Vorwurf weltfremden Idealismus erhebt. Ein gewisses Maß an Idealismus, ein gewisses Maß an normativer Vorgabe, ob ethischer oder juristischer Natur, ist notwendig, und dieses Maß an normativer Vorgabe zu entwickeln, ist auch Aufgabe der Staatsrechtslehre".[146]

Ungeachtet dessen, ob man von Idealen spricht, von Leitbildern,[147] von Verfassungen hinter Verfassungen[148] oder gar von „unsichtbaren Verfassungen"[149]: Die Debatten der Vereinigung sind reich an normativen Modellen und Maßstäben der Demokratie, oft ausdrücklich, nicht selten der Sache nach und immer wieder auch subkutan spürbar.

---

144 Zum Thema *Klaus Vogel*, Diskussionsbeitrag, VVDStRL 33 (1975), S. 120.

145 *Rupert Stettner*, Diskussionsbeitrag, VVDStRL 44 (1986), S. 132 f.

146 *Peter Krause*, Diskussionsbeitrag, VVDStRL 44 (1986), S. 133 f.

147 *Uwe Volkmann*, Leitbildorientierte Verfassungsauslegung, AöR 134 (2009), S. 156.

148 *Matthias Jestaedt*, Die Verfassung hinter der Verfassung, 2009.

149 *Lawrence Tribe*, The Invisible Constitution, 2008; s. auch Dixon u. a. (Hrsg.), The Invisible Constitution in Comparative Perspective, 2018.

Wirkmächtig ist nach wie vor das identitäre Demokratiemodell *Jean-Jacques Rousseaus* (1712–1778),[150] das teils als gültiges Ideal der Demokratie ausgewiesen,[151] andererseits aber auch emphatisch abgelehnt wird.[152] Dabei wendet sich die Ablehnung wohl zu gleichen Teilen gegen die *Rousseausche* Grundlegung des Modells wie gegen seine antipluralistische Schärfung durch *Carl Schmitt* (1888–1985). Wenn *Herbert Krüger* (1905–1989) etwa den „bessernden Sinn des Parteiwesens" gegenüber dem Volk betont,[153] mag man darin eine Anleihe an die *volonté générale* sehen, an deren Verwirklichung die Parteien mitzuwirken haben. Zugleich wird an der Äußerung das enorme Transferpotential der *Rousseauschen* Positionen in politisch und tatsächlich ganz anders situierte Kontexte deutlich, was ihre Langlebigkeit erklärt. Was die immer wieder anzutreffenden Bezugnahmen auf das *Rousseausche* Modell im Einzelfall genau bedeuten sollen, wird allerdings nicht immer klar, so dass sich die Vermutung aufdrängt, dass es für durchaus unterschiedliche Positionen als Autorität in Anspruch genommen wird.[154]

Seltener ausdrücklich, aber doch der Sache nach begegnen auch Anleihen an Agora und Polis der griechischen Demokratie, etwa wenn von Bürgerdemokratie, Graswurzeldemokratie, Marktplatzdemokratie, Mikrodemokratie, Verhandlungs- oder Versammlungsdemokratie die Rede ist. Für die (Be-)Deutung der Kommunikationsgrundrechte in der Demokratie wirkmächtig geworden ist schließlich auch der von *Oliver Wendell Holmes Jr.* (1841–1935) in Anlehnung an *John Stuart Mill* (1806–1873)[155] geprägte Begriff des „marketplace of ideas"[156], besonders im Rahmen der Grazer Tagung 2009 zur „Demokratie als Wettbewerbsordnung".[157] Er klingt an, wenn von Diskursdemokratie, Konkurrenz- oder Wettbewerbsdemokratie gesprochen und der spezifische Interaktionszusammenhang (politischer) Kommunikation betont wird.[158]

---

150 Eingehende Verarbeitung etwa bei *Kriele*, Prinzip (Fn. 12).

151 *Dürig*, Diskussionsbeitrag (Fn. 40), S. 126; s. aus jüngerer Zeit *Jan-Reinhard Sieckmann*, Diskussionsbeitrag, VVDStRL 72 (2013), S. 178: „Sie sagen: Es ist kein Optimierungsgebot, Identität zwischen Herrschenden und Beherrschten herzustellen. Nun ist dies aber eine zentrale Idee der Demokratie, und warum soll diese nicht auch verfassungsrechtlich die Interpretation des Demokratieprinzips bestimmen"; s. weiter *Isensee*, Ausländer (Fn. 53), S. 95 f.: „Wenn die Identität von Regierenden und Regierten unerfüllbares Ideal bleibt, so muß mindestens das demokratische Gebot der Homogenität von Volk und Volksrepräsentanten verwirklicht werden".

152 *Ulrich Scheuner*, Diskussionsbeitrag, VVDStRL 17 (1959), S. 110; zum Spannungsverhältnis zur Parteienstaatlichkeit *Kriele*, Prinzip (Fn. 12), S. 99; geradezu vernichtend *Meyer*, Regierungssystem (Fn. 22), S. 79; ebd. *Peter Häberle*, Diskussionsbeitrag, VVDStRL 33 (1975), S. 136; *Stolleis*, Parteienstaatlichkeit (Fn. 82), S. 18; ebd. *Rhinow*, S. 99; aus der aktuellen Literatur etwa *Horst Dreier*, in: ders. (Hrsg.), Grundgesetz, Bd. 2, 3. Aufl. 2015, Art. 20 (D) Rn. 63; *Jens Kersten*, Die Notwendigkeit der Zuspitzung, 2020, S. 103 ff.: „Du fährst zu oft nach Plettenberg" – zur Fixierung der Verfassungstheorie auf *Carl Schmitt*; s. zum Stellenwert der Schmitt-Forschung auch *Julian Krüper*, Die Verfassung der Berliner Republik, Rg 23 (2015), S. 17 (40 ff.).

153 *Herbert Krüger*, Diskussionsbeitrag, VVDStRL 17 (1959), S. 106; s. auch *ders.*, Allgemeine Staatslehre, 2. Aufl. 1966, S. 234 ff.

154 In diesem Sinne *Georg Zenkert*, Die Konstitution der Macht, 2004, S. 216, nach dem die Rousseau-Rezeption „fast das ganze Spektrum politischer Positionen [spiegelt]".

155 *John Stuart Mill*, On Liberty, 1859, Kap. 2.

156 *Abrams v. United States* 250 U.S. 616 (1919), 630.

157 Bezugnahme etwa bei *Kotzur*, Demokratie (Fn. 25), S. 175.

158 *Roland Broemel*, Interaktionszentrierte Grundrechtstheorie, 2021, S. 122 ff.

All diese Anleihen – an die „Hymnik und Schwarmgeisterei"[159] bei *Jean-Jacques Rousseau*, an Agora, Polis und den Marktplatz der Ideen – haben etwas für sich. Zunächst handelt sich um formidable Instrumente der Kontingenzreduktion, die ein komplexes Phänomen wie die Demokratie vorstellungsbildlich fassen und diskursiv greifbar machen. Dass sie jedenfalls zum Teil auch das nie endgültig gestillte Bedürfnis nach politischer Romantik bedienen, schadet ihrer Rezeption ebenfalls nicht.[160] Aber auch in der Sache kann ihnen, bei aller gebotenen Distanz im Einzelnen, manches abgewonnen werden. Reduziert man die Identitätsidee *Rousseauscher* Prägung auf die Möglichkeit jedes Bürgers, nicht nur Beherrschter zu sein, sondern auch Herrscher werden zu können, ist damit ein bis heute gültiger Grundsatz der Demokratie formuliert, nach dem die Minderheit zur Mehrheit werden können muss. Auf der Agora wiederum tritt die Gemeinschaft der Stadtbürger zusammen, untereinander gleich an politischen Rechten (und wirtschaftlichen Möglichkeiten), um in zivilisierter und unmittelbarer politischer Auseinandersetzung unter Gleichen über das Schicksal der Gemeinschaft zu befinden. Es ist ein hoch individualistisches Modell der Demokratie, in dem die politische Gleichheit (ἰσονομία) der Stadtbürger als Ideal greifbar und zum Ausgangspunkt politischer Gemeinschaftsbildung wird.[161] Im Bild des *marketplace of ideas* schließlich geht es um den wettbewerblichen Charakter politischer Auseinandersetzungen unter Verzicht auf den stets latent elitären Anknüpfungspunkt des Bürgerstatus. Die Kraft des besseren Arguments wird zur Triebfeder eines Rationalitätswettbewerbs innerhalb des politischen Gemeinwesens,[162] mit dem Sieger und Verlierer im politischen System der Demokratie bestimmt werden.

3. *Die Unvermeidlichkeit demokratischer Organisationalität*

Das Problem dieser Ideale und ihrer Beharrungskraft liegt nicht in dem, was sie beschreiben, sondern in dem, was sie nicht beschreiben. Denn in keinem von ihnen spielt eine angemessene Rolle, dass Demokratie in Institutionen und Verfahren organisiert werden muss. Stattdessen dominieren individualistische Deutungen der Demokratie und die notwendige *Organisationalität der Demokratie* bleibt fremd.[163] Die Leit- und Idealbilder der Demokratie evozieren daher ein unvollständiges Bild, das juristisch nicht unwillkommen scheint, wohl weil eine offenere Anerkennung der Organisationalität der Demokratie auch die Anerkennung *organisatorischer Eigenrationalität* mit sich brächte. Diese könnte sich als normative Kraft des Faktischen der normativen Kraft des Rechts womöglich mehr oder weniger weit entziehen und die Staatsrechtslehre ihrer demokratischen Deutungsmacht und ihrer eingeübten Deutungsmuster zum Teil berauben.

---

[159] *Dürig*, Diskussionsbeitrag (Fn. 40), S. 126.

[160] S. zur Bedeutung politischer Romantik für die verfassungsrechtliche Maßstabsbildung zur Bewertung politischer Parteien *Julian Krüper*, Krise als Lebensform, in: Thiele (Hrsg.), Legitimität in unsicheren Zeiten, 2019, S. 215 (216 ff.).

[161] S. *Christian Meier*, Die Entstehung des Politischen bei den Griechen, 1980, S. 51 ff. et passim.

[162] Kritisch dazu etwa *Schneider*, Diskussionsbeitrag (Fn. 51), S. 234 f.

[163] Eingehend *Meyer*, Regierungssystem (Fn. 22), S. 79; *Dreier*, Grundgesetz (Fn. 152), Art. 20 (D) Rn. 63.

Dass Demokratie die Organisation von Herrschaft verlangt, ist dabei weder besonders überraschend noch eine neue Erkenntnis, sondern auch der Vereinigung bekannt. Diese ist sogar, das zeigt ihre Beratungsgeschichte, sehr viel eher geneigt, Fragen der Organisationalität der Demokratie als ‚die Demokratie' selbst zu erörtern.[164] Trotzdem bleibt über die Jahrzehnte ein immer wieder spürbares Unbehagen *in* und – wie eingangs der Blick auf *Heinrich Herrfahrdt* gezeigt hat – teils auch *an* der Organisation der Demokratie. Denn in deren individualistischer Lesart, nach der sie sogar in einem Ableitungsverhältnis zur Menschenwürde stehen soll,[165] stellt jede eigenrationale Form der Organisationalität einen Fremdkörper dar, weil sie den Souverän von der politischen Entscheidung distanziert und seine Selbstbestimmung von einer idealen *direkten* in eine als defizitär empfundene *indirekte* überführt.[166] Damit ist auch eine Triebkraft der Diskussion um den Repräsentationsbegriff benannt,[167] der normative Elemente der Selbstbestimmung des Volkes mit einer spezifisch organisationalen Perspektive verbindet.[168] Diese Distanzierung des Souveräns von der politischen Entscheidung ist dabei *nicht* auf die repräsentative Demokratie beschränkt, dort nur besonders gut sichtbar, sondern betrifft auch die Organisation direkter Demokratie, denkt man etwa an die tatsächliche Bedeutung politischer Parteien für Initiierung und Organisation plebiszitärer Verfahren.[169]

Vier Beispiele sollen den tendenziellen Nachrang organisationaler Deutungen der Demokratie hinter eher individualistischen Deutungen belegen:

– In der Wendung des Bundesverfassungsgerichts von der schlechthin konstituierenden Bedeutung der Meinungsfreiheit für eine freiheitlich-demokratische Ordnung ist die Verquickung von Grundrechten und Demokratie beinahe sprichwörtlich geworden.[170]

---

[164] Nicht zufällig spart *v. Simson*, Prinzip (Fn. 12), S. 4 die Ideengeschichte der Demokratie aus; *Marion Albers*, Diskussionsbeitrag, VVDStRL 72 (2013), S. 472 regt an, „Demokratiekonzepte etwas grundlegender [zu] durchdenken" und „Demokratiekonstitution und -verwirklichung" stärker zu reflektieren.

[165] Prägnant *Peter Häberle*, Die europäische Verfassungsstaatlichkeit, KritV 75 (1998), S. 298 (303 f.); *Meyer*, Regierungssystem (Fn. 22), S. 76; der Zusammenhang von Demokratie und Menschenwürde ist zuletzt im Lissabon-Urteil des Bundesverfassungsgerichts sehr prominent gemacht worden, s. BVerfGE 123, 267 (341) (Lissabon) [2009], dazu mit unterschiedlichen Bewertungen *Walter*, Bürgerstatus (Fn. 53), S. 37 f.; s. auch *Gärditz*, Bürgerstatus (Fn. 53), S. 106 f.

[166] Am Beispiel des Wahlrechts *Thoma*, Diskussionsbeitrag (Fn. 10), S. 200: „Wirkliche Unmittelbarkeit wird man mit keinem Wahlsystem erreichen"; prägnant *Kafka*, Parteien (Fn. 94), S. 55 zum Spannungsverhältnis von Volkssouveränität und „intermediären Gewalten"; *Scheuner*, Diskussionsbeitrag (Fn. 152), S. 110 zur Rousseau-Rezeption der Staatsrechtslehre und den sich daraus ergebenden Problemen; s. weiter *Peter Schneider*, Diskussionsbeitrag, VVDStRL 29 (1971), S. 94.

[167] Grundlegend die begriffsgeschichtliche Studie von *Hasso Hofmann*, Repräsentation, 4. Aufl. 2003.

[168] *Heinrich Scholler*, Diskussionsbeitrag, VVDStRL 29 (1971), S. 103: „[…] die Vorstellung der Repräsentation des Gesamtvolkes durch die einmal Gewählten ist überholt"; s. ebd. zur Repräsentation auch *Peter Badura*, S. 97; die Diskussion 1974 betrifft in weiten Teilen den Repräsentationsbegriff; in den Referaten und der Diskussion 2012 spielen die verwandten Begriffe der „Repräsentativität" und der „Responsivität" eine zentrale Rolle.

[169] S. zur Organisationalität direkter Demokratie, insbesondere zu ihrer Verquickung mit politischen Parteien *Julian Krüper*, Bürgerschaftlicher Einfluss auf das Parlament, in: Morlok u. a. (Hrsg.), Parlamentsrecht, 2016, § 37 Rn. 40 m. w. N.; in der Schweiz wird das Entstehen der Parteien teils in Verbindung zu den Volksrechten unmittelbarer Demokratie gesetzt, s. *Erich Gruner*, Eigentümlichkeiten der Schweizerischen Parteienstruktur, PVS 1964, S. 203 (208): „Die schweizerischen Parteien sind Kinder der Schweizer Volksrechte".

[170] BVerfGE 7, 198 (208) (Lüth) [1958].

Individualrechtliche Partizipation an der Demokratie findet insofern nicht nur im bürgerschaftlichen *status activus*, sondern auch im vielfältig gesicherten *status negativus* der Freiheitsrechte statt.

– Die „Paradoxien der personalisierten Verhältniswahl“[171], die das Bundesverfassungsgericht in den letzten Jahren vor allem im Hinblick auf das sogenannte negative Stimmgewicht befasst haben, werden von Verfassungs wegen individualrechtlich, nämlich als Eingriff in die Gleichheit und die Unmittelbarkeit der Wahl rekonstruiert. Darin drückt sich eine Lesart des Wahlrechts aus, die es vorrangig in seiner subjektiv-rechtlichen Teilhabe-, nicht aber in seiner objektiv-rechtlichen Herrschaftsermöglichungsfunktion beurteilt.[172] Das ist natürlich plausibel, in seiner Ausschließlichkeit aber nicht zwingend und eben Ausdruck eines nicht-organisationalen Verständnisses von Demokratie.

– Das Fremdeln mit der Organisationalität der Demokratie zeigt sich auch in einem Detail, nämlich im Umgang mit den politischen Parteien, die *Rupert Stettner* wie folgt kritisiert hat: „[E]s scheint mir also eine große Gefahr zu sein, Parteien, *die Organisationen darstellen* [Hervorh. JK], mit individual-psychologischen Maßstäben zu messen“.[173] In der Tat erscheint die Stilisierung der Parteien hin zu willens- und ichbegabten, strategisch handelnden Individuen in den Diskussionen der Vereinigung nicht allein als eine *façon de parler*, sondern eine Personalisierung organisationalen Handelns. Diese trägt dazu bei, die Parteien „an einem idealistisch-utopischen, systemfremden Bild der Partei und ihrer Funktionen“ [174] zu messen und grundlegenden Fragen der Parteienorganisation und der Parteifunktionenlehre aus dem Weg zu gehen. Der normative Individualismus des dominierenden Demokratieverständnisses sickert auf diese Weise nicht nur in zentrale Bereiche demokratischer Verbandsorganisation ein, sondern scheint sie geradezu zu usurpieren.

– Besonders deutlich wird die Dominanz individualistischer Modelle der Demokratie schließlich im Parlamentsrecht.[175] Hier ist es die Entwicklung parlamentsorganisatorischer Prinzipien,[176] vor allem der Abgeordnetenrechte, aus der Wahlrechtsgleichheit der Bürger, die organisational staunen macht:[177] Das deutsche Parlamentsrecht denkt nicht vom Parlament her. So wird der Umstand weitgehend überspielt, dass zwischen Wahlrechtsausübung der Bürger und Organisation des Parlaments die Schwelle zwischen unverfasster Gesellschaft und verfasster Staatlichkeit, also zwischen Nicht-Organisation und Organisation überschritten wird. Dass eine solche Konzeption des Parlaments vom

---

[171] *Sophie-Charlotte Lenski*, Die Paradoxien der personalisierten Verhältniswahl, AöR 134 (2009), S. 473.

[172] *Krüper*, Wahlrechtsgeschichte(n) (Fn. 87), S. 159 f.; zur grundrechtlichen Rekonstruktion organisationsrechtlicher Sachverhalte auch *Möllers*, Demokratie (Fn. 15), § 5 Rn. 13.

[173] *Stettner*, Diskussionsbeitrag (Fn. 145), S. 133.

[174] *Rhinow*, Parteienstaat (Fn. 92), S. 99.

[175] Zu den Grundannahmen *Meyer*, Regierungssystem (Fn. 22), S. 75 ff.

[176] Zum Organisationsrecht des Parlaments jetzt *Florian Meinel*, Die Selbstorganisation des parlamentarischen Regierungssystems, 2020; *Patrick Hilbert*, Die Informationsfunktion von Parlamenten, Habilitationsschrift, Universität Heidelberg, 2021; *Arne Pilniok*, Parlamentarisches Regieren, Habilitationsschrift, Universität Hamburg, 2021.

[177] S. dazu mit Beispielen *Cancik*, Gelingensbedingungen (Fn. 22), S. 311 ff.

Gedanken der Gleichheit der Wahlbürger geeignet ist, grundlegende Funktionsbedürfnisse der Volksvertretung zu verfehlen und zu verdeckten Ausweichreaktionen in der Parlamentsorganisation führt,[178] bleibt nicht nur unbeachtet, sondern wird hinter eher bemühten Konstruktionen von Gesamtrepräsentation versteckt.[179] Insofern konsequent spielt die Rezeption organisationstheoretischer Debatten angrenzender Disziplinen in der Staatsrechtslehre kaum eine praktische Rolle, interdisziplinäre Verunsicherung wird gern vermieden.[180] Dabei mag die Ahnung eine Rolle spielen, dass in den Maschinenräumen politischer Organisationen der situative Regelbruch sinnvoller sein kann als die konsequente Regelbefolgung. „Brauchbare Illegalität" ist in dieser Perspektive aber ein Thema der Soziologie,[181] nicht der Staatsrechtslehre, die sich schon mit der Verarbeitung der Informalität in politischen Organisationen schwertut.[182]

Verortet werden müsste das Nachdenken über die Organisationalität der Demokratie zunächst auf der Ebene der Verfassungstheorie und hier der Verfassungsfunktionslehre. Wenn die *funktionsgerechte Organisation* der demokratischen *polity* Aufgabe der Verfassung ist, dann sollte diese durch eine interdisziplinär orientierte organisationstheoretische Aufladung entfaltet werden.[183]

4. Gegenbewegungen

Wenn die Verhandlungen der Vereinigung als Hegemonialkonflikt über die Durchsetzung bestimmter demokratischer Leitvorstellungen verstanden werden können, dann ist ihre Geschichte nicht vollständig erzählt, ohne den erheblichen Gegenbewegungen nachzugehen. Denn die Beratungsgeschichte der Vereinigung ist eben auch durch die Zurückweisung einer Tradition gekennzeichnet, die die moderne Demokratie an Maßstäben misst, die sie verfehlen muss, wie hier bereits verschiedentlich deutlich wurde. Drei Strategien treten hervor:

– Dass *Jean-Jacques Rousseau* immer wieder Referenzpunkt in den Beratungen der Vereinigung wird, hat nicht nur damit zu tun, dass die Ideale seiner identitären Demokratie bejaht und verteidigt werden, sondern liegt auch an ihrer entschiedenen Zurückweisung. Dass mit den *Rousseauschen* Identitätsthesen kein moderner demokratischer

---

178 Dies betrifft vorrangig verselbständigte Entscheidungsrechte von subplenaren Gremien und den Ausschüssen, die bereits heute in einer Vielzahl von Fällen bestehen.

179 S. aber *Meyer*, Regierungssystem (Fn. 22), S. 93 mit einer Relativierung des Prinzips der Gesamtrepräsentation.

180 S. etwa *Joseph H. Kaiser*, Diskussionsbeitrag, VVDStRL 29 (1971), S. 117 mit Hinweisen auf betriebswirtschaftliche Entscheidungstheorie.

181 S. jüngst *Stefan Kühl*, Brauchbare Illegalität, 2020; s. aber *Morlok*, Informalisierung (Fn. 121), S. 49; grundlegend *Niklas Luhmann*, Funktionen und Folgenformaler Organisationen, 5. Aufl. 1999, S. 304 ff. et passim.

182 Grundlegend die Studie von *Helmuth Schulze-Fielitz*, Der informale Verfassungsstaat, 1984.

183 S. *Arne Pilniok*, Bausteine einer Theorie des Organisationsverfassungsrechts, in: Krüper u. a. (Hrsg.), Organisationsverfassungsrecht, 2019, S. 1 ff.; zum Verhältnis von Verfassungs- und Organisationstheorie *Sebastian Walisko*, Die Organisation der öffentlich-rechtlichen Fachgerichtsbarkeiten, 2021, S. 240 ff., dort am Beispiel der Organisationssoziologie.

Staat zu machen sei, wird regelmäßig zum Ausdruck gebracht[184] – auch hier nicht immer ausdrücklich, aber doch der Sache nach, was differenzierte Einordnungen im Einzelfall nicht ausschließt.[185]

– Immer wieder liegen den demokratiebezogenen Themenstellungen der Staatsrechtslehrertagung *Krisen- und Defizitbefunde* zugrunde, ausdrücklich oder unterschwellig.[186] Darin zeigt sich zum einen die juristentypische Orientierung auf das defizitäre Sein, das mit dem idealen Sollen in Einklang gebracht werden muss. Insofern ist das gesteigerte Interesse der Staatsrechtslehre an Mängeln im Geschäftsbereich des Verfassungsrechts unvermeidlich, birgt aber die Gefahr unangemessener Idealisierungen. Es zeigt sich darin aber auch die gerade in den Nachkriegsjahrzehnten von vielen Mitgliedern der Vereinigung biographisch beglaubigte Erfahrung, dass die Ordnung des Verfassungsstaats eine riskante ist[187] und Wachsamkeit gegenüber Fehlentwicklungen der politischen Ordnung verlangt. Und trotzdem drängt sich der Eindruck auf, dass das Ausrufen demokratischer Krisen auch ein Neigungsfach der Staatsrechtslehre ist.[188] Allerdings bleiben die durch die Themensetzungen der Vorstände zumeist ‚verordneten' Krisenbefunde nicht unwidersprochen, sondern werden von den Referenten fast durchweg zurückgewiesen oder relativiert.[189] Eine Ausnahme bildet insoweit das Referat *Matthias Herdegens* in St. Gallen 2002. Dass sich krisen- und defizitorientierte demokratische Themenstellungen über die Jahrzehnte gleichwohl gehalten haben, hat verschiedene Gründe: Zunächst korrespondiert die Krisenperspektive der Tagungsthemen mit der hohen Rechtssprechungs- und Praxisorientierung des Faches insgesamt, insbesondere im Organisationsverfassungsrecht. Konzeptionelles Arbeiten tritt gegenüber der (verfassungsgerichtlichen) Konfliktanalyse in den Hintergrund.[190] Daneben drängt sich aber auch eine tagungsstra-

---

[184] S. die Nachweise zu Fn. 152.

[185] S. etwa *Ernst-Wolfgang Böckenförde*, Diskussionsbeitrag, VVDStRL 33 (1975), S. 132 f. mit der Unterscheidung von Identität und Identifikation als Aspekt funktionierender Repräsentation; teilkongruent damit sind die Diskussion um das Maß notwendiger Responsivität der Politik für die Anliegen der Gesellschaft, s. etwa *Pünder*, Gelingensbedingungen (Fn. 25), S. 198 ff.; s. auch *Uwe Volkmann*, VVDStRL Diskussionsbeitrag, S. 333 zum Repräsentationskonzept *Hannah Pitkins*.

[186] Etwa in Freiburg i. Ü. 1985, St. Gallen 2002, Erlangen 2008, Kiel 2012 und – je nach Sichtweise – auch Mannheim 2021; auch dort, wo der Titel neutral gewählt ist, wie 1974 in Bielefeld – „Das parlamentarische Regierungssystem des Grundgesetzes" – beeilte sich der Vorsitzende *Klaus Vogel* bei der Eröffnung der Diskussion klarzustellen, es sei dem Vorstand nicht um ein „Verfassungsfest" gegangen, in dem das parlamentarische Regierungssystem „gleichsam verklärt" dargestellt werden könnte. Es gehe vielmehr um die dem System „innewohnenden Schwächen" und die „notwendige Differenz von Ideal und seiner Realisierung", s. *ders.*, Diskussionsbeitrag (Fn. 144), S. 120.

[187] Im Sinne von *Horst Dreier*, Der freiheitliche Verfassungsstaat als riskante Ordnung, RW 2011, S. 10; *ders.*, Grundrechte als Gefahr?, FAZ v. 26.8.2021, S. 6.

[188] *Cancik*, Gelingensbedingungen (Fn. 22), S. 273 f.: „Der erste Klassiker der deutschen Parlamentarismuskrisen ist offenbar die Parlamentarismuskrise selbst".

[189] *Cancik*, Gelingensbedingungen (Fn. 22), S. 270 f.; *Stolleis*, Parteienstaatlichkeit (Fn. 82), S. 39 bilanziert: „Der demokratische Verfassungsstaat, der unter den heutigen Bedingungen nur als Parteienstaat lebensfähig ist, befindet sich nicht in einer ‚Krise' im strengen Sinne des Wortes"; ebd. auch S. 16; *Schäffer*, Parteienstaatlichkeit (Fn. 92), S. 55: „Von einer Krise [...] kann nicht die Rede sein"; *Kaiser*, Parteien (Fn. 68); *Grewe*, Diskussionsbeitrag (Fn. 91), S. 117; *Möstl*, Entwicklungsperspektive (Fn. 70), S. 316: „Vor überzogener Krisenrhetorik ist freilich zu warnen"; *Volkmann*, Diskussionsbeitrag (Fn. 185), S. 333.

[190] In diesem Sinne *Christoph Schönberger*, Der German Approach, 2015; *Matthias Jestaedt*, Diskus-

tegische Erklärung auf: Denn der dramatisch verschattete Rundhorizont demokratischer Krisenszenarien lässt nicht nur auf bewegte Debatten hoffen, sondern auch das Licht rechtswissenschaftlicher Erkenntnis, dort, wo es eingeschaltet wird, besonders hell strahlen. Und natürlich sind im Einzelfall immer auch berechtigte Defizitbefunde im institutionellen Insgesamt der Demokratie denkbar, die zu erheben sinnvoll ist.[191] Ob es sich dabei stets um echte Krisen handelt, und was eine Krise zur Krise macht, liegt allerdings jeweils im Auge des Betrachters.

– Zuletzt und im engen Zusammenhang mit der Zurückweisung von Krisenbefunden wird schließlich immer wieder mehr Realismus im Umgang mit Verfassungsfragen der Demokratie gefordert.[192] Dieser Appell ist mehrwertig und wendet sich, wohlverstanden, nicht nur gegen falsche Ideale[193] der Demokratie,[194] sondern auch gegen eine methodische Selbstbezüglichkeit, die Tatsachen und Empirie missachtet[195] und die Bedeutung organisationaler Eigengesetzlichkeiten der politischen Willensbildung chronisch unterschätzt.[196]

V. Von der demokratischen Krise zur Organisation der Demokratie

Die „Demokratie [ist] die Lehre von der guten Staatsordnung überhaupt geworden"[197] und hat damit ein Problem bekommen. Denn die gesellschaftlichen Erwartungen, die sich an sie richten, reichen über die formal-demokratische Organisation politischer Entscheidungen weit hinaus. Es geht nicht mehr allein darum, durch Wahlen nur dabei, sondern durch Partizipation und Responsivität ‚mittendrin' zu sein. Entscheidungen sollen nicht mehr nur mit Mehrheit getroffen werden, sondern gemessen an hohen (moralischen) Maßstäben auch ‚richtig' sein. Und auch die Erwartungen an Abgeordnete steigen, wenn der Wille des Volkes vor allem im Ergebnis der letzten Umfrage gesehen wird und anspruchsvolle Konzepte der Repräsentation gegen schlichte Modelle bloßer politi-

---

sionsbeitrag, VVDStRL 72 (2013), S. 487 f., der empfiehlt, statt der verfassungsgerichtlichen Perspektive diejenige des Verfassungsgesetzgebers einzunehmen.

191 *Stolleis*, Parteienstaatlichkeit (Fn. 82), S. 39; *Herdegen*, Informalisierung (Fn. 120), S. 9.

192 *Rhinow*, Parteienstaat (Fn. 91), S. 99 gegenüber den Parteien; *Morlok*, Informalisierung (Fn. 121), S. 64 f.: „realistisches Parlamentsverständnis"; *Cancik*, Gelingensbedingungen (Fn. 22), S. 314: „mehr Wirklichkeit".

193 Deutlich *Scheuner*, Diskussionsbeitrag (Fn. 152), S. 110, der der „staatsrechtlichen Dogmatik" bescheinigt, „unfähig" zu sein, „die Wirklichkeit moderner Demokratie zu erfassen", weil sie sich „bis auf den heutigen Tag an Leitbildern der spätkonstitutionellen Monarchie festhalte"; *Karl Heinrich Friauf*, Diskussionsbeitrag, VVDStRL 33 (1975), S. 129; *Morlok*, Informalisierung (Fn. 121), S. 79: „Das „ordnungsgemäße" Funktionieren des Parlaments darf nicht einem ein für allemal feststehenden normativen Ideal entnommen werden".

194 So rät etwa *Thomas Oppermann*, Diskussionsbeitrag, VVDStRL 44 (1986), S. 120 dazu, „von der gelassenen Normalität des Schweizer Parteiwesens" zu lernen; s. ebd. auch *Wolfgang Zeh*, S. 147: „Ich habe im Ganzen das Gefühl, man müßte das etwas milder sehen und vielleicht davon ausgehen, daß es so sehr viel anders wahrscheinlich nicht sein kann".

195 *Stolleis*, Parteienstaatlichkeit (Fn. 82), S. 13: „[…] zunächst einmal eine Vergewisserung über die Fakten"; *Walter*, Bürgerstatus (Fn. 53), S. 14.

196 *Meyer*, Regierungssystem (Fn. 22), S. 79.

197 *Häberle*, Diskussionsbeitrag (Fn. 152), S. 98.

scher Botenschaft der Abgeordneten ausgewechselt werden.[198] Dabei sind nicht alle diese Erwartungen verfassungsrechtlich formulierbar, realistisch oder legitim. Sie zeigen aber, dass Demokratie als Verfassungsbegriff, übertroffen wohl nur von der Menschenwürde, auf Ideale verweist und damit zugleich für Idealisierungen anfällig ist, auch in ihrer Behandlung durch die Vereinigung der Deutschen Staatsrechtslehrer.

Die Demokratie ist damit gegenüber dem Rechtsstaat zugleich im Vorteil wie im Nachteil; im Vorteil insoweit, als es sich für sie sehr viel einfacher begeistern lässt als für den Rechtsstaat, dessen spröder Charme einen *acquired taste* verlangt, der rechtstechnische Expertise voraussetzt; im Nachteil, weil ihr idealistischer Überschuss den Blick auf ihre tatsächlichen Realisierungsbedingungen und die Notwendigkeit ihrer Organisation verstellt und die demokratische Idee rechtlich schwer zu fassen macht. Die auf Dauer gestellten Aushandlungsprozesse zwischen idealistischer und realistischer Deutung der Demokratie werden – unter anderem – auf dem Forum der Vereinigung ausgetragen. Man könnte dabei auf ein Gleichgewicht hoffen, in dem sich Idealismus und Realismus immer wieder wechselseitig beschränken und so zur Stärkung der normativen Kraft des verfassungsrechtlichen Demokratieprinzips beitragen. Doch die Prävalenz demokratischer Krisenerzählungen in den Themenstellungen der Vereinigung hat zu diesem Gleichgewicht bislang nur bedingt beigetragen. So verständlich und erregend die Erzählung von der demokratischen Krise ist – und so regelmäßig sie auch zurückgewiesen wird –, so hat sie dennoch den Nachteil, immer wieder die Neuauflage alter Schlachten zu provozieren. Befördert wird dies durch Themenstellungen, die eher geeignet sind, Gegenstand ausgreifender Monografien statt 45-minütiger Referate zu sein. Hier wirkt der Mythos der ‚großen Erzählung' von Staatsrechtslehrerreferaten kontraproduktiv. In Zeiten normativer Grundlegung neuer Verfassungsordnungen mag er berechtigt gewesen sein und immer wieder auch große Würfe hervorgebracht haben. In einer etablierten, voll regulierten und rechtsprechungsgesättigten (Verfassungs-)Rechtsordnung sind Platz und Gelegenheit für große Würfe aber typischerweise eher knapp bemessen.

Die Krisenperspektive als Ausdruck und Folge idealisierender Deutungen der Demokratie erschwert zudem eine konzeptionelle Fortentwicklung der organisationsverfassungsrechtlichen Grundlagen des demokratischen Verfassungsstaats, weil sie den Referenten die Kontrollperspektive des Verfassungsgerichts aufdrängt, obwohl jene des Verfassungs-, Gesetz- oder Geschäftsordnungsgebers häufig interessanter und vielleicht auch wichtiger wäre.[199] Insofern ging von der Themenstellung „Machtverschiebungen" der Mannheimer Tagung 2021 ein wichtiges Signal aus, die unter dem deutungsoffenen Titel und mit dem Bezug auf das tatsächliche Phänomen der Macht die „Organisation der politischen Willensbildung" in den Blick nahm – nicht verklärend, nicht verachtend. In diesem Sinne der Staatsrechtslehre zwischen Hyperidealisierung und Superrealismus einen *middle ground* demokratischer Reflexion zu erschließen, bleibt ein wünschenswertes Ziel. Man kann es auch anders sagen und der Vereinigung empfehlen, sie möge m*ehr Organisation wagen*!

---

[198] S. zu diesem Problemfeld *Kotzur*, Demokratie (Fn. 25), S. 209 f.

[199] *Jestaedt*, Diskussionsbeitrag (Fn. 190), S. 487 f.

Am Ende bleibt die für Idealisten wie Realisten der Demokratie gleichermaßen versöhnliche Feststellung *Richard Thomas*: „[…] besser als leidlich hat in der ganzen Weltgeschichte noch niemals irgendeine Herrschaftsform funktioniert, außer in kurzen, vergänglichen Episoden. Keine aber hat so viele Chancen der Regeneration, als die gesetzesachtende, gemäßigte Demokratie".[200]

---

[200] *Thoma*, Diskussionsbeitrag (Fn. 10), S. 201.

Bundesstaat als Gegenstand der Beratungen: Hundert Jahre Föderalismusfragen im Spiegel der Jahrestagungen der Vereinigung der Deutschen Staatsrechtslehrer

*Giovanni Biaggini**

I. Bundesstaatsfragen als dankbares Thema für die Verfassungsvergleichung 355
II. „Der deutsche Föderalismus in Vergangenheit, Gegenwart und Zukunft" (Jena 1924) 357
III. „Bundesstaatliche und gliedstaatliche Rechtsordnung in ihrem gegenseitigen Verhältnis im Rechte Deutschlands, Österreichs und der Schweiz" (Frankfurt am Main 1929) 359
IV. „Verträge zwischen Gliedstaaten im Bundesstaat" (Köln 1960) 360
V. „Föderalismus als nationales und internationales Ordnungsprinzip" (Münster 1962) 362
VI. „Gemeinschaftsaufgaben im Bundesstaat" (Salzburg 1972) 363
VII. „Die Bedeutung gliedstaatlichen Verfassungsrechts in der Gegenwart" (Passau 1987) 365
VIII. „Europäische Union: Gefahr oder Chance für den Föderalismus in Deutschland, Österreich und der Schweiz?" (Mainz 1993) 367
IX. „Das parlamentarische Regierungssystem und der Bundesrat – Entwicklungsstand und Reformbedarf" (Potsdam 1998) 368
X. „Bundesstaat und Europäische Union zwischen Konflikt und Kooperation" (Rostock 2006) 370
XI. „Der Bildungsföderalismus auf dem Prüfstand" (Greifswald 2013) 371
XII. „Rechtsanwendungsgleichheit in Mehrebenensystemen" (Bonn 2018) 372
XIII. Schlussbetrachtung 374
1. Themengeschichtliches im Überblick 375
2. Vorverständnisse und begriffliche Hypotheken 376
3. Bundesstaatlichkeit als schwieriges Thema für verfassungsvergleichende Vorträge 378

I. Bundesstaatsfragen als dankbares Thema für die Verfassungsvergleichung

In der Geschichte der Jahrestagungen der Vereinigung der Deutschen Staatsrechtslehrer spielten und spielen Fragen der Bundesstaatlichkeit und des Föderalismus eine bedeutende Rolle. Der erste Tagungsband der Vereinigung, der die Zusammenkunft von Mitte April 1924 in Jena dokumentiert, beginnt mit den beiden Berichten von *Gerhard Anschütz* und *Karl Bilfinger* zum Thema „Der deutsche Föderalismus in Vergangenheit, Gegen-

* Der Verfasser dankt seinen Mitarbeitern *David Fässler*, MLaw, und *Nicolas Glatzer*, MLaw, für die Unterstützung bei den Recherchen und bei der Fertigstellung des Beitrags sowie *Andreas Kley* und *Helmuth Schulze-Fielitz* für wertvolle Hinweise.

wart und Zukunft".[1] Dieser Auftakt verwundert nicht, denn der Föderalismus war in Deutschland mit der Weimarer Reichsverfassung gerade eben auf eine neue rechtliche Grundlage gestellt worden. Und auch die erstmals an den Beratungen teilnehmenden „Kollegen aus Österreich", die der Vorsitzende *Heinrich Triepel* in seiner Eröffnungsansprache speziell willkommen hieß,[2] dürften sich für das Thema interessiert haben, zumal das Bundes-Verfassungsgesetz von 1920 die für Österreich neuartige Form einer Republik (Art. 1) in der Gestalt eines Bundesstaats (Art. 2 Abs. 1) festgelegt hatte.

Föderalismus und Bundesstaatlichkeit sind „ein besonders dankbares Thema für die Verfassungsvergleichung", wie *Walter Haller* treffend formulierte.[3] Die Jahrestagung von Ende April 1929 in Frankfurt am Main, deren erster Beratungsgegenstand „Bundesstaatliche und gliedstaatliche Rechtsordnung in ihrem gegenseitigen Verhältnis im Rechte Deutschlands, Österreichs und der Schweiz" lautete, und auch mehrere spätere Tagungen illustrieren diese Feststellung auf vielfältige Weise. In den deutschsprachigen Bundesstaaten weisen Fragen des öffentlichen Rechts oft auch eine föderalistische Dimension auf. Es dürfte daher kaum eine Jahrestagung der Vereinigung vergangen sein, an der nicht zumindest am Rande die eine oder andere Frage mit Bundesstaatsbezug zur Sprache kam. All dem nachzugehen, hätte den Rahmen des vorliegenden themengeschichtlichen Beitrags gesprengt. Im Zentrum sollen hier jene Tagungen und Beratungsgegenstände stehen, die den Begriff „*Bundesstaat*" (bzw. „bundesstaatlich") oder „*Föderalismus*" im Titel tragen (Jena 1924; Frankfurt am Main 1929; Köln 1960; Münster 1962; Salzburg 1972; Mainz 1993; Rostock 2006; Greifswald 2013). Hinzu kommen jene Tagungen und Beratungsgegenstände, bei denen es um einen oder mehrere der bundesstaatlichen Grundpfeiler ging: *Selbstbestimmung* der Gliedstaaten, *Mitbestimmung* der Gliedstaaten auf Bundesebene, loyales *Zusammenwirken* der bundesstaatlichen Akteure[4] (Passau 1987; Potsdam 1998; Bonn 2018). Nicht näher eingegangen wird hier auf die dem Thema „bundesstaatliche Finanzverfassung" gewidmeten Vorträge und Aussprachen (Hamburg 1955; Bayreuth 1992; Rostock 2006; Greifswald 2013).[5]

---

[1] Gemäß dem Tagungsbericht von *Fritz Stier-Somlo* (Die zweite Tagung der Vereinigung der deutschen Staatsrechtslehrer, AöR 46 [1924], S. 88) standen die beiden Referate von *Anschütz* und *Bilfinger* erst am zweiten Tag auf dem Programm (Dienstag, 15. April 1924). Am ersten Tag hatten *Carl Schmitt* und *Erwin Jacobi* über „Die Diktatur des Reichspräsidenten nach Art. 48 der Reichsverfassung" referiert (a. a. O., S. 91 und 97).

[2] *Heinrich Triepel,* VVDStRL 1 (1924), S. 5. – Einziges Mitglied aus der Schweiz war 1924 gemäß Mitgliederliste *Erwin Ruck* (1909 Privatdozent in Tübingen, ab 1912 Ordinarius in Basel als Nachfolger von *Fritz Fleiner*).

[3] *Walter Haller,* Verfassungsvergleichung als Impuls für die Verfassungsgebung, in: FS für Thomas Fleiner, 2003, S. 311 (321). Die zitierte Stelle spricht von Föderalismus, die Aussage ist aber auch auf den Bundesstaat gemünzt.

[4] *Gerhard Anschütz,* VVDStRL 1 (1924), S. 11, gliederte seine Ausführungen zum „deutschen Föderalismus" nach Fragen der *Selbstbestimmung* und der *Mitbestimmung.* – Eingehend zu den Grundpfeilern (aus schweizerischer Sicht) *Peter Saladin*, Bund und Kantone, Zeitschrift für Schweizerisches Recht (ZSR) 103 (1984), Teilband II., S. 431.

[5] Das „Steuer- und Finanzrecht" ist Gegenstand des themengeschichtlichen Beitrags von *Ekkehart Reimer,* in diesem Band, S. 403 ff. – Die Referate zu den Themen „Wettbewerb von Rechtsordnungen" (Graz 2009), „Migrationssteuerung im Mehrebenensystem" (Linz 2016) und „Fragmentierungen" (Saarbrücken 2017) wiesen keinen engen Bundesstaatsbezug auf.

Der nachfolgende Streifzug durch die genannten Tagungen (Ziffer II.–XII.) muss kursorisch bleiben und kann der Fülle der aufgeworfenen Fragen und wegweisenden Antworten nicht gerecht werden. Umgekehrt bietet ein Betrachtungszeitraum von rund 100 Jahren die Chance, einige sich erst in der *longue durée* abzeichnende Entwicklungen besser zu erkennen (auch wenn es sich bei den Tagungsbänden natürlich nicht um eigentliche Annalen handelt). Die bei diesem Streifzug eingefangenen Impressionen bilden die Grundlage für eine Schlussbetrachtung (Ziffer XIII.). Diese umfasst einen kurzen themengeschichtlichen Rückblick, Hinweise zu terminologischen Hypotheken, die die rechtswissenschaftliche Bundesstaatsdiskussion belasten, sowie Überlegungen zur Bedeutung der verfassungsvergleichenden Perspektive in den Referaten.

II. „Der deutsche Föderalismus in Vergangenheit, Gegenwart und Zukunft" (Jena 1924)

Auf der Jahrestagung in Jena referierten der Heidelberger Ordinarius *Gerhard Anschütz* (1867–1948) und der Tübinger Privatdozent *Karl Bilfinger* (1879–1958) über das Thema „Der deutsche Föderalismus in Vergangenheit, Gegenwart und Zukunft" (VVDStRL 1 [1924]).

Anschütz stellte seinem Bericht (S. 11–32) eine begriffliche Klärung voran: Eine Untersuchung zum Föderalismus sei nutzlos, „wenn man dabei nicht stets zugleich auch den Gegenbegriff, den des Unitarismus, im Auge behält" (S. 11).[6] Soweit der Bundesstaat „sich dem Staatenbund annähert, sprechen wir […] von Föderalismus, soweit er nach der entgegengesetzten Seite hin gravitiert, von Einheitsstaatlichkeit, von Unitarismus" (S. 11). „Je weiter das Selbst- und Mitbestimmungsrecht reicht, desto föderalistischer ist die Bundesstaatsverfassung, je schmaler beides bemessen ist, desto unitarischer" (S. 12). „Den reinen Föderalismus wollen[,] heißt den Staatenbund wollen, und den Staatenbund wollen, heißt die nationale Einheit nicht wollen" (S. 12, hier ohne Hervorhebungen). Diese begrifflichen Festlegungen sind aus verfassungsvergleichender Sicht – man denke an die positiven Konnotationen des Begriffs „Föderalismus" in der Schweiz (wo der Begriff „unitarisch" in der Rechtssprache inexistent ist) oder an das Verständnis des Begriffs „*federalism*" im englischen Sprachraum – alles andere als selbstverständlich. Das Interesse von *Anschütz* galt allerdings nicht der Verfassungsvergleichung, sondern der *Zukunft des deutschen Föderalismus*, der er rund die Hälfte seines Vortrags widmete. Seine Ausführungen beinhalten ein dezidiertes rechtspolitisches Plädoyer für den Unitarismus: „Was wir brauchen, ist […] straffste Zusammenfassung aller nationalen Kräfte, wie sie nur der Unitarismus […], nicht aber der Föderalismus zustande bringen kann. Das ist meine Meinung" (S. 25). Die mit verschiedenen Denkschriften und politischen Forderungen hervortretende „föderalistische Bewegung" sei „nicht erfreulich, sondern bedauerlich" (S. 24). In Betracht gezogen werden könne ein gewisses Entgegenkommen im

---

6 *Gerhard Anschütz* bezog sich hierbei namentlich auf *Heinrich Triepels* bekannte Schrift „Unitarismus und Föderalismus im Deutschen Reich", 1907 (siehe VVDStRL 1 [1924], S. 13).

Bereich des Selbstbestimmungsrechts der Länder (Rückbau oder Nichtgebrauch von einzelnen Gesetzgebungskompetenzen des Bundes), dies allerdings nicht in den Bereichen Militärwesen und auswärtige Angelegenheiten (S. 27). Abzulehnen seien Forderungen nach voller Verfassungsautonomie der Länder (S. 26 f.) oder die „Gewährung von Sonderrechten an einzelne Länder" (S. 33). Diskutabel sei das Stimmengewicht im Reichsrat (S. 30 f.). Sein Fazit kleidete *Anschütz* in sieben (teils weiter untergliederte) „Leitsätze des Berichterstatters" ein (S. 32–34) – es sind die ersten gedruckten Leitsätze in der Geschichte der Vereinigung.[7] In seinen Leitsätzen bewertete *Anschütz* den „Föderalismus" etwas milder als in den zitierten Passagen des Vortrags: Der Föderalismus sei „als verfassungsgestaltendes Prinzip zu billigen", wenn er verstanden werde als Inbegriff der Forderung auf „Anerkennung der Staatlichkeit der Länder" und auf „Gewährung eines angemessenen Selbstbestimmungsrechts [...] sowie eines entsprechenden Rechts auf Mitbestimmung bei der Bildung des Reichswillens" (S. 32). Abzulehnen sei der Föderalismus, wenn er verstanden werde als „Anschauung, dass das Reich nichts anderes ist noch sein soll als ein Bund der Länder" (S. 32).

Der Mitbericht von *Bilfinger* (S. 35–57), der kurz zuvor als Verfasser einer Schrift mit dem Titel „Der Einfluss der Einzelstaaten auf die Bildung des Reichswillens" (1923) hervorgetreten war, stand etwas im Schatten des Referats von *Anschütz*, wenn man auf das dokumentierte Echo in der Aussprache abstellen darf. *Bilfinger* hob das Phänomen und zugleich Problem der unterschiedlichen Größe und Stärke der Bundesglieder hervor (S. 36), dies namentlich mit Blick auf den „Großstaat Preußen" (S. 38 ff.). Auch bei *Bilfinger* sind die rechtspolitischen Ausführungen zur Zukunft des Föderalismus (S. 47 ff.) wesentlich umfangreicher als jene über die Gegenwart (S. 43 ff.). Ein zentrales Thema waren die Stellung und die Befugnisse des Reichsrats bzw. die Einflussrechte der Länder (S. 50 ff.). Der Bericht bricht etwas abrupt ab (S. 57). In seinen Leitsätzen charakterisierte *Bilfinger* den „deutsche[n] Föderalismus" dahingehend, „dass die noch vorhandenen Kräfte der Einzelstaaten möglichst einheitlich in den Dienst des Reiches gestellt werden". Sein Schwerpunkt liege „nicht in einem Gegensatz zum sogenannten Unitarismus, sondern darin, dass [...] wirksame Mittel zur praktischen Durchsetzung einer starken Reichsgewalt gegenüber partikularistischen Strömungen angestrebt werden" (S. 58).

Anders als heute üblich, ist die Aussprache zu den beiden Vorträgen von *Anschütz* und *Bilfinger* im Tagungsband nicht Votum für Votum wörtlich dokumentiert, sondern in Gestalt eines zusammenfassenden „Verhandlungsberichts zum Thema ‚Föderalismus'" (S. 60–62).[8] An der Diskussion beteiligten sich 15 Mitglieder, aus Österreich einzig *Hans Kelsen* (Wien). Dem Verhandlungsbericht zufolge ergab sich offenbar eine weitgehende Übereinstimmung mit den Thesen von *Anschütz* (S. 60) und ein gewisser Widerspruch zu den Vorschlägen von *Bilfinger* betreffend den Reichsrat (S. 61). Gegensätzlich waren die Positionen in Bezug auf die „preußische Frage" (S. 61) und in Bezug auf die Bewertung der Regelung betreffend Gebietsänderungen (Art. 18 WRV). Wie schon in den beiden Referaten blieb auch in der Aussprache der dritte bundesstaatliche Hauptpfeiler (Zu-

---

[7] Seit Band 70 (Jahrestagung 2010) als „Leitsätze des Referenten" bzw. „der Referentin" bezeichnet.

[8] Auf dem Titelblatt von VVDStRL 1 (1924), als „Zusammenfassung der Diskussionsreden" bezeichnet, im Inhaltsverzeichnis als „Diskussion" betitelt.

sammenwirken der bundesstaatlichen Akteure) wenig beachtet. Dies sollte sich bei nächster Gelegenheit (Jahrestagung 1929) ändern.

III. „Bundesstaatliche und gliedstaatliche Rechtsordnung in ihrem gegenseitigen Verhältnis im Rechte Deutschlands, Österreichs und der Schweiz" (Frankfurt am Main 1929)

Auf der Frankfurter Tagung von Ende April 1929 referierten *Fritz Fleiner* (1867–1937) und *Josef Lukas* (1875–1929) über das rechtsdogmatisch und rechtvergleichend angelegte Thema „Bundesstaatliche und gliedstaatliche Rechtsordnung in ihrem gegenseitigen Verhältnis" (VVDStRL 6 [1929]).

Der Zürcher Ordinarius *Fleiner*[9] ging in seinem Bericht (S. 2–23) zunächst der *Vorrangfrage* nach, dies am Beispiel der „drei alten Bundesstaaten" (S. 2), d.h. der Vereinigten Staaten von Amerika, der Schweiz und Deutschlands (S. 3 ff.). Dezidiert trat *Fleiner* der damals in Deutschland verbreiteten „Behauptung von dem unbedingten Vorrang des Bundesrechts im Bundesstaat" (S. 3) entgegen: „Bundesrecht bricht Landesrecht" gelte nur für kompetenzgemäßes, nicht für kompetenzwidriges Bundesrecht (S. 6 ff.). Bei der Darstellung der Rechtslage in der Schweiz konnte sich *Fleiner*, anders als im Fall Deutschlands, auf eine reichhaltige höchstrichterliche Rechtsprechung stützen (S. 4 ff.), die sich dem Umstand verdankte, dass das schweizerische Bundesgericht den Grundsatz der „derogatorischen Kraft des Bundesrechts" (Bundesrechtsvorrang) schon früh als „ein individuelles Recht jedes Bürgers" anerkannt hatte (S. 6), das symmetrisch wirkt, d.h. auch dann verletzt ist, wenn ein (kantonales) Gericht Bundesrecht anwendet, obwohl der Sachverhalt unter kantonales Recht gehört (S. 6). Einen zweiten Schwerpunkt setzte *Fleiner* bei der *wechselseitigen Beeinflussung und Durchdringung* von Bundesrecht und gliedstaatlichem Recht, wie sie sich in Deutschland und in der Schweiz, nicht aber in den USA einstelle (S. 9 ff.). Der Referent tat dies anhand einer Vielzahl von Einzelfragen, die zu einem guten Teil auch heute von praktischem Interesse sind (z.B. Anforderungen an gliedstaatliches Verfassungsrecht, Ersatzvornahme bei nicht erfüllter Rechtsetzungspflicht u.a.m.). Zum Schluss wies *Fleiner* auf die bedeutende Rolle hin, die die Justiz bei der Lösung von Konflikten, wie sie sich im Zusammenhang mit der bundesstaatlichen Kompetenzausscheidung zwangsläufig einstellten, spielen könne. Die Schweiz sei diesbezüglich „auf halbem Wege stehengeblieben". Deutschland und Österreich seien mit ihren republikanischen Verfassungen von 1919 und 1920 „vorwärtsgeschritten" (S. 23).

Der in Graz geborene Münsteraner Ordinarius *Lukas* ging in seinem Mitbericht (S. 25–53) erwartungsgemäß nicht nur auf das deutsche, sondern auch auf das österreichische Recht ein, auf das schweizerische nur am Rande (z.B. S. 26). Gleich zu Beginn äußerte *Lukas* hinsichtlich der Bundesstaatlichkeit Österreichs „gewichtige Bedenken" (S. 25). Den österreichischen Ländern fehle es an der Staatsqualität, dies nicht zuletzt

---

[9] *Fritz Fleiner* hatte zuvor an deutschen Universitäten gelehrt (Tübingen und Heidelberg) und erfüllte somit die Mitgliedschaftsvoraussetzungen gemäß den Statuten von 1922.

„wegen des Mangels der Fähigkeit zur Selbstorganisation" (S. 25). Eine „staatsrechtliche Überordnung des Bundesstaates über die Gliedstaaten" (S. 26) erkannte *Lukas* auch im deutschen Reichsstaatsrecht „durch den Satz des Art. 13 I": „Reichsrecht bricht Landrecht" (S. 28). Ausführlich erörterte *Lukas* die „Unterscheidung zwischen eigenstaatlicher und reichsorganschaftlicher Tätigkeit der deutschen Länder" (S. 30–46). Der Zweck dieser Kategorisierung wurde allerdings nicht restlos klar, auch nicht in den (im Vergleich zu *Fleiner)* sehr ausführlichen Leitsätzen.

In der abschließenden Diskussion (S. 57–68) entbrannte eine Kontroverse um die Tragweite von Art. 13 Abs. 1 WRV. *Hans Kelsen* stimmte *Fleiners* Auslegung zu, wonach nur kompetenzgemäßes Bundesrecht Landesrecht bricht (S. 57; er widersprach ihm jedoch in Sachen Ersatzvornahme). *Anschütz* verteidigte, unterstützt durch weitere Redner, das traditionelle Verständnis der Bestimmung als „ein altes Wahrzeichen bundesstaatlicher Rechtseinheit" (S. 65). *Kelsen* wies die „Angriffe gegen die Koordinationstheorie" als unbegründet zurück, denn die Bundes- wie die Gliedstaatsgesetzgebung beruhten „auf der einheitlichen Verfassung", weshalb von Subordination keine Rede sein könne (S. 65). Etwas aus der Reihe fiel der Diskussionsbeitrag von *Hans Nawiasky*, der in der gedruckten Fassung (S. 59–64) fast wie ein kurzer „Drittbericht" anmutet, mit kleinen Spitzen gegen die „Wiener reine Rechtsschule", welche die Gepflogenheit habe, „Autoren, die nicht zu ihrem Kreis gehören, soweit es sich nicht um gegen diese gerichtete Kritik handelt, überhaupt nicht oder so gut wie gar nicht zu zitieren" (S. 60). Überraschend ist, dass das 1924 in Jena so omnipräsente Wort „Unitarismus/unitarisch" nur fünf Jahre später sowohl in den Referaten als auch in der Diskussion nur eine marginale Rolle spielte (beiläufig *Lukas*, S. 39 und 52). Die Karriere des Begriffs „unitarischer Bundesstaat" sollte in der Bundesrepublik wieder in Fahrt kommen.[10]

IV. „Verträge zwischen Gliedstaaten im Bundesstaat" (Köln 1960)

Gut drei Jahrzehnte nach der Frankfurter Tagung rückte der Bundesstaat wieder ins Zentrum der Beratungen. Im Rahmen der Kölner Tagung von Mitte Oktober 1960 referierten der Heidelberger Ordinarius *Hans Schneider* (1912–2010) sowie der aufstrebende Zürcher Privatdozent *Wilfried Schaumann* (1923-1971).[11] Das wenig spektakulär anmutende Thema „Verträge zwischen Gliedstaaten im Bundesstaat" (VVDStRL 19 [1961]) gab Anlass zu einer lebhaften Debatte.

Schneider sah sich mit einer Fülle an Fragen und mitteilungswürdigen Informationen konfrontiert. In der schriftlichen Fassung seines Berichts (S. 1–30) sind die im mündli-

[10] Prägend *Konrad Hesse*, Der unitarische Bundesstaat, 1962. *Hesse* (a. a. O., S. 19 ff.) bezieht sich mehrfach auf den Vortrag von *Hans Schneider* und die Aussprache auf der Jahrestagung 1960 in Köln (dazu unten IV.), nicht jedoch auf die Referate von *Anschütz* und *Bilfinger* auf der Jahrestagung 1924 in Jena (dazu oben II.).

[11] *Schaumann* folgte 1961 einem Ruf nach Würzburg und 1970 einem Ruf nach Freiburg/Schweiz, bevor er am 9. Februar 1971 auf der Fahrt von München nach Zürich ein Opfer des Eisenbahnunglücks von Aitrang (Ostallgäu) wurde.

chen Vortrag übersprungenen Passagen in eckigen Klammern dokumentiert; sie dürften gut ein Viertel des Texts ausmachen. Abgedruckt ist anhangweise auch ein „Verzeichnis der in der Zeit von 1949 bis zum 31.12.1960 zwischen den deutschen Bundesländern abgeschlossenen Staatsverträge und Verwaltungsabkommen", das nicht weniger als 339 Nummern umfasst. *Schneiders* „Versuch, eine Erscheinung, die bisher noch etwas im Untergrund geschlummert hat, ans Licht zu heben" (Schlusswort, S. 163), orientierte sich an den gewohnten dogmatischen Fragen (S. 8 ff.). Zukunftweisend stellte der Referent den „Staatsverträgen" und den „Verwaltungsabkommen" als dritte Kategorie die „gemeinsamen Beschlüsse der Ressortminister-Konferenzen" zur Seite (S. 10). In seiner Schlussbemerkung charakterisierte *Schneider* die Abkommen der Länder untereinander als „eine vergleichsweise harmlose Erscheinung" (S. 29). Deutet sich hier eine leise Kritik an der Themenwahl des auftraggebenden Vorstands an?

Schaumann behandelte das Thema im seinem Mitbericht (S. 86–125), wie vom Vorstand gewünscht, „an Hand der schweizerischen und soweit möglich der österreichischen Verhältnisse" (S. 86). Das österreichische Recht erwies sich allerdings als wenig ergiebig (S. 86). Dafür erlaubte sich der Referent, in Fortführung einer bewährten Schweizer Tradition, den einen oder anderen rechtsvergleichenden Seitenblick auf die (rund 60 Jahre ältere) *sister republic*, die Vereinigten Staaten von Amerika.[12] An den Anfang seiner Überlegungen stellte *Schaumann* die Konflikthaftigkeit der Bundesstaatskonstruktion und die zwei hergebrachten Ansatzpunkte für eine Konfliktregelung: die richterliche Entscheidung und die vertragliche Einigung (S. 87). Weiter wies er darauf hin, dass Verträge zwischen den Kantonen im 19. Jahrhundert oft als Wegbereiter für einen Kompetenzübergang an den Bund und für entsprechende Bundesgesetze gedient hatten, im 20. Jahrhundert mitunter auch als Verteidigungsmittel der Kantone gegen eine drohende Kompetenzverlagerung (S. 89). Bei der anschließenden Bestandsaufnahme (S. 92 ff.) kamen verschiedene schweizerische Besonderheiten zur Sprache wie die Verwendung privatrechtlicher Mittel bei der zwischengliedstaatlichen Kooperation (S. 94 f.), die demokratischen Mitwirkungsrechte nicht nur der kantonalen Parlamente, sondern auch der Stimmberechtigten (sog. Vertragsreferendum; S. 102 ff.) sowie der Rückgriff auf völkerrechtliche Regeln bei der Beurteilung von interkantonalen Konflikten durch das Bundesgericht (S. 119 ff.). Die Sympathie *Schaumanns* für diesen völkerrechtsaffinen Lösungsansatz stand in einem deutlichen Kontrast zu der in Deutschland gängigen Auffassung, die sein Vorredner *Schneider* mit den Worten zusammengefasst hatte: „Zwischengliedstaatliche Verträge und Vereinbarungen gehören in den Bereich des Staatsrechts, nicht des Völkerrechts" (Leitsatz 3.a). In seiner Schlussbemerkung charakterisierte *Schaumann* das Vertragsrecht unter Gliedstaaten als „eine Art Reservat lebendiger Eigenstaatlichkeit der Gliedstaaten" (S. 125).

An der durch Vorgaben des Vorsitzenden *(Ulrich Scheuner)* strukturierten *Aussprache* (S. 131–164) beteiligten sich gut zwanzig Redner, darunter auch der Vorsitzende selbst

---

[12] Vgl. *Johann Jakob Rüttimann*, Das nordamerikanische Bundesstaatsrecht verglichen mit den politischen Einrichtungen der Schweiz, 3 Bände, 1867–1876; *William E. Rappard*, Notre grande république sœur. Aperçu sur l'évolution des Etats-Unis et sur les rapports Suisses-Américains, 1916. Vgl. auch *James H. Hutson*, The Sister Republics. Switzerland and the United States from 1776 to the Present, 1991.

mit einer Frage (S. 135 f.) und einer inhaltlichen Bemerkung (S. 152). Der Erstberichterstatter *Schneider* ergriff bereits vor seinem Schlusswort rund zehn Mal das Wort, um spontane Antworten zu geben oder Gegenfragen zu stellen (z. B. S. 140 an *Horst Ehmke), Schaumann* immerhin zwei Mal. Zur Sprache kamen das Problem des „Gefälles" innerhalb eines Bundesstaats und das Verhältnis Staatsvertrag/Verwaltungsabkommen, das man im Publikum offenbar als problematischer einstufte als der erste Referent (S. 134 ff.). Den gegensätzlichen Positionen der beiden Referenten zur Rolle des Völkerrechts bei der innerbundesstaatlichen Konfliktlösung dürfte es zu verdanken sein, dass dieser zweite vorgegebene Diskussionspunkt eine rege Debatte auslöste (S. 144–154). Als erster Redner zu diesem Thema brach *Schaumanns* Landsmann *Hans Huber* „eine Lanze [...] für eine beschränkte Anwendbarkeit des Völkerrechts auf die Beziehungen unter den Gliedstaaten eines Bundesstaates" (S. 144). Unterstützt wurde er unter anderem durch *Hermann Mosler* (S. 147: „bundesstaatsrechtlich zugelassenes Völkerrecht"). Die Bundesstaatlichkeit hatte sich in Köln erneut als ein „dankbares Thema für die Verfassungsvergleichung" *(Walter Haller)* erwiesen.

V. „Föderalismus als nationales und internationales Ordnungsprinzip" (Münster 1962)

Zwei Jahre später, auf der Jahrestagung 1962 in Münster (Westf.), hieß der erste Beratungsgegenstand „Föderalismus als nationales und internationales Ordnungsprinzip" (VVDStRL 21 [1964]). Die beiden Referenten griffen arbeitsteilig je einen Aspekt auf. Der in Speyer lehrende Völkerrechtler *Hartwig Bülck* (1912–1985) befasste sich als Erstberichterstatter mit dem „Föderalismus als internationales Ordnungsprinzip". *Peter Lerche* (1928–2016), Ordinarius an der FU Berlin, behandelte als Zweitberichterstatter den „Föderalismus als nationales Ordnungsprinzip". Da *Bülck* in seinem Vortrag (S. 1–60) Bundesstaatsfragen nur am Rande erörterte, konzentrieren sich die folgenden Ausführungen auf das Referat von *Lerche* und die einschlägigen Diskussionsbeiträge in der Aussprache. Erwähnt sei immerhin, dass sich *Bülck* daran störte, wie der Begriff „Föderalismus" im Zuge der zentralistischen Entwicklung in der deutschen Staatsrechtslehre „verengt und zusammen mit dem Unitarismus zum bloßen Moment in dem ‚Oberbegriff des Bundesstaates' (Anschütz) herabgesetzt" worden war (S. 14, mit Verweis auf VVDStRL 1 [1924], S. 11; dazu Ziffer II.).

Auch *Lerche* knüpfte in seinem Mitbericht (S. 66–100) an die Referate von 1924 zum „deutschen Föderalismus" an. Er beklagte die Tendenz, „den föderalen Beziehungsreichtum in starre Fächer zu zerlegen" (S. 66), und wählte, ähnlich wie zwei Jahre zuvor *Schaumann* (Ziffer IV.), „den Weg zu den typischen Konflikten" (S. 67). Einen Schwerpunkt setzte *Lerche* bei der Frage nach der *inneren Rechtfertigung* (Legitimation) des Bundesstaates. Hergebrachte Rechtfertigungen wie die Sicherung eines gewissen Eigenlebens der Territorien (S. 73 ff.), die Kontrolle politischer Herrschaft durch vertikale Gewaltenteilung (S. 78 ff.) oder die ethische Fundierung (S. 84) vermöchten nur begrenzt zu befriedigen. *Lerche* plädierte für eine Betrachtung, die durch eine *Verfahrensperspektive* geprägt ist und sich an den „Konflikte[n] des täglichen Betriebs“ (S. 87) orientiert. Die Föderalstruktur zwinge „alle lebendigen Gewalten in einen realen Status“ hinein, den *Lerche* „mit einer vorläufigen Formel“ als „Homogenität im Verfahren“ (S. 85) bezeichnete. Die „Gleichgestimmtheit *im Typ der Konfliktbewältigung*, das ist föderale Homogenität“ (S. 87; Hervorhebung hinzugefügt). Entsprechend plädierte *Lerche* dafür, die Bundestreue vor allem vom Verfahrensgedanken her zu verstehen (S. 88) und die Terminologie zu überprüfen: „Vielleicht also besser Bundessinn als Bundestreue“ (S. 88). Die Funktion moderner Bundesstaatlichkeit sah *Lerche* „nicht so sehr in der Teilung und Auflockerung der politischen Gruppen, auch nicht in einer vagen Gemeinwohlbindung, sondern in ihrer *verfahrensmäßigen Disziplinierung*, Homogenisierung, ohne den harten Zugriff einheitsstaatlicher Einordnung“ (S. 92).

An der *Aussprache* (S. 105–144) beteiligten sich neben den beiden Referenten rund zwei Dutzend Redner, die sich überwiegend zu *Lerches* Vortrag äußerten. Die Eingangsbemerkung des Vorsitzenden *(Herbert Krüger)*, die Vorträge hätten bestätigt, „dass es *ein einheitliches* Prinzip des Föderalismus“ gebe (S. 105; Hervorhebung hinzugefügt), d.h. nicht je getrennt für den Staat und für das Völkerrecht, blieb nicht ohne Widerspruch. Mehrfach aufgegriffen und als klärungsbedürftig eingestuft wurde die von *Lerche* vorgeschlagene Formel von der „Homogenität im Verfahren“. Anders als 1960 in Köln standen in Münster nicht dogmatische Fragen, sondern die theoretischen, konzeptionellen und legitimatorischen Aspekte des Föderalismus im Zentrum. Abschließende Klärungen waren nicht zu erzielen, aber auch nicht zu erwarten.

VI. „Gemeinschaftsaufgaben im Bundesstaat“ (Salzburg 1972)

Auf der Jahrestagung 1972 in Salzburg beging die Vereinigung den 50. Jahrestag ihrer Gründung. Wie schon bei der ersten mit einem Tagungsband dokumentierten Zusammenkunft in Jena 1924 (Ziffer II.) war die Bundesstaatlichkeit im wissenschaftlichen Programm vertreten. Der Bielefelder Ordinarius *Jochen Abr. Frowein* (*1934) und *Ingo von Münch* (*1932), Ordinarius in Bochum, referierten über „Gemeinschaftsaufgaben im Bundesstaat“ (VVDStRL 31 [1973]). Das Thema war in Deutschland von großer Aktualität, hatten doch die Gemeinschaftsaufgaben gerade eben Einzug in das Grundgesetz gehalten (Art. 91a und Art. 91b GG in der am 12. Mai 1969 beschlossenen Fassung).

Der Erstberichterstatter *Frowein* betonte in seinem Vortrag (S. 13–47) einleitend, dass die effektive Planung staatlicher Aktivitäten in Bereichen wie Verkehr, Energie, Wirtschaft, Hochschulen einer soliden Verfassungsgrundlage bedürfe, „ohne die man unweigerlich irgendwann im Gestrüpp verfassungsrechtlicher Normen hängenbleibt“ (S. 13).[13] Im Bundesstaat verlangten gewisse Sachprobleme nach einer Lösung im „Gesamtsystem Bundesstaat“ (S. 13). Neben den Vorzügen von Gemeinschaftsaufgaben sah der Referent auch Gefahren: die politische „Mediatisierung der Länderminderheit“ in den Planungs-

---

[13] *Frowein* zitierte hier *Felix Ermacora* (Österreichische Verfassungslehre, 1970, S. 303).

ausschüssen (S. 17 ff.) und die Zurücksetzung der Parlamente (S. 24 ff.). Nach der Erörterung verschiedener Einzelfragen gelangte *Frowein* zum Ergebnis, dass „die Länder das für die gemeinsame Wahrnehmung von Zuständigkeiten mit dem Bund nötige Eigengewicht" hätten, weshalb „von einer drohenden Überschreitung der Grenzen des Art. 79 Abs. 3" GG nicht die Rede sein könne (S. 43) – eine bundesstaatsrechtliche Fragestellung, die außerhalb Deutschlands etwas merkwürdig anmutet. Das Fazit des Referenten lautete, dass man den Gemeinschaftsaufgaben „bei Verbesserungen in den Einzelheiten" die Chance der „Bewährung" lassen solle (S. 47).

Ingo von Münch befasste sich in seinem Mitbericht (S. 51–84) zunächst mit der Entstehungsgeschichte des Instituts der Gemeinschaftsaufgabe (S. 52 ff.) und dessen Einordnung (S. 58 ff.). Bei den Gemeinschaftsaufgaben handle es sich um eine Idee, die „nicht in den Köpfen von Verfassungsjuristen entstanden" sei, „sondern aus der Dynamik der tatsächlichen Notwendigkeiten" (S. 52).[14] In der Folge erörterte der Referent das Thema Gemeinschaftsaufgaben unter den Aspekten des Bundesstaatsprinzips (S. 62 ff.), des Demokratieprinzips (S. 79 ff.), des Sozialstaatsgebots und des Rechtsstaatsgebots (S. 82 ff.), dies hauptsächlich am Beispiel des Ausbaus und Neubaus von Hochschulen einschließlich Hochschulkliniken. Abschließend charakterisierte *von Münch* die Gemeinschaftsaufgaben als einen Versuch „mit Licht- und Schattenseiten". Nach Zeiten der Planungsphobie und Planungseuphorie gehe es nun um eine nüchterne Betrachtung (S. 84).

Zu Beginn der *Aussprache* (S. 87–146) erstatteten *Heinz Peter Rill* (Wien) und *Peter Saladin* (Basel) kurze Länderberichte für Österreich (S. 87–93) und die Schweiz (S. 93–98). Die im Tagungsband abgedruckten Anreden – „Meine Herren!" *(Rill)*, „Sehr geehrte Herren Kollegen!" *(Saladin)* – dokumentieren, dass die Aussprache auf der Jubiläumstagung von 1972 ohne Frauenbeteiligung über die Bühne ging.[15] *Rills* Befund für Österreich lautete, dass es Gemeinschaftsaufgaben dem Begriff nach nicht gibt, durchaus jedoch eine Bund-Länder-Kooperation (S. 93). *Saladin* konstatierte für die Schweiz eine Koordinations- und Leistungskrise (S. 93) und wies auf einen Regierungsentwurf für eine neue Verfassungsbestimmung betreffend das „Bildungswesen" hin, die erstmalig den Begriff der „gemeinsamen Aufgabe" von Bund und Kantonen verwende (S. 95). Was *Saladin* und das Publikum nicht wissen konnten: Diese Verfassungsänderung scheiterte fünf Monate später in der Volksabstimmung vom 4. März 1973 knapp an der fehlenden Zustimmung einer Mehrheit der Kantone.[16]

An der Aussprache beteiligten sich 16 Redner. Zu Beginn der Diskussion trat eine ganze „Phalanx"[17] von Mitgliedern der vom Bundestag eingesetzten Enquête-Kommission zur Verfassungsreform in Erscheinung, deren Arbeit „heute sehr schlecht" wegge-

---

[14] *Von Münch* zitierte hier den früheren Bundesfinanzminister *Franz Josef Strauß* (Bundestagsdebatte, 8. Mai 1968).

[15] Die 1970 als erste Frau in die Vereinigung aufgenommene *Ilse Staff* (1928–2017), Frankfurt am Main, ist auf der Teilnehmerliste der Jahrestagung in Salzburg nicht verzeichnet.

[16] 52,8 % Ja-Stimmen; aber 9 3/2 zu 10 3/2 Standesstimmen, dies bei einer selbst für schweizerische Verhältnisse sehr tiefen Stimmbeteiligung von 27,5 %. Gut 30 Jahre später hatte ein modifizierter zweiter Anlauf Erfolg (dazu das Referat von *Bernhard Ehrenzeller* auf der Jahrestagung 2013 in Greifswald; siehe unten XI.).

[17] So der Diskussionsleiter *Peter Lerche*, VVDStRL 31 (1973), S. 111.

kommen sei (*Karl Josef Partsch*, S. 104). *Karl Wenger* aus Wien brachte ein verbreitetes Unbehagen prägnant zum Ausdruck, als er festhielt, „dass die Kassa heute wichtiger geworden ist als die Kompetenz" (S. 135). Insgesamt war die Aussprache stark durch tagesaktuelle Argumente geprägt. Die großen Züge und die verfassungsvergleichenden Aspekte kamen (trotz Länderberichten) tendenziell zu kurz. Rückblickend kann man sich fragen, wie gut sich das Format der Staatsrechtslehrertagung eignet, um eine verfassungsrechtliche Neuerung wie das Institut der Gemeinschaftsaufgabe zeitnah wissenschaftlich zu erörtern.

VII. „Die Bedeutung gliedstaatlichen Verfassungsrechts in der Gegenwart" (Passau 1987)

Die Beratungen des ersten Tages auf der Jahrestagung 1987 in Passau waren der „Bedeutung gliedstaatlichen Verfassungsrechts in der Gegenwart" gewidmet (VVDStRL 46 [1988]). Der Tübinger Ordinarius *Wolfgang Graf Vitzthum* (*1941), der Grazer Ordinarius *Bernd-Christian Funk* (*1943) und der Basler Extraordinarius *Gerhard Schmid* (*1944) referierten jeweils aus der Perspektive ihres Landes.

Der Erstberichterstatter *Graf Vitzthum* (S. 7–53) untersuchte nach einer begrifflichen und geschichtlichen Skizze vier Themenkreise näher: die Staatlichkeit und Verfassungsautonomie der Gliedstaaten (S. 22 ff.), das Verhältnis des Landesverfassungsrechts zum Grundgesetz (S. 28 ff.), die Rolle des Landesverfassungsrechts für die Länderkooperation (S. 37 ff.) und dessen Rolle für die europäische Integration (S. 47 ff.). Der Referent stellte dezidiert fest, dass es ein „gemeindeutsches" Verfassungsrecht nicht gebe (es sei denn in der eingeschränkten Funktion als Auslegungshilfe, S. 13), und sah die „Enthaltsamkeit" bei den Grundrechten als einen Grund für den Bedeutungsverlust gliedstaatlichen Verfassungsrechts (S. 21). Das Homogenitätserfordernis (Art. 28 Abs. 1 GG) müsse zurückhaltend, d. h. gliedstaatenfreundlich ausgelegt werden (S. 29). Was die Verfassungsgerichtsbarkeit betreffe, so richteten sich Rechtsprechung und Wissenschaft zu sehr an „Karlsruhe" aus (S. 35 ff.), wofür ein unterentwickeltes oder gar „fehlendes Landesverfassungsbewusstsein" mitverantwortlich sei (S. 36). In Sachen europäische Integration (S. 47 ff.) sei die Bilanz „für die deutschen Bundesländer und ihre Verfassungen negativ" (S. 48).

Funk machte in seinem Vortrag (S. 57–88) deutlich, wie schwach in Österreich die Verfassungsautonomie der Länder ausgeprägt ist. Die Landesverfassungsgesetze würden verbreitet „als ‚Ausführungsgesetze' des B-VG disqualifiziert" (S. 70). Hinzu komme die „schwache Stellung der Länderkammer" (S. 62). Eine Vormachtstellung besitze der Bund nicht zuletzt in finanzieller Hinsicht (S. 63). Unter dem Titel „Leistungen und Leistungsreserven des Landesverfassungsrechts in einzelnen Bereichen" (S. 73 ff.) ging der Referent auf zehn Themenfelder ein. *Funk* schloss mit der Feststellung, dass ein allgemeiner „Rückzug des Bundesverfassungsrechts aus Fragen der Länderverfassung"[18] nicht zu erwarten sei, jedoch immerhin eine punktuelle Aufwertung möglich erscheine (S. 88).

[18] In der Aussprache äußerte *Jochen Abr. Frowein* die Hoffnung, dass „der schreckliche Doppelplural

Schmid griff in seinem Referat (S. 92–116) vier Themenkreise auf: die (in der Schweiz klar bejahte) Staatlichkeit der Kantone (S. 93 ff.), das kantonale Verfassungsrecht (S. 98 ff.), das Verhältnis des Bundes zum kantonalen Verfassungsrecht (S. 111 ff.) sowie dessen heutige Bedeutung (S. 114 ff.). Die Souveränitätsfrage sei in der Schweiz als unfruchtbares Scheinproblem erkannt worden (S. 94). Viel Aufmerksamkeit widme das kantonale Verfassungsrecht der direkten Demokratie (S. 98 ff.), der Finanzordnung (S. 103 f.) und zunehmend der grenzüberschreitenden Kooperation, auch mit dem angrenzenden Ausland (S. 105 f.). Die kantonalen Grundrechtskataloge seien von „eingeschränkte[r] Normativität" (S. 104). Auffallend an den neueren Verfassungen sei die Tendenz zu „Konstitutionalisierungen von Grundrechtsdogmatik", etwa in Form von „Bestimmungen über Schrankenziehung, Drittwirkung" u. a. m. (S. 105).[19] In den Kantonen sei die Verfassungsgerichtsbarkeit meist wenig ausgebildet, doch fungiere das Bundesgericht vor allem im Grundrechtsbereich als Ersatz-Verfassungsgericht. Der Bund sei einerseits „Hüter", aber zugleich auch „Bedroher kantonalen Staatsrechts" (S. 112). Erstaunlicherweise nicht erwähnt wurde im Vortrag die demokratisch-rechtsstaatliche Anomalie, dass die Kantone Appenzell Außerrhoden und Appenzell Innerrhoden auch noch 1987 den Frauen das Stimm- und Wahlrecht in kantonalen Angelegenheiten vorenthielten und ihnen damit die Teilnahme an der Landsgemeinde verwehrten.[20]

Der Diskussionsleiter *(Christian Tomuschat)* eröffnete die *Aussprache* (S. 120–180) mit den Worten „Frau Kollegin, meine Herren!"[21] und einer treffenden Charakterisierung der drei Referate: „Den vielfältig differenzierten Aussagen von *Graf Vitzthum*, die auf einen Zustand von bundesstaatlicher Ausgewogenheit, möglicherweise aber auch von Mattigkeit und Farblosigkeit hindeuten, hat Herr *Funk* ein österreichisches Bild der Substanzentleerung entgegengesetzt, während sich auf der anderen Seite die Schweiz als Ausbund an föderaler Gesundheit darzustellen scheint" (S. 112). Es äußerten sich rund 30 Redner. In Passau scheint am Nachmittag des 8. Oktobers 1988 eine eher gelöste Stimmung geherrscht zu haben, vermerkt doch die Nachschrift der Aussprache nicht weniger als fünf Mal „Gelächter". Zur Sprache kamen ganz unterschiedliche Themen, ohne eigentlichen Schwerpunkt. Erwähnenswert ist der Hinweis von *Dieter Grimm* (S. 131), sekundiert von *Hans Peter Ipsen* (S. 132), wonach in Deutschland und auch in Österreich das Parteienwesen den Föderalismus überlagere. Mehrfach beklagt wurde der Ausbaustand der Landes-Verfassungsgerichtsbarkeit (z. B. fehlende Verfassungsbeschwerde u. a. m.). *Peter Häberle* unterstrich den „Werkstattcharakter" gliedstaatlichen Verfassungsrechts: „Die

---

Länd*er*verfassung*en* verschwinden" und man nur noch von „Landesverfassungen" sprechen möge, so wie man in der Schweiz nicht „Kanton*e*verfassung*en*", sondern „Kantonsverfassungen" sage (S. 146; Hervorhebungen nur hier).

[19] In der Rückschau kann man darin die „Vorboten" der Art. 35 („Verwirklichung der Grundrechte") und Art. 36 („Einschränkungen von Grundrechten") der Bundesverfassung von 1999 erblicken.

[20] Der Kanton Appenzell Außerrhoden führte das Frauenstimmrecht im April 1989 durch Beschluss der Landsgemeinde ein. Im Kanton Appenzell Innerrhoden erlangten die Frauen das Stimm- und Wahlrecht in kantonalen Angelegenheiten 1990 durch ein von Appenzeller Männern und Frauen erstrittenes Urteil des Bundesgerichts (Urteil vom 27. November 1990 i. S. *Theresa Rohner und Mitbeteiligte;* BGE 116 Ia 359).

[21] Mit „Frau Kollegin" war die auf dieser Tagung neu aufgenommene Privatdozentin *Gertrude Lübbe-Wolff* gemeint.

Schweiz ist hier vorbildlich" (S. 150). Die Figur des „gemeindeutschen Verfassungsrechts" stieß nicht nur bei den Referenten, sondern auch in der Diskussion überwiegend auf Skepsis (vgl. z. B. *Christian Starck*, S. 156; für die Schweiz der Referent *Schmid*, S. 171).

VIII. „Europäische Union: Gefahr oder Chance für den Föderalismus in Deutschland, Österreich und der Schweiz?" (Mainz 1993)

Auf der Mainzer Tagung von Anfang Oktober 1993 befassten sich nicht weniger als vier Referenten mit dem Thema „Europäische Union: Gefahr oder Chance für den Föderalismus in Deutschland, Österreich und der Schweiz?" (VVDStRL 53 [1994]). Der Vertrag von Maastricht lag zwar schon seit rund zwanzig Monaten unterzeichnet vor, sein Schicksal war aber noch ungewiss, da die vom deutschen Bundesverfassungsgericht für den 12. Oktober 1993 angesagte Verkündung des einschlägigen Urteils im Zeitpunkt der Tagung noch ausstand – zum Leidwesen mancher Diskutanten, aber zum Glück für die Referenten, die sonst kurzfristig vor einer kaum zu bewältigenden Zusatzaufgabe gestanden hätten.[22] Berichterstatter waren die Ordinarien *Meinhard Hilf* (*1938) aus Hamburg und *Torsten Stein* (*1944) aus Saarbrücken, der in Passau lehrende Ordinarius österreichischer Herkunft *Michael Schweitzer* (*1943) sowie der bereits emeritierte Zürcher Ordinarius *Dietrich Schindler jun.* (1924–2018), der entgegen dem Anciennitätsgrundsatz als Letzter referierte. Die Berichte waren kürzer als üblich (auch in der schriftlichen Fassung). Dafür bot man den Referenten die Gelegenheit zu einer kurzen „Erwiderung" (im Tagungsband je rund 3–5 Druckseiten), bevor die Aussprache mit Publikumsbeteiligung begann.[23] Wie ein Diskussionsteilnehmer treffend festhielt, wurde in Mainz „schwerpunktmäßig nur die eine Hälfte des Problems diskutiert, nämlich Europa; wir haben nur ansatzweise, mit Nebensätzen, das Problem des Föderalismus diskutiert" (*Michael Bothe*, S. 133). Es rechtfertigt sich daher, hier nur kurz auf die Referate und Erwiderungen einzugehen.[24]

Hilf wies in seinem Bericht (S. 7–23) auf die föderale Tonlage des EUV hin; allerdings habe der Begriff „föderal", entgegen ursprünglichen Vorschlägen, nicht Eingang in die Vertrags-Präambel gefunden (S. 9 f.). Am Schluss plädierte er für einen EU-Verfassungsvertrag (S. 19 ff.) und für eine „[o]ffene Perspektive für einen europäischen Bundesstaat" (S. 22).

Stein ging in seinen Vortrag (S. 26–45) vor allem der Frage nach, wo die Gefahren der europäischen Integration für den deutschen Föderalismus lauerten (S. 27). Es sei nicht ersichtlich, dass alsbald nach Inkrafttreten des Maastrichter Vertrages „die ‚Tabuzone' *der Eigenstaatlichkeit der Länder* und damit die absolute Grenze des Artikel 79 Abs. 3 GG […] ‚berührt' oder sogar deutlich überschritten werden könnte" (S. 33). Auf das „Hausgut" der Länder könne die EU allenfalls punktuell einwirken (S. 33). „Völlige ‚Entwarnung'" könne

[22] Eigenartigerweise findet sich in einem der Diskussionsbeiträge vom 7. Oktober 1993 ein wörtliches Zitat aus dem Urteil des Bundesverfassungsgerichts vom 12. Oktober 1993 (VVDStRL 53 [1994], S. 144). *Hilf* erwähnt das Urteil in den Fußnoten der schriftlichen Fassung seines Vortrags.

[23] Die „Erwiderungen" sind im Tagungsband dokumentiert (VVDStRL 53 [1994], S. 88–104).

[24] Die „Europäische Integration" ist Gegenstand eines eigenen themengeschichtlichen Beitrags; siehe *Anna Katharina Mangold*, in diesem Band, S. 545 ff.

allerdings nicht gegeben werden (S. 35). In Umkehrung der Titelfrage fragte *Stein* am Schluss mit Blick auf Art. 23 GG: „Föderalismus – Gefahr für Europa?" (S. 45).

Schweitzer erörterte in seinem Referat (S. 48–67) neben der deutschen auch die österreichische Lösung, die im Hinblick auf den (damals noch nicht erfolgten) EU-Beitritt ausgearbeitet worden war (S. 62 ff.).[25] Die österreichische Lösung habe den Vorzug, dass sie bei der Individualität der Länder ansetze und den Exekutivföderalismus zu überwinden versuche (S. 67).

Schindler berichtete (S. 70–85), dass vor dem Scheitern des Beitritts der Schweiz zum Europäischen Wirtschaftsraum (Volksabstimmung vom 6. Dezember 1992) eine breite politische und wissenschaftliche Debatte stattgefunden habe, in der die Auswirkungen eines EWR- oder EU-Beitritts[26] auf den Föderalismus (und auf die direkte Demokratie) intensiv geprüft worden seien (S. 71). Nach Einschätzung des Referenten wurden dabei „gewisse Probleme zu wenig berücksichtigt" (S. 75). *Schindler* nannte unter anderem die Dynamik des Integrationsprozesses, die Gefahren für die Steuerautonomie sowie die drohende Überforderung der kleinen Kantone (S. 76). Abschließend stufte *Schindler* die Herausbildung eines mehrstufigen „Exekutivföderalismus" als problematisch ein (S. 84 f.).

Die an die kurzen Erwiderungen der Referenten (S. 88–104) anschließende *Aussprache* (S. 105–153) kreiste vor allem um europäische Fragen. Nur vier der rund 30 Diskussionsbeiträge bezogen sich auf den Gliederungspunkt „2. Mitgliedstaatliche Ebene" (S. 144–147). Rückblickend wird deutlich, wie schwierig die Aufgabe für die Referenten war. Denn Gefahren für den Föderalismus lassen sich nur erkennen und benennen, wenn man die Gefahrenquelle hinreichend gut kennt. Die Europäische Union aber war gerade erst geschaffen worden und noch gar nicht in Aktion getreten. Die rechtsvergleichende Perspektive machte auch deutlich, dass es nicht *die* „Europäisierung" nationaler rechtlicher Strukturen (als einheitliches Phänomen) gibt, sondern „Europäisierungen" im Plural.[27]

IX. „Das parlamentarische Regierungssystem und der Bundesrat – Entwicklungsstand und Reformbedarf" (Potsdam 1998)

Auf der Jahrestagung 1998 in Potsdam war „zum wiederholten Male" das parlamentarische Regierungssystem Gegenstand der Beratungen[28], diesmal speziell mit Blick auf die Rolle des Bundesrats, einer „seit 1867 im internationalen Vergleich einzigartige[n] Einrichtung" und „Knotenpunkt der Kompetenzverflechtung".[29] Die beiden Referenten *Ru-*

[25] Die Beitrittsverhandlungen wurden erst ein halbes Jahr nach der Mainzer Tagung abgeschlossen. Die Volksabstimmung vom 12. Juni 1994 machte den Weg frei für den Beitritt per 1. Jänner 1995.

[26] Das im Mai 1992 eingereichte Gesuch um Aufnahme von Beitrittsverhandlungen wurde „eingefroren" und im Juli 2016 in einem Schreiben des Bundesrats an die EU als gegenstandslos („devenue sans objet") bezeichnet.

[27] Vgl. *Giovanni Biaggini*, Grundverständnisse von Staat und Verwaltung, in: von Bogdandy et al. (Hrsg.), Handbuch Ius Publicum Europaeum (IPE), Band III, 2010, § 53 Rn. 39 ff.

[28] So der Vorsitzende *Christian Starck* im Vorwort des Tagungsbandes (VVDStRL 58 [1999], S. 5).

[29] So *Wolfgang Graf Vitzthum*, Bedeutung des gliedstaatlichen Verfassungsrechts, VVDStRL 46 (1988), S. 38.

dolf Dolzer (1944–2020), Ordinarius in Bonn, und *Michael Sachs* (1951–2022), Ordinarius in Düsseldorf, befassten sich in ihren Berichten zum Thema „Das parlamentarische Regierungssystem und der Bundesrat – Entwicklungsstand und Reformbedarf" (VVDStRL 58 [1999]) mehr mit allgemeinen Systemfragen des politischen Prozesses als mit bundesstaatsspezifischen Aspekten.[30] Zudem wollte es der Zufall, dass die kurz vor der Potsdamer Tagung abgehaltene Bundestagswahl vom 27. September 1998 neue Mehrheitsverhältnisse hervorgebracht hatte, sodass der (partei-)„politische Gleichklang" zwischen Bundestag und Bundesrat (*Dolzer*, S. 8) wiederhergestellt war. Schlagworte wie „Bundesratsblockade", „Strangulierung der Parlamentsmehrheit", „Stillstand der Republik" (Belege bei *Sachs*, S. 42) gehörten fürs Erste der Vergangenheit an.

Dolzer ging in seinem Bericht (S. 7–34) zunächst auf die „Entwicklungsgeschichte des Verhältnisses zwischen Bundesrat und Parlamentarismus" (S. 9) ein und konstatierte, dass im Bundesrat zunehmend „die Orientierung an der Mehrheit" an die Stelle „landesbezogener autonomer Entscheidung" getreten sei, ohne dass dies „reflektiert oder gewollt worden" sei (S. 19). Der Bundesrat „als unitarisches Organ des Bundesstaats" (S. 35) berge die „Gefahr", dass das „zentrale Wechselspiel der Rollen von Mehrheit und Opposition im Bundestag" verwischt werde (S. 22). Als besonders bedenklich bezeichnete *Dolzer* den „schleichenden Prozess der Depossedierung der Landtage" (S. 23). Die Sorge, dass je nach Mehrheitsverhältnissen „eine Zwangsallparteienkoalition entstehen" kann (S. 24), mag für das politische System Deutschlands begründet sein; mit Schweizer Augen sieht man das Phänomen parteipolitisch breit abgestützter Regierungen etwas entspannter (auch dank der als Korrektiv wirkenden direkten Demokratie).[31]

Sachs charakterisierte in seinem Bericht (S. 39–77) den Bundesrat als ein „föderal legitimiertes Mitwirkungsorgan"; eine „Parlamentssuprematie gegenüber dem Bundesrat" lasse sich „aus dem Demokratieprinzip nicht begründen" (S. 44). Nach der Untersuchung verschiedener Struktur-, Zuständigkeits- und Verfahrensfragen (S. 49 ff.) gelangte *Sachs* zum Ergebnis, dass der Bundesrat „ungeachtet seiner Herkunft aus dem konstitutionellen System kein Fremdkörper im demokratischen Verfassungsstaat" sei (S. 76). Reformen des Föderalismus müssten bei den Kompetenzen und bei der finanziellen Unabhängigkeit der Bundesländer ansetzen, nicht beim Bundesrat (S. 77).

An der *Aussprache* (S. 81–138) beteiligten sich rund zwei Dutzend Redner sowie die beiden Referenten mit je ausführlichen Zwischenworten (S. 102–114) und kurzen Schlussworten (S. 135–138). Der Erstberichterstatter charakterisierte den Verlauf der Debatte in seinem Zwischenwort sehr treffend: „Die Beiträge […] waren […] im Ansatz sehr unterschiedlich, teils sehr unitarisch, teils schon recht föderalistisch, zum Teil sehr reformfreudig, zum Teil doch sehr stark am Status quo orientiert" (*Dolzer*, S. 102). Wie in den Referaten fand das in den USA und in der Schweiz praktizierte Senatsmodell auch in der Aussprache keine Befürworter. Pfadabhängigkeiten scheinen nicht nur in der Verfassungsentwicklung, sondern auch in der Staatsrechtswissenschaft zu bestehen.

---

30 Zur „Demokratie" als Beratungsgegenstand siehe auch *Julian Krüper*, in diesem Band, S. 325 ff.

31 Seit 1959 kommen die im schweizerischen Bundesrat (Bundesregierung) vertretenen Parteien regelmäßig auf Mehrheiten von 70 bis 85 % im Nationalrat (Volksvertretung) und von 85 bis 100 % im Ständerat (Zweite Kammer nach dem Senatsmodell).

X. „Bundesstaat und Europäische Union zwischen Konflikt und Kooperation" (Rostock 2006)

Die Jahrestagung 2006 in Rostock war dem Rahmenthema „Bundesstaat und Europäische Union zwischen Konflikt und Kooperation" gewidmet (VVDStRL 66 [2007]). Die acht Referate behandelten vielfältige Fragen, die in gestuften Rechtsordnungen bzw. Mehrebenensystemen auftreten können,[32] jedoch nur zum Teil bundesstaatsspezifisch sind. Entsprechend geht der vorliegende Beitrag nur kursorisch auf die Rostocker Tagung ein.[33]

Der von *Stefan Kadelbach* (*1959), Frankfurt am Main, erstattete Bericht über „Autonomie und Bindung der Rechtsetzung" (S. 7–40) ist in der Rückschau von Interesse, weil der Referent den „Versuch einer parallelen Analyse" (S. 13) für den Bundesstaat (S. 13 ff.) und für die Europäische Union (S. 25 ff.) unternahm, dies allerdings auf hoher Abstraktionsstufe (Systemebene). Um dem Einwand zu entgehen, bei der Analyse der EU mit einem föderalistischen Vokabular „unitarisierende Tendenzen zu implizieren", griff der Referent auf den ursprünglich politikwissenschaftlichen Begriff des Mehrebenensystems zurück (S. 11). Abschließend plädierte *Kadelbach* dafür, „den Grad der Verflechtung" im Interesse des demokratischen Prinzips „gering zu halten" und „das Legitimationsniveau des Verbundes fortlaufend anzupassen" (S. 38).

In seinem Zweitbericht (S. 45–77) stellte *Christian Tietje* (*1967), Halle/Saale, die „Funktion der Rechtsetzung im europäischen Verfassungsraum" (S. 50) und die damit verbundenen Herausforderungen im Mehrebenensystem ins Zentrum. Erwähnenswert ist die Feststellung des Referenten, dass eine „föderale Rechtsetzungsstruktur" mit Wertungswidersprüchen rechnen müsse (S. 71) und dass „die Einheit" und die (Wertungs-) „Widerspruchsfreiheit der Rechtsordnung nicht mehr umfassend gewährleistet werden" könne (S. 70). Diese Einschätzung löste in der *Aussprache* (S. 81–105) mehrfachen Widerspruch aus (z. B. S. 90, 91 und 96), auf den *Tietje* in seinem Schlusswort einging (S. 102 f.). Auf Kritik stieß in der Aussprache auch das zum Teil neuartige Vokabular („gestufte Rechtsordnungen", „Mehrebenenverwaltung", „Mehrebenenkonstitutionalismus" usw.). Dieses insinuiere ein „Denken in Hierarchien", die es in Wahrheit nicht gebe „abgesehen von dem erwähnten Bereich des Art. 31 GG" (*Peter Häberle*, S. 84 f.).

Die beiden Berichterstatter zum zweiten Rostocker Beratungsgegenstand („Verantwortung und Effizienz in der Mehrebenenverwaltung") – *Eckhard Pache* (*1961), Würzburg, und *Thomas Groß* (*1964), Gießen – waren in der Wahl des Vokabulars nicht ganz frei, da ihnen der Mehrebenenbegriff durch die Titelsetzung des Vorstands vorgegeben

---

[32] Die Referatstitel lauteten: „Autonomie und Bindung der Rechtsetzung in gestuften Rechtsordnungen" (*Stefan Kadelbach* und *Christian Tietje*); „Verantwortung und Effizienz in der Mehrebenenverwaltung" (*Eckhard Pache* und *Thomas Groß*); „Finanzautonomie und Finanzverflechtung in gestuften Rechtsordnungen" (*Christian Waldhoff* und *Johanna Hey*); „Rechtsprechungskonkurrenz zwischen nationalen Verfassungsgerichten, Europäischem Gerichtshof und Europäischem Gerichtshof für Menschenrechte" (*Stefan Oeter* und *Franz Merli*).

[33] Zu den Beratungsgegenständen „Europäische Integration" und „Steuer- und Finanzrecht" siehe die Beiträge von *Anna Katharina Mangold*, in diesem Band, S. 545 ff., und von *Ekkehart Reimer*, in diesem Band, S. 403 ff.

war. In beiden Berichten (S. 106–144, S. 152–177) ging es hauptsächlich um die europäische Dimension. Bundesstaatsspezifische Fragen kamen eher beiläufig zur Sprache.

Mit der „Finanzautonomie und Finanzverflechtung in gestuften Rechtsordnungen" befassten sich *Christian Waldhoff* (*1965), Bonn, und *Johanna Hey* (*1970), Köln. Bei *Hey* (S. 277–328) und ihrer Suche nach einem „Leitmotiv der Ausgestaltung gestufter Finanzordnungen" (S. 304) spielte der Begriff „Bundesstaat" keine zentrale Rolle. *Waldhoff* befasste sich in seinem Bericht (S. 216–269) in erster Linie mit der „Architektur" der Finanzordnung (z. B. „Verantwortungszusammenhang zwischen Einnahmen und Ausgaben", S. 224) sowie mit der konsequenten „Rückführung der Architektur [...] auf das steuerzahlende Individuum" (S. 268) und weniger mit bundesstaatsspezifischen Fragen. Erwähnung verdient aus bundesstaatlicher Perspektive, dass *Waldhoff* dem Postulat „einheitlicher" oder „gleichwertiger Lebensverhältnisse im Bundesgebiet" nur eine „begrenzte Direktionskraft" zusprach (S. 248, Überschrift zu 5.).

XI. „Der Bildungsföderalismus auf dem Prüfstand" (Greifswald 2013)

Die Jahrestagung 2013 in Greifswald stand unter dem Rahmentitel „Zukunftsgestaltung durch Öffentliches Recht" (VVDStRL 73 [2014]). Erster Beratungsgegenstand war „Der Bildungsföderalismus auf dem Prüfstand" mit Referaten von *Bernhard Ehrenzeller* (*1953), St. Gallen, und *Astrid Wallrabenstein* (*1969), Frankfurt am Main. Als zweiter Beratungsgegenstand stand „Die künftige Ausgestaltung der bundesstaatlichen Finanzordnung" auf dem Programm. Es referierten *Ulrich Haltern* (*1967), Freiburg i. Br., und *Ekkehart Reimer* (*1969), Heidelberg. Aus den bereits erwähnten Gründen (Ziffer I.) wird hier nicht näher auf diese beiden zwar auch bundesstaatlich, aber vor allem finanzverfassungsrechtlich ausgerichteten Referate eingegangen.[34]

Der Vortrag von *Ehrenzeller* zum Thema „Bildungsföderalismus" (S. 7–34) war vergleichend angelegt. Der Referent hielt fest, dass sich in Deutschland und in der Schweiz, trotz einer ähnlichen Entwicklung in Richtung eines exekutivgeprägten Mitwirkungsföderalismus, grundlegende Unterschiede in Bezug auf konzeptionelle und institutionelle Fragen der Bundesstaatlichkeit zeigten (S. 13 ff.). Im Bereich des Bildungswesens habe sich interessanterweise „die Aufgabenerfüllung [...] im Vergleich zur allgemeinen Entwicklung des Föderalismus nicht synchron, sondern atypisch, fast gegenläufig entwickelt" (S. 15). Sowohl das Grundgesetz als auch die Bundesverfassung beschränkten sich auf wenige, wenn auch wichtige bundesstaatliche Leitplanken für das Schulwesen (S. 16). In seinem „Zusammenfassende[n] Vergleich" (S. 28 ff.) ortete *Ehrenzeller* neben Gemeinsamkeiten auch erhebliche Unterschiede: „Die Schweiz hat [...] vor allem im Hochschulbereich einen eigenen Governanceansatz gewählt und das Regieren im Mehrebenensystem verfassungsrechtlich verankert" (S. 29). Demgegenüber habe Deutschland, „jedenfalls formal, eine Kompetenz- und Politikentflechtung vorgenommen" (S. 30). Die

[34] Zum „Steuer- und Finanzrecht" als Beratungsgegenstand siehe den Beitrag von *Ekkehart Reimer*, in diesem Band, S. 403 ff.

„Gesamtwürdigung" des Referenten fiel vorsichtig aus: Der Wandel des Bildungsföderalismus sei mit Chancen, aber auch mit Unsicherheiten und Risiken verbunden. Eine wichtige Rolle spiele die föderalistische Kultur (S. 34).

Das Referat von *Wallrabenstein* (S. 41–73) war auf Deutschland fokussiert. Die Föderalismusreform im Bereich der Bildungspolitik habe „ihr Ziel der Politikentflechtung durch klare Kompetenzverteilung und Transparenz nicht erreicht" (S. 49). „Blockaden, Ineffizienz und Langsamkeit" sowie „mangelnde Transparenz" und Kontrolle seien zu beobachten (S. 53). Die Referentin stellte in der Folge das Leitbild „Wettbewerb", welches sowohl den jüngeren bildungspolitischen Wandlungsprozess als auch die Föderalismusreform präge, auf den Prüfstand (S. 55 ff.). Das Ergebnis klingt ernüchternd: Es spreche „alles dagegen, dass Bildungsföderalismus als Wettbewerb der Länder um die beste Bildungspolitik gelingen kann" (S. 59). Der „Ideenwettbewerb der Bundesländer" funktioniere „nicht so, wie es das Modell eines Bildungswettbewerbsföderalismus verlangen würde" (S. 63). Hinzu komme die unitarisierende Wirkung von Grundrechten (S. 63 ff.). Als lohnend stufte die Referentin die (Binnen-)Verfassungsvergleichung ein (S. 68 ff.). Föderale Vielfalt sei in den Landesverfassungen angelegt. Ob Vielfalt gelebt werde, hänge „nicht davon ab, ob sich die Länder in einem Wettbewerb miteinander sehen" (S. 72 f.). Wegen ihres Wettbewerbsleitbildes schade die Föderalismusreform „der föderalen Bildungsvielfalt eher, als dass sie ihr nützt" (S. 73).

An der *Aussprache* (S. 79–102) beteiligten sich rund zwanzig Mitglieder. Ein wiederkehrendes Thema war der „Wettbewerbsföderalismus". Dabei zeigte sich, wie unterschiedlich die (Vor-)Verständnisse bei den Begriffen „Wettbewerb" und „Föderalismus" sind (stellvertretend die Diskussionsbeiträge von *Christoph Engel*, S. 79 f., *Friedhelm Hufen*, S. 87 ff., *Janbernd Oebbecke*, S. 91 f.). In ihrem Schlusswort rief *Wallrabenstein* ein Beispiel in Erinnerung, das zeige, „wo Wettbewerb im Bildungssektor" bestehe, nämlich beim „Wettbewerb um Universitätsprofessoren" (S. 96).

XII. „Rechtsanwendungsgleichheit in Mehrebenensystemen" (Bonn 2018)

Der Rahmentitel der Jahrestagung 2018 in Bonn lautete „Gleichheit, Vielfalt, Technischer Wandel" (VVDStRL 78 [2019]). Zum zweiten Beratungsgegenstand „Rechtsanwendungsgleichheit in Mehrebenensystemen" referierten *Wolfram Cremer* (*1963), Bochum, und *Benjamin Schindler* (*1971), St. Gallen, ein Neffe von *Dietrich Schindler jun.*, der 1993 in Mainz vorgetragen hatte (Ziffer VIII.). „Gleichheit" ist Gegenstand eines eigenen themengeschichtlichen Beitrags in diesem Band.[35] Da beide Referate einen engen Bundesstaatsbezug aufwiesen, werden sie hier ebenfalls berücksichtigt.

Cremer untersuchte in seinem Vortrag (S. 117–160) das Spannungsverhältnis zwischen dem Rechtsanwendungsgleichheitsgebot und einem „auch verbandsintern nicht selten vielstimmigen Gesetzesvollzug" (S. 130). Die Analyse umfasste die exekutive und die judikative Rechtsanwendung sowie die Rolle des Gesetzgebers bzw. Rechtsetzers sowohl

[35] Siehe *Ute Sacksofsky*, in diesem Band, S. 479 ff.

im deutschen Bundesstaat (129 ff.) als auch in der Europäischen Union (S. 151 ff.). Kritisch hielt *Cremer* fest, dass die vom Bundesverfassungsgericht postulierte „Pflicht zum im wesentlichen einheitlichen Vollzug von Bundesgesetzen" (BVerfGE 76, 1 [77]) vage bleibe, dies sowohl in Bezug auf die verfassungsrechtliche Anknüpfung als auch in Bezug auf die Begründung. Unklar sei bisher auch, „was einen im Wesentlichen uneinheitlichen Vollzug" ausmache (S. 147). Der Referent entwickelte hierfür ein Drei-Stufen-Modell (S. 149 ff.), das „nicht allein auf das Ausmaß der Ungleichheit des Vollzuges abstellt, sondern zudem auf die konkrete Bedeutung des jeweils in Rede stehenden Vollzugshandelns für den Einzelnen" (S. 149). Überdies postulierte er für den Bundesgesetzgeber „eine Beobachtungs- und ggfs. [...] Reaktionspflicht" (S. 148).

Anders als *Cremer* verfolgte *Schindler* in seinem Vortrag (S. 167–202) nicht in erster Linie ein rechtsdogmatisches Ziel; seine Absicht war es „vielmehr, durch einen auf die klassischen Bundesstaaten fokussierten Vergleich einen Orientierungs- und Reflexionsrahmen im Spannungsfeld von Einheit und Vielfalt zu skizzieren" (S. 180). In einem kurzen historischen Rückblick ortete *Schindler* ein verbreitetes „unitarisches Vorverständnis", dies in Rechtspolitik, Rechtswissenschaft, Rechtspraxis und auch in der Rechtssprache (S. 168 ff.). In der anschließenden „Standortbestimmung" (S. 174 ff.) untersuchte der Referent, weshalb es in einem Mehrebenensystem (Bundesstaat, Europäische Union) zu einer uneinheitlichen Rechtsanwendungspraxis kommen kann. *Schindler* sah die Ursachen einerseits bei einem unterschiedlichen Problemdruck (z. B. Drogenproblem), andererseits bei unterschiedlichen rechtlichen Rahmenbedingungen (z. B. Organisations- und Verfahrensecht, Rechtstradition u. a. m.). Die traditionelle (Rechtsgleichheits-)Dogmatik frage zu wenig danach, was im Kontext einer bestimmten Rechtsordnung „Föderalismus" bedeute – „pluralistische Konkurrenz oder solidarische Angleichung?" (S. 187) – und was „Demokratie" bedeute – „monistische oder plurale Legitimationsquelle(n)?" (S. 192). Für die Europäische Union und die Schweiz sei die „Vielfalt in der Einheit" (so die Präambel der Schweizerischen Bundesverfassung) wegleitend. Deutschland und Österreich stünden dagegen „beispielhaft für den ‚unitarischen Bundesstaat'" (S. 187 f.), der sich zur „Einheitlichkeit und Gleichwertigkeit der Lebensverhältnisse im Bundesgebiet" (S. 188) bekenne (vgl. Art. 72 Abs. 2 bzw. Art. 106 Abs. 3 Ziff. 2 GG). Folgenreich seien auch die Unterschiede hinsichtlich des Demokratieverständnisses und hinsichtlich der Rahmenbedingungen der Gesetzgebung auf Bundesebene: „Während in Deutschland offene Bundesnormen vor allem der Einzelfall- und Situationsgerechtigkeit dienen" (S. 192), lasse man in der Schweiz oft Raum für den „Ortsgebrauch" (S. 194), im Wissen um die hohe demokratische Legitimation der mit dem Vollzug betrauten gliedstaatlichen Ebene. Die Bundesgesetzgebung könne man auch „als makropolitische Leitplanke kantonaler und kommunaler Mikropolitiken verstehen" (S. 195). Ein solches Arrangement verlange ein gewisses Maß an „Ambiguitätstoleranz" (S. 199), das nicht in jedem Rechtsraum vorhanden sei. Das wohl wichtigste Steuerungsmittel sei „der Grundentscheid, ob Bundesnormen zentral durch den Bund selber oder durch die Bundesländer und Kantone vollzogen werden sollen" (S. 200). Auch die Justiz spiele dabei eine wichtige Rolle, doch stießen die Gerichte „mit ihrem auf den Einzelfall bezogenen Fokus an Grenzen" (S. 201).

In der *Aussprache* (S. 211–234) mit knapp zwanzig Wortmeldungen kamen neben dogmatischen Einzelfragen auch rechtskulturelle Unterschiede zur Sprache. Herausgegriffen sei hier eine Bemerkung von *Christoph Schönberger.* Dieser wies „auf häufig unbedachte Vorverständnisse im deutschen Föderalismus" hin, die sich gerade in der Vollzugsproblematik zeigten, und hielt fest, die deutsche Rechtswissenschaft sei traditionell in eine „unitarische Ideologie verstrickt, weil sie sich seit dem 19. Jahrhundert sehr stark verstanden hat als eine Wissenschaft, die ein gemeindeutsches Recht überhaupt erst hervorbringt" (S. 211).

XIII. Schlussbetrachtung

In knapp hundert Jahren (1924–2018) befassten sich im Rahmen der Jahrestagungen rund zwei Dutzend Vortragende schwerpunktmäßig mit Fragen der Bundesstaatlichkeit.[36] Den Themenvorgaben der jeweiligen Vorstände lag kein übergreifender Plan zugrunde. Schon aus diesem Grund lassen sich die Beratungen zum Gegenstand „Bundesstaat" nicht auf einen kurzen gemeinsamen Nenner bringen. Wie bei der Rückschau auf die einzelnen Vorträge soll es auch in dieser Schlussbetrachtung um ausgewählte Beobachtungen gehen, und zwar betreffend die Themengeschichte (1.), die Vorverständnis- und Begrifflichkeitsproblematik (2.) sowie die Rolle der Rechtsvergleichung (3.).

Diesen bundesstaatsspezifischen Punkten seien hier vier Beobachtungen allgemeiner Art vorangestellt: Die Beratungen zum Thema „Bundesstaat" zeigen stellvertretend, dass ein Staatsrechtslehrerreferat auch mit wenigen, ja sogar ganz ohne Fußnoten auskommen kann,[37] dass der Druckfehlerteufel auch vor den Tagungsbänden der Vereinigung nicht Halt macht,[38] dass ein Schlusswort zu den verzichtbaren Rechten eines Referenten gehört[39] und dass die Vereinigung noch am Ende des 20. Jahrhunderts auf manche nicht-deutsche Mitglieder wie eine „Quasikirche" wirkte, „die etwas hierarchisch gestaltet ist mit ihren unsichtbaren ‚Kardinälen', ‚Bischöfen' und ‚Kaplänen', mit ihren ‚Dogmen' und ‚Traditionen'".[40] Auch wenn seither nur gut zwanzig Jahre vergangen sind, wird man dies von der Vereinigung heute kaum mehr sagen können.

---

[36] Die einzige Referentin zu einem der hier näher behandelten Bundesstaatsthemen war *Astrid Wallrabenstein*, Frankfurt am Main, auf der Jahrestagung 2013 in Greifswald (dazu oben XI.). Hinzurechnen kann man *Johanna Hey*, Köln, die auf der Jahrestagung 2006 in Rostock zum Thema „Finanzautonomie und Finanzverflechtung in gestuften Rechtsordnungen" vortrug (dazu oben X.).

[37] Siehe z. B. die Berichte von *Anschütz* und *Bilfinger* in: VVDStRL 1 (1924). – Den Kontrapunkt dazu setzte ein Beitrag in VVDStRL 72 (2013) mit 359 Fußnoten verteilt auf über 100 Druckseiten.

[38] In VVDStRL 66 (2007), S. 74, heißt es bspw. in einer Überschrift „Förderalismus" statt „Föderalismus".

[39] So (mit Blick auf die Zeitknappheit) *Dietrich Schindler jun.* 1993 in Mainz, VVDStRL 53 (1994), S. 148.

[40] So (natürlich scherzhaft) der Diskussionsleiter *Daniel Thürer* 1998 in Potsdam, VVDStRL 58 (1999), S. 81.

1. Themengeschichtliches im Überblick

Die Rechtsstaatlichkeit und die Demokratie mögen im Verlauf der Tagungsgeschichte häufiger und intensiver behandelt worden sein als die Bundesstaatlichkeit. Letztere gehört jedoch keineswegs zu den vernachlässigten Themen. In der Rückschau lassen sich gewisse Tendenzen erkennen. So vergaben die jeweiligen Vorstände neben Generalthemen, wie beispielsweise „Der deutsche Föderalismus in Vergangenheit, Gegenwart und Zukunft" (Jena 1924) oder der „Föderalismus als nationales Ordnungsprinzip" (Münster 1962), gelegentlich auch auf bestimmte Materien oder Instrumente fokussierte Spezialthemen, so etwa betreffend die „Verträge zwischen Gliedstaaten" (Köln 1960) oder betreffend den „Bildungsföderalismus" (Greifswald 2013). Einer gewissen Beliebtheit erfreuten sich Themen nach dem Muster „*... im Bundesstaat*".[41] In jüngerer Zeit gab es vermehrt Themen nach dem Muster „*Bundesstaat und ...*".[42]

Die Bundesstaatlichkeit ist ein weites Themenfeld, und es kann weder Aufgabe noch Ehrgeiz der Vereinigung sein, dieses Feld im Rahmen ihrer Jahrestagungen in allen Winkeln gleichmäßig beackern zu lassen. Im Verlauf der hundertjährigen Tagungsgeschichte fanden die Hauptpfeiler der Bundesstaatlichkeit (Ziffer I.) gebührend Aufmerksamkeit. Anfänglich waren es vor allem Fragen der gliedstaatlichen Selbst- und Mitbestimmung, über die Jahre hin ging es aber auch immer wieder um das Zusammenwirken der bundesstaatlichen Akteure.[43] Neben rechtsdogmatischen Fragen kamen auch rechtstheoretische, rechtspolitische, rechtsvergleichende, rechtshistorische und rechtskulturelle Perspektiven zur Sprache. Größere thematische Lücken sind nicht zu verzeichnen.

Ein interessantes Ergebnis zeigt eine Auswertung der Jahrestagungen nach dem Wirkungsort der vom Vorstand ausgewählten Referenten im Zeitpunkt der Tagung. Wie bei den Tagungen im Allgemeinen dominierten auch beim hier interessierenden Themenfeld „Bundesstaat", wenig überraschend, die Referenten aus Deutschland. Bemerkenswert ist, dass mit *Fritz Fleiner* (Zürich), *Wilfried Schaumann* (Zürich), *Gerhard Schmid* (Basel), *Dietrich Schindler jun.* (Zürich), *Bernhard Ehrenzeller* (St. Gallen) und *Benjamin Schindler* (St. Gallen) nicht weniger als sechs Referenten aus der Schweiz ans Rednerpult traten (obwohl die Schweiz in der Vereinigung über lange Jahre unterrepräsentiert war)[44], während lediglich ein Referent, *Bernd-Christian Funk*, im Zeitpunkt seines Vortrags (Passau 1987) an einer österreichischen Universität lehrte (damals Graz).[45] Diese personelle Konstellation mag auf Zufall beruhen. Sie erscheint in der Rückschau aber

---

[41] So explizit 1972 in Salzburg („Gemeinschaftsaufgaben im Bundesstaat"), implizit etwa 1987 in Passau (Gliedstaatliches Verfassungsrecht im Bundesstaat) oder 2018 in Bonn (Rechtsanwendungsgleichheit im Bundesstaat).

[42] So explizit 2006 in Rostock („Bundesstaat und Europäische Union zwischen Konflikt und Kooperation"), implizit lag verschiedenen Themen ein „und" zugrunde (z. B. Bundesstaat und Rechtsanwendungsgleichheit, 2018 in Bonn).

[43] So zum Beispiel 1929 in Frankfurt am Main, 1960 in Köln oder 2018 in Bonn.

[44] Vgl. *Benjamin Schindler*, in diesem Band, S. 273 ff.

[45] Die Bilanz verbessert sich leicht, wenn man in Deutschland lehrende Mitglieder der Vereinigung österreichischer Herkunft hinzurechnet (*Josef Lukas*, Ordinarius in Münster; *Michael Schweitzer*, Ordinarius in Passau).

doch bezeichnend für den Stellenwert des Föderalismus in der österreichischen Verfassungsordnung, der nach allgemein geteilter Einschätzung erheblich geringer ist als in Deutschland und, vor allem, als in der Schweiz.

2. Vorverständnisse und begriffliche Hypotheken

Die beliebte Formulierung von Vortragsthemen nach dem Muster „*Bundesstaat und …*" oder „*…im Bundesstaat*" (Ziffer XIII.1) könnte denken lassen, dass eine klare Vorstellung darüber besteht, was Bundesstaatlichkeit bedeutet. Bei näherer Betrachtung erscheint dies alles andere als gewiss. Gab es an der Jahrestagung in Jena (1924), bei allen Differenzen im Einzelnen, unter den Tagungsteilnehmern einen breiten Grundkonsens, dass in bundesstaatlichen Fragen dem Leitbild des „Unitarismus" zu folgen sei, so löst heute eine Aussage wie „Der unitarische Bundesstaat ist in eine Sackgasse geraten"[46] keinen Sturm des Widerspruchs aus. Die Zeiten einer gefestigten „unitarische[n] Ideologie des deutschen Föderalismus"[47] dürften der Vergangenheit angehören.

Ein gefestigtes neues Bundesstaats-Leitbild ist allerdings nicht auszumachen. Prägend für die Gegenwart scheint vielmehr eine *Pluralisierung der Bundesstaatsverständnisse* zu sein.[48] Dies kommt einer offenen wissenschaftlichen Diskussion von Föderalismusfragen zugute, bedeutet aber nicht, dass nun die Debatten einfacher zu führen wären. Dies zeigte sich beispielsweise bei den Beratungen zum Thema „Bildungsföderalismus" in Greifswald (2013), wo sehr unterschiedliche, ja gegensätzliche Verständnisse des Begriffs „Wettbewerbsföderalismus" aufeinanderprallten (Ziffer XI.): Die einen verstanden darunter primär die Suche nach einer möglichst guten – praktikablen, effizienten, bürgernahen – Lösung für die Erfüllung einer anspruchsvollen staatlichen Aufgabe in einer Mehrzahl von gliedstaatlichen Versuchslaboratorien; andere verstanden darunter primär einen Vorgang nach dem Vorbild des wirtschaftlichen Wettbewerbs, der auf eine Steuerung auf der Basis von Angebot und Nachfrage abziele und dem die Gefahr eines *race to the bottom* innewohne. Der Begriff „Wettbewerb" ist zwar nicht im selben Maß mit einer historischen Hypothek belastet, wie sie der „deutsche Föderalismus" (VVDStRL 1 [1924]) aus der Epoche des monarchischen Bundesstaats in die republikanische Zeit mitgeschleppt hat.[49] Gemeinsam ist den Begriffen „Föderalismus" und „Wettbewerb" jedoch, dass sie nicht nur Bestandteile des (rechts)wissenschaftlichen Vokabulars sind, sondern auch in anderen Diskursen präsent sind und zudem als politische „Kampfbegriffe" zum Einsatz kommen.

---

[46] So *Lothar Michael* in der Aussprache zu den Greifswalder Referaten über „Die künftige Ausgestaltung der bundesstaatlichen Finanzordnung", VVDStRL 73 (2014), S. 192.

[47] *Christoph Schönberger* anlässlich der Bonner Tagung, VVDStRL 78 (2019), S. 211 (Aussprache).

[48] Bezeichnend die Frage von *Peter Häberle*, auf welche Bundesstaatstheorie die Referenten ihre Analyse des gliedstaatlichen Verfassungsrechts abstützten, und deren Antworten, VVDStRL 46 (1988), S. 148, 171, 173, 177.

[49] Dazu *Christian Waldhoff*, Finanzautonomie und Finanzverflechtung in gestuften Rechtsordnungen, VVDStRL 66 (2007), 233 f.

Mit dieser Mehrfachrolle von Begriffen tut sich die Staatsrechtslehre mitunter schwer. Bei der Begriffsbildung und -verwendung ist erhöhte Aufmerksamkeit und Transparenz gefordert, wenn die wissenschaftliche Auseinandersetzung nicht Gefahr laufen will, in das Fahrwasser politischer Debatten zu geraten oder die Grenze zwischen Rechtsdogmatik und Rechtspolitik aufzulösen. In diesem Zusammenhang zeigt es sich auch, dass es eine zweischneidige Sache sein kann, Begriffe aus der allgemeinen Staatslehre und Verfassungstheorie positivrechtlich in der Verfassung zu verankern. Viele gewaltenteilige Verfassungen verzichten darauf, den Begriff „Gewaltenteilung" im Text explizit zu verankern, womit es leichter fällt, zwischen der Gewaltenteilung als einem theoretischen Konzept und dem Gewaltenteilungsgrundsatz als einem je nach Verfassungsordnung unterschiedlich ausgeprägten positivrechtlichen „Prinzip heutiger Verfassung"[50] zu unterscheiden. Anders verhält es sich beim Begriff „Bundesstaat": Hier haben Deutschland (Art. 20 Abs. 1 GG) und Österreich (Art. 2 Abs. 1 B-VG) den Weg der „Positivierung" eingeschlagen, während die Schweiz auf die Verankerung des Begriffs „Bundesstaat" in ihren Bundesverfassungen (1848, 1874 und 1999) verzichtete. Dies bleibt nicht ohne Folgen für den jeweiligen Bundesstaatsdiskurs und ist bei der Verfassungsvergleichung zu berücksichtigen.

Vorsicht ist auch bei der Verwendung von Metaphern angezeigt, denen man in der älteren wie in der jüngeren Bundesstaatsdebatte auf Schritt und Tritt begegnen kann – auch in den Referaten und Aussprachen auf den Jahrestagungen der Vereinigung. Exemplarisch sei hier das (an der Bonner Tagung kritisch aufgegriffene) Bild vom föderativen Gefüge als der „‚offene[n] Flanke' der Gleichheit"[51] erwähnt, das den Bundesstaat einseitig als Risiko hinstellt und zugleich wichtige gegenläufige Aspekte vernachlässigt, so z. B. die Chance der „Freiheitsvermehrung"[52] und die Chance der gesteigerten politischen Selbstbestimmung der Bürgerinnen und Bürger. Wie die Themengeschichte des Beratungsgegenstands „Bundesstaat" zeigt, ist in der Staatsrechtslehre eine Sensibilität in terminologischen Fragen durchaus vorhanden. So schlug beispielsweise *Peter Lerche* 1962 in Münster vor (allerdings ohne nachhaltigen Erfolg), anstelle des problematischen Begriffs der „Bundestreue" den Begriff „Bundessinn" zu verwenden.[53] Der Zweitberichterstatter zum Thema „Autonomie und Bindung der Rechtsetzung" auf der Rostocker Tagung (2006), *Christian Tietje*, erklärte in der Aussprache, dass für ihn „Mehrebenensystem" der „bevorzugte Begriff" sei, da es so möglich werde, „nicht von gewissen Vorverständnissen ausgehend zu arbeiten, sondern die notwendige Offenheit in der Diskussion zu gewährleisten" (VVDStRL 66 [2007], S. 101). Näher besehen ist allerdings auch die aus der Politikwissenschaft entlehnte Mehrebenen-Begrifflichkeit nicht unproblema-

---

[50] *Konrad Hesse*, Grundzüge des Verfassungsrechts der Bundesrepublik Deutschland, 20. Aufl. 1995, Rn. 482.

[51] Zu dieser von *Günter Dürig* geprägten Formel siehe *Benjamin Schindler*, Rechtsanwendungsgleichheit in Mehrebenensystemen, VVDStRL 78 (2019), S. 174 f., m. N. (dort auch weitere Beispiele: S. 173 f.).

[52] So *Peter Häberle* in der Aussprache zu den Rostocker Referaten über „Autonomie und Bindung der Rechtsetzung in gestuften Rechtsordnungen", VVDStRL 66 (2007), S. 97.

[53] *Peter Lerche*, Föderalismus als nationales Ordnungsprinzip, VVDStRL 21 (1964), S. 88 ff.

tisch, da sie das Bestehen einer Über- und Unterordnung suggeriert.[54] Die Frage der angemessenen Begriffsbildung auf dem Themenfeld der Bundesstaatlichkeit und des Föderalismus bleibt gestellt.

3. *Bundesstaatlichkeit als schwieriges Thema für verfassungsvergleichende Vorträge*

Die anlässlich der hier untersuchten Jahrestagungen rege gepflegte Verfassungsvergleichung hat dazu beigetragen, dass „deutsche Vorverständnisse und Pfadabhängigkeiten" im Bundesstaatsbereich „sehr hell ausgeleuchtet" wurden.[55] Dies ist wichtig, weil ein einseitig-verzerrtes Bundesstaatsverständnis leicht in ein Bundesstaats*un*verständnis umschlagen kann. Allerdings: So verdankenswert die Leistungen der Verfassungsvergleichung sein mögen, so muss man doch auch zur Kenntnis nehmen, dass die Möglichkeiten, im Rahmen eines Staatsrechtslehrervortrags vertiefte rechtsvergleichende Betrachtungen anzustellen, begrenzt sind. Die Schilderung der rechtlichen Ausgangslage in den ausgewählten Bundesstaaten[56] – letztlich „jeder [...] ein Unikat"[57] – und der gebotene Einbezug bedeutsamer außerrechtlicher Faktoren, wie politische Kultur, Parteienwesen, geografische und demografische Gegebenheiten u. a. m., braucht Zeit – wertvolle Zeit, die dann beim eigentlichen Vergleich knapp ist oder fehlt. Fragen der Bundesstaatlichkeit mögen ein dankbares Thema für die Verfassungsvergleichung sein, sie sind aber ein eher schwieriges Thema für verfassungsvergleichend ausgerichtete Staatsrechtslehrervorträge.

Im Übrigen lässt sich, was die Rechtsvergleichung betrifft, auf der Ebene der *longue durée* eine bemerkenswerte *Perspektivenverschiebung* beobachten. Nach und nach wurde die übernationale Dimension mit in den Blick genommen: bei der Jahrestagung 1962 in Münster („Föderalismus als nationales und internationales Ordnungsprinzip") noch eher zögerlich[58], 1993 in Mainz („Europäische Union: Gefahr oder Chance für den Föderalismus [...]?") und 2006 in Rostock („Bundesstaat und Europäische Union zwischen Konflikt und Kooperation") primär im Sinne einer *Konfrontation*, 2018 in Bonn („Rechtsanwendungsgleichheit in Mehrebenensystemen") zumindest zum Teil im Sinne einer „Parallelisierung", bei der die bundesstaatliche Ordnung und jene der Europä-

[54] Vgl. *Benjamin Schindler*, Rechtsanwendungsgleichheit in Mehrebenensystemen, VVDStRL 78 (2019), S. 176.

[55] So *Hinnerk Wißmann* in der Aussprache zu den Bonner Referaten von *Wolfram Cremer* und *Benjamin Schindler*, VVDStRL 78 (2019), S. 215.

[56] Es ist bezeichnend, dass der Kreis der herangezogenen Verfassungsordnungen regelmäßig sehr klein blieb. Gelegentlich nahm man in den Vorträgen und Aussprachen auf die USA Bezug. Nur ganz am Rande zur Sprache kamen europäische Beispiele außerhalb des deutschsprachigen Raums oder außereuropäische Beispiele wie Kanada, Brasilien, Indien, Australien usw. Vgl. immerhin *Wolfgang Graf Vitzthum*, VVDStRL 46 (1988), S. 8, Fn. 2; sowie *Thomas Fleiner*, VVDStRL 46 (1988), S. 123 ff. (Aussprache).

[57] *Bernhard Ehrenzeller*, Der Bildungsföderalismus auf dem Prüfstand, VVDStRL 73 (2014), S. 13.

[58] Der Erstberichterstatter *Hartwig Bülck* sah sich in seinem Schlusswort in „einer etwas eigenartigen Situation", da er „zu Diskussionsbeiträgen Stellung nehmen" sollte, die dahin gingen, dass er „über etwas geredet habe [Föderalismus als internationales Ordnungsprinzip], was es gar nicht gibt" (VVDStRL 21 [1964], S. 142).

ischen Union als funktional verwandte Rechtsverwirklichungsstrukturen miteinander verglichen wurden.[59] Diese vermehrt genutzte Vergleichsperspektive hat den Vorzug, die große Spannweite des Bundesstaatsmodells deutlicher hervortreten zu lassen. Deutschland, Österreich und die Schweiz haben sich alle für die Bundesstaatsform entschieden, was die amtliche Staatsbezeichnung allerdings nur im Fall der Bundesrepublik Deutschland direkt sichtbar macht, während sich die Republik Österreich namensmäßig eher einheitsstaatlich gibt und der offizielle Name der Schweizerischen Eidgenossenschaft[60] an staatenbündische Zeiten anknüpft. In einer auch die Europäische Union einbeziehenden vergleichenden Betrachtung zeigt sich, dass die Schweiz, was das Föderalismusverständnis betrifft, in mancherlei Hinsicht näher bei der Europäischen Union liegt als bei unitarisch geprägten Bundesstaaten wie Deutschland oder Österreich.[61] Mit Blick auf die personelle Zusammensetzung der Vereinigung erweist sich die Bundesstaatlichkeit mithin als ein verbindendes Thema, aber auch als ein Thema, das erhebliche Unterschiede im Staats- und Verfassungsverständnis hervortreten lässt. Dies bedeutet zugleich: Das Thema „Bundesstaat" bietet interessanten Stoff auch für die nächsten hundert Jahre.

---

[59] Eine solche „Parallelisierung" findet sich auch schon früher, so etwa in den Rostocker Referaten von *Stefan Kadelbach* (VVDStRL 66 [2007], S. 7 ff.) und *Thomas Groß* (VVDStRL 66 [2007], S. 152 ff., insb. S. 156: „funktional parallele Erscheinungen"). Vgl. auch *Christoph Schönberger* in der Aussprache zu den Freiburger Referaten über „Die Entwicklung eines Internationalen Verwaltungsrechts als Aufgabe der Rechtswissenschaft" (VVDStRL 67 [2008], S. 452: „Verbindung von Bundesstaatsrecht und Völkerrecht neu belebt"; vgl. S. 465 f.).

[60] Französisch: *Confédération suisse*; italienisch: *Confederazione Svizzera*; rätoromanisch: *Confederaziun svizra*; lateinisch: *Confoederatio helvetica*.

[61] Vgl. *Benjamin Schindler*, VVDStRL 78 (2019), S. 187 f. – Vgl. auch die Bemerkung des Diskussionsleiters *Daniel Thürer* über „Ur-Föderalisten", „Prä-Föderalisten" und „unitarische Föderalisten" in: VVDStRL 58 (1999), S. 137 f.

Aus dem Schatten ins Licht: Zum Verhältnis von Sozialstaat und Rechtsstaat

*Ulrike Davy**

I. Einleitung 381
II. 1919–1945 Schweigen zum Aufbau des Sozialstaats: Wir Männer des Rechts 383
1. Politik und Gesetzgebung 383
2. Wissenschaft 384
a) 1919–1933 384
b) 1933–1945 385
3. Vereinigung der Deutschen Staatsrechtslehrer 387
III. 1949–1989 Skepsis gegenüber Ausbau: Das Zeitalter der Realisationen 389
1. Politik und Gesetzgebung 389
2. Wissenschaft 390
3. Vereinigung der Deutschen Staatsrechtslehrer 390
a) Spannung zwischen Rechtsstaat und Sozialstaat 390
b) Rechtsnatur des Sozialstaatsprinzips 393
c) Soziale Grundrechte 395
IV. 1990–2020 Begleitung des Umbaus: Abhilfe ist unterwegs 396
1. Politik und Gesetzgebung 396
2. Wissenschaft 397
3. Vereinigung der Deutschen Staatsrechtslehrer 398
a) Dekade der Sozialstaatlichkeit 398
b) Eigenverantwortung 398
c) Umbau des Sozialstaats 400
d) Grenzen des Sozialstaats 401
V. Zusammenfassung 402

I. Einleitung

Mein Beitrag beschreibt die Haltung der in den Berichten der Vereinigung der Deutschen Staatsrechtslehrer repräsentierten Staatsrechtslehre zur Entwicklung des Sozialrechts. Diese Haltung wird besonders deutlich, wenn man die Berichte der letzten hundert Jahre danach befragt, wie sie das Verhältnis von „Sozialstaat" und „Rechtsstaat" sehen. Dann wird deutlich, dass der Aufbau des deutschen Sozialstaats in der Weimarer

* Ich danke *Yüsra Şimşek* und *Deniz Tekin* herzlich für ihre Hilfe bei der Literatursammlung und bei der Überprüfung der Angaben in den Fußnoten.

Republik praktisch ignoriert wurde, während die Entwicklung des Rechtsstaats viel Aufmerksamkeit erhielt (unten II.). Es wird weiter deutlich, dass die ersten Jahrzehnte nach 1945 von einer Skepsis gegenüber dem Sozialstaatlichen geprägt waren, die „rechtsstaatlich" fundiert war (unten III.). Und es wird deutlich, dass der nach der Wiedervereinigung einsetzende Umbau des Sozialstaats auch von mahnenden Hinweisen auf das Rechtsstaatsprinzip begleitet war (unten IV.). In jeder dieser Perioden waren „Sozialstaat" und „Rechtsstaat" anders relationiert: Zunächst dominierte in den Berichten der Rechtsstaat, später gewann der Sozialstaat sein eigenes Profil, und dieses Profil weist eine beträchtliche Resilienz auf, auch weil es unter dem Schutz des Rechtsstaats steht.

Vorab ein paar Bemerkungen zur Begrifflichkeit und zur Methode. Erstens: Der Begriff des Rechtsstaats war vorgefunden, als die Vereinigung der Deutschen Staatsrechtslehrer gegründet wurde, wiewohl der Begriff bald zweifelhaft wurde.[1] Der Begriff des Sozialstaats entstand erst nach dem Zweiten Weltkrieg, und im Gegensatz zu „Rechtsstaat" ist „Sozialstaat" kein Verfassungsrechtsbegriff.[2] Es macht gleichwohl Sinn, die in der Weimarer Republik verhandelten Berichte der Vereinigung nach sozialstaatlichen Inhalten zu befragen. Der Begriff der Sozialpolitik war eingeführt,[3] ebenso der Begriff der Sozialreform und der Begriff der Sozialversicherung (im Gegensatz zum älteren Begriff der Arbeiterversicherung).[4] Es war außerdem anerkannt, dass die Weimarer Reichsverfassung im Abschnitt über das „Wirtschaftsleben" eine spezifisch „soziale" Programmatik entworfen hatte.[5] Zweitens: Mein Beitrag gründet sich auf eine sozialwissenschaftlich angeleitete Dokumentenanalyse auf der Grundlage von MAXQDA, einer Software,

[1] *Carl Schmitt* etwa entwickelte seine Überlegungen zur Diktaturgewalt des Reichspräsidenten nach Art. 48 Abs. 2 Weimarer Reichsverfassung bei der ersten Tagung in Jena 1924 wie selbstverständlich (auch) vor dem Hintergrund des „rechtsstaatlichen Gedankens". *Carl Schmitt*, Die Diktatur des Reichspräsidenten nach Art. 48 der Reichsverfassung, VVDStRL 1 (1924), S. 63 (81, 87). Nur ein Jahr später, nämlich bei der Tagung in Leipzig im Jahr 1925, warf *Walter Jellinek* sodann die Frage auf, „ob der Rechtsstaat wirklich noch als unumstößliches Ideal gelten" dürfe. *Walter Jellinek*, Der Schutz des öffentlichen Rechts durch ordentliche und durch Verwaltungsgerichte, VVDStRL 2 (1925), S. 8 (79). Die Frage hatte rechtsstaatlich bedenkliche Maßnahmen aus der Kriegszeit und in der Nachkriegszeit vor Augen. Dazu und zur stärker werdenden Kritik von rechts näher unten II.3.

[2] Der Begriff „Sozialstaat" wurde erstmals bei der Tagung der Vereinigung der Deutschen Staatsrechtslehrer in Göttingen im Jahr 1951 verwendet. Vgl. *Hans Peter Ipsen*, Enteignung und Sozialisierung, VVDStRL 10 (1952), S. 74 (75). Das Grundgesetz spricht von der Bundesrepublik Deutschland als einem „sozialen Bundesstaat" (Art. 20 Abs. 1) und mit Blick auf die verfassungsmäßige Ordnung in den Ländern von den „Grundsätzen des ... sozialen Rechtsstaates" (Art. 28 Abs. 1).

[3] Im Jahr 1873 hatte sich der „Verein für Socialpolitik" konstituiert. Im Jahr 1904 wurde die vom Verein herausgegebene Zeitschrift „Archiv für soziale Gesetzgebung und Statistik" umbenannt in „Archiv für Sozialwissenschaft und Sozialpolitik". Zur Umbenennung vgl. programmatisch das Geleitwort der Herausgeber *Werner Sombart*, *Max Weber* und *Edgar Jaffé* in: Archiv für Sozialwissenschaft und Sozialpolitik 1 (1904) I. Zum Gebrauch des Wortes „Sozialpolitik" im 19. Jahrhundert näher *Franz-Xaver Kaufmann*, Sozialpolitisches Denken, 2003, S. 49.

[4] Früh *Heinrich Rosin*, Das Recht der Arbeiterversicherung, Bd. 1, 1893, S. 44; *W. Kulemann*, Die Reform unserer Socialversicherung, Jahrbuch für Gesetzgebung, Verwaltung und Volkswirtschaft 18 (1894), S. 159.

[5] Vgl. etwa *Fritz Stier-Somlo*, Die Verfassung des Deutschen Reichs vom 11. August 1919, 3. Aufl., 1925, S. 46; *Ludwig Gebhard*, Handkommentar zur Verfassung des Deutschen Reichs vom 11. August 1919, 1932, S. 440; *Gerhard Anschütz*, Die Verfassung des Deutschen Reichs vom 11. August 1919, 14. Aufl., 1933, S. 697.

die qualitative Textauswertungen unterstützt. Die MAXQDA Datenbasis umfasst 427 Berichte in elektronischer Fassung, verhandelt bei den Tagungen der Vereinigung zwischen 1924 und 2019.[6] Für die in die Datenbasis eingelesenen Berichte habe ich ein Code-System entwickelt, in dessen Mittelpunkt zwei Worte stehen: „Rechtsstaat" und „Sozial*" (mit verschiedenen Wortvarianten). Die Code-Struktur gibt mir die Möglichkeit, semantische Verschiebungen zu erfassen und zu datieren. Drittens: Für die Zeit zwischen 1933 und 1945 habe ich zeitgenössische Literatur ausgewertet, die das sozialstaatliche Denken der Bundesrepublik Deutschland – auch die Berichte der Vereinigung – prägte.[7] Viertens: Im Mittelpunkt meines Beitrags stehen die Berichte der Tagungen als Primärquellen. Andere Quellen in Literatur und Rechtsprechung habe ich nur punktuell berücksichtigt.

II. 1919–1945 Schweigen zum Aufbau des Sozialstaats: Wir Männer des Rechts

1. Politik und Gesetzgebung

Die Zeit zwischen 1919 und 1933 war fraglos eine Zeit der „sozialistischen Tendenzen" (*Gebhard*) in Politik und Gesetzgebung. Vor dem Hintergrund des Massenelends, das der Erste Weltkrieg mit sich gebracht hatte, engagierte sich das neu gegründete Reich für die Kriegsopfer (die Verwundeten, die dauerhaft Erwerbsgeminderten, die Hinterbliebenen), die Heimkehrenden, die Erwerbslosen, die Wohnungslosen, die Hungernden sowie diejenigen, für die beitragsgebundene Sozialversicherung in Betracht kam: „Das ‚Soziale' war im Gründungsakt der Republik", so *Michael Stolleis*, „das verbindende Element zwischen Arbeiterbewegung, Zentrum und Liberalen".[8] Es entstanden neue Zweige der Fürsorge bzw. Wohlfahrtspflege.[9]

---

6 Die Datenbasis besteht aus allen Berichten, die auf den Titelblättern der (elektronisch verfügbaren) 79 Tagungsbände der Vereinigung der Deutschen Staatsrechtslehrer erwähnt werden (423), einer Ansprache von Ulrich Scheuner zur 50-jährigen Wiederkehr der Gründung der Vereinigung (VVDStRL 31 [1973], S. 7) und drei Landesberichten, die zwar verhandelt, aber nicht in die Titelblätter aufgenommen wurden: die Berichte von *Karl Wenger* und *Luzius Wildhaber* bei der Tagung in Berlin im Jahr 1979 (VVDStRL 38 [1980], S. 318 und S. 325) sowie den Bericht von *Norbert Wimmer* bei der Tagung in Köln im Jahr 1983 (VVDStRL 42 [1984], S. 83).

7 Zwischen Oktober 1931 und Oktober 1949 fanden keine Tagungen der Vereinigung der Deutschen Staatsrechtslehrer statt. Zur Auflösung der Vereinigung und zur Staatsrechtslehre bis 1945 vgl. *Andreas Kley*, in diesem Band, S. 39 ff.

8 *Michael Stolleis*, Geschichte des Sozialrechts in Deutschland, 2003, S. 150. Für den Bereich der Fürsorge und der Wohlfahrtspflege allgemein *Christoph Sachße/Florian Tennstedt*, Geschichte der Armenfürsorge in Deutschland, Bd. 2, 1988, 68.

9 Vgl. zunächst die Verordnung über Erwerbslosenfürsorge vom 13.11.1918, RGBl. S. 1305; sodann: Verordnung über die soziale Kriegsbeschädigten- und Kriegshinterbliebenenfürsorge vom 8.2.1919, RGBl. S. 187; Gesetz über Notstandsmaßnahmen zur Unterstützung von Rentenempfängern der Invaliden- und der Angestelltenversicherung vom 7.12.1921, RGBl. S. 1533; Gesetz über Wochenfürsorge vom 9.6.1922, RGBl. I S. 502; Gesetz über Kleinrentnerfürsorge vom 4.2.1923, RGBl. I S. 104; Verordnung über die Fürsorgepflicht vom 13.2.1924, RGBl. I S. 100; Reichsgrundsätze über Voraussetzung, Art und Maß der öffentlichen Fürsorge vom 4.12.1924, RGBl. I S. 765.

Die Sozialversicherung wurde ausgebaut,[10] im Jahr 1927 schließlich durch die Einführung eines neues Versicherungszweigs, der Arbeitslosenversicherung.[11] Das Reich betrieb außerdem eine aktive Politik für den Wohnungsbau und den Mieterschutz[12] sowie – mit Blick auf wichtige Güter – in der ersten Nachkriegszeit eine Politik der Preisregelung und der Sicherstellung. Sozialpolitik und Sozialgesetzgebung erlebten eine nie gekannte Ausdehnung.

2. Wissenschaft

a) 1919–1933

Das Urteil von *Stolleis*, dass das entstehende Sozialrecht in der Weimarer Zeit von den Universitäten kaum wahrgenommen worden sei,[13] ist zu harsch.[14] Schon vor den Bismarck'schen Reformgesetzen enthielten Lehrbücher zum Verwaltungsrecht Abschnitte zum öffentlichen Armenrecht.[15] Nach 1884 behandelten die Lehrbücher auf dem Gebiet des Verwaltungsrechts auch das soziale Versicherungswesen.[16] In den 1890er Jahren veröffentlichte *Heinrich Rosin* eine erste umfassende Darstellung des Rechts der Arbeiterversicherung,[17] *Richard Weyl* ein Lehrbuch zum sozialen Versicherungsrecht,[18] *Richard van der Borght* eine Schrift zur deutschen Arbeiterversicherung,[19] und *Rudolf Sohm* einen langen Artikel zu den sozialen Aufgaben des Staates.[20] Nach der Jahrhundertwende erschien *Conrad Bornhaks* Monographie zur deutschen Sozialgesetzgebung,[21] *van der*

---

[10] In den 1920er Jahren wurde in der Krankenversicherung die Versicherungspflicht kontinuierlich ausgedehnt, 1929 wurde die Familienhilfe gesetzlich abgesichert. Näher *Stolleis*, Geschichte (Fn. 8), S. 155. Der Schutz aus der Unfallversicherung wurde 1925 auf Wegeunfälle und Berufskrankheiten erstreckt (Zweites Gesetz über Änderungen in der Unfallversicherung vom 14.7.1925, RGBl. I S. 97). Und in der Rentenversicherung wurde 1927 die nicht an eine eigene Invalidität gebundene Witwenrente eingeführt (Gesetz über Leistungen und Beiträge in der Invalidenversicherung vom 8.4.1927, RGBl. I S. 98).

[11] Gesetz über Arbeitsvermittlung und Arbeitslosenversicherung vom 16.7.1927, RGBl. I S. 187.

[12] Näher *Sachße/Tennstedt*, Geschichte (Fn. 8), S. 138; *Stolleis*, Geschichte (Fn. 8), S. 143.

[13] *Michael Stolleis*, Geschichte des öffentlichen Rechts in Deutschland, Bd. 3, 1999, S. 220.

[14] Das Wort „Sozialrecht" war freilich noch nicht geboren. Die Bezeichnung „Sozialrecht" verbreitete sich in den 1970er und 1980er Jahren, begünstigt durch die Gründung einschlägiger Zeitschriften und die Veröffentlichung von Lehrbüchern; dazu näher unten III.2. In der Weimarer Zeit waren andere Bezeichnungen vorherrschend: Für die Bismarck'schen Reformgesetze die Bezeichnungen „Arbeiterversicherung", „Sozialgesetzgebung", „Sozialversicherung", „Reichsversicherung"; für die steuerfinanzierte staatliche Hilfe zum Lebensunterhalt vor allem „Fürsorge", eine Bezeichnung, die die ältere „Armenpflege" bzw. das „Armenwesen" abgelöst hatte.

[15] Vgl. *Edgar Loening*, Lehrbuch des Deutschen Verwaltungsrechts, 1884, S. 694.

[16] Vgl. *Karl Freiherr von Stengel*, Lehrbuch des Deutschen Verwaltungsrechts, 1886, S. 443 (Die Krankenversicherung), 446 (Die Unfallversicherung); *Conrad Bornhak*, Preußisches Verwaltungsrecht, Bd. 2, 1890, S. 223 (Die Armenpflege), 437 (Die deutsche Sozialgesetzgebung); *Paul Laband*, Staatsrecht des Deutschen Reiches, Bd. 2, 2. Aufl., 1891, S. 241 (Die Arbeiterversorgung).

[17] *Rosin*, Arbeiterversicherung (Fn. 4).

[18] *Richard* Weyl, Lehrbuch des Reichsversicherungsrechts, 1894.

[19] *R. van der* Borght, Die soziale Bedeutung der deutschen Arbeiterversicherung, 1898.

[20] *Rudolf Sohm*, Die sozialen Aufgaben des Staates, Cosmopolis 8 (1897), S. 231 und 586.

[21] *Conrad Bornhak*, Die deutsche Sozialgesetzgebung, 4. Aufl., 1900 (die ersten drei Auflagen waren Separatabdrucke der einschlägigen Teile seines Preußischen Staatsrechts).

Borghts Grundzüge der Sozialpolitik,[22] *Rosins* Monographie zur Invaliden- und Altersversicherung[23] sowie *Fritz Stier-Somlos* Darstellung der geschichtlichen Grundlagen der Sozialversicherung und des Krankenversicherungsrechts.[24] Den Abschluss bildete Anfang der 1930er Jahre *Lutz Richters* Monographie zum Sozialversicherungsrecht.[25] Dies ist eine durchaus beeindruckende wissenschaftliche Auseinandersetzung mit dem neuen Rechtsgebiet.

Die in der Literatur entwickelten Narrative zum rechtspolitischen Hintergrund der Sozialgesetzgebung stimmen weitgehend überein. Vereinfacht: Sozialversicherung sei darauf angelegt, Menschen, die ihre Arbeitskraft einsetzen müssen, um ein Auskommen für sich und die Familie zu finden, durch staatlich organisierte Leistungen zu unterstützen, wenn bestimmte Ereignisse dazu führen, dass die Arbeitskraft nicht (mehr) eingesetzt werden könne (Krankheit; Betriebsunfall; Invalidität; Alter).[26] Krankheit, Betriebsunfall, Invalidität oder Alter machten deshalb verwundbar, weil die rechtlich garantierte Vertragsfreiheit der stärkeren Seite des Arbeitsvertrags – dem Arbeitgeber – die Möglichkeit gebe, die schwächere Seite nach Belieben zu kündigen.[27] Kurz: Sozialversicherung wurde in Verbindung gebracht mit Industrialisierung, mit damit verbundenen Gefahren oder Risiken (später: Wechselfällen), mit wirtschaftlichen und politischen Missständen (Ausbeutung der Arbeiter), deren Beseitigung auch im Interesse des Staates selbst gelegen war. Das Narrativ spiegelte die (rechtspolitische) Linie des Vereins für Sozialpolitik wider, mit ihren Anleihen bei der Selbsthilfe und dem privaten Versicherungsrecht.[28]

b) 1933–1945

Der Übergang zum Nationalsozialismus war gekennzeichnet durch ein neues Narrativ. Das neue Narrativ war ebenfalls kritisch gegenüber Kapitalismus bzw. Industriegesellschaft, aber der Prozess der Industrialisierung wurde nicht – wie vom Verein für Sozialpolitik – als „schlechthin hinzunehmendes Ergebnis der geschichtlichen Entwicklung"[29] angesehen. Die nationalsozialistisch ausgerichtete Leipziger Schule (*Hans Freyer*, *Arnold Gehlen*, *Helmut Schelsky*) beeinflusste Deutungen, die sich etwa bei *Ernst Forsthoff* wie-

22 *R. van der Borght*, Grundzüge der Sozialpolitik, 1904.

23 *Heinrich Rosin*, Das Recht der Invaliden- und Altersversicherung, 1905.

24 *Fritz Stier-Somlo*, Deutsche Sozialgesetzgebung, 1906.

25 *Lutz Richter*, Sozialversicherungsrecht, 1931.

26 Allgemein *Stier-Somlo*, Sozialgesetzgebung (Fn. 24), S. 5 f.; *van der Borght*, Grundzüge (Fn. 22), S. 2. Zugespitzt auf bestimmte Ereignisse *Heinrich Rosin*, Arbeiterversicherung (Allgemeines), in: Fleischmann (Hrsg.), Wörterbuch des Deutschen Staats- und Verwaltungsrechts, Bd. 1, 2. Aufl., 1911, S. 177: Arbeiterversicherung „ist der Inbegriff der Einrichtungen, durch welche die … Reichsgesetzgebung den Arbeitern … für den Fall der Krankheit, des Betriebsunfalls, der Invalidität und des Alters gewisse fürsorgliche Leistungen sichert."

27 *Rosin*, Arbeiterversicherung (Fn. 26), S. 177; *van der Borght*, Grundzüge (Fn. 22), S. 17; später *Richter*, Sozialversicherungsrecht (Fn. 25), S. 1.

28 Programmatisch *Adolph Wagner*, Der Staat und das Versicherungswesen, Zeitschrift für die gesamte Staatswissenschaft 37 (1881), S. 102; *Heinrich Braun*, Zur Einführung, Archiv für soziale Gesetzgebung und Statistik 1 (1888), S. 1.

29 *Sombart/Weber/Jaffé*, Geleitwort (Fn. 3), S. IV.

derfinden, manchmal sogar zugespitzt: Das neue Narrativ war erstens technikfeindlich: Das 19. Jahrhundert habe aus Menschen Arbeiter gemacht, die maschinenähnlich ihr Leben fristeten.[30] Der Nationalsozialismus sollte aus Maschinen wieder Menschen machen. Das neue Narrativ war kritisch gegenüber der existierenden Sozialgesetzgebung: Sozialversicherung sei die Vollendung der Entmenschlichung, der Staat sei zu einem kalten Apparatestaat geworden.[31] Ab Mitte der 1930er Jahre setzte das neue Narrativ gleichwohl – in einer Kehrtwendung – auf den Daseinsvorsorge treibenden Staat. In der zweiten Auflage des *Forsthoffschen* „Totalen Staats" war Bürokratie von der „Führung" getrennt und positiv konnotiert („unentbehrliche Funktion"; „Sachtreue"; „Zuverlässigkeit"; „Gewissenhaftigkeit"; „Berechenbarkeit"; „Präzision").[32] Die Neubewertung des Staatsapparats verband *Forsthoff* mit einem raumbezogenen Narrativ des Angewiesenseins, in dem nicht bloß Arbeiter eine Rolle spielten:[33] Der Lebensraum des Menschen sei, so *Forsthoff*, einerseits ein „zugänglicher", andererseits ein „beherrschter", also ein Lebensraum, den ein Mensch als ihm allein gehörig, als sein Eigen betrachten dürfe (wie einen Hof, einen Acker, das Haus, in dem er lebe). Die „große soziale Verwandlung des 19. Jahrhunderts" habe es mit sich gebracht, dass der zugängliche Lebensraum immer größer geworden sei (Verkehrswesen), während der beherrschte Lebensraum immer kleiner geworden sei (an die Stelle des Hauses sei das möblierte Zimmer getreten). Mit dem Verschwinden des beherrschten Lebensraums habe das menschliche Dasein an Sicherheit verloren; das Dasein sei abhängig von Diensten, die der Staat erbringe (Wasserversorgung; Versorgung mit Elektrizität, Transportmöglichkeiten für Lebensmittel; Sozialversicherung). Und staatliche Verwaltung sei nun genau darauf angelegt, die Lebensvoraus-

[30] *Hans Freyer*, Revolution von rechts, 1931, S. 10: „Erst in der Hölle der mechanischen Webstühle von Lancashire, erst als die brutale Maschine der hochkapitalistischen Produktion die Arbeitermassen im Takt der Konjunkturen vom grünen Lande ansog und aufs weiße Pflaster ausspie, erst als die Männer Hände, die Weiber Hände, die Kinder Hände geworden waren, deren stumpfsinnige Fingerfertigkeit märchenhafte Profite versprach, wenn der Hunger sie billig gemacht hatte, – erst im Angesicht dieses Proletariats konnte eine Philosophie der Revolution [von rechts] gefunden werden". Vgl. sodann *Ernst Forsthoff*, Der totale Staat, 2. Aufl., 1934, S. 9: „Der nationalsozialistische Staat bedeutet … die Verneinung einer geschichtlichen Epoche, die den Staat um des Einzelmenschen … willen zerbrach. … Träger dieser zerstörenden Kräfte war das freiheitliche Bürgertum, die auf die wirtschaftliche Prosperität gegründete industrielle Gesellschaft."

[31] Vgl. *Freyer*, Revolution (Fn. 30), S. 26: „Für das neunzehnte Jahrhundert hat das Soziale einen ganz bestimmten Sinn. Es ist das Mittel, mit dem man Gespenster bannt. … Die Substanz des Sozialen ist die Karität. Aber die Karität wird im Geist dieses männlichen Jahrhunderts gehärtet, organisiert, systematisiert. Sie wird … versachlicht." Bei *Ernst Forsthoff*, Der totale Staat, 1933, S. 11 f. und 13 liest sich dies wenig später so: „Mit der Wendung zum bürokratischen Rechtsstaat vollzog sich … eine Institutionalisierung allergrößten Stils. Und zwar traf die liberale Abneigung gegen die persönliche autoritäre Herrschaft zusammen mit den Anforderungen, die der Versorgungsanspruch der im 19. Jahrhundert entstehenden breiten Massen an den Staat stellte, Anforderungen, denen nur ein durchrationalisierter und berechenbarer Staat genügen konnte. … Der Apparaturstaat ist ein Staat ohne Gehalte".

[32] *Forsthoff*, Totaler Staat (Fn. 30), 40 f. Für eine etwas andere Deutung des *Forsthoffschen* Textes *Jens Kersten*, Die Entwicklung des Konzepts der Daseinsvorsorge im Werk von Ernst Forsthoff, Der Staat 44 (2005), S. 543 (549).

[33] Zum Folgenden *Ernst Forsthoff*, Von den Aufgaben der Verwaltungsrechtswissenschaft, DR 5 (1935), S. 398 f.

setzungen des Volkes in einem ganz elementaren Sinn sicherzustellen.[34] Im Jahr 1938 prägte *Forsthoff* für die leistende Verwaltung schließlich den Begriff der Daseinsvorsorge.[35] Die Verantwortung für die Befriedigung der elementaren Bedürfnisse bezeichnete er als „Daseinsverantwortung", Träger der Verantwortung waren die „Träger der [nationalsozialistischen] politischen Gewalt (Staat und Partei)".[36] Vor dem Hintergrund des Angewiesenseins auf Daseinsvorsorge dachte *Forsthoff* sogar über ein „Recht auf Daseinsvorsorge" nach.[37] Mit dem Begriff der Daseinsverantwortung war – für das rassisch konstruierte Volk der Deutschen – jedenfalls eine (vorrechtliche) staatliche Pflicht zur (kollektiven und individuellen) Sicherstellung der menschlichen Grundbedürfnisse angesprochen.[38]

3. Vereinigung der Deutschen Staatsrechtslehrer

Bei den Tagungen der Vereinigung der Deutschen Staatsrechtslehrer zwischen 1924 und 1931 spielte Sozialpolitik praktisch keine Rolle, ungeachtet aller gesetzgeberischen Aktivitäten in den 1920er Jahren. Lediglich in drei Berichten wurde kurz auf einen Umbau des Staates bzw. auf eine Ausdehnung der Staatstätigkeit verwiesen.[39] Konturen gewann das Soziale nicht. Als Wortteil wiederum trat „Sozial" vor allem im Wort „Sozialismus" in Erscheinung sowie in Abwandlungen dieses Worts (sozialistisch; Sozialisten). „Sozia-

---

[34] *Forsthoff* erklärte die Kehrtwendung in seinem Narrativ nicht. *Florian Meinel* sieht in der neuen Erzählung den Ansatz für eine Rechtsethik, die selbst den nationalsozialistischen Staat in Grenzen weisen sollte. Vgl. *Florian Meinel*, Der Jurist in der industriellen Gesellschaft, 2. Aufl., 2012, S. 175. Zur antiliberalen Bewegung in der Weimarer Zeit vgl. auch *Frieder Günther*, in diesem Band, S. 867 (869 ff.).

[35] *Ernst Forsthoff*, Die Verwaltung als Leistungsträger, 1938, S. 6.

[36] *Forsthoff*, Verwaltung (Fn. 35), S. 6. *Forsthoff* bestand darauf, dass die von ihm beschriebene soziale Bedürftigkeit des Menschen nicht gleichzusetzen sei mit der Fürsorge in den Fällen der Armut, Krankheit oder sonstigen Not (S. 5 bei Anm. 6).

[37] *Forsthoff*, Verwaltung (Fn. 35), S. 46. Zu den Schwierigkeiten, ein „Recht auf Teilhabe" dogmatisch zu fassen, wenn – im Sinne der nationalsozialistischen Rechtstheorie – Grundrechte als überholt gelten, näher *Meinel*, Jurist (Fn. 34), S. 211.

[38] Zum Volksbegriff *Forsthoff*, Totaler Staat (Fn. 30), S. 42: „Volk ist eine Gemeinschaft, die auf einer seinsmäßigen, artmäßigen Gleichartigkeit beruht. Die Gleichartigkeit geht hervor aus der Gleichheit der Rasse und des volklichen Schicksals." Juden hatten im so gefassten Volk keinen Platz. Näher *Ulrich Scheuner*, Der Gleichheitsgedanke in der völkischen Verfassungsordnung, Zeitschrift für die gesamte Staatswissenschaft 99 (1939), S. 245 (267, 273). Zum Antisemitismus in den Schriften *Forsthoffs* aus der ersten Hälfte der 1930er Jahre *Kersten*, Entwicklung (Fn. 32), S. 550. *Kerstens* These, dass sich *Forsthoff* im Jahr 1935 (auch) vom Antisemitismus abgewendet habe, vermag ich nicht zu teilen. Die Schrift zur Daseinsvorsorge ist dem völkischen Denken eng verbunden: Daseinsvorsorge ist für „Volksgenossen", Daseinsvorsorge ist an „völkischer Gerechtigkeit" zu messen. *Forsthoff*, Verwaltung (Fn. 35), S. 12 f. Antisemitismus lebt nicht nur in Kommunikation, die „Juden" explizit adressiert und herabwürdigt.

[39] Vgl. *Max Layer*, Überprüfung von Verwaltungsakten durch die ordentlichen Gerichte, VVDStRL 5 (1929), S. 124 (201), mit dem Hinweis, dass der „Umbau des liberalen Staates zum sozialen" zur einer Einschränkung der Justizzuständigkeiten geführt habe; *Arnold Köttgen*, Verwaltungsrecht der öffentlichen Anstalt, VVDStRL 6 (1929), S. 105, mit dem Hinweis, dass „im Banne der Sozialpolitik" öffentliche Körperschaften zunehmend wirtschaftliche Aufgaben übernommen hätten; *Gerhard Leibholz*, Die Wahlrechtsreform und ihre Grundlagen, VVDStRL 7 (1932), S. 159 (164) mit dem Hinweis, dass Gleichheit „noch heute liberalistisch, wenn auch bereits stark sozial affiziertes, rechtsstaatliches Gedankengut" enthalte.

lismus" wurde bis spät in die 1920er Jahre verknüpft mit Revolution, Klassenkampf, Bolschewismus, mit Kritik an der Verfassung, mit (wenig geschätzter) Sozialisierung, und sogar mit einer Gegnerschaft zum Rechtsstaat.[40] Die Haltung zum „Sozialismus" war durchweg kritisch.

Ganz anders fällt die Bilanz mit Blick auf das Rechtsstaatsprinzip aus.[41] Von den 29 Berichten enthalten 16 Berichte substanzielle Aussagen zum Rechtsstaatsprinzip. Das mag verständlich sein vor dem Hintergrund des Kriegsverwaltungsrechts, des Nachkriegsverwaltungsrechts, der politischen Unruhen zu Beginn der 1920er Jahre, der Sondergerichte, der Perspektive der Diktaturgewalt, oder der Versuche, Steuern auch ohne ordentliches Veranlagungsverfahren einzutreiben.[42] Die Rechtsstaatsidee schien in Gefahr, darin waren sich Anfang der 1920er Jahre viele einig.[43] Die Kritik der Rechten am Rechtsstaat machte sich Anfang der 1930er Jahre zunächst außerhalb der Tagungen in Adjektiven bemerkbar, dann in Schmähungen. *Schmitt* sprach schon in seiner Verfassungslehre durchweg nicht von „Rechtsstaat", sondern von „bürgerlichem Rechtsstaat".[44] Um 1930 setzte dann eine Historisierung dieses „bürgerlichen Rechtsstaats" ein: Dies sei der Staat einer historischen Epoche im 19. Jahrhundert (Liberalismus), und der Staat von Weimar nichts als eine „Verfallsform des bürgerlichen Rechtsstaats".[45] Für den Staat der Zukunft wurden andere, angemessenere Adjektive gesucht.[46] Ins Spiel gebracht wurde vor allem der „nationale Rechtsstaat",[47] gelegentlich auch der „soziale Rechtsstaat".[48] *Heinrich Triepel* war der erste, der bei der Tagung der Deutschen Staatsrechtslehrer im Jahr 1928 zwei Mal vom „bürgerlichen Rechtsstaat" sprach.[49] Bei der Tagung in Halle im Jahr 1931 aber distanzierte sich *Triepel* von der Mode der Adjektive: All die Adjektive seien doch lediglich Verzerrungen, „gegen die wir Männer des Rechts, die wir doch wohl

---

[40] Vgl. z. B. *Karl Bilfinger*, Der deutsche Föderalismus in Vergangenheit, Gegenwart und Zukunft, VVDStRL 1 (1924), S. 35 (43); *Jellinek*, Schutz (Fn. 1), S. 79; *Richard Thoma*, Aussprache, VVDStRL 3 (1927), S. 59.

[41] Aus der Perspektive der 1970er Jahre vgl. *Ulrich Scheuner*, 50 Jahre deutsche Staatsrechtswissenschaft im Spiegel der Verhandlungen der Vereinigung der Deutschen Staatsrechtslehrer, AöR 97 (1972), S. 349 (356).

[42] Zum „Wohnungs-Standrecht" *Jellinek*, Schutz (Fn. 1), S. 55; zum „Kriegs- und Nachkriegsverwaltungsrecht" *Erich Kaufmann*, Aussprache VVDStRL 2 (1925), S. 115; zum formlosen Steuerrecht in der Zeit der Hyperinflation *Ottmar Bühler*, Der Einfluss des Steuerrechts auf die Begriffsbildung des öffentlichen Rechts, VVDStRL 3 (1927), S. 102 (104).

[43] Beruhigend *Jellinek*, Schlusswort, VVDStRL 2 (1925), S. 121.

[44] *Carl Schmitt*, Verfassungslehre, 11. Aufl., 2017 (1. Aufl. 1928), S. 24, 27, 30, 35, 128 zur Charakterisierung der Weimarer Verfassung.

[45] *Forsthoff*, Totaler Staat (Fn. 31), S. 8. Vgl. zuvor *Carl Schmitt*, Der Hüter der Verfassung, 5. Aufl., 2016 (1. Aufl. 1931), S. 78 f., der eindringlich die Wendung zum „totalen Staat" beschreibt.

[46] *Otto Koellreutter*, Der nationale Rechtsstaat, 1932, S. 6.

[47] *Otto Koellreutter*, Der Sinn der Reichstagswahlen vom 14. September 1930 und die Aufgaben der deutschen Staatslehre, 1930, S. 11, 43; *Koellreutter*, Rechtsstaat (Fn. 46), S. 23; *Ernst Rudolf Huber*, Bedeutungswandel der Grundrechte, AöR 23 (1933), S. 1 (91); *Otto Koellreutter*, Volk und Staat in der Verfassungskrise, 1933, S. 19.

[48] Vgl. *Huber*, Bedeutungswandel (Fn. 47), S. 31 Anm. 56. Polemisch *Carl Schmitt*, Nationalsozialismus und Rechtsstaat, JW 1934, S. 713 (715). Zum „nationalen" bzw. „sozialen" Rechtsstaat vgl. auch *Günther*, in diesem Band, S. 874 f., und *Kley*, in diesem Band, S. 47 f. und S. 59 f.

[49] *Heinrich Triepel*, Wesen und Entwicklung der Staatsgerichtsbarkeit, VVDStRL 5 (1929), S. 2 (7, 28).

alle Anhänger des ‚Rechtsstaats' sind, Verwahrung einlegen sollten".[50] Der Konsens, an den *Triepel* hier appellierte, erwies sich wenig später als Illusion. Viele Staatsrechtslehrer feierten mit dem Untergang von Weimar auch den Untergang des (bürgerlichen) Rechtsstaats und den Untergang von Formalismus und Positivismus.[51]

III. 1949–1989 Skepsis gegenüber Ausbau: Das Zeitalter der Realisationen

1. Politik und Gesetzgebung

Die Bewältigung der Folgen des Zweiten Weltkriegs (Wiedergutmachung, Entschädigung, Lastenausgleich), der Wiederaufbau nach dem Zweiten Weltkrieg und das Wirtschaftswunder waren von einem rasanten Ausbau der Sozialleistungen begleitet, mit Blick auf die Leistungsberechtigten und mit Blick auf den Inhalt und den Umfang der Leistungen.[52] Um die Dimension des Ausbaus wenigstens mit ein paar Strichen anzureißen: Die 1950er und 1960er Jahre brachten die Einführung von Kindergeld und Wohngeld; den Umbau des Fürsorgerechts zu einem Sozialhilferecht, das – wie vom BVerwG gefordert[53] – aus Fürsorge-Empfängern Leistungsberechtigte machte, ein soziokulturelles Existenzminimum garantierte und Zugang zu Leistungen bei Krankheit, Pflegebedürftigkeit oder Behinderung eröffnete; eine Rentenreform, die die Finanzierung von Kapitaldeckung auf Umlageverfahren umstellte und die Höhe der Rente am Prinzip der Lebensstandardsicherung orientierte und dynamisierte; eine Neugestaltung des Kassenarztrechts und Ansprüche auf Leistungen zur Vorsorge und Früherkennung; sowie eine völlig neu gestaltete Arbeitsförderung (aktive Arbeitsmarktpolitik). Die 1970er Jahre brachten die Bundesausbildungsförderung; die Lohnfortzahlung im Krankheitsfall; die Neugestaltung der Krankenhausfinanzierung; eine beträchtliche Erweiterung der unechten Unfallversicherung (Kinder in Kindergärten; Schülerinnen und Schüler während des Besuchs der Schule; Studierende während der Aus- und Fortbildung); eine Öffnung der gesetzlichen Rentenversicherung für alle Interessierten, eine Rente nach Mindesteinkommen und die Möglichkeit zur vorzeitigen Inanspruchnahme von Rentenleistungen; sowie den Beginn eines großen Kodifikationsvorhabens (Sozialgesetzbuch). Die 1980er Jahre schließlich brachten – vor dem Hintergrund steigender Ausgaben bei den Sachleistungen – gewisse Einschnitte im Leistungsbereich der gesetzlichen Krankenversicherung.

---

[50] *Triepel*, Aussprache, VVDStRL 7 (1932), S. 197.

[51] Für viele *Ernst Forsthoff*, Der Formalismus im öffentlichen Recht, DR 4 (1934), S. 347; *Ulrich Scheuner*, Die nationale Revolution, AöR 24 (1934), S. 166 und 261; *Ernst Rudolf Huber*, Die Einheit der Staatsgewalt, DJZ 1934, S. 950. Aus der Perspektive des Jahres 2000 vgl. *Horst Dreier*, Die deutsche Staatsrechtslehre in der Zeit des Nationalsozialismus, VVDStRL 60 (2001), S. 9 („Negativkonsens"); *Walter Pauly*, Die deutsche Staatsrechtslehre in der Zeit des Nationalsozialismus, VVDStRL 60 (2001), S. 73 (74: „Deformation überkommener Theorien, Methoden und Dogmatik").

[52] Vgl. den kompakten Überblick bei *Andreas Hänlein*, § 2 Geschichte des Sozialrechts, in: Ruland/Becker/Axer (Hrsg.), Sozialrechtshandbuch (SRH), 6. Aufl., 2018, Rn. 49.

[53] BVerwG, Urteil v. 24.06.1954, NJW 1954, 1541.

2. *Wissenschaft*

Parallel zu den Aktivitäten des Gesetzgebers entwickelte sich eine Sozialrechtswissenschaft an der Grenze zwischen öffentlichem Recht und Arbeitsrecht. In den ersten Nachkriegsjahrzehnten entstanden eigene Zeitschriften.[54] Es erschienen die ersten Lehrbücher.[55] 1965 wurde der Deutsche Sozialgerichtsverband (heute: Sozialrechtsverband) gegründet, als Institution, die zwischen Sozialgerichtsbarkeit, Leistungsträgern, Ministerien, Verbänden und Wissenschaft vermitteln sollte.[56] In den 1980er Jahren entstand eine Sozialrechtslehre, mit Sozialrechtslehrertagungen, die vom Sozialrechtsverband organisiert wurden. Das Sozialrecht wurde an den Universitäten verankert (Professuren; Aufnahme in Studien- und Prüfungsordnungen).[57] Sozialrecht wurde also institutionell sichtbar. Das Sozialrecht zu pflegen und zu systematisieren, wurde zum Anliegen einer Gruppe von Menschen, die aus der Wissenschaft oder der Praxis kamen, insbesondere der Sozialgerichtsbarkeit. Für die Meistererzählung zur Entstehung des Sozialrechts und des Sozialstaats knüpften die Lehrbücher (ebenso wie später die Kommentare) an die aus der Weimarer Zeit bekannte Tradition an: Die Entstehung des Sozialrechts ist mit der sozialen Frage des 19. Jahrhunderts eng verknüpft, bei der es im wesentlichen um die Integration der (städtischen) Arbeiterschaft ging. *Forsthoffs* Erzählung zur Daseinsvorsorge hat in der Sozialrechtslehre keine Bedeutung.

3. *Vereinigung der Deutschen Staatsrechtslehrer*

a) Spannung zwischen Rechtsstaat und Sozialstaat

Vor dem Hintergrund der gesetzgeberischen Aktivitäten und der Entwicklungen in der Lehre verwundert nicht, dass die Berichte vor der Vereinigung der Deutschen Staatsrechtslehrer zwischen 1949 und 1989 sozialstaatliche Inhalte zunehmend thematisierten. Dies lässt sich schon allein quantitativ belegen: In jedem der vier Jahrzehnte wurden etwa 40 Berichte verhandelt.[58] In den 1950er Jahren waren die Bezüge zum „Rechtsstaat"

---

[54] Die Sozialgerichtsbarkeit (Bd. 1 1954); Vierteljahresschrift für Sozialrecht (Bd. 1 1973); Jahrbuch des Sozialrechts der Gegenwart (Bd. 1 1979); Zeitschrift für Sozialhilfe und Sozialgesetzbuch (Bd. 1 1983); Neue Zeitschrift für Arbeits- und Sozialrecht (Bd. 1 1984); Zeitschrift für ausländisches und internationales Arbeits- und Sozialrecht (Bd. 1 1987).

[55] *Helmar Bley*, Sozialrecht, 1975; *Arnt Richter/Afred Frei*, Grundzüge des Sozialrechts mit einer geschichtlichen Einführung, 1975; *Wolfgang Rüfner*, Einführung in das Sozialrecht, 1977; *Wolfgang Gitter*, Sozialrecht, 1981; *Heinz S. Thieler*, Sozialrecht, 1982; *Arnold Erlenkämper*, Sozialrecht, 1984; *Bertram Schulin*, Sozialversicherungsrecht mit einer Einführung in die übrigen Gebiete des Sozialrechts, 1985; *Bertram Schulin*, Fälle zum Sozialrecht, 1987.

[56] *Ulrich Becker*, 50 Jahre Deutscher Sozialrechtsverband – zugleich eine Erinnerung an die Gründerväter und insbesondere Hans F. Zacher, in: Rolfs (Red.), 50 Jahre Deutscher Sozialrechtsverband. Inklusion behinderter Menschen als Querschnittsaufgabe, 2016, S. 9.

[57] Vgl. die Bestandsaufnahme bei *Hans F. Zacher*, Die Lehre des Sozialrechts an den Universitäten in der Bundesrepublik Deutschland, 1968; später *Ingwer Ebsen*, Lehre des Sozialrechts an den deutschen Universitäten, in: Eichenhofer (Red.), Stand und Zukunft der Sozialrechtslehre, 2000, S. 7.

[58] Zwischen 1949 und 1959 gab es insgesamt 44 Berichte, zwischen 1960 und 1969 40 Berichte, zwischen 1970 und 1979 43 Berichte, und zwischen 1980 und 1989 49 Berichte.

deutlich präsenter als die Bezüge zum „Sozialstaat". Das Verhältnis lag bei 21:14 (N=44).[59] In den 1980er Jahren war das Verhältnis der Bezüge so gut wie ausgewogen. Das Verhältnis lag bei 21:20 (N=49). Dies ist ein großer Unterschied zur Weimarer Zeit.

Freilich bildete das Jahr 1949 keine Stunde Null, wenn damit gemeint ist, dass Inhalte, die die Zeit nach 1933 oder – mit Blick auf den politischen Stimmungsumbruch – nach 1930 geprägt hatten, nach dem Krieg aus den Berichten der Staatsrechtslehrer verschwunden wären.[60] Die Kritik am „Formalismus" und am Positivismus lebte in der Vereinigung fort,[61] ebenso die Kritik am „bürgerlichen Rechtsstaat" und am Liberalismus. Ja, die fortwährende Kritik am bürgerlichen Rechtsstaat bildete sogar das Epizentrum des auch in der Vereinigung ausgetragenen Streits um die Frage, wie das Verhältnis zwischen Rechtsstaat und Sozialstaat unter dem Grundgesetz zu bestimmen sei. Ich will den Streit nicht neu aufrollen.[62] Mir geht es hier bloß um die Akzeptanz des Rechtsstaats und sein Verhältnis zum Sozialstaat. *Forsthoff* – der geistige Vater der „Daseinsvorsorge" und Gegner des bürgerlichen Rechtsstaats – stellte bei der Tagung in Bonn im Jahr 1953 die Frage, „ob der Sozialstaat, den wir im Sozialversicherungsrecht, Arbeitsrecht, Mietrecht, Baurecht und vielen sonstigen Bereichen des Rechtslebens" verwirklicht fänden, „Bestandteil unseres Verfassungsrechts ist".[63] *Forsthoff* verneinte die Frage, insbesondere mit dem Hinweis, dass der wiederhergestellte Rechtsstaat des GG dem entgegenstehe. Rechtsstaat und Sozialstaat seien „ihrer Intention nach durchaus verschieden, um nicht zu sagen Gegensätze".[64] Die Domäne des Sozialstaats sei das einfache Gesetzesrecht, die Domäne des Rechtsstaats hingegen (auch) das Verfassungsrecht, und der Sozialstaat könne den Rechtsstaat in keiner Weise zurückdrängen. Was auch immer Forsthoff dazu bewogen haben mochte, Anfang der 1950er Jahre die Idee des bürgerlichen Rechtsstaats hochzuhalten, seine Fragestellung und seine Antwort waren provokant.[65] In vier voran-

---

[59] Zur vorrangigen Bedeutung des Rechtsstaatsprinzips in den Berichten der Vereinigung in den 1950er Jahren näher *Friedrich Schoch*, in diesem Band, S. 607 (618 ff.).

[60] Anders *Dreier*, Staatsrechtslehre (Fn. 51), S. 69, der meint, dass es „keinen nennenswerten Versuch sachlich-legitimatorischer Rückanknüpfung an das Dritte Reich und keine substantiellen Fortwirkungen nationalsozialistischer Denkweisen in der Staatsrechtslehre" gegeben hätte. Wie hier *Günther*, in diesem Band, S. 875.

[61] Vgl. etwa *Ernst Forsthoff*, Begriff und Wesen des sozialen Rechtsstaates, VVDStRL 12 (1954), S. 8 („wir teilen die positivistische Verengung des juristischen Blickfeldes auf den Wortlaut der Gesetze nicht mehr"); *Wolfgang Abendroth*, Aussprache, VVDStRL 12 (1954), S. 87 („Das Grundgesetz … verneint … die inhaltliche Entleerung des früheren liberalen Rechtsstaatsgedankens zum bloßen formalen Rechtsstaatsgedanken des Positivismus"); *Christian-Friedrich Menger*, Das Gesetz als Norm und Maßnahme, VVDStRL 15 (1957), S. 3 (81: „Im übrigen kann man doch wohl sagen, daß wir vollends nach der nationalsozialistischen Zeit von der Gegebenheitslehre [dem sog. Positivismus] losgekommen sind"); *Gerhard Leibholz*, Staat und Verbände, VVDStRL 24 (1966), S. 5 (19: „Dieser Labandistische Positivismus gehört im Grunde genommen heute der ‚verfassungsgeschichtlichen Steinzeit' an").

[62] Eingehend *Hans Michael Heinig*, Der Sozialstaat im Dienst der Freiheit, 2008, S. 22; *Meinel*, Jurist (Fn. 34), S. 355.

[63] *Forsthoff*, Begriff (Fn. 61), S. 9.

[64] *Forsthoff*, Begriff (Fn. 61), S. 19, mit der heute wenig überzeugenden Erklärung: „Der Rechtsstaat hat seine eigenen Institutionen, Formen und Begriffe. Sie sind auf Freiheit angelegt. Auch der konsequent verwirklichte Sozialstaat, der auf Teilhabe hingerichtet ist, bringt eigene Institutionen, Formen und Begriffe hervor, die wesentlich anders geartet sein müssen". Dazu *Meinel*, Jurist (Fn. 34), S. 375.

[65] *Forsthoffs* Bericht schwieg zum Meinungsumschwung. Einzelne Passagen des Textes legen immer-

gehenden Berichten vor der Vereinigung der Deutschen Staatsrechtslehrer war der bürgerliche Rechtsstaat bereits für überholt erklärt worden,[66] von vier Berichterstattern mit Vergangenheit unter dem Nationalsozialismus.[67] Diese Berichterstatter hatten – gegenüber dem bürgerlichen Rechtsstaat – gerade die Sozialstaatsidee stark gemacht und so die Überwindung der überkommenen (bürgerlichen) Rechtsstaatsidee begründet. Mindestens *Herrfahrdt* knüpfte dabei auch an den „sozialen Rechtsstaat" der Ära des Nationalsozialismus an.[68] *Forsthoffs* Position blieb jedoch im konservativen Lager ein Solitär.[69] Auch von anderer Seite gab es Angriffe auf den bürgerlichen Rechtsstaat, nicht zuletzt bei Tagungen der Deutschen Staatsrechtslehrer, ebenfalls im Namen des Sozialstaats.[70] Viele stellten dem formalen (bürgerlichen) Rechtsstaatsbegriff einen materiellen Rechtsstaatsbegriff gegenüber, der durch die Sozialstaatsidee und die Grundrechte geprägt und auf Gerechtigkeit ausgelegt sein sollte.[71] Manche brachten dabei sogar *Forsthoffs* Position zur Daseinsvorsorge aus dem Jahr 1938 gegen den *Forsthoff* des Jahres 1953 in Anschlag.[72] In

---

hin die Vermutung nahe, dass *Forsthoff* den politischen Gegnern auf der Linken für ihre Forderungen keine verfassungsrechtlichen Argumente aus dem Sozialstaatsprinzip zugestehen wollte. Vgl. *Forsthoff*, Begriff (Fn. 61), S. 16, 22, 24 f. In der Deutung ähnlich wohl *Meinel*, Jurist (Fn. 34), S. 371, 373.

[66] Den Anfang machte *Friedrich Klein*, Tragweite der Generalklausel im Art. 19 Abs. 4 des Bonner Grundgesetzes, VVDStRL 8 (1950), S. 67 (122): „Mit dem Ableben des liberalen, bürgerlich-freiheitlichen Rechtsstaates des 19. Jahrhunderts ist auch das liberal-rechtsstaatliche Denken überholt und gegenstandslos geworden". Vgl. sodann die Berichte von *Heinrich Herrfahrdt*, Tragweite der Generalklausel im Art. 19 Abs. 4 des Bonner Grundgesetzes, VVDStRL 8 (1950), S. 126 (129, 130); *Ipsen*, Enteignung (Fn. 2), S. 74; *Ulrich Scheuner*, Die staatliche Intervention im Bereich der Wirtschaft, VVDStRL 11 (1954), S. 1 (20).

[67] Drei der Berichterstatter hatten mit nationalsozialistischer Orientierung publiziert: *Heinrich Herrfahrdt*, Werden und Gestalt des Dritten Reiches, 1933; *Hans Peter Ipsen*, Politik und Justiz. Das Problem der justizlosen Hoheitsakte, 1937; *Hans Peter Ipsen*, Vom Begriff der Partei, Zeitschrift für die gesamte Staatswissenschaft 100 (1940), S. 309 und 477; *Scheuner*, Revolution (Fn. 51); *Scheuner*, Gleichheitsgedanke (Fn. 38). Zu *Friedrich Klein* vgl. *Stolleis*, Geschichte (Fn. 13), S. 266, 289. Zu *Hans Peter Ipsen* näher *Anna Katharina Mangold*, Hans Peter Ipsen (1907–1998), in: Kremer (Hrsg.), Die Verwaltungsrechtswissenschaft in der frühen Bundesrepublik (1949–1977), 2017, S. 177.

[68] *Herrfahrdt*, Tragweite (Fn. 66), S. 141.

[69] Kritisch *Otto Bachof*, Begriff und Wesen des sozialen Rechtsstaats, VVDStRL 12 (1954), S. 37 (38); *Erich Becker*, Verwaltung und Verwaltungsrechtsprechung, VVDStRL 14 (1956), S. 96 (102); *Walter Mallmann*, Schranken nichthoheitlicher Verwaltung, VVDStRL 19 (1961), S. 165 (183, 184); *Otto Bachof*, Die Dogmatik des Verwaltungsrechts vor den Gegenwartsaufgaben der Verwaltung, VVDStRL 30 (1972), S. 193 (207 f.); *Peter Badura*, Bewahrung und Veränderung demokratischer und rechtsstaatlicher Verfassungsstruktur in den internationalen Gemeinschaften, VVDStRL 23 (1966), S. 34 (80); *Wolfgang Martens*, Grundrechte im Leistungsstaat, VVDStRL 30 (1972), S. 7 (10, 11); *Walter Schmitt Glaeser*, Partizipation an Verwaltungsentscheidungen, VVDStRL 31 (1973), S. 179 (251). Vgl. auch *Schoch*, in diesem Band, S. 628 f. („wenig hilfreich für eine fruchtbare Diskussion").

[70] *Peter Häberle*, Grundrechte im Leistungsstaat, VVDStRL 30 (1972), S. 43 (45, 46, 55, 104); *Abendroth*, Aussprache (Fn. 61), S. 87, 90 f.

[71] *Bachof*, Begriff (Fn. 69), S. 39; *Becker*, Verwaltung (Fn. 69), S. 104; *Mallmann*, Schranken (Fn. 69), S. 183; *Häberle*, Grundrechte (Fn. 70), S. 66; für die 1950er Jahre vgl. auch *Christian-Friedrich Menger*, Der Begriff des sozialen Rechtsstaates im Bonner Grundgesetz, 1953. Nach 1945 wurde die Wortprägung „sozialer Rechtsstaat" verschiedentlich – unverfänglich – *Hermann Heller* zugeschrieben, regelmäßig unter Verweis auf *Hermann Heller*, Rechtsstaat oder Diktatur?, 1930, so etwa durch *Bachof* und *Becker*.

[72] Vgl. *Bachof*, Begriff (Fn. 69), S. 40; *Abendroth*, Aussprache (Fn. 61), S. 87; *Häberle*, Grundrechte (Fn. 70), S. 53.

den 1970er Jahren war die Debatte freilich verebbt. *Forsthoff* hatte die Diskussion geprägt, sich aber nicht durchgesetzt.[73] Das Sozialstaatsprinzip hatte seinen verfassungsrechtlichen Ort gefunden, gerade im „Zeitalter der Realisierungen" (*Forsthoff*).

b) Rechtsnatur des Sozialstaatsprinzips

Eng verknüpft mit der Frage des Verhältnisses von Rechtsstaat und Sozialstaat war die Frage nach der Rechtsnatur der grundgesetzlichen Hinweise auf Sozialstaatlichkeit. *Forsthoff* sprach den Hinweisen in Art. 20 Abs. 1 und in Art. 28 Abs. 1 GG konsequent die Verbindlichkeit ab.[74] Andere experimentierten in ihren Berichten vor der Vereinigung in den 1950er Jahren mit verschiedenen Worten, um die Hinweise im Grundgesetz zu charakterisieren. Die Rede war von Auslegungsgrundsätzen (*Ipsen*), von Leitsätzen (*Scheuner*), von Erklärungen (*Bachof*), von Bekenntnissen (*Forsthoff, Hettlage*), von Staatszielbestimmungen (*Ipsen*). Durchgesetzt hat sich rasch das Wort „Staatszielbestimmung" und die Deutung, die *Ipsen* bei der Tagung in Göttingen im Jahr 1951 vorgegeben hatte: Die Entscheidung des Grundgesetzes zum Sozialstaat bedeute „Bereitschaft und Verantwortung, Aufgabe und Zuständigkeit" des Staates „zur Gestaltung der sozialen Ordnung" zugunsten der sozial Schwachen.[75] *Ipsen* legte sich auch sogleich auf Konsequenzen fest: Die Hinweise im Grundgesetz (in Art. 20 Abs. 1, in Art. 28 Abs. 1 und in einigen Grundrechten, wie Art. 14 und 15) seien Ermächtigung und Verpflichtung (des Gesetzgebers) zu weitreichenden Änderungen der Sozialordnung, etwa der Eigentumsordnung. Für *Schmitt Glaeser* war Anfang der 1970er Jahre an *Ipsens* Deutung grundsätzlich nicht mehr zu zweifeln.[76] Das von *Forsthoff* im Jahr 1938 ausgerufene, aus der Perspektive des Staats vor allem pflichtenlastige „Recht auf Teilhabe" hatte eine verfassungsrechtliche Fundierung im GG erhalten, ohne Zutun *Forsthoffs*.[77]

In der Tat wurde das Sozialstaatsprinzip ab den 1970er Jahren bei den Tagungen der Vereinigung für mancherlei in Anspruch genommen: etwa für die Annahme, das Sozialstaatsprinzip fordere partizipatorische Elemente im Verwaltungsverfahren;[78] die Annahme, das Sozialstaatsprinzip verlange, in Verbindung mit der Menschenwürdegarantie, die Gewährung eines Mindestmaßes an sozialer Sicherheit;[79] die Annahme,

---

[73] *Forsthoff* zustimmend immerhin *Karl M. Hettlage*, Schlusswort, VVDStRL 14 (1956), S. 94. Vor einem „totalen Sozialstaat" warnend auch *Häberle*, Grundrechte (Fn. 70), S. 102; ähnlich *Hans Herbert von Arnim*, Besteuerung und Eigentum, VVDStRL 39 (1981), S. 286 (356). Für ein freiheitsfunktionales Sozialstaatsverständnis viel später *Heinig*, Sozialstaat (Fn. 62), S. 42.

[74] *Forsthoff*, Begriff (Fn. 61), S. 27: „Die Formel ‚sozialer Rechtsstaat' ist kein Rechtsbegriff in dem Sinne, daß sie einen besonderen Rechtsstaatsbegriff von eigener, institutioneller Prägung und spezifischem materiellen Gehalt bezeichnet. Allein aus dieser Formel lassen sich weder Rechte noch Pflichten begründen, noch Institutionen (wie das Mitbestimmungsrecht) ableiten". Zuvor *Wilhelm Grewe*, Das bundesstaatliche System des Grundgesetzes, DRZ 1949, 349 (351).

[75] *Ipsen*, Enteignung (Fn. 2), S. 74.

[76] *Schmitt Glaeser*, Partizipation (Fn. 69), S. 249.

[77] So auch *Menger*, Begriff (Fn. 71), S. 30.

[78] *Schmitt Glaeser*, Partizipation (Fn. 69), S. 209.

[79] *Bachof*, Begriff (Fn. 69), S. 42; *Friedhelm Hufen*, Gesetzesgestaltung und Gesetzesanwendung im Leistungsrecht, VVDStRL 47 (1989), S. 142 (163).

das Sozialstaatsprinzip verpflichte zu Umweltschutz;[80] oder die Annahme, das Sozialstaatsprinzip schließe einen staatlichen Kulturauftrag ein,[81] ja in Verbindung mit Art. 12 GG sogar ein Recht auf Bildung.[82] Mit anderen Worten: Der deutsche „Leistungsstaat" war geboren[83] oder, soziologisch gewendet, der deutsche „Wohlfahrtsstaat" war geboren.[84] Bei den Tagungen der Vereinigung wurde nicht mehr darüber diskutiert, ob das Rechtsstaatsprinzip staatliche Sozialpolitik blockieren würde. Diskutiert wurde, welche Anforderungen aus dem Rechtsstaatsprinzip für die Leistungsverwaltung folgten und wie sie zu erfüllen seien.[85] Diskutiert wurde auch, wie die Leistungsverwaltung gegenüber der Eingriffsverwaltung dogmatisch zu fassen sei.[86]

Festgehalten sei noch, dass die Ursprungsnarrative der Berichte – weshalb wurde die Bundesrepublik Deutschland, politisch betrachtet, als „Sozialstaat" errichtet – nahezu ausschließlich auf *Forsthoffs* Erzählung zur Daseinsvorsorge und die These des Angewiesenseins zurückgreifen.[87] Das in der sozialrechtlichen Literatur nach 1945 vorherrschende Narrativ, das wie selbstverständlich die Arbeiterfrage in den Mittelpunkt rückt,[88] spielt so gut wie keine Rolle.[89] Staatsrecht und Sozialrecht gehen in dem Punkt getrennte Wege.

---

80 *Norbert Achterberg*, Deutschland nach 30 Jahren Grundgesetz, VVDStRL 38 (1980), S. 55 (84); *Dietrich Rauschning*, Staatsaufgabe Umweltschutz, VVDStRL 38 (1980), S. 167 (181, 186); *Werner Hoppe*, Staatsaufgabe Umweltschutz, VVDStRL 38 (1980), S. 211 (235); *Häberle*, Aussprache, VVDStRL 38 (1980), S. 340.

81 *Udo Steiner*, Kulturauftrag im staatlichen Gemeinwesen, VVDStRL 42 (1984), S. 24 (33, 34).

82 *Ernst-Werner Fuß*, Verwaltung und Schule, VVDStRL 23 (1966), S. 199 (200).

83 Grundlegend *Bachof*, Dogmatik (Fn. 69), S. 193; *Martens*, Grundrechte (Fn. 69), S. 7; *Häberle*, Grundrechte (Fn. 70), S. 43.

84 Für die Soziologie ist zentrales Merkmal des Wohlfahrtsstaates eine (nicht so leicht abzuschüttelnde) Verantwortung des Staates für die (individuelle) Wohlfahrt aller, die sich im Staatsgebiet aufhalten. Vgl. *Harry K. Girvetz*, Welfare State, in: Sills (Hrsg.), International Encyclopedia of the Social Sciences, Bd. 16, 1968, S. 512; *Franz-Xaver Kaufmann*, Varianten des Wohlfahrtsstaats, 2003, S. 37. Aus der grundgesetzlichen Absicherung des „sozialen Bundesstaats" bzw. des „sozialen Rechtsstaats" folgt – zumal in Verbindung mit der Ewigkeitsgarantie des Art. 79 Abs. 3 GG – eine hinreichend stabile Verpflichtung des Staates mit Blick auf die Wohlfahrt jedes und jeder Einzelnen. Zum liberalen Konsens in der Staatsrechtslehre und seiner Anbindung an die sozialstaatliche Entwicklung näher *Günther*, in diesem Band, S. 881.

85 Zu Fragen von Gesetzesbindung, Gesetzesvorbehalt oder Rechtsschutz *Bachof*, Begriff (Fn. 69), S. 56; *Becker*, Verwaltung (Fn. 69), S. 98; *Arnold Köttgen*, Die Organisationsgewalt, VVDStRL 16 (1958), S. 154 (174); *Mallmann*, Schranken (Fn. 69), S. 167, 185; *Hans-Ulrich Evers*, Verwaltung und Schule, VVDStRL 23 (1966), S. 147 (158, 160); *Klaus Vogel*, Gesetzgeber und Verwaltung, VVDStRL 24 (1966), S. 125 (151); *Hans Peter Ipsen*, Verwaltung durch Subventionen, VVDStRL 25 (1967), S. 257 (264, 289). Zum Verhältnis von Rechtsstaatsprinzip und Verwaltung allgemein *Margrit Seckelmann*, in diesem Band, S. 665 (671 ff.).

86 *Becker*, Verwaltung (Fn. 69), S. 105; *Wilhelm Henke*, Die Rechtsformen der sozialen Sicherung und das Allgemeine Verwaltungsrecht, VVDStRL 28 (1970), S. 149 (161); *Wolfgang Rüfner*, Die Rechtsformen der sozialen Sicherung und das Allgemeine Verwaltungsrecht, VVDStRL 28 (1970), S. 187 (189); *Bachof*, Dogmatik (Fn. 69), S. 212; *Häberle*, Grundrechte (Fn. 70), S. 46, 66. Näher *Schoch*, in diesem Band, S. 627 f., 630 ff.

87 *Klein*, Tragweite (Fn. 66), S. 121; *Scheuner*, Intervention (Fn. 66), S. 15, 47; *Bachof*, Begriff (Fn. 69), S. 40, 56; *Becker*, Verwaltung (Fn. 69), S. 100; *Ipsen*, Verwaltung (Fn. 85), S. 263; *Schmitt Glaeser*, Partizipation (Fn. 69), S. 251. Vgl. auch *Günter Dürig*, Verfassung und Verwaltung im Wohlfahrtsstaat, JZ 1953, S. 193.

88 Oben III.2.

89 Vgl. aber *Martens*, Grundrechte (Fn. 69), S. 10, 11; *Rüfner*, Rechtsformen (Fn. 86), S. 188.

c) Soziale Grundrechte

Bei der Tagung der Vereinigung in Jena im Jahr 2004 erklärte *Christoph Enders* recht pauschal und gestützt auf historische Argumente, soziale Grundrechte hätten im Grundgesetz keine Verankerung gefunden.[90] Mit ähnlicher Begründung haben dies zwischen 1949 und 1989 nur zwei Berichterstatter vertreten.[91] Die Mehrzahl derer, die in dieser Periode die Frage nach sozialen Grundrechten gestellt haben, gaben eine andere Antwort (14 Berichterstatter). Um ein paar Beispiele zu nennen: *Ipsen* verortete soziale Rechte in Art. 15 GG.[92] *Bachof* verwies auf mehrere Grundrechte und sprach konkret von einem Recht auf Existenzminimum.[93] *Fuß* entnahm Art. 12 GG ein Recht auf Bildung,[94] *Hans-Peter Schneider* ein Recht auf Arbeitsvermittlung.[95] *Scheuner* skizzierte in einer Wortmeldung ein Recht auf soziale Sicherheit.[96] *Axel Freiherr von Campenhausen* leitete aus Art. 6 GG soziale Rechte für Kinder und Familien ab.[97] Andere bezogen Art. 14 GG auch auf soziale Rechte.[98] Das sind – alles in allem – in etwa die sozialen Rechte, die die internationalen Menschenrechte versprechen.[99] Dennoch: Die Annahme, das Grundgesetz enthalte soziale Rechte (und nicht nur gewisse Einsprengsel), gehört nicht zum Mainstream der Rechtswissenschaft, auch nicht der Sozialrechtswissenschaft.[100] Die Berichte der Vereinigung aus der Zeit des wirtschaftlichen und sozialen Aufschwungs fanden nach außen, und schließlich auch nach innen, wenig Gehör.

---

[90] *Christoph Enders*, Sozialstaatlichkeit im Spannungsfeld von Eigenverantwortung und Fürsorge, VVDStRL 64 (2005, S. 7 (11 ff., 39) mit einer Einschränkung in Bezug auf gewisse „Programmsätze zur tatsächlichen Gleichstellung". Zurückhaltend wohl auch *Ewald Wiederin*, Sozialstaatlichkeit im Spannungsfeld von Eigenverantwortung und Fürsorge, VVDStRL 64 (2005), S. 53 (72).

[91] *Forsthoff*, Begriff (Fn. 61), S. 12, 18; *Martens*, Grundrechte (Fn. 69), S. 21, 30. Soziale Grundrechte kurz ablehnend auch *Karl M. Hettlage*, Die Finanzverfassung im Rahmen der Staatsverfassung, VVDStRL 14 (1956), S. 2 (9): „abwegige(r) Einfall aus der Traumfabrik des Staatsrechts".

[92] *Ipsen*, Enteignung (Fn. 2), S. 103.

[93] *Bachof*, Begriff (Fn. 69), S. 21, 41 (Art. 1, Art. 3 Abs. 1 und 3, Art. 2, Art. 3 Abs. 2, Art. 6 Abs. 3, Art. 12, 14 und 15), 42 (positive Gewährleistung des Existenzminimums). *Ulrich Scheuner*, Pressefreiheit, VVDStRL 22 (1965), S. 1 (33) verwies auf die Schutzgewährungen in Art. 6 Abs. 1, 4 und 5 GG, auf Art. 7 Abs. 3 S. 3 GG, auf Art. 9 Abs. 3 S. 2 und Art. 5 Abs. 2 GG.

[94] *Fuß*, Verwaltung (Fn. 82), S. 199, 200.

[95] *Hans-Peter Schneider*, Artikel 12 GG – Freiheit des Berufs und Grundrecht der Arbeit, VVDStRL 43 (1985), S. 7 (14, 21, 31, 35).

[96] *Scheuner*, Aussprache, VVDStRL 28 (1970), S. 232.

[97] *Axel Frhr. v. Campenhausen*, Verfassungsgarantie und sozialer Wandel – Das Beispiel von Ehe und Familie, VVDStRL 45 (1987), S. 7 (29). Vgl. auch *Hufen* (Fn. 79), S. 163.

[98] *Martens*, Grundrechte (Fn. 69), S. 15; *Hufen*, Gesetzesgestaltung (Fn. 79), S. 162.

[99] Vgl. etwa den Katalog in: International Covenant on Economic, Social and Cultural Rights, 16 December 1966, UNTS Bd. 993, 3.

[100] *Hans F. Zacher*, Das soziale Staatsziel, in: Isensee/Kirchhof (Hrsg.), Handbuch des Staatsrechts, Bd. 2, 3. Aufl., 2004, § 123 Rn. 113 f.; *Ulrich Becker*, Das Sozialrecht: Systematisierung, Verortung und Institutionalisierung, in: Ruland/Becker/Axer (Hrsg.), Sozialrechtshandbuch (SRH), 6. Aufl., 2018, § 1 Rn. 25; *Stefan Muckel/Markus Ogorek/Stephan Rixen*, Sozialrecht, 5. Aufl., 2019, S. 29; *Eberhard Eichenhofer*, Sozialrecht, 12. Aufl., 2021, S. 65. Anders *Raimund Waltermann*, Sozialrecht, 14. Aufl., 2020, S. 11.

IV. 1990–2020 Begleitung des Umbaus: Abhilfe ist unterwegs

1. Politik und Gesetzgebung

In der Mitte der 1990er Jahre wurde wohl noch ein neuer Zweig der Sozialversicherung eingeführt, die soziale Pflegeversicherung. Die Zeichen der Zeit aber deuteten unmissverständlich auf „Krise".[101] Die Rente war – anders als *Norbert Blüm* noch 1997 verkündet hatte – nicht mehr sicher. Und nicht nur die Rente schien nicht mehr sicher: Die Krankenkassen hatten Schwierigkeiten, ihre Ausgaben über die Beiträge zu finanzieren, die Beitragslast war wegen der unterschiedlichen Risikostruktur sehr uneinheitlich. Die Zahl der Arbeitslosen war hoch,[102] so hoch, dass die Politik beunruhigt war, vor allem vor dem Hintergrund einer voranschreitenden Globalisierung. Der Wechsel von der Regierung *Helmut Kohl* zur Regierung *Gerhard Schröder* im Herbst 1998 (Koalition aus SPD und Bündnis 90/Die Grünen) leitete auch eine Phase der Reflexion über die deutsche Sozialpolitik ein. Das *Schröder-Blair*-Papier bildete den Auftakt.[103] Eine schnell umgesetzte Rentenreform („Riester-Rente") und Expertenberichte folgten, im Sommer 2002 der Bericht der Kommission Moderne Dienstleistungen am Arbeitsmarkt (Leitung *Peter Hartz*),[104] im Sommer 2003 der Bericht der Kommission Nachhaltigkeit in der Finanzierung der Sozialen Sicherungssysteme (Leitung *Bert Rürup*).[105] Im März 2003 stellte *Gerhard Schröder* die Agenda 2010 im Parlament vor.[106] Die Umsetzung erfolgte zügig. Die wichtigsten Maßnahmen auf dem Gebiet des Sozialrechts waren: Verzicht auf Lebensstandardsicherung in der gesetzlichen Rentenversicherung (Niveau-Absenkung kombiniert mit Stärkung der privaten Rente und der betrieblichen Altersversorgung), Leistungsabstriche in der gesetzlichen Krankenversicherung und Einführung (weitgehend) einheitlicher Beitragssätze (Gesundheitsfonds), Reform der Arbeitsförderung und Sozialhilfe (Verschärfung der Voraussetzungen für Arbeitslosengeld; Schaffung eines besonderen und besonders strengen Systems von Grundsicherung für erwerbsfähige Arbeitsuchende).

---

[101] Zum Erstarken neoliberalen Gedankenguts allgemein *Günther*, in diesem Band, S. 877 ff.

[102] Die Zahl der Arbeitslosen ging in den 1990er Jahren kontinuierlich und steil nach oben. Um 1997 war ein erster Höchststand erreicht (nahezu 4,4 Mio. Menschen). Nach einen Rückgang Anfang der 2000er Jahre erreichte die Zahl einen weiteren Höchststand um 2005 (etwa 4,9 Mio. Menschen). Danach sank die Zahl der Arbeitslosen kontinuierlich auf etwa 2,3 Mio. Menschen, bis zum Beginn der COVID-19 Pandemie. Https://www.destatis.de/DE/Themen/Wirtschaft/Konjunkturindikatoren/Lange-Reihen/Arbeitsmarkt/lrarb003ga.html (letzter Zugriff 30.11.2021).

[103] Der Weg nach vorne für Europas Sozialdemokraten. Ein Vorschlag von Gerhard Schröder und Tony Blair vom 8. Juni 1999, http://www.albanknecht.de/materialien/Schroeder-Blair-Paper.pdf (letzter Zugriff 30.08.2021). Zur Sozialpolitik im Vereinigten Königreich *Ulrike Davy*, Sozialreformen unter New Labour, ZIAS 14 (2000), S. 144.

[104] Http://www.portal-sozialpolitik.de/uploads/sopo/pdf/2002/2002-08-16-Hartz-Kommission-gesamt.pdf (letzter Zugriff 30.11.2021).

[105] Http://www.portal-sozialpolitik.de/uploads/sopo/pdf/2003/2003-08-28-Ruerup-gesamt.pdf (letzter Zugriff 30.11.2021).

[106] Regierungserklärung vom 14. März 2003, BT-PlProt. 15/32, S. 2479.

2. Wissenschaft

Die Sozialrechtslehre – vor allem die öffentlich-rechtliche – erlebte um die Jahrtausendwende eine Blütezeit, messbar in der Gründung weiterer Zeitschriften,[107] der Veröffentlichung weiterer Lehrbücher,[108] einer steigenden Zahl der Professuren mit sozialrechtlicher Denomination,[109] einem zahlenmäßigen Anstieg der Publikationen, einer Erweiterung der behandelten Themen: Die Sozialrechtswissenschaft beschäftigte sich nun auch mit internationalen Fragen (soziale Menschenrechte; globale Sozialpolitik),[110] mit Europa,[111] und mit Migrationsfragen.[112] Die gesetzgeberischen Maßnahmen zum Umbau des Sozialstaats wurden begleitet und kritisch kommentiert. Ich nenne beispielhaft drei Kristallisationspunkte der Kritik: die Einschränkung der Grundsicherung für EU-Angehörige, die Zulässigkeit des Sonder-Sozialhilferechts für Asylbewerber, und das Sanktionenregime des SGB II.[113] Der EuGH und das BVerfG waren in einzelnen Punkten involviert.[114]

---

[107] Die Sozialgerichtsbarkeit (Bd. 1 1991); Neue Zeitschrift für Sozialrecht (Bd. 1 1992); Zeitschrift für europäisches Sozial- und Arbeitsrecht (Bd. 1 2002); info also – Informationen zum Arbeitslosenrecht und Sozialhilferecht (Bd. 1 2006); Vierteljahresschrift für Arbeits- und Sozialrecht (Bd. 1 2019).

[108] *Eberhard Eichenhofer*, Sozialrecht, 1991; *Bertram Schulin*, Sozialrecht, 1991; *Bertram Schulin/Gerhard Igl*, Sozialrecht, 1999; *Raimund Waltermann*, Sozialrecht, 2000; *Stefan Muckel*, Sozialrecht, 2003; *Katharina von Koppenfels-Spies*, Sozialrecht, 2018.

[109] Ein Blick in die Mitgliederverzeichnisse der Vereinigung der Deutschen Staatsrechtslehrer macht die Veränderung greifbar, ungeachtet aller Unverlässlichkeit der Eintragungen. Das Mitgliederverzeichnis in VVDStRL 64 (2005), S. 439 verzeichnet 9 Mitglieder mit Denomination im Sozialrecht. Das Mitgliederverzeichnis in VVDStRL 79 (2020), S. 427 verzeichnet 16 Mitglieder mit Denomination im Sozialrecht.

[110] *Eberhard Eichenhofer*, Soziale Menschenrechte im Völker-, europäischen und deutschem Recht, 2012; *Ulrike Davy*, How Human Rights Shape Social Citizenship, Washington University Global Studies Law Review 13 (2014), S. 201.

[111] *Eberhard Eichenhofer*, Sozialrecht der Europäischen Union, 2001; *Thorsten Kingreen*, Das Sozialstaatsprinzip im Europäischen Verfassungsverbund, 2003; *Eberhard Eichenhofer*, Geschichte des Sozialstaats in Europa, 2007; *Ulrike Davy*, § 18 Sozialpolitik der Union, in: Niedobitek (Hrsg.), Europarecht, 2. Aufl., 2020, S. 1447; die Beiträge von *Peter Axer*, *Anna Katharina Mangold*, *Stefan Huster* und *Andrea Kießling* sowie *Astrid Wallrabenstein* in: Heinig/Schlachter (Hrsg.), Europäisches Arbeits- und Sozialrecht, 2015.

[112] *Thorsten Kingreen*, Soziale Rechte und Migration, 2010; *Constanze Janda*, Migranten im Sozialstaat, 2012.

[113] Die Literatur zur Einschränkung der Leistungsberechtigung für EU-Angehörige nach dem SGB II ist überbordend und bezieht sich unterschiedliche Fassungen der einschlägigen Norm des SGB II. Es scheint mir frivol, eine Auswahl treffen. Daher treffe ich keine. Zu den Leistungen nach dem Asylbewerberleistungsgesetz vgl. aus der jüngeren Vergangenheit *Ulrike Davy*, Refugee Crisis in Germany and the Right to a Subsistence Minimum, Georgia Journal of International and Comparative Law 47 (2019), S. 367; *Marje Mülder/Thorsten Kingreen*, Licht am Ende des verfassungswidrigen Tunnels?, SGb 2020, 30. Zu den Sanktionen des SGB II vgl. *Uwe Berlit*, Sanktionen im SGB II – nur problematisch oder verfassungswidrig?, info also 2013, 195; *Stephan Rixen*, Abschied vom Sozialstaat der Sanktionen?, SGb 2020, 1.

[114] Zum Leistungsausschluss für EU-Angehörige nach dem SGB II vgl. EuGH, 11.11.2014, Dano, Rs. C-333/13; EuGH, 15.09.2015, Alimanovic, Rs. C-67/14; EuGH, 25.02.2016, García-Nieto, Rs. C-299/14; EuGH, 06.10.2020, Jobcenter Krefeld, Rs. C-181/19. Zu den abgesenkten Leistungen des AsylbLG vgl. BVerfGE 132, 134; BVerfG, 12.05.2021, 1 BvR 2682/17. Zu den Sanktionen nach dem SGB II vgl. BVerfGE 152, 68.

3. *Vereinigung der Deutschen Staatsrechtslehrer*

a) Dekade der Sozialstaatlichkeit

Die Tagungen der Vereinigung von 1999 bis 2009 markieren fraglos eine Dekade des Sozialstaats und des Sozialrechts. In dieser Zeit wurden gleich dreizehn einschlägige Berichte verhandelt. Die Berichte spiegeln weitgehend den Takt der sozialpolitischen Diskussion. Den Anfang machten 1999 drei Berichte mit Bezug zum Arbeitsmarkt, genau am ersten Höhepunkt der Arbeitslosigkeit.[115] Als die Berichte der *Rürup*-Kommission und der *Hartz*-Kommission öffentlich diskutiert wurden, verhandelte die Vereinigung in Jena im Jahr 2004 sechs einschlägige Berichte, zwei zu Umfang und Grenzen der Eigenverantwortlichkeit,[116] zwei zur Nachhaltigkeit der Systeme der sozialen Sicherheit,[117] und zwei zu den sozialstaatlichen Instrumenten im Verwaltungsrecht.[118] In Erlangen im Jahr 2008 behandelten zwei Berichte die Generationengerechtigkeit im demographischen Wandel, nicht zuletzt vor dem Hintergrund der Debatte um Gerechtigkeit in der staatlichen Sozialpolitik (Rentenversicherung, Gesundheitsversorgung, Familienpolitik).[119] Zwei Berichte fragten, welche Rolle die Idee der sozialen Gleichheit für das Sozialrecht habe, aus verfassungsrechtlicher wie einfachgesetzlicher Perspektive.[120] Im Jahr 2010 folgten zwei weitere Berichte zur kritischen Lage der gesetzlichen Krankenversicherung.[121] Schließlich – und mit einigem Abstand – befasste sich die Vereinigung in Düsseldorf im Jahr 2014 noch einmal mit Fragen des demographischen Wandels, diesmal mehr aus einer allgemeinen verwaltungsrechtlichen Perspektive.[122] Drei Themen, so denke ich, ziehen sich quer durch die genannten Berichte: die Rolle der Eigenverantwortung im Kontext des deutschen Sozialstaats, die verfassungsrechtlichen Grenzen für einen Umbau des Sozialstaats und die Grenzen der Sozialstaatlichkeit, vor allem mit Blick auf den persönlichen Status von Hilfebedürftigen. Diese drei Themen will ich ansprechen.

b) Eigenverantwortung

Dass Sozialstaatlichkeit mit negativen Folgen verbunden sein könne, wurde in den Berichten vor der Vereinigung der Deutschen Staatsrechtslehrer früh und immer wieder thematisiert. Ein Argumentationsstrang stellt die Leistungsberechtigten in den Mittel-

---

[115] *Joachim Wieland, Christoph Engel* und *Thomas von Danwitz*, Arbeitsmarkt und staatliche Lenkung, VVDStRL 59 (2000), S. 13, 56 und 99.

[116] Vgl. *Enders*, Sozialstaatlichkeit (Fn. 90), S. 7; *Wiederin*, Sozialstaatlichkeit (Fn. 90), S. 53.

[117] *Rainer Pitschas* und *Helge Sodan*, Die Zukunft der sozialen Sicherungssysteme, VVDStRL 64 (2005), S. 109 und 144.

[118] *Peter J. Tettinger* und *Jens-Peter Schneider*, Verwaltungsrechtliche Instrumente des Sozialstaates, VVDStRL 64 (2005), S. 199 und 238.

[119] *Winfried Kluth* und *Susanne Baer*, Demographischer Wandel und Generationengerechtigkeit, VVDStRL 68 (2009), S. 246 und 290.

[120] *Ulrike Davy* und *Peter Axer*, Soziale Gleichheit: Voraussetzung oder Aufgabe der Verfassung?, VVDStRL 68 (2009), S. 122 und 177.

[121] *Joachim Lege* und *Thorsten Kingreen*, Knappheit und Verteilungsgerechtigkeit im Gesundheitswesen, VVDStRL 70 (2011), S. 112 und 152.

[122] *Jan Ziekow* und *Stephan Rixen*, Gestaltung des demographischen Wandels als Verwaltungsaufgabe, VVDStRL 74 (2015), S. 245 und 293.

punkt: Leistungsberechtigte würden, so wurde argumentiert, durch den Sozialstaat abhängig gemacht und entmündigt.[123] Ein anderer Einwand unterstrich, dass das Gewähren von staatlichen Leistungen zu einem Anspruchsdenken ermutige, das kaum beherrschbar sei.[124] Mitunter griffen Berichterstatter zu polemischer Sprache: *Arnold Gehlens* Metapher von der „Milchkuh" beflügelte zwei Berichterstatter,[125] *von Arnim* verwies auf das Reden vom „Sozialschnorrer",[126] *Mußgnug* auf „das parasitäre far niente einer Sozialdrohne",[127] *Detlef Merten* auf das „Verwöhnaroma des Sozialstaats".[128] Es lag nahe, gegen (negativ bewertete) Entmündigung und Anspruchsdenken die Idee der Eigenverantwortung stark zu machen. Bei der Tagung in Konstanz im Jahr 1982 fragte *Volkmar Götz*: „Enden nicht Lern-, Ausbildungs-, Fortbildungs- und Arbeitsunlust, gesundheitsschädliche Lebensweise ... in unnötigen Belastungen der Solidargemeinschaften ... und erscheinen nicht deshalb diese unnötigen Belastungen ausschließende soziale Grundpflichten ... geradezu unvermeidlich?"[129] *Götz* hatte dann aber Schwierigkeiten, eine soziale Pflicht aus dem Grundgesetz ableiten, nicht zuletzt deshalb, weil das Grundgesetz der „Freiheit" den Vorrang gebe und eine solche soziale Pflicht schwer zu fassen sei.[130] Solidarität und Rücksichtnahme seien Verfassungsvoraussetzungen, keine Verfassungspflichten. *Hasso Hofmann* erwog in seinem Konstanzer Bericht immerhin, gewisse elementare Grundpflichten in Art. 2 Abs. 1 und Art. 3 Abs. 1 GG zu verorten, wurde allerdings wenig konkret, was den Inhalt der Pflichten betrifft.[131] Spätere Berichterstatter verwiesen – zur Begründung von sozialen Pflichten – auf das Sozialstaatsprinzip[132] oder das Menschenbild des Grundgesetzes.[133] Manchmal wurde die verfassungsrechtliche Be-

---

123 Vgl. *Bachof*, Begriff (Fn. 69), S. 58; *Becker*, Verwaltung (Fn. 69), S. 111; *Häberle*, Grundrechte (Fn. 70), S. 62 f.; *Schmitt Glaeser*, Partizipation (Fn. 69), S. 208 f.; *Reinhold Zippelius*, Der Gleichheitssatz, VVDStRL 47 (1989), S. 7 (17); *Otto Depenheuer*, Bürgerverantwortung im demokratischen Verfassungsstaat, VVDStRL 55 (1996), S. 90 (121).

124 *Von Arnim*, Besteuerung (Fn. 73), S. 344; *Reinhard Mußgnug*, Gesetzesgestaltung und Gesetzesanwendung im Leistungsrecht, VVDStRL 47 (1989), S. 113 (118); *Christoph Link*, Staatszwecke im Verfassungsstaat – nach 40 Jahren Grundgesetz, VVDStRL 48 (1990), S. 7 (36).

125 *Martens*, Grundrechte (Fn. 69), S. 10; *Zippelius*, Gleichheitssatz (Fn. 123), S. 17.

126 *Von Arnim*, Besteuerung (Fn. 73), S. 344.

127 *Mußgnug*, Gesetzesgestaltung (Fn. 124), S. 138.

128 *Detlef Merten*, Bürgerverantwortung im demokratischen Verfassungsstaat, VVDStRL 55 (1996), S. 7 (17).

129 *Volkmar Götz*, Grundpflichten als verfassungsrechtliche Dimension, VVDStRL 41 (1982), S. 7 (16).

130 *Götz*, Grundpflichten (Fn. 129), S. 17 unter Hinweis auf *Zachers* Aussage: „eine echte Grundpflicht ergibt die Sozialstaatsdeklaration unter keiner Auslegung". Zurückhaltend auch *Merten*, Bürgerverantwortung (Fn. 128), S. 18; *Walter Berka*, Bürgerverantwortung im demokratischen Verfassungsstaat, VVDStRL 55 (1996), S. 48 (53); *Udo Di Fabio*, Verwaltung und Verwaltungsrecht zwischen gesellschaftlicher Selbstregulierung und staatlicher Steuerung, VVDStRL 56 (1997), S. 235 (258); *Markus Heintzen*, Beteiligung Privater an der Wahrnehmung öffentlicher Aufgaben und staatliche Verantwortung, VVDStRL 62 (2003), S. 220 (238).

131 *Hasso Hofmann*, Grundpflichten als verfassungsrechtliche Dimension, VVDStRL 41 (1983), S. 42 (74 f.).

132 *Axer*, Gleichheit (Fn. 120), S. 185; vgl. auch *Enders*, Sozialstaatlichkeit (Fn. 90), S. 37.

133 *Hufen*, Gesetzesgestaltung (Fn. 79), S. 156; *Link*, Staatszwecke (Fn. 124), S. 25; *Enders*, Sozialstaatlichkeit (Fn. 90), S. 41. Die Argumente orientieren sich wohl an der Menschenbild-Rechtsprechung des BVerfG, etwa in BVerfGE 12, 45 (51); 28, 175 (180); 32, 98 (107). Im Sanktionen-Urteil des BVerfG

deutsamkeit von Eigenverantwortung auch bloß behauptet.[134] Kurz: Die Berichte sind mit Blick auf Eigenverantwortung verschiedentlich überzeugungsstark, bieten aber wenig dogmatische Absicherung.

c) Umbau des Sozialstaats

Unerwünschte Begleiterscheinungen wurden dem Sozialstaat noch aus anderer Perspektive zugeschrieben: In den 1980er Jahren wurde in den Berichten auf die zunehmende Aufgabenlast für Staat und Leistungsträger hingewiesen sowie auf fehlende Steuerungsmöglichkeiten, auch im Kontext der Sozialstaatlichkeit.[135] In den 1990er Jahren rückte eine immer drückender scheinende Ausgabenlast in den Mittelpunkt: Der Sozialstaat sei zu teuer, insbesondere vor dem Hintergrund der zu erwartenden demographischen Entwicklung.[136] Bei der Tagung in Heidelberg im Jahr 1999 dachte *Joachim Wieland* (ganz im Sinne der herrschenden politischen Deutung) darüber nach, „ob die Belastung der Kosten abhängiger Arbeit mit fast den gesamten Vorsorgeaufwendungen sinnvoll" sei.[137] *Wieland* verneinte die Frage und war mit seiner Einschätzung nicht allein. In den 2000er Jahren zweifelte kein Bericht an der Notwendigkeit eines Umbaus des Sozialstaates.[138] Einigkeit bestand auch in der Annahme, dass das Grundgesetz kein grundsätzliches Rückschrittsverbot enthalte.[139] Diskutiert wurden die Grenzen, die der Gesetzgeber beim Umbau zu beachten habe. Dabei blieben die Grenzen aus dem Sozialstaatsgebot recht konturenlos.[140] Einigermaßen greifbar waren dagegen die aus dem rechtsstaatlich und gleichheitsrechtlich fundierten Vertrauensschutz folgenden Grenzen[141] sowie die Grenzen aus dem Recht auf Gewährleistung eines menschenwürdigen Existenzminimums aus Art. 1 Abs. 1 GG.[142] Das Rechtsstaatsprinzip, die derivativen Leistungsansprüche aus Art. 3 Abs. 1 GG und die Leistungsansprüche aus Art. 1 Abs. 1 GG stellen also gewisse Elemente eines ausgebauten Sozialstaates auf Dauer.

(BVerfGE 152, 68) spielt das Menschenbild des Grundgesetzes und eine dem Bild zugeschriebene Arbeitsmoral indes keine Rolle.

134 *Sodan*, Zukunft (Fn. 117), S. 164.

135 *Dieter Grimm*, Aussprache, VVDStRL 38 (1980), S. 159; *Kurt Eichenberger*, Gesetzgebung im Rechtsstaat, VVDStRL 40 (1982), S. 7 (14); *Klaus Lange*, Die öffentlichrechtliche Anstalt, VVDStRL 44 (1986), S. 169 (174); *Hufen*, Gesetzesgestaltung (Fn. 79), S. 143.

136 *Link*, Staatszwecke (Fn. 124), S. 38; *Di Fabio*, Verwaltung (Fn. 130), S. 239.

137 *Wieland*, Arbeitsmarkt (Fn. 115), S. 47.

138 Vgl. etwa *Pitschas*, Zukunft (Fn. 117), S. 113, 122, der mit Blick auf die Rechtspolitik verkündete: „Abhilfe ist … unterwegs".

139 Zum Sozialstaatsprinzip *Lerke Osterloh*, Privatisierung von Verwaltungsaufgaben, VVDStRL 54 (1995), S. 204 (207, 208); vgl. auch *Pitschas*, Zukunft (Fn. 117), S. 115. Aus österreichischer Perspektive *Johannes Hengstschläger*, Privatisierung von Verwaltungsaufgaben, VVDStRL 54 (1995), S. 165 (187).

140 Vgl. *Pitschas*, Zukunft (Fn. 117), S. 112: keine „radikale Wohlfahrtsdistanzierung".

141 Vgl. *Pitschas*, Zukunft (Fn. 117), S. 113 f., 136 unter Berufung auf ein rechtsstaatlich geprägtes Verfassungsprinzip Sicherheit (Schutz vor abrupten Systemwechseln; Kontinuitätsverpflichtung bei der Modernisierung der Sozialversicherung). Für Österreich *Wiederin*, Sozialstaatlichkeit (Fn. 90), S. 71.

142 *Hufen*, Gesetzesgestaltung (Fn. 79), S. 163; *Osterloh*, Privatisierung (Fn. 139), S. 208; *Davy*, Gleichheit (Fn. 120), S. 140; *Axer*, Gleichheit (Fn. 120), S. 196. Eine staatliche Pflicht bejahend *Bachof*, Begriff (Fn. 69), S. 42; *Achterberg*, Deutschland (Fn. 80), S. 84.

d) Grenzen des Sozialstaats

Ein letzter Punkt, der insbesondere die jüngeren Berichte vor der Vereinigung kennzeichnet: Die Universalität von Menschenwürde und Gleichheit ist (wieder) fragwürdig geworden. Die Zweifel nehmen zwei Menschengruppen in den Blick, Eingewanderte und Asylsuchende einerseits und Menschen, die als arbeitsunwillig wahrgenommen werden, andererseits.

Für die erste Gruppe steht die Frage im Raum: Sollen Eingewanderte und Asylsuchende den gleichen sozialen Schutz genießen wie Deutsche? Im Jahr 1974 hatte *Josef Isensee* mit Nachdruck erklärt, dass Nicht-Deutsche, wenn sie erst einmal eingereist sind, vollen Grundrechtsschutz genießen würden, soweit das Grundgesetz nicht selbst differenziere.[143] Die Menschenwürdegarantie und das Recht auf Gleichheit sind vom Grundgesetz nun in der Tat universell konzipiert. Art. 1 Abs. 1 und Art. 3 Abs. 1 GG begründen keine Deutschenrechte.[144] Gleichwohl erwog *Daniel Thym* bei der Tagung in Linz im Jahr 2016 Abstufungen beim sozialstaatlichen Gehalt der Menschenwürde, insbesondere mit Blick auf Asylsuchende und Ausreisepflichtige.[145] Und *Klaus Ferdinand Gärditz* erklärte in Kiel im Jahr 2012, dass gewisse soziale Bedürfnisse von Asylsuchenden „nicht existenziell" sein könnten, was niedrigere Leistungen rechtfertigen würde, selbst unter dem Blickwinkel der Menschenwürde, und dass unter dem Gleichheitssatz das Fehlen eines dauerhaften Aufenthalts ganz allgemein den Ausschluss von Sozialleistungen rechtfertigen könne.[146] Damit laufen die Menschenwürde-Garantie für Asylsuchende und der Gleichheitssatz für Nicht-Deutsche mit temporärem Aufenthaltsstatus leer. Für die zweite Gruppe steht die Frage im Raum: Sollen Nicht-Arbeitswillige den gleichen sozialen Schutz genießen wie Arbeitswillige? *Enders*, der das Verhältnis zwischen dem Staat und den Hilfebedürftigen unter dem Blickwinkel des Sozialstaatsprinzips als ein Verhältnis „der (wechselseitigen) Leistung" konstruiert und die Herleitung von individuellen Ansprüchen aus Art. 1 Abs. 1 GG ablehnt, konnte die Frage in Jena im Jahr 2004 konsequent verneinen.[147] Arbeitsunwillige und Arbeitswillige seien keine Gleichen, weil das Grundgesetz dies so einrichte, so die Behauptung. Auch hier laufen Menschenwürde-Garantie und Gleichheitssatz leer. Ich kann mich in meinem Beitrag auf die Argumente nicht weiter einlassen. Was ich zeigen will, ist dies: Kleine Änderungen in den Prämissen (unter dem Aspekt der Würdigkeit oder der Gleichartigkeit) können massive Auswirkungen auf Rechtspositionen von Gruppen haben, die als bedrohlich oder randständig gelten.

---

143 *Josef Isensee*, Die staatsrechtliche Stellung der Ausländer in der Bundrepublik Deutschland, VVDStRL 32 (1974), S. 49 (69).

144 *Klaus Ferdinand Gärditz*, Der Bürgerstatus im Lichte von Migration und europäischer Integration, VVDStRL 72 (2013), S. 49 (76).

145 *Daniel Thym*, Migrationsfolgenrecht, VVDStRL 76 (2017), S. 169 (182) mit der seltsamen Begründung, dass „erklärt werden" müsse, warum ein Grenzübertritt „gleichsam automatisch mit sozialer Teilhabe einhergehen soll". Das Umgekehrte trifft zu, wenn die Garantie aus Art. 1 Abs. 1 GG universell zu deuten ist. Dann ist erklärungsbedürftig (und wohl nicht erklärungsfähig), weshalb für in jüngerer Vergangenheit eingereiste Nicht-Deutsche die Menschenwürde-Garantie nicht oder nur eingeschränkt gelten sollte.

146 *Gärditz*, Bürgerstatus (Fn. 144), S. 76 f. bei Anm. 93 und S. 82 bei Anm. 102.

147 *Enders*, Sozialstaatlichkeit (Fn. 90), S. 38.

Die Ausgrenzung beruht, das ist nach 1945 neu, auf einer Auslegung, die auf eine Partikularisierung von Rechten zielt (Existenzminium nur für Menschen mit Daueraufenthalt und nur für Arbeitswillige).[148]

V. Zusammenfassung

In den ersten hundert Jahren der Vereinigung der Deutschen Staatsrechtslehrer hatten Rechtsstaatlichkeit und Sozialstaatlichkeit ein wechselvolles Verhältnis. Die Berichte vor 1933 ignorierten die sozialpolitische Gesetzgebung nahezu vollständig. Im Vordergrund des Interesses stand die Rechtsstaatsidee. Der „Rechtsstaat" schien durch Maßnahmen im Krieg und in den Nachkriegswirren beschädigt. Die entscheidende Bedrohung des Rechtsstaates kam freilich von rechts: In den 1930er Jahren wurde der Rechtsstaat zunächst als „bürgerlicher" desavouiert, dann über Bord geworfen. Nach Wiederaufnahme der Tagungstätigkeit im Jahr 1949 wurde Sozialstaatlichkeit wohl entdeckt. Sozialstaatlichkeit wurde jedoch – nicht nur, aber vor allem von Personen mit Vergangenheit im Nationalsozialismus – entweder klein gemacht (*Forsthoff* unter Berufung auf das Rechtsstaatsprinzip) oder hochgehalten (*Ipsen*, *Herrfahrdt*, *Scheuner*, *Becker*). In den 1970er und 1980er Jahren trat Sozialstaatlichkeit als verbindlicher Inhalt im Verfassungsrang deshalb nicht nur aus dem Schatten der Rechtsstaatlichkeit, sondern auch aus dem Schatten des Nationalsozialismus. Eine jüngere, unbelastete Generation hatte den Ton übernommen. Desungeachtet: Das 1938 von *Forsthoff* entworfene Narrativ über den Ursprung der Sozialstaatlichkeit („Angewiesensein") blieb bis heute die Meistererzählung der Berichte vor der Vereinigung. Das in der Sozialrechtslehre vorherrschende Narrativ wurde kaum zur Kenntnis genommen. Schließlich: Der Umbau des Sozialstaates nach der Wiedervereinigung fand grundsätzlich die Zustimmung der in der Vereinigung vertretenen Staatsrechtslehre. Rechtsstaat und Sozialstaat waren in den 2000er Jahren allerdings nicht nur ausgesöhnt. Im Rechtsstaatsprinzip wurde eine wichtige Schranke für den Umbau des Sozialstaates gesehen, zumindest für einen radikalen Umbau. Eine absolute Schranke bildet ein soziales Grundrecht mit langer Tradition in der Vereinigung: das Recht auf Gewährleistung eines menschenwürdigen Existenzminimums, wiewohl das Recht – als universelles Grundrecht – in der Vereinigung derzeit nicht nur Freunde hat.

148 Zur Wirkmächtigkeit von klein scheinenden semantischen Verschiebungen in der nationalsozialistischen Staatsrechtslehre *Kley*, in diesem Band, S. 61 ff.

„Das Steuerrecht soll seine wissenschaftliche Existenzberechtigung nachweisen“

Finanz- und Steuerrecht als Themen der Staatsrechtslehrervereinigung

Ekkehart Reimer

I. Bestandsaufnahme 405
1. Entdeckung und ambitionierte Systembildung im Steuerrecht: Albert Hensel und Ottmar Bühler 405
2. Die Bonner Finanzverfassung: Karl Maria Hettlage und Theodor Maunz 407
3. Steuerverfassungsrecht 408
a) Paul Kirchhof und Hans Herbert von Arnim 408
b) Konstitutionalisierung und Gegenbewegungen: Christian Seiler 410
4. Haushaltsrecht und Rechnungshöfe 411
a) Globalsteuerung: Karl Heinrich Friauf und Heinz Wagner 411
b) Nudging avant la lettre: Albert von Mutius und Gunnar Folke Schuppert 412
c) Das Recht der Rechnungshöfe: Christoph Degenhart, Helmuth Schulze-Fielitz, Heinz Schäffer und Alexander Ruch 413
5. Bewährung und Fortentwicklung der Finanzverfassung von 1969 414
a) … nach der Wiedervereinigung: Peter Selmer und Ferdinand Kirchhof 415
b) … im Kontext der Europäischen Integration: Christian Waldhoff und Johanna Hey 416
c) … im Schock der Finanzkrise von 2009: Christian Calliess und Frank Schorkopf 418
d) … nach der Reform von 2009: Ulrich Haltern und Ekkehart Reimer 419
6. Zwischenergebnis 420
7. Was fehlt? 421
II. Konstitutionalisierung und ihre Schauplätze 423
1. Finanzrecht als Brennglas des Föderalismus 423
2. Steuerrecht als Grundrechtslabor 425
3. Steuerrecht als Staatsspiegel 425
4. Zwischenergebnis 426
III. Osmose? 427
1. Finanzrecht als Vorbild für andere Teilgebiete des Öffentlichen Rechts 427
2. Staatsrechtslehre als Vorbild für die Finanzrechtswissenschaft 427
a) Der Impuls der Münsteraner Tagung von 1926 427
b) Die Einheit der Wissenschaft vom Öffentlichen Recht 428
IV. Fazit 429

Das Recht der öffentlichen Finanzen reicht mit seinen großen Regelungsgebieten (dem Recht der öffentlichen Abgaben, dem Haushaltsrecht, dem Schuldenrecht) und ihrer Verklammerung durch das Finanzverfassungsrecht zwar in die Gründungszeit des modernen Staates zurück, mit dessen Entstehung es auf das Engste verknüpft ist.[1] Als eigenständiges akademisches Fach darf das öffentliche Finanzrecht[2] aber als ungefähr gleichaltrig mit der Vereinigung der deutschen Staatsrechtslehrer gelten.[3]

Das ist kein Zufall. Der nachfolgende Beitrag benennt auf Basis einer ausführlichen Bestandsaufnahme (I.) die Charakteristika, vor allem auch die historischen Besonderheiten des öffentlichen Finanzrechts (II.). Die These lautet: Das öffentliche Finanzrecht ist in seiner Systembildung weitgehend eigenständig. In Teilen steht es dem Zivilrecht sogar näher als anderen Teilgebieten des Öffentlichen Rechts. Doch haben die Themen und Methoden, für die die Vereinigung steht, im Recht selber und ebenso in der rechtswissenschaftlichen Reflexion so sehr zu einer Konstitutionalisierung des öffentlichen Finanzrechts beigetragen, dass dieses Rechtsgebiet im Ganzen – das Steuerrecht eingeschlossen – heute seinen festen Platz im Öffentlichen Recht gefunden hat (III.). Auf beiden Ebenen – Recht und Rechtswissenschaft – steht das öffentliche Finanzrecht in intensiven osmotischen Beziehungen zum Staats- und Verwaltungsrecht Allerdings ist hier eine bemerkenswerte Gegenläufigkeit erkennbar: In der Gesetzgebungspraxis und ebenso in Teilen der richterlichen Rechtsanwendung ist das Finanz-, v.a. das Steuerrecht ein Nettoexporteur, während die Finanzrechtswissenschaft aus der Staatsrechtslehre mehr empfängt als gibt (IV.).

---

[1] Statt vieler *Andreas Schwennicke*, „Ohne Steuer kein Staat". Zur Entwicklung und politischen Funktion des Steuerrechts in den Territorien des Heiligen Römischen Reichs (1500–1800), 1996.

[2] Als akademisches Fach, nicht als Regelungsmaterie.

[3] Maßstab für diese Verselbständigung sind die sprunghafte Zunahme steuerrechtlicher Lehrveranstaltungen (seit 1915 an der Berliner Universität durch *Ludwig Waldecker*; seit 1920 in Heidelberg durch *Carl Hermann Dochow* und v.a. *Karl Geiler*; seit 1921 in Bonn durch *Erich Kaufmann* und v.a. *Albert Hensel*, später auch *Ernst Friesenhahn* und *Werner Flume;* an der Handelshochschule Berlin durch *Herbert Dorn*) und das Erscheinen der ersten i.e.S. steuerrechtlichen, der dogmatischen Methode folgenden Lehrbücher: *Ludwig Waldecker*, Deutsches Steuerrecht, 1924; *Albert Hensel*, Steuerrecht, 1924. Ein erster Lehrstuhl für Steuerrecht wurde 1942 an der Universität zu Köln eingerichtet. Zur Geschichte der Disziplin aus zeitgenössischer Sicht v.a. *Ludwig Waldecker*, Finanz- und Steuerrecht als juristische Disziplin, FinArch 34 (1917), 155ff.; *ders.*, Fragen des steuerrechtlichen Unterrichts an den Universitäten, DStZ 1920/21, 279ff.; insgesamt *Michael Stolleis*, Geschichte des öffentlichen Rechts in Deutschland, Bd. 3, 1999, S. 220ff.; *Ekkehart Reimer/Christian Waldhoff*, Steuerrechtliche Systembildung und Steuerverfassungsrecht in der Entstehungszeit des modernen Steuerrechts in Deutschland, in: dies. (Hrsg.), Albert Hensel. System des Familiensteuerrechts und andere Schriften, 2000, S. 1 (62ff., 120ff.); differenzierte Analyse der Disziplinbildung und ihrer Datierung bei *Christian Waldhoff*, Erforschtes und Unerforschtes zur Geschichte der Steuerrechtswissenschaft in Deutschland, Rg 19 (2011), 322ff. (Internet: http://data.rg.mpg.de/rechtsgeschichte/rg19_322waldhoff.pdf); *Hanno Kube/Ekkehart Reimer*, Historische Perspektiven: Das Finanz- und Steuerrecht an der Universität Heidelberg, in: Kirchhof/Kube/Mußgnug/Reimer (Hrsg.), Geprägte Freiheit in Forschung und Lehre. 50 Jahre Institut für Finanz- und Steuerrecht, 2016, S. 5ff.

I. Bestandsaufnahme

Von den 81 Tagungen[4] der Jahre 1924 bis 2021 haben zehn Tagungen dezidiert finanz- und steuerrechtliche Themen als Hauptthemen behandelt. Vier dieser zehn Tagungen betrafen übergreifende, v.a. zu Fragen des Föderalismus anschlussfähige Probleme der Finanzverfassung, drei Tagungen nahmen das Steuerrecht in den Blick, zwei das Haushaltsrecht, eine die v.a. unionsrechtlichen Fragen der Staatenrettung bei Überschuldung. Noch deutlicher als diese rein quantitative Beschreibung der Schwerpunkte zeigt eine chronologische Analyse einen Drang weg vom einfachen Recht hin zu einer Konzentration auf reine Verfassungsfragen.

1. Entdeckung und ambitionierte Systembildung im Steuerrecht: Albert Hensel und Ottmar Bühler

Auf der Münsteraner Tagung 1926 behandelten mit *Albert Hensel*[5] und *Ottmar Bühler*[6] zwei Protagonisten der jungen Steuerrechtswissenschaft den „Einfluß des Steuerrechts auf die Begriffsbildung des öffentlichen Rechts“. Dieses Thema ist für die Steuerrechtswissenschaft Ansporn gewesen, in der Vereinigung indes einmalig geblieben. Schon *Hensel* selbst wittert die Absicht („Das Steuerrecht soll seine wissenschaftliche Existenzberechtigung nachweisen“[7]) und ist verstimmt: Bündig konzediert er, dass sich bislang kein Einfluss des Steuerrechts auf die Begriffsbildung des öffentlichen Rechts nachweisen lasse, und zwar weder im Recht selbst[8] noch in der Rechtswissenschaft.

Anders fällt indes sein programmatischer Blick in die Zukunft aus: Der Verwaltungsrechtswissenschaft legt er das induktive Vorgehen ans Herz und empfiehlt ihr das Steuerrecht als zentrales Referenzgebiet zur Herausbildung von Bauformen v.a. des Rechts der gebundenen Verwaltung. Folgerichtig begibt sich *Hensel* deshalb auf sein ureigenes steuerrechtliches Terrain, erinnert an die – der Reichsabgabenordnung zugrundeliegende – Strukturierung des jungen Steuerrechts entlang der schuldrechtlichen Dogmatik des Privatrechts. Vordergründig bleibt er damit bei dem Vorgehen, das er zwei Jahre zu-

---

[4] Einschließlich der beiden Sondertagungen Berlin 1990 und Wien 2021.

[5] *Albert Hensel*, Der Einfluß des Steuerrechts auf die Begriffsbildung des öffentlichen Rechts, VVDStRL 3 (1927) 39. Zu *Hensel Ekkehart Reimer/Christian Waldhoff*, Steuerrechtliche Systembildung und Steuerverfassungsrecht in der Entstehungszeit des modernen Steuerrechts in Deutschland. Zu Leben und Werk Albert Hensels (1895–1933), in: dies. (Hrsg.), Albert Hensel, System des Familiensteuerrechts und andere Schriften (2000), S. 1 ff.

[6] Zu ihm *Ekkehart Reimer*, Ottmar Bühler (1884–1965), in: Kilian / Wolff / Häberle (Hrsg.), Staatsrechtslehrer des 20. Jahrhunderts, 2. Aufl., 2018, S. 273 ff.

[7] *Hensel* (Fn. 5), S. 66 f. in ausdrücklicher Auseinandersetzung mit einer Rezension von *Gerhard Lassar*, AöR n. F. Bd. 9 (1925), S. 371 f. (*Hensel* a. a. O., Fn. 1).

[8] Enttäuscht insbesondere *Hensels* Urteil über die Rechtsprechung des Reichsfinanzhofs: a. a. O., S. 72 f., das eine allgemeine Skepsis gegenüber dem RFH aufgreift und fortsetzt, die – mit anderer Akzentuierung – bereits in den Beratungen der Staatsrechtslehrertagung 1924 in Leipzig präsent war. Sodann äußerte *Walter Jellinek* in seinem Bericht „Der Schutz des öffentlichen Rechts“ Kritik an der „Möglichkeit der Ernennung Subalterner“ zu Reichsfinanzräten (VVDStRL 2 (1925) 33 f.).

vor in seinem wegweisenden Lehrbuch „Steuerrecht" bereits praktiziert hatte.[9] Er postuliert eine „Waffengleichheit" zwischen Finanzbehörde und Steuerpflichtigen, verabschiedet deshalb ausdrücklich das Besondere Gewaltverhältnis[10] und gibt der Staatsrechtslehre damit einen freiheitlichen Impuls, der sich in der Breite des öffentlichen Rechts erst viel später durchsetzt.[11] Hintergründig postuliert er anhand sinnvoll gewählter Beispiele[12] die Einheit der Rechtsordnung auch über das öffentliche Recht hinaus – eine Tendenz, die insgesamt für die Weimarer Staatsrechtslehre prägend war. Methodologische Impulse treten hinzu. Zu ihnen zählt vor allem die Ablehnung starrer Begriffsjurisprudenz und „kritikloser Wortinterpretation" zugunsten einer typologischen Begriffsbildung v. a. durch die höchsten Gerichte.[13] Dazu stellt *Hensel* als Vorbild für eine im Gesetz selbst angelegte methodische Öffnung die steuerrechtliche Missbrauchsabwehr vor.[14] Diese Einzelbeispiele übergreift der Befund, dass die Abgabenordnung sichtbarster Ausdruck der Systematisierungen *Otto Mayers* sei,[15] zugleich ihrerseits zum Vorbild einer Kodifikation des Allgemeinen Verwaltungsrechts insgesamt genommen werden möge.[16]

Bühler stellt dem Lob für die Kodifikation zunächst die harte Realität der Nachkriegszeit, der Inflation und der eklatanten Finanznot des Reiches gegenüber. Er weist auf rechtsstaatliche Defizite hin,[17] verteidigt vor diesem realen Hintergrund (aber wohl auch aus rechtlicher Überzeugung) das Verständnis des Steuerschuld- als eines besonderen Gewaltverhältnisses,[18] sieht darin aber keinen Widerspruch zu der Sinnhaftigkeit einer grundsätzlichen Leitfunktion des Finanzrechts für das Verwaltungsrecht insgesamt, die bereits in der verwaltungsrechtlichen Literatur der Vorkriegszeit[19] vielfach hervorgehoben worden sei. Zur erneuten Stärkung dieser Bezüge rückt *Bühler* die Regelungen der

---

[9] *Albert Hensel*, Steuerrecht (1924). Weitere Auflagen folgten 1927 und 1933. Zur Bedeutung dieses Werkes *Reimer/Waldhoff* (Fn. 5), S. 62 ff.

[10] *Hensel* (Fn. 5), S. 77 ff., 81 ff. *Hensel* schlägt sich damit an die Seite *Hans Nawiaskys*, der bereits im späten Kaiserreich die Einhegung der staatlichen Finanzgewalt vorgezeichnet und die obrigkeitsstaatliche Sicht auf das Steuerrechtsverhältnis als besonderes Gewaltverhältnis verabschiedet hat: *Hans Nawiasky*, Forderungs- und Gewaltverhältnis. Ein Beitrag zum allgemeinen Teil des privaten und öffentlichen Rechts, in: FS für Ernst Zitelmann (1913).

[11] *Manfred Abelein*, Rechtsstaat und besonderes Gewaltverhältnis, in: ZfP n. F. Bd. 14 (1967), S. 313 ff.; *Hans-Uwe Erichsen*, Besonderes Gewaltverhältnis und Sonderverordnung, in: FS für Hans-Julius Wolff, 1973, S. 219 ff.; *Ludwig Wenninger*, Geschichte der Lehre vom besonderen Gewaltverhältnis, 1982; *Wolfgang Loschelder*, Vom besonderen Gewaltverhältnis zur öffentlich-rechtlichen Sonderbindung. Zur Institutionalisierung der engeren Staat/Bürger-Beziehungen, 1982; *Sebastian Graf von Kielmansegg*, Grundrechte im Näheverhältnis. Eine Untersuchung zur Dogmatik des Sonderstatusverhältnisses, 2012; ferner die Beiträge bei Detlef Merten (Hrsg), Das besondere Gewaltverhältnis. Vorträge des 25. Sonderseminars 1984 der Hochschule für Verwaltungswissenschaft Speyer, 1985.

[12] Rechtssubjektivität, Verständnis von Eigentum und Sachherrschaft, Nichtigkeit von Rechtsgeschäften: *Hensel* (Fn. 5), S. 65.

[13] *Hensel* (Fn. 5), S. 73.

[14] *Hensel* (Fn. 5), S. 64 f.

[15] *Hensel* (Fn. 5), S. 77.

[16] *Hensel* (Fn. 5), S. 71 f., S. 77 und passim.

[17] *Ottmar Bühler*, Der Einfluß des Steuerrechts auf die Begriffsbildung des öffentlichen Rechts. Mitbereich, VVDStRL 3 (1927) 102 ff. (104).

[18] *Bühler* (Fn. 17), S. 107 ff.

[19] *Bühler* (Fn. 17, S. 105 f.) nennt v. a. *Otto Mayer*, daneben aber auch auch den Schweizer *Fritz Fleiner* und den in Österreich lehrenden *Rudolf Herrnritt*.

AO über die „Rechtskraft" der „rechtsgewährenden Verfügungen" (heute: Bestandskraft begünstigender Verwaltungsakte) und deren Aufhebbarkeit hervor,[20] weist vertragsähnliche Elemente (auch) im Steuerrecht nach[21] und stellt die Vorbildfunktion des Rechtsschutzsystems der AO heraus.[22]

2. Die Bonner Finanzverfassung: Karl Maria Hettlage und Theodor Maunz

Knapp eine Generation später behandelte die Vereinigung auf ihrer Hamburger Tagung 1955 erstmals die Finanzverfassung. Als Erstberichterstatter konstatiert *Karl Maria Hettlage* eine systematische Parallelität der Finanzverfassung zur Wirtschaftsverfassung, konstatiert die Vorläufigkeit und Lückenhaftigkeit beider Teilordnungen[23] und analysiert wegweisend die Kategorien und Merkmale, mit denen die Finanzverfassung beschrieben und erfasst werden kann. Sodann setzt er die Finanzgewalt in Beziehung zu Rechtsstaatsprinzip, Gewaltenteilung und Bundesstaat. *Hettlage* plädiert für die gemeinsame Bewirtschaftung wichtiger Steuerquellen durch Bund und Länder, postuliert einen numerus clausus bundesstaatlicher Zahlungsströme, wendet sich dabei gegen horizontale Ausgleichsmechanismen und betont die verfassungskonkretisierende Rolle des einfachen Gesetzgebers für das gesamte Finanzausgleichsrecht.

Der Zweitberichterstatter, *Theodor Maunz*, richtet zunächst den Blick auf das Verhältnis der Finanzverfassung zur Staatsverfassung im Ganzen und diagnostiziert eine Interdependenz beider.[24] Dem folgen Schlaglichter auf das Haushaltsverfassungsrecht, das Finanzausgleichsrecht und die „leitenden Steuergrundsätze", namentlich den allgemeinen Gleichheitssatz. Für das Haushaltsverfassungsrecht sei unter dem Grundgesetz ein Paradigmenwechsel festzustellen: „Nicht mehr die Regierung erscheint als die primär aufwendige Stelle, der die Ängste der Steuerzahler, repräsentiert durch die Volksvertretung, mäßigend vor Augen gehalten werden müssen. Vielmehr ist jetzt die Regierung die Verteidigerin des ausgeglichenen Haushalts und der stabilen Währung gegenüber einer weit sorgloseren Volksvertretung"[25]. Unter Berufung auf eine unveröffentlichte Ausarbeitung *Ottmar Bühlers* für den Wissenschaftlichen Beirat beim Bundesfinanzministerium regt *Maunz* sodann aber eine Synthese an: Regierung und Parlament sollten sich – nach US-amerikanischem Vorbild – um gemeinsame Gestaltung und um eine kluge Wirtschaftspolitik bemühen. Hellsichtig klingen hier bereits das magische Viereck und die später von *Karl Schiller* ins Werk gesetzten Vorstellungen einer Globalsteuerung an.[26]

---

[20] *Bühler* (Fn. 17), S. 109 ff.

[21] *Bühler* (Fn. 17), S. 111 f.

[22] *Bühler* (Fn. 17), S. 112 ff.

[23] Für die Finanzverfassung wird namentlich der Gesetzgebungsauftrag aus Art. 107 GG 1949 kritisch beleuchtet: *Karl M. Hettlage,* Die Finanzverfassung im Rahmen der Staatsverfassung, VVDStRL 14 (1956) S. 2 f.

[24] *Theodor Maunz,* Die Finanzverfassung im Rahmen der Staatsverfassung. Mitbericht, VVDStRL 14 (1956), S. 37 ff. Zu *Maunz* und der Kontroverse um Leben und Werk *Christian Waldhoff,* in diesem Band, S. 169 ff.

[25] *Maunz* (Fn. 24), S. 40; ebenso der Diskussionsbeitrag von *Hans Peters* a. a. O., S. 80.

[26] Insbesondere *Maunz* (Fn. 24), S. 42 f. Diese Vorstellungen sind 1967 mit dem Stabilitätsgesetz

Im Anschluss an die Referate erläuterte der in Wien lehrende Verfassungshistoriker *Rudolf Stanka* in einem sehr ausführlichen, vermutlich vom Vorstand erbetenen Beitrag die Entstehungsbedingungen und Grundzüge der österreichisch-ungarischen Finanzverfassungen und ordnete ihre Regelungen zugleich haushaltswirtschaftlich höchst detailliert ein.[27]

3. Steuerverfassungsrecht

a) Paul Kirchhof und Hans Herbert von Arnim

Erst ein Vierteljahrhundert nach *Hettlage*, *Maunz* und einer ebenfalls auf der Hamburger Tagung von 1955 skizzierten einschlägigen Überlegung *Werner Webers*[28] – und mehr als ein halbes Jahrhundert nach *Hensel* und Bühler – greift die Vereinigung für ihre Innsbrucker Tagung (1980) erneut steuerrechtliche Fragen auf. Sie setzt sie zur Eigentumsgarantie in Beziehung und wendet sich damit insbesondere den drängenden Problemen kumulativer Belastungen, hoher Inflationsraten und dem faktischen Fehlen relativer oder absoluter Belastungsobergrenzen zu.

Als Erstberichterstatter legt *Paul Kirchhof* das sorgfältig ausgearbeitete Konzept einer umfassenden grund- und finanzverfassungsrechtlichen Einhegung des Fiskus vor[29]. Gegen die Immunitätsthese, die *Ernst Forsthoff*[30] und *Karl Maria Hettlage*[31] in ihren Staatsrechtslehrerreferaten vertreten hatten, setzt *Kirchhof* die Überzeugung, in jedem Steuereingriff liege zugleich ein Eigentumseingriff. Dieser müsse sich auf die Belastung des liquiden Geldvermögens des Steuerpflichtigen beschränken; eine echte Substanzsteuer scheide aus.[32] Der Eigentumsschutz müsse eine Antwort darauf finden, dass namentlich die einkommensteuerlichen Freibeträge deutlich hinter dem sozialhilferechtlichen Bedarf und den zivilrechtlichen Pfändungsfreigrenzen zurückblieben. Auch jenseits der Freibeträge sei „eine hälftige Ertragsteilhabe des Staates in der Regel nicht mehr vertretbar [...]. Mit wachsenden Erträgen verbleibt dem Eigentümer jedoch auch nach hälftiger Besteuerung ein substantieller Wert seiner Eigentumsnutzung“, so dass der Spitzen(grenz)steuersatz der Einkommensteuer von 56 Prozent „verfassungsrechtlich unbedenklich“ sei.[33] In dem Gesamtblick auf diese Einzelthesen und die unterschiedlichen Steuerarten zeige sich, dass man in der Eigentumsgarantie „die Grundtypen aller geltenden Steuerarten [...] angelegt“ finde.[34]

Als *Kirchhof* sieben Jahre später in den Zweiten Senat des Bundesverfassungsgerichts gewählt wird und in der Folge die Zuständigkeit für das Steuerrecht erhält, finden zen-

---

27 *Rudolf Stanka*, Wortbeitrag, VVDStRL 14 (1956), S. 64 ff. Zu *Stanka* s. den Nachruf von *Hans Lentze*, in: Mitteilungen des Instituts für Österreichische Geschichtsforschung 64 (1956), S. 481 f.

28 *Werner Weber*, Diskussionsbeitrag, VVDStRL 14 (1956), S. 81 ff.

29 *Paul Kirchhof*, Besteuerung und Eigentum, VVDStRL 39 (1981), S. 213 ff.

30 *Ernst Forsthoff*, Begriff und Wesen des sozialen Rechtsstaates, VVDStRL 12 (1954), S. 8 (32).

31 *Hettlage* (Fn. 23), S. 4 f.

32 *Kirchhof* (Fn. 29), S. 243.

33 *Kirchhof* (Fn. 29), S. 272.

34 *Kirchhof* (Fn. 29), S. 246.

trale Erkenntnisse seines Staatsrechtslehrerreferats authentisch und nahezu unverändert Eingang in die Senatsrechtsprechung.[35] Das Referat von 1980 markiert damit einen bis heute unwiederholten Höhepunkt an Praxisnähe und Prägekraft.[36] In ihm liegt zugleich stilistisch-methodisch ein Bruch mit allen – nun als vormodern erscheinenden – bisherigen steuer- und finanzrechtlichen Staatsrechtslehrerreferaten. Reflektierten diese eher kreisend einzelne Prinzipien und Bauformen des Steuerrechts auf einer jeweils konstanten Abstraktionshöhe, schlägt *Kirchhof* von Beginn an den Bogen von einer dichten wortlaut- und fallnahen, teils auch quantitativen und sogar tabellarischen Analyse,[37] in der er die maßstabskonkretisierende Perspektive der Verfassungsgerichtsbarkeit einnimmt, zu Grundfragen der Grundrechtsfunktionen. Er arbeitet historisch informiert, argumentiert auch rechtsvergleichend[38] und gelangt zu überraschend konkreten rechtspolitischen Aussagen, die der Bundesgesetzgeber in der Folgezeit mindestens zum Teil aufgegriffen hat.[39]

Hans Herbert von Arnim setzt nicht diametral anders an. Auch er bekennt sich zur „Mobilisierung der Eigentumsgarantie“ gegen den Steuereingriff,[40] wendet sich dann aber thematisch im Kern der „Interventionsbesteuerung“, d. h. den steuerlichen Lenkungsnormen zu. *von Arnim* greift damit ein Thema auf, das bereits *Karl Heinrich Friauf* 1968 in Bochum angesprochen hatte.[41] Für steuerliche Lenkungsnormen gewinne die allgemeine Verhältnismäßigkeit die Direktivkraft zurück, die ihr bei reinen Fiskalzwecknormen wegen des Nonaffektationsprinzips abhanden gekommen sei. Der Rechtfertigung bedürften nicht allein steuerschärfende Lenkungsnormen, sondern ebenso die sog. Verschonungssubventionen.[42] Alle diese Lenkungsnormen bedürften verhaltensbezogener und zusätzlich vermögensbezogener Rechtfertigung. Ausgenommen von diesem Erfordernis zweifacher Rechtfertigung seien aber nicht-selektive Lenkungsnormen, etwa der allgemeine Konjunktur(dämpfungs)zuschlag.[43] Den Abschluss des Referats bilden objektivrechtliche Absicherungen der Grundrechte und damit ihre Kontextualisierung

---

[35] Insbesondere BVerfGE 87, 153 (Grundfreibetrag) [1992]: Vorrang des Erwerbs- vor dem Transfereinkommen; und BVerfGE 93, 121 (Vermögensteuer) [1995]: Maßstäblichkeit der Eigentumsgarantie; Begrenzung auf den Sollertrag; Halbteilungsgrundsatz.

[36] Über die Rechtsprechung hinaus auch für Qualifikationsschriften. Stellvertretend *Moris Lehner*, Einkommensteuerrecht und Sozialhilferecht. Bausteine zu einem Verfassungsrecht des sozialen Steuerstaates, 1993.

[37] Dem Referat sind zwei Anlagen beigefügt, deren zweite ein tabellarisches Schema eigentumsrechtlicher Vorgaben für Einkommen-, Vermögen- und Umsatzsteuer enthält: *Kirchhof* (Fn. 29), S. 285.

[38] Insbesondere in Würdigung des Umgangs Schweizer und österreichischer Gerichte mit Eigentumsgarantien: *Kirchhof* (Fn. 29), S. 230 f., 234 und passim.

[39] Etwa in dem Postulat einer (heute sog.) nachgelagerten Besteuerung von Alterseinkünften: *Kirchhof* (Fn. 29), S. 257 f. Allerdings geht der gesetzliche Systemwechsel primär auf ein Urteil des Zweiten Senats vom 6.3.2002 zurück (BVerfGE 105, 73), das auf einer spezifischen Vergleichspaarbildung beruht; der Senat verweist nicht auf das Staatsrechtslehrerreferat seines früheren Mitglieds *Kirchhof*.

[40] *Hans Herbert von Arnim*, Besteuerung und Eigentum, VVDStRL 39 (1981), S. 286 ff.

[41] *Karl Heinrich Friauf*, Öffentlicher Haushalt und Wirtschaft, VVDStRL 27 (1969), S. 1 ff. (8) mit Fn. 39. Zu diesem Referat näher unten 4.a. bei Fn. 57.

[42] *von Arnim* (Fn. 40), S. 325 ff., 359.

[43] *von Arnim* (Fn. 40), S. 337 ff.

in der Finanz- und Währungsverfassung, namentlich durch die Rechnungshofkontrolle und die Unabhängigkeit der auf Geldwertstabilität ausgerichtete Zentralbank.[44]

Die Tagung markiert den Höhepunkt der steuerverfassungsrechtlichen Debatten der Vereinigung. Die auffallend zahlreichen Begleitaufsätze belegen die große Resonanz, die die Wahl des Themas und die pointierten Thesen der beiden Berichterstatter gefunden haben.[45]

b) Konstitutionalisierung und Gegenbewegungen: Christian Seiler

Erst 35 Jahre nach Innsbruck rückt das Steuerrecht erneut auf die Tagesordnung der Vereinigung, als sie 2015 in Speyer die „Verfassung als Ordnungskonzept" beleuchtet. Nun fungiert das Steuerrecht indes lediglich – neben dem Sicherheitsrecht – als eines von zwei verwaltungsrechtlichen Referenzgebieten. Einziger steuerrechtlicher Referent ist *Paul Kirchhofs* Schüler *Christian Seiler*. Er verteidigt Reichweite und Bindungskraft der Verfassung für die Steuergesetzgebung.[46] Im Interesse eines *judicial restraint* führt er die steuerliche Gleichheitsdogmatik auf Gleichheitssätze im technischen Sinn zurück,[47] weist dem Prinzip der Besteuerung nach der wirtschaftlichen Leistungsfähigkeit freiheitsrechtlichen Gehalt zu,[48] wählt auch im Übrigen einen dezidiert freiheitsrechtlichen Zugang und nimmt dabei zahlreiche Überlegungen des Jahres 1980 auf.[49] Ergänzt werden materielle Gehalte der finanzverfassungsrechtlichen Kompetenznormen, vor allem aber die bei *Kirchhof* bereits angelegte Frage nach den Belastungsgründen einzelner Steuern. *Seiler* wagt den Singular: Zurückführen lasse sich die Steuerrechtfertigung durchgehend auf das Einkommen, allerdings „in verschiedenen Aggregatzuständen, sei es beim Erwerb, als Bestand erworbenen Vermögens oder mit seiner Verwendung zu Konsumzwecken"[50]. Diese Grundthese wird dann für einzelne Steuerarten getestet und entfaltet,[51] wobei sich mit Blick auf die Verkehrsteuern[52] neue und überraschende Ergebnisse zeigen – etwa die Begrenzung der erbschaftsteuerlichen Belastung auf das Niveau der Umsatzsteuer.[53] Auch *Seiler* betont also treffend die Notwendigkeit einer Abstim-

---

44 *von Arnim* (Fn. 40), S. 317 f., 353 ff.

45 *Klaus Vogel*, Lenkungsteuern und Eigentumsgarantie, BayVBl. 1980, S. 523 ff.; auch abgedruckt in ders., Der offene Finanz- und Steuerstaat. Ausgewählte Schriften 1964–1990, 1990, S. 593 ff.; *Dieter Birk*, Besteuerung und Eigentumsgarantie, StuW 1980, S. 361 ff.; *Eckart Klein/Christoph Degenhart*, Die Tagung der Vereinigung der Deutschen Staatsrechtslehrer in Innsbruck 1980, DVBl. 1980, S. 990 f. und 994 f.; *Gunnar F. Schuppert*, Staatsrechtslehrertagung 1980, JZ 1980, S. 823 ff.; *Dieter Grimm*, Staatsrechtslehrertagung 1980 in Innsbruck, AöR 106 (1981), S. 115 ff.; *Dieter H. Scheuing*, Staatsrechtslehrertagung 1980 in Innsbruck, NJW 1981, S. 324 ff.

46 *Christian Seiler*, Verfassung in ausgewählten Teilrechtsordnungen: Konstitutionalisierung und Gegenbewegungen im Steuerrecht, VDStRL 75 (2016), S. 333 ff.

47 *Seiler* (Fn. 46), S. 340 ff.

48 *Seiler* (Fn. 46), S. 341 f., 349.

49 *Seiler* (Fn. 46), S. 343 ff.

50 *Seiler* (Fn. 46), S. 349 ff.

51 *Seiler* (Fn. 46), S. 355 ff.

52 *Seiler* (Fn. 46), S. 358 mit Fn. 113 (Grunderwerbsteuer) und S. 359 ff. (Erbschaftsteuer).

53 *Seiler* (Fn. 46), S. 361 f.

mung der Einzelsteuern aufeinander.[54] Für die Entwicklung einer „Steuerkonkurrenzlehre“ nimmt er vorrangig den parlamentarischen Gesetzgeber,[55] nachrangig die Steuerrechtswissenschaft[56] in die Pflicht.

4. Haushaltsrecht und Rechnungshöfe

Rückten die Staatsrechtslehrertagungen der Jahre 1926, 1955, 1980 und 2015 damit steuer(verfassungs)rechtliche Kernfragen in das Zentrum der Diskussion, verknüpften die Tagungen der Jahre 1968, 1983 und 1996 Steuerfragen mit Steuerungsfragen, beleuchteten insbesondere das Recht der Mittelverwendung und der Haushaltskontrolle.

a) Globalsteuerung: Karl Heinrich Friauf und Heinz Wagner

Erster Referent der Bochumer Reformtagung von 1968 ist *Karl Heinrich Friauf*, der zwei Jahre zuvor eine Kleinschrift über verfassungsrechtliche Grenzen der Wirtschaftslenkung und Sozialgestaltung durch Steuergesetze vorgelegt hatte.[57] Unter ausdrücklichem Verweis auf das Staatsrechtslehrerreferat von *Karl Maria Hettlage* 1955, in der Sache aber (unausgesprochen) näher an den Vorüberlegungen, die *Theodor Maunz* damals vorgetragen hatte, konturiert *Friauf* das Verhältnis von Staat und Markt, Finanzrecht und Wirtschaftsordnungsrecht. Hymnisch weist er dem Haushalt die „*Schlüsselfunktion par excellence* für unsere gesamte Verfassungsordnung“ zu.[58] Daraus folge die Notwendigkeit der Homogenisierung der Sachkompetenzen des Grundgesetzes mit der Finanzverfassung – eine Hoffnung, die *Friauf* und andere an die neuen Art. 109 Abs. 2 (gesamtwirtschaftliches Gleichgewicht) und 113 GG (Zustimmungserfordernis für ausgabenwirksame Gesetze), vordergründig auch an das Stabilitätsgesetz[59] und sogar an die Entwürfe der Bundeshaushaltsordnung und des Haushaltsgrundsätzegesetzes knüpfen, die soeben in das Gesetzgebungsverfahren gelangt waren.[60] In Entfaltung und Konkretisierung dieser Erwartungen unterscheidet der Referent zwischen Struktur- und Konjunkturpolitik;[61] zu letzterer zähle auch die antizyklische (keynesianische) Wirtschaftspolitik. Von hier aus gelangt *Friauf* zu den Grundfunktionen des Haushaltsrechts[62] und schließlich zu weichen, eher prozeduralen Instituten, die Schutz gegen übermäßige fi-

---

[54] *Seiler* (Fn. 46), S. 362 ff. Darin liegt eine weitere Parallele zu dem Staatsrechtslehrerreferat *Paul Kirchhofs* (Fn. 29), S. 238 ff.

[55] *Seiler* (Fn. 46), S. 364 f.

[56] *Seiler* (Fn. 46), S. 365 f.

[57] *Karl Heinrich Friauf*, Verfassungsrechtliche Grenzen der Wirtschaftslenkung und Sozialgestaltung durch Steuergesetze, 1966.

[58] *Karl Heinrich Friauf*, Öffentlicher Haushalt und Wirtschaft, VVDStRL 27 (1969), S. 1 (6). Hervorhebung im Original.

[59] *Friauf* (Fn. 58), S. 10, 14 f., 24 f., 28 ff., 32 f., 37 f.

[60] *Friauf* (Fn. 58), S. 7 mit Fn. 32.

[61] *Friauf* (Fn. 58), S. 12.

[62] *Friauf* (Fn. 58), S. 21 ff.

nanzwirtschaftliche Lenkungsmaßnahmen bieten – etwa die Publizität staatlicher Interventionen (Subventionsbericht) oder Begründungserfordernisse.[63]

Gedankenreich ergänzt *Heinz Wagner* in seinem skeptischen Mitbericht die Implikationen und Nebenbedingungen einer erfolgreichen Globalsteuerung. „Der Haushalt war lästiger Kostgänger der Wirtschaft; inzwischen ist er ihr Mitregent geworden"[64], und diese Indienstnahme habe ihren Preis – insbesondere Inflation[65], Steuervermeidung und soziale Asymmetrien.[66] Noch grundlegender sind *Wagners* Zweifel an der Eignung demokratischer Entscheidungsprozesse für wirtschaftliche Rationalitäten[67] und sein Hinweis auf die Erosion des Grundrechtsschutzes gegen die Globalsteuerung.[68] Und doch lautet sein Plädoyer nicht Abstention, sondern „geplante Freiheit"[69], durch Daten informierte Vervollkommnung, Diskurs und Optimierung der staatlichen Begleitung des privaten Wirtschaftens.[70] Ganz anders gelagert, den Bereich des Finanzrechts endgültig hinter sich lassend, sind schließlich *Wagners* weiterführende Überlegungen zur Verortung des sog. personalen Substrats in großen Kapitalgesellschaften und Konzernen (Art. 19 Abs. 3 GG).[71]

b) Nudging avant la lettre: Albert von Mutius und Gunnar Folke Schuppert

Strukturähnlich, von der Bochumer Tagung aber gegenstandsverschieden ist 15 Jahre später die Frage nach der Steuerung des Verwaltungshandelns durch Haushaltsrecht und Haushaltskontrolle (Köln 1983). Den Erstbericht erstattet *Albert von Mutius.* Er liefert eine analytische Differenzrecherche zu den Neuerungen und Modernisierungen, die das Haushaltsrecht seit den 1970er Jahren erfahren hat.[72] Er kontextualisiert das Haushaltsrecht mit der Dogmatik des Verwaltungsrechts und den klassischen verwaltungsrechtlichen Steuerungsinstrumenten und unternimmt den „Versuch, im Haushaltsrecht Steuerungsansätze und in der Verwaltungsrechtsdogmatik haushaltsrechtliche Steuerungseffekte aufzuspüren".[73] Dazu geht er zunächst auf Instrumente einer konjunkturgerechten Gestaltung der öffentlichen Finanzwirtschaft ein und widmet sich dabei zunächst der neuen Mittelfristigen Finanzplanung,[74] sodann den klassischen Handlungsformen von Haushaltsgesetz und Haushaltsplan,[75] schließlich den neuen Haushaltsgrundsätzen,[76] dem Haushaltskreislauf und der in- und externen Haushaltskontrolle.[77] Der zweite

---

63 *Friauf* (Fn. 58), S. 46.

64 *Heinz Wagner,* Öffentlicher Haushalt und Wirtschaft VVDStRL 27 (1969), S. 47 (62).

65 *Wagner* (Fn. 64), S. 55.

66 *Wagner* (Fn. 64), S. 58.

67 *Wagner* (Fn. 64), S. 61.

68 *Wagner* (Fn. 64), S. 63 ff.

69 *Wagner* (Fn. 64), S. 77.

70 Eindrucksvoll *Wagner* (Fn. 64), S. 68 f.

71 *Wagner* (Fn. 64), S. 74 ff.

72 *Albert von Mutius*, Die Steuerung des Verwaltungshandelns durch Haushaltsrecht und Haushaltskontrolle, VVDStRL 42 (1984), S. 147 ff.

73 *von Mutius* (Fn. 72), S. 206.

74 *von Mutius* (Fn. 72), S. 159 f.

75 *von Mutius* (Fn. 72), S. 160 ff.

76 *von Mutius* (Fn. 72), S. 170 ff.

77 *von Mutius* (Fn. 72), S. 178 ff., 186 ff.

Hauptteil richtet den Blick auf Steuerungseffekte in der Verwaltungsrechtsdogmatik,[78] namentlich die Aufgabenwahl, Organisationsentscheidungen, Ressourcen, sodann Handlungsformen und Verwaltungskontrolle.

In der Anlage höchst anspruchsvoll, stehen beide Teile des Referats letztlich kaum verbunden nebeneinander. Deutlich bleibt das Anliegen einer Koordination beider Teilbereiche: Gesucht ist die Integration haushaltsrechtlicher Steuerungseffekte in das Verwaltungshandeln.[79] Den Schlüssel sieht *von Mutius* in den etablierten Formen der Verwaltungskontrolle; ihre Nutzung mache die Instrumente der Haushaltsstruktur- und -begleitgesetzgebung entbehrlich.[80]

Mitberichterstatter *Gunnar Folke Schuppert* wählt einen integralen und insgesamt stark verwaltungswissenschaftlichen geprägten Ansatz. Er betont gelockerte Normativitäten und die Notwendigkeit einer Flexibilität des Haushaltsvollzugs.[81] Dazu geht er – anders als *von Mutius* – auf konkrete Rechtsinstitute wie etwa das Programmbudget[82] oder globale Minderausgaben[83] ein. Den Abschluss bilden auch hier Analysen der Haushaltskontrolle durch die Rechnungshöfe.[84]

c) Das Recht der Rechnungshöfe: Christoph Degenhart, Helmuth Schulze-Fielitz, Heinz Schäffer und Alexander Ruch

Die Verwaltungskontrolle durch Rechnungshöfe, ein bei *von Mutius* nur knapp behandelter institutioneller Zielpunkt der Haushaltskontrolle,[85] wird zwölf Jahre nach der zweiten Kölner zentraler Gegenstand der dritten Wiener Tagung (1995). Wie bei allen finanz- und steuerrechtlichen Themen sind die Hauptreferate Mitgliedern aus Deutschland zugedacht.

Bereits eingangs weist *Christoph Degenhart* auf die Möglichkeit übergreifender Zuordnung der Rechnungshöfe zu Exekutive und Legislative hin.[86] Dem folgt seine strukturierende Unterscheidung von Zuständigkeit und Legitimation, materiellen Maßstäben, konkreten Prüfungsbefugnissen im Außenverhältnis und schließlich Verfahrens- und Publizitätsfragen. Zentral sei die Kompetenz zu umfassender Wirtschaftlichkeitskontrolle – gewaltenübergreifend, auch die mittelbare Staatsverwaltung abdeckend;[87] rückschauend, aber auch begleitend.[88] Die Rechnungshofkontrolle folge dem Strom des Geldes – begrenzt durch die Grundrecht sogar bis in den privaten Bereich hinein.[89]

---

[78] *von Mutius* (Fn. 72), S. 189 ff.

[79] *von Mutius* (Fn. 72), S. 206.

[80] *von Mutius* (Fn. 72), S. 207.

[81] *Gunnar Folke Schuppert*, Die Steuerung des Verwaltungshandelns durch Haushaltsrecht und Haushaltskontrolle, VVDStRL 42 (1984), S. 216 ff.

[82] *Schuppert* (Fn. 81), S. 242 ff.

[83] *Schuppert* (Fn. 81), S. 248 ff.

[84] *Schuppert* (Fn. 81), S. 256 ff.

[85] *von Mutius* (Fn. 72), S. 184 ff., 186 ff.

[86] *Christoph Degenhart*, Verwaltungskontrolle durch Rechnungshöfe, VVDStRL 55 (1996), S. 190 ff.

[87] *Degenhart* (Fn. 86), S. 215 f., S. 230.

[88] *Degenhart* (Fn. 86), S. 211 ff., S. 229.

[89] *Degenhart* (Fn. 86), S. 220 ff., S. 230.

Helmuth Schulze-Fielitz setzt die Analyse fort.[90] Auch er betont in seiner verfassungstheoretischen Einordnung zunächst die Grundsätze der Öffentlichkeit und Sanktionslosigkeit des Handelns der Rechnungshöfe.[91] Aufhorchen lässt sodann eine empirische, im Kern verwaltungswissenschaftliche Zwischenuntersuchung. Sie deckt gegenständliche und methodische Funktionsverschiebungen und Dynamisierungen auf, die sich – verstärkt unter dem Einfluss der Privatisierungsdebatte – ergeben: von der Beleg- zur Funktionsprüfung, von der Vollzugs- zur Programmprüfung, von der Vollzugs- zur Aufgabenkritik und von der prüfenden Kritik zur Beratung.[92] Dogmatisch diagnostiziert er das Dilemma der Wirtschaftlichkeitsprüfung bei offenen Zweck-Mittel-Relationen,[93] plädiert angesichts immanenter Grenzen für flexible Kontrolldichten,[94] hält aber am klassisch verwaltungsrechtlichem Rechtsschutz und seinen (rechtlichen) Grenzen fest.[95]

Den Referaten folgen zwei dichte, sorgfältig ausgearbeitete Länderberichte, die den Referaten wissenschaftlich nicht nachstehen. Für Österreich weist *Heinz Schäffer* zunächst auf föderale Unterschiede zu Deutschland hin,[96] unter denen vor allem die Stellung des Rechnungshofs als „föderatives" Bund-Länder-Organ herausragt.[97] *Schäffer* betont das Fehlen kontrollfreier Räume,[98] zeigt aber auch, wie der Rechnungshof zum Subjekt der Fortentwicklung der eigenen Prüfungspraxis wird, auch über das geltende Recht hinaus.[99]

Nicht nur terminologisch, sondern konzeptionell und kompetenziell unterschiedet sich die Schweiz deutlich von Österreich und Deutschland. *Alexander Ruch* weist darauf hin, dass die Einführung eines Rechnungshofs in den vergangenen hundert Jahren dreimal abgelehnt worden sei.[100] Funktionales Äquivalent bleibe daher die (unspezifische) „Oberaufsicht" des Parlaments.[101] *Ruch* zeigt, dass dabei der primäre Entscheidungsvorgang (Regierung) und die Finanzkontrolle (Parlament) nicht voneinander getrennt und zeitlich gestaffelt werden.[102]

5. Bewährung und Fortentwicklung der Finanzverfassung von 1969

Mit den Tagungen von 1980 (Innsbruck), 1983 (Köln) und 1995 (Wien) erreicht die Vereinigung den Höhepunkt finanzrechtlicher Auffächerungen: Nebeneinander gehalten, zeigen die drei Tagungsthemen die enorme Spannweite und Vielfalt des Geldverfas-

---

90 *Helmuth Schulze-Fielitz,* Verwaltungskontrolle durch Rechnungshöfe, VVDStRL 55 (1996), S. 231 ff.
91 *Schulze-Fielitz* (Fn. 90), S. 239 ff., 242 f.
92 *Schulze-Fielitz* (Fn. 90), S. 243 ff.
93 *Schulze-Fielitz* (Fn. 90), S. 254 ff., 257 f.
94 *Schulze-Fielitz* (Fn. 90), S. 262 f., 271 f., 288 ff.
95 *Schulze-Fielitz* (Fn. 90), S. 268 ff.
96 *Heinz Schäffer,* Kontrolle der Verwaltung durch Rechnungshöfe. Länderbericht Österreich, VVDStRL 55 (1996), S. 278 ff. (281 f., 285 f.).
97 *Schäffer* (Fn. 96), S. 281 f.
98 *Schäffer* (Fn. 96), S. 290 f.
99 *Schäffer* (Fn. 96), S. 297.
100 *Alexander Ruch,* Kontrolle der Verwaltung durch Rechnungshöfe. Länderbericht Schweiz, VVDStRL 55 (1996), S. 298 ff.
101 Art. 85 Ziff. 11 BV.
102 *Ruch* (Fn. 100), S. 301.

sungsrechts. Mit den 1990er Jahren erhöht sich dann zwar die Frequenz, mit der sich die Vereinigung finanzrechtlichen Themen widmet; zugleich büßen die Themenstellungen aber an Konkretheit ein. Zu diagnostizieren ist ein thematischer Zug in die Mitte, namentlich in die bundesstaatliche Finanzverfassung. Sie sieht sich vor die Herausforderungen der Wiedervereinigung (a.), der Europäisierung der Finanzgewalt (b.), einer disruptiven Banken- und Staatshaushaltskrise (c.) und schließlich des Ausgangs aus einer Ost-West-Orientierung des Finanzausgleichsrechts (d.) gestellt.

a) … nach der Wiedervereinigung: Peter Selmer und Ferdinand Kirchhof

Die Bayreuther Tagung von 1992 nimmt die für 1995 angekündigte Reform der bundesstaatlichen Finanzbeziehungen in den Blick. *Peter Selmer* diagnostiziert als Erstberichterstatter den relativen Bedeutungsverlust der Länder, das Scheitern aller Entflechtungsbemühungen und weist auf die zunehmenden (haushalts-)wirtschaftlichen Disparitäten zwischen den Bundesländern, zumal zwischen Ost und West hin.[103] Ihnen stellt *Selmer* das Postulat der Herstellung einheitlicher Lebensverhältnisse[104] gegenüber. Eigenständiger Gehalt sei ihm fremd; immerhin drängten aber das Bundesstaatsprinzip, das Sozialstaatsprinzip und ihre Verknüpfung im Topos vom „sozialen Bundesstaat“ (Art. 20 Abs. 1 GG) auf eine Angleichung der innerdeutschen Wohlfahrtsdifferenzen. Die Unterstützung der neuen Länder sei primär Sache des Bundes, nur sekundär Sache der westlichen Länder. Die Forderung nach Stärkung der finanziellen Eigenverantwortung aller Länder wird wohlwollend aufgegriffen; *Selmer* bescheinigt ihr indes, sie komme „gegenwärtig zu spät und zu früh zugleich“[105]. Gleichwohl bringt er abschließend eine Neugliederung der Länder ins Gespräch, drängt sie indes nicht auf und deutet sogar an, dass die Finanzverfassung sich gegenüber einer Länderneugliederung neutral verhalten, für diese also weder positive noch negative Anreize setzen solle.[106] In den technischen Einzelheiten analysiert *Selmer* sorgfältig die Regelungen, die Art. 107 GG auf seinen unterschiedlichen Stufen bereithält, und unterbreitet differenzierte Reformvorschläge.

Von ganz anderem Charakter ist der Zweitbericht *Ferdinand Kirchhofs*.[107] Sein grundsätzlicher Ansatz ordnet den bundesstaatlichen Finanzausgleich in das föderale Gefüge insgesamt ein, reflektiert aber auch normtheoretische Besonderheiten der Finanzverfassung als einer Folgeverfassung.[108] Die Letztverantwortung im Bundesstaat liege auch finanziell beim Bund, nicht bei den Ländern.[109] Den Bund treffe eine Pflicht zur Herstellung einheitlicher Lebensverhältnisse.[110] Die Länder seien gleichwohl eigenständig. Wie sich diese Eigenständigkeit *de constitutione ferenda* im Design der Art. 106, 107 GG nie-

---

[103] *Peter Selmer*, Grundsätze der Finanzverfassung des vereinten Deutschlands, VVDStRL 52 (1993), S. 10 ff.

[104] Art. 72 Abs. 2 Nr. 3, Art. 106 Abs. 3 Satz 4 Nr. 2 GG a. F.

[105] *Selmer* (Fn. 103), S. 66.

[106] *Selmer* (Fn. 103), S. 60 ff., 69 f.

[107] *Ferdinand Kirchhof*, Grundsätze der Finanzverfassung des vereinten Deutschlands, VVDStRL 52 (1993), S. 71 ff.

[108] *F. Kirchhof* (Fn. 107), S. 80 f.

[109] *F. Kirchhof* (Fn. 107), S. 82.

[110] *F. Kirchhof* (Fn. 107), S. 83 f.

derschlagen solle, legt *Kirchhof* präzise dar: durch ein Festhalten an der grundsätzlich starren Verteilung auf der Primärebene, die „das Interesse jedes Beteiligten am Gedeihen der eigenen Wirtschaft" stimuliere.[111] Gleichwohl erfordere jedenfalls der Ost-West-Ausgleich eine Umverteilung, deren strukturelle Erfordernisse „am besten bereits bei der Ertragsverteilung berücksichtigt" würden.[112] Im Übrigen verdiene Art. 106 Abs. 3 GG aber „eine Entrümpelung"[113]. Sonderbedarfe einzelner Länder gehörten auf die späteren Stufen des Finanzausgleichs. Insgesamt plädiert *Kirchhof* dafür, eine „Kongruenz zwischen Ausgaben, Aufgaben und Finanzmitteln herzustellen"[114]. Zur Stärkung der Transparenz empfiehlt er eine Konzentration der Finanztransfers auf ein einziges Regelwerk, das nur einmal jährlich aktualisiert werde.[115] Weitere Anregungen betreffen Sonderlasten einschließlich der Sonderabgaben sowie Umweltabgaben, deren Ausweitung *Kirchhof* mit guten Gründen entgegentritt.[116]

b) ... im Kontext der Europäischen Integration: Christian Waldhoff und Johanna Hey

2005 wird *Ferdinand Kirchhof* in den Vorstand der Vereinigung gewählt; 2006 greift die Vereinigung mit ihrer Rostocker Tagung finanzverfassungsrechtliche Fragen des Jahres 1992 auf und transzendiert sie zugleich: Gefragt ist nach „Konflikt und Kooperation" innerhalb und zwischen dem Bundesstaat und der Europäischen Union, aber auch nach strukturellen Gemeinsamkeiten und Unterschieden der „gestufe[n] Rechtsordnungen". *Christian Waldhoff* konzentriert sich in seinem Referat gegenständlich zunächst auf die deutsche Finanzverfassung, betont aber die unionalen und internationalen Einflüsse, denen sie ausgesetzt ist[117] – rechtlich etwa durch das Beihilfenverbot, faktisch durch den Steuerwettbewerb.[118] Zugleich wendet sich *Waldhoff* gegen *Ferdinand Kirchhofs*[119] Leitbild der Finanzverfassung als einer Folgeverfassung. Die Finanzverfassung sei heute von einer Wechselwirkung zwischen Einnahmen und Aufgaben (Ausgaben) geprägt; die Einnahmen (auch die Steuer) seien zudem mit Lenkungszwecken bepackt. Damit gewinnen demokratische Debatten über Art und Maß der Besteuerung Selbststand.[120] Erst durch diese Zusammenhänge wird deutlich, das wirkliche Finanzautonomie immer auch Einnahmenautonomie voraussetzt.

In der Sache bestätigen seine Diagnosen zunächst bekannte Befunde: Die Finanzverfassung sei „Hort extremer Verflechtung"[121]; ihre wissenschaftliche Durchdringung leide an einer defizitären Bundesstaatstheorie. Zentral – und namentlich gegenüber den

---

111 *F. Kirchhof* (Fn. 107), S. 89.
112 *F. Kirchhof* (Fn. 107), S. 89.
113 *F. Kirchhof* (Fn. 107), S. 90.
114 *F. Kirchhof* (Fn. 107), S. 94 f.
115 „Gebot der Einheit des Transfergesetzes": *F. Kirchhof* (Fn. 107), S. 94 f.
116 *F. Kirchhof* (Fn. 107), S. 100 ff.
117 *Christian Waldhoff*, Finanzautonomie und Finanzverflechtung in gestuften Rechtsordnungen, VVDStRL 66 (2007), S. 216 ff.
118 *Waldhoff* (Fn. 117), S. 227 f.
119 Oben bei Fn. 107.
120 *Waldhoff* (Fn. 117), S. 246 ff.
121 *Waldhoff* (Fn. 117), S. 229 f.

Referaten der Bayreuther Tagung neu – ist der Konnex zwischen der Finanzordnung und dem Demokratieprinzip. Das zeigt sich in der Verbindung von Steuerrechtfertigung und bundesstaatlicher Finanzarchitektur. *Waldhoff* betont dabei den freiheitlichen (grundrechtsfreundlichen) Wert des Wettbewerbs in der hoheitlichen Finanzwirtschaft:[122] Föderalismus und Mehrebenenstruktur könnten „insgesamt als groß angelegter, traditionsreicher Versuch einer Regulierung solcher Wettbewerbssituationen interpretiert werden"[123]. Dabei bestehe aber ein kategorialer Unterschied zwischen der staatlichen Steuergewalt (Bund, Länder), die „eigengestaltbare Einnahmen" verlange, und einer nur derivativen Finanzgewalt (Gemeinden: Zuweisung von Steuerquellen; EU: Zuweisung anderer Eigenmittel, mithin finanzrechtliche Mediatisierung der Steuerpflichtigen).[124]

Johanna Hey legt parallele Überlegungen vor,[125] in die sie auch die „Schuldenordnung" einbezieht: die gesetzgebungskompetenzielle Entflechtung und die Stärkung der Landesgesetzgebung seien die probate Alternative zur Kreditfinanzierung der Länder.[126] Auch sie empfiehlt – gleichermaßen für die alten und die neuen Bundesländer[127] – eine behutsame Stärkung wettbewerblicher Elemente in der Steuergesetzgebung, hält zugleich aber eine Ausweitung der Kompetenzen der Bundessteuerverwaltung für sinnvoll.[128] Noch deutlicher als *Waldhoff orientiert Hey* ihre weiteren Analysen und Empfehlungen an den Gegebenheiten des einfachgesetzlichen Steuerrechts. Das zeigt sich in ihrer fundierten Kritik am Gewerbesteuerrecht.[129]

Für die bundesstaatliche Aufteilung der Gesetzgebungskompetenzen nehmen *Waldhoff* und *Hey* vorweg, was zwar nicht das Bundesverfassungsgericht, wohl aber die Vereinigung,[130] sodann der Deutsche Juristentag[131] und später auch der verfassungsändernde Gesetzgeber[132] aufgreifen: eine behutsame Stärkung der Landessteuergesetzgebung.

---

122 *Waldhoff* (Fn. 117), S. 252 ff., 265 ff.

123 *Waldhoff* (Fn. 117), S. 255 m. w. N. in Fn. 181; zur einschlägigen unionsrechtlichen Regulierung und völkerrechtlicher Koordinierung *ders.*, S. 263 f.

124 *Waldhoff* (Fn. 117), S. 257 ff.

125 *Johanna Hey*, Finanzautonomie und Finanzverflechtung in gestuften Rechtsordnungen, VVDStRL 66 (2007), S. 277 ff.

126 *Hey* (Fn. 125), S. 304 ff., 308 f.

127 *Hey* (Fn. 125), S. 318 f.

128 *Hey* (Fn. 125), S. 314 f.

129 „Extrembeispiel der Verflechtung und Intransparenz": *Hey* (Fn. 125), S. 321 ff.

130 Greifswald 2013; dazu unten IV.

131 70. DJT (Essen 2014), Abteilung Öffentliches Recht: Neuordnung der Finanzbeziehungen – Aufgabengerechte Finanzverteilung zwischen Bund, Ländern und Kommunen, Beschluss Nr. 10: „Die Länder benötigen autonom gestaltbare Steuerquellen. Die derzeitige Möglichkeit der Festlegung des Grunderwerbsteuersatzes greift zu kurz. […] Die Länder müssen die Gesetzgebungskompetenzen bei den Steuern, deren Ertrag ihnen ausschließlich zusteht, ausüben können. Ihnen ist ein Zu- bzw. Abschlagsrecht zur Einkommensteuer und Körperschaftsteuer zuzugestehen. Den starken Finanzkraftunterschieden zwischen den Ländern kann z. B. durch die Festlegung von Steuersatzkorridoren Rechnung getragen werden."

132 Allerdings später, kleinteiliger und in der Zielrichtung höchst ambivalent: Für das geltende Verfassungsrecht bewusst die Frage ausblendend, ob überhaupt die Voraussetzungen der Art. 105 Abs. 2 i. V. m. Art. 72 Abs. 2 GG erfüllt waren (vgl. *Waldhoff* (Fn. 117), S. 261 mit Fn. 210 f.; und *Hey* (Fn. 125), S. 310 ff.), ist 2019 eine zusätzliche Abweichungskompetenz eingeführt worden: Art. 72 Abs. 3 S. 1 Nr. 7 GG i. d. F. des Gesetzes zur Änderung des Grundgesetzes (Artikel 72, 105 und 125b) v. 15.11.2019, BGBl.

c) … im Schock der Finanzkrise von 2009: Christian Calliess und Frank Schorkopf

Während zahlreiche Referate und Beiträge der frühen Bonner Jahre die Bedeutung des Londoner Schuldenabkommens (auch) für die Staatsrechtslehre erkennen lassen, thematisiert die Vereinigung die Fragen des Staatsschuldenrechts jahrzehntelang nicht. Schon im Anschluss an die Referate von *Hettlage* und *Maunz* 1955 ist zwar Kritik an der Ausblendung dieser Fragen laut geworden.[133] Doch selbst der bisherige Höhepunkt eines *deficit spending* des Bundes und das Aufflammen der Inflation in den späten 1970er und frühen 1980er Jahren findet keinen Widerhall in der Auswahl der Tagungsthemen und auch nur sporadische Erwähnungen in einzelnen finanzverfassungsrechtlichen Referaten.[134]

Erst nachdem *Johanna Hey* 2006 die „ex- und implizit[e] Staatsverschuldung auf allen Ebenen des Bundesstaates" als „das dringlichste Probleme des Finanzwesens in der Bundesrepublik Deutschland" identifiziert hatte[135] und nachdem in den Jahre 2007 bis 2009 erst Banken, dann Staaten in die Zahlungsunfähigkeit geraten, kommt es zu einem Umdenken. Die Münsteraner Tagung von 2011 greift „Finanzkrisen als Herausforderung der internationalen, europäischen und nationalen Rechtsetzung" auf.

Die beiden Referenten verfolgen einen thematisch breiten Ansatz. *Christian Calliess* widmet sich zunächst der wirtschaftsordnungsrechtlichen Regulierung der privaten Finanzmärkte[136] und markiert die Bedeutung des Vorsorgeprinzips. Der letzte, indes ausführlichste Teil seines Referats nimmt dann aber aus europa- und verfassungsrechtlicher Perspektive die Risiken in den Blick, die sich aus übermäßigen Haushaltsdefiziten einzelner Mitgliedstaaten für die Stabilität des Euro und den Bestand der Währungsunion ergeben.[137] *Calliess* billigt die Einrichtung des ESM. Seine Einführung halte sich im Rahmen der Vorgaben des EFSF-Urteils des BVerfG;[138] es sei gewährleistet, dass keine Form eines föderalen Finanzausgleichs etabliert wird.

Frank Schorkopf antwortet mit Skepsis.[139] Er entwickelt eine juristische Theorie der Krise. Darin weist er darauf hin, dass pathologische Krisen zu transformatorischen Krisen werden könnten;[140] reinigende Effekte zeigten sich etwa in dem Untergang von

---

I 1546. Sie beschränkt sich auf die Grundsteuer. Vorausgegangen waren intensive Auseinandersetzungen zwischen Bund und Ländern und zwischen den Ländern, ein offener Brief von 15 Mitgliedern der Vereinigung zur Stärkung der Gesetzgebung der Länder (Internet: https://www.jura.uni-heidelberg.de/md/jura/fst/aktuelles/offener_brief_zur_grundsteuer_2019-03-04.pdf, 11.02.2022) und intensive öffentliche Debatten. Die von *Waldhoff* (a. a. O., S. 262) und *Hey* (a. a. O., S. 312 ff.) überzeugend geforderte Einführung eines Hebesatz- oder Zuschlagsrechts der Länder auf die Einkommen- und Körperschaftsteuer ist weiterhin Desiderat (vgl. *Eckehard Schmidt*, Steuern im föderalen Staat – ein spannungsreiches Thema, in: FS für Moris Lehner, 2019, S. 467 ff.).

133 *Georg Erler*, Diskussionsbeitrag, VVDStRL 14 (1956), S. 71 f.

134 Etwa bei *von Mutius* (Fn. 72), S. 166 f. mit Fn. 70, und *Schuppert* (Fn. 81), S. 245 ff.

135 *Hey* (oben Fn. 125), S. 306.

136 *Christian Calliess*, Finanzkrisen als Herausforderung der internationalen, europäischen und nationalen Rechtsetzung, VVDStRL 71 (2012), S. 115 ff.

137 *Calliess* (Fn. 136), S. 152 ff.

138 BVerfGE 129, 124 [2011].

139 *Frank Schorkopf*, Finanzkrisen als Herausforderung der internationalen, europäischen und nationalen Rechtsetzung. Mitbericht, VVDStRL 71 (2012), S. 183 ff.

140 *Schorkopf* (Fn. 139), S. 188 f.

Staatsbanken (Landesbanken) ohne Geschäftsmodell.[141] Problematisch seien aber die Interessenkonflikte, in die Staaten geraten, wenn sie Adressaten von Gewährleistungsansprüchen, damit potenzielle Rettungsinstanzen, zugleich aber ihrerseits Marktteilnehmer sind; in dieser Lage drohten einerseits Selbstermächtigungen zentraler Hoheitsträger wie der Europäischen Union und ihrer Organe,[142] andererseits Missachtungen von Grundrechten[143] und v.a. mangelnde Problemlösung. Auch die Einführung von Art. 136 Abs. 3 AEUV könne die problematische Regelungslücke im Unionsrecht ebenso wenig schließen wie das allgemeine Völkerrecht.[144] Erforderlich sei eine Schärfung der Verantwortung. Dazu plädiert *Schorkopf* abschließend für die Rücküberführung der Krisenbewältigungszuständigkeit von der Exekutive an die Parlamente.[145]

d) … nach der Reform von 2009: Ulrich Haltern und Ekkehart Reimer

Unter dem Vorsitz des Finanzrechtlers *Joachim Wieland* gelangen 2013 in Greifswald erneut Reformfragen der bundesstaatlichen Finanzverfassung auf die Tagesordnung. Die Referate erweisen sich in ihren Ansätzen als noch heterogener als die Berichte von *Calliess* und *Schorkopf.* Der Erstberichterstatter, *Ulrich Haltern,* wählt einen diskurstheoretischen Ansatz.[146] Er diagnostiziert und begründet die Unleserlichkeit der Finanzverfassung.[147] In der Sache sei der demokratische Souverän insbesondere nicht zu einer Stärkung der Steuerkompetenzen der Länder fähig. Einschlägigen Vorschlägen aus der Wissenschaft stehe eine sich nur marginal bewegende Praxis gegenüber; grundlegende Reformvorschläge hätten keine Aussicht auf Erfolg.[148] Den Grund sieht *Haltern* in der großen sozialstaatlichen Unitarisierung, die sich dem Sinn bundesstaatlicher Differenzierung verweigere. Der Drang der Deutschen in die Zentralität entspringe der Überzeugung von gleicher Würde, mithin gleichen Lebensverhältnissen. In föderaler Hinsicht habe bereits die Finanzverfassung zu einer strukturellen Übermacht des Bundes geführt; der sozialversicherungsrechtliche Parafiscus verstärke diese zentripetale Neigung noch beträchtlich.[149] Sie präge die „Eigenlogik der Politik“. Er lasse sich weder leicht rechtlich bändigen noch in Vernunft auflösen,[150] sondern sei letztlich zu billigen.

Der Zweitbericht steigt von der diskurstheoretischen Perspektive auf die Gegenstandsebene hinab.[151] In Fortführung der Linie von *Ferdinand Kirchhof, Christian Waldhoff* und *Johanna Hey* wird für Verfassungsinterpretation, vor allem aber für die nach dem

---

[141] *Schorkopf* (Fn. 139), S. 197.
[142] *Schorkopf* (Fn. 139), S. 198.
[143] *Schorkopf* (Fn. 139), S. 199 ff.
[144] *Schorkopf* (Fn. 139), S. 204 ff., 208 f.
[145] *Schorkopf* (Fn. 139), S. 216 f.
[146] *Ulrich Haltern,* Zukunftsgestaltung durch Öffentliches Recht. Die künftige Ausgestaltung der bundesstaatlichen Finanzordnung, VVDStRL 73 (2014), S. 103 ff.
[147] *Haltern* (Fn. 146), S. 128 ff.
[148] *Haltern* (Fn. 146), S. 117.
[149] *Haltern* (Fn. 146), S. 149.
[150] *Haltern* (Fn. 146), S. 148.
[151] *Ekkehart Reimer,* Zukunftsgestaltung durch Öffentliches Recht. Die künftige Ausgestaltung der bundesstaatlichen Finanzordnung, VVDStRL 73 (2014), S. 153 ff.

Auslaufen des „Solidarpakt II" anstehende Reform der Finanzverfassung und des bundesstaatlichen Finanzausgleichs eine vierfache Verantwortung des Bundesgesetzgebers postuliert: kompetenzielle, konsequenzielle, konsekutive und kommutative Finanzverantwortung. Dienlich sei eine Verbreiterung des Arsenals der Handlungsformen. Grundgesetz und Staatspraxis hätten schon in der Vergangenheit innerhalb der Handlungsform des Bundesgesetzes einen Bedarf nach normhierarchischer Ausdifferenzierung ausgelöst und aufgedeckt.[152]. Denkbar sei aber auch die Nutzung vertragsähnlicher Elemente im sekundären Finanzausgleichsrecht.[153] So könne das Grundgesetz dem Maßstäbegesetz und den Folgegesetzen vertragsähnlichen Charakter geben. Dazu könnte das Zustandekommen an das Erfordernis einer doppelten Mehrheit (bei den gegenwärtigen Geber- und den gegenwärtigen Nehmerländern) geknüpft werden. Jede Seite solle das Gesetz kündigen können. Für den sekundären vertikalen Finanzausgleich müsse zusätzlich der Bundestag ein Kündigungsrecht erhalten.[154]

Wie schon die Rostocker Tagung hat auch die Greifswalder Tagung Spuren in den Empfehlungen des 70. Deutschen Juristentages (2014[155]) hinterlassen. Wiederum lassen sich auch Parallelen zu der nachfolgenden Rechtsentwicklung auf den Feldern der Steuergesetzgebungskompetenzen der Länder[156] und des bundesstaatlichen Finanzausgleichs ziehen,[157] wobei der Nachweis von Kausalitäten insoweit kaum gelingen dürfte.

6. Zwischenergebnis

Die Bestandsaufnahme ließe sich durch die Einbeziehung der mündlichen Diskussionsbeiträge, weitere Analysen der Mitbehandlung finanz- und steuerrechtlicher Fragen oder Impulse in weiteren Referaten[158] und in den Gesprächskreisen[159] ergänzen und verdichten. Gerade die Diskssionsbeiträge lassen einen Rückschluss darauf zu, ob und inwieweit

[152] Z. B. Haushaltsgrundsätzegesetz, Bundeshaushaltsordnung, Maßstäbegesetz, Tilgungsregelungen i. R. d. Art. 109 Abs. 3 GG: *Reimer* (Fn. 151), S. 168 f.

[153] *Reimer* (Fn. 151), S. 169 f.

[154] *Reimer* (Fn. 151), S. 177 f.

[155] Oben Fn. 131.

[156] Oben Fn. 132.

[157] Nach dem 2017 neu eingefügten Art. 143f GG (eingefügt durch Art. 1 des Gesetzes zur Änderung des Grundgesetzes (Artikel 90, 91c, 104b, 104c, 107, 108, 109a, 114, 125c, 143d, 143e, 143f, 143g) v. 13.07. 2017, BGBl. I 2017, S. 2347) treten Art. 143d GG, das FAG und sonstige auf der Grundlage von Art. 107 Abs. 2 GG erlassene Gesetze außer Kraft, wenn Bundesregierung, Bundestag oder gemeinsam mindestens drei Länder ab 2031 Verhandlungen über eine Neuordnung der bundesstaatlichen Finanzbeziehungen verlangt haben und es binnen fünf Jahren nicht zu einer gesetzlichen Neuordnung der bundesstaatlichen Finanzbeziehungen gekommen ist. Zu diesem (Quasi-)Kündigungsrecht *Hanno Kube,* in: Epping/ Hillgruber (Hrsg.), BeckOK GG, 49. Ed. (2021), Art. 143f Rn. 2.

[158] Insbesondere bei *Axel Frhr. von Campenhausen,* Verfassungsgarantie und sozialer Wandel: das Beispiel von Ehe und Familie, VVDStRL 45 (1987), S. 7 ff. (35 ff.); *Reinhard Mußgnug,* Gesetzesgestaltung und Gesetzesanwendung im Leistungsrecht, VVDStRL 47 (1989), S. 113 ff. (v. a. S. 126 ff., 128 ff.); *Klaus-Dieter Drüen,* Verschränkungen öffentlich-rechtlicher und privatrechtlicher Regime im Verwaltungsrecht, VVDStRL 79 (2020), S. 127 ff. (v. a. S. 135 ff., 153 ff.).

[159] Zuletzt *Roman Seer,* Was kann das Allgemeine Verwaltungsrecht vom Steuerrecht lernen?, Mannheim 2021.

Innovationen und Überlegungen, die ihrerseits nicht dem Finanz- und Steuerrecht entsprangen, einen Widerhall im Kreis der Fachvertreter gefunden haben.

Trotz dieser Randunschärfe fördert die Bestandsaufnahme aber bereits den beachtlichen Reichtum an Teilgebieten, Themen und auch methodischen Zugängen zum Finanz- und Steuerrecht zutage, der sich in der hundertjährigen Tagungserfahrung der Vereinigung zeigt. Auf den Tagungen in Hamburg (1955), Bayreuth (1992), Rostock (2006) und Greifswald (2013) hat sich die Vereinigung in immer schnellerer Folge, aber mit erstaunlicher inhaltlicher Konkordanz den übergreifenden Grundfragen der – jeweils gewandelten oder zu wandelnden – Finanzverfassung gewidmet. Manches deutet darauf hin, dass insbesondere die Rostocker und die Greifswalder Tagung jeweils Spuren in der öffentlichen Diskussion und sogar in Reformen der Finanzverfassung hinterlassen haben.[160] Im Übrigen zeigt sich aber für die Themenstellungen und ebenso auch für die Zielrichtung der Thesen ein ausgesprochen geringes Maß an Redundanz.

Gleichwohl fällt die Existenz von Gesprächsfäden auf, die über die Jahrzehnte hinweg geknüpft werden. Das gilt etwa für das lange Ringen um die Maßstäblichkeit der Eigentumsgarantie für die Besteuerung. In seiner Diskussionsbemerkung auf der Hamburger Tagung 1955 zitiert *Werner Weber* dazu den *Hensel*-Hörer *Werner Flume*. *Webers* Gedanke wird ein Vierteljahrhundert später in Innsbruck den Referenten *Paul Kirchhof* und *Hans Herbert von Arnim* als Thema gestellt,[161] hallt in der Vereinigung nach[162] und findet zugleich den Weg in die Rechtsprechung des Zweiten Senats des Bundesverfassungsgerichts[163]. Und wenn *Werner Weber* fast im selben Atemzug „eine vom Staat manipulierte Inflation" als „eklatante Verletzung der Eigentumsgarantie" ansieht, die „verfassungsgerichtlich durchaus justitiabel" sei, sind bereits Gegenwartsfragen angesprochen.[164]

7. Was fehlt?

Diese Befunde lassen sich mit Lücken kontrastieren, die sich in der Rückschau bis heute zeigen. Geographisch fällt auf, dass die Vereinigung in ihrer hundertjährigen Geschichte die Fragen des Finanz- und Steuerrechts stets für Deutschland erörtert hat, sieht man von dem ausführlichen Wortbeitrag von *Stanka* (Hamburg 1955)[165] und den förmlichen Länderberichten von *Haller* und *Jaag* (Bayreuth 1993),[166] *Schäffer* und *Ruch* (Wien 1995)[167] ab. Angesichts der besonderen Nähe des Finanzrechts zu Grundfragen des Föderalismus, die wissenschaftlich reichhaltig und lohnend sind, erstaunt dieser Befund. Er steht in auffälligem Gegensatz zu der sonst üblichen Offenheit der Vereinigung für

---

[160] Oben Fn. 132 und Fn. 157.

[161] Oben bei Fn. 28.

[162] Etwa bei *Reinhard Mußgnug*, Gesetzesgestaltung und Gesetzesanwendung im Leistungsrecht, VVDStRL 47 (1989), S. 113 ff. (128).

[163] Oben Fn. 35.

[164] Wiederum *Paul Kirchhof*, Geld im Sog der Negativzinsen, 2021.

[165] Oben Fn. 27.

[166] Oben bei Fn. 103.

[167] Oben bei Fn. 100.

eine die drei Staaten übergreifende Behandlung des Rechtsstoffs und der Grundfragen. Der Grund für dieses Deutschlandmonopol dürfte indes weniger in Besonderheiten des Gegenstands als vielmehr in der Verfügbarkeit geeigneter Referentinnen und Referenten liegen. Die deutschen Hochschullehrer des Steuerrechts verfügten und verfügen nahezu durchgehend auch über Venien im Öffentlichen Recht oder aber im Privatrecht,[168] so dass sie in den allgemeinen Fachgesellschaften wie der VDStRL präsent, jedenfalls aber deren Mitglieder sind. Demgegenüber sind in Österreich und in der Schweiz (ebenso wie in nahezu allen anderen europäischen Staaten[169]) Venien und Professuren nur für das Finanz- und/oder Steuerrecht üblich;[170] sie eröffnen ihren Inhabern nicht die Perspektive einer Aufnahme in die Vereinigung.[171]

Thematisch und personell sind Systematik und Strukturfragen des einfachen Steuerrechts aber auch für Deutschland unterbelichtet geblieben. Ein nennenswerter Teil der bedeutenden Steuerrechtlerinnen und Steuerrechtler, die Mitglieder der Vereinigung sind oder waren, haben (bislang) nicht referiert;[172] dadurch sind weite Teile des Unternehmensteuerrechts, die indirekten Steuern, aber auch das gesamte Außensteuerrecht, das Kommunalabgabenrecht und die Fragen von innerstaatlichem und zwischenstaatlichem Rechtsschutz nicht zur Sprache gekommen. Das mag der Komplexität des Rechtsgebiets, durchaus auch aber seiner juristischen Doppelheimat[173] und den starken wirtschaftlich-quantitativen Bezügen geschuldet sein.

Seit dem Referat von *Ernst Forsthoff* im Jahr 1953[174] fehlen – mit der unechten Ausnahme des Mannheimer Gesprächskreises Verwaltung 2021[175] – auch alle Verknüpfungen

---

[168] Zu den bedeutenden Ausnahmen zählen *Heinrich Wilhelm Kruse, Joachim Lang, Jörg Manfred Mössner, Wolfram Reiß* und *Klaus Tipke.*

[169] Zu der disziplinären Besonderheit in Deutschland statt aller *Helmuth Schulze-Fielitz,* in diesem Band, S. 219.

[170] Für Österreich statt aller *Gerold Stoll,* sodann *Markus Achatz, Werner Doralt, Tina Ehrke-Rabel, Wolfgang Gassner, Johannes Heinrich, Daniela Hohenwarter-Mayr, Sabine Kirchmayr-Schliesselberger, Eduard Kofler, Georg Kofler, Michael Lang, Eduard Lechner, Gunter Mayr, Hans Georg Ruppe, Josef Schuch, Caroline Spies* und *Claus Staringer.*

[171] Eine wichtige Auffangfunktion kommt im deutsch-österreichischen Verhältnis insoweit der Deutschen Steuerjuristischen Gesellschaft (DStJG) zu, in der sich nahezu alle Vertreter der österreichischen und der deutschen Steuerrechtswissenschaft jährlich begegnen. Etablierte mehrseitige Kontakte unter Einschluss der Schweizer Steuerrechtslehre bestehen durch die European Association of Tax Law Professors (EATLP) und die International Fiscal Association (IFA).

[172] Etwa *Gerhard Wacke, Christoph Trzaskalik, Hans-Wolfgang Arndt, Moris Lehner, Roman Seer* (s. aber Fn. 159), *Sebastian Müller-Franken, Georg Jochum, Arndt Schmehl, Heike Jochum, Rainer Wernsmann, Anna Leisner-Egensberger, Andreas Musil, Gregor Kirchhof, Joachim Englisch, Roland Ismer, Marc Desens, Marcel Krumm, Simon Kempny* und *Matthias Valta.*

[173] Traditionell starke Mitbehandlung durch Zivilrechtslehrer in der örtlichen und systematischen Tradition *Albert Hensels,* für die v. a. die Schule von *Werner Flume* (*Brigitte Knobbe-Keuk, Wolfgang Schön, Rainer Hüttemann*), aber auch *Joachim Schulze-Osterloh,* seine Schülerin *Susanne Sieker* und *Heribert Anzinger* zu nennen sind.

[174] *Ernst Forsthoff,* Begriff und Wesen des sozialen Rechtsstaates, VVDStRL 12 (1954), S. 8 ff. (31 ff.). Zu diesen Verknüpfungen *Klaus Vogel*, Lenkungsteuern und Eigentumsgarantie, BayVBl. 1980, S. 523 ff.; auch abgedruckt in *ders.*, Der offene Finanz- und Steuerstaat. Ausgewählte Schriften 1964–1990, 1990, S. 593 (598).

[175] *Roman Seer/Stephan Rixen,* Was kann das Allgemeine Verwaltungsrecht vom Sozialrecht und vom Steuerrecht lernen?, Mannheim 2021.

des Sozialrechts[176] mit dem Steuerrecht,[177] obwohl sich gerade hier wichtige teilgebietsübergreifende Fragen des Massenverwaltungsrechts erörtern und seltene intradisziplinäre Debatten führen ließen, für die die Vereinigung als einziges neutrales Forum bereitsteht.

Aus den nichtsteuerrechtlichen Teilen des öffentlichen Finanzrechts sind schließlich v. a. die Fragen der öffentlichrechtlichen Bewältigung von Inflationsfolgen kaum behandelt worden. So präsent vor allem die inflationsbedingten Vermögensverschiebungen und hier besonders der Vermögensverluste der Sparer in der Weimarer Staatsrechtslehre waren[178] und bis heute als spezifisch deutsches Trauma gelten,[179] so wenig spiegeln sie sich bislang in der Themenwahl für die Tagungen.

II. Konstitutionalisierung und ihre Schauplätze

Die Bestandsaufnahme und ebenso der Blick auf die genannten Besonderheiten des Steuerrechts deuten bereits in die Richtung der Ausgangsthese von den asymmetrisch gegenläufigen Einflüssen zwischen Steuerrecht und dem übrigen Öffentlichen Recht. Die Befunde bedürfen aber zuvor einer Verankerung in den wechselseitigen Bezügen zwischen Steuerrecht und Verfassungsrecht, und zwar weniger in wissenschaftlich-reflexiver Hinsicht als auf Ebene der Verfassungsinterpretation: Wo hat die Bildung verfassungsrechtlicher Maßstäbe in einem finanz- und steuerrechtlichen Kontext Impulse erfahren, die das Referenzgebiet sodann transzendiert, also in die Breite gewirkt haben?

1. Finanzrecht als Brennglas des Föderalismus

Von rechtlich und politisch kaum zu überschätzender Bedeutung ist die Funktion der föderalen Finanzordnung als Indikator, partiell sogar als Determinante für die Entwick-

---

[176] Das für sich genommen vielfach Gegenstand von Tagungen der Vereinigung war: in Bonn 1953 (*Ernst Forsthoff* und *Otto Bachof*: Begriff und Wesen des sozialen Rechtsstaates), in Bern 1969 (*Wilhelm Henke* und *Wolfgang Rüfner*: Die Rechtsform der sozialen Sicherung und das allgemeine Verwaltungsrecht), in München 1986 (*Theo Öhlinger* und *Peter Krause*: Verfassungsgarantie und sozialer Wandel. Rechtsverhältnisse in der Leistungsverwaltung), vor allem aber in Jena 2004, als unter dem Oberthema „Der Sozialstaat in Deutschland und Europa“ *Christoph Enders* und *Ewald Wiederin* die „Sozialstaatlichkeit im Spannungsfeld von Eigenverantwortung und Fürsorge“, *Rainer Pitschas* und *Helge Sodan* „Die Zukunft der sozialen Sicherungssysteme“ und *Peter J. Tettinger* und *Jens-Peter Schneider* „Verwaltungsrechtliche Instrumente des Sozialstaates“ behandelt haben; sowie zuletzt in Erlangen 2008 (*Ulrike Davy* und *Peter Axer*: Soziale Gleichheit – Voraussetzung oder Aufgabe der Verfassung?). Dazu insgesamt der Beitrag von *Ulrike Davy*, in diesem Band, S. 381 ff.

[177] Anders für die verfassungsrechtliche Ebene. Dazu insbesondere *Reinhard Mußgnug*, ferner *Friedhelm Hufen* und *Hermann Hill*, Gesetzesgestaltung und Gesetzesanwendung im Leistungsrecht, VVDStRL 47 (1989), S. 113 ff., 142 ff., 172 ff.

[178] Zur Frage der Verfassungswidrigkeit der Aufwertungsgesetzgebung *Triepel*, Goldbilanzverordnung und Vorzugsaktien (Rechtsgutachten 1924); m. w. N. *Ute Sacksofsky*, in diesem Band, S. 484 mit Fn. 35.

[179] Zuletzt *Georg von Wallwitz*, Die große Inflation. Als Deutschland wirklich pleite war, 2021.

lungsrichtung der bundesstaatlichen Ordnung im Ganzen.[180] Die durch die Weimarer Reichsverfassung ermöglichte, durch die Erzbergerschen Finanzreformen dann einfachgesetzlich vorgegebene Zentralisierung der Finanzgewalt ist charakteristisch für die Weimarer Föderalismuskonzeption insgesamt:[181] Hier wie dort tritt die Dominanz des Reiches überdeutlich hervor[182].

Die Finanzverfassung(en) des Grundgesetzes weisen in eine andere Richtung. Spätestens seit 1955 begreift die Staatsrechtslehre die Absage an ein Trennsystem nach schweizerischem oder US-amerikanischem Vorbild, positiv gewendet: das hohe, in der Folgezeit weiter zunehmende Maß an Verflechtung zwischen Bund und Ländern als Ausdruck eines kooperativen Föderalismus.[183]

Allerdings verbietet sich der Kurzschluss von Indikatoren auf Kausalitäten.[184] Man wird kaum sagen können, dass es das überzentralistische, indes im Wesentlichen einfachgesetzlich geprägte Weimarer Finanzausgleichsrecht war, das den Bedeutungsverlust und letztlich die Gleichschaltung der Länder herbeigeführt hat. Der Bedeutungsverlust des föderalen Prinzips war multikausal; und weitaus wirkmächtiger als die Ordnung der Finanzkompetenzen trugen die fortbestehende Nähe Preußens zum Reich,[185] die republikanische Entwicklung und damit letztlich die machtpolitischen und herrschaftssoziologischen Umwälzungen[186] zu der Prädominanz des Reiches gegenüber den Gliedstaaten bei.

Anders ist die Kausalitätsfrage für das Grundgesetz und hier insbesondere die Zeit seit dem Inkrafttreten der ersten großen Reform der Finanzverfassung 1967/69 zu beantworten. Einnahmenseitig hat die Einführung des „großen Steuerverbundes", ausgabenseitig die Erfindung der Gemeinschaftsaufgaben die Länder an den goldenen Zügel des Bundes genommen. Sie haben es dem Bund rechtlich ermöglicht, gegenüber den Ländern und teils auch den Gemeinden und Gemeindeverbänden zahllose finanzielle Anreize zu setzen. Namentlich die fortschreitende Zentralisierung der Bildungspolitik darf deshalb als mittelbare Folge der Reformen der bundesstaatlichen Finanzordnung angesehen werden. Manches spricht dafür, dass diese Entwicklung durch die Einführung der gesamtstaatlichen Defizitbegrenzungen (Art. 109 Abs. 3 GG[187]) nochmals befeuert worden ist: Finanzschwache Länder, denen der Weg in die Neuverschuldung abgeschnitten wird,

---

[180] Vgl. auch *Giovanni Biaggini*, in diesem Band, S. 355 ff.

[181] Dazu *Fabian Wittreck*, Status und Rolle der Länder und ihrer Verfassungen. Traditionsanknüpfung, Landesverfassung, Demokratieerfahrungen, in: Dreier/Waldhoff (Hrsg.), Weimars Verfassung: eine Bilanz nach 100 Jahren (2020), S. 87 ff.

[182] Gleichwohl bleibt erstaunlich, wie häufig die Länder und ihre Kompetenzen in der neueren Forschung zu Zustandekommen, Inhalt und Wirkungsweise der WRV gänzlich ausgeblendet werden (etwa bei *Udo Di Fabio*, Die Weimarer Verfassung – Aufbruch und Scheitern. Eine verfassungshistorische Analyse, 2018; und den Beiträgen in Horst Dreier/Christian Waldhoff (Hrsg.), Das Wagnis der Demokratie. Eine Anatomie der Weimarer Reichsverfassung, 2018).

[183] Exemplarisch die – insoweit übereinstimmenden – Bericht von *Hettlage* (oben Fn. 23), S. 36; und *Maunz* (oben Fn. 24), S. 45 ff.

[184] Verwischt durch die Interdependenzthese bei *Maunz* (oben Fn. 24), S. 37.

[185] Dazu *Almut Neumann*, Preußen im Weimarer Bundesstaat – „Der Kern des Übels"? in: Dreier/Waldhoff (Hrsg.), Weimars Verfassung: eine Bilanz nach 100 Jahren, 2020, S. 119 ff.

[186] Zu diesen Determinanten insgesamt *Di Fabio* (Fn. 182), S. 24 ff.

[187] Gesetz zur Änderung des Grundgesetzes v. 29.7.2009, BGBl. I 2248.

nehmen den Bund nicht ohne Erfolg in die politische Verantwortung für Investitionen in die Landesinfrastruktur, für die Übernahme struktureller Belastungen oder sogar für die Tilgung ihrer Altschulden.

2. Steuerrecht als Grundrechtslabor

Der zweite Schauplatz steuerrechtlicher Befruchtung der allgemeinen Verfassungsdogmatik ist – jedenfalls unter dem Grundgesetz – die Grundrechtsdogmatik. Als Recht in Zahlen ist das Steuerrecht nach einem Wort *Klaus Vogels* die „Physik der Rechtswissenschaft“. Wegen der weitreichenden Kommensurabilität seiner Tatbestände und vor allem der Rechtsfolgen (Geld als zentrale Größe) bietet es besonders günstige Laborbedingungen für Gleichheitsprüfungen.[188] In Aufnahme des wahlverfassungsrechtlichen Konsequenzgebots war es das Steuerrecht, für das das Bundesverfassungsgericht bereits 1968, verstärkt dann seit 1987 das Prinzip der Folgerichtigkeit ausbuchstabiert hat.[189] Auch die Rückwirkungsjudikatur und hier namentlich die Unterscheidung zwischen echter und unechter Rückwirkung und der Dualismus der Prüfungsmaßstäbe sind mit Blick auf die veranlagten direkten Steuern entwickelt worden.[190] Von hier strahlen sie in die Anwendung der Grundrechte und des Rechtsstaatsprinzips auf andere Freiheitseingriffe aus.[191]

3. Steuerrecht als Staatsspiegel[192]

Die Beispiele zeigen einerseits, inwiefern sich das Recht der öffentlichen Finanzen als Messpunkt für das Verständnis des modernen Staates, zumal des Verfassungsstaats verstehen lässt. Diese Beispiele ließen sich für den deutschen Verfassungsstaat insbesondere in der Analyse des Zustands der Gewaltenteilung fortsetzen.[193] Die rechtsstaatliche und gleichheitsrechtliche Rechtsprechung vom strukturellen Vollzugsdefizit hat im Steuerrecht ihren Ausgangspunkt gefunden.[194] Innerhalb der ersten Gewalt fungiert das Fi-

---

188 Statt aller *Christian Seiler,* Das Steuerrecht als Ausgangspunkt aktueller Fortentwicklungen der Gleichheitsdogmatik, JZ 2004, S. 481 ff.

189 Erstmals wohl BVerfGE 23, 242 (Einheitswerte I) [1968], Rn. 42; nachfolgend BVerfGE 84, 239 (Zinsbesteuerung) [1991], Rn. 108, 118; BVerfGE 93, 121 (Vermögensteuer) [1995]; BVerfGE 122, 210 (Entfernungspauschale) [2008]; BVerfGE 126, 268 (häusliches Arbeitszimmer) [2010], Rn. 36 ff.; BVerfGE 137, 350 (Luftverkehrsteuer) [2014], Rn. 41. Aus dem Schrifttum statt aller *Seiler* (Fn. 46), S. 339 und Fn. 23 m. w. N.

190 Vgl. nur BVerfGE 72, 200 (240 ff.) (erweiterte beschränkte Steuerpflicht) [1986]; BVerfGE 97, 67 (77 ff.) (Schiffbauabschreibungen) [1997]; BVerfGE 127, 1 (16 ff.) (Spekulationsgeschäfte) [2010]; BVerfGE 132, 302 (317 ff.) (GewSt auf Portfolio-Ausschüttungen) [2012]; BVerfGE 135, 1 (12 ff.) (§ 43 KAGG) [2013]; m. w. N. *Christian Seiler* (Fn. 46), S. 336 mit Fn. 5.

191 Zuletzt BVerfGE 156, 354 (Vermögensabschöpfung nach Art. 316h EGStGB) [2021].

192 Zur Finanzverfassung als „Spiegelbild der Staatsverfassung“ *Michael Ronellenfitsch,* Die Mischverwaltung im Bundesstaat, 1975, S. 184; *F. Kirchhof* (Rn. 107), S. 86; und *Ekkehart Reimer,* Steuerrecht als Staatsspiegel, in: Baldus u. a. (Hrsg.), Heidelberger Thesen zu Recht und Gerechtigkeit, 2013, S. 39 ff.

193 Zutreffend betont von *Hans Peters,* Diskussionsbeitrag, in: VVDStRL 14 (1956), S. 78 ff.

194 BVerfGE 84, 239 (268 ff.) (Zinsbesteuerung) [1991]; BVerfGE 110, 94 (111 ff.) (private Spekulationsgeschäfte) [2004]; BVerfGE 118, 168 (196) (Kontenabfrage) [2007].

nanzverfassungsrecht als Brutstätte für normhierarchische Dynamisierungen und Ausdifferenzierungen,[195] deren Rezeption in der Breite noch aussteht.

In ähnlicher Weise spiegeln das Steuerrecht und die dazu ergangene Rechtsprechung aber auch den Zustand der Europäischen Union und insbesondere den Stand des europäischen Rechtsprechungsverbunds: Sie sind Seismographen für die schleichende Erstarkung des Anwendungs- zum Geltungsvorrang, des Vorabentscheidungsverfahrens nach Art. 267 AEUV zur Normenkontrolle.[196]

Umgekehrt wurden der Steuerrechtswissenschaft aber immer wieder die Grenzen der Konstitutionalisierung des Steuerrechts vor Augen geführt. Staatsrechtslehrer mit[197] und ohne eine spezifisch steuerrechtliche Verortung[198] haben die Bedeutung des demokratischen Prinzips (auch) für das Steuerrecht hervorgehoben und auf dieser Grundlage die übersteigert strenge Konkretisierung der Grundrechte i. S. allgemeiner Rationalitätsgebote zurückgewiesen.

4. *Zwischenergebnis*

Es sind vor allem diese drei Entwicklungen, die maßgeblich zu einer Konstitutionalisierung des Rechts der öffentlichen Finanzen und insbesondere des Steuerrechts beigetragen haben. Mit seiner Konstitutionalisierung ist das Finanzrecht endgültig im Öffentlichen Recht angekommen. Es erlangt damit einerseits Selbststand gegenüber einer – allmählich verschwindenden – betrieblichen Steuerlehre klassischer (normnaher) Prägung, kann andererseits den Gestaltungsrahmen des Gesetzgebers klarer und präziser bestimmen als der zivilrechtliche Arm der Steuerrechtswissenschaft. Die holistische Zusammenschau des Steuerrechts, des Steuerverfassungsrechts und der Finanzverfassung fördert zugleich das Verständnis spezifisch deutscher Besonderheiten der Steuertypen, Steuerarten, Steuerkonkurrenzen und sogar einzelner steuerrechtlicher Regelungen.[199]

---

[195] *Ekkehart Reimer*, Finanzverfassungsrechtliche Impulse für eine Ausdifferenzierung der Normenhierarchie, in: Hufeld/Kube/Reimer (Hrsg.), Entwicklungslinien der Finanzverfassung, 2016, S. 95 ff.

[196] Insbesondere darf die Judikatur des EuGH zur Konkretisierung der Grundfreiheiten auf das mitgliedstaatliche Recht der direkten Steuern als Indikator für die Abgrenzung zwischen negativer und positiver Integration (dazu *Axel Cordewener*, Europäische Grundfreiheiten und nationales Steuerrecht, 2002, S. 881 f.; *Heribert Anzinger*, Stand und Perspektiven der positiven und negativen Integration des materiellen Steuerrechts in der EU, in: Kube/Reimer (Hrsg.), Europäisches Finanzrecht: Stand – Methoden – Perspektiven, 2017, S. 123 ff.) und für die Emanzipation des Unionsrechts insgesamt gelten, die sich im Übergang vom Anwendungsvorrang zum Geltungsvorrang andeutet: *Ekkehart Reimer*, Diskriminierungs- und Beschränkungsverbote im direkten Steuerrecht, in: Schaumburg/Englisch (Hrsg.), Europäisches Steuerrecht, 2. Aufl. 2019, Rn. 7.88 ff., 7.95 ff.

[197] Etwa *Michael Droege*, Wieviel Verfassung braucht der Steuerstaat?, StuW 2011, S. 105 ff.

[198] *Oliver Lepsius*, Erwerbsaufwendungen im Einkommensteuerrecht, JZ 2009, S. 260.

[199] Dazu *Christian Waldhoff*, Die „andere Seite" des Steuerverfassungsrechts, in: Schön/Beck (Hrsg.), Zukunftsfragen des deutschen Steuerrechts, 2009, S. 125 ff.

III. Osmose?

1. Finanzrecht als Vorbild für andere Teilgebiete des Öffentlichen Rechts

Die Entwicklung des Öffentlichen Rechts und hier namentlich des Allgemeinen Verwaltungsrechts hat von Innovationen, die ihren Ausgang im Finanz- und hier namentlich im Steuerrecht genommen haben, auf vielfältige und kaum zu überschätzende Weise profitiert. Wie immer geht das Prozessrecht dem materiellen Recht voran. Die Gründung des Reichsfinanzhofes im August 1918 fand in der Forderung nach Gründung eines Reichsverwaltungsgerichts[200] ihre Fortsetzung.

Die Vorbildfunktion der Reichsabgabenordnung *Enno Beckers* (1919) für die Konkretisierung und schließlich Kodifizierung des Allgemeinen Verwaltungsrechts ist vielfach hervorgehoben worden. Nach Erlass der Verwaltungsverfahrensgesetze ist die Abgabenordnung von 1977 ihrerseits erneut zur Brutstätte verfahrensrechtlicher Innovationen geworden. Das gilt namentlich für das Informationsrecht im Massenverfahren; so können heute die Regeln der §§ 32a ff. AO, mit denen der Bundesgesetzgeber in zahlreichen Punkten dispositive Garantien subjektiver Rechte aus der DSGVO verkürzt, als Muster für die Verzahnung des deutschen mit dem Europäischen Verwaltungsrecht dienen. Eine Parallele zur Einführung der Reichsabgabenordnung findet auf europäischer Ebene der Erlass des Zollkodex von 2013,[201] der – z. T. einschließlich der auf seiner Grundlage ergangenen Durchführungsverordnungen und Delegierten Verordnungen – zur Blaupause der Kodifikation eines Europäischen Allgemeinen Verwaltungsrechts werden könnte.

2. Staatsrechtslehre als Vorbild für die Finanzrechtswissenschaft

Dass Entwicklung des Finanzrechts damit als Motor für Innovationen in anderen Teilen des Öffentlichen Rechts gelten darf, gilt nicht in gleicher Weise für die Entwicklung der jeweiligen wissenschaftlichen Disziplinen. Vielmehr stützt die Bestandaufnahme die Ausgangsthese, dass auf Ebene der Wissenschaftsentwicklung die allgemeine Staats- und Verwaltungsrechtswissenschaft zum Treiber zunächst für eine Verwissenschaftlichung und sodann für die Weiterentwicklung der Methoden, Modelle und Maßstäbe der Finanzrechtswissenschaft wurde.[202]

a) Der Impuls der Münsteraner Tagung von 1926

Den zweiten Tag der dritten Tagung der Vereinigung – der 30. März 1926 – haben zwei auffallend junge Mitglieder der Vereinigung bestritten: Der Erstberichterstatter, *Albert*

---

200 Art. 31 Abs. 2, Art. 166 WRV und das Gesetz über den Staatsgerichtshof v. 09.07.1921, RGBl. I 1921, 194.

201 Verordnung (EU) Nr. 952/2013 des Europäischen Parlaments und des Rates v. 09.10.2013 zur Festlegung des Zollkodex der Union, ABl. L 269 v. 10.10.2013, S. 1 (sog. Unionszollkodex).

202 Vgl. *Andreas Musil,* Die Sicht der Steuerrechtswissenschaft auf das Verfassungsrecht, in: Schön/Röder (Hrsg.), Zukunftsfragen des deutschen Steuerrechts II, 2014, S. 129 ff.

Hensel, war erst 31 Jahre alt und gehörte damit nicht nur zu den jüngsten Mitgliedern der Vereinigung, sondern war auch insgesamt der bis dato jüngste Referent; und auch *Ottmar Bühler* war nur gut zehn Jahre älter. Dabei hätten auch unter den älteren Mitgliedern der Vereinigung genug potenzielle Referenten zur Verfügung gestanden – *Hans Nawiasky,*[203] *Ludwig Waldecker,*[204] selbst *Erich Kaufmann*[205] oder *Hermann Mirbt.*[206] Dass die Wahl gerade auf die aufstrebenden jungen Staatsrechtslehrer *Hensel* und *Bühler* gefallen war, kann deshalb als bewusster Impuls zur wissenschaftlichen Weiterentwicklung des Faches angesehen werden. Auch die bereits zitierte Eingangsbemerkung *Hensels*[207] spricht für diese These. Auf erstaunliche Weise verbindet sich mit Namen, Leben und Werk *Albert Hensels* bis heute die Erfüllung der Erwartung einer Verwissenschaftlichung des Steuerrechts, mit *Ottmar Bühler* die Breitenwirkung im akademischen Unterricht.

b) Die Einheit der Wissenschaft vom Öffentlichen Recht

Bei aller Nähe der Steuerrechtswissenschaft zur Zivilrechtswissenschaft, ihrer – uneingestandenen und ungenutzten – Nähe zur Wissenschaft vom Sozialrecht hat das Steuerrecht seine wissenschaftliche Durchdringung vor allem der gelebten Einheit der Wissenschaft vom Öffentlichen Recht in Deutschland zu verdanken, für die die Vereinigung steht.[208] In den wechselnden Vorstandsämtern und der nachhaltigen, gegenwärtig sehr stabilen Tradition, dass die nicht spezifisch zivilrecht geprägten Privatdozentinnen und Privatdozenten des Steuerrechts stets auch öffentlichrechtliche Venien anstreben, erhalten und sodann der Vereinigung beitreten, gründet die Hoffnung darauf, dass sich die Einheit des Faches in allseitigem Interesse fortsetzt.

Diese Einheit ist Ausdruck wechselseitiger Anstrengung und Förderung zwischen Vertretern der Steuerrechtswissenschaft und der Staatsrechtslehre im Ganzen. Durch das Einrücken von Steuerrechtswissenschaftlern in das Bundesverfassungsgericht oder ihre Berufung auf bedeutende öffentlichrechtliche Lehrstühle bleibt der osmotische Prozess erhalten, der für beide Seiten methodisch und dogmatisch von hohem Wert ist, als Alleinstellungsmerkmal der deutschen Finanzrechtswissenschaft gelten darf und der insbesondere der Fortentwicklung der Finanzverfassung im Interesse des politischen Gemeinwesens zugute kommt. Inwieweit das Finanz- und Steuerrecht als wissenschaft-

[203] *Nawiaskys* einschlägige Interessen zeigen sich in seiner Monographie „Steuerrechtliche Grundfragen“ (1926), später auch in dem Aufsatz „Einiges über steuerrechtliche Grundfragen“, in: Vierteljahresschrift für Steuer- und Finanzrecht, 2. (1928), S. 442 ff., und der „Grundsätzliche[n] Betrachtung über die finanzielle Auseinandersetzung zwischen Reich und Ländern“ (1929).

[204] Zu ihm *Michael Stolleis* (oben Fn. 3), S. 261 f., Fn. 95; *Horst Göppinger*, Juristen jüdischer Abstammung im „Dritten Reich“, 2. Aufl. 1990, S. 364 f.; *Ernst Rudolf Huber*, Deutsche Verfassungsgeschichte seit 1789, Bd. 6, 1981, S. 993 mit Fn. 19. *Waldecker* ist – nahezu zeitgleich mit *Hensel* – der erste Verfasser eines genuin juristischen Lehrbuchs zum jungen Reichssteuerrecht: *Ludwig Waldecker,* Deutsches Steuerrecht, 1924.

[205] Zu *Kaufmanns* finanzrechtlichen Interessen *E. Reimer/C. Waldhoff* (oben Fn. 3), S. 14 f. mit Fn. 61; Christian Waldhoff/*Rainer Hüttemann,* Steuerrecht in Forschung und akademischem Unterricht an der Universität Bonn, in: dies. (Hrsg.), Steuerrecht an der Universität Bonn (2008), S. 1 ff. (7, 28).

[206] *Hermann Mirbt,* Grundriß des deutschen und preußischen Steuerrechts, 1926.

[207] Oben bei Fn. 7.

[208] *Schulze-Fielitz,* in diesem Band, S. 216 f. und öfter.

liches Fach heute in der Lage ist, andere Teildisziplinen des Öffentlichen Rechts – methodisch, thematisch oder instrumentell – anzuregen, bedarf indes steter weiterer Beobachtung.[209]

IV. Fazit

Die Entstehung des öffentlichen Finanzrechts als einer Teildisziplin der Wissenschaft vom öffentlichen Rechts fällt in die Gründungszeit der Vereinigung. Beide verdanken ihre Entstehung dem Zentralisierungsschub von Weimar. Das Recht der öffentlichen Finanzen wird in den Erzbergerschen Finanzreformen aus der bundesstaatlichen Fragmentierung nahezu schlagartig in die Reichseinheit überführt; dadurch entsteht eine voluminöse Echokammer, die insbesondere zur Systembildung des Steuerrechts und dem Entstehen einer modernen Steuerrechtswissenschaft geführt hat. Zu diesem Prozess hat neben dem Deutschen Juristentag von 1924 die Münsteraner Tagung der Vereinigung von 1926 maßgeblich beigetragen.

In der Bundesrepublik führt die Ausdifferenzierung des übrigen Verwaltungsrechts zu einem relativen Rückgang der intradisziplinären Bedeutung des öffentlichen Finanzrechts. 1977 diagnostiziert *Josef Isensee* der Staatsrechtslehre eine „Finanzblindheit"[210]. Später steht namentlich der Steuerungsdiskurs der Neuen Verwaltungsrechtswissenschaft trotz der zentralen Bedeutung der Ressource Geld nahezu unverbunden neben dem – sich partiell abkapselnden, stärker in der DStJG als Fachgesellschaft, ferner in völkerrechtlichen, später auch in europarechtlichen Foren verankerten – öffentlichen Finanzrecht. Erst in jüngerer Zeit wird der Vorwurf der Finanzblindheit fallen gelassen;[211] insbesondere die politische Aufmerksamkeit für das Währungsrecht und das Schuldenrecht eröffnet dem öffentlichen Finanzrecht in den Reihen der Vereinigung einen sichtbaren Bedeutungszuwachs.

---

209 Die innovativen Potenziale werden in dem Debattenthema „Steuerrecht als Innovationsressource des Verfassungsrechts?" in JöR 64 (2016) durch Beiträge von *Andreas Musil, Ulrich Palm, Simon Kempny, Markus Heintzen, Joachim Wieland, Wolfgang Schön, Michael Droege* und *Paul Kirchhof* analysiert.

210 *Josef Isensee*, Steuerstaat als Staatsform, in: FS für Hans Peter Ipsen, 1977, S. 409 (412).

211 *Waldhoff* (Fn. 117), S. 270, 358.

Ein Grundrechtslaboratorium – sic et non

Die Behandlung der Grundrechte durch die Staatsrechtslehrervereinigung

*Matthias Jestaedt**

I. Herausforderungen der Fragestellung . . . 431
 1. Gegenstandspräzisierungen . . . 432
 2. Pfadabhängigkeiten eines zentral gesteuerten Diskursformates . . . 434
II. Eine Annäherung auf der Makroebene . . . 437
 1. Vermessungs-„Methoden" und ihre Grenzen . . . 438
 2. Statistische Perspektiven . . . 439
  a) Eingruppierung aller Referate 1924–2021 nach Grundrechtshaltigkeit . . . 439
  b) Kategorie A-Referate 1924–2021 . . . 440
  c) Bezugnahmen des Bundesverfassungsgerichts auf VVDStRL . . . 443
 3. Thematische und methodische Auffälligkeiten . . . 447
  a) Staatsrechtslehre als (Forum der) Grundrechtswissenschaft . . . 447
  b) Behandeltes und nicht Behandeltes . . . 448
  c) Thematische und methodische Zugriffe und deren Verschiebung . . . 450
  d) Die Rolle der Verfassungsgerichtsbarkeit bei der Grundrechtsentwicklung . . . 451
  e) Europäische Grund- und Menschenrechte . . . 452
  f) Grundrechtsvergleichung . . . 453
III. Eine Annäherung auf der Mikroebene . . . 454
 1. Auswahlkriterien . . . 454
 2. Exemplarische Einzelstudien . . . 455
  a) Die Münchener Tagung 1927: Meinungsfreiheit . . . 455
  b) Die Regensburger Tagung 1971: Grundrechte im Leistungsstaat . . . 456
  c) Die Münchener Tagung 1986 und die Greifswalder Tagung 2013 im Vergleich: Ehe und Familie im Wandel . . . 458
IV. Die Tagungen der Staatsrechtslehrervereinigung – ein Grundrechtslaboratorium? . . . 460
Anhang . . . 461

I. Herausforderungen der Fragestellung

Die deutsch(sprachig)e Staatsrechtslehre ist zu erheblichen Teilen Grundrechtswissenschaft. Eine beachtliche Zahl ihrer Mitglieder hat wenigstens eine der beiden akademischen Qualifikationsschriften der Grundrechtsdogmatik gewidmet. Schon mit Rücksicht darauf darf in einem der Geschichte der Vereinigung der Deutschen Staatsrechts-

* Für tatkräftige Mithilfe bei der Sichtung und Aufbereitung der Beratungsdokumentationen danke ich sehr herzlich meinen Mitarbeiter(inne)n *Sabine Klostermann*, *Jonathan Kau* und *Paulina Kiefner*.

lehrer gewidmeten Band ein Blick auf die Behandlung der Grundrechte durch jene nicht fehlen. Ein erster flüchtiger Blick auf die Themen, mit denen sich die Vereinigung auf ihren Jahrestagungen von 1924 bis 2021 beschäftigt hat, unterstreicht diesen Befund. Doch so fraglos die Notwendigkeit der Thematik ist, so rasch stellen sich, sieht man nur genauer hin, Fragen nach Inhalt und Abgrenzung, Darstellung und Bewertung derselben ein.

1. Gegenstandspräzisierungen

So bedürfen die drei Substantive des Untertitels – „Die Behandlung der Grundrechte durch die Staatsrechtslehrervereinigung" –, ungeachtet des bestimmten Artikels, der ihnen jeweils zugeordnet ist und Eindeutigkeit insinuiert, der Präzisierung – dies schon deswegen, weil damit ein wenig mehr an Klarheit über Art und Reichweite des Untersuchungsgegenstandes herbeigeführt werden kann.

Wenn hier von „Grundrechten" die Rede ist, so ist dreierlei in Rechnung zu stellen: Erstens verbindet die Staatsrechtslehrervereinigung sowohl personell als auch fachlich die Diskurse in Deutschland, Österreich und der Schweiz, so dass neben deutschen Grundrechten auch jene in Österreich und der Schweiz mitgemeint sind. Zweitens überspannt die hier in den Blick genommene Phase, soweit es Deutschland betrifft, mehr als nur eine Verfassung; neben den Grundrechten des Grundgesetzes sind – man denke nur an die epochemachenden Referate von *Karl Rothenbücher* und *Rudolf Smend* zum Recht der Meinungsäußerung aus dem Jahre 1927[1] – auch jene der Weimarer Reichsverfassung betroffen. In modifizierter Form gilt die Veränderung dessen, was als Grundrechte galt bzw. gilt, auch für Österreich, dessen Grundrechtsbestand sich nicht zuletzt durch die Erhebung der EMRK in Bundesverfassungsrang anno 1964 stark verändert hat, und selbst für die Schweiz, deren Verfassung im Jahre 1999 einer weitreichenden Nachführung unterzogen worden ist. Und drittens kann mit der Emergenz des europäischen Grundrechtsverbundes von Grundrechten schlechterdings nicht mehr die Rede sein, ohne dass einerseits die EMRK und die Unionsgrundrechte und andererseits deren Verhältnis zu den nationalen Grundrechten in Rechnung gestellt würde.

Wenn als Akteur der Grundrechtsbehandlung „die Staatsrechtslehrervereinigung" erscheint, so geht es dabei nicht um grundrechtsbezogene Willensbildungen und -äußerungen, die der Institution als eigene – im Diskurs mit anderen Meinungsträgern – zugerechnet werden könnten; mit außengerichteten, offiziellen fachbezogenen Statements hält sich die Vereinigung zurück. Vielmehr handelt es sich um Äußerungen von Mitgliedern im Rahmen des fachlichen Hauptprogramms der Jahrestagungen der Vereinigung; jene sind in Gestalt von Referaten und Aussprachen in den „Veröffentlichungen der Vereinigung der Deutschen Staatsrechtslehrer" (VVDStRL)[2] im Wortlaut dokumentiert. Da ganz

---

[1] Dazu näher unten III.2.a).

[2] Im Folgenden werden Referate und Diskussionsbeiträge, soweit es nicht um ein Zitat geht, aus Platzgründen nur mit dem Namen der oder des Äußernden und der Jahreszahl der betreffenden Tagung nachgewiesen.

überwiegend gar nicht oder nicht verlässlich dokumentiert, werden die Referate und Diskussionen in den bis heute drei Arbeitskreisen – „Europäisches Verfassungsrecht", „Verwaltung" und „Grundlagen des Öffentlichen Rechts" –, die dem Hauptprogramm der Jahrestagungen vorangehen, nicht in die Betrachtung einbezogen.[3] Die eigenverantwortliche Behandlung der Grundrechte durch einzelne Mitglieder der Staatsrechtslehrervereinigung außerhalb des Rahmens von Jahrestagungen bleibt, da ohne institutionell-kollektiven Bezug auf die Vereinigung, selbstredend ebenfalls unberücksichtigt.

Während sich indes das sowohl mit „Grundrechte" als auch mit „Staatsrechtslehrervereinigung" Gemeinte taxativ bestimmen lässt, handelt es sich bei der „Behandlung" um einen Skalierungsbegriff, der nicht im Ja-Nein-Modus operiert, sondern ein Mehr und ein Weniger an „Behandlung", eben eine unterschiedliche Intensität kennt. Von „Behandlung" lässt sich bereits dann sprechen, wenn in einem umfangreichen Text einmal der Begriff „Grundrechte" fällt oder aber ein beliebiger, noch so schwacher und mittelbarer Bezug zu den Grundrechten hergestellt wird. „Behandlung" kann aber ebenso auch dahin verstanden werden, dass die Grundrechte titelgebend sein oder auf andere Weise den Hauptgegenstand des Referats und der dazugehörigen Aussprache bilden müssen. Sämtliche (Zwischen-)Formen unterschiedslos als „Behandlung der Grundrechte" zu quantifizieren und zu qualifizieren, erscheint indes schon angesichts der „Allbezüglichkeit"[4] der Grundrechte wenig sinnvoll: im Maße der – mittlerweile weit vorangeschrittenen – Konstitutionalisierung durchdringen die Grundrechte die Rechtsordnung im Übrigen und sind dementsprechend potenziell stets mitzubedenken und mitzubehandeln. Dies hätte zur Folge, dass sich nur wenige der bislang – d.h. im Zeitraum 1924–2021 traktierten – 442 Tagungs(unter)themen in den 81 Bänden der VVDStRL finden lassen dürften, bei deren Erörterung Grundrechtsfragen nicht in diesem weitesten Sinne „behandelt" worden sind. Jenseits des Bedürfnisses, die immense Materialfülle von bald 27.000 Druckseiten[5] im Interesse einer aussagekräftigen Vermessung tunlichst zu reduzieren, kann eine Unterscheidung nach der Intensität der Bezugnahme auf die Grundrechte auch dazu dienen, spezifischere Aussagen über Art und Weise der grundrechtsbezogenen „Behandlung" zu generieren.[6]

Doch gleichviel, wie eng oder wie weit der Begriff der „Behandlung" von Grundrechten gezogen wird: in jeder Konstellation – also auch der engsten, in der die Grundrechte titelgebend oder sonst Hauptmaßstab sind – ist das in Betracht kommende Untersuchungsmaterial (Referate und Aussprache) so umfangreich,[7] dass erstens eine Darstellung, Ana-

---

3 Darüber hinaus weichen die Beratungen in den Gesprächskreisen in einem zentralen Punkt von den Beratungen im wissenschaftlichen Hauptprogramm ab: sie finden nicht im Plenum, d.h. nicht unter Einschluss aller vor Ort anwesenden Mitglieder der Zunft statt (dazu näher I.2. sowie II.3.a) und c)).

4 Begriff: *Alexander Hollerbach*, Ideologie und Verfassung, in: Maihofer (Hrsg.), Ideologie und Recht, 1969, S. 37 (37).

5 VVDStRL 1 (1924) bis 80 (2021) – VVDStRL 81 (2022) lag Stand Januar 2022 noch nicht vor – umfassen zusammen 26.702 Druckseiten an Referaten und Aussprachen (nicht eingerechnet wurden die am Ende jedes Bandes platzierten Verzeichnisse der Redner[innen], der Vereinigungsmitglieder sowie die Satzung, die in den jüngeren Bänden jeweils zwischen 80 und 90 Druckseiten ausmachen).

6 Dazu näher nachstehend II.1.

7 Näheres dazu unten II.2. Setzt man die Anzahl Referate, die jeweils in eine der nach Maßgabe ihrer

lyse und Bewertung jeder einzelnen Behandlung im gegebenen Rahmen von vorherein ausscheidet, dass zweitens generell-pauschale Aussagen über die „Behandlungen" in der Gefahr stehen, oberflächlich, substanzarm oder nivellierend auszufallen, und dass drittens die Beschränkung auf einzelne wenige „Behandlungen" infolge der Selektivität und mangelnden Repräsentativität der Auswahl nicht für das Ganze oder doch wenigstens das Durchschnittliche bzw. Typische stehen kann. Die Defizite der zweiten und dritten Vorgehensweise lassen sich dadurch reduzieren und teilweise kompensieren, dass beide Ansätze – der gewissermaßen makroskopische mit dem mikroskopischen – kombiniert werden. Dieser doppelte Weg soll daher im Folgenden (unter II. und III.) beschritten werden.

2. Pfadabhängigkeiten eines zentral gesteuerten Diskursformates

Damit Aussagen über Art und Häufigkeit der Behandlung der Grundrechte durch die Staatsrechtslehrervereinigung ihrerseits qualifiziert werden können, muss Klarheit darüber herrschen, vor welchem Hintergrund oder in welchem (Maßstabs-)Kontext Art und Häufigkeit bestimmt werden. Das Nächstliegende dürfte es sein, die Behandlung der Grundrechte durch die Staatsrechtslehrervereinigung mit jener durch die sonstige – deutsche, österreichische und schweizerische – Verfassungsrechtswissenschaft zu vergleichen.

Dabei springt ein sich auch auf Eigenart und Einordnung der Behandlung der Grundrechte durchschlagender Unterschied des wissenschaftlichen Diskurses innerhalb und außerhalb der Staatsrechtslehrervereinigung ins Auge, der nicht vernachlässigt werden sollte. Denn während der sonstige, sozusagen normal-alltägliche Grundrechtsdiskurs in der Verfassungsrechtswissenschaft sich typischerweise durch Spontaneität und individuelle Präferenzen, Zufälligkeit und Alltäglichkeit, Dezentralität und Medienpluralität, Unabgeschlossenheit und Öffentlichkeit auszeichnet, in ihm die Formate des Kommentars, der Entscheidungsrezension, des Fachaufsatzes und der Monographie vorherrschen, Fragen einer rechtsprechungsbezogen agierenden (Grundrechts-)Dogmatik im Zentrum stehen und ein enger Austausch mit der Verfassungsrechtspraxis ins Auge sticht, handelt es sich bei Beratungen auf den Jahrestagungen der Staatsrechtslehrervereinigung – und zwar ganz unabhängig davon, ob Gegenstand die Grundrechte, das Staatsorganisations- oder das Verwaltungsrecht sind – um ein zentral reguliertes und strukturiertes, wissenschaftsinternes Diskursformat. Einige Eigentümlichkeiten dieses für die Staatsrechtslehrervereinigung charakteristischen Diskursformates[8] seien in ihrer Bedeutung für die Themen(-, hier: Grundrechts)-Behandlung kurz skizziert:

Grundrechtshaltigkeit gebildeten Kategorien fallen, in Relation zur Gesamtzahl der Referate (hier bezogen auf die im Januar 2022 im Druck vorliegenden Bände VVDStRL 1–80, d.h. insgesamt 434 Referate), und geht des Weiteren davon aus, dass die Referat- und Aussprachelänge keine signifikante Korrelation mit dem Maß des Grundrechtsbezuges aufweisen, so lässt sich der Seitenumfang der einzelnen Kategorien (vgl. unten II.2.) rechnerisch (!) bestimmen; danach entfallen auf Kategorie A-Referate (inklusive der dazugehörigen Aussprachen) ca. 4.800 Seiten, auf solche der Kategorie B 5.800 Seiten, auf solche der Kategorie C 5.550 Seiten und schließlich auf solche der Kategorie D 10.600 Seiten.

[8] Dazu nunmehr eingehend *Helmuth Schulze-Fielitz*, Die Wissenschaftskultur der Staatsrechtslehrer, 2022, S. 61 ff., 95 ff., 105 ff., 116 ff., 126 ff.

- Es fängt schon damit an, dass die Wahl von Themen und Referent(inn)en nicht eigeninitiativ, sozusagen „von unten" erfolgt, sondern „von oben", i. e. autonom[9] vom Vorstand der Vereinigung festgesetzt wird. Mit Rücksicht auf diesen mitunter nicht gering zu schätzenden Einfluss auf die konkrete Behandlung der Grundrechte könnten neben den an den Beratungen mit eigenen Wortbeiträgen Teilnehmenden an sich auch die jeweiligen Vorstandsmitglieder Erwähnung finden.
- Gerne wählt der Vorstand eine Referent(inn)en-Paarung, von der er sich erwartet, dass das Thema von unterschiedlichen juridischen Weltanschauungen aus beleuchtet und damit dem Kontrast der in der Zunft vertretenen Anschauungen Rechnung getragen wird.[10] Ein verwandtes, ebenfalls auf Perspektivenvielfalt zielendes Muster der Referent(inn)en-Wahl ist die Paarbildung aus einem deutschen Mitglied und einem Mitglied aus Österreich und/oder der Schweiz.[11] Auch damit beeinflusst der Vorstand, wenn auch indirekt, Art und Weise der Behandlung der Grundrechte.
- Die Staatsrechtslehrervereinigung kennt bis heute ausschließlich das Format des Plenarvortrags und der sich daran anschließenden Plenardiskussion. Statt der sonst vorherrschenden Spezialisierung und Fragmentierung der Fachdiskurse leben die Beratungen der Staatsrechtslehrervereinigung davon, dass sie sich nicht nur an einen kleinen, überschaubaren und konsolidierten Kreis von Spezialisten wenden, sondern grundsätzlich alle Lehrer(innen) des Öffentlichen (Verfassungs-, Verwaltungs-, Völker- und Europa-)Rechts in Deutschland, Österreich und der Schweiz adressieren (wenngleich letzteres gerade von den zahlenmäßig deutlich überwiegenden Mitgliedern aus Deutschland bisweilen vergessen wird) und damit zu einer Diskursgemeinschaft integrieren. Das wirkt sich regelmäßig auch auf Anlage und Duktus der Referate aus.
- Der jährliche Rhythmus der Tagungen sowie der nicht unerhebliche, rund einjährige Vorlauf für Auswahl der Themen und Rekrutierung der Referent(inn)en und deren Vorbereitung der Referate bedingen, dass auf unterjährige Vorkommnisse – wie etwa aufsehenerregende Entscheidungen des Bundesverfassungsgerichts – grundsätzlich

---

9 Während in puncto Thema der Vorstand an keinerlei Vorgaben gebunden ist, bestehen in Bezug auf die Wahl der mit einem Referat zu Betrauenden durchaus informale Maßgaben, wie etwa, dass kein(e) Referent(in) zu einem der Vorstandsmitglieder in einem Lehrer-Schüler-Verhältnis stehen oder derselben Fakultät angehören und dass – schon wegen der deutlichen Diskrepanz der Zahl möglicher Referate und potenzieller Referent(inn)en – (von Ausnahmesituationen wie der Sondertagung aus Anlass der deutschen Wiedervereinigung einmal abgesehen) kein Mitglied mehr als einmal referieren soll.

10 Als grundrechtsbezogene Beispiele können hier folgende Paarungen exemplarisch genannt werden: *Erich Kaufmann – Hans Nawiasky* (1926); *Karl Rothenbücher – Rudolf Smend* (1927); *Hans Peter Ipsen – Helmut K.J. Ridder* (1951); *Ulrich Scheuner – Roman Schnur* (1963); *Paul Kirchhof – Hans Herbert von Arnim* (1980); *Hans-Peter Schneider – Helmut Lecheler* (1984); *Axel von Campenhausen – Heinhard Steiger* (1986); *Matthias Jestaedt – Gabriele Britz* (2004); *Ute Sacksofsky – Christoph Möllers* (2008); *Stefan Muckel – Sophie Schönberger* (2019).

11 An deutsch-österreichischen bzw. deutsch-schweizerischen Paarbildungen lässt sich beispielsweise nennen (die beiden erstgenannten ohne spezifischen Grundrechtsbezug): *Heinrich Triepel – Hans Kelsen* (1928); *Hans Gerber – Adolf Merkl* (1931); *Richard Bäumlin – Ernst-Wolfgang Böckenförde* (1969); *Reinhold Zippelius – Georg Müller* (1988); *Hans Peter Rill – Dirk Ehlers – Peter Hänni* (1991); *Herbert Bethge – Beatrice Weber-Dürler* (1997); *Stefan Oeter – Franz Merli* (2006); *Ulrike Davy – Peter Axer* (2008); *Martin Nettesheim – Oliver Diggelmann* (2010); *Thilo Marauhn – Magdalena Pöschl* (2014); *Wolfram Cremer – Benjamin Schindler* (2018).

nicht gut reagiert werden kann.[12] Dies begünstigt in Verbindung mit dem vorstehend genannten Umstand plenartauglicher Themenstellungen die Wahl von im Trend der Zeit liegenden großformatigen Querschnittsthemen, was ja durchaus die Aufgabenstellung der Staatsrechtslehrervereinigung in § 1 Nrn. 1–3 der Satzung reflektiert. Seit 2004 steht die Jahrestagung der Staatsrechtslehrervereinigung mit wenigen Ausnahmen sogar unter einem einheitlichen, regelmäßig sehr abstrakten Oberthema (wie etwa: Kultur und Wissenschaft – 2005; Erosion von Verfassungsvoraussetzungen – 2008; Der Schutzauftrag des Rechts – 2010; Zukunftsgestaltung durch Öffentliches Recht – 2013; Grenzüberschreitungen – 2016; Fragmentierungen – 2017; Öffentliches Recht und Privatrecht – 2019; Machtverschiebungen – 2021).[13]

- Nimmt man überdies den im Laufe der wissenschaftlichen Vermessung der Verfassung differenzierter, komplexer und raffinierter werdenden Stand der Forschung hinzu, so erklärt dies auch die sich allmählich vollziehende Bewegung weg von der Beschäftigung mit einzelnen Rechtsbegriffen, Rechtskonzepten und Rechtsfragen[14] hin zur juridischen Reflexion von gesamtgesellschaftlichen Verbundfragen, Zeitdiagnosen, sozio-politischen Herausforderungen und Ähnlichem.[15]
- Dem entspricht es, dass, befördert dadurch, dass die Diskursteilnehmer(innen) aus drei unterschiedlichen Rechtsordnungen stammen, regelmäßig – und zwar in recht deutlichem Kontrast zum alltäglichen Rechtswissenschaftsdiskurs, der auf die Rechtspraxis hin orientiert ist – kein streng dogmatischer, auf Rechtsanwendung (Falllösung) zielender Ton gewählt wird, sondern eine Sprache, die zwischen Grundrechtstheorie und Grundrechtsdogmatik, Grundrechtskunde und Grundrechtsvergleich oszilliert und regelmäßig mühelos zwischen dogmatischen und Grundlagenperspektiven changiert. Ausdruck und Folge dessen ist, dass, wiewohl die spezifisch normwissenschaftliche Perspektive nach wie vor im Zentrum steht, interdisziplinär geerdete Realbereichsanalysen und Kontextualisierungen eine zunehmend gewichtigere Rolle spielen.
- Neben dem Umstand, dass es sich nach Zusammensetzung und Habitus um einen Diskurs exklusiv unter (Rechts-)Wissenschaftler(inne)n – und nicht etwa um den für die alltägliche Dogmatik kennzeichnenden Theorie-Praxis-Dialog – handelt, mag auch das Alter der Referent(inn)en zur größeren interdisziplinären Aufgeschlossenheit

---

[12] Eine gewisse Ausnahme – und Bestätigung – markieren die bislang zwei Sondertagungen anlässlich der Wiedervereinigung 1991 und der COVID 19-Pandemie 2021. – Bei einem abweichenden Tagungsrhythmus kann das ganz anders aussehen; so trifft sich, um nur ein Gegenbeispiel zu nennen, die seit Anfang der 1980er Jahre bestehende japanische „Forschungsgesellschaft für deutsches Verfassungsrecht“ (FdV) (ドイツ憲法判例研究会, Doitsu Kempō Hanrei Kenkyūkai) grundsätzlich 10 Male im Jahr und widmet sich auf jedem ihrer Treffen einer aktuellen Senatsentscheidung des BVerfG.

[13] Eine in manchem ähnliche Entwicklung lässt sich für die „Assistententagung – Junge Tagung Öffentliches Recht“ nachzeichnen, die allerdings bereits seit 1977 ein einheitliches Tagungsthema kennt (bisherige Tagungsthemen sind abrufbar unter: https://www.jura.uni-muenster.de/de/wissenschaft/wissenschaftlicher-nachwuchs/junge-tagung-oeffentliches-recht/historie/). Im Unterschied zur Staatsrechtslehrervereinigung erfolgt indes – im Rahmen des Oberthemas – eine Eigenbewerbung mit einem selbst vorgeschlagenen Vortragsthema.

[14] Grundrechtsbezogene Beispiele unten II.3.c).

[15] Grundrechtsbezogene Beispiele unten II.3.c).

beitragen, werden doch zumeist relativ junge, noch nicht ganz so arrivierte Forscher(innen) zum Vortrag geladen.[16]

- Obgleich der Vorstand der Vereinigung Themen- und Referent(inn)en-Wahl zentral steuert, heißt dies nicht, dass sich dahinter über die Zeit hinweg eine einheitliche Agenda verbirgt. Dies ist schon deshalb unwahrscheinlich, weil das Wahlamt des Vorstands alle zwei Jahre wechselt und damit personelle Diskontinuität eintritt;[17] eine satzungsmäßig nicht ausgeschlossene Wiederwahl hat es bislang nicht gegeben. Verbreitet dürfte der neue Vorstand mehr von der Vorstellung geleitet sein, ein ebenso aktuelles wie neues Themenfeld zur Diskussion zu stellen, denn von der Absicht, die Beratungen auf den Tagungen als einen großen, planvoll angelegten und aufeinander aufbauenden Fortsetzungsroman zu begreifen, darauf ausgerichtet, das dogmatische System zu pflegen, à jour zu halten und zu komplettieren.[18]

Auf die sich daraus ergebenden – nota bene: stets nur möglichen, nicht indes durchgängig wirksamen – Vorprägungen für die Eigenart der Behandlung der Grundrechte durch die Staatsrechtslehrervereinigung wird zurückzukommen sein.

II. Eine Annäherung auf der Makroebene

Der *embarras de richesse* grundrechtsbezogener Aussagen stellt eine besondere Herausforderung dar, will man substanzielle und differenzierte Aussagen über die Behandlung der Grundrechte durch die Staatsrechtslehrervereinigung formulieren. In einer ersten Annäherung wird angesichts der Materialfülle der Versuch unternommen, die Behandlung der Grundrechte durch die Staatsrechtslehrervereinigung als die *Summe* der grundrechtsbezogenen Äußerungen in den Beratungen der Vereinigung der Jahre 1924–2021 zu verstehen, zu vermessen und bewertend einzuordnen. In dieser gesamthaften Sicht können, das versteht sich von selbst, weitgehend nur Durchschnitts-, Richtungs- und Tendenzaussagen auf mittlerer Abstraktionshöhe gewonnen werden. Nahezu zu jeder dieser generalisierenden Feststellungen wird sich eine mehr oder minder große Zahl konkreter Gegenbeispiele finden lassen, was indes weder die orientierende Funktion von Verallgemeinerungen noch den Bedarf nach Bewertungen der Gesamtheit grundrechtsbezogener Äußerungen entfallen lässt.

---

16 Nicht jede Referentin und jeder Referent versteht die Einladung zum Vortrag, die ja doch auch eine prüfungsähnliche Situation vor einer ungewöhnlich großen Gruppe arrivierter Kolleg(inn)en mit sich bringt, als Einladung, besonders gewagte, revolutionäre und innovative Thesen zu vertreten; so kommt es vor, dass stattdessen Zuflucht gesucht wird zu einem jede thematisch einschlägige Stimme berücksichtigenden „Sicherheits-Referat", in dem die Nachweisdichte mit dem Innovationsgehalt des Referats kontrastiert.

17 Nur die ersten beiden Vorstände waren jeweils drei Jahrestagungen im Amt (1922, 1924 und 1925: *Heinrich Triepel, Gerhard Anschütz, Fritz Stier-Somlo*; 1926, 1927 und 1928: *Richard Thoma, Rudolf Smend, Hans Nawiasky*).

18 Die Verantwortung grundsätzlich für je zwei Tagungen bringt es mit sich, dass die Vorstände die Themen „ihrer" beiden Tagungen (und gegebenenfalls sogar der Referent[inn]en) bisweilen aufeinander abstimmen. Aktualitätsfördernd muss das nicht sein.

1. Vermessungs-„Methoden“ und ihre Grenzen

Im Zentrum dieser Gesamtvermessung steht eine Einteilung der Referate nach ihrem Grundrechtsbezug, der im Folgenden, um die Variabilität und Skalierbarkeit dieser Intensitätsangabe besser zum Ausdruck zu bringen, als *Grundrechtshaltigkeit* bezeichnet wird. Darunter wird das Maß verstanden, in dem Aussagen über die Grundrechte sowohl unter quantitativen als auch und insbesondere unter qualitativen Auspizien einerseits beitragsprägend und andererseits prägend für Reflexion und Entwicklung des Grundrechtsdenkens sind. Eine solche bidirektionale Einteilung dürfte die verhältnismäßig valideste Grundlage für auf den Gesamtkorpus bezogene Aussagen über die Behandlung der Grundrechte durch die Staatsrechtslehrervereinigung abgeben.

Freilich lässt sich der so verstandene Grundrechtsbezug von Beratungen nicht anhand einer einfachen und objektiven Metrik auf der Basis einer definierten und konsentierten Maßeinheit bestimmen; vielmehr bedarf es komplexer qualitativer (Be-)Wertungen mit unentrinnbar subjektiven Anteilen.[19] Ein Weiteres tritt hinzu: Um Aussagen über die Grundrechtshaltigkeit generieren zu können, die gleichzeitig möglichst operationabel, prägnant und orientierend sind, gilt es, weder zu kleine noch zu große Gruppen (ver)gleich(bar)er Grundrechtshaltigkeit vorzusehen. So dürfte eine bloß dichotom-alternative Ja-Nein-Einteilung in zwei Gruppen erhebliche Differenzierungseinbußen zeitigen; umgekehrt dürfte ein vielfältig ausdifferenziertes Ordnungsraster die Übersichtlichkeit und Generalisierbarkeit von Aussagen markant vermindern und pari passu die Anfechtbarkeit der einzelnen Zuordnung in unerwünschter Weise vergrößern. Daher wird hier mit einem Vierfach-Raster gearbeitet, anhand dessen die Beiträge in solche von größter (Kategorie A), großer (Kategorie B), mittlerer (Kategorie C) und geringer bis fehlender Grundrechtshaltigkeit (Kategorie D) eingeteilt werden:

- Bei Beiträgen der Kategorie A sind Grundrechte bereits titelgebend und/oder stellen den flächendeckend-bestimmenden Maßstab der Überlegungen dar.
- In Kategorie B sind jene Beiträge versammelt, die tragende Thesen zu den Grundrechten enthalten und in Teilen substanzielle Ausführungen zu Fragen der Grundrechtsdogmatik und/oder -theorie enthalten.
- Bei Beiträgen der Kategorie C bezieht sich – ohne, dass sich im Übrigen wie in Kategorie B substanzielle grundrechtsdogmatische oder -theoretische Ausführungen finden ließen – wenigstens eine tragende These auf die Grundrechte.
- Schließlich sind in Kategorie D alle Beiträge gruppiert, die entweder gar keinen Grundrechtsbezug aufweisen oder aber die Grundrechte nur beiläufig nennen und ohne den Anspruch, das Grundrechtsdenken weiterzuentwickeln, behandeln.

Die vorstehende Einteilung dient exklusiv der Unterscheidung der Beiträge nach der Intensität des Grundrechtsbezuges. Folglich transportiert die Eingruppierung – das sei zur Vermeidung allfälliger Missverständnisse eigens unterstrichen! – lediglich eine Aussage über die thematische Einschlägigkeit, nicht aber eine solche über die Güte der Beiträ-

[19] Dies gilt wenigstens, wenn man die (diesseits nicht zur Verfügung stehenden) Möglichkeiten der (digitalen) Korpuslinguistik außer Betracht lässt.

ge; mit der Einordnung eines Referates in die Kategorie A steht also ausdrücklich *nicht* die gleichzeitige Behauptung im Raume, dass die darin sich verkörpernde Forschungsleistung höher einzuschätzen sei als solche von Referaten der Kategorien B, C oder D.

Der hier unternommene Vermessungsversuch steht – unbeschadet der nicht selten bestreitbaren Eingruppierung des einzelnen Beitrags – unter einem vierfachen Caveat: Zunächst einmal bezieht sich die Gruppierung nach Grundrechtshaltigkeit unmittelbar nur auf die Referate und nicht auf die Aussprache oder gar die einzelnen Wortbeiträge innerhalb derselben.[20] Zweitens ist Gegenstand der Zuordnung das Referat als Entität und nicht einzelne darin enthaltene Aussagen oder Passagen. Drittens kann mit dem vorgeschlagenen Raster schwerlich eine belastbare Aussage über das Maß an Innovationsgehalt oder Durchsetzungsfähigkeit, an Verallgemeinerbarkeit oder Systemrelevanz des Referats in Bezug auf das Grundrechtsdenken getroffen werden. Und die vielleicht weitestreichende Einschränkung: Im Folgenden können im hier gegebenen Rahmen die Eingruppierungsergebnisse für die insgesamt 442 Referate nur unzureichend dokumentiert, von einer – selbst nur knappen – Begründung muss sogar gänzlich abgesehen werden. Über die konkrete Rubrizierung einer nicht unerheblichen Zahl von Referaten wird man füglich streiten können.

Die (Ein-)Ordnung der Referate nach Maßgabe ihrer Grundrechtshaltigkeit kann Ausgangs- und Anknüpfungspunkt für eine Reihe von (weiteren) Untersuchungen und Beobachtungen zur Behandlung der Grundrechte durch die Staatsrechtslehrervereinigung auf einer generellen Ebene sein. So können etwa Fragen nach Behandeltem und nicht Behandeltem, nach dem „Wie häufig?" und „Wie intensiv?", nach dem „Von wem?" und dem „Wann?" der Behandlung beantwortet werden. Aber selbst für eine bedeutende Anzahl von generellen, die Gesamtheit der Beiträge betreffenden Aussagen erübrigt dieses Suchraster selbstredend nicht den Griff zum einzelnen Referat und zur einzelnen Aussprache.

2. Statistische Perspektiven

a) Eingruppierung aller Referate 1924–2021 nach Grundrechtshaltigkeit

Unternimmt man – bei allen Vorbehalten, die sich gegen derlei Rubrizierungen mit Recht vorbringen lassen (dazu vorstehend 1.) – den Versuch, sämtliche der auf den Tagungen der Staatsrechtslehrervereinigung gehaltenen Referate nach ihrer Grundrechtshaltigkeit zu sortieren, so lässt sich folgendes Bild zeichnen (s. ergänzend Tabelle 1): Insgesamt sind auf den Tagungen der Jahre 1924–2021 442 Referate gehalten worden, davon 29 in der Zeit bis zur Auflösung der Vereinigung in der Zeit des Nationalsozialismus und 413 in der Zeit seit der Wiederbegründung im Jahre 1949. Von der Gesamtzahl von 442 Referaten entfallen 78 (1924–1931: 4 + 1949–2021: 74) bzw. knapp 18 % auf die höchste Kategorie A (dazu sogleich b), 95 (1 + 94) bzw. knapp 22 % auf die Kategorie B mit noch hoher Grundrechtshaltigkeit, 91 (6 + 85) bzw. gut 20 % auf die Kategorie C mit mittlerer Grundrechtshaltigkeit sowie 178 (18 + 160) bzw. rund 40 % auf die in puncto Grund-

[20] An die Rolle des Vorstandes bei Auswahl von Themenstellung und Vortragenden darf erinnert werden; dazu näher oben I.2.

rechtsbezug niedrigste Kategorie D. Zählt man Referate der Kategorien A und B zusammen, so erhält man eine Summe von 173 Referaten bzw. einen Anteil von knapp 40 %; ergänzt man diese um Referate der Kategorie C, so steigen die entsprechenden Zahlen auf 264 respektive knapp 60 %. Je nachdem, welches Intensitätsniveau von Grundrechtsbezug man für erforderlich erachtet, um von einer nennenswerten „Behandlung der Grundrechte durch die Staatsrechtslehrervereinigung" zu sprechen, bewegt sich die Zahl einschlägiger Referate zwischen 78 (ca. 18 %) und 264 (ca. 60 %).

Tabelle 1: Eingruppierung aller Referate 1924–2021 nach Grundrechtshaltigkeit

	1924–1931		*1949–2021*		*insgesamt*	
	Anzahl	*Anteil*	*Anzahl*	*Anteil*	*Anzahl*	*Anteil*
Kat. A	4	13,8 %	74	17,9 %	78	17,6 %
Kat. B	1	3,4 %	94	22,8 %	95	21,5 %
Kat. C	6	20,7 %	85	20,6 %	91	20,6 %
Kat. D	18	62,1 %	160	38,7 %	178	40,3 %
insgesamt	29	100,0 %	413	100,0 %	442	100,0 %

Fragt man nach der Verteilung der kategorisierten Referate auf der Zeitachse, so lassen sich, unterteilt man die (mittleren) Zeitabschnitte in gleichlange Perioden von 20 Jahren, zwar Schwankungen feststellen, jedoch kaum deutliche Tendenzen herausfiltern (s. Tabelle 2). Freilich wird man sagen können, dass die Grundrechtshaltigkeit tendenziell eher steigt als fällt.

Tabelle 2: Zeitliche Verteilung der nach Grundrechtshaltigkeit gruppierten Referate

	1924–1931		*1949–2021*							
			1949–1968		*1969–1988*		*1989–2008*		*2009–2021*	
	Anzahl	*%*	*Anzahl*	*%*	*Anzahl*	*%*	*Anzahl*	*%*	*Anzahl*	*%*
Kat. A	4	13,8	9	11,3	15	16,9	30	20,8	20	20,0
Kat. B	1	3,4	21	26,3	20	22,5	35	24,3	18	18,0
Kat. C	6	20,7	13	16,3	23	25,8	32	22,2	17	17,0
Kat. D	18	62,1	37	46,3	31	34,8	47	32,6	45	45,0
insgesamt	29	100,0	80	100,0	89	100,0	144	100,0	100	100,0

b) Kategorie A-Referate 1924–2021

Mit Rücksicht darauf, dass die Referate der Grundrechtshaltigkeits-Kategorie A, relativ betrachtet, die am weitesten reichenden Rückschlüsse auf die Behandlung der Grundrechte durch die Staatsrechtslehrervereinigung zulassen, seien die betreffenden 78 Vorträge in der zeitlichen Reihung unter Nennung der Referent(inn)en einzeln aufgeführt (für die Kategorien B, C und D sei auf den Anhang dieses Beitrags verwiesen):

Tabelle 3: Referate der höchsten Stufe der Grundrechtshaltigkeit (Kategorie A)

Jahr	*Ort*	*Titel*	*Referent(inn)en*
1926	Münster	Die Gleichheit vor dem Gesetz i. S. des Art. 109 der Reichsverfassung	*E. Kaufmann* *H. Nawiasky*
1927	München	Das Recht der freien Meinungsäußerung	*K. Rothenbücher* *R. Smend*
1949	Heidelberg	Tragweite der Generalklausel im Art. 19 Abs. 4 des Bonner Grundgesetzes	*F. Klein* *H. Herrfahrdt*
1951	Göttingen	Enteignung und Sozialisierung	*H. P. Ipsen* *H.K.J. Ridder*
1960	Köln	Schranken nichthoheitlicher Verwaltung	*K. Zeidler*
1963	Saarbrücken	Pressefreiheit	*U. Scheuner* *R. Schnur*
1968	Bochum	Die Stellung der Studenten in der Universität	*H.H. Rupp* *W. K. Geck*
1969	Bern	Das Grundrecht der Gewissensfreiheit	*R. Bäumlin* *E.-W. Böckenförde*
1971	Regensburg	Grundrechte im Leistungsstaat	*W. Martens* *P. Häberle*
1976	Heidelberg	Unternehmen und Unternehmer in der verfassungsrechtlichen Ordnung der Wirtschaft	*H.-J. Papier*
1980	Innsbruck	Besteuerung und Eigentum	*P. Kirchhof* *H.H. von Arnim*
1982	Konstanz	Grundpflichten als verfassungsrechtliche Dimension	*V. Götz* *H. Hofmann*
1984	Göttingen	Artikel 12 GG – Freiheit des Berufs und Grundrecht der Arbeit	*H.-P. Schneider* *H. Lecheler*
1986	München	Verfassungsgarantie und sozialer Wandel: das Beispiel von Ehe und Familie	*A. Frhr. von Campenhausen* *H. Steiger*
1988	Tübingen	Der Gleichheitssatz	*R. Zippelius* *G. Müller*
1991	Gießen	Eigentumsschutz, Sozialbindung und Enteignung bei der Nutzung von Boden und Umwelt	*H.P. Rill* *D. Ehlers* *P. Hänni*
1994	Halle	Erziehungsauftrag und Erziehungsmaßstab der Schule im freiheitlichen Verfassungsstaat	*M. Bothe* *A. Dittmann* *W. Mantl* *Y. Hangartner*[21]

[21] Bei den Beiträgen von *W. Mantl* und *Y. Hangartner* handelt es sich um Länderberichte ohne Thesen (nachgestellte Leitsätze).

Jahr	*Ort*	*Titel*	*Referent(inn)en*
1997	Osnabrück	Der Grundrechtseingriff	*H. Bethge* *B. Weber-Dürler*
1999	Heidelberg	Staat und Religion	*W. Fiedler* *G. Robbers* *M. Brenner*
2001	Würzburg	Verfassungsrecht und einfaches Recht – Verfassungsgerichtsbarkeit und Fachgerichtsbarkeit	*R. Alexy* *P. Kunig* *W. Heun* *G. Hermes*
2003	Hamburg	Gewährleistung von Freiheit und Sicherheit im Lichte unterschiedlicher Staats- und Verfassungsverständnisse	*C. Gusy*
2004	Jena	Diskriminierungsschutz und Privatautonomie	*M. Jestaedt* *G. Britz*
2005	Frankfurt/M.	Kultur im Verfassungsstaat	*S. Huster*
		Grund und Grenzen der Wissenschaftsfreiheit	*M. Schulte* *M. Ruffert*
		Sprache als Kultur- und Rechtsgut	*W. Kahl*
2006	Rostock	Rechtsprechungskonkurrenz zwischen nationalen Verfassungsgerichten, Europäischem Gerichtshof und Europäischem Gerichtshof für Menschenrechte	*S. Oeter* *F. Merli*
2007	Freiburg i. Br.	Das Verfassungsrecht vor den Herausforderungen der Globalisierung	*G. Nolte*
2008	Erlangen	Religiöse Freiheit als Gefahr?	*U. Sacksofsky* *C. Möllers*
		Soziale Gleichheit – Voraussetzung oder Aufgabe der Verfassung?	*U. Davy* *P. Axer*
2010	Berlin	Grundrechtsschutz der Privatheit	*M. Nettesheim* *O. Diggelmann*
		Eigenwert des Verfahrens im Verwaltungsrecht	*E. Gurlit* *M. Fehling*
		Schutz der Verbraucher durch Regulierungsrecht	*W. Durner*
2013	Greifswald	Dynamische Grundrechtsdogmatik von Ehe und Familie?	*M. Böhm* *M. Germann*
2014	Düsseldorf	Sicherung grund- und menschenrechtlicher Standards gegenüber neuen Gefährdungen durch private und ausländische Akteure	*T. Marauhn* *M. Pöschl*
2015	Speyer	Verfassung in ausgewählten Teilrechtsordnungen: Konstitutionalisierung und Gegenbewegungen im Sicherheitsrecht	*B. Wegener*
		Verfassung in ausgewählten Teilrechtsordnungen: Konstitutionalisierung und Gegenbewegungen im Steuerrecht	*C. Seiler*

Jahr	*Ort*	*Titel*	*Referent(inn)en*
2018	Bonn	Gleichheit angesichts von Vielfalt als Gegenstand des philosophischen und des juristischen Diskurses	*S. Augsberg* *F. Wapler*
		Rechtsanwendungsgleichheit in Mehrebenensystemen	*W. Cremer* *B. Schindler*
		Regulierungsauftrag für den Staat im Bereich der Fortpflanzungsmedizin?	*G. Sydow* *A. Siehr*
2019	Marburg	Wandel des Verhältnisses von Staat und Gesellschaft – Folgen für Grundrechtstheorie und Grundrechtsdogmatik	*S. Muckel* *S. Schönberger*
2021	Wien	Relationale Freiheit. Grundrechte in der Pandemie	*A.K. Mangold*

Tabelle 4: Verteilung von Tagungen, Themen und Referaten der Kategorie A

	Tagungen	*Themen*	*Referate*
1924–1931	2	2	4
1949–1968	5	5	9
1969–1988	8	8	15
1989–2008	11	14	30
2009–2021	7	11/12[22]	20

Kategorie A-Referate wurden demnach auf 33 von insgesamt 81 Tagungen zu 41 Themen von 78 Referent(inn)en gehalten, von denen 5 aus Österreich, 7 aus der Schweiz und 66 aus Deutschland stammten.

c) Bezugnahmen des Bundesverfassungsgerichts auf VVDStRL

Angesichts der überragenden Bedeutung der Rechtsprechung des Bundesverfassungsgerichts für den Diskurs in der bundesdeutschen Verfassungsrechtswissenschaft auf der einen Seite und der Ausstrahlung der Verfassungsrechtswissenschaft auf die Verfassungsrechtsprechung auf der anderen Seite erscheint es lohnend, danach zu fragen, in welchem Maße sich die Karlsruher Judikatur bisher auf die auf den Tagungen der Staatsrechtslehrervereinigung gewonnen Erkenntnisse bezogen hat.

In bislang 3.571 in der amtlichen Sammlung (BVerfGE 1–156) publizierten Senatsentscheidungen (Judikate der Jahre 1951–2021, davon 1.848 vom Ersten und 1.723 vom Zweiten Senat; hinzuzurechnen wären noch 2 Plenarentscheidungen) hat das Bundesverfassungsgericht in 54 Entscheidungen (inklusive Sondervoten) insgesamt 83[23] Male

[22] In einem Fall (2015) handelt es sich um ein identisches Oberthema mit zwei unterschiedlichen Referenzgebieten; je nachdem, ob man auf das Oberthema oder die Referenzgebiete abstellt, erhöht bzw. vermindert sich die Zahl um eins.

[23] Mehrfache Bezugnahmen in ein und derselben Entscheidung werden nur als einfache Bezugnahme gewertet.

ausdrücklich[24] auf die in VVDStRL publizierten Beratungen der Staatsrechtslehrervereinigung Bezug genommen, das erste Mal vom Ersten Senat im „Lüth"-Urteil vom 15. Januar 1958[25] und vom Zweiten Senat im Urteil vom 27. April 1959 zum Bremer Personalvertretungsgesetz.[26] Das entspricht durchschnittlich einer Bezugnahme alle 66 Senatserkenntnisse oder auch einer Bezugnahme in jedem dritten Band der BVerfGE. In 83 Referenzen wird 7 Male auf Diskussionsbeiträge verwiesen und 76 Male auf Referate; letztere verteilen sich bei Mehrfachnennungen auf 51 Referate, davon 6 aus der Zeit 1924–1931 und 45 aus der Nachkriegszeit 1949–2019. Nimmt man die (wenigstens digital) publizierten Kammerbeschlüsse hinzu, so erhöhen sich die Bezugnahmen durch 4 Beschlüsse um 11 (also auf insgesamt 94), darunter 10 Bezugnahmen auf letztlich 3 Referate und 1 Bezugnahme auf einen Diskussionsbeitrag.[27] Misst man dies an der (hier nicht statistisch erfassten) Häufigkeit verfassungsgerichtlicher Bezugnahmen auf Stimmen aus dem sonstigen (verfassungs)rechtswissenschaftlichen Schrifttum, so nehmen sich die VVDStRL-Referenzen quantitativ (und qualitativ) eher bescheiden aus.

Dieser Befund wird unterstrichen, stellt man die Grundrechtshaltigkeit der in Bezug genommenen Referate in Rechnung: dann nämlich reduziert sich die Anzahl der vom Bundesverfassungsgericht ausdrücklich zitierten Referate von insgesamt 54 (alle Kategorien) auf 12 (nur Kategorie A), auf 28 (Kategorien A und B) bzw. auf 41 (Kategorien A bis C).

Tabelle 5: Übersicht der BVerfG-Bezugnahmen auf VDStRL-Referate

	Bezugnahmen auf Referate	*in Bezug genommene Referate*				
		insges.	*Kat. A*	*Kat. B*	*Kat. C*	*Kat. D*
BVerfG-Senat	76	51	10[28]	15	13	13
BVerfG-Kammer	10	3	2[29]	1	–	–
insgesamt	86	54	12	16	13	13

24 Hier kann nur auf die ausdrücklichen Bezugnahmen in den veröffentlichten Entscheidungsbegründungen abgestellt werden; ob und inwieweit sich das BVerfG jeweils von in VVDStRL überlieferten Erwägungen und Erkenntnissen bei seiner Entscheidungsfindung hat leiten lassen, ließe sich etwa anhand der entscheidungsvorbereitenden Voten, in die nach § 35b Abs. 5 S. 2 BVerfGG nicht vor Ablauf von 60 Jahren Einsicht genommen werden darf, Näheres sagen.

25 Die Referate von *Karl Rothenbücher* und *Rudolf Smend* (1927) werden – ohne Autorenangabe – als Belegstelle für die zur WRV vertretenen Ansichten zu den meinungsfreiheitseinschränkenden „allgemeinen Gesetzen" herangezogen: BVerfGE 7, 198 (210) – Lüth [1958].

26 In BVerfGE 9, 268 (281) [1959] zitiert das Gericht einen Satz zur Aufgabe der Regierung aus dem Referat zu den Grenzen der Verfassungsgerichtsbarkeit von *Erich Kaufmann* (1951).

27 Es zeigt sich auch eine auffällige Disparität zwischen den Senaten: Während sich die Bezugnahmen auf VVDStRL noch bis Anfang der 1980er Jahre in etwa gleichmäßig verteilen, nimmt seither fast nur noch der Zweite Senat auf die VVDStRL Bezug; von insgesamt einschlägigen 57 Entscheidungen handelt es sich bei 46 um solche des Zweiten Senats (darunter 3 Kammerentscheidungen) und bei lediglich 11 um solche des Ersten Senats (darunter 1 Kammerentscheidung).

28 Es handelt sich um die Referate von *Erich Kaufmann* (1926), *Karl Rothenbücher* und *Rudolf Smend* (1927), *Ernst-Wolfgang Böckenförde* (1969), *Peter Häberle* (1971), *Paul Kirchhof* und *Hans Herbert von Arnim* (1980), *Stefan Oeter* (2006), *Christoph Möllers* (2008) und *Wolfram Cremer* (2018).

29 Es handelt sich um die Referate von *Dirk Ehlers* (1991) und *Gabriele Britz* (2004).

Eine Analyse der konkreten Art der 14 verfassungsgerichtlichen Bezugnahmen auf insgesamt 12 Kategorie A-Referate ergibt Folgendes: Zwar werden zwei Referate in je zwei Entscheidungen erwähnt,[30] aber nicht ein einziges Mal wird eine Passage eines Referates von mehr als einem Judikat als Beleg genannt. In drei Fällen wird das betreffende Referat in einem Sondervotum angeführt.[31] Im Einzelnen: Das Referat von *E. Kaufmann* (1926) wird im Urteil zur Kapitalertragsteuer von 1991 in einem Sammelbeleg für die Weimarer Sichtweise auf den Gleichheitssatz angeführt.[32] *R. Smends* 1927 geäußerte These der Wissenschaftsfreiheit als „Grundrecht der deutschen Universität" findet im Urteil zur Gruppenuniversität von 1973 Berücksichtigung.[33] Der „Wunsiedel"-Beschluss aus dem Jahre 2009 rekurriert wie zuvor schon das „Lüth"-Urteil aus dem Jahre 1958[34] auf die Referate von *K. Rothenbücher* und *R. Smend* (1927) – lediglich – zur zusätzlichen historischen Abstützung der Argumentation;[35] das *Rothenbüchersche* Referat wird in derselben Entscheidung darüber hinaus als Beleg für die Aussage genannt, dass das Prinzip der Meinungsfreiheit durch die „Absicht, Äußerungen mit schädlichem oder in ihrer gedanklichen Konsequenz gefährlichem Inhalt zu behindern",[36] aufgehoben werde. In ihrer Abweichenden Meinung zu dem aus dem Jahr 1985 stammenden Urteil betreffend die Kriegsdienstverweigerungsnovelle erklären die Richter *E.G. Mahrenholz* und *E.-W. Böckenförde* in einem Klammer(zu)satz, dass letzterer an seiner im Staatsrechtslehrerreferat von 1969 geäußerten Meinung nicht festhalte.[37] Dieses Referat wird hingegen für die These eines weiten Schutzbereichs der Gewissensfreiheit als durchaus tragender Beleg im Beschluss zum Aussetzungswiderruf wegen Dienstflucht aus dem Jahre 1988 genannt, an dem der Referent mitgewirkt hat.[38] Das Sondervotum der Richter *H. Simon* und *H. Heußner* zum Mülheim-Kärlich-Beschluss aus dem Jahre 1979 verweist für die grundlegenden Vorarbeiten von *P. Häberle* zur „Komplementärfunktion des Verfahrensrechts für die Grundrechtsverwirklichung"[39] insbesondere auf dessen Staatsrechtslehrerreferat anno 1971.[40] Die Parallelreferate von *P. Kirchhof* und *H.H. von Arnim* zu den Grenzen der Besteuerungsmöglichkeiten auf der Tagung 1980 werden zwar vom Beschluss zum Rechtshilfevertrag mit Österreich aus dem Jahre 1983 (ohne nähere Seitenangabe) erwähnt, mangels Entscheidungserheblichkeit der darin aufgeworfenen Fragen in concreto aber für nicht erörterungsbedürftig gehalten.[41] Gegen das von seinem Senatskollegen *P. Kirchhof* unter anderem in dessen Staatsrechtslehrerreferat entwickelte Steuerkonzept spricht sich Richter *E.-W. Böckenförde* in seiner Abweichenden Meinung

---

30 Jene von *Ernst-Wolfgang* Böckenförde (1969) und *Paul Kirchhof* (1980); in beiden Fällen entstammt indes eine Nennung einem Sonder- und nicht einem Senatsvotum.

31 Neben den in Fußn. 30 Aufgeführten: *Peter* Häberle (1971).

32 Vgl. BVerfGE 84, 239 (270) – Kapitalertragsteuer [1991].

33 Vgl. BVerfGE 35, 79 (119) – Gruppenuniversität [1973].

34 Vgl. BVerfGE 7, 198 (210) – Lüth [1958].

35 Vgl. BVerfGE 124, 300 (327) – Wunsiedel [2009].

36 BVerfGE 124, 300 (332) – Wunsiedel [2009].

37 Vgl. BVerfGE 69, 1, 54 (74) – KDVNG [1985].

38 Vgl. BVerfGE 78, 391 (395) – Aussetzungswiderruf wegen Dienstflucht [1988].

39 BVerfGE 53, 30, 69 (80) – Mülheim-Kärlich [1979].

40 Zum Referat von *Peter* Häberle s. noch nachstehend III.2.b).

41 Vgl. BVerfGE 63, 343 (368) – Rechtshilfevertrag mit Österreich [1983].

zum Vermögensteuer-Beschluss aus dem Jahre 1993 aus.[42] Das nächste (Kategorie A-) Referat, welches in der Karlsruher Senatsrechtsprechung Erwähnung findet, ist erst jenes von *S. Oeter* anno 2006; im „Honeywell"-Beschluss von 2010 wird das Referat zu den Rechtsprechungskonkurrenzen in einem Sammelnachweis für das Erfordernis eines qualifizierten Kompetenzverstoßes angeführt.[43] Das 2008 vorgetragene Referat von *C. Möllers* zur religiösen Freiheit als Gefahr wird im „Kopftuch III"-Beschluss aus dem Jahre 2020 für den argumentationstragenden Unterschied der Situation vor Gericht (Gerichtsreferendarin) und im Klassenzimmer (Lehrerin) herangezogen, dies indes „nur" in einem Sammelbeleg.[44] Das jüngste der in Bezug genommenen Kategorie A-Referate ist jenes von *W. Cremer* anno 2018; die konkrete Referenz im „Bankenunion"-Urteil aus 2019 hat freilich keinen unmittelbaren Grundrechtsbezug, ist nicht von entscheidungstragender Bedeutung und erfolgt in einem Sammelbeleg für eine „allgemein anerkannte" Ansicht.[45] Die 12 Senatsbezugnahmen werden ergänzt durch zwei rezente Kammerbezugnahmen: In seinem „Kunduz"-Beschluss vom 18. November 2020 verweist die 2. Kammer des Zweiten Senats zu den Grenzen der gesetzgeberischen Ausgestaltung von Amtshaftungs- und Entschädigungsansprüchen unter anderem auf das 1991 gehaltene Referat von *D. Ehlers*.[46] Der Nichtannahme-Beschluss der 2. Kammer des Ersten Senats vom 27. August 2019 schließlich nimmt auf das Diskriminierungsschutz und Privatautonomie behandelnde Referat der zwar senatsangehörigen, aber nicht an der Entscheidung mitwirkenden *G. Britz* aus dem Jahre 2004 Bezug, um in einer Sammelbelegstelle die Rechtsansicht des Bundesgerichtshofs, dass Art. 3 Abs. 3 GG nicht unmittelbar im Privatrechtsverkehr Anwendung finde, zu belegen.[47] Für kaum eine der vorgenannten Bezugnahmen wird sich behaupten lassen, dass sie nicht hinweggedacht werden könnte, ohne die verfassungsgerichtliche Begründung in Herkunft, Entfaltung und Überzeugungskraft substanziell zu beeinträchtigen.

Aufschluss darüber, in welchen zeitlichen Horizonten sich der Einfluss der Beratungen der Staatsrechtslehrervereinigung auf die Karlsruher Rechtsprechung entfaltet, kann ein vergleichender Blick auf das Jahr der in Bezug nehmenden Entscheidung auf der einen und der in Bezug genommenen Beratung der Vereinigung auf der anderen Seite geben. Dabei zeigt sich, dass bundesverfassungsgerichtliche Referenzen in zeitlicher Nähe zur betreffenden Tagung ausgesprochen selten sind; bereits Zitationen innerhalb der ersten drei Folgejahre stellen die seltene Ausnahme dar (6 von 54 Referaten).[48] Auffällige

---

42 Vgl. BVerfGE 93, 121, 149 (154) – Vermögensteuer [1995].

43 Vgl. BVerfGE 126, 286 (305) – Honeywell [2010].

44 Vgl. BVerfGE 153, 1 (39 Rn. 90) – Kopftuch III [2020].

45 Vgl. BVerfGE 151, 202 (344 Rn. 244) – Bankenunion [2019].

46 Vgl. BVerfG (2. Kammer des Zweiten Senats), Beschluss vom 18.11.2020 – 2 BvR 477/17 –, Rn. 30 – Kunduz; daneben werden an sechs Stellen (Rn. 24, 25, 26, 28, 29 und 30) bzw. wird an einer Stelle (Rn. 27) die 2001 von *Wolfram Höfling* bzw. *Rudolf Streinz* gehaltenen Kategorie II-Referate zum Primär- und Sekundärrechtsschutz genannt.

47 Vgl. BVerfG (2. Kammer des Ersten Senats), Beschluss vom 27.08.2019 – 1 BvR 879/12 –, Rn. 11 – Voigt.

48 Den zeitlich unmittelbarsten Einfluss dürfte das 2018 gehaltene und 2019 publizierte Referat von *Wolfram Cremer* haben, wurde es doch bereits im Bankenunion-Urteil des Zweiten Senats vom 30. Juli 2019 (BVerfGE 151, 202, 344 Rn. 244) zitiert.

Häufungen in der Bezugnahme auf bestimmte Referate oder Tagungen bestimmter Epochen zeigen sich nicht; umgekehrt gibt es immer wieder Tagungsfolgen (wie etwa 1984–1990, 1997–2000 und 2010–2017), die überhaupt nicht in den Genuss einer Karlsruher Bezugnahme gelangen.

Auffällig ist schließlich, dass das Gros der genannten Referate, die im Übrigen bis auf eines nur von deutschen Mitgliedern und bis auf ein anderes nur von männlichen Mitgliedern stammen,[49] nur in einer einzigen Entscheidung und nicht in deren mehreren in Bezug genommen wird.[50] Lediglich fünf Referate werden jeweils in immerhin drei Entscheidungen genannt, darunter allerdings kein Referat aus der grundrechtshaltigsten Kategorie A.[51] Bereits diese statistischen Auswertungen machen deutlich, dass das Bundesverfassungsgericht seine Erkenntnisse – zumindest ausdrücklich – nur sporadisch auf VVDStRL-Zitate stützt. Das kann indes angesichts des vorstehend (unter I.2.) genannten Umstandes, dass die Beratungen zumeist nicht einen fallbezogen-rechtsdogmatischen Duktus besitzen, auch nicht wirklich verwundern.

3. *Thematische und methodische Auffälligkeiten*

Unter Berücksichtigung der vorstehenden Überlegungen und Feststellungen zur Grundrechtshaltigkeit der insgesamt 442 Referate lassen sich einige allgemeine, sozusagen makroskopische Auffälligkeiten festhalten. Sechs Beobachtungen seien im Folgenden herausgegriffen.

a) Staatsrechtslehre als (Forum der) Grundrechtswissenschaft

Die Beratungen (auf den Tagungen) der Staatsrechtslehrervereinigung sind – unbeschadet der Frage, welcher Stellenwert diesen für die Entwicklung des Grundrechtsdenkens in Wissenschaft und Praxis insgesamt einzuräumen ist – ein ebenso beredter wie eindrücklicher Beleg dafür, dass und in welchem Maß sich die deutschsprachige Staatsrechtslehre als Grundrechtswissenschaft begreift. Die Grundrechte spielen – als einzelne oder in ihrer Gesamtheit – qua Gegenstand und Maßstab der Reflexionen eine auch und gerade im Vergleich zu Rechtsdiskursen in anderen Ländern überragende Rolle; in nahezu zwei Dritteln aller Referate und Aussprachen kommt ihnen eine nennenswerte Be-

[49] Im ersten Fall geht es um das Referat von *Hans Kelsen* (1928), im zweiten um jenes von *Gabriele Britz* (2004).

[50] Ob man angesichts des Umstandes, dass von den in Bezug genommenen 54 Referaten 7 aus der Feder von Professorenrichtern des BVerfG stammen (nämlich von *Ernst Friesenhahn* [1957], *Konrad Hesse* [1958], *Ernst-Wolfgang Böckenförde* [1969], *Paul Kirchhof* [1980], *Dieter Grimm* [1983], *Udo Di Fabio* [1996] und *Gabriele Britz* [2004]), bereits von einer erklärungsbedürftigen Häufung sprechen kann, mag dahinstehen.

[51] Das (relativ) grundrechtshaltigste Referat mit drei Nennungen ist jenes von *Rudolf Smend* (1927), welches hier in die Kategorie A einsortiert worden ist. Die anderen Referate mit einer dreifachen Inbezugnahme zählen in die Kategorie B (*Josef Isensee* [1973]), C (*Christian Tomuschat* [1977]) oder D (*Ernst Forsthoff* [1953], *Ernst Friesenhahn* [1957] und *Rüdiger Wolfrum* [1996]). Es gibt zwei Referate der Kategorie A, die jeweils zweimal vom BVerfG in Bezug genommen worden sind, nämlich jene der Bundesverfassungsrichter *Ernst-Wolfgang Böckenförde* (1969) sowie *Paul Kirchhof* (1980).

deutung zu.[52] Zwar lässt sich – wenig überraschend – tendenziell eine leichte Zunahme grundrechtsbezogener Beiträge feststellen; aber selbst die Weimarer Staatsrechtslehre traktierte bereits auf ihren Tagungen 1926 und 1927 in prominenter Weise weitreichende Grundrechtsfragen.

Die Beratungen beschreiben, begleiten und befördern die sich namentlich mit der Einsetzung einer spezialisierten Grundrechtsgerichtsbarkeit in Gestalt von Bundesverfassungsgericht und Verfassungsgerichtshof beschleunigende Konstitutionalisierung der Rechtsordnung, die ja im Wesentlichen eine „Vergrundrechtlichung" ist, d.h. eine zunehmende Orientierung sämtlicher Rechtsverhältnisse an den grundrechtlichen Wertungen und Vorgaben. Mag auch das auf Tagungen gepflegte Sprachspiel in seiner dogmatischen Technizität und seinem Fallbezug in manchem hinter dem sonstigen Verfassungsdiskurs zurückbleiben (dazu sogleich c)): der für das deutsch(sprachig)e Verfassungsdenken im Allgemeinen und das Grundrechtsdenken im Besonderen typische „Sound"[53] kennzeichnet auch die einschlägigen Beratungen der Staatsrechtslehrervereinigung. Entsprechendes lässt sich im Großen und Ganzen auch für die Themenwahl sagen.

Eine nicht zu unterschätzende – wenn nicht sogar die wichtigste – Funktion und Konsequenz der Behandlung der Grundrechte in der Staatsrechtslehrervereinigung ist die Vergewisserung über den *state of the art* und dessen Verbreitung grundsätzlich in der gesamten – deutschen, österreichischen und schweizerischen – Zunft. Hier greifen zwei dem Diskursformat (dazu oben I.2.) geschuldete Elemente kongenial ineinander: zum einen handelt es sich bei den Referaten durchweg um mit ungewöhnlich hohem zeitlichen Aufwand und immensem personellen Einsatz vorbereitete Vorträge, die regelmäßig den aktuellen Stand der (Grundrechts-)Forschung recht vollständig zusammentragen; und zum anderen werden diese Referate in Plenarveranstaltungen, sprich: vor der gesamten Zunft (soweit präsent), gehalten und diskutiert. Dadurch wird ein Verbreitungsgrad des Vorgetragenen und Diskutierten erreicht, der selten seinesgleichen finden dürfte – und eben auch die Verfassungsrechtsdiskurse in Deutschland, Österreich und der Schweiz miteinander verbindet und untereinander sprechfähig hält. Da bedeutet es keine wirkliche Einbuße, dass VDStRL-Referate nicht allzu oft in den Genuss kommen, Trendsetter zu sein.[54] Trendverstärker und Trendmesser dürften die Beratungen der Vereinigung hingegen typischerweise sein.

b) Behandeltes und nicht Behandeltes

Dass in einer sehr großen Zahl von Referaten (und Aussprachen) Grundrechte Gegenstand der Überlegungen waren, bedeutet selbstredend nicht, dass einerseits sämtliche Grundrechte auf den Tagungen der Staatsrechtslehrervereinigung in nennenswerter

52 Die Referate der Kategorien A bis C summieren sich auf 261, was einem Anteil von rund 61 % aller Referate entspricht. S. oben II.2.a).

53 Zum „German Approach": *Christoph Schönberger*, Der „German Approach". Die deutsche Staatsrechtslehre im Wissenschaftsvergleich, 2015.

54 Ein spektakuläres Gegenbeispiel sind die Referate von *Wolfgang Martens* und insbesondere *Peter Häberle* (1971); dazu nachfolgend III.2.b).

Weise behandelt wurden und dass andererseits deren Behandlung in gleicher Intensität und Häufigkeit erfolgte. Ganz im Gegenteil zeigen sich hier auffällige Diskrepanzen. Das Gros der Referate bezog sich, dem Umstand geschuldet, dass die weit überwiegende Zahl der Mitglieder der Staatsrechtslehrervereinigung an deutschen Hochschulen lehrt(e), auf die Grundrechte im Sinne der Weimarer Reichsverfassung von 1919 und des Grundgesetzes von 1949.[55] Wirkliche Ausnahmen stellen insoweit nur die Gewissensfreiheit, der Gleichheitssatz sowie der Eigentumsschutz dar, deren Behandlung zwar in concreto auch überwiegend auf das deutsche Verfassungsrecht abzielte, aber eben auch österreichische und/oder schweizerische Sichtweisen berücksichtigte. Grundrechte in deutschen Landesverfassungen kamen nur ganz vereinzelt in den Fokus.

Zentraler Gegenstand eigener (Zwillings-)Referate waren – in zeitlicher Abfolge (der Erstbehandlung) gereiht – namentlich der Gleichheitssatz und die Meinungsfreiheit nach der Weimarer Reichsverfassung (1926; 1927), die Rechtsweggarantie des Art. 19 Abs. 4 GG (1949), die Eigentumsfreiheit (1951, 1980 und 1991), die Pressefreiheit nach Art. 5 Abs. 1 Satz 2 GG (1963), die Religionsfreiheit (1952, 1967, 1999, 2008, 2021), die Gewissensfreiheit (1969), die Berufsfreiheit nach Art. 12 GG (1984), der Schutz von Ehe und Familie nach Art. 6 Abs. 1 GG (1986 und 2013), der Gleichheitssatz (1988, 2004 und 2018), die Privatautonomie als Element der Allgemeinen Handlungsfreiheit (2004), die Wissenschaftsfreiheit nach Art. 5 Abs. 3 Satz 1 2. Alt. GG (2005) und das Allgemeine Persönlichkeitsrecht (2010, 2015, 2017 und 2018). Lediglich als – zwar wichtiger, aber nicht alleiniger und teils auch nur von einem der üblichen Zwillingsreferate aufgegriffener – Maßstab für die thematische Hauptfrage fungierten (in der Reihenfolge des Grundgesetzes und unter Auslassung der vorgenannten Grundrechte) die Menschenwürde (2018), das Recht auf Leben und körperliche Unversehrtheit (1979, 2007), die Rundfunkfreiheit (1997), die Kunstfreiheit (2005), die Elternverantwortung (1964 und 1994), die Vereinigungs- und Koalitionsfreiheit (1965 und 1999), das Brief-, Post- und Fernmeldegeheimnis (2010), die Freizügigkeit (2016), die Unverletzlichkeit der Wohnung (2010) und das Asylgrundrecht (2016). Nur am Rande traktiert wurden aus dem Kreis der ansonsten sehr prominenten Grundrechtsverbürgungen hingegen die Allgemeine Handlungsfreiheit, das Grundrecht auf informationelle Selbstbestimmung, die Meinungsfreiheit (nach 1949), die Versammlungsfreiheit, sämtliche Justizgrundrechte (bis auf die Rechtsweggarantie nach Art. 19 Abs. 4 GG) und darüber hinaus die Wesensgehaltgarantie, die Grundrechtsfähigkeit juristischer Personen und, last but not least, der Grundsatz der Verhältnismäßigkeit. Eine gewisse Sonderstellung nehmen einerseits die Religionsfreiheit (und mit ihr das Staat-Religionsgemeinschaften-Verhältnis) sowie andererseits die Verbürgungen von Ehe und Familie ein, waren sie doch mehrfach in ähnlicher Perspektive, aber eben in unterschiedlichen Epochen und damit Kontexten Thema der Beratungen.[56]

Auch bei den allgemeinen Grundrechtslehren, deren Behandlung sich quantitativ in etwa mit den Einzelgrundrechtsaussagen die Waage hält, zeigen sich markante Disparitäten: Während etwa den Grundpflichten (1984) und dem Grundrechtseingriff (1997) –

---

[55] Zu den europäischen Menschen- und Grundrechten nachfolgend e).

[56] Zum Verhältnis Staat – Religion(sgemeinschaften) in diesem Band *Horst Dreier*, S. 497 ff. Zu Ehe und Familie s. unten III.2.c).

zwei nicht ganz im Zentrum des Grundrechtsdenkens stehenden Konzepten und Figuren – eigene (Zwillings-)Referate gewidmet wurden, wurden die Schutzpflichten, die sog. Drittwirkung der Grundrechte oder der gesetzgeberische Gestaltungsspielraum zwar in einer Reihe von Beiträgen in Bezug genommen, waren aber bislang nicht ein eigener (Haupt-)Beratungsgegenstand. In allgemeinster, einzelgrundrechtsübergreifender Weise wurden die Veränderungen in Verständnis, Auslegung und Handhabung der Grundrechte bisher zwei Male – 1971 in Regensburg („Grundrechte im Leistungsstaat") und 2019 in Marburg („Wandel des Verhältnisses von Staat und Gesellschaft – Folgen für Grundrechtstheorie und Grundrechtsdogmatik") – in den Blick genommen. Wichtige gesellschaftspolitische Fragen an die Grundrechte wie, um nur zwei aktuellere Beispiele zu nennen, die Grundrechte von Kindern oder die Grundrechtsverbürgungen am Anfang und am Ende des Lebens, haben es bislang noch nicht oder doch nur zum Teil[57] in den Fokus der Beratungen geschafft.

c) *Thematische und methodische Zugriffe und deren Verschiebung*

Für die ersten Jahrzehnte der Vereinigung sind Themen repräsentativ, die entweder ein einzelnes Grundrecht, eine einzelne grundrechtsdogmatische Figur oder den Stellenwert der Grundrechte als solche adressieren. Beispielhaft können für die erste Kategorie genannt werden die beiden Weimarer Grundrechtsthemen „Die Gleichheit vor dem Gesetz i. S. des Art. 109 der Reichsverfassung" (1926) und „Das Recht der freien Meinungsäußerung" (1927) sowie aus der Zeit nach Wiederaufnahme der Tagungen nach dem Zweiten Weltkrieg die Themen „Tragweite der Generalklausel im Art. 19 Abs. 4 des Bonner Grundgesetzes" (1949), „Das Grundrecht der Gewissensfreiheit" (1969), „Artikel 12 GG – Freiheit des Berufs und Grundrecht der Arbeit" (1982) oder „Der Gleichheitssatz" (1988), für die zweite Kategorie „Grundpflichten als verfassungsrechtliche Dimension" (1982) oder „Der Grundrechtseingriff" (1997) und schließlich für die dritte Kategorie „Grundrechte im Leistungsstaat" (1971). Darin wird man das Bedürfnis erkennen können, sich gleichsam des – zuvor ja durchaus streitigen – rechtlichen Gehalts der Grundrechte zu versichern und zu bemächtigen, diese in ihrer Reichweite zu vermessen und in ihren unterschiedlichen Dimensionen auszuloten.

Nachdem Grundrechtspraxis und Grundrechtswissenschaft diese Aufgabe, wenn nicht erschöpfend erledigt, so doch sehr weit vorangetrieben und in einer differenzierten Dogmatik zu erheblichen Teilen konsolidiert hatten, wandelte sich der Zugriff von der Direktthematisierung zur Inbezugsetzung der Grundrechte zu neuen rechtlichen und außerrechtlichen Phänomenen. Als durchaus repräsentative Beispiele für die nunmehr angesagte Perspektive auf die Grundrechte dürfen Themen gelten wie „Erziehungsauftrag und Erziehungsmaßstab der Schule im freiheitlichen Verfassungsstaat" (1994), „Diskriminierungsschutz und Privatautonomie" (2004), „Religiöse Freiheit als Gefahr?" (2008), „Grundrechtsschutz der Privatheit" (2010), „Sicherung grund- und menschenrechtlicher Standards gegenüber neuen Gefährdungen durch private und ausländische

---

[57] Hier sind die Zwillingsreferate von *G. Sydow* und *A. Siehr* sowie die dazugehörige Aussprache (2018) zu nennen.

Akteure“ (2014), „Rechtsanwendungsgleichheit in Mehrebenensystemen“ (2018), „Regulierungsauftrag für den Staat im Bereich der Fortpflanzungsmedizin?“ (2018) oder „Relationale Freiheit. Grundrechte in der Pandemie“ (2021).

Die thematische Verschiebung geht zu erheblichen Teilen Hand in Hand mit einer methodischen Verschiebung, die als Komplementärbewegung zu der ab den späten 1970er und frühen 1980er Jahren sich etappenweise verstärkenden „Dogmatisierung“ der Grundrechtswissenschaft verstanden werden mag. Während die rechtsdogmatische Durchdringung, Vermessung und Anverwandlung der Grundrechte durch die Verfassungsrechtswissenschaft in Deutschland namentlich über das Format von (neuen) Grundgesetz-Kommentaren (wie dem „von Münch“, dem „Dreier“, dem „Jarass/Pieroth“ oder dem wiederbelebten „von Mangoldt/Klein/Starck“; für das österreichische Bundesverfassungsrecht wären der „Korinek/Holoubek“ und der „Rill/Schäffer“ zu nennen) und mehrbändigen Großhandbüchern (wie dem „Stern“, dem „Isensee/Kirchhof“ oder dem „Merten/Papier“, in gewissem Sinne auch dem „Ius Publicum Europaeum“ [„IPE“]) vorangetrieben wurde, können zahlreiche, auch und gerade den Grundrechten gewidmete Staatsrechtslehrerreferate im Kontext einer „Öffnung der öffentlich-rechtlichen Methode durch Internationalität und Interdisziplinarität“[58] (so der Titel der Referate von *H.C. Röhl* und *A. von Arnauld* auf der Düsseldorfer Tagung 2014) – und damit eines multidisziplinären Zugangs – gelesen werden. Beide Entwicklungsstränge werden gewissermaßen miteinander verklammert durch die in den späten 1990er Jahren einsetzende Flut von Habilitationsschriften zu allgemeinen Grundrechtsfragen.[59]

d) Die Rolle der Verfassungsgerichtsbarkeit bei der Grundrechtsentwicklung

Dass die Rechtsprechung des Bundesverfassungsgerichts relativ selten ausdrücklich auf die in VVDStRL publizierten Beratungen der Staatsrechtslehrervereinigung rekurriert, war bereits Gegenstand der Betrachtungen.[60] Auch umgekehrt lässt sich feststellen, dass tendenziell nicht die Auseinandersetzung mit einzelnen verfassungsgerichtlichen Judikaten im Zentrum der Beratungen steht. Selbst kräftig ausgezogene Rechtsprechungslinien, die über eine hinreichende „Großformatigkeit“ verfügen, um als Thema der Beratungen ausgewählt zu werden, sind vergleichsweise selten primärer Beratungsgegenstand; das gilt etwa, um nur drei Karlsruher Beispiele zu nennen, in gleicher Weise für die das Grundrecht der Freiheit der Berichterstattung durch Rundfunk gemäß Art. 5 Abs. 1 Satz 2 2. Alt. GG zentral ausformende Rundfunkjudikatur des Ersten Senats, die post 9/11-Sicherheitsgesetzgebungs-Rechtsprechung desselben Senats wie für die auf die

---

[58] Zur Internationalität vgl. einschränkend nachstehend e) und f).

[59] Um nur einige Titel *colorandi causa* herauszugreifen: *Gerd Morgenthaler*, Freiheit durch Gesetz, 1999; *Martin Gellermann*, Grundrechte im einfachgesetzlichen Gewand, 2000; *Matthias Ruffert*, Vorrang der Verfassung und Eigenständigkeit des Privatrechts, 2001; *Ralf Poscher*, Grundrechte als Abwehrrechte, 2003; *Josef Franz Lindner*, Theorie der Grundrechtsdogmatik, 2005; *Gregor Kirchhof*, Die Allgemeinheit des Gesetzes, 2009; *Sebastian Graf Kielmansegg*, Grundrechte im Näheverhältnis, 2012; *Christian Bickenbach*, Die Einschätzungsprärogative des Gesetzgebers, 2014; *Niels Petersen*, Verhältnismäßigkeit als Rationalitätskontrolle, 2015; *Matthias Hong*, Der Menschenwürdegehalt der Grundrechte, 2019; *Roland Broemel*, Interaktionszentrierte Grundrechtstheorie, 2021.

[60] Vgl. vorstehend II.2.c).

(Grenzen der) Europäische(n) Integration bezogene Judikatur des Zweiten Senats. Damit ist, um Missverständnisse zu vermeiden, selbstredend nicht gesagt, dass sich überhaupt keine detaillierten Diskussionen über richtungweisende Entscheidungen der Verfassungsgerichte (Bundesverfassungsgericht, Verfassungsgerichtshof, Bundesgericht) finden ließen. Pars pro toto mögen hier einerseits das Referat von *M. Nettesheim* zum „Grundrechtsschutz der Privatheit" (2010) genannt sein, in dessen Zentrum eine Auseinandersetzung mit der Karlsruher Judikatur zum Persönlichkeitsschutz steht, sowie andererseits die Referate von *M. Böhm* und *M. Germann* zu „Dynamische Grundrechtsdogmatik von Ehe und Familie?" (2013), die nur vor dem Hintergrund der Rechtsprechungsaktivität des Ersten Senats zu Art. 6 Abs. 1 und 2 sowie Art. 3 Abs. 1 GG zu verstehen sind. Auch lassen sich mehrere Tagungen (1928, 1950, 1980, 2001, in gewissem Sinne auch 2006 und 2011) anführen, die sich mit Funktion und Grenzen der Verfassungsgerichtsbarkeit beschäftigt und dabei (wenigstens bei den Tagungen ab 1980) auch die Grundrechte einbezogen haben.

Doch was fehlt, ist eine ausdrückliche Thematisierung der Rolle der Verfassungsgerichtsbarkeit für die Entwicklung des Grundrechtsdenkens – und damit für die Grundrechtswissenschaft. Anders herum ausgedrückt: Unter den zentralen Beratungsgegenständen sucht man bisher die – im diachronen wie synchronen Vergleich überaus spannende – Frage vergebens, welchen Anteil eine spezialisierte Grundrechtsgerichtsbarkeit am Grundrechtsdenken besitzt und wie dieses ohne das Wirken der entsprechenden Gerichte aussähe. Das ist umso überraschender, als die trinationale personelle Zusammensetzung der Staatsrechtslehrervereinigung aus Ländern mit recht unterschiedlichen Grundrechts- und Verfassungsgerichtskulturen interessante Reflexionsgewinne verspräche.

e) Europäische Grund- und Menschenrechte

Dass die „europäischen Grundrechte" – genauer: die Menschenrechte der EMRK[61] auf der einen und die Unionsgrundrechte auf der anderen Seite – in den ersten Jahrzehnten nach dem Zweiten Weltkrieg keine oder doch eine völlig vernachlässigbare Rolle spielten, versteht sich im Blick auf deren Entwicklungsstränge von selbst. Aber auch mit dem Bedeutungszuwachs sowohl der EMRK als auch der Unionsgrundrechte bis zur Jahrtausendwende und schließlich der Entstehung des europäischen Grundrechtsverbundes in den letzten zwei Dekaden hat sich an der relativen Aussparung auf Staatsrechtslehrertagungen noch nichts Grundstürzendes geändert. Zwar werden insbesondere Konventionsrechte, die – anders als die Unionsgrundrechte – einen vergleichbaren Anwendungsbereich haben wie die nationalen Grundrechte, bisweilen bei der Behandlung letzterer vergleichs- oder abrundungshalber mitgeführt (wobei just die eingehenderen Überlegungen entweder von österreichischen oder schweizerischen Verfassungs- oder aber von deutschen Völkerrechtswissenschaftler[inne]n stammen); auch hat sich die

[61] Im Folgenden wird, entsprechend der reichlich teutozentrischen Diskursanlage in der Staatsrechtslehrervereinigung, außer Betracht gelassen, dass die EMRK in Österreich in Bundesverfassungsrang steht und daher Teil des Korpus nationaler Grundrechte ist. S. ergänzend nachfolgend f).

Staatsrechtslehrervereinigung auf zwei Tagungen („Europäisches und nationales Verfassungsrecht", Leipzig 2000; „Rechtsprechungskonkurrenz zwischen nationalen Verfassungsgerichten, Europäischem Gerichtshof und Europäischem Gerichtshof für Menschenrechte", Rostock 2006; im weiteren Sinne auch: „Rechtsanwendungsgleichheit in Mehrebenensystemen", Bonn 2018) ausdrücklich der grundrechtsbezogenen Mehrebenenproblematik gestellt.

Doch noch nie hat es die EMRK oder eines der in ihr verbürgten Konventionsrechte (in der Lesart des Europäischen Gerichtshofs für Menschenrechte) oder die Grundrechte-Charta der Europäischen Union oder eines der in ihr verbürgten Grundrechte (in der Auslegung durch den Gerichtshof der Europäischen Union) *als solche* zu einem Kategorie A- oder auch nur Kategorie B-Referat[62] gebracht;[63] anders gewendet: ihre Inbezugnahme erfolgte bislang stets aus Sicht der nationalen Grundrechte und im Blick auf diese, um deren Selbstand auf der Basis der Straßburger bzw. Luxemburger Judikatur ging es nie. Dabei freilich handelt es sich durchaus nicht um eine Sonderentwicklung innerhalb der deutschen Verfassungsrechtswissenschaft. Unbeschadet dieses Befundes deutet der Trend auch bei den Beratungen der Staatsrechtslehrervereinigung deutlich und nachhaltig auf ein Mehr an „europäischen Grundrechten".

f) Grundrechtsvergleichung

Der Vereinigung der Deutschen Staatsrechtslehrer, die zunächst allen „Lehrern des Staats- und Verwaltungsrechts" an den (reichs)deutschen und österreichischen Universitäten (sowie der deutschen Universität Prag) offenstand und später auf alle Staatsrechtslehrer(innen) an deutschsprachigen Universitäten erweitert wurde, stünde eigentlich ein komparativ-trinationaler Zugang auch in Grundrechtsfragen gut zu Gesichte. Seit jeher verstehen die meisten Mitglieder unter Staats- und Verwaltungsrecht indes unausgesprochen das geltende *deutsche* Staats- und Verwaltungsrecht, unter den Grundrechten (früher jene der Weimarer Reichsverfassung und seit 1949) jene des Grundgesetzes und unter Grundrechtsgericht das Bundesverfassungsgericht; davon war bereits kurz die Rede (vorstehend b). Es ist zumeist an den in Österreich oder der Schweiz Lehrenden, die Sicht auf die österreichischen bzw. schweizerischen Grundrechte in die Beratungen einzubringen. Von einem komparativ-trinationalen *Standard*modus kann auf jeden Fall nicht die Rede sein. Eine Art von Rücksichtnahme auf die österreichischen und schweizerischen Kollegen findet vielmehr, wie bereits angedeutet (oben I.2.), in der Art und Weise des Sprechens über das deutsche Grundrechtsdenken statt: Häufig werden nicht die Technizität und Strenge dogmatischer Argumentation anvisiert, sondern es wird ein stärker auf Kontextualisierung setzender Ansatz gewählt. Auch wird man mit aller Vorsicht sagen können, dass, soweit sich Divergenzen in Intensität und Thematisierung von

[62] Zu den hier verwendeten Grundrechtshaltigkeit-Kategorien oben II.2.

[63] Sehr wohl aber haben vereinzelt Ausführungen zur EMRK, noch seltener zur GRCh dazu beigetragen, ein Referat in die Kategorie A oder B einzusortieren. So lag der Fall bei den Kategorie A-Referaten von *Wilfried Fiedler* (1999), *Stefan Oeter* und *Franz Merli* (2006), *Oliver Diggelmann* und *Michael Fehling* (2010), *Thilo Marauhn* und *Magdalena Pöschl* (2014) sowie den Kategorie B-Referaten von *Stephan Breitenmoser, Kerstin Odendahl* und *Markus Krajewski* (2016).

Grundrechtsfragen zeigen, die in Deutschland lehrenden Mitglieder regelmäßig ihre Beiträge grundrechtshaltiger ausrichten oder aufladen als jene, die in Österreich oder der Schweiz lehren.

Aber auch im Übrigen stellen grundrechtsvergleichende Überlegungen bislang seltene auslandsrechtliche Ausflüge dar. Am relativ häufigsten – aber, soweit eruierbar, noch im einstelligen Bereich – werden Frankreich und das Vereinigte Königreich referatsweise in Bezug genommen, deutlich seltener die Vereinigten Staaten. Hier zeigt sich, ganz ähnlich wie bei den „europäischen Grundrechten", eine verbreitete Selbstbezüglichkeit der deutschen Staatsrechtslehre, die ein wenig relativiert wird durch gelegentliche Bezugnahmen auf andere Rechtsordnungen in der Aussprache. Bezüglich der Grundrechte mag dies vor dem Hintergrund, dass das Bundesverfassungsgericht im globalen Vergleich vermutlich das Gericht darstellt, welches dem differenziertesten und komplexesten Grundrechtsdenken seine Stimme verliehen hat, zu erklären – wohlgemerkt nicht: zu rechtfertigen – sein.

III. Eine Annäherung auf der Mikroebene

Der vorstehende Versuch, auf die Gesamtheit der Beiträge bezogene Aussagen zur Behandlung der Grundrechte durch die Staatsrechtslehrervereinigung zu generieren und zusammenzustellen, soll – namentlich aus Gründen der Veranschaulichung – um einige wenige ausgewählte (und notgedrungen sehr knapp gehaltene) Einzelstudien ergänzt werden. Dabei ist mit Rücksicht auf Vielfalt und Vielgestalt grundrechtsbezogener Überlegungen von vornherein klar, dass mehr als eine Art anekdotischer Evidenz im Blick auf die Gesamtthematik nicht erwartet werden kann.

1. Auswahlkriterien

Da es im gegebenen Rahmen, d.h. bei einer so geringen Zahl von Beispielen und gleichzeitig so großer Heterogenität potentieller Kandidaten, nicht möglich ist, eine im substantiellen Sinne repräsentative Auswahl vorzustellen, seien wenigstens die Aspekte genannt, nach denen die nachfolgenden Exempel ausgesucht worden sind: Mit den drei Einzelstudien soll eine möglichst große Zahl unterschiedlicher Weisen der Behandlung von Grundrechten angesprochen werden. Um auch das spezifische Format der Staatsrechtslehrertagungen einzufangen, werden jeweils beide Zwillingsreferate mit Aussprache berücksichtigt. Thematisch werden, da vorliegend mit eigenen Beiträgen bedacht,[64] sowohl die Religionsfreiheit als auch die Gleichheit unberücksichtigt gelassen. Auf der Zeitachse wird erstens ein Thema aus der Weimarer Zeit, zweitens eine Sternstunde der Grundrechtsberatungen aus den frühen 1970er Jahren und drittens ein zweifach behandeltes Thema aus der Mitte der 1980er Jahre und den 2010er Jahren ausgewählt. Bei allen Referaten handelt es sich um solche der Kategorie A.

---

[64] Vgl. in diesem Band *Ute Sacksofsky*, S. 479 ff., sowie *Horst Dreier*, S. 497 ff.

Alternativ hätte man, um einige jüngere Tagungen zu nennen, sicherlich auch etwa an die Jenaer Tagung 2004 zu Diskriminierungsschutz und Privatautonomie, an die Rostocker Tagung 2006 zum europäischen Grundrechtsverbund oder an die Marburger Tagung 2019 zu den Auswirkungen des Wandels des Verhältnisses von Staat und Gesellschaft denken können. Unter dem Aspekt des Vergleiches – und damit auch der Zeitgebundenheit hätte es sich auch angeboten, entweder die Beratungen der Kieler Tagung 1964 zu Verwaltung und Schule mit jenen der Hallenser Tagung 1994 zu Erziehungsauftrag und Erziehungsmaßstab der Schule zu kontrastieren oder aber die eigentumsbezogenen Beratungen der Göttinger Tagung 1951 („Enteignung und Sozialisierung") mit jenen der Innsbrucker Tagung 1980 („Besteuerung und Eigentum") und jenen der Gießener Tagung 1991 („Eigentumsschutz, Sozialbindung und Enteignung bei der Nutzung von Boden und Umwelt").

Eine Bemerkung freilich erscheint angesichts naheliegender Missverständnisse angebracht: Schon weil es hier darum geht, einen exemplarischen Eindruck davon zu vermitteln, wie im Rahmen des besonderen Diskursformates, welches Staatsrechtslehrertagungen darstellen, über die Grundrechte gesprochen wird, können und sollen vorliegend *nicht* Forschungsleistungen einzelner als solche im Vordergrund stehen.

2. Exemplarische Einzelstudien

a) Die Münchener Tagung 1927: Meinungsfreiheit

Die Münchener Tagung 1927 (mit den Referaten sowohl von *K. Rothenbücher* und *R. Smend* als auch von *H. Heller* und *M. Wenzel*) gehört gemeinsam mit der Münsteraner Tagung ein Jahr zuvor (mit den Referaten von *E. Kaufmann* und *H. Nawiaksy*) und der Wiener Tagung ein Jahr danach (mit den Referaten von *H. Triepel* und *H. Kelsen*) zu der Tagungstrias, die in besonderem Maße Ausdruck und Folge des Weimarer Richtungs- und Methodenstreits war. Die Referate von *Karl Rothenbücher* (Jg. 1880, z.Zt. der Tagung 47 Jahre alt) und *Rudolf Smend* (Jg. 1882, z.Zt. der Tagung 45 Jahre alt) über „Das Recht der freien Meinungsäußerung" galten wie jene von *Erich Kaufmann* und *Hans Nawiasky* auf der Tagung in Münster 1926 zur „Gleichheit vor dem Gesetz im Sinne des Art. 109 der Reichsverfassung" einem Grundrechtsthema; und wie schon dort, so zeigte sich auch hier die Lagerbildung zwischen Positivisten (bei den Referenten: *Rothenbücher* und *Nawiasky*) und Antipositivisten (bei den Referenten: *E. Kaufmann* und *Smend*). Die beiden Referate zielten in je unterschiedlicher Form auf inhaltliche Neuerungen in der Auslegung der noch jungen Verfassung. Von besonderer Bedeutung war dabei die unterschiedliche interpretatorische Annäherung an die „allgemeinen Gesetze" gemäß Art. 118 Abs. 1 Satz 1 WRV, innerhalb derer jedem Deutschen das Recht auf freie Meinungsäußerung zustand; diese fand sogar Eingang in die spätere Judikatur des Bundesverfassungsgerichts zu Art. 5 Abs. 2 GG.[65]

Doch wichtiger noch als diese interpretatorisch-dogmatischen Einzelaussagen war, wie die Anlage namentlich des Berichts von *Smend* und, nicht minder, die Aussprache

---

[65] Dazu oben II.2.c).

belegen, die Grundsatzfrage, ob unter den neuen, republikanischen Bedingungen am überkommenen Rechtsverständnis festgehalten werden könne – eine Frage, die sich in besonders zugespitzter Weise beim Umgang mit Verfassungsrecht im Allgemeinen und Grundrechten im Besonderen niederschlug. Nahezu jeder Diskussionsredner sah sich gedrängt, Partei zu ergreifen, sei es für den herkömmlichen, (gesetzes)positivistischen (etwa *R. Thoma* und *F. Giese*) oder den neuen, antipositivistischen Standpunkt (etwa *E. Kaufmann* und *H. Triepel*). Besonders deutlich brachte dies der Autor des führenden Kommentars zur Weimarer Reichsverfassung, *G. Anschütz*, zu Beginn der Debatte zum Ausdruck, der sich selbst – als „der Wortführer der herrschenden Ansicht" und „als Konservator einer Anschauung, die lange Zeit für richtig galt und nie angefochten wurde" – als „vielfach angegriffen" bezeichnete und *Smend*, der ihm unfruchtbaren Formalismus vorgeworfen hatte, seinerseits „eine Verwechslung von Recht und Politik" sowie „eine Überschätzung der Grundrechte" vorhielt.[66] Der Gegenposition gab *E. Kaufmann* Ausdruck, indem er hervorhob, dass es sich bei „dem Gegensatz der Methoden, auf den hier immer hingewiesen wird," „nicht, wie *Anschütz* meint, um den Gegensatz von rechtlicher und politischer Betrachtung, sondern um einen methodischen Gegensatz innerhalb der rechtlichen Betrachtung" handele;[67] *Smend* hatte in seinem Referat bereits sinngleich „auf tiefer liegende Gegensätze in den verfassungstheoretischen Grundanschauungen" hingewiesen[68] und die These aufgestellt, dass die „in der Republik gesteigerte Bedeutung der Grundrechte" primär darin liege, „daß sie einen Bestandteil von Kulturwerten festlegen, in denen das deutsche Volk von Verfassungswegen eins sein soll".[69]

Den Bedeutungsaufstieg der Grundrechte, der sich in seiner ganzen Wirkmächtigkeit erst unter dem Grundgesetz in dessen Deutung durch das Bundesverfassungsgericht zeigen sollte, nahm der *spiritus rector* der Vereinigung, *H. Triepel*, in gewissem Sinne vorweg, indem er formulierte:

> „Ich weiß nicht, ob es Ihnen so gegangen ist wie mir: ich habe mich früher mit den Grundrechten nicht viel mehr, als es so herkömmlich war, beschäftigt, und habe auch anfänglich die Grundrechte der Weimarer Verfassung mit einer gewissen Geringschätzung angesehen. Denn sie schienen mir in der Fassung unklar, widerspruchsvoll und vielfach ein Kompromißergebnis, nach dem bekannten Worte ein ‚interfraktionelles Parteiprogramm' zu sein. Mehr und mehr finde ich jetzt, daß die Grundrechte fast den wichtigsten Bestandteil in der ganzen Verfassung bilden."[70]

Dafür bildeten die Weimarer Beratungen der Staatsrechtslehrervereinigung, darunter eben auch jene der Münchener Tagung 1927, ein nicht zu unterschätzendes Forum.

b) Die Regensburger Tagung 1971: Grundrechte im Leistungsstaat

Dem ersten Beratungsgegenstand der Regensburger Tagung 1971 („Grundrechte im Leistungsstaat") gebührt im kollektiven Gedächtnis der Staatsrechtslehrervereinigung

---

66 *Gerhard Anschütz*, Diskussionsbeitrag, VVDStRL 4 (1928), S. 74 (74, 75).
67 *Erich Kaufmann*, Diskussionsbeitrag, VVDStRL 4 (1928), S. 77 (82).
68 *Rudolf Smend*, Das Recht der freien Meinungsäußerung, VVDStRL 4 (1928), S. 44 (44).
69 *Rudolf Smend*, Das Recht der freien Meinungsäußerung, VVDStRL 4 (1928), S. 44 (73 – Leitsatz 1).
70 *Heinrich Triepel*, Diskussionsbeitrag, VVDStRL 4 (1928), S. 89 (89).

ein besonderer Platz und ist daher alles andere als repräsentativ für die Beratungen der Grundrechte durch die Staatsrechtslehrervereinigung. Er gilt als eine der Sternstunden der Staatsrechtslehrertagungen – *Hans Zacher* prägte in der Aussprache den Begriff des „Grundrechtsfesttages“[71] – und wird zumeist als einer der Kipppunkte des bundesrepublikanischen Grundrechtsdenkens begriffen. An dieser Sonderstellung haben mehrere Gründe Anteil.

Dazu zählt gewiss, dass sich die Vereinigung zum ersten Mal nach ihrer Neugründung 1949 „mit der Frage der Interpretation und der Bedeutung der Grundrechte ganz vom Prinzipiellen her“[72] befasst hat – und (nicht nur) damit an die Weimarer Kontroversen besonders auf der Münsteraner und Münchener Tagung 1926 und 1927 anknüpfte (dazu vorstehend a)). Des Weiteren, dass mit *Wolfgang Martens* (Jg. 1934, z.Zt. der Tagung 37 Jahre alt), Schüler von *Hans Peter Ipsen*, und *Peter Häberle* (Jg. 1934, z.Zt. der Tagung ebenfalls 37 Jahre alt), Schüler von *Konrad Hesse*, zwei junge meinungsstarke Mitglieder mit – wenn man so sagen darf – unterschiedlichen juridischen Weltanschauungen sich an eine Thematik heranwagten, die die Grundsatzfrage aufwarf, wie Auslegung und Anwendung der Grundrechte angesichts gewandelter sozio-politischer Verhältnisse (und eines gewandelten Staatsverständnisses) zu konzipieren seien. Drittens präsentierte *Häberle* nichts weniger als ein auf „grundrechtssichernde Geltungsfortbildung“ (kaum zufällig eine Anspielung auf eine der Kern-Wendungen der Integrationslehre seines akademischen Großvaters *Rudolf Smend*) zielendes neues Grundrechtsdenken – in einem Feuerwerk einer neuen Grundrechtsnomenklatur wie „Grundrechtsvorsorge“, „Grundrechtstaat“, „Grundrechtspolitik“, „‚offene‘ Grundrechtsdogmatik“, staatliche „Grundrechtspflichten“, „‚realistisches‘ Grundrechtsverständnis“, „Denken von den Grundrechtsvoraussetzungen her“ oder „status activus processualis“.[73] Bereits in der sich anschließenden Aussprache kamen, viertens, die hier aufeinanderprallenden konzeptionellen Differenzen – bei zahlreichen Übereinstimmungen im Ergebnis – zur Sprache; *Hesse* charakterisierte die von den Referenten verfolgten Strategien dahin, dass *Martens* „eine ‚Maginot-Linie‘ des bürgerlichen Rechtsstaates [zu] verteidigen“ gesucht habe, indes sein eigener Schüler *Häberle* „den Weg einer sehr beweglichen Vorwärtsverteidigung“ gewählt habe.[74] Weitere Diskutanten griffen die Frage nach Möglichkeiten und Grenzen von (Grundrechts-)Dogmatik auf, *Böckenförde* warb für die Suche „nach einer bzw. der verfassungsgemäßen Grundrechtstheorie“.[75] Ein fünfter Grund dürfte darin zu erblicken sein, dass die Diskussion zwar von den „Altvorderen“ begonnen wurde (*U. Scheuner*, Jg. 1903; *K. Hesse*, Jg. 1919; *G. Dürig*, Jg. 1920; *Joseph H. Kaiser*, Jg. 1921) – fortgeführt und im Kern bestritten wurde sie hingegen von den Altersgenossen der beiden Referenten, nämlich (ohne Anspruch auf Vollständigkeit und in der Altersreihung)

---

71 *Hans Zacher*, Diskussionsbeitrag, VVDStRL 30 (1972), S. 151 (151).

72 *Ulrich Scheuner*, Diskussionsbeitrag, VVDStRL 30 (1972), S. 142 (142).

73 Sämtliche Schlagworte sowohl im Referat als auch in den Leitsätzen. *Häberles* Bericht ist auch seiner äußeren Form nach überwältigend: das Referat umfasst (inklusive der nicht vorgetragenen Teile) 89 Druckseiten mit 385 Fußnoten und 50 Leitsätze auf ganzen 10 Seiten (*Peter* Häberle, Grundrechte im Leistungsstaat, in: VVDStRL 30 [1972], S. 43–131 und 132–141).

74 *Konrad Hesse*, Diskussionsbeitrag, VVDStRL 30 (1972), S. 144 (145).

75 *Ernst-Wolfgang* Böckenförde, Diskussionsbeitrag, VVDStRL 30 (1972), S. 162 (162).

E.-W. Böckenförde (Jg. 1930), *K. Vogel* (Jg. 1930), *M. Kriele* (Jg. 1931), *T. Oppermann* (Jg. 1931), *N. Achterberg* (Jg. 1932), *I. von Münch* (Jg. 1932), *W. Schmitt Glaeser* (Jg. 1933), *R. Herzog* (Jg. 1934) und *H.H. Klein* (Jg. 1936) – allesamt Staatsrechtslehrer, die in den Folgejahrzehnten eine diskursbestimmende Rolle (teils auch als Verfassungsrichter) innehaben sollten. So mag das gemeinsame – durchaus kontroverse – Diskurserlebnis eine generationsprägende, kollektive Wirkung gezeitigt haben. Die Sonderstellung der Beratungen zu „Grundrechte im Leistungsstaat" dürfte schließlich auch damit zu tun haben, dass hier einmal die Staatsrechtslehre dem Bundesverfassungsgericht in puncto Grundrechtsentwicklung voranschritt, welches erst im Folgejahr mit der Strafgefangenen-Entscheidung, dem Facharzt-Beschluss und dem Numerus clausus-Urteil[76] mit richtungweisenden Korrekturen an der bisherigen Grundrechtsjudikatur begann (wenngleich keines der beiden Referate es schaffte, vom Bundesverfassungsgericht in einer Senats- oder Kammerentscheidung der letzten 50 Jahre zitiert zu werden[77]).

c) Die Münchener Tagung 1986 und die Greifswalder Tagung 2013 im Vergleich: Ehe und Familie im Wandel

Es gibt nicht viele Themen, denen die Staatsrechtslehrervereinigung sich mehr als einmal zugewendet hat. Zu diesem kleinen Kreis gehört die Frage der Bedeutung des gesellschaftlichen Wandels in Bezug auf Ehe und Familie (und Elternschaft) für die entsprechenden Verfassungsgarantien. Im Abstand von mehr als einem Vierteljahrhundert, in dem sich unter anderem die Wiedervereinigung vollzog und die Vereinigung von 338 auf 695 Mitglieder anwuchs,[78] wies der Vorstand der Vereinigung einmal Ehe und Familie die Rolle eines Beispiels für das Verhältnis von „Verfassungsgarantie und soziale[m] Wandel" zu (München 1986), indes er das andere Mal die Frage nach einer „dynamische[n] Grundrechtsdogmatik von Ehe und Familie" stellte (Greifswald 2013). Kontrastiert und vergleicht man beide Tagungsberatungen, so zeigen sich nicht nur in der Themenformulierung und im Themenzugriff aufschlussreiche Akzentverschiebungen, von denen hier einige wenige herausgegriffen seien.

So spiegelt sich in Referaten und Aussprachen die von 1986 zu 2013 nicht unerheblich veränderten gesellschaftspolitischen, einfachgesetzlichen und verfassungsgerichtlichen Rahmenbedingungen. Während 1986 Fragen im Vordergrund standen, welchen Schutz nichteheliche Lebensgemeinschaften (mit Kindern und ohne) und der sogenannte nichteheliche Vater (gemeint: der Vater eines nichtehelichen Kindes) im Lichte von Art. 6 Abs. 1 (und 2) GG genössen, welche gesetzesinduzierte Förderung von Familien verfassungsgesetzlich geboten und ob der Familienbegriff über die Kleinfamilie auszudehnen sei,[79] drehten sich die Überlegungen zu einer „dynamischen Grundrechtsdogmatik" im Jahre 2013 in zentraler Weise um das Verständnis von Ehe (und Elternschaft) angesichts

[76] BVerfGE 33, 1 – Strafgefangene [1972]; 33, 125 – Facharztbeschluss [1972]; 33, 303 – Numerus clausus [1972].

[77] Dazu oben II.2.c).

[78] Wie sich jeweils aus dem Vorwort des einschlägigen Tagungsbandes ergibt, waren 1986 auf der Münchener Tagung 222 Mitglieder und auf der Greifswalder Tagung 2013 254 angemeldet.

[79] Die Auswirkungen von seinerzeit noch weithin technisch nicht realisierbaren reproduktionsme-

gleichgeschlechtlicher (Lebens-)Partnerschaften. Zugespitzt könnte man formulieren: Während 1986 der Wandel des verfassungsrechtlichen Familienbildes, der weite Teile der Gesellschaft betraf, im Zentrum der Aufmerksamkeit stand, verschob sich diese 27 Jahre später auf das verfassungsrechtliche Ehebild unter einem Aspekt, der einen vergleichsweise überschaubaren Personenkreis adressierte.

Und während 1986 sowohl die Referenten – *Axel Freiherr von Campenhausen* (Jg. 1934, z.Zt. der Tagung 52 Jahre alt), *Heinhard Steiger* (Jg. 1933, z.Zt. der Tagung 53 Jahre alt) – als auch die an der Aussprache aktiv beteiligten Mitglieder ganz überwiegend in sachlicher Übereinstimmung mit der Karlsruher Judikatur die relative Untätigkeit des Gesetzgebers in ihrer verfassungsrechtlichen Wertigkeit reflektierten, stellte sich 2013 die „Gefechtslage" deutlich anders dar: Denn nun sah sich die Staatsrechtslehre einem (zunächst aus eigenem Antrieb) dem gesellschaftlichen Wandel in Gestalt des Lebenspartnerschaftsgesetzes von 2001 aktiv Ausdruck verleihenden Gesetzgeber gegenüber, dem die Rechtsprechung des Ersten Senats des Bundesverfassungsgerichts in einer ganzen Folge von Judikaten den Rücken stärkte, indem in einem ersten Zugriff die Vereinbarkeit des Instituts der Eingetragenen Lebenspartnerschaft mit der Ehegarantie des Art. 6 Abs. 1 GG festgestellt wurde, um sodann in einer zweiten Welle von Entscheidungen – nun unter Aktivierung des Gleichheitssatzes gemäß Art. 3 Abs. 1 GG – den Gesetzgeber mehrfach zur Angleichung der lebenspartnerschaftsbezogenen Regeln an jene der Ehe anzuhalten. In den Referaten – von *Monika Böhm* (Jg. 1960, z.Zt. der Tagung 53 Jahre alt)[80] sowie *Michael Germann* (Jg. 1967, z.Zt. der Tagung 46 Jahre alt) – sowie in der Aussprache ist deutlich spürbar, wie die den „Umstände-" und „Wertewandel"[81] aktiv aufnehmende Rechtsprechung des Ersten Senats eine diskursprägende, den Gedankenaustausch in der Staatsrechtslehrer-Zunft deutlich beeindruckende Rolle übernommen hat. *D. Grimm*, der 1986 in der Aussprache noch erheblichen Klärungsbedarf anmahnte, „so daß die Frage sehr wohl noch ein weiteres Mal Gegenstand einer Tagung sein könnte",[82] brachte diese Haltung, die keine ganz so unvoreingenommene und wissenschaftlich-tiefgründige Diskussion mehr über Rechtfertigung und Grenzen des Verfassungswandels erlaubte wie 1986, auf den Punkt:

„Die Vorentscheidung für Dynamik in der Grundrechtsinterpretation ist durch die methodologische Maxime des Bundesverfassungsgerichts gefallen, dem Ziel eines Grundrechts oder der Funktion eines Grundrechts [...] zu optimaler Wirksamkeit unter den jeweils gegebenen Umständen zu verhelfen."[83]

---

dizinischen Möglichkeiten sowie die Rolle gleichgeschlechtlicher Paare und von Transsexuellen für die Deutung des Ehebegriffs fanden in der Aussprache nur ganz am Rande Aufmerksamkeit.

[80] Nebenbei: 2013 wurde dem von *Rudolf Steinberg* 1986 in der Aussprache geäußerten „Bedürfnis [...], ein rechtswissenschaftliches Thema auch durch das Referat einer Frau zu Gehör zu bekommen" (Diskussionsbeitrag, VVDStRL 45 [1987], S. 139 [140]), endlich Rechnung getragen.

[81] Begriffspaar: *Dieter Grimm*, Diskussionsbeitrag, VVDStRL 73 (2014), S. 300 (301).

[82] *Dieter Grimm*, Diskussionsbeitrag, VVDStRL 45 (1987), S. 108 (109).

[83] *Dieter Grimm*, Diskussionsbeitrag, VVDStRL 73 (2014), S. 300 (300 f.). Vgl. auch *Heinhard Steiger*, Diskussionsbeitrag, VVDStRL 73 (2014), S. 296 (296): „Es ist vor allen Dingen nicht nur ein sozialer Wandel, sondern ein Wandel, der mit nachdrücklicher Beihilfe – vielleicht sogar mit starker Initiative

Dem trug das Referat von *M. Böhm* im Wesentlichen durch einen beschreibenden und einordnenden Nachvollzug der Entwicklung der Karlsruher Judikatur Rechnung, indes *M. Germann* dadurch der verfassungsgerichtlich begleiteten (um nicht zu sagen: angeführten) „Karawane des Verfassungswandels“[84] Tribut zollte, dass er, auf die kritische Aufgabe der Verfassungsrechtswissenschaft verweisend, jener eine „Leitbildgarantie“ von Ehe und Familie entgegensetzte. Damit korreliert, dass in der Aussprache weniger als 1986 die methodischen Unterschiede als vielmehr die Positionierung zur Rechtsprechung des Bundesverfassungsgerichts eine Reihe von Beiträgen prägte.

IV. Die Tagungen der Staatsrechtslehrervereinigung – ein Grundrechtslaboratorium?

Die Staatsrechtslehrervereinigung hat sich auf ihren Tagungen vielfach, vielgestaltig und tiefgreifend mit den Grundrechten beschäftigt. Doch von – durchaus gewichtigen – Ausnahmen abgesehen, wird man ihr nicht bescheinigen können, das große und zentrale Grundrechtslabor gewesen zu sein, in dem Jahr für Jahr innovativ-grundstürzende Thesen und revolutionär-zukunftsweisende Konzepte vor der versammelten Diskursgemeinschaft getestet und das Grundrechtsdenken in entscheidender Weise vorangetrieben wurden. Dafür besitzt das sich gegenüber dem sonstigen, „alltäglichen“ Verfassungsrechtsdiskurs deutlich absetzende Format wenig Eignung – und steht der Vereinigung namentlich mit dem Bundesverfassungsgericht ein viel zu selbstbewusstes, tatendurstiges und einfallsreiches Pendant gegenüber. Und doch darf ein Doppeltes nicht unterschätzt werden: dass Referate und Aussprachen, zum einen, durchaus als eine Art offizieller Leistungsschau der deutsch(sprachig)en Grundrechts*wissenschaft* betrachtet werden dürfen, die infolge ihres Plenarcharakters, zum anderen, einen wesentlichen Beitrag zu Gesprächsbereitschaft und -fähigkeit innerhalb der Staatsrechtslehre in Deutschland, Österreich und der Schweiz leisten.

Freilich verstehen sich die vorstehenden Zeilen nur als eine erste und vorläufige Einschätzung zu Wesen und Wert der grundrechtsbezogenen Beratungen der Staatsrechtslehrervereinigung. Dies deshalb, weil die Materialfülle von mittlerweile 81 Tagungen mit über 400 Referaten und über 150 Aussprachen auf insgesamt über 26.000 Seiten zu groß ist, um in einem Überblicksartikel, ohne Nutzung der Möglichkeiten der Korpuslinguistik, ohne Inbezugsetzung zur sonstigen literarischen Produktion der – hier: funktionell und nicht institutionell verstandenen – Verfassungsrechtswissenschaft und ohne Vergleich zu ausländischen Pendants (etwa der SIPE) verlässlichere Ergebnisse erzielen zu können. Eine eingehendere Vermessung kann hier nur als Desideratum formuliert werden.

---

des Bundesverfassungsgerichts – in die Verfassungsordnung und damit natürlich auch in die allgemeine Rechtsordnung eingegangen ist.“

[84] *Michael Germann*, Dynamische Grundrechtsdogmatik von Ehe und Familie?, VVDStRL 73 (2014), S. 257 (287).

Anhang

Um einen annähernden Eindruck davon zu erhalten, in welcher Intensität sich die auf den Tagungen der Staatsrechtslehrervereinigung 1924–2021 gehaltenen Referate mit Grundrechtsfragen beschäftigen, ist vorliegend mit einer vierstufigen Unterteilung am Maßstab der Grundrechtshaltigkeit – höchste Stufe (A), hohe Stufe (B), mittlere Stufe (C) und niedrige Stufe (D) – gearbeitet worden (dazu näher im Text unter II.1.). Die Referate der Kategorie A finden sich im Text unter II.2.b) zusammengestellt.

Referate der Kategorie B (hohe Grundrechtshaltigkeit)

Jahr	*Ort*	*Thema*	*Berichterstatter/in*
1931	Halle	Entwicklung und Reform des Beamtenrechts	H. Gerber
1952	Marburg	Die staatliche Intervention im Bereich der Wirtschaft. Rechtsformen und Rechtsschutz	U. Scheuner
		Die Gegenwartslage des Staatskirchenrechts	W. Weber
		Die Gegenwartslage des Staatskirchenrechts	H. Peters
1953	Bonn	Begriff und Wesen des sozialen Rechtsstaats	O. Bachof
1956	Mainz	Das besondere Gewaltverhältnis	C.H. Ule
1958	Wien	Die verfassungsrechtliche Stellung der Parteien im modernen Staat	K. Hesse
		Das Verwaltungsverfahren	K.A. Bettermann
1959	Erlangen	Das Grundgesetz und die öffentliche Gewalt internationaler Staatengemeinschaften	G. Erler
1961	Freiburg i. Br.	Prinzipien der Verfassungsinterpretation	H. Ehmke
		Gefährdungshaftung im öffentlichen Recht?	G. Jaenicke
		Gefährdungshaftung im öffentlichen Recht?	W. Leisner
1963	Saarbrücken	Staatsaufsicht in Verwaltung und Wirtschaft	J. Salzwedel
1964	Kiel	Bewahrung und Veränderung demokratischer und rechtsstaatlicher Verfassungsstruktur in den internationalen Gemeinschaften	P. Badura
		Verwaltung und Schule	H.-U. Evers
		Verwaltung und Schule	E.-W. Fuß
1965	Würzburg	Staat und Verbände	G. Leibholz
		Staat und Verbände	G. Winkler
		Gesetzgeber und Verwaltung	K. Vogel
		Gesetzgeber und Verwaltung	R. Herzog
1967	Frankfurt	Die Kirchen unter dem Grundgesetz	M. Heckel
		Die Kirchen unter dem Grundgesetz	A. Hollerbach

Jahr	*Ort*	*Thema*	*Berichterstatter/in*
1969	Bern	Die Rechtsformen der sozialen Sicherung und das allgemeine Verwaltungsrecht	W. Henke
		Die Rechtsformen der sozialen Sicherung und das allgemeine Verwaltungsrecht	W. Rüfner
1970	Speyer	Die Erfüllung von Verwaltungsaufgaben durch Private	F. Ossenbühl
1972	Salzburg	Partizipation an Verwaltungsentscheidungen	W. Schmitt Glaeser
1973	Mannheim	Die staatsrechtliche Stellung der Ausländer in der Bundesrepublik Deutschland	K. Doehring
		Die staatsrechtliche Stellung der Ausländer in der Bundesrepublik Deutschland	J. Isensee
1976	Heidelberg	Unternehmen und Unternehmer in der verfassungsrechtlichen Ordnung der Wirtschaft	P. Saladin
1978	Bonn	Verfassungsstreue und Schutz der Verfassung	E. Denninger
		Verfassungsstreue und Schutz der Verfassung	H.H. Klein
1979	Berlin	Deutschland nach 30 Jahren Grundgesetz	N. Achterberg
		Staatsaufgabe Umweltschutz	D. Rauschning
1982	Konstanz	Verwaltungsverfahren zwischen Verwaltungseffizienz und Rechtsschutzauftrag	J. Pietzcker
1983	Köln	Kulturauftrag im staatlichen Gemeinwesen	U. Steiner
		Kulturauftrag im staatlichen Gemeinwesen	D. Grimm
		Kulturauftrag im staatlichen Gemeinwesen	N. Wimmer
1985	Freiburg/i.Üe.	Die öffentlich-rechtliche Anstalt	K. Lange
		Die öffentlich-rechtliche Anstalt	R. Breuer
1987	Passau	Die Einheit der Verwaltung als Rechtsproblem	G. Haverkate
1988	Tübingen	Gesetzesgestaltung und Gesetzesanwendung im Leistungsrecht	F. Hufen
		Gesetzesgestaltung und Gesetzesanwendung im Leistungsrecht	H. Hill
1989	Hannover	Staatszwecke im Verfassungsstaat – nach 40 Jahren Grundgesetz	H.-C. Link
		Staatszwecke im Verfassungsstaat – nach 40 Jahren Grundgesetz	G. Ress
		Die Bewältigung der wissenschaftlichen und technischen Entwicklungen durch das Verwaltungsrecht	B. Schlink
1990	Zürich	Der Verfassungsstaat als Glied einer europäischen Gemeinschaft	E. Klein
		Verwaltungsrecht als Vorgabe für Zivil- und Strafrecht	M. Schröder

Jahr	*Ort*	*Thema*	*Berichterstatter/in*
1994	Halle	Privatisierung von Verwaltungsaufgaben	J. Hengstschläger
1996	Dresden	Kontrolle der auswärtigen Gewalt	K. Hailbronner
1997	Osnabrück	Rechtliche Rahmenbedingungen einer Informationsordnung	F. Schoch
		Rechtliche Rahmenbedingungen einer Informationsordnung	H.-H. Trute
1999	Heidelberg	Arbeitsmarkt und staatliche Lenkung	J. Wieland
		Arbeitsmarkt und staatliche Lenkung	C. Engel
		Arbeitsmarkt und staatliche Lenkung	T. v. Danwitz
2000	Leipzig	Der Staat als Wirtschaftssubjekt und Auftraggeber	W. Löwer
		Der Staat als Wirtschaftssubjekt und Auftraggeber	T. Puhl
2001	Würzburg	Primär- und Sekundärrechtsschutz im Öffentlichen Recht	W. Höfling
2002	St. Gallen	*Leistungsgrenzen des Verfassungsrechts*	
		Europäische und nationale Identität: Integration durch Verfassungsrecht?	S. Korioth
		Europäische und nationale Identität: Integration durch Verfassungsrecht?	A. v. Bogdandy
		Öffentliche Gemeinwohlverantwortung im Wandel	
		Beteiligung Privater an der Wahrnehmung öffentlicher Aufgaben und staatliche Verantwortung	M. Heintzen
2003	Hamburg	Gewährleistung von Freiheit und Sicherheit im Lichte unterschiedlicher Staats- und Verfassungsverständnisse	W. Brugger
		Risikosteuerung durch Verwaltungsrecht: Ermöglichung oder Begrenzung von Innovationen?	A. Scherzberg
		Transparente Verwaltung – Konturen eines Informationsverwaltungsrechts	R. Gröschner
2004	Jena	*Der Sozialstaat in Deutschland und Europa*	
		Sozialstaatlichkeit im Spannungsfeld von Eigenverantwortung und Fürsorge	C. Enders
		Sozialstaatlichkeit im Spannungsfeld von Eigenverantwortung und Fürsorge	E. Wiederin
		Die Zukunft der sozialen Sicherungssysteme	R. Pitschas
		Die Zukunft der sozialen Sicherungssysteme	H. Sodan
2005	Frankfurt/M.	*Kultur und Wissenschaft*	
		Die Universität im Zeichen von Ökonomisierung und Internationalisierung	R. Hendler

Jahr	*Ort*	*Thema*	*Berichterstatter/in*
		Die Universität im Zeichen von Ökonomisierung und Internationalisierung	U. Mager
		Sprache als Kultur- und Rechtsgut	R. J. Schweizer
2006	Rostock	*Bundesstaat und Europäische Union zwischen Konflikt und Kooperation*	
		Finanzautonomie und Finanzverflechtung in gestuften Rechtsordnungen	J. Hey
2007	Freiburg i. Br.	*Die Leistungsfähigkeit der Wissenschaft des Öffentlichen Rechts*	
		Das Verfassungsrecht zwischen normativem Anspruch und politischer Wirklichkeit	C. Hillgruber
		Das Verfassungsrecht zwischen normativem Anspruch und politischer Wirklichkeit	U. Volkmann
		Das Verfassungsrecht vor den Herausforderungen der Globalisierung	R. Poscher
2008	Erlangen	*Erosion von Verfassungsvoraussetzungen*	
		Demographischer Wandel und Generationengerechtigkeit	W. Kluth
		Demographischer Wandel und Generationengerechtigkeit	S. Baer
2009	Graz	*Gemeinwohl durch Wettbewerb?*	
		Universitäten im Wettbewerb	M.-E. Geis
		Universitäten im Wettbewerb	C. Bumke
2010	Berlin	*Der Schutzauftrag des Rechts*	
		Knappheit und Verteilungsgerechtigkeit im Gesundheitswesen	J. Lege
		Knappheit und Verteilungsgerechtigkeit im Gesundheitswesen	T. Kingreen
2011	Münster	*Grundsatzfragen der Rechtsetzung und Rechtsfindung*	
		Rationalitätsanforderungen an die parlamentarische Rechtsetzung im demokratischen Rechtsstaat	B. Grzeszick
2012	Kiel	*Repräsentative Demokratie in der Krise?*	
		Der Bürgerstatus im Licht von Migration und europäischer Integration	C. Walter
		Großvorhaben als Herausforderung für den demokratischen Rechtsstaat	T. Mann
2013	Greifswald	*Zukunftsgestaltung durch Öffentliches Recht*	
		Der Bildungsföderalismus auf dem Prüfstand	A. Wallrabenstein

Jahr	*Ort*	*Thema*	*Berichterstatter/in*
2014	Düsseldorf	Dritte Gewalt im Wandel – Veränderte Anforderungen an Legitimität und Effektivität?	F. Brosius-Gersdorf
		Gestaltung des demographischen Wandels als Verwaltungsaufgabe	S. Rixen
2016	Linz	*Grenzüberschreitungen*	
		Migrationssteuerung im Mehrebenensystem	S. Breitenmoser
		Migrationssteuerung im Mehrebenensystem	K. Odendahl
		Status als Instrument des Migrationsrechts	M. Krajewski
		Migrationsfolgenrecht	D. Thym
		Völker- und unionsrechtliche Anstöße zur Entterritorialisierung des Rechts	K. Schmalenbach
		Entterritorialisierung im Kommunikationsrecht	M. Cornils
2017	Saarbrücken	*Fragmentierungen*	
		Parteien – Medien – Sozialstrukturen	I. Spiecker gen. Döhmann
2021	Mannheim	*Machtverschiebungen*	
		Neutralität als Verfassungsgebot? Der Staat und religiöse oder weltanschauliche Überzeugungen	M. Müller

Referate der Kategorie C (mittlere Grundrechtshaltigkeit)

Jahr	*Ort*	*Thema*	*Berichterstatter/in*
1924	Jena	Die Diktatur des Reichspräsidenten nach Art. 48 der Reichsverfassung	C. Schmitt
		Die Diktatur des Reichspräsidenten nach Art. 48 der Reichsverfassung	E. Jacobi
1927	München	Der Begriff des Gesetzes in der Reichsverfassung	H. Heller
1928	Wien	Wesen und Entwicklung der Staatsgerichtsbarkeit	H. Triepel
		Wesen und Entwicklung der Staatsgerichtsbarkeit	H. Kelsen
1929	Frankfurt	Bundesstaatliche und gliedstaatliche Rechtsordnung	J. Lukas
1950	München	Die Grenzen der Verfassungsgerichtsbarkeit	E. Kaufmann
		Die Grenzen der Verfassungsgerichtsbarkeit	M. Drath
1954	Tübingen	Die Berufsbeamten und die Staatskrisen	H. Spanner
1955	Hamburg	Die Finanzverfassung im Rahmen der Staatsverfassung	K.M. Hettlage
		Verwaltung und Verwaltungsrechtsprechung	E. Becker
1956	Mainz	Das Gesetz als Norm und Maßnahme	C.-F. Menger

Jahr	*Ort*	*Thema*	*Berichterstatter/in*
1959	Erlangen	Der Plan als verwaltungsrechtliches Institut	M. Imboden
1962	Münster	Föderalismus als nationales und internationales Ordnungsprinzip	H. Bülck
1966	Graz	Verwaltung durch Subvention	H.P. Ipsen
		Verwaltung durch Subvention	H.F. Zacher
1967	Frankfurt/M.	Führung und Organisation der Streitkräfte im demokratisch-parlamentarischen Staat	G.C. v. Unruh
1968	Bochum	Öffentlicher Haushalt und Wirtschaft	K.H. Friauf
		Öffentlicher Haushalt und Wirtschaft	H. Wagner
1973	Mannheim	Vertrauensschutz im Verwaltungsrecht	G. Kisker
		Vertrauensschutz im Verwaltungsrecht	G. Püttner
1975	Augsburg	Die Bindung des Richters an Gesetz und Verfassung	C. Starck
		Verwaltungsverantwortung und Verwaltungsgerichtsbarkeit	R. Scholz
		Verwaltungsverantwortung und Verwaltungsgerichtsbarkeit	E. Schmidt-Aßmann
1976	Heidelberg	Der Schutz der Allgemeinheit und der individuellen Rechte durch die polizei- und ordnungsrechtlichen Handlungsvollmachten der Exekutive	H.-U. Erichsen
		Der Schutz der Allgemeinheit und der individuellen Rechte durch die polizei- und ordnungsrechtlichen Handlungsvollmachten der Exekutive	F.-L. Knemeyer
1977	Basel	Der Verfassungsstaat im Geflecht der internationalen Beziehungen	C. Tomuschat
1979	Berlin	Deutschland nach 30 Jahren Grundgesetz	R. Bernhardt
		Staatsaufgabe Umweltschutz	W. Hoppe
1980	Innsbruck	Die Verfassungsgerichtsbarkeit im Gefüge der Staatsfunktionen	J.P. Müller
		Die Verfassungsgerichtsbarkeit im Gefüge der Staatsfunktionen	K. Schlaich
1981	Trier	Gesetzgebung im Rechtsstaat	K. Eichenberger
		Gesetzgebung im Rechtsstaat	R. Novak
		Gesetzgebung im Rechtsstaat	M. Kloepfer
1982	Konstanz	Verwaltungsverfahren zwischen Verwaltungseffizienz und Rechtsschutzauftrag	R. Wahl
1986	München	Rechtsverhältnisse in der Leistungsverwaltung	T. Fleiner-Gerster
		Rechtsverhältnisse in der Leistungsverwaltung	T. Öhlinger
		Rechtsverhältnisse in der Leistungsverwaltung	P. Krause

Jahr	*Ort*	*Thema*	*Berichterstatter/in*
1987	Passau	Die Bedeutung gliedstaatlichen Verfassungsrechts in der Gegenwart	W. Graf Vitzthum
		Die Bedeutung gliedstaatlichen Verfassungsrechts in der Gegenwart	B.-C. Funk
		Die Bedeutung gliedstaatlichen Verfassungsrechts in der Gegenwart	G. Schmid
		Die Einheit der Verwaltung als Rechtsproblem	B.-O. Bryde
1989	Hannover	Die Bewältigung der wissenschaftlichen und technischen Entwicklungen durch das Verwaltungsrecht	J. Ipsen
		Die Bewältigung der wissenschaftlichen und technischen Entwicklungen durch das Verwaltungsrecht	D. Murswiek
1990	Berlin	(Sondertagung) Deutschlands aktuelle Verfassungslage	J. Isensee
1990	Zürich	Der Verfassungsstaat als Glied einer europäischen Gemeinschaft	H. Steinberger
		Der Verfassungsstaat als Glied einer europäischen Gemeinschaft	D. Thürer
		Verwaltungsrecht als Vorgabe für Zivil- und Strafrecht	H.D. Jarass
1991	Gießen	Der Rechtsstaat und die Aufarbeitung der vor-rechtsstaatlichen Vergangenheit	W. Berg
		Der Rechtsstaat und die Aufarbeitung der vor-rechtsstaatlichen Vergangenheit	B. Pieroth
1992	Bayreuth	Verträge und Absprachen zwischen der Verwaltung und Privaten	J. Burmeister
1993	Mainz	Deutsches und europäisches Verwaltungsrecht – Wechselseitige Einwirkungen	M. Zuleeg
		Deutsches und europäisches Verwaltungsrecht – Wechselseitige Einwirkungen	H.-W. Rengeling
1994	Halle	Privatisierung von Verwaltungsaufgaben	L. Osterloh
		Privatisierung von Verwaltungsaufgaben	H. Bauer
		Privatisierung von Verwaltungsaufgaben	T. Jaag
1995	Wien	Bürgerverantwortung im demokratischen Verfassungsstaat	D. Merten
		Bürgerverantwortung im demokratischen Verfassungsstaat	W. Berka
		Bürgerverantwortung im demokratischen Verfassungsstaat	O. Depenheuer

Jahr	*Ort*	*Thema*	*Berichterstatter/in*
1996	Dresden	Verwaltung und Verwaltungsrecht zwischen gesellschaftlicher Selbstregulierung und staatlicher Steuerung	M. Schmidt-Preuß
		Verwaltung und Verwaltungsrecht zwischen gesellschaftlicher Selbstregulierung und staatlicher Steuerung	U. Di Fabio
1998	Potsdam	Rechtliche Optimierungsgebote oder Rahmensetzungen für das Verwaltungshandeln?	T. Würtenberger
2000	Leipzig	Europäisches und nationales Verfassungsrecht	I. Pernice
		Europäisches und nationales Verfassungsrecht	P.M. Huber
		Europäisches und nationales Verfassungsrecht	C. Grabenwarter
2002	St. Gallen	*Leistungsgrenzen des Verfassungsrechts*	
		Informalisierung und Entparlamentarisierung politischer Entscheidungen als Gefährdungen der Verfassung?	M. Herdegen
		Informalisierung und Entparlamentarisierung politischer Entscheidungen als Gefährdungen der Verfassung?	M. Morlok
		Öffentliche Gemeinwohlverantwortung im Wandel	
		Beteiligung Privater an der Wahrnehmung öffentlicher Aufgaben und staatliche Verantwortung	A. Voßkuhle
2004	Jena	*Der Sozialstaat in Deutschland und Europa*	
		Verwaltungsrechtliche Instrumente des Sozialstaates	P.J. Tettinger
2005	Franfurt/M.	*Kultur und Wissenschaft*	
		Kultur im Verfassungsstaat	K.-P. Sommermann
2006	Rostock	*Bundesstaat und Europäische Union zwischen Konflikt und Kooperation*	
		Autonomie und Bindung der Rechtsetzung in gestuften Rechtsordnungen	S. Kadelbach
		Autonomie und Bindung der Rechtsetzung in gestuften Rechtsordnungen	C. Tietje
2007	Freiburg i. Br.	*Die Leistungsfähigkeit der Wissenschaft des Öffentlichen Rechts*	
		Die Entwicklung eines Internationalen Verwaltungsrechts als Aufgabe der Rechtswissenschaft	C.D. Classen
2008	Erlangen	*Erosion von Verfassungsvoraussetzungen*	
		Erosion demokratischer Öffentlichkeit?	B. Holznagel

Jahr	*Ort*	*Thema*	*Berichterstatter/in*
2009	Graz	*Gemeinwohl durch Wettbewerb?*	
		Wettbewerb von Rechtsordnungen	T. Giegerich
		Demokratie als Wettbewerbsordnung	A. Hatje
		Demokratie als Wettbewerbsordnung	M. Kotzur
		Wettbewerb als Verwaltungsaufgabe	J. Kersten
2011	Münster	*Grundsatzfragen der Rechtsetzung und Rechtsfindung*	
		Finanzkrisen als Herausforderung der internationalen, europäischen und nationalen Rechtsetzung	C. Calliess
		Finanzkrisen als Herausforderung der internationalen, europäischen und nationalen Rechtsetzung	F. Schorkopf
		Höchstrichterliche Rechtsfindung und Auslegung gerichtlicher Entscheidungen	M. Albers
2012	Kiel	*Repräsentative Demokratie in der Krise?*	
		Der Bürgerstatus im Licht von Migration und europäischer Integration	K. F. Gärditz
2013	Greifswald	*Zukunftsgestaltung durch Öffentliches Recht*	
		Die Anforderungen an ein zukunftsfähiges Infrastrukturrecht	O. Dörr
		Die Anforderungen an ein zukunftsfähiges Infrastrukturrecht	H. Wißmann
2015	Speyer	*Verfassung als Ordnungskonzept*	
		Verfassung im Nationalstaat: Von der Gesamtordnung zur europäischen Teilordnung?	F. Mayer
		Verfassung im Nationalstaat: Von der Gesamtordnung zur europäischen Teilordnung?	H. M. Heinig
		Verfassung im allgemeinen Verwaltungsrecht: Bedeutungsverlust durch Europäisierung und Emanzipation?	F. Wollenschläger
2017	Saarbrücken	*Fragmentierungen*	
		Parteien – Medien – Sozialstrukturen	S. Magen
		Diskursvergleich im internationalen und im nationalen Recht	S. Griller
2021	Mannheim	*Machtverschiebungen*	
		Neutralität als Verfassungsgebot? Die Exekutive und der politische Prozess	M. Droege

Referate der Kategorie D (niedrigste Grundrechtshaltigkeit)

Jahr	*Ort*	*Thema*	*Berichterstatter/in*
1924	Jena	Der deutsche Föderalismus in Vergangenheit, Gegenwart und Zukunft	G. Anschütz
		Der deutsche Föderalismus in Vergangenheit, Gegenwart und Zukunft	K. Bilfinger
1925	Leipzig	Der Schutz des öffentlichen Rechts durch ordentliche und durch Verwaltungsgerichte (Fortschritte, Rückschritte und Entwicklungstendenzen seit der Revolution)	W. Jellinek
		Der Schutz des öffentlichen Rechts durch ordentliche und durch Verwaltungsgerichte (Fortschritte, Rückschritte und Entwicklungstendenzen seit der Revolution)	G. Lassar
		Die neueste Entwicklung des Gemeindeverfassungsrechts in Deutschland	F. Stier-Somlo
		Die neueste Entwicklung des Gemeindeverfassungsrechts in Deutschland	L. v. Köhler
		Die neueste Entwicklung des Gemeindeverfassungsrechts in Deutschland	H. Helfritz
1926	Münster	Der Einfluß des Steuerrechts auf die Begriffsbildung des öffentlichen Rechts	A. Hensel
		Der Einfluß des Steuerrechts auf die Begriffsbildung des öffentlichen Rechts	O. Bühler
1927	München	Der Begriff des Gesetzes in der Reichsverfassung	M. Wenzel
1928	Wien	Überprüfung von Verwaltungsakten durch die ordentlichen Gerichte	M. Layer
		Überprüfung von Verwaltungsakten durch die ordentlichen Gerichte	E. v. Hippel
1929	Frankfurt/M.	Bundesstaatliche und gliedstaatliche Rechtsordnung	F. Fleiner
		Verwaltungsrecht der öffentlichen Anstalt	L. Richter
		Verwaltungsrecht der öffentlichen Anstalt	A. Köttgen
1931	Halle	Entwicklung und Reform des Beamtenrechts	A. Merkl
		Die Reform des Wahlrechts	H. Pohl
		Die Reform des Wahlrechts	G. Leibholz
1949	Heidelberg	Kabinettsfrage und Gesetzgebungsnotstand nach dem Bonner Grundgesetz	W. Jellinek
		Kabinettsfrage und Gesetzgebungsnotstand nach dem Bonner Grundgesetz	H. Schneider

Jahr	*Ort*	*Thema*	*Berichterstatter/in*
1950	München	Die Gestaltung des Polizei- und Ordnungsrechts in den Besatzungszonen Deutschland	H.J. Wolff
		Die Gestaltung des Polizei- und Ordnungsrechts in den Besatzungszonen Deutschland	O. Gönnenwein
1951	Göttingen	Ungeschriebenes Verfassungsrecht	E. v. Hippel
		Ungeschriebenes Verfassungsrecht	A. Voigt
1952	Marburg	Die staatliche Intervention im Bereich der Wirtschaft. Rechtsformen und Rechtsschutz	A. Schüle
1953	Bonn	Begriff und Wesen des sozialen Rechtsstaats	E. Forsthoff
		Die auswärtige Gewalt der Bundesrepublik	W. Grewe
		Die auswärtige Gewalt der Bundesrepublik	E. Menzel
1954	Tübingen	Der deutsche Staat im Jahre 1945 und seither	F.A. Frhr. v. d. Heydte
		Der deutsche Staat im Jahre 1945 und seither	G. Dürig
		Die Berufsbeamten und die Staatskrisen	R. Naumann
1955	Hamburg	Die Finanzverfassung im Rahmen der Staatsverfassung	T. Maunz
		Verwaltung und Verwaltungsrechtsprechung	H. Rumpf
1956	Mainz	Das Gesetz als Norm und Maßnahme	H. Wehrhahn
		Das besondere Gewaltverhältnis	H. Krüger
1957	Berlin	Parlament und Regierung im modernen Staat	E. Friesenhahn
		Parlament und Regierung im modernen Staat	K.J. Partsch
		Die Organisationsgewalt	A. Köttgen
		Die Organisationsgewalt	F. Ermacora
1958	Wien	Die verfassungsrechtliche Stellung der Parteien im modernen Staat	G.E. Kafka
		Das Verwaltungsverfahren	E. Melichar
1959	Erlangen	Das Grundgesetz und die öffentliche Gewalt internationaler Staatengemeinschaften	W. Thieme
		Der Plan als verwaltungsrechtliches Institut	K. Obermayer
1960	Köln	Verträge zwischen Gliedstaaten im Bundesstaat	H. Schneider
		Verträge zwischen Gliedstaaten im Bundesstaat	W. Schaumann
		Schranken nichthoheitlicher Verwaltung	W. Mallmann
1961	Freiburg i. Br.	Prinzipien der Verfassungsinterpretation	P. Schneider
1962	Münster	Föderalismus als nationales und internationales Ordnungsprinzip	P. Lerche
		Die öffentliche Sache	W. Weber
		Die öffentliche Sache	K. Stern

Jahr	*Ort*	*Thema*	*Berichterstatter/in*
1963	Saarbrücken	Staatsaufsicht in Verwaltung und Wirtschaft	M. Bullinger
1964	Kiel	Bewahrung und Veränderung demokratischer und rechtsstaatlicher Verfassungsstruktur in den internationalen Gemeinschaften	J.H. Kaiser
1966	Graz	Das Staatsoberhaupt in der parlamentarischen Demokratie	O. Kimminich
		Das Staatsoberhaupt in der parlamentarischen Demokratie	P. Pernthaler
1967	Frankfurt/M.	Führung und Organisation der Streitkräfte im demokratisch-parlamentarischen Staat	H. Quaritsch
1970	Speyer	Das demokratische Prinzip im Grundgesetz	W. v. Simson
		Das demokratische Prinzip im Grundgesetz	M. Kriele
		Die Erfüllung von Verwaltungsaufgaben durch Private	H.-U. Gallwas
1971	Regensburg	Die Dogmatik des Verwaltungsrechts vor den Gegenwartsaufgaben der Verwaltung	O. Bachof
		Die Dogmatik des Verwaltungsrechts vor den Gegenwartsaufgaben der Verwaltung	W. Brohm
1972	Salzburg	Gemeinschaftsaufgaben im Bundesstaat	J.A. Frowein
		Gemeinschaftsaufgaben im Bundesstaat	I. v. Münch
		Partizipation an Verwaltungsentscheidungen	R. Walter
1974	Bielefeld	Das parlamentarische Regierungssystem des Grundgesetzes	T. Oppermann
		Das parlamentarische Regierungssystem des Grundgesetzes	H. Meyer
		Organisierte Einwirkungen auf die Verwaltung	W. Schmidt
		Organisierte Einwirkungen auf die Verwaltung	R. Bartlsperger
1975	Augsburg	Die Bindung des Richters an Gesetz und Verfassung	G. Roellecke
1977	Basel	Der Verfassungsstaat im Geflecht der internationalen Beziehungen	R. Schmidt
		Gemeinden und Kreise vor den öffentlichen Aufgaben der Gegenwart	W. Blümel
		Gemeinden und Kreise vor den öffentlichen Aufgaben der Gegenwart	R. Grawert
1978	Bonn	Der öffentliche Dienst im Staat der Gegenwart	W. Rudolf
		Der öffentliche Dienst im Staat der Gegenwart	F. Wagener
1980	Innsbruck	Die Verfassungsgerichtsbarkeit im Gefüge der Staatsfunktionen	K. Korinek
1981	Trier	Selbstbindungen der Verwaltung	D.H. Scheuing

Jahr	*Ort*	*Thema*	*Berichterstatter/in*
		Selbstbindungen der Verwaltung	W. Hoffmann-Riem
		Selbstbindungen der Verwaltung	B. Raschauer
1983	Köln	Kulturauftrag im staatlichen Gemeinwesen	T. Fleiner-Gerster
		Die Steuerung des Verwaltungshandelns durch Haushaltsrecht und Haushaltskontrolle	A. v. Mutius
		Die Steuerung des Verwaltungshandelns durch Haushaltsrecht und Haushaltskontrolle	G.F. Schuppert
1984	Göttingen	Der Verwaltungsvorbehalt	H. Maurer
		Der Verwaltungsvorbehalt	F.E. Schnapp
1985	Freiburg/i.Üe.	Parteienstaatlichkeit – Krisensymptome des demokratischen Verfassungsstaats?	M. Stolleis
		Parteienstaatlichkeit – Krisensymptome des demokratischen Verfassungsstaats?	H. Schäffer
		Parteienstaatlichkeit – Krisensymptome des demokratischen Verfassungsstaats?	R.A. Rhinow
1988	Tübingen	Gesetzesgestaltung und Gesetzesanwendung im Leistungsrecht	R. Mußgnug
1990	Berlin	(Sondertagung) Deutschlands aktuelle Verfassungslage	J.A. Frowein
		(Sondertagung) Deutschlands aktuelle Verfassungslage	C. Tomuschat
		(Sondertagung) Deutschlands aktuelle Verfassungslage	A. Randelzhofer
1991	Gießen	Der Rechtsstaat und die Aufarbeitung der vor-rechtsstaatlichen Vergangenheit	C. Starck
1992	Bayreuth	Grundsätze der Finanzverfassung des vereinten Deutschlands	P. Selmer
		Grundsätze der Finanzverfassung des vereinten Deutschlands	F. Kirchhof
		Grundsätze der Finanzverfassung des vereinten Deutschlands	H. Haller
		Grundsätze der Finanzverfassung des vereinten Deutschlands	T. Jaag
		Verträge und Absprachen zwischen der Verwaltung und Privaten	W. Krebs
		Verträge und Absprachen zwischen der Verwaltung und Privaten	C. Autexier
		Verträge und Absprachen zwischen der Verwaltung und Privaten	J. Hengstschläger

Jahr	*Ort*	*Thema*	*Berichterstatter/in*
		Verträge und Absprachen zwischen der Verwaltung und Privaten	R.J. Schweizer
1993	Mainz	Europäische Union: Gefahr oder Chance für den Föderalismus in Deutschland, Österreich und der Schweiz?	M. Hilf
		Europäische Union: Gefahr oder Chance für den Föderalismus in Deutschland, Österreich und der Schweiz?	T. Stein
		Europäische Union: Gefahr oder Chance für den Föderalismus in Deutschland, Österreich und der Schweiz?	M. Schweitzer
		Europäische Union: Gefahr oder Chance für den Föderalismus in Deutschland, Österreich und der Schweiz?	D. Schindler
1995	Wien	Kontrolle der Verwaltung durch Rechnungshöfe	C. Degenhart
		Kontrolle der Verwaltung durch Rechnungshöfe	H. Schulze-Fielitz
		Kontrolle der Verwaltung durch Rechnungshöfe	H. Schäffer
		Kontrolle der Verwaltung durch Rechnungshöfe	A. Ruch
1996	Dresden	Kontrolle der auswärtigen Gewalt	R. Wolfrum
		Kontrolle der auswärtigen Gewalt	L. Wildhaber
		Kontrolle der auswärtigen Gewalt	T. Öhlinger
1998	Potsdam	Das parlamentarische Regierungssystem und der Bundesrat – Entwicklungsstand und Reformbedarf	R. Dolzer
		Das parlamentarische Regierungssystem und der Bundesrat – Entwicklungsstand und Reformbedarf	M. Sachs
		Rechtliche Optimierungsgebote oder Rahmensetzungen für das Verwaltungshandeln?	H. Haller
		Rechtliche Optimierungsgebote oder Rahmensetzungen für das Verwaltungshandeln?	E. Riedel
2000	Leipzig	Die deutsche Staatsrechtslehre in der Zeit des Nationalsozialismus	H. Dreier
		Die deutsche Staatsrechtslehre in der Zeit des Nationalsozialismus	W. Pauly
		Europäisches und nationales Verfassungsrecht	G. Lübbe-Wolff
		Der Staat als Wirtschaftssubjekt und Auftraggeber	M. Holoubek
2001	Würzburg	Primär- und Sekundärrechtsschutz im Öffentlichen Recht	W. Erbguth
		Primär- und Sekundärrechtsschutz im Öffentlichen Recht	A. Epiney

Jahr	*Ort*	*Thema*	*Berichterstatter/in*
2002	St. Gallen	*Öffentliche Gemeinwohlverantwortung im Wandel*	
		Selbstverwaltung angesichts von Europäisierung und Ökonomisierung	J. Oebbecke
		Selbstverwaltung angesichts von Europäisierung und Ökonomisierung	M. Burgi
2003	Hamburg	Die Staatsrechtslehre und die Veränderung ihres Gegenstandes: Konsequenzen von Europäisierung und Internationalisierung	J. Kokott
		Die Staatsrechtslehre und die Veränderung ihres Gegenstandes: Konsequenzen von Europäisierung und Internationalisierung	T. Vesting
		Risikosteuerung durch Verwaltungsrecht: Ermöglichung oder Begrenzung von Innovationen?	O. Lepsius
		Transparente Verwaltung – Konturen eines Informationsverwaltungsrechts	J. Masing
2004	Jena	*Der Sozialstaat in Deutschland und Europa*	
		Verwaltungsrechtliche Instrumente des Sozialstaates	J.-P. Schneider
2006	Rostock	*Bundesstaat und Europäische Union zwischen Konflikt und Kooperation*	
		Verantwortung und Effizienz in der Mehrebenenverwaltung	E. Pache
		Verantwortung und Effizienz in der Mehrebenenverwaltung	T. Groß
		Finanzautonomie und Finanzverflechtung in gestuften Rechtsordnungen	C. Waldhoff
2007	Freiburg i. Br.	*Die Leistungsfähigkeit der Wissenschaft des Öffentlichen Rechts*	
		Das Verwaltungsrecht zwischen klassischem dogmatischen Verständnis und steuerungswissenschaftlichem Anspruch	I. Appel
		Das Verwaltungsrecht zwischen klassischem dogmatischen Verständnis und steuerungswissenschaftlichem Anspruch	M. Eifert
		Die Entwicklung eines Internationalen Verwaltungsrechts als Aufgabe der Rechtswissenschaft	G. Biaggini
2008	Erlangen	*Erosion von Verfassungsvoraussetzungen*	
		Erosion demokratischer Öffentlichkeit?	H.-D. Horn
2009	Graz	*Gemeinwohl durch Wettbewerb?*	
		Wettbewerb von Rechtsordnungen	A. Peters

Jahr	*Ort*	*Thema*	*Berichterstatter/in*
		Herstellung von Wettbewerb als Verwaltungsaufgabe	M. Potacs
2010	Berlin	*Der Schutzauftrag des Rechts*	
		Schutz der Verbraucher durch Regulierungsrecht	J. Hellermann
2011	Münster	*Grundsatzfragen der Rechtsetzung und Rechtsfindung*	
		Rationalitätsanforderungen an die parlamentarische Rechtsetzung im demokratischen Rechtsstaat	G. Lienbacher
		Höchstrichterliche Rechtsfindung und Auslegung gerichtlicher Entscheidungen	C. Schönberger
		Rechtsetzung der europäischen und nationalen Verwaltungen	U. Stelkens
		Rechtsetzung der europäischen und nationalen Verwaltungen	V. Mehde
2012	Kiel	*Repräsentative Demokratie in der Krise?*	
		Wahlrecht und Parlamentsrecht als Gelingensbedingungen repräsentativer Demokratie	H. Pünder
		Wahlrecht und Parlamentsrecht als Gelingensbedingungen repräsentativer Demokratie	P. Cancik
		Elemente direkter Demokratie als Entwicklungsperspektive	M. Möstl
		Elemente direkter Demokratie als Entwicklungsperspektive	M. Schuler-Harms
		Großvorhaben als Herausforderung für den demokratischen Rechtsstaat	K. Waechter
2013	Greifswald	*Zukunftsgestaltung durch Öffentliches Recht*	
		Der Bildungsföderalismus auf dem Prüfstand	B. Ehrenzeller
		Die künftige Ausgestaltung der bundesstaatlichen Finanzordnung	U. Haltern
		Die künftige Ausgestaltung der bundesstaatlichen Finanzordnung	E. Reimer
2014	Düsseldorf	Öffnung der öffentlich-rechtlichen Methode durch Internationalität und Interdisziplinarität: Erscheinungsformen, Chancen, Grenzen	H. C. Röhl
		Öffnung der öffentlich-rechtlichen Methode durch Internationalität und Interdisziplinarität: Erscheinungsformen, Chancen, Grenzen	A. v. Arnauld
		Dritte Gewalt im Wandel – Veränderte Anforderungen an Legitimität und Effektivität?	F. Wittreck
		Gestaltung des demographischen Wandels als Verwaltungsaufgabe	J. Ziekow

Jahr	*Ort*	*Thema*	*Berichterstatter/in*
2015	Speyer	*Verfassung als Ordnungskonzept*	
		Verfassung im allgemeinen Verwaltungsrecht: Bedeutungsverlust durch Europäisierung und Emanzipation?	L. Michael
		Verfassung im Völkerrecht: Konstitutionelle Elemente jenseits des Staates?	A. Tschentscher
		Verfassung im Völkerrecht: Konstitutionelle Elemente jenseits des Staates?	H. Krieger
2016	Linz	*Grenzüberschreitungen*	
		Völker- und unionsrechtliche Anstöße zur Entterritorialisierung des Rechts	J. Bast
		Entterritorialisierung im Wirtschaftsrecht	A. Kahl
2017	Saarbrücken	*Fragmentierungen*	
		Herrschaftsausübung in Arbeitsteilung	A. Kley
		Herrschaftsausübung in Arbeitsteilung	S. Kirste
		Diskursvergleich im internationalen und im nationalen Recht	U. Kischel
		Diskursvergleich im Verfassungs- und im Verwaltungsrecht	O. Jouanjan
2018	Bonn	*Rechtliche Verarbeitung des technischen und medizinischen Wandels*	
		E-Government: Ein Paradigmenwechsel in Verwaltung und Verwaltungsrecht?	A. Guckelberger
		E-Government: Ein Paradigmenwechsel in Verwaltung und Verwaltungsrecht?	H. Kube
2019	Marburg	*Öffentliches Recht und Privatrecht*	
		Kategoriale Unterscheidung von Öffentlichem Recht und Privatrecht?	A. Somek
		Kategoriale Unterscheidung von Öffentlichem Recht und Privatrecht?	J. Krüper
		Verschränkungen öffentlich-rechtlicher und privatrechtlicher Regime im Verwaltungsrecht	K.-D. Drüen
		Verschränkungen öffentlich-rechtlicher und privatrechtlicher Regime im Verwaltungsrecht	S. Schlacke
		Die Rolle nichtstaatlicher Akteure bei der Entwicklung und Implementierung des Völker- und Europarechts	C. Ohler
		Die Rolle nichtstaatlicher Akteure bei der Entwicklung und Implementierung des Völker- und Europarechts	J. von Bernstorff

Jahr	*Ort*	*Thema*	*Berichterstatter/in*
2021	Wien	*Staat und Gesellschaft in der Pandemie* (Sondertagung)	
		Verwaltungsrecht der vulnerablen Gesellschaft	S. Rixen
		Demokratie im Notstand? Rechtliche und epistemische Bedingungen der Krisenresistenz der Demokratie	M. Mahlmann
		Europa und die Pandemie. Zuständigkeitsdefizite und Kooperationszwänge	A. Müller
2021	Mannheim	*Machtverschiebungen*	
		Regieren: Staatliche Systeme im Umbruch?	A. Nußberger
		Regieren: Rückzug von Global Governance?	P. Dann
		Die Organisation politischer Willensbildung: Parteien	A.-B. Kaiser
		Die Organisation politischer Willensbildung: Parlamente	M. Payandeh
		Prävention durch Verwaltungsrecht: Klimaschutz	C. Franzius
		Prävention durch Verwaltungsrecht: Sicherheit	H. A. Wolff

Gleichheitsdiskussionen der Staatsrechtslehrervereinigung – Paukenschlag, Stille, Marsch, Sinfonie

Ute Sacksofsky

I. Einführung . . . 479
II. Gleichheit in Weimar: die Tagung von 1926 . . . 481
1. Zentrale Frage: Bindung des Gesetzgebers . . . 481
2. Methodenstreit . . . 483
3. Ansätze für Diskriminierungsschutz . . . 484
III. Gleichheit in der 2. Hälfte des 20. Jahrhunderts . . . 485
1. Schweigen (1949–1987) . . . 485
a) Allgemeiner Gleichheitssatz . . . 485
b) Gleichberechtigung/Gleichstellung . . . 486
2. Reden – aber worüber? Die Tagung von 1988 . . . 488
a) Allgemeiner Gleichheitssatz . . . 488
b) Diskriminierungsschutz . . . 489
c) Zur Quotendiskussion . . . 490
IV. Öffnung für Gleichheitsfragen seit dem 21. Jahrhundert . . . 493
V. Fazit . . . 493

I. Einführung

Zwei unterschiedliche Stränge prägen das Denken über Gleichheitsrechte. Der eine betont den engen Bezug von Gleichheit und Gerechtigkeit. Die Maßstäbe der Gerechtigkeit sind jedoch umstritten. Im demokratischen Verfassungsstaat fallen solche Auswahl- und Wertungsentscheidungen primär in die Kompetenz des unmittelbar demokratisch legitimierten Gesetzgebers. Entsprechend muss sich die juristische Kontrolle – jedenfalls im Prinzip – auf eindeutige Verstöße beschränken; was dies im Einzelnen heißt, führt zu Diskussionen über die Kontrolldichte der Verfassungsgerichte. Im Ergebnis resultiert dieser Strang des Denkens über Gleichheit daher in einer Rationalitätskontrolle.

Der andere Strang gleichheitsrechtlichen Denkens betont die menschenrechtliche Fundierung der Gleichheit in der Philosophie der Aufklärung. Als Wurzel des Gleichheitsversprechens erscheinen die großen Revolutionen des ausgehenden 18. Jahrhunderts mit ihrer Stoßrichtung der Gewährleistung gleicher Rechte für alle Menschen; dass sie dies – historisch gesehen – nicht für alle Menschen einlösten, sondern beispielsweise Sklaverei akzeptierten und Frauen ausschlossen, ändert an der Universalität des Gleichheitsversprechens nichts. Diesem Strang gleichheitsrechtlichen Denkens erscheint der Schutz vor Diskriminierung als Kern juristischer Gleichheit.[1]

Zu untersuchen, wie in diesem Spannungsfeld Gleichheitsfragen auf den Tagungen der Vereinigung der Deutschen Staatsrechtslehrer behandelt wurden, kann nur schlaglichtartig erfolgen. Drei Tagungen hatten explizit und umfassend Gleichheit zum Thema: 1926, 1988 und 2018. Aber Gleichheit ist ein Querschnittsthema. Bei vielen weiteren Tagungsthemen konnten daher Gleichheitsfragen angesprochen werden bzw. hätten angesprochen werden können (oder sollen). Fast alle Erörterungen zu Freiheitsrechten haben auch eine gleichheitsrechtliche Facette, jedenfalls dann, wenn die (tatsächlichen) Voraussetzungen der Freiheitsausübung in die Analyse einbezogen werden. Aus vielen Freiheitsrechten werden zudem spezifische Gleichbehandlungsgebote abgeleitet; als Beispiele mögen die strikte Gleichbehandlung der Religionen als Teilgehalt des Art. 4 Abs. 1 GG oder das Verbot der Diskriminierung der Ehe als Folge des Art. 6 Abs. 1 GG dienen. Auch dem Staatsorganisationsrecht sind Gleichheitsfragen nicht fremd: Man denke etwa an die Chancengleichheit der Parteien, die Wahlrechtsgleichheit oder die Rolle der Gleichheit im Bundesstaat. Angesichts der weiteren in diesem Band behandelten Themen werden bundesstaatliche[2] und wahlrechtliche[3] Themen ebenso ausgeklammert wie religionsrechtliche Fragestellungen[4] und soziale Gleichheit[5].

Eine weitere Vorbemerkung zur zeitlichen Dimension: Die Vorstellungen darüber, welche Kriterien unterschiedliche Behandlung rechtfertigen, veränderten sich mit der Zeit. Der Gleichheitssatz weist eine besondere Dynamik auf.[6] In den letzten einhundert Jahren, von denen dieser Band handelt, haben sich gerade im Hinblick auf Diskriminierungsfragen fundamentale Änderungen ergeben: Diskriminierungen von Frauen, wegen der Geschlechtsidentität oder der sexuellen Ausrichtung, wegen Behinderung oder rassistische Diskriminierung werden heutzutage anders thematisiert als vor einhundert Jahren. Die Analyse muss den jeweiligen Zeithorizont mitberücksichtigen.

Der vorliegende Beitrag fokussiert – einem Jubiläum angemessen – auf „vergangene" Zeiten. Er beschäftigt sich daher primär mit Gleichheit auf den Tagungen der Vereinigung im 20. Jahrhundert. Die jüngsten Entwicklungen, die den meisten Leserinnen und Lesern vertraut sein dürften, werden eher als Kontrastfolie und deutlich knapper angesprochen.

---

[1] Zur Gegenüberstellung von Rationalitätskontrolle und Diskriminierungsschutz: *Alexander Somek*, Rationalität und Diskriminierung, 2001.

[2] Dazu *Giovanni Biaggini*, in diesem Band, S. 355 ff.

[3] Dazu *Julian Krüper*, in diesem Band, S. 325 ff.

[4] Dazu *Horst Dreier*, in diesem Band, S. 497 ff.

[5] Dazu *Ulrike Davy*, in diesem Band, S. 381 ff.

[6] Ausführlich *Ute Sacksofsky*, Gleichheitsrechte, in: Herdegen u. a. (Hrsg.), Handbuch des Verfassungsrechts, 2021, § 19 Rn. 8.

II. Gleichheit in Weimar: die Tagung von 1926

Die Beschäftigung der Staatsrechtslehrervereinigung mit dem Thema „Gleichheit" begann mit einem Paukenschlag. Bereits die vierte Tagung der Vereinigung nahm im Jahr 1926 „Die Gleichheit vor dem Gesetz im Sinne des Art. 109 der Reichsverfassung" zum ersten Beratungsgegenstand. Diese Tagung ist wohl die berühmteste Tagung der Weimarer Zeit. Sie war für ihre Zeit impulsgebend und inspirierend. Die Tagung kommt zu einem Zeitpunkt, in dem die Diskussion um den Gleichheitssatz gerade erst begonnen hatte. Die Argumente werden klar, präzise und knapp formuliert. Selbst wenn man die Aussprache lediglich in gedruckter Fassung lesen kann, ist die Lebendigkeit der Auseinandersetzung förmlich zu spüren.

Die Vorträge hielten *Erich Kaufmann* und *Hans Nawiasky.* In Duktus und Rhetorik hätten die Referate kaum unterschiedlicher ausfallen können; in der Beschreibung *Hans Nawiaskys*:

> „Kaufmann hat Sie in einem Gedankenflugzeug bis an die Höchstgrenze der atemfähigen Luft geführt. Ich muss Sie bitten, mit mir eine Fußwanderung zu machen. Vielleicht sind die Stationen, die wir machen, mindestens zum Teil dieselben."[7]

1. Zentrale Frage: Bindung des Gesetzgebers

Ein Schwerpunkt der Vorträge beschäftigte sich mit der Frage, ob auch der Gesetzgeber an den verfassungsrechtlichen Gleichheitssatz gebunden war. *Erich Kaufmann* beantwortet dies mit einem eindeutigen „Ja". Bezogen auf die Gesetzesanwendung sei der Gleichheitssatz nur eine „Trivialität", da die gleichmäßige Anwendung der Gesetze bereits aus der Allgemeinheit des Gesetzes folge.[8] So wie es nach Art. 105 WRV keine Ausnahmegerichte geben dürfe, dürfe es auch keine „Ausnahmegesetze" geben.[9] Zum Inhalt der Gleichheit betont *Erich Kaufmann*, dass die Unterscheidungen und die Nichtunterscheidungen der Gesetze gerecht sein müssten. Die Frage aber, was gerecht sei, will er weder „relativistisch"[10] beantworten, noch lasse sich Gerechtigkeit definieren. Ebenso wie das Gute, Wahre und Schöne lasse sich Gerechtigkeit nur unmittelbar erkennen:

> „Weil es sich um unmittelbare Erkenntnis, um Erkenntnis im Gewissen handelt, hängt sie allein davon ab, ob das Gewissen spricht, das heißt, ob der Handelnde, wie der Beurteilende und Richtende ein reines Gefäß ist, das heißt, daß nicht seine unreine Subjektivität, sondern das über uns allen stehende Objektive aus ihm spricht".[11]

---

[7] *Hans Nawiasky*, Die Gleichheit vor dem Gesetz im Sinne des Art. 109 der Reichsverfassung, VVDStRL 3 (1927), S. 25.

[8] *Erich Kaufmann*, Die Gleichheit vor dem Gesetz im Sinne des Art. 109 der Reichsverfassung, VVDStRL 3 (1927), S. 2 (6).

[9] *Kaufmann*, Gleichheit (Fn. 8), S. 6.

[10] *Kaufmann*, Gleichheit (Fn. 8), S. 11.

[11] *Kaufmann*, Gleichheit (Fn. 8), S. 12.

Durch sittliche Erziehung könne die Gesamtpersönlichkeit zu einem solchen reinen Gefäß werden. *Erich Kaufmann* verwahrt sich dagegen, in dem Verweis auf die Persönlichkeit „Subjektivismus" zu sehen. Es handele sich nur um die „Erkenntnis der Tatsache, daß Gerechtigkeit etwas Schöpferisches sei und nicht die mechanische Anwendung starrer abstrakter Normen."[12] *Erich Kaufmann* arbeitet verschiedene Legitimitätsprinzipien heraus, die er als Maßstäbe der Gleichheit akzeptiert. Die Entscheidung über die Wahl der maßgeblichen Gerechtigkeitsprinzipien sieht er als eine spezifische Aufgabe des Gesetzgebers an.[13] Dem Richter weist er die Aufgabe zu, nur die Verletzung gewisser äußerster Grenzen zu kontrollieren, da er sich nicht an die Stelle des Gesetzgebers setzen dürfe.[14] Zum Abschluss betont *Erich Kaufmann* die Bedeutung der „gerechten Richterpersönlichkeiten, d.h. von Menschen, die ihr Rechtsgewissen ausgebildet haben und ein reines Gefäß sind"[15] und zieht daraus Schlussfolgerungen für die Funktion der juristischen Ausbildung.[16]

Hans Nawiasky setzt demgegenüber ganz anders an. Er beschreibt eine kurze Geschichte des Gleichheitssatzes in drei – sich teilweise überlappenden – Phasen: Zum Ende des 18. und zu Beginn des 19. Jahrhunderts wurde mit dem Gleichheitssatz Standesvorrecht abgeschafft. Dies entsprach einer Rechtsgleichheit in subjektiver, persönlicher Hinsicht. Mitte des 19. Jahrhunderts war zentraler Gehalt des Gleichheitssatzes die Gleichheit der Rechtsanwendung und seit dem Anfang des 20. Jh. „meldet sich die Auffassung als Rechtsgleichheit in objektiver sachlicher Hinsicht zum Wort".[17] *Hans Nawiasky* beschäftigt sich im Detail mit der Auslegung des allgemeinen Gleichheitssatzes nach Art. 109 Abs. 1 WRV. Er betont, wie wenig problematisch dieser Satz bei der Verfassungsgebung schien[18] und interpretiert ihn anhand der klassischen Auslegungselemente. Zentral ist für ihn die Unterscheidung von persönlicher und sachlicher Rechtsgleichheit. Während sich der Wortlaut des Art. 109 Abs. 1 WRV insoweit als unergiebig erweise, sieht *Hans Nawiasky* persönliche Rechtsgleichheit im Wege der systematischen Auslegung gewährleistet:

„Wie ein roter Faden durchzieht das Verfassungswerk der Gedanke, daß die Zugehörigkeit zu einem Stand, einem Geschlecht, einem religiösen Bekenntnis, einer Klasse oder einer sonstigen sozialen Schichtung von der Gesetzgebung grundsätzlich nicht zum Ausgangspunkt einer Differenzierung gemacht werden darf."[19] „Nach Art. 109 I darf kein Gesetz erlassen werden, das in absehbarer Weise eine Unterscheidung der einzelnen nach ihrer Zugehörigkeit zu bestimmten sozialen Gruppen bewirken würde".[20]

---

[12] *Kaufmann*, Gleichheit (Fn. 8), S. 12.

[13] *Kaufmann*, Gleichheit (Fn. 8), S. 21; als zweite spezifische Aufgabe nennt er die Schaffung der rechtstechnischen Formen und Normen.

[14] *Kaufmann*, Gleichheit (Fn. 8), S. 19.

[15] *Kaufmann*, Gleichheit (Fn. 8), S. 22.

[16] *Kaufmann*, Gleichheit (Fn. 8), S. 22.

[17] *Nawiasky*, Gleichheit (Fn. 7), S. 26.

[18] *Nawiasky*, Gleichheit (Fn. 7), S. 28.

[19] *Nawiasky*, Gleichheit (Fn. 7), S. 36.

[20] *Nawiasky*, Gleichheit (Fn. 7), S. 40.

Hingegen wehrt er sich entschieden dagegen, sachliche Rechtsgleichheit als Gehalt des Art. 109 Abs. 1 WRV anzuerkennen. Sachliche Rechtsgleichheit habe eine abwägende, relative Gleichheit zum Maßstab, so dass immer Werturteile gefällt werden müssten: „Werturteile sind immer subjektiv".[21] Um nicht politische Wünsche zum maßgeblichen Kriterium zu erheben, sei die Ablehnung der sachlichen Rechtsgleichheit daher „staatsrechtlich, d.h. juristisch" zwingend.[22]

2. Methodenstreit

Berühmt wurde diese Tagung freilich weniger wegen der inhaltlichen Überlegungen zur Gleichheit als vielmehr, weil dort der Methodenstreit kulminierte.[23] *Hans Nawiasky* stellt diese Dominanz des Methodenstreits deutlich heraus: „Die Ergebnisse, zu denen wir beide gelangen, sind vielleicht gar nicht so verschieden wie der Weg, die Methode. Gerade die Methode ist hier aber von grundsätzlicher Bedeutung".[24] *Hans Nawiasky* bezeichnet sich selbst als „Skeptiker, d.h. Positivist",[25] während *Erich Kaufmann* seinen Vortrag selbst als „Bekenntnis" kennzeichnet:[26] Der Gedanke des Naturrechts ist für ihn „als das Wissen von einer höheren Ordnung etwas Ewiges und Unvermeidliches".[27] Dieser Gegensatz über die Methode prägt auch die Diskussion im Anschluss. Die meisten Diskutanten positionieren sich ausdrücklich; oft als – auf eine Wendung *Erich Kaufmanns* Bezug nehmend[28] – noch nicht „erledigte" Positivisten. Mit der methodischen Positionierung wird zugleich die Antwort auf die Frage nach der Bindung des Gesetzgebers verbunden, verneint von den Positivisten, bejaht von den Nicht-Positivisten. Der Inhalt dessen, was die Bindung an den Gleichheitssatz genau ausmachen soll, tritt in der Diskussion eher in den Hintergrund.

Die spannende Frage lautet damit, warum gerade am Gleichheitssatz der Methodenstreit aufbricht. *Erich Kaufmann* hält die großen politischen Veränderungen für den Grund: Der Positivismus wachse auf dem Boden stabiler oder für stabil gehaltener Verhältnisse und der damit gegebenen Stimmung der Saturiertheit. Durch Krieg, Zusammenbruch, Revolution und Versailler Vertrag hätten die Deutschen aufgehört, ein „saturiertes Volk" zu sein. Damit könnten sie sich auch wieder Gleichheitsfragen stellen.[29] Auch die Gegenseite hält politische Gründe für ausschlaggebend: Die neue Lehre sei ge-

---

[21] *Nawiasky*, Gleichheit (Fn. 7), S. 40.

[22] *Nawiasky*, Gleichheit (Fn. 7), S. 42.

[23] Siehe dazu etwa: *Michael Stolleis*, Geschichte des öffentlichen Rechts in Deutschland, Bd. 3, 1999, S. 153 ff.; *Manfred Friedrich*, Geschichte der deutschen Staatsrechtswissenschaft, 1997, S. 322 ff.; *Werner Heun*, Der staatsrechtliche Positivismus in der Weimarer Zeit, Der Staat 28 (1989), S. 377.

[24] *Nawiasky*, Gleichheit (Fn. 7), S. 25.

[25] *Nawiasky*, Gleichheit (Fn. 7), S. 25.

[26] *Kaufmann*, Gleichheit (Fn. 8), S. 2.

[27] *Kaufmann*, Gleichheit (Fn. 8), S. 3.

[28] *Kaufmann*, Gleichheit (Fn. 8), S. 3: „Ich begrüße es, daß der Positivismus in der Rechtswissenschaft heute so weit als erledigt angesehen werden kann […]" [Druckfehler von Verf. korrigiert, im Original „wet"].

[29] *Kaufmann*, Gleichheit (Fn. 8), S. 3.

tragen von einem tiefen Misstrauen gegenüber dem Parlament in der neuen Demokratie.[30] *Hans Nawiasky* stellt schon in seinem Vortrag die (rhetorische) Frage, ob es der Weimarer Verfassung entsprechen könne, wenn in jedem Fall nicht der im Parlament gefundene Interessenausgleich, sondern die „Interessenwertung, die in jenen Kreisen sich durchsetzt, denen unsere Richter entstammen", entscheide.[31] *Ernst v. Hippel* verweist darauf, dass die neue Lehre auf ein aristokratisches Moment setze, nämlich die Höherwertigkeit des richterlichen Urteils, was einen Konflikt mit dem demokratischen Charakter der Verfassung bedeute.[32] *Gerhard Anschütz* spricht von der Gefahr für den Reichstag, dass „seine Gesetze paralysiert" würden.[33]

Michael Stolleis beschreibt die Forderung nach einer Gleichheitsbindung des Gesetzgebers als Politik der von der Inflation betroffenen bürgerlichen Mitte sowie der ohnehin gegen den „Parteienstaat" eingestellten Rechten.[34] Und in der Tat ging es bei der neuen Lehre viel um Vermögensfragen.[35]

3. Ansätze für Diskriminierungsschutz

Der Streit um die Auslegung des Art. 109 WRV wird vielfach als Streit um die Gleichheitsbindung des Gesetzgebers gekennzeichnet, doch stellt dies eine Verkürzung dar. Auch in der Auffassung vieler „Positivisten" bezieht sich die Ablehnung nur auf die Bindung in sachlicher Hinsicht. Eine Bindung des Gesetzgebers im Hinblick auf persönliche Rechtsgleichheit wird hingegen in der *Nawiasky*schen Fassung akzeptiert. In dem Abstellen auf die „persönliche" Rechtsgleichheit lässt sich ein Vorläufer der Anerkennung der zentralen Aufgabe des Gleichheitssatzes als Diskriminierungsschutz sehen.

Freilich muss dafür die persönliche Rechtsgleichheit weiter entfaltet werden. Schon damals wurde gefragt, inwieweit die Unterscheidung von persönlicher und sachlicher Rechtsgleichheit wirklich trägt.[36] Man könnte versucht sein – wie es das Bundesverfas-

---

[30] Dazu etwa *Kathrin Groh*, Demokratische Staatsrechtslehrer in der Weimarer Republik, 2010; Gusy (Hrsg.), Demokratisches Denken in der Weimarer Republik, 2000; *ders.*, 100 Jahre Weimarer Verfassung, 2018; *Pascale Cancik*, Gleichheit als Demokratiegefährdung: eine Verfassungsdebatte in Weimar, in: Eckertz-Höfer/Schuler-Harms (Hrsg.), Gleichberechtigung und Demokratie – Gleichberechtigung in der Demokratie: (Rechts-)Wissenschaftliche Annäherungen, 2019, S. 33.

[31] *Nawiasky*, Gleichheit (Fn. 7), S. 41 f.

[32] *Ernst v. Hippel*, Diskussionsbeitrag, VVDStRL 3 (1927), S. 43 (44); ausführlich *ders.*, Zur Auslegung des Artikels 109 Absatz I der Reichsverfassung, AöR 10 (1926), S. 124 (136 ff.).

[33] *Gerhard Anschütz*, Diskussionsbeitrag, VVDStRL 3 (1927), S. 47 (49).

[34] *Stolleis*, Geschichte III (Fn. 23), S. 190.

[35] Die neue Lehre war von *Heinrich Triepel* in einem Rechtsgutachten zur Goldbilanzenverordnung entwickelt worden: Goldbilanzverordnung und Vorzugsaktien, 1924; *v. Hippel*, Artikel 109 (Fn. 32), S. 124 verweist in Fn. 1 darauf, dass Zeiler, ein Mitglied des Reichsgerichts, unter Berufung auf die neue Lehre die Auffassung begründet, dass die Aufwertungsgesetzgebung verfassungswidrig sei. Auch in der Diskussion auf der Tagung zeigt sich das zumindest in Ansätzen: *Albert Hensel* verweist auf Gleichheit im Abgabenrecht und sieht ein gewisses Potential in steuerrechtlichen Fragen: Diskussionsbeitrag, VVDStRL 3 (1927), S. 58; *Heinrich Triepel* verwendet als Beispiel die Beamtenbesoldung, Diskussionsbeitrag, VVDStRL 3 (1927), S. 50 (52 f.); interessant auch *Gerhard Anschützs* Beispiel der Wein- und Biersteuer: Diskussionsbeitrag (Fn. 33), S. 49.

[36] *Triepel*, Diskussionsbeitrag (Fn. 35), S. 51.

sungsgericht später versuchen sollte –,[37] den Unterschied darin zu sehen, ob es um die Ungleichbehandlung von Sachverhalten oder die Ungleichbehandlung von Personengruppen geht. Doch dies hilft nicht. Gesetzliche Normierungen als abstrakt-generelle Regelung behandeln immer „Gruppen von Personen" unterschiedlich. Einen eigenen Gehalt bekommt die Unterscheidung daher nur durch ein substantielles Verständnis von „Personengruppen"; dies ist aber selbst wieder problematisch, weil es zumindest irgendeine Gruppenidentität verlangt. Fruchtbarer ist es daher, nicht vom Gruppenbegriff her zu denken, sondern auszugehen von der Diskriminierungsgefährdung. Denn dann kommt es nicht darauf an, ob eine „Personengruppe" sich selbst als solche versteht, sondern es kann der Umstand aufgenommen werden, dass für Diskriminierung die Zuschreibung von gruppenspezifischen Merkmalen ausschlaggebend ist.

Um die Gleichheit welcher Gruppen machte man sich in der Weimarer Zeit Gedanken? Betont wurde von *Erich Kaufmann*, dass die Rechtsordnung nicht nach „Ständen, Klassen, Konfessionen, Volkstum, Rasse" differenzieren dürfe. Seine Beispiele für solche gleichheitswidrigen Gesetze stammen aus dem Kaiserreich: Er nennt das Jesuitengesetz, das Ansiedlungsgesetz für Posen und Westpreußen sowie das Sozialistengesetz.[38] Am stärksten spielten Minderheitenrechte bezogen auf ethnische, sprachliche und religiöse Gemeinschaften (vor allem natürlich Deutschstämmige) eine Rolle.[39] Hervorgehoben wird auch das Verbot der „Klassengesetzgebung";[40] als Beispiel dafür dient das Verbot einer Enteignung gerade der Fürsten.[41]

III. Gleichheit in der 2. Hälfte des 20. Jahrhunderts

1. Schweigen (1949–1987)

In den ersten Jahrzehnten der Bundesrepublik schwieg die Staatsrechtslehrervereinigung zum Thema Gleichheit. Es gab kein einziges Tagungsthema, das sich mit dem allgemeinen Gleichheitssatz oder den besonderen Gleichheitssätzen beschäftigt hätte. Verwunderlich.

a) Allgemeiner Gleichheitssatz

Mit der Schaffung des Grundgesetzes setzte sich die neue Lehre der Weimarer Zeit durch: Das Bundesverfassungsgericht erkannte die Gleichheitsbindung des Gesetzgebers schon in seinen frühen Entscheidungen an; dazu hatte die Berufung von *Gerhard Leibholz* an das Gericht sicherlich beigetragen. Auch in der Staatsrechtslehre hatte sich nur noch vereinzelt Widerstand geregt.[42] Damit war eine neue Diskurslinie für den allgemei-

---

37 BVerfGE 89, 15, 22 (Lohnzuschläge) [1993]; 91, 389, 401 (BAföG) [1995].
38 *Kaufmann*, Gleichheit (Fn. 8), S. 17.
39 *Nawiasky*, Gleichheit (Fn. 7), S. 27: „für uns Deutsche so unendlich wichtig".
40 *V. Hippel*, Art. 109 (Fn. 32), S. 128, 137.
41 *V. Hippel*, Diskussionsbeitrag (Fn. 32), S. 44.
42 *Richard Thoma*, Ungleichheit und Gleichheit im Bonner Grundgesetz, DVBl. 1951, S. 457.

nen Gleichheitssatz eröffnet: Während man in Weimar noch darüber gestritten hatte, ob der Gesetzgeber überhaupt gebunden war, wäre jetzt die Zeit gewesen, die Maßstäbe der Gleichheit genauer zu entfalten, das Verhältnis von Verfassungsgericht und Gesetzgeber zu diskutieren und Themen wie Kontrolldichte und Prüfungsmaßstäbe neu zu reflektieren. Eine (in Weimar entwickelte) neue Idee war jetzt in die Praxis umgesetzt worden – welch ideales Moment für wissenschaftlichen Diskurs. Dennoch kommt der Gleichheitssatz bis 1988 nicht auf die Themenliste der Staatsrechtslehrervereinigung.

b) Gleichberechtigung/Gleichstellung

Auch Anlässe, sich mit den besonderen Gleichheitssätzen des Art. 3 Abs. 2 und 3 GG, insbesondere der Gleichberechtigung von Männern und Frauen, zu beschäftigen, gab es viele.

Ein dogmatischer Grund für die Beschäftigung mit der Gleichberechtigung hätte aus dem Umstand folgen müssen, dass es bei der Schaffung des Grundgesetzes erheblichen Streit um die Aufnahme der Gleichberechtigung gegeben hatte: Während die Aufnahme des Merkmals Geschlecht in Art. 3 Abs. 3 GG unwidersprochen blieb, wurde die Formulierung in Art. 3 Abs. 2 GG zunächst abgelehnt.[43] Dies hätte dazu anregen können, darüber nachzudenken, was der Unterschied zwischen beiden Absätzen sein könnte; zumal das Bundesverfassungsgericht von vornherein – und ohne jegliche Problematisierung – die beiden Absätze (bezogen auf das Geschlecht) für gleichbedeutend erklärte.[44]

Aber auch um Konzepte hätte es gehen können. Unter der Weimarer Reichsverfassung waren Frauen und Männern nur „grundsätzlich" dieselben staatsbürgerlichen Rechte und Pflichten zuerkannt worden,[45] so dass *Heinrich Triepel* auf der Tagung 1926 als Tatsache formulieren konnte, dass die „absolute Gleichbehandlung der Geschlechter undurchführbar" sei.[46] Nachdem das Grundgesetz die Gleichberechtigung weder auf das Grundsätzliche noch auf den Bereich der staatsbürgerlichen Rechte beschränkte, drängte sich die Frage, was Gleichberechtigung dann bedeuten könne, förmlich auf.

Schließlich gab es (verfassungs-)politische Gründe. Der wichtigste Grund für den Streit um die Aufnahme des Gleichberechtigungssatzes in das Grundgesetz war das Familienrecht. 1949 galt noch das alte, patriarchale Familienrecht des BGB in seiner ursprünglichen Fassung. Zur Änderung insbesondere dieser Vorschriften wurde dem Gesetzgeber – im Grundgesetz selbst (Art. 117 Abs. 1 GG) – etwas Zeit, nämlich bis zum 31. März 1953, eingeräumt. Doch der 1. April 1953 kam und nichts war geschehen. Die Gerichte brachte das in eine schwierige Situation: Sie mussten weiterhin familienrechtliche Streitigkeiten entscheiden, hatten aber kein gleichberechtigungskonformes Recht zur Verfügung. Dies hätte ein idealer Moment für die Staatsrechtslehrervereinigung sein

[43] Ausführlich zur Entstehungsgeschichte mit Nachweisen *Ute Sacksofsky*, Das Grundrecht auf Gleichberechtigung, 2. Aufl. 1996, S. 323 ff.

[44] Siehe schon BVerfGE 3, 225, 240 (Gleichberechtigung) [1953].

[45] Zur Gleichberechtigung in der Weimarer Zeit: *Pascale Cancik*, Der Kampf um Gleichberechtigung als Voraussetzung der demokratischen Republik, in: Dreier/Waldhoff (Hrsg.), Das Wagnis der Demokratie. Eine Anatomie der Weimarer Reichsverfassung, 2018, S. 151.

[46] *Triepel*, Diskussionsbeitrag (Fn. 35), S. 51.

können, auch rechtspolitisch prägend zu wirken, indem über die verfassungsrechtlichen Anforderungen für ein gleichberechtigungskonformes Familienrecht diskutiert worden wäre.

Ab 1953 legte der schlichte Umstand, in einem offensichtlich verfassungswidrigen Zustand zu leben, die Setzung des Themas nahe. Der Gesetzgeber überschritt die ihm eingeräumte Frist zur Anpassung gleichberechtigungswidriger Vorschriften im Ergebnis um mehr als vier Jahre. Viel Zeit für eine Tagungsplanung.

Spätestens in den 1960er Jahren hätte erkannt werden müssen, wie relevant gleichberechtigungsbezogene Themen waren; hatte doch das Bundesverfassungsgericht in diesem Zeitraum eine nicht unbeträchtliche Anzahl von Entscheidungen getroffen.

Und in den 1970er Jahren bestand mit der zweiten Welle der Frauenbewegung ein gesellschaftlicher Anlass, neu über Konzepte von Gleichberechtigung nachzudenken. Der in vielen gleichheitsrechtlichen Kontexten herangezogene *U.S. Supreme Court* hätte dazu einiges Material liefern können. Unter erheblichem Einsatz, unter anderem von *Ruth Bader Ginsburg*, war dort bereits in den 1970er Jahren eine Reihe weitreichender Entscheidungen erwirkt worden.[47] Hinzu kam die große Familienrechtsreform Mitte der 1970er Jahre, deren Gleichberechtigungsbezug ebenfalls offensichtlich war. Die Staatsrechtslehrervereinigung schwieg weiter.[48]

1986 befasste sich die Staatsrechtslehrervereinigung mit dem Thema „Verfassungsgarantie und sozialer Wandel – Das Beispiel von Ehe und Familie“. Nun wäre also Gelegenheit gewesen, die Defizite der Vergangenheit aufzufangen und intensiv über Gleichberechtigung nachzudenken. Doch – weitgehend – Fehlanzeige: Gleichberechtigung wird allenfalls knapp erwähnt, immerhin als „sachgemäß“[49] anerkannt, ohne dies aber inhaltlich in irgendeiner Weise zu vertiefen.[50] Gehalt und Folgerungen der Gleichberechtigungsgarantie für den wichtigen Bereich des Familienrechts werden weiterhin nicht entwickelt.[51] Wenn das Problem des patriarchalen Ehekonzepts überhaupt beschrieben wird, dann wird es lediglich als soziale Veränderung der Vorstellungen von Frauen thematisiert, nicht als Problem der rechtlichen Gewährleistung von Gleichberechtigung – immerhin kommt es überhaupt vor.[52]

---

47 Ausführlich dazu *Ute Sacksofsky*, Ruth Bader Ginsburg – pragmatische Revolutionärin, JöR 69 (2021), S. 763.

48 Nicht besser erging es im Übrigen anderen besonderen Gleichheitssätzen. Der Verfassungsauftrag zur Gleichstellung nicht-ehelicher Kinder in Art. 6 Abs. 5 GG war der Staatsrechtslehrervereinigung ebenfalls keiner Betrachtung wert.

49 *Axel Frhr. v. Campenhausen*, Verfassungsgarantie und sozialer Wandel – Das Beispiel von Ehe und Familie, VVDStRL 45 (1987), S. 7 (49).

50 Erwähnung bei *Frhr. v. Campenhausen*, Verfassungsgarantie und sozialer Wandel (Fn. 49), S. 12, 13, 18, 33, 46, 49; *Heinhard Steiger*, Verfassungsgarantie und sozialer Wandel – Das Beispiel von Ehe und Familie, VVDStRL 45 (1987), S. 55 (57, 58, 59).

51 In einer Aussprache, die fast sechzig Druckseiten umfasst, erwähnt allein *Hans Zacher*, Diskussionsbeitrag, VVDStRL 45 (1987), S. 111 (112) einmal in einer Reihe mit anderen Faktoren die Gleichberechtigung.

52 *Gunter Kisker*, Diskussionsbeitrag, VVDStRL 45 (1987), S. 135 (136): „Viel wichtiger ist vermutlich, daß viele Frauen ihre Rolle in Familie und Gesellschaft anders interpretieren als das früher üblich war. Sie suchen ihre Selbstverwirklichung nicht mehr nur am häuslichen Herd, sondern legen Wert auf berufliche Selbstverwirklichung“.

2. Reden – aber worüber? Die Tagung von 1988

a) Allgemeiner Gleichheitssatz

Im Jahr 1988 wurde – nach über 60 Jahren – erstmals wieder der Gleichheitssatz in das Tagungsprogramm der Vereinigung aufgenommen. Mit *Reinhold Zippelius*, einem Rechtsphilosophen, und *Georg Müller*, einem eher pragmatisch-dogmatisch argumentierenden Schweizer, war in der Wahl der Vortragenden eine hübsche Parallele zu den Referenten der gleichheitsrechtlichen Vorgänger-Tagung gegeben: Zwar ging es bei *Reinhold Zippelius* nicht mehr um Naturrecht, wohl aber um Gerechtigkeit als „Schlüsselbegriff",[53] während *Georg Müller* eher nüchtern über Konkretisierungsmaßstäbe sprach und die Bezogenheit auf die jeweilige Verfassungsordnung betonte.[54]

An vorderster Front der Diskussion war die Staatsrechtslehrervereinigung mit ihrem Thema im Jahr 1988 ohnehin nicht mehr; Jahrzehnte früher wäre diese Diskussion fällig gewesen. Nun war der Impulsgeber das Bundesverfassungsgericht, das mit seiner „neuen Formel" im Jahr 1980[55] eine intensive Diskussion – auch zwischen den beiden Senaten des Gerichts – ausgelöst hatte. Die Frage nach der Abkehr vom Willkürverbot und einer Intensivierung der Kontrolle, eventuell unter Heranziehung des Verhältnismäßigkeitsprinzips, war zu diesem Zeitpunkt nicht mehr innovativ.

Ein weiteres zentrales Problemfeld, mit dem sich die Referenten beschäftigten, betraf die Frage der Herstellung tatsächlicher Gleichheit oder, wie *Georg Müller* es nannte, einem „Egalisierungsgebot".[56] Beiden Referenten war gemein, dass sie zu viel Angleichung für problematisch hielten. Während *Georg Müller* nur vorsichtige Grenzen für das Gebot zur Herstellung tatsächlicher Gleichheit zog,[57] wurde *Reinhold Zippelius* deutlicher. Er befürchtete, dass der von ihm konstatierte wachsende Ausbau der Sozialstaatlichkeit eher mit Staatsverdrossenheit statt mit zunehmender Staatsbejahung beantwortet werde;[58] empirisch belegte er diese Zeitdiagnose nicht. *Reinhold Zippelius* sprach sich weiter explizit gegen eine „übertriebene Egalisierung jener Ungleichheiten" aus, die der Lohn persönlicher Leistung seien. Dies übertrug er auch auf das Bildungssystem:

> „Ein egalisierendes Bildungssystem schließlich, das die Unterschiede individueller Bildungsfähigkeit und Strebsamkeit ignorierte, würde den nationalen Bildungsstandard nach unten nivellieren".[59]

Auch in der Diskussion fand die Position, zu viel Egalität abzuwehren, Zustimmung.[60]

---

53 *Reinhold Zippelius*, Der Gleichheitssatz, VVDStRL 47 (1989), S. 7 (23 ff.).

54 *Georg Müller*, Der Gleichheitssatz, VVDStRL 47 (1989), S. 37.

55 BVerfGE 55, 72, 88 (Präklusion) [1980].

56 *Müller*, Gleichheitssatz (Fn. 54), S. 52 ff.

57 *Müller*, Gleichheitssatz (Fn. 54), S. 53 ff.

58 *Zippelius*, Gleichheitssatz (Fn. 53), S. 18.

59 *Zippelius*, Gleichheitssatz (Fn. 53), S. 18.

60 *Christian Starck*, Diskussionsbeitrag, VVDStRL 47 (1989), S. 78 (79); *Martin Oldiges*, Diskussionsbeitrag, VVDStRL 47 (1989), S. 108 f.

b) Diskriminierungsschutz

Selbst bei diesem großen gleichheitsrechtlichen Tagungsthema kamen die besonderen Gleichheitssätze kaum vor. In den Referaten wurden sie zwar erwähnt: *Reinhold Zippelius* betont die Bedeutung der besonderen Gleichheitssätze bei der Schaffung des Grundgesetzes[61] und skizziert knapp zwei Meinungen zur Auslegung der besonderen Gleichheitssätze;[62] ein „starres" Anknüpfungsverbot[63] und ein Differenzierungsverbot, bei dem Ausnahmen durch „schwerwiegende Argumente" gerechtfertigt werden könnten.[64] *Georg Müller* stellt die Maßstäbe, die das schweizerische Bundesgericht anwendet, dar: Das Verbot der Differenzierung nach dem Geschlecht lasse Ausnahmen einzig dann zu, wenn sie auf biologischen Ursachen beruhten, die das zu ordnende Lebensverhältnis derart prägten, dass eine Gleichbehandlung geradezu ausgeschlossen sei.[65] Auch er nimmt einen Streit um die Auslegung auf – nämlich, ob funktionale Unterschiede eine Ungleichbehandlung rechtfertigen könnten –, weist diese Vorstellung aber klar mit dem Argument zurück, dass es doch das erklärte Ziel des Geschlechtergleichheitsartikels sei, die Festschreibung der herkömmlichen Rollenverteilung zwischen den Geschlechtern zu verhindern.[66]

In der Diskussion interessierte sich hingegen kaum noch jemand für die Dogmatik der besonderen Gleichheitssätze. Als einer der wenigen nimmt sich *Martin Heckel* des Themas an und konstatiert, dass Art. 3 Abs. 3 GG kein Differenzierungsverbot schlechthin enthalte: Gleichmäßige Differenzierungen seien erlaubt, „ja um der Menschenwürde und anderer Grundrechte willen sogar geboten". Mit einem von ihm selbst als „derb" gekennzeichneten Beispiel weist er darauf hin, dass Art. 3 Abs. 3 GG „keineswegs zur Promiskuität der Geschlechter in den öffentlichen Bedürfnisanstalten" zwinge.[67]

Was Diskriminierung genau bedeutet, wurde nicht untersucht, über den Zusammenhang von Gleichheit und Diskriminierungsverboten nicht gesprochen.[68] Selbst das Wort „Diskriminierung"[69] kam kaum vor, außer in fernen Ländern[70] und vergangenen Zeiten.[71] Nur bei der Quotendiskussion hatte der Verweis auf „umgekehrte Diskriminierung" Hochkonjunktur.[72]

---

[61] *Zippelius*, Gleichheitssatz (Fn. 53), S. 11.

[62] *Zippelius*, Gleichheitssatz (Fn. 53), S. 28.

[63] Unter Bezugnahme auf die Habilitationsschrift von *Michael Sachs*, Grenzen des Diskriminierungsverbots, 1987.

[64] Unter Verweis auf die Rechtsprechung des Bundesverfassungsgerichts, die freilich nur sehr ungenau wiedergegeben wird.

[65] *Müller*, Gleichheitssatz (Fn. 54), S. 46.

[66] *Müller*, Gleichheitssatz (Fn. 54), S. 46 f.

[67] *Martin Heckel*, Diskussionsbeitrag, VVDStRL 47 (1989), S. 68 (70).

[68] Dies wurde auch von einem Diskussionsteilnehmer gerügt: *Ludwig Gramlich*, Diskussionsbeitrag, VVDStRL 47 (1989), S. 100, „vermisst" den Begriff der Diskriminierung.

[69] Immerhin benannte *Zippelius*, Gleichheitssatz (Fn. 53), S. 11, 12, 28, Art. 3 Abs. 3 GG als „Diskriminierungsverbote" und verwendete Diskriminierung bezogen auf die Geschichte (S. 13, 14).

[70] Auf die Rassendiskriminierung in den USA wurde mehrfach Bezug genommen, z. B. *Müller*, Gleichheitssatz (Fn. 54), S. 57.

[71] Siehe z. B. *Zippelius*, Gleichheitssatz (Fn. 53), S. 11; *Heckel*, Diskussionsbeitrag (Fn. 67), S. 68 ff.

[72] *Müller*, Gleichheitssatz (Fn. 54), S. 56; *Albrecht Weber*, Diskussionsbeitrag, VVDStRL 47 (1989),

Diskriminierungsschutz wurde als sozialstaatliches Problem begriffen[73] und damit dem weiten gesetzgeberischen Spielraum überantwortet. Dass es um ein fundamentales Menschenrecht geht, wurde damals nicht gesehen – jedenfalls nicht hinsichtlich der Frauendiskriminierung. Deutlich *Reinhold Zippelius*:

„Der Sozial- und Wohlfahrtsstaat läßt es sich angelegen sein, auch noch darüber hinaus dem sozial Schwächeren den Grundrechtsschutz des Gleichheitssatzes zu Lasten der Privatautonomie zu gewähren. Die Grenz- und Streitfälle liegen hier vor allem auf dem Gebiet des Arbeitsrechts, wo man etwa die einleuchtende Meinung findet, daß zwar das gesetzliche Gebot, Männer und Frauen für gleiche Arbeit gleich zu entlohnen, Ausfluß des Gleichheitssatzes sei, die Abschlußpflicht aus § 611a Abs. 1 BGB den Gleichheitssatz aber allzusehr zu Lasten der Privatautonomie strapaziere. Wo private Ungleichbehandlung – etwa durch rassische Diskriminierung – die Menschenwürde verletzt, tritt die staatliche Pflicht ein, diese gegenüber jedermann zu schützen (Art. 1 Abs. 1 Satz 2 GG).“[74]

Offensichtlich setzte *Reinhold Zippelius* dies als allgemeines Verständnis voraus, denn sonst hätte er sich wohl um eine Begründung bemüht, weshalb zwar rassistische Diskriminierung die Menschenwürde verletzen und eine Schutzpflicht auslösen kann, nicht aber sexistische Diskriminierung.

Eine Reflexion diskriminierender *Strukturen*, etwa nach den drei zentralen Achsen der Differenz Klasse – Rasse – Geschlecht, fehlte ganz. Für diese Ignoranz ist bezeichnend, dass ausgerechnet vor zu großer Egalität im Bildungssystem gewarnt wurde. Denn Zugang zu Bildung ist bis heute nicht chancengleich verteilt. Die Abhängigkeit vom sozioökonomischen Status ist beispielsweise vielfach belegt.[75] Es ist kein Zufall, dass viele emanzipatorische Kämpfe um den Zugang zu Bildung geführt wurden. Erinnert sei an die deutsche Frauenbewegung in der zweiten Hälfte des 19. Jahrhunderts, die um Mädchenbildung kämpfte. In den USA beschäftigte der ungleiche Zugang zu Bildungseinrichtungen spätestens seit der großen Entscheidung des *U.S. Supreme Court* in *Brown v. Board of Education*[76] die Gesellschaft intensiv.

Auch über die Rechtsfigur der mittelbaren Benachteiligung, die über die USA und das Europarecht auch in die deutsche Rechtsordnung Eingang gefunden hatte, wurde nicht gesprochen.

c) Zur Quotendiskussion

Ganz unbeachtet bleiben besondere Gleichheitssätze indes nicht: Quotenregelungen beschäftigten die Staatsrechtslehrervereinigung durchaus. *Georg Müller* machte den Aufschlag und sprach über „Quotenregelungen als Mittel der Egalisierung“.[77] Er kennzeich-

S. 102; ähnlich *Oldiges*, Diskussionsbeitrag (Fn. 60), S. 108 f.; *Dietrich Murswiek*, Diskussionsbeitrag, VVDStRL 47 (1989), S. 109 f.

[73] *Zippelius*, Gleichheitssatz (Fn. 53), S. 12 f.

[74] *Zippelius*, Gleichheitssatz (Fn. 53), S. 13.

[75] Siehe z. B. Becker/Lauterbach (Hrsg.), Bildung als Privileg. Erklärungen und Befunde zu den Ursachen der Bildungsungleichheit, 2016.

[76] 347 U.S. 483 (1954).

[77] *Müller*, Gleichheitssatz (Fn. 54), S. 55 ff.

nete Quotenregelungen als Maßnahmen, mit deren Hilfe eine im gesellschaftlichen oder politischen Bereich untervertretene Gruppe eine ihrer zahlenmäßigen Stärke entsprechende Zahl von Stellen, Plätzen oder Sitzen erhalten solle; die Bereiche, die er für Quotenregelungen denkbar hielt, fasste er weit und nannte bestimmte Berufe, Unternehmen, Schulen, öffentliche Verwaltungen, Parlamente oder andere Organisationen. Er nimmt auf die Rechtsprechung des *U.S. Supreme Court* zu *affirmative action* Bezug und bezeichnet solche Maßnahmen freilich – das Ergebnis vorwegnehmend – als „umgekehrte Rassendiskriminierung". Für die Schweiz sieht er ein Bedürfnis für Quotenregelungen nicht, da er die Ausgangslage anders als in den USA einschätzt. In der Schweiz gebe es seit jeher so viele Minderheiten, dass auf sie schon zur Wahrung des nationalen Zusammenhalts Rücksicht genommen werden musste: „Das Bedürfnis nach rechtsverbindlichen, nicht bloß auf Konsens und Tradition beruhenden Quotenregelungen ist deshalb relativ gering".[78] Dies mag für manche, insbesondere Sprachminderheiten, überzeugend sein, bezogen auf das Geschlecht stößt es bitter auf. Denn gerade Tradition und Konsens schlossen Frauen nicht ein, sondern aus;[79] immerhin hatten Frauen zu dieser Zeit noch nicht einmal in allen Kantonen das Wahlrecht.[80] *Georg Müller* bemerkt immerhin, dass der Staat durch seine Gesetzgebung die faktische Ungleichheit von Frauen „wohl" mitverursacht habe und erklärt eine entsprechende Vertretung der Frauen für „wichtig und dringlich".[81] Im Ergebnis hält er lediglich „weichere" Schutz- und Fördermaßnahmen, die „zu einer ‚indirekteren' Privilegierung mit geringfügigeren Auswirkungen für die anderen Gruppen führen" für unbedenklich.[82] Die Beispiele, die er nennt – besondere Ausbildungsstätten und -beihilfen für Frauen, die in das Berufsleben zurückkehren wollen – knüpfen aber ebenso wie Quotenregelungen unmittelbar an das Merkmal Geschlecht an; damit hätte die Frage erörtert werden müssen, unter welchen Bedingungen Anknüpfungen an das Merkmal Geschlecht gerechtfertigt werden können.

Auch in der Aussprache geht es kaum um die Dogmatik der besonderen Gleichheitssätze – oder auch nur um juristisch valide Begründungen. Dies hätte nämlich zumindest eine gewisse Differenzierung von Quotenregelungen vorausgesetzt, da politisch sehr unterschiedliche Formen von Quotenregelungen diskutiert wurden. Auch unterschiedliche Konzepte – etwa formelle und materielle Gleichheit – spielten keine Rolle.[83] Kaum jemand befasste sich genauer mit den Maßstäben der Prüfung eines Verstoßes. Das Ergebnis aber ist den meisten Diskutanten klar: Quotenregelungen sind verfassungswidrig.[84] *Dietrich Murswiek* befürchtet, dass sich „Schleusen" für ein „kollektivistisches Grund-

---

78 *Müller*, Gleichheitssatz (Fn. 54), S. 57.

79 Dies hätte auch *Müller* selbst auffallen können, schilderte er doch kurz zuvor ein Beispiel aus der Rechtsprechung des Bundesgerichts, das sich mit Quotenregelungen zulasten von Mädchen beim Zugang zu Mittelschulen beschäftigte. Müller, Gleichheitssatz (Fn. 54), S. 56.

80 Das Frauenstimmrecht in der Schweiz wurde erst 1971 eingeführt. Das Stimmrecht in allen Kantonen erreichten Frauen erst 1990, auf eine Entscheidung des Bundesgerichts hin (BGE 116 Ia 359).

81 *Müller*, Gleichheitssatz (Fn. 54), S. 57 f.

82 *Müller*, Gleichheitssatz (Fn. 54), S. 58.

83 Dies kritisierend *Wolfgang Hoffmann-Riem*, Diskussionsbeitrag, VVDStRL 47 (1989), S. 83.

84 Neben den in den folgenden Fußnoten Genannten auch *Weber*, Diskussionsbeitrag (Fn. 72), S. 103.

rechtsverständnis" öffnen.[85] *Martin Oldiges* sah in Quotenregelungen eine Erscheinung, „in der sich der Gleichheitsgrundsatz selbst in Frage stellt." Während ein Gleichbehandlungsgebot der Freiheitssicherung diene, sei das Egalisierungsgebot ein Postulat der Sozialstaatlichkeit; es solle darum auch nur mit sozialstaatlichen Mitteln herbeigeführt werden, nicht im Wege kompensatorischer Diskriminierung.[86] Gestützt wurde die Anti-Quoten-Haltung zudem durch eine Gentleman-Attitüde: Im Interesse der Frauen müsse man sich gegen Frauenquoten wenden.[87] *Peter Häberle* versichert der Versammlung – vermutlich mit humoristischem Unterton –, nicht über „Quotenregelung und die Deutsche Staatsrechtslehrervereinigung", „etwa bezogen auf Vorstandswahlen, die Aufnahme von Damen in unsere Vereinigung oder die Auswahl der Referenten", zu sprechen.[88]

Freilich gab es auch einige Stimmen, die *affirmative action* gegenüber aufgeschlossener waren:[89] So leitete *Erhard Denninger* als Vorsitzender die Strukturierung der Diskussion um Quotenregelungen damit ein, dass es um ein Verständnis des Art. 3 Abs. 2 GG als „Gleichstellungsauftrag" gehe.[90] *Hans-Peter Schneider* nahm dies auf und interpretierte – auch unter Berufung auf die Entstehungsgeschichte – Art. 3 Abs. 2 GG als „Gleichstellungs*gebot*"; dies könne dann sogar Quotenregelungen im Wahlrecht rechtfertigen.[91] *Klaus Lange* hält es für möglich, dass eine Quotenregelung einen „Gleichheitsgewinn" gegenüber der herkömmlichen Situation bewirken könne.[92]

Über die diskriminierende Wirkung von Quoten zu Lasten von Männern waren sich viele einig,[93] über Frauendiskriminierung wurde kaum gesprochen. Nur vereinzelt wurde darauf hingewiesen, wie es überhaupt zur Quotendiskussion kommen konnte: „Es ist ein Beleg für die Erfolglosigkeit eines fast vierzigjährigen Versuchs, die Gleichstellungsprogrammatik des Grundgesetzes real umzusetzen."[94]

Selbstverständlich ist es legitim und gerade auch Aufgabe einer Tagung der Vereinigung, dass unterschiedliche Positionen zu bestimmten Fragen vertreten werden. Irritierend ist daher weniger, dass viele Staatsrechtslehrer Quotenregelungen für verfassungswidrig halten, sondern die geringe Begründungstiefe, mit der dies geschieht. Gerade der Vergleich zu den USA hätte Anlass geben müssen, über Gleichheitskonzepte näher nachzudenken und zumindest die Ausschlüsse und Benachteiligungen von Frauen wahrzunehmen.

---

[85] *Murswiek*, Diskussionsbeitrag (Fn. 72), S. 109.

[86] *Oldiges*, Diskussionsbeitrag (Fn. 60), S. 108 f.

[87] *Hartmut Schiedermair*, Diskussionsbeitrag, VVDStRL 47 (1989), S. 84 (85) spricht davon, dass Frauenquoten „katastrophal" seien, weil sie Frauen einen „Bärendienst" erwiesen; *Georg Müller*, Schlusswort, VVDStRL 47 (1989), S. 110 (111); zu den Staatsrechtslehrerinnen *Pascale Cancik*, in diesem Band, S. 795 ff.

[88] *Peter Häberle*, Diskussionsbeitrag, VVDStRL 47 (1989), S. 74.

[89] Neben den in den folgenden Fußnoten Genannten auch: *Jochen A. Frowein*, Diskussionsbeitrag, VVDStRL 47 (1989), S. 105 (106).

[90] *Erhard Denninger*, Diskussionsbeitrag, VVDStRL 47 (1989), S. 63.

[91] *Hans-Peter Schneider*, Diskussionsbeitrag, VVDStRL 47 (1989), S. 106 (107).

[92] *Klaus Lange*, Diskussionsbeitrag, VVDStRL 47 (1989), S. 107.

[93] Explizit *Murswiek*, Diskussionsbeitrag (Fn. 72), S. 109; *Oldiges*, Diskussionsbeitrag (Fn. 60), S. 108 f.

[94] *Hoffmann-Riem*, Diskussionsbeitrag (Fn. 83), S. 83 f.

IV. Öffnung für Gleichheitsfragen seit dem 21. Jahrhundert

Im 21. Jahrhundert kommt es zu erheblichen Veränderungen. Gleichheit wird vom randständigen Problem zu einem selbstverständlich zu berücksichtigenden Aspekt vieler Themen. Eine Schlüsselstellung für den Umbruch nimmt dabei die Tagung im Jahr 2004 zum Thema „Diskriminierungsschutz und Privatautonomie" ein. Einerseits zeigte schon die Einbettung des Themas in die übergreifende Problematik „Der Sozialstaat in Deutschland und Europa", wie sehr die Vereinigung noch alten Vorstellungen anhing, die alle Gleichheitsdimensionen, die über formale Gleichbehandlung hinausgingen, dem Sozialstaat zuwiesen. *Gabriele Britz* arbeitete in ihrem Vortrag die gleichheitsrechtliche Fundierung von Diskriminierungsverboten heraus;[95] in der Diskussion fand sie darin einige Unterstützung.[96] Dass der Widerstand gegen die Einführung von Diskriminierungsverboten nur abgeschwächt vertreten wurde, hatte sicherlich wesentlich mit dem Umstand zu tun, dass die Vorgaben zur Einführung von Diskriminierungsverboten im Privatrecht auf zwingenden europarechtlichen Vorgaben beruhten.

Seither hat sich viel verändert.[97] Inzwischen werden bei vielen Themen Gleichheitsaspekte erörtert. Dabei hat sich auch der Blick auf Gleichheit verändert. Gleichheit wird nicht länger nur als formales Konzept begriffen, vielmehr ist die Wahrnehmung diskriminierender Strukturen Teil der Analyse vieler Referate. Die Tagung von 2018 machte nicht nur zum ersten Mal spezifisch die Rechtsanwendungsgleichheit zum Thema,[98] die *Erich Kaufmann* noch als „Trivialität" bezeichnet hatte. Vor allem in der Behandlung des ersten Themas „Gleichheit angesichts von Vielfalt im philosophischen und juristischen Diskurs" zeigen sich die Veränderungen deutlich. Sowohl *Steffen Augsberg* als auch *Friederike Wapler* nehmen die Vielfalt von Menschen zum Ausgangspunkt, so dass ein komplexeres Gleichheitsverständnis entwickelt werden kann.[99]

V. Fazit

Die Beschäftigung der Staatsrechtslehrervereinigung mit Gleichheit hat eine wechselvolle Geschichte. Sie begann im Jahr 1926 mit einer fulminanten Diskussion, wahrlich

---

[95] *Gabriele Britz*, Diskriminierungsschutz und Privatautonomie, VVDStRL 64 (2005), S. 355 (390).

[96] In diese Richtung z. B. *Heinhard Steiger*, Diskussionsbeitrag, VVDStRL 64 (2005), S. 407 f.; *Thomas Groß*, Diskussionsbeitrag, VVDStRL 64 (2005), S. 409 f.; *Martin Nettesheim*, Diskussionsbeitrag, VVDStRL 64 (2005), S. 410; *Claus Dieter Classen*, Diskussionsbeitrag, VVDStRL 64 (2005), S. 415; *Ute Mager*, Diskussionsbeitrag, VVDStRL 64 (2005), S. 417; *Michael Sachs*, Diskussionsbeitrag, VVDStRL 64 (2005), S. 419 (420).

[97] Einen wesentlichen Beitrag zur Veränderung im Blick auf Gleichheit leisteten die Legal Gender Studies, siehe etwa: *Sacksofsky*, Gleichberechtigung (Fn. 43); *Susanne Baer*, Würde oder Gleichheit?, 1995; *Anna Katharina Mangold*, Demokratische Inklusion durch Recht, 2021; *Ute Sacksofsky*, Geschlechterforschung im Öffentlichen Recht, in: JöR, n.F. 67 (2019), S. 377 m. w. N.

[98] *Wolfram Cremer/Benjamin Schindler*, Rechtsanwendungsgleichheit in Mehrebenensystemen, VVDStRL 78 (2019), S. 117, 167.

[99] *Steffen Augsberg/Friederike Wapler*, Gleichheit angesichts von Vielfalt als Gegenstand des philosophischen und juristischen Diskurses, VVDStRL 78 (2019), S. 7, 53.

einem Paukenschlag. Doch für den Rest des 20. Jahrhunderts schloss sich eine „bleierne Zeit" der Stille für die Gleichheitsrechte an. Fast vier Dekaden nach der Schaffung des Grundgesetzes zeigte die Vereinigung an der Gleichheit kein Interesse. Als Gleichheit dann wieder thematisiert wurde, ist sie nur verkürzt wahrgenommen worden. Referenten und Diskutanten marschierten ganz überwiegend im Gleichklang auf den eingetretenen Straßen der formellen Gleichheit, ohne Diskriminierung zu reflektieren. Diskriminierungsschutz ist jedoch Kern der Gewährleistung von Gleichheitsrechten, verankert ist er vor allem in den besonderen Gleichheitssätzen. Diese wurden von der Vereinigung lange ignoriert. Wie lässt sich das erklären?

Eine Rolle mag in den ersten Jahrzehnten die verdrängte Aufarbeitung der nationalsozialistischen Vergangenheit spielen. Die Thematisierung von Diskriminierung erschien nach dem Ende des nationalsozialistischen Ungleichheitsregimes möglicherweise überflüssig: Das Grundgesetz baute auf der Gleichheit aller Menschen auf. Damit konnte sich die Vereinigung umso leichter zufriedengeben, als ihre Mitglieder (wohl) kaum prekären gesellschaftlichen Schichten angehörten.

Spätestens seit den 1970er Jahren hing die Ignoranz gegenüber diskriminierenden Strukturen aber auch mit der fehlenden Wahrnehmung oder mangelnden Wertschätzung von Emanzipationsbewegungen, damals insbesondere der Frauen- oder LGBTQ-Bewegungen, zusammen. Der Mainstream der Staatsrechtslehrervereinigung stand diesen Bewegungen fern, teils wurde die Abwehr sogar explizit zum Ausdruck gebracht. Deutlich wurde dies vor allem auf der Tagung aus dem Jahr 1986 zum Wandel von Ehe und Familie. *Axel Frhr. v. Campenhausen* erklärte: „Es widerspricht also der Ordnung des Grundgesetzes, wenn die Grünen in ihrem Wahlprogramm für die Bundestagswahl 1987 sich für die ‚gleichberechtigte Anerkennung aller Lebensformen' einsetzen",[100] und *Heinhard Steiger* deklarierte knapp: „Für Gleichstellungen homosexueller Verbindungen sehe ich weder Notwendigkeit noch Raum."[101] Immerhin gab es auch damals vereinzelte andere Stimmen. *Rudolf Steinberg* äußerte ein „ganz allgemeines Unbehagen" mit der gesamten Diskussion des Wandels von Ehe und Familie, die nahezu ausschließlich unter Männern – er zählte drei weibliche Mitglieder im Saal – geführt werde und rügte den Vorstand, dass er eine Chance verpasst habe, (erstmals) ein Referat einer Frau zu überlassen: „Ich glaube, daß man schon von einer gewissen Kühnheit unserer Vereinigung sprechen kann, dieses Thema in nahezu völliger *splendid isolation* zu behandeln."[102]

Die Abwertung der Frauenbewegung illustriert auch eine Äußerung aus dem Jahre 1995; beiläufig, ohne Anlass und ohne jegliche Auseinandersetzung in der Sache formuliert *Josef Isensee*:

„Das Wort ‚Bürgerverantwortung' hat zum Glück bei keinem der Referenten den Reflex ausgelöst, von ‚Bürgerinnen und Bürgern' zu reden, also eine Ausgrenzung zu dementieren, die kein ernsthafter Mensch versucht, Sprachmüll des Feminismus zu produzieren und unser Recht auf Zeit zu verbrauchen."[103]

---

[100] *Frhr. v. Campenhausen*, Verfassungsgarantie und sozialer Wandel (Fn. 49), S. 17.

[101] *Steiger*, Verfassungsgarantie und sozialer Wandel (Fn. 50), S. 79.

[102] *Rudolf Steinberg*, Diskussionsbeitrag, VVDStRL 45 (1986), S. 139 (140).

[103] *Josef Isensee*, Diskussionsbeitrag, VVDStRL 55 (1996), S. 139 f.

Erst im Laufe des neuen Jahrtausends wurde auch in der Staatsrechtslehrervereinigung mit komplexeren Gleichheitsverständnissen als dem der formellen Gleichheit gearbeitet. Dies bedeutet nicht, dass es nun ein uniformes Gleichheitsverständnis „der Staatsrechtslehrervereinigung“ gäbe – es ist ja gerade Sinn von Tagungen, sich über unterschiedliche Positionen auseinanderzusetzen. Ertragreich sind die Diskussionen vor allem dann, wenn sie möglichst viele Perspektiven einbeziehen.[104] Ob aus der Vielstimmigkeit eine Sinfonie entsteht, wird die Zukunft zeigen. Freilich darf die Sinfonie nicht zu wohlklingend sein, denn ohne schräge Töne werden die Gleichheitsdiskussionen nicht vorankommen.

[104] Zur Bedeutung von Diversität jüngst: *Michael Grünberger/Anna Katharina Mangold/Nora Markard/Mehrdad Payandeh/Emanuel Vahid Towfigh*, Diversität in Rechtswissenschaft und Rechtspraxis, 2021.

Vom Stabilitätsgaranten zum Gefahrenherd: Kirchen und Religionen als Beratungsgegenstand der Staatsrechtslehrervereinigung

Horst Dreier

I. Wenn zwei Grundgesetze dasselbe sagen ...: „Die Gegenwartslage des Staatskirchenrechts" (Marburg 1952) . . . 498
1. Kontext: Die Kirchen als Sieger von 1945 . . . 498
2. Referate: Gleichordnung von Kirche und Staat? . . . 500
3. Diskussion: Suchbewegungen auf unsicherem Grund . . . 501
II. Neue Standortbestimmung: „Die Kirchen unter dem Grundgesetz" (Frankfurt am Main 1967) . . . 502
1. Kontext: Freie Kirche im demokratischen Gemeinwesen . . . 502
2. Referate: Das Grundgesetz als verbindliche Vorgabe . . . 504
3. Diskussion: Abschied von der Koordinationslehre . . . 506
III. Die Vielfalt aktueller Herausforderungen: „Staat und Religion" (Heidelberg 1999) . . . 507
1. Kontext: Neue Konflikte . . . 507
2. Referate: Kruzifix, Integration des Islams und verwandte Probleme . . . 508
3. Diskussion: Dissens in zentralen Fragen . . . 510
IV. Die Folgen von 9/11: „Religiöse Freiheit als Gefahr?" (Erlangen 2008) . . . 512
1. Kontext: Die Ambivalenz des Religiösen . . . 512
2. Referate: Unterschiedliche Bewertungen der religiös-weltanschaulichen Neutralität 513
3. Diskussion: Dominanz der Beharrungskräfte . . . 515
V. Resümee: Themen als Zeitspiegel . . . 516

Ganze vier Mal waren Kirchen und Religionen formeller Beratungsgegenstand der Vereinigung: Marburg 1952, Frankfurt am Main 1967, Heidelberg 1999 und Erlangen 2008.[1] Es fällt auf, dass der Abstand zwischen den ersten beiden Tagungen mit 15 Jahren in etwa die Hälfte der 32 Jahre zwischen Frankfurt und Heidelberg beträgt, während Heidelberg von Erlangen lediglich neun Jahre trennen. Dieser kurze Abstand lässt sich (vielleicht) erklären. Hingegen erscheint eher verwunderlich, dass das seinerzeit noch überall und unisono so genannte Staatskirchenrecht kein Thema in den Beratungen der Weimarer Republik war, obwohl es doch auf der Hand liegende Gründe für eine derartige Themenwahl gegeben hätte.[2] Wir werden diese vier Tagungen in chronologischer Reihenfolge

[1] Das thematisch verwandte, bei Redaktionsschluss aber noch nicht gedruckt vorliegende Referat von *Markus Müller,* Der Staat und religiöse und weltanschauliche Überzeugungen, das er bei der Mannheimer Staatsrechtslehrertagung 2021 gehalten hat, konnte nicht mehr berücksichtigt werden.

[2] Als da wären: der harte Bruch mit dem landesherrlichen Kirchenregiment und dessen Folgen; die

betrachten und sie jeweils eingangs in ihren zeitgeschichtlichen und verfassungsrechtlichen Kontext stellen.

I. Wenn zwei Grundgesetze dasselbe sagen …: „Die Gegenwartslage des Staatskirchenrechts" (Marburg 1952)

1. Kontext: Die Kirchen als Sieger von 1945

In der absoluten Frühphase der Bundesrepublik und auf ihrer (erst) vierten Tagung nach dem Zweiten Weltkrieg befasst sich die Vereinigung mit der „Gegenwartslage des Staatskirchenrechts". Das Grundgesetz ist kaum älter als drei Jahre, das Bundesverfassungsgericht amtiert erst seit ziemlich exakt einem Jahr. Bis auf das einschlägige Normenmaterial, insbesondere den von *Rudolf Smend* unter die „Verlegenheitsergebnisse verfassunggebender Parlamentsarbeit"[3] eingereihten Art. 140 GG, hält man im Grunde nicht viel in der Hand. Und doch sind entscheidende Weichenstellungen schon erfolgt. Sie sind in erster Linie nicht verfassungsrechtlicher, sondern soziokultureller Provenienz. Es ist oft bemerkt worden, wie sehr sich Status und Rolle der Kirchen nach dem Ersten und nach dem Zweiten Weltkrieg unterschieden haben. So unbestritten es „frappierende Parallelen"[4] zwischen den Debatten von 1919 und denen von 1949 gibt – so unterschiedlich war doch der jeweilige historische Kontext. „Weder Staat noch Kirchen waren dieselben."[5] 1919 stand tatsächlich schon wegen der einschlägigen Programmatik der sozialistischen Parteien eine strikte Trennung nach laizistischem Muster im Raum. Die Kirchen befanden sich eher in einer Defensivposition, aus der heraus sie im Verein mit anderen Parteien um den schließlich erlangten Kompromiss hart und lange ringen mussten. Ganz anders nach dem Zweiten Weltkrieg.[6] Aus Kirchenkampf und dem Untergang des

hochstreitigen Beratungen in der Weimarer Nationalversammlung, die zwar zu kompromisshaften, aber innovativen Regelungen führten, welche wiederum der interpretativen Harmonisierung bedurften; die relativ intensiv geführte Diskussion unter den Verfassungsjuristen und Staatskirchenrechtlern, etwa um das Fortbestehen der staatlichen Kirchenaufsicht u. v. a. m. All das hätte eine Befassung dringend nahegelegt.

[3] *Rudolf Smend*, Staat und Kirche nach dem Bonner Grundgesetz, in: Zeitschrift für evangelisches Kirchenrecht (ZevKR) 1 (1951), S. 4–14 (11).

[4] *Martin Morlok*, in: Dreier (Hrsg.), Grundgesetz-Kommentar, Bd. 3, 3. Aufl. 2018, Art. 140 Rn. 12. *Fabian Wittreck*, Bonn ist doch Weimar. Die Religionsfreiheit im Grundgesetz als Resultat von Konflikt und Kontroverse, in: Reuter/Kippenberg (Hrsg.), Religionskonflikte im Verfassungsstaat, 2010, S. 66 (80) spricht davon, dass der „Bonner Verfassunggebungsprozess in Sachen Religionsfreiheit nach der Zuordnung von strittigen bzw. unstrittigen Themen, Ablauf und Ergebnis dem Weimarer wie ein Ei dem anderen gleicht."

[5] *Axel Freiherr von Campenhausen*, Die Kirchen unter dem Grundgesetz 1949–1989, in: Morsey/Repgen (Hrsg.), Christen und Grundgesetz, 1989, S. 71 (72).

[6] Zu diesem Kontrast vor allem *Hans Maier*, Staat und Kirche in der Bundesrepublik Deutschland. Die politischen und gesellschaftlichen Grundlagen, in: Listl/Pirson (Hrsg.), Handbuch des Staatskirchenrechts der Bundesrepublik Deutschland, 2. Aufl., Bd. I, 1994, S. 85 (86 ff.); *Wittreck*, Bonn (Fn. 4), S. 70 f., 79 f.

NS-Regimes gingen die Kirchen „erheblich gestärkt und selbstbewußt"[7] hervor. Sie galten „als praktisch einzige intakte, politisch-moralisch nicht diskreditierte Großorganisationen"[8] und zählten für manche zu den „Siegern von 1945".[9] „Die Kirchen firmierten nicht als diskreditierte Stützen des gerade überwundenen Regimes, sondern als seine prominentesten Gegner."[10] So lautete jedenfalls die seinerzeit verbreitete Sichtweise im Selbstverständnis wie in der Fremdwahrnehmung, die freilich nur partiell der historischen Wahrheit entsprach.[11] Daher wuchs den Kirchen eine zentrale Position beim Wiederaufbau des Landes zu, was sich auch in ihrem beträchtlichen Selbstbewusstsein spiegelte.[12] Sie bildeten ein „singuläres Schwergewicht im öffentlichen Raum".[13] Gewichtige, wenngleich nicht immer erfolgreiche Einflussnahmen auf einige vorgrundgesetzliche Landesverfassungen (insbesondere Baden, Bayern, Rheinland-Pfalz, Württemberg-Baden) sowie auf die Beratungen des Parlamentarischen Rates waren die Konsequenz.[14]

Das alles blieb nicht ohne Folgen für das Verständnis, das man den einschlägigen staatskirchenrechtlichen Normen beimaß – oder besser vielleicht: unterlegte. Denn faktisch handelte es sich bei dem vielzitierten „Bedeutungswandel"[15] der in das Grundgesetz inkorporierten kirchenpolitischen Artikel der Weimarer Reichsverfassung um eine Umdeutung.[16] *Rudolf Smend* hatte das entscheidende Stichwort 1951 mit dem seither

---

[7] *Hartmut Maurer*, Religionsfreiheit in der multikulturellen Gesellschaft, in: FS für Winfried Brohm, 2002, S. 455 (463). Eingehend *Thomas Großbölting*, Der verlorene Himmel. Glaube in Deutschland seit 1945, 2013, S. 22 ff.

[8] *Christian Waldhoff*, Die Kirchen und das Grundgesetz nach 60 Jahren, in: Hillgruber/Waldhoff (Hrsg.), 60 Jahre Bonner Grundgesetz – eine geglückte Verfassung?, 2010, S. 151 (152). Ferner *Heinrich de Wall/Stefan Muckel*, Kirchenrecht. Ein Studienbuch, 5. Auflage 2017, § 7 Rn. 10 f.

[9] Wendung bei *Smend*, Staat und Kirche (Fn. 3), S. 10, der diese Einschätzung freilich nicht teilt.

[10] *Wittreck*, Bonn (Fn. 4), S. 79. *Maier*, Staat und Kirche (Fn. 6), spricht von einer „Art von politisch-moralischer Stellvertretung" (S. 86) und einer öffentlichen „Sprecher- und Vorsteherrolle in einem neuen Selbstbewußtsein" (S. 87).

[11] Das erklärt den Schock, den *Ernst-Wolfgang Böckenförde* mit seinem Aufsatz: „Der deutsche Katholizismus im Jahre 1933" auslöste (in: Hochland 1960/61, S. 215; seine Stellungnahme zu der heftigen Diskussion ebd., Hochland 1961, S. 217).

[12] Das klingt deutlich an bei *Arnold Köttgen*, Kirche im Spiegel deutscher Staatsverfassung der Nachkriegszeit, in: DVBl. 1952, S. 485 (485 f.): „Erschütterung deutschen Staatsbewußtseins vielleicht nirgends so fühlbar wie hier [scil.: im Bereich des Staatskirchenrechts], wo sich daher die Repräsentanten des Staates gegenüber der auf kirchlicher Seite spürbaren Selbstgewissenheit [sic] in die Defensive gedrängt sahen." – Siehe noch *von Campenhausen*, Kirchen (Fn. 5), S. 72 ff.; *Jörn Ipsen*, Der Staat der Mitte. Verfassungsgeschichte der Bundesrepublik Deutschland, 2009, S. 193 ff.; insb. zur katholischen Seite *Waldhoff*, Kirchen und das Grundgesetz (Fn. 8), S. 153 ff., 161 ff.

[13] *Michael Stolleis*, Geschichte des öffentlichen Rechts in Deutschland, Bd. IV: Staats- und Verwaltungsrechtswissenschaft in West und Ost 1945–1990, 2012, S. 338.

[14] Vgl. *Paul Mikat*, Verfassungsziele der Kirchen unter besonderer Berücksichtigung des Grundgesetzes, in: Morsey/Repgen, Christen und Grundgesetz (Fn. 5), S. 33 (33 ff.); ferner *Waldhoff*, Kirchen und das Grundgesetz (Fn. 8), S. 158 ff., 164 ff.

[15] Souveräne Zusammenfassung dieser seinerzeit (1960) ganz herrschenden Lehre bei *Konrad Hesse*, Die Entwicklung des Staatskirchenrechts seit 1945, in: JöR 10 (1961), S. 3 (22 ff., 29, 35, 74); „öffentlicher Gesamtstatus" (ebd., S. 25) der (großen) Kirchen hieß das Zauberwort, mit dem man die um Wortlaut und Historie weitgehend unbekümmerte „Neuinterpretation" (ebd., S. 23) bzw. „Neubestimmung" (ebd., S. 29) der verfassungsrechtlichen Grundlagen des Staatskirchenrechts ins Werk setzte.

[16] So deutlich *Ernst-Werner Fuß*, Kirche und Staat unter dem Grundgesetz, in: DÖV 1961, S. 734 (736). In diese Richtung auch *Michael Germann*, Das System des Staatskirchenrechts in Deutschland, in:

immer und immer wieder zitierten Satz gegeben: „Aber wenn zwei Grundgesetze dasselbe sagen, so ist es nicht dasselbe."[17]

2. Referate: Gleichordnung von Kirche und Staat?

a) Dieser Kontext schlug sich in beiden Referaten zum zweiten Beratungsgegenstand der Tagung nur allzu deutlich nieder. Der Protestant *Werner Weber*[18] machte eine „Erschütterung des Staates" (S. 153) auf der einen Seite aus, während auf der anderen die Kirchen „aus dem Zusammenbruch als Einrichtungen von hohem Rang, starkem Einfluß und ansehnlicher organisatorischer Festigkeit" (S. 158) hervorgegangen seien. Dem entspricht eine lange Verlustliste des klassischen, aber endgültig vergangenen staatskirchenrechtlichen Systems mit Kirchenaufsicht und anderen staatlichen Ingerenzrechten, der er erhebliche Geländegewinne der beiden Großkirchen im Bereich des Schulwesens (Bekenntnisschulen, Privatschulfreiheit) und des Hochschulwesens (eigene Hochschulen der Kirchen zur Ausbildung des theologischen Nachwuchses), der Daseinsvorsorge, der Jugendarbeit, des auf Körperschafts- und Finanzaufsicht verzichtenden Kirchensteuersystems, der Exemtion vom staatlichen Rechtsschutzsystem und auf vielen anderen Gebieten gegenüberstellt. „Der Staat ist, soweit es sich um die Wahrnehmung seiner Position gegenüber den Kirchen handelt, mit allen Konsequenzen einer solchen Schwächung zerniert worden." (160). Scharf wird die mit Subventionsansprüchen verbundene Privatschulfreiheit als „in Wahrheit ein kirchliches Privileg" (S. 162) eingeordnet, und nicht minder klar erkennt *Weber*, dass sich das Elternrecht, auf das sich die allfälligen Forderungen nach der Konfessionsschule berufen, „in diesem Zusammenhang als eine Position weniger der Eltern als der Kirchen erwiesen hat" (S. 164).

Auch wenn das typisch Schmittsche Wort vom „Verfallsprozeß" (S. 169) fiel, war seine Gesamtdeutung des Vorganges doch originell und mutig. Denn *Werner Weber* betrachtete es als zu kurz gegriffen, in all den kirchlichen Agenden nur den Gewinn einer weitreichenden Autonomie zu sehen, also die Erfüllung der Weimarer Vorstellungen einer Freiheit der Kirchen vom Staat. Vielmehr sei „Neues gestiftet" worden (S. 159, ähnlich S. 169), das mit Trennungssystemen überhaupt nicht erfasst werden könne. So stellt sich ihm der Gesamtvorgang als eine tiefreichende und folgenschwere Statusveränderung der Kirchen dar, die sie stärker als je zuvor in den Staat hineinziehen, sie damit zu einem Teil desselben werden und entsprechend in eine Position gesteigerter Mitverantwortung hineinwachsen ließen (S. 169 ff.). Die gegenwärtige staatskirchenrechtliche Lage in der Bundesrepublik sieht er „dadurch charakterisiert, daß die Kirchen zugleich aus den historischen Bindungen an die Reste der staatlichen Kirchenhoheit entlassen und trotzdem stärker als bisher in die öffentliche Ordnung des politischen Gemeinwesens hineingezo-

Pirson u. a. (Hrsg.), Handbuch des Staatskirchenrechts in Deutschland, 3. Aufl., Bd. I, 2020, § 7 Rn. 48 ff., insb. 53.

[17] *Smend*, Staat und Kirche (Fn. 3), S. 4.

[18] *Werner Weber*, Die Gegenwartslage des Staatskirchenrechts, VVDStRL 11 (1954), S. 153. Die folgenden Seitenangaben im Text beziehen sich hierauf; das gilt auch entsprechend für alle weiteren geschilderten Referate und Diskussionen.

gen worden sind" (S. 170). Das „Hintergründige, vielleicht könnte man auch sagen: das Abgründige ihrer gegenwärtigen Lage" sieht *Weber* darin, dass der Öffentlichkeitsanspruch der Kirchen in Verbindung mit ihrer privilegierten Stellung und der Übernahme zahlreicher öffentlicher Funktionen zu einer „untrennbaren Einheit" (S. 174) zusammenfließt. Er zieht hier – wohl eher metaphorisch – eine Parallele zum Ständestaat früherer Epochen.

b) Der Zweitreferent, der katholische Staatsrechtslehrer *Hans Peters* (zu diesem Zeitpunkt auch Präsident der Görres-Gesellschaft und damit „gleichsam in Doppelfunktion" auftretend[19]), benennt in schöner Offenheit die erfolgreichen Versuche der katholischen Kirche, ihr „einen Einfluß auf die Verwirklichung einer vom christlichen Geist getragenen und durchwehten Gesellschaftsordnung zu sichern und auch im Staats- und politischen Leben die Geltung christlicher Grundsätze durchzusetzen".[20] Die Kirche tritt dem Staat mit einem „Gleichordnungsanspruch" (S. 179, ähnlich S. 181) gegenüber.[21] Daher ist dem Referenten selbstverständlich, dass die öffentlich-rechtliche Stellung der Kirche nicht vom Staat verliehen, sondern von diesem vorgefunden und anerkannt wird: „eine Unterordnung der Kirchengewalt unter die Staatsgewalt [kommt] in keiner Weise mehr in Frage" (S. 187 f.). Insgesamt konstatiert er einen „grundsätzlichen Sinneswandel des Staates gegenüber der Kirche", die nunmehr als „eine positive gesellschaftliche Kraft" begrüßt werde (190 f.). Beide Kirchen – meistens spricht er nur von der katholischen – seien „de facto wie de jure eine mächtige Realität innerhalb der abendländischen Gesellschaft" (S. 191), ein wichtiger Gestaltungsfaktor für das gesamte öffentliche Leben. Als die „hauptsächlichsten Eingangspforten des kirchlichen Einflusses" benennt er Jugendpflege, Erziehung, Schule, Wohlfahrtspflege und Sozialpolitik (S. 193). Die zweite Hälfte seines Referates befasst sich dann mit einigen strittigen Auslegungsfragen des gemäß Art. 123 Abs. GG weiterhin geltenden Reichskonkordats von 1933, darunter die politischen Klauseln und der Bischofseid. Die obligatorische Zivilehe mit dem (erst im Jahre 2008 aufgehobenen) Verbot der kirchlichen Voraustrauung sieht er kritisch, ohne sie aber für verfassungswidrig zu halten (S. 208 ff.).

3. *Diskussion: Suchbewegungen auf unsicherem Grund*

In der Aussprache fand die Bestandsaufnahme *Werner Webers* überwiegend Zustimmung, auch wenn deren juristische Relevanz unklar blieb. Die Parallele zum Ständestaat, die er gezogen hatte, stieß insbesondere bei *Ulrich Scheuner*, aber auch bei *Gerhard Leibholz* auf Widerspruch (S. 225 f., 249 f.). Einige Redner wie *Friedrich Giese* und *Wilhelm Merk* hielten zumindest partiell noch an der von beiden Referenten aufgegebenen staatlichen Kirchenaufsicht fest (S. 230 f., 234 f.). Die von *Weber* als offen angesehene Frage, ob

---

[19] *Stolleis*, Geschichte IV (Fn. 13), S. 338.

[20] *Hans Peters*, Die Gegenwartslage des Staatskirchenrechts, VVDStRL 11 (1954), S. 177 (184).

[21] Damit ist im Kern die Koordinationslehre umschrieben. Freilich: dass diese Lehre hier von Peters „deutlich ausbuchstabiert" werde, wie ich das in JZ 2019, S. 1005 (1008 Fn. 49) etwas missverständlich formuliert habe, wird man kaum sagen können.

man von Staatskirchenrecht überhaupt noch sprechen könne (S. 176), wurde überwiegend bejaht, so etwa von *Merk*, *Rudolf Smend* und *Karl Hugelmann* (S. 234, 238, 242).

Rudolf Smend wies auf den wichtigen Punkt der „überzonale[n] Einheit der Evangelischen Kirche in Deutschland" hin, den er als „Ausdruck der fortbestehenden Einheit der vier Zonen des eigentlichen uns aufgegebenen Staates" zu begreifen empfahl (S. 241). Damit wurde die gesamtdeutsche Funktion insbesondere der evangelischen Kirche angesichts der noch frischen und als zutiefst schmerzhaft empfundenen deutschen Teilung greifbar. Ein kenntnisreicher, hoch komprimierter und präziser Tagungsbericht von *Herbert Wehrhahn* spielte geistreich auf den ersten Beratungsgegenstand („Die staatliche Intervention im Bereich der Wirtschaft") an und gab sich den vermutlich nicht unkritisch gemeinten Titel: „Kirchlicher Interventionismus im staatlichen Bereich".[22] Insgesamt wirkte die Tagung wie ein großer Suchprozeß, in dem aber einige Konstanten wie etwa die Gleichordnung von Kirche und Staat für viele als fest gegeben erschienen. Doch das sollte sich ändern.

II. Neue Standortbestimmung: „Die Kirchen unter dem Grundgesetz" (Frankfurt am Main 1967)

1. Kontext: Freie Kirche im demokratischen Gemeinwesen

15 Jahre nach der Tagung in Marburg wurde eine weitere grundsätzliche Ortsbestimmung vorgenommen. In den vergangenen anderthalb Jahrzehnten war es zu zwei sehr interessanten, wenngleich gegenläufigen Entwicklungen gekommen. Zum einen hatte es in der Judikatur und in weiten Teilen der staatskirchenrechtlichen Literatur eine durchweg überaus kirchenfreundliche Tendenz gegeben.[23] Dabei spielte das Bundesverfassungsgericht noch keine wesentliche Rolle.[24] Wichtig waren die Entscheidungen von Bundesgerichtshof und Bundesverwaltungsgericht, die beide insbesondere die Koordinationslehre zugrundelegten.[25] Diese war in der jungen Bundesrepublik zu erstaunlicher

---

[22] JZ 1952, S. 761.

[23] *Hesse*, Entwicklung (Fn. 15), S. 10 ff., 15 ff., 22 ff.

[24] Richtig beobachtet bei *Hans Michael Heinig*, Das Bundesverfassungsgericht und seine (unmaßgebliche) Rolle für Deutungen und Entwicklungen im Religionsverfassungsrecht des Grundgesetzes bis zum Ende der 1960er Jahre, in: Meinel (Hrsg.), Verfassungsgerichtsbarkeit in der Bonner Republik, 2019, S. 187. – Die für eine weite Auslegung der Religionsfreiheit grundlegende Lumpensammler-Entscheidung (BVerfGE 24, 236 [246 ff.]) ergeht im Jahre 1968, liegt also nach der Frankfurter Tagung. Lediglich BVerfGE 6, 309 (Reichskonkordat) [1957], BVerfGE 18, 385 – Teilung einer Kirchengemeinde [1965], das Urteil vom 28. April 1965 (E 19, 1 – Gerichtsgebührenfreiheit der Neuapostolischen Kirche) sowie die acht (!) Urteile des Ersten Senats vom 14. Dezember 1965 zu verschiedenen Aspekten des Kirchensteuerrechts (E 19, 206; 19, 226; 19, 242; 19, 248; 19, 253; 19, 268; 19, 282; 19, 288) stammen aus der Zeit davor. In diesen Entscheidungen spielt die Koordinationslehre aber keine Rolle.

[25] Siehe BGHZ 22, 383 (387) – [1956]; 34, 372 (373) – [1961]; 46, 96 (99) – [1966]; eingehende Darstellung dieser Judikatur bei *Wolfgang Bock*, Das für alle geltende Gesetz und die kirchliche Selbstbestimmung, 1996, S. 62 ff. Ferner BVerwGE 7, 189 – [1958]; 25, 226 (228 f.) – [1966]; dazu *Bock*, ebd., S. 188 ff.

Blüte gelangt und wurde auch (überwiegend) in der Literatur vertreten.[26] Die Koordinationslehre ging „von einer Gleichordnung zwischen Staat und Kirche als zweier je souveräner Gewalten mit abgegrenzten Zuständigkeitsbereichen" aus[27] und setzte sie so in ein „dyarchisches Verhältnis".[28] Diese in gewisser Weise an den mittelalterlichen Dualismus von Kaisertum und Papsttum erinnernde Vorstellung betrachtete Kirchen und Staat irrigerweise als Institutionen gleichen rechtlichen Ranges und gleicher legitimatorischer Dignität. Nach dem Urteil von *Martin Heckel* hat diese Theorie des Staatskirchenrechts im ersten Jahrzehnt der Bundesrepublik die Praxis so stark beeindruckt wie keine andere auf dem Gebiet des öffentlichen Rechts.[29] Auf der anderen Seite jedoch erfuhr diese Lehre ebenso wie die gesamte kirchenfreundliche Tendenz der Zeit eine scharfe Opposition in Gestalt von *Helmut Quaritsch*[30] und anderen Autoren,[31] die insbesondere auf die unaufgebbare staatliche Souveränität und die daraus folgende Unhaltbarkeit der Koordinationslehre verwiesen. Das waren also die grundsätzlichen Gefechtsverhältnisse vor der Tagung. Freilich war zwei Jahre zuvor ein wegweisender Beitrag von *Konrad Hesse* erschienen,[32] in dem dieser – teils in Korrektur eigener früherer Positionen[33] – wichtige

---

[26] Vgl. die Nachweise bei *Klaus Obermayer*, Staatskirchenrecht im Wandel, in: DÖV 1967, S. 9 (10). Konzise Zusammenfassung bei *Christian Walter*, Religionsverfassungsrecht in vergleichender und internationaler Perspektive, 2006, S. 189 ff.; knapp, aber präzise *Germann*, System (Fn. 16), § 7 Rn. 57 ff.

[27] *Hendrik Munsonius*, Öffentliche Religion im säkularen Staat, 2016, S. 80. Etwas ausführlicher *Hans Michael Heinig*, Prekäre Ordnungen. Historische Prägungen des Religionsrechts in Deutschland, 2018, S. 61 ff. – Umsichtige, bereits rückblickende Schilderung bei *Paul Mikat*, Die religionsrechtliche Ordnungsproblematik in der Bundesrepublik Deutschland, in: Friesenhahn/Scheuner (Hrsg.), Handbuch des Staatskirchenrechts der Bundesrepublik Deutschland, Bd. I, 1974, S. 107 (109 ff.).

[28] *Ulrich Scheuner*, Das System der Beziehungen von Staat und Kirchen im Grundgesetz. Zur Entwicklung des Staatskirchenrechts, in: Friesenhahn/Scheuner (Hrsg.), Handbuch des Staatskirchenrechts der Bundesrepublik Deutschland, Bd. I, 1974, S. 5 (37).

[29] *Martin Heckel*, Staat und Kirchen in der Bundesrepublik. Staatskirchenrechtliche Aufsätze 1950–1967 (1973), in: ders. Gesammelte Schriften. Staat, Kirche, Recht, Geschichte, Bd. I, 1989, S. 501 (506 ff.). Siehe auch *Heinig*, Prekäre Ordnungen (Fn. 27), der die Lehre als „enorm einflussreich" (S. 63) bezeichnet.

[30] Unüberboten scharfe und im Kern treffende Analysen: *Helmut Quaritsch*, Kirchen und Staat. Verfassungs- und staatstheoretische Probleme der staatskirchenrechtlichen Lehre der Gegenwart, in: Der Staat 1 (1962), S. 175, 289; *ders.*, Neues und Altes über das Verhältnis von Kirchen und Staat, in: Der Staat 5 (1966), S. 451.

[31] Etwa *Herbert Krüger*, Verfassungsänderung und Verfassungsauslegung, DÖV 1961, S. 721; *Hermann Weber*, Die Religionsgemeinschaften als Körperschaften des öffentlichen Rechts im System des Grundgesetzes, 1966; *ders.*, Grundprobleme des Staatskirchenrechts, in: JuS 1967, S. 433; *Obermayer*, Staatskirchenrecht (Fn. 26), S. 10 ff. (mit gutem Überblick über die seinerzeitige, im Umbruch befindliche Diskussionslage). Zusammenfassende Darstellung bei *Bock*, Gesetz (Fn. 25), S. 92 ff. – Zahlreiche weitere Texte pro und contra finden sich in: Quaritsch/Weber (Hrsg.), Staat und Kirchen in der Bundesrepublik. Staatskirchenrechtliche Aufsätze 1950–1967, 1967. – Für staatliche Souveränität und Unterordnung der Kirchen auch (wenngleich wenig rezipiert) *Alfred Voigt*, Kirchenrecht, 1961, S. 219 ff., 224 ff.

[32] *Konrad Hesse*, Freie Kirche im demokratischen Gemeinwesen. Zur Gegenwartslage des Verhältnisses von Staat und Kirche in der Bundesrepublik, in: ZevKR 11 (1964/65), S. 337; eingehende Würdigung bei *Bock*, Gesetz (Fn. 25), S. 122 ff. – Dem Beitrag, den *Alexander Hollerbach*, Religion und Kirche im freiheitlichen Verfassungsstaat, 1998, S. 6 als „kritischen Impuls" bezeichnet, lag ein am 30. April 1965 gehaltener Vortrag auf der Heidelberger Tagung der Mitarbeiter der Zeitschrift für evangelisches Kirchenrecht zugrunde.

[33] Bemerkenswert u. a. die Distanzierung von der Koordinationslehre, die *Hesse* noch in seiner Habi-

neue Weichenstellungen vornahm, die in ihrer vermittelnden Art weitgehend dem Grundton der beiden Referate entsprachen und deren Ergebnisse in gewisser Weise vorwegnahmen. Beide Referenten bezogen sich wiederholt und zumeist zustimmend auf diesen Beitrag.

2. Referate: Das Grundgesetz als verbindliche Vorgabe

Dass die Tagung nicht zu einer glänzenden Bestätigung der Koordinationslehre werden würde, ließ bereits die Themenstellung vermuten: „Die Kirchen *unter* dem Grundgesetz“[34] – ohne Fragezeichen oder weitere Einschränkung.[35]

a) Der Erstberichterstatter, *Martin Heckel*, beginnt seinen Vortrag mit einem ausgedehnten Rückblick auf die Jahrhunderte des nachreformatorischen Staatskirchenrechts.[36] Anders als die „Idylle“, die die herrschende Sicht von der Entwicklung gezeichnet habe, legt er den Schwerpunkt auf die zahlreichen Spannungen, Risse und „Verquertheiten“ (S. 9) und macht eine lange Kritikliste auf. Das Staatskirchenrecht sei durch viele historische Faktoren wie die Veräußerlichung und Verfremdung (Staatskirchentum, landesherrliches Kirchenregiment) belastet, die quer zum eigentlichen Wesen der Kirche stünden. Besonders streicht er die „mangelnde staatskirchenrechtliche Bewältigung der Freiheitsfrage“ (S. 14) heraus. Insgesamt zeichne sich das Staatskirchenrecht durch eine „verflachende und *sachfremde Nivellierung*“ aus (S. 19). In seinem Rückblick auf die beiden letzten Jahrzehnte nimmt er, *Konrad Hesse* nicht unähnlich, eine eher vermittelnde Stellung ein. *Helmut Quaritsch* u. a. wird zugestanden, dass sie „manches vielleicht ein wenig zurechtgerückt“ (S. 23) und insgesamt eine „sehr notwendige Ergänzung und Infragestellung des Staatskirchenrechts“ erbracht hätten; in Sonderheit der Rekurs auf den Souveränitätsaspekt scheint dem Referenten „zu seinem Teil im Recht zu sein gegenüber den Ausschließlichkeiten und Verzerrungen einer vagen Koordinationslehre (Mikat, Grundmann und wohl die ganze Kanonistik)“ (S. 23 f.).[37] *Hesses* Beitrag wird ausdrücklich begrüßt, ohne dass er unkritisiert davonkommen würde (S. 24 f.); insbesondere befürchtet *Heckel* eine Vereinnahmung durch das politische System ohne Rücksicht auf die spezifische Eigenart der Kirchen und ihren religiösen Auftrag.

Im zweiten Teil seiner Ausführungen konzentriert er sich zunächst auf die Frage des rechten Verständnisses von Art. 137 Abs. 1 WRV und interpretiert das dort verankerte

litation (Der Rechtsschutz durch staatliche Gerichte im kirchlichen Bereich, 1956, S. 56 ff.) weitgehend ungebrochen vertreten hatte.

[34] Hv. nicht i.O., H.D. – Ganz ähnlich schon 1961 der Titel des DÖV-Beitrages von *Fuß*, Kirchen (Fn. 16). Beide Referenten betonten die Gebundenheit der Kirchen durch die Verfassung; auch in der Diskussion wurde das nicht in Frage gestellt (zusammenfassend *Hermann Weber*, JuS 1968, S. 48 [48]).

[35] Dass hier zum ersten Mal in der Geschichte der Vereinigung ein Thema wiederholt behandelt wurde, hoben einige Berichterstatter hervor: *Thomas Oppermann*, AöR 93 (1968), S. 384 (384); *Axel Frhr. v. Campenhausen*, DVBl. 1968, S. 102 (102).

[36] *Martin Heckel*, Die Kirchen unter dem Grundgesetz, VVDStRL 26 (1968), S. 5.

[37] Gegen die Koordinationslehre auch S. 42 Fn. 52, die Thesen Nr. 49 und 50 (S. 55 f.) zur „Frage von Subordination und Koordination“ (die im Vortrag selbst aus Zeitgründen nicht mehr angesprochen werden konnten) und das Schlusswort S. 155.

Prinzip der Trennung von Staat und Kirche als Garantienorm der Emanzipation beider Größen. Trennung sei gerade nicht als Kampfbegriff gefasst, sondern diene als „*Mittel zur Freiheit*“ (S. 28). Sie soll „den Einzelnen schützen vor einer konfessionellen Nötigung sowohl seitens eines Konfessionsstaates als auch seitens einer Staatskirche; sie soll den Staat schützen vor der Bestimmung seitens der kirchlichen Gewalt und sie soll auch die Kirche bewahren vor dem Staatsdiktat des absoluten Staatskirchentums und seiner Nachwirkung in der staatlichen Kirchenhoheit“ (S. 28). Die Trennung ist Mittel der Freiheit des Staates von der Kirche wie der Kirche vom Staat und gewährleistet der Kirche zudem ihre Freiheit im Staat. Es geht, in einem Wort, um „gegenseitige Emanzipation“ (S. 36). Das schließt maßvolle Kooperation nicht aus, solange diese nicht zur „Identifizierung mit einer bestimmten Staatsreligion“ (S. 39) führt. Sodann umreißt er recht großzügig den Kreis der vom Selbstbestimmungsrecht der Kirchen (Art. 137 Abs. 3 WRV) erfassten Agenden (S. 40 ff.). Wo dem Staat die Aufgabe eines normativen Ausgleichs zwischen verschiedenen individuellen und institutionellen Grundrechtsverbürgungen gestellt sei, werde ihm diese „keine freundliche Koordinationstheorie“ (S. 41) abnehmen können; hier sei eine faire Abwägung erforderlich, für die es kaum verallgemeinerungsfähige Formeln gebe.

b) Der Zweitberichterstatter, *Alexander Hollerbach,*[38] reflektiert eingangs seines stringenten und durchgängig auf das Grundgesetz bezogenen Referates sogleich die Themenstellung, die eine „kräftige polemische Spitze“ (S. 58) gegen das gängige Denkschema enthalte. Für die Lösung des Problems sei allein die Verfassung maßgeblich, unter deren „Autorität“ (S. 60) auch die religiösen Gemeinschaften stünden. Deren konstitutionellen Grundstatus sieht er – „für alle Religionsgemeinschaften gleich“ (S. 60) – bestimmt durch Art. 4 GG sowie Art. 137 Abs. 1, Abs. 3 WRV. Das Verbot der Staatskirche bringe die „‚Scheidung in der Wurzel‘ zwischen säkularem Staat und Kirche zum Ausdruck“, verfüge aber „nicht puristische Trennung“, sondern lasse „funktionelle Zusammenarbeit“ zu (S. 62). Auch der kleinen Religionsgemeinschaften wird gelegentlich gedacht (S. 60, 62, 63). Insgesamt stellt der Referent das Thema „bewußt und betont in das Gravitationsfeld der konkreten Verfassungsordnung“ (S. 63), also des Grundgesetzes. Der gesamtgesellschaftliche Hintergrund wird freilich skeptisch, fast schon düster mit folgenden Stichworten gezeichnet (S. 64 f.): Säkularisierung; Pluralisierung; Phänomene des Abfalls breiter Bevölkerungskreise von Kirchen und Religionen; Feminisierung, Verkindung und Vergreisung des Kirchenpublikums; Diaspora- und Missionssituation der Kirchen.[39] Ein möglicher Gesundschrumpfungsprozess wird auf der Aktivseite verbucht (S. 64). All dies, obgleich – wie der Referent selbst ausführt – noch 94,6 % der Bevölkerung einer der beiden christlichen Großkirchen angehören und den Kirchen ihre bleibende Öffentlichkeits- und Orientierungsfunktion nicht abgesprochen wird. *Hollerbach*

[38] *Alexander Hollerbach,* Die Kirchen unter dem Grundgesetz, VVDStRL 24 (1968), S. 57.

[39] Ganz ähnlich hatte *Hesse,* Freie Kirche (Fn. 32), mehrfach von der „Diasporasituation“ der Gegenwart (S. 347, 348, 351) gesprochen; Deutschland sei zum „Missionsland“ (S. 345) geworden; hinzu traten Phänomene wie der Autoritätsverlust der Großkirchen (S. 339), der Einflussverlust des christlichen Glaubens für das individuelle und soziale Leben (S. 344) und überhaupt die „innere Krise“ nach dem „rasch vergangenen Frühling der ersten Nachkriegszeit“ (S. 345).

will den Befund auf die „paradoxe Formel" vom „volkskirchlichen Missionsland" bringen (S. 65).[40] Gleichwohl sei mit den Kirchen als „Potenzen mit Lebenskraft" (S. 66) weiterhin zu rechnen. Positiv erwähnt er die Erklärung des II. Vaticanums zur Religionsfreiheit aus dem Jahre 1965 (S. 68 ff.).

Im zweiten Teil des Vortrages werden des näheren vier Problemkreise behandelt. Erstens der Rechtsschutz durch staatliche Gerichte im kirchlichen Bereich, wobei sich *Alexander Hollerbach* gegen die vom BGH und vom BVerwG vollzogene weitgehende Freistellung der Kirchen vom staatlichen Rechtsschutz wendet (S. 71 ff.) und auch deren Koordinationslehre einer deutlichen Kritik unterzieht (S. 74 f.). Zweitens Kirchenverträge und Konkordate, die sich als „angemessene und freiheitliche Institute zur Schaffung einer guten Ordnung zwischen Staat und Kirchen erwiesen" hätten (S. 77). Drittens die öffentlich-rechtliche Korporationsqualität (S. 85 ff.), bei der *Hollerbach* die alternative, wenngleich eher theoretische Möglichkeit eines Wegfalls des kirchlichen Besteuerungsrechts erstaunlich offen behandelt (S. 87 ff.). Schließlich viertens Staat und Kirchen in der Schule, wo vorsichtig für die (Möglichkeit der) Beibehaltung der Bekenntnisschulen (gegebenenfalls mit Minderheitenlehrer) votiert wird, ohne die Gestaltungsmacht der Länder zur Einführung der Gemeinschaftsschule als Regel- oder Einheitsschule zu bestreiten (S. 95). Aus der Sicht des Grundgesetzes sei gegen eine Gemeinschaftsschule „grundsätzlich nichts einzuwenden" (S. 98), obwohl er letztlich das niedersächsische Modell einer christlichen Gemeinschaftsschule favorisiert. Insgesamt wird als Leitbild der staatskirchenrechtlichen Ordnung des Grundgesetzes die „freie Kirche im demokratischen Gemeinwesen" (*Konrad Hesse*) anerkannt (S. 99 und Leitsatz F 1).

3. Diskussion: Abschied von der Koordinationslehre

Die Diskussion fiel sehr ausführlich aus und berührte so gut wie alle in den Referaten angesprochenen Punkte. Im Eröffnungsbeitrag begnügte sich *Rudolf Smend* mit einer kurzen Äußerung seines Missvergnügens über den von einer „kleineren Gruppe getragenen, aber sehr ernst zu nehmenden Angriff auf die herkömmliche und bisher vorherrschende Auffassung" (S. 107), womit natürlich auf *Helmut Quaritsch* und andere angespielt wurde. Der nicht beim Namen Genannte verteidigte seine Position energisch (S. 111 ff.) und fand in der Sache zumindest partiell Unterstützung bei *Ingo v. Münch* (S. 116 ff.) und *Peter Badura* (S. 149 f.). Relativ breiten Raum nahm das Verhältnis von positiver und negativer Religionsfreiheit und damit die kontrovers diskutierte Frage eines möglichen Ausgleichs zwischen beiden ein (S. 111 f., 116 f., 120, 131 f., 136 f., 139). Die (besondere?) Stellung der Kirchen im pluralistischen Gemeinwesen wurde kritisch von

[40] In der Sache wird hier thematisiert, was die religionssoziologische Forschung als Prozesse der Pluralisierung und Individualisierung religiöser Zugehörigkeiten und Mentalitäten beschreibt, die in den 1950er, vor allem aber den 1960er Jahren ihren Aufschwung nahmen: *Großbölting*, Himmel (Fn. 7), S. 26 ff., 34 ff., 95 ff. – Der hohe Prozentsatz an formellen Kirchenmitgliedern bildet das nicht hinlänglich ab. Der bis dahin „unangefochtene Status der ‚Volkskirchen' begann zu erodieren" (*Hendrik Munsonius*, Paradigmenwechsel des deutschen Staatskirchenrechts, in: Greifenstein [Hrsg.], Praxisrelevanz und Theoriefähigkeit. Transformationen der Praktischen Theologie seit 1968, 2018, S. 15 [20]).

Roman Herzog (S. 121 ff.) und *Joseph H. Kaiser* (S. 128) thematisiert und von *Alexander Hollerbach* offen aufgenommen (S. 128 f.). Bemerkenswert war schließlich der (von niemandem aufgegriffene) Vorstoß von *Wilhelm Karl Geck*, auch die kleinen Kirchen und sonstigen Religionsgesellschaften in den Blick zu nehmen und diesen nicht auf die beiden Großkirchen zu verengen (S. 134 ff.). Breiter Konsens herrschte im übrigen in der Ablehnung der Judikatur von BGH und BVerwG zum Ausschluss staatlichen Rechtsschutzes bei vermögensrechtlichen Angelegenheiten kirchlicher Amtsträger (S. 141 ff.). Als überraschend durfte man werten, dass die von beiden Referenten deutlich kritisierte Koordinationslehre in der Diskussion von keinem Redner verteidigt wurde.[41] Sie wurde also ad acta gelegt – nicht ostentativ oder gar triumphalistisch, aber doch entschieden und bestimmt. Sie spielte schlicht keine nennenswerte Rolle mehr. Jahrzehnte später sprach *Martin Heckel* sehr viel deutlicher und distanzierter als in seinem Referat davon, es sei eine „folgenlose Episode" geblieben, „daß nach dem staatlichen Zusammenbruch i.J. 1945 die Koryphäen des Fachs das Subordinationsprinzip zwei Jahrzehnte lang für ‚unvollziehbar' hielten und in der Koordination zwischen Staat und Kirchen generell das Fundament des modernen Staatskirchenrechts erblicken wollten."[42]

III. Die Vielfalt aktueller Herausforderungen: „Staat und Religion" (Heidelberg 1999)

1. Kontext: Neue Konflikte

Mehr als dreißig lange Jahre vergingen, bis in Heidelberg erneut unser Thema auf der Tagesordnung stand. In dieser Zeit hatte sich einiges ereignet und vieles geändert. Im Bereich der Religionsempirie gab es gewaltige Verschiebungen durch den Zuzug von Muslimen, die ihre religiösen Ansprüche zunehmend selbstbewusster und auch unter Inanspruchnahme der Gerichte verfolgten: die Befreiung muslimischer Mädchen vom Sportunterricht, das Kopftuch der Lehrerin und der Ruf des Muezzins sind zum Tagungszeitpunkt bereits geläufige Konfliktfelder. Auf der anderen Seite waren mit der deutschen Wiedervereinigung Gebiete hinzugekommen, die weltweit zu den säkularsten gehörten. Kaum irgendwo in Europa war und ist der christliche Bevölkerungsanteil so gering wie in den neuen Bundesländern. Von daher erfuhr die auch im Westen durchaus spürbare Erosion der Volkskirche durch die Wiedervereinigung einen deutlichen Schub.[43]

Rechtskonflikte hatten zugenommen, insbesondere mit der Kopftuch-Problematik waren einige Gerichte bereits konfrontiert, freilich noch nicht das Bundesverfassungsgericht. Dessen Rechtsprechung hatte in den 1970er und 1980er Jahren mit den Urteilen

---

[41] Hervorgehoben von *Hermann Weber*, NJW 1968, S. 584 f.; *Friedrich B. Sieveking*, MDR 1968, S. 292 (292).

[42] *Martin Heckel*, Vom Religionskonflikt zur Ausgleichsordnung, 2007, S. 44.

[43] Während 1980 noch 85,6 % der Bevölkerung entweder der katholischen oder den evangelischen Kirchen angehörten, sank die Zahl nach der Wiedervereinigung 1990 auf 72 % und geht seitdem kontinuierlich zurück.

etwa zur Simultan- und Gemeinschaftsschule oder zum Schulgebet, aber auch zum Kreuz im Gerichtssaal oder zum Kirchenaustritt eher ausgleichend und befriedend gewirkt.[44] Mit der Kruzifix-Entscheidung aus dem Jahre 1995 hingegen fällte es eines der umstrittensten und von den Kirchen, der Politik und weiten Teilen der (meist allerdings süddeutschen) Bevölkerung heftigst befehdeten Judikate.[45] Die Frage nach der Einführung eines islamischen Religionsunterrichts war zwar vieldiskutiert, aber noch weitgehend offen.

Wie stand es in der rechtswissenschaftlichen Literatur? In der meist, obzwar nicht unangefochten,[46] noch immer unter der Bezeichnung „Staatskirchenrecht" firmierenden Literaturgattung hatte es desgleichen Prozesse der Fort- und teilweisen Umbildung der Materie gegeben, für die das Erscheinen des Handbuchs des Staatskirchenrechts im Jahr 1974, konfessionsparitätisch herausgegeben von *Ernst Friesenhahn* und *Ulrich Scheuner*, als herausragendes Zeichen gelten darf.[47] Man hat von einer Beruhigung, Konsolidierung und „Neuvermessung des gesamten Rechtsgebietes" gesprochen.[48] Und vielleicht kann man das Erscheinen der zweiten Auflage 20 Jahre später, nun herausgegeben von *Joseph Listl* und *Dietrich Pirson*,[49] als ungefähren Endpunkt der ruhigen Entwicklungs- und Konsolidierungsphase betrachten.[50] Spätestens mit der Kruzifix-Entscheidung wird der Ton schärfer, treten auch Grundsatzprobleme deutlicher hervor. Kurzum: Es gab (und es galt!) einiges aufzuarbeiten im Jahre 1999.

2. *Referate: Kruzifix, Integration des Islams und verwandte Probleme*

Schon das Thema deutet eine Erweiterung des Fragehorizontes an: nicht von *Kirchen*, sondern allgemeiner und umfassender von der *Religion* ist die Rede, so dass insbesondere auch die kleinen Religionsgesellschaften nicht ausgeblendet blieben. Das wurde in der

---

[44] Kreuz im Gerichtssaal: BVerfGE 35, 366 [1973]; Simultan- und Gemeinschaftsschule: BVerfGE 41, 29; 41, 65; 41, 88 [1975]; Kirchenaustritt: BVerfGE 44, 37 [1977]; Schulgebet: BVerfGE 52, 223 [1979]. – Auch die Bahai'i-Entscheidung aus dem Jahre 1991 (BVerfGE 83, 341) war unproblematisch. – Natürlich heißt das nicht, es hätte keine kritikwürdigen Entwicklungen in der bundesverfassungsgerichtlichen Judikatur gegeben; siehe etwa *Joachim Wieland*, Die Angelegenheiten der Religionsgesellschaften, in: Der Staat 25 (1986), S. 321 (insb. zur Auslegung von Art. 137 Abs. 3 WRV).

[45] BVerfGE 93, 1 – Kruzifix [1995]. Aus der unübersehbaren Literatur vgl. nur Brugger/Huster (Hrsg.), Der Streit um das Kreuz in der Schule, 1998.

[46] Einmal mehr pionierhaft *Peter Häberle*, „Staatskirchenrecht" als Religionsrecht der verfaßten Gesellschaft, in: DÖV 1976, S. 73 (79 f. mit Fn. 83), der am Ende seines Beitrages explizit von „Religionsverfassungsrecht" spricht.

[47] Friesenhahn/Scheuner (Hrsg.), Handbuch des Staatskirchenrechts der Bundesrepublik Deutschland, Bd. I, 1974; Bd. II, 1975 (dazu die gehaltvolle, eindringlich-kritische Besprechung von *Henning Zwirner*, ZevKR 23 [1978], S. 429). Auch sonst nahmen die einschlägigen Publikationen seit den 1970er Jahren an Umfang und im Spezialisierungsgrad deutlich zu.

[48] *Munsonius*, Paradigmenwechsel (Fn. 40), S. 24.

[49] Listl/Pirson (Hrsg.), Handbuch des Staatskirchenrechts der Bundesrepublik Deutschland, 2. Aufl., Bde. I und II, 1994.

[50] Angedeutet bei *Michael Stolleis*, Eine neue Bilanz des Staatskirchenrechts, in: ZevKR 41 (1996), S. 435 (436, 438).

späteren Diskussion durchaus gewürdigt.[51] Man wird allerdings nicht behaupten können, dass sich alle drei Referenten den offenkundigen Herausforderungen in der gleichen Intensität gestellt hätten.

a) Der Erstbericht von *Wilfried Fiedler*[52] nutzt die Gelegenheit für ausführliche Reflexionen zur Universalität der Menschenrechte im allgemeinen und der Religionsfreiheit im besonderen, um sich dann schwerpunktmäßig auf die EMRK und die dazu ergangene, seinerzeit noch überschaubare Judikatur des EGMR zu konzentrieren. Der Beitrag signalisiert insofern den Bedeutungszuwachs von Inter- und Supranationalität. Jedoch fehlen klare Thesen und ein roter Faden, es bleibt bei einer Aneinanderreihung verschiedener Gesichtspunkte und Judikate. Kopftuch und Kruzifix kommen nur ganz beiläufig vor (S. 200, 224).

b) Beim Zweitbericht von *Gerhard Robbers*[53] sieht das schon etwas anders aus. Er legt den Schwerpunkt auf einen kenntnisreichen und informativen Rechtsvergleich mit dem Vereinigten Königreich (S. 245 ff.) und Frankreich (S. 238 ff.), dem er nachvollziehbare und gut begründete Erwägungen allgemeiner Art, etwa zum Religionsbegriff, voranstellt (S. 234 ff.). Auch werden religionsdemographische Veränderungen sowie das Erstarken des Islams (S. 233, 237, 252 ff.) nicht nur wahrgenommen, sondern vorsichtige Vorschläge zur besseren Integration der Muslime unterbreitet. Das „Selbstverständnis des Freiheitsträgers" (S. 236) wird betont und allen Versuchen eine Abfuhr erteilt, Religionen nach „areligiösen sozialen Nützlichkeitserwägungen zu fördern oder als Wertelieferant in Dienst zu nehmen" (S. 237). In pointierter, zuweilen auch manierierter Sprache tippt er allerdings viele Konfliktpunkte und Aussagen nur an, ohne sie argumentativ herzuleiten oder analytisch zu vertiefen. So wird für den islamischen Religionsunterricht, um ein Beispiel zu nennen, „Verfassungsphantasie" (S. 257) gefordert. Vermutlich hätte ein näheres Eingehen auf die religionsverfassungsrechtlichen Probleme der deutschen Wiedervereinigung, auf den Verlust des volkskirchlichen Charakters der Großkirchen, auf Kopftuch und Kruzifix den auf Harmonie gestimmten Vortrag wohl nur gestört.

c) Einzig der dritte Referent, *Michael Brenner*,[54] stellt sich umfassend den neuen Herausforderungen und den sichtbaren Konfliktfeldern im deutschen Verfassungsrecht. Er leitet mit der Feststellung ein, dass „nach Jahrzehnten relativer und nur selten gestörter Ruhe, in denen es sich der Staat und die etablierten Religionen unter dem weiten und bequemen Baldachin des Grundgesetzes doch relativ gemütlich gemacht haben, [...] an der Schwelle zum nächsten Jahrhundert deutlich [werde], daß dieses Verhältnis wie auch seine Koordinaten in einem grundlegenden Wandel begriffen sind" (S. 265); auch von der „zunehmend multikonfessionellen, in den neuen Bundesländern sogar weitgehend atheistischen Gesellschaft" (S. 266 f.) ist die Rede. Kaum ein Problemfeld wird ausgelassen: die „Säkularisierung des allgemeinen Lebensgefühls" sowie die „Entfremdung der

---

51 Insbesondere *Ernst-Wolfgang Böckenförde* und *Martin Morlok*: VVDStRL 59 (2000), S. 315, 341. – Auch im Tagungsbericht von *Ute Sacksofsky* (AöR 125 [2000], S. 280 [291]) wird der Punkt hervorgehoben. Religionssoziologisch *Großbölting*, Himmel (Fn. 7), S. 181 ff.: „Aus Kirche wird Religion".

52 *Wilfried Fiedler*, Staat und Religion, VVDStRL 59 (2000), S. 199.

53 *Gerhard Robbers*, Staat und Religion, VVDStRL 59 (2000), S. 231.

54 *Michael Brenner*, Staat und Religion, VVDStRL 59 (2000), S. 264.

Bevölkerung von den Großkirchen" (S. 266) spricht er ebenso an wie Scientology, LER in Brandenburg, Kreuz und Kopftuch im Klassenzimmer oder den Ruf des Muezzins (S. 269 f.). Meinungsfreudig bezieht er Stellung: die staatliche Neutralität deutet er kirchenfreundlich als eine solche, die einer „Berücksichtigung und Förderung religiöser Belange und Besonderheiten" (S. 272) nicht im Wege stehe. LER wird als Versuch gewertet, für überwunden gehaltene Trennungsvorstellungen von Staat und Kirche zu realisieren, der Rekurs auf Art. 141 GG in diesem Zusammenhang als „Kaffeesatzleserei" (S. 274) etikettiert – was in der Diskussion auf Kritik trifft[55]. Als Herausforderung erscheint die wachsende Zahl von Muslimen, wobei *Brenner* für die Einführung eines islamischen Religionsunterrichts ohne überzogene Ansprüche an die Voraussetzungen dafür plädiert (S. 278 f.); ohnehin mahnt er im Umgang mit dem Islam „Gelassenheit und Nonchalance" an (S. 281), hält dessen Verkirchlichung „in Maßen" für erforderlich (S. 287) und will bei der Mitgliederzahl und der Gewähr der Dauer als Kriterien für die Zuerkennung des Körperschaftsstatus „Großzügigkeit walten lassen" (S. 287). Entschieden wird die Gleichbehandlung der Religionen und Weltanschauungen einschließlich der kleinen Religionsgemeinschaften und auch solchen aus fremden Kulturkreisen eingeklagt (S. 280 ff.). Bei der Verpflichtung von Lehrern und Lehrerinnen auf ein neutrales Erscheinungsbild könne man mit Blick auf Bhagwan-Kleidung, Kopftuch und Kreuz nicht „mit zweierlei Maß messen" (S. 284; auch später in der Diskussion, S. 336). Das mit dem Körperschaftsstatus verbundene Privilegienbündel mit seinen zahlreichen Bevorzugungsregeln erscheint ihm weitgehend obsolet und veraltet; religionspolitisch tritt er hier für eine weitgehende Gleichstellung mit anderen Religionsgemeinschaften ein (S. 286). Auch die Versagung des Körperschaftsstatus für die Zeugen Jehovas durch das Bundesverwaltungsgericht findet seine Zustimmung nicht (S. 286 f.),[56] ebensowenig die abschlägige Entscheidung desselben Gerichts zur Frage des Schächtens (S. 294). Im Kruzifix-Beschluss des Bundesverfassungsgerichts erblickt er eine Erhebung der negativen Religionsfreiheit „zu einer Art Obergrundrecht" (S. 295), die der praktischen Konkordanz widerstreite. Insgesamt und abschließend plädiert er dafür, den deutschen Weg des „freundlichen Nebeneinander von Staat und Religion auch in Zukunft gelassen" fortzusetzen (S. 297).

3. Diskussion: Dissens in zentralen Fragen

In der „angeregten, das ursprünglich vorgesehene Zeitlimit deutlich überschreitenden Diskussion"[57] wurde eine ganze Fülle von unterschiedlichen Aspekten thematisiert und

[55] *Ernst-Wolfgang Böckenförde* (S. 318 f.), *Hans Meyer* (S. 323).

[56] In der Diskussion gab es dazu eindeutige Zustimmung durch *Ernst-Wolfgang Böckenförde* (S. 317), der darauf hinwies, dass eine Versagung des Körperschaftsstatus mit dem Hinweis auf das fehlende positive Verhältnis zur staatlichen Ordnung und insbesondere die Nichtteilnahme an Wahlen (obwohl es in Deutschland keine Wahlpflicht gibt) in der Konsequenz bedeutet hätte, dass die katholische Kirche bis zur Erklärung der Religionsfreiheit des II. Vaticanums 1965 nicht als Körperschaft hätte anerkannt werden können.

[57] Tagungsbericht von *Volker Schlette*, JZ 2000, S. 34 (37).

die „gesamte Breite des Themas auf verschiedenen Abstraktionsstufen“[58] behandelt. Die von *Michael Brenner* angedeutete (rechtliche?) Gleichstellung von Islam und Christentum erfuhr unter Hinweis auf die mögliche Gefährdung des religiösen Friedens (*Jochen A. Frowein* [S. 313]) und das problematische Verhältnis zur Gleichheit von Mann und Frau (*Juliane Kokott* [S. 356]) sowie zum freiheitlichen Verfassungsstaat überhaupt (*Alexander Hollerbach* [S. 311 f.]) ebenso Widerspruch wie die umstandslose Bejahung einer Verpflichtung des Staates zur positiven Förderung der Religion (*Hans Meyer* [S. 322 f.], *Klaus Meßerschmidt* [S. 356]) und die Einstufung der bayerischen Widerspruchslösung in der Kruzifix-Frage als vorbildlich (*Claus Dieter Classen* [S. 344]). Dem Nebeneinander der beiden „Reiche“ wurde entgegengehalten, dass es sich eher um ein Miteinander handele (*Peter Badura* [S. 321]). Unterstützung erhielt hingegen *Brenners* Votum für die Gleichbehandlung der kleinen Religionsgemeinschaften und „Sekten“, denen Staat und Gesellschaft häufig mit Misstrauen begegneten (*Martin Kriele* [S. 309 ff.], *Josef Isensee* [S. 324], *Martin Morlok* [S. 342]). Im Hinblick auf die Einführung eines islamischen Religionsunterrichts gab es eine eher freundliche Tendenz (*Martin Heckel* [S. 308]; *Gerhard Robbers* [S. 333]); skeptisch äußerte sich allerdings *Isensee*, der die Vorstellung einer Anpassung des Islams an das deutsche Staatskirchenrecht als „Teuto-Islam“ charakterisierte (S. 325; zweifelnd auch *Dirk Ehlers* [S. 350]).[59] Eher überraschend wurde für stärkere Einschränkungsmöglichkeiten der Religionsfreiheit plädiert (*Heckel* [S. 306, 309])[60] sowie die Anwendung des allgemeinen Gesetzesvorbehalts auch auf Art. 4 GG befürwortet (*Badura* [S. 321], *Michael Sachs* [S. 348], *Ehlers* [S. 349]).

Keine Einigung konnte man bei der Frage erzielen, ob es (gegebenenfalls durch eine Entscheidung des Verfassungsgsgerichts) geboten sei, Religion näher zu definieren: während *Martin Heckel* insofern insbesondere *Michael Brenner* zustimmte (S. 304 f.), wiesen *Eberhard Schmidt-Aßmann* (S. 327) und *Gerd Roellecke* (S. 329) darauf hin, dass hier keine anderen Probleme aufträten als etwa bei Kunst und Wissenschaft; *Gerhard Robbers* hielt die unbestimmte Offenheit sogar für einen Vorzug (S. 331).

Streitig blieb auch, ob der Religion eine legitimitätsverschaffende Funktion und „staatslegitimierende Bedeutung“ zukomme: ein Punkt, den der Diskussionsleiter, *Daniel Thürer*, schon in seiner Eröffnung angesprochen hatte (S. 301). Während die Frage von *Martin Bullinger* (S. 338) positiv beantwortet wurde, meldete *Görg Haverkate* starke Zweifel an (S. 340). Doch war es allein *Ulrich K. Preuß*, der mit Nachdruck auf die dissoziativen, desintegrativen und zentrifugalen Kräfte gerade verschiedener Religionen in einem pluralistischen Gemeinwesen und auf die Notwendigkeit ihrer Bändigung aufmerksam machte (S. 346 ff.). Schließlich hielt *Wolfgang Mantl* (S. 352) den bemerkenswerten Befund fest, dass weder in den Referaten noch in der Diskussion der früher verbreitete religionssoziologische Terminus der „Volkskirche“ gefallen war.

58 *Sacksofsky* (Fn. 51), S. 295.

59 Ablehnend auch der mit 23 (!) Druckseiten ungewöhnlich lange, historisch weit ausholende Begleitaufsatz von *Christian Hillgruber*, Staat und Religion, in: DVBl. 1999, S. 1155 (1175 f.).

60 Zitat S. 306: „Die Grenzen der Religionsfreiheit hingegen, darüber dürften wir uns einig sein, müssen heute stärker betont und enger ausgezeichnet werden, als dies in den idyllischen Nachkriegszeiten geschah.“

Insgesamt bot die Diskussion ein weitgespanntes und facettenreiches Themenkaleidoskop, ohne dass wegen der beträchtlichen Meinungsdivergenzen eine klare oder gar dominante Richtung der Bewältigung der vielfältigen Probleme erkennbar geworden wäre. Allerdings dürften die Tagungsteilnehmer für die überwiegend neuen religionsverfassungsrechtlichen Herausforderungen stark sensibilisiert worden sein.

IV. Die Folgen von 9/11: „Religiöse Freiheit als Gefahr?" (Erlangen 2008)

1. Kontext: Die Ambivalenz des Religiösen

Bis zur nächsten thematisch einschlägigen Tagung vergingen lediglich neun Jahre. In diesem vergleichsweise kurzen Zeitraum waren mehrere bedeutsame Entscheidungen des Bundesverfassungsgerichts zum Körperschaftsstatus der Zeugen Jehovas, zum Schächten sowie zum Kopftuch ergangen.[61] Im letztgenannten Urteil hatte das Gericht einen neuen Akzent gesetzt und ausdrücklich darauf hingewiesen, es möge aufgrund der gewachsenen religiösen Pluralität „gute Gründe dafür geben, der staatlichen Neutralitätspflicht im schulischen Bereich eine striktere und mehr als bisher distanzierende Bedeutung beizumessen und demgemäß auch durch das äußere Erscheinungsbild einer Lehrkraft vermittelte religiöse Bezüge von den Schülern grundsätzlich fern zu halten, um Konflikte mit Schülern, Eltern oder anderen Lehrkräften von vornherein zu vermeiden."[62] In der Literatur hatten sich lebhafte Debatten nicht nur anlässlich der Urteile, sondern auch über den teilweise als überholt angesehenen Terminus „Staatskirchenrecht" entzündet, den nicht wenige durch „Religionsverfassungsrecht" ersetzten.[63]

Religionsempirisch hatten sich die schon bislang dominanten Trends[64] (wachsender Anteil von Muslimen, Verlust an volkskirchlicher Substanz der beiden Großkirchen, größere religiöse Pluralität) eher noch verstärkt. 2008 waren noch rd. 60 % der Bevölkerung Mitglied in den beiden christlichen Großkirchen.

Mit Macht hervorgetreten war vor allem die Ambivalenz des Religiösen. Religionen können Toleranz, Mitmenschlichkeit und Humanität fördern, waren und sind aber nicht selten Ursache von Intoleranz und Unterdrückung, von Konflikt und Krieg. Sie können Friedensstifter ebenso sein wie Gewalterzeuger, können als Integrationsfaktor wirken oder sich als Konfliktherd entpuppen. Die Konfliktträchtigkeit von Religionen ist nicht

---

[61] BVerfGE 102, 370 – Zeugen Jehovas [2000]; 104, 337 – Schächten [2002]; 108, 282 – Kopftuch I [2003].

[62] BVerfGE 108, 282 (310).

[63] Programmatisch insoweit schon die Titel der Habilitationsschrift von *Walter*, Religionsverfassungsrecht (Fn. 26) sowie des Lehrbuches von *Peter Unruh*, Religionsverfassungsrecht, 4. Aufl. 2018 (mit Begründung der Titelwahl in § 1 Rn. 1 ff.). Breite Erörterung der terminologischen Streitfrage bei Heinig/Walter (Hrsg.), Staatskirchenrecht oder Religionsverfassungsrecht?, 2007. – Knappe Darstellung bei *Christian Waldhoff*, Art. Religionsrecht/Religionsverfassungsrecht, in: Heinig/Munsonius (Hrsg.), 100 Begriffe aus dem Staatskirchenrecht, 2012, S. 203. Vgl. noch Fn. 46.

[64] Zu ihnen mit Zahlenmaterial *Christian Waldhoff*, Neue Religionskonflikte und staatliche Neutralität: Erfordern weltanschauliche und religiöse Entwicklungen Antworten des Staates?, in: Verhandlungen des 68. Deutschen Juristentages, 2010, Bd. I, S. D 1 (D 16 ff., 20 ff.)

erst seit den erbittert geführten Religionskriegen des 16. und 17. Jahrhunderts ein nur allzu bekanntes Phänomen, sondern durchzieht die Religionsgeschichte seit ihrem Beginn.[65]

So musste ein Ereignis, das man mit Fug und Recht welthistorisch nennen kann, „Religiöse Freiheit als Gefahr?" geradezu zwangsläufig zu einem Thema werden lassen, das auch die Staatsrechtslehrervereinigung nicht ignorieren konnte: „9/11". So evident die Wahl des Beratungsgegenstandes, so seltsam fielen doch einige Reaktionen darauf aus – etwa die Bemerkung, der Titel sei „vielleicht etwas reißerisch"[66] bzw. (noch schärfer) „eines Boulevardblattes würdig"[67]. Auch war es ein Novum in der Geschichte der Begleitaufsätze, das nun einer erschien, der sich dezidiert als „Gegenrede" verstand – zu einem Zeitpunkt, als die Referate noch gar nicht gehalten waren.[68] Angesichts der ausdrücklich bekundeten religiösen Motivation der (und nicht nur dieser) islamistischen Attentäter müssen solche Reaktionen verwundern. Der deutsche Gesetzgeber hatte seinerzeit übrigens rasch reagiert und mit einer Änderung des Vereinsgesetzes Ende 2001 dafür gesorgt, dass nunmehr auch religiöse Vereinigungen verboten werden konnten, was bis dahin aufgrund des sog. Religionsprivilegs, das nur vor dem Hintergrund der lange Zeit vorherrschenden Annahme einer als selbstverständlich unterstellten Gemeinwohldienlichkeit der Religion erklärlich ist, nicht der Fall war.[69]

2. Referate: Unterschiedliche Bewertungen der religiös-weltanschaulichen Neutralität

a) Der Vortrag von *Ute Sacksofsky*[70] beginnt offensiv mit dem deutlichen Statement, dass schon die Themenstellung „im Kontrast zu dem über Jahrzehnte vorherrschenden positiven Bild von Religion" (S. 8) stünde und sich insofern ein Perspektivwechsel vollzogen habe, der deren Gefahrenpotential – und insofern vordringlich den Islam – ins Auge fasse. Im ersten Schritt ihrer Untersuchung analysiert sie sodann ganz grundsätzlich die

[65] Vertiefend zu diesen Aspekten *Horst Dreier,* Religion im Grundgesetz – Integrationsfaktor oder Konfliktherd?, in: Große Kracht/Schreiber (Hrsg.), Wechselseitige Erwartungslosigkeit? Die Kirchen und der Staat des Grundgesetzes – gestern, heute morgen, 2019, S. 337 (353 ff., 358 f.).

[66] *Munsonius,* Paradigmenwechsel (Fn. 40), S. 25.

[67] *Hans Michael Heinig,* Ordnung der Freiheit – das Staatskirchenrecht vor neuen Herausforderungen, in: ZevKR 53 (2008), S. 235 (248 Fn. 56).

[68] *Christian Walter,* Religiöse Freiheit als Gefahr? Eine Gegenrede, in: DVBl. 2008, S. 1073; in der Sache ist dessen Analyse aber bei weitem nicht so kontrovers wie vermutet. Walter übersieht nicht, dass Religionen prinzipiell gefährlich sein können, benennt auch den „religiös motivierte[n] Terrorismus" (S. 1073) und die „potentiell spaltenden Wirkungen von Religion" (S. 1073 f.). Seiner Grundthese, „dass Gefahren nicht vom Grundrecht der Religionsfreiheit ausgehen, sondern allenfalls von einzelnen Formen des Gebrauchmachens von dieser Freiheit" (S. 1074), wird man kaum widersprechen können; eine nicht ausgeübte Freiheit wird im allgemeinen keine Gefahren verursachen. In der Sache diskutiert er geläufige Probleme (Körperschaftsstatus, Kopftuch, Schutzbereichs- und Schrankendogmatik); dem deutschen Rechtssystem wird ein hohes Integrationspotential und ein „hervorragender Normenbestand" (S. 1080) attestiert. Insgesamt wirkt die demonstrative „Gegenrede" also etwas gewollt.

[69] Eingehend zum ganzen *Kathrin Groh,* Das Religionsprivileg des Vereinsgesetzes, in: Kritische Vierteljahresschrift für Gesetzgebung und Rechtswissenschaft 85 (2002), S. 39; *Ralf Poscher,* Vereinsverbote gegen Religionsgemeinschaften?, ebd., S. 298.

[70] *Ute Sacksofsky,* Religiöse Freiheit als Gefahr?, VVDStRL 68 (2009), S. 7.

Religionsverfassung unter Bedingungen von religiöser Vielfalt (S. 10 ff.). Hier verteidigt sie die Rechtsprechung zum einheitlichen und weit interpretierten Schutzbereich der Religionsfreiheit ebenso wie dessen Vorbehaltlosigkeit (S. 15 ff.) und insistiert auf dem gleichheitsrechtlichen Gehalt der Norm (S. 20 ff.). Zutreffend wird die Pointe der Kruzifix-Entscheidung nicht im Widerspiel von positiver und (angeblich überbetonter) negativer Religionsfreiheit erblickt, sondern im (auch für das Thema zentralen und hier) verletzten Grundsatz religiös-weltanschaulicher Neutralität (S. 25), der mehr umfasse als bloße Toleranz. Den Gleichheitsaspekt klagt sie konsequent gegenüber allen Religionsgemeinschaften ein, was insbesondere Folgen für die Zuerkennung des Körperschaftsstatus (und dessen Problematisierung) hat (S. 26 ff.).

Im zweiten Schritt ihrer Untersuchung fragt *Ute Sacksofsky* nach den Folgerungen für den Umgang mit religionsverursachten Gefahren, bei denen sie drei Typen unterscheidet: religiösen Fundamentalismus, religiöse Vielfalt und die Unterdrückung durch Religion. Beim (nicht auf den Islam zu reduzierenden) religiösen Fundamentalismus hält sie fest, dass Religionsgemeinschaften nicht nach dem Muster freiheitlicher Verfassungsstaaten organisiert sein müssen und auch dessen Grundsätze ablehnen dürfen, solange sie die Gewaltgrenze nicht überschreiten (S. 30 ff.); die Möglichkeit des Verbotes religiöser Vereine wird in einer längeren Fußnote erwähnt. Während sie als adäquate Antworten auf die gewachsene religiöse Vielfalt (S. 33 ff.) einen Schwenk zum Laizismus ebenso verwirft wie eine Privilegierung des Christentums, steht sie möglichen Ausnahmen vom allgemeinen Gesetz offener gegenüber. Besonders wichtig ist aber der dritte Gefahrenherd, die Unterdrückung des Einzelnen durch bestimmte Religionsgemeinschaften (S. 38 ff.). Hier betont die Referentin etwa das staatliche Wächteramt und die Durchsetzung der Schulpflicht und zeigt sich skeptisch gegenüber dem Rückzug staatlichen Rechts zugunsten religiöser Gruppen. Am Ende resümiert sie, dass es Freiheit ohne Gefahr niemals geben könne, und plädiert für eine stärkere Entfaltung des gleichheitsrechtlichen Potentials der Religionsverfassung.

b) In seinem Bericht unterzieht *Christoph Möllers*[71] unter Bezugnahme auf das Generalthema der Erlanger Tagung („Erosion von Verfassungsvoraussetzungen“[72]) eingangs das Konzept der Verfassungsvoraussetzungen einer eingehenden Kritik und lehnt sowohl Säkularität und Neutralität wie auch kulturelle Identität als taugliche Verfassungsvoraussetzungen ab (S. 51 ff.) – was freilich auch niemand behauptet hatte. Nach dieser Zurückweisung setzt er neu bei den grundrechtlichen Freiheitsgewährleistungen als zentralem Ausgangspunkt an und bestimmt den freiheitsgefährdenden Fundamentalismus als ein religionsspezifisches Phänomen, das die Unterscheidung zwischen Religion und Politik grundsätzlich in Frage stelle (S. 64 ff.). Die allen Religionen zustehende öffentliche Rolle will er nicht auf ihre Nützlichkeit zurückführen, sondern mit „öffentlicher Sichtbarkeit“ (S. 69) verbinden und das daraus resultierende Konfliktpotential nicht als Krisenphänomen, sondern als vom Grundgesetz gewollten Umgang mit dem Phänomen der Religionen verstehen.

---

[71] *Christoph Möllers*, Religiöse Freiheit als Gefahr?, VVDStRL 68 (2009), S. 47.

[72] Im Tagungsbericht von *Stefan Storr*, AöR 134 (2009), S. 106 (106) als „provokante Themenstellung“ bezeichnet.

Nach diesen als verfassungs*theoretisch* ausgewiesenen Überlegungen behandelt *Christoph Möllers* im verfassungs*rechtlichen* Abschnitt die Frage, wie die Rechtsordnung auf Verletzungen und Rechtsbrüche im Namen der Religion zu reagieren habe. Dabei wendet er sich zunächst gegen eine (unter der Flagge eines vermeintlichen Verfassungswandels segelnden) Verengung des Schutzbereichs in Abwendung von der extensiven Lesart insbesondere des Bundesverfassungsgerichts. Sosehr dem Selbstverständnis des Grundrechtsträgers Bedeutung für die Konturierung der Religionsfreiheit beigemessen wird, so klar insistiert *Möllers* auf der Notwendigkeit, den religiösen Bezug zu plausibilisieren: es bedürfe einer „objektiv nachvollziehbaren Erklärung des religiösen Kontexts" (S. 76). Und so wenig die Religionsfreiheit vor der unfreiwilligen Konfrontation mit anderen Religionen schütze, so seien gewisse (auch gesetzgeberische) Versuche abzulehnen, bestimmte christliche religiöse Symbole als bloße Kultur zu definieren und sie so im Verhältnis zu anderen Religionen zu privilegieren (S. 77 f.). Zudem plädiert er für eine stärker einzelfallbezogene und weniger an Grundsatzfragen orientierte Entscheidungspraxis namentlich der Gerichte. Abschließend unterscheidet er „vier Fallgruppen, in denen gefahrenbezogene Beschränkungen religiöser Freiheit denkbar sind" (S. 81), kommt also zum eigentlichen Thema. Bei der ersten Gruppe geht es um die Gefährdung des freiheitlichen Verfassungsstaates im ganzen: entsprechende Aktivitäten stünden von vornherein nicht unter Grundrechtsschutz. Für Vereinsverbote gebe es keine Privilegierung religiösen Verhaltens (mehr). Doch seien Handlungen erforderlich, nicht lediglich Meinungen, Auffassungen oder Lehren. Die Differenz zwischen Sagen und Tun sei zentral. Auf einer etwas niedrigeren zweiten Stufe steht sodann die Gefährdung anderer Sicherheitsbelange; hier unterliege etwa die Überwachung religiöser Kommunikation besonders strengen Rechtfertigungsanforderungen. Auch anhand anderer Konstellationen scheint ihm denkbar, dass der Schutz der Religionsfreiheit im Einzelfall „ganz konkrete polizeirechtliche Gefahren erzeugen kann" (S. 83). In der dritten Fallgruppe der Gefährdungen demokratischer Gemeinschaftsbildung plädiert er für die allgemeine Schulpflicht, von der Ausnahmen im Prinzip nicht geboten seien. Die Schule wird als Ort produktiver Differenz betrachtet, in der die Auseinandersetzung mit Andersdenkenden und Andersgläubigen zu lernen sei. In der vierten Fallgruppe, etwas missverständlich „Gefährdung der Selbstdarstellung des demokratischen Rechtsstaats?" überschrieben (S. 85), zeigt sich *Möllers* bemerkenswert offen gegenüber der Zulassung religiöser, von Staatsdienern getragener Symbole, und zweifelt – erneut – an der Tauglichkeit eines objektiv verstandenen Neutralitätspostulates, die Probleme besser zu lösen. Schließlich endet der Vortrag in einem etwas vagen Ausblick, der die Entwicklungsoffenheit und prinzipielle Unfertigkeit des demokratischen Rechtsstaates als Vorzug preist.

3. Diskussion: Dominanz der Beharrungskräfte

In der nach Eindruck ihres Leiters „angeregten" Diskussion (*Christoph Engel* [S. 121]) zog die Erstreferentin praktisch alle Pfeile auf sich. Ihr wurde u. a. liberaler Fundamentalismus (*Josef Isensee* [S. 97]), die Vernachlässigung der Freiheitskomponente (*Klaus Stern*

[S. 102]) sowie Gleichheitsrigorismus und ahistorisches Denken (*Christian Hillgruber* [S. 104]) vorgeworfen. Besonders geschlossen war die im wesentlichen aus Staatskirchenrechtlern (ohne -innen) bestehende Phalanx in der Frage des als bewährt und erhaltenswert bezeichneten Körperschaftsstatus (*Hans Michael Heinig* [S. 102], *Christian Walter* [S. 108 f.], *Heinrich de Wall* [S. 109], *Claus Dieter Classen* [S. 110], *Wolfgang Bock* [S. 112 f], *Hinnerk Wißmann* [S. 113 f.]), deren Abschaffung die Referentin ausdrücklich als verfassungspolitisches Petitum formuliert hatte. Die von ihr konstatierten Mängel (Zuschnitt der Rechtsmaterie auf die großen Kirchen, mangelnde Inklusion, Defizite bei der Gleichbehandlung) wurden punktuell, wenn auch nicht unwidersprochen (*Heinrich de Wall* [S. 109]), als nicht existent bezeichnet (*Michael Germann* [S. 103 f.]). Das Neutralitätsprinzip sei zu strikt verstanden und teilweise als „Übernormmaßstab“ (*Christian Waldhoff* [S. 100]) verwendet worden. *Isensee* erweiterte das staatsrechtliche Begriffsarsenal ersichtlich polemisch noch um die „neue Figur der sacksofskywidrigen Verfassungsnorm“ (S. 98). Immerhin erhielt sie jedenfalls teilweise auch Unterstützung (*Edzard Schmidt-Jortzig* [S. 107], *Claus Dieter Classen* [S. 110]); ferner sah sich mit Blick auf *Christoph Möllers'* Referat die vermeintlich klare Trennung zwischen bloßem Meinen und konkretem Handeln hinterfragt (*Bock* [S. 112]). Begrüßt wurde die Absage an Hierarchisierungsmodelle in beiden Referaten (*Hans Michael Heinig* [S. 101]); *Möllers* ergänzte in seiner Schlussbemerkung nicht ohne einen gewissen Siegerstolz, die Vertreter einer Kulturvorbehaltslehre hätten sich nicht zu Wort gemeldet (S. 116 f.).

Ungeachtet der etwas einseitigen Kritik an der Erstreferentin blieben die Meinungen in den notorischen Fällen von Kruzifix und Kopftuch ebenso geteilt wie beim rechten Verständnis des Grundsatzes religiös-weltanschaulicher Neutralität. Nur ein Negativkonsens ließ sich festhalten: „Das abgeklärte Verhältnis von Staat und Religion, das die Bundesrepublik ursprünglich begleitet hat, hat ein Ende gefunden.“[73] Hingegen wurde das eigentliche Thema im Grunde nicht beherzt angegangen, weder in den Referaten noch in der Diskussion. Allein die Frage von *Christoph Schönberger* traf ins Zentrum: „Gibt es eigentlich aus der Sicht der Referenten eine spezifische Gefahr gerade religiöser Freiheit? […] Liegt im Phänomen religiöser Freiheit eine spezifische Gefahr, die sie von den Gefahren anderer Freiheitsbetätigungen unterscheidet?“ (S. 99). Sie blieb letztlich unbeantwortet.[74]

V. Resümee: Themen als Zeitspiegel

Die großen sozial- und kirchenpolitischen Umwälzungen (Stichworte: Säkularisierung, Pluralisierung, Entkirchlichung) spiegeln sich in den Tagungen und ihren Themen nur

---

[73] *Christoph Engel*, VVDStRL 68 (2009), S. 475 (Diskussionsbemerkung). – Dieses Resümee wäre freilich in Heidelberg 1999 genauso treffend (und bereits in Frankfurt am Main 1967 nicht ganz falsch) gewesen.

[74] Auch *Christoph Möllers* etwas verschwommener Hinweis in der Schlussbemerkung auf „ein gesellschaftliches Phänomen der Vergemeinschaftung mit normativem Anspruch“ (S. 118) kann nicht wirklich als brauchbare Antwort gelten.

allzu deutlich wider. Insofern gelingt der Anschluss an zeithistorische Phänomene und Fragestellungen. Für die erste Tagung gilt, dass sie – abgesehen von spürbarer Skepsis bei *Werner Weber* – ganz überwiegend die starke und selbstbewusste Stellung der Großkirchen spiegelte. Das kam nicht zuletzt in der dezidierten, den Normtext der einschlägigen staatskirchenrechtlichen Regelungen ignorierenden Herabstufung der kleinen Kirchen und Religionsgemeinschaften zum Ausdruck.[75] Für die folgende Frankfurter Tagung hat man das treffende Fazit gezogen, dass nun „eine gegenüber der jüngsten Vergangenheit stärkere Bereitschaft" bestand, „die Ordnungsaufgabe des Staates auch gegenüber den Kirchen zur Geltung zu bringen, ohne damit ihre verfassungsrechtlich verbürgte Freiheit einzuschränken".[76] Das Thema wird dezidiert auf die Verfassung gegründet. Deutlicher noch kann man von einem „Paradigmenwechsel"[77] sprechen, auch wenn dieser gewiss nicht allein durch die beiden Referate verursacht worden ist.[78] Um so weiter von einer solchen Wirkung entfernt ist dann die dritte Tagung von 1999. Hier scheint die vornehmlich im Referat von *Michael Brenner* thematisierte Fülle der aufkeimenden Problemfelder eine klare Richtungsentscheidung eher zu verunmöglichen, auch weil die Probleme „nur in schablonenhafter Kürze"[79] aufgezeigt werden konnten. Immerhin erfahren sie eine eingehende Diskussion, die jedoch wegen der kontroversen Positionen nicht in eine bestimmte Richtung tendiert. In Erlangen schließlich zeigte sich eine verbreitete Aversion gegen allzu grundstürzende Thesen und ein ausgeprägtes Beharren auf dem status quo, das sich gegen Reformvorschläge (fast) jeder Art wandte. Der Dissens in den

---

[75] Beide Referenten verweigern ihnen die Anerkennung, die Art. 137 Abs. 5 WRV ihnen zuspricht. *Weber,* Gegenwartslage (Fn. 18), S. 171 f. spricht davon, der „Versuch" des Art. 137 WRV, „die geschichtliche Bedeutung der beiden großen christlichen Kirchen durch einen nivellierenden Allgemeinbegriff ‚Religionsgesellschaften' und weiter durch die Gleichstellung der ‚Weltanschauungsvereinigungen' mit ihnen zu neutralisieren", sei verbraucht. „Die großen Umschichtungen, von denen die Rede war, haben den auch von der Weimarer Verfassung vergeblich verleugneten Trennungsstrich zwischen den Kirchen und den kleinen Religionsgesellschaften wieder aufs stärkste nachgezogen. [...] Wir fragen deshalb [...] nach der Position der *Kirchen* im politischen Gemeinwesen und lassen diese Frage nicht durch das Operieren der Verfassungstexte mit religionsgesellschaftlichen Allgemeingebilden verwirren." *Peters,* Gegenwartslage (Fn. 20), S. 187 betont die angebliche „Sonderstellung der Kirchen" und fährt fort: „Die formalistische Auffassung, daß die Kirchen als ‚Körperschaften des öffentlichen Recht' damit rechtlich in einen Topf mit zahllosen bedeutenderen und unbedeutenden innerstaatlichen Verbänden geworfen werden, ist damit endgültig überwunden." Auch *Hesse,* Rechtsschutz (Fn. 33), S. 78, 79 f. sprach den kleineren Religionsgemeinschaften den öffentlichen Gesamtstatus ab, den er den großen Kirchen einräumte; die kleineren Gemeinschaften übten lediglich eine „Verbandsgewalt" (S. 80) aus. Weitere Nachweise bei *Obermayer,* Staatskirchenrecht (Fn. 26), S. 11. – Tendenziell anders früh BVerfGE 19, 1 (7 ff.) – Neuapostolische Kirche [1965]; hingegen BVerfGE 19, 129 (133 ff.) – Befreiung von der Umsatzsteuer nur für Religionsgesellschaften, die Körperschaften des öffentlichen Rechts sind.

[76] *Jochen A. Frowein,* Staatsrechtslehrertagung 1967, in: JZ 1967, S. 713 (715). Ähnlich im Tagungsbericht von *Hermann Weber,* JuS 1968, S. 48 (48): Es scheine „kaum übertrieben, einen neuerlichen Wandel im staatskirchenrechtlichen Bewußtsein, eine Rückbesinnung auf die Ordnungsaufgabe des Staates [...] zu konstatieren."

[77] *Munsonius,* Paradigmenwechsel (Fn. 40).

[78] Die Gesamtentwicklung lässt sich mit dem Untertitel des Aufsatzes von *Hans Michael Heinig,* Die „Göttinger" Wissenschaft vom Staatskirchenrecht 1945–1969, in: ders., Die Verfassung der Religion, Tübingen 2014, S. 425 beschreiben als: „Von der Koordinationslehre zu den freien Kirchen unter dem Grundgesetz".

[79] So der Referent selbst: *Brenner,* Staat (Fn. 54), S. 295.

notorischen Fragen von Kopftuch und Kruzifix wurde nicht überwunden. Vor allem aber versäumte man die Chance, das eigentlich Interessante an der Themenstellung genauer zu untersuchen: Worin liegt das spezifische Gefahrenpotential gerade religiöser Freiheit? Diese Frage harrt noch einer Antwort. Doch vielleicht wird in einiger Zeit das Thema von Kirchen und Religionen zum fünften Male in der Geschichte unserer Vereinigung aufgerufen – und wir können eine Antwort zu geben versuchen.

Die deutsche Teilung und die Wiedervereinigung

Marcel Kau und Jan Philipp Schaefer

I. Vorgeschichte 519
1. Staatstheoretische Grundlagen der deutschen Frage 519
2. Parlamentarischer Rat und Staatsrechtswissenschaft 521
3. Staatsrechtliches Schrifttum und vereinigungsrechtlicher Dualismus 522
4. Die Referate der Tübinger Tagung von 1954 523
5. Neue Ostpolitik und völkerrechtliche Wende 525
6. Die Berliner Staatsrechtslehrertagung von 1979 – Bilanz des Grundlagenvertrags . . 527
II. 1989 als Wendepunkt 529
1. Die Wiedervereinigung auf der Tagesordnung 529
2. Beratungsbedarf und Kooperationen 530
3. Art. 23 und 146 GG als Wege zur Wiedervereinigung 531
III. Sondertagung der VDStRL vom April 1990 533
1. Initiative und Referentenauswahl 533
2. Die einzelnen Referate 535
a) Jochen Abr. Frowein 535
b) Josef Isensee 536
c) Christian Tomuschat 538
d) Albrecht Randelzhofer 539
e) Die Aussprache der Tagung 541
IV. Fazit 542

I. Vorgeschichte

1. Staatstheoretische Grundlagen der deutschen Frage[1]

In der deutschen Staatsrechtswissenschaft der unmittelbaren Nachkriegszeit war zunächst insbesondere von *Hans Kelsen* und *Hans Nawiasky* die Ansicht vertreten worden, die bedingungslose Kapitulation der deutschen Wehrmacht habe zum Untergang jeglicher Staatlichkeit in Deutschland geführt (sog. *Debellatio*-Theorie).[2] Damit wären jedoch

[1] Dieser Beitrag steht in Zusammenhang mit einem umfangreichen Forschungsprojekt der beiden Verfasser über „Die deutsche Staatsrechtswissenschaft und ihre Akteure im Prozess der Deutschen Einheit (1989/1990) – Möglichkeiten einer verfassungshistorischen und politischen Rekonstruktion" (*im Erscheinen 2022*).

[2] Z. B. *Hans Kelsen*, The Legal Status of Germany According to the Declaration of Berlin, Am.J.Int.L. 39 (1945), S. 518 (520); *Hans Nawiasky*, Die Grundgedanken des Grundgesetzes für die Bundesrepublik Deutschland, 1950, S. 3 ff.; VVDStRL 13 (1954), 1955, S. 6 (insb. S. 10 ff., S. 27 ff.).

alle Aussichten auf eine Rechtsnachfolge hinfällig geworden. Vor diesem Hintergrund wurde die Annahme eines staats- und völkerrechtlichen „Finis Germaniae“[3] allmählich von der Vorstellung abgelöst, der westliche Teil Deutschlands stelle das rechtlich unversehrte deutsche Staatswesen dar.[4] Als solches konnte die Bundesrepublik Deutschland nicht nur in alle Rechtsverhältnisse und Ansprüche des Deutschen Reichs eintreten, sondern wurde mit diesem auch als (teil)identisch angesehen. Die hierzu in unterschiedlichen Varianten entwickelten Identitäts- bzw. Kontinuitätslehren wurden von einem Großteil der deutschen Staatsrechtswissenschaft über Jahrzehnte hinweg vertreten.[5] Dem stand auch nicht entgegen, dass in der territorial begrenzten Bundesrepublik mit all ihren Souveränitäts-Einschränkungen[6] beim besten Willen nicht mehr das Deutsche Reich erblickt werden konnte. Dessen ungeachtet nahm die deutsche Staatrechtswissenschaft seit den Anfängen der Bundesrepublik eine besondere Stellung ein, wenn es um Rechtsfragen der deutschen Teilung bzw. den rechtlichen Status von Deutschland „als Ganzem“ ging. Es war wohl auch nicht zufällig, dass sich die Staatsrechtslehrervereinigung (VDStRL) ebenfalls im Jahr 1949 wieder eine feste institutionelle Form gab. Der Umgang mit der „deutschen Frage“ und dem staats- bzw. völkerrechtlichen Schicksal Deutschlands prägte seit 1945 für die kommenden Jahrzehnte mit unterschiedlicher Intensität den wissenschaftlichen Diskurs. So befasste sich die VDStRL ihrem Selbstverständnis folgend insgesamt dreimal mit Fragen der staats- und völkerrechtlichen Lage Nachkriegsdeutschlands: Zuerst war dies 1954 auf der Tagung in Tübingen der Fall,[7] dann 1979 bei der Tagung im Berliner Reichstag[8] und schließlich im April 1990 am Vorabend der Wiedervereinigung auf einer Sondertagung erneut in Berlin.[9]

---

[3] Vgl. von Münch/Oppermann/Stödter (Hrsg.), Finis Germaniae? Zur Lage Deutschlands nach den Ostverträgen und dem Helsinki-Prozess, 1977; hierzu *Karl Doehring*, Das ganze Deutschland – nur noch Geschichte?, in: Blumenwitz/Zieger (Hrsg.), Beiträge zur deutschen Frage, 1984, S. 9 (14 ff.).

[4] Z. B. *Friedrich August von der Heydte*, Deutschlands Rechtlage, Die Friedens-Warte 50 (1950/51), S. 323 (324 ff.); *Ulrich Scheuner*, Die staatsrechtliche Kontinuität in Deutschland, DVBl. 1950, S. 482 ff.; *ders.*, Die Funktionsnachfolge und das Problem der staatsrechtlichen Kontinuität, in: FS für Hans Nawiasky, 1956, S. 9 (23 ff.); hierzu auch *Theodor Maunz*, Deutsches Staatsrecht, 1951, § 4, II, S. 15; *Wilhelm Wengler*, Deutschland als Rechtsbegriff, in: FS für Hans Nawiasky, 1956, S. 49 ff.

[5] Z. B. der Beitrag von *Rudolf Bernhardt*, Die deutsche Teilung und der Status Gesamtdeutschlands, in: Isensee/Kirchhof (Hrsg.), Handbuchs des Staatsrechts der Bundesrepublik Deutschland, 1987, Bd. 1, § 8.

[6] Z. B. *Wilhelm Grewe*, Ein Besatzungsstatut für Deutschland, 1948; *Erich Kaufmann*, Deutschlands Rechtslage unter der Besatzung, 1948, S. 7 ff.; *Friedrich Klein*, Das Besatzungsstatut für Deutschland, SJZ 1949, S. 737 ff.; *Hans Peter Ipsen*, Über das Grundgesetz, 1950, S. 30.

[7] *Friedrich August von der Heydte* und *Günter Dürig*, Der deutsche Staat im Jahre 1945 und seither, VVDStRL 13 (1955), S. 6 ff. bzw. S. 27 ff.

[8] *Rudolf Bernhardt* und *Norbert Achterberg*, Deutschland nach 30 Jahren Grundgesetz, VVDStRL 38 (1980), S. 7 ff. bzw. S. 55 ff.

[9] *Jochen Abr. Frowein*, Die Verfassungslage Deutschlands im Rahmen des Völkerrechts, *Josef Isensee*, Staatseinheit und Verfassungskontinuität, *Christian Tomuschat*, Wege zur deutschen Einheit, und *Albrecht Randelzhofer*, Deutsche Einheit und europäische Integration, VVDStRL 49 (1990), S. 7 ff., 39 ff., 70 ff. bzw. S. 101 ff.

2. Parlamentarischer Rat und Staatsrechtswissenschaft

Die Vorstellung, dass die Bundesrepublik Deutschland aufgrund unterschiedlicher Theorien mit dem Deutschen Reich aus der Zeit vor 1945 (teil)identisch sei, hatte sich auch schon in den Beratungen des Parlamentarischen Rates (1948/1949) unter maßgeblicher Mitwirkung der Staatsrechtswissenschaft durchgesetzt. Diese war durch *Carlo Schmid*,[10] *Hermann von Mangoldt*[11] und *Wilhelm Laforet*[12] unmittelbar repräsentiert; alle drei waren gleichermaßen Mitglieder des Parlamentarischen Rates und der wiedergegründeten VDStRL.[13] Diese mitgliedschaftliche Einbindung in die Beratungen und Verhandlungen des Parlamentarischen Rates war für Vertreter der Staatsrechtswissenschaft durchaus ungewöhnlich. Denn ihre Einwirkungen erfolgten eben nicht – wie ansonsten und vor allem später üblich[14] – durch die Überprüfung bereits erarbeiteter Konzeptionen oder durch das Beisteuern in erster Linie reaktiver Lösungsansätze. Stattdessen nahmen sie aufgrund ihrer spezifischen Expertise unmittelbaren Einfluss auf den Gang der Beratungen, formulierten eigenständig Bestimmungen und prägten auf diese Weise die Ergebnisse nachdrücklich. Im Hinblick auf die mit der deutschen Teilung verbundenen Fragen wurde beispielsweise in der ursprünglichen Fassung der Präambel ausdrücklich darauf hingewiesen, dass das Grundgesetz auch für jene gelten solle, „denen mitzuwirken versagt war".[15] Damit war ganz im Sinne der Identitäts- bzw. Kontinuitätslehren so etwas wie eine „gesamthänderische Verantwortung" der einstweilen auf das Gebiet der Bundesrepublik beschränkten Hoheitsgewalt für alle Deutschen verbunden.[16] Außerdem wurde neben anderen Zielen im Grundgesetz auch von der Wahrung der „nationale[n] und staatliche[n] Einheit" gesprochen, die schon bald unter dem Stichwort „Wiedervereinigungsgebot" diskutiert wurde.[17] Entsprechend hieß es zum Abschluss der Präambel des Grundgesetzes: „Das gesamte Deutsche Volk bleibt aufgefordert, in freier Selbstbestimmung die Einheit und Freiheit Deutschlands zu vollenden."[18] Neben der Präambel verwiesen auch die Art. 16, 23, 116 und 146 GG in ihrer ursprünglichen Fassung darauf, dass unter dem Blickwinkel des Grundgesetzes die Zusammenfüh-

---

[10] Z. B. *Petra Weber*, Carlo Schmid 1896–1979, 1996, S. 10 u. S. 330 f.; *Carlo Schmid*, Erinnerungen, 1979, S. 318 f.

[11] Z. B. *Angelo O. Rohlfs*, Hermann von Mangoldt (1895–1953), 1997; *Schmid*, Erinnerungen (Fn. 10), S. 407; *Edmund Spevack*, Allied Control and German Freedom, 2001, S. 8 u. S. 320 ff.

[12] Z. B. *Christopher Benkert*, Die juristische Fakultät der Universität Würzburg 1914 bis 1960, 2005, S. 166; *Hans Peters*, Nachruf Wilhelm Laforet, JZ 1959, S. 733; *Schmid*, Erinnerungen (Fn. 10), S. 407.

[13] Vgl. VVDStRL 1949, S. 168 f. (Mitgliederverzeichnis).

[14] Vgl. unten II.2 u. II.3.

[15] BGBl. 1949, 1.

[16] Vgl. insofern auch der Titel von Blumenwitz/Zieger (Hrsg.), 40 Jahre Bundesrepublik. Verantwortung für Deutschland, 1989.

[17] Z. B. *Karl Doehring*, Verfassungsrechtliche Bindungen der Bundesregierung, bei Bestrebungen zur Wiedervereinigung, in: Deutschlandvertrag, westliches Bündnis und Wiedervereinigung, 1985, S. 43, 46; *Dietrich Murswiek*, Das Staatsziel der Einheit Deutschlands nach 40 Jahren Grundgesetz, 1989, S. 11 ff.; eingehend: *ders.*, Die verfassunggebende Gewalt nach dem Grundgesetz, 1978, S. 101 ff., insbes. S. 112 ff.; *Franz Klein*, in: Schmidt-Bleibtreu/ Klein (Hrsg.), GG, 6. Aufl., 1983, Präambel, Ziff. 3 ff. sowie Art. 146, Ziff. 1 ff.

[18] BGBl. I 1949, 1.

rung bzw. staatsrechtliche Vereinigung zumindest von Bundesrepublik und DDR den von Verfassung wegen anzustrebenden Zustand darstellte.[19] Wie sich etwa 40 Jahre später zeigen sollte, verkörperte die Wiedervereinigung bzw. der Prozess zur Herstellung der deutschen Einheit tatsächlich den verfassungsrechtlichen Ernstfall, als der er 1949 im Grundgesetz ausgewiesen worden war.

3. Staatsrechtliches Schrifttum und vereinigungsrechtlicher Dualismus

Zwar hatte es in der unmittelbaren Nachkriegszeit – angesichts der Besatzungssituation kaum verwunderlich – auch einige völkerrechtliche Ansätze gegeben;[20] im verfassungsrechtlichen Gründungs-Optimismus der frühen 1950er Jahre[21] erschien der Umgang mit der deutschen Einheit jedoch vorrangig als staatsrechtliche Frage.[22] Dabei kam vor allem den frühen Beiträgen von *Werner Weber*,[23] *Hans Peter Ipsen*,[24] *Ulrich Scheuner*[25] und *Theodor Maunz*[26] und weiteren zeitgenössischen Publikationen[27] besondere Bedeutung zu. Bemerkenswert war an den genannten Veröffentlichungen, dass sich die Verfasser zugunsten eines vereinigungsrechtlichen Dualismus' von Art. 23[28] und 146 GG[29] aussprachen. In zum Teil ausführlichen staatstheoretischen Stellungnahmen kamen sie zu dem Schluss, dass beide Vorschriften gleichermaßen verfassungsrechtlich zulässige Wege zur Wiedervereinigung eröffneten. Dieser im Grundgesetz angelegte Dualismus sollte rund 40 Jahre später im Prozess der deutschen Wiedervereinigung ungeahnte Dynamik entfalten.[30]

---

[19] Z. B. *Dürig*, Staat (Fn. 7), S. 46 ff. („Kontinuum der Rechtseinheit").

[20] Vgl. *von der Heydte*, Rechtlage (Fn. 4), S. 323 ff.; *Scheuner*, Kontinuität (Fn. 4), S. 482 ff.; *Herbert Krüger*, Bundesrepublik Deutschland und Deutsches Reich, SJZ 1950, S. 113 ff.; *Herbert Kraus*, Die auswärtige Stellung der Bundesrepublik Deutschland nach dem Bonner Grundgesetz, 1950.

[21] *Ipsen*, Grundgesetz (Fn. 6), S. 10 spricht von „angeregter Verfassungsfreudigkeit".

[22] Z. B. *Theodor Eschenburg*, Die Deutsche Frage. Die Verfassungsprobleme der Wiedervereinigung, 1959; *Ulrich Scheuner*, Voraussetzungen und Verfahren der Wiedervereinigung Deutschlands, EA 1955, Sp. 8071 ff.; kritisch zum Außerachtlassen dieses Faktors: *Ipsen*, Grundgesetz (Fn. 6), S. 30.

[23] *Werner Weber*, Die Frage der gesamtdeutschen Verfassung, 1950.

[24] *Hans Peter Ipsen*, Über das Grundgesetz, 1950.

[25] *Ulrich Scheuner*, Art. 146 GG und das Problem der verfassunggebenden Gewalt, DÖV 1953, S. 581 ff.

[26] *Theodor Maunz*, Die verfassunggebende Gewalt des Grundgesetzes, DÖV 1953, S. 645 ff.; zuvor schon: *ders.*, Deutsches Staatsrecht, 1951, S. 18 u. S. 228.

[27] Z. B. *Friedrich Klein*, Bonner Grundgesetz und Wiedervereinigung Deutschlands, in: GedS für Walter Jellinek, 1955, S. 119 ff.; *Herbert Krauss*, Die Verfassung Deutschlands 1945–1954, DÖV 1954, S. 579 ff.; *Willibald Apelt*, Betrachtungen zum Bonner Grundgesetz, NJW 1949, S. 481 ff.; *Friedrich Laun*, Das Grundgesetz Westdeutschlands, 2. Aufl., 1951; *Hans Schneider*, Fünf Jahre Grundgesetz, NJW 1954, S. 937 ff.

[28] Vgl. die ursprüngliche Fassung von Art. 23 S. 1 u. 2 GG, BGBl. 1949, 1 (3 f.): „Das Grundgesetz gilt zunächst im Gebiet der Länder, Baden, Bayern, Bremen, Groß-Berlin, Hamburg, Hessen, Niedersachsen, Nordrhein-Westfalen, Rheinland-Pfalz, Schleswig-Holstein, Württemberg-Baden und Württemberg-Hohenzollern. In anderen Teilen Deutschlands ist es nach deren Beitritt in Kraft zu setzen." Sofern im Rahmen der vorliegenden Ausarbeitung auf Art. 23 GG Bezug genommen wird, ist stets die ursprüngliche im Jahr 1949 erlassen Fassung der Vorschrift gemeint.

[29] Vgl. die ursprüngliche Fassung von Art. 146 GG, BGBl. I 1949, S. 1 (19): „Dieses Grundgesetz verliert seine Gültigkeit an dem Tage, an dem eine Verfassung in Kraft tritt, die von dem deutschen Volke in freier Entscheidung beschlossen worden ist." Für die Zitierung von Art. 146 GG gilt dasselbe wie für Art. 23 GG (vgl. Fn. 28).

[30] Vgl. unten II.3; *Klaus Stern*, Einführung, in: Stern/Schmidt-Bleibtreu (Hrsg.), Staatsvertrag zur

4. Die Referate der Tübinger Tagung von 1954

Die Tübinger Staatsrechtlehrerreferate, die *Friedrich August von der Heydte* (Würzburg) und *Günter Dürig* (Tübingen) 1954 hielten, waren im besonderen Maße durch ihre staatstheoretisch-philosophische Ausrichtung gekennzeichnet. Von Hause aus Völkerrechtler unterschied *von der Heydte* ganz im Sinne des damaligen Entwicklungsstandes einerseits die mit der bedingungslosen Kapitulation der deutschen Streitkräfte am 8. Mai 1945 eingetretene (völkerrechtliche) Lage von den andererseits „seither" eingetretenen „staatsrechtlichen Folgen".[31] Im Rahmen seiner völkerrechtlichen Ausführungen setzte er sich mit der von *Hans Kelsen* und *Hans Nawiasky* vertretenen „*Debellatio*-Theorie" sowie „verschiedenen Abwandlungen der Kontinuitätstheorie" auseinander. Ersterer hielt er zugute, dass sie aus der „sorgsamen Beobachtung der Staatenpraxis" entstanden sei, während die ihr schroff gegenüberstehende Kontinuitätstheorie „nur von dem rechtstheoretischen, ja rechtsphilosophischen Standpunkt" zu verstehen sei. Obwohl er davor warnte, den „gefährlichen Ausweg in die Fiktion" anzutreten, worunter kaum verhohlen die verschiedenen Varianten der Identitäts- bzw. Kontinuitätslehren zu verstehen waren, führte er zumindest einige für sie sprechende Aspekte an, indem beispielsweise die deutsche Staatsgewalt in den „Organen der Länder" weitergelebte habe. In der Folge resümierte *von der Heydte*, dass „Deutschland ... nach dem Zusammenbruch 1945 als Staat bestehen" geblieben sei. Zwar hatte es seine Handlungsfähigkeit weitgehend eingebüßt, dies habe aber seine völkerrechtliche Rechtsfähigkeit unangetastet gelassen. Als Zeitpunkt für das Auseinanderbrechen, als „verfassungsgeschichtlich entscheidende Zäsur" für den Untergang des nach 1945 zunächst fortbestehenden deutschen Staates nannte er interessanterweise den 20. Juni 1948 – den Tag der Währungsreform. So wie diese währungspolitische Leitentscheidung der Nachkriegszeit demzufolge das Ende eines gemeinsamen deutschen Staates bedeutet hatte, sollte knapp 42 Jahre später die Währungs-, Wirtschafts- und Sozialunion vom 18. Mai 1990[32] die erste vertragliche Stufe zur Wiederherstellung der staatlichen Einheit bedeuten.[33] Sodann wandte er sich der Frage zu, welche rechtlichen Folgen die doppelte Staatsgründung von 1949 gehabt haben könnte. Möglicherweise – so stellte er als These auf – war Deutschland als Staat durch eine *dismembratio* und die Gründung der „gleichberechtigte[n] Nachfolgerstaaten Bundesrepublik und DDR endgültig untergegangen". Allerdings konnte er sich angesichts eines einheitlichen deutschen Staatsvolkes, der Fortdauer einer Staatsgewalt, die sich als deutsch bezeichnete und bekannte, sowie dem Willen des deutschen Volkes zur staat-

---

Währungs-, Wirtschafts- und Sozialunion, 1990, S. 27 ff.; *Josef Isensee*, Verfassungsrechtliche Wege zur Deutschen Einheit, ZParl 1990, S. 309 ff.; aus dem Schrifttum der „Vor-Wendezeit" auch: *Franz Klein*, in: Schmidt-Bleibtreu/Klein (Hrsg.), GG (Fn. 17), Art. 146 GG, Ziff. 2; *Michael Kirn*, in: v. Münch (Hrsg.), GG, Bd. 3, 3. Aufl., 1983, Art. 146 Rn. 4 ff.

[31] Zum folgenden Abschnitt vgl. *von der Heydte*, Staat (Fn. 7), S. 6 ff.

[32] BGBl. II 1990, 537 ff., vgl. *Klaus Stern*, Einführung, in: Stern/Schmidt-Bleibtreu (Hrsg.), Staatsvertrag zur Währungs-, Wirtschafts- und Sozialunion, 1990, S. 3 (26 ff.) sowie Dok. Nr. 1 (S. 79 ff.).

[33] Vgl. *Dieter Grosser*, Das Wagnis der Währungs-, Wirtschafts- und Sozialunion, 1998, S. 159 ff., 171 f.; *Bruno Schmidt-Bleibtreu*, Zur rechtlichen Gestaltung des Staatsvertrags vom 18. Mai 1990, in: Waigel/Schell (Hrsg.), Tage, die Deutschland und die Welt veränderten, 1994, S. 226 (228 ff.).

lichen Einheit hierfür nicht aussprechen. Ebenso konnte *von der Heydte* aber auch nicht klar zugunsten der Identitäts- bzw. Kontinuitätslehren eintreten. Zu groß waren die staatstheoretischen und völkerrechtlichen Einwände gegen sie. Eine Verstetigung der Identitäts- bzw. Kontinuitätslehren barg für ihn jedoch die große Gefahr, dass sich auch der „Gegensatz zwischen Bundesrepublik und DDR" verewigen würde und „Ausgangspunkt einer zweiten Teilung Deutschlands werden" könnte. Am Ende wies *von der Heydte* darauf hin, dass eine „endgültige rechtliche Lösung" nur in einer „vollendeten Teilung oder endgültiger Wiedervereinigung liegen kann".[34] Damit nannte er zum Abschluss seines Referats weitsichtig die dann tatsächlich seit den 1960er Jahren bzw. erst wieder ab 1989 möglichen Entwicklungslinien der deutschen Teilung.

Günter Dürig leitete sein Referat mit der Frage ein, welche Anteile Norm und Wirklichkeit zur Beschreibung der zeitgenössischen Rechtslage Deutschlands jeweils beitrugen. Daran schloss sich eine Zurückweisung von *Hans Kelsens Debellatio*-Theorie an; dies mit einem methodischen Argument: Es sei inkonsequent, einerseits den Staat als Norm zu qualifizieren, mithin „rein seinsmäßige Gegebenheiten" als Elemente der Staatsbegründung auszuschließen, seinen Untergang jedoch mit einer Tatsache – der „vollständigen Niederringung" – zu begründen.[35] Die Kritik an der „Methodenwidrigkeit" der Vermischung von Sein und Sollen bezog sich insbesondere auf *Hans Nawiaskys* Untergangsthese. Für *Kelsen* und *Nawiasky* war der Staat eine geistige Erscheinung. Geistige Realitäten könnten jedoch, so *Dürigs* Überzeugung, nur durch „geistige Gegenakte" verändert werden, nicht aber durch Realakte wie etwa die Niederlage eines Staates in einem Krieg oder die faktische Ablösung einer zentralen Staatsgewalt durch ein Besatzungsregime. Realakte bedürften eines „geistigen Vollzugs", um den Zeitgeist beeinflussen zu können. Hierauf fußte sein zentrales Argument: Man machte es sich zu einfach, die Rechtslage Deutschlands als Ganzes anhand der Drei-Elemente-Lehre *Georg Jellineks* zu beurteilen und daher festzustellen, dass eine einheitliche deutsche Staatsgewalt nicht existiere und zudem die noch vorhandenen Reste dieser Staatsgewalt durch Besatzungs- und Völkerrecht überlagert würden und daraus auf den Fortfall eines gesamtdeutschen Staates zu schließen. Vielmehr müsse ein viertes Staatselement hinzugedacht werden, das auf die geistige Realität des Staates verweise: der Wille der Nation zur Einheit. Solange dieser Wille fortbestehe, müsste für Deutschland als Ganzes ein einheitliches Staatsvolk unterstellt werden. Dass im Jahr 1954, zum Zeitpunkt der Tübinger Staatsrechtslehrertagung, keine gesamtdeutsche Staatsgewalt vorhanden war, war für *Dürig* kein Argument gegen den Fortbestand gesamtdeutscher Staatlichkeit. Er zog einen Vergleich zur Besatzungszeit, in der die Besatzungsmächte rasch den kommunalen und lokalen Behörden Verwaltungsaufgaben übertragen hatten. So wie dort die deutsche Staatlichkeit wiederaufgelebt war, könnte auch ein gesamtdeutscher Staat wiederaufleben. Der Vortrag bezog seine Plausibilität nicht zuletzt aus der Verwendung staatstheoretischer Topoi; in Ermangelung einer klaren Verfassungslage gewann die Auseinandersetzung zwischen normativen und soziologisch-empirischen Staatstheorien unerwartete Aktualität.

[34] *von der Heydte*, Staat (Fn. 7), S. 24.
[35] Zum folgenden Abschnitt vgl. *Dürig*, Staat (Fn. 7), S. 28 ff.

Dessen waren sich die Teilnehmer der Tübinger Diskussion nur allzu bewusst. Dabei gingen die Wortmeldungen ins Politisch-Persönliche. *Willibald Apelt* etwa plädierte bereits für einen Abschied von der Fiktion eines gesamtdeutschen Staates[36]; *Hans Nawiasky* reagierte äußerst gereizt auf *Günter Dürigs* ablehnende Haltung zur normativen Staatslehre.[37] Die Diskussion barg im Übrigen kaum weiterführende Gedanken; von bleibendem verfassungshistorischem Interesse dürfte allein der Umstand gewesen sein, dass sich viele österreichische Kollegen von der Problematik eines gesamtdeutschen Staates angesprochen fühlten und sich in der Diskussion auch – insbesondere zu den in Deutschland vertretenen Identitäts- und Kontinuitätslehren – zu Wort gemeldet haben.[38] Augenscheinlich war ihnen daran gelegen, dass etwaige Identitäts- oder Kontinuitätslehren eine Anwendung auf Österreich nur dergestalt bekommen sollten, als es ihnen die Anknüpfung an die 1. Republik ermöglichte, die 1938 im „Großdeutschen Reich" aufgegangen war. In jedem Fall wollten sie durch ihre Interventionen aber wohl vermeiden, dass die Kontinuitätslehren zu einer Einbeziehung Österreichs in die deutschen Zusammenhänge führten.

5. Neue Ostpolitik und völkerrechtliche Wende

Schon mit dem Mauerbau von 1961 war den meisten Betrachtern in Politik und Staatsrechtswissenschaft klar geworden, dass das 1949 entstandene Zwei-Staaten-System aus Bundesrepublik und DDR größere Beharrungskräfte aufweisen würde, als vielleicht noch in der unmittelbaren Nachkriegszeit erwartet. Dies führte dazu, dass seit den 1960er Jahren die Frage des staatsrechtlichen Ablaufs der Wiedervereinigung im Schrifttum keine große Rolle mehr spielte. Ausnahmen stellen einzelne Monografien[39] sowie die kontinuierliche Publikationstätigkeit einiger Unentwegter dar.[40] Unter dem Eindruck der unveränderten Überlagerung durch den Ost-West-Konflikt nahm die Betrachtung der „deutschen Frage" in den 1960er Jahren damit eine verstärkt völkerrechtliche

---

[36] VVDStRL 13 (1955), S. 64.

[37] VVDStRL 13 (1955), S. 64 f.

[38] *Hans Spanner* (Graz), *Helfried Pfeifer* (Wien), *Felix Ermacora* (Wien) und *Rudolf Stanka* (Wien), VVDStRL 13 (1955), S. 59 ff., 78 ff., 80 f. bzw. S. 81 f.

[39] Z. B. *Udo Steiner*, Verfassunggebung und verfassunggebende Gewalt des Volkes, 1966; *Murswiek*, Gewalt (Fn. 17).

[40] Z. B. *Dieter Blumenwitz*, Die Grundlagen eines Friedensvertrages mit Deutschland, 1966 (Diss. iur., 1965); *ders.*, Der Schutz innerstaatlicher Rechtsgemeinschaften beim Abschluß völkerrechtlicher Verträge, 1972 (Habilitationsschrift, 1969); *ders.*, Die Errichtung ständiger Vertretungen im Lichte des Staats- und Völkerrechts, 1975; *ders.*, Die Darstellung der Grenzen Deutschlands in kartographischen Werken, 1980; *ders.*, Die Ostverträge im Lichte des internationalen Vertragsrechts, insbes. der Wiener Vertragsrechtskonvention, 1982; ders./ Meissner (Hrsg.), Das Selbstbestimmungsrecht der Völker und die deutsche Frage, Köln 1984; ders./Weigelt (Hrsg.), Deutsche Frage und Westbindung, 1986; ders./ Zieger (Hrsg.), Das deutsche Volk und seine staatliche Gestalt, 1988; ders./Zieger (Hrsg.), Die deutsche Frage im Spiegel der Parteien, 1989; *ders.*, Was ist Deutschland? Staats- u. völkerrechtliche Grundsätze zur deutschen Frage und ihre Konsequenzen für die deutsche Ostpolitik, 3. Aufl., 1989; *ders.*, This is Germany. Germany's legal status after unification, 1994; *Boris Meissner*, Auf dem Wege zur Wiedervereinigung Deutschlands und zur Normalisierung der deutsch-russischen Beziehungen, 2000.

Ausrichtung ein. Spätestens mit der von der sozial-liberalen Bundesregierung seit 1969 verfolgten Neuen Ostpolitik,[41] in deren Verlauf es zu Vertragsschlüssen mit der Sowjetunion, mit Polen, der Tschechoslowakei[42] und nicht zuletzt im Grundlagenvertrag vom 21. Dezember 1972 zu einer Anerkennung des *Status Quo* mit der DDR kam,[43] wurden die Rechtsfragen Deutschland betreffend weitgehend dem Völkerrecht unterstellt. Dass Bundesrepublik und DDR „besondere Beziehungen" unterhalten und programmatisch als „zwei Staaten in Deutschland" bezeichnet wurden, die „füreinander nicht Ausland" seien,[44] konnte den Eindruck nicht zerstreuen, dass der staatsrechtliche Ansatz damit zunehmend in den Hintergrund geriet, während gleichzeitig eine Schwerpunktverlagerung zum Völkerrecht hin stattfand.[45] Dies bestätigten auch die 1973 gleichzeitig vollzogenen Aufnahmen beider deutscher Staaten in die UNO sowie die gemeinsame Beteiligung am KSZE-Prozess.[46]

Wenn es auch auf den ersten Blick nicht den Anschein hatte, erfuhr die völkerrechtliche Wende der Wiedervereinigungspolitik ihre konstitutive und zeremonielle Bestätigung mit dem Grundvertrags-Urteil des BVerfG vom 31. Juli 1973.[47] In Ermangelung von Staatsrechtslehrern im 2. Senat des BVerfG fiel die Vertretung der Staatsrechtswissenschaft vor allem den Bevollmächtigten und mehreren Gutachtern zu.[48] Das Grundvertragsurteil war insbesondere deshalb für die Jahre bis zur Wiedervereinigung von herausragender vereinigungsrechtlicher Bedeutung, weil es – mit Unterstützung der genannten Staatsrechtlehrer – die Identitäts- bzw. Kontinuitätslehren erneut bestätigte.[49]

---

[41] Vgl. *Arnulf Baring*, Machtwechsel, 1982, S. 197 ff.; *Egon Bahr*, Was nun? Ein Weg zur deutschen Einheit, 2019, S. 89 ff.; *Willy Brandt*, Erinnerungen, 1989, S. 185 ff.; *Karl Cordell/Stefan Wolff*, Germany's foreign policy toward Poland and Czech Republic, 2005.

[42] Eingehend *Tono Eitel*, Die Ostverträge – die Verträge von Moskau, Warschau, Prag, 1979 (zunächst unter Pseudonym *Benno Zündorf*); Egbert Jahn/Volker Rittberger (Hrsg.), Die Ostpolitik der Bundesrepublik, 1974.

[43] Eingehend, z. B. *Georg Ress*, Die Rechtslage Deutschlands nach dem Grundlagenvertrag vom 21. Dezember 1972, 1978; *Eckart Klein*, Die Rechtsprechung des Bundesverfassungsgerichts zu den Ostverträgen, in: Blumenwitz/Zieger (Hrsg.), Beiträge zur deutschen Frage, 1984, S. 21 (25 ff.).

[44] Regierungserklärung von Bundeskanzler Brandt v. 28.10.1969, BT-Prot. VI/20 C (S. 21); vgl. hierzu *Ress*, Rechtslage (Fn. 43), S. 154 ff.

[45] Z. B. *Otto Kimminich*, Die Souveränität der Bundesrepublik Deutschland, 1970; *Karl Doehring*, Die Teilung Deutschlands als Problem des völker- und staatsrechtlichen Fremdenrechts, 1967.

[46] Vgl. *Berndt von Staden*, Der Helsinki-Prozeß, 1990; *Hans-Peter Schwarz*, Zwischenbilanz der KSZE, 1984; Göttinger Arbeitskreis (Hrsg.), Die KSZE und die Menschenrechte, Berlin 1977; *Jost Delbrück/Norbert Ropers/Gerda Zellentin*, Grünbuch zu den Folgewirkungen der KSZE, 1977.

[47] BVerfGE 36, 1[1973].

[48] Z. B. Martin Kriele (Köln), Dieter Blumenwitz (Augsburg, später Würzburg), Wilhelm Wengler (FU Berlin), Karl Doehring und Georg Ress (beide Heidelberg); vgl. Bundesregierung (Hrsg.), Der Grundlagenvertrag vor dem Bundesverfassungsgericht, 1975, S. 91 ff. u. 348 ff.; Cieslar/Hampel/Zeitler (Hrsg.), Der Streit um den Grundvertrag, 1973, S. 126 ff. u. S. 265 ff.; vgl. auch: *Ress*, Rechtslage (Fn. 43), S. 120 ff.

[49] BVerfGE 36, 1 (15 f.) [1973] unter Bezugnahme auf BVerfGE 2, 266 (277) [1953]; 5, 85, 126 [1956]; vgl. *Ress*, Rechtslage (Fn. 43), 185 ff.; auch *Karl Doehring*, Das ganze Deutschland – nur noch Geschichte?, in: Blumenwitz/ Zieger (Hrsg.), Beiträge zur deutschen Frage, 1984, S. 9 (14); *Eckart Klein*, Die Rechtsprechung des Bundesverfassungsgerichts zu den Ostverträgen, ebd. S. 21 ff.

6. Die Berliner Staatsrechtslehrertagung von 1979 – Bilanz des Grundlagenvertrags

Mit Abschluss des Grundlagenvertrags schien die deutsche Wiedervereinigung endgültig auf Eis gelegt. Einbetonierte politische Fronten zwischen Ost und West ließen die Deutsche Frage in den Hintergrund der Weltpolitik treten; das Ringen zwischen den beiden „Supermächten" hatte sich in andere Weltregionen verlagert. In dieser Ära relativer politischer Stabilität befasste sich die VDStRL mit dem Thema: „Deutschland nach dreißig Jahren Grundgesetz".[50] Dieser Titel war durchaus provokativ formuliert, denn eingedenk des Umschwungs in den deutsch-deutschen Beziehungen während der 1970er-Jahre drängte sich 1979 die Frage auf, was es mit diesem „Deutschland" juristisch noch auf sich hatte. Wie damals verantwortliche Vorstandsmitglieder zu Protokoll gaben, fand diese Themenwahl auch nicht überall Anklang. Dies hing offenkundig damit zusammen, dass die Wiedervereinigung zur Schimäre der deutschen Politik geworden schien. Auch in der Bundesrepublik hatte eine weitreichende Anerkennung des deutschlandpolitischen Status Quo stattgefunden.[51]

Als Referenten waren *Rudolf Bernhardt* (Heidelberg) und *Norbert Achterberg* (Münster), gewonnen worden. *Achterbergs* Referat streifte die Teilungsproblematik lediglich in einigen einführenden Bemerkungen; der Schwerpunkt aber lag auf den Staatsfundamentalnormen des Grundgesetzes.[52] Hierbei blieben die hoch umstrittenen Einzelheiten des deutsch-deutschen Verhältnisses – unbesehen des knapp zustimmenden Hinweises zur Teilidentitätsthese des BVerfG – hinter allgemeinen rechtstheoretischen Ausführungen verborgen. Sein Ansatz ging dahin, „das metazeitliche, das metastaatliche und das metakonstitutionelle Umfeld der staatsrechtlichen Entwicklung unter dem Grundgesetz" zu analysieren. Das Rechtsverhältnis zwischen beiden deutschen Staaten wurde aus rechtstheoretischer Perspektive als „intranationales interstaatliches" bezeichnet. Dreh- und Angelpunkt sei hierbei nicht der „Staat", sondern die „Nation", ohne dass deutlich wurde, welchen juristischen Mehrwert dieses Auswechseln der Kategorien brachte. Dies unterschied *Achterbergs* von *Günter Dürigs* Referat auf der Tübinger Tagung von 1954, das vorderhand auf einem ähnlichen Ansatz beruhte. *Dürig* hatte auf der Unterscheidung zwischen der Einheit der Nation einerseits, dem Rechtsstatus Deutschlands – einer Gemengelage aus Völkerrecht, Besatzungsrecht und Staatsrecht – andererseits bestanden; diese sei ein normatives Problem, jene ein psychisches. Doch während *Dürig* eine Perspektive aufzeigte, wie es angesichts der mangelnden Souveränität des geteilten Deutschlands gelingen könnte, an der staatlichen Einheit festzuhalten, mutete *Achterbergs* Vortrag wie eine Flucht in gelehrtes Schweigen an; mithin stieß er in der sich anschließenden Diskussion auf wenig Resonanz. Verwundern kann dies nicht, hatte man doch vom Tagungsort aus die Berliner Mauer und mit ihr die ganze Unmenschlichkeit der SED-Dik-

---

[50] *Bernhardt* und *Achterberg*, Deutschland (Fn. 8).

[51] Vgl. mit entsprechenden Nachweisen aus den 1980er Jahren: *Murswiek*, Staatsziel (Fn. 17), S. 9 ff.; *Horst Dreier*, Das Grundgesetz unter Ablösungsvorbehalt?, in: ders. (Hrsg.), Macht und Ohnmacht des Grundgesetzes, 2009, S. 159 (167); *Volker Kronenberg*, Patriotismus in Deutschland, 2. Aufl., 2006, S. 215 ff.

[52] Zum folgenden Abschnitt vgl. *Achterberg*, Deutschland (Fn. 8), S. 55 ff.

tatur direkt vor Augen. Bei diesem Anblick über die deutsche Teilung in hochabstrakten normtheoretischen Dogmen zu philosophieren befremdet selbst bei der Nachlese gut vierzig Jahre später; den damals anwesenden Tagungsteilnehmern mag damit ein Eindruck von Surrealität vermittelt worden sein.[53]

Anders *Rudolf Bernhardt*, der ersichtlich um die Quadratur des Kreises bemüht war. Sein Referat wollte einerseits der mit dem Grundvertrag vermeintlich geschaffenen Realität Deutschlands gerecht werden – und diese buchstabierte sich seinem Urteil zufolge als völkerrechtliche Rechtsbeziehung zweier souveräner Staaten aus; andererseits wollte er die am Gedanken der staatsrechtlichen Einheit festhaltenden Mitglieder der Zunft nicht desavouieren.[54] Gleichwohl deutete sich in seinem Referat ein gewisses Unbehagen am „Un-Thema" Wiedervereinigung(sperspektive) an. Nach einigen Präliminarien zur Methodik der Verfassungsinterpretation, insbesondere zum evolutiven Potential einer völkerrechtskonformen Auslegung des Grundgesetzes, widmete er sich unter betont realpolitischem Blickwinkel dem Grundvertragsurteil des BVerfG vom 31. Juli 1973 und den in diesem Zusammenhang zu erörternden Folgefragen: Wiedervereinigungsgebot des Grundgesetzes, einheitliche deutsche Staatsangehörigkeit, Deutschlands Grenzen sowie der Rechtsstatus Berlins.

Bernhardt kritisiert im Weiteren die Auffassung des Karlsruher Senats, dass eine verfassungskonforme Vertragsauslegung auch den Vertragspartner, die DDR, binden könne. Vom Standpunkt eines als „Reich" bzw. „gesamtdeutscher Staat" bezeichneten fiktiven staatsrechtlichen Überbaus her gedacht, mag man nach seiner Auffassung der Karlsruher These beigepflichtet haben; wo jedoch, wie im deutsch-deutschen Verhältnis des Jahres 1979, zwischen zwei Vertragsparteien keine gemeinsame verfassungsrechtliche Grundlage und auch im Übrigen kein staatsrechtliches Band existiere, hätten derartige Interpretationsmaximen keinen Platz. Dabei bot der Vortrag nicht einmal eine Stellungnahme dazu an, wann und mit welchem Ereignis genau die staatsrechtliche Einheit Deutschlands geendet habe; aber gerade in diesem Punkt zeitigte der – in Abgrenzung zum Ko-Referat – betont rechtsdogmatische Ansatz wenig juristisch Greifbares. Stattdessen zog sich *Bernhardt* auf *Georg Jellineks* Kriterien der Staatlichkeit zurück. Hiernach sei die Staatsqualität sowohl der Bundesrepublik als auch der DDR über jeden Zweifel erhaben; daher hätten ihre gegenseitigen Rechtsbeziehungen Völkerrechtsqualität. In einem Atemzug wurde die Gesamtstaatsthese des BVerfG einer harschen Kritik unterzogen. Das BVerfG habe schlichtweg verkannt, dass der Grundlagenvertrag nach völkerrechtlichen Prinzipien zu würdigen sei. Völkerrechtlich sei das Urteil vom 31. Juli 1973 unplausibel, gerade im Hinblick auf historische Präzedenzfälle des Auseinandertretens von nationaler und staatlicher Einheit im 20. Jahrhundert. Der Referent war zudem bemüht, sich politisch nach links abzugrenzen, indem er der von der DDR vertretenen *Debellatio*-Theorie energisch widersprach; *Bernhardt* selbst vertrat eine Variante der Identitätslehre, wonach die Bundesrepublik mit dem Deutschen Reich identisch sei, während die DDR als separatistische staatliche Entität betrachtet werden müsse: sie sei

---

53 *Hans Peter Ipsen* und *Peter Badura*, VVDStRL 38 (1980), S. 148 f. bzw. S. 156.

54 Zum folgenden Abschnitt vgl. *Bernhardt*, Deutschland (Fn. 8), S. 7 ff.

zwar ein Staat, aber als solcher illegitim. *Bernhardts* Referat mochte nach „innen" befriedend wirken, belastete indessen jedes weitere Benehmen mit dem SED-Regime mit einer schweren Hypothek: Wie sollte man mit jemandem ernsthaft verhandeln, dessen Legitimität – dessen politische Existenzberechtigung – man bestritt? Alles dies spielte im Rahmen der Jahrestagung 1979 keine nennenswerte Rolle. Man begnügte sich mit *Bernhardts* Hinweis, dass das Selbstverständnis der DDR auf die Leugnung jeder Kontinuität, gar Identität mit deutschen Vorgängerstaaten ausging. Dass sich die Bundesrepublik – hierzu komplementär – als identisch mit dem 1871 gegründeten (gesamt-)deutschen Staat ansehe, mag als letztgültiger Rechtfertigungsgrund der Identitätslehre hergehalten haben, deren aggressive Tendenz – die *Friedrich August von der Heydte* schon 1954 herausgearbeitet hatten[55] – man so glaubte aushalten zu können. Die Frage nach konkreten politischen Konsequenzen wies *Bernhardt* in seinem Referat, ähnlich wie *von der Heydte* 1954, strikt ab: Über einen Friedensvertrag und mithin über die staatliche Wiedervereinigung Deutschlands könnten nur die Deutschen im Benehmen mit den alliierten Siegermächten entscheiden. Hier fand sich der Schlüsselgedanke des gesamten Referats: Weil im Jahr 1979 für eine solche Entwicklung in mittlerer Zukunft nicht die geringste Wahrscheinlichkeit bestand, lohnte es sich scheinbar nicht, sich mit Wiedervereinigungsfragen ernsthaft zu befassen. Dies mag seine „Flucht in den Positivismus" verständlicher machen.

Die Diskussion spiegelt den überwiegenden Konsens der Vereinigungsmitglieder mit den Leitsätzen *Rudolf Bernhardts* wider. Allerdings warf *Ernst-Wolfgang Böckenförde*, die berechtigte Frage auf, wie man die deutsch-deutschen Beziehungen an einem System völkerrechtlicher Präzedenzien orientieren könne, obwohl doch die Rechtslage Deutschlands präzedenzlos sei;[56] *Helmut Quaritsch* formulierte die Gegenthese zu den Referaten von *Bernhardt* und *Norbert Achterberg*, indem er darauf hinwies, die „deutsche Zweistaatlichkeit … [sei] ein Resultat fortdauernder Fremdbestimmung; sie würde sofort verschwinden, sobald die Deutschen ihre Angelegenheiten selbst regeln könnten".[57] Schließlich übte *Hans Peter Ipsen* noch grundlegende Kritik an *Achterbergs* Referat.[58]

II. 1989 als Wendepunkt

1. Die Wiedervereinigung auf der Tagesordnung

Es liegt eine gewisse historische Ironie darin, dass die 1980er Jahre sowohl in Politik als auch in der Staatsrechtswissenschaft von besonderer Zurückhaltung geprägt waren, wenn es um die Frage einer möglichen Wiedervereinigung und ihre rechtlichen Bedingungen ging. Denn je näher die Möglichkeit zur Wiedervereinigung tatsächlich rückte,

---

55 *von der Heydte*, Staat (Fn. 7), S. 24.
56 VVDStRL 38 (1980), S. 118 ff.
57 VVDStRL 38 (1980), S. 130.
58 VVDStRL 38 (1980), S. 153.

desto eher wurde jedenfalls nach außen hin[59] der Gedanke an einen Zusammenschluss von Bundesrepublik und DDR als nicht mehr zeitgemäß angesehen.[60] Dessen ungeachtet wurde der Prozess, der schließlich nach 45 Jahren der Teilung und 28 Jahre nach dem Mauerbau zur deutschen Wiedervereinigung führen sollte, die eigentliche Bewährungsprobe der nach 1945 unter der Geltung des Grundgesetzes ausgebildeten und tätigen Staatsrechtswissenschaftler. Denn durch die lange Zeit der deutschen Teilung fanden sich im Kreis der damals maßgeblichen Wissenschaftler fast ausschließlich Vertreter, die jedenfalls in juristisch-staatsrechtlicher Hinsicht der Nachkriegsgeneration zuzurechnen waren. Diese hatte im Regelfall erst nach 1945 studiert und sich dabei auch mit den Anfängen und dem Aufbau der grundgesetzlichen Verfassungsordnung eingehend befasst.[61] Im Hinblick auf Dissertation, Habilitation und eigene Lehrtätigkeit waren sie somit „Ziehkinder“ von Grundgesetz und Bundesrepublik, die aus eigener akademischer und beruflicher Anschauung keine andere Verfassungsordnung kennengelernt hatten. Lediglich *Wilhelm Grewe*, *Boris Meissner* und wenige andere stellten als ganz oder teilweise vor 1945 ausgebildete Staatsrechtslehrer im Prozess der Wiedervereinigung so etwas wie „elder statesmen“ des Rechts und der internationalen Beziehungen dar, deren Rat auch in den späten 1980er Jahren noch gesucht wurde.[62]

2. *Beratungsbedarf und Kooperationen*

Wie weite Kreise der Politik im westlichen Teil Deutschlands und darüber hinaus war auch die Staatsrechtswissenschaft vom Mauerfall und dem raschen Kollaps der SED-Diktatur zunächst überrascht worden.[63] Veranlasst durch die eingetretene Situation entfaltete sie jedoch bald rege Aktivitäten, die sich auf unterschiedliche Weise niederschlugen: Zunächst standen die rein praktischen Fragen im Vordergrund, die mit einem System- und Wirtschaftstransfer zusammenhingen und darauf hinausliefen, Voraussetzungen für die sich nun abzeichnende stärkere Kooperation mit der DDR und ihren Vertretern festzulegen.[64] Hierbei bestand großer Beratungs- und Informationsbedarf, da die damit

---

[59] Vgl. *Karl-Rudolf Korte*, Deutschlandpolitik in Helmut Kohls Kanzlerschaft, 1998, S. 161 ff. u. S. 209 ff.

[60] Z. B. *Brandt*, Erinnerungen (Fn. 41), S. 156 f.; kritisch hierzu *Isensee*, Wege (Fn. 30), S. 316 ff.; kritisch zum Ganzen *Murswiek*, Staatsziel (Fn. 17), S. 10 ff.; *Sören Roos*, Das Wiedervereinigungsgebot des Grundgesetzes in der deutschen Kritik zwischen 1982 und 1989, 1996.

[61] Z. B. *Klaus Stern*, Juristische Lebensstationen im Zeichen des Grundgesetzes, in: Rechtshistorisches Journal 19 (2000), S. 671 ff.; *ders.*, in: Burmeister u. a. (Hrsg.), Germania Restituta, 1993, S. 111 ff.; *Klaus Vogel*, Teilung und Wiedervereinigung in staatsrechtlicher Sicht, in: Stern (Hrsg.), Zehn Jahre Deutsche Einheit, 2001, S. 17 ff.; *Dieter Grimm*, „Ich bin ein Freund der Verfassung“ (im Gespräch mit Lepsius, Waldhoff u. Roßbach), 2017, S. 31 ff.; *Karl Doehring*, Von der Weimarer Republik zur Europäischen Union. Erinnerungen, 2008, S. 115 ff.

[62] Z. B. *Horst Teltschik*, 329 Tage, 1991, S. 110; *Hans-Peter Schwarz*, Von Adenauer zu Merkel, 2. Aufl. 2018, S. 400; *Kay Müller/Franz Walter*, Graue Eminenzen der Macht, 2004, S. 152; *Werner Weidenfeld*, Außenpolitik für die Deutsche Einheit, 1998, S. 214.

[63] Z. B. *Andreas Rödder*, Deutschland einig Vaterland, 2. Aufl. München 2009, S. 105 ff.; *Richard Kiessler/Frank Elbe*, Der diplomatische Weg zur Einheit, 1996, S. 45 f.

[64] Z. B. *Klaus Kinkel*, Grußwort, in: Germania Restituta (Fn. 61), S. 7 ff.; eingehend: *Grosser*, Wagnis (Fn. 33), S. 132 ff.

verbundenen verfassungs- und völkerrechtlichen Fragen nicht zum konventionellen Tagesgeschäft der ansonsten breit aufgestellten Bundesministerien zählten. Nicht nur der fachlich-staatsrechtliche, sondern auch parteipolitisch veranlasste Beitrag von *Rupert Scholz* zur Abfassung des wegweisenden „Zehn-Punkt-Plans" von Bundeskanzler *Helmut Kohl* im November 1989,[65] sondern viele weitere Berater- und Kooperationsgremien prägten die Einbindung der Staatsrechtswissenschaft in die damaligen Abläufe.[66] Unter den verschiedenen Beraterrunden, von denen insbesondere *Horst Teltschik* in seinem Einheitstagebuch berichtet,[67] sticht die Runde im „Kanzler-Bungalow" vom 5. März 1990 besonders hervor, an der aus den Reihen der Staatsrechtswissenschaft *Klaus Stern*, *Dieter Blumenwitz*, *Josef Isensee*, *Rupert Scholz* und *Hans-Hugo Klein* teilnahmen, um mit Bundeskanzler *Helmut Kohl* die unterschiedlichen verfassungsrechtlichen Wege zur Wiedervereinigung zu diskutieren.[68]

Für viele Vertreter der Staatsrechtswissenschaft begann mit dem Mauerfall auch persönlich eine Zeit des Umbruchs durch neuen wissenschaftlichen Austausch im Rahmen von Gastvorlesungen an ostdeutschen Universitäten, in denen sich kurzfristig großes Interesse am „westdeutschen" Staats- und Verwaltungsrecht eingestellt hatte – wie dieses nun ohnehin an jedem freiheitlich-demokratisch und marktwirtschaftlich orientiertem Recht bestand. In dieser anfänglichen Phase wurden Fragen der deutschen Einheit, wie seit den späten 1960er Jahren, immer noch vorrangig unter völkerrechtlichem Blickwinkel betrachtet.[69]

3. Art. 23 und 146 GG als Wege zur Wiedervereinigung

Mit zunehmender Beschleunigung der Entwicklung und dem absehbaren Herannahen der Währungs-, Wirtschafts- und Sozialunion rückte spätestens seit Januar 1990 eine einzelne rechtliche Frage in den Mittelpunkt der Aufmerksamkeit.[70] Diese bezog sich darauf, was das Grundgesetz im Hinblick auf die konkreten staatsrechtlichen Wege zur Wiedervereinigung vorsah.[71] Dabei stellte sich im Anschluss an *Ulrich Scheuner* und *Theodor Maunz* sowie andere Publikationen der 1950er Jahre[72] rasch heraus, dass auf verfassungsrechtlicher Grundlage von Art. 23 und von Art. 146 GG tatsächlich wohl – manche be-

[65] Zum Beitrag von Rupert Scholz bei der Ausarbeitung des „Zehn-Punkte-Plans", vgl. *Helmut Kohl*, Erinnerungen 1982–1990 (Bd. 2), 2005, S. 991; *Weidenfeld*, Außenpolitik (Fn. 62), S. 97 ff., insbes. S. 102, 107; *Wolfgang Jäger*, Die Überwindung der Teilung, 1998, S. 63 ff., insbes. S. 66; weitergehend: *Hans-Peter Schwarz*, Helmut Kohl. Eine politische Biografie, 2012, S. 532 f.

[66] Z. B. *Hans-Peter Schwarz*, Von Adenauer zu Merkel, 2. Aufl. 2018, S. 400; *Kay Müller/Franz Walter*, Graue Eminenzen der Macht, 2004, S. 152.

[67] Z. B. *Teltschik*, 329 Tage (Fn. 62), S. 79 (13. Dezember 1989) u. S. 110 (17. Januar 1990).

[68] *Teltschik*, 329 Tage (Fn. 62), S. 167 (5. März 1990).

[69] Vgl. Darstellung bei *Rödder*, Deutschland (Fn. 63), S. 163 ff.; vgl. BT-Drs. 11/7760, S. 355 ff. „Denkschrift zum Einigungsvertrag".

[70] Vgl. *Grosser*, Wagnis (Fn. 33), S. 171.

[71] Z. B. *Rödder*, Deutschland (Fn. 63), S. 283.

[72] Z. B. *Scheuner*, Problem (Fn. 25), S. 581 ff.; *Maunz*, Gewalt (Fn. 26), S. 645 ff.; *Weber*, Frage (Fn. 23); *Klein*, Grundgesetz (Fn. 27), S. 119 ff.

stritten dies nun – zwei gleichwertige, aber alternative Wege zur Wiedervereinigung bestanden. Allerdings wies die Anwendung von Art. 146 GG den Nachteil auf, dass er die Einberufung bzw. Wahl einer Verfassunggebenden Nationalversammlung erforderlich machen würde und möglicherweise eine anschließende Volksabstimmung über die neue gesamtdeutsche Verfassung nach sich ziehen müsste.[73] Damit wären aber nicht nur viele rechtliche und politische Unwägbarkeiten verbunden gewesen, sondern dieser Weg zur Wiedervereinigung hätte in jedem Fall wesentlich mehr Zeit in Anspruch genommen als die Beitrittslösung über Art. 23 GG.[74] Gerade im Hinblick auf die Drängnisse der „politischen Stunde" und die – möglicherweise labile – weltpolitische Lage, stand jedoch nicht allzu viel Zeit für die Vollendung der deutschen Einheit zur Verfügung.[75]

Im Widerspruch zur nüchtern-sachlich zu betrachtenden Verfassungslage entbrannte in der Staatsrechtswissenschaft – ähnlich wie in der damaligen Politik und der Öffentlichkeit – bald schon eine hitzige Diskussion, ob die Wiedervereinigung durch Beitritt der DDR zur Bundesrepublik auf der Grundlage von Art. 23 GG oder durch Verfassungsneugebung nach Art. 146 GG erfolgen sollte oder gar müsste.[76] Die auch innerhalb der VDStRL bestehende Konfrontation zeigte sich in ihren politischen Zuspitzungen darin, dass die unterschiedlichen Positionen in Zeitungsbeiträgen aufeinander prallten, indem sich 100 Staatsrechtlehrer für Art. 23 GG[77] bzw. 40 Staatsrechtslehrer für Art. 146 GG[78] aussprachen. Damit kam es zu einer bis dahin – und seither – nie da gewesenen verfassungspolitischen Polarisierung der Staatsrechtswissenschaft. Diese unterstrich, dass die unterschiedlichen Wege zur Wiedervereinigung tatsächlich den vereinigungsrechtlichen Kristallisationspunkt darstellten, wie er sich schon früher abgezeichnet hatte. Das Bemerkenswerte hieran war, dass die (verfassungs)rechtlichen Fragen nach dem einzuschlagenden Weg zur Wiedervereinigung sich im Detail letztlich doch als sehr schwierig und komplex erwiesen, so dass in vielen Fällen weder ihre konkreten praktischen noch ihre rechtsdogmatischen Konsequenzen zur Sprache kamen.[79] Stattdessen wurden die mit der Anwendung von Art. 23 bzw. 146 GG zusammenhängenden Fragen

---

73 Dies entsprach aber 1989/90 schon nicht mehr der h. M. zu Art. 146 GG, die in der Volksabstimmung kein „zwingendes Erfordernis" mehr sah, vgl. *Tomuschat,* Wege (Fn. 9), S. 88 (Fn. 69); z. B. auch *Steiner,* Verfassunggebung (Fn. 39), S. 106.

74 So im Rückblick auch *Dreier,* Grundgesetz (Fn. 51), S. 169 f.; vgl. die Reaktionen auf eine „schnelle Vereinigung" nach Art. 23 GG, z. B. *Gerhard A. Ritter,* Hans-Dietrich Genscher, das Auswärtige Amt und die deutsche Vereinigung, 2013, S. 95 ff.; Institut für Zeitgeschichte (Hrsg.), Die Einheit, 2015, Dok. 51 (Genscher m. Thatcher, 14.2.1990), S. 263, 270, Dok. 64 (Kastrup m. Adamischin, 2.3.1990).

75 *Tomuschat,* Wege (Fn. 9), S. 92.

76 Z. B. *Teltschik,* 329 Tage (Fn. 62), S. 167; *Weidenfeld,* Außenpolitik (Fn. 62), S. 315 ff.; *Rödder,* Deutschland (Fn. 63), S. 163 ff. u. S. 283 ff.; *Paul Kirchhof,* in: Die Wiedervereinigung und damit zusammenhängende Probleme, 1991, S. 3, 5 u. S. 17; *Kurt Biedenkopf,* Von Bonn nach Dresden (Juni 1989 bis November 1990), 2015, S. 126 ff. u. S. 132 ff.

77 Vgl. „Der Beitritt über Artikel 23 ist der richtige Weg zur deutschen Einheit", Die Erklärung von einhundert Staatsrechtsprofessoren an deutschen Universitäten, in: Die Welt v. 28.3.1990, S. 5; vgl. auch Conze/Gajdukowa/Koch-Baumgarten (Hrsg.), Die demokratische Revolution 1989 in der DDR, 2009, S. 193 ff.

78 Vgl. die von Helmut Simon initiierte sog. Nohfelder Erklärung „Der Beitritt kann das Grundgesetz nicht zu einer gesamtdeutschen Verfassung machen, in: Frankfurter Rundschau v. 25.5.1990, S. 3.

79 Vgl. *Dreier,* Grundgesetz (Fn. 51), 168 ff.

überwiegend zu Glaubens- bzw. Loyalitätsfragen stilisiert.[80] Im Hinblick auf die wechselvolle Rechtsperspektive auf vereinigungsrechtliche Fragen führte die Kontroverse über den „richtigen" Weg zur Wiedervereinigung jedoch wieder zu einer stärkeren staatsrechtlichen Akzentuierung, da die im Zentrum der Auseinandersetzung stehenden Vorschriften des damaligen Art. 23 und 146 GG eben solche des Staatsrechts waren. Dies machte – und der 2-plus-4-Vertrag legt davon beredtes Zeugnis ab[81] – eine völkerrechtliche Flankierung des Einheitsprozesses jedoch keineswegs entbehrlich.

Angetrieben von der Kontroverse über Art. 23 und 146 GG entfalteten zahlreiche Vertreter der Staatsrechtswissenschaft eine rege Publikationstätigkeit, die sich zwar in gewohnter Weise auch auf juristische Fachzeitschriften erstreckte,[82] die aber – vor allem im Hinblick auf größere Aktualität und Öffentlichkeitswirksamkeit – nun auch Tages- und Wochenpresse erreichte.[83] Gerade letzteres ist besonders bemerkenswert, weil es zwar auch vorher schon von Seiten der Staatsrechtswissenschaft gelegentlich zu Veröffentlichungen in Tages- und Wochenzeitschriften gekommen war, dies im Prozess der Wiedervereinigung jedoch in wesentlich größerem Umfang geschah als je zuvor. Staatsrechtliche Expertise war auf einmal gefragt wie nie.

III. Sondertagung der VDStRL vom April 1990

1. Initiative und Referentenauswahl

Noch bevor die beherrschenden Themen der anstehenden Wiedervereinigung – insbesondere die Auseinandersetzung über Art. 23 und 146 GG – bei Fachtagungen oder Diskussionsrunden kontrovers erörtert werden konnten,[84] entschloss sich die VDStRL auf

---

[80] Vgl. auch *Christopher Banditt*, Das „Kuratorium für einen demokratisch verfassten Bund deutscher Länder", Deutschland Archiv 2014, www.bpb.de/1930078 (zuletzt: 15.10.2021).

[81] Eingehend: Stern/Schmidt-Bleibtreu (Hrsg.), Zwei-plus-Vier-Vertrag. Partnerschaftsverträge, EG-Maßnahmenpaket, 1991 (Bd. 3).

[82] Z.B. *Eckart Klein*, An der Schwelle der Wiedervereinigung Deutschlands, NJW 1990, S. 1065ff.; *Eberhard Grabitz/Armin v. Bogdandy*, Deutsche Einheit und europäische Integration, NJW 1990, S. 1073ff.; *Peter Häberle*, Verfassungspolitik für die Freiheit und Einheit Deutschlands, JZ 1990, S. 358ff.; *Kay Hailbronner*, Völker- und europarechtliche Fragen der Wiedervereinigung, JZ 1990, S. 449ff.; *Werner Thieme*, Fragen einer Gesamtdeutschen Verfassung, DÖV 1990, S. 401ff.; *Wolf Heintschell-v. Heinegg*, Der Beitritt „anderer Teile Deutschlands" zur Bundesrepublik nach Art. 23 Satz 2 GG, DÖV 1990, S. 425ff.; *Dietrich Rauschning*, Deutschlands aktuelle Verfassungslage, DVBl. 1990, S. 393ff.; *Christian Starck*, Deutschland auf dem Weg zur staatlichen Einheit, JZ 1990, S. 349ff.; *Richard Bartlsperger*, Verfassung und verfassunggebende Gewalt im vereinten Deutschland, DVBl. 1990, S. 1285ff.

[83] Z.B. *Wilhelm Grewe*, Die Welt v. 21.12.1989, S. 6; *Wilhelm Hennis*, FAZ v. 10.3.1990, S. 36f.; *Ulrich Everling*, FAZ v. 15.3.1990, S. 13f.; *Dieter Blumenwitz*, Die Welt v. 21.3.1990, S. 2; *Reinold Zippelius*, Nordbayerische Zeitung v. 23.3.1990; *Rupert Scholz*, Die Welt v. 27.3.1990, S. 6; *Martin Kriele*, Die Welt v. 29.3.1990, S. 2; *Dieter Grimm*, FAZ v. 5.4.1990, S. 35f.; *Günter Frankenberg*, FR v. 3.4.1990, S. 6; *Hans Hugo Klein*, FAZ v. 11.4.1990, S. 4; *Martin Kriele*, Die Welt v. 16.8.1990, S. 5; *Josef Isensee*, FAZ v. 28.8.1990, S. 10; mit kritischem Anklang, vgl. *Tomuschat*, Wege (Fn. 9), S. 71: „Massenmedien".

[84] Z.B. Veranstaltung der Deutschen Vereinigung für Parlamentsfragen am 28.3.1990 in Bonn, vgl. *Isensee*, Wege (Fn. 30), S. 309ff.

Initiative des damaligen Vorstandes bestehend aus *Klaus Vogel* (München), *Volkmar Götz* (Göttingen) und *Hans-Jürgen Papier* (Bielefeld, später München) schon am 11. November 1989 (!) dazu, im darauffolgenden April – zum ersten Mal in der Geschichte der VDStRL[85] – eine Sondertagung zu dem Thema „Deutschlands aktuelle Verfassungslage“[86] abzuhalten. *Vogel*, der damalige Vorsitzende der VDStRL, führte einige Jahre später dazu aus, dass es die Verantwortlichen für geboten gehalten hatten, „den Mitgliedern der Vereinigung Gelegenheit zu geben, ihre wissenschaftlichen Deutungen der neuen Lage nicht nur durch Aufsätze, sondern auf einer Tagung, in Rede und Gegenrede, zur Diskussion zu stellen.“[87] Dass sich der damalige Vorstand zu einem so frühen Zeitpunkt zu dieser Sondertagung entschloss zeigt, dass er nicht nur die Brisanz des Themas unmittelbar nach dem Mauerfall sofort verstanden hatte, sondern auch schon ahnte, welche Diskussionen in der Vereinigung und in der deutschen Öffentlichkeit in den kommenden Wochen und Monaten voraussichtlich geführt werden würden. Mit der Sondertagung bot die VDStRL in Anwesenheit des damals amtierenden Staatsoberhaupts, Bundespräsident *Richard von Weizsäcker*, ihr größtes und wohl auch wichtigstes Forum auf, damit ihren Mitgliedern nach Vortrag von insgesamt vier Referaten die Möglichkeit eröffnet würde, die Fragen der Wiedervereinigung eingehend zu erörtern und die schon zuvor in verschiedenen Veröffentlichungen zutage getretenen Standpunkte miteinander auszutauschen. Dass die Tagung nach 1979 wiederum in Berlin stattfand, war dabei nur folgerichtig. Denn die bis zum Mauerfall vom November 1989 geteilte Stadt war im besonderen Maße „Schicksalsort der deutschen Teilung“, der durch die vier alliierten Sektoren nicht nur die Teilung wie im Brennglas selbst erfahren hatte, sondern wo sie durch Mauerbau, Todesstreifen und Schießbefehl mit besonderer Grausamkeit Gestalt angenommen hatte.

In der damaligen Referentenauswahl der VDStRL spiegelte sich der zu Beginn des Vereinigungsprozesses und damit im Zeitraum, in dem die Referenten angefragt wurden, noch vorherrschende völkerrechtliche Schwerpunkt bei der Beurteilung der deutschen Teilung und der zu ihrer Überwindung nun anstehenden Schritte wider. Denn mit *Jochen Abr. Frowein*, *Christian Tomuschat* und *Albrecht Randelzhofer* waren drei von vier Referenten ausweislich der Denomination ihrer Lehrstühle bzw. im Falle *Froweins* als Direktor des Heidelberger Max-Planck Instituts klassischerweise dem Völkerrecht zuzuordnen, während der Befassungsschwerpunkt von *Josef Isensee* nicht nur wegen seiner (Mit)Herausgeberschaft des entsprechenden Handbuchs seit je her im Staatsrecht lag.[88] Schon anhand der Referentenauswahl zeigt sich mithin, dass der damalige Vorstand der VDStRL im Einklang mit der Bundesregierung und vielen anderen maßgeblichen Institutionen und Akteuren davon ausging, dass die anstehende Behandlung der „deutschen Frage“ schon aufgrund der alliierten Vorbehaltsrechte sich vor allem auf völkerrecht-

[85] Vgl *Dreier*, Grundgesetz (Fn. 51), 170 (Fn. 36); mittlerweile VVDStRL 80 (2021), 2021.

[86] Vgl. Nw. Fn. 9.

[87] Zum Ganzen *Klaus Vogel*, Teilung und Wiedervereinigung in staatsrechtlicher Sicht, in: Stern, Zehn Jahre (Fn. 61), S. 17 (22 ff.).

[88] Vgl. *Josef Isensee*, Subsidiaritätsprinzip und Verfassungsrecht, 1968; *ders.*; Wer definiert die Freiheitsrechte?, 1980; *ders.*, Der Staat und Verfassung, 2018.

licher Grundlage abspielen würde. Gleichzeitig zeigt die Auswahl von *Isensee* als Referenten mit distinktiv staatsrechtlicher Expertise, dass der insgesamt unsichere Fortgang der Ereignisse mit einer gewissen Wahrscheinlichkeit auch staatsrechtliche Komponenten aufweisen könnte. Selbst wenn möglicherweise der vereinigungsrechtliche Dualismus von Art. 23 und 146 GG noch nicht klar vor Augen stand, hielt es der damalige Vorstand der VDStRL offensichtlich nicht für ausgeschlossen, dass die Betrachtung der „aktuellen Verfassungslage" auch besondere staatsrechtliche Expertise erfordern würde. Schließlich ist noch hervorzuheben, dass alle Referenten damals zwischen 50 und 60 Jahre alt waren[89] und – mit Ausnahme von *Randelzhofer* – bereits auf früheren Staatsrechtslehrertagungen als Referenten vorgetragen hatten.[90] Man griff insofern also auf bewährte und erprobte Mitglieder der VDStRL zurück, um sicherzustellen, dass die zu diskutierenden Fragen angemessen und mit der erforderlichen Souveränität behandelt würden. Ein alle Vorträge der Sondertagung durchziehendes Grundsatzproblem lag darin, dass die schließlich zur deutschen Einheit führenden politischen Ereignisse eine äußerst rasante Entwicklung durchliefen,[91] so dass parallel dazu auch die von den Referenten rechtlich zu beurteilende Situation zwischen der Anfrage durch den Vorstand im November 1989 über die Sondertagung im April 1990 bis zur Veröffentlichung der Beiträge einem stetigen und umfassenden Wandel unterlag.[92] Grundlage der nun vorliegenden Ausführungen können ungeachtet dieser zeitlich-inhaltlichen Unwägbarkeiten des Einigungsprozesses jedoch ausschließlich die Schriftfassungen sein.

2. *Die einzelnen Referate*

a) Jochen Abr. Frowein

Jochen Abr. Froweins Ausführungen boten einen Überblick über die staatsrechtliche und völkerrechtliche Gemengelage der deutschen Frage im Jahr 1990. Dabei lieferte er eine Abgrenzung der völkerrechtlichen zur staatsrechtlichen Komponente der Wiedervereinigungsproblematik – ein Aspekt, auf den in *Rudolf Bernhardts* Referat von 1979 nicht im gleichen Umfang eingegangen worden war.[93] Nach seiner Auffassung war das Völkerrecht heranzuziehen, um den staatsrechtlichen Entscheidungsspielraum der beiden deutschen Staaten – jeweils für sich betrachtet – zu präzisieren. Das Selbstbestimmungsrecht der Völker gelte auch für das geteilte Deutschland, zumal man eingedenk des Resultats der freien DDR-Volkskammerwahlen vom 18. März 1990 mit ihrem überragenden Ergebnis für die vereinigungsbefürwortenden Parteien von einem entsprechenden

---

[89] Die Geburtsjahrgänge der Referenten liegen alle innerhalb von vier Jahren zwischen 1934 und 1938: Frowein, geb. 1934, Tomuschat, geb. 1936, Isensee geb. 1937 und Randelzhofer, geb. 1938.

[90] *Jochen Abr. Frowein* in VVDStRL 31 (1972), *Josef Isensee* in VVDStRL 32 (1973) sowie *Christian Tomuschat* in VVDStRL 36 (1977).

[91] Z. B. Stern/Schmidt-Bleibtreu (Hrsg.), Staatsvertrag zur Währungs-, Wirtschafts- und Sozialunion, 1990, Dok. Nr. 1, S. 79 ff.; vgl. *Grosser,* Wagnis (Fn. 33), S. 159 ff., inbes. 171 f.; *Schmidt-Bleibtreu* (Fn. 33), S. 228 ff.

[92] VVDStRL 49 (1990).

[93] Zum folgenden Abschnitt vgl. *Frowein,* Verfassungslage (Fn. 9), S. 7 ff.

Willen der DDR-Bevölkerung ausgehen musste. Dadurch waren die Vier Mächte, deren Verantwortung für Deutschland als Ganzes bis zu einer staatlichen Wiedervereinigung fortbestand, insoweit gebunden, als sie ein Mitspracherecht der Deutschen im Hinblick auf ihr nationales Schicksal anerkannt hatten. Nach *Froweins* Auffassung hatte sich für die USA, Großbritannien und Frankreich dieses Anerkenntnis aus Art. 7 des Deutschland-Vertrags vom 5. Mai 1955 ergeben; doch auch für die Sowjetunion ergab sich Entsprechendes. Sein Rückblick lässt die während der deutschen Teilung entwickelten juristischen Deutschland-Theorien Revue passieren. Die deutsche Staatlichkeit sei 1949 mit dem Inkrafttreten des Grundgesetzes bestätigt und mit Wirkung für dessen territorialen Geltungsbereich reorganisiert worden. Auf dem Gebiet der sowjetischen Besatzungszone sei mit der DDR ein eigenständiger Staat entstanden, der jedoch bis zum März 1990 keine demokratische Legitimität erlangt hatte, mithin nicht als Ausdruck der Selbstbestimmung des deutschen Volkes bzw. eines Teilvolkes angesehen werden konnte. Aus staats- wie völkerrechtlicher Perspektive handelte es sich bei der DDR um eine Sezession von dem mit der Bundesrepublik identischen deutschen Gesamtstaat, die jedoch nicht vollendet und 1989/90 mit der demokratischen Revolution in der DDR abgebrochen worden sei. *Frowein* lenkte sodann sein Augenmerk auf die verfassungsrechtlichen Voraussetzungen einer Wiedervereinigung der Bundesrepublik mit der DDR. Nachdem mit der Volkskammerwahl vom März 1990 eine freie Entscheidung der Ostdeutschen über die Wiedervereinigung erreicht worden sei, sei dem Art. 146 GG, der eine „freie Entscheidung" der Deutschen über ihre Verfassung erfordere, Genüge getan. Mithin sei das Verfahren der Wiedervereinigung allein Sache der Bundesrepublik und der DDR. Insoweit waren mit Art. 23 und 146 GG zwei Verfassungsvorschriften einschlägig, deren Bedeutung und wechselbezügliches Verhältnis im Streit stand; dies war auch einer der wesentlichen Diskussionsgesichtspunkte der Berliner Sondertagung. Ganz auf der durch das Grundvertrags-Urteil begründeten Linie des BVerfG sah *Frowein* die deutsche Staatstradition im Fall einer wie auch immer gearteten Fusion der beiden deutschen Staaten gewahrt. Das Verfahren der Wiedervereinigung – entweder durch Erstreckung des Geltungsbereichs des Grundgesetzes auf das Staatsgebiet der DDR oder durch Neukonstituierung des Bundes – wahre in jedem Fall die Identität des künftigen deutschen Staates mit dem 1867/1871 begründeten staatlichen Gemeinwesen. Dies könne nur durch einen offenkundig gegensätzlichen Willen des Staatsvolkes ausgeschlossen werden; dafür war freilich nichts ersichtlich. Zwischen Art. 23 und 146 GG dürfe kein Widerspruch konstruiert werden. Mithin könne das Beitrittsverfahren nach Maßgabe des Art. 23 GG gestaltet werden; danach erst stehe ggf. die gesamtdeutsche Verfassung im Rahmen des Art. 146 GG zur Disposition.

b) Josef Isensee

Ebendiese Ausführungen provozierten den indirekten Widerspruch des zweiten Referenten, *Josef Isensee*, dessen Referat vor allem die staatsrechtlichen und staatstheoretischen Aspekte der Wiedervereinigung fokussierte. Er schloss sich *Jochen Abr. Froweins* Einschätzung an, dass die zeitgenössische Entwicklung in der DDR als Abbruch eines unvollendet gebliebenen Sezessionsversuchs zu werten sei. Er führte außerdem aus, dass die Bundesrepublik das Wiedervereinigungsgebot des Grundgesetzes nicht über das Selbstbestimmungsrecht der Deutschen in der DDR stelle.[94] Art. 146 GG gebot also *Isensee* zufolge keine Wiedervereinigung „um jeden Preis"; freilich hatten die Deutschen in der DDR für die Wiedervereinigung optiert. Ein Unterschied zu *Froweins* Referat bestand jedoch in der Beurteilung der juristischen Tragweite des Wiedervereinigungsverfahrens. Zwar schreibe das Grundgesetz keinen Weg zur Wiedervereinigung verbindlich vor, sondern zeige mit Art. 23 und Art. 146 GG zwei Alternativen auf, wobei im ersten Fall nur für die DDR Probleme der Staatensukzession aufträten, im zweiten Fall wäre bei Begründung eines neuen deutschen Staates auch die Bundesrepublik betroffen. Freilich lasse sich aus Art. 146 GG eine Aussage nur zur Verfassungsfrage, nicht auch zur Staatsfrage ableiten. Es blieb mithin im Ungewissen, ob bei einer Neukonstituierung des deutschen Staates gemäß Art. 146 GG auch ein neuer Staat entstünde oder nicht; per se lasse die Neukonstituierung des Staates dessen Bestand unberührt. Jedenfalls aber hätte eine Betätigung des Art. 146 GG zu einer neuen gesamtdeutschen Verfassung führen müssen, während nur ein Beitritt der DDR nach Art. 23 GG die Verfassungsidentität der Bundesrepublik wahrte. *Isensee* warnte in aller dem Rahmen einer Staatsrechtslehrertagung angemessenen Deutlichkeit vor der Option der Staatenfusion nach Art. 146 GG. Selbst bei weitgehender Textidentität einer neuen gesamtdeutschen Verfassung mit dem Bonner Grundgesetz sei jedenfalls die bis dato eingeführte Rechtsprechung des BVerfG obsolet. Eine legale Verfassungsablösung – dies ist der Subtext seines Referats – machte einen geordneten Übergang vom bewährten Grundgesetz in eine neue Verfassungsordnung eher unwahrscheinlich. Zudem hätte das Bonner Grundgesetz bis zum Inkrafttreten einer neuen gesamtdeutschen Verfassung als „Auslaufmodell" gegolten, mithin kaum noch Legitimationswirkung entfalten können. Abgelehnt wurde von ihm nicht zuletzt deswegen die Idee eines gemeinsamen Verfassungsplebiszits der Deutschen in Ost und West. *Isensee* plädierte mit Verve für eine voraussetzungslose Übernahme des Grundgesetzes durch die DDR; dies konnte nach Überzeugung des Referenten nur über die Beitrittslösung nach Art. 23 GG erreicht werden. Die Wiedervereinigungsklausel des Art. 146 GG werde durch den Beitritt obsolet; auch Art. 23 GG müsse dann – ebenso wie der Schlusssatz der grundgesetzlichen Präambel in der damaligen Fassung – entfallen. Sein Referat kulminierte in der These, dass die durch Art. 23 und 146 GG aufgezeigten Verfahrensalternativen inkompatibel seien. Ein „Beitritt" der DDR zur Bundesrepublik unter Vorbehalt einer späteren Verfassungsrevision falle unter Art. 146 GG; ein Aufrechterhalten des Art. 146 GG in der damaligen Fassung nach der Wiedervereinigung stelle das Grundgesetz dauerhaft zur Disposition, wodurch es seine normative Kraft einbüße. Schließlich empfahl *Isensee*, auf eine Ergänzung des Grundgesetzes um Staatszielbestimmungen oder soziale Rechte und dergleichen aus dem Argumentationsschatz der politischen Linken zu verzichten; eine Verfassung eigne sich nicht für derartige Wunschträume.

---

[94] Zum folgenden Abschnitt vgl. *Isensee*, Staatseinheit (Fn. 9), S. 39 ff.

c) Christian Tomuschat

Vordergründig befasste sich *Christian Tomuschat* in seinem Referat vor allem mit staats- und verfassungsrechtlichen Fragen, die sich aus der Anwendung von Art. 23 bzw. 146 GG ergaben.[95] Zwar nahmen diese in seinen Ausführungen tatsächlich den größten Umfang ein, allerdings zeigte sich anhand der wiederholten Hinweise auf den Grundvertrag zwischen Bundesrepublik und DDR sowie auf allgemeine völkerrechtliche Gegebenheiten seine internationalrechtliche Ausrichtung. Aus dieser Perspektive einschließlich des Grundvertrags erörterte er sogar kurz, ob nicht ein „dritter Weg" zur Wiedervereinigung durch unmittelbare diplomatische Verhandlungen zwischen Bundesrepublik und DDR möglich sei oder vielleicht doch noch die im „Zehn-Punkte-Plan" vom 28. November 1989 angeklungene „Konföderation" über Realisierungschancen verfüge. Beide Ansätze waren aber – spätestens im Zeitpunkt des Vortrags – schon von der vereinigungspolitischen Entwicklung überholt worden und entstammten vermutlich den anfänglichen Überlegungen aus der Frühphase des Vereinigungsprozesses im November/Dezember 1989.

Im Wesentlichen ging es bei *Christian Tomuschats* Vortrag darum, die von ihm zutreffend als „rudimentär" bzw. „nicht näher konkretisierten Verfahren" nach Art. 23 und 146 GG im Einzelnen auszuleuchten und damit ansatzweise Klarheit darüber zu schaffen, wie die Wiedervereinigung in verfassungsrechtlicher Hinsicht denn nun konkret ablaufen könnte. Dabei zeigte sich nach *Tomuschats* Ausführungen relativ klar, dass ungeachtet von Gegenstimmen vor allem auf der Grundlage der Arbeiten von *Ulrich Scheuner* und *Theodor Maunz* „das Verfahren des Art. 23 S. 2 GG nicht nur für die Wiederaufnahme einzelner abgespaltener Teile" wie dem Saarland in den 1950er Jahren galt, „sondern auch den jetzt anstehenden Fall der Vereinigung der beiden deutschen Staaten deckt". Damit stand er auf der Grundlage des vereinigungsrechtlichen Dualismus. Hierfür verwies er unterstützend darauf, dass das Grundgesetz zwar „in seiner Urfassung" im Jahr 1949 bloß ein „Fragment" gewesen sein mag, dass seine – möglicherweise bestehenden – Mängel aber „seit langem behoben" seien. Zudem habe der in der Bundesrepublik organisierte Teil des deutschen Volkes eine gewisse „Anhänglichkeit" an das Grundgesetz bezeugt. Insgesamt stellte er damit fest, dass „eine Verfassung mit solchen Qualitäten" sich auch „als die staatsrechtliche Grundordnung für ein vereinigtes Deutschland" eignet. Sodann setzte er sich mit den einzelnen materiellen und prozeduralen Voraussetzungen des Art. 23 GG auseinander. In welchem Verhältnis jedoch Beitrittserklärung, das In-Kraft-Setzen des Grundgesetzes und der Abschluss eines Vertrages zwischen Bundesrepublik und DDR zueinanderstanden, blieb dennoch im Nebel und fand letztlich erst in der praktischen Ausformung des Vereinigungsprozesses seine endgültige Gestalt. Hinzu kamen für den Völkerrechtler *Tomuschat* ganz unausweichlich die außenpolitischen bzw. völkerrechtlichen Vereinbarungen, für die sich mit den „Zwei-plus-Vier-Gesprächen" schon ein passender diplomatischer Rahmen gefunden hatte.[96] Zudem

---

[95] Zum folgenden Abschnitt vgl. *Tomuschat*, Wege (Fn. 9), S. 70 ff.

[96] Vgl. *Weidenfeld*, Außenpolitik (Fn. 62), S. 222 ff.; *Gerhard A. Ritter*, Hans-Dietrich Genscher, das Auswärtige Amt und die deutsche Vereinigung, 2013, S. 109 ff.; *Rödder*, Deutschland (Fn. 63), S. 227 ff.

erteilte er einer plebiszitären „Anreicherung“ von Art. 23 GG „aus systematischen Gründen“ eine Absage. Sodann kam er zu der unter dem unschönen Begriff „Draufsattel-Theorie“ diskutierten Idee, im Anschluss an den Beitritt nach Art. 23 S. 2 GG noch das Verfahren nach Art. 146 GG zu durchlaufen. Mit zwei Überlegungen sprach er sich auch gegen diese von manchem 1990 als Kompromiss favorisierte Lösung aus. Zum einen hätte das „Nebeneinanderbestehen“ von Bundestag und Bundesrat sowie Verfassunggebender Nationalversammlung einen „Legitimationskonflikt“ zur Folge gehabt, wenn nicht durch gleichzeitige Wahlen Spiegelbildlichkeit herbeigeführt würde. Zum anderen würde Art. 146 GG – in der damals geltenden Fassung – durch den Beitritt der DDR obsolet werden, so dass er nicht mehr zur Verfügung stehen würde. Durch die einheitsbedingte Verfassungsänderung, die auch Art. 146 GG betraf, blieb für das Argument der Obsoleszenz später kein Raum mehr. Schließlich sprach für den Weg über Art. 23 GG der damit verbundene Zeitgewinn, da sich Ausarbeitung und Beratung über eine neue Verfassung erübrigten. Außerdem verwies *Tomuschat* zugunsten des Weges über Art. 23 GG auf die verfassungspolitische Legitimität des Grundgesetzes sowie die nach dem Beitritt weiterhin bestehende Möglichkeit vereinigungsbedingter Verfassungsänderungen. Damit hatte er sich im Ganzen für den vereinigungsrechtlichen Dualismus ausgesprochen und Art. 23 GG als die mit Abstand vorzugswürdige Alternative bezeichnet.

d) Albrecht Randelzhofer

Das abschließende Referat von *Albrecht Randelzhofer* befasste sich mit dem Verhältnis zwischen dem Prozess der deutschen Einheit und dem damaligen europäischen Gemeinschaftsrecht. Dabei trat vor allem die Frage auf, wie sich eine Wiedervereinigung auf das Schicksal der deutschen Mitgliedschaft in der damaligen Europäischen Gemeinschaft (EG) sowie auf seine Rechte und Pflichten nach dem EWG-Vertrag auswirken würde.[97] Zunächst meinte *Randelzhofer* ein „Spannungsverhältnis“ zwischen Wiedervereinigungsgebot und dem Ziel eines vereinten Europas auszumachen. Allerdings stand kaum zu erwarten, dass die Bemühungen um die deutsche Einheit aus Gründen gemeinschaftsrechtlicher Rücksichtnahme eingestellt oder auch nur verzögert würden. Zudem war ein schonender Ausgleich zwischen den beiden im Konflikt miteinander stehenden Staatszielen auch keineswegs ausgeschlossen. Die Relevanz des europäischen Gemeinschaftsrechts führte er im Hinblick auf eine deutsche Wiedervereinigung vor allem auf die beim berühmt-berüchtigten Straßburger EG-Gipfel vom Dezember 1989[98] formulierte Erklärung der Mitgliedstaaten zurück. Deren Anforderungen waren jedoch leichter zu erfüllen, als es zunächst den Eindruck gemacht hatte. Im engeren vereinigungsrechtlichen Sinn wandte er sich sodann der Frage zu, wie sich ein Beitritt der DDR zur Bundesrepublik nach Art. 23 GG auf das europäische Gemeinschaftsrecht sowie auf das Völkerrecht auswirken würde. Der ansonsten als Alternative angesehene Weg zur Einheit über

[97] Zum folgenden Abschnitt vgl. *Randelzhofer*, Einheit (Fn. 9), S. 101 ff.

[98] Z. B. *Helmut Kohl*, Erinnerungen 1982–1990 (Bd. 2), 2005, S. 1011 ff.; *Weidenfeld*, Außenpolitik (Fn. 62), S. 89; *Hans-Peter Schwarz*, Helmut Kohl, 2012, S. 56 f.; eingehend dazu Gehler/Graf (Hrsg.), Europa und die deutsche Einheit, 2017.

Art. 146 GG wurde dagegen in *Randelzhofers* Ausführungen nur am Rande erwähnt.[99] Dies lässt schon allein Rückschlüsse darauf zu, welche geringen Realisierungschancen er dem Weg über Art. 146 GG offenbar einräumte. Seine gemeinschaftsrechtliche Analyse fiel überraschenderweise relativ knapp aus. Offenbar war er bemüht, die anstehenden internationalrechtlichen Fragen möglichst umstandslos auf völkerrechtliches Gebiet zu führen. So setzt er sich kurz mit Art. 227 EWGV (heute: Art. 52 EUV) auseinander, der den räumlichen Geltungsbereich des EG- bzw. EU-Rechts bestimmte. Dabei nahm *Randelzhofer* zwar zunächst Bezug auf zwei Fälle, in denen sich das Staatsgebiet von Mitgliedstaaten erweitert[100] bzw. zwei andere, in denen sich das Staatsgebiet von Mitgliedstaaten reduziert hatte.[101] Allerdings verfolgt er diesen gemeinschaftsrechtlichen Ansatz unter Verweis auf „spezifische Besonderheiten" dieser vier Fälle nicht weiter und wendete sich stattdessen dem Recht der Staatensukzession zu. Dass er das Gemeinschaftsrecht auf so knappe Weise abhandeln konnte und stattdessen das Völkerrecht zur Anwendung brachte, wäre nach dem heutigen Stand der Integration und des EU-Rechts wahrscheinlich nicht mehr möglich. Zwar war auch schon 1990 von einer „politischen Integration Europas" die Rede, allerdings war das Eigengewicht des damaligen Europarechts – ohne Binnenmarkt, ohne Schengen-Raum, ohne Dubliner Abkommen – offenbar nicht groß genug. Es fehlte in der damaligen europäischen Entwicklung nicht nur an den Verträgen von Maastricht (1992) und Amsterdam (1996), sondern vor allem am nachwirkenden Konstitutionalisierungsprozess, der später seinen Niederschlag im Lissabonner Vertrag von 2007/2009 finden sollte. Das Europarecht hinter sich lassend diskutierte sein Referat die Fragen der Gebietserweiterung der Bundesrepublik infolge eines Beitritts zunächst unter dem Gesichtspunkt der „beweglichen Vertragsgrenzen", um sodann auf die allgemeinen völkerrechtlichen Folgen der Staatensukzession nach einer Inkorporation zu sprechen zu kommen. Da sich 1990 kein verbindliches Völkervertragsrecht hierzu fand, führte *Randelzhofer* unter Rückgriff auf das damalige Völkergewohnheitsrecht aus, dass jedenfalls die völkerrechtlichen Verträge des Staates, in den sich ein anderen inkorporiert, „fortbestehen und sich auf das eingegliederte Gebiet" erstrecken. Schließlich deutete er im Hinblick auf das europäische Gemeinschaftsrecht noch an, dass ein Beitritt nach Art. 23 GG im Hinblick auf die Gemeinschaftstreue nach Art. 5 EWGV[102] als vorzugwürdig anzusehen sei. Denn durch eine schnelle Wiedervereinigung – so kann rückblickend vermutet werden – bestand schon bald wieder Raum, um sich der Fortführung der europäischen Einigung zu widmen. Tatsächlich erwies sich die deutsche Wiedervereinigung von 1990 zusammen mit weiteren Auswirkungen der Wende von 1989 als wesentlicher Beschleunigungsfaktor für die in den 1990er Jahren einsetzende Erweiterung und Vertiefung der europäischen Integration. Ungeachtet verschiedener Konfliktlagen gemeinschafts- und völkerrechtlicher Art sprach sich *Randelzhofer*

---

[99] Lediglich *Randelzhofer*, Einheit (Fn. 9), S. 116 (Fn. 39).

[100] I.e. St. Pierre und Miquelon für Frankreich (1976) sowie das Saarland für Deutschland (1956), vgl. *Randelzhofer*, Einheit (Fn. 9), S. 107.

[101] I.e. Grönland für Dänemark (1984) sowie Algerien für Frankreich (1962); vgl. *Randelzhofer*, Einheit (Fn. 9), S. 107 f.

[102] Heute: Loyale Zusammenarbeit, Art. 4 Abs. 3 EUV.

zum Abschluss zugunsten einer Vereinigung nach Art. 23 GG aus, da hierdurch vor allem „die EWG-Mitgliedschaft der Bundesrepublik Deutschland in ihrer Substanz unberührt" bleibe.

e) Die Aussprache der Tagung

Nimmt man die nach den Referaten erfolgte Aussprache als Gradmesser dafür, wie intensiv und engagiert die Mitglieder der VDStRL die mit der Sondertagung verbundenen Möglichkeiten angenommen haben, so zeigt sich, dass die Sondertagung und die Themenwahl des Vorstands mit insgesamt 39 Wortmeldungen, die auf mehr als 70 Seiten dokumentiert wurden, eine herausragende Resonanz erhielt.[103] Zunächst kamen in der Aussprache Fragen der Staatensukzession, insbesondere der Nachfolge in völkerrechtliche Verträge der DDR, sodann zum Fortbestand der Oder-Neiße-Grenze zur Sprache. *Jochen Abr. Frowein*[104] bekräftigte hierbei seinen Standpunkt, die Annexion der deutschen Gebiete östlich von Oder und Neiße sei bereits spätestens 1947 einseitig durch Polen bzw. die Sowjetunion erfolgt; die Bundesrepublik habe dies mit den Verträgen von Moskau und Warschau anerkannt. Auch die Frage nach der Staatensukzession stelle sich nicht generell, sondern lediglich für die DDR. Zu den staatsrechtlichen Problemen der Wiedervereinigung nahm *Josef Isensee* in einer ausführlichen Schlussbemerkung Stellung.[105] Die Bundesrepublik gebe der DDR das Beitrittsverfahren nicht vor, verlange lediglich eine Entscheidung des Staatsvolks der DDR in freier Selbstbestimmung. Die Option für Art. 23 GG dürfe mithin nicht in der Weise missverstanden werden, dass die Maßstäbe des Grundgesetzes auf die inneren Willensbildungsprozesse Ost-Berlins erstreckt werden dürften. Freilich habe sich die DDR-Verfassung von 1974, der zufolge eine Beitrittserklärung der DDR zur Bundesrepublik rechtswidrig wäre, durch Revolution erledigt, so dass innerhalb der DDR nunmehr neue Verfassungsgrundlagen geschaffen werden müssten, um den Wunsch der Bevölkerung nach staatlicher Einheit umzusetzen. Die materielle Verfassung der DDR beruhe nunmehr auf den drei Grundprinzipien: Abkehr von der Separation, von der sozialistischen Parteioligarchie sowie von der sozialistischen Wirtschaftsverfassung. Aus bundesdeutscher Sicht habe die DDR einen Anspruch auf Aufnahme in den bundesdeutschen Staatsverband; hierüber finde nach dem Grundgesetz keine Volksabstimmung statt. Dadurch müssten freilich die Deutschen in der DDR das Grundgesetz so akzeptieren, wie es zum Zeitpunkt des Beitritts gilt. *Isensee* wandte sich nochmals gegen Versuche, zwischen Art. 23 GG und Art. 146 GG einen „dritten Weg" des Beitrittsverfahrens zu konstruieren. Insbesondere dürfe nicht unterstellt werden, dass das Grundgesetz wegen seines Zustandekommens auf Betreiben der westlichen Besatzungsmächte im Kern illegitim sei. Schließlich gab *Isensee* zu bedenken, dass man den Volksbegriff im Sinne eines politischen Paradigmas strikt nach den Grundsätzen eines repräsentativen Parlamentarismus verstehen müsse, nicht als Passepartout partikularer politischer Interessen. Die eigentliche Gegenposition zu *Isensee* ver-

---

103 VVDStRL 49 (1990), S. 125 bis 198.

104 Zum folgenden Abschnitt vgl. VVDStRL 49 (1990), S. 143 ff.

105 Zum folgenden Abschnitt vgl. VVDStRL 49 (1990), S. 186 ff.

trat in der Aussprache *Hans Meyer* (Frankfurt/M.). Dieser bestritt die Aussagekraft der freien Volkskammerwahl vom 18. März 1990 für die Verfassungsfrage. Sodann erläuterte er seine Kernthese, wonach Art. 23 GG und Art. 146 GG nicht zwei strikt alternative Verfahrenswege aufzeigten, sondern vielmehr hintereinander geschaltet werden könnten. *Meyer* sprach sich in erster Linie für ein Beitrittsverfahren nach Art. 23 GG aus, wollte jedoch die Option für einen sich anschließenden gesamtdeutschen Verfassungskonvent offen lassen.[106]

Im Ganzen zeigte sich auch bei der Aussprache der Berliner Sondertagung das gesamte Meinungsspektrum, das Mitglieder der VDStRL bereits in verschiedenen Veröffentlichungen in der Tages- und Wochenpresse sowie zunehmend auch in Fachbeiträgen publiziert hatten. Dabei fand Art. 23 GG – aus nachvollziehbaren und praktischen Gründen – die meisten Befürworter, während die „reine Lehre" einer Wiedervereinigung über Art. 146 GG zwar verschiedentlich erwähnt, aber doch kaum je als ernsthafte Alternative diskutiert wurde. Letztlich hatten viele Teilnehmer der Sondertagung erkannt, dass Art. 146 GG den Prozess der deutschen Einheit entschieden in die Länge ziehen würde und dass dadurch ihre Erfolgsaussichten insgesamt in Frage gestellt sein würden. Viele die auf Ausgleich zwischen den verschiedenen Lagern bedacht waren, sprachen sich für sog. „Draufsattel-Theorie" aus, bei der jedoch letztlich unklar blieb, ob das Grundgesetz in der damaligen Fassung sie überhaupt zulassen würde.

IV. Fazit

Als mit dem Festakt vom 3. Oktober 1990 die deutsche Einheit vollzogen wurde, war damit nicht nur ein wesentlicher Verfassungsauftrag des Grundgesetzes erfüllt worden, sondern auch eine Aufgabe zu ihrem Ende gekommen, die sich die deutsche Staatsrechtswissenschaft insbesondere im Rahmen der VDStRL selbst gestellt hatte. Unverdrossen hatte ein Großteil der Staatsrechtswissenschaft spätestens seit 1949 in schwierigen staats- und völkerrechtlichen sowie staatstheoretischen Bemühungen weitgehend an der Fiktion einer Identität bzw. Kontinuität von Bundesrepublik und Deutschem Reich festgehalten. Hierfür mag sie über viele Jahre hinweg von anderen Fachdisziplinen bisweilen belächelt worden sein. Auch in den eigenen Reihen war spätestens seit den 1980er Jahren der Anteil derer, die eine Wiedervereinigung für illusorisch hielten und den deutsch-deutschen *Status Quo* längst anerkannt hatten, stetig angewachsen. Umso größer wird vor allem im Kreis der Unentwegten, der gegen manche Widerstände und Zeitströmungen am Verfassungsgebot der Wiedervereinigung festgehalten hatte, die Genugtuung im Moment der deutschen Einheit gewesen sein. Rückblickend erscheint das Festhalten am verfassungsrechtlichen Ziel der deutschen Einheit als eine konsequente, aber eben auch normativ durch das Grundgesetz vorgegebenen Position.[107] Neben dem BVerfG, das nicht zuletzt im Grundvertrags-Urteil (1973)[108] sowie noch zwei Jahre vor der Wieder-

106 VVDStRL 49 (1990), S. 161 ff.
107 BVerfGE 36, 1 (15 f.) [1973].
108 BVerfGE 36, 1 ff. [1973].

vereinigung in der Teso-Entscheidung (1987),[109] unbeirrt an dem Ziel der deutschen Einheit festgehalten hatte, kann sich auch der überwiegende Teil der deutschen Staatsrechtswissenschaft rühmen, dieses Ziel niemals vollständig aus den Augen verloren zu haben und in dem Moment, als sich die Gelegenheit zur Wiedervereinigung bot, zur Stelle gewesen zu sein. Denn viele Mitglieder der VDStRL hatten sich im Prozess der Wiedervereinigung dazu bereitgefunden, die dahin führenden Vorgänge sowohl beratend und konzipierend als auch allgemein unterstützend zu begleiten und damit in nicht geringem Umfang inhaltlich zu prägen. Ihren Anteil daran trägt auch die VDStRL als Organisation, die in drei ihrer Tagungen in den Jahren 1954, 1979 und 1990 sich sehr eingehend mit dem rechtlichen Schicksal Nachkriegsdeutschlands auseinandergesetzt hatte. Vor allem aber, dass sie unter Anleitung eines weitsichtigen Vorstands inmitten des rasanten Einigungsprozesses nach relativ kurzem Vorlauf im April 1990 eine Sondertagung abhielt, belegt nachdrücklich die Ernsthaftigkeit ihres Bemühens um die „deutsche Frage". Hierbei bot sich in der Auseinandersetzung mit vier umfassenden Referaten die Gelegenheit, alle die Wiedervereinigung betreffenden Fragen aus staats-, völker- und gemeinschaftsrechtlicher Perspektive sowie unter rechtstheoretischem und verfassungshistorischem Blickwinkel zu beleuchten. Dass dabei – letztlich auch in einer durchaus kontroversen Aussprache „in Rede und Gegenrede" – dem Beitritt der DDR nach Art. 23 S. 2 GG zur Bundesrepublik mehrheitlich der Vorzug gegeben wurde, war nicht nur das Ergebnis einer rationalen wissenschaftlichen Diskussion, sondern erwies sich im Rückblick als die angesichts der äußeren Einflussfaktoren vielleicht allein erfolgversprechende Lösung der „deutschen Frage". Somit hatte auch die VDStRL einen maßgeblichen Anteil daran, dass die Teilung Deutschlands nach 45 Jahren überwunden werden konnte und seine Einheit vollendet wurde.

---

[109] BVerfGE 77, 137 ff. [1987].

Deutsch und Staat

Die Europäische Integration in den Tagungsthemen

Anna Katharina Mangold

I. Vier Wahrnehmungsphasen . . . 547
II. Völkerrechtliche Phase in den 1950er Jahren: Das Grundgesetz als Maßstab der europäischen Integration? . . . 548
1. Bonner Tagung 1953: Die europäische als funktionale Integration . . . 548
2. Erlanger Tagung 1959: Das Grundgesetz als Maßstab und Grenze der europäischen Integration . . . 551
a) Begriffliche Einfügung in die Staatslehre: Supranationalität und föderaler Charakter . . . 551
b) Transnationale Rechtsakte . . . 552
c) Grundrechtlicher Schutz und die äußerste Grenze der Menschenwürde . . . 552
d) Die „Ewigkeitsentscheidung" des Art. 79 Abs. 3 GG . . . 553
e) Das Demokratiedefizit . . . 554
III. Die „Kieler Welle" 1964 . . . 554
1. Die Kieler Tagung 1964 . . . 555
a) Eine zweite Verfassungsgebung auf internationaler Ebene . . . 555
b) Demokratie . . . 556
c) Der Anwendungsvorrang des Gemeinschaftsrechts . . . 557
2. Konsequenz der „Kieler Welle": Distanz der Vereinigung zur europäischen Integration . . . 557
IV. Die Spezialistenphase der 1970er und 1980er Jahre: (Fehlender) Widerhall des Integrationsprozesses in der Vereinigung . . . 558
1. Die frühe Europarechtswissenschaft außerhalb der Vereinigung . . . 558
2. Basler Tagung 1977: Der Verfassungsstaat im Geflecht der internationalen Beziehungen . . . 559
3. Grundgesetzjubiläen 1979 und 1989 . . . 559
V. Die 1990er Jahre: Das allmähliche Erwachen der Staatsrechtslehre aus dem europarechtlichen Dornröschenschlaf . . . 561
1. Die Umweltverträglichkeitsprüfung und das europäisierte Umweltrecht . . . 561
2. Die Wiedervereinigung und die Sichtbarkeit des *acquis communautaire* . . . 562
3. Der Vertrag von Maastricht . . . 562
4. Seit 1997: Gesprächskreis Europäisches Verfassungsrecht . . . 564
VI. Die letzten zwanzig Jahre: Das europäisierte deutsche öffentliche Recht . . . 564

Die Europäische Integration hat die Entwicklung des bundesrepublikanischen Rechts von Beginn an begleitet: 1950 wurde die Europäische Gemeinschaft für Kohle und Stahl (EGKS) gegründet,[1] die vor allem die Erzfeinde Deutschland und Frankreich zusammenbringen und durch Vergemeinschaftung kriegswichtiger Industrien einen weiteren Kampf zwischen den benachbarten Staaten im Herzen Europas verhindern sollte. Nachdem 1954 das Projekt eines Europäischen Verteidigungsgemeinschaft (EVG) mit flankierender Europäischer Politischer Gemeinschaft (EPG) gescheitert war,[2] gründeten die sechs Mitgliedstaaten der EGKS 1957 die Europäische Atomgemeinschaft (EURATOM)[3] und die Europäische Wirtschaftsgemeinschaft (EWG),[4] die wie zuvor bereits die sektorale EGKS auf die Idee einer Wirtschaftsintegration der Mitgliedstaaten setzte, nun aber auf alle Wirtschaftszweige erweitert.

Im ersten Jahrzehnt des Bestehens der Bundesrepublik Deutschland wurden also zugleich die maßgeblichen Integrationsschritte hin zu einem vereinten Europa unternommen. Die Bundesrepublik war von Beginn an zentrale Akteurin bei diesen Projekten, einer von sechs Gründungsmitgliedstaaten. Ja, die Mitwirkung in diesen Gemeinschaften erlaubte es Deutschland überhaupt, sich nach dem Zweiten Weltkrieg so rasch wieder auf internationales Parkett zu begeben und diplomatisch in Europa einen echten Neuanfang zu machen.[5] Die Bereitschaft Frankreichs und der Benelux-Staaten, mit Deutschland und Italien kurz nach dem Zweiten Weltkrieg und dem Holocaust derartig enge Kooperationen einzugehen, verblüfft selbst dann, wenn man die Blockteilung der Welt im Kalten Krieg schon in den 1950er Jahren berücksichtigt.

Vor diesem zeithistorischen Hintergrund ist der Bundesrepublik Deutschland völlig zutreffend eine „offene Verfassungsstaatlichkeit" zugeschrieben worden.[6] Die Staatlichkeit der Bundesrepublik entwickelte sich gerade in ihrer Einbettung in die europäischen Gemeinschaften. Von einem rein deutschen öffentlichen Recht – sei es Verfassungs- oder Verwaltungsrecht – kann seit der Gründung der Republik eigentlich gar keine Rede sein. Gleichwohl herrschte in der Wissenschaft vom öffentlichen Recht wie auch in den ande-

---

[1] Zeitgenössische rechtswissenschaftliche Einordnung bei *Hermann Mosler*, Der Vertrag über die Europäische Gemeinschaft für Kohle und Stahl – Entstehung und Qualifizierung, ZaöRV 14 (1951/52), S. 1–45.

[2] Zur EVG: *Paul Noack*, Das Scheitern der Europäischen Verteidigungsgemeinschaft, 1977; *Edward Fursdon*, The European Defence Community, 1980. Zur EPG: *Peter Fischer*, Die Bundesrepublik und das Projekt einer Europäischen Politischen Gemeinschaft, in: Herbst/Bührer/Sowade (Hrsg.), Vom Marshallplan zur EWG, 1990, S. 279–298.

[3] *Peter Weilemann*, Die Anfänge der Europäischen Atomgemeinschaft, 1983.

[4] *Hanns J. Küsters*, Die Gründung der Europäischen Wirtschaftsgemeinschaft, 1982; *Hans R. Krämer*, Die Europäische Wirtschaftsgemeinschaft: Texte zu ihrer Entstehung und Tätigkeit, 1965.

[5] Das Auswärtige Amt etwa wurde erst 1951 – je nach Verständnis neu oder wieder – begründet, weil das Besatzungsstatut Deutschland eine unabhängige und eigene Außenpolitik untersagte, vgl. *Hanns J. Küsters*, Der Streit um Kompetenzen und Konzeptionen deutscher Europapolitik 1949–1958, in: Herbst/Bührer/Sowade (Hrsg.), Vom Marshallplan zur EWG (Fn. 2), S. 335 (336).

[6] Grundlegend: *Klaus Vogel*, Die Verfassungsentscheidung des Grundgesetzes für eine internationale Zusammenarbeit, 1964; *Stephan Hobe*, Der offene Verfassungsstaat zwischen Souveränität und Interdependenz, 1998; *Rainer Wahl*, Internationalisierung des Staates, in: FS für Alexander Hollerbach, 2001, S. 193. Ähnlich auch *Christian Tomuschat*, Der Verfassungsstaat im Geflecht der internationalen Beziehungen, VVDStRL 36 (1977), S. 7 (16): „Interdependenz als rechtlicher Normalzustand".

ren rechtswissenschaftlichen Teildisziplinen lange Zeit eine Vorstellung der Zweiteilung von deutschem Recht hier, Europarecht dort.[7] Diese hintergründige Vorstellung führte zur Behandlung des Europarechts als etwas vom deutschen Recht Geschiedenen, von ihm kategorial und strukturell Getrennten. Erst seit ungefähr 1990 gelangte die europäische Integration überhaupt in den Fokus der Wissenschaft vom öffentlichen Recht. Gleichwohl hat die Vereinigung deutscher Staatsrechtslehrer die europäische Integration auch zuvor nicht völlig unberücksichtigt gelassen.[8] Seit der Jahrtausendwende nun ist die Einbettung der nationalen deutschen Rechtsordnung in den unionsrechtlichen Rechtsverbund als Faktum akzeptiert, wird sie auch je nach theoretischem und politischem Ausgangspunkt begrüßt oder kritisiert.

Der Beitrag gibt zunächst einen knappen Überblick über die Phasen der Wahrnehmung der europäischen Integration in der deutschen Rechtswissenschaft und auf den Jahrestagungen der Vereinigung (I.) und schreitet dann chronologisch voran (II. bis VI.).

I. Vier Wahrnehmungsphasen

Allgemein lassen sich für die Befassung der deutschen Rechtswissenschaft mit dem europäischen Gemeinschaftsrecht vier aufeinander folgende Phasen ausmachen:[9]

(1) die völkerrechtliche Phase,
(2) die Spezialistenphase,
(3) die Phase des Erwachens und
(4) die Phase des allgegenwärtigen Bezuges auf das europäische Gemeinschafts- bzw. Unionsrecht.

Diese vier Phasen lassen sich auch für die Diskussionen auf den Jahrestagungen der Vereinigung nachzeichnen, und so ist auch die folgende Darstellung gegliedert. Folgende Phasen werden unterschieden: Die 1950er (II.) und 1960er Jahre (III.) sind gekennzeichnet von einer freundlich-distanzierten Begleitung des Integrationsprozesses in der Vereinigung, die das Thema zwar streifte, aber als völkerrechtlich einordnete und deshalb als etwas vom nationalen Recht scharf Getrenntes behandelte. Die 1970er und 1980er Jahre (IV.) zeichnen sich wesentlich durch den weitgehend fehlenden Widerhall der europäischen Integration in den Diskussionen der Vereinigung aus, die europäische Integration blieb einigen wenigen Spezialisten außerhalb der Tagungen der Vereinigung überlassen. Im Laufe der 1990er Jahre (V.) erwachte die Staatsrechtslehre allmählich aus ihrem Dornröschenschlaf, was sich allmählich auch in den Tagungsthemen niederschlug. In den letzten zwanzig Jahren (VI.) ist die Relevanz der gemeinschafts- bzw. unionsrechtlichen Einbettung des nun europäisierten deutschen öffentlichen Rechts stets präsent.

---

[7] *Anna Katharina Mangold*, Gemeinschaftsrecht und deutsches Recht, 2011, passim.

[8] Einen Überblick gibt schon *Hans Peter Ipsen*, 50 Jahre deutsche Staatsrechtswissenschaft im Spiegel der Verhandlungen der Vereinigung der Deutschen Staatsrechtslehrer: II. Die Verhandlungen von 1949 (Heidelberg) bis 1971 (Regensburg), AöR 97 (1972), S. 375 (393–397).

[9] *Mangold*, Gemeinschaftsrecht und deutsches Recht (Fn. 7), S. 232ff.

Aus historischem Interesse sollen die älteren Debatten über die europäische Integration stärker im Fokus stehen als die jüngeren Entwicklungen. Die Versuche der Erfassung der seinerzeit neuen rechtlichen Phänomene der europäischen Integration in völkerrechtlich-supranationalen Gemeinschaften ist von eigenem wissenschaftshistorischem Wert jenseits der Vereinigungsgeschichte. Denn es wird sich immer wieder zeigen, dass vermeintlich junge Konzepte in Wahrheit bereits in den 1950er und 1960er Jahren diskutiert wurden. Ob dabei „*Pfadabhängigkeiten*"[10] rechtlicher Argumentationen und theoretischer Konzeptionen der europäischen Integration begründet wurden, ist eine leitende Fragestellung dieses Beitrages – vieles spricht dafür.

II. Völkerrechtliche Phase in den 1950er Jahren: Das Grundgesetz als Maßstab der europäischen Integration?

Bereits kurz nach ihrer Wiedergründung 1949[11] begann die Vereinigung, sich mit den völkerrechtlichen Entwicklungen der europäischen Einigung zu befassen. Bemerkenswert ist das Ringen um die Interpretation des noch jungen Bonner Grundgesetzes einerseits, die theoretische wie dogmatische Erfassung des völkerrechtlich doch besonderen und innovativen Vorganges der Staatenzusammenschlüsse in den europäischen supranationalen Gemeinschaften andererseits. Schon auf der Bonner Tagung 1953 ging es um die Auswärtige Gewalt der Bundesrepublik und, wenn auch eher am Rande, um die EGKS und EVG (1.). Vertiefter befasste sich die Vereinigung dann auf der Erlanger Tagung 1959 mit der Ausübung öffentlicher Gewalt durch internationale Staatengemeinschaften (2.). Die Zugriffe dieser Tagungen sind stark völkerrechtlich geprägt,[12] weshalb sie hier als „völkerrechtliche Phase" bezeichnet werden.

1. Bonner Tagung 1953: Die europäische als funktionale Integration

Ganz en passant erwähnte *Wilhelm Grewe* 1953 auf der Bonner Tagung zum Thema „Die auswärtige Gewalt der Bundesrepublik" die Montanunion und die damals gerade diskutierte EVG.[13] Der deutlich anregendere und zukunftsweisende Vortrag *Eberhard Menzels* hingegen benannte die europäische Integration und das mit ihr verbundene „integrations-

---

[10] *Douglass C. North*, Institutions, Institutional Change and Economic Performance, Cambridge 1990; für das Recht: *Rainer Wahl*, Entwicklungspfade im Recht, JZ 68 (2013), S. 369.

[11] Eindrucksvoll und berührend die Eröffnungsrede des Alterspräsidenten *Richard Thoma* bei der Heidelberger Tagung im Oktober 1949, VVDStRL 8 (1949), S. 1 ff.

[12] Ebenso *Michael Stolleis*, Geschichte des öffentlichen Rechts in Deutschland, Bd. 4 (1945–1990), 2012, S. 609.

[13] *Wilhelm Grewe*, Die auswärtige Gewalt der Bundesrepublik, VVDStRL 12 (1953), S. 129 (141): „... werde ich mich damit begnügen, die Fragestellungen erwähnt zu haben. Ihre Vertiefung würde den Rahmen dieses Referates sprengen und uns zudem wieder in das Dickicht des großen Verfassungsstreites über die Verträge zurückführen." (Mit Verweis in Fn. 12 auf *Scheuner* und *Abendroth* als zwei gegensätzliche Positionen zu den Verträgen.)

rechtliche Problem" als zentrale Herausforderung für ein Verständnis der auswärtigen Gewalt der Bundesrepublik.[14]

Eberhard Menzel unterschied zwischen mittelbarer Integration, also der zwischenstaatlichen Zusammenarbeit bei gleichzeitiger Beibehaltung voller staatlicher Souveränität,[15] und unmittelbarer Integration, welche auf Überwindung der staatlichen Souveränität gerichtet sei[16]. Für die unmittelbare Integration beschrieb *Eberhard Menzel* hellsichtig die unterschiedlichen Integrationsarten:

„Ob sich diese [unmittelbare] Integration dann auf dem ‚verfassungsrechtlichen' Weg vollzieht, d.h. durch die Schaffung einer umfassenden neuen politisch-organisatorischen Ordnung, oder ob die Taktik des ‚functional approach' gewählt wird, d.h. die stufen- und bereichsweise Zusammengliederung durch Errichtung von Teilgemeinschaften – wie etwa die Montan-Union oder die EVG – ist dann nur eine Zweckmäßigkeitsfrage."[17]

Aus heutiger Perspektive stellt sich diese Bewertung unter Demokratiegesichtspunkten ambivalent und keineswegs als reine Zweckmäßigkeitsfrage dar. Es macht in demokratischen Systemen einen Unterschied, auf welchem Wege Integrationsentscheidungen getroffen werden. Erstaunlich ist, dass diese demokratietheoretischen Implikationen nicht deutlich adressiert wurden, sondern stattdessen eine funktionale Betrachtungsweise gewählt wurde, die auch dem politikwissenschaftlichen Ansatz des sog. *spill over* zugrunde lag, offenbar in den 1950er Jahren eine disziplinübergreifend verbreitete Deutung des Integrationsprozesses.[18]

Zu den Anfängen der europäischen Integration gehört der Streit um die Wiederbewaffnung der Bundesrepublik kurz nach dem Ende des Zweiten Weltkrieges,[19] an dem sich auch Staatsrechtslehrer intensiv mit Gutachten beteiligt hatten. *Eberhard Menzel*

---

[14] *Eberhard Menzel*, Die auswärtige Gewalt der Bundesrepublik, VVDStRL 12 (1953), S. 179, ausführlich dann S. 209ff.

[15] *Menzel*, Gewalt (Fn. 14), S. 210: „Dies[e Integration, AKM] kann einmal dadurch geschehen, daß eine gemeinsame Rechtsordnung auf dem Wege der Parallelgesetzgebung hergestellt wird. Dabei tritt keine Änderung der verfassungsrechtlichen Struktur und kein grundlegender Wandel in den Formen der auswärtigen Beziehungen ein."

[16] *Menzel*, Gewalt (Fn. 14), S. 210: „Sie [die unmittelbare Integration] greift das isolierte Dasein der Staaten an und versucht, sie zur Aufgabe ihrer Souveränität zu bewegen. Sie hat unmittelbar verfassungsrechtlichen Charakter, weil sie rein organisatorisch die Überwindung der bisherigen Staatlichkeiten zugunsten der Errichtung eines neuen politischen Verbandes anstrebt."

[17] *Menzel*, Gewalt (Fn. 14), S. 211.

[18] In der Politikwissenschaft gilt *Ernst B. Haas*, The Uniting of Europe: Political, Social and Economical Forces 1950–1957, London, 1958, als Begründer des Konzepts der funktionellen Integration in den Europastudien.

[19] *Bundeskanzler Adenauer* hatte bereits 1949 bewusst die Wiederbewaffnung Deutschlands in zwei Zeitungsinterviews angesprochen, u.a. am 3.12.1949 in einem Interview mit dem *„Cleveland Plain Dealer"*, einer amerikanischen Provinzzeitung, von der bekannt war, dass Präsident *Harry Truman* sie las. Der französische Außenminister *Robert Schuman* wandte sich in der französischen „Kommission für auswärtige Angelegenheiten" sogleich am 7.12.1949 umgehend entschieden gegen solche Pläne, vgl. *Raymond Poidevin*, Die europapolitischen Initiativen Frankreichs des Jahres 1950 – aus einer Zwangslage geboren?, in: Herbst/Bührer/Sowade (Hrsg.), Vom Marshallplan zur EWG (Fn. 2), *S.* 257 (259). Der *Schumann*-Plan für die europäische Montanunion kann als Taktik zur Verhinderung der deutschen Wiederbewaffnung gedeutet werden. Ausführlicher zu den komplexen Zusammenhängen *Mangold*, Gemeinschaftsrecht und deutsches Recht (Fn. 7), S. 37ff.

erwähnte den heftigen Streit um die EVG nur beiläufig.[20] Er warf die zentrale Frage der verfassungsrechtlichen Legitimation der EPG auf, eine Frage, die durch die funktionale Integrationsart der sektoralen EGKS bislang „etwas verdeckt" worden sei.[21] Die Feststellung, dass das Bonner Grundgesetz, „selbst nur ein Provisorium", diesen Fall nicht explizit regle, könne nicht überraschen, denn: „Keine Verfassung faßt den Untergang des eigenen Staates ins Auge."[22] Die Lösung müsse darin bestehen, Urwahlen zu einer europäischen *pouvoir constituant* in den Mitgliedstaaten abzuhalten.[23]

In der Aussprache wurde die Montanunion erwähnt, aber nicht ausführlich diskutiert.[24] Der Vortrag von *Eberhard Menzel* fand in seinen Bezügen auf die europäische Integration überraschend wenig Widerhall.[25] Ausführlicher setzte sich *Friedrich Klein* primär bezogen auf *Wilhelm Grewes* Vortrag mit der Frage auseinander, ob die „Integrationsgewalt" überhaupt Teil der Auswärtigen Gewalt sei.[26] *Eberhard Menzel* wiederum ergriff die Gelegenheit seines Schlusswortes und hob den „doppelten Charakter" der Integrationsverträge hervor: „Sie sind einerseits noch echte völkerrechtliche Verträge und unterliegen insoweit den hierfür ausgeprägten allgemeinen Regeln, andererseits stellen sie sich auch als Akte eines werdenden Verfassungsrechts dar und haben dieser besonderen Lage Rechnung zu tragen."[27] *Eberhard Menzel* arbeitete also schon 1953 den verfassungsrechtlichen Kern der europäischen Integrationsverträge heraus – denkwürdig vom Standpunkt des Ringens um den verfassungsrechtlichen Charakter des unionalen Primärrechts seit der Jahrtausendwende.[28] *Eberhard Menzel* wies in seinem Schlusswort auch auf die Bedeutung teleologischer Auslegung der Integrationsverträge hin – sogar Verstöße gegen die Verträge könnten dem Integrationsziel förderlich sein,[29] und nahm damit die zentrale Rolle der teleologischen Interpretation in der Rechtsprechung des EuGH vorweg.[30]

---

20 *Menzel*, Gewalt (Fn. 14), S. 211.

21 *Menzel*, Gewalt (Fn. 14), S. 215.

22 *Menzel*, Gewalt (Fn. 14), S. 216.

23 *Menzel*, Gewalt (Fn. 14), S. 216.

24 Diskussionsbeiträge von *Karl Gottfried Hugelmann*, VVDStRL 12 (1953), S. 234: Fiktion, dass die Bundesrepublik ein Staat sei, der mit anderen Staaten in auswärtigen Beziehungen stehe; *Erich Kordt*, VVDStRL 12 (1953), S. 250: „Übertragung von Hoheitsrechten der Länder auf supranationale Organisationen", die „ja immerhin eine Art von Gesetzgebungsrecht" ausübten.

25 *Hermann Mosler* beizieht sich ausführlich auf *Menzels* Ansichten und setzt sich kritisch, aber wertschätzend mit dessen Auffassungen auseinander, nicht jedoch mit den Ausführungen zur europäischen Integration, Diskussionsbeitrag, VVDStRL 12 (1953), S. 239. Das überrascht insoweit, als *Mosler* führender Experte auf dem Gebiet war, vgl. *Mosler*, Der Vertrag über die EGKS (Fn. 1), denn *Mosler* hatte selbst der deutschen Verhandlungsdelegation zur EGKS angehört, *Anne Boerger-de Smedt*, La Cour de Justice dans les négociations du traité de Paris instituant la CECA, JEIH 2008, H. 2, S. 7 (8).

26 *Friedrich Klein*, Diskussionsbeitrag, VVDStRL 12 (1953), S. 227 ff.

27 *Eberhard Menzel*, Schlusswort, VVDStRL 12 (1953), S. 253.

28 Grundlegend von Bogdandy/Bast (Hrsg.), Europäisches Verfassungsrecht, 1. Aufl. 2003, 2. Aufl. 2009, 3. Aufl. geplant für 2022. Zum Scheitern des Europäischen Verfassungsvertrages 2005 und dem Ende der Verfassungsrhetorik luzide *Haltern*, Europarecht Bd. I, 3. Aufl. 2017, S. 100 ff.

29 *Menzel*, Gewalt (Fn. 14), S. 253: „Integrationsverträge haben also die Eigentümlichkeit, daß Verstöße gegen den Vertragsinhalt dann nicht als Vertragsbruch gelten, wenn sie dem Integrationsziel dienen."

30 *Mangold*, Gemeinschaftsrecht und deutsches Recht (Fn. 7), S. 155 ff. m. w. N.

2. *Erlanger Tagung 1959: Das Grundgesetz als Maßstab und Grenze der europäischen Integration*

1959 in Erlangen ging es um das Thema „Das Grundgesetz und die öffentliche Gewalt internationaler Staatengemeinschaften" mit Referaten von *Georg Erler* und *Werner Thieme*.[31] Kennzeichnend ist für beide Referate das Ringen um die Vereinbarkeit von Grundgesetz und Gemeinschaftsrecht. Interessant sind die Vorträge, weil sie wesentliche Argumentationstopoi vordenken, die auch heute noch relevant sind in den Debatten über den europäischen Einigungsprozess. Im Ergebnis sprachen sich beide Referenten für das Grundgesetz als Maßstab und Grenze der europäischen Integration aus,[32] was *Ipsen* spöttisch zusammenfasste, in Erlangen sei „das Gebot struktureller Homogenität zwischen Staatsverfassung und Gemeinschaftsverfassung recht einmütig postuliert" worden.[33]

a) Begriffliche Einfügung in die Staatslehre: Supranationalität und föderaler Charakter

Werner Thieme begann seinen Bericht[34] mit einer bis heute hilfreichen Klarstellung:

> „Der Vergleich kann aus verschiedener Sicht erfolgen, einerseits aus der Sicht der Gemeinschaften, andererseits aus der Sicht des Staates. Es kann gefragt werden, wie die Organe der Gemeinschaften Kollisionsfälle ihrer Rechtsordnung mit dem GG lösen, und es kann gefragt werden, wie die staatlichen Organe sich in solchen Kollisionsfällen verhalten."[35]

Georg Erler hingegen näherte sich dem Thema zunächst in den Begrifflichkeiten einer Allgemeinen Staatslehre.[36] Von der Ausübung öffentlicher Gewalt der Besatzungsmächte führte ihn ein überraschend direkter Weg zu den Staatengemeinschaften von Montanunion, EWG und Euratom.[37] Er untersuchte den neuartigen „supranationalen" Charakter dieser Staatenverbindungen[38] und führte den föderalen Vergleich ein, indem er den Bundestaat als „Leitmodell einer supranationalen Gemeinschaft mit einer gestuften Hierarchie von Macht und Rechten" bezeichnete.[39] Auch wenn *Georg Erler* die in diesem Zusammenhang wichtige Theorie des Bundes aus *Carl Schmitts* Verfassungslehre von 1928 an dieser Stelle noch nicht[40] zitierte,[41] so sind seine Erwägungen doch sehr ähnlich

---

[31] Dazu der Tagungsbericht von *Karl Zeidler*, DVBl. 1960, S. 17.

[32] *Georg Erler*, Schlusswort, VVDStRL 18 (1959), S. 111: „äußerste Rückzugslinien des Staates zu finden und zu sichern"; *Werner Thieme*, Schlusswort, VVDStRL 18 (1959), S. 110: „Staatsrecht ist, auch soweit es sich um die auswärtige Gewalt handelt, von innen zu sehen, und dann ergeben sich Schranken."

[33] *Ipsen*, Deutsche Staatsrechtswissenschaft im Spiegel der VVDStRL (1949–1971) (Fn. 8), S. 395.

[34] *Werner Thieme*, Das Grundgesetz und die öffentliche Gewalt internationaler Staatengemeinschaften, VVDStRL 18 (1959), S. 50.

[35] *Thieme*, Grundgesetz (Fn. 34), S. 51.

[36] *Georg Erler*, Das Grundgesetz und die öffentliche Gewalt internationaler Staatengemeinschaften, VVDStRL 18 (1959), S. 7.

[37] *Erler*, Grundgesetz (Fn. 36), S. 13.

[38] *Erler*, Grundgesetz (Fn. 36), S. 15 f.

[39] *Erler*, Grundgesetz (Fn. 36), S. 16; ähnlich *Thieme*, Grundgesetz (Fn. 34), S. 68: „Charakter eines Bundesstaates".

[40] Dieser Verweis erfolgt dann explizit *Erler*, Grundgesetz (Fn. 36), S. 38 Fn. 58, s. sogleich Fn. 55.

[41] *Carl Schmitt*, Verfassungslehre, 1928 (unveränd. Nachdruck 1957), § 29 „Grundbegriffe einer Ver-

und insgesamt an die in den Weimarer Debatten geprägten föderalen Begrifflichkeiten angelehnt,[42] etwa wenn es um den Bundeszwang geht, der bei den supranationalen Gemeinschaften „nur ganz unvollkommen ausgebildet" sei,[43] oder um das kollisionsrechtliche Verhältnis des Gemeinschaftsrechts zum mitgliedstaatlichen Recht.[44] *Georg Erler* sprach sich für eine ungeteilte Souveränitätslehre auch unter Bedingungen der europäischen Integration aus, die er als „Geschlossenheit der einheitlichen Staatsgewalt" auf den Punkt bringt.[45]

b) Transnationale Rechtsakte

Die Direktwirkung der Akte der europäischen Gemeinschaften bezeichnete *Georg Erler* im Anschluss an *Philip Jessups* Begriffsprägung[46] als „transnational":[47]

> „Dieses ‚transnationale' Recht hat die Eigenart, daß es aus völkerrechtlicher Quelle stammt, nicht aber Beziehungen von Staat zu Staat regelt, sondern Beziehungen, wie sie üblicherweise zwischen einem Staat und seinen Staatsangehörigen bestehen."[48]

c) Grundrechtlicher Schutz und die äußerste Grenze der Menschenwürde

Für den Schutz der Grundrechte hob *Werner Thieme* hervor, diese gälten in allen sechs Mitgliedstaaten und seien deswegen „Ausdruck einer gemeinsamen Rechtsüberzeugung".[49] Auch *Georg Erler* trieb um, ob den Bürger(innen) der Bundesrepublik grundrechtlicher Schutz und verfahrensrechtliche Rechtsschutzgarantien gegen diese Akte zustünden[50] und musterte dann verschiedene individualschützende Normen in einiger Gründlichkeit durch, bis hin zum Diskriminierungsverbot wegen der Staatsangehörigkeit und dem Anspruch auf gleiches Entgelt der Geschlechter[51]. Zentral war für *Georg Erler* die Frage nach der Bindung der Organe der drei europäischen Gemeinschaften an Grundrechte, obgleich die Verträge derartige Grundrechtsbindungen nicht explizit enthielten.[52]

---

fassungslehre des Bundes", S. 363–379. In § 30 stellte *Schmitt* die „Folgerungen aus den Grundbegriffen der Verfassungslehre des Bundes" vor, S. 379–391. Es sind die beiden letzten Kapitel der Verfassungslehre.

42 Dass die dichotomische Gegenüberstellung von Bundesstaat und Staatenbund die theoretische Erfassung der europäischen Integration seit Langem fesselt, kritisiert zurecht *Christoph Schönberger*, Die Europäische Union als Bund, AöR 129 (2004), S. 81.

43 *Erler*, Grundgesetz (Fn. 36), S. 16.

44 *Erler*, Grundgesetz (Fn. 36), S. 18; dazu auch und ebenfalls in föderalen Begrifflichkeiten *Thieme*, Grundgesetz (Fn. 34), S. 68 ff.

45 *Erler*, Grundgesetz (Fn. 36), S. 21.

46 *Philip Jessup*, Transnational Law, 1956. Dazu die Beiträge in Zumbansen (Hrsg.), The Many Lives of Transnational Law, Cambridge/UK 2020.

47 *Erler*, Grundgesetz (Fn. 36), S. 22.

48 *Erler*, Grundgesetz (Fn. 36), S. 23.

49 *Thieme*, Grundgesetz (Fn. 34), S. 53 f.

50 *Erler*, Grundgesetz (Fn. 36), S. 26 f.

51 *Erler*, Grundgesetz (Fn. 36), S. 27 ff.

52 *Erler*, Grundgesetz (Fn. 36), S. 33.

Dieses Problem trieb die deutsche Rechtswissenschaft vor allem in den 1960er Jahren um,[53] so dass *Georg Erler* mit seinen Überlegungen eine vergleichsweise frühe und deutliche Exposition der verfassungsrechtlichen Herausforderungen vortrug:[54]

„Die Frage spitzt sich darauf zu, ob sich der Bürger mit einer derart politisch-rechtlich gespaltenen Existenz in rechtsstaatlich unterschiedlich ausgestatteten Räumen abfinden muß oder ob ihm das Grundgesetz einen Anspruch verleiht, im Bereich seiner Geltung gegenüber den Akten öffentlicher Gewalt unter einem einheitlichen Himmel struktureller und ideeller Grundentscheidungen zu stehen."[55]

Am Ende verweigerte *Georg Erler* zur Frage der Grundrechtsbindung eine allgemeinverbindliche Antwort,[56] verwies aber auf die Menschenwürde als letzte Grenze, deren „Restbestand unantastbarer Grundrechte" er freilich nicht weiter bestimmen wollte.[57] Bei *Georg Erler* sehen wir also einen sehr frühen Vorläufer höchst aktueller Grundrechtskonstruktionen, in denen etwa das Recht, nicht in absentia verurteilt zu werden, als Ausfluss der Menschenwürde geschützt sein soll.[58] *Werner Thieme* ging insgesamt von einem „Vorrang der nationalen Verfassung vor dem transformierten Völkerrecht" aus.[59]

d) Die „Ewigkeitsentscheidung" des Art. 79 Abs. 3 GG

Georg Erler verwies in seinem Vortrag zudem auf die „Ewigkeitsentscheidung" des Grundgesetzes in Art. 79 Abs. 3 GG[60] – auch hier ein früher Beleg für eine Erwägung, die

---

[53] *Karl Heinrich Friauf*, Die Notwendigkeit einer verfassungskonformen Auslegung im Recht der westeuropäischen Gemeinschaften, AöR 85 (1960), S. 224; *Dietrich Küchenhoff*, Grundrechte und europäisches Staatengemeinschaftsrecht, DÖV 1963, S. 161; *Dietrich Ehle*, Verfassungskontrolle und Gemeinschaftsrecht, NJW 1964, S. 321; *Hans Spanner*, Zum Schutz gegen Grundrechtsverletzungen durch völkerrechtliche Verträge, DÖV 1966, S. 375; *Ulrich Immenga*, Verfassungsbeschwerde gegen Verordnungen des Rates und der Kommission der EWG, NJW 1968, S. 1036 (Anm. zum Beschluss des 1. Senat des BVerfG vom 18. Oktober 1967, Az: 1 BvR 248/63); *Thomas Oppermann*, Deutsche und Europäische Verfassungsrechtsprechung. Vergleichende Gedanken zur Judikatur des BVerfG und des Gerichtshofes der Europäischen Gemeinschaften, Der Staat 7 (1967), S. 445; *Werner Kleinmann*, Verfassungsbeschwerde gegen deutsche Gesetze, die europäisches Gemeinschaftsrecht transformieren?, NJW 1969, S. 355; *Hanspeter von Meibom*, Der EWG-Vertrag und die Grundrechte des Grundgesetzes, DVBl. 1969, S. 437.

[54] *Erler*, Grundgesetz (Fn. 36), S. 3 ff.: entweder gemeinschaftsrechtlicher oder grundgesetzlicher Schutz.

[55] *Erler*, Grundgesetz (Fn. 36), S. 38. – An dieser Stelle erfolgt nun bei der Erörterung der Forderung nach föderaler „Homogenität" der ganz unbefangene Verweis auf *Carl Schmitts* Bundeslehre, nämlich in Fn. 58.

[56] *Erler*, Grundgesetz (Fn. 36), S. 43.

[57] *Erler*, Grundgesetz (Fn. 36), S. 44.

[58] BVerfGE 140, 317 (Europäischer Haftbefehl) [2015], Ls. 1: „Das Bundesverfassungsgericht gewährleistet im Wege der Identitätskontrolle den gemäß Art. 23 Abs. 1 Satz 3 in Verbindung mit Art. 79 Abs. 3 und Art. 1 Abs. 1 GG unabdingbar gebotenen Grundrechtsschutz uneingeschränkt und im Einzelfall." Ls. 3: „Der Schuldgrundsatz gehört zur Verfassungsidentität. Er muss daher auch bei einer Auslieferung zur Vollstreckung eines in Abwesenheit des Verurteilten ergangenen Strafurteils gewahrt werden."

[59] *Thieme*, Grundgesetz (Fn. 34), S. 55, differenzierend aber S. 71: Das Grundgesetz selbst nehme in gewissen Grenzen verfassungswidrige Zustände hin.

[60] *Erler*, Grundgesetz (Fn. 36), S. 40. Im Gegensatz dazu *Thieme*, der die „hier nicht interessierende[...] Problematik des Art. 79 Abs. 3" zunächst als Sonderfall aus seinen Überlegungen ausklammert, Grundgesetz (Fn. 34), S. 54, dann jedoch ausführlicher darauf zurückkommt (S. 57, m. w. N. in Fn. 25).

viel später zentral für das Konzept der sogenannten Verfassungsidentität werden sollte.[61] *Georg Erler* zog die schwer nachvollziehbare Folgerung, das Grundgesetz erlaube in Art. 24 GG zwar eine Verfassungsdurchbrechung von Art. 79 Abs. 3 GG, untersage jedoch, „aus der gesamten Struktur- und Wertewelt der Verfassung auszubrechen",[62] denn: „Sonst wäre Art. 24 ein Freibrief zu anarchischer Verfassungsvernichtung."[63]

e) Das Demokratiedefizit

Am Beispiel der Verordnungsgebung der Gemeinschaftsorgane thematisierte *Werner Thieme* die Frage ihrer demokratischen Legitimation, die er verneinte.[64] Demokratische Maßstäbe freilich müssten erst dann angelegt werden, wenn eine Verdichtung von Gewalt eintrete, die staatlicher ähnle.[65] Aktuelle Demokratiediskurse fordern hier mehr.

III. Die „Kieler Welle" 1964

Auf der Tagung 1962 in Münster hatte *Hartwig Bülck* zu Föderalismus vorgetragen und die europäische Wirtschaftsintegration als Beispielsfall für Föderalismus als internationales Ordnungsprinzip behandelt,[66] was *Ulrich Scheuner* zu der Bemerkung veranlasste, die Europäischen Gemeinschaften befänden sich noch in einem „präföderalen Entwicklungsstande".[67] Die europäische Integration kam also in den 1960er Jahren durchaus auf den Tagungen vor, doch erst die berühmte Kieler Tagung 1964 behandelte zentral das Thema „Bewahrung und Veränderung demokratischer und rechtsstaatlicher Verfassungsstruktur in den internationalen Gemeinschaften".[68] Die bemerkenswerte Entwicklung in nur fünf Jahren beschrieb *Ipsen* folgendermaßen:

„Von Erlangen (18 – 1959) bis Kiel (23 – 1964) schlägt sich schon in der Fragestellung, vornehmlich aber in der grundsätzlichen Einlassung zur Integration ein Wandlungsprozeß nieder, der vom Scheitern der EVG über die Römischen Verträge zu ihrem Stufenvollzug reicht und das ursprüngliche Postulat struktureller Homogenität zwischen Staats- und Gemeinschaftsverfassung in der

---

[61] Kritisch *Albert Ingold*, Die verfassungsrechtliche Identität der Bundesrepublik Deutschland, AöR 140 (2015), S. 1; spöttisch *Christoph Schönberger*, Identitäterä, JöR 63 (2015), S. 41.

[62] *Erler*, Grundgesetz (Fn. 36), S. 40.

[63] *Erler*, Grundgesetz (Fn. 36), S. 41.

[64] *Thieme*, Grundgesetz (Fn. 34), S. 61 f.

[65] *Thieme*, Grundgesetz (Fn. 34), S. 62. „Stets ist zu bedenken, daß zwischenstaatliche Einrichtungen keine Staaten sind, daß für sie die Grundsätze des demokratischen Staatsaufbaus daher auch nur nach Maßgabe ihrer Annäherung an staatliche Verhältnisse, d. h. aber nur dann gelten können, wenn bei ihnen eine Machtzusammenballung eintritt, die denjenigen Rahmen, der herkömmlich von der auswärtigen Gewalt der Exekutive gehandhabt zu werden pflegt, eindeutig erreicht."

[66] *Hartwig Bülck*, Föderalismus als internationales Ordnungsprinzip, VVDStRL 21 (1962), S. 1 (46).

[67] *Ulrich Scheuner*, Diskussionsbeitrag, VVDStRL 21 (1962), S. 123: „Das bündische Stadium ist noch nicht erreicht, weil zwar das Entscheidungszentrum der Gemeinschaften bereits einen weiten Bereich funktionaler Zusammenarbeit umfaßt, aber noch nicht die Möglichkeit hat, aus sich selbst heraus ohne die Mitwirkung der nationalen Instanzen seine Macht zu erweitern."

[68] Vgl. die Tagungsberichte der Referenten *Joseph H. Kaiser* und *Peter Badura*, DÖV 1964, S. 805, sowie *Ingo von Münch*, JZ 1964, S. 692, und *Hans Schrödter*, DVBl 1965, S. 111.

Kieler Formulierung in Frage stellt: ob sich demokratische und rechtsstaatliche Verfassungsstruktur in den internationalen Gemeinschaften bewahren lasse oder Veränderungen erfahre, erfahren müsse, erfahren dürfe."[69]

Die alsbald sprichwörtlich gewordene „Kieler Welle" der Integrationsfreundlichkeit der Vereinigung[70] führte freilich zugleich früh zu einem Verstummen kritischer Auseinandersetzung mit dem europäischen Integrationsprozess in der deutschen Staatsrechtslehre, insbesondere zur prekären demokratischen Legitimation der Gemeinschaften. In den folgenden Jahrzehnten wurden die europäischen Gemeinschaften nur noch auf der Basler Tagung 1977 behandelt, danach erst wieder 1990.

1. Die Kieler Tagung 1964

Die Referate von *Joseph Kaiser* und *Peter Badura* sind in Stil und Umfang sehr unterschiedlich: Wo *Joseph Kaiser* gedrängt ins Extreme neigende Thesen vorträgt, wägt *Peter Badura* bedacht ab und entfaltet auf der doppelten Seitenzahl eine beeindruckende Komplexität. Gerade deshalb ist überraschend, wie ähnlich dann doch die Stoßrichtung beider Vorträge ist. Sie geht dahin, die internationalen Gemeinschaften, insbesondere die europäischen Gemeinschaften, als eigenständiges Phänomen einer verfassungsartigen Entwicklung jenseits des Nationalstaates zu begreifen.

a) Eine zweite Verfassungsgebung auf internationaler Ebene

Ausgangspunkt von *Joseph Kaisers* Vortrag war die Überlegung, dass „die nationalstaatlich ausgeprägten Begriffe, Institutionen und Maßstäbe der Demokratie und des Rechtsstaats nicht unmittelbar auf die Rechtsordnung internationaler Gemeinschaften übertragen werden können".[71] Damit unternahm *Joseph Kaiser* gleich zu Beginn seines Vortrags einen deutlichen Bruch mit den Überlegungen nur fünf Jahre zuvor in Erlangen, wo sowohl *Georg Erler* als auch *Werner Thieme* die neuen europäischen Gemeinschaften mit dem nationalstaatlichen verfassungsrechtlichen Begriffsinstrumentarium zu erfassen versucht hatten. Von beider Verständnis grenzte sich *Joseph Kaiser* prononciert ab,[72] indem er methodisch einwandte, es werde „die Kongruenz der Gemeinschaftsordnung mit dem Verfassungsrecht nur eines Mitgliedstaates statt aller Mitgliedstaaten verlangt".[73]

---

[69] *Ipsen*, Deutsche Staatsrechtswissenschaft im Spiegel der VVDStRL (1949–1971) (Fn. 8), S. 383.

[70] So schon in der Aussprache der Kieler Tagung der nie um eine griffige Formulierung verlegene *Hans Peter Ipsen*, Diskussionsbeitrag, VVDStRL 23 (1964), S. 128; später *ders.*, Europäisches Gemeinschaftsrecht, 1972, S. 20 und 981. Der Begriff wurde vielfältig aufgegriffen, etwa von *Heinz Wagner*, Bericht über die Staatsrechtslehrertagung 1964, AöR 89 (1964), S. 476.

[71] *Joseph H. Kaiser*, Bewahrung und Veränderung demokratischer und rechtsstaatlicher Verfassungsstruktur in den internationalen Gemeinschaften, VVDStRL 23 (1964), S. 1 (2).

[72] *Kaiser*, Bewahrung (Fn. 71), S. 16.

[73] *Kaiser*, Bewahrung (Fn. 71), S. 17; ähnlich ebenfalls gleich zu Beginn *Peter Badura*, Bewahrung und Veränderung demokratischer und rechtsstaatlicher Verfassungsstruktur in den internationalen Gemeinschaften, VVDStRL 23 (1964), S. 34: „an die nationalen Verfassungen nicht gebunden".

Joseph Kaiser schlug eine alternative Deutung von Art. 24 GG als zweite „Verfassungsgebung“ vor.[74]

Träger des internationalen *pouvoir constituant* seien, so *Joseph Kaiser*, nun „die Völker der in der Gemeinschaft zusammengeschlossenen Staaten“, wie es in Art. 137 EWG-Vertrag hieß.[75] *Joseph Kaiser* behandelte in seinem Vortrag tatsächlich eine Vielzahl internationaler Organisationen neben den europäischen Gemeinschaften[76] und erklärte die Unterschiede für weniger strikt als gemeinhin angenommen, wie er am Beispiel der Interpretation von Kompetenznormen ausführte.[77]

b) Demokratie

Das Europäische Parlament behandelte *Joseph Kaiser* aus rechtstatsächlicher Perspektive und hob seine Verdienste hervor, bemängelt aber das fehlende Budget- und Legislativrecht.[78] Wegen dieses Defizits vermittelten internationale Parlamente keine Legalität, sondern allenfalls situativ Legitimität.[79] Zumindest implizit maß also auch *Joseph Kaiser* die internationalen Gemeinschaften am Leitbild nationaler Parlamente. Wegen der Unmöglichkeit eines gleichen Wahlrechts sprach sich *Joseph Kaiser* gegen unmittelbare Wahlen zum europäischen Parlament aus, unter nicht explizit gemachter Anlehnung an die Nomenklatur *Carl Schmitts* von der notwendigen „Gleichartigkeit“[80] in der Demokratie.[81] Aus heutiger Sicht befremdlich muten *Joseph Kaisers* Ausführungen zur „intellektuellen Aristokratie“ in den Wirtschaftsverwaltungen an, die sich einer Demokratisierung entziehe.[82] Wichtiger als Demokratie sei Rechtsstaatlichkeit auf internationalem Feld, denn ein europäisches Volk gebe es nicht, so das Fazit von *Joseph Kaiser*.[83] Für *Peter Badura* handelte es sich bei der europäischen Integration ohnehin um ein „neue Technik der Supranationalisierung“,[84] die nicht eigens zu hinterfragen war. Diese Betonung der „Technik“ macht die Begeisterung *Hans Peter Ipsens* verständlich,[85] der selbst technokratische Ansätze bevorzugte.[86]

---

74 *Kaiser*, Bewahrung (Fn. 71), S. 18.

75 *Kaiser*, Bewahrung (Fn. 71), S. 19.

76 *Kaiser*, Bewahrung (Fn. 71), S. 3–14.

77 *Kaiser*, Bewahrung (Fn. 71), S. 15. Auch der Gerichtshof der Montanunion hatte sich der aus dem Völkerrecht stammenden *implied powers*-Doktrin bedient: EuGH, Rs. 8/55, *Fédéchar*, Slg. 1956, 297.

78 *Kaiser*, Bewahrung (Fn. 71), S. 20 f.

79 *Kaiser*, Bewahrung (Fn. 71), S. 21.

80 *Schmitt*, Verfassungslehre (Fn. 41), S. 228 ff. – *Kaiser* war mit *Schmitt* eng vertraut und wurde nach dessen Tod sein wissenschaftlicher Nachlassverwalter, *Reinhard Mehring*, Carl Schmitt – Aufstieg und Fall, 2009, S. 576 f.

81 *Kaiser*, Bewahrung (Fn. 71), S. 23.

82 *Kaiser*, Bewahrung (Fn. 71), S. 24 f.

83 *Kaiser*, Bewahrung (Fn. 71), S. 28.

84 *Badura*, Bewahrung (Fn. 73), S. 54 ff., betont die gegenüber den Mitgliedstaaten „sachlich und persönlich unabhängig[e]“ Stellung der Organwalter.

85 *Ipsen*, Diskussionsbeitrag, VVDStRL 23 (1964), S. 128 ff.

86 Zu Ipsen *Anna Katharina Mangold*, Hans Peter Ipsen (1907–1998), in: Kremer (Hrsg.), Die Verwaltungsrechtswissenschaft in der frühen Bundesrepublik (1949–1977), 2017, S. 177, dort mit der These, *Ipsen* habe schon in seiner Habilitationsschrift „Politik und Justiz. Das Problem der justizlosen Hoheitsakte“

c) Der Anwendungsvorrang des Gemeinschaftsrechts

Joseph Kaiser hielt die gerade getroffene Vorabentscheidung des EuGH in *Costa/ENEL*[87] unter Bezug auf *Ipsens* dogmatische Rekonstruktion des Art. 24 Abs. 1 GG als Kollisionsregel[88] für überzeugend.[89] *Badura* sah es anders, denn Art. 24 Abs. 1 GG sei allenfalls ein „Auslegungshilfsmittel", und positionierte sich zwar für den Anwendungsvorrang, aber gegen *Hans Peter Ipsens* dogmatische Konstruktion über den *lex posterior*-Grundsatz.[90]

In der Aussprache diskutierten *Hans Peter Ipsen* und *Günter Dürig* die Vorrangfrage in einem engagierten Streitgespräch, das in *Günter Dürigs* Frage gipfelte:

„Herr Ipsen, das ist Ihr Text des Grundgesetzes, darf ich … zerreißen?"[91]

Bis heute hat sich die Konstruktion des Vorrangs des Gemeinschaftsrechts als Anwendungsvorrang noch immer nicht flächendeckend durchgesetzt[92] – gegenüber nationalem Verfassungsrecht bleibt er bis heute prekär.

2. Konsequenz der „Kieler Welle": Distanz der Vereinigung zur europäischen Integration

2004 schrieb *Armin von Bogdandy* in einem Festschriftenbeitrag für *Peter Badura*, das Referat des Jubilars 1964 in Kiel habe die „überaus bedeutsame Konsequenz" gehabt, „dass Experten des nationalen Verwaltungs- und Verfassungsrechts sich dieser Materie annahmen, während sie in anderen Mitgliedstaaten weitgehend eine Domäne der Völkerrechtler blieb."[93] Gleichwohl blieb die Demokratiefrage in den Referaten ausgespart. Und nach der Kieler Tagung 1964 verschwand die europäische Integration für lange Zeit gänzlich aus dem Fokus der Tagungsthemen der Vereinigung. Dies wird verbreitet auf eine wahrgenommene „Kieler Welle" der Integrationsfreundlichkeit der Staatsrechtslehrervereinigung zurückgeführt, die keine relevanten Probleme des Integrationsprozesses ausmachte. *Hans Peter Ipsen* schrieb 1972 in seinem „Europäischen Gemeinschaftsrecht", die „Kieler Welle" habe „die deutsche Theorie zwar von manchen konstitutionali-

die NS-Verwaltung von justizieller Kontrolle freistellen wollen und dieses technokratische Verständnis von Verwaltung in gedanklicher Kontinuität auf das Europäische Gemeinschaftsrecht übertragen.

87 EuGH, Rs. 6/64, *Costa/E.N.E.L.*, Slg. 1964, 1251.

88 *Hans Peter Ipsen*, Das Verhältnis des Rechts der europäischen Gemeinschaften zum nationalen Recht, in: Europarechtliches Kolloquium 1964 (Hrsg.), Aktuelle Fragen des europäischen Gemeinschaftsrechts, 1965, S. 1; *ders.*, Der Deutsche Jurist und das europäische Gemeinschaftsrecht, 1964, S. 24. Zum Ganzen ausführlicher *Mangold*, Gemeinschaftsrecht und deutsches Recht (Fn. 7), S. 48 ff.

89 *Kaiser*, Bewahrung (Fn. 71), S. 18 f.

90 *Badura*, Bewahrung (Fn. 73), S. 62–64, gegen *Ipsen* auf S. 62 m. Fn. 115.

91 *Günter Dürig*, Diskussionsbeitrag, VVDStRL 23 (1964), S. 134.

92 Siehe etwa *Rudolf Streinz/Christoph Herrmann*, Der Anwendungsvorrang des Gemeinschaftsrechts und die „Normverwerfung" durch deutsche Behörden, BayVBl. 2008, S. 1 (11): „Auch 44 Jahre nach der Entscheidung Costa/E.N.E.L. ist der Anwendungsvorrang des Gemeinschaftsrechts noch nicht hinreichend im allgemeinen Rechtsbewusstsein verankert." – Im Primärrecht findet sich eine Bezugnahme der Mitgliedstaaten auf *Costa/ENEL* bis heute lediglich fast versteckt in der Erklärung Nr. 17 zur Schlussakte des Vertrages von Lissabon zum Vorrang, ABl. EU v. 26.10.2012, C 326/346.

93 *Armin von Bogdandy*, Zur Übertragbarkeit staatsrechtlicher Figuren auf die Europäische Union, in: FS für Peter Badura, 2004, S. 1033.

sierenden Fesseln emanzipiert",[94] für *Ipsen* offenbar eine durchaus positive Wirkung. Länger schon freilich wird in der Literatur angemerkt, der deutschen Staatsrechtslehre sei gerade durch diese Kieler Welle ihre Kritikfähigkeit an den (un)demokratischen Strukturen der EWG abhandengekommen.[95] Zu konstatieren bleibt, dass in den folgenden zwei Jahrzehnten die europäische Integration auf den Tagungen der Vereinigung nicht mehr diskutiert wurde.

IV. Die Spezialistenphase der 1970er und 1980er Jahre: (Fehlender) Widerhall des Integrationsprozesses in der Vereinigung

Dass nach der Kieler Tagung die europäische Integration auf den Staatsrechtslehrertagungen der 1970er und 1980er Jahren wenig Widerhall fand, lag neben der „Kieler Welle" der Integrationsfreundlichkeit auch daran, dass das europäische Gemeinschaftsrecht nun von Spezialisten bearbeitet wurde, die weitgehend nicht Mitglieder der Vereinigung waren, sondern sich mit Spezialmaterien befassten wie dem Steuerrecht, Agrarrecht, Zollrecht, Wettbewerbsrecht oder Gesellschaftsrecht (1.). Auf der Basler Tagung 1977 zum „Verfassungsstaat im Geflecht der internationalen Beziehungen" spielte die europäische Integration keine besondere Rolle (2.). Die Grundgesetzjubiläen waren ebenfalls kein Anlass, die europäische Integration mit zu reflektieren (3.).

1. Die frühe Europarechtswissenschaft außerhalb der Vereinigung

Das Europarecht war zunächst ein Thema für Spezialisten. Für die wissenschaftliche Behandlung des Gemeinschaftsrechts kennzeichnend war die intensive Verbindung von Theorie und Praxis. Die meisten der in den ersten Jahrzehnten wissenschaftlich zum Gemeinschaftsrecht Publizierenden waren auch praktisch mit dem Gemeinschaftsrecht befasst – sei es als Anwälte, als Richter am EuGH oder als mit dem Gemeinschaftsrecht befasste Beamte.[96] Da diese Praktiker wegen des Habilitationserfordernisses nicht an den Tagungen der Vereinigung teilnahmen, fehlte es an Personen, die sich in den Aussprachen zum Gemeinschaftsrecht hätten äußern können.[97] Eine Ausnahme war der

---

[94] *Ipsen*, Europäisches Gemeinschaftsrecht (Fn. 70), S. 981. Tatsächlich fragte *Rainer Wahl* noch 2005: Erklären staatstheoretische Leitbegriffe die Europäische Union?, in: Dreier (Hrsg.), Rechts- und staatstheoretische Schlüsselbegriffe, 2005, S. 113.

[95] *Manfred Zuleeg*, Der Verfassungsgrundsatz der Demokratie und die Europäischen Gemeinschaften, Der Staat 17 (1978), S. 27: Die „Kieler Welle" habe Fragen nach der Demokratischen Legitimation der Europäischen Gemeinschaften „gedämpft". Deutlicher noch in der kritischen Stoßrichtung *Martin Kutscha*, Demokratischer Zentralismus? Vom zweifelhaften Schicksal bundesdeutscher Verfassungsprinzipien bei der EG-Integration, KJ 23 (1990), S. 425 (433): „Ritt auf der Kieler Welle" und „die meisten der [demokratischen, AKM] Skrupel jedenfalls fortgespült".

[96] *Mangold*, Gemeinschaftsrecht und deutsches Recht (Fn. 7), S. 242 ff., mit ausführlichen biographischen Nachweisen.

[97] Diese Folge der personalen Beschränkung durch die Zugehörigkeitsregeln der Vereinigung scheinen auch in anderen Beiträgen in diesem Band auf, wenn etwa *Ute Sacksofsky* auf die „splendid isolation"

Doyen des Gemeinschaftsrechts, *Hans Peter Ipsen*, der zwar zweimal auf Jahrestagungen vortrug,[98] interessanterweise aber nicht zum Gemeinschaftsrecht.

2. Basler Tagung 1977: Der Verfassungsstaat im Geflecht der internationalen Beziehungen

Auf der Basler Tagung 1977 wurde der „Verfassungsstaat im Geflecht der internationalen Beziehungen" diskutiert, ohne dass die europäische Integration in den Vorträgen eine zentrale Rolle gespielt hätte: *Reiner Schmidt* widmete seinen Vortrag dem internationalen Wirtschaftsrecht und erwähnte in seinem Vortrag die EWG, ohne sie freilich vertieft zu behandeln.[99] *Christian Tomuschat* behandelte das Außenverfassungsrecht und ging dabei überhaupt nicht auf die europäische Integration ein.[100] Offenbar wirkte die „Kieler Welle" hier fort.

3. Grundgesetzjubiläen 1979 und 1989

Als Stichprobe, ob der oft wiederholte Eindruck stimmt, die „Kieler Welle" habe das Interesse der Staatsrechtslehre am Gemeinschaftsrecht erlahmen lassen,[101] bieten sich die Jubiläumstagungen zum Bestehen des Grundgesetzes an. Bei den Tagungen Berlin 1979 und Hannover 1989 hätte an sich Gelegenheit bestanden, auch die europäischen Integration Revue passieren zu lassen. Der Befund ist freilich ausgesprochen mager:

1979 erwähnten sowohl *Rudolf Bernhardt* als auch *Norbert Achterberg* zwar die europäische Integration, aber ausschließlich mit Blick auf das Verhältnis der beiden deutschen Staaten zueinander,[102] was offenbar dem Themenzuschnitt geschuldet war.[103] Auf die Leerstelle wies *Hans Peter Ipsen* in der Aussprache („Frau Kollegin, meine Herren Kollegen!"[104]) deutlich hin:

---

männlicher Staatsrechtslehrer bei Themen mit Frauenbezug berichtet oder *Pascale Cancik* die Aussparung der in anderen Disziplinen längst üblichen Gender Perspektive in der Staatsrechtslehre thematisiert.

98 *Hans Peter Ipsen*, Enteignung und Sozialisierung, VVDStRL 10 (1952), S. 74 ff.; *ders.*, Verwaltung durch Subventionen, VVDStRL 25 (1967), S. 257 ff.

99 *Reiner Schmidt*, Der Verfassungsstaat im Geflecht der internationalen Beziehungen, VVDStRL 36 (1977), S. 65 (78 f.).

100 *Christian Tomuschat*, Der Verfassungsstaat im Geflecht der internationalen Beziehungen, VVDStRL 36 (1977), S. 7.

101 Siehe oben III.2.

102 *Rudolf Bernhardt*, Deutschland nach 30 Jahren Grundgesetz, VVDStRL 38 (1979), S. 7 (23, 27, 44, 47); ebenso *Norbert Achterberg*, Deutschland nach 30 Jahren Grundgesetz, VVDStRL 38 (1979), S. 55 (75).

103 So *Peter Badura*, Diskussionsbeitrag, VVDStRL 38 (1979), S. 156.

104 1979 war einziges Mitglied der VDStRL *Ilse Staff*, vgl. Mitgliederverzeichnis VVDStRL 38 (1979), S. 404. Zu dieser lange Zeit „Einzigen ihrer Art" *Ute Sacksofsky*, Kritische Vorreiterin und erste deutsche Staatsrechtslehrerin: Nachruf auf Ilse Staff (1928–2017), KJ 2018, S. 3; *dies.*, Ilse Staff – Die erste deutsche Staatsrechtslehrerin, in: Fachbereich Rechtswissenschaft der Goethe-Universität Frankfurt am Main (Hg.), 100 Jahre Rechtswissenschaft in Frankfurt, S. 185–200. Allgemein zu Frauen in der Vereinigung der wichtige Beitrag von *Pascale Cancik*, in diesem Band, S. 795 ff.

„In den formulierten Leitsätzen erscheint der Umstand, daß die Bundesrepublik europäisch integriert ist, überhaupt nicht."[105]

1989 ging es um Staatszwecke im Wandel der Zeiten. Die zunehmende Wahrnehmung von Komplexität führte offenbar dazu, dass die Jubiläumstagung nicht mehr einen ganz so umfassenden Titel trug wie noch zehn Jahre zuvor. *Christoph Link* widmete sich den Staatszwecken in seinem Vortrag mit staatstheoretischem Zugriff.[106] Die europäische Integration kam bei diesem Zugriff nicht vor. *Georg Ress* ließ es sich als Völkerrechtler hingegen nicht nehmen, immerhin einen Abschnitt über „Internationalisierung und Europäisierung von Staatszwecken" einzubauen[107] und hielt fest:

„Der moderne Staat nimmt viele seiner Zwecke nicht mehr selbst, zumindest nicht autonom wahr."[108]

Wenn nun aber „Staats"-Zwecke internationalisiert und europäisiert werden, so stellte sich doch, wie *Heinhard Steiger* in der Aussprache anmerkte, die Frage, was genau das Präfix „Staat" eigentlich noch meinen könne.[109] Überraschend stark macht *Georg Ress* die „Verfassungsidentität":

„Die Wahrung der Verfassungsidentität nach Art. 79 Abs. 3 reserviert auch die Staatlichkeit der Bundesrepublik (einschließlich des Staatsvolkes) im Sinne von Art. 20 Abs. 1 GG. Art. 24 Abs. 1 gestattet demnach nicht die Eingliederung in einen Bundesstaat, der nicht mehr als zwischenstaatliche Einrichtung begriffen werden könnte, wohl aber die Eingliederung in eine Europäische Union (short of a federal state)."[110]

Äußerste Integrationsgrenzen wurden wie schon 1959 auch 1989 gezogen. Gar das Ende der deutschen Staatlichkeit sah *Josef Isensee* aufziehen,[111] der damit ein grundlegendes Unbehagen formulierte auf der Diskussion einer Vereinigung, die sich ihrer Selbstbezeichnung nach den „Staat" zum Gegenstand erwählt hat.

---

[105] *Hans Peter Ipsen*, Diskussionsbeitrag, VVDStRL 38 (1979), S. 147. (Geradezu schmerzhaft scharf sind dann die Bemerkungen zu *Achterbergs* Vortrag, die aber nichts mit der europäischen Integration zu tun haben.).

[106] *Christoph Link*, Staatszwecke im Verfassungsstaat – nach 40 Jahren Grundgesetz, VVDStRL 48 (1989), S. 7 f.: Gliederung.

[107] *Georg Ress*, Staatszwecke im Verfassungsstaat – nach 40 Jahren Grundgesetz, VVDStRL 48 (1989), S. 56 (79–83).

[108] *Ress*, Staatszwecke (Fn. 107), S. 79.

[109] *Heinhard Steiger*, Diskussionsbeitrag, VVDStRL 48 (1989), S. 133: „So frage ich mich, ob nicht der Begriff ‚Staat' in Wirklichkeit nur noch ein Kürzel für politische Organisationen ist und nicht mehr etwas Spezifisches. ‚Europäisierung', die als Staatszweck der Bundesrepublik von Ihnen genannt worden ist, ist sogar gerade ein solcher, der die Staatlichkeit der Zwecke aufhebt, sie bewußt und gezielt auf die Ebene des Europäischen hebt."

[110] *Ress*, Staatszwecke (Fn. 107), S. 82, Nachweise weggelassen.

[111] *Josef Isensee*, Diskussionsbeitrag, VVDStRL 48 (1989), S. 138 f.

V. Die 1990er Jahre: Das allmähliche Erwachen der Staatsrechtslehre aus dem europarechtlichen Dornröschenschlaf

Allgemein geriet das Gemeinschaftsrecht seit ungefähr 1990 in den Fokus der rechtswissenschaftlichen Aufmerksamkeit.[112] Für das öffentliche Recht hatte das europäisch inspirierte Umweltrecht und dort insbesondere die Umweltverträglichkeitsprüfung (UVP) eine katalytische Funktion (1.). Die Wiedervereinigung ließ das mittlerweile erreichte Ausmaß der europäischen Integration plastisch sichtbar werden, weil der *acquis communautaire* für das Beitrittsgebiet der ehemaligen DDR umgesetzt werden musste (2.). Der Vertrag von Maastricht befeuerte schließlich die Frage einer eher nationalstaatlich-introvertierten oder einer europäisch-extrovertierten Außenpolitik, eine Frage, die das Verfahren vor dem Bundesverfassungsgericht nachdrücklich in das Blickfeld der Staatsrechtslehre schob (3.). Das allmähliche Erwachen der Staatsrechtslehre in den 1990er Jahren wird greifbar in der Gründung des Gesprächskreises Europäisches Verfassungsrecht 1996/1997 (4.).

1. Die Umweltverträglichkeitsprüfung und das europäisierte Umweltrecht

1979 widmete sich die Jahrestagung dem Thema „Staatsaufgabe Umweltschutz". Die Vortragenden *Dietrich Rauschning* und *Werner Hoppe* gingen jeweils nur ganz am Rande auch auf die Rolle der EWG in diesem Bereich ein.[113] Der eigentliche Auftrieb des Gemeinschaftsrechts kam nämlich erst etwas später, durch die neue Kompetenz für Umweltrecht in der Einheitlichen Europäischen Akte (EEA) 1986.[114] Die UVP-Richtlinie von 1985[115] gilt zwar als eine der wichtigsten umweltrechtlichen Regelungen der EWG, war aber noch auf die Abrundungskompetenzen in Art. 100 und 235 EWGV gestützt. Sie ließ sich ganz und gar nicht nahtlos in die überkommenen Strukturen des deutschen Umweltrechts einfügen, denn die UVP-Richtlinie verfolgt einen Querschnittsansatz, der alle Auswirkungen auf die Umwelt berücksichtigt, wohingegen das klassische deutsche Genehmigungsrecht einen medienbezogenen Ansatz hat, also von Gewässerschutz, Bodenschutz oder Immissionsschutz her denkt.[116] Die UVP-Richtlinie bewirkte ein stark zunehmendes Interesse am Gemeinschaftsrecht, das sich in einer Vielzahl von Publikationen niederschlug, jedoch auf den Tagungen der Vereinigung lange nicht behandelt wurde,[117] und damit ein weiteres

---

[112] *Mangold*, Gemeinschaftsrecht und deutsches Recht (Fn. 7), S. 236ff.

[113] *Dietrich Rauschning*, Staatsaufgabe Umweltschutz, VVDStRL 38 (1979), S. 167 (176); *Werner Hoppe*, Staatsaufgabe Umweltschutz, VVDStRL 38 (1979), S. 211 (309).

[114] Hierzu *Eberhard Grabitz/Christian Zacker*, Die neuen Umweltkompetenzen der EWG, NVwZ 1989, S. 297.

[115] Richtlinie 85/337/EWG des Rates der Europäischen Gemeinschaften vom 27.06.1985 über die Umweltverträglichkeitsprüfung bei bestimmten öffentlichen und privaten Projekten (ABl. L 175, S. 40) – UVP-RL.

[116] Dazu ausführlich und systematisierend *Rainer Wahl*, Das deutsche Genehmigungs- und Umweltrecht unter Anpassungsdruck, in: Dolde (Hrsg.), Umweltrecht im Wandel, 2001, S. 237.

[117] Explizit um Umweltrecht ging es überhaupt nur 1979 und 1991 bei der Gießener Tagung zum Thema „Eigentumsschutz, Sozialbindung und Enteignung bei der Nutzung von Boden und Umwelt",

Beispiel für die Nicht-Thematisierung des Gemeinschaftsrechts in den Tagungsthemen bildet.

2. Die Wiedervereinigung und die Sichtbarkeit des acquis communautaire

Die Wiedervereinigung Deutschlands machte im Einigungsvertrag für das Gebiet der ehemaligen DDR die Anpassung an den *acquis communautaire* notwendig.[118] Auf der Sondertagung der Vereinigung 1990 in Berlin, an der auch Bundespräsident *Richard von Weizäcker* teilnahm, referierte als einer von vier Vortragenden *Albrecht Randelzhofer* über die „Deutsche Einheit und Europäische Integration".[119] In seinem Vortrag argumentierte *Albrecht Randelzhofer*, der Beitritt der DDR nach Art. 23 Satz 2 GG bedürfe keiner Änderung der Gemeinschaftsverträge und sei auch nicht analog Art. 237 EWGV wie die Aufnahme eines neuen Mitglieds zu behandeln. Pragmatisch vorzugswürdig sei die Erstreckung der Regelungen des EWGV auf das Gebiet der ehemaligen DDR.[120] Die Implikationen der Wiedervereinigung für die europäische Integration waren zentraler Gegenstand der Überlegungen auf der Sondertagung.[121]

3. Der Vertrag von Maastricht

Schließlich war aber wohl vor allem der vor dem Bundesverfassungsgericht staatsrechtlich verhandelte Vertrag von Maastricht[122] ausschlaggebend für das Erwachen der Staats-

---

auch wenn das Umweltrecht gelegentlich als Referenzgebiet herangezogen wird, zuletzt etwa prononciert von *Sabine Schlacke*, Verschränkungen öffentlich-rechtlicher und privatrechtlicher Regime im Verwaltungsrecht, VVDStRL 79 (2020), S. 169. Um Klimaschutz ging es dann auf der Mannheimer Tagung 2020, die pandemiebedingt erst 2021 stattfinden konnte, mit dem Vortrag von *Claudio Franzius*, Prävention durch Verwaltungsrecht: Klimaschutz.

[118] *Eberhard Grabitz/Armin von Bogdandy*, Deutsche Einheit und europäische Integration, NJW 1990, S. 1073; *Kay Hailbronner*, Völker- und europarechtliche Fragen der deutschen Wiedervereinigung, JZ 1990, S. 449; *Gert Meier*, „Innerdeutsches Protokoll" und Europäischer Binnenmarkt, BB Beilage 1990, Nr. 11, S. 1; *Gabriele Luttosch/Peter Scherer*, Das Verhältnis der Deutschen Demokratischen Republik (DDR) zu den Europäischen Gemeinschaften (EG), BB Beilage 1990, Nr. 11, S. 3; *Albrecht Randelzhofer*, Deutsche Einheit und Europäische Integration, DÖV 1990, S. 612; *Norbert Reich*, Deutsche Einigung und europäische Integration – dargestellt am Beispiel der Arzneimittelpreisregelung im Einigungsvertrag, NJW 1990, S. 2921; *Hans-Werner Rengeling*, Das vereinte Deutschland in der Europäischen Gemeinschaft, Grundlagen zur Geltung des Gemeinschaftsrechts, DVBl. 1990, S. 1307; *Joachim Scherer*, EG und DDR – Auf dem Weg zur Integration, BB Beilage 1990, Nr. 16, S. 11; *Hans-Jürgen Wolff*, Schrittweise Herstellung der deutschen Einheit und Europäisches Gemeinschaftsrecht, NJW 1990, S. 2168.

[119] *Albrecht Randelzhofer*, Deutsche Einheit und Europäische Integration, VVDStRL 49 (1990), S. 101.

[120] *Randelzhofer*, Deutsche Einheit (Fn. 119), S. 119.

[121] In der Aussprache insbesondere VVDStRL 49 (1990), S. 179 ff., mit Beiträgen von *Kaiser*, *Hailbronner*, *Meessen*, *Vedder* und *Pernice*. Zum Umfang des *acquis communautaire* explizit *Kaiser*, S. 180; zu den notwendigen Anpassungen, um den *acquis communautaire* auf die DDR erstrecken zu können, *Pernice*, S. 185. – Zu dieser Tagung ausführlich auch *Marcel Kau/Jan Philipp Schaefer*, in diesem Band, S. 519 ff.

[122] BVerfGE 89, 155 (Maastricht) [1993]. Aus zeitgeschichtlicher Sicht dazu *Uwe Wesel*, Der Gang nach Karlsruhe, 2004, S. 296–302, m. w. N. auf S. 400.

rechtslehre aus ihrem europarechtlichen Dornröschenschlaf.[123] Die Jahrestagung 1993 fand vom 6. bis 9. Oktober in Mainz statt, also wenige Tage vor der Verkündung des – zu diesem Zeitpunkt gewiss bereits verfassten – Urteils des Bundesverfassungsgerichts über den Vertrag von Maastricht am 12. Oktober 1993.[124] Der erste Beratungsgegenstand war etwas theatralisch als Frage formuliert: „Europäische Union: Gefahr oder Chance für den Föderalismus in Deutschland, Österreich und der Schweiz?" und wurde abweichend von der sonst üblichen Form als wissenschaftlicher Disput behandelt, wie eine *Fußnote belehrt:

> „Es wurden zunächst vier kürzere Referate vorgetragen, denen sich Erwiderungen der Referenten anschlossen."[125]

Referenten waren *Meinhard Hilf, Torsten Stein, Michael Schweitzer* und *Dietrich Schindler. Meinhard Hilf* konstatierte zum Auftakt, der Maastrichter Vertrag über die Europäische Union habe „eine verbreitete Akzeptanzkrise ausgelöst"[126] und beschreibt damit den Hintergrund der Debatte, die inhaltlich eng mit dem Verfahren vor dem Bundesverfassungsgericht verbunden war. Während der Europarechtler *Meinhard Hilf* den Vertrag gründlich durchging und dabei erläuterte, widmete sich *Stein* den Auswirkungen auf die deutschen Länder, *Michael Schweitzer* warf einen vergleichenden Blick auf das 1993 noch nicht beigetretene Österreich und *Dietrich Schindler* steuerte eine Schweizer Perspektive bei. In seiner Erwiderung macht *Meinhard Hilf* als die zwei Hauptthemen aus die „künftige Kompetenzausstattung der Union sowie das Verhältnis der föderalen europäischen Struktur zur Demokratie".[127]

Die Aussprache wurde durchaus heftig geführt. *Karl Albrecht Schachtschneider* etwa bezeichnete eine Kompetenznorm im Vertrag von Maastricht als „Ermächtigungsgesetz".[128] Es wurden Grundfragen der Funktionsweise des Gemeinschaftsrechts diskutiert.[129] Die Lektüre dieser Diskussion lehrt, dass hier tatsächlich erstmals die europäische Integration kontrovers auf einer Staatsrechtslehrertagung diskutiert wurde, was so

---

[123] Mehrere Monographien befassen sich mit dem Urteil: *Sven Hölscheidt/Thomas Schotten*, Von Maastricht nach Karlsruhe, 1993 (5. Kap. zum BVerfG-Verfahren); *Peter M. Schmidhuber*, Europa nach Maastricht, 1994 (die Betitelung des Vortrags spricht für ein Zäsur-Bewusstsein); *Elvira Pfrang*, Das Verhältnis zwischen Europäischem Gemeinschaftsrecht und deutschem Recht nach der Maastricht-Entscheidung des Bundesverfassungsgerichts, 1997; *Franz C. Mayer*, Kompetenzüberschreitung und Letztentscheidung, 2000, insbes. S. 98 ff.

[124] Das stand den Teilnehmenden durchaus lebhaft vor Augen, wie der Diskussionsbeitrag von *Gert Nicolaysen*, VVDStRL 53 (1993), S. 106, belegt, der das bundesverfassungsgerichtliche Verfahren bissig einordnet: „Ich denke, es erregt Aufsehen, daß gerade in der Bundesrepublik ein solches Verfahren von solcher Dauer und mit einem derartigen Effekt [der Verzögerung der Ratifikation um ein Jahr, AKM] durchgeführt werden kann, während elf andere Mitgliedstaaten offenbar die gleiche Angst um ihre Staatlichkeit nicht haben oder sie schneller bewältigen."

[125] Erster Beratungsgegenstand: Europäische Union: Gefahr oder Chance für den Föderalismus in Deutschland, Österreich und der Schweiz?, VVDStRL 53 (1993), S. 7 ff.

[126] *Meinhard Hilf*, Europäische Union: Gefahr oder Chance für den Föderalismus in Deutschland, Österreich und der Schweiz?, VVDStRL 53 (1993), S. 8 (9).

[127] *Meinhard Hilf*, Erwiderung, VVDStRL 53 (1993), S. 88.

[128] *Karl Albrecht Schachtschneider*, Diskussionsbeitrag, VVDStRL 53 (1993), S. 108.

[129] Das zeigt exemplarisch und eindrücklich etwa der Beitrag von *Hans Heinrich Rupp*, VVDStRL 53 (1993), S. 109.

eindrücklich gewesen sein dürfte, dass der Integrationsprozess ab diesem Moment wirklich im Zentrum der Vereinigung angekommen war.

4. Seit 1997: Gesprächskreis Europäisches Verfassungsrecht

Die Entstehung des Gesprächskreises Europäisches Verfassungsrecht hat *Hartmut Bauer* minutiös aufbereitet auf der Basis der Akten der Vereinigung.[130] Ursprünglich war offenbar in Dresden 1996 diskutiert worden, eine „Vereinigung der Europäischen Staatsrechtslehrer" zu initiieren, was freilich auf Zweifel stieß wegen der Sprachenvielfalt, der Größe einer solchen Vereinigung und allfälliger Finanzierungsfragen.[131] Diesen Vorstoß nahm *Ingolf Pernice* zum Anlass, 1997 mit Rundschreiben an die Mitglieder erstmals den „Gesprächskreis Europäisches Verfassungsrecht" vorzuschlagen, parallel zum bereits existierenden Gesprächskreis „Verwaltungslehre".[132] Ein erstes organisatorisches Treffen dieses Gesprächskreises fand 1998 in Potsdam mit etwa 30 Personen statt, bei dem die Ziele des Gesprächskreises in einiger Offenheit bestimmt wurden.[133] Die ersten fachlichen Gesprächskreise fanden 1999 in Heidelberg mit etwa 40 Teilnehmenden und 2000 in Potsdam mit etwa 60 Teilnehmenden statt. Damit dürfte auch den nicht teilnehmenden Mitgliedern der Vereinigung das europäische Verfassungsrecht dauerhaft vor Augen gestanden haben. Inzwischen gehört der Gesprächskreis Europäisches Verfassungsrecht neben dem Verwaltungsrechts- und dem Grundlagengesprächskreis zum festen Bestand der Jahrestagungen.

VI. Die letzten zwanzig Jahre: Das europäisierte deutsche öffentliche Recht

Seit etwa 2000 ist die europäische Integration nicht mehr aus den Tagungsthemen wegzudenken.[134] Die meisten Jahrestagungen widmen mindestens eine von mehreren Aussprachen dem Europarecht. 2000 in Potsdam ging es um „Europäisches und nationales Verfassungsrecht", wo *Ingolf Pernice* in seinem Vortrag die seither zur geflügelten Wendung gewordene Begriffsneuschöpfung vom „Europäischen Verfassungsverbund" vor-

[130] *Hartmut Bauer*, Entstehung und Entwicklung der Societas Iuris Publici Europaei, in: FS für Christian Starck, 2007, S. 485 (487–493). Die Darstellung folgt *Bauers* Bericht, der Nachweise zu den relevanten Protokollen und Beschlüssen enthält. – Allgemein zu den Gesprächskreisen der Vereinigung und ihrer Geschichte *Helmuth Schulze-Fielitz*, Die Wissenschaftskultur der Staatsrechtslehrer, 2022, S. 98–105.

[131] *Bauer*, SIPE (Fn. 130), S. 488 f.

[132] *Bauer*, SIPE (Fn. 130), S. 489.

[133] *Bauer*, SIPE (Fn. 130), S. 490 zitiert aus dem Protokollvermerk. Demzufolge sollte sich der Gesprächskreis folgenden Themen widmen: „gemeinsame Standards der europäischen Staaten, eingeschlossen Verfassungsvergleichung, die – soweit der europäische Bezugspunkt gewahrt bleibt – auch außereuropäische Erkenntnisse einbeziehen sollte; Entstehung supranationaler Verfassungselemente (z. B. europäische Grundrechte, Unionsbürgerschaft, Verbänderepräsentation, Föderalismus, Selbstverwaltung); Wechselwirkungen zwischen ‚europäischem' Verfassungsrecht und nationalem (Verfassungs-)Recht."

[134] So auch bezogen auf das Verwaltungsrecht und dessen Europäisierung die Einschätzung bei *Friedrich Schoch*, in diesem Band, S. 607 ff.

gestellt hat.[135] 2002 in St. Gallen ging es um „Europäische und nationale Identität: Integration durch Verfassungsrecht?“, ein Jahr später in Hamburg um „Die Staatsrechtslehre und die Veränderung ihres Gegenstandes: Konsequenzen von Europäisierung und Internationalisierung“, u. a. mit einem Vortrag der heutigen Generalanwältin am EuGH *Juliane Kokott.* Die Tagungen in Jena 2004 und 2006 in Rostock nahmen die europäische Dimension gar in ihr Oberthema auf.[136] Dann benannte erst 2015 die Speyerer Tagung wieder ein europäisches Thema: „Verfassung im allgemeinen Verwaltungsrecht: Bedeutungsverlust durch Europäisierung und Emanzipation?“. Bei der Linzer Tagung 2016 ging es unter dem Obertitel „Grenzüberschreitungen“ um Migration, das Europarecht spielte in fast allen Vorträgen eine zentrale Rolle.

Doch inzwischen ist auch da, wo nicht explizit Europa genannt wird, der europäische Bezug enthalten. Die Vorträge auf der Grazer Tagung 2009 zum Oberthema „Gemeinwohl durch Wettbewerb?“ enthalten fast alle lange Ausführungen zu europarechtlichen Aspekten. Das gilt auch für die Berliner Tagung 2010 zum „Schutzauftrag des Rechts“, die Münsteraner Tagung 2011 zu „Grundsatzfragen der Rechtsetzung und Rechtsfindung“ oder die Kieler Tagung 2012 über die Frage „Repräsentative Demokratie in der Krise?“. Es ist kaum mehr ein Vortrag denkbar, der nicht zumindest einen Seitenblick auf die europäische Dimension des eigenen Themas wirft oder bei dem doch zumindest in der Aussprache die europäische Dimension aufschimmert. Kurzum: Das Europarecht ist nicht mehr wegzudenken.

Ulrich Battis hat in Abwandlung des berühmten von *Fritz Werner* geprägten Diktums[137] bereits 2001 plastisch das „*Verwaltungsrecht als konkretisiertes Gemeinschaftsrecht*“ bezeichnet.[138] Seit 2000 ist Gegenstand der Aussprachen auf den Tagungen der Vereinigung nun *das europäisierte deutsche öffentliche Recht.*

---

135 *Ingolf Pernice*, Europäisches und nationales Verfassungsrecht, VVDStRL 60 (2000), S. 148 (163 ff.).

136 Jena 2004: Der Sozialstaat in Deutschland und Europa; Rostock 2006: Bundesstaat und Europäische Union zwischen Konflikt und Kooperation.

137 *Fritz Werner,* Verwaltungsrecht als konkretisiertes Verfassungsrecht, DVBl. 1959, S. 527.

138 So der Titel seines Beitrags in DÖV 2001, S. 988.

Das Völkerrecht als Gegenstand der Beratungen der Vereinigung: Bildnis eines Unsichtbaren?

Bardo Fassbender

I. Die Konzentration auf das nationale öffentliche Recht und ihre Gründe 567
1. Die dualistische Lehre 569
2. Arbeitsteilung 570
3. Distanz der Staatsrechtslehre(r) zum Völkerrecht 571
4. Zur Entwicklung nach dem Zweiten Weltkrieg 573
II. Die Herausbildung einer integrativen Sicht von Staats- und Völkerrecht 580
III. Zur Zukunft des internationalen Rechts in der Arbeit der Vereinigung 582

I. Die Konzentration auf das nationale öffentliche Recht und ihre Gründe

Die Satzung der Vereinigung der deutschen Staatsrechtslehrer vom 13. Oktober 1922 stellte „wissenschaftliche und Gesetzgebungsfragen aus dem Gebiete des öffentlichen Rechts" (§ 1 Nr. 1) in den Mittelpunkt der Arbeit der neuen Vereinigung.[1] Fraglos gehörte zu diesem „öffentlichen Recht" auch das Völkerrecht, welches das führende deutsche Lehrbuch der Zeit so definierte: „Durch das Völkerrecht werden die Rechte und Pflichten der zur internationalen Staatengemeinschaft (Völkerrechtsgemeinschaft) gehörenden Staaten, und nicht bloß in bezug auf die Ausübung der staatlichen Hoheitsrechte, bestimmt."[2] Auch befanden sich unter den Mitgliedern der Vereinigung zahlreiche Gelehrte, die neben dem Staats- und Verwaltungsrecht auch – oder sogar in erster Linie – das Völkerrecht in Lehre und Forschung vertraten. Dies traf bereits auf die Vorstandsmitglieder *Heinrich Triepel* und *Fritz Stier-Somlo* sowie auf den von *Triepel* in seiner Eröffnungsansprache besonders begrüßten „Veteranen unserer Wissenschaft, den von uns Allen hoch verehrten Herrn Geheimen Justizrat Professor *Philipp Zorn*"[3] zu. *Triepel* behandelte in seinen völkerrechtlichen Schriften neben dem Thema „Völkerrecht und Landesrecht" das humanitäre Völkerrecht, das Seekriegsrecht und das Staatsangehörigkeitsrecht. Von 1909 bis 1944 gab er die völkerrechtliche Quellensammlung „Recueil Martens" heraus. Er unterstützte die Gründung des Instituts für ausländisches öffentliches

[1] Satzung, in: VVDStRL 1 (1924), S. 10.

[2] *Franz von Liszt*, Das Völkerrecht systematisch dargestellt, 12. Aufl. 1925 bearb. von *Max Fleischmann*, S. 1.

[3] *Heinrich Triepel*, Eröffnungsansprache [der Tagung zu Jena vom 14. April 1924], VVDStRL 1 (1924), S. 5.

Recht und Völkerrecht in Berlin im Jahr 1924 und wurde einer von dessen „Wissenschaftlichen Beratern“ sowie Mitherausgeber der Institutszeitschrift.[4] In Leipzig und Berlin hielt er regelmäßig Vorlesungen im Völkerrecht.[5] Unter den weiteren Mitgliedern der Vereinigung in der Gründungszeit treten, ohne Anspruch auf Vollständigkeit, als Völkerrechtslehrer hervor *Carl Bilfinger, Siegfried Brie, Viktor Bruns, Godehard Josef Ebers, Max Fleischmann, Hans Gerber, Friedrich Giese, Hermann Heller, Ernst Isay, Franz W. Jerusalem, Erich Kaufmann, Hans Kelsen*[6], *Herbert Kraus, Rudolf Laun, Heinrich Pohl, Carl Sartorius, Carl Schmitt, Paul Schoen, Fritz Stier-Somlo, Karl Strupp, Richard Thoma, Max Wenzel* und *Ernst Wolgast*.[7] Das Mitgliederverzeichnis von 1931 führt außerdem *Hermann Jahrreiß, Paul Ritterbusch, Ulrich Scheuner, Dietrich Schindler* und *Gustav Adolf Walz* auf.[8]

Dennoch ist in der Arbeit der Vereinigung das „öffentliche Recht“ als *deutsches* (und in Nebenlinien auch österreichisches und schweizerisches) Recht, und damit als Staats- und Verwaltungsrecht, aufgefasst worden[9] – womit das Völkerrecht ausgeschlossen blieb, soweit es sich nicht in der deutschen Rechtsordnung niederschlug oder für deren

---

4 Vgl. *Ulrich M. Gassner*, Heinrich Triepel, 1999, S. 146 ff., 470 ff., 532 ff. (Bibliographie). Vgl. auch *Christian Tomuschat*, Heinrich Triepel (1868–1946), in: FS 200 Jahre Juristische Fakultät der Humboldt-Universität zu Berlin, 2010, S. 497 (503).

5 Vgl. *Bardo Fassbender*, Heinrich Triepel und die Anfänge der dualistischen Sicht von „Völkerrecht und Landesrecht“ im späten 19. Jahrhundert, in: Festgabe Schweizerischer Juristentag 2015 in St. Gallen, 2015, S. 449 (454).

6 Nach dem Zweiten Weltkrieg trat *Kelsen*, der die Wiener Tagung von 1928 organisiert und auf dieser neben *Triepel* über „Wesen und Entwicklung der Staatsgerichtsbarkeit“ referiert hatte (VVDStRL 5 [1929], S. 30), der Vereinigung nicht wieder bei (vgl. *Thomas Olechowski*, Hans Kelsen als Mitglied der Deutschen Staatsrechtslehrervereinigung, in: Jestaedt [Hrsg.], Hans Kelsen und die deutsche Staatsrechtslehre, 2013, S. 11 [27]), wofür maßgeblich gewesen sein dürfte, dass er seit 1940 in den USA lebte und sich seine Lehr- und Forschungstätigkeit an der University of California in Berkeley auf das Völkerrecht und die Rechtstheorie konzentrierte. Es mag *Kelsens* Distanz aber auch der Umstand beeinflusst haben, dass „die große Mehrheit der bundesdeutschen Staatsrechtslehrer während der 1950er und 1960er Jahre […] die wissenschaftlichen Positionen von Hans Kelsen aufgrund grundlegender Vorbehalte ablehnte“ (so *Frieder Günther*, „Jemand, der sich schon vor fünfzig Jahren selbst überholt hatte“. Die Nicht-Rezeption Hans Kelsens in der bundesdeutschen Staatsrechtslehre der 1950er und 1960er Jahre, in: Jestaedt [Hrsg.], Hans Kelsen und die deutsche Staatsrechtslehre, 2013, S. 67 [68]). Vgl. auch *Matthias Jestaedt*, „Des Wandermüden letzte Ruhestätte“. Die Nicht-Remigration Hans Kelsens, in: Seckelmann/Platz (Hrsg.), Remigration und Demokratie in der Bundesrepublik nach 1945, 2017, S. 239.

7 Vgl. Vereinigung der deutschen Staatsrechtslehrer, Vorstand und Mitglieder, in: VVDStRL 1 (1924), S. 140. Fern blieb dagegen der Vereinigung der bekannte Völkerrechtslehrer *Walther Schücking* (seit 1903 ordentlicher Professor für Staats-, Verwaltungs- und Völkerrecht an der Universität Marburg, seit 1921 ordentlicher Professor für öffentliches Recht an der Handelshochschule Berlin, seit 1926 ordentlicher Professor für Völkerrecht an der Universität Kiel, 1930 Richter am Ständigen Internationalen Gerichtshof in Den Haag). Vgl. *Michael Stolleis*, Die Vereinigung der Deutschen Staatsrechtslehrer: Bemerkungen zu ihrer Geschichte, KritV 80 (1997), S. 339 (342). Zur Biographie *Schückings*: *Frank Bodendiek*, Walther Schückings Konzeption der internationalen Ordnung, 2001, S. 43 ff.

8 VVDStRL 7 (1932), S. 206 ff.

9 Im Einklang mit § 2 Abs. 1 der Satzung: „Zum Eintritt in die Vereinigung ist aufzufordern, wer an einer deutschen Universität als Lehrer des *Staats- oder Verwaltungsrechts* tätig ist […]“ (Hervorhebung hinzugefügt). Entsprechend blieben die nur das Völkerrecht lehrenden österreichischen Professoren *Alexander Hold-Ferneck, Leo Strisower* und *Alfred Verdross* von der Vereinigung ausgeschlossen; vgl. *Ewald Wiederin*, in diesem Band, S. 245 (245 f.). Vgl. auch *Rainer Wahl*, Herausforderungen und Antworten: Das Öffentliche Recht der letzten fünf Jahrzehnte, 2006, S. 17 Fn. 19: „Natürlich ergeben erst die

Verständnis oder Entwicklung wesentlich erschien. Mit dem Titel eines Romans von *Hans Pleschinski*[10] gilt es daher in diesem Beitrag im Wesentlichen, das „Bildnis eines Unsichtbaren" nachzuzeichnen, der erst in der jüngsten Zeit in deutlicheren Konturen hervortritt.

1. Die dualistische Lehre

Als Gründe für dieses „sidelining" des internationalen öffentlichen Rechts wird man in erster, dogmatischer Hinsicht die von *Triepel* mit seinem Buch „Völkerrecht und Landesrecht" von 1899 begründete dualistische Lehre sowie in zweiter, praktischer Hinsicht die Arbeitsteilung zwischen der Vereinigung und der schon im Jahr 1917 entstandenen Deutschen Gesellschaft für Völkerrecht (DGVR) ansehen müssen.

Bekanntlich hatte *Triepel* das Verhältnis von Völkerrecht und staatlichem Recht („Landesrecht") im Sinne einer strikten Trennung gedeutet und konstruiert: „Völkerrecht und Landesrecht sind nicht nur verschiedene Rechtstheile, sondern auch verschiedene Rechtsordnungen. Sie sind zwei Kreise, die sich höchstens berühren, niemals schneiden."[11] Nur ein staatlicher Rechtssatz könne Rechte und Pflichten der Individuen, einschließlich der Amtsträger des Staates, begründen. Der Völkerrechtssatz regele dagegen nur „die Beziehungen des Staates als Totalität zu seinesgleichen"; „das Verhältnis zwischen Staat und Individuum ist ihm unzugänglich".[12]

Ulrich Scheuner schrieb, *Triepels* Lehre habe „die internationale Diskussion in diesem Fragenkreis überhaupt eröffnet und für Jahrzehnte bestimmt"[13]. Auch in der Zeit der Weimarer Republik war sie in Deutschland ganz herrschend,[14] und wurde Art. 4 der Reichsverfassung („Die allgemein anerkannten Regeln des Völkerrechts gelten als bindende Bestandteile des deutschen Reichsrechts") mehrheitlich in ihrem Sinne ausgelegt: „Der Art. 4 ist […] der allgemeine, dauernde Transformator des gemeinen, internationalen, für die Staaten als solche verbindlichen Völkerrechts in nationales, für die Staatsbehörden und Staatsbürger verbindliches ‚Landesrecht'."[15] So aufgefasst, ging das Völkerrecht als solches die Staatsrechtslehrervereinigung gar nichts an. Die Vereinigung war auch im Hinblick auf den Gegenstand ihrer Arbeit eine „nationale Veranstaltung", eine „Veranstaltung des Nationalstaats".[16]

Entwicklungen im Verfassungs- und im Verwaltungsrecht zusammen das Gesamtbild des Öffentlichen Rechts nach 1945/49."

[10] *Hans Pleschinski*, Bildnis eines Unsichtbaren, 2002.

[11] *Heinrich Triepel*, Völkerrecht und Landesrecht, 1899, S. 111. Vgl. *Fassbender*, Heinrich Triepel (Fn. 5).

[12] *Triepel*, Völkerrecht und Landesrecht (Fn. 11), S. 121 f.

[13] *Ulrich Scheuner*, Triepel, in: Görres-Gesellschaft (Hrsg.), Staatslexikon, Bd. 7, 6. Aufl. 1962, Sp. 1044.

[14] Vgl. *von Liszt/Fleischmann*, Völkerrecht (Fn. 2), S. 13 ff; *Max Fleischmann*, Die völkerrechtliche Stellung des Reichs und der Länder, in: Anschütz/Thoma, Handbuch des Deutschen Staatsrechts, Bd. 1, § 18, S. 218 ff.

[15] *Gerhard Anschütz*, Die Verfassung des Deutschen Reichs vom 11. August 1919, 14. Aufl. 1933, S. 64.

[16] Vgl. zur nationalstaatlichen Grundlage des Wissenschaftsbetriebs in Europa im 19. und 20. Jahr-

2. Arbeitsteilung

Dieser dogmatischen Begründung eines prinzipiellen Ausschlusses des Völkerrechts aus dem Arbeitsgebiet der Vereinigung entsprach auf einer praktischen Ebene die Arbeitsteilung mit der fünf Jahre älteren Deutschen Gesellschaft für Völkerrecht (DGVR), deren satzungsmäßige Aufgabe „die Förderung des Völkerrechts und seiner Wissenschaft" war. „Zu diesem Zwecke sollen Vertreter des Völkerrechts, Theoretiker und Praktiker, sowie Vertreter der als Hilfswissenschaften erheblichen Wissensgebiete zu gemeinsamer wissenschaftlicher Arbeit versammelt werden."[17] Die Gründung der DGVR erfolgte noch während des Weltkriegs am 6. Januar 1917 „durch eine Anzahl von wissenschaftlichen und praktischen Vertretern des Völkerrechts, welche als Mitarbeiter des in Kiel im Lauf des Krieges entstandenen ‚Kriegsarchivs des Völkerrechts' zusammengetreten waren"[18]. In Kiel hatte *Theodor Niemeyer* im Jahr 1913 das erste Seminar für Internationales Recht an einer deutschen Universität gegründet; das „Kriegsarchiv" erstrebte als Projekt des Seminars die Sammlung und systematische Aufbereitung aller verfügbaren völkerrechtlichen Dokumente und Schriften über den Krieg.[19] Die erste Jahresversammlung der DGVR fand im Oktober 1917 in Heidelberg statt. Im Mitgliederbestand der Staatsrechtslehrervereinigung und der (deutlich größeren) DGVR[20] gab es von Anfang an viele Überschneidungen. So gehörten der DGVR nach dem Mitgliederverzeichnis vom 15. Februar 1918[21] u. a. an: *Gerhard Anschütz, Siegfried Brie, Godehard Josef Ebers, Max Fleischmann, Friedrich Giese, Walter Jellinek, Franz W. Jerusalem, Wilhelm Kahl, Erich Kaufmann, Otto Koellreutter, Herbert Kraus, Otto Mayer, Heinrich Pohl, Carl Sartorius, Richard Schmidt, Paul Schoen, Walter Schoenborn, Rudolf Smend, Fritz Stier-Somlo, Karl Strupp, Richard Thoma, Ernst Wolgast* und *Philipp Zorn*. *Triepel*, der die Gründung einer solchen Gesellschaft schon 1916 mit *Niemeyer* erörtert hatte, blieb ihr zunächst fern, da

hundert *Armin von Bogdandy*, Internationalisierung der deutschen Rechtswissenschaft, in: Hilgendorf/Schulze-Fielitz (Hrsg.), Selbstreflexion der Rechtswissenschaft, 2. Aufl. 2021, S. 135 (140).

[17] Satzungen der DGVR vom 24. März und 6. Oktober 1917, Abschn. I Abs. 1, in: Mitteilungen der DGVR, H. 1 (1918), S. 1.

[18] Mitteilungen: Entstehung und Entwicklung der DGVR bis zur ersten Jahresversammlung, in: Mitteilungen der DGVR, H. 1 (1918), S. 9. Vgl. auch den Bericht „Die Deutsche Gesellschaft für Völkerrecht 1917–33. Ein Rückblick" in: Berichte der DGVR 1 (1957), S. 67 ff. Zur Gründungsgeschichte der DGVR auch *Daniel-Erasmus Khan*, Die Deutsche Gesellschaft für Völkerrecht von 1917 bis 1933, in: Berichte der Deutschen Gesellschaft für Internationales Recht (DGIR) 49 (2018), S. 11.

[19] Vgl. *Wiebke Staff*, Die Anfänge des Instituts für Internationales Recht an der Christian-Albrechts-Universität zu Kiel, in: von Arnauld (Hrsg.), Völkerrecht in Kiel, 2017, S. 59 (64 ff.); *Michael Jonas*, Das „Kriegsarchiv des Völkerrechts", ebd. S. 353.

[20] Vgl. zu seiner Entwicklung den Bericht „Die DGVR 1917–33" (Fn. 18), S. 70: „Die Mitgliederzahl der Gesellschaft betrug im Gründungsjahr 158; im Beginn des Jahres 1933 war sie auf 425 Personen angewachsen. Mitglieder der Gesellschaft waren nicht nur die meisten Universitätslehrer des Völkerrechts und des Internationalen Privatrechts, sondern auch zahlreiche angesehene Rechtsanwälte und Praktiker, die sich mit Fragen des internationalen Rechts befaßten." Dagegen hatte die Staatsrechtslehrervereinigung in der Weimarer Zeit nur zwischen 80 und 90 Mitglieder; vgl. *Michael Stolleis*, Geschichte des öffentlichen Rechts in Deutschland, Bd. 3, 1999, S. 188 Anm. 190.

[21] Mitteilungen der DGVR, H. 1 (1918), S. 3 ff.

er zur Gründungsversammlung nicht eingeladen worden war.[22] Auch vermisste er in der Satzung der DGVR jede Andeutung, dass sich die Tätigkeit der Gesellschaft in eine Richtung bewegen würde, die „von einer *deutschen* Vereinigung für Völkerrecht eingeschlagen werden sollte". Ziel einer solchen Vereinigung müsse es sein, „ausschließlich das deutsche Interesse zum Maßstabe ihrer Vorschläge und ihrer Beurteilung fremder Vorschläge zu nehmen".[23] Seit der Berliner Versammlung der DGVR im Oktober 1921 beteiligte sich *Triepel* dann an der Arbeit der Gesellschaft; seit 1923 gehörte er ihrem Rat an.[24]

3. Distanz der Staatsrechtslehre(r) zum Völkerrecht

Der Primat des deutschen Staatsrechts in der Arbeit der Vereinigung korrespondierte mit einer völkerrechtskritischen Tendenz der dualistischen Lehre *Triepels*, welche letzten Endes ein Recht jedes Staates auf Bruch des Völkerrechts durch innerstaatliche Nichtbefolgung oder Nichtumsetzung dieses Rechts reklamierte: Die Bürger und die Behörden eines Landes schuldeten dem staatlichen Gesetz unbedingten Gehorsam, „gleichgültig wie sich dies zum Völkerrechte verhält". Der einzelne Bürger sei „weder verbunden noch befugt, sich um die Übereinstimmung des Landesrechts mit dem Völkerrechte zu kümmern", das völkerrechtswidrige Landesgesetz binde ihn ebenso wie das völkerrechtsgemäße.[25] Daher sei jeder Versuch abzuweisen, „ein wirklich oder angeblich völkerrechtswidriges Gesetz als nichtig zu bezeichnen".[26] Ebenso sei ein Akt der staatlichen vollziehenden Gewalt niemals deshalb nichtig, weil er dem Völkerrecht zuwiderläuft.[27] Das Maß seiner Rechte, seien es private oder öffentliche, finde das Individuum lediglich im Landesrecht: „Der Staat allein gewährt und versagt sie ihm."[28]

Der dualistischen Lehre entsprach die politische Überzeugung, der „verspätete" und daher vergleichsweise schwache deutsche Nationalstaat von 1871 und sein Recht müssten gegen die etablierten europäischen Mächte (Großbritannien und Frankreich) und ihre dominierende Stellung im Staatensystem und der Völkerrechtsordnung verteidigt werden.[29] „In der dualistischen Konstruktion des Verhältnisses von Völkerrecht und Landesrecht äußert sich eine Welterfahrung, welche die staatliche Souveränität als unerläßliches Schutzinstrument der Nation betrachtet und dem Völkerrecht ein fundamentales Mißtrauen entgegenbringt" (*Tomuschat*).[30] In dieser Haltung insistierte die herrschende deutsche Lehre auch, dass „allgemein anerkannt" im Sinne des Art. 4 der Reichsverfassung (und damit innerstaatlich bindend) nur die von Deutschland selbst anerkannten Regeln des Völkerrechts seien: „Unter allen Umständen aber muß die betreffende Norm

---

22 Vgl. *Gassner*, Triepel (Fn. 4), S. 122 f.
23 Brief *Triepels* an *Niemeyer* vom 20. März 1917, zit. nach *Gassner*, Triepel (Fn. 4), S. 123.
24 Vgl. *Gassner*, Triepel (Fn. 4), S. 124 ff.
25 *Triepel*, Völkerrecht und Landesrecht (Fn. 11), S. 261.
26 *Triepel*, Völkerrecht und Landesrecht (Fn. 11), S. 259 f.
27 *Triepel*, Völkerrecht und Landesrecht (Fn. 11), S. 261.
28 *Triepel*, Völkerrecht und Landesrecht (Fn. 11), S. 262.
29 Vgl. näher *Fassbender*, Heinrich Triepel (Fn. 5), S. 466 ff.
30 *Christian Tomuschat*, Der Verfassungsstaat im Geflecht der internationalen Beziehungen, Leitsatz 4.b, VVDStRL 36 (1978), S. 7 (60).

von uns, vom Deutschen Reich, als geltendes Völkerrecht anerkannt sein, sonst ist sie für uns nicht ‚allgemein' und fällt nicht unter Art. 4" (*Anschütz*).[31] Die Idee, die völkerrechtliche Ordnung einer Epoche sei „in ihrer Wesensstruktur jeweils durch die geistige Prägung und den politischen Stil der führenden Macht bestimmt" (*Wilhelm Grewe*)[32], rückte das Deutsche Reich vor dem Ersten Weltkrieg in einen Gegensatz zu Großbritannien und nach diesem Krieg zu Großbritannien und den USA.

Der Versailler Vertrag und der Völkerbund von 1919, von dem Deutschland zunächst ausgeschlossen blieb, verstärkten die Distanz der Mehrheit der deutschen Staatsrechtslehrer zum Völkerrecht noch.[33] Sie teilte die Kritik, welche die Frankfurter Zeitung in ihrem Bericht über die Debatte der Nationalversammlung vom 12. Mai 1919 über den Entwurf des Friedensvertrags so zusammenfasste: „Die Bedingungen sind in den entscheidenden Punkten und im Geiste so ungeheuerlich, daß es auch denen, die Deutschlands Anteil an der Schuld nicht gering bemessen, nicht in den Sinn kommt, diesen Vertragsentwurf als ein gerechtes Gesetzbuch für die neue Weltordnung hinzunehmen."[34] Unter diesen Bedingungen (territoriale Verluste, Entmilitarisierung, Reparationen, Kriegsschuldartikel, Anklage des Kaisers) wurde in der Staatsrechtslehrervereinigung das sog. Anschlussverbot für Österreich (Art. 80 des Versailler Vertrags) besonders missbilligt.[35] *Philipp Zorn* nannte den Versailler Frieden „die grauenhafteste Schändung des Völkerrechtes, die die Weltgeschichte je gesehen hat",[36] und *Ernst Zitelmann* sprach von einem „grausigen Rechtspraktikum", das das Schicksal uns gelesen habe: „Das Völkerrecht hat seine Unvollkommenheit und Schwäche weit über alles Befürchtete hinaus vor aller Welt offenbart".[37]

Freilich hinderte diese Distanz auch die Staatsrechtslehrer nicht daran, sich auf das Völkerrecht dann zu berufen, wenn es sich zugunsten deutscher Interessen einsetzen ließ. So beklagte *Triepel* in seiner Eröffnungsansprache in Jena vom 14. April 1924 emphatisch, wenige Monate nach der Berliner Tagung vom Oktober 1922 sei „von dem vielen Unerhörten [...] das Unerhörteste" geschehen: „die gegen geschriebene und ungeschriebene Gesetze des Völkerrechts gröblich verstoßende Besetzung deutschen Bodens durch Frankreich und Belgien". „Wo Männer des öffentlichen Rechts in feierlicher Stunde versammelt sind, da dürfen sie an dem öffentlichsten allen Unrechts, an jener Tat der Vergewaltigung und an den rohen Missetaten eines rachsüchtigen Siegers gegenüber Leben, Freiheit und Eigentum deutscher Bürger an Rhein und Ruhr nicht lautlos vorübergehen."[38]

---

[31] *Anschütz*, Verfassung (Fn. 15), S. 64 f.

[32] *Wilhelm G. Grewe*, Epochen der Völkerrechtsgeschichte, 1984, S. 43. Vgl. *Bardo Fassbender*, Stories of War and Peace: On Writing the History of International Law in the ‚Third Reich' and After, European Journal of International Law 13 (2002), S. 479.

[33] Vgl. *Stolleis*, Geschichte des öffentlichen Rechts, Bd. 3 (Fn. 20), S. 86 ff.

[34] Frankfurter Zeitung und Handelsblatt, 63. Jg. Nr. 351 vom 13. Mai 1919 (Abendblatt), S. 1.

[35] Vgl. nur die Eröffnungsansprache *Triepels* (Fn. 3), S. 5 f.

[36] *Philipp Zorn*, in: Planitz (Hrsg.), Die Rechtswissenschaft der Gegenwart in Selbstdarstellungen, Bd. 1, 1924, S. 215 (230).

[37] *Ernst Zitelmann*, in: Planitz (Hrsg.), Rechtswissenschaft (Fn. 36), S. 177 (208).

[38] *Triepel*, Eröffnungsansprache (Fn. 3), S. 9.

4. Zur Entwicklung nach dem Zweiten Weltkrieg

Wenn so für das Verhältnis der Staatsrechtslehrervereinigung zum Völkerrecht in der Weimarer Zeit die drei Faktoren der dualistischen Lehre, der Arbeitsteilung mit der DGVR und einer politisch motivierten Völkerrechtsdistanz maßgeblich waren, wird man *cum grano salis* sagen können, dass diese Faktoren auch nach dem Zweiten Weltkrieg bestimmend blieben, jedenfalls in den ersten beiden Jahrzehnten. Der Dualismus blieb – wenn auch als „gemäßigter" – auch in der Staatslehre der Bundesrepublik herrschend[39]: „Das Staatsrecht (wie das innerstaatliche Recht insgesamt) ist auf den Staat als in seinem Bereich einzige und einzigartige Größe ausgerichtet. [...] Das Völkerrecht aber bezieht sich auf die Vielzahl und die Gesamtheit der Staaten, die seine originären und regulären Subjekte sind" (*Isensee*).[40] Konsequenterweise wurde zum Beispiel auf der Tagung von 1962 der Föderalismus einerseits von *Bülck* als „internationales Ordnungsprinzip", andererseits von *Lerche* als „nationales Ordnungsprinzip" behandelt.[41]

Die Arbeitsteilung mit der DGVR (seit 2011: Deutsche Gesellschaft für Internationales Recht) wurde fortgesetzt; die erste Nachkriegstagung der Vereinigung fand im Oktober 1949 in Heidelberg statt, die erste Tagung der DGVR im April 1950 in Hamburg, nachdem dort auf Initiative von *Rudolf Laun* bereits im April 1947, April 1948 und April 1949 völkerrechtliche Tagungen stattgefunden hatten, auf deren letzter am 3. April 1949 die Neugründung der im Jahr 1934 aufgelösten DGVR beschlossen wurde[42]. Später wurde die arbeitsteilige Methode auch in anderen Gebieten zur Anwendung gebracht, z. B. der Verfassungsgeschichte, für welche die im Jahr 1977 gegründete Vereinigung für Verfassungsgeschichte die „Federführung" übernahm, und dem Europarecht, das die Vereinigung in Form eines auf der Tagung von 1998 gegründeten Arbeitskreises „Europäisches Verfassungsrecht"[43] näher an sich zu binden bestrebt war.

Wenn die (auch oder hauptsächlich) das Völkerrecht lehrenden Mitglieder der Staatsrechtslehrervereinigung nicht auf eine stärkere Berücksichtigung des Völkerrechts in

---

[39] Vgl. *Walter Rudolf*, Völkerrecht und deutsches Recht, 1967, S. 141 ff.; *Konrad Hesse*, Grundzüge des Verfassungsrechts der Bundesrepublik Deutschland, 20. Aufl. 1995, Rn. 102.

[40] *Josef Isensee*, Staat und Verfassung, in: Isensee/Kirchhof (Hrsg.), Handbuch des Staatsrechts der Bundesrepublik Deutschland, Bd. 2, 3. Aufl. 2004, § 15 Rn. 47.

[41] VVDStRL 21 (1964), S. 1, 66.

[42] Vgl. die Berichte „Die drei Tagungen der deutschen Völkerrechtslehrer in Hamburg 1947–1949" und „Deutsche Gesellschaft für Völkerrecht. Gründung und Tätigkeit 1950–1956", in: Berichte der DGVR, 1 (1957), S. 71 ff., 74 ff. Vgl. auch *Michael Stolleis*, Geschichte des öffentlichen Rechts in Deutschland, Bd. 4, 2012, S. 76 ff. (mit einer Übersicht über die Themen der Jahrestagungen bis 1960 auf S. 80). Zur erzwungenen Auflösung der DGVR im Jahr 1934 *Andreas Kley*, in diesem Band, S. 39 (49 ff.).

[43] Vgl. *Christian Starck*, Jahrestagung 1998, VVDStRL 58 (1999), S. 6: „Eine Gruppe von Mitgliedern traf sich am selben Tag [7. Oktober 1998] zur Bildung eines Arbeitskreises ‚Europäisches Verfassungsrecht'. [...] Die Mitgliederversammlung bestätigte einstimmig die Gründung dieses Arbeitskreises, der in Zukunft gleichzeitig mit dem Arbeitskreis ‚Verwaltungslehre' am Mittwoch vor der Mitgliederversammlung tagen wird. Der Arbeitskreis soll inhaltlich auf drei Problemkreise ausgerichtet sein: die Rechtsvergleichung mit Schwerpunkt im europäischen Bereich, die Entwicklung von Standards eines gemeineuropäischen Verfassungsrechts, und die Untersuchung der Wechselwirkungen zwischen den einzelnen nationalen öffentlich-rechtlichen Systemen und dem europäischen Recht." Vgl. auch den Beitrag von *Anna Katharina Mangold*, in diesem Band, S. 545 (564).

den Tagungen der Vereinigung hinwirkten, so lag dem offenkundig die Ansicht zugrunde, die Arbeitsteilung zwischen der Vereinigung und insbesondere der DGVR sei sinnvoll, eine Arbeitsteilung, die sich auch in den unterschiedlichen Rollen dieser Mitglieder ausdrückte: In der Vereinigung traten sie hauptsächlich als Staats- und Verfassungsrechtslehrer auf, bestrebt, ihre diesbezügliche Expertise im Kollegenkreis unter Beweis zu stellen,[44] während sie in der DGVR als Völkerrechtswissenschaftler agierten[45]. Sie waren – ebenfalls „dualistisch" – einerseits Staatsrechtler, andererseits Völkerrechtler und wurden so auch wahrgenommen.[46] Eine Ausnahme bildete das in den Tagungen der

---

44 Beispiele für verfassungs- und verwaltungsrechtliche Vorträge von vornehmlich das Völkerrecht vertretenden Mitgliedern: *Karl Josef Partsch*, Parlament und Regierung im modernen Staat, VVDStRL 16 (1958), S. 74; *Günther Jaenicke*, Gefährdungshaftung im öffentlichen Recht?, VVDStRL 20 (1963), S. 135; *Otto Kimminich*, Das Staatsoberhaupt in der parlamentarischen Demokratie, VVDStRL 25 (1967), S. 2; *Wilhelm Karl Geck*, Die Stellung der Studenten in der Universität, VVDStRL 27 (1969), S. 143; *Werner von Simson*, Das demokratische Prinzip im Grundgesetz, VVDStRL 29 (1971), S. 3; *Jochen A. Frowein*, Gemeinschaftsaufgaben im Bundesstaat, VVDStRL 31 (1973), S. 13; *Ingo von Münch*, Gemeinschaftsaufgaben im Bundesstaat, VVDStRL 31 (1973), S. 51; *Karl Doehring*, Die staatsrechtliche Stellung der Ausländer in der Bundesrepublik Deutschland, VVDStRL 32 (1974), S. 7; *Walter Rudolf*, Der Öffentliche Dienst im Staat der Gegenwart, VVDStRL 37 (1979), S. 175; *Dietrich Rauschning*, Staatsaufgabe Umweltschutz, VVDStRL 38 (1980), S. 167; *Wolfgang Graf Vitzthum*, Die Bedeutung gliedstaatlichen Verfassungsrechts in der Gegenwart, VVDStRL 46 (1988), S. 7; *Georg Ress*, Staatszwecke im Verfassungsstaat – nach 40 Jahren Grundgesetz, VVDStRL 48 (1990), S. 56; *Rudolf Dolzer*, Das parlamentarische Regierungssystem und der Bundesrat – Entwicklungsstand und Reformbedarf, VVDStRL 58 (1999), S. 7; *Eibe Riedel*, Rechtliche Optimierungsgebote oder Rahmensetzungen für das Verwaltungshandeln?, VVDStRL 58 (1999), S. 180; *Wilfried Fiedler*, Staat und Religion, VVDStRL 59 (2000), S. 199; *Markus Kotzur*, Demokratie als Wettbewerbsordnung, VVDStRL 69 (2010), S. 173; *Oliver Diggelmann*, Grundrechtsschutz der Privatheit, VVDStRL 70 (2011), S. 50; *Oliver Dörr*, Die Anforderungen an ein zukunftsfähiges Infrastrukturrecht, VVDStRL 73 (2014), S. 323.

45 Aus dem Kreis der in der vorigen Fn. genannten Mitglieder hielten in der DGVR/DGIR die Folgenden Vorträge über völkerrechtliche Themen (aufgeführt in derselben namentlichen Folge): *Karl Josef Partsch*, Die Anwendung des Völkerrechts im innerstaatlichen Recht, Berichte DGVR 6 (1964), S. 13; *Günther Jaenicke*, Zur Frage des internationalen ordre public, Berichte DGVR 7 (1967), S. 77; *ders.*, Die Fischereifreiheit auf der Hohen See, Berichte DGVR 15 (1975), S. 163; *Jochen Abr. Frowein*, Das Problem des grenzüberschreitenden Informationsflusses und des „domaine réservé", Berichte DGVR 19 (1979), S. 1; *ders.*, Konstitutionalisierung des Völkerrechts, Berichte DGVR 39 (2000), S. 427; *Karl Doehring*, Das Selbstbestimmungsrecht der Völker als Grundsatz des Völkerrechts, Berichte DGVR 14 (1974), S. 7; *Walter Rudolf*, Territoriale Grenzen der staatlichen Rechtsetzung, Berichte DGVR 11 (1973), S. 7; *ders.*, Die Freiheit der Handelsschiffahrt und ihre aktuellen Gefährdungen, Berichte DGVR 15 (1975), S. 11; *Dietrich Rauschning*, Die Durchfahrt durch nationale Gewässer vor den Küsten, Berichte DGVR 15 (1975), S. 39; *ders.*, Verantwortlichkeit der Staaten für völkerrechtswidriges Verhalten, Berichte DGVR 24 (1984), S. 7; *Wolfgang Graf Vitzthum*, Die Ausbeutung des Meeresbodens in ihrer Bedeutung für die Schiffahrtsfreiheit, Berichte DGVR 15 (1975), S. 303; *ders.*, Rechtsfragen der Rüstungskontrolle im Vertragsvölkerrecht der Gegenwart, Berichte DGVR 30 (1990), S. 95; *Georg Ress*, Wechselwirkungen zwischen Völkerrecht und Verfassung bei der Auslegung völkerrechtlicher Verträge, Berichte DGVR 23 (1982), S. 7; *Rudolf Dolzer*, Völkerrechtliche Verantwortlichkeit und Haftung für Umweltschäden, Berichte DGVR 32 (1992), S. 195; *Eibe H. Riedel*, Gruppenrechte und kollektive Aspekte individueller Menschenrechte, Berichte DGVR 33 (1994), S. 49; *Wilfried Fiedler*, Gegenmaßnahmen, Berichte DGVR 37 (1998), S. 9; *Markus Kotzur*, Migrationsbewegungen als Herausforderung für das Völkerrecht, Berichte DGIR 49 (2018), S. 295; *Oliver Diggelmann*, Zugänge zum Völkerrecht in Europa 1918–1939, Berichte DGIR 49 (2018), S. 149; *Oliver Dörr*, Unternehmensverantwortlichkeit im Völkerrecht, Berichte DGIR 50 (2020), S. 133.

46 Vgl. paradigmatisch die posthume Aufteilung der Veröffentlichungen *Ulrich Scheuners* in einerseits den Band Staatstheorie und Staatsrecht – Gesammelte Schriften (hrsg. von Joseph Listl/Wolfgang

Vereinigung wiederkehrende Thema der Rechtslage Deutschlands und Berlins; hier war primär die völkerrechtliche Expertise der Völkerrechtler gefragt, ohne die die Fragen der Fortexistenz des Deutschen Reichs, der Rechtsnatur der Beziehungen zwischen der Bundesrepublik und der DDR und des Status von Berlin nicht beantwortet werden konnten.[47] In diesem Sinne erklärte *Bernhardt* in seinem Berliner Referat von 1979 unter der Zwischenüberschrift „Gemengelagen von Staats- und Völkerrecht", es gebe „keine rechtlich vertretbare Möglichkeit, das Völkerrecht bei der Betrachtung der Rechtslage zwischen den beiden deutschen Staaten auszuschalten".[48] Mindestens ein weiterer Bericht zu demselben Thema wurde dann aber wiederum einem Kollegen mit staatsrechtlichem Arbeitsschwerpunkt anvertraut.[49] Auch für die Behandlung der Themen der „auswärtigen Gewalt"[50] und des Ausländer- und Migrationsrechts[51] boten sich völkerrechtlich qualifizierte Mitglieder besonders an.

Auch Themen des Föderalismus und der Bundesstaatlichkeit[52] wurden öfter Völkerrechtlern anvertraut, wobei insbesondere Fragen der Staatsqualität der Länder Anknüpfungen zum Völkerrecht ermöglichten. Schon auf der ersten Tagung der Vereinigung im Jahr 1924 hatte *Karl* (oder *Carl*) *Bilfinger* den Mitbericht über den „deutsche[n] Föderalismus in Vergangenheit, Gegenwart und Zukunft"[53] vorgetragen und darauf hingewiesen, dass, so wie „die Staaten in der Völkerrechtsgemeinschaft der Kulturstaaten einen Bestand gleicher Rechte haben, die eben in ihrer Anerkennung als Staaten ruhen", auch

---

Rüfner), 1978, und andererseits den Band Schriften zum Völkerrecht (hrsg. von Christian Tomuschat), 1984. *Karl Doehring* schrieb einerseits ein Lehrbuch des Staatsrechts (Das Staatsrecht der Bundesrepublik Deutschland, unter besonderer Berücksichtigung der Rechtsvergleichung und des Völkerrechts, 1976, 2. Aufl. 1980, 3. Aufl. 1984), andererseits ein Lehrbuch des Völkerrechts (1999, 2. Aufl. 2004).

[47] Vgl. *August Freiherr von der Heydte*, Der deutsche Staat im Jahre 1945 und seither, VVDStRL 13 (1955), S. 6; *Rudolf Bernhardt*, Deutschland nach 30 Jahren Grundgesetz, VVDStRL 38 (1980), S. 7; *Jochen Abr. Frowein*, Die Verfassungslage Deutschlands im Rahmen des Völkerrechts, VVDStRL 49 (1990), S. 7; *Christian Tomuschat*, Wege zur deutschen Einheit, VVDStRL 49 (1990), S. 70 (allerdings mit verfassungsrechtlichem Schwerpunkt); *Albrecht Randelzhofer*, Deutsche Einheit und europäische Integration, VVDStRL 49 (1990), S. 101.

[48] *Bernhardt*, Deutschland nach 30 Jahren Grundgesetz (Fn. 47), S. 22.

[49] Vgl. *Günter Dürig*, Der deutsche Staat im Jahre 1945 und seither (Mitbericht), VVDStRL 13 (1955), S. 27; *Norbert Achterberg*, Deutschland nach 30 Jahren Grundgesetz (Mitbericht), VVDStRL 38 (1980), S. 55; *Josef Isensee*, Staatseinheit und Verfassungskontinuität, VVDStRL 49 (1990), S. 39.

[50] *Wilhelm Grewe*, Die auswärtige Gewalt der Bundesrepublik, VVDStRL 12 (1954), S. 129; *Eberhard Menzel*, Die auswärtige Gewalt der Bundesrepublik (Mitbericht), VVDStRL 12 (1954), S. 179; *Kay Hailbronner*, Kontrolle der auswärtigen Gewalt, VVDStRL 56 (1997), S. 7; *Rüdiger Wolfrum*, Kontrolle der auswärtigen Gewalt (2. Bericht), VVDStRL 56 (1997), S. 38; *Luzius Wildhaber*, Kontrolle der auswärtigen Gewalt (Länderbericht Schweiz), VVDStRL 56 (1997), S. 67; *Theo Öhlinger*, Kontrolle der auswärtigen Gewalt (Länderbericht Österreich), VVDStRL 56 (1997), S. 81.

[51] *Karl Doehring*, Die staatsrechtliche Stellung der Ausländer in der Bundesrepublik Deutschland, VVDStRL 32 (1974), S. 7; *Christian Walter*, Der Bürgerstatus im Lichte von Migration und europäischer Integration, VVDStRL 72 (2013), S. 7; *Stephan Breitenmoser*, Migrationssteuerung im Mehrebenensystem, VVDStRL 76 (2017), S. 9; *Kerstin Odendahl*, Migrationssteuerung im Mehrebenensystem (2. Referat), VVDStRL 76 (2017), S. 49; *Markus Krajewski*, Status als Instrument des Migrationsrechts/Migrationsfolgenrecht, VVDStRL 76 (2017), S. 123; *Daniel Thym*, Status als Instrument des Migrationsrechts/Migrationsfolgenrecht (2. Referat), VVDStRL 76 (2017), S. 169.

[52] Vgl. hierzu *Giovanni Biaggini*, in diesem Band, S. 355 ff.

[53] VVDStRL 1 (1924), S. 35.

jeder der deutschen Einzelstaaten „am Reiche vertreten" sei, ein Gesandtschaftsrecht und ein Recht zum Abschluss von Staatsverträgen besitze.[54] Spätere Beispiele für Referate von Mitgliedern mit völkerrechtlichem Arbeitsschwerpunkt über Themen des Föderalismus sind die Berichte von *Wilfried Schaumann* über „Verträge zwischen Gliedstaaten im Bundesstaat"[55], von *Hartwig Bülck* über „Föderalismus als internationales Ordnungsprinzip"[56], von *Jochen Abr. Frowein* und *Ingo von Münch* über „Gemeinschaftsaufgaben im Bundesstaat"[57], von *Wolfgang Graf Vitzthum* über „Die Bedeutung gliedstaatlichen Verfassungsrechts in der Gegenwart"[58] (mit dem Leitsatz 1: „Gliedstaatliches Verfassungsdenken muß heute die Dimension der überstaatlichen Ordnungsbedürfnisse und Willensverschränkungen mit in Betracht ziehen"[59]) und von *Rudolf Dolzer* über „Das parlamentarische Regierungssystem und der Bundesrat"[60].

Auch die Kritik des Völkerrechts als „Siegerrecht" setzte sich unmittelbar nach dem Zweiten Weltkrieg fort, wobei die Berliner „Erklärung in Anbetracht der Niederlage Deutschlands und der Übernahme der obersten Regierungsgewalt hinsichtlich Deutschlands" vom 5. Juni 1945, die Beschlüsse der Potsdamer Konferenz vom 2. August 1945 (insbesondere über territoriale Fragen, Reparationen und die Ausweisung der Deutschen aus Osteuropa und den Oder-Neiße-Gebieten) und die Nürnberger Kriegsverbrecherprozesse im Zentrum standen.

Im Laufe der 1950er Jahre verbesserte sich das Ansehen des Völkerrechts unter den Staatsrechtslehrern. Der Vertrag über die Beziehungen zwischen der Bundesrepublik Deutschland und den Drei Mächten, der sog. „Deutschlandvertrag" oder „Generalvertrag", von 1952/1954[61] hatte das Besatzungsregime beendet und der Bundesrepublik die „volle Macht eines souveränen Staates über ihre inneren und äußeren Angelegenheiten" zugesprochen (Art. 1 Abs. 2 des Vertrags) – die Grundlage einer autonomen Bearbeitung des deutschen Staatsrechts. Am Zustandekommen dieses Vertrags hatte ein Mitglied der Vereinigung einen wesentlichen Anteil: *Wilhelm Grewe*, der im Jahr 1953 in Bonn über die wiedergewonnene „Auswärtige Gewalt der Bundesrepublik" referierte.[62] Die (ebenfalls mit dem Instrument völkerrechtlicher Verträge hergestellte) militärische und wirtschaftliche Westbindung in Form der Mitgliedschaft im Europarat, der Europäischen Gemeinschaft für Kohle und Stahl sowie der NATO wurde zur allgemein anerkannten Staatsräson der neuen Bundesrepublik. Die Vorbehaltsrechte der (westlichen) Siegermächte wurden zu Schutzverpflichtungen gegenüber der Sowjetunion, besonders für

---

[54] *Karl Bilfinger*, Der deutsche Föderalismus in Vergangenheit, Gegenwart und Zukunft (Mitbericht), VVDStRL 1 (1924), S. 35 (36).

[55] VVDStRL 19 (1961), S. 86.

[56] VVDStRL 21 (1964), S. 1.

[57] VVDStRL 31 (1973), S. 13, 51.

[58] VVDStRL 46 (1988), S. 7.

[59] VVDStRL 46 (1988), S. 54.

[60] VVDStRL 58 (1999), S. 7.

[61] BGBl. 1955 II S. 305.

[62] VVDStRL 12 (1954), S. 129. Vgl. zu *Grewe*: *Ruth Lambertz-Pollan*, Auf dem Weg zu Souveränität und Westintegration (1948–1955). Der Beitrag des Völkerrechtlers und Diplomaten Wilhelm Grewe, 2016, S. 195 ff.

den Westteil Berlins, umgedeutet und dienten als Argument für den Wiedervereinigungsanspruch der Präambel des Grundgesetzes. In einer wiederum folgenden Periode, die ihren Höhepunkt mit den Ostverträgen von 1970 bis 1973 und der KSZE-Schlussakte von 1975 fand, sicherte das Völkerrecht die Entspannungspolitik gegenüber dem Osten und die Stabilisierung des Berlin-Status und des Verhältnisses zur DDR. Im September 1973 wurden die Bundesrepublik und die DDR auch in die Vereinten Nationen aufgenommen.

Das Völkerrecht erschien nun nicht mehr vornehmlich als Oktroi feindlicher Mächte, sondern als eine der Grundlagen des prosperierenden westdeutschen Staates, mit dessen Prinzipien man sich auch inhaltlich identifizieren konnte. In den Berichten von *Christian Tomuschat* und *Reiner Schmidt* von 1977 über den (deutschen) „Verfassungsstaat im Geflecht der internationalen Beziehungen“[63] war dieses „Geflecht“ zum ersten Mal eindeutig positiv konnotiert. Wenn *Tomuschat* formulierte, aus der Einsicht in die Notwendigkeit, Ordnungsaufgaben grenzüberschreitender Dimension in internationaler Kooperation zu erledigen, nehme das Grundgesetz „die faktisch gegebene Interdependenz als rechtlichen Normalzustand zur Kenntnis“,[64] so galt diese Akzeptanz nunmehr auch für die Vereinigung. Allerdings hob auch *Tomuschat* am Ende seines Referats die „Notwendigkeit der Fortexistenz des Verfassungsstaates“, insbesondere für demokratische Entscheidungsverfahren und als „Gehäuse einer Solidarität“, hervor.[65] Zudem betonte er, das Grundgesetz sei durch seine rangmäßige Überlegenheit „formal gegen jede Modifizierung aus der völkerrechtlichen Sphäre heraus abgesichert“.[66] In der Aussprache schlug *Peter Häberle* den Begriff des „kooperativen Verfassungsstaates“ vor, der die Momente der intensiven internationalen Zusammenarbeit und Verantwortung, der wachsenden weltweiten Solidarität und der Offenheit nach außen, die Verschränkungen und Wechselwirkungen, z. B. in der Menschenrechtsfrage, in sich aufnehme und für den die Alternative „Primat des Völkerrechts“ oder „Primat des Staatsrechts“ fragwürdig sei.[67] Inwieweit dieser Vorschlag der Mehrheitsmeinung entsprach, ist aber ungewiss, da sich an der Diskussion hauptsächlich die Völkerrechtler beteiligten. Erst dreizehn Jahre später, im Jahr 1990, nahm die Vereinigung das Thema wieder auf, nunmehr mit einem Fokus auf die europäische Integration.[68]

---

[63] VVDStRL 36 (1978), S. 7, 65.

[64] *Christian Tomuschat*, Der Verfassungsstaat im Geflecht der internationalen Beziehungen, Leitsatz 5.b, VVDStRL 36 (1978), S. 60.

[65] *Tomuschat*, VVDStRL 36 (1978), S. 57 f. Ähnlich *Reiner Schmidt*: Einerseits erfordert „[d]ie Zuwendung des Grundgesetzes zur internationalen Gemeinschaft […] eine umweltoffene Interpretation unserer Verfassung“, andererseits können „Stabilität, Kontinuität und Identität […] auch heute noch vornehmlich durch die Nationalstaaten gesichert werden“ (VVDStRL 36 [1978], S. 109, Leitsätze 29 und 31).

[66] *Tomuschat*, VVDStRL 36 (1978), S. 62, Leitsatz 12.b. Zurückhaltender im Vortrag selbst, S. 49 f. Kritik von *Partsch*, VVDStRL 36 (1978), S. 127 f.

[67] *Peter Häberle*, Diskussionsbeitrag, VVDStRL 36 (1978), S. 129 (130). Noch einen Schritt weitergehend der spätere Begriff des „staatengemeinschaftlichen Staates“; vgl. *Wolfgang Graf Vitzthum*, Der Staat der Staatengemeinschaft. Zur internationalen Verflechtung als Wirkungsbedingung moderner Staatlichkeit, 2006, S. 12.

[68] Der Verfassungsstaat als Glied einer europäischen Gemeinschaft, Berichte von *Helmut Steinberger*, *Eckart Klein* und *Daniel Thürer*, VVDStRL 50 (1991), S. 9, 56, 97.

Die „dualistische Rollenverteilung", in der die auch oder vornehmlich das Völkerrecht vertretenden Mitglieder in der Vereinigung als Staatsrechtslehrer hervortraten, funktionierte bis etwa zum Ende der 1990er Jahre recht gut.[69] In dem Maße aber, in dem das Völkerrecht expandierte, sich ausdifferenzierte und zunehmend alle Kräfte der das Fach in Lehre und Forschung Vertretenden beanspruchte, wurde es schwieriger, diese Mitglieder mit staatsrechtlichen Beiträgen in die Arbeit der Vereinigung einzubinden. Dies ist wohl ein Grund dafür, dass in der jüngeren Zeit Völkerrechtlerinnen und Völkerrechtler vermehrt zu international ausgerichteten Themen haben vortragen können, wie dies zuvor[70] nur ausnahmsweise der Fall war. Ein anderer Grund ist die Notwendigkeit, die fortschreitende Europäisierung und Internationalisierung des deutschen öffentlichen Rechts in den Tagungsthemen angemessen abzubilden[71] – eine Aufgabe, für die sich die Europa- und Völkerrechtlerinnen und -rechtler unter den Mitgliedern besonders anzubieten scheinen.

Bei diesen neueren international ausgerichteten Referaten, wie sie seit 2011 in beinahe jeder Tagung ein Teil des Programms waren,[72] handelt es sich überwiegend um Untersu-

[69] Vgl. oben bei Fn. 44.

[70] Vgl. etwa *Georg Erler*, Das Grundgesetz und die öffentliche Gewalt internationaler Staatengemeinschaften, VVDStRL 18 (1960), S. 7; *Joseph H. Kaiser*, Bewahrung und Veränderung demokratischer und rechtsstaatlicher Verfassungsstruktur in den internationalen Gemeinschaften, VVDStRL 23 (1966), S. 1; *Christian Tomuschat*, Der Verfassungsstaat im Geflecht der internationalen Beziehungen, VVDStRL 36 (1978), S. 7; *Helmut Steinberger*, Der Verfassungsstaat als Glied einer europäischen Gemeinschaft, VVDStRL 50 (1991), S. 9; *Eckart Klein*, Der Verfassungsstaat als Glied einer europäischen Gemeinschaft (2. Bericht), VVDStRL 50 (1991), S. 56; *Daniel Thürer*, Der Verfassungsstaat als Glied einer europäischen Gemeinschaft (3. Bericht), VVDStRL 50 (1991), S. 97; *Meinhard Hilf*, Europäische Union: Gefahr oder Chance für den Föderalismus in Deutschland, Österreich und der Schweiz?, VVDStRL 53 (1994), S. 7; *Torsten Stein*, Europäische Union: Gefahr oder Chance für den Föderalismus in Deutschland, Österreich und der Schweiz? (2. Bericht), VVDStRL 53 (1994), S. 26; *Michael Schweitzer*, Europäische Union: Gefahr oder Chance für den Föderalismus in Deutschland, Österreich und der Schweiz? (3. Bericht), VVDStRL 53 (1994), S. 48; *Dietrich Schindler*, Europäische Union: Gefahr oder Chance für den Föderalismus in Deutschland, Österreich und der Schweiz? (4. Bericht), VVDStRL 53 (1994), S. 70.

[71] Vgl. hierzu die Berichte von *Juliane Kokott* und *Thomas Vesting*, Die Staatsrechtslehre und die Veränderung ihres Gegenstandes: Konsequenzen von Europäisierung und Internationalisierung, VVDStRL 63 (2004), S. 7, 41, sowie die Berichte von *Hans Christian Röhl* und *Andreas von Arnauld*, Öffnung der öffentlich-rechtlichen Methode durch Internationalität und Interdisziplinarität: Erscheinungsformen, Chancen, Grenzen, VVDStRL 74 (2015), S. 7, 39.

[72] Vgl. z. B. *Stefan Kadelbach*, Autonomie und Bindung der Rechtsetzung in gestuften Rechtsordnungen, VVDStRL 66 (2007), S. 7; *Stefan Oeter*, Rechtsprechungskonkurrenz zwischen nationalen Verfassungsgerichten, Europäischem Gerichtshof und Europäischem Gerichtshof für Menschenrechte, VVDStRL 66 (2007), S. 361; *Georg Nolte*, Das Verfassungsrecht vor den Herausforderungen der Globalisierung, VVDStRL 67 (2008), S. 129; *Anne Peters*, Wettbewerb von Rechtsordnungen, VVDStRL 69 (2010), S. 7; *Thomas Giegerich*, Wettbewerb von Rechtsordnungen, VVDStRL 69 (2010), S. 57; *Christian Walter*, Der Bürgerstatus im Lichte von Migration und europäischer Integration, VVDStRL 72 (2013), S. 7; *Andreas von Arnauld*, Öffnung der öffentlich-rechtlichen Methode durch Internationalität und Interdisziplinarität: Erscheinungsformen, Chancen, Grenzen, VVDStRL 74 (2015), S. 39; *Thilo Marauhn*, Sicherung grund- und menschenrechtlicher Standards gegenüber neuen Gefährdungen durch private und ausländische Akteure, VVDStRL 74 (2015), S. 373; *Kerstin Odendahl*, Migrationssteuerung im Mehrebenensystem, VVDStRL 76 (2017), S. 49; *Markus Krajewski*, Status als Instrument des Migrationsrechts/Migrationsfolgenrechts, VVDStRL 76 (2017), S. 123; *Stefan Griller*, Fragmentierungen im Öffentlichen Recht: Diskursvergleich im internationalen und nationalen Recht, VVDStRL 77 (2018), S. 237.

chungen, deren Zentrum das nationale Recht bildet und die Einflüsse des Völker- und Europarechts auf dieses Recht oder Herausforderungen und Veränderungen dieses Rechts in einem rechtlichen „Mehrebenensystem" oder „gestuften Rechtsordnungen" in den Blick nehmen.[73]

Erst auf der Tagung von 2015 kam es zur Behandlung eines „rein" völkerrechtlichen Themas („Verfassung im Völkerrecht") durch ein Mitglied mit staats- und ein anderes mit völkerrechtlichem Arbeitsschwerpunkt.[74] In den Jahren 2016 und 2019 folgten weitere Referate zu völker- und europarechtlichen Themen, die nunmehr sämtlich Völker- und Europarechtlern anvertraut wurden.[75]

Vor diesem Hintergrund kann ein Blick auf das Völkerrecht als Thema der Beratungen der Staatsrechtslehrervereinigung nicht zu einem repräsentativen Bild völkerrechtlicher Forschung in Deutschland führen.[76] Ein solches Bild könnte sich nur durch die Einbeziehung der Arbeit der DGVR/DGIR, aber auch weiterer wissenschaftlicher Vereinigungen und Institutionen ergeben. Dazu zählen die deutsche Sektion der International Law Association (ILA), das Max-Planck-Institut in Heidelberg, die universitären Völkerrechtsinstitute (an wohl erster Stelle das Walther-Schücking-Institut für Internationales Recht in Kiel) und spezialisierte Forschungsinstitute wie das von *Eckart Klein* gegründete Menschenrechtszentrum der Universität Potsdam oder das Institut für Seerecht und Seehandelsrecht der Universität Hamburg.[77] Eingedenk der Mitgliedschaft österreichischer und Schweizer Gelehrter in der Vereinigung wären auch die entsprechenden wissenschaftlichen Gesellschaften und Forschungseinrichtungen Österreichs und der

[73] In diesem Sinne auch *Matthias Jestaedt*, in diesem Band, S. 431 (453): „[N]och nie hat es die EMRK [...] oder die Grundrechte-Charta der EU [...] als solche zu einem [...] Referat gebracht; anders gewendet: ihre Inbezugnahme erfolgte bislang stets aus Sicht der nationalen Grundrechte und im Blick auf diese, um deren Selbstand auf der Basis der Straßburger bzw. Luxemburger Judikatur ging es nie."

[74] Vgl. *Axel Tschentscher*, Verfassung im Völkerrecht: Konstitutionelle Elemente jenseits des Staates?, VVDStRL 75 (2016), S. 407; *Heike Krieger*, Verfassung im Völkerrecht: Konstitutionelle Elemente jenseits des Staates? (2. Referat), VVDStRL 75 (2016), S. 439. Vorgängige Vermessung dieses Terrains: *Bardo Fassbender*, Grund und Grenzen der konstitutionellen Idee im Völkerrecht, in: FS für Josef Isensee, 2007, S. 73. Völkerrechtliche Staatenverbindungen in Geschichte und Gegenwart hatte auch bereits *Hartwig Bülck*, Föderalismus als internationales Ordnungsprinzip, VVDStRL 21 (1964), S. 1, behandelt, allerdings noch in Ergänzung von *Peter Lerche*, Föderalismus als nationales Ordnungsprinzip, VVDStRL 21 (1964), S. 66.

[75] Vgl. *Kirsten Schmalenbach*, Völker- und unionsrechtliche Anstöße zur Entterritorialisierung des Rechts, VVDStRL 76 (2017), S. 245; *Jürgen Bast*, Völker- und unionsrechtliche Anstöße zur Entterritorialisierung des Rechts (2. Referat), VVDStRL 76 (2017), S. 277; *Christoph Ohler*, Die Rolle nicht-staatlicher Akteure bei der Entwicklung und Implementierung des Völker- und Europarechts, VVDStRL 79 (2020), S. 347; *Jochen von Bernstorff*, Die Rolle nicht-staatlicher Akteure bei der Entwicklung und Implementierung des Völker- und Europarechts (2. Referat), VVDStRL 79 (2020), S. 381.

[76] Vgl. zur Repräsentativität der Arbeit der Vereinigung *Helmuth Schulze-Fielitz*, Staatsrechtslehre als Mikrokosmos, 2013, S. 8 f., zurückhaltender *Hans Peter Ipsen*, 50 Jahre deutsche Staatsrechtswissenschaft im Spiegel der Verhandlungen der Vereinigung der Deutschen Staatsrechtslehrer, II. Die Verhandlungen von 1949 (Heidelberg) bis 1971 (Regensburg), AöR 97 (1972), S. 375 (376), sowie *Ulrich Scheuner*, 50 Jahre deutsche Staatsrechtswissenschaft im Spiegel der Verhandlungen der Vereinigung der Deutschen Staatsrechtslehrer, I. Die Vereinigung der Deutschen Staatsrechtslehrer in der Zeit der Weimarer Republik, AöR 97 (1972), S. 349 (370, 374).

[77] Vgl. zu den Institutionen völkerrechtlicher Forschung in Deutschland auch *Stolleis*, Geschichte des öffentlichen Rechts, Bd. 4 (Fn. 42), S. 629 ff.

Schweiz zu berücksichtigen, etwa der österreichische Völkerrechtstag[78] und die Schweizerische Vereinigung für Internationales Recht. Schließlich müsste eine umfassende Analyse auch den Beitrag der Wissenschaftler deutscher Sprache zur Arbeit internationaler Vereinigungen wie der im Jahr 2004 gegründeten *European Society of International Law* (ESIL) einbeziehen.

II. Die Herausbildung einer integrativen Sicht von Staats- und Völkerrecht

Im Mittelpunkt der Arbeit der Vereinigung stand und steht noch immer der Staat mit seinem Recht, seinen Institutionen und seiner Verwaltung.[79] Keineswegs hat sich die von *Kelsen* in seiner „Reinen Rechtslehre" von 1934 vorgeschlagene Relativierung des Staates durchgesetzt, seine Einsicht, der Staat sei nicht (im Sinne der dualistischen Konstruktion) die „absolut höchste Rechtsgemeinschaft", sondern vielmehr eine „rechtliche Zwischenstufe", sodass „von der alle Staaten umfassenden universalen Völkerrechtsgemeinschaft zu den dem Staat eingegliederten Rechtsgemeinschaften eine kontinuierliche Abfolge allmählich ineinander übergehender Rechtsgebilde führt"[80].

Dennoch hat sich die Bedeutung des Völkerrechts in der Arbeit der Vereinigung in den letzten Jahrzehnten allmählich verändert. Das Völkerrecht wird nicht mehr (eher defensiv) als eine vom Staatsrecht getrennte Größe wahrgenommen, die nur dann relevant wird, wenn sie mit diesem in eine Beziehung tritt, d.h. auf das Staatsrecht einen bestimmten (eher unerwünschten) Einfluss nimmt oder vom Staatsrecht in einem gewissen Maße zugelassen wird, woraus sich Konflikte und Harmonisierungszwänge ergeben. Ausdruck einer solchen vom Dualismus geprägten Wahrnehmung waren z.B. die Themen „Das Grundgesetz und die öffentliche Gewalt internationaler Staatengemeinschaften" (1959)[81] oder „Bewahrung und Veränderung demokratischer und rechtsstaatlicher Verfassungsstruktur in den internationalen Gemeinschaften" (1964)[82]. Auch das Thema „Der Verfassungsstaat im Geflecht der internationalen Beziehungen" (1977)[83] war noch

[78] Vgl. hierzu den Beitrag von *Ewald Wiederin*, in diesem Band, S. 245 (264 f.).

[79] Freilich ist die Kontinuität dieser Ausrichtung auf den Staat nicht so groß, wie es manchmal angenommen wird. Vgl. *Ulrich Scheuner*, Ansprache zur 50jährigen Wiederkehr der Gründung der Vereinigung, VVDStRL 31 (1973), S. 7 (9): „Es könnte von hohem Reiz sein, dem Bilde des Staates nachzugehen, wie es sich im Laufe der Zeit in der Vereinigung geboten hat. Die sichere Anerkennung des Staates noch in den 20er Jahren, die Skepsis nach 1945, die sich in der stärkeren Herausstellung des Rechtsgedankens und der Verfassung zeigt, ließen sich hier beobachten."

[80] *Hans Kelsen*, Reine Rechtslehre, 1934, S. 141, 153.

[81] Berichte von *Georg Erler* und *Werner Thieme*, VVDStRL 18 (1960), S. 7, 50.

[82] Berichte von *Joseph H. Kaiser* und *Peter Badura*, VVDStRL 23 (1966), S. 1, 34.

[83] Berichte von *Christian Tomuschat* und *Reiner Schmidt*, VVDStRL 36 (1978), S. 7, 65. Vgl. dazu oben bei Fn. 63. Spätere Fortschreibungen der beiden Berichte im Handbuch des Staatsrechts: *Christian Tomuschat*, Staatsrechtliche Entscheidung für die internationale Offenheit, in: Isensee/Kirchhof (Hrsg.), Handbuch des Staatsrechts der Bundesrepublik Deutschland, Bd. 11, 3. Aufl. 2013, § 226; *Reiner Schmidt*, Geldwirtschaft im Weltfinanzsystem, ebd., § 252.

in der Tradition dieser Sichtweise formuliert,[84] doch nahmen die Referate von *Tomuschat* und *Schmidt* einen Perspektivenwechsel vor: *Tomuschat* stellte die „Öffnung des Verfassungsstaates zur Außenwelt" in den Mittelpunkt, bejahte mit *Klaus Vogel* ausdrücklich die „Verfassungsentscheidung des Grundgesetzes für eine internationale Zusammenarbeit"[85] und konstatierte ohne Bedauern die „Erosion des Nationalstaates als eines geschlossenen Personalverbandes".[86] Dieser Wechsel hin zu einem konstruktiven Verständnis des Völker- und Europarechts überzeugte umso mehr, als das Korreferat von *Reiner Schmidt* materialreich die bereits faktisch eingetretene Einbindung der Bundesrepublik in ein „Netzwerk der wirtschaftlichen Verflechtung zwischen den Nationalwirtschaften" mit den „Knotenpunkte[n] in den Rohstoffen, im Kapital, in der Technologie und im Handel"[87] aufzeigte. Im Bereich von Wirtschaft und Währung, so hielt *Schmidt* fest, sei „das Geflecht der internationalen Beziehungen besonders dicht, so daß sich hier die Frage, ob der Staat im internationalen System der Gegenwart noch die zentrale Analyseeinheit sein kann, mit besonderer Schärfe stellt".[88] An diese Befunde knüpfte die Tagung von 1990 an, indem sie vom „Verfassungsstaat als Glied einer europäischen Gemeinschaft" sprach.[89] *Thürer* bezeichnete als Ausgangspunkt seines Berichts „die Erkenntnis, daß der europäische Verfassungsstaat Teil eines umfassenden, kooperative und integrative Züge tragenden gesamteuropäischen Institutionen- und Ordnungsgefüges geworden ist", woraus sich „grundlegende Wandlungen in der Struktur, Funktion und Gestalt des Verfassungsstaates" ergäben.[90] Auf der Tagung von 2003 konnte *Juliane Kokott* dann gegen den tradierten Dualismus postulieren: „Staatsrechtslehre ohne Völkerrecht ist unvollständig, da Völker- und Europarecht den Rahmen für die insoweit nicht mehr ursprünglichen staatlichen Verfassungsordnungen geben."[91]

Entsprechend weicht die frühere Analyse der Beziehungen zwischen Staats- und Völkerrecht auf der Grundlage der Vorstellung ihrer prinzipiellen Trennung zunehmend einer problemorientierten integrativen Sichtweise.[92] Einen dilatorischen Kompromiss scheint gegenwärtig das Bild des „Mehrebenensystems" darzustellen.[93]

---

[84] Vgl. in dieser Tradition auch noch, deutlich später, *Georg Nolte* und *Ralf Poscher*, Das Verfassungsrecht vor den Herausforderungen der Globalisierung, VVDStRL 67 (2008), S. 129, 160.

[85] Vgl. *Klaus Vogel*, Die Verfassungsentscheidung des Grundgesetzes für eine internationale Zusammenarbeit, 1964.

[86] Vgl. *Tomuschat*, VVDStRL 36 (1978), S. 16ff., 54f.

[87] Vgl. *R. Schmidt*, VVDStRL 36 (1978), S. 68.

[88] *R. Schmidt*, VVDStRL 36 (1978), S. 105, Leitsatz 3.

[89] Berichte von *Helmut Steinberger*, *Eckart Klein* und *Daniel Thürer*, VVDStRL 50 (1991), S. 9, 56, 97.

[90] *Thürer*, VVDStRL 50 (1991), S. 101.

[91] *Juliane Kokott*, Die Staatsrechtslehre und die Veränderung ihres Gegenstandes: Konsequenzen von Europäisierung und Internationalisierung, VVDStRL 63 (2004), S. 7 (39f.), Leitsatz 26.

[92] Beispiele eines Versuchs: *Bardo Fassbender*, Militärische Einsätze der Bundeswehr, in: Isensee/Kirchhof (Hrsg.), Handbuch des Staatsrechts der Bundesrepublik Deutschland, Bd. 11, 3. Aufl. 2013, § 244, S. 643; *ders.*, Verfassung als plurales Gefüge, in: Diggelmann/Hertig Randall/Schindler (Hrsg.), Verfassungsrecht der Schweiz – Droit constitutionnel suisse, Bd. I, 2020, S. 187.

[93] Vgl. die Berichte von *Stephan Breitenmoser* und *Kerstin Odendahl*, Migrationssteuerung im Mehrebenensystem, VVDStRL 76 (2017), S. 9, 49; *Wolfram Cremer* und *Benjamin Schindler*, Rechtsanwendungsgleichheit in Mehrebenensystemen, VVDStRL 78 (2019), S. 117, 167. Vgl. auch *Johannes Masing*,

III. Zur Zukunft des internationalen Rechts in der Arbeit der Vereinigung

Zwar hält das Bundesverfassungsgericht an der Auffassung fest, dem Grundgesetz liege „deutlich die klassische Vorstellung zu Grunde, dass es sich bei dem Verhältnis des Völkerrechts zum nationalen Recht um ein Verhältnis zweier unterschiedlicher Rechtskreise handelt und dass die Natur dieses Verhältnisses aus der Sicht des nationalen Rechts nur durch das nationale Recht selbst bestimmt werden kann“[94]. Doch glaubt die heutige jüngere Generation der Mitglieder der Vereinigung nicht mehr wie frühere Generationen an einen „Selbststand“ des deutschen öffentlichen Rechts und die Möglichkeit seiner Abschließung vom internationalen Recht. Vielmehr sind für sie die Europäisierung und Internationalisierung des öffentlichen Rechts eine Selbstverständlichkeit geworden.[95] Hierzu passt der Umstand, dass die Venia legendi sehr vieler, womöglich sogar der Mehrheit der in den vergangenen Jahren in die Vereinigung aufgenommenen (deutschen) Mitglieder auch das Völker- und Europarecht umfasst.[96]

Die Zeit der „grundsätzliche[n] Haltung der Binnenorientierung des deutschen Rechts und der deutschen Rechtswissenschaft“[97] scheint vorbei zu sein, das „Denken vom (eigenen) Staat her“[98] relativiert. Mit den Worten von *Michael Stolleis* ist ein „Perspektivenwechsel“[99] eingetreten, eine Ausweitung der Rechtsfragen und des wissenschaftlichen Interesses auf Europa und das Europarecht und darüber hinaus auf ein transnationales, globales Recht[100]. Es wird zunehmend anerkannt, dass „das (Öffentliche) Recht in Deutschland nicht mehr allein deutsches Recht ist und es seine Institute nicht mehr allein aus der eigenen Entwicklung begründen kann“[101]. „Recht in Deutschland“ ist vielmehr, im Gegensatz zu *Triepels* Vorstellung, „ein aus mehreren Quellen stammendes, zusammengesetztes und ineinander verwobenes Recht“[102]. Die „Geltung und die Inter-

---

Verfassung im internationalen Mehrebenensystem, in: Herdegen u.a. (Hrsg.), Handbuch des Verfassungsrechts, 2021, § 2, S. 61.

[94] BVerfGE 111, 307 (318) – Görgülü.

[95] Vgl. *Schulze-Fielitz*, Staatsrechtslehre als Mikrokosmos (Fn. 76), S. 28 ff.

[96] Vgl. auch *von Bogdandy*, Internationalisierung (Fn. 16), S. 151: Im europäischen Rechtsraum seien „disziplinäre Identitäten, die sich in erster Linie aus Abgrenzungen bilden, also etwa des verwaltungsrechtlichen Materials gegenüber verfassungsrechtlichem, des nationalen gegenüber unionsrechtlichem und völkerrechtlichem, aber auch des öffentlich-rechtlichen gegenüber privatrechtlichem Material, kaum zukunftsträchtig“. „Rigide Primäridentitäten wie Staatsrechtler, Europarechtler oder Völkerrechtler werden damit ebenso prekär wie eine Identitätsbestimmung aus dem Gegensatz von öffentlichem Recht und Privatrecht.“ Anders allerdings die Situation in Österreich; vgl. *Ewald Wiederin*, in diesem Band, S. 245 (252 ff.).

[97] Vgl. *Rainer Wahl*, Zwei Phasen des Öffentlichen Rechts nach 1949, in: *ders.*, Verfassungsstaat, Europäisierung, Internationalisierung, 2003, S. 411 (422).

[98] Mit dem Titel des Buches von *Frieder Günther* über die bundesdeutsche Staatsrechtslehre zwischen 1949 und 1970: Denken vom Staat her, 2004.

[99] *Stolleis*, Geschichte des öffentlichen Rechts, Bd. 4 (Fn. 42), S. 696.

[100] Vgl. *Stolleis*, Geschichte des öffentlichen Rechts, Bd. 4 (Fn. 42), S. 663.

[101] *Wahl*, Zwei Phasen (Fn. 97), S. 423.

[102] *Wahl*, Herausforderungen und Antworten (Fn. 9), S. 95. Vgl. auch *von Bogdandy*, Internationalisierung (Fn. 16), S. 142: „normatives Pluriversum“.

pretation von Rechtsregeln [können] nicht mehr allein aus dem eigenen nationalen Recht, also aus der Binnensicht, abgeleitet werden", was eine „Ausweitung des Bezugsfelds des Diskurses über das Recht und die Bildung konkreter Rechtsvorschriften"[103] erforderlich macht. Das Europa- und Völkerrecht sind kein „fremdes Recht" mehr.[104]

Vor diesem Hintergrund ist es nicht gewagt zu prognostizieren, dass in den Tagungen der Vereinigung in Zukunft nicht nur das EU-Recht und die öffentlich-rechtliche Rechtsvergleichung, sondern auch das Völkerrecht eine größere Rolle spielen werden – ein Völkerrecht, das freilich als nach wie vor primär zwischenstaatliches Recht abhängig ist von der Vitalität des „institutionellen Arrangements, das wir Staat und Verwaltung nennen"[105], und das sich als eine von den Kulturen und Staaten des Westens geprägte Rechtsordnung in seinen Leitvorstellungen, Begriffen und Institutionen zunehmend angefochten sieht[106]. Wo es sich anbietet, werden öffentlich-rechtliche Fragen integrativ unter Berücksichtigung des Völker- und Europarechts behandelt werden. Es wird aber nicht leicht sein, dieses neue „pluralisierte" öffentliche Recht als Ergebnis komplexer „Begegnungen" von Rechtsordnungen und Wissenschaftskulturen[107] zu bearbeiten, und zwar in Konkurrenz mit anderen Foren in einem zunehmend transnationalen Wissenschaftsraum[108] – eine besondere Herausforderung für die Vereinigung in den kommenden Jahrzehnten ihres Bestehens.

---

[103] *Wahl*, Zwei Phasen (Fn. 97), S. 423 f. (unter Betonung auch der Bedeutung der Rechtsvergleichung im Zeichen eines „Wettbewerb[s] von Rechtsordnungen außerhalb hierarchisch geordneter Rechtsentwicklung").

[104] So aber noch, ganz im Geiste *Triepels*, *Paul Kirchhof*, Diskussionsbeitrag, VVDStRL 77 (2018), S. 340: „Das nationale Recht öffnet sich für das Völkerrecht und für das Europarecht, setzt aber voraus, dass das fremde Recht durch einen parlamentarischen Rechtsanwendungsbefehl in die eigene Rechtsordnung eingefügt wird."

[105] *Stolleis*, Geschichte des öffentlichen Rechts, Bd. 4 (Fn. 42), S. 665.

[106] Vgl. *Bardo Fassbender*, Völkerrecht, in: FS für Paul Kirchhof, Bd. I, 2013, § 45 Rn. 19 ff.

[107] Vgl. *Wahl*, Herausforderungen und Antworten (Fn. 9), S. 95 ff.

[108] Hierzu *von Bogdandy*, Internationalisierung (Fn. 16), S. 150.

Asymmetrische Dialoge

Verfassungsgerichtsbarkeit als Themenstellung

*Christoph Gusy**

I. Einführung: Äußere und innere Vorbedingungen 585
II. Denken von der Verfassungstheorie her: Verfassungsgerichtsbarkeit zwischen Verfassung und Verfassungsrecht 586
III. Verfassungsgerichtsbarkeit als Ausprägung und Instrument der Konstitutionalisierung 589
1. Die offene Konkretisierungskonkurrenz: Zwischen überkonstitutionellem Recht und konstitutionalisierter Demokratie 589
2. Denken vom Verfassungsrecht her: Von der Konstitutionalisierung des Bundesverfassungsgerichts zur Konstitutionalisierung durch das Bundesverfassungsgericht 592
3. Grenzen der Konstitutionalisierung I: Die demokratische Legitimation der Gesetzgebung 595
4. Grenzen der Konstitutionalisierung II: Die rechtsstaatliche Gesetzesbindung der Rechtsprechung 599
5. Konstitutionalisierung in der Bewährung: Die europäische und internationale Herausforderung 601
IV. Diesseits von Entgrenzung und Begrenzung: Von der Kritik der Verfassungsgerichtsbarkeit zur Selbsterneuerung der Disziplin? 603

I. Einführung: Äußere und innere Vorbedingungen

Selbständige Verfassungsgerichte sind in Deutschland und Österreich nahezu gleich alt wie die Staatsrechtslehrervereinigung. In partieller Abkehr von älteren Traditionen der Staatsgerichtshöfe der Einzelstaaten[1] wurden sie ab 1919 in den Republiken institutionell und kompetenziell gestärkt.[2] Die Entwicklung war der Disziplin von den Verfassunggebern vor- und aufgegeben worden. Mit dem verfassungsrechtlichen Neustart ging so ein Neustart der Verfassungsgerichtsbarkeit einher. Die neuen Instanzen betraten ein Feld, das bislang überwiegend von der Wissenschaft besetzt worden war. So erhielt die Disziplin auf ihrem ureigensten Feld Konkurrenz im Hinblick auf Deutung und Deutungs-

---

* Für umfangreiche Vorarbeiten danke ich Frau wiss. Mit. *Alina Kulle*.

1 Zur Vorgeschichte *Ulrich Scheuner*, Die Überlieferung der deutschen Staatsgerichtsbarkeit im 19. und 20. Jahrhundert, in: Starck u. a. (Hrsg.), Bundesverfassungsgericht und Grundgesetz, Bd. 1, 1976, S. 1.

2 Zur Entwicklung in der Schweiz *Jörg P. Müller*, Die Verfassungsgerichtsbarkeit im Gefüge der Staatsfunktionen, VVDStRL 39 (1981), S. 55.

hoheit des Verfassungsrechts. Hier sollte sich zeigen: Mit dem Blick auf die neuen Konkurrenten sollte sich auch der Blick auf die Wissenschaft verändern.

Die Verfassungsgerichte waren bei den Tagungen nahezu omnipräsent: Angesichts der Identität der Erkenntnisobjekte kam wohl keine Tagung ganz ohne sie aus. Die von den jeweiligen Einzelthemen geprägten Seitenblicke auf Entscheidungen und Begründungen zeigten sehr heterogene Bilder: Einigen erschienen die Gerichte als Vorbild, der anderen als Gegenbilder, wieder anderen als Lieferanten von Argumenten zur Verfassungsinterpretation, die sodann Objekte wissenschaftlicher Analysen werden konnten. Eine Nachzeichnung jener Vielfalt würde ebenso detailreich wie unübersichtlich wie systematisch unergiebig geraten. Für unsere Fragestellungen ist ein typisierender Zugang angemessener, welcher die sechs Tagungen zu Ausgangspunkten nimmt, bei denen in jeweils zeitlichem Abstand die Verfassungsgerichtbarkeit selbst und zentral zum Thema wurde. Ein solcher, gleichsam chronologischer Zugang ist für die Zeitgeschichte eher ungewöhnlich. Doch lassen sich so wie unter einem Brennglas Erkenntnisstände und unterschiedliche Positionen, ihre Begründung und Entwicklung in Rede und Gegenrede analysieren. Gewiss: Die Präsenz bei den Tagungen und ihre Debatten waren für den Stand der Wissenschaft wohl niemals ganz repräsentativ. Doch fand sie hier Foren, welche unterschiedliche Positionen aufnehmen und konfrontieren konnten. Sie ermöglichen einen Zugang zu Herausbildung und Wandel des Bildes der Verfassungsgerichtsbarkeit vor dem Forum der Staatsrechtslehre und zugleich zu einem nicht unwesentlichen Teil des Wandels dieser Wissenschaft selbst.

II. Denken von der Verfassungstheorie her: Verfassungsgerichtsbarkeit zwischen Verfassung und Verfassungsrecht

Als die Vereinigung sich im Jahr 1928 erstmals grundsätzlich mit dem Thema befasste, waren in Österreich und Deutschland Verfassungsgerichte etabliert.[3] Damit hatten Art. 15 ff, 108 WRV, Art. 132 ff BVG den Charakter der bei ihnen zu verhandelnden Streitverfahren als (verfassungs-)rechtlichen anerkannt, gerichtlichen Instanzen zugewiesen und diese gegenüber der Fachgerichtsbarkeit institutionell, aber nur ansatzweise personell verselbständigt: Ihre Tätigkeit wurde mehrheitlich von Richtern anderer Gerichte im Nebenamt wahrgenommen. Was aus gegenwärtiger Rückschau manchen eher als Vorstufe zu einem Verfassungsgericht unserer Prägung scheinen mochte, war damals im internationalen Vergleich avanciert. Inzwischen hatten die neuen Gerichte ihre Tätigkeit aufgenommen und Urteile und Beschlüsse gefällt,[4] welche erstes Anschauungsmaterial liefern konnten. Für die Staatsrechtslehre war dieser Zustand von außen vorge-

---

[3] Zeitgenössisch *Ernst Friesenhahn*, Die Staatsgerichtsbarkeit, in: Anschütz/Thoma (Hrsg.), Handbuch des Deutschen Staatsrechts, Bd. 2, 1932, S. 523. Historisch *Horst Dreier*, Verfassungsgerichtsbarkeit in der Weimarer Republik, in: Simon (Hrsg.), Schutz der Verfassung: Normen, Institutionen, Höchst- und Verfassungsgerichte, 2014, S. 317.

[4] Abgedruckt bei Lammers/Simons (Hrsg.), Die Rechtsprechung des StGH für das Deutsche Reich, Bd. 1, 1929; dem sollten bis 1939 noch weitere fünf Bände folgen. Siehe zuletzt *Volker Hoffmann*, Die Rolle des Staatsgerichtshofs in der Endphase der Weimarer Republik, JoJZG 2012, S. 93.

geben: Sie hatte diese Entwicklung zuvor jedenfalls mehrheitlich nicht gefordert. Für sie bedeutete dies eine zweifache Herausforderung: Neben die Notwendigkeit der inhaltlichen und methodischen Positionierung zur noch jungen WRV und ihren staatsrechtlichen Neuerungen trat die Notwendigkeit einer Positionierung auch gegenüber den neuen Gerichten. Im Zentrum der zeitgenössischen Debatten standen fundamentale Fragen: Sind Verfassungen prinzipiell justiziabel wie andere Rechtsnormen auch? Sind Gerichte zur Normenkontrolle auch bei förmlichen Gesetzen berechtigt? Aus der Sicht der meisten Staatsrechtslehrer hing die Beantwortung dieser Grundfragen miteinander zusammen und von theoretischen Grundlagen ab, welche damals erst in der Entwicklung waren.[5] Auf diese Weise fand der sich gerade positionierende Richtungsstreit in die Jahrestagung Eingang.[6]

Heinrich Triepel[7] bekannte sich hier tendenziell zu den geisteswissenschaftlichen Richtungen, namentlich *Carl Schmitt* und *Rudolf Smend*, deren im Erscheinen begriffene Hauptwerke aber in die Referate noch nicht einbezogen waren. Für ihn war die Verfassung das Recht des Politischen, welches „sich des Wesentlichen im staatlichen Leben zu bemächtigen strebt." Dieses Streben führe zu einer partiellen Verrechtlichung der Politik und einer partiellen Politisierung des auf dieses bezogenen Rechts. Da das Politische im Konstitutionalismus als Bereich des Staates und der Exekutive verstanden worden war, war damit der Dreiklang von Staat, Politik und Verfassung eröffnet. Für ihn verfehlte eine gerichtsförmige Verfassungserkenntnis jedenfalls das Politische ihres Gegenstandes. Dieses präge nicht nur die Verfassung selbst, sondern auch deren Anwendung. Zwischen Staat, Politik und Recht gerate das „Wesen der Verfassungsgerichtsbarkeit weithin mit dem Wesen der Verfassung in Widerspruch". Seine Position blieb ambivalent. Der bestehende Staatsgerichtshof mit seinen eher traditional anmutenden Kompetenzen aus föderalistischen Streitigkeiten und Ministeranklage wurde von ihm historisch aus dem „Wesen der Staatsgerichtsbarkeit" gerechtfertigt. Solche Ausführungen mochten eher als Warnung vor zukünftigen Kompetenzerweiterungen des Gerichts wirken. Seine Auffassung, wonach den Gerichten ein Normprüfungs- und Verwerfungsrecht auch gegenüber Gesetzen zukomme,[8] wurde hier jedenfalls nicht auf die Staatsgerichtsbarkeit erstreckt. Hingegen sah *Hans Kelsen* die Staatsgerichtsbarkeit als Garantie der Verfassung nicht nur im, sondern auch gegenüber dem politischen Prozess. Wie die Verwaltungsgerichte die Wirksamkeit und Durchsetzbarkeit der Gesetze garantierten, so müsse dies auf höherer Stufe auch für die Verfassung gelten. Diese sah er zentral als Rechtsnorm,[9] deren

---

5 Grundlegend *Helge Wendenburg*, Die Debatte um die Verfassungsgerichtsbarkeit und der Methodenstreit in der Weimarer Republik, 1984.

6 Dazu *Michael Stolleis*, Geschichte des öffentlichen Rechts in Deutschland, Bd. 3, 1999, S. 188 ff; zur Jahrestagung 1928 ebd., S. 193 f.

7 *Heinrich Triepel/Hans Kelsen*, Wesen und Entwicklung der Staatsgerichtsbarkeit, VVDStRL 5 (1929), S. 4/30; Zitate bei *Heinrich Triepel* ebd. S. 8, 16, 28. Zum Folgenden *Dieter Grimm*, Recht oder Politik?, 2020.

8 *Heinrich Triepel*, Der Weg der Gesetzgebung nach der Reichsverfassung, AöR 39 (1920), S. 456 (536 ff.); einschränkend *ders.*, Verhandlungen des 33. DJT, 1925, S. 45 (59 f.).

9 *Kelsen*, Staatsgerichtsbarkeit (Fn. 7), Zitate S. 35 ff., 57 f. (Normenkontrolle), 76 (Verfassungsbeschwerde).

politischen Charakter er nicht bestritt. Doch schließe dies die Herleitung eigenständiger Rechtsfolgen nicht aus, wie er exemplarisch darlegte, Das „Wesen der Staatsgerichtsbarkeit" lag für ihn also in der Konkretisierung und Durchsetzung der Rechtsfunktion der Verfassung. Die überall anklingende Terminologie der sich zeitgleich systematisierenden Reinen Rechtslehre ließ die Forderung nach einem differenzierten Kompetenzkonzept vernehmen. Dessen Grundlage waren für ihn jedoch – anders als für *Triepel* – nicht die Verfassungstraditionen, sondern eher Parallelen zum Verwaltungsrechtsschutz, der auch damals keine unbegrenzte Justiziabilität kannte, sondern auf die unterschiedliche Regelungsdichte der Gesetze als Kontrollmaßstab verpflichtet war, ohne dass untragbare Funktionsverluste der Exekutive eingetreten seien. Vor diesem Hintergrund ergab sich bei ihm eine Option für Normenkontrolle und Grundrechtsschutz durch Verfassungsgerichte. Beide Autoren bejahten die Möglichkeit von Staatsgerichtsbarkeit und die Notwendigkeit ihrer Begrenzung. Die dafür maßgeblichen Rechtsgrundlagen und Kriterien blieben allerdings kontrovers.[10]

Angesichts der Grundsätzlichkeit der Referate fiel die Diskussion ab. Die Grundpositionen der entstehenden Richtungen waren zwei Jahre zuvor ausgetauscht worden. Nun beteiligten sich von den Exponenten beider Seiten nur *Richard Thoma*, der in besonderer Weise um Auswege aus den methodischen Dilemmata bemüht war, und *Hermann Heller*, der nach fulminanten Angriffen gegen *Kelsen* den Blick auf die geltende Rechtslage lenkte: „Die Verfassungsgerichtsbarkeit ist bereits eine Selbstverständlichkeit geworden", die man am besten dadurch schütze, „dass man klar ihre Grenzen erkennt und dort zieht, wo politische, d. h. nicht justiziable Streitigkeiten vorliegen".[11] Es ging um die Erkenntnis von Verfassungsrecht, weniger um das „Wesen" der Verfassung und der Staatsgerichtsbarkeit. Die zeitgenössischen Verfassungsgerichte und ihre Entscheidungen spielten nur eine Nebenrolle.[12] Einhellig wurden die Verfassungsgerichte beim Verfassungsrecht verortet. Wer also Verfassung und Verfassungsrecht trennte, sah konsequent eine Sphäre, die allein der Wissenschaft offenstand. Das Denken der Staatsrechtswissenschaft reichte über Verfassungsrecht und -gerichte hinaus Daraus folgte der Primat der Wissenschaft: *Das Wesen der Staatsgerichtsbarkeit konnte nur von der Wissenschaft bestimmt werden*, die Vorbedingung und Grundlage der Gerichtsbarkeit sei. Sie nahm gleichsam eine „Kompetenzkompetenz" in Anspruch. Die Gegenauffassung fokussierte hingegen die Staatsrechtswissenschaft auf die Erkenntnis des Verfassungsrechts. Dass dieses seine außerrechtlichen Voraussetzungen und Grundlagen habe, war *Kelsen* und *Thoma* bewusst. Nicht nur die Verfassung, sondern auch die Verfassungsgerichtsbarkeit war demnach auch für sie von Voraussetzungen abhängig, die jene nicht garantieren könne. Der z. T. in Anspruch genommene Primat der Wissenschaft vor der Gerichtsbarkeit war damals ganz überwiegend verfassungstheoretisch begründet. Dieser Theorieüberschuss sollte ein zentrales Erbe des Richtungsstreits für die Diskussionen nach 1945 bleiben.

---

[10] *Richard Thoma*, Diskussionsbemerkung, VVDStRL 5 (1929), S. 104 (Von den unterschiedlichen Richtungen werde „weiter zu gehen sein"). Dagegen *Triepel*, Gesetzgebung (Fn. 7), S. 5, 115.

[11] *Hermann Heller*, Diskussionsbemerkung, VVDStRL 5 (1929), S. 111 (114).

[12] Neben *Heller* noch *Walter Jellinek*, Diskussionsbemerkung, ebd., S. 94 f.

III. Verfassungsgerichtsbarkeit als Ausprägung und Instrument der Konstitutionalisierung

Der Parlamentarische Rat hat Rechtsbindung, Rechtskontrolle und Gerichte als eine zentrale Antithese zum Nicht-Recht der NS-Vergangenheit statuiert. Das zu schaffende Grundgesetz wurde in wesentlichen Teilen als Antithese zur jüngsten Vergangenheit und zum Totalitarismus in Osteuropa gesehen. Hierzu war neben der Verfassungsbindung der Justiz ein im internationalen Vergleich herausragendes Bundesverfassungsgericht als neu verstandener Hüter der Verfassung[13] geschaffen worden. Das Bundesverfassungsgericht sollte zentral über „die Auslegung dieses Grundgesetzes" entscheiden. Diese Zuständigkeit war einer gerichtlichen Instanz und nicht etwa dem Bundespräsidenten zugesprochen. Auch wenn der Parlamentarische Rat sich hinsichtlich des Status des Gerichts zurückhielt (Art. 94 Abs. 2 GG), zeichneten sich in den Beratungen Grundzüge des späteren Bundesverfassungsgerichtsgesetzes ab.

1. Die offene Konkretisierungskonkurrenz: Zwischen überkonstitutionellem Recht und konstitutionalisierter Demokratie

Die Staatsrechtslehre stand damit vor neuen Herausforderungen. Hinsichtlich des verfassungstheoretischen Erbes stand die Frage aus, ob die das Selbstverständnis der Disziplin früher prägenden Theorien und Kontroversen für die neuen rechtlichen Rahmenbedingungen noch angemessen sein konnten.[14] Ganz wie nach 1919 stellten sich nun Grundfragen der Kontinuität der Staatsrechtswissenschaft in Konfrontation zur Diskontinuität ihres Gegenstandes. Die 9. Jahrestagung war die zweite nach dem staatsrechtlichen Neustart in der Bundesrepublik. Sie fand im Jahr 1950 nach dem Inkrafttreten des Grundgesetzes, aber noch vor der Konstituierung des Bundesverfassungsgerichts statt. Da der Wissenschaft die Konstituierung des neuen Gerichts von außen vorgegeben war, widmete sie sich nun deren im Grundgesetz weniger eindeutig angelegten Grenzen. Die Referate hätten kaum kontroverser ausfallen können.

Erich Kaufmann argumentierte in den Bahnen der Weimarer Debatten, an denen er selbst führend beteiligt gewesen war. Obwohl er als Völkerrechtler den Anspruch erhob, vergleichend aus der internationalen Theorie und Praxis zu argumentieren,[15] stand sein Referat schon terminologisch in der Tradition von 1928. Diese zitierte er gleich zu Beginn („Grenzen gehören zum Wesen des Menschen [...]") und forderte so die Grenzbestimmung aus dem Wesen der Institution. Hier argumentierte er – wie früher *Triepel* – gegen „die Gefahr einer Juridifizierung der Politik und einer Politisierung der Justiz." Ihm ging es sowohl um die Eigenheit des Politischen wie um diejenige der Gerichtsbarkeit. Aus dieser Sicht konnten die Grenzen verfassungstheoretisch bestimmt werden.

---

[13] Herrenchiemseer Entwurf, Darstellender Teil, S. 45 f.; Erl. Teil S. 88 ff.

[14] Zu den damaligen Grundfragen und Trennlinien *Frieder Günther*, Denken vom Staat her, 2004.

[15] *Erich Kaufmann*, Die Grenzen der Verfassungsgerichtsbarkeit, VVDStRL 9 (1950), S. 1; Zitate ebd. S. 2, 11, 12, 15 f., 12 f.

Dabei sei das neue Gericht auf den „Verfassungsrechtsstreit" im Unterschied zum nichtjustiziablen „Verfassungsstreit" begrenzt. Letzterer wurde auf zweierlei Weise zu konkretisieren gesucht: Juristisch aus dem fragmentarischen Charakter des Grundgesetzes, theoretisch aus der Eigenheit des Politischen in funktioneller und kompetenzieller Hinsicht. Er verortete das Politische in Übereinstimmung mit der deutschen Staatsrechtstradition fast ausschließlich bei Regierung und Exekutive, deren „Verantwortlichkeit gegenüber der Volksvertretung" wurde nur einmal erwähnt. Hier fanden sich Anklänge an das überpositive Recht, welches sein Denken schon in Weimar geprägt hatte und nun zumindest verbal ein Mainstream geworden war.[16] Seine schon damals geäußerte Position zum „Bekenntnis" neben der „Erkenntnis" mündete in ein gewisses Misstrauen in die Leistungs- und Zukunftsfähigkeit des jungen Grundgesetzes: „Etwas auf die Spitze getrieben" forderte er, dass kein Mitglied des Parlamentarischen Rates in das Verfassungsgericht kommen und dessen Materialien verschlossen allein späterer historischer Forschung vorbehalten werden sollten. Dass der gewiss auch von ihm als notwendig angesehene rechtliche Neuanfang auch neue normative und institutionelle Arrangements auf Verfassungsebene notwendig machen könnte, schimmerte bei ihm kaum durch. Jedenfalls für das Bundesverfassungsgericht sah er „im Verhältnis zur gesamten Staatstätigkeit nur bescheidenen Raum".

Das Referat *Martin Draths* hätte im Ansatz kaum gegensätzlicher ausfallen können. Sein Ausgangspunkt war der „gerichtliche Schutz des Verfassungsrechts zur Gewährleistung des verfassungsgemäßen Funktionierens des Staates".[17] Dessen Wirkungsbereich bestimmte er induktiv durch einen Vergleich der Kompetenznormen in Landesverfassungen und -gesetzen sowie im Entwurf zum Bundesverfassungsgerichtsgesetz. Er sah also Kompetenzbestimmung und Grenzen als Fragen des positiven Rechts. Von hier aus erkannte er einzelne Teilhaberechte des Gerichts an traditionell politischen Aufgaben etwa beim Schutz der Demokratie gegen ihre Gegner sowie der Rolle der zukünftigen Verfassungsbeschwerde für die Sicherung von Freiheit und Demokratie. Seine Zwischenfazit war eindeutig: Funktion und Grenzen ergeben sich „angesichts der klaren Entscheidungen unserer Verfassungen" aus dem Recht und nicht einer ihm vorausliegenden oder von ihm zu unterscheidenden „Verfassung". Sie seien sowohl funktioneller wie rechtlicher Art. Funktionell wurde abgehoben auf die Teilhabe des Gerichts am politischen Prozess als „negativer Gesetzgeber" wie auch als „Regierungsorgan besonderer Art", die prozedural zu sichern sei durch Wahl und parteipolitische Pluralität der Richter als „Repräsentationsorgane" und „lebendiges vertraut sein" der Verfassungsrichter mit den sozialen und geistigen Grundlagen der Demokratie". Die Grenze der neuen Richtergewalt folge rechtlich am ehesten daraus, dass sie an der Gestaltung der neuen Ordnung „nur bei Gelegenheit einzelner Entscheidungen mitwirken" sowie aus prozeduralen und

---

[16] S. schon *Erich Kaufmann*, Die Gleichheit vor dem Gesetz, VVDStRL 3 (1927), S. 2. Zum Mainstream nach 1945 *Lena Foljanty*, Recht oder Gesetz?, 2013.

[17] *Martin Drath*, Die Grenzen der Verfassungsgerichtsbarkeit, VVDStRL 9 (1950), S. 20. Zitate S. 30, 37, 39 f., 40, 54, 95 f., 102, 108, 110, 92, 111, 109, 110. Dazu *Michaela Hailbronner*, Kanon, Verfassung, Steuerung. Ein Entwurf zur Bedeutung von Martin Drath, in: Marsch/Münkler/Wischmeyer (Hrsg.), Apokryphe Schriften, 2018, S. 191.

materiell-rechtlichen Grenzen als Gerichtsbarkeit. Die Abgrenzung sah er weniger konfliktzentriert als vielmehr arbeitsteilig. Recht und Politik, Regierung und Gerichte, Rechtsanwendung und -fortbildung seien in ein positives Verhältnis zu bringen. Aufgrund einiger Anleihen aus dem amerikanischen Verfassungsrecht konstatierte er als Hauptaufgabe von Regierungen und Verfassungsgerichten, „Demokratie in Deutschland wieder herbeizuführen". Für ihn waren die neuen Instanzen zentral Hüter der Demokratie. Hierzu bedürfe es auch eines Bildes der Demokratie, „das in kaum einer Hinsicht mehr den Vorstellungen des 19. Jh., auch nicht seiner Staatsrechtslehrer, entspricht". Politik, Verfassungsrechtsprechung und -wissenschaft als kooperative Verfassungsverwirklichung war sein Anliegen.

Die Vorträge basierten auf konträren Vorverständnissen.[18] *Kaufmann* war theoretisch, traditionsbewusst, im klassischen Sinne eher verfassungs- als verfassungsrechtsorientiert. *Drath* war rechtsrealistisch, innovativ, verfassungsrechtszentriert. Einen unausgesprochenen Konsens der Teilnehmer brachte wohl *Willibalt Apelt* zum Ausdruck, der sich gegen die „Hypertrophie der Verfassungsrechtsprechung" wandte, in der wir uns befinden.[19] Offenbar spielte er auf einige Urteile einzelner Ländergerichte an. Die Diskussionsrichtung war überwiegend ein Begrenzungsdiskurs. Nur wie? „Immanente Grenzen für die Justiziabilität gibt es nicht".[20] Und das neue Verfassungsrecht als anwendbares Recht gab es auch noch nicht. Würde also die Verfassungsbindung mehr sein als Selbstbindung? Der Hinweis, in die neuen Instanzen könnten zu wenig „erfahrene Kenner des Verfassungslebens" und zu viele „am bürgerlichen und Strafrecht geschulte Juristen" Einzug halten,[21] deutete an: Hier ging es auch um Aufgabenteilung bei der Herausbildung der neuen Verfassungsdogmatik. Je stärker sich die Staatsrechtslehre nicht als bloß theoretische, sondern auch als dogmatische begriff, drängte sich die Frage nach ihrer zukünftigen Rolle auf. Der Staatsgerichtshof hatte angesichts der kurzen Dauer der Republik und seiner begrenzten Kompetenzen nur wenig Einfluss auf Zentralfragen der Verfassungsdogmatik erlangt. Bei dem nun „entgrenzten" Bundesverfassungsgericht war die Aufgabenverteilung aber unsicher. Doch waren die Anwesenden nur wenig gewillt, sich ihrer anzunehmen. Sie diskutierten über *Draths* Thesen nur ganz am Rande, stattdessen eher über die tradierten Fragestellungen der Disziplin: Abgrenzung von Politik und Recht, Regierung und Gerichtsbarkeit, von Verfassungs- und Verwaltungsrecht. Insgesamt war die Debatte deutlich defensiver als bei der Tagung zuvor: Nicht mehr die Wissenschaft bestimmte die Verfassungsgerichtsbarkeit – diese war auch ihr nun vor- und aufgegeben.

---

18 Aus heutiger Sicht erstaunlich *Drath*, Verfassungsgerichtsbarkeit (Fn. 17), S. 130: „Ich habe nicht den Eindruck, dass die Gegensätze [...] so grundsätzlich sind."

19 *Willibalt Apelt*, Diskussionsbemerkung, VVDStRL 9 (1950), S. 120; zustimmend *Wolfgang Abendroth* ebd., S. 127.

20 *Wilhelm Grewe*, Diskussionsbemerkung, VVDStRL 9 (1950), S. 122.

21 *Kaufmann*, Gleichheit (Fn. 16), S. 3.

2. Denken vom Verfassungsrecht her: Von der Konstitutionalisierung des Bundesverfassungsgerichts zur Konstitutionalisierung durch das Bundesverfassungsgericht

Noch vor der Drucklegung des neunten Staatsrechtslehrer-Bandes begann das Bundesverfassungsgericht seine Tätigkeit. Der Statusbericht postulierte alsbald weitgehende Kompetenzen und Bindungswirkungen seiner Entscheidungen.[22] Rasch steigende Antragszahlen bewirkten die Notwendigkeit von Dogmatikentwicklung namentlich im Bereich der Grundrechte. Eine Reihe wegweisender Entscheidungen erbrachte einen Erkenntnisschub: Elfes (Grundrechtssystem und Rechtfertigungsvorbehalt jedes Eingriffs),[23] Lüth (Wertgebundenheit der Grundrechtsverwirklichung durch Gesetz und Kontrolle der gerichtlichen Grundrechtsverwirklichung am Maßstab des GG),[24] Gleichberechtigung (Stärkung der unmittelbaren Grundrechtsgeltung).[25] Dabei griffen die Senate, die damals nur wenige Staatsrechtslehrer als Mitglieder aufwiesen,[26] auf unterschiedliche Quellen zurück: den Staatsgerichtshof, den bisherigen Stand der Rechtswissenschaft und zunehmend eigene Präjudizien. Dadurch wurde die Disziplin zu einem Faktor der Verfassungsentwicklung neben anderen. Das Bundesverfassungsgericht beschränkte sich weitgehend auf Auslegungsfragen und ließ deren verfassungstheoretische Prämissen und Implikationen eher beiseite.[27] Auf sie wurde am ehesten rekurriert, um andernorts gefundene Ergebnisse oder Argumente abzustützen. Schon zehn Jahre nach seiner Konstituierung galt das Grundgesetz nach Ansicht *Rudolf Smends* nunmehr praktisch so, wie das Bundesverfassungsgericht es auslegte.[28] Diese Erfolgsgeschichte[29] stellte die Staatsrechtswissenschaft vor neue Herausforderungen: Einerseits wurden Fragen, auf deren Beantwortung sie bislang ein weitgehendes Monopol eingenommen hatte, nun von einer anderen Instanz wahrgenommen, die sie als Konkurrenz empfand. Einzelne Kriti-

---

[22] BVerfG, Statusbericht, JöR 6 (1957), S. 120ff. Krit. dazu *Richard Thoma*, Rechtsgutachten betreffend die Stellung des Bundesverfassungsgerichts, JöR 6 (1957), S. 161.

[23] BVerfGE 6, 32 [1957]; zum Urteil *Dieter Grimm*, Das Elfes-Urteil, in: Meinel (Hrsg.), Verfassungsgerichtsbarkeit in der Bonner Republik, 2019, S. 155; *Hannah Birkenkötter*, Art. 2 Abs. 1 GG als allgemeines Freiheitsrecht und Auffanggrundrecht: Das Elfes-Urteil, in: Grimm (Hrsg.), Vorbereiter – Nachbereiter, 2020, S. 11.

[24] BVerfGE 7, 198 [1958]. Dazu Henne/Riedlinger (Hrsg.), Das Lüth-Urteil aus (rechts-)historischer Sicht, 2005.

[25] BVerfGE 3, 225 (237ff.) [1953]; 10, 59 (66ff.) [1959]. S. *Ute Sacksofsky*, Das Grundrecht auf Gleichberechtigung, 1991, S. 23ff., 101ff.; *Michael Stolleis*, Geschichte des Öffentlichen Rechts in Deutschland, Bd. 4, 2012, S. 516ff.

[26] Überblick bei *Stolleis*, Geschichte Bd. 4 (Fn. 25), S. 146ff.

[27] BVerfGE 1, 14 (18) (Ls. 27) [1951] mit der Anerkennung überpositiven Rechts blieb isoliert und folgenlos.

[28] *Rudolf Smend*, Das Bundesverfassungsgericht (1962); in: ders., Staatsrechtliche Abhandlungen, 3. Aufl., 1994, S. 581 (582).

[29] Dazu historisch-kritisch *Matthias Jestaedt/Oliver Lepsius/Christoph Möllers/Christoph Schönberger*, Das entgrenzte Gericht, 2011; *Justin Collings*, Democracies Guardians, 2015; *Meinel*, Verfassungsgerichtsbarkeit (Fn. 23). Zur Historisierung der Rechtsprechung des BVerfG *Ulrich Herbert*, Was nützt eine Historisierung des Bundesverfassungsgerichts?, ebd., S. 15; *Oliver Lepsius*, Über die Notwendigkeit der Historisierung und Kontextualisierung für die Verfassungsdogmatik, ebd., S. 119; zur Historisierung der Kritik an ihm *Justin Collings*, Phasen der öffentlichen Kritik am Bundesverfassungsgericht, ebd., S. 63ff.

ker beklagten eine „Depossedierung der Rechtswissenschaft".[30] Andererseits erhielt die Disziplin aus der neuen Instanz, ihren Urteilen und deren Gründen neue Fragestellungen und Gegenstände. Entscheidungsrezensionen, Systematisierungen, Theoretisierung der Rechtsprechung und die Suche nach möglichen dogmatischen wie theoretischen Alternativen stellten neue Aufgaben. Schon bald stellte sich die Methodenfrage als gemeinsame Vorfrage und Grundlage der Konkretisierung des Grundgesetzes.

Dieser Thematik nahm sich die Vereinigung im Jahre 1961 an,[31] als – wie gesehen – das Grundgesetz schon weitgehend so galt, wie es das Bundesverfassungsgericht auslegte. Ein gegenüber 1950 personell erneuerter Teilnehmerkreis war entschlossen, aus der Weimarer Zeit geerbte Theorien hinter sich zu lassen und einen interpretatorischen Neuanfang zu wagen. *Peter Schneider* sprach sich für einen eigenständigen Methodenkanon aus. Der Gegenstand der Verfassungsauslegung sei von demjenigen anderer Gesetze dermaßen verschieden, dass sich dies auf die Interpretationsmethoden auszuwirken habe. Er differenzierte zwischen den Methoden der Rechtswissenschaft und denjenigen der Rechtsprechung. Letztere seien notwendigerweise fall- und falllösungsbezogen und stünden so auch unter praktischen Anforderungen, welche sich für die Wissenschaft so nicht stellten. Zwar unterlägen beide demselben Methodenkanon, doch sei die Methodenwahl von unterschiedlichen Prämissen geprägt. Die „Funktion der Rechtswissenschaft sei durch ihre Freiheit vom Entscheidungszwang charakterisiert." Desiderat sei eine Theorie, welche beiden Seiten Eigenständigkeit einräume, aber zugleich einen wechselseitigen Bezug ermögliche. Eine solche war ihm wesentlich Rechtsgewinnungstheorie und Metatheorie der Auslegung. Seine Grundposition exemplifizierte er abschließend an dem ihm besonders wichtigen Interpretationsprinzip „*in dubio pro libertate*". Ihm ging es für unser Thema ersichtlich um zwei einander ergänzende Anliegen: Die Erklärung unterschiedlicher Eigenbereiche von Verfassungsrechtswissenschaft und Verfassungsrechtsprechung sowie die Begründung ihrer wechselseitigen Bezogenheit. Was sein Referat letztlich deduktiv hermeneutisch, topisch und – seltener – funktionell anging, erörterte *Horst Ehmke* eher induktiv: Ihm ging es darum, die Rechtswissenschaft insgesamt als Einheit und als praktische Disziplin zu verstehen. In diesem Sinne sei Verfassungsinterpretation weniger vorgeben als aufgegeben, die tradierten Auslegungsmethoden am ehesten „verabsolutierte partielle Interpretationsgesichtspunkte". Zu ihnen müssten weitere hinzutreten, namentlich seit der Verfassungsgerichtsbarkeit die Dynamisierung des Verfassungsrechts unter Wahrung des Primats demokratischer Rechtssetzung zukomme. Sie sah er in funktionellen Erwägungen in Anlehnung an die US-amerikanische Rechtsprechungspraxis: Konsenssuche, verfassungskonforme Auslegung, *political question doctrine, preferred-freedoms*, Kontext von grundrechtlicher Freiheit und Kompetenzbestimmung. Für ihn war Verfassungsinterpretation weniger eine Frage des Verfassungstextes, sondern seiner Entwicklung durch Verfassungsrechtsprechung. Verfassungsrechtswissenschaft wird dann wesentlich auch Verfassungsgerichtswissenschaft.

---

30 *Ernst Forsthoff*, Die Umbildung des Verfassungsgesetzes, in: FS für Carl Schmitt, 1959, S. 35 (61).

31 *Peter Schneider/Horst Ehmke*, Prinzipien der Verfassungsinterpretation, VVDStRL 20 (1963), S. 1/53. Zitate: *Schneider*, ebd., S. 1; S. 52 (These III 8 a; III 8 b) bb); 48 (These III 3), 14 ff. *Ehmke*, ebd.; S. 64 f., 73; 74, 77 ff., 102 (These III 4, 5).

In der Aussprache herrschte weithin Einheit über die Notwendigkeit inhaltlicher und methodischer Erneuerung der Disziplin.[32] Das Bundesverfassungsgericht war inzwischen als eigenständige Instanz anerkannt, mehrere Redner forderten seine Stärkung bzw. die Fortentwicklung seiner Begründungslinien.[33] Die wechselseitige Eigenständigkeit, aber auch Interdependenz von Politik, Verfassungsgerichtsbarkeit und Verfassungsrechtswissenschaft waren Allgemeingut. Zahlreiche Äußerungen teilnehmender Verfassungsrichter zeigten: Sie waren sich bewusst, wer mit dem Tagungsthema (auch) gemeint war. Die Richter kritisierten eine fehlende Verfassungstheorie, die sie von der Wissenschaft erwarteten. Hingegen kritisierten mehrere Wissenschaftler eine aus ihrer Sicht theorieferne Dogmatikentwicklung beim Gericht. Beide Seiten hätten also (auch) unterschiedliche Aufgaben. So fehle bislang eine erneuerte und hinreichend überzeugungskräftige Verfassungstheorie als Leit- und ggf. Korrektividee. Dies schwäche zugleich die Konsensfähigkeit der Auslegung: Der Verweis auf einen Konsens sei sekundär, solange die auszulegende Norm noch keinen Inhalt habe.[34] So rückte die Arbeitsteilung zwischen Verfassungstheorie und -dogmatik in den Mittelpunkt. Während einzelne Redner auf klassische europäische Traditionen zurückgreifen wollten,[35] diskutierten andere eine komparatistische Öffnung der Disziplin.[36]

In der Folgezeit verfeinerte sich die Dogmatikentwicklung durch das Bundesverfassungsgericht. Das konstitutionalisierte Gericht wurde zum Motor der Konstitutionalisierung der Rechtsordnung. Ihre Ausprägungen wirkten bis in Einzelheiten der Rechtsgebiete hinein.[37] Die sich erneuernden Methoden der Verfassungsauslegung waren noch nicht in der Lage, methodische Grenzen der Grundgesetzauslegung zu begründen. So wurde etwa die Unterscheidung zwischen Handlungs- und Kontrollmaßstäben zwar postuliert, aber nur selten operationalisiert. Umgekehrt zeigte die konkurrierende These vom Grundgesetz als Gerechtigkeitsreserve:[38] Gerechtigkeitsbedürfnisse sind stets überall. Und wo das Grundgesetz war, war stets auch das Bundesverfassungsgericht. Mangels konsentierter theoretischer und methodischer Vorgaben mochte die *Verfassungsbindung des Bundesverfassungsgerichts* manchen *eher als (limitierte) Selbstbindung* an die eigenen Entscheidungsmaßstäbe erscheinen. Die Entwicklung wurde – in späterer Terminologie

---

32 *Carl Hermann Ule,* Diskussionsbemerkung, VVDStRL 20 (1963), S. 105; *Hans Huber,* Diskussionsbemerkung, ebd., S. 116; *Martin Drath,* Diskussionsbemerkung, ebd., S. 107 (auch zur Verfassungstheorie); s. a. *Peter Schneider,* Schlusswort, ebd., S. 133.

33 *Günter Dürig,* Diskussionsbemerkung, VVDStRL 20 (1963), S. 115; *Horst Ehmke,* Schlusswort, ebd., S. 132.

34 *Martin Drath* (Fn. 32), S. 110.

35 *Peter Schneider* (Fn. 32), S. 114; *Helfried Pfeifer,* Diskussionsbemerkung, VVDStRL 20 (1963), S. 110; *Felix Ermacora,* Diskussionsbemerkung, ebd., S. 111.

36 *Karl Carstens,* Diskussionsbemerkung, VVDStRL 20 (1963), S. 122 f; krit. zur Rezeption US-amerikanischer Erkenntnisse aber *Gerhard Leibholz,* Diskussionsbemerkung, ebd., S. 117 ff.; *Ernst Friesenhahn,* Diskussionsbemerkung, ebd., S. 121.

37 Viel diskutiertes Beispiel: BVerfGE 35,79 (124 ff., 130 ff.) [1973], wo aus dem knappen Wortlaut des Art. 5 Abs. 3 GG konkrete Vorgaben für universitäre Wahlen und die Zusammensetzung ihrer Gremien „hergeleitet" wurden.

38 In Anlehnung an *Peter Häberle,* Die Verfassungsbeschwerde in der deutschen Verfassungsgerichtsbarkeit, JöR 45 (1997), S. 89 (125); *Martin Morlok,* Was ist und zu welchem Ende studiert man Verfassungstheorie?, 1988, S. 91, 94.

– als „Entgrenzung“ der Verfassungsrechtsprechung wahrgenommen.[39] Die Verfassungsrechtswissenschaft hat die Entwicklung teils vorbereitend, teils zustimmend, teils kritisierend begleitet. Doch zeigte sich zugleich: Die Methoden- und Theoriediskussion der 70er Jahre, welche einen neuen Höhepunkt der Staatsrechtslehre markieren sollte,[40] entwickelte sich mit Blick auf und in Auseinandersetzung mit dem Bundesverfassungsgericht. Seine methodischen und theoretischen Ansätze wurden kritisiert, systematisiert und fortentwickelt. Zu einer ihr gegenüber eigenständigen Theorieentwicklung kam es allenfalls in Ansätzen. Zur Rechtsprechung und ihren Entscheidungsgrundlagen fehlten grundsätzliche Alternativen. Der wahrgenommenen (Selbst-) Entgrenzung des Gerichts konnte oft kaum mehr entgegengehalten werden als der Ruf nach Selbstbegrenzung. Es war denn auch wohl dieser fast omnipräsente Blick nach Karlsruhe, welcher bei sensiblen Beobachtern die These vom „Bundesverfassungsgerichtspositivismus“ und der „Entthronung der Staatsrechtswissenschaft“ aufkommen ließ.[41] Das war schon damals mehr als eine bloße Niedergangsdiagnose. Es war zugleich der Aufruf zur Selbst- und Neubesinnung der Rechtswissenschaft.

3. Grenzen der Konstitutionalisierung I: Die demokratische Legitimation der Gesetzgebung

Die Vereinigung nahm sich dieses Auftrags im Jahr 1980 an. Gemeinsamer Ausgangspunkt war nun, dass die Verfassungsgerichtsbarkeit ungeachtet einzelner Unterschiede insgesamt eine Errungenschaft moderner Verfassungsstaaten sei. Im Zentrum stand nicht mehr das Ob, sondern das Wie ihrer Aufgabenerfüllung im Kontext der sonstigen Staatsfunktionen.[42] Inzwischen hatte die anfangs umstrittene, dann aber weithin konsentierte wertorientierte Auslegung ihre ursprüngliche Legitimation partiell eingebüßt: Das ihr zugrunde liegende freiheitsrechtliche Pathos des Lüth-Urteils erschien relativiert, seit mit der Anerkennung der (mittelbaren) Drittwirkung von Grundrechten und der wertorientierten Aufladung staatlicher Funktionen nicht nur Ausweitungen, sondern auch neue Freiheitseinschränkungen begründet wurden.[43] Auch hatten deren

---

[39] Terminologie nach *Jestaedt* u. a., Gericht (Fn. 29).

[40] Kulminierend in den Beiträgen zum 25. Jubiläum des GG und des Gerichts; s. z. B. *Ernst-Wolfgang Böckenförde*, Grundrechtstheorie und Grundrechtsinterpretation, NJW 1974, S. 1529; *ders.*, Die Methoden der Verfassungsinterpretation, NJW 1976, S. 2089; *ders.*, Die verfassungstheoretische Unterscheidung von Staat und Gesellschaft als Bedingung der individuellen Freiheit, 1973; dazu *Konrad Hesse*, Bemerkungen zur heutigen Problematik und Tragweite der Unterscheidung von Staat und Gesellschaft, DÖV 1975, S. 437.

[41] *Bernhard Schlink*, Die Entthronung der Staatsrechtswissenschaft durch die Verfassungsgerichtsbarkeit, Der Staat 28 (1989), S. 161 (168 ff.); interpretierend dazu *Stefan Korioth*, Der Befund „eines die Staatsrechtswissenschaft bestimmenden BVerfG-Positivismus“, in: FS für Bernhard Schlink, 2014, S. 31; krit. *Dieter Grimm*, Vorbereiter – Nachbereiter?, 2020, S. 397.

[42] Problemformulierungen u. a. bei *Ulrich Scheuner*, Verfassungsgerichtsbarkeit und Gesetzgebung, DÖV 1980, S. 473; *Hans-Peter Schneider*, Verfassungsgerichtsbarkeit und Gewaltenteilung, NJW 1980, S. 2103; *Folke Schuppert*, Funktionell-rechtliche Grenzen der Verfassungsinterpretation, 1980.

[43] Kipppunkte waren einige Entscheidungen aus dem Jahr 1970, etwa BVerfGE 28, 36 (48 ff.) [1970]; 243 (161 ff.) [1970].

Rechtsfolgen, welche zunächst zentral an die Rechtsanwendung und Rechtsprechung gerichtet erschienen, nun auch die Gesetzgebung erreicht. Neu begründete Gesetzgebungspflichten konnten inzwischen nicht mehr nur hinsichtlich des „Ob", sondern auch des „Wie" mögliche Kollisionen mit dem Demokratieprinzip begründen:[44] Hier ging es also um die demokratischen Kosten der Konstitutionalisierung infolge einer sich verdichtenden Verfassungsrechtsprechung zumindest auf der Bundesebene.[45] Solche Fragen betrafen damals zwar nur spektakuläre Einzelfälle, konnten aber die Legitimation der entscheidenden Instanzen in das Zwielicht bringen. Und wer früher das Bundesverfassungsgericht als Oppositionsgericht gegen allzu starres Festhalten an manchen überkommenen Positionen gesehen hatte, musste nun erkennen, dass inzwischen auch Reformbemühungen der sozialliberalen Mehrheit durch einzelne spektakuläre Urteile beschränkt wurden. Wenn aber alle Seiten potentiell politische Verlierer sein könnten, wurde seine Legitimation opportunistisch: Die „Gewinner" in Karlsruhe trugen seine Rechtsprechung, die „Verlierer" rügten Kompetenzüberschreitungen. Solche Effekte sollten in Zukunft pendelförmig zeitweise in die eine, zeitweise in die andere Richtung wirken.[46] Sie berührten auch die Staatsrechtswissenschaft, die mit Topoi wie gerichtlicher „Kompensationsfunktion" defizitärer Funktionswahrnehmung anderer Staatsorgane und Folgenorientierung von Urteilen nicht nur die Öffnung zu den Sozialwissenschaften, sondern auch zum eigenen politischen Umfeld diskutierte.[47]

Die Referenten von 1980 ließen unterschiedliche Problemsichten und Annäherungen erkennen. *Karl Korinek*[48] sah die Aufgabe der Verfassungsgerichte darin, einen „einmal gefundenen Grundkonsens zu bewahren". Seine Kritik richtete sich zugleich gegen „Personen, denen dazu die demokratische Legitimation fehlt, in rechtsstaatlich weitgehend unvorhersehbarer, unberechenbarer und unkontrollierbarer Weise" das Verfassungsrecht zu wandeln. Hier schimmerte die namentlich in den USA viel diskutierte Kontroverse zwischen einem eher statisch-textorientierten und einem eher dynamisch-problemorientierten Verfassungsverständnis auf. Seine Forderung, die Grenzbestimmung zwischen Verfassungsanwendung und -änderung nicht ohne den demokratisch legitimierten Verfassungsgesetzgeber entscheiden zu wollen, war insoweit konsequent, wies aber zugleich auf das ewig neu zu diskutierende Grundproblem der Auslegung und ihrer Gren-

---

44 BVerfGE 39, 1 (36ff., 42ff., 44ff.) [1975]; stark relativiert später in BVerfGE 46 160 (164) [1977]. Partiell wieder aufgenommen in BVerfGE 88, 203 (251ff.) [1993]; differenzierend BVerfGE 115, 118 (153ff.) (Luftsicherheit) [2006].

45 Für die Länder stellten sich vergleichbare Fragen kaum, s. *Wolfgang Graf Vitzthum/Bernd Christian Funk/ Gerhard Schmid*, Die Bedeutung gliedstaatlichen Verfassungsrechts in der Gegenwart, VVDStRL 46 (1988), S. 7ff./57ff./92ff.

46 Gegenbewegung in den 90er/00er Jahren im Kontext von BVerfGE 92, 1 (14ff.) [1995]; 93, 1 (16f.) [1995]; 266 (293ff.) [1995]; 104, 92 (114ff.) [2001]. Einerseits *Josef Isensee*, Bundesverfassungsgericht – Quo vadis?, JZ 1996, S. 1085. Andererseits *Helmuth Schulze-Fielitz*, Das BVerfG in der Krise des Zeitgeists, AöR 122 (1997), S. 1. (beide m. w. N.).

47 Expl. *Ingwer Ebsen*, Das Bundesverfassungsgericht als Element gesellschaftlicher Selbstregulierung, 1985, S. 218ff.

48 *Karl Korinek*, Die Verfassungsgerichtsbarkeit im Gefüge der Staatsfunktionen, VVDStRL 39 (1981), S. 7 (Zitat S. 48); *Jörg P. Müller*, ebd., S. 53 (Zitate S. 85, 87); *Klaus Schlaich*, ebd., S. 99 (Zitate S. 114, 115ff. (Kompensationsfunktion), S. 126ff. (funktionale Folgen).

zen zurück. *Jörg Paul Müller* stellte die Grundfrage nach der Wissenschaftlichkeit der Begründung von Urteilen. Sie wollte er einerseits bejahen, schätzte eher andererseits die Leistungsfähigkeit der Methoden der Rechtswissenschaft in Übereinstimmung mit jüngeren Positionen des kritischen Rationalismus neu ein: Sie garantiere nicht ex ante die Richtigkeit der Richtersprüche, sondern allein deren fehlende Falsifizierbarkeit im Zeitpunkt ihres Ergehens. Seine Forderung, wonach in einer weiteren zeitlichen Dimension Verfassungsrechtsprechung dem Gesetz der Falsifizierbarkeit unterstehen müsse, konnte neue Sichtweisen auf die Arbeitsteilung zwischen Rechtsprechung und Rechtswissenschaft eröffnen. Erstere war notwendig fallbezogen-punktuell, zeitlich-verfahrensbezogen endlich und angesichts des Entscheidungszwangs hinsichtlich ihres Wahrheitsanspruchs limitiert. Letztere hingegen sei vom Einzelfall entlastet, zeitlich unlimitiert und könne ohne äußeren Anlass stets neu auf alte, scheinbar gelöste Fragestellungen zurückkommen. In ähnliche Richtung argumentierte denn auch *Klaus Schlaich*, der neben den methodischen Vorgaben der Inputseite von Verfassungsgerichtsurteilen auch deren Outputseite, also ihre Rechtsfolgen und Bindungswirkungen, in den Blick nahm. Diese wollte er näher an die Grundfunktion als Rechtsprechung heranführen und so die Omnipräsenz von Gesetzeskraft, Urteilsgründen und *obiter dicta* innerhalb und außerhalb der Staatsrechtswissenschaft neu bestimmen.[49] Der Glaube an die Steuerungs- und Begrenzungswirkung der Auslegungsmethoden war stark relativiert zugunsten funktionaler und folgenorientierter Argumente, die ihrerseits der Abstützung in den jeweiligen Verfassungen bedurften.

Die Debatte kreiste um Grenzen der Verfassungsgerichtsbarkeit und damit um das Thema von 1950. Doch hatten sich die Vorzeichen verändert: Die Kompetenzkonkurrenz zwischen Gerichten und Wissenschaft war keine offene mehr, sondern grundgesetzlich gestaltet und verfassungsgerichtlich entschieden.[50] Die Perspektive hatte sich gleichsam konstitutionalisiert: Es ging um Grenzen nicht gegenüber dem Grundgesetz, sondern aus dem Grundgesetz. Dass hier dem Bundesverfassungsgericht das letzte Wort zukam, weil es die Verfassung und damit auch die eigenen Grenzen konkretisierte, war den Rednern bewusst.[51] Aus einer solchen Perspektive erschienen einigen Rednern die rechtlichen Grenzen weniger als Vorgabe und Bindung, sondern eher als Selbstbeschränkung der Gerichte.[52] Denn sie stellten die maßgeblichen Normen erst her: Solche gebe es nur als ausgelegte, interpretierte Texte.[53] Zugleich zeigte sich die Aufgabe, die Legitimation des Gerichts durch Wissenschaftlichkeit und Richtigkeit der Dogmatik zu stärken und die Institution dadurch zu neutralisieren. Dies verwies erneut auf Methoden und Methodenlehren. So zeigte die Diskussion, dass hinsichtlich funktionaler und inhaltlicher Argumente noch keine ganz einheitliche Terminologie bestand. Über solche Fragen könne

[49] Überblick: *Helmuth Schulze-Fielitz*, Wirkung und Befolgung verfassungsgerichtlicher Entscheidungen, in: Badura/Dreier (Hrsg.), 50 Jahre BVerfG, Bd. 1, 2001, S. 385 ff.

[50] Explizit *Klaus Stern*, Diskussionsbemerkung, VVDStRL 39 (1981), S. 205, in Abgrenzung der Perspektive gegenüber der Tagung von 1928; *Klaus Schlaich*, Schlusswort, ebd., S. 209 f.

[51] *Hans-Peter Schneider*, Diskussionsbemerkung, VVDStRL 39 (1981), S. 148.

[52] Dazu *Korinek*, Verfassungsgerichtsbarkeit (Fn. 48), S. 157; dagegen *Hans-Peter Schneider*, Diskussionsbemerkung, ebd., S. 149.

[53] *Schlaich*, Verfassungsgerichtsbarkeit (Fn. 48), S. 195.

das Bundesverfassungsgericht aus organisatorischen und prozeduralen Gründen keine eigenständigen Diskussionen führen.[54] Neben die Frage nach den Kontrollmaßstäben rückte diejenige nach den Kontrollinstanzen: Wer kontrolliert die Kontrolleure?[55] Hier zeigten sich zwei Grundrichtungen: Einerseits wurden Grundgesetz und Staatsrechtswissenschaft hervorgehoben, wo allerdings erneut verstärkte methodische Arbeit angemahnt wurde.[56] Andererseits wurde Parlamente und Öffentlichkeit als eher politische Kontrollinstanzen genannt.[57] Dabei fokussierte sich ein Teil der Diskussion auf die Frage nach den Vorwirkungen verfassungsgerichtlicher *obiter dicta* auf den Gesetzgebungsprozess. Diese wurden z. T. als Kompetenzübergriffe des Gerichts, z. T. aber auch als rechtlich unnötiger Kompetenzverzicht der Parlamente qualifiziert.[58] Damit verlagerte sich ein Teil des Problems aus der Rechtswissenschaft hinaus. Vor diesem Hintergrund nahm der abschließende Appell: „Zurück zur Verfassung"[59] zugleich herausfordernde wie auch leicht resignative Züge an.

So stellten sich neue Aufgaben und Grenzen nicht nur der Verfassungsgerichte, sondern auch der Staatsrechtslehre heraus. Die Disziplin hatte gegenüber den früheren Tagungen zum gleichen Thema an Differenzierung und Vielfalt, nicht aber notwendig an Klarheit und Eindeutigkeit gewonnen. Das Vorgehen der meisten Redner war nicht mehr deduktiv aus vorausgesetzten Theorien, sondern eher induktiv aus Beobachtungen der Praxis und ihrer Folgen, Theoretisierungsversuche daher eher Ergebnisse als Prämissen der Debatten. Dass eine funktionierende Demokratie durch eine funktionierende Verfassungsgerichtsbarkeit gestärkt werden konnte, war Allgemeingut. Hier bahnte sich die Erkenntnis vom Bundesverfassungsgericht als *„democracies guardian"* (*Justin Collings*) in manchen Obertonreihen an. Doch wann jene Funktionsvoraussetzungen vorlagen, wie sie erreicht und erhalten werden konnten, wurde eher als Problem formuliert, dessen Lösung teils kontrovers, teils unentschieden blieb. Dass hier kein neuer theorieabhängiger Richtungsstreit aufkam, nahm den Erörterungen ein Stück ihrer (früheren) Schärfe und erhöhte den sachlichen Gehalt der Problembeschreibungen und Lösungsansätze. Darin lag ein Zeugnis der Veränderung der Vereinigung wie auch der Staatsrechtswissenschaft. Im Unterschied zum weit formulierten Thema vom „Gefüge der Staatsfunktionen" konzentrierte sich namentlich die Aussprache auf die Frage nach der verfassungsgerichtlichen Kontrolle der Gesetzgebung.[60] Dabei zeigte sich: Ein positives, den hier erörterten Fragestellungen angemessenes Demokratiekonzept war noch nicht konsen-

---

54 *Konrad Hesse*, Diskussionsbemerkung, VVDStRL 39 (1981), S. 208.

55 *Paul Wenger*, Diskussionsbemerkung, VVDStRL 39 (1981), S. 199 f.

56 *Peter Häberle*, Diskussionsbemerkung, VVDStRL 39 (1981), S. 202; s. a. *Hans Zacher*, Diskussionsbemerkung, ebd., S. 169; optimistischer *Korinek* (Fn. 48), S. 52 (These 8 f.),

57 *André Donner*, Diskussionsbemerkung, VVDStRL 39 (1981), S. 179; s. a. *Dieter Grimm*, Diskussionsbemerkung, ebd., S. 175 f.

58 *Schlaich*, Verfassungsgerichtsbarkeit (Fn. 48), S. 145 (These 7); dazu *Grimm*, Diskussionsbemerkung, ebd., S. 185 f; *Hans Meyer*, Diskussionsbemerkung, ebd., S. 203 f.

59 *Schlaich*, Verfassungsgerichtsbarkeit (Fn 48), S. 208.

60 Fortsetzung bei *Kurt Eichenberger/Richard Novak/Michael Kloepfer*, Gesetzgebung im Rechtsstaat, VVDStRL 40 (1982), S. 7/40/63; *Gerhard Lienbacher/Bernd Grzeszick*, Rationalitätsanforderungen an die parlamentarische Rechtsetzung, VVDStRL 74 (2012), S. 7/49, wo die Verfassungsgerichtsbarkeit als eine Kontrollinstanz unter mehreren erschien.

tiert. Wesentlichkeitslehre, Offenheit des politischen Systems und die auch verfassungskonkretisierenden Leistungen von Öffentlichkeit, Rede und Gegenrede wurden zwar bisweilen angesprochen,[61] aber kaum als positives Gegenstück zur verfassungsgerichtlichen Rechtserkenntnis konkretisiert und operationalisiert. Im Gegensatz zur Formulierung des Tagungsthemas fanden sich auch keine vergleichbaren Erörterungen zur Regierung und Exekutive – bis in die Gegenwart hinein.

4. Grenzen der Konstitutionalisierung II: Die rechtsstaatliche Gesetzesbindung der Rechtsprechung

Andere Grenzen der Verfassungsgerichtsbarkeit wurden im Jahr 2001 diskutiert mit der Frage nach dem Verhältnis von Verfassungsrecht und Gesetzesrecht, von Verfassungsgerichtsbarkeit und Fachgerichtsbarkeit. Die Konstitutionalisierung von Rechtssetzung und Rechtsanwendung begründete Entscheidungskompetenzen des Bundesverfassungsgerichts auch bei der Auslegung und Anwendung „einfachen" Rechts, der klassischen Domäne der Fachgerichte. Das war die Intention der Wertordnungsrechtsprechung gewesen, deren „Richtlinien und Impulse" schon im Lüth-Fall nicht auf Normenkontrolle, sondern auf Einzelfallkontrolle der Rechtsanwendung gerichtet gewesen war. Neu waren zwei Fragerichtungen: Jenseits der Gesetzmäßigkeitskontrolle kam als zusätzlicher Entscheidungsmaßstab aller Gerichte das Grundgesetz, jenseits der tradierten Instanzenzüge eine weitere Instanz hinzu, eben die Verfassungsgerichte. Umso näher lag die Frage: Was ist in dem Verhältnis von Bundesverfassungsgericht und Fachgerichtsbarkeit eigentlich schützenswert?[62]

Robert Alexy[63] weitete die Perspektive über das Verhältnis der Gerichtsbarkeiten zueinander aus auf das Verhältnis der Entscheidungsnormen und damit der Regelungszuständigkeit. Die Gesetzesbindung der Gerichte verpflichte diese auf die legislativen Entscheidungsnormen, während das Bundesverfassungsgericht partiell zusätzliche Entscheidungsmaßstäbe neben das Gesetzesrecht einbringe. Eine solche Perspektive „führe grundsätzlich zu denselben Fragen wie im Verhältnis von Verfassungsgericht und Gesetzgeber". Funktionell unterschied er materielle Fragen der Regelungsdichte (epistemische Spielräume) von kompetenziellen Fragen der Rechtserkenntnis (strukturelle Spielräume). Im Zentrum stehe die Frage nach dem Grundgesetz als Grund- oder Rahmenordnung des staatlichen Handelns und damit dem Bundesverfassungsgericht als omnipräsente Mitwirkungsinstanz an der staatlichen Kompetenzausübung oder aber als

---

61 Am ehesten in der Formel von der „offenen Gesellschaft der Verfassungsinterpreten"; *Korinek*, Verfassungsgerichtsbarkeit(Fn. 48), S. 49; einschränkend ebd., S. 212; grundlegend *Peter Häberle*, Die offene Gesellschaft der Verfassungsinterpreten, JZ 1975, S. 297.

62 *Schlaich*, Verfassungsgerichtsbarkeit (Fn. 48), S. 120. Er selbst sah Schutzrichtungen funktional im Hinblick auf die Funktionsfähigkeit des BVerfG sowie einer kompetenz- und funktionsgerechten Arbeitsteilung innerhalb der Gerichtsbarkeit. Problemformulierungen bei *Matthias Jestaedt*, Verfassungsrecht und einfaches Recht, DVBl. 2001, S. 1309.

63 *Robert Alexy/Philip Kunig/Werner Heun/Georg Hermes*, Verfassungsrecht und einfaches Recht, VVDStRL 61 (2002), S. 7/35/61/121; Zitate *Alexy*: S. 11, 15 ff., 14 f.; *Heun:* S. 61, 81, 117 (These 13); *Kunig*: S. 41 f.; 45 f., 46 f.; *Hermes:* S. 122, 144.

Hüter von deren Grenzen. Seinem normorientierten Ansatz stellte *Werner Heun* eine aus dem Common Law hergeleitete Antithese entgegen: „Ausmaß und Intensität der Konstitutionalisierung hängen entscheidend vom Gerichts- und Rechtsmittelsystem ab." Nicht der Kontrollmaßstab determiniere die Kontrollinstanz, sondern die Kontrollinstanz mache den Kontrollmaßstab. War also das Problem ein solches der grundgesetzlichen Entscheidungsmaßstäbe oder der grundgesetzlichen Funktionenordnung? *Philip Kunig* ging über die kompetenziellen Aspekte – für ihn etwa eine Zentralisierung von Länderaufgaben – hinaus: Er diagnostizierte als Folge der Konstitutionalisierung den Verlust der Binnenrationalität der Fachrechtsprechung und damit der Rechtssicherheit. Seine Grundauffassung vom Gerichtsverbund und dem daraus herzuleitenden Auftrag zum Dialog der Obersten Bundesgerichte mit dem Bundesverfassungsgericht eröffnete Perspektiven auf die zeitgleich aufkommende Europäisierungsdebatte. Ein solcher Dialog sei aber wegen der unterschiedlich verteilten Kontrollkompetenzen notwendig asymmetrisch. Einen anderen wichtigen Aspekt steuerte *Georg Hermes* mit der Frage nach der Integrität der Fachdogmatik bei: Sie werde durch verfassungsgerichtliche Einzelfallrechtsprechung gefährdet. Im Kollisionsverhältnis zwischen Grundgesetz- und Gesetzesbindung bekannte er sich zum Rahmenordnungskonzept des Verfassungsrechts und bejahte eine primäre Regelungskompetenz der Legislative gegenüber der sekundären Kontrollkompetenz des Bundesverfassungsgerichts als Korrektivkompetenz, „wo das Gesetz die Lösung des Einzelfalls nicht ausreichend determinieren kann".

In der Debatte herrschten Differenzen schon bei der Problembeschreibung: Während es für das Staatsrecht eher als Randproblem wahrgenommen wurde, wurde für andere Rechtsgebiete eine größere Relevanz diagnostiziert.[64] Verfassungsauslegung mit justiziellen Methoden sei weder Monopol noch ausschließliche Fachkompetenz der Verfassungsgerichte, sondern allen Instanzen aufgegeben. Worin also konnte und sollte der Mehrwert des Grundgesetzes als zusätzlicher Kontrollmaßstab und des Bundesverfassungsgerichts als zusätzliche Kontrollinstanz liegen? Im Spagat zwischen Normorientierung und Einzelfallentscheidung,[65] Gerechtigkeitsreserve und Rechtsmittelabbau,[66] Optimierungsgeboten oder Reservekompetenz[67] standen die *demokratische und die rechtsstaatliche Problematik* nebeneinander. Erstere wurde im Hinblick auf den Schutz der legislativen Regelungs- und Gestaltungskompetenz gesehen: Eine fachgerichtliche Entscheidung lasse sich durch den Fachgesetzgeber, eine verfassungsgerichtliche hingegen allein durch den verfassungsändernden Gesetzgeber korrigieren. Darin liege auch ein Demokratieproblem, Daneben trat eine rechtsstaatliche Dimension: Der Dreiklang von Rechtsbindung, Rechtssicherheit und Auslegungsmethoden[68] brachte einen rechtsstaatlichen Grundakkord in die Debatte. Hier kamen erneut Fragen der Dogmatikentwick-

---

[64] *Brun Otto Bryde*, Diskussionsbemerkung, VVDStRL 61 (2002), S. 165.

[65] *Udo Steiner*, Diskussionsbemerkung, VVDStRL 61 (2002), S. 191 f.

[66] *Hans-Jürgen Papier*, Diskussionsbemerkung, VVDStRL 61 (2002), S. 156 f.

[67] *Arno Scherzberg*, Diskussionsbemerkung, VVDStRL 61 (2002), S. 173 f.

[68] Z.B. bei *Dieter Grimm*, Diskussionsbemerkung, VVDStRL 61 (2002), S. 180 f.; *Josef Isensee*, Diskussionsbemerkung, ebd., S. 184 f; *Hans Meyer*, Diskussionsbemerkung, ebd., S. 204.

lung[69] in den Blick, und zwar nicht nur zum einfachen Recht, sondern auch und gerade zum Verfassungsrecht. Integrität der Fachdogmatik setzte aus dieser Sicht Integrität der Verfassungsdogmatik voraus. Von dort aus war es kein weiter Weg mehr zu den – in den Referaten angelegten – Aufgaben der Rechtswissenschaft und zentral der Staatsrechtswissenschaft. Exemplifiziert an der Einzelfrage nach einer „weiten" oder „engen" Auslegung des Grundgesetzes[70] kamen Grundfragen von Verfassungsauslegung und Verfassungstheorie und damit der Frage nach der Aufgabenteilung von Verfassungsrechtsprechung und Verfassungsrechtswissenschaft auf. Hier ging es auch um Maßstabs- oder Einzelfallgerechtigkeit und die Frage, welche der Staatsgewalten diese organisatorisch und prozedural besser bewältigen könne. Sie seien wissenschaftliche Fragen an die Wissenschaft.[71] Doch blieben diese Fragen und erst recht mögliche Antworten bei der Tagung und seitdem umstritten.

5. Konstitutionalisierung in der Bewährung: Die europäische und internationale Herausforderung

Dass die europäische Einigung für die junge Bundesrepublik eine einmalige Chance war, ist unbestritten. Ob sie dies auch für ihre Verfassung, ihre Verfassungsrechtswissenschaft und ihre Verfassungsrechtsprechung sei, geriet früh in eine facetten- wie windungsreiche Debatte.[72] Hier bildeten sich zwei Grundrichtungen heraus: Eine tendenziell europakritische „Staats"-Rechtswissenschaft und eine tendenziell staats(rechts)kritische Europa(rechts)wissenschaft, wobei die meisten Fachvertreter dazwischen liegende pragmatische Positionen einnahmen. War die EU verfassungsfähig oder eine Beeinträchtigung der Verfassungsstaatlichkeit?[73] Uneinheitlich verlief die Entwicklung der Rechtsprechung des Bundesverfassungsgerichts, welche zunächst eher Grundrechts-, später eher Demokratiefragen thematisierte. Mit aller Vorsicht lassen sich aus der Retrospektive zwei Grundrichtungen erkennen. Der häufiger zuständige Zweite Senat argumentiert eher defensiv-abwehrend und will die Errungenschaften der bundesrepublikanischen Besitzstände an Verfassungsrecht, Verfassungsrechtsprechung und Verfassungsdogmatik vor einem allzu weitgehenden Zugriff aus „Europa" schützen. Der Erste Senat sieht gleichfalls Herausforderungen durch die entstehende Supranationalität, will diese aber eher mittels offensiv-mitgestaltendem Zugriff positiv aufnehmen und als Chance sowohl für das deutsche Staatsrecht wie auch das Bundesverfassungsgericht begreifen.[74] Diese

---

[69] *Bryde*, Diskussionsbemerkung (Fn. 65). Zur Dogmatikentwicklung im Verfassungsrecht *Uwe Volkmann*, Die Dogmatisierung des Verfassungsrechts, JZ 2020, S. 965.

[70] *Grimm, Isensee, Meyer*, Diskussionsbemerkungen (alle Fn. 68).

[71] Dazu weiter u. IV.

[72] Dazu ausführlich *Anna Katharina Mangold*, in diesem Band, S. 545 ff.

[73] *Dieter Grimm*, Braucht Europa eine Verfassung?, JZ 1995, S. 581; fortgeführt und differenziert bei *dems.*, Europa ja – aber welches?, 2016. Zum Thema *Franz Mayer/Michael Heinig*, Verfassung im Nationalstaat, VVDStRL 75 (2016), S. 7/64.

[74] Meilensteine sind einerseits BVerfGE 37, 271 (277 ff., 280 ff.) [1974]; 89, 155 (184) [1993]; 123, 267 (340 ff.) [2009]; 151, 202 (279 ff.) [2019]; andererseits BVerfGE 111, 307 (319 ff.) [2004]; 129, 78 (94 ff.) [2013]; 152, 152 (168 ff.) [2019]; 216 (252 ff.) [2019].

Ambivalenz beim Objekt erschwert eine Würdigung der Haltung der Staatsrechtslehrerdebatten um „das Bundesverfassungsgericht".

Nach früheren Debatten zum materiellen Recht gelangte die Verfassungsgerichtsbarkeit im Jahr 2006 ins Zentrum.[75] Beide Referenten waren spürbar um eine Suche nach pragmatischen Lösungen zwischen den zuvor beschriebenen Grundrichtungen bemüht. Gemeinsamer Ausgangspunkt war die Diagnose überlappender Zuständigkeiten und daraus resultierender potentieller Kompetenzkonflikte. *Franz Merli* sah das Zentralproblem in dem Umstand, dass Bundesverfassungsgericht, EGMR und EuGH mit Letztverbindlichkeitsanspruch über dasselbe entscheiden. Zwar seien Rechtsprechungskonkurrenzen besser handhabbar als Rechtsordnungskonkurrenzen. Doch entstehe die Gefahr fundamentaler Kompetenzkonflikte zwischen „europarechtlichen Verboten und Geboten des jeweiligen Verfassungskerns". Deren Lösung sah er aber weniger im materiellen Recht als vielmehr im Prozessrecht. Hierzu lieferte er einen Überblick über unterschiedliche Lösungsansätze, also eher pragmatische Vorschläge auf der Rechtsanwendungsebene. *Stefan Oeter* suchte angesichts der Hierarchie der Rechtsordnungen, also dem Anwendungsvorrang des EU-Rechts, als Vorbedingung des Konkurrenzverhältnisses nach Lösungen struktureller Kopplung wie gemeinschaftsrechtskonforme Auslegung und wechselseitige Orientierung an Entscheidungsgründen der je anderen Gerichte. Seine Ausführungen mündeten in die These von der gestuften Verfassungsgerichtsbarkeit im Verfassungsverbund. Die Problembeschreibungen waren eher konfliktorientiert, die Lösungsansätze eher kooperationsorientiert. Die sich im Ergebnis annähenden Ausführungen zeigten aber auch Probleme aus dem positiven Recht auf, welche sich mit den Mitteln des positiven Rechts allein nicht lösen ließen.[76]

Die Aussprache zeigte zusätzliche Akzente. Dass Verfassungsrechtsvergleichung verstärkt Not tue, war ebenso Konsens wie die Einsicht in die wechselseitige Verflechtung der deutschen und der europäischen Rechtsordnung.[77] Bei der Frage nach der dogmatischen Überlegenheit der deutschen oder europäischen Maßstäbe und Instanzen formierten sich zwei Fragerichtungen: Wie hoch sind die Risiken eines supranational verordneten Imports europäischer Rechtsdogmatik und Rechtsprechung für das deutsche Staatsrecht in seiner Ausformung durch Bundesverfassungsgericht und Rechtswissenschaft? Und wie sind umgekehrt die „Exportchancen" des deutschen Rechts nach Europa und in seinen Gerichtshof hinein? Eine Schwächung des Bundesverfassungsgerichts als Durchsetzungsinstanz sei immer auch eine solche des Grundgesetzes als Handlungsmaßstab – und umgekehrt. Prozessual gewendet: Ist der europäische Verfassungsverbund in seiner Gestaltung als Verfassungsgerichtsverbund[78] eine Einbahnstraße oder gibt es auch

---

[75] *Stefan Oeter/Franz Merli*, Rechtsprechungskonkurrenz zwischen nationalen Verfassungsgerichten, EuGH und EGMR, VVDStRl 66 (2007), S. 361/392. Zitate: *Merli*: S. 393 (Letztverbindlichkeit), 395, 407 f., 410 f.; *Oeter*: S. 367, 375, 381 ff., 386.

[76] So richtig *Hans-Peter Folz*, Demokratie und Integration, 1999.

[77] *Ulrich Fastenrath*, Diskussionsbemerkung, VVDStRL 66 (2007), S. 442 f.

[78] Grundlegend *Andreas Voßkuhle*, Der europäische Verfassungsgerichtsverbund, NVwZ 2010, S. 1. Dafür z. B. *Oeter* (Fn. 75), These 1 (Verfassungsverbund). Für stärkeren Schutz der nationalen Verfassungsauslegung z. B. *Dieter Grimm*, Diskussionsbemerkung, ebd., S. 427 f.; wohl auch *Karl-Heinz Ladeur*,

eine Gegenfahrbahn?[79] Oder ist dieser Verbund nichts anderes als eine Verhüllungsformel für den Vorrang der supranationalen Gerichte? Dagegen wurde das tradierte Konkurrenzverhältnis zwischen deutscher Staatsrechtslehre und dem Bundesverfassungsgericht nur in Nebensätzen aufgenommen. Das Verfassungsrecht des Grundgesetzes, das nach Europa exportiert oder gegen Interventionen aus Europa geschützt werden sollte, war nicht mehr dasjenige der Verfassungsrechtsprechung oder der -wissenschaft. Im Gegenteil: In der Wendung der Perspektive nach außen mutierte manches Gegeneinander zum Miteinander. Die theoretischen und dogmatischen Fortschritte in Deutschland wurden nun als gemeinsame angesehen, welche auch gemeinsam je nach Perspektive zu internationalisieren oder zu verteidigen seien.

IV. Diesseits von Entgrenzung und Begrenzung: Von der Kritik der Verfassungsgerichtsbarkeit zur Selbsterneuerung der Disziplin?

Die Verfassungsgerichtsbarkeit als Thema wurde in Zeitstufen unterschiedlich gesehen, historisch geprägt und gewandelt. Die Perspektive hatte sich seit 1928 diametral gewandelt. Zwar hatte die Staatsrechtslehre mehr formuliert als nur „Grenzen der Verfassungsgerichtsbarkeit". Doch bei der Dogmatikentwicklung hatte das Bundesverfassungsgericht einen institutionellen Vorsprung, welcher durch die rechtlichen und außerrechtlichen Bindungswirkungen seiner Urteile und Begründungen abgesichert erschien. Die dogmatische Verfassungsrechtswissenschaft war ein Stück weit zur Verfassungsgerichtswissenschaft mutiert. Auch wo sie sich nicht in deren Rezeption durch „Bundesverfassungsgerichtspositivismus" erschöpfte, prägte die Verfassungsrechtsprechung Gegenstände, Perspektiven und dogmatisches Material. Hier blieben als Aufgaben der Wissenschaft immanente Kritik einzelner Judikate, Systematisierung der Rechtsprechung und Erschließung der kleiner werdenden Lücken, in welche das Bundesverfassungsgericht mangels Streitverfahren noch nicht vorgedrungen war. Gewiss sind das auch wichtige Aufgaben. Doch die steigende Zahl von Urteilen und Beschlüssen, von Staatsrechtslehrern und Fachzeitschriften konnte die Befürchtung nahelegen, die Disziplin könnte zum bloßen Hintergrundrauschen im Äther der Verfassungsrechtsprechung werden: Vielstimmig, kontrovers und nur in seltenen Fällen mit überlegenen Alternativen. Dessen höchstes Ziel wäre es dann, vom Bundesverfassungsgericht zitiert zu werden. Aber nicht nur auf dem Gebiet der Dogmatik, sondern auch der Theorie hatten sich die Vorzeichen verändert. Sie erschien immer häufiger als Theorie der Verfassungsrechtsprechung. Auffällig war jedenfalls lange Zeit hindurch das weitgehende Fehlen von grundsätzlichen theoretischen Alternativentwürfen. So war der Blick der Wissenschaft auf das Gericht

---

Diskussionsbemerkung, ebd., S. 441; *Peter Selmer*, Diskussionsbemerkung, ebd., S. 445 f.; anders wohl *Christian Starck*, Diskussionsbemerkung, ebd., S. 430.

[79] So wohl *Rainer Hofmann*, Diskussionsbemerkung, VVDStRL 66 (2007), S. 435, mit dem Begriff vom „Lernverbund"; ähnlich *Martin Morlok*, Diskussionsbemerkung, ebd., S. 438. S.a. *Jürgen Schwarze*, Das Kooperationsverhältnis des BVerfG mit dem EuGH, in: Badura/Dreier (Hrsg.), 50 Jahre I (Fn. 49), S. 223.

und seine Erfolgsgeschichte geeignet, die Perspektive auch zurück auf die Staatsrechtsentwicklung und den Beitrag der Staatsrechtswissenschaft selbst zu lenken, also – in der Terminologie von 1928 – auf „Wesen und Entwicklung der Staatsrechtswissenschaft".

Dies geschah verstärkt nach dem Millennium. Immer häufiger kamen Themenstellungen auf, die über das positive Verfassungsrecht und seine Dogmatik hinaus neue, bislang unterbelichtete Aspekte diskutierten: Staatsrechtslehre und Veränderung ihres Gegenstandes, Leistungsgrenzen des Verfassungsrechts, Leistungsfähigkeit der Wissenschaft des Öffentlichen Rechts, Öffnung der öffentlich-rechtlichen Methode durch Internationalität und Interdisziplinarität,[80] Fragmentierungen in Recht, Staat und Wissenschaft, Wandel des Verhältnisses von Staat und Gesellschaft. Solche Themenstellungen erscheinen als Ausdruck einer Vorentscheidung, die auch mit der Generationsabfolge in der Disziplin zusammenhängt. Der Weg hatte von der Suche nach einer Funktionsbestimmung der Verfassungsgerichtsbarkeit durch die Wissenschaft zur Suche nach einer neuen Selbstbestimmung der Disziplin geführt. Die Staatsrechtswissenschaft beschäftigt sich mehr mit ihren eigenen Aufgaben, Prämissen und Methoden; oder kürzer formuliert: mit sich selbst. Ausweislich der Themen, Referate und Diskussionsbeiträge ging es auch um die Suche nach einer neuen Arbeitsteilung zwischen Rechtsprechung und Rechtswissenschaft. Nach dem Funktionswandel des Grundgesetzes von der Rahmenordnung zur Grundordnung geht es um einen Funktionswandel der Staatsrechtswissenschaft von der (auch) dogmatischen zur (wesentlich auch) theoretischen Wissenschaft. Dabei tritt ihr dogmatischer Anteil zurück, ohne aber zu verschwinden. An deren Stelle tritt die verstärkte Besinnung auf und Befassung mit anderen wissenschaftlichen Anliegen: Historisierung unter verstärkter Zuwendung zur juristischen Zeitgeschichte, Beobachtung und Theoretisierung nicht nur der Rechtsprechung, sondern auch der Verfassungsentwicklung in der EU und anderen Mitgliedstaaten, in Bund und Ländern, Hinwendung zur vergleichenden Staatsrechtswissenschaft (unter Einbeziehung der supranationalen Ebenen) mit komparatistischen Methoden, Interdisziplinarität durch Entwicklung vergleichbarer Fragestellungen und Forschungsansätze mit anderen Disziplinen. Der in solchen Ansätzen umrisshaft erkennbare Standort der Staatsrechtswissenschaft verortet sich zwischen Dogmatik, Theorieentwicklung und Beobachterperspektive. Letztere tritt erkennbar in den Vordergrund:[81] Dieser Wandel der Disziplin ist nicht abgeschlossen, aber doch in Konturen erkennbar.

Was besagt das für die Verfassungsgerichtsbarkeit als Tagungsthema? Sie war ein zentrales Sujet, und sie wird ein solches bleiben – neben anderen Agenden. In Deutschland spricht viel gegen eine Fragmentierung des justiziellen vom wissenschaftlichen Sektor[82] und für einen – wenn auch asymmetrischen – Dialog:[83] Der Bedarf des Gerichts nach

---

[80] Wichtig *Klaus von Beyme*, Das BVerfG aus der Sicht der Politik- und Gesellschaftswissenschaften, in: Badura/ Dreier (Hrsg.), 50 Jahre (Fn. 49), S. 493; *Uwe Kranenpohl*, Hinter dem Schleier des Beratungsgeheimnisses, 2010.

[81] Aufschlussreich *Sophie Schönberger*, Schlusswort, VVDStRL 79 (2020), S. 341.

[82] Diese beobachtet in Frankreich *Olivier Jouanjan*, Diskursvergleich im Verfassungs- und Verwaltungsrecht, VVDStRL 77 (2018), S. 351 (398 ff., 400).

[83] Zum Folgenden zahlreiche Anregungen bei *Matthias Jestaedt* u. a., Gericht (Fn. 29). Jüngst *Andreas*

rechtlich begründbarer Legitimation abseits politischer Akzeptanz und damit nach zumindest partiell entpolitisierten Entscheidungsgrundlagen; die Sozialisation aller Verfassungsrichter durch die Staatsrechtslehre in Studium und Berufskarriere; der im internationalen Vergleich hohe Anteil an Staatsrechtslehrern an deutschen und österreichischen Gerichtshöfen: Sie alle bewirken eine Verwissenschaftlichung der Entscheidungen des Bundesverfassungsgerichts durch Staatsrechtslehrer im Gericht und die dadurch begründete Rezeption der Disziplin in den Urteilsgründen. Dort kann die Wissenschaft eine doppelte Rolle einnehmen: Als Folie und Medium vorhandener Argumentationsstandards und Konsensgrundlagen, aber auch als Reflexions- und Innovationsreserve für zukünftige Rechtsprechung bzw. das *Overruling* älterer Judikate. Verschränkungen werden bleiben, das Nebeneinander zunehmen. Die Standortbestimmung der Verfassungsgerichtsbarkeit gerät so auch zur Standortbestimmung der Staatsrechtswissenschaft selbst.

Voßkuhle, Karlsruhe unlimited?, BayVBl. 2020, S. 577; *Ewald Wiederin*, Entgrenzung der Verfassungsgerichtsbarkeit?, BayVBl. 2020, S. 583.

Wandel von Staatlichkeit im Brennglas des Verwaltungsrechts

Friedrich Schoch

I. Rahmenbedingungen . . . 608
1. Themensetzung und Themenbehandlung . . . 609
a) Fehlende wissenschaftliche Programmatik . . . 609
b) Referate und Aussprache (äußere Struktur) . . . 610
2. Themenbehandlung: Dominanz der Rechtsdogmatik . . . 612
3. Zugriff auf die Thematik: Konstitutionalisierung, Europäisierung und Internationalisierung – Verwaltungsrechtsdogmatik als Zukunftswissenschaft . . . 615
II. Verwaltungsrecht als konkretisiertes Verfassungsrecht . . . 617
1. Rechtsstaat und Grundrechtsschutz . . . 618
a) Überwindung obrigkeitsstaatlicher Strukturen . . . 618
b) Gewaltenteilung: Stellung der Verwaltung und Rechtsschutz . . . 621
c) Verwaltungsorganisation und Verwaltungsverfahren . . . 624
2. Sozialstaat und Leistungsstaatlichkeit . . . 627
a) Gesellschaftliches und politisches Umfeld . . . 627
b) Anfangsphase der Entwicklung (1949–1969) . . . 628
c) Perspektivenerweiterung der Verwaltungsrechtswissenschaft . . . 630
d) Zwischenbilanz . . . 632
3. Demokratieprinzip und Partizipation im Verwaltungsverfahren . . . 633
a) Verfassungsrechtlicher und gesellschaftlicher Rahmen . . . 633
b) Annäherung der Vereinigung an den Partizipationsdiskurs . . . 635
c) Ende der Debatte? . . . 637
4. Bundesstaatlichkeit in verwaltungsrechtlicher Perspektive . . . 638
a) Befund: Dominanz des Verfassungsrechts . . . 638
b) Folge: Vernachlässigung des Verwaltungsrechts . . . 639
5. Umweltstaat als Herausforderung für das Verwaltungsrecht . . . 640
III. Europäisierung und Internationalisierung des Verwaltungsrechts . . . 642
1. Ausgangsbefund: externe Faktoren als Impulsgeber . . . 642
2. Europäisierung: Suprematie der Supranationalität . . . 643
a) Die „verspätete“ Verwaltungsrechtswissenschaft . . . 643
b) Reaktion der Vereinigung . . . 644
c) Europäisierung innerstaatlichen Rechts als Routinevorgang . . . 646
3. Internationalisierung: Öffnung des nationalen Verwaltungsrechts . . . 646
IV. Verwaltungsrechtsdogmatik als Zukunftswissenschaft . . . 648
1. Öffnung der Verwaltungsrechtsdogmatik: Einbeziehung des privaten Sektors . . . 649
a) Skizze zum Kontext . . . 649
b) Zeitgerechte Reaktion der Vereinigung . . . 649
2. Stabilisierung der Verwaltungsrechtsdogmatik: Konturierung des Gewährleistungsstaates . . . 651
a) Staatliche Gewährleistungsverantwortung als Post-Privatisierungsrecht . . . 651

b) Impulsgebung durch die Vereinigung 652
c) Neujustierung des Verhältnisses von Öffentlichem Recht und Privatrecht 655
3. Fortentwicklung der Verwaltungsrechtsdogmatik: Verwaltungsrecht im Präventionsstaat 656
a) Verwaltungshandeln unter Ungewissheitsbedingungen 656
b) Wegweisende Tagungen der Vereinigung 657
c) Konturierung eines Risikoverwaltungsrechts 660
V. Perspektiven 661

Die Vereinigung der Deutschen Staatsrechtslehrer befasst sich auf ihren (Jahres-)Tagungen seit jeher auch mit verwaltungsrechtlichen Themen.[1] Darin wird von Beginn an „ein wichtiges neues Forum" gesehen, zumal langsam deutlich geworden sei, dass „die verfassungs- und verwaltungsrechtlichen Themenstellungen [...] miteinander verbunden" seien.[2] Zur Funktion der Tagungen ist betont worden, man müsse sich „immer wieder vergegenwärtigen, welchen Beitrag wir mit den Vorträgen und Diskussionen unserer Vereinigung zur Standortbestimmung und Entwicklung der Grundlinien des Staats- und Verwaltungsrechts, zu den allgemeinen Teilen dieser Disziplinen leisten".[3] Mit dem Hinweis auf die Wechselbezüglichkeit von Verfassungsrecht und Verwaltungsrecht sowie mit der Hervorhebung der „Grundlinien" der Disziplin(en) sind wichtige Eckpunkte für die Darstellung und Einordnung des Verwaltungsrechts als Gegenstand der Staatsrechtslehrertagungen aufgezeigt.

I. Rahmenbedingungen

Zu den verwaltungsrechtlichen Themen steht gewiss der Inhalt von Vorträgen und Aussprachen im Mittelpunkt des Interesses. Es würde jedoch ein unvollständiger Bericht erstattet, blieben wichtige (äußere) Umstände, die sich als „stabil" erwiesen haben, außer Betracht. Auch sie geben, selbst wenn sie nicht stets „verwaltungsrechtlich" konnotiert sind, Auskunft zum Selbstverständnis der Vereinigung. Um einen Eindruck für „Rituale", üblichen Zugriff auf die Themenbehandlung und Diskussionskultur zu vermitteln, seien daher zunächst einige Beobachtungen zu den Rahmenbedingungen der Staatsrechtslehrertagungen skizziert.

---

[1] *Rainer Wahl*, Herausforderungen und Antworten: Das Öffentliche Recht der letzten fünf Jahrzehnte, 2006, S. 36, bemerkt, vom deutschen „Staatsrechts"lehrer werde erwartet, dass er auch im Verwaltungsrecht beheimatet sei.

[2] *Michael Stolleis*, Geschichte des öffentlichen Rechts in Deutschland, 3. Band, 1999, S. 206 (mit Blick auf die Tagungen 1924–1928).

[3] So *Eberhard Schmidt-Aßmann*, Diskussionsbeitrag, VVDStRL 47 (1989), S. 218.

1. Themensetzung und Themenbehandlung

a) Fehlende wissenschaftliche Programmatik

Gefordert ist in Teil II dieses Jubiläumsbandes eine „Themengeschichte“ der Tagungen. Dazu gibt es unterschiedliche Zugriffsmöglichkeiten (vgl. unten I. 3.). Von vornherein verbietet sich eine Themenbehandlung unter den Prämissen „Konzept“ und „System“ oder „Kontinuität“ und „Entwicklung“. Es besteht keine wissenschaftliche Programmatik, die von der Vereinigung – den Eigengesetzlichkeiten eines Forschungsprojekts folgend – entworfen, vorangetrieben und verwirklicht würde. Es existiert auch kein Katalog von Kriterien, die zur Themenauswahl anleiten könnten.[4] Die Formulierung (und Vergabe) der bei den Tagungen erörterten Themen basiert auf der autonomen Entscheidung des jeweiligen Vorstandes.[5] Dafür erhält er mitunter ausdrückliche Zustimmung,[6] bisweilen werden Vorbehalte artikuliert.[7] Da das Thema vergeben und die Referate gehalten sind, verbietet sich im Nachhinein eine Erläuterung zur Auswahl der Thematik.[8] Mit jedem (Nachfolge-)Vorstand beginnt die Themenfindung (im Turnus von zwei Jahren) neu.[9] Absprachen zwischen dem scheidenden und dem neu berufenen Vorstand – etwa

[4] *Michael Stolleis*, Entwicklungsstufen der Verwaltungsrechtswissenschaft, in: Hoffmann-Riem/Schmidt-Aßmann/Voßkuhle (Hrsg.), Grundlagen des Verwaltungsrechts, Bd. I, 2. Aufl. 2012, § 2 Rn. 98: Die Auswahl der Themen folgt keinem „Plan“.

[5] Näher dazu *Helmuth Schulze-Fielitz*, Die Wissenschaftskultur der Staatsrechtslehrer, 2022, S. 61 ff. – *Josef Franz Lindner*, Desiderate an die deutsche Staatsrechtslehre, JZ 2015, S. 589 (594), moniert „Abschottungstendenzen“ und kritisiert, von thematisch „heißen Eisen“ halte man sich tendenziell eher fern, konzediert jedoch (S. 595), bei der Wahl der Tagungsthemen und der Referenten werde man „mit einem gewissen Maß an Intransparenz leben müssen“.

[6] Exemplarisch *Karl Korinek*, Diskussionsbeitrag, VVDStRL 56 (1997), S. 285 (zu „Verwaltung und Verwaltungsrecht zwischen gesellschaftlicher Selbstregulierung und staatlicher Steuerung“); ebenso *Wolfgang Hoffmann-Riem*, Diskussionsbeitrag, ebd. S. 292. – *Helmuth Schulze-Fielitz*, Diskussionsbeitrag, VVDStRL 57 (1998), S. 284 (zu „Öffentlich-rechtliche Rahmenbedingungen einer Informationsordnung“). – *Günter Püttner*, Diskussionsbeitrag, VVDStRL 60 (2001), S. 591 (zu „Der Staat als Wirtschaftssubjekt und Auftraggeber“). – *Lothar Michael*, Diskussionsbeitrag, VVDStRL 64 (2005), S. 290 (zu „Verwaltungsrechtliche Instrumente des Sozialstaates“). – *Max-Emanuel Geis*, Diskussionsbeitrag, VVDStRL 65 (2006), S. 326 (zu „Die Universität im Zeichen von Ökonomisierung und Internationalisierung“); *Thomas Oppermann*, Diskussionsbeitrag, ebd. S. 332.

[7] Exemplarisch *Carl Hermann Ule*, Diskussionsbeitrag, VVDStRL 18 (1960), S. 185 (zu „Der Plan als verwaltungsrechtliches Institut“): verengte Themenstellung; dagegen *Ernst Friesenhahn*, ebd. S. 190: glückliche Themenwahl. – *Hans Peter Ipsen*, Diskussionsbeitrag, VVDStRL 28 (1970), S. 244 (zu „Die Rechtsformen der sozialen Sicherung und das allgemeine Verwaltungsrecht“): Der Vorstand sollte kein Thema mit dem verfänglichen Wörtchen „und“ bilden. – *Hans Meyer*, Diskussionsbeitrag, VVDStRL 46 (1988), S. 288 (zu „Die Einheit der Verwaltung als Rechtsproblem“): Das Thema formuliere ein „Mythos als Rechtsproblem“. – *Uwe Volkmann*, Diskussionsbeitrag, VVDStRL 77 (2018), S. 469 (zu „Diskursvergleich im Verfassungs- und Verwaltungsrecht“): Das Thema gebe den Referenten „Unmögliches“ auf. – Kritik an der Themenwahl des Vorstands als „wohlfeil“ kritisierend *Schulze-Fielitz*, Wissenschaftskultur (Fn. 5), S. 144.

[8] Dennoch unternommen vom Diskussionsleiter (*Martin Bullinger*) vor Beginn der Aussprache, VVDStRL 40 (1982), S. 273 (zu „Selbstbindungen der Verwaltung“); kritisch *Eberhard Schmidt-Aßmann*, Diskussionsbeitrag, ebd. S. 277: „sibyllinische Fassung des Themas“; *Josef Isensee*, Diskussionsbeitrag, ebd. S. 295: „Was ist, juristisch gesehen, das Thema?“, ferner: die Formulierung „Selbstbindungen“ führe in ein „Labyrinth“. – Vgl. auch Fn. 110.

[9] *Hans Peter Ipsen*, Weitere zehn Staatsrechtslehrer-Tagungen 1972–1981, AöR 109 (1984), S. 555

nach dem Motto: dies sollte das verwaltungsrechtliche Thema bei der nächsten Tagung sein – sind nicht bekannt. Es gilt das Prinzip der Diskontinuität.[10] Über Anregungen zur Behandlung bestimmter Themen[11] entscheidet der Vorstand ebenfalls autonom.[12]

b) Referate und Aussprache (äußere Struktur)

Zur Erörterung bei den Tagungen steht jeweils ein „Beratungsgegenstand". Bis zur Jahrestagung 2009 (VVDStRL 69) wurde ein „Bericht" erstattet,[13] seit 2010 (VVDStRL 70) lautet der Terminus „Referat"; Änderungen in der Sache sind mit der neuen Bezeichnung nicht verbunden. Nach der traditionellen Tagungsstruktur wurden verwaltungsrechtliche Themen am zweiten Tag behandelt,[14] seit der Reform von 2002 stehen insgesamt vier Themen – zumeist unter einem als „Klammer" fungierenden Generalthema – auf dem wissenschaftlichen Programm der Tagungen.[15] Seither werden die paritätische Aufteilung der Themen zwischen Verfassungsrecht und Verwaltungsrecht sowie die Zuweisung des Verwaltungsrechts auf den zweiten Tag nicht mehr strikt durchgehalten.[16]

Vereinbarungen zur Aufteilung der Themenbehandlung haben Tradition. Da dieser Umstand nicht sehr bekannt ist, sei kurz darauf eingegangen. Nicht selten ist die „Arbeitsteilung" der Komplexität verwaltungsrechtlicher Themen geschuldet. Verbreitet sind Absprachen zwischen den Referenten.[17] Es gibt aber auch die Absprache mit dem

(558): angesichts des zweijährigen Wechsels der Vorstände „steht eine längerfristige Planung der Verhandlungen nicht in Frage".

[10] *Michael Stolleis*, Geschichte des öffentlichen Rechts in Deutschland, 4. Band, 2012, S. 501, betont, aktuelle Themen könnten gesucht werden. Vgl. demgegenüber *Helmuth Schulze-Fielitz*, Staatsrechtslehre als Mikrokosmos, 2013, S. 150 f.: Da wissenschaftliche Tiefe eine gewisse Distanz zur staatlichen Praxis verlange, sollten Tagesaktualitäten eher vermieden werden. In diesem Sinne auch unten Fn. 351.

[11] Vgl. etwa *Eberhard Schmidt-Aßmann*, Diskussionsbeitrag, VVDStRL 70 (2011), S. 356: Normsetzungsverfahren der Verwaltung als Desiderat.

[12] Bemerkenswert VVDStRL 71 (2012), S. 369 (4. Thema): „Rechtsetzungen der europäischen und nationalen Verwaltungen"; dazu *Eberhard Schmidt-Aßmann*, Diskussionsbeitrag, ebd. S. 456: Dank an den Vorstand; exekutivische Rechtsetzung zum eigenen Verhandlungsgegenstand gemacht zu haben, „war notwendig".

[13] Dazu *Stolleis*, Geschichte des öffentlichen Rechts III (Fn. 2), S. 206: „Berichte" böten seit jeher schöpferische Analyse und verhielten sich auch zu Verfassungspolitik und Methodenfragen.

[14] Kritisch *Hans Meyer*, Diskussionsbeitrag, VVDStRL 47 (1989), S. 241: Vorschlag für die Zukunft, dass man „alterniert"; bekräftigend *ders.*, Diskussionsbeitrag, VVDStRL 48 (1990), S. 306; zustimmend *Hans Peter Ipsen*, Staatsrechtslehrer-Tagungen 1982–1991, AöR 117 (1992), S. 595 (613), soweit „themenbedingt angebracht", Alternieren sollte aber nicht zur „Prestige-Frage" werden.

[15] Zur Änderung der Tagungsstruktur *Schulze-Fielitz*, Mikrokosmos (Fn. 10), S. 159 ff.; *ders.*, Wissenschaftskultur (Fn. 5), S. 63 f. und S. 122 f.

[16] Signifikant seit VVDStRL 68 (2009) mit dem Generalthema „Erosion von Verfassungsvoraussetzungen" bis hin zu VVDStRL 79 (2020) mit dem Generalthema „Öffentliches Recht und Privatrecht".

[17] Vgl. etwa *Ernst Forsthoff*, Begriff und Wesen des sozialen Rechtsstaates, VVDStRL 12 (1954), S. 8: Erstbericht widmet sich der verfassungsrechtlichen Sicht, Zweitbericht behandelt die verwaltungsrechtliche Perspektive; *Carl Hermann Ule*, Das besondere Gewaltverhältnis, VVDStRL 15 (1957), S. 218 (Schlusswort): Erstbericht sollte allgemeine Probleme behandeln, Zweitbericht beschränkte sich auf Rechtsschutzfragen; *Walter Schmidt*, Organisierte Einwirkungen auf die Verwaltung, VVDStRL 33 (1975), S. 183 (184): Bestandsaufnahme im Erstbericht, Erörterung theoretischer Grundsatzfragen im Zweitbericht; *Hans-Uwe Erichsen*, Der Schutz der Allgemeinheit und der individuellen Rechte durch die polizei- und ordnungsrechtlichen Handlungsvollmachten der Exekutive, VVDStRL 35 (1977), S. 171 (172): In Absprache mit dem

Vorstand.[18] Diese Praxis wird als „eher Langeweile provozierende Gefahr" kritisiert, weil Abschichtungen „die Alternativität der unterschiedlichen Sichtweisen und Problemzugänge in den Referentenpaaren" nicht mehr zum Ausdruck kommen ließen.[19] Ob diese Kritik auf die nachweisbaren und hier notierten Absprachen zutrifft, sei an dieser Stelle dahingestellt.

Die Bedeutung der Aussprachen für den Ertrag der Tagungen kann nach der Einschätzung eines kundigen, langjährigen Teilnehmers „nicht hoch genug veranschlagt werden". [20] Diesem Urteil ist nach eigener Anschauung (seit Passau 1987) zuzustimmen, so dass Diskussionsbeiträge in die inhaltliche Analyse (II. – IV.) einbezogen werden. Auffällig ist eine signifikante Veränderung der Diskussionskultur; während in früheren Zeiten „wilde Debatten" in der Aussprache (ohne moderierendes Einschreiten des Diskussionsleiters) an der Tagesordnung waren,[21] erfolgt die Aussprache mittlerweile derart

---

Mitberichterstatter behandelt der Erstbericht das allgemeine Polizei- und Ordnungsrecht; *Walter Rudolf*, Der öffentliche Dienst im Staat der Gegenwart, VVDStRL 37 (1979), S. 175 (178): Erstbericht befasst sich mit verfassungstheoretischen und dogmatischen Aspekten, Zweitbericht erörtert verwaltungswissenschaftliche Aspekte; *Dieter H. Scheuing*, Selbstbindungen der Verwaltung, VVDStRL 40 (1982), S. 153 (155): Bestandsaufnahme im Erstbericht, Vertiefung (am Beispiel der Zergliederung konkreter Entscheidungsprozesse) im Zweitbericht; *Reinhard Mußgnug*, Gesetzesgestaltung und Gesetzesanwendung im Leistungsrecht, VVDStRL 47 (1989), S. 113 (114): Schwerpunktsetzung in den drei Referaten (1) Subventionen, (2) Daseinsvorsorge und Gesetzesgestaltung, (3) soziale Verwaltungsleistungen; *Friedrich Schoch*, Öffentlich-rechtliche Rahmenbedingungen einer Informationsordnung, VVDStRL 57 (1998), S. 158 (166): Bestandsaufnahme sowie verfassungsrechtlicher Rahmen und Europäisierungstendenzen im Erstbericht, verwaltungsrechtlicher Ordnungsrahmen sowie Zugänglichkeit von Informationen und Schutz von Informationsvorgängen im Zweitbericht; *Oliver Dörr*, Die Anforderungen an ein zukunftsfähiges Infrastrukturrecht, VVDStRL 73 (2014), S. 323 (325): Konzentration des Erstreferats auf die Rolle des Staates (national und international). – Vereinzelt geblieben ist die Offenlegung einer Absprache durch einen Diskussionsteilnehmer, vgl. *Hans Peter Ipsen*, Diskussionsbeitrag, VVDStRL 22 (1965), S. 337 (zu „Staatsaufsicht in Verwaltung und Wirtschaft"): Erstreferent (*Jürgen Salzwedel*) befasse sich mit der Staatsaufsicht in der Verwaltung, Zweitreferent (*Martin Bullinger*) mit der Staatsaufsicht in der Wirtschaft.

18 *Dietrich Murswiek*, Die Bewältigung der wissenschaftlichen und technischen Entwicklungen durch das Verwaltungsrecht, VVDStRL 48 (1990), S. 207 (210): thematische Abgrenzung zum Erstreferenten (*Jörn Ipsen*); *Rudolf Streinz*, Primär- und Sekundärrechtsschutz, VVDStRL 61 (2002), S. 300 (304) berichtet – bei vier Referenten – von einer „Absprache mit dem Vorstand und den Mitreferenten"; *Eibe Riedel*, Rechtliche Optimierungsgebote oder Rahmensetzungen für das Verwaltungshandeln?, VVDStRL 58 (1999), S. 180 (181) spricht vom „Auftrag des Vorstands an mich, […] den Beratungsgegenstand in rechtsvergleichender Perspektive vorzustellen".

19 *Schulze-Fielitz*, Mikrokosmos (Fn. 10), S. 162.

20 *Ipsen*, Staatsrechtslehrer-Tagungen (Fn. 14), S. 598. – Näher zu den „Plenarberatungen" *Schulze-Fielitz*, Wissenschaftskultur (Fn. 5), S. 155 ff.

21 Dazu fünf Beispiele aus aufeinanderfolgenden Tagungen: VVDStRL 18 (1960), S. 185 vermerkt „Mehrere Stimmen", sodann (S. 187 f.) Disput zwischen *Klaus Obermayer* (Zweitberichterstatter) und *Otto Bachof* (Thema: „Der Plan als verwaltungsrechtliches Institut"); regelrechter „Schlagabtausch" zum Thema „Schranken nichthoheitlicher Verwaltung" VVDStRL 19 (1961), S. 253 f. (zwischen *Günter Dürig*, *Karl Zeidler* [Zweitberichterstatter], *Ulrich Scheuner* und *Karl August Bettermann*), ferner S. 259 f. (zwischen *Horst Ehmke*, *Karl Zeidler*, *Otto Bachof* und *Herbert Krüger*); heftiger Disput zum Thema „Gefährdungshaftung im öffentlichen Recht" VVDStRL 20 (1963), S. 252 ff. zwischen den Referenten (*Günther Jaenicke*, *Walter Leisner*) und etlichen Diskutanten (*Hans Peter Ipsen*, *Eberhard Menzel*, *Ernst Friesenhahn*, *Carl Hermann Ule*); bemerkenswerter Wortwechsel zum Thema „Die Öffentliche Sache" VVDStRL 21 (1964), S. 242 ff. in der Aussprache (*Werner Weber*, *Karl August Bettermann*, *Otto Bachof*, *Günter Dürig*, *Friedrich Klein*, *Herbert Krüger*); Auseinandersetzung (mit „Zwischenruf") zum Thema

geordnet und diszipliniert, dass ein Spontanbeitrag einer Rechtfertigungspflicht zu unterliegen scheint.[22]

2. Themenbehandlung: Dominanz der Rechtsdogmatik

Bei der Behandlung verwaltungsrechtlicher Themen dominiert in der Vereinigung ein rechtsdogmatischer Ansatz.[23] Dies gilt zwar nicht für jeden Verhandlungsgegenstand, stellt jedoch im Kern eine zutreffende Beobachtung dar. Dieser Ausgangsbefund veranlasst im vorliegenden Zusammenhang eine knappe Skizze zur eigenen Positionierung. Dazu ist zunächst zu registrieren, dass die (Fundamental-)Kritik an der Verwaltungsrechtsdogmatik (vordemokratische Selbstermächtigung, Mangel an Innovationsoffenheit, fehlende Anschlussfähigkeit des „deutschen Sonderwegs" etc.)[24] längst widerlegt ist.[25] Schon die Grundannahmen jener Kritik stimmen nicht (mehr).[26] Das seit geraumer Zeit praktizierte Konzept einer „aufgeklärten Rechtsdogmatik"[27] baut auf dem geltenden Recht auf und rezipiert die Sachprobleme des Realbereichs zwecks systematischer Verarbeitung. Einschlägige Staatsrechtslehrerreferate, die diesen Befund bestätigen, sind geradezu Legion[28] und markieren einen nicht mehr hintergehbaren Standard;[29] die Ausblen-

„Staatsaufsicht in Verwaltung und Wirtschaft" VVDStRL 22 (1965), S. 347 ff. mit dem Erstreferenten (*Jürgen Salzwedel*) seitens mehrerer Diskussionsteilnehmer (*Otto Bachof, Ernst Forsthoff, Klaus Obermayer, Klaus Stern, Christian-Friedrich Menger, Ulrich Scheuner*). – Die Beispiele ließen sich mühelos fortsetzen.

22 Vgl. etwa *Peter Häberle*, Diskussionsbeitrag, VVDStRL 66 (2007), S. 190: „Darf ich die in unserem Kreis einst so reiche Tradition der ‚Spontanbeiträge' wiederbeleben?" – Zum Diskussionsstil *Schulze-Fielitz*, Wissenschaftskultur (Fn. 5), S. 133 ff.

23 *Schulze-Fielitz*, Mikrokosmos (Fn. 10), S. 169.

24 Vgl. zur Kritik vornehmlich *Oliver Lepsius*, Themen der Rechtswissenschaftstheorie, in: Jestaedt/Lepsius (Hrsg.), Rechtswissenschaftstheorie, 2008, S. 1; ferner *ders.*, Kritik der Dogmatik, in: Kirchhof/Magen/Schneider (Hrsg.), Was weiß Dogmatik?, 2012, S. 39; *ders.*, Problemzugänge und Denktraditionen im Öffentlichen Recht, in: Hilgendorf/Schulze-Fielitz (Hrsg.), Selbstreflexion der Rechtswissenschaft, 2. Aufl. 2021, S. 53. – Kritisch zusammenfassend (und zum Teil auch zustimmend) *Anna-Bettina Kaiser*, Juristische Methode, Dogmatik und System, in: Kahl/Ludwigs (Hrsg.), Handbuch des Verwaltungsrechts, Band I, 2021, § 24 Rn. 29 ff.

25 *Eberhard Schmidt-Aßmann*, Verwaltungsrechtliche Dogmatik, 2013, S. 14 ff.; *Wolfgang Kahl*, Wissenschaft, Praxis und Dogmatik im Verwaltungsrecht, 2020, S. 65 ff.; eher ambivalent *Christian Bumke*, Rechtsdogmatik, 2017, S. 65 ff.

26 *Klaus Ferdinand Gärditz*, Das Steuerungspotenzial der Rechtsprechung, in: Kahl/Mager (Hrsg.), Verwaltungsrechtswissenschaft und Verwaltungsrechtspraxis, 2019, S. 207 (225 Fn. 102) konstatiert, dass die Kritik von Lepsius „offensichtlich von – dort durchaus zutreffenden – Erfahrungen im Verfassungsrecht geprägt" sei.

27 Näher dazu *Friedrich Schoch*, Verwaltungsrechtswissenschaft zwischen Theorie und Praxis, in: Burgi (Hrsg.), Zur Lage der Verwaltungsrechtswissenschaft, Die Verwaltung Beiheft 12, 2017, S. 11 (17 ff.).

28 Spätestens beginnend mit *Walter Schmidt* und *Richard Bartlsperger*, Organisierte Einwirkungen auf die Verwaltung, VVDStRL 33 (1975), S. 183 (184 ff.) bzw. S. 221; aus der jüngeren Vergangenheit z. B. *Stephan Rixen*, Gestaltung des demographischen Wandels als Verwaltungsaufgabe, VVDStRL 74 (2015), S. 293 (300 ff.); *Annette Guckelberger* und *Hanno Kube*, E-Government: Ein Paradigmenwechsel in Verwaltung und Verwaltungsrecht?, VVDStRL 78 (2019), S. 235 (237 ff.) bzw. S. 289 (294 ff.). – Die Durchsicht der Tagungsbände seit VVDStRL 33 (1975) zeigt, dass kaum ein verwaltungsrechtliches Referat den einschlägigen Sachbereich ausblendet.

29 *Eberhard Schmidt-Aßmann*, Diskussionsbeitrag, VVDStRL 56 (1997), S. 294, stellte bereits vor 25

dung des Realbereichs[30] indiziert Defizite, die durch die Mitreferate mit gegensätzlichem Zugriff auf die Themenstellung[31] aufgezeigt werden. Sodann bietet die moderne Verwaltungsrechtsdogmatik der Praxis Handlungsanleitungen für Entscheidungssituationen (fungiert also mitnichten als „Rechtsquelle") und erfüllt mit der systematischen Durchdringung und Ordnung des jeweiligen Sach- und Rechtsbereichs eine kaum verzichtbare Systematisierungs-, Entlastungs-, Speicher- und Rationalisierungsfunktion.[32] Systemdenken und Systembildung im Verwaltungsrecht sind unverändert Aufgabe der Rechtswissenschaft.[33] Dieser Einsicht sieht sich die Mehrzahl der Staatsrechtslehrerreferate verbunden. Der zu Grunde liegende rechtsdogmatische Zugriff auf die Themen ist zeitgemäß;[34] er ist attraktiv für die Verwaltungsrechtswissenschaft in anderen Staaten,[35] er beeinflusst zunehmend die Prägung des EU-Rechts,[36] und er wird auch aus völkerrechtlicher Perspektive nachdrücklich befürwortet.[37] Als Gemeinschaftsleistung von Wissenschaft und Rechtsprechung verhindern die Rechtsdogmatik und die darauf fußende

---

Jahren fest, die „wirklichkeitswissenschaftliche Öffnung des Verwaltungsrechts ist in der Zwischenzeit vollzogen" (anknüpfend an die Forderung von *Winfried Brohm*, Die Dogmatik des Verwaltungsrechts vor den Gegenwartsaufgaben der Verwaltung, VVDStRL 30 [1972], S. 245 [249 ff.]); ferner *Schmidt-Aßmann*, Diskussionsbeitrag, VVDStRL 62 (2003), S. 457: Das Allgemeine Verwaltungsrecht sei „alles andere als eine von der Verwaltungsrealität abgehobene, fachferne Materie".

[30] Exemplarisch *Oliver Lepsius*, Risikosteuerung durch Verwaltungsrecht: Ermöglichung oder Begrenzung von Innovationen?, VVDStRL 63 (2004), S. 264 (266 ff.).

[31] *Arno Scherzberg*, Risikosteuerung durch Verwaltungsrecht: Ermöglichung oder Begrenzung von Innovationen?, VVDStRL 63 (2004), S. 214 (216 ff.) zur Nanotechnologie sowie zu FCKW, PCB und Asbest.

[32] Detailliert entfaltet von *Horst Dreier*, Rechtswissenschaft als Wissenschaft, in: ders. (Hrsg.), Rechtswissenschaft als Beruf, 2018, S. 1 (25 ff.). – Selbstverständlich darf Verwaltungsrechts„wissenschaft" nicht auf Verwaltungsrechts„dogmatik" verkürzt und beschränkt werden, *Christoph Möllers*, Methoden, in: Hoffmann-Riem/Schmidt-Aßmann/Voßkuhle (Hrsg.), Grundlagen des Verwaltungsrechts, Bd. I, 2. Aufl. 2012, § 2 Rn. 35.

[33] *Jens-Peter Schneider*, Das Allgemeine im Verwaltungsrecht als Perspektive der europäischen Verwaltungsrechtswissenschaft, DVBl. 2021, S. 761 (762); nachdrücklich *Patrick Hilbert*, Systemdenken in Verwaltungsrecht und Verwaltungsrechtswissenschaft, 2015, S. 215 ff.; vgl. ferner *Heiko Sauer*, Öffentliches Reaktionsrecht, 2021, S. 31 ff.

[34] Pointiert *Thorsten Kingreen*, Das gute alte Grundgesetz und wir Nachkonstitutionellen, Der Staat 59 (2020), S. 195 (196): „Mehr Dogmatik wagen! Dogmatik beansprucht vor allem, Ordnung zu schaffen und sich damit von der messiehaften Unordnung des Case-Law-Denkens abzusetzen." – Eine „Überdogmatisierung" im Verfassungsrecht, „die sich wie Mehltau über die gesamte Verfassungsanwendung legt", konstatiert *Uwe Volkmann*, Die Dogmatisierung des Verfassungsrechts, JZ 2020, S. 965 (966).

[35] Vgl. etwa *Christina Fraenkel-Haeberle*, Germania und Italia: Eine verwaltungsrechtliche Wahlverwandtschaft, Die Verwaltung 48 (2015), S. 309; *Pascale Gonod*, Über den Rechtsexport des deutschen Verwaltungsrechts aus französischer Sicht, Die Verwaltung 48 (2015), S. 337; *Irena Lipowicz*, Einfluss des deutschen Verwaltungsrechts auf die Lehre des Verwaltungsrechts in Polen, Die Verwaltung 48 (2015), S. 365; *Francisco Velasco*, Die Rezeption des deutschen Verwaltungsrechts in der spanischen Rechtsordnung, Die Verwaltung 48 (2015), S. 383. – Zurückhaltend mit Blick auf Frankreich und Großbritannien *Gernot Sydow*, Deutsches Verwaltungsrecht und ausländisches Verwaltungsrecht, in: Kahl/Ludwigs (Hrsg.), Handbuch des Verwaltungsrechts, Band I, 2021, § 17 Rn. 40 ff., 45 ff.

[36] *Kahl*, Wissenschaft (Fn. 25), S. 169 ff. – Die Vorzüge systematischen Denkens für die Rezeption europarechtlicher Entwicklungen betont *Eberhard Schmidt-Aßmann*, Diskussionsbeitrag, VVDStRL 64 (2005), S. 285 und VVDStRL 66 (2007), S. 202.

[37] *Andreas v. Arnauld*, Öffnung der öffentlich-rechtlichen Methode durch Internationalität und Interdisziplinarität: Erscheinungsformen, Chancen, Grenzen, VVDStRL 74 (2015), S. 39 (65 ff.); *Uwe*

Systembildung[38] das Abdriften der Verwaltungsrechtswissenschaft in disziplinäre Belanglosigkeit.[39] Wechselwirkungen zwischen rechtswissenschaftlicher Forschung und (Verwaltungs-)Gerichtsbarkeit wirken gegenseitig befruchtend.[40] Dabei ist die Rezeption von Staatsrechtslehrerreferaten seitens der Rechtsprechung[41] materiell nur schwer einzuschätzen;[42] der formale Ausweis durch entsprechende Belege (Zitate) zeigt – wie themenbezogen zu belegen sein wird –, dass in der Vereinigung erarbeitete Erkenntnisse gerade bei (im jeweiligen zeitlichen Kontext noch) umstrittenen Rechtsfragen Eingang in die Judikatur gefunden haben.[43] Im „Gegenzug" verarbeiten verwaltungsrechtliche Referate einschlägige Rechtsprechung. Auch dies stärkt den Wirklichkeitsbezug der Verwaltungsrechtswissenschaft.[44]

Damit ist für diese Abhandlung offengelegt, dass unsere Wissenschaft vom Öffentlichen Recht im vorliegenden Zusammenhang als leistungsfähig eingestuft wird.[45] Diese Grundposition verdeckt indessen weder Defizitanalysen noch Kritik an bestimmten Entwicklungen. Das betrifft auch und gerade verwaltungsrechtliche Staatsrechtslehrerreferate. Darauf wird zurückzukommen sein.

Kischel, Fragmentierungen im Öffentlichen Recht: Diskursvergleich im internationalen und nationalen Recht, VVDStRL 77 (2018), S. 285 (316 ff.).

38 Zur Unterscheidung von „Dogmatik" und „Systembildung" sowie zu den Grenzen rechtswissenschaftlicher Systematisierung *Möllers*, Methoden (Fn. 32), § 3 Rn. 36.

39 *Schoch*, Verwaltungsrechtswissenschaft (Fn. 27), S. 14 f.

40 *Karl-Peter Sommermann*, Das Verhältnis von Rechtswissenschaft und Rechtspraxis im Verwaltungsrecht, Die Verwaltung 50 (2017), S. 77 (88 ff.); *Matthias Ruffert*, Das Verhältnis von Verwaltungsrechtswissenschaft und Verwaltungsrechtspraxis, in: Kahl/Mager (Hrsg.), Verwaltungsrechtswissenschaft und Verwaltungsrechtspraxis, 2019, S. 103 (106 ff.); *Kahl*, Wissenschaft (Fn. 25), S. 97: symbiotisches Verhältnis von Wissenschaft und Praxis.

41 *Wolfgang Kahl*, Verwaltungsrechtswissenschaft und Verwaltungsrechtspraxis – Einleitende Bemerkungen, in: Kahl/Mager (Hrsg.), Verwaltungsrechtswissenschaft und Verwaltungsrechtspraxis, 2019, S. 19 (25 f.), übt Kritik „an der fehlenden Bereitschaft der Praxis zur Kenntnisnahme" der Berichte in VVDStRL.

42 Im Zuge der Vorbereitung für diese Studie ist eine Datenbank-Recherche (BeckOnline, juris) durchgeführt worden, um VVDStRL-Fundstellen in Gerichtsentscheidungen zu eruieren. Es wurden 357 Entscheidungen mit substantiellem Bezug zu VVDStRL ermittelt; davon entfallen 22 Entscheidungen auf die Arbeitsgerichtsbarkeit, 11 Entscheidungen auf die Finanzgerichtsbarkeit, 31 Entscheidungen auf die ordentliche Gerichtsbarkeit, 19 Entscheidungen auf die Sozialgerichtsbarkeit, 125 Entscheidungen auf die Verfassungsgerichtsbarkeit und 149 Entscheidungen auf die Verwaltungsgerichtsbarkeit.

43 Das reicht hin bis zu „Reibungsflächen" mit dem Kirchenrecht; mehrfach rezipiert wurde *Alexander Hollerbach*, Die Kirchen unter dem Grundgesetz, VVDStRL 26 (1968), S. 57; vgl. etwa BVerwG, NJW 1981, 1972: Zulassung anwaltlicher Vertretung in kirchenrechtlichen Angelegenheiten unterliegt dem Selbstbestimmungsrecht der Kirchen; OVG NRW, NJW 1978, 842 und NJW 1994, 3368: verwaltungsgerichtlicher Rechtsschutz (§ 40 Abs. 1 S. 1 VwGO) kirchlicher Amtsträger im Falle vermögensrechtlicher Ansprüche; VG Aachen, NJW 1972, 1484: verwaltungsgerichtliche Nachprüfung einer Wahl zum Kirchenvorstand.

44 Instruktiv *Schulze-Fielitz*, Mikrokosmos (Fn. 10), S. 428 (zum BVerwG als „Impulsgeber für die Fachliteratur").

45 Gleichsinnig z. B. *Kahl*, Wissenschaft (Fn. 25), S. 105 ff. (m. umfangr. Nachw.). – *Oliver Lepsius*, Kontextualisierung als Aufgabe der Rechtsprechung, JZ 2019, S. 793 (795), behauptet, Dogmatik setze „Kontextlosigkeit" voraus, konzediert dann jedoch, dass gute Dogmatik „natürlich die sozialen, politischen und ökonomischen Anwendungsbedingungen" reflektiere.

3. Zugriff auf die Thematik: Konstitutionalisierung, Europäisierung und Internationalisierung – Verwaltungsrechtsdogmatik als Zukunftswissenschaft

Zu den Rahmenbedingungen dieses Berichts gehört – schon mit Blick auf die Materialfülle – eine kurze Erläuterung zu dem gewählten Zugriff auf die Thematik. Angesichts der skizzierten Themenfindung durch den Vorstand (I. 1. a) ist es ausgeschlossen, „das“ Verwaltungsrecht als Gegenstand der Staatsrechtslehrertagungen einem „gemeinsamen Nenner“ zuführen zu wollen. Die Art und Weise der Themenbehandlung ist folglich kontingent, vom wissenschaftlichen Selbstverständnis des Autors abhängig, könnte also auch ganz anders vorgenommen werden.[46] Beachtenswerte „axiomatische“ Prämissen sind nicht erkennbar. So existierte zum Verwaltungsrecht, anders als zum Staatsrecht,[47] in der Historie der Vereinigung kein „Richtungsstreit“.[48] Auch ein „neuer Richtungsstreit“, dem ein Generationenkonflikt zu Grunde liege,[49] kann für die Verwaltungsrechtswissenschaft nicht festgestellt werden.[50] Die „Neue Verwaltungsrechtswissenschaft“[51] steht zu der überkommenen Verwaltungsrechtsdogmatik nicht in einem (schroffen) Gegensatz, sondern ergänzt die (vornehmlich) rechtsaktbezogene Perspektive um einen steuerungswissenschaftlichen Ansatz;[52] die Vereinigung hat sich der Thematik – mit angemessenem zeitlichen Abstand zur Gewinnung der notwendigen wissenschaftlichen Distanz – ge-

---

46 Verbreitet ist die Bildung von Zeitabschnitten, um damit bestimmte Phasen der Rechtsentwicklung zu verknüpfen; vgl. etwa *Wahl*, Das Öffentliche Recht (Fn. 1), S. 41 ff. (gesellschaftlicher Wandel und neue Staatsaufgaben; Planung; Umweltschutz; Risiko; Privatisierung, Deregulierung, Beschleunigung); *Anna-Bettina Kaiser*, Die Kommunikation der Verwaltung, 2009, S. 73 ff., in Gestalt einer „Diskurs“-Geschichte (Kodifikation, Automation, Partizipation, Datenschutz, Beschleunigung, Kooperation, Information); *Christian Bumke*, Die Entwicklung der verwaltungsrechtswissenschaftlichen Methodik in der Bundesrepublik Deutschland, in: Schmidt-Aßmann/Hoffman-Riem (Hrsg.), Methoden der Verwaltungsrechtswissenschaft, 2004, S. 73 (85 ff.), zieht „thematische Längsschnitte“ (Ausgangslage in den 1950er Jahren, Kritik der Handlungsformenlehre, Gewissheitsverluste und Verwissenschaftlichung der Verwaltungsrechtswissenschaft, Diskussion zur Rechtsverhältnislehre, „Neue Verwaltungsrechtswissenschaft“). – *Stolleis*, Verwaltungsrechtswissenschaft (Fn. 4), § 2 Rn. 98 ff., unterscheidet einerseits zwischen der „Orientierungs- und Erweiterungsphase“ zwischen 1949 und 1960 sowie der Zeit danach, bietet aber auch eine Zäsur „um das Jahr 1967“ an (Rn. 117) mit einer anschließenden „Phase der Planung“.

47 Zum „Richtungsstreit“ in der Staatsrechtslehre *Christoph Möllers*, Staat als Argument 2000, S. 58 ff., 84 ff., 100 ff.; *Frieder Günther*, Denken vom Staat her, 2004, S. 112 ff., 159 ff.; *Stolleis*, Geschichte des öffentlichen Rechts III (Fn. 2), S. 153 ff.

48 *Stolleis*, Verwaltungsrechtswissenschaft (Fn. 4), § 2 Rn. 78, mit der Einschränkung, „untergründig“ habe es zum „stringenten Positivismus der Wiener Schule“ Spannungen gegeben; ferner *Kaiser*, Juristische Methode (Fn. 24), § 24 Rn. 13, mit der These, ein Methodenstreit sei jedoch längst überfällig gewesen.

49 So die Kernthese von *Verena Frick*, Die Staatsrechtslehre im Streit um ihren Gegenstand, 2018, S. 203 ff.

50 Der Kernthese von *Frick*, Staatsrechtslehre (Fn. 49) in ihren Rezensionen widersprechend *Klaus Ferdinand Gärditz*, Der Staat 57 (2018), S. 633 (641 ff.) und *Jörg Berkemann*, DVBl. 2019, S. 484 (487); ferner *Schulze-Fielitz*, Wissenschaftskultur (Fn. 5), S. 210 ff.

51 Dazu *Andreas Voßkuhle*, Neue Verwaltungsrechtswissenschaft, in: Hoffmann-Riem/Schmidt-Aßmann/Voßkuhle, Grundlagen des Verwaltungsrechts, Bd. I, 2. Aufl. 2012, § 1 Rn. 16 ff.

52 *Bumke*, Methodik (Fn. 46), S. 107, 127, 129; *Michael Fehling*, Die „neue Verwaltungsrechtswissenschaft“ – Problem oder Lösung, in: Burgi (Hrsg.), Zur Lage der Verwaltungsrechtswissenschaft, Die Verwaltung Beiheft 12, S. 65 (100 f.); *Jan Philipp Schaefer*, Die Umgestaltung des Verwaltungsrechts, 2016, S. 421 f. – Anderer Akzent bei *Jens Kersten*, Konzeption und Methoden der „Neuen Verwaltungs-

widmet, den Eigenwert beider Lehren verdeutlicht und an die Stelle eines fruchtlosen Theorienstreits die gestellte Integrationsaufgabe (weitgehend) erfüllt.[53]

Vor diesem Hintergrund wird für die nachfolgende Darstellung aus dem Blickwinkel des deutschen Rechts[54] eine Art „Vogelperspektive" eingenommen. Der Blick auf das Verwaltungsrecht erfolgt zunächst aus einer normhierarchisch übergeordneten Warte: dem Verfassungsrecht (II.) sowie dem EU-Recht und dem Internationalen Recht (III.). Diese rechtlich geprägte Durchdringung der Materie wird abgelöst durch eine (stärker) sachorientierte Analyse der Entwicklungslinien im Verwaltungsrecht; Einwirkungen des übergeordneten Rechts bleiben zwar erhalten, die zunehmende Komplexität von Verwaltungsaufgaben und die Veränderungen bei der Aufgabenwahrnehmung (insbesondere durch die Einbeziehung Privater) veranlassen jedoch zu einem „multiperspektivischen" Zugriff, der den (relativen) Selbststand des Verwaltungsrechts akzentuiert und die Verwaltungsrechtsdogmatik als Zukunftswissenschaft ausweist (IV.). Europäisierung und Internationalisierung der innerstaatlichen Rechtsordnung sind unbestritten, ebenso der Wandel von Staatlichkeit. Der Versuch eines Staatsrechtslehrerreferats, die Konstitutionalisierung des Verwaltungsrechts als „Legende" zu präsentieren,[55] ist nicht erfolgreich gewesen.[56] Die Konstitutionalisierung der Verwaltungsrechtsordnung ist angesichts des von Art. 1 Abs. 3 und 20 Abs. 3 GG ausgehenden Entwicklungspotentials nicht hintergehbar,[57] die Verknüpfung des Verwaltungsrechts mit dem Verfassungsrecht stellt sogar einen „Markenkern" unserer Wissenschaft vom Öffentlichen Recht dar[58] und entspricht dem Selbstverständnis der Vereinigung.[59] Über „Maß und Mitte" der Verwo-

---

rechtswissenschaft", in: Kahl/Ludwigs (Hrsg.), Handbuch des Verwaltungsrechts, Band I, 2021, § 25 Rn. 7, der einen „Methodenstreit" diagnostiziert (aber keinen „Schulenstreit").

[53] *Ivo Appel* und *Martin Eifert*, Das Verwaltungsrecht zwischen klassischem dogmatischen Verständnis und steuerungswissenschaftlichem Anspruch, VVDStRL 67 (2008), S. 226 (255 ff.) und S. 286 (314 ff.) mit Aussprache S. 334 ff.

[54] Verwaltungsrechtsvergleichend in diesem Band *Franz Merli*, S. 681 ff.; verwaltungswissenschaftlich ausgerichtet *Margrit Seckelmann*, S. 665 ff.

[55] *Lothar Michael*, Verfassung im Allgemeinen Verwaltungsrecht: Bedeutungsverlust durch Europäisierung und Emanzipation?, VVDStRL 75 (2016), S. 131 (133, 161 ff.); in der Diskussion grundsätzlich zustimmend *Pascale Cancik* (S. 267) und *Thomas Groß* (S. 277).

[56] Die Verfassungsabhängigkeit des Verwaltungsrechts herausarbeitend *Ferdinand Wollenschläger*, Verfassung im Allgemeinen Verwaltungsrecht: Bedeutungsverlust durch Europäisierung und Emanzipation?, VVDStRL 75 (2016), S. 187 (188 ff.); zustimmend in der Diskussion *Ulrich Stelkens* (S. 269), *Hinnerk Wißmann* (S. 271), *Peter M. Huber* (S. 271 f.), *Andreas Funke* (S. 273), *Friedrich Schoch* (S. 274), *Johannes Saurer* (S. 278), *Christian Bickenbach* (S. 279), *Horst Dreier* (S. 280).

[57] *Peter M. Huber*, Verwaltung, Verwaltungsrecht und Verwaltungsgerichtsbarkeit, DVBl. 2021, S. 753 (755); *Gunnar Folke Schuppert/Christian Bumke*, Die Konstitutionalisierung der Rechtsordnung, 2000, S. 36 ff.; *Carsten Kremer*, Einleitung, in: Kremer (Hrsg.), Die Verwaltungsrechtswissenschaft in der frühen Bundesrepublik (1949–1977), 2017, S. 1 (5); *Wahl*, Das Öffentliche Recht (Fn. 1), S. 32 f., 35 ff., 67 f., 74 f.; in entwicklungsgeschichtlicher Perspektive *Stolleis*, Geschichte des öffentlichen Rechts IV (Fn. 10), S. 226 ff., 247 ff., 513 ff.

[58] *Christoph Schönberger*, „Verwaltungsrecht als konkretisiertes Verfassungsrecht", in: Stolleis (Hrsg.), Das Bonner Grundgesetz, 2006, S. 53 f.; *Matthias Jestaedt*, Eine deutsche Perspektive, in: Masing/Jouanjan (Hrsg.), Verfassungsgerichtsbarkeit – Grundlagen, innerstaatliche Stellung, überstaatliche Einbindung, 2011, S. 37 (51 ff.); *Lepsius*, Problemzugänge (Fn. 24), S. 64, mit Hinweisen zum Trennungsdenken zwischen Verfassungsrecht und Verwaltungsrecht in anderen Rechtskulturen.

[59] *Hans Peter Ipsen*, 50 Jahre deutsche Staatsrechtswissenschaft im Spiegel der Verhandlungen der

benheit mag man streiten,[60] aber dem Grunde nach steht die Verfassungsgeprägtheit des deutschen Verwaltungsrechts außer Frage.[61]

Einzunehmen ist für diesen Bericht, soweit möglich, die Beobachterperspektive, nicht die Teilnehmerperspektive. Nachzuzeichnen sind bestimmende Entwicklungslinien, hervorzuheben sind Grundgedanken zur wissenschaftlichen Auseinandersetzung um das Verwaltungsrecht bei den Tagungen, kenntlich zu machen sind Kernanliegen des wissenschaftlichen Diskurses. Das Bewusstsein für die Zeitgebundenheit der Debatten ist essentiell.[62] Persönliche Akzentuierungen des Autors sind unvermeidlich.

II. Verwaltungsrecht als konkretisiertes Verfassungsrecht

Die verfassungsrechtliche Perspektive bedingt, dass mit dem Inkrafttreten des Grundgesetzes eine Art „Zeitenwende" für das Verwaltungsrecht zu konstatieren ist.[63] Die meisten verwaltungsrechtlichen Referate und Aussprachen vor 1933 sind für die Entwicklung der Verwaltungsrechtswissenschaft der Nachkriegszeit kaum von Belang; das gilt etwa zum Verwaltungsrechtsschutz durch die Zivilgerichte[64] und zum seinerzeitigen Kommunalrecht.[65] Erwähnung verdienen nachfolgend allerdings diejenigen Tagungen der Vorkriegszeit mit thematisch relevanten, substantiellen Beiträgen zu den seit 1949 verhandelten Gegenständen.

Vereinigung der Deutschen Staatsrechtslehrer, AöR 97 (1972), S. 375 (376, 385, 409); *Schulze-Fielitz*, Mikrokosmos (Fn. 10), S. 152. – Exemplarisch die Thematik „Verfassungsrecht und einfaches Recht – Verfassungsgerichtsbarkeit und Fachgerichtsbarkeit" VVDStRL 61 (2002) mit Referaten von *Robert Alexy* (S. 7), *Philip Kunig* (S. 34), *Werner Heun* (S. 80) und *Georg Hermes* (S. 119); vgl. auch die in nachf. Fn. notierte Thematik.

[60] *Franz Reimer*, Fragmentierungen im Öffentlichen Recht: Diskursvergleich im Verfassungs- und Verwaltungsrecht, VVDStRL 77 (2018), S. 413 (453): „Die arbeitsteilige Differenz zwischen Verfassungsrecht und einfachem Recht sollte soweit wie möglich aufrechterhalten bzw. wiederhergestellt werden." Deshalb sei Interpreten zu gebieten, „an Normen des Verfassungsrechts keine unreflektierten Steuerungserwartungen heranzutragen". Wechselwirkungen nachspürend *Philipp Reimer*, Wechselwirkungen von Verfassungs- und Verwaltungsrecht, in: Kahl/Ludwigs (Hrsg.), Handbuch des Verwaltungsrechts, Band I, 2021, § 10 Rn. 5 ff. und Rn. 56 ff.

[61] *Hinnerk Wißmann*, Diskussionsbeitrag, VVDStRL 77 (2018), S. 479: Die Entflechtung von Verfassungsrecht und Verwaltungsrecht sei „nur funktional möglich, nicht als materielles Konzept".

[62] *Horst Dreier*, Verfassungskontroversen der Weimarer Republik, in: Dreier/Waldhoff (Hrsg.), Weimars Verfassung, 2020, S. 9 (12): Für eine faire und differenzierte Analyse dürfe man nicht einen „allwissenden ex-post-Standpunkt" einnehmen, zu urteilen sei vielmehr „aus der Perspektive der damaligen Akteure und ihrem Erwartungshorizont".

[63] *Stolleis*, Geschichte des öffentlichen Rechts IV (Fn. 10), S. 247; *Sydow*, Deutsches Verwaltungsrecht (Fn. 35), § 17 Rn. 58; von einer „kopernikanischen Wende" spricht *Wahl*, Das Öffentliche Recht (Fn. 1), S. 23.

[64] *Walter Jellinek* und *Gerhard Lasser*, Der Schutz des öffentlichen Rechts durch ordentliche und durch Verwaltungsgerichte, VVDStRL 2 (1925), S. 8 und S. 81; *Max Layer* und *Ernst v. Hippel*, Überprüfung von Verwaltungsakten durch die ordentlichen Gerichte, VVDStRL 5 (1929), S. 124 und S. 178.

[65] *Fritz Stier-Somlo* und *Ludwig v. Köhler* sowie *Hans Helfritz*, Die neueste Entwicklung des Gemeindeverfassungsrechts, S. 122 (in Deutschland) und S. 181 (in Württemberg, Baden und Hessen) sowie S. 223 (seit der Revolution).

1. Rechtsstaat und Grundrechtsschutz

Die Vereinigung hat sich auf ihren Tagungen 1949 (dazu II. 1. b a. E.) und in den 1950er Jahren vornehmlich mit rechtsstaatlich konnotierten verwaltungsrechtlichen Themen befasst (unter Einschluss des Grundrechtsschutzes). Das lag nach den Erfahrungen mit der NS-Diktatur nahe[66] und entsprach dem generellen „Gebot der Stunde".[67] Die Festigung des Rechtsstaates ist indessen eine Daueraufgabe.[68] Infolgedessen gab es auch in den 1960er und 1970er Jahren mehrfach Anlass für die Wahl einschlägiger Themen zur Weiterentwicklung des rechtsstaatlich ausgerichteten Verwaltungsrechts.[69] Standards, die heute als selbstverständlich erscheinen, mussten damals noch „erkämpft" werden.[70] Nach Ablösung der zunächst vornehmlich etatistisch geprägten Sichtweise kamen (spätestens) ab den 1980er Jahren Themen auf die Tagesordnung, die deutliche Akzentverschiebungen zum Verwaltungsrecht des demokratischen Rechtsstaates bewirkten. Aus der Vielzahl einzelner Aspekte seien nachfolgend verwandte Gegenstände gebündelt und zu drei prägenden Grundlinien der Entwicklung zusammengefasst.

a) Überwindung obrigkeitsstaatlicher Strukturen

Bei der Tagung 1950 stand das polizeirechtliche Thema ganz im Zeichen von Denazifizierung, Demilitarisierung und Dezentralisierung; Einigkeit bestand insbesondere zur Notwendigkeit der Entpolizeilichung von Ordnungsangelegenheiten.[71] Herausgestellt wurde – in Anknüpfung an ältere Vorbilder (z.B. Gewerbe- und Gesundheitsrecht) – eine „allgemeine Entwicklung, die wegführt vom Obrigkeitsstaat".[72] Ein gutes Vierteljahrhundert später (bei der Tagung 1976) konstatierten die Referenten,[73] dass die Unter-

---

[66] *Schönberger*, Verwaltungsrecht als konkretisiertes Verfassungsrecht (Fn. 58), S. 58 ff. (zu den Vorbedingungen der verfassungsrechtlichen Überformung des Verwaltungsrechts) und S. 69 ff. (zu Liberalisierung, Subjektivierung und Vorbehalt des Gesetzes).

[67] *Wahl*, Das Öffentliche Recht (Fn. 1), S. 18: Aufgabe der deutschen Rechtsordnung nach 1945 sei zunächst die „Rückkehr zum Rechtsstaat" gewesen.

[68] Hingewiesen sei in diesem Zusammenhang auf das vornehmlich verfassungsrechtlich bearbeitete Thema „Der Rechtsstaat und die Aufarbeitung der vor-rechtsstaatlichen Vergangenheit", VVDStRL 51 (1992), mit Referaten von *Christian Starck* (S. 9), *Wilfried Berg* (S. 46) und *Bodo Pieroth* (S. 91).

[69] Entscheidende Vorarbeiten stammen von *Dietrich Jesch*, Gesetz und Verwaltung, 1. Aufl. 1961 sowie 2. (unveränderte) Aufl. 1968, und *Hans Heinrich Rupp*, Grundfragen der heutigen Verwaltungsrechtslehre, 1. Aufl. 1965 sowie 2. (ergänzte) Aufl. 1991.

[70] Eindrücklich in der Retrospektive *Hans Heinrich Rupp*, Bemerkungen zur Entwicklung der deutschen Verwaltungsrechtslehre und des Verwaltungsrechts unmittelbar nach 1946, in: Kremer (Hrsg.), Die Verwaltungsrechtswissenschaft in der frühen Bundesrepublik (1949–1977), 2017, S. 381 (zum Vorbehalt des Gesetzes, zum „Innenrecht" der Verwaltung, zu Ermessen und unbestimmtem Rechtsbegriff, zum subjektiven öffentlichen Recht und zur Staatshaftung).

[71] *Hans Julius Wolff* und *Otto Gönnenwein*, Die Gestaltung des Polizei- und Ordnungsrechts in den einzelnen Besatzungszonen, VVDStRL 9 (1952), S. 134 und S. 181.

[72] So *Hans Ulrich Scupin*, Diskussionsbeitrag, VVDStRL 9 (1952), S. 213.

[73] *Hans-Uwe Erichsen* und *Franz-Ludwig Knemeyer*, Der Schutz der Allgemeinheit und der individuellen Rechte durch die polizei- und ordnungsrechtlichen Handlungsvollmachten der Exekutive, VVDStRL 35 (1977), S. 171 und S. 221; zur Rechtslage in der Schweiz *Kurt Eichenberger*, S. 295, zur Rechtslage in Österreich *Bernd-Christian Funk*, S. 300.

scheidung zwischen „Aufgabe" und „Befugnis" im Gefahrenabwehrrecht Allgemeingut geworden war, Spezialgesetze das allgemeine Polizei- und Ordnungsrecht weithin überlagert hatten, der Schutz der „öffentlichen Ordnung" angesichts der Ausstrahlungswirkungen der Grundrechte auf das Gesetzesrecht zurückgedrängt werden musste und – nicht zuletzt unter dem Eindruck grundrechtlicher Schutzpflichten des Staates – der Anspruch des Bürgers auf behördliches Einschreiten eine gesicherte Kategorie des Gefahrenabwehrrechts geworden war. Diese individualschützende Perspektive wurde vom Erstreferenten als Wandel vom bloßen Eingriffsdenken hin zum Konzept eines auch Leistung gewährenden sozialen Rechtsstaates charakterisiert (S. 215[74]);[75] zur Grundausrichtung der beiden Referate gab es in der Aussprache kaum Einwände,[76] lediglich die Verabschiedung des Entschließungsermessens durch den Zweitreferenten (S. 236 ff.) stieß auf Widerspruch.[77] In den 1970er und 1980er Jahren haben diese Referate der 1976er Tagung wiederholt Beachtung seitens der Rechtsprechung gefunden.[78]

Bei der Tagung 1956 wurde das „besondere Gewaltverhältnis" unter verfassungsrechtlichen und verwaltungsrechtlichen Aspekten analysiert und mit Überlegungen zum verwaltungsgerichtlichen Rechtsschutz konfrontiert.[79] Das Erstreferat stellt das tradierte Rechtsinstitut als ein „Relikt des Obrigkeitsstaates" vor (S. 109), kritisiert seine strukturelle Anlage als „Haus- und Herrengewalt", die im modernen Staat „zum Untergang verurteilt" sei (S. 117) und fordert – unter Wahrung der Handlungsfähigkeit des Staates – eine Verrechtlichung (S. 124 ff.); in der Aussprache mahnten Kritiker Differenzierungen

---

74 Seitenangaben im Text und in den Nachweisen beziehen sich auf den jeweils zuvor in einer Fußnote in Bezug genommenen VVDStRL-Band.

75 *Karl Heinrich Friauf*, Diskussionsbeitrag, VVDStRL 35 (1977), S. 315, bemerkte, das tradierte Polizeirecht müsse „in Anbetracht der neuen Anforderungen fortentwickelt werden", allerdings wäre es „aus rechtsstaatlichen Gründen schlechterdings unerträglich, wenn man durch eine inhaltliche Umwertung der polizeirechtlichen Eingriffsermächtigungen zu einer verkappten ‚Wohlfahrtspflege' in neuem Gewand käme".

76 Bemerkenswert allerdings *Ulrich Scheuner*, Diskussionsbeitrag, VVDStRL 35 (1977), S. 311: „Ich habe den Eindruck, daß wir heute, ohne es ganz zu wissen, einer Art stillem Begräbnis beigewohnt haben." Dagegen *Klaus Vogel*, ebd. S. 325: Es sei kein „Totenschein" auszustellen, das allgemeine Polizeirecht kodifiziere „die rechtsstaatlichen (d. h. liberalen) Grundsätze des Verwaltungsrechts".

77 Vgl. etwa die Diskussionsbeiträge in VVDStRL 35 (1977) von *Peter Lerche* (S. 329), *Otto Bachof* (S. 330) und *Reinhard Mußgnug* (S. 334).

78 Exemplarisch BVerwG, VerwRspr. 1980, 208: Anwendungssperre des allgemeinen Polizei- und Ordnungsrechts durch spezialgesetzliche Regelungen (Ausländerrecht); BGHZ 74, 144 [1979]: grundsätzlich fehlende Eingriffsbefugnis der Polizei bzw. der Ordnungsbehörden beim ausschließlichen Schutz privater Rechte; BayVerfGH, NJW 1989, 1790: kein Recht auf Suizid, daher Zulässigkeit freiheitsbeschränkender polizeilicher Maßnahmen gegen gefährdete Personen; gleichsinnig VG Karlsruhe, NJW 1988, 356 (anders nun zum Suizid BVerwGE 158, 142 [2017]; bekräftigend BVerwG, NJW 2019, 2789; verfassungsrechtlich BVerfGE 153, 182 [2020]); OVG Berlin, NJW 1980, 2484: Pflicht zum polizeilichen Einschreiten bei drohender Obdachlosigkeit; NdsOVG NJW 1985, 1572 und NJW 1985, 2966: individualschützende Funktion des Polizeirechts im Rahmen der „öffentlichen Sicherheit" bzgl. der Interessen Einzelner; OVG NRW, NVwZ 1983, 101: Grenzen behördlicher Pflicht zum Einschreiten bei Beeinträchtigungen durch Verkehrslärm; VG Freiburg, NJW 1977, 1645: Vorrang des Schutzzwecks gem. § 1 AtG gegenüber dem Förderungszweck.

79 *Herbert Krüger* und *Carl Hermann Ule*, Das besondere Gewaltverhältnis, VVDStRL 15 (1957), S. 109 und S. 133.

zu den verschiedenen „Gewaltverhältnissen" an.[80] Das Zweitreferat qualifiziert das „besondere Gewaltverhältnis" als rechtlich geordnetes Lebensverhältnis (S. 144 f.), führt die Unterscheidung zwischen „Grundverhältnis" und „Betriebsverhältnis" ein (S. 151 ff.)[81] und erklärt die Zulässigkeit gerichtlichen Rechtsschutzes (im Grundverhältnis) für vereinbar mit dem „besonderen Gewaltverhältnis" (S. 179 ff.). Die Grundrechte blieben in den Referaten weitgehend ausgeblendet.[82] Die seinerzeitigen Überlegungen zum Vorbehalt des Gesetzes entfalteten in der Folgezeit eine nachhaltige Wirkung.[83] Bei der Tagung 1964 fand der Vorbehalt des Gesetzes im Schulrecht in den Referaten (und bei etlichen Diskutanten) Anerkennung;[84] Verwaltungsvorschriften als „Verfassung" des Schulverhältnisses waren kaum noch vermittelbar.[85] Die – wenn auch mit einer gewissen Verzögerung eingetretene – Rezeption jener Referate in der Rechtsprechung zum Schulrecht ist beachtlich.[86] Die Grundrechtsgeltung in Sonderrechtsverhältnissen war mit der Strafgefangenen-Entscheidung des BVerfG (E 33, 1) [1972] gesichert. Die Tagungen der Vereinigung zum „Berufsbeamtentum" und zum „öffentlichen Dienst" vermochten zur rechtsstaatlichen Weiterentwicklung des Verwaltungsrechts im Sonderstatusverhältnis wesentliche Impulse nicht zu vermitteln;[87] dabei war bereits auf der Tagung 1931 herausgearbeitet worden, dass der Beamte zu seinem Dienstherrn nicht in einem „Gewaltverhältnis" steht, sondern in einem „Rechtsverhältnis".[88]

---

80 Vgl. die Diskussionsbeiträge in VVDStRL 15 (1957) von *Werner Weber* (S. 186), *Wilhelm Merk* (S. 192), *Heinrich Herrfahrdt* (S. 198) und *Gerhard Wacke* (S. 206).

81 *Jörg Berkemann*, Die Verwaltungsrechtswissenschaft in der frühen Bundesrepublik (1949–1977) – Ein rezensierender Bericht, DVBl. 2018, S. 1101 (1107), sieht in der Unterscheidung „eine Konzession", wobei absehbar gewesen sei, dass sich die „Abwehrfront nicht auf Dauer würde halten lassen".

82 Moniert von *Otto Bachof*, Diskussionsbeitrag, VVDStRL 15 (1957), S. 205.

83 Näher dazu *Schönberger*, Verwaltungsrecht als konkretisiertes Verfassungsrecht (Fn. 58), S. 75, 76 f.

84 *Hans-Ulrich Evers* und *Ernst-Werner Fuß*, Verwaltung und Schule, VVDStRL 23 (1966), S. 147 und S. 199; zur Rechtslage in Österreich *Helfried Pfeifer*, S. 263.

85 Widerspruch „zu fünf wichtigen Fragen" allerdings bei *Hans Peters*, Diskussionsbeitrag, VVDStRL 23 (1966), S. 249; einen „Mittelweg" zwischen den Referenten und Hans Peters bei der „Deutung des Gesetzmäßigkeitsprinzips" vorschlagend *Klaus Obermayer*, ebd. S. 259; ähnlich *Günter Dürig*, ebd. S. 262. – Selbst über 15 Jahre später die rechtsstaatliche Festigung des Schulrechts als „eine falsche Entwicklung" kritisierend *Roman Herzog*, Diskussionsbeitrag, VVDStRL 39 (1981), S. 368.

86 Exemplarisch: BayVerfGH, BeckRS 1975, 1419: Anforderungen an die Ermächtigung zum Erlass von Anstaltsordnungen für Schulen und Schüler als Träger von Rechten und Pflichten (nicht als Objekte); BVerwG, NJW 1975, 1180: Vorbehalt des Gesetzes gilt für die Normierung der Bildungs- und Erziehungsziele; HessVGH, VerwRspr. 1977, 917 und VG Freiburg, NJW 1976, 865: Notwendigkeit einer gesetzlichen Regelung für grundlegende Entscheidungen im Schulwesen; OVG NRW, NJW 1976, 725: zwangsweise Entlassung eines Schülers aus dem Schulverhältnis unterliegt dem Vorbehalt des Gesetzes; VGH BW, NJW 1976, 869: ministerielle Versetzungsordnung als Rechtsgrundlage für Nichtversetzung (i. Erg. offen gelassen).

87 *Richard Naumann* und *Hans Spanner*, Die Berufsbeamten und die Staatskrisen, VVDStRL 13 (1955), S. 88 und S. 119, behandelten insbesondere die Rechtsprechung des BVerfG zu Art. 131 GG. – *Walter Rudolf* und *Frido Wagener*, Der öffentliche Dienst im Staat der Gegenwart, VVDStRL 37 (1979), S. 175 und S. 215, verhielten sich vornehmlich zur Allgemeinen Staatslehre sowie zum Völkerrecht und zum Verfassungsrecht (Rudolf) bzw. zu verwaltungswissenschaftlichen Fragestellungen (Wagener).

88 *Adolf Merkl*, Entwicklung und Reform des Beamtenrechts, VVDStRL 7 (1932), S. 55 (58 f.). – Der Erstreferent *Hans Gerber* erörterte verfassungsrechtliche Fragen.

Zu strukturellen Einwirkungen des Verfassungsrechts auf das Verwaltungsrecht seien zwei weitere Beispiele erwähnt. Mit Verwaltungshandeln „ohne Befehl und Zwang" befasste sich die Vereinigung auf ihrer 1960 stattfindenden Tagung.[89] Der Erstberichterstatter stellte dem rechtsstaatlich begründeten Vorbehalt des Gesetzes den im Demokratieprinzip wurzelnden Vorbehalt zur Seite (S. 184 ff.) und gelangte so zur Geltung des Vorbehalts in abgestufter Gestalt (bei Ablehnung eines „Totalvorbehalts") für die Leistungsverwaltung (S. 188 ff.). Der Zweitberichterstatter entwickelte ein Konzept zur Grundrechtsbindung des sog. Verwaltungsprivatrechts, indem eine „Freiheit des Fiskus" abgelehnt (S. 218 ff.) und lediglich gewisse Modifizierungen der Bindung bei erwerbswirtschaftlicher Betätigung der Verwaltung anerkannt wurden (S. 232 ff.); die Grundthese führte in der Aussprache zu dem bereits erwähnten „Schlagabtausch" (s. o. Fn. 21), mittlerweile ist die Grundrechtsbindung der Verwaltung – unabhängig von der administrativen Handlungsform – eine Selbstverständlichkeit.[90] Keinen fassbaren Ertrag erbrachten die Verhandlungen der Vereinigung 1973 zum „Vertrauensschutz".[91] Der Erstbericht blieb über weite Strecken recht abstrakt und erörterte vor allem verfassungsrechtliche Probleme (S. 155 ff.), der Zweitbericht verwarf eine verfassungsrechtliche Verankerung von „Vertrauensschutz" und erkannte in dem Schutzgedanken nur einen allgemeinen Grundsatz des Verwaltungsrechts (S. 202 ff.), was in der Aussprache kritisiert wurde.[92] Die Diskussion verlief ungeordnet, der Diskussionsleiter sah sich zu einer kritischen Bemerkung über die Qualität der Aussprache veranlasst (S. 262 f.). „Missstimmung" und „Lustlosigkeit" finden einen äußeren Ausweis darin, dass die Schlussworte beider Referenten zusammen nicht einmal eine Druckseite füllen (S. 267). Die seinerzeit geführten Auseinandersetzungen haben sich durch §§ 48 bis 51 sowie § 38 Abs. 2, 3 VwVfG und §§ 54 ff., 62 VwVfG weitgehend erledigt.

b) Gewaltenteilung: Stellung der Verwaltung und Rechtsschutz

Der rechtsstaatliche Blick auf verwaltungsrechtliche Themen unter dem Vorzeichen der Gewaltenteilung richtet sich zunächst auf drei im Rhythmus von Dekaden veranstaltete Tagungen. Während sich die vorstehend skizzierte Überwindung obrigkeitsstaatlicher Strukturen zu Lasten der Exekutive auswirken musste, entsteht bei Einbeziehung der Funktionenordnung ein differenzierteres Bild zur Stellung der Verwaltung; als „retardierendes Moment" darf der Verwaltungsrechtsschutz allerdings nicht übersehen werden.

---

89 *Walter Mallmann* und *Karl Zeidler*, Schranken nichthoheitlicher Verwaltung, VVDStRL 19 (1961), S. 165 und S. 208.

90 Zusammenfassend BVerfG-K, NVwZ 2016, 1553: Die Grundrechtsbindung nach Art. 1 Abs. 3 GG gilt unabhängig von der Wahl der Organisationsform (Tz. 27) und der gewählten Handlungsform (Tz. 29), unerheblich ist, „ob die für den Staat oder andere Träger öffentlicher Gewalt handelnde Einheit ‚spezifische' Verwaltungsaufgaben wahrnimmt, ob sie erwerbswirtschaftlich oder zur reinen Bedarfsdeckung tätig wird (‚fiskalisches' Handeln) und welchen sonstigen Zweck sie verfolgt" (Tz. 30).

91 *Gunter Kisker* und *Günter Püttner*, Vertrauensschutz im Verwaltungsrecht, VVDStRL 32 (1974), S. 149 und S. 200.

92 Vgl. die Diskussionsbeiträge von *Otto Bachof* (S. 228, 242) und *Eberhard Grabitz* (S. 238): Vertrauensschutz als Grundrechtsschutz; *Wolfgang Rüfner* (S. 232): Vertrauensschutz als Ausprägung des Rechtsstaatsprinzips; *Walter Leisner* (S. 258): Grundlegung des Vertrauensschutzes im Demokratieprinzip.

Die Tagung von 1955 war dem Verhältnis von Exekutive und Judikative gewidmet.[93] Die zum Teil wegweisenden Überlegungen der Referenten sind später – soweit ersichtlich – von der Verwaltungsrechtswissenschaft kaum zur Kenntnis genommen worden. Der Erstbericht legte dar (S. 97 ff.), dass sich „Verwaltung" nicht in „Rechtsanwendung" erschöpfe, sondern Verwaltungszwecke zu erfüllen habe (in der Leistungsverwaltung z. B. Daseinsvorsorge, Fürsorge, Einzelförderung), wobei auch (juristische) Personen des Privatrechts Leistungsträger sein könnten (per Auftrag, durch Beleihung, mittels Inpflichtnahme); zudem müsse die Verwaltungstätigkeit neben der Rechtmäßigkeit des Handelns auch die Zweckmäßigkeit berücksichtigen (S. 121 ff.); eine wirkungsvolle Rechtsprechung sei durch Art. 19 Abs. 4 GG gesichert, Verwaltungsermessen sei rechtlich dirigiert (S. 125 ff.); eine der Verwaltungswirklichkeit zugewandte Verwaltungsrechtswissenschaft müsse um die Verwaltungslehre und die Verwaltungspolitik ergänzt werden (S. 131). Der Zweitbericht präsentierte die Verwaltung als eine aus eigener Initiative handelnde Staatsgewalt, die im Rahmen der Gesetze zur schöpferischen Gestaltung des sozialen Lebens berufen sei (S. 152 ff.); die Verwaltungsrechtsprechung habe wirkungsvollen individuellen Rechtsschutz zu gewähren, übe Rechtskontrolle aus und urteile nicht nach Zweckmäßigkeitsgesichtspunkten (S. 159 f.). Die Aussprache (S. 174 ff.) war – unter anderem wegen (vermeintlicher) Vernachlässigung der Eingriffsverwaltung und einer (angeblichen) Hypertrophie der Gerichtsbarkeit – nicht nur von Kritik, sondern auch von Missverständnissen geprägt (vgl. S. 208 f., Schlusswort des Erstreferenten).

Auf der Tagung von 1965 wurden zum Verhältnis zwischen Legislative und Exekutive[94] andere Akzente gesetzt. Dem Erstbericht ging es um die Abgrenzung der Kompetenzsphären, der Zweitbericht widmete sich den wechselseitigen Einwirkungen. Der Erstreferent wies der Verwaltung (intra et praeter legem) eine originäre Regelungsgewalt zum Erlass allgemeinverbindlicher Rechtsnormen zu (S. 156 ff.),[95] lehnte einen Kernbereich exekutiver Eigenverantwortung allerdings ab;[96] nach den vormaligen Erörterungen zum Vorbehalt des Gesetzes sorgte die weitere Kernaussage für Aufsehen, dass allein der Vorrang des Gesetzes das Verhältnis zwischen Gesetzgeber und Verwaltung bestimme,[97] weil die Verwaltung wegen ihrer Bedeutung und Unentbehrlichkeit sowie ihres faktischen Informationsmonopols ein (mindestens) ebenbürtiger Gegenspieler des Gesetzgebers sei (S. 177 f. und LS 8). Der Zweitreferent entwarf zunächst ein differenziertes Szenario zu den rechtlichen Einwirkungen der Gesetzgebung auf das Verwaltungshandeln (S. 185 ff.), verneinte die Existenz eines Verwaltungsvorbehalts de iure (S. 189 ff.), zeichnete dann jedoch die Einwirkungen der Exekutive auf die Legislative (Gesetzentwürfe

[93] *Erich Becker* und *Helmut Rumpf*, Verwaltung und Verwaltungsrechtsprechung, VVDStRL 14 (1956), S. 96 und S. 136.

[94] *Klaus Vogel* und *Roman Herzog*, Gesetzgeber und Verwaltung, VVDStRL 24 (1966), S. 125 und S. 183.

[95] Kritik in der Aussprache äußerten z. B. *Peter Badura* (S. 217), *Friedrich August v. d. Heydte* (S. 217), *Otto Bachof* (S. 225), *Horst Ehmke* (S. 231).

[96] Anders später das BVerfG, vgl. E 67, 100 (139) [1984]; E 110, 199 (214) [2004]; E 124, 78 (120) [2009]; E 131, 152 (206) [2012].

[97] *Günther*, Denken vom Staat her (Fn. 47), S. 300, spricht von einer „extremen Position", allerdings dem seinerzeitigen „allgemeinen Trend" entsprechend.

der Regierung, Einfluss des Bundesrates, Einwirkungen der EG etc.) mit dem Ergebnis nach, dass die Verwaltung im Sinne eines de facto-Vorbehalts das Staatshandeln weithin dominiere (S. 197 ff.).

Bei der Tagung 1975 wurde die verwaltungsrechtliche Thematik von 1955 in modifizierter Formulierung erneut aufgegriffen.[98] Inzwischen war die VwGO in Kraft getreten, Rechtsprechung konnte reichhaltig verarbeitet werden. Die terminologische Akzentuierung Verwaltungs„verantwortung" trug Früchte, Extrempositionen wurden vermieden, die Komplexität des Verhandlungsgegenstands veranlasste zur Entwicklung differenzierter und ausgewogener Problemlösungen. Im Erstbericht wurde die Verwaltungsverantwortung an die Verwaltungszwecke gekoppelt, die in der Sache offen (und nicht etwa „geschlossen") seien und deren Verwirklichung neben der juristischen Richtigkeit auch metajuristische Aspekte zu beachten habe (S. 151 ff.); diese blieben der auf rechtliche Maßstäbe angelegten Verwaltungsgerichtsbarkeit verschlossen (S. 155); dem Verwaltungsverfahren wurde im Sinne eines zweckorientierten und Recht konkretisierenden Procedere eine zentrale Funktion für die Wahrnehmung von Verwaltungsverantwortung zugewiesen (S. 170 ff.). Der Zweitbericht setzte einen Schwerpunkt bei der administrativen und gerichtlichen Bewältigung komplexer Zulassungsverfahren (z. B. für Industrieanlagen und Verkehrswege, ferner Raumordnungsverfahren etc.); Anforderungen an die Verwaltungsverantwortung wurden aus dem Aufgabenbezug entwickelt (ergänzt um die Betonung der Eigenständigkeit der Verwaltung sowie um die Hervorhebung von Einstandspflichten) und in einer Typologie (Vollzugs-, Entfaltungs-, Initiativ-, Gesamtverantwortung, Programmverwirklichung) entfaltet (S. 227 ff.); das Plädoyer für Problemlösungen anhand konkreter Zuordnungen (S. 239 ff.) mündete in ein Konzept des ausgewogenen (und nicht: maximalen) gerichtlichen Rechtsschutzes. Die in den beiden Referaten herausgearbeitete Balance zwischen einer relativen Eigenständigkeit der Verwaltung und einer sachangemessenen gerichtlichen Kontrolle in polygonalen Rechtsverhältnissen erhielt in der Aussprache Unterstützung.[99] Jenes Konzept wird in neueren Debatten als Gradmesser herangezogen.[100]

Rechtsschutzfragen sind im Rahmen der vorstehend skizzierten Verhandlungen regelmäßig miterörtert worden. Unabhängig davon hat sich die Vereinigung nur selten explizit mit dem gerichtlichen Rechtsschutz befasst. Eine Hervorhebung verdient die Tagung 1949 (die zudem der Überwindung obrigkeitsstaatlicher Strukturen – II. 1. a – zugeordnet werden kann). Art. 19 Abs. 4 GG wurde nachdrücklich in den Dienst des Rechtsstaatsprinzips gestellt.[101] Der Erstbericht weist – nach einer ausführlichen Darstellung der ideengeschichtlichen Entwicklung des Verhältnisses von öffentlicher Verwaltung und Justiz – Art. 19 Abs. 4 GG als „formelles Hauptgrundrecht" und „Krönung des

---

[98] *Rupert Scholz* und *Eberhard Schmidt-Aßmann*, Verwaltungsverantwortung und Verwaltungsgerichtsbarkeit, VVDStRL 34 (1976), S. 145 und S. 221.

[99] Vgl. die Diskussionsbeiträge von *Peter Lerche* (S. 283), *Peter Badura* (S. 293), *Roman Schnur* (S. 305).

[100] *Christoph Brüning*, Verwaltung und Verwaltungsgerichtsbarkeit, Die Verwaltung 48 (2015), S. 155 (159 ff.).

[101] *Friedrich Klein* und *Heinrich Herrfahrdt*, Tragweite der Generalklausel im Art. 19 Abs. 4 des Bonner Grundgesetzes, VVDStRL 8 (1950), S. 67 und S. 126.

Rechtsstaates“ aus (S. 93, LS I. 1.), betont den Vorrang des Verwaltungsrechtswegs gegenüber dem Rechtsschutz durch die Zivilgerichte (S. 95 f.) und akzentuiert die Systementscheidung zu Gunsten des Individualrechtsschutzes gegenüber der objektiven Rechtskontrolle (S. 115 f.). Der Zweitbericht stellt die zentrale Bedeutung des Art. 19 Abs. 4 GG für die Verwirklichung des Rechtsstaatsgedankens („Element unserer künftigen politischen Ordnung“) heraus (S. 126 ff.) und nimmt eine Verknüpfung mit „anderen tragenden Ideen“ des Grundgesetzes vor (Freiheitsidee, S. 129 ff.; Demokratieprinzip, S. 131 ff.). Zur Tagung 1961 mit einer Thematik zum Sekundärrechtsschutz[102] wird man feststellen dürfen, dass sie weithin unbeachtet geblieben ist; die zum Teil „hitzige“ Aussprache (S. 246 ff.) steht in keinem Verhältnis zur Folgenlosigkeit der Veranstaltung. Wissenschaftlich ertragreich ist die mit vier Referaten breit angelegte verwaltungsrechtliche Thematik 2001 gewesen;[103] dennoch hat eine spätere Rezeption des Erkenntnisfortschritts kaum stattgefunden.[104]

c) Verwaltungsorganisation und Verwaltungsverfahren

Die wissenschaftliche Behandlung der Verwaltungsorganisation und des Organisationsrechts seitens der Vereinigung ist – bestenfalls – als ambivalent einzustufen. In einem grundsätzlichen Sinne aus der Perspektive des Allgemeinen Verwaltungsrechts ist die Thematik (zumal mit Blick auf die Verwirklichung von Verwaltungsaufgaben) nicht behandelt worden; es dominiert(e) der sektorale Zugriff auf Einzelaspekte. Der 1957 unternommene Zugang über die Organisationsgewalt[105] kam aus deutscher Perspektive offenbar zu früh, um rechtsstaatliche Prägungen erwarten zu können. Der Erstreferent postulierte (noch) eine verfassungsunmittelbare Organisationsgewalt der Verwaltung („Hausgut der Verwaltung“, so auch der Grundtenor der Aussprache, S. 240 ff.);[106] der Zweitreferent erstreckte (aus österreichischer Sicht) die Gesetzmäßigkeit der Verwaltung auch auf die Organisation der Verwaltung, deren „Gewalt“ nur nach Maßgabe verfas-

---

[102] *Günther Jaenicke* und *Walter Leisner*, Gefährdungshaftung im öffentlichen Recht, VVDStRL 20 (1963), S. 135 und S. 185.

[103] Primär- und Sekundärrechtsschutz im Öffentlichen Recht, VVDStRL 61 (2002) mit Referaten von *Wilfried Erbguth* (S. 221) zum Primärrechtsschutz und einem Plädoyer zu dessen Effektuierung nebst einer Aufwertung des Verwaltungsverfahrensrechts, *Wolfram Höfling* (S. 260) mit einer Analyse der strukturellen Defizite des Sekundärrechtsschutzes und dem Plädoyer für eine grundrechtlich fundierte richterliche Rechtsfortbildung des öffentlich-rechtlichen Sekundärrechtsschutzes (abl. dazu *Hans Meyer*, S. 445 f.: „Maximierungstendenz der Grundrechte“, untaugliche „Anspruchsgrundlagen für Kompensationsansprüche“), *Rudolf Streinz* (S. 300) zum Einfluss des Unionsrechts und der EMRK auf den innerstaatlichen Primär- und Sekundärrechtsschutz, *Astrid Epiney* (S. 362) zum gerichtlichen Zugang (Klagebefugnis) im Vergleich mit der Schweiz sowie Frankreich und Großbritannien. – Kurze Zeit vor der Tagung zu der Thematik *Friedrich Schoch*, Effektuierung des Sekundärrechtsschutzes, Die Verwaltung 34 (2001), S. 261.

[104] Den Zweitbericht (vorige Fn.) indessen mehrfach zitierend BVerfG-K NVwZ 2021, 398 Tz. 24 ff. = JZ 2021, 142 (m. Anm. *Bernd Grzeszick*): keine Amtshaftung wegen Auslandseinsatzes der Bundeswehr („Kunduz“).

[105] *Arnold Köttgen* und *Felix Ermacora*, Die Organisationsgewalt, VVDStRL 16 (1958), S. 154 und S. 191.

[106] Kritisch *Herbert Krüger*, Diskussionsbeitrag, VVDStRL 16 (1958), S. 253: Erhaltung vorkonstitutioneller Bestände.

sungsrechtlicher oder gesetzlicher Ermächtigung bestehe.[107] Ein „Verwaltungsvorbehalt" wurde auf der Tagung 1984 als rechtlich nicht existent erachtet,[108] was freilich schon 1965 erkannt worden war.[109] Ähnlich verhält es sich mit der 1987 behandelten „Einheit der Verwaltung",[110] die als solche nicht identifiziert werden konnte und identifiziert werden kann.[111] Die Referate 1985 zur öffentlich-rechtlichen Anstalt[112] wurden dem gestellten Thema in jedweder Hinsicht gerecht, konnten aber – ebenso wie die Aussprache (S. 248 ff.) – der Fortentwicklung der Verwaltungsrechtswissenschaft kaum Impulse verleihen;[113] immerhin lässt sich eine gewisse Rezeption seitens der Rechtsprechung nachweisen.[114] Im Jahr 2003 befasste sich die Vereinigung mit der Transparenz der Verwaltung.[115] Der Erstreferent entfaltete „Transparenz" als gemeineuropäische Idee (S. 346 ff.), hob die verbesserte politische Mitgestaltung der Bürger im Gemeinwesen hervor (S. 365 ff.) und trat für eine praktische Konkordanz zwischen Informationsfreiheit und Datenschutz ein (S. 368 ff.). Der Zweitreferent bezweifelte, ob es ein Informationsverwaltungsrecht gebe und je geben könne (S. 379), bejahte zwar eine Modernisierung der Informationsbeziehungen zwischen Bürger und Staat (S. 422 f.), plädierte jedoch für eine Verankerung des Informationszugangsrechts (sowie des gegenläufigen Datenschutzes) in den VwVfG von Bund und Ländern (S. 432 f.). Mit dem am 1.1.2006 in Kraft getretenen IFG hat die Entwicklung einen anderen Verlauf genommen.[116] Die Tagung 2006

---

[107] Ebenso *Hans Spanner*, Diskussionsbeitrag, VVDStRL 16 (1958), S. 256: vonnöten sei eine „einwandfreie Rechtsgrundlage"; dagegen *Hans Peter Ipsen*, ebd. S. 257: Solle das „Wesen der Organisationsgewalt […] einen Sinn behalten", besitze sie „eben keine Rechtsgrundlage".

[108] *Hartmut Maurer* und *Friedrich E. Schnapp*, Der Verwaltungsvorbehalt, VVDStRL 43 (1985), S. 135 und S. 172.

[109] Vgl. oben II. 1. b (zu Vogel und Herzog), S. 622 f.

[110] *Brun-Otto Bryde* und *Görg Haverkate*, Die Einheit der Verwaltung als Rechtsproblem, VVDStRL 46 (1988), S. 181 und S. 217. – Rechtfertigung der Themenwahl nach Kritik in der Aussprache durch das Vorstandsmitglied *Hans F. Zacher*, ebd. S. 299.

[111] *Horst Dreier*, Hierarchische Verwaltung im demokratischen Staat, 1991, S. 30 ff., 211 ff.; *Thomas Groß*, Die Verwaltungsorganisation als Teil organisierter Staatlichkeit, in: Hoffmann-Riem/Schmidt-Aßmann/Voßkuhle (Hrsg.), Grundlagen des Verwaltungsrechts, Bd. I, 2. Aufl. 2012, § 13 Rn. 95 ff.

[112] *Klaus Lange* und *Rüdiger Breuer*, Die öffentlichrechtliche Anstalt, VVDStRL 44 (1986), S. 169 und S. 211.

[113] *Peter Badura*, Diskussionsbeitrag, VVDStRL 44 (1986), S. 249, meinte, behandelt werde „eines der wenigen Rechtsgebiete, das noch ein Gegenstand primär der Staatsrechtswissenschaft ist" (und nicht vom BVerfG beherrscht werde); dagegen *Joachim Burmeister*, ebd. S. 255: Behandelt werde ein konturloser Sammelbegriff ohne organisationsspezifische Typik; ähnlich *Rainer Wahl*, ebd. S. 259: Allerweltsbegriff, der allenfalls ein paar Probleme lösen könne.

[114] Vgl. etwa BGHSt 54, 202 = NJW 2010, 784 m. Anm. *Kristian F. Stoffers*: Amtsträgereigenschaft des Redakteurs einer öffentlich-rechtlichen Rundfunkanstalt; BGH, NVwZ-RR 2011, 797: „Anstalt" als besonderer Organisationstyp der öffentlichen Verwaltung (am Beispiel der Erhebung von Sanierungsgeldern durch die Versorgungsanstalt des Bundes und der Länder); OLG Naumburg, NZG 2004, 775: Bedenken gegen die Beleihung privater Gesellschaften mit der Anstaltsträgerschaft zur Erfüllung hoheitlicher Aufgaben beim Hochwasserschutz; VG Gießen, BeckRS 2014, 52117: Vorrang öffentlich-rechtlicher Organisationsformen gegenüber Privatisierungen nach Gemeindewirtschaftsrecht zwecks Sicherung kommunaler Lenkungs- und Kontrollmöglichkeiten.

[115] *Rolf Gröschner* und *Johannes Masing*, Transparente Verwaltung: Konturen eines Informationsverwaltungsrechts, VVDStRL 63 (2004), S. 344 und S. 377.

[116] Zur Entwicklungsgeschichte *Friedrich Schoch*, IFG, 2. Aufl. 2016, Einl Rn. 255 ff.

war der Mehrebenenverwaltung gewidmet.[117] Der Erstbericht arbeitet die Notwendigkeit behördlicher Kooperation in einem solchen Modell heraus (S. 116 ff.) und präsentiert dazu Formen kooperativen Verwaltungshandelns (vom Verfahren im Einzelvollzugsmodell über den transnationalen Verwaltungsakt bis hin zur Netzwerkbildung, S. 126 ff.), skizziert ferner ein Konzept demokratischer Legitimation und rechtsstaatlicher Verantwortung jenseits nationalstaatlicher Annahmen (S. 136 ff.) und postuliert rechtspolitisch eine Kodifikation von Typen der Verwaltungskooperation (S. 144). Der Zweitbericht analysiert detailgenau die polyzentrische Struktur der Mehrebenenverwaltung (S. 153 ff. mit EU, Bund, Ländern und Kommunen), entwickelt ein Konzept zur Koordination der Ebenen (vom Informationsaustausch über die abstrakt-generelle Normkonkretisierung bis hin zu gemeinsamen Entscheidungsverfahren, S. 163 ff.) und tritt ebenfalls für ein realitätsgerechtes Modell der Legitimation von Verwaltungshandeln jenseits des Nationalstaates ein (S. 169 ff.). Die – kontrovers geführte – Aussprache widmete sich weniger den organisationsrechtlichen Fragestellungen der Mehrebenenverwaltung als vielmehr der von den Referenten vorgeschlagenen Ablösung des monistischen Modells demokratischer Legitimation[118] durch ein auf die polyzentrische Verwaltung zugeschnittenes ausdifferenziertes Konzept (institutionelles Legitimationsarrangement).[119]

Im Unterschied zum Verwaltungsorganisationsrecht kann die Beschäftigung der Vereinigung mit dem Verwaltungsverfahrensrecht als „Erfolgsgeschichte" präsentiert werden. Wenig zukunftsweisend war allerdings 1958 der Zugriff auf die Thematik.[120] Während der Erstreferent und die meisten Mitglieder der Vereinigung aus Deutschland (markante Ausnahme: *Carl Hermann Ule*) gegen die Kodifizierung des Verwaltungsverfahrensrechts in einem VwVfG eintraten, wurde aus österreichischer Sicht das Gegenteil vertreten; die entscheidende Impulsgebung für die Kodifikation besorgte 1960 der 63. DJT.[121] Einen wesentlichen Beitrag für die Aufwertung des verfahrensrechtlichen Denkens im Verwaltungsrecht hat die Tagung 1982 geleistet.[122] Der Erstbericht hat die ex post-Perspektive der traditionellen Verwaltungsrechtswissenschaft um die ex ante-Sicht auf das Verwaltungsverfahren und seine (Steuerungs-)Funktion ergänzt (S. 156); der dadurch gewonnene Zugang (Verfahren als Verwirklichungsmodus des vollzugsbedürftigen materiellen Rechts) wurde um die Rechtswahrung als eigenständige Kategorie des Verwaltungsverfahrens angereichert (S. 159 ff.); das Konfliktpotential zwischen Verwaltungseffizienz und Rechtswahrung erhielt eine Entschärfung über das Fehlerfolgenrecht

[117] *Eckhard Pache* und *Thomas Groß*, Verantwortung und Effizienz in der Mehrebenenverwaltung, VVDStRL 66 (2007), S. 106 und S. 152.

[118] Kritisch und das (inner)staatliche Legitimationsmodell propagierend in der Diskussion *Paul Kirchhof* (S. 184), zustimmend *Hans-Werner Rengeling* (S. 191); gleichsinnig *Oliver Lepsius* (S. 192) und *Rolf Gröschner* (S. 193).

[119] In diesem Sinne in der Aussprache *Georg Hermes* (S. 185), *Ingolf Pernice* (S. 187), *Wolfgang Hoffmann-Riem* (S. 188), *Peter Häberle* (S. 190), *Gernot Biehler* (S. 194).

[120] *Karl August Bettermann* und *Erwin Melichar*, Das Verwaltungsverfahren, VVDStRL 17 (1959), S. 118 und S. 183.

[121] Näher zur Entstehungsgeschichte des VwVfG *Friedrich Schoch*, in: Schoch/Schneider, VwVfG, 2020, Einl. Rn. 211 ff.

[122] *Rainer Wahl* und *Jost Pietzcker*, Verwaltungsverfahren zwischen Verwaltungseffizienz und Rechtsschutzauftrag, VVDStRL 41 (1983), S. 151 und S. 193.

(S. 171 ff.), und konkrete Konfliktentscheidungen erlangten eine Veranschaulichung anhand ausgewählter Sektoren des Verwaltungsrechts (vom nichtförmlichen Verfahren über Asylverfahren und Baugenehmigungsverfahren bis hin zu Rechtsetzungsverfahren im Umweltrecht, S. 178 ff.). Der Zweitbericht kontextualisierte die Aufwertung des Verwaltungsverfahrens (S. 201 ff.): unvollkommene Steuerung der Verwaltung durch das materielle Recht, oftmals verspäteter und ohnehin nur punktuell greifender gerichtlicher Rechtsschutz, Verantwortung der Verwaltung für die Realisierung der Verwaltungsziele) und setzte den Auftrag des Verwaltungsverfahrens in eine Beziehung zur Grundrechtsverwirklichung durch Verfahren (S. 207 ff.); zu den Folgen eines fehlerhaften Verfahrens für die Sachentscheidung wurden differenzierende Lösungen entwickelt (S. 221 ff.). Nachfolgende Berichte machten die Erkenntnisse von 1982 fruchtbar.[123] Die Tagung von 2010 hat den Eigenwert des Verwaltungsverfahrens weiter verdeutlicht.[124] Der Erstbericht nimmt eine Art „Feinjustierung" zwischen Eigenwert und sog. dienender Funktion des Verwaltungsverfahrens vor (S. 234 ff.), betont die Entscheidungsorientierung von Verwaltungsverfahren (S. 238 ff.), akzentuiert den Stellenwert der Wissenserzeugung im Verfahren (S. 250 ff.) und stellt das Fehlerfolgenregime in einen verfassungsrechtlichen Zusammenhang (S. 259 ff.). Der Zweitbericht präsentiert das Verfahren als zentrales Element zur Sicherung der Rechtmäßigkeit und Sachrichtigkeit von Verwaltungsentscheidungen (S. 281 ff.), zeigt in rechtsvergleichender Perspektive den Entwicklungsstand des Verwaltungsverfahrensrechts in Deutschland auf (S. 289 ff.), entfaltet detailliert den Eigenwert des Verfahrens im Verwaltungsrecht (Rechtsverteidigung, Informationsgewinnung, Lernprozess etc., S. 307 ff.) und zieht Folgerungen unter Einbeziehung des EU-Rechts mit dem Ergebnis, dass das deutsche Verwaltungsverfahrensrecht ungeachtet (behebbarer) inhaltlicher Defizite strukturell entwicklungsfähig angelegt sei (S. 317 ff.). Mit der Tagung von 2010 dürfte ein wissenschaftlich nicht mehr hintergehbarer Erkenntnisstand zu einem rechtsstaatlich geprägten Verwaltungsverfahrensrecht erreicht worden sein.

2. Sozialstaat und Leistungsstaatlichkeit

a) Gesellschaftliches und politisches Umfeld

Der Perspektivenwechsel vom Rechtsstaat zum Sozialstaat[125] und zur Leistungsstaatlichkeit reflektiert den in den 1960er Jahren nachhaltig einsetzenden gesellschaftlichen und politischen Wandel der Anschauungen zur Funktion des Staates in Demokratien westlicher Prägung. Der externe Blick registriert, dass der expandierende Wohlfahrts- und Versorgungsstaat die Themenwahl der Vereinigung erreicht habe, so dass sie anlässlich ihrer Tagungen auf die expansive und planerische Sozial- und Wirtschaftspolitik habe

---

[123] Vgl. etwa *Thomas Würtenberger*, Rechtliche Optimierungsgebote oder Rahmensetzungen für das Verwaltungshandeln?, VVDStRL 58 (1999), S. 139 (166 ff.).

[124] *Elke Gurlit* und *Michael Fehling*, Der Eigenwert des Verfahrens im Verwaltungsrecht, VVDStRL 70 (2011), S. 227 und S. 278. – Dazu *Helmuth Schulze-Fielitz*, Der Schutzauftrag des Rechts – im Lichte der 70. Staatsrechtslehrertagung 2010 in Berlin, RW 2010, S. 440 (442 f.).

[125] Näher dazu in diesem Band *Ulrike Davy*, S. 381 ff.

reagieren müssen; ihre Wandlungsfähigkeit habe die Staatsrechtslehre dadurch bewiesen, dass sie die politischen Prozesse mitvollzogen habe.[126] Zu gewärtigen ist allerdings auch, dass der Verwaltungsrechtswissenschaft eine anhaltende „dogmatische Unterbilanz" zum Leistungsverwaltungsrecht attestiert wird.[127]

Entscheidend für die Perspektivenerweiterung der Verwaltungsrechtswissenschaft ist die seinerzeit stärker aufgabenbezogen gewordene Ausrichtung der öffentlichen Verwaltung.[128] Ihr Auftrag im sozialen Rechtsstaat ist in den 1960er Jahren zudem als Ausdruck der demokratischen Staatsidee gedeutet worden („soziale Gerechtigkeit").[129] Folgerichtig sind mit der Expansion der sozialstaatlichen Leistungsverwaltung aufgabenangemessene Anforderungen an die Verwaltungsrechtswissenschaft adressiert worden: Konzipierung demokratisch zugänglicher Entscheidungsprozesse, Rezeption sozialwissenschaftlicher Erkenntnisse, realitätsbezogene Dogmatik, Entwicklung adäquater Handlungsformen, insbesondere Gestaltung von Leistungsbeziehungen via Rechtsverhältnis, Optimierung von Verwaltungsverfahren.[130]

Eingebettet war diese Programmatik in parallel verlaufende Entwicklungen im Verfassungsrecht: Anpassung der Grundrechtstheorie und -dogmatik an die Erfordernisse des Leistungsstaates[131] und Ausrichtung des Sozialstaatsziels auf die Herstellung realer Bedingungen für die Freiheitsverwirklichung.[132] Die Verfassungsgeprägtheit des deutschen Verwaltungsrechts (I. 3.) findet auch in diesem Zusammenhang eine Bestätigung.[133]

b) Anfangsphase der Entwicklung (1949–1969)

In der Frühphase nach 1949 ist die Vereinigung den neuen wissenschaftlichen Herausforderungen der Sozialstaatlichkeit kaum oder nur bedingt gerecht geworden. Schon 1953 wurde die Thematik des sozialen Rechtsstaates aufgegriffen,[134] jedoch erwies sich die von Erstreferenten (S. 14 ff.) in den Vordergrund gestellte verfassungsrechtliche Dichotomie zwischen Rechtsstaat und Sozialstaat[135] als wenig hilfreich für eine fruchtbare

[126] *Günther*, Denken vom Staat her (Fn. 47), S. 301, 302, 305.

[127] *Schönberger*, Verwaltungsrecht als konkretisiertes Verfassungsrecht (Fn. 58), S. 69.

[128] *Wahl*, Das Öffentliche Recht (Fn. 1), S. 43 f.

[129] *Peter Badura*, Verwaltungsrecht im liberalen und im sozialen Rechtsstaat, 1966, S. 16 ff.; *ders.*, Auftrag und Grenzen der Verwaltung im sozialen Rechtsstaat, DÖV 1968, S. 446 (447 f.). – *Bumke*, Methodik (Fn. 46), S. 95 f., ordnet die Beschreibung der Entwicklung vom liberalen zum sozialen Rechtsstaat der „Zeit der großen Erzählungen" zu.

[130] *Ipsen*, Staatsrechtswissenschaft (Fn. 59), S. 414.

[131] *Peter Häberle*, Grundrechte im Leistungsstaat, VVDStRL 30 (1972), S. 43 (86): „status activus processualis".

[132] *Georg Ress*, Staatszwecke im Verfassungsstaat – nach 40 Jahren Grundgesetz, VVDStRL 48 (1990), S. 56 (104): „gegenseitige Bedingtheit von Freiheit und Sozialgestaltungsziel".

[133] *Ipsen*, Staatsrechtslehrer-Tagungen (Fn. 14), S. 610: Leistungsstaatlichkeit „zwingt zur Synthese verfassungsrechtlich und verwaltungsrechtlich gebotener und geeigneter Strukturen, Regulierungen und Einsätze. An kaum einer Problematik tritt die wechselseitige Bedingtheit von Verfassung und Verwaltung so eindringlich zu Tage".

[134] *Ernst Forsthoff* und *Otto Bachof*, Begriff und Wesen des sozialen Rechtsstaates, VVDStRL 12 (1954), S. 8 und S. 37.

[135] Erläuternd *Christian Schütte*, Progressive Verwaltungsrechtswissenschaft auf konservativer Grundlage, 2006, S. 24 f., 33 ff.

Diskussion, so dass sogar ein an der Tagung teilnehmender Zivilrechtslehrer widersprechen musste;[136] der Zweitbericht arbeitete zwar die gesteigerte soziale Abhängigkeit des Einzelnen von der Verwaltung heraus (S. 39 ff.), näherte sich der Thematik insgesamt jedoch eher vorsichtig und mahnte die Überprüfung tradierter Kategorien (z. B. „besonderes Gewaltverhältnis", fiskalische Verwaltung, Ermessen und unbestimmter Rechtsbegriff, subjektives öffentliches Recht, Staatshaftungsrecht) an (S. 54 ff.). Auf der Tagung 1962 kamen Aspekte der Sozialstaatlichkeit kurz zum Vorschein als die Nutzung öffentlicher Sachen als Element einer modernen Leistungsverwaltung in den Dienst der Sozialstaatlichkeit gestellt wurde.[137]

In den 1966 geführten Verhandlungen zum Subventionsrecht[138] wurden recht unterschiedliche Berichte erstattet;[139] das Konzept des Erstreferenten (Ermächtigung der Subventionsverwaltung durch Haushaltsrecht, Steuerung des Behördenhandelns mittels Verwaltungspraxis bzw. Verwaltungsvorschriften) sollte sich in der Folgezeit in Deutschland durchsetzen.[140] Erstmals 1969 wurde – am Beispiel der Rechtsformen – eine grundsätzliche Klärung des Verhältnisses zwischen Sozialrecht und Allgemeinem Verwaltungsrecht versucht.[141] Der Vorschlag des Erstreferenten, die Staat-Bürger-Beziehungen über das „Rechtsverhältnis" als zentrale Kategorie zu erfassen und zu bearbeiten (S. 156 ff.), konnte sich in der Verwaltungsrechtswissenschaft – anders als im Sozialrecht[142] – nicht durchsetzen;[143] der Zweitreferent befasste sich mit wichtigen sozialen Sicherungssystemen (S. 189 ff.), analysierte den Einsatz der verwaltungsrechtlichen Handlungsformen im Recht der sozialen Sicherung (S. 204 ff.) und stellte das Sozialversicherungsverhältnis als ein Dauerschuldverhältnis vor (S. 215 f.); in der Aussprache wurde die Möglichkeit einer Einbeziehung des Sozialrechts in das „herkömmliche" Verwaltungs-

136 *Hans Carl Nipperdey*, Diskussionsbeitrag, VVDStRL 12 (1954), S. 92; gleichsinnig *Wilhelm Merk* (S. 100) und *Herbert Krüger* (S. 109).

137 *Klaus Stern*, Die Öffentliche Sache, VVDStRL 21 (1964), S. 183 (211 ff.); zustimmend *Herbert Krüger*, ebd. S. 240.

138 *Hans Peter Ipsen* und *Hans F. Zacher*, Verwaltung durch Subventionen, VVDStRL 25 (1967), S. 257 und S. 308; ergänzend zur Rechtslage in der Schweiz *Dietrich Schindler* (S. 400) und zur Rechtslage in Österreich *Felix Ermacora* (S. 405).

139 Der Diskussionsleiter (*Horst Ehmke*) bemerkte, die Herren Referenten seien „in allen Punkten verschiedener Meinung" (S. 408).

140 Vgl. demgegenüber zu Österreich *Günther Winkler* (S. 422) und *Helfried Pfeifer* (S. 423), zur Schweiz *Max Imboden* (S. 424).

141 *Wilhelm Henke* und *Wolfgang Rüfner*, Die Rechtsformen der sozialen Sicherung und das Allgemeine Verwaltungsrecht, VVDStRL 28 (1970), S. 149 und S. 187; ergänzend aus österreichischer Perspektive („Kontrastpunkte") *Gerhard Schnorr* (S. 226) und *Helfried Pfeifer* (S. 256).

142 Vgl. *Stephan Rixen*, Sozialrecht und allgemeines Verwaltungsrecht – Zukunftsaufgaben der Sozialrechtswissenschaft als Verwaltungsrechtswissenschaft, in: Masuch u. a. (Hrsg.), Denkschrift 60 Jahre Bundessozialgericht, Bd. 1, 2014, S. 351 (357 f.); *Astrid Wallrabenstein*, Leistungsverwaltung, in: Kahl/Ludwigs (Hrsg.), Handbuch des Verwaltungsrechts, Band I, 2021, § 19 Rn. 32 ff.; *Ulrich Becker/Thorsten Kingreen/Stephan Rixen*, Grundlagen des Sozialrechts, in: Ehlers/Fehling/Pünder (Hrsg.), Besonderes Verwaltungsrecht, Bd. 3, 4. Aufl. 2021, § 75 Rn. 62 ff.; zur Rechtsprechung *Stephan Rixen*, Das Sozialverwaltungsrecht im Spiegel der Rechtsprechung, Die Verwaltung 49 (2016), S. 557 (567 ff.).

143 Erläuternd („kaum merkliches Ende") *Bumke*, Methodik (Fn. 46), S. 102.

recht verneint[144] bzw. stark bezweifelt.[145] – Insgesamt konnte die Erörterung des Sozialstaates und der Leistungsstaatlichkeit in der Vereinigung bis 1969 keine „Breitenwirkung" entfalten.

c) Perspektivenerweiterung der Verwaltungsrechtswissenschaft

Wegweisend für die Modernisierung des verwaltungsrechtswissenschaftlichen Denkens war die Tagung 1971, die die „Aufgaben" der Verwaltung thematisch mit der „Dogmatik" in Beziehung setzte.[146] Die Referate greifen weit über die im vorliegenden Zusammenhang interessierenden sozial- und leistungsstaatlichen Aspekte hinaus. Der Erstbericht kritisiert die allein am Rechtsstaat ausgerichtete Verwaltungsrechtsdogmatik als zu eng, da sie nur die Eingriffsverwaltung erfasse und die Leistungsverwaltung vernachlässige (S. 202 ff.); zudem dürfe sich eine zeitgemäße Dogmatik nicht nur an den Rechts- und Handlungsformen orientieren, sondern sie müsse sich auch den Verwaltungsaufgaben und den Zwecken des Verwaltungshandelns widmen (S. 207 ff.); die Bindung an den Rechtsstaat bleibe, allerdings benötige das Verwaltungsrechtssystem eine Fortentwicklung (keinen „Neubau"), um die vom Sozialstaat veranlassten Aufgaben der leistenden, lenkenden, austeilenden, umverteilenden Verwaltung erfassen zu können (S. 225 ff.); notwendig sei eine stärkere Durchdringung des Besonderen Verwaltungsrechts (z. B. Wirtschaftsrecht, Kulturrecht, Sozialverwaltungsrecht) wegen dessen Verknüpfung mit dem Sozialstaat (S. 235 f.).[147] Der Zweitbericht präsentiert zunächst ein Konzept der Verwaltungsrechtsdogmatik als „Zukunftswissenschaft" (S. 246 ff.); das verwaltungsrechtliche Instrumentarium als solches könne im Falle der Neuausrichtung den veränderten (vor allem: sozialstaatlichen) Herausforderungen gerecht werden (S. 263 ff.); die im Zweitbericht sodann als unumgänglich markierten Fortentwicklungen der Dogmatik lesen sich wie eine Handlungsanleitung zu einem reformierten Allgemeinen Verwaltungsrecht: Maßgeblichkeit des Öffentlichen Rechts bei erwerbswirtschaftlicher Betätigung der öffentlichen Verwaltung und bei fiskalischen Hilfsgeschäften, Erstreckung des Vorbehalts des Gesetzes auf mittelbare Rechtsbeeinträchtigungen, verfassungsrechtlich gebotene Ausweitung subjektiver öffentlicher Rechte in mehrseitigen Rechtsbeziehungen, bei zunehmender Breitenwirkung administrativen Handelns stärkere Mitwirkung Betroffener im Verwaltungsverfahren (als demokratische Forderung nach Transparenz und Konsensstreben, aber auch zum Rechtsschutz), bei komplexen Verwaltungsverfahren Teilentscheidungen in Stufen (zwecks Verbesserung der Transparenz) unter Einbeziehung privaten Sachverstands (S. 293 ff.).[148]

---

[144] *Hans F. Zacher*, Diskussionsbeitrag, VVDStRL 28 (1970), S. 233.

[145] Vgl. die Diskussionsbeiträge in VVDStRL 28 (1970) von *Ulrich Scheuner* (S. 230), *Klaus Stern* (S. 239) und *Werner Weber* (S. 263).

[146] *Otto Bachof* und *Winfried Brohm*, Die Dogmatik des Verwaltungsrechts vor den Gegenwartsaufgaben der Verwaltung, VVDStRL 30 (1972), S. 193 und S. 245.

[147] Vgl. auch die Analyse von *Matthias Kötter*, Fortbilden, um zu bewahren: Otto Bachof und der Wandel verwaltungsrechtlicher Dogmatik unter dem Grundgesetz, in: Kremer (Hrsg.), Die Verwaltungsrechtswissenschaft in der frühen Bundesrepublik (1949–1977), 2017, S. 231 (247 ff.).

[148] Zur Vertiefung umfassende Analyse bei *Anna-Bettina Kaiser*, Winfried Brohm: Dogmatik als

Die Tagung von 1971 gilt – ungeachtet divergierender Wertungen in der Nachbetrachtung[149] – als eine Art Wendepunkt in der Entwicklung der Verwaltungsrechtswissenschaft. Nach der rechtsstaatlich inspirierten Überwindung obrigkeitsstaatlicher Relikte im Verwaltungsrecht wurde eine sozialstaatlich veranlasste Neuausrichtung (i. S. einer Verbreiterung) vollzogen, vorsichtiger angemahnt vom Erstreferenten, drängender eingefordert vom Zweitreferenten.[150] Was die Vereinigung mit diesem „Aufbruch" anzufangen wusste, steht auf einem anderen Blatt. Dazu seien nachfolgend vier Themen(behandlungen) betrachtet.

Die 1986 erstatteten Berichte[151] waren unter rechtsvergleichenden Vorzeichen interessant.[152] Für das deutsche Verwaltungsrecht vermochte die vom Drittberichterstatter (nach eigenem Bekunden) vorgelegte „tour d'horizon" (S. 244) kaum Impulse zur Fortentwicklung der Dogmatik zu setzen; dem Verwaltungsrechtsverhältnis konnte (auch diesmal) keine relevante Funktion zugewiesen werden,[153] „die" Leistungsverwaltung gibt es als „einheitlich geschlossenes Ganzes" nicht,[154] und der Debatte in der Aussprache (S. 272 ff.) um das Verhältnis zwischen Verwaltungsakt und Rechtsverhältnis wird man kaum neue Einsichten abgewinnen können.[155] Bei der Tagung 1988 wurde das verwaltungsrechtliche Thema[156] auf Grund der Absprache der Referenten (vgl. Fn. 17) in drei unverbunden nebeneinander stehenden Berichten abgehandelt (Subventionsrecht, Daseinsvorsorge und Gesetzesgestaltung, Gesetzgebungslehre und Leistungsverwaltung im Sozialbereich). Ähnliches gilt für die Tagung 2004 mit dem Generalthema „Der Sozialstaat in Deutschland und Europa". Zu der genuin verwaltungsrechtlichen Thematik[157] bot der Erstbericht eine Bestandsaufnahme zu den Instrumenten des Sozialverwaltungsrechts (S. 207 ff.), präsentierte „Notizen" zum Organisationsrecht der Sozialverwaltung (S. 216 ff.) und bemühte sich um Impulse für Neuakzentuierungen bei den Handlungs-

---

„Zukunftswissenschaft", in: Kremer (Hrsg.), Die Verwaltungsrechtswissenschaft in der frühen Bundesrepublik (1949–1977), S. 345.

[149] *Bumke*, Methodik (Fn. 46), S. 96 f., konstatiert eine Themenbehandlung in „gewohnten Gesprächsbahnen", entdeckt im Zweitbericht aber auch „innovative Momente" und „kluge Vorschläge". – *Schaefer*, Umgestaltung des Verwaltungsrechts (Fn. 52), S. 127, meint hingegen, „alle in der späteren Reformdiskussion wichtigen Gesichtspunkte" seien in das Blickfeld des Erstreferenten geraten.

[150] *Günther*, Denken vom Staat her (Fn. 47), S. 300; *Stolleis*, Geschichte des öffentlichen Rechts IV (Fn. 10), S. 252 f.; *ders.*, Verwaltungsrechtswissenschaft (Fn. 4), § 2 Rn. 100.

[151] *Thomas Fleiner-Gerster* und *Theo Öhlinger* sowie *Peter Krause*, Rechtsverhältnisse in der Leistungsverwaltung, VVDStRL 45 (1987), S. 152 und S. 182 sowie S. 212.

[152] *Schulze-Fielitz*, Mikrokosmos (Fn. 10), S. 164, kritisiert die fehlende kontrastierende Ergänzung und stellt eine eher additive Behandlung der Thematik fest.

[153] Vgl. die kritischen Einwände in der Diskussion VVDStRL 45 (1987) von *Hans Meyer* (S. 272), *Rüdiger Breuer* (S. 273), *Werner Frotscher* (S. 277), *Hartmut Maurer* (S. 280); anders demgegenüber *Wallrabenstein*, Leistungsverwaltung (Fn. 142), die dem Drittbericht eine präzise Entfaltung der Rechtsverhältnislehre attestiert.

[154] So *Volkmar Götz*, Diskussionsbeitrag, VVDStRL 45 (1987), S. 265 (mit Verweis z. B. auf Schule. Sozialversicherung, Subventionswesen, Nutzung öffentlicher Einrichtungen).

[155] *Ipsen*, Staatsrechtslehrer-Tagungen (Fn. 14), S. 637: „Ruf nach Kodifikation".

[156] *Reinhard Mußgnug* und *Friedhelm Hufen* sowie *Hermann Hill*, Gesetzesgestaltung und Gesetzesanwendung im Leistungsrecht, VVDStRL 47 (1989), S. 113 und S. 142 sowie S. 172.

[157] *Peter J. Tettinger* und *Jens-Peter Schneider*, Verwaltungsrechtliche Instrumente des Sozialstaates, VVDStRL 64 (2005), S. 199 und S. 238.

maßstäben der Sozialverwaltung mittels gesetzlicher Leitlinien (S. 220 ff.), während das Konzept des Gewährleistungsstaates (dazu unten IV. 2.) „als diffuse Chiffre eines in erster Linie sozialwissenschaftlich fundierten Steuerungsstrebens" (S. 231) auf Ablehnung stieß.[158] Der durchgehend europarechtlich angelegte Zweitbericht analysiert die Europäisierung des nationalen Leistungsverwaltungsrechts (S. 241 ff.) und untersucht wesentliche Instrumente der Verwaltungskontrolle beim Vollzug europäischer Sozialprogramme (S. 249 ff.).[159] Bei der Tagung 2010 war das sozialrechtliche Thema dem Gesundheitswesen gewidmet.[160] Der Erstbericht präsentiert jenen Bereich als ein uneinheitliches Gebilde (S. 117 ff.) und als ein „System kleiner Ungerechtigkeiten" (S. 132 ff.), dem mit „Mehr Recht (iustitia legalis)!" als Therapie zu begegnen sei (S. 138 ff.). Der Zweitbericht diagnostiziert das deutsche GKV-Recht als „geschlossenes System" (S. 155), beschreibt anschaulich die knappheitsrelevanten Regelungsstrukturen (S. 160 ff.), kritisiert mit Blick auf Organisation und Verfahren gesundheitspolitischer Allokationsentscheidungen die (unzureichende) demokratische Legitimation der Entscheidungsträger (S. 175 ff.) und tritt – bei Anerkennung bestehender Abgrenzungsprobleme – für eine gleichberechtigte Beteiligung von gewählten Versichertenvertretern in den Gremien der Gemeinsamen Selbstverwaltung ein (S. 184 ff.). Die Aussprache (S. 195 ff.) erörterte den konkreten Verhandlungsgegenstand, eine Vernetzung sozialrechtlicher Erkenntnisse mit allgemeinen verwaltungsrechtlichen Fragestellungen stand nicht im Vordergrund der Diskussionsbeiträge.

d) Zwischenbilanz

Im Rahmen der Chronistenpflicht sei die Frage aufgeworfen, wie es die Vereinigung mit der Sozialstaatlichkeit und der Leistungsstaatlichkeit bei der Behandlung verwaltungsrechtlicher Themen hält. Eine kohärente Leitidee ist – anders als in Bezug auf den Rechtsstaat – nicht erkennbar. Ein „Webfehler" könnte darin liegen, dass das Begriffspaar Disparates zusammenspannt. Die behördliche Leistungserbringung gegenüber Teilnehmern am Wirtschaftsverkehr (z. B. Subventionswesen) ist verwaltungsrechtlich eben doch etwas anderes als die Leistungserbringung im Rahmen der gesetzlichen Krankenversicherung (Gesundheitswesen).[161] Dabei lässt schon die Dynamik im Sozialverwaltungsrecht eine (endgültige) Domestizierung kaum erwarten.[162] Jedenfalls ist es bisher kaum gelungen, verallgemeinerungsfähige Impulse des Sozialrechts für das Allgemeine

---

158 Zur Kritik in der Diskussion (u. a. wegen der kompilatorischen Vorgehensweise) vgl. *Peter Badura* (S. 275), *Franz Ruland* (S. 277), *Andreas Voßkuhle* (S. 279).

159 *Eberhard Schmidt-Aßmann* mahnte in seinem Diskussionsbeitrag (S. 284) die Überprüfung europarechtlich geprägter Verwaltungsvorgänge auf ihre Verallgemeinerungsfähigkeit an.

160 *Joachim Lege* und *Thorsten Kingreen*, Knappheit und Verteilungsgerechtigkeit im Gesundheitswesen, VVDStRL 70 (2011), S. 112 und S. 152.

161 *Stephan Rixen*, Sozialrecht als öffentliches Wirtschaftsrecht, 2005, unternimmt am Beispiel der Leistungserbringung der gesetzlichen Krankenversicherung eine Integration; die Studie zeigt, dass es primär um Sozialrecht geht, angereichert um gesundheitsökonomische Parameter.

162 Geradezu legendär, gleichsam das „Ende der Geschichte" ausrufend, *Hans F. Zacher*, Diskussionsbeitrag, VVDStRL 48 (1990), S. 271 („Aber die Probleme des Sozialrechts [...] sind grundsätzlich bewältigt."), um dann in einem späteren Diskussionsbeitrag, VVDStRL 62 (2003), S. 349, das „Defizit der Re-

Verwaltungsrecht fruchtbar zu machen;[163] Besonderheiten werden ohnehin immerzu bestehen.[164] Das Steuerrecht hat sich weitgehend verselbstständigt, es ist von der Vereinigung nur noch schwer zu integrieren.[165] Dem Sozialverwaltungsrecht sollte eine vergleichbare Entwicklung nicht beschieden sein.[166]

3. *Demokratieprinzip und Partizipation im Verwaltungsverfahren*

„Verwaltungsrecht als konkretisiertes Verfassungsrecht" lenkt beim Demokratieprinzip den Blick auf dessen Ausstrahlungswirkungen in das Verwaltungsrecht. „Demokratie" als Staats- und Regierungsform ist zunächst verfassungsrechtlich konnotiert.[167] Zu den verwaltungsrechtlichen Dimensionen des Demokratieprinzips[168] hat sich die Vereinigung vor allem für die „Partizipation" Privater an staatlichen Entscheidungsprozessen interessiert. Für eine angemessene Einordnung der dazu bei den Tagungen erstatteten Berichte ist der Kontext in Erinnerung zu rufen.

a) Verfassungsrechtlicher und gesellschaftlicher Rahmen

Die Partizipationsdebatte hat in den 1970er Jahren – angefacht unter anderem durch die seinerzeitige „Planungseuphorie"[169] – einen ersten Höhepunkt erreicht.[170] Der sozialwissenschaftliche Diskurs (mit einem rechtlich fragwürdigen Demokratiebegriff) ist rasch auf die Rechtswissenschaft übergesprungen.[171] War ursprünglich strikt zwischen demokratischer Einflussnahme des Volkes auf die Staatswillensbildung (durch Wahlen und Abstimmungen) und grundrechtlicher Teilhabe an der öffentlichen Meinungsbildung unterschieden worden,[172] zeigte sich bald, dass dieser Differenzierung ein verkürztes

ferate" zu kritisieren, das neue Phänomen im modernen Staat, die „Beteiligung Privater […] im Sozialrecht", nicht behandelt zu haben.

[163] *Thorsten Kingreen/Stephan Rixen*, Sozialrecht: Ein verwaltungsrechtliches Utopia?, DÖV 2008, S. 741 (745 ff.) bieten an: Institutionen (Kooperation mit nichtstaatlichen Akteuren), Handlungsformen (Vertrag, Richtlinien des GBA – Hintergrund: Nutzbarmachung privater Wissensbestände), subjektiv-öffentliches Recht (Konkurrentenschutz im Wettbewerb).

[164] Ein „Kandidat" könnte die administrative Rechtsetzung sein, vgl. *Peter Axer*, Normsetzung der Exekutive in der Sozialversicherung, 2000, S. 52 ff.

[165] Vgl. die Analyse von *Roman Seer*, Was kann das Allgemeine Verwaltungsrecht vom Steuerrecht lernen?, Die Verwaltung 55 (2022), S. 25.

[166] Instruktiv *Stephan Rixen*, Was kann das Allgemeine Verwaltungsrecht vom Sozialrecht lernen?, Die Verwaltung 55 (2022), S. 1.

[167] Dazu in diesem Band der Beitrag von *Julian Krüper*, S. 325 ff.

[168] Überblick dazu bei *Eberhard Schmidt-Aßmann*, Das Demokratieprinzip, in: FS für Ulrich Battis, 2014, S. 85 (87 f.).

[169] Dazu *Wahl*, Das Öffentliche Recht (Fn. 1), S. 45 ff.; *Bumke*, Methodik (Fn. 46), S. 115 f.

[170] *Pascale Cancik*, Verwaltung und Selbstverwaltung, in: Herdegen u. a. (Hrsg.), Handbuch des Verfassungsrechts, 2021, § 14 Rn. 59. – Ausführlich *Helge Rossen-Stadtfeld*, Beteiligung, Partizipation und Öffentlichkeit, in: Hoffmann-Riem/Schmidt-Aßmann/Voßkuhle (Hrsg.), Grundlagen des Verwaltungsrechts, Bd. II, 2. Aufl. 2012, § 29 Rn. 65 ff.

[171] *Kaiser*, Kommunikation der Verwaltung (Fn. 46), S. 140 ff., 144 ff.

[172] Vgl. Darstellung und Kritik bei *Jan Philipp Schaefer*, Verwaltungsrecht und Postdemokratie, Die Verwaltung 49 (2016), S. 463 (476 ff.).

Verständnis von „Demokratie“ zu Grunde liegt.[173] Das Demokratieprinzip des Grundgesetzes kann nicht auf einen punktuellen Wahlakt mit der daraus resultierenden Bestellung der Repräsentanten reduziert werden; vielmehr ergänzt der permanent stattfindende gesellschaftliche Prozess demokratischer Willensbildung den Wahlakt und steht mit dem staatlichen Prozess der Entscheidungsfindung in einer andauernden Wechselbeziehung.[174]

Für die demokratische Legitimation des Verwaltungshandelns setzte sich die Einsicht durch, dass die Berufung allein auf die Letztentscheidung(skompetenz) der Verwaltung in vielen Verfahren unterkomplex und unzureichend ist.[175] Aus theoretischer Perspektive zeigt die aktuelle Demokratieforschung, dass ein partizipatorisches Konzept der deliberativen Demokratie notwendig ist (zumal in Zeiten von „Fake News“, „Wutbürger“, „Querdenker“), um Demokratien westlicher Prägung zu festigen.[176] Dies entspricht dem Postulat, dass das Demokratieprinzip als Freiheitsidee gemeinsamer Willensformung und Teilhabesicherung zwischen den Bürgern und dem Staat wirkt.[177] Allerdings ist die Legitimation durch Partizipation Privater an administrativen Entscheidungsprozessen nicht voraussetzungslos; gleiche Verfahrensteilhabe und chancengleiche Einflussmöglichkeiten in mehrpoligen Verfahrensrechtsverhältnissen sind unabdingbare Voraussetzungen.[178] Andernfalls werden Partikularinteressen privilegiert, das auf Egalität ausgerichtete demokratische Prinzip würde missachtet.

Vor diesem Hintergrund wird die Inklusion gesellschaftlicher Anliegen in administrative Entscheidungsprogramme als „demokratisch“ apostrophiert.[179] Die entscheidende Frage zielt indes auf die Art (Qualität) der Mitwirkung(smöglichkeit) Privater im Verwaltungsverfahren. Nach der Vorgabe des Art. 20 Abs. 2 S. 1 GG kommt eine Mitentscheidung nicht in Betracht;[180] legitimationsverstärkend wirkt die Verfahrensbeteiligung,

---

173 Schon BVerfGE 45, 297 (335) [1977] beschied (am Beispiel eines Enteignungsverfahrens), die Verfahrensgestaltung dürfe nicht „ausschließlich nach den Bedürfnissen der Verwaltung“ eingerichtet werden: „Die Notwendigkeit des Gesprächs zwischen Verwaltung und Bürger entspricht dem grundgesetzlichen Verständnis der Stellung des Bürgers im Staat.“ Diese Aussage ist allerdings grundrechtlich fundiert.

174 *Horst Dreier*, Das Demokratieprinzip des Grundgesetzes, Jura 1997, S. 249 (255 f.); ferner (m. umfangr. Nachw.) *ders.*, in: ders. (Hrsg.), Grundgesetz, Kommentar, Bd. II, 3. Aufl. 2015, Art. 20 (Demokratie) Rn. 77. – Aus der Rechtsprechung BVerfGE 132, 39 Rn. 33 [2012].

175 *Hans-Heinrich Trute*, Die demokratische Legitimation der Verwaltung, in: Hoffmann-Riem/Schmidt-Aßmann/Voßkuhle, Grundlagen des Verwaltungsrechts, Bd. I, 2. Aufl. 2012, § 6 Rn. 91, 98.

176 *Christina Lafont*, Unverkürzte Demokratie – Eine Theorie deliberativer Bürgerbeteiligung, 2021, S. 280 ff.

177 *Eberhard Schmidt-Aßmann*, Verwaltungslegitimation als Rechtsbegriff, AöR 116 (1991), S. 329 (331).

178 *Trute*, Legitimation (Fn. 175), § 6 Rn. 99.

179 *Schaefer*, Verwaltungsrecht (Fn. 172), S. 482.

180 Das BVerfG hält – ungeachtet systemimmanenter Lockerungen (z. B. bei der funktionalen Selbstverwaltung und bei der Beleihung Privater) – daran fest, dass bei amtlichem Handeln mit Entscheidungscharakter auf den Zurechnungszusammenhang zwischen Volk und staatlicher Herrschaft nicht verzichtet werden kann; vgl. BVerfGE 107, 59 (91 f.) [2002]; 130, 76 (123) [2012]; 136, 194 Rn. 168, 169 [2014]. – *Jens Kersten*, „System verflochtener Demokratie“, in: FS für Hans-Jürgen Papier, 2013, S. 103 (118), pointiert, partizipative demokratische Artikulation setze auf eine Legitimation durch konkret betroffene Bürger.

deren besonderer Wert in der Informationsgewinnung und -verarbeitung zur Erzielung rechtmäßiger und sachrichtiger Verwaltungsentscheidungen liegt.[181]

b) Annäherung der Vereinigung an den Partizipationsdiskurs

Frühzeitig hat sich die Vereinigung der Partizipationsdebatte im Verwaltungsrecht angenommen.[182] Erstmals wurden, soweit ersichtlich, bei der Tagung 1970 Überlegungen zur Partizipation von Bürgern an staatlichen Entscheidungsprozessen als (denkbare und willkommene) Ausprägung des Demokratieprinzips angestellt; im Kern bestand Einigkeit darüber, dass die Zeit für konkrete rechtliche Schlussfolgerungen noch nicht reif sei.[183] Die Tagung 1972 griff die seinerzeitige Partizipationsdebatte explizit auf.[184] Der Erstbericht äußerte (zu Österreich) Skepsis aus dem Blickwinkel traditioneller Formen der Demokratie und wies einer eventuellen Bürgerbeteiligung an administrativen Verfahren einen Platz im Rahmen des Verwaltungsermessens zu (S. 157, 159ff.). Der Zweitbericht anerkannte die Teilhabe der Bürger an Verwaltungsentscheidungen als Element demokratischer Mitwirkung bei der Gemeinwohlverwirklichung (S. 197ff.), sah indessen den Partizipationsgedanken nicht nur im Demokratieprinzip angelegt, sondern auch im Rechtsstaatsgebot und im Sozialstaatsprinzip (S. 209ff.), blieb aber bezüglich verwaltungsrechtlicher Ausprägungen vage[185] und zog keine konkreten Schlussfolgerungen (Ausnahme: Anhörung).[186]

1974 wurde die Thematik erneut behandelt.[187] Beide Referate boten zunächst eine Analyse des Realbereichs, eingeschlossen die seinerzeit neuen Verhaltenserwartungen der Gesellschaft gegenüber der öffentlichen Verwaltung (S. 184ff. bzw. S. 221ff.). Der sozialwissenschaftlich inspirierte Erstbericht – „organisierte Einwirkungen" als „rechtliche Mitwirkung" deutend – verwarf die Formel „Gemeinwohl versus Partikularinteressen" als zu starr, schließlich könnten Partikularinteressen im Laufe der Zeit zu einem öffentlichen Interesse werden (S. 194ff., „latent öffentliche Interessen"); auch wenn die definitive Entscheidung den zuständigen, demokratisch legitimierten Stellen der Ver-

---

181 Zum Verwaltungsverfahren als Informations- und Kommunikationsprozess *Schoch*, VwVfG (Fn. 121), Einl. Rn. 95ff.

182 *Kaiser*, Kommunikation der Verwaltung (Fn. 46), S. 148ff., weist zutreffend darauf hin, dass der Vortrag von Häberle („Grundrechte im Leistungsstaat", VVDStRL 30 [1972], S. 43) für den Partizipationsdiskurs ebenfalls prägend gewesen ist.

183 *Werner v. Simson* und *Martin Kriele*, Das demokratische Prinzip im Grundgesetz, VVDStRL 29 (1971), S. 3 (37) und S. 46 (75), der Zweitreferent indes mit der Perspektive, dass die „politische Rhetorik" zur Ausweitung des Demokratiebegriffs zu „Verfassungsrecht erstarken" könne.

184 *Robert Walter* und *Walter Schmitt Glaeser*, Partizipation an Verwaltungsentscheidungen, VVDStRL 31 (1973), S. 147 und S. 179.

185 Kritisch z. B. der Diskussionsbeitrag von *Franz Mayer* (S. 290): Es seien „abstrakt überhöhte Positionen" herausgearbeitet worden; ferner *Winfried Brohm* (S. 297): Es sei nicht zu erkennen, „wie man aus dem Sozialstaatsprinzip für die Partizipation konkrete rechtliche Aussagen zu gewinnen vermag".

186 *Kaiser*, Kommunikation der Verwaltung (Fn. 46), S. 157, kritisiert, das Referat habe „dem Partizipationstiger die Zähne gezogen"; weniger kritisch *Schaefer*, Umgestaltung des Verwaltungsrechts (Fn. 52), S. 128: immerhin seien die „Grundlinien späterer Analysen" (durch die Neue Verwaltungsrechtswissenschaft) verdeutlicht worden.

187 *Walter Schmidt* und *Richard Bartlsperger*, Organisierte Einwirkungen auf die Verwaltung, VVDStRL 33 (1975), S. 183 und S. 221.

waltung obliege (S. 199) und die Mitwirkung von Bürgern im Verwaltungsverfahren überkommene Legitimationsmuster nur ergänze (S. 210 ff.), sei die Beteiligung von Interessengruppen und nicht organisierten Interessenvertretern im Verwaltungsverfahren (verstanden als Informationsverarbeitungs- und Problembearbeitungsprozess) unabweisbar, um die Aggregierung betroffener Interessen gewährleisten zu können (S. 200 ff.). Der Zweitbericht – die öffentliche Verwaltung als Teil des politischen Systems qualifizierend – entwarf das Konzept einer „funkionensystematischen Verwaltungstheorie" (S. 250 ff.) und kam zu dem Schluss, dass eine frühzeitige und fortlaufende Öffentlichkeitsbeteiligung im Verwaltungsverfahrens geboten sei, um Handlungsalternativen ermitteln zu können und politische Integration zu schaffen (S. 259 ff.); im Falle der Erfüllung von Verwaltungsaufgaben durch Private bestehe eine Garantenstellung der Verwaltung (S. 264 ff.). In der Diskussion haben die Berichte überwiegend Zuspruch erhalten.[188] Kritik blieb vereinzelt.[189] Auch in der Nachbetrachtung gilt die Themenbehandlung auf Grund der sozialwissenschaftlichen Informiertheit und der demokratietheoretisch reflektierten prozeduralen Ausrichtung als wegweisend für die Verwaltungsrechtswissenschaft.[190]

Bei der Tagung 2012 (Generalthema: „Repräsentative Demokratie in der Krise?") setzte der 4. Beratungsgegensand – am Beispiel von Großvorhaben – den demokratischen Aspekt in Beziehung zu rechtsstaatlichen Anforderungen an ein Verwaltungsverfahren.[191] Der Erstbericht verbindet eine Defizitanalyse mit Kritik vor allem an mangelnder Offenheit der Verfahrenssituation und an der bürokratischen Verwaltungskultur (S. 502 ff.), hält eine Therapie (aus einem Mix von Ansatzpunkten, unter anderem einer Entpolitisierung bestimmter Abschnitte eines Verwaltungsverfahrens) für schwierig (S. 508 ff.) und sieht die Chance einer Akzeptanzsteigerung mittels direktdemokratischer Verfahrenselemente eher skeptisch (S. 529 ff.). Der Zweitbericht unterscheidet bei der Partizipation zwischen Anlagengenehmigungsverfahren und Planfeststellungsverfahren (S. 548) mit der Konsequenz, dass der Grundrechtsschutz durch Verfahren nicht nur Betroffenen zugeordnet werden könne, sondern vielfach auch Vorhabenträgern zustehe (S. 556 ff.); Beteiligungsrechte Privater seien eher bei der Planfeststellung als bei der Anlagengenehmigung angezeigt, hätten allerdings nur eine unterstützende legitimatorische Bedeutung (S. 561 ff.); Defizite und Probleme der Öffentlichkeitsbeteiligung im Planfest-

188 Geradezu enthusiastisch der Diskussionsbeitrag von *Roman Schnur* (S. 295): „Wer immer den Vorwurf erheben will, daß die Wissenschaft vom öffentlichen Recht nicht willens oder nicht in der Lage sei, aus einem politisch entleerten Normativismus herauszutreten, ist spätestens durch diese Staatsrechtslehrertagung […] widerlegt worden. […] Wir können feststellen, daß wir – 1971 in Regensburg war der Anfang gemacht worden – aus der Defensive gegenüber anderen Wissenschaftsdisziplinen heraustreten konnten, ja, sogar in gewisser Weise zum Gegenangriff angetreten sind."

189 *Helmut Quaritsch* (S. 278): „soziologischer Methoden" und „soziologischer Zielsetzungen" hätten sich die Referenten bedient; *Klaus Stern* (S. 280): Der demokratische, partizipatorische, emanzipatorische Ansatz habe den rechtsstaatlichen Ansatz überrollt; *Willi Blümel* (S. 311): Das Recht auf Verfahrensbeteiligung werde überschätzt.

190 *Ipsen*, Staatsrechtslehrer-Tagungen (Fn. 9), S. 582 f.; *Stolleis*, Geschichte des öffentlichen Rechts IV (Fn. 10), S. 112; *Schaefer*, Umgestaltung des Verwaltungsrechts (Fn. 52), S. 129.

191 *Kay Waechter* und *Thomas Mann*, Großvorhaben als Herausforderung für den demokratischen Rechtsstaat, VVDStRL 72 (2013), S. 499 und S. 544.

stellungsverfahren ließen sich allenfalls in einem „Kaskadenkonzept“ beheben (S. 570 ff.): Öffentlichkeitsbeteiligung bei der Bedarfsprüfung und, nach Maßgabe des Landesrechts, bei der Grobtrassierung (Raumordnungsverfahren), bloße Betroffenenbeteiligung im Erörterungstermin. Die Aussprache (S. 594 ff.) verleiht sowohl der vorfindlichen Dilemmasituation[192] als auch einer gewissen Ratlosigkeit Ausdruck.[193]

c) Ende der Debatte?

Nach vorsichtigem Beginn, nachfolgender Aufbruchstimmung und anschließender Ernüchterung dürften die „großen Linien“ zur bürgerschaftlichen Partizipation an Verwaltungsentscheidungen einstweilen gezogen sein. Das „Partizipationsdilemma“ ist nicht zu leugnen.[194] Wenn es so etwas wie „rechtswissenschaftliche Erschöpfung“ geben sollte, könnte jener Themenbereich ein Beispiel markieren. Das ist insoweit bemerkenswert, als im Gegensatz hierzu die rechtstaatlichen Prägungen des Verwaltungsverfahrens eine erfolgreiche Entwicklung genommen haben (s. o. II. 1. c a. E.). Ungeachtet dieser Diskrepanz wird sich das perpetuum mobile „Partizipation“ in der Praxis weiterdrehen. Heute mag es um Windkraftanlagen gehen,[195] morgen um Flugrouten,[196] übermorgen um das Endlager für Atommüll.[197] Im geltenden Recht liegen die Grundkoordinaten fest: „Nach wie vor geht es beim Verwaltungshandeln um staatliche Verantwortung, die im Rahmen des Rechts wahrzunehmen ist. Innerhalb dessen kann Öffentlichkeitsbeteiligung Entscheidungen beeinflussen. Mehr lässt das Recht nicht zu. Akzeptanz kann eine Folge guten Entscheidens auf der Basis seriöser Öffentlichkeitsbeteiligung sein; sie ist aber kein Ziel des Verwaltungshandelns und darf es auch nicht sein.“[198]

Neue Impulse für eine Belebung der grundsätzlichen Debatte sind kaum zu erwarten. Das schließt sektoral angelegte Neuerungen nicht aus.[199] Beispielsweise ließen sich andernorts gewonnene Erfahrungen mittels Rechtsvergleichung fruchtbar machen. So

---

[192] Eindrücklich am Beispiel der Schweiz der Diskussionsbeitrag von *Arnold Marti* (S. 599): Bei Fragen der Realisierung von Großprojekten sei man „hin- und hergerissen zwischen den Forderungen nach Beschleunigung einerseits und nach Sicherstellung und Förderung der Akzeptanz andererseits“, dann jedoch mit Hinweis auf einen Paradigmenwechsel: Zentralisierung von Verfahren durch den Bund (dadurch Abbau von Verhinderungspotential), Möglichkeit der Volksabstimmung, keine weitere Partizipation.

[193] Vgl. etwa *Christoph Engel* (S. 595): Das Modell von Rechtsstaatlichkeit und Demokratie passe nicht auf Aushandlungsprozesse; *Thomas Groß* (S. 595): Infrastrukturplanung im bisherigen Modus sei wenig erfolgreich.

[194] Näher dazu *Rossen-Stadtfeld*, Partizipation (Fn. 170), § 29 Rn. 53 und Rn. 71.

[195] *Hans Anton Hilgers*, Die frühzeitige Öffentlichkeitsbeteiligung an der Umweltverträglichkeitsprüfung für Windkraftanlagen, NVwZ 2021, S. 436.

[196] *Anne-Sophie Reinhardt/Tina Mutert*, Flugrouten: Mehr Öffentlichkeitsbeteiligung – bessere Entscheidungen, ZUR 2016, S. 84.

[197] *Hans Peter Bull*, Was ist „die Öffentlichkeit“ und welche Befugnisse soll sie haben?, DVBl. 2015, S. 593; *Birgit Peters*, Befriedet Beteiligung den Endlagerstreit? Deutsche und Schweizer Endlagersuche im Vergleich, DÖV 2015, S. 629.

[198] So *Wolfgang Köck*, Die Mitwirkung der Zivilgesellschaft am Verwaltungshandeln – eine Bilanz, ZUR 2016, S. 643 (649).

[199] Vgl. *Ulrich Arndt*, Das Gesetz über die Dialogische Bürgerbeteiligung in Baden-Württemberg – eine Wegmarke für die Bürgerbeteiligung, DVBl. 2021, S. 705.

wird etwa zur Verbesserung der frühen Öffentlichkeitsbeteiligung durch den Vorhabenträger auf Frankreich und Großbritannien verwiesen, die eine obligatorische Einbeziehung der Betroffenen in einem geordneten Verfahren kennen; zur Schweiz wird auf positive Erfahrungen mit Volksabstimmungen sowohl über Grundsatzfragen der Infrastrukturpolitik als auch über Einzelprojekte berichtet (befriedende Wirkung des Mehrheitsentscheids; Parallele in Deutschland: Volksabstimmung über „Stuttgart 21").[200] Ob sich hier Perspektiven für neue Themen zu den Ausstrahlungswirkungen des Demokratieprinzips im Verwaltungsrecht eröffnen, muss an dieser Stelle offen bleiben.

4. *Bundesstaatlichkeit in verwaltungsrechtlicher Perspektive*

a) Befund: Dominanz des Verfassungsrechts

Sowohl die Bundesrepublik Deutschland als auch die Republik Österreich und die Schweizerische Eidgenossenschaft sind föderal organisierte Staatswesen. Die Vereinigung widmet sich den Bundesstaaten vornehmlich unter verfassungsrechtlichen Vorzeichen.[201] Exemplarisch zeigt dies das 1987 behandelte erste Thema.[202] Auch zum zweiten Beratungsgegenstand wurden verwaltungsrechtliche Fragestellungen zur Bundesstaatlichkeit nur gestreift.[203] Das ist insoweit konsequent, als sich die Vernachlässigung des Verwaltungsorganisationsrechts (II. 1. c) – Kernelement bundesstaatlicher Ordnung im Bereich der Exekutive – hier fortsetzt.

Die verwaltungsrechtliche Perspektive der Bundesstaatlichkeit ist substantiell bei der Erörterung der „Mehrebenenverwaltung"[204] angesprochen worden. Der – primär europarechtlich ausgerichtete – Erstbericht hat die Verteilung der Verwaltungskompetenzen im deutschen Bundesstaat behandelt (S. 122 ff.); der Zweitbericht ist tiefer in die Materie eingedrungen und analysiert die Aufgabenverteilung zwischen Bund und Ländern (S. 157 ff.), untersucht die Ebenenkoordinierung (S. 163 ff.) und zeigt neue Ansätze zur demokratischen Legitimation einer Mehrebenenverwaltung auf (S. 169 ff.). Der 2017 un-

---

200 *Thomas Groß*, Die Öffentlichkeitsbeteiligung in der Infrastrukturplanung im Rechtsvergleich, ZUR 2017, S. 55 (61). – Der Volksabstimmung über „Stuttgart 21" war ein Mediationsverfahren vorausgegangen; die Erwartung, mittels Mediation ließen sich generell wesentliche neue Impulse im Verwaltungsverfahren setzen, ist sehr optimistisch; vgl. zum Stand der Diskussion *Schoch*, VwVfG (Fn. 121), Einl. Rn. 678 f.

201 Den „Bundesstaat" als Gegenstand der Beratungen der Vereinigung behandelt in diesem Band *Giovanni Biaggini*, S. 355 ff.

202 *Wolfgang Graf Vitzthum* und *Bernd-Christian Funk* sowie *Gerhard Schmid*, Die Bedeutung gliedstaatlichen Verfassungsrechts in der Gegenwart, VVDStRL 46 (1988), S. 7 und S. 57 sowie S. 92; die sog. Begleitaufsätze haben Ausstrahlungswirkungen des Verfassungsrechts auf das Verwaltungsrecht ebenfalls ausgeblendet; vgl. *Friedhelm Hufen*, BayVBl. 1987, S. 513; *Christian Pestalozza*, NVwZ 1987, S. 744; *Hans-Peter Schneider*, DÖV 1987, S. 749; *Michael Sachs*, DVBl. 1987, S. 859; *Rolf Grawert*, NJW 1987, S. 2329. – Zuvor wurde auch das „verwaltungsrechtsaffine" Thema „Gemeinschaftsaufgaben im Bundesstaat", VVDStRL 31 (1973), mit Referaten von *Jochen Abr. Frowein* (S. 13) und *Ingo v. Münch* (S. 51), unter verfassungsrechtlichen Vorzeichen behandelt.

203 *Bryde*, Einheit der Verwaltung (Fn. 110), S. 185 ff., betont die Notwendigkeit der Koordinierung und verweist auf Amtshilfe und Informationsaustausch.

204 Nachweise dazu oben Fn. 117.

ternommene Diskursvergleich zwischen Verfassungsrecht und Verwaltungsrecht[205] hat Föderalismusfragen unter verfassungsrechtlichen Vorzeichen behandelt (S. 423 ff., 454 f.).

b) Folge: Vernachlässigung des Verwaltungsrechts

Der vorstehend skizzierte Befund ist bemerkenswert. Augenscheinlich haben es die oftmals verwendeten Begriffe „Exkutivföderalismus" und „Vollzugsförderalismus" nicht vermocht, den verwaltungsrechtlichen Dimensionen der Bundesstaatlichkeit die gebührende Aufmerksamkeit zukommen zu lassen. Dabei wirft die Rezeption bundesstaatlich bedingter Einwirkungen im Verwaltungsrecht komplexe Fragestellungen auf und verlangt rechtlich anspruchsvolle Lösungen. Zudem ist die Bedeutung für das Gemeinwesen evident. Das Interesse der Verwaltungsrechtswissenschaft und der Vereinigung an der Erörterung allfälliger Themen sollte geweckt sein. Dauerthemen werden durch aktuelle Herausforderungen ergänzt. Das zeigt bereits ein spezifischer Aspekt: Kooperation der Akteure und Koordination der Aufgabenwahrnehmung im Bundesstaat.[206] Die Effizienzprobleme im Verwaltungsföderalismus sind bekannt.[207] Dennoch gelangt der innerstaatliche Verwaltungsverbund[208] – anders als der europäische Verwaltungsverbund – mit seinen facettenreichen Fragestellungen kaum in den Blick der Verwaltungsrechtswissenschaft und nicht in die Themenliste der Vereinigung. Auch die horizontalen Verwaltungsverbünde unter den Ländern,[209] bundesstaatlich veranlasst durch fehlende Bundeskompetenzen und sichtbar durch Ministerpräsidenten- und Fachministerkonferenzen (mit informeller Beteiligung von Vertretern des Bundes), finden in einem grundsätzlichen Sinne kein gesteigertes wissenschaftliches Interesse; jüngst hat das BVerfG am Beispiel der Ermittlung des Rundfunkbeitrags die Bedeutung eines kooperativen Verfahrens zwischen den Ländern, Verfassungsrecht und Verwaltungsrecht integrierend, in Erinnerung gerufen.[210]

Die Aktualität wissenschaftlich (noch) unzureichend bearbeiteter verwaltungsrechtlicher Fragestellungen zur Koordinierung des Verwaltungshandelns zeigen Herausforderungen der vergangenen drei Jahre. Auch dabei geht es um einen ganzheitlichen, Verfassungsrecht und Verwaltungsrecht verknüpfenden Ansatz, zudem um die Rezeption verwaltungswissenschaftlicher Erkenntnisse und überdies um die Einbeziehung des

---

[205] Nachweise dazu oben Fn. 60.

[206] Akzentuiert von *Janbernd Oebbecke*, Das Bundesstaatsprinzip, in: Pieroth (Hrsg.), Verfassungsrecht und soziale Wirklichkeit in Wechselwirkung, 2000, S. 113 (129 ff.); Thematik „durchdekliniert" am Beispiel des Immissionsschutzrechts von *Helmuth Schulze-Fielitz*, Immissionsschutz und Föderalismus aus Sicht der Wissenschaft, in: Kloepfer (Hrsg.), Umweltföderalismus, 2002, S. 287.

[207] Vgl. etwa die Stärken-Schwächen-Analyse von *Gisela Färber*, Effizienzprobleme des Verwaltungsföderalismus, DÖV 2001, S. 485.

[208] Dazu *Friedrich Schoch*, Der Verwaltungsverbund im deutschen Öffentlichen Recht, in: FS für Martin Morlok, 2019, S. 605.

[209] Dazu *Schoch*, VwVfG (Fn. 121), Einl. Rn. 192 ff.

[210] BVerfGE 158, 389 Rn. 92 ff. = NVwZ 2021, 1283 (m. Anm. *Jörg Berwanger*); dazu *Matthias Cornils/ Nina Dietrich*, Der intraföderale Konsenszwang im Beitragsfestsetzungsverfahren für den öffentlich-rechtlichen Rundfunk, ZUM 2021, S. 629; *Wieland Bosmann*, Verantwortungsgemeinschaft aller Länder für die Finanzierung des öffentlich-rechtlichen Rundfunks, K&R 2021, S. 636; *Friedrich Schmitt*, Rundfunkfinanzierung in „föderaler Verantwortungsgemeinschaft", NVwZ 2021, S. 1435.

privaten Sektors in die Aufgabenwahrnehmung. Die Corona-Pandemie hat nach der Einschätzung von Beobachtern Schwächen des kooperativen Föderalismus offengelegt und Fragen zur – systemimmanenten – Nachsteuerung aufgeworfen.[211] Die schweren Überschwemmungen im Süden Nordrhein-Westfalens und im Norden von Rheinland-Pfalz im Sommer 2021 haben zu öffentlichen Debatten geführt, die die Grundfesten der Organisation des Katastrophenschutzes in Deutschland angreifen und elementare Fragen zu Kompetenzen, Koordinierung und Kooperation (auch mit dem privaten Sektor) in den Vordergrund rücken.[212]

Mit diesen Hinweisen mag es sein Bewenden haben. Die skizzierten Sachbereiche verlangen fachspezifische Antworten; in einem grundsätzlichen Sinne spiegeln sie bundesstaatlich begründete verwaltungsrechtliche Strukturfragen wider. Zur 100jährigen Geschichte der Vereinigung gehört auch die Beobachtung, dass politisch und gesellschaftlich relevante Probleme des Bundesstaates unter verwaltungsrechtlichen Vorzeichen kaum behandelt werden.[213]

5. Umweltstaat als Herausforderung für das Verwaltungsrecht

Der 1994 in das Grundgesetz eingegliederte Art. 20a rechtfertigt es, den „Umweltstaat"[214] im vorliegenden Zusammenhang anzusprechen. Angesichts der begrenzten normativen Steuerungskraft des Art. 20a GG[215] handelt es sich beim Umweltrecht weniger um „kon-

---

[211] *Christoph Möllers*, War die Drohung ernst gemeint?, FAZ Nr. 78 vom 3.4.2021, S. 13: „willkommene Verantwortungsdiffusion" im Bund-Länder-Verhältnis, „Problemlösungskapazität der Exekutiven [...] ist verpufft"; *Janbernd Oebbecke*, Vom Verschwinden der Verantwortlichkeit (nicht erst) in der Pandemie, NVwZ-Editorial Heft 15/2021: „Die Pandemie deckt schonungslos die Schwächen des deutschen Verbundföderalismus und unserer komplizierten Regeln für das Verhältnis zwischen Staat und Selbstverwaltung auf.", indessen als „Demokratieproblem" deutend. – Kein (großes) Föderalismusproblem dagegen erkennend *Nathalie Behnke*, Föderalismus in der (Corona-)Krise, in: APuZ 35–37/2020, S. 9 (12 ff.); *Michael Kloepfer*, Verfassungsschwächung durch Pandemiebekämpfung?, VerwArch 112 (2021), S. 169 (197 ff.); *Horst Dreier*, Rechtsstaat, Föderalismus und Demokratie in der Corona-Pandemie, DÖV 2021, S. 229 (237 ff.). – Krisensymptome aufzeigend und auf Lerneffekte setzend *Christian Waldhoff*, Der Bundesstaat in der Pandemie, NJW 2021, S. 2772.

[212] Vgl. den Bericht in FAZ Nr. 171 vom 27.7.2021, S. 1; ferner *Hans-Günter Henneke*, Wider eine katastrophale Verantwortungsverwässerung, FAZ Nr. 233 vom 7.10.2021, S. 7; *Gerrit Hornung/Jan-Philipp Stroscher*, Datenschutz in der Katastrophe, GSZ 2021, S. 149 (zu Kompetenzen des Bundes) und S. 185 (zum fragmentierten Landesrecht); *Sven Eisenmenger*, Die Neuordnung des Bevölkerungsschutzes aus rechtswissenschaftlicher Perspektive, NVwZ 2021, S. 1415.

[213] Die Sondertagung der Vereinigung am 9.4.2021 (Online-Veranstaltung) hat sich mit der Corona-Pandemie befasst („Staat und Gesellschaft in der Pandemie"), bundesstaatliche Aspekte in verwaltungsrechtlicher Perspektive sind nur punktuell zur Sprache gekommen; *Stephan Rixen*, Verwaltungsrecht der vulnerablen Gesellschaft, VVDStRL 80 (2021), S. 37 (56), bemerkt in Bezug auf eine „pandemietaugliche Verwaltungsorganisation", die föderale Struktur der Aufgabenerledigung habe die effektive Pandemieregulierung erschwert, eine Stärkung zentralstaatlicher Befugnisse dränge sich auf, was allerdings Gesetzes- und Verfassungsänderungen voraussetze.

[214] Zur Begriffsbildung *Hasso Hofmann*, „Umweltstaat": Bewahrung der natürlichen Lebensgrundlagen und Schutz vor den Gefahren und Risiken von Wissenschaft und Technik in staatlicher Verantwortung, in: FS 50 Jahre BVerfG, Band 2, 2001, S. 873 (875).

[215] BVerfGE 157, 30 Rn. 205 erklärt, „Art. 20a GG ist eine justiziable Rechtsnorm.", lasse „der Gesetzgebung allerdings erheblichen Gestaltungsspielraum" (Rn. 207).

kretisiertes Verfassungsrecht" als vielmehr – auf Grund zunehmender unionsrechtlicher (und auch völkerrechtlicher) Vorgaben[216] – um „konkretisiertes Unionsrecht".[217] Das belegt auch die Rechtsprechungspraxis.[218] Damit ist bereits der Übergang zum nächsten Abschnitt dieser Darstellung angesprochen.

In der Sache ist an den zweiten Beratungsgegenstand der Tagung 1979 zu erinnern.[219] Der Erstbericht, völkerrechtlich und verfassungsrechtlich angelegt, betont die staatliche Pflicht zum Umweltschutz (kraft Völkerrechts, S. 172 ff., sowie – vor Schaffung des Art. 20a GG – auf Grund staatlicher Schutzpflichten, S. 177 ff.) und sieht dabei primär den Gesetzgeber gefordert (S. 189 ff.), dem die wesentlichen Entscheidungen zur Gefahrenabwehr und zur Risikovorsorge oblägen (S. 203 ff.). Im Zweitbericht findet sich zunächst eine gründliche Bestandsaufnahme (S. 214 ff.), in der eine besorgniserregende Entwicklung zum Verbrauch von Umweltgütern diagnostiziert wird; im Zentrum des Berichts steht die „Planung"[220] als Teil der Staatsaufgabe Umweltschutz durch Vorsorge mit – im damaligen Kontext – wegweisenden Impulsen (S. 252 ff.): Abkehr von sektoralen Sichtweisen und Hinwendung zu einer ökologischen Gesamtsicht, Einbeziehung der Raumordnung sowie der Stadtentwicklung und der Fachplanung, Behebung von Informationsdefiziten durch einen vieldimensional organisierten Austausch von Umweltdaten zur Entwicklung strukturierter Verwaltungsverfahren im Dienste der Informationsgewinnung und Informationsverarbeitung, Stärkung von Kooperationen mit dem privaten Sektor, im Ergebnis Schaffung einer auf Ganzheitlichkeit ausgerichteten Planungsdogmatik. Dieses Referat, das in der Aussprache (S. 331 ff.) große Zustimmung fand, sollte sich mit seinem Kernanliegen im März 2021 durch die Entscheidung des BVerfG zum Klimaschutzgesetz bestätigt sehen.[221]

Im Fortgang der Tagungen hat sich die Vereinigung mit dem Umweltrecht – trotz seiner rasanten Entwicklung seit den 1970er Jahren[222] – als einem eigenständigen Thema

---

[216] *Klaus Meßerschmidt*, Europäisches Umweltrecht, 2011, § 4 Rn. 1 ff.; *Martin Eifert*, Umweltschutzrecht, in: Schoch (Hrsg.), Besonderes Verwaltungsrecht, 2018, Kap. 5 Rn. 13 ff.; *Michael Kloepfer*, Allgemeine Grundlagen des Umweltrechts, in: Ehlers/Fehling/Pünder, Besonderes Verwaltungsrecht, Bd. 2, 4. Aufl. 2020, § 44 Rn. 61 ff.

[217] So *Wolfgang Durner*, Umweltverfassungsrecht, in: Herdegen u. a. (Hrsg.), Handbuch des Verfassungsrechts, 2021, § 26 Rn. 88.

[218] Vgl. dazu die Rechtsprechungsanalyse von *Ekkehard Hofmann*, Ausgewählte Probleme des Allgemeinen Umweltrechts, Die Verwaltung 50 (2017), S. 247.

[219] *Dietrich Rauschning* und *Werner Hoppe*, Staatsaufgabe Umweltschutz, VVDStRL 38 (1980), S. 167 und S. 211, mit Länderberichten von *Karl Wenger* (S. 318) zu Österreich und *Luzius Wildhaber* (S. 325) zu der Schweiz.

[220] Die Tagung 1959 hatte andere Schwerpunkte („Plan" im System des Verwaltungshandelns, Bodenordnung); vgl. *Max Imboden* und *Klaus Obermayer*, Der Plan als verwaltungsrechtliches Institut, VVDStRL 18 (1960), S. 113 und S. 144.

[221] BVerfGE 157, 30 Rn. 182 ff.: Gebot intertemporaler Freiheitssicherung (d. h. Verteilung von Freiheitschancen über Generationen) angesichts unumkehrbar angelegter rechtlicher Gefährdung künftiger Freiheit durch den fortschreitenden Klimawandel. – Im Anschluss daran unter verwaltungsrechtlichen Vorzeichen *Martin Burgi*, Klimaverwaltungsrecht angesichts von BVerfG-Klimabeschluss und European Green Deal, NVwZ 2021, S. 1401.

[222] Dazu *Wahl*, Das Öffentliche Recht (Fn. 1), S. 55 ff.

nur sporadisch befasst[223] (vgl. auch unten IV. 2. c). Zukunftsweisende Entwicklungen der Umweltrechtswissenschaft sind außerhalb der Vereinigung vollzogen worden; das gilt etwa für die Arbeiten an einem Umweltgesetzbuch.[224] Die (gesellschafts)politische Bedeutung von Umweltschutz und Umweltrecht bedarf keiner Begründung. Einst fungierte das Umweltrecht als wichtiges Referenzgebiet für die Fortentwicklung des Allgemeinen Verwaltungsrechts.[225] Bleibt das Umweltrecht weiter im Schatten des allgemeinen Erkenntnisinteresses der Verwaltungsrechtswissenschaft, droht es – unter Abkoppelung vom allgemeinen Diskurs im Verwaltungsrecht – zum Spezialgebiet mit fachwissenschaftlicher Ausrichtung zu werden.

III. Europäisierung und Internationalisierung des Verwaltungsrechts

1. Ausgangsbefund: externe Faktoren als Impulsgeber

In der Verwaltungsrechtswissenschaft werden seit Beginn der 1990er Jahre zwei Entgrenzungsphänomene beobachtet: die Europäisierung (als Entgrenzung der nationalstaatlichen zur supranationalen Rechtsordnung) und die Privatisierung (als Verbindung hoheitlichen und privatautonomen Handelns in Verbundstrukturen).[226] Diesen sich parallel vollziehenden „Megatrends" wird ein gemeinsamer Fluchtpunkt zugeschrieben: ein sich wandelndes „Staatsbild" angelsächsischer Provenienz, „das das herkömmliche kontinentaleuropäische und deutsche Staatsverständnis allenthalben zu modifizieren im Begriffe ist".[227] Die Europäisierung der innerstaatlichen Rechtsordnung, die wirkmächtiger als die Internationalisierung ist, wird als „Fundamentalvorgang" qualifiziert, weil nicht nur einzelne Rechtsgebiete (z. B. des Besonderen Verwaltungsrechts) erfasst werden, sondern die gesamte Rechtsordnung betroffen ist (einschließlich der Methodik zur Auslegung und Anwendung des Rechts).[228]

In Bezug auf das E(W)G/EU-Recht sind die „Machtverhältnisse" frühzeitig geklärt worden. Mit der Entscheidung „Costa/ENEL" hat der EuGH den Anwendungsvorrang des (seinerzeitigen) Gemeinschaftsrechts erfunden und dekretiert,[229] nachdem kurze Zeit zuvor durch die Entscheidung „van Gend & Loos" die unmittelbare Anwendbarkeit des primären Gemeinschaftsrechts im innerstaatlichen Rechtskreis bestimmt worden

---

223 *Claudio Franzius*, Prävention durch Verwaltungsrecht: Klimaschutz, VVDStRL 81 (2022), S. 383 [unter dem Generalthema „Machtverschiebungen"].

224 Nachgezeichnet von *Michael Kloepfer*, Das Umweltgesetzbuch auf dem Weg, Die Verwaltung 41 (2008), S. 195.

225 *Eberhard Schmidt-Aßmann*, Das allgemeine Verwaltungsrecht als Ordnungsidee, 2. Aufl. 2004, S. 113 ff.

226 *Schaefer*, Umgestaltung des Verwaltungsrechts (Fn. 52), S. 212 ff. (Europäisierung) und S. 305 ff. (Privatisierung, nebst Regulierung und regulierter Selbstregulierung).

227 So *Schulze-Fielitz*, Mikrokosmos (Fn. 10), S. 425.

228 *Wahl*, Das Öffentliche Recht (Fn. 1), S. 95 f.

229 EuGH, NJW 1964, 2371; erläuternd (unter Einbeziehung der weiteren EuGH-Rechtsprechung) *Ulrich Everling*, Zum Vorrang des EG-Rechts vor nationalem Recht, DVBl. 1985, S. 1201.

war.[230] Die Herausforderungen für Wissenschaft und Praxis lagen in den 1960er Jahren auf der Hand.

2. *Europäisierung: Suprematie der Supranationalität*

Mit seinen Hierarchisierungsstrategien hat der EuGH einen Prozess in Gang gesetzt, der die Durchsetzung europäischen Rechts (auch gegen kollidierendes nationales Recht) sicherstellt.[231] Gleichwohl ist das damals im Entstehen befindliche Gemeinschaftsverwaltungsrecht erst gegen Ende der 1980er Jahre mit der ihm gebührenden Aufmerksamkeit wissenschaftlich durchdrungen worden.[232]

a) Die „verspätete" Verwaltungsrechtswissenschaft

Mit Kritik an der in den 1980er Jahren registrierten „Introvertiertheit" der deutschen Staatsrechtswissenschaft ist konstatiert worden, dass die kaum noch zu übersehende Europäisierung „nur widerwillig" wahrgenommen worden sei.[233] An diesem Befund ändert auch die Beobachtung, dass das Thema „Europäisierung" im Öffentlichen Recht früher aufgegriffen worden ist als im Zivilrecht und im Strafrecht,[234] kaum etwas. In den 1990er Jahren war der Bann gebrochen.[235] Kritik kam allerdings an der wissenschaftlichen Qualität der Verarbeitung des Europäisierungsprozesses auf.[236] Unabhängig davon ist die Aufforderung, „dass wir uns zunehmend als Europäische Verwaltungsrechtswissenschaft verstehen müssen",[237] nicht obsolet geworden, wie jüngere Debatten zeigen.[238]

---

[230] EuGH, NJW 1963, 974; erläuternd (unter Einbeziehung der weiteren EuGH-Rechtsprechung) *Carl Otto Lenz*, Entwicklung und unmittelbare Geltung des Gemeinschaftsrechts, DVBl. 1990, S. 903.

[231] *Bumke*, Methodik (Fn. 45), S. 112f.; *Cancik*, Verwaltung (Fn. 170), § 14 Rn. 61. – *Peter Häberle*, Diskussionsbeitrag, VVDStRL 66 (2007), S. 84f., stellt die bestehende Hierarchie in Abrede.

[232] Die Pionierarbeit leistete *Jürgen Schwarze*, Europäisches Verwaltungsrecht, Bd. I und II 1988; einbändige (einleitend stark erweiterte) 2. Aufl. 2005. – Die Entwicklungsgeschichte ist nachgezeichnet von *Frank Schorkopf*, Europäisierung der deutschen Verwaltungsrechtswissenschaft, in: Kahl/Ludwigs (Hrsg.), Handbuch des Verwaltungsrechts, Band II, 2021, § 31 Rn. 10ff., 21ff., 38ff.

[233] *Christoph Schönberger*, Der „German Approach", 2015, S. 43.

[234] *Cancik*, Verwaltung (Fn. 170), § 14 Rn. 61.

[235] Vgl. etwa *Dirk Ehlers*, Die Einwirkungen des Rechts der Europäischen Gemeinschaften auf das Verwaltungsrecht, DVBl. 1991, S. 605; *Eckart Klein*, Vereinheitlichung des Verwaltungsrechts im europäischen Integrationsprozeß, in: Starck (Hrsg.), Rechtsvereinheitlichung durch Gesetze, 1992, S. 117; *Christoph Engel*, Die Einwirkungen des Europäischen Gemeinschaftsrechts auf das deutsche Verwaltungsrecht, Die Verwaltung 25 (1992), S. 437; *Eberhard Schmidt-Aßmann*, Zur Europäisierung des allgemeinen Verwaltungsrechts, in: FS für Peter Lerche, 1993, S. 513.

[236] Vgl. etwa *Georg Ress*, Diskussionsbeitrag, VVDStRL 53 (1994), S. 265: unkritische Haltung gegenüber der EuGH-Rechtsprechung, die erstaunlicherweise „trotz manchem Zähneknirschen bisher fast klaglos […] akzeptiert worden ist"; *Gärditz*, Rezension (Fn. 50), S. 647, bekundet, die Europarechtswissenschaft sei „weitgehend sprachlos".

[237] So *Eberhard Schmidt-Aßmann*, Diskussionsbeitrag, VVDStRL 64 (2005), S. 285.

[238] *Bernhard W. Wegener*, Nein, nein, nein!? – Kein Funktionswandel der Verwaltungsgerichtsbarkeit unter dem Einfluss des Unionsrechts?, JZ 2016, S. 829: Kritik am DJT-Gutachten 2016 von *Klaus Ferdinand Gärditz*, der hartnäckig Europäisierungseffekte verneine („weitgehende Konservierung des deutschen Verwaltungsrechtsschutzes").

Mit Blick auf die Praxis war und ist die wissenschaftliche Durchdringung der Europäisierung des Verwaltungsrechts dringend angezeigt. Die Rechtsprechung (vor allem das BVerwG) sträubt sich immer wieder gegen die korrekte Umsetzung europarechtlicher Vorgaben;[239] deutlich wird dies z. B. bei der Judikatur zum Fehlerfolgenregime im Verwaltungsverfahrensrecht.[240] Unverändert ist auch zu beobachten, dass unionsrechtliche Einwirkungen auf das Verwaltungsrecht seitens der Judikatur komplett ausgeblendet werden.[241] Die These, die Europäisierung des Verwaltungsrechts sei „weitgehend verarbeitet",[242] trifft für die Praxis nur bedingt zu.

b) Reaktion der Vereinigung

Die vorstehende knappe Skizze zu Hintergrund und Kontext der Thematik mag Verständnis dafür wecken, dass die Vereinigung die „Europäisierung" nicht zeitlich früher aufgegriffen hat[243] als die „verspätete" Verwaltungsrechtswissenschaft. Den Anfang markiert die 1993 veranstaltete Tagung.[244] Der Erstbericht betont, dass eine umfassende Europäisierung der Verwaltungsrechtsordnung bevorstehe (S. 155 ff.), in deren Rahmen der Vorrang des Gemeinschaftsrechts zu den inzwischen gesicherten Standards gehöre (S. 159 ff.); zur Kollisionsvermeidung unterbreitet der Bericht konkrete Strategien (z. B. gemeinschaftsrechtskonforme Auslegung nationalen Rechts, Rezeption allgemeiner Grundsätze wie z. B. Vertrauensschutz und Verhältnismäßigkeit in europarechtlicher Prägung, Kooperation der Exekutiven der Gemeinschaft und der Mitgliedstaaten), bei verschärften Konfliktlagen (S. 184 ff.) gehe es um die Anpassung des innerstaatlichen Rechtsverständnisses an das supranationale Recht (z. B. bei der Rücknahme von Verwaltungsakten, der Anerkennung subjektiver Rechte, beim vorläufigen Rechtsschutz). Der Zweitbericht stellt in einer Bestandsaufnahme (S. 207 ff.) die (damals bevorstehende) komplette europarechtliche Überformung des nationalen Rechts (materielles Verwaltungsrecht, Verwaltungsorganisation, Verwaltungshandeln, Verwaltungsverfahren, Haftung, Rechtsschutz) dar und präsentiert (S. 217 ff.) Mechanismen zur Bewältigung der Herausforderung (Auslegung, Rechtsvereinheitlichung und Rechtsangleichung, Kooperation); als Kernproblem wird die Finalstruktur des Gemeinschaftsrechts identifiziert (S. 222 ff.), wodurch Kompetenzprobleme aufträten und eine rechtsstaatlich abgesicherte Fortentwicklung des Verwaltungsrechts fraglich sei, zumal der EuGH über den „effet utile" wirkmächtig in die institutionelle und verfahrensmäßige Autonomie der Mitgliedstaaten eindringe (S. 227 ff.); ein Allgemeines Verwaltungsrecht als „Ordnungs-

239 *Schulze-Fielitz*, Mikrokosmos (Fn. 10), S. 422, mit Hinweis darauf, dass beim Thema „Europäisierung des Verwaltungsrechts" die übliche Dominanz des BVerwG gegenüber der Wissenschaft fehle.

240 Vgl. Darstellung und Kritik bei *Schoch*, VwVfG (Fn. 121), Einl. Rn. 443 ff.

241 Vgl. VGH BW NVwZ 2021, 1391 m. krit. Anm. *Frank Petersen* (zur Abgrenzung zwischen Abfallrecht und Wasserrecht bei der Entsorgung von Klärschlamm).

242 So *Matthias Ruffert*, Verwaltungsrechtswissenschaft und Verwaltungsrechtspraxis (Fn. 40), S. 104.

243 Immerhin gab es frühzeitig Hinweise auf die Bedeutung der „Europäisierung"; vgl. etwa *Bachof*, Dogmatik (Fn. 146), S. 236; ferner *Rüdiger Breuer*, Diskussionsbeitrag VVDStRL 48 (1990), S. 280.

244 *Manfred Zuleeg* und *Hans-Werner Rengeling*, Deutsches und europäisches Verwaltungsrecht – Wechselseitige Einwirkungen, VVDStRL 53 (1994), S. 154 und S. 202; dazu sog. Begleitaufsatz von *Eberhard Schmidt-Aßmann*, DVBl. 1993, S. 924.

idee und System" werde es im Gemeinschaftsverwaltungsrecht nicht geben (S. 234). Die Aussprache (S. 240 ff.) spiegelt – ungeachtet der prinzipiell nicht in Frage stehenden „Europäisierung des Verwaltungsrechts" – die Spannungslage wider: Schwierigkeiten der Umsetzung[245] versus Innovation des nationalen Verwaltungsrechts.[246]

In der Folgezeit hat die Vereinigung die Thematik erst mit Verzögerung wieder aufgegriffen, zudem sektoral ausgerichtet bzw. in einer spezifischen Perspektive angelegt. Bereichsspezifische Themenbehandlungen erfolgten 2001 mit dem Drittbericht zum „Primär- und Sekundärrechtsschutz im Öffentlichen Recht",[247] ferner 2004 mit dem Zweitbericht über „Verwaltungsrechtliche Instrumente des Sozialstaates"[248] und 2011 im Rahmen der „Rechtsetzungen der europäischen und nationalen Verwaltungen"[249]. Bei der Tagung 2002 war der Begriff „Europäisierung" zwar Teil des Themas beim 4. Beratungsgegenstand,[250] die Referenten stellten jedoch die „Europäisierung" vornehmlich in den Dienst der „Ökonomisierung"; in wettbewerbsrechtlicher Perspektive wurde z. B. herausgearbeitet, dass und warum öffentlich-rechtliches Handeln von Selbstverwaltungsträgern unionsrechtlich als unternehmerisches Handeln zu qualifizierten ist. Ein spezifisches europarechtliches Erkenntnisinteresse wurde 2006 mit den Berichten zu „Verantwortung und Effizienz in der Mehrebenenverwaltung"[251] verfolgt. Das gilt auch für die Rechtsprechungskonkurrenz zwischen nationalen und europäischen Gerichten[252] und für die „Rechtsanwendungsgleichheit in Mehrebenensystemen"[253]. Zur Entwicklung des Verwaltungsrechts vor dem Hintergrund der „Neuen Verwaltungsrechtswissenschaft" haben die Berichterstatter auch auf die europarechtliche Dimension der Thematik aufmerksam gemacht.[254] Indessen hat sich die Vereinigung – ungeachtet einer fortschreitenden und andauernden Verdichtung des Unionsverwaltungsrechts – nicht veranlasst gesehen, die Europäisierung des Verwaltungsrechts als „Fundamentalvorgang" in einem umfassenden und grundsätzlichen Sinne erneut zum Beratungsgegenstand zu machen.

---

245 Exemplarisch *Rüdiger Breuer*, VVDStRL 53 (1994), S. 247: Entwertung der Verwaltungsvorschrift, „Übergriffigkeit" des EuGH, objektive Rechtskontrolle versus subjektiver Rechtsschutz, ungeklärtes Verhältnis zwischen Verfahrensrecht und materiellem Recht, Rezeptionsprobleme punktuell geprägter und final programmierter EG-Richtlinien.

246 Stellvertretend *Dieter H. Scheuing* (S. 255): UVP-Richtlinie, Umweltinformationsrichtlinie, EMAS-Privilegierungs-Verordnung.

247 Vgl. Nachweis oben Fn. 103.

248 Vgl. Nachweis oben Fn. 157.

249 *Ulrich Stelkens* und *Veith Mehde*, VVDStRL 71 (2012), S. 369 und S. 418.

250 *Janbernd Oebbecke* und *Martin Burgi*, Selbstverwaltung angesichts von Europäisierung und Ökonomisierung, VVDStRL 62 (2003), S. 366 und S. 405.

251 *Pache* und *Groß*, Mehrebenenverwaltung (Fn. 117).

252 *Stefan Oeter* und *Franz Merli*, Rechtsprechungskonkurrenz zwischen nationalen Verfassungsgerichten, Europäischem Gerichtshof und Europäischem Gerichtshof für Menschenrechte, VVDStRL 66 (2007), S. 361 und S. 392.

253 *Wolfram Cremer* und *Benjamin Schindler*, VVDStRL 78 (2019), S. 117 und S. 167.

254 *Appel* und *Eifert*, Verwaltungsrecht (Fn. 53), S. 274 ff. und S. 322; zustimmend zur Einbeziehung der europäischen Perspektive *Ingolf Pernice*, Diskussionsbeitrag, VVDStRL 67 (2008), S. 341.

c) Europäisierung innerstaatlichen Rechts als Routinevorgang

Die vorstehende Feststellung muss nicht als Defizitanalyse gewertet werden. Spätestens seit den 2000er Jahren war der Europäisierungsprozess nicht nur unübersehbar geworden, sondern er mutierte zur Alltagsroutine der Verwaltungsrechtswissenschaft bei der Durchdringung einschlägiger Themen.[255] Dabei rückte die Impulsgebung des supranationalen Rechts für das innerstaatliche Recht zunehmend in den Mittelpunkt des Erkenntnisinteresses.[256]

Folgerichtig bedurfte es in der Vereinigung bei der Themenformulierung keiner ausdrücklichen Hervorhebung europarechtlicher Bezüge mehr; es war schlicht „state of the art" geworden, diese Dimension eines Themas in die Erörterung einzubeziehen. Die Beispiele hierzu sind so zahlreich, dass an dieser Stelle (vgl. ferner IV.) einige Hinweise zur Illustration genügen müssen. So konnte schon in den 1990er Jahren eine „Informationsordnung" nicht (mehr) ohne das europäische Recht dargestellt werden.[257] Dasselbe gilt für die „Transparenz der Verwaltung"[258] und für die Behandlung der „Sprache" als Gegenstand des Rechts.[259] Und dass der Eigenwert des Verwaltungsverfahrens nur unter Berücksichtigung europäischen Rechts erfasst werden kann,[260] ist (mittlerweile) eine Selbstverständlichkeit. Diese (und weitere) Beispiele zeigen, dass die notwendige Sensibilisierung zur Europäisierung des Verwaltungsrechts unterdessen zum Selbstverständnis der Vereinigung gehört.

3. Internationalisierung: Öffnung des nationalen Verwaltungsrechts

Die Internationalisierung des Verwaltungsrechts[261] – obschon kein neues Phänomen[262] – ist von der Vereinigung vergleichsweise spät thematisiert worden. Die Tagung 2005 hat

---

255 Vgl. etwa *Eberhard Schmidt-Aßmann*, Allgemeines Verwaltungsrecht in europäischer Perspektive, ZÖR 55 (2000), S. 159; *Friedrich Schoch*, Europäisierung des Allgemeinen Verwaltungsrechts und des Verwaltungsprozessrechts, NordÖR 2002, S. 1; *ders.*, Zur Europäisierung des Verwaltungsrechts, JURIDICA INTERNATIONAL 21/2014, S. 102.

256 *Friedrich Schoch*, Impulse des Europäischen Gemeinschaftsrechts für die Fortentwicklung der innerstaatlichen Rechtsordnung, VBlBW 2003, S. 297; *Franz C. Mayer*, Die Europäisierung des Verwaltungsrechts, in: FS für Ulrich Battis, 2014, S. 47; den aktuellen Stand zusammenfassend *Markus Ludwigs*, Europäisierung des Verwaltungsrechts, in: Kahl/Ludwigs (Hrsg.), Handbuch des Verwaltungsrechts, Band I, 2021, § 8 Rn. 17 ff., 24 ff.

257 *Schoch*, Informationsordnung (Fn. 17), S. 182 ff.

258 *Gröschner*, Transparente Verwaltung (Fn. 115), S. 348 ff.

259 *Rainer J. Schweizer* und *Wolfgang Kahl*, Sprache als Kultur- und Rechtsgut, VVDStRL 65 (2006), S. 346 (366 ff.) und S. 386 (439 ff.).

260 *Fehling*, Eigenwert des Verfahrens (Fn. 124), S. 322 ff.

261 Überblick dazu bei *Schoch*, VwVfG (Fn. 121), Einl. Rn. 570 ff. (zum Recht des Europarates, Rn. 571 ff.; zum materiellen Verwaltungsrecht, Rn. 604 ff.; zum Verwaltungshandeln, Rn. 615 ff.); zu einzelnen Referenzgebieten *Reiner Schmidt*, Internationalisierung des Verwaltungsrechts, in: Kahl/Ludwigs (Hrsg.), Handbuch des Verwaltungsrechts, Band I, 2021, § 9 Rn. 23 ff. (Umweltrecht), Rn. 32 ff. (Kulturrecht), Rn. 38 ff. (WTO-Recht), Rn. 46 ff. (Finanzmarktregulierung), Rn. 51 ff. (grenzüberschreitende Zusammenarbeit).

262 *Cancik*, Verwaltung (Fn. 170), § 14 Rn. 65, weist darauf hin, dass die Internationalisierung des Verwaltungsrechts seit dem 19. Jahrhundert zunehmend relevant geworden ist.

dies am Beispiel des Hochschulwesens unternommen.[263] Beide Berichte haben den sog. Bologna-Prozess in das Zentrum der Darstellung gerückt (S. 260ff. und S. 306ff.), also kein „hartes" Völkerrecht; dadurch und wegen des bereichsspezifischen Zuschnitts der Thematik konnten nur sektoral relevante Erkenntnisse gewonnen werden.

Bei der Tagung 2007 war der vierte Beratungsgegenstand dem Thema der Internationalisierung gewidmet.[264] Der Erstbericht legt nach einer Bestandsaufnahme die „vertikale" Internationalisierung der Verwaltung dar (S. 369ff.) und verdeutlicht, dass ein zunehmend grenzüberschreitendes Verwaltungshandeln (z. B. im Finanzwesen, beim Umweltschutz, im Fernmeldewesen, im Bildungssektor, im Warenhandel, bei der Sicherheitsgewährleistung) ein „Internationales Verwaltungsrecht" verlangt; die Exekutivlastigkeit internationaler Kooperation wird als verfassungskonform akzeptiert (S. 375ff.); die „horizontale" Internationalisierung (S. 392ff.) wird auf vertraute Muster zurückgeführt (Rezeption ausländischer Sachverhalte und Rechtslagen, Behördenkooperation, grenzüberschreitende Verwaltungsaktivitäten); begrenztes Entwicklungspotential wird der Rechtswissenschaft zuerkannt, wenn sie ihr Forschungsinteresse über traditionelle Bereiche (Steuerrecht, Polizeirecht) hinaus auf andere Rechtsgebiete erstrecke (S. 405ff.). Der Zweitbericht legt (mit einer hilfreichen leichten Akzentuierung aus schweizerischer Sicht) dar, dass das Völkerrecht vermehrt verwaltungsrechtliche Züge aufweise (S. 414ff.), ein Ordnungsrahmen jedoch fehle und nur schwer zu bewerkstelligen sein werde (S. 421ff.); Ansätze zur Entwicklung eines Internationalen Verwaltungsrechts könnten sich (unter Vermeidung vorschneller Analogien) aus der Auswertung bundesstaatlicher Strukturen ergeben (S. 427ff.), wobei ein „völkerrechtlicher Vollzugsföderalismus" (S. 428) von der „Kategorie des Vertrauens" getragen sein müsse (S. 430); strukturelle Defizite in der völkerrechtlichen Praxis bedürften der Kompensation, etwa durch verfahrensrechtliche Vorgaben und eine Instrumentalisierung des nationalen Rechtsschutzsystems sowie mittels Errichtung einer informellen „kollektiven Aufsicht" (S. 433ff.); für die Schaffung eines Internationalen Verwaltungsrechts sie die Zeit noch nicht reif, angesagt sei die Entwicklung jener Rechtsfiguren und Strukturen, „welche die dezentrale Verwirklichung von völkerrechtlichen Regeln mit verwaltungsrechtlichem Einschlag organisieren" (S. 439).

Zu erwähnen ist schließlich die Tagung 2016 (Generalthema: „Grenzüberschreitungen"). Zum Thema der Migrationssteuerung zeigen die Referate die Verknüpfung des innerstaatlichen Verwaltungsrechts mit dem Völkerrecht auf,[265] was in Bezug auf den rechtlichen Status von Migranten vor allem im Ausländer- und Asylrecht seinen Niederschlag finde.[266] Mit dem 2016 ebenfalls behandelten Begriff der „Entterritorialisierung" können unterschiedliche verwaltungsrechtliche Bezüge hergestellt werden. Zum Wirt-

263 *Reinhard Hendler* und *Ute Mager*, Die Universität im Zeichen von Ökonomisierung und Internationalisierung, VVDStRL 65 (2006), S. 238 und S. 274.

264 *Claus Dieter Classen* und *Giovanni Biaggini*, Die Entwicklung eines Internationalen Verwaltungsrechts als Aufgabe der Rechtswissenschaft, VVDStRL 65 (2008), S. 365 und S. 413.

265 *Stephan Breitenmoser* und *Kerstin Odendahl*, Migrationssteuerung im Mehrebenensystem, VVDStRL 76 (2017), S. 9 und S. 49.

266 *Markus Krajewski* und *Daniel Thym*, Status als Instrument des Migrationsrechts/Migrationsfolgenrechts, VVDStRL 76 (2017), S. 123 (137ff.) und S. 169 (208ff. zu Integration und Einwanderung).

schaftsrecht wird – neben der Kooperation mittels völkerrechtlicher Verträge – vor allem die Bedeutung des Anerkennungsprinzips herausgestellt.[267] Im Kommunikationsrecht[268] ist – zumal bei einem drohenden Kontrollverlust des Rechts – die Lage prekär; der Bericht legt dar, dass und warum die Internationalisierung unabweisbar ist und (spärliches) universelles Völkerrecht (z.B. zum Geistigen Eigentum) durch regionales Völkerrecht (z.B. bei Cybercrime-Abkommen) ergänzt werden muss (S. 406ff.); mit Blick auf bestehende Rechtsverfolgungsschwierigkeiten verweist der Bericht – wenn auch mit einer gewissen Reserve – auf die Bedeutung zivilrechtlicher Rechtsgestaltung (z.B. bei der Internetregulierung, S. 413ff. und S. 427ff.), beobachtet andererseits jedoch eine gewisse „Reterritorialisierung" (unter Einschluss der EU als solcher), was dem Umstand geschuldet sei, dass Rechtsschutz und Haftung (S. 416ff.) wirksam nur über staatliche Instanzen erreicht werden könnten (Beispiel: EU-Datenschutzrecht).

Die Internationalisierung des Verwaltungsrechts ist, wie die Beispiele zeigen, der Aufmerksamkeit der Vereinigung nicht entgangen. Geleistet wird in immer mehr Sachbereichen eine Öffnung des nationalen Verwaltungsrechts gegenüber dem Völkerrecht. Diese Entwicklung kann – wie die „Europäisierung" – als Innovation beschrieben werden.[269]

IV. Verwaltungsrechtsdogmatik als Zukunftswissenschaft

In den 1990er Jahren hat nicht nur die „Europäisierung des Verwaltungsrechts" ihre durchschlagende Wirkung entfaltet, parallel dazu wurde das Thema „Privatisierung", ergänzt um „Deregulierung" und „Beschleunigung" von Verfahren, zu einem vorherrschenden Thema.[270] In diesem Zusammenhang gewann auch das informale Verwaltungshandeln an Bedeutung, das Leitbild vom „kooperierenden Staat" drängte ebenfalls in den Vordergrund.[271] „Staatsentlastung" schien das Gebot der Stunde zu sein. Verfassungsrechtlich kreuzen sich Rechtsstaat und Sozialstaat sowie grundrechtliche und demokratierechtliche Anforderungen; hinzu treten Einwirkungen des Europarechts. Diese mit einer signifikanten Steigerung von Komplexität verbundene Entwicklung bedingt den eingangs (I. 3.) angesprochenen veränderten Zugriff auf die Materie; die Zukunftstauglichkeit der Verwaltungsrechtsdogmatik steht zur Debatte. Der kooperierende und koordinierende Staat sah sich bald veranlasst, die Einbeziehung Privater in die Erfüllung von Verwaltungsaufgaben durch den Einsatz neuer Elemente des Verwaltungshandelns (in Ergänzung zu überkommenen Rechtsinstituten) zu stabilisieren. Eine weitere Etappe der rechtlichen Verarbeitung gewandelter Verwaltungsaufgaben wird durch den Vorsorgegedanken zum Ausdruck gebracht; der Wandel hin zum Präventionsstaat zeichnete sich ab. Vor diesem Hintergrund lässt sich die verwaltungsrechtliche

[267] *Arno Kahl*, Enterritorialisierung im Wirtschaftsrecht, VVDStRL 76 (2017), S. 343 (362ff.).

[268] *Matthias Cornils*, Entterritorialisierung im Kommunikationsrecht, VVDStRL 76 (2017), S. 391.

[269] *Nicola Wiesinger*, Innovation im Verwaltungsrecht durch Internationalisierung, 2013, S. 15ff.

[270] *Wahl*, Das Öffentliche Recht (Fn. 1), S. 76ff.; *Bumke*, Methodik (Fn. 46), S. 120f.; *Cancik*, Verwaltung (Fn. 170), § 14 Rn. 66. – Vgl. bereits oben III. 1.

[271] *Kaiser*, Kommunikation der Verwaltung (Fn. 46), S. 218ff.

Verarbeitung der Entwicklung seitens der Vereinigung idealtypisch in drei Abschnitte (Entwicklungsstufen) untergliedern.

1. Öffnung der Verwaltungsrechtsdogmatik: Einbeziehung des privaten Sektors

a) Skizze zum Kontext

In einem Bericht über die Tagungen 1972 bis 1981 wird im „Ausblick" die Frage aufgeworfen, „ob allein der Staat die Verantwortung für Definition und Erreichung von Gemeinwohlzielen beanspruchen darf oder sie mit der Gesellschaft zu teilen hat?".[272] In der Aussprache zum Thema „Staatszwecke im Verfassungsstaat" war bei der Tagung 1989 auf die „Überfülle von Staatsaufgaben" („overload") aufmerksam gemacht und angemahnt worden, dass man „über eine veränderte Arbeitsteilung zwischen Staat und Gesellschaft [...] nachdenken müßte".[273] Ergänzend wurde betont, Staatszwecke ließen sich „nur von den Bedürfnissen der Gesellschaft her definieren".[274]

Damit war ein Grundton angeschlagen, der Gehör finden sollte. Von nun an stand eine weitere Etappe zur Modernisierung des Verwaltungsrechts in Aussicht: War unter dem Einfluss der Sozialstaatlichkeit – nach der vorherigen Dominanz eines rechtsstaatlich geprägten Verwaltungsrechts – die Perspektivenerweiterung um den Aufgabenbezug der Verwaltung angesagt (II. 2. a), so zeichnete sich jetzt ein neues Denken unter Einbeziehung gesellschaftlicher Rationalitäten ab. Nach Einschätzung eines externen Beobachters war das traditionelle „Denken vom Staat her [...] an ein Ende gekommen".[275] Dass damit nicht etwa eine „Staatsrechtslehre ohne Staat" ausgerufen werden kann, wird die verfassungsrechtlich vorgeprägte staatliche Gewährleistungsverantwortung zeigen (IV. 2.).

b) Zeitgerechte Reaktion der Vereinigung

Bereits bei der Tagung 1970 – also geraume Zeit vor den Privatisierungsdebatten der 1990er Jahre – ist die wachsende Verflechtung von Staat und Gesellschaft thematisiert worden.[276] Der Erstbericht entfaltet eine prägende Typologie zur Erfüllung von Verwaltungsaufgaben (Verwaltungsprivatrecht, Übertragung von Verwaltungsaufgaben auf Private, Statuierung von Bürgerpflichten, Handeln Privater unter staatlicher Aufsicht, staatliche Stimulierung privaten Handelns, Kooperation zwischen Staat und Privaten),[277] die zugleich am Realbereich erprobt wird (S. 145 ff.); wichtig für damalige Verhältnisse ist

---

[272] *Ipsen*, Staatsrechtslehrer-Tagungen (Fn. 9), S. 592.

[273] *Gunnar Folke Schuppert*, Diskussionsbeitrag, VVDStRL 48 (1990), S. 131 f.

[274] *Dieter Grimm*, Diskussionsbeitrag, VVDStRL 48 (1990), S. 135.

[275] *Günther*, Denken vom Staat her (Fn. 47), S. 321.

[276] *Fritz Ossenbühl* und *Hans-Ulrich Gallwas*, Die Erfüllung von Verwaltungsaufgaben durch Private, VVDStRL 29 (1971), S. 137 und S. 211; ferner Kurzberichte von *Hans Huber* (S. 237) zur Schweiz und *Karl Wenger* (S. 242) zu Österreich.

[277] *Schaefer*, Umgestaltung des Verwaltungsrechts (Fn. 52), S. 127, meint, jene Privatisierungsterminologie habe noch 30 Jahre später allgemeine Anerkennung gefunden; zutreffend ist das nicht, vgl. *Achim Seidel*, Privater Sachverstand und staatliche Garantenstellung im Verwaltungsrecht, 2000, S. 17 ff.

die Einsicht, dass die Einbeziehung Privater in die Erfüllung von Verwaltungsaufgaben nur wenigen verfassungsrechtlichen Grenzen unterworfen ist (Art. 33 Abs. 4 und Art. 83 ff. GG, Rechtsstaat, ggf. Grundrechtsschutz, S. 159 ff.). Kein Referat in der Geschichte der Vereinigung ist von der Rechtsprechung so stark beachtet worden wie dieses.[278] Der Zweitbericht arbeitet den Steuerungsverlust des Staates und den Machtzuwachs Privater heraus, wenn Private öffentliche Aufgaben erfüllen (S. 216 ff.); daraus ergebe sich eine „Garantenstellung des Gemeinwesens" (S. 221 ff.), einsetzbar als Denkfigur bei jedweder Erfüllung von Verwaltungsaufgaben durch Private (S. 232). In der Aussprache wurde überwiegend Zustimmung artikuliert.[279]

1994 war die Tagung zum verwaltungsrechtlichen Thema der „Privatisierung" gewidmet.[280] Der zum deutschen Recht vorgestellte Zweitbericht präsentiert die Privatisierung als Instrument effektiver Wahrnehmung von Verwaltungsaufgaben (S. 215 ff.) und beschreibt die wesentlichen Grundtypen (Organisationsprivatisierung, funktionale Privatisierung, Aufgabenprivatisierung); Privatisierungsentscheidungen sollten sich – verdeutlicht mit Beispielen zur Energieversorgung, Abfallentsorgung, Infrastrukturplanung – an der sachgerechten Aufgabenerledigung orientieren, wobei beträchtliche Entscheidungsspielräume bestünden (S. 222 ff.). Auch der Drittbericht skizziert die idealtypischen Grundformen der Privatisierung, ergänzt um diverse Modifizierungen (S. 251 ff.), skizziert das Procedere eines Privatisierungsvorgangs (S. 254 f.) und stellt – unter Einbeziehung des Europarechts und des Verfassungsrechts – rechtliche Impulse für eine Privatisierungsentscheidung vor (S. 259 ff.); hingewiesen wird auf die fortbestehende Verwaltungsverantwortung, soweit ein vollständiger Rückzug des Staates nicht stattfinde (S. 277 ff.). Der Drittbericht ist seitens der Rechtsprechung vielfach rezipiert worden.[281] In der Aussprache (S. 301 ff.) wurde die Sachbezogenheit der Referate („ideo-

---

[278] Vgl. etwa BVerfGE 130, 76 (112) [2012]: Geltung des Funktionsvorbehalts gem. Art. 33 Abs. 4 GG bei Einschaltung Privater in den Maßregelvollzug; BVerwG, VerwRspr. 1977, 214 und NVwZ 1985, 48 sowie BGH, NJW 1992, 2570: Voraussetzungen einer „Beleihung"; BVerwG, NVwZ-RR 1991, 330 und BGH, NJW 1998, 1874: Einbeziehung privatrechtlicher Organisationen zur Erfüllung öffentlicher Aufgaben; BVerwG, NVwZ 1988, 1027: Staatsaufsicht bei „Beleihung"; OVG NRW, NJW 1980, 1406: Gesetzesvorbehalt bei der Übertragung von Verwaltungsaufgaben auf Private; NdsOVG, NVwZ-RR 1993, 393: Notwendigkeit exekutiver Eingriffs- und Kontrollbefugnisse bei Erledigung von Verwaltungsaufgaben durch Private; NdsOVG, NZV 1995, 294: Grundrechtsbindung von „Verwaltungshelfern"; OVG NRW, NVwZ 1997, 806: Notwendigkeit demokratischer Legitimation und Kontrolle von mit Verwaltungsaufgaben betrauten Privaten.

[279] Vgl. etwa *Ulrich Scheuner* (S. 248); indes weitere Differenzierungen anmahnend *Winfried Brohm* (S. 253).

[280] *Johannes Hengstschläger* und *Lerke Osterloh* sowie *Hartmut Bauer* und *Tobias Jaag*, Privatisierung von Verwaltungsaufgaben, VVDStRL 54 (1995), S. 165 und S. 204 sowie S. 243 und S. 287; ferner sog. Begleitaufsatz von *Friedrich Schoch*, DVBl. 1994, S. 962.

[281] Vgl. etwa BVerfGE 130, 76 (123 f.) [2012]: staatliche Gewährleistungsverantwortung für ordnungsgemäße Aufgabenerfüllung in Gestalt einer Beobachtungspflicht des Parlaments; SächsVerfGH, BeckRS 2009, 46031: Möglichkeit staatlicher Einflussnahme auf Private zwecks Absicherung demokratischer Legitimation; SächsOVG, SächsVBl. 2005, 14: Gebot effektiver Überwachung der Tätigkeit Privater bei der öffentlichen Wasserversorgung; ähnlich zur Abwasserentsorgung SächsOVG, BeckRS 2011, 55015 und ThürOVG, BeckRS 2012, 53625; VG Gießen, BeckRS 2014, 52117: fortbestehende Verwaltungsverantwortung nach Aufgabenübertragung auf kommunale Eigengesellschaft; VG München, BeckRS 2014, 100149: Zulässigkeit unselbstständiger Verfahrenshilfe ohne gesetzliche Ermächtigung.

logiefrei") hervorgehoben, betont wurde auch die Anschlussfähigkeit an die Politikwissenschaft und die Wirtschaftswissenschaft.[282]

Bei der Tagung 1996 ist der gesellschaftliche Kontext des kooperierenden Staates (noch) stärker in den Vordergrund gestellt worden.[283] Im Erstbericht findet sich mit Blick auf die zunehmend arbeitsteilige Erfüllung öffentlicher Aufgaben durch Verwaltung und Private bereits der Hinweis auf die staatliche Gewährleistungsverantwortung (S. 170 ff.); die Kontextsteuerung (S. 185 ff.) wird mit Beispielen aus dem Umweltrecht veranschaulicht (Öko-Audit, Zielvorgaben im Abfallrecht), der Verzicht auf administrative Präventivkontrollen (S. 194 ff.) wird in Bezug auf Steuerungseffekte untersucht, die Bedeutung privater Normgebung wird am Beispiel des Produktsicherheitsrechts aufgezeigt (S. 202 ff.), am Ende wird eine Steuerungstypologie auf einer gleitenden Skala vom klassisch-imperativen Zwang bis hin zu rein gesellschaftlichem Handeln entwickelt (S. 221 ff.). Der – auch – sozialwissenschaftlich angelegte Zweitbericht betont die fortbestehende Unterscheidung zwischen Staat und Gesellschaft in den Kooperationsbeziehungen und beschreibt den Transformationsprozess von der staatlichen Erfüllungsverantwortung hin zur Gewährleistungsverantwortung (S. 241 ff.); für den Grundrechtsschutz werden im Falle gesellschaftlicher Selbstregulierung Freiheitsgefährdungen diagnostiziert (S. 252 ff.); das Demokratieprinzip verlange die Sicherstellung demokratischer Kontrolle der Aufgabenwahrnehmung, der Rechtsstaat gebiete die Herstellung von Transparenz (S. 263 ff.); die Sicherung verfassungsrechtlicher Vorgaben (S. 268 ff.) wird dem Verwaltungsrecht auferlegt (via Beleihung, Verwaltungshilfe, vertragliche Ausgestaltung übertragener Pflichten). Die Aussprache (S. 283 ff.) war durch breite Zustimmung zu den Referaten gekennzeichnet.[284]

2. Stabilisierung der Verwaltungsrechtsdogmatik: Konturierung des Gewährleistungsstaates

a) Staatliche Gewährleistungsverantwortung als Post-Privatisierungsrecht

Privatisierung und Deregulierung (nebst Selbstregulierung) sollten sich alsbald nicht als das „Ende der Geschichte" darstellen. Es reifte die Einsicht, dass im Interesse der Gewährleistung der Verwaltungszwecke der „kooperierende Staat" um den „koordinierenden Staat" ergänzt werden muss. Zu entwickeln war ein Post-Privatisierungsrecht, das im Zusammenwirken von öffentlichem und privatem Sektor die staatliche Garantenstellung[285] „ausbuchstabierte".[286] Eine weitere Modernisierung der Verwaltungsrechtsdog-

---

[282] Vgl. – stellvertretend – die Diskussionsbeiträge von *Martin Bullinger* (S. 301) und *Gunnar Folke Schuppert* (S. 308).

[283] *Matthias Schmidt-Preuß* und *Udo Di Fabio*, Verwaltung und Verwaltungsrecht zwischen gesellschaftlicher Selbstregulierung und staatlicher Steuerung, VVDStRL 56 (1997), S. 160 und S. 235. – Vgl. nun auch *Matthias Schmidt-Preuß*, Verwaltung zwischen Selbstregulierung, staatlicher Steuerung und Governance, in: Kahl/Ludwigs (Hrsg.), Handbuch des Verwaltungsrechts, Band I, 2021, § 26 Rn. 4 ff.

[284] Vgl. etwa Diskussionsbeiträge von *Wolfgang Hoffmann-Riem* (S. 292): wissenschaftliche Aufarbeitung erreicht die Realität; *Eberhard Schmidt-Aßmann* (S. 294): wirklichkeitswissenschaftliche Öffnung des Verwaltungsrechts; *Winfried Brohm* (S. 298): Verarbeitung umwälzender Neuerungen.

[285] *Gallwas*, Erfüllung von Verwaltungsaufgaben durch Private (Fn. 276), S. 229 ff.

[286] *Rainer Wahl*, Diskussionsbeitrag, VVDStRL 62 (2003), S. 338: Privatisierungsvorgänge veranlas-

matik war angesagt.[287] Es ging um nicht weniger als um eine „verwaltungsrechtliche Verfasstheit" der Kooperation zwischen öffentlicher Hand und Privaten in stabilen Strukturen und mit verlässlichen Verantwortungsübernahmen in den Kooperationsbeziehungen.

Zum Schlüsselbegriff avancierte der Terminus „Verantwortungsteilung".[288] Er soll(te) die Klammer zwischen Marktmechanismen und staatlicher Regulierung[289] bilden und hielt bald auch Einzug in den Sprachgebrauch der Vereinigung.[290] Bei näherer Betrachtung erweist sich die Begrifflichkeit jedoch als missverständlich. Zwischen Staat und Privatsektor gibt es keine „eine" Verantwortung, die „geteilt" werden könnte. Privatrechtssubjekte nehmen als solche keine Verwaltungsaufgaben wahr, sondern machen von ihren grundrechtlich geschützten Freiheiten Gebrauch.[291] Ob die Verfolgung individueller Eigeninteressen auch gemeinnützigen Anliegen dient, ist im Rechtssinne – zunächst – keine relevante Kategorie, sondern „Zufall".[292] Angezeigt ist in den Kooperationsbeziehungen sonach im Rahmen der Rechtsordnung die sachrichtige Verantwortungs„ver"-teilung unter Beibehaltung der Eigenrationalitäten von Öffentlichem Recht und Privatrecht.

b) Impulsgebung durch die Vereinigung

Bei der Tagung 2002 wurde das „Gewährleistungsverwaltungsrecht" (durch den Zweitberichterstatter) auf den Begriff gebracht. Die beiden Referate[293] nehmen unterschiedliche Akzentuierungen vor. Während der Erstberichterstatter die Beteiligung Privater an der Wahrnehmung öffentlicher Aufgaben als „erklärungsbedürftige Anomalie" beschreibt (S. 222), sieht der Zweitberichterstatter darin „in freiheitlichen Ordnungen eine

---

sen ein Post-Privatisierungsrecht; *Schaefer*, Umgestaltung des Verwaltungsrechts (Fn. 52), S. 331: Privatisierung veranlasst Regulierung. – Nachzeichnung von Entwicklungslinien bei *Josef Ruthig*, Gewährleistungs- und Regulierungsverwaltung, in: Kahl/Ludwigs (Hrsg.), Handbuch des Verwaltungsrechts, Band I, 2021, § 22 Rn. 14 ff.

287 *Bumke*, Methodik (Fn. 46), S. 121, spricht sogar von einem „Paradigmenwechsel".

288 Vgl. die Beiträge in dem Sammelband von Schuppert (Hrsg.), Jenseits von Privatisierung und „schlankem" Staat, 1999, zu einzelnen Rechtsgebieten: Umweltrecht/Immissionsschutzrecht (*Silke Ruth Laskowski* S. 93), Sicherheitsrecht (*Christoph Gusy* S. 115 und *Rainer Pitschas* S. 135), Justizdienstleistungen (*Wolfgang Hoffmann-Riem* S. 159), Abfallrecht (*Matthias Schmidt-Preuß* S. 195), Informationsrecht (*Friedrich Schoch* S. 221).

289 Als eigenständige Materie („Recht der Netzwirtschaften") behandelnd *Schaefer*, Umgestaltung des Verwaltungsrechts (Fn. 52), S. 317 ff.

290 Vgl. etwa *Gunnar Folke Schuppert*, Diskussionsbeitrag, VVDStRL 56 (1997), S. 297 (unter Hinweis auf den Beitrag von *Hans-Heinrich Trute*, Die Verwaltung und das Verwaltungsrecht zwischen gesellschaftlicher Selbstregulierung und staatlicher Steuerung, DVBl. 1996, S. 950); *Schoch*, Informationsordnung (Fn. 17), S. 163; *Scherzberg*, Risikosteuerung (Fn. 31), S. 251; ferner z.B. *Bumke*, Methodik (Fn. 46), S. 122; *Kingreen/Rixen*, Sozialrecht (Fn. 163), S. 746.

291 *Hans Peter Bull*, Diskussionsbeitrag, VVDStRL 62 (2003), S. 350.

292 *Johannes Masing*, Der Rechtsstatus des Einzelnen im Verwaltungsrecht, in: Hoffmann-Riem/Schmidt-Aßmann/Voßkuhle (Hrsg.), Grundlagen des Verwaltungsrechts, Bd. I, 2. Aufl. 2012, § 7 Rn. 141: „Handeln in Freiheit" dürfe „nicht durch eine Überstülpung von Verantwortlichkeitspostulaten publifiziert werden".

293 *Markus Heintzen* und *Andreas Voßkuhle*, Beteiligung Privater an der Wahrnehmung öffentlicher Aufgaben und staatliche Steuerung, VVDStRL 62 (2003), S. 220 und S. 266.

Alltäglichkeit" (S. 268). Wo das erste Referat im Gefolge der Unterscheidung von Staat und Gesellschaft die Unterteilung der Rechtsordnung in Öffentliches Recht und Privatrecht hervorhebt (S. 235 ff.), analysiert das zweite Referat auf derselben staatstheoretischen Grundlage die arbeitsteilige Gemeinwohlverwirklichung (S. 270 ff.). Indem der Erstbericht Modi der Beteiligung Privater an der Aufgabenwahrnehmung untersucht (S. 243 ff. kritisch zur Organisationsbeteiligung, S. 251 ff. positiv zur Verfahrensbeteiligung, S. 254 ff. differenzierend zur Aufgabenbeteiligung in Gestalt der Verwaltungshilfe), wird eine rein verwaltungsrechtliche Sichtweise eingenommen; der Zweitbericht bevorzugt zunächst eine europarechtliche und verfassungsrechtliche Perspektive (S. 286 ff.), attestiert sodann tradierten dogmatischen Rechtsinstituten (Beleihung, Verwaltungshilfe, Indienstnahme Privater, Verwaltungsvertrag) ihre unveränderte Leistungsfähigkeit (S. 299 ff.), um anschließend deren Grenzen für eine zielführende Steuerung bei der Realisierung der Verwaltungszwecke aufzuzeigen und die Grundlage für ein Gewährleistungsverwaltungsrecht als „dritte Säule" neben dem klassischen Ordnungsrecht und der Leistungsverwaltung zu legen (S. 304 ff.). Die Systemlinien des Gewährleistungsverwaltungsrechts beruhen auf der Beibehaltung der jeweiligen Eigenrationalität von Staat und Gesellschaft in den arbeitsteiligen Arrangements (S. 307); Credo ist die produktive Verkoppelung privaten und öffentlichen Wissens, das Regulierungskonzept empfängt wesentliche Impulse über Kontextsteuerung und Prozeduralisierung sowie einem Ergänzungsverhältnis von Öffentlichem Recht und Zivilrecht (S. 308 ff.), die „Großbausteine einer Dogmatik des Gewährleistungsverwaltungsrechts" (S. 310 ff.) vereinen vertraute Dogmen mit neuen Elementen (Auswahl privater Akteure, Schutz der Rechte Dritter, Lenkung und Kontrolle, Evaluation und Lernen, Ergebnissicherung, effektive staatliche Rückholoptionen). Die Grundüberlegung für ein Gewährleistungsverwaltungsrecht traf in der Aussprache (S. 336 ff.) überwiegend auf Zustimmung, zumal die Kontinuität der Themenbehandlung (zurückreichend bis 1970) deutlich wurde,[294] Zweifel wurden gegenüber der Leistungsfähigkeit des Rechtsregimes geäußert.[295] Die Rechtsprechung hat insbesondere den Zweitbericht mehrfach rezipiert.[296]

Bei der Tagung 2009 wurde – ausgehend von der auch gemeinwohlstiftenden Kraft des Marktes – die administrative Regulierung des Marktgeschehens als Teil der staatlichen Gewährleistungsverantwortung untersucht.[297] Der Erstbericht stellt feingliedrig den europarechtlichen Rahmen mit dem Ergebnis dar, dass sich der Staat bei Dienstleistungen

---

[294] Vgl. – stellvertretend – die Diskussionsbeiträge von *Hans-Ullrich Gallwas* (S. 336) und *Matthias Schmidt-Preuß* (S. 344).

[295] Das betrifft insbesondere Kontextsteuerung, Ergebnissicherung und Rückholoptionen; vgl. etwa die Diskussionsbeiträge von *Christoph Engel* (S. 342), *Hans Heinrich Rupp* (S. 355) und *Jörn Axel Kämmerer* (S. 360).

[296] BAG, NZA-RR 2012, 455: Sonderfall einer Beleihung nach dem LuftSiG zwecks Nutzung privater Ressourcen; OLG Naumburg, NZG 2004, 775: Bedenken gegenüber der Einschaltung privater Gesellschaften in die Wahrnehmung hoheitlicher Aufgaben beim Hochwasserschutz durch Vertrag; SächsOVG, SächsVBl 2005, 14: Möglichkeiten zur Einbeziehung Privater in die öffentliche Wasserversorgung (Verwaltungshilfe via Mandat oder Konzession etc.); ähnlich zur Abwasserentsorgung SächsOVG, BeckRS 2011, 55015.

[297] *Michael Potacs* und *Jens Kersten*, Herstellung von Wettbewerb als Verwaltungsaufgabe, VVDStRL 69 (2010), S. 254 und S. 288.

von allgemeinem wirtschaftlichem Interesse (z. B. Strom-, Gas-, Verkehrs-, Telekommunikations-, Postversorgung) auf eine Gewährleistungsverantwortung zurückziehen kann (S. 261 ff.); zur Herstellung von Wettbewerb wird eine Typologie von Modellen vorgestellt: Konkurrenzmodell, d. h. Wettbewerb zwischen öffentlichen und privaten Anbietern (etwa im Krankenhauswesen, bei der Arbeitsvermittlung, bei Schulen), Universaldienstmodell (z. B. im Telekommunikationsrecht), kontingentierte Zulassung von Leistungserbringern (z. B. bei der Frequenzvergabe, bei Krankenhäusern und Spielbanken), Handel mit knappen Rechten (z. B. Treibhausgaszertifikate); die strukturellen Begleiterscheinungen werden teilweise kritisch gesehen (Defizite demokratischer Legitimation unabhängiger Stellen, Regelungsmacht durch Regulierungsermessen, Ausdünnung des Rechtsschutzes, hoher Regulierungsaufwand der Verwaltung). Der Zweitbericht konzentriert sich auf die Verflechtung von Markt und Staat in bestimmten Bereichen (Vergaberecht, Regulierungsrecht, Zertifikatehandel etc.) und stellt – angeleitet durch das Europarecht – drei Konzepte zur Herstellung von Wettbewerb vor (S. 290 ff.): optimierter Wettbewerb durch Gewährleistung unverfälschten Wettbewerbs als ergebnisoffenes Entdeckungsverfahren (Wettbewerbs- und Kartellrecht), instrumenteller Wettbewerb im Sinne einer staatlichen Veranstaltung von Wettbewerb (Auftragsvergabe, Ämterausschreibung, Versteigerungen), regulierter Wettbewerb zur Förderung des Gemeinwohls (Telekommunikation, Bahn, Post, Energie) als Reaktion auf Privatisierung und Liberalisierung; das Allgemeine Verwaltungsrecht werde durch eine Erweiterung administrativer Handlungsformen bereichert (S. 333 f.). In der Aussprache folgten der breiten grundsätzlichen Zustimmung zum Grundduktus der Referate[298] kritische Anmerkungen zur (fragilen) demokratischen Legitimation unabhängiger Regulierungsbehörden.[299]

Drittes Beispiel ist die Tagung 2010, die sich unter anderem mit dem Verbraucherschutz befasste.[300] Die Referate verweisen auf die Einwirkungen des Unionsrechts (S. 376 f. bzw. S. 414 ff., 425 f.) und arbeiten das Zusammenwirken von Öffentlichem Recht und Privatrecht für einen wirksamen Verbraucherschutz heraus (S. 372 ff. bzw. S. 419 ff.). Der Erstbericht stellt (am Beispiel der Netzwirtschaften) die komplexe Gestaltungsaufgabe aus einem Mix von modernem Verbraucherschutzrecht und sozialstaatlicher Daseinsvorsorge vor (S. 377 ff.) und sieht in der Regulierung des Verbraucherschutzes eine typische Aufgabe des Gewährleistungsstaates (S. 387 ff.). Der Zweitbericht beschreibt die Machtkonzentration bei der Exekutive (S. 405 ff.) unter Einschluss europäischer Regulierungsbehördennetzwerke (S. 416 ff.) und formuliert den Schutzauftrag des Rechts (S. 423 ff.), arbeitet dabei indes mit Ambivalenzen (z. B. grundrechtlicher Schutz „durch oder vor Regulierung?“, S. 426); am Ende dominieren Bedenken und Kritik: rechtsstaatliche Bestimmtheitsanforderungen würden durch Regulierung verfehlt (S. 430 ff.), eine demokratisch unzureichend legitimierte Regulierungsverwaltung agiere

[298] Vgl. – stellvertretend – die Diskussionsbeiträge von *Gunnar Folke Schuppert* (S. 343) und *Martin Nettesheim* (S. 346).

[299] *Thomas Groß* (S. 356) und *Veith Mehde* (S. 357).

[300] *Johannes Hellermann* und *Wolfgang Durner*, Schutz der Verbraucher durch Regulierungsrecht, VVDStRL 70 (2011), S. 366 und S. 398. – Dazu *Schulze-Fielitz*, Schutzauftrag des Rechts (Fn. 124), S. 443 ff.

(S. 436 ff.) mit einem – außerhalb der Netzwirtschaften – überzogenen und damit unverhältnismäßigen Verbraucherschutz (S. 440 ff.). In der Aussprache war vor allem der Zweitbericht Kritik ausgesetzt, vornehmlich wegen der einseitigen verfassungsrechtlichen Sichtweise auf das Verbraucherschutzrecht[301] und der Ausblendung des Realbereichs.[302]

c) Neujustierung des Verhältnisses von Öffentlichem Recht und Privatrecht

In dem Konzept der staatlichen Gewährleistungsverwaltung wird die dem geltenden Recht zu Grunde liegende Unterscheidung von Öffentlichem Recht und Privatrecht keineswegs negiert, sie wird allerdings nicht im Sinne einer kategorialen Zweiteilung gehandhabt, sondern mittels eines funktionalen Zugriffs auf die Teil-Rechtsordnungen in ein Ergänzungsverhältnis überführt: Das Modell der „wechselseitigen Auffangordnungen"[303] wird, wie die Tagung 2019 verdeutlicht,[304] rezipiert (Erstbericht S. 19 ff.), schon weil der Bedeutungszuwachs von Querschnittsmaterien, wie das Beispiel „Verbraucherschutz" zeigt, keine andere Wahl lässt (Zweitbericht S. 48 ff., 61 ff., 89 ff.). Dabei entsteht nicht etwa als „gemeinsames Recht" eine dritte Kategorie,[305] Öffentliches Recht und Privatrecht beschreiben unverändert verschiedenartige Perspektiven für Politik und Wirtschaft,[306] werden allerdings in ihrem Ergänzungsverhältnis als „unterschiedliche Perspektiven auf dieselben sozialen Vorgänge" gedeutet.[307]

Ebenfalls bei der Tagung 2019 sind die Verschränkungen zwischen Öffentlichem Recht und Privatrecht thematisiert worden.[308] Der Erstbericht erkennt in der „Verschränkungsoffenheit der Gesamtrechtsordnung […] keine besonders begründungs- und rechtfertigungsbedürftige Anomalie, sondern verwaltungsrechtliche Normalität" (S. 132) und verdeutlicht den Befund anhand des Steuerrechts (S. 135 ff.). Der Zweitbericht untersucht Verschränkungen im Umweltrecht (z. B. Rezeption privater Standards durch das Verwaltungsrecht, komplementäre Verbundlösungen von Verwaltungsrecht und Privatrecht, Einflüsse des Verwaltungsrechts im Deliktsrecht und im Nachbarrecht,

---

301 Vgl. – stellvertretend – die Diskussionsbeiträge von *Christoph Schönberger* (S. 456), *Robert Uerpmann-Wittzack* (S. 457), *Hubertus Gersdorf* (S. 458) und *Claus-Dieter Classen* (S. 459).

302 *Friedrich Schoch* (S. 450), *Thomas Groß* (S. 455), auch *Christoph Schönberger* (S. 457).

303 Vgl. dazu den Sammelband von Hoffmann-Riem/Schmidt-Aßmann (Hrsg.), Öffentliches Recht und Privatrecht als wechselseitige Auffangordnungen, 1996; ferner *Ferdinand Wollenschläger*, Verwaltungsrecht und Privatrecht, in: Kahl/Ludwigs (Hrsg.), Handbuch des Verwaltungsrechts, Band I, 2021, § 15 Rn. 46 ff.

304 *Alexander Somek* und *Julian Krüper*, Kategoriale Unterscheidung von Öffentlichem Recht und Privatrecht?, VVDStRL 79 (2020), S. 7 und S. 43.

305 *Dirk Ehlers*, Diskussionsbeitrag, S. 105.

306 *Joachim Lege*, Diskussionsbeitrag, S. 107.

307 So *Christoph Engel*, Diskussionsbeitrag, S. 105. – *Hartmut Bauer*, Diskussionsbeitrag, S. 109, erinnert an Gemeinwohlzwecke in Teilen des Privatrechts (Arbeitsrecht, Mietrecht, Verbraucherschutzrecht).

308 *Klaus-Dieter Drüen* und *Sabine Schlacke*, Verschränkungen öffentlich-rechtlicher und privatrechtlicher Regime im Verwaltungsrecht, VVDStRL 79 (2020), S. 127 und S. 169. – Bei der Themenformulierung 1990 herrschte noch „lineares Denken" vor, *Meinhard Schröder* und *Hans D. Jarass*, Verwaltungsrecht als Vorgabe für Zivil- und Strafrecht, VVDStRL 50 (1991), S. 196 und S. 238.

S. 175 ff.) und legt dar, dass Verfassungsrecht und Unionsrecht Verbundlösungen nicht entgegenstehen (S. 189 ff.); das Potential zur Erhöhung der Leistungsfähigkeit des Umweltrechts durch Verschränkungen zwischen Umweltverwaltungsrecht und Privatrecht sei bei Weitem noch nicht ausgeschöpft (S. 209 f.). Die Aussprache verdeutlichte, dass die Konzentration der Referate auf das Steuerrecht und das Umweltrecht bereichsspezifisch jeweils erhellend gewesen ist, jedoch die Gewinnung allgemeiner Erkenntnisse kaum gefördert hat.[309] – In diesem Zusammenhang kann an den Zweitbericht der Tagung 1992 erinnert werden, der ein Verständnis zum „Verwaltungsvertrag“ entwickelt hat, der sowohl den öffentlich-rechtlichen Vertrag als auch den privatrechtlichen Vertrag umfasst und damit Grundlage einer rechtsgebietsübergreifenden Vertragstypologie geworden ist.[310]

3. Fortentwicklung der Verwaltungsrechtsdogmatik: Verwaltungsrecht im Präventionsstaat

a) Verwaltungshandeln unter Ungewissheitsbedingungen

Spätestens in den 1980er Jahren avancierte der Terminus „Risiko“ zu einem Schlüsselbegriff des Verwaltungsrechts.[311] Verwaltungsentscheidungen unter Ungewissheitsbedingungen wurden ubiquitär. Galt die Aufmerksamkeit zunächst dem Umwelt- und Technikrecht,[312] erweiterte sich das Spektrum rasch um weitere Materien (z. B. Arzneimittelrecht,[313] Lebensmittelrecht,[314] Gentechnikrecht,[315] Medizinrecht[316]). Allenthalben ging es um die rechtliche Bewältigung komplexer Problemlagen, die sich dynamisch entwickeln, Risiken mit beträchtlichem Schadenspotential in sich bergen (können), lineare Kausalverläufe nicht kennen und zu nicht vorhersehbaren, zum Teil auch irreversiblen

---

[309] Pointiert *Ralf P. Schenke*, Diskussionsbeitrag (S. 225), der nach einer „allgemeinen Theorie der Verschränkungen“ fragt.

[310] *Walter Krebs*, Verträge und Absprachen zwischen der Verwaltung und Privaten, VVDStRL 52 (1993), S. 248 (256 ff., 277 ff.): Verträge bei erwerbswirtschaftlicher Betätigung, Beschaffungs- und Privatisierungsverträge, Kooperationsverträge, Hoheitsakte ergänzende Verträge, Hoheitsakte ersetzende Verträge.

[311] *Wahl*, Das Öffentliche Recht (Fn. 1), S. 70; vgl. auch den Tagungsband zur 50. Assistententagung Öffentliches Recht: Scharrer u. a. (Hrsg.), Risiko im Recht – Recht im Risiko, 2011.

[312] *Helmuth Schulze-Fielitz*, Technik und Umweltrecht, in: Schulte (Hrsg.), Handbuch des Technikrechts, 2003, S. 443; *Dietrich Murswiek*, Schadensvermeidung – Risikobewältigung – Ressourcenbewirtschaftung, in: FS für Peter Selmer, 2004, S. 417.

[313] *Udo Di Fabio*, Risikoentscheidungen im Rechtsstaat, 1994, S. 298 ff.

[314] *Arno Scherzberg*, Innovative Lebensmittel als Herausforderung an das Recht: Verfassungs- und verwaltungsrechtliche Grundlagen der Risikosteuerung, ZLR 2011, S. 275; *Monika Böhm*, Die rechtliche Bewältigung von Innovationen im Lebensmittelrecht, ZLR 2011, S. 291; *Arno Scherzberg/Josephine Seidl*, Nano in Lebensmitteln – Sachstand und rechtliche Regulierung, ZLR 2014, S. 5.

[315] *Ivo Appel*, Risikoabwehr im Gentechnik- und Biotechnologierecht, in: Vieweg (Hrsg.), Risiko – Recht – Verantwortung, 2006, S. 47.

[316] *Arno Scherzberg*, Grundlagen staatlicher Risikosteuerung, in: Albers (Hrsg.), Risikoregulierung im Bio-, Gesundheits- und Medizinrecht, 2011, S. 35. – Der 4. Beratungsgegenstand der Tagung 2018 („Regulierungsauftrag für den Staat im Bereich der Fortpflanzungsmedizin?“, VVDStRL 78 [2019]) wurde rechtsvergleichend behandelt (*Gernot Sydow*, S. 361 ff., zu Deutschland, Frankreich und Großbritannien) bzw. war verfassungsrechtlich angelegt (*Angelika Siehr*, S. 393 ff., vornehmlich zu Art. 1 Abs. 1 GG).

Auswirkungen zu führen vermögen.[317] Der Ordnungs- und Steuerungsauftrag des Rechts sieht sich in einem doppelten Zielkonflikt: Die Verheißungen wissenschaftlich-technischen Fortschritts mag niemand missen, Risiken sollen allerdings vermieden werden; Sicherheit muss gewährleistet sein, ohne die Förderung neuer Technologien zu unterlassen.[318] Dieser Doppelauftrag findet Niederschlag im geltenden Recht.[319]

Das in den 1990er Jahren in den Vordergrund gerückte Leitbild vom „Präventionsstaat" verlangte eine Neuorientierung des Verwaltungsrechts.[320] Die These, Dogmatik sei auch „Zukunftswissenschaft",[321] erfuhr ihre Bestätigung. Dass sich Verwaltungsentscheidungen unter Ungewissheitsbedingungen nicht länger (nur) an den Kategorien des traditionellen Gefahrenabwehrrechts würden orientieren können, stand bald außer Frage;[322] gefordert war ein prospektiver Zugriff auf die komplexen Problemlagen, der sich auf den Risikobegriff konzentriert, diesen ausdifferenziert und bereichsspezifisch konkretisiert.[323] Gefragt war die Entwicklung eines „lernenden" („reflexiven") Verwaltungsrechts, das – notabene – stark prozedurale Züge aufweist und zur Minimierung des Wissensproblems den privaten Sektor einbezieht.[324]

b) Wegweisende Tagungen der Vereinigung

Bei ihrer Tagung 1989 widmete sich die Vereinigung der Thematik mit drei Referaten.[325] Der Erstbericht präsentiert – orientiert an Großvorhaben – das Regelungssystem des technischen Sicherheitsrechts (S. 180 ff.) und erinnert an bekannte Regelungstechniken (Anzeigepflicht, Genehmigungsvorbehalt, Planfeststellung, Techniküberwachung), und zwar ausgehend von der tradierten Unterscheidung (S. 185 ff.) zwischen Gefahrenabwehr, Risikovorsorge und (Duldung des) Restrisiko(s); nachgezeichnet werden das Genehmigungsverfahren (S. 193 ff.) und die verwaltungsgerichtliche Kontrolle von Verwaltungsentscheidungen (S. 198 ff.); eine „Technikbewältigung" sei nicht möglich, es hande-

---

317 *Schulze-Fielitz*, Technik und Umweltrecht (Fn. 312), S. 448.

318 *Hans-Heinrich Trute*, Wissenschaft und Technik, in: Isensee/Kirchhof (Hrsg.), Handbuch des Staatsrechts der Bundesrepublik Deutschland, Bd. IV, 3. Aufl. 2006, § 88 Rn. 1 und Rn. 13.

319 Vgl. etwa § 1 AtG und § 1 GenTG.

320 *Arno Scherzberg*, Risiko als Rechtsproblem, VerwArch 84 (1993), S. 484 (490 ff.); *Rainer Wahl/Ivo Appel*, Prävention und Vorsorge: Von der Staatsaufgabe zur rechtlichen Ausgestaltung, in: Wahl (Hrsg.), Prävention und Vorsorge, 1995, S. 25 ff.

321 *Brohm*, Dogmatik (Fn. 146), S. 251.

322 Die Betonung liegt in diesem Zusammenhang auf „traditionell"; das Sicherheitsverwaltungsrecht (klassisch: Polizeirecht) hat im „Präventionsstaat" spätestens seit den 1990er Jahren eine rasante Entwicklung genommen; eindrücklich *Uwe Volkmann*, Prävention durch Verwaltungsrecht: Sicherheit, NVwZ 2021, S. 1408: vom Gefahrenabwehr- zum Präventionsmodell, vom Präventions- zum Steuerungsmodell, vom Steuerungs- zum Prädiktionsmodell.

323 *Wahl*, Das Öffentliche Recht (Fn. 1), S. 73 f.; vgl. auch *Udo Di Fabio*, Entscheidungsprobleme der Risikoverwaltung, NuR 1991, S. 353.

324 *Ivo Appel*, Methodik des Umgangs mit Ungewissheit, in: Schmidt-Aßmann/Hoffmann-Riem (Hrsg.), Methoden der Verwaltungsrechtswissenschaft, 2004, S. 327 (344 ff.); *Trute*, Wissenschaft und Technik (Fn. 318), § 88 Rn. 40 ff.

325 *Jörn Ipsen* und *Dietrich Murswiek* sowie *Bernhard Schlink*, Die Bewältigung der wissenschaftlichen und technischen Entwicklungen durch das Verwaltungsrecht, VVDStRL 48 (1990), S. 177 und S. 207 sowie S. 235.

le sich um eine Daueraufgabe (S. 202 f.). Der Drittbericht konzentriert sich auf die Informations- und Kommunikationstechnik (S. 236), hebt vor allem Gefahren und Risiken hervor (für Kultur,[326] Datenschutz etc.) und plädiert – der Schwerpunktsetzung gemäß – vor dem Hintergrund dynamischer Entwicklungen für eine rechtliche Techniksteuerung durch Datenschutz (S. 248); am Ende wird die „katechontische Funktion des Verwaltungsrechts" aufgerufen (S. 259).[327] Der Zweitbericht, auch in der Rechtsprechung beachtet,[328] untersucht Möglichkeiten der Schadensprävention bei Ungewissheit über die Grundlagen der Risikoabschätzung (S. 211 ff.); unterschieden wird zwischen unerkannten Risiken und hypothetischen Risiken, diese unterteilt in rein hypothetische Risiken und solchen mit tatsächlichen Anhaltspunkten (S. 212 ff.); Strategien zur Bewältigung empirisch nicht hinreichend gesicherter Risiken sieht der Bericht unter anderem in der unvoreingenommenen Anerkennung von „trial and error" (als Prämisse), in der Stärkung der Risikoforschung, in Maßnahmen zur Risikominimierung sowie in Sicherheitszuschlägen auf Grenzwerten (S. 215 ff.); Gesetze im Sinne des technischen Sicherheitsrechts seien (auch) Experimentiergesetze, wegen der Steuerungsschwäche des materiellen Rechts erlange das Verfahrensrecht eine gesteigerte Bedeutung (z. B. zur Zusammensetzung von Gremien, zum Ablauf der Entscheidungsverfahren [möglichst umfassende Ermittlung aller Risiken und deren Bewertung], bei der Herstellung von Transparenz, S. 218 ff.); der überkommene punktuelle Ansatz für Bewertungen (z. B. im Anlagengenehmigungsrecht) müsse durch ein projektübergreifendes Technikfolgenmanagement abgelöst werden (S. 222 ff.). Unterstützung erhielt in der Aussprache vor allem die Abkehr vom klassischen gefahrenabwehrrechtlichen Denken i. S. d. Polizeirechts nebst Hinwendung zu einem überindividuell angelegten Konzept der Risikovorsorge;[329] begrüßt wurde zudem die Bekräftigung einer Steuerung (auch) durch Recht mittels eines differenziert ausgestalteten Modells (materielles Recht, Organisationsrecht, Verfahrensrecht).[330]

Bei der Tagung 2003 wurde der Begriff „Risiko" ausdrücklich in das Thema zum dritten Beratungsgegenstand[331] aufgenommen. Der Erstbericht skizziert anhand einer Analyse des Realbereichs verschiedene (alltägliche, existente) Risiken (S. 216 ff.) und unterscheidet anhand einer „Theorie des Risikos" (S. 219 ff.) zwischen dem Risiko erster Ordnung (Schadenspotential in der Umwelt) und dem Risiko zweiter Ordnung (mögliche Irrtumskosten rechtlicher Regulierung); dadurch wird dem Risikoverwaltungsrecht „der Weg von der erfahrungsbezogenen Gefahrenabwehr zu einer ungewissheitsorien-

[326] Deutlicher Widerspruch insoweit von *Klaus Vogel*, Diskussionsbeitrag, S. 303.

[327] Widerspruch hiergegen in der Diskussion von *Eberhard Schmidt-Aßmann* (S. 275) und *Martin Bullinger* (S. 291); ferner z. B. *Scherzberg*, Risiko (Fn. 320), S. 485; *Wahl/Appel*, Prävention und Vorsorge (Fn. 320), S. 58.

[328] Vgl. etwa HessVGH, NVwZ 1995, 1010: Sicherheitszuschläge auf Grenzwerte (für Funkübertragung) als mögliche Strategie zur rechtlichen Bewältigung von Ungewissheiten über die Möglichkeit von Schädigungen; VG Oldenburg, NVwZ 1993, 913: durch Tatsachen erhärteter Verdacht des Schadenseintritts bei ungehindertem Kausalverlauf als Gefahr (Gesundheitsgefahren am Arbeitsplatz).

[329] Vgl. – stellvertretend – *Rüdiger Breuer*, Diskussionsbeitrag, S. 278.

[330] Vgl. – stellvertretend – *Rainer Wahl*, Diskussionsbeitrag, S. 292.

[331] *Scherzberg*, Risikosteuerung (Fn. 31), S. 214 und *Lepsius*, Risikosteuerung (Fn. 30), S. 264; vgl. auch den sog. Begleitaufsatz von *Wolfgang Kahl*, DVBl. 2003, S. 1105.

tierten Risikosteuerung gewiesen" (S. 225): Steuerung durch Recht mittels Konstituierung des Risikos, Risikobewertung und Risikovergleich, Bewertung von Innovationen, Risikosteuerung als innovativer Prozess (all dies stets unter Einbeziehung von Erkenntnissen der Verhaltenswissenschaften, der Naturwissenschaften und der Psychologie); dieses Konzept reflexiver Risikosteuerung wird – im Rahmen des Europarechts und des Verfassungsrechts – in verwaltungsrechtliche Kategorien „übersetzt" (S. 245 ff.): Risikoreduktion zielt auf Gefahrenabwehr und Risikovorsorge (tatbestandlich justiert z. B. durch den „Stand der Technik", „beste verfügbare Technik", „Stand der Wissenschaft"), benötigt Standardsetzungen im Verfahrensrecht (zwecks Generierung privaten Risikowissens mittels Anhörung beteiligter Kreise, zur kontrollierten Rezeption technischer Standards und Einbeziehung wissenschaftlich orientierter Sachverständiger etc.), trifft Regelungen zur Beweislast und dynamisiert getroffene Regulierungen (z. B. via Befristung, Änderungsvorbehalt, Anordnung sicherheitstechnischer Maßnahmen durch Anlagenbetreiber); die Risikoprävention (Zukunftsvorsorge mit „offenem Suchhorizont", S. 252) kennt als verwaltungsrechtliche Instrumente ein ökologisches Erforderlichkeitsgebot (als „Auftrag" des Art. 20a GG), ein Stoff- und Energiestrommanagement (Zweck: Ressourcenschonung), aktiviert das Haftungsrecht (Ziel: Präventionswirkung) und verstärkt die Risikokommunikation (Grund: Verbraucheraufklärung); Lernfähigkeit und edukatorische Funktion des Rechts könnten den Umgang mit „Ungewissheit" strukturieren, schließlich sei „Risiko" ein „Konstrukt" (S. 258). Der Zweitbericht konstatiert, dass das vormalige Dreistufenmodell (d. h. Abgrenzung nach Wahrscheinlichkeit: Gefahr, Risiko, Restrisiko) in der Verwaltungsrechtswissenschaft durch das Zweistufenmodell (d. h. Abgrenzung nach Möglichkeit: Ausrichtung auf ungewisse Schadensmöglichkeiten) abgelöst worden sei (S. 267 ff.); kritisiert wird die Entindividualisierung der rechtlichen Zuordnung von Risiken (S. 283 ff.), weil sich das Recht dadurch unerfüllbare Aufgaben zum Ziel setze, gefordert wird die Rückkehr zur individualisierenden Zurechnung (S. 289 f.), da nur ein reduzierter Regelungsanspruch realistisch sei; festzuhalten sei an der ordnungsrechtlichen Gefahrenabwehrdogmatik, normativ nachverdichtet durch Selektion und Konkretion (S. 294) im Wege abstrakt-genereller Regelungen (S. 301 ff.) und nicht als Risikoregulierung der Verwaltung. Am Ende sieht der Zweitbericht die Herausforderungen des Verwaltungsrechts bei der Risikoregulierung weniger in neuen technischen Entwicklungen als vielmehr in falschen Zurechnungen auf die Gesellschaft oder die Naturwissenschaft; deren Rationalitäten könnten – zumal unter Vernachlässigung politischer und ökonomischer Rationalitäten – nicht in das Recht inkorporiert werden, nicht die Instrumente oder Institutionen unterlägen einem Reformbedarf, sondern die kognitiven Zurechnungen (S. 307). In der Aussprache wurde vor allem zum Ausdruck gebracht, dass durch eine Ausblendung der Lebenswirklichkeit und eine Rückkehr zu traditionellen polizeirechtlichen Dogmen die Probleme der Risikogesellschaft juristisch nicht gelöst werden könnten.[332]

---

[332] Vgl. die Diskussionsbeiträge von *Karl-Heinz Ladeur* (S. 321), *Dietrich Murswiek* (S. 322), *Wolfgang Hoffmann-Riem* (S. 325), *Rainer Pitschas* (S. 327), *Christian Calliess* (S. 328), *Christoph Engel* (S. 330), *Hans Meyer* (S. 331), *Marion Albers* (S. 332), *Gerd Winter* (S. 332), *Friedrich Schoch* (S. 333).

c) Konturierung eines Risikoverwaltungsrechts

Seit den 2000er Jahren hat sich das „Risikoverwaltungsrecht" mit immer deutlicher werdenden Konturen sukzessive etabliert. Grundlage für die Dogmatisierung der Materie sind der Zweitbericht der Tagung von 1989 und der Erstbericht der Tagung von 2003. Dabei zeigt sich, dass die systematische Durchdringung der Sach- und Rechtslagen strukturelle Gemeinsamkeiten der Herausforderungen aufdeckt, so dass übergreifende Lösungsansätze erarbeitet werden können, die sich zu einer kohärenten „Vorsorgedogmatik" zusammenführen lassen. Deshalb ist es wenig erstaunlich, dass die angebotenen Konzepte[333] weitgehend übereinstimmen: Entscheidungen unter Ungewissheitsbedingungen[334] bedürfen rechtlicher Strukturierung jenseits der traditionellen gefahrenabwehrrechtlichen Dogmatik; ein realitätsnahes Modell der Risikovorsorge benötigt Abstufungen sowohl beim Begriff der „Ungewissheit"[335] als auch bei der Bewertung von „Risiken"[336] (wie dies auch im geltenden Recht anerkannt ist[337]); die Risikoermittlung muss – in einem fortlaufenden und transparenten Prozess der Wissensgenerierung unter Einbeziehung jeglichen vorhandenen Sachverstands – mit einer Risikoselektion und einer Risikokommunikation verknüpft werden; untergesetzliche Standards und verfügbare Standards Privater stabilisieren behördliche Risikoentscheidungen; ein Risikomanagement (Risikoermittlung, Risikobewertung, Risikobehandlung, Risikokontrolle) sollte fester Baustein des Risikoverwaltungsrechts sein; die Risikoentscheidung mündet angesichts der zu berücksichtigenden (konfligierenden) Interessen sinnvollerweise in eine Abwägungsentscheidung.[338]

Das „Risikoverwaltungsrecht" hat in seiner Entwicklung noch keinen Abschluss („Endpunkt") erreicht.[339] Das ist nicht etwa kritikwürdig, vielmehr markiert der Befund Ansporn und Herausforderung für die Verwaltungsrechtswissenschaft. Die Corona-Pandemie 2020/2021 zeigt, dass auch jenseits von Anlagegenehmigung, Stoffzulassung,

---

[333] Vgl. etwa *Trute*, Wissenschaft und Technik (Fn. 318), § 88 Rn. 36 ff., 40 ff.; *Ivo Appel*, Grenzen des Risikorechts, in: FS für Rainer Wahl, 2011, S. 463 (466 ff.); *Arno Scherzberg*, Strategien staatlicher Risikobewältigung, in: Hill/Schliesky (Hrsg.), Management von Unsicherheit und Nichtwissen, 2016, S. 31 (47 ff.).

[334] Näher zum Begriffsverständnis *Arno Scherzberg*, Ungewissheit als Ausgangsbefund, in: Engel/Halfmann/Schulte (Hrsg.), Wissen – Nichtwissen – Unsicheres Wissen, 2002, S. 114, mit dem Credo, dass zu diesem Ausgangspunkt der Risikosteuerung aus dem Fehlen hinreichenden Risikowissens weder auf die Abwesenheit von Risiken geschlossen werden kann noch auf das Gegenteil; zustimmend *Appel*, Risikorecht (Fn. 333), S. 465.

[335] *Scherzberg*, Risikobewältigung (Fn. 333), S. 62 ff., unterscheidet zu Art und Ausmaß der Wissensdefizite zwischen Nichtwissen, qualifiziertem Nichtwissen, abstrakter Besorgnis, konkreter Besorgnis und non liquet.

[336] *Appel*, Risikorecht (Fn. 333), S. 469; vgl. bereits *dens.*, Stufen der Risikoabwehr, NuR 1996, S. 227 (229 ff.).

[337] Beispiel: § 7 Abs. 1 S. 1 GenTG unterscheidet – jeweils „nach dem Stand der Wissenschaft" – zwischen einem nicht vorhandenen Risiko, einem geringen Risiko, einem mäßigen Risiko und einem hohen Risiko.

[338] Dies nachdrücklich betonend (mit Kritik an der „gebundenen Kontrollerlaubnis") *Trute*, Wissenschaft und Technik (Fn. 318), § 88 Rn. 58; gleichsinnig bereits *Scherzberg*, Risiko (Fn. 320), S. 507.

[339] *Appel*, Risikorecht (Fn. 333), S. 486, bemerkt, die Fortentwicklung des Risikorechts sei „alles andere als bewältigt".

Planfeststellung etc. Verwaltungsentscheidungen unter Ungewissheitsbedingungen zu treffen sind.[340] Die „Vorsorgedogmatik" findet neue Felder der Erprobung und daraus resultierende Impulse zur Fortentwicklung.

V. Perspektiven

Die Öffnung der Verwaltungsrechtswissenschaft als „Zukunftswissenschaft" ist seitens der Vereinigung in den 2010er Jahren mit recht komplexen Themenstellungen fortgeführt worden. Die Behandlung derartiger Themen ist schwierig, von den Referenten ausgeblendete Aspekte werden in der Aussprache aufgegriffen. So sind bei der Tagung 2013 zu einem zukunftsfähigen Infrastrukturrecht[341] im Erstbericht – „Infrastruktur" auf ortsfeste Einrichtungen i. S. d. Daseinsvorsorge beziehend – die Rolle des Staates („Infrastrukturverantwortung") und seine Einbindung in überstaatliche Verbünde untersucht worden, während der Zweitbericht – bei einem offenen Begriffsverständnis (Einrichtungen und Dienste für die Allgemeinheit) – Infrastrukturen als Vorbedingung eines freiheitlichen Gemeinwesens vorstellt, vornehmlich die Politik, verfassungsrechtlich kaum angeleitet, in der Pflicht sieht, für gemischte Arrangements einer öffentlichen und privaten Aufgabenerfüllung plädiert und im Ergebnis einen (Verantwortungs-)Verbund von Verwaltung und Gesetzgeber herausstellt; ungeachtet der ausführlichen Referate wurde in der Aussprache darauf hingewiesen, dass der Begriff „Infrastrukturrecht" (noch) weiter gefasst werden könnte,[342] Finanzierungsfragen erörterungsbedürftig seien[343] und (bei privater Beteiligung) Rückholoptionen des Staates diskutiert werden müssten.[344] Das Thema der Tagung 2014 zum „demographischen Wandel"[345] behandelt der Erstbericht aus der Perspektive des Planungsrechts (i. S. e. Querschnittsaufgabe zur Gestaltung, Gliederung und Nutzung des Raumes), der Zweitbericht – demographischen Wandel als Normalfall der Entwicklung einer Gesellschaft deutend – konstatiert nicht vorhersehbare Wirkungen raumordnungsrechtlicher Maßnahmen, bezweifelt im geltenden (hochkomplexen) Sozialsystem die Realisierbarkeit einer zielführenden Vernetzung der Versorgungsstrukturen im Gesundheitswesen, sieht die Teilhabe alter Menschen am öffentlichen Leben durch das geltende Recht nur unzureichend gewährleistet und plädiert angesichts fragmentierter Strukturen und Zuständigkeiten für eine Neugestaltung von Zugehörigkeitsräumen (mit bundesgesetzlichem Rahmen, starker Einbeziehung der

---

[340] *Hans-Heinrich Trute*, Ungewissheit in der Pandemie als Herausforderung, GSZ 2020, S. 93.

[341] *Oliver Dörr* und *Hinnerk Wißmann*, Die Anforderungen an ein zukunftsfähiges Infrastrukturrecht, VVDStRL 73 (2014), S. 323 und S. 369. – Zur Fortführung der Diskussion um ein „Infrastrukturrecht" vgl. *Wolfgang Durner*, Infrastrukturverwaltung, in: Kahl/Ludwigs (Hrsg.), Handbuch des Verwaltungsrechts, Band I, 2021, § 21 Rn. 12 ff., 39 ff.

[342] *Christoph Engel* (S. 433) und Replik *Wißmann* im Schlusswort (S. 448); pointiert der Diskussionsbeitrag von *Matthias Knauff* (S. 439): Ein Infrastrukturrecht als Rechtsgebiet existiere nicht.

[343] *Martin Burgi* (S. 430), *Friedrich Schoch* (S. 431), *Hans Meyer* (S. 434).

[344] *Indra Spiecker gen. Döhmann* (S. 438), *Matthias Knauff* (S. 439).

[345] *Jan Ziekow* und *Stephan Rixen*, Gestaltung des demographischen Wandels als Verwaltungsaufgabe, VVDStRL 74 (2015), S. 245 und S. 293.

Kommunen bei der Verwirklichung, genauerer Beachtung der Grundrechte, z. B. des Diskriminierungsverbots); in der Diskussion wurde im Falle einer Defizitanalyse ein Konzept zur verbesserten Kooperation zwischen öffentlichem und privatem Sektor angemahnt,[346] systemischen Steuerungsschwächen könne unter Rückgriff auf die „Neue Verwaltungsrechtswissenschaft" begegnet werden.[347] Die 2018 vorgelegten Berichte zum „E-Government"[348] zeigen mit großer Nüchternheit (Entwicklungs-)Rückstände des deutschen Verwaltungsrechts und der Verwaltungspraxis in Deutschland auf und sprechen Lösungsansätze an (bis hin zu einer Modernisierung des VwVfG); in der Aussprache wurde einerseits die Notwendigkeit einer sachlichen Erörterung allfälliger Fragestellungen betont,[349] andererseits wurden die Herausforderungen der „Digitalisierung" als geradezu dramatisch skizziert.[350]

Die drei Beispiele zu den Tagungen 2013, 2014 und 2018 deuten Perspektiven für das „Verwaltungsrecht als Gegenstand der Staatsrechtslehrertagungen" an: Ohne Vernachlässigung allfälliger Gegenwartsprobleme wird es vermehrt um „große Zukunftsthemen" gehen (Klimaschutz?, Migration?, Sicherung kritischer Infrastrukturen?, Innere Sicherheit und Datenschutz?).[351] Dabei sollte ungeachtet der Ausdifferenzierungen des Öffentlichen Rechts der Rückbezug zum Allgemeinen Verwaltungsrecht gewahrt werden.[352] Zwei Grundvoraussetzungen für substantielle Themenbehandlungen sind gewahrt: die Einheit des Öffentlichen Rechts (d. h. Verklammerung von Verwaltungsrecht und Verfassungsrecht)[353] und der (fortentwickelte) Stand der Verwaltungsrechtsdogma-

---

346 *Josef Isensee* (S. 352), *Franz Reimer* (S. 361).

347 *Franz Reimer* (S. 361), *Hinnerk Wißmann* (S. 363); dazu Replik *Rixen* im Schlusswort (S. 369 f.).

348 *Annette Guckelberger* und *Hanno Kube*, E-Government: Ein Paradigmenwechsel in Verwaltung und Verwaltungsrecht?, VVDStRL 78 (2019), S. 235 und S. 289. – Zur Fortführung der Diskussion vgl. *Mario Martini*, Digitalisierung der Verwaltung, in: Kahl/Ludwigs (Hrsg.), Handbuch des Verwaltungsrechts, Band I, 2021, § 28 Rn. 16 ff.

349 *Pascale Cancik* (S. 333): als „Zeitzeugen eines Lernprozesses" können wir viele Fragen noch nicht beantworten; *Jens-Peter Schneider* (S. 337): ambivalentes Leitbild erlaubt weder „Horrorvisionen" noch „Utopien"; *Christoph Engel* (S. 344): lösbare Probleme (zur Entscheidungsqualität, Vermeidung von Diskriminierung, Herstellung von Transparenz) stehen neben schwer lösbaren Problemen (Verhältnis von Staat und Bürger z. B. beim Rechtsschutz, wenn staatliche Entscheidungen durch Algorithmen getroffen werden).

350 *Indra Spiecker gen. Döhmann* (S. 345): Technik determiniert Recht, der Staat gerät in Abhängigkeit von Plattformen, ein Abweichen von der Norm beim Einsatz von Algorithmen macht Bürger rechenschaftspflichtig; *Ulrich Stelkens* (S. 348): geltendes Recht ist insuffizient, Perspektive der ihre Ablaufprozesse organisierenden Verwaltung fehlt; *Karl-Heinz Ladeur* (S. 349): Sichtweise der Regulierung auf das Hervorbringen von „Produkten" stimmt nicht mehr, neue Technologien sind auf das „Prozessieren von Informationen" ausgerichtet („sie prozessieren Informationen auf eine selbst veränderliche Weise").

351 Kaum bewährt hat sich mit Blick auf einen fortwährenden wissenschaftlichen Ertrag die Behandlung sehr zeitgebundener bzw. situationsbezogener Themen (ohne dass damit eine Aussage zur Qualität der Themenbehandlung getroffen wäre); dazu zwei Beispiele: *Hans Heinrich Rupp* und *Wilhelm Karl Geck*, Die Stellung der Studenten in der Universität, VVDStRL 27 (1969), S. 113 und S. 143 [bemerkenswert: Der Verlag Walter de Gruyter hat dazu seinerzeit einen Sonderdruck zum Preis von 4,- DM gefertigt]; *Willi Blümel* und *Rolf Grawert*, Gemeinden und Kreise vor den öffentlichen Aufgaben der Gegenwart, VVDStRL 36 (1989), S. 171 und S. 277.

352 *Lindner*, Staatsrechtslehre (Fn. 5), S. 596.

353 Vorzüge herausarbeitend *Stolleis*, Geschichte des öffentlichen Rechts IV (Fn. 10), S. 513 ff.

tik mit Bezug zur Wirklichkeit und Rezeption der gesellschaftlichen Dynamik.[354] Die Kritik am Fehlen einer „Verwaltungsrechtstheorie“[355] mag berechtigt sein, ist jedoch an die Verwaltungsrechtswissenschaft als solche zu adressieren und nicht in erster Linie an die Vereinigung.

---

354 Treffend *Arno Scherzberg*, Diskussionsbeitrag, VVDStRL 67 (2008), S. 349; *Uwe Volkmann*, Diskussionsbeitrag, VVDStRL 77 (2018), S. 443. – Es handelt sich längst nicht mehr um ein „zutiefst romantisches Projekt“, wie *Schönberger*, „German Approach“ (Fn. 233), S. 2, noch 2015 meinte.

355 Näher dazu *Reimer*, Diskursvergleich (Fn. 60), S. 442 ff. (m. umfangr. Nachw.).

Verwaltungswissenschaften und Verwaltungsrealität als Themen oder Nichtthemen

*Margrit Seckelmann**

I. Die Verwalteten melden sich zu Wort: Zur Einleitung . . . 665
II. Die „Gegenwartsaufgaben der Verwaltung“ als (Nicht-)Thema . . . 668
1. Die Entwicklung bis 1971 . . . 668
a) Die Staatsrechtslehrervereinigung zwischen Sichtung und Aufbruch . . . 668
b) Der „Neubau“ der Verwaltung und Verwaltungswissenschaft . . . 670
2. Die Frage nach der juristischen Methode als permanente Herausforderung . . . 671
a) Der Kulminations- und Streitpunkt: Die Regensburger Tagung von 1971 . . . 671
b) Die weitere Diskussion . . . 676
III. Annäherungs- und Lösungsversuche durch die Praxis und die Theorie . . . 677
1. Der Gesprächskreis „Verwaltungslehre“ . . . 677
2. Wer ist eigentlich „das Recht“ – und, wenn ja, wie viele? . . . 679
IV. Bilanz . . . 680

I. Die Verwalteten melden sich zu Wort: Zur Einleitung

Selten drang die Verwaltungsrealität so deutlich in eine wissenschaftliche Tagung ein wie bei der Bochumer Jahrestagung der Staatsrechtslehrervereinigung im Oktober 1968: Die Studenten [1], deren Rechtstellung ebenfalls Beratungsgegenstand war, umringten die Juristische Seminarbibliothek auf der umlaufenden Balustrade und verlangten Einlass in die als Tagungsort genutzte und deshalb für die Öffentlichkeit gesperrte Bibliothek. [2] Das versuchte „Go-in“[3] wurde zwar beendet, unter anderem durch die Vermittlung des Wiener Staatsrechtslehrers und Wissenschaftsrechtlers *Günther Winkler*, der sich eingehend

* Besonderer Dank geht an die Ex-Vorsitzenden *Hans Peter Bull, Martin Burgi, Thomas Groß, Veith Mehde* und *Janbernd Oebbecke* sowie an *Dieter Grimm, Klaus König, Helmuth Schulze-Fielitz* und *Hans-Heinrich Trute* für weiterführende Hinweise sowie an *Dorothea Steffen* für ihren wertvollen Rat zum Aufbau des Textes.

[1] Wegen des einschlägigen Tagungstitels der Bochumer Tagung soll einheitlich dieser Begriff verwendet werden, bei dem die weibliche Form mitgemeint ist.

[2] Als einer der Organisatoren soll *Helmut Quaritsch* die Schließung der Bibliothek mit dem Argument „Wenn die Meisterschwimmer trainieren, kann das Hallenbad gesperrt werden“, gerechtfertigt haben, vgl. *Ingo v. Münch*, Erinnerungen, Erinnerungen eines Zeitzeugen vom 17.11.2018, S. 2 (Archiv VDStRL, Ordner-Nr. 128, Reg.-Nr. 9), zitiert nach: *Helmuth Schulze-Fielitz*, Die Wissenschaftskultur der Staatsrechtslehrer, 2022, S. 91.

[3] *Schulze-Fielitz*, Wissenschaftskultur (Fn. 2), S. 91.

mit den studentischen Argumenten auseinandersetzte.[4] Sicherheitshalber verlegte die Tagungsleitung den zweiten Verhandlungstag aber dennoch in das Gebäude der Verwaltungs- und Wirtschaftsakademie. Dort konnte dann ungestört über die „Die Stellung der Studenten in der Universität" verhandelt[5] – und konnten eben diese Studenten von Subjekten in Objekte des Diskurses zurückverwandelt werden. Die beiden Referenten, *Hans Heinrich Rupp* und *Wilhelm Karl Geck*, plädierten dabei, auch angesichts der erwarteten „Studentenexplosion"[6] nach dem Numerus Clausus-Urteil des Bundesverfassungsgerichts,[7] dafür, zu „einer Zeit, in welcher sich Reformvorschläge zur Rechts- und Organisationsstruktur der Hochschulen geradezu überschlagen und soziologische Expertisen das Feld"[8] beherrschten, die Debatte zu versachlichen und zu verrechtlichen.[9]

Anders als es die in ihrem Selbstwertgefühl offensichtlich getroffene Mehrheit[10] der Staatsrechtslehrer seinerzeit unterstellte, wurde die Forderung, die „Hochschulreform mit der ‚inneren Demokratisierung' der [west-]deutschen Gesellschaft zu verknüpfen"[11], allerdings keinesfalls nur von den Studenten vorgebracht. Die Frage, wie der bundesdeutschen „Bildungskatastrophe" zu begegnen sei, bezogen auch liberale Denker wie *Ralf Dahrendorf* durchaus auf die innere Struktur von Universitäten.[12] Zudem war die Diskussion nicht nur „links-ideologisch" motiviert: Ihr eigentlicher Initiator, der Religionsphilosoph *Georg Picht*, stützte sich zwar auf sozialwissenschaftliche Daten, insbesondere auf solche der Kultusministerkonferenz (KMK) argumentierte der Sache nach aber vor allem ethisch.[13]

Auf der Staatsrechtslehrertagung standen die „soziologische Expertise"[14] ebenso wie die von ihr getragenen „Reformvorschläge"[15] allerdings unter Ideologieverdacht. Nicht nur in den Augen von *Rupp*, sondern, das wird auch in den Debatten offensichtlich, auch in denen anderer Redner, boten sozialwissenschaftliche Argumente der Hochschulpolitik die willkommene Gelegenheit, den studentischen Wünschen zu entsprechen: Mit der Berufung auf diese Expertise rechtfertigten es die Hochschulpolitiker, so die Unterstel-

---

4 *Walter Rudolf*, Interview, Archiv der VDStRL, Bd. 128, S. 11. *Rudolf* vermutet, dass sich *Winkler* auch deshalb als Mediator angeboten habe, weil er in Wien noch keine Studentenproteste und keine verhärteten Fronten erlebt hatte.

5 Vgl. *Hans Meyer*, Interview, Archiv der VDStRL, Bd. 128, S. 2; *Klaus Stern*, Interview, ebd., S. 17.

6 *Wilhelm Karl Geck*, Die Stellung der Studenten in der Universität, VVDStRL 27 (1969), S. 143 (161).

7 BVerfGE 33, 303 [1972].

8 *Hans Heinrich Rupp*, Die Stellung der Studenten in der Universität, VVDStRL 27 (1969), S. 113 (114).

9 So ausdrücklich *Rupp*, Stellung der Studenten (Fn. 8), S. 114.

10 Dazu u.a. *Nikolai Wehrs*, Protest der Professoren. Der „Bund Freiheit der Wissenschaft" in den 1970er Jahren, 2014, S. 347 ff.; *Svea Koischwitz*, Der Bund Freiheit der Wissenschaft in den Jahren 1970–1976, 2017.

11 *Florian Meinel*, Das erste Hochschulurteil des Bundesverfassungsgerichts vom Mai 1973, WissR 50 (2017), S. 3 (8) [Klammerzusatz durch mich, M.S.].

12 Vgl. nur *Ralf Dahrendorf*, Gesellschaft und Demokratie in Deutschland, 1968, S. 191 ff.; *Kurt Sontheimer*, Deutschland zwischen Demokratie und Antidemokratie, 1971; dazu übergreifend *Meinel*, Hochschulurteil (Fn. 11), S. 3 (8 ff.).

13 Vgl. *Georg Picht*, Die deutsche Bildungskatastrophe. Analyse und Dokumentation, 1964.

14 *Rupp*, Stellung der Studenten (Fn. 8), S. 114.

15 Mit welch spitzen Fingern der Begriff der Reform angefasst wurde (gerade, aber nicht nur, im Wissenschaftsrecht), wird deutlich bei *Geck*, Stellung der Studenten (Fn. 6), S. 242 (Schlußwort).

lung, den Weg des „schwächsten Widerstands und der lieben Ruhe" zu gehen und sich „über kurz oder lang" den Forderungen der Studenten zu beugen.[16] Das zu verhindern, war in erster Linie Aufgabe des Rechts und der Juristen. Denn die Gegenbegriffe zur „soziologischen Expertise"[17] und den daraus abgeleiteten Forderungen waren „Versachlichung" und „Verrechtlichung" (was der „Expertise" erneut unterstellte, sich in den Dienst der [Partei-]Politik zu stellen).

Dass die Kontrastierung von „soziologischer Expertise" und „Recht" gerade Staatsrechtslehrer[18] ansprach und ihnen plausibel erschien, hat aber – natürlich – auch damit zu tun, dass sie längst nicht nur auf die konkrete Situation anwendbar war, sondern eine sehr grundsätzliche Dimension hatte. Sie verwies direkt auf die methodische Frage, ob, inwieweit und wie „das Recht" mit der „Realität" und den außerjuristischen Möglichkeiten ihrer Beschreibung und Analyse umgehen kann, soll oder muss. Welche Implikationen das hatte oder haben konnte, war den Teilnehmern der Tagung 1968 sicherlich bewusst. Schließlich hatte der um diese Frage kreisende Methoden- und Richtungsstreit des *Staatsrechts* die Weimarer Debatten der Staatsrechtslehrervereinigung geprägt, wenn nicht gar konstituiert[19] – und gezeigt, dass es dabei wenigstens der Möglichkeit nach um nichts weniger als um den Ort, das (Selbst-)Verständnis, die Aufgaben, Möglichkeiten, Funktionen „des Rechts" (und seiner Vertreter) in der gesamtgesellschaftlichen Ordnung – und letztlich um diese selbst – ging.

Zwar war es in der Bundesrepublik anders als in der Weimarer Republik allgemeiner Konsens, in der zuletzt genannten Zuspitzung nicht zu diskutieren, die Systemfrage also gerade nicht zu stellen. Das hieß aber nicht, dass es kein Bedürfnis oder keine Notwendigkeit gegeben hätte, über die zuerst genannten Punkte, also über Wesen, Sinn, Zweck und Funktion der (Rechts-)Ordnung zu reflektieren und zu diskutieren, eventuellen Veränderungsbedarf zu analysieren, zu begründen und zu konturieren. Eher ist das Gegenteil zu vermuten, nämlich dass die – zu guten Teilen neue – staatliche, politische, gesellschaftliche und wirtschaftliche Ordnung der Bundesrepublik das – zu guten Teilen jedenfalls in seiner Dogmatik überkommene – Öffentliche Recht und seine Vertreter vor Herausforderungen stellte und für den genannten Diskussionsbedarf sorgte.

Zu untersuchen, ob und, wenn ja, wie solche Fragen in den Diskussionen der Staatsrechtslehrertagungen behandelt wurden, ist das Ziel dieses Beitrags. Dabei sollen zunächst die Phasen der „Wiederaufbaus"[20] der 1950er Jahre (II.1.a) und der „dynamischen Zeiten"[21]

---

16 So *Günter Dürig*, Diskussionsbeitrag, VVDStRL 27 (1969), S. 241 f.

17 Die Abneigung gegen die „soziologische Expertise" beschränkte sich nicht auf die Tagung von 1968. Sie ist vielmehr, von gewissen personellen Ausnahmen und Themenkonjunkturen abgesehen, durchgängig: Ihr haftete in der Wahrnehmung der Staatsrechtslehrervereinigung der *haut goût* des *social engineering* an, also einer „technokratischen" Steuerung. Mit dieser Tendenz jüngst wieder *Laura Münkler*, Expertokratie, 2020.

18 Zu diesem Zeitpunkt war der männliche Plural zutreffend, weil die erste (und lange Zeit auch einzige) Staatsrechtslehrerin, *Ilse Staff*, erst im Jahr 1970 in die Vereinigung aufgenommen wurde, vgl. *Pascale Cancik*, in diesem Band, S. 795 (804).

19 Dazu statt vieler *Michael Stolleis*, Geschichte des öffentlichen Rechts in Deutschland, Band 3, 1999, S. 153 ff. sowie jüngst *Dieter Grimm*, Recht oder Politik?, 2020.

20 Zu diesem Begriff *Axel Schildt*, Wege in die 50er Jahre, in: ders./Sywottek (Hrsg.), Modernisierung im Wiederaufbau, aktualisierte Studienausgabe, 1998, S. 13 ff. (insbes. S. 35).

21 Schildt/Siegfried/Lammers (Hrsg.), Dynamische Zeiten, 2000.

der 1960er (II.1.b) behandelt werden. Die eigentliche Problementwicklung wird anhand der Referate auf der Regensburger Tagung von 1971 (II.2.a) und anhand der weiteren Behandlung der Frage des „in die Realität Stellens" von Recht (II.2.b) vorgestellt. Abschließend – und als zwei Ansätze, die Frage zu lösen – werden dann der Gesprächskreis „Verwaltung(srecht)" (III.1) vorgestellt und die Frage nach dem zuständigen Organ oder dem Ort der Rezeption von „Verwaltungswirklichkeit" (III.2) aufgeworfen und eine kurze Bilanz gezogen (IV.).

II. Die „Gegenwartsaufgaben der Verwaltung" als (Nicht-)Thema

1. Die Entwicklung bis 1971

a) Die Staatsrechtslehrervereinigung zwischen Sichtung und Aufbruch

Jedenfalls in der Frühzeit des „Wiederaufbaus" – auch dessen der Vereinigung – wurden explizite Grundsatzdebatten sicherlich weniger geführt. Im Staatsrecht ergab sich diese Zurückhaltung insbesondere daraus, dass das Grundgesetz mit anderer Eindeutigkeit und Klarheit als die Weimarer Reichsverfassung wichtige und grundlegende Fragen entschieden hatte – und daraus, dass diese Entscheidungen, wie angesprochen, gerade nicht in Frage gestellt werden sollten. Aber auch im Verwaltungsrecht war zunächst einmal Selbstbesinnung angesagt: *Michael Stolleis* zufolge ging es in den Jahren 1949 bis 1969 erst einmal darum, „die dogmatischen Bestände zu sortieren". [22]

Für diese Sortierung bildete gerade das traditionell dem Verwaltungsrecht gewidmete „zweite Doppelreferat" der Staatsrechtslehrertagungen ein wichtiges Forum. [23] Zu den charakteristischsten Beiträgen hierfür zählt *Michael Stolleis* das Doppelreferat von *Friedrich Klein* und *Heinrich Herrfahrdt* über die „Tragweite der Generalklausel im Art. 19 Abs. 4 des Bonner Grundgesetzes von 1949" auf der Tagung von 1949 [24] sowie das von *Hans Julius Wolff* und *Otto Gönnenwein* über „Die Gestaltung des Polizei- und Ordnungsrechts in den einzelnen Besatzungszonen" auf der Münchner Tagung von 1950.[25] In diesen Referaten ging es vor allem darum, in der bundesrepublikanischen Demokratie[26] (und unter deren Besonderheiten wie dem Besatzungsstatut) erst einmal anzukommen und sich in dieser zu verorten. Wenn *Stolleis* auch das Doppelreferat von *Richard Naumann* und *Hans Spanner* über „Die Berufsbeamten und die Staatskrisen"[27] auf der Tübinger Tagung von 1954 in diese sortierende Phase einordnet, ist das zu ergänzen: Zwar hielt sich der dogmatische Innovationsgehalt beider Vorträge sicherlich in Grenzen. *Materiell* allerdings waren sie von erheblicher Bedeutung. Denn die Frage einer Kontinuität des

---

[22] *Michael Stolleis*, Entwicklungsstufen der Verwaltungsrechtswissenschaft (§ 1), in: Hoffmann-Riem/Schmidt-Aßmann/Voßkuhle (Hrsg.), Grundlagen des Verwaltungsrechts, Band 1, 2. Aufl. 2012, Rn. 98.

[23] *Stolleis*, Entwicklungsstufen (Fn. 22), Rn. 98.

[24] VVDStRL 8 (1950), S. 67 ff. (laut *Stolleis*, Entwicklungsstufen [Fn. 22], Rn. 98) holte *Herrfahrdt* damit gewissermaßen sein 1933 ausgefallenes Referat nach).

[25] VVDStRL 9 (1952), S. 134 ff.

[26] Dazu *Julian Krüper*, in diesem Band, S. 325 ff.

[27] VVDStRL 13 (1955), S. 88 sowie S. 119.

Berufsbeamtentums trotz der bedingungslosen Kapitulation des Deutschen Reiches von 1945 war nicht nur zwischen der Bundesrepublik und den Westalliierten äußerst umstritten. Sie, beziehungsweise ihre Beantwortung,[28] bildete auch eine entscheidende Weichenstellung für die Rolle des bundesrepublikanischen öffentlichen Dienstes bis heute (sowie die Voraussetzung für Art und Umfang seiner „Entnazifizierung").[29]

Aber nicht nur in der Debatte aktueller Einzelfragen wurde bereits in den 1950er Jahren mitunter eine grundsätzliche Dimension berührt, dasselbe geschah in Referaten, in denen neue Ansätze vorgestellt wurden. Das war etwa in den ganz unterschiedlichen Vorträgen der Fall, die *Hans Peter Ipsen* und *Helmut Ridder* über „Enteignung und Sozialisierung" auf der Göttinger Staatsrechtslehrertagung von 1951 hielten und die *Hermann von Mangoldt* mit einer quasi „autoritativen" Erläuterung der Hintergründe der Konzeption der Art. 14 und 15 GG im Parlamentarischen Rat in der anschließenden Diskussion ergänzte.[30] Zu einer spezifischen Begegnung von „Recht" und „Realität" (im beginnenden Sozialrecht[31] wie im Wirtschaftsverwaltungsrecht) kam es in den lebhaft diskutierten Referaten von *Otto Bachof* und *Ernst Forsthoff* über „Begriff und Wesen des sozialen Rechtsstaats" (1953)[32] und, zuvor, über diejenigen von *Ulrich Scheuner* und *Werner Weber* über „Die staatliche Intervention im Bereich der Wirtschaft"[33]. Gerade dieses Doppelreferat ist für die in diesem Beitrag im Mittelpunkt stehende Frage außerordentlich wichtig. Denn mit *Werner Weber* hielt nicht nur ein Vertreter der Verwaltungslehre das eine der beiden von den Zeitgenossen und in der rechtshistorischen Forschung als „[d]ogmatisch innovativ"[34] beschriebenen Referate. Auch der Ausgangs- und Zielpunkt war das Verwaltungsrecht beziehungsweise die Verwaltungsrechtswissenschaft.

Das setzte sich fort: Über das Verwaltungsrecht referierten 1959 auch *Max Imboden* und *Klaus Obermayer* auf der Erlanger Tagung der Staatsrechtslehrervereinigung zum Thema Planung[35] und im Jahr darauf, 1960, wurden die „Schranken nichthoheitlicher

---

[28] Vgl. das Gesetz zur Regelung der Rechtsverhältnisse der unter Artikel 131 des Grundgesetzes fallenden Personen vom 11. Mai 1951, BGBl. I S. 307.

[29] Vgl. *Jörg Bogumil/Werner Jann*, Verwaltung und Verwaltungswissenschaft in Deutschland, 2. Aufl. 2009, S. 45.

[30] VVDStRL 10 (1952), S. 74.

[31] Dazu *Ulrike Davy*, in diesem Band, S. 381 ff.

[32] VVDStRL 12 (1954), S. 8 sowie S. 37. Der eingeladene Zivilrechtler *Hans Carl Nipperdey* wandte sich bei der Debatte der Referate gegen *Forsthoffs* Skepsis gegenüber der Möglichkeit eines sozialen Rechtsstaats: „Und nun, meine Herren, noch ein letztes. Das Hauptargument Herrn Forsthoff's für seine skeptische Haltung war, wie ich glaube, die von ihm behauptete fehlende Prägnanz, die Unbestimmtheit, die Unvollziehbarkeit des Begriffs ‚Sozialer Rechtsstaat'. Nun muß man gegenüber dieser Argumentation, die ja, wie jeder Kenner weiß, in der wissenschaftlichen Diskussion in zahlreichen Fällen eine Rolle spielt, wie schon gesagt, doch etwas vorsichtig sein. Wir müssen scharf die Frage der praktischen Schwierigkeiten unterscheiden von der zunächst theoretisch zu beurteilenden Frage, ob wir um solcher Schwierigkeiten willen die Rechtsqualität eines Begriffes leugnen sollen." (ebd., S. 97). *Nipperdey* war seiner eigenen Aussage nach (ebd., S. 92) deswegen eingeladen worden, weil sich die Zivilrechtslehrervereinigung im selben Jahr ebenfalls mit diesem Thema beschäftigte.

[33] VVDStRL 12 (1954), S. 8 sowie S. 37.

[34] *Stolleis*, Entwicklungsstufen (Fn. 22), Rn. 98.

[35] *Max Imboden/Klaus Obermayer*, Der Plan als verwaltungsrechtliches Institut, VVDStRL 18 (1960), S. 113 sowie S. 144.

Verwaltung" mit Referaten von *Walter Mallmann* und *Karl Zeidler* diskutiert.[36] In diesen beiden Jahren wurde zudem deutlich, worum die Diskussion kreiste: Während *Imboden* sich 1959 skeptisch zeigte und ein (theoretisch) unüberbrückbares Spannungsverhältnis von (politischer) Planung und (juristischem) Gleichheitsgebot postulierte,[37] war *Obermayer* optimistischer. Der Planungsbegriff hatte ihm zufolge nicht nur eine analytische und systematisierende Kraft, er ließ auch „Zusammenhänge deutlich werden [...], die durch die vordergründige Rechtsakt- und Rechtsschutzproblematik oft verdeckt werden"[38] und war mithin geeignet, die Verwaltung in die Lage zu versetzen, schnell und angemessen, auf die neue Realität und ihre Entwicklungen zu reagieren. In dieselbe Richtung zielte die Einlassung von *Fritz Münch*, der auf der Tagung von 1960 (und mit Blick auf die französische Diskussion und Tradition) ganz offen fragte, ob „die Exekutive" nicht „ohne weiteres und mit den Mitteln, die sie irgendwie zufällig an der Hand" habe, „einen neuen ‚service publique' einrichten" könne,[39] und damit eine lebhafte Diskussion auslöste.[40]

Was also zur Debatte stand war nichts weniger als das tradierte juristische Instrumentarium: Gefragt wurde, ob die im 19. Jahrhundert ausgebildete und seitdem angewandte, methodisch grundgelegte Dogmatik des Verwaltungsrechts die aktuellen Gegebenheiten noch adäquat erfassen und die aktuellen Probleme bewältigen konnte. Dass diese Frage auf den Staatsrechtslehrertagungen immer mehr und immer deutlicher in den Vordergrund rückte, hatte dabei auch damit zu tun, dass sie auch andernorts diskutiert wurde, und zwar insbesondere (und mit Verve) in der Verwaltungslehre beziehungsweise der Verwaltungswissenschaft.

b) Der „Neubau" der Verwaltung und Verwaltungswissenschaft

Ein ganz zentraler Begriff dieser verwaltungswissenschaftlichen Debatten war auch hier die von *Max Imboden* und *Klaus Obermayer* in den Mittelpunkt gerückte „Planung". Sie wurde von *Frido Wagener* in seiner 1969 bei *Carl Hermann Ule* entstandenen Habilitationsschrift umfassend beleuchtet: Die mit „Neubau der Verwaltung, Gliederung der öffentlichen Aufgaben und ihrer Träger nach Effektivität und Integrationswert" betitelte Schrift war eine auf die bundesdeutsche Verwaltung abzielende systematische Darstellung dessen, was seit Jahren unter dem Stichwort „Planung" diskutiert wurde, und ein mindestens implizites Plädoyer dafür, die Verwaltung entlang der ihre Tätigkeit prägenden Begriffe beziehungsweise „Aufgaben"[41] neu zu organisieren.

---

36 VVDStRL 19 (1961), S. 165 sowie S. 208.

37 *Imboden*, Plan (Fn. 35) S. 142, Leitsatz IX.

38 *Obermayer*, Plan (Fn. 35), S. 175, Leitsatz IV.

39 *Fritz Münch*, Diskussionsbeitrag, VVDStRL 19 (1961), S. 244f.

40 Mit der Bemerkung, dass der Begriff des *„service publique"* nicht zur juristischen Methode und ihrem Streben nach Methodenreinheit passe, antwortete *Scheuner* direkt auf *Münch*, VVDStRL 19 (1961), S. 245; vgl. auch *Ulrich Scheuner*, Die Krise des Begriffs der services publiques im französischen Verwaltungsrecht, AöR 79 (1954), S. 418.

41 Also weniger eine Gliederung nach Handlungsformen als nach Funktionen wie „Gewährleistung der inneren Sicherheit", dazu grundlegend *Hans Peter Bull*, Die Staatsaufgaben nach dem Grundgesetz. Um einen Anhang erweiterte Studienausgabe der Habilitationsschrift, 1977.

Einen Schritt weiter ging in methodologischer Hinsicht die ebenfalls von *Carl Hermann Ule* betreute Speyerer Habilitationsschrift von *Klaus König* „Erkenntnisinteressen der Verwaltungswissenschaft" von 1970. Dieser flaggte die „Verwaltungswissenschaft" (und nicht mehr die „Verwaltungslehre" als juristische Hilfswissenschaft) als eigene Wissenschaftsdisziplin aus und machte sie an der Verbindung verschiedener wissenschaftlicher Ansätze bei der Analyse gemeinsamer, konkreter Erkenntnisinteressen fest. *König* definierte die Verwaltungswissenschaft als „Integrationswissenschaft", also als eine Art Metawissenschaft. Konkret sollte die Verwaltungswissenschaft das „Feld sich verdichtender Forschungsinteressen" bilden, „das ‚aus der Einheit des juristischen Denkens' hinaus und in den Kontext der modernen Sozialwissenschaften hineinwächst".[42] *Königs* beeindruckender Entwurf entschied die alte, auf die Möglichkeit von Inter- oder sogar Transdisziplinarität zielende Frage nach „der Verwaltungswissenschaft" im Singular oder „den Verwaltungswissenschaften" im Plural eindeutig (und zugunsten des Ersteren),[43] indem er souverän ein seit dem 19. Jahrhundert bestehendes Tabu abräumte – das Verbot der Einbeziehung „seinswissenschaftlicher" Argumente.[44] Inspiriert und ermutigt wurde *König* dabei von den aus dem US-amerikanischen Exil remigrierten Staats- und Verwaltungsrechtslehrern, namentlich von *Fritz Morstein Marx*,[45] die die – oftmals von ihnen selbst in der *Roosevelt*-Administration erprobten und umgesetzten – Ansätze mitbrachten und die Methodenentwicklung der bundesdeutschen Sozialwissenschaften ganz maßgeblich prägten.[46]

2. Die Frage nach der juristischen Methode als permanente Herausforderung

a) Der Kulminations- und Streitpunkt: Die Regensburger Tagung von 1971

Um es zusammenzufassen: Schon die Referate und Diskussionen der Staatsrechtslehrertagungen der 1960er Jahre behandelten indirekt und/oder in Bezug auf einzelne Probleme immer wieder methodische Fragen, zum Teil reflektierten sie dabei auch Entwicklungen benachbarter Disziplinen. Diese Debatten zusammenzuführen, die bislang entwickelten einzelnen Ansätze und Ideen zu systematisieren und Hintergründe, Implikationen und mögliche Folgen explizit zu machen, gelang der (deshalb) legendär gewordenen Re-

---

[42] Vgl. die Rezension der Habilitationsschrift von *Klaus König* durch *Paul-L. Weinacht*, Zeitschrift für Politik N.F. 18 (1971), S. 390 (390).

[43] Zur der Frage nach der oder den Verwaltungswissenschaft(en) s. *Bogumil/Jann*, Verwaltung (Fn. 29), S. 59 ff.

[44] Die Zurückhaltung des Verwaltungsrechts gegenüber „seinswissenschaftlichen" Argumenten erklärte sich sicherlich auch aus der Erinnerung an die Umstrukturierung des juristischen Studiums im Nationalsozialismus. Sie übersah allerdings (geflissentlich), dass viele Ansätze zur Neubegründung der Verwaltungslehre nach 1945 von dezidierten Gegnern des Nationalsozialismus wie etwa *Hans Peters* ausgingen, dazu *Steffen Augsberg*, Widerstand und innere Emigration der Daheimgebliebenen: Das Beispiel von Hans Peters, in: Seckelmann/Platz (Hrsg.), Remigration und Demokratie in der Bundesrepublik nach 1945, 2017, S. 263.

[45] Diesen Hinweis verdanke ich *Klaus König*.

[46] Dazu die Beiträge in: Seckelmann/Platz (Hrsg.), Remigration und Demokratie in der Bundesrepublik nach 1945, 2017.

gensburger Tagung der Staatsrechtslehrer im Jahr 1971, genauer den zweiten „Doppelreferenten", *Otto Bachof* und *Winfried Brohm*. Unter dem Titel „Dogmatik des Verwaltungsrechts vor den Gegenwartsaufgaben der Verwaltung" setzten sich die beiden Vortragenden mit der „Demokratietauglichkeit" des Verwaltungsrechts und seiner Dogmatik auseinander. Konkret untersuchten sie, woran bei der verwaltungsrechtlichen Dogmatik *Otto Mayers* und anderer angeknüpft werden konnte und was als gleichsam eindeutig obrigkeitsstaatlich auszusondern war. Das taten sie ausdrücklich und (im Verständnis beider vermutlich auch notwendigerweise) im Rahmen einer Erörterung einer methodischen Grundsatzfrage, nämlich der nach der Wahrnehmung der „Verwaltungswirklichkeit" und der Rezeption von Methoden benachbarter Wissenschaften.

Otto Bachof und *Winfried Brohm* (in dieser Reihenfolge referierten sie) markierten mit ihren Vorträgen dabei zwei nahezu diametral entgegengesetzte Standpunkte: *Brohm* entwickelte einen Ansatz, der das von verwaltungswissenschaftlicher Seite erarbeitete Programm auf die rechtswissenschaftliche Ebene übertrug: Er plädierte für einen grundsätzlichen konzeptionellen Neuanfang, also, wenn man so will, für eine die Realität unbefangen zur Kenntnis nehmende (diese mithin als „ihre" Realität akzeptierende, sich also selbst in die Realität stellende) Rechtswissenschaft. Eine grundsätzliche Kritik an diesem Vorhaben und an allen in diese Richtung zielenden Überlegungen und Konzeptionen übte hingegen *Bachof*, indem er auf der überkommenden Dogmatik beharrte und bestritt, dass (Verwaltungs-)Recht und (Verwaltungs-)Realität voll und widerspruchsfrei zur Deckung zu bringen seien.

Im Einzelnen: *Winfried Brohm* wollte das Öffentliche Recht explizit auf die Gegenwart und vor allem auf die Zukunft ausrichten. Er formulierte gleichsam das Manifest der später ins Leben getretenen Neuen Verwaltungsrechtswissenschaft, wenn er ausführte, dass das „Recht […] nicht nur Bezug zur Vergangenheit und Gegenwart" habe, sondern „immer zugleich auch ein Ordnungsentwurf in die Zukunft hinein" sei. Ihm komme eine „Leitfunktion" zu, die es „in einer sich beschleunigt veränderten Welt nur verwirklichen" könne, „wenn die Dogmatik" auch versuche, „die in der Entwicklung angelegten Umweltveränderungen vorwegzunehmen."[47] Eine solche proaktive Dogmatik war nur denkbar, wenn die (faktische) Realität (oder wenigstens deren wichtigste Entwicklungstendenzen) mit dem oder im Recht erkannt und adäquat dogmatisch abgebildet werden konnte. Recht und Realität waren demnach nicht identisch, aber kommensurabel, was auch hieß, dass das Recht die Einsichten und Methoden anderer Wissenschaften integrieren konnte. *Brohm* machte das explizit, als er seine Ausführungen nachträglich und schriftlich um die Aussage ergänzte, dass die Dogmatik, wenn sie die ihr zugedachte

---

[47] *Winfried Brohm*, Dogmatik des Verwaltungsrechts vor den Gegenwartsaufgaben der Verwaltung, VVDStRL 30 (1972), S. 245 (251); zu *Brohm* vgl. *Anna-Bettina Kaiser*, Winfried Brohm: Dogmatik als „Zukunftswissenschaft", in: Kremer (Hrsg.), Die Verwaltungsrechtswissenschaft in der frühen Bundesrepublik (1949–1977), 2017, S. 345. Ich [M.S.] teile jedoch ihre Auffassung nicht, dass sich nur *Brohm*, nicht auch *Bachof* „überhaupt ernsthaft auf die Frage einließ, was unter Dogmatik zu verstehen sei und welche Bedeutung ihr zukomme", vgl. *Kaiser*, a. a. O., S. 349. Dazu Näheres auf S. 673.

„Leitfunktion" erfüllen wollte, „in besonderem Maße auf die sozialwissenschaftliche Forschung angewiesen" sei.[48]

Ganz anders sah *Otto Bachof* die Dinge. Gegenüber dem Optimismus seines Mitreferenten, der eine *antizipierende* Dogmatik für erforderlich und für möglich hielt, war es für *Bachof* erwiesen, dass Dogmatik sich immer *reaktiv* entwickle, notwendigerweise Entwicklungen folge (diese also nicht vorwegnehmen könne), dass also, wie er es formulierte, die „dogmatische Bewältigung neuer Probleme [...] ihre Zeit" sowie „Geduld und Ausdauer" brauche und „Irrwege und Umwege [...] unvermeidbar" seien und sich „Fertiges [...] nur selten aufweisen lassen" werde.[49] Dass eine proaktive Dogmatik, wie *Winfried Brohm* sie umriss, für *Bachof* unmöglich war, hatte direkt mit einem erkenntnistheoretischen Pessimismus zu tun: Für ihn existierten zwischen Recht und Realität unüberschreitbare Grenzen, folglich könne das Recht nur und notwendigerweise mit spezifisch rechtlichen Begriffen arbeiten: „Auf Begriffen, die keine hinreichend bestimmbare rechtliche Aussagekraft besitzen und die eben deshalb keine Rechtsbegriffe sind, läßt sich ein Rechtssystem nicht errichten."[50] Alle Versuche, „Zusammenhänge deutlich werden [zu lassen], die durch die vordergründige Rechtsakt- und Rechtsschutzproblematik oft verdeckt werden",[51] (so hatte es *Klaus Obermayer* formuliert) und das Verwaltungsrecht anhand der Zwecke und (neuen) „Gegenwartsaufgaben" des Staats und seiner Exekutive neu zu konzipieren, führten für *Bachof* notwendigerweise ins juristische Nirgendwo – sie bildeten in seinen Augen schlicht keine „tragfähige Grundlage für das innere System".[52]

Otto Bachof bestand also auf dem (später so genannten) „Proprium des Rechts"[53] – und daher auf der tradierten juristischen Methode. Damit bot er, das war ihm bewusst, einiges an Angriffsfläche. Denn er verteidigte eine Methode, die sich im 19. Jahrhundert entwickelt hatte und vielleicht weniger selbstverständlich, zweckfrei und voraussetzungslos war, als sie von vielen ihrer Vertreter beschrieben wurde. Zum einen war diese Methode mehr durch eine Abwehr fremder (beziehungsweise als fremd bestimmter) Ansätze und Argumente als durch die Entwicklung eigener gekennzeichnet: So wie insbesondere *Carl Friedrich von Gerber* und *Paul Laband* sie für das Staatsrecht entwickelten „zeichnete [sie] sich vor allem dadurch aus, daß zunächst alle nichtjuristischen Erwägungen, als welche politische, geschichtliche, philosophische und volkswirtschaftliche angesehen wurden, ausgeschieden wurden."[54] Und nur dieser „stofflich reine Rest" wurde dann „nach rechtlichen Gesichtspunkten" geordnet,[55] mithin auf den Begriff – oder die Begriffe – gebracht und systematisch entwickelt; ein Unterfangen, das ganz sicher

---

48 *Brohm*, Gegenwartsaufgaben (Fn. 47), S. 251.

49 *Otto Bachof*, Dogmatik des Verwaltungsrechts vor den Gegenwartsaufgaben der Verwaltung, VVDStRL 30 (1972), S. 193 (237).

50 *Bachof*, Gegenwartsaufgaben (Fn. 49), S. 229.

51 *Obermayer*, Plan (Fn. 35), S. 113 (Leitsatz IV).

52 *Bachof*, Gegenwartsaufgaben (Fn. 49), S. 228.

53 Dazu die Beiträge in: Engel/Schön (Hrsg.), Das Proprium der Rechtswissenschaft, 2007.

54 *Alfons Hueber*, Otto Mayer, 1982, S. 245 f.

55 Ebd.

auch „der Selbstbehauptung des Verwaltungsrechts gegenüber dem Privatrecht“ diente.[56] Zum zweiten setzte sie die Gegenüberstellung von Staat und Gesellschaft ebenso voraus wie sie diese bewahrte und fortschrieb: Die die juristische Methode hatte sich gerade als Gegenentwurf zu einer umfassenden Gemeinwohlbewirkung (Stichwort „gute Policey“[57]) und zwar auch in ihrer rechtsstaatlich eingehegten Form (Stichwort: *Robert von Mohl*[58] und *Lorenz von Stein*[59]) entwickelt. Das Verwaltungsrecht konnte und sollte daher seinem (Selbst-)Verständnis nach einem Ausgreifen des Staats in die Gesellschaft Grenzen setzen.[60]

Ebenso richtig ist (und war) allerdings, dass dieser neue Umgang mit dem Staatsrecht zum einen eine fast schon eine radikale methodische Innovation darstellte: Er beendete die „additiv-erzählende […] und aufgabenbezogene […] Stoffdarstellung in der enzyklopädisch ausgerichteten Staatswissenschaft alter Prägung“.[61] Zum anderen zielte diese neue Methode auch und gerade auf etwas, das in der Bundesrepublik von außerordentlicher, grundlegender Bedeutung war, nämlich auf die Bindung der öffentlichen Verwaltung an das Gesetz – und damit auch an den Gesetzgeber.[62] Das hieß, dass die „rechtsaktbezogene Perspektive“ sich nicht in der methodischen Überzeugung erschöpft, dass es „geschriebene und ungeschriebene, individuelle oder generelle normative Aussagen“ gibt, die die Rechtsordnung bilden und „unabhängig von den tatsächlichen Aufgaben der Verwaltung isoliert untersucht werden können“,[63] sondern auch direkt und integral mit der Durchsetzung (und der theoretischen Grundlegung) des Rechtsstaats verbunden war und ist. Diese Verbindung spielte gerade für *Otto Bachof* eine entscheidende Rolle: Mit seinen systematisierenden Arbeiten, die er vor der Kodifikation der Verwaltungsgerichtsordnung und des Verwaltungsverfahrensgesetzes des Bundes in seltener Qualität (mit der fast nur noch *Hans Julius Wolff* mithalten konnte) verfasste, trug er (neben der Verwaltungsgerichtsbarkeit) entscheidend zu einer „Rekonstruktion des Rechtsstaats im Verwaltungsrecht“ bei. (Und sie stellt – in letzter Konsequenz – für alle Rufe nach einem stärkeren Realbezug der Verwaltung ein echtes Problem dar. Denn, wie es

---

[56] Vgl. exemplarisch *Erk Volkmar Heyen*, Otto Mayer, 1981; *Hueber*, Otto Mayer (Fn. 54); *Toshikuyi Ishikawa*, Friedrich Franz von Mayer, 1992; *Felix Stoerk*, Über die juristische Methode, 1996.

[57] Vgl. dazu statt vieler *Thomas Simon*, Gute Policey. Ordnungsleitbilder und Zielvorstellungen politischen Handelns in der Frühen Neuzeit, 2004.

[58] Vgl. *Robert von Mohl*, Policeywissenschaft nach den Grundsätzen des Rechtsstaates, 1831 ff.

[59] *Lorenz von Stein*, Verwaltungslehre in acht Theilen, 1866–1884. Zur aktuellen Rezeption der Arbeiten von Steins vgl. das Lorenz-von-Stein-Institut für Verwaltungswissenschaften an der Christian-Albrechts-Universität zu Kiel.

[60] Die Vorstellung, dass Staat und Gesellschaft einander gegenüberstehen, war zwar bereits in der Weimarer Republik, nicht zuletzt mit demokratietheoretischen Argumenten, angegriffen worden, dazu und zu den entsprechenden Debatten *Kathrin Groh*, Demokratische Staatsrechtslehrer in der Weimarer Republik, 2010. Sie erlebte nach dem Krieg – und dem Ende des „totalen Staates“ – allerdings ein Revival, für das ausgerechnet *Ernst Forsthoff* (mit)verantwortlich war. Vgl. *Florian Meinel*, Die andere Seite des Rechtsstaats, in: Kremer (Hrsg.), Die Verwaltungsrechtswissenschaft in der frühen Bundesrepublik (1949–1977), 2017, S. 129 ff.

[61] *Andreas Voßkuhle*, Neue Verwaltungsrechtswissenschaft, in: Hoffmann-Riem/Schmidt-Aßmann/ders. (Hrsg.), Grundlagen des Verwaltungsrechts, Bd. 1, 2. Aufl., 2012, § 1 Rn. 1.

[62] *Voßkuhle*, Verwaltungsrechtswissenschaft (Fn. 61), § 1 Rn. 4.

[63] So pointiert *Voßkuhle*, Verwaltungsrechtswissenschaft (Fn. 61),§ 1 Rn. 3.

Martin Schulte ausdrückte, kann es eine „Rechtsdogmatik, die bestreiten wollte, dass es richtig ist, normkonform zu handeln, [...] nicht geben."[64])

Diese direkte Verbindung, die zwischen Methode und Rechtsstaatsprinzip bestand, setzte *Otto Bachofs* Argumentation allerdings gleichzeitig unter Druck. Denn auch das Rechtsstaatsprinzip beziehungsweise die angesprochene Gesetzesbindung der Verwaltung konnten und mussten auf die veränderten Bedingungen des Grundgesetzes und der darin konstituierten parlamentarischen Demokratie hin neu durchdacht und neu „durchdekliniert" werden. Das taten bekanntlich insbesondere *Bachofs* Schüler *Dietrich Jesch* und *Hans Heinrich Rupp.*[65] Ihre Schlussfolgerung, eine strenge Gesetzesbindung unbestimmter Rechtsbegriffe und Ermessensnormen sei unumgänglich, versperrte sozusagen den Weg, auf dem *Bachof* den – auch von ihm als existent anerkannten – (neuen oder veränderten) „Zwecken" und „Gegenwartsaufgaben" Rechnung tragen wollte: Seine auch und gerade im mit der Rechtsstaatlichkeit begründete Forderung nach dem Festhalten an der überkommenen Dogmatik ließ „nur" eine konkrete, „praktische" Lösung der Probleme, die aus dem Zusammentreffen von Dogmatik und Realität entstanden, zu – eben Ermessen und unbestimmte Rechtsbegriffe. *Bachof* selbst war das mehr als bewusst. Schließlich stellte er seine Feststellung, dass die „behaupteten ,obrigkeitsstaatlichen Relikte'", die das „Verwaltungsrecht des Kaiserreichs, in geringerem Maße auch dasjenige der Weimarer Republik und in nicht unerheblichen Restbeständen noch das Recht der Jahre nach 1945" geprägt hätten, „längst abgebaut" seien, und zwar gründlich und höchst effektiv",[66] unter einen Vorbehalt: Das soeben Gesagte könne nur derjenige bestreiten, der „nur eine mehr oder minder totale gesetzliche Bindung der Verwaltung als rechtsstaatlich und als demokratisch anzuerkennen vermag" (womit er auf *Jesch*[67] und *Rupp*[68] anspielte). „Hier", also an dieser Frage des Gesetzesvorbehalts, schieden sich laut *Bachof* „die Geister".[69]

---

[64] *Martin Schulte*, Zum Umgang mit Wissen, Nichtwissen und Unsicherem Wissen im Recht – dargestellt am Beispiel des BSE- und MKS-Konflikts, in: Engel/Halfmann/Schulte (Hrsg.), Wissen – Nichtwissen – Unsicheres Wissen, 2002, S. 352 (355) unter Bezugnahme auf u. a. *Niklas Luhmann*, Die Gesellschaft der Gesellschaft, 1998, S. 879 ff.

[65] Vgl. nur *Dietrich Jesch*, Unbestimmte Rechtsbegriffe und Ermessen in rechtstheoretischer und verfassungsrechtlicher Sicht, AöR 82 (1957), S. 163; *Hans Heinrich Rupp*, Grundfragen der heutigen Verwaltungsrechtslehre, 1965.

[66] *Bachof*, Gegenwartsaufgaben (Fn. 49), S. 206.

[67] *Dietrich Jesch*, Gesetz und Verwaltung, 1961, insbesondere S. 203 ff.; vgl. auch Fn. 65 sowie *Ino Augsberg*, Demokratische Aufklärung, in: Kremer (Hrsg.), Die Verwaltungsrechtswissenschaft in der frühen Bundesrepublik (1949–1977), 2017, S. 287, und *Oliver Lepsius*, Dietrich Jesch: Gesetz und Verwaltung, 1961, JZ 2004, S. 350.

[68] Illustrativ hierzu der rückblickende Beitrag: *Hans Heinrich Rupp*, Bemerkungen zur Entwicklung der deutschen Verwaltungsrechtslehre und des Verwaltungsrechts unmittelbar nach 1946, in: Kremer (Hrsg.), Die Verwaltungsrechtswissenschaft in der frühen Bundesrepublik (1949–1977), 2017, S. 381; zu *Rupp* vgl. auch *Andreas Funke*, Ein Außenseiter, mittendrin, ebd., S. 305.

[69] *Bachof*, Gegenwartsaufgaben (Fn. 49), S. 206.

b) Die weitere Diskussion

Mithin wurde auf der Tagung von 1971 offensichtlich (gemacht), vor welchem Problem das Verwaltungsrecht und die Verwaltungsrechtswissenschaft – je länger desto deutlicher – standen: Die das Selbstverständnis der Bundesrepublik spätestens seit Mitte der 1960er Jahre prägende grundsätzliche Entwicklungsoffenheit und die dadurch erreichte Dynamisierung stellten nicht nur andere Anforderungen an die Verarbeitungskapazitäten und -möglichkeiten des Rechts, das im 19. Jahrhundert als abgeschlossenes und weitgehend statisches System konzipiert worden war. Beide Momente – die Entwicklungsoffenheit und die dem Gesamtsystem damit notwendigerweise zugesprochene innere Dynamik – gerieten auch in ein Spannungsverhältnis zu dem die Bundesrepublik ebenfalls (und ganz zentral) konstituierenden Rechtsstaatlichkeitsprinzip, das ebenfalls direkte Konsequenzen für die Konzeption der Verwaltung und des Verwaltungsrechts hatte.

Dieser Problemkreis sollte die Staatsrechtslehrertagungen weiter beschäftigen. Liest man die Protokolle der Verhandlungen, drängt sich die Vermutung auf, dass die Debatten dabei zwar an verschiedenen Fragen anknüpften, sich die „Fronten" aber nicht änderten. Ob über Wissen und Folgenabschätzung, Steuerung, Regulierung beziehungsweise Selbstregulierung oder Gewährleistungsstaatlichkeit diskutiert und gestritten wurde: Im Grunde, so die These, lassen sich die Kontrahenten sämtlich entweder dem „Team Bachof" oder dem „Team Brohm" zuordnen – die beiden Vorträge von 1971 hatten also in geradezu idealtypischer Form enthüllt, dass und welche zwei Möglichkeiten existier(t)en, die „Gegenwartsaufgaben der Verwaltung" dogmatisch zu bewältigen und welche methodischen (Vor-)Entscheidungen und Probleme damit verbunden waren und sind.

So referierten *Matthias Schmidt-Preuß* und *Udo Di Fabio* – bezogen auf den Begriff des Gewährleistungsstaates[70] und vor dem Hintergrund der Debatte um eine ökonomische Analyse des Rechts beziehungsweise eine Ökonomisierung der Verwaltung – 1996 über „Verwaltung und Verwaltungsrecht zwischen gesellschaftlicher Selbstregulierung und staatlicher Steuerung".[71] Während *Schmidt-Preuß* dabei für die „Abkehr vom klassischen Gestaltungsmodus imperativer Zweckverwirklichung zugunsten arbeitsteiliger Gemeinwohlkonkretisierung durch Staat und Private" plädierte,[72] wies *Di Fabio* auf die „spezifische Funktionslogik der gesetzesgebundenen Verwaltung" hin.[73] Ganz ähnlich verlief die Diskussion auf der Freiburger Tagung im Jahr 2007. Gut 35 Jahre nach der Regensburger Tagung – und implizit oder sogar explizit bezogen auf die gerade von *Wolfgang Hoffmann-Riem, Eberhard Schmidt-Aßmann, Gunnar Folke Schuppert, Andreas Voßkuhle* und anderen zum neuen Leitparadigma erklärte „Neuen Verwaltungswissen-

---

[70] Dazu statt vieler *Matthias Knauff*, Der Gewährleistungsstaat: Reform der Daseinsvorsorge, 2004 m. w. N.

[71] Dazu statt aller *Christoph Engel*, Rechtliche Entscheidungen unter Unsicherheit, in: ders./Halfmann/Schulte (Hrsg.), Wissen – Nichtwissen – Unsicheres Wissen, 2002, S. 305 (306 ff.).

[72] *Matthias Schmidt-Preuß*, Verwaltung und Verwaltungsrecht zwischen gesellschaftlicher Selbstregulierung und staatlicher Steuerung, VVDStRL 56 (1997), S. 160 (162).

[73] *Udo Di Fabio*, Verwaltung und Verwaltungsrecht zwischen gesellschaftlicher Selbstregulierung und staatlicher Steuerung, VVDStRL 56 (1997), S. 226 (265 f.)

schaft"[74] – fragten hier zwei sozialwissenschaftlich beschlagene Referenten, *Ivo Appel* und *Martin Eifert*, ganz direkt nach dem Ob und Wie einer „disziplinäre[n] Öffnung" der Verwaltungsrechtswissenschaft. *Eifert* forderte dabei eine „Perspektivenverschränkung": Mit einer um einen „steuerungswissenschaftliche[n]" Zugriff erweiterten Perspektive ließen sich Fragen lösen, die mit der klassischen juristischen Methode nicht gelöst werden könnten.[75] Demgegenüber sah *Appel* keine Alternative zur Wahrung der disziplinären (und methodischen) Integrität. Dabei wies er, wie seinerzeit *Otto Bachof*, auf erkenntnistheoretische Probleme und auf die Gesetzesbindung der Verwaltung hin: Es sei stets vorab zu fragen, wo es „Raum für steuerungswissenschaftliche Überlegungen" gebe, „wenn das herkömmliche Konzept von gesetzesgeleiteter Rechtsanwendung und Gesetzesbindung nicht ausgehebelt werden" solle.[76]

Ein Zusammenprall zweier einander direkt entgegenstehender Ansätze prägten und prägen also viele Diskussionen der Staatsrechtslehrertagungen – und/oder prägte sich dort aus, wurde dort also greifbar und in seinen Implikationen, Voraussetzungen und Folgen beleuchtet. Die Frage nach dem Ob und Wie des Umgangs mit der (Verwaltungs-) Realität bildete und bildet für die Verwaltungsrechtswissenschaft also eine permanente, konstruktive Herausforderung. Das liegt nicht zuletzt daran, dass diese Realität, oder jedenfalls die ihr innewohnenden wichtigsten Entwicklungstendenzen und Probleme, jeweils anders wahrgenommen und beschrieben werden kann, wurde und wird. Mit anderen Worten: Die Frage nach dem Realbezug der Verwaltungsrechtswissenschaft ist auch eine nach dieser Realität selbst und nach den Gründen, aus denen heraus sich die Rechtswissenschaft mit ihr (neu oder wieder) beschäftigen sollte.

III. Annäherungs- und Lösungsversuche durch die Praxis und die Theorie

1. Der Gesprächskreis „Verwaltungslehre"

Nichtsdestoweniger – oder darüber hinaus – bildet sie aber auch eine Frage, die, das wissen Juristen und Juristinnen, irgendwie gelöst werden muss. So gesehen ist, wie es *Jörn Ipsen* auf der Hannoveraner Staatsrechtslehrertagung im Jahr 1989 sinngemäß ausdrückte, die Bewältigung des wissenschaftlich-technischen Wandels mithilfe des öffentlichen Rechts ebenso Anmaßung wie Notwendigkeit.[77] Lässt man sich auf diese, wenn man so will, zwischen *Otto Bachof* und *Winfried Brohm* vermittelnde Ebene ein, wird die grundsätzliche und theoretische Frage zu einer Details in den Blick nehmenden, konkreten und praktischen: *Ivo Appel* hat das auf der bereits erwähnten Tagung von 2007

---

[74] Vgl. nur *Voßkuhle*, Verwaltungsrechtswissenschaft (Fn. 61), § 1.

[75] *Martin Eifert*, Das Verwaltungsrecht zwischen klassischem dogmatischen Verständnis und steuerungswissenschaftlichem Anspruch, VVDStRL 67 (2008), S. 286 (324).

[76] *Ivo Appel*, Das Verwaltungsrecht zwischen klassischem dogmatischen Verständnis und steuerungswissenschaftlichem Anspruch, VVDStRL 67 (2008), S. 226 (228).

[77] *Jörn Ipsen*, Die Bewältigung der wissenschaftlichen und technischen Entwicklungen durch das Verwaltungsrecht, VVDStRL 48 (1990), S. 177 (178 f.).

folgendermaßen formuliert: „Die eigentliche, gerade im Detail schwierige Aufgabe der Rechtswissenschaft" bestehe „ohne Zweifel darin", außerjuristische (bei *Appel* konkret steuerungswissenschaftliche) „Erkenntnisse so fruchtbar zu machen, dass die Rechtspraxis und die Rechtsanwendung damit gewinnbringend umgehen können."[78] Und auch in dieser Weise beschäftigte der „Realbezug" der Verwaltung(srechtswissenschaft) die Staatsrechtslehrertagung. Das wichtigste Forum bildete hier der 1972 gegründete Gesprächskreis Verwaltung.

Ins Leben gerufen wurde der Kreis von einigen reformorientierten Neuaufgenommenen um *Frido Wagener*, die miteinander über aktuelle verwaltungspolitische wie verwaltungsrechtliche Fragen (und später auch neue verwaltungswissenschaftliche Ansätze) diskutieren wollten. Konkret strebten sie nach einem Forum, das nicht von den formellen und informellen Hierarchien, die die Reihenfolge der Diskussionsbeiträge bestimmten,[79] (und ebenso wenig von der die Doppelreferate prägenden Angst, sich durch zu steile Thesen die Karriere zu ruinieren[80]) geprägt war. Viele der Mitglieder, vor allem auch die Vorsitzenden, hatten dabei Praxiserfahrungen, sei es durch ein nebenamtlich wahrgenommenes Richteramt oder durch eine – zwischenzeitlich –ausgeübte politische Tätigkeit.[81]

Um 1988 bekam der Gesprächskreis unter dem Vorsitz von *Hans Peter Bull*, der sogar beide zuletzt genannten Attribute für sich in Anspruch nehmen konnte, eine neue Struktur verliehen: Der (bis dahin immer wieder veränderte) Name wurde gegenstandsbezogen auf „Verwaltung" festgelegt, was umgekehrt eine Verortung ersparte, ob es eine „Verwaltungswissenschaft" (oder mehrere) oder doch „nur" eine Verwaltungslehre (als juristische Hilfswissenschaft) gebe. Zum anderen wurde eine Geschäftsordnung auf- und ein „Lenkungskreis" eingesetzt (um den beziehungsweise die Vorsitzende zu entlasten).

Vor allen Dingen aber wurde der Gesprächskreis ausdrücklich als „Treffraum" mit anderen Wissenschaften (insbesondere den Verwaltungswissenschaften) und mit der Praxis konzipiert. [82] So wurden die Politik- und Verwaltungswissenschaftler *Renate Mayntz*, *Fritz W. Scharpf* („einst selbst Jurist"[83]), *Sabine Kuhlmann* und *Arthur Benz* zu Referaten eingeladen. Von den Praktikern blieben unter anderem *Göttrik Wewer* und *Matthias Kammer* (seinerzeit Dataport) in Erinnerung. Dass in dem Gesprächskreis vor

---

[78] *Appel*, Verwaltungsrecht (Fn. 76), S. 362.

[79] Der Gesprächskreis kam auf Betreiben insbesondere von *Frido Wagener* und seinem Doktorvater, *Werner Weber*, zustande und änderte im Laufe der Jahre sowohl seinen Namen als auch seine Struktur. Dazu auch *Schulze-Fielitz*, Wissenschaftskultur (Fn. 2), S. 99 ff.

[80] *Meyer*, Interview (Fn. 5), S. 4.

[81] Zu Vorsitzenden wurden der Reihenfolge nach gewählt (soweit ermittelbar): *Werner Weber, Franz Mayer, Franz-Ludwig Knemeyer, Werner Thieme, Günter Püttner, Winfried Brohm, Rainer Wahl, Gunnar Folke Schuppert, Hans Peter Bull, Janbernd Oebbecke, Martin Burgi, Thomas Groß, Veith Mehde, Hermann Pünder* und *Anna Leisner-Egensperger* sowie seit 2021 *Thomas Mann*.

[82] Zu dem Begriff „Treffraum" s. *Indra Spiecker gen. Döhmann*, Kontexte der Demokratie: Parteien, Medien und Sozialstrukturen, VVDStRL 77 (2018), S. 9 (20, 23, 28, 34 ff.) sowie zuvor *Niklas Luhmann*, Die Politik der Gesellschaft, 2000, S. 397 f.; *Peter Collin*, Treffräume von Regulierungsrationalitäten: Überlegungen zu Voraussetzungen und Typisierungen juristisch-ökonomischer Kommunikation, in: ders. (Hrsg.), Treffräume juristischer und ökonomischer Regulierungsrationalitäten, 2014, S. 1.

[83] So stellte er sich seinerzeit der Verfasserin dieses Beitrags vor.

allem die Relevanz der Vorträge und Einlassungen für die Verwaltung im Vordergrund steht, zeigte die Reaktion auf den Vortrag des Ökonomen *Guy Kirsch* (Fribourg/Schweiz): In der Erinnerung der befragten Mitglieder beziehungsweise Vorsitzenden[84] sorgte dieses Referat deshalb für Irritationen, weil es sich (ungeachtet seiner Qualität) nicht um Anschlussfähigkeit für andere verwaltungsbezogene Wissenschaften bzw. einen Verwaltungsbezug bemüht habe (offensichtlich waren aber genau das die beiden Kriterien für ein „gelungenes" Referat im Gesprächskreis Verwaltung).

2. Wer ist eigentlich „das Recht" – und, wenn ja, wie viele?

Aber nicht nur von der praktischen Ebene aus, auch aus rechtstheoretischer Perspektive wurden immer wieder Versuche formuliert, das Problem des Realbezugs des Rechts wenn nicht zu lösen, so doch wenigstens zu entschärfen. Einer dieser Ansätze nimmt einen Perspektivwechsel vor und verschafft der Auseinandersetzung dadurch einen anderen Mittelpunkt. Auf der Tagung im Jahr 2003 referierte *Oliver Lepsius* zum Thema „Risikosteuerung durch Verwaltungsrecht: Ermöglichung oder Begrenzung von Innovationen".[85] Er warf dort die Frage auf, wer oder was genau eigentlich „das Recht" sei, das „die Realität" zu rezipieren habe: die Verwaltung (und die Verwaltungsgerichtsbarkeit), die Wissenschaft oder der Gesetzgeber. *Lepsius* („Team Brohm") optierte eindeutig für den Letztgenannten: Es sei zwar festzustellen, dass die „Risikoregulierung" (als eine spezifische Aufnahme der Verwaltungsrealität ins Recht) „institutionell in erster Linie als Auftrag der Verwaltung begriffen" werde, dieses stehe jedoch im Widerspruch dazu, dass „die Lösung […] nur im Wege der abstrakt-generellen […] Normsetzung zu finden" sei, die die Verwaltung gerade nicht bewirken könne.[86] Dass „die Verwaltung mit Risikoentscheidungen oft überfordert" sei und der Grund, aus dem „das soziale Problem des Risikos, nämlich die Vergesellschaftung und Naturalisierung der Zurechnung, nicht behoben" werde, das Rechtssystem das soziale und kognitive Risikoproblem" also nicht löse, liege daran, dass „im Rahmen einer *juristischen* Rationalität *politische* Aspekte" eben nicht verarbeitet werden könnten.[87]

Ähnlich hatte zuvor schon *Walter Schmidt* auf der Augsburger Staatsrechtslehrertagung von 1975 argumentiert: „Im gleichen Maße wie demokratische Teilhabe an der Vorbereitung von Verwaltungsentscheidungen verfahrensrechtlich abgesichert wird, tritt die Verwaltung aus dem Schatten vermeintlicher politischer Neutralität heraus. Ihr Verhältnis zur Politik muß deutlicher als bisher bestimmt werden."[88]

---

84 Vgl. die erste (Sternchen-)Fußnote.

85 *Oliver Lepsius*, Risikosteuerung durch Verwaltungsrecht: Ermöglichung oder Begrenzung von Innovationen?, VVDStRL 62 (2003), S. 264.

86 *Lepsius*, Risikosteuerung (Fn. 85), S. 301.

87 *Lepsius*, Risikosteuerung (Fn. 85), S. 310, Hervorhebungen durch mich, M.S.

88 *Walter Schmidt*, Organisierte Einwirkungen auf die Verwaltung – Zur Lage der zweiten Gewalt, VVDStRL 33 (1975), S. 183 (215).

IV. Bilanz

Zurück zu *Lepsius*: Wird der Bezugsrahmen seiner Aussage erweitert (der Risikobegriff also durch den der „Verwaltungsrealität" ersetzt), wird deutlich, was mit ihr für das hier behandelte Problem gewonnen wird: Die Fragestellung konkretisiert sich dann darauf, durch welches Mitglied der „Gemeinschaft der Verfassungsinterpreten"[89] diese Bezugnahme unter der Geltung des Demokratieprinzips verbindlich erfolgen kann. Wird die Frage des Realbezugs des Rechts so gestellt, stehen sich wieder einmal das altbewährte „Team Savigny" und das „Team Thibaut" gegenüber, die wir schon aus den Anfängen der Herausbildung der Trennung zwischen dem öffentlichen und dem privaten Recht auf dem deutschen Territorium kennen.[90]

---

[89] Begriff nach *Peter Häberle*, Die offene Gesellschaft der Verfassungsinterpreten, JZ 1975, S. 297.

[90] Dazu nach wie vor lesenswert Hattenhauer (Hrsg.), Thibaut und Savigny: ihre programmatischen Schriften, 2. Aufl., 2002; vgl. auch *Dieter Grimm*, Verfassung und Privatrecht im 19. Jahrhundert, 2017 und natürlich *Michael Stolleis*, Geschichte des öffentlichen Rechts in Deutschland, Band 2, 1992.

Verwaltungsrechtsvergleichung in den Tagungen der Vereinigung

*Franz Merli**

I. Der Wunsch nach Rechtsvergleichung . . . 681
II. Die Praxis der Rechtsvergleichung . . . 682
1. Abgrenzungen . . . 682
2. Ergebnisse . . . 686
III. Der Nutzen der Rechtsvergleichung . . . 688
IV. Die Zukunft der Rechtsvergleichung . . . 693

In einer Vereinigung von Juristinnen und Juristen aus mehreren Rechtsordnungen liegt Rechtvergleichung nahe, in einer sich wieder internationalisierenden Rechtswissenschaft noch mehr. Aber auch Naheliegendes verlangt manchmal ein genaueres Hinsehen.

I. Der Wunsch nach Rechtsvergleichung

Auf den Wunsch nach Rechtsvergleichung stößt man im Tagungsgeschehen immer wieder. Mitunter zeigt er sich schon in der Formulierung des Themas durch den Vorstand, etwa „Rechtsetzungen der europäischen und nationalen Verwaltungen“[1] oder „Diskursvergleich im internationalen und nationalen Recht“ und „Diskursvergleich im Verfassungs- und Verwaltungsrecht“[2]. Will der Vorstand ganz sichergehen, wählt er dafür Referenten mit rechtsvergleichender Neigung.[3] Umgekehrt gibt es Themen, die nicht gerade zur Vergleichung einladen, z. B. „Die neueste Entwicklung des Gemeindeverfassungsrechts in Deutschland“[4] oder „Die staatsrechtliche Stellung der Ausländer in der Bundesrepublik Deutschland“.[5] Gelegentlich schlägt der Vorstand den Referenten aus-

* Großen Dank schulde ich Maximilian Blaßnig und Iris Potocnik für ihre Hilfe bei der Auswertung der Tagungsbände.

[1] VVDStRL 71 (2012), S. 369.

[2] VVDStRL 77 (2018), S. 237 und 351.

[3] Z. B. *Thomas Groß*, Verantwortung und Effizienz in der Mehrebenenverwaltung, VVDStRL 66 (2007), S. 152; *Uwe Kischel*, Fragmentierungen im Öffentlichen Recht: Diskursvergleich im internationalen und nationalen Recht, und *Olivier Jouanjan*, Fragmentierungen im Öffentlichen Recht: Diskursvergleich im Verfassungs- und Verwaltungsrecht, VVDStRL 77 (2018), S. 285 und 351.

[4] VVDStRL 2 (1925), S. 122; trotzdem mit rechtsvergleichenden Passagen bei *Fritz Stier-Somlo*, ebd., S. 127, 130, 131.

[5] VVDStRL 32 (1974), S. 7.

drücklich eine rechtsvergleichende Behandlung ihres Themas vor,[6] und in einem Fall stellte er ihnen sogar einen Fragenkatalog zur Verfügung, um den Vergleich zu erleichtern.[7]

Von einem Wunsch nach rechtsvergleichender Erkenntnis darf man regelmäßig auch ausgehen, wenn der Vorstand ein Thema mit Referenten aus unterschiedlichen Rechtsordnungen besetzt, sei es gleichwertig oder in Form von ergänzenden Länderberichten, oder wenn er in der Diskussion um Ergänzungen durch österreichische oder Schweizer Mitglieder bittet.[8] Auch die Mitglieder wünschen sich oft Rechtsvergleichung, und wenn welche geboten wird, mehr davon.[9]

Wie repräsentativ solche Äußerungen sind, lässt sich schwer sagen. Eines aber zeigen schon sie: Rechtsvergleichung ist nicht selbstverständlich.

II. Die Praxis der Rechtsvergleichung

1. *Abgrenzungen*

Will man feststellen, wieviel Verwaltungsrechtsvergleichung tatsächlich stattfindet, muss man sich entscheiden, was man als „Verwaltungsrecht" und als „Rechtsvergleichung" gelten lassen will. Ganz so einfach ist das gar nicht.

---

[6] Vom Vorstand als „Anregung", vom Referenten als „Auftrag" verstanden: Jahrestagung 1998, VVDStRL 58 (1999), S. 5 (6); *Eibe Riedel*, Rechtliche Optimierungsgebote oder Rahmensetzungen für das Verwaltungshandeln?, VVDStRL 58 (1999), S. 180 (181).

[7] *Hans-Jürgen Papier*, Aussprache und Schlußworte zu Eigentumsschutz, Sozialbindung und Enteignung bei der Nutzung von Boden und Umwelt, VVDStRL 51 (1992), S. 283.

[8] Näher und mit detaillierten Nachweisen dazu *Helmuth Schulze-Fielitz*, Die Wissenschaftskultur der Staatsrechtslehrer, 2022, S. 120; überblicksweise unten bei Fn. 31.

[9] Aus den jeweiligen Diskussionen: zum Vertrauensschutz im Verwaltungsrecht: *Hans F. Zacher*, VVDStRL 32 (1974), S. 256 f.; zum Haushaltsrecht: *Michael Kloepfer*, VVDStRL 42 (1984), S. 298 f.; zu Rechtsverhältnissen in der Leistungsverwaltung: *Günter Püttner*, VVDStRL 45 (1987), S. 284 und *Georg Ress*, ebd., S. 288; zu Gesetzesgestaltung und Gesetzesanwendung im Leistungsrecht: *Rudolf Steinberg*, VVDStRL 47 (1989), S. 248 und *Georg Ress*, ebd., S. 253 f.; zur Bewältigung der wissenschaftlichen und technischen Entwicklungen durch das Verwaltungsrecht: *Rüdiger Breuer*, VVDStRL 48 (1990), S. 280 f.; zum Verwaltungsrecht als Vorgabe für Zivil- und Strafrecht: *Peter Häberle*, VVDStRL 50 (1991), S. 303; zu Eigentumsschutz, Sozialbindung und Enteignung bei der Nutzung von Boden und Umwelt: *Peter Häberle*, VVDStRL 51 (1992), S. 295 f.; zu Rechtlichen Optimierungsgeboten oder Rahmensetzungen für das Verwaltungshandeln?: *Eibe Riedel*, VVDStRL 58 (1999), S. 274; zur Selbstverwaltung angesichts von Europäisierung und Ökonomisierung: *Friedhelm Hufen*, VVDStRL 62 (2003), S. 460; zur Herstellung von Wettbewerb als Verwaltungsaufgabe: *Wolfgang Kahl*, VVDStRL 69 (2010), S. 350; zu Rechtsetzungen der europäischen und nationalen Verwaltungen: *Bernd Holznagel*, VVDStRL 71 (2012), S. 466; zur Verfassung im Allgemeinen Verwaltungsrecht: *Peter Häberle*, VVDStRL 75 (2016), S. 286 f.; zum Diskursvergleich im Verfassungs- und Verwaltungsrecht: *Christoph Schönberger*, VVDStRL 77 (2018), S. 472 f.; zu Verschränkungen öffentlich-rechtlicher und privatrechtlicher Regime im Verwaltungsrecht: *Martin Burgi*, VVDStRL 79 (2020), S. 232 (233). Lob für Rechtsvergleichung findet sich z. B. zu den Rechtsverhältnissen in der Leistungsverwaltung bei *Hans Peter Ipsen*, VVDStRL 45 (1987), S. 254; zu Eigentumsschutz, Sozialbindung und Enteignung bei der Nutzung von Boden und Umwelt bei *Hans-Jürgen Papier*, VVDStRL 51 (1992), S. 284 f.; und *Fritz Ossenbühl*, ebd., S. 285 f.; zum Staat als Wirtschaftssubjekt und Auftraggeber bei *Helmuth Schulze-Fielitz*, VVDStRL 60 (2001), S. 618 f.

Verwaltungsrecht wird in Deutschland, Österreich und der Schweiz etwas unterschiedlich definiert, als „Rechtssätze, die in spezifischer Weise für die Verwaltung [...] gelten",[10] als Vorschriften, die von Verwaltungsorganen zu vollziehen" sind,[11] und als „Inbegriff der Rechtsätze, die die Verwaltungstätigkeit sowie die Organisation und das Verfahren der Verwaltungsbehörden regeln"[12]. Beim Wort („gelten", „zu vollziehen", „regeln") genommen, wäre damit z. B. die gerichtliche Kontrolle der Verwaltung[13] kein verwaltungsrechtliches Thema. In Österreich zählt die Regierungstätigkeit zur Verwaltung, in Deutschland und der Schweiz nicht.[14] Abgrenzungsschwierigkeiten gibt es besonders zum Verfassungsrecht, zum einen generell, weil Verfassungsrecht eben kein Verwaltungsrecht sein könnte,[15] zum anderen spezifisch, weil die Verfassungen unterschiedlich intensive Vorgaben für die Verwaltung enthalten: In Österreich wären etwa das Gemeindeorganisationsrecht[16], die Verwaltungsgerichtsbarkeit[17] oder die Rechnungshofkontrolle[18] wegen der einschlägigen Regelungsdichte des Bundes-Verfassungsgesetzes primär verfassungsrechtliche Themen; umgekehrt ließ sich z. B. das Thema „Erziehungsauftrag und Erziehungsmaßstab der Schule im freiheitlichen Verfassungsstaat" für Österreich anders als für Deutschland eher verwaltungs- als verfassungsrechtlich behandeln.[19] Im Folgenden wird jedes Thema als verwaltungsrechtliches verstanden, das Regeln behandelt, die spezifisch für die (nationale oder europäische) Verwaltung von Bedeutung sind,

---

[10] *Hartmut Maurer/Christian Waldhoff*, Allgemeines Verwaltungsrecht, 20. Aufl. 2020, § 3 Rn. 1.

[11] *Bernhard Raschauer*, Allgemeines Verwaltungsrecht, 6. Aufl. 2021, Rn. 19.

[12] *Ulrich Häfelin/Georg Müller/Felix Ullmann*, Allgemeines Verwaltungsrecht, 7. Aufl. 2016, Rn. 87.

[13] Der Schutz des öffentlichen Rechts durch ordentliche und durch Verwaltungsgerichte, VVDStRL 2 (1925), S. 8; Überprüfung von Verwaltungsakten durch die ordentlichen Gerichte, VVDStRL 5 (1929), S. 124; Verwaltungsverantwortung und Verwaltungsgerichtsbarkeit, VVDStRL 34 (1976), S. 145; Primär- und Sekundärrechtsschutz im Öffentlichen Recht, VVDStRL 61 (2002), S. 221.

[14] Vgl. z. B. *Theo Öhlinger*, Kontrolle der auswärtigen Gewalt, VVDStRL 56 (1997), S. 81 (82); *Maurer/Waldhoff*, Verwaltungsrecht (Fn. 10), § 3 Rn. 10; *Pierre Tschannen/Ulrich Zimmerli/Markus Müller*, Allgemeines Verwaltungsrecht, 4. Aufl. 2014, S. 3. Vgl. auch *Helmut Quaritsch*, Führung und Organisation der Streitkräfte im demokratisch-parlamentarischen Staat, VVDStRL 26 (1968), S. 207 (211).

[15] So z. B. *Adolf J. Merkl*, Allgemeines Verwaltungsrecht, 1927 (Neudruck 1999), S. 79; *Tschannen/Zimmerli/Müller*, Verwaltungsrecht (Fn. 14), S. 8 f.; teilweise gegenteilig z. B. *Ulrich Häfelin/Georg Müller/Felix Uhlmann*, Allgemeines Verwaltungsrecht, 5. Aufl. 2006, Rn. 104: Bestimmungen der Verfassung, die Grundzüge der Verwaltungstätigkeit festhalten, sind zugleich Verfassungsrecht und materielles Verwaltungsrecht. Allgemein zum „Verwaltungsverfassungsrecht" *Ferdinand Wollenschläger*, Verfassung im Allgemeinen Verwaltungsrecht, VVDStRL 75 (2016), S. 187 (195 Fn. 33 m. w. N.).

[16] Die neueste Entwicklung des Gemeindeverfassungsrechts in Deutschland (Fn. 5); *Willi Blümel* und *Rolf Grawert*, Gemeinden und Kreise vor den öffentlichen Aufgaben der Gegenwart, VVDStRL 36 (1978), S. 171 und S. 277; *Janbernd Oebbecke* und *Martin Burgi*, Selbstverwaltung angesichts von Europäisierung und Ökonomisierung, VVDStRL 62 (2003), S. 366 und S. 405.

[17] Siehe oben (Fn. 13).

[18] *Christoph Degenhart* und *Helmuth Schulze-Fielitz*, Kontrolle der Verwaltung durch Rechnungshöfe, VVDStRL 55 (1996), S. 190 und S. 231. In Österreich sind die Rechnungshöfe außerdem parlamentarische Hilfsorgane, werden also zur Staatsfunktion Gesetzgebung und nicht zur Verwaltung gezählt.

[19] Vgl die Abschnittsüberschriften bei *Wolfgang Mantl*, VVDStRL 54 (1995), S. 75 (80, 88): „Die Kargheit des verfassungsrechtlichen Befundes" und „Der Reichtum des unterverfassungsgesetzlichen Materials". Das Beispiel zeigt auch die Wandelbarkeit der Zuordnung: Inzwischen wurde die österreichische Bundesverfassung durch eine sehr ausführliche, oft als „lyrisch" bezeichnete Bestimmung über bildungspolitische Grundwerte und Ziele (in Art. 14 Abs. 5a B-VG) ergänzt.

auch wenn diese Regeln verfassungsrechtlicher (oder im Übrigen auch privatrechtlicher, europarechtlicher oder völkerrechtlicher) Art sind. Das entspricht am ehesten der „Wechselbezüglichkeit" und „Verklammerung" von Verwaltungs- und Verfassungsrecht, die für die Vereinigung typisch ist,[20] und empfiehlt sich gerade in einem vergleichenden Kontext,[21] weil sonst ein ganz unvollständiges Bild entstehen würde. Die Kontrolle der Verwaltung durch andere Gewalten oder – als Extremfall – die „Diktatur des Reichspräsidenten nach Art. 48 der Reichsverfassung"[22] zählen also dazu, allgemeine Vorgaben für alle Gewalten wie die Grundrechte nicht.[23]

Rechtsvergleichung gibt es in vielen Formen: diachron zwischen verschiedenen Entwicklungsstufen innerhalb einer Rechtsordnung; oder synchron, als Binnenvergleich gliedstaatlicher oder bestimmte Sachbereiche betreffender Regelungen innerhalb einer Rechtsordnung oder als Vergleich von Inhalten zweier oder mehrerer Rechtsordnungen. Diachrone und synchrone Vergleiche innerhalb derselben Rechtsordnung finden sich in den Referaten immer wieder; sie sind Zeichen einer historisch aufgeklärten und systematisch denkenden Dogmatik.[24] Hier soll allerdings der internationale Rechtsvergleich im

---

[20] *Friedrich Schoch*, in diesem Band, S. 607 (608, 662); *Christian Waldhoff*, in diesem Band, S. 151 (163).

[21] Vgl. z. B. den ersten Teil von Rose-Ackerman/Lindseth/Emerson (eds.), Comparative Administrative Law (2d ed., 2017), S. 23 ff.: Constitutional Structure and Administrative Law: Traditions and Transformations.

[22] *Carl Schmitt*, Die Diktatur des Reichspräsidenten nach Art. 48 der Reichsverfassung, VVDStRL 1 (1924), S. 63.

[23] Z. B. Tragweite der Generalklausel im Art. 19 Abs. 4 des Bonner Grundgesetzes, VVDStRL 8 (1950), S. 67. Zur Verfassungsrechtsvergleichung in den Tagungen *Helmuth Schulze-Fielitz*, Verfassungsvergleichung als Einbahnstraße?, in: Liber Amicorum für Peter Häberle, 2004, S. 355 (357 ff.).

[24] Beispiele für *diachrone Vergleichung* finden sich bei *Hans Gerber*, Entwicklung und Reform des Beamtenrechts, VVDStRL 7 (1932), S. 2 (12–17, 21, 27); *Ulrich Scheuner*, Die staatliche Intervention im Bereich der Wirtschaft, VVDStRL 11 (1954), S. 1 (9 f., 18 f., 21); *Adolf Schüle*, Die staatliche Intervention im Bereich der Wirtschaft, VVDStRL 11 (1954), S. 75 (109); *Richard Naumann* und *Hans Spanner*, Die Berufsbeamten und die Staatskrisen, VVDStRL 13 (1955), S. 88 (99, 106–109) und S. 119 (126–134, 140 f.); *Carl Hermann Ule*, Das besondere Gewaltverhältnis, VVDStRL 15 (1957), S. 133 (149 f.); *Karl August Bettermann* und *Erwin Melichar*, Das Verwaltungsverfahren, VVDStRL 17 (1959), S. 118 (132) und S. 183 (186, 190 f.); *Walter Mallmann* und *Karl Zeidler*, Schranken nichthoheitlicher Verwaltung, VVDStRL 19 (1961), S. 165 (177 f., 185 f., 189) und S. 208 (221–226); *Hans-Ulrich Evers* und *Ernst-Werner Fuß*, Verwaltung und Schule, VVDStRL 23 (1966), S. 147 (147–155, 164 Fn. 61, 170 f., 174 f., 179 f. Fn. 109) und S. 199 (200 f., 207–213, 215 Fn. 57, 223, 227 f.; *Walter Rudolf*, Der öffentliche Dienst im Staat der Gegenwart, VVDStRL 37 (1979), S. 175 (193 f.); *Dieter Grimm*, Kulturauftrag im staatlichen Gemeinwesen, VVDStRL 42 (1984), S. 46 (47 ff.); *Hartmut Maurer* und *Friedrich E. Schnapp*, Der Verwaltungsvorbehalt, VVDStRL 43 (1985), S. 135 (157) und S. 172 (178, 181); *Reinhard Mußgnug* und *Friedhelm Hufen*, Gesetzesgestaltung und Gesetzesanwendung im Leistungsrecht, VVDStRL 47 (1989), S. 113 (118 f. Fn. 21, 22, 23, 25) und S. 142 (148 f.); *Schulze-Fielitz*, Kontrolle (Fn. 18), S. 236; *Wolfram Höfling*, Primär- und Sekundärrechtsschutz im Öffentlichen Recht, VVDStRL 61 (2002), S. 260 (272 Fn. 71); *Rolf Gröschner*, Transparente Verwaltung: Konturen eines Informationsverwaltungsrechts, VVDStRL 63 (2004), S. 344 (351 ff.); *Ivo Appel*, Das Verwaltungsrecht zwischen klassischem dogmatischen Verständnis und steuerungswissenschaftlichem Anspruch, VVDStRL 67 (2008), S. 226 (239 f. Fn. 48); *Ulrich Stelkens*, Rechtsetzungen der europäischen und nationalen Verwaltungen, VVDStRL 71 (2012), S. 369 (403 f. Fn. 137); *Oliver Dörr*, Die Anforderungen an ein zukunftsfähiges Infrastrukturrecht, VVDStRL 73 (2014), S. 323 (343 f.); *Lothar Michael* und *Ferdinand Wollenschläger*, Verfassung im Allgemeinen Verwaltungsrecht, VVDStRL 75 (2016), S. 131 (146 Fn. 52) und S. 187 (191, 204); *Klaus-Dieter Drüen*, Verschränkungen öffentlich-rechtlicher und privatrechtlicher Regime im Verwaltungsrecht, VVDStRL 79 (2020), S. 127

Mittelpunkt stehen, und deshalb finden im Folgenden nur Vergleiche zwischen Inhalten verschiedener Rechtsordnungen Berücksichtigung. Die verglichenen Inhalte können dabei auch Diskurse sein,[25] Rechtsordnungen solche von Staaten, aber auch das Unionsrecht und das Völkerrecht, wenn nicht ihr Zusammenwirken mit dem nationalen Recht, sondern eben ein Vergleich im Mittelpunkt steht.[26]

Ein Vergleich verlangt eigentlich, dass Inhalte verschiedener Rechtsordnungen nicht nur gegenübergestellt, sondern eben auch verglichen werden, dass also aus der Gegenüberstellung Schlussfolgerungen für ein bestimmtes Erkenntnisinteresse gezogen werden.[27] Deshalb ist eine Aneinanderreihung von Länderberichten noch kein Vergleich. Weil sie aber dazu einladen, ja gerade deshalb erstattet werden, um vergleichende Überlegungen anzustoßen, beziehe ich sie – wie auch Diskussionsbeiträge zu anderen Rechtsordnungen – hier ein.

(129 f., 141 f., 150–152, 161); zum Wert diachroner Vergleichung *Thomas Würtenberger* im Rahmen einer der Aussprachen auf der Tagung 1998, VVDStRL 58 (1999), S. 278.

Synchrone Binnenrechtsvergleichung betreiben z. B. *Ludwig von Köhler*, Die Entwicklung des Gemeindeverfassungsrechts seit der Revolution in Württemberg, Baden und Hessen, VVDStRL 2 (1925), S. 181 (220 f.); *Gerber*, Entwicklung (oben in dieser Fn.), S. 4 f., 12 Fn. 32; *Hans J. Wolff* und *Otto Gönnenwein*, Die Gestaltung des Polizei- und Ordnungsrechts insbesondere in der britischen Besatzungszone, VVDStRL 9 (1952), S. 134 (138–144, 151, 153–156) und S. 181 (181–196); *Scheuner*, Intervention (oben in dieser Fn.), S. 22 f.; *Bettermann*, Verwaltungsverfahren (oben in dieser Fn.), S. 126–128, 130 f., 135, 144 f., 151 f., 167, 171; *Mallmann*, Schranken (oben in dieser Fn.), S. 182 f., 187; *Werner Weber* und *Klaus Stern*, Die Öffentliche Sache, VVDStRL 21 (1964), S. 145 (150 f., 153–163, 175, 178) und S. 183 (207–211); *Evers* und *Fuß*, Verwaltung (oben in dieser Fn.), S. 154–157, 162, 164, 172, 174, 179–183, 187 f., 191 f. Fn. 150 und S. 203 f. Fn. 14, 17, S. 216 f., 236 f.; *Robert Walter* und *Walter Schmitt Glaeser*, Partizipation an Verwaltungsentscheidungen, VVDStRL 31 (1973), S. 147 (162) und S. 179 (183, 249 f. Fn. 301); *Rudolf*, Dienst (oben in dieser Fn.), S. 195; *Maurer* und *Schnapp*, Verwaltungsvorbehalt (oben in dieser Fn.), S. 146, 162 und S. 193, 197; *Thomas Fleiner-Gerster*, *Theo Öhlinger* und *Peter Krause*, Rechtsverhältnisse in der Leistungsverwaltung, VVDStRL 45 (1987), S. 152 (158 f., 167, 169 f.) und S. 182 (199, 207 f.) und S. 212 (217 f., 220–223, 232 f., 239 f.; *Michael Bothe*, Erziehungsauftrag und Erziehungsmaßstab der Schule im freiheitlichen Verfassungsstaat, VVDStRL 54 (1995), S. 7 (18, 20, 32 ff.); *Degenhart* und *Schulze-Fielitz*, Kontrolle (Fn. 18), S. 204 und S. 237–240, 245–247, 251 Fn. 112; *Friedrich Schoch*, Öffentlich-rechtliche Rahmenbedingungen einer Informationsordnung, VVDStRL 57 (1998), S. 158 (202 f. Fn. 219); *Wilfried Erbguth*, Primär- und Sekundärrechtsschutz im Öffentlichen Recht, VVDStRL 61 (2002), S. 221 (233 f.); *Gröschner*, Verwaltung (oben in dieser Fn.), S. 366 f.; *Reinhard Hendler* und *Ute Mager*, Die Universität im Zeichen von Ökonomisierung und Internationalisierung, VVDStRL 65 (2006), S. 238 (250 f. Fn. 37, S. 262) und S. 274 (281, 290–299); *Appel*, Verwaltungsrecht (oben in dieser Fn.), S. 247 f.; *Max-Emanuel Geis* und *Christian Bumke*, Universitäten im Wettbewerb, VVDStRL 69 (2010), S. 364 (373 f.) und S. 407 (428 Fn. 65, S. 434 Fn. 94), S. 438 f.); *Michael*, Verfassung (oben in dieser Fn.), S. 177; vgl. auch *Martin Burgi* im Rahmen der Aussprache auf der Tagung 2002, VVDStRL 62 (2003), S. 472, der sein Referat zu Selbstverwaltung angesichts von Europäisierung und Ökonomisierung, (ebd. S. 405) als Vergleich zwischen verschiedenen Selbstverwaltungsarten versteht. Zum intradisziplinären Vergleich *Christoph Engel* mit einem Diskussionsbeitrag auf der Tagung 2017, VVDStRL 77 (2018), S. 466.

[25] Siehe oben Fn. 3. Im Einzelnen wird es aber vertrackt: So ist der Beitrag von *Kischel* zwar über Rechtsvergleichung, aber eben nicht selbst vergleichend. Ich habe ihn trotzdem zu den vergleichenden gezählt.

[26] Z. B. ist in diesem Sinn *Stephan Breitenmoser*, Migrationssteuerung im Mehrebenensystem, VVDStRL 76 (2017), S. 9, nicht oder kaum vergleichend, das Referat von *Kerstin Odendahl* zum selben Thema, ebd., S. 49, dagegen vergleichend. Die Unterscheidung fällt nicht immer leicht.

[27] Vgl. z. B. *Uwe Kischel*, Rechtsvergleichung, 2015, § 1 Rn. 3 ff., 9 ff.

Um auch einen Eindruck von der Intensität des Vergleichs zu gewinnen, werden im Folgenden unterschieden:
- rechtsvergleichende Referate, die zwei oder mehrere Rechtsordnungen annähernd gleichwertig berücksichtigen;
- Referate mit rechtsvergleichender Ergänzung, die sich hauptsächlich einer Rechtsordnung widmen, aber wenigstens eine andere Rechtsordnung zumindest im Umfang von einer Druckseite ergänzend in den Blick nehmen;
- Tagungen mit (meist nichtvergleichenden) Länderberichten;
- Diskussionsbeiträge zur Rechtslage in anderen als den in den Referaten hauptsächlich behandelten Rechtsordnungen, seien diese Beiträge vom Vorstand bestellt oder nicht.

Unberücksichtigt bleibt der Gesprächskreis Verwaltung, in dessen Rahmen auch immer wieder vergleichende Referate gehalten oder ergänzenden Länderberichte erstattet wurden.[28]

Diese Abgrenzungen nehmen keine höhere Wahrheit in Anspruch und schließen auch Zweifelsfälle[29] nicht aus. Deshalb suggerieren die folgenden – aus Platzgründen nicht einzeln belegten – Zahlen auch eine Genauigkeit, die ihnen nicht zukommt. Doch sollten sie reichen, um ein grobes Bild von der Praxis der Vereinigung zu gewinnen.

2. Ergebnisse

In den 80 Tagungsbänden wurden 87mal verwaltungsrechtliche Themen behandelt und 192 Referate dazu gehalten. Von diesen 192 Referaten waren 15 (8 %) rechtsvergleichend und 57 (30 %) mit rechtvergleichender Ergänzung. 120 Referate (62 %) behandelten nur eine Rechtsordnung, zum Teil unter Einbeziehung völker- und europarechtlicher Vorgaben, aber ohne Vergleich.[30]

6 (40 %) der 15 vergleichenden Referate und 9 (16 %) der 57 Referate mit vergleichender Ergänzung stammen von nichtdeutschen Autoren und Autorinnen; das ist, gemessen an den Mitgliederzahlen, ein überproportionaler Anteil.

Verglichen wird meist das deutsche Recht, in der Reihenfolge der Häufigkeit, mit dem Recht der Europäischen Gemeinschaft bzw. Union (35mal), von Frankreich (28mal), der Schweiz (27mal), der USA (25mal), von Österreich (22mal), Großbritannien (20mal), mit

[28] Zuletzt z.B. im Rahmen der Mannheimer Tagung 2021 die Kurzreferate von *Michael Mayrhofer* und *Michael Beusch* zu Österreich und der Schweiz als Ergänzung der Referate von *Stephan Rixen* und *Roman Seer* zum Thema „Was kann das allgemeine Verwaltungsrecht vom Sozialrecht und vom Steuerrecht lernen?". Mehr zum Gesprächskreis bei *Schulze-Fielitz*, Wissenschaftskultur (Fn. 8), S. 98 ff.; *Margrit Seckelmann*, in diesem Band, S. 665 (677 ff.).

[29] Etwa: Sind *Stephan Rixen*, Verwaltungsrecht der vulnerablen Gesellschaft, VVDStRL 80 (2021), S. 37 und *Andreas T. Müller*, Europa und die Pandemie. Zuständigkeitsdefizite und Kooperationszwänge, ebd., S. 105, zwei Themen oder eines unter der Überschrift „Staat und Gesellschaft in der Pandemie"? Und ist das europarechtliche Thema verfassungs- oder (auch) verwaltungsrechtlich? Ich habe mich in beiden Fällen für letzteres entschieden.

[30] Der Sonderfall des ausschließlich europarechtlichen Referats von *Müller*, Europa und die Pandemie (Fn. 29), wurde hier auch dazugezählt.

dem Völkerrecht (16mal) und dem Recht von zwanzig weiteren Staaten (jeweils 1–4mal) sowie darüber hinaus gelegentlich auch mit Skandinavien, den „Entwicklungsländern", dem anglosächsischen Raum, dem common law oder „Kontinentaleuropa".

1986 wurde erstmals ein verwaltungsrechtliches Thema mit drei Referenten aus der Schweiz, Österreich und Deutschland besetzt.[31] Diese Tagungsform fand einigen Anklang,[32] doch drei vollwertige Referate aus Deutschland, der Schweiz und Österreich gab es zu einem verwaltungsrechtlichen Thema nur mehr 1991.[33] Stattdessen setzte der Vorstand, wie schon zwei Mal zuvor,[34] zunächst auf kürzere ergänzende „Landesberichte" (oder „Länderberichte") zu Österreich und zur Schweiz.[35] Auch diese Form schrumpfte noch weiter, indem die ergänzenden Beiträge in die Aussprache wanderten.[36] Vom Vorstand erbeten und noch kürzer als vorher, muteten die Länderberichte manchmal wie Pflichtübungen an.[37] Soweit aus den Tagungsbänden erkennbar, gab es ab 1998 ergänzende Informationen zur Rechtslage in Österreich und der Schweiz nur mehr ohne vorherige Vorstandsplanung: als Teil von rund 450 Diskussionsbeiträgen, die in der Tagungsgeschichte andere Rechtsordnungen berücksichtigten.

---

[31] *Thomas Fleiner-Gerster, Theo Öhlinger* und *Peter Krause*, Rechtsverhältnisse (Fn. 24).

[32] *Peter Häberle*, VVDStRL 45 (1987), S. 251 f: „Wenn ich die Geschichte unserer Vereinigung recht überblicke, ist es das erste Mal, daß wir Referate aus den drei deutschsprachigen Ländern am zweiten Tag, also zum verwaltungsrechtlichen Thema hören. Bisher gab es solche ‚Dreierberichte' stets nur im Felde von verfassungsrechtlichen Themen, ich erinnere an die Tagungen in Innsbruck, Trier und Freiburg i.Ue. Heute, in München, stehen wir dank des Vorstands vor den Herausforderungen und Chancen, im deutschsprachigen Verwaltungsrecht ganz spezifische, integrierte Rechtsvergleichung zu leisten." Siehe auch die Schlussworte der Referenten: *Theo Öhlinger*, VVDStRL 45 (1987), S. 297; *Thomas Fleiner-Gerster*, ebd., S. 300; weiters *Hans Peter Ipsen*, ebd., S. 254; und *Hans Zacher*, ebd., S. 303: „Ich glaube ganz persönlich, daß auch der zweite Tag ein sehr wichtiger Tag war für die Arbeit der Vereinigung. Ich glaube das aus zwei Gründen: Erstens, weil er dem Drei-Länder-Verhältnis in der Vereinigung einen neuen Akzent gegeben hat. Es ist ja für das ganze Konzept der Vereinigung wichtig, daß dieses Gespräch über die drei Länder hin sich vollzieht."

[33] *Heinz Peter Rill, Dirk Ehlers* und *Peter Hänni*, Eigentumsschutz, Sozialbindung und Enteignung bei der Nutzung von Boden und Umwelt, VVDStRL 51 (1992), S. 177, S. 211 und S. 252.

[34] Zu Staatsaufgabe Umweltschutz: *Karl Wenger*, VVDStRL 38 (1980), S. 318; und *Luzius Wildhaber*, ebd., S. 325; zu Kulturauftrag im staatlichen Gemeinwesen: *Norbert Wimmer*, VVDStRL 42 (1984), S. 83; und *Thomas Fleiner-Gerster*, ebd., S. 90.

[35] Zu Verträge und Absprachen zwischen der Verwaltung und Privaten: in Österreich: *Johannes Hengstschläger*, VVDStRL 52 (1993), S. 298; in der Schweiz: *Rainer J. Schweizer*, ebd., S. 314; und in Frankreich: *Christian Autexier*, ebd., S. 285; zu Erziehungsauftrag und Erziehungsmaßstab der Schule im freiheitlichen Verfassungsstaat: für Österreich: *Wolfgang Mantl*, VVDStRL 54 (1995), S. 75; und für die Schweiz: *Yvo Hangartner*, ebd., S. 95; sowie *Tobias Jaag*, Privatisierung von Verwaltungsaufgaben, ebd., S. 287 (nur zur Schweiz, weil ein Hauptreferat zu diesem Thema von *Johannes Hengstschläger* bestritten wurde, ebd., S. 165); zu Kontrolle der Verwaltung durch Rechnungshöfe: für Österreich: *Heinz Schäffer*, VVDStRL 55 (1996), S. 278; und für die Schweiz: *Alexander Ruch*, ebd., S. 298; zu Kontrolle der auswärtigen Gewalt: für die Schweiz: *Luzius Wildhaber*, VVDStRL 56 (1997), S. 67; und für Österreich: *Theo Öhlinger*, ebd., S. 81.

[36] Nachweise bei *Schulze-Fielitz*, Wissenschaftskultur (Fn. 8), S. 121 Fn. 821–824.

[37] Vgl. *Theo Öhlinger*, Diskussionsbeitrag zu Der Verwaltungsvorbehalt, VVDStRL 43 (1985), S. 237 f.: „Länderbericht, in dem üblicherweise nur gesagt wird, daß bei uns alles anders sei und man dann in der Diskussion weiter gar nicht mehr darauf eingeht"; *Schulze-Fielitz*, Wissenschaftskultur (Fn. 8) 123 f.: „kaum je diskussionsbeeinflussend und […] im rechtsvergleichenden Ertrag oft isoliert für sich".

Auf die 87 verwaltungsrechtlichen Themen umgelegt, bedeutet dies Folgendes: 54 (62 %) von ihnen wurden mit zumindest einem vergleichenden Referat oder einem Referat mit vergleichender Ergänzung behandelt. Wo das nicht der Fall war, wurden die Referate zum deutschen Recht 6mal (zu 7 % der Themen) durch einen (nichtvergleichenden) Länderbericht zu einer nichtdeutschen Rechtsordnung ergänzt. Zu 27 Themen (31 %) erwähnten nur die Diskussionsteilnehmer anderes als deutsches Recht, das über bloße völker- oder europarechtliche Vorgaben hinausging. Lediglich die erste Tagung fand ohne jede Vergleichung in diesem weiten Sinn statt, und auch das ist nicht sicher, weil die Diskussion im Tagungsband nur verkürzt dargestellt wurde.[38]

Alles in allem ist das gar nicht so wenig. Schwächephasen der Verwaltungsrechtsvergleichung lagen vor allem zwischen den 1970er und Mitte der 1990er Jahre. Zwischen 1968 und 1996 kamen gehäuft Themen ohne Referate mit vergleichenden Teilen aus, und zwischen 1973 und 1977 und 1983 und 1990 auch ohne Länderberichte zur Schweiz und zu Österreich. Diese Zeiten sind vorbei, hätte ich fast gesagt, doch beschränkten sich die vergleichenden Angebote auch in den letzten drei Tagungen 2018, 2019 und 2021 auf Diskussionsbemerkungen und einen Länderbericht zum Unionsrecht.

III. Der Nutzen der Rechtsvergleichung

Als intellektuelles Abenteuer braucht Rechtsvergleichung keine Rechtfertigung,[39] doch ist es schön, wenn sich ihr Nutzen auch konkret benennen lässt. In den Referaten dient sie unterschiedlichen Zwecken: Sie lässt uns das verglichene Recht besser verstehen; sie stärkt Argumente, um es in bestimmten Sinn zu deuten; sie liefert Vorbilder für rechtspolitische Vorschläge; und sie entfaltet, ordnet und typisiert rechtliche Vielfalt, oft um Fragen der Konvergenz und Harmonisierung von Rechtssystemen besser zu bewältigen. In vielen Fällen überschneiden sich diese Zwecke auch.

Im Vergleich lässt sich Recht zunächst besser verstehen, das eigene wie das fremde. So versteht man die die Verwaltungsgerichtsbarkeit besser, wenn man weiß, warum sie im napoleonischen Frankreich entwickelt wurde,[40] oder die unionsrechtliche Nichtigkeitsklage, wenn man ihren französischen Ursprung kennt.[41] Begriffe und Erscheinungen des fremden Rechts erschließen sich durch einen Verweis auf Vertrautes leichter. So ähneln die Fachbruderschaften der internationalen Verwaltung dem EG-Ministerrat[42] und die Beteiligung der Mitgliedstaaten an den Durchführungsrechtsakten der Kommission der Mitwirkung des Bundesrates an der Bundesgesetzgebung,[43] und die Internationalisierung des Verwaltungsrechts in der Schweiz lässt sich als Pendant zu seiner Europäisie-

[38] Verhandlungsbericht zum Thema „Diktatur", VVDStRL 1 (1965), S. 137.

[39] *Kischel*, Rechtsvergleichung (Fn. 27), S. 47.

[40] *Fleiner-Gerster*, Rechtsverhältnisse (Fn. 24), S. 155.

[41] *Stelkens*, Rechtsetzungen (Fn. 24), S. 378.

[42] *Claus Dieter Classen*, Die Entwicklung eines Internationalen Verwaltungsrechts als Aufgabe der Rechtswissenschaft, VVDStRL 67 (2008), 365 (375).

[43] *Stelkens*, Rechtsetzungen (Fn. 24), S. 401.

rung in den EU-Mitgliedstaaten besser begreifen.[44] Manchmal hilft auch die Gegenüberstellung mit anderem Recht, um bestimmte Eigenschaften des eigenen deutlicher zu sehen, etwa materienspezifisch die Eingliederung der deutschen Streitkräfte in die Verwaltung und ihre Organisation im Lichte der „civil control' des angelsächsischen Staatsrechts und im Vergleich mit den einschlägigen österreichischen Regelungen[45] oder die „differenzierte Abwägung von optimiertem freien Wettbewerb und individuell maximierter Wettbewerbsfreiheit unter Gemeinwohlgesichtspunkten" im EU-Recht gegenüber einer schlichten „vernünftigen Einschränkung" des Kartellverbots in den USA.[46] Doch auch eine allgemeine Frage wie jene nach der Einheit des öffentlichen Rechts lässt sich für Deutschland besser beantworten, wenn man um die vergleichbaren Bemühungen darum in Frankreich weiß.[47] Vor allem aber lässt der Vergleich Zusammenhänge zwischen Inhalten einer Rechtsordnung erkennen, die bisher nicht immer so deutlich waren: zwischen dem weiten Verwaltungsaktbegriff in Österreich und dem auf Bescheide zentrierten Rechtsschutzsystem;[48] zwischen raumordnungs- und baurechtlichen Grundsätzen und der Eigentumsgarantie;[49] zwischen dem Fehlen eigener Polizei- und Strafverfolgungsbehörden der EU und der strengen Rechtsprechung des EuGH zur Vorratsdatenspeicherung;[50] zwischen dem Prüfungsmaßstab des Bundesverfassungsgerichts und dem verfassungsrechtlichen Charakter von Grundsätzen des Allgemeinem Verwaltungsrechts;[51] zwischen der Größe von verwaltungsbehördlichen Spielräumen und einem objektiven Zuschnitt des Rechtsschutzsystems einerseits und der stärkeren Relevanz von Verfahrensfehlern andererseits;[52] zwischen einem Kontrollsystem (wie dem damaligen französischen), in dem Verwaltung und Verwaltungsrechtsprechung organisatorisch und begrifflich verbunden sind, und der Tendenz zur weitgehenden Ermessenskontrolle;[53] zwischen der Verfahrensbetonung des US-amerikanischen Verwaltungsrechts und dem wenig ausgebautem Gerichtsschutz;[54] zwischen der verwaltungsgerichtlichen Vollkontrolle und in Deutschland und der Frage nach Optimierungsgeboten[55]

---

[44] *Giovanni Biaggini*, Die Entwicklung eines Internationalen Verwaltungsrechts als Aufgabe der Rechtswissenschaft, VVDStRL 67 (2008), S. 413 (419, Fn. 27).

[45] *Georg-Christoph von Unruh*, Führung und Organisation der Streitkräfte im demokratisch-parlamentarischen Staat, VVDStRL 26 (1968), S. 157 (173, 176 ff., 181 ff., 187).

[46] *Jens Kersten*, Herstellung von Wettbewerb als Verwaltungsaufgabe, VVDStRL 69 (2010), S. 288 (302).

[47] *Jouanjan*, Fragmentierungen (Fn. 3), S. 361 ff.

[48] *Wolfgang Rüfner*, Die Rechtsformen der sozialen Sicherung und das Allgemeine Verwaltungsrecht, VVDStRL 28 (1970), S. 187 (205).

[49] *Rill*, Eigentum (Fn. 33), S. 196 f.

[50] *Bernhard W. Wegener*, Verfassung in ausgewählten Teilrechtsordnungen: Konstitutionalisierung und Gegenbewegungen im Sicherheitsrecht, VVDStRL 75 (2016), S. 293 (307–309).

[51] *Wollenschläger*, Verfassung (Fn. 15), S. 199 Fn. 50.

[52] *Michael Fehling*, Eigenwert des Verfahrens im Verwaltungsrecht, VVDStRL 70 (2011), S. 278 (289).

[53] *Helmut Rumpf*, Verwaltung und Verwaltungsrechtsprechung, VVDStRL 14 (1973), S. 136 (163).

[54] *Jost Pietzcker*, Das Verwaltungsverfahren zwischen Verwaltungseffizienz und Rechtsschutzauftrag, VVDStRL 41 (1983), S. 204 (Fn. 31).

[55] *Riedel*, Optimierungsgebote (Fn. 6), S. 209; ähnlich in der Diskussion dazu *Christian Autexier*, VVDStRL 58 (1999), S. 256; vgl. auch den Diskussionsbeitrag von *Uwe Kischel*, VVDStRL 70 (2011), S. 349 f. zum Eigenwert des Verfahrens im Verwaltungsrecht.

und nach der Bindungswirkung von Verwaltungsvorschriften;[56] zwischen den anspruchsvollen Zulassungsverfahren für Arzneimittel in den USA und ihrer Akzeptanz und der späteren Rentabilität ihrer Ergebnisse;[57] zwischen dem fehlenden Begriff des eingerichteten und ausgeübten Gewerbebetriebes und der sehr restriktiven Rechtsprechung des Bundesgerichtes zur Rechtsstellung der Nachbarn in der Schweiz;[58] schließlich auch – als Falle der Rechtsvergleichung – den Zusammenhang zwischen eigenem Rechtsdenken und der Wahrnehmung fremder Rechtsordnungen, wenn z. B. verfassungsunabhängige Grundsätze oder eine fehlenden Kodifikation als Mangelerscheinung empfunden werden.[59]

Zum Verständnis des eigenen Rechts trägt es auch bei, wenn man weiß, ob es im untersuchten Bereich anderen gängigen Rechtsordnungen gleicht oder im internationalen Vergleich eher eine Ausnahme darstellt. So wirken in der Entwicklung des Allgemeinen Verwaltungsrechts in Deutschland wie auch in der EU mehrere Akteure in einem „Verbundmodell" zusammen,[60] und die Daseinsvorsorge gibt es dort wie hier, nur verschieden ausgedrückt.[61] Als typisch deutsch werden dagegen etwa der demokratische Zug der Selbstverwaltung,[62] das verfassungsrechtliche Gebot demokratischer Legitimation[63] oder die Rolle des Bundesverfassungsgerichts als „Champion" der bürgerlichen Freiheitsrechte,[64] die starke Konstitutionalisierung des einfachen Rechts überhaupt,[65] die Allgemeinverfügung[66] oder der intensive Dialog zwischen Rechtswissenschaft und Rechtspraxis[67] wahrgenommen. Solche Positionsbestimmungen kann man interesselos anstellen. Meist werden sie aber für die folgenden Zwecke verwendet.

Aus einer Rechtsordnung folgt noch nichts für eine andere, doch kann eine bestimmte Deutung der eigenen Rechtsordnung durchaus überzeugender wirken, wenn das jeweilige Problem in anderen Rechtsordnungen ebenso behandelt wird. Das gilt – manchmal auch entgegen dem ersten Anschein – z. B. für die Angleichung der Verwaltung an die Justiz,[68] für die rechtsstaatliche Bedeutung der Unterscheidung zwischen administrativer Rechtsetzung und Einzelfallentscheidung,[69] für das In-camera-Verfahren zur gerichtlichen Kontrolle angeblich geheimhaltungsbedürftiger Sachverhalte,[70] die Ableh-

---

56 *Veith Mehde*, Eigenwert des Verfahrens im Verwaltungsrecht, VVDStRL 70 (2011), S. 418 (445).

57 *Arno Scherzberg*, Risikosteuerung durch Verwaltungsrecht, VVDStRL 63 (2012), S. 214 (237).

58 *Hänni*, Eigentum (Fn. 33), S. 267 f.

59 *Michael*, Verfassung (Fn. 24), S. 140 Fn. 32.

60 *Michael*, Verfassung (Fn. 24), S. 159 f.

61 *Dörr*, Anforderungen (Fn. 24), S. 336 f.

62 *Stier-Somlo*, Gemeindeverfassungsrecht (Fn. 4), S. 127 f.

63 *Andreas Kley*, Kontexte der Demokratie: Herrschaftsausübung in Arbeitsteilung, VVDStRL 77 (2018), S. 125 (144).

64 *Wegener*, Verfassung (Fn. 50), S. 302.

65 *Thomas Würtenberger*, Rechtliche Optimierungsgebote oder Rahmensetzungen für das Verwaltungshandeln? VVDStRL 58 (1999), S. 139 (150 f.); ähnlich schon *Scheuner*, Intervention (Fn. 24), S. 59.

66 *Stelkens*, Rechtsetzungen (Fn. 24), S. 396.

67 *Appel*, Verwaltungsrecht (Fn. 24), S. 236.

68 *Max Layer*, Überprüfung von Verwaltungsakten durch die ordentlichen Gerichte, VVDStRL 5 (1929), S. 124 (126).

69 *Stelkens*, Rechtsetzungen (Fn. 24), S. 377.

70 *Wegener*, Verfassung (Fn. 50), S. 319.

nung einer Gefährdungshaftung für staatliche Tätigkeit,[71] das Versicherungsprinzip als Grundlage der gesetzlichen Rentenversicherung[72] oder überhaupt für den „Siegeszug des Verhältnismäßigkeitsgrundsatzes, aber auch die Ausstrahlung grundgesetzlich geprägter Institute, Lehren und Begriffe des Allgemeinen Verwaltungsrechts in das europäische Verwaltungsrecht".[73] Umgekehrt kann ein Vergleich selbstverständliche Annahmen in der eigenen Rechtsordnung in Frage stellen oder helfen, bestimmte Ansichten in Rechtsprechung und Lehre zu kritisieren, so etwa für Deutschland, dass das Legalitätsprinzip nur für Eingriffe in Freiheit und Eigentum gelte,[74] dass ein parlamentarisches Regierungssystem notwendig mit einem hierarchischen Legitimationsmodell einhergehe,[75] dass der Einfluss internationaler Organisationen Legitimationsbedenken auslösen müsse,[76] dass der Begriff des subjektiven Rechts eng auszulegen sei;[77] dass jeder Mangel in der Abwägung erheblich sei,[78] dass der Rundfunk der Demokratie dienen müsse;[79] dass jeder Gebietskontakt von Asylwerbern zu voller sozialer Teilhabe führe und staatliche Integrationspolitik sich von selbst verstehe,[80] dass sich Verwaltung und Justiz nur „formalistisch" unterscheiden ließen,[81] dass Verwaltungsbehörden zur selbständigen Beurteilung auch zivilrechtlicher Vorfragen zuständig seien,[82] oder dass sich Verwaltungsrecht, Zivilrecht und Strafrecht als geschlossene Systeme konzipieren;[83] und für die EU, dass sich leistungsrechtliche Ansprüche aus den Grundfreiheiten ableiten lassen.[84]

Auf andere Rechtsordnungen wird auch gern bei rechtspolitischen Vorschlägen verwiesen, als Vorbilder oder abschreckende Beispiele. Zu den Vorbildern zählen aus deutscher Sicht etwa der Grundsatz der Öffentlichkeit im Exekutivbereich,[85] spezielle parlamentarische Kontrollrechte gegenüber verselbständigten Verwaltungseinheiten,[86] die Ausdehnung von Verfahrensrechten auf die Normsetzung,[87] die verfassungsgerichtliche Verordnungskontrolle und fiktive Verwaltungsakte zum Rechtsschutz gegen behördliche Untätigkeit,[88] Bund-Länder-Vereinbarungen zur Überwindung von Kompetenz-

---

[71] *Günther Jaenicke*, Gefährdungshaftung im öffentlichen Recht?, VVDStRL 20 (1963), S. 135 (139–141).

[72] *Rüfner*, Rechtsformen (Fn. 48), S. 196.

[73] *Wollenschläger*, Verfassung (Fn. 15) 237 f.

[74] *Mallmann*, Schranken (Fn. 24), S. 178.

[75] *Michael*, Verfassung (Fn. 24), S. 176.

[76] *Classen*, Entwicklung (Fn. 42), S. 378.

[77] *Scheuner*, Intervention (Fn. 24), S. 64 f.

[78] *Würtenberger*, Optimierungsgebote (Fn. 65), S. 165.

[79] *Schoch*, Rahmenbedingungen (Fn. 24), S. 193 ff.

[80] *Daniel Thym*, Migrationsfolgenrecht, VVDStRL 76 (2017), S. 169 (178 ff.)

[81] *Rumpf*, Verwaltung (Fn. 53), S. 156 f.

[82] *Layer*, Überprüfung (Fn. 68), S. 135, 170 ff.

[83] *Appel*, Verwaltungsrecht (Fn. 24), S. 250.

[84] *Jens-Peter Schneider*, Verwaltungsrechtliche Instrumente des Sozialstaats, VVDStRL 64 (2005), S. 238 (244 f., 246, 248).

[85] *Schoch*, Rahmenbedingungen (Fn. 24), S. 201.

[86] *Stephan Kirste*, Arbeitsteilige Herrschaftsausübung im Kontext der Demokratie, VVDStRL 77 (2018), S. 161, (196); ähnlich *Michael*, Verfassung (Fn. 24), S. 179.

[87] *Pietzcker*, Verwaltungsverfahren (Fn. 54), S. 218 f.

[88] *Walter Jellinek*, Der Schutz des öffentlichen Rechts durch ordentliche und durch Verwaltungsgerichte, VVDStRL 2 (1925), S. 8 (42, 67).

problemen und die Stärkung der Regionen in der Sozialinfrastrukturplanung,[89] eine bessere regierungsinterne Koordinierung der Außenpolitik,[90] *must carry*-Verpflichtungen und spezielle Missbrauchstatbestände im Rundfunk und Verhaltensregeln von Berufsverbänden zum Datenschutz.[91] Abschreckende ausländische Beispiele bieten z.B. die Partizipation als Legitimationsmechanismus,[92] weitgehende Einsichtsrechte in Verwaltungsakten und quantitative Kosten-Nutzen-Analysen,[93] eigene Behörden zur Ahndung wissenschaftlichen Fehlverhaltens,[94] die unterschiedslose Verursachungshaftung des Staates nach dem Muster des schweizerischen Verantwortlichkeitsgesetzes,[95] die Zwielichtigkeit der österreichischen Subventionsverwaltung mit Hilfe nichtstaatlicher Finanzierungs-, Bank- und Kreditinstitute[96] oder die fehlerhafte Konzeption des österreichischen Verwaltungsverfahrensgesetzes.[97]

Besonders nützlich sind auch Vergleiche, die eine Vielfalt von Lösungsmöglichkeiten und dahinterstehende Ideen und Begriffe erfassen und ordnen, z.B. zur Intervention in die Wirtschaft,[98] zur Subventionierung von Privatschulen,[99] für den Schutz des Wettbewerbs,[100] zu administrativen Rechtsetzungsformen,[101] zu Vermutungsregeln im Gefahrstoffrecht,[102] zu Einbürgerung und Ausbürgerung[103] oder zum internationalen Verwaltungsrecht.[104] Sie dienen dem besseren Verständnis des eigenen Rechts und können die Rechtspolitik befruchten; vor allem aber helfen sie, Fragen des Umgangs mit fremden Recht und der Konvergenz, Überformung und Harmonisierung von Rechtsordnungen besser zu beantworten,[105] etwa bei Risikobegriff und Vorsorgeprinzip[106] oder allgemeiner bei der Verdrängung der systemprägenden Leitbildfunktion im deutschen allgemeinen Verwaltungsrecht durch die Europäisierung.[107] Besonderen Wert haben dafür jene

---

[89] *Stephan Rixen,* Gestaltung des demographischen Wandels als Verwaltungsaufgabe, VVDStRL 74 (2015), S. 293 (328, 330f.).

[90] *Classen,* Entwicklung (Fn. 42), S. 276.

[91] *Hans-Heinrich Trute,* Öffentlich-rechtliche Rahmenbedingungen einer Informationsordnung, VVDStRL 57 (1998), S. 216 (229f., 262).

[92] *Kay Waechter,* Großvorhaben als Herausforderung für den demokratischen Rechtsstaat, VVDStRL 72 (2013), S. 499 (519).

[93] *Pietzcker,* Verwaltungsverfahren (Fn. 54), S. 200, 211.

[94] *Geis,* Universitäten (Fn. 24), S. 389f.

[95] *Jaenicke,* Gefährdungshaftung (Fn. 71), S. 162.

[96] *Hans Peter Ipsen,* Verwaltung durch Subventionen, VVDStRL 25 (1967), S. 257 (266; s. auch 263f.).

[97] *Bettermann,* Verwaltungsverfahren (Fn. 24), S. 171, s. auch S. 168.

[98] *Scheuner,* Intervention (Fn. 24), S. 13f.

[99] *Evers,* Verwaltung (Fn. 24), S. 193.

[100] *Kersten,* Herstellung (Fn. 46), S. 292ff.

[101] *Stelkens,* Rechtsetzungen (Fn. 24), S. 395ff., 407.

[102] *Scherzberg,* Risikosteuerung (Fn. 57), S. 247f.

[103] *Thym,* Migrationsfolgenrecht (Fn. 80), S. 191.

[104] *Biaggini,* Entwicklung (Fn. 44), S. 416f.

[105] Allgemein dazu *Kischel,* Fragmentierungen (Fn. 3); vgl. auch *Thomas Fleiner-Gerster,* Schlusswort, VVDStRL 45 (1987), S. 300; *Eibe Riedel,* Schlusswort, VVDStRL 58 (1999), S. 273; *Rudolf Streinz* und *Astrid Epiney,* Primär- und Sekundärrechtsschutz im Öffentlichen Recht, VVDStRL 61 (2002), S. 300 (353f.) und S. 362 (364f.).

[106] *Oliver Lepsius,* Risikosteuerung durch Verwaltungsrecht, VVDStRL 63 (2004), S. 264 (275ff.).

[107] *Classen,* Entwicklung (Fn. 42), S. 388f.; *Wollenschläger,* Verfassung (Fn. 15), S. 224ff., 236f.

Arbeiten, die den Vergleich nicht als bloße Ergänzung behandeln, oft in den Fußnoten, die nicht vorgetragen wurden, sondern ihn in den Mittelpunkt stellen, Vor- und Nachteile und Übertragbarkeit der verschiedenen Lösungen beleuchten oder daraus Typen und Bausteine einer rechtsordnungsübergreifenden Dogmatik entwickeln, so u. a. Aufgabenverteilung, Koordinierung und Legitimation in der Mehrebenenverwaltung,[108] Typen administrativer Rechtsetzung,[109] Techniken und Probleme der Verwaltungstransparenz,[110] Reichweite, Kontrolle und Funktionen von Verfahrensgarantien,[111] Typen von Rechtsverhältnissen der Leistungsverwaltung,[112] Ziele, Rechtsrahmen und Instrumente der Migrationssteuerung,[113] Formen und Folgen der Entterritorialisierung im Wirtschaftsrecht und die Grundmodi der rechtlichen Steuerung transterrorialer Kommunikationsprozesse,[114] Ziele, Mittel und Modelle staatlicher Wirtschaftstätigkeit,[115] Systeme des Zugang zu gerichtlichem Rechtsschutz gegen die Verwaltung[116] oder unterschiedliche Konzepte für Spielräume der Verwaltung und ihre gerichtlichen Kontrolle.[117]

IV. Die Zukunft der Rechtsvergleichung

Abgesehen von Vorlieben von Vorstand und Referenten und den Schwierigkeiten und Risiken der Rechtsvergleichung selbst bestimmen drei Faktoren ihre Rolle in den Tagungen.

Zunächst verlangt die Zusammensetzung der Vereinigung, auch das österreichische und das Schweizer Recht zu berücksichtigen. Zugleich verbietet sie aber auch, das immer zu tun, indem österreichische und Schweizer Referentinnen bestellt werden, weil dann ihr Anteil an den Tagungen ihren Anteil an den Mitgliedern bei weitem überstiege und die deutschen Kollegen benachteiligt würden. Auch aus diesem Grund wurden die Länderberichte zum Auslaufmodell, sobald die Vereinigung so viel Mitglieder hatte, dass nicht mehr alle von ihnen erwarten konnten, mit einem Referat betraut zu werden.[118]

Dann ist, wie die Welt überhaupt, die Ausbildung und das Leben der Referenten und das Recht als ihr Gegenstand, auch die Verwaltungsrechtswissenschaft internationaler geworden. Das spiegelt auch die Tagungsgeschichte: Rechtsvergleichende Anteile waren

---

108 *Groß*, Verantwortung (Fn. 3), S. 157 ff.

109 *Stelkens* und *Mehde*, Rechtsetzungen (Fn. 24 und 56), jeweils passim.

110 *Johannes Masing*, Transparente Verwaltung: Konturen eines Informationsverwaltungsrechts, VVDStRL 63 (2004), S. 377 (passim); weniger intensiv *Gröschner*, Verwaltung (Fn. 24), S. 346 ff.

111 *Fehling*, Eigenwert (Fn. 52), S. 289 ff.

112 *Fleiner-Gerster*, Rechtsverhältnisse (Fn. 24), S. 154 ff.

113 *Odendahl*, Migrationssteuerung (Fn. 25), S. 63 ff.

114 *Arno Kahl*, Entterritorialisierung im Wirtschaftsrecht, und *Matthias Cornils*, Entterritorialisierung im Kommunikationsrecht, VVDStRL 76 (2017), S. 343 und S. 391 (jeweils passim).

115 *Michael Holoubek*, Der Staat als Wirtschaftssubjekt und Auftraggeber, VVDStRL 60 (2001), S. 513 (518 ff).

116 *Epiney*, Primär- und Sekundärrechtsschutz (Fn. 105), S. 365 ff.

117 *Riedel*, Optimierungsgebote (Fn. 6), S. 187 ff.

118 Siehe oben bei Fn. 31 ff. Zur Mitgliederentwicklung *Christian Waldhoff*, in diesem Band, S. 154 f., *Ewald Wiederin*, ebd., S. 245 (246 ff.), und *Benjamin Schindler*, ebd., S. 273 (273 ff.).

am Anfang recht häufig, dann folgte eine Phase relativer nationaler Introvertiertheit, und seit Mitte der 90er Jahre gibt es kaum mehr Tagungen ohne Vergleichung in den Referaten.[119] Die „Globalisierungs- und Europäisierungs-Rechtsvergleichung" ist allerdings eine andere als die „Vereins-Rechtsvergleichung": Sie konzentriert sich auf die EG/EU und das Völkerrecht, auf Frankreich und Großbritannien und die USA.[120] Rechtsvergleichung ist auch eine Machtfrage: Es blicken eher die Kleinen auf die Großen als umgekehrt.

Schließlich ist Deutschland ein großes und wichtiges Land, dem Selbstgenügsamkeit leichter fällt als kleinen Ländern und das bei Irritationen durch fremdes Recht leichter auf dem eigenen bestehen kann. Man kann also auch gut ohne Rechtvergleichung auskommen. Andererseits forschen hier zehnmal so viele Personen wie in der Schweiz oder Österreich zu einer gleich großen Rechtsordnung. Der höhere Differenzierungsdruck in der Wissenschaft kann auch zu mehr Rechtsvergleichung führen.

Auf dieser Grundlage lässt sich erwarten, dass die deutsch-schweizerisch-österreichische Vergleichung weiterlaufen wird, doch in beschränkter Intensität und vor allem durch Mitglieder aus der Schweiz und Österreich. Gleichzeitig dürfte die allgemeine Rechtsvergleichung wachsen, aber eine Ergänzung bleiben.

Manchmal muss man sich aber auch von der Vereinigungsperspektive lösen: Wer referiert, kann gestalten – und sich den Luxus der Vergleichung leisten. Sie verlangt mehr Arbeit, verleiht aber größere Gelassenheit.

---

[119] Siehe oben nach Fn. 38. Diese Beobachtung passt zu der Periodisierung von *Anna Katharina Mangold*, in diesem Band, I, und übrigens auch zur Zäsur 1992 bei *Christian Waldhoff*, ebd., nach Fn. 1 und V.1.

[120] Siehe oben nach Fn. 30.

III. Konflikte, retardierende Kräfte, Abgrenzungen

„Selbstgerechtigkeit ist gräßlich“

Der Umgang der Staatsrechtslehrervereinigung mit der NS-Vergangenheit

Jan Thiessen

I. Ruhe ohne Sturm 697
II. Chronik 698
III. Neuanfang ohne System 699
IV. Durchschnittliche und überdurchschnittliche Nazis 702
1. Otto Koellreutter und der Schaden an seiner Seele 704
2. Ernst Rudolf Huber und die soziale Aufgabe der Staatsrechtslehrervereinigung . . 708
3. Carl Schmitt und die Gleichbehandlung mit Minderbegabten 714
4. Edgar Tatarin-Tarnheyen und der Schleier der Harmonie 716
5. Ernst Forsthoff und die Lebenslüge der älteren deutschen Staatsrechtslehrer 718
V. Störung der Totenruhe zum Nachteil des Theodor Maunz 724
VI. Staatsrechtslehre ohne Gegenstand 728
VII. Vergangenheit mit Zukunft 732

I. Ruhe ohne Sturm

Am lautesten war die Stille. Das ist im Leipziger Gewandhaus an sich nicht ungewöhnlich. Die dort auftretenden Orchester gestalten regelmäßig musikalische Generalpausen, die inmitten eines tönenden Davor und Danach atemlose Aufmerksamkeit erzeugen können. Am 4. Oktober 2000 hatte sich hier jedoch die Vereinigung der Deutschen Staatsrechtslehrer zu ihrer Jahrestagung versammelt.[1] Auf seinem Weg zum Podium wartete der erste Referent *Horst Dreier* darauf, die sprichwörtliche Stecknadel fallen zu hören. Kaum anders erging es dem zweiten Referenten *Walter Pauly* eine Dreiviertelstunde später. Die Atmosphäre war nicht eigentlich angespannt, aber gespannt. Was würde kommen? Anklage oder Apologie, Erklärung oder Eklat? Die Referenten und ihre Zuhörer taten gut daran, auf alles gefasst zu sein. Denn die Generalpause der Staatsrechtslehrer zum Thema ihrer eigenen NS-Vergangenheit dauerte bereits 55 Jahre. Nach

[1] VVDStRL 60 (2001). Für ihre Hintergrundinformationen zur Leipziger Tagung von 2000 danke ich sehr herzlich den damaligen Referenten *Horst Dreier* und *Walter Pauly*, des weiteren für ihre Auskünfte *Dieter Grimm* und *Matthias Jestaedt*. Der vorliegende Beitrag stützt sich weit überwiegend auf die Primärquellen im Archiv der Vereinigung in Heidelberg, in das *Ekkehart Reimer* und *Julia Fluhr* umfangreich Einblick gewährt haben. Ihnen sei ebenso sehr herzlich gedankt wie *Elisabeth Bach*, *Elisabeth Ruyter* und *Johannes Slenczka* für ihre Unterstützung bei der Recherche.

einem so langem „tacet" fällt es schwer, den richtigen Ton zu finden, weil Hörgewohnheiten fehlen. Zu lange hatten die Klassiker des unberedten Schweigens die Programme der Jahrestagungen dominiert. Dies sollte sich nun ändern. Im Jahr 2000 lebten zwar noch Zeitzeugen, welche den Klang der tausend Jahre im Ohr hatten und authentisch interpretieren konnten. Reproduzieren wollte diesen Klang aber schon lange niemand mehr. Kritische Reminiszenzen waren noch nicht durchweg willkommen, wenngleich nun immer häufiger eine historisierende Aufführungspraxis samt Werkeinführungen nachgefragt wurde.

In den Staatsrechtslehrer-Netzwerken des Beschweigens und Beschönigens lebten noch einige, die mitgeknüpft hatten, es lebten noch Eingesponnene, aber auch solche, die sich vom Netz ferngehalten hatten. Vor allem aber lebte eine neue Generation, der diese Netzwerke nichts mehr anhaben konnten. Nicht umsonst war die Wahl des Vorstands der Vereinigung auf zwei junge, aber bereits arrivierte Referenten gefallen, die nicht ausschließlich im geltenden Staats- und Verwaltungsrecht, sondern mindestens so sehr in der Rechtsphilosophie und der Verfassungsgeschichte ausgewiesen waren und deren Karriere nicht davon abhing, ob belastete Staatsrechtslehrer oder deren Schüler und Enkel sie künftig schneiden würden. Im Jahr 2000 gegen den Nationalsozialismus zu sprechen war nicht mehr gefährlich wie 1933, aber es war nicht weniger nötig, als es 1933 oder nach 1945 gewesen wäre. Zumindest waren Referenten, Diskutanten und Zuhörer erleichtert, als die Aussprache geschlossen war – und Konsens über einen Beratungsnachmittag bestand, der dem Thema gerecht geworden war.[2]

II. Chronik

Offiziell hat sich die Staatsrechtslehrervereinigung nur einmal in ihrer Geschichte eigens mit der NS-Vergangenheit befasst – auf ebenjener Leipziger Tagung des Jahres 2000, mehr als ein halbes Jahrhundert nach ihrer 1949 erfolgten Wiedergründung. Doch abseits der „Veröffentlichungen der Vereinigung der Deutschen Staatsrechtslehrer", nämlich in den Gremien der Vereinigung, war das Thema seit der Wiedergründung stets präsent. Zuweilen erreichte der Streit um die Vergangenheit die Mitgliederversammlung. Weitaus häufiger aber führten die Vorstandsmitglieder mit einzelnen Mitgliedern und vor allem mit nicht-mehr-Mitgliedern lange Korrespondenzen im zeittypischen Medium des Briefs.

Die Vergangenheit war bereits das mehr oder weniger maßgebliche Auswahlkriterium für den Mitgliederkreis, der 1949 die Vereinigung neu ins Leben rief (III.). Für anderthalb Jahrzehnte stritt man dann um einzelne besonders belastete Kollegen (IV.). Als die Generation der schon in der NS-Zeit tätigen Staatsrechtslehrer längst emeritiert war, flammte die Debatte um eine besonders prominente Figur der bundesdeutschen Staats-

[2] Tagungsbericht bei *Oliver Lepsius*, Die Tagung der Vereinigung der Deutschen Staatsrechtslehrer 2000 in Leipzig, AöR 126 (2001), S. 441; kritisch zur mutmaßlichen „Unfähigkeit der Staatsrechtswissenschaft zu trauern?" aber *Bernhard Schlink*, Vergangenheitsschuld, 2007, S. 124 (127ff., 132ff.).

rechtslehre auf (V.). Erst im Anschluss daran ging man an die Planungen zur Leipziger Tagung (VI.). Seither lässt man die Vergangenheit nicht mehr Vergangenheit sein (VII.)

III. Neuanfang ohne System

Die alte Staatsrechtslehrervereinigung, gegründet 1922, hatte 1931 zum letzten Mal getagt.[3] Nach der Machtübergabe an die Nationalsozialisten 1933 wurde die Vereinigung stillgelegt, dann 1938 für tot erklärt.[4] Im Frühjahr 1949 regte *Hans Helfritz* auf der ersten Tagung der wiedergegründeten Deutschen Gesellschaft für Völkerrecht[5] in Hamburg an, auch die Staatsrechtslehrervereinigung neu zu gründen. Bald darauf bildete *Helfritz* mit *Willibalt Apelt*, *Walter Jellinek* und *Erich Kaufmann* einen Ausschuss, der die erste Nachkriegstagung vorbereiten sollte, die für den Herbst des gleichen Jahres in Heidelberg geplant war.[6]

Hatte die Vereinigung zwischen 1933 und 1945 praktisch nicht existiert, konnten ihrer „Wiederbelebung“[7] zumindest vordergründig keine politischen Hindernisse im Weg stehen. Die NS-Vergangenheit der Vereinigung war eine Vergangenheit der Kollegen, die zwischen 1933 und 1945 auf dem Katheder gestanden hatten.[8] Die Zukunft der Vereinigung war folgerichtig eine Zukunft der Kollegen, die nun wieder oder erstmals auf dem Katheder standen. Wer dies durfte, hatte bereits das Unbedenklichkeitssiegel der jeweiligen Militär- oder Landesregierung erhalten. Hiervon sollte nach den ersten Hamburger Sondierungen die Mitgliedschaft in der Vereinigung abhängen.[9]

Beschränkte man aber den Mitgliederkreis auf noch oder wieder aktive Kollegen (abgesehen von den erst nach 1945 Habilitierten), so mussten Kollegen, deren Entnazifizierung oder Wiedereinstellung noch schwebte oder endgültig ausblieb, der Vereinigung fernbleiben. Hiergegen erhob sich frühzeitig Widerspruch, zum Teil in eigener Sache.[10] Aber auch Kollegen, die dabei sein durften, nannten die Namen von Kollegen, die nicht dabei sein durften.[11] *Erich Kaufmann* bedauerte, dass danach „in der ganzen Sache kein

---

[3] VVDStRL 7 (1932); dazu *Michael Stolleis*, Geschichte des öffentlichen Rechts in Deutschland, Bd. 3, 1999, S. 195 ff.

[4] Dazu *Michael Stolleis*, Die Vereinigung der Deutschen Staatsrechtslehrer, KritV 80 (1997), S. 339; *Andreas Kley*, in diesem Band, S. 48 ff., 52 ff.

[5] Dazu *Michael Stolleis*, Geschichte des öffentlichen Rechts in Deutschland, Bd. 4, 2012, S. 76 ff.

[6] *Walter Jellinek*, Einige Erläuterungen zum Falle Koellreutter vom 2.4.1955, Archiv VDStRL, Ordner 8c Reg.-Nr. K.

[7] *Rudolf Smend* an *Hermann Jahrreiß* vom 13.9.1955, Archiv VDStRL, Ordner 7 Reg.-Nr. H.

[8] *Stolleis*, Vereinigung (Fn. 4), S. 346; *Christian Starck*, Ansprache des Vorsitzenden, VVDStRL 59 (2000), 7 (9 f.); *Helmuth Schulze-Fielitz*, Die Wissenschaftskultur der Staatsrechtslehrer im Spiegel der Geschichte ihrer Vereinigung, 2022, S. 5 ff. Eingehend zur Neugründung der Vereinigung *Anna-Bettina Kaiser*, „Arbeitsgemeinschaft oder Bekenntnisgemeinschaft“?, in diesem Band, S. 77 ff.

[9] *Hans Peters* an *Walter Jellinek* vom 30.5.1950, Archiv VDStRL, Ordner 2, Reg.-Nr. 5.

[10] *Ernst Forsthoff* wusste vom Protest durch *Carl Bilfinger*, *Werner Weber*, *Alfred Voigt*, *Wilhelm Grewe* und *Rolf Stödter*, dazu *Ernst Forsthoff* an *Carl Schmitt* vom 18.9.1949 und 21.9.1949 sowie *Schmitt* an *Forsthoff* vom 19.9.1949, in: Mußgnug/Mußgnug/Reinthal (Hrsg.), Briefwechsel Ernst Forsthoff – Carl Schmitt, 2007, S. 55, 57 f.

[11] *Walter Jellinek* an *Otto Koellreutter* vom 20.1.1950, Archiv VDStRL, Ordner 2, Reg.-Nr. 5.

System mehr war".[12] Der nolens volens eingeladene *Ernst Forsthoff* lachte: „Vergnüglich ist es nur zu sehen, wie die Initiatoren von einer Peinlichkeit in die andere stolpern und drei von den vieren sich heute schon von ihrem [ursprünglichen] Beschluß [...] distanzieren."[13] *Walter Jellinek* war bewusst, dass vollendete Tatsachen geschaffen waren, da die nach Heidelberg eingeladenen Kollegen nicht mehr „ausgebootet" werden konnten.[14] Wenn in den Folgejahren über einzelne belastete Kollegen gestritten wurde, gab es zwei konträre Argumente. Einerseits musste man zur Vermeidung einer „Verletzung des Gleichheitsgrundsatzes"[15] jeden belasteten Kollegen aufnehmen, wenn man einmal damit begonnen hatte. Andererseits sollte man „nicht einen Fehler dadurch gutzumachen versuchen, dass man auf der Bahn des Fehlers weitermarschiert"[16] und „einen Übelstand, wenn man ihn erkannt hat, nicht noch vergrößern".[17]

Ebenso umstritten wie der Weg in die Mitgliederkartei war der Charakter der neugegründeten Vereinigung.[18] Hier standen Traditionalisten und Visionäre im Widerstreit. In der Tradition von 1922 wurde *Heinrich Triepel* beschworen, der die Gründung der Vereinigung betrieben habe, um der Staatsrechtslehrerzunft jene politische Spaltung zu ersparen, welche die Weimarer Republik von Anfang an kennzeichnete. Hiernach war die Staatsrechtslehrervereinigung ursprünglich „eine Vereinigung, die das menschliche Zusammengehörigkeitsgefühl und das Standesbewusstsein ihrer Mitglieder hochhielt"[19], „keine Bekenntnisgemeinschaft, sondern nur eine lose Arbeitsgemeinschaft"[20]. Nach *Ernst Friesenhahn* und *Otto Bachof* war sie dies auch nach 1949 geblieben.[21] Dagegen forderten unter anderen *Hans Peters*, *Hermann von Mangoldt*, *Hermann Mosler*, *Gerhard Leibholz*, *Adolf Merkl* und *Helmut Ridder*, dass die Vereinigung die Staatsrechtslehre des neuen demokratischen Staates repräsentiere, was prototypische NS-Staatsrechtslehrer ausschließe.[22] Hierzu verallgemeinerte man einen bis heute kaum erfüllten

---

[12] *Erich Kaufmann* an *Otto Koellreutter* vom 12.1.1950, wörtlich zitiert in *Otto Koellreutter* an *Erich Kaufmann* vom 20.7.1950, Archiv VDStRL, Ordner 2, Reg.-Nr. 5. Zum Kreis der 1949 beigetretenen belasteten Staatsrechtler *Kley*, in diesem Band, S. 72 f.; *Kaiser*, in diesem Band, S. 80 ff.

[13] *Ernst Forsthoff* an *Carl Schmitt* vom 18.9.1949, in: Mußgnug/Mußgnug/Reinthal, Briefwechsel Forsthoff – Schmitt (Fn. 10), S. 55. Näher dazu unten bei Fn. 160.

[14] *Walter Jellinek* an *Otto Koellreutter* vom 20.1.1950, Archiv VDStRL, Ordner 2, Reg.-Nr. 5. Siehe auch § 2 Abs. 2 Satz 1 der Satzung vom 21.10.1949, VVDStRL 8 (1950), 170: „Die zur Heidelberger Tagung eingeladenen Staatrechtslehrer werden ohne weiteres als Mitglieder geführt, es sei denn, daß sie ihre Streichung verlangen." Zum Kreis der Eingeladenen *Stolleis*, Geschichte Bd. 4 (Fn. 5), S. 82.

[15] *Otto Koellreutter* an *Erich Kaufmann* vom 20.7.1950, Archiv VDStRL, Ordner 2, Reg.-Nr. 5, unter Hinweis auf eine Bemerkung von *Carl-Hermann Ule*. Dazu noch unten bei Fn. 93.

[16] *Erich Kaufmann* an *Hermann Louis Brill* vom 8.6.1950, Archiv VDStRL, Ordner 2, Reg.-Nr. 5.

[17] *Adolf Schüle* an *Hermann Jahrreiß* vom 18.1.1955, Archiv VDStRL, Ordner 8c Reg.-Nr. T.

[18] Dazu *Kaiser*, in diesem Band, S. 76 f., 107 ff.

[19] *Otto Koellreutter* an *Hermann Jahrreiß* vom 7.12.1954, Archiv VDStRL, Ordner 8c Reg.-Nr. K

[20] *Rudolf Smend* an *Hermann Jahrreiß* vom 13.9.1955, Archiv VDStRL, Ordner 7 Reg.-Nr. H.

[21] *Ernst Friesenhahn* an *Hermann Jahrreiß* vom 10.10.1955, Archiv VDStRL, Ordner 7 Reg.-Nr. H; *Otto Bachof* an *Ernst Forsthoff* vom 13.9.1966, Archiv VDStRL, Ordner 18 Reg.-Nr. 9a.

[22] *Hans Peters* an *Walter Jellinek* vom 30.5.1950, Archiv VDStRL, Ordner 2, Reg.-Nr. 5; *Hermann von Mangoldt* an *Walter Jellinek* vom 14.6.1950, Archiv VDStRL, Ordner 2, Reg.-Nr. 5; *Hans Peters* an *Otto Koellreutter* vom 27.9.1950, Archiv VDStRL, Ordner 2, Reg.-Nr. 5; *Hermann Mosler* an *Hans Schneider* vom 20.6.1955, Archiv VDStRL, Ordner 7 Reg.-Nr. H; *Gerhard Leibholz* an *Friedrich Klein* vom 25.7.1955, Archiv VDStRL, Ordner 7 Reg.-Nr. H; *Adolf Merkl* an *Friedrich Klein* vom 31.7.1955, Archiv VDStRL,

Satzungsauftrag, nämlich Regierungen und Parlamente in Bund und Ländern durch „Eingaben" und „schriftliche Kundgebungen" der Staatsrechtslehrervereinigung zu beraten.[23] Belastete Mitglieder – nicht nur ein Staatsrat von Görings Gnaden wie *Carl Schmitt* – bedrohten die Glaubwürdigkeit solcher ‚Staatsräte' neuer Prägung. Vielleicht dachte man auch daran, dass Gutachtensaufträge und Prozessvertretungen bei Bund und Ländern schwieriger zu erhalten seien, wenn die Staatstreue der Staatsrechtslehrerzunft Anlass zu Zweifeln gab. Zynisch formuliert: Die Altnazis behinderten die Neudemokraten bei der Mandatsakquise.

Ob man belastete Kollegen aufnahm oder fernhielt, konnte über die Einheit oder Spaltung der Vereinigung entscheiden, und zwar in jeder Hinsicht. Wer draußen bleiben musste, konnte damit drohen, eine Gegenvereinigung zu gründen.[24] Wer diejenigen, die doch hineinkommen durften, nicht ertrug, konnte eine ebensolche Drohung aussprechen.[25] Solche Drohungen gab es in beiden Richtungen. Wer alle Kollegen aufnehmen wollte, konnte ebenso die Einheit der Staatsrechtslehrer bewahren wollen wie diejenigen, die meinten, stark belastete Kollegen seien ohnehin Außenseiter. Bei alledem kam es auf den Maßstab an, nach welchem man NS-Belastungen beurteilen wollte – und den es nach *Rudolf Smend* nicht als einheitlichen gab: „Es handelt sich um lauter konkrete Fälle, an die Jeder von uns mit anderen Masstäben und Voraussetzungen herantritt und denen gegenüber auch die Entscheidung der Vereinigung im ganzen nur eine mühsame Quadratur des Zirkels sein kann."[26]

Das satzungsmäßige Aufnahmeprozedere[27] trug dazu bei, dass die Aufzunehmenden keinen nennenswerten Einfluss auf ihre eigene Aufnahme hatten, da sie vom Vorstand oder von anderen Mitgliedern zur Aufnahme vorgeschlagen werden mussten. Regelmäßig schlug der Vorstand per Rundschreiben den Mitgliedern vor, diesem oder jenem Kollegen (Kolleginnen gab es lange Zeit nicht) die Mitgliedschaft anzutragen. Diesem Initiativrecht stand ein Druckmittel gegenüber, das etwaige Opponenten der Aufnahmekandidaten einsetzen konnten, indem sie Einspruch gegen die Aufnahme erhoben oder eine Erörterung in der Mitgliederversammlung verlangten. Hierzu war ein Quorum von fünf dissentierenden Stimmen erforderlich. Wurde diese Schwelle überschritten oder war ein gespaltenes Votum der Mitgliederversammlung zu erwarten, legten die Vorstände den Betroffenen gern nahe, einen Eklat zu ihren Lasten zu vermeiden und auf eine Abstimmung über ihre Mitgliedschaft zumindest vorerst zu verzichten. Der Mitgliederversammlung konnten auch spontan Aufnahmekandidaten präsentiert werden, was je nach Teilnahmedisziplin ein verzerrtes Meinungsbild ergeben konnte. Damit die Versammlung nicht überrumpelt werde, legte man seit 1953 Wert darauf, dass Kandidaturen möglichst vorab bekanntgegeben würden, und vor allem darauf, dass die Aufzu-

---

Ordner 7 Reg.-Nr. H; *Helmut Ridder* an *Hermann Jahrreiß* vom 18.8.1955, Archiv VDStRL, Ordner 7 Reg.-Nr. H.

23 Dazu *Franz Reimer*, in diesem Band, S. 190f.

24 *Ernst Forsthoff* an *Carl Schmitt* vom 30.8.1949, in: Mußgnug/Mußgnug/Reinthal, Briefwechsel Forsthoff – Schmitt (Fn. 10), S. 51.

25 *Helmut Ridder* an *Hermann Jahrreiß* vom 18.8.1955, Archiv VDStRL, Ordner 7 Reg.-Nr. H.

26 *Rudolf Smend* an *Hermann Jahrreiß* vom 13.9.1955, Archiv VDStRL, Ordner 7 Reg.-Nr. H.

27 § 2 Abs. 2 Satz 2 und 3 der Satzung vom 21.10.1949, VVDStRL 8 (1950), S. 170.

nehmenden nicht am Tagungsort oder gar auf der Mitgliederversammlung erschienen, bevor sie aufgenommen waren.[28] Unerfreuliche Szenen waren gleichwohl nicht immer vermeidbar.

IV. Durchschnittliche und überdurchschnittliche Nazis

Bereits mit dem Mitgliederkreis von 1949 „war der Bogen fast überspannt“. *Walter Jellinek* mußte „einige unfreundliche Worte hören, weil wir diesen oder jenen untragbaren Kollegen eingeladen hätten“.[29] Gleichwohl kam „[a]uf der Heidelberger Tagung [...] zum Ausdruck, daß nach einer gewissen Wartezeit auch solchen Kollegen der Eintritt in unsere Vereinigung nicht versagt werden sollte, die sich im Hitlerreich überdurchschnittlich nationalsozialistisch verhalten haben“.[30]

Diese Formulierung erwies sich als ausgesprochen unglücklich. *Otto Koellreutter* fragte erbost – zugleich als Geschäftsführer ohne Auftrag für *Carl Schmitt*, der gar nicht angesprochen war –, ob „der Vorstand wenigstens den Mut“ habe, ihm „mitzuteilen, was er eigentlich unter ‚überdurchschnittlichem nat.soz.Verhalten‘ versteht und von welchen Gesichtspunkten und Maßstäben er dabei ausgeht.“[31] Nicht weniger empört waren NS-Gegner wie *Hans Peters* und *Hermann Louis Brill*, die meinten, dass nur untadelige staatsrechtliche Texte, nicht aber durchschnittliche oder gar überdurchschnittliche Belastungen und der Umgang damit nach 1945 für eine Mitgliedschaft in der Vereinigung qualifizierten.[32]

Überspitzt könnte man sagen, dass in der Staatsrechtslehre an die Stelle des öffentlich ausgetragenen Methodenstreits der Weimarer Republik[33] ein hinter verschlossenen Türen geführter Be- und Entlastungsstreit der jungen Bundesrepublik getreten war, der die Vorstandskorrespondenz der 1950er und 1960er Jahre durchzog. Ermutigt von Altvorderen wie *Richard Thoma*[34] oder *Rudolf Smend*[35], meinte *Hermann Jahrreiß* resigniert, „die Vereinigung wird sich eines Tages entschließen müssen, unter die Hitler-Zeit einen radikalen Strich zu ziehen und Aufnahmefragen im Stil von vor 1933 zu behandeln“, also unpolitisch zu behandeln, wenn man nicht auf Jahre hinaus immer wieder mit dem Thema konfrontiert werden wolle.[36] Dagegen hielt *Ulrich Scheuner*, „dass eine Generalbereinigung auch

[28] Niederschrift der Mitgliederversammlung der Vereinigung der Deutschen Staatsrechtslehrer zu Bonn am 15. und 16.10.1953; *Hermann Jahrreiß* an *Edgar Tatarin-Tarnheyden* vom 16.9.1954, Archiv VDStRL, Ordner 8c Reg.-Nr. T.

[29] *Walter Jellinek* an *Otto Koellreutter* vom 20.1.1950, Archiv VDStRL, Ordner 2, Reg.-Nr. 5.

[30] VVDStRL, Vorstand, Rundschreiben an die Mitglieder vom 23.5.1950, Archiv VDStRL, Ordner 2, Reg.-Nr. 4a.

[31] *Otto Koellreutter* an *Erich Kaufmann* vom 20.7.1950, Archiv VDStRL, Ordner 2, Reg.-Nr. 5.

[32] *Hans Peters* vom 2.6.1950, unadressiert, Archiv VDStRL, Ordner 2, Reg.-Nr. 5; *Hermann Louis Brill* an *Erich Kaufmann* vom 30.5.1950, Archiv VDStRL, Ordner 2, Reg.-Nr. 5.

[33] *Stolleis*, Geschichte, Bd. 3 (Fn. 3), S. 153 ff.; *Kley*, in diesem Band, S. 43 ff.

[34] *Richard Thoma* an *Walter Jellinek* vom 29.7.1950, Archiv VDStRL, Ordner 2, Reg.-Nr. 5: „Meine persönliche Ansicht geht dahin, daß die Karenz jetzt lange genug gedauert hat“.

[35] *Rudolf Smend* an *Hermann Jahrreiß* vom 13.9.1955, Archiv VDStRL, Ordner 7 Reg.-Nr. H.

[36] *Hermann Jahrreiß* an *Ulrich Scheuner* vom 19.1.1954, Archiv VDStRL, Ordner 8c Reg.-Nr. Sch.

nicht hilft" und man „um jede Prüfung der Vergangenheit nicht herum" komme. *Scheuner* selbst „würde es ablehnen, etwa neben Herrn Höhn, einem früheren SD-Manne in einer Vereinigung zu sitzen." Ob *Scheuner* mit sich selbst in einer Vereinigung sitzen wolle, ließ er vorsichtshalber offen: „Es hilft nichts, man wird immer wieder temporisieren müssen. Es ist das ein Erbe, das wir – und wie viele solcher Wunden tragen wir nicht auch auf anderen Gebieten weiter – aus der Vergangenheit weitertragen müssen."[37] „Temporisieren" hieß frei übersetzt: sich je nach Zeitgeist durchwursteln. Das tat man dann auch.

Die Referenten der frühen Jahrestagungen[38] fanden an sich genügend Anlass, das von ihnen zu behandelnde geltende oder kommende Recht von Weimar abzugrenzen und davon, was aus Weimar geworden war. Was aber die Kollegen geschrieben hatten, als aus Weimar das geworden war, was aus Weimar geworden war – darüber sprach man nicht gern.[39] Eine Ausnahme machte die Tübinger Tagung von 1954. Vom Thema der Berufsbeamten in Staatskrisen waren viele Staatsrechtslehrer betroffen und entsprechend befangen.[40] In der Aussprache widersprach *Ernst Friesenhahn* dem Eindruck, dass es zu Berufsbeamten in der NS-Zeit kaum staatsrechtliche Forschungen gebe, indem er ausführlich *Ernst Rudolf Huber* zitierte.[41] *Heinrich Herrfahrdt* und *Otto Bachof* hielten dem entgegen, dass die Thesen *Hubers* eher Wunschbilder der Nazis reflektierten als die staatsrechtliche Realität.[42] Der Rest der Anwesenden schwieg dazu.

Wirkten also die Referate und Aussprachen der Jahrestagungen so, als habe der NS-Staat völlig ohne Anteilnahme der Staatsrechtslehrer agiert, so wurde in den Mitgliederversammlungen und in Briefen mit den jeweiligen Vorständen heftig gestritten. Es waren nicht schlechthin gekränkte Na(r)zis(ten), die hier selbstverliebt um Ehre und Kränkung oder Loyalität und Verrat im Widerstreit mit politischer Prinzipientreue kämpften. Manche wehrten sich wortgewaltig dagegen, nahezu allein die Sünden fast aller ihrer Kollegen zu tragen, die nur allzu selten offen gegen das NS-Regime opponiert hatten, nun aber mit dem Finger auf diejenigen zeigten, die sich zweifellos stark exponiert hatten. Der Streit betraf nur eine Handvoll prominenter Kollegen, die „zu den Matadoren des Nationalsozialismus auf den Universitäten" zählten[43], nämlich *Otto Koellreutter* (IV.1.), *Ernst Rudolf Huber* (IV.2.), *Carl Schmitt* (IV.3.), *Edgar Tatarin-Tarnheyden* (IV.4.) und *Ernst Forsthoff* (IV.5.). Es waren diejenigen, die nicht mehr dazu gehören durften

---

Ähnlich *Franz W. Jerusalem* an *Hermann Jahrreiß* vom 25.7.1955, Archiv VDStRL, Ordner 7 Reg.-Nr. H: „Nachdem nunmehr 10 Jahre seit dem Ende des Regime verflossen sind, sollte man nunmehr nach dem Satz, dass über alles einmal Gras wächst, alle diejenigen, die vor 1933 Mitglieder waren, ohne weiteres wieder als Mitglieder betrachten, wenn sie nicht ausdrücklich Widerspruch erheben."

[37] *Ulrich Scheuner* an *Hermann Jahrreiß* vom 24.1.1954, Archiv VDStRL, Ordner 8c Reg.-Nr. Sch.

[38] Dazu *Kaiser*, in diesem Band, S. 112 ff., die sich umfassend auch dem Streit um die nachfolgend behandelten Personen widmet, *Kaiser*, in diesem Band, S. 87 ff.

[39] Zu den Texten der Staatsrechtslehrer aus der NS-Zeit *Kley*, in diesem Band, S. 57 ff.

[40] In diesem Sinne *Richard Naumann*, Die Berufsbeamten und die Staatskrisen, VVDStRL 13 (1955), S. 88 (93, 109).

[41] *Ernst Friesenhahn*, Aussprache, VVDStRL 13 (1955), S. 162 (169).

[42] *Heinrich Herrfahrdt*, Aussprache, VVDStRL 13 (1955), S. 186; *Otto Bachof*, Aussprache, VVDStRL 13 (1955), S. 187.

[43] *Franz W. Jerusalem* an *Hermann Jahrreiß* vom 25.7.1955, Archiv VDStRL, Ordner 7 Reg.-Nr. H mit Blick auf *Huber*, *Koellreutter* und *Schmitt*.

oder sich zumindest zeitweilig nicht willkommen fühlten und die zum Teil lautstark fragten, wer alles sich zu ihren Lasten der eigenen Verantwortung entledigte. Der kontroverse Umgang der Staatsrechtslehrervereinigung mit der NS-Vergangenheit, soweit es ihn bis zum Jahr 2000 überhaupt gab, war auf wenige Personen bezogen. Die Geschichte, wie die Vereinigung mit dieser Vergangenheit umgegangen ist, muss daher zumindest auf diese Personen bezogen erzählt werden.

1. Otto Koellreutter und der Schaden an seiner Seele

Über Jahre hinweg stritt *Otto Koellreutter* mit den jeweiligen Instanzen über seine Entnazifizierung, mit der Münchener Fakultät über seine Emeritierung, mit politisch exponierten Juristen wie *Franz Böhm* und *Adolf Arndt* über deren öffentliche Äußerungen zu *Koellreutter* und nicht zuletzt mit der Staatsrechtslehrervereinigung über seine Mitgliedschaft. *Koellreutter* stritt mit allen und jedem. Nicht seine NS-Vergangenheit, sondern seine Streitlust sorgten dafür, dass er nach zehnjährigem Dauerkonflikt nicht in die Vereinigung aufgenommen wurde. (Nicht zuletzt zeigte der schreibwütige *Koellreutter*, „*wie* nötig" ein „Zentralarchiv" der Vereinigung war: „Aber wohin tun? Wir haben doch nun mal keinen ‚Sitz'."[44] *Hans Schneider* erklärte sich frühzeitig bereit, „wenn wir zu einer passablen Lösung kommen, der Mitgliederversammlung einen entsprechenden Vorschlag [zu] unterbreiten".[45] Dies dauerte noch bis 1962.[46])

Als *Koellreutter* 1949 nicht zur Heidelberger Wiedergründungstagung nach Heidelberg eingeladen worden war, verdächtigte er die von den Nazis als Juden verfolgten Mit-Initiatoren der Tagung, *Walter Jellinek* und *Erich Kaufmann*, einer Intrige, die ihn von der Vereinigung habe fernhalten sollen. *Jellinek* und *Kaufmann* gehörten seit der Heidelberger Tagung zum Vorstand.[47] *Koellreutters* Bitte um ein persönliches Gespräch hatte der Vorsitzende *Erich Kaufmann* abgelehnt. Daraufhin sprach *Koellreutter* von einer „Schiebung", die ihn in seiner Ehre gekränkt habe. Hierfür (und für spätere mutmaßliche Kränkungen) verlangte er von der Vereinigung Genugtuung. *Erich Kaufmann* bot ihm lediglich an, ihn der Mitgliederversammlung zur Aufnahme vorzuschlagen, wenn *Koellreutter* dies wünsche. Von einem Wunsch wollte *Koellreutter* jedoch nichts wissen; es sei Sache der Vereinigung, ihn zu rehabilitieren. Dass der Vorstand im Rundschreiben dennoch von einem „Wunsch" *Koellreutters* sprach, nannte *Koellreutter* eine „bewußte Unwahrheit". Mehr noch als über die Frage, was eine durchschnittliche von einer überdurchschnittlichen Belastung unterscheide, erregte sich *Koellreutter* darüber, dass der Vorstand ihm *Ernst Rudolf Huber* gegenübergestellt hatte, der „sich in keiner Weise nach 1945 vorgedrängt" habe. Im Umkehrschluss musste also *Koellreutter*, der seine Aufnahme wünsche, sich vorgedrängt haben. *Koellreutter* erklärte, er lasse auf diese Weise nicht mit seiner Person „Schindluder treiben". Einer Vereinigung, die einen

---

[44] *Hermann Jahrreiß* an *Friedrich Klein* und *Hans Schneider* vom 17.9.1954, Archiv VDStRL, Ordner 5 Reg.-Nr. 9.

[45] *Hans Schneider* an *Hermann Jahrreiß* vom 28.9.1954, Archiv VDStRL, Ordner 5 Reg.-Nr. 9.

[46] Niederschrift der Mitgliederversammlung am 3. und 5. Oktober 1962 in Münster, TOP 8.

[47] VVDStRL 8 (1950), S. 166.

Carl Schmitt nicht aufnehme, aber zu Beginn des kalten Kriegs die Mitgliedschaft eines Kommunisten wie *Peter Alfons Steiniger* in Erwägung ziehe[48], wolle auch er nicht angehören. Sehr gut könne er – „und das gilt wohl auch von Carl Schmitt und Huber – ohne Schaden an [s]einer Seele zu nehmen, auf die Zugehörigkeit zur neuen Staatsrechtslehrervereinigung verzichten".[49]

Vor allem aber ging *Koellreutter* zum Gegenangriff über. Wenn man ihm seine NS-Texte vorhalte, so werde er der Öffentlichkeit präsentieren, woran *Kaufmann* und *Jellinek* sich ungern erinnerten. *Kaufmanns* frühe bellizistische Äußerungen über den „siegreichen Krieg" als „soziales Ideal"[50] waren berüchtigt; sie wurden nicht allein von *Koellreutter* beanstandet[51]. Nun aber war *Kaufmann* wieder wie vor 1933[52] „Rechtsberater des Auswärtigen Amts", zuvor des Bundeskanzleramts, korrespondierte unter diesem Briefkopf[53] und gab die jeweilige Behörde als seine Kontaktadresse im Mitgliederverzeichnis der Staatsrechtslehrervereinigung an[54]. *Koellreutter* sprach einem *Erich Kaufmann*, der den Krieg verherrlicht hatte, in einem auf den Trümmern eines verheerenden Weltkriegs neu errichteten Staatswesen das Recht ab, moralisch über ihn zu urteilen.[55] Als „Frontsoldat"[56] und „Höchstausgezeichneter des Ersten Weltkrieges"[57] fragte *Koellreutter* angesichts neuer Kriegsgefahr hinreichend desillusioniert: „Können eigentlich die Nordkoreaner nicht eine Rechtfertigung ihres Vorgehens in der Tatsache finden, daß der Westen nicht ‚in der Gemeinschaft frei wollender Menschen', sondern im siegreichen Krieg das soziale Ideal' erblickt?"[58] *Jellinek* hatte bald nach der Machtübergabe an die Nazis einen Text über „Das öffentliche Recht Deutschlands im Jahre 1933" verfasst, der im „deutschen Urtext zum Gebrauch bei akademischen Vorlesungen und Übungen gedruckt" worden war und peinlichste Elogen auf das „Genie" Hitler enthielt.[59] In abgeschwächter französischer Übersetzung, die allein *Jellinek* als autorisiert anerkannte[60], erschien der Text im Annuaire de l'Institut International de Droit Public.[61] Der emigrierte Komparatist *Ernst*

---

[48] Dazu *Schulze-Fielitz*, Wissenschaftskultur (Fn. 8), S. 24; *Kaiser*, in diesem Band, S. 105 f.

[49] *Otto Koellreutter* an *Erich Kaufmann* vom 15.8.1950, Archiv VDStRL, Ordner 2, Reg.-Nr. 5. Dazu noch unten bei Fn. 92.

[50] *Erich Kaufmann*, Das Wesen des Völkerrechts und die Clausula rebus sic stantibus, 1911, S. 146.

[51] Dazu *Jochen Rozek*, Erich Kaufmann (1880–1972), in: Häberle/Kilian/Wolff (Hrsg.), Staatsrechtslehrer des 20. Jahrhunderts, 2015, S. 201 (204).

[52] *Stolleis*, Geschichte des öffentlichen Rechts, Bd. 4 (Fn. 5), S. 86.

[53] *Erich Kaufmann* an *Hermann Jahrreiß* vom 10.3.1955, Archiv VDStRL, Ordner 8c Reg.-Nr. K.

[54] Siehe etwa VVDStRL 8 (1950), 167 (Bundeskanzleramt); VVDStRL 14 (1956), 214 (Auswärtiges Amt).

[55] Unter anderem *Otto Koellreutter* an *Hermann Jahrreiß* vom 7.12.1954, Archiv VDStRL, Ordner 8c Reg.-Nr. K; *Otto Koellreutter* an *Hermann Jahrreiß* vom 13.4.1955, a. a. O.

[56] *Otto Koellreutter* an *Hermann Jahrreiß* vom 22.2.1955, Archiv VDStRL, Ordner 8c Reg.-Nr. K.

[57] *Otto Koellreutter* an Dekan der Frankfurter Fakultät (*Wilhelm Claß*?) vom 15.11.1954, Archiv VDStRL, Ordner 8c Reg.-Nr. K.

[58] *Otto Koellreutter* an *Erich Kaufmann* vom 20.7.1950, Archiv VDStRL, Ordner 2, Reg.-Nr. 5 mit einem weitgehend wörtlichen Zitat aus *Kaufmann* (Fn. 50), S. 126, in welchem Kaufmann sich abgegrenzt hatte von *Rudolf Stammler*, Die Lehre von dem richtigen Rechte, 1902, S. 198.

[59] *Walter Jellinek*, Das öffentliche Recht Deutschlands im Jahre 1933, ohne Jahr, S. 1.

[60] *Walter Jellinek*, Einige Erläuterungen zum Falle Koellreutter vom 2.4.1955, Archiv VDStRL, Ordner 8c Reg.-Nr. K.

[61] *Walter Jellinek*, Le Droit public de l'Allemagne en 1933, in: Annuaire de l'Institut International de

Joseph Cohn nannte diesen letzteren Text einen „unpardonable essay"; eine Bezeichnung, die *Koellreutter* nur allzu gern übernahm.[62] Über diese unbestreitbaren Publikationen hinaus wollte *Koellreutter* aber auch enthüllen, dass der „Hitlerbyzantinist" *Jellinek* sein Judentum verleugnet habe und in der Universität „nordische Schädelmessungen" durchgeführt habe, was *Koellreutter* für „psychopathisch" hielt.[63] Gegenüber *Hermann Jahrreiß* räumte *Jellinek* beide Begebenheiten ein. So habe er durch Ahnenforschungen nachweisen wollen, dass sein Urgroßvater zum Judentum konvertiert, er selbst daher eigentlich „arisch" sei.[64] Zudem habe er sich schon vor 1933 für Rassenkunde interessiert und einen „Schädelmeßapparat" angeschafft und einmal auf Wunsch die Köpfe von drei oder vier Studenten vermessen, ob diese wohl „langschädelig" seien.[65] Sowohl die von *Koellreutter* skandalisierte „Verhimmlung des ‚Genies' Hitler"[66] als auch die Abstammungsrecherchen ließen sich von *Jellinek* mit dem Druck antisemitischer Verfolgung erklären.[67] *Jellineks* rassenkundliches Interesse aber, mit dem er zwar vor 1933 nicht allein stand, musste jedenfalls nach 1945 ausgesprochen bizarr wirken.

Kaufmann und *Jellinek* wünschten verständlicherweise nicht, dass *Koellreutter* dergleichen verbreite. Mit oder ohne *Koellreutters* Zutun berichtete DER SPIEGEL im Zuge des Streits um die Wiederbewaffnung[68], der nach dem Befund von *Rudolf Smend* die Staatsrechtslehrer gespalten habe[69], über frühe prokolonialistische Äußerungen von *Kaufmann* und zitierte *Jellineks* Verherrlichung Hitlers.[70] Ganz ohne *Koellreutters* in Aussicht gestellte Enthüllungen aber waren *Kaufmann* und *Jellinek* von Anfang an ausgesprochen versöhnlich eingestellt, was *Koellreutter* ihnen erstens nicht glaubte und zweitens schlecht vergalt, indem er beiden vorwarf, dass es ihnen unter den Nazis besser gegangen sei als ihm selbst angesichts der „Behandlung der ‚nazistisch Verseuchten'

---

droit public 1934, S. 43 f. Zu weiteren interpretationsbedürftigen Texten Jellineks *Birthe Pasemann*, Walter Jellinek und der Nationalsozialismus, Kritische Justiz 2005, 418.

62 *Otto Koellreutter* an *Hermann Jahrreiß* vom 2.2.1955, Archiv VDStRL, Ordner 8c Reg.-Nr. K, in Anspielung auf den in Fn. 61 zitierten Text *Jellineks* und dessen mit falscher Fundstelle versehene Einschätzung von *Ernst Joseph Cohn*, German Legal Science Today, The International and Comparative Law Quarterly 2 (1953), 169 (180).

63 Unter anderem *Otto Koellreutter* an *Hermann Jahrreiß* vom 1.9.1954, Archiv VDStRL, Ordner 8c Reg.-Nr. K; *Otto Koellreutter* an *Hermann Jahrreiß* vom 16.1.1955, Archiv VDStRL, Ordner 8c Reg.-Nr. K; *Otto Koellreutter* an *Hermann Jahrreiß* vom 22.2.1955, Archiv VDStRL, Ordner 8c Reg.-Nr. K; *Otto Koellreutter* an *Hans Peters* vom 28.2.1958, Archiv VDStRL, Ordner 8c Reg.-Nr. K.

64 Dazu *Klaus Kempter*, Ein Rechtsprofessor im Konflikt mit der NS-Rassegesetzgebung: der Fall Walter Jellinek, in: Zeitschrift für Geschichtswissenschaft 46 (1998), 305 (308).

65 *Walter Jellinek*, Einige Erläuterungen zum Falle Koellreutter vom 2.4.1955, Archiv VDStRL, Ordner 8c Reg.-Nr. K.

66 *Otto Koellreutter* an *Erich Kaufmann* vom 20.7.1950, Archiv VDStRL, Ordner 2, Reg.-Nr. 5.

67 *Walter Jellinek*, Einige Erläuterungen zum Falle Koellreutter vom 2.4.1955, Archiv VDStRL, Ordner 8c Reg.-Nr. K.

68 Zu den unterschiedlichen Positionen der Staatsrechtslehrer im Streit um die Wiederbewaffnung *Felix Lange*, Der Dehler-Faktor – die widerwillige Akzeptanz des Bundesverfassungsgerichts durch die Staatsrechtslehre, in: Der Staat 56 (2017), 77 (94 ff.).

69 *Rudolf Smend* an *Hermann Jahrreiß* vom 13.9.1955, Archiv VDStRL, Ordner 7 Reg.-Nr. H.

70 Anonymus, Wehr-Gutachten – Überall Körbe, in: DER SPIEGEL 26/1952, S. 6–7, zu den in Fn. 59 zitierten Elogen *Jellineks* auf *Hitler* und auf *Erich Kaufmann*, Auswärtige Gewalt und Kolonialgewalt in den Vereinigten Staaten von Amerika, 1908, S. 130.

durch die christliche Demokratie".[71] *Jellinek* lehnte „jedes Pharisäertum" ab und gab zu, „daß Koellreutter kein bösartiger Nationalsozialist war".[72] *Kaufmann* sah in *Koellreutter* zwar einen frühen „Hauptträger nationalsozialistischer Lehre"[73], räumte aber ein, dass *Koellreutter* „immerhin stets am Rechtsstaat festgehalten hat und schon vor 1945 geheilt war"[74]. Beide lehnten von einem bestimmten Zeitpunkt an weitere Auseinandersetzungen mit *Koellreutter* über dessen Vorwürfe ab.[75] Sie hätten dennoch gegen die Aufnahme *Koellreutters* in die Vereinigung keinen Einspruch erhoben, wenn dieser nur erklärt hätte, dass er seine ewigen Drohungen und Ultimaten einstellen werde.[76] Vorerst geschah nichts dergleichen.

Als *Kaufmann* auf der Münchener Mitgliederversammlung 1950 von *Koellreutters* Angriffen auf Vorstandsmitglieder berichtete, beschloss die Versammlung, „dass die Vereinigung die materielle Behandlung dieses Aufnahmefalles ablehne, solange Herr Koellreutter seine Drohungen [...] aufrechterhalte".[77] Offenbar war die Mitgliederversammlung weitaus turbulenter, als es das Protokoll wiedergibt. Jedenfalls wurde der spätere Vorstand *Hermann Jahrreiß* nicht müde zu erzählen, dass er deshalb zwei Jahre den Tagungen der Staatsrechtslehrer ferngeblieben sei.[78] Zudem hatte *Jahrreiß* das Vorstandsamt nur aufgrund der (falschen) Annahme übernommen, „die Sache Koellreutter sei aus dem Feld der Vereinigung heraus dahin verbracht, wohin sie gehört, auf den Weg der vergleichsweisen oder vom Staat vorgenommenen Erledigung".[79] Nun war es an *Jahrreiß* selbst, *Koellreutter* zum Friedensschluss zu überreden.[80] Dies fiel umso schwerer, als *Koellreutter* nun noch erwartete, dass die Vereinigung gegen „Ehrabschneider" wie *Franz Böhm*[81] oder *Adolf Arndt*[82] und einen kritischen Rezensenten wie *Helmut*

---

[71] *Otto Koellreutter* an *Erich Kaufmann* vom 20.7.1950, Archiv VDStRL, Ordner 2, Reg.-Nr. 5.

[72] *Walter Jellinek* an *Otto Koellreutter* vom 20.1.1950, Archiv VDStRL, Ordner 2, Reg.-Nr. 5; *Walter Jellinek*, Einige Erläuterungen zum Falle Koellreutter vom 2.4.1955, Archiv VDStRL, Ordner 8c Reg.-Nr. K.

[73] *Erich Kaufmann* an *Otto Koellreutter* vom 6.8.1950, Archiv VDStRL, Ordner 2, Reg.-Nr. 5.

[74] *Erich Kaufmann* an *Hermann Louis Brill* vom 8.6.1950, Archiv VDStRL, Ordner 2, Reg.-Nr. 5.

[75] *Erich Kaufmann* an *Otto Koellreutter* vom 6.8.1950, Archiv VDStRL, Ordner 2, Reg.-Nr. 5; Niederschrift über die (interne) Mitgliederversammlung auf der Tagung der Vereinigung der deutschen Staatsrechtslehrer in Göttingen am Nachmittag des 19. Oktober 1951, Archiv VDStRL, Ordner 3 Reg.-Nr. 3; *Walter Jellinek* an *Hermann Jahrreiß* vom 18.10.1954, Archiv VDStRL, Ordner 8c Reg.-Nr. K; *Walter Jellinek* an *Hermann Jahrreiß* vom 22.12.1954, Archiv VDStRL, Ordner 8c Reg.-Nr. K; *Erich Kaufmann* an *Hermann Jahrreiß* vom 10.3.1955, Archiv VDStRL, Ordner 8c Reg.-Nr. K.

[76] *Walter Jellinek* an *Hermann Jahrreiß* vom 29.4.1955, Archiv VDStRL, Ordner 8c Reg.-Nr. K.

[77] Niederschrift über die (interne) Mitgliederversammlung auf der Tagung der Vereinigung der deutschen Staatsrechtslehrer in München am 20. und 21. Oktober 1950, I.

[78] *Hermann Jahrreiß* an *Ulrich Scheuner* vom 19.1.1954, Archiv VDStRL, Ordner 8c Reg.-Nr. Sch; *Hermann Jahrreiß* an *Friedrich Giese* vom 14.9.1954, Archiv VDStRL, Ordner 8c Reg.-Nr. K; *Hermann Jahrreiß* an *Friedrich Klein* und *Hans Schneider* vom 17.9.1954, Archiv VDStRL, Ordner 5 Reg.-Nr. 9.

[79] *Hermann Jahrreiß* an *Friedrich Klein* und *Hans Schneider* vom 17.9.1954, Archiv VDStRL, Ordner 5 Reg.-Nr. 9.

[80] *Hermann Jahrreiß* an *Otto Koellreutter* vom 14.5.1955, Archiv VDStRL, Ordner 8c Reg.-Nr. K.

[81] *Otto Koellreutter* an *Friedrich Giese* vom 24.8.1954, Archiv VDStRL, Ordner 8c Reg.-Nr. K; *Otto Koellreutter* an *Hermann Jahrreiß* vom 1.9.1954, Archiv VDStRL, Ordner 8c Reg.-Nr. K.

[82] *Otto Koellreutter* an *Adolf Arndt* vom 15.1.1955, Archiv VDStRL, Ordner 8c Reg.-Nr. K; *Otto Koellreutter* an *Hermann Jahrreiß* vom 22.2.1955, Archiv VDStRL, Ordner 8c Reg.-Nr. K.

Ridder[83] einschreite. *Jahrreiß* musste *Koellreutter* belehren, dass die Vereinigung nicht dafür da sei, „Ehrenhändel" von Nichtmitgliedern mit Mitgliedern oder gar Nichtmitgliedern der Vereinigung zu schlichten, und verwies *Koellreutter* auf den Rechtsweg.[84]

In einem Anflug von Altersmilde erklärte sich *Koellreutter* 1958 bereit, fortan jede Form von Drohung gegenüber Mitgliedern der Vereinigung zu unterlassen.[85] Ein Jahr später wollte er dies nicht mehr gelten lassen.[86] In der Vereinigung hielt man dies nun in verbreiteter fachfremder Ferndiagnose für den Rückfall eines „offenbar Geistesgestörte[n]", welcher der Vereinigung nicht die Tagesordnung diktieren könne.[87] *Koellreutter*, der ähnliches über *Jellinek* behauptet hatte[88], blieb draußen.

2. Ernst Rudolf Huber und die soziale Aufgabe der Staatsrechtslehrervereinigung

Als Heft 14 der „VVDStRL" im Jahr 1956 erschien, das die Verhandlungen der Hamburger Jahrestagung von 1955 dokumentierte, wurde unter der laufenden Nummer 37 des Mitgliederverzeichnisses erstmals „Huber, Dr. E. R., Professor, Freiburg i. Br." geführt.[89] *Hubers* letzter Eintrag, seinerzeit noch als Bonner Privatdozent, lag fast ein Vierteljahrhundert zurück.[90]

Hätte nicht *Otto Koellreutter* die „Gründung der neuen STRV durch Herrn Jellinek, mit dem sich dann Erich Kaufmann und Apelt zu einem Triumvirat vereinigten", als einen „Akt parteipolitisch-akademischer Klüngelwirtschaft" gebrandmarkt[91], wäre es vielleicht nie zur Wiederaufnahme *Hubers* gekommen. Per Rundschreiben vom 23. Mai 1950 – zum ersten Mal jährte sich der Verfassungstag des Grundgesetzes – informierte der Vorstand „die Herren Mitglieder der Vereinigung der Deutschen Staatsrechtslehrer",

---

83 *Otto Koellreutter* an *Helmut Ridder* vom 28.2.1958, Archiv VDStRL, Ordner 8c Reg.-Nr. K.

84 *Hermann Jahrreiß* an *Otto Koellreutter* vom 25.10.1954, Archiv VDStRL, Ordner 8c Reg.-Nr. K.

85 *Otto Koellreutter* an *Hans Peters* vom 2.7.1958, Archiv VDStRL, Ordner 8c Reg.-Nr. K; *Hans Peters* an *Otto Koellreutter* vom 1. August 1958, Archiv VDStRL, Ordner 8c Reg.-Nr. K; *Otto Koellreutter* an *Hans Peters* vom 7.8.1958, Archiv VDStRL, Ordner 8c Reg.-Nr. K.

86 *Otto Koellreutter* an *Hans Peters* vom 24.7.1959, Archiv VDStRL, Ordner 8c Reg.-Nr. K.

87 So *Arnold Köttgen* an *Hans Peters* vom 8.8.1959, Archiv VDStRL, Ordner 8c Reg.-Nr. K. Siehe zuvor *Hans J. Wolff* an *Hans Peter Ipsen* und *Wolfgang Abendroth* vom 3.8.1953, Archiv VDStRL, Ordner 8c Reg.-Nr. K: „krankhafte Gereiztheit"; *Walter Jellinek* an *Hermann Jahrreiß* vom 18.10.1954, Archiv VDStRL, Ordner 8c Reg.-Nr. K: „Meine Überzeugung, daß Koellreutter geistig nicht normal ist, wird durch diesen Vorgang nur bestätigt." *Walter Jellinek* an *Hermann Jahrreiß* vom 22.12.1954, Archiv VDStRL, Ordner 8c Reg.-Nr. K: „Obwohl ich an der Zurechnungsfähigkeit K.s. begründete Zweifel hege". *Erich Kaufmann* an *Hermann Jahrreiß* vom 10.3.1955, Archiv VDStRL, Ordner 8c Reg.-Nr. K: „Wer Koellreutter nach seinem Freispruche nach der Verurteilung zu Gruppe I und nach seiner Pensionierung in der Nähe zu beobachten Gelegenheit hatte, kann leider nur zu dem Schlusse kommen, dass er schwer psychopathisch ist." *Arnold Köttgen* an *Hans Peters* vom 5.4.1958, Archiv VDStRL, Ordner 8c Reg.-Nr. K: „Der Brief von K. beweist, dass seine psychische Verfassung trotz der von seiner Frau als Entlastungsaktion gedachte Übersiedlung nach Freiburg konstant ist."

88 Oben bei Fn. 63.

89 VVDStRL 14 (1956), 214.

90 VVDStRL 7 (1932), 207.

91 So die spätere Formulierung von *Otto Koellreutter* an *Hermann Jahrreiß* vom 7.12.1954, Archiv VDStRL, Ordner 8c Reg.-Nr. K; zu *Koellreutters* früheren Äußerungen oben bei Fn. 49.

Otto Koellreutter habe „den Wunsch geäußert, Mitglied unserer Vereinigung zu werden“. Der Vorstand verband diese Mitteilung mit seiner „Ansicht, daß dann auch Ernst Rudolf Huber, der sich in keiner Weise nach 1945 vorgedrängt hat, in die Vereinigung aufgenommen werden sollte“.[92] So wurde *Koellreutter* ohne sein Zutun zu einer Art Türöffner für *Huber*. Die Mitgliedschaft in der Staatsrechtslehrervereinigung war unausgesprochen ein früher Anwendungsfall für die Drittwirkung der Grundrechte im Privatrecht. *Koellreutters* Schüler *Carl-Hermann Ule* hatte – in *Koellreutters* Formulierung – „als einziger sofort auf die durch die Schiebungen Jellineks erfolgte Verletzung des Gleichheitsgrundsatzes hingewiesen“.[93] Und so zog ein Aufnahmeproblem das nächste nach sich. Dachte man an *Theodor Maunz* – dessen Andenken später getrübt war –, musste man an *Koellreutter* denken.[94] Dachte man an Kommunisten wie *Steiniger*, musste man an Nationalsozialisten wie *Koellreutter* denken – meinte *Koellreutter*.[95] Dachte man an *Koellreutter*, musste man an *Huber* denken. Solche Gedankenspiele wurden immer wieder angestellt, auch *bei Carl Schmitt*, auch bei *Ernst Forsthoff*.

Angesichts der quälend langen Kontroversen um *Koellreutter* mag es erstaunen, dass *Ernst Rudolf Huber* ursprünglich in einem gegenüber der Entnazifizierung leicht abgewandelten Huckepack-Verfahren[96] auf dem Rücken des weniger belastet erscheinenden *Koellreutter* in die Vereinigung aufgenommen werden sollte. Der Hinweis, dass *Huber* „sich nach 1945 in keiner Weise vorgedrängt“ habe, erschien dem Vorstand gerade deshalb nötig, weil gegenüber *Huber* Vorbehalte wie sonst wohl nur gegenüber *Schmitt* bestanden. Als der Vorstand erstmals 1950 *Huber* ins Gespräch brachte, gingen gegen *Huber* etwa doppelt so viele Einsprüche ein wie gegen *Koellreutter*.[97] Nicht allen genügte *Hubers* vorsichtige Zurückhaltung nach 1945.[98] Wenn man ihm glaubte, dann vor allem seinem Opportunismus, den nicht nur *Adolf Schüle* verachtete: „Die Grundüberzeugungen eines Hochschullehrers scheinen mir nicht je nach dem politischen System auswechselbar zu sein.“[99]

Hermann Louis Brill meinte, dass eine Begründung für seinen Einspruch „nach der Rolle, die Herr Huber literarisch während der nazistischen Diktatur gespielt hat, überflüssig sein sollte“, was der Vorsitzende *Hermann Jahrreiß* „etwas zu einfach gebrillt“

---

92 VVDStRL, Vorstand, Rundschreiben an die Mitglieder vom 23.5.1950, Archiv VDStRL, Ordner 2, Reg.-Nr. 4a.

93 *Otto Koellreutter* an *Erich Kaufmann* vom 20.7.1950, Archiv VDStRL, Ordner 2, Reg.-Nr. 5.

94 *Erich Kaufmann* an *Hermann Louis Brill* vom 8.6.1950, Archiv VDStRL, Ordner 2, Reg.-Nr. 5.

95 Dazu oben bei Fn. 49.

96 Zur sog. Huckepack-Regel, nach der für jeden unbelasteten ein belasteter Jurist in der Justiz der britischen Zone eingestellt werden konnte, *Joachim Wenzlau*, Der Wiederaufbau der Justiz in Nordwestdeutschland 1945 bis 1949, 1979, S. 130.

97 *Richard Thoma* an *Walter Jellinek* vom 29.7.1950, Archiv VDStRL, Ordner 2, Reg.-Nr. 5.

98 Dazu *Ewald Grothe*, Eine lautlose Angelegenheit? Die Rückkehr des Verfassungshistorikers Ernst Rudolf Huber in die universitäre Wissenschaft nach 1945, Zeitschrift für Geschichtswissenschaft 47 (1999), S. 980.

99 *Adolf Schüle* an *Hermann Jahrreiß* vom 13.8.1955, Archiv VDStRL, Ordner 7 Reg.-Nr. H; ähnlich *Adolf Merkl* an *Friedrich Klein* vom 31.7.1955, Archiv VDStRL, Ordner 7 Reg.-Nr. H; *Godehard Josef Ebers* an *Friedrich Klein* vom 6.8.1955, Archiv VDStRL, Ordner 7 Reg.-Nr. H, die Schriften *Hubers* von vor 1933 einbezogen.

fand.[100] Immer wieder wurden *Hubers* Publikationen nach 1933 in den Vordergrund gerückt und – wie gesehen ein seltener Vorgang – sogar von *Ernst Friesenhahn* auf der Jahrestagung 1954 in der Aussprache zu Berufsbeamten und Staatskrisen zitiert.[101] *Friesenhahn*, der im Interesse der Vereinigung bedauerte, dass „uns der Fall Huber so zerreißt", war es aber auch, der den Grund beim Namen nannte, warum *Huber* so viel Kritik auf sich zog. Zwar seien „in der Vereinigung von Anfang an Mitglieder [...], die die gleichen und schlimmere Dinge als Huber geschrieben haben, nur dass ihre Taten in Aufsätzen verborgen sind, während Huber seine Ansichten zu einem System zusammengefasst hat und damit nach aussen (sicher nicht innerhalb des Heiligtums!) zu einer Art Klassiker des nationalsozialistischen Staatsrechts geworden ist". Andererseits habe sich *Huber* „persönlich in der ns Zeit nichts Unanständiges [...] zu schulden kommen lassen" und stehe „insofern [...] vielleicht sauberer da als das eine oder andere Mitglied", namentlich lasse „sich aber insofern eine klare Grenze gegenüber Carl Schmitt und Höhn ziehen". So war es auch für den NS-kritischen *Friesenhahn* „schon eine Frage der Gleichheit und Gerechtigkeit, dass man Huber nicht die Aufnahme verweigern kann, wenn so viele andere prominente und enragierte [sic] Vertreter des ns Staats- und Verwaltungsrechts bereits Mitglieder sind. Sonst hätte man die Weichen 1949 anders stellen müssen und der Vereinigung einen anderen Charakter geben müssen als sie vor 1933 hatte und 1949 wieder bekommen hat."[102] Hier widersprach *Friesenhahn* der Interpretation derjenigen Kollegen, die angesichts des satzungsmäßigen Beratungsauftrags der Vereinigung für Regierungen und Parlamente gerade keinen Kameradschaftsverein mehr wollten.[103] In *Friesenhahns* Bild bleibend, hätte man sagen können, nicht die Weichen seien 1949 falsch gestellt worden, sondern man habe den Zug durch die Aufnahme von belasteten Mitgliedern entgleisen lassen. Die Frage war nun, in welche der beiden Richtungen und auf welchem Untergrund – Gleis oder Geröll – man konsequent fortfahren wollte.

In der Annahme, dass jede Diskussion um jeden einzelnen Fall sich auf die jeweils anderen Fälle auswirken würde[104], gingen die Vorstände nun „*sehr* behutsam" vor[105]. Seit 1950 war *Hubers* Angelegenheit immer wieder vertagt worden, teils mit Rücksicht auf die anderen schwierigen Kandidaten *Koellreutter*, *Schmitt* und *Tatarin-Tarnheyden*.[106] Nun ging es darum, „die Angelegenheit Koellreutter noch in der Schwebe zu halten", „da uns

[100] *Hermann Louis Brill* an *Hermann Jahrreiß* vom 15.8.1955, Archiv VDStRL, Ordner 7 Reg.-Nr. H mit handschriftlicher Anmerkung von Jahrreiß.

[101] Dazu oben bei Fn. 41.

[102] *Ernst Friesenhahn* an *Hermann Jahrreiß* vom 10.10.1955, Archiv VDStRL, Ordner 7 Reg.-Nr. H.

[103] Dazu oben bei Fn. 22.

[104] *Hermann Jahrreiß* an *Friedrich Klein* und *Hans Schneider* vom 5.1.1954, Archiv VDStRL, Ordner 8c Reg.-Nr. Sch; *Hermann Jahrreiß* an *Hans Peter Ipsen* vom 5.7.1955, Archiv VDStRL, Ordner 8c Reg.-Nr. K; *Hermann Jahrreiß* an *Hans Schneider* vom 5.7.1955, Archiv VDStRL, Ordner 7 Reg.-Nr. H.

[105] *Hermann Jahrreiß* an *Friedrich Klein* vom 30.1.1955, Archiv VDStRL, Ordner 5 Reg.-Nr. 6.

[106] Niederschrift über die (interne) Mitgliederversammlung auf der Tagung der Vereinigung der deutschen Staatsrechtslehrer in München am 20. und 21. Oktober 1950, I.; Niederschrift über die (interne) Mitgliederversammlung auf der Tagung der Vereinigung der deutschen Staatsrechtslehrer in Göttingen am Nachmittag des 19. Oktober 1951, TOP 6, Archiv VDStRL, Ordner 3 Reg.-Nr. 3; Rundschreiben an die Mitglieder vom 13.12.1951, Archiv VDStRL, Ordner 2, Reg.-Nr. 7e.

allen wesentlich mehr an der Aufnahme von Huber als an der von Koellreutter gelegen sein dürfte".[107]

Der amtierende Vorstand konnte dem Fall *Huber* nicht mehr ausweichen, und zwar aus einem Grund, der den Vorstand unerwartet traf. Nach der Satzung war für die Mitgliedschaft erforderlich, dass der Aufzunehmende Staats- oder Verwaltungsrecht an einer deutschen oder deutschsprachigen Hochschule lehrte.[108] Man konnte über Denominationen, die Anforderungen an eine Hochschule oder über den Begriff des „Lehrers" streiten. In keinem Fall aber ließ sich die Satzung dahingehend auslegen, dass ein Wissenschaftler aufzunehmen sei, damit er eine Professur, eine Honorarprofessur oder einen Lehrauftrag erhalten könne. Genau diese Umkehr von Ursache und Wirkung schwebte nun aber mehreren Landesregierungen vor.

Die jeweiligen Vorstände verwahrten sich zwar gegen einen solchen Eingriff in die Autonomie der Vereinigung, wenngleich sie sich im Fall *Huber* der Erwägung nicht verschlossen, dass der Betreffende für seine berufliche Existenz auf die Mitgliedschaft angewiesen war. Sogar ein Mitglied der Vereinigung, *Wilhelm Hoegner*, der das seltene Kunststück vollbracht hatte, sozialdemokratischer Ministerpräsident in Bayern zu werden, machte auf Rat von *Hans Nawiasky* einen Ruf an *Huber* von dessen Mitgliedschaft in der Vereinigung abhängig. In der Logik der Politik konnte kein Wissenschaftler auf eine Professur berufen werden, „der nicht einmal in der Vereinigung seiner Standesgenossen geführt werde".[109] Offenbar holte das bayerische Kultusministerium „bei einzelnen Mitgliedern dieser Vereinigung Erkundigungen über Herrn Huber" ein, was dazu führen konnte, „daß die wenigen mehr oder weniger zufällig befragten Mitglieder ablehnende Äußerungen abgeben, obwohl sich die weitaus überwiegende Mehrheit im Falle ihrer allgemeinen Befragung für Herrn Huber und seine Berufung aussprechen würde".[110] Der Vorstand hoffte, dass *Huber*, der seit 1952 Lehrbeauftragter in Freiburg war, dort zum Honorarprofessor ernannt werde. „Dann wäre *nach der Satzung* alles in Ordnung, und *dieser* Weg des der Diskussion nicht Zugänglichen könnte auch die österreichischen und schweizerischen Kollegen nicht gegen unsere Vereinigung einnehmen."[111] Es kam aber genau umgekehrt, weil nun auch der baden-württembergische Ministerpräsident *Gebhard Müller* es als „erwünscht" ansah, dass „jemand, der für die Verleihung einer Professur – hier einer Honorarprofessur – in Frage komme, auch von der Vereini-

---

[107] *Hans Schneider* an *Hermann Jahrreiß* vom 13.7.1955, Archiv VDStRL, Ordner 7 Reg.-Nr. H. In umgekehrter Richtung *Franz W. Jerusalem* an *Hermann Jahrreiß* vom 25.7.1955, Archiv VDStRL, Ordner 7 Reg.-Nr. H: „Ich würde es als Ungerechtigkeit betrachten, wenn Hr Huber nunmehr aufgenommen würde, Hr Koellreutter, der grossen Wert darauf legt, die Aufnahme verweigert würde."

[108] § 2 Abs. 1 und 3 der Satzung vom 21.10.1949, VVDStRL 8 (1950), 170.

[109] *Hans Schneider* an *Hermann Jahrreiß* vom 11.5.1955, Archiv VDStRL, Ordner 7 Reg.-Nr. H.

[110] *Hermann Eichler* an *Friedrich Klein* vom 7.7.1955, mitgeteilt von *Friedrich Klein* an *Hermann Jahrreiß* vom 7.7.1955, Archiv VDStRL, Ordner 7 Reg.-Nr. H mit handschriftlicher Anmerkung von *Jahrreiß*: „geht uns nichts an!". Das Ergebnis dieser Erkundigungen war offenbar negativ, *Hermann Eichler* an *Friedrich Klein* vom 28.7.1955, Archiv VDStRL, Ordner 7 Reg.-Nr. H.

[111] *Hermann Jahrreiß* an *Friedrich Klein* und *Hans Schneider* vom 23.5.1955, Archiv VDStRL, Ordner 8c Reg.-Nr. K; in diesem Sinne auch *Hans Schneider* an *Hermann Mosler* vom 27.6.1955 in Hamburg, Ordner 8c Reg.-Nr. K Ordner 7 Reg.-Nr. H.

gung seiner Standesgenossen akzeptiert sei".[112] *Jahrreiß* seufzte: „Mittlerweile verlangt man diese Mitgliedschaft gar für die Ernennung zum Honorarprofessor, während wir uns überlegen, ob wir nicht in der Aufnahme von Honorarprofessoren viel kürzer treten sollten als bisher." Doch bleibe es dabei: „Die Fakultäten machen professorabel, nicht die Vereinigung."[113]

Dem Vorstand blieb dennoch nichts anderes übrig, als die Lesart der Politik zumindest den lautesten Kritikern *Hubers* zu unterbreiten.[114] Diese argumentierten dagegen mit dem Charakter der Vereinigung, wie sie ihn verstanden, nämlich als einer Art ‚Sturmgeschütz der Demokratie' avant la lettre. Jedenfalls sei die Vereinigung nicht für die soziale Lage potentieller Mitglieder verantwortlich: „In unser Aufnahmeverfahren geraten sonst sachfremde Gesichtspunkte, die uns in die Nähe einer öffentlich-rechtlichen Berufsgenossenschaft bringen und uns später einmal hinderlich sein können."[115] Der Vorstand fand sich damit nicht ab, sondern versuchte im Gegenteil, *Huber* den Weg in die Vereinigung zu ebnen. So wollte *Hans Schneider* nicht „die Verantwortung dafür [...] tragen, daß Huber durch ein längeres Abwarten von Seiten unserer Vereinigung berufliche Nachteile entstehen". Auch wenn *Jahrreiß* entgegnete, „*das* darf *nicht* entscheiden", stimmte er zu, dass der Vorstand „mit dieser so lange in der Schwebe gebliebenen Angelegenheit nicht länger belastet werden" und „auch nicht den neuen Vorstand damit belaste[n]" könne.[116] Außerdem bestand *Huber* nun seinerseits darauf, dass sein Verhältnis zur Vereinigung „so oder so geklärt" werde[117]: „Ich habe niemals einen Antrag auf Aufnahme gestellt und will das auch jetzt nicht tun. Nachdem aber ohne mein Zutun die Aufnahme schon vor vielen Jahren durch den damaligen Vorstand angeregt und die Sache dann immer wieder von Tagung zu Tagung verschoben worden ist, scheint es mir an der Zeit zu sein, daß eine Entscheidung im einen oder anderen Sinn nunmehr gefällt wird. Die fortdauernde dilatorische Behandlung der Sache ist für mich nicht mehr gut tragbar; sie ist, wie mir scheint, aber auch den Interessen der Vereinigung nicht förderlich."[118]

Schon zuvor hatte man im Hintergrund „bei einzelnen Mitgliedern, von denen Widerstand zu erwarten sei, informell sondiert".[119] Einbezogen waren alle früheren Vorstandsmitglieder seit 1949. Nach der Tübinger Tagung von 1954 verabredeten die „vereinigten Gesamtvorstände [...]" eine konzertierte Aktion, um die immer noch zahlreichen Gegner *Hubers* „im Wege von Einzelverhandlungen"[120] zu überzeugen. Der so erweiterte Alt- und Neu-Vorstand plante generalstabsmäßig, wer wen „mit Engelszungen"[121] bearbeiten solle.

---

[112] *Hans Schneider* an *Hermann Jahrreiß* vom 21.6.1955, Archiv VDStRL, Ordner 7 Reg.-Nr. H.

[113] *Hermann Jahrreiß* an *Hans Schneider* vom 5.7.1955, Archiv VDStRL, Ordner 7 Reg.-Nr. H. Zur Nicht-Aufnahme von Honorarprofessoren ab 1956 *Schulze-Fielitz*, Wissenschaftskultur (Fn. 8), S. 25.

[114] Etwa *Hermann Jahrreiß* an *Hans Nawiasky* vom 27.7.1955, Archiv VDStRL, Ordner 7 Reg.-Nr. H.

[115] *Hermann Mosler* an *Hans Schneider* vom 20.6.1955, Archiv VDStRL, Ordner 7 Reg.-Nr. H.

[116] *Hans Schneider* an *Hermann Jahrreiß* vom 21.6.1955, Archiv VDStRL, Ordner 7 Reg.-Nr. H mit handschriftlichen Anmerkungen von *Jahrreiß*.

[117] *Hermann Jahrreiß* an *Friedrich Klein* vom 15.7.1955, Archiv VDStRL, Ordner 7 Reg.-Nr. H.

[118] Mitteilung von *Ernst Rudolf Huber* an *Hans Schneider*, zitiert von *Hans Schneider* an *Hermann Jahrreiß* vom 13.7.1955, Archiv VDStRL, Ordner 7 Reg.-Nr. H.

[119] *Hans Schneider* an *Hermann Jahrreiß* vom 11.5.1955, Archiv VDStRL, Ordner 7 Reg.-Nr. H.

[120] *Hans Schneider* an *Hermann Jahrreiß* vom 18.11.1954, Archiv VDStRL, Ordner 7 Reg.-Nr. H.

[121] *Walter Jellinek* an *Hermann Jahrreiß* vom 18.10.1954, Archiv VDStRL, Ordner 7 Reg.-Nr. H.

Die Gegner *Hubers* wurden danach unterteilt, ob sie sich wohl umstimmen lassen würden, ob sie sich zu einem tolerari potest entschließen könnten oder ob sie ihren Einspruch aufrechterhalten und gar austreten würden.[122] *Jahrreiß* hoffte, „*jeder*, der Bedenken hat, gäbe sie uns vor der Tagung bekannt; dann könnten wir die Behandlung der Frage damit eröffnen, daß wir einen Bericht über die vorgebrachten Gründe erstatten, und könnten damit vielleicht die dann folgende Debatte entlasten und vielleicht auch entgiften".[123]

Für die entscheidende Mitgliederversammlung in Hamburg 1955 entwarf *Schneider* mit *Jahrreiß* eine Choreographie, wer wann sprechen solle, damit alle Gruppen – Befürworter, Gegner, Vermittler – zu Wort kämen.[124] Wer nicht überstimmt werden wollte, sollte fernbleiben können.[125] Jedes „Überrumpeln" sollte vermieden werden.[126] Außerdem sollten „gerade die jüngeren Herren, die sich womöglich erst nach dem Kriege habilitiert haben, sich nicht zum Richter über ältere Kollegen aufschwingen, sondern in ihren Urteilen Zurückhaltung bewahren". Es stehe etwa „Herrn Ridder schlecht an, sich im Falle Huber maßgeblich zu äußern".[127] *Jahrreiß* vermerkte für sich: „*Wenn* H. aufgenommen werden sollte, wird es geschehen, weil nun endlich ein Strich gezogen werden soll und weil wir doch alle nicht ganz sicher sind, *ob jeder von uns, die wir drin sind*, hineingehörte, wenn man das Maß anlegte, das an Huber angelegt wird. *Selbstgerechtigkeit ist gräßlich.*"[128] *Friesenhahn*, zunächst „der schärfste Opponent" *Hubers*[129], bot dem Vorstand an, er könne „die Wogen glätten", wenn *Jahrreiß* ihm „nach der Begründung des Einspruchs durch einen der Einsprecher das Wort geben. Da man mich vielleicht auf der anderen Seite vermuten würde, würde mein Eintreten für Huber, – bei aller Hervorhebung der schweren Bedenken –, vielleicht mehr Gewicht haben, als das Eintreten seiner Freunde."[130]

Der Plan ging auf.[131] Er ging auch deshalb auf, weil man nicht nur den ewig querulatorischen *Koellreutter* vertröstet, sondern zuvor auch *Carl Schmitt* und *Edgar Tatarin-Tarnheyden* zu den Vorstandsakten gelegt hatte. Der Vorstand hatte dazugelernt. So war der Umstrittenste der Umstrittenen der Einzige unter ihnen, der nachträglich in die Vereinigung aufgenommen wurde. Es hatte sich ausgezahlt, dass er „sich in keiner Weise nach 1945 vorgedrängt" hatte. Zu seinem 85. Geburtstag gratulierte ihm als Vorsitzender

---

122 *Hans Schneider* an *Hermann Jahrreiß* vom 21.6.1955, Archiv VDStRL, Ordner 7 Reg.-Nr. H; *Theodor Maunz* an *Hermann Jahrreiß* vom 5.7.1955, Archiv VDStRL, Ordner 7 Reg.-Nr. H.

123 *Hermann Jahrreiß* an *Friedrich Klein*, *Hans Schneider*, *Hans Peter Ipsen* vom 13.8.1955, Archiv VDStRL, Ordner 7 Reg.-Nr. H.

124 *Hans Schneider* an *Hermann Jahrreiß* vom 10.10.1955, Archiv VDStRL, Ordner 7 Reg.-Nr. H mit vielen handschriftlichen Anmerkungen von *Jahrreiß*.

125 *Hans Schneider* an *Hermann Jahrreiß* vom 11.5.1955, Archiv VDStRL, Ordner 7 Reg.-Nr. H.

126 Handschritliche Notiz von *Hermann Jahrreiß* für ein Gespräch mit *Walter Jellinek* auf einem Brief von *Jahrreiß* an *Jellinek* vom 13.12.1954, Archiv VDStRL, Ordner 7 Reg.-Nr. H.

127 *Hans Schneider* an *Hermann Jahrreiß* vom 10.10.1955, Archiv VDStRL, Ordner 7 Reg.-Nr. H mit handschriftlicher Anmerkung von Jahrreiß „geht wirklich nicht". Einspruch war eingelegt von *Helmut Ridder* an *Hermann Jahrreiß* vom 18.8.1955, Archiv VDStRL, Ordner 7 Reg.-Nr. H.

128 Handschritliche Notizen von *Hermann Jahrreiß* für ein Gespräch mit *Walter Jellinek* auf einem Brief von *Jahrreiß* an *Jellinek* vom 13.12.1954, Archiv VDStRL, Ordner 7 Reg.-Nr. H.

129 Handschriftliche Anmerkung von *Hermann Jahrreiß* auf Brief von *Hans Schneider* an *Hermann Jahrreiß* vom 10.10.1955, Archiv VDStRL, Ordner 7 Reg.-Nr. H.

130 *Ernst Friesenhahn* an *Hermann Jahrreiß* vom 10.10.1955, Archiv VDStRL, Ordner 7 Reg.-Nr. H.

131 Niederschrift über die Mitgliederversammlung am 13. und 14. Oktober 1955, TOP b II.1.

Martin Heckel: „In schweren, für Sie besonders harten Jahren haben Sie alle Herausforderungen durch strenge Selbstzucht und Versenkung in die Wissenschaft bewältigt und so Anfechtungen überwunden, von denen die Nachgeborenen in den inneren und äußeren Friedensjahren kaum etwas erahnen mögen."[132] *Huber* stimmte zu: „Was Sie über meinen Lebensweg mit seinen Versuchen und Versuchungen, mit seinen Konflikten und Rückschlägen, schließlich mit seinem Bemühen um Selbstbehauptung und Neubeginn zum Ausdruck gebracht haben, hätte – auch in meiner Sicht – nicht treffender gesagt werden können."[133]

3. *Carl Schmitt und die Gleichbehandlung mit Minderbegabten*

Gleichheit im überdurchschnittlichen Unrecht war seit den ersten Debatten um *Koellreutter* und *Huber* von 1950 das entscheidende Argument, um die Aufnahme belasteter Kollegen zu erwägen. Nach dem gleichen Muster kam 1953 auch *Carl Schmitt* ins Gespräch, ohne sich selbst dahin gebracht zu haben. Der neu gewählte Vorstand war davon mehr als überrascht; von Amts wegen hätte sich mit diesem Vorschlag niemand in die Vereinsöffentlichkeit gewagt, zumal über *Koellreutter* und *Huber* zu diesem Zeitpunkt noch kein Konsens bestand. Andererseits konnte der Vorstand nicht von vornherein verhindern, dass ein Mitglied der Vereinigung den Vorstand durch einen solchen Vorschlag in die Verlegenheit brachte, ein heikles Thema auf die Tagesordnung setzen zu müssen.

Im Fall von *Carl Schmitt* war es *Friedrich August von der Heydte*, der unmittelbar im Anschluss an die Bonner Tagung von 1953 die Aufnahme von *Carl Schmitt* beantragte. Hierzu berief sich *von der Heydte* auf einen von ihm freilich sehr weit interpretierten Beschluss der Mitgliederversammlung „über die Nichtberücksichtigung nationalsozialistischer Belastung und Tätigkeit bei der Aufnahme von Mitgliedern".[134] Der Vorstand musste *von der Heydte* darüber belehren, dass der Bonner Beschluss wesentlich enger gefasst war: „Bei Aufnahmedebatten soll auf einzelne literarische Wendungen oder Stellungnahmen nationalsozialistischen Inhalts, Buchwidmungen und dergl. nicht mehr zurückgegriffen werden."[135] Daraus konnte man nicht entnehmen, dass „hinfort auch die außerhalb des Literarischen gezeigte Haltung in der Hitler-Zeit nicht mehr berücksichtigt werden" dürfe.[136] *Ulrich Scheuner*, einer der Bonner Gastgeber, stimmte zu, dass der Beschluss, bei dem er „wohl zugegen war aber eigentlich seine Tragweite nicht erfasst zu haben" schien, „doch wohl eine etwas mystische Angelegenheit" sei. *Scheuner* war „eigentlich nicht erinnerlich, dass man einen prinzipiellen Beschluss gefasst habe."[137]

---

[132] *Martin Heckel* an *Ernst Rudolf Huber* vom 6.6.1988, Archiv VDStRL, Ordner 60 Reg.-Nr. b3.

[133] *Ernst Rudolf Huber* an *Martin Heckel* vom 26.6.1988, Archiv VDStRL, Ordner 60 Reg.-Nr. b3.

[134] *Hermann Jahrreiß* an *Friedrich Klein* und *Hans Schneider* vom 5.1.1954, Archiv VDStRL, Ordner 8c Reg.-Nr. Sch.

[135] *Hermann Jahrreiß* an *Friedrich August von der Heydte* vom 19.1.1954, Archiv VDStRL, Ordner 8c Reg.-Nr. Sch unter Hinweis auf die Niederschrift der Mitgliederversammlung der Deutschen Staatsrechtslehrer zu Bonn am 15. und 16.10.1953.

[136] *Hermann Jahrreiß* an *Ulrich Scheuner* vom 19.1.1954, Archiv VDStRL, Ordner 8c Reg.-Nr. Sch.

[137] *Ulrich Scheuner* an *Hermann Jahrreiß* vom 24.1.1954, Archiv VDStRL, Ordner 8c Reg.-Nr. Sch.

Dass über *Carl Schmitt* ad personam diskutiert würde, ließ sich aufgrund dieser Beschlusslage nicht verhindern. Dann aber, so nahm der Vorstand sicher nicht ohne Grund an, würde es zu einer kontroversen Debatte kommen, an deren Ende allenfalls eine knappe Mehrheit für Schmitt votieren möge. Der Vorstand war nicht einmal sicher, ob *Carl Schmitt* einer einstimmigen Einladung, der Vereinigung anzugehören, nachkommen werde. Angesichts dessen legten der Vorstand offiziell und *Scheuner* privatim dem vorwitzigen Antragsteller nahe, seinen Antrag zurückzuziehen.[138]

Den Argumenten *von der Heydtes* für dessen Antrag mochten freilich weder der Vorstand noch *Scheuner* widersprechen, abgesehen von der Reichweite des Bonner Beschlusses. In Bonn hatte man den österreichischen Verwaltungsrechtler *Helfried Pfeifer* aufgenommen, den *von der Heydte* für ebenso unbedeutend wie schwer belastet hielt, abgesehen davon, dass *Pfeifer* die Versammlung durch seine Anwesenheit vor die peinliche Alternative gestellt hatte, ihn von Angesicht zu Angesicht für unwürdig zu erklären oder aufzunehmen. Nahm man aber *Pfeifer* auf, so konnte man auch *Carl Schmitt* aufnehmen, da es nicht darauf ankommen könne, ob jemand nur aufgrund geringer Befähigung den Nationalsozialisten weniger genützt habe als *Carl Schmitt.* Politisch wie menschlich hielt *von der Heydte* keine großen Stücke auf *Schmitt*, der *von der Heydtes* Lehrer *Kelsen* abseits jeder Sachlichkeit bekämpft habe. Dessen ungeachtet müsse „auch der schärfste Gegner Carl Schmitts zugeben [...], dass Carl Schmitt einer der geistvollsten Staatsrechtslehrer ist und mehr als irgendein anderer in seinem Denken die deutsche Staatsrechtslehre beeinflusst“. Zahlreiche Lehrstühle seien „von mittelbaren oder unmittelbaren Schülern – manchmal auch von Nachahmern – Carl Schmitts besetzt“.[139] Hiermit hatte *von der Heydte* die Maßstäbe zur Beurteilung der Vergangenheit um eine neue Kategorie angereichert. Es ging nun nicht mehr allein um durchschnittlich oder überdurchschnittlich aktive Nationalsozialisten, sondern auch um durchschnittlich oder überdurchschnittlich begabte Nationalsozialisten.

Der Vorstand räumte ohne weiteres ein, dass es kaum ein Mitglied der Vereinigung geben werde, das nicht die wissenschaftliche Bedeutung *Carl Schmitts* zu würdigen wisse. Gerade deshalb sei es im Sinne *Schmitts*, wenn über dessen politische Belastung nicht diskutiert würde. Diese habe eine ganz andere Sprengkraft für die Vereinigung als diejenige *Pfeifers*, was allein schon verbiete, beide miteinander in Beziehung zu setzen.[140]

Dies alles wusste *von der Heydte* selbst, der offenbar nur ein Zeichen hatte setzen wollen. Zumindest stellte *von der Heydte* dem Vorstand anheim, das Für und Wider abzuwägen und den Antrag als nicht gestellt zu behandeln.[141] So geschah es.[142]

---

[138] *Hermann Jahrreiß* an *Friedrich Klein* und *Hans Schneider* vom 5.1.1954, Archiv VDStRL, Ordner 8c Reg.-Nr. Sch; *Friedrich Klein* an *Hermann Jahrreiß* vom 7.1.1954, Archiv VDStRL, Ordner 8c Reg.-Nr. Sch; *Hermann Jahrreiß* an *Friedrich August von der Heydte* vom 19.1.1954, Archiv VDStRL, Ordner 8c Reg.-Nr. Sch; *Ulrich Scheuner* an *Hermann Jahrreiß* vom 24.1.1954, Archiv VDStRL, Ordner 8c Reg.-Nr. Sch.

[139] *Friedrich August von der Heydte* an *Hermann Jahrreiß* vom 4.2.1954, Archiv VDStRL, Ordner 8c Reg.-Nr. Sch.

[140] *Hermann Jahrreiß* an *Friedrich August Freiherr von der Heydte* vom 17.3.1954, Archiv VDStRL, Ordner 8c Reg.-Nr. Sch.

[141] *Friedrich August von der Heydte* an *Hermann Jahrreiß* vom 4.2.1954, Archiv VDStRL, Ordner 8c Reg.-Nr. Sch.

[142] *Hermann Jahrreiß* an *Ulrich Scheuner* vom 17.3.1954, Archiv VDStRL, Ordner 8c Reg.-Nr. Sch.

4. *Edgar Tatarin-Tarnheyden und der Schleier der Harmonie*

Der zweifelhafte Glanz *Carl Schmitts* warf seine kompromittierenden Reflexe auf einen weiteren Kollegen, mit dessen alten Texten sich der Vorstand befassen musste. Bei *Edgar Tatarin-Tarnheyden* führte die Vereinigung ihre peinliche Lage allerdings selbst herbei, die sie im Fall *Schmitt* so sorgsam vermieden hatte.

Dass der Vorstand auf *Tatarin-Tarnheyden* aufmerksam wurde, beruhte auf einem Zufall, wie ihn nur die Nachkriegszeit hervorbringen konnte. *Hans J. Wolff* hatte einen Kurhausinhaber kennengelernt, der mit *Tatarin-Tarnheyden* in einem ostdeutschen Gefängnis eingesessen hatte, in welchem letzterer immer noch festgehalten wurde. *Tatarin-Tarnheyden* war 1945 in Kriegsgefangenschaft geraten und dann den DDR-Behörden übergeben worden. *Wolff* unterrichtete den Vorstand, dass *Tatarin-Tarnheydens* Ehefrau die Adresse und etwaige Bedürfnisse des Inhaftierten kenne, „für den Fall, daß Sie seitens der Vereinigung Herrn Kollegen Tatarin Grüße oder auch Gaben zukommen lassen wollen".[143]

Der Vorsitzende *Hermann Jahrreiß* schrieb einen artigen Brief an *Jane Tatarin-Tarnheyden* und erbot sich, die Mitglieder der Vereinigung über den Verbleib des Kollegen zu unterrichten.[144] Unerwartet schnell kam *Tatarin-Tarnheyden* frei und war über das Anerbieten des Vorstands ebenso gerührt wie erfreut. *Tatarin-Tarnheyden*, der „die Absicht" hatte, „noch keineswegs geistig abzudanken oder seine Feder hinzulegen"[145], hörte nun schnell davon, dass die Vereinigung wieder aktiv sei und im Herbst des Jahres seiner wiedererlangten Freiheit in Tübingen tagen werde. *Tatarin-Tarnheyden* war zuvor von *Edmund Mezger* auf der Tagung der Strafrechtslehrervereinigung als Gast begrüßt worden[146] und kündigte an, auch zur Staatsrechtslehrertagung kommen zu wollen, wo er sich nach der freundlichen Korrespondenz seiner Ehefrau mit dem Vorstand als künftiges Mitglied willkommen wähnte[147].

Im Vorstand war man darüber geteilter Ansicht. *Hans Schneider* nahm an, dass nach acht Jahren sowjetischer bzw. sowjetzonaler Haft niemand mehr *Tatarin-Tarnheyden* dessen NS-Publikationen vorwerfen werde. Allenfalls rechnete *Schneider* mit Stimmenthaltungen etwa von *Walter Jellinek*, nicht hingegen mit einem förmlichen Veto.[148] *Hermann Jahrreiß* und *Friedrich Klein* hatten daran große Zweifel.[149]

---

143 *Hans J. Wolff* an *Hermann Jahrreiß* vom 21.4.1954, Archiv VDStRL, Ordner 8c Reg.-Nr. T.

144 Dazu *Hermann Jahrreiß* an *Hans Schneider* vom 5.7.1954, Ordner 8c Reg.-Nr. D.

145 *Jane Tatarin-Tarnheyden* an *Hermann-Jahrreiß* vom 24.6.1954, Archiv VDStRL, Ordner 8c Reg.-Nr. T.

146 *Hans Schneider* an *Hermann Jahrreiß* vom 28.6.1954, Archiv VDStRL, Ordner 5 Reg.-Nr. 11.

147 *Edgar Tatarin-Tarnheyden* an *Hermann Jahrreiß* vom 18.8.1954, Archiv VDStRL, Ordner 8c Reg.-Nr. T.

148 *Hans Schneider* an *Hermann Jahrreiß* vom 28.6.1954, Archiv VDStRL, Ordner 5 Reg.-Nr. 11. Zu *Jellineks* Veto gegen einen früheren Vorschlag, *Tatarin-Tarnheyden* aufzunehmen, *Kaiser*, in diesem Band, S. 87 f.

149 *Friedrich Klein* an *Hermann Jahrreiß* vom 1.7.1954, Archiv VDStRL, Ordner 8c Reg.-Nr. D; *Hermann Jahrreiß* an *Hans Schneider* vom 5.7.1954, Ordner 8c Reg.-Nr. D.

Jahrreiß musste *Tatarin-Tarnheyden* über zweierlei informieren. Erstens sollten nach der schlechten Bonner Erfahrung mit *Helfried Pfeifers* „Art der sturmweisen Eroberung des Zutrittes"[150] jegliche Aufnahmekandidaten der Tagung fernbleiben, auf der über sie beraten wurde, damit die Mitgliederversammlung sich nicht in ihrer „Entschlußfreiheit" beschränkt fühle.[151] Zweitens wusste der Vorstand von *Jellinek* wie von *Rudolf Smend*, dass *Tatarin-Tarnheyden* an der berüchtigten, von *Carl Schmitt* organisierten Tagung „Das Judentum in der Rechtswissenschaft" von 1936 teilgenommen und seinen Vortrag zum „Einfluß des Judentums auf Staatsrecht und Staatslehre" publiziert hatte.[152] Die vereinigten Vorstände seit 1949 (*Erich Kaufmann, Walter Jellinek, Werner Weber, Hans J. Wolff, Hans Peter Ipsen und Wolfgang Abendroth*) verlangten nun von *Tatarin-Tarnheyden* eine Erklärung, dass er diese Schrift bedaure.[153] *Tatarin-Tarnheyden* gab diese Erklärung sofort ab, die er damit untermauerte, dass er sich nach der Pogromnacht des 9. November 1938 geschämt habe, Deutscher zu sein, und dass ihn die Versöhnungsbereitschaft der von ihm diffamierten Kollegen *Jellinek* und *Kaufmann* sehr bewegt habe: „Alles Leben bedeutet nun einmal niemals restlos auflösbare Antinomien, und daraus entspringt letztlich unentrinnbare Schuldverstrickung. Aber schön ist es, wenn man in diesem Dasein Menschen begegnet, die bereit sind, den Schleier der Harmonie über Unauflösbares zu breiten."[154] *Jellinek* sah in der von ihm erwarteten „guten Erledigung" des „Fall[s] Tatarin-Tarnheyden" ein „gutes Zeichen dafür", dass „auch der Fall Huber keine unüberwindlichen Schwierigkeiten bereiten wird".[155]

Dennoch schickten die über alles per Rundschreiben informierten Mitglieder unerwartet viele Einsprüche, in denen sie *Tatarin-Tarnheydens* Bedauern allenfalls als Ehrenerklärung für *Jellinek* und *Kaufmann* auffassten, seine Schrift von 1936 weiterhin für unentschuldbar hielten und ihn als für die Vereinigung untragbar ansahen.[156] Betreten musste *Jahrreiß* dem Kandidaten um dessen Einverständnis bitten, den Aufnahme-

---

150 *Ulrich Scheuner* an *Hermann Jahrreiß* vom 18.2.1954 (Poststempel), Archiv VDStRL, Ordner 8c Reg.-Nr. Sch.

151 *Hermann Jahrreiß* an *Edgar Tatarin-Tarnheyden* vom 16.9.1954, Archiv VDStRL, Ordner 8c Reg.-Nr. T.

152 Zitat von *Jellineks* Reaktion bei *Friedrich Klein* an *Hermann Jahrreiß* vom 1.7.1954, Archiv VDStRL, Ordner 8c Reg.-Nr. D; ähnlich *Rudolf Smend* an *Hermann Jahrreiß* vom 10.9.1954, Archiv VDStRL, Ordner 8c Reg.-Nr. T.

153 *Hermann Jahrreiß* an *Edgar Tatarin-Tarnheyden* vom 21.10.1954, Archiv VDStRL, Ordner 8c Reg.-Nr. T. Zuvor hatte *Jahrreiß* von *Jellinek* die genauen bibliographischen Angaben des Textes von 1936 erhalten, *Walter Jellinek* an *Hermann Jahrreiß* vom 18.10.1954, Archiv VDStRL, Ordner 8c Reg.-Nr. T.

154 *Edgar Tatarin-Tarnheyden* an *Hermann Jahrreiß* vom 30.10.1954, Archiv VDStRL, Ordner 8c Reg.-Nr. T; *Hermann Jahrreiß* an *Edgar Tatarin-Tarnheyden* vom 2.11.1954, Archiv VDStRL, Ordner 8c Reg.-Nr. T.

155 *Walter Jellinek* an *Hermann Jahrreiß* vom 9.11.1954, Archiv VDStRL, Ordner 8c Reg.-Nr. T.

156 *Hermann Louis Brill* an *Friedrich Klein* vom 6.1.1955, Archiv VDStRL, Ordner 8c Reg.-Nr. T; *Wilhelm Hoegner* an *Friedrich Klein* vom 10.1.1955, Archiv VDStRL, Ordner 8c Reg.-Nr. T; *Helmut Ridder* an *Hermann Jahrreiß* vom 11.1.1955, Archiv VDStRL, Ordner 8c Reg.-Nr. T; *Hans-Jürgen Schlochauer* an *Hermann Jahrreiß* vom 11.1.1955, Archiv VDStRL, Ordner 8c Reg.-Nr. T; *Hermann Mosler* an *Hermann Jahrreiß* vom 12.1.1955, Archiv VDStRL, Ordner 8c Reg.-Nr. T; *Carlo Schmid* an *Hermann Jahrreiß* vom 13.1.1955, Archiv VDStRL, Ordner 8c Reg.-Nr. T; *Martin Drath* an *Hermann Jahrreiß* vom 13.1.1955 und 17.1.1955, Archiv VDStRL, Ordner 8c Reg.-Nr. T; *Adolf Schüle* an *Hermann Jahrreiß* vom 14.1.1955 und 18.1.1955, Archiv VDStRL, Ordner 8c Reg.-Nr. T.

antrag nicht zur Abstimmung zu stellen.[157] *Tatarin-Tarnheyden* ließ sich mit der Antwort mehr als zwei Monate Zeit, weil er sich „[a]bgesehen von wiederholten gesundheitlichen Störungen fragte", was er schreiben solle: etwa, daß er „auf diese kalte Dusche jegliches Interesse an der Angelegenheit verloren habe", zu der sich „nicht gedrängt" habe? Wenn er „freilich nach all den unsäglich qualvollen Jahren etwas derartiges für möglich gehalten hätte", hätte er „natürlich gebeten, von allen Schritten Abstand zu nehmen". *Jahrreiß*, dem *Tatarin-Tarnheyden* seinen „verbindlichsten Dank für die ritterliche Art der Behandlung der Angelegenheit" aussprach, vermerkte erleichtert auf der Antwort: „Das heißt doch offenbar: *nun* nicht *weiter*!"[158]

Wenn der Vorstand ein Jahr später bezüglich *Hubers* besonders vorsichtig und letztlich erfolgreich zu Werke ging, so beruhte dies auch auf seiner Fehleinschätzung über *Tatarin-Tarnheydens* Beurteilung seitens der Mitglieder. Und es zeigte sich, worauf es der Vereinigung ankam. Was die vormaligen Mitglieder der inaktiven bzw. aufgelösten Vereinigung während der NS-Zeit getan hatten, ging nur diese Mitglieder selbst etwas an, es sei denn, das literarische Bekenntnis zum Nationalsozialismus hatte jenes opportunistische Maß überschritten, das man mit Rücksicht auf die condicio humana untereinander zu tolerieren bereit war. Bei *Huber*, *Koellreutter*, *Schmitt* und *Tatarin-Tarnheyden* war dieses Maß weit überschritten. Wer wieder aufgenommen werden wollte, musste andere Qualitäten haben – intellektuell brillant, menschlich anständig nach 1933 und höflich zurückhaltend nach 1945. *Tatarin-Tarnheyden* war nicht brillant, *Schmitt* nicht anständig und *Koellreutter* nicht zurückhaltend. *Huber* war der einzige, der den Test in allen drei Kategorien bestand.

5. Ernst Forsthoff und die Lebenslüge der älteren deutschen Staatsrechtslehrer

Bei *Koellreutter*, *Huber*, *Schmitt* und *Tatarin-Tarnheyden* hatte man darum gestritten, ob die Vereinigung ihnen die Mitgliedschaft im Sinne der Satzung „antragen" solle. *Ernst Forsthoff* ging den umgekehrten Weg. Er verließ die Vereinigung im Groll und musste erst mühsam wieder hineinkomplimentiert werden.

Dass er 1949 aufgenommen werden konnte, war nicht selbstverständlich, da Forsthoff noch nicht wieder im Amt war, als die Vereinigung wiedergegründet wurde.[159] Gemeinsam mit *Schmitt* hatte er sich über den Neuanfang der Vereinigung lustig gemacht. Als *Forsthoff* eingeladen wurde, an seinem Wohnort Heidelberg zur ersten Tagung nach dem Ende der NS-Zeit zu kommen, schloss er dies gegenüber *Walter Jellinek* brüsk aus, da er *Jellinek* für seinen beschwerlichen beruflichen Neuanfang nach 1945 verantwortlich machte, wobei er verkannte, dass *Jellinek* sich für ihn eingesetzt hatte.[160] *Koellreutter*

---

[157] *Hermann Jahrreiß* an *Friedrich Klein* vom 30.1.1955, Archiv VDStRL, Ordner 5 Reg.-Nr. 6; *Hermann Jahrreiß* an *Edgar Tatarin-Tarnheyden* vom 8.3.1955, Archiv VDStRL, Ordner 8c Reg.-Nr. T.

[158] *Edgar Tatarin-Tarnheyden* an *Hermann Jahrreiß* vom 5.5.1955, Archiv VDStRL, Ordner 8c Reg.-Nr. T.

[159] Zu Forsthoffs Rückblick auf die eigene NS-Vergangenheit und zu seiner Rückkehr ins Lehramt *Florian Meinel*, Der Jurist in der industriellen Gesellschaft, 2011, S. 313 f.

[160] Siehe die Einleitung der Herausgeber und die Briefe von *Ernst Forsthoff* an *Carl Schmitt* vom

wusste zu berichten, dass *Forsthoff* vom Vorwurf der Nazi-Kollaboration erst dann habe rehabiliert werden können, als er *Jellinek* dessen „unpardonable essay“ über das „Genie“ Hitler vorgehalten habe.[161] In der Tat prahlte *Forsthoff* gegenüber *Ernst Rudolf Huber* damit, dass er *Jellinek* mit „Terror“ gedroht habe, sollte dieser gegen ihn vorgehen.[162] Auch wenn sich *Forsthoff* mit *Schmitt* daran erfreute, dass sein Angriff auf *Jellinek* die „Heidelberger Geistigkeit entsetzt“ habe[163], hatte *Forsthoff* es doch anders als *Koellreutter* vermeiden können, dass sich die Vereinigung gegen *Forsthoff* mit *Jellinek* solidarisierte. Unabhängig von seiner Teilnahme wurde er satzungsgemäß als ein „zur Heidelberger Tagung eingeladene[r] Staatsrechtslehrer [...] ohne weiteres als Mitglied[...] geführt“, da er offenbar seine „Streichung“ aus der Mitgliederliste nicht verlangt hatte.[164]

Forsthoffs weitere Mitgliedschaft vollzog sich zunächst geräuschlos. Dies änderte sich 1965. Zur 600-Jahr-Feier der Wiener Universität sollte *Forsthoff* die Ehrendoktorwürde verliehen werden. Als Presse und Politik von seinen NS-Texten erfuhren, wurde *Forsthoffs* Ehrung auf dem Festakt „sistiert“ und erst viel später in *Forsthoffs* Privathaus nachgeholt.[165]

Mit der Staatsrechtslehrervereinigung hatte das Ganze zunächst nichts zu tun, was sich aber ebenso schnell wie dramatisch änderte.[166] Die Vereinigung hatte *Forsthoff* schon für die Kieler Tagung 1964 zu dessen zweitem Referat nach 1953[167] eingeladen. Aus gesundheitlichen Gründen sollte *Forsthoffs* Vortrag dann auf die Baseler Tagung von 1965 verschoben werden. Als dann aber auch die schweizerische Presse über die gefährdete Wiener Ehrung und vor allem über den Anlass der Affäre berichtete, sagte *Forsthoff* seinen Vortrag ab, um der Vereinigung und sicher auch sich selbst eine peinliche Situation zu ersparen.[168]

Wenige Tage später beschwerten sich *Max Imboden* und *Kurt Eichenberger* beim Vorstand, dass dieser einem schweizerischen Tagungspublikum einen derart belasteten Referenten habe zumuten wollen. Obwohl *Forsthoff* durch seinen Rückzug den unmittelbaren Anlass aus der Welt geschafft hatte, blieb die Grundsatzfrage im Raum, ob ange-

---

30.8.1949, *Schmitt* an *Forsthoff* vom 3.9.1949, *Forsthoff* an *Schmitt* vom 18.9.1949, *Schmitt* an *Forsthoff* vom 19.9.1949, *Forsthoff* an *Schmitt* vom 21.9.1949, in: Mußgnug/Mußgnug/Reinthal, Briefwechsel Forsthoff – Schmitt (Fn. 10), S. 20 ff., 51 f., 54 f., 57.

161 *Otto Koellreutter* an *Hermann Jahrreiß* vom 2.2.1955, Archiv VDStRL, Ordner 8c Reg.-Nr. K, dazu oben bei Fn. 62.

162 Dokumentiert bei *Meinel*, Jurist (Fn. 157), S. 312 Fn. 56.

163 *Ernst Forsthoff* an *Carl Schmitt* vom 30.8.1949, in: Mußgnug/Mußgnug/Reinthal, Briefwechsel Forsthoff – Schmitt (Fn. 10), S. 51.

164 § 2 Abs. 2 Satz 1 der Satzung (Fn. 14).

165 In allen Einzelheiten zu dieser Affäre *Katharina Kniefacz/Linda Erker*, „Es ist halt alles eine Blickwinkelfrage!“, in: Pinwinkler/Koll (Hrsg.), Zuviel der Ehre?, 2019, S. 275 (281 ff.).

166 Zu dieser Affäre ausführlich *Schulze-Fielitz*, Wissenschaftskultur (Fn. 8), S. 76 ff.; zuvor Mußgnug/Mußgnug/Reinthal, Briefwechsel Forsthoff – Schmitt (Fn. 10), S. 26 ff.; kürzere Darstellungen bei *Frieder Günther*, Denken vom Staat her, 2004, S. 218 f.; *Meinel*, Jurist (Fn. 157), S. 408 ff.; *ders.*, in diesem Band, S. 740 ff.; *Andreas Kley*, Geschichte des öffentlichen Rechts in der Schweiz, 2011, S. 223 f.; *Benjamin Schindler*, in diesem Band, S. 276 ff.

167 *Ernst Forsthoff*, Begriff und Wesen des sozialen Rechtsstaates, VVDStRL 12 (1954), S. 8.

168 Detaillierte Chronologie bei *Werner Weber* an *Otto Bachof* vom 26.9.1966, Archiv VDStRL, Ordner 18 Reg.-Nr. 9a.

sichts der politischen Anschauungen der deutschen Vorstandsmitglieder unabhängig von *Forsthoff* eine Zusammenarbeit mit der schweizerischen Staatsrechtslehre überhaupt möglich sei.[169] Der Vorsitzende *Werner Weber* verlegte die Tagung kurzerhand – „mit Promptheit, aber auch mit der ihm eigenen Brutalität" – nach Würzburg, ohne die schweizerischen wie die Würzburger Kollegen in gehöriger Weise zu konsultieren.[170] Mühsam konnte der Vorstand die „allgemeine Differenz mit den Schweizer Kollegen" durch einen „Vernunftfriedensschluß" überbrücken.[171]

Diesen Burgfrieden stellte *Forsthoff* in Frage, als er den aus seiner Sicht „präzedenzlosen Angriff" der schweizerischen Mitglieder mit seinem Austritt aus der Vereinigung beantwortete, die zu alledem geschwiegen habe.[172] Dem neuen Vorsitzenden *Otto Bachof* gelang es nicht, *Forsthoff* umzustimmen, obwohl er *Forsthoff* die Konsequenz einer drohenden Spaltung der Vereinigung vor Augen führte.[173] *Forsthoff* entgegnete kühl: „Sie appellieren an meine Solidarität, aber zu Unrecht. Solidarität ist notwendig zweiseitig. Ich trenne mich von der Vereinigung, weil sie mir eine Solidarität versagt hat, die ich nach den Umständen erwarten musste."[174] *Bachof* und dessen Vorgänger *Werner Weber* meinten, dass *Forsthoff* sich zu Unrecht von der Vereinigung verlassen fühle. Deren Mitglieder hätten keinen Anlass gehabt, sich hinter *Forsthoff* zu stellen, weil sie nicht gewusst hätten, dass der Umzug von Basel nach Würzburg von einem Streit um *Forsthoffs* Referat ausgegangen war. Der Vorstand habe eine Erörterung auf der Würzburger Mitgliederversammlung bewusst vermieden, da dies die Angelegenheit erst publik gemacht hätte und nach einer Diskussion über Forsthoffs NS-Texte eine Solidaritätsbekundung für *Forsthoff* nur durch eine Kampfabstimmung zu erreichen gewesen wäre.[175]

Forsthoff fühlte sich hierdurch bestätigt, dass er in einer Vereinigung, die ihn nur per Kampfabstimmung akzeptiere, fehl am Platz sei, und verlangte, dass seine Austrittserklärung samt Vorwurf an die schweizerischen Kollegen den Mitgliedern bekannt gegeben werde.[176] Hierdurch war zweifelhaft, ob die nun ihrerseits angegriffenen Schweizer einem lange diskutierten Vermittlungsversuch von *Forsthoffs* Schüler *Karl Doehring* zustimmen würden, der einen Beschluss der Grazer Mitgliederversammlung 1966 beantragen wollte, mit dem *Forsthoff* zum Bleiben gebeten werden sollte.[177] *Otto Bachof* woll-

---

169 *Max Imboden* und *Kurt Eichenberger* an *Werner Weber* vom 10.5.1965, Archiv VDStRL, Ordner 15 Reg.-Nr. 2.

170 *Max Imboden*, Tagebuchauszüge vom 15.5.1965, 26.5.1965 und 2.6.1965, Archiv VDStRL, Ordner 15 Reg.-Nr. 2; *Otto Bachof* an *Ernst Forsthoff* vom 13.9.1966, Archiv VDStRL, Ordner 18 Reg.-Nr. 9a.

171 *Werner Weber* an *Otto Bachof* vom 26.9.1966, Archiv VDStRL, Ordner 18 Reg.-Nr. 9a.

172 *Ernst Forsthoff* an *Otto Bachof* vom 5.9.1966, Archiv VDStRL, Ordner 18 Reg.-Nr. 9a.

173 *Otto Bachof* an *Ernst Forsthoff* vom 13.9.1966, Archiv VDStRL, Ordner 18 Reg.-Nr. 9a.

174 *Ernst Forsthoff* an *Otto Bachof* vom 20.9.1966, Archiv VDStRL, Ordner 18 Reg.-Nr. 9a.

175 *Otto Bachof* an *Ernst Forsthoff* vom 13.9.1966 und 22.9.1966, Archiv VDStRL, Ordner 18 Reg.-Nr. 9a; *Werner Weber* an *Otto Bachof* vom 26.9.1966, Archiv VDStRL, Ordner 18 Reg.-Nr. 9a; *Werner Weber* an *Ernst Forsthoff* vom 5.10.1966, Archiv VDStRL, Ordner 18 Reg.-Nr. 9a.

176 *Ernst Forsthoff* an *Otto Bachof* vom 20.9.1966, Archiv VDStRL, Ordner 18 Reg.-Nr. 9a; *Ernst Forsthoff* an *Otto Bachof* vom 29.9.1966, Archiv VDStRL, Ordner 18 Reg.-Nr. 9a.

177 *Karl Doehring* an *Otto Bachof* vom 14.9.1966, Archiv VDStRL, Ordner 18 Reg.-Nr. 9a; *Otto Bachof* an *Karl Doehring* vom 16.9.1966, a.a.O.; *Otto Bachof* an *Werner Weber* vom 22.9.1966, a.a.O.; *Otto Bachof* an *Karl August Bettermann*, *Horst Ehmke* und *Gustav E. Kafka* vom 22.9.1966, a.a.O.; *Otto Bachof* an *Karl Doehring* vom 23.9.1966, a.a.O.; *Karl Doehring* an *Otto Bachof* vom 26.9.1966, a.a.O.;

te jedoch eine Debatte über einen Antrag vermeiden, der andere Mitglieder vor den Kopf stoßen oder zum Austritt motivieren könnte.[178] Sein Mitvorstand *Karl August Bettermann* stimmte zu: „Die Mitgliederversammlung, die mittlerweile Mammutstärke erreicht hat, ist ganz ungeeignet, so diffizile Dinge zu erörtern; das wird die Versammlung vermutlich selbst einsehen."[179]

Statt dessen entsandte die Mitgliederversammlung *Herbert Krüger* als Vermittler.[180] *Forsthoff* ließ *Krüger* jedoch auflaufen, weil dieser „mit leeren Händen gekommen" sei, d.h. ohne „Solidaritätserklärung seitens unserer Vereinigung anläßlich der Baseler Affäre", wenngleich mit zwei Erklärungen aus der Schweiz, „daß erstens die Schweizer Herrn F. niemals hätten angreifen usw usw wollen und daß sie es zweitens herzlich bedauern würden, wenn er ausserhalb der Vereinigung verbliebe".[181] *Ulrich Scheuner*, der in Graz krankheitshalber gefehlt hatte, schlug daraufhin eine Ergebenheitsadresse an *Forsthoff* vor, die „jede Bezugnahme auf das Vergangene vermeiden und allein die menschlich-kollegiale Seite hervorheben" und mit Zustimmung der schweizerischen Kollegen von der Frankfurter Mitgliederversammlung 1967 beschlossen werden solle.[182] *Krüger* beeilte sich zu versichern, dass sein Fernbleiben von Frankfurt nicht dasjenige des gekränkten erfolglosen Canossagängers sei, sondern dass ihm Frankfurt, seit er „1945–1950 dort leben mußte, derartig zuwider geworden" sei, dass er „einen Aufenthalt dort nach Möglichkeit vermeide".[183] Was (oder vielleicht: wer) *Krüger* die Stadt so verleidet hatte, ist nicht überliefert. Die Frankfurter Versammlung beschloss, was *Forsthoff* hören wollte, um in den Schoß der Staatsrechtslehrerfamilie heimzukehren.[184] Hätte *Forsthoff* ein Jahr

---

Otto Bachof an *Karl Doehring* vom 29.9.1966, a.a.O.; *Otto Bachof* an *Werner Weber* vom 19.10.1966, a.a.O.

178 *Otto Bachof* an *Karl August Bettermann, Horst Ehmke* und *Gustav E. Kafka* vom 22.9.1966, Archiv VDStRL, Ordner 18 Reg.-Nr. 9a; *Otto Bachof* an *Werner Weber* vom 29.9.1966, Archiv VDStRL, Ordner 18 Reg.-Nr. 9a.

179 *Karl August Bettermann* an *Otto Bachof* vom 24.9.1966, Archiv VDStRL, Ordner 18 Reg.-Nr. 9a.

180 Niederschrift über die Mitgliederversammlung der Vereinigung der Deutschen Staatsrechtslehrer am 12. und 14. Oktober 1966 in Graz, TOP III.1.; *Otto Bachof* an *Herbert Krüger* vom 19.10.1966, Archiv VDStRL, Ordner 18 Reg.-Nr. 9a; *Herbert Krüger* an *Otto Bachof* vom 13.10.1966, Archiv VDStRL, Ordner 18 Reg.-Nr. 9a; *Otto Bachof* an *Ernst Forsthoff* vom 8.11.1966, Archiv VDStRL, Ordner 18 Reg.-Nr. 9a.

181 *Herbert Krüger* an *Otto Bachof* vom 31.12.1966, Archiv VDStRL, Ordner 18 Reg.-Nr. 9a; vorausgegangen *Ernst Forsthoff* an *Otto Bachof* vom 25.11.1966, Archiv VDStRL, Ordner 18 Reg.-Nr. 9a; *Otto Bachof* an *Herbert Krüger* vom 30.11.1966, Archiv VDStRL, Ordner 18 Reg.-Nr. 9a; *Otto Bachof* an *Hans Schneider* vom 1.12.1966, Archiv VDStRL, Ordner 18 Reg.-Nr. 9a; *Hans Schneider* an *Otto Bachof* vom 4.12.1966, Archiv VDStRL, Ordner 18 Reg.-Nr. 9a; *Otto Bachof* an *Herbert Krüger* vom 4.1.1967, Archiv VDStRL, Ordner 18 Reg.-Nr. 9a.

182 *Ulrich Scheuner* an *Otto Bachof* vom 5.9.1967, Archiv VDStRL, Ordner 18 Reg.-Nr. 9a; vorausgegangen *Ulrich Scheuner* an *Otto Bachof* vom 31.8.1967, Archiv VDStRL, Ordner 18 Reg.-Nr. 9a; *Otto Bachof* an *Ulrich Scheuner* vom 4.9.1967, Archiv VDStRL, Ordner 18 Reg.-Nr. 9a; *Otto Bachof* an *Karl August Bettermann, Horst Ehmke* und *Rudolf Bernhardt* vom 4.9.1967, Archiv VDStRL, Ordner 18 Reg.-Nr. 9a; *Otto Bachof* an *Ernst Friesenhahn* vom 4.9.1967, Archiv VDStRL, Ordner 18 Reg.-Nr. 9a; *Ulrich Scheuner* an *Otto Bachof* vom 29.9.1967, Archiv VDStRL, Ordner 18 Reg.-Nr. 9a.

183 *Herbert Krüger* an *Otto Bachof* vom 11.9.1967, Archiv VDStRL, Ordner 18 Reg.-Nr. 9a; vorausgegangen *Otto Bachof* an *Herbert Krüger* vom 4.9.1967, Archiv VDStRL, Ordner 18 Reg.-Nr. 9a.

184 Niederschrift über die Mitgliederversammlung der Vereinigung der Deutschen Staatsrechtslehrer am 4. und 6. Oktober 1967 in Frankfurt am Main, TOP 12; *Otto Bachof* an *Ernst Forsthoff* (*Scheuner*

länger bis zur Bochumer Tagung gedauert, wäre seine Wiedervereinigung mit der Vereinigung vermutlich im Lärm einiger störender Studenten untergegangen.[185]

In der Schweiz hinterließ der Streit um *Forsthoff* einen bitteren Nachgeschmack. Einen ernstgemeinten Dialog, wie ihn sich die Schweizer wünschten, pflegten von deutscher Seite aus nur wenige, auch abgesehen von politischen Differenzen: „Wir haben nach dem Kriege unsere kulturellen Beziehungen mit Deutschland wieder aufgenommen in der hohen Erwartung, das Fundament zu einem wirklichen Gespräch legen zu können. Was ist daraus geworden? Von einem Gespräch kann kaum mehr die Rede sein. Es ist, wenn es gut geht, ein gegenseitiges Geltenlassen, und wenn es schlecht geht, ein Aneinandervorbeireden. [...] Sind nicht die Bemühungen um Deutschland, die wir mit soviel Kraft geführt und mit soviel Hoffnung begleitet haben, zu einem Stoss ins Leere geworden? Ist es das Ende einer Illusion oder nur der Beginn einer wirklich illusionslosen und darin fruchtbaren Auseinandersetzung?“[186] *Max Imboden* sah hier wie auch sonst nur „das alte deutsche Gefühl für ‚Solidarität à tout prix‘ [...] Aus dieser Haltung, die zunächst nicht mehr als ein Stil des Sichbenehmens war, hat die deutsche Geschichte des letzten halben Jahrhunderts entstehen können.“[187] In den Vorstandsakten der Vereinigung hätte *Imboden* ein Beispiel dafür finden können: wie *Jellinek* rechtfertigte, warum er *Hitler* im Annuaire de l'Institut International de Droit Public gefeiert habe, dass nämlich für ihn der Satz gelte: „right or wrong – my country“.[188] Angeblich hatte ja ausgerechnet *Forsthoff* diesen Text und diese Haltung *Jellinek* vorgeworfen.[189]

Dennoch hielt *Imboden* daran fest, dass es „richtiger“ sei, gegenüber den Deutschen „grosszügig zu sein“. Wenn die Schweizer „es zum Konflikt kommen liessen“, „würde sich im Gegenteil der Solidaritätskreis nur schliessen“.[190] Beim Blick in den Rückspiegel der NS-Vergangenheit sahen die Deutschen ein Bild, das sie nur widersprüchlich interpretieren konnten: „Da ist zugleich die Einsicht in die Last des Vergangenen, da ist aber zugleich der eigene Stolz. Und zwischen beiden pendelt das eigene Bewusstsein hin und her.“[191] Diesen Vorwurf ersparte *Imboden* nicht einmal dem untadeligen *Ernst Friesenhahn*. *Friesenhahn* erklärte den Deutschen die Schweizer[192] und den Schweizern die Deutschen. *Imbodens* Vorwurf, *Werner Weber* habe bei der Verlegung der Tagung „den

---

zur Kenntnis) vom 10.10.1967, Archiv VDStRL, Ordner 18 Reg.-Nr. 9a; *Ernst Forsthoff* an *Otto Bachof* vom 16.10.1967, Archiv VDStRL, Ordner 18 Reg.-Nr. 9a; *Otto Bachof* an *Ernst Forsthoff* vom 18.10.1967, Archiv VDStRL, Ordner 18 Reg.-Nr. 9a; *Otto Bachof* an *Karl August Bettermann*, *Horst Ehmke* und *Rudolf Bernhardt* vom 18.10.1967, Archiv VDStRL, Ordner 18 Reg.-Nr. 9a; *Otto Bachof* an *Ernst Friesenhahn* vom 18.10.1967, Archiv VDStRL, Ordner 18 Reg.-Nr. 9; *Ulrich Scheuner* an *Otto Bachof* vom 24.10. 1967, Archiv VDStRL, Ordner 18 Reg.-Nr. 9a.

185 Dazu *Meinel*, in diesem Band, S. 743 ff.

186 *Max Imboden*, Tagebuchauszüge vom 10.5.1965 und 26.5.1965, Archiv VDStRL, Ordner 15 Reg.-Nr. 2.

187 *Max Imboden*, Tagebuchauszug vom 21.6.1965, Archiv VDStRL, Ordner 15 Reg.-Nr. 2.

188 *Walter Jellinek*, Einige Erläuterungen zum Falle Koellreutter vom 2.4.1955, Archiv VDStRL, Ordner 8c Reg.-Nr. K zu seinem oben in Fn. 59 und 61 nachgewiesenen Text.

189 Dazu oben bei Fn. 161.

190 *Max Imboden*, Tagebuchauszug vom 5.9.1965, Archiv VDStRL, Ordner 15 Reg.-Nr. 2.

191 *Max Imboden*, Tagebuchauszug vom 23.8.1965, Archiv VDStRL, Ordner 15 Reg.-Nr. 2.

192 *Ernst Friesenhahn* an *Otto Bachof*, *Karl August Bettermann*, *Horst Ehmke* und *Rudolf Bernhardt* vom 29.9.1967, Archiv VDStRL, Ordner 18 Reg.-Nr. 9a.

Anschein" erweckt, „es sei in der Schweiz unvermittelt ein Zustand offener Germanophobie ausgebrochen", konterte *Friesenhahn* mit der trockenen Bemerkung, „da müsse man sich eben eingestehen, dass es so sei". Andererseits verwies *Friesenhahn* darauf, „wie verhängnisvoll Leute wie Krüger und Weber für die Vereinigung [...] und ihr Ansehen in Deutschland seien" und dass *Krüger*, der gescheiterte Vermittler bei *Forsthoff*, „noch schlimmer als Forsthoff gewesen sei", „geradezu der Prototyp des jungen akademischen Nazi".[193] *Imboden* war enttäuscht, dass *Friesenhahn* dennoch für seine deutschen Kollegen Partei ergreife, „eine gewisse Solidarität mit Weber und dem Vorstand bekundete"[194], wenn diese angegriffen würden: „Da meint er nach wie vor, wir hätten gegen Forsthoff als Referenten Einspruch erheben sollen! Und im gleichen Schreiben meldet er seine Bedenken an, jetzt durch eine neue aufklärende Mitteilung an die Mitglieder der Vereinigung Forsthoff blosszustellen. Der Widerspruch zwischen Wissen um die Vergangenheit und Verleugnen dieser Vergangenheit ist letztlich auch bei ihm [...] da. Da soll man nicht über die brutalen Aeusserungen sprechen, die Herr Forsthoff über die Juden machte, und zugleich entschuldigt er sich und seine Kollegen, von diesen Aeusserungen nichts gewusst zu haben. [...] Wer so tief in einer dauernden – gewiss vielleicht notwendigen – Lebenslüge steht wie die deutschen Staatsrechtslehrer der älteren Generation kann in seinen Reaktionen nicht unvoreingenommen und folgerichtig handeln. Das alles soll nicht im mindesten die Wohlanständigkeit von Ernst Friesenhahn in Zweifel ziehen. Sie steht über jedem Verdacht. Aber auch er vermag sich dem Kollektiven nicht zu entziehen, dem kollektiven Unbewussten, das gerade in Deutschland eine so grosse Kraft ist."[195]

Forsthoff wiederum kündigte *Friesenhahn* die von diesem beschworene „alte Freundschaft", weil er *Friesenhahn* im Verdacht hatte, in Graz eine „Beilegung der Angelegenheit" verhindert zu haben: „Ich habe Freundschaft immer so verstanden, daß man für den Freund, wenn es einmal darauf ankommt, auch eintritt."[196] Auch wenn *Friesenhahn* dies zu widerlegen versuchte, indem er beschrieb, wie er eine für *Forsthoff* unangenehme Diskussion „au fond" verhindert und den von der Versammlung bestellten Vermittler *Krüger* mit *Max Imboden* zusammengebracht habe[197], blieb der Konflikt unauflösbar. *Forsthoff* war stolz, dass „wohl nur wenige Wissenschaftler der älteren Generation so zu ihren Publikationen der Hitler-Zeit gestanden" hätten wie er, und beanspruchte dafür „das Recht, keine politisch-moralischen Richtersprüche anzunehmen. Zwar kann ich sie nicht verhindern, aber sie berühren mich innerlich nicht."[198] *Friesenhahn* wusste nun,

---

193 *Max Imboden*, Tagebuchauszug vom 23.8.1965, Archiv VDStRL, Ordner 15 Reg.-Nr. 2. Näher zu Krüger *Schulze-Fielitz*, Wissenschaftskultur (Fn. 8), S. 23.

194 *Max Imboden*, Tagebuchauszug vom 5.9.1965, Archiv VDStRL, Ordner 15 Reg.-Nr. 2.

195 *Max Imboden*, Tagebuchauszug vom 18.7.1965, Archiv VDStRL, Ordner 15 Reg.-Nr. 2.

196 *Ernst Forsthoff* an *Ernst Friesenhahn* vom 18.9.1967, Archiv VDStRL, Ordner 18 Reg.-Nr. 9a. *Carl Schmitt* hatte *Forsthoff* informiert, dass „sich Friesenhahn zu einer Art Winkelried der Schweizer gemacht" habe und „sich womöglich noch etwas ein[bildet] auf diese traurige Rolle, die ihm die Schweizer gern überlassen haben", *Carl Schmitt* an *Ernst Forsthoff* vom 9.1.1967, in: Mußgnug/Mußgnug/Reinthal, Briefwechsel Forsthoff – Schmitt (Fn. 10), S. 232.

197 *Ernst Friesenhahn* an *Otto Bachof*, *Karl August Bettermann*, *Horst Ehmke* und *Rudolf Bernhardt* vom 29.9.1967, Archiv VDStRL, Ordner 18 Reg.-Nr. 9a.

198 *Ernst Forsthoff* an *Ernst Friesenhahn* vom 18.9.1967, Archiv VDStRL, Ordner 18 Reg.-Nr. 9a.

man werde von *Forsthoff* „nie ein Wort des Bedauerns hören, oder daß er selbst zugibt, daß er sich damals geirrt habe". Deshalb hielt *Friesenhahn* es „für eine Anmaßung, daß Herr Forsthoff ein ‚Bekenntnis' der Vereinigung zu sich fordern zu können glaubt und sich als Märtyrer fühlt, der ‚im Stich gelassen' worden sei".[199] Aber *Forsthoff* kam damit durch.

V. Störung der Totenruhe zum Nachteil des Theodor Maunz

Als *Forsthoffs* Wiener Ehrenpromotion 1992 noch einmal innenpolitische Wellen in Österreich schlug[200], die aber nicht bis nach Deutschland gelangten, bahnte sich ein Skandal an, welcher der Vereinigung unwillkommene Publizität einbrachte.[201] Der Grundgesetz-Kommentator *Theodor Maunz*, ebenso wie *Tatarin-Tarnheyden* ein Referent auf *Carl Schmitts* Tagung über „Das Judentum in der Rechtswissenschaft"[202], starb im Herbst 1993 und erhielt neben den üblichen Nachrufen einen posthumen Dank des rechtsextremen Verlegers *Gerhard Frey*, dem *Maunz* durch Rechtsrat, Gutachten und anonyme Zeitungsartikel in der „National-Zeitung" verbunden gewesen sei.[203] *Maunz*, der inzwischen auf Loseblatteinbänden hinwegausgetauschte „Palandt" des Verfassungsrechts, war in seiner publizistischen Tätigkeit keineswegs geläutert, sondern nur getarnt – nun war er enttarnt. Allenthalben gab es bestürzte Reaktionen, in denen sich die Staatsrechtslehrer und deren Vereinigung mehr oder weniger wiederfinden konnten[204] – mit einer Ausnahme.

In der Frankfurter Allgemeinen Zeitung blickte *Michael Stolleis* in „Abgründe der ‚herrschenden Lehre'", die *Maunz* wie kein anderer verkörpert habe. Für *Maunz'* Geisterfahrt machte er die Staatsrechtslehrervereinigung mitverantwortlich, die stets zur NS-Vergangenheit ihrer Mitglieder geschwiegen habe: „Vorgänge wie diese werden in der Vereinigung Deutscher Staatsrechtslehrer nicht diskutiert, ja wohl nicht einmal als diskussionswürdig empfunden. Die Verantwortung des Öffentlichrechtlers als Rechtslehrer, Forscher, Gutachter und Prozeßvertreter vor dem Hintergrund solcher Erfahrungen – das wäre ein Thema. Aber diese Büchse der Pandora zu öffnen wagt kein Vorstand jener Vereinigung. So wird dem aufmerksamen Ohr noch eine Weile verlegenes Getuschel vernehmbar sein. Danach dürfte sich wieder brütendes Schweigen über die Zunft legen."[205]

---

[199] *Ernst Friesenhahn* an *Otto Bachof, Karl August Bettermann, Horst Ehmke* und *Rudolf Bernhardt* vom 29.9.1967, Archiv VDStRL, Ordner 18 Reg.-Nr. 9a.

[200] Dazu *Kniefacz/Erker*, Blickwinkelfrage (Fn. 165), S. 302 ff.

[201] Dazu *Christian Waldhoff*, in diesem Band, S. 169 f.

[202] *Theodor Maunz*, Das Judentum in der Verwaltungsrechtswissenschaft, 1936, dokumentiert bei *Michael Stolleis*, Ein Gang in das Stadtarchiv München, in: Kritische Justiz 2014, 358 (361).

[203] National-Zeitung vom 24.9.1993, S. 9, 11, vom 8.10.1993, S. 10, 15.10.1963, S. 6, 18.2.1994, S. I, 4.3.1994, S. I, 6, 29.4.1994, S. I, 6.5.1994, S. I, 26.8.1994, S. 5, 9, 2.9.1994, 9.9.1994, S. III, 16.9.1994, S. 6.

[204] Etwa *Gerhard Mauz*, „Ich bin nicht nur wütend", in: DER SPIEGEL 42/1993, S. 33–36; *Alexander Gorkow*, Die braune Seite des Theodor Maunz, in: Süddeutsche Zeitung vom 12./13.2.1994, S. 11.

[205] *Michael Stolleis*, Eckstein des Anstoßes, in: Frankfurter Allgemeine Zeitung vom 21.12.1993, S. 27; mit einigen Fußnoten *Michael Stolleis*, Theodor Maunz – Ein Staatsrechtslehrerleben, in: Kritische Justiz 1993, 393; mit Nachbemerkung *Michael Stolleis*, Theodor Maunz – Ein Staatsrechtslehrerleben, in: *Michael Stolleis*, Recht im Unrecht, 1994, S. 306 (312).

Hierfür erhielt *Stolleis* nach eigenen Angaben viel Zustimmung[206], die er allerdings ebensowenig namhaft machte wie seine heftigen Kritiker in der Vereinigung[207]. Die Leserbriefseiten der FAZ brachten eine abgewogene Zuschrift von *Klaus Vogel* und einen laut *Stolleis* „indiskutabel diffamierenden"[208] Beitrag von *Maunz'* Freiburger Nachfolger *Joseph H. Kaiser*. *Vogel* gab zu bedenken, dass man *Freys* Behauptungen nicht ohne weiteres trauen solle. Im übrigen sei er optimistisch, dass man über die Verantwortung der Staatsrechtler für die Demokratie auf einer Tagung der Vereinigung diskutieren könne. Dies sei umso wichtiger, als man „zum zweitenmal in diesem Jahrhundert vor der Frage" stehe, „wie wir uns zu Staatsrechtlern verhalten sollen, die sich mit einer Diktatur identifiziert, jedenfalls arrangiert haben". Ebenso gehe es um die „westdeutschen – hoffentlich ehemaligen – Linksradikalen, die auf ihrem Marsch durch die Institutionen inzwischen auf Lehrstühlen angelangt sind", worüber man in der Vereinigung ein Jahr zuvor – auf der Bayreuther Tagung – „engagiert und kontrovers diskutiert" habe.[209] *Kaiser* warf *Stolleis* vor, „von links Steine auf das Grab eines angesehenen Staatsrechtslehrers" zu werfen und dabei nicht einmal vor dessen privater Religionsausübung und dessen Angehörigen Halt zu machen. *Kaiser* nahm an, dass „jene Invektive eine Revanche" für den Vorgang sei, auf den bereits *Vogel* angespielt hatte: dass nämlich die Vereinigung auf Stolleis' und anderer Kollegen Antrag mit der Frage konfrontiert worden sei, „ob eine frühere Gewaltausübung von links einer Aufnahme in die Vereinigung entgegenstünde", was man nach „ausführlicher Debatte [...] kollegial durch Aufnahme entschieden" habe. Deshalb solle die Linke, die „ihre soziale und politische Marginalisierung" nicht verkraftet habe, „vor der eigenen Haustür kehren".[210]

Der Vorstand der Vereinigung mischte sich nicht ein[211], sondern legte eine Akte an, in der er neben Zeitungsausschnitten einige Abschriften von Briefen zwischen *Stolleis* und Mitgliedern der Vereinigung abheftete, die letztere dem Vorstand zur Kenntnis gegeben hatten. Niemand rechtfertigte *Maunz'* heimliche Tätigkeit für *Frey* und dessen Deutsche Volksunion. An Form und Inhalt von *Stolleis'* Abrechnung mit der Vereinigung nahm aber mancher Anstoß.

So rügte *Hans H. Klein*, dass *Stolleis* suggeriere, noch die heutige Staatsrechtslehre habe „verborgene Wurzeln im Dritten Reich"[212], was *Stolleis* nicht gemeint haben wollte[213]. *Peter Lerche* fühlte sich angegriffen, weil *Stolleis* in *Lerches* Nachruf auf *Maunz* eine klare Distanzierung vermisst hatte.[214] *Thomas Oppermann* schrieb „in der Freiheit des

---

[206] *Michael Stolleis* an *Hans H. Klein* vom 2.1.1994, Archiv VDStRL, Ordner 74 Reg.-Nr. 3a.

[207] *Stolleis*, Recht im Unrecht (Fn. 205), S. 313 f. mit Fn. 19.

[208] *Stolleis*, Recht im Unrecht (Fn. 205), S. 314 mit Fn. 20.

[209] *Klaus Vogel*, Staatsrechtler in der Nähe der Theologen, in: Frankfurter Allgemeine Zeitung vom 5.1.1994, S. 6.

[210] *Joseph H. Kaiser*, Steine von links auf ein Staatsrechtler-Grab, in: Frankfurter Allgemeine Zeitung vom 29.1.1994, S. 8.

[211] *Schulze-Fielitz*, Wissenschaftskultur (Fn. 8), S. 38.

[212] *Hans H. Klein* an *Michael Stolleis* vom 30.12.1993, Archiv VDStRL, Ordner 74 Reg.-Nr. 3a.

[213] *Michael Stolleis* an *Hans H. Klein* vom 2.1.1994, Archiv VDStRL, Ordner 74 Reg.-Nr. 3a.

[214] *Peter Lerche* an *Michael Stolleis* vom 17.1.1994, Archiv VDStRL, Ordner 74 Reg.-Nr. 3a, dazu unten Fn. 222.

ehemaligen Vorsitzenden", der sich „aber nach einigen Eindrücken ziemlich sicher" fühle, „ungefähr die Auffassung nicht weniger Kollegen zum Ausdruck zu bringen". Ihn habe es „traurig gestimmt", dass *Stolleis* „einem über Neunzigjährigen Steine aufs Grab geworfen" habe, indem er glaubte, „Maunz angebliche wissenschaftliche Mediokrität nachweisen zu müssen". Vor allem bestritt *Oppermann Stolleis'* Befund des Schweigens damit, dass die Vereinigung durch Studien wie diejenigen von *Helmut Quaritsch* über *Carl Schmitt* in der Beschäftigung der Staatsrechtslehre mit der NS-Vergangenheit hinreichend repräsentiert sei und auch auf den Jahrestagungen mehrfach zeithistorisch brisante Fragen erörtert habe, etwa in Bonn 1978 und Gießen 1991.[215]

In der Tat hatte *Bodo Pieroth* 1991 den Bogen von der im Mittelpunkt stehenden DDR zum NS-Regime geschlagen, sogar einen belastenden Maunz-Text von 1943 zitiert und auf *Friesenhahn* in der oben[216] erwähnten Debatte über Berufsbeamte in Staatskrisen verwiesen[217], dazu in der Aussprache einige Reaktionen erhalten[218]. *Erhard Denninger*, „der auf die Welt kam, als die erste Republik im braunen Strudel versank", hatte es 1978 mit „Trauer und Sorge" erfüllt, dass der VGH Baden-Württemberg „sich zwar bei einem NPD-Mitglied eine innere Distanznahme von verfassungsfeindlichen Zielen der Partei auch ohne Parteiaustritt vorstellen kann, hingegen bei einem DKP-Mitglied nur die volle Identifizierung".[219] Dass „die Vereinigung sich immer wieder der Problematik bewußt gewesen ist, zu welchen Ergebnissen es führen kann, wenn Ideologien dem Recht vorangesetzt werden"[220], wurde dadurch freilich nicht allzu überzeugend belegt.

Oppermann mahnte denn auch „die richtige Setzung der Prioritäten" an: die „Wiederherstellung der äußeren und inneren Einheit Deutschlands sowie de[n] Fortgang[…] der europäischen Einigung", dazu die „Krise des Parteienstaates in materieller und geistiger Hinsicht". Von den Staatrechtslehrern erwarte die Öffentlichkeit, „mit dafür zu sorgen, daß Bonn nicht doch wieder Weimar wird." *Oppermann* nannte dies im „Zeichen der heutigen Mischung aus Wirtschaftsproblemen und politischer Korruption […] wieder eine ernsthafte Fragestellung". Im übrigen hielt er *Stolleis* entgegen: „Sie werden 1994 keinen jungen Rechts- oder Linksradikalen mehr dadurch vom Wert unserer Verfassungsordnung überzeugen, daß Sie ihm zum 25. Male nachweisen, daß Adolf Hitler ein großer Verbrecher war und daß sehr viele Deutsche einschließlich mancher Staatsrechtslehrer ihm aus Verführung oder Opportunismus gefolgt sind."[221]

Dies richtete sich gegen *Stolleis'* Sorgen in „Zeiten des grassierenden Rechtsextremismus unter Jugendlichen und einer aufblühenden Rechtsintellektuellenszene". *Stolleis* räumte ein, dass sein Text vielleicht „in der Diktion zu scharf" geraten sei. Dies sei eine „Frage des Geschmacks", doch ließ sich *Stolleis* „als mildernden Umstand anrechnen",

---

[215] *Thomas Oppermann* an *Michael Stolleis* vom 10.1.1994, Archiv VDStRL, Ordner 74 Reg.-Nr. 3a.

[216] Dazu oben bei Fn. 41.

[217] *Bodo Pieroth*, Der Rechtsstaat und die Aufarbeitung der vor-rechtsstaatlichen Vergangenheit, VVDStRL 51 (1992), S. 91 (95ff., 106).

[218] Von *Peter Häberle, Otto Bachof, Helmut Quaritsch, Martin Kriele, Josef Isensee, Horst Dreier, Dietrich Murswiek*, Aussprache, VVDStRL 51 (1992), S. 118, 126f., 128f., 131f., 135, 137, 160.

[219] *Erhard Denninger*, Verfassungstreue und Schutz der Verfassung, VVDStRL 37 (1979), S. 35.

[220] *Thomas Oppermann* an *Michael Stolleis* vom 10.1.1994, Archiv VDStRL, Ordner 74 Reg.-Nr. 3a.

[221] *Thomas Oppermann* an *Michael Stolleis* vom 10.1.1994, Archiv VDStRL, Ordner 74 Reg.-Nr. 3a.

dass er „beim Schreiben auch eine andere Erinnerung nicht verdrängen konnte", als er „vor Augen" hatte, „wie unsere Vereinigung mit der Sache ‚Maunz' umgehen würde (ein interner Nachruf mit einem kleinen verharmlosenden Schlußabsatz, sonst nichts[222]), im Vergleich zu einer leidenschaftlichen mehrstündigen Debatte über die Frage, ob ein aufmüpfiger Student des Jahres 1970, inzwischen gereift und fachlich ausgewiesen, 22 Jahre später Mitglied dieser Vereinigung werden dürfe". Über diese „Diskrepanz der Perspektiven" kam *Stolleis* „schwer hinweg".[223] Hier hatten *Vogel* und *Kaiser* also einen Nerv getroffen. Auch *Oppermann* hatte dies noch gut in Erinnerung, vielleicht nicht in guter Erinnerung: „Nachdem wir vor anderthalb Jahren in der Angelegenheit der Aufnahme Ihres Habilitanden Volker Neumann viel miteinander zu tun hatten, scheint es mein Schicksal zu sein, mit Ihnen in Sachen Korrespondenz zu führen, die oft etwas unglücklich ‚Vergangenheitsbewältigung' genannt werden."[224] *Klein* hielt es für falsch, das angebliche Schweigen zu *Maunz* mit „der Aufnahme von Herrn Neumann in die Vereinigung [...] zu verquicken", da im „letztgenannten Fall [...] doch wohl gerade das stattgefunden" habe, was *Stolleis* einfordere: „eine Selbstvergewisserung darüber, ob wir als Staatsrechtslehrer der uns in Art. 5 Abs. 3 Satz 2 GG auferlegten Verpflichtung gerecht werden. Wie schmerzlich ein solches Verfahren ist und daß es Wunden hinterläßt, haben wir in Bayreuth ja alle empfunden."[225]

Für die Vereinigung blieb die Kontroverse zunächst folgenlos. Allein die junge Generation lud *Stolleis* mit *Gerd Roellecke* zu einer Podiumsdiskussion über das Thema auf der Rostocker Assistententagung von 1995 ein.[226] Niemand konnte *Stolleis* jedoch widerlegen, dass die Vereinigung als solche die Vergangenheit ihrer Kollegen nie auf das Programm einer Jahrestagung gesetzt habe. Dies änderte sich erst mit der Leipziger Tagung von 2000.

---

222 Dies zielte auf Lerches Nachruf in den Mitteilungen der Vereinigung, in welchem Lerche geschrieben hatte, „daß unmittelbar nach seinem Tode ein Schatten über das Andenken von Maunz gefallen sei, und es wird fortgefahren mit dem Satz ‚Eine nähere Einschätzung der Behauptungen, Maunz habe eine rechtsradikale Zeitung durch nicht nach außen hervortretende juristische Beratung und sonstige Mitwirkung unterstützt, kann an dieser Stelle nicht erfolgen." Diese Formulierungen verteidigend Peter Lerche an Michael Stolleis vom 17.1.1994, Archiv VDStRL, Ordner 74 Reg.-Nr. 3a.

223 *Michael Stolleis* an *Hans H. Klein* vom 2.1.1994, Archiv VDStRL, Ordner 74 Reg.-Nr. 3a.

224 *Thomas Oppermann* an *Michael Stolleis* vom 10.1.1994, Archiv VDStRL, Ordner 74 Reg.-Nr. 3a. Zur Kontroverse um *Volker Neumann Schulze-Fielitz*, Wissenschaftskultur (Fn. 8), S. 28; *Florian Meinel*, in diesem Band, S. 749 ff.; *Christian Waldhoff*, in diesem Band, S. 167 f.

225 *Hans H. Klein* an *Michael Stolleis* vom 10.1.1994, Archiv VDStRL, Ordner 74 Reg.-Nr. 3a; Protokoll der Mitgliederversammlung der Vereinigung der Deutschen Staatsrechtslehrer in Bayreuth am 7. und 9. Oktober 1992.

226 Dazu *Christian Waldhoff*, in diesem Band, S. 170. Thematische Ankündigung in Süddeutsche Zeitung vom 28.3.1994, S. 49. Die Podiumsdiskussion ist nicht dokumentiert im Tagungsband von Hoffmann/Kromberg/Roth/Wiegand (Hrsg.), Kommunale Selbstverwaltung im Spiegel von Verfassungsrecht und Verwaltungsrecht, 1996. Siehe dann *Stolleis* (Fn. 4), S. 339.

VI. Staatsrechtslehre ohne Gegenstand

Nach einem halben Jahrhundert kehrte die Vereinigung im Jahr 1999 nach Heidelberg zurück. In seiner Begrüßung sprach der Vorsitzende *Christian Starck* über Geschichte und Zukunft der Vereinigung und forderte dazu auf, die NS-Vergangenheit alsbald auf einer Jahrestagung zu behandeln.[227] Der neue Vorstand unter dem Vorsitz von *Jochen Abraham Frowein* griff diesen Vorschlag sogleich auf. Noch in Heidelberg wurden *Horst Dreier* und *Walter Pauly* als Referenten auserkoren.[228]

Frowein schrieb den Referenten im Namen des Vorstands, „[b]eide Vorträge mit Diskussion werden selbstverständlich im Tagungsband abgedruckt".[229] Wäre dies so selbstverständlich gewesen, hätte es nicht erwähnt werden müssen. Vieles an diesem „Sonderberatungsgegenstand"[230] war keineswegs selbstverständlich, am wenigsten der Beratungsgegenstand selbst. Denn historische Reflexion als eigentliches Thema gab es nun zum ersten und bislang einzigen Mal. Ebenso zum ersten und einzigen Mal gab es einen Beratungsgegenstand am Mittwochnachmittag, der üblicherweise der Mitgliederversammlung vorbehalten war, während die regulären Beratungsgegenstände wie sonst üblich am Donnerstag- und Freitagvormittag verhandelt wurden. Auch dies war für den „neugewählten Vorstand" nicht selbstverständlich: „Nach eingehenden Überlegungen haben wir uns entschlossen, den Mittwochnachmittag ab 14.00 Uhr für dieses Thema vorzusehen. [...] Die Mitgliederversammlung wird verschoben."[231] Auch dies stand schon in Heidelberg fest: „Um die Besonderheit des Themas zu unterstreichen, soll es *neben* den üblichen Tagungsthemen am ersten Tag (Mittwoch) ab 17.00 Uhr behandelt werden. Die Mitgliederversammlung, die in Leipzig nur wenig Zeit in Anspruch zu nehmen verspricht, soll am Freitag im Anschluß an die Diskussion durchgeführt werden."[232] Per Rundschreiben wurden die Mitglieder beruhigt: „Das soll nicht eine Änderung der allgemeinen Praxis sein, sondern ergab sich aus der besonderen Situation."[233]

Der Vorstand hatte das Bedürfnis, den Referenten „kurz etwas über unsere Vorstellungen mit[zu]teilen". Vor allem ein Anliegen war dem Vorstand nach der Vorgeschichte von durch und durch personalisierten Debatten besonders wichtig. Es sollten persönliche Schuldzuweisungen vermieden werden, die zu einer Solidarisierung und Polarisierung der Debatte hätte führen können: „Selbstverständlich müssen Namen genannt werden, aber wir hoffen sehr, daß es gelingen möge, eine Personalisierung der Diskussion zu

227 *Starck*, VVDStRL 59 (2000), S. 7 (10).

228 *Jörn Ipsen*, Vermerk über das Gespräch des gewählten Vorstands am 8. Oktober 1989 in Heidelberg, Archiv VDStRL, Ordner 85 Reg.-Nr. 2f.

229 Gleichlautend *Jochen Abraham Frowein* an *Horst Dreier* und *Walter Pauly* vom 15.10.1999, Archiv VDStRL, Ordner 86 Reg.-Nr. 3b.

230 So die Bezeichnung in VDStRL, Findbuch des Heidelberger Archivs, 2. Aufl., S. 94.

231 Gleichlautend *Jochen Abraham Frowein* an *Horst Dreier* und *Walter Pauly* vom 15.10.1999, Archiv VDStRL, Ordner 86 Reg.-Nr. 3b.

232 *Jörn Ipsen*, Vermerk über das Gespräch des gewählten Vorstands am 8. Oktober 1989 in Heidelberg, Archiv VDStRL, Ordner 85 Reg.-Nr. 2f.

233 *Jochen Abraham Frowein/Jörn Ipsen/Hartmut Bauer/Martin Oldiges*, Rundschreiben 1/2000 vom 28.4.2000, Archiv VDStRL, Ordner 80 Reg.-Nr. 7.

vermeiden. Das ist freilich ein schwieriger Punkt."[234] Auch hieran hatte schon *Starck* gedacht, als er das Thema vorschlug: „Dabei braucht es nicht um das persönliche Versagen der nicht mehr Lebenden zu gehen. Notwendig ist eine sachliche Bestandsaufnahme des eigenen Faches in einem schwierigen Umfeld. Diese Bestandsaufnahme muß in einem Abstand von 60 Jahren möglich sein."[235] In diesem Sinne war auch „der neugewählte Vorstand" nach „eingehender Diskussion" überzeugt, „daß das Jahr 2000 ein günstiger Termin für eine solche Erörterung sein würde. Natürlich haben wir uns auch gefragt, ob das Buch von Herrn Stolleis nicht eine ausreichende Antwort ist." Gemeint war der dritte Band von Stolleis' „Geschichte des öffentlichen Rechts in Deutschland", der im Jahr zuvor erschienen war.[236] Von Band 4, der die Nachkriegszeit behandelte, war noch lange nicht die Rede.[237] Ohnedies war der neue Vorstand der Ansicht, „daß Referate und Diskussionen ganz im Sinne [...] von Herrn Starck auch durch eine umfassende Vorveröffentlichung nicht überflüssig werden", was „unter den Mitgliedern jedenfalls vielfach so gesehen wird".[238] *Starck* hatte bündig befunden: „Vorträge und Aussprachen im Kreis unserer Vereinigung bringen die Dinge anders zur Sprache als Aufsätze und Bücher."[239]

Schon in Heidelberg hatte der neue Vorstand beschlossen, dass „durch einen Untertitel oder Empfehlungen an die Referenten gewährleistet" werden sollte, „daß sowohl die Zeit vor 1933 als auch Auswirkungen nach 1945 in die Vorträge zu integrieren sind."[240] *Starck* hatte als Stichpunkte genannt: „Versailles, Wirtschaftskrise, antidemokratische Strömungen, autoritäre und faschistische Tendenzen in anderen europäischen Staaten, Nationalismus und Verdrängen der gemeinsamen europäischen Rechtsgrundsätze, sozialdarwinistische und antihumanistische Strömungen in der Philosophie."[241] Darüber hinausgehend wollte *Frowein* durch einen Untertitel „Herkunft und Wirkung" sicherstellen, „daß die Phase von 1919 einbezogen werden soll, aber auch etwaige Wirkungen auf die Nachkriegszeit durchaus erörtert werden sollen". Hinsichtlich der internen Aufteilung ließ der Vorstand den Referenten bei „diesem Thema" freie Hand.[242]

Beide Referenten sagten wenige Tage später zu.[243] *Dreier* ergänzte: „es ist ein schwieriges, ja heikles Thema, dessen überragende Bedeutung aber eine Befassung geradezu erzwingt." Allerdings war *Dreier* mit dem von *Frowein* vorgeschlagenen Untertitel „Herkunft und Wirkung" nicht glücklich. Dieser füge „sich möglicherweise nicht ganz nahtlos dem Hauptthema ‚Deutsche Staatsrechtslehre im Nationalsozialismus'. Denn bei der

---

[234] Gleichlautend *Jochen Abraham Frowein* an *Horst Dreier* und *Walter Pauly* vom 15.10.1999, Archiv VDStRL, Ordner 86 Reg.-Nr. 3b.

[235] *Starck*, VVDStRL 59 (2000), S. 7 (10).

[236] *Stolleis*, Geschichte, Bd. 3 (Fn. 3).

[237] *Stolleis*, Geschichte des öffentlichen Rechts, Bd. 4 (Fn. 5).

[238] Gleichlautend *Jochen Abraham Frowein* an *Horst Dreier* und *Walter Pauly* vom 15.10.1999, Archiv VDStRL, Ordner 86 Reg.-Nr. 3b.

[239] *Starck*, VVDStRL 59 (2000), S. 7 (10).

[240] *Jörn Ipsen*, Vermerk über das Gespräch des gewählten Vorstands am 8. Oktober 1989 in Heidelberg, Archiv VDStRL, Ordner 85 Reg.-Nr. 2f.

[241] *Starck*, VVDStRL 59 (2000), S. 7 (10).

[242] Gleichlautend *Jochen Abraham Frowein* an *Horst Dreier* und *Walter Pauly* vom 15.10.1999, Archiv VDStRL, Ordner 86 Reg.-Nr. 3b.

[243] *Walter Pauly* an *Jochen Abraham Frowein* vom 18.10.1999, Archiv VDStRL, Ordner 86 Reg.-Nr. 3b.

Herkunftsfrage soll es ja wohl um Genealogie und Traditionslinien des (originär) *nationalsozialistischen* bzw. *nationalsozialistisch inspirierten oder eingefärbten* Staatsrechts gehen, während das Hauptthema es zuläßt, die m. E. nach ebenfalls wichtige Frage nach der nicht-nationalsozialistischen Staatsrechtslehre in der NS-Zeit (sei es in Deutschland, sei es im Exil) zu stellen."[244] Der Untertitel fiel weg.

Dreier sagte in seinem Schlusswort[245], der Beratungsgegenstand sei vielleicht „gar kein normaler Beratungsgegenstand, sondern eher eine Art dislozierter Tagesordnungspunkt unserer Mitgliederversammlung" gewesen. Dies bezog sich darauf, dass *Dreier* die Diskussion „nicht nur" als „reine Fachdiskussion" empfand, „wie es sie auf allen vergleichbaren Tagungen und Kongressen gibt, sondern [als] das, was sie ausweislich unserer Veröffentlichungen eigentlich immer ist: eine echte ‚Aussprache'".[246] Als disloziert empfand wohl auch fast niemand mehr das Thema in dem Sinne, dass der Beratungsgegenstand fehl am Platz sei. Zumindest freute sich *Frowein*, dass die Themenwahl „so positiv aufgenommen worden"[247], „als besonders wichtig angesehen"[248] und „im Gegensatz zu einigen früheren Hinweisen jetzt wohl überall sehr begrüßt" worden sei[249].

Vielleicht hatten sich dennoch einige Mitglieder fehl am Platz gefühlt und waren deshalb nicht erschienen. Tagungsboykott ist eine Währung, in der man der Vereinigung oder einzelnen Mitgliedern den eigenen Unmut heimzahlen kann. So hatte *Hermann Jahrreiß* nach einer unerfreulichen Erfahrung mit Vergangenheitsdebatten zweimal ausgesetzt.[250] Auch *Otto Bachof* berichtete an *Forsthoff*, Differenzen hätten manches Mal „zu vorübergehendem demonstrativen Fernbleiben von Tagungen geführt".[251] Um einen solchen Anschein zu vermeiden, erwähnte *Herbert Krüger* seine Aversion gegen einen bestimmten Tagungsort[252] und *Ulrich Scheuner* eine seine Teilnahme ausschließende Erkrankung[253]. Gerade beim Thema NS-Vergangenheit mochte deshalb registriert werden, wer ungewöhnlicherweise nicht erschienen war. Demonstrativ abgesagt hatte allein *Gerd Roellecke*, der sich „die Peinlichkeiten ersparen" wollte, „zu denen das Thema ‚Die Deutsche Staatsrechtslehre in der Zeit des Nationalsozialismus' unweigerlich führen wird. Von dem Thema sind alle Staatsrechtslehrer betroffen, und als Betroffene können sie nur etwas falsches sagen."[254] Ob er hier an seine Podiumsdiskussion mit *Stolleis* auf der

---

244 *Horst Dreier* an *Jochen Abraham Frowein* vom 19.10.1999, Archiv VDStRL, Ordner 86 Reg.-Nr. 3b.

245 Die aufmerksame Stille während der Tagung ist festgehalten auf einer Tonbandkassette des Schlussworts, die mir *Horst Dreier* dankenswerterweise zugänglich gemacht hat. Zum Schlusswort auch *Jochen Abraham Frowein* an *Horst Dreier* vom 24.10.2000, Archiv VDStRL, Ordner 86 Reg.-Nr. 3b.

246 *Horst Dreier*, Aussprache, VVDStRL 60 (2001), S. 146.

247 *Jochen Abraham Frowein*, Aussprache, VVDStRL 60 (2001), S. 147.

248 *Jochen Abraham Frowein* an *Horst Dreier* vom 12.10.2000, Archiv VDStRL, Ordner 86 Reg.-Nr. 3b.

249 *Jochen Abraham Frowein* an *Walter Pauly* vom 12.10.2000, Archiv VDStRL, Ordner 86 Reg.-Nr. 3b.

250 Dazu oben bei Fn. 78.

251 *Otto Bachof* an *Ernst Forsthoff* vom 13.9.1966, Archiv VDStRL, Ordner 18 Reg.-Nr. 9a.

252 Dazu oben bei Fn. 78.

253 Dazu oben bei Fn. 182.

254 *Gerd Roellecke* an *Jochen Abraham Frowein* vom 23.5.2000, Archiv VDStRL, Ordner 86 Reg.-Nr. 3b.

Rostocker Assistententagung dachte?[255] *Frowein* hatte für *Roelleckes* Absage kein Verständnis. Weder verstand er, „wie man von ‚Peinlichkeiten‘ sprechen kann“, noch was Roellecke mit der Betroffenheit aller Staatsrechtslehrer meine: „Ist man wirklich von der Geschichte seines Faches ‚betroffen‘ in einem Sinn, daß die Diskussion unmöglich wird? [...] Persönliche Betroffenheit liegt nirgendwo mehr vor.“ *Frowein* räumte lediglich ein: „Gewiß kann man kritisieren, daß es früher nicht zu einer derartigen Erörterung gekommen ist. Das liegt aber gerade daran, daß persönliche Betroffenheit eine Diskussion sehr schwierig machen muß.“ *Frowein* bekräftigte, dass er „von Anfang der Auffassung“ gewesen sei und „sie nicht geändert“ habe, „daß unsere Vereinigung sich dieser Diskussion stellen sollte“. *Frowein* betonte die Einigkeit zweier aufeinander folgender Vorstände in dieser Frage.[256] Im übrigen gab es Absagen wegen Krankheiten, Terminkollisionen und Auslandsaufenthalten. Mit Blick auf ein „Symposium in Yokohama“ sagte auch *Thomas Oppermann* ab[257], zu dessen Prioritäten es aber wie gesehen ohnehin nicht gehörte, „nach[zu]weisen, daß Adolf Hitler ein großer Verbrecher war und daß sehr viele Deutsche einschließlich mancher Staatsrechtslehrer ihm aus Verführung oder Opportunismus gefolgt sind“.[258]

In der aufmerksamen, keineswegs feindseligen Stille des Konzertsaals präsentierten beide Referenten in nüchternen Worten ihre Befunde.[259] Neben den bekannteren Autoren stand nun die große Zahl von Staatsrechtslehrern, die in der NS-Zeit, soweit sie nicht aus Amt, Land und Leben vertrieben worden waren, vom ersten Tag an trotz der Amputation von republikanischen Verfassungsprinzipien und Grundrechten keinen Phantomschmerz empfanden. Man schrieb um das in herkömmlichen staatsrechtlichen Kategorien schwierig auszudrückende Nebeneinander von Führerstaat und Nazipartei herum, da es einen eigentlichen Gegenstand, dem sich die Staatsrechtslehre hätte widmen können, immer weniger gab. Beide Referenten äußerten sich auch zu dem schwierigen Unterfangen, nach bleibenden Erträgen der NS-Staatsrechtswissenschaft zu suchen. So mochte der europäische Binnenmarkt als domestizierte Variante der europäischen Großraumtheorie erscheinen, ebenso wie die Leistungsverwaltung im Sozialstaat als Daseinsvorsorge ohne den exkludierenden Rahmen der Volksgemeinschaft.

In der langen Aussprache im Anschluss an die Vorträge diskutierte man geradezu befreit darüber, warum so wenig Gegenwehr gegen die „Gleichschaltung“ des Fachs erfolgt sei, wie die juristische Ausbildung dazu beigetragen habe, welche Motive das große Schweigen und das kleine Reden nach 1945 getragen hätten, wie man bereits seit den 1960er Jahren – auch vor 1968 – in Vorlesungen und Seminaren auf die Vergangenheit

---

[255] Dazu oben bei Fn. 226.

[256] *Jochen Abraham Frowein* an *Gerd Roellecke* vom 25.5.2000, Archiv VDStRL, Ordner 86 Reg.-Nr. 3b.

[257] *Thomas Oppermann* an *Jochen Abraham Frowein* vom 20.8.2000, Archiv VDStRL, Ordner 86 Reg.-Nr. 3b.

[258] Dazu oben bei Fn. 221.

[259] *Horst Dreier/Walter Pauly*, Die deutsche Staatsrechtslehre in der Zeit des Nationalsozialismus, VVDStRL 60 (2001), S. 9 ff., 73 ff.

eingegangen sei, was nach dem Ende der DDR anders zu machen sei und welche Gefährdungen nun in der Berliner Republik noch bestünden.[260]

Die Leipziger Tagung mochte noch so spät kommen – doch zeigten die Staatsrechtler hier eine Diskussionskultur, die bislang keine gleichwertige Parallele unter ihren zivil- und strafrechtlichen Kollegen gefunden hat. Da störte es kaum noch, dass später der verdienstvolle *Christian Starck* diesen Nachmittag – angesichts des Gegenstands erstaunlich unsensibel – ein „großes Gemeinschaftserlebnis" nannte.[261]

VII. Vergangenheit mit Zukunft

Als *Christian Starck* 1999 die Heidelberger Tagung eröffnete, sprach er nicht nur über die Vergangenheit der Vereinigung, sondern auch über deren Zukunft.[262] Dass die Vergangenheit über die Leipziger Tagung von 2000 hinaus ein Zukunftsthema sein müsse, forderte *Starck* nicht. Angesichts von Extremismus, Populismus und einer zunehmend gespaltenen Gesellschaft lässt sich durchaus an Parallelen zur späten Weimarer Republik denken. Der bei Manuskriptschluss zuletzt erschienene Tagungsband über „Staat und Gesellschaft in der Pandemie" stellt die Frage nach einer „Demokratie im Notstand?" und behandelt „[r]echtliche und epistemische Bedingungen der Krisenresistenz der Demokratie".[263] Dies lässt hoffen, dass die Staatsrechtslehrer nicht noch einmal so lange schweigen, bis die Stille zu laut wird.

---

260 Aussprache, VVDStRL 60 (2001), S. 106.

261 *Christian Starck*, Die Vereinigung der Deutschen Staatsrechtslehrer, in: Rechtswissenschaft 2015, S. 118 (132).

262 *Starck*, VVDStRL 59 (2000), S. 7 (10).

263 *Matthias Mahlmann*, Demokratie im Notstand? Rechtliche und epistemische Bedingungen der Krisenresistenz der Demokratie, VVDStRL 80 (2021), S. 69, (73 mit Fn. 8, 94 mit Fn. 94).

Die Staatsrechtslehrervereinigung und die Studentenbewegung

Florian Meinel

I. Einleitung . . . 733
II. Zehn Jahre zuvor . . . 737
1. Der „Staat" und die politische Ökonomie der Bundesrepublik . . . 737
2. NS-Vergangenheit . . . 740
III. Bochum 1968 und das Problem der Organisation . . . 743
1. „Die Stellung der Studenten in der Universität" . . . 744
2. Nach dem Protest: Gewissensfreiheit und Demokratie . . . 746
3. Zwischenbilanz: Die Vereinigung als Organisation . . . 747
IV. Zehn Jahre später . . . 749

I. Einleitung

Nach der Bedeutung des Jahres 1968 für die deutsche Staatsrechtslehre und insbesondere für die Vereinigung der Deutschen Staatsrechtslehrer kann man mindestens auf drei ganz verschiedene Arten fragen: Welche Autoren, die sich im weitesten Sinne dem Umfeld der Studentenproteste zuordnen lassen, haben seinerzeit oder später der Vereinigung angehört und welche Rolle haben sie gespielt? Oder aber: Was waren um das Jahr 1968 die dominierenden Themen des Faches und inwiefern reagierten sie auf die Studentenbewegung? Inwieweit und mit welcher Stoßrichtung sind die Leitideen von „1968" – studentische Mitbestimmung, außerparlamentarische Opposition, sexuelle Befreiung, Demokratisierung, Frieden – innerhalb des Faches diskutiert worden? Und schließlich: Hat die Institution der Staatsrechtslehrervereinigung bei alledem eine die politischen Konflikte prägende Rolle gespielt?

Es gibt zahlreiche prägende politische Konflikte der Bundesrepublik, die zugleich auf Jahrestagungen als Grundsatzkontroversen innerhalb der Staatsrechtslehrervereinigung ausgetragen worden sind: Das gilt etwa für den bis heute in seiner grundsätzlichen Bedeutung unterschätzten Streit um die Integration der NS-Beamten durch das G131[1] oder für die ideologischen Konflikte um die politische Ökonomie der Bundesrepublik am Beginn der Systemkonfrontation und des Kalten Krieges.[2] Es gilt aber auch für die SPIEGEL-Affäre, die oft als Anfang vom Ende der Ära Adenauer bezeichnet wird und

[1] *Matthias Roßbach*, Weichenstellung und Vergangenheitsbewältigung im Öffentlichen Dienst, in: Meinel (Hrsg.), Verfassungsgerichtsbarkeit in der Bonner Republik, 2019, S. 229.

[2] Vgl. *Ernst Forsthoff*, Verfassungsprobleme des Sozialstaats (1954), Begriff und Wesen des sozialen Rechtsstaats (1954), in: ders. (Hrsg.), Rechtsstaatlichkeit und Sozialstaatlichkeit, 1968, S. 145, S. 165.

die mit der Strafanzeige eines Würzburger Mitglieds, des Oberst der Reserve *Friedrich August Freiherr von der Heydte,* gegen die Redaktion des Spiegel begann[3] und zu einer Resolution der Vereinigung führte.[4]

Gilt es auch für „1968" und die Studentenbewegung? Das Jahr 1968 und die Protestbewegung verbinden sich weder im deutschen Öffentlichen Recht noch speziell in der deutschen Staatsrechtslehrervereinigung mit der Erinnerung an Ereignisse, Namen oder Kontroversen. Die Staatsrechtslehrervereinigung hat sich in der Folge von 1968 – anders als die Politikwissenschaften – nicht gespalten. Es gab auch keine prominenten Austritte. Die Konflikte, die in diesem Sinne zu „1968" gerechnet werden – etwa die Auseinandersetzung um die NS-Belastung der Vätergeneration, um die Organisationsverfassung der deutschen Universitäten oder um die spätere Aufnahme von Mitgliedern mit 68er-Vergangenheit – fanden in der Staatsrechtslehre teils früher, nämlich schon in den 1950er Jahren, teils wesentlich später, nämlich erst in den 1990er Jahren, teils, wie insbesondere die NS-Frage, zugleich früher und später, und teils auf anderen Foren wie dem Bundesverfassungsgericht statt. Aber innerhalb des Faches selbst ist 1968 – anders als in anderen Geistes- und Sozialwissenschaften – kein Konflikt aufgebrochen, der heute zu dessen institutionellem Gedächtnis gehört. Ohnedies spielten Staatsrechtler auf dem medialen Markt der Protestbewegung keine Rolle.[5] Liegt das einfach an der sozialen Vorselektion der Mitglieder einer Fachvereinigung für Öffentliches Recht? Gewiss ist der Weg in die Staatsrechtslehrervereinigung durch eine politische Grundorientierung vorgeprägt: Wer Berufsjurist wird, ist meistens, schon seiner charakterlichen Veranlagung nach, kein Berufsrevolutionär. *Bernhard Schlink* hat das Thema Studentenbewegung und deutsche Staatsrechtslehre in einem Essay vor bald 20 Jahren deshalb wohl treffend als „kleine Vergangenheit" bezeichnet.[6]

Die Vereinigung reagierte zwar, wie etwa im Oktober 1970, als sie nach einer Berliner Episode eine Protestresolution annahm gegen die studentische „Gewissenserforschung" bei Bewerbern um staatsrechtliche Lehrstühle „hinsichtlich der politischen, aber auch der wissenschaftlichen Auffassungen"[7]. Eine grundsätzliche Veränderung des innerfachlichen Diskurses wie sie um 1960, mit dem Eintritt der nach 1945 Sozialisierten in die Vereinigung begann und von *Frieder Günther* einflussreich beschrieben wurde,[8] fand erst einmal nicht statt. An dem bedeutendsten rechtswissenschaftlichen Zeitschriftenprojekt der 1968er, der Kritischen Justiz,[9] war aus dem Kreis der Staatsrechtler mit *Wolf-*

---

[3] Hierzu auch dessen autobiographische Erinnerungen *Friedrich August von der Heydte,* Muss ich sterben, will ich fallen…, 1987, S. 211.

[4] *Ulrich Scheuner/Roman Schnur,* Pressefreiheit, VVDStRL 22 (1965), S. 1/S. 101; hierzu *Frieder Günther,* Denken vom Staat her, 2004, S. 240 ff.

[5] *Günter C. Behrmann,* Kulturrevolution: Zwei Monate im Sommer 1967, in: Albrecht et al. (Hrsg.), Die intellektuelle Gründung der Bundesrepublik, 1999, S. 312 (373).

[6] *Bernhard Schlink,* Sommer 1970, Merkur 656 (2003), S. 1121 (hier zitiert nach *ders.,* Vergangenheitsschuld, 2007, S. 142).

[7] F.A.Z. vom 15.10.1970, S. 1.

[8] *Günther,* Denken (Fn. 4), S. 211.

[9] Zu ihrer Geschichte: *Sonja Buckel/Andreas Fischer-Lescano/Felix Hanschmann,* Die Geburt der Kritischen Justiz aus der Praxis der Widerständigen, KJ 41 (2008), S. 235.

gang Abendroth nur ein Mitglied der Vereinigung beteiligt, das weitgehend am Rand stand und an den Beratungen keinen Anteil nahm.[10] Überhaupt ist die Auseinandersetzung mit der Studentenbewegung in der demokratischen Politikwissenschaft der 1945er Generation, für die etwa *Ernst Fraenkel, Karl-Dietrich Bracher* oder *Kurt Sontheimer* stehen, interessanter, gehaltvoller, komplizierter.[11] Gerade sie teilten ja im Ausgangspunkt den Verdacht der Protestierenden gegen die deutschen Zustände und die politischen Dispositionen der Deutschen. Umso mehr gilt das für die Remigranten unter den Philosophen: *Max Horkheimer, Herbert Marcuse, Theodor W. Adorno* und ihre 1945er Schüler wie *Jürgen Habermas*.

Auch spielten die Staatsrechtslehrer keine führende Rolle bei der Gründung des „Bundes Freiheit der Wissenschaft", wo intern wie medial eher Historiker wie *Ernst Nolte* oder Politikwissenschaftler wie *Hans Maier, Wilhelm Hennis* oder *Richard Löwenthal* den Ton angaben.[12] Der „Bund Freiheit der Wissenschaft" war ein Forum, das der Studentenbewegung ein valides Feindbild bot, das die mediale Aufmerksamkeit absorbierte und das auch institutionell von einzelnen Staatsrechtlern genutzt wurde, die über die universitären Alltagskämpfe hinaus ein Betätigungsfeld suchten. So war *Karl Doehring* immerhin eine Zeitlang Vorsitzender der Heidelberger Sektion und Anführer der Verfassungsbeschwerdeverfahren gegen die Hochschulmitbestimmung.[13] Die Staatsrechtslehrervereinigung hingegen war keine Bühne für Proteste, sondern, sofern überhaupt involviert, Partei. Zudem geriet sie als wissenschaftliche Fachvereinigung nicht in den Horizont der Studentenbewegung, die sich stattdessen Auseinandersetzungen mit den überwiegend als konservativ wahrgenommenen Mitgliedern der Vereinigung an den Hochschulorten lieferte. Nur mit den Heidelberger Vorgängen um eine Ohrfeige, die es zu literarischer Berühmtheit gebracht haben,[14] und anlässlich der Tagung 1968 sollte sich das für einen kurzen Moment ändern.[15]

Schon bald war derlei wieder unter Vermischtes zu lesen. So berichtete der SPIEGEL in den „Personalien" im Mai 1969 neben einer Meldung über Schönheitstipps der römischen Principessa *Donna Luciana Pignatelli*, der 34jährigen Ehefrau des Präsidenten der Erdölgesellschaft „Golf Italiana" („Bringen Sie Ihre Brüste nie in heißes Wasser, das macht sie schlaff. Besprenkeln Sie die Innenseite Ihrer Schenkel und die Konturen des Busens nach jedem Bad mit Eiswasser."), dass *Helmut Quaritsch*, 39, Ordinarius für Staatsrecht an der Freien Universität Berlin,

---

[10] Vielmehr wurde die Diskussion in spezielleren Foren ausgetragen. Insbesondere im „Bund demokratischer Wissenschaftlerinnen und Wissenschaftler" waren Staatsrechtslehrer – mit Ausnahme von *Wolfgang Abendroth, Helmut Ridder* und *Gerhard Stuby* – kaum vertreten (vgl. *Michael Stolleis*, Geschichte des Öffentlichen Rechts in Deutschland, Bd. 4, 2012, S. 402).

[11] *Riccardo Bavaj*, Verunsicherte Demokratisierer, in: Geppert/Hacke (Hrsg.), Streit um den Staat, 2008, S. 151.

[12] *Daniela Münkel*, Der „Bund Freiheit der Wissenschaft", in: Geppert/Hacke (Hrsg.), Streit um den Staat, 2008, S. 169; zur Geschichte des Bundes „Freiheit der Wissenschaft" jetzt auch die Studien von *Svea Koischwitz*, Der Bund Freiheit der Wissenschaft in den Jahren 1970–1976, 2017, sowie *Nikolai Wehrs*, Protest der Professoren, 2014.

[13] *Karl Doehring*, Von der Weimarer Republik zur Europäischen Union, 2008, S. 140 f.

[14] *Schlink*, Sommer 1970 (Fn. 6).

[15] Hierzu unten unter II.

„die lernwilligen Studenten seiner Fakultät mit einem von der Polizei entliehenen Megaphon auf[forderte], seine Vorlesung über Grundrechte zu besuchen. Der Jurist, der Ende Januar die Relegation des Jura-Studenten Michael Gesell erwirkt hatte und seitdem von den Studenten als ‚Denunziantenschwein' beschimpft und regelmäßig mit Eiern beworfen wird, hatte vor seiner letzten Montag-Vorlesung eine Ausweiskontrolle eingeführt und Polizeischutz angefordert, weil er sich ‚von fakultätsfremden Radikalen nicht aus dem Hörsaal vertreiben lassen' wollte. Bevor Quaritsch jedoch den Hörsaal erreichte, bewarfen Studenten ‚aus den hinteren Reihen' (Quaritsch) den Staatsrechtler mit Frischeiern der Gewichtsklasse B (gekauft in einer Bolle-Filiale für 2,10 Mark das Dutzend). Als ein mit roter Plaka-Farbe gefülltes Ei den Professor am linken Auge traf und die Brille zerstörte, setzte Quaritsch ungerührt eine ‚vorsichtshalber mitgeführte uralte Hornbrille' auf und mahnte zum Vorlesungsbeginn. Quaritsch über seine Standfestigkeit: ‚Ich sah aus wie Frankenstein in Agfacolor. Aber wenn ich aufgebe, geben alle Kollegen auf.'"[16]

Dabei gab es *die* Studentenbewegung im Marsch durch die Institutionen des öffentlichen Rechts natürlich nie. Die Protestbewegung war ja, darin ist sich die schier unübersehbare Literatur zu 1968 weitgehend einig, aus sehr unterschiedlichen Kreisen, Mileus, lokalen Kontexten und politischen Ideologien gebildet. Und natürlich haben so unterschiedliche Autoren und Charaktere wie *Wolfgang Abendroth*, *Erhard Denninger*, *Helmut Ridder*, *Jürgen Seifert* oder *Volker Neumann* wenig gemein; vollends nichts, wenn man alle Vertreter der Jahrgänge 1946–50 hinzurechnet, die den Kern der 68er-Kohorte bilden.[17] „Die" 1968er gab es in diesem Sinne vorwiegend in der Erinnerung ihrer Gegner – und ihrer Gewissheit, damals Schlimmes oder auch nur Schlimmeres verhindert zu haben.[18] Beispielhaft sind dafür die 2008 veröffentlichten Erinnerungen *Karl Doehrings*, der die Heidelberger Ereignisse in der Sprache des Bürgerkriegs als eine von „Aufständischen" bewirkte, „bis heute fortwirkende Destruktion nicht nur der Hochschulen, sondern der gesamten politischen und gesellschaftlichen Ordnung unseres Staates" beschrieb.[19]

Diese Skizze versucht jenseits kultureller Klischees[20] eine dreifache Antwort auf die Frage, warum „1968" keine einschneidende Bedeutung für das Fach und die Vereinigung hatte. Zum einen waren bereits in den 1950er Jahren und damit bemerkenswert früh im Fach bestimmte politische und theoretische Konflikte aufgebrochen, die Themen der Protestbewegung vorwegnahmen (II.). Dann aber bringt es die Organisationsform und das Karrieremodell des Faches mit sich, dass eine neue Generation immer erst ungefähr zehn Jahre nach ihrer Formierung Gehör finden kann, weshalb sich 1968 die 1945er eben erst etabliert hatten, von einer Etablierung der 1968er aber erst Ende der 1970er, Anfang der 1980er Jahre die Rede sein kann (III.). Als es schließlich so weit war, sahen die Dinge

[16] DER SPIEGEL Nr. 22/1969, Personalien.

[17] Hierzu *Clemens Albrecht*, Die Frankfurter Schule in der Geschichte der Bundesrepublik, in: Albrecht et al. (Hrsg.), Die intellektuelle Gründung der Bundesrepublik, 1999, S. 497 (498).

[18] Noch als ich um das Jahr 2007 in Heidelberg für mein Promotionsprojekt recherchierte und mit dortigen Professoren sprach, die das Heidelberg der Nachkriegszeit noch aus eigener Anschauung kannten, war häufiger von der „schlimmen Zeit" die Rede. Ich rechnete schnell nach und sah ein, dass keine Zeit vor 1949 in Betracht kam.

[19] *Doehring*, Weimarer Republik (Fn. 13), S. 137. Insgesamt vor allem im Umfeld der Carl-Schmitt-Schule, vgl. *Günther*, Denken (Fn. 4), S. 293 f.

[20] Zu ihnen etwa *Jan Thiessen*, 1968 – einige rechtshistorische Quersummen, JZ 2018, S. 1113 (1115).

schon ganz anders aus (IV.). Gibt es ein Erbe von 1968 in der Staatsrechtslehrervereinigung? Wenn, dann kann es keine der damaligen Seiten für sich reklamieren.

II. Zehn Jahre zuvor

Mindestens in zweierlei Hinsicht war die Debatte der 1950er Jahre innerhalb der Staatsrechtslehre ausschlaggebend dafür, wie das Fach auf die Protestbewegung des Jahres 1968 reagierte. Das gilt in gewisser Weise schon für den Umgang mit der NS-Tradition, der im Grunde von 1949 bis zur Leipziger Tagung 2000 in einem kontinuierlichen Graubereich aus Beschweigen, Halbwissen und gelegentlichen Skandalen verwaltet wurde, zum anderen für das, was man später die Forsthoff-Abendroth-Kontroverse nennen würde.

1. Der „Staat" und die politische Ökonomie der Bundesrepublik

Diese sicherlich wichtigste staatsrechtliche Kontroverse der 1950er Jahre, die Sozialstaatsdebatte,[21] hatte nämlich schon einiges von den Auseinandersetzungen vorweggenommen, die um 1968 zum theoretischen Arsenal des Protests wurden, die Frage nach dem Verhältnis von Staat und Kapitalismus etwa, nach der politischen Ökonomie der Bundesrepublik und der Kontinuität der Eigentumsordnung, nach der Politisierbarkeit der Gesellschaft und der Funktion der Legalität. *Ernst Forsthoff* hatte in einem sofort berühmt gewordenen Vortrag 1953 die politische Ökonomie des Verfassungsrechts der Bundesrepublik als ein neuartiges Arrangement aus den Rechtsformen liberalen Eigentumsschutzes, einer nicht mehr liberalen Sozialordnung und Massenintegration durch Daseinsvorsorge statt durch Demokratie rekonstruiert – und damit eine Reihe von Folgefragen verknüpft: nach Wohlfahrtsstaat und Massenloyalität, nach dem Herrschaftscharakter des Rechtsstaates und den politischen Kosten der Subjektivierung, nach organisierten Interessen und dem Verschwinden der Opposition. *Wolfgang Abendroth*, der 1968 in Marburg zu einem der Heroen der Studentenproteste werden sollte, hatte in einem nicht weniger berühmten Aufsatz repliziert; schon bald erschienen zahlreiche Beiträge.[22] Auch liberale Autoren wie *Horst Ehmke* hatten die Frage nach dem Zusammenhang von politischer Ökonomie und Verfassungsrecht lange vor 1968 gestellt.[23]

Was war so aufsehenerregend an *Forsthoffs* Behauptung, rechtsstaatliche Prinzipien duldeten keine Materialisierung durch wohlfahrtsstaatliche Zwecke? Die Pointe seiner Position bestand nicht in der normativen Konstruktion eines Rangverhältnisses von Rechts- und Wohlfahrtsstaat, auch wenn er in der Rechtswissenschaft oft so missverstanden wurde, sondern in einer politischen Theorie, die den autoritären Charakter in-

---

[21] Hierzu: *Florian Meinel*, Der Jurist in der industriellen Gesellschaft, 2011, S. 359 ff.; *ders.*, Lücke, Logik oder Legitimation des Rechtsstaats? Ernst Forsthoff und der Steuerstaat in der frühen Bundesrepublik, in: Huhnholz (Hrsg.), Verfassung – Fiskus – Freiheit: Politisches Denken der öffentlichen Finanzen von Hobbes bis heute, 2018, S. 279; *John Philipp Thurn*, Welcher Sozialstaat?, 2013, S. 35 ff.

[22] Vgl. Ernst Forsthoff (Hrsg.), Rechtsstaatlichkeit und Sozialstaatlichkeit, 1968.

[23] *Horst Ehmke*, Wirtschaft und Verfassung, 1961.

dustriegesellschaftlicher Organisationsformen affirmativ als Teil eines neuen Herrschaftsarrangements aus Daseinsvorsorge und Resten von Hoheitlichkeit verstand; mit allen Folgen für den liberalen Begriff des Öffentlichen und die Möglichkeit von Opposition. Eben darum waren es vor allem Autoren wie *Wolfgang Abendroth* oder der junge *Jürgen Habermas*, die dieses Argument in seiner Tragweite erkannten.[24] Auch für *Ulrich K. Preuß* wurde *Ernst Forsthoff* darum seit seiner Dissertation über den staatsrechtlichen Begriff des Öffentlichen[25] zu einem wichtigen, ja dem wichtigsten Referenzautor. Überhaupt, die Schmitt-Schule: Auch in der Heidelberger Basisgruppe Jura wurden vor allem die Linksschmittianer der späten Weimarer Zeit gelesen.[26]

Nicht nur entwickelte sich damit um 1968 die verfassungsrechtliche Diskussion in Bahnen, die schon in den 1950er Jahren vorgezeichnet waren. Überhaupt standen die theoretischen Wortführer der Protestbewegung im Öffentlichen Recht – etwa *Ulrich K. Preuß* – bei gegensätzlicher politischer Orientierung in Denkstil und Begriffen den Konservativen der 1950er Jahre näher als der Generation zwischen ihnen; etwa in der seinerzeit viel diskutierten Frage der Verfassungsinterpretation.

Hatten in den späten fünfziger und frühen sechziger Jahren Autoren wie insbesondere *Konrad Hesse* und sein Kreis unter dem Leitbegriff der „fließenden Geltungsfortbildung" für eine extensive Methode „werthafter" Verfassungsinterpretation plädiert und damit zumal die bundesverfassungsgerichtliche Judikatur gegen Kritik verteidigt, so waren es nun Autoren wie *Ulrich K. Preuß*[27] oder auch *Helmut Goerlich*,[28] die diese Superlegalität als demokratisch nicht autorisierte Definition von legitimer Gesinnung angriffen. Am radikalsten hat seit jener Zeit *Ingeborg Maus* das Projekt einer Verfassungstheorie betrieben, die ohne zweistufige Legalität und damit ohne den theoretischen Fixpunkt der Verfassungsgerichtsbarkeit auskommt. Die Wahlverwandtschaften zwischen 1968ern und Motiven autoritären Denkens sind oft beschrieben worden und hatten ihren Grund offensichtlich in der geteilten Skepsis gegenüber der Bundesrepublik.[29] Auf der Seite der Konservativen – die diesen Begriff allerdings nicht mehr pflegten – war es 1971 dann auch nicht zufällig *Ernst Forsthoff*, der mit seinem Buch „Der Staat der Industriegesellschaft" das sicherlich interessanteste staatsrechtliche Anti-1968-Pamphlet vorlegte. Er hatte sich soeben in Heidelberg („Heidelgrad"[30]) auch unter dem Eindruck der studentischen Proteste emeritieren lassen,[31] wo die Basisgruppe Jura sich als rechtstheoretische und hoch-

---

[24] *Jürgen Habermas*, Über den Begriff der politischen Beteiligung, in: ders., Student und Politik, 1961, S. 13.

[25] *Ulrich K. Preuß*, Zum staatsrechtlichen Begriff des Öffentlichen untersucht am Beispiel des verfassungsrechtlichen Status kultureller Organisationen, 1969.

[26] Beispiel: *Volker Neumann*, „Geronnenes verflüssigen", KritV 92 (2009), S. 140 (147).

[27] *Ulrich K. Preuß*, Legalität und Pluralismus. Beiträge zum Verfassungsrecht der Bundesrepublik Deutschland, 1973.

[28] *Helmut Goerlich*, Wertordnung und Grundgesetz. Kritik einer Argumentationsfigur des Bundesverfassungsgerichts, 1973.

[29] Vgl. dazu *Ellen Kennedy*, Carl Schmitt und die „Frankfurter Schule", Geschichte und Gesellschaft 12 (1986), S. 380.

[30] *Schlink*, Sommer 1970 (Fn. 6), S. 143.

[31] Die Heidelberger Studentenbewegung wird umfassend dargestellt bei: *Katja Nagel*, Die Provinz in Bewegung, 2009.

schulpolitische Avantgarde empfand.[32] Doch auch *Forsthoff* brachte es nicht zu einem jener Medien-Intellektuellen oder Medien-Anti-Intellektuellen (wie *Arnold Gehlen* und *Helmut Schelsky*), die die öffentliche Debatte bestimmten.[33]

Nicht anders war es auch im Verhältnis zur Politikwissenschaft und zur Soziologie. Angesichts des Standes der staatsrechtlichen Debatte war die studentische Forderung nach soziologischer und politologischer Aufklärung des Öffentlichen Rechts nicht unproblematisch. Schließlich waren es bis dahin ja vor allem die konservativen Autoren wie *Ernst Forsthoff, Werner Weber* oder *Arnold Köttgen* gewesen, die seit ihren antiliberalen Frühschriften der 1920er und 1930er Jahre unter Berufung auf die verstehende Soziologie für mehr „Wirklichkeit" im öffentlichen Recht eintraten. Dagegen waren es die 1945er oder Flakhelfer, die – wie exemplarisch *Dietrich Jesch* in seiner bis heute bedeutenden Arbeit „Gesetz und Verwaltung" (1961) – demokratietheoretisch die normativistische Karte spielten, weil sie, übrigens völlig zu recht, hinter den Realanalysen zumal eines *Ernst Forsthoffs* ein sehr konkretes politisches Programm vermuteten. *Konrad Hesse* wollte in seiner für die bundesrepublikanische Verfassungstheorie nicht zu überschätzenden Freiburger Antrittsvorlesung Ende der 1950er Jahre gerade die „normative Kraft der Verfassung" gegen die Skeptiker verteidigen.[34] Mit pauschalen Forderungen nach Ideologiekritik konnten die 45er darum wenig anfangen.

Gerade diese Wahlverwandtschaft der politischen Generationen der 1968er und der 1933er gegen die Generation der 1945er zeigt noch einmal *deren* herausragende Stellung in der Ideengeschichte der Bundesrepublik[35]: Gerade sie war es ja, die die Institutionen des neuen Staates ernstzunehmen begann und durchdenken wollte. Das gilt gerade auch für jene Generation im Staatsrecht: *Otto Bachof, Günter Dürig, Konrad Hesse, Peter Lerche, Klaus Vogel* oder *Hans Zacher.* Wer mit dem Verfassungsleben der Bundesrepublik aus der Nähe und nicht nur aus der Theorie vertraut war, musste gerade angesichts der bundesrepublikanischen Verfassungsentwicklungen der 1960er Jahre die Parolen vom Ausschluss der Massen, von latenter Diktatur, bourgeoiser Repression und struktureller Gewalt für importierte Weltbilder halten. Zu offensichtlich war doch im Grunde schon für die Zeitgenossen, dass sich die Bundesrepublik auf einem anderen Weg befand als etwa die V. Republik unter dem damals schon greisen *Charles de Gaulle.* Die Sozialdemokratie hatte sich seit Godesberg 1959 zu einer inklusiven parlamentarischen Volkspartei ohne strenge Bindung an eine Klasse oder die Gewerkschaften gewandelt und führte ab 1969 in der sozial-liberalen Ära die Bundesregierung an. Das Mediensystem war – nicht zuletzt aufgrund der berühmten Intervention des Bundesverfassungsgerichts von 1961 in Sachen „Deutschlandfernsehen" – relativ pluralistisch.[36] Politische Kontrollmechanismen einer demokratischen Öffentlichkeit begannen sich zu etablieren, wie die SPIEGEL-Affäre zum ersten Mal

---

32 *Neumann*, „Geronnenes" (Fn. 26), S. 140.

33 *Axel Schildt,* Medien-Intellektuelle in der Bundesrepublik, 2020, S. 760.

34 *Konrad Hesse,* Die normative Kraft der Verfassung, 1959; hierzu die Beiträge in Krüper/Payandeh/Sauer (Hrsg.), Konrad Hesses normative Kraft der Verfassung, 2019.

35 Zur biographischen Kohortenbildung siehe *Anselm Doering-Manteuffel,* Richter und Richterinnen des Bundesverfassungsgerichts, in: Meinel (Hrsg.), Verfassungsgerichtsbarkeit in der Bonner Republik, 2019, S. 81 (90).

36 BVerfGE 12, 205 [1961].

zeigte. Eine andere Verfassungsordnung, eine „Systemalternative" war nie auch nur eine entfernt ernstzunehmende Möglichkeit – abgesehen von der Frage des Mehrheitswahlrechts in der ersten Großen Koalition.[37] Sie war aber bereits vom Tisch, als die Studentenproteste begannen und hätte ohnedies vor allem die FDP betroffen.

In anderer Hinsicht gilt dieses Erklärungsmuster der spannungsreichen 1950er Jahre allerdings nicht. Nicht ein einziges Mal ist – trotz der seit Mitte der 1950er Jahre schwelenden politischen Diskussion um dieses Thema, die 1967/8 eskalierte – die Frage der Notstandsverfassung auf einer Staatsrechtslehrertagung behandelt worden. Die von Protagonisten der Smend-Schule angestoßene intensive, aber letztlich ergebnislose interne Diskussion um eine gemeinsame Resolution von Staatsrechtslehrern und Politikwissenschaftlern zum Entwurf des Notstandsgesetzes brachte es nicht zur Tagungsöffentlichkeit.[38] Auch die große Frage des Wahlrechts ist bis 2012 (!) nie zum Gegenstand einer Tagung gemacht worden.

2. *NS-Vergangenheit*

Zum ersten Mal hat sich die Staatsrechtslehrervereinigung im Jahre 2000 öffentlich mit ihrer NS-Vergangenheit befasst.[39] Obgleich damalige Teilnehmer in der Wahl dieses Themas eine lange gestundete Forderung von 1968 erblicken wollten,[40] trifft das vermutlich nur einen Teil der Wahrheit. Der Streit um die NS-Vergangenheit in der Staatsrechtslehrervereinigung wurde recht früh wenn auch nicht aufgearbeitet, so doch ansatzweise ausgetragen, und zwar schon vor der Phase beklemmten Schweigens in der bundesrepublikanischen Gesellschaft, die durch die Einsatzgruppenprozesse, den Eichmann-Prozess, und die Kölner Hakenkreuzschmierereien eintrat. Sicher kann man eine ernsthafte Beschäftigung mit der NS-Zeit vor der Tagung des Jahres 2000 nirgendwo festmachen. Die Personaldebatten beschränkten sich auf „unhaltbare" Mitglieder; selbst *Otto Koellreutter* wurde nicht wegen seiner Vergangenheit, sondern nur deswegen nicht wieder aufgenommen, weil er sich als unbelehrbar selbst disqualifizierte.[41] Auch dieses Vorgehen war nicht unum-

---

37 Umfassend dazu: Jürgen Seifert (Hrsg.), Die Spiegel Affäre, 2 Bde., Freiburg i. Br. 1966.

38 Vgl. *Günther*, Denken (Fn. 4), S. 285 ff.

39 *Stolleis*, Geschichte IV (Fn. 10), 2012, S. 457; *Horst Dreier/Walter Pauly*, Die deutsche Staatsrechtslehre in der Zeit des Nationalsozialismus, VVDStRL 60 (2001), S. 9/S. 73.

40 Diskussionsbemerkung von *Hermann-Wilfried Bayer*, VVDStRL 60 (2001), S. 123 f.: „Diese Vereinigung hat sich mit dem Thema nolens volens schon im Jahre 1968 beschäftigen müssen. Die Initiative ging freilich nicht von der Vereinigung selbst aus, sondern von den rebellierenden Studenten der 68er Generation. Wir tagten damals in Bochum und auf der Balustrade vor unserem Tagungsraum hatten sich Studenten versammelt, die nun vehement nur die eine Forderung stellten: Diskussion, und zwar vor allem Diskussion über das, was Staatsrechtslehrer wie *Scheuner* und *Maunz* geschrieben hatten. Herr *Frowein* gehörte damals der Bochumer Juristenfakultät an, Rektor war zur damaligen Zeit der jetzige Ministerpräsident des Freistaates Sachsen. Sowohl Herr *Biedenkopf* wie auch Herr *Frowein* haben sich nach meiner Erinnerung redlich bemüht, die Atmosphäre zu beruhigen, vor allem die Versammlung zu beruhigen und die Studenten dazu zu bewegen, die Balustrade zu verlassen. Letzten Endes ist das dann auch – Einzelheiten können hier nicht interessieren – gelungen, nur mit dem Thema als solchem waren wir damals ganz unmittelbar, nämlich ganz persönlich konfrontiert."

41 *Michael Stolleis*, Die Vereinigung der Deutschen Staatsrechtslehrer, KritV 80 (1997), S. 347 ff.

stritten: *Ernst-Wolfgang Böckenförde* warf der Staatsrechtslehrervereinigung noch 1973 wegen der Verzögerung der Aufnahme von *Ernst Rudolf Huber* eine „Attitüde des selbsternannten moralischen Gerichtshofes" vor.[42]

Wenn also die „Abendland"-1950er[43] vielleicht im Staatsrecht eine Spur eher endeten als anderswo, so hatte das drei Gründe. Zum einen waren Fachvertreter wie *Carl Schmitt, Johannes Heckel, Ernst Rudolf Huber* oder *Otto Koellreutter* so eindeutig und schwer belastet, so viel eindeutiger und schwerer als die durchschnittlichen deutschen Professoren, dass sich dies entsprechend schlechter ignorieren ließ.[44] Zum anderen ist dies der Einbeziehung der Schweizer Fachvertreter nach 1949 zu verdanken, für die die Gesetze des „kommunikativen Beschweigens" der Vergangenheit von vornherein nicht galten.[45] Sie haben mehr als einmal die Sache der NS-Traditionen zur Sprache gebracht. Eine hervorragende Rolle hat schließlich die frühe Rechtsprechung des Bundesverfassungsgerichts gespielt, vor allem das Urteil zu den NS-Beamten,[46] vielleicht mehr noch als die zeitgenössisch noch nicht als so sensationell rezipierte Entscheidung über den Boykottaufruf des Senatsdirektors Erich Lüth.[47] Am Beamtenurteil war zwar kein Mitglied der Vereinigung unmittelbar beteiligt, weil unter den seinerzeit elf Richtern und der einen Richterin des Ersten Senats kein einziger Staatsrechtslehrer war. Doch hatte die Entscheidung in der Staatsrechtslehre ein ungeheures publizistisches Echo und wurde im Jahr nach der Entscheidung zum Thema einer Tagung („Die Berufsbeamten und die Staatskrisen", *Richard Naumann/Hans Spanner*).[48] *Ernst Friesenhahn* musste damals – wiewohl Mitglied des Zweiten Senats – zur Ehrenrettung des Bundesverfassungsgerichts in die Aussprache eingreifen.[49] Sicher: Die Befürworter dieser Rechtsprechung waren damals noch in einer sehr kleinen Minderheit. Die Diskurshoheit der Restituierten war noch weitgehend intakt. Dennoch gab es seit jenem Urteil eine politische und verfassungsrechtliche Sprache, in der sich die Absetzung der Jüngeren gegen die Kontinuität der Funktionseliten artikulieren ließ.

Ein halbes Jahrzehnt später wurde der Konflikt innerhalb der Staatsrechtslehrervereinigung um die NS-Vergangenheit noch einmal etwas expliziter; und es wurde sichtbar,

---

42 *Ernst-Wolfgang Böckenförde*, Ernst Rudolf Huber zum 70. Geburtstag, AöR 98 (1973), S. 259.

43 Siehe nur *Michael Bock*, Metamorphosen der Vergangenheitsbewältigung, in: Albrecht et al. (Hrsg.), Die intellektuelle Gründung der Bundesrepublik, 1999, S. 530 (540 ff.).

44 Exemplarisch *Ewald Grothe*, Eine lautlose Angelegenheit? Die Rückkehr des Verfassungshistorikers Ernst Rudolf Huber in die universitäre Wissenschaft nach 1945, Zeitschrift für Geschichtswissenschaft (ZfG) 47 (1999), S. 980.

45 Dazu *Benjamin Schindler*, in diesem Band, S. 273 (277 ff.).

46 BVerfGE 3, 58 [1953]; *Roßbach*, Weichenstellung (Fn. 1).

47 Vgl. dazu *Justin Collings*, Democracy's Guardians, 2015, S. 54 ff.

48 Dazu *Anna-Bettina Kaiser*, in diesem Band, S. 75 (113 ff.).

49 *Ernst Friesenhahn*, Diskussionsbemerkung, VVDStRL 13 (1955), S. 162: „Ich habe lange geschwankt, ob ich in dieser Diskussion das Wort ergreifen sollte. Da aber ein Urteil des Bundesverfassungsgerichts hier heftig angegriffen wird, dürfte für ein Mitglied dieser Vereinigung, das zugleich Mitglied des Bundesverfassungsgerichtes ist, eine gewisse Verpflichtung bestehen, sich zur Sache zu äußern. Ich kann dies um so eher tun, als ich Mitglied des Zweiten Senates bin und darum mit dem hier so lebhaft kritisierten Beamtenurteil des Ersten Senates nichts zu tun hatte und für die Begründung keine Verantwortung trage. Ich kann Ihnen sogar erklären, daß ich von der Begründung genau so überrascht war wie Sie, und daß ich sie ursprünglich heftig abgelehnt habe. Gerade aber Ausmaß, Inhalt und Form der Kritik haben mich dazu gebracht, mich allmählich mit der Begründung mehr zu befreunden […]."

dass sich die Mehrheitsverhältnisse verschoben. Anlass war die Veröffentlichung der Festschrift für *Carl Schmitt* 1959, gegen die es eine kleine und hörbare, aber nicht breitenwirksame Protestaktion unter Führung des Tübingers *Adolf Schüle* gab.[50] Und schließlich wurde die Jahrestagung 1965 zum Gegenstand eines Konflikts um die Rolle der NS-belasteten Mitglieder. *Ernst Forsthoff* hatte auf Einladung des Vorstandes (*Werner Weber, Eberhard Menzel, Günter Dürig*) auf der in Basel geplanten Jahrestagung als Referent über das Thema „Gesetzgeber und Verwaltung" sprechen sollen. Einige Schweizer Mitglieder aber, unter der Führung von *Max Imboden*, erhoben Einspruch gegen einen Auftritt des – wie sie meinten – „militanten Antisemiten" *Forsthoff* in der Schweiz.[51] *Forsthoff* verzichtete schließlich, die Tagung wurde nach Würzburg verlegt, und an seiner Stelle referierte *Klaus Vogel* neben *Roman Herzog*.[52] Doch der Eklat war da. *Forsthoff* fand, die Vereinigung habe ihm die nötige Solidarität verweigert – und trat aus. In einem Brief an *Herbert Krüger* sprach *Forsthoff* schon von einer inneren „Zerrissenheit der Vereinigung, deren Einheit offenbar ständig durch Kompromisse erkauft werden muß":

> „Wenn die Vereinigung den auch in ihrem Namen ausgedrückten, wie immer begründeten Anspruch erhebt, die Vereinigung der deutschen Staatsrechtslehrer zu sein, dann kann die Mitgliedschaft nur als ein Verhältnis wechselseitiger Berechtigungen und Verpflichtungen verstanden werden. Dann trifft die Vereinigung die Verpflichtung, für ihre Mitglieder gegebenenfalls solidarisch einzutreten. Meine Erwartung, daß dies in meinem Falle geschehen werde, war umso berechtigter, als die Vereinigung, gewiß bona fide, mich in die Lage gebracht hatte, die durch die Komplikationen um die Baseler Tagung für mich entstand. Daß es nicht dazu kam, hat seinen Grund in der Zerrissenheit der Vereinigung, deren Einheit offenbar ständig durch Kompromisse erkauft werden muß. (Ich nehme für mich in Anspruch, keinem Mitglied der Vereinigung je persönlich Anlaß gegeben zu haben, mir diese Solidarität zu verweigern.) [...] Über den Grad der Wertschätzung, die ich für diese Einheit hege, kann unter solchen Umständen kein Zweifel bestehen."[53]

Der Austritt verursachte großen Aufruhr; bald war – vor allem unter den politisch Interessierten, die sich mit *Forsthoff* solidarisierten – von einem möglichen Proteststreik für *Forsthoff* und sogar von einer Spaltung der Staatsrechtslehrervereinigung die Rede.[54] *Roman Schnur* etwa bestärkte *Forsthoff* in seinem Austritt, der „vermutlich für die Vereinigung sogar sehr heilsam sein" werde.[55] *Forsthoff* konnte nur nach langem Hin und Her durch bittenden Beschluss der Vereinigung schließlich zum Verbleib und zur „Erneuerung" seiner Mitgliedschaft bewogen werden.[56] Kurze Zeit später, also im Grunde vor

---

50 Näher: *Meinel*, Jurist (Fn. 21), 402 ff.

51 *Günther*, Denken (Fn. 4), S. 218; *Reinhard Mußgnug/Dorothee Mußgnug*, Einleitung, in: Mußgnug/Mußgnug/Reinthal (Hrsg.), Briefwechsel Ernst Forsthoff – Carl Schmitt, 2007, S. 27; vgl. auch *Benjamin Schindler*, in diesem Band, S. 279.

52 Dazu *Roman Herzog*, Gedenkrede auf Ernst Forsthoff (1975), in: FS für Roman Herzog zum 75. Geburtstag, 2009, S. XXIII ff.

53 Abschrift eines Briefes von Ernst Forsthoff an Herbert Krüger, 27.12.1965, Landesarchiv NRW Abt. Rheinland, Duisburg, NL Carl Schmitt, RW 265-3748.

54 *Günther*, Denken (Fn. 4), S. 218; *Mußgnug/Mußgnug*, Einleitung (Fn. 51), S. 28.

55 Roman Schnur an Ernst Forsthoff, 2.1.1967 (Durchschlag), BA Koblenz, NL Schnur.

56 Im Einzelnen *Mußgnug/Mußgnug*, Einleitung (Fn. 51), S. 28; *Karl Doehring*, Ernst Forsthoff als Hochschullehrer, Kollege und Freund, in: Blümel (Hrsg.), Ernst Forsthoff, 2003, S. 14.

1968, flachte der Konflikt merklich ab, nicht zuletzt deshalb, weil die NS-belasteten Mitglieder ohnedies an der Schwelle zur Emeritierung standen.

III. Bochum 1968 und das Problem der Organisation

Im Herbst 1968 fand an der drei Jahre zuvor eröffneten Ruhr-Universität Bochum die 20. Tagung der Vereinigung seit Kriegsende statt.[57] In dem von *Helmut Hentrich* und *Hubert Petschnigg* entworfenen klassischen Ensemble des Brutalismus stand die Tagung schon äußerlich noch stark im Zeichen der Bildungsexpansion der Nachkriegszeit; eine Tagung in den Zentren des Protestes, etwa in Frankfurt oder Heidelberg, hätte gewiss eine andere Atmosphäre gehabt. Die Bochumer Proteste waren vergleichsweise bescheiden. Wenige Wochen nach der Staatsrechtslehrertagung vermerkt die lokale Protestgeschichte die Gründung der Ortsgruppe der DKP; zwei Monate später die Besetzung von Räumen im sozialwissenschaftlichen Institut.[58]

Ernst Friesenhahn begrüßte als Vorsitzender. Eines verstorbenen Kollegen war diesmal nicht zu gedenken, dafür aber hatte „die Vereinigung seit der letzten Tagung den Rekordzuwachs von 15 neuen Mitgliedern zu verzeichnen […], von denen 14 der Versammlung vorgestellt werden konnten". Auch insofern also: Bildungsexpansion. *Erich Kaufmann*, dem Ehrenmitglied der Vereinigung, wurden telegraphische Grüße übermittelt. Das Vorwort vermerkt immerhin schon eine Störaktion:

> „Am 3. Oktober hatte der Rektor der Universität Bochum, Professor Dr. Biedenkopf, die Teilnehmer und ihre Damen zum Mittagessen in das Hotel Lottental eingeladen. […] Die Tagung, die am 2. und 3. Oktober in den Räumen des Juristischen Seminars stattgefunden hatte, mußte wegen der Störversuche einer kleinen Gruppe von Studenten am 4. Oktober aus dem Gebäude der Universität heraus in das Gebäude der Verwaltungs- und Wirtschaftsakademie Industriebezirk verlegt werden."[59]

In der Verwaltungs- und Wirtschaftsakademie, aus der in der späteren Erinnerung eines Teilnehmers das „Polizeipräsidium am Bochumer Bahnhof" wurde,[60] wurde die „Stellung der Studenten in der Universität" engagiert, aber sozusagen nur im sicheren Blick von der Festungsmauer behandelt. Immerhin hatte mit der Störung der Staatsrechtslehrertagung nicht nur „Bochum […] sein kleines ‚1968' gehabt"[61], sondern auch die Staatsrechtslehrervereinigung. Besonders dramatisch war die Lage freilich nicht. Der damalige Mitorganisator *Walter Rudolf* schildert seine Erinnerung heute so:

> „Wir wurden eigentlich in der Vereinigung kaum gestört; denn wir haben die Rebellen über den Platz der Tagung getäuscht. – Frage: Die Tagung oder die Vereinigung selber war davon nicht betroffen. – Rudolf: Sie war davon kaum berührt, aber wir waren natürlich alle schwer beunruhigt.

---

57 *Stolleis*, Geschichte IV (Fn. 10), S. 419 ff.; *Günther*, Denken (Fn. 4), S. 292.

58 *Daniel Rieser*, Ein „Apo-Opa" erzählt: Die Bochumer Studentenbewegung, in: Breyvogel/Krüger (Hrsg.), Land der Hoffnung, Land der Krise, 1987, S. 218; s. a. *ders.*, Die Studentenbewegung an der Ruhr-Universität Bochum vom Wintersemester 1965/66 bis zum Sommersemester 1971, 1973.

59 Jahrestagung 1968, VVDStRL 27 (1969), S. V f.

60 Diskussionsbemerkung von *Erich Küchenhoff*, VVDStRL 60 (2001), S. 130.

61 *Stolleis*, Geschichte IV (Fn. 10), S. 420.

Der Aufstand ist dann im Grunde genommen durch den Einsatz einiger Wiener Kollegen in sich zusammengefallen. Der Kollege Winkler, der in Wien bis dahin keine Unruhen erlebt hatte, diskutierte die Rädelsführer einfach weg. Er hat sich mit den Drahtziehern unterhalten. Die haben nachher berichtet, da sei ein Österreicher gewesen, der sei zwar erzreaktionär, aber gut. Er hat die irgendwie auf die österreichische Art wegkomplimentiert. Das war wirksam."[62]

1. „Die Stellung der Studenten in der Universität"

Da die Themen vermutlich nicht ad hoc, sondern mit erheblichem Vorlauf festgelegt wurden, dürfte der Vorstand (*Ernst Friesenhahn*, *Werner Thieme* und *Helmut Quaritsch*) das Thema irgendwann zwischen der Erschießung von *Benno Ohnesorg* und dem Jahresende 1967 ausgesucht haben, veranlasst durch die Forderung nach einer drittelparitätischen Mitbestimmung der Studierenden in allen universitären Gremien. Zum Vortrag eingeladen waren *Hans Heinrich Rupp* und *Wilhelm Karl Geck*. Der damals 42jährige *Rupp*[63] war einer der liberalen Reformer der jüngeren Generation, hatte sich mit einer bis heute lesenswerten kritischen Studie über die normativen Prämissen der überlieferten verwaltungsrechtlichen Dogmatik bei *Otto Bachof* in Tübingen habilitiert[64] und lehrte im 1968er-Brennpunkt Marburg. Der etwas ältere *Geck* war, als Schüler von *Hermann Mosler*, Verfassungs- ebenso wie Völkerrechtler und lehrte seit 1964 in Saarbrücken.

Beide Referenten schlugen in ihren Vorträgen eine moderate, liberal-konservative Linie an. *Hans Heinrich Rupp* beklagt die Ideologisierung der Diskussion um Partizipation und Drittelparität, denn:

„Wie jeder Eingeweihte weiß, liegt das Dilemma der deutschen Hochschulen in ihrer Überfüllung, die sich in absehbarer Zeit noch potenzieren wird. Jede Reform der Hochschuldidaktik und des Lehrstoffs, jede Intensivierung und Effektuierung der Lehrprogramme wird letztlich immer daran scheitern, daß weder der sachlich-räumliche Bestand, noch der Bestand des Lehrkörpers ausreichen wird, um jene Entmassung der Studenten und jene Intensivierung der wissenschaftlichen Kommunikation zu ermöglichen, die von manchen amerikanischen Hochschulen gerühmt wird."[65]

Rupp schloss daran eine moderat-konservative verfassungsrechtliche Lagebeschreibung an: Institutionelle Garantie der Forschungs- und Lehrfreiheit, Verfassungswidrigkeit gruppenparitätischer Mitbestimmung, Zulässigkeit der Einbindung der Studenten in die öffentliche Kontrolle der Hochschulorgane, Verfassungswidrigkeit öffentlich-rechtlich organisierter Studentenschaften. Auf einen vorsichtigen Kompromisskurs war auch die Argumentation des zweiten Vortrags von *Wilhelm Karl Geck* gestimmt: Mitbestimmung ja, aber keine Fremdbestimmung durch Gruppenparität, vielmehr sei „bei den dringenden Universitätsreformen [...] der individuelle Freiheitsbereich aller Mitglieder in sach-

[62] Interview mit *Walter Rudolf* (Fragen: Helmuth Schulze-Fielitz), Archiv VDStRL, Ordner-Nr. 128, Reg.-Nr. 3, S. 11.

[63] *Andreas Funke*, Ein Außenseiter, mittendrin. Zur Erfolgsbilanz des neo-kelsenianischen Verwaltungsrechts von Hans Heinrich Rupp, in: Kremer (Hrsg.), Die Verwaltungsrechtswissenschaft in der frühen Bundesrepublik (1949–1977), 2017, S. 305.

[64] *Hans Heinrich Rupp*, Grundfragen der heutigen Verwaltungsrechtslehre, 1965 (2. Auflage 1991).

[65] *Hans Heinrich Rupp*, Die Stellung der Studenten in der Universität, VVDStRL 27 (1969), S. 113 (113 f.).

gerechter Weise zu sichern oder auszubauen. [...] Alle Abhängigkeitsverhältnisse sind beschleunigt abzubauen, die von den Zwecken einer freien Universität nicht geboten sind."[66] Dieser Abbau institutioneller Macht entkräfte nämlich das stärkste Argument für die studentische Mitbestimmung.

In der Aussprache waren es nur einige wenige jüngere wie *Ekkehart Stein* – später Prozessbevollmächtigter der niedersächsischen Landesregierung im Streit um die Hochschulmitbestimmung –[67] oder *Erhard Denninger*, die gegenüber dieser Linie eine Skepsis anmeldeten, die eher auf der Linie der Studentenproteste lag. *Stein* warf etwa gegenüber beiden Referaten die Frage auf, ob es sich bei der Ableitung eines Abwehrrechts gegen die Studenten aus Art. 5 Abs. 3 S. 1 GG „wirklich um verfassungsrechtliche und nicht vielmehr um rechtspolitische Probleme" handele.[68] Noch weiter ging *Denninger*, der sich gegenüber der grundrechtlichen Individualisierung des Problems der Universitätsorganisation mehrfach auf die „gesamtgesellschaftliche" Aufgabe der Hochschulen berief und damit auch terminologisch das Terrain der Proteste betrat:

„D. h., das Problem [...] der Stellung des Studenten in der Universität ist nicht aus der Konfrontation des absolut freien (im Sinne von Herrn Geck), zwar äußerlich beengten, also hier relativ freien Hochschullehrers mit dem bloß rezeptiven Studenten zu lösen, sondern nur aus einer Einordnung der Universität insgesamt in das Kräftespiel einer sich autonom selbst steuernden pluralistischen Gesellschaft. Die Mitbestimmung erscheint dann nicht mehr grundsätzlich als Fremdbestimmung, sondern als Teil dieses Gesamtprozesses."[69]

Überwiegend bewegte sich die Aussprache aber in den Bahnen alter Debatten um individuelle oder institutionelle Interpretation der Wissenschaftsfreiheit, um Gesetzesvorbehalt und Selbstverwaltung. Nicht wenige hielten es auch für ein gutes Argument gegen zu weitgehende Mitbestimmungsforderungen, noch einmal die verwaltungsrechtlichen Kategorien zu schärfen: „Der Student ist immer noch Benutzer einer Anstalt."[70] Auch verstrickte sich die Aussprache stark im Missvergnügen über das hochschulpolitische Tagesgeschehen und die richtige Taktik gegenüber studentischen Forderungen („Vor allem bin ich tief traurig über die Resignation, über die Aufgabe der verfassungsrechtlich statuierten Lehr- und Forschungsfreiheit, die Sie selbst doch als vorgegeben und notwendig bejahen. [...] Die Konsequenzen aus Ihren Bemerkungen, Herr Dürig, sind für mich ein solcher Schock, daß mir die Worte für eine weitere Antwort fehlen."[71])

Ungewöhnlich war an der Staatsrechtslehrertagung nur ihr Nebenprogramm – Arbeitskreise gab es damals noch nicht –, dessen Referate nicht in den *Veröffentlichungen der Vereinigung* publiziert sind. Dieses Nebenprogramm bestand aus vier Vorträgen von *Werner Thieme*, *Jürgen Salzwedel*, *Günter Dürig* und *Hans Schneider* über „Probleme des

[66] *Wilhelm Karl Geck*, Die Stellung der Studenten in der Universität, VVDStRL 27 (1969), S. 143 (187).
[67] *Florian Meinel*, Das erste Hochschulurteil des Bundesverfassungsgerichts vom Mai 1973, WissR 50 (2017), S. 14.
[68] *Ekkehart Stein*, Diskussionsbemerkung, VVDStRL 27 (1969), S. 198.
[69] *Erhard Denninger*, Diskussionsbemerkung, VVDStRL 27 (1969), S. 205.
[70] *Fritz Münch*, Diskussionsbemerkung, VVDStRL 27 (1968), S. 234.
[71] *Wilhelm Karl Geck*, Diskussionsbemerkung, VVDStRL 27 (1969), S. 243.

Öffentlichen Rechts im Universitätsunterricht".[72] Dieses Nebenprogramm war freilich nicht durch die Studentenproteste oder eine aktuelle Unzufriedenheit motiviert, sondern durch die Münchener Beschlüsse des Fakultätentages zur Umsetzung einer 1961 angestoßenen Reform des Rechtsstudiums.[73] Sie betrafen unter anderem die Einrichtung einer allgemeinen, das Staats- und Verwaltungsrecht umfassenden Einführung in das Öffentliche Recht, das Anrecht der fallbezogenen Methode gegen das der systematischen Darstellung und die – heute allgemein übliche, damals aber noch unbekannte – Aufteilung des Staatsrechts in das Staatsorganisationsrecht und die Grundrechte. Die damals gängigen Lehrbücher von *Theodor Maunz* und *Konrad Hesse* hatten bei allen Unterschieden gemein, dass sie die beide Teile des Verfassungsrechts behandelten. Erst *Bernhard Schlink* und *Bodo Pieroth* legten 1982 ein eigenes Lehrbuch für die Grundrechte vor und verhalfen der heutigen Aufteilung des Stoffes damit zum Durchbruch (s. noch unten V.). *Dürig* befürwortete schon 1968 diese Aufteilung. Eine Mehrheit äußerte sich damals hingegen noch skeptisch.

2. *Nach dem Protest: Gewissensfreiheit und Demokratie*

Als direkte Reaktionen auf 1968 lassen sich sicherlich auch die Tagungsthemen der Jahre 1969 und 1970 lesen. Beim „demokratischen Prinzip" (1970) ist das offenkundig; bei der „Gewissensfreiheit" (1969) hängt es mit Ankündigungen aus der Studentenbewegung zusammen, die Gewissensfreiheit zur kollektiven Kriegsdienstverweigerung zu benutzen und auf diese Weise die Verteidigungsfähigkeit des Bundesrepublik zu schwächen.[74] Als subtile Stellungnahme zur Situation ragt deswegen *Ernst-Wolfgang Böckenfördes* Vortrag von 1969 über das Grundrecht der Gewissensfreiheit heraus,[75] dessen einzige direkte Bezugnahme auf die Lage die erste Fußnote ist, die, was man nach Lage der Dinge als politische Stellungnahme lesen darf, ausdrücklich Diskussionen mit Studierenden dankt und vermerkt, dass der „Bericht [...] dem hochschulpolitisch bewegten Jahr 1968/69 an der Universität Heidelberg abgerungen werden [musste]. Um so dankbarer bin ich meinem damaligen Assistenten, Herrn Priv. Doz. Dr. Podlech, sowie den Teilnehmern meines verfassungsrechtlichen Seminars im SS 1969 für etliche Anregungen, die ich aus den Referaten und Diskussionen dieses Seminars für meine eigene Urteilsbildung erhalten habe."[76] *Böckenförde* deutete das Grundrecht der Gewissensfreiheit als moderne Abstraktion der einen, ursprünglich religiösen inneren Freiheit des Menschen, die im Verfassungsstaat die politische Freiheit einschließt, die dann – aus Sicht der anderen – nichts anderes als Toleranz bedeutet. Dies jedenfalls solange, wie die staatliche Friedens-

[72] Vereinigung der Deutschen Staatsrechtslehrer (Hrsg.), Probleme des Öffentlichen Rechts im Universitätsunterricht, 1968.

[73] Abgedruckt in JZ 1968, S. 223 f.; ferner *Günther*, Denken (Fn. 4), S. 289 f.

[74] Hierzu und zum politischen Kontext des Vortrags von *Ernst-Wolfgang Böckenförde* ist eine Dissertation von *Marwin Kerlen* im Entstehen begriffen, dem ich für diesen und andere Hinweise danke.

[75] *Reinhard Mehring*, Von der diktatorischen „Maßnahme" zur liberalen Freiheit. Ernst-Wolfgang Böckenfördes dogmatischer Durchbruch in Heidelberg, JZ 2015, S. 860.

[76] *Ernst-Wolfgang Böckenförde*, Das Grundrecht der Gewissensfreiheit, VVDStRL 28 (1970), S. 33.

ordnung im Prinzip gewahrt ist. Das bedeutete für *Böckenförde* insbesondere, dass aus der Verfassung keine rechtliche Verpflichtung des Einzelnen auf eine „Werteordnung des Grundgesetzes" als Grenze der Gewissensfreiheit abgeleitet werden könne.

Schon 1970 fragte der neue Vorstand (nunmehr *Hans Schneider*, *Hans F. Zacher* und *Alexander Hollerbach*) nicht mehr so offen wie der der Jahre 1968 und 1969 und gab den Referenten *Werner von Simson* und *Martin Kriele* „Das demokratische Prinzip im Grundgesetz" auf – unter ausdrücklichem Ausschluss anderer Ausformungen dieses Prinzips. Die Referenten behandelten es in diesem Sinn; vor allem *Kriele* entwickelte eine luzide Verteidigung des parlamentarischen Regierungssystems und seines Begriffs von Demokratie. Äußerungen in der Diskussion zeigen aber, dass die Alternative einer prinzipiell anderen Demokratie durchaus im Raum stand, wenn etwa *Hans Hugo Klein* bemerkte: „wenn der Staat – eine Vorstellung, wie sie etwa in dem bekannten Buch von *Ulrich K. Preuß* über den staatsrechtlichen Begriff des Öffentlichen begegnet – in eine Vielzahl autonomer, von jeglicher Aufsicht befreiter Gruppen zerfiele, die sich – wie sich am Rande versteht: auf der Grundlage vom Staat beschaffter Mittel – selbst verwalten, dann wäre ein rechtliches Chaos die unausbleibliche Folge."[77] Als theoretische Herausforderung, der man sich anders als durch den gutgemeinten Hinweis auf die politischen Konsequenzen zu stellen hätte, galt die Demokratietheorie der Revolution noch nicht oder nicht mehr.

3. Zwischenbilanz: Die Vereinigung als Organisation

Hätte man die Stellung der Studenten in der Universität und die Reform des Studiums anders behandeln können als 1968 geschehen? Das Grundrecht der Gewissensfreiheit kontroverser als 1969? Die Lage der Demokratie politischer offener als 1970? Hätte die Staatsrechtslehrervereinigung sich stärker „öffnen" können? – Organisationen können Konflikte in der Regel nur dann austragen, wenn Interessengegensätze in ihnen repräsentiert sind, eine Stimme haben. Das war bei einer Fachvereinigung von der organisatorischen Struktur der Staatsrechtslehrervereinigung schon damals nicht der Fall. Ihre Regeln sind auf Distinktion im Zweifelsfall noch etwas stärker verpflichtet als auf den streitigen akademischen Austausch.[78] Das liegt zum einen an dem Erfordernis der Habilitation, das in unmittelbarer Reaktion auf die Infragestellung des Ordinariats nach 1968 durch eine Satzungsänderung von 1971 in unnachahmlicher Diktion zementiert wurde.[79] Es sorgte damals und sorgt heute im Zusammenspiel mit dem deutschen Hoch-

---

[77] *Hans H. Klein*, Diskussionsbemerkung, VVDStRL 29 (1971), S. 122.

[78] Siehe das Interview mit *Klaus Stern* (Fragen: Helmuth Schulze-Fielitz), Archiv VDStRL, Ordner-Nr. 128, Reg.-Nr. 9, S. 17: „Frage: […] Wenn Sie jetzt einem jungen Kollegen, der 40 oder 50 Jahre jünger ist, und der im Vorstand sitzt und Sie fragt: Was ist das Beste für die Zukunft der Vereinigung – was würden Sie dem als Ratschlag mit auf den Weg geben? Gibt es Erfahrungen übergreifender Art, die sich über Jahrzehnte bewährt haben? – *Stern*: Halte die Vereinigung zusammen! Versuche Spaltungstendenzen – die es ja einmal gab, 1968 – zu verhindern und versuche immer, Brücken zu schlagen. Verstärke nicht die Kontroverse! Achte auf eine rechtzeitige Entschärfung von Konflikten!"

[79] Siehe den 1971 beschlossenen Zusatz zu § 3 der Satzung: „Eine hervorragende wissenschaftliche Leistung im Sinne dieser Vorschrift ist eine den bisher üblichen Anforderungen an die Habilitation

schuldienstrecht dafür, dass der Eintritt in die Vereinigung und in den dortigen Austausch auf den biographisch am wenigsten günstigen Augenblick fällt: in die Suche nach einer Lebenszeitstelle; gefolgt von der Zeit auf einer Lebenszeitstelle, auf der es starke Anreize aller Art gibt, fachlichen Streit zu vermeiden. Natürlich ist dieses Problem auch in anderen Fachkulturen wohlbekannt; durch den Ausschluss der wissenschaftlich in der Regel produktivsten Lebensphase nach der Promotion von der – nach der lange vertretenen Meinung – wichtigsten Fachtagung[80] des Jahres verschärft es sich hier aber in besonderem Maße, vor allem, weil seit den 1970er Jahren die Promotions- und Habilitationsphasen immer länger dauern und das Habilitations- und Erstberufungsalter strukturell gestiegen ist.[81] Auch seit die Aufnahme von unhabilitierten Inhabern einer Lebenszeitprofessur in die Staatsrechtslehrervereinigung ohne Satzungsänderung nach einem Präzedenzfall üblich geworden ist, hat sich daran nur wenig geändert, zumal die (spätere) Habilitation weiterhin erwartet wird.

Vielleicht deswegen hatte „1968" auch langfristig keine nennenswerte Änderung[82] der Organisation der Vereinigung zur Folge; auch Juristische Fakultäten und Universitäten überhaupt sind bis heute nach dem Lehrstuhlprinzip mit kollegialer Leitungsmacht organisiert – was angesichts der Reichweite der äußeren Veränderungen eine eher überraschende Entwicklung ist. Jedenfalls aber ergibt sich aus der Organisationsform der Staatsrechtslehrervereinigung, dass politische Generationen in ihr immer erst mit einer Verzögerung von ungefähr zehn Jahren eine Rolle spielen können. Das zeigt sich nicht nur an der Diskurskonstellation um das Jahr 1968, als die Jahrgänge ab 1935 in die Vereinigung aufgenommen wurden, gerade als die stark NS-belastete Generation von *Ernst Forsthoff, Werner Weber* oder *Arnold Köttgen* schon an der Schwelle zur Emeritierung stand[83]. Es zeigt sich vor allem auch an den Themen und Referenten der späten siebziger Jahre, mit denen die Kontroversen der Studentenproteste sozusagen im Hauptprogramm angekommen waren, das nach dem Deutschen Herbst zugleich von höchster Aktualität war: „Verfassungsstreue und Schutz der Verfassung" (*Erhard Denninger/Hans Hugo Klein*)[84] und „Staatsaufgabe Umweltschutz" (*Dietrich Rauschning/Werner Hoppe*).[85]

---

entsprechende Leistung."; dazu *Christian Waldhoff,* in diesem Band, S. 151 (179); vgl. auch *Günther,* Denken (Fn. 4), S. 294.

[80] Vgl. *Helmuth Schulze-Fielitz,* Das Staatsrechtslehrerreferat, in: ders., Staatsrechtslehre als Mikrokosmos, 2013, S. 145.

[81] Empfehlungen zur Förderung des Hochschullehrernachwuchses, Drs. 2770/96, www.wissenschaftsrat.de (25. Oktober 2021): Zwischen 1970 und 1990 allein stieg das durchschnittliche Habilitationsalter von 37 auf 40,2 Jahre, was der Wissenschaftsrat schon 1996 als Fehlentwicklung kritisierte; geändert hat sich wenig, auch wenn die Lage in den Rechtswissenschaften etwas besser ist als in den sonstigen Geistes- und Sozialwissenschaften.

[82] Zu kleineren vgl. *Günther,* Denken (Fn. 4), S. 285 ff.

[83] Vgl. *Stolleis,* Geschichte IV (Fn. 10), S. 455 ff.

[84] *Erhard Denninger/Hans Hugo Klein,* Verfassungstreue und Schutz der Verfassung, VVDStRL 37 (1979), S. 7/S. 53.

[85] *Dietrich Rauschning/Werner Hoppe,* Staatsaufgabe Umweltschutz, VVDStRL 38 (1980), S. 167/S. 211.

IV. Zehn Jahre später

Diejenigen, die um 1968 als Studierende und Doktoranden sozialisiert worden waren, wurden in der Regel Ende der 1970er Jahre habilitiert und in die Vereinigung aufgenommen. Bis ein Mitglied mit eindeutigen 1968er-Sympathien in den Vorstand kooptiert wurde, dauerte es dann noch einmal zehn Jahre. Vielleicht ist es daher kein Zufall, dass Ende der 1970er Jahre noch einmal zwei Jahresthemen recht eindeutig die politische Frage des Umgangs mit der inzwischen zerfallenden Studentenbewegung stellten: Nach Radikalenerlass, Deutschem Herbst und Grundwertediskussion referierten *Erhard Denninger* und *Hans Hugo Klein* sehr gegensätzlich über Verfassungstreue und Schutz der Verfassung. *Denninger* formulierte eine politische Kritik der innenpolitischen Auseinandersetzung mit den „Radikalen" in Gewand einer theoretischen Kritik an der Materialisierung der Verfassung, die er als eine Technik zur Verwandlung des politischen Gegners in einen Verfassungsfeind beschrieb. *Klein* dagegen verteidigte im Grundsatz, wenn auch bei Kritik im Einzelnen, die Techniken des Verfassungsschutzes gegen radikale Bestrebungen. Die folgende Aussprache war jene, bei der die Ressentiments vielleicht am stärksten aufeinandertrafen, wenn *Karl Doehring* unter Berufung auf Studenten (Postaushilfen in den Ferien!) Verfassungstreueprüfungen für Briefträger forderte[86] und *Josef Isensee* in wie immer unterhaltsamer Weise den Kulturkrieg ausrief:

> „Herr Denninger sieht immerhin einige Kautelen für ‚sicherheitsempfindliche' Bereiche vor. Was aber ist ‚sicherheitsempfindlich'? Der Verfassungsschutz doch wohl nicht: Denn dieser hat kaum Funktionen; er darf nur wenig wissen, und das wenige, was er weiß, – dem Verfassungsgebot der Amtshilfe zum Trotz – auch nicht weitersagen. Der Dienst im Verfassungsschutz kann, wenn die Prämissen stimmen, unbedenklich Verfassungsfeinden geöffnet werden. – Dagegen mache ich mir eine Prämisse des Referats uneingeschränkt zu eigen: daß die Sicherheit einer Verfassung abhängt von der freien Zustimmung der Bürger. Daraus folgt, daß sicherheitsempfindlich die Staatsfunktionen sind, die machtvoll auf den Verfassungskonsens der Bürger einwirken. Der eigentlich sicherheitsempfindliche Bereich, empfindlicher als Polizei, Militär und Verfassungsschutz, ist: die Schule!"[87]

Und später? Auffällig ist in den 1980er Jahren – parallel zur „Tendenzwende" und zur „geistig-moralischen Wende" der ausgehenden sozialliberalen Ära – eine Häufung von Themen mit eindeutig konservativem Einschlag, wenn auch nicht immer konservativer Behandlungsart: Das begann mit „Besteuerung und Eigentum", das *Paul Kirchhof* und *Hans Herbert v. Arnim* sehr explizit verteilungskritisch behandelten, es folgte „Gesetzgebung im Rechtsstaat" (1981),[88] „Grundpflichten" (1982),[89] „Kulturauftrag im staatlichen Gemeinwesen" (1983),[90] „Der Verwaltungsvorbehalt" (1984)[91] und „Verfassungsga-

[86] *Karl Doehring*, Diskussionsbemerkung, VVDStRL 37 (1979), S. 147.

[87] *Josef Isensee*, Diskussionsbemerkung, VVDStRL 37 (1979), S. 131.

[88] *Kurt Eichenberger/Richard Novak/Michael Kloepfer*, VVDStRL 40 (1982), S. 7/S. 40/S. 63.

[89] *Volkmar Götz/Hasso Hofmann*, VVDStRL 41 (1983), S. 7/S. 42.

[90] *Udo Steiner/Dieter Grimm/Norbert Wimmer/Thomas Fleiner-Gerster*, VVDStRL 42 (1984), S. 7/S. 46/S. 83/S. 90.

[91] *Hartmut Maurer/Friedrich E. Schnapp*, VVDStRL 43 (1985), S. 135/S. 172.

rantie und sozialer Wandel: das Beispiel von Ehe und Familie“ (1986)[92]. In den 1990er Jahren verloren die Themen der Tendenzwendezeit ihre Anziehungskraft für das konservative Spektrum; mit der europäischen Integration und der Migration entstanden neue.

Bis zur Bayreuther Tagung arbeitete die Staatsrechtslehrervereinigung unter der Annahme, jedenfalls keinen Protagonisten von 1968 in ihren Reihen zu haben. Erst damals und also fast ein Vierteljahrhundert später kochten die Konflikte des Jahres 1968 zwischen den Veteranen anlässlich der Frage um die Aufnahme von *Volker Neumann* in die Staatsrechtslehrervereinigung noch einmal hoch.[93] Daran zeigt sich ein weiteres mal, wie weit die Vereinigung der allgemeinen bundesrepublikanischen Entwicklung hinterherhinkte: Schließlich sollte *Neumann* die Aufnahme verwehrt werden für Protestaktionen, die selbst bei strafrechtlicher Relevanz auf Grund einer politischen Entscheidung der sozialliberalen Koalition nicht mehr verfolgt worden wären. Nach dem Gesetz über die Straffreiheit vom 20. Mai 1970 wurde für solche Taten Straffreiheit gewährt, die in den Jahren 1965 bis 1970 bei oder im Zusammenhang mit Demonstrationen begangen worden waren.[94] Die Regelung sollte „einen vom Makel der Vorstrafe freien Einstieg in das Berufsleben“ ermöglichen.

Die mittelfristige Festlegung der Vereinigung auf konservative Themen war aber nicht das eigentliche Erbe von 1968 in der Staatsrechtslehre. Alles, was an kultureller Modernisierung – wie die Gleichstellung der Frauen – häufig mit 1968 assoziiert wird, aber in Wahrheit viel früher begann, kam in der Staatsrechtslehre irgendwann auch, aber immer erst mit gehöriger Verzögerung an. Viel prägender erscheint auf lange Sicht die Entpolitisierung des öffentlichen Rechts und seiner Methoden, anders gesagt: der Aufstieg der „Dogmatik“. Das Öffentliche Recht wurde nach 1968 auf lange Sicht nicht politischer, sondern ganz im Gegenteil unpolitischer, technischer, praktischer.[95] Noch 1964 und 1967 hatte die Staatsrechtslehrervereinigung Resolutionen für die Einrichtung politikwissenschaftlicher Lehrstühle an den Juristischen Fakultäten verabschiedet.[96] Doch während die Politikwissenschaft sich in den 1950er und 1960er Jahren noch stark für verfassungsrechtliche Fragen interessiert hatte – auch weil ihre Gründerfiguren nach dem Zweiten Weltkrieg, wie *Ernst Fraenkel* oder *Franz Neumann* häufig ausgebildete Juristen waren – ließ das Interesse von Ausnahmen abgesehen nach.[97]

Es waren mit *Bernhard Schlink* und *Bodo Pieroth* vielleicht nicht zufällig zwei Autoren, die 1968 Studenten gewesen waren, die mit ihrem 1982 in erster Auflage erschienenen Lehrbuch der Grundrechte dem Programm einer *dogmatischen* Durchdringung der Grundrechte im Modell der Eingriffsrechtfertigung und der Verhältnismäßigkeitskontrolle zum Durchbruch verhalfen. Der stark rechtsdogmatische Zugang zum Verfassungsrecht, vor allem das formal politikfreie Schema der Lösung von Konflikten durch Abwägung erwies sich als Ausweg aus ideologischen Konflikten, der eine lange Zeit trag-

---

[92] *Axel Frhr. von Campenhausen/Heinhard Steiger*, VVDStRL 45 (1987), S. 7/S. 55.
[93] Vgl. dazu *Christian Waldhoff*, in diesem Band, S. 167 f.
[94] *Jörn Ipsen*, Der Staat der Mitte, 2009, S. 279.
[95] Vgl. dazu: *Hasso Hofmann*, Rechtsphilosophie nach 1945, 2012, S. 26 ff.
[96] *Stolleis*, Geschichte IV (Fn. 10), S. 474.
[97] Dazu *Oliver Lepsius*, in diesem Band, S. 753 (770 Fn. 46, 772 f.).

fähig war.[98] Gerade dadurch und durch den so intensivierten Dialog mit der Verfassungsgerichtsbarkeit sicherte sich das Staatsrecht seine praktische Relevanz – und verlor, jedenfalls jenseits der Grenzen des Faches, ein Stück seiner intellektuellen Attraktivität.

---

98 *Jannis Lennartz*, Eine Grammatik der Freiheit, in: Heinig/Schorkopf (Hrsg.), 70 Jahre Grundgesetz, 2019, S. 74.

Interdisziplinarität auf der Staatsrechtslehrertagung

Oliver Lepsius

I. Bedingungen von und für Interdisziplinarität . . . 753
1. Fachübergreifende oder innerfachliche Interdisziplinarität . . . 754
2. Praxis- und Theoriediskurse . . . 755
3. Einheit und Integration als Diskursziele . . . 760
II. Welche Form der Interdisziplinarität wäre möglich? . . . 764
1. Alternative Diskursformate neben der Staatsrechtslehrertagung . . . 764
2. Tatsachenbezüge über Fälle . . . 766
3. Sprache als Medium, nicht als Gegenstand des Rechts . . . 767
4. Transfer von und zu den nachbarwissenschaftlichen Diskursen . . . 768
5. Ist Interdisziplinarität im engeren Sinne überhaupt möglich oder erstrebenswert? . . 769
III. Konjunkturen der Interdisziplinarität . . . 769
1. 1920er Jahre . . . 769
2. 1950–1970 . . . 771
3. 1970–1990 . . . 774
4. Nach 1990 . . . 779
5. Inter- und Intradisziplinarität als Tagungsthemen . . . 782
IV. Typische Themen für Interdisziplinarität . . . 783
1. Grundlagen des Rechts oder Methodenfragen . . . 783
2. Staat und Gesellschaft . . . 784
3. Sozialstaat . . . 788
4. Der politische Prozess (Parlamentarisches Regierungssystem, Partizipation, Parteien, Wahlen) . . . 789
5. Verlaufskategorien (Wandel, Krise) . . . 791
6. Wirklichkeitsbegriffe . . . 792
V. Inter- oder Supradisziplinarität? . . . 793

I. Bedingungen von und für Interdisziplinarität

In seinem Bericht zur Lage der rechtswissenschaftlichen Forschung stellte der Wissenschaftsrat 2012 fest: „Wenn die Rechtswissenschaft geschichtswissenschaftliche, linguistische, philosophische, sozial-, politik- und wirtschaftswissenschaftliche, psychologische, kriminologische und weitere Perspektiven integriert, schöpft sie aus dem Methodenrepertoire der entsprechenden Bezugswissenschaften. Auch dadurch richtet sie unterschiedliche Erkenntnisperspektiven auf ihren Gegenstand und entfaltet so die Vielzahl der Bedeutungsdimensionen des Rechts (Entstehungs- und Geltungsbedingungen, rechtliche Durchdringung vielfältiger Lebensbereiche und sozialer Sphären, Tragfähigkeit und Belastbarkeit von Normen, Fragen der Gerechtigkeit usw.). Die Rechtswissenschaft kann deshalb auf interdisziplinäre Bezüge nicht verzichten."[1] Diese Feststellung des Wissenschaftsrates wird auf allgemeine Zustimmung stoßen. Doch wie lässt sie sich umsetzen?

1. Fachübergreifende oder innerfachliche Interdisziplinarität

Interdisziplinarität ist ein voraussetzungsvolles Unterfangen. Der Begriff selbst kommt erst in den 1960er Jahren im Zusammenhang mit der Diskussion um die Neuorganisation wissenschaftlicher Forschung und Forschungsplanung auf.[2] Er bezeichnet eine disziplinenübergreifende, interfakultäre, kooperative Zusammenarbeit, mit der ein forschungsorganisatorisches Postulat verbunden ist. Begrifflich und konzeptionell verfolgt Interdisziplinarität zunächst ein eher organisatorisches Anliegen: Angesichts der Komplexität moderner Probleme im Zuschnitt von Gesellschaft, Technik, Staat und Wirtschaft sollen Forschungsverbünde errichtet werden, in denen Wissenschaftler verschiedener Disziplinen zusammenarbeiten. Universitätsneugründungen der 1960er Jahre sind diesem Anliegen verpflichtet.

Daneben bezeichnet man mit Interdisziplinarität ein bestimmtes disziplinäres Wissenschaftsverständnis, nämlich eine „Geisteshaltung, die den Teil nur im Ganzen zu sehen versucht und um den tragenden Sinn-Maßstab für das Ganze ständig sich bemüht".[3] In dieser Wahrnehmung ist Interdisziplinarität nicht auf eine fachübergreifende Kooperation, sondern auf die innerfachliche Gegenstands- und Methodenerweiterung ausgerichtet. Es sind also zwei interdisziplinäre Vorverständnisse zu unterscheiden: Das eine integriert Disziplinen, die sich methodisch treu bleiben sollen, in Forschungsverbünden, die zur fächerübergreifenden Gegenstandserfassung führen sollen. Das andere integriert Perspektiven und Zugänge aus anderen Disziplinen in die eigene Disziplin. Diese Interdisziplinarität bezweckt eine methodische Öffnung innerhalb der jeweiligen Disziplin. Der Gegenstand wird nicht der Interdisziplinarität ausgesetzt (und dann womöglich verändert), sondern verbleibt in der Bestimmungsprärogative der jeweiligen Disziplin.

Mit der Grundunterscheidung zwischen gegenstandserzeugender oder gegenstandsbestimmter Methode sind tendenziell unterschiedliche Interdisziplinaritätsverständnisse verbunden. Der Gegenstand kann sich durch Interdisziplinarität verändern, weil die jeweiligen methodisch bestimmten Erzeugungsleistungen der kooperierenden Disziplinen zu einem gemeinsam erzeugten Gegenstand führen. Wenn sich der Gegenstand jedoch nicht wandeln soll, dann wirkt sich Interdisziplinarität auf den disziplinären Methodenkanon aus, der entsprechend geöffnet wird. Manchmal wird der Gegenstand dis-

---

[1] *Wissenschaftsrat*, Perspektiven der Rechtswissenschaft in Deutschland. Situation, Analysen, Empfehlungen (Drs. 2558-12), S. 29.

[2] Vgl. dazu wie zum Folgenden *Helmut Holzhey*, Interdisziplinarität, in: HistWBPhilos. Bd. 4, 1976, Sp. 476–478.

[3] So *Richard Schwarz*, Interdisziplinarität der Wissenschaft als Problem und Aufgabe heute, in: ders (Hrsg.), Wissenschaft als interdisziplinäres Problem. Internationales Jahrbuch interdisziplinärer Forschung 1 (1974), S. 1 (63).

ziplinenübergreifend erweitert, manchmal wird die fachspezifische Methode erweitert. Beide Phänomene lassen sich auch pejorativ beschreiben, sei es als Auflösung der Fragestellung oder als Methodensynkretismus. Wenn wir nach Interdisziplinarität auf der Staatsrechtslehrertagung fragen, müssen diese alternativen Grundverständnisse im Blick behalten werden.

2. Praxis- und Theoriediskurse

Die zweite Vorbemerkung: Hier geht es nicht um eine Diskursgeschichte der Interdisziplinarität in der Wissenschaft vom öffentlichen Recht. In ihr hat interdisziplinäres Arbeiten eine lange Tradition, die schon in dem Umstand gründet, dass öffentliches Recht in unserer heutigen Form erst im 19. Jahrhundert entstand, indem es sich aus der Staatslehre, der Kameralistik, der Policeywissenschaft ausdifferenzierte[4] und indem es nach einer juristischen Methode suchte, die zunächst dem Zivilrecht entliehen wurde.[5] Interdisziplinarität ist daher weniger etwas, das im öffentlichen Recht gefunden werden müsste als vielmehr etwas, dessen Wurzeln bewahrt und an die Ausdifferenzierung der modernen Fachdisziplinen angepasst werden muss. In der Literatur ist es immer wieder,[6] auch in jüngerer Zeit,[7] zu grundsätzlichen Standortbestimmungen des Verhältnisses von Recht und Nachbardisziplinen oder Recht und Interdisziplinarität gekommen. Doch all das soll hier bestenfalls am Rande eine Rolle spielen.

Denn in dieser Festgabe zur 100. Wiederkehr der Gründung der Vereinigung der Deutschen Staatsrechtslehrer steht eine andere Fragestellung im Mittelpunkt, nämlich welche Relevanz Interdisziplinarität im Rahmen der Staatsrechtslehrervereinigung tat-

---

[4] *Michael Stolleis*, Geschichte des öffentlichen Rechts in Deutschland, Zweiter Band: 1800–1914, 1992, S. 48 ff.; *Dieter Grimm*, Die deutsche Staatsrechtslehre zwischen 1750 und 1945, in: *ders.*, Recht und Staat der bürgerlichen Gesellschaft, 1987, S. 291 ff.

[5] Der Methodentransfer erfolgte im Wesentlichen über *Carl Friedrich v. Gerber*, *Otto Mayer* und *Paul Laband*. Vgl. aus der umfangreichen Literatur etwa *Peter v. Oertzen*, Die soziale Funktion des staatrechtlichen Positivismus, 1974; *Dieter Grimm*, Methode als Machtfaktor, in: Horn/Luig (Hrsg.), Europäisches Rechtsdenken in Geschichte und Gegenwart, 1982, S. 469 ff., auch in: Bürgerliche Gesellschaft (Fn. 4), S. 347 ff.; *ders.*, Das Öffentliche Recht vor der Frage seiner Identität, 2012, S. 23 ff.; *Walter Pauly*, Der Methodenwandel im deutschen Spätkonstitutionalismus, 1993; *Christoph Schönberger*, Das Parlament im Anstaltsstaat, 1997.

[6] Beispielhaft verweise ich auf Dieter Grimm (Hrsg.), Rechtswissenschaft und Nachbarwissenschaften, 2 Bde., 1973, 1976; *Wolfgang Hoffmann-Riem*, Sozialwissenschaften im öffentlichen Recht, 1981; *ders.*, Zur Verwendungstauglichkeit der Sozialwissenschaften für die Juristenausbildung, in: ders., Offene Rechtswissenschaft, 2010, S. 3 ff. (1990); *ders.*, Sozialwissenschaften im Verwaltungsrecht, in: Die Wissenschaft vom Verwaltungsrecht (Die Verwaltung Beiheft 2), 1999, S. 83 ff.; *Walter Krebs*, Sozialwissenschaft im Verwaltungsrecht: Integration und Multiperspektivität, ebd., S. 127 ff.

[7] Zum Beispiel: *Christoph Engel*, Linking Political Science and Law, in: ders./Héritier (Hrsg.), Linking Politics and Law, 2003, S. 7 ff.; *Hans-Heinrich Trute*, Staatsrechtslehre als Sozialwissenschaft?, in: Schulze-Fielitz (Hrsg.), Staatsrechtslehre als Wissenschaft, 2007, S. 115 ff.; *Eric Hilgendorf*, Bedingungen gelingender Interdisziplinarität am Beispiel der Rechtswissenschaft, JZ 2010, S. 913 ff.; jüngst vor allem *Alexander Stark*, Interdisziplinarität der Rechtsdogmatik, 2020, bes. § 7; *Thomas Gutmann*, Intra- und Interdisziplinarität: Chance oder Störfaktor?, in: Hilgendorf/Schulze-Fielitz (Hrsg.), Selbstreflektion der Rechtswissenschaft, 2. Aufl. 2021, S. 93 ff.

sächlich gespielt hat. Es geht also bestenfalls um einen Teildiskurs in der Wissenschaft vom öffentlichen Recht, nämlich jenen auf den Jahrestagungen der Vereinigung. Es geht also nicht um eine umfassende Diskursanalyse, sondern um eine kohortenspezifische Tagungsdiskursanalyse. Mit Kohorte wird in der Soziologie eine Gruppe bezeichnet, die ein längerfristig prägendes Erlebnis teilt. Man unterscheidet etwa generationsspezifische, berufseintrittsspezifische oder Eheschließungskohorten. Kohorten zeichnen sich durch ein gleichartiges kulturelles Umfeld aus, das ihre Wahrnehmungen und Handlungen beeinflusst. Die Mitglieder der Vereinigung der Deutschen Staatsrechtslehrer lassen sich als Kohorte erfassen,[8] weil der Zugang formalisiert ist und eine Kooptation voraussetzt. Die Kooptation wiederum setzt einen kollektiven Erwartungshorizont voraus, der zu einem antizipierenden Verhalten der Mitglieder führt. Der ritualisierte Tagungsablauf verfestigt die Berufseinstiegskohorte der Staatsrechtslehrervereinigung.

Eine kohortenspezifische Diskursanalyse verfolgt ein sektorales Erkenntnisinteresse, das nur aus der Gesamtperspektive des Jubiläumsbandes erklärlich wird. Jedenfalls muss diese Themenbeschränkung betont werden. Der Leser möge sich klar sein, dass zwei Diskurse zu trennen sind, nämlich der spezifische Tagungsdiskurs und der allgemeine wissenschaftliche Diskurs. Beide sollten – jedenfalls für die Zwecke dieser Abhandlung – getrennt werden. Zum einen sind die Akteure andere: Am allgemeinen wissenschaftlichen Diskurs im öffentlichen Recht nehmen natürlich nicht nur die Mitglieder der Vereinigung teil. Die meisten Publikationen dürften dort nicht einmal von den Mitgliedern stammen, sondern stammen auch von Doktoranden und Nachwuchswissenschaftlern (die später Mitglieder der Vereinigung werden können) oder von Praktikern (die nicht Mitglieder werden können). Alle Diskussionen auf den Tagungen der Vereinigung zählen zum allgemeinen Diskurs. Umgekehrt gilt dieses jedoch nicht.

Der allgemeine Diskurs im öffentlichen Recht sollte überdies in einen Wissenschaftsdiskurs im engeren Sinne und einen rechtspraktischen Diskurs getrennt werden.[9] Die Masse der juristischen Publikationen dient praktischen Erkenntnisinteressen, nämlich der Lösung gegenwärtiger Rechtsfragen und damit unweigerlich interessengeleiteten Fragestellungen. Hinter diesen Erkenntnisinteressen stehen nicht selten finanzkräftige Akteure, so dass der juristische Praxisdiskurs zugleich gesellschaftliche Vermachtungsinteressen ausdrückt: Manche können sich eine Rechtsexpertise leisten – und sie dementsprechend bestellen und auslösen –, die Eingang in die Publikationsorgane findet, bestimmten Interessen dient und herrschende Meinungen befördert. Im allgemeinen rechtswissenschaftlichen Diskurs ist nicht alles Wissenschaft, sondern vieles einfach nur interessengeleitete Praxis. Dort geht es nicht primär um Erkenntnis, sondern zunächst um Interessen.[10]

---

[8] Nicht als Kohorte, sondern als „soziale Wissenschaftsgemeinschaft" beschrieben von *Helmuth Schulze-Fielitz*, Staatsrechtslehre als Mikrokosmos, 2013, S. 7–9; als Zunftversammlung beschrieben von *Hermann Pünder*, in diesem Band, S. 995 ff.

[9] Siehe auch *Schulze-Fielitz*, Mikrokosmos (Fn. 8), S. 234 ff.

[10] Vgl. die Sorgfalt, die der *Wissenschaftsrat* (Fn. 1), S. 28 ff., 54 ff., darauf verwandte, Praxis und Forschung in den Rechtswissenschaften auseinanderzuhalten, gerade auch um eine Verlagerung der Ausbildung an Fachhochschulen zu vermeiden.

Den genuinen Beitrag von Wissenschaftlern im allgemeinen juristischen Diskurs zu identifizieren, ist nahezu unmöglich, weil – von den Akteuren gedacht – zum einen Praktiker nicht nur Praxisverwertbares, sondern auch Wissenschaftliches publizieren und weil zum anderen – von den Themen gedacht – Wissenschaftler (und auch die Mitglieder der Staatsrechtslehrervereinigung) ausgiebig am Praxisdiskurs partizipieren, sei es über gutachtliche Stellungnahmen, aus denen Aufsätze entstehen, sei es durch Kommentierungen, die in erster Linie eine Dienstleistung für die Lösung von Rechtsproblemen erbringen, also primär praktisch motiviert sind.[11]

Praxis- und Wissenschaftsdiskurse sind verwoben. Gleichwohl ist nicht jeder Praxisdiskurs schon Rechtswissenschaft und nicht jeder Rechtswissenschaftsdiskurs praxisverwertbar.[12] Dogmatik ist typischerweise die Chiffre, in der beide zueinander finden und scheinbar kompatibel werden. Dogmatik wirkt als die Diskurse übergreifender, gemeinsam geteilter Gegenstand wie als gemeinsam praktizierte Methode.[13] Das Proprium der Dogmatik liegt in der Anwendungsorientierung; ihr Adressat ist der Teilnehmer am Rechtserzeugungsprozess. Dogmatik ist also eine rechtswissenschaftliche Anwendungshilfe.[14] Zugleich wird Dogmatik aber auch als der Gegenstand der Rechtswissenschaft verstanden und zu ihrem Proprium erklärt.[15] Die begriffliche Omnipräsenz von Dogmatik erklärt sich aus dem Vorzug, epistemologische Basisunterscheidungen (Gegenstand/Methode, Praxis/Theorie, Rechtserkenntnis/Rechtsetzung; Wissenschaft/Interessenver-

---

[11] Vgl. *Thomas Henne*, Die Prägung der Juristen durch die Kommentarliteratur: zu Form und Methode einer juristischen Diskursmethode, in: Betrifft Justiz 22 (2006), S. 352 ff.; Jansen/Kästle (Hrsg.), Kommentare in Recht und Religion, 2014; *David Kästle-Lamparter*, Welt der Kommentare. Struktur, Funktion und Stellenwert juristischer Kommentare in Geschichte und Gegenwart, 2016; ders./Nils Jansen/Reinhard Zimmermann (Hrsg.), Juristische Kommentare. Ein internationaler Vergleich, 2020. Vgl. auch die Bestandsaufnahme durch den *Wissenschaftsrat* (Fn. 1), S. 16, 66 f.: „Die Aufnahmefähigkeit des Buchmarktes allein ist jedoch kein Indiz dafür, dass ein zusätzlicher Kommentar nennenswerten wissenschaftlichen Mehrwert bringt" (S. 67).

[12] *Winfried Brohm*, Die Dogmatik des Verwaltungsrechts vor den Gegenwartsaufgaben der Verwaltung, VVDStRL 30 (1972), S. 245 (252, 255, 256), attestiert der Dogmatik „notwendigerweise systemstabilisierende" Effekte bzw. eine „statische Grundausrichtung" und „punktuellen Charakter". Vgl. auch *Matthias Jestaedt*, Die Verfassung hinter der Verfassung, 2009, S. 32 ff.; *Oliver Lepsius*, Themen einer Rechtswissenschaftstheorie, in: Jestaedt/Lepsius (Hrsg.), Rechtswissenschaftstheorie, 2008, S. 1 (4 ff., 27 ff.).

[13] Vgl. *Franz Reimer*, Diskursvergleich im Verfassungs- und Verwaltungsrecht, VVDStRL 77 (2018), S. 413 (416–418); sowie die Beiträge in G. Kirchhof/Magen/Schneider (Hrsg.), Was weiß Dogmatik?, 2012. Die Verknüpfung mit den dadurch bewirkten Selbstermächtigungen und Invisibilisierungen kritisiert *Oliver Lepsius*, Kritik der Dogmatik, ebd., S. 39 ff.

[14] So *Jestaedt*, Verfassung hinter der Verfassung (Fn. 12), S. 29, 30. Aus anderer Perspektive bestätigt von *Peter M. Huber*, Rechtsprechung und Rechtswissenschaft, JZ 2022, S. 1 (4 ff.), der Dogmatik einsetzt, um Fachgerichte an die Maßstäbe des Bundesverfassungsgerichts zu binden. Dass dies nicht mehr funktioniere, weil es das Bundesverfassungsgericht an Dogmatik fehlen lasse, beklagt *Bernhard Schlink*, Abschied von der Dogmatik, JZ 2007, S. 157 ff. Schädliche Effekte von Verfassungsdogmatik analysiert *Uwe Volkmann*, Die Dogmatisierung des Verfassungsrechts. Überlegungen zur veränderten Kultur juristischer Argumentation, JZ 2020, S. 965–975.

[15] Vgl. beispielhaft *Eberhard Schmidt-Aßmann*, Verwaltungsrechtliche Dogmatik. Eine Zwischenbilanz zu Entwicklung, Reform und künftigen Aufgaben, 2013; *Christian Bumke*, Rechtsdogmatik. Eine Disziplin und ihre Arbeitsweise, 2017; *Jannis Lennartz*, Dogmatik als Methode, 2020. Kritisch jüngst *Volkmann*, Dogmatisierung (Fn. 14).

folgung) nicht mehr treffen zu müssen.[16] In diesem Diskursgewirr festen Grund zu finden, um den Stellenwert der Interdisziplinarität zu ermitteln, dürfte eine Sisyphus-Aufgabe darstellen. Derlei ist hier aber nicht nötig, denn uns geht es hier nur um den kohortenspezifischen Tagungsdiskurs – und dieser wiederum ist ganz unzweifelhaft ein rein wissenschaftlicher, der keine Interessen befriedigt.

Das wiederum limitiert das Potenzial für Interdisziplinarität im kohortenspezifischen Tagungsdiskurs. Eine praktisch orientierte Rechtswissenschaft kommt nicht umhin, sich den Tatsachen zuzuwenden, die den Rechtsproblemen zugrunde liegen. Für die Tatsachenermittlung sind Juristen aber nicht prädestiniert; hier können potentiell alle mitreden. Je stärker die Tatsachenorientierung in der Rechtswissenschaft ist, desto größer ist das arbeitsteilige Bedürfnis nach einer fachübergreifenden Interdisziplinarität. Rechtserzeugung geht von einem Regelungsproblem aus, dem ein Lebenssachverhalt zugrunde liegt. Bei der Gesetzgebung, also einer Rechtserzeugung, die generell-abstrakte Rechtsnormen produziert, handelt es sich typischerweise um generelle Tatsachen, also aus Einzelfällen oder statistischen, politischen Problemwahrnehmungen aggregierte Umstände. In den USA spricht man insofern von legislative facts – ein Begriff, für den es in der deutschen Rechtssprache keine Entsprechung gibt.[17] Bei der Rechtsprechung, also einer Rechtserzeugung, die in Gestalt von Urteilen individuell-konkrete Rechtsnormen produziert, geht es hingegen um konkrete Tatsachen. Sie sind dem Beweis zugänglich (Erkenntnisverfahren im Prozessrecht), während die legislative facts aufgrund ihrer Allgemeinheit in der Regel nicht bewiesen, sondern nur plausibel gemacht werden können.

Ein Wissenschaftsdiskurs, der, wie bei der Vereinigung der Deutschen Staatsrechtslehrer, keine praktischen Erkenntnisziele verfolgt, kann die Tatsachendimension des Rechts daher weitgehend ausblenden und auf diese Weise Interdisziplinarität im engeren Sinne vermeiden. Über die Orientierung auf Dogmatik kann dieses Defizit zugleich teilweise kompensiert werden, weil hier die artifizielle Erkenntnisebene bereitsteht, mit der praktische Einzelergebnisse generalisiert werden können, ohne dass der Tatsachenkontext für die Aufbereitung nötig wäre (Entkontextualisierung der Dogmatik, Invisibilisierungsfunktion der Dogmatik).[18]

Das Zurücktreten der praktischen Erkenntnisdimension im kohortenspezifischen Wissenschaftsdiskurs der Staatsrechtslehrervereinigung führt auch zur Vernachlässigung des Prozessrechts zugunsten des materiellen Rechts. Jedenfalls stellt sich die Frage, ob und wie viel Interdisziplinarität für das Erkenntnisziel nötig ist, nicht als verfahrensrechtliches Problem, sondern in erster Linie als materiellrechtliches Problem. Das verändert die Nachfrage nach Interdisziplinarität. Interdisziplinarität wird zu einer Aufgabe, die zunächst den Erkenntnisfilter materiellrechtlicher Fragestellungen durchlaufen

---

[16] Dass die Grenzen verschwimmen, räumt auch *Huber* (Fn. 14), S. 5, ein.

[17] Zur Abgrenzung der *legislative* von den *adjudicative facts* und zur Zulässigkeit von Typisierungen bei Massenerscheinungen vgl. *Michael Goldhammer*, Die Prognoseentscheidung im Öffentlichen Recht, 2021, S. 314ff., 359.

[18] Vgl. dazu meine Kritik am Beispiel aktueller höchstgerichtlicher Rechtsprechung: *Oliver Lepsius*, Kontextualisierung als Aufgabe der Rechtswissenschaft, JZ 2019, S. 793ff.; *ders.*, Über die Notwendigkeit der Kontextualisierung und Historisierung für die Verfassungsdogmatik, in: Meinel (Hrsg.), Verfassungsgerichtsbarkeit in der Bonner Republik, 2019, S. 119ff.

muss, und das heißt: von der Einschätzung von Juristen abhängt. Denn bei materiellrechtlichen Fragen der Rechtserzeugung reden andere Disziplinen natürlich nicht mit; hier handelt es sich um eine genuin juristische Aufgabe.

Letztlich steht die Rechtswissenschaft vor einem paradoxen Problem: Je praktischere Erkenntnisziele sie verfolgt, desto interdisziplinärer müsste sie schon wegen des dann unvermeidlichen Tatsachenbezugs werden. Mit zunehmender Interdisziplinarität verliert sie aber die Deutungshoheit über das materielle Recht. Je wissenschaftslastiger ihre Erkenntnisziele sind, desto autonomer kann sie zwar als Wissenschaft agieren, aber desto irrealer und im Hinblick auf die Rechtswirkungen unzuverlässiger werden ihre Aussagen. Es steht daher zu vermuten, dass sich der Wille, interdisziplinär zu forschen, anders umsetzen lassen wird als über das, was interdisziplinär am leichtesten vermittelbar ist, nämlich das Interesse an Tatsachen.

Diese Einschätzung bestätigt der erste Zugriff auf rechtswissenschaftliche Forschungspublikationen. Man findet in ihnen, wenn sie nicht zugleich auch konkrete, praktische Ziele verfolgen und deswegen fall- oder fallgruppenorientiert vorgehen, typischerweise keine Beschäftigung mit Fakten. Das gilt zunächst für die *legislative facts*. Sie werden der dem Recht vorgeschalteten, politisch-gesellschaftlichen Sphäre und Willensbildung zugewiesen und damit aus dem Zuständigkeitsbereich der Rechtswissenschaft entlassen. Gesetzgebung und Gesetzgebungsverfahren sind jedenfalls Gegenstände, bei denen sich die Rechtswissenschaft schwertut, auch weil sie sie mit abstrahierbaren, normbezogenen Fragestellungen behandeln will.[19] Aber auch bei der Behandlung von Rechtsprechung spielen die konkreten Sachverhalte höchst selten eine Rolle; es geht typischerweise um verallgemeinerungsfähige Rechtsfragen, von denen angenommen wird, sie seien nicht von den Spezifika der Sachverhalte abhängig, die zu gerade diesen Urteilen geführt haben. Die meisten Rechtswissenschaftler, fasst *András Jakab* zusammen, sehen sich als Normwissenschaftler. Sie beschäftigen sich wenig mit mit der sozialen und politischen Wirklichkeit und überlassen diese Arbeit üblicherweise den Politikwissenschaftlern und den Soziologen.[20]

Zusammengefasst: Das in der Tatsachendimension liegende Potenzial für die Verwertung von Interdisziplinarität bei der Rechtserzeugung wird durch den spezifischen Zuschnitt, in dem der Wissenschaftsdiskurs verläuft, deutlich verkürzt. Es bedarf keiner vertiefenden Erläuterung, dass dies in anderen Rechtswissenschaftskulturen anders ist.[21]

---

[19] Vgl. *Klaus F. Gärditz*, Verfassungsentwicklung und Verfassungsrechtswissenschaft, in: Herdegen/Masing/Poscher/Gärditz (Hrsg.), Handbuch des Verfassungsrechts, 2021, § 4 Rn. 23 f., 94.; *Oliver Lepsius*, Gesetz und Gesetzgebung, ebd., § 12 Rn. 98 ff.

[20] *András Jakab*, Begriffe und Funktionen des Rechts, in: ders. (Hrsg.), Methoden und theoretische Grundfragen des österreichischen Verfassungsrechts, 2021, S. 5 (28).

[21] Namentlich der US-amerikanischen, die seit dem zu Beginn der 1920er Jahre entstandenen *Legal Realism* geradezu um das Interdisziplinaritätsproblem kreist („Isms", „Law and ..."-Ansätze) und vielleicht umgekehrt die normative Eigenrationalität des Rechts unterschätzt. Vgl. aus der überbordenden Literatur nur: *Gerald Postema*, Legal Philosophy in the Twentieth Century: The Common Law World, 2011; *Neil Duxbury*, Patterns of American Jurisprudence, 1997; *Oliver Lepsius*, Was kann die deutsche Staatsrechtslehre von der amerikanischen Rechtswissenschaft lernen?, in: Schulze-Fielitz (Hrsg.), Staatsrechtslehre als Wissenschaft, 2007, S. 319 ff.

3. Einheit und Integration als Diskursziele

Der Tagungsdiskurs ist vom allgemeinen Wissenschaftsdiskurs aus einem weiteren Grund zu separieren, der im Selbstverständnis der Staatsrechtslehrervereinigung liegt.[22] Die Vereinigung der Deutschen Staatsrechtslehrer ist eine durchaus singuläre Fachgesellschaft. Der Organisationsgrad der habilitierten Hochschullehrer im öffentlichen Recht ist annähernd 100 %. Der Zugang setzt mit der Habilitation „auf dem Gebiet des Staatsrechts und mindestens einem weiteren öffentlich-rechtlichen Fach"[23] die Befassung mit einem objektivierbaren Gegenstand in einer bestimmten Form voraus, über dessen Voraussetzungen die kooptierenden Mitglieder wachen. Mit den weiteren Fächern ist zunächst das Verwaltungsrecht gemeint, das von der heute überwiegend erteilten *venia legendi* für „öffentliches Recht" zwingend mitumfasst ist. Reine Staatsrechtler, also Personen, die sich nie mit Verwaltungsrecht beschäftigt haben, können folglich nicht aufgenommen werden. Der Mehrwert dieser Voraussetzung liegt weniger in der Abgrenzung von Verfassungs- und Verwaltungsrecht, sondern in der Berücksichtigung der Normenhierarchie als einer Eigenschaft, die das öffentliche Recht sowohl vom Straf-, als auch vom Zivilrecht unterscheidet, die keine normenhierarchischen Probleme traktieren. Öffentliches Recht soll auf den Stufenbau der Rechtsordnung bezogen werden, also nicht auf einer Stufe (sei es Gesetz, Verfassung oder auch überpositives Recht – so es das gibt) verharren, sondern Normkonflikte mit Hilfe der jeweils anderen Stufe erklären und behandeln. Es sollte also reine Verfassungsrechtler genauso wenig geben wie reine Verwaltungsrechtler: Alle müssen die andere Normenstufe zwar nicht beackern, aber doch zumindest in einer diskursfähigen Form beherrschen. Weitere „Fächer" im Sinne der Satzung können auch durch andere *Venien* oder abschichtbare Forschungsgegenstände ausgedrückt werden. Man könnte an die Allgemeine Staatslehre denken (sie gilt heute eher als antiquiert[24]), die Gesetzgebungslehre, oder „Grundlagenfächer" wie Verfassungsgeschichte oder Rechts-/Staatsphilosophie. Europarecht ist ein Rechtsgebiet, das ganz selbstverständlich sowohl das Verfassungs- als auch Verwaltungsrecht umfasst. Jedenfalls intendiert die Satzung mit der Verpflichtung, sich nicht auf Staatsrecht zu beschränken, eine fachliche Breite und diskursive Beweglichkeit. Spezialistentum wird ausgeschlossen.

Hier liegen signifikante Unterschiede sowohl zu den Fachgesellschaften in anderen Disziplinen, in denen auch Nicht-Habilitierte Mitglieder sind und insofern der Diskurs nicht unter formell Gleichen geführt wird, als auch zur Fachorganisation des öffent-

---

[22] Vgl. dazu vor allem *Helmuth Schulze-Fielitz*, in diesem Band, S. 216 ff., 224 ff.; *ders.*, Mikrokosmos (Fn. 8), S. 3 ff. Siehe auch *Michael Stolleis*, Die Vereinigung der Deutschen Staatsrechtslehrer. Bemerkungen zu ihrer Geschichte, KritV 80 (1994), S. 339 ff., der auch auf die latent politischen Vermachtungsprozesse des Diskursmilieus abstellt.

[23] So die Satzung, § 3 Abs. 1.

[24] Vgl. einerseits *Christoph Schönberger*, Der „Staat" der Allgemeinen Staatslehre. Anmerkungen zu einer eigenwilligen deutschen Disziplin im Vergleich mit Frankreich, in: Beaud/Heyen (Hrsg.), Eine deutsch-französische Rechtswissenschaft, 1999, S. 111 ff.; andererseits *Andreas Voßkuhle*, Die Renaissance der „Allgemeinen Staatslehre" im Zeitalter der Europäisierung und Internationalisierung, JuS 2004, S. 2 ff.

lichen Rechts in anderen Ländern, in denen, besonders in den romanischen Ländern, zwischen Verfassungs- und Verwaltungsrecht Gräben gezogen werden. Diese Fokussierung setzt sich im Tagungsablauf fort: Es werden nur Plenardebatten geführt, was eine Spezialisierung verhindert. Es werden sowohl verfassungs- als auch verwaltungsrechtliche Themenstellungen erörtert, die so erörtert werden müssen, damit auch die jeweils anders ausgerichtete Kollegenschaft mitreden kann.

Die Kriterien, die durch den Zugang zur Vereinigung aufgestellt und durch den Tagungsablauf bekräftigt werden, sind daher auf das Errichten einer Diskursgemeinschaft gerichtet, auf die Bekräftigung eines gemeinsam geteilten wissenschaftlichen Gegenstandes, der mit gemeinsam geteilten Methoden behandelt wird. Dies diene der Kohärenzsicherung wie der Qualitätssicherung.[25] Anders gesagt: Die Mitgliedschaft führt zu einer bekräftigten Selbstverpflichtung der Mitglieder auf die Standards, die durch die Vereinigung vorgelebt werden. Wollte sich ein Referent abgrenzen, indem er den Gegenstand wesentlich modifiziert oder den Methodenkanon verlässt, würde er gegen Diskursregeln verstoßen, weil er die anderen Mitglieder „vor den Kopf stößt", indem er sie ausschlösse: Es schließt sich nämlich an die Vorträge eine intensive Diskussion an und worüber sollte diese gehen, wenn der Referent einen Themenzugang wählt, den die Mehrheit jedenfalls nicht mit solcher Trittsicherheit versteht, dass sie sich damit auseinandersetzen kann? Da die Referenten meist jüngere Mitglieder sind und vor der Fachcommunity einen guten Eindruck hinterlassen wollen (für viele wird es auch der erste Eindruck vom Referenten sein), fürchten sich Referenten naturgemäß vor einer Diskussion, in der ihnen vorgehalten wird, das Thema missverstanden oder nicht adäquat behandelt zu haben. Ein solcher Vorwurf liegt nahe, wenn der Referent den Gegenstand über das durch Normen vorgegebene erweitert oder ihn jenseits einer „juristischen Methode" (was immer das heißt)[26] behandelt. Es versteht sich, dass Verwaltungsrechtler in den zahlreichen Referenzgebieten und Nischen des Verwaltungsrechts von A wie Abfallrecht bis Z wie Zuwanderungsrecht brillieren könnten und es versteht sich, dass Staatsrechtler ihre historische, philosophische oder sozialtheoretische Belesenheit ausbreiten könnten. Wollte man solche Kenntnisse jedoch auf den Tagungen der Staatsrechtslehrervereinigung demonstrativ ausleben, würde das dem Diskursziel zuwiderlaufen, weil es viele ausschlösse. Spezialkenntnisse in puncto Gegenstand oder Perspektive werden daher schon im Eigeninteresse der Referenten auf ein Maß dosiert, das als allgemeinverträglich gilt.

Die Auswirkungen dieser Organisations- und Diskursstruktur auf den Gegenstand und seine Behandlung kann man negativ oder positiv saldieren. Auf der einen Seite führt die Selbstverpflichtung der Mitglieder auf einen solchen Diskursrahmen dazu, dass Re-

---

[25] Vgl. *Schulze-Fielitz*, Mikrokosmos (Fn. 8), S. 10ff., 146ff.; *Franz Reimer*, Diskursvergleich (Fn. 13), S. 458f.

[26] „Juristische Methode" ist eine jüngst wieder populär gewordene Chiffre, die für die einen das Verharren in traditionellen Perspektiven, für die anderen die Gewähr professioneller Behandlung bedeutet. Vgl. zu den Konflikten etwa *Ivo Appel/Martin Eifert*, Das Verwaltungsrecht zwischen klassischem dogmatischen Verständnis und steuerungswissenschaftlichem Anspruch, VVDStRL 68 (2008), S. 226ff./286ff.; Burgi (Hrsg.), Zur Lage der Verwaltungsrechtswissenschaft, 2017.

ferenten ihr Innovationspotenzial um der Anschlussfähigkeit willen zügeln. Es sollten jedenfalls tradierte Gegenstandsbeschreibungen und Perspektiven mitbehandelt werden, wodurch ein Teil der zur Verfügung stehenden Referatszeit mehr oder minder innovationsfrei aufgebraucht wird. Da den Vorträgen, die typischerweise Jüngere halten, überdies immer etwas von einer Prüfung anhaftet (man „stellt sich der Community vor", gibt „seine Visitenkarte ab"), versuchen viele Referenten eine Quadratur des Kreises.[27] Die Staatsrechtslehrertagung stellt jedenfalls kein Forum bereit, das Innovationen herausfordert, wie es etwa auf amerikanischen Fachtagungen der Fall ist, auf denen primär die Idee zählt, und sei sie auch noch so unrealistisch.

In den Diskussionen der Vereinigung kann man gegenüber innovativen Ansätzen oder Fundamentalkritiken eine rituelle Zurückhaltung verspüren.[28] Sie sollte nicht mit einer prinzipiellen Innovationsscheue des Faches erklärt werden, sondern erklärt sich aus der habituellen Bekräftigung eines weitgehend geteilten Erwartungshorizontes. Die Tagungen der Staatsrechtslehrervereinigung sind wahrscheinlich nicht der geeignetste Rahmen, Originelles auszuprobieren, sei es indem Gegenstände modifiziert oder indem Perspektiven verändert werden. Dafür stehen andere Formate zur Verfügung: Von den zahlreichen themenspezifischen Tagungen, die auch Ideen prämieren, bis zu den wissenschaftlichen Publikationsorganen, in denen Leser originellen Gedanken vielleicht auch besser folgen können als bei den hochverdichteten Plenarvorträgen, die zudem in einer druckreifen Form gehalten werden sollen, in der sie publiziert werden (was das Verständnis der Zuhörer erschwert). Natürlich ist es nicht so, dass das Diskursformat der Staatsrechtslehretagungen innovative Ansätze nicht zuließe. Im Grunde wird jeder Referent auch etwas Neues bringen wollen. Nur wird das Neue eher nicht im Mittelpunkt eines Referates stehen.[29] Vor allem wird sich die Diskussion mit der Anschlussfähigkeit des Neuen beschäftigen und dadurch ein distanziertes Vorverständnis an den Tag legen bei

---

[27] Näher beschrieben und analysiert durch *Schulze-Fielitz*, Mikrokosmos (Fn. 8), S. 167 ff. Er unterscheidet fünf Zugänge: den dominierenden rechtsdogmatischen, den sozialwissenschaftlich-interdisziplinär angereicherten, den übergreifend theoretischen, den europäisierten sowie den – in meiner Diktion – haltungsspezifischen. Die Erwartungsvielfalt umschreibt Schulze-Fielitz, S. 171, mit einer „gemischten Linie", „die allen genannten Meinungsgruppen insofern gerecht zu werden sich bemüht, als auch diese sich in dem Referat in ihrem Zugang zum Recht wiederfinden können." Vgl. auch sein humorvoll eingeleitetes Schlusswort bei der Aussprache zu seinem eigenen Referat, VVDStRL 55 (1996), S. 348 (348). Kritischer *Michael Stolleis*, Geschichte des öffentlichen Rechts in Deutschland, Vierter Band: 1945–1990, 2012, S. 356: In der VDStRL führe die professionelle Beschäftigung mit Verfassung und Verfassungsrechtsprechung „den Nachwuchs mehr oder weniger auf den Weg zur ‚herrschenden Meinung', indem sie ihm deutlich macht, wie eng und oft auch aussichtslos die Wege abweichender Meinungen sind. Dies ist der Preis, den eine angewandte und der Politik besonders nahestehende Disziplin zahlt. Sie ist gebunden, nicht nur normativ, sondern auch sozial als Ensemble der fachlichen Kommunikation mit ihrem anerkannten Regelwerk. In Sachen Demokratie ist auf diese Weise eine Grundlinie entstanden, deren Festigkeit man im Rückblick auf das deutsche 20. Jahrhundert nur als erfreulich bezeichnen kann."

[28] Das ist auch heute so und wird bisweilen positiv beschrieben, so etwa von *Franz Reimer*, Diskursvergleich (Fn. 13), S. 439 ff. Als aktuelles Beispiel sei auf die Aussprache zum Referat von *Markus Müller* auf der Mannheimer Tagung 2021 verwiesen, Neutralität als Verfassungsgebot? Der Staat und religiöse oder weltanschauliche Überzeugungen, wird erscheinen in VVDStRL 81 (2022).

[29] Bis 2009 war die Bezeichnung der Vorträge „Bericht", was die wenig innovative Erwartungshaltung unterstrich. Seit der Berliner Jahrestagung 2010 bezeichnete der Vorstand die Vorträge als Referate,

gleichzeitiger Suche nach der Vorzugswürdigkeit des Hergebrachten. Das verstärkt eine konservative Grundstimmung, an der sich maßvolle Innovationen immer wieder und meist vergeblich abarbeiten.[30] Die nur partielle Innovationserwartung bekräftigt dadurch paradoxerweise die Persistenz der überkommenen Begrifflichkeit und Problemwahrnehmung.

Der Saldo kann aber auch positiv beschrieben werden. Zunächst wird ein Kanon an wissenschaftlichen Standards eingehalten. Der Gegenstand, über den gesprochen wird, ist scheinbar objektiv vorgegeben, sei es durch den Normencorpus, sei es durch die tradierte Begrifflichkeit oder durch akzeptierte Verlaufsszenarien (Wandel, Krise). Die Verhandlungen der Vereinigung der Deutschen Staatsrechtslehrer sind jedenfalls nicht von Prämissendiskursen abhängig, mit denen man leicht die zur Verfügung stehende Zeit verbrauchen kann, wie es bei anderen Fachgesellschaften zu beobachten ist. Es mag Vorverständnisse, Schulen, Methodenstreite geben, doch schlagen diese, jedenfalls in den letzten 50 Jahren, nur selten im Sinne von Prämissendiskursen zu Buche. Schon der Bezug auf das Recht (die Verfassung, die Gesetze, die Urteile) grenzt die Gegenstandsvarianz erheblich ein. Die Leistung der Staatsrechtslehrervereinigung ist es, diesen begrenzbaren Gegenstand durch begrenzende Zugriffe noch diskursfähiger zu machen. Man will zur Sache kommen, Probleme lösen und weniger, sich mit Vorverständnissen auseinandersetzen, zumal wenn diese eine epistemologische Versiertheit voraussetzen, über die Juristen aufgrund ihrer staatsexamensorientierten Sozialisation typischerweise nicht verfügen. Es dürfte jedenfalls von Wert sein, wenn ein Fach ein Forum unterhält, auf dem ein allgemeines Verständnis von Gegenstand und Methode eingefordert wird.

Innerhalb der Rechtswissenschaft sollte auch die dadurch erzeugte Abgrenzung zu den ansonsten dominierenden Praxisdiskursen gewürdigt werden. Generell droht die Rechtswissenschaft weniger in Theorienstreite zu zerfasern, wie sich dies in anderen Wissenschaftskulturen beobachten lässt. *Turns* und *Twists* und Paradigmenwechsel sind eher nicht das Feld der Rechtswissenschaft. Irritation droht vielmehr von der Seite der Praxisverwertbarkeit und dem Umstand, dass sich mit Rechtswissenschaft viel Geld verdienen lässt. Insofern fordert die Vereinigung einen wissenschaftlichen Diskurs auch von solchen Mitgliedern ein, die publizistisch überwiegend anwaltlich tätig sind und die in der Summe womöglich eine Mehrheit bilden könnten, die es vermöchte, das Selbstverständnis des Faches in Richtung Praxisverwertbarkeit und Rechtsprechungsbeeinflussung umzuprägen.

Mit anderen Worten: Die Vereinigung der Deutschen Staatsrechtslehrer macht aus einer Gruppe wissenschaftlicher Individualisten – rechtswissenschaftliche Forschung ist ganz überwiegend nach wie vor individuelle Forschung, die zunächst keine Tannenbaumstrukturen oder arbeitsteilige Verbünde benötigt – eine Diskursgemeinschaft. Sie

---

was bei der Redaktion der Tagungsbände zunächst aber nicht berücksichtigt wurde. Seit der Kieler Jahrestagung 2012 ist von Referaten auch in den Veröffentlichungen die Rede.

30 Ironisch *Oliver Lepsius*, Diskussionsbemerkung, VVDStRL 76 (2017), S. 324: Der Fortschritt in der Vereinigung bestehe häufig darin, dass falsch gestellte Fragen, die auf einer veralteten Begrifflichkeit basieren, von schlauen Referenten erfolgreich dekonstruiert werden.

dient der Einheitsbildung, der Integration der Fachcommunity als Fach.[31] Einheit und Integration sind vielleicht auch die subkutanen Leitvorstellungen, die dem Diskurs zugrunde liegen.[32] Der Gegenstand „Staat" versinnbildlicht Einheit. Der Gegenstand „Verfassung" bezweckt Integration. Das Verhältnis von Staat und Verfassung war immer schon ein Kernthema der Vereinigung, mit dem Gegenstände und Methoden ausdiskutiert wurden.[33] Die Leistung der Vereinigung der Deutschen Staatsrechtslehrer kann wissenssoziologisch auch so beschrieben werden: Gegenstände der Einheit und Integration werden in einen Diskurs überführt, der die gleichen Ziele teilt. Der Gegenstand sucht sich die ihn selbstverstärkende Artikulationsform.

II. Welche Form der Interdisziplinarität wäre möglich?

Nach alledem wird einleuchten, dass die Grundbedingungen für Interdisziplinarität im Diskursformat der Staatsrechtslehrervereinigung recht spezielle sind. Zunächst kann es nur um Interdisziplinarität mit bescheidenerem Anspruch gehen, wie er oben formuliert wurde: Interdisziplinarität kann in unserem Zusammenhang nur jene Geisteshaltung meinen, die versucht, den Gegenstand in einem erweiterten Zuschnitt zu sehen und die auf die innerfachliche Gegenstands- und Methodenerweiterung gerichtet ist. Ein Diskurs über Fachgrenzen hinweg ist wegen des kohortenorientierten Diskurszugangs nicht möglich. Diese interdisziplinäre Geisteshaltung kollidiert aber mit einem Selbstverständnis der Berufskohorte, das Einheit und Integration präferiert.[34] Interdisziplinarität ist daher immer beweispflichtig und nie Selbstzweck.

1. Alternative Diskursformate neben der Staatsrechtslehrertagung

Man darf die spezifischen Interdisziplinaritätsbedingungen der Staatsrechtslehrertagungen aber nicht verallgemeinern. Neben dem Diskurs in der Staatsrechtslehrervereini-

---

[31] Zur Integrationsaufgabe siehe *Schulze-Fielitz*, Mikrokosmos (Fn. 8), S. 147 ff., 240 ff. („Kohäsionskraft"); *Franz Reimer*, Diskursvergleich (Fn. 13), S. 413 (416 ff.).

[32] Symptomatisch ist die Ansprache von *Richard Thoma* als ältestes Mitglied bei der Wiedergründung der Vereinigung 1949, vgl. VVDStRL 8 (1950), S. 3: „Das Werk unserer Vereinigung war und bleibt Dienst am Verfassungsleben einer nach Einigkeit und Recht und Freiheit strebenden Volksgemeinschaft; Dienst an der richtigen Deutung und wohlerwogenen Fortbildung des Staatsrechts eines demokratischen Rechtsstaates."

[33] Wie prägend dieser Diskurs für das Fach war, analysiert *Frieder Günther*, Denken vom Staat her. Die bundesdeutsche Staatsrechtslehre zwischen Dezision und Integration 1949–1970, 2004.

[34] Bis in die Gegenwart beschworen, so *Andreas v. Arnauld*, Öffnung der öffentlich-rechtlichen Methode durch Internationalisierung und Interdisziplinarität, VVDStRL 74 (2015), S. 7 (80): „Die Achtung vor den konstitutiven Leistungen einer Rechtsdogmatik und die akademische Verknüpfung mit einem Staatsexamen, das auf praktische Jurisprudenz angewiesen ist, stiftet in dieser Vielfalt eine gewisse Einheit. Vielleicht sitzen wir darum hier zusammen." Auch *Schulze-Fielitz*, Mikrokosmos (Fn. 8), S. 35, mahnt, die grundsätzlich unvermeidlichen und richtigen interdisziplinären Öffnungen seien nicht risikolos, wenn sie den rechtsdogmatischen Selbststand des Öffentlichen Rechts zu schnell aufgäben. Zur Dominanz der Rechtsdogmatik siehe dort auch S. 227 ff.

gung besteht eine „unorganisierte" interdisziplinär ausgerichtete rechtswissenschaftliche Forschung, wie rechtswissenschaftliche Forschung grundsätzlich immer noch stark von den individualistischen Erkenntnisinteressen geprägt ist. Neben den Tagungen der Vereinigung stehen andere Diskursformate, Publikationsorgane und auch Fachgesellschaften zur Verfügung, die entsprechende Lücken schließen können. Man denke neben den verschiedensten aktuellen Fachtagungen an die Vereinigung für Verfassungsgeschichte, die Vereinigung für Rechtssoziologie (jetzt: Vereinigung für Recht und Gesellschaft), die Deutsche Sektion der Internationalen Vereinigung für Rechts- und Sozialphilosophie, den Rechtshistorikertag, die Sozialrechtstage, die Vereinigung für Umweltrecht, die Deutsche Steuerjuristische Gesellschaft, die Deutsche Gesellschaft für Völkerrecht (jetzt: Deutsche Gesellschaft für Internationales Recht), die Gesellschaft für Rechtvergleichung und sicher noch einige mehr. Sie alle führen – meist zweijährlich – eigene Tagungen durch und unterhalten eigene Publikationsformate. Die Staatsrechtslehrertagung darf nicht als die Dach- oder Metatagung verstanden oder pars pro toto für den Wissenschaftsdiskurs im öffentlichen Recht gehalten werden.[35] Ihr spezifisches Diskursformat erzeugt umgekehrt gerade den Bedarf für speziellere Fachtagungen, auf denen sich Interdisziplinarität gegenstandsadäquat entfalten kann – und dies umso mehr als die Mitgliederstruktur dieser Vereinigungen und Gesellschaften bisweilen breiter ist, sowohl fachlich (nicht nur Juristen) als auch meritokratisch (nicht nur Habilitierte).[36] Wer interdisziplinär arbeiten will, findet seine Möglichkeiten. Aber man muss einschränkend auch feststellen, dass jedenfalls die Vereinigung institutionell keine zusätzliche Nachfrage nach Interdisziplinarität auslöst.

Das wird beim kursorischen Blick auf die Themen der Staatsrechtslehrertagungen deutlich. Sie sind durchaus so formuliert, dass sie Platz für interdisziplinäre Zugänge lassen. Doch fordern sie diese nicht heraus. Auch vom Themenzuschnitt gedacht, wird Interdisziplinarität eher Beiwerk bleiben. Man mag auch fragen, ob die geringe Spezialisierung, die die Themen auf den Tagungen der Staatsrechtslehrervereinigung auszeichnet, also das Bemühen nach einer generalisierenden Perspektive, die eine vielseitig anschlussfähige Diskussion ermöglichen soll, interdisziplinären Zugängen nicht eher abträglich ist.[37] Je weiter und größer der Gegenstand wird, desto schwerer dürfte es werden,

---

[35] Das macht unterschwellig *Stolleis*, Geschichte IV (Fn. 27), wenn er die Themen und Referate der Staatsrechtslehrertagungen dem vierten Band seiner Geschichten des öffentlichen Rechts zugrunde legt, um auf einen belastbaren Quellenquerschnitt zurückzugreifen. Explizit macht dies *John Philipp Thurn*, Welcher Sozialstaat? Ideologie und Wissenschaftsverständnis in den Debatten der bundesdeutschen Staatsrechtslehre 1949–1990, 2013, obwohl es ihm an sich um eine Diskursgeschichte des Sozialstaatsprinzips des Grundgesetzes geht. Vielleicht bewältigen beide Werke ihre Erkenntnisinteressen deshalb so vorzüglich, weil sie mit den VVDStRL auf einen begrenzbaren und qualitätsvollen Quellenbestand zurückgreifen, der gleichwohl nicht pars pro toto steht.

[36] Hier gibt es die verschiedensten Modelle. Die Vereinigung für Verfassungsgeschichte etwa setzt sich aus öffentlich-rechtlichen Verfassungshistorikern zusammen sowie aus Rechtshistorikern, die im Kernfach Privatrecht unterrichten, sowie aus Allgemeinhistorikern und schließlich aus Archivaren. Bis auf letztere müssen die Mitglieder eine Habilitation oder habilitationsgleiche Leistung vorweisen. Die Mitglieder stammen im Übrigen aus zahlreichen Herkunftsländern; die Verhandlungssprache ist deutsch.

[37] So *Helmuth Schulze-Fielitz*, in diesem Band, S. 230, 244.

Fragestellungen zu entwickeln, auf die andere Disziplinen antworten können. Die Interdisziplinarität, die im Rahmen der Staatsrechtslehrervereinigung verarbeitet werden kann, wird sich eher auf diejenigen Tatsachen beziehen, die für die generell-abstrakte Normerzeugung relevant sind, also auf *legislative facts*, mithin diejenigen Tatsachen, für welche die deutsche Rechtswissenschaft noch keinen adäquaten Begriff gefunden hat.[38] Die US-amerikanische Erfahrung, die Interdisziplinarität als Teil der Rechtswissenschaft (*Law-and-Movements*) begreift, zeigt jedenfalls, dass sich im Kontext von fallorientierten Themenstellungen am besten interdisziplinär arbeiten lässt,[39] während die Behandlung von *legislative facts* auch dort zu Schwierigkeiten führt.

2. Tatsachenbezüge über Fälle

Case Law in der Entscheidungsperspektive des Richters hat für interdisziplinäres Arbeiten Vorteile, weil der Problemkontext durch den Sachverhalt und die Rechtsfrage eingeengt ist und nicht ausufert. Bei der Ermittlung des Sachverhalts und der zugrundeliegenden Tatsachen sind Juristen seit jeher auf die Mitwirkung anderer angewiesen. In Gestalt des Verfahrensrechts verfügt die Rechtsordnung auch über die normativen Andockpunkte und Öffnungsklauseln für interdisziplinäre Arbeitsteilung. Zugleich vermeidet ein fallrechtliches Erkenntnisinteresse eine vorschnelle Generalisierung oder Typisierung von Aussagen. Anhand von Fällen können Hypothesen aufgestellt, Wirkungsketten und Relationen überprüft werden, was auf einer Ebene, die generell-abstrakten Erkenntnisinteressen dient (Auslegung von Gesetzen oder Verfassungsbestimmungen, Vorschläge für Gesetzgebung) nicht gelingen dürfte.

Überdies führt die Fallorientierung von alleine dazu, dass die zeitlichen Kontexte berücksichtigt werden. Es geht jeweils um eine Rechtsfrage zu einem bestimmten Zeitpunkt und nicht um ein Rechtsproblem, das sich zwar immer wieder, das sich aber naturgemäß zeitlich, wirtschaftlich, politisch oder sozial kontingent darstellt. Ist man an Rechtsproblemen in einer abstrakt-generellen Perspektive interessiert (Gesetzgebung, Gesetzesauslegung; Verfassungsgebung, Verfassungsauslegung mit der jeweiligen de-

---

[38] Vgl. aber schon *Fritz Ossenbühl*, Die Kontrolle von Tatsachenfeststellungen und Prognoseentscheidungen durch das Bundesverfassungsgericht, in: Bundesverfassungsgericht und Grundgesetz. FS 25 Jahre BVerfG, 1976, Band 1, S. 458 ff.; *Klaus F. Gärditz*, Gerichtliche Feststellung genereller Tatsachen (legislative facts) im Öffentlichen Recht, in: FS Ingeborg Puppe, 2011, S. 1557 ff. und jetzt *Christian v. Hesler*, Gesetzgebungsrelevante Tatsachen und ihre Kontrolle durch den Europäischen Gerichtshof und das Bundesverfassungsgericht, 2021.

[39] Dass in der Fallorientierung des amerikanischen Rechtsdenkens eine Grundbedingung für den Einsatz der ökonomischen Analyse des Rechts liegt bzw. dass sich umgekehrt Rezeptionshindernisse für *Law and Economics* in Deutschland mit der Grundorientierung an generell-abstrakten Gesetzten erklären lassen, arbeitet *Horst Eidenmüller* heraus, Effizienz als Rechtsprinzip, 3. Aufl. 2005. Vgl. auch *Martin Morlok*, Vom Reiz und Nutzen, von den Schwierigkeiten und den Gefahren der ökonomischen Theorie für das öffentliche Recht, in: Engel/Morlok (Hrsg.), Öffentliches Recht als ein Gegenstand ökonomischer Forschung, 1998, S. 1 ff. Verallgemeinernder *Lepsius*, Lernen (Fn. 21). Eine fallorientierte Themenstellung wurde für Zwecke der interdisziplinären Arbeit ausprobiert in: *Anselm Doering-Manteuffel/Bernd Greiner/Oliver Lepsius*, Der Brokdorf-Beschluss des Bundesverfassungsgerichts, 2015. Vgl. auch Henne/Riedlinger (Hrsg.), Das Lüth-Urteil aus (rechts-)historischer Sicht, 2005.

duktiven Individualisierbarkeit), schafft man ungünstigere Bedingungen für Interdisziplinarität als wenn man die Probleme individuell-konkret formuliert (der Fall, sein Sachverhalt und das ihm zugrundeliegende Problem, seine Entscheidung mit der jeweiligen induktiven Generalisierbarkeit).

Die deutsche Rechtswissenschaft hat seit jeher ein besonderes Interesse am generell-abstrakten Normtyp entwickelt, seien es Gesetze, sei es die Verfassung. Recht wird daher – mehr als es das müsste – als ein generalisierbares Auslegungsproblem begriffen, das deduktive Applikation bezweckt. Es wird weniger als induktiver, politischer, dynamischer Erkenntnisprozess begriffen, der zur Regelerzeugung führt. Die wesentliche Literaturgattung der deutschen Rechtswissenschaft, der Gesetzeskommentar, verdeutlicht dieses Anliegen. Insgesamt werden die interdisziplinären Andockpunkte, die die Rechtsordnung und das juristische Arbeiten bereithalten, jedenfalls von der Wissenschaft nicht besonders bedient (Sachverhaltsarbeit, Kontexte, Zeitumstände, Verfahren) – zumal ansonsten auch wieder die Praxisorientierung als ein latent wissenschaftsgefährdendes Phänomen droht. Im Zentrum steht eindeutig das materielle Recht, das als Speicher all dessen verstanden wird, in dem die (interdisziplinär zugänglichen) Teilkomponenten aufgehoben und verloren gegangen sind.

3. *Sprache als Medium, nicht als Gegenstand des Rechts*

Schließlich sei auf die Bedeutung von Sprache für Interdisziplinarität hingewiesen.[40] Für den Gegenstand „Recht" ist Sprache konstitutiv. Kein Recht ohne Worte. Diese schlichte Einsicht hat Konsequenzen. Zunächst müssen Juristen, wenn ihr Gegenstand sprachakzessorisch ist, eine Fachsprache erzeugen, um zu vermeiden, dass die Umgangssprache den Gegenstand verunklart. Diese Fachsprache ist interdisziplinären Diskursteilnehmern zunächst einmal unzugänglich – nicht nur, weil sie an Fachbegriffen scheitern, sondern weil sie oft nicht bemerken, wo ein Fachbegriff lauert. Denn anders als die Naturwissenschaften, deren Fachsprache aufgrund der griechischen oder lateinischen Wortstämme als solche immer erkennbar ist, weswegen sie sich dann der englischen Umgangssprache bedienen können, sprechen die Juristen (zumal auf den Tagungen der Staatsrechtslehrervereinigung) „nur deutsch", und das nicht aufgrund von Introvertiertheit, sondern weil es ihren Gegenstand, das deutsche, österreichische oder (mit Einschränkungen) schweizerische Recht eben nur auf Deutsch gibt.

Das Angewiesensein auf die deutsche Sprache erschwert Interdisziplinarität doppelt: Zum einen verunsichert es Nachbarwissenschaftler, denen schnell bewusst wird, dass sie das Gehörte oder Gelesene nicht vollends verstehen und die zusätzlich verunsichert werden, weil sie nicht exakt wissen, was sie nicht verstanden haben, weil das benutzte Medium die deutsche Sprache ist. Zum anderen beziehen inzwischen viele Geistes- und Sozi-

---

[40] Sprache war Gegenstand der Frankfurter Tagung, wurde dort aber nicht in ihrer gegenstandserzeugenden Funktion und interdisziplinären Problematik, sondern als regelungsbedürftiges Phänomen behandelt, vgl. *Rainer J. Schweizer/Wolfgang Kahl*, Sprache als Kultur- und Rechtsgut, VVDStRL 65 (2006), S. 346 ff./386 ff.

alwissenschaften ihre Grundbegrifflichkeit aus einem auf Englisch geführten internationalen Forschungsdiskurs. Sie publizieren auf Englisch und dafür empfiehlt es sich, schon aus sprachlichen Gründen denselben Gegenstand zu teilen. Das führt etwa in der Politikwissenschaft dazu, dass aufgrund der Forschungsstärke amerikanischer Hochschulen und der Vermachtungen durch Peer-Review-Begutachtungen in den *journals* die US-amerikanische Institutionenordnung häufig als Grundmodell vorausgesetzt wird. Die Exekutive wird dann prototypisch anhand eines Präsidialsystems beschrieben; das Parlament nicht unter den Bedingungen eines parlamentarischen Regierungssystems; die Verfassungsgerichtsbarkeit in der Form der obersten Gerichtsbarkeit, die auf das gesamte Bundesrecht Zugriff hat und nicht den spezifisch verfassungsrechtlichen Verstoß suchen muss; der Vollzug von Gesetzen wird dann als Problem der jeweiligen Verbandsebene begriffen, so dass der deutsche Exekutivföderalismus, in dem Länder oder Kommunen Gesetze des Bundes vollziehen, als Regelabweichung begriffen wird. Über Englisch als Wissenschaftssprache setzt sich dann ein Vorverständnis des Regierungssystems und seines politischen Prozesses durch, das auf die Gegebenheiten in Deutschland (in Österreich, in der Schweiz) nicht oder nur mit deutlichen Abstrichen übertragbar ist.

4. Transfer von und zu den nachbarwissenschaftlichen Diskursen

Dieses Transferproblem erstreckt sich auf die Begleitforschung zum politischen System und zum politischen Prozess (Parteien, intermediäre Institutionen, Kirchen, Medien, Verwaltungsbehörden, Verfahrensrechte und Partizipationsmöglichkeiten, Finanzabhängigkeiten etc.). Wer in den Nachbardisziplinen international „aufgestellt" ist, wird am regionalen deutschsprachigen Diskurs wohl geringeres Interesse haben. Wenn man nicht die USA als Referenzmodell begreift, neigt eine sich im Englischen ausdrückende Internationalität dazu, verallgemeinerungsfähige Theoreme zu entwickeln und zu verbessern. Der jetzt dort geführte Theorie- und Prämissendiskurs ist dann wiederum für juristische Fragestellungen schwer anschlussfähig, denn wir Juristen können uns ja kaum unsere Rechtsordnungen zum Zwecke eines interdisziplinären Diskurses wegdenken, wenn die Gegebenheiten des Rechts mit den Grundannahmen der Theorien nicht übereinstimmen (parlamentarisches Regierungssystem, spezifische Verfassungsgerichtsbarkeit, Exekutivföderalismus, Parteiensystem am Modell der Volkspartei, nicht der Primaries, intermediäre Verbandsstruktur etc.). Gewiss kann man interdisziplinär abstrakt über Föderalismus reden. Doch was folgt daraus, wenn jede Ausgestaltung aufgrund der Geschichte, der Kultur und des Rechts höchst individuell ist?

Mit anderen Worten: Transferhürden werden nicht nur durch den spezifischen Diskurszuschnitt der Staatsrechtslehrervereinigung ausgelöst, sondern auch von den Nachbarwissenschaften erzeugt. Deren Theoriediskurse sind nicht ohne Weiteres anschlussfähig, wenn sie auf US-amerikanischen Grundmodellen beruhen und sich des Englischen bedienen, dessen Fachbegriffe besondere Übersetzungsprobleme aufwerfen.[41]

[41] Aus deutscher Sicht nur ein paar Beispiele: Staatsrecht ist nicht state law, Föderalismus ist nicht federalism, Wissenschaft ist nicht science, und für zentrale Rechtsbegriffe bedarf es mangels direkter

5. Ist Interdisziplinarität im engeren Sinne überhaupt möglich oder erstrebenswert?

Im Kontext der Staatsrechtslehrervereinigung nach Interdisziplinarität zu fragen, setzt also voraus, von einem bescheideneren Verständnis von Interdisziplinarität auszugehen. Von „inter" kann eigentlich nicht wirklich gesprochen werden. Der Sache nach handelt es sich um eine Ausweitung der Gegenstände und der Methoden. Was wir finden können, sollte man vielleicht eher als Supradisziplinarität verstehen, nämlich als einen gedanklichen Ansatz, der über das Disziplinäre hinausgeht, ohne dass diese Erweiterung auf ein disziplinäres Gegenüber träfe, das Antwort geben könnte.

Im Folgenden soll nun solchen bescheideneren Interdisziplinaritätsformen nachgegangen werden: zunächst entwicklungsgeschichtlich, sodann thematisch.

III. Konjunkturen der Interdisziplinarität

1. 1920er Jahre

Die sieben Jahrestagungen in der Weimarer Republik sind das Forum par excellence für den Methoden- und Richtungsstreit der Weimarer Staatsrechtslehre.[42] Auf den Tagungen in Münster 1926, München 1927 und Wien 1928 treffen die Hauptprotagonisten aufeinander, artikulieren die grundsätzlichen Differenzen in puncto Gegenstand und Methode und scheuen auch vor Polemik nicht zurück.[43] Die Debatte kreist um den Konflikt zwischen einer gegenstandserzeugenden oder einer gegenstandsbestimmten Methode, für die immer wieder der Begriff des Staates den Aufhänger bietet: Ist „Staat" eine historische, politische, philosophische „Wirklichkeit", eine lebensweltliche Erfahrung und handlungsleitende Institution – so die in sich wiederum aufgefächerte Mehrheitsposition – oder wird, für die Zwecke der rechtlichen Behandlung, der „Staat" erst durch die Rechtsordnung konstituiert – so die Position insbesondere von *Hans Kelsen*.

Wer der gegenstandsbestimmten Sicht auf den Staatsbegriff zuneigte, musste die Frage nach der Methode zur Erfassung dieses Gegenstandes beantworten. Das jeweilige philosophische und methodische Fundament war das Einfallstor für eine geisteswissenschaftliche Neuorientierung, die sich im Namen des neuen Verfassungsrechts der WRV vom

Entsprechung voraussetzungsvoller Umschreibungen, man denke etwa an „Gesetzesvorbehalt" oder „Rechtsverordnung".

[42] Überblicke etwa bei *Michael Stolleis*, Geschichte des öffentlichen Rechts in Deutschland, Dritter Band: 1914–1945, 1999, S. 158 ff.; *Wolfgang März*, Der Richtungs- und Methodenstreit der Staatsrechtslehre, in: Nörr/Schefold/Tenbruck (Hrsg.), Geisteswissenschaften zwischen Kaiserreich und Republik, 1994, S. 75 ff.; *Klaus Tanner*, Die fromme Verstaatlichung des Gewissens, 1989; *Werner Heun*, Der staatsrechtliche Positivismus in der Weimarer Republik, in: Der Staat 28 (1989), S. 377 ff.

[43] *Erich Kaufmann/Hans Nawiasky*, Die Gleichheit vor dem Gesetz im Sinne des Art. 109 der Reichsverfassung, VVDStRL 3 (1927), S. 2 ff./25 ff.; *Karl Rothenbücher/Rudolf Smend*, Das Recht der freien Meinungsäußerung, VVDStRL 4 (1928), S. 6 ff./44 ff.; *Heinrich Triepel/Hans Kelsen*, Wesen und Entwicklung der Staatsgerichtsbarkeit, VVDStRL 5 (1929), S. 2 ff./30 ff. Besonders aussagekräftig sind die jeweiligen Aussprachen, siehe *Stolleis*, Geschichte III (Fn. 42), S. 189 ff.

Positivismus entfernte.[44] Dies löste eine lebhafte Kontroverse über den Einfluss und die Relevanz der Nachbardisziplinen aus. Der Weimarer Methoden- und Richtungsstreit ist eine Interdisziplinaritätskontroverse, die freilich nicht unter diesem – erst um 1960 aufkommenden – Begriff verhandelt wurde. Man sprach stattdessen von der „geisteswissenschaftlichen Richtung", die ihrerseits ganz Unterschiedliches in Bezug nehmen konnte. Manche waren stärker philosophisch geprägt (*Hermann Heller* über *Hegel*; *Rudolf Smend* über den Sozialphilosophen und Pädagogen *Theodor Litt*), andere stärker dezisionistisch unter Verarbeitung reichen Materials aus der Historiographie, der Theologie und der politischen Theorie (*Carl Schmitt*), dritte naturrechtlich (*Erich Kaufmann*), wiederum andere phänomenologisch (*Gerhard Leibholz*). Die Protagonisten praktizierten jedenfalls den Zugriff auf außerjuridische Erkenntnisquellen. Diese stammten aus unterschiedlichen disziplinären Zugängen, unter denen wir die Historiografie, die Philosophie (mit zahlreichen zueinander höchst kontroversen Richtungen), die Pädagogik, die Soziologie (bewandert hier besonders *Heller* und *Kelsen*) genauso vorfinden wie politisch-etatistische Vorverständnisse und kaiserreichliche Residuen, die sich durch den Rückgriff auf eine „geisteswissenschaftliche Methode" wissenschaftlich ausdrückten.

Man vermisst in den Weimarer Kontroversen eine politikwissenschaftliche Perspektive. Diese Disziplin gab es bekanntlich noch nicht mit einer hinreichenden fachlichen Ausdifferenzierung. Politikwissenschaft wurde in Deutschland erst nach dem Zweiten Weltkrieg über den Transfer aus den Vereinigten Staaten heimisch,[45] einem Transfer, an dem bemerkenswert viele Emigranten mitgewirkt haben, unter denen sich wiederum Gelehrte fanden, die ihrer Ausbildung nach Juristen waren, nach 1933 in Deutschland aber weder bleiben noch Juristen werden durften.[46] Wenn man den Emigranten einen Beitrag bei der Entstehung der *Political Science* zubilligt, dann hat der Weimarer Richtungs- und Methodenstreit auch eine Relevanz für das Entstehen des neuen Fachs Politikwissenschaft, oder, anders ausgedrückt: Die Politikwissenschaft der 1950er Jahre ist ein legitimes Kind der Weimarer Staatsrechtslehre. Dass sich die Vereinigung mit Perspektiven befasste, die wir disziplinär heute der Politikwissenschaft zuordnen, ist nichts Ungewöhnliches und fällt als „Interdisziplinarität" erst auf, nachdem beide Fächer disziplinär getrennt und dann wieder interdisziplinär aufeinander bezogen werden können.

---

[44] So *März* (Fn. 42), S. 93 f.

[45] In den USA verliefen die Abgrenzungen anders. Die Rechtwissenschaft war dort weitgehend eine Privat- und Strafrechtswissenschaft. Es gab zwar Verfassungsrecht, aber weder „Staatsrecht" noch „öffentliches Recht". Verwaltungsrecht wurde vor 1945 nur zaghaft unterrichtet und kam erst nach dem Zweiten Weltkrieg, auch als Erbe des *New Deal*, zum Fächerkanon hinzu. Die *Law Schools* boten insgesamt kein dem öffentlichen Recht freundliches Milieu; sie müssen sich bekanntlich weitgehend durch die Anwaltsausbildung finanzieren und deren Bedürfnisse bedienen. An den amerikanischen Universitäten gab es außerhalb der *Law Schools* aber *Departments*, die sich mit Institutionen beschäftigten, also etwa „*government*" oder „*administration*". Diese Gegenstände wurden als unjuristische behandelt, auch weil an den *Law Schools* damals die *Case Method* von *Christopher C. Langdell* als Inbegriff der juristischen Methode galt und diese auf die institutionellen Gegenstände nicht passte. Das neue Fach *Political Science* ermöglichte hier das Überwinden von Themengrenzen, das per se interdisziplinäre Zugänge (aus amerikanischer Sicht) voraussetzte.

[46] Zu nennen wären etwa *Arnold Brecht*, *Ernst Fraenkel*, *Karl Loewenstein*, *Hans Morgenthau*, *Franz L. Neumann*.

Es ist hier nicht der Platz, die in sich vielschichtige Kontroverse erneut nachzuzeichnen. Der Weimarer Methoden- und Richtungsstreit führte zu einer Grundsatzdiskussion um die Begründung des modernen Verfassungsstaates zum einen aus der demokratischen Transformationsperspektive, zum anderen aus der methodischen Öffnungsperspektive. Als zweiter Gründungsdiskurs des Verfassungsstaates (nach dem US-amerikanischen mit den *Federalist Papers*) hat die Kontroverse über die deutsche Verfassungs- und Wissenschaftsgeschichte hinaus internationale Diskussionswürdigkeit erlangt und wirkt bis in die Gegenwart als Referenzdiskurs.[47] Für unsere Zwecke soll nur ein Ausgangsbefund festgehalten werden: Die Staatsrechtslehrervereinigung begann als ein Forum, in dem interdisziplinäre Fragen zwar nicht explizit als solche behandelt wurden, aber doch implizit vieles überschatteten. Die besondere Relevanz des Richtungsstreits liegt in seiner Ergebnisrelevanz: Man konnte den seins- oder normwissenschaftlichen Prämissen nicht entrinnen, weil von ihnen die Ergebnisse abhingen. Woran auch sonst sollte sich eine Verfassungsauslegung orientieren und anknüpfen, wenn Rechtsprechung oder Verfassungsdogmatik fehlten?

2. 1950–1970

Zunächst knüpfte man an die Weimarer Prägungen an. Mit ihnen wurde die unübersichtliche neue Lage in zwei Richtungen sortiert, die entweder vom Staat oder von der Verfassung her dachte, die arbeitsteilig-autonome oder plural-integrative Interdisziplinaritätsverständnisse nahelegten. Dabei konzentrierten sich die nachmaligen Perspektiven auf Grundbeschreibungen von *Smend* und *Schmitt*, während die Positionen von *Heller* und *Kelsen* ausgeschieden waren und erst ab den 1970er bzw. ab den 1990er Jahren ihren Weg zurück in die Staatsrechtslehrerdiskussionen fanden.[48] Keiner der Weimarer Ansätze passte noch, aber alle boten etwas.

Einige Beispiele: So hielt etwa *Günter Dürig*, der einflussreiche Kommentator der ersten Artikel des Grundgesetzes, ein Referat im alten geisteswissenschaftlichen Duktus.[49] Er blieb methodologisch auf dem Stand von 1925, griff freilich neue Modephilosophen als Referenzautoren auf. Die Position von *Ernst Forsthoff* fußte auf Schmittschen Dicho-

---

[47] Das Diskursinteresse verbindet sich zwar meist mit dem Interesse an den Hauptprotagonisten, ist aber auch konzeptionell begründet, vgl. etwa Schröder/v. Ungern-Sternberg (Hrsg.), Zur Aktualität der Weimarer Staatsrechtslehre, 2011; *Kathrin Groh*, Demokratische Staatsrechtslehrer in der Weimarer Republik, 2010; Gusy (Hrsg.), Weimars lange Schatten – „Weimar" als Argument nach 1945, 2003; *Dian Schefold*, Geisteswissenschaften und Staatsrechtslehre zwischen Weimar und Bonn, in: Acham u.a. (Hrsg.), Erkenntnisgewinne, Erkenntnisverluste, 1998, S. 567 ff.

[48] Vgl. *Günther* (Fn. 33); *Oliver Lepsius*, Die Wiederentdeckung Weimars durch die bundesdeutsche Staatsrechtslehre, in: Gusy (Hrsg.), Weimars lange Schatten – „Weimar" als Argument nach 1945, 2003, S. 354 (360 ff.).

[49] *Günter Dürig*, Der deutsche Staat im Jahre 1945 und seither, VVDStRL 13 (1955), S. 27 (33): „Im theoretischen Ausgangspunkt sei angeregt, zunächst die durch den Neukantianismus bedingte dualistische Zerreißung von normativem Sollen und faktischem (psychischem, historischem, aber auch kulturtatsächlichem) Sein in der Erkenntnis zu versöhnen, daß zwar das normative Sollen niemals aus dem Sein zu ‚begründen' ist, daß es aber im Sein ‚gründen' muß." *Dürig* müht sich im Weiteren mit dem „objektiven Geist" und seinen „Sachgehalten" ab, vgl. S. 41 ff.

tomien sowie dem von *Carl Schmitt* erprobten Ausspielen der Gegenwart mit imaginären historischen Idealzuständen.[50] Die Dichotomie zwischen dem liberalen und dem sozialen Rechtsstaat markierte stellvertretend sowohl den Einfluss des normativen Wandels, den das Grundgesetz in die Staatsrechtslehre brachte, als auch die Relevanz des politisch-sozialen Wandels gegenüber dem liberalen Gesellschaftsmodell des ausgehenden 19. Jahrhunderts, das immer noch die Grundbegrifflichkeit lieferte samt der Aufteilung von Freiheitssphären und der intradisziplinären Zuweisung an das Privatrecht oder das Staatsrecht.[51]

Dynamische Diagnosen und auf sie gestützte Normdeutungen setzten sich dann aber schnell durch. Die Referenten griffen auf Schriften von Nicht-Juristen zurück, wenn auch grundsätzlich auffällt, dass die Zeitdiagnosen weitgehend mit dem literarischen Angebot der Fachkollegen bestritten werden können.[52] Ins Zentrum der Debatten gerieten die Institute und Institutionen mit ihren rechtlichen wie politisch veränderten Grundbedingungen. Über die Mittel der Normexegese (historische und teleologische Auslegung) bildeten die Bezugspunkte zunächst die Beratungen des Parlamentarischen Rates,[53] Diagnosen der gesellschaftlichen Veränderung[54] sowie verfassungsstrukturelle Positionierungen in zeithistorischen Verlaufsszenarien. Bei Letzteren überwogen Typisierungen, die zum Teil auf kondensierten historischen Erfahrungen und Zuständen beruhten, zum Teil der idealisierten und präskriptiven Zuschreibung entstammten. Themenstellungen und Themenbeschreibungen bedienen sich dann gerne einer „Von … zu"-Perspektive (z. B. vom bürgerlichen zum sozialen Rechtsstaat) oder einer Kondensierung der Gegenwart mit Hilfe der Begriffe Staat oder Gesellschaft (z. B. der Staat der Industriegesellschaft, der soziale Rechtsstaat). Hinter solchen Begrifflichkeiten erkennt man immer auch ein Bemühen, die veränderte politisch-gesellschaftliche Wirklichkeit für die Zwecke der Rechtsbewertung zu erfassen.

In den Nachbardisziplinen waren seinerzeit universalhistorische und kulturphilosophische Reflexionen nicht unüblich, etwas, was die Staatsrechtler mit ihren Begriffen gleichermaßen leisten konnten. Selbst ein Pluralismustheoretiker wie *Ernst Fraenkel* benutzte nicht wesentlich andere Zugriffstechniken wie sie unter den Staatsrechtlern üb-

---

50 *Ernst Forsthoff*, Begriff und Wesen des sozialen Rechtsstaats, VVDStRL 12 (1954), S. 8 ff.

51 Die Debatte wird analysiert u. a. von *Stolleis*, Geschichte IV (Fn. 27), S. 280 ff.; *Günther* (Fn. 33), S. 87 ff.; *Florian Meinel*, Der Jurist in der industriellen Gesellschaft, 2011, S. 359 ff.; *Thurn* (Fn. 35), S. 53 ff.

52 Wie sich Belesenheit in staatsrechtliche Diagnose überführen lässt, zeigt etwa das Referat von *Ulrich Scheuner*, Die staatliche Intervention im Bereich der Wirtschaft, VVDStRL 11 (1954), S. 1. Die veränderte Partizipationsstruktur steht ihm nicht nur vor Augen, sondern er beschreibt sie auch nicht grundsätzlich negativ, vgl. S. 49 ff.

53 Vgl. *Walter Jellinek/Hans Schneider*, Kabinettsfrage und Gesetzgebungsnotstand nach dem Bonner Grundgesetz, VVDStRL 8 (1950), S. 3 ff./21 ff.; *Friedrich Klein/Heinrich Herrfahrdt*, Tragweite der Generalklausel im Art. 19 Abs. 4 des Bonner Grundgesetzes, ebd., S. 67 ff./126 ff.

54 Vgl. *Hans Peter Ipsen*, Enteignung und Sozialisierung, VVDStRL 10 (1952), S. 74 (84, 85 f.): „Eigentum i. S. des Art. 14 muß eben begrifflich und dogmatisch – anders als der Ausgangsbegriff ‚Eigentum' des Art. 153 – unter Berücksichtigung aller Wandlungen und Friktionen verstanden und gedeutet werden, die das Institut bis 1949 und darüber hinaus erfahren hat. […] Eigentum reicht nicht weiter und gibt nicht mehr her, als seine gesetzliche Inhaltsbestimmung es vorsieht […]".

lich waren.[55] Mit der Frankfurter Schule etablierte sich allerdings eine gleichfalls kulturell und philosophisch verankerte Richtung in der Soziologie, deren kritische Sozialtheorie sowohl gegenständlich als auch aus parteipolitischen Gründen in der deutschen Staatsrechtslehre nicht anschlussfähig war.[56] Man darf nicht übersehen, dass „Interdisziplinarität" als ein disziplinenübergreifender Auftrag erst in den 1960er Jahren formuliert wurde und dass auch die Nachbardisziplinen mit der Entphilosophisierung ihrer Methoden und Gegenstände beschäftigt waren.[57] Man bedenke auch, dass es erst nach 1960 zu einem Ausbau der Fächer Soziologie und Politikwissenschaft an den deutschen Universitäten gekommen ist.[58]

Viele Staatsrechtslehrerreferate bewegen sich in einem kulturhistorischen und existenzphilosophischen Umfeld und können dafür außer-juridische Literatur verwenden. Im Duktus der Zeit und in realistischer Abschätzung des Angebotes aus den Nachbardisziplinen war dies zwar kein interdisziplinärer Diskurs aber doch jedenfalls einer, der ohne Scheu Werke aus anderen Fächern verarbeitete. Dogmatisch, positivistisch oder anderweitig verengt war der Diskurs jedenfalls nicht, was immer man von den Erträgen und ihren Vorverständnissen heute halten mag.[59] In jedem Fall zeigt sich der Diskurs auf den Staatsrechtslehrertagungen „informiert". Historiographische und philosophische Literatur ist gegenwärtig; bei der soziologischen und politikwissenschaftlichen muss das zeitgenössische Angebot in Rechnung gestellt werden.

Das Interdisziplinaritätsreservoir wurde durch rechtsvergleichende Beobachtungen ergänzt, auch in historischer Aufbereitung. Einen Einschnitt stellte auch in dieser Hinsicht das Referat von *Horst Ehmke* auf der Freiburger Tagung 1961 dar.[60] Er propagierte

---

[55] Auch wenn *Fraenkels* Erkenntnisinteressen andere waren, vgl. etwa seine Aufsatzsammlung: *Ernst Fraenkel*, Deutschland und die westlichen Demokratien, 1964. *Fraenkel* war bekanntlich Jurist und durch die Emigration zum Politikwissenschaftler geworden.

[56] Mit *Wolfgang Abendroth* gehörte der VDStRL ein Mitglied aus dem Umkreis der Frankfurter Schule an, das sich zunächst durchaus wortstark artikulierte, in der Sache aber Einzelgänger blieb (später sekundierte *Helmut Ridder*); vgl. *Günther* (Fn. 33), S. 73 ff., 94 ff.; *Stolleis*, Geschichte IV (Fn. 27), S. 281.

[57] Man denke nur an den zunächst weiterbestehenden konzeptionellen Einfluss von *Hans Freyer, Arnold Gehlen, Helmuth Plessner* oder *Karl Jaspers* und sodann *Helmut Schelsky* in der Soziologie oder von *Eric Voegelin* in der Politikwissenschaft. Für die Professionalisierung der Soziologie in den 1950er Jahren und ihre Abkehr von der durch die Emigration in Deutschland übrig gebliebenen geisteswissenschaftlichen Richtung vgl. *M. Rainer Lepsius*, Soziologie und Soziologen, 2017, S. 85 ff., der für die Lage gegen Ende der 1950er Jahre resümiert: Die empirische Sozialforschung erschien im Ganzen „nachrangig und bloß ergänzend gegenüber der historisch-philosophischen Reflexion der menschlichen Existenz" (S. 109).

[58] Personelle und konzeptionelle Bestandsanalyse bei *M. Rainer Lepsius*, Denkschrift zur Lage der Soziologie und der politischen Wissenschaft, 1961.

[59] Referate, die keine außerjuridischen Anleihen nahmen, wirken heute bisweilen anschlussfähiger, auch wenn sie in der seinerzeitigen Diskussion wenig wiederhallten, vgl. z. B. *Martin Drath*, Die Grenzen der Verfassungsgerichtsbarkeit, VVDStRL 9 (1952), S. 17, der damals bereits formulierte (S. 92, 95, 97 f.): „Die gesamte übrige Rechtsordnung muß grundsätzlich aus der Verfassung verstanden werden ..." und eine „aktive politische Funktion" der Verfassungsgerichte umschrieb sowie feststellte, „daß wir vom Verfassungsgericht selbst politisches Denken verlangen, daß die Verfassungsrichter ... selbst konstruktiv Politik treiben."

[60] *Horst Ehmke*, Prinzipien der Verfassungsinterpretation, VVDStRL 20 (1963), S. 53.

eine Interpretationsperspektive, also einen normwissenschaftlichen Zugriff, der nicht systemorientiert-deduktiv vorgehe, sondern „vom jeweils vorgegebenen Problem her eine System-Analyse" erfordere. „In schwierigeren Fällen", erläutert *Ehmke*, „muß die die Entscheidung tragende Norm dagegen überhaupt erst gebildet, ‚gefunden' werden, in dem Sinne, in dem wir davon sprechen, daß jemand sich ‚zurechtfindet'."[61] *Ehmke* kritisierte den Methodenpluralismus vor dem Hintergrund der jeweiligen Sachverhaltsrelevanz und plädierte aus praktischen Gründen für eine materiale Verfassungstheorie als eigentlicher verfassungsrechtlicher Hermeneutik.[62] Seine Haltung ist interdisziplinär ambivalent: Einerseits Öffnung zu den Problemen statt abstrakte Deutungen und historisierende Verlaufsbeschreibungen. Andererseits keine sozialwissenschaftliche Anschlusssuche, weil die Rechtsprobleme den Sachverhaltszugriff bestimmen und das Ziel die Problemlösung mittels juristischer Interpretation bleibt. Damit wird Interdisziplinarität zu einem topischen Problem, nicht zu einer strukturellen Aufgabe. Das hat paradoxe Effekte: einerseits Öffnung gegenüber aktuellen Problemlagen in Politik und Gesellschaft, so sie Rechtsprobleme aufwerfen, andererseits keine disziplinenübergreifenden Metaperspektiven. Wie *Ehmke* den Ton der Zeit getroffen hatte, verdeutlicht wenig später etwa das Referat von *Peter Lerche* zum Föderalismus. *Lerche* versagte sich historische Typologien, Systembildungen oder ein Argumentieren mit Großbegriffen wie Staat oder Rechtsstaat und kanalisierte die Aufmerksamkeit auf die Verfahrensfolgen, die sich aus einem föderativen Staatsaufbau ergeben.[63]

3. 1970–1990

In den 1970er Jahren wandelte sich das Vorverständnis gelingender Interdisziplinarität zugunsten einer „realistischen" Jurisprudenz im Sinne eines erweiterten Verständnisses der Sozialwissenschaften.[64] Der Disziplinenkanon war nun wesentlich weiter geworden: Soziologie, Politikwissenschaft, Verwaltungswissenschaft, Wirtschaftswissenschaft, Psychologie, Kriminologie,[65] aber auch Geschichte, Logik, Linguistik, Informatik, Friedensforschung, Finanzwissenschaft, Didaktik.[66] Zum einen hatten sich die Nachbardisziplinen inzwischen methodisch ausdifferenziert und leisteten hervorragende empirische Forschung. Zum anderen hatten sie einen erheblichen Bedeutungsaufschwung erfahren. Die Soziologie dürfte sogar in die Position der gesellschaftlichen Leitwissenschaft aufgerückt sein, eine Position, die zuvor eher die Philosophie behauptet hatte. Soziologie

---

61 *Ehmke* (Fn. 60), S. 55 f.

62 *Ehmke* (Fn. 60), S. 69 f.

63 *Peter Lerche*, Föderalismus als nationales und internationales Ordnungsprinzip, VVDStRL 21 1964), S. 66 (85, 90): „Homogenität im Verfahren", die zu „stetig erneuerter Legitimation der Staatlichkeit" führt. Statt auf die Erfassung eines „Sein" stellt *Lerche* auf das Ziel der „Kunst" ab.

64 Aus der Bandbreite der seinerzeitigen Literatur nur beispielhaft: *Werner Maihofer*, Realistische Jurisprudenz, in: Jahr/Maihofer (Hrsg.), Rechtstheorie, Beiträge zur Grundlagendiskussion, 1971, S. 427 ff.; *Christoph Zöpel*, Ökonomie und Recht, 1974; *Hubert Rottleuthner*, Rechtstheorie und Rechtssoziologie, 1981.

65 Diese werden behandelt in *Grimm*, Nachbarwissenschaften, Bd. 1 (Fn. 6).

66 Diese werden behandelt in *Grimm*, Nachbarwissenschaften, Bd. 2 (Fn. 6).

versprach Aufschlüsse über die gesellschaftlich drängenden Fragen der Zeit. Des Weiteren lösten gesellschaftliche Umbrüche (Machtwechsel 1969, Frauenemanzipation, Studentenbewegung und Generationenkonflikt, „sexuelle Revolution", neue Protestformen, Partizipationserwartungen im Gefolge von „mehr Demokratie wagen") einen Anpassungsdruck auf das Establishment aus, für dessen Erhaltung „Recht" mithaftbar gemacht wurde. Und schließlich zeigten sich in den Rechtsgebieten an allen Ecken und Enden Reformen und Neues (Entkriminalisierung und Strafrechtsreform; Gleichberechtigung und Eherechtsreform; Mitbestimmung und Betriebsverfassungsreform; Planungseuphorie und Verwaltungsverfahrensrechtsreform; Entstehen des Umwelt- und Naturschutzrechts als einige Beispiele). Die neuen Gegenstände ließen sich nicht mehr mittels dogmatisch gespeicherter Erfahrungssätze bewältigen, sondern verlangten nach interdisziplinärer Aufklärung.

In den 1970er Jahren begann die große Zeit der interdisziplinär ausgerichteten Jurisprudenz. Sie hat gesellschaftliche, politische, didaktische aber auch rein rechtliche Ursachen.[67] Neue Universitätsgründungen verfolgten eine explizit interdisziplinäre Forschungsausrichtung (Beispiele: Bielefeld, Konstanz). Die einstufige Juristenausbildung (etwa in Augsburg, Bayreuth, Bielefeld, Bremen, Hamburg, Hannover, Konstanz) integrierte sozialwissenschaftliche Inhalte.[68] Das Planungsrecht als neues Rechtsgebiet hatte Interdisziplinarität als Verfahrensgegenstand.[69] *Rainer Wahl* spricht insofern von einem Weg von der Wahrnehmung gewandelter gesellschaftlicher Problemlagen zur Änderung des positiven Rechts,[70] und das ist eine auf andere Rechtsgebiete durchaus übertragbare Diagnose. *Dieter Grimm* stellte fest, ein Jurist, der sich nur auf Subsumtionstechnik und gesunden Menschenverstand verließe, könne nicht mehr sicher sein, auch nur die Normtexte und Sachverhalte richtig zu verstehen, geschweige denn vernünftige Entscheidungen zu fällen.[71] Und über die Studentenbewegung wurden die Eliten der Bundesrepublik mit der verdrängten Frage nach ihrer Vergangenheit im Nationalsozialismus konfron-

---

[67] Als Milieuschilderung aus „Heidelgrad" *Bernhard Schlink*, Sommer 1970, in: Merkur 57 (2003), S. 1121 ff.

[68] Vgl. *Alfred Rinken*, In welcher Weise empfiehlt es sich, die Ausbildung der Juristen zu reformieren?, Sitzungsberichte 48. DJT, 1970, Teil P; *ders.*, Der neue Jurist. Materialien zur reformierten Juristenausbildung in Bremen, 1973; *ders.*, Die frühen Bremer Jahre: die einstufige Juristenausbildung in Bremen, in: FS für Volker Kröning, 2015, S. 256 ff.; Hoffmann-Riem (Hrsg.), Sozialwissenschaften im Studium des Rechts, 1977; *ders.*, Modernisierung der Rechtswissenschaft als fortwährende Aufgabe: Impulse aus der einstufigen Juristenausbildung, in: FS für Hans Peter Bull, 2011, S. 157–183; *Manfred Braun*, Juristenausbildung in Deutschland, 1980 (Nd. 2019); Stürner (Hrsg.), Konstanzer Juristenausbildung: eine Bilanz, 1981; *David Sörgel*, Die Implementation der Grundlagenfächer in der Juristenausbildung nach 1945, 2014.

[69] Vgl. *Stolleis*, Geschichte IV (Fn. 27), S. 267; *Winfried Brohm*, Die Dogmatik des Verwaltungsrechts vor den Gegenwartsaufgaben der Verwaltung, VVDStRL 30 (1972), S. 245, der das Phänomen als stufenweise Entscheidung, Koordination und Kooperation erfasst (S. 289 ff.); vgl. auch *Hans-Jochen Vogel*, Städte im Wandel, 1971. Schon 1959 stand der Plan als verwaltungsrechtliches Institut auf der Tagesordnung, vgl. die Referate von *Max Imboden* und *Klaus Obermayer*, VVDStRL 18 (1960), S. 113 ff./144 ff.

[70] Vgl. *Rainer Wahl*, Herausforderungen und Antworten: Das öffentliche Recht der letzten fünf Jahrzehnte, 2006, S. 47; zum Einfluss der Planung auf das geltende Recht und seine Beschreibung ebd., S. 45 ff.

[71] So *Grimm*, Nachbarwissenschaften, Bd. 1 (Fn. 6), S. 8.

tiert, was Nachfrage nach politischer Zeitgeschichte und ethischer Verantwortung auslöste.

Interdisziplinarität erschöpfte sich nun nicht mehr in Belesenheit und im Zitieren, nicht mehr im Konstruieren von Verlaufsszenarien und historischen Idealzuständen, sondern sie war stärker auf eine tatsächliche Einbindung von Sozialwissenschaften in die juristische Problembehandlung und Ausbildung gekennzeichnet: In der einphasigen Juristenausbildung wirkten Sozialwissenschaftler mit. In der Forschungsliteratur wurden Fragestellungen so entwickelt, dass sie tatsächlich zu einem Gespräch zwischen den Disziplinen führten.[72]

Auf den Tagungen der Staatsrechtslehrervereinigung wurden die gesellschaftlichen Veränderungen laufend thematisiert und entsprechend ist in den 1970er Jahren eine deutliche Hinwendung zu interdisziplinär relevanten und anschlussfähigen Themenstellungen zu erkennen wie auch ein Bemühen, die Referenten so zu paaren, dass eine traditionelle Vorgehensweise (meist der Erstbericht) auf einen „moderneren" Zugang im Zweitbericht stößt. Gehen wir exemplarisch einige Tagungsbände aus der Nach-68er-Zeit durch.

Als Beispiel für die Paarungsstrategie des Vorstands können die Referate von *Karl Heinrich Friauf* und *Heinz Wagner* über „Öffentlicher Haushalt und Wirtschaft" dienen. *Friauf* zitierte sparsam und fast nur Professionskollegen; *Wagner* bewegte sich im Bereich der Wirtschaftspolitik und Organisationslehren und zitierte keinen Professionskollegen.[73] Bei der Behandlung der „Stellung der Studenten in der Universität" kommen die Referenten ohne gesellschaftspolitische Bezüge aus und bleiben bei einer sowohl gegenständlich wie perspektivisch „juristischen" Behandlung des Themas,[74] mit der Partizipationsansprüche abgewehrt wurden. Im darauffolgenden Jahr hielt *Ernst-Wolfgang Böckenförde* ein Referat, das die überkommene supradisziplinäre Form vollendet beherrschte.[75] Beim anderen Tagungsthema des Jahres 1969 standen sich wieder juristisch-traditioneller und ausgreifender Zugriff gegenüber,[76] ein Methodendualismus, wie er auch die erstmalige Beratung des Demokratieprinzips 1970 prägte.[77] *Michael Stolleis* resümiert diese Annäherung so:[78] Man habe sich zunächst viel mit Staat und Gesetz beschäftigt, mit Grundrechten und Rechtsschutz, aber erst 1970 mit Demokratie. Die Festigung der Institutionen sowie des Rechts- und Sozialstaats hatte Vorrang. Die Demo-

---

[72] Konzeptionell insoweit *Grimm*, Nachbarwissenschaften, Bd. 1 (Fn. 6) (1973). In dem Buch wird die Rechtswissenschaft mit anderen Disziplinen kontrastiert. Ein Jurist und ein Vertreter der Nachbardisziplinen behandeln die Frage des „und" aus ihrer jeweiligen disziplinären Sicht. Damit soll Orientierung geboten werden, weil der Großzahl der Juristen schon unklar sei, was Soziologie und Politologie eigentlich erforschen und sie deshalb unfähig seien, geeignete Fragen an die Nachbardisziplinen zu stellen, so *Grimm*, ebd., S. 8.

[73] *Karl Heinrich Friauf/Heinz Wagner*, VVDStRL 27 (1969), S. 1 ff./41 ff.

[74] *Hans Heinrich Rupp/Wilhelm Karl Geck*, VVDStRL 27 (1969), S. 113 ff./143 ff.

[75] *Ernst-Wolfgang Böckenförde*, Das Grundrecht der Gewissensfreiheit, VVDStRL 28 (1970), S. 33 ff.

[76] *Wilhelm Henke/Wolfgang Rüfner*, Die Rechtsformen der sozialen Sicherung und das allgemeine Verwaltungsrecht, VVDStRL 28 (1970), S. 149 ff./187 ff.

[77] *Werner v. Simson/Martin Kriele*, Das demokratische Prinzip im Grundgesetz, VVDStRL 29 (1971), S. 3 ff./46 ff.

[78] *Stolleis*, Geschichte IV (Fn. 27), S. 350 f.

kratie-Tagung 1970 sei ein rascher Reflex auf „1968" und die Parole „mehr Demokratie wagen" gewesen, auch auf die Flut politologischer, soziologischer und pädagogischer Untersuchungen zu Themen der „Demokratisierung" sowie schließlich auf die universitätsinternen Positionskämpfe um eine „Demokratisierung der Hochschulen". *Werner v. Simson* bot eine ausgewogene Mischung von empirischer und normativer Bestandsaufnahme, eine aufmerksame Beobachtung der Politikwissenschaft, Ermunterung zu einem offenen Umgang mit organisierten Interessen und zur Einbeziehung auch von nichtdemokratisch gewonnenem Sachwissen. *Martin Kriele*, kritisch und im politischen Duktus sozialliberal, suchte historisch fundiert die Synthese von liberalen und rechtsstaatlichen Prinzipien. „Insgesamt wird man konstatieren können, dass die Debatten von 1970 trotz ihres unübersehbaren innenpolitischen Gegenwartsbezugs belegen, wie stark sich nun auch organisationssoziologische, ökonomietheoretische und politikwissenschaftliche Einsichten bemerkbar machten, dass eine Öffnung nach Nordamerika stattgefunden hatte und dass Europa als neuer Aktionsraum der Demokratie wahrgenommen wurde. Von einem etatistischen und statischen Gemeinwohlbegriff, der der Demokratie entzogen oder gar entgegengesetzt sein könnte, war keine Rede mehr".[79] Das Muster konventionell-juristischer versus diziplinenübergreifend informierter Zugriff wiederholte sich 1974 bei der Behandlung des parlamentarischen Regierungssystems.[80]

Die Regensburger Tagung 1971 gilt mit den Referaten von *Peter Häberle* und *Winfried Brohm* als eine der impulsträchtigsten in der Geschichte der Vereinigung,[81] was sie interdisziplinär aber gerade nicht war. Auf ihr bewältigte die Staatsrechtlehre den allgegenwärtigen Wandel im Wege der Selbstreflexion und der konzeptionellen Anpassung an hergebrachte Kategorien. Sie werden hinterfragt, erweitert, zukunftsfähig gemacht – und dies ist eine Leistung juristischen, nicht interdisziplinären Denkens. Manche Themenstellungen, die an sich für eine sozialwissenschaftliche Begleitung prädestiniert sind wie Ausländer- und Migrationsrecht, das Thema der Tagung 1973, wurden ohne diese traktiert,[82] während dasselbe Thema, 40 Jahre später erneut aufgegriffen, Bestandsaufnahmen und Wirkungsanalysen auslöste.[83] Bei der Tagung 1974 griffen beide Referenten des verwaltungsrechtlichen Themas auf Sozialwissenschaften zurück, in dem einen Fall zur Öffnung der Fragestellung, in dem anderen Fall, gestützt auf *Luhmanns* Systemtheorie, zur Abschließung der systemisch getrennten sozialen Sphären.[84] Im Jahr darauf kriti-

---

[79] *Stolleis*, Geschichte IV (Fn. 27), S. 351 f.

[80] *Thomas Oppermann/Hans Meyer*, Das parlamentarische Regierungssystem des Grundgesetzes, VVDStRL 33 (1975), S. 8 ff./69 ff.

[81] *Wolfgang Martens/Peter Häberle*, Grundrechte im Leistungsstaat, VVDStRL 30 (1972), S. 7 ff./43 ff.; *Otto Bachhof/Winfried Brohm*, Die Dogmatik des Verwaltungsrechts vor den Gegenwartsaufgaben der Verwaltung, S. 193 ff./245 ff.

[82] *Karl Doehring/Josef Isensee*, Die staatsrechtliche Stellung der Ausländer in der Bundesrepublik Deutschland, VVDStRL 32 (1974), S. 7 ff./49 ff.

[83] Vgl. *Christian Walter*, Der Bürgerstatus im Lichte von Migration und europäischer Integration, VVDStRL 72 (2013), S. 7 (17 f.).

[84] Vgl. etwa *Walter Schmidt*, Organisierte Einwirkungen auf die Verwaltung, VVDStRL 33 (1975), S. 183 (194 ff.), der die Partizipations- und Mitwirkungsformen im Hinblick auf Legitimation und Akzeptanz positiv würdigt, während *Richard Bartlsperger*, S. 221 (243 ff.) zu systemtheoretischen Funktionsbeschreibungen greift.

sierte der Tagungsneuling *Wolfgang Hoffmann-Riem* die Haltung der Vereinigung zur Wirklichkeit, die eher durch die Tagung konstruiert als empirisch ermittelt werde.[85]

Als *Hoffmann-Riem* dann 1981 selbst um einen Bericht zum Thema „Selbstbindungen der Verwaltung" gebeten wurde, wollte er es im Sinne einer empirischen Realanalyse anders machen, konnte dies im Format des Tagungsberichts aber nicht hinreichend abbilden.[86] Nicht alle Diskutanten sahen in der als brillant aber einseitig und unvollständig[87] bezeichneten Realanalyse einen Wert an sich, sondern bezweifelten ihre Tragfähigkeit für die Schlussfolgerungen.[88] Wenn *Peter Badura* in der Diskussion monierte, was *Hoffmann-Riem* als Realität beschreibe, sei zumindest in erheblichen Teilen eine Wertung und hochgradige Verallgemeinerung aufgrund bestimmter Voraussetzungen gewesen,[89] so ließe sich dasselbe genauso gut dem früher praktizierten Stil entgegenhalten, als unter Rückgriff auf nachbarwissenschaftliche Literatur historische Verlaufsszenarien und idealisierte Zustandsbeschreibungen geboten wurden. Auch diese waren Wertungen und auch diese stellten hochgradige Verallgemeinerungen dar. Die Staatsrechtslehre war wieder mit dem Problem konfrontiert, dass es für ihre Erkenntnisinteressen, die sich an und auf generell-abstrakte Normerzeugung richten, auch eines bestimmten Tatsachenzugriffs bedarf, der in dieser Form von Nachbarwissenschaften nicht mundgerecht produziert wird. Benötigt werden meistens generelle Tatsachen, *legislative facts*, und diese sind dem Beweis nicht zugänglich, weil sie immer eine juristisch-konstruktive Brille voraussetzen, die die Nachbardisziplinen nicht benutzen.

Das Staatsrechtslehrerreferat *Hoffmann-Riems* 1981 stellte einen Wendepunkt dar. Die Zeit der sozialwissenschaftlichen Erkenntnishoffnung war vorüber. Es begann ein Jahrzehnt methodischer Rückbesinnung. In vielerlei Hinsicht lässt sich der staatsrechtliche Diskurs der 1980er Jahre als Umkehrung jenes aus den 1970er Jahren bezeichnen.[90] Das interdisziplinäre Anliegen wurde im Gefolge der 1968er-Bewegung auch als eine latente Politisierung empfunden. Es ist zwar nicht neu, dass sich mit Hilfe fachfremder Literatur eigene Vorverständnisse so verwissenschaftlichen lassen, dass sie mit fachwissenschaftlichen Mitteln nicht kritisiert werden können. Schon ein Großteil des Weimarer Diskurses funktionierte so. Doch bot auch die Hinwendung zu den Sozialwissen-

---

85 *Wolfgang Hoffmann-Riem*, Bericht über die Jahrestagung 1975 der VDStRL, AöR 101 (1976), S. 89 ff.

86 *Wolfgang Hoffmann-Riem*, Selbstbindungen der Verwaltung, VVDStRL 40 (1982), S. 187 ff. In Fn. 1 beklagt sich *Hoffmann-Riem* über die Umfangsbeschränkung, die der Vorstand für die Fußnoten angeordnet habe, weil sie ihm die Dokumentation der empirischen Realanalyse erschwere: Die Nachweise „wären in einer wissenschaftlichen Publikation besonders wichtig, da das verwendete Material zum Teil noch nicht publizistisch aufgearbeitet worden ist. Die Regelung beeinträchtigt im übrigen unverhältnismäßig stark Referate, die sich nur begrenzt auf herrschende Meinungen stützen und deshalb einer gesteigerten Argumentationserwartung ausgesetzt sind."

87 So *Hans-Jürgen Papier*, Diskussionsbemerkung, VVDStRL 40 (1982), S. 287, der dann gleichwohl nicht mit Kritik sparte.

88 Vgl. die durchaus methodologische Sympathie erkennen lassenden Diskussionsbemerkungen etwa von *Battis, Rauschning, Mußgnug, Papier, Wahl.*

89 *Peter Badura*, Diskussionsbemerkung, VVDStRL 40 (1982), S. 292.

90 Vgl. die Diagnose von *Dieter Grimm*, Reformalisierung des Rechtstaats als Demokratiepostulat, JuS 1980, S. 704 (707), der von einer Trendwende spricht und die Linke rechtspolitisch in der Defensive sieht. *Thurn* (Fn. 35), S. 278 ff., spricht von dem für die Vereinigung „traumatischen roten Jahrzehnt".

schaften in den 1970er Jahren keinen Ausweg aus dem vertrauten Problem und zwar letztlich, weil es am staatsrechtlichen Andockpunkt für Tatsachenforschungen und Empirie fehlte. Hier wirkten sich die zu Beginn dieser Abhandlung konstatierten Diskurskonstanten aus. Stattdessen kehrten die supradisziplinären Muster zurück. Von den in den 1980er Jahren zur Diskussion gestellten Themen waren nun weniger für disziplinäre Integration geeignet. Oft betonten sie eher bewahrende Anliegen.[91] Die Vorstände wechselten mehrfach zwischen Köln und München, was der Innovation ab- und der Vermachtung zuträglich war, zumal es in den 1980er Jahren nach den universitären Neugründungen kaum noch freie Stelle zu besetzen gab, was junge Referenten sicher absichernd berücksichtigten.

Überdies entwickelte sich ab Mitte der 1980er Jahre als Reaktion auf das politisierte Jahrzehnt eine positivistischere Grundhaltung samt Hinwendung zur Dogmatik.[92] Dieser Trend schien konsequent, weil nach rund 35 Jahren Verfassungsrechtsprechung inzwischen auch hinreichend Entscheidungs- und Rechtsprechungsmaterial bereitstand, das auf der einen Seite dogmatisch perfektioniert werden konnte und das auf der anderen Seite auch eine dogmatisierungsfähige Aufbereitung von gesellschaftlichen Konfliktlagen darstellte.[93] Die Brokdorf-Rechtsprechung etwa lieferte nicht nur der Versammlungsfreiheit das Grundgerüst, sondern durfte auch als symptomatisches verfassungsrechtliches Verarbeiten des Protestverhaltens neuer sozialer Bewegungen oder des Generationenkonflikts verstanden werden. Über die Karlsruher Rechtsprechung wurde der Bedarf an einer sozialen Rückbindung gesellschaftlicher Problemlagen zunehmend gestillt – jedenfalls im Verfassungsrecht.

4. Nach 1990

In den letzten 30 Jahren hat sich das Bild im Sinne einer Methodenvielfalt gepaart mit einer Methodenoffenheit aufgefächert. Es fällt immer schwerer, Trends zu generalisieren. Zunächst kann man feststellen, dass Interdisziplinarität eher zum Thema der verwaltungsrechtlichen Beratungsgegenstände wurde.[94] Dort reduzierten die überkommenen

---

[91] Vgl. für die Tagungen von 1971–1991 das Resümee von *Hinnerk Wißmann*, in diesem Band, S. 121 ff.: Offene Kontroversen werden vermieden, die Vorstellung einer statischen, vorverfassungsrechtlichen Staatsidee wird überwunden ohne zur Verflüssigung der Staatlichkeit beizutragen.

[92] Vgl. *Jonas Plebuch*, Das dogmatisierende Jahrzehnt: Verfassungsrechtswissenschaft und Verfassungsgerichtsbarkeit in den 1980er Jahren, in: Löhnig (Hrsg.), Beginn der Gegenwart. Studien zur juristischen Zeitgeschichte der 1980er Jahre, 2021, S. 283 ff.

[93] Paradigmatisch ist die Analyse von *Bernhard Schlink*, Die Entthronung der Staatsrechtswissenschaft durch die Verfassungsgerichtsbarkeit, in: Der Staat 28 (1989), S. 161 ff. Als Antwort verstanden werden kann *Peter Lerche*, Rechtswissenschaft und Verfassungsgerichtsbarkeit, BayVBl. 2002, S. 649 ff., auch in: *ders.*, Ausgewählte Abhandlungen, 2004, S. 529 ff. Jüngere Bestandsaufnahme durch *Helmuth Schulze-Fielitz*, Staatsrechtslehre und Bundesverfassungsgericht – prozedural gesehen, in: FS für Rainer Wahl, 2011, S. 405 ff., auch in: Mikrokosmos (Fn. 8), S. 375 ff. Zur Relevanz der Verfassungsrechtsprechung vgl. schließlich die Ansprache von *Christian Starck* zur 50. Wiederkehr der Wiedergründung der Staatsrechtslehrervereinigung 1999, VVDStRL 59 (2000), S. 7 (11) sowie *Christoph Gusy*, in diesem Band, S. 585 ff.

[94] Initiierend Hoffmann-Riem/Schmidt-Aßmann/Schuppert (Hrsg.), Reform des Allgemeinen Ver-

Handlungsformen und die mit ihnen verbundenen gerichtlichen Kontrollaufträge den verwaltungsrechtlichen Fokus. Das Verwaltungsrecht wurde zur „moderneren“ Wissenschaft vom öffentlichen Recht. Die Perspektive weitete sich von der Kontrolle auf die der Kontrolle vorgelagerten Entscheidungen und vom Urteil auf die Verfahren. Ein gesetzlich vorkanalisierter Blick auf das Geschehen wich einem breiteren Verständnis der Verwaltungsaufgaben auch im Sinne der Sozialgestaltung („Steuerung“).

Sodann fällt auf, dass das Interesse an Empirie, wie es die 1970er Jahre kennzeichnete, einem Interesse an sozialwissenschaftlicher Theorie weicht.[95] Häufig dokumentieren Rekurse auf die Systemtheorie *Luhmanns*, dass ein Referent „über den Tellerrand“ blickt. Mit sozialtheoretisch aufgeklärten, systemtheoretischen Argumenten ließ sich aber auch die Eigenrationalität des Rechtssystems behaupten und eine überkommene juristische Themenbehandlung absichern. Systemtheoretische Vorverständnisse zeigen sich auch im Umgang mit dem politischen System. Politik wird als Anwendungsfeld rechtlicher Regeln verstanden, so dass sozialer und gesellschaftlicher Wandel als Beeinflussungsfaktor ein Dauerthema auf den Staatsrechtlehrertagungen ist. Der umgekehrte Effekt aus Sicht des politischen Systems wird hingegen kaum erfasst, nämlich wie Verfassungsnormen auf die Handlungen der Akteure, das Ausloten ihrer Handlungsspielräume, die politische Sanktionierbarkeit einwirken. Mehr Sozialtheorie verkürzte die politische Dimension von Recht, denn Verfassungsrecht organisiert zugleich Politik, es will Politik ermöglichen. Verfassungsrecht begrenzt aber auch Politik, es will Minderheiten schützen und Kompetenzen wahren. Die Regeln des Verfassungsrechts haben als Regelungsgegenstand das „politische Leben“ im Blick und sie tun dies aus unterschiedlicher Perspektive: mal zum Schutz der Bürger, mal zur Durchsetzung des Wählerwillens, mal zur Sicherung des Bund-Länder-Verhältnisses, mal zur Wahrung der Zuständigkeit. Durch Organisations- und Verfahrensrecht (die Regelung von Zuständigkeiten) wird das politische Leben zunächst institutionalisiert, das heißt, Verfassungsrecht stellt Rechtsräume zur Verfügung, in denen „Politik“ handlungsfähig wird.

Diese Rechtsregeln sind aber – und das ist eine besondere Eigenschaft gerade des Verfassungsrechts – nicht grundsätzlich darauf angelegt, rechtlich sanktioniert zu werden. Manche Rechtsregeln können vor dem Bundesverfassungsgericht eingeklagt werden. Dann erfolgt die Umsetzung bzw. Sanktionierung („der Vollzug des Verfassungsrechts“) mit Hilfe des Gerichts. Die Verfassung kennt aber auch zahlreiche Normen, die nicht justiziabel sind, sondern politisch sanktioniert werden. Das ändert aber nichts daran, dass auch diese Regeln Verfassungsrechtssätze sind, die befolgt werden wollen. Insofern stellt sich die Frage, wie Verfassungsrecht Sorge tragen kann, dass seine Normen befolgt werden, ohne dass dazu die Hilfe der Gerichte in Anspruch genommen werden kann oder genommen werden soll. Am Beispiel des Verfassungsrechts kann man daher auch ein ganz grundsätzliches rechtssoziologisches Problem im Umgang mit Rechtsregeln de-

---

waltungsrechts, 1993. Für eine Bilanz siehe etwa Burgi (Hrsg.), Zur Lage der Verwaltungsrechtswissenschaft, 2017; Debatte: Die neue Verwaltungsrechtswissenschaft – eine vorläufige Bilanz, in: JöR 65 (2017), S. 423 ff.

[95] Siehe dazu kritisch *Oliver Lepsius*, Steuerungsdiskussion, Systemtheorie und Parlamentarismuskritik, 1999.

monstrieren und zugleich das rechtsphilosophische Spannungsverhältnis von der Geltung und Wirkung von Normen verdeutlichen. Die Behandlung solcher verfassungsrechtlicher Normen (z. B. Art. 21 Abs. 1 Satz 1, Art. 63, 65, 68, 76–78 GG) setzt gleichermaßen den Blick auf die politischen Handlungsrationalitäten voraus. Beispielhaft gesagt: Der Bundeskanzler hätte die Richtlinienkompetenz in dem Moment verloren, in dem er sie mittels Organstreits einklagte. Aber ohne verfassungsrechtliche Normierung kann er von der Richtlinienkompetenz politisch nicht Gebrauch machen. Das hier liegende interdisziplinäre Potential wird, alles in allem, eher nicht aufgegriffen.[96]

Blicken wir als Gegenprobe auf Themen mit einem ökonomischen Bezug. Beim Thema „Kontrolle der Verwaltung durch Rechnungshöfe" legte *Christoph Degenhart* einen Fokus auf das Wirtschaftlichkeitsprinzip mit den variablen Zweck-Mittel-Relationen, doch die herangezogenen Materialien stammen überwiegend von Professionskollegen.[97] Korreferent *Helmuth Schulze-Fielitz* wendete sich gleichfalls der Wirtschaftlichkeitsprüfung zu, stieg überdies in eine empirische Bestandsaufnahme der Funktionsverschiebungen der Finanzkontrolle ein[98] und resümierte, wie sich die Finanzkontrolle als spezifische Form der politischen Kontrolle entwickelt habe.[99] Die Diskussion griff diese Angebote jedoch weniger auf und vermisste eher die materielle Auslegung des Kontrollauftrags im Sinne einer Begrenzung der Staatsverschuldung.[100] Die von *Schulze-Fielitz* diagnostizierten politischen Funktionsbedingungen und Funktionsverschiebungen lassen sich offenbar nicht diskutieren – weil es an der Parallelbewertung von Rechtsregeln im und für das politische System fehlt.[101] Probleme mit der Diskutierbarkeit erfuhr auch *Christoph Engel* 1999,[102] der das Thema „Arbeitsmarkt und staatliche Lenkung" unter Rückgriff auf die Instrumentarien der (Verhaltens-)Ökonomie behandelte (z. B. Allokationen, Externalitäten, Risikoaversion, Transaktionskosten). Die Mehrheit der Staatsrechtslehrer war nicht bereit, sich auf eine Verfassungsinterpretation nach Einsichten aus den Sozialwissenschaften einzulassen,[103] so wie es *Hoffmann-Riem* 1981 erfahren hatte. Als 2010 Wett-

---

[96] So auch *Franz Reimer,* Diskursvergleich (Fn. 13), S. 427, 429, 433. Kritisch artikuliert durch *Christoph Schönberger* in der Diskussion, ebd., S. 472: Es fehle Distanz und folglich Kritik. Als Beispiel möge die Behandlung des Themas Bürgerverantwortung im demokratischen Verfassungsstaat, VVDStRL 55 (1996), dienen, die weitgehend mit dem Staat als Loyalitätsobjekt bestritten wird.

[97] *Christoph Degenhart,* Kontrolle der Verwaltung durch Rechnungshöfe, VVDStRL 55 (1996), S. 190 (196, 208 ff.).

[98] *Helmuth Schulze-Fielitz,* Kontrolle der Verwaltung durch Rechnungshöfe, VVDStRL 55 (1996), S. 231 (Empirie: 243 ff., Wirtschaftlichkeit: 254 ff.). Er betont die Besonderheiten beim Materialzugang, ebd., S. 272.

[99] Ebd., S. 256, 258, 262 ff.

[100] Vgl. Diskussionsbemerkungen von *Klaus Stern,* ebd., S. 315; *Klaus Vogel,* S. 316; *Paul Kirchhof,* S. 319; *Wolfram Höfling,* S. 342; auf die Wirtschaftlichkeitsfragen geht hingegen ein: *Werner Heun,* S. 323; *Christoph Engel,* S. 339.

[101] Schon auf die Habilitationsschrift von *Helmuth Schulze-Fielitz,* Theorie und Praxis parlamentarischer Gesetzgebung, besonders des 9. Deutschen Bundestages (1980–1983), 1988, die die Funktionsbedingungen des politischen Prozesses zum Ausgangsprunkt nahm, konnte sich die „Zunft" nur bedingt einlassen. Heute hingegen gilt die Arbeit als stilbildend für die Berücksichtigung der politischen Grundbedingungen bei der Gesetzgebung.

[102] *Christoph Engel,* Arbeitsmarkt und staatliche Lenkung, VVDStRL 59 (2000), S. 56 ff.

[103] Vgl. *Christoph Engel,* Schlusswort, VVDStRL 59 (2000), S. 158 (159).

bewerb in vierfacher Anwendung behandelt wurde, wurde auch dieser Begriff nicht ökonomisch diskutiert.[104]

In der Summe meint Interdiszplinarität, so wie sie in der Kohorte und Wissenschaftlergemeinschaft trotz aller Angebote praktiziert wird, weiterhin im Wesentlichen eine gegenständliche und perspektivische Bereicherung einer juristischen Themenstellung. Sie vermag aber nicht den juristischen Zuschnitt der Themenstellung zu verändern, etwa dergestalt, dass man nach der politischen Funktionsweise von Verfassungsorganen oder Verfahren fragt. Das die disziplinäre Zuordnung abgrenzende, spezifisch Juristische liegt typischerweise bei der Frage der Justiziabilität. Die soziale, ökonomische, psychologische oder politische Wirkungsweise von Rechtsnormen zählt nicht zum Kerngeschäft der Staatsrechtslehre; dafür stehen die genannten anderen Diskursformate oder auch die „Grundlagenfächer" bereit.[105] Interdisziplinarität bleibt insofern auf halber Strecke stecken im Sinne der oben als Supradisziplinarität bezeichneten Vorgehensweise.

5. Inter- und Intradisziplinarität als Tagungsthemen

In den letzten zehn Jahren boten die Themenstellungen immer wieder Anlass, sich von der Justiziabilitätsperspektive zu lösen, was von manchen Referenten gerne aufgegriffen, von anderen aber zur Bekräftigung einer einheitsstiften, kohärenzsichernden und auch spezifisch deutschen Diskursgemeinschaft benutzt wurde. Als Interdisziplinarität 2007 implizit zu einem Tagungsthema erhoben wurde, führte das zu lebhaften Diskussionen um das Methodenverständnis, zum einen am Beispiel des Verfassungsrechts „zwischen normativem Anspruch und politischer Wirklichkeit",[106] zum anderen am Beispiel der „Neuen Verwaltungsrechtswissenschaft" und ihrem Bemühen einer Überwindung der Grenzen, die der juristischen Behandlung durch das Festhalten an „der juristischen Methode" und der richterlichen Kontrollperspektive gesetzt werden.[107]

Als Interdisziplinarität 2014 explizit zu einem Tagungsthema erhoben wurde, zeigte das eher gemischtem Erfolg in der Diskussion.[108] *Hans Christian Röhl* brachte zunächst die Problematik auf den Punkt: Welcher Ausschnitt der Wirklichkeit setzt die Interpretation der Norm voraus, die wiederum vom Verständnis der Realität geprägt ist? Das setze einen gut ausgebildeten Juristen als Integrationsfigur voraus, in einer Professionswissenschaft zugleich den Konnex zur Praxis. Empirie wird vermittelt über die in den Normen und ihren Interpretationen gespeicherten Erfahrungssätze und Plausibilitätsre-

---

[104] Gemeinwohl durch Wettbewerb, VVDStRL 69 (2010).

[105] Kritisch zum Delegieren an Grundlagenfächer *Hans Christian Röhl*, Öffnung der öffentlich-rechtlichen Methode durch Internationalisierung und Interdisziplinarität: Erscheinungsformen, Chancen, Grenzen, VVDStRL 74 (2015), 7 (27 f.).

[106] *Christian Hillgruber/Uwe Volkmann*, Das Verfassungsrecht zwischen normativem Anspruch und politischer Wirklichkeit, VVDStRL 67 (2008), S. 7 ff./57 ff.

[107] *Ivo Appel/Martin Eifert*, Das Verwaltungsrecht zwischen klassischem dogmatischen Verständnis und steuerungswissenschaftlichem Anspruch, VVDStRL 67 (2008), S. 226 ff./286 ff.

[108] So stellte Diskussionsleiter *Uwe Volkmann*, VVDStRL 74 (2015), S. 110, fest, das Thema der Interdisziplinarität habe nur einen Diskutanten interessiert.

geln eingespielter Handlungspraxen.[109] Um nicht bei einer nur normwissenschaftlich vorkanalisierten Interdisziplinarität zu verharren, mit der der „Modus des wissenschaftlichen Arbeitens", nämlich die „Schreibtisch-Interdiszplinarität" nicht geändert werden muss, erinnerte *Röhl* an die Kooperation der Disziplinen, also das alte „Mantra der Wissenschaftspolitik".[110] Der Korreferent *Andreas v. Arnauld* hingegen setzte stärker auf traditionelle Mittel und wollte die Vielfalt der Methoden und Forschungsfragen mit Hilfe einer materiell-teleologischen Ausrichtung der Methode, die nach größerer Offenheit verlange, bewältigen. Dogmatik müsse sich international und interdisziplinär öffnen.[111] Drei Jahre später sekundiert *Uwe Kischel* mit der These, die deutsche Rechtswissenschaft bilde im internationalen Vergleich einen eigenen Diskursraum, woraus auch er eine Bekräftigung der Dogmatik ableitet.[112]

Als 2017 unter dem Oberthema „Fragmentierungen" Intradisziplinarität zur Diskussion gestellt wurde, setzten sich der schweizerische und der französische Referent eher kritisch mit den Einheits-Erwartungen des Staatsrechtslehrerdiskurses auseinander und betonten die – von deutschen Referenten eher selten hervorgehobene – genuin kritische Dimension, der Wissenschaft dient.[113] Bei der Applikation auf die „Kontexte der Demokratie" stieß die Diskursfähigkeit an ihre Grenzen, weil Normbezüge und besagte Kontexte nur schwer zueinander fanden.[114]

IV. Typische Themen der Interdisziplinarität

Nehmen wir in einem zweiten Durchgang nun noch eine thematische Diskursanalyse vor. Wie beweist sich Interdisziplinarität in bestimmten, typischen Fragestellungen?

1. Grundlagen des Rechts oder Methodenfragen

Die Vereinigung scheut Themenstellungen, die so oder so ähnlich auch auf einer Tagung eines „Grundlagenfachs" behandelt werden könnten, also im engeren Zuschnitt von Rechtsgeschichte, Rechtssoziologie, Rechtsphilosophie, Rechtsvergleichung, Ökonomischer Analyse und so weiter liegen. Davon wurde nur ein Mal abgewichen, nämlich als 2000 „die deutsche Staatsrechtslehre in der Zeit des Nationalsozialismus" behandelt

---

[109] *Röhl* (Fn. 105) S. 12 f., 16, 20 ff.

[110] *Röhl* (Fn. 105), S. 29 ff.

[111] *v. Arnauld* (Fn. 34), S. 70 f., 80.

[112] *Uwe Kischel*, Diskursvergleich im internationalen und nationalen Recht, VVDStRL 77 (2018), S. 285 (308 ff., 316).

[113] *Andreas Kley*, Herrschaftsausübung in Arbeitsteilung, VVDStRL 77 (2018), 125 (139 ff.); *Olivier Jouanjan*, Diskursvergleich im Verfassungs- und Verwaltungsrecht, VVDStRL 77 (2018), 351 (358, 360): „Eine angepasste, der herrschenden Meinung gehorsame Rechtswissenschaft ist keine ‚gute' Rechtswissenschaft oder gar überhaupt keine Rechtswissenschaft."

[114] Vgl. *Indra Spiecker gen. Döhmann/Stefan Magen*, Kontexte der Demokratie: Parteien – Medien – Sozialstrukturen, VVDStRL 77 (2018), S. 9 ff. bzw. 67 ff. Spiecker bezieht das Thema primär auf Digitalisierung; Magen auf Medienregulierung und Parteienrecht.

wurde. Diese Tagung ist von allen Beteiligten als nicht nur überfällig, sondern auch in sachlicher und methodischer Hinsicht bereichernd empfunden worden. Gleichwohl fand der historische Themenzuschnitt keine Nachahmung.[115]

Methodenthemen, bei denen interdisziplinäre Bezüge gleichfalls unvermeidlich sind, haben es gleichfalls schwer. Hier ragt die Freiburger Tagung 1961 über die „Prinzipien der Verfassungsinterpretation“ hervor, die sicher, was die langlebige Rezeption betrifft, zu den erfolgreichsten gezählt werden darf. Erneut: Wiederholung Fehlanzeige, selbst wenn sich manche spätere Themen als verkappte Methodenfragen erweisen[116] und wissenschaftsreflexive Themenstellungen mittelbar zu Methodenfragen Anlass geben.[117]

2. Staat und Gesellschaft

Die Trennung und Trennbarkeit von Staat und Gesellschaft ist ein Axiom der Staatsrechtslehre.[118] Schon dass diese Hundertjahresschrift „Streitsache Staat“ betitelt ist, belegt die Überfixierung der Disziplin auf gerade diesen Begriff. „Staat“ und „Gesellschaft“ sind ständige Bezugsgrößen, mit denen Themen formuliert werden,[119] bis in die Gegenwart: 2021 lautete das ganz klassisch formulierte Tagungsthema „Staat und Gesellschaft in der Pandemie“.[120] Zwar sei Gesellschaft als Begriff hochumstritten, böte aber doch eine hinreichend tragfähige Orientierung. Die Unterscheidung Staat-Gesellschaft habe sich bewährt, wenn sie als Arbeitsbegriff mittlerer Reichweite verstanden werde.[121] Das ist offenbar der unveränderte Konsens.

Juristen versprechen sich von der Beschäftigung mit dem „Staat“ Einsichten, die über die bloße Behandlung des geltenden Rechts hinausgehen.[122] Sowohl der Normbezug als

---

115 Keine rechtshistorischen Themenstellungen sind: Deutschland nach 30 Jahren Grundgesetz, VVDStRL 38 (1980); Staatszwecke im Verfassungsstaat nach 40 Jahren Grundgesetz, VVDStRL 48 (1990).

116 Etwa *Marion Albers/Christoph Schönberger*, Höchstrichterliche Rechtsfindung und Auslegung gerichtlicher Entscheidungen, VVDStRL 71 (2012), S. 257 ff./296 ff.

117 Etwa VVDStRL 67 (2007); 74 (2015); 77 (2018).

118 In kritischer Distanz (Fortführen vordemokratischer Grundwahrnehmungen) *Horst Ehmke*, „Staat“ und „Gesellschaft“ als verfassungstheoretisches Problem (1960), in: ders., Beiträge zur Verfassungstheorie und Verfassungspolitik, 1981, S. 300 ff.; *Ernst-Wolfgang Böckenförde*, Die Bedeutung der Unterscheidung von Staat und Gesellschaft im demokratischen Staat der Gegenwart (1972), in: ders., Recht – Staat – Freiheit, 1991, S. 209: die Unterscheidung sei praktisch überholt und habe theoretisch ihre Rechtfertigung verloren; als permanente Selbsttransformation der Gesellschaft und Prozeduralisierung von Staat und Recht diagnosekräftiger beschrieben von *Karl-Heinz Ladeur*, Staat und Gesellschaft, in: Depenheuer/Grabenwarter (Hrsg.), Verfassungstheorie, 2010, § 18 Rn. 20 ff.

119 Beispiel: *Matthias Schmidt-Preuß*, Verwaltung und Verwaltungsrecht zwischen gesellschaftlicher Selbstregulierung und staatlicher Steuerung, VVDStRL 56 (1997), S. 160 ff.

120 VVDStRL 80 (2021). Beim Ablauf dieser digital durchgeführten Sondertagung wurde freilich auch ein völlig neues Format einer „Panel-Diskussion“ ausprobiert.

121 So *Stephan Rixen*, Verwaltungsrecht der vulnerablen Gesellschaft, VVDStRL 80 (2021), S. 39 Fn. 8, der Gesellschaft sodann als Gesellschaft der Grundrechtssubjekte definiert.

122 So *Oliver Lepsius*, Funktion und Wandel von Staatsverständnissen, in: Voßkuhle/Bumke/Meinel (Hrsg.), Verabschiedung und Wiederentdeckung des Staates im Spannungsfeld der Disziplinen, 2013, S. 36 (37); vgl. *Helmuth Schulze-Fielitz*, Grundsatzkontroversen in der deutschen Staatsrechtslehre nach

auch der Praxisdiskurs können dadurch zugunsten einer aggregierten Wahrnehmung der Wirkung von Recht umgangen werden. Das kann sowohl in einem traditionellen Zuschnitt (im Sinne der Staatslehre) als auch in modernem Gewand erfolgen. Der „moderne Staat" kann ein aktivierender, ein kooperativer, ein informaler, ein schlanker, ein verantwortungsteilender sein. Über Staatsverständnisse wird in der Rechtswissenschaft auch gerne die Zeitkontingenz der Rechtserzeugung mit dem Problem von Wandel und Dynamik behandelt. Aus der Feder der Politikwissenschaftlerin *Verena Frick* stammt eine genaue Analyse des staatsrechtlichen Diskurses des Staatsbegriffs nach 1979, auf die hier verwiesen werden darf.[123] *Frick* wendet sich gegen die in der Staatsrechtslehre in den letzten Jahrzehnten artikulierte Kritik an der Diskursverwendung des Staatsbegriffs, nämlich er perpetuiere vordemokratisches Denken und habe gerade keinen wirklichkeitswissenschaftlichen Mehrwert. Andererseits kann man feststellen, dass in den 1980er und 1990er Jahren die Themenstellungen der Staatsrechtslehrertagungen fast jedes Jahr auf „Staat" Bezug nahmen[124] – während dies zuvor seltener der Fall war.[125] Ab 2000 gibt es kaum noch „Staats-Themen."[126]

Mit anderen Worten: „Staats-Themen" hatten eine Sonderkonjunktur von 1980–2000. Die Themenwahl präferiert ansonsten eher ein Denken von der Verfassung her.[127] Seit den 1970er Jahren rahmt auch der Begriff Demokratie die Themenwahl.[128] Die Präeminenz von Staat oder Verfassung wurde bereits in den 1950er Jahren aufgeworfen: Gibt es nur so viel „Staat", „als seine Verfassung zum Entstehen bringt", wie *Adolf Arndt* formulierte,[129] oder lässt sich mit „Staat als Argument" die Verfassung interpretieren?[130] Die Frage wurde in der jungen Bundesrepublik sogleich unmittelbar relevant bei der Wiederbewaffnung und der Frage, ob es dafür einer Verfassungsänderung bedürfe oder ob für Militär bereits die Staatsqualität als hinreichende Rechtsgrundlage genüge.[131]

---

50 Jahren Grundgesetz in der Beleuchtung des Handbuchs des Staatsrechts, in: Die Verwaltung 32 (1999), S. 241 ff.

[123] *Verena Frick*, Die Staatsrechtslehre im Streit um ihren Gegenstand, 2018.

[124] Begriffskombinationen nach 1980 sind: staatliches Gemeinwesen (1983), demokratischer Verfassungsstaat (1985, 1995); Verfassungsstaat (1989, 1990); Rechtsstaat (1991); freiheitlicher Verfassungsstaat (1994); staatliche Steuerung (1996); staatliche Lenkung (1999); Staat und Religion (1999).

[125] Begriffskombinationen vor 1980 sind: sozialer Rechtsstaat (1953); der deutsche Staat (1954); im modernen Staat (1956, 1957); Staat und Verbände (1964).

[126] Sozialstaat (2004); Staat und Gesellschaft in der Pandemie (2021).

[127] Begriffskombinationen nach 1990: Der Verfassungsstaat als Glied einer europäischen Gemeinschaft (1990); Erziehungsauftrag und Erziehungsmaßstab im freiheitlichen Verfassungsstaat (1994); Verfassungsrecht und einfaches Recht (2001); Leistungsgrenzen des Verfassungsrechts (2002); Erosion von Verfassungsvoraussetzungen (2008); Verfassung als Ordnungskonzept (2015). Zur Verfassung als Staats-Ersatzkonzept *Frick* (Fn. 123), S. 9 ff., 32 ff.

[128] Bürgerverantwortung im demokratischen Verfassungsstaat (1995); Repräsentative Demokratie in der Krise (2012); Kontexte der Demokratie (2017).

[129] *Adolf Arndt*, Umwelt und Recht, NJW 1963, S. 25; *ders.*, Der deutsche Staat als Rechtsproblem, 1959, Nd. 2018. Das Diktum wurde immer wieder von Mitgliedern der VDStRL aufgegriffen, namentlich von *Peter Häberle*.

[130] Dazu bekanntlich *Christoph Möllers*, Staat als Argument, 2000, 2. Aufl. 2011, mit einem ernüchternden Befund für diejenigen, die den Staatsbegriff als Argumentationsreservoir einsetzen wollen.

[131] Vgl. Institut für Staatslehre und Politik Mainz (Hrsg.), Der Kampf um den Wehrbeitrag, 3 Bände, 1952, 1953, 1958.

Das Denken von der Verfassung her, also eine normgebundene Perspektive, setzte sich gegenüber dem Denken vom Staat her, also einer gegenstandsgeprägten Perspektive, durch. Das verändert naturgemäß das interdisziplinäre Potenzial. Während das Staatsdenken über die Offenheit und Diffusität des Staatsbegriffs weitreichende Möglichkeiten der selbstbestimmten Gegenstandserweiterung, der außerfachlichen Belesenheit und der gesellschaftlichen Assoziation ermöglichte, bietet das Verfassungsdenken andere Andockpunkte: Hier sind es eher die fallrelevanten Kontexte, ihre prozessuale Formulierung oder die generellen Tatsachen, die einer Normerzeugung vorausliegen sowie die Rückkoppelungseffekte, die Normen wiederum auf die soziale Wirklichkeit haben. In diesem Zuschnitt ist Interdisziplinarität voraussetzungsvoller. „Staat" ermöglichte insofern einerseits eine bequeme Themenoffenheit, die je nach den Bildungspräferenzen des Autors disziplinäre Offenheit dokumentierte[132] und überdies auf eine analoge Rezeptionskultur in Nachbarwissenschaften stieß.[133] Andererseits konnte „Staat" eine Kontrastschablone zur Normenwelt beherbergen, von der aus sich Praxis und Dogmatik analysieren und kritisieren ließen. Staatsverständnisse teilen letztlich das Grundproblem juristischer Interdisziplinarität: Sie bilden sich mit juristischen Erkenntnisinteressen und wandeln sich dementsprechend mit ihnen.[134]

In den letzten Jahren propagierte insbesondere *Gunnar Folke Schuppert* mit dem Begriff Governance einen Ansatz, der die multiperspektivische Leistung von Staatsbegriffen gegenständlich, interdisziplinär und methodisch neu beschrieb.[135] Seine Vorzüge dürften nicht nur diagnostisch, sondern auch präskriptiv, in einer kritisch-distanzierten Perspektive liegen, die bei den letztlich affirmativen Staatsbezügen zu kurz zu kommen pflegt. In den Tagungsdiskursen hat sich dieses Angebot noch nicht niedergeschlagen.

Nehmen wir aber auch die dichotomische Korrespondenzkategorie in den Blick: Mit der Orientierung an „Gesellschaft" drängen sich interdisziplinäre Methoden und Gegenstandsbeschreibungen geradezu auf. Diese Gelegenheit wird jedoch nicht aufgegriffen. „Gesellschaft" ist in der Antinomie zum „Staat" eben kein soziologischer Gegenstand,

---

[132] Besonders anregend etwa *Thomas Vesting*, Staatstheorie, 2019; dazu die Rezensionsabhandlung von *Gunnar Folke Schuppert*, Von der kulturwissenschaftlichen Verfassungslehre zur kulturwissenschaftlichen Staatstheorie, AöR 145 (2020), S. 188 ff.

[133] In der deutschen Politikwissenschaft hat sich eine „Staats-Orientierung" erhalten, vgl. aus neuerer Zeit etwa *Verena Frick/Oliver W. Lembcke*, Staatsrechtslehre, in: Voigt (Hrsg.), Handbuch Staat, 2018, S. 123 ff.; *Verena Frick*, Politikwissenschaft und Staatsrechtslehre: Vereint in der Krise, ZfP 66 (2019), S. 128 ff.; *Mirjam Künkler/Tine Stein*, Staat, Recht, Verfassung: Ernst-Wolfgang Böckenfördes politisches und verfassungstheoretisches Denken im Kontext, in: JöR 65 (2017), S. 573 ff.; *Robert Chr. van Ooyen*, Die Staatstheorie des Bundesverfassungsgerichts und Europa, 8. Aufl. 2020; *ders.* Der Staat der Moderne, 2. Aufl. 2020; *Andreas Anter/Wilhelm Bleek*, Staatskonzepte, 2013; *Andreas Anter*, Max Weber und die Staatsrechtslehre, 2016; *Ran Hirschl*, Verfassungsrecht und vergleichende Politikwissenschaft – an den Grenzen der Disziplinen, in: Hein/Petersen/v. Steinsdorff (Hrsg.), Die Grenzen der Verfassung, 2018, S. 15 ff.; Schuppert (Hrsg.), Von Staat zu Staatlichkeit, 2019 sowie jüngst Frick/Lembcke/Lemke/Wolf (Hrsg.), Recht politikwissenschaftlich erforschen, 2021.

[134] Vgl. *Lepsius*, Staatsverständnisse (Fn. 122), S. 50.

[135] Vgl. vor allem *Gunnar Folke Schuppert*, Governance und Rechtsetzung. Grundfragen einer modernen Regelungswissenschaft, 2011; *ders.*, Verflochtene Staatlichkeit. Globalisierung als Governance-Geschichte, 2014; *ders.*, Wissen, Governance, Recht. Von der kognitiven Dimension des Rechts zur rechtlichen Dimension des Wissens, 2019.

sondern ein juristisch vorgeprägter, mit dem sich viele Vorprägungen verbinden lassen: Hegelianische Rechtfertigungen gegenwärtiger Machtlagen, die über die von Hegel apostrophierte „bürgerliche Gesellschaft" (des Biedermeier) ihren Weg in andere Epochen und bis in die jeweilige Gegenwart finden; aber auch liberale und libertäre Prämissen, die Staat und Gesellschaft getrennten Sphären von Zwang und Politik auf der einen und Freiheit und Selbstorganisation auf der anderen zuweisen und dann beide Sphären auf das öffentliche Recht respektive das Zivilrecht beziehen.

Die Grundrechte, die nach Art. 1 Abs. 3 GG nur die hoheitliche Gewalt binden, ermöglichen die verfassungsrechtlich begründete Persistenz solcher politischen Philosophien und ihrer soziosophischen Aktualisierungen. Man könnte meinen, dass die im rechtsstaatlichen 19. Jahrhundert und gerade in Deutschland begründete Dichotomie von Staat und Gesellschaft unter den Bedingungen der Demokratie der Bundesrepublik ein natürliches Vehikel zur interdisziplinären Diagnose von veränderten Wirkungsbedingungen ist, die der rechtlichen Beurteilung (etwa bei der Grundrechtsbindung privater Macht) zugrunde gelegt würde. Das aber war nicht der Fall. Die „Gesellschaft" als Antinomie zum Staat im Sprachgebrauch der Juristen hat mit Soziologie, Demographie, Demoskopie oder schlicht Politik nichts zu tun. Sie bliebt eine konstruierte Freiheitssphäre in idealisierter Fortschreibung liberaler Prämissen. So oft von „Gesellschaft" im staatsrechtlichen Diskurs die Rede war, so selten werden die hier liegenden Chancen für Interdisziplinarität ergriffen. Mit der Dichotomie von Staat und Gesellschaft soll eine verfassungstheoretische Beschreibungsleistung erbracht werden. Sie hat einen sich seinsgesättigt gebenden präskriptiven Wert, keinen empirischen.

Man merkt dies etwa daran, wie die Grundrechtsbindung Privater („Drittwirkung") behandelt wurde. Die Frage wurde von der Verfassungsrechtsprechung aufgeworfen, weil diese anhand von konkreten Sachverhalten mit den Freiheitsverkürzungen durch private Macht konfrontiert war. Die wissenschaftliche Diskussion konzentriert(e) sich nun nicht auf die Frage der Freiheitsverteilung im Angesicht veränderter privater Macht, sondern in erster Linie auf die typologischen Beschreibungen der Rechtswirkungen (mittelbare/unmittelbare Drittwirkung, Schutzpflichten). Bis in die Gegenwart wird etwa der Stadionverbot-Beschluss des Bundesverfassungsgerichts[136] als privatrechtlicher Freiheitsverlust kritisiert ohne zu sehen, dass der Sachverhalt eine durch ein Kartell dominierte Sozialsphäre betrifft, in dem die private Freiheit, die typologisch verteidigt werden soll, faktisch schon gar nicht vorhanden war. Hier zeigt sich die fallindizierte Rechtsprechung näher an den sozialen Fakten als die Staatsrechtlehre, die nicht an erhebbaren Fakten, sondern an konstruierbaren Zuständen interessiert ist.

---

[136] BVerfGE 148, 267 [2018]. Ähnlich die Situation zuvor bei BVerfGE 81, 242 – Handelsvertreter [1990]: Bei gestörter Waffengleichheit muss der Gesetzgeber Vorkehrungen zum Schutz der Berufsfreiheit gegen vertragliche Beschränkungen schaffen. Die Grundrechtsbindung im Privatrecht dient nicht der Einschränkung der Privatautonomie, sondern der Aufrechterhaltung ihrer Grundbedingung.

3. Sozialstaat

Sozialstaatliche Themen wurden überdurchschnittlich oft auf den Staatsrechtslehrertagungen gestellt.[137] Sie können mit einer hoch aggregierten Grundbegrifflichkeit behandelt werden, die mit Staatsbegriffen operiert und dann dazu einlädt, typisierte Idealzustände zu applizieren oder über Staatsaufgaben Regelungserwartungen zu deduzieren. Sozialstaatliche Thematiken erlauben vielfältigste interdisziplinäre Bezüge, von der Dichotomie von Staat und Gesellschaft mit den rivalisierenden Typenbildungen über ökonomische Verteilungsfragen, Partizipationsprobleme, Aspekte der Inklusion und Exklusion, der sozialen Gerechtigkeit. Welche Nachbardisziplin ließe sich nicht verwenden?

Mit der Untersuchung von *John Philipp Thurn* verfügen wir bereits über eine sorgfältige Diskursanalyse des Sozialstaats auf den Staatsrechtslehrertagungen. Er macht bis 1990 drei Wellen aus, die er mit der Grundsatzkontroverse um den sozialen Rechtsstaat (1949–1959), den Grundrechtsfunktionen im Wohlfahrtsstaat (1960–1973) und der Sozialstaatlichkeit in der Krise (1974–1990) umschreibt.[138] *Thurns* Analyse zeigt die Methodenkonjunkturen, die gleichwohl ohne Interdisziplinarität im engeren Sinne auskamen. Er arbeitet den deutungspolitischen Subtext heraus,[139] betont die strukturell unpolitische Behandlung bzw. die Fixierung auf eine Verfassungsinterpretation,[140] die angesichts des Rahmencharakters und der notwendigen Ausfüllung durch Gesetzgebung unvollkommen bleibe. Letztlich behindert immer wieder der Rekurs auf den Wortbestandteil „Staat" einen Zugang, mit dem der gesetzliche, politische, instrumentelle Gehalt von Sozialpolitik erfasst werden kann trotz aller Bemühungen um sozialstaatliche Grundrechtsfunktionen oder Staatsaufgaben-Ableitungen. Der „soziale Rechtsstaat" hatte sich gegenüber dem „liberalen Rechtsstaat" als diskussionsleitender Dachbegriff durchgesetzt. Ein besonderes interdisziplinäres Potential wies der Sozialstaatsdiskurs nicht auf, was nicht heißt, dass sich nicht auch hier das tradierte Inbezugnehmen außerfachlicher Literatur und kondensierter Zustandsbeschreibungen zeigen.

Das Dilemma, das Thema nicht zu konkret zuzuschneiden, sondern es um der Diskutierbarkeit willen auf abstrakte Größen zurückzubeziehen und deshalb im Zweifel Begriffs- und Auslegungsfragen gegenüber gesellschaftlichen Problemlagen zu präferieren, zeigt beispielhaft das Referat von *Wolfgang Rüfner* zur Rentenversicherung. Die zunächst konkrete Behandlung des Rentenrechts wird im zweiten Schritt konventionell auf Staatsaufgaben bezogen, was zwar der Debattenkultur, nicht aber einem fachübergreifenden Zuschnitt entgegenkommt.[141]

---

[137] Vgl. näher *Ulrike Davy*, in diesem Band, S. 381 ff.

[138] *Thurn* (Fn. 35), S. 20.

[139] Konzeptionell *Thurn* (Fn. 35), S. 14 f., 22–28.

[140] Vgl. *Thurn* (Fn. 35), S. 107 f. Weder *Wolfgang Abendroth* noch *Helmut Ridder* bedienten sich einer politikwissenschaftlichen Perspektive. *Abendroths* entstehungsgeschichtliche Herangehensweise enthielt keine methodische Anleitung, wie die politisch-gesellschaftlichen Hintergründe der verfassungspolitischen Willensbildung ermittelt werden können, wenn sie nicht in den Materialien des Parlamentarischen Rates selbst zum Ausdruck kamen. *Ridder* verstand eine am Wortlaut orientierte Auslegung des GG als explizite Antwort auf die Vergangenheit.

[141] *Wolfgang Rüfner*, Die Rechtsformen der sozialen Sicherung und das allgemeine Verwaltungs-

Die Jahre 1999–2009 markieren, fasst *Ulrike Davy* zusammen, geradezu eine Dekade des Sozialstaats und des Sozialrechts: Es wurden 13 einschlägige Themen verhandelt, die immer wieder Anlass boten, auf aktuelle sozialpolitische Konfliktlagen einzugehen.[142] Auch jenseits expliziter sozialstaatlicher Themenstellungen war das Sozialstaatsprinzip häufig verfassungsrechtlicher Aufhänger für Anliegen und Forderungen verschiedenster Art.[143] Sozialstaatliche und sozialpolitische Themen erweisen sich in der Rückschau als nicht besonders „interdisziplinaritätsträchtig".

4. Der politische Prozess (Parlamentarisches Regierungssystem, Partizipation, Parteien, Wahlen)

Der politische Prozess ist in vielen Themengestaltungen immer wieder Gegenstand der Staatsrechtslehrertagungen. Geht es um das parlamentarische Regierungssystem, Gesetzgebung, Parteien und Verbände, Wahlrecht oder allgemeiner um Partizipationsanliegen, bieten sich interdisziplinäre Bezüge besonders an. Es stellt sich immer die Frage der Wechselbezüglichkeit von Norm und Wirklichkeit, von Recht und politischem Leben. Aus welcher Perspektive wird das Thema angegangen? Geht man von einer rechtlichen Regelungsstruktur aus, so dass der politische Prozess als Rechtserzeugungsraum und Anwendungsfeld wirkt? Geht man umgekehrt von Eigenrationalitäten des politischen Prozesses aus (z. B. Mehrheitsbildung, Kompromissorientierung, Parteienwettbewerb, Koalitionsverhältnisse, Bund-Länder-Dissense, Wahlkämpfe, mediale Getriebenheit, Formen der gesellschaftlichen Willensbildung), um aus dieser Perspektive Verfassungsinterpretationen als sinnvoll oder dysfunktional zu beurteilen?

Die Behandlung des Staatsorganisationsrechts setzt im Grunde immer die Doppelperspektive voraus. Unter welchen politischen Bedingungen sind welche Verfassungsinterpretationen vorzugswürdig? Oder lässt sich eine kontextindifferente Verfassungsinterpretation gewissermaßen im Stil eines generell-abstrakten Beschreibungsangebots eines Kommentars ermitteln? Ist etwa die Kontrolldichte des Bundesverfassungsgerichts höher, wenn der politische Prozess dysfunktional verläuft oder sollte sie geringer sein, wenn eine effektive politische Kontrolle möglich ist, etwa weil die beteiligten Verfassungsorgane sich mit politischen Mitteln gegen Kompetenzanmaßungen anderer Organe wehren können oder weil ein materieller Verteilungskonflikt über Wahlkämpfe und neue Mehrheitsbildungen ausgetragen wird? Hier sind zahlreiche Konstellationen denkbar, in denen Verfassungsrecht seine normativen Aussagen tarieren kann je nach einer kontextuellen Bewertung der Leistungsfähigkeit des politischen Prozesses für das Gesamtsystem.[144] Spielen die politischen Funktionsbedingungen der jeweiligen Institutionen eine

---

recht, VVDStRL 28 (1970), S. 187 ff. Zur Diskussion *Thurn* (Fn. 35), S. 135–138: Ausgangspunkt blieb das angemessene Sozialstaatsverständnis des „sozialen Rechtsstaats".

142 *Davy* (Fn. 137) bei Fn. 111. Vgl. insbesondere die unter dem Eindruck der Hartz-IV-Reformen stehende Tagung in Jena 2004, Der Sozialstaat in Deutschland und Europa, VVDStRL 64 (2005).

143 Vgl. näher *Davy* (Fn. 137), ab Fn. 76.

144 Für beispielhafte Konstellationen siehe *Oliver Lepsius*, Die politische Funktion des Bundesverfassungsgerichts, APuZ 37/2021, S. 13 ff.

Rolle?[145] Eine solche relationale, politikfunktionale Verfassungsauslegung setzt freilich eine Urteilsfähigkeit über jene Leistungsfähigkeit voraus. Diese kann auf Verfassungstheorie (Gewaltenteilung, Legitimation, Pluralismus), historischer oder vergleichender Erfahrung, sozialpsychologischen und soziologischen Kenndaten und anderem beruhen, mit anderen Worten: sie bedarf einer parallelen Analyse des politischen Systems an einem außerjuridischen Maßstab.

Für solche Fragestellungen ist die deutsche Staatsrechtslehre nicht prädestiniert.[146] Zum einen werden normorientierte Fragestellungen präferiert, nicht institutionenorientierte. Zum anderen fehlt es an einer systematischen Verarbeitung von Entscheidungskontexten. Des Weiteren wird die Verfahrensdimension jenseits von Gerichtsverfahren traditionell vernachlässigt, auch weil sie wenig normiert ist. Schließlich geht die deutsche Staatsrechtslehre traditionell von einer Trennung von Recht und Politik aus: Recht setzt Politik Grenzen und stellt ihr einen Handlungsrahmen auf. Sich in diesen Rahmen dann wissenschaftlich nicht „einzumischen" ist gleichzeitig Ausdruck des Respekts vor der Politik (der Gewaltenteilung, der Legitimation des Gesetzgebers, der gesellschaftlichen im Vergleich zur staatlichen Willensbildung).

Mit diesem Grundarrangement von Politik und Recht hadert die Staatsrechtslehre. Einerseits versucht sie, so gut es mit ihren eingeübten Mitteln geht, die notwendigen Informationen zu erlangen und zu erarbeiten. „Verfassungswirklichkeit" ist hierfür oft die Chiffre. An der Sensibilität für einschlägige Literatur aus den Nachbardisziplinen, besonders für begrifflich verdichtete Beschreibungsangebote, fehlt es nicht.[147] Andererseits verharrt man subkutan bei einer Perspektive, als ob das Ziel der Erkenntnis eine Kommentierung der entsprechenden Vorschriften mit den dogmatischen Beschreibungsmitteln wäre. Die prinzipiell vorhandene Offenheit und Anschlussfähigkeit wird dadurch gekappt; ein Transfer von Recht zu Politik unterbleibt. Stilbildend mag insofern der in den letzten zehn Jahren von Richtern des Bundesverfassungsgerichts ritualisierte Ruf sein, „wir entscheiden nur juristisch" – und das heißt „nicht politisch", nicht unter Berücksichtigung der jeweiligen politischen Kontexte (nicht im Sinne von nicht-parteipolitisch). Die Grundhaltung auf den Tagungen der Vereinigung dürfte ähnlich sein: Wir referieren und diskutieren juristisch und nicht politisch. Man fürchtet sich vor Kontexten, weil man hinter ihnen parteipolitische Kontroversen befürchtet. Sind die Kontexte deskriptiv heranzuziehen oder kommt ihnen eine präskriptive Bedeutung zu? Folgt also aus Bürgerprotest die Notwendigkeit einer erweiternden Verfassungsinterpretation oder umgekehrt ein normativer Auftrag der rechtlichen Rahmensetzung zur Sozialdiszipli-

---

145 Am Beispiel des Parlamentsrechts eher verneint von *Julian Krüper*, in diesem Band, S. 349: „Das deutsche Parlamentsrecht denkt nicht vom Parlament her."

146 Vgl. *Julian Krüper*, in diesem Band, S. 343 ff., anhand von drei Beispielen („Explorationsbohrungen").

147 Beispielhaft: *Klaus v. Beyme*, Der Gesetzgeber. Der Bundestag als Entscheidungszentrum, 1997; *Peter Graf Kielmansegg*, Volkssouveränität: Eine Untersuchung der Bedingungen demokratischer Legitimität; *ders.*, Die Grammatik der Freiheit, 2013; Möllers/van Ooyen (Hrsg.), Handbuch Bundesverfassungsgericht und politisches System, 2. Aufl. 2015; *Uwe Kranenpohl*, Hinter dem Schleier des Beratungsgeheimnisses. Der Willensbildungs- und Entscheidungsprozess des BVerfG, 2010; *Marcus Höreth*, Die komplexe Republik, 2016.

nierung? Zugleich ist die Relevanz der zeitgenössischen politischen Kontexte für die Verfassungsinterpretationen aber offensichtlich.[148]

Der Kern des Problems ist folglich kein interdisziplinärer. Er betrifft vielmehr das Selbstverständnis des Faches und seiner Erkenntnismittel. Beim Verhältnis von Recht und Politik ist daher nicht primär eine Erfolgsgeschichte disziplinärer Offenheit zu vermelden. Interdisziplinarität gerät hier vielmehr zum Vehikel für die Grundpositionierung der Wissenschaft vom öffentlichen Recht. Insofern können zwei Geschichten erzählt werden: In der einen wird der Verfassungsstaat vor neuen sozialen Bewegungen, Partizipationsanliegen, und – im weiteren Sinne – Erosionserscheinungen mit Hilfe des Rechts bewahrt. In der anderen entwickeln sich Verfassungsinterpretationen fort, indem sie auf gesellschaftliche Bedürfnisse reagieren und den Auftrag der Verfassung darin verstehen, eine lebendige Demokratie unter den Bedingungen von partizipativer Chancengleichheit zu organisieren. Der Tagungsdiskurs bietet Anschauungsmaterial für beide Ansätze, wobei zunächst der erste überwog[149] und inzwischen der zweite öfter praktiziert wird.[150]

5. Verlaufskategorien (Wandel, Krise)

Auf zwei weitere Aufhänger für potentiell interdisziplinär ertragreiche Fragestellungen soll abschließend hingewiesen werden. Zum einen häufen sich Perspektiven, die einen Wandel oder eine Krise thematisieren, sei es explizit als Tagungsthema, sei es implizit in der Bearbeitung eines Themas. In solchen Verlaufsszenarien fühlt sich die deutsche Staatsrechtslehre zu Hause, weil dies traditionell eingeübte Fragestellungen sind. „Wandel" ist seit dem Preußischen Budgetkonflikt zu einer Leitkategorie des Verfassungsrechts avanciert, mit der gleichermaßen eine gewandelte Welt wie ein gewandeltes Normverständnis beschrieben werden kann. Mit „Wandel" versucht die Staatsrechtslehre die Zeitkontingenz des Rechts zu bewältigen. Ob diese Kategorie dafür geeignet ist, ob es sich aus einer normwissenschaftlichen Perspektive nicht immer um Interpretationen handelt, so dass sich nichts wandelt, weil es sich immer um Rechtserzeugung, also um Interpretationen (und Interpretationen von Interpretationen) handelt, ist hier nicht

---

148 So ist die Rechtsprechung zur „getürkten Vertrauensfrage" nur vor dem Hintergrund der jeweiligen parlamentarischen Verhältnisse und des Verhaltens der involvierten Verfassungsorgane (Bundeskanzler, Oppositionsfraktionen, Bundespräsident) zu erklären, vgl. BVerfGE 62, 1 [1983]; 114, 121 [2005].

149 Vgl. etwa die Behandlung der Parteien auf der Wiener Tagung 1958 und in Fribourg 1985, auf der, so *Stolleis*, Geschichte IV (Fn. 27), S. 330 f., der Anti-Parteieneffekt überwunden wurde; oder die Bochumer Tagung 1968, auf der Art. 5 Abs. 3 GG als Abwehrrecht gegen Partizipationsansprüche aus der Universität interpretiert wurde, so *Stolleis*, a. a. O., S. 317.

150 Vgl. etwa *Hermann Pünder*/*Pascale Cancik*, Wahlrecht und Parlamentsrecht als Gelingensbedingungen repräsentativer Demokratie, VVDStRL 72 (2013), S. 191 (insbes. 212 ff.), S. 268 (insbes. S. 298 ff.), die sich jeweils intensiv mit den politischen Bedingungen auseinandersetzen, auf die Norminterpretation trifft. Im Kontrast dazu die Bielefelder Tagung 1974, Parlament und parlamentarisches Regierungssystem: Anlage – Erfahrungen – Zukunftseignung, VVDStRL 33 (1975), wie sie *Stolleis*, Geschichte IV (Fn. 27), S. 354 beschrieb: *Thomas Oppermann* gab eine Zustandsbeschreibung mit dem Fazit, das System habe sich bewährt, sei hier und da zu verbessern; *Hans Meyer* stellte stärker auf das Rollenspiel von Regierung und Parlament ab und nannte die politischen Dinge praxisnah beim Namen.

zu beurteilen.[151] Problematisch an der „Wandel-Perspektive" ist überdies, dass nicht zwischen exogenen und endogenen Faktoren unterschieden wird: Trifft Wandel als soziales oder technisches Phänomen von außen auf das Rechtssystem oder führt nicht auch die kontinuierliche Rechtserzeugungsleistung des Rechtssystems selbst zu Wandel als Dauerphänomen, das besser als Dynamik beschrieben werden sollte? Krisenszenarien sind eine dramatisierende Spielart von Wandel und Dynamik, die benutzt werden, um Zäsuren in einer fortlaufenden Entwicklung zu markieren.[152] Ansonsten wäre Wandel als Alltagsphänomen oft kein Thema. *Pascale Cancik* resümierte, der erste Klassiker der deutschen Parlamentarismuskrisen sei offenbar die Parlamentarismuskrise selbst.[153]

Zeitkontingenz, dynamische Rechtserzeugung und Interpretation sind für sich genommen vielversprechende Anknüpfungspunkte für Interdisziplinarität. Indem die Fragestellungen als Wandel oder Krise formuliert werden, werden sie jedoch in die in der Staatsrechtslehre traditionell eingeübten Beschreibungsmuster überführt, die mit typisierenden Zustandsbeschreibungen im Stile einer Supradisziplinarität operiert.

6. *Wirklichkeitsbegriffe*

Ein anderer Andockpunkt für Interdisziplinarität sind verschiedene begriffliche Rekurse auf „die" Wirklichkeit. Bereits die Weimarer Diskussion zeichnete sich durch eine hohe Präsenz von wirklichkeitswissenschaftlichen Positionierungen aus ohne dass damit ein signifikanter interdisziplinärer Gewinn verbunden gewesen wäre.[154] In den letzten Jahr-

---

[151] Verfassungswandel wird kategorial heute eher kritisch gesehen, vgl. etwa *Peter Lerche*, Stiller Verfassungswandel als aktuelles Politikum (1971), in: ders., Ausgewählte Abhandlungen, 2004, 47 (49 f.); *Peter Häberle*, Zeit und Verfassung, ZfP 21 (1974), 111 ff., auch in ders., Verfassung als öffentlicher Prozess, 2. Aufl. 1996, 59 (82 f.: Verabschiedung des selbständigen Begriffs „Verfassungswandel"); *Brun-Otto Bryde*, Verfassungsentwicklung, 1982, S. 254 ff.; *Ernst-Wolfgang Böckenförde*, Anmerkungen zum Begriff Verfassungswandel, in: ders., Staat, Nation, Europa, 1999, S. 141 ff.; *Alexander Blankenagel*, Tradition und Verfassung, 1987; *Peter Badura*, Verfassungsänderung, Verfassungswandel, Verfassungsgewohnheitsrecht, in: Isensee /Kirchhof (Hrsg.), Handbuch des Staatsrechts, Bd. 7, 1. Aufl. 1992, § 160; *Andreas Voßkuhle*, Gibt es und wozu nutzt eine Lehre vom Verfassungswandel?, Der Staat 43 (2004), S. 450 ff.; Wahl (Hrsg.), Verfassungsänderung, Verfassungswandel, Verfassungsinterpretation, 2008; *Hans-Jürgen Papier*, Verfassung und Verfassungswandel, in: Robertson-von Trotha (Hrsg.), 60 Jahre Grundgesetz, 2009, S. 13–25; Jestaedt/Suzuki (Hrsg.), Verfassungsentwicklung I: Auslegung, Wandel und Änderung der Verfassung, 2017; *Uwe Volkmann*, Verfassungsänderung und Verfassungswandel, JZ 2018, S. 265 ff.

[152] Zu Krisendiskursen näher und m. w. N. *Julian Krüper*, in diesem Band, S. 351 f. Beispielhaft die Analyse der Staatsrechtslehrertagung 1989 durch *Helmuth Schulze-Fielitz*, Staatszwecke im Verfassungsstaat – 40 Jahre Grundgesetz, in: StWStP 2 (1990), 223 (225): Er sammelt die kritischen Stichworte: Unregierbarkeit, Staatsversagen, Entzauberung des Staates, Ver- und Entrechtlichung, Staatsentlastung etwa durch Deregulierung, Entbürokratisierung, Dezentralisierung oder Selbststeuerung, Entstaatlichung und Privatisierung nach Maßgabe des Subsidiaritätsgedankens, ziviler Ungehorsam und politische Kultur, Legitimationskrise, Grundwerte und Verfassungskonsense.

[153] *Cancik* (Fn. 150), S. 273 f.

[154] Näher analysiert von *Oliver Lepsius*, Die gegensatzaufhebende Begriffsbildung, 1994, S. 126 ff., 219 ff.; *ders.*, Wandlungen in der juristischen Wirklichkeitswahrnehmung 1880–1932, in: Oexle (Hrsg.), Krise des Historismus – Krise der Wirklichkeit. Wissenschaft, Kunst und Literatur 1880–1932, 2007, S. 313 ff.

zehnten spricht man oft vom „Realbereich“ oder vom „realitätsgerechten Abbilden der Wirklichkeit“. Hinter solchen Zugängen steht eine primär normwissenschaftliche Perspektive, die sich primär für den Anwendungskontext von Normen interessiert, dafür aber nicht auf die Sachverhalte und die Kontexte zurückgreift, sondern den Wirklichkeitszugang als juristische Konstruktionsleistung formuliert. Mit solchen Topoi soll der Zusammenhang von Normprogramm und Sachstruktur[155] erfasst werden. Differenzierende Auffächerungen der Wirklichkeitsrelevanz in normwissenschaftlich zu trennenden Ebenen (Sachbereich-Normbereich-Fallbereich)[156] haben sich demgegenüber nicht durchgesetzt.

V. Inter- oder Supradisziplinarität?

Ein Gesamtfazit kann den vielschichtigen Tagungsdiskurs zu interdisziplinären Zugängen eher negativ oder eher positiv beschreiben. Interdisziplinarität im engeren Sinne, verstanden als fachliche Kooperation, fand nicht statt. Aber wäre das die Erwartung? Es sei an die eingangs formulierten Ausgangs- und Gelingensbedingungen von Interdisziplinarität erinnert. Die Tagung der deutschen Staatsrechtslehrer ist für solche Zugänge ein eher ungeeignetes Forum: Es fehlen die Kooperateure aus den Nachbardisziplinen; es fehlt die verbreitete fachwissenschaftliche Vertrautheit mit den dortigen Fragestellungen und methodischen Zugängen. Normwissenschaftliche Fragestellungen lassen sich nicht ohne Weiteres mit sozialwissenschaftlichen kombinieren. Die Staatsrechtslehre stellt Fragen, auf die die Nachbarwissenschaften in der Regel keine Antwort geben können. Gegenstände und Methoden sind verschieden – und das ist ja der Grund für die disziplinäre Ausdifferenzierung. Überdies unterhält die Rechtswissenschaft spezielle Forschungsrichtungen mit ihren jeweiligen Fachtagungen, die an den Schnittstellen arbeiten. Dies zu ergänzen oder zu ersetzen kann nicht im Sinne der Vereinigung sein. Ihr geht es bekanntlich um die Bewahrung konstituierender fachlicher Standards durch die Behandlung von Themen, bei denen alle mitreden können.

Die Erwartung sollte sich daher bescheidenere Ziele setzen im Sinne einer disziplinären Selbstreflexion, Offenheit für die soziale Welt, Aufmerksamkeit für die Funktionsbedingungen einer Demokratie, Vertrautheit mit anderen Fachdiskursen, schlicht Horizonterweiterung durch Neugier und Belesenheit. Dies ist letztlich auch ein Garant für eine distanziert-kritische Haltung zu den Normbereichen und Interpretationsproblemen, die in einer dogmatisch-normwissenschaftlichen Behandlung kaum eine tragfähige Basis jenseits von Systematik, Folgerichtigkeit oder Kohärenz besäße. Begnügt man sich mit einer Interdisziplinarität der kleinen Münze, der oben so genannten Supradiszi-

---

155 Für das Verwaltungsrecht formuliert von *Winfried Brohm*, Die Dogmatik des Verwaltungsrechts vor den Gegenwartsaufgaben der Verwaltung, VVDStRL 30 (1972), S. 245 (251); für das Verfassungsrecht von *Ehmke* (Fn. 60), vgl. bereits dort.

156 Beispielhaft entwickelt von *Friedrich Müller*, Normbereiche von Einzelgrundrechten in der Rechtsprechung des BVerfG, 1968; *ders.*, Juristische Methodik, Bd. 1, 10. Aufl. 2009; *ders.*, Recht – Sprache – Gewalt. Elemente einer Verfassungstheorie I, 2. Aufl. 2010.

plinarität oder mit der „Schreibtisch-Interdisziplinarität“ (*Hans Christian Röhl*), so fällt das Fazit günstiger aus.

Die Vereinigung der Deutschen Staatsrechtslehrer ist 1922 bereits mit einem solchen Vorverständnis gegründet worden. In Zeiten ohne eine Verfassungs- und mit noch wenig entwickelter Verwaltungsgerichtsbarkeit fehlte es an den zugelieferten Interpretationsangeboten von Gerichten, die je für sich spezifische Tatsachen und Zustände normativ verarbeiteten. Wie anders als durch die Rivalität der Zugangsweisen sollte der akademische Diskurs funktionieren? Diese „geisteswissenschaftliche“ Prägung hat sich die Vereinigung erhalten, sie im Laufe der Jahrzehnte über Philosophie und Geschichte hinaus auf Soziologie und Ökonomie ausbauen können. Ambivalent bleibt das Verhältnis zur Politikwissenschaft, weil Recht nicht nur politisches Handeln begrenzt, so dass beide systemisch getrennt werden können, sondern weil Recht zugleich das Produkt von Politik ist, zumal in der Demokratie. Die hier liegenden Fragen von Nähe und Distanz sind nicht eigentlich interdisziplinäre Probleme, sondern sie betreffen das Selbstverständnis der Rechtswissenschaft selbst: Kann sie – aus der Perspektive der Normanwendung – Politik als Erkenntnisgegenstand wegdelegieren oder muss sie – aus der Perspektive der Normerzeugung – Politik nicht als Korrespondenzkategorie begreifen? Einerseits bewältigt die Rechtswissenschaft dieses Problem mit Hilfe ihres Praxisbezugs – der jedoch auf den Tagungen der Staatsrechtslehrervereinigung naturgemäß nicht im Vordergrund steht. Andererseits erschwert die Rechtswissenschaft das Problem durch die Fixierung auf ein autonomes Rechtssystem, das sich über Dogmatik definiert und systemisch vom politischen System abgegrenzt wird. Die Dinge sind hier aber im Fluss, wie manche Theoriediskussion der letzten 20 Jahre belegen mag. So wird man letztlich zu einem alles in allem selbstzufriedenen Ergebnis gelangen. Supradisziplinarität jedenfalls war immer schon ein Bestandteil des Tagungsdiskurses, lange bevor Interdisziplinarität als Wort die Bühne betrat.[157] Man wird festhalten dürfen, dass außerfachliche Literatur in den Verhandlungen der Staatsrechtslehrervereinigung jedenfalls einen weitaus größeren Stellenwert einnimmt als es in vergleichbaren Publikationen der Nachbardisziplinen der Fall ist, in denen juristische Texte deutlich weniger präsent sind. In puncto Subdisziplinarität hat die Staatsrechtslehre jedenfalls keinen Nachholbedarf. Ob man sich damit zufriedengibt, ist eine Frage, die das Fach in Methoden- und Sachdiskursen immer wieder an sich selbst stellt. Das ist doch schon was.

---

[157] Zu entsprechenden Resümees gelangen auch andere Beobachter, die ansonsten um Kritik nicht verlegen sind. Bei *Stolleis*, Geschichte IV (Fn. 27), S. 501, heißt es zum 1990 erreichten Stand: „Aber insgesamt begann es selbstverständlich und zum methodologischen Postulat zu werden, sowohl die empirischen Forschungen als auch die Theorieangebote von Soziologie, Politikwissenschaft und Ökonomie zur Kenntnis zu nehmen und möglichst konsistent zu verarbeiten.“ *Schulze-Fielitz*, Mikrokosmos (Fn. 8), S. 32 f., sieht die Entwicklung einer zeitgemäßen, in mehrfacher Hinsicht trans- und interdisziplinär stärker anschlussfähigen Wissenschaft des Öffentlichen Rechts. Zu den „breiteren intellektuellen Fähigkeiten, die als notwendig erachtet werden, um ein guter Jurist werden zu können“, siehe auch *András Jakab/Rainer Palmstorfer*, Dilemmata des Rechtsstudiums, in: Methoden und theoretische Grundfragen (Fn. 20), S. 277 (297 ff.).

Die verspätete Zunft? Frauen in der Vereinigung der Deutschen Staatsrechtslehrer

Pascale Cancik

„Die Juristin ist die notwendige Vorstufe
für das Eindringen der Frauen in das
gemeindliche und staatliche Leben."
(*Auguste Schmidt*, 1900)[1]

0	0	0	0	0	0	0	0	0	0
0	0	–	–	–	–	–	–	–	–
–	–	–	–	–	–	–	0	0	0
0	0	0	0	0	0	0	0	0	0
0	0	0	0	0	0	0	0	1	0
0	0	0	0	0	0	0	0	0	0
0	0	0	2	0	1	0	1	0	0
1	0	1	1	2	2	0	5	4	3
7	4	6	7	4	5	5	1	5	3
4	6	2	0	4	6	4	3	5	6

(*Staatsrechtslehrerinnen*, 1922–2021)[2]

---

1 *Auguste Schmidt,* Juristinnen, in: Neue Bahnen 25 (1900), S. 32 f. (Zitat S. 33).

2 Aufnahme von Staatsrechtslehrerinnen in 100 Jahren, Stand: Dez. 2021. In den Jahren 1933 und 1949 war die Vereinigung jeweils nur eingeschränkt aktiv. Sie wurden hier dennoch mit |0| und nicht mit |–| markiert.

I. Einführung . . . 796
1. 1922 . . . 796
2. Männer – Frauen – Staatsrechtslehre*** . . . 797
3. Die Staatsrechtslehrerin als Phantom – ein Blick von außen . . . 798
4. Die Quellenlage . . . 800
5. Erinnerungen von Staatsrechtslehrern . . . 802
II. „Erste sein“ oder: Vermessung der Staatsrechtslehrervereinigung . . . 803
1. Die ersten weiblichen Mitglieder der Vereinigung: 1971–2000 . . . 804
2. Die ersten Vorträge von Staatsrechtslehrerinnen 1994–2021 . . . 807
3. Die ersten im Vorstand seit 2002 . . . 809
4. Die ersten in der Verfassungsgerichtsbarkeit . . . 810
5. Das erste Treffen als „Staatsrechtslehrerinnen“ 2019 . . . 811
III. Einordnungsversuche – Vergleiche . . . 811
1. Vergleich I: Verortung . . . 811
2. Vergleich II: Die historische, sozialwissenschaftliche und politikwissenschaftliche Zunft . . . 813
3. Vergleich III: Andere rechtswissenschaftliche Vereinigungen . . . 814
4. Die Tagungen der schweizerischen Staats- und Verwaltungsrechtslehrer seit 1963 815
5. Namens-Fragen . . . 816
IV. Erfahrungen von Staatsrechtslehrerinnen . . . 817
V. Die „Damen“ der Vereinigung: Habituspflege und Emanzipation . . . 820
VI. Folgen . . . 822
1. Such a waste of time and energy . . . 822
2. Nicht-Themen . . . 822
a) „Gedöns“? – Der Verfassungsauftrag aus Art. 3 Abs. 2 GG . . . 823
b) Feministische Rechtswissenschaft und Gender Studies im Recht . . . 825
VII. Schluss: Hundert Jahre später . . . 826

I. Einführung

1. 1922

Die Vereinigung der Deutschen Staatsrechtslehrer, gegründet 1922, ist ungefähr so alt wie das Wahlrecht für Frauen und die (kurzzeitige) Abschaffung des sogenannten Beamtinnen-Zölibats in der Weimarer Reichsverfassung.[3] Seit 1900 galt das Bürgerliche Gesetzbuch, das die Entscheidungsgewalt des Ehemannes und Vaters über Frau und Kinder – zeitgenössisch auch *mundium*, eheliche Vormundschaft oder eheliche Vogtei genannt – trotz heftiger Kritik aufrechterhielt bzw. einführte.[4] Seit 1908 konnten Frauen

[3] „Beamtinnenzölibat“ umschreibt Regelungen, wonach Beamtinnen bei Heirat automatisch den Beamtenstatus verloren. Dazu: *Pascale Cancik*, Der Kampf um Gleichberechtigung als Voraussetzung der demokratischen Republik, in: Dreier/Waldhoff (Hrsg.), Das Wagnis der Demokratie. Eine Anatomie der Weimarer Reichsverfassung, 2018, S. 151, 164, 169.

[4] Kritisch *Carl Bulling*, Die deutsche Frau und das Bürgerliche Gesetzbuch, 1896. Zu den Familienrechtsreformerinnen Munk und Berent: *Marion Röwekamp*, Margarete Berent und Marie Munk. Pionierinnen im Kampf um gleiche Rechte für Frauen, in: Kritische Justiz (Hrsg.), Streitbare JuristInnen. Eine andere Tradition Bd. 2, 2016, S. 73–107.

(auch) in Preußen Jura studieren. In demselben Jahr erging das Reichsvereinsgesetz, das frauendiskriminierende vereinsrechtliche Regelungen aufhob und Frauen die Parteimitgliedschaft ermöglichte. 1919 lag der Anteil der Jurastudentinnen bei 2,6 %.[5]

Im Jahr der Vereinigungsgründung trat das „Gesetz über die Zulassung der Frauen zu den Ämtern und Berufen der Rechtspflege" in Kraft,[6] heftig bekämpft von juristischen Berufsorganisationen. Von den vielen durch die Frauenbewegung zu erkämpfenden Rechten war der Zugang von Frauen zu den juristischen Berufen besonders umstritten. Denn hier sollte sich der Weg in das „staatliche Leben" öffnen, wie *Auguste Schmidt* im Jahre 1900 prognostiziert hatte. Dass dies irgendwann auch den Weg in die neue Vereinigung der Deutschen Staatsrechtslehrer meinen könnte, beschäftigte damals noch niemanden. Eine der ersten deutschen Juristinnen, *Anita Augspurg*, hatte für ihre Dissertation ein staatsrechtliches Thema gewählt: „Über die Entstehung und Praxis der Volksvertretung in England". Studieren und promoviert werden konnte sie nur in der Schweiz, an der Universität Zürich.[7]

*2. Männer – Frauen – Staatsrechtslehre****

Die Themenstellung „Frauen in der Vereinigung" impliziert eine nicht-fachliche Gruppierung: „*Die* Frauen" werden sichtbar gemacht, unabhängig davon, dass sie sich selbst nicht oder jedenfalls nicht vordringlich als solche Gruppe verstehen.[8] Zu den Effekten solcher Gruppierung gehört, dass weitere Gruppen sichtbar werden – wiederum unabhängig davon, ob sie sich als Gruppe empfunden hätten. Das „Staatsrechtslehrer (iSv Männer)"-Thema wird ‚mitgemeint' oder mit-gemacht.[9] Die „Frauenfrage" ist dann auch eine „Männerfrage". Wohl auch deshalb lösen entsprechende Gruppierungskonstruktionen unterschiedliche, manchmal gereizte Reaktionen aus. Sie führen insbesondere denjenigen, die sich bislang nicht als besondere Gruppe, sondern gleichsam als Normalfall

[5] Zahlen bei *Röwekamp*, Berent und Munk (Fn. 4), S. 73, 78.

[6] Vom 11. Juli 1922, in Kraft getreten am 23. November 1922 (RGBl. S. 573).

[7] Die Arbeit ist publiziert in: Annalen des Reiches für Gesetzgebung, Verwaltung und Statistik, 1898, S. 499–543. *Ute Gerhard*, Anita Augspurg (1857–1943), Juristin, Feministin, Pazifistin, in: Kritische Justiz (Hrsg.): Streitbare Juristen. Eine andere Tradition, 1988, S. 92–103. Näher zum Studium – u. a. bei der ersten Privatdozentin Emilie Kempin-Spyri – und Gasthörversuchen in Berlin und München: *Christiane Berneike*, „Nichts ist unmöglich": Anita Augspurg – eine biographische Recherche, 1994, https://frauenmediaturm.de/historische-frauenbewegung/nichts-ist-unmoeglich-anita-augspurg-eine-biographische-recherche (Aufruf: 01.09.2021).

[8] Die Unterschiede zur fachlichen Gruppierung liegen auf der Hand. Staatsrechtslehrerinnen haben keinen gemeinsamen einheitlichen Gegenstand, sind mit Blick auf andere Gruppierungskriterien wie Fachlichkeit, wissenschaftliche Herkunft („Schule", „Lehrer(in)", politische Bindung, Konfessionalität etc.) gerade nicht einheitlich verbunden und nehmen sich auch nicht so wahr.

[9] Wissenschaftsgeschichtlich bildet sich das etwa ab in der Entwicklung von der Frauen- zur Geschlechterforschung. Geschlecht und Geschlechtszuweisungen wurden nun abstrakter zu Gegenstand und zu analytischer Kategorie verschiedener Forschungszweige. Für die Geschichtswissenschaft in Deutschland verdichtet sich das etwa ab den 1980er Jahren. *Olaf Blaschke/Jens Thiel*, Der Verband zwischen den Krisenjahren und der Rückkehr der Geschichte (1968–1990), in: Berg/Blaschke/Sabrow/Thiel/Thijs, (Hrsg.), Die versammelte Zunft. Historikerverband und Historikertage in Deutschland 1983–2000, Bd. 2, 2018, S. 532 ff., zum Einzug der „Frauengeschichte": S. 565 ff.

verstehen konnten, vor Augen, dass auch sie einer Gruppe zugewiesen werden können, eine Identität zugeschrieben bekommen und dass diese Zuschreibung Folgen hat, etwa tatsächlichen oder gefühlten Reflexions- vielleicht sogar Rechtfertigungsbedarf auslöst. Für solche Zumutungen ist derzeit insbesondere die – negativ gemeinte – Markierung als „identitätspolitisch“ schnell zur Hand.[10]

Wie dem sei: Der Themenstellung liegt die Annahme zugrunde, dass, wenn nicht die Gruppierung anhand der Geschlechterzuweisung, doch jedenfalls die Existenz von Staatsrechtslehrerinnen für eine Geschichte der Vereinigung relevant ist. In welcher Weise das der Fall ist, bleibt eine offene Frage. Ein neuester Einordnungsversuch thematisiert die Veränderung der Mitgliederstruktur (auch) mit Blick auf die zunehmende Anzahl von Staatsrechtslehrerinnen als „Pluralisierung“ und „personale Diversität“ und wertet die Veränderungen seit 2000 als „signifikante Veränderung des Binnenklimas der Vereinigung“.[11] Eine wohl häufig vertretene Position in der Vereinigung ging hingegen davon aus, dass irgendwann Frauen nicht mehr ‚nur‘ als „begleitende Damen“, sondern auch als Staatsrechtslehrerinnen und Mitglieder dabei waren und dass dies zu keiner, darüber hinaus gehenden relevanten Veränderung für „die Vereinigung“ oder „die Staatsrechtslehre“ geführt habe.[12]

Für die hier eingenommene historische Perspektive steht die Frage nach der Relevanz der Veränderungen für die Vereinigung oder gar für die Wissenschaft nicht im Vordergrund; für entsprechende wissenschaftsgeschichtliche Einschätzungen fehlt es nicht zuletzt an einschlägigen Vorarbeiten.[13] Es geht einstweilen vor allem um die Aufbewahrung eines Stücks Geschichte. Damit verbunden ist der Versuch, vergangene Marginalisierungen nicht als historiographische Marginalisierungen fortzuführen, wie das häufiger der Fall ist.

3. Die Staatsrechtslehrerin als Phantom – ein Blick von außen

Unter den Staatsrechtslehrern im 20. Jahrhundert gab es keine Frauen. Diesen Eindruck kann gewinnen, wer den 2018 in zweiter Auflage erschienenen Band „Staatsrechtslehrer des 20. Jahrhunderts“, der der Vereinigung gewidmet ist, als Quelle wählt.[14] Einundachtzig Staatsrechtslehrer sind für diesen Band ausgewählt, einige davon in den 2010er Jahren verstorben. Die erste Staatsrechtslehrerin im Sinne der Vereinigung, die nach den Kriteri-

---

[10] Zum notwendigen Scheitern einseitiger Identitätspolitik-Markierungen „der anderen“ s. *Christoph Möllers*, Freiheitsgrade. Elemente einer liberalen politischen Mechanik, 2020, S. 97 f.; zum – in vielen Beiträgen durchaus reflektierten – Dilemma der Gruppierungskonstruktion: *Astrid Séville*, Identitätspolitik als Strategie der Entprivilegierung, in: Kersten/Rixen/Vogel (Hrsg.), Ambivalenzen der Gleichheit, 2021, S. 97, insbes. 102 ff.

[11] *Helmuth Schulze-Fielitz*, Die Wissenschaftskultur der Staatsrechtslehrer, 2022, S. 190 ff., Zitat: S. 191.

[12] So der Tenor der Aussagen in den Interviews mit älteren Staatsrechtslehrern über die Vereinigung. Einsehbar im Archiv der Vereinigung: Archiv VDStRL, Ordner-Nr. 128, Reg.-Nr. 1–9.

[13] Mit Blick auf Gleichheitsdiskussionen nun vertiefend *Ute Sacksofsky*, in diesem Band, S. 479 ff.

[14] Häberle/Kilian/Wolff (Hrsg.), Staatsrechtslehrer des 20. Jahrhunderts, 2. Aufl. 2018. Aufgenommen sind nur bereits verstorbene Personen.

en der Herausgeber an sich wohl Berücksichtigung finden könnte, *Ilse Staff*, starb am 15. November 2017,[15] konnte also für diese Auflage nicht mehr berücksichtigt werden.[16]

Auch der Name der Vereinigung legt nicht nahe, dass es Staatsrechtslehrerinnen geben könnte. Dank der Erfindung des generischen Maskulinums können Frauen zwar, unabhängig von der Konzeption der ursprünglichen Namensgebung, bei Bedarf „mitgemeint" sein – ein dem dynamischen Verfassungswandel verwandtes Konzept. Irritierte Anfragen von außerhalb der Zunft legen allerdings nahe, dass Außenstehende vom Vereinigungsnamen überrascht sind. Möglicherweise werden aber überwiegend Staatsrechtslehrerinnen gefragt, ob sie wirklich in einer Vereinigung dieses Namens Mitglied sein dürfen. Offizielle Namensdebatten gab es bislang, anders als in anderen Fachvereinigungen nicht.[17]

Helmuth Schulze-Fielitz vermerkte 1999 in seiner grundlegenden Besprechung des Handbuchs des Staatsrechts mit Blick auf Mechanismen der Selbstrekrutierung, dass unter den 126 Autoren keine Frau zu finden sei.[18] Viel mehr Aufmerksamkeit erhielt das Thema nicht.[19] Bei der 2018 vom Bundesministerium des Innern veranstalteten Fachtagung zu 70 Jahre Grundgesetz referierten drei Frauen.[20] Die Frage nach einer Beteiligung von Wissenschaftlerinnen an entsprechenden Veranstaltungen und Publikationen wird in jüngerer Zeit – auch von außen – zunehmend gestellt. Im Vergleich mit anderen Fächern geschieht das eher spät. Die relativ geringe Zahl von Staatsrechtslehrerinnen stellt eine inklusivere bzw. diversere Organisation von Veranstaltungen, Handbüchern etc. zugleich vor Schwierigkeiten.

---

[15] *Ute Sacksofsky*, Ilse Staff – die erste deutsche Staatsrechtslehrerin, in: Fachbereich Rechtswissenschaft der Goethe-Universität Frankfurt am Main (Hrsg.), 100 Jahre Rechtswissenschaft in Frankfurt: Erfahrungen, Herausforderungen, Erwartungen, 2014, S. 185–200.

[16] Von den Beiträgen des Bandes stammen drei von Staatsrechtslehrerinnen: *Diemut Majer* (zu Peter Saladin), *Kathrin Groh* (zu Richard Thoma), *Pascale Cancik* (zu Georg Meyer). Die Autorinnen erfüllen das primäre Auswahlmerkmal der Herausgeber, „Schüler/Schülerin" des von ihnen behandelten Staatsrechtslehrers zu sein, nicht.

[17] Dazu unten. Wohl repräsentativ für eine verbreitete ablehnende Haltung *Schulze-Fielitz*, Wissenschaftskultur (Fn. 11), S. 192.

[18] *Helmuth Schulze-Fielitz*, Grundsatzkontroversen in der deutschen Staatsrechtslehre nach 50 Jahren Grundgesetz in der Beleuchtung des Handbuchs des Staatsrechts (1999), in: *ders.*, Staatsrechtslehre als Mikrokosmos, 2013, S. 255, 296. Das blieb so in der 2., nur durchgesehenen Auflage des HdbStR (1996–2001), in der 3. Auflage (2001–2015) sind ab Bd. 3 zwischen 2 bis 7 Autorinnen beteiligt, jeweils unter 4 % der Beiträge.

[19] Neuere Daten zum Frauenanteil in zentraler juristischer Fachliteratur in: *Ute Sacksofsky/Carolin Stix*, Daten und Fakten zur Repräsentanz von Frauen in der Rechtswissenschaft, 2018, S. 29–37 (www.jura.uni-frankfurt.de/73251138/reprasentanz-frauen_sacksofsky_stix_2018.pdf (Aufruf 27.07.2021) Vgl. auch zusammenfassend *Ute Sacksofsky/Carolin Stix*, Was lange währt und immer noch nicht gut ist. Zur Repräsentanz von Frauen in der Wissenschaft vom Recht, KJ 2018, S. 464–474; Danach war damals der Frauenanteil im öffentlichen Recht am geringsten. Da es sich zum Teil um kleine Zahlen handelt, ist die Darstellung in Anteilsprozent nicht unproblematisch, für einen schnellen Eindruck aber hilfreich.

[20] Eine Politikwissenschaftlerin, eine deutsche und eine taiwanesische Staatsrechtslehrerin, bei insgesamt 18 Beiträgen. Heinig/Schorkopf (Hrsg.), 70 Jahre Grundgesetz. In welcher Verfassung ist die Bundesrepublik, 2019. Allerdings gab es offenbar Bemühungen, mehr Kolleginnen zu gewinnen, insofern ist die Außenperspektive allein – natürlich – nicht ausreichend.

Von der Vereinigung respektive ihren Mitgliedern als solchen wurde diese ‚Frauenfrage' offenbar nicht nachvollziehbar wahrgenommen. Es handelt sich um ein Non-Thema.[21]

4. *Die Quellenlage*

Das führt zu einem schwierigen Quellenbefund. Nicht thematisierte Phänomene sind typischerweise nicht in den Akten. Die umgekehrte Aussage – *quod non est in actis non est in mundo* – ist hingegen unzutreffend. Es gibt viel Vergangenheit und Gegenwart außerhalb der Akten. Sachverhalte als in bestimmtem Zusammenhang irrelevant auszuschließen ist ja gerade Funktion und Effekt von Aktenführung und Aufschreibesystemen. Insofern ist das Schweigen des Archivs der Vereinigung aussagekräftig und ein Problem zugleich. Denn nicht geführte Debatten kann man nicht analysieren.

Jenseits der Zahlen und der Literatur basiert die hier vorgelegte erste Annäherung auf Erfahrungen und Erinnerungen von Zeitzeugen und Zeitzeuginnen. Dazu gehören einige Interviews mit älteren Staatsrechtslehrern, die im Wesentlichen vom Herausgebergremium geführt wurden.[22] Dazu gehören ferner die Rückmeldungen auf eine Umfrage unter den Staatsrechtslehrerinnen, die im Jahr 2018 initiiert wurde.[23] Der Rücklauf war mit über einem Drittel der Befragten gut, zugleich höchst heterogen.[24] Einige wenige Kolleginnen wollten ausdrücklich nicht teilnehmen, viele Rückmeldungen reagierten nur auf einige der Fragen,[25] andere Rückmeldungen waren sehr ausführlich. Grundlage aller Rückmeldungen war Vertraulichkeit. Da es sich um höchst gegenwärtige Vergangenheit handelt, muss das historische Interesse an Namen, genauem Nachweis und Verifizierbarkeit hintanstehen.[26]

---

[21] Für Hinweise danke ich Andreas Kley.

[22] Archiv VDStRL, Ordner-Nr. 128. In den Interviews wurde idR versucht, die „Frauenfrage" zu thematisieren. Gefragt wurde u. a. nach dem Damen-, später Begleitprogramm, sowie danach, ob die erst fehlende, dann geringe Anzahl von Staatsrechtslehrerinnen je eine Rolle gespielt habe.

[23] Die Fragebogenaktion wurde vereinzelt als Auftaktversuch zur Selbstorganisation verstanden, was sie nicht war. Die Idee zu einem Treffen der Staatsrechtslehrerinnen war vielmehr schon älter, wurde aber möglicherweise durch die Umfrage erneut aktiviert.

[24] Von 101 angeschriebenen Kolleginnen (2018/2019) reagierten 37.

[25] Insbesondere jüngere Kolleginnen (Jahrgänge ab etwa Mitte der 1970er), konnten auf Fragen nach Veränderungen naturgemäß kaum aus eigener Anschauung reagieren.

[26] Auf einige der Fragen zu antworten bedeutete einen hohen Vertrauensbeweis, für den ich den Kolleginnen nicht genug danken kann. Nicht selten geht es um Höchstpersönliches, um negative Erfahrungen, manchmal um Verletzungen. Solche Professions-Verletzungen, etwa tatsächliche oder vermeintliche Diskriminierungserfahrungen, machen nicht nur Frauen. In Hintergrundgesprächen kann man viele Geschichten über Konkurrenz, politisch begründete Exklusionen, Hierarchien und manchmal eben auch über Machtmissbrauch oder doch „Gemauschel" auch von Männern hören. Einiges davon wird in diesem Band beleuchtet werden. Entsprechende Erfahrungen sind mithin bis zu einem gewissen Grad ‚normal'. Aber: geschlechtsabhängige Erfahrungen gehörten für Staatsrechtslehrer – anders als für die Staatsrechtslehrerinnen – in der Regel nicht dazu, von Ausnahmen in feministisch geschlossenen Zirkeln abgesehen. Insgesamt also darf man eine Differenz zwischen allgemeinen Verletzungserfahrungen und spezifischen Diskriminierungserfahrungen annehmen.

Abbildung 1: Karikatur Joachim Nockes zur Tagung der Staatsrechtslehrervereinigung 1989 in Hannover. (Joachim Nocke, 1942–2017, apl. Prof. für Grundlagen des Öffentlichen Rechts und Rechtssoziologie an der Universität Hannover).

Weder die Interviews noch die Rückmeldungen sind statistisch repräsentativ. Und doch können sie Eindrücke vermitteln von den vergehenden Zeiten, den Fremdheiten der Vergangenheit und vielleicht auch von mancher Gegenwärtigkeit dieser Vergangenheit.

5. *Erinnerungen von Staatsrechtslehrern*

Der relativ geringe Frauenanteil in der Vereinigung ist unmittelbar Folge der geringen Anzahl habilitierter oder sonst aufnahmefähiger Staatsrechtslehrerinnen. Die Vereinigung selbst kann daran nichts ändern, es sei denn um den Preis der Änderung von Aufnahmekriterien. Angesichts gesamtgesellschaftlicher Diskussionen und Entwicklungen ist allerdings bemerkenswert, dass auch das Thema an sich die Vereinigung offiziell nie erreicht hat.[27]

Die Anwesenheit von Staatsrechtslehrerinnen scheint – glaubt man den Interviews mit den langjährigen Mitgliedern der Vereinigung – ebenso selbstverständlich gewesen zu sein, wie ihre vorherige Nicht-Anwesenheit.[28]

> „Frauen wurden dann auch, als sie langsam dazukamen, immer wie normale Mitglieder behandelt."[29]

Soweit über Nachteile – gegenwärtig – nachgedacht wird, bleibt es bei der Betonung der Lasten der Mutterschaft. Dass es auch unbewusste, vielleicht gar bewusste Benachteiligung von Frauen gegeben haben könnte, wird kaum erwogen.[30] In den Worten *Peter Häberles*:[31]

---

[27] *Hans Meyer*, Interview vom 18.6.2018, S. 9 (Archiv VDStRL, Ordner-Nr. 128, Reg.-Nr. 1). Zu möglichen Folgen wissenschaftlicher Themenwahlen s.VI.2.

[28] In den Interviews wurde nach der Aufnahme von Frauen, nach Eindrücken, nach Wahrnehmung von Gleichberechtigungsfragen gefragt. Die Gesprächssituationen waren sehr unterschiedlich, so dass keine statistisch klar auswertbare Frage-Antwort-Struktur vorliegt. Der verbreitete Eindruck völliger Selbstverständlichkeit, dass es eben irgendwann auch Staatsrechtslehrerinnen gab, wenn/weil die Qualität stimme, wie auch die mehr oder weniger implizite Annahme, dass es keinerlei Ungleichbehandlung gegeben habe, scheint mir bemerkenswert. Es gab (und gibt) offensichtlich keinerlei Problem(-wahrnehmung).

[29] *Hans Meyer*, Interview vom 18.6.2018, S. 9 (Archiv VDStRL, Ordner-Nr. 128, Reg.-Nr. 1); *Klaus Stern*, Interview vom 21.5.2019, S. 18 (Archiv VDStRL, Ordner-Nr. 128, Reg.-Nr. 9); *Walter Rudolf*, Interview vom 29.8.2018, S. 14 (Archiv VDStRL, Ordner-Nr. 128, Reg.-Nr. 3); *Peter Pernthaler*, Interview vom 24. 9.2018, S. 9 (Archiv VDStRL, Ordner-Nr. 128, Reg.-Nr. 4).

[30] *Martin Heckel*, Interview vom 8.1.2019, S. 24 ff. (Archiv VDStRL, Ordner-Nr. 128, Reg.-Nr. 7). „Diese Benachteiligung ist aber nicht durch die männlichen Kollegen verursacht, die darum auch nicht für die Minderzahl weiblicher akademischer Forscher und Lehrer verantwortlich gemacht werden sollten." Heckel ist gegen einen Ausgleich per Quotenregelung [*allerdings in – nicht untypischer – Verkennung des Konzepts leistungsabhängiger Quoten, PC*], für einen Ausgleich durch „sozialstaatliche Förderungsmaßnahmen" und aufgeschlossen gegenüber der Berufung von Paaren an eine Fakultät. Anders *Jochen A. Frowein*, Interview vom 21.2.2019, S. 9 (Archiv VDStRL, Ordner-Nr. 128, Reg.-Nr. 6), auch unter Hinweis auf die Lage in USA und Frankreich: „Ich dachte lange, dass sich Geschlechterparität von selber einstellt, weil es keine objektiven Hinderungsgründe gibt. Ich musste aber sehen, dass Gleichheit leider nicht von alleine kommt, dass man Frauen pushen muss."

[31] Auf die Frage, formuliert von *Helmuth Schulze-Fielitz*: „Spielte die Frage der Geschlechtergerech-

„Das [*die Frage der Geschlechtergerechtigkeit, PC*] ist ein modernes und neueres Thema. Zu meiner Zeit gab es die berühmte Frau Staff als erste Staatsrechtslehrerin, dann die Frau Diemut Majer, und dann kamen nach und nach mehr. Aus meiner Sicht hat es der Vereinigung gutgetan. Das weibliche Element ist wichtig nicht nur in den Begleitprogramm [*sic*] und beim Tanzen. Der Tanz wurde übrigens vor allem gefördert von Hans Peter Ipsen. [...] Das weibliche Element hat uns gutgetan, insbesondere auch in den Referatsthemen. Ich erinnere mich an ein Thema, als es um Ehe und Familie ging, da musste man natürlich auch eine Frau als Referentin zu Wort kommen lassen. Ich halte das für eine Bereicherung. In meiner Zeit hat es überhaupt keine Rolle gespielt.“[32]

Nur selten wurde die Frage möglicher männlicher Begrenztheit angedeutet, wie etwa in der leise spöttelnden Eingangsbemerkung von *Jörg-Detlef Kühne* anlässlich des Beratungsgegenstandes „Erziehungsauftrag und Erziehungsmaßstab der Schule im freiheitlichen Verfassungsstaat“:[33]

„Zunächst noch außerhalb der Redezeitbeschränkung die Frage an die Veranstalter, ob es nicht bei diesem spezifischen Thema angezeigt gewesen wäre, die hiesige Saalgalerie für die Teilnehmerinnen des Beiprogramms [*sic*] freizugeben. Sie erziehen doch kräftig mit und im Zweifel mehr als wir.“

Die frühere und deutlichere Kritik von *Rudolf Steinberg* anlässlich der Tagung von 1986 zu Ehe und Familie war offenbar nicht aufgegriffen worden.[34]

II. „Erste sein“ oder: Vermessung der Staatsrechtslehrervereinigung

Statistiken sind ein Ordnungsmittel, das seit Jahrhunderten genutzt wird. Sie konstruieren Wirklichkeiten, Bedeutungen und leiten unsere Wahrnehmung.[35] Diese Grenzen bedenkend können die folgenden Zahlen einen Eindruck vom allmählichen Zugang von Frauen zur Vereinigung bieten.[36]

---

tigkeit in Ihrem Vorstand oder in Ihrer Wahrnehmung irgendeine relevante Rolle oder ist das ein modernes oder neueres Thema?“: *Peter Häberle*, Interview vom 10.7.2018, S. 17 (Archiv VDStRL, Ordner-Nr. 128, Reg.-Nr. 2).

[32] In der Tat war das Thema „Verfassungsgarantie und sozialer Wandel – Das Beispiel von Ehe und Familie“ auf der Tagung 1986 in München noch rein männlich besetzt (*Axel Frhr. v. Campenhausen/Heinhard Steiger*), anders als bei der Tagung 2013 (*Monika Böhm/Michael Germann*, Dynamische Grundrechtsdogmatik von Ehe und Familie, VVDStRL 73 (2014), S. 211 ff. (257 ff.).

[33] Auf der Jahrestagung 1994, der ersten mit einem Bericht einer Staatsrechtslehrerin (Lerke Osterloh, zum Thema Privatisierung): *Jörg-Detlef Kühne*, Diskussionsbemerkung, VVDStRL 54 (1995), S. 151.

[34] *Rudolf Steinberg*, VVDStRL 45 (1987), S. 139 f. Dazu *Sacksofsky* in diesem Band, S. 494 f.

[35] Programmatisch: *Adam Tooze*, Die Vermessung der Welt. Ansätze einer Kulturgeschichte der Wirtschaftsstatistik, in: Berghoff/Vogel (Hrsg.), Wirtschaftsgeschichte als Kulturgeschichte. Dimensionen eines Perspektivwechsels, 2004, S. 325 ff.

[36] Umfassende Daten zu Habilitandinnen, Studierenden und Professorinnen: *Sacksofsky/Stix*, Daten und Fakten (Fn. 19), S. 3–28. Damals (2017/18) gab es noch zwei Fakultäten ohne und drei mit nur einer Professorin. Insgesamt 10 Fakultäten hatten einen Frauenanteil 10 %; 16 lagen zwischen 10 % und 20 %; 12 zwischen 20 % und 30 % und drei bei 30 %. Ebd., S. 28.

1. Die ersten weiblichen Mitglieder der Vereinigung: 1971–2000

	Name, Vorname	Jahr der Aufnahme
1	*Staff, Ilse* (gest. 2017)	1970
2	*Majer, Diemut*	1985
3	*Weber-Dürler, Beatrice*	1985
4	*Lübbe-Wolff, Gertrude*	1987
5	*Osterloh, Lerke*	1989
6	*Kokott, Juliane*	1992
7	*Epiney, Astrid*	1994
8	*Schlieffen, Katharina Gräfin v.; geb. Sobota*	1995
9	*Böhm, Monika*	1996
10	*Jachmann-Michel, Monika*	1996
11	*Davy, Ulrike*	1997
12	*Felix, Dagmar*	1997
13	*Kägi-Diener, Regula*	1999
14	*König, Doris*	1999
15	*Puttler, Adelheid*	1999
16	*Sacksofsky, Ute*	1999
17	*Schmid, Viola*	1999
18	*Baer, Susanne*	2000
19	*Britz, Gabriele*	2000
20	*Gurlit, Elke*	2000
21	*Langenfeld, Christine*	2000

Ilse Staff, damals noch Privatdozentin, war 1970 die erste, die in die Vereinigung aufgenommen wurde.[37] Sie blieb bis Mitte der 1980er Jahre das einzige weibliche Mitglied. Erst 1985 wurden mit *Diemut Majer* und *Beatrice Weber-Dürler* zwei weitere Frauen aufgenommen.[38] *Beatrice Weber-Dürler* war die erste und blieb die einzige Schweizerin in der Vereinigung bis zur Aufnahme von *Regula Kägi-Diener* 1999. Die erste Österreicherin in der Vereinigung war *Ulrike Davy*. Sie folgte der Einladung zur Mitgliedschaft 1997, vertrat jedoch zum Zeitpunkt ihrer Aufnahme bereits eine Professur in Bielefeld, um kurz danach eine eigene Professur ebendort zu bekleiden.

[37] Sie hielt kein Referat. Zur Tagung 1986 meldete sie sich mit einer kritischen Bemerkung zu den Referaten über Ehe und Familie: *Ilse Staff*, VVDStRL 45 (1987), S. 124 ff. Zur Themenbehandlung und Diskussion allgemeiner: *Sacksofsky*, in diesem Band, S. 487.

[38] Die erste Staatsrechtslehrerin der Schweiz, Irene Blumenstein, wurde offenbar nicht zu den Tagungen der Vereinigung eingeladen, anders als andere Schweizer Staatsrechtslehrer, die nicht Mitglied waren. Den Hinweis verdanke ich Andreas Kley. Zu Blumenstein: unten III.4.

Diemut Majer gehörte zu den – insgesamt wenigen – Personen, gegen deren Aufnahme in die Vereinigung Einwände erhoben wurden. Vorangegangen war eine fast ein Jahrzehnt dauernde Auseinandersetzung um ihre Habilitationsschrift zum Thema „‚Fremdvölkische' im Dritten Reich" (vorgelegt an der FU Berlin 1975), in der *Diemut Majer* sich intensiv mit Rechtsetzung und Rechtspraxis im Nationalsozialismus auseinandersetzte.[39] Das nach sechs Jahren eingeschaltete Verwaltungsgericht Berlin bestätigte dem Fachbereich der FU Berlin gravierende Verfahrensfehler, weshalb eine Klage auf Aufhebung und Neubescheidung Erfolg gehabt hätte. Sie wurde durch übereinstimmende Erledigungserklärung abgewendet. Die ausführliche Begründung des Kostenbeschlusses dokumentiert die Haltung des Gerichts indessen eindeutig.[40] *Diemut Majer* ging in die Schweiz und wurde in Bern mit der Arbeit habilitiert. Die Einwände gegen den folgenden Antrag der Berner Kollegen auf Aufnahme von *Diemut Majer* in der Vereinigung führten zu einer Diskussion auf der Jahrestagung in Fribourg 1985, in der „zum Teil Argumente vorgetragen [wurden], für die man sich nur schämen kann."[41]

Während in den Erinnerungen einiger Staatsrechtslehrer der Konflikt vorwiegend als Konflikt um die politisch unerwünschte Aufarbeitung der nationalsozialistischen Verstrickungen von Staatsrechtslehrern bewertet wird,[42] vermutet *Diemut Majer* selbst zumindest auch geschlechtsbezogene Diskriminierung.[43] Denn zum Zeitpunkt der Arbeit hätten ja schon andere Habilitationen zu Recht im Nationalsozialismus vorgelegen. Mit der Thematik habe es an einigen Fakultäten politische Schwierigkeiten gegeben, aber ein Verfahren wie das ihre – mit erst positiven Gutachten, die später nach Widerspruch im Fachbereich zurückgezogen wurden – gab es zu jener Zeit eben nicht (mehr).

Insgesamt werden die Aufnahmekonflikte immer auch als Generationenkonflikt und Auftakt zu einem grundlegenden Stilwechsel bewertet, so zumindest die Interpretation der Zeitzeugen.[44] Über andere auf Staatsrechtslehrerinnen bezogene Aufnahmestreitigkeiten ist nichts bekannt geworden.

Von 1986 an wurden alle ein bis drei Jahre weitere ein bis zwei Staatsrechtslehrerinnen aufgenommen. 1999 gab es erstmals mehr als zwei, nämlich fünf Neuaufnahmen von Frauen (von 25 insgesamt). Von da an kamen jeweils mehrere Frauen dazu, 2009 nur eine, 2015 war das bislang letzte Jahr, in dem keine Frau aufgenommen wurde. Die Höchstzahl in einem Jahr neu hinzugekommenen Staatsrechtslehrerinnen beträgt bislang sieben (2002, 2005).

---

[39] *Andreas Kley*, Geschichte des öffentlichen Rechts der Schweiz, 2. Aufl. 2015, S. 260 f.; *Schulze-Fielitz*, Wissenschaftskultur (Fn. 11), S. 27; aus Sicht der Betroffenen: *Diemut Majer*, Neunzehn Jahre an der Universität Bern, in: Commentationes Historiae Juris Helveticae IV (2009), S. 145–151, insbes. 145 ff.; *dies.*, Peter Saladin (1935–1997), in: Häberle u. a. (Hrsg.), Staatsrechtslehrer (Fn. 14), S. 1251, 1268 f.

[40] VG Berlin, Beschluss vom 14.12.1982 – VG 12 A 3822.8.

[41] *Hans Meyer*, Interview vom 18.6.2018, S. 6 (Archiv VDStRL, Ordner-Nr. 128, Reg.-Nr. 1).

[42] *Hans Meyer*, Interview vom 18.6.2018, S. 6 (Archiv VDStRL, Ordner-Nr. 128, Reg.-Nr. 1); *J.P. Müller/G. Müller*, Interview vom 15.4.2019, S. 6 f. (Archiv VDStRL, Ordner-Nr. 128, Reg.-Nr. 8).

[43] Schreiben an die Verfasserin vom 20.2.2020.

[44] Zu den Aufnahmekontroversen: *Schulze-Fielitz*, Wissenschaftskultur (Fn. 11), S. 26 ff.; *Florian Meinel*, in diesem Band, S. 750.

Der Vergleich mit den Aufnahmezahlen insgesamt ergibt, dass in den aufnahmestarken Jahren immer auch viele Männer aufgenommen wurden. 1999 waren es etwa vier Frauen von 25 gesamt, 2005 sieben von 37. Gleiches zeigt sich in den ‚Niedrigphasen': Neben einer Frau wurden 1992 dreizehn Männer aufgenommen, 2007 waren es fünf Frauen zu zwölf Männer. Im Jahr 2017 waren es erstmals knapp mehr als 30 %, ebenso im Jahr 2021. Das folgende Diagramm verdeutlicht das Verhältnis zu ausgewählten Zeitpunkten.

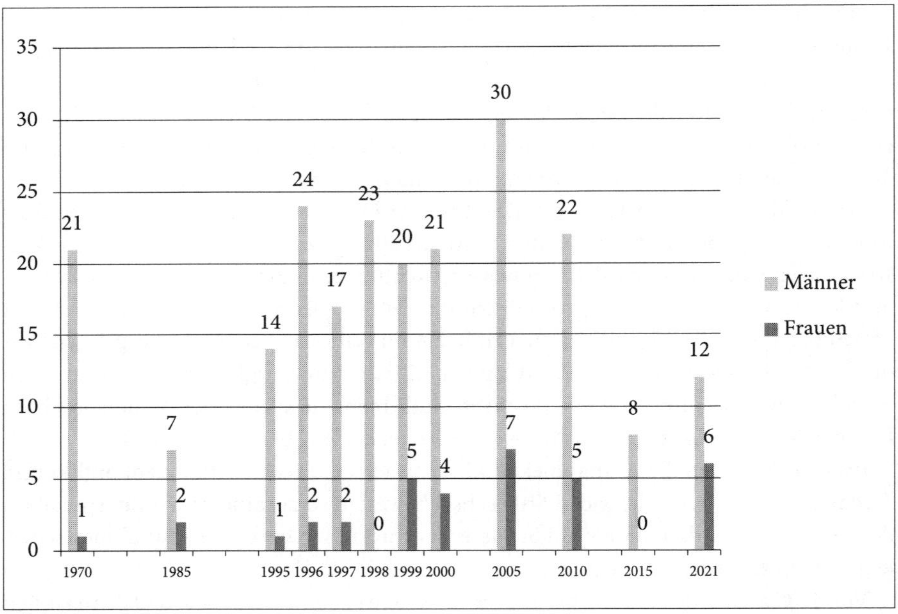

Erste „Staatsrechtslehrerinnen" in einem weiteren Sinne gab es auch in der DDR. *Michael Stolleis* nennt etwa *Lucie Haupt* (*1909) und *Gisela Schaarschmidt* (1935–2004).[45] In die Vereinigung aufgenommen wurde 2001 *Rosemarie Will*, habilitiert 1983 an der Humboldt-Universität (Berlin/DDR) und nach 1993 an die Humboldt-Universität neuberufen. 2002 folgte *Martina Haedrich*, habilitiert an der Schiller-Universität Jena 1985, neuberufen 1993. „Volle Gleichberechtigung" gehörte jedenfalls theoretisch zum Grundbestand der sozialistischen Weltanschauung. Im Systemwettbewerb zwischen West und Ost mochte das eine gewisse Rolle spielen: Frauen in früheren Männerberufen waren Programm. Die westdeutsche Situation in einigen Gleichberechtigungsfeldern konnte denn auch nach der Wiedervereinigung von Frauen aus dem Osten als Rückschritt erfahren werden.[46]

---

[45] *Michael Stolleis*, Geschichte des öffentlichen Rechts, Bd. 4, 2012, S. 598 f.

[46] *Eva Schumann*, Familienrecht und Gesellschaftspolitik am Beispiel der Vereinbarkeit von Familie und Beruf, AcP 2020, S. 701–755, insbes. 706 ff.

Im Jahr 2000 waren von 482 Mitgliedern 21 Frauen, das entsprach knapp über 4 %.[47] 2010 waren es 66 von 688 Mitgliedern, mithin 9 %,[48] ein Jahr später 73 von 700, also 10,4 %.[49] Im Jahr 2019 war die 100 überschritten: 102 Staatsrechtslehrerinnen von 784 gesamt, das sind 13 %.[50]

2. Die ersten Vorträge von Staatsrechtslehrerinnen 1994–2021

Die erste Vortragende war *Lerke Osterloh* auf der Tagung in Halle, 1994. Im Tagungsband gibt es keinerlei Hinweis darauf, dass dies eine besondere Situation gewesen sein könnte. Was hätte man auch sagen können?[51] Der Eindruck der Normalität wird auf diese Weise bestätigt und hergestellt.

Der Einfachheit halber seien die Referentinnen mit ihren Themen knapp aufgelistet:

	Jahr	*Name*	*Thema*
1	1994	*Osterloh, Lerke*	„Privatisierung von Verwaltungsaufgaben“
2	1997	*Weber-Dürler, Beatrice*	„Grundrechtseingriff“[52]
3	2000	*Lübbe-Wolff, Gertrude*	„Europäisches und nationales Verfassungsrecht“
4	2001	*Epiney, Astrid*	„Primär- und Sekundärrechtsschutz im Öffentlichen Recht“
5	2003	*Kokott, Juliane*	„Die Staatsrechtslehre und die Veränderung ihres Gegenstandes: Konsequenzen von Europäisierung und Internationalisierung“
6	2004	*Britz, Gabriele*	„Diskriminierungsschutz und Privatautonomie“
7	2005	*Mager, Ute*	„Die Universität im Zeichen von Ökonomisierung und Internationalisierung“
8	2006	*Hey, Johanna*	„Finanzautonomie und Finanzverflechtung in gestuften Rechtsordnungen“
9	2008	*Sacksofsky, Ute*	„Religiöse Freiheit als Gefahr?“
10	2008	*Davy, Ulrike*	„Soziale Gleichheit – Voraussetzung oder Aufgabe der Verfassung?“

---

47 Mitgliederliste Stand April 2000, VVDStRL 59 (2000), S. 369 ff.

48 Mitgliederliste Stand Feb. 2010, VVDStRL 69 (2010), S. 490 ff.

49 Mitgliederliste Stand Jan. 2011, VVDStRL 70 (2011), S. 469 ff.

50 Mitgliederliste Stand Dez. 2019, VVDStRL 79 (2020), S. 427 ff.

51 Nur in einer der Besprechungen wird ausdrücklich darauf verwiesen: *Franz Dirnberger*, BayVBl. 1995, S. 524, 525: „Der zweite Bericht – im Übrigen die erste Frau als Berichterstatterin bei einer Staatsrechtslehrertagung – […]“; *Claus Dieter Classen*, JZ 1995, S. 34–38 nennt die Referenten nur mit Nachnamen, die Referentin „Frau Osterloh“.

Auch sonst finden sich in den Tagungsberichten der ‚frühen Frauenzeit‘ keine relevanten Hinweise, dass dies irgendwie als Besonderheit wahrgenommen worden wäre.

52 *Beatrice Weber-Dürler* hatte ebenfalls als erste Frau 1990 auf der Tagung in Zürich einen Länderbericht Schweiz vorgetragen, *dies.*, VVDStRL 50 (1991), S. 275–278.

	Jahr	Name	Thema
11	2008	*Baer, Susanne*	„Demographischer Wandel und Generationengerechtigkeit“
12	2009	*Peters, Anne*	„Wettbewerb von Rechtsordnungen“
13	2010	*Gurlit, Elke*	„Eigenwert des Verfahrens im Verwaltungsrecht“
14	2011	*Albers, Marion*	„Höchstrichterliche Rechtsfindung und Auslegung gerichtlicher Entscheidungen“
15	2012	*Cancik, Pascale*	„Wahlrecht und Parlamentsrecht als Gelingensbedingungen repräsentativer Demokratie“
16	2012	*Schuler-Harms, Margarethe*	„Elemente direkter Demokratie als Entwicklungsperspektive“
17	2013	*Wallrabenstein, Astrid*	„Der Bildungsföderalismus auf dem Prüfstand“
18	2013	*Böhm, Monika*	„Dynamische Grundrechtsdogmatik von Ehe und Familie?“
19	2014	*Brosius-Gersdorf, Frauke*	„Dritte Gewalt im Wandel – Veränderte Anforderungen an Legitimität und Effektivität?“
20	2014	*Pöschl, Magdalena*	„Sicherung grund- und menschenrechtlicher Standards gegenüber neuen Gefährdungen durch private und ausländische Akteure“
21	2015	*Krieger, Heike*	„Verfassung im Völkerrecht: Konstitutionelle Elemente jenseits des Staates?“
22	2016	*Odendahl, Kerstin*[53]	„Migrationssteuerung im Mehrebenensystem“
23	2016	*Schmalenbach, Kirsten*	„Völker- und unionsrechtliche Anstöße zur Entterritorialisierung des Rechts“
24	2017	*Spiecker gen. Döhmann, Indra*	„Parteien – Medien – Sozialstrukturen“
25	2018	*Wapler, Friederike*	„Gleichheit angesichts von Vielfalt als Gegenstand des philosophischen und des juristischen Diskurses“
26	2018	*Guckelberger, Annette*	„E-Government: Ein Paradigmenwechsel in Verwaltung und Verwaltungsrecht?“
27	2018	*Siehr, Angelika*	Regulierungsauftrag für den Staat im Bereich der Fortpflanzungsmedizin?“
28	2019	*Schlacke, Sabine*	„Verschränkungen öffentlich-rechtlicher und privatrechtlicher Regime im Verwaltungsrecht“
29	2019	*Schönberger, Sophie*	„Wandel des Verhältnisses von Staat und Gesellschaft – Folgen für die Grundrechtstheorie und Grundrechtsdogmatik“
30	2021[54]	*Mangold, Anna Katharina*	„Relationale Freiheit. Grundrechte in der Pandemie“

[53] Heute: *Kerstin von der Decken.*

[54] Sondertagung im April 2021 (virtuell).

	Jahr	Name	Thema
31	2020/1[55]	*Kaiser, Anna-Bettina*	„Die Organisation politischer Willensbildung. Parteien“
32	2020/1[56]	*Nußberger, Angelika*	„Regieren. Staatliche Systeme im Umbruch“

Seit 2008 war mithin auf jeder Jahrestagung im Hauptprogramm mindestens eine Staatsrechtslehrerin vertreten, häufig mehrere. Zahlenmäßig gesehen liegt damit in den letzten Jahren – bezogen auf einen jüngsten Frauenanteil von ca. 14 %[57] – manchmal eine überproportionale Berücksichtigung von Referentinnen vor – vorausgesetzt, man lässt sich auf die dahinterstehende Repräsentativitätslogik und Gruppierungskonstruktion ein, was typischerweise als wissenschaftsmeritokratisch problematisch wahrgenommen wird. Das Problem wird, etwa unter dem Titel „feministisches Dilemma“, analysiert und ist durchaus nicht auf ‚Frauenfragen‘ begrenzt, sondern in der Tat ein „Dilemma der Konstruktion von Identitäten innerhalb von Gemeinschaften“.[58] Jedenfalls wird deutlich, dass den jeweiligen Vorständen der Vereinigung in den letzten Jahren die Berücksichtigung von Frauen bei den Vorträgen selbstverständlich zu sein scheint. Zur Tagung 2008 in Erlangen, mit erstmals drei Referentinnen, wird kolportiert, dem Vorstand sei gewissermaßen eine Übernutzung der knappen Ressource Staatsrechtslehrerinnenvortrag vorgehalten worden.

Dass die von Staatsrechtslehrerinnen behandelten Vortragsthemen, die ja jeweils vom Vorstand zugewiesen werden, keine ‚Frauenthemen‘ sind, galt in der Vereinigung offenbar als selbstverständlich. Das kann historisch ein wichtiger Wissenschaftlichkeits- und Nichtdiskriminierungsbefund sein, wurde doch zum Anfang des 20. Jahrhunderts der Zugang von Frauen zu Rechtswissenschaft und Praxis allenfalls für frauenspezifische Bereiche erwogen. Insofern fand also keine Begrenzung durch die Vereinigung statt.

3. Die ersten im Vorstand seit 2002

Die erste Staatsrechtslehrerin im Vorstand der Vereinigung war die Schweizer Kollegin *Beatrice Weber-Dürler*, die 2002/2003 zusammen mit *Gunnar Folke Schuppert* und *Helmuth Schulze-Fielitz* den Vorstand bildete.[59] Mit *Anne Peters* war 2014/2015 gute zehn Jahre später die zweite Staatsrechtslehrerin im Vorstand, 2018/2019 *Ute Sacksofsky*, 2020/2021 *Pascale Cancik*. Mit *Angelika Nußberger* wurde 2021 die erste Vorstandsvor-

[55] Coronabedingte Verschiebung auf 2021.

[56] Coronabedingte Verschiebung auf 2021.

[57] *Schulze-Fielitz*, Wissenschaftskultur (Fn. 11), S. 191: Bei 109 Frauen von gesamt 786.

[58] Kurz: *Anja Schmidt*, Grundannahmen des Rechts in der feministischen Kritik, in: Foljanty/Lembke (Hrsg.), Feministische Rechtswissenschaft. Ein Studienbuch. 2. Aufl. 2011, S. 84 f.; *Séville*, Identitätspolitik (Fn. 10).

[59] Beatrice Weber-Dürler war auf der Tagung in Osnabrück 1997, wo es (erneut) um einen ‚Bremischen‘ Aufnahmekonflikt betreffend Dian Schefold ging, vom Vorstandsvorsitzenden Rudolf als – erste – Protokollführerin gebeten worden, um damit ein Signal an die Schweizer Kollegen und Kollegin zu senden, deren Aufnahmeantrag ja zu erheblichen Auseinandersetzungen geführt hatte. *Rudolf*, Interview vom 29.8.2018, S. 11 (Archiv VDStRL, Ordner-Nr. 128, Reg.-Nr. 3).

sitzende gewählt. Mit ihren Vorstandskollegen repräsentiert sie die Vereinigung 100 Jahre nach deren Gründung.

In den dem Hauptprogramm vorangehenden Gesprächskreisen ist die Situation unterschiedlich und nicht vollständig dokumentiert. Der Gesprächskreis Europäisches Verfassungsrecht wurde einige Zeit von *Anne Peters* geleitet. Im Gesprächskreis Verwaltung gibt es seit 2017 mit *Anna Leisner-Eggensberger* die erste Sprecherin.

4. Die ersten in der Verfassungsgerichtsbarkeit

Zu den besonders wichtigen und ehrenvollen Positionen für Lehrer und Lehrerinnen des Staatsrechts gehört die Mitwirkung an der Verfassungsgerichtsbarkeit.

Am Bundesverfassungsgericht gab es von Beginn an einige (wenige) Richterinnen. Sie kamen indessen aus anderen Bereichen, von Gerichten oder aus der Wissenschaft vom Privatrecht. *Erna Scheffler*,[60] die in den 1950er Jahren den Verfassungsauftrag zum Abbau von diskriminierendem Recht durchkämpfte, war vorher Richterin.[61] Ihre Nachfolgerin, *Wiltraut Rupp-von Brünneck* (BVerfG: 1963–1977), war ebenfalls Richterin, später in der Ministerialverwaltung tätig. *Jutta Limbach* (1994 zunächst Vizepräsidentin, dann bis 2002 Präsidentin des BVerfG) war Professorin für Zivilrecht.

Die erste Staatsrechtslehrerin am Bundesverfassungsgericht war *Lerke Osterloh* (1998–2010), die auch als erste einen Vortrag in der Vereinigung gehalten hatte. *Gertrude Lübbe-Wolff* (Vortrag im Jahre 2000) war von 2002–2014 Richterin im 2. Senat des BVerfG.

Derzeit sind – Stand Juli 2021 – mit *Susanne Baer, Gabriele Britz, Doris König, Christine Langenfeld, Astrid Wallrabenstein* und *Ines Härtel* sechs Staatsrechtslehrerinnen als Richterinnen am Bundesverfassungsgericht.[62]

An den Landesverfassungsgerichten ist die Lage sehr unterschiedlich, einige unvollständige Hinweise müssen genügen: Am Bayerischen Verfassungsgerichtshof war von 1947 bis 1997 keine Staatsrechtslehrerin tätig.[63] Erstmals 2020 ist eine Staatsrechtslehrerin als Stellvertreterin aufgeführt.[64] Am VerfGH Nordrhein-Westfalen ist erstmals seit Mai 2021 eine Staatsrechtslehrerin stellvertretendes Mitglied.[65] Am VerfGH Baden-

---

[60] 1893–1983, am Bundesverfassungsgericht von 1951 bis 1963.

[61] *Christian Waldhoff*, Erna Scheffler – erste Richterin des Bundesverfassungsgerichts, JöR 56 (2008), S. 261–268. Zu Erna Schefflers Kampf um die Durchsetzung des verfassungsrechtlichen Gleichberechtigungsauftrages: *Thomas Darnstädt*, Verschlusssache Karlsruhe. Die internen Akten des Bundesverfassungsgerichts, 2018, S. 91–127.

[62] Daneben mit Peter-Michael Huber und Andreas Paulus zwei (weitere) Staatsrechtslehrer.

[63] Vgl. die Nicht-Befunde in: Bayrischer Verfassungsgerichtshof (Hrsg.), Festschrift zum 50-jährigen Bestehen des Bayrischen Verfassungsgerichtshofs, 1997, S. 326–352 (Mitgliederliste).

[64] Mittlerweile: Stefanie Schmahl, https://www.bayern.verfassungsgerichtshof.de/bayverfgh/richterinnen-und-richter/verzeichnis_der_richterinnen_und_richter.php (Aufruf 08.08.2021).

[65] Keine von 1952 bis 2020, vgl. u. a. Präsident des Verfassungsgerichtshofs des Landes Nordrhein-Westfalen (Hrsg.), Festschrift zum 50-jährigen Bestehen des Verfassungsgerichtshofs für das Land Nordrhein-Westfalen, 2002, S. 481–592. Neuerdings: Charlotte Kreutter-Kirchhoff, https://www.vgh.nrw.de/verfassungsgerichtshof/mitglieder/zwi_stellvertretung/kreuter-kirchhof/index.php (Aufruf 05.08.2021).

Württemberg ist jedenfalls derzeit keine Staatsrechtslehrerin Mitglied.[66] Am Staatsgerichtshof Niedersachsen war ebenfalls von 1957–2020 keine Staatsrechtslehrerin genannt, neuerdings fungiert eine als stellvertretendes Mitglied.[67]

Etwas anders ist die Lage in Bremen. Am Staatsgerichtshof der Freien Hansestadt Bremen waren/sind seit der Legislaturperiode 2007 mit vier Kolleginnen vergleichsweise viele Staatsrechtslehrerinnen Richterinnen.[68]

5. Das erste Treffen als „Staatsrechtslehrerinnen" 2019

Eine erste organisierte Kontaktaufnahme nur der weiblichen Mitglieder innerhalb der Vereinigung gab es bei der Jahrestagung 2019. Ein Kreis von Staatsrechtslehrerinnen lud zu einem ironisch als *„ladies' lunch"* betitelten Arbeitsessen während der Jahrestagung 2019 ein. Fünfunddreißig Kolleginnen kamen, stellten sich gegenseitig vor und diskutierten über den Befund, dass trotz Verbesserung der Frauenförderung die Zahl der Staatsrechtslehrerinnen in der Vereinigung seit einigen Jahren stagniert – die hohe Zahl der Studentinnen und zunehmend auch der promovierten Juristinnen sich also in unserem Fach nicht fortsetzt. Die Situation, einmal eine unter *vielen* Kolleginnen zu sein, erschien vielen überwältigend – wie un-alltäglich das ist, wurde schlagartig deutlich. Von vereinzelten Äußerungen des Unbehagens durch männliche Kollegen wird berichtet.[69]

III. Einordnungsversuche – Vergleiche

1. Vergleich I: Verortung

Zahlen werden aussagekräftig, wenn und weil sie in Beziehung zu anderen gesetzt werden. Vergleiche für weiterführende Erkenntnis fruchtbar zu machen, ist indessen ein

---

66 Stand 2020 unter: www.verfgh.baden-wuerttemberg.de/de/aufbau-und-verfahren/mitglieder (Aufruf 01.09.2020); Hinweise zu ehemaligen Richterinnen gibt es nicht.

67 Angela Schwerdtfeger für 2021 bis 2028, https://staatsgerichtshof.niedersachsen.de/startseite/mitglieder/stellvertreter_seit_1957/stellvertreter-der-mitglieder-des-niedersaechsischen-staatsgerichtshofs-seit-1957-56826.html (Aufruf 05.08.2021).

68 Elke Gurlit, Barbara Remmert, Sabine Schlacke, Ute Sacksofsky, unter: https://www.staatsgerichtshof.bremen.de/mitglieder/fruehere_mitglieder-1465 (Aufruf 28.08.2020). Ute Sacksofsky ist zudem seit 2014 Vizepräsidentin des Hessischen Staatsgerichtshofs.

69 Gar als Tendenz zu – negativ verstandener – Identitätspolitik eingeordnet bei *Schulze-Fielitz*, Wissenschaftskultur (Fn. 11), S. 191: „Prägend ist eine Angleichung an eine (relative) gesellschaftliche Normalität, wie sie auch den Spurenelementen von Identitätspolitik im erstmaligen „ladies Lunch" 2019 eigentümlich ist". Ebenda erhebliche Kritik an Versuchen inklusiver, zugleich kurzer Schreibformen oder „de[m] symbolischen Aktivismus einer genderpolitischen Änderung des Namens der Vereinigung". Angesichts einer in der Vereinigung noch gar nicht geführten Diskussion und insgesamt sehr zurückhaltender Einschätzungen unter den Staatsrechtslehrerinnen ein bemerkenswerter Furor, der aber – soweit ist Helmuth Schulze-Fielitz ohne Zweifel zuzustimmen – derzeit eine „relative gesellschaftliche Normalität" zu sein scheint.

anspruchsvoller Vorgang, nicht zuletzt abhängig von Erkenntnisinteresse und methodischem Umfeld. Beginnen wir mit einigen Blicken auf das weitere Umfeld.

Am Anfang steht die Grundvoraussetzung: Studentinnen der Rechtswissenschaft gibt es in Deutschland seit Anfang des 20. Jahrhunderts. Seit Mitte der 1990er Jahre liegt der Anteil der Studentinnen über 40 %, seit den 2000er Jahren annähernd bei oder über 50 %.[70] Die Zunahme von Richterinnen und die damit verbundenen Probleme bzw. Problemwahrnehmungen wurden etwa im berühmten Wassermannschen Diktum offenbar. Weil viele Frauen bessere Examensnoten bekämen, so *Rudolf Wassermann*, damals Präsident des OLG Braunschweig, dürfe man bei der Richterauswahl nicht ausschließlich nach Examensnote auswählen. Denn wenn „in Bälde überwiegend Frauen in der Justiz tätig seien" führe das zu „erhebliche[n] Probleme[n] wegen der Einsatzfähigkeit". Im SPIEGEL erklärte er seine Bedenken mit der hoffnungslosen Überlastung der „jungen Damen" in der Justiz, weil sie „nicht nur doppelt, sondern geradezu dreifach belastet" seien.[71]

Die Debatten haben sich mittlerweile verlagert zur umstrittenen Frage, ob und ggf. weshalb Frauen schlechtere Examensnoten erreichen, ob in den Bewertungen Diskriminierung erkennbar werde,[72] und nicht zuletzt: wie man Familienvereinbarkeit herstellen kann, damit es nicht zur hoffnungslosen Überlastung von Juristinnen und zunehmend auch Juristen kommt.

Vor einem Vergleich mit anderen Fächern und Fachvereinigungen einige Blitzlichter auf das nähere und weitere Umfeld:

Im November 1989 wird die erste Präsidentin eines Oberlandesgerichtes – *Helga Oltrogge* (1942–2020) – am OLG Celle ernannt.[73]

2008 ergibt die Ausbildungsstatistik für die erste juristische Prüfung einen Frauenanteil von 51 %, für den Vorbereitungsdienst (Stand 24.3.2010) einen Anteil von 54,3 %.[74]

2011 bietet der Deutsche Hochschulverband in seiner Veranstaltungsreihe erstmals ein Seminar „Wissenschaftlerinnen auf dem Weg zur Professur" an.[75]

2018 sind 77 % der Universitätspräsidenten männlich.[76]

---

[70] *S. Hähnchen*, Der Weg von Frauen in die juristischen Berufe, in: Querelles. Jahrbuch für Frauen- und Geschlechterforschung 2009 (Bd. 14), S. 273–286 (285 f.); *Sacksofsky/Stix*, Was lange währt (Fn. 19), S. 464, 464 ff.: statistisch erwartbar wäre demnach ein Professorinnenanteil von etwa 34 % (ebd., S. 466 f.)

[71] All das und noch etwas mehr in Vorgänge Nr. 81, Heft 3/1986, wiederaufgegriffen in: myops Heft 42/2021, Seite Eins [*sic*]. Danach ist hier zitiert.

[72] *Emanuel V. Towfigh/Christian Traxler/Andreas Glöckner*, Geschlechts- und Herkunftseffekte bei der Benotung juristischer Staatsprüfungen, ZDRW 2018, S. 115–142 einerseits; *Thomas Hinz/Hans-Christian Röhl*, Geschlechterunterschiede in der Ersten juristischen Prüfung: Befunde und Hypothesen, Juristenzeitung 2016, S. 874–880, andererseits.

[73] Rundblick 046, Politikjournal für Niedersachsen, vom 9.3.2020 S. 8.

[74] Zitiert bei *Stolleis*, Geschichte des öffentlichen Rechts, Bd. 4, 2012, S. 519 Fn. 115.

[75] Auskunft DHV (Ulrich Josten); spezifische Bewerbungstrainings für Frauen soll es schon seit 2004 geben, die Ausschreibungen sind aber nicht auf Frauen beschränkt.

[76] Gesamt: 81 Universitätspräsidentinnen und -präsidenten, Stand: Ende 2018: *Isabel Roessler*, CHECK – Universitätsleitung in Deutschland, CHE Gütersloh, 2019, S. 4 f. www.che.de/downloads/CHECK_Universitaetsleitung_in_Deutschland-pdf. (Aufruf 12.05.2022).

2019 sind durchschnittlich 25 % der Professuren an den 44 größten Hochschulen Deutschlands mit einer Frau besetzt.[77]

2020: In den Wissenschaftsakademien gibt es keine oder wenig Staatsrechtslehrerinnen, allerdings in den die Rechtswissenschaft erfassenden Klassen oft auch sehr wenig Frauen überhaupt.[78]

2. Vergleich II: Die historische, sozialwissenschaftliche und politikwissenschaftliche Zunft

Um die Vereinigung und die Staatsrechtslehrerinnen-Frage historisierend einordnen zu können, sollen ganz knapp einige Fachgesellschaften in den Blick genommen werden, die der Vereinigung in vielerlei Hinsicht ähnlich sind. Dann, so die Erwartung, werden Gemeinsamkeiten und Unterschiede in der „Frauen-Männer-Frage" deutlicher sichtbar.[79]

Der *Verband der Historiker und Historikerinnen in Deutschland*, VHD, wurde 1893, damals unter dem Namen Verband der Historiker in Deutschland, gegründet. Der alle zwei Jahre stattfindende Historikertag versammelt das Fach mit all seinen Unterdisziplinen. Eine Frau als Vorsitzende amtiert erstmals seit 2016.[80]

Die *Deutsche Gesellschaft für Soziologie* wurde 1909 gegründet. Seit 1910 fand zunächst in größerem Abstand, nach 1946 alle zwei Jahre der „Deutsche Soziologentag" statt.[81] Die erste Vorsitzende amtierte seit 1999, seitdem gab es drei weitere weibliche Vorsitzende.

Beide Verbände versammeln oder versammelten „die Zunft", haben lange Tradition, ja sind älter als die Staatsrechtslehrervereinigung.[82] Zur Zeit ihrer Gründung war Frauen der reguläre Zugang zu akademischer Bildung jedenfalls in Deutschland noch unmöglich, eine Verbandsmitgliedschaft also im wahrsten Sinne des Wortes „un-denkbar". Die Aufnahme von Frauen ist jeweils eine Nachkriegsentwicklung.

---

[77] Laut einer Untersuchung des Bildungsanbieters WBS, hier nach: WN vom 21.10.2019; Ausführlicher: Spiegel online vom 16.10.2019: www.spiegel.de/karriere/deutschland-professorinnen-in-der-minderheit-an-hochschulen-studie-a-1291834.html. (1.9.2020)

[78] Zählung nach Angaben auf der jeweiligen Homepage (Stand: Juli 2020):
Bayerische Akademie der Wissenschaften: 13 Rechtswissenschaftler, darunter eine Frau (Zivilrecht); Vergleichsweise hoch: Berlin-Brandenburgische Akademie der Wissenschaften: 14 Rechtswissenschaftler, darunter vier Frauen, davon eine Staatsrechtslehrerin (Gertrude Lübbe-Wolff); Frauenanteil insgesamt über 16 %. Akademie der Wissenschaften Göttingen: 26 Rechtswissenschaftler, davon eine Frau, keine Staatsrechtlerin, insgesamt etwas über 10 % Frauenanteil bei den Mitgliedern.

[79] Da es oftmals wenig eigene Erhebungen der Wissenschaftsvereinigungen über die Entwicklung der Zahlen gab, mussten über Anfragen und eigene Zählungen Informationen erhoben werden. Für entsprechende Informationen der angeschriebenen Vereinigungen schulde ich Dank. Viele Informationen sind aber nicht bekannt; eine gewisse Unsicherheit bei den Zahlen bleibt. Zum Vergleich der Fachgesellschaften auch *Christoph Möllers*, in diesem Band, S. 973 ff.

[80] Eva Schlotheuber.

[81] Aufgelöst bzw. inaktiv gestellt wohl 1933/4, neugegründet 1946; „Deutscher Soziologentag" bis 1992, seit 1995 umbenannt in „Kongress der Deutschen Gesellschaft für Soziologie".

[82] Zu nennen wäre noch der Verein für Socialpolitik, gegründet 1873, aufgelöst 1936, neugegründet 1946. 2015 amtierte hier die erste Vorsitzende (Monika Schnitzer). Der Anteil weiblicher Mitglieder lag (März 2019) unter 20 %, im engeren Vorstand amtieren 40 %.

Der Vereinigung ähnlich sein dürften die beiden anderen Fachvereinigungen auch mit Blick auf Selbstverständnis und Selbstbewusstsein. Sie umfassen im weitesten Sinne „die Zunft" und beanspruchen die Repräsentation der zentralen Fachdebatten.

Im Unterschied zur Vereinigung der Deutschen Staatsrechtslehrer haben beide Vereinigungen sich oder ihre Jahrestagung umbenannt, um auf die Mitgliedschaft von Wissenschaftlerinnen zu reagieren. Beide haben Frauenforschung, später *Gender*-Forschung auch als Teil des bearbeiteten Themenfeldes ihrer Fachvereinigung auf ihren Tagungen oder in ihrer Organisation aufgegriffen.[83] Beide haben entsprechende Debatten ausgetragen.

Die *Deutsche Vereinigung für Politische Wissenschaft* (DVPW, gegründet 1951) ist deutlich jünger als die Staatsrechtslehrervereinigung, als Vergleichspartnerin aber angesichts thematischer Nähen und in Teilen gut gepflegter Konkurrenzen zwischen Staatsrechtswissenschaft und Politikwissenschaft interessant. Sie verfügt seit 1994 über einen Ständigen Ausschuss für Fragen der Frauenförderung (StAFF),[84] der 2006 einen ersten Gender-Monitoring-Bericht vorlegte. Laut dem 2. Gender-Monitoring-Bericht (2009) betrug der Frauenanteil 1970: 8,2 %, – 2000: 20 % – 2008: 26 %. Die erste Vorsitzende amtierte seit 1988, bis 2015 amtierten weitere drei Wissenschaftlerinnen als Vorsitzende. Frauenpolitische Fragen wurden in der Vereinigung seit den 1990er Jahren debattiert.[85] Im Vergleich mit der Staatsrechtslehrervereinigung wird wiederum deren spezifische Verspätung deutlich, mit Blick auf die Zahlen sowie auf Themen und Thematisierung.

3. *Vergleich III: Andere rechtswissenschaftliche Vereinigungen*

Die Zivilrechtslehrervereinigung, gegründet 1950, veranstaltet alle zwei Jahre die Zivilrechtslehrertagung. Informationen über Zivilrechtslehrerinnen sind in den Vereinigungsinformationen (Stand 2020) nicht eigens ausgewiesen. 1987 überschritt der Frauenanteil die 1 %-Grenze.[86] Soweit ersichtlich war *Dagmar Coester-Waltjen* die erste Referentin auf der Tagung im Jahre 1989. Damals wurde sie auch als erste Frau in den Vorstand gewählt (Amtszeit bis 1995). Seitdem sind immer wieder auch Frauen im erweiterten Vorstand, im derzeitigen geschäftsführenden Vorstand amtiert *Barbara Dauner-Lieb*.[87] Eine Frau als 1. Vorsitzende gab es bislang offenbar nicht.

---

[83] In der ersten Hälfte der 1980er Jahre; zu Pionierinnen, Themen und Organisationsformen: *Blaschke/Thiel*, Der Verband (Fn. 9), S. 565 ff. Zur DGS kurz: ebd., 567: „Dort [in der Soziologie, PC] war schon im Oktober 1982 auf dem 21. Deutschen Soziologentag in Bamberg die „Sektion Frauenforschung" der Deutschen Gesellschaft für Soziologie mit zwei Veranstaltungen vertreten." Zu Genderforschung und VDStRL unten VI.2.

[84] Seit 2016: Ausschuss für Frauenförderung und Gleichstellung, AFG.

[85] *DVPW/G. Abels*, Bericht zur Entwicklung der Situation von Frauen in der DVPW 2003–2005 (1. Gender-Monitoring-Bericht), 2006, S. 2.

[86] *Reinhard Zimmermann*, Wie es die anderen machen … – Charakteristika der Zivilrechtslehrervereinigung und ihrer „Kultur", Max Planck Institute for Comparative and International Private Law Research Paper Series No. 20/21, S. 17. *Ders.*, in diesem Band, S. 933.

[87] Informationen von der Internet-Seite der Zivilrechtslehrervereinigung: www.zivilrechtslehrervereinigung.de/, Erhebung 9/2020.

Gegenwärtig gehören zur Zivilrechtslehrervereinigung 120 Frauen und 722 Männer, der Anteil ist mit knapp 14 % also ebenso hoch wie bei der Staatsrechtslehrervereinigung. Auf einer gesonderten Liste werden 9 Privatdozentinnen und 54 Privatdozenten ausgewiesen.[88] Ob Themen oder Perspektiven feministischer Rechtswissenschaft oder der *gender studies* bislang eine Rolle gespielt haben, wird in der spärlichen Literatur zur Vereinigung nicht mitgeteilt.

Andere rechtswissenschaftliche Vereinigungen haben bislang keine Zahlen zur Geschichte publiziert. Mitgeteilte Daten waren sehr heterogen, zeigen in Teilen einen etwas höheren Frauenanteil, insgesamt aber ein ähnliches Bild.[89]

4. Die Tagungen der schweizerischen Staats- und Verwaltungsrechtslehrer seit 1963

Im Sommer 1963 fand die erste Tagung der schweizerischen Staats- und Verwaltungsrechtslehrer statt. „An den Tagungen", so *Andreas Kley*, „waren fast ausschließlich Männer anwesend."[90] Eine frühe Ausnahme bildete *Irene Blumenstein-Steiner* (1896–1984): Sie war die erste und lange Zeit einzige Professorin für öffentliches Recht in der Schweiz, seit 1947 als außerordentliche, ab 1964, „zwei Jahre vor ihrer Pensionierung", als ordentliche Professorin für Steuerrecht. Ab diesem Jahr nahm sie auch regelmäßig an den Tagungen teil. Allgemeines politisches Stimmrecht hatte sie nicht, entsprechend der späten Durchsetzung politischer Gleichberechtigung erst in den 1970er Jahren. Auch in der Schweizer Staatsrechtslehre scheint der bemerkenswerte Befund auf, dass seit Anfang der 1920er Jahre Frauen zum Anwaltsberuf zugelassen waren, entsprechende Karrieren aber selten waren und auf erhebliche Ressentiments stießen. Der bedeutende Staatsrechtslehrer *Hans Huber* wird für 1956 mit der Ansicht zitiert, abstraktes Denken widerspreche der fraulichen Wesensart, allenfalls juristische Berufe im Bereich der Fürsorge seien

---

[88] Zählung nach den Angaben unter www.zivilrechtslehrervereinigung.de/, Stand Sept. 2020. Nun auch *Zimmermann*, Charakteristika der Zivilrechtslehrervereinigung (Fn. 86), S. 18, der für 2019 einen Anteil von 16 % erhoben hat.

[89] Aus den mitgeteilten Informationen der Vereinigungen (Stand 2019/2020): Die Deutsche Gesellschaft für internationales Recht (bis 2011: Deutsche Gesellschaft für Völkerrecht), gegründet 1917, aufgelöst 1933, neugegründet 1949 wird derzeit von Anne Peters als Vorsitzender geführt; die erste Frau, Denise Bindschedler-Robert, wurde 1964 Mitglied; die erste Frau im Vorstand war offenbar Dagmar Coester-Waltjen (unklar ob 2008 oder 2010). Die Deutsche Vereinigung für internationales Recht, gegründet 1912, neugegründet 1951 weist derzeit eine Frau im Vorstand aus. Die Internationale Vereinigung für Rechts- und Sozialphilosophie, gegründet 1909, in nationale Sektionen gegliedert 1959, hat derzeit 3 Beisitzerinnen von zehn im Vorstand. Die Kriminologische Gesellschaft, gegründet 1988, weist mit Britta Bannenberg ein weibliches Präsidiumsmitglied von fünf aus. Im Beirat der Wissenschaftlichen Vereinigung für Unternehmens- und Gesellschaftsrecht sind drei von zehn Mitgliedern Frauen. Die Vereinigung für Recht und Gesellschaft, gegr. 1976, wird derzeit von der Vorsitzenden Eva Kocher geführt, im Gründungsvorstand wirkte mit Jutta Limbach eine Frau, derzeit sind zudem 4 weitere von 10 Vorstandsmitgliedern (Vorstand/Beisitzerin) weiblich. Zur Vereinigung der Strafrechtslehrer liegt keine Information vor. Dazu aber jetzt *Klaus Gärditz*, in diesem Band, S. 958, der „etwa 60 Frauen", entsprechend einem Anteil von einem Fünftel, zählt. Zu den ersten Frauen: ebd., S. 960.

[90] Hierzu und zum Folgenden *Kley*, Geschichte Schweiz (Fn. 39), S. 229 ff., zu den „Besonderen Teilnehmer(innen)", zählen auch einige Frauen ebd., S. 250–253.

denkbar.[91] Entsprechende Aussagen finden sich in der Weimarer Zeit, aber auch in der Bonner Republik – und, wie man hören kann, bis in die 1990er Jahre, wenn auch in etwas anderer Formulierung. Zugleich war die Schweiz aber hinsichtlich der Öffnung des Frauenstudiums fortschrittlicher als Deutschland. Nicht nur die ob ihrer späteren Marginalisierung traurig berühmt gewordene erste Schweizer Jurastudentin und spätere Privatdozentin Dr. *Emilie Kempin* (1853–1901),[92] sondern auch deutsche Juristinnen verdankten ihr Studium und ihre Promotion der Universität Zürich.

Abgesehen von einigen Assistentinnen, die an den Tagungen teilnahmen, dauerte es bis 1986, bis die zweite Professorin für öffentliches Recht in der Schweiz ernannt wurde: *Beatrice Weber-Dürler* (*1944), später erstes weibliches Vorstandsmitglied der Vereinigung der Deutschen Staatsrechtslehrer.[93] Ab Ende der 1980er Jahre kommen bis 2002 acht weitere Professorinnen hinzu, seit 2003 „befindet sich die tatsächliche Gleichheit auf dem Weg der Verwirklichung".[94]

5. Namens-Fragen

Am 25.9.2019 twitterte der Zivilrechtslehrer *Gregor Bachmann*, dass eine geschlechtsneutrale Umbenennung der Zivilrechtslehrervereinigung auf der Tagung in Hamburg gescheitert sei. Zur erforderlichen satzungsändernden Drei-Viertel-Mehrheit habe eine Stimme gefehlt.[95] Auf der Internetseite der ZLV findet sich dazu kein Hinweis.[96]

Für die „Nachwuchs"-Vereinigungen sprachen Schweizer Veranstalter einmal von „Assistierendentagung im Öffentlichen Recht", was bei deutschen Teilnehmern für gewisse Aufregung sorgte und zunächst nicht weiterverfolgt wurde. Seit 2021 heißt die Tagung „Junge Tagung für öffentliches Recht", JTÖR.[97]

Der VHD benannte sich 1998 in Verband der Historiker und Historikerinnen Deutschlands um.[98] Die Deutsche Gesellschaft für Soziologie änderte den jährlichen „Soziologentag" 1995 zu „Kongress der Deutschen Gesellschaft für Soziologie".

---

91 *Kley*, Geschichte Schweiz (Fn. 39), S. 251 m. w. N.

92 Etwa: *Beatrice Weber-Dürler*, Auf dem Rechtsweg zur Gleichberechtigung – vom Fall Kempin bis heute, in: Bulletin der schweizerischen Hochschuldozierenden, 2008/1 (April); *Eva Rieger*, E.K. (1853–1901). „Mein Name ist mit dem Odium der Geisteskrankheit behaftet", in: Duda/Pusch (Hrsg.), Wahnsinns Frauen, 1992, S. 76 ff.; *Marianne Delfosse*, Emilie Kempin-Spyri (1853–1901): das Wirken der ersten Schweizer Juristin, 1994. Als historischer Roman: *Evelyne Hasler*, Die Wachsflügelfrau, 1991.

93 *Kley*, Geschichte Schweiz (Fn. 39), S. 253. *Rudolf*, Interview vom 29.8.2018, S. 12 (Archiv VDStRL, Ordner-Nr. 128, Reg.-Nr. 3): „Die hat das auch sehr gut gemacht."

94 *Kley*, Geschichte Schweiz (Fn. 39), S. 253.

95 Nachricht von Gregor Bachmann, @bachmann_gregor: 25. Sep. 2019. Die Abstimmung war geheim.

96 Stand Juli 2020. Nun aber *Zimmermann*, Charakteristika der Zivilrechtslehrervereinigung (Fn. 86), S. 18.

97 Sehr kritisch *Schulze-Fielitz*, Wissenschaftskultur (Fn. 11), S. 192, Fn. 1300.

98 *Blaschke/Thiel*, Der Verband (Fn. 9), S. 581.

IV. Erfahrungen von Staatsrechtslehrerinnen

Der Fragebogen, mit dem Erfahrungen von Staatsrechtslehrerinnen erfragt werden sollten, erfasst zum einen einige der auch in den Interviews mit den älteren Kollegen aufgenommenen Fragen zur Bedeutung der Vereinigung, zur Aktualität der Themen, nach einer etwaigen Einschätzung der Vereinigung als hierarchisch,[99] nach der Bedeutung des Vortrags für die spätere Forschung u. ä. Die Antworten darauf sind so individuell wie bei den Staatsrechtslehrern auch und insofern ähnlich. Häufiger angesprochen wird ein spezifischer (deutscher) Staatsrechtslehrer-Habitus,[100] zugleich gewisse Änderungen registriert. Wie überhaupt Hinweise auf positive Veränderungen, Bemühungen der Kollegen um bessere Einbeziehung und positive Erfahrungen häufig sind.

Darüber hinaus wurden Erfahrungen zur beruflichen Sozialisation insgesamt sowie Erinnerungen an Ereignisse, die nicht als potentiell relevante Erinnerungen „der Vereinigung" dokumentiert worden sind, abgefragt. Auf die mangelnde Repräsentativität wurde schon hingewiesen. Im Folgenden einige Erkenntnisse zu Gemeinsamkeiten und Unterschieden.

Generationen: Wenig überraschend gibt es nicht nur individuell unterschiedliche Einschätzungen, sondern es werden auch altersabhängige Differenzen deutlich.

Vorsichtig kann man vielleicht eine erste Kohorte bilden: die Generation der absoluten Ausnahme. Sie haben nach eigenem Bekunden keine frauenspezifische Diskriminierung erlebt oder diese jedenfalls nicht wahr- bzw. ernstgenommen. Es war halt schwierig und man hat sich durchgekämpft. „Ich war mir immer bewusst, einem ‚deutschen Männerbund' beizutreten." Nicht selten haben sie auch die Vereinigung nicht so ernst genommen, waren kaum je da.

Die ältere Generation – ich rechne dazu die Jahrgänge bis etwa zu den frühen 1970er Jahren – teilt mit der ersten Kohorte die Erfahrung der fehlenden Vorbilder. Nicht selten waren es Auslandserfahrungen in den USA oder Frankreich, die ermutigend wirkten. Dort gab es tatsächlich nicht nur Professorinnen, sondern auch eine recht selbstverständliche sachliche Integration anderer Themen und Perspektiven, z. B. der *gender studies*.

Die jüngere Generation reflektiert erfahrene Frauenförderung und scheint zugleich kritischer gegenüber überkommenen Verhaltensmustern, Redeweisen und jüngeren Kollegen, die Veränderungen nicht wahrnähmen.

Schönheit: „Ziehen Sie sich etwas Schönes an und sprechen Sie mit dem Kollegen XY", so ein Rat des Professors an die ordnungsgemäß gekleidete Nachwuchswissenschaftlerin. Ist das anders als: „Binden Sie sich eine Krawatte um und…", wie es manch Nachwuchswissenschaftler erlebt haben dürfte? Letzteres empfiehlt das Sichtbarmachen oder doch

99 Mehrfach wurde bemerkt, die Vereinigung werde weniger als hierarchisch, denn als intransparent wahrgenommen.

100 „Der Habitus des ‚*deutschen Staatsrechtslehrers*'" wird auch in Erinnerungen von Staatsrechtslehrern aus der Schweiz und Österreich aufgegriffen; z. B. *Pernthaler*, Interview vom 24. 9.2018, S. 7 (Archiv VDStRL, Ordner-Nr. 128, Reg.-Nr. 4).

eine Steigerung professioneller Seriosität. Schönheit hingegen ist im wissenschaftlichen Kontext kein professionsbezogenes Kriterium. Ganz abgesehen von der Frage, ob die Professionalität des Kollegen XY mit diesem Rat angemessen eingeschätzt wird.

Eignung: „Frauen können nicht juristisch denken", so der professorale Hinweis zur Lage in den frühen 1990ern.[101] Auf den offenbar fragenden Blick der erst kürzlich zur Doktorandin gewordenen Mitarbeiterin wird ergänzt: „Ausnahmen bestätigen die Regel". Möglicherweise ein Hinweis auf die Erkenntnis, dass bei ausnahmsloser Geltung des ersten Satzes die Mitarbeiter-Auswahlkompetenz des Professors zweifelhaft werden könnte.

Solche Bemerkungen könne man doch gar nicht ernstnehmen, lautet der gutgemeinte Rat an Betroffene. Ganz so einfach ist das aber bekanntlich in Zeiten der Abhängigkeit nicht. Entsprechende Erfahrungen des Absprechens der generellen Eignung gehen über die verbreiteten, durch die strukturellen Eigenheiten der real existierenden Wissenschaftsrekrutierung bedingten, gleichsam ‚normalen' Verletzungen und Infragestellungen von Wissenschaftlern und Wissenschaftlerinnen, hinaus. Das Defizit der Nicht-Männlichkeit kann ja nicht überwunden werden, egal wie sehr sie sich bemüht. Auch aus der jüngeren Generation wird noch häufiger von dem Eindruck berichtet, „unter besonderer/besonders kritischer Beobachtung zu stehen".

So wenige: Zu den weitgeteilten Gemeinsamkeiten gehört der erste Eindruck bei der ersten Tagungsteilnahme: die „wirklich-so-wenig-Frauen"-Erfahrung, die auch von ausländischen Kolleginnen kolportiert wird. Sie wird ergänzt durch Unsicherheiten, ob Kolleginnen sich jetzt zusammensetzen sollten oder gerade nicht. Die aus den Staatsrechtslehrererinnerungen berichtete Normalitätserfahrung spiegelt sich hier eher nicht, auch wenn immer betont wird, dass im Umgang mit vielen Kollegen sehr wohl ‚Normalität' herrsche. In weiterem Kreis wahrgenommen wurde die so-wenig-Erfahrung offenbar bei der Tagung in Bonn 2018 anlässlich einer Fotoaktion – obwohl damals vergleichsweise viele Staatsrechtslehrerinnen anwesend waren.[102] Möglicherweise verdeutlichte der Blick in die Menge, dass der Frauenanteil geringer ist als die wahrgenommene Erhöhung jenes Anteils.

Erste sein: Zu den – noch – gegenwartstypischen Erfahrungen vieler Staatsrechtslehrerinnen gehört das „erste sein". Viele waren an ihren Fakultäten die erste Habilitandin im öffentlichen Recht, dann die erste Professorin im öffentlichen Recht, einige die erste Studiendekanin, Dekanin und so fort. Na und? – so die nicht ganz unberechtigte Frage. Es ist doch schön, Erste zu sein. Das ist richtig und falsch. Denn es bedeutete häufig eben auch, Einzige zu sein. Ob das zu einem beruflich relevanten Unterschied führt, hängt von weiteren Faktoren ab, die sehr verschieden ausfallen, nicht zuletzt von persönlichen

[101] In alternativer Formulierung (anderer Professor, andere Mitarbeiterin, andere Fakultät): „Frauen können nicht wissenschaftlich denken". Neueres Beispiel bei *Jutta Allmendinger*, Sind die Besten wirklich die Besten, in: Blamberger et al. (Hrsg.), Vom Umgang mit Fakten, 2018, S. 91, 95.

[102] Das Bild von der Jahrestagung 2018 s. in diesem Band, Bildtafel nach S. 156. Vgl. auch unten, S. 826.

Eigenschaften und der Umgebung. Aber ganz trivial ist es vielleicht doch nicht, wie nicht zuletzt die für alle Teilnehmerinnen des „*ladies' lunch*" wohl überraschende Freude, einmal nicht die einzige zu sein, vermuten lässt. Obwohl viele sich untereinander nicht kannten und es auch schnell zu den für Diskussionsfreudige typischen Diskussionen kam, gab es dieses verbindende Moment. Es ist wohl am ehesten zu erklären mit den sonst so anderen Situationen, in denen Staatsrechtslehrerinnen arbeiten, und unabhängig davon, ob diese Situationen nun größere Probleme aufwerfen oder nicht.

Von ersten Staatsrechtslehrerinnen war die Rede. Für 2000 wird von einem ersten zur Tagung mitgebrachten Kind berichtet, 2007 ein Baby erstmals auch zu einigen Vorträgen mitgebracht. 2019 war das erste Mal ein Baby beim Vortrag seiner staatsrechtslehrenden Mutter im Saal.[103]

Rollenzuweisungen: Freundliche Hinweise von Staatsrechtslehrern an die den Tagungssaal betretende Staatsrechtslehrerin, der Bus des Begleitprogrammes fahre dort drüben ab, waren häufig und wurden unterschiedlich heiter aufgenommen. Überraschend viele Staatsrechtslehrerinnen wurden aber – bis in die 2010er Jahre – nicht nur als Begleitung eingestuft, sondern wahlweise auch als Sekretärin, Garderobiere, Servicemitarbeiterin, Kellnerin oder Verlagsmitarbeiterin. Angesichts von Namensschildern trotz aller Unübersichtlichkeit doch bemerkenswert und zugleich ein Ausweis der (vermuteten) ‚weiblichen' Service-Infrastrukturen der Tagung.

Frauenförderung: Die Erfahrung, dass der spätere Stolz der ‚Habilitationsväter' und die Erinnerung an ihre Unterstützungsleistungen mit derjenigen der Unterstützten nicht immer übereinstimmt, dürfte möglicherweise geschlechtsunabhängig sein. Frauentypisch sind Erfahrungen der ausschließenden Wirkung von Schwangerschaften, die manchmal und paradoxer Weise dazu führten, dass die fachliche Unterstützung gleichsam als nicht (mehr) nötig angesehen wurde in einem Moment, in dem sie besonders nötig gewesen wäre.

Die jüngere Generation nimmt die Zunahme an frauenfördender Unterstützung aufmerksam wahr, berichtet aber auch, wohl zunehmend, von Behauptungen von Kollegen/Konkurrenten, als Frau würde man es jetzt ja leicht schaffen – eine Wahrnehmung, die von den Frauen nicht geteilt wird. Die älteren Kollegen (50+) werden insofern als unterstützender wahrgenommen, als die eigene Generation; der früheren Assistententagung wird mehr Konkurrenzkampf und Diskriminierung bescheinigt, als der Vereinigung.

Familienvereinbarkeit: Als zentral greifbare Belastung wird von vielen Kolleginnen, über die von mir konstruierten Generationen hinweg, die Herstellung der Familienvereinbarkeit genannt, die diesbezügliche Ignoranz oder Rücksichtslosigkeit von Kollegen beklagt. Zugleich belastete viele die häufige Anfrage, wie sie Familie und Karriere denn vereinbare und die nicht selten unterschwellige mitklingende Annahme, das könne sie doch gar

103 *Schulze-Fielitz*, Wissenschaftskultur (Fn. 11), S. 113. Anders als zuweilen kolportiert, hat das vom Vater getragene Baby während des Vortrags nicht geschrien.

nicht ordnungsgemäß schaffen. Auch in diesem Zusammenhang wird der Vereinigung deutliche Verspätung attestiert: Dass es über Jahre nicht möglich war, bei der Tagung von Organisationsseite aus eine Kinderbetreuung anzubieten, diese vielmehr immer wieder bilateral angefragt, erbeten, verhandelt werden musste, stört zunehmend mehr Kolleginnen, mittlerweile vielleicht auch Kollegen. Nach einigen positiven Beispielen in den 2010er Jahren wurde das Angebot bei der Tagung in Saarbrücken wieder abgeschafft, in Marburg war es vorgesehen. Die Vereinigung hat diesen Punkt mittlerweile in die Organisationsliste für die Tagungsorganisatoren vor Ort aufgenommen. Dass es dabei nicht in erster Linie um Kinderbetreuung am Abend geht, sondern während des Tagungstages, dürfte sich mittlerweile herumgesprochen haben.

Damen-Rahmen-Begleit-Reden: Ein heikles Thema waren früher die am Abschlussabend vom Vorsitzenden gehaltenen Reden, die von Damenrede über Rahmenrede zu Abendrede umfirmiert wurden und ihren Charakter in den letzten Jahren deutlich verändert haben.[104] Staatsrechtslehrerinnen konnten Abendreden, in denen den Ehefrauen gedankt wird, an deren Schultern sich die Staatsrechtslehrer ausruhen dürfen, irritierend vorkommen. Ob das auch einzelnen Staatsrechtslehrern so ging, ist bislang unerforscht. In ausgesprochen schlechter Erinnerung ist die informal sogenannte Weinrede auf der Hamburger Tagung 2003,[105] die, legt man die Erinnerungen einiger Kolleginnen zugrunde, nur als Einbruch der 1950er Herrenjahre in das neue Jahrtausend bezeichnet werden kann. Die launige Herleitung von Parallelen zwischen Weingenuss und Frauen, „beide am besten liegend zu genießen", macht den Beginn. Im Zwischenteil wird dem federführenden Organisator der Universität Hamburg gedankt, die federführende Organisatorin der Bucerius Law School nicht einmal erwähnt. Zum Abschluss sollen alle Mitglieder der Vereinigung ihr Glas erheben „auf die Ehefrauen der deutschen Staatsrechtslehrer". Ein klassisches Beispiel für das Potential des mitmeinenden generischen Maskulinums.

V. Die „Damen" der Vereinigung:[106] Habituspflege und Emanzipation

Zu den immer wieder erwähnten Verlusterfahrungen älterer Mitglieder gehört die Veränderung des Damen-, später Begleitprogramms und der damit verbundene Verlust an Sozialität und Nähe innerhalb der Vereinigung.[107] Einige Anekdoten über mächtige

---

[104] Nicht zuletzt übernimmt der Vorsitzende sie nicht mehr. *Schulze-Fielitz*, Wissenschaftskultur (Fn. 12), S. 183 f. führt das beobachtete Ende der Damenrede auf „Disharmonien mit jenem Bild, das solche Damenreden zu entwerfen pflegen" zurück, ebd. S. 184.

[105] Nicht zu verwechseln mit der offiziellen Weinrede bei der Tagung in Würzburg 2001, gehalten von Udo Steiner, der kenntnisreich die Versäumnisse der deutschen Staatsrechtslehre in puncto Weinforschung ironisiert; *Udo Steiner*, Fränkischer Wein und deutsche Staatsrechtslehrer, BayVBl. 2002, S. 139 f.

[106] Die geplante Befragung von Staatsrechtslehrer-Partnerinnen, die eine wichtige Ergänzung der Staatsrechtslehrer-Eindrücke gebildet hätte, ist der Pandemie zum Opfer gefallen. Hilfreiche Hinweise verdanke ich Dr. Ulrike Schmidt-Aßmann, die für das Ankommen einiger Staatsrechtslehrerinnen in der Vereinigung mehr getan haben dürfte, als ihr möglicherweise bewusst ist.

[107] Jetzt aufbewahrt bei *Schulze-Fielitz*, Wissenschaftskultur (Fn. 11), S. 197 ff., zur (früheren) Rolle

Staatsrechtslehrer-Ehefrauen, die junge Staatsrechtslehrer ebenso ängstigen konnten, wie deren Frauen, gehören offenbar zum kollektiven Gedächtnis der Vereinigung, obschon jene Geschichten – überwiegend – lange zurückliegen.[108] Sie sind im gewissen Sinne Teil eines Geschichtsaufbewahrungsprogramms der besonderen Art, eine andauernde Vergewisserung des Veränderungs-, ja Fortschrittspotentials der Vereinigung.

Wohl gegen Ende der 1960er Jahre wurde das „Programm für die Damen“ allmählich zum „Begleitprogramm“. Irgendwann seit den 2000er Jahren nahmen auch Herren daran teil, die sich, wie berichtet wird, manchmal ebenso einsam fühlten wie ihre Partnerinnen im Tagungsprogramm. Der Verdacht, es handele sich um einen „schwänzenden Staatsrechtslehrer“, bildet das Pendant zur freundlichen Verweisung der Staatsrechtslehrerin in jenes Begleitprogramm.

Die manchmal etwas despektierlich anmutende Bezeichnung „Damen“ sollte nicht darüber hinwegtäuschen, dass sich hier seit langem nicht (mehr) überwiegend um Staatsrechtslehrer kreisende Ehefrauen trafen, sondern oft qualifiziert berufstätige Frauen, nicht selten juristische Fachkolleginnen. Konservative Habituspflege und emanzipiertes Selbstbewusstsein bestanden nebeneinander. Die erste und einzige „Herrenrede“, gehalten von einer „Dame“ während der Konstanzer Tagung 1982,[109] zeigt, wieviel Gleichberechtigung Anfang der 1980er Jahre in der Vereinigung denkbar war, denkbar gewesen wäre – und markiert damit ein Stück weit die Diagnose der Verspätung.

Die Rede greift genretypisch auf vermeintliche Männer- und Fraueneigenschaften zu, verbleibt also mit der Umkehrung der Perspektive in einem ‚Geschlechterrahmen‘, der vielen heute altmodisch vorkommen mag. Sie ist, ebenfalls genretypisch, mit vielen Klassikerzitaten versehen. Und sie enthält spitze Kritik am „Orden von deutscher Art, ein[em] rechte[n] Männerbund“, in dem fast 10 % den deutschen Vornamen *Hans* tragen.[110]

> „Eine Herrenrede! Welch unerhörte Neuerung in dieser Vereinigung, für die das „mulier tacet“, wenn nicht Verfassungsrecht, so doch über lange Zeit wohlgehütete Verfassungswirklichkeit war. Hier und heute hebt eine neue Ära der Geschichte der Vereinigung an und Sie können sagen, Sie sind dabei gewesen.“[111]

---

der „Lebenspartner“/„Ehefrauen“ für die Organisation des Begleitprogramms ebd., S. 58 f.; *Heckel*, Interview vom 8.1.2019, S. 16 (Archiv VDStRL, Ordner-Nr. 128, Reg.-Nr. 7). *Jochen Abr. Frowein*, Interview vom 21.2.2019, S. 98 (Archiv VDStRL, Ordner-Nr. 128, Reg.-Nr. 6): „[…] die Frauen spielten darin [*Ausflug, Verbindungen in der Vereinigung, PC*] eine wichtige Rolle, ja sie sahen darin ihre Rolle, Frau Ipsen, Frau Badura, Frau Merten, aber auch meine Frau haben sehr viel Engagement gezeigt. Aber das war eine andere Zeit […] ist heute nicht mehr möglich.“ *Peter Häberle*, Interview vom 10.7.2018, S. 9 f. (Archiv VDStRL, Ordner-Nr. 128, Reg.-Nr. 2). *Peter Häberle* erwähnt im Kontext der Bedeutung des Vortrags „vor allem die Ehefrauen“, die davon erzählen könnten, „wie sie ihre Männer gepflegt und verwöhnt haben: während der langen Vorbereitungszeit als Referent.“ Und er erinnert seine Empörung angesichts der Verweisung der Frau eines Schweizer Kollegen aus dem Tagungsraum (Heidelberg 1976).

108 Vereinzelt gibt es aber Erinnerungen an ‚Unbotmäßigkeitshinweise‘, die im Begleitprogramm von älteren Damen an jüngere Partner und Partnerinnen erteilt wurden, bis in die 2000er Jahre.

109 Ich danke Marigret Meyer-Tabellion, die mir das Manuskript ihrer Rede zur Verfügung gestellt hat, mit den Worten, dass darin vieles ja heute aus Frauensicht ganz überholt sei.

110 *Marigret Meyer-Tabellion*, Herrenrede MS, S. 8; die Vornamenszählung: S. 13.

111 *Marigret Meyer-Tabellion*, Herrenrede MS, S. 1.

Die Verweisung ins Begleitprogramm wird gekontert mit der Möglichkeit, wenigstens im Nachhinein die Diskussionen nachzulesen und so das verschlossene Wissen zu erlangen.

„Nun wissen wir es. Und mehr als das. Wir wissen auch, wie oft auf diesen 10.660 Seiten [*der Tagungsbände 1–39, PC*], das Wort Frau erscheint: nämlich keinmal. Die eine Hälfte der Welt, hier bleibt sie schlicht ausgeblendet, während sonst so nach und nach alle staatstragenden Schichten irgendwann zum Gegenstand erhoben wurden, einige sogar mehrmals: Die Beamten […]“.[112]

Das „Banner der Zukunft“ wird in den Händen der Frauen gesehen und mit einer impliziten Verbeugung gegenüber der ersten Staatsrechtslehrerin formuliert:

„Unter diesem Blickwinkel ist die erste und einzige Frau in Ihren Reihen wahrlich alles andere als Feigenblatt oder gar Staffage, sondern der Vorbote einer neuen Ära. Der Rest ist eine Frage der Zeit.“[113]

VI. Folgen

1. Such a waste of time and energy

Zu den Erkenntnissen dieser kleinen Studie gehört, dass, für Informierte wenig überraschend, viele Staatsrechtslehrerinnen persönliche Kosten dieser ‚identitätspolitischen Normalität‘ zu tragen hatten. Sie sind höchst unterschiedlich und letztlich nicht berechenbar. Doch künden nicht wenige Erfahrungen von jenem Energieaufwand, der zur Überwindung der zugewiesenen oder wahrgenommenen Fremdheit, des unterschwellig oder explizit suggerierten Nicht-Geeignetseins, des Überwindens „gläserner Decken“, der allzu häufig nicht gegebenen Familienvereinbarkeit erforderlich war und – trotz vieler positiver Veränderungen – ist. In der Formulierung von *Nancy Hopkins*: “such a waste of time and energy“.[114] In einem auf Wettbewerb als Qualitätsgarant setzenden System ist es zugleich ein echter Wettbewerbsnachteil.

2. Nicht-Themen

Laut § 1 der Satzung stellt sich die Vereinigung die Aufgabe, „wissenschaftliche und Gesetzgebungsfragen aus dem Gebiet des Öffentlichen Rechts durch Aussprache in Versammlungen der Mitglieder zu klären.“ Vorgesehen ist auch, „in wichtigen Fällen zu Fragen des Öffentlichen Rechts durch Eingaben an Regierungen oder Volksvertretungen oder durch schriftliche Kundgebungen Stellung zu nehmen“.[115]

[112] *Marigret Meyer-Tabellion*, Herrenrede MS, S. 10.

[113] *Marigret Meyer-Tabellion*, Herrenrede MS, S. 14.

[114] *Nancy Hopkins*, Mitautorin des MIT Report, Status of Women in the Sciences, 1994/1996, der datenreich u. a. nachwies, dass Professorinnen weniger Laborfläche und geringeres Gehalt bekamen; ferner zu anderen Erschwerungen, wie fehlender Kinderbetreuung sowie Daten zu den leaks der Laufbahnen. Eindrücklich dokumentiert im Film: Picture a Scientist 2020.

[115] Dazu *Franz Reimer*, in diesem Band, S. 183 ff.

Mustert man die Themen der Vereinigung über die Jahrzehnte durch, fällt ihre Vielfalt auf. Schwerer zu finden und noch schwerer zu bewerten ist, was *nicht* behandelt wurde, obwohl es nach der Zwecksetzung der Vereinigung behandelnswert gewesen wäre. Dabei sind die Nicht-Befunde bedeutsam für die Frage, ob, gerade auch jenseits bewussten und dokumentierten Ausblendens von Themen, Fragestellungen und Perspektiven aus strukturellen Gründen, wegen ‚zeitgemäßer' Ignoranzen nicht vorkommen. Hier sind nur einige vorläufige, tastende Überlegungen möglich.

a) „Gedöns"[116]? – Der Verfassungsauftrag aus Art. 3 Abs. 2 GG

Nicht behandelt wurde der Verfassungsauftrag aus Art. 3 Abs. 2 in Verbindung mit Art. 117 Abs. 1 GG. Danach hatte die Verfassung dem Gesetzgeber eine Übergangsfrist bis 1953 eingeräumt, um die erforderlichen Anpassungen des Bürgerlichen Gesetzbuches vornehmen zu können. Bekanntlich wurde diese Frist verfassungswidrig ignoriert.[117] Die verfassungsrechtlich aufgegebene und vom Gesetzgeber trotz politischer Versuche verhinderte Konstitutionalisierung insbesondere des Familien- und Erbrechts des BGB hätte also durchaus zu diesen Themen gehören können, ja müssen. Aufgegriffen wurden entsprechende Themenstellungen im Jahre 2013.[118] Zu Recht also, wenn auch nur vereinzelt, ist diese Auslassung als „weißer Fleck" in der Geschichte der Vereinigung bezeichnet worden.[119] Dass es entsprechende Auslassungen auch in jüngsten Geburtstagsveranstaltungen zum Grundgesetz gibt, sei nur am Rande bemerkt.[120]

Auch der Gleichberechtigungsauftrag in Art. 6 Abs. 5 GG hatte Rechtsänderungen mit Blick auf die familien- und erbrechtliche Diskriminierung der „unehelichen Kinder"[121] erforderlich gemacht. Das Bundesverfassungsgericht hat das jahrzehntelange Versäum-

---

[116] Frei nach dem ehemaligen Bundeskanzler Gerhard Schröder, der damit ein wenig verkürzt wird. Die Vermutung, entsprechende Themen würden von einer nicht unerheblichen Zahl von Staatsrechtslehrern als „Gedöns" eingestuft, zieht sich noch wie ein roter Faden durch die Erinnerungen von Staatsrechtslehrerinnen.

[117] *Gabriele Britz*, Gleichberechtigungsgebote in der Weimarer Reichsverfassung: frühe Ausgriffe in die Moderne, in: Dreier/Waldhoff (Hrsg.), Weimars Verfassung. Eine Bilanz nach 100 Jahren, 2020, S. 249, 254 ff.; *Darnstädt*, Verschlusssache (Fn. 61).

[118] Beiträge von *Monika Böhm* und *Michael Germann*, Dynamische Grundrechtsdogmatik von Ehe und Familie, VVDStRL 73 (2014), S. 211, 257. Verantwortet wurde die Themenstellung von den Vorstandsmitgliedern: Giovanni Biaggini, Matthias Ruffert, Joachim Wieland.

[119] *Stolleis*, Geschichte des öffentlichen Rechts, Bd. 4, 2012, S. 516. Vertiefend *Sacksofsky*, in diesem Band, S. 486 f.

[120] Heinig/Schorkopf (Hrsg.), 70 Jahre Grundgesetz. In welcher Verfassung ist die Bundesrepublik, 2019. Das Thema Gleichberechtigung als ein in jenen 70 Jahren zweifellos dynamisches Feld der Verfassungsgeschichte hätte sich angeboten. Ob eine Einbeziehung von den Veranstaltern versucht wurde, ist mir nicht bekannt.

[121] Seit 1979 ist einfachgesetzlich von „nichtehelich" die Rede, weil „unehelich" schon eine negative Konnotation transportiert. Hierzu und zur Durchsetzungsgeschichte in der Bundesrepublik nur: *Rolf Gröschner*, in: Dreier, Grundgesetz. Kommentar, 1. Aufl. 1996, Art. 6 Rn. 113 (2. Aufl. 2004, Art. 6. Rn. 147). Die Geschichte der mühsamen Durchsetzung von Art. 6 Abs. 5 GG ist in der Kommentierung in der 3. Auflage 2013, nun von *Frauke Brosius-Gersdorf*, nicht mehr erwähnt. Zugleich ist der Umfang der Kommentierung erheblich angewachsen. Darin spiegelt sich der erhebliche weitere Wandel im Ehe- und Familienrecht seit 1996. Die Verfassungsgeschichte von Gleichberechtigung in diesem Bereich sprengt mittlerweile wohl die darstellerischen Möglichkeiten eines Kommentars.

nis der Gesetzgeber 1969 deutlich formuliert.[122] Während in der Deutschen Demokratischen Republik entsprechende Rechtsänderungen früh auf den Weg gebracht worden waren, sollte es in der Bundesrepublik noch lange dauern, bis drängende verfassungsrechtliche Fragen abgearbeitet waren. Erst 1998, und womöglich auch durch die Wiedervereinigung befördert, wurde etwa das gemeinsame Sorgerecht für unverheiratete, zusammenlebende Eltern ermöglicht.

Auch diese Themenstellung wäre ein an sich naheliegender Gegenstand für eine Staatsrechtslehrertagung gewesen.

Auch darüberhinausgehende Fragen zur Gleichberechtigung von Frauen, zu faktischen Ungleichbehandlungen und deren rechtlicher Würdigung sind unbehandelt geblieben – überraschend, stellt man ihre Bedeutung und Wahrnehmbarkeit außerhalb der Vereinigung in Rechnung.[123] Das gilt auch für andere Ungleichheitslagen.[124] Weitere Bereiche des Antidiskriminierungsrechts waren nur einmal, auf der Tagung in Jena 2004, Gegenstand eines lebhaften Freitagnachmittags.[125]

Warum Themen nicht aufgegriffen werden, ist selten eindeutig festzustellen.[126] Worauf Aufmerksamkeit gerichtet wird, was dagegen unbeachtet bleibt, ist nicht zuletzt abhängig von den außerwissenschaftlichen gesellschaftlichen Thematisierungen und Ignoranzen. Wollte man dieser Frage vertieft nachgehen, müsste man also etwa in das Archiv der Vereinigung gehen und darauf hoffen, Hinweise auf Nicht-Thematisierungen zu finden. Eine Hoffnung, die enttäuscht wird. Aus einigen Gesprächen mit älteren Staatsrechtslehrern kann man immerhin folgern, dass dieser Themenbereich wohl schlicht nicht „gesehen" wurde.[127] Ob er gesehen worden wäre, wenn es Staatsrechtslehrerinnen mit einer gewissen Durchsetzungsmacht gegeben hätte, wissen wir nicht. Dass es, angesichts der damaligen verfassungsrechtlichen und politischen Debatten, sichtbar etwa in Gesetzesentwürfen und Verfassungsgerichtsentscheidungen, nicht einfach war, dieses Themenfeld zu ignorieren, sollte aber deutlich sein.[128]

---

[122] Beschluss vom 29. Januar 1969, BVerfGE 25, 167; es folgte zunächst das Gesetz über die rechtliche Stellung der nichtehelichen Kinder vom 19. August 1969.

[123] *Sacksofsky*, in diesem Band, S. 488 ff.

[124] Zum schwierigen Feld der Rassismusbetroffenheit: *Michael Grünberger/Anna Katharina Mangold/Nora Markard/Mehrdad Payandeh/Emanuel V. Towfigh*, Diversität in Rechtswissenschaft und Rechtpraxis. Ein Essay, 2021, zu thematischen Folgen: S. 63; Kersten/Rixen/Vogel (Hrsg.), Ambivalenzen der Ungleichheit, 2021.

[125] Diskriminierungsschutz und Privatautonomie, *Matthias Jestaedt/Gabriele Britz*, VVDStRL 64 (2005), S. 298–354; 355–399, mit ausgesprochen lebhafter Diskussion. Verantwortet wurde die Themenstellung von den Vorstandsmitgliedern: Horst Dreier, Friedhelm Hufen, Peter M. Huber. Als entscheidende Änderung der langen Ignoranz-Phase bewertet bei *Sacksofsky*, in diesem Band, S. 493.

[126] *Stolleis*, Geschichte des öffentlichen Rechts, Bd. 4, 2012, S. 517 ff., bietet mögliche Erklärungen, gleichsam potentielle damals zeitgemäße Begründungen an.

[127] Deutlich, aber erst auf intensive Nachfrage der Verfasserin: *Hans Meyer*, Interview vom 18.6.2018, S. 10. (Archiv VDStRL, Ordner-Nr. 128, Reg.-Nr. 1)

[128] Ebenso: *Sacksofsky* in diesem Band, S. 494, die das Nichtthematisieren spätestens seit Ende der 1970er als Ignoranz wertet.

b) Feministische Rechtswissenschaft und Gender Studies im Recht

Seit den 1970er Jahren gibt es zunehmend Ansätze feministischer Rechtswissenschaft, heute unter dem umfassenderen Titel *Gender Studies* und Diskriminierungsforschung geführt. Seit den 1990ern gibt es auch erste Institutionalisierungen in der Wissenschaft, in der deutschen Rechtwissenschaft seit Anfang der 2000er Jahre.[129] Vorsichtige Anfragen, ob die Aufnahme entsprechender Themen für eine Tagung schon einmal erwogen worden sei, werden nicht nur verneint. Vielmehr scheint einigen schon das Stellen der Frage als der Vereinigungsmehrheit unvermittelbar und extrem heikel. Unabhängig davon, wie man zu entsprechenden Forschungsansätzen steht, ist diese Haltung auffällig. Schließlich fordern *Gender*-Perspektiven herrschende Zuschreibungen gerade auch im Recht heraus. Mit Blick auf zentrale Fragen des Verfassungsrechts, etwa, aber nicht nur das große Feld der Gleichheits- und Gleichberechtigungsdogmatik, sind hier auch methodisch erhebliche Debatten geführt worden und noch im Gange.[130] Entsprechend wird der Nicht-Befund auch wissenschaftshistorisch durchaus registriert:

> „Dass die Vereinigung der Deutschen Staatsrechtslehrer dies [*die Bildung eines neuen Wissenschaftszweiges, PC*] bisher nicht aufgenommen hat, fällt auf; denn es liegt auf der Hand, dass sich hier gesellschaftliche Umschichtungsprozesse mit Langzeitwirkungen abspielen."[131]

Im Vergleich mit anderen Disziplinen und Fachvereinigungen, die auf ähnliche Fragen blicken, fällt die relativ langanhaltende Unterlassung besonders auf. Im Deutschen Historikerverband wie der Deutschen Gesellschaft für Soziologie war die Aufnahme feministischer oder auf Geschlechterfragen fokussierender Forschungsfelder in die jeweilige Zunft-Vereinigung zwar ebenfalls schwierig, aber sie fand doch zumindest für bestimmte Zeiten statt, in den Geschichtswissenschaften etwa seit den 1980er Jahren.[132] Dabei wird im internationalen Vergleich selbst für die historische Zunft auffällige Zurückhaltung der deutschen Wissenschaftsinstitutionen konstatiert.[133] Auch hier also womöglich ein gewisser ‚Deutschheitsbefund'.[134]

---

[129] Daten zur Verankerung von Fach und Perspektiven bei: *Sacksofsky/Stix*, Daten und Fakten (Fn. 19), S. 38–42.

[130] *Ute Sacksofsky*, Geschlechterforschung im öffentlichen Recht, JöR 67 (2019), S. 377.

[131] *Stolleis*, Geschichte des öffentlichen Rechts, Bd. 4, 2012, S. 519.

[132] *Blaschke/Thiel*, Der Verband (Fn. 9), S. 565 ff.

[133] "Overall, in comparison to Anglo-American historiography, there has been less research on women's history and gender history within German historiography. Women's history and gender studies do not have the same levels of institutional support as other fields of history", *Lisa Fetheringill Zwicker*: Rezension zu: Richter, Hedwig; Wolff, Kerstin (Hrsg.): Frauenwahlrecht. Demokratisierung der Demokratie in Deutschland und Europa. Hamburg 2018, in: H-Soz-Kult, 15.07.2020, www.hsozkult.de/publicationreview/id/reb-27356 (Aufruf: 26.7.2021). 2017 waren in Deutschland von 721 Professuren der Geschichte an 108 Universitäten "only five history professorships partly dedicated to women's and gender history […]": *Karen Hagemann/Sarah Summers*, Gender and Academic Culture: Women in the Historical Profession in Germany and the United States since 1945, in: Meng/Seipp (Hrsg.), Modern Germany in Transatlantic Perspective, 2017, S. 95–125, S. 104.

[134] Zur vergleichsweise intensiven deutschen Aufregung um die damals neueren, durch Völker- und Europarecht mitbestimmten Gesetze zur Antidiskriminierung, vgl. die Schlussbemerkung der Referentin *Gabriele Britz*, VVDStRL 64 (2005), S. 427, 431.

In den letzten Jahren werden Veränderungen sichtbar. Im Gesprächskreis Verwaltung war 2005 das Thema „Gendermainstreaming" als Beispiel für Organisationsprozesse in der öffentlichen Verwaltung Thema.[135] Auf der Tagung in Bonn (2018) war „Gleichheit angesichts von Vielfalt [...]" ein Themenblock. Die ikonische Gegenüberstellung jenes Themas mit einem Gruppenfoto der Tagung sorgte für spezifische Heiterkeit auf Twitter.[136] Diversitätssensible Aufmerksamkeit war schließlich auch bei einem weiteren Thema jener Tagung – zur Fortpflanzungsmedizin – gefragt.[137]

VII. Schluss: Hundert Jahre später

(1) Die Veränderungen in der Vereinigung seit den 2000er Jahren sind beachtlich, sie erscheinen noch beachtlicher, betrachtet man als Referenzgröße nicht die Vereinigung insgesamt und über die ganze Zeit, sondern nur die Neuaufnahmen in jüngerer Zeit.[138]

Wie aber lässt sich die doch deutliche Verspätung der Ankunft von Frauen in der Staatsrechtslehre und folglich auch in ihrer Vereinigung erklären? Was bedeutet die offiziell ausfallende Wahrnehmung einer ‚Frauen-Männer-Frage' und damit auch der sich zunehmend andeutenden weiteren Diversitätsfragen in der Vereinigung?

Von den vielen möglichen Faktoren, deren Zusammenspiel kaum bestimmbar ist, seien genannt: Neben der oft diagnostizierten mehrheitlich konservativen Grundhaltung vieler Staatsrechtslehrer – eine in jüngerer Zeit weniger durchgreifende Bewertung als früher[139] – hat es vielleicht auch mit der Grundthematik der Staatsrechtslehre zu tun, an der Frauen immer noch weniger interessiert scheinen. Die Politikwissenschaft zeigt indessen, dass auch die berühmten Machtfragen zunehmend von Wissenschaftlerinnen aufgegriffen werden. Auffallend ist zudem, dass die Staatsrechtslehrerinnen selbst die Fragen bislang wenig in die Vereinigung getragen haben. Die unter ihnen verbreitete Einschätzung der vermuteten und in Teilen erfahrenen Ignoranz und Abwertung ist bemerkenswert. Die Zurückhaltung wird mit anderen eigenen Fachinteressen, der Unlust an immer gleichen Debatten mit Kollegen, die die Forschungsstände nicht kennen, aber teilweise auch mit mangelnder eigener Diskriminierungserfahrung erklärt. Der bislang noch relativ geringe Frauenanteil lässt vermuten, dass die berühmte ‚kritische Masse' noch nicht erreicht ist, ab deren Vorliegen bestimmte Debatten als möglich und produk-

---

135 Vortrag von Susanne Baer, organisiert von Janbernd Oebbecke.

136 Das Bild von der Jahrestagung 2018 s. in diesem Band; der Verlag Duncker&Humblot hatte ein entsprechendes Bild getwittert: „Die Vereinigung der Deutschen Staatsrechtslehrer in all ihrer Pracht #Staatsrecht2018#Bonn". Von den Reaktionen nur eine: „Im Lichte dieses Fotos nicht ganz ohne Ironie, dass ein inhaltlicher Block dem Thema Vielfalt galt."

137 *Steffen Augsberg/Friederike Wapler*, Gleichheit angesichts von Vielfalt im philosophischen und juristischen Diskurs, VVDStRL 78 (2019), S. 7–52; 53–91. *Gernot Sydow/Angelika Siehr*, Staatlicher Regulierungsauftrag in der Fortpflanzungsmedizin, VVDStRL 78 (2019), S. 361–392; 393–440. Verantwortet wurde die Themenstellung von den Vorstandsmitgliedern: Ute Sacksofsky, Karl-Peter Sommermann und Christian Waldhoff.

138 *Schulze-Fielitz*, Wissenschaftskultur (Fn. 11), S. 191.

139 *Schulze-Fielitz*, Wissenschaftskultur (Fn. 11), S. 194 ff.

tiv erscheinen, eine Thematisierung also ggf. gesucht werden könnte. Ob es zu diesen Debatten noch kommen wird, scheint offen. Die Themen und Perspektiven der *Gender*-Forschung sind an verschiedenen Stellen schon eingeflossen und werden das auch zukünftig tun,[140] so sie als fachliche Perspektive einschlägig und von den Referenten und Referentinnen beherrscht werden, dann vielleicht weniger versteckt als bislang. Eine andere Frage ist, ob das ‚Nachwuchs'-Thema in der Staatsrechtslehre einmal aufgegriffen werden wird, auch wenn die Vereinigung als solche dazu unmittelbar nicht viel tun kann. Immerhin hat sie sich etwa im Jahr 2003 in der Mitgliederversammlung mit der Einführung der Juniorprofessur und der Situation des wissenschaftlichen Nachwuchses beschäftigt, soweit ich sehe ohne Wahrnehmung einer ‚Männer-Frauen-Frage'.

(2) Die reale Durchschnittsbesoldung „variiert" bei den Geschlechtern in den drei Besoldungsgruppen. „Auf W3-Stellen verdienen Professorinnen im Schnitt 720 Euro weniger als Professoren. Bei W2-Professuren beträgt der Unterschied zu den Kollegen durchschnittlich 320 Euro. Bei W1-Professuren sind es 140 Euro."[141]

Im Mai 2020 war das BVerfG erstmals zur Hälfte mit Richterinnen besetzt, um nur kurze Zeit später mehr Richterinnen als Richter zu zählen.[142] Zeitgleich wurde die Wahlvorschlagsliste für die obersten Bundesgerichte kritisiert, weil sie neben 20 Kandidaten nur 6 Kandidatinnen vorsah. Der Richterwahlausschuss hat schließlich 5 Frauen und 5 Männer gewählt.[143]

Die Zahl der weiblichen Habilitierten blieb 2019 mit 484 von insgesamt 1.518 Habilitationen weitgehend konstant. Das entspricht einem Frauenanteil bei Habilitationen von 32 Prozent.[144]

Zugleich ging die Nachricht durch die Presse, dass die Zahl an Publikationen von Wissenschaftlerinnen seit Mitte März 2020 entgegen der vorangegangenen Entwicklung gesunken sei. Dieser Zeitraum falle mit den pandemiebedingten Schließungen von Kindertagesstätten und Schulen in vielen Ländern zusammen.[145]

---

140 Sichtbar bei *Anna Katharina Mangold*, Relationale Freiheit. Grundrechte in der Pandemie, VVDStRL 80 (2021), S. 7–30. Für die Zuhörerschaft offensichtlich weniger erkennbar im Kontext einer nicht geschlechtsbezogenen, dem damaligen Publikum vielleicht näherliegenden Ungleichheitslage (Altersdiskriminierung): *Susanne Baer*, Demographischer Wandel und Generationengerechtigkeit, VVDStRL 68 (2009), S. 290–351.

141 DHV, Forschung und Lehre 1/2020, S. 32 ff. Auch: dhv newsletter 3/2020: „Gender Pay Gap": Die tatsächlich bezogene Besoldung variierte [*2018*] zu Lasten der Professorinnen bei W3 um 690 Euro, bei W2 um 290 Euro und bei W1 um 130 Euro.

142 Nach der Wahl Astrid Wallrabensteins als Nachfolgerin von Andreas Voßkuhle im Mai 2020 wurde als Nachfolgerin von Johannes Masing Ines Härtel gewählt (Stand: Juli 2020).

143 www.djb.de/fileadmin/user_upload/presse/pressemitteilungen/pm20-31_RoteRoben.pdf; www.djb.de/fileadmin/user_upload/presse/pressemitteilungen/pm20-34_Bundesrichterinnen.pdf, (Aufruf: 31.7.2021).

144 DHV Newsletter 7/2020 mHa. www.destatis.de/DE/Presse/Pressemitteilungen/2020/07/PD20_253_213.html.

145 DHV Newsletter 7/2020 mHa: www.timeshighereducation.com/news/pandemic-lockdown-holding-back-female-academics-data-show. Eine Studie des WZB Berlin dazu scheint diese Einschätzungen zu bestätigen: *Alessandra Rusconi/Nicolai Netz/Heike Solga*, Publizieren im Lockdown. Erfahrungen von Professorinnen und Professoren, WZB Mitteilungen Heft 170 Dezember 2020, S. 24–26.

(3) Die historische Perspektive ermöglicht Kritik, erinnert aber auch an die jeweilige, nicht aufhebbare Zeitverhaftetheit, die bei aller berechtigten Kritik in und aus der Gegenwart berücksichtigt bleiben sollte. Es gilt zu erinnern, wie die Gesellschaft der 1950er, der 1960er, der 1970er ‚war', zu der die Staatsrechtslehrer und ihre Vereinigung gehörten und die sie mitprägten. Die Wahrnehmung mangelnder Diversität im weiteren Sinne in den 2020er Jahren und eine damit vielleicht beginnende Entwicklung zu mehr Diversität in der Vereinigung wird ebenfalls irgendwann historisiert werden und möglicherweise zu Erstaunen über die dann vergangene Gegenwart führen. Ein Rückblick in die Zeiten vielbeschworener Befreiung mag es verdeutlichen: 1968 erschien das „Handbuch der intelligenten Frau", beworben etwa in der linken Zeitschrift *konkret.* Es enthielt ausschließlich Tipps zum Erobern und Halten „des Richtigen".[146] Man kann der Gesellschaft und mit ihr der Staatsrechtslehrervereinigung Fortschritte in der Wahrnehmung intelligenter Frauen bescheinigen.

[146] *Dr. Albert Ellis,* Handbuch der intelligenten Frau. So gewinne ich den richtigen Mann für's Leben. So behalte ich ihn für immer, Flensburg, DM 21,80. Anzeige: konkret 1968, S. 41.

Mitglieder der Vereinigung in der politischen und gerichtlichen Praxis

*Jens Kersten**

I. Einleitung 830
II. Das demokratische Jahrzehnt (1922–1932) 832
1. Deutschland 832
2. Österreich 835
3. Schweiz 836
III. Nationalsozialismus: Diktatur, Gewaltherrschaft, Vernichtungskrieg, Holocaust (1933–1945) 837
1. Deutschland 837
2. Österreich 839
3. Schweiz 840
IV. Die Nachkriegsrepubliken (1945–1968) 841
1. Deutschland 841
a) Demokratischer Neubeginn 841
b) Nürnberg 843
c) Grundgesetz 845
d) Die frühe Bonner Republik 845
2. Österreich 848
3. Schweiz 849
4. Europäische Integration und internationale Gemeinschaft 850
V. Die Zeit der Widersprüche (1968–1989) 851
1. Deutschland 851
2. Österreich 853
3. Schweiz 853
4. Europäische Integration und internationale Gemeinschaft 854
VI. Der Fall der europäischen Mauer und die (post-)nationale Konstellation (1989–2001) 855
1. Deutschland 855
2. Österreich 857
3. Schweiz 858
4. Europäische Integration und internationale Gemeinschaft 858
VII. Die Persistenz der Krisen (2001–2022) 859
1. Deutschland 859
2. Österreich 861
3. Schweiz 862
4. Europäische Integration und internationale Gemeinschaft 863
VIII. Ausblick 863

* *Ulrich Battis, Inez Bucher-Ermacora, Christoph Gusy, Andreas Kley, Benjamin Schindler, Helmuth Schulze-Fielitz* und *Ewald Wiederin* danke ich ganz herzlich für Anmerkungen, Hinweise und Verbesserungsvorschläge.

I. Einleitung

Die Mitglieder der Vereinigung der Deutschen Staatsrechtslehrer haben sich während der letzten hundert Jahre umfassend in der politischen und gerichtlichen Praxis engagiert, nicht nur in Deutschland, Österreich und in der Schweiz, sondern auch darüber hinaus auf europäischer und internationaler Ebene. In politischer Hinsicht haben die Mitglieder öffentliche Debatten geprägt und rechtspolitische Gutachten geschrieben, Politiker/innen und Institutionen beraten, sich in rechtspolitischen Kommissionen und verfassungsgebenden Räten engagiert und vor allem auch unmittelbar politische Verantwortung übernommen: vom Abgeordnetenmandat über das Minister- bis zum Präsidentenamt. Aus der gerichtlichen Praxis des letzten Jahrhunderts ist das Engagement der Mitglieder der Vereinigung ebenfalls nicht wegzudenken: als Gutachter/innen, Prozessvertreter/innen und insbesondere als Richter/innen auf föderaler, staatlicher, europäischer und internationaler Ebene. Bereits die schlichte Aufzählung aller Mitglieder, die im Nebenamt Richter/innen an Verwaltungsgerichten aller Instanzen waren und sind, würde für sich genommen schon diesen Beitrag füllen. Rechtswissenschaft und Rechtspraxis sind nicht voneinander zu trennen; und gerade diese „Doppelrolle"[1], die viele Mitglieder auf der Schnittstelle von Rechtswissenschaft und Rechtspraxis einnehmen, begründet die hohe rechtsdogmatische Qualität der Wissenschaft des Öffentlichen Rechts in Deutschland, Österreich und in der Schweiz.

Doch die Frage nach dem Engagement der Mitglieder in der Rechtspraxis hat nicht nur eine wissenschaftliche, sondern eben auch eine eminent politische Seite: die persönliche Nähe oder Distanz zu den politischen Ordnungen, in denen sich die Mitglieder der Vereinigung im vergangenen Jahrhundert engagiert haben. Diese politische Dimension spiegelte sich bereits in der Gründung der Vereinigung: Auf die Initiative von *Fritz Stier-Somlo*, eine „Republikanische Staatsrechtslehrervereinigung" ins Leben zu rufen, reagierten *Heinrich Triepel*, *Rudolf Smend* und *Willibalt Apelt* mit der Gründung der „Vereinigung der Deutschen Staatsrechtslehrer", „um einer Spaltung zuvorzukommen."[2] Damit waren und sind die bis auf den heutigen Tag entscheidenden Fragen für das Selbstverständnis der Vereinigung gestellt: Sollte und soll es um eine Vereinigung „demokratischer" oder „Deutscher" Staatsrechtslehrer gehen? Denn „Deutsch" (vor allem mit einem großen „D") und „demokratisch" sind in der Geschichte des 20. Jahrhunderts keineswegs das Gleiche. Darüber hinaus: Welche „Spaltung" sollte verhindert werden? Es gab weder vor noch nach der Gründung der Vereinigung eine Einheit des Fachs der Staatsrechtslehre; und der Grund dafür liegt von den Anfängen der Vereinigung bis heute immer auch in der politischen Einstellung und im politischen Engagement der (Nicht-)Mitglieder. So traten rechtspolitisch sehr engagierte Staatsrechtslehrer wie der Pazifist *Walther Schücking*, der liberale *Julius Hatschek* oder der konservative *Axel Freiherr von Freytagh-Loringhoven*

---

[1] *Ewald Wiederin*, Österreich, in: von Bogdandy/Cruz Villalón/Huber (Hrsg.), Handbuch Ius Publicum Europaeum, Bd. 1, 2007, § 7 Rn. 61.

[2] *Michael Stolleis*, Die Vereinigung der Deutschen Staatsrechtslehrer. Bemerkungen zu ihrer Geschichte, KritV 80 (1997), S. 339 (340); vgl. auch *Christoph Schönberger*, in diesem Band, S. 3 (22 ff.).

(nach) 1922 nicht der Vereinigung bei.[3] Auch bei und nach der Neugründung der Vereinigung im Jahr 1949 kann gerade aus politischen Gründen nicht von einer Einheit des Fachs der Staatsrechtslehre die Rede sein: Die Mehrheit der Mitglieder der Vereinigung waren 1949 Mitläufer, aktive Unterstützer oder „furchtbare Juristen"[4] des NS-Regimes. Die Opfer des Nationalsozialismus, die zurückgekehrten Emigranten und die wenigen Mitglieder, die aktiv Widerstand gegen Hitler geleistet hatten, waren in der Minderheit. Doch um die Folgen des politischen Engagements von Mitgliedern für das Selbstverständnis der Vereinigung zu ermessen, muss man gerade auch darauf achten, wer nach 1949 *nicht* (wieder) Mitglied werden konnte oder werden wollte. Hier fällt der Blick immer wieder allzu reflexartig auf die nationalsozialistischen Staatsrechtslehrer *Reinhard Höhn, Otto Koellreutter, Carl Schmitt, Edgar Tatarin-Tarnheyden* und – zunächst auch – auf *Ernst Rudolf Huber*, der nach einer „Karenzzeit" im Jahr 1956 in die Vereinigung aufgenommen wurde.[5] Doch ebenso schnell geraten diejenigen aus den Augen und damit aus dem Sinn, die als Opfer des Nationalsozialismus nicht mehr Mitglied werden konnten, weil sie im Exil verstorben (*Hermann Heller, Karl Strupp*) oder von den Nationalsozialisten in den Suizid getrieben (*Kurt Perels, Gerhard Lassar, Max Fleischmann*) oder im Konzentrationslager ermordet worden waren (*Franz [František] Adler*). Sie fehlten und fehlen ebenso wie die Emigranten, die nicht wieder in die Vereinigung zurückkehren bzw. dieser nicht beitreten wollten (*Hans Kelsen, Karl Loewenstein, Fritz Morstein Marx*). Das politische Gruppenbild der „Vereinigung der Deutschen Staatsrechtslehrer" ist also nur vollständig, wenn man darauf achtet, wen man aus politischen Gründen nicht (mehr) sehen kann. Dies gilt vor allem auch, wenn man sich den Umgang der Vereinigung mit Staatsrechtslehrerinnen und Staatsrechtslehrern vergegenwärtigt, die aufgrund ihrer wissenschaftlichen Positionen oder ihres politischen Engagements als links wahrgenommen oder eingeordnet wurden. Hier fällt in der Vereinigung nicht nur die distanzierte Haltung gegenüber dem von konservativer Seite öffentlich verleumdeten Bundesverfassungsrichter *Martin Drath* auf,[6] sondern auch die – wie *Michael Stolleis* schreibt – breite Abwehrhaltung gegen vermutete und wirkliche Linke.[7] Doch der Streit um das wissenschaftliche und politische Engagement von Mitgliedern wurde in der Vereinigung nur selten offen ausgetragen,[8] sondern – wie in jedem Verein – vor allem hinter vorgehaltener Hand „beflüstert"[9] und betrieben: Der Nachsicht der Vereinigung gegenüber (ehemaligen) Nationalsozialisten stand eine rigide Abgrenzung gegen linkes politisches Engagement gegen-

---

[3] Vgl. *Stolleis*, Vereinigung (Fn. 2), S. 342.

[4] *Ingo Müller*, Furchtbare Juristen. Die unbewältigte Vergangenheit unserer Justiz, 1989.

[5] Vgl. *Christoph Gusy*, Ernst Rudolf Huber (1903–1990) – Vom neohegelianischen Staatsdenken zur etatistischen Verfassungsgeschichte, in: Häberle/Kilian/Wolff (Hrsg.), Staatsrechtslehrer des 20. Jahrhunderts, 2. Aufl. 2018, S. 763.

[6] Vgl. *Michael Stolleis*, Geschichte des öffentlichen Rechts in Deutschland, Band IV, 2012, S. 44, 149; *Manfred Baldus*, Martin Drath (1902–1976), in: Häberle/Kilian/Wolff, Staatsrechtslehrer (Fn. 5), S. 743 (753 ff.).

[7] *Stolleis*, Geschichte IV (Fn. 6), S. 480; vgl. auch *ders.*, Vereinigung (Fn. 2), S. 356.

[8] Vgl. *Andreas Kley*, Geschichte des öffentlichen Rechts der Schweiz, 2011, S. 260 f.; *Bernhard Schlink*, Sommer 1970, in: ders., Vergangenheitsschuld, 2007, S. 142 (157 ff.); *Christian Waldhoff*, in diesem Band, S. 151 (167 f.).

[9] *Stolleis*, Vereinigung (Fn. 2), S. 356.

über. Diese Haltung der Vereinigung spiegelt nicht nur die bundesrepublikanische Konstellation des Kalten Krieges wider. Sie ist vielmehr auch Ausdruck des persönlichen Selbstverständnisses von (ehemaligen) nationalsozialistischen Staatsrechtslehrern, deren wissenschaftliche und politische Karriere durch den Kalten Krieg „gerettet" wurde. So stilisierten sich viele Mitglieder der Vereinigung nach 1945 zu „politisch erfahrenen" Repräsentanten einer „skeptischen Generation", was für sie zugleich den politischen „Vorteil" brachte, sich nicht mit der demokratischen Ordnung des Grundgesetzes identifizieren zu müssen, sondern diese abschätzig mit kaltem Blick „sezieren" zu können.

Wenn man vor diesem Hintergrund nach der Bedeutung des Engagements der Mitglieder in der politischen und gerichtlichen Praxis für das institutionelle Selbstverständnis der Vereinigung fragt, steht man vor den zwei Herausforderungen der Asynchronität und der Repräsentativität. Das Problem der Asynchronität ergibt sich daraus, dass gerade aufgrund der historischen Verfassungsbrüche 1919, 1933/1934, 1938, 1945, 1949, 1989 und 1990 das politische oder gerichtliche Engagement von Staatsrechtslehrerinnen und Staatsrechtslehrern vor oder nach ihrer Mitgliedschaft in der Vereinigung liegt. Dies gilt insbesondere, wenn sich dieses Engagement im Bekenntnis zum Nationalsozialismus oder im Widerstand gegen den Nationalsozialismus manifestierte, weil die Vereinigung zwischen 1933/1938 und 1949 zunächst de facto und sodann de jure nicht existierte. Aufgrund dieser (teilweisen) Asynchronität ist es notwendig, das Engagement von Mitgliedern der Vereinigung in der politischen und gerichtlichen Praxis über die Zeit ihrer formalen Mitgliedschaft hinaus in den Blick zu nehmen. Das Problem der Repräsentativität besteht darin, dass jedenfalls nicht unmittelbar von dem politischen und gerichtlichen Engagement einzelner oder vieler Mitglieder auf das politische „Gruppenbild" der Vereinigung insgesamt geschlossen werden kann. Es geht bei der institutionellen Repräsentativität also eher um die Darstellung der Korrelationen des politischen und gerichtlichen Wirkens der Mitglieder in Form einer Assemblage, die im vorliegenden Beitrag auch nicht umfassend, sondern nur punktuell und skizzenhaft für Deutschland, Österreich und die Schweiz sowie – zunehmend – für die europäische und internationale Ebene möglich ist.

II. Das demokratische Jahrzehnt (1922–1932)

Die Vereinigung der Deutschen Staatsrechtslehrer wurde 1922 gegründet. Doch das politische und gerichtliche Engagement ihrer Mitglieder für, aber auch gegen die jungen Demokratien in Deutschland und Österreich setzt bereits mit der Revolution von 1918 ein.

1. Deutschland

Im Zuge der Revolution von 1918 wurde *Hugo Preuß* durch den Rat der Volksbeauftragten unter dem Vorsitz von *Friedrich Ebert* zunächst zum Reichsstaatssekretär des Innern berufen, um sodann 1919 das Amt des ersten Reichsinnenministers zu übernehmen.[10]

[10] Vgl. hierzu und zum Folgenden *Dian Schefold*, Hugo Preuß (1860–1925), in: Häberle/Kilian/Wolff,

Auf Wunsch *Eberts* beauftragte der Rat der Volksbeauftragten *Preuß* mit der Ausarbeitung einer demokratischen Verfassung, wobei er von *Willibalt Apelt* als Verfassungsreferent im Reichsamt des Innern unterstützt wurde.[11] *Preuß* begleitete den weiteren Prozess der Verfassungsgebung als Regierungskommissar für die Vertretung der Verfassung vor der Nationalversammlung. Auch *Gerhard Anschütz*, *Wilhelm Kahl*, *Erich Kaufmann*, *Fritz Stier-Somlo* und *Heinrich Triepel* engagierten sich in den verfassungspolitischen Diskussionen der neuen Reichsverfassung.[12] *Wilhelm Kahl* wurde Mitglied in der Weimarer Nationalversammlung, übernahm kurzzeitig ein Richteramt an dem Vorläufigen Staatsgerichtshof[13] und gehörte während (fast) der gesamten Weimarer Republik dem Reichstag an (1920–1932). In außenpolitischer und völkerrechtlicher Hinsicht ließ sich die Reichsregierung von *Viktor Bruns*, *Max Fleischmann*, *Erich Kaufmann*, *Herbert Kraus*, *Karl Strupp* und *Heinrich Triepel* beraten und vertreten.[14]

Auch auf der Ebene der Länder engagierten sich spätere Mitglieder der Vereinigung in den Gründungs- und Krisenjahren für die junge Demokratie: In Preußen gehörte *Hugo Preuß* zunächst der verfassungsgebenden Landesversammlung und sodann dem Landtag an (1919–1925).[15] *Hermann Heller* beteiligte sich – zusammen mit *Gustav Radbruch* – aktiv an der Organisation des Widerstands der Arbeiterschaft gegen den *Kapp*-Putsch (1920).[16] In Württemberg unterbreitete *Ludwig von Köhler*, der auf eine lange Erfahrung im württembergischen Innenministerium zurückblicken konnte und letzter königlicher Innenminister gewesen war (1918), nach der Revolution kommunal-, polizei- und verwaltungsorganisatorische Reformvorschläge;[17] und *Carl Sartorius* gehörte dem Württembergischen Staatsgerichtshof an (1920–1933).[18] In Bayern war *Robert Piloty* an der Ausarbeitung der Verfassung beteiligt und wurde Mitglied des Landtags sowie des Staatsgerichtshofs (1919–1920).[19] Auch *Wilhelm Hoegner* wurde in den Bayerischen Landtag gewählt (1924–1932), in dem er Mitberichterstatter im parlamentarischen Untersuchungsausschuss zum „*Hitler*-Putsch" (1923) war.[20] In Thüringen nahm *Eduard Rosenthal* nach der Revolution an der Konferenz zur Konstituierung des Landes teil und erhielt den Auftrag, eine Landesverfassung auszuarbeiten.[21] Der Entwurf wurde mit we-

---

Staatsrechtslehrer (Fn. 5), S. 107 (109, 121 ff.); *Kathrin Groh*, Demokratische Staatsrechtslehre in der Weimarer Republik, 2010, S. 19 ff., 203 ff., 303 ff., 479 ff.

[11] Vgl. *Günter Dürig*, Willibalt Apelt zum achtzigsten Geburtstag, AöR 83 (1957), S. 157.

[12] Vgl. *Walter Jellinek*, Revolution und Reichsverfassung, JöR 9 (1920), S. 1 (46 ff.); *Michael Stolleis*, Geschichte des öffentlichen Rechts in Deutschland, III. Bd., 1999, S. 80 ff.

[13] Vgl. *Adolf Lobe*, Fünfzig Jahre Reichsgericht am 1. Oktober 1929, 1929, S. 418.

[14] Vgl. grds. *Stolleis*, Geschichte III (Fn. 12), S. 120; ferner zu *Herbert Kraus Heiko Meiertöns*, An International Lawyer in Democracy and Dictatorship – Re-Introducing Herbert Kraus, EJIL 25 (2014), S. 255 (259, 263 ff.).

[15] Vgl. *Stolleis*, Geschichte III (Fn. 12), S. 128.

[16] Vgl. *Gustav Radbruch*, Kapp-Putsch in Kiel, in: ders., Gesammelte Werke, 16. Bd., 1988, S. 298 ff.

[17] Vgl. *Dirk Hainbuch/Florian Tennstedt*, Sozialpolitiker im Deutschen Kaiserreich 1971–1918, 2010, S. 88 f.; *Stolleis*, Geschichte III (Fn. 12), S. 139.

[18] Vgl. *Martin Otto*, Sartorius, Carl Friedrich, Neue Deutsche Biographie 22 (2005), S. 440 f.

[19] Vgl. *Manfred Friedrich*, Piloty, Robert, Neue Deutsche Biographie 20 (2001), S. 445 f.

[20] Vgl. *Wilhelm Hoegner*, Der schwierige Außenseiter, 1959, S. 43 ff.

[21] Vgl. hierzu und zum Folgenden *Peter Landau*, Rosenthal, Eduard, Neue Deutsche Biographie 22 (2005), S. 81 f.

nigen Änderungen von dem Thüringischen Landtag angenommen, dessen Abgeordneter *Rosenthal* bis 1925 war. Auch *Hermann Brill* (USPD [1918], SPD [1922]) übernahm ein Abgeordnetenmandat im Thüringischen Landtag (1920–1933) und – für kurze Zeit – im Reichstag (1932).[22] *Brill* war Vortragender Rat im Thüringischen Bildungs- und Ministerialdirektor im Thüringischen Innenministerium sowie Mitglied des Thüringischen Staatsgerichtshofs (1927–1932). Als Vorsitzender eines parlamentarischen Untersuchungsausschusses des Thüringischen Landtags vernahm *Brill* am 14. März 1932 *Adolf Hitler*, um die Umstände dessen Ernennung zum Gendarmeriekommissar von Hildburghausen und damit dessen Einbürgerung durch den Thüringischen Innenminister *Wilhelm Frick* im Jahr 1930 aufzudecken.[23] Im Zuge dieser Vernehmung entgleiste *Hitler*, der in Begleitung von *Rudolf Heß*, *Joseph Goebbels*, *Baldur von Schirach*, *Gregor Strasser*, *Wilhelm Frick* und *Fritz Sauckel* erschienen war,[24] was *Brill* in seinem politischen Kampf gegen den Nationalsozialismus bestärkte. In Sachsen versah *Willibalt Apelt* – dem Wunsch der DDP-Fraktion im Landtag folgend – das Amt des Innenministers und stellvertretenden Ministerpräsidenten in der Regierung *Heldt* (1927–1929).[25]

Auch dem Staatsgerichtshof für das Deutsche Reich gehörten Mitglieder der Vereinigung an. *Rudolf Smend* und *Heinrich Triepel* waren gewählte Mitglieder und *Gerhard Anschütz*, *Rudolf Laun*, *Felix Genzmer* und *Max Wenzel* gewählte stellvertretende Mitglieder für die Entscheidung über Anklagen des Reichstags gegen den Reichspräsidenten, den Reichskanzler oder einen Reichsminister wegen einer schuldhaften Verletzung der Reichsverfassung oder eines Reichsgesetzes (Art. 59 WRV, § 2 StGHG),[26] wobei diesem Verfahren in der Verfassungspraxis keine wesentliche Bedeutung zukam.[27] Demgegenüber spielten Mitglieder der Vereinigung im Jahr 1932 in dem Prozess „Preußen contra Reich“[28] vor dem Staatsgerichtshof als Prozessvertreter eine entscheidende Rolle: *Carl Schmitt*, *Erwin Jacobi* und *Carl Bilfinger* als Vertreter der Reichsregierung, *Gerhard Anschütz* – neben *Arnold Brecht* – als Vertreter und *Friedrich Giese* als Gutachter für die preußische Landesregierung, *Hermann Heller* als Vertreter der SPD-Fraktion und *Hans Peters* als Vertreter der Zentrums-Fraktion des Preußischen Landtags sowie *Hans Nawiasky* – unter Mitwirkung von *Theodor Maunz* – für das Land Bayern. Der Ausgang

---

22 Vgl. hierzu und zum Folgenden *Eugen Kogon*, Hermann Brill zum Gedächtnis, PVS 6 (1965), S. 114; *Manfred Overesch*, Hermann Brill in Thüringen 1895–1946, 1992, S. 37 ff., 59 ff., 165 ff.

23 Vgl. hierzu und zum Folgenden *Hermann Brill*, Gegen den Strom, 1946, S. 7 ff.; *Overesch*, Brill (Fn. 22), S. 194, 206 ff.; *ders.*, Die Einbürgerung Hitlers 1930, Vierteljahreshefte für Zeitgeschichte 40 (1992), S. 543.

24 Vgl. *Overesch*, Brill (Fn. 22), S. 217 ff., für den Abdruck des Protokolls der Zeugenvernehmung.

25 Vgl. *Wolfgang März*, Willibalt Apelt (1877–1965), in: Häberle/Kilian/Wolff, Staatsrechtslehrer (Fn. 5), S. 223 (227 ff.).

26 Vgl. *Lobe*, Reichsgericht (Fn. 13), S. 419 ff.; *Andreas von Arnauld*, Heinrich Triepel (1868–1946), in: Häberle/Kilian Wolff, Staatsrechtslehrer (Fn. 5), S. 165 (171 f.).

27 Vgl. *Fritz Freiherr Marschall von Bieberstein*, Die Verantwortlichkeit der Reichsminister, in: Anschütz/Thoma (Hrsg.), Handbuch des Deutschen Staatsrechts, Bd. I, 1930, § 45, S. 520 (541): „prophylaktische Wirkung“.

28 Vgl. RGZ 138, Anhang, 1* [1932]; ferner zur Ablehnung der Anträge auf einstweilige Verfügung RGZ 137, Anhang, 65* [1932].

dieses Verfahrens war ein „Markstein"[29] des Untergangs der Weimarer Republik, in deren finaler Krise sich *Carl Schmitt* als politischer Berater der Präsidialkabinette zu empfehlen suchte.[30] *Karl Maria Hettlage*, der seit 1932 dem Preußischen Landtag angehörte, blieb am 2. Februar 1933 als einer von zwei Zentrumsabgeordneten der Abstimmung über die Landtagsauflösung fern, während alle übrigen Angehörigen seiner Fraktion gegen die Parlamentsauflösung votierten.[31]

Wilhelm Hoegner stimmte als Abgeordneter des Reichstags (1930–1933) und Mitglied der SPD-Fraktion gegen das „Ermächtigungsgesetz" („Gesetz zur Behebung der Not von Volk und Reich") vom 24. März 1933.[32]

2. Österreich

Auch die österreichischen Mitglieder der Vereinigung engagierten sich im Übergang von der Monarchie zur Republik.[33] *Adolf Merkl* beriet sowohl den letzten Ministerpräsidenten der Monarchie *Heinrich Lammasch* als auch den Staatskanzler der neuen Republik *Karl Renner*.[34] *Josef Redlich* übernahm in dem (letzten) Ministerium *Lammasch* für zwei Wochen das Amt des Finanzministers (27. Oktober–11. November 1918) und war an der Formulierung der Verzichtserklärung von Kaiser *Karl I* vom 11. November 1918 beteiligt.[35] Sodann gehörte *Redlich* der Provisorischen Nationalversammlung an (1918–1919), die eine vorläufige Verfassung für die demokratische Republik Deutschösterreich erließ und die Konstituierende Nationalversammlung einberief.[36] Bei der Ausarbeitung des Bundes-Verfassungsgesetzes (1920) kam sowohl *Hans Kelsen*[37] als auch *Adolf Merkl*[38] eine zentrale Bedeutung zu. Dies verband sich institutionell mit dem neu gegründeten Verfassungsdienst des Bundeskanzleramts, dem bis heute viele österreichische Mitglieder der Vereinigung angehören und der die Verfassungspraxis der Republik in den vergangenen hundert Jahren prägte und prägt. So wurde beispielsweise gleich zu Beginn der Republik neben *Adolf Merkl* auch *Ludwig Adamovich sen.* in den Verfassungsdienst

---

[29] *Stolleis*, Geschichte III (Fn. 12), S. 121.

[30] Vgl. *Reinhard Mehring*, Carl Schmitt. Aufstieg und Fall, 2009, S. 281 ff.

[31] Vgl. *Susanna Schrafstetter*, Verfolgung und Wiedergutmachung. Karl M. Hettlage: Mitarbeiter von Albert Speer und Staatssekretär im Bundesfinanzministerium, Vierteljahreshefte für Zeitgeschichte 56 (2008), S. 431 (435 f.).

[32] Vgl. Verhandlungen des Reichstags, VIII. Wahlperiode 1933, Bd. 457 (1934), S. 44.

[33] Vgl. *Ewald Wiederin*, in diesem Band, S. 245 (246 ff.).

[34] Vgl. *Herbert Schambeck*, Adolf Merkl (1890–1970), in: Häberle/Kilian/Wolff, Staatsrechtslehrer (Fn. 5), S. 431 (434).

[35] Vgl. hierzu und zum Folgenden *Fritz Fellner*, Redlich, Josef, in: Österreichisches Biographisches Lexikon 1815–1950, 9. Bd., 1988, S. 10; *Elisabeth Berger*, Redlich, Josef, in: Neue Deutsche Biographie, 21. Bd., 2003, S. 246 f.

[36] Vgl. hierzu und zum Folgenden *Wiederin*, Österreich (Fn. 1), § 7 Rn. 6 ff.

[37] Vgl. *Horst Dreier*, Hans Kelsen (1881–1973), in: Häberle/Kilian/Wolff, Staatsrechtslehrer (Fn. 5), S. 281 (282 m. w. N.); *Felix Ermacora*, Die österreichische Bundesverfassung und Hans Kelsen, 1982, S. 3 ff.; *Thomas Olechowski*, Hans Kelsen. Biographie eines Rechtswissenschaftlers, 2. Aufl. 2021, S. 271 ff.

[38] Vgl. *Wiederin*, Österreich (Fn. 1), § 7 Rn. 10 f.; *Herbert Schambeck*, Merkl (Fn. 34), S. 434 f.

des Bundeskanzleramts berufen (1920–1927).[39] Einen im Vergleich zur Ausarbeitung der Bundesverfassung noch entscheidenderen Einfluss entfaltete *Kelsen* auf die Entstehung der österreichischen Verfassungsgerichtsbarkeit.[40] Als Richter prägte *Kelsen* (1919–1930) – neben *Adolf Menzel* (1919–1930) und *Max Layer* (1924–1929) – ein Jahrzehnt lang die Rechtsprechung des österreichischen Verfassungsgerichtshofs.[41] 1930 wurden im Zuge der sog. „Entpolitisierung" des Verfassungsgerichtshofs alle amtierenden Richter – und damit auch *Kelsen* – ihres Amts enthoben, um der Exekutive einen größeren Einfluss auf die Zusammensetzung und damit die Rechtsprechung des Verfassungsgerichts zu sichern, sodass *Adolf Merkl* – sehr viel treffender – von einer „Umpolitisierung" des Verfassungsgerichtshofs gesprochen hat.[42]

3. *Schweiz*

Im demokratischen Jahrzehnt zwischen 1922 und 1932 waren *Fritz Fleiner* (seit 1927) und *Dietrich Schindler sen.* (seit 1930) und darüber hinaus der in Basel lehrende *Erwin Ruck* (seit 1924) Mitglieder der Vereinigung.[43] *Fleiner* und *Schindler sen.* sahen als Liberale die politischen Gefahren, die sich ab 1929 und sodann insbesondere nach 1933 für die Demokratie abzeichneten. Sie warben in der politischen Öffentlichkeit für Demokratie, Freiheitsrechte und Bundesstaatlichkeit, und sie warnten vor Autoritarismus, Diktatur und Nationalsozialismus. Dies zeigte sich auch in dem politischen Engagement, das *Dietrich Schindler sen.* als Mitglied des Zürcher Stadtrats (1925/1926), des Zürcher Kantonsrats (1928–1932) und der Kirchenpflege Zollikon (1928–1938), als Offizier in der Schweizer Armee, als Präsident der Verwaltungskommission der Neuen Zürcher Zeitung (seit 1940) und als Mitglied des Internationalen Komitees vom Roten Kreuz (seit 1946) sowie als Berater des Bundesrates in verfassungs- und völkerrechtlichen Fragen entfaltete.[44] In der demokratischen Vielfalt dieses bürgerlichen Engagements spiegelt sich auf der persönlichen Ebene, was *Schindler sen.* als den wertgebundenen Ausgleich der vielfältigen außerrechtlichen Kontexte des positiven Rechts auf den Begriff der „Ambiance" gebracht hat.[45] Damit war aus liberaler Perspektive die demokratische Ablehnung der nationalsozialistischen Diktatur und ihrer Staatslehre klar formuliert.

---

[39] Vgl. *Ludwig Adamovich jun.*, Mein Vater Ludwig Adamovich (1890–1955), in: Häberle/Kilian/Wolff, Staatsrechtslehrer (Fn. 5), S. 449 (450).

[40] Vgl. *Dreier*, Kelsen (Fn. 37), S. 282 f.; *Olechowski*, Kelsen (Fn. 37), S. 476: Hans Kelsen als „Vater des VfGH".

[41] Vgl. für zusammenfassende Würdigung *Robert Walter*, Hans Kelsen als Verfassungsrichter, 2005, S. 90 ff.; *Olechowski*, Kelsen (Fn. 37), S. 246 f., 255 ff.

[42] Vgl. *Wiederin*, Österreich (Fn. 1), § 7 Rn. 49 f.; *Olechowski*, Kelsen (Fn. 37), S. 474.

[43] Vgl. hierzu und zum Folgenden *Kley*, Geschichte (Fn. 8), S. 147 ff., 219 f. m. w. N.; *Benjamin Schindler*, in diesem Band, S. 273 (274 ff.).

[44] Vgl. *Dietrich Schindler (jun.)*, Ein Schweizer Staats- und Völkerrechtler der Krisen- und Kriegszeit. Dietrich Schindler (sen.) 1890–1948, 2005; *Daniel Thürer*, Dietrich Schindler sen. (1890–1948), in: Häberle/Kilian/Wolff, Staatsrechtslehrer (Fn. 5), S. 459 (461 f., 466 f.); *Daniel-Erasmus Khan*, Schindler, Dietrich in: Neue Deutsche Biographie 22 (2005), S. 789 f.

[45] Vgl. *Dietrich Schindler*, Verfassungsrecht und soziale Struktur, 5. Aufl. 1970, S. 92 ff.

III. Nationalsozialismus: Diktatur, Gewaltherrschaft, Vernichtungskrieg, Holocaust (1933–1945)

Mit der nationalsozialistischen Diktatur und Gewaltherrschaft, dem deutschen Vernichtungskrieg und dem Holocaust veränderte sich die Staatsrechtslehre radikal – und damit zugleich auch das politische und gerichtliche Engagement der früheren und späteren Mitglieder der zwischen 1933/1938 und 1949 zunächst de facto und sodann auch de jure nicht existierenden Vereinigung.

1. Deutschland

In Deutschland bekannten sich unter den etablierten Staatsrechtslehrern insbesondere *Johannes Heckel*, *Otto Koellreutter* und vor allem *Carl Schmitt* zum Nationalsozialsozialismus.[46] Sie haben die nationalsozialistische Diktatur und Gewaltherrschaft legitimiert und aktiv geholfen, den Antisemitismus, Rassismus und Terrorismus des nationalsozialistischen Regimes in der politischen Praxis umzusetzen. Auch viele Angehörige der „jüngeren Generation" reichten ihre politischen „Bewerbungsschreiben bei den neuen Machthabern"[47] ein (z. B. *Ernst Forsthoff*, *Ernst Rudolf Huber*, *Hans Peter Ipsen*, *Herbert Krüger*, *Günther Küchenhoff*, *Theodor Maunz*, *Paul Ritterbusch*, *Ulrich Scheuner*, *Gustav Adolf Walz*). Sie blieben dem Nationalsozialismus sehr unterschiedlich (lang) treu, sodass eine differenzierte Analyse und Bewertung angezeigt ist. *Karl Maria Hettlage* wurde Stadtkämmerer der Reichshauptstadt Berlin (1934–1939). 1939 wechselte *Hettlage* in den Vorstand der Commerzbank (1939–1951) und wurde – als SS-Hauptsturmführer (1938) – ein enger Mitarbeiter *Albert Speers*: zunächst in dessen Funktion als Generalbauinspektor (GBI) für die Reichshauptstadt (1940–1945) und sodann in dessen Funktion als Reichsminister für Rüstung (1942–1944).[48] Im Rahmen seiner Tätigkeit bei dem GBI koordinierte *Hettlage* die Vertreibung Tausender Berliner Juden aus ihren Wohnungen und ihre Deportation.[49] Darüber hinaus war er für die finanzielle Planung und Abwicklung von Bauprojekten des GBI mit der SS zuständig, bei denen Häftlinge aus Konzentrationslagern und russische Kriegsgefangene durch Zwangsarbeit ermordet wurden.[50] Als Leiter der Generalabteilung Wirtschaft und Finanzen im Rüstungsministerium hatte *Hettlage* ein zentrales Amt für die Organisation des deutschen Vernichtungskriegs mit engen Verbin-

---

[46] Vgl. hierzu und zum Folgenden *Horst Dreier*, Die deutsche Staatsrechtslehre in der Zeit des Nationalsozialismus, VVDStRL 60 (2001), S. 9 (15 ff.); *Walter Pauly*, Die deutsche Staatsrechtslehre in der Zeit des Nationalsozialismus, VVDStRL 60 (2001), S. 73 (76 ff.); *Wolfgang Kohl/Michael Stolleis*, Im Bauch des Leviathan – Zur Staats- und Verwaltungsrechtslehre im Nationalsozialismus, NJW 1988, S. 2849 ff.; *Stolleis*, Geschichte III (Fn. 12), S. 254 ff.; *Andreas Kley*, in diesem Band, S. 39 (54 ff.).

[47] *Jürgen Kaube*, Die Vorsorgemaschine, FAZ, 14.09.2002, S. 34, mit Blick auf *Ernst Forsthoff* (Der totale Staat, 1. Aufl. 1933, 2. Aufl. 1934).

[48] Vgl. hierzu und zum Folgenden *Schrafstetter*, Verfolgung (Fn. 31), S. 431 f., 436 ff.; *Ernst Klee*, Das Personenlexikon zum Dritten Reich, 2007, S. 259; *Universität Mainz*, Karl Maria Hettlage (http://gutenberg-biographics.ub.uni-mainz.de/id/fbea8982-0a12-41bb-a7aa-6464cf8d56a5 (01.09.2021).

[49] Vgl. *Schrafstetter*, Verfolgung (Fn. 31), S. 432, 438 f.

[50] Vgl. *Schrafstetter*, Verfolgung (Fn. 31), S. 439 f.

dungen zur deutschen Finanz- und Bankwirtschaft inne, wobei die Konzentrationslager vollkommen auf die Bedürfnisse der Rüstungsindustrie ausgerichtet wurden.[51] Auch im Rahmen des deutschen Besatzungsregimes während des Zweiten Weltkriegs nahmen spätere Mitglieder der Vereinigung politische und administrative Funktionen wahr. So wurden beispielsweise *Gustav Adolf Walz* (1940) und sodann *Hans Peter Ipsen* (1941) Kommissare für die Universität Brüssel und die Kolonialuniversität Antwerpen, wobei während der Amtszeit *Ipsens* auf Befehl der deutschen Militärverwaltung der Vorsitzende des Studentenbundes an der Universität Brüssel nach Deutschland deportiert und neun Mitglieder des universitären Verwaltungsrates in die Festung Huy verschleppt wurden.[52] *Hans Gerber*, *Carl Hermann Ule* und *Erich Schwinge* waren Teil der Kriegsgerichtsbarkeit während des Zweiten Weltkriegs: *Hans Gerber* als Heeresrichter,[53] *Carl Hermann Ule* als Marinerichter in Wilhelmshaven, Le Havre und Trondheim (1940–1945)[54] und *Erich Schwinge* als Kriegsgerichtsrat in Wien, Frankreich, Belgien und in der Sowjetunion. *Schwinge* hatte den „Praktikerkommentar" zum „Militärstrafgesetzbuch nebst Kriegssonderstrafrechtsverordnung" verfasst, der 1944 in sechster Auflage erschien.[55] Nach seinem Wechsel von der Universität Marburg an die Universität Wien war er seit Januar 1941 Kriegsgerichtsrat der Reserve beim Gericht der Division Nr. 177.[56] An der Universität Wien dozierte *Schwinge* in seinen Vorlesungen über die von ihm in Frankreich verhängten Todesurteile. Zwischen Januar 1944 und Februar 1945 beantragte der „furchtbare Jurist" *Schwinge* in Wien allein neun Todesurteile und verhängte als Richter sieben Todesurteile[57] – unter diesen am 14. September 1944 das Todesurteil gegen den siebzehnjährigen *Anton Reschny*: *Schwinge* hatte über den Antrag der Anklage hinausgehend – mitten in Wien – einen besonders schweren Fall der „Plünderung im Felde" (§ 129 Abs. 2 MStGB)[58] angenommen, um sein Todesurteil zu begründen, das allerdings aufgrund eines Gnadenerweises *Heinrich Himmlers* nicht vollstreckt wurde.[59]

Auf der anderen Seite zogen sich frühere und spätere Mitglieder der Vereinigung, die den Nationalsozialismus ablehnten, aus ihren Ämtern zurück (z.B. *Gerhard Anschütz*), versuchten Distanz zu wahren (z.B. *Richard Thoma*, *Heinrich Triepel*, *Rudolf Smend*),

---

[51] Vgl. *Schrafstetter*, Verfolgung (Fn. 31), S. 441 f.

[52] Vgl. *Klee*, Personenlexikon (Fn. 48), S. 278, 655; *Norman Paech/Ulrich Krampe*, Die Rechts- und Staatswissenschaftliche Fakultät – Abteilung Rechtswissenschaft, in: Krause/Huber/Fischer (Hrsg.), Hochschulalltag im „Dritten Reich". Die Hamburger Universität 1933–1945, Teil II, 1991, S. 863 (894 ff.); *Anna Katharina Mangold*, Hans Peter Ipsen: Ein technokratischer Meister der Begriffsprägung, in: Kremer (Hrsg.), Die Verwaltungsrechtswissenschaft in der frühen Bundesrepublik (1949–1977), 2017, S. 177 (182); zur Rezeption in der Vereinigung *Stolleis*, Geschichte IV (Fn. 6), S. 78, 456.

[53] Vgl. *Stolleis*, Geschichte IV (Fn. 6), S. 51.

[54] Vgl. *Michael Stolleis*, Ule, Carl Hermann zu: Neue deutsche Biographie, 26. Bd., 2016, S. 562 (563).

[55] Vgl. *Erich Schwinge*, Militärstrafgesetzbuch und Kriegssonderstrafrechtsordnung, 6. Aufl. 1944; vgl. *Delef Garbe*, „In jedem Einzelfall … bis zur Todesstrafe". Der Militärstrafrechtler Erich Schwinge, 1989, S. 31 ff., zu Schwinges nationalsozialistischem Verständnis des Militärstrafrechts.

[56] Vgl. *Garbe*, „In jedem Einzelfall … bis zur Todesstrafe" (Fn. 55), S. 56 f., für die Darstellung einzelner Fälle.

[57] Vgl. hierzu und zum Folgenden *Garbe*, „In jedem Einzelfall … bis zur Todesstrafe" (Fn. 55), S. 9, 57; *Müller*, Furchtbare Juristen (Fn. 4), S. 192 f., 216.

[58] Vgl. hierzu *Schwinge*, Militärstrafgesetzbuch (Fn. 55), S. 314 ff.

[59] Vgl. *Garbe*, „In jedem Einzelfall … bis zur Todesstrafe" (Fn. 55), S. 9, 57, 80 ff.

wechselten in die Anwaltschaft (z. B. *Ernst Friesenhahn*)[60] oder versuchten, sich jedenfalls nicht selbst politisch zu diskreditieren (z. B. *Hans Julius Wolff*).[61] Frühere und spätere Mitglieder der Vereinigung wurden aus politischen oder rassistischen Gründen in den Ruhestand versetzt (z. B. *Willibalt Apelt, Erich Kaufmann, Herbert Kraus, Gerhard Lassar*) oder in den Suizid getrieben (*Kurt Perels* [1933], *Gerhard Lassar* [1936], *Max Fleischmann* [1943]). Viele Mitglieder mussten emigrieren (*Godehard Josef Ebers, Hermann Heller, Wilhelm Hoegner, Gustav Eduard Kafka, Erich Kaufmann, Gerhard Leibholz, Karl Loewenstein, Hans Nawiasky, Hans-Jürgen Schlochauer, Werner von Simson, Karl Strupp*), starben im Exil (*Hermann Heller, Karl Strupp*) oder konnten nur im Untergrund überleben (*Erich Kaufmann*). *Gustav Eduard Kafka* wurde 1940 im niederländischen Exil von der Gestapo verhaftet, nach Deutschland zurückgebracht und 1941 vom Volkgerichtshof zu einer fünfjährigen Zwangshaft verurteilt.[62] Einige wenige Mitglieder entschlossen sich zum aktiven Widerstand: *Carlo Schmid, Hans Peters* (Kreisauer Kreis),[63] *Christian-Friedrich Menger* (20. Juli)[64] und – nach heutigem Forschungsstand durchaus ambivalent – *Erich Kordt* (Auswärtiges Amt).[65] Auch *Hermann Brill* leistete aktiv Widerstand gegen das nationalsozialistische Regime und war Mitbegründer der „Deutschen Volksfront".[66] Nach mehreren Verhaftungen verurteilte der Volksgerichtshof *Brill* 1939 wegen Hochverrat zu zwölf Jahren Zuchthaus. Er wurde zunächst im Zuchthaus Brandenburg-Görden inhaftiert und 1943 in das Konzentrationslager Buchenwald verschleppt, wo er zu den Autoren des „Buchenwalder Manifests" (1945) gehörte. *Wolfgang Abendroth* schloss sich ebenfalls linken Widerstandsgruppen gegen den Nationalsozialismus an.[67] Nach seiner Verhaftung durch die Gestapo wurde er 1937 zu vier Jahren Zuchthaus verurteilt. Nach seiner Haftstrafe zwang man *Abendroth* in eine Strafdivision in Griechenland, wo es ihm jedoch gelang, zur griechischen Volksbefreiungsarmee (ELAS) überzulaufen.

2. Österreich

Auch in Österreich geriet die Republik gegen Ende der 1920er und zu Beginn der 1930er Jahre unter immer stärkeren sozialen, wirtschaftlichen und politischen Druck. *Josef Redlich*, der in Harvard vergleichendes Verwaltungs- und Staatsrecht lehrte (1926–1934)

---

[60] Vgl. *Hans Meyer*, Ernst Friesenhahn (1901–1984), in: Häberle/Kilian/Wolff, Staatsrechtslehrer (Fn. 5), S. 693 (698).

[61] Vgl. *Ulrich Battis*, Ein deutscher Staatsrechtslehrer in der NS-Zeit, NJW 1989, S. 88 f.

[62] Vgl. Gesellschaft für Christlich-Jüdische Zusammenarbeit Dresden e. V., Arbeitskreis Gedenkbuch (Hg.), Buch der Erinnerung – Juden in Dresden deportiert, ermordet, verschollen, S. 171.

[63] Vgl. *Klaus Joachim Grigoleit/Jens Kersten*, Hans Peters (1896–1966), in: Die Verwaltung 30 (1997), S. 365 (373 ff.).

[64] Vgl. *Stolleis*, Geschichte IV (Fn. 6), S. 68 Fn. 310.

[65] Vgl. *Rainer Blasius*, Kordt, Erich, in: Weiß (Hrsg.), Biographisches Lexikon zum Dritten Reich, 1998, S. 275; vgl. für eine ambivalente Einordnung *Eckart Conze/Norbert Frei/Peter Hayes/Moshe Zimmermann*, Das Amt und die Vergangenheit, 2010, S. 351, S. 422 ff.

[66] Vgl. hierzu und zum Folgenden *Kogon*, Brill (Fn. 22), S. 114; *Overesch*, Brill (Fn. 22), S. 237 ff.

[67] Vgl. hierzu und zum Folgenden *Ulrich K. Preuß*, Wolfgang Abendroth (1906–1985), in: Häberle/Kilian/Wolff, Staatsrechtslehrer (Fn. 5), S. 849 (850).

und österreichischer Ersatzrichter am Ständigen Internationalen Gerichtshof geworden war (1931–1936), kehrte in der Creditanstaltskrise nach Wien zurück, um in dem Kabinett *Buresch* von Juni bis Oktober 1931 erneut das Finanzressort zu übernehmen.[68] *Max Kulisch* und *Ludwig Adamovich sen.* wurden 1930 Mitglieder des Verfassungsgerichtshofs, der jedoch in der Verfassungskrise von 1933 zunächst ausgeschaltet und sodann durch die ständisch-autoritäre Verfassung von 1934 abgeschafft wurde.[69] *Max Layer* brachte – als Gegner des Austrofaschismus und des autoritären Ständestaats – an der Juristischen Fakultät der Universität Wien einen Protest gegen die Ausschaltung des Verfassungsgerichtshofs ein, den alle Juristischen Fakultäten in Österreich annahmen.[70] Nach dem Übergang zum autoritären Ständestaat wurde *Ludwig Adamovich sen.* Mitglied des Staatsrates (1934–1938) und bekleidete das Amts des Justizministers (1938).[71] Nach der Annexion Österreichs durch das Deutsche Reich (1938) wurden *Ludwig Adamovich sen.*, *Max Layer* und *Adolf Merkl*, der von der Gestapo vernommen wurde, zwangsweise in den Ruhestand versetzt.[72] *Hans Spanner* war in der Verwaltung des Reichskommissars für die besetzten niederländischen Gebiete *Arthur Seyß-Inquart* maßgeblich an der Diskriminierung, Plünderung und Deportation jüdischer Bürgerinnen und Bürger beteiligt (1940–1945).[73]

3. *Schweiz*

Das Ende des demokratischen Jahrzehnts und der Beginn der nationalsozialistischen Diktatur und Gewaltherrschaft wurde in der Schweiz sehr genau registriert. *Fritz Fleiner* und *Dietrich Schindler sen.* warnten öffentlich vor Diktatur und Totalitarismus und warben für die liberale Demokratie. Dies tat auch der junge *Max Imboden*, indem er in den 1930er Jahren für ein liberales Selbstbewusstsein der Schweiz eintrat.[74] Demgegenüber war der antiliberale, ja – für schweizer Verhältnisse – autoritäre Grundton in den Vorträgen und in der Publizistik von *Hans Huber*, der von 1934 bis 1946 das Amt eines Bundesrichters bekleidete, auch in der Schweizer Öffentlichkeit nicht zu überhören.[75] Allerdings wurde diesen antiliberalen Positionen auch öffentlich widersprochen, beispielsweise durch *Werner Kägi*[76] und den in die Schweiz emigrierten *Hans Nawiasky*.[77] Auch in den

---

[68] Vgl. *Fellner*, Redlich (Fn. 35), S. 10; *Berger*, Redlich (Fn. 35), S. 246.

[69] Vgl. *Wiederin*, Österreich (Fn. 1), § 7 Rn. 51.

[70] Vgl. *Hermann Baltl*, Max Layer (1866–1941), in: Brauneder (Hrsg.), Juristen in Österreich. 1200–1980, 1987, S. 276 (277, 279).

[71] Vgl. *Adamovich jun.*, Adamovich sen. (Fn. 39), S. 451.

[72] Vgl. *Schambeck*, Merkl (Fn. 34), S. 439.

[73] Vgl. *Michael Stolleis*, Ein solider Jurist. Hans Spanner (1908–1991), KJ 2017, S. 107 (112 ff. 118 m. w. N.).

[74] Vgl. *Kley*, Geschichte (Fn. 8), S. 161.

[75] Vgl. hierzu und zum Folgenden *Kley*, Geschichte (Fn. 8), S. 173 ff.; *ders.*, Hans Huber (1901–1987) – der „Preis der Unsicherheit und der Unruhe", in: Häberle/Kilian/Wolff, Staatsrechtslehrer (Fn. 5), S. 637 (638 ff.).

[76] Vgl. *Kley*, Geschichte (Fn. 8), S. 155 ff., 185 ff.

[77] Vgl. *Kley*, Geschichte (Fn. 8), S. 173 ff., 220 ff.; *ders.*, Hans Huber [Fn.], S. 638 ff., zur historischen

rechtspolitischen Verfassungsdebatten engagierten sich frühere und spätere Mitglieder der Vereinigung. Dies gilt beispielsweise für die rechtskonservative Totalrevisionsinitiative (1934–1935), die von *Fritz Fleiner*, *Hans Huber* und *Dietrich Schindler sen.* skeptisch bis ablehnend öffentlich kommentiert wurde und im Ergebnis auch deutlich scheiterte.[78] In den öffentlichen Kontroversen über das exekutive Notverordnungs-, Dringlichkeits- und Vollmachtsrecht vor und nach dem Ausbruch des Zweiten Weltkriegs verteidigte nicht nur *Hans Huber*, sondern auch der Liberale *Dietrich Schindler sen.* die Position der Bundesbehörden, während *Zaccaria Giacometti* die sich immer stärker ausdehnende exekutive Rechtsetzungspraxis als verfassungswidrig kritisierte.[79]

IV. Die Nachkriegsrepubliken (1945–1968)

Nach dem Zweiten Weltkrieg engagierten sich die Mitglieder der Vereinigung, die 1949 wieder gegründet wurde, in der politischen und rechtlichen Gestaltung der Nachkriegsrepubliken.

1. Deutschland

Die nationalsozialistische Diktatur und Gewaltherrschaft, der deutsche Vernichtungskrieg und der Holocaust hatten die politische Kultur in Deutschland vollkommen zerstört. Mit Hilfe der Vereinigten Staaten, Großbritanniens und Frankreichs gelang es in Westdeutschland, eine demokratische Gesellschaft und eine liberale Verfassungsordnung aufzubauen.

a) Demokratischer Neubeginn

Der demokratische Wiederaufbau begann „vor Ort"; und so wurde 1945 *Willibalt Apelt* – „der letzte 1848er"[80] – Bürgermeister von Walchensee, wo er mit seiner Familie den Nationalsozialsozialismus überlebt hatte.[81] *Otto Gönnenwein* blieb Oberbürgermeister von Schwenningen.[82]

Ebenfalls 1945 kehrte *Karl Loewenstein* als Berater der Legal Division der amerikanischen Militärregierung nach Bayern zurück.[83] In dieser politischen Funktion engagierte

---

Einordnung von *Hans Huber* als „jungliberaler Bundesrichter in autoritärer Zeit", der jedoch seine Positionen der 1930er Jahre nach 1945 revidiert und sich klar von *Carl Schmitt* abgegrenzt hat.

[78] Vgl. *Kley*, Geschichte (Fn. 8), S. 165 ff.

[79] Vgl. *Giovanni Biaggini*, Schweiz, in: von Bogdandy/Cruz Villalón/Huber, Handbuch Ius Publicum Europaeum I (Fn. 1), § 10 Rn. 20; zur staatsrechtlichen Diskussion *Kley*, Geschichte (Fn. 8), S. 167 ff., 196 ff., 205.

[80] *Dürig*, Appelt (Fn. 11), S. 158.

[81] Vgl. *Willibalt Apelt*, Jurist im Wandel der Staatsformen, 1965, S. 258 ff.

[82] *Joachim Schäfer*, Otto Gönnenwein. 16. Mai 1896–9. Januar 1963, 2013, S. 232.

[83] Vgl. hierzu und zum Folgenden *Oliver Lepsius*, Karl Loewenstein (1891–1973), in: Häberle/Kilian/Wolff, Staatsrechtslehrer (Fn. 5), S. 489 (513 f.).

sich *Loewenstein* für eine demokratische Gesellschafts-, Rechts- und Verfassungsordnung in Deutschland. Allerdings war seinem zentralen Vorhaben, nicht nur die Justiz, sondern insbesondere auch die Professorenschaft an den Universitäten zu entnazifizieren, nur sehr eingeschränkter Erfolg beschieden. Der aus dem schweizer Exil zurückgekehrte *Wilhelm Hoegner* wurde bayerischer Ministerpräsident und Justizminister (1945–1946). *Hoegner* nahm ein Mandat im Bayerischen Landtag wahr (1946–1970) und engagierte sich – wie *Loewenstein* – für den demokratischen Wiederaufbau der bayerischen Justiz. *Hoegner* prägte vor allem auch die Ausarbeitung der Verfassung des Freistaats (1946):[84] Er übernahm das Amt des Vorsitzenden des Vorbereitenden Verfassungsausschusses, dem auch *Hans Nawiasky* angehörte, und war sodann Mitglied der Verfassungsgebenden Landesversammlung. Grundlage dieser verfassungspolitischen Diskussionen war ein Verfassungsentwurf, den *Hoegner* zusammen mit *Nawiasky* im schweizer Exil ausgearbeitet hatte. *Wilhelm Laforet* wurde ebenfalls Mitglied des Bayerischen Landtags (1946–1949) und darüber hinaus des Bayerischen Verfassungsgerichtshofs (1947–1949). In Württemberg-Baden prägte *Carlo Schmid* die Gründung einer demokratischen Verfassungsordnung.[85] 1945 übernahm *Schmid* die Ämter des Staatsrats des Landes Württemberg-Baden, des Landesdirektors für Justiz, Kultur, Erziehung und Kunst sowie des Präsidenten des Staatssekretariats von Württemberg-Hohenzollern. Er arbeitete – zusammen mit *Gustav von Schmoller* – den Entwurf einer Landesverfassung für Württemberg-Baden aus (1946). Die am 30. November 1946 angenommene Verfassung „ist heute fast vergessen, jedoch von hohem Interesse, denn ihre Inhalte waren sozusagen ein Probelauf für Schmids Wirken auf Herrenchiemsee und im Parlamentarischen Rat. Die Übereinstimmungen mit dem Grundgesetz sind bemerkenswert, vor allem im Grundrechtsteil."[86] Darüber hinaus gehörte *Schmid* dem Landtag von Württemberg-Hohenzollern an (1947–1952). *Theodor Maunz* erarbeitete im badischen Innenministerium einen Verfassungsentwurf.[87]

In Thüringen war *Hermann Brill* 1945 von der amerikanischen Militärregierung zum Regierungspräsidenten ernannt worden,[88] und *Klaus Mann* notierte nach einer Begegnung mit *Brill* im Juni 1945: „Von allen neueingesetzten deutschen Verwaltungsbeamten, mit denen ich im Laufe meiner Reise in Berührung kam, hat der Regierungspräsident von Thüringen, Dr. Hermann Brill, vielleicht den stärksten Eindruck auf mich gemacht."[89] Nach dem Übergang von der amerikanischen zur sowjetischen Besatzung wurde *Brill* auf Betreiben *Walter Ulbrichts* als Regierungspräsident abgesetzt und von der sowjetischen Besatzungsmacht inhaftiert. In seiner Funktion als thüringischer Regierungspräsident beauftragte *Brill Martin Drath* mit dem Aufbau einer Revisionsabteilung der Thüringer Verwaltungsgesellschaft, was zu einer Auseinandersetzung um die

---

[84] Vgl. hierzu und zum Folgenden *Hoegner*, Außenseiter (Fn. 20), S. 248 ff.; *Josef Franz Lindner*, Bayerisches Staatsrecht, 2. Aufl. 2019, Rn. 18 ff.

[85] Vgl. hierzu und zum Folgenden *Michael Kilian*, Carlo Schmid (1896–1979), in: Häberle/Kilian/Wolff, Staatsrechtslehrer (Fn. 5), S. 565 (569).

[86] *Stolleis*, Geschichte IV (Fn. 6), S. 117.

[87] Vgl. *Stolleis*, Geschichte IV (Fn. 6), S. 118.

[88] Vgl. hierzu und zum Folgenden *Kogon*, Brill (Fn. 22), S. 114; *Overesch*, Brill (Fn. 22), S. 295 ff.

[89] *Klaus Mann*, Reisebericht „Dr. Hermann Brill" (1945) zitiert nach *Overesch*, Brill (Fn. 22), S. 329.

Verwaltungsgerichtsbarkeit und die Rechtsstaatlichkeit vor dem Hintergrund der entstehenden SED-Diktatur führte.[90] *Brill* und *Drath* gelang die Flucht aus der sowjetischen in die amerikanische Besatzungszone. *Brill* wurde Chef der Hessischen Staatskanzlei (1945–1949) und *Drath* Regierungsdirektor im hessischen Landespersonalamt. In Hessen nahm *Walter Jellinek*, der einen Verfassungsentwurf vorgelegt hatte,[91] als Mitglied des Vorbereitenden Verfassungsausschusses maßgeblichen Einfluss auf die Gestaltung der hessischen Landesverfassung.[92] Nachdem in Bremen zunächst ein Organisationsstatut von der britischen Besatzungsmacht abgelehnt worden war, wurde unter amerikanischem Einfluss und mit Hilfe von *Hermann Brill* eine Landesverfassung ausgearbeitet.[93] In Schleswig-Holstein gehörte *Hermann von Mangoldt* dem Landtag an (1946–1950) und übernahm den Vorsitz des Hauptausschusses für Innere Verwaltung in der Regierung *Steltzer* (1946).[94] *Ernst Forsthoff* wurde Oberregierungsrat in der schleswig-holsteinischen Staatskanzlei, wo er als Referent für Verfassungs- und Kirchenrecht zuständig war (1947).[95] Der vorläufigen Landesverfassung, die *von Mangoldt* entworfen hatte, stimmte die britische Besetzungsmacht nicht zu. An der Ausarbeitung der schleswig-holsteinischen Landesverfassung von 1949 beteiligte sich *von Mangoldt* nicht mehr, da er zu diesem Zeitpunkt bereits Mitglied des Parlamentarischen Rats war.[96]

b) Nürnberg

Ein erster Schritt der moralischen, kulturellen und politischen, rechtstaatlichen und völkerrechtlichen Aufarbeitung der deutschen Verbrechen gegen die Menschlichkeit bildeten die Nürnberger Prozesse (1945–1949). Seitens der Legal Devision wurde *Karl Loewenstein* damit beauftragt, Verteidiger für Nürnberg zu finden.[97] Im Hauptkriegsverbrecherprozess lehnte *Herbert Kraus* eine Pflichtverteidigung von *Ernst Kaltenbrunner* und *Julius Streicher* ab und übernahm die Verteidigung von *Hjalmar Schacht*.[98] *Hermann Mosler* war zunächst Hilfsverteidiger von *Gustav Krupp* und sodann von *Albert Speer*, wobei er aufgrund seines Rufs an die Universität Bonn die Verteidigung vor dem Prozessende abgab.[99] *Hermann Jahrreiß* übernahm im Hauptkriegsverbrecherprozess zusammen mit *Franz Exner* die Verteidigung von *Alfred Jodl*, lehnte aber eine Verteidigung im Fall 1 (Ärzte) ab.[100] *Ernst Wolgast* war Teil der Verteidigung der Gestapo als verbrecheri-

---

90 Vgl. *Baldus*, Drath (Fn. 6), S. 746 ff., 752.

91 Vgl. *Walter Jellinek*, Die Verfassung des Landes Hessen, DRZ 1947, S. 4 ff.

92 Vgl. *Wiltraut Rupp-von Brünneck*, Die Verfassung des Landes Hessen vom 1. Dezember 1946, JöR NF 3 (1954), S. 213 (216 ff.); *Klaus Kempter*, Die Jellineks. 1920–1955, 1998, S. 529.

93 Vgl. *Stolleis*, Geschichte IV (Fn. 6), S. 119.

94 Vgl. hierzu und zum Folgenden *Stolleis*, Geschichte IV (Fn. 6), S. 120; *Heinrich Amadeus Wolff*, Hermann von Mangoldt (1895–1953), in: Häberle/Kilian/Wolff, Staatsrechtslehrer (Fn. 5), S. 537 (539).

95 Vgl. *Florian Meinel*, Der Jurist in der industriellen Gesellschaft. Ernst Forsthoff und seine Zeit, 2011, S. 304 ff.

96 Vgl. *Stolleis*, Geschichte IV (Fn. 6), S. 120.

97 Vgl. *Hubert Seliger*, Politische Anwälte? Die Verteidiger der Nürnberger Prozesse, 2016, S. 117.

98 Vgl. *Meiertöns*, Lawyer (Fn. 14), S. 275 f.; *Seliger*, Politische Anwälte? (Fn. 97), S. 47, 176 ff., 300, 374 ff., 527, 544 f.

99 Vgl. *Seliger*, Politische Anwälte? (Fn. 97), S. 181, 226 f., 374 ff., 548.

100 Vgl. *Seliger*, Politische Anwälte? (Fn. 97), S. 125 f., 247 ff., 287 ff., 542 f.

sche Organisation[101] und *Hans Ulrich Scupin* völkerrechtlicher Berater der Verteidigung von Generaladmiral *Otto Schniewind* in Fall 12 (Oberkommando der Wehrmacht).[102] *Erich Schwinge* war – formal „inoffizieller Hilfsverteidiger" – die „wichtigste Gestalt im Hintergrund der OKW-Verteidigung"[103] und darüber hinaus Berater von Verteidiger *Hans Laternser* im Fall 7 (Generäle Südeuropa, Geiselmorde).[104] *Schwinge* empfahl *Laternser*, dass „gewisse Umstände leitmotivartig immer und immer wieder betont werden, vor allem die Arbeit der deutschen Generalität für die Erhaltung des Friedens. Das gibt dann Schlagzeilen für die Presse und ist geeignet, die öffentliche Meinung zu beeinflussen."[105] Damit sollte in den Nürnberger Prozessen und in der Öffentlichkeit das falsche Bild eines von Verbrechen gegen die Menschlichkeit unbelasteten Generalstabs und einer „sauberen" Wehrmacht erzeugt werden, eine historische Lüge, die sodann (zu) lange in der Bundesrepublik vorgeherrscht hat. Aber ganz in diesem Sinn beriet und verteidigte *Schwinge* auch in ca. 150 Strafverfahren Wehrmachtsoffiziere und Angehörige der Waffen-SS, die in Frankreich und Italien wegen Kriegsverbrechen angeklagt waren, unter anderem auch den ehemaligen Oberbefehlshaber West, Südwest und Südost Generalfeldmarschall *Albert Kesselring*, der sich 1947 vor einem britischen Militärgericht wegen Beteiligung an der Erschießung italienischer Geiseln zu verantworten hatte.[106] Neben der Verteidigung wurden frühere und spätere Mitglieder der Vereinigung im Rahmen der Nürnberger Prozesse auch als Gutachter tätig. Dabei waren die völkerrechtlichen Gutachten, die *Kraus* und *Mosler* dem Internationalen Militärgerichtshof erstatteten, nicht von parteibezogenen Interessen geleitet.[107] *Jahrreiß* gutachtete im Fall 3 (Juristen) und Fall 11 (Wilhelmstraßenprozess).[108] *Erich Schwinge*[109] unterstützte die Verteidigung mit Gutachten im Fall 9 (Einsatzgruppen) und – wie auch *Wilhelm Grewe*[110] – die Verteidigung von Generaloberstabsrichter *Rudolf Lehmann* im Fall 12 (Oberkommando der Wehrmacht). *Erich Kaufmann* gutachtete für angeklagte Diplomaten im Fall 11 (Wilhelmstraßenprozess),[111] in dem auch *Hans Peters* – Vertreter der CDU für die Nürnberger Prozesse – als Zeuge über das Staatsrecht im Nationalsozialismus aussagte.[112] Im September 1946 erhielt *Kraus* den Auftrag, den deutschen Beitrag zum Editionswerk der Nürnberger Prozessprotokolle zu leiten, wobei er durch *Hans Ulrich Scupin* unterstützt

---

[101] Vgl. *Seliger*, Politische Anwälte? (Fn. 97), S. 47, 201 f.

[102] Vgl. *Seliger*, Politische Anwälte? (Fn. 97), S. 268 f.

[103] Vgl. *Seliger*, Politische Anwälte? (Fn. 97), S. 255.

[104] Vgl. *Seliger*, Politische Anwälte? (Fn. 97), S. 47, 211 f., 255 f., 264, 333, 551 f.

[105] Schreiben Schwinges an Laternser v. 27.07.1946, zitiert nach *Seliger*, Politische Anwälte? (Fn. 97), S. 256.

[106] Vgl. *Garbe*, „In jedem Einzelfall … bis zur Todesstrafe" (Fn. 55), S. 60; *Seliger*, Politische Anwälte? (Fn. 97), S. 256 f., 482 f.

[107] Vgl. *Seliger*, Politische Anwälte? (Fn. 97), S. 374 ff.

[108] Vgl. *Seliger*, Politische Anwälte? (Fn. 97), S. 376, 542 f.

[109] Vgl. *Seliger*, Politische Anwälte? (Fn. 97), S. 256, 264, 551 f.

[110] Vgl. *Seliger*, Politische Anwälte? (Fn. 97), S. 263 f.

[111] Vgl. *Seliger*, Politische Anwälte? (Fn. 97), S. 293 f.

[112] Vgl. *Anna-Maria Gräfin von Lösch*, Der nackte Geist. Die Juristische Fakultät der Berliner Universität im Umbruch von 1933, 1999, S. 307.

wurde.[113] Dies führte zur Gründung der Forschungsstelle für Zeitgeschichte im Rahmen des Göttinger Instituts für Völkerrecht (1948), der eine zentrale Bedeutung für die Aufarbeitung des Nationalsozialismus und der deutschen Verbrechen gegen die Menschlichkeit in der frühen Bundesrepublik zukam. Am 15. Oktober 1946 war Ministerpräsident *Wilhelm Hoegner* – neben Generalstaatsanwalt *Friedrich Leistner* – einer von zwei deutschen Zeugen der Vollstreckung der Todesurteile im Nürnberger Hauptkriegsverbrecherprozess.[114]

c) Grundgesetz

Die von den Alliierten angestoßene Verfassungsgebung in Westdeutschland wurde nicht in einem „Professorenparlament", sondern in zwei Sachverständigengremien umgesetzt, in denen sich politische Erfahrung und rechtliche Praxis repräsentiert sahen.[115] Deshalb war der Einfluss der Mitglieder der Vereinigung auf die Genese des Grundgesetzes überschaubar, aber dennoch prägend: *Hermann Brill* war als Bevollmächtigter des Landes Hessen und *Carlo Schmid* als Bevollmächtigter des Landes Württemberg-Hohenzollern im Vorbereitenden Verfassungsausschuss von Herrenchiemsee (1948) vertreten. *Hans Nawiasky* gehörte dem Verfassungsausschuss als juristischer Sachverständiger an. *Martin Drath* nahm auf Wunsch von *Hermann Brill* an den Beratungen teil[116] und *Theodor Maunz* als Mitarbeiter des badischen Bevollmächtigten *Paul Zürcher*.[117] Im Parlamentarischen Rat (1948–1949) prägten neben *Carlo Schmid* auch *Hermann von Mangoldt* und *Wilhelm Laforet* die Beratungen des Grundgesetzes. *Richard Thoma* wurde als externer Gutachter eingeladen.[118]

d) Die frühe Bonner Republik

Die Entfaltung des demokratischen Verfassungsstaats wurde sowohl auf Bundes- als auch auf Landesebene vom vielfältigen Engagement der Mitglieder der Vereinigung mitgetragen, wobei die persönlichen, historischen und politischen Ambivalenzen mit Blick auf die Überwindung der nationalsozialistischen Diktatur und Gewaltherrschaft nicht zu übersehen sind.

Auf der Bundesebene wurden *Hermann Brill* (1949–1953), *Wilhelm Laforet* (1949–1953), *Carlo Schmid* (1949–1972), der aus der Emigration zurückgekehrte *Ernst Wilhelm Meyer* (1957–1965) sowie *Wilhelm Hoegner* (1961–1962) und *Manfred Abelein* (1965–1990) in den Deutschen Bundestag gewählt. *Carlo Schmid* nahm das Amt des stellvertretenden Bundestagspräsidenten wahr (1949–1966, 1969–1972) und kandidierte für das

---

113 Vgl. hierzu und zum Folgenden *Meiertöns*, Lawyer (Fn. 14), S. 276; *Seliger*, Politische Anwälte? (Fn. 97), S. 269, 377 ff.

114 Vgl. *Hoegner*, Außenseiter (Fn. 20), S. 265 ff.

115 Vgl. hierzu und zum Folgenden *Stolleis*, Geschichte IV (Fn. 6), S. 122 ff.

116 Vgl. *Baldus*, Drath (Fn. 6), S. 752.

117 Vgl. *Peter Lerche*, Theodor Maunz (1901–1993), in: Häberle/Kilian/Wolff, Staatsrechtslehrer (Fn. 5), S. 673 (574).

118 *Horst Dreier*, „Unbeirrt von allen Ideologien und Legenden" – Notizen zu Leben und Werk von Richard Thoma, in: Thoma, Rechtsstaat – Demokratie – Grundrechte, 2008, S. XII (XXXIV).

Amt des Bundespräsidenten (1959).[119] Die Bundesregierung *Adenauer* ließ sich außenpolitisch und völkerrechtlich von *Erich Kaufmann* beraten.[120] Auch *Wilhelm Grewe* gehörte zum Beraterstab *Adenauers*. Ungeachtet seiner vollkommen offen bekannten Distanz zum Grundgesetz[121] übernahm *Grewe* 1953 die kommissarische Leitung der Rechtsabteilung und 1955 die Leitung der politischen Abteilung des Auswärtigen Amtes, sodass er maßgeblichen Einfluss auf die Deutschland-, Europa- und Außenpolitik gewann („Grewe-Hallstein-Doktrin").[122] Demgegenüber konnte *Erich Kordt* – mutmaßlich aufgrund der Intervention *Adenauers* – seine Karriere im Auswärtigen Dienst nicht fortsetzen und wechselte in die nordrhein-westfälische Ministerialbürokratie.[123] *Karl Maria Hettlage* durchlief drei Entnazifizierungsverfahren.[124] Er stellte sich als unpolitischen Experten und zugleich politisches Opfer des Nationalsozialismus dar und behauptete, in seiner Funktion als Vorstand der Commerzbank (1939–1951) den Nationalsozialismus überstanden zu haben und zugleich aufgrund seiner Verbindungen zu *Carl Friedrich Goerdeler* und *Johannes Popitz* nach dem 20. Juli 1944 nur knapp der persönlichen Verfolgung entkommen zu sein.[125] *Hettlage* wurde stellvertretender Finanzminister in Rheinland-Pfalz (1956), sodann Ministerialdirektor (1958) und Staatssekretär im Bundesfinanzministerium (1959–1962, 1967–1969), Mitglied der Hohen Behörde der Europäischen Gemeinschaft für Kohle und Stahl (1962–1967) sowie Präsident des IFO Instituts für Wirtschaftsforschung in München (1965–1976).[126] In seiner Funktion als Staatssekretär im Bundesfinanzministerium war *Hettlage* in die Verhandlung von elf Wiedergutmachungsabkommen mit westeuropäischen Staaten für die nationalsozialistische Verfolgung ihrer Bürgerinnen und Bürger einbezogen, bei denen er grundsätzlich die restriktive Linie „seines" Ministeriums verfolgte.[127]

Das Bundesverfassungsgericht musste zu seinem institutionellen Selbstverständnis in der jungen Bundesrepublik finden.[128] Dafür waren und sind bis heute vor allem die Entfaltung der Grundrechte in einer demokratischen Gesellschaft („Elfes", Lüth") und die Rechtsprechung zur wehrhaften Demokratie („SRP", „KPD") von zentraler Bedeutung. Diese Gründungsleistung für die Verfassungsgerichtsbarkeit in Deutschland wurde von den Bundesverfassungsrichtern *Martin Drath* (1951–1963), *Ernst Friesenhahn* (1951–

---

[119] Vgl. hierzu und zum Folgenden *Michael Kilian*, Carlo Schmid (Fn. 85), S. 569.

[120] Vgl. *Karl Josef Partsch*, Der Rechtsberater des Auswärtigen Amtes 1950–1958. Erinnerungsblatt zum 90. Geburtstag von Erich Kaufmann, ZaöRV 30 (1970), S. 223 (228 ff.).

[121] Vgl. *Stolleis*, Geschichte IV (Fn. 6), S. 129, 135 f.

[122] *Jochen A. Frowein*, Wilhelm G. Grewe, AöR 125 (2000), S. 299; *Stolleis*, Geschichte IV (Fn. 6), S. 51, Fn. 193; krit. *Bardo Fassbender*, Stories of War and Peace: On writing the History of International Law in the „Third Reich" and After, EJIL 13 (2002), S. 479 (482 f.); *Seliger*, Politische Anwälte? (Fn. 97), S. 263 f.

[123] Vgl. *Blasius*, Kordt (Fn. 65), S. 276.

[124] Vgl. hierzu und zum Folgenden *Schrafstetter*, Verfolgung (Fn. 31), S. 431 f, 443 ff.; *Universität Mainz*, Hettlage (Fn. 48).

[125] Vgl. *Schrafstetter*, Verfolgung (Fn. 31), S. 431 f., 443 ff.; vgl. auch *Klaus Vogel*, Karl Maria Hettlage zum 90. Geburtstag, AöR 117 (1992), S. 645; *Klaus Lange*, Nachruf zum Gedenken an Karl Maria Hettlage, AöR 120 (1995), S. 631 f.; *Stolleis*, Geschichte III (Fn. 12), S. 260.

[126] Vgl. *Schrafstetter*, Verfolgung (Fn. 31), S. 431, 453.

[127] Vgl. *Schrafstetter*, Verfolgung (Fn. 31), S. 432, 453 ff.

[128] Vgl. hierzu und zum Folgenden *Stolleis*, Geschichte IV (Fn. 6), S. 155 ff. m. umf. N.

1963) und *Gerhard Leibholz* (1951–1971) mitgestaltet. Verleumderische Angriffe der konservativen Presse verhinderten 1963 die Wiederwahl von *Drath* zum Bundesverfassungsrichter.[129]

Auf der Landesebene wurde *Otto Gönnenwein* in den Landtag von Württemberg-Baden gewählt (1950–1952). Er war Mitglied der Verfassunggebenden Landesversammlung (1952–1953) und sodann Abgeordneter des baden-württembergischen Landtags (1953–1963).[130] Im Freistaat Bayern gehörte *Wilhelm Hoegner* fast ein Vierteljahrhundert dem Landtag an (1946–1970). Nach seiner ersten Amtszeit als bayerischer Ministerpräsident und Justizminister (1945–1946) war er Justizminister und stellvertretender Ministerpräsident (1947–1947) und sodann Innenminister und stellvertretender Ministerpräsident (1950–1954). Er wurde ein zweites Mal zum bayerischen Ministerpräsidenten gewählt (1954–1957). *Theodor Maunz* übernahm das Amt des bayerischen Kultusministers (1957–1964), von dem er aufgrund der nationalsozialistischen Positionen zurücktreten musste, die er zwischen 1933 und 1945 vertreten hatte.[131] Doch *Theodor Maunz* setzte sein politisches Engagement in „enge[r] Zusammenarbeit mit der Münchner Neonazi-Szene"[132] fort, was nach seinem Tod im Jahr 1993 offenbar wurde[133] und 2021 zu einer Umbenennung des „Maunz/Dürig" führte. *Friedrich August Freiherr von der Heydte* nahm ein Abgeordnetenmandat im Bayerischen Landtag (1966–1970) wahr und entfaltete politische „Aktivitäten im Spektrum des ‚Rechtskatholizismus' und in der Wiederbewaffnung, in der ‚Abendländischen Aktion' und bei ‚Stille Hilfe'"[134]. In Hessen war *Erich Schwinge*, der in Wien seines Amts enthoben und aus Österreich ausgewiesen worden war, nach seiner Entnazifizierung (Gruppe V: Entlasteter) zum Wintersemester 1946/1947 an die Philipps-Universität Marburg zurückgekehrt.[135] Es ist symptomatisch für die Bundesrepublik, dass der „furchtbare Jurist" *Schwinge* nicht nur Rektor der Philipps-Universität wurde (1954–1955), sondern sich auch politisch betätigte: Er trat der FDP bei, gehörte der Marburger Stadtverordnetenversammlung an (1956–1960) und wurde zum stellvertretenden Landesvorsitzenden der FDP in Hessen gewählt, wobei seine Kandidatur zum Deutschen Bundestag jedoch scheiterte.

Zugleich begann in den 1950er Jahren aber auch ein beeindruckendes Engagement der Mitglieder der Vereinigung in der Verfassungsgerichtbarkeit der Länder, die aus der fö-

---

129 Vgl. *Stolleis*, Geschichte IV (Fn. 6), S. 44, 149.

130 Vgl. *Schäfer*, Gönnenwein (Fn. 82), S. 254 ff.

131 Vgl. *Konrad Redeker*, Bewältigung der Vergangenheit als Aufgabe der Justiz, NJW 1964, S. 1097 (1098); *Hannah Arendt/Heinrich Blücher*, Briefe 1936–1968, 3. Aufl. 2020, S. 541.

132 *Stolleis*, Geschichte IV (Fn. 6), S. 63; vgl. auch *ders.*, Vereinigung (Fn. 2), S. 356; *ders.*, Theodor Maunz – Ein Staatsrechtslehrerleben, in: ders., Recht im Unrecht. Studien zur Rechtsgeschichte des Nationalsozialismus, 1994, S. 306; *ders.*, Ein Gang in das Stadtarchiv München, KJ 47 (2014), S. 358.

133 Vgl. *Stolleis*, Geschichte IV (Fn. 6), S. 63; *Christian Waldhoff*, in diesem Band, S. 169.

134 *Stolleis*, Geschichte IV (Fn. 6), S. 71; vgl. auch *Hans Leyendecker/Michael Stiller/Heribert Prantl*, Helmut Kohl, die Macht und das Geld, 2. Aufl. 2000, S. 74 ff.

135 Vgl. hierzu und zum Folgenden *Garbe*, „In jedem Einzelfall … bis zur Todesstrafe" (Fn. 55), S. 74 f.; *Stolleis*, Geschichte IV (Fn. 6), S. 61; *Dirk Stolper/Sarah Christin Wilder*, Belastung und Reintegration. Die NS-Vergangenheit der Mitglieder der Marburger Stadtverordnetenversammlung und des Magistrats 1945 bis 1989 https://www.marburg.de, S. 96 ff. m. w. N.; *Klaus Ferdinand Gärditz*, in diesem Band, S. 951 (954 f.).

deralen Verfassungsstaatlichkeit der Bundesrepublik nicht wegzudenken ist: So wurde *Otto Bachof* Richter am Staatsgerichtshof Baden-Württemberg (1958–1985), *Rudolf Laun* (Präsident 1949–1955), *Walter Jellinek* (1949–1951), *Wolfgang Abendroth* (1949–1963), *Walther Schoenborn* (stv. [stellvertretend] 1949–1953), *Hermann von Mangoldt* (1951–1953), *Werner Weber* (stv. 1951–1953, 1953–1967), *Fritz Münch* (stv. 1955–1963) und *Hans Schneider* (stv. 1959–1967) wurden Richter am Bremer Staatsgerichtshof, *Hans-Jürgen Schlochauer* am Hessischen Staatsgerichtshof (1955–1960), *Richard Naumann* (1957–1971), *Arnold Köttgen* (stv. 1957–1967) und *Werner Weber* (1957–1976) am Niedersächsischen Staatsgerichtshof, *Hubert Armbruster* am Verfassungsgerichtshof Rheinland-Pfalz (1950–1970) und *Werner Thieme* am Verfassungsgerichtshof des Saarlandes (1958–1962).

Mit dem Beginn der 1960er Jahre vollzog sich ein gesellschaftlicher Wandel, der auch im politischen Engagement der Mitglieder der Vereinigung spürbar wurde. So löste *Freiherr von der Heydte* – ein Vertrauter von *Franz Josef Strauß*[136] – mit seiner Anzeige die Spiegel-Affäre aus (1962),[137] während *Otto Bachof, Hartwig Bülck, Horst Ehmke, Hans Gerber, Konrad Hesse, Dietrich Jesch, Walter Mallmann, Eberhard Menzel, Karl Josef Partsch, Adolf Schüle, Rudolf Smend, Herbert Wehrhahn* und *Wilhelm Wengler* unter dem Titel „Dazu können wir nicht schweigen“ im Spiegel für die Wahrung der Pressefreiheit in der Bundesrepublik eintraten.[138] Doch auch über die Spiegel-Affäre hinaus engagierten sich Mitglieder der Vereinigung – beispielsweise *Wolfgang Abendroth* und *Helmut Ridder* – für einen Wandel der politischen Kultur in der Bundesrepublik, gerade mit Blick auf die nationalsozialistische Vergangenheit und die „Notstandsgesetze“.[139] So kündigte sich „1968“ selbst für die Vereinigung der Deutschen Staatsrechtslehrer an.

2. Österreich

Nach der Unabhängigkeitserklärung im Jahr 1945 begann in Österreich die Wiederherstellung der demokratischen Verfassungsordnung von 1920/1929. Als verfassungsrechtlicher Berater der Provisorischen Staatsregierung entwickelte *Ludwig Adamovich sen.* maßgeblichen Einfluss auf die Gestaltung der Verfassungs- und Rechtsüberleitungsgesetze.[140] Der nationalsozialistisch belastete *Helfried Pfeifer*, der 1953 „geräuschlos“[141] in die Vereinigung aufgenommen wurde, nahm ein Abgeordnetenmandat im Nationalrat wahr (WdU/FPÖ) (1949–1959). Im Gegensatz zur jungen Bundesrepublik Deutschland verfügte Österreich bereits über eine verfassungsgerichtliche Tradition, die unmittelbar wiederaufgenommen werden konnte. *Ludwig Adamovich sen.* wurde Vizepräsident

---

[136] Vgl. *Leyendecker/Stiller/Prantl*, Kohl (Fn. 134), S. 76.

[137] Vgl. *Inge Negt*, Die Reaktion der Weltöffentlichkeit, in: Ellwein/Liebel/Negt, Die Spiegel-Affäre, 2. Bd., 1966, S. 241 (328).

[138] Der Spiegel 48/1962 (https://www.spiegel.de/politik/dazu-koennen-wir-nicht-schweigen-a-be463209-0002-0001-0000-000045124943?context=issue) (01.09.2021).

[139] Vgl. *Preuß*, Abendroth (Fn. 67), 849 (852); *Karl-Heinz-Ladeur*, Helmut K.J. Ridder (1919–2007), in: Häberle/Kilian/Wolff, Staatsrechtslehrer (Fn. 5), S. 1067 (1072 f.); *Ulrich Raulff*, Wiedersehen mit den Siebzigern, 2014, S. 13 f.

[140] Vgl. *Adamovich jun.*, Adamovich sen. (Fn. 39), S. 452.

[141] *Stolleis*, Geschichte IV (Fn. 6), S. 86; vgl. auch *Ewald Wiederin*, in diesem Band, S.248 f.

(1945–1946) und sodann Präsident (1946–1955) des österreichischen Verfassungsgerichtshofs. Auch *Godehard Josef Ebers* (1946–1950) übernahm ein Richteramt. *Walter Antoniolli* wurde Mitglied (1951–1977), Vizepräsident (1957–1958) und Präsident (1958–1977) des Verfassungsgerichtshofs.[142] *Erwin Melichar* (1958–1983) und *Hans Richard Klecatsky* (stv. 1965–1966) traten in das Gericht ein. Nach kurzer Zeit verließ *Klecatsky* jedoch den Verfassungsgerichtshof wieder, um parteiloser Bundesjustizminister zu werden (1966–1970).[143] Eine der zentralen Herausforderungen bestand in dieser frühen Phase für den österreichischen Verfassungsgerichtshof – wie für das Bundesverfassungsgericht – darin, die Grund- und Menschenrechte in seiner Rechtsprechung zu entfalten. Hier zeigte sich der Verfassungsgerichtshof zunächst zurückhaltend. Dies schlug sich nach dem Beitritt Österreichs zur Europäischen Menschenrechtskonvention (1958) im Streit um deren Verfassungsrang bzw. deren unmittelbare Anwendung nieder, die von dem Verfassungsgerichtshof verneint und deshalb durch ein Verfassungsgesetz (1964) noch einmal rückwirkend ausdrücklich klargestellt wurde.[144] Dieser Siegeszug der Europäischen Menschenrechtskonvention spiegelte sich insbesondere auch in dem bahnbrechenden wissenschaftlichen und praktischen Engagement von *Felix Ermacora* auf der Ebene des europäischen und internationalen Menschenrechtsschutzes.[145]

3. Schweiz

Die Schweiz kehrte nach dem Zweiten Weltkrieg mit der Reform des Dringlichkeitsrechts (1949) und der formellen Beendigung der außerordentlichen Exekutivvollmachten (1952) zur demokratischen Normalität zurück.[146] Dies wurde von einer öffentlichen Debatte begleitet, in der sich *Hans Huber* sehr zurückhaltend gegenüber der direkten Demokratie äußerte („Vertrauensstörung"). Dem widersprach dezidiert *Max Imboden*, der keine verfassungsrechtsrechtliche oder verfassungspolitische „Vertrauensstörung" zwischen direkter und repräsentativer Demokratie in der Schweiz sah.[147] Mit der Reform des Dringlichkeitsrechts und der Debatte über direkte Demokratie war die Verfassungsreform als ein „Dauerthema mit Konjunkturschwankungen"[148] auf die politische Agenda gesetzt. Dies galt umso mehr, als der Text der Bundesverfassung durch Anpassungen und Teilrevisionen als unübersichtlich, schwer verständlich und lückenhaft wahrgenommen wurde. Nach der Mirage-Affäre (1964) war es wiederum *Max Imboden*, der mit seinen verfassungspolitischen Programmschriften über das „Helvetische Malaise"

---

142 Vgl. *Karl Korinek*, Walter Antoniolli, in: Häberle/Kilian/Wolff, Staatsrechtslehrer (Fn. 5), S. 881 (882, 885 f.).

143 Vgl. *Kurt Ebert*, Hans Klecatsky (1920–2015), in: Häberle/Kilian/Wolff, Staatsrechtslehrer (Fn. 5), S. 1113 (1116, 1118 ff.).

144 Vgl. *Wiederin*, Österreich (Fn. 1), § 7 Rn. 118 ff.

145 Vgl. *Christoph Schlintner/Gerhard Strejcek*, Felix Ermacora (1923–1995), in: Häberle/Kilian/Wolff, Staatsrechtslehrer (Fn. 5), S. 1153 (1154 f.).

146 Vgl. *Kley*, Geschichte (Fn. 8), S. 215; *Biaggini*, Schweiz (Fn. 79), § 10 Rn. 20.

147 Vgl. pointiert *Kley*, Geschichte (Fn. 8), S. 215 ff. m. w. N., insbesondere S. 218.

148 *Kley*, Geschichte (Fn. 8), S. 269.

(1964)[149] und die „Verfassungsrevision als Weg in die Zukunft" (1965)[150] den Prozess einer umfassenden Verfassungsreform anstieß, der mit zahlreichen Zwischen- und auch Rückschritten in den Erlass der dritten Bundesverfassung (2000) mündete.[151] Das (rechts)politische Engagement, das *Max Imboden* neben seiner umfassenden wissenschaftlichen Tätigkeit entfaltet, war und ist bis heute beeindruckend:[152] In den 1950er und 1960er Jahren wurde *Imboden* zum Architekten des Verwaltungsverfahrensgesetzes und der Verwaltungsgerichtsbarkeit des Bundes. Er war Präsident des Verfassungsrates für einen wiedervereinigten Kanton Basel (1960–1964) und Mitglied des Nationalrats (1965–1967). 1967 wurde *Imboden* in die Expertenkommission für die Reform der Bundesverfassung berufen, die er mit seinen rechtspolitischen Schriften angestoßen hatte. Sein früher Tod im Alter von 54 Jahren riss ihn aus seinem Engagement, das „noch immer eine Grundlage für die heutige Rechtswissenschaft und Rechtspraxis der Schweiz"[153] bildet.

4. Europäische Integration und internationale Gemeinschaft

Ab den 1950er Jahren engagierten sich Mitglieder der Vereinigung auch auf der europäischen und internationalen Ebene. *Hermann Mosler* wurde Richter am Europäischen Gerichtshof für Menschenrechte (1959–1980).[154] *Felix Ermacora* war Mitglied der Europäischen Menschenrechtskommission (seit 1958) und zugleich der Menschenrechtskommission der Vereinten Nationen (1959–1980, Präsident 1974).[155] Darüber hinaus engagierte sich der europäische und internationale Menschenrechtsexperte *Ermacora* in den kommenden Jahrzehnten als Mitglied in zahlreichen internationalen Kommissionen, die über die Lage der Menschenrechte in Afghanistan, Griechenland, Irland, Namibia, Südafrika und Zypern berichteten. Dem Internationalen Komitee vom Roten Kreuz gehörten seit 1945 *Dietrich Schindler sen.*, *Dietrich Schindler jun.*, *Thomas Fleiner* und *Daniel Thürer* an. *Ernst Forsthoff* wurde Präsident des Verfassungsgerichtshofs der Republik Zypern (1960–1963).[156]

---

149 Vgl. *Max Imboden*, Helvetisches Malaise (1964), in: ders., Staat und Recht. Ausgewählte Schriften und Vorträge, Basel/Stuttgart 1971, S. 279 ff.

150 Vgl. *Max Imboden*, Verfassungsrevision als Weg in die Zukunft, in: ders., Staat und Recht (Fn. 149), S. 309 ff.

151 Vgl. *Biaggini*, Schweiz (Fn. 79), § 10 Rn. 21.

152 Vgl. hierzu und zum Folgenden *Andreas Kley*, Max Imboden (1915–1969), in: Häberle/Kilian/Wolff, Staatsrechtslehrer (Fn. 5), S. 1023 (1025 ff.); *ders.*, Geschichte (Fn. 8), S. 398 ff.

153 *Kley*, Imboden (Fn. 152), S. 1035; vgl. ferner *ders.*, Geschichte (Fn. 8), S. 414 f.

154 Vgl. *Christian Tomuschat*, Hermann Mosler (1912–2001), in: Häberle/Kilian/Wolff, Staatsrechtslehrer (Fn. 5), S. 959 (961).

155 Vgl. hierzu und zum Folgenden *Schlintner/Strejcek*, Ermacora (Fn. 145), S. 1155.

156 Vgl. *Stolleis*, Geschichte IV (Fn. 6), S. 179.

V. Die Zeit der Widersprüche (1968–1989)

Die Zeit von 1968 bis 1989 war eine Zeit der Widersprüche: der Individualisierung und zugleich der sozialen Dynamik, der Grenzen und der Ausweitung des wirtschaftlichen Wachstums, der politischen Unruhe und der Restauration, der Demokratien und der Diktaturen, der beginnenden informationstechnologischen Revolution sowie des entstehenden ökologischen und globalen Bewusstseins – und damit auch eine Zeit der verfassungs- und verwaltungsrechtlichen Spannungen, die im politischen und gerichtlichen Engagement der Mitglieder der Vereinigung sichtbar werden.

1. Deutschland

In Deutschland wurde während der Großen Koalition (1966–1969) *Karl Carstens* – zuvor Staatssekretär im Auswärtigen Amt (1960–1966) und im Bundesverteidigungsministerium (1966–1968) – Chef des Bundeskanzleramts (1968–1969) unter Bundeskanzler *Kurt-Georg Kiesinger.*[157] *Carlo Schmid* war in der Großen Koalition Minister für Bundesratsangelegenheiten (1966–1969), *Horst Ehmke* seinerseits zunächst Staatssekretär im Bundesjustizministerium (1967–1969) und noch kurzfristig Bundesjustizminister (1969). Nach der Bundestagswahl 1969 zog *Ehmke* in den Deutschen Bundestag ein, dem er sodann bis 1994 angehörte. Er wurde Bundesminister für besondere Aufgaben und Chef des Bundeskanzleramts für Bundeskanzler *Willy Brandt* (1969–1972), sodann Bundesminister für Forschung und Technologie sowie Bundesminister für das Post- und Fernmeldewesen (1972–1974). Als Chef des Bundeskanzleramts stärkte *Ehmke* die politische Bedeutung der Regierungszentrale und trat für die neue Ostpolitik ein, bei deren Umsetzung die Bundesregierung von *Jochen Abraham Frowein* völkerrechtlich beraten wurde.[158] *Willy Brandts* Charakterisierung *Ehmkes* als „Spezialisten für alles" dürfte diesem gefallen haben, selbst wenn er sich aufgrund seiner überschießenden Rhetorik gerade auch in der SPD Gegner gemacht hat (*Herbert Wehner, Helmut Schmidt*).[159] Wie immer man dies politisch auch einschätzen mag: *Ehmke* war „mittendrin"[160] – und *Willy Brandt* Bundeskanzler, solange *Ehmke* das Kanzleramt effektiv leitete.[161] In Folge der Bundestagswahl 1972 kamen *Karl Carstens* (1972–1979) und *Hans Hugo Klein* (1972–1983) in den Bundestag, während *Fritz Münch* mit seiner Kandidatur für die NPD scheiterte.[162] *Karl Carstens* übernahm den Vorsitz der CDU/CSU-Bundestagsfraktion, wobei er durch

[157] Vgl. *Hartmut Schiedermair*, Politik und Wissenschaft im Dienst der Humanität – Karl Carstens (14.12.1914–30.5.1992) zum Gedächtnis, NJW 1992, 2608.

[158] Vgl. *Rüdiger Wolfrum*, Jochen Abr. Frowein zum 70. Geburtstag, AöR 129 (2004), S. 330.

[159] Vgl. hierzu und zum Folgenden *Peter Häberle*, Gedächtnisblatt für Horst Ehmke, JöR 66 (2018), S. 487 (491 ff.).

[160] Vgl. *Horst Ehmke*, Mittendrin. Von der Großen Koalition zur Deutschen Einheit, 1994, S. 99 ff.

[161] Vgl. *Franz Walter*, Horst Ehmke wird 80, Der Spiegel, 04.02.2007 (https://www.spiegel.de/politik/deutschland/horst-ehmke-wird-80-der-flotte-hotte-sah-sich-als-kommenden-exzellenten-kanzler-a-463828.html) (01.09.2021).

[162] Vgl. *Hans-Dieter Bamberg*, Die Deutschland-Stiftung e. V. Studien *über* Kräfte der „demokratischen Mitte" und des Konservatismus in der Bundesrepublik Deutschland, 1978, S. 3, 317, 513.

bestenfalls uninformierte Äußerungen über *Heinrich Böll* in Verbindung mit der Rechtfertigung von Gewalt zur politischen Eskalation im „roten Jahrzehnt“[163] beitrug.[164] 1979 wurde *Carstens* zum Bundespräsidenten gewählt (1979–1984) und versuchte, die polarisierte Gesellschaft durch ausgedehnte Wanderungen zu integrieren. Er wirkte nach dem Regierungswechsel von *Helmut Schmidt* zu *Helmut Kohl* bei der Etablierung der „unechten Vertrauensfrage“ in der Staatspraxis der Bundesrepublik mit (1982/1983). In den 1970er Jahren begann auch *Roman Herzogs* Engagement auf der Schnittstelle von Wissenschaft, Politik und Rechtsprechung: *Herzog* wurde zunächst Staatssekretär und Bevollmächtigter des Landes Rheinland-Pfalz beim Bund (1973–1978) und sodann Landtagsabgeordneter, Kultus- und schließlich Innenminister in Baden-Württemberg (1978–1983). Nach seiner Wahl zum Verfassungsrichter (1983–1994) versah er das Amt des Vizepräsidenten (1983–1987) und des Präsidenten des Bundesverfassungsgerichts (1987–1994). In der Zeit der Widersprüche zwischen 1968 und 1989 gehörten dem Bundesverfassungsgericht darüber hinaus *Konrad Hesse* (1975–2005), *Helmut Steinberger* (1975–1987), *Ernst-Wolfgang Böckenförde* (1983–1996), *Hans Hugo Klein* (1983–1996), *Dieter Grimm* (1987–1999) und *Paul Kirchhof* (1987–1999) an, wobei *Böckenförde*, *Grimm*, *Herzog*, *Kirchhof* und *Klein* die verfassungsgerichtliche Brücke von der Bonner Republik über die Wiedervereinigung in die Berliner Republik schlugen.

Auf der Landesebene wurde *Erich Küchenhoff* in den nordrhein-westfälischen Landtag gewählt (1973–1975). *Wolfgang Knies* war Minister für Kultus, Bildung und Sport (1980–1984) und Minister für Rechtspflege und Bundesangelegenheiten (1984–1985) im Saarland und sodann niedersächsischer Kultusminister (1987–1988). *Wilhelm Kewenig* und *Rupert Scholz* engagierten sich im politisch aufgeheizten Westberlin der 1980er Jahre. *Kewenig* gehörte dem Abgeordnetenhaus an (1981–1989) und wurde Senator für Wissenschaft und Kulturelle Angelegenheiten (1981–1983), Senator für Wissenschaft und Forschung (1983–1986) und Senator für Inneres (1986–1989). *Scholz* war Justizsenator (1981–1983) und Senator für Bundesangelegenheiten (1982–1988) und ebenfalls Mitglied des Berliner Abgeordnetenhauses (1985–1988), bevor er als Bundesminister der Verteidigung (1988–1989) in die Bundespolitik wechselte. *Ingo von Münch* wurde Senator für Wissenschaft und Kultur und Zweiter Bürgermeister der Freien und Hansestadt Hamburg (1987–1991).[165] *Hans Peter Bull* – von 1978 bis 1983 Bundesbeauftragter für den Datenschutz – übernahm das Amt des schleswig-holsteinischen Innenministers (1988–1995). Auch zwischen 1968 und 1989 setzt sich das umfassende Engagement der Mitglieder in der Landesverfassungsgerichtsbarkeit fort, das sich bei einigen Mitgliedern teilweise über drei Jahrzehnte erstreckte und auch die Wahrnehmung von Präsidentenämtern umfasste: So wurde *Thomas Oppermann* Richter am Staatsgerichtshof Baden-Württemberg (stv. 1982–1985, 1985–2003), *Freiherr von der Heydte* (1969–1970), *Dieter Suhr* (1982–1986) und *Walter Schmitt Glaeser* (1986–1990) Richter am Bayerischen Verfassungsgerichtshof, *Hans Peter Bull* (stv. 1972–1988), *Alfred Rinken* (stv. 1975–1979,

---

[163] *Gerd Koenen*, Das Rote Jahrzehnt. Unsere kleine deutsche Kulturrevolution 1967–1977, 2001.

[164] Vgl. *Klaus Staeck*, Er fehlt!, Berliner Zeitung, 22.07.2010 (https://www.berliner-zeitung.de/von-klaus-staeck-grafiker-und-verleger-er-fehlt-li.6313 [Abruf: 01.07.2021]) (01.09.2021).

[165] *Philip Kunig*, Ingo von Münch, AöR 137 (2012), S. 627 (628).

1979–2011, stv. Präsident 1995–2002, Präsident 2002–2011), *Hans-Peter Schneider* (stv. 1983–1992) und *Ulrich K. Preuß* (stv. 1988–1992, 1992–2011) am Bremer Staatsgerichtshof, *Karl August Bettermann* (1971–1986) und *Werner Thieme* (1986- 1998) am Hamburgischen Verfassungsgericht, *Klaus Lange* am Hessischen Staatsgerichtshof (1984–2014, Präsident 1996–2003, 2008–2009), *Christian Starck* (stv. 1977–1991, 1991–2006) und *Hans-Peter Schneider* (1987–2006) am Niedersächsischen Staatsgerichtshof, *Martin Kriele* (1976–1988), *Klaus Stern* (1976–2000) und *Bernhard Schlink* (1987–2006) am Verfassungsgerichtshof Nordrhein-Westfalen, *Detlef Merten* (1993–2007) am Verfassungsgerichtshof Rheinland-Pfalz und *Wilhelm Karl Geck* (1973–1986) und *Wolfgang Knies* (1977–1980) am Verfassungsgerichtshof des Saarlandes.

2. Österreich

Auch in Österreich führte die Zeit der Widersprüche dazu, dass sich Mitglieder der Vereinigung vermehrt im parlamentarischen Raum engagierten: *Felix Ermacora* (1971–1990) und *Andreas Khol* (1983–2006) wurden in den Nationalrat gewählt. *Herbert Schambeck* war Mitglied des Bundesrates (1969–1997), wobei er von 1993 bis 1996 das Amt des Vizepräsidenten und 1988, 1992 und 1997 das Präsidentenamt wahrnahm. Der österreichische Verfassungsgerichtshof fand ab den 1980er Jahren sowohl mit Blick auf die Grundrechte als auch das Staatsorganisationsrecht zu einem aktiveren Selbstverständnis.[166] In der Zeit zwischen 1968 und 1989 wurde das Amt des Präsidenten des Verfassungsgerichtshofs von *Walter Antoniolli* (1951–1977) bis 1977, von *Erwin Melichar* (1958–1983) von 1977 bis 1983 und *Ludwig Karl Adamovich jun.* (1984–2002) nach 1984 ausgeübt. Darüber hinaus gehörten dem Verfassungsgerichtshof *Kurt Ringhofer* (stv. 1969, 1970–1993, Vizepräsident 1976–1993), *Karl Korinek* (1978–2008), *Theo Öhlinger* (stv. 1978–1989), *Friedrich Koja* (stv. 1980–1999), *Peter Oberndorfer* (stv. 1984–1987, 1987–2012), *Norbert Wimmer* (stv. 1985–1992) und *Siegbert Morscher* (1988–2004) an.

3. Schweiz

In der Schweiz wurde *Richard Bäumlin* Mitglied des Nationalrats (1979–1989).[167] *René Rhinow* war zunächst Mitglied (1979–1984) und Präsident (1983–1984) des Verfassungsrats Baselland und sodann Mitglied (1987–1999) und auch Präsident (1999) des Ständerats. Darüber hinaus beteiligten sich Mitglieder der Vereinigung an der Verfassungsreform, die vor allem von *Max Imboden* angestoßen worden war.[168] In der „Arbeitsgruppe Wahlen“ (1967–1973) waren *Hans Huber* und – nach dem Tod von *Max Imboden* – *Kurt*

---

[166] Vgl. *Wiederin*, Österreich (Fn. 1), § 7 Rn. 63, 67.

[167] Vgl. *Roland Herzog*, An den Grenzen der Widersprüche, in: FS für Richard Bäumlin, 1992, S. 11 (14).

[168] Vgl. hierzu und zum Folgenden *Kurt Eichenberger*, Der Entwurf von 1977 für eine neue schweizerische Bundesverfassung, ZaöRV 40 (1980), S. 477 (485 ff.); *Kley*, Geschichte (Fn. 8), S. 271 ff.; *Biaggini*, Schweiz (Fn. 79), § 10 Rn. 21.

Eichenberger vertreten, um die Grundlinien einer Verfassungsreform auszuarbeiten.[169] Die Empfehlungen der „Arbeitsgruppe Wahlen" bildeten sodann die Grundlage für die „Kommission Furgler" (1973–1977)[170], in der *Kurt Eichenberger, Thomas Fleiner, Fritz Gygi, Jörg Paul Müller, Peter Saladin* und *Luzius Wildhaber* vertreten waren. Die von der „Kommission Furgler" unterbreiteten Reformvorschläge trafen jedoch auf politischen Widerstand, was zu einem Stillstand der Reformdebatte um das Jahr 1980 führte.[171] Der vom Bundesrat 1985 vorgelegte „Bericht über die Totalrevision der Bundesverfassung" vermied deshalb Festlegungen und zeigte sich für die weitere Debatte offen, gerade weil im parlamentarischen Raum große Skepsis mit Blick auf eine Totalrevision der Verfassung bestand. Vor diesem Hintergrund entwickelte *Kurt Eichenberger*, der sich mit Blick auf eine Totalrevision zurückhaltend gezeigt hatte, in einem Artikel in der Neuen Zürcher Zeitung über eine „Realitätsgebundene Verfassungsrevision" (1986)[172] die Idee der „Nachführung" der Bundesverfassung, die mit ihren Grundsätzen der Konsolidierung und Systematisierung die Reformdebatte wiederbelebte und eine konsensfähige Kompromisslinie aufzeigte.[173] In diese Reformdebatte floss auch der von *Jörg Paul Müller* zusammen mit *Alfred Kölz* vorgelegte Entwurf einer neuen Bundesverfassung ein.[174]

4. *Europäische Integration und internationale Gemeinschaft*

Eines der zentralen politischen Ereignisse für die Vereinigung zu Beginn der 1970er Jahre war die Verhaftung von *Dimitris Tsatsos* durch die griechische Militärjunta vom März bis September 1973.[175] *Tsatsos* wurde erst auf massive politische Intervention durch *Willy Brandt, Walter Scheel, Hans-Dietrich Genscher* und *Johannes Rau* aus der Internierung entlassen. Nach dem Ende der Militärdiktatur trat *Tsatsos* in die Regierung der „Nationalen Einheit" als Vizekultusminister ein und war für die Demokratisierung des Hochschulwesens zuständig. Darüber hinaus gehörte er dem ersten Parlament nach der Beendigung der Militärjunta an, in dem er als Generalreferent aller Oppositionsparteien für die demokratische Verfassungsreform Stellung nahm.

Luzius Wildhaber (1974–1988) und *Yvo Hangartner* (stv. 1985–1990) bekleideten Richterämter am Staatsgerichtshof des Fürstentums Liechtenstein. Auf europäischer Ebene wurde *Jochen Abraham Frowein* Mitglied (1973–1993) und Vizepräsident (1981–1993)

---

[169] Vgl. *Expertenkommission für die Vorbereitung einer Totalrevision der Bundesverfassung*, Bericht, 1977, 196 Fn. 3.

[170] Vgl. *Expertenkommission für die Vorbereitung einer Totalrevision der Bundesverfassung*, Bericht (Fn. 169), S. 3 f.

[171] Vgl. *Kley*, Geschichte (Fn. 8), S. 273.

[172] *Kurt Eichenberger*, Realitätsgebundene Verfassungsrevision, in: Müller/Rhinow/Schmid (Hrsg.), Vom schweizerischen Weg zum modernen Staat, 2002, S. 35 ff.

[173] Vgl. *Biaggini*, Schweiz (Fn. 79), § 10 Rn. 22, 24.

[174] Vgl. *Alfred Kölz/Jörg Paul Müller*, Entwurf für eine neue Bundesverfassung vom 16. Mai 1984, 3. Aufl., Bern 1995; hierzu *Jörg Paul Müller*, Alfred Kölz (1944–2003), in: Häberle/Kilian/Wolff, Staatsrechtslehrer (Fn. 5), S. 1289 (1290 f.).

[175] Vgl. hierzu und zum Folgenden *Martin Morlok*, Dimitris Th. Tsatsos (1933–2010), in: Häberle/Kilian/Wolff, Staatsrechtslehrer (Fn. 5), S. 1239 (1240).

der Europäischen Menschenrechtskommission[176] und *Rudolf Bernhardt* Richter (1981–1998), Vizepräsident (1992–1998) und Präsident (1998) des Europäischen Gerichtshofs für Menschenrechte. *Manfred Zuleeg* bekleidete ein Richteramt am Europäischen Gerichtshof (1988–1994). Auf internationaler Ebene war *Hermann Mosler* Richter am Internationalen Gerichtshof (1976–1985).[177] *Dietrich Schindler jun.* (1977–2002) und *Albrecht Randelzhofer* (1985–2006) gehörten dem Ständigen Schiedshof an. *Christian Tomuschat* wurde Mitglied des Menschenrechtsausschusses (1977–1986) und der Völkerrechtskommission der Vereinten Nationen (1985–1996). *Karl Josef Partsch* engagierte sich zwanzig Jahre im UN-Ausschuss für die Beseitigung von Rassendiskriminierung (1970–1990).[178] *Dietrich Schindler jun.* gehörte dem Schiedsgericht an, das 1986 bis 1988 die Zugehörigkeit von Taba zu Ägypten und nicht zu Israel entschied.

VI. Der Fall der europäischen Mauer und die (post-)nationale Konstellation (1989–2001)

Der Fall der europäischen Mauer hat den Kalten Krieg und die Teilung Europas beendet. Er eröffnete den Ländern Mittel- und Osteuropas die Möglichkeit, sich zu liberalen Verfassungsstaaten zu entwickeln. Die 1990er Jahre waren von sozialen, politischen und ökonomischen Transformationen geprägt, die einerseits in nationaler Perspektive bewältigt und andererseits zugleich in ihren europäischen und globalen Dimensionen gestaltet werden mussten.

1. Deutschland

Nach der friedlichen Revolution von 1989 stellte sich zunächst in der DDR die Verfassungsfrage. Die Arbeitsgruppe „Neue Verfassung der DDR" des Zentralen Runden Tisches arbeitete einen Verfassungsentwurf (1990) aus und wurde dabei von *Alexander von Brünneck*, *Ulrich K. Preuß*, *Bernhard Schlink* und *Rosemarie Will* beraten.[179] Doch auch wenn dieser Verfassungsentwurf bis heute innovative Regelungsvorschläge – etwa mit Blick auf Arbeit, Wirtschaft und Umwelt – unterbreitete, wurde er politisch durch die deutsche Einheit überholt. In der strittigen öffentlichen Debatte, wie das Verhältnis der beiden deutschen Staaten zueinander zu gestalten sei, hatten *Ernst-Wolfgang Böckenförde* und *Dieter Grimm* eine Föderation präferiert.[180] *Roman Herzog*, *Josef Isensee*, *Peter*

---

176 Vgl. *Wolfrum*, Frowein (Fn. 158), S. 330.

177 Vgl. *Tomuschat*, Mosler (Fn. 154), S. 961.

178 Vgl. *Rüdiger Wolfrum*, Karl Josef Partsch (1914–1996), in: Häberle/Kilian/Wolff, Staatsrechtslehrer (Fn. 5), S. 1013 (1015).

179 Vgl. http://www.documentarchiv.de/ddr/1990/ddr-verfassungsentwurf_runder-tisch.html (01.09.2021); ferner *Schlink, Bernhard*, Deutsch-deutsche Verfassungsentwicklung im Jahre 1990, in: Der Staat 30 (1991), S. 163 (164 ff.); *Ulrich K. Preuß*, Der Versuch einer Verfassungsgebung für die untergehende DDR – Ein Werkstadtbericht, in: Grimm/Kemmerer/Möllers (Hrsg.), Gerüchte vom Recht, 2015, S. 49 ff.

180 *Ernst-Wolfgang* Böckenförde/*Dieter Grimm*, Nachdenken über Deutschland, Der Spiegel, 10/1990, S. 72 ff.

Lerche, *Rupert Scholz* und *Christian Tomuschat* favorisierten – wie die wohl überwiegende Auffassung unter den deutschen Staatsrechtslehrerinnen und Staatsrechtslehrern – aus verfassungspolitischen oder verfassungspraktischen Gründen eine Gestaltung der Einheit über den Beitritt der DDR zum Grundgesetz (Art. 23 GG a. F.) und nicht über den Weg einer gemeinsamen Verfassungsgebung (Art. 146 GG a. F.).[181] Demgegenüber sprachen sich beispielsweise *Jochen Abraham Frowein*, *Peter Häberle* und *Hans Meyer* für einen Beitritt der DDR zum Grundgesetz und einen anschließenden Prozess gesamtdeutscher Verfassungsgebung aus. Insofern sah Art. 5 EV einen Formelkompromiss für „künftige Verfassungsänderungen" vor, der die „Frage der Anwendung des Artikels 146 des Grundgesetzes und in deren Rahmen einer Volksabstimmung" ausdrücklich offenhielt. Dementsprechend erarbeitete beispielsweise das „Kuratorium für einen demokratischen Bund deutscher Länder" einen Verfassungsentwurf (1991), an dem *Ulrich K. Preuß*, *Hans-Peter Schneider* und *Rosemarie Will* mitwirkten.[182] Nach der Einheit kam es jedoch zu keiner gesamtdeutschen Verfassungsgebung. Vielmehr beschloss eine Gemeinsame Verfassungskommission von Bundestag und Bundesrat unter dem Vorsitz von *Rupert Scholz* und *Henning Voscherau* einen überwiegend technisch orientierten Reformvorschlag für das Grundgesetz (1991–1993).[183]

Auf der Bundesebene zogen nach der Bundestagswahl von 1990 *Rupert Scholz* (1990–2002) und nach der Bundestagswahl 1994 *Edzard Schmidt-Jortzig* (1994–2002) in den Deutschen Bundestag ein. *Schmidt-Jortzig* übernahm in der letzten Regierung *Kohl* für zwei Jahre das Amt des Bundesjustizministers (1996–1998). Das Bundesverfassungsgericht hatte sich mit deutschen und europäischen Verfassungsfragen auseinanderzusetzen. *Roman Herzog* (1987–1994) und *Hans-Jürgen Papier* (1998–2010) waren in dieser Zeit Präsidenten des Bundesverfassungsgerichts, dem darüber hinaus *Ernst-Wolfgang Böckenförde* (1983–1996), *Dieter Grimm* (1987–1999), *Paul Kirchhof* (1987–1999) und *Hans Hugo Klein* (1983–1996), *Udo Steiner* (1995–2007), *Udo Di Fabio* (1999–2011), *Wolfgang Hoffmann-Riem* (1999–2008) und *Lerke Osterloh* (1998–2010) angehörten. 1994 wählte die Bundesversammlung *Roman Herzog* zum Bundespräsidenten (1994–1999), der den Verlust wirtschaftlicher Dynamik und die Erstarrung der Gesellschaft, die er Mitte der 1990er Jahre in der Bundesrepublik diagnostizierte, mit seiner „Ruckrede" (1997) überwinden wollte.[184]

Auf der Landesebene war *Walter Schmitt Glaeser* Mitglied (1987–1999) und sodann Präsident (1994–1996) des Bayerischen Senats. *Hermann Hill* wurde Staatsminister für Bundes- und Europaangelegenheiten in Rheinland-Pfalz (1989–1991). In der Freien und Hansestadt Hamburg nahm *Ulrich Karpen* ein Mandat in der Bürgerschaft (1991–2001)

---

[181] Vgl. hierzu und zum Folgenden *Peter M. Huber*, in: Sachs (Hrsg.), Grundgesetz, 9. Aufl. 2021, Art. 146 Rn. 5 m. w. N.; *Peter Häberle*, Die Staatsrechtslehre im Prozess der deutschen Einigung, in: ders., Kleine Schriften. Beiträge zur Staatsrechtslehre und Verfassungskultur, 2002, S. 232 ff.; *Stolleis*, Geschichte IV (Fn. 6), S. 641 ff.

[182] *Kuratorium für einen demokratischen Bund deutscher Länder/Heinrich-Böll-Stiftung* (Hrsg.), Vom Grundgesetz zur deutschen Verfassung. Denkschrift und Verfassungsentwurf, 1991.

[183] Vgl. BT-Drs. 12/6000.

[184] Vgl. *Roman Herzog*, Aufbruch ins 21. Jahrhundert (https://www.bundespraesident.de/SharedDocs/Reden/DE/Roman-Herzog/Reden/1997/04/19970426_Rede.html) (01.09.2021).

und *Wolfgang Hoffmann-Riem* das Amt des Justizsenators wahr (1995–1997). Darüber hinaus führte die friedliche Revolution von 1989 nicht nur in den „neuen", sondern auch in den „alten" Ländern zu einer Renaissance des Landesverfassungsrechts. Mitglieder der Vereinigung engagierten sich als Berater/innen bei der Ausarbeitung und der Reform von Landesverfassungen, wie beispielsweise *Christian Starck* in Mecklenburg-Vorpommern, *Hans von Mangoldt* in Sachsen und *Ulrich K. Preuß* in Thüringen. Zugleich wirkten Mitglieder der Vereinigung als Verfassungsrichter/innen an der Auslegung und Anwendung der Landesverfassungen mit. So wurde *Wilfried Berg* Verfassungsrichter am Bayerischen Verfassungsgerichtshof (1990–2018), *Philip Kunig* (1992–2000), *Albrecht Randelzhofer* (1997–2004) und *Helge Sodan* (Präsident 2000–2007) am Verfassungsgerichtshof Berlin, *Hans Herbert von Arnim* (1993–1996) und *Rosemarie Will* (1996–2006) am Verfassungsgericht des Landes Brandenburg, *Ingo von Münch* (1992–1995), *Eckart Klein* (stv. 1992–1995, 1995–2011) und *Josef Isensee* (stv. 1999–2011) am Bremer Staatsgerichtshof, *Ulrich Ramsauer* (1995–2005) am Hamburgischen Verfassungsgericht, *Maximilian Wallerath* (1997–2009) am Landesverfassungsgericht Mecklenburg-Vorpommern, *Volkmar Götz* (stv. 1991–2006) am Niedersächsischen Verfassungsgerichtshof, *Peter Tettinger* (stv. 1995–2000, 2000–2006) am Verfassungsgerichtshof Nordrhein-Westfalen, *Peter Krause* (stv. 1999–2003) am Verfassungsgerichtshof Rheinland-Pfalz, *Edzard Schmidt-Jortzig* (1992–1994), *Hans-Peter Schneider* (1993–2005), *Hans-Heinrich Trute* (1993–2017), *Hans von Mangoldt* (1993–2010) und *Christoph Degenhart* (stv. 1998–2010, 2010–2020) am Verfassungsgerichtshof Sachsen, *Michael Kilian* (1993–2000) am Landesverfassungsgericht Sachsen-Anhalt, *Rudolf Steinberg* (1995–2000), *Erhard Denninger* (stv. 1995–2000) und *Karl-Ulrich Meyn* (stv. 1995–2000, 2005–2007) am Thüringer Verfassungsgerichtshof sowie *Rudolf Wendt* als Vizepräsident am Verfassungsgerichtshof des Saarlandes (seit 1995).

2. Österreich

In Österreich wurden *Andreas Khol* (1983–2006), *Christian Brünner* (1990–1994) und *Reinhard Rack* (1994–1996) in den Nationalrat und *Khol* zu dessen Präsident gewählt (2002–2006). Darüber hinaus gehörte *Brünner* dem Landtag der Steiermark an (1995–2000). Zugleich intensivierte sich in den 1990er Jahren die Diskussion um eine Reform der Bundesverfassung, zu der insbesondere *Robert Walter*, *Richard Novak*, *Bernd Wieser* und *Theo Öhlinger* beitrugen.[185] Den verfassungspolitischen Hintergrund dieser Reformbestrebungen bildete die zunehmende Zersplitterung des österreichischen Verfassungsrechts, die insbesondere zwei Ursachen hatte: zum einen die Möglichkeit, Verfassungsregelungen in einfaches Gesetzesrecht zu integrieren, zum anderen das Bestreben der Großen Koalitionen, ihre Politik verfassungsrechtlich zu verankern, um sie gegen die verfassungsrechtliche Kontrolle durch den Verfassungsgerichtshof zu immunisieren. Die Kritik dieser Entwicklung der Bundesverfassung zu einer „Ruine" (*Hans R. Klecatsky*) führte zu der Reformdiskussion der 2000er Jahre, von der sogleich die Rede sein wird. In

[185] Vgl. hierzu und zum Folgenden *Wiederin*, Österreich (Fn. 1), § 7 Rn. 43 ff., 54.

der Zeit zwischen 1989 und 2001 war *Ludwig Karl Adamovich jun.* Präsident des österreichischen Verfassungsgerichtshofs (1984–2002). Neben *Adamovich jun.* gehörten *Kurt Ringhofer* (stv. 1969, 1970–1993, Vizepräsident 1976–1993), *Karl Korinek* (1978–2008, Vizepräsident 1999–2002), *Friedrich Koja* (stv. 1980–1999), *Peter Oberndorfer* (stv. 1984–1987, 1987–2012), *Norbert Wimmer* (stv. 1985–1992), *Siegbert Morscher* (1988–2004), *Gerhart Holzinger* (1995–2017), *Gabriele Kucsko-Stadlmayer* (stv. 1995–2015), *Wolfgang Pesendorfer* (stv. 1999–2007) und *Heinz Schäffer* (stv. 1999–2008) als Richter/in dem Verfassungsgerichtshof an.

3. Schweiz

In der Schweiz wurde die politische Debatte über eine Reform der Bundesverfassung weitergeführt.[186] Der Vorsteher des Eidgenössischen Justiz- und Polizeidepartements (EJPD) setzte 1994 mehrere Expertenkommissionen für die Ausarbeitung eines Verfassungsentwurfs ein. *Gerhard Schmid* und *Daniel Thürer* waren Mitglieder der Expertenkommission zu Volksrechten. Darüber hinaus wurde der Vorsteher des EJPD bei der Gesamtkoordination des Reformprojekts durch einen wissenschaftlichen Beirat unterstützt, dem *Yvo Hangartner* (Vorsitzender), *Georg Müller*, *Beatrice Weber-Dürler* und *Luzius Wildhaber* angehörten. Der so erarbeitete Verfassungsentwurf bildete sodann die Grundlage für die weiteren Beratungen der Verfassungsrevision, sodass die neue Bundesverfassung am 1. Januar 2000 in Kraft treten konnte, die mit einem allgemeinen Diskriminierungsverbot, dem Bekenntnis zur konstitutiven Bedeutung der Grundrechte und dem ökologischen Vorsorge-, Verursacher- und Nachhaltigkeitsprinzip dann doch über die reine Idee der reformerischen Nachführung hinausging.[187]

4. Europäische Integration und internationale Gemeinschaft

Nach dem Fall der europäischen Mauer entstanden von Mittel- und Osteuropa bis Zentralasien neue Verfassungen, zu deren Beratungen Mitglieder der Vereinigung eingeladen wurden, beispielsweise *Edzard Schmidt-Jortzig* nach Polen und Estland sowie *Detlev Christian Dicke* nach Kirgisistan.[188] *Dietrich Rauschning* wurde Richter in der Menschenrechtskammer für Bosnien-Herzegowina (1996–2004) und *Joseph Marko* Richter am Verfassungsgericht von Bosnien-Herzegowina (1997–2002). Darüber hinaus waren *Daniel Thürer* (1989–2000), *Klaus Vallender* (stv. 1990–2000, 2000–2011), *Norbert Wimmer* (stv. 1989–1994), *Heinz Schäffer* (stv. 1999–2008) und *Klaus Berchtold* (1999–2007), Richter des Staatsgerichtshofs des Fürstentums Liechtenstein. Auf europäischer Ebene wurden *Dimitris Tsatsos* (1994–2004) und *Reinhard Rack* (1995–2009) Mitglieder des Europäischen Parlaments und *Vassilios Skouris* Richter des Europäischen Gerichts-

---

[186] Vgl. hierzu und zum Folgenden die Botschaft über eine neue Bundesverfassung vom 20. November 1996, BBl 1996 I 666, S. 70 f., 438.

[187] Vgl. *Biaggini*, Schweiz (Fn. 79), § 10 Rn. 26.

[188] Vgl. *Ingo von Münch*, Detlev Christian Dicke, AöR 118 (1993), S. 327.

hofs (1999–2015). *Roman Herzog* leitete als Präsident den europäischen Verfassungskonvent zur Ausarbeitung der Charta der Grundrechte der Europäischen Union (1999–2000). *Luzius Wildhaber* war Richter (1991–2007) und Präsident des Europäischen Gerichtshofs für Menschenrechte (1998–2007). *Georg Ress* gehörte der Europäischen Kommission für Menschenrechte an (1994–1999) und sodann als Richter dem Europäischen Gerichtshof für Menschenrechte (1998–2004). Auf internationaler Ebene wurde *Eckart Klein* Mitglied des Menschenrechtsausschusses der Vereinten Nationen (1995–2002) und *Rüdiger Wolfrum* Richter (1996–2017), Vizepräsident (1996–1999) und Präsident (2005–2008) des Internationalen Seegerichtshofs. *Brun-Otto Bryde* (2000–2001) und *Gabriele Britz* (2001–2002) engagierten sich im UN-Ausschuss für die Beseitigung von Rassendiskriminierung.

VII. Die Persistenz der Krisen (2001–2022)

Die letzten zwanzig Jahre waren und sind durch Krisen geprägt: 9/11 und der „Krieg gegen den Terror", die Banken-, Finanz- und Schuldenkrise (ab 2007), die Flüchtlingskrise (2015–2016), der Brexit (2016–2020), die Corona-Krise (seit 2020) und der russische Überfall auf die Ukraine (2022). Die ökologischen Krisen des Anthropozän lassen sich vor allem mit Blick auf den Klimawandel nicht mehr ignorieren. Diese Krisen schlagen sich auch in der politischen Praxis und im gerichtlichen Engagement der Mitglieder der Vereinigung nieder.

1. Deutschland

Auf der Bundesebene wechselte *Jan Hecker* aus der Anwaltschaft in das Bundesinnenministerium, wo er für Aufgaben in den Bereichen Migration, Sicherheit und Verfassungsschutz zuständig war (1999–2011).[189] Nach der Wahrnehmung eines Richteramts am Bundesverwaltungsgericht (2011–2015) wurde *Hecker* während der Flüchtlingskrise Leiter des Koordinierungsstabs Flüchtlingspolitik im Bundeskanzleramt (2015–2017) und sodann Leiter der Abteilung Außen-, Sicherheits- und Entwicklungspolitik sowie außen- und sicherheitspolitischer Berater von Bundeskanzlerin *Angela Merkel* (2017–2020). Kurz nach seinem Amtsantritt als Botschafter der Bundesrepublik in der Volksrepublik China verstarb *Jan Hecker* (2021), in dessen Tätigkeit sich praktisch alle Herausforderungen der beiden letzten Krisenjahrzehnte spiegeln. *Stefan Ruppert* wurde Mitglied des Deutschen Bundestages (2009–2013, 2017–2020). Auch das Bundesverfassungsgericht war und ist zwischen 2001 und 2021 in einer Vielzahl von Einzelfällen mit den sich überlagernden demokratischen, europäischen und globalen, sozialen, ökonomischen, ökologischen und terroristischen Krisen befasst. In dieser verfassungsrechtlich herausfordernden Zeit war zunächst *Hans-Jürgen Papier* (1998–2010) und sodann *Andreas Voßkuhle* (2010–2020, Vizepräsident 2008–2010) Präsident des Bundesverfassungsgerichts. Darü-

[189] Vgl. hierzu und zum Folgenden *Johannes Leithäuser*, Sherpa der Kanzlerin, FAZ, 07.09.2021, S. 4.

ber hinaus gehörten und gehören *Udo Steiner* (1995–2007), *Lerke Osterloh* (1998–2010), *Udo Di Fabio* (1999–2011), *Wolfgang Hoffmann-Riem* (1999–2008), *Brun-Otto Bryde* (2001–2011), *Gertrude Lübbe-Wolff* (2002–2014), *Ferdinand Kirchhof* (2007–2018, Vizepräsident 2010–2018), *Johannes Masing* (2008–2020), *Peter M. Huber* (seit 2010), *Andreas Paulus* (seit 2010), *Susanne Baer* (seit 2011), *Gabriele Britz* (seit 2011), *Doris König* (seit 2014, Vizepräsidentin seit 2020), *Christine Langenfeld* (seit 2016), *Ines Härtel* (seit 2020) und *Astrid Wallrabenstein* (seit 2020) dem Bundesverfassungsgericht an.

Auf Landesebene wurde *Winfried Bausback* Abgeordneter des Bayerischen Landtags (seit 2008) und war bayerischer Justizminister (2013–2018). *Peter M. Huber* übernahm das Amt des thüringischen Innenministers (2009–2010) und *Gerhard Robbers* das Amt des rheinland-pfälzischen Justizministers (2014–2016). *Alexander Lorz* ist hessischer Kultusminister (seit 2015) und Mitglied des Hessischen Landtags (seit 2019). Das gerichtliche Engagement der Mitglieder in der Landesverfassungsgerichtsbarkeit nimmt zwischen 2001 und 2021 noch weiter zu: *Ferdinand Kirchhof* (2003–2007) und *Christian Seiler* (2012–2021) wurden Richter am Staats- bzw. Verfassungsgerichtshof Baden-Württemberg, *Dirk Heckmann* (seit 2003), *Monika Polzin* (2018–2020), *Max-Emmanuel Geis* (stv. seit 2018) und *Stefanie Schmahl* (stv. seit 2020) am Bayerischen Verfassungsgerichtshof, *Heike Krieger* (2007–2014) am Verfassungsgerichtshof Berlin sowie *Peter M. Huber* (2007–2009), *Barbara Remmert* (2010–2019), *Sabine Schlacke* (seit 2011, seit 2019 Vizepräsidentin), *Ute Sacksofsky* (2011–2015), *Elke Gurlit* (2011–2015) und *Andreas Fischer-Lescano* (2011–2015) am Bremer Staatsgerichtshof. *Ute Sacksofsky* (2003–2008) versah und *Monika Böhm* (seit 2009) versieht das Amt der Landesanwältin beim Hessischen Staatsgerichtshof, dem *Steffen Detterbeck* als Richter (seit 2004) und *Ute Sacksofsky* als Vizepräsidentin (seit 2014) angehören. *Margarete Schuler-Harms* wurde Mitglied des Hamburgischen Verfassungsgerichts (stv. seit 2011), *Claus Dieter Classen* des Landesverfassungsgerichts Mecklenburg-Vorpommern (seit 2017), *Jörn Ipsen* (stv. 2002–2006, Präsident 2006–2013), *Hermann Butzer* (stv. 2006–2018, seit 2018), *Werner Heun* (2013–2017) und *Angela Schwerdtfeger* (stv. seit 2021) des Niedersächsischen Staatsgerichtshofs, *Christoph Gusy* (stv. seit 2006), *Wolfgang Löwer* (2006–2014), *Joachim Wieland* (seit 2006), *Christian Hillgruber* (stv. seit 2006), *Klaus Ferdinand Gärditz* (stv. seit 2014), *Bernd Grzeszick* (seit 2021) und *Charlotte Kreuter-Kirchhof* (stv. seit 2021) des Verfassungsgerichtshofs Nordrhein-Westfalen, *Martin Oldiges* (2005–2010), *Jochen Rozek* (stv. 2005–2015), *Frauke Brosius-Gersdorf* (stv. seit 2015) und *Arnd Uhle* (seit 2017) des Verfassungsgerichtshofs Sachsen und *Winfried Kluth* (2000–2014), *Michael Germann* (2015–2021) und *Christian Tietje* (stv. 2015–2021) des Landesverfassungsgerichts Sachsen-Anhalt. *Felix Welti* (2008–2020), *Christoph Brüning* (stv. 2013–2014, seit 2014) und *Nele Matz-Lück* (stv. 2014–2018, seit 2018) waren und sind als Richter/innen am Auf- und Ausbau der Verfassungsgerichtsbarkeit in Schleswig-Holstein beteiligt. *Christoph Brüning* wurde Vizepräsident (2018–2020) und ist heute Präsident des Schleswig-Holsteinischen Verfassungsgerichts. *Manfred Baldus* (stv. 2005–2008, seit 2008), *Christoph Ohler* (stv. 2010–2015, seit 2015) und *Matthias Ruffert* (2010–2015, stv. 2015–2020) versahen Richterämter am Thüringer Verfassungsgerichtshof sowie *Friedhelm Hufen* (2008–2014) und *Gerhard Robbers* (2008–2014) am Verfassungsgerichtshof Rheinland-Pfalz.

2. Österreich

In Österreich wurde die in den 1990er Jahren angestoßene Reformdiskussion der Bundesverfassung im „Österreich-Konvent" fortgeführt, in dem zwischen 2003 und 2005 Vorschläge für eine grundlegende Staats- und Verfassungsreform beraten wurden.[190] *Peter Bußjäger, Bernd-Christian Funk, Christoph Grabenwarter, Herbert Haller, Michael Holoubek, Gerhart Holzinger, Andreas Khol, Karl Korinek, Theo Öhlinger, Klaus Poier, Reinhard Rack, Bernhard Raschauer, Rudolf Thienel* und *Ewald Wiederin* waren Mitglieder des Österreich-Konvents. Die Ergebnisse des Österreich-Konvents flossen sodann auch in die Arbeit einer Expertengruppe ein, die 2007 und 2008 im Bundeskanzleramt eigerichtet wurde. Dieser Expertengruppe unter dem Vorsitz von *Georg Lienbacher* gehörten auch *Andreas Khol, Theo Öhlinger* und *Ewald Wiederin* an. Sie konkretisierte Reformvorschläge mit Blick auf das Wahl- und Haushaltsrecht, die Verwaltungsreform sowie die Verwaltungsgerichtsbarkeit und unterbreitete darüber hinaus formale und rechtstechnische Vorschläge für eine Verfassungsbereinigung, die in mehreren Verfassungs- und Gesetzesänderungen umgesetzt wurden.

Einen Bruch mit der österreichischen Verfassungstradition stellte 2018 die Verlagerung des Verfassungsdienstes aus dem Bundeskanzleramt in das neu geschaffene Bundesministerium für Verfassung, Reformen, Deregulierung und Justiz dar. Es ist bereits deutlich geworden, dass dem Verfassungsdienst im Bundeskanzleramt seit den 1920er Jahren nicht nur eine zentrale Bedeutung für die Verfassungspraxis zukommt,[191] sondern sich gerade auch Mitglieder der Vereinigung über die Institution des Verfassungsdienstes auf der Schnittstelle von Verfassungsrecht und Verfassungspolitik engagiert haben und engagieren. Neben *Adolf Merkl* und *Ludwig Adamovich sen.* sind hier insbesondere *Ludwig Adamovich jun., Klaus Berchtold, Felix Ermacora, Gerhart Holzinger, Hans Klecatsky, Hans René Laurer, Georg Lienbacher, Theo Öhlinger, Peter Pernthaler, Michael Potacs, Ignaz Seidl-Hohenveldern, Heinz Schäffer, Rudolf Thienel, Gerhard Wielinger, Ewald Wiederin* und *Norbert Wimmer* zu nennen. Angesichts der zentralen Bedeutung, die dem Verfassungsdienst mit Blick auf Gesetzgebungsverfahren und Prozessvertretungen, Verfassungs- und Verwaltungsreformen zukommt, ist es nur konsequent, dass er 2020 wieder zu einer Sektion des Bundeskanzleramts geworden ist.

Der österreichische Verfassungsgerichtshof sah und sieht sich – wie auch das deutsche Bundesverfassungsgericht – in seiner Rechtsprechung mit der Persistenz der Krisen seit 2001 konfrontiert. In diesen zwanzig Jahren nahmen *Ludwig Karl Adamovich jun.* (1984–2002), *Karl Korinek* (2003–2008), *Gerhart Holzinger* (2008–2017) und *Christoph Grabenwarter* (seit 2020) das Amt des Präsidenten des österreichischen Verfassungsgerichtshofs wahr. In diesen zwanzig Jahren waren und sind *Ludwig Karl Adamovich jun.* (1984–2002), *Karl Korinek* (1978–2008, Vizepräsident 1999–2002), *Peter Oberndorfer*

---

[190] Vgl. hierzu und zum Folgenden *Wiederin*, Österreich (Fn. 1), § 7 Rn. 46; http://www.konvent.gv.at/K/Willkommen_Portal.shtml (1.9.2021); https://www.parlament.gv.at/PERK/VERF/REFORM/ (01.09.2021).

[191] Vgl. *Georg Lienbacher*, Der Verfassungsdienst im Bundeskanzleramt, in: FS für Heinz Schäffer, 2006, S. 427.

(1987–2012), *Siegbert Morscher* (1988–2004), *Gabriele Kucsko-Stadlmayer* (stv. 1995–2015), *Wolfgang Pesendorfer* (stv. 1999–2007), *Heinz Schäffer* (stv. 1999–2008), *Gerhart Holzinger* (1995–2017), *Herbert Haller* (2003–2010), *Christoph Grabenwarter* (seit 2005, Vizepräsident 2018–2020), *Johannes Hengstschläger* (stv. 2008–2010), *Michael Holoubek* (seit 2011), *Georg Lienbacher* (seit 2011), *Andreas Hauer* (seit 2018), *Barbara Leitl-Staudinger* (stv. seit 2011) und *Michael Mayrhofer* (seit 2021) Mitglieder des österreichischen Verfassungsgerichtshofs. *Rudolf Thienel* war Vizepräsident (2007–2013) und ist Präsident des Österreichischen Verwaltungsgerichtshofs (seit 2014) und *Dieter Kolonovits* Präsident des Verwaltungsgerichts Wien (seit 2013).

3. *Schweiz*

In der Schweiz wurde *Michael Beusch* Richter am Bundesverwaltungsgericht (2007–2019, Vizepräsident 2011–2012) und am Bundesgericht (seit 2020). Darüber hinaus engagierten sich Mitglieder der Vereinigung – wie beispielsweise *Helen Keller*, *Dietrich Schindler jun.*, *Daniel Thürer* und *Luzius Wildhaber* – insbesondere auch auf europäischer und internationaler Ebene, worauf sogleich zurückzukommen sein wird. Diese europäische und internationale Einbindung der Schweiz spiegelt sich jedoch zugleich innenpolitisch in einer – jedenfalls in Teilen auch populistisch aufgeladenen – Kritik an „europäischen" Grundrechten und „fremder" Rechtsprechung, der in der öffentlichen Debatte vor allem *Andreas Kley* eine nüchterne verfassungsrechtliche Bestandsaufnahme und einen verfassungspolitischen Wirklichkeitssinn entgegensetzt hat.[192] Zugleich tauchte im Rahmen der Bewältigung der Corona- und der Klimakrise auf Gemeinde-, Kantons- und Bundesebene eine verfassungsrechtliche und verfassungspolitische Frage wieder auf, die – wie wir bereits gesehen haben – die politische Öffentlichkeit in der Schweiz bereits in den 1930er und 1940er Jahren intensiv beschäftigt hatte: das Notrecht, das nun in der Corona-Krise wieder attraktiv zu werden scheint. Die damit verbundenen verfassungsrechtlichen und verfassungspolitischen Fragen stellen sich nicht nur in der Schweiz, sondern auch in Deutschland, Österreich und anderen europäischen und westlichen Verfassungsstaaten. Doch die verfassungsrechtliche und verfassungspolitische Debatte über das Notrecht in der Schweiz zeichnet sich gerade dadurch aus, dass sie – auf der Grundlage einer historischen und strukturellen Bestandsaufnahme[193] – neben der Corona-[194] auch bereits die Klimakrise[195] einbezieht und sich mit einem dezidiert demokratischen und rechtsstaatlichen Selbstverständnis gegen die „autoritäre Versuchung des Not-

[192] Vgl. *Andreas Kley*, Leerlauf statt Selbstbestimmung, Weltwoche 2016, Nr. 32, S. 36 ff.

[193] Vgl. *Andreas Kley*, Mit Macht durch den Krieg, NZZ, 3.5.2015, S. 22 f.

[194] Vgl. *Andreas Kley*, Die autoritäre Versuchung des Notrechts, Schweizer Monat 5/2020, S. 8 ff.; *ders.*, Notrecht und Demokratie – Was darf der Bundesrat?, NZZ, 7.4.2020, S. 7; *ders.*, Pandemie und exekutive Selbstermächtigung, NZZ, 18.5.2020, S. 8; *Giovanni Biaggini*, „Notrecht" in Zeiten des Coronavirus – Eine Kritik der jüngsten Praxis des Bundesrats zu Art. 185 Abs. 3 BV, Schweizerisches Zentralblatt für Staats- und Verwaltungsrecht 2020, S. 239 ff.

[195] Vgl. *Andreas Kley*, Der Klimanotstand darf nicht die rechtsstaatliche Demokratie aushebeln, NZZ, 24.7.2020, S. 7.

rechts“[196] wendet:[197] Corona- und Klimakrise dürfen „nicht die rechtsstaatliche Demokratie aushebeln.“[198] Damit ist eine der bleibenden und zugleich verallgemeinerbaren Einsichten für die Bewältigung der Persistenz der sozialen, ökonomischen, ökologischen, populistischen und terroristischen Krisen formuliert, die sich seit 2001 gegenseitig verstärkt haben.

4. Europäische Integration und internationale Gemeinschaft

Zwischen 2001 und 2021 wurden *Constance Grewe* (2004–2016), *Helen Keller* (seit 2020) und *Angelika Nußberger* (seit 2020) Richterinnen am Verfassungsgerichtshof von Bosnien-Herzegowina (seit 2020). *Heinz Schäffer* (stv. 1999–2008, 2008), *Klaus Vallender* (2000–2011), *Bernhard Ehrenzeller* (stv. 2000–2011, 2011–2019), *Christoph Grabenwarter* (stv. 2005–2012), *Yvo Hangartner* (stv. 2005–2012), *Peter Bußjäger* (seit 2009), *Benjamin Schindler* (stv. seit 2012), *Walter Berka* (stv. 2013–2021), *August Mächler* (seit 2019) waren und sind Richter des Staatsgerichtshofs des Fürstentums Liechtenstein. Auf europäischer Ebene gehörte *Reinhard Rack* als Vertreter des Europäischen Parlaments dem europäischen Verfassungskonvent an (2003–2004). *Vassilios Skouris* war Richter (1999–2015) und Präsident des Europäischen Gerichtshofs (2003–2015). *Thomas von Danwitz* ist Richter des Europäischen Gerichtshofs (seit 2006) und *Juliane Kokott* Generalanwältin am Europäischen Gerichtshof (seit 2003). *Angelika Nußberger* (2011–2020, Vizepräsidentin 2017–2019) und *Helen Keller* (2011–2020) waren und *Gabriele Kucsko-Stadlmayer* (seit 2015) und *Anja Seibert-Fohr* (seit 2020) sind Richterinnen am Europäischen Gerichtshof für Menschenrechte. Auf internationaler Ebene war *Georg Nolte* Mitglied der Völkerrechtskommission der Vereinten Nationen (2007–2021, Vorsitz 2017), bevor er Richter am Internationalen Gerichtshof wurde (seit 2020). *Helen Keller* (2008–2011), *Anja Seibert-Fohr* (2013–2018, Vizepräsidentin 2015–2017) waren Mitglieder und *Andreas Zimmermann* ist (seit 2018) Mitglied des Menschenrechtsausschusses der Vereinten Nationen. *Mehrdad Payandeh* engagiert sich im UN-Ausschuss für die Beseitigung von Rassendiskriminierung (seit 2020). *Doris König*, *Stefan Oeter*, *Eibe Riedel* und *Andreas Zimmermann* gehörten dem Ständigen Schiedshof an (seit 2008).

VIII. Ausblick

Das Engagement, das die Mitglieder der Vereinigung der Deutschen Staatsrechtslehrer in den vergangenen hundert Jahren in der politischen und gerichtlichen Praxis für den demokratischen Verfassungsstaat, die europäische Integration und die internationale Gemeinschaft entfaltet haben, ist beeindruckend. Aber dennoch bleiben mit Blick auf das politische und gerichtliche Engagement der Mitglieder die Jahre von 1933 bis 1945

---

[196] *Kley*, Versuchung (Fn. 194), S. 8.
[197] Vgl. *Kley*, Versuchung (Fn. 194), S. 8 ff.
[198] Vgl. *Kley*, Klimanotstand (Fn. 195), S. 7.

für das Selbstverständnis der Vereinigung von zentraler Bedeutung, selbst wenn die Vereinigung in dieser Zeit zunächst de facto und sodann de jure nicht existierte. *Hans Peters*, der selbst dem Widerstand gegen Hitler angehörte, hatte den Grundsatz formuliert: „Je mehr ‚durchschnittliche' Nazis wir in unseren Reihen haben, umso wichtiger ist es, dass die Vereinigung den ‚überdurchschnittlichen' verschlossen bleibt."[199] Bei nüchterner Betrachtung kann man nur feststellen, dass dies nicht gelungen ist. Zugleich wird deutlich, dass die Aufarbeitung der Geschichte der Vereinigung nicht nur eine intellektuelle und wissenschaftliche Dimension hat. Vielmehr gilt es gerade auch, an die vielen menschlichen Opfer zu erinnern, zu denen das politische und gerichtliche Engagement von Mitgliedern der Vereinigung zwischen 1933 und 1945 geführt haben. Es sind dieses Bewusstsein und diese Erinnerung, die zu einem Wandel der Vereinigung beigetragen haben, der ganz auf der Linie der Initiative von *Fritz Stier-Somlo* liegt, eine demokratische Staatsrechtslehrervereinigung zu gründen.

---

[199] Zitiert nach *Gusy*, Huber (Fn. 5), S. 764.

IV. Außensichten auf die Staatsrechtslehrervereinigung

Antiliberalismus, liberaler Konsens, Neoliberalismus

Die Debatten der Staatsrechtslehrervereinigung und die zeitgeschichtliche Forschung

Frieder Günther

I. Einleitung . . . 867
II. Erster Zeitbogen 1920–1965: Antiliberalismus . . . 869
1. Die Entwicklung der antiliberalen Bewegung . . . 869
2. Die antipositivistische Richtung in der Staatsrechtslehre . . . 871
3. Antiliberalismus und Wertordnung während der 1950er Jahre . . . 875
III. Zweiter Zeitbogen 1955–1985: Liberaler Konsens . . . 877
1. Die Entwicklung des liberalen Konsenses . . . 877
2. Die Rudolf Smend-Schule . . . 879
3. Moderater Wandel der Staatsrechtslehre . . . 881
IV. Dritter Zeitbogen seit 1975: Neoliberalismus . . . 883
1. Die Entwicklung des politischen und gesellschaftlichen Klimas . . . 883
2. Veränderung des wirtschaftspolitischen Leitbildes . . . 885
3. Die Kooperation des Staates mit Privaten . . . 887
V. Fazit: Perspektiven auf das 20. Jahrhundert . . . 889

I. Einleitung

Beim Blick auf die Geschichte der deutschen Staatsrechtslehrervereinigung liegt es nahe, deren Entwicklung in zwei Abschnitte zu unterteilen. Ein erster kurzer Abschnitt beginnt mit der ersten Zusammenkunft der Vereinigung im Oktober 1922 und endet mit der Tagung 1931 in Halle.[1] Darauf folgt ein zweiter, deutlich längerer Abschnitt, der mit der Wiedergründung der Vereinigung 1949 beginnt, die Zeit der deutschen Teilung und die Wiedervereinigung umfasst und sich bis in die Gegenwart hinein fortsetzt. Ein Vorteil dieser Einteilung ist es, dass sie der gängigen verfassungsgeschichtlichen Periodisierung entspricht, indem sie zwischen Weimarer Republik, der Zeit des Nationalsozialismus und der Bundesrepublik und ihren Verfassungsordnungen einen klaren Trennstrich zieht, wobei in diesem Fall die Zeit des Nationalsozialismus als eigenständige Periode keine größere Berücksichtigung finden würde. Ein Nachteil ist es hingegen, dass die zeit-

[1] Vgl. zur Gründung der Vereinigung *Christoph Schönberger*, in diesem Band, S. 3 ff.; *Michael Stolleis*, Geschichte des öffentlichen Rechts in Deutschland, Bd. 3, 1999, S. 186 ff. Zur Auflösung der Vereinigung im Jahre 1938 vgl. ebd., S. 311 ff.; *Andreas Kley*, in diesem Band, III, S. 39 (48 ff.).

liche Gliederung längerfristige Entwicklungen, die die politischen Einschnitte von 1933, 1945 und 1949 überwölbten – etwa solche von Wirtschaft und Gesellschaft oder von politischen Weltbildern und Denkhaltungen –, nicht in den Blick nimmt.

Um Kontinuitäten, die in der herkömmlichen Periodisierung entlang der politischen Systeme kaum thematisiert werden und in jüngster Zeit zunehmend in den Fokus der Forschung treten, stärker zu betonen, hat die Zeitgeschichte eine Reihe von Periodisierungsvorschlägen für das 20. Jahrhundert erarbeitet. Einer stellt die Außenpolitik und die globale Ordnung in den Mittelpunkt und betrachtet die Zeit zwischen 1917, als in Russland die Oktoberrevolution stattfand und die USA in den Ersten Weltkrieg eintraten, und 1990 als eine geschlossene Epoche, die von einer antagonistischen politischen Systemkonkurrenz dominiert wurde und in der deutschen Geschichte einen besonders starken Niederschlag gefunden hat.[2] Ein zweiter Ansatz geht stärker von der wirtschaftlichen Entwicklung und ihren sozialen Folgen aus und betrachtet die Zeit zwischen den 1880er und dem Beginn der 1970er Jahre als eine Epoche, die von den Herausforderungen der Industriemoderne dominiert worden sei.[3] Dem schloss sich eine Periode an, die von einem tief greifenden Strukturbruch geprägt war, wofür häufig die Bezeichnung „nach dem Boom" verwendet wird.[4] Ein dritter Ansatz betont den Zivilisationsbruch, der durch den Holocaust markiert wurde, wobei die Jahre des Völkermords zwischen dem Beginn des Vernichtungskrieges gegen die Sowjetunion und dem Ende des Zweiten Weltkriegs als Höhepunkt einer längerfristigen Entwicklung angesehen wird. Die deutsche Geschichte des 20. Jahrhunderts erscheint aus dieser Perspektive also als eine Vor- und Nachgeschichte dieses historisch einzigartigen Einschnitts.[5]

Da es in diesem Beitrag primär um die Wissenschaftsgeschichte des Öffentlichen Rechts und um den Wandel von Weltbildern und Denkmustern der Staatsrechtslehrer gehen soll, soll hier ein vierter Periodisierungsversuch im Mittelpunkt stehen, der von *Anselm Doering-Manteuffel* vorgeschlagen wurde. Ausgehend von der Gesellschafts- und der politischen Ideengeschichte unterteilt er das 20. Jahrhundert in drei sich zeitlich überschneidende Zeitbögen. Jeder dieser Zeitbögen sei von einem Ordnungsmodell dominiert worden, der erste, von 1890 bis 1940 dominierende Zeitbogen vom Antiliberalismus, der zweite, von 1930 bis 1970/75 prägende Zeitbogen vom totalitären Zwang und der freiheitlichen Integration und der dritte ab 1975/80 vom Neoliberalismus als einem konservativen Projekt, wobei ein Ende sich hier noch nicht eindeutig festlegen lässt. *Anselm Doering-Manteuffel* versteht Zeitbögen „als Zeitspannen von jeweils mehreren Jahrzehnten, die sich überlappen können, aber durch markant unterschiedliche Vorstellungen von der Ordnung in Gesellschaft und Staat gekennzeichnet sind. Solche Ordnungsvorstellungen beeinflussten das Handeln in Politik, Wirtschaft und Kultur tiefgreifend, sie waren transnational wirksam und differierten zugleich in der Intensität ih-

---

[2] Vgl. z. B. im Hinblick auf ganz Europa, aber unter starker Berücksichtigung der deutschen Entwicklung *Mark Mazower*, Der dunkle Kontinent, 2000.

[3] Vgl. z. B. *Gabriele Metzler*, Konzeptionen politischen Handelns von Adenauer bis Brandt, 2005, insb. S. 11 f.; *Ulrich Herbert*, Geschichte Deutschlands im 20. Jahrhundert, 2014.

[4] Vgl. *Anselm Doering-Manteuffel/Lutz Raphael*, Nach dem Boom, 2008.

[5] Vgl. *Dan Diner*, Das Jahrhundert verstehen, 1999; *Herbert*, Geschichte Deutschlands (Fn. 3).

rer nationalen Ausprägungen."[6] Dementsprechend soll im Folgenden überprüft werden, ob sich diese Annahmen im Hinblick auf die Staatsrechtslehre bestätigen. Fanden also die Zeitbögen, wenn man sie zeitlich anpasst und flexibel deutet, im Denken der Staatsrechtslehrer und in den Debatten ihrer Vereinigung einen Niederschlag?

II. Erster Zeitbogen 1920–1965: Antiliberalismus

1. Die Entwicklung der antiliberalen Bewegung

Der erste Zeitbogen war geprägt von dem Bedürfnis, angemessene Antworten auf die neuen Herausforderungen der Industriemoderne zu finden. Dabei waren diese Antworten in ihrer Zielrichtung seit der Jahrhundertwende zunehmend antiliberal und radikal und wurden von einer immer weiter expandierenden politischen Massenbewegung getragen. Diese wollte mit fast allem brechen, was aus dem 19. Jahrhundert kam, und zugleich den Weg in eine alternative Zukunft weisen, die sich von der Gegenwart grundlegend unterschied. Die allmähliche Herausbildung der Industriegesellschaft seit den 1880er Jahren hatte eine rasante Veränderung beinahe aller Lebensbereiche mit sich gebracht. Dabei führten die tiefgreifenden Wandlungsprozesse wie die Technisierung, das Bevölkerungswachstum, die Migrationsbewegung, die Urbanisierung und die Herausbildung des politischen Massenmarktes zu einer veränderten und letztlich krisenhaften Wirklichkeitswahrnehmung. War das Bürgertum zuvor noch von einem unerschütterlichen Fortschrittsoptimismus geprägt gewesen, dominierten seit der Jahrhundertwende Unsicherheit, Fortschrittsskepsis und Kulturkritik. Traditionelle Normen, Prägungen und Verhaltensmuster sah es grundsätzlich infrage gestellt. Städtisch-unterbürgerliche Schichten schienen traditionelle Konzeptionen von Sicherheit, Recht und Ordnung fundamental zu bedrohen. Auch meinte man in bürgerlichen Kreisen, dass traditionelle, aus dem 19. Jahrhundert stammende Vorstellungen der parlamentarischen Repräsentation den Realitäten der modernen Massendemokratie nicht mehr entsprächen. Die Maßstäbe der Vergangenheit galten nicht mehr für die Gegenwart; ein Gefühl der Entfremdung und Entwurzelung machte sich breit. So entstanden modernitätsskeptische Gegenbewegungen wie die Jugend- und die Lebensreformbewegung. Teile des Bürgertums wandten sich zudem einem übersteigerten aggressiven Nationalismus und Rassismus zu, wobei „der Jude" zum angeblichen Nutznießer und zugleich zum Sinnbild der verhassten Moderne erklärt wurde. Ein immer größerer Anteil der Bevölkerung strebte danach, eine antiliberale Kulturrevolution einzuleiten.[7]

---

[6] *Anselm Doering-Manteuffel*, Die deutsche Geschichte in den Zeitbögen des 20. Jahrhunderts, VfZ 62 (2014), S. 321 (324 f.).

[7] Vgl. hierzu und zum Folgenden allgemein *Anselm Doering Manteuffel*, Mensch, Maschine, Zeit, in: Jahrbuch des Historischen Kollegs 2003, 2004, S. 91; *ders.*, Konturen von „Ordnung" in den Zeitschichten des 20. Jahrhunderts, in: Etzemüller (Hrsg.), Die Ordnung der Moderne, 2009, S. 41; *ders.*, Die deutsche Geschichte (Fn. 6), S. 321; *Wolfgang Hardtwig*, Die Krise des Geschichtsbewußtseins in Kaiserreich und Weimarer Republik und der Aufstieg des Nationalsozialismus, in: Jahrbuch des Historischen Kol-

Verstärkt wurden solche Tendenzen durch die zugespitzte politische Radikalisierung während des Ersten Weltkriegs. Der Krieg wirkte „als Katalysator, indem er die gesellschaftliche Transformation beschleunigte und intensivierte."[8] Die „Ideen von 1914" wurden nun als ein expliziter Gegenentwurf zu den Idealen der französischen Revolution und dem parlamentarisch-repräsentativen Systementwurf des Westens konzipiert. Burgfrieden, Volksgemeinschaft, deutsche Kultur und deutscher Geist standen gegen individuelle Freiheit, liberale Demokratie und die Zivilisation der Feinde. Die Weimarer Verfassungsordnung, welche noch einmal an die westlich-liberale Tradition von individueller Freiheit und Selbstbestimmung anknüpfte, stand von Anfang an im Schatten der Kriegsniederlage und des verhassten Friedensvertrages von Versailles und wurde von konservativ-reaktionären und rechtsradikalen Kräften entsprechend angefeindet. Diesen Gruppierungen ging es in den Worten von *Anselm Doering-Manteuffel* um nichts weniger als um den „Widerruf der modernen Idee von Gesellschaft und Staat in der Tradition der Aufklärung."[9] Die politischen Kräfte, die für die Weimarer Ordnung an erster Stelle verantwortlich waren, vor allem Linksliberale, aber auch Sozialdemokraten und Zentrumskatholiken, wurden hingegen in die Defensive gedrängt und verloren kontinuierlich bei Wahlen an Stimmen. Zudem war der Begriff „liberal" zunehmend negativ konnotiert und verschwand aus dem Sprachgebrauch.

Diese kulturpessimistische Grundhaltung wirkte sich auch auf die Entwicklungen in der Kunst und auf die intellektuellen Debatten der Zeit aus. Es kam seit der Jahrhundertwende zu einer „Krise des Historismus", bei der die Vorstellung von einer auf Fortschritt gerichteten Entwicklungsgeschichte mehr und mehr in Zweifel gezogen wurde. Während das liberale Weltbild in der Tradition der Aufklärung von einem optimistischen Glauben an einen unaufhaltsamen geschichtlichen Aufstieg geprägt gewesen war, bei der die immer weiter voranschreitende Emanzipation des bürgerlichen Individuums im Mittelpunkt gestanden hatte, wurde das bürgerliche Fortschrittskontinuum nun aufgebrochen und durch ein mythisches und utopisches Denken ersetzt, bei dem idealisierte Vorzeiten, ewige Ordnungen oder ein erlösendes Reich der Zukunft beschworen wurden. An die Stelle des historischen Entwicklungsgedankens traten die Substanz des Tradierten und Gewachsenen sowie die Hoffnung auf eine überzeitliche Zukunft jenseits der Geschichte. Entsprechende Bewegungen, die den Ausstieg aus dem linearen Zeitmodell propagierten und damit das bürgerlich-liberale Grundverständnis von Ordnung negierten, dominierten die moderne expressionistische Kunst, aber auch unterschiedliche Wissenschaftsdisziplinen, so die Theologie, die Philosophie, die Soziologie und die Nationalökonomie.

---

legs 2001, 2002, S. 47; *Herbert*, Geschichte Deutschlands (Fn. 3), S. 25 ff.; *Steffen Bruendel*, Volksgemeinschaft oder Volksstaat, 2003.

[8] *Doering-Manteuffel*, Die deutsche Geschichte (Fn. 6), S. 326.

[9] *Doering-Manteuffel*, Die deutsche Geschichte (Fn. 6), S. 330.

2. Die antipositivistische Richtung in der Staatsrechtslehre

Auch in der deutschen Staatsrechtslehre fand die antiliberale Bewegung, wenngleich verspätet, ihren Niederschlag. Zwar geriet hier der politische Liberalismus schon in der zweiten Hälfte des 19. Jahrhunderts allmählich in die Defensive, dieser Umschwung wurde aber zunächst durch die Dominanz der rechtspositivistischen Richtung überdeckt. Der Rechtspositivismus erstrebte eine Verwissenschaftlichung, Entpolitisierung und Versachlichung der Debatten und bewirkte letztlich ein Arrangement mit der „Realpolitik“. Im Mittelpunkt der rechtswissenschaftlichen Arbeit sollten im Sinne der „Methodenreinheit“ die rein formal verstandenen Begriffe und deren dogmatische Systematisierung stehen. Dies hatte zur Folge, dass die fragile Machtkonstellation des wilhelminischen Obrigkeitsstaates in der Schwebe belassen wurde; die breite Mehrheit der Staatsrechtslehrer arrangierte sich mit dem Status quo.[10]

In den letzten Jahren vor dem Ersten Weltkrieg machte hingegen eine junge Generation von Staatsrechtslehrern auf sich aufmerksam, darunter *Erich Kaufmann*, *Heinrich Triepel* und *Rudolf Smend*, die sich bewusst von der bis dahin dominierenden rechtspositivistischen Richtung absetzte. Diese jungen Staatsrechtslehrer dachten entschieden politischer, wollten die politischen und sozialen Rahmenbedingungen in ihrer Arbeit berücksichtigen und verändern und wandten sich nunmehr verstärkt methodischen und staatstheoretischen Grundproblemen zu. Sie bildeten innerhalb des Fachs Öffentliches Recht im Verlauf der 1920er Jahre die neue sogenannte antipositivistisch-geisteswissenschaftliche Gruppierung, die zwar tatsächlich äußerst heterogen war, aber doch von außen als solches wahrgenommen wurde. Die breite Mehrheit von ihnen stand politisch rechts und fühlte sich dem nationalkonservativen oder nationalliberalen Lager zugehörig. Die parlamentarische Demokratie von Weimar akzeptierten sie nur widerwillig, so dass der nationalkonservativ eingestellte *Heinrich Triepel* im Rückblick urteilte:

> „Gott allein weiß, wie sauer es vielen von uns geworden ist, uns vor vierzehn Jahren in eine Verfassung hineinzudenken, deren Geist wir innerlich ablehnten.“[11]

Zugleich bekämpften die Vertreter dieser Richtung das als schmachvoll empfundene internationale „System von Versailles“ mit aller Kraft. Bestimmend war für sie ein ganzheitliches Denken, das – unter Bezugnahme auf vage Begriffe wie Staat, Nation, Volk, Integration, Führung oder Entscheidung – der als krisenhaft und bedrohlich wahrgenommenen Realität vage visionäre Zukunftsentwürfe einer alternativen, wertgebundenen und harmonischen Ordnung entgegenstellte. Dabei war die Weimarer Republik als Resultat der Kriegsniederlage aus Sicht der meisten von ihnen nicht in der Lage, die angestrebte politische Einheit des Volkes zu gewährleisten. Was für die intellektuellen Debatten der antiliberalen Bewegung allgemein bereits herausgearbeitet wurde, zeigt sich somit auch hier: Die antipositivistischen Staatsrechtslehrer erstrebten einen Zustand, der

---

[10] Vgl. *Michael Stolleis*, Geschichte des öffentlichen Rechts in Deutschland, Bd. 2, 1992, S. 276 ff.; *Christoph Schönberger*, in diesem Band, IV.1, S. 3 (14 ff.).

[11] Heinrich Triepel an Otto Koellreutter, 18.4.1933, zitiert nach: *Lothar Becker*, „Schritte auf einer abschüssigen Bahn“, 1999, S. 70 (71).

die aktuellen Gegebenheiten überwinden sollte und der letztlich einen Ausstieg aus der historischen Entwicklung anstrebte, wobei die Konturen einer künftigen Ordnung äußerst unklar blieben. In dieser Situation, als diese entschieden antiliberale, mit revolutionärem Anspruch auftretende neue Richtung allmählich begann, Aufmerksamkeit auf sich zu ziehen, wurde im Jahr 1922 die Vereinigung der Deutschen Staatsrechtslehrer gegründet. Die offenkundige Pluralisierung des Fachs schuf das Bedürfnis zur Schaffung eines fachinternen Diskussionsforums. Auf diese Weise wurde versucht, „eine interne Politisierung des Fachs" zu dämpfen und die neue antipositivistische Richtung in die rechtswissenschaftlichen Debatten einzubinden. Die Vereinigung wurde so zu einem Forum, in dem die Auseinandersetzungen des sogenannten Weimarer Methodenstreits der Staatsrechtslehrer offen ausgetragen wurden.[12]

Dies wurde sogleich auf der zweiten Tagung in Jena im April 1924 deutlich, als beim zweiten Beratungsgegenstand über die „Diktaturgewalt des Reichspräsidenten" mit *Carl Schmitt* ein Protagonist der antipositivistischen Richtung seine Überlegungen vortrug.[13] Auf scharfsinnige Weise machte er auf die unhinterfragten Voraussetzungen der herrschenden Lehre bei der Interpretation des Art. 48 Abs. 2 WRV aufmerksam. Dem stellte er sein Konzept einer expansiven Auslegung des Art. 48 Abs. 2 WRV entgegen, indem er Satz 2 von Satz 1 trennte, dem Reichspräsidenten im Ausnahmezustand also nicht nur erlaubte, von den in Satz 2 genannten Grundrechten abzuweichen, sondern in andere Bestimmungen der Verfassung, etwa in deren organisatorischen Teil, einzugreifen. Damit gestand er dem Reichspräsidenten zunächst deutlich mehr Befugnisse als die herrschende Meinung zu und sprach dementsprechend von seinem *plein pouvoir*. Aber er verstand den Ausnahmezustand doch nicht als schrankenlos, sondern als rechtstaatlich geregelt, und setzte vor diesem Hintergrund dem Reichspräsident wiederum sowohl zeitliche als auch inhaltliche Grenzen. Der Reichspräsident übte somit aus *Carl Schmitts* Sicht nur eine kommissarische Diktatur aus. Hinter dieser Aufsehen erregenden rechtlichen Argumentation deutete sich jedoch *Carl Schmitts* tiefere Intention an. Gleichsam nebenbei ließ er erkennen, dass aus seiner Sicht eine rein normtextgebundene, rechtsstaatliche Argumentation, so wie es dem traditionellen Positivismus entsprach, nicht ausreichte, um das Problem der Diktaturgewalt vollständig zu erfassen. Der echte Ausnahmezustand war nämlich letztlich nur durch eine souveräne Diktatur zu meistern, die aber jenseits des Verfassungstextes bestand, denn „in jedem rechtlichen Atom, wenn ich so sprechen darf, bleibt eine Anordnung, welche eine abnorme Situation voraussetzt,

[12] Vgl. *Stolleis*, Geschichte des öffentlichen Rechts III (Fn. 1), S. 153 ff. (Zitat 187); *ders.*, Der Methodenstreit der Weimarer Staatsrechtslehre – ein abgeschlossenes Kapitel der Wissenschaftsgeschichte, 2001; *Oliver Lepsius*, Die gegensatzaufhebende Begriffsbildung, 1994; *Peter C. Caldwell*, Popular Sovereignty and the Crisis of German Constitutional Law, 1997, S. 63 ff.; *Manfred Friedrich*, Der Methoden- und Richtungsstreit, AöR 102 (1977), S. 161; *Klaus Rennert*, Die „geisteswissenschaftliche Richtung" in der Staatsrechtslehre der Weimarer Republik, 1987. *Christoph Schönberger* argumentiert, dass mit der Einhegung liberaler, republikanischer Ansichten implizit eine Konservierung des nationalkonservativen Mainstream bezweckt wurde. Vgl. *ders.*, in diesem Band, S. 3 (23 ff.), allgemein S. 33 f.

[13] *Carl Schmitt*, Die Diktatur des Reichspräsidenten nach Art. 48 der Reichsverfassung, VVDStRL 1 (1925), S. 63. Vgl. zudem *ders.*, Die Diktatur, 1921.

verschieden von dem Recht, das für die normale Situation gelten soll."[14] Er verwies also auf eine Verfassung jenseits des Textes der liberal-rechtsstaatlichen Verfassung von Weimar. Dies war in dem Vortrag von *Carl Schmitt* nur angedeutet, „blieb von nun an [aber] die Operationsbasis der antipositivistischen Richtung."[15] Die Haltung, die hier hervorschien, war darüber hinaus antiinstitutionell, sie entsprach einem von der Exekutive her gedachten Staats- und Politikverständnis, sie war antiparlamentarisch, da das Parlament in der von *Carl Schmitt* favorisierten souveränen Diktatur ganz ausgeschaltet werden konnte, und sie zielte in letzter Konsequenz auf eine Relativierung und Diskreditierung der Weimarer Reichsverfassung, indem sie eine Verfassungsentscheidung jenseits ihres eigentlichen Textes konstruierte.

Der Mitberichterstatter *Erwin Jacobi* stimmte *Carl Schmitts* Ausführungen weitgehend zu, wobei er speziell auf die nach Art. 48 Abs. 2 WRV zulässigen Verfassungsdurchbrechungen einging und das richterliche Nachprüfungsrecht auf wenige Fragen beschränkt wissen wollte.[16] Bei der Diskussion stießen die Ausführungen beider Referenten bei den meisten Rednern auf grundlegende Einwände, da sie an der Vorstellung des alten Belagerungszustandes festhielten und somit die Schranken der Diktaturgewalt erheblich enger gezogen sehen wollten. Allgemeiner Konsens war es immerhin, das Parlament zum baldigen Erlass eines Ausführungsgesetzes gemäß Art. 48 Abs. 5 WRV aufzufordern, um so die Rechtssicherheit zu erhöhen.[17] Aber es war doch deutlich geworden, wie stark sich der Standpunkt der geisteswissenschaftlichen Richtung von der Mehrheitsmeinung der Positivisten unterschied. Diese Auseinandersetzung sollte auch die künftigen Tagungen dominieren, wobei immer mehr Staatsrechtslehrer der neuen geisteswissenschaftlichen Richtung zuneigten und die liberalen Positivisten, darunter *Hans Nawiasky, Gerhard Anschütz, Richard Thoma, Walter Jellinek* und *Hans Kelsen*, zunehmend in eine isolierte Minderheitenposition drängten. Antiparlamentarische, gegen den Weimarer Parteienstaat gerichtete Ansichten brachen sich Bahn etwa bei der Debatte über „Die Gleichheit vor dem Gesetz", indem auf der Basis der geisteswissenschaftlichen Richtung das Richtertum zum Wächter über die Gerechtigkeitsvorstellungen des Gesetzgebers auserkoren wurde.[18] Auf der Münchener Tagung von 1927 legte dann *Rudolf Smend* beim Thema Meinungsfreiheit sein bahnbrechendes Verständnis der Grundrechte als Werte dar, aus der sich die Notwendigkeit zur Abwägung von Rechtsgütern ergäbe.[19] Von welchen Emotionen und Gegensätzen der Weltbilder die Debatte mittlerweile geprägt war, machte *Richard Thoma* deutlich, der in München auf eine Wortmeldung von *Erich Kaufmann* ausführte, dass dessen Begriffe für ihn „sozusagen chinesisch" seien:

---

[14] *Schmitt*, Die Diktatur des Reichspräsidenten (Fn. 13), S. 101. Vgl. zudem *Stolleis*, Geschichte des öffentlichen Rechts III (Fn. 1), S. 188 f.

[15] *Stolleis*, Geschichte des öffentlichen Rechts III (Fn. 1), S. 189.

[16] *Erwin Jacobi*, Die Diktatur des Reichspräsidenten nach Art. 48 der Reichsverfassung, VVDStRL 1 (1925), S. 106.

[17] Verhandlungsbericht zum Thema Diktatur, VVDStRL 1 (1925), S. 137.

[18] *Erich Kaufmann/Hans Nawiasky*, Die Gleichheit vor dem Gesetz im Sinne des Art. 109 der Reichsverfassung, VVDStRL 3 (1927), S. 2 bzw. S. 25. Vgl. *Stolleis*, Geschichte des öffentlichen Rechts III (Fn. 1), S. 189 ff.; *Ute Sacksofsky*, in diesem Band, II, S. 479 (481 ff.).

[19] *Rudolf Smend*, Das Recht der freien Meinungsäußerung, VVDStRL 4 (1928), S. 44.

„Ich verstehe es einfach nicht und bin durchaus nicht der einzige in diesem Saale, der es nicht versteht. Ich spreche das aus, weil es doch ein sehr beunruhigendes Symptom der gegenwärtigen wissenschaftlichen Situation ist, dass selbst in einem so engen Kreise spezialisierter Fachgelehrter sich eine solche Kluft des Nichtverstehens der Problematik und der Terminologie der einen Gruppe durch die andere Gruppe auftut."[20]

Die speziell unter den antipositivistisch eingestellten Staatsrechtslehrern weitverbreiteten Ressentiments gegen das parlamentarische Regierungssystem verstärkten sich noch einmal in der Schlussphase der Weimarer Republik. Die Staatskrise wurde vor allem dem Reichstag und den darin vertretenen Parteien angelastet, deren Funktionen durch die Installierung eines Präsidialsystems ab 1930 ein Stück weit aufgefangen werden sollten. Was sich als Mindermeinung bereits auf der Staatsrechtslehrertagung 1924 in Jena angedeutet hatte, wurde so zur Grundüberzeugung. Parlamentarismus und Parteienstaat traute man es schlichtweg nicht zu, einen Weg aus der als existenziell wahrgenommenen Krisensituation zu weisen. Allein die Exekutive, und hierbei insbesondere den überparteilichen Reichspräsidenten und die auf das Gemeinwohl verpflichtete Bürokratie, sah man noch in der Lage, die Substanz der Verfassung zu retten und den Staat vor dem Zusammenbruch zu bewahren. Folglich legten ihnen die Staatsrechtslehrer möglichst wenig verfassungsrechtliche Schranken in den Weg. Auch wenn sie vor einer endgültigen Abkehr vom Weimarer Verfassungssystem zurückschreckten, waren autoritäre Lösungen, wie der sogenannte Preußenschlag oder die Verlängerung des Staatsnotstandes, unter ihnen populär, da solche Maßnahmen in der gegenwärtigen bürgerkriegsartigen Situation eine weitere Eskalation der politischen Zustände zu verhindern schienen.[21] An der Staatsrechtslehrervereinigung liefen diese Entwicklungen indes vorbei, da sie seit 1931 nicht mehr zusammengetreten war. Die Not schien so groß, dass die schon für 1932 geplante Tagung kurzerhand abgesagt wurde.

Auch wenn die große Mehrheit der Staatsrechtslehrer vor 1933 eine bewusste Distanz zur NSDAP gewahrt hatte, wechselten viele nach der Machtübernahme der Nationalsozialisten in großer Eile die Seiten. Keine andere Partei verkörperte in solcher Radikalität die Ideale der antiliberalen Bewegung wie die Partei *Adolf Hitlers*. Der Kampf gegen alles Jüdische und Liberale wurde nun als eine Revolution geführt in Richtung einer rassisch gereinigten Volksgemeinschaft in einem „tausendjährigen Reich". Für die Staatsrechtslehrer schienen sich nun endlich die lang gehegten Einheitssehnsüchte, die Hoffnungen auf einen „nationalen Rechtsstaat" und auf eine im Gegensatz zum Parteienzwist stehende große homogene Volksgemeinschaft zu erfüllen. Die Texte aus der ersten Veröffentlichungsflut nach der nationalsozialistischen Machteroberung zeichneten sich vor allem durch euphorische Irrationalität und wissenschaftliche Unbestimmtheit aus. Was sie einte, war die prinzipielle Zustimmung zu den ersten rechtlichen Maßnahmen des neuen Regimes und die Ablehnung des als liberalistisch, positivistisch und individualistisch verachteten Rechtsdenkens des 19. Jahrhunderts. Es sollte aber nicht lange dauern, bis die

[20] *Richard Thoma*, VVDStRL 4 (1928), S. 86 f.

[21] Vgl. *Carl Schmitt*, Der Hüter der Verfassung, 1931; *Caldwell*, Popular Sovereignty and the Crisis (Fn. 12), S. 171 ff.; *Stolleis*, Geschichte des öffentlichen Rechts III (Fn. 1), S. 115 f., 120 ff., 199 ff.; *Christoph Gusy*, 100 Jahre Weimarer Verfassung, 2018, S. 189 ff., 223 ff.

erste Begeisterung über die nationalsozialistische Revolution einer Ernüchterung wich. Es zeigte sich nämlich, dass der Nationalsozialismus nicht danach strebte, Recht und Ordnung wiederherzustellen, sondern traditionelle Ordnungsstrukturen mit ungeahnter Konsequenz beseitigen wollte. Die meisten der zunächst euphorisierten Staatsrechtslehrer wurden folglich in der Tonlage moderater und setzten auf vermittelnde Weise die politischen und ideologischen Vorgaben des Regimes in Fachtermini um, stützten aber das Regime, indem sie ihre Arbeit als Wissenschaftler und akademische Lehrer fortsetzten. Nur eine Minderheit rang auf Dauer um die Meinungsführerschaft in ihrem Fach.[22]

3. Antiliberalismus und Wertordnung während der 1950er Jahre

Die vor 1945 erfolgten vorsichtigen Distanzierungen vom Nationalsozialismus erlaubten der Mehrheit der Staatsrechtslehrer, ab 1949, als das Grundgesetz in Kraft trat und die Staatsrechtslehrervereinigung unter starker Betonung der Kontinuitäten zur Weimarer Zeit wiedergegründet wurde,[23] die Arbeit weitgehend ungebrochen fortzusetzen. Die schlimmsten Auswüchse der Ideologisierung und Pervertierung des Rechts lastete man nun den „150-prozentigen Parteijuristen" und einzelnen Karrieristen der eigenen Zunft an, während man sich selbst dafür eingesetzt habe, im scharfen Kontrast zur offiziellen Ideologie das Recht zu bewahren und im traditionellen Sinne fortzuentwickeln. Dies war der Hintergrund der Debatte um eine Wiederaufnahme von *Ernst Rudolf Huber, Carl Schmitt* und *Otto Koellreutter* in die Staatsrechtslehrervereinigung[24] und dies war zugleich die Voraussetzung dafür, dass der Einfluss der antiliberalen Bewegung nicht 1945 endete, sondern diese Gruppierung die Debatten in der Staatsrechtslehre für etwa weitere 15 Jahre dominieren konnte. Hinzu kam die historisch unhaltbare Behauptung, nicht sie selbst, sondern der Rechtspositivismus habe das Recht gegenüber nationalsozialistischen Einflüssen wehrlos gemacht.[25] Freilich erschien die antiliberale Bewegung nun als entradikalisiert. Nach den ersten Jahren, als einzelne Staatsrechtslehrer mit kritischen Äußerungen zum Grundgesetz immer wieder für Aufsehen gesorgt hatten,[26] wollte die breite Mehrheit der Staatsrechtlehrer die parlamentarisch-rechtsstaatliche Verfassungsordnung spätestens ab Mitte der 1950er Jahre bewusst nicht wieder wie in Weimar grundsätzlich infrage stellen, sondern sich damit nur noch auf konstruktive Weise auseinandersetzen.

---

[22] Vgl. vor allem *Stolleis*, Geschichte des öffentlichen Rechts III (Fn. 1), S. 246 ff.; *ders.*, Recht im Unrecht, 1994; *Horst Dreier/Walter Pauly*, Die deutsche Staatsrechtslehre in der Zeit des Nationalsozialismus, VVDStRL 60 (2001), S. 9 bzw. S. 73; *Andreas Kley*, in diesem Band, V, S. 39 (57 ff.); *Jens Kersten*, in diesem Band, III.1, S. 829 (837 ff.).

[23] Vgl. *Richard Thoma*, Eröffnung, VVDStRL 8 (1950), S. 1.

[24] Vgl. *Michael Stolleis*, Die Vereinigung der deutschen Staatsrechtslehrer, KritVj 80 (1997), S. 339; *Frieder Günther*, Denken vom Staat her, 2004, S. 63 ff.; *Jan Thiessen*, in diesem Band, IV.1–3, S. 697 (702 ff.).

[25] Vgl. z. B. *Manfred Walther*, Hat der juristische Positivismus die deutschen Juristen wehrlos gemacht?, in: Redaktion Kritische Justiz (Hrsg.), Die juristische Aufarbeitung des Unrechts-Staats, 1998, S. 299.

[26] Vgl. speziell *Werner Weber*, Weimarer Verfassung und Bonner Grundgesetz, 1949; *Hans Peter Ipsen*, Über das Grundgesetz, 1950.

Die 1950er Jahre waren ein Jahrzehnt überwiegend konservativer Rückbesinnung. Bezüge zum Abendland, zum klassischen humanistischen Bildungskanon, zu christlicher Moral und traditionellen Werten sowie zu Anstand und Sittlichkeit dominierten die intellektuellen Debatten.[27] Durch den Wahlkampfslogan der CDU von 1957 „Keine Experimente! Konrad Adenauer" wurde das Bedürfnis der Wirtschaftswundergesellschaft nach Sicherheit und Stabilität noch einmal auf sinnfällige Weise zum Ausdruck gebracht. Wie weit vor diesem Hintergrund die Dominanz des Antiliberalismus in der Staatsrechtslehre noch reichte, zeigte sich besonders deutlich an dem für die Grundrechtsinterpretation der 1950er Jahre ganz zentralen Begriff der Wertordnung. Der Begriff entstammte ursprünglich der antipositivistischen Richtung der Weimarer Staatsrechtslehre, sollte damals die Grundrechte gegenüber dem Gesetzgeber stärken und generell eine Öffnung der Verfassungsinterpretation weg vom eigentlichen Verfassungstext hin zu einer völkischen Gemeinschaftsorientierung ermöglichen. Schon damals war er also zu einem zentralen Begriff der antiliberalen Bewegung geworden.[28] Der Rückgriff auf die Wertordnung nach 1949 erinnerte sogar „in frappanter Weise an die Wertdurchdringung der Rechtsordnung durch die Nazis."[29] Es ist bemerkenswert, wie bedenkenlos die Staatsrechtslehrer in der Nachkriegszeit die Parallelen zur nationalsozialistischen Rechtserneuerung ausblendeten. Dass der Begriff außerdem vom Bundesverfassungsgericht in seiner Rechtsprechung aufgegriffen wurde, verstärkte seine Wirkung noch zusätzlich. Bei dem Rückgriff auf die Wertordnung trafen sich verschiedene Motivationen der Nachkriegszeit. Erstens ermöglichte es die Wertordnung, die Grundrechte des Grundgesetzes in eine hierarchische Ordnung oder ein Wertsystem zu bringen, mit der Menschwürde in Art. 1 Abs. 1 GG als Leitnorm an der Spitze, gefolgt von der allgemeinen Handlungsfreiheit in Art. 2 Abs. 1 GG und dem Gleichheitssatz in Art. 3 GG. Zweitens schuf sie die Voraussetzung, um dem Grundgesetz ein Menschenbild zu entnehmen, das entschieden antinationalsozialistisch, aber in den ersten Jahren auch konservativ-gemeinschaftsorientiert war. Und es erfüllte drittens das Bedürfnis der Nachkriegsgesellschaft nach harmonischer und konsensualer Wertorientierung auf der Basis einer materialen, überwiegend christlich geprägten und konservativ ausgerichteten Wertethik.[30]

Beim Blick auf die Debatten der 1949 wiedergegründeten Staatsrechtslehrervereinigung zeigt sich, dass hier positivistische Positionen in einer verschwindend kleinen Minderheit waren. Dies tritt deutlich hervor bei der Debatte über die Kontinuität des „Deutschen Staates im Jahre 1945 und seither" auf der Tübinger Tagung von 1954. Da die Staatsrechtslehrer bei diesem Thema ihre nationale Zuverlässigkeit unter Beweis stellen konnten, war die Diskussion von besonders viel außerrechtlich-idealistischem Überschwang geprägt. Die Frage der Kontinuität des Deutschen Reichs über das Ende des

---

[27] Vgl. *Axel Schildt*, Medien-Intellektuelle in der Bundesrepublik, 2020, S. 215 ff.

[28] Vgl. *Stolleis*, Geschichte des öffentlichen Rechts III (Fn. 1), S. 112 f., 174 f.; *Günther*, Denken vom Staat her (Fn. 24), S. 39 ff.

[29] So *Michael Stolleis*, zitiert nach *Thomas Darnstädt*, Verschlusssache Karlsruhe, 2018, S. 24. Vgl. zudem *Christoph Schönberger*, Anmerkungen zu Karlsruhe, in: Jestaedt u. a. (Hrsg.), Das entgrenzte Gericht, 2011, S. 9 (42 f.).

[30] Vgl. z. B. *Günter Dürig*, Der Grundrechtssatz von der Menschenwürde, AöR 81 (1956), S. 117; *Michael Stolleis*, Geschichte des öffentlichen Rechts in Deutschland, Bd. 4, 2012, S. 155 ff., 216 ff.

Zweiten Weltkriegs hinweg betraf Grundfragen der Verortung sowohl der eigenen Person als auch des Staates in der Geschichte. Sein Ende hätte nicht nur das trotz der Verbrechen des Nationalsozialismus fortbestehende positive Bild von den historischen Leistungen der Deutschen, sondern auch eine baldigen Wiedervereinigung mit der DDR fundamental infrage gestellt. Wer also das Ende des Reiches konstatierte, darunter der jüdische Emigrant *Hans Kelsen* und der NS-verfolgte Sozialist *Wolfgang Abendroth*, dem haftete in den Worten von *Michael Stolleis* das „Stigma des Einverständnisses mit den Sieger[mächten], ja ein Stück nationalen Verrats" an.[31] Auf der Staatsrechtslehrertagung bekannte sich der Berichterstatter *Friedrich August Freiherr von der Heydte* in seinem Referat denn auch explizit zur Wertphilosophie. Auf dieser Basis und vor dem Hintergrund einer Bewertung der historischen Ereignisse ließ er am Fortbestand Deutschlands, unabhängig von der konkret-rechtlichen Konstruktion, der man folgen wolle, keinen Zweifel. Der Mitberichterstatter *Günter Dürig* ging noch darüber hinaus, indem er das Bewusstsein der nationalen Gemeinsamkeit im Sinne einer „objektiven geistigen Tradition" zum vierten konstitutiven Staatselement erhob. Dies war primär ein subjektives politisches Bekenntnis und hatte mit traditioneller Rechtsbetrachtung wenig zu tun.

> „Der Staat [und seine Weiterexistenz] war insofern [bei *Dürig*] ein Willensakt, weniger des Volkes als seiner Interpreten, eine Kopfgeburt also."[32]

Abgesehen von den Einwänden der älteren Staatsrechtslehrer *Willibalt Apelt* und *Hans Nawiasky* und einiger Österreicher, stießen die gewagten Ausführungen der Referenten in der Diskussion auf überraschend wenig grundlegenden Widerspruch.[33] Schließlich ließen sich aus ihrer Argumentation eine Aufwertung der Deutschen gegenüber den Besatzungsmächten und ein Recht auf nationale Selbstbestimmung ableiten. Die Diskussion zeigt also deutlich, wie der Ansatz der antipositivistischen Richtung und ihr Rückgriff auf eine harmonische Wertordnung Mitte der 1950er Jahre fast zum Allgemeingut geworden war.

III. Zweiter Zeitbogen 1955–1985: Liberaler Konsens

1. Die Entwicklung des liberalen Konsenses

Der zweite Zeitbogen hatte seinen Ursprung in der Weltwirtschaftskrise, die mit dem New Yorker Börsenkrach im Oktober 1929 begann. Als Reaktion auf diese Krise, die die kapitalistische Welt in ihren Grundfesten zu erschüttern schien, war in den USA im Kontext des *New Deals* unter Präsident *Franklin D. Roosevelt* der *consensus liberalism* entstanden. In diesem Ideologieangebot verband sich der traditionell staatsferne angel-

---

[31] *Stolleis*, Geschichte des öffentlichen Rechts IV (Fn. 30), S. 36.

[32] *Stolleis*, Geschichte des öffentlichen Rechts IV (Fn. 30), S. 35.

[33] *Friedrich August Freiherr von der Heydte/Günter Dürig*, Der deutsche Staat im Jahre 1945 und seither, VVDStRL 13 (1955), S. 6 bzw. S. 27; vgl. zudem *Marcel Kau/Jan Philipp Schaefer*, in diesem Band, I.4, S. 519 (523 ff.).

sächsische Liberalismus mit den gemäßigt staatsinterventionistischen und gesellschaftsplanenden Tendenzen der Roosevelt-Ära. „Kennzeichen des zweiten Zeitbogens", so *Anselm Doering-Manteuffel*, „war das Bemühen, zum Zwecke sozialpolitischer Stabilisierung eine relative Gleichheit der Lebensbedingungen und innere Homogenität zu erreichen, um die Zerrissenheit der von der Weltwirtschaftskrise und später vom Krieg belasteten Gesellschaft zu überwinden."[34] Begriffe wie soziale Gleichheit, technischer und emanzipatorischer Fortschritt, Konsens und Freiheit, die im Kontext des Kalten Krieges zusätzlich eine dezidiert antitotalitäre Aufladung erhielten, besaßen nun eine zentrale Bedeutung.

Aufgrund der hegemonialen Stellung der USA im westlichen Bündnis und der Rahmenbedingungen des Kalten Krieges gewann der Konsensliberalismus – begleitet von der Politik der Westbindung und einer Amerikanisierung der Alltagskultur – in der Nachkriegszeit einen ungemeinen Einfluss auf die westdeutsche Gesellschaft. Nach der bedingungslosen Kapitulation starteten die USA zahlreiche Initiativen, um die deutsche Staats- und Gesellschaftsordnung im Rahmen ihrer *reeducation-* und *reorientation-*Politik primär von nationalsozialistischen, aber auch älteren autoritären, obrigkeitlichen Traditionen abzubringen und in eine westliche Richtung zu transformieren. Diese Einflussnahme war nicht auf den früheren Kriegsgegner beschränkt, sondern schloss ganz Westeuropa mit ein. Die USA propagierten offensiv Marktwirtschaft und Demokratie als Leitbilder bei den Hilfen des Europäischen Wiederaufbauprogramms ab 1947, wobei der Staat gegenüber der Gesellschaft in Zukunft im Sinne des Konsensliberalismus eine stärker planende und steuernde Funktion einnehmen und sich zunehmend auf wissenschaftliches Expertenwissen stützen sollte. So schufen sie die Rahmenbedingungen für den beispiellosen wirtschaftlichen Nachkriegsboom. Als die Besatzungszeit endete, setzten die USA ihren Einfluss auf den westlichen Teilstaat auf subtilere, indirektere Weise fort, indem sie beispielsweise Austauschprogramme in die USA für Studenten und Akademiker finanzierten und kulturelle Einrichtungen finanziell unterstützten. Darüber hinaus förderten sie Wissenschaftsdisziplinen und gesellschaftliche Gruppierungen, die ihrer ideologischen Ausrichtung zu entsprechen schienen, darunter den liberalen und entschieden antikommunistischen Kongress für kulturelle Freiheit, die in den 1950er Jahren als Demokratiewissenschaft ins Leben gerufene Politikwissenschaft oder antimarxistisch-reformorientierte Teile der Arbeiterbewegung. Folglich gab es bereits Ende der 1950er Jahre Anzeichen dafür, dass sich die Bundesrepublik ideell gegenüber dem atlantischen Westen öffnete. Konzepte aus dem deutschen Kontext, wie das der sozialen Marktwirtschaft, wurden dem konsensliberalen Ideologieangebot angepasst, Intellektuellendebatten erhielten eine prowestliche Färbung und die SPD wandelte sich durch das Godesberger Parteiprogramm von 1959 von einer klassenkämpferischen Arbeiterpartei zu einer reformorientierten Volkspartei.[35]

---

[34] *Doering-Manteuffel*, Die deutsche Geschichte (Fn. 6), S. 333.

[35] Vgl. *Doering-Manteuffel*, Die deutsche Geschichte (Fn. 6), S. 332ff.; *ders.*, Wie westlich sind die Deutschen?, 1999; *Hermann-Josef Rupieper*, Die Wurzeln der westdeutschen Nachkriegsdemokratie, 1993; *Schildt*, Medien-Intellektuelle (Fn. 27), insb. S. 453ff.

2. Die Rudolf Smend-Schule

Die Staatsrechtslehre war nicht Ziel direkter Einflussnahmen aus den USA, da sie den Amerikanern viel zu stark in autoritär-obrigkeitlichen und etatistischen Traditionen verhaftet schien.[36] Dennoch existierte im Fach ein kleines Netzwerk, die Rudolf Smend-Schule, die sich im Verlauf der 1950er Jahre das konsensliberale Ideologieangebot anverwandelte und auf dieser Basis ein pluralistisches Staatsverständnis westlich-atlantischer Prägung entwickelte. *Rudolf Smend* scharte in seinem staats- und verfassungstheoretischen Seminar an der Universität Göttingen seit Ende der 1940er Jahre einen kleinen Kreis von äußerst begabten Jurastudenten um sich, darunter *Konrad Hesse, Horst Ehmke, Wilhelm Hennis* und *Henning Zwirner.*[37] Diese sollten ab Mitte der 1950er Jahre auf Professorenstellen aufrücken und ab dem Ende des Jahrzehnts eine ungemeine Wirkung in der Staatsrechtslehre entfalten. Dass dies ausgerechnet im Umfeld von *Rudolf Smend* geschah, ist erklärungsbedürftig, da seine Arbeiten der 1920er und 1930er Jahre eine dezidiert völkische Ausrichtung besessen hatten und noch deutlich vom Geist der antiliberalen Bewegung geprägt gewesen waren.[38] Während der 1950er Jahre erfuhr seine Integrationslehre hingegen mit Unterstützung seiner Schüler eine normativistische Umdeutung, ohne dass dabei allerdings von ihrer antipositivistischen Ausrichtung abgerückt wurde. Die Integration des Einzelnen in seinen Staat sollte nicht wie noch in der Weimarer Zeit gegen die Verfassung, sondern nur noch mit und durch die Verfassung möglich sein. An die Stelle eines Denkens vom Staat her trat also ein Denken von der Verfassung her. Rechtsstaatlichkeit und strikte Normativität erschienen der Smend-Schule nach der völligen Rechtspervertierung im Nationalsozialismus als das Gebot der Stunde.[39] Besonders zu erwähnen ist in diesem Zusammenhang die Habilitationsschrift von *Horst Ehmke* über die Verfassungsrechtsprechung des US-Supreme Court zur Wirtschaftsregulierung, da in dieser die konsensliberale Ausrichtung der Smend-Schule besonders deutlich hervortrat. Hier argumentierte *Horst Ehmke*, dass – während die deutsche Staats- und Verfassungstheorie in Trümmern liege – die Staatsrechtslehre den Blick auf die USA als „eine der traditionsreichen, politisch intakten freiheitlich-demokratischen Grundordnungen" richten müsse. Dabei erschienen ihm in der aktuellen Situation vor allem die Ideen der New Deal-Ära und ihre spätere Umsetzung durch die Rechtsprechung des Supreme Court als ein vorbildlicher Anknüpfungspunkt.[40]

Der erste Angriff auf das traditionelle Denken der antiliberalen Bewegung, das die Smend-Schule vor allem mit *Carl Schmitt* und seinen Schülern in Verbindung brachte, erfolgte auf der Staatsrechtslehrertagung in Wien im Jahr 1958. Hier referierte *Konrad*

---

[36] Vgl. *Rupieper*, Die Wurzeln der westdeutschen Nachkriegsdemokratie (Fn. 35).

[37] Vgl. *Horst Ehmke*, Rudolf Smend zum 90. Geburtstag, AöR 97 (1972), S. 146.

[38] Vgl. vor allem *Rudolf Smend*, Verfassung und Verfassungsrecht, 1928.

[39] Vgl. *Horst Ehmke*, Grenzen der Verfassungsinterpretation, 1953, insb. S. 55ff.; *Rudolf Smend*, Integrationslehre, in: Beckerath u. a. (Hrsg.), Handwörterbuch der Sozialwissenschaften, Bd. 5, 1956, S. 299; *Stefan Korioth*, Integration und Bundesstaat, 1990; *Günther*, Denken vom Staat her (Fn. 24), S. 159ff.; *ders.*, Vom Staat zum pluralistischen Gemeinwesen, in: Bauerkämper/Jarausch/Payk (Hrsg.), Demokratiewunder, 2005, S. 281; *Stolleis*, Geschichte des öffentlichen Rechts IV (Fn. 30), insb. S. 356ff.

[40] *Horst Ehmke*, Wirtschaft und Verfassung, 1961, Zitat S. 83.

Hesse, der drei Jahre zuvor nach Freiburg berufen worden war, über die verfassungsrechtliche Stellung der politischen Parteien. Er zielte darauf, den Parteien eine der politischen Realität angepasste Stellung im Verfassungssystem zuzuweisen und damit die gegen die politischen Parteien gerichteten Ressentiments, von denen die Staatsrechtslehre in der Vergangenheit dominiert gewesen war, zu überwinden. Die Vorstellung vom Staat als einer dem Volk gegenüberstehenden substanzhaft verkörperten und vorgegebenen Einheit verfehle das Wesen der politischen Ordnung des Grundgesetzes. Staat und Gesellschaft hätten sich heute ineinander geschoben, der Staat sei gar zu einem „Stück Selbstorganisation der modernen Industriegesellschaft" geworden.[41] Als ein Bindeglied in der Legitimationskette zwischen Volk und politischer Führung fungierten speziell die politischen Parteien, denen *Konrad Hesse* folglich einen öffentlichen Charakter und eine zentrale Funktion in der modernen Demokratie zuschrieb. Im Anschluss an *Konrad Hesse* präsentierte der Korreferent, der Österreicher *Gustav E. Kafka*, eine provokativ gemeinte soziologisch-politische Betrachtungsweise der politischen Parteien, stieß damit aber auf allgemeines Unverständnis. Die Diskussion auf der Staatsrechtslehrertagung erwies sich als bemerkenswert blass und unergiebig, so dass *Arnold Köttgen* sie privat mit den Worten beschrieb: „Die Wissenden schwiegen, und die Ignoranten schwätzten munter."[42] Dies dürfte damit zusammenhängen, dass die Mehrheit der Versammelten erkannte, dass *Konrad Hesses* Ausführungen auf der Grundlage des Grundgesetzes völlig überzeugten, und sie diesen aufgrund ihres ganz anderen antiliberalen Weltbildes wenig entgegenzusetzen hatte.[43] Immerhin setzte *Herbert Krüger* einen markanten Kontrapunkt, indem er *Konrad Hesse* vorwarf, mit der Institution der Partei einen *deus ex machina* zu beschwören.[44]

Doch hierbei blieb es nicht. Auch auf anderen Gebieten entwickelten die Mitglieder der Smend-Schule Neuansätze und forderten die anderen Staatsrechtslehrer zu einem entsprechenden Umdenken auf. So engagierten sie sich beispielweise für die Überwindung der Trennung von Staat und Gesellschaft, für die Topik als neue Interpretationsmethode und für ein materielles und politisiertes Rechtsstaatsverständnis.[45] Der Schwerpunkt der Schule verlagerte sich zu Beginn der 1960er Jahre von Göttingen nach Freiburg, als *Horst Ehmke* dort neben *Konrad Hesse* eine zweite Professur übernahm. *Konrad Hesse* und *Horst Ehmke* scharten an dem neuen Ort einen eigenen aufstrebenden Schülerkreis um sich, darunter *Peter Häberle*, *Alexander Hollerbach* und *Friedrich Müller*, so dass man von außen schon bald als Freiburger Schule wahrgenommen wurde. Gemeinsam versuchten sie die Ansätze der Smend-Schule weiterzuentwickeln, wobei beispielsweise das institutionelle Grundrechtsverständnis in der Doktorarbeit von *Peter Häberle* eine weitere einflussreiche innovative Konzeption darstellte.[46]

---

[41] *Konrad Hesse*, Die verfassungsrechtliche Stellung der politischen Parteien im modernen Staat, VVDStRL 17 (1959), S. 11 (18).

[42] Arnold Köttgen an Gerhard Leibholz, 26.10.1958, in: Bundesarchiv, N 1334 (Nachlass Leibholz), 7.

[43] *Konrad Hesse/Gustav E. Kafka*, Die verfassungsrechtliche Stellung der politischen Parteien im modernen Staat, VVDStRL 17 (1959), S. 11 bzw. S. 53.

[44] *Herbert Krüger*, VVDStRL 17 (1959), S. 106.

[45] Vgl. im Einzelnen *Günther*, Denken vom Staat her (Fn. 24), S. 243 ff.

[46] *Peter Häberle*, Die Wesensgehaltgarantie des Art. 19 Abs. 2 Grundgesetz, 1962.

3. Moderater Wandel der Staatsrechtslehre

Die Ideen der Smend-Schule blieben während der 1960er Jahre in der bundesdeutschen Staatsrechtslehre nicht ohne Resonanz. Ermöglicht wurde ein Umdenken der Staatsrechtslehrer vor allem durch einen Generationswechsel. Seit Beginn der 1960er Jahre rückten jüngere Staatsrechtler auf Professorenstellen vor, die allesamt einen grundlegenden Wandel ihres Fachs erreichen wollten. Das Öffentliche Recht erschien ihnen als methodisch rückständig, seine Strukturen verkrustet. Zu dieser nachwachsenden Generation gehörten beispielsweise *Roman Schnur*, *Hans Heinrich Rupp* und *Peter Lerche*. Sie alle zählten zur sogenannten Flakhelfergeneration, die in der zweiten Hälfte der 1920er Jahre geboren worden war, die den Nationalsozialismus damit noch unmittelbar erlebt hatte und nach 1945 vom Systemumbruch maßgeblich geprägt worden war. Während die ältere Generation im Grundgesetz noch eine Antwort auf die spezielle historische Situation von 1949 gesehen und entsprechend seinen Inhalt teilweise skeptisch beurteilt hatte, war die neue Verfassung für die junge Generation eine Selbstverständlichkeit, die es auch im Zweifelsfall zu verteidigen galt.[47] Das heißt nun freilich nicht, dass diese jungen Staatsrechtslehrer alle Neuansätze der Smend-Schule befürworteten. Aber sie setzten sich damit doch konstruktiv auseinander, verschwiegen sie nicht, sondern beteiligten sich an den neu angestoßenen Debatten. Zugleich zeigten sie ein großes Interesse an methodischen Fragen und veränderten auf diese Weise das Klima in ihrem Fach. Auch vor dem Hintergrund der gewandelten politischen Rahmenbedingungen kam somit in den 1960er Jahren ein Wandlungsprozess in Gang, der die bundesdeutsche Staatsrechtslehre auf moderate Weise in Richtung des liberalen Konsenses veränderte. Parlament, Interessenverbände und politische Parteien wurden im Verfassungssystem aufgewertet, in den theoretischen Debatten wurden Staat und Gesellschaft nicht länger als hermetisch getrennte Bereiche aufgefasst, die Mehrheit befürwortete die kontinuierliche Expansion des Sozial- und Wohlfahrtsstaates und engagierte sich dafür, diesen Prozess rechtlich abzusichern, die Grundrechte erfuhren einen weiteren Bedeutungszuwachs und das Nachdenken über Plan und Planung beeinflusste zunehmend das Verwaltungsrecht.[48]

Wie weit sich die Staatsrechtslehre in Richtung des liberalen Konsenses gewandelt hatte, zeigt sich deutlich bei der Debatte über das demokratische Prinzip im Grundgesetz auf der Staatsrechtslehrertagung in Speyer 1970. Im Hintergrund der Diskussion standen die radikalen Demokratisierungsforderungen der Neuen Linken und der Studentenbewegung im weiteren Umfeld von 1968. Diese ließen die Staatsrechtslehrer ideologisch zusammenrücken und in die Rolle der Verteidiger der Verfassungsordnung des Grundgesetzes schlüpfen. Diese Intention trat besonders markant in dem Vortrag des Berichterstatters *Werner von Simson* hervor, indem er die „Elemente des Unbezweifelten", also „die Unabänderlichkeit gewisser Strukturprinzipien" unter dem Grundgesetz, „ohne deren

---

[47] Vgl. *A. Dirk Moses*, The Forty-Fivers, German Politics and Society 17 (1999), S. 95; *Günther*, Denken vom Staat her (Fn. 24), S. 211 ff.

[48] Vgl. *Günther*, Denken vom Staat her (Fn. 24), S. 295 ff.; *Stolleis*, Geschichte des öffentlichen Rechts IV (Fn. 30), S. 305 ff.

Hinnahme kein Staatsleben möglich wäre", deutlich herausstrich.[49] Er versuchte insgesamt das Demokratieprinzip auf pragmatische Weise in die Staatswirklichkeit zu übertragen. Weit gehaltvoller war aber das Korreferat von *Martin Kriele*. Darin präsentierte dieser eine rationalisierte westlich-liberale Deutung des Demokratieprinzips. Da der Parlamentarische Rat als Reaktion auf den deutschen Sonderweg im Wesentlichen eine parlamentarische Demokratie angelsächsischer Prägung geschaffen habe, sei es notwendig, sich vom traditionellen Rechtsstaatsbegriff des 19. Jahrhunderts ganz zu lösen:

„Meine Ausgangsthese ist folgende: Herrschaft des Volkes im Sinne der parlamentarischen Demokratie ist identisch mit Herrschaft des Rechts (im Sinne der *rule of law*, nicht des Rechtsstaats)."[50]

Also müsse beim Demokratieprinzip die prozessuale Dimension im Mittelpunkt stehen. Somit findet sich bei *Martin Kriele* die Tendenz, die Vorstellung von staatlicher Neutralität und Gemeinwohlorientierung ganz zu verabschieden und stattdessen allein eine funktionale Betrachtungsweise parlamentarisch-demokratischer Entscheidungsprozesse gelten zu lassen. Dementsprechend strich er – bevor er auf eine Reihe aktueller Probleme einging – heraus, in welchen Bereichen die fortbestehenden Traditionen der Staatsrechtslehre mit einem westlichen Demokratieverständnis nicht in Einklang zu bringen waren. Beispielsweise sei am Repräsentationsbegriff nur in seiner rationalistischen Ausprägung im Sinne eines ethischen Anspruchs auf sachliche und verantwortliche Meinungsbildung festzuhalten. Genauso würden politische Parteien eine unersetzliche Funktion im Regierungssystem erfüllen und verdienten folglich, von der Lehre aufgewertet zu werden, denn „es gibt keine parlamentarische Demokratie in der Welt ohne Parteiensystem".[51] Nicht zuletzt verfügten Parlamente gegenüber den anderen Staatsorganen über die Prärogative, da deren demokratische Legitimation erst über sie vermittelt sei.

In der anschließenden Diskussion stieß *Martin Krieles* Referat selbst bei den älteren Kollegen auf erstaunlich wenig Kritik. Es bestand – trotz einzelner Einwände gegenüber Details – weitgehende Übereinstimmung, dass im Grundgesetz eine demokratische Ordnung westlicher Prägung geschaffen worden sei und dass, hierauf aufbauend, der prozessuale, auf politische Institutionen bezogene und rechtlich gebundene Aspekt des Demokratieprinzips heute im Mittelpunkt stehen müsse.[52] Dementsprechend fasste das Vorstandsmitglied *Hans F. Zacher* die Debatte mit den euphorischen Worten zusammen:

„Für mich war unter all dem Bedeutsamen, was heute gesagt worden ist, der bewegendste Satz der von Herrn Kriele, dass Demokratie Herrschaft des Volkes durch Herrschaft des Rechts ist. Ich glaube, das ist wirklich die beste Formel, auf die Demokratie als auf Dauer angelegtes Herrschaftssystem gebracht werden kann. [...] Möge Herrschaft des Volkes Herrschaft des Rechts bleiben!"[53]

---

[49] *Werner von Simson*, Das demokratische Prinzip im Grundgesetz, VVDStRL 29 (1971), S. 3 (38, 40).

[50] *Martin Kriele*, Das demokratische Prinzip im Grundgesetz, VVDStRL 29 (1971), S. 46 (49).

[51] *Kriele*, Das demokratische Prinzip (Fn. 50), S. 70.

[52] *von Simson/Kriele*, Das demokratische Prinzip (Fn. 49 bzw. 50), S. 3 bzw. S. 46. Vgl. hierzu *Stolleis*, Geschichte des öffentlichen Rechts IV (Fn. 30), S. 350 ff.; *Julian Krüper*, in diesem Band, III.1.a), S. 325 (331 ff.).

[53] *Hans F. Zacher*, VVDStRL 29 (1971), S. 134 f.

Als es 1970 darum ging, sich von radikalen identitären und basisdemokratischen Demokratiekonzepten der Neuen Linken abzugrenzen, wurde deutlich, wie weit sich der liberale Konsens in den letzten Jahren in der Staatsrechtslehre durchgesetzt hatte. Die Mehrheit der Staatsrechtslehrer vollzog eine gemäßigte Neuorientierung ihres Denkens, indem sie ihre traditionellen Konzepte mit dem Hauptstrom westeuropäisch-atlantischer Verfassungsvorstellungen in Einklang zu bringen versuchte. Sie schloss sich somit im Vergleich mit anderen gesellschaftlichen Gruppierungen erst relativ spät dem allgemeinen Trend zur Verwestlichung an, welcher seit Beginn der 1960er Jahre die westdeutsche Ideenlandschaft dominierte und für den die Smend-Schule über Jahre hinweg Überzeugungsarbeit geleistet hatte. Dies ist damit zu erklären, dass nationalkonservative Grundhaltungen in der Staatrechtslehre der Nachkriegszeit besonders ausgeprägt gewesen waren. Die Ideale der antiliberalen Bewegung schienen aber Ende der 1960er Jahre mit dem Gehalt des Grundgesetzes nicht länger vereinbar. Stattdessen ermöglichte es die Erfahrung der erfolgreichen Demokratie, dass die liberalen Verfassungsinhalte als solche wahrgenommen und entsprechend konsensliberal interpretiert werden konnten. Doch es sollte nicht lange dauern, bis die nun mehrheitlich eingeschlagene, zum atlantischen Westen hin geöffnete Richtung durch eine neue Entwicklung wiederum fundamental infrage gestellt wurde.

IV. Dritter Zeitbogen seit 1975: Neoliberalismus

1. Die Entwicklung des politischen und gesellschaftlichen Klimas

Der Zeitbogen des Neoliberalismus[54] nahm seinen Ausgang mit dem Ende des Nachkriegsbooms zu Beginn der 1970er Jahre. „In der modernen Industriegesellschaft", so *Anselm Doering-Manteuffel*, „deutete sich ein Strukturwandel an, der bis zur Jahrhundertwende geradezu revolutionäre Qualität gewann. Die industrielle Revolution des digitalen Zeitalters stand vor der Tür. [...] Zur selben Zeit nahm die Strukturkrise der Traditionsindustrien – Kohle, Stahl, Schiffbau, Textil – bedrohliche Ausmaße an. Die Energiepreise zogen nach dem Ölpreisschock von 1973 scharf an, zu einem Zeitpunkt, als dem Währungssystem soeben die stabilisierende Kraft des US-Dollars als Leitwährung entzogen worden war." Dabei erwiesen sich die Instrumente des Keynesianismus, die noch den liberalen Konsens geprägt hatten, zunehmend als unbrauchbar. „In den 1970er Jahren funktionierten die Instrumente der staatlichen Konjunkturspritzen aber nicht mehr. Die Staatsverschuldung nahm zu, die Arbeitslosenzahlen wuchsen unauf-

[54] Trotz seiner Problematik als politisches Schlagwort soll der Begriff des Neoliberalismus als analytische Kategorie hier dennoch Verwendung finden, wobei neben seinem wirtschaftlichen und politischen Gehalt in Anlehnung an *Anselm Doering-Manteuffel* auch seine soziokulturelle Dimension berücksichtigt wird. Vgl. hierzu *Andreas Wirsching*, „Neoliberalismus" als wirtschaftspolitisches Ordnungsmodell?, in: Plumpe/Schotyseck (Hrsg.), Der Staat und die Ordnung der Wirtschaft, 2012, S. 139; *Frank Bösch/Thomas Hertfelder/Gabriele Metzler*, Grenzen des Neoliberalismus, in: dies. (Hrsg.), Grenzen des Neoliberalismus, 2018, S. 13.

haltsam, die Wirtschaftsleistung ging zurück und die Verbraucherpreise zogen dramatisch an."[55]

In dieser Situation erhielt der Staat eine neue Funktion im Wirtschaftsgeschehen. Vordenker dieser Neuausrichtung in Richtung des Ordnungsmodells des Neoliberalismus waren *Friedrich August von Hayek*, *Milton Friedman* und die Mont Pèlerin Society, die sich schon Ende der 1940er Jahre als Gegner des Keynesianismus und als Fürsprecher einer möglichst unabhängigen Wirtschaft hervorgetan hatten. Diese Ideen diffundierten nun, so dass die Unabhängigkeit des Finanzmarktes als neues Ideal firmierte, während die bisherige Globalsteuerung als sozialistisch diffamiert wurde. In diesem Zusammenhang wurde Freiheit weniger als Selbstbestimmung im Rahmen des sozialen und liberalen Konsenses, sondern stärker als Freiheit des Marktes von der Intervention des Staates aufgefasst. Zudem ersetzte das Streben nach kultureller Pluralisierung und individueller Selbstverwirklichung mehr und mehr das gesellschaftliche Klima des Konsenses und der Konformität. Dies hatte in der Studentenbewegung und in der Jugendkultur begonnen, es wurde von den neuen sozialen Bewegungen aufgegriffen und breitete sich nun auf andere Bereiche der Alltagskultur aus. Freiheit wurde weiter individualistisch gewendet und auf den Konsum und die Wettbewerbsfähigkeit bezogen. Es ging nun also um die Freiheit des aus einer Vielfalt von Angeboten konsumierenden Marktteilnehmers. Zudem wandten sich Umwelt- und Friedensbewegung vom traditionellen Fortschrittsbegriff ab und deuteten Fortschritt als lebenszerstörende Gefährdung des Planeten. „Der ‚Fortschritt' schien [somit] zu einer globalen Bedrohung und die ‚Freiheit' im festgefügten Rahmen des sozialstaatlich verbürgten Konsenses zum beengenden Korsett geworden zu sein."[56] Die Politik griff diese Stimmung auf und sprach von der „geistig-moralischen Wende" oder später von der „Ich-AG". Ökonomisierung, Deregulierung, Subventionsabbau, Privatisierung und freier Markt wurden zu zentralen, positiv besetzten politischen Schlagworten seit den 1980er Jahren. Dabei setzte die neue neoliberal ausgerichtete Politik häufig auf betont konservative Wertzuschreibungen. Der traditionellen Familie wurde von dieser Seite beispielsweise eine herausgehobene Bedeutung für den gesellschaftlichen Generationenzusammenhalt zugeschriebenen. Aufgrund der zunehmenden Digitalisierung, des Anstiegs des Welthandels, der Ausbreitung transnational agierender Unternehmen und des Aufstiegs der internationalen Finanzmärkte kam die Einsicht hinzu, in einer immer enger verflochtenen, globalisierten Welt zu leben.[57]

Von diesen Entwicklungen und dem neuen neoliberalen Trend blieb auch die Staatsrechtslehre nicht unberührt. Das Schwinden der nationalstaatlichen Grenzen ließ für alle sichtbar die Bedeutung des Europarechts steigen. Aber der veränderte Blick auf die Rolles des Staates hatte darüber hinaus Rückwirkungen auf das nationale Öffentliche Recht. Je mehr der Staat nämlich Steuerungsfunktionen an die Gesellschaft übertrug, desto mehr entstanden nichtstaatliche Regelungsformen, Staat und Teile der Gesellschaft

---

55 *Doering-Manteuffel*, Die deutsche Geschichte (Fn. 6), S. 342.

56 *Doering-Manteuffel*, Die deutsche Geschichte (Fn. 6), S. 344.

57 Vgl. *Doering-Manteuffel*, Die deutsche Geschichte (Fn. 6), S. 341 ff.; *ders./Raphael*, Nach dem Boom (Fn. 4); *Andreas Wirsching*, Abschied vom Provisorium 1982–1990, 2006, S. 223 ff.; *Edgar Wolfrum*, Rot-Grün an der Macht, 2013, S. 138 ff., 528 ff.; *Herbert*, Geschichte Deutschlands (Fn. 3), S. 887 ff.

schoben sich immer enger ineinander, während Staat und Recht teilweise voneinander entkoppelt wurden. Folglich waren auch Gemeinwohl und Individualinteressen weniger klar zu unterscheiden. Zudem näherten sich das private und öffentliche Recht einander an. Eine Vielzahl neuer Rechtsgebiete entstand als Reaktion auf die neuen technischen Entwicklungen, darunter das Regulierungsrecht oder das Digitalisierungsrecht. Die Verwaltung bediente sich neuer Handlungsformen und wurde dabei – etwa im Rahmen des New Public Management – weniger aufgrund ihres Rechtswahrungsauftrags, sondern verstärkt anhand ihrer Serviceorientierung und Effizienz beurteilt. Zugleich büßte der Verfassungsstaat gegenüber der Weltgesellschaft an Gewicht ein, so dass darüber diskutiert wurde, inwiefern Menschenrechte von internationalen Organisationen zu achten waren und wie demokratische Verfahren der Willensbildung vom Staat auf überstaatliche Ebenen transponiert werden konnten.[58]

2. Veränderung des wirtschaftspolitischen Leitbildes

Wie sich auf dieser Basis das wirtschaftspolitische Leitbild vieler Staatsrechtslehrer allmählich veränderte, trat in der Debatte der Staatsrechtslehrervereinigung über Unternehmen und Unternehmer in der verfassungsrechtlichen Ordnung der Wirtschaft auf der Heidelberger Tagung von 1976 hervor. Aufgrund ihrer etatistischen Grundhaltung war die bundesdeutsche Staatsrechtslehre seit den 1950er Jahren von der Vorstellung eines starken Staates geprägt gewesen, der intensiv in die Wirtschaft intervenieren sollte, um hier die Interessen des Einzelnen und der Gemeinschaft zu wahren. Insofern genoss der Begriff des Sozialstaats von Anfang an eine breite Zustimmung, während das stärker marktwirtschaftlich ausgerichtete Konzept des Ordoliberalismus, das die Wirtschaftspolitik der 1950er Jahre dominierte, eher kritisch betrachtet wurde. Von daher lag es nicht fern, dass die Mehrheit der Staatsrechtslehrer die interventionistische, stärker umverteilende Wirtschaftspolitik der 1960er Jahre und eine intensive Staatsaufsicht gegenüber Wirtschaftsunternehmen aktiv unterstützte.[59]

Auf der Heidelberger Tagung präsentierte zunächst der Schweizer *Peter Saladin* eine Deutung, die noch ganz dem Keynesianismus und dem liberalen Konsens verpflichtet war. Er betonte neben der Freiheit der Unternehmer ihre soziale Verantwortung und plä-

---

[58] Vgl. *Stolleis*, Geschichte des öffentlichen Rechts IV (Fn. 30), S. 663 ff.; *Rainer Wahl/Jost Pietzcker*, Verwaltungsverfahren zwischen Verwaltungseffizienz und Rechtsschutzauftrag, VVDStRL 41 (1983), S. 151 bzw. S.193; *Klaus König*, Modernisierung von Staat und Verwaltung, 1997; die entsprechenden Beiträge in: Duve/Ruppert (Hrsg.), Rechtswissenschaft in der Berliner Republik, 2018; *Friedrich Schoch*, in diesem Band, III, IV, S. 607 (642 ff.).

[59] Vgl. *Hans Peter Ipsen/Helmut Ridder*, Enteignung und Sozialisierung, VVDStRL 10 (1952), S. 74 bzw. S. 124; *Ulrich Scheuner/Adolf Schüle*, Staatliche Intervention im Bereich der Wirtschaft, VVDStRL 11 (1954), S. 1 bzw. S. 75; *Jürgen Salzwedel/Martin Bullinger*, Staatsaufsicht in Verwaltung und Wirtschaft, VVDStRL 22 (1965), S. 206 bzw. S. 264; *Karl Heinrich Friauf/Heinz Wagner*, Öffentlicher Haushalt und Wirtschaft, VVDStRL 27 (1969), S. 1 bzw. S. 47; *Wilhelm Henke/Wolfgang Rüfner*, Die Rechtsformen der sozialen Sicherung und das allgemeine Verwaltungsrecht, VVDStRL 28 (1970), S. 149 bzw. S. 187; *Günther*, Denken vom Staat her (Fn. 24), S. 204 ff., 278 f., 302 ff.; *John Philipp Thurn*, Welcher Sozialstaat?, 2013, S. 22 ff.

dierte für eine „hinreichend soziale Ausrichtung, eine hinreichend rechtsstaatliche Ausgestaltung und demokratische Legitimierung unternehmerischer Verantwortung" durch den Gesetzgeber.[60] Dabei berief er sich explizit auf die Verfassungstheorie der Smend-Schule und forderte eine stärkere Einflussnahme des Staates, um „die Sozialverantwortung der Unternehmungen festlegen und sanktionieren [zu] können"[61] und willkürliches Handeln zu verhindern. Schließlich seien größere Unternehmen als *pouvoirs intermédiaires* oder gar als *pouvoirs supérieurs* in die Sphäre des Öffentlichen hineingewachsen, vergleichbar mit Parteien und großen Interessenverbänden. Der Vortrag des Korreferenten und späteren Bundesverfassungsgerichtspräsidenten *Hans-Jürgen Papier* ging hingegen in eine ganz andere Richtung, indem er die unternehmerische Freiheit in den Vordergrund rückte und damit dem neoliberalen Zeitgeist entsprach. So entgegnete er etwa auf den Einwand, man könne die Wirtschaftssubjekte zu strikt-wettbewerblichem Verhalten verpflichten, es stünde diesen frei, „sich wirtschaftlich oder wirtschaftspolitisch ‚richtig' oder ‚falsch', ‚vernünftig' oder ‚unvernünftig', ‚ordnungskonform' oder ‚-inkonform' zu verhalten."[62] Dementsprechend betonte er generell die Grenzen der Einwirkungsmöglichkeiten des Gesetzgebers auf die innere Struktur und die Eigentumsverhältnisse von Unternehmen, selbst wenn es sich um „Groß- und Größtunternehmen" handelte. Speziell äußerte *Hans-Jürgen Papier* deutliche Bedenken gegenüber der Verwirklichung von wirtschaftsdemokratischen Modellen und der Beteiligung von Gewerkschaften und Arbeitnehmern, sofern diese nicht zu den Eigentümern gehörten, an der Unternehmensleitung, da dies „Inhalt und Möglichkeiten des verfassungsrechtlichen Systementwurfs und Ordnungsrahmens [verkennen würde], für den das Privateigentum, die Berufsfreiheit und die sozietäre oder korporative Privatautonomie konstitutiv sind."[63]

Für alle Kollegen, die Mitte der 1970er Jahre noch dem liberalen Konsens anhingen, war *Hans-Jürgen Papiers* Vortrag eine Provokation. Dementsprechend widersprach gleich *Martin Kriele* seinem Ziel, „durch extensive Interpretation der ökonomisch relevanten Grundrechte Barrieren gegen unliebsame politische Strömungen aufzurichten. Es ist nicht ungefährlich, das Verfassungsrecht in dieser Weise politisch zu instrumentalisieren." Obwohl *Hans-Jürgen Papier* wiederholt betonte, dass er sich missverstanden fühle, bestand *Martin Kriele* darauf, dass seine marktorientierten Auslegungsgrundsätze Anlass gäben, „einige Ihrer Darlegungen als nicht verfassungsrechtlich, sondern nur legislativpolitisch begründet anzusehen."[64] Auf der anderen Seite formierte sich auch gegen *Peter Saladin* Widerstand, „denn man sollte den Gesetzgeber [...] nicht einer allzu engen Bindung unterwerfen."[65] Folglich sollten das Prinzip der sozialen Verantwortung oder *Peter Saladins* Vorschlag, verfassungsrechtliche Grundpflichten zu statuieren, die

---

[60] *Peter Saladin*, Unternehmen und Unternehmer in der verfassungsrechtlichen Ordnung der Wirtschaft, VVDStRL 35 (1977), S. 7 (18).

[61] *Saladin*, Unternehmen und Unternehmer (Fn. 60), S. 33 f.

[62] *Hans-Jürgen Papier*, Unternehmen und Unternehmer in der verfassungsrechtlichen Ordnung der Wirtschaft, VVDStRL 35 (1977), S. 55 (79).

[63] *Papier*, Unternehmen und Unternehmer (Fn. 62), S. 104.

[64] *Martin Kriele*, VVDStRL 35 (1977), S. 117 f.

[65] *Christian Tomuschat*, VVDStRL 35 (1977), S. 119.

Unternehmen „nicht zu stark belasten."[66] Die Diskussion drehte sich also immer wieder um die Frage des zulässigen Umfangs staatlicher Intervention in die Wirtschaft und um den Umfang der Schutzwirkung der Grundrechte. Dabei zeigte sich, dass sich das Für und Wider gegenüber *Peter Saladins* und *Hans-Jürgen Papiers* Position in etwa die Waage hielt. Die Debatte machte somit insgesamt deutlich, wie sich die Staatsrechtslehre im Umbruch befand und wie die unterschiedlichen Positionen unversöhnlich aufeinanderprallten.[67]

3. *Die Kooperation des Staates mit Privaten*

Dieses Bild hatte sich 20 Jahre später nochmals von Grund auf gewandelt. Das sozialliberale Reformjahrzehnt war längst Vergangenheit. Die Wiedervereinigung hatte den Strukturbruch in aller Deutlichkeit spürbar gemacht und die sozialpolitischen Koordinaten grundlegend verschoben. Globalsteuerung, Planung und sozialer Konsens schienen als politische Leitideen ausgedient zu haben. Der Staat wurde zunehmend als überfordert wahrgenommen, seinen vielfältigen Aufgaben in der umfassenden Weise wie bisher nachzukommen, so dass – entsprechend dem Leitbild eines schlanken Staats – eine Entbürokratisierung und ein Abbau der Regelungsflut unabdingbar erschienen.[68] Auf der Dresdner Tagung im Jahr 1996 ging es somit im zweiten Teil um die für das neoliberale Denken zentrale Frage des zunehmenden Zusammenwirkens des Staates mit Privaten im Innern. Sollte beim Blick auf die Verwaltung und auf das Verwaltungsrecht das Prinzip der gesellschaftlichen Selbstregulierung oder die staatliche Steuerung den Vorzug erhalten? Den Anfang machte *Matthias Schmidt-Preuß*, der in seinem Referat einen generell positiven, befürwortenden Blick auf die jüngsten Entwicklungen der Verwaltung und die damit einhergehende Staatsentlastung und höhere Effizienz richtete. Die jüngste Entwicklung sei von einem „Trend zu weniger Steuerung und mehr Selbstregulierung" geprägt.[69] Dies ließe sich als Verlust an Steuerungskapazität, aber eben auch als Zeichen staatlicher Handlungsfähigkeit deuten. Speziell aus den Grundrechten und dem Ordnungsprinzip der freiheitlich-sozialen Marktwirtschaft ergebe sich das „Postulat größtmöglicher Aktivierung selbstregulativer Beiträge", selbst wenn der Staat nicht seine „autonome administrative Letztentscheidung" und Schutzpflicht aufgeben und sich etwa durch „Selbstbeschränkungsabkommen an organisierte Partialinteressen und korporatistische Gruppenteilhabe ausliefern" dürfe.[70] *Matthias Schmidt-Preuß* präsentierte insgesamt eine differenzierte Übersicht über Kontroll-, Steuerungs- und Einwirkungsmöglichkeiten der Verwaltung gegenüber Privaten. Aus seiner Perspektive waren

---

66 *Karl Meessen*, VVDStRL 35 (1977), S. 125.

67 *Saladin*, Unternehmen (Fn 60); *Papier*, Unternehmen (Fn. 62). Vgl. zudem *Thurn*, Sozialstaat (Fn. 59), S. 300 ff.; *Hinnerk Wißmann*, in diesem Band, II.3.b), S. 121 (132 f.).

68 Vgl. hierzu *Pascale Cancik*, Zuviel Staat?, Der Staat 56 (2017), S. 1 (15 ff.).

69 *Matthias Schmidt-Preuß*, Verwaltung und Verwaltungsrecht zwischen gesellschaftlicher Selbstregulierung und staatlicher Steuerung, VVDStRL 56 (1997), S. 160 (194).

70 *Schmidt-Preuß*, Verwaltung und Verwaltungsrecht (Fn. 69), S. 171, 230, 217 f.

auf dieser Grundlage „Verwaltung und Verwaltungsrecht gewappnet, [die jüngsten] Herausforderungen anzunehmen und zu bestehen."[71]

Die Perspektive des Korreferenten *Udo Di Fabio* war hingegen erheblich kritischer. Zwar wollte er die Entwicklung nicht rückgängig machen, aus etatistischer Perspektive benannte er aber die Gefahren, die mit der „Gesetzesverwirklichung in hybriden Organisationsformen als neue Verwaltungswirklichkeit" sowie mit der „Tendenz zur Ökonomisierung der Verwaltung" einhergingen, mit deutlichen Worten.[72] Speziell bestehe die Gefahr, dass mit dem Teilrückzug des Staates und der damit einhergehende Verschlankung der Verwaltungsorganisation, der kohärente, souveräne und wertgeleitete Staatswille abgebaut werde, die staatliche Gewährleistungsverantwortung zu einer bloßen Notarfunktion verkümmere oder individuelle Grundrechtspositionen infrage gestellt würden. Folglich seien in grundrechtssensiblen Bereichen Grenzen für den Teilrückzug des Staates gezogen und bestehe eine staatliche Pflicht, dass er Aufsichtsbefugnisse gegenüber privaten Selbstregulierungsinstanzen auch tatsächlich wahrnehme. Außerdem seien traditionelle dogmatische Kategorien so fortzuentwickeln, so dass sich mit ihrer Hilfe verwaltungsrechtliche Sicherungen in die gesellschaftliche Selbstregulierung einbauen lassen. *Udo Di Fabios* Fazit war somit deutlich von Bedenken getragen:

> „Wenn um der als Tagesparole ausgegebenen ‚Guten Sache' willen die Einheit von Staat und Gesellschaft erreicht werden soll, zieht am Horizont die entdifferenzierte Gesellschaft wieder herauf, wo die Verwaltung mittels Kleinbudgetierung ökonomisiert und die Wirtschaft durch die Indienstnahme für öffentliche Aufgaben wieder publifiziert wird und den Menschen die Freiheit abhandenkommt, in vernünftigen Grenzen des Rechts selbst festzulegen, wie weit Eigennutz getrieben werden darf und Gemeinsinn geboten ist."[73]

Zwar meldeten sich in der Diskussion immer wieder Staatsrechtslehrer zu Wort, die *Udo Di Fabios* skeptische Sicht teilten, etwa wenn dessen akademischer Lehrer *Fritz Ossenbühl* die Kollegen eindringlich dazu aufforderte, die „fundamentale Frage der Staatlichkeit und der Staatsstruktur" in den Vordergrund zu stellen, schließlich ginge es „um die Grundlage und die Errungenschaften der Bürgerfreiheit".[74] Aber die Mehrheit schlug sich doch eher auf die gelassenere und tendenziell befürwortende Seite von *Matthias Schmidt-Preuß* und kritisierte *Udo Di Fabio* für seine „geradezu martialische"[75] etatistische Sichtweise. Dessen Thesen seien noch zu stark den Kategorien des liberal-rechtsstaatlichen Verwaltungsrechts des monarchischen Konstitutionalismus verhaftet. Besonderes Gewicht hatte der Einwand von *Wolfgang Hoffmann-Riem*, die Staatsrechtslehre müsse sich stärker auf die Realität einlassen, die von einer „instrumentellen Überforderung des Staates" und von „Effizienzzwängen" geprägt sei, und die rechtsstaatlichen Instrumente endlich „zukunftstauglich", „das aber heißt, wirklich innovativ" ma-

---

71 *Schmidt-Preuß*, Verwaltung und Verwaltungsrecht (Fn. 69), S. 227.

72 *Udo Di Fabio*, Verwaltung und Verwaltungsrecht zwischen gesellschaftlicher Selbstregulierung und staatlicher Steuerung, VVDStRL 56 (1997), S. 235 (242, 245).

73 *Di Fabio*, Verwaltung und Verwaltungsrecht (Fn. 72), S. 277.

74 *Fritz Ossenbühl*, VVDStRL 56 (1997), S. 285.

75 So *Karl Korinek*, VVDStRL 56 (1997), S. 286.

chen.[76] Ähnlich plädierte *Gunnar Folke Schuppert* für ein neues Grundverständnis, das von einem Funktionswandel der Verwaltung und einer neuen kooperativen Aufgabenverteilung zwischen Staat und Privaten ausgehe.[77] *Peter Badura* fügte zudem an, dass etwa auch das Prinzip der Gesetzmäßigkeit der Verwaltung ganz neu durchdacht werden müsse, um eine „*government overload*" zu vermeiden.[78]

Die Linie der Staatsrechtslehrer war auf der Dresdner Tagung nicht einheitlich. Viele befürworteten die neoliberale Grundtendenz von Politik und Gesellschaft und forderten ein grundsätzliches Umdenken ihres Fachs, während andere den Trend zur Privatisierung und Ökonomisierung skeptischer beurteilten und rechtliche Bedenken äußerten. Aber die Entwicklungen, die sich seit den 1970er Jahren vollzogen hatten, wurden doch von keiner Seite grundsätzlich infrage gestellt.[79] *Peter Häberle* brachte dies in der Diskussion auf den Punkt, indem er ein fundamentales Umdenken in den letzten Jahren konstatierte:

> „Etwa ist als Korrektur an mancher Überforderung des ‚Leistungsstaates' heute der Glaube an die Vernunft und Steuerungskraft des Marktes bzw. der privaten Wirtschaft und des Wettbewerbs gewachsen [...]. Geringer geworden ist der Glaube an staatliche Planung [...]. Zugenommen hat neben dem Kooperativen die Ökonomisierung des Denkens und Handelns."[80]

Dies ließ sich als ein weitsichtiger Hinweis auf eine grundlegende Veränderung der Staatsrechtslehre verstehen. Sie hatte sich auf moderate Weise in den dominierenden Hauptstrom neoliberalen Denkens eingefügt.[81]

V. Fazit: Perspektiven auf das 20. Jahrhundert

Während des 20. Jahrhunderts vollzogen sich tiefgreifende Umdenkprozesse über die Ordnung von Politik, Gesellschaft, Wirtschaft und Recht, die sich wiederum unmittelbar auf die Debatten der Staatsrechtslehre und ihrer Vereinigung auswirkten. Wenn man das Weltbild, das Staatsverständnis oder die grundsätzliche Denkhaltung der Staatsrechtslehrer in den Mittelpunkt rückt und weniger nach den darauf beruhenden staatsrechtlichen Konzepten oder der Rechtsdogmatik fragt, lassen sich die Veränderungen anhand der dominierenden Zeitbögen klar benennen. Die antiliberale Bewegung löste allmählich den Rechtspositivismus ab, wobei ihr Denkansatz als identitätsstiftendes ide-

---

[76] *Wolfgang Hoffmann-Riem*, VVDStRL 56 (1997), S. 292 f.

[77] *Gunnar Folke Schuppert*, VVDStRL 56 (1997), S. 296 ff.

[78] *Peter Badura*, VVDStRL 56 (1997), S. 303 ff.

[79] *Schmidt-Preuß*, Verwaltung und Verwaltungsrecht (Fn. 69); *Di Fabio*, Verwaltung und Verwaltungsrecht (Fn. 72). Vgl. allgemein *Stefan Magen*, Zwischen Reformzwang und Marktskepsis. Die Verwaltungsrechtswissenschaften in der Berliner Republik, in: Duve/Ruppert (Hrsg.), Rechtswissenschaft in der Berliner Republik, 2018, S. 270 ff.; zudem die Debatte über die Grenzen des Sozialstaats im Beitrag von *Ulrike Davy*, in diesem Band, IV.3, S. 381 (398 ff.).

[80] *Peter Häberle*, VVDStRL 56 (1997), S. 309.

[81] Zur überaus skeptischen Beurteilung der Frage, inwieweit die Demokratie als eine Wettbewerbsordnung zu deuten sei, auf der Staatsrechtslehrertagung in Graz 2009 vgl. hingegen *Julian Krüper*, in diesem Band, III.1.a), S. 325 (331 ff.).

elles Verbindungsglied über die politischen Systembrüche der 1920er bis in die 1950er Jahre diente. Der liberale Konsens beruhte auf dem Nachkriegsboom der westlichen Welt und beeinflusste die Staatsrechtslehre erst seit Ende der 1950er Jahre, bevor er wiederum vom Neoliberalismus abgelöst wurde, dessen Auswirkungen sich bis in die Gegenwart beobachten lassen. Alle Zeitbögen wirkten sich vergleichsweise spät in der Staatsrechtslehre aus und entfalteten dort – mit Ausnahme des Antiliberalismus – auch nur eine moderate Wirkung. Beim liberalen Konsens und beim Neoliberalismus waren die meisten Staatsrechtslehrer keine Wegbereiter der neuen Denkhaltung, sondern passten sich verspätet einem gesellschaftlichen Trend an, der die außerrechtlichen Debatten schon längst dominierte. Hingegen profilierte sich eine größere Anzahl von Staatsrechtslehrern als engagierte Vorkämpfer des antiliberalen Ordnungsmodells, was ihre skeptische, teilweise entschieden ablehnende Haltung gegenüber der Weimarer Reichsverfassung und dem Grundgesetz genauso wie ihre ausgeprägte Anpassungsbereitschaft an den Nationalsozialismus erklärt. Die zeitlich verzögerte Reaktion der Staatsrechtslehrer auf die Zeitbögen dürfte generell sowohl mit ihrer mehrheitlich konservativen politischen Grundhaltung als auch mit dem Charakter der Rechtswissenschaft als primär hermeneutische Wissenschaft, die vorgegebene Texte nachvollzieht, zu tun haben.

Blicken wir abschließend auf andere zeitgeschichtliche Interpretationen des 20. Jahrhunderts, so zeigt sich manche Leerstelle bei den Debatten der Staatsrechtslehrervereinigung. Etwa wurde die Zeit des Nationalsozialismus, deren Vorgeschichte, Verlauf und Nachgeschichte bis heute für die deutsche Zeitgeschichtsforschung einen zentralen Stellenwert besitzt, lange nicht explizit thematisiert,[82] obwohl sie doch ständig unterschwellig präsent war. Denn nur einzelne Staatrechtslehrer, die in den vorderen Reihen der nationalsozialistischen Rechtswissenschaft gestanden hatten, wurden zur Verantwortung gezogen und durften ab 1949 nicht mehr Mitglied werden. Andere blieben jedoch hochgeschätzt, wobei – neben den bekannten Fällen wie *Ernst Forsthoff* oder *Theodor Maunz* – der vergangenheitsvergessene Umgang mit *Hans Peter Ipsen*, der in späten Jahren von der Vereinigung ausgerechnet zum „Ehrenvorsitzenden auf Lebenszeit" ernannt wurde, besonders heraussticht.[83] Trotz einzelner Skandale und teilweise gegen besseres Wissen wurde die nationalsozialistische Vergangenheit dieser Kollegen über Jahrzehnte aktiv beschwiegen.[84] Zugleich thematisierte die Staatsrechtslehrervereinigung den Nationalsozialismus auf indirekte Weise, beispielsweise wenn 1954 über die Berufsbeamten und die Staatskrisen debattiert wurde.[85] Des Weiteren war die DDR, die deutsche Teilung, der deutsch-deutsche Systemkonflikt, genauso wie die rechtliche Verflechtung beider deutscher Staaten – sieht man einmal von der auf zwei Tagungen behandelten Rechtslage

[82] Vgl. erst *Dreier/Pauly*, Die deutsche Staatsrechtslehre (Fn. 22).

[83] Zu *Ipsens* Habilitationsschrift über Politik und Justiz aus dem Jahre 1937 vgl. *Stolleis*, Geschichte des öffentlichen Rechts III (Fn. 1), S. 336 f.; zu Ipsen allgemein *Anna Katharina Mangold*, Hans Peter Ipsen, in: Kremer (Hrsg.), Die Verwaltungsrechtswissenschaft in der frühen Bundesrepublik (1949–1977), 2017, S. 177.

[84] Vgl. *Jan Thiessen*, in diesem Band, S. 697 ff.; zur Bewertung zudem *Andreas Kley*, in diesem Band, VI, S.39 (72 f.).

[85] *Richard Naumann/Hans Spanner*, Die Berufsbeamten und die Staatskrisen, VVDStRL 13 (1955), S. 88 bzw. S. 119.

Deutschlands ab[86] – gleichsam bis zur letzten Minute, als plötzlich 1990 die Wiedervereinigung anstand,[87] kein Thema in der Staatsrechtslehrervereinigung. Auffällig ist es darüber hinaus, dass zeitgenössische Debatten, die häufig von der politischen Linken angestoßen wurden, etwa über die Demokratisierung und die Verfassungstreue von Beamten in der Weimarer Republik, ab den 1950er Jahren über die Wiederbewaffnung, die militärische und friedliche Nutzung der Kernenergie, parlamentarische und außerparlamentarische Oppositionsrechte, die Notstandsverfassung, den Umweltschutz oder die Gleichberechtigung von Frauen,[88] nicht unmittelbar durch ein Tagungsthema aufgegriffen wurden. Dies sollte sich ab den 1970er Jahren teilweise ändern, als erstmals die staatsrechtliche Stellung der Ausländer[89] und – ausgehend vom sogenannten Radikalenerlass von 1972 – die Verfassungstreue und der Schutz der Verfassung[90] behandelt wurden. Bemerkenswert ist es nicht zuletzt, dass die zunehmende internationale Abhängigkeit genauso wie die Europäisierung zumindest bis 1990 überraschend wenig Spuren in den Tagungsbänden der Vereinigung hinterlassen hat.[91]

Die Debatten der Staatsrechtslehrervereinigung taugen somit nur bedingt als direkter Spiegel der deutschen Geschichte und der sie begleitenden politischen und intellektuellen Auseinandersetzungen im 20. Jahrhundert, auch wenn sie – wie in diesem Beitrag gezeigt – eng mit diesen verflochten waren. Aber als eigenständiges Untersuchungsfeld und zugleich als institutioneller Zugang zur Wissenschaftsgeschichte des Öffentlichen Rechts verdient die Staatsrechtslehrervereinigung durchaus eine verstärkte Aufmerksamkeit der zeitgeschichtlichen Forschung.

---

86 *von der Heydte/Dürig*, Der deutsche Staat (Fn. 33); *Rudolf Bernhardt/Norbert Achterberg*, Deutschland nach 30 Jahren Grundgesetz, VVDStRL 38 (1980), S. 7 bzw. S. 55.

87 *Jochen Abr. Frowein* u. a., Deutschlands aktuelle Rechtslage, VVDStRL 49 (1990). Vgl. allgemein *Marcel Kau/Jan Philipp Schaefer*, in diesem Band, S. 519 ff.

88 Vgl. *Ute Sacksofsky*, in diesem Band, III, S. 479 (485 ff.); *Pascale Cancik*, in diesem Band, VI.2 S. 795 (822 ff.); *Stolleis*, Geschichte des öffentlichen Rechts IV (Fn. 30), S. 516 ff.

89 *Karl Doehring/Josef Isensee*, Die staatsrechtliche Stellung der Ausländer in der Bundesrepublik Deutschland, VVDStRL 32 (1974), S. 7 bzw. S 49.

90 *Erhard Denninger/Hans Hugo Klein*, Verfassungstreue und Schutz der Verfassung, VVDStRL 37 (1979), S. 7 bzw S. 53.

91 Vgl. *Anna Katharina Mangold*, in diesem Band, S. 545 ff.; *Bardo Fassbender*, in diesem Band, S. 567 ff.

Die Vereinigung der Deutschen Staatsrechtslehrer als Garant der einheitlichen Wissenschaft vom Öffentlichen Recht

Eine Betrachtung aus französischer Perspektive

*Michel Fromont und Aurore Gaillet**

I. Einführung . . . 893
II. Zum Verhältnis von Verfassungsrecht und Verwaltungsrecht in Deutschland und in Frankreich . . . 894
III. Die Zusammensetzung des Lehrkörpers . . . 898
1. Quantitative Aspekte – Heterogenität . . . 898
2. Spezialisierung . . . 900
IV. Wissenschaftliche Vereinigungen und Tagungskultur . . . 901
1. Allgemeines . . . 901
2. Zwei französische Beispiele . . . 901
a) Die Association française de droit constitutionnel (AFDC) . . . 901
b) Association française pour la recherche en droit administratif (AFDA) . . . 902
3. Unterschiede zur Vereinigung der Deutschen Staatsrechtslehrer . . . 903
V. Die Vereinigung und die juristische Praxis . . . 904
VI. Einfluss der Unterschiede auf die wissenschaftlichen Diskurse . . . 905
VII. Die Vereinigung und das französische Öffentliche Recht . . . 907
VIII. Schluss . . . 908

I. Einführung

Der Vereinigung der Deutschen Staatsrechtslehrer kann man aus französischer Sicht zu ihrem hundertjährigen Geburtstag nur von ganzem Herzen gratulieren. Sie spielt in der Forschung und in der Lehre im Bereich des Öffentlichen Rechts in Deutschland eine Rolle, wie sie keine einzige Organisation in Frankreich auch nur ansatzweise einnimmt.

Die Gründe hierfür sind vielfältig. Ein zentraler Gesichtspunkt ist sicherlich der Umstand, dass es der Vereinigung bisher gelungen ist, die Einheit der Wissenschaft vom Öffentlichen Recht im deutschsprachigen Raum sicherzustellen.[1] Diese Einheit gibt es in Frankreich so nicht, und es wäre wohl auch schwer, sie herzustellen. Dies liegt zunächst

---

* Die Autoren danken *Claus Dieter Classen* für intensiven Austausch und zahlreiche wertvolle Hinweise.

[1] Dazu etwa *Franz Reimer*, Fragmentierungen im öffentlichen Recht. Diskursvergleich im Verfassungs- und Verwaltungsrecht, VVDStRL 77 (2018), S. 413 (415 ff.).

einmal an dem unterschiedlichen Verhältnis, in dem Verfassungsrecht und Verwaltungsrecht zueinander stehen, die beiden in Deutschland wie in Frankreich zentralen Materien des Öffentlichen Rechts, die auch im Mittelpunkt der Tätigkeit der Vereinigung stehen (II.). Vor allem aber stehen dem die unterschiedlichen Personalstrukturen im Bereich der Wissenschaft entgegen (III.). Mit ihrer Funktion als Forum aller im Öffentlichen Recht hauptberuflich tätigen Wissenschaftler spielt die Vereinigung der Deutschen Staatsrechtslehrer naturgemäß eine wichtige Rolle im wissenschaftlichen Diskurs. In dieser Hinsicht ist es besonders interessant, einen Blick auf die wissenschaftlichen Vereinigungen und die Tagungskultur in Frankreich zu werfen (IV.). Facettenreich ist das Verhältnis der Vereinigung zur juristischen Praxis (V.). Das alles hat auch Auswirkungen auf den wissenschaftlichen Diskurs insgesamt (VI.). Zum Abschluss soll die Frage angesprochen werden, welche Bedeutung französische Kollegen für die Vereinigung haben (VII.).

II. Zum Verhältnis von Verfassungsrecht und Verwaltungsrecht in Deutschland und in Frankreich

In Deutschland ist das Verwaltungsrecht seit Beginn der 1950er Jahre einem überaus starken Einfluss des Verfassungsrechts ausgesetzt. Prägnant hat dies der frühere Präsident des BVerwG, *Fritz Werner* in den Worten zusammengefasst: „Verwaltungsrecht ist konkretisiertes Verfassungsrecht."[2] Ein Blick in viele Entscheidungen des BVerwG belegt dies. Insbesondere wenn und soweit es um die Rechte und Pflichten eines Einzelnen geht oder auch die Reichweite des Rechtschutzauftrages der Verwaltungsgerichte zu bestimmen ist, wird häufig mit verfassungsrechtlichen Gesichtspunkten argumentiert. Zum Teil wird sogar von einer „Überkonstitutionalisierung" gesprochen.[3]

Dies ist in Frankreich deutlich anders. Zwar besteht auch dort ein gewisses Bewusstsein dafür, dass das Verwaltungsrecht gewisse Grundlagen im Verfassungsrecht findet.[4] Lange Zeit aber war das nicht unbestritten.[5] Mittlerweile ist demgegenüber zwar anerkannt, dass es das Phänomen der Konstitutionalisierung der einfachen Rechtsordnung, hier also des Verwaltungsrechts, ebenfalls gibt.[6] Das Ausmaß dieser Konstitutionalisie-

---

[2] *Fritz Werner*, Verwaltungsrecht als konkretisiertes Verfassungsrecht, DVBl. 1959, S. 527; *Christoph Schönberger*, Verwaltungsrecht als konkretisiertes Verfassungsrecht, in: Stolleis (Hrsg.), Das Bonner Grundgesetz, 2006, S. 53.

[3] Dazu *Ernst-Wolfgang Böckenförde*, Grundrechte als Grundsatznormen, Der Staat 29 (1990), S. 1; *Robert Alexy*, Verfassungsrecht und einfaches Recht – Verfassungsgerichtsbarkeit und Fachberichtsbarkeit, VVDStRL 61 (2002), S. 7 (12); *Reimer*, Fragmentierungen (Fn. 1), S. 437.

[4] *Georges Vedel*, Les bases constitutionnelles du droit administratif, Études et documents du Conseil d'Etat (EDCE), 1954, Nr. 8, S. 21; später präzisiert in seinem Verwaltungsrechtslehrbuch *Droit administratif*, 1. Aufl. 1958, 4. Aufl. 1968.

[5] *Charles Eisenmann*, La théorie des bases constitutionnelles du droit administratif, RDP 1972, S. 1345. Siehe zu dieser Auseinandersetzung *Xavier Magnon*, in: Benetti u. a. (Hrsg.), Les grands discours de la culture juridique, 2. Aufl. 2020.

[6] *Olivier Jouanjan*, Fragmentierungen im Öffentlichen Recht: Diskursvergleich im Verfassung- und Verwaltungsrecht, VVDStRL 77 (2018), S. 351 (403 f.). Ausführlich dazu etwa die verschiedenen Darstel-

rung des Verwaltungsrechts in Frankreich steht jedoch deutlich hinter dem in Deutschland bereits seit langem erreichten Maß zurück.

Hierfür gibt es eine ganze Reihe von Gründen. Das Verwaltungsrecht hat in Frankreich eine deutlich längere Tradition. Das Oberste Verwaltungsgericht, der Conseil d'État, wurde im Jahre 1799 gegründet, kann also auf eine über 200 Jahre andauernde Tätigkeit zurückblicken. International hat er eine erhebliche Ausstrahlung entfaltet;[7] nicht zuletzt hat das von ihm geformte Verwaltungsrecht wichtige Geburtshilfe bei der Entwicklung des Allgemeinen Verwaltungsrechts in Deutschland geleistet.[8] Viele Grundfragen des Öffentlichen Rechts wurden vom französischen Staatsrat bereits im 19. Jahrhundert entschieden, und im 20. Jahrhundert gab es eine kontinuierliche Fortentwicklung.[9] Symbolisch zeigen sich diese Tradition und diese Kontinuität etwa daran, dass in der wichtigen Sammlung grundlegender Entscheidungen des Conseil d'État[10] von den insgesamt dort abgedruckten 118 Entscheidungen 36 vor der Gründung der Vereinigung der Deutschen Staatsrechtslehrer ergangen und 62, also nahezu die Hälfte, älter als das 1952 gegründete BVerwG sind. Und bis heute entfaltet der Conseil d'État für das Öffentliche Recht in Frankreich eine aus deutscher Sicht kaum vorstellbare Prägekraft.[11]

Demgegenüber hat das Verfassungsrecht als juristische Disziplin in Frankreich lange Zeit eine allenfalls begrenzte Rolle gespielt.[12] Bis 1958 gab es keine Institution, die speziell für dessen Einhaltung verantwortlich gewesen wäre.[13] Zudem enthielt die Verfassung auch kaum Aussagen, die für die Entscheidung einer verwaltungsrechtlichen Streitfrage von Bedeutung gewesen wäre. Das Verfassungsrecht der III. und auch der IV. Republik beschränkte sich nämlich im Kern auf das Staatsorganisationsrecht. Die Präambel der Verfassung der IV. Republik enthielt zwar einige grundrechtliche Aussagen. Allerdings war zugleich ausdrücklich vorgesehen, dass sie von der dem „Comité constitutionnel"

---

lungen im Themenheft *Jus Politicum* Nr. 20/21, 2018 mit dem Titel „La jurisprudence du Conseil constitutionnel et les différentes branches du droit."

[7] *Aurore Gaillet*, Le Conseil d'État français: histoire d'une exportation difficile en Europe, RFDA 2013, S. 793; *dies.*, Der Conseil d'État und sein Einfluss auf die Verwaltungsgerichtsbarkeit in Europa – Historische Betrachtung und Ausblick, in: v. Bogdandy/Pauzaite-Kulvinskiene/Huber (Hrsg.), Ius Publicum Europaeum, Bd. 9, 2021, § 142.

[8] Dazu *Otto Mayer,* Deutsches Verwaltungsrecht, 1. Aufl. 1903, S. XIII f.; dazu *Gérard Marcou,* Le droit administratif allemand dans la science juridique française, in: Beaud/Heyen (Hrsg.), Eine deutsch-französische Rechtswissenschaft?, 1999, S. 257; *Erk Volkmar Heyen*, Das französische Verwaltungsrecht in der deutschen Rechtswissenschaft, ebd., S. 279 (282 ff.).

[9] Siehe dazu die Analyse bei *Grégoire Bigot,* Introduction historique au droit administratif français depuis 1789, 2002; *ders.,* L'administration française. Politique, droit et société, Bd. 1 1789–1870, 2. Aufl. 2014; *ders./Tiphaine Le Yoncourt,* L'administration française. Politique, droit et société, 1870–1944, 2014; *ders.,* Ce droit qu'on dit administratif.... Études d'histoire du droit public, 2. Aufl. 2020. Ferner *Jouanjan,* Fragmentierungen (Fn. 6), S. 386 ff.

[10] *Marceau Long/Prosper Weil/Guy Braiband/Pierre Delvolvé/Bruno Genevois,* Les Grands Arrêts de la jurisprudence administrative, 22. Aufl. 2019.

[11] *Olivier Jouanjan,* Diskussionsbemerkung, VVDSRL 77 (2018), S. 483 f., mit zahlreichen Beispielen. Einige davon werden nachfolgend im Text erwähnt. Siehe ferner *Christoph Schönberger,* Der „German Approach", 2015, S. 11 ff., 23.

[12] Zur Entwicklung im Bereich der Lehre *Jouanjan,* Fragmentierungen (Fn. 6), S. 367 ff., 393 ff.

[13] Für einen historischen Blick auf die Verfassungsgerichtsbarkeit in Frankreich siehe etwa *Jean-Louis Mestre,* in: Favoreu u. a. (Hrsg.), Droit constitutionnel, 22. Aufl. 2020, S. 309 ff.

zugewiesenen begrenzten Kontrolle ausgenommen sein sollte (Art. 91 f. der damaligen Verfassung).[14] Das hat zwar nicht verhindert, dass sie von der Verwaltungsrechtsprechung aufgegriffen wurde.[15] Dies betraf aber nur wenige Einzelfälle.

Auch der eigentliche Text der Verfassung der V. Republik enthält kaum Grundrechte.[16] Im Übrigen wurde zwar 1958 mit dem Conseil constitutionnel ein spezifisches Organ geschaffen, das die Einhaltung der Verfassung zu überwachen hatte. Dieser hatte jedoch zunächst im Kern allein die Funktion, sicherzustellen, dass das Parlament in den ihm von der damaligen Verfassung neu zugewiesenen Grenzen verblieb. Allein hierauf war sein Verfahrensrecht angelegt. Seine zentrale Aufgabe lag zwar im Bereich der Normenkontrolle, doch war diese nur in abstrakter Form vor Verkündung des Gesetzes möglich, und ein entsprechendes Initiativrecht stand nur dem Staatspräsidenten, dem Premierminister sowie den Präsidenten der beiden parlamentarischen Körperschaften zu. Sein gerichtlicher Charakter war umstritten. Von daher konnte er schon grundsätzlich kaum Bedeutung erlangen. Und weil sich die Konstitutionalisierung des einfachen Rechts vor allem über die Grundrechte vollzieht, diese aber zunächst einmal für den Verfassungsrat völlig ohne Bedeutung waren, gab es erst recht zunächst einmal keine Entscheidungen von verwaltungsrechtlicher Relevanz.

Vieles hat sich seither, wenn auch nur allmählich, geändert, und das Verfassungsrecht sich zu einer juristischen Disziplin entwickelt.[17] Seit einer berühmten Entscheidung aus dem Jahre 1971[18] zieht der Verfassungsrat – wohl entgegen den Intentionen der Verfassungsväter – mittels eines Rückgriffs auf die Präambel der Verfassung der V. Republik auch Grundrechte als Prüfungsmaßstab heran. Eine Ausweitung der Anrufungsbefugnis folgte im Jahre 1974;[19] seither kann auch die parlamentarische Opposition eine solche Normenkontrolle veranlassen. Doch blieb es bis zum Jahre 2008/2010 bei einer von politischen Institutionen abhängigen ex-ante-Kontrolle. Erst damals wurde ein am ehesten dem deutschen Verfahren der konkreten Normenkontrolle vergleichbares Vorlageverfahren eingeführt, das die Überprüfung von Gesetzen auf ihre Verfassungsmäßigkeit auch nach ihrer Verkündung ermöglicht.[20] Nach mehr als zehn Jahren Anwendung zeigt

---

[14] Art. 91: […] Le Comité constitutionnel examine si les lois votées par l'Assemblée nationale supposent une révision de la Constitution. Art. 92: […] Il n'est compétent que pour statuer sur la possibilité de révision des dispositions des titres Ier à X de la présente Constitution.

[15] Bereits in der IV. Republik hatte der Staatsrat der Präambel der Verfassung rechtliche Bedeutung zuerkannt: Siehe die Entscheidung vom 7.7.1950 (Dehaene), Slg. 1950, S. 426.

[16] Siehe aber als Ausnahme etwa das Justizgrundrecht des Art. 66.

[17] Dazu *Constance Grewe,* Le droit constitutionnel allemand dans la science juridique française, in: Beaud/Heyen (Hrsg.), Rechtswissenschaft (Fn. 8), S. 227; *Jouanjan,* Fragmentierungen (Fn. 6), S. 402.

[18] Entscheidung Nr. 71-44 DC vom 16.7.1971, *Loi complétant les dispositions des articles 5 et 7 de la loi du 1er juillet 1901 relative au contrat d'association.*

[19] Für eine Analyse siehe *Léo Hamon,* Les juges de la loi. Naissance et rôle d'un contre-pouvoir: le Conseil Constitutionnel, 1987.

[20] Art. 61-1 der Verfassung: „Wird anläßlich eines anhängigen Gerichtsverfahrens behauptet, eine gesetzliche Bestimmung verstoße gegen die von der Verfassung garantierten Rechte und Freiheiten, kann der Verfassungsrat mit dieser Frage befasst werden, auf Verweisung des Staatsrates oder des Kassationshofes, die sich innerhalb einer bestimmten Frist äußern. Ein verfassungsausführendes Gesetz regelt die Bedingungen für die Anwendung dieses Artikels". Siehe hierzu Art. 23-1 ff. der ordonnance Nr. 58-1067 vom 7.11.1958 portant loi organique sur le Conseil constitutionnel, in ihrer Fassung vom

sich die Bedeutung des „QPC"-Verfahren: wie eine „samtene Revolution" „hat es auch den Verfassungsrat selbst umgestaltet, bei dem es jetzt rund 80 % seiner Tätigkeit ausmacht" – so *Laurent Fabius,* der Präsident des Conseil constitutionnel.[21] Damit werden Normenkontrollen in Frankreich wesentlich häufiger als in Deutschland anhängig gemacht.[22] Eine Verfassungsbeschwerde, wie sie in Deutschland besteht, die gegen jedes gerichtliche Urteil möglich ist und damit auch gegenüber den Verwaltungsgerichten eine gewisse Vorwirkung entfaltet, weil sie gleichsam als Damoklesschwert über ihnen schwebt, gibt es nicht,[23] ebenso wenig einen Organstreit.

In der Konsequenz ist das politische Leben in Deutschland bis heute weitaus stärker als das französische verrechtlicht,[24] die verfassungsrechtliche Durchdringung des Verwaltungsrechts in Frankreich deutlich geringer als in Deutschland.[25] Dies liegt nicht zuletzt daran, dass die Begründungen, die der französische Verfassungsrat seinen Entscheidungen gibt, aus deutscher Perspektive außerordentlich knapp gehalten sind, auch wenn sich in den letzten Jahren insoweit eine gewisse Veränderung abzeichnet.[26] In der Konsequenz lassen sich der Rechtsprechung des Verfassungsrates deutlich seltener Aussagen entnehmen, die über eine vom Verfassungsrat entschiedene Konstellation hinaus gewisse Breitenwirkung entfalten könnten. Dies liegt außer am Begründungsstil auch daran, dass letztlich alle Verfahren Normenkontrollen darstellen, der Verfassungsrat also nie konkrete Einzelfälle entscheidet. Damit bleiben notgedrungen die Entscheidungen des Conseil constitutionnel auf einem gewissen Abstraktionsniveau.[27] Inwieweit die große Zahl der QPC-Verfahren sowie die zunehmend ausführlichere Begründung der entsprechenden Entscheidungen in der Zukunft daran etwas ändern werden, wird sich erweisen.

Schließlich ist auch das institutionelle Verhältnis beider Institutionen zueinander zu beachten.[28] Zwar sind beide Verfassungsgerichte dem Prinzip der enumerativen Einzelzuständigkeit unterworfen. Der weite Zuständigkeitskatalog des BVerfG lässt dieses fak-

---

1.3.2010, in die insbesondere die Bestimmung der Loi organique Nr. 2009-1523 vom 10.12.2009 aufgenommen wurden.

[21] *Laurent* Fabius, Titre VII, Les Cahiers du Conseil constitutionnel, Hors-Série („Les dix ans de la question citoyenne"), Oktober 2020 (https://www.conseil-constitutionnel.fr/publications/titre-vii/octobre-2020-hors-serie).

[22] Im Einzelnen gab es 2020 46 QPC- und 16 DC-Verfahren (konkrete bzw. abstrakte Normenkontrollen), 2019 61 bzw. 19, 2018 64 bzw. 19, 2017 75 bzw. 14, 2016 81 bzw. 18, 2015 68 bzw. 18. Dem stehen in Deutschland jährlich gut 10 konkrete und meist nur eine abstrakte Normenkontrolle gegenüber.

[23] *Marthe Fatin-Rouge Stefanini/Caterina Severino,* Le contrôle de constitutionnalité des décisions de justice: une nouvelle étape après la QPC?, 2017.

[24] *Aurore Gaillet/Thomas Hochmann/Nikolaus Marsch/Yoan Vilain/Mattias Wendel,* Droits constitutionnels français et allemand, 2019, Rn. 20.

[25] *Jouanjan,* Fragmentierungen (Fn. 6), S. 404.

[26] *Ruth Weber,* Der Begründungsstil von Conseil constitutionnel und Bundesverfassungsgericht. Eine vergleichende Analyse der Spruchpraxis, 2019.

[27] *Constance Grewe,* Le contrôle de constitutionnalité de la loi en Allemagne: quelques comparaisons avec le système français, Pouvoirs, Nr. 137/2 (2011), S. 143; *Marthe Fatin-Rouge Stefanini,* La singularité du contrôle exercé a posteriori par le Conseil constitutionnel, Nouveau Cahiers du Conseil constitutionnel Nr. 38 (2013), S. 211; *Claus Dieter Classen,* Französisches Grundrechtsverständnis, JöR n. F. 68 (2020), S. 213 (221 ff.).

[28] Siehe hierzu die Analyse von *Olivier Jouanjan,* Conseil constitutionnel und BVerfG: zwei verschiedene Modelle der europäischen Verfassungsgerichtsbarkeit, in: Stolleis (Hrsg), Herzkammern der Repu-

tisch entgegen allen Beteuerungen, keine Superrevisionsinstanz zu sein, im Verhältnis zu den obersten Bundesgerichten eben doch eine übergeordnete Rolle einnehmen. Demgegenüber kann der Conseil constitutionnel machtpolitisch kaum mit den beiden überaus traditionsreichen obersten Fachgerichten, der Cour de cassation und dem Conseil d'État konkurrieren – ganz im Gegenteil: Im Verhältnis zum Conseil d'État besteht sogar eine gewisse institutionelle Abhängigkeit. Die Entscheidungen des Conseil constitutionnel werden zwar formal allein von dessen Mitgliedern getroffen. Bei den Beratungen ist jedoch der regelmäßig vom Conseil d'État gestellte Generalsekretär des Conseil constitutionnel anwesend. Er ist zudem verantwortlich für die Erstellung des Entscheidungsentwurfes. Auch die Mitarbeiter, die den Conseil constitutionnel in seiner Arbeit unterstützen, kommen vielfach aus dem Conseil d'État.[29]

In der Summe kann man feststellen, dass das Verwaltungsrecht in Frankreich bis heute wesentlich stärker als in Deutschland seinen Eigenwert gegenüber dem Verfassungsrecht behalten hat. Das hat auch Konsequenzen für den wissenschaftlichen Diskurs: Über verwaltungsrechtliche Fragen kann man wesentlich leichter als in Deutschland auch ohne dauerhafte Rückvergewisserung im Verfassungsrecht diskutieren. Dementsprechend ist die Einheit der Wissenschaft des Öffentlichen Rechts aus sachlichen Gründen in Frankreich, anders als in Deutschland, nicht gegeben.

III. Die Zusammensetzung des Lehrkörpers

1. Quantitative Aspekte – Heterogenität

In der Vereinigung der Deutschen Staatsrechtslehrer sind praktisch all diejenigen Mitglied, die hauptberuflich und dauerhaft an einer Universität als Wissenschaftler im Öffentlichen Recht tätig sind. Voraussetzung für die Mitgliedschaft ist im Grundsatz die Habilitation. Nachwuchswissenschaftler können nicht Mitglied werden; sie sind auf ihr eigenes Diskussionsforum, die Assistententagung – jetzt: Junge Tagung Öffentliches Recht – verwiesen. In dieser wirken auch die seit einigen Jahren eingeführten, auf sechs Jahre ernannten Juniorprofessoren mit. Dauerstellen für Personen, die nicht Professoren sind, gibt es nur ganz wenige. Insgesamt hat die Vereinigung derzeit rund 800 Mitglieder. Bei der Zahl ist zu berücksichtigen, dass sie auch die Wissenschaftler im Ruhestand sowie die meisten deutschsprachigen Professoren aus Österreich und der Schweiz einschließt, ferner juristische Professoren, die an anderen Fakultäten, etwa im Bereich der Wirtschaftswissenschaften, tätig sind. Zu den Jahrestagungen erscheint in etwa die Hälfte.

Das alles ist besonders interessant aus französischer Sicht. Denn in Frankreich werden Forschung und Lehre im Öffentlichen Recht nicht nur von den Professoren betrieben, sondern auch von den sogenannten Maîtres de Conférences. Insgesamt liegt die Größe dieses Lehrkörpers deutlich über dem in Deutschland. Den rund 40 Fakultäten in

blik, 2011, S. 137; *ders.*, Modèles et représentations de la justice constitutionnelle en France: un bilan critique, *Jus Politicum* Nr. 2, 2009, S. 3 ff.

[29] *Jouanjan*, Fragmentierungen (Fn. 6), S. 400.

Deutschland stehen knapp 50 entsprechende Einrichtungen in Frankreich gegenüber. Zugleich sind an jeder dieser Einrichtung deutlich mehr dauerhaft beschäftigte Wissenschaftler, also Professoren und Maîtres de conférences, im öffentlichen Recht tätig. Während in Deutschland an einer Fakultät in aller Regel fünf bis sieben, nur an den größeren bis zu zehn Professoren im öffentlichen Recht tätig sind, umfasst der Lehrkörper an den französischen Fakultäten regelmäßiges ein Vielfaches davon. An der Fakultät der Universität Toulouse 1 Capitole etwa sind im Öffentlichen Recht rund 25 Professoren und etwas mehr Maîtres de conférences, zusammen also etwa 50 Wissenschaftler dauerhaft tätig. Insgesamt liegt die Zahl der im aktiven Dienst befindlichen Professoren im Öffentlichen Recht in Frankreich bei rund 650, die der Maîtres de conférences bei knapp 900. Nicht alle dieser Maîtres de conférences sind allerdings auch wissenschaftlich tätig. Nicht mitgerechnet sind dabei die im Bereich der Rechtsgeschichte tätigen Professoren.

Damit ist die Zahl der in Frankreich im öffentlichen Recht tätigen Wissenschaftler um ein Vielfaches größer als in Deutschland. Es wäre also gar nicht möglich, auch nur einen signifikanten Anteil von Ihnen im Rahmen einer Tagung zusammenzubringen. Zudem weist dieser Lehrkörper nicht nur die Unterscheidung zwischen Professoren und Maîtres de Conférences auf. Auch innerhalb der Professoren gibt es gewisse Unterschiede. Der Königsweg zur Professur führt über einen alle zwei Jahre in Frankreich durchgeführten Wettbewerb (*Concours d'agrégation de l'enseignement supérieur*), bei dem in der Vergangenheit im Bereich des Öffentlichen Rechts – für das Privatrecht (einschließlich des Strafrechts) sowie die Rechtsgeschichte gibt es einen gesonderten Wettbewerb – meist etwa 25–30 Personen zum Zuge gekommen sind – eine Zahl, die (leider) zu sinken tendiert.[30] Grundlage für diesen Wettbewerb sind zunächst die wissenschaftlichen Schriften; für die letztendliche Auswahl aber sind vor allem Lehrproben (die sog. „*leçons*") entscheidend. Daneben haben auch die Universitäten die Möglichkeit, unter bestimmten Voraussetzungen Personen, die eine „Habilitation à diriger des recherches"[31] erworben haben, zu Professoren zu berufen. Sie entscheiden auch über die Positionen als Maîtres de conférences, nach einer Vorauswahl, bei der der „Conseil national des Universités" (CNU)[32] eine zentrale Rolle spielt. Diesbezüglich ist aber zu erwähnen, dass die verschiedenen Verfahren zur Besetzung von Professuren und sonstigen Dauerstellen in der Wissenschaft in Frankreich in den letzten Jahren immer wieder kritisiert, heute sogar immer mehr in Frage gestellt werden.[33]

---

[30] Im Jahre 2020 wurden sogar nur 18 Kandidaten zu „Professeurs agrégés" ernannt – was noch viel ist im Vergleich zur ursprünglich angesetzten Zahl von 6 Positionen. Siehe hier den „Rapport sur le concours national d'agrégation de droit public 2019/2020": https://cache.media.enseignementsup-recherche.gouv.fr/file/Personnels_enseignants_chercheurs/96/1/rapport_concours_droit_public_2019_2020_1342961.pdf.

[31] Im Jahre 1984 geschaffen, ist die sog. HDR der höchste akademischer Titel in Frankreich (die „agrégation" ist kein Titel, sondern das Ergebnis eines Wettbewerbs). Hierfür ist der Doktortitel und die Verteidigung der „Synthese der wissenschaftlichen Tätigkeit" notwendig.

[32] Der CNU ist ein im Wesentlichen aus – zu 2/3 gewählten, zu 1/3 vom Bildungsministerium ernannten, nach Fachgruppen zusammengesetztes staatliches Gremium.

[33] Aktuell wird über eine Reform, sogar eine Aufhebung des „CNU" diskutiert, was aber auch starke Kritik aufwirft: Siehe z. B. die Texte und Stellungnahmen: https://academia.hypotheses.org/27920.

2. *Spezialisierung*

Mit den deutlichen Unterschieden in der Größe des Lehrkörpers verbinden sich auch Unterschiede in der fachlichen Ausrichtung. In Deutschland ist der überwiegende Anteil der Professoren des Öffentlichen Rechts zumindest in der Lehre neben dem Verfassungsrecht auch in anderen Bereichen tätig, zumeist im Verwaltungsrecht, ggf. auch in anderen Rechtsgebieten wie dem Europarecht, dem Völkerrecht, der Rechtsphilosophie usw. Dies ist schon aus Gründen der Personalstruktur zwingend. Zudem verlangt die Vereinigung der Deutschen Staatsrechtslehrer als Voraussetzung für die Mitgliedschaft, dass eine Person „auf dem Gebiet des Staatsrechts und mindestens eines weiteren öffentlichenrechtlichen Fachs" (§ 3 Abs. 1 der Satzung) wissenschaftlich ausgewiesen ist.

Insoweit ist die Lage in Frankreich völlig anders. Angesichts der Tatsache, dass der Lehrkörper auch pro Fakultät gerechnet im Öffentlichen Recht deutlich größer ist als in Deutschland, ist es deutlich leichter, sich auf ein bestimmtes Spezialgebiet zu konzentrieren. Dementsprechend sind fast alle Professoren, die in Frankreich im Bereich des Öffentlichen Rechts tätig sind, im Kern nur im Verfassungsrecht, nur im Verwaltungsrecht oder auch nur im Europarecht oder nur im Völkerrecht tätig. Zudem ist an den bereits erwähnten Umstand zu erinnern, dass die Rechtsgeschichte in Frankreich ein eigenständiges Fach darstellt.

Diese Spezialisierung wird auch durch die unterschiedlichen Voraussetzungen für eine wissenschaftliche Laufbahn, wie sie in Frankreich bestehen, erleichtert. In Deutschland bedeutet das Erfordernis einer Habilitation oder eines sonst wie verfassten „zweiten Buches" regelmäßig, dass man auch in unterschiedlichen Bereichen des Öffentlichen Rechts ausgewiesen ist. Wer seine Doktorarbeit im Verfassungsrecht geschrieben hat, muss für die Habilitationsschrift auf eine verwaltungsrechtliche oder eine internationalrechtliche Fragestellung zurückgreifen, will er nicht seine Karriere substantiell erschweren. Demgegenüber müssen Personen, die in Frankreich die wissenschaftliche Karriere anstreben, nur eine Qualifikationsschrift verfassen. Diese ist zwar meist eher mit der deutschen Habilitationsschrift vergleichbar. In der Konsequenz bedeutet dies aber eben auch, dass sich französische Wissenschaftler nur mit einem Rechtsgebiet intensiv befassen. Im Rahmen des Concours d'agrégation im Bereich des Öffentlichen Rechts kann man sich dann für die drei zu erbringenden Lehrproben zwischen den Fächern Verfassungsrecht, Verwaltungsrecht, Finanzrecht, Völker- bzw. Europarecht sowie den Grundlagen entscheiden. In aller Regel bleiben die Wissenschaftler dann auch im weiteren Verlauf ihrer Karriere bei diesem Bereich: zwar werden Persönlichkeiten wie *Maurice Hauriou* (1856–1929), *Léon Duguit* (1859–1928) oder etwa *Raymond Carré de Malberg* (1861–1935) immer wieder als Vorbilder für Juristen „de droit public" genannt; diese Vorbilder kommen aber aus einer Zeit, in der es noch nicht die heutige „Hyperspezialisierung" gab.

IV. Wissenschaftliche Vereinigungen und Tagungskultur

1. Allgemeines

Die unterschiedliche Größe des Lehrkörpers in Frankreich hat auch Auswirkungen auf die Kultur im Bereich von Vereinigungen und Tagungen. In Frankreich gibt es vermutlich weitaus mehr wissenschaftliche Tagungen als in Deutschland. In diesem Kontext spielen jedoch wissenschaftliche Vereinigungen eine deutlich geringere Rolle als in Deutschland. Ganz überwiegend werden sie von einzelnen Instituten an den Universitäten durchgeführt. Dementsprechend sind sie in ihrer Teilnehmerzahl zumeist deutlich begrenzt. Großtagungen, wie sie die Staatsrechtslehrervereinigung abhält, gibt es gar nicht. Auch die Struktur der Tagungen unterscheiden sich: Die Vorträge, oft fünf bis sechs pro halben Tag, sind meist auf vergleichsweise kurze Zeit angelegt (20 bis 30 Minuten); für die Diskussion bleibt also nur wenig Raum. Die Veröffentlichung erfolgt in Sammelbänden oder in Zeitschriften; die Diskussion wird kaum dokumentiert.

Immerhin gibt es auch in Frankreich einige wissenschaftliche Vereinigungen. Große Tradition weist die bereits 1869 gegründete Société de la législation comparée auf. Ihre deutsche Parallelorganisation wurde erst 1894 gegründet, die Internationale Vereinigung für Vergleichende Rechtswissenschaft und Volkswirtschaftslehre, deren Tradition heute die 1950 gegründete Deutsche Gesellschaft für Rechtsvergleichung fortführt. Im Übrigen wurden Fachgesellschaften in Frankreich deutlich später als in Deutschland gegründet. Genannt werden können etwa die Association Française des Études Européennes (1965 als CEDECE – Commission pour l'étude des Communautés européennes gegründet), die Société française pour le droit international (1967), die wie ihre deutschen Schwesterorganisation, die bereits 1917 gegründete Deutsche Gesellschaft für Internationales Recht, neben Praktikern vor allem Professoren des Völkerrechts und des Internationalen Privatrechts zusammenführt, die Association pour le droit constitutionnel (1980) und die Association française pour la recherche en droit administratif (2006). Dabei kann die späte Gründung der Association pour le droit constitutionnel damit erklärt werden, dass sich erst zu diesem Zeitpunkt mit dem Erstarken des Verfassungsrates das Verfassungsrecht als wirklich eigenständige juristische Disziplin voll etabliert hat. Im Übrigen zeigt sich die ersichtlich geringe Neigung zu wissenschaftlichen Verbänden, die im Übrigen zum Teil auch bei der jeweiligen inneren Struktur deutlich wird. Nachfolgend sollen wegen der Überschneidung mit den Aktivitäten der Vereinigung der Deutschen Staatsrechtslehrer die auf das Verfassungsrecht und die auf das Verwaltungsrecht ausgerichteten Organisationen etwas näher beleuchtet werden.

2. Zwei französische Beispiele

a) Die Association française de droit constitutionnel (AFDC)

Die Vereinigung unterscheidet sich von der Staatsrechtslehrervereinigung in mehrfacher Hinsicht: In ihr können auch Wissenschaftler Mitglied werden, die noch nicht Professoren sind, etwa Doktoranden. Sie veranstaltet derzeit alle drei Jahre eine große Tagung, die dann allerdings nicht spezifisch thematisch ausgerichtet ist. Vielmehr gliedert sich jede dieser Tagungen in mehrere verschiedene „ateliers", neben denen nur wenige Plenumsveranstaltungen stehen. Diese ateliers sind als solche ebenfalls nicht auf spezifische Fragen ausgerichtet, sondern auf bestimmten Themenkomplexe, so etwa 2017 (und ähnlich schon 2014) auf (1) Verfassung, örtliche Institutionen und örtliche Demokratie, (2) Verfassungsmäßige, internationale und europäische Ordnung, (3) Verfassung, Mächte und Gegenmächte, (4) Verfassungsrecht, Geschichte und Rechtstheorie, (5) Rechtsweggarantien und Grundrechte sowie (6) Öffentliche Finanzen, Wirtschaft und Verfassung. In jedem dieser ateliers halten dann vor allem Doktoranden Vorträge, und es gibt kaum Zeit für Diskussion. So wird nicht einmal innerhalb des Verfassungsrechts die Einheit der Disziplin gewahrt. Daneben finden regelmäßig eintägige themenbezogene Tagungen statt.

Speziell für den wissenschaftlichen Nachwuchs organisiert die „Commission de la jeune recherche constitutionnelle de l'Association française de droit constitutionnel" jedes Jahr einen besonderen Tag, um diesen (Doktoranden/innen und junge Promovierte) zu fördern: diejenigen, die ausgewählt werden, haben nämlich die Möglichkeit, einen Vortrag über ihren Forschungsschwerpunkt zu halten. Am Ende des Tages vergibt ein wissenschaftliches Komitee den „Preis für den besten Vortrag", und dem Gewinner kann angeboten werden, seinen Vortrag in der angesehenen *Revue du droit public* zu veröffentlichen.

b) Association française pour la recherche en droit administratif (AFDA)

Diese auf das Verwaltungsrecht ausgerichtete Vereinigung besitzt ersichtlich keine klare Mitgliederstruktur. Vielmehr muss man jährlich neu unterschreiben. Insgesamt sind 200 Personen Mitglied. Beitreten kann man bereits als Student. Die Vereinigung hält üblicherweise zwei Mal im Jahr eine Fachtagung ab, eine zweitägige Tagung im Sommer und eine eintägige Tagung im Winter. Blickt man auf die Themenliste, so seien aus den letzten Jahren genannt: die neuen Gesichter der Verwaltung (2020), die Beherrschung öffentlicher Bauten sowie das öffentliche Eigentum (2019), die Globalisierung des Verwaltungsrechts sowie das Verwaltungsrecht vor der digitalen Herausforderung (2018), der Schaden im Verwaltungsrecht, Methoden im Verwaltungsrecht und außerdem Verwaltungsrecht und Wahlen (2017).

Insgesamt zeigt sich, dass die Themen jeweils einen bestimmten Teilkomplex des Verwaltungsrechts in den Blick nehmen, der dann mehr oder weniger lehrbuchartig oder im Sinne einer Fortbildungsveranstaltung in verschiedenen Referaten behandelt wird. Die Unterschiede zur Vereinigung der Deutschen Staatsrechtslehrertagung zeigen sich vor allem dort, wo ähnliche Fragestellungen aufgegriffen werden. Während in Frankreich das 2018 über die „Globalisierung des Verwaltungsrechts" diskutiert wurde, wurde 2007 in Deutschland über „die Entwicklung eines Internationalen Verwaltungsrechts als Aufgabe der Rechtswissenschaft"[34] diskutiert. Während 2014 in Frankreich schlicht über die

---

[34] *Claus Dieter Classen/Giovanni Biaggini,* Die Entwicklung eines Internationalen Verwaltungsrechts als Aufgabe der Rechtswissenschaft, VVDStRL 67 (2008), S. 365 bzw. 413.

„Verwaltungsverfahren" diskutiert wurde, lautete 2010 das Thema der deutschen Tagung „Eigenwert des Verfahrens im Verwaltungsrecht"[35]. Für die Struktur der Tagungen und die Publikation gelten die allgemein für die französischen Tagungen beschriebenen Grundsätze: Viele eher kürzere Vorträge, im Vergleich zur deutschen Praxis wenig Raum für Diskussion.

Was die „Jungforschung" betrifft, organisiert die AFDA jedes Jahr, zum Auftakt ihrer großen Jahresveranstaltung einen „Frühling der jungen Rechtsforschung", der es jungen Forschern ermöglicht, eine originelle Studie über die Arbeit eines „Meisters" des Verwaltungsrechts vorzustellen (z. B. *Jean Romieu* im Jahre 2020). Die Studien werden von einem wissenschaftlichen Komitee ausgewählt, vier Berichte von jeweils 30 Minuten werden vorgetragen und schließlich in der *Revue française de droit administratif* veröffentlicht.

3. Unterschiede zur Vereinigung der Deutschen Staatsrechtslehrer

Ein erster Unterschied besteht im ausschließlich professoralen und „germanischen" Charakter der Mitglieder der Vereinigung der Deutschen Staatsrechtslehrer. Bis zur Änderung der Satzung der Vereinigung im Jahre 2006 konnten aus dem Ausland nur österreichische und an deutschsprachigen Schweizer Universitäten lehrende Professoren in die Vereinigung aufgenommen werden. Seitdem sind nur einige ausländische Staatsrechtslehrer Mitglieder geworden (für Frankreich siehe unten VII.). In diesem Sinne sind die französischen Vereinigungen „offener", da solche Beschränkungen dort nicht existieren.

Ein zweiter Unterschied besteht in der Art und Weise, wie die Vereinigung der deutschen Staatsrechtslehrer regelmäßig wissenschaftliche Veranstaltungen abhält. Nur kurz seien die wichtigsten Elemente erwähnt: Bei den mehrtätigen Jahrestagungen wurden früher jeweils zwei, seit knapp 20 Jahren jeweils vier Themen behandelt, von denen üblicherweise die Hälfte verfassungsrechtlichen und die Hälfte verwaltungsrechtlichen Fragen gewidmet sind, aber immer wieder auch europa- oder völkerrechtlichen Fragen.[36] Viele Themen haben einen eher generellen Zuschnitt, aber es gibt auch einige mit sehr spezifischen Fragestellungen. Etwa die Hälfte der Tagungszeit ist Diskussionen gewidmet. Die Vorträge dauerten früher deutlich über eine Stunde, nunmehr sind sie auf 45 Minuten beschränkt. In den Diskussionen kommen meist gut 20 Personen zu Wort. Inhaltlich wurden schon immer, aber verstärkt in den letzten Jahren auch Probleme mit Bezug zum europäischen und internationalen Recht erörtert. Die Vorträge werden unter Einschluss der wörtlich dokumentierten Diskussionen in regelmäßig erscheinenden Tagungsbänden veröffentlicht. Seit einigen Jahren sind die mehr als zwei Jahre alten Tagungsbände frei im Internet zugänglich. Und der eigentlichen Tagung vorgeschaltet sind

[35] *Elke Gurlit/Michael Fehling*, Eigenwert des Verfahrens im Verwaltungsrecht, VVDStRL 70 (2011), S. 227 bzw. 278.

[36] Siehe aus den letzten Jahren etwa *Axel Tschentscher/Heike Krieger*, Verfassung im Völkerrecht, VVDStRL 75 (2016), S. 407 bzw. 439; *Christoph Ohler/Jochen v. Bernstorff*, Die Rolle nicht-staatlicher Akteure im Völker- und Europarecht, VVDStRL 79 (2020), S. 347 bzw. 405.

spezifisch ausgerichtete Gesprächskreise (zur Verwaltung, zum europäischen Verfassungsrecht und zu den Grundlagen des Öffentlichen Rechts).

V. Die Vereinigung und die juristische Praxis

Facettenreich ist das Verhältnis der Vereinigung zur juristischen Praxis, wenn man dies mit der Lage in Frankreich vergleicht. Grundsätzlich ist die juristische Ausbildung und auch die Wissenschaft an den Universitäten deutlich praxisnäher als in Frankreich. In Deutschland werden in der das Studium abschließenden staatlichen Prüfung Professoren und Praktiker gemeinsam tätig, fast alle Professoren in Deutschland haben auch das für eine juristische Karriere in der Praxis zwingende zweite juristische Staatsexamen abgelegt,[37] und mit dem Kommentar hat sich in Deutschland ein Wissenschaftsformat entwickelt, das auch für die juristische Praxis von großer Bedeutung ist und dort intensiv genutzt wird.[38] Personell gibt es ebenfalls intensive Verflechtungen: an vielen Fakultäten in Deutschland sind Verwaltungsrichter und im Verwaltungsrecht tätige Anwälte als Lehrbeauftragte oder Honorarprofessoren tätig. Und umgekehrt sind etliche Professoren nebenbei als Richter an einem Oberverwaltungsgericht oder auch einem Landesverfassungsgericht tätig, von den Professorenrichtern am BVerfG und den früher einmal als wissenschaftliche Mitarbeiter am BVerfG[39] tätigen Professoren einmal ganz abgesehen. Dabei kann man auch zweifeln, ob es für das BVerfG gut ist, wenn – wie derzeit beim Ersten Senat der Fall – sogar mehr als die Hälfte der Mitglieder Professoren sind.

Demgegenüber trennen sich die Wege in Frankreich schon früh.[40] Wer promovieren will, nimmt dieses Vorhaben gleich nach dem Abschluss des Studiums in Angriff und strebt danach überwiegend eine wissenschaftliche Laufbahn an. Eine für einen juristischen Beruf in Frankreich wichtige praktische Ausbildung haben nur einige Wissenschaftler, die z. B. neben einer Spezialisierung im Verwaltungsrecht auch als Anwalt tätig sind. Das ist im Privat- und im Strafrecht deutlich häufiger als im Öffentlichen Recht und dort am ehesten im Verwaltungsrecht der Fall.[41] Außerdem spielen die Mitglieder des Conseil d'État in der Wissenschaft einige gewisse Rolle: einige von ihnen publizieren auch, sind an verwaltungsrechtlichen Tagungen beteiligt, unterrichten nebenbei an einer der Pariser Fakultäten.[42] Auch beim erwähnten concours d'agrégation gehört regelmäßig ein Mitglied der „Jury" dem Conseil d'État an.[43] Umgekehrt sind Professoren praktisch gar nicht in der Verwaltungsgerichtsbarkeit tätig. Und zu einem Mitglied des Verfas-

---

[37] Dazu *Franz C. Mayer,* Das Verhältnis von Rechtswissenschaft und Rechtspraxis im Verfassungsrecht – Deutschland, in: Masing u. a. (Hrsg.), Rechtswissenschaft und Rechtspraxis, 2019, S. 31 (56); *Karl-Peter Sommermann,* Das Verhältnis von Rechtswissenschaft und Rechtspraxis im Verwaltungsrecht, ebd., S. 83 (96 f.).

[38] Dazu *Sommermann,* Verhältnis (Fn. 37), S. 97 f.

[39] Dazu *Mayer,* Verhältnis (Fn. 37), 46 ff.

[40] Dazu *Schönberger,* German Approach (Fn. 11), S. 11 ff.

[41] *Jouanjan,* Fragmentierungen (Fn. 6), S. 399.

[42] Kritisch dazu *Jouanjan,* Diskussionsbemerkung (Fn. 11), S. 484 („concurrence déloyale").

[43] *Jouanjan,* Diskussionsbemerkung (Fn. 11), S. 483.

sungsrates werden Professoren nur sehr selten berufen, und wenn, dann sind sie dadurch für ihre Amtszeit weitgehend an der weiteren Teilnahme am wissenschaftlichen Diskurs gehindert. Gemeinsam dagegen ist beiden Ländern, dass Professoren beratend tätig werden und so nicht nur Praxiskontakte pflegen, sondern auch neben ihrer Besoldung zusätzlich, oft auch erheblich, entlohnt werden[44]. Das deutsche Recht gestattet allerdings „Rechtslehrern …. an einer Hochschule" auch ausdrücklich, an der Stelle von Rechtsanwälten aufzutreten (§ 67 Abs. 2 VwGO).

Blickt man speziell auf die Vereinigungen, ist das so gezeichnete Bild aber eher zu nuancieren. An der Vereinigung der Deutschen Staatsrechtslehrer sind Juristen aus der Praxis nur beteiligt, wenn sie sich einmal habilitiert haben und dann einen praktischen Beruf ergriffen haben; das ist eine kleine Minderheit. Vor allem aber sind die Vorträge häufig recht theoretisch angelegt, jedenfalls weit stärker, als die bei den dargestellten Tagungen der französischen Vereinigungen im Öffentlichen Recht der Fall ist.

VI. Einfluss der Unterschiede auf die wissenschaftlichen Diskurse

Insgesamt hat sich gezeigt, dass die Verhältnisse im Bereich der Wissenschaft vom Öffentlichen Recht in Deutschland ganz anders sind als in Frankreich. Das beginnt mit dem sachlichen Verhältnis von Verfassungs- und Verwaltungsrecht und setzt sich über die fachliche Ausrichtung der Wissenschaftler bis hin zur Struktur von Vereinigungen und vor allem Tagungen fort. Besonders deutlich werden die Unterschiede gerade im Vergleich zu den Tagungen der Vereinigung der Deutschen Staatsrechtlehrer:
- die Vorträge sind länger,
- der Diskussion wird mehr Raum gegeben,
- es kommen weit mehr unterschiedlich ausgerichtete Wissenschaftler zusammen.

Insbesondere der letzte Punkt bedeutet, dass nicht wie der Tendenz nach in Frankreich nur die Experten für ein bestimmtes Thema über dieses diskutieren, sondern sich zu einem verfassungsrechtlichen Vortrag auch Professoren äußern, die einen Schwerpunkt im Europarecht oder im Verwaltungsrecht haben. Da sie alle auch das Verfassungsrecht beherrschen, können sie problemlos an die in diesem Bereich geführten Diskurse anknüpfen – was wieder mit der stärkeren „Konstitutionalisierung" des Rechts, mit der wichtigeren Ausrichtung auf die Grundrechte und mit der Rolle des BVerfG zu tun hat. Zugleich sind nicht nur die Vorträge, sondern auch die Diskussionen für die weitere wissenschaftliche Auseinandersetzung verfügbar; so werden auch die Diskussionsbeiträge in der wissenschaftlichen Literatur immer wieder zitiert.

Zugleich bietet die Vereinigung der Deutschen Staatsrechtslehrer auch jenseits des wissenschaftlichen Programms einer Tagung den Rahmen für einen persönlichen Austausch zwischen den Wissenschaftlern im Öffentlichen Recht ohne weitere fachliche Be-

---

[44] Zu den rechtlichen Rahmenbedingungen hierfür s. *Kai v. Lewinski*, Rechtslehrer als Berater und Vertreter in Verwaltungs- und Gerichtsverfahren, in: FS für Wolfgang Hartung, 2008, S. 93–115.

schränkungen. Sicher kennen auch französische Tagungen den Austausch am Rande von Tagungen, aber der Teilnehmerkreis bleibt eben doch nicht nur quantitativ, sondern – bedingt durch die fachliche Fokussierung – auch qualitativ beschränkt. Anstöße aus einer anderen Denkwelt sind im französischen System im Zweifelsfall deutlich weniger und seltener als in Deutschland.

Zwar wird dies in einem gewissen Ausmaß dadurch ausgeglichen, dass umgekehrt der Rechtsvergleich bei französischen Tagungen eine deutlich größere Rolle als in Deutschland spielt. Vielfach werden ausländische Professoren oder ausländischen Rechts kundige französische Professoren um einen Vortrag gebeten. Das ist in Deutschland ausgesprochen selten, selbst die immerhin bei den Jahrestagungen der Staatsrechtslehrervereinigung regelmäßig anwesenden ausländischen Gäste vermögen daran nur wenig zu ändern. Zudem sind Erfahrungen aus einer anderen Rechtsordnung häufig nicht so leicht in das eigene System zu integrieren. Von daher ist der Rechtsvergleich, so wichtig er auch ist, nicht zu vergleichen mit der Auseinandersetzung mit Kollegen aus anderen Teilbereichen des Öffentlichen Rechts.

Hinter all diesen Unterschieden steht aber auch ein Grundsatzunterschied. Rechtswissenschaft und gerichtliche Praxis haben ein gemeinsames Verständnis vom Umgang mit dem Recht, das es in Frankreich nicht in gleicher Form gibt, und das seinen Ausdruck im spezifisch deutschen Phänomen der Dogmatik findet. Dieser geht es darum, verallgemeinerungsfähige Aussagen zu entwickeln, die zwischen dem Gesetz und der Lösung eines konkreten Falles stehen. Diese haben zunächst die Aufgabe, abstrakte gesetzliche Regelungen zu konkretisieren, und sollen zugleich einen systematischen Zusammenhang zwischen den verschiedenen Normen des betreffenden Regelungsbereiches herstellen. Diese Dogmatik wird von der Rechtsprechung in intensivem Austausch mit der Wissenschaft entwickelt.[45]

In Frankreich gibt es dieses Phänomen nicht in gleicher Weise. Die Gerichte begründen, wie für den Verfassungsrat bereits erwähnt, ihre Urteile nur sehr knapp, wenn auch ausführlicher als früher. Literaturmeinungen spielen dort schon aus Prinzip keine Rolle. Beim Conseil d'État gibt es daneben zwar die Schlussanträge der „rapporteurs publics", bei denen auch die Literatur eine gewisse Bedeutung erlangt.[46] Allerdings versteht auch die Wissenschaft ihre Rolle häufig anders als in Deutschland. Traditionell spielen bei der wissenschaftlichen Arbeit statt kaum vorhandener Kommentare wie in Deutschland Ur-

[45] Dazu die Beiträge in G. Kirchhof/Magen/Schneider (Hrsg.), Was weiß Dogmatik?, 2012, insbesondere *Christian Waldhoff,* Kritik und Lob der Dogmatik, ebd., S. 39 ff.; *Eberhardt Schmidt-Aßmann,* Verwaltungsrechtliche Dogmatik, 2015, S. 3 ff.; *Matthias Jestaedt,* Die deutsche Staatsrechtslehre im europäisierten Rechtswissenschaftsdiskurs, JZ 2012, S. 1; *Rolf Stürner,* Das Zivilrecht der Moderne und die Bedeutung der Rechtsdogmatik, JZ 2012, S. 10, mit Abgrenzung gerade auch zu romanischen Ländern S. 13; *Joachim Vogel,* Strafrecht und Strafrechtswissenschaft im internationalen und europäischen Rechtsraum, JZ 2012, S. 25; *Wolfgang Kahl,* Dogmatik im EU-Recht, AöR 144 (2019), S. 159.

[46] Dazu *Jean-François Lafaix,* Das Verhältnis von Rechtswissenschaft und Rechtspraxis im Verwaltungsrecht, in: Masing u. a. (Hrsg.), Rechtswissenschaft (Fn. 37), S. 59 (72 ff.); *Sommermann,* Verhältnis (Fn. 37), S. 89; vgl. auch *Francesco Martucci,* Die Wechselwirkungen von Wissenschaft und Praxis im Europarecht, in: Masing u. a. (Hrsg.), Rechtswissenschaft (Fn. 37), S. 103 (119). Zurückhaltender *Schönberger,* German Approach (Fn. 11), S. 15 f.

teilsanmerkungen eine zentrale Rolle.[47] Ein vergleichender Blick in die Struktur von Lehrbüchern liefert ein ähnliches Bild: auch hier dominiert eine Darstellung der Entwicklungslinien der Judikatur im Vergleich zur systematisierenden Darstellung in Deutschland.[48] Man analysiert also die bisherige Rechtsprechung, aber es geht eher selten darum, systematische Perspektiven aufzuzeigen, die dieser bei künftigen Urteilen nützlich sein könnten. Diese Kritik wird zwar zum Teil auch an der deutschen Wissenschaft geübt.[49] Deutsche Urteile, vor allem solche des BVerfG, werden dementsprechend häufiger als deutlich zu theoretisch angesehen.

Schließlich fungiert die deutsche Vereinigung faktisch auch als Garant wissenschaftlicher Standards, nicht zuletzt dadurch, dass sie 2012 Regeln über gute wissenschaftliche Praxis verabschiedet hat.

VII. Die Vereinigung und das französische Öffentliche Recht

Die Vereinigung der deutschen Staatsrechtslehrer ist auf die an den deutschsprachigen Universitäten tätigen Rechtslehrer fokussiert, also unter Einschluss der österreichischen und der deutsch-schweizer Universitäten. An den Tagungen können zwar regelmäßig Ausländer teilnehmen. Die Mitgliedschaft stand ihnen aber lange Zeit nur offen, wenn sie im deutschen Wissenschaftssystem erfolgreich Karriere gemacht hatten. Dies ist im Bereich des Öffentlichen Rechts in Deutschland aber ausgesprochen selten, deutlich seltener als in Frankreich.

Wenn es trotzdem schon lange eine gewisse französische Präsenz in der Vereinigung gegen hat, dann deswegen, weil es – zurückgehend auf die Zeit, als das Saarland noch unter französischer Besetzung stand – an der dortigen Universität ein Zentrum für französisches Recht gibt, dem insbesondere auch ein Professor für französisches Öffentliches Recht angehört. Der Inhaber dieses Lehrstuhls, regelmäßig ein Franzose, konnte daher schon immer Mitglied der Vereinigung werden. So ist bis heute *Michel Fromont*, Inhaber dieses Lehrstuhls (und Leiter des Centre d'études juridiques françaises) von 1962 bis 1966,[50] Mitglied der Vereinigung, und lange Zeit war dies auch sein Nachfolger *Christan Autexier (*Inhaber des Lehrstuhls von 1984 bis zu seinem Tod 2011). Gleiches gilt heute für dessen Nachfolger *Philippe Cossalter.*

Im Jahre 2006 wurden dann wie erwähnt die Mitgliedschaftsregeln insofern geändert, dass auch Ausländer unter gewissen Voraussetzungen Mitglied werden können. Von die-

[47] *Jouanjan,* Fragmentierungen (Fn. 6), S. 401; *Schönberger,* German Approach (Fn. 11), S. 39 f.; vgl. auch *Sommermann,* Verhältnis (Fn. 37), S. 89.

[48] *Classen,* Grundrechtsverständnis (Fn. 27), S. 216.

[49] Zum Verfassungsrecht *Bernhard Schlink,* Die Entthronung der Staatsrechtswissenschaft durch die Verfassungsgerichtsbarkeit, Der Staat 28 (1989) S. 161; zum Verwaltungsrecht *Helmuth Schulze-Fielitz,* Das Bundesverwaltungsgericht als Impulsgeber für Fachliteratur, FG 50 Jahre Bundesverwaltungsgericht, 2003, S. 1061 (1071); kritisch dazu *Sommermann,* Verhältnis (Fn. 37), S. 101.

[50] *Michel Fromont,* Au service des échanges entre juristes français et juristes allemands, JöR n. F. 62 (2014), S. 499; *ders.,* Premiers pas d'un professeur français dans une université allemande, in: Cossalter/Witz (Hrsg.), 60 ans d'influences juridiques réciproques franco-allemandes, 2016, S. 267.

ser Option haben insbesondere Franzosen Gebrauch gemacht: *David Capitant, Constance Grewe, Olivier Jouanjan* sowie *Jacques Ziller*, der allerdings seit langem in Italien lehrt. Aus keinem anderen Land sind so viele Ausländer Mitglied. Daneben nehmen weitere französische Kollegen regelmäßig als Gäste an den Tagungen teil. Als einziger auf diesem Weg in die Vereinigung aufgenommene Ausländer hat *Olivier Jouanjan* 2017 vor der Vereinigung auch referiert.[51]

VIII. Schluss

Insgesamt zeigt sich also: Die Vereinigung der Deutschen Staatsrechtslehrer ist zentrales Element der Kultur der Debatte und der Diskussion im Öffentlichen Recht, die oft in Frankreich vermisst wird. Auch zur Einheit des Öffentlichen Rechts in Deutschland leistet die Vereinigung einen wichtigen Beitrag, den es so in Frankreich nicht gibt. Immerhin ist es in den letzten Jahren zu einer Intensivierung des deutsch-französischen Austausches insbesondere etwa im Rahmen des Deutsch-Französischen Gesprächskreises für das Öffentliches Recht[52] gekommen, bei dem die Diskussion nicht zu kurz kommt. Hierbei haben auch die Universitäten eine Rolle zu spielen: waren sie nicht zwischen 1870 und 1914 das „Herzstück der Erneuerung der Rechtskulturen"?[53] Durch die Einbindung von Vereinigungen und Universitäten gibt es sicher Stoff genug, um einen zweiten Band über die „deutsch-französische Rechtswissenschaft"[54] zu schreiben.

---

51 *Jouanjan*, Fragmentierungen (Fn. 6), S. 351.

52 https://www.dfgk.uni-freiburg.de.

53 *Frédéric Audren/Jean-Louis Halpérin*, La culture juridique française. Entre mythes et réalités, XIXe–XXe siècles, 2013, S. 111 ff. („L'université au cœur du renouvellement des cultures juridiques (1870–1914)"). Siehe auch Beaud/Wachsmann (Hrsg.), La science juridique française et la science juridique allemande de 1870 à 1918, 1997.

54 *Beaud/Heyen*, Rechtswissenschaft (Fn. 8).

Die Staatsrechtslehrervereinigung aus japanischer Perspektive

Ein Vergleich zwischen der Vereinigung der Deutschen Staatsrechtslehrer (VDStRL) und der Japan Public Law Association (JPLA)

Atsushi Takada

I. 100jähriges Jubiläum der VDStRL und 70jähriges Jubiläum der JPLA . . . 909
II. Der Austausch zwischen VDStRL und JPLA seit den 1950er Jahren . . . 910
III. Ein Blick auf die Geschichte der JPLA . . . 910
1. Entstehung der JPLA . . . 910
2. Einflüsse der VDStRL . . . 911
IV. Themen und Berichte von JPLA und VDStRL im Vergleich . . . 912
1. Vergleich der Themenstellungen . . . 912
2. Vergleich der Inhalte der Berichte . . . 913
3. Annäherungstendenz . . . 914
V. Die Veranstaltungen von JPLA und VDStRL im Vergleich . . . 914
1. Gemeinsamkeiten der Veranstaltungen . . . 914
2. Unterschiede der Veranstaltungen . . . 914
a) Ablauf . . . 914
b) Berichterstatter . . . 915
c) Kreis der Zugangsberechtigten . . . 915
d) Form der Aussprache . . . 916
e) Berichterstatterinnen . . . 916
3. Annäherungstendenz? . . . 916
VI. Abschließende Bemerkungen . . . 917

I. 100jähriges Jubiläum der VDStRL und 70jähriges Jubiläum der JPLA

Das Öffentliche Recht in den deutschsprachigen Ländern zählt für japanische Wissenschaftler des öffentlichen Rechts zu den interessantesten Forschungsgegenständen. Aufgrund der historischen Entwicklungen bestehen zwischen beiden Rechtskreisen viele Gemeinsamkeiten und Verwandtschaften. Diese Parallelen und Nähen lassen sich nicht nur inhaltlich beobachten, sondern auch auf der wissenschaftsorganisatorischen Ebene verfolgen.

2022 begeht die Vereinigung der Deutschen Staatsrechtslehrer (VDStRL) ihr 100jähriges Jubiläum. 2018 feierte die Japan Public Law Association (JPLA), die 1948 gegründet wurde, ihr 70jähriges Jubiläum. Vergleichende Betrachtungen, sowohl des wissenschaftlichen Arbeitens als auch der beiden Organisationen, bilden eine informative Basis für die Wissenschaftsgeschichte des öffentlichen Rechts.[1] Außerdem lässt sich auf dieser Basis über die Relevanz und die gegenwärtigen Herausforderungen nachdenken, vor denen die Wissenschaft vom Öffentlichen Recht in den beiden Rechtskreisen steht.

In diesem Beitrag werden zunächst der Austausch zwischen den beiden Organisationen (II) und die Geschichte der JPLA (III) betrachtet. Anschließend werden die Themen, Berichte (IV) und Veranstaltungen (V) von VDStRL und JPLA miteinander verglichen.

II. Der Austausch zwischen VDStRL und JPLA seit den 1950er Jahren

Die japanische Wissenschaft des öffentlichen Rechts ist im 20. Jahrhundert nachhaltig von der deutschsprachigen Wissenschaft des öffentlichen Rechts beeinflusst worden. Aus diesem Grund haben auch die Lehren einzelner Mitglieder der VDStRL einen großen Einfluss auf das japanische Rechtsdenken ausgeübt. Repräsentativ dafür steht die Tatsache, dass das erste Ehrenmitglied der JPLA *Hans Kelsen* war. Auch unmittelbare Einflüsse der VDStRL auf die JPLA lassen sich beobachten. So hielten einige Mitglieder der VDStRL Vorträge auf den Vollversammlungen[2] oder Sonderversammlungen[3] der JPLA. Über die Jahrzehnte hinweg hat sich überdies der Austausch zwischen den beiden Vereinigungen intensiviert.[4] Nicht wenige Mitglieder der VDStRL haben Tagungen der JPLA besucht und umgekehrt nehmen jedes Jahr Mitglieder der JPLA an den Tagungen der VDStRL teil.[5]

III. Ein Blick auf die Geschichte der JPLA

1. Entstehung der JPLA

Die JPLA wurde von acht Initiatoren[6] 1948 in Tokyo gegründet. Die Gründungsversammlung fand am 28. Juni 1948 an der Tokyo Universität statt. Als die beiden zentralen Ziele der Vereinigung wurden in der Satzung festgeschrieben: „Forschungen aus dem öffentlichen Recht und gegenseitige Zusammenarbeit der Wissenschaftler zu fördern" und „Verbindungen mit den ausländischen Gelehrtenwelten aufzubauen".[7] Zehn Vor-

---

[1] *Michael Stolleis*, Die Vereinigung der Deutschen Staatsrechtslehrer, KritV 80 (1997), S. 340.

[2] *Carl Hermann Ule* auf der 33. Vollversammlung (1968), *Konrad Hesse* auf der 44. (1979).

[3] *Ernst Forsthoff* auf der Sonderversammlung im Jahr 1967.

[4] *Hidemi Suzuki* ist Mitglied der VDStRL seit 2018.

[5] Z. B. kommentierte *Atsushi Takada* den Vortrag von *Christoph Schönberger* im Gesprächskreis „Grundlagen des Öffentlichen Rechts" 2014 (*Atsushi Takada*, Die Eigenschaften der deutschen Staatslehre und ihre künftigen Herausforderungen, in: *Christoph Schönberger*, Der „German Approach", 2015, S. 55 ff.).

[6] *Kiyoshi Asai* (Keio Universität), *Kunitosi Onishi* (Waseda Universität), *Matasuke Kawamura* (oberstes Gericht), *Shiro Kiyomiya* (Universität Tohoku), *Kazuhiro Hayashida* (Universität Kyushu), *Toshiyoshi Miyazawa* (Universität Tokyo), *Ichiro Yamanouchi* (Universität Tokyo) und *Sotaro Watanabe* (Universität Kyoto).

[7] Vgl. § 3 der Satzung der JPLA.

standsmitglieder wurden gewählt, wobei *Toshiyoshi Miyazawa* den Vorsitz bis 1962 führte.

Bis zum Jahr 1959 fanden zwei Vollversammlungen pro Jahr statt. Man traf sich sowohl im Frühling als auch im Herbst. Ab 1960 fand nur noch eine Vollversammlung im Herbst statt. Bis 2021 wurden insgesamt 85 Vollversammlungen abgehalten.[8] Die dortigen Berichte und Diskussionen werden jährlich in der „Public Law Review“ veröffentlicht. Es handelt sich um ein mit den „Veröffentlichungen der Vereinigung der Deutschen Staatsrechtslehrer“ vergleichbares Organ.

2. Einflüsse der VDStRL

Schon vor dem Zweiten Weltkrieg gab es Bestrebungen, die JPLA zu gründen. *Shiro Kiyomiya*[9] sprach z. B. in Seoul mit seinen Kollegen *Shutaro Matsuoka*, *Tomoo Odaka* und *Nobushige Ukai*[10] von der Keijo (Seoul) Universität über die Möglichkeit, eine Wissenschaftsvereinigung des öffentlichen Rechts für das ganze Land zu schaffen, die der „Vereinigung der Deutschen Staatsrechtslehrer“ entsprechen würde.[11] Trotz der von vielen Wissenschaftler gehegten Wünsche nach einer solchen Vereinigung konnte sie jedoch „aus verschiedenen Gründen“[12] unter der Meiji-Verfassung nicht realisiert werden. Als einen Grund gab *Jiro Tanaka*[13] Gegensätze der Kollegen innerhalb der Universität Tokyo an. Es gab „keine Atmosphäre“, in der es denkbar gewesen wäre, dass *Tatsukichi Minobe*, *Katsuhiko Kakei* und *Junji Nomura* als die drei damals maßgeblichen Professoren der Universität Tokyo „zusammen eine Vereinigung hätten gründen“ wollen.[14] Als den „wichtigsten Grund“ bezeichnete *Nobushige Ukai* das Vorhandensein „der politischen Kräfte, Lehren obrigkeitlich festzusetzen“. Nach der Gründung der JPLA sei es nach Angaben von *Ukai* für die wissenschaftlichen Betätigungen deshalb „wichtig gewesen, sich objektiv und wissenschaftlich zu beschäftigen, ohne zu höfliche Ausdrücke zu benutzen“, „und auf eine heftig vorwerfende Ausdruckweise zu verzichten“.[15] Auch *Jiro Tanaka* betonte den unpolitischen und dementsprechend ausschließlich wissenschaftlichen Charakter der Vereinigung und dieses Credo verfolgte auch der erste Vorsitzende *Toshiyoshi Miyazawa*.[16]

---

[8] 2020 wurde die 85. Vollversammlung wegen der Ausbreitung von COVID-19 abgesetzt.

[9] *Shiro Kiyomiya* war von 1962 bis 1969 der Vorsitzende der JPLA.

[10] *Nobushige Ukai* war von 1969 bis 1973 der Vorsitzende der JPLA.

[11] *Zadankai*, Nihon-Kouhou-Gakkai Sousetsu 30 shuunenn no Kaiko (Gesprächsrunde: Rückblick aus Anlass des dreißigjährigen Jubiläums der JPLA), Public Law Review 40 (1978), S. 4.

[12] *Toshiyoshi Miyazawa*, Soukan no Kotoba (Zum Beginn der Review), Public Law Review 1 (1949), S. 1.

[13] *Jiro Tanaka* war von 1973 bis 1980 der Vorsitzende der JPLA.

[14] *Zadankai* (Fn. 11), S. 5.

[15] *Zadankai* (Fn. 11), S. 6. *Nobushige Ukai* erklärte eine neue Art des wissenschaftlichen Forschungsgesprächs an einem Beispiel, nämlich dass *Toshiyoshi Miyazawa* in seinem Vortrag bei der Veranstaltung nach der Gründungsversammlung *Tomoo Odaka*, damals Kollege der Universität Tokyo, sehr gründlich kritisierte, obwohl die zwischenmenschlichen Beziehungen zwischen ihnen nicht schlecht waren.

[16] *Zadankai* (Fn. 11), S. 16. Beim „wissenschaftlichen“ Charakter könnte eine Parallele zwischen der

Der Entstehung der JPLA 1948 ist nicht durch die VDStRL angestoßen worden. Ihre Gründung fand schon ein Jahr vor der Wiederbegründung der VDStRL statt. Unter der Besatzung Japans durch die Amerikaner wäre es undenkbar gewesen, eine Organisation unter Verweis auf eine deutsche Einrichtung zu gründen. Vielmehr entsprach es dem damaligen Zeitgeist, rechtswissenschaftliche Vereinigungen zu gründen. Im selben Jahr wurden z. B. die Japan Association of Private Law und ein Jahr später die Criminal Law Society of Japan geschaffen.

IV. Themen und Berichte von JPLA und VDStRL im Vergleich

1. Vergleich der Themenstellungen

Von 1960 bis 2000 wurden auf der Vollversammlung der JPLA jeweils zwei Themen behandelt. Seit 2000 gibt es ein Oberthema, zu dem zwei Unterthemen ausdifferenziert werden. Im Vergleich dazu hatten die Tagungen der VDStRL bis 2004 gewöhnlich zwei Themen mit jeweils zwei Referaten. Seit 2004 werden zumeist unter einem Oberthema vier Unterthemen zusammengefasst, die jeweils in zwei Referaten behandelt werden.

Vergleicht man die Themen der beiden Vereinigungen, so lässt sich kein unmittelbarer inhaltlicher Einfluss der VDStRL auf die JPLA beobachten. Damit ist freilich nicht gemeint, dass von den Tagungsreferaten der VDStRL keine inhaltlichen Impulse auf die Berichte bei den Versammlungen der JPLA ausgegangen sind. Denn dass die deutschsprachigen Einflüsse auf die japanische Wissenschaft vom öffentlichen Recht beträchtlich sind, wird niemand bestreiten wollen.[17] Die maßgeblichen Gründe liegen in den unterschiedlichen Arten und Weisen, in denen die Themen der beiden Vereinigungen gestellt werden.

Beim direkten Themenvergleich fällt dies sofort ins Auge. In der JPLA werden sehr allgemeine Themen gestellt, die bei den Berichten der Vollversammlungen von zwei Kollegen umfassend behandelt und bei den Teilversammlungen von vier oder fünf Kollegen konkretisierend erschlossen werden. Demgegenüber werden in der VDStRL sowohl grundlegende als auch praktische Themen von gewöhnlich zwei Vortragenden behandelt.[18]

JPLA und der VDStRL bei den Entstehungsprozessen beobachtet werden. Die JPLA war aber entpolitisierter. So fehlt es an einer mit § 1 der Satzung der VDStRL („in wichtigen Fällen zu Fragen des öffentlichen Rechts durch Eingaben an Regierungen oder Volksvertretungen oder durch öffentliche Kundgebungen Stellung zu nehmen") vergleichbaren Regelung. Die JPLA kann zwar nach dem § 4 der Satzung, neben der „Förderung der gegenseitigen Zusammenarbeit der Wissenschaftler" (Z 1), dem „Abhalten von Versammlungen und Veranstaltungen" (Z 2), der „Veröffentlichung der Reviews und anderer Publikationen" (Z 3) und „Verbindungen und Zusammenarbeiten mit den ausländischen Gelehrtenwelten" (Z 4) auch „neben den Tätigkeiten in Ziffern dieses Paragraphen vom Vorstand als geeignet anerkannte Tätigkeiten" (Z 5) durchführen. Der Ausdruck „geeignet" wurde jedoch zurückhaltend ausgelegt.

[17] Über größere Einflüsse der deutschen Wissenschaft des öffentlichen Rechts als der amerikanischen siehe *Takada*, Eigenschaften (Fn. 5), S. 57.

[18] Eines der zwei Themen der 53. Vollversammlung der JPLA (1988) war „Gesellschaft in der Gegenwart und Eigentum". In der Vollversammlung wurden zwei umfassende Berichte, „Die Verfassung und das Eigentum" und „Theorie der Eigentumsbeschränkung", vorgetragen, in der Teilversammlung vier

2. Vergleich der Inhalte der Berichte

Beim inhaltlichen Vergleich der Berichte der beiden Vereinigungen fällt ein thematischer Kontrast auf. Eine Themengruppe wird auf den Tagungen der JPLA öfter angesprochen, von der VDStRL aber selten behandelt. Bei einer zweiten Themengruppe ist es umgekehrt. Sie wird sehr häufig von der VDStRL, aber kaum von der JPLA berührt.

Die erste Gruppe setzt sich aus Themen zusammen, die ihren Ausgang bei einem Jubiläum, Rückblick und Ausblick nehmen. In den Tagungen der JPLA zählen dazu: „Verfassung und Verfassungsrechtswissenschaft seit zwanzig Jahren" (33. Vollversammlung 1968), „Dreißig Jahre des Öffentlichen Rechts in der Welt" (40. Vollversammlung 1975), „Dreißig Jahre des Öffentlichen Rechts in Japan" (42. Vollversammlung 1977), „Aufgaben der Wissenschaft des Öffentlichen Rechts in den 1980er Jahren" (45. Vollversammlung 1980), „Fünfzig Jahre Japanische Verfassung – Rückblick und Ausblick" (61. Vollversammlung 1996), „Theorie des Öffentlichen Rechts um die Jahrhundertwende" (67. Vollversammlung 2002). Außerdem wurden viele Jubiläumsvorträge bei verschiedenen Anlässen gehalten. In den Tagungen der VDStRL finden sich solche Themen allenfalls punktuell; ein Beispiel „Deutschland nach 30 Jahren Grundgesetz" (Berlin 1979).[19] Diese Themengruppe lässt sich so verstehen, dass die JPLA stärker als die VDStRL dazu neigt, gegenwärtige Zustände und Aufgaben des Rechts und der Wissenschaft objektiv und zeitgerecht zu verstehen und den Versuch zu unternehmen, Entwicklungsprozesse zu beobachten.

Zur zweiten Gruppe gehören die Themen Völkerrecht, Internationalisierung, Globalisierung und Europäisierung. Auf den Tagungen der JPLA wurden diese Themen nur fünfmal behandelt, nämlich, „Verfassung und Konvention" (7. Vollversammlung 1951), „Öffentliches Recht und internationale Gesellschaft" (45. Vollversammlung 1980), „Internationale Gesellschaft und öffentliches Recht" (57. Vollversammlung 1992), „Globalisierung und Öffentliches Recht" (66. Vollversammlung 2001) und „Globalisierung des Markts und Staat" (76. Vollversammlung 2011). Auf den Tagungen der VDStRL werden derartige Themen viel öfter behandelt.[20] Mit der internationalen und globalen Dimension haben sich die beiden Vereinigungen also auf unterschiedliche Weise auseinander-

---

konkretisierte Berichten, „Gegenwärtiges Eigentum und ‚Vermögensrecht'", „Eigentumsbindung ernstgenommen", „Eigentum und Drittwirkung" und „Wirtschaftsfreiheit und Wirtschaftsmacht". Ein Thema der Tagung der VDStRL 1980 war „Besteuerung und Eigentum", das von *Paul Kirchhof* und *Hans Herbert von Arnim* behandelt wurde.

Eines der zwei Themen der 59. Vollversammlung der JPLA (1995) war „Rechtsstaatsprinzip". In der Vollversammlung wurden zwei umfassende Berichte, „Der Begriff und die Entwicklungstendenz des Rechtsstaates" und „Stil der kommunalen Selbstverwaltung und Rechtsstaatsprinzip", gehalten, in den Teilversammlungen fanden vier konkretisierte Berichte statt: „Gesetzesbegriff in der japanischen Verfassungsrechtslehre", „Die kritische Theorie der Rechtssetzungsbefugnis der kommunalen Körperschaft", „Der informelle Rechtsstaat. Eine rechtsvergleichende Studie über die gegenwärtigen Versuche einer Reform des Rechtsstaates in Japan und Deutschland" und „Das ‚Innere' der Verwaltung und das Recht". Ein Thema der Tagung der VDStRL 1981 war „Gesetzgebung im Rechtsstaat", über das *Kurt Eichenberger, Richard Novak* und *Michael Kloepfer* berichteten.

[19] Ferner „Staatszweck im Verfassungsstaat – nach 40 Jahren Grundgesetz" (Hannover,1989), wobei der Schwerpunkt im Staatszweck lag.

[20] 1959 in Erlangen; 1964 in Kiel, 1977 in Basel, 1990 in Zürich, 1993 in Mainz, 1996 in Dresden, 2000 in Leipzig, 2003 in Hamburg, 2004 in Jena, 2005 in Frankfurt a. M., 2006 in Rostock, 2007 in

gesetzt. Eine interessante Beobachtung in diesem Zusammenhang betrifft den Gebrauch rechtsvergleichender Methoden. Während in vielen Berichten der JPLA rechtsvergleichend gearbeitet wurde, wird bei den deutschsprachigen Tagungen nur selten auf das Instrument des Rechtsvergleichs zurückgegriffen.

3. Annäherungstendenz

Beim thematischen Vergleich lassen sich deutliche Unterschiede bei den Themenstellungen und der inhaltlichen Umsetzung beobachten. Diese Differenzen könnten jedoch in der Zukunft kleiner werden. Eine Annäherung auf der konzeptionellen Ebene besteht darin, dass auf den Tagungen der VDStRL nunmehr zumeist ein Oberthema gewählt und dieses in vier Unterthemen zergliedert wird. Und auf der inhaltlichen Ebene mehren sich auf den Tagungen der JPLA Themenstellung mit einem Bezug zur Internationalisierung und Globalisierung. Umgekehrt findet der Rechtsvergleich über die Perspektive der Globalisierung und Europäisierung Einzug auf den Tagungen der VDStRL. Solche Annäherungsprozesse könnten auf lange Sicht dazu führen, dass sich die Vereinigungen bei der Themensetzung sogar gegenseitig beeinflussen könnten.

V. Die Veranstaltungen von JPLA und VDStRL im Vergleich

1. Gemeinsamkeiten der Veranstaltungen

In der Art und Weise der Veranstaltung von Tagungen beider Vereinigungen lassen sich viele Gemeinsamkeiten beobachten. Im Mittelpunkt von beiden Tagungen stehen Berichte in Form eines großen Vortrags. An den Berichten der Tagungen der VDStRL nehmen prinzipiell alle Mitglieder teil. Gleiches gilt für die Berichte auf den Vollversammlungen der JPLA. Demgegenüber beschränkt sich der Zuhörerkreis bei den Teilversammlungen auf den Kreis der Interessierten. Die Berichte werden vor Hunderten von Fachkollegen vorgetragen. Gemeinsam ist auch der Ablauf in Form von Berichten, Aussprache und Schlussworten. Außerdem werden die Berichte, Aussprachen und Schlussworte protokolliert und in Tagungsbänden (Public Law Review und Veröffentlichungen der Vereinigung der Deutschen Staatsrechtslehrer) veröffentlicht.

2. Unterschiede der Veranstaltungen

a) Ablauf

Es lassen sich aber auch Unterschiede in der Art und Weise der Veranstaltungen ausmachen. Eine Tagung von JPLA besteht aus einer Vollversammlung am ersten Tag mit vier

---

Freiburg i. Br., 2011 in Münster, 2012 in Kiel, 2014 in Düsseldorf, 2015 in Speyer, 2016 in Linz und 2017 in Saarbrücken.

Berichten zu zwei Themen und zwei Teilversammlungen am zweiten Tag, die jeweils zu einem Thema vier bis fünf Berichte umfassen. Eine Tagung von VDStRL setzt sich heutzutage aus vier Themen zusammen, zu denen jeweils zwei Kollegen Berichte erstatten.

b) Berichterstatter

Die Zahl der Berichterstatter auf den Tagungen der VDStRL war früher viel kleiner als bei den Tagungen der JPLA. Die Berichterstatter der VDStRL erschienen demnach exklusiver zu sein. Dieser Unterschied spiegelt sich auch in der Zusammensetzung der Vereinsführung wider. Die Zahl der Vorstandmitglieder der JPLA war unbestimmt[21], seit 1972 beträgt sie stets mehr als vierzig Personen. Demgegenüber setzt sich der Vorstand der VDStRL seit der Gründung aus drei Personen zusammen. Früher bestimmte der Vorstand der JPLA die Themen und Berichterstatter der Tagungen. Seit 1972 war dies die Aufgabe des Lenkungsausschusses der Tagung. Er setzte sich aus etwa zehn Mitglieder zusammen, die vom Vorstand gewählt wurden. Seit 1992 bestimmt der Lenkungsausschuss nur die Berichterstatter, der neu eingerichtete Planungsausschuss die Themen. Auch er besteht aus ca. zehn, vom Vorstand gewählten Mitgliedern. Durch vielfache Beteiligungen der Mitglieder der JPLA an der Ausgestaltung der Tagung können verschiedene Gesichtspunkte und Maßstäbe in die Auswahl der Themen und Berichterstatter hineingebracht werden, sodass der Kreis der Berichterstatter als recht bunt charakterisiert werden kann.[22] Bei der Auswahl der Berichterstatter wird unter anderem berücksichtigt, ob ein Kandidat über Tagungsthemen bereits gehaltvolle Forschungsergebnisse vorgelegt hat. Wie bei der VDStRL ist es auch in der JPLA eine große Ehre und eine schwierige Herausforderung Berichterstatter zu sein. Trotzdem kommt es immer wieder vor, dass Kollegen, die ausgezeichnete Forschungsleistungen außerhalb der Tagungsthemen erbracht haben, keine Gelegenheiten hatten, einen Bericht auf einer Tagung des JPLA zu halten.

c) Kreis der Zugangsberechtigten

Ein weiterer Unterschied besteht in der Zahl der Mitglieder. Die Mitgliederzahl des VDStRL lag bei 81 im Jahr 1924, 82 im Jahr 1950 und 307 im Jahr 1981. Die Mitgliederzahl des JPLA betrug 162 im Jahr 1949 und über 800 im Jahr 1979.[23] Die unterschiedliche Größe führte dazu, dass sich auch die Atmosphäre auf den Tagungen unterschied (geschlossen / offen).[24] In den letzten Jahren wurde dieser Unterschied jedoch aufgrund der beträchtlichen Zunahme an deutschsprachigen Mitgliedern relativiert. Die Mitgliederzahl des VDStRL betrug im Jahr 2021 798, die des JPLA im Jahr 2018 etwa 1200.

21 Nach § 9 der Satzung von JPLA ist die Zahl der Vorstandmitglieder „einige" (Z. 1).

22 Wegen der zwei Typen der Berichterstatter, nämlich von der Vollversammlung und den Teilversammlungen, erscheint deren Gruppe auch hinsichtlich des Alters bunter.

23 Ein vollständiges Verzeichnis der Mitglieder von JPLA fand sich im Public Law Review nur bis 1963. Die genaue Zahl der Mitglieder zu einem bestimmten Zeitpunkt der Vereinigungsgeschichte kennt auch das Sekretariat von JPLA nicht.

24 Nach Angabe von *Bin Takada*, der auf der Tagung in Würzburg (1965) dabei war, wurden die Tische im Rechteck angeordnet, und alle Teilnehmer nahmen an diesen Tischen Platz.

d) Form der Aussprache

Die unterschiedliche Atmosphäre der beiden Tagungen kommt auch in der abweichenden Protokollführung der Aussprachen um Ausdruck. Die Aussprachen bei den Tagungen der JPLA werden zusammenfassend protokolliert, während jene der VDStRL im Wortlaut erfasst werden. Die Diskussionen in der JPLA werden viel „freier", gegebenenfalls locker geführt. Dementsprechend werden die Aussprachen in knapper Form in der Public Law Review veröffentlicht. Außerdem können die Aussprachen in der JPLA von den Moderatoren zeitlich kontrolliert werden. Fragen und Bemerkungen werden dabei grundsätzlich durch Fragepapiere der Moderatoren angeregt und von den Moderatoren vorgelesen. Diejenigen, die die Inhalte der Fragepapiere ergänzen möchten, sind jedoch frei darin. Sofern es die Zeit erlaubt, können sich Teilnehmer aber auch zu anderen Aspekten äußern, die nicht durch ein Fragepapier vorgezeichnet wurden. Letztlich herrscht der Grundsatz freier Rede.

e) Berichterstatterinnen

Formalität und Geschlossenheit lassen sich bei den Tagungen beider Vereinigungen beobachten.[25] Doch der Grad an Form und Schließung war auf den Tagungen der VDStRL größer. Ein Maßstab dafür bildet die Gelegenheit der aktiven Betätigung weiblicher Mitglieder auf den Tagungen. Schon in den 1950er Jahren erstatteten einige Mitgliederinnen der JPLA Berichte.[26] Die Existenz von Berichterstatterinnen gehörte seit den 1990er Jahren zur Normalität. Im Unterschied dazu trug als erste Frau *Lerke Osterloh* im Jahr 1994 in Halle/Saale als Berichterstatterin auf einer Tagung der VDStRL vor.

3. Annäherungstendenz?

Wenn sich auch die Art und Weise der Tagungen früher beträchtlich unterschied, so lassen sich doch auch hier Annäherungstendenzen bezüglich ihres Wesens und ihrer Atmosphäre ausmachen. Ein wichtiger Punkt bildet dabei die Zahl der Berichterstatter (Berichterstatter von VDStRL und JPLA: 4 bis 6 zu 12 bis 14 im Jahr 1980 und 8 zu 14 in der Gegenwart; Mitglieder von VDStRL und JPLA: etwa 300 zu etwa 800 um 1980 und 800 zu 1200 in der Gegenwart). Außerdem zählt die aktive Betätigung von Frauen immer mehr zur Normalität in beiden Vereinigungen.

---

[25] Nach einer Vermutung von *Bernhard Schlink*, die m. E. nicht unzutreffend ist, würden die ritualisierten Abläufe der Begegnungen zwischen deutschen Staatsrechtslehrern japanische Kollegen nicht verwundern, amerikanische Kollegen hingegen sehr wohl: *Bernhard Schlink*, Unfähigkeit der Staatsrechtswissenschaft zu trauern? in: *ders.*, Vergangenheitsschuld und gegenwärtiges Recht, 2002, S. 124 (142).

[26] *Kinuko Kubota* in 1955 und *Takako Doi* in 1959. Letztere war später als die erste Unterhauspräsidentin tätig.

VI. Abschließende Bemerkungen

Die JPLA und die VDStRL wurden in unterschiedlichen Kontexten gegründet. Trotz vieler Ähnlichkeiten und Parallelen bei den Tagungen der beiden Vereinigungen bestehen zugleich deutliche Unterschiede bezüglich der Ausgestaltung der konkreten Veranstaltungen, der Berichte und der Themenstellungen. In diesen Unterschieden, die sich künftig minimieren könnten, spiegeln sich ein Stückweit Wesen und Rolle der Wissenschaft des öffentlichen Rechts in Japan und den deutschsprachigen Ländern wider. Gelegentliche Selbstbeobachtungen der Wissenschaft einerseits, Beschäftigungen mit jeweils praktischen, aber auch grundlegenden Themen andererseits, sowie rechtsvergleichende Analysen einerseits, Thematisierungen von Globalisierung und Europäisierung andererseits zeigen den Charakter und die Kontexte der Wissenschaft in beiden Kreisen des öffentlichen Rechts. In den unterschiedlichen Graden der Formalität und Geschlossenheit der beiden Tagungen könnten sich Stellenwert und Selbsterkenntnis der Wissenschaft des öffentlichen Rechts in den beiden Gesellschaften ausdrückt haben. Eine historisch vergleichende Untersuchung der beiden Vereinigungen und Tagungen könnte sich deshalb als ein aussagekräftiger Ansatz für die Wissenschaftsgeschichte des öffentlichen Rechts erweisen.

Mit der zunehmenden Ausdifferenzierung der Gesellschaften werden sich auch die Wissenschaft des öffentlichen Rechts in Japan und in deutschsprachigen Ländern weiter ausdifferenzieren. Damit einher geht eine wachsende Vielfalt an wissenschaftlichen Interessen, Fragestellungen und Arbeitsweisen. Unter diesen Umständen ist es eine schwierige Aufgabe, dass beide Vereinigungen den Anspruch erheben, alle Wissenschaftler in ihrer großen Vielfalt zu erfassen und ins Gespräch miteinander zu bringen. Verschiedene Versuche und Ansätze wurden in beiden Vereinigungen zur Modernisierung unternommen,[27] die sich mitunter auch als Misserfolg erwiesen.[28] Austausch und Vergleich solcher Erfahrungen dürften sich auch künftig als eine wissenschaftlich sinnvolle Betätigung erweisen.

---

[27] Die JPLA schreibt seit 2004 kurze Abhandlungen aus, unterzieht sie einer Peer-Review und veröffentlicht sie in der Public Law Review. Die Themen sind frei. Jedes Jahr können maximal zehn Abhandlungen aufgegeben werden. Die Zahl der veröffentlichten Beiträge pro Jahr liegt zwischen null und drei. In der VDStRL werden seit 1972 „Gesprächskreise" veranstaltet. Zunächst war es einer, seit 1998 zwei, seit 2011 gibt es drei solche Kreise.

[28] Für die Tagungen der JPLA konnten sich Personen seit 2010 bewerben, im Rahmenprogramm kurze Berichte zu erstatten. Die Themen waren frei. Die Bewerberzahl war jedoch immer kleiner geworden, weil dort mehr Risiken als Chancen gesehen wurden. Diesem System fehlte von Anfang an die Auswahlfunktion. Die Ausschreibung wurde vorläufig eingestellt.

Wie es die anderen machen …

Charakteristika der Zivilrechtslehrervereinigung und ihrer „Kultur"

*Reinhard Zimmermann**

I. Bemerkungen zur Themenstellung . . . 919
II. Die Anfänge … . . . 922
1. Ein Ende des Dornröschenschlafs . . . 922
2. Neunzehn Jahre Dietz und die Etablierung des „Elferrats" . . . 925
III. … und was daraus wurde . . . 929
1. Institutioneller Rahmen . . . 929
2. Ein Verein alter Herren? . . . 932
3. Vom nichtrechtsfähigen zum rechtsfähigen Verein; und: Wer darf dem Verein angehören? . . . 934
4. Die Zivilrechtslehrervereinigung als Veranstalter „ordentlicher Tagungen" . . . 937
a) Das klassische Format . . . 937
b) Reformen . . . 940
5. Weitere Aktivitäten . . . 944
a) Sondertagungen . . . 944
b) Vier Leitlinien . . . 946
IV. Schlussbemerkungen . . . 947

I. Bemerkungen zur Themenstellung

Das mir zugedachte Thema hieß eigentlich: „Die Staatsrechtslehrervereinigung aus der Sicht des Zivilrechts". Doch denke ich, dass „das Zivilrecht" (wie immer man diesen Begriff versteht) keine Sicht auf die Staatsrechtslehrervereinigung hat, schon gar nicht eine einheitliche. Es gibt, so seltsam das aus der Sicht von Staatsrechtslehrern klingen mag, Zivilrechtler, die an die Staatsrechtslehrervereinigung kaum einen Gedanken verwenden. Andere schnappen hier und dort etwas Anekdotisches auf. Nur wenige werden die vergleichsweise umfangreiche Literatur zur Staatsrechtslehrervereinigung von Autoren

---

* Dieser Beitrag entstand im Anschluss an die Berliner Autorenbesprechung Mitte September 2020. Kurioserweise verfasste so gut wie gleichzeitig, und gänzlich unabhängig, *Hanjo Hamann* einen Beitrag mit dem Titel „Deutsche Zivilrechtslehre", dessen erster Teil der Zivilrechtslehrervereinigung gewidmet ist. Er ist in AcP 221 (2021), S. 287 erschienen und versteht sich als Erprobung „einiger Ansätze zur datenbasierten Selbstreflexion der Zivilrechtlehre". Die dort erhobenen soziologischen Eckdaten eignen sich gut zur Ergänzung des vorliegend gezeichneten Bildes der Vereinigung.

wie *Hans Peter Ipsen*, *Ulrich Scheuner*, *Michael Stolleis* oder *Helmuth Schulze-Fielitz* studiert haben. Wenn Zivilrechtler denn doch einmal über die Staatsrechtslehrervereinigung nachsinnen, so ist bei ihnen nach meiner Erfahrung nicht selten eine Gefühlslage anzutreffen, die sich aus Bedauern, leiser Ironie und wohl auch ein wenig Neid zusammensetzt. Bedauern darüber, dass mit der Staatsrechtslehrervereinigung und ihrer jüngeren Schwester, der Zivilrechtslehrervereinigung, zwei repräsentative Organisationen für die beiden Hauptzweige der Rechtswissenschaften bestehen, die strikt voneinander getrennt sind und fruchtbaren Austausch nicht einmal dann zustande bringen, wenn sie über „Öffentliches Recht und Privatrecht" (Staatsrechtslehrervereinigung 2019) oder „Gemeinwohl und Privatrecht" (Zivilrechtslehrervereinigung, ebenfalls 2019) debattieren.[1] Leise Ironie über den auratischen Charakter der Vereinigung und ihr kaum getrübtes Selbstverständnis,[2] über ihre Rituale der Selbstvergewisserung und ihren Zunftcharakter (auf der Berliner Autorenbesprechung im September 2020 war gelegentlich von einer „besonderen" Vereinigung die Rede); und Neid angesichts des vergleichsweise hoch entwickelten *esprit de corps*, der die Staatsrechtslehrer, symbolisiert in ihrer Vereinigung, auszeichnet.

Nur ganz gelegentlich finden sich Erwähnungen der Staatsrechtslehrervereinigung auf den Tagungen oder in den Unterlagen der Zivilrechtslehrervereinigung. Wie ließe sich nach deren Vorbild eine größere Öffentlichkeitswirkung erreichen?, wurde auf einer Mitgliederversammlung der Zivilrechtslehrervereinigung im Jahre 1987 gefragt.[3] Mitglieder der Staatsrechtslehrer- und anderer Vereinigungen sollen der Höflichkeit halber zugelassen werden (auch wenn nicht klar sei, ob umgekehrt die Zivilrechtslehrer an den Staatsrechtslehrertagungen teilnehmen können), heißt es in einem Vorstandsprotokoll des Jahres 2012. Müsste nicht nach dem Vorbild der *Societas Iuris Publici Europaei* (einer Art europäischer Staatsrechtslehrervereinigung) eine europäische Zivilrechtslehrervereinigung gegründet werden?[4] Sollten Zivilrechtslehrer- und Staatsrechtslehrervereinigung

---

[1] Immerhin wurde auf der Zivilrechtslehrertagung 1975 ein (bodenrechtliches) Thema aus privatrechtlicher und öffentlichrechtlicher Sicht behandelt; vgl. unten, Fn. 49. Zu den Themen „Grundrechte und Privatrecht" (AcP 184 [1984], S. 201), „Der Grundsatz der Verhältnismäßigkeit im Privatrecht" (AcP 192 [1992], S. 35), und „Das Bundesverfassungsgericht als oberstes Zivilgericht" (AcP 198 [1998], S. 171) gab es demgegenüber auf den Tagungen der Jahre 1983, 1991 und 1997 nur zivilrechtliche Vorträge.

[2] Vgl. *Michael Stolleis*, Die Vereinigung der Deutschen Staatrechtslehrer: Bemerkungen zu ihrer Geschichte, Kritische Vierteljahresschrift für Gesetzgebung und Rechtswissenschaft 80 (1997), S. 339 (355): „Die Selbsteinschätzung der Vereinigung ist hoch"; *Helmuth Schulze-Fielitz*, Das Staatsrechtslehrerreferat, in: *idem*, Staatsrechtslehre als Mikrokosmos, 2013, S. 145 (146), der seinen akademischen Lehrer Häberle mit der Aussage zitiert, das Forum der Staatsrechtslehrertagung sei „fast einzigartig". Der einschlägige „Wikipedia"-Eintrag formuliert eine verbreitete Einschätzung mit den Worten „... galt lange als einer der konservativsten und elitärsten Zirkel in Deutschland".

[3] Protokoll der Mitgliederversammlung vom 22.09.1987 (Akten ZLV, Ordner Tagungen 1985–2003, unter „Protokolle"). Hingewiesen wurde auf Voraufsätze, die zu den Tagungsthemen in juristischen Zeitschriften erscheinen (vgl. dazu auch unten, Fn. 50) und darauf, dass die Vorträge in einer eigenen Veröffentlichungsreihe publiziert würden. Demgegenüber gab der Vorsitzende zu bedenken, dass die Veröffentlichung der Vorträge in einer Zeitschrift (dazu unten III.4.b) S. 942 f.) eine bessere Verbreitung sichere. Auch „[a]us der Mitgliederversammlung", heißt es weiter, „wird vor der Begründung einer eigenen Veröffentlichungsreihe gewarnt".

[4] Protokoll der Mitgliederversammlung vom 23.09.2003, S. 3; Protokoll der Mitgliederversammlung

sich nicht darum bemühen, einheitliche Leitlinien über „Gute wissenschaftliche Praxis" zustande zu bringen?[5] Auch aus solchen punktuellen Bezugnahmen lässt sich ein Beitrag über die Sicht des Zivilrechts auf die Staatsrechtslehrervereinigung nicht verfertigen.

Es bleibt deshalb kaum etwas anderes übrig, als darüber zu berichten, wie die Zivilrechtslehrervereinigung ihr Geschäft betreibt – oder, etwas anspruchsvoller ausgedrückt, Facetten einer „Kulturgeschichte" dieser anderen großen[6] (auch „besonderen"?) Fachvereinigung aufzublättern, so wie *Helmuth Schulze-Fielitz* dies im vorliegenden Band für die Staatsrechtslehrervereinigung tut.[7] Im Gegensatz zu dem Beitrag von *Schulze-Fielitz* kann es sich hier allerdings nur um einen ersten und gewiss sehr vorläufigen Versuch handeln. Ein Grund dafür liegt in der ungünstigen Quellenlage.[8] Mir liegen zwar so gut wie alle Unterlagen des Zeitraums vor, während dessen ich Mitglied des Vorstands der Zivilrechtslehrervereinigung war (2001–2015), und ich habe die beiden Tagungen seither und drei oder vier Tagungen vor diesem Zeitraum miterlebt. Weiterhin bin ich im Besitz der Akten der Zivilrechtslehrervereinigung;[9] sie reichen freilich nur bis in die 1980er Jahre zurück.[10] Die Unterlagen, die die Zeit zuvor betreffen, seien, so wird berichtet, Ende der achtziger Jahre „entsorgt" worden. So trägt dieser Beitrag jedenfalls teilweise ein subjektives Gepräge und ist deshalb gelegentlich in der ersten Person Singular verfasst.[11]

---

vom 27.09.2005, S. 1. Der Vorstand habe diese Frage zum Anlass genommen, „künftig auch ausländischen Gästen die Teilnahme an der Zivilrechtslehrertagung zu ermöglichen". „… vermehrt zu ermöglichen", hätte es heißen müssen, denn ausländische Kollegen waren seit jeher willkommen.

[5] Dazu unten III.5.b) S. 946.

[6] Nach Angaben von *Hamann*, Zivilrechtslehre (Fn. *), S. 305 gehören durchschnittlich knapp 50 % der in den deutschen Lehrstuhllisten aufgeführten Professuren dem Zivilrecht an; dabei ist die Spreizung erstaunlich (von 38,7 % an der HU Berlin bis 59,4 % an der LMU).

[7] Da unsere Vereinigungen für ihre Namen nach wie vor das generische Maskulinum benutzen, erlaube ich mir, dieser Praxis auch im vorliegenden Beitrag zu folgen.

[8] Vgl. bereits *Wolfgang Zöllner* in einen Brief vom 18.02.1986 an *Karl Michaelis:* „Der Aktenbestand ist leider gerade was die ersten Jahre anlangt recht lückenhaft": Akten ZLV, Ordner X., unter „Allgemeine Korrespondenz", Buchstabe M.

[9] Sie werden normalerweise beim Wechsel des Vorsitzes von der Institution, an der der alte Vorsitzende tätig war, an diejenige transportiert, an der der neue Vorsitzende forscht und lehrt, in der Regel im Privatfahrzeug des Alt- oder Neuvorsitzenden. Beim Wechsel von mir auf *Gerhard Wagner* (2015) sind die Unterlagen jedoch absprachegemäß im Hamburger Max-Planck-Institut für ausländisches und internationales Privatrecht verblieben, da im Magazin des Instituts mehr Stellfläche vorhanden ist als an der Humboldt-Universität. (Zumeist wird kein Übergabeprotokoll erstellt, und schon gar nicht ein derart exaktes [einschließlich „div. Formblätter der früheren Postscheckkonten"], wie bei der Übergabe von *Rolf Dietz* auf *Heinz Hübner* am 26.06.1970: Nachlass Hübner [sogleich Fn. 11]). Soweit in diesem Beitrag Dokumente aus den Akten der Zivilrechtslehrervereinigung zitiert werden, wird die Abkürzung „Akten ZLV" und dann die Bezeichnung des Ordners genannt. Andere, in diesem Beitrag nicht näher nachgewiesene Dokumente (insbesondere Protokolle) befinden sich in meinem Eigentum.

[10] Insbesondere in dem Ordner mit der Markierung X. finden sich auch einzelne Dokumente aus den siebziger Jahren.

[11] Christian Deckenbrock, Köln, hat mir freundlicherweise Kopien von Dokumenten aus dem Nachlass von *Heinz Hübner* (Vorsitzender der Vereinigung von 1969–1975) zur Verfügung gestellt, die sich im Kölner Universitätsarchiv befinden; sie sind chronologisch geordnet. Außerdem konnte ich im Mai 2019 Albrecht Zeuner, Zweiter Vorsitzender der Zivilrechtslehrervereinigung von 1965–1975, und seine Frau einen Nachmittag lang nach ihren Erinnerungen befragen. Ich danke dem Ehepaar Zeuner sehr herzlich für seine Gastfreundschaft. Ebenso herzlich danke ich einer Reihe von Freunden und Kollegen, die ihre Erfahrungen über die Zivilrechtslehrervereinigung mit mir geteilt und einen Entwurf dieses Aufsatzes

II. Die Anfänge …

1. Ein Ende des Dornröschenschlafs

Die Zivilrechtslehrervereinigung geht auf eine Initiative von *Rolf Dietz* aus dem Jahre 1950 zurück; eine erste Tagung nicht der Vereinigung, aber der deutschen Zivilrechtslehrer, fand im Oktober 1951 in Bad Kreuznach statt. „Es war ein Genuß, dieser Tagung beizuwohnen. … Die Wissenschaft vom bürgerlichen Recht verdient es, aus ihrem Dornröschenschlaf geweckt zu werden", resümierte *F.B.* (vermutlich *Fritz Baur*) hochgestimmt im Anschluss.[12] Das Präsidium führte *Heinrich Lehmann* (ihm wird in einem Tagungsbericht eine „klare und frisch zupackende Verhandlungsleitung" attestiert).[13] Die zunächst nur sehr lockere Verbindung der Zivilrechtslehrer ist damit fast dreißig Jahre jünger als die Staatsrechtslehrervereinigung (und mehr als dreißig Jahre jünger als die Vereinigung der Zivilprozessrechtslehrer[14]). Eröffnet wurde die erste Tagung durch einen Vortrag von *Hans Carl Nipperdey* zum Thema „Bonner Grundgesetz und Zivilrecht". Erst auf der dritten Tagung 1953 in Bad Schlangenbad wurde beschlossen, eine Vereinigung zu gründen,[15] was dann auf der fünften Tagung 1957 in Bad Mergentheim geschah.[16] Zu Vorsitzenden wurden *Dietz* und *Rudolf Reinhardt* gewählt, wie dies schon

---

kritisch kommentiert haben: *Christian Deckenbrock, Walter Doralt, Hans-Christoph Grigoleit, Martin Henssler, Nils Jansen, Hein Kötz, Jan Peter Schmidt, Karsten Schmidt, Gerhard Wagner* und *Christiane Wendehorst.*

12 *F.B.*, Zivilrechtslehrertagung in Bad Kreuznach, JZ 1951, S. 733 (734). Man kann darüber spekulieren, wieso die Zivilrechtslehrer sich erst so vergleichsweise spät zu einer Tagung und dann zu einer Vereinigung zusammenfanden. *Karl Michaelis* schreibt in einem Brief an *Wolfgang Zöllner* vom 09.01.1986 (Akten ZLV, Ordner X., unter „Allgemeine Korrespondenz", Buchstabe M): „1933 gab es den Rechtshistorikertag, die Vereinigung der Zivilprozeßrechtslehrer und die der Handelsrechtler. Hiernach hatten damals praktisch alle Zivilrechtslehrer, wenn sie wollten, die Möglichkeit eines Anschlusses." Es spielte wohl auch eine Rolle, dass die Angehörigen der anderen Fächer (seit 1900 auch die Rechtshistoriker) sich gegen das Zivilrecht etablieren, profilieren und zu einem Corpsgeist finden mussten; bildete doch das Zivilrecht das traditionelle Zentrum des Rechts und der juristischen Fakultäten.

13 *F.B.*, Zivilrechtslehrertagung (Fn. 12), S. 733.

14 Dazu *Wolfram Henckel*, Zur Geschichte der Zivilprozessrechtslehrervereinigung 1920–1933, in: FS für Hans W. Fasching, 1988, S. 213.

15 *Heinz Paulick*, Bericht über die Tagung deutscher Zivilrechtslehrer in Bad Schlangenbad am 16. und 17. Oktober 1953, AcP 153 (1954), S. 167 (191). Angestrebt war die Konstituierung eines eingetragenen Vereins. *F.B.*, Zivilrechtslehrertagung 1953, JZ 1953, S. 709 (709) merkt an, die Vereinigung sei vorderhand erst mit einem *nasciturus* zu vergleichen, da über Zweck, Satzung und Vorstand noch nichts beschlossen worden sei.

16 *Fritz Baur*, Zivilrechtslehrertagung 1957, JZ 1957, S. 764 (765) vermeldet, die „Zivilrechtslehrervereinigung" habe sich nunmehr eine Satzung „und damit eine festere Form" gegeben; allerdings nicht die Form eines eingetragenen Vereins. Vgl. auch *Walther J. Habscheid*, Bericht über die Tagung der Zivilrechtslehrer in Bad Mergentheim am 9. und 10. Oktober 1957, AcP 157 (1958/59), S. 100 (116). Schon 1955, während der Tagung in Bad Dürkheim, waren „die Grundsätze einer Vereinigung der Zivilrechtslehrer" beschlossen worden. Zur frühen Zivilrechtslehrervereinigung scheint mir eine Äußerung von *Harry Westermann* charakteristisch zu sein, wonach bei den Vorgesprächen zur Organisation dieser Zusammenkünfte in Münster (wo Dietz damals lehrte) „ziemlich klar zu Tage [trat], daß man den Kreis der Teilnehmer klein halten wollte, um einen möglichst engen Kontakt zwischen den Teilnehmern herzustellen und das Niveau entsprechend halten zu können" (Brief an *Wolfgang Zöllner* vom 09.11.1985, Akten ZLV, Ordner X., unter „Allgemeine Korrespondenz", Buchstabe W).

1953 vorgesehen worden war.[17] Auf allen fünf Tagungen führte *Lehmann* das Präsidium;[18] in Bad Mergentheim hielt *Lehmann* zudem den Eröffnungsvortrag. Auffällig ist, dass die bislang genannten Zivilrechtslehrer (entweder vorwiegend oder zugleich) Arbeitsrechtler waren; und dass sie ein Netzwerk bildeten, dessen Zentrum die Rechtswissenschaftliche Fakultät der Universität zu Köln bildete,[19] das aber ursprünglich von Jena aus geknüpft worden war, wo seit 1909 mit *Justus Wilhelm Hedemann* ein Pionier des Wirtschaftsrechts tätig war.[20] *Lehmann* (1876–1963) trat mit *Hedemann* in Verbindung, als er 1912 nach Jena berufen wurde; er blieb dort bis 1917, lehrte dann in Straßburg (1917–1920), und von 1920 bis zu seiner Emeritierung 1944 in Köln. Dort gründete er das Institut für Arbeits- und Wirtschaftsrecht.[21] Er tat dies gemeinsam mit *Hans Carl Nipperdey* (1895–1968), der seine maßgebliche akademische Prägung als Arbeits- und Wirtschaftsrechtler in Jena unter der Anleitung von *Hedemann* und *Lehmann* erhalten hatte und 1925 Ordinarius in Köln geworden war.[22] *Rolf Dietz* (1902–1971) habilitierte sich 1932 in Köln bei *Lehmann* und wurde dann Professor in Gießen, Breslau, Kiel, Münster und schließlich, ab 1958, in München.[23] *Rudolf Reinhardt* (1902–1976) hatte

---

17 In den Worten von *F.B.* waren *Dietz* und *Reinhardt* beauftragt worden, den rechtlichen Status des *nasciturus* vorzubereiten.

18 Auf der fünften waren ihm *Arthur Nikisch* und *Alfred Hueck* zur Seite gestellt worden: *Habscheid*, Bericht (Fn. 16), S. 100.

19 Zur Geschichte der Universität zu Köln seit ihrer Wiedergründung im Jahre 1920 *Hans-Jürgen Becker*, 600 Jahre Rechtswissenschaft in Köln: Aus der Geschichte der Rechtswissenschaftlichen Fakultät, in: FS der Rechtswissenschaftlichen Fakultät zur 600-Jahr-Feier der Universität zu Köln, 1988, S. 3 (13 ff.); vgl. nunmehr auch *Hans-Jürgen Becker*, Die neue Kölner Rechtswissenschaftliche Fakultät von 1919 bis 1950, 2021.

20 Zu *Hedemann* (1878–1963) *Heinz Mohnhaupt*, Justus Wilhem Hedemann als Rechtshistoriker vor und während der Epoche des Nationalsozialismus, in: Stolleis/Simon (Hrsg.), Rechtsgeschichte im Nationalsozialismus: Beiträge zu einer Disziplin, 1989, S. 107–159; *Christine Wegerich*, Die Flucht in die Grenzenlosigkeit: Justus Wilhelm Hedemann (1878–1963), 2004. *Hedemann* erhielt zwei Festschriften: FS für Justus Wilhelm Hedemann zum 60. Geburtstag, herausgegeben von Roland Freisler, George A. Loening, Hans Carl Nipperdey, 1938; Recht und Wirtschaft: FS für Justus Wilhelm Hedemann zum 80. Geburtstag, herausgegeben von Heinrich Lehmann und Hans Carl Nipperdey, 1958.

21 Auch *Lehmann* sind zwei Festschriften gewidmet worden: FS für Heinrich Lehmann zum sechzigsten Geburtstag, herausgegeben von der Kölner Rechtswissenschaftlichen Fakultät, 1937; Das deutsche Privatrecht in der Mitte des 20. Jahrhunderts: FS für Heinrich Lehmann zum 80. Geburtstag, herausgegeben in Gemeinschaft mit den Mitarbeitern von H.C. Nipperdey, 2 Bde, 1956 (mit einem Vorwort, das rhetorisch in die Form einer Ansprache an den „lieben Freund, lieben Kollegen, hochverehrten Lehrer und verehrten Meister" gekleidet und von starkem Pathos durchtränkt ist: S. iii–xvi).

22 Zu Nipperdey *Thorsten Hollstein*, Die Verfassung als „Allgemeiner Teil": Privatrechtsmethode und Privatrechtskonzeption bei Hans Carl Nipperdey (1895–1968), 2007; *Klaus Adomeit*, Hans Carl Nipperdey (1895–1968), in: Grundmann/Riesenhuber (Hrsg.), Deutschsprachige Zivilrechtler des 20. Jahrhunderts in Berichten ihrer Schüler: Eine Ideengeschichte in Einzeldarstellungen, Bd. I, 2007, S. 149–165; vgl. auch *Hermann Stumpf*, Hans Carl Nipperdey, in: FS zum 225jährigen Bestehen des Verlages C.H. Beck, 1988, S. 608; *Stefan Vogenauer*, An Empire of Light II: Learning and Lawmaking in Germany Today, Oxford Journal of Legal Studies 26 (2006), S. 627 (637 f.); *Joachim Rückert*, Hans Carl Nipperdey, Neue Deutsche Biographie 19 (1998), S. 280. Auch Nipperdey erhielt zwei Festschriften: FS für Hans Carl Nipperdey zum 60. Geburtstag, herausgegeben von Rolf Dietz, Alfred Hueck und Rudolf Reinhardt, 1955; FS für Hans Carl Nipperdey zum 70. Geburtstag, herausgegeben von Rolf Dietz und Heinz Hübner, 2 Bde, 1965.

23 Zu *Dietz* vgl. *Reinhard Richardi*, Rolf Dietz, in: FS zum 225jährigen Bestehen des Verlages C.H.

sich schon 1930 in Köln habilitiert; sein akademischer Lehrer war *Nipperdey* gewesen. Nach Stationen in Halle und Königsberg erhielt *Reinhardt* einen Lehrstuhl an der Universität Marburg, wo er von 1940 bis zu seiner Emeritierung 1970 blieb.[24] Wie viele Mitglieder der bundesrepublikanischen Elite der 1950er Jahre in ihren jeweiligen Tätigkeitsbereichen hatten *Lehmann*, *Nipperdey*, *Dietz* und *Reinhardt* an der „Erneuerung des Privatrechts“[25] unter dem vorangegangenen politischen Regime mitgewirkt. Das galt auch, und zwar in besonderer Weise, für *Hedemann*,[26] dessen Vortrag zum Thema „Gibt es heute eine Schule der Jurisprudenz?“ die zweite Zivilrechtslehrertagung im Herbst 1952 in Bad Bertrich eröffnete.[27]

Offenbar hatte die Gründung einer Zivilrechtslehrervereinigung 1951/1957 einen heute kaum mehr bekannten Vorlauf. *Karl Michaelis* berichtet nämlich,[28] der Gedanke zivilrechtlicher Tagungen sei schon im Kriege entstanden, und zwar im Rahmen des sogenannten „Kriegseinsatzes der Geisteswissenschaften“ (auch bekannt als „Aktion Ritterbusch“).[29] Der Staatsrechtslehrer *Paul Ritterbusch*[30] habe sich an ihn wegen der

---

Beck (Fn. 22), S. 250. Ihm wurde eine Gedächtnisschrift gewidmet: Gedächtnisschrift für Rolf Dietz, herausgegeben von Götz Hueck und Reinhard Richardi, 1973.

[24] Zu *Reinhardt* vgl. Nagel (Hrsg.), Die Philipps-Universität Marburg im Nationalsozialismus: Dokumente zu ihrer Geschichte, 2000, S. 35–37, 453–501 (betreffend die Tätigkeit von Reinhardt als letztem Rektor der Universität Marburg in nationalsozialistischer Zeit); vgl. auch die FS für Rudolf Reinhardt zum 70. Geburtstag, herausgegeben von Klemens Pleyer, Dietrich Schultz und Erich Schwinge, 1972, und darin den Aufsatz von *Erich Schwinge* über Leben und Wirken von Reinhardt (S. 1).

[25] So der Titel einer Festrede von *Reinhardt*; vgl. FS Reinhardt (Fn. 24), S. 511. *Reinhardt* war, wie auch *Dietz*, Mitglied der NSDAP gewesen; vgl. für *Reinhardt Nagel*, Philipps-Universität Marburg (Fn. 24), S. 36; für *Dietz Richardi*, Rolf Dietz (Fn. 23), S. 251, 253. Zur Problematik des „Mitmachens im Betrieb der Rechtswissenschaften“ während der NS-Zeit (am Beispiel von *Alfred Hueck*, der mit *Dietz* und *Nipperdey* zusammen das Gesetz zur Ordnung der nationalen Arbeit, und damit das zentrale Gesetz zur nationalsozialistischen Arbeitsverfassung, kommentiert hatte) *Wolfgang Zöllner*, Alfred Hueck: Rechtslehrer in Weimarer Republik, Nazidiktatur und Bundesrepublik, in: Grundmann/Riesenhuber I (Fn. 22), S. 131 (138 ff.). Von einem „ideologischen Gleichschritt der führenden Köpfe“ des deutschen Arbeitsrechts spricht im Hinblick auf Dietz, Hueck, Nipperdey und andere *Bernd Rüthers*, Geschönte Geschichten – Geschonte Biographien, 2001, S. 52 f.; zu den Auswirkungen der „neuen Denkmethode“ auf das Rechtsinstitut des Arbeitsverhältnisses auch *Bernd Rüthers*, Die unbegrenzte Auslegung, 6. Aufl. 2005, S. 379.

[26] *Hedemann* war Vorsitzender des Ausschusses für Personen-, Vereins- und Schuldrecht in der Akademie für Deutsches Recht gewesen, später dann Hauptverantwortlicher für die Arbeiten am Volksgesetzbuch: Näheres bei *Wegerich*, Flucht (Fn. 20), S. 53 ff.

[27] Die dritte Zivilrechtslehrertagung (in Bad Schlangenbad) wurde eröffnet durch einen Vortrag von *Hans Würdinger;* er hatte besonders intensiv am Aufbau einer nationalsozialistischen Rechtsordnung mitgewirkt. Dazu *Heribert Hirte/Jean Mohamed*, Hans Würdinger, in: Repgen/Jeßberger/Kotzur (Hrsg.), 100 Jahre Rechtswissenschaft an der Universität Hamburg, 2019, S. 215 (231 ff.).

[28] Brief von *Karl Michaelis* an *Wolfgang Zöllner* vom 09.01.1986 (Akten ZLV Ordner X., unter „Allgemeine Korrespondenz“, Buchstabe M). Hintergrund war eine briefliche Anfrage von *Zöllner* (damals Vorsitzender der Zivilrechtslehrervereinigung) an *Michaelis*, ob es seines Wissens „vor 1933 etwas Vergleichbares gegeben habe“.

[29] Dazu *Frank-Rutger Hausmann*, „Deutsche Geisteswissenschaft“ im Zweiten Weltkrieg: Die „Aktion Ritterbusch (1940–1945), 3. Aufl. 2007. Zum Zivilrecht heißt es dort auf S. 268: „Der zentrale Bereich des Bürgerlichen Rechts, in den in der Nazizeit vielfach massiv eingegriffen wurde, lag in der Hand von … Karl Michaelis, sowie … Alfred Hueck.“

[30] Zu *Ritterbusch*, einem überzeugten Nationalsozialisten, *Michael Stolleis*, Geschichte des öffentlichen Rechts in Deutschland, Bd. III, 1999, S. 280 f.; *Christina Wiener*, Kieler Fakultät und „Kieler Schule“, 2013, S. 102 ff.; *Martin Otto*, Ritterbusch, Paul Wilhelm Heinrich, in: Neue Deutsche Biographie 21

Veranstaltung einer Zivilrechtstagung gewandt; er, *Michaelis*, habe dann in der Tat zusammen mit *Alfred Hueck* zweimal (im Juni 1941 und 1942) zu solchen Zusammenkünften nach Weimar eingeladen. Dort trugen unter anderem *Franz Wieacker* und *Hans Carl Nipperdey* vor; unter den (jeweils etwa 30)[31] Teilnehmern seien *Heinrich Lehmann* und „nach meiner Erinnerung" auch *Rolf Dietz* gewesen. „Diese Tagungen", resümiert *Michaelis*, „mögen [Dietz] also auch zu seiner Initiative mit angeregt haben". Immerhin waren dort mit *Dietz*, *Lehmann* und *Nipperdey* drei der vier Protagonisten der frühen Zivilrechtslehrervereinigung versammelt, zudem mit *Hueck* ein weiteres einflussreiches Mitglied des zuvor erwähnten, in Jena geknüpften Netzwerks.[32]

Ob die Staatsrechtslehrervereinigung bei der Gründung der Zivilrechtslehrervereinigung Modell gestanden hat oder Inspirationsquelle gewesen ist, lässt sich aufgrund des mir vorliegenden Aktenbestandes nicht sagen. Immerhin lassen sich zwei Verbindungen zum öffentlichen Recht nennen, die für ganz unterschiedliche Seiten der deutschen Geschichte stehen. Ein erster Anstoß zur Ausrichtung von Zivilrechtslehrertagungen kam von einem Staatsrechtslehrer, der als einer der profiliertesten nationalsozialistischen Wissenschaftsfunktionäre galt.[33] Doch am Anfang der ersten Tagung nach dem Krieg stand das Bonner Grundgesetz.

2. Neunzehn Jahre Dietz und die Etablierung des „Elferrats"

Rolf Dietz blieb bis zum Jahre 1969 Erster Vorsitzender der Zivilrechtslehrervereinigung, insgesamt also – rechnet man den informellen Beginn seit 1950 hinzu – neunzehn Jahre lang. Hervorgehoben wurden anlässlich seines Abschieds vom Vorsitz seine „Impulsstärke", sein Humor und die „Milde seiner Betrachtungsweise".[34] Graue Eminenz der Zivilrechtslehrervereinigung war während der Zeit des Vorsitzes von *Dietz* allerdings nach Berichten von Zeitzeugen *Hans Carl Nipperdey*, der in Diskussionen durchaus sein Prestige als Präsident eines obersten Bundesgerichts in die Waagschale zu werfen verstand (so etwa, wenn *Werner Flume* den BGH zu scharf attackierte),[35] und der dafür

---

(2003), 668. *Ritterbusch* und *Michaelis* waren Mitglieder der „Kieler Schule": *Ritterbusch* war 1935 nach Kiel berufen worden und amtierte von 1937–1941 als Rektor der Universität; *Michaelis* lehrte von 1933–1938 in Kiel Bürgerliches Recht und Prozessrecht (und starb 2001 im Alter von 100 Jahren in Göttingen). Zu *Michaelis* vgl. *Wiener*, Kieler Fakultät (diese Fn.), S. 76 f.; vgl. auch FS für Karl Michaelis zum 70. Geburtstag, 1972. *Michaelis* hielt eines der Referate auf der Zivilrechtslehrertagung 1957 (Bad Mergentheim); nach der Erinnerung von *Harry Westermann* (wie oben, Fn. 14) war „auch Herr Michaelis … mehr als nur als Gast" an der Gründung der Zivilrechtslehrervereinigung beteiligt.

[31] *Hausmann*, Geisteswissenschaft (Fn. 29), S. 268 (Fn. 453).

[32] Vgl. Fn. 18, 25 und 28. Auch *Hueck* hatte in Jena von 1925–1936 einen Lehrstuhl für Handels-, Arbeits- und Gesellschaftsrecht innegehabt, bevor er nach München wechselte.

[33] *Otto*, Ritterbusch (Fn. 30), S. 668.

[34] Nach *Richardi*, von 1960–1966 Assistent am Lehrstuhl von *Dietz*, war demgegenüber „häufig zu spüren, dass *Dietz* in einer der Militärtradition verhafteten bürgerlichen Familie aufgewachsen war": Rolf Dietz (Fn. 23), 259.

[35] Der Vorfall könnte sich beziehen auf den Vortrag von *Werner Flume* (auf der Zivilrechtslehrertagung 1961 in Bad Kissingen): Das Rechtsgeschäft und das rechtlich relevante Verhalten, AcP 161 (1962), S. 52 („Richter-‚Willkür'": S. 57).

Sorge trug, dass neu aufgenommene Mitglieder der Vereinigung (und ihre Gattinnen) mit dem von den älteren Herrschaften erwarteten Verhaltenskodex vertraut waren (oder vertraut gemacht wurden).[36] Mit solchen Mitgliedern der jüngeren Generation hatte man es nun zunehmend zu tun, wie bereits vier Jahre vor dem Ende der Amtszeit von *Dietz*, bei der Tagung in Wiesbaden 1965, aufgefallen war.[37] Das veranlasste den Zweiten Vorsitzenden, *Rudolf Reinhardt*, sein Amt an einen jüngeren Kollegen abzugeben. Gewählt wurde der erst vierzigjährige *Albrecht Zeuner*,[38] der 1963 (Baden-Baden) durch ein virtuoses[39] Referat, das *Reimer Schmidt* anschließend als dem Ideal eines Vortrages nahekommend bezeichnete,[40] zum Thema „Schadensbegriff und Ersatz von Vermögensschäden" auf sich aufmerksam gemacht hatte. Auch *Zeuner* (geboren 1924) war bzw. ist Arbeitsrechtler, freilich ganz anderer Provenienz als *Heinrich Lehmann*, *Nipperdey*, *Dietz* und *Reinhardt*. Auf *Dietz* folgte dann 1969 *Heinz Hübner*, Ordinarius an der Universität zu Köln und Gründer des dortigen Instituts für Neuere Privatrechtsgeschichte.[41]

Von nun an spielte sich ein Sechsjahresturnus für den Vorsitz ein, den nach *Heinz Hübner* (1969–1975) *Dieter Medicus*, Regensburg/München (1975–1981),[42] *Wolfgang Zöll-*

---

[36] Charakteristisch für bestimmte Elemente dieses Verhaltenskodex ist folgende, allerdings auf *Dietz* und *Lehmann* bezogene Anekdote: *Dietz* hatte noch als Privatdozent die Ehe geschlossen. „Nach seinen Worten soll ihm Heinrich Lehmann – wohl scherzhaft – vorgehalten haben, dass man sich dies als Privatdozent noch nicht leisten könne, was Dietz später seinen Schülern vorzuhalten pflegte, wenn sie schon als Assistenten in den Stand der Ehe traten" (*Richardi*, Rolf Dietz [Fn. 23], S. 251). Ebenso charakteristisch der Spruch des Nachfolgers von *Dietz* als Vorsitzender der Vereinigung, *Heinz Hübner*, in ähnlichem Zusammenhang: „Verheirateter Offizier: halbe Gefechtskraft": *Christoph Becker*, Heinz Hübner pater familias – Erinnerungen eines Schülers, in: Fakultätsspiegel [der Universität zu Köln] Sommersemester 2007, herausgegeben vom Verein zur Förderung der Rechtswissenschaft, S. 57 (61).

[37] *Uwe Diederichsen*, Bericht über die Tagung der Zivilrechtslehrer in Wiesbaden am 14. und 15. Oktober 1965, AcP 166 (1966), S. 142 (148): „Gegenüber früheren Tagungen war in diesem Jahr der Anteil der jüngeren Generation gewachsen".

[38] Zu ihm (in seiner Eigenschaft als Zivilprozessualist) *Reinhard Bork*, Das Zivilprozessrecht an der Universität Hamburg, in: 100 Jahre Rechtswissenschaft (Fn. 27), S. 641 (649 f.); *Bork* erwähnt aber auch, dass *Zeuner* „mit Leib und Seele Arbeitsrechtler" war. *Zeuner* selbst hat zu diesem Band Erinnerungen an seinen akademischen Lehrer beigetragen: *Albrecht Zeuner*, Aus der Sicht eines Nachkriegsstudenten und späteren Fakultäts- und Fachkollegen: Erinnerungen an Eduard Bötticher als Rechtslehrer und Wissenschaftler, S. 415. Vgl. auch die FS für Albrecht Zeuner zum siebzigsten Geburtstag, 1994.

[39] *Herbert Wiedemann*, Bericht über die Tagung der Zivilrechtslehrer in Baden-Baden am 17. und 18. Oktober 1963, AcP 163 (1963/64), S. 424 (426).

[40] Vgl. *Fritz Fabricius*, Zivilrechtslehrertagung 1963, JZ 1964, S. 34 (36).

[41] Zu ihm die Beiträge von *Klaus Luig*, *Christoph Becker* und *Hartmut Schiedermair*, in: Fakultätsspiegel (Fn. 36), S. 49–73; vgl. auch FS für Heinz Hübner zum 70. Geburtstag, 1984. Wie im Falle von *Dietz* trug auch bei Hübner „die Direktion des Instituts militärische Züge". *Hübner* war kein Freund von „nivellierenden Tendenzen in der Personalstruktur" der Universitäten und schon gar nicht der Studentenrevolte von 1968. „Vielleicht bessern sich, obwohl es zur Zeit nicht danach aussieht, die Verhältnisse an den Hochschulen, so daß es eines Tages wieder reizvoll sein kann, sich der alten Aufgabe zu widmen", schrieb er, als *Kurt Biedenkopf* ihm mitteilte, seinen Lehrstuhl mit einer Tätigkeit in der Geschäftsführung von *Henkel* zu vertauschen: Brief von *Hübner* an *Biedenkopf* vom 16.12.1970, im Nachlass von *Hübner* (Fn. 10). – Bemerkenswert ist, dass *Hübner* vor seiner Wahl zum Vorsitzenden offenbar keinen Vortrag vor der Zivilrechtslehrervereinigung gehalten hatte. Auch später ist er in der Liste der Vortragenden nicht verzeichnet.

[42] Über ihn *Herbert Roth*, Dieter Medicus (1929), in: Grundmann/Riesenhuber (Hrsg.), Deutschsprachige Zivilrechtslehrer des 20. Jahrhunderts in Berichten ihrer Schüler: Eine Ideengeschichte in Einzeldarstellungen, Bd. II (2010), S. 339–353.

ner, Tübingen (1981–1987),[43] *Harm Peter Westermann*, Berlin/Tübingen (1987–1993)[44] und *Karsten Schmidt*, Hamburg/Bonn (1993–1999)[45] innehatten.[46] Im Mittelpunkt der Tagungen, die seit 1953 in einem Zweijahresrhythmus jeweils in der zweiten Hälfte September oder Anfang Oktober stattfanden (und stattfinden), standen drei oder vier große Vorträge bereits etablierter Wissenschaftler; mitunter, etwa gleich auf den ersten drei Tagungen, wurden aber auch ein oder zwei kürzere Vorträge jüngerer Kollegen oder Privatdozenten eingeschaltet. Zur Tagung 1959 in Bad Nauheim bemerkt *Fritz Baur*: „Keine Empfänge, keine – aufgezwungenen – musikalischen Darbietungen (also kein ‚Kongreß' im landläufigen Sinn). Dafür besuchte man die Goethestätten in Wetzlar."[47]

Das Präsidium der Tagung führten nie die beiden Vorsitzenden, sondern stets ein besonders angesehener Gelehrter der älteren Generation (*Heinrich Lehmann* für die ersten fünf Tagungen jeweils insgesamt), später dann zwei oder drei für jeweils einen oder einen halben Tag: so 1959 (Bad Nauheim) *Gustav Boehmer* und *Walter Schmidt-Rimpler*, 1961 (Bad Kissingen) *Hans Carl Nipperdey* und *Hans Merz*, 1963 (Baden-Baden) *Eduard Bötticher* und *Fritz Schwind*, 1965 (Wiesbaden) *Gustav Boehmer*, *Wilhelm Felgentraeger* und *Walter Wilburg*. Die Namen *Merz*, *Schwind* und *Wilburg* weisen auf das Bemühen hin, in die Zivilrechtslehrervereinigung auch die Kollegen aus Österreich und der Schweiz einzubeziehen.[48] An den Tagungen nahmen alsbald auch Gäste teil, vor allem aus Japan und Griechenland (zwei stark vom deutschen Privatrecht beeinflussten Jurisdiktionen) sowie Beamte des Bundesjustizministeriums. Die Anwesenheit von Vertretern des öffentlichen Rechts wird für die erste und dritte Zivilrechtslehrertagung vermeldet.[49] Die Zahl der Teilnehmer stieg von etwa 50 im Jahre 1953 auf etwa 130 Teilnehmer 1967.

---

[43] Über ihn *Ulrich Noack*, Wolfgang Zöllner (1928), in: Grundmann/Riesenhuber II (Fn. 42), S. 71–95.

[44] Über ihn *Walter G. Paefgen*, Harm Peter Westermann (1938), in: Grundmann/Riesenhuber II (Fn. 42), S. 147–159.

[45] Über ihn *Georg Bitter*, Karsten Schmidt (1939), in: Grundmann/Riesenhuber II (Fn. 42), S. 161–183.

[46] Zeitweise scheint die Meinung geherrscht zu haben, dass für die Leitung der Zivilrechtslehrervereinigung „tunlichst ein Kollege [bestimmt werden sollte], der seine Interessen sowohl dem bürgerlichen Recht als auch entweder dem Arbeits- oder dem Handels- und Wirtschaftsrecht widmet": Brief von *Harm Peter Westermann* an *Wolfgang Zöllner* vom 23.02.1987, S. 2 (Akten ZLV, Ordner XI. [chronologisch geordnet]).

[47] *Fritz Baur*, Zivilrechtslehrertagung 1959, JZ 1959, S. 784 (786).

[48] Die Teilnahme von Fachvertretern „einiger Universitäten Österreichs" wird zum ersten Mal für die dritte Tagung 1953 erwähnt (*Paulick*, Bericht [Fn. 15], S. 167); auf der vierten Tagung 1955 konnte „eine Reihe von Gästen aus Österreich" begrüßt werden (*Ludwig Schnorr von Carolsfeld*, Bericht über die Tagung deutscher Zivilrechtslehrer in Bad Dürkheim am 19. und 20. Oktober 1955, AcP 155 [1956], S. 444 [444]); für die Tagung von 1957 wird „[e]ine große Anzahl von Vertretern des bürgerlichen Rechts an den Hochschulen der Bundesrepublik Deutschland, Österreichs und der Schweiz" genannt (*Habscheid*, Bericht [Fn. 16], S. 100); *Baur*, Zivilrechtlehrertagung (Fn. 16), S. 764 spricht hingegen von „Gästen aus … der Schweiz". In den Berichten von *Rudolf Lukes*, Bericht über die Tagung der Zivilrechtslehrer in Bad Nauheim vom 21. bis 23. Oktober 1959, AcP 158 (1959/60), S. 526 und *Baur*, Zivilrechtslehrertagung (Fn. 47), S. 784 (Tagung von 1959) ist dann wieder von „Gästen aus Österreich und der Schweiz" die Rede. Für die Tagung 1961 dann: „Mitglieder der Vereinigung aus Deutschland und der Schweiz" (*Wolfgang Zöllner*, Bericht über die Tagung der Zivilrechtslehrer in Bad Kissingen am 11./12. Oktober 1961, AcP 160 [1961], S. 538 [538]).

[49] *Fritz Schwarz*, Bericht über die Tagung deutscher Zivilrechtslehrer in Bad Kreuznach am 15. und 16. Oktober 1951, AcP 151 (1950), S. 549 (549); *Paulick*, Bericht (Fn. 15), S. 167. Auf der Zivilrechtslehrertagung 1975 in Lindau hielt sogar ein Staatsrechtslehrer einen der fünf Vorträge: *Peter Badura*, Möglich-

Systematisch veröffentlicht wurden die auf den Zivilrechtslehrertagungen gehaltenen Vorträge erst seit 1963 im Archiv für die civilistische Praxis. Zuvor erschien dort nur vereinzelt der eine oder andere Vortrag. *Franz Wieacker* publizierte sein berühmt gewordenes Referat „Zur rechtstheoretischen Präzisierung des § 242 BGB" auf der Tagung 1955 (Bad Dürkheim) in der Reihe „Recht und Staat" (1956), andere Zivilrechtslehrer legten mit ihrem Vortrag offenbar Grundlagen für andere Veröffentlichungen und weiterreichende Theorien; so etwa *Hans Carl Nipperdey* zur Drittwirkung von Grundrechten, *Ernst von Caemmerer* zum Bereicherungsrecht, *Karl Larenz* zum Wegfall der Geschäftsgrundlage und *Josef Esser* zur richterlichen Rechtsbildung aus Prinzipien. Regelmäßige Berichte über die Tagungen der Zivilrechtslehrervereinigung wurden dagegen im AcP und in der Juristenzeitung publiziert. Mitte der 1970er Jahre schlief diese Tradition ein.[50]

Seit 1969 kam es zu einer Reihe von Reformen. So wurde der Vorstand ab 1971 auf elf Personen erweitert, um eine breitere Mitwirkung bei der Festlegung der Themen für die jeweils nächste Tagung sicherzustellen; angeregt worden war das von *Josef Esser* auf der Tagung 1969 in Bad Kreuznach.[51] Ebenfalls auf der Tagung 1971 (in Baden bei Wien, und damit zum ersten Mal außerhalb Deutschlands) fanden die Referate des zweiten Tages nicht mehr vor dem Plenum, sondern in zwei Sektionen statt.[52] Dieses Format wurde auch 1973 beibehalten, später aber wieder aufgegeben. Zudem wurde nun darüber debattiert, ob die Zivilrechtslehrervereinigung sich stärker rechtspolitisch und in Sachen Studienreform engagieren sollte.[53]

keiten und Grenzen des Zivilrechts bei der Gewährleistung öffentlicher und sozialer Erfordernisse im Bodenrecht, AcP 176 (1976), S. 119. Es handelte sich hier um einen Parallelvortrag, aus öffentlichrechtlicher Sicht, zu dem vorangegangenen Vortrag von *Fritz Baur* zu demselben Thema: AcP 176 (1976), S. 97.

[50] In der JZ erschien der letzte Bericht 1972, S. 219 (danach nur noch einmal sehr knapp *Wolfgang Marotzke*, Zivilrechtslehrertagung 1985 in Passau, JZ 1986, S. 126). In einem Brief an den seinerzeitigen Vorsitzenden der Vereinigung vom 14.08.1990 regte *Jens Peter Meincke* die Wiederaufnahme dieser Tradition an und verwies auf einen Briefwechsel mit dem Schriftleiter der JZ zum Thema, warum dort zwar ausführlich über Staatsrechtslehrertagungen, nicht aber über Zivilrechtslehrertagungen berichtet werde. Der Schriftleiter der JZ hatte *Meincke* daraufhin geantwortet, er wisse nicht, woran es liege, „daß bislang keine Berichte über die Zivilrechtslehrertagungen in der Juristenzeitung veröffentlicht worden sind. Möglicherweise liegt es aber daran, dass die Redaktion der Juristenzeitung von den Öffentlichrechtlern regelmäßig eingeladen wird, was bei den Zivilrechtlern bislang ausgeblieben ist": Akten ZLV, Ordner Allgemeine Korrespondenz bis 1993, Buchstabe M mit beigefügter Kopie des Briefes von *Heiko H. Lesch* an *Meincke*. Eine Reaktion auf den Brief von Meincke ist nicht überliefert.

[51] *Herbert Buchner*, Bericht über die Tagung der Zivilrechtslehrer in Bad Kreuznach am 9. und 10. Oktober 1969, AcP 170 (1970), S. 245 (250).

[52] *Jürgen F. Baur/Wolfgang Blomeyer*, Zivilrechtslehrertagung 1971, JZ 1972, S. 219 (219); vgl. auch *Klaus Genius*, Bericht über die Tagung der Zivilrechtslehrervereinigung in Baden bei Wien vom 27. bis 29. September 1971, AcP 172 (1972), S. 295 (295).

[53] *Buchner*, Bericht (Fn. 51), S. 250. 1987 wurde eine Umfrage unter den Mitgliedern der Vereinigung durchgeführt, die eine derartige Ausdehnung der Aktivitäten sehr deutlich ablehnte: Protokoll der Mitgliederversammlung vom 22.09.1987, S. 4 (Akten ZLV, Ordner Tagungen 1985–2003, unter „Protokolle"). – Heute heißt es auf der Startseite der Homepage der Zivilrechtslehrervereinigung, dass diese wissenschaftliche „und rechtspolitische" Ziele verfolgt; Grundlage dafür ist offenbar § 1 II Satz 3 der Satzung von 2009, wonach der Verein „zu Fragen der Zivilrechtsentwicklung Stellung nehmen [kann]" – dazu näher unten II.5.a) S. 944 f.

III. ... und was daraus wurde

1. Institutioneller Rahmen

Betrachten wir nunmehr die Entwicklung der Zivilrechtslehrervereinigung in den letzten dreißig Jahren. Die Tagungen finden immer noch im Zweijahresrhythmus statt, jeweils in den „ungeraden" Jahren. Da dies genau dem Rhythmus der Gesellschaft für Rechtsvergleichung entspricht, deren Tagungen ebenfalls im Herbst liegen (zweite Hälfte September oder Anfang Oktober), ist eine Terminabstimmung wünschenswert; dadurch soll Personen, die beiden Vereinigungen angehören, der möglichst nahtlose Besuch beider Veranstaltungen ermöglicht werden.[54] Das gelingt manchmal mehr und manchmal weniger gut. Am Ende jeder Tagung findet eine Mitgliederversammlung statt; sie wird vom Vorstand über die Aktivitäten der vergangenen zwei Jahre und die Planungen für die Zukunft unterrichtet, debattiert über wesentliche Angelegenheiten der Vereinigung, fasst die entsprechenden Beschlüsse und wählt den Vorstand. Der (erweiterte) Vorstand besteht nach wie vor aus elf Personen: dem Vorsitzenden und seinem Stellvertreter (früher: Erster und Zweiter Vorsitzender; diese beide bilden den Geschäftsführenden Vorstand) und neun weiteren Mitgliedern. Hier hat sich eingebürgert, dass jeweils ein Sitz mit einem Hochschullehrer aus Österreich bzw. der Schweiz besetzt ist. Diese Tradition besteht ununterbrochen seit 1971, auch wenn der österreichische und der Schweizer Platz mitunter nicht von einheimischen Juristen eingenommen worden ist, sondern von Deutschen, die in Österreich oder der Schweiz tätig sind. Jedenfalls wird damit aber deutlich, dass die Vereinigung nicht eine solche deutscher Zivilrechtslehrer,[55] sondern von Zivilrechtslehrern aus Deutschland, Österreich und der Schweiz ist.[56] Der Blick auf jeweils zwei andere Rechtsordnungen erweist sich immer wieder als reizvoll und erhellend.

Vorstandsmitglieder werden für sechs Jahre gewählt; eine Wiederwahl ist nicht vorgesehen. Aus dem Kreis der Vorstandsmitglieder wählt die Mitgliederversammlung den Vorsitzenden und seinen Stellvertreter und zwar für zwei Jahre. Wiederwahl ist zulässig. Seit dem Ende der Amtszeit von *Karsten Schmidt* im Jahre 1999 hat sich eine einmalige Wiederwahl eingebürgert, so dass der Vorsitzende und sein Stellvertreter bislang stets

---

[54] Überschneidungen sind jedenfalls heutzutage nicht zu befürchten, da Zivilrechtslehrertagungen jeweils von Sonntag bis Dienstag stattfinden, Tagungen der Gesellschaft für Rechtsvergleichung demgegenüber von Donnerstag bis Samstag. Irritationen auf Seiten der Zivilrechtslehrervereinigung werden deutlich im Protokoll der Mitgliederversammlung vom 26.09.1983: Die Veranstaltungen sollen in Zukunft „entkoppelt" werden (Akten ZLV, Ordner X., unter „Rundschreiben").

[55] So z.B. noch *Schwarz*, Bericht (Fn. 49), S. 549; *Paulick*, Bericht (Fn. 15), S. 167; *Schnorr von Carolsfeld*, Bericht (Fn. 48), S. 444; vgl. demgegenüber dann aber *Zöllner*, Bericht (Fn. 48), S. 538.

[56] Die in den Akten der ZLV überlieferte Satzung vom 15.11.1975 sagt, um die Mitgliedschaft könne sich bewerben, wer Hochschullehrer „an einer wissenschaftlichen Hochschule in der Bundesrepublik Deutschland (einschließlich West-Berlin), in Österreich oder in der Schweiz" ist. Die gegenwärtig in Kraft befindliche Satzung spricht von „Universitätsprofessorin[nen] oder Universitätsprofessor[en] an einer Hochschule in Deutschland, in Österreich oder in der Schweiz". – Im Vergleich zur Zivilrechtslehrerschaft in den drei Ländern insgesamt sind Deutsche gegenüber Österreichern und insbesondere Schweizern in der Zivilrechtslehrervereinigung deutlich überrepräsentiert: *Hamann*, Zivilrechtslehre (Fn. *), S. 293 f.

für vier Jahre im Amt waren.[57] Weiterhin ist bisher stets der stellvertretende Vorsitzende nach dem Abtreten des Vorsitzenden selbst zum Vorsitzenden gewählt worden. Damit kann die Mitgliedschaft im Vorstand für einen Zivilrechtslehrer, der Vorsitzender der Vereinigung wird, sechs plus vier plus vier, insgesamt also 14 Jahre betragen.[58] Die eigentlich wichtige Personalentscheidung für die Zukunft ist deshalb, wer stellvertretender Vorsitzender wird. Hier ist es üblich, dass, wer davon ausgehen kann, zum Vorsitzenden gewählt zu werden, rechtzeitig einen Kollegen gewissermaßen als „running mate" anspricht und ihn bei dessen Einverständnis dem Vorstand als seinen Stellvertreter vorschlägt; der Vorstand unterbreitet diesen Vorschlag dann der Mitgliederversammlung. Der künftige Vorsitzende muss nur darauf achten, dass zum Zeitpunkt seiner Wahl der von ihm ins Auge gefasste Stellvertreter noch Mitglied des erweiterten Vorstands ist.[59]

Faktisch vollzieht sich die Bildung des Vorstands damit im Wege des Kooptationssystems. Das ist gelegentlich kritisiert worden; öffentlich wurde die Kritik in der Mitgliederversammlung 2013 vorgetragen. Den Mitgliedern der Vereinigung werde in der Versammlung immer nur ein Kandidat pro freiwerdendem Vorstandsplatz unterbreitet, und es komme somit nie zu einer echten Wahl. Wünschenswert sei die Herstellung größerer Transparenz bei der Auswahl der Kandidaten, wünschenswert sei aber auch die Nominierung mehrerer Kandidaten. Daraufhin entspann sich eine längere Diskussion,[60] die zur Folge hatte, dass die Wahlvorschläge des Vorstands den Mitgliedern nunmehr mit der Einladung zur nächsten Tagung mitgeteilt werden; diese können sich dann überlegen, ob sie Gegenvorschläge unterbreiten wollen. Dazu ist es bislang noch nicht gekommen; alle vorgeschlagenen Personen sind (in offener Abstimmung) einstimmig gewählt worden. Insgesamt herrscht wohl die Meinung vor, dass die Vereinigung mit dem bisherigen System nicht schlecht gefahren sei: „Konkurrenzwahlen und Personaldebatten" würden damit „aus wohlerwogenen Gründen" vermieden.[61]

Bei der Zusammensetzung des erweiterten Vorstandes wird darauf geachtet, dass die verschiedenen Subdisziplinen des Zivilrechts möglichst breit vertreten sind; dies vor allem deshalb, weil eine der Kernaufgaben des erweiterten Vorstands in der Bestimmung der Themen und Referenten für die jeweils nächste Tagung liegt. Ferner soll eine möglichst kontinuierliche Erneuerung des Gremiums stattfinden, und deshalb auf eine gleichmäßige Staffelung der Neuwahlen geachtet werden (Prinzip des „staggered board").

---

[57] Vorsitzende (und zuvor stellvertretende Vorsitzende) waren seither *Heinrich Honsell* (1999–2003), *Peter Hommelhoff* (2003–2007), *Martin Henssler* (2007–2011), *Reinhard Zimmermann* (2011–2015) und *Gerhard Wagner* (2015–2019). Gegenwärtige Vorsitzende ist *Barbara Dauner-Lieb*. Die Wiederwahl wurde in einem Fall versäumt, so dass hier der interessante Fall eines Weiteramtierens als „faktischer Vorstand" vorlag (Hinweis von *Wolfgang Zöllner*).

[58] Das ist bislang freilich nur zweimal vorgekommen, nämlich im Falle von *Henssler* und *Zimmermann*. *Honsell* war, bevor er stellvertretender Vorsitzender wurde, zwei Jahre Mitglied des erweiterten Vorstands, *Hommelhoff*, *Wagner* und *Dauner-Lieb* jeweils vier Jahre.

[59] Eingeweihte können bereits zwei Jahre vor der Wahl eines Vorstandsmitglieds zum stellvertretenden Vorsitzenden erkennen, wer vorgeschlagen werden soll, da es vielfach diese Person ist, die der Mitgliederversammlung den dann zur Wahl anstehenden Geschäftsführenden Vorstand vorschlägt.

[60] Protokoll der Mitgliederversammlung vom 17.09.2013, S. 8f.

[61] So der seinerzeitige Vorsitzende der Vereinigung: Protokoll der Mitgliederversammlung vom 22.09.1987, S. 5 (Akten ZLV, Order Tagungen 1985–2003, unter „Protokolle").

Da das angesichts der auseinanderlaufenden Amtszeiten von sechs und vier Jahren nicht ganz einfach ist, sieht die Satzung von 2009 in ihrem § 7 Abs. 2 vor, dass die Amtszeit einzelner Mitglieder des Vorstands über die eigentlich vorgesehenen sechs Jahre hinaus um zwei weitere Jahre verlängert werden kann. Das ist bislang in drei Fällen geschehen. Im Übrigen sollen Mitglieder des Vorstandes bereits einen Vortrag gehalten haben, der allgemeinen Anklang gefunden hat.[62]

Der grenzübergreifende Charakter der Vereinigung, was die deutschsprachigen Länder betrifft, kommt auch dadurch zum Ausdruck, dass die Tagungen nicht nur in Deutschland, sondern, in nicht ganz regelmäßigem Rhythmus, auch in Österreich und in der Schweiz stattfinden. Schaut man auf die letzten fünfzehn Tagungen, so wurden sie zehnmal in Deutschland, dreimal in der Schweiz und zweimal in Österreich ausgerichtet.[63] Dabei wird deutlich, dass die anfängliche „Bäderphase" der Zivilrechtslehrervereinigung unwiederbringlich vorbei ist. Man trifft sich nicht mehr im Kurhotel[64] eines *locus amoenus* „abseits der großen Heerstraßen",[65] sondern an Universitätsorten, die die vergleichsweise sehr viel größere Anzahl der Teilnehmer akkommodieren können und die erforderliche Infrastruktur aufweisen. Besonders geschätzt werden zentral gelegene Orte (wie etwa Würzburg), die leicht erreichbar sind. In einem Vorstandsprotokoll von 2008 heißt es sehr hübsch: „[Der stellvertretende Vorsitzende] regt an, abwechselnd in eine größere und in eine kleinere Stadt zu gehen. Der Vorstand fasst für 2011 Wien und für 2013 München ins Auge". Der damit angedeutete Versuch, eine Tagung in München zu organisieren, hat sich im Hinblick auf eine Vielzahl von Konkurrenzveranstaltungen, eine davon auf der Theresienwiese, und auf die damit verbundenen Hotelpreise jedoch bislang nicht realisieren lassen. In der Regel kann sich der (erweiterte) Vorstand bei der Organisation der Tagung auf eines seiner Mitglieder stützen, das der juristischen Fakultät des betreffenden Ortes angehört.[66]

Die Planung einer Zivilrechtslehrertagung wird vergleichsweise ernst genommen; insbesondere hat sich eingebürgert, dass etwa ein Jahr zuvor die beiden Mitglieder des Geschäftsführenden Vorstands zu einer Inspektionsvisite anreisen, um sich persönlich von den Vorbereitungen für einen reibungslosen Ablauf der Tagung zu überzeugen. Gelegentlich ist auch eine Gattin mit angereist, um das Begleitprogramm (früher als „Damenprogramm" bezeichnet) zu inspizieren. Freilich hat sich herausgestellt, dass bei den Tagungen kaum noch Gattinnen (oder Gatten, Partnerinnen oder Partner) erscheinen.

---

[62] Gelegentlich wird bemängelt, dass der Vorstand die Auswahl der Themen und Referenten nach intransparenten und nicht immer sachlichen Kriterien vornimmt. Immerhin gewährleistet die Zusammensetzung des Vorstands aus elf Personen unterschiedlicher Ausrichtung und Provenienz insoweit einen nach meiner Erfahrung recht gut funktionierenden Ausgleich.

[63] St. Gallen (1991), Dresden (1993), Heidelberg (1995), Jena (1997), Salzburg (1999), Trier (2001), Greifswald (2003), Basel (2005), Potsdam (2007), Marburg (2009), Wien (2011), Würzburg (2013), Köln (2015), Zürich (2017) und Hamburg (2019).

[64] So noch z. B. *Reinhard Richardi*, Bericht über die Tagung der Zivilrechtslehrer in Bad Pyrmont am 19. und 20. Oktober 1967, AcP 168 (1968), S. 318 (318) (Bad Pyrmont, 1967) oder auch *Volker Beuthien*, Zivilrechtslehrertagung 1969, JZ 1970, S. 76 (76) (Bad Kreuznach, 1969).

[65] *F.B.*, Zivilrechtslehrertagung 1952, JZ 1952, S. 699 (Bad Bertrich, 1952).

[66] Auffälligerweise sind mit dieser Aufgabe seit 2011 ausschließlich Frauen betraut worden.

Aus diesem Grunde wird seit 2017 davon abgesehen, ein solches Begleitprogramm anzubieten.[67] Auch der einst traditionelle Ausflug nach Ende der Tagung[68] gehört einer Vergangenheit an, die den Begriff der „Entschleunigung“ noch nicht benötigte. Damit entfällt ein nicht unwesentliches integratives Element der Veranstaltung.

2. Ein Verein alter Herren?

Zwei immer wieder geäußerte Desiderate waren diejenigen einer Verjüngung und „Diversifizierung“ der Zivilrechtslehrervereinigung. Was zunächst die Verjüngung (oder, umgekehrt, das „Problem der Überalterung des Vereins“[69]) betrifft, so können mehrere Gesichtspunkte eine Rolle spielen. Einer von ihnen ist die Zahl jüngerer Teilnehmer an Zivilrechtslehrertagungen. Hier hat in den letzten dreißig Jahren wenig Grund zur Sorge bestanden: Viele der neu aufgenommenen Privatdozenten oder jungen Professoren erscheinen jedenfalls ein oder zwei Mal, sei es, um sich bekannt zu machen, sei es aus Neugier oder auch aus anderen Gründen. Ein anderer ist das Alter derjenigen, die zu einem Vortrag eingeladen werden. Hier habe ich selbst den Wandel von 2001 auf 2003 als eine Art Quantensprung empfunden. Als ich auf der Tagung im Jahre 2001 (Trier) meinen Vortrag hielt, war ich mit 48 Jahren der jüngste der vier Vortragenden; das Durchschnittsalter betrug 58. Demgegenüber betrug das Durchschnittsalter 2003 (Greifswald) knapp 42 Jahre (2005 in Basel dann knapp 44 Jahre). Bei einer Rückschau zeigt sich aber, dass auch vor 2001 durchaus die damals jüngere Generation zu Wort kam; *Wolfgang Schön* war zur Zeit seines Vortrags (1997, Jena) erst 36 Jahre alt. Die Mitglieder des erweiterten Vorstands waren 1997 im Schnitt rund 57 Jahre alt, 2007 rund 52, 2017 aber wieder 56. Für den Geschäftsführenden Vorstand sind die Zahlen 56,5 (1997), 54,5 (2007), und 58,5 (2017).

Ausgenommen bei der Berechnung des Durchschnittsalters der Vortragenden ist jeweils der fünfte (oder eigentlich: der erste) Vortragende jeder Tagung. Seit Mitte der 1990er Jahre, gelegentlich aber auch schon in der Zeit zuvor, werden Zivilrechtslehrertagungen nämlich von einem sogenannten *ad personam*-Vortrag eröffnet: dem Grundsatzvortrag eines älteren und besonders angesehenen Zivilrechtslehrers (zumeist eines Emeritus), der damit zum zweiten Mal die Gelegenheit erhält, auf einer Tagung der Zivilrechtslehrer zu sprechen.[70] Diese Übung ist nicht unumstritten. Angesichts der Tatsache, dass sowieso nur

---

[67] Umgesetzt wird damit ein Vorstandsbeschluss vom 20.09.2015. Zu der Tagung in Köln (2015) hatten sich nur sechs Personen für das Begleitprogramm angemeldet. Das entsprach einer schon seit längerem, vor allem auch bei der Tagung zwei Jahre zuvor, beobachteten Tendenz.

[68] Einen Eindruck („gehobene Stimmung“) bietet die Beschreibung von *Zöllner*, Bericht (Fn. 48), S. 553.

[69] Protokoll der Vorstandssitzung vom 20.09.1987, S. 1 (Akten ZLV, Ordner Erweiterter Vorstand, unter „Protokolle“).

[70] Eine Ausnahme bildet *Gunther Teubner*, der 2017 den *ad personam*-Vortrag hielt, ohne zuvor bereits zu einem „normalen“ Vortrag eingeladen gewesen zu sein. Sechs Zivilrechtslehrer haben sogar drei Vorträge vor der Zivilrechtslehrervereinigung gehalten; bei drei von ihnen (*Peter Ulmer, Claus-Wilhelm Canaris, Harm Peter Westermann*) bot die Sondertagung 2001 zur Schuldrechtsmodernisierung (dazu unten II.5.a) S. 945) den Anlass für die dritte Einladung; die drei anderen sind *Franz Bydlinski, Dieter*

eine deutliche Minderheit der Vereinsmitglieder die Gelegenheit erhält, einen Zivilrechtslehrervortrag zu halten,[71] wirkt es kontraintuitiv, auf jeder Tagung einem Mitglied die Gelegenheit zu geben, ein zweites Mal zu sprechen. Zudem hat nicht jeder *ad personam*-Vortrag die durchschlagende Wirkung desjenigen von *Claus-Wilhelm Canaris* über Wandlungen des Schuldvertragsrechts im Jahre 1999 erzielt. Es lässt sich deshalb fragen, ob die Vereinigung hier nicht eine Chance versäumt, innovative thematische Impulse zu setzen.[72] Andererseits erinnere ich selbst noch den Eindruck, den es auf mich machte, die großen Namen meiner Studien- und Assistentenzeit, also etwa *Dieter Medicus*, *Werner Flume* oder *Ernst von Caemmerer*, persönlich zu erleben; und auch im Zeitalter elektronischer Kommunikation kann es für den wissenschaftlichen Nachwuchs ein nachhaltiges Bildungserlebnis sein, den Vortrag eines der Großen des Faches zu hören.

Mit „Diversifizierung" ist die Problematik des Geschlechterverhältnisses unter den Zivilrechtslehrern angesprochen. Auf der Mitgliederversammlung 1987 stellte der damalige Vorsitzende der Vereinigung erfreut fest, dass „der Frauenanteil die 1 %-Grenze überschritten habe und sich der 2 %-Grenze nähere (neun weibliche Mitglieder [von insgesamt 462])".[73] Wenn dies so weitergehe, habe man gute Aussichten, in etwa 30 Jahren einen weiblichen Mitgliederanteil von 50 % zu haben. Diese sanguinische Erwartung hat sich nicht erfüllt: Im September 2019 war das Geschlechterverhältnis 740:118 = 16 % (worüber kaum hinwegtrösten kann, dass unter den Neuaufnahmen der zwei vorangegangenen Jahre die Disparität etwas geringer ausfiel, da etwa ein Viertel von ihnen weiblich war).[74] Es vergeht inzwischen kaum eine Mitgliederversammlung, in der der jeweilige Vorsitzende nicht sein Bedauern über diesen Zustand ausdrückt.[75] Bemerkenswert ist angesichts dessen der Frauenanteil im Vorstand der Vereinigung. Der letzte rein männliche Vorstand amtierte bis 1989.[76] Es blieb dann bis 1999 bei einer Frau, und danach

---

Medicus und *Wolfgang Zöllner*. *Zöllner* hielt neben seinem ersten Vortrag und seinem *ad-personam*-Vortrag einen weiteren Vortrag (zum Thema „Zivilrechtswissenschaft und Zivilrecht im ausgehenden 20. Jahrhundert", abgedruckt in AcP 188 (1988), S. 85) aus Anlass seines Ausscheidens als Vorsitzender der Zivilrechtslehrervereinigung; bei *Medicus* bot seine Mitgliedschaft in der vom Bundesjustizministerium eingesetzten Schuldrechtskommission (dazu unten bei Fn. 137) den Anlass für einen weiteren Vortrag zum Stand der Überarbeitung des Schuldrechts.

[71] Nach Angaben von *Hamann*, Zivilrechtslehre (Fn. *), S. 291 „wird kaum jede(r) fünfte Zivilrechtslehrende je auf einer ZLV-Tagung vortragen können."

[72] Hinzu kommt, dass es lange zu den ungeschriebenen Gesetzen der Vereinigung gehört zu haben scheint, weder den *ad personam*-Vortrag noch die sich daran anschließende Diskussion abzukürzen. Ich erinnere mehrere Zivilrechtslehrertagungen, in denen damit von Anfang an das geplante Programm aus dem Ruder lief.

[73] Protokoll der Mitgliederversammlung vom 22.09.1987, S. 2 (Akten ZLV, Ordner Tagungen 1985–2003, unter „Protokolle").

[74] Protokoll der Mitgliederversammlung vom 24.09.2019, S. 2.

[75] Noch Ende der neunziger Jahre kam es freilich vor, dass am Ende einer Kaffeepause die Gattin eines Altvorsitzenden sich einer Zivilrechtslehrerin mit den Worten in den Weg stellte: „*Sie* dürfen dort nicht hinein". Die Zeiten haben sich geändert. Inzwischen (2011) wurde umgekehrt sogar der (fachfremden) Gattin eines Vortragenden erlaubt, dem Vortag beizuwohnen. – Als nicht recht passend empfanden es Zivilrechtslehrerinnen auch, wenn sie vor ihrem Vortrag schwerpunktmäßig mit Ausführungen über ihre Kinder vorgestellt wurden; einen solchen Fall erinnere ich aus dem Jahre 2005.

[76] Im Vorstandsprotokoll vom 20.09.1987 heißt es, „daß in späteren Wahlperioden auch einmal an die Zuwahl einer Kollegin zu denken sei" (Akten ZLV, Ordner Erweiterter Vorstand, unter „Protokolle").

erhöhte sich der Frauenanteil schrittweise, bis er 2011 bei vier lag und heute sogar bei sechs, was eine weibliche Mehrheit im Vorstand bedeutet. Die Vortragenden waren bis 1987 ausschließlich männlich. Pionierin war im Jahre 1989 *Dagmar Coester-Waltjen*;[77] es folgten 1995 *Ingeborg Schwenzer*, 1997 *Christine Windbichler* und 2003 *Nina Dethloff*. Seither sind auf jeder Tagung unter den Vortragenden eine oder zwei Frauen.

Erwähnenswert ist in diesem Zusammenhang, dass auf der Mitgliederversammlung 2019 ein Antrag auf Änderung des Namens der Zivilrechtslehrervereinigung gestellt wurde: In der Außendarstellung löse die tradierte, nicht geschlechtsneutrale Bezeichnung Befremden aus – es habe ein gesellschaftlicher Wandel stattgefunden, der sich im Namen der Vereinigung spiegeln solle. Vorgeschlagen wurden die Bezeichnungen „Vereinigung für Zivilrechtswissenschaft", „Wissenschaftliche Vereinigung für Zivilrecht", „Vereinigung für deutschsprachige Zivilrechtswissenschaft" und „Vereinigung für Zivilrechtswissenschaft und -lehre". Nach einer ausführlichen Aussprache stimmten von den 72 zu diesem Zeitpunkt anwesenden Mitgliedern in geheimer Abstimmung 52 für den Antrag und 18 dagegen bei zwei Enthaltungen. Da aber die für eine Annahme des Antrags (der eine Satzungsänderung erfordert hätte) erforderliche Dreiviertelmehrheit um eine Stimme verfehlt wurde, war dieser damit abgelehnt.[78] Man braucht kein Prophet zu sein, um vorherzusagen, dass das nicht das Ende der Debatte ist.

3. Vom nichtrechtsfähigen zum rechtsfähigen Verein; und: Wer darf dem Verein angehören?

Hatte die Zivilrechtslehrervereinigung ihre Geschäfte seit ihrer Gründung stets recht formlos, im rechtlichen Gewand eines nicht rechtsfähigen Vereins, betrieben, so ist sie im April 2010 beim Amtsgericht Köln im Vereinsregister eingetragen worden. Im Anschluss daran wurde auch der Gemeinnützigkeitsstatus beantragt und anerkannt. Vereinssitz ist Köln; Änderungen im Geschäftsführenden Vorstand sind jeweils einzutragen. Ersetzt wurde damit auch die bis dahin gültige Satzung aus dem Jahre 1975, die lediglich aus vier rudimentären Vorschriften bestand.[79] Durch die ganz wesentlich von *Martin Henssler* betriebene und vorbereitete Rechtsformumwandlung sollte die Geschäftsführung der Vereinigung, insbesondere die Kontoführung im In- und Ausland, erleichtert werden; die Geschäftsführung verursacht inzwischen einen erheblichen finanziellen und administrativen Aufwand, der im Wesentlichen vom Vorsitzenden der Vereinigung und der Institution, an der er beschäftigt ist, getragen werden muss.[80] An-

[77] Sie beschreibt ihren Lebensweg als Juristin in *Dagmar Coester-Waltjen*, Die Gnade der späten Geburt, ZEuP 29 (2021), S. 88.

[78] Protokoll der Mitgliederversammlung vom 24.09.2019, S. 6.

[79] Die neue Satzung wurde in der Mitgliederversammlung vom 29.09.2009 in Marburg angenommen (siehe S. 4 des Protokolls der Versammlung). Die Anmeldung zur Eintragung in das Vereinsregister beschloss die Mitgliederversammlung vom 25.09.2007 (siehe S. 3 des Protokolls dieser Versammlung); bestätigt auf der Mitgliederversammlung vom 29.09.2009 (siehe S. 3 des Protokolls). Die neue Satzung hat 14 Paragraphen. In § 1 I definiert sie den Zweck der Vereinigung dahin, dass er der Pflege und Vertiefung der Zivilrechtswissenschaft dient. In diesem Sinne auch § 1 der Satzung von 1975.

[80] Ich habe es so erlebt, dass der Vorsitzende seinem Stellvertreter so weit wie möglich den Rücken

ders als bei der Gesellschaft für Rechtsvergleichung gibt es weder ein festes Büro mit einem von der Gesellschaft besoldeten Angestellten noch das Amt eines Generalsekretärs, der den Vorsitzenden bei der Geschäftsführung unterstützt. Da diese Belastung von vielen Kollegen, die nicht auf die Ressourcen eines großen Instituts zurückgreifen können, nicht getragen werden kann, wird dem Vorsitzenden seit 2015 aus dem Vermögen der Vereinigung ein (bescheidener) Zuschuss für Personalmittel gewährt. Der erhöhte Aufwand für die Geschäftsführung erklärt sich, unter anderem, aus der kontinuierlich gewachsenen Mitgliederzahl der Zivilrechtslehrervereinigung (Adresspflege, Mitgliedsbeiträge, Unterlagenversendung, etc.). Sie stieg von 462 im September 1987 auf 645 im September 2001 und 858 im September 2019.[81]

Um die Mitgliedschaft der Zivilrechtslehrervereinigung kann sich bewerben, wer (i) Universitätsprofessor an einer Hochschule in Deutschland, in Österreich oder in der Schweiz auf dem Gebiet des Zivilrechts ist, oder (ii) eine Habilitation oder gleichwertige Leistung mit Bezug zum Zivilrecht Deutschlands, Österreichs oder der Schweiz vorgelegt bzw. erbracht hat; über Aufnahmeanträge entscheidet der Vorstand.[82] Die bei weitem meisten dieser Entscheidungen sind und waren nach dem traditionellen Karrieresystem der deutschen Hochschulen mit der Habilitation im Zentrum unproblematisch. Allerdings haben sich im Laufe der Zeit auch immer wieder Zweifelsfragen ergeben,[83] wobei sich bei deren Lösung eine zunehmend liberale Linie durchgesetzt hat. So wird inzwischen nicht mehr darüber diskutiert, ob ein (auch) für Zivilrecht habilitierter Bewerber tatsächlich habilitationswürdige Leistungen im Fach Zivilrecht erbracht hat;[84] zu solchen Diskussionen konnte es kommen, da nach der Satzung von 1975 nur aufgenommen werden sollte, wer „in einem zivilrechtlichen Fach durch eine nach anerkannten Maßstäben" durchgeführte Habilitation (oder durch gleichwertige wissenschaftliche Leistungen) ausgewiesen war.[85] Anlässlich eines weiteren Zweifelsfalles setzte sich 1997

---

frei hält. So war es jedenfalls im Verhältnis von *Martin Henssler* zu mir, und von mir zu *Gerhard Wagner*. Unterstützt wurden wir in der Geschäftsführung jeweils von einem unserer Mitarbeiter.

81 Die Entwicklung von 2001 bis 2019 verlief wie folgt (jeweils September der betreffenden Jahre): 645 (2001), 681 (2003), 706 (2005), 742 (2007), 753 (2009), 781 (2011), 807 (2013), 833 (2015), 850 (2017) und 858 (2019). – Nach Angaben von *Hamann*, Zivilrechtslehre (Fn. *), S. 304, beträgt der „Institutionalisierungsgrad" der deutschen Zivilrechtslehrer knapp 80 %; etwa 20 % der deutschen Zivilrechtslehrer sind also nicht Mitglied der Vereinigung.

82 § 4 der Satzung von 2009.

83 So wurden in den siebziger Jahren eine Reihe von Hochschuldozenten auf Professuren „übergeleitet". Das klingt an in einem Brief von *Franz Wieacker* vom 30.08.1977 an *Dieter Medicus* (damals Vorsitzender der Zivilrechtslehrervereinigung), in dem er seinen Göttinger Lehrstuhlnachfolger zur Aufnahme empfahl. Es handele sich um einen „wohlbestallten Ordinarius des alten Typus. … Ich füge dies hinzu, weil es ja an unseren Hohen Schulen zuweilen Schnellkollegen gibt". Der Brief findet sich in einem separat gehefteten Konvolut mit Korrespondenz von *Dieter Medicus* aus dessen Zeit als Vorsitzender der Zivilrechtslehrervereinigung, in Akten ZLV, Ordner X., unter „Allgemeine Korrespondenz", Buchstabe M.

84 Diese Frage konnte sich insbesondere bei Rechtshistorikern stellen; ein derartiger Fall ist in einem Brief des Vorsitzenden an den Vorstand vom 26.05.1989 dokumentiert (Akten ZLV, Ordner Erweiterter Vorstand, unter „Rundbriefe").

85 § 2 I der Satzung von 1975. In diesem Punkt liberaler noch die Satzung vom 29.09.1971, wo es in § 2 I hieß, die Mitgliedschaft stehe jedem offen, der „an einer Universität oder wissenschaftlichen Hochschule Westdeutschlands – einschließlich Westberlins –, Österreichs oder der Schweiz, oder bis 1945 an

die Auffassung durch, dass der Vorstand rein formal vorgehen und die Entscheidung der Fakultät, an der der Bewerber habilitiert wurde, akzeptieren sollte.

Erheblichen Beratungsbedarf im Vorstand und in der Mitgliederversammlung verursachte die Einführung der Juniorprofessur. Hier wurde nach kontroverser Diskussion in der Mitgliederversammlung vom September 2005 die Ansicht akzeptiert, dass mit der zweiten positiven Evaluierung (in der Regel nach sechs Jahren) eine „gleichwertige wissenschaftliche Leistung" im Sinne der damals in Geltung befindlichen Satzung erbracht war.[86] Wie bei der Habilitation liege der Evaluierungsprozess in der Autonomie der jeweiligen Fakultät, und auf deren Urteil müsse sich der Vorstand bei der Bescheidung von Aufnahmeanträgen verlassen dürfen. Für problematisch gehalten worden waren in den achtziger Jahren Anträge von Bewerbern, die ohne Habilitation an die Bremer juristische Fakultät berufen worden waren. Hier stellte sich zunächst die Frage der „gleichwertigen wissenschaftlichen Leistung",[87] ehe dann auch hier das Prinzip „Lehrstuhl ersetzt Habilitation" akzeptiert wurde.[88] Gleiches galt, als sich 1999 die Frage stellte, wie mögliche Aufnahmeanträge von Zivilrechtlern zu bescheiden seien, die nach der Wiedervereinigung aus der Zeit der DDR auf C 3- oder C 4-Lehrstühle übernommen worden waren: Ein ungeschriebenes „materielles" Kriterium sei nicht in die Satzung hineinzulesen. Bei Honorarprofessoren ohne Habilitation sei, so heißt es in einem Vorstandsprotokoll vom 20.09.1987,[89] angesichts ihrer erheblichen Zahl größte Zurückhaltung am Platz. Später wurde gesagt, jeder Fall sei individuell zu behandeln. In der zweiten Hälfte der achtziger Jahre wurde ein französischer Zivilrechtler, der an einer deutschen Hochschule einen Lehrstuhl bekleidete, zunächst nicht aufgenommen; diese Entscheidung wurde dann

---

einer solchen des Deutschen Reiches, für eine zivilrechtliche Disziplin habilitiert oder zum Professor (auch Honorarprofessor) ernannt worden ist". Diese Satzung spiegelt die 1969 beschlossenen Reformen wieder; vgl. oben, Text nach Fn. 50. In den Akten der ZLV ist sie offenbar nicht überliefert, ich habe sie nur im Nachlass *Hübner* gefunden (Fn. 11, im Anschluss an das Protokoll der Sitzung des „Beirats" der Zivilrechtslehrervereinigung vom 26.09.1971). Aus dem Protokoll einer Sitzung des „Beirats" vom 25.06.1971 ergibt sich, dass im Zuge der Vorbereitung dieser Satzung vergleichsweise die Satzung der Staatsrechtslehrervereinigung herangezogen wurde. Zudem heißt es dort zu dem vorgeschlagenen § 2, dessen Absatz solle zunächst unverändert bleiben, „da die Änderung der Personalstruktur in ihren Auswirkungen noch nicht zu übersehen ist und der Entwicklung nicht vorgegriffen werden soll". Die in § 2 I enthaltene Formulierung war also offenbar schon in einer bis 1971 geltenden Satzung enthalten, die mir aber nicht vorliegt. – Mit dem „Beirat" ist ein Gremium gemeint, das im Anschluss an die Tagung 1969 und im Vorgriff auf die oben (Text nach Fn. 50) erwähnte Erweiterung des Vorstands auf elf Personen eingerichtet worden war.

[86] Protokoll der Mitgliederversammlung vom 27.09.2005, S. 3 f.

[87] „Es handelt sich um einen Kollegen, der sehr tüchtig ist, viele neue Gedanken produziert, ohne politische Verrücktheiten mitzumachen", heißt es in dem die Aufnahme befürwortenden Votum des Vorsitzenden der Vereinigung vom 20.07.1987 (Akten ZLV, Ordner Erweiterter Vorstand, unter „Rundschreiben"). „[Er] gehört zur alten ‚Bremer Garde' und mag manchem als Wissenschaftler suspekt sein", schreibt in einem anderen Fall der stellvertretende Vorsitzende am 9.06.1989 an den Vorsitzenden der Vereinigung, befürwortet aber ebenfalls die Aufnahme (Akten ZLV, Ordner Allgemeine Korrespondenz bis 1993, Buchstabe W).

[88] Vgl. aber bereits das Vorstandsprotokoll der Sitzung vom 21.09.1975, S. 3, Nachlass *Hübner* (Fn. 10): „… bei Nichthabilitierten [erfolgt] die Aufnahme formell … wenn die Ernennung zum H4-Professor an einer Hochschule, die der Volljuristenausbildung dient, vorliegt."

[89] Akten ZLV, Ordner Erweiterter Vorstand, unter „Protokoll".

aber, als die betreffende Fakultät nachsetzte, von einem neuen Vorstand aufgrund einer „großzügigen Handhabung unserer Satzung" revidiert.[90] Im umgekehrten Fall des Antrags eines deutschen Juristen, der ohne Habilitation auf einen Lehrstuhl für Rechtsvergleichung im Ausland berufen worden war, wurden 2003 keine Bedenken gegen eine Aufnahme geltend gemacht.[91] Im Jahre 2009 wurde ein nichthabilitierter „Lehrprofessor" (W 2-Professur auf Zeit) aufgenommen. Im Jahre 2015 bestand Anlass zu einer Diskussion, ob Fachhochschulprofessoren ohne Habilitation Mitglied der Zivilrechtslehrervereinigung werden können; das wurde vom Vorstand abgelehnt.

Ausländische Kollegen waren von Anfang an als Gäste bei Tagungen der Vereinigung willkommen, sind aber, gerade in jüngerer Zeit, nur in geringer Zahl erschienen. Der Vorstand hat mehrfach Anstrengungen unternommen, die Anzahl ausländischer Gäste zu vergrößern, etwa, indem er die Mitglieder der Vereinigung aufgefordert hat, geeignete Personen für eine Einladung vorzuschlagen. Vereinzelt (etwa: *Lajos Vékás*)[92] sind ausländische Kollegen auch in die Vereinigung eingetreten; das ist möglich aufgrund von Art. 4 Abs. 3 der Satzung von 2009.[93] Weitergehende Vorschläge, die Zivilrechtslehrervereinigung stärker international auszurichten, etwa durch Einladung ausländischer Referenten, die dann auch in englischer Sprache vortragen könnten, stießen auf Kritik[94] und sind nicht weiterverfolgt worden. Im Hinblick auf andere Gäste (Politiker, Verlagsvertreter) verfolgt die Zivilrechtslehrervereinigung eine eher zurückhaltende Linie. Auch „Büchertische" waren lange Zeit verpönt.

4. Die Zivilrechtslehrervereinigung als Veranstalter „ordentlicher Tagungen"

a) Das klassische Format

Gelegentlich wird gesagt, die Zivilrechtslehrervereinigung sei „nach ihrem Selbstverständnis im Kern ein Tagungsveranstalter".[95] In der Tat stehen die alle zwei Jahre stattfindenden wissenschaftlichen Tagungen im Zentrum ihrer Aktivitäten.[96] Das klassische

---

90 Vgl. den Vorschlag des Vorsitzenden in einem Brief an den Vorstand vom 26.05.1989 (Akten ZLV, Ordner Erweiterter Vorstand, unter „Rundbriefe").

91 Anders noch zwanzig Jahre zuvor in einem vergleichbaren Fall: Aufnahme als „korrespondierender Dauergast".

92 Er beschreibt seinen Lebensweg in *Lajos Vékás*, Ein Verfechter der europäische Rechtskultur: Fährmann zwischen Ost und West, ZEuP 23 (2015), S. 128.

93 Dort heißt es: „Andere als die in Abs. 1 genannten Personen kann der Vorstand aufnehmen, wenn dies im Einzelfall dem Vereinszweck förderlich ist. Dies gilt insbesondere für ausländische Hochschullehrerinnen und Hochschullehrer, die ihre besondere Verbundenheit mit der Zivilrechtswissenschaft der deutschsprachigen Länder bekundet haben". Einen Überblick über die Verteilung der ausländischen Mitglieder bietet *Hamann*, Zivilrechtslehre (Fn. *), S. 293.

94 Mitgliederversammlung vom 25.09.2007, S. 1. Auch die ausländischen Kollegen, die anlässlich des BGB-Jubiläums zu Kurzreferaten eingeladen wurden (vgl. unten, Fn. 109), trugen auf Deutsch vor.

95 *Martin Henssler*, Protokoll der Mitgliederversammlung vom 29.09.2009, S. 1.

96 Das stimmt überein mit § 1 II 1 der Satzung von 2009, wonach die Zivilrechtslehrervereinigung zu dem im ersten Absatz der Vorschrift festgelegten Zweck „insbesondere ordentliche Tagungen [veranstaltet], auf denen wissenschaftliche Referate erstattet [sic] werden". Fast gleichlautend § 1 II der Satzung von 1975.

Format ist nach wie vor dasjenige von (inzwischen fünf) „großen" Vorträgen (einschließlich *ad personam*-Vortrag) mit anschließender Diskussion. Um mehr Zeit für die Diskussion zu gewinnen, sollen die Vorträge (mit der Ausnahme des *ad personam*-Vortrags, für den nach wie vor eine Stunde zur Verfügung steht) inzwischen nur noch 45 Minuten lang sein; für Vortrag und Diskussion steht damit im Prinzip derselbe Zeitraum zur Verfügung. Das klappt je nach dem Temperament des jeweiligen Sitzungspräsidenten (oder „Moderators") mehr oder weniger gut. Dieser Moderator wird vom Vorstand unter den bei der Tagung anwesenden Honoratioren ausgewählt, amtiert aber nur noch für jeweils einen Vortrag. Doch nicht nur hatte in der Vergangenheit für die Diskussionen deutlich zu wenig Zeit zur Verfügung gestanden; bemängelt wurde weithin eine als hierarchisch wahrgenommene Diskussionskultur, in der zunächst Honoratioren das Wort ergriffen, um den Ton für die weitere Debatte zu setzen.[97] Bemängelt wurde zudem, dass manche Diskussionsteilnehmer sich nicht kurz zu fassen verstanden, sondern veritable Korreferate hielten; auch der bisweilen chaotische und unzusammenhängende Charakter der Diskussion war Stein des Anstoßes. Im Vorstand wurden deshalb Strategien erwogen, die Diskussion besser zu strukturieren und etwa durch eine Ampel für eine strenge Begrenzung der Diskussionsbeiträge zu sorgen. Dabei wurde ausdrücklich auf das Vorbild der Staatsrechtslehrervereinigung hingewiesen. Derartige Vorschläge fanden jedoch keinen Anklang. Stattdessen wird den jeweiligen Vorsitzenden eingeschärft, auf die Einhaltung einer Dreiminutengrenze für jeden Diskussionsbeitrag zu achten. Insgesamt lässt sich heute auch nach meiner eigenen Wahrnehmung sagen, dass „[d]ie Diskussionen während der Tagungen … offen und gleichberechtigt und vom Ringen um die Sache geprägt [sind]", so *Gerhard Wagner* zum Ende seiner Amtszeit im September 2019.[98] Wie *Wagner* halte auch ich das für eine erhebliche Errungenschaft.

Die Zahl der Teilnehmer an den Tagungen ist nach wie vor nicht recht zufriedenstellend. Von „etwa 50" 1953 über „etwa 130" 1967[99] ist sie zwar gestiegen, zu den Tagungen der letzten Jahre kamen aber stets nur zwischen rund 20 % und rund 25 % der Mitglieder. Abhängig ist die Zahl der Teilnehmer wohl von einer Reihe von Faktoren, darunter der Wahl des Tagungsortes.[100] Für Greifswald (2003) gab es 135 Anmeldungen (was der Vorsitzende als erfreulich bezeichnete), für Basel 158 (2005) (was als schwach empfunden wurde); für Marburg (2009) waren 161 Mitglieder angemeldet, für Wien (2011) 180, für Würz-

---

[97] Noch Ende der 1990er Jahre wurde jüngeren Tagungsteilnehmern der Eindruck vermittelt, es sei ungehörig, sich in der Diskussion zu Wort zu melden, sofern man nicht selbst bereits vorgetragen habe. Dem Vorstand war es deshalb in jüngerer Zeit immer wieder ein Anliegen, auf „herrschaftsfreie" und sachbezogen kurze (also nicht in erster Linie der Selbstdarstellung gewidmete) Diskussionsbeiträge hinzuwirken.

[98] Protokoll der Mitgliederversammlung vom 24.09.2019, S. 3. Einen guten Eindruck von der Lebhaftigkeit der Diskussionen vermitteln z. B. die Berichte von *Christoph Kumpan*, Diskussionsbericht zum Referat von Peter Mülbert, AcP 214 (2014), S. 301, und *Jan-Erik Schirmer*, Diskussionsbericht zum Referat von Lars Klöhn, AcP 216 (2016), S. 320.

[99] Vgl. oben, nach Fn. 49.

[100] Ein Grund für die traditionell schwache Beteiligung von Schweizer Kollegen (der Punkt kam zuletzt in der Mitgliederversammlung am 24.09.2019 zur Sprache; vgl. das Protokoll, S. 3) könnte angesichts des unterschiedlichen Semesterrhythmus in der Terminierung der Tagungen liegen. Freilich sind Schweizer Zivilrechtslehrer in der Vereinigung deutlich unterrepräsentiert; vgl. oben, Fn. 56.

burg (2013) knapp über 200 und für Köln (2015) 210. Auch Hamburg (2019) verzeichnete 210 Teilnehmer, die Teilnahme in Zürich (2017) war etwas schwächer (190 Personen). Nachdem sowohl 2003 als auch 2005 bemerkt worden war, dass einerseits sehr viele junge, andererseits viele altgediente Zivilrechtslehrer erschienen waren,[101] dass aber die mittlere Altersstufe nahezu vollständig fehlte, verfassten vier „Altvorsitzende" der Zivilrechtslehrervereinigung im Dezember 2005 einen gemeinsamen Brief an alle Mitglieder, in dem sie die Angehörigen der mittleren Altersstufe beim Portepee zu packen versuchten. Dieser gut gemeinte Brief wurde von vielen als patronisierend empfunden und war dem mit ihm verfolgten Anliegen nicht dienlich. Im Grunde ist es nach wie vor so, dass die Jungen die Aufnahme in den Kreis der Zivilrechtslehrer als Ehre empfinden und darauf gespannt sind, eine Veranstaltung zu erleben, die ihnen bislang verschlossen war,[102] von der sie im Zweifel aber schon einiges Anekdotische gehört haben; und dass für viele der Altgedienten eine Teilnahme dem Selbstverständnis eines Zivilrechtslehrers entspricht.

Die Gründe, weshalb die Generation der Zivilrechtslehrer „von etwa Mitte/Ende 40 bis 60"[103] auf Zivilrechtslehrertagungen zahlenmäßig nur so schwach vertreten ist, sind vielfältig: die immer größere Aufgaben- und Ereignisfülle an den modernen Universitäten; familiäre Verpflichtungen in einer Doppelverdienerehe; ein überwiegendes Interesse an Spezialdisziplinen, für die es eigene Foren und Tagungen gibt, auf denen der Austausch mit Fachkollegen stattfinden und Prestige erworben werden kann;[104] die angesichts dessen vergleichsweise geringere Attraktivität eines Vortragsprogramms, das für alle Zivilrechtslehrer etwas bieten möchte, damit aber für die Spezialisten allenfalls teilweise interessant ist; gelegentlich auch ungute Erfahrungen mit einer noch vergangenen Verhaltensmustern verhafteten Vereinigungskultur. Immerhin wurde der Versuch gemacht, mehr Kollegen den Besuch der Tagungen durch deren Verkürzung zu ermöglichen: Da sie seit 2007 mit der Mitgliederversammlung am mittleren Dienstag Nachmittag enden, ist es den meisten Tagungsteilnehmern möglich, noch an demselben Tag nach Hause zu gelangen. Der „gesellige" oder integrative Teil der Zivilrechtslehrertagung beschränkt sich seither im Wesentlichen auf das Beisammensein am Sonntag Abend[105] (gern in etwas rustikalerem Ambiente) und ein Galadiner[106] am Montag Abend.[107]

---

101 Das war offenbar nicht immer so. So bemerkte *Wolfgang Zöllner* in einem Schreiben vom 19.02. 1986 an *Harry Westermann*: „. . . aber die Älteren halten sich doch erstaunlich oft fern"; vgl. auch den Brief an *Karl Michaelis* vom 22.10.1985: „... bemerke ich schmerzlich, daß von den Alten kaum noch jemand kommt"; beide Briefe in Akten ZLV, Ordner X., unter „Allgemeine Korrespondenz", Buchstabe W bzw. M.

102 Bloßer Assistentenstatus reicht für eine Teilnahme an den Tagungen nicht aus. Das ist sowohl bei der Gesellschaft für Rechtsvergleichung als auch beim Rechtshistorikertag anders.

103 So die Präzisierung in dem erwähnten Brief der Altvorsitzenden.

104 Vgl. z. B. die bereits oben, Fn. 12, erwähnten Fachvereinigungen. Für die Wirtschafts- und Gesellschaftsrechtler sind heute die ZGR- und ZHR-Symposien von zentraler Bedeutung.

105 Dieses koinzidierte sowohl 2009 als auch 2013 mit dem Abend der Bundestagswahl.

106 Oder, wie in Wien 2011, ein „Galaabend" im Burgtheater mit geschlossener Vorstellung von Schnitzlers „Doktor Bernhardi" und anschließendem Empfang. Die Kosten für diese Veranstaltung wurden teilweise von einem Mitglied der Vereinigung getragen.

107 Legendär ist die „Dinner Speech" anlässlich der Tagung in Zürich am 11.09.2017 von *Christoph Grigoleit*, Der Zivilrechtslehrer und die Digitalisierung, AcP 218 (2018), S. 601.

Immer wieder ist vorgeschlagen worden, das klassische Format aufzulockern und einen „offeneren" Tagungsteil einzuplanen, sich in Sektionen aufzuteilen und „Workshops", „wissenschaftliche Mitteilungen" oder Abendveranstaltungen mit „polarisierenden kick-off-Vorträgen" anzubieten. Tatsächlich sind manche Versuche einer Auflockerung unternommen worden.[108] Anlässlich des BGB-Jubiläums (Tagung in Salzburg 1999) wurden nicht nur fünf „normale" Vorträge gehalten; zusätzlich wurden sechs ausländische Kollegen eingeladen, in Kurzbeiträgen den Einfluss der deutschen Kodifikation auf das Recht ihres Landes zu schildern.[109] In Potsdam (2007) wurden zwei Kollegen gebeten, aus unterschiedlicher Sicht anhand des damals stark diskutierten *Common Frame of Reference* zur europäischen Vertragsrechtsangleichung Stellung zu nehmen;[110] ein drittes Referat (das Kritik auf sich zog und von dem eine Publikationsfassung hernach nicht eingereicht worden ist) wurde von dem zuständigen Beamten in der Europäischen Kommission gehalten. Auch 2009 wurde ein Thema doppelt, unter unterschiedlicher Schwerpunktsetzung, vergeben.[111] Im Jahre 2019 wurde sogar eine Podiumsdiskussion veranstaltet (die allerdings nicht als Erfolgsmodell für künftige Tagungen angesehen wurde).[112] Auf der Mitgliederversammlung 1999 war eine modifizierte Tagungsstruktur angeregt und eifrig diskutiert worden:[113] einer überschaubaren Zahl von (jüngeren) Mitgliedern solle die Möglichkeit eröffnet werden, in zwanzigminütigen Kurzvorträgen über ihre juristische Arbeit zu berichten. Man einigte sich auf einen Probelauf. Doch auf der nächsten Mitgliederversammlung musste berichtet werden, dass das Experiment nicht auf Resonanz gestoßen sei: Es habe sich kein Interessent gemeldet.[114]

b) Reformen

Dennoch kam es seit 2011 zu einer Reihe von Reformen. Eine von ihnen betrifft die Auswahl der Themen und Referenten. Ursprünglich, unter der Leitung von *Rolf Dietz*, ging es offenbar darum, in erster Linie interessante Referenten zu gewinnen, ohne dass eine

---

[108] Vgl. bereits oben, Text bei Fn. 52 und nach Fn. 46.

[109] Abgedruckt in AcP 200 (2000), S. 493–532 (Griechenland, Skandinavien, Niederlande, Korea, Japan).

[110] *Thomas Pfeiffer*, Methodik der Privatrechtsangleichung in der EU: Der gemeinsame Referenzrahmen zum europäischen Vertragsrecht, AcP 208 (2008), S. 227; und *Wolfgang Ernst*, Der ‚Common Frame of Reference' aus juristischer Sicht, AcP 208 (2008), S. 248.

[111] Die Themenstellung war Nationales Zivilrecht im Spannungsfeld von Europäischer Menschenrechtskonvention und Europäischen Grundfreiheiten; Schwerpunkt zum einen Europäische Grundfreiheiten und zum anderen Europäische Menschenrechtskonvention.

[112] Schon 1971 hatten „die Herren Esser und Simitis" den Vorschlag gemacht, „mit vorbereiteten Thesen eine ‚Podiums-Diskussion' halten [zu] wollen": so die etwas erschreckt klingende Aktennotiz von *Heinz Hübner* (damals Vorsitzender der Vereinigung) über ein Telefongespräch mit *Albrecht Zeuner* vom 26.05.1971 (Nachlass *Hübner*, Fn. 10). *Esser* und *(Spiros) Simitis* hielten schließlich normale Vorträge, die hernach auch im AcP abgedruckt worden sind. Von einer „Podiums-Diskussion" anlässlich dieser Vorträge ist in den Tagungsberichten von *Genius*, Bericht (Fn. 52), S. 295 und *Baur/Blomeyer*, Zivilrechtslehrertagung (Fn. 52), S. 219 nicht die Rede.

[113] Protokoll der Mitgliederversammlung vom 28.09.1999, S. 2f. (Akten ZLV, Ordner Tagungen 1985–2003, unter „Protokolle").

[114] Protokoll der Mitgliederversammlung vom 25.09.2001, S. 1.

Festlegung auf bestimmte Themen stattgefunden hätte.[115] Im Laufe der Jahre rückte allerdings die Auswahl der Themen in den Vordergrund, für die dann geeignete Referenten zu finden waren. Über beide Punkte wurde immer wieder diskutiert. Als allgemeine Linie galt aber seit jeher, dass die Zivilrechtslehrervereinigung die Aufgabe habe, die allgemeinen Grundlagen zu fördern und dem ausufernden Spezialistentum entgegenzuwirken. Auch bei der Ausgabe von Vorträgen zu Einzelbereichen wurde deshalb immer wieder die Anbindung ans Allgemeine hervorgehoben. Zudem könne es nicht, oder doch nicht in erster Linie, darum gehen, aktuelle und brisante Themen aufzugreifen. Vielmehr sollten sich Tagungen der Zivilrechtslehrervereinigung durch längerfristig bedeutsame und umfassender angelegte Referate von der zunehmenden Vielfalt anderer Veranstaltungen abheben[116] sowie diffuse Debatten strukturieren und zusammenführen.[117] Was die Referenten betrifft, so sollten diese nicht bereits „festgelegt" sein, so dass jeder ihre Auffassung kenne oder doch mühelos vorhersagen könne. Insbesondere sollte verhindert werden, dass ein Vortrag auf der Zivilrechtslehrertagung in einem Wiederaufguss von anderswo bereits Gesagtem oder Geschriebenem bestünde. Viele der zum Vortrag Eingeladenen mussten sich deshalb in das ihnen übertragene Thema in der Tat erst einarbeiten;[118] andere erschienen demgegenüber allerdings von vornherein für „ihr" Thema prädestiniert. In der teilweise erheblichen Vorbereitungszeit, die erwartet wurde, lag wohl auch ein Grund dafür, dass der Vorstand gelegentlich von den ins Auge gefassten Referenten einen Korb bekam (was, wie *Karsten Schmidt* in einem Brief von 1996 bemerkte, früher nicht „commentmäßig" gewesen wäre). Ein Punkt, der leider immer wieder Anlass zu Kritik bot und bietet,[119] ist, dass aus vielen Vorträgen der Charakter der Zivilrechtslehrervereinigung als einer drei Länder umspannenden Organisation nicht deutlich wird. Denn während es für österreichische und Schweizer Juristen so gut wie selbstverständlich ist, das deutsche Recht in ihre Überlegungen mit einzubeziehen, ist das umgekehrte Verfahren bei deutschen Juristen nur allzu selten anzutreffen.[120]

---

[115] *Richardi*, Rolf Dietz (Fn. 23), S. 258 schreibt: „… jedem Referenten [stand] das Thema frei. Die Zivilrechtslehrervereinigung war unter seiner Leitung mehr eine von der Persönlichkeit ihrer Mitglieder bestimmte Gesellschaft als ein Verein".

[116] So eine briefliche Formulierung von *Karsten Schmidt*, die als repräsentativ gelten dürfte.

[117] So eine Formulierung von *Thomas Pfeiffer*.

[118] Charakteristisch insoweit ein Schriftwechsel zwischen *Helmut Koziol* und *Harm Peter Westermann* (in dessen Eigenschaft als Zweiter Vorsitzender der Vereinigung) hinsichtlich des im September 1987 zu haltenden Referats: Brief von *Westermann* an *Koziol* vom 28.04.1986, von *Koziol* an *Westermann* vom 12.05.1986, von *Koziol* an *Westermann* vom 03.06.1986, von *Westermann* an *Koziol* vom 19.08.1986, und von *Westermann* an *Koziol* vom 27.04.1987 (Akten ZLV, Ordner XI. [chronologisch geordnet]).

[119] Vgl. z. B. Protokoll der Mitgliederversammlung vom 25.09.2001, S. 2. Auch in Vorstandssitzungen zu meiner Zeit kam der Punkt häufig zur Sprache.

[120] *Helmut Koziol* beschloss seinen *ad personam*-Vortrag deshalb mit dem Wunsch, dass die deutschen Kolleginnen und Kollegen „erheblich mehr auf die beiden anderen Rechtsordnungen sehen, verstärkt versuchen, diese zu verstehen und sich in sie hineinzudenken, aber auch fremden Ideen aufnahmebereiter gegenüberstehen und weniger Beharrlichkeit beim Aufdrängen deutscher Eigenheiten zu entwickeln, wenn diese für andere Rechtsordnungen aus nachvollziehbaren Gründen nicht auf Gegenliebe stoßen. Das zu fördern wäre für die Zivilrechtslehrervereinigung eine zwar sehr schwierige, aber lohnende Aufgabe": Glanz und Elend der deutschen Zivilrechtsdogmatik: Das deutsche Zivilrecht als Vorbild für Europa?, AcP 212 (2012), S. 1 (62).

Man kann die Auswahl von fünf sehr unterschiedlichen, gänzlich unverbunden nebeneinander stehenden Themen abwechslungsreich und reizvoll, aber auch arbiträr zusammengewürfelt und intellektuell unbefriedigend finden. Auf der Vorstandssitzung im April 2012 entspann sich deshalb eine lange Diskussion, ob nicht die Vorträge einer Tagung von einem übergreifenden Gesamtthema her konzipiert werden sollten. Man beschloss, einen dahingehenden Vorschlag für die Tagung 2013 probeweise einmal umzusetzen (die Sondertagung 2012 stand sowieso unter einem einheitlichen Thema).[121] Dafür wurde das Thema „Methoden des Privatrechts" gewählt;[122] vorangegangene Vorstände hatten eine (für mich schwer verständliche) Scheu gegenüber Methodenthemen gehabt. Damit beschäftigte sich die Zivilrechtslehrervereinigung gleichzeitig zum ersten Mal mit der Vergangenheit des Fachs unter fünf politischen Systemen. Zudem ging es um vergleichende Beobachtungen zur zivilistischen Methode in Deutschland, Österreich und der Schweiz, um die Zivilrechtsanwendung im Europäischen Mehrebenensystem und um die Frage, ob es überhaupt so etwas wie eine einheitliche zivilistische Methodenlehre gibt – untersucht am Beispiel von allgemeinem Zivilrecht und Gesellschaftsrecht.[123] Der Erfolg dieser Veranstaltung veranlasste den Vorstand dann in zwei Sitzungen im November 2013 und März 2014, die nächste Tagung in ganz ähnlicher Weise zu planen und sie abermals unter ein Grundlagenthema zu stellen,[124] das dann in verschiedene Richtungen entfaltet werden sollte. Nicht lange zuvor (im November 2012) hatte der Wissenschaftsrat seine Stellungnahme zum Thema „Perspektiven der Rechtswissenschaft" veröffentlicht, und das für die Tagung 2015 gewählte Thema („Perspektiven des Privatrechts") nahm darauf Bezug. Die Referenten wurden jedoch gebeten, nicht nur den Wert der historischen, philosophischen, ökonomischen und rein dogmatischen Perspektive abstrakt zu erörtern; im Mittelpunkt jedes Referats solle vielmehr ein konkretes Sachthema stehen.[125] Nachdem auch diese Tagung sehr erfolgreich verlaufen war, beschloss der nachfolgende Vorstand, das neue Konzept beizubehalten; und so fanden seither zwei Tagungen über die Digitalisierung des Privatrechts (Zürich, 2017) und über Gemeinwohl und Privatrecht (Hamburg, 2019) statt.

Die auf den Zivilrechtslehrertagungen gehaltenen Vorträge werden seit den 1960er Jahren im traditionellen Zentralorgan des deutschen Zivilrechts, dem *Archiv für die civi-*

---

[121] Dazu unten, Text bei Fn. 143.

[122] Dazu *Reinhard Zimmermann/Gerhard Wagner*, Vorwort: Methoden des Privatrechts, AcP 214 (2014), S. 1.

[123] Auch das *ad personam*-Referat über „Zivilrechtswissenschaft und ihre Methodik – zu rechtsanwendungsbezogen und zu wenig grundlagenorientiert?" fügte sich in die Gesamtthematik ein. Ob die Tradition der *ad personam*-Vorträge beibehalten werden soll, wurde kurz diskutiert, aber bejaht; freilich bemüht sich der Vorstand seither darum, die Wahl des Themas im Wege einer vorsichtigen Anregung zu beeinflussen. Diese Anregung wurde außer 2013 auch 2017 und 2019 von den *ad personam*-Referenten aufgegriffen.

[124] Hierzu gab es eine lebhafte Debatte unter den Vorstandsmitgliedern.

[125] Vgl. *Zimmermann/Wagner*, Vorwort (Fn. 122), S. 1. Im Einzelnen ging es um „Gesetzliche Schuldverhältnisse: Eine historische Strukturanalyse", „Eigentum, Familie und Erbrecht: Drei Lehrstücke zur Bedeutung der Rechtsphilosophie im Privatrecht", „Minderheitenschutz im Personengesellschaftsrecht: Rechtsökonomische Grundlagen und Perspektiven" und „Perspektiven der Privatrechtsdogmatik am Beispiel des allgemeinen Gleichbehandlungsrechts".

listische Praxis (AcP), veröffentlicht, häufig in deutlich erweiterter und überarbeiteter Form (und seit 2013 mit einem Vorwort des Geschäftsführenden Vorstands versehen). Das betreffende Heft des AcP, das allen Mitgliedern der Vereinigung als Sonderpublikation zugesandt wird, kann deshalb auf einen ganz erheblichen Umfang anschwellen.[126] Demgegenüber war es seit den 1970er Jahren nicht mehr üblich gewesen, die Diskussionen der Mit- und Nachwelt zu überliefern. Das ist nunmehr anders, denn im Anschluss an jeden Vortrag wird ein die wesentlichen Linien der Diskussion zusammenfassender Bericht veröffentlicht, den in der Regel Habilitanden von Vorstandsmitgliedern verfasst haben.[127] Eine weitere Neuerung, die vom Vorstand 2014 beschlossen wurde, besteht darin, dass im Privatrecht habilitierten Nachwuchswissenschaftlern die Gelegenheit geboten wird, ihre Arbeiten auf etwa drei Seiten kurz vorzustellen. Diese Selbstanzeigen werden in dem Heft des AcP veröffentlicht, das der Zivilrechtslehrertagung gewidmet ist. Damit soll ein Beitrag dazu geleistet werden, die jüngeren Zivilrechtslehrer stärker in die Vereinigung zu integrieren und den älteren einen Überblick über die Qualifikationsarbeiten des Nachwuchses in ihrem Fach zu bieten. Gleichzeitig wird damit aber auch auf die Krise des Rezensionswesens in Deutschland reagiert, das einen solchen Überblick nicht im Entferntesten bietet.[128] Spielraum für die Förderung der Tagungsteilnahme, insbesondere von jüngeren Mitgliedern der Vereinigung, schuf der Vorstand, indem er der Mitgliederversammlung 2009 vorschlug, den Jahresbeitrag von 15 auf 30 Euro zu verdoppeln;[129] immer wieder hatten nämlich gerade die jüngeren Mitglieder über die hohen, mit einer Tagungsteilnahme verbundenen Kosten geklagt. Seitdem wird das Rahmenprogramm der Tagung, soweit vereins- und steuerrechtlich zulässig, unterstützt und

[126] So erstreckt sich der Band mit den Beiträgen zur Tagung der Zivilrechtslehrervereinigung in Zürich über 454 Seiten. Der Beitrag von *Peter O. Mülbert*, Einheit der Methodenlehre? – Allgemeines Zivilrecht und Gesellschaftsrecht im Vergleich, AcP 214 (2014), S. 188 umfasst 113 Seiten, der von *Stephan Lorenz*, Das Kaufrecht und die damit verbundenen Dienstverträge im Common European Sales Law, AcP 212 (2012), S. 702 ist 146 Seiten lang.

[127] Diskussionsberichte zu den drei auf der Zivilrechtslehrertagung 1971 in Baden bei Wien behandelten Themenblöcken gab es von *Hein Kötz*, Diskussion zu den Referaten von Esser, Spiros Simitis und Pleyer, von *Konstantin Simitis*, Diskussion zu den Referaten Kübler und Schricker, und von *Hans Hanisch*, Diskussion zu den Referaten Beitzke und Schwab, AcP 172 (1972), S. 172, 235 bzw. S. 291. Diese waren „jüngeren Kollegen" anvertraut worden; die Heranziehung von Assistenten für diese Aufgabe war vom Vorstand ausdrücklich abgelehnt worden; vgl. Protokoll über die Sitzung des „Beirats" der Zivilrechtslehrervereinigung am 25.06.1971 (im Nachlass *Hübner*, Fn. 10). Zum „Beirat" vgl. oben Fn. 84. Auf den nachfolgenden Tagungen wurden die Diskussionen dann nicht mehr dokumentiert, auch nicht, wie zuvor üblich, im Wege zusammenfassender Tagungsberichte.

[128] *Reinhard Zimmermann*, Juristische Bücher des Jahres – Eine Leseempfehlung, NJW 2016, S. 3142 (3142 f.); *idem*, Juristische Bücher des Jahres – Eine Leseempfehlung, NJW 2017, S. 2971 (2971 f.).

[129] Dieser Vorschlag wurde mit sieben Gegenstimmen (bei 78 anwesenden Mitgliedern) angenommen: Protokoll der Mitgliederversammlung vom 29.09.2009, S. 4. Der Betrag von 15 Euro galt seit 2001: Protokoll der Mitgliederversammlung vom 25.09.2001, S. 2. Seit Gründung des Vereins bis 1971 betrug der Jahresbeitrag 5 DM, von 1971–1989 10 DM und von 1989–2001 25 DM. – Aufgrund eines Vorstandsbeschlusses von 1995 (gebilligt in der Mitgliederversammlung vom 26.09.1995; vgl. das Protokoll, S. 1; Akten ZLV, Ordner Tagungen 1985–2003, unter „Protokolle") werden Beiträge der über 70-jährigen Mitglieder vom Vorstand als unvollkommene Verbindlichkeiten behandelt und nicht angemahnt. Zuvor hieß es (Satzung von 1975, § 4), der Vorstand könne den Beitrag „in besonderen Fällen" erlassen. Da der Beschluss von 1995 offenbar kaum bekannt war, wurde in der Mitgliederversammlung vom 22.09.2015 (Protokoll, S. 3) erneut darauf hingewiesen.

damit eine gewisse Quersubventionierung der Teilnehmer an Tagungen durch die Nichtteilnehmer erreicht.[130] Zudem wurde 2014 beschlossen, den Referenten ihre Reisekosten zu erstatten; das war bis dahin nicht üblich gewesen.

5. *Weitere Aktivitäten*

a) Sondertagungen

Die Zivilrechtslehrervereinigung ist aber keineswegs nur Veranstalter „ordentlicher Tagungen".[131] Sie führt (seit 2005) eine Liste von Privatdozenten, die für Lehraufträge und Lehrstuhlvertretungen zur Verfügung stehen;[132] sie nominiert regelmäßig Kandidaten für das Fachkollegium Rechtswissenschaften der DFG und hat auch bereits den zuständigen Referenten der DFG eingeladen, vor der Mitgliederversammlung zu sprechen, um Mitglieder der Vereinigung zu ermutigen, Anträge auf Forschungsförderung zu stellen;[133] und sie wird hin und wieder vom Bundesministerium für Justiz (und Verbraucherschutz) gebeten, zu Gesetzgebungsvorhaben auf dem Gebiet des Zivilrechts Stellung zu nehmen.[134] Gelegentlich veranstaltet sie auch Sondertagungen. Die erste von ihnen fand im Januar 1983 in Stuttgart statt.[135] Anlass war die vom Bundesministerium der Justiz geplante „Überarbeitung" des deutschen Schuldrechts, die zur Veröffentlichung zweier dicker Bände mit Gutachten geführt hatte.[136] 1984 setzte das Ministerium dann eine Kommission ein, der auch vier Vertreter der Zivilrechtswissenschaft angehörten, darunter mit *Dieter Medicus* ein ehemaliger Vorsitzender der Zivilrechtslehrervereinigung.[137] Diese Kommission legte 1992 ihren Abschlussbericht vor.[138] In seinem Vorwort brachte der damalige Bundesminister der Justiz die Hoffnung zum Ausdruck, dass es „in absehbarer Zeit" zu einem Gesetzesentwurf kommen würde. Das war zunächst jedoch

---

[130] Aus diesem Grund ist stets von der Erhebung von Tagungsgebühren abgesehen worden.

[131] Vgl. § 1 II 2 der Satzung von 2009: „Der Verein kann zu Fragen der Zivilrechtsentwicklung Stellung nehmen". In der Satzung von 1975 fehlte ein entsprechender Passus.

[132] Protokoll der Mitgliederversammlung vom 27.09.2005, S. 1.

[133] Vgl. Protokoll der Mitgliederversammlung vom 29.09.2009, S. 5.

[134] So z. B. zum Bauvertragsrecht, über den Entwurf eines Patientenrechtegesetzes und den Entwurf für ein Gesetz zur Bekämpfung von Zahlungsverzug im Geschäftsverkehr. Die Stellungnahmen wurden für die Vereinigung von jeweils einem vom Vorstand beauftragten Mitglied (in den drei genannten Fällen Frank Peters, Gerhard Wagner und Wolfgang Ernst) abgegeben: Protokolle der Mitgliederversammlungen vom 27.09.2005, S. 2, und vom 17.09.2013, S. 2 f. Die knapp bemessene Frist lässt in der Regel keine Zeit zur Einbeziehung des Vorstandes insgesamt oder von einem weiteren Kreis der Mitglieder außerhalb des Vorstands.

[135] Dokumentiert in AcP 183 (1983), S. 327–724. Vgl. aber auch bereits drei Beiträge der vorangegangenen „ordentlichen" Tagung in Bamberg 1981: AcP 182 (1982), S. 60–125.

[136] Gutachten und Vorschläge zur Überarbeitung des Schuldrechts, herausgegeben vom Bundesminister der Justiz, Bde I und II, 1981. Im Jahre 1983 erschien Bd. III.

[137] Die Zivilrechtslehrervereinigung hatte bei der Nominierung der professoralen Mitglieder der Kommission meines Wissens kein Mitspracherecht. Ob sie ein solches haben oder in Anspruch nehmen sollte, wurde auf der Mitgliederversammlung vom 26.09.1983 sehr kontrovers diskutiert (vgl. das Protokoll der Versammlung, S. 3 f., Akten ZLV, Ordner X., unter „Rundschreiben").

[138] Abschlußbericht der Kommission zur Überarbeitung des Schuldrechts, herausgegeben vom Bundesminister der Justiz, 1992.

nicht der Fall. Erst nach dem Erlass der Verbrauchsgüterkauf-Richtlinie[139] griff das Ministerium das Reformprojekt wieder auf und legte im September 2000 einen 630 Seiten starken Diskussionsentwurf eines Schuldrechtsmodernisierungsgesetzes vor. Auf einem Symposium in Regensburg, an dem neben knapp 70 Zivilrechtslehrern auch die zuständigen Beamten des Bundesjustizministeriums teilnahmen, wurde dieser Entwurf heftig kritisiert.[140] Es kam daraufhin zur Einsetzung einer „Bund-Länder-Arbeitsgruppe" und einer „Kommission Leistungsstörungsrecht", die ihre Arbeit im Januar 2001 aufnahmen.[141] Das veranlasste nun auch die Zivilrechtslehrervereinigung, eine Sondertagung zu veranstalten; diese zweite Sondertagung der Vereinigung fand Ende März in Berlin statt, und die dort gehaltenen Referate sind statt im AcP relativ zeitnah in der Juristenzeitung veröffentlich worden.[142]

Die dritte Sondertagung fand statt, als die Europäische Kommission am 11.10.2011 einen Vorschlag für eine Verordnung über ein Gemeinsames Europäisches Kaufrecht publiziert hatte und damit der lang gehegte Traum (oder, für manche vielleicht, Albtraum) eines europäischen Vertragsrechts alsbald Realität zu werden schien.[143] Auf der Sondertagung schlug diesem Verordnungsentwurf große Skepsis entgegen und zwar sowohl in den Referaten als auch in den Diskussionen zu den Referaten.[144] Als Gäste eingeladen waren auch Vertreter der Europäischen Kommission und der mit der Sache befassten Ministerien Deutschlands, Österreichs und der Schweiz. Der Referatsleiter Zivil- und Vertragsrecht der Generaldirektion Justiz der Europäischen Kommission hatte seinerseits Gelegenheit zur Stellungnahme und zur Beteiligung an der Diskussion. Das Gemeinsame Europäische Kaufrecht passierte das Europäische Parlament in erster Lesung, doch dann endete die Amtszeit der (zweiten) *Barroso*-Kommission. Die neue Kommission unter *Jean-Claude Juncker* zog das Gesetzgebungsvorhaben zurück. Welchen Anteil an diesem Kollaps die Zivilrechtslehrervereinigung hatte, lässt sich schwer sagen. – Übrigens zeigt diese dritte Sondertagung besonders deutlich, dass die Zivilrechtslehrervereinigung seit der Tagung in Greifswald 2003 die zunehmende Europäisierung des Privatrechts und insbesondere den Einfluss europäischer Rechtsentwicklungen auf das deutsche Recht aufmerksam verfolgt hat.[145]

---

[139] Richtlinie 1999/44/EG.

[140] Ernst/Zimmermann (Hrsg.), Zivilrechtswissenschaft und Schuldrechtsreform, 2001.

[141] Näheres bei Canaris (Hrsg.), Schuldrechtsmodernisierung 2002, 2002, S. ix–xi; *Reinhard Zimmermann/Detlef Leenen/Heinz-Peter Mansel/Wolfgang Ernst*, Finis Litium? Zum Verjährungsrecht nach dem Regierungsentwurf eines Schuldrechtsmodernisierungsgesetzes, JZ 2001, S. 684.

[142] JZ 2001, S. 475–560.

[143] Entwicklung und Hintergründe schildern *Nils Jansen/Reinhard Zimmermann*, European Contract Laws: Foundations, Commentaries, Synthesis, in: Jansen/Zimmermann (Hrsg.), Commentaries on European Contract Laws, 2018, S. 1.

[144] Die Vorträge und Diskussionsberichte finden sich in AcP 212 (2012), S. 467–852 mit einem Vorwort von *Gerhard Wagner* und *Reinhard Zimmermann*. Vgl. ferner *Stefan Perner*, Sondertagung der Zivilrechtslehrervereinigung zum Entwurf eines „Common European Sales Law" (CESL), Zeitschrift für Europäisches Privatrecht 20 (2012), S. 975 (er referiert am Ende die Bilanz des Vorsitzenden der Vereinigung: „Insgesamt bleibe ... zu konstatieren, dass der vorgelegte Vorschlag unter gravierenden Mängeln leide. Mit der Verabschiedung eines derart defizitären Textes würde man dem europäischen Privatrecht einen Bärendienst erweisen").

[145] Vgl. aber bereits zuvor *Peter Hommelhoff*, Zivilrecht unter dem Einfluss europäischer Rechts-

b) Vier Leitlinien

Schließlich erarbeitete der Vorstand der Jahre 2011–2015 auch vier Papiere zu Fragen von allgemeiner Bedeutung für die Rechtswissenschaften und darüber hinaus das Wissenschaftssystem. Die ersten beiden Papiere wurden veranlasst von den Fällen wissenschaftlichen Fehlverhaltens bei Qualifikationsarbeiten und anderen Publikationen, die seit der Affäre *Guttenberg* Gegenstand intensiver öffentlicher Diskussion geworden waren. Die Zivilrechtslehrervereinigung hat sich, was das Verfassen wissenschaftlicher Qualifikationsarbeiten betrifft, den Leitlinien angeschlossen, die zuvor bereits der Allgemeine Fakultätentag, die Fakultätentage und der Deutsche Hochschulverband verabschiedet hatten; dies auch, weil der Vorstand der Ansicht war, dass die Gemeinschaft der Wissenschaftler in dieser für ihr Selbstverständnis wesentlichen Frage nach Möglichkeit mit einer Stimme sprechen sollte.[146] Doch wird die gute Praxis beim Verfassen von Doktorarbeiten und Habilitationsschriften ganz maßgeblich auch von der guten (oder auch weniger guten) wissenschaftlichen Praxis geprägt, die Nachwuchswissenschaftler bei ihren Betreuern und in der Wissenschaft ganz allgemein erleben. Der Vorstand hielt es deshalb für wünschenswert, die Standards guter wissenschaftlicher Praxis auch für wissenschaftliche Arbeiten, die keine Qualifikationsarbeiten sind, so konkret wie möglich festzulegen. Aus diesem Grunde erarbeitete er ein zusätzliches Positionspapier; dabei orientierte er sich an Teil I der „Leitsätze guter wissenschaftlicher Praxis im Öffentlichen Recht“ der Staatsrechtslehrervereinigung und übernahm diese Leitsätze mit einer Reihe von Präzisierungen und Ergänzungen.[147] Der Versuch, darüber mit der Staatsrechtslehrervereinigung ins Gespräch zu kommen und sich auf ein gemeinsames Papier zu einigen, scheiterte daran, dass der Vorstand der Staatsrechtslehrervereinigung die innerhalb der Vereinigung offenbar kontrovers verlaufene Diskussion nicht wiedereröffnen wollte.[148]

Die beiden anderen Papiere beruhten auf der bereits erwähnten Schrift über „Perspektiven der Rechtswissenschaft“ des Wissenschaftsrats von 2012.[149] Hier nahm der Vorstand der Zivilrechtslehrervereinigung zum einen die Empfehlung des Wissenschaftsrats auf, „dass die Rechtswissenschaft selbst Verantwortung für die Verständigung über

angleichung (Tagung in Basel 1991), *Jürgen Basedow*, Das BGB im künftigen europäischen Privatrecht: Der hybride Kodex (Tagung in Salzburg, 1999) und *Wulf-Henning Roth*, Europäischer Verbraucherschutz und BGB (Sondertagung in Berlin, 2001). Im Jahre 2003 (Greifswald) dann drei einschlägige Vorträge, 2005 (Basel) einer, 2007 (Potsdam) neben den drei oben, bei Fn. 110, erwähnten ein weiterer, 2009 (Marburg) neben den beiden oben, Fn. 111, erwähnten ein weiterer und 2013 (Würzburg) der oben, Text vor Fn. 123, erwähnte (Stichwort: Mehrebenensystem).

146 Der Antrag des Vorstands wurde von der Mitgliederversammlung einstimmig angenommen; vgl. das Protokoll vom 17.09.2013, S. 5.

147 Das vom Vorstand vorgelegte Papier wurde von der Mitgliederversammlung einstimmig angenommen; vgl. das Protokoll vom 22.09.2015, S. 5. Vgl. auch die Diskussion über den Vorschlag des Vorstands, die im Protokoll der Mitgliederversammlung vom 17.09.2013, S. 4 f., zusammengefasst ist.

148 Brief von *Martin Burgi* an mich vom 25.03.2015; es heißt dort: „Was die Papiere über ‚Gute Wissenschaftliche Praxis betrifft, so geht die Tendenz des Vorstands dahin, … nach so kurzer Zeit darüber nicht erneut eine inhaltliche Diskussion innerhalb der Staatsrechtslehrervereinigung zu beginnen. Unseres Erachtens ist es unschädlich, wenn unsere beiden Vereinigungen zu diesem Thema in Nuancen unterschiedliche Papiere veröffentlichen“.

149 Oben, Text vor Fn. 125.

Qualitätskriterien und angemessene Verfahren der Forschungsbewertung übernehmen muss“ (S. 48 f.) und dass deshalb die rechtswissenschaftlichen Fachgesellschaften initiativ werden sollten. Auf der Mitgliederversammlung im September 2013 schlug der Vorstand deshalb vor, ein Papier über „Kriterien für die Beurteilung wissenschaftlicher Leistungen auf dem Gebiet des Zivilrechts“ auszuarbeiten. Dieses Vorhaben wurde intensiv diskutiert,[150] so dass das daraufhin unter Berücksichtigung der vorgebrachten Anregungen und Argumente erarbeitete Kriterienpapier von der Mitgliederversammlung in Köln einstimmig verabschiedet werden konnte.[151] Eine andere Anregung, die der Vorstand aus der Perspektivenschrift des Wissenschaftsrats übernahm, führte zur Erarbeitung von „Leitlinien zur Gutachter- und Schiedsrichtertätigkeit von Zivilrechtslehrern“, die von der Mitgliederversammlung ebenfalls einstimmig angenommen wurden.[152] Alle vier Papiere sind auf der Homepage der Zivilrechtslehrervereinigung abrufbar, das Kriterienpapier auch in einer englischen Version.

IV. Schlussbemerkungen

Meine eigenen Vorstellungen über die Zivilrechtslehrervereinigung habe ich auf der Mitgliederversammlung im September 2015 in den folgenden fünf Punkten zusammenzufassen versucht:[153]

(1) Die Zivilrechtslehrervereinigung dient der Pflege und Vertiefung der Zivilrechtswissenschaft. Dieses Ziel eint ihre Mitglieder. Gleichzeitig haben sie aber auch unterschiedliche fachliche Perspektiven, Interessen und Herangehensweisen. Diese Vielfalt ist ein Reichtum, der in der Vereinigung immer wieder zum Ausdruck gebracht werden muss.

(2) Wir erleben gegenwärtig einen ungehemmten Trend zur Spezialisierung. Die Zivilrechtslehrertagungen dienen dazu, sich über die gemeinsamen Grundlagen des Faches zu verständigen und sie zu stärken.

(3) Das deutsche Zivilrecht kann heute nicht mehr isoliert betrachtet werden; es befindet sich in einem Prozess durchgreifender Europäisierung. Die Zivilrechtslehrervereinigung sollte diesen Prozess kritisch begleiten.

---

150 Vgl. Protokoll der Mitgliederversammlung vom 17.09.2013, S. 5 f.

151 Protokoll der Mitgliederversammlung vom 22.09.2015, S. 5 f. Auch dieses Papier habe ich dem Vorsitzenden der Staatsrechtslehrervereinigung übermittelt, der großes Interesse bekundete; voraussichtlich würde dadurch ein Diskussionsprozess innerhalb der Staatsrechtslehrervereinigung angestoßen (Brief von *Martin Burgi* an mich vom 25.03.2015). In einem weiteren Schreiben vom 21.10.2015 hieß es dann, in den Gesprächen am Rande der Mitgliederversammlung habe die Einschätzung dominiert, dass die Staatsrechtslehrervereinigung sich als eine „Vereinigung von Gleichen“ verstehe (und deshalb nicht zur Erarbeitung von Vorschlägen für Differenzierungskriterien berufen sei). „Überdies erscheint unsere Mitgliederzusammensetzung noch einmal heterogener als die Ihre, was eine einvernehmliche Verabschiedung erschweren würde.“

152 Protokoll der Mitgliederversammlung vom 17.09.2013, S. 5.

153 Protokoll der Mitgliederversammlung vom 22.09.2015, S. 2.

(4) Der Zivilrechtslehrervereinigung ist eine vergleichende Perspektive inhärent. Sie sollte gerade auch deutschen Juristen immer wieder bewusst machen, dass ihr Recht Teil eines größeren Rechtskreises ist, zu dem auch Rechtsordnungen mit anderen Traditionslinien gehören. Jedem Zivilrechtslehrer sollte schon damit deutlich werden, dass sich das charakteristische Profil der eigenen Rechtsordnung vor allem durch Vergleichung erschließt.

(5) Die Zivilrechtslehrervereinigung bietet einen Ort der Begegnung und des wissenschaftlichen Austauschs, wie er im heutigen Wissenschaftsbetrieb viel zu selten geworden ist. Sie versteht sich als eine nicht-hierarchische Gemeinschaft von Gleichen, in der allein die Kraft des Arguments und das Interesse an der Sache zählt.

Natürlich nimmt auch die Zivilrechtslehrervereinigung für sich eine gewisse Sonderstellung in Anspruch (auch wenn sie sich nicht für „fast einzigartig"[154] hält). Doch haben sich die großen Debatten des Faches seit ihrem Bestehen nicht in vergleichbarer Weise in ihren Tagungen gespiegelt, oder wären von ihnen sogar ausgegangen, wie das bei der Staatsrechtslehrervereinigung der Fall war.[155] Woran das liegt, ist nicht leicht zu sagen: vielleicht einfach am längeren Bestehen der Staatsrechtslehrervereinigung, vielleicht aber auch daran, dass das Grundgesetz für die Staatsrechtslehrer eine stärker integrierende Wirkung hat als das BGB für die Zivilrechtslehrer. So ist die Rechtsgeschichte in den Lehrstuhldenominationen traditionell mit dem Zivilrecht verbunden, doch haben Rechtshistoriker nicht selten mit dem modernen Bürgerlichen Recht gefremdelt. Und den Vertretern einer ganzen Reihe von zivilistischen Spezialdisziplinen stehen ihre Sonderkodifikationen (wie etwa ZPO, GmbHG, AktG) vielfach näher als das BGB. So mag es dann auch sein, dass Staatsrechtslehrer sich in stärkerem Maße als Akteure in der Gestaltung von Verfassungsrecht und Verfassungswirklichkeit fühlen als Zivilrechtslehrer im Hinblick auf die Kernbereiche des Bürgerlichen Rechts. Dazu mag beitragen, dass die Hälfte der Richter am Bundesverfassungsgericht sich aus den Reihen der Staatsrechtslehrervereinigung rekrutiert, während für die allermeisten Zivilrechtslehrer eine Berufung an das höchste deutsche Zivilgericht keine (attraktive) Karriereoption ist.

Gleichwohl glaube ich, dass die Zivilrechtslehrervereinigung, wenn sie sich an den genannten fünf Punkten orientiert, gerade auch heute einen wesentlichen Beitrag zur Pflege des Bürgerlichen Rechts und, darüber hinaus, zur Rechtskultur der deutschsprachigen Länder leisten kann. Möglicherweise wird ihr dann zu ihrem hundertjährigen Jubiläum im Jahre 2051 (oder 2057?) ein Vertreter der Staatsrechtslehrervereinigung ebenso herzlich gratulieren, wie ich dies heute umgekehrt tue. Und vielleicht gibt es dann ja auch über gelungene Anstrengungen zu berichten, den Graben zwischen öffentlichem Recht und Privatrecht gelegentlich auch institutionell zu überbrücken. In vielen Ländern außerhalb des deutschen Sprachraums ist diese traditionelle disziplinäre Trennung und ihre Spiegelung in zwei unterschiedlichen Fachvereinigungen sowieso nicht

---

[154] Vgl. oben, Fn. 2.

[155] Ich danke *Nils Jansen* (einem von nicht besonders vielen Kollegen, die bei einem Staatsrechtslehrer promoviert und bei einem Zivilrechtslehrer habilitiert wurden) für Austausch zu den in diesem Absatz angedeuteten Themen.

anzutreffen oder wird doch jedenfalls nicht mit derselben Rigorosität durchgeführt wie bei uns.[156]

[156] So ist die *Society of Legal Scholars* (bis 2002 *Society of Public Teachers of Law*) in England die zentrale Fachvereinigung für Rechtslehrer, gleich welcher Richtung. Sie umfasst mehr als 25 „subject sections“ von Rechtsgeschichte und Rechtsvergleichung über Öffentliches Recht und Strafrecht bis hin zu Vertragsrecht, Gesellschaftsrecht oder Familienrecht und ist auch im Hinblick auf die Mitgliedschaft deutlich weniger exklusiv als Staatsrechtslehrer- und Zivilrechtslehrervereinigung. Gegründet wurde sie 1909 von *Edward Jenks*, einem bemerkenswerten Mann, der es auf Anregung der Internationalen Vereinigung für Vergleichende Rechtswissenschaft und Volkswirtschaftslehre unter anderem unternahm, das englische Privatrecht nach dem Modell einer kontinentalen Kodifikation regelförmig niederzuschreiben (unter dem Titel „A Digest of English Civil Law“). Die jährlichen Konferenzen bieten Anlass für „plenary sessions“ und „subject sessions“ – und sie bieten einen Rahmen für Kontakte, die die juristischen Spezialfächer übergreifen.

Das andere Öffentliche Recht: Die Staatsrechtslehrervereinigung im Vergleich mit der Strafrechtslehrervereinigung

Klaus Ferdinand Gärditz

I. Zwei Schwesterdisziplinen des Öffentlichen Rechts . . . 952
II. Geringe personelle Berührung . . . 953
III. Geringe fachliche Berührung . . . 955
IV. Formale Organisation und Mitgliedschaft . . . 958
V. Geschichte . . . 958
VI. Tagungen . . . 960
1. Tagungsteilnahme . . . 960
2. Publikation der Referate der Vereinigungstagungen . . . 963
VII. Wissenschaftskultur . . . 965
1. Divergente Grundlagenorientierung? . . . 965
2. Positivismus-Skepsis versus Demokratizität . . . 966
3. Schulendenken . . . 968
4. Personeller Einfluss auf Institutionen . . . 969
5. Fachgesellschaft als Anker fachlicher Kohärenz . . . 969
6. Publikationsforen für wissenschaftliche Grundsatzdebatten . . . 970
7. Internationalisierung . . . 971
VIII. Perspektiven zweier öffentlich-rechtlicher Fächer . . . 972

Die Staatsrechtslehrervereinigung aus der Sicht des Strafrechts im Kapitel „Außensichten“ darzustellen, ist für mich insoweit heikel, weil ich Mitglied eben dieser Vereinigung bin, hingegen kein Strafrechtslehrer. Mein Blick ist daher eher eine Außensicht auf die Strafrechtswissenschaft, deren Diskurse ich als am Strafrecht interessierter Staatsrechtslehrer seit über 20 Jahren beobachte.[1] Ich wage insoweit vor allem einen rechtswissenschaftskulturellen Vergleich der beiden Schwestervereinigungen des Öffentlichen Rechts.

[1] Die freundlicherweise angebotene Teilnahme an der für 2021 terminierten Frankfurter Strafrechtslehrertagung war bedauerlicherweise nicht möglich. Die Tagung wurde pandemiebedingt auf den Mai 2022 verschoben. Für verschiedentliche Hilfsbereitschaft, namentlich Auskünfte, die diesen Beitrag bereichert haben, danke ich sehr herzlich meinen strafrechtlichen Kollegen *Matthias Jahn*, *Frank Saliger*, *Helmut Satzger* und *Carl-Friedrich Stuckenberg*.

I. Zwei Schwesterdisziplinen des Öffentlichen Rechts

Das Strafrecht ist systematisch ein Untergebiet des Öffentlichen Rechts, weil es die staatliche Strafgewalt und damit rechtliche Regelungskomplexe thematisiert, die ausschließlich staatliche Organe adressieren.[2] Die engmaschigen verfassungsrechtlichen Bindungen der Strafgewalt sind gemeinsames Thema beider Subdisziplinen, das strafprozessuale Eingriffsrecht argumentiert – ungeachtet einer graduell höheren Formalisierung – in der Semantik des Verwaltungsrechts. Dass es gleichwohl nur wenig wissenschaftliche Begegnungen gibt, liegt im Wesentlichen an divergenten Fachkulturen, führt also – wie wissenschaftskulturelle Phänomene allgemein[3] – auf den wankenden Boden des Kulturellen jenseits der Epistemologie eines Faches. Die hermetische Trennung der Fachsäulen – auch zum Zivilrecht[4] – als deutsches Kuriosum ist letztlich nicht aus disziplinären Erkenntnisstrukturen des Rechts, sondern rein wissenschaftssoziologisch zu erklären.[5] Schwierigkeiten der Staatsrechtslehre, angesichts ihrer Heterogenität, Pluralität sowie der verblassenden Färbung durch den Staat als Bezugspunkt einheitsstiftende fachliche Kohärenz zu generieren,[6] hat die Strafrechtslehre nicht. Ihre fachliche Identität wird formal durch gesetzliche Pönalisierung bestimmt: im positiven Recht durch die Strafbewehrung (ggf. auch Bußgeldbewehrung), in der metarechtlichen Theoriebildung durch einen – historisch-kulturell kontingenten[7] – Begriff der Strafe, also an ein wandelbares Vorverständnis, welche Reaktionsmuster als strafend gedeutet werden.

Nicht immer war die soziale Trennung der Rechtsgebiete in der Wissenschaft so verkrustet. Etwa lehrte der wirkmächtige *Franz von Liszt* (* 1851 † 1919) nicht nur das Strafrecht, sondern auch das Völkerrecht.[8] Sein (partieller) Schüler *James Goldschmidt* hat die bis heute grundlegendste Systematisierung des Verwaltungsstrafrechts vorgelegt, die den schon immer schillernden Grenzverlauf zwischen Straf- und Verwaltungsrecht zu vermessen suchte.[9] Das sich am Prozessrecht der ordentlichen Gerichtsbarkeiten orientierende „Archiv für practische Rechtswissenschaft aus dem Gebiete des Civilrechts, des Civilprozesses und des Criminalrechts" (1852–1897) oder die kurzlebige (1891–1902) „Zeitschrift für internationales Privat- und Strafrecht" illustrieren, dass man Themengrenzen auch anders demarkieren kann, als dies heute üblich ist. Als die Staatsrechtsleh-

---

[2] Näher *Klaus Ferdinand Gärditz*, Verwaltungsrecht und Strafrecht, in: Kahl/Ludwigs (Hrsg.), Handbuch des Verwaltungsrechts, Bd. I, § 15, i. E.

[3] Zutreffend *Helmuth Schulze-Fielitz*, Die Wissenschaftskultur der Staatsrechtslehrer, 2022, S. 1 f.

[4] Dazu *Reinhard Zimmermann*, in diesem Band, S. 921 ff.

[5] Kritisch *Klaus Ferdinand Gärditz*, Staat und Strafrechtspflege, 2015, S. 9 f.; *Matthias Jestaedt*, Die Dreiteilung der juridischen Welt, in: FS Rolf Stürmer, 2013, S. 917 (933 ff.).

[6] *Klaus Ferdinand Gärditz*, Die Staatsrechtslehre im Streit um ihren Gegenstand, Der Staat 57 (2018), S. 633 (634); *Schulze-Fielitz*, Wissenschaftskultur (Fn. 3), S. 3 f.

[7] *Stephan Stübinger*, Schuld, Strafrecht und Geschichte, 2000, S. 16 ff.

[8] Im Übrigen wirkten im nationalsozialistisch linientreuen Ausschuss für Völkerrecht der Akademie für Deutsches Recht eine Reihe an Strafrechtsprofessoren mit: *Franz Exner, Eduard Kohlrausch, Johannes Nagler, Fritz van Calker* (Doktorvater von *Carl Schmitt*) und *August Otto Schoetensack*. S. dazu W. Schubert (Hrsg.), Akademie für Deutsches Recht: Protokolle der Ausschüsse, Bd. 14: Ausschüsse für Völkerrecht und Nationalitätenrecht (1934–1943), 2002, S. XI f.

[9] *James Goldschmidt*, Das Verwaltungsstrafrecht, 1902, S. 529 ff. und passim.

rervereinigung gegründet wurde, hatten sich jedoch beide Teildisziplinen des Öffentlichen Rechts durch fachliche Ausdifferenzierung voneinander getrennt, was auch eine Folge des zunehmenden Eigenstandes des Staatsrechts im Zuge des Positivismus im Kaiserreich war. Dies spiegelte sich in der Ausdifferenzierung der Publikationslandschaft wider, die der Gründung der Staatsrechtslehrervereinigung vorauslag. Bereits früh lässt sich eine Ablösung der Disziplinen durch eigene Publikationsorgane beobachten, die fachspezifischen Beiträgen und Themen vorbehalten waren. Die „Zeitschrift für die gesamte Strafrechtswissenschaft" (ZStW) wurde 1881 gegründet, „Goltdammer's Archiv für Strafrecht" (GA) bereits 1853, „Der Gerichtssaal", der auch als Organ der „Deutschen Strafrechtlichen Gesellschaft" fungierte, 1847 und bestand bis 1909. Das „Archiv des Criminal-Rechts" (ArchCrimR/NArchCrimR) wurde vorher eingestellt (1817–1834 und neue Folge 1834–1857). Das „Archiv für öffentliches Recht" (AöR) stammt aus dem Jahr 1886, das „Jahrbuch des öffentlichen Rechts der Gegenwart" (JöR) erschien 1907–1938/39 und wurde 1951 mit einer neuen Folge wiedergegründet.[10]

II. Geringe personelle Berührung

Personelle Überschneidungen beider Fachsäulen sind bis heute extrem selten geblieben,[11] rechtsgebietsübergreifend angelegte Qualifikationsschriften entstehen hingegen immer wieder, und zwar überwiegend im Strafrecht[12], vereinzelt aber auch im Öffent-

[10] Daneben gab es einige kurzlebige Journale öffentlich-rechtlicher Provenienz, die aber – wohl auch aufgrund der geringen Struktur einer spezifischen Staatsrechts-Wissenschaft, die sich erst von den methodensynkretistischen Staatslehren emanzipieren musste – nie diskursprägend wurden: Die „Kritische Zeitschrift für Staatsregierung und Gesetzgebung" (1817) wurde nach zwei Heften eingestellt; die „Zeitschrift für deutsches Staatsrecht und deutsche Verfassungsgeschichte" (1867) nach vier Heften; die „Zeitschrift für Gesetzgebungs- und Verwaltungsreform" (1859) nach drei Heften. Lediglich die „Zeitschrift für Gesetzgebung und Praxis auf dem Gebiete des deutschen öffentlichen Rechtes" (1875–1880) überdauerte ein paar Jahre.

[11] *Beatrice Brunhöber* (Universität Frankfurt am Main) wurde mit einer verfassungstheoretischen Arbeit (Die Erfindung „demokratischer Repräsentation" in den Federalist Papers, 2010) unter Betreuung des Staatsrechtslehrers *Hasso Hofmann* an der HU-Berlin promoviert und hat sich an der Humboldt-Universität zu Berlin als Assistentin von *Tatjana Hörnle* im Strafrecht habilitiert. *Claus Kreß* (Universität zu Köln) wurde mit einer von *Hartmut Schiedermaier* betreuten Dissertation im Völkerrecht an der Universität zu Köln promoviert (Gewaltverbot und Selbstverteidigungsrecht nach der Satzung der Vereinten Nationen bei staatlicher Verwicklung in Gewaltakte Privater, 1995) und habilitierte sich im Strafrecht, wobei Habilitationsthema und Forschungsschwerpunkte eindeutig im Völkerstrafrecht liegen, also in einer Materie, die ohnehin als Grenzschicht von der Völkerrechtslehre wie von der Strafrechtslehre betreut wird. *Yao Li* wurde unter Betreuung von *Bernhard Kempen* in Köln promoviert (Exclusion from Protection as a Refugee, 2016) und fertigt eine strafrechtliche Habilitation bei *Georg Steinberg* (Universität Potsdam) an. Der Verfasser dieses Beitrags (Universität Bonn) wurde mit einer strafprozessrechtlichen Dissertation unter Betreuung von *Hans-Ullrich Paeffgen* an der Universität Bonn promoviert (Strafprozeß und Prävention, 2003) und hat sich im Öffentlichen Recht als Assistent von *Wolfgang Kahl* an der Universität Bayreuth habilitiert.

[12] Stellvertretend aus jüngerer Zeit *Dominik Brodowski*, Verdeckte technische Überwachungsmaßnahmen im Polizei- und Strafverfahrensrecht, 2016; *Bijan Fateh-Moghadam*, Die religiös-weltanschauliche Neutralität des Strafrechts, 2019; *Volker Haas*, Strafbegriff, Staatsverständnis und Prozessstruktur, 2008; *Johannes Kaspar*, Verhältnismäßigkeit und Grundrechtsschutz im Präventionsstrafrecht, 2014;

lichen Recht[13]. Eine schillernde Personalie war 1950 die Aufnahme des (markant NS-belasteten[14]) Strafrechtlers *Erich Schwinge* (* 1903 † 1994) in die Staatsrechtslehrervereinigung.[15] *Schwinge* war insbesondere im Militärstrafrecht sowohl praktisch in der Wehrmachtsjustiz als auch wissenschaftlich (als Lehrstuhlinhaber an der Universität Marburg) tätig[16] und konnte sein Wirken über die Systembrüche hinweg weitgehend ungestört fortsetzen.[17] In der Nachkriegszeit spielte er insoweit eine öffentlich wahrnehmbare Rolle, als er ostentativ die Wehrmachtsjustiz im Allgemeinen (und in Sonderheit sich selbst) durch interessengeleitete Apologetik zu entlasten versuchte,[18] die inzwischen historisch widerlegt ist.[19] Im Staatsrecht hat er keine Spuren hinterlassen. Bei der Organisation der

---

Dorothee Lang, Die Sanktionierung von Aufsichtspflichtverletzungen in der öffentlichen Verwaltung, 2016; *Frank Meyer*, Strafrechtsgenese in internationalen Organisationen, 2012; *Erol Pohlreich*, Das rechtliche Gehör im Strafverfahren, 2016; *Jens Puschke*, Legitimation, Grenzen und Dogmatik von Vorbereitungstatbeständen, 2017; *Patricia Rabe*, Das Verständigungsurteil des Bundesverfassungsgerichts und die Notwendigkeit von Reformen im Strafprozess, 2017; *Tony Rostalski*, Alternativ legitimierte Verhaltensnormen: Zur Legitimation des strafbewehrten Verbots der Hinterziehung verfassungswidriger Steuern, 2019; *Christian Rottmeier*, Kernbereich privater Lebensgestaltung und strafprozessuale Lauschangriffe, 2017; *Luna Rösinger*, Die Freiheit des Beschuldigten vom Zwang zur Selbstbelastung, 2019; *Benno Zabel*, Die Ordnung des Strafrechts, 2017.

13 Stellvertretend aus jüngerer Zeit *Ivo Appel*, Verfassung und Strafe, 1998 (wobei die Arbeit zwar am Lehrstuhl von *Rainer Wahl* entstanden ist, aber Erstreferent *Klaus Tiedemann* war); *Matthias Bäcker*, Kriminalpräventionsrecht, 2015; *Marei Verena Wilfert*, Strafe und Strafgesetzgebung im demokratischen Verfassungsstaat, 2017.

14 Dazu *Detlef Garbe*, „In jedem Einzelfall... bis zur Todesstrafe“: Der Militärstrafrechtler Erich Schwinge: Ein deutsches Juristenleben, 1989, S. 31–57; *Stefan C. Saar*, Erich Schwinge (1903–1994), in: Klein u. a. (Hrsg.), Zwischen Rechtsstaat und Diktatur. Deutsche Juristen im 20. Jahrhundert, 2006, S. 105.

15 Über die Motive der Aufnahme ist (jedenfalls mir) nichts bekannt. Er war aber bereits in der Weimarer Zeit auch im Öffentlichen Recht aufgefallen. *Erich Schwinge* hatte sich 1930 in Bonn bei *Max Grünhut* (Strafrechtler und Kriminologe, aufgrund seiner jüdischen Abstammung später ins Exil nach Oxford vertrieben) für die Fächer Strafrecht, Strafprozessrecht, Zivilprozessrecht und Rechtsphilosophie habilitiert und seine Bonner Antrittsvorlesung als selbstständige Kleinschrift (31 S.) veröffentlicht (Der Methodenstreit in der heutigen Rechtswissenschaft, 1930), die wiederum von *Arnold Köttgen* (Erich Schwinge, Der Methodenstreit in der heutigen Rechtswissenschaft, AöR 21 [1932], S. 441–447) prominent und trotz inhaltlicher Divergenz recht positiv besprochen wurde. Die zivilprozessuale Schrift (*Erich Schwinge*, Der fehlerhafte Staatsakt im Mobiliarvollstreckungsrecht, 1930) enthält gewisse Bezüge zum Verwaltungsrecht, die neukantianische strafrechtliche Habilitationsschrift (*Erich Schwinge*, Teleologische Begriffsbildung im Strafrecht, 1930) beiläufig touchiert auch staatsrechtliche Diskurse im Zeitkontext. Möglicherweise war dies in der Zusammenschau Anlass, ihn in der ungeordneten Phase einer Neuformation der Vereinigung in der unmittelbaren Nachkriegszeit einzuladen, was aber Spekulation bleiben muss.

16 Vgl. aus den bekannteren Veröffentlichungen *Erich Schwinge*, Soldatischer Gehorsam und Verantwortung. 2. Aufl. (1939); *ders.*, Militärstrafgesetzbuch, 6. Aufl. (1944); *ders.*, Die Entwicklung der Manneszucht in der deutschen, britischen und französischen Wehrmacht seit 1914, 1940.

17 Zu den Kontexten seiner schnellen Entnazifizierung *Garbe*, Todesstrafe (Fn. 14), S. 58 f. Zu seinem Reüssieren *Michael Stolleis*, Geschichte des öffentlichen Rechts in Deutschland, Vierter Band, 1945–1990, 2012, S. 61, 442.

18 Vor allem *Erich Schwinge/Otto Schweling*, Die deutsche Militärjustiz in der Zeit des Nationalsozialismus, 2. Aufl. (1978); ferner *Erich Schwinge*, Bilanz der Kriegsgeneration, 14. Aufl. (1988); *ders.*, Verfälschung und Wahrheit: Das Bild der Wehrmachtsgerichtsbarkeit, 1988; *ders.*, Bundeswehr und Wehrmacht, 1991; *ders.*, Die Urteile der Militärstrafjustiz „offensichtlich unrechtmäßig“? NJW 1993, S. 368.

19 *Bernd Rüthers*, Geschönte Geschichten – Geschönte Biografien: Sozialisationskohorten in Wende-

ersten Strafrechtslehrertagung 1952[20] hat er als Dekan der Marburger Fakultät mitgewirkt.[21] Auf dieser Tagung referierte er auch (zu seinen Erfahrungen als Verteidiger vor Militärgerichten der Siegermächte).[22] Er ist insoweit der einzige deutsche Hochschullehrer, der zugleich Mitglied in Staats- und Strafrechtslehrervereinigung war.

Das einzige prominente Mitglied der Staatsrechtslehrervereinigung, das seine Karriere strafrechtswissenschaftlich begann und vorübergehend sogar strafrechtliche Vorlesungen hielt, war *Carl Schmitt* (* 1888 † 1985). *Schmitt* wurde 1910 in Straßburg unter Betreuung von *Fritz van Calker* (* 1864 † 1957) mit einer strafrechtlichen Arbeit[23] promoviert und hat im Anschluss auch noch strafrechtlich veröffentlicht,[24] habilitierte sich aber 1914 im Öffentlichen Recht mit einer staatstheoretisch angelegten Habilitationsschrift[25]. Bereits als Privatdozent hielt er 1916 in Straßburg Vorlesungen zum Straf- und Strafprozessrecht.[26] Die strafrechtliche Dissertation hat durchaus auch heute noch gewissen Erkenntniswert.

III. Geringe fachliche Berührung

Das Strafrecht war trotz seiner tiefgreifenden verfassungsrechtlichen Prägungen, die nicht zuletzt das Bundesverfassungsgericht permanent beschäftigen,[27] bislang noch kein

literaturen, 2001, S. 92 (mit Fn. 92); *Klaus-Detlev Godau-Schüttke*, Von der Entnazifizierung zur Renazifizierung der Justiz in Westdeutschland, forum historiae iuris 2001, Rn. 50.

[20] Dazu unten IV, S. 958.

[21] Dies deutet ein Brief an die Strafrechtslehrer anlässlich der ersten Tagung 1952 in Marburg an, den *Schwinge* als dortiger Dekan verfasst hat und in dem es um die Nicht-Bereitstellung von Essen seitens der Universität ging. Abgedruckt bei *Thomas Rönnau/Frank Saliger*, Materialien zur Geschichte der Strafrechtslehrertagung (1952–2009), 2009, S. 4.

[22] Dies ergibt sich aus dem Bericht von *Johannes Driendl*, Die deutsche Strafrechtslehrertagung in Geschichte und Gegenwart, ZStW 92 (1980), S. 1 (14). Das Referat selbst ist nicht veröffentlicht.

[23] *Carl Schmitt*, Über Schuld und Schuldarten, 1910. Zur Integration in das Gesamtwerk *Reinhard Mehring*, Heideggers „große Politik", 2016, S. 94; *Wolfgang A. Mühlhans*, Carl Schmitt: Die Weimarer Jahre, 2018, S. 46 ff.; *Volker Neumann*, Carl Schmitt als Jurist, 2015, S. 9 ff.; *Devon O. Pendas*, Democracy, Nazi Trials, and Transitional Justice in Germany, 1945–1950, 2020, S. 132; *Klaus Thomalla*, Herrschaft des Gesetzes, nicht des Menschen, 2019, S. 354; *Lars Vinx/Samuel Garrett Zeitlin*, Carl Schmitt's Early Legal-Theoretical Writings, 2021 S. 57 f.

[24] *Carl Schmitt*, Über Tatbestandsmäßigkeit und Rechtswidrigkeit des kunstgerechten operativen Eingriffs, ZStW 31 (1911), S. 467. Vgl. im Übrigen den aus den Tagebüchern entnommenen Hinweis auf Schmitts ersten Auftritt vor Gericht als Strafverteidiger: *Ernst Hüsmert*, Einführung, in: ders. (Hrsg.), Carl Schmitt Tagebücher: Oktober 1912 bis Februar 1915, 2. Aufl. (2005), S. 1 (5 f.).

[25] *Carl Schmitt*, Der Wert des Staates und die Bedeutung des Einzelnen, 1917.

[26] S. zur Dissertation, zum strafrechtlichen Werk und zur Vorlesungstätigkeit *Reinhard Mehring*, Carl Schmitt: Aufstieg und Fall, 2009, S. 27–36, 90 f.

[27] Prominent BVerfGE 6, 389 [1957] – Strafbarkeit männlicher Homosexualität I; BVerfGE 33, 367 [1972] – Zeugniszwang; BVerfGE 36, 41 [1973] – Strafbarkeit männlicher Homosexualität II; BVerfGE 39, 1 [1975] – Schwangerschaftsabbruch I; BVerfGE 51, 176 [1979] – öffentliches Strafverfolgungsinteresse; BVerfGE 88, 203 [1993] – Schwangerschaftsabbruch II; BVerfGE 90, 145 [1994] – Cannabis; BVerfGE 92, 1 [1995] – Sitzblockade II; BVerfGE 92, 277 [1995] – DDR-Spione; BVerfGE 95, 96 [1996] – Mauerschützen; BVerfGE 120, 224 [2008] – Geschwisterinzest; BVerfGE 126, 217 [2010] – Untreue; BVerfGE 133, 168 [2013] – Deal; BVerfGE 143, 48 [2016] – Rindfleischetikettierung; BVerfGE 153, 182 [2020] –

direktes Thema eines Staatsrechtslehrerreferats. Das Relaisthema „Strafrecht und Verfassung" war zwar immer wieder Gegenstand von öffentlich-rechtlichen Untersuchungen,[28] ist aber – anders als das vielschichtige Verhältnis zum Zivilrecht[29] – noch nicht auf die Tagungsagenda der Staatsrechtslehre gerückt. Die Züricher Staatsrechtslehrertagung 1990 nahm sich immerhin des Themas „Verwaltungsrecht als Vorgabe für Zivil- und Strafrecht" an. *Meinhard Schröder* analysierte im Kontext einer damals an Fahrt aufnehmenden[30] Diskussion das facettenreiche Feld des verwaltungsakzessorischen Strafrechtseinsatzes,[31] während sich der Mitberichterstatter *Hans D. Jarass* auf das Verhältnis zum Zivilrecht konzentrierte.[32] Im Übrigen tauchten strafrechtsrelevante Verfassungsfragen nach der Wiedervereinigung auf, wo die Frage des Nulla poena-Satzes (Art. 103 Abs. 2 GG) in Bezug auf staatsverstärkte Kriminalität der DDR eher okkasionell unter den Auspizien rechtsstaatlicher Vergangenheitsbewältigung aufgegriffen wurde.[33] In der unmittelbaren Nachkriegszeit hatte sich die Vereinigung noch darum herumgewunden, das gesellschaftspolitisch von den Nürnberger Prozessen über den Auschwitz-Prozess bis zu den Verjährungsdebatten brennende Thema aufzugreifen.[34] Als Bilanz bleibt also ein spezifisch dem Strafrecht aus verwaltungsrechtlicher Sicht gewidmeter Beitrag nach 100 Jahren Staatsrechtslehrervereinigung. Ein besonderes Interesse der Staatsrechtslehre an der kleinen öffentlich-rechtlichen Schwester dokumentiert das nicht.

Das Bild in der Strafrechtslehre ist etwas farbenfroher. In der Strafrechtswissenschaft wurde einerseits das – potentiell mit der Normenhierarchie der Verfassung bewährte –

Suizidhilfe; BVerfGE 153, 310 [2020] – Knorpelfleisch; zuletzt BVerfG-K, NJW 2020, 2953 – Containern. Entscheidungen aus dem Strafprozessrecht zu Fragen der Eingriffsermächtigung sind zahlreich.

28 Fn. 13.

29 Ohne Anspruch auf Vollständigkeit *Hartmut Bauer*, Privatisierung von Verwaltungsaufgaben, VVDStRL 54 (1995), S 243; *Joachim Burmeister*, Verträge und Absprachen zwischen der Verwaltung und Privaten, VVDStRL 52 (1993), S. 190; *Klaus-Dieter Drüen*, Verschränkungen öffentlich-rechtlicher und privatrechtlicher Regime im Verwaltungsrecht, VVDStRL 79 (2020), S. 127; *Walter Krebs*, Verträge und Absprachen zwischen der Verwaltung und Privaten, VVDStRL 52 (1993), S. 248; *Julian Krüper*, Kategoriale Unterscheidung von Öffentlichem Recht und Privatrecht? VVDStRL 79 (2020), S. 43; *Wolfgang Löwer*, Der Staat als Wirtschaftssubjekt und Auftraggeber, VVDStRL 60 (2001), S. 416; *Lerke Osterloh*, Privatisierung von Verwaltungsaufgaben, VVDStRL 54 (1995), S. 204; *Thomas Puhl*, Der Staat als Wirtschaftssubjekt und Auftraggeber, VVDStRL 60 (2001), S. 456; *Sabine Schlacke*, Verschränkungen öffentlich-rechtlicher und privatrechtlicher Regime im Verwaltungsrecht, VVDStRL 79 (2020), S. 169; *Alexander Somek*, Kategoriale Unterscheidung von Öffentlichem Recht und Privatrecht? VVDStRL 79 (2020), S. 7.

30 Vgl. stellvertretend für die damaligen Debatten *Rüdiger Breuer*, Empfehlen sich Änderungen des strafrechtlichen Umweltschutzes insbesondere in Verbindung mit dem Verwaltungsrecht? NJW 1988, S. 2072; *ders.*, Probleme der Zusammenarbeit zwischen Verwaltung und Strafverfolgung auf dem Gebiet des Umweltschutzes, AöR 115 (1990), S. 448; *ders.*, Verwaltungsrechtlicher und strafrechtlicher Umweltschutz – Vom ersten zum zweiten Umweltkriminalitätsgesetz, JZ 1994, S. 1077. Kurz darauf griff auch die Strafrechtslehrertagung das Thema auf. S. *Lothar Kuhlen*, Umweltstrafrecht – auf der Suche nach einer neuen Dogmatik, ZStW 105 (1993), S. 697.

31 *Meinhard Schröder*, Verwaltungsrecht als Vorgabe für Zivil- und Strafrecht, VVDStRL (1991), S. 196 (211–230).

32 *Hans D. Jarass*, Verwaltungsrecht als Vorgabe für Zivil- und Strafrecht, VVDStRL (1991), S. 238.

33 *Bodo Pieroth*, Der Rechtsstaat und die Aufarbeitung der vor-rechtsstaatlichen Vergangenheit, VVDStRL 51 (1992), S. 90 (102–103); *Christian Starck*, Der Rechtsstaat und die Aufarbeitung der vor-rechtsstaatlichen Vergangenheit, VVDStRL 51 (1992), S. 7 (16–18, 21–25, 25–31).

34 S. nur *Bernhard Schlink*, Vergangenheitsschuld, 2007, S. 127 ff.

Interesse des Öffentlichen Rechts am Strafrecht überwiegend mit Misstrauen beobachtet, weil man – so das häufig in Gesprächen eingeräumte Argument – eine „feindliche Übernahme“ und eine positivistische Ablösung stark philosophisch geprägter Traditionen durch schlichte Verfassungsdogmatik fürchte. Andererseits gibt es aktive und zunehmend ertragreichere Bemühungen, ein „Strafverfassungsrecht“ als Schnittmengeninteresse zu etablieren.[35] Gemeinsame Gesprächsformate sind in Entstehung.[36] Eine institutionell wichtige Weichenstellung dürfte es zudem sein, dass jüngst das traditionsreiche Freiburger Max-Planck-Institut für ausländisches und internationales Strafrecht wissenschaftlich neu ausgerichtet wurde und seit 2020 als Max-Planck-Institut zur Erforschung von Kriminalität, Sicherheit und Recht mit *Ralf Poscher* einen Staatsrechtslehrer sowie mit *Tatjana Hörnle* eine im Verfassungsrecht versierte Strafrechtlerin im Direktorat hat. Hinzu treten selbstreflexive Bemühungen in der jüngeren Strafrechtslehre, alte Abwehrreflexe sowie eine gefühlte *splendid isolation* des Strafrechts zu überwinden und das Fach selbstbewusster vergleichend sowie auch im öffentlich-rechtlichen Koordinatensystem zu positionieren.[37] Verfassungsfragen waren immer wieder Thema der Strafrechtslehrertagungen.[38] Vereinzelt wurden auch Grenzthemen zum Verwaltungsrecht[39] oder Demokratiethemen[40] aufgegriffen. Insgesamt bleiben aber viele Potentiale einer gemeinsamen fruchtbaren Arbeit am Recht unzureichend genutzt. Vorleistungen des Öffentlichen Rechts für das Strafrecht – nicht zuletzt authentische und wegweisende Kommentierungen zu Art. 103 GG – werden selbst dort, wo es inhaltsgleiche Gewährleistungen im Strafrecht gibt (§ 1 StGB), durchweg nicht abgerufen und allenfalls beiläufig mit Trivia überhaupt zitiert.

---

[35] *Christoph Burchard*, Strafverfassungsrecht: Vorüberlegungen zu einem Schlüsselbegriff, in: Tiedemann u. a. (Hrsg.), Die Verfassung moderner Strafrechtspflege, 2016, S. 27; *Matthias Jahn*, Strafverfassungsrecht, in: Tiedemann u. a. (Hrsg.), Die Verfassung moderner Strafrechtspflege, 2016, S. 63; *Matthias Jahn/Dominik Brodowski*, Krise und Neuaufbau eines strafverfassungsrechtlichen Ultima Ratio-Prinzips, JZ 2016, S. 969; *dies.*, Das Ultima-Ratio-Prinzip als strafverfassungsrechtliche Vorgabe zur Frage der Entbehrlichkeit von Straftatbeständen, ZStW 129 (2017), S. 363.

[36] So wurde 2019 gemeinsam von *Matthias Bäcker* (Universität Mainz und Staatsrechtslehrer) sowie *Christoph Burchard* (Universität Frankfurt am Main und Strafrechtslehrer) ein Projekt „Strafverfassungsrecht“ in Angriff genommen, welches Keimzelle für einen dauerhaften Austausch zwischen den Fächern dienen soll.

[37] Vgl. *Christoph Burchard*, Perspektiven pluralistischer Strafrechtsvergleichung, RW 2017, S. 277; *Tatjana Hörnle*, Theories of Criminalization, in: Dubber/dies. (Hrsg.), The Oxford Handbook of Criminal Law, 2014, S. 679 (684 f.); *Benno Zabel*, Kulturen der Kontrolle, KritV 2011, S. 18 ff.

[38] Aus den letzten Jahren etwa *Armin Engländer*, Revitalisierung der materiellen Rechtsgutslehre durch das Verfassungsrecht? ZStW 127 (2015), S. 616; *Johannes Kaspar*, Die Zukunft der Zweispurigkeit nach den Urteilen von Bundesverfassungsgericht und EGMR, ZStW 127 (2015), S. 654; *Hans Kudlich*, Die Relevanz der Rechtsgutstheorie im modernen Verfassungsstaat, ZStW 127 (2015), S. 633; *Ingeborg Zerbes*, „Nemo tenetur se ipsum accusare“: Moderne Ansprüche an alte Ideen am Beispiel des Verbandsstrafrechts, ZStW 129 (2017), S. 1035.

[39] Beispielsweise *Frank Saliger*, Grundfragen der Vermögensabschöpfung, ZStW 129 (2017), S. 995 (1000–1010).

[40] *Knut Amelung*, Strafrechtswissenschaft und Strafgesetzgebung, ZStW 92 (1980), S. 19; *Urs Kindhäuser*, Die deutsche Strafrechtsdogmatik zwischen Anpassung und Selbstbehauptung – Grenzkontrolle der Kriminalpolitik durch die Dogmatik? ZStW 121 (2009), S. 954; *Michael Kubiciel*, Entgrenzungen des Strafrechts, ZStW 131 (2019), S. 1115.

IV. Formale Organisation und Mitgliedschaft

Auch die Verfassungen von Straf- und Staatsrechtslehrervereinigung divergieren. Der Strafrechtslehrervereinigung fehlt es an einer formalen Organisation. Sie hat keine Vereinsstruktur, sondern ist ein informaler Zusammenschluss kraft fachlicher Verbundenheit. Mangels formaler Organisationsstruktur gibt es auch keine rechtlich verbindliche Mitgliedschaft. Substitut hierfür ist die reguläre Tagungseinladung, die aufgrund einer Liste erfolgt, die bislang jeweils der dienstälteste Lehrstuhlinhaber für Strafrecht an der Ludwig-Maximilians-Universität München (Traditionslinie *Edmund Mezger, Claus Roxin, Bernd Schünemann, Joachim Vogel, Helmut Satzger*) führt und fortschreibt. Erfolgreiche Habilitationen werden an den organisierenden Lehrstuhl gemeldet, der die Namen als Einzuladende in die Adressliste aufnimmt. Regulär gelistete Professorinnen und Professoren, Honorarprofessorinnen und -professoren sowie Habilitierte sind dann die inoffiziellen „Mitglieder" der Strafrechtslehrervereinigung.[41] Die „deutschen" Strafrechtslehrer schließen (nach Auskunft des federführenden Kollegen *Helmut Satzger*) die deutschsprachigen Kolleginnen und Kollegen aus der Schweiz, aus Luxemburg und aus Österreich ein. Derzeit umfasst die Vereinigung etwa 330 Mitglieder aus Deutschland und etwa 80 deutschsprachige Mitglieder aus dem Ausland. Darunter sind etwa 60 Frauen, was einen Frauenanteil von knapp einem Fünftel entspricht. Das ist wenig, aber immerhin – relativ betrachtet – etwa doppelt so hoch wie in der Staatsrechtslehrervereinigung.

V. Geschichte

Historiografische Untersuchungen, die Auskunft über Entstehung und Entwicklung der Strafrechtslehrervereinigung geben, fehlen weitgehend.[42] Anlässlich der Hamburger Strafrechtslehrertagung wurde jedoch im Privatdruck eine 36-seitige Broschüre erstellt, die einen kurzen Abriss über die Geschichte der Vereinigung bietet, aber nie veröffentlicht wurde, sondern seitdem nur Mitgliedern (in Kopie) ausgehändigt wird.[43] Anders als die Staatsrechtslehrervereinigung ist die Strafrechtslehrervereinigung ein Produkt der Nachkriegszeit und erstmals 1952 in Marburg zusammengetreten. Es gab freilich Vorläufer mit der „Deutschen Landesgruppe der Internationalen Kriminalistischen Vereinigung (IKV)" (1889–1933)[44] und der als Gegenbewegung zur IKV gegründeten „Deut-

---

[41] Dazu auch *Schulze-Fielitz*, Wissenschaftskultur (Fn. 3), S. 54 (mit Fn. 331).

[42] Ausnahme *Driendl*, Strafrechtslehrertagung (Fn. 22), S. 1–18. Der Verf. war Assistent am MPI in Freiburg und verfasste auch den Tagungsbericht zur Strafrechtslehrertagung 1979 (ZStW 92 [1980], S. 185).

[43] Fn. 21.

[44] Zur Geschichte *Elisabeth Bellmann*, Die Internationale Kriminalistische Vereinigung (1889–1933), 1994; *Hans-Heinrich Jescheck*, Der Einfluß der IKV und der AIDP auf die internationale Entwicklung der modernen Kriminalpolitik, ZStW 92 (1980), S. 997; *Leon Radzinowicz*, The Roots of the International Association of Criminal Law and their Significance, 1991. Zur Neuformation nach dem Ersten Weltkrieg *Eduard Kohlrausch*, Drei Notizen zur Organisierung von „Wissenschaft", ZStW 46 (1925), S. 293.

schen Strafrechtlichen Gesellschaft",[45] die 1937 aufgelöst wurde, die unter NS-Auspizien 1939 gegründete „Gesellschaft für deutsches Strafrecht" sowie verschiedene formlose Zusammenkünfte von Strafrechtslehrern.[46] Ob 1952 in Marburg an diese Traditionen angeknüpft oder vielmehr gegenläufig ein Neuanfang gewagt werden sollte, wurde rückblickend sehr unterschiedlich bewertet.[47]

Traditionsbegründend wirkte maßgeblich der (trotz signifikanter NS-Belastung[48] schnell reüssierende) Münchner Strafrechtler und Kriminologe *Edmund Mezger*. Hinsichtlich des schwierigen, von aus der Not geborenen Kompromissen geprägten Umgangs mit der NS-Vergangenheit nicht weniger Hochschullehrer herrschten insoweit vergleichbare Startbedingungen in der Nachkriegszeit[49] wie in der Staatsrechtslehre,[50] was auch eine der wenigen sorgfältigen Untersuchungen zum Problemkomplex in der Strafrechtslehre zeigt.[51] Die Staatsrechtslehrervereinigung brauchte nach ihrer Neugründung über 50 Jahre, sich mit der eigenen NS-Vergangenheit auseinanderzusetzen;[52] sie tat dies historisierend, ohne Frage nach Schuld und Moral.[53] Die Strafrechtslehrervereinigung als Institution hat den Versuch ebenfalls vergleichbar lange – nämlich bis zur Bayreuther Strafrechtslehrertagung 2003 – nicht gewagt,[54] obgleich die Kontinuitäten hier – auch aufgrund des Fortbestehens fachkonstitutiver Gesetze (StGB, StPO) und Institutionen (ordentliche Gerichtsbarkeit) weit über das Personelle hinausgehen.[55]

---

[45] Zu dieser eingehender *Therese Stäcker*, Die Franz von Liszt-Schule und ihre Auswirkungen auf die deutsche Strafrechtsentwicklung, 2012, S. 100–131.

[46] *Driendl*, Strafrechtslehrertagung (Fn. 22), S. 3–13; *Rönnau/Saliger*, Strafrechtslehrertagung (Fn. 21), S. 3 f., 32 f.

[47] *Rönnau/Saliger*, Strafrechtslehrertagung (Fn. 21), S. 2 f.

[48] Dazu nur *Bernd Rüthers*, Verfälschte Geschichtsbilder deutscher Juristen? Zu den „Erinnerungskulturen" in Jurisprudenz und Justiz, NJW 2016, S. 1068 (1071 f.).

[49] Aufschlussreich *Joachim Rückert*, Abbau und Aufbau der Rechtswissenschaft nach 1945, NJW 1995, S. 1251, der immer wieder auf Forschungslücken hinweist, von denen nicht alle seitdem geschlossen wurden.

[50] S. auch *Schulze-Fielitz*, Wissenschaftskultur (Fn. 3), S. 24.

[51] *Eric Hilgendorf*, Vom schwierigen Umgang mit der Schuld: Anmerkungen zum Wissenschafts- und Lehrbetrieb im Strafrecht 1945/1949 bis 1989/1990, in: Steinberg/Koch/Popp (Hrsg.), Strafrecht in der alten Bundesrepublik 1949–1990, 2020, S. 15 (18–39), der eine historische Zeitschichtung vorschlägt, die sich letztlich in der bundesrepublikanische Gesellschaftsgeschichte einfügt, deren Einfluss auf die staatsrechtlichen Problemwahrnehmungen nicht wesentlich anders war.

[52] *Horst Dreier*, Die deutsche Staatsrechtslehre in der Zeit des Nationalsozialismus, VVDStRL 60 (2001), S. 9; *Walter Pauly*, Die deutsche Staatsrechtslehre in der Zeit des Nationalsozialismus, VVDStRL 60 (2001), S. 73.

[53] Einfühlsam *Schlink*, Vergangenheitsschuld (Fn. 34), S. 127 ff. (zu den Desideraten überzeugend S. 138–140); vgl. programmatisch für eine Historisierung auch *Michael Stolleis*, Redebeitrag, VVDStRL 60 (2001), S. 108 f.

[54] S. *Joachim Vogel*, Einflüsse des Nationalsozialismus auf das Strafrecht, ZStW 115 (2003), S. 638 (m. zahlr. Nachw. zur älteren Literatur 639 sowie unter expliziter Bezugnahme auf die Staatsrechtslehrertagung 638, 669 f.); nachfolgend *Kai Ambos*, Nationalsozialistisches Strafrecht, 2019; *Frank Höpfel*, Der Einfluss des Nationalsozialismus auf das Strafrecht, ZStW 115 (2003), S. 906; *Joachim Vogel*, Einflüsse des Nationalsozialismus auf das Strafrecht, 2004.

[55] Während die Staatsrechtlehre unter NS-Herrschaft „in die Bedeutungslosigkeit versank" (*Oliver Lepsius*, Redebeitrag, VVDStRL 60 [2001], S. 134, unter Bezugnahme auf die Thesen von *Dreier* [Fn. 52], S. 32 ff.), weil ihr der Gegenstand abhandenkam, hat die Strafrechtslehre schon aufgrund fortbestehender strafgerichtlicher Praktiken eine Nische gefunden, die sie (systemkonform) ausfüllen konnte.

Erste Frau in der Strafrechtslehrervereinigung war *Anne-Eva Brauneck* (* 1910 † 2007), die 1961 habilitierte und 1965 auf einen Gießener Lehrstuhl berufen wurde. Ihr folgte kurz darauf (1962) die Habilitation von *Hilde Kaufmann* (* 1920 † 1981), die seit 1966 einen Lehrstuhl an der Universität Kiel innehatte und 1977 die erste Dekanin einer Juristenfakultät wurde. Das Strafrecht war hier der Staatsrechtslehrervereinigung ein paar Jahre voraus, deren erstes weibliches Mitglied *Ilse Staff* (* 1928 † 2017) sich 1969 habilitierte und seit 1971 eine Professur in Frankfurt am Main bekleidete.

VI. Tagungen

Tagungen der Strafrechtslehrervereinigung finden seit 1952 grundsätzlich im zweijährigen Rhythmus an wechselnden Orten statt.[56] Das Tagungskonzept, die Vorträge und die Referierenden werden von den Strafrechtslehrerinnen und -lehrern der ausrichtenden Fakultät in enger Abstimmung mit den Kolleginnen und Kollegen der Ludwig-Maximilians-Universität München bestimmt. Eine Anfrage der Referierenden erfolgt etwa ein Jahr vor dem avisierten Referat. Schon seit den 1950er Jahren nahmen durchweg ausländische Gäste (in den Anfangsjahren vor allem aus der Schweiz, den USA und Japan, später dann auch aus anderen Ländern) an den Tagungen teil, 1983 hielt ein Gast erstmals auch ein Tagungsreferat,[57] eine gute Tradition, die seitdem vielfach fortgeschrieben wurde.[58]

1. Tagungsteilnahme

In der tagungsspezifischen Einladungspraxis herrscht hinsichtlich der personellen Geschlossenheit ein weniger strenges Regiment als bei der Staatsrechtslehrertagung. Habilitierte können sich ihrerseits an den entsprechenden Lehrstuhl wenden und um die ergänzende Einladung des eigenen Nachwuchses bitten. Dem wird dem Vernehmen nach auch durchweg nachgekommen. Der promovierte (habilitierende) Nachwuchs darf an den Referaten teilnehmen; vereinzelt wurden dem Vernehmen nach auch schon Promovierende auf die Tagung mitgenommen. In zumindest einem Fall trug auch eine Habilitandin als Referentin vor,[59] was aber eine atypische Ausnahme ist. Das erscheint frucht-

[56] Ausnahme war eine rege Aktivität im Kontext der Strafrechtsreform mit Jahrestagungen 1963, 1964, 1965, 1966 und 1967. Die Folgetagung fand dann erst nach einem Sprung 1970 statt. Einen erneuten Sprung gab es von 1972 auf 1975. Zudem gab es jeweils eine außerordentliche Tagung der Strafrechtslehrer (aber keine „Strafrechtslehrertagung", da nicht von München organisiert) in Berlin 1999: Eser/Hassemer/Burkhardt (Hrsg.), Die Deutsche Strafrechtswissenschaft vor der Jahrtausendwende, 2000; sowie 2003 in Dresden („Europa ante portas"), s. *Claus Kreß*, Das Strafrecht auf der Schwelle zum europäischen Verfassungsvertrag, ZStW 116 (2004), S. 445. Die für 2021 avisierte Tagung wurde pandemiebedingt auf 2022 verschoben, der Rhythmus nochmals durchbrochen.

[57] *Koichi Miyazawa*, Die Verfolgungstätigkeit der japanischen Staatsanwälte, ZStW 95 (1983), S. 1027, aus Japan. Das Tagungsreferat ist irreführend im Auslandsteil der ZStW abgedruckt.

[58] Der erste nordamerikanische folgte mit *Georg P. Fletcher*, Utilitarismus und Prinzipiendenken im Strafrecht, ZStW 101 (1989), S. 803.

[59] *Sabine Gleß*, Zum Prinzip der gegenseitigen Anerkennung, ZStW 116 (2004), S. 353.

bar, zumal die formale Anknüpfung an die Habilitation in einer Zeit, in der sich die Karrierewege selbst in den Rechtswissenschaften mit ihrer Trägheit und ihren Beharrungskräften allmählich pluralisieren (auf Juniorprofessur, Tenure Track-Stellen und die Integration in internationale Communities mit anderen Qualifikationspfaden sei verwiesen), vielleicht doch allmählich sklerotisch wirkt.[60] Der hoffnungsvolle Nachwuchs erhält hier die Möglichkeit, sich vorzustellen und in eine Fachkultur einzufinden. Einer Vereinigung, die nicht Traditionsclub, sondern Fachgemeinschaft sein und wissenschaftlichen Erkenntnisfortschritt begleiten will, steht das gut zu Gesicht.[61] Freilich muss man sich Offenheit „leisten können". Was für die überschaubare Strafrechtswissenschaft[62] gut funktioniert, wäre für die zahlenmäßig viel größere Staatsrechtslehre womöglich eine logistische Überforderung.

Eine größere Offenheit der Strafrechtslehre zeigt sich auch daran, dass es schon lange üblich ist, auf der Vereinigungstagung exponierte Praktiker mit Referaten zu betrauen,[63] die gewiss das Niveau der Tagungen nicht gesenkt haben.[64] Die Tradition scheint auf den Strafrechtslehrertagungen von 1955 und 1959 begründet worden sein, als ein (im wissenschaftlichen Gedächtnis verblasster) Richter am Landgericht, der Bundesrichter *Richard Busch* und der als Kommentator bekannte *Fritz Hartung* (früherer Richter und Ministerialbeamter) als (nichthabilitierte) Gäste referierten.[65] Auf der Tagung 1964 nahmen erstmals auch Vertreter des Deutschen Bundestags teil.[66] Lange Zeit waren auch hochrangige Vertreter des Bundesjustizministeriums standardmäßige Teilnehmer (insbesondere *Peter Rieß*). Im Kontrast hierzu hat die Staatsrechtslehrervereinigung – soweit ersichtlich – erstmals auf ihrer Corona-Sondertagung mit *Armin Nassehi* einem Nichtmitglied einen Redebeitrag anvertraut. Eine unverkrampfte Offenheit in den interdisziplinären Raum sowie in die Staatsrechtspraxis würde auch die Staatsrechtslehrertagungen auffrischen, weil damit nicht überkommene Tradition, sondern das wissenschaft-

---

[60] Anders aber *Schulze-Fielitz*, Wissenschaftskultur (Fn. 3), S. 217, der hier (in *Burke*scher Tradition) eher für einen intrinsischen Wert der Beharrungskräfte des Bewährten plädiert (S. 215 ff.).

[61] Wissenschaftliche Erkenntnis gründet auf fachlicher Rationalität, nicht auf formaler Qualifikation und erst recht nicht auf Tradition. Für die Wissenschaftsfreiheit spiegelbildlich *Klaus Ferdinand Gärditz*, in: Maunz/Dürig, GG, Art. 5 Abs. 3 (Wissenschaft) Rn. 60, 122, 127 f.; *Bernhard Kempen*, Grundfragen des institutionellen Hochschulrechts, in: Hartmer/Detmer (Hrsg.), Hochschulrecht, 3. Aufl. (2017), Kap. 1 Rn. 14.

[62] Die Zahl Habilitierender dürfte nach einer überschlägigen Abschätzung anhand strafrechtlicher Lehrstuhlhomepages bundesweit unter 15 Personen umfassen.

[63] Etwa *Thomas Fischer*, Die strafrechtliche Bewältigung der Finanzkrise am Beispiel der Untreue – Finanzkrise und Strafrecht, ZStW 123 (2011), S. 816; *Herbert Landau*, Die deutsche Strafrechtsdogmatik zwischen Anpassung und Selbstbehauptung – Grenzkontrolle der Kriminalpolitik durch die Dogmatik? ZStW 212 (2009), S. 965; *Sabine Leutheusser-Schnarrenberger*, Fragmentarisches Strafrecht in einer global vernetzten Welt? ZStW 123 (2011), S. 651; *Lutz Meyer-Goßner*, Die Zukunft des Strafverfahrens – Abschied vom Rechtsstaat? ZStW 119 (2007), S. 938.

[64] Zu einer Ausnahme im Rahmen der Einladungspraxis bei der ersten Nachkriegstagung 1949 akribisch *Schulze-Fielitz*, Wissenschaftskultur (Fn. 3), S. 20 ff. Dies war seinerzeit vergangenheitspolitisch, nicht wissenschaftsdiskurspolitisch motiviert und hatte keine Nachfolge gefunden.

[65] *Richard Busch*, Zum Verbrauch der Strafklage bei späterer Erkenntnis anderweitiger Tatgestaltung, ZStW 68 (1956), S. 3; *Fritz Hartung*, Die Beleidigungsdelikte im Entwurf 1959, ZStW 71 (1959), S. 385. Letzterer hat 1963 erneut referiert, jedoch ist der Vortrag nicht veröffentlicht.

[66] So anonym bei *Rönnau/Saliger*, Strafrechtslehrertagung (Fn. 21), S. 15.

liche Erkenntnisinteresse in den Mittelpunkt rückt. Hier könnten wir vom Strafrecht lernen.

Nur wenige Tagungen der Strafrechtslehrervereinigung hatten erkennbar prägenden Einfluss auf die grundlegenden Diskussionen der Fachgemeinschaft.[67] Zu den seltenen Sternstunden[68] zählte etwa die Tagung von 1995, auf der *Günther Jakobs* mit seiner Forderung nach intellektueller Modernisierung nicht nur den Begriff des „Funktionalismus" im Kontext des straftheoretischen Koordinatensystems prägte, an dem sich bis heute nicht wenige reiben, sondern auch den Anachronismus eines alteuropäischen Prinzipiendenkens (paradigmatisch für eine frühere Frankfurter Denktradition) vorführte.[69] Im Übrigen ist die epistemische Kultur der Strafrechtslehrervereinigung der in der Staatsrechtslehre sehr ähnlich. Grundlegende Debatten, die Erkenntnisfortschritt bewirken und den Erkenntnisstand prägen,[70] fanden in der Regel außerhalb der Vereinigungstagungen und meistens längst vorher statt. Wichtig sind etwa der Arbeitskreis, der (in unterschiedlicher Besetzung) die Alternativ-Entwürfe zu gesetzlichen Regelungskomplexen in rechtspolitischer Absicht formuliert und jeweils ein breiteres Spektrum an Strafrechtslehrenden integriert.[71] Wenn ein Thema wissenschaftlich Wellen schlägt, wird es irgendwann von der Vereinigung aufgegriffen, die Referate bilanzieren dann eher, konsolidieren den Meinungsstand und arbeiten sich an dem Vorhandenen ab.[72] Beispielsweise hat kaum eine Debatte die Strafrechtswissenschaft die letzten zwei Deka-

---

[67] Wobei hierbei insoweit Zurückhaltung geboten ist, als angesichts der Trägheit wissenschaftlicher Diskurse ein substantieller Ertrag erst um Jahre verzögert erkannt und angemessen gewürdigt werden mag.

[68] Eine Wegmarke gesetzt hat in den letzten Jahren vielleicht noch *Engländer*, Rechtsgutslehre (Fn. 38), S. 616 ff.

[69] *Günther Jakobs*, Das Strafrecht zwischen Funktionalismus und „alteuropäischem" Prinzipiendenken, ZStW 107 (1995), S. 843.

[70] S. etwa die Fachtagung von 1999 (Fn. 56). Ferner etwa Hefendehl/v. Hirsch/Wohlers (Hrsg.), Die Rechtsgutstheorie, 2003. Breite Wahrnehmung erfahren auch die von *Thomas Fischer* herausgegebenen Tagungsbände der „Baden-Badener Strafrechtsgespräche". Diese exklusive Tagung, zu der Referierende eingeladen werden, die aber nicht der gesamten Strafrechtslehre offensteht, behandelt in kleiner Runde (ca. 15–20 Teilnehmende) fokussiert und konzentriert einzelne Themen (Dogmatik und Praxis des strafrechtlichen Vermögensschadens, 2015; Schuld, 2017; Verdacht, 2017; Beweis, 2019; Gefahr, 2020), bezieht hierbei aber immer auch ausgewählte Richter des BGH mit ein. Die Gesprächsatmosphäre ist hierdurch – so meine Erfahrung als Referent auf einer Tagung – intensiver verdichtet.

[71] Siehe etwa *Felix Bommer/Mark Deiters/Albin Eser/Helmut Frister/Sabine Gleß/Matthias Jahn/Heike Jung/Bernd-Dieter Meier/Rudolf Rengier/Claus Roxin/Kurt Schmoller/Heinz Schöch/Carl-Friedrich Stuckenberg/Torsten Verrel/Thomas Weigend*, Alternativ-Entwurf Abgekürzte Strafverfahren im Rechtsstaat (AE-ASR), GA 2019, S. 1–128; *Albin Eser/Helmut Frister/Frank Höpfel/Barbara Huber/Matthias Jahn/Heike Jung/Bernd-Dieter Meier/Henning Radtke/Rudolf Rengier/Peter Rieß/Franz Riklin/Klaus Rolinski/Claus Roxin/Heinz Schöch/Torsten Verrel/Thomas Weigend*, Alternativ-Entwurf Beweisaufnahme (AE-Beweisaufnahme), GA 2014, S. 1–72; *Günter Heine/Frank Höpfel/Barbara Huber/Heike Jung/Dunja Lautenschläger/Hans Lilie/Bernd-Dieter Meier/Henning Radtke/Rudolf Rengier/Peter Rieß/Franz Riklin/Klaus Rolinski/Claus Roxin/Heinz Schöch/Hans-Ludwig Schreiber/Horst Schüler-Springorum/Torsten Verrel*, Alternativ-Entwurf Leben (AE-Leben), GA 2008, S. 193–270. Zur Geschichte der Alternativ-Entwürfe *Luís Greco/Benjamin Roger*, Strafrechtsreform als Wissenschaft – zum 50-jährigen Jubiläum des Alternativ-Entwurfs eines Strafgesetzbuches 1966, JZ 2016, S. 1125; *Heike Jung*, Auf den Spuren des Strafprozesskonzepts der Alternativ-Entwürfe, GA 2016, S. 266.

[72] Zu den Themen anschaulich *Rönnau/Saliger*, Strafrechtslehrertagung (Fn. 21), S. 6 ff.

den so geprägt wie die ebenfalls von *Jakobs* angestoßene Diskussion um ein „Feindstrafrecht“ als (analytisches) Konzept, das es nicht nur bis in das Feuilleton, sondern auch die staatsrechtlichen Diskurse geschafft hat.[73] Maßgebliche Debattenbeiträge geliefert haben hierfür letztlich Veröffentlichungen jenseits der Strafrechtslehrertagung,[74] die die Vereinigung nur noch okkasionell aufgreifen konnte.

Vorausschauende Perspektiven sind auf der Straf- wie auf Staatsrechtslehrertagung sehr ungewöhnlich.[75] Die Tagungen sind hier wie dort durchweg überraschungsfreie Veranstaltungen, mit wichtiger Chronistenfunktion, aber auch einer gewissen Biederkeit und Zurückhaltung im Zugriff. Während bei zahlreichen Vorträgen auf den Staatsrechtslehrertagungen eine Positionierung im politischen Koordinatensystem greifbar ist, fehlt diese Magnetwirkung auf der Strafrechtslehrertagung, in der vornehmlich Denkschulen miteinander ringen[76] und extra-akademische Adressaten von Debattenbeiträgen allenfalls die Strafsenate des Bundesgerichtshofs sind.

2. Publikation der Referate der Vereinigungstagungen

Den Vorträgen auf der Staatsrechtslehrertagung vergleichbar hat ein Referat auf der Strafrechtslehrertagung exponierte Bedeutung für die Reputation. Im Anschluss an die

---

[73] S. etwa *Otto Depenheuer*, Selbstbehauptung des Rechtsstaats, 2. Auf. (2007), S. 37 ff.; *Udo Di Fabio*, Sicherheit in Freiheit, NJW 2008, S. 421 (423, 424); *Hanno Kube*, Persönlichkeitsrecht, in: Isensee/Kirchhof (Hrsg.), HStR VII, 3. Aufl. (2009), § 148 Rn. 152; *Günter Frankenberg*, Staatstechnik, 2010, S. 258 ff.; *Markus Möstl*, Grundrechtliche Garantien im Strafverfahren, in: Isensee/Kirchhof (Hrsg.), HStR VIII, 3. Aufl. (2010), § 179 Rn. 9; *Gerd Roellecke*, Der Rechtsstaat im Kampf gegen den Terror, JZ 2006, S. 265 (269); *ders.*, Staatsrechtliche Miniaturen, 2013, S. 229 ff.

[74] Zunächst kritisch verwendet bei Günther *Jakobs*, Kriminalisierung im Vorfeld einer Rechtsgutverletzung, ZStW 97 (1985), S. 751 (783 f.), auf der Frankfurter Strafrechtslehrertagung von 1985. Insoweit wurde der Begriff eher wohlwollend aufgegriffen, nicht weiter diskutiert und geriet in Vergessenheit. Zum Fanal wurde er durch ein Tagungsreferat, das sich vor allem mit der damaligen Renaissance des Völkerstrafrechts kritisch befasste, aber oftmals als positives Ordnungskonzept gedeutet wurde, Feinde als solche jenseits rechtsstaatlicher Garantien zu bekämpfen. S. *Günther Jakobs*, Das Selbstverständnis der Strafrechtswissenschaft vor den Herausforderungen der Gegenwart, in: Eser/Hassemer/Burkhardt (Hrsg.), Die Deutsche Strafrechtswissenschaft vor der Jahrtausendwende, 2000, S. 47 (51 ff.). Die spätere Diskussion ist unübersichtlich. Zusammenfassung der Argumente bei *Klaus Ferdinand Gärditz*, Das Strafrechtsdenken von Günther Jakobs aus der Sicht der Staats- und Verfassungstheorie, in: Kindhäuser u. a. (Hrsg.), Strafrecht und Gesellschaft, 2019, S. 709 (726–732).

[75] Symptomatisch etwa die beiden Jahrestagungen 2019, als der Brexit und die Rechtsstaatskrise in einigen Mitgliedstaaten die Europäische Union erschüttern, immer mehr Staaten zunehmend in den Autoritarismus abgleiten und in der politischen Wissenschaft kontrovers darüber diskutiert, ob das Modell der liberal-rechtsstaatlichen Demokratie als Ordnungsidee überlebensfähig ist, befasst sich die 79. Staatsrechtslehrertagung in Marburg unter dem Mantelthema „Öffentliches Recht und Privatrecht“ mit Problemen, die auch 1970 niemanden durch zu viel Innovation überfordert hätten, während die Kolleginnen und Kollegen in Hannover das brennende Thema „Fahrlässigkeit“ auf der Agenda hatten. Etwa die 73. Staatsrechtslehrertagung in Greifswald zum programmatisch klingenden Thema „Zukunftsgestaltung durch Öffentliches Recht“ präsentierte sich ganz überwiegend als Retrospektive auf vergangene Debatten über die Zukunftsfähigkeit von Rechtsinstituten. Die verdienstvolle Sondertagung der Staatsrechtslehre zur Corona-Pandemie 2021 in Wien markiert hier eine erfreuliche Ausnahme und wäre vielleicht ein zukunftsfähiges Modell.

[76] Dazu unten VII. 3., S. 968 f.

Tagung werden die Referate allerdings nicht in einem Tagungsband (wie VVDStRL), sondern – oft auch unvollständig – in ZStW veröffentlicht, meist in Heft 4 des Quartalsarchivs, bisweilen bereits in Heft 3. Staatsrechtslehrervorträge haben oftmals den Umfang von kleineren Monografien zwischen 50 und 100 Druckseiten, gehen also nicht immer, aber doch typischerweise im Umfang über normale Aufsätze in Archiven hinaus. Das ist der großen Bedeutung geschuldet, die dem Vortrag mit Recht immer noch beigemessen wird. Das Vortragsthema der Staatsrechtslehrertagung ist für die Referierenden oftmals akademisch identitätsprägend und entfaltet eine hohe persönliche Identifikationskraft, weshalb meistens sehr viel Herzblut in die Vorbereitung mit dem Anspruch gesteckt wird, ein in der Regel komplexes Thema auch wirklich durchdrungen zu haben. Insoweit wurde zugleich ein beständiges Wachstum des Umfangs der Druckfassungen festgestellt, nicht zuletzt durch die Fußnotenapparate,[77] die eben nicht nur dem Nachweis, sondern auch der Erläuterung der in ihrer Verknappung oftmals sehr voraussetzungsvollen Thesen dienen.[78] Vergleichbares lässt sich für die Vortragsmanuskripte der Strafrechtslehrerreferate in ZStW nicht feststellen. Diese entsprechen gewöhnlichen Aufsätzen und bleiben in der Länge durchweg deutlich hinter den nicht seltenen Mammut-Abhandlungen zurück, die das Journal immer wieder bringt.

Die Veröffentlichungsreihe VVDStRL tritt, was Diskursebene und integrierende Kraft der Themen betrifft, funktional neben die traditionellen Archive (sprich: AöR sowie die Nachkriegsgründungen der 1960er Jahre Der Staat, Die Verwaltung). Die Referate der Strafrechtslehrertagung werden hingegen in ein Archiv integriert. Der Vorzug einer eigenen Schriftenreihe liegt gewiss in der exponierten Sichtbarkeit, aber auch in dem identitätsstiftenden Format, in dem eine geschlossene Fachgemeinschaft trotz der Individualität der Einzelbeiträge immer auch als Denkkollektiv mit einem gemeinsamen Wahrnehmungsanspruch auftritt.

Sehr detaillierte Tagungsberichte werden von (nicht zwingend bereits promovierten) Mitarbeiterinnen und Mitarbeitern vor allem der an der Ausrichtung der Tagung beteiligten Fakultät verfasst und in ZStW jeweils in dem Heft veröffentlicht, in dem auch die Tagungsreferate abgedruckt werden.[79] Die Berichte erfüllen die Funktion, den Verlauf der Diskussion zu dokumentieren, der (anders als in VVDStRL) nicht im Wortlaut mit Redebeiträgen gedruckt wird. Kurzberichte der Strafrechtslehrertagungen erscheinen traditionell (aber nicht ausschließlich) in der Juristenzeitung. Auffällig oft tauchen die

---

77 *Schulze-Fielitz*, Wissenschaftskultur (Fn. 3), S. 163 f.

78 Hierbei darf nicht vergessen werden, dass der zu verarbeitende Rechtsstoff beständig anwächst und zudem heute die Regelungsschichten von Verfassungs-, Verwaltungs-, Unions- und Völkerrecht immer stärker ineinandergreifen, was die Kognitionserfordernisse deutlich erhöht.

79 Für die letzten beiden Tagungen *Omar Abo Youssef/Gunhild Godenzi*, Diskussionsbeiträge der Strafrechtslehrertagung 2013 in Zürich, ZStW 125 (2013), S. 659; *Dominik Brodowski*, Diskussionsbeiträge der 36. Tagung der deutschsprachigen Strafrechtslehrerinnen und Strafrechtslehrer 2015 in Augsburg, ZStW 127 (2015), S. 691; *Lutz Eidam/Karsten Gaede*, Diskussionsbeiträge der Strafrechtslehrertagung 2009 in Hamburg, ZStW 121 (2009), S. 985; *Andreas Peikert/Angelika Reinelt/Katharina Witt*, Diskussionsbeiträge der 38. Tagung der deutschsprachigen Strafrechtslehrerinnen und Strafrechtslehrer 2019 in Hannover, ZStW 131 (2019), S. 1126; *Antje Schumann/Benno Zabel*, Diskussionsbeiträge der Strafrechtslehrertagung 2011 in Leipzig, ZStW 123 (2011), S. 827; *Martin Stricker*, Diskussionsbeiträge der 37. Strafrechtslehrertagung in Wien, ZStW 129 (2017), S. 1075.

Berichtenden später als Inhaber von Lehrstühlen wieder auf,[80] was darauf hindeuten mag, dass die Betrauung mit dem anspruchsvollen Tagungsbericht eine Auszeichnung für den Nachwuchs mit gewissem Vertrauensvorschuss ist oder jedenfalls war.

VII. Wissenschaftskultur

Schließlich gibt es wissenschaftskulturelle Besonderheiten im Vergleich zwischen Straf- und Staatsrechtslehre. Die begrenzte Griffigkeit von „Kultur" macht es hierbei unvermeidbar, auch subjektive Bewertungen vorzunehmen, die auf langjährigen Beobachtungen beider Fachkulturen beruhen, die sich aber nicht immer statistisch verdaten oder anhand einzelner Veröffentlichungspfade nachweisen lassen.[81] Mit dem analytisch groben Pinselstrich geht dann unvermeidbar ein zurückgenommener Anspruch auf Deutungssicherheit einher. Sieben Beobachtungen:

1. Divergente Grundlagenorientierung?

Lange Zeit hat sich die Strafrechtslehre durch eine stärkere Orientierung an Grundlagen jenseits des geltenden Rechts ausgezeichnet. Das ist die andere Seite der Medaille einer dominant gesetzgebungskritischen Grundhaltung, die sich insoweit von der Staatsrechtslehre abhebt, als sich diese jedenfalls seit den 1980er Jahren – auch im Bann der Rechtsprechung[82] – (nicht nur, aber doch vornehmlich) als Forum für Verwaltungs- und Verfassungsrechtsdogmatik verstand, was freilich auch immer wieder programmatische Ausnahmen kannte. Differenzen scheinen hier zunehmend zu verblassen, weil auch im Öffentlichen Recht sowohl eine interdisziplinäre Öffnung[83] als auch eine stärkere Revitalisierung theoretischer Traditionen festzustellen ist. Das spiegelt sich auch im Setting der Staatsrechtslehrertagungen wider,[84] weshalb sich beide Fachgesellschaften in ihrer ge-

---

[80] Etwa *Walter Gropp*, Diskussionsbeiträge der Strafrechtslehrertagung 1983 in Bern, ZStW 95 (1983), 992; *ders.*, Tagungsbericht Diskussionsbeiträge der Strafrechtslehrertagung 1985 in Frankfurt aM, ZStW 97 (1985), S. 919; *Florian Jeßberger/Claus Kreß*, Diskussionsbeiträge der Strafrechtslehrertagung 2001 in Passau, ZStW 113 (2001), S. 827; *Otto Lagodny*, Diskussionsbeiträge der Strafrechtslehrertagung 1989 in Trier, ZStW 101 (1989), S. 908; *Wolfgang Mitsch*, Strafrechtslehrertagung 1989, JZ 1989, S. 1047; *Walter Perron*, Diskussionsbeiträge der Strafrechtslehrertagung 1987 in Salzburg, ZStW 99 (1987), S. 637; *Rudolf Rengier*, Strafrechtslehrertagung 1985, JZ 1985, S. 936; *Thomas Weigend*, Diskussionsbeiträge der Strafrechtslehrertagung 1981 in Bielefeld, ZStW 93 (1981), S. 1271; *ders.*, Diskussionsbeiträge der Strafrechtslehrertagung 1981 in Bielefeld, ZStW 94 (1982), S. 46; *Frank Zieschang*, Diskussionsbeiträge der Strafrechtslehrertagung 1995 in Rostock, ZStW 107 (1995), S. 907.

[81] Manches ließe sich auch nachweisen, würde aber eine umfangreiche Darstellung des Schrifttums über längere Zeiträume erfordern, die aus Platzgründen nicht geleistet werden kann.

[82] Pointiert *Bernhard Schlink*, Die Entthronung der Staatsrechtswissenschaft durch die Verfassungsgerichtsbarkeit, Der Staat 28 (1989), S. 161; relativierend (insbesondere zu dem gegenläufigen Einfluss auf das Bundesverfassungsgericht) *Klaus Ferdinand Gärditz*, Verfassungsentwicklung und Verfassungsrechtswissenschaft, in: Herdegen u. a. (Hrsg.), Handbuch des Verfassungsrechts, 2021, § 4 Rn. 98 ff.

[83] *Schulze-Fielitz*, Wissenschaftskultur (Fn. 3), S. 202.

[84] Verwiesen sei exemplarisch auf die 67. Staatsrechtslehrertagung in Freiburg („Die Leistungsfähigkeit der Wissenschaft des Öffentlichen Rechts"), die 71. Staatsrechtslehrertagung in Münster („Grund-

sunden Mischung aus wissenschaftlicher Beschreibung des geltenden Rechtsstoffs und beobachtender Theoretisierung heute erfreulich ähnlich gegenüberstehen.

2. Positivismus-Skepsis versus Demokratizität

Gleichwohl steht doch weiterhin die (im besten Sinne!) „positivistische" Kultur der Staatsrechtslehre einer sehr stark philosophisch inspirierten Fachkultur der Strafrechtslehre mit ihren theorieaffinen Diskursstilen gegenüber,[85] die auf intellektuelle Distanz zu den vermeintlichen Niederungen praktischer Rechtsetzung Wert legt.[86] Dies führt verbreitet immer noch zu einem Fremdeln mit den Funktionsbedingungen demokratischer Gesetzgebung. Viele ziehen die Behaglichkeit eines Paralleluniversums vor, welches sie sich in einem (überschaubaren) Schneckenhäuschen gemütlich eingerichtet haben. Der (unvermeidbar vergröbernd-schablonenhafte) Befund kontrastiert mit der Staatsrechtslehre, für die ein Antichambrieren in den Korridoren der Macht nachgerade stilprägend ist. Die Grundpolitizität der Staatsrechtslehre, die den reinen Fachdiskurs transzediert,[87] hat dieser (gerade im internationalen Vergleich) erhebliche Bedeutung in der Verfassungswirklichkeit gesichert.[88] Anders das Strafrecht: Die verbreitete (tendenziell anti-positivistische) Abneigung gegen den demokratischen Prozess, der das Strafrecht theorieabstinent als Technik beliebiger sozialer Konfliktlösung einsetzt, eine oftmals deutliche Prägung durch Denkschulen der idealistischen Philosophie, die zwar bestechend scharfe Straftheorien hervorgebracht haben, aber die Tristesse einer *lex lata* nicht wirklich erklären können, und eine Formation von Theorien „mit dem Rücken zur Wirklichkeit"[89] haben die Strafrechtswissenschaft weitgehend um ihre Anschlussfähigkeit und vergleichbaren Einfluss gebracht. Historisch war dies – auch in der Strafrechtslehrervereinigung[90] – kei-

---

satzfragen der Rechtsetzung und Rechtsfindung", 74. Staatsrechtslehrertagung in Düsseldorf, die Methodenfragen in den Mittelpunkt rückte, die 75. Staatsrechtslehrertagung in Speyer („Verfassung als Ordnungskonzept"), die 79. Staatsrechtslehrertagung in Marburg („Öffentliches Recht und Privatrecht"). Jeweils trugen Themen und Referate nicht nur, aber überwiegend eine theoretisierende Handschrift.

[85] Instruktive und differenzierte Bilanz bei *Tatjana Hörnle*, Strafrecht und Rechtsphilosophie: Traditionen und Perspektiven, in: FS Juristische Fakultät der HU Berlin, 2010, S. 1265; *dies.*, Gegenwärtige Strafbegründungstheorien, in: v. Hirsch/Neumann/Seelmann (Hrsg.), Strafe – Warum?, 2011, S. 11.

[86] Programmatisch *Günther Jakobs*, Strafrecht als wissenschaftliche Disziplin, in: Engel/Schön (Hrsg.), Das Proprium der Rechtswissenschaft, 2007, S. 104 (105 f.). Wäre sein Verständnis zutreffend, dass sich Strafrechtswissenschaft im Wesentlichen auf die Legitimierung von Strafe beschränken solle, müsste man fragen, nachdem alle Argumente hierzu schon seit Dekaden ausgetauscht wurden, ob das Fach konsequent das Licht ausschalten müsste.

[87] *Schulze-Fielitz*, Wissenschaftskultur (Fn. 3), S. 82, 108.

[88] *Schulze-Fielitz*, Wissenschaftskultur (Fn. 3), S. 17.

[89] *Michael Kubiciel*, Mit dem Rücken zur Wirklichkeit: Die Strafrechtswissenschaft in der Berliner Republik, in: Duve/Ruppert (Hrsg.), Rechtswissenschaft in der Berliner Republik, 2018, S. 358 (360 f.).

[90] Schon die Strafrechtslehrertagung 1954 sollte maßgeblich die Große Strafrechtsreformkommission unterstützen. Auch in den 1960er Jahren war die Strafrechtslehrervereinigung noch aktiv in die Reformdiskussionen eingebunden und spiegelte die Entwürfe der Reformkommission in ihren Tagungsdebatten unter Einbeziehung der Politik und Ministerialverwaltung. Vgl. die Mainzer Tagung 1961 zum „E 1960"; die Hamburger Tagung 1964 zum Allgemeinen Teil des „E 1962"; die Freiburger Tagung 1965 zu den Sexualdelikten des „E 1962". Nachw. der Themen, der Referenten und der nur teilweise veröffent-

neswegs vorgezeichnet.[91] Beispielsweise war die Internationale Kriminalistische Vereinigung eine sehr aktive und immer wieder auch erfolgreiche Reformbewegung. Erst in der Nachkriegszeit führte das Misstrauen in eine staatliche Gewalt, deren totalitärer Missbrauch unter NS-Herrschaft allen im aktuellen Bewusstsein war, zu einem Ermatten strafrechtlicher Reformbewegungen sowie ihres sozialen Gestaltungsanspruchs in der Wissenschaft und zu einer Rückbesinnung auf idealistische Traditionen,[92] die dann seit den späten 1970er-Jahren zunehmend dominanter wurden. Andererseits gewinnt der dominante Teil einer (gewiss: immer auch heterogenen) Strafrechtslehre ihre spezifische Politizität gerade aus dieser Distanz, die es ihr ermöglicht, kompromisslos (und fruchtlos) für eingeschliffene Ideale der Rechtsstaatlichkeit und ein Strafrecht *more geometrico* zu streiten. Offenkundig plagen die Strafrechtslehre keine Zweifel, ob man sich auch rechtspolitisch positionieren soll.[93] Der zarte Zauber praktischer Bedeutungslosigkeit im politischen Raum vermeidet von vornherein die Versuchungen, die die (scheinbare) Nähe zur Macht bietet.

Wissenschaftlich-akademischer Purismus führt freilich zu einem Verlust an Härtetests praktischer Bewährung. Im Strafrecht lassen sich auch exzentrische Positionen jenseits praktischer Urteilsfähigkeit leicht formulieren und aufrechterhalten, weil sie mangels Erprobung nie an den Klippen gesellschaftlicher Wirklichkeit zerschellen werden. Für eine Wissenschaft, deren Gegenstand das Recht und damit ein artifizielles soziales Konstrukt ist, das erst in realen Institutionen und ihren Praktiken lebendig sowie tauglicher Beobachtungsgegenstand wird,[94] sollte Wirklichkeitsabstinenz aber kein Gütesiegel sein. Eine Strafrechtswissenschaft, die sich der Politizität und Demokratizität des geltenden Rechts verweigert, verliert Probleme aus den Augen, die Rechtslehre erst als wissenschaftliche Disziplin konstituieren. Aus wissenschaftlicher Erkenntnis folgt kein geltendes Recht.[95] Rechtsdogmatik kann Rechtsinhalte beschreiben, nicht setzen, Rechtsphilosophie kann begründen, nicht Geltung erzeugen. Nicht alle Teile der Strafrechtslehre wollen diese Trivialität hinnehmen.[96] Die Nähe der Staatsrechtslehre und ihrer Erkenntniszugänge zu Institutionen des demokratischen Rechtsstaates bedeutet – posi-

---

lichten Referate bei *Rönnau/Saliger*, Strafrechtslehrertagung (Fn. 21), S. 14–16. Auch die Entstehung des Arbeitskreises Alternativ-Entwurf ist eine Reaktion auf die als zu zögerlich angesehene Reformgesetzgebung. Zur prononciert rechtspolitischen Agenda der Vorgängerorganisation IKV, die maßgeblich *Franz von Liszt* und seine Schüler wie *Gustav Radbruch* vorantrieben, auch *Driendl*, Strafrechtslehrertagung (Fn. 22), S. 4 f., 14 f.

[91] Zahlreiche Theoretiker und konzeptionelle Vordenker des modernen Strafrechts waren auch als Strafrechtsreformer wirkmächtig und hatten praktischen Einfluss. Man denke etwa an *Paul Johann Anselm Feuerbach* oder *Carl Joseph Anton Mittermaier*.

[92] *Max Grünhut*, The Reform of Criminal Law in Germany, The British Journal of Criminology 2 (1961), S. 171 (172).

[93] Skeptisch aber für die Staatsrechtslehre *Schulze-Fielitz*, Wissenschaftskultur (Fn. 3), S. 40 f.

[94] Für das Strafrecht auch *Winfried Hassemer*, Das Proprium der Strafrechtswissenschaft, in: Engel/Schön (Hrsg.), Das Proprium der Rechtswissenschaft, 2007, S. 185 (188 f.).

[95] Zu Differenz nur *Wolfgang Ernst*, Gelehrtes Recht, in: Engel/Schön (Hrsg.), Das Proprium der Rechtswissenschaft, 2007, S. 3 (7 ff.).

[96] So ist auch der Titel der Hallenser Strafrechtslehrertagung 1999 „Gesetzgebung ohne Strafrechtswissenschaft?" ein beleidigter Rebellionsversuch gegen die Strafrechtsreform 1998, die der Gesetzgeber verabschiedet hat, ohne die Bedenken der Strafrechtslehre aufzugreifen.

tiv gewendet – umgekehrt doch auch hinreichende Bodenhaftung oder – im wissenschaftstheoretischen Koordinatensystem[97] – die notwendige[98] Anbindung an *middle range theories*, deren Beschreibungsformat Überabstraktionen vermeidet.

Nicht selten verschwimmen in Strafrechtsdiskursen intern-binnenrechtliche und extern-rechtskritische Argumentationsebenen.[99] Der Versuchung von *Kant* oder *Hegel*, ohne die steinigen und kurvenreichen Umwege über eine rechtsstaatliche Ideengeschichte und politische Systembrüche nehmen zu müssen, auf eine (wie auch immer verortete) Illegitimität zu schließen, wird nicht immer widerstanden. Vielleicht ist aber auch hier die praktische Differenz tatsächlich kleiner, als sie auf dem Papier erscheint. Die Verfassungsrechtswissenschaft operiert typischerweise mit abstrakten Kategorien, unter deren Mantel sich ebenfalls viele ideologische Vorverständnisse verbergen lassen, deren Implizität erst über den Umweg der Re-Theoretisierung sichtbar gemacht werden muss.[100] Nicht jedem wissenschaftlichen Verdikt der Verfassungswidrigkeit gelingt die Rückankopplung an das positive Recht. Man sagt dann nur nicht *Hegel*, sondern Menschenbild oder Leitidee.

3. *Schulendenken*

Für die Staatsrechtslehre wird mit Recht positiv bewertet, dass ein überkommenes Denken in (vermeintlichen) Schulen weitgehend verblasst ist.[101] In der Strafrechtslehre hat hingegen eine anachronistische Schulenkultur überlebt und bisweilen eine unversöhnliche Streitbarkeit an der Grenze gegenseitiger Sprachlosigkeit produziert. So räumte jüngst ein exponierter und szeneprägender Strafrechtslehrer unumwunden ein: „Es gibt zu einigen grundsätzlichen Fragen konträre theoretische Ausgangspositionen, deren jeweilige Anhänger sich gegenseitig nicht viel (Freundliches) zu sagen haben."[102] Das hat gewiss auch damit zu tun, dass es im Strafrecht schnell „ums Ganze" geht und hinter scheinbar trivialen Dogmenstreitigkeiten sehr oft fundamental divergente Philosophien sowie Weltbilder stehen. Den diskursiven Rationalisierungsleistungen einer Disziplin, die gerade darin bestehen, sich über Wertungsdivergenzen hinweg auf der Grundlage gemeinsam akzeptierter Rationalitätskriterien argumentativ auszutauschen, ist dies jedoch abträglich[103] und wird hoffentlich überwunden. Die Staatsrechtslehre ist hier besser aufgestellt und war dies bereits in Zeiten, in denen ideologische Gräben – zwischen reaktionären Alt-Etatisten und wissenschaftlichen Marxisten – noch deutlich breiter

---

97 *Robert K. Merton*, Social Theory and Social Structure, 1968, S. 39 ff.

98 *Oliver Lepsius*, The Quest for Middle-Range Theories in German Public Law, I•CON 12 (2014), S. 692 ff.

99 Kritisch *Klaus Ferdinand Gärditz*, Strafbegründung und Demokratieprinzip, Der Staat 49 (2010), S. 331; *Carl-Friedrich Stuckenberg*; Grundrechtsdogmatik statt Rechtsgutslehre, GA 2011, S. 653.

100 Vgl. *Matthias Jestaedt*, Die Verfassung hinter der Verfassung, 2009, S. 19 ff.; *ders.*, Verfassungstheorie als Disziplin, in: Depenheuer/Grabenwarter (Hrsg.), Verfassungstheorie, 2010, § 1 Rn. 28.

101 *Schulze-Fielitz*, Wissenschaftskultur (Fn. 3), S. 200 f.

102 *Thomas Weigend*, Diskurs statt Diffamierung: Über die Funktion von Buchrezensionen, KriPoZ 2021, S. 185.

103 Kritisch *Klaus Ferdinand Gärditz*, Strafrechtslehre als Wissenschaft? ZIS 2021, S. 413 (414–416).

waren. In der Nachkriegszeit konzentrierte man sich auf vorhandene Gemeinsamkeiten und Kontinuitäten.[104] Während die konfliktfreie Konvergenz der Staatsrechtslehre unter den fachprägenden Funktionsbedingungen des pluralistischen, international offenen und demokratischen Rechtsstaats Anlässe für weltanschauliche Fundamentalkonflikte weitestgehend beseitigt hat, was einer gedeihlichen staatsrechtlichen Diskurskultur förderlich war, bleibt die Strafrechtslehre oftmals kompromisslosen Debatten verhaftet, deren Wurzeln bisweilen bis ans Ende des 18. Jahrhunderts zurückreichen.

4. Personeller Einfluss auf Institutionen

Die Staatsrechtslehre ist geprägt von einem im Vergleich mit anderen Disziplinen extrem großen Einfluss auf die rechtsanwendenden Institutionen. Durch Kommentierung, Gutachten, Politikberatung und Prozessvertretung nehmen Mitglieder der Staatsrechtslehrervereinigung permanent auch als Akteure am Verfassungsleben teil.[105] Vergleichbare Bedeutung kommt der Strafrechtslehre jedenfalls gegenwärtig offenkundig nicht zu. Zuletzt gelangte vor 25 Jahren mit *Winfried Hassemer* (* 1940 † 2014) ein Strafrechtslehrer aus seinem Professorenamt als Richter an das Bundesverfassungsgericht (1996–2008). Er hat dort gerade im Strafrecht allenfalls oberflächliche Spuren hinterlassen[106] und hatte sich vor allem um das Religionsverfassungs- und Bundesstaatsrecht verdient gemacht.[107] Das Gericht wird heute von Staatsrechtslehrerinnen und -lehrern dominiert.[108] Dass sich mit *Henning Radtke* ein Strafrechtslehrer nach 13 Jahren in der Wissenschaft als Richter an den Bundesgerichtshof wählen lässt, wäre in einem vergleichbaren Fall in der Staatsrechtslehre mit Verständnislosigkeit aufgenommen worden. Seit 2018 ist er freilich Richter des Bundesverfassungsgerichts, wohin er als „Richter-Richter" (vgl. § 2 Abs. 3 BVerfGG) und nicht als Hochschullehrer gelangt ist.

5. Fachgesellschaft als Anker fachlicher Kohärenz

Für die Staatsrechtslehre besteht die Besonderheit ihrer Jahrestagungen vor allem darin, das sehr disparate und stark in Teildisziplinen aufgefächerte „Staatsrecht" auf der Matrix eines gemeinsamen disziplinären Gegenstandes immer wieder integrierend zusammen-

---

[104] Vgl. anschaulich *Schulze-Fielitz*, Wissenschaftskultur (Fn. 3), S. 5 ff.

[105] Akribisch *Andreas Voßkuhle*, Die politischen Dimensionen der Staatsrechtslehre, in: Schulze-Fielitz (Hrsg.), Staatsrechtslehre als Wissenschaft, 2007, S. 135.

[106] Der Fall zu seinem Lebenszeitthema von Strafgewalt und Kriminalisierung erreichte ihn als Berichterstatter mit der Verfassungsbeschwerde in Sachen Geschwisterinzest. Am Ende schrieb er ein leidenschaftliches abweichendes Sondervotum: BVerfGE 120, 224 (255–273) [2008]. Namentlich BVerfGE 105, 135 [2002] – Vermögensstrafe, blieb schillernd und betraf ein Randthema.

[107] S. BVerfGE 99, 100 [1998] – St. Salvator; BVerfGE 102, 270 [2000] – Zeugen Jehovas; BVerfGE 106, 62 [2002] – Altenpflege, als die folgenreichste Entscheidung, die aufgrund der Länderfreundlichkeit dann zu einer einschränkenden Korrektur des Art. 72 Abs. 2 GG im Rahmen der Föderalismusreform I führte.

[108] Derzeit sind in beiden Senaten jeweils ein Richter und drei Richterinnen Mitglieder der Staatsrechtslehrervereinigung.

zubringen.[109] Die Staatsrechtslehrervereinigung wirkt den starken Zentrifugalkräften fachlicher Ausdifferenzierung im extrem inhomogenen Öffentlichen Recht entgegen und erhält die Restkohärenz eines Faches, das anderenfalls anhand seiner immer spezifischere Kenntnisse erfordernden Teilmaterien und ihrer professionellen Scherkräfte („Spezialisierung mit Scheuklappen“[110]) auseinanderdriften würde. Daher liegt der Fokus der Jahrestagungen auch durchweg auf Grundsatzthemen, deren gemeinsame Diskussion den Mitgliedern in ihrer Heterogenität und fachlichen Vielfalt noch möglich ist. Die Strafrechtslehre hat demgegenüber ein deutlich geringeres Bedürfnis nach einem Ort fachlicher Kohärenzsicherung, schlicht weil der behandelte Rechtsstoff viel überschaubarer ist. Das Nebenstrafrecht, das (dem verästelten Fachverwaltungsrecht vergleichbar) noch am ehesten spezifisches Sonderwissen erfordert, spielt (jenseits des Medizin- und Wirtschaftsstrafrechts[111]) keine Rolle, weil es meist mit erhabener Geringschätzung als Erbsenzählerei vernachlässigt wird und nicht disziplinprägend wirkt. Schon das Strafprozessrecht, das für grundsätzliche staatstheoretische Verständnisse öffentlicher Gewalt, die im Strafrecht kondensiert und mit besonderer Schärfe auftritt, oftmals deutlich ergiebiger wäre als das materielle Recht, gilt verbreitet zu Unrecht als intellektuell unsexy.[112] Die kondensierten Interessen der Fachgemeinschaft, deren Fokus auf den allgemeinen Zurechnungslehren liegt, führen bereits für sich zu einer vergleichsweise großen Kohärenz. So besehen taugt beinahe jedes beliebige Strafrechtsthema für die Tagung und das Portfolio der Vorträge wirkt entweder eher bunt zusammengewürfelt oder bleibt so abstrakt, dass unter dem Schirm allgemeiner Topoi sehr Heterogenes seinen Platz finden kann.[113]

6. Publikationsforen für wissenschaftliche Grundsatzdebatten

Die schriftliche Diskussionskultur im Öffentlichen Recht leidet zunehmend auch unter einer explosionsartigen Zunahme an Spartenjournalen, die immer kleinere Mikrothemen insbesondere des Verwaltungsrechts bedienen. Wissenschaftliche Themen einerseits und Praxisthemen andererseits verschwimmen hierbei. So werden beispielsweise im Umweltrecht auch sehr grundsätzliche Debatten heute kaum mehr in den traditionellen Archiven geführt, sondern in den zentralen Fachjournalen des Umweltrechts (z. B. EurUP, NuR, ZUR). In der Strafrechtswissenschaft ist das Feld der Kernzeitschriften zwar um ein paar Journale mit fachspezifischen Sonderinteressen im Laufe der Jahre erweitert worden (z. B. medstra, WiStra, NZWiSt, ZWH, KriPoZ), die Foren, in denen die prägenden wissenschaftlichen Debatten ausgetragen werden, sind aber erstaunlich

---

[109] *Schulze-Fielitz*, Wissenschaftskultur (Fn. 3), S. 216 f.

[110] *Schulze-Fielitz*, Wissenschaftskultur (Fn. 3), S. 97.

[111] Hier geht es im Kern ebenfalls letztlich wieder um allgemeine Zurechnungsfragen, bei denen alle mitreden können.

[112] Berechtigte Kritik *Tonio Walter*, Gedanken zur deutschsprachigen Strafrechtswissenschaft, ZIS 2021, S. 298 (309).

[113] So etwa bei der letzten Tagung im Jahr 2019 in Hannover, die den Fokus auf die Fahrlässigkeit legte.

konstant geblieben. Neben den Traditionsarchiven ZStW und GA stehen noch StV und NStZ (beide gegründet 1981) zur Verfügung, die als Relaisorgane in die Rechtsanwendungspraxis fungieren. Besonderen Eigenstand hat das extrem erfolgreiche Online-Journal „Zeitschrift für Internationale Strafrechtsdogmatik" (ZIS) erlangt,[114] das zu einem zentralen Organ strafrechtswissenschaftlicher Debatten avanciert ist und vor allem zeitnah auch längere Beiträge zu Gegenwartsfragen ermöglicht.[115] ZIS belegt insoweit eindrucksvoll, dass sich ein digitales Open-Access-Format und wissenschaftliche Qualitätssicherung nicht gegenseitig ausschließen. Vergleichbares fehlt der Staatsrechtslehre. Das Journal wurde aufgrund eines internen Streits seit 2022 als „Zeitschrift für Internationale Strafrechtswissenschaft" fortgeführt.

7. Internationalisierung

Die Internationalisierungsprozesse in der Staatsrechtslehre und ihre unvermeidbaren Grenzen, die sich aus dem fachlichen Gegenstand ergeben,[116] finden sich im Strafrecht in ähnlicher Weise, obgleich eher zeitverzögert.[117] Die Europäisierung von Teilen des besonderen Strafrechts und des Strafprozessrechts, der institutionelle Bedeutungszuwachs des Völkerstrafrechts und eine Revitalisierung älterer komparatistischer Traditionen hat die strafrechtswissenschaftlichen Debatten aufgefrischt. Schrille Abwehrreaktionen gegen die Europäisierung,[118] die in dieser Form (und peinlichen Unterkomplexität) in der Staatsrechtslehre kaum denkbar wären oder jedenfalls nicht ernst genommen würden, gehören zunehmend der Vergangenheit an. Eine größere Skepsis etwa gegenüber den funktionalistischen Ansätzen des Unionsrechts in Bezug auf strafrechtliche Sanktionen speisen sich weniger aus nationalstaatlichen Beharrungskräften denn aus einer nachvollziehbaren Sorge, die Erträge aus einer über 200-jährigen strafrechtswissenschaftlichen Theoriediskussion könnten leichtfertig verspielt werden.

---

114 Die Zeitschrift wurde 2005 ins Leben gerufen.

115 Vgl. die Selbstbeschreibung auf der Homepage (www.zis-online.com): „So soll ZIS insbesondere Raum geben für – auch längere – wissenschaftliche Aufsätze zum Deutschen und Internationalen Strafrecht und Strafprozessrecht. Die mittlerweile üblichen langen Wartezeiten bis zur Veröffentlichung entfallen hierbei grundsätzlich ebenso wie die häufig anzutreffende Unmöglichkeit, einen (neuen) wissenschaftlichen Gedanken auf größerem Raum zu entwickeln, ohne sogleich eine, meist finanziell unrentable selbständige Veröffentlichung anstreben zu müssen".

116 *Schulze-Fielitz*, Wissenschaftskultur (Fn. 3), S. 208 ff.

117 Eine Ausnahme bildete die akzentuiert internationale Strafrechtslehrertagung von 1953 mit zwei grundlegenden Referaten: *Hans-Heinrich Jescheck*, Die Strafgewalt übernationaler Gemeinschaften, ZStW 65 (1953), S. 496; *Hellmuth von Weber*, Die strafrechtliche Bedeutung der europäischen Menschenrechtskonvention, ZStW 65 (1953), S. 334. Die nächste international akzentuierte Tagung folgte erst 1997.

118 Symptomatisch und wirkmächtig *Bernd Schünemann*, Ein Gespenst geht um in Europa – Brüsseler „Strafrechtspflege" intra muros, GA 2002, S. 501; *ders.*, Fortschritte und Fehltritte in der Strafrechtspflege der EU, GA 2004, S. 193; *ders.*, Europäischer Sicherheitsstaat = europäischer Polizeistaat? ZIS 2007, S. 528; *ders.*, Spät kommt ihr, doch ihr kommt: Glosse eines Strafrechtlers zur Lissabon-Entscheidung des BVerfG, ZIS 2009, S. 393; *ders.*, Noch einmal: Zur Kritik der rechtsstaatlichen Bresthaftigkeit der EU-Geldsanktionengesetzes, des europatümelden strafrechtlichen Neopositivismus und seiner Apologie von Böse, ZIS 2010, S. 735.

VIII. Perspektiven zweier öffentlich-rechtlicher Fächer

Vergleichend ist ein deutlich größeres Interesse der Strafrechtslehre am Staatsrecht zu erkennen als der Staatsrechtslehre an strafrechtlichen Problemen. Wechselseitige Diskurse bleiben ausbaufähig. Eine möglicherweise tragende Attitüde der Staatsrechtslehre, das Strafrecht als zu bedeutungslos und zu introvertiert einzuordnen, um es ernst nehmen zu müssen, würde freilich weder der gesellschaftlichen Wirklichkeit noch dem wissenschaftlichen Deutungsbedarf gerecht. Die Strafrechtspflege ist ein gewaltiges Segment innerhalb staatlicher Hoheitstätigkeit;[119] sie ist zudem grundrechtlicher Konfliktverdichter,[120] der in besonderer Weise aussagekräftig für die Staatsverfassung ist[121] und der (verfassungs-)rechtlichen Einhegung bedarf. Reziprok sind daher auch die immer noch verbreiteten Abwehrreflexe der Strafrechtslehre gegenüber der Verfassungsrechtswissenschaft, sofern diese kraft Normenhierarchie rechtliche Rahmenbedingungen demokratischer Strafgewalt formuliert, dysfunktional und selbstvergnomend. Die Strafrechtslehre würde gerade an Gewicht und Einfluss gewinnen, wenn sie selbstbewusst, aber eben auch innerhalb verfassungsrechtlicher Argumentationsstrukturen auf Augenhöhe einfach mitreden würde, statt sich aus Furcht vor Behaglichkeitsverlusten einzumauern, um frei von Irritationen selbstbezügliche Nabelschau zu betreiben, für die sich am Ende jenseits der (kleinen) Community niemand interessiert. Die Staatsrechtslehre agiert hier – mag das Movens oftmals auch nur roher Machtinstinkt sein – geschickter.

Insgesamt erscheinen bestehende fachkulturelle Distanzen durch die vielen gemeinsamen Bezugspunkte aber sektoral überwindbar. Das spricht dafür, sich mehr um gemeinsame wissenschaftliche Formate zu bemühen, die sich nicht inter- sondern intradisziplinär verstehen und mit geteilten Methoden geteilte Erkenntnisziele über gemeinsame Rechtsprobleme verfolgen können. Dies bedeutet selbstverständlich keine Verheiratung der öffentlich-rechtlichen Schwesterdisziplinen im Feuer der Leidenschaft; dafür bleiben die wissenschaftskulturellen Distanzen zu groß und die Forschungsthemen in der Breite zu disparat. Häufigere Romanzen mit zärtlicher Berührungsmöglichkeit – etwa auf regelmäßigen Sparten-Tagungen außerhalb der Fachvereinigungen – könnten aber zur fachlichen Bereicherung beider Subdisziplinen beitragen, vertrauensbildend wirken und häufige Missverständnisse reduzieren.

---

[119] Nur ein Vergleich zur Verdeutlichung: Im Jahr 2019 haben Staatsanwaltschaften ca. 4.938.000 Ermittlungsverfahren erledigt. Ca. 641.000 Strafverfahren erledigten die dominanten Amtsgerichte. Die Landgerichte erledigten ca. 30.800 Berufungen und 13.800 erstinstanzliche Verfahren, die Oberlandesgerichte 62 erstinstanzliche Staatsschutzsachen und ca. 5.300 Sachen in Rechtsmittelinstanz. Im gleichen Zeitraum erledigten Verwaltungsgerichte ca. 208.000 und Oberverwaltungsgerichte ca. 900 (erstinstanzlich) bzw. 18.800 (Berufung) Verwaltungsstreitigkeiten. Daten aus *Statistisches Bundesamt* (Hrsg.), Rechtspflege: Verwaltungsgerichte, 2019; Strafgerichte, 2020; Staatsanwaltschaft, 2020.

[120] *Gärditz*, Strafrechtspflege (Fn. 5), S. 30.

[121] *Claus Roxin/Bernd Schünemann*, Strafverfahrensrecht, 29. Aufl. (2017), § 2 Rn. 1.

Die Staatsrechtslehrervereinigung im Spiegel anderer wissenschaftlicher Vereinigungen

*Christoph Möllers**

I. Vorüberlegung: eine Vereinigung, ihr Zweck und die Mittel, ihn zu erfüllen 974
II. Zwecke: die Vereinigung im Kontext anderer Vereinigungen 976
III. Strukturen: ein Vergleich in drei Schritten 981
1. Mitgliedschaft 981
2. Veranstaltungsform 984
3. Organisation 986
IV. Funktionen jenseits der Zwecke 988
1. Wissenschaftliches Gesprächsformat 988
2. Ort disziplinärer Selbstfindung 989
3. Forum öffentlicher Selbstdarstellung 991
4. Soziale Begegnung ausgewählter Forschender 992
5. Reformperspektiven 992
V. Ausblick 994

Die von *Max Weber* entworfene Satzung der Deutschen Gesellschaft für Soziologie verlangte als einziges Kriterium der Mitgliedschaft „soziologische Kompetenz".[1] Wie sähe die Vereinigung der deutschen Staatsrechtslehrer aus, wenn sie ihre Mitgliedschaftsvoraussetzungen entsprechend definieren würde? Diese Frage illustriert, dass eine Möglichkeit, unsere Vereinigung zu beschreiben, darin bestehen könnte, sie mit anderen wissenschaftlichen Vereinigungen zu vergleichen. Um einen solchen Vergleich soll es im Folgenden gehen. Weil die Vereinigung nur eine Teildisziplin der Rechtswissenschaft zu repräsentieren beansprucht, bieten sich zum Vergleich zunächst andere juristische Vereinigungen von Teildisziplinen an.[2] Da unsere Vereinigung einiges auf ihre eigene Bedeutung hält und in ihren besseren Momenten mit anderen Disziplinen das Gespräch sucht, mag es darüber hinaus von Interesse sein, einen vergleichenden Blick auf große Disziplinvereinigungen[3] und auch auf den Deutschen Juristentag (DJT) zu werfen. Schließlich darf auch eine Betrachtung der 2014 gegründeten International Society of

---

* Ich danke *Max Lenz* für hilfreiche Unterstützung.

[1] *Uwe Dörk/Sonja Schnitzler/Alexander Wierzock*, Die Gründung der Deutschen Gesellschaft für Soziologie vor 110 Jahren, Soziologie 48 (2019), S. 309 (311).

[2] Dies werden im Folgenden die Zivilrechtslehrervereinigung (VZRL), die Strafrechtslehrervereinigung (VStrRL), die Internationale Vereinigung für Rechtsphilosophie (IVR) und die Deutsche Gesellschaft für Internationales Recht (DGIR) sein.

[3] Dies sind im Folgenden der Verband der Historikerinnen und Historiker Deutschlands (VDH), die

Constitutional Law (ICON-S) nicht fehlen, die ihrem Zweck nach gleichfalls die gesamte Breite des öffentlichen Rechts behandelt.[4]

Vergleiche bedürfen einer Hinsicht, in die verglichen werden soll.[5] Diese Hinsicht wird in diesem Beitrag zunächst im Zweck der Vereinigungen (II.), dann in ihrer Mitgliedschafts- und Organisationsstruktur bestehen (III.). Dieser Vergleich wird mit einer kurzen Reflektion auf die Zwecke unserer Vereinigung ansetzen (I.) und mit der Frage, welche Funktion unsere Vereinigung angesichts ihrer Strukturen noch erfüllen kann (IV.) samt einem Ausblick (V.) enden.

I. Vorüberlegung: eine Vereinigung, ihr Zweck und die Mittel, ihn zu erfüllen

Die Gründung der Vereinigung der Deutschen Staatsrechtslehrer im Jahre 1922 geschah, wie wir heute wissen, primär aus einem politischen Motiv.[6] Sie diente dem Zweck der Abwehr einer drohenden republikfreundlichen Dominanz des Fachs durch seine konservativ-republikkritischen Vertreter. Diesen war nicht mehr klar, inwieweit sie in der eigenen Zunft noch über eine Mehrheit verfügten, die ihren großen Einfluss rechtfertigen würde. In diesem materiellen Urzweck der Vereinigung, der nicht mit den formalisierten satzungsmäßigen Zwecken zu verwechseln ist, sind Politik und Wissenschaft auf spezifische Weise miteinander verbunden. Diese Verquickung ist für wissenschaftliche Vereinigungen nichts Unerhörtes. Sie gewinnt für die Vereinigung aber an Brisanz, weil ihr Forschungsgegenstand die konkrete Verfassungsordnung ist. Zudem dürfte es eher einen Ausnahmefall darstellen, dass eine wissenschaftliche Vereinigung von einer politischen Fraktion innerhalb einer Disziplin gegründet wird, um das Auseinanderfallen dieser Disziplin aus politischen Gründen zu verhindern.[7] Denn zum einen ist die Einheit des Fachs kein Selbstzweck; zum anderen sollte sie im Regelfall durch wissenschaftliche Methoden, nicht durch politische Präferenzen gesichert werden.[8]

Auch der in ihrer Satzung bei Gründung formalisierte Hauptzweck der Vereinigung,[9] „wissenschaftliche und Gesetzgebungsfragen aus dem Gebiet des Öffentlichen Rechts

---

Deutsche Gesellschaft für Soziologie (DGS) und die Deutsche Vereinigung für Politikwissenschaft (DVPW) samt einem kurzen Blick auf deren Abspaltungen.

[4] Https://www.icon-society.org/mission/, letzter Zugriff 20.12.2021. Die Gesellschaft wurde bei der Gründungskonferenz im Juni 2014 aus der Taufe gehoben.

[5] Knapp etwa *Hartmut von Sass*, A Philosophy of Comparisons, 2021, S. 24 f.

[6] *Michael Stolleis*, Die Vereinigung der Deutschen Staatsrechtslehrer. Bemerkungen zu ihrer Geschichte, KritV 80 (1997), S. 339 (340 f.); *Christoph Schönberger*, in diesem Band, S. 23 ff. Zur Geschichte der Vereinigung neben weiter unten zitierten maßgeblich: *Ulrich Scheuner*, Die Vereinigung der Deutschen Staatsrechtslehrer in der Zeit der Weimarer Republik, AöR 97 (1972), S. 349.

[7] Zu den Entstehungsgeschichten verschiedener Vereinigungen unten, Abschnitt II.

[8] Zur Politisierung des Fachs etwas *Helmuth Schulze-Fielitz*, Staatsrechtslehre als Mikrokosmos. Eine einleitende Vorbemerkung, in: *ders.*, Staatsrechtslehre als Mikrokosmos, 2013, S. 21 ff. Ein werturteilsfreies Programm findet sich freilich in der Gründungsanzeige: *Heinrich Triepel*, Die Vereinigung der Deutschen Staatsrechtslehrer, AöR 43 (1922), S. 349 (350).

[9] Zu diesem und den anderen Zwecken eingehend *Franz Reimer*, in diesem Band, S. 183 ff.

durch Aussprache in Versammlungen der Mitglieder zu klären;"[10] stellt ein wissenschaftliches und ein politisches Unternehmen recht unumwunden nebeneinander.[11] Die Satzung stellt klar, dass in der Vereinigung auch Fragen diskutiert werden sollen, die als rechtspolitische keine klar wissenschaftlichen sind. Zugleich nennt die Zweckbestimmung die zwei zentralen Mechanismen, die quasi als Methoden zur Erreichung dieses Zwecks verstanden werden können: Mitgliedschaft und Aussprache. Der Bezug auf die Mitgliedschaft wäre als solcher nicht der Rede wert, wenn diese nicht bis heute – mehrfach ergänzt, aber in der Sache nicht relevant angetastet – den Diskurs innerhalb der Vereinigung auf ein Gespräch unter Professoren, mittlerweile unter Hinzuziehung von Professorinnen,[12] beschränken und damit ein gewissermaßen ständisches Auswahlkriterium zugrunde legen würde, das sich, wie wir sehen werden, auch im Jahr 1922 nicht von selbst verstand.

Die in der Satzung verordnete „Aussprache in Versammlungen der Mitglieder" verweist auf den diskursiven Charakter der Vereinigung. Es sind nicht allein die – unglücklicherweise von Beginn an als „Berichte"[13] deklarierten – Vorträge, sondern es ist auch die Aussprache über diese, die die Vereinigung in Aktion konstituiert. Bemerkenswerterweise waren die Vorträge seit der allerersten Tagung in Form von Berichtspaaren zu einem gemeinsamen Thema strukturiert[14] – und man wird annehmen dürfen, dass sich auch in diesem Format ein Element der Politisierung wiederfinden sollte:[15] Rede und Gegenrede von Vertretern unterschiedlicher verfassungspolitischer Vorstellungen sind seit Beginn eine Form, die Debatte in der Vereinigung in Gang zu setzen. Wenn man auch immer wieder darüber streiten kann und soll, ob sich die Staatsrechtswissenschaft von politischen Auseinandersetzungen durch wissenschaftliche Methode emanzipieren kann oder nicht,[16] eine Frage, die auch Gegenstand des Weimarer Methodenstreits war,[17] so wird deutlich: Das Format der Tagung spricht *für* eine immanente Selbstpolitisierung der Disziplin. Schließlich wird mit der Formulierung der Satzung die herausragende Be-

---

[10] § 1 Abs. 1 Nr. 1 Satzung. Die beiden weiteren Zwecke in diesem Absatz, für die Relevanz in der Lehre zu sorgen und zu wichtigen Fragen des öffentlichen Rechts gegenüber Parlament und Regierung Stellung zu nehmen, können soweit auf sich beruhen. Der erste betrifft ein bis zu einem gewissen Grad erledigtes Problem, dazu *Christoph Möllers*, Struktur und Gegenstand des Curriculums im Verfassungsrecht, in: Krüper (Hrsg.), Rechtswissenschaft Lehren – Handbuch für juristische Fachdidaktik, 2022, S. 431 (431 f.).

[11] *Christoph Schönberger*, in diesem Band, S. 30 f.

[12] *Pascale Cancik*, in diesem Band, S. 795 ff.

[13] „Die Kollegen nehmen das leider oft beim Wort.", zutreffende Bemerkung von *Walter Leisner* an den Verfasser am Rande einer Tagung.

[14] Siehe nur VVDStRL 1 (1924), S. 1, damals zwei Themen mit jeweils zwei Berichtspaaren. Dabei wurden die Paare in Bericht und „Mitbericht" gegliedert. Zum „deutschen Föderalismus" sprach *Gerhard Anschütz*, als „Mitberichterstatter" fungierte der deutlich jüngere *Karl Bilfinger*. Diese Praxis und Sprachregelung bestand bis in die 1980er Jahre (zuletzt s. VVDStRL 43 (1984), S. 3). Damit übernahm die Staatsrechtslehrervereinigung wohl die Praxis des DJT zu dieser Zeit, vgl. *K. Meyer*, Der 32. Deutsche Juristentag in Bamberg, DJZ 1921, S. 632 (632 f.).

[15] Zum Format auch *Helmuth Schulze-Fielitz*, Das Staatsrechtslehrerreferat, in: *ders.*, Staatsrechtslehre (Fn. 8), S. 162 f., der von Pluralisierung spricht.

[16] Einer der Gründer der Vereinigung sah es dezidiert nicht so: *Heinrich Triepel*, Staatsrecht und Politik, 1926, S. 18 ff., 36 f., 39.

[17] *Peter C. Caldwell*, Popular Sovereignty and the Crisis of German Constitutional Law, 1997, Kap. 3 und 4.

deutung des Plenums für die Vereinigung festgelegt, denn es ist eben eine Aussprache in der „Versammlung der Mitglieder". Diese Elemente geben der Vereinigung auf den ersten Blick ein erstaunlich diskursives Gepräge. Man möchte meinen, hier würden Habermas'sche Mittel angewendet, um die Zwecke der deutsch-nationalen Gründer, *Smend* und *Triepel*, zu verwirklichen.

Damit sind freilich die Zwecke der Vereinigung nur anhand ihrer per Satzung formalisierten Selbstbeschreibung bestimmt und das auf eine Art und Weise, die weitere Fragen aufwirft. Um an diesem Punkt weiterzukommen, sollen nun andere wissenschaftliche Fachvereinigungen betrachtet und mit der Staatsrechtslehrervereinigung verglichen werden. Dies könnte uns auch dabei helfen, mögliche Funktionen wissenschaftlicher Vereinigungen zu bestimmen und damit die unveränderte Form der hier gefeierten Vereinigung besser erklären zu können.

II. Zwecke: die Vereinigung im Kontext anderer Vereinigungen

Die Entstehung wissenschaftlicher Vereinigung mit disziplinärer Affiliation beginnt in Deutschland im ersten Drittel des 19. Jahrhunderts.[18] Diese Vereinigungen müssen für sich immer ein angemessenes Maß disziplinärer Ausdifferenzierung finden, das einerseits eine bestimmte fachliche Breite gewährleistet, aber andererseits nicht dazu führen darf, gemeinsame professionelle Interessen und eine fachliche Diskussionsgrundlage zu verlieren. Umgekehrt konnten Fächerkoalitionen dazu dienen, ein übergreifendes Anliegen besonders wirksam zu vertreten: Die Germanistentage der Jahre 1846 in Frankfurt am Main[19] und 1847 in Lübeck[20] vereinten unter der Bezeichnung „Germanistik" Gelehrte in einer juristischen, einer historischen und einer sprachlichen Abteilung, die man heute drei Disziplinen zuordnen wird: dem germanistischen Teil der Rechtwissenschaften, der sich noch nicht einfach von der Rechtsgeschichte trennen ließ,[21] den erst entstehenden deutschen Literaturwissenschaften[22] und der schon breiter etablierten Geschichtswissenschaft.[23] Das Ziel dieser Treffen war freilich ein politisches, die wissenschaftliche Absicherung der deutschen Kulturnation an der Schwelle ihrer möglichen politischen Gründung 1848/49. Dies führte *Jakob Grimm* zu der bemerkenswerten, von *Otto von Gierke* überlieferten Feststellung, die Verfassunggebende Nationalversammlung der Paulskirche sei eine Fortsetzung der Germanistentage gewesen.[24]

---

[18] Wissenschaftsrat, Zur Förderung von Wissenschaft und Forschung durch wissenschaftliche Fachgesellschaften Drs. 823/92 (1992), S. 5ff.

[19] Verhandlungen der Germanisten zu Frankfurt am Main am 24., 25., 26. September 1846, 1847. Dazu *Otto Gierke*, Die historische Rechtsschule und die Germanisten, 1903, S. 20ff.: Das folgende Zitat von *Grimm*, ebd., S. 26.

[20] *Gustav Radbruch/Hermann A. Stolterfoht*, Die Lübecker Germanistenversammlung, in: Ehrengabe dem deutschen Juristentage überreicht vom Verein für Lübeckische Geschichte und Altertumskunde, 1931, S. 103.

[21] *Franz Wieacker*, Privatrechtsgeschichte der Neuzeit, 2. Aufl. 1967, S. 416ff.

[22] *Klaus Weimar*, Geschichte der deutschen Literaturwissenschaft, 2003, S. 444ff.

[23] Instruktiv auch *Steffen Martus*, Die Brüder Grimm. Eine Biographie, 2009, S. 437ff., 453ff.

[24] *Gierke*, Germanisten (Fn. 19), S. 26.

Vor diesem Hintergrund erscheinen die Gründungen des Deutschen Juristentags 1860,[25] ebenso wie die des Verbands der deutschen Historiker 1895,[26] die der Internationalen Vereinigung für Rechts- und Wirtschaftsphilosophie[27] und diejenige der Deutschen Gesellschaft für Soziologie,[28] die letzteren beide 1909 und allesamt in Berlin gegründet, auf den ersten Blick deutlich vom Anliegen thematischer Ausdifferenzierung geprägt. Im Fall des Juristentags ist dies freilich keine wissenschaftliche, sondern eine professionelle Ausdifferenzierung, auch wenn man zwischen den beiden Arten von Vereinigungen mitunter um Aufmerksamkeit konkurrierte, so die Historiker, die bemerkten, dass der von ihnen geplanten Versammlung im Wien des Jahres 1912 bereits der deutsch-österreichische Juristentag vor die Nase gesetzt worden war.[29]

Bei näherer Hinsicht treten wenig überraschend insbesondere die Ähnlichkeiten der Staatsrechtslehrervereinigung mit dem Juristentag hervor, dient der DJT doch der Verbreitung einer wissenschaftlich organisierten Rechtspolitik – in den Worten der heutigen Satzung dem Zweck, „auf wissenschaftlicher Grundlage die Notwendigkeit von Änderungen und Ergänzungen der deutschen und der europäischen Rechtsordnung zu untersuchen".[30] Die zunächst seltsame Doppelung von „wissenschaftlichen und Gesetzgebungsfragen" in der Satzung unserer Vereinigung könnte sich aus einem Blick auf die Satzung des den Gründern sicherlich gut bekannten Deutschen Juristentags ergeben haben. *Heinrich Triepel* sprach im September 1921, im Jahr vor der Gründung der Vereinigung vor dem DJT in Bamberg.[31] Dass sich der Anspruch auf politische Einflussnahme auch bei zeitgenössischen Gründungen normativ ausgerichteter Vereinigungen nicht von selbst versteht, zeigt aber umgekehrt die zeitlich zwischen beiden entstandene Gründungssatzung der Internationalen Gesellschaft für Rechtsphilosophie, die in I § 4 ausdrücklich „Fragen der aktiven Politik" vom Vereinszweck ausschließt.[32] Die Deutsche Gesellschaft für Soziologie legte sich 1909 gar per Beschluss auf „Werturteilsfreiheit" fest.[33] *Max Weber*, auf den dies

---

25 Dazu *Hermann Conrad*, Der Deutsche Juristentag 1860–1960, in: v. Caemmerer/Friesenhahn/Lange (Hrsg.), Hundert Jahre Deutsches Rechtsleben, 1960, S. 1 (1 ff.).

26 Vgl. *Matthias Berg*, Institutionalisierung als Pluralisierung (1893–1900), in: *ders./Blaschke/Sabrow/Thiel/Thijs*, Die versammelte Zunft. Historikerverband und Historikertage in Deutschland 1893–2000, 2 Teilbde., 2018, Bd. 1, S. 27 ff.

27 Karl A. Mollnau (Hrsg.), ARSP Beiheft 38 (1989), S. 232.

28 *Dörk/Schnitzler/Wierzock*, Gründung (Fn. 1), Soziologie 48 (2019), S. 309 (311).

29 Dazu *Matthias Berg/Martin Sabrow*, Der Fachverband der Historiker und sein historischer Ort. Dimensionen einer vergleichenden Verbandsgeschichte, in: Comparativ. Zeitschrift für Globalgeschichte und vergleichende Gesellschaftsforschung 25 (2015), S. 7 (14 f.).

30 § 2 Abs. 1 Satzung-DJT.

31 „Empfiehlt es sich in die Reichsverfassung neue Vorschriften über die Grenzen zwischen Gesetz und Rechtsverordnung aufzunehmen?" Referenten *Heinrich Triepel* und *Fritz Poetzsch*, vgl. DJZ 1921, S. 475.

32 Abgedruckt bei Karl A. Mollnau (Hrsg.), ARSP Beiheft 38 (1989), S. 232.

33 Vgl. Rundschreiben v. 31.8.1909 von *Hermann Beck*, in: Max Weber Gesamtausgabe, II/6, 1994, S. 240. Vgl. auch die Dokumente in Max Weber Gesamtausgabe I/13, 2016, S. 829 ff. Statuten § 1, 2, 15. Dazu *Uwe Dörk/Henning Borggräfe*, Wissen und Organisation: Die Deutsche Gesellschaft für Soziologie und der Historikerverband, in: Comparativ. Zeitschrift für Globalgeschichte und vergleichende Gesellschaftsforschung 25 (2015), S. 19 (24).

zurückzuführen ist, verließ die Gesellschaft freilich, weil sie sich nicht daran hielt oder halten konnte.[34]

Der DJT hatte es seinerseits lange Zeit vermieden, öffentlich-rechtliche Fragestellungen zu behandeln, man fürchtete die Politisierung der Veranstaltung, insbesondere durch verfassungsrechtliche Themen.[35] Erst 1921, kurz vor der Gründung unserer Vereinigung also, wurde eben unter der Beteiligung *Triepels* ein solches zum ersten Mal behandelt.[36]

Doch definieren die großen wissenschaftlichen Fachvereinigungen wie der Historiker-, Soziologen- und Rechtsphilosophenverband teilweise schon in ihren Gründungssatzungen weitere wissenschaftsbezogene Zwecke, die der Staatsrechtslehrervereinigung fehlen. Der Historikerverband dient seinem Zweck nach der organisatorischen Förderung der Geschichtswissenschaft und vornehmlich der Vertretung der deutschen Historiker vor der Öffentlichkeit und der internationalen Geschichtswissenschaft.[37] Später hat der VDH auch die Nachwuchsförderung ausdrücklich in seine Zwecke aufgenommen.[38] Die Deutsche Gesellschaft für Soziologie formuliert ihre Zwecke ganz ähnlich, wenn sie sich als „wissenschaftliche Fachgesellschaft" bezeichnet, die dazu dient, „Soziologie in Forschung und Lehre und den wissenschaftlichen Nachwuchs sowie die öffentliche Präsenz des Faches und den Gedankenaustausch ihrer Mitglieder zu fördern."[39] Einem ähnlichen Schema folgt auch die erst 1951 in Berlin als Deutsche Gesellschaft für Politische Wissenschaft gegründete heutige Deutsche Vereinigung für Politikwissenschaft.[40]

Für Historiker, Soziologen, Rechtsphilosophen und Politikwissenschaftler bieten ihre Vereinigungen damit ein Instrument disziplinärer Interessenpolitik. In diesem Sinne sind sie auch wissenschaftspolitische Vereinigungen. Dem Deutschen Juristentag wäre eine solche Zwecksetzung dagegen von vornherein fremd gewesen, vertritt er doch nicht die Interessen der Rechtswissenschaften, sondern bedient sich ihrer nur in rechtspolitischer Absicht. Die Staatsrechtslehrervereinigung wie auch die nach dem Krieg mit mehr oder weniger organisatorischer Intensität begründeten Vereinigungen der Zivilrechtler[41]

---

[34] *M. Rainer Lepsius,* Max Weber und die Gründung der Deutschen Gesellschaft für Soziologie, Soziologie 40 (2011), S. 7. Zum weiteren Kontext *Rüdiger vom Bruch*, Wissenschaft, Politik und öffentliche Meinung, 1980, S. 294 ff., dort auch S. 294 in Anm. 1 der Hinweis auf den verwandten Methodenstreit der Staatsrechtslehre.

[35] *Conrad*, Juristentag (Fn. 25), S. 6. 1906 wurde zum ersten Mal eine verwaltungsrechtliche Frage diskutiert.

[36] *Conrad*, Juristentag (Fn. 25), S. 9. Den unerwünschten Effekt der „Politisierung" des DJT bemerkt *Conrad*, ebd., S. 10 noch 1960. Zum Problem der Zivilistik, das solchen Bewertungen zugrunde liegen dürfte, recht deutlich *Julian Krüper*, Kategoriale Unterscheidung von öffentlichem Recht und Privatrecht?, VVDStRL 79 (2020), S. 43 (76 ff.).

[37] § 1 S. 3 Alt. 2 Satzung-VHD, https://www.historikerverband.de//verband/satzung.html, letzter Zugriff 20.12.2021.

[38] § 1 S. 3 Alt. 4 Satzung-VHD.

[39] § 1 Satzung-DGS, https://soziologie.de/satzung, letzter Zugriff 20.12.2021.

[40] § 3 Abs. 2, 3, 4 Satzung-DVPW.

[41] Dazu auch *Reinhard Zimmermann*, in diesem Band, S. 919 ff., sowie die umfassende empirische Aufarbeitung bei *Hanjo Hamann*, Deutsche Zivilrechtslehre. Eine rechtstatsächliche Untersuchung ihrer Demographie, Institutionalisierung und Lehrstuhldenominationen, AcP 221 (2021), S. 287 (290 ff.). Eine solche Untersuchung fehlt für das öffentliche Recht.

(1950) und der Strafrechtler[42] (1952) bewegen sich dagegen in einem Bereich, in dem zwischen disziplinärer Interessenpolitik und Rechtspolitik nicht scharf unterschieden wird, in dem man sich aber mehr für Letztere zu interessieren scheint. Dabei hatte die frühe Staatsrechtslehrervereinigung mit dem Problem der Unterrepräsentation des öffentlichen Rechts in Lehre und Prüfung noch ein ernstes und weithin anerkanntes Anliegen,[43] welches im ersten nicht dokumentierten Treffen der Vereinigung behandelt wurde,[44] das sich freilich mit der Reform der Ausbildungsordnung allmählich erledigte. Das Zivilrecht als die hegemoniale Teildisziplin bedurfte einer solchen Interessenvertretung vielleicht nicht in gleicher Weise, dominierte sie doch lange Zeit nicht nur die Fakultäten, sondern auch die Themen der Juristentage.[45] Das Strafrecht wiederum war einerseits an die ordentliche Justiz und deren Repräsentation bei den Juristentagen angebunden, zum anderen vielleicht zu überschaubar, um einer organisierten Gemeinsamkeit zu bedürfen. Im Vergleich zu den anderen wissenschaftlichen Vereinigungen aber bleibt der Wissenschaftsbezug der Staatsrechtslehrervereinigung schmal ausformuliert. Das gilt namentlich für den wissenschaftlichen Nachwuchs, der in unserer Vereinigung bis heute schlicht keine Erwähnung findet, die internationale Vernetzung mit anderen wissenschaftlichen Vereinigungen der gleichen Disziplin und der Vertretung disziplinärer Interessen nach außen.

Aber auch in der politischen Orientierung, also dem, was die Satzung als Stellungnahmen zu wichtigen Fragen des öffentlichen Rechts bezeichnet, ergibt sich eine Besonderheit in den Beziehungen nach außen. Beispielhaft: Wenn der Historikerverband sich in einer Stellungnahme zur Schließung der russischen Organisation MEMORIAL äußert,[46] dann würde sich die Staatsrechtslehrervereinigung des Winters 2021/2022 kaum zur letzten Novellierung des Infektionsschutzgesetzes verhalten. Sie hat es mit der Ausnahme einer Entschließung zum Notverordnungsrecht des Reichspräsidenten auch nie getan.[47] Entsprechende Initiativen von Mitgliedern wurden von der Vereinigung nicht adaptiert.[48]

Schließlich können sich alle möglichen Ansichten und die politischen Parteien, die sie vertreten, in aller Regel auf die Äußerung irgendeines Mitglieds der Vereinigung berufen. Das bedeutet im Ergebnis, dass der Bezug zur Öffentlichkeit für die Vereinigung individualisiert und pluralisiert verläuft. Das hat die bemerkenswerte Konsequenz, dass die „Staatsrechtswissenschaft" sich gar nicht mit einer eigenen Stimme zu Fragen der

---

[42] Dazu auch *Klaus Ferdinand Gärditz*, in diesem Band, S. 951 ff.

[43] Zum öffentlichen Recht *Hans Heinrich Jescheck*, Die Juristische Ausbildung in Preussen und im Reich – Vergangenheit und Gegenwart, 1939, S. 32, 42 f., 59, 63, 83 ff.

[44] Referate von *Max Fleischmann* und *Carl Sartorius*, dazu *Franz Reimer* in diesem Band, S. 189 f. Zu Beschäftigung mit der Studienreform auf der Tagung 1968 in Bochum: *Florian Meinel*, in diesem Band, S. 743 ff.

[45] *Conrad*, Juristentag (Fn. 25), S. 6.

[46] Stellungnahme vom 17.11.2021, https://www.historikerverband.de//mitteilungen/mitteilungs-details/article/stellungnahmen-zur-angekuendigten-aufloesung-der-menschenrechtsorganisation-memorial-international.html, letzter Zugriff 20.12.2021.

[47] VVDStRL 8 (1932), S. 1. Dazu *Franz Reimer*, in diesem Band, S. 201 f., und *Andreas Kley*, in diesem Band, S. 46 ff.

[48] Darstellung der Initiativen bei *Reimer*, in diesem Band, S. 202 ff.

eigenen Expertise an die Öffentlichkeit wenden kann.[49] Das muss man nicht als Schwäche deuten. Schließlich sind verbreitete Vorstellungen von einer einheitlichen Wissenschaft, die Politik und Öffentlichkeit berät, zweifelhaft und verfehlen sowohl die interne Pluralität als auch den eher problem- als lösungsbezogenen Modus moderner Wissenschaften.[50] Als Beobachtung bleibt es trotzdem bemerkenswert, dass die Disziplin, der die Vereinigung ja vorbehält, „in wichtigen Fällen zu Fragen des öffentlichen Rechts durch Eingaben an Regierungen oder Volksvertretungen oder durch öffentliche Kundgebungen Stellung zu nehmen",[51] in der politischen Öffentlichkeit schweigt. So mangelt es der Vereinigung an einem genuin disziplinpolitischen Projekt ebenso wie an einer relevanten rechtspolitischem Empfehlungspraxis. Man kann die Geschichte unserer Vereinigung dann auch als eine verpasster Gelegenheiten deuten, sich der Satzung entsprechend zu verfassungsrechtlichen Entwicklungen öffentlich zu äußern.[52]

Dies mag auch mit einer disziplinären Besonderheit der Rechtswissenschaft zusammenhängen. Eine Organisation wie beispielsweise die Sektion der politischen Theorie der Deutschen Vereinigung für Politikwissenschaft vertritt eine Teildisziplin des Fachs Politikwissenschaft so, wie die Staatsrechtslehrervereinigung die juristische Teildisziplin öffentliches Recht vertritt. Die Sektion der Politikwissenschaftler ist aber organisatorisch in die wissenschaftliche Gesamtdisziplin eingebunden, die von der DVPW repräsentiert wird.[53] Dagegen fehlt es an einer vergleichbaren Organisation für die gesamten Rechtswissenschaften. Das ist keine deutsche Besonderheit, auch ausländische oder internationale Vereinigungen, die die Rechtswissenschaften als Wissenschaft vertreten, wird man vergebens suchen.[54] Der Deutsche Juristen-Fakultätentag,[55] der sich vornehmlich zu Fragen der Lehre und der Hochschulorganisation äußert, kann dies nicht kompensieren. Hier wirkt eine Eigenart der Rechtswissenschaft nach, die sie letztlich nur mit den alten „dogmatischen" Wissenschaften[56] Medizin und Theologie teilt. Alle vertreten eine Wissenschaft und ein professionelles Handwerk zugleich, ohne dass sich die Wissenschaft gegenüber dem Handwerk vollständig ausdifferenziert, und entsprechende Organisationen gebildet hätte.

---

[49] Einen politischen Bedeutungsverlust der organisierten Jurisprudenz im Verhältnis zu Historikern und Ökonomen wird schon für die Zeit um 1900 wahrgenommen: *Rüdiger vom Bruch*, Gelehrtenpolitik und politische Kultur im späten Kaiserreich, in: *ders.*, Gelehrtenpolitik, Sozialwissenschaften und akademische Diskurse in Deutschland im 19. und 20. Jahrhundert, 2006, S. 26 (39).

[50] Vgl. nur *Peter Weingart*, Die Stunde der Wahrheit?, 2005, S. 127 ff.

[51] § 1 Nr. 3 Satzung-VDStRL.

[52] Eingehend *Franz Reimer*, in diesem Band, S. 184 ff.

[53] § 13 Abs. 1 Satzung-DVPW i. V. m. § 6 GO-SektionPolTheo.

[54] Vgl. die Zweckbestimmung in der Satzung der Internationalen Juristenkommission, § 2 Satzung-ICJ.

[55] Vgl. § 2 Abs. 1 Satzung-DJFT v. 5.6.2015 unter https://www.djft.de/wp-content/uploads/2019/03/SatzungDJFT2015-1.pdf, letzter Zugriff 20.12.2021.

[56] *Immanuel Kant*, Der Streit der Fakultäten, in: Werke Bd. 9 (ed. Weischedel), 1983, S. 261 (287 f.).

III. Strukturen: ein Vergleich in drei Schritten

Die Vereinigung ist nicht nur durch ihre Zwecke definiert, sondern auch durch ihre Organisationsstrukturen. In dreierlei Hinsicht mag es sich anbieten, über die Struktur der Vereinigung vergleichend nachzudenken: mit Blick auf die Mitgliedschaft (1.), die Veranstaltungsformen (2.) und schließlich auf die Organisation im engeren Sinne (3.).

1. Mitgliedschaft

Die Mitgliedschaft allein von Professorinnen und Professoren in der Staatsrechtslehrervereinigung dürfte eine Alleinstellung darstellen, die die Staatsrechtslehrervereinigung nur mit den beiden anderen dogmatisch-juristischen Teilvereinigungen verbindet, und die die Zivil- und Strafrechtler der Nachkriegszeit vermutlich von der Vereinigung übernommen haben.[57] Der Wortlaut der Satzung der Vereinigung bindet die Mitgliedschaft an ein materielles *und* an ein formelles Kriterium, den Nachweis zur Befähigung durch eine hervorragende wissenschaftliche Arbeit und die Tätigkeit in Forschung und Lehre an einer Hochschule. So war es bereits in der ersten Satzung von 1922,[58] wobei von Anfang an Privatdozenten Mitglied der Vereinigung waren. Mit der Satzungsänderung 1956 wurde die Möglichkeit, Privatdozenten aufzunehmen ausdrücklich in der Satzung vorgesehen.[59] 1971 hat die Vereinigung entschieden, das Kriterium der hervorragenden wissenschaftlichen Arbeit mit demjenigen der Habilitation zu identifizieren,[60] um die Aufnahme unhabilitierter Professoren zu verhindern, praktisch um etwa die Fakultät in Bremen auszuschließen. Heute werden im Ergebnis auch unhabilitierte Lebenszeitprofessuren aufgenommen, ohne dass sich dies in der Satzung abbilden ließe.[61] Die Habilitation war damit lange Zeit notwendiges und hinreichendes Aufnahmekriterium zugleich – freilich eines, das zu Zeiten der Gründung der Vereinigung noch nicht selbstverständliche Voraussetzung für eine Professur war,[62] und das angesichts der qualitativen Krise der Habilitation mehr und mehr an Plausibilität verlieren dürfte.[63] 1979 hat die Vereinigung in einer Ergänzung der Satzung das Kriterium der „Universität" zudem ausdrücklich so bestimmt, dass Fachhochschulen ausgeschlossen werden.[64] Im Ergebnis können also mittelmäßige Hochschullehrer ohne weiteres, qualifizierte Fachhochschullehrer ohne weiteres nicht Mitglieder der Vereinigung werden. Das Fehlen einer inhaltlichen Prüfung materieller Mitgliedschaftskriterien ist natürlich auch für andere wissen-

---

[57] Zum Zivilrecht § 4 Abs. 1 Satzung-ZLV.

[58] § 2 Abs. 1 Satzung-VDStRL (Fassung 13. Oktober 1922), VVDStRL 1 (1924), S. 145.

[59] § 2 Abs. 1 Satzung-VDStRL (Fassung 10. Oktober 1956), VVDStRL 15 (1957), S. 235.

[60] § 2 Abs. 1 lit. a [1] Satzung-VDStRL (Fassung 1. Oktober 1971). Dazu auch *Florian Meinel*, in diesem Band, S. 747 f.

[61] *Helmuth Schulze-Fielitz*, in diesem Band, S. 236.

[62] Nicht habilitierte Mitglieder sind oder waren etwa *Jörg Manfred Mössner* oder *Werner Weber*.

[63] Vernichtende empirisch gesättigte Diagnose hinsichtlich der Rezeption, freilich mit anschließender Therapie der Beibehaltung bei *Helmuth Schulze-Fielitz*, Die öffentlich-rechtliche Habilitationsschrift, Die Verwaltung, Bd. 42 (2009), S. 263, hier zitiert nach *ders.*, Staatsrechtslehre (Fn. 8), S. 87 (112 ff.).

[64] § 3 Abs. 1 lit. b [2] Satzung-VDStRL (Fassung 3. Oktober 1979), VVDStRL 39 (1980), S. 407.

schaftliche Vereinigungen der Normalfall, nicht aber die Beschränkung auf Professoren. Mit dem Zurücktreten des Habilitationserfordernisses im allgemeinen Wissenschaftsbetrieb hat dieses Kriterium weiter an institutionellem Halt verloren. Der Eindruck des Ständischen (nicht mit dem Standespolitischen zu verwechseln),[65] das die Frage wissenschaftlicher Leistung an das Dienstrecht delegiert, verstärkt sich dadurch noch einmal.

In den wissenschaftlichen Vereinigungen der Historiker und der Soziologen wurden solche Kriterien von Beginn an nicht in gleicher Weise formalisiert, obwohl beide Kinder des Kaiserreichs sind.[66] In bemerkenswertem Kontrast forderte die von *Max Weber* formulierte erste Satzung der Deutschen Gesellschaft für Soziologie als Aufnahmevoraussetzung, wie eingangs zitiert, „soziologische Kompetenz",[67] die sich praktisch in Veröffentlichungen, aber nicht notwendig in Qualifikationsschriften zeigen sollte. Heute sieht die DGS ausdrücklich Studierende als Mitglieder in ihrer Satzung vor.[68] Der als „Verband der deutschen Historiker" gegründete VDH hatte namentlich Geschichtslehrer als mögliche Mitglieder jenseits der Professorenschaft im Sinn. Formell zugelassen waren „Fachgenossen", die ihre Fachgenossenschaft aber nur durch Interesse unter Beweis stellten mussten. Gelegentliche Kritik an dieser offenen Praxis konnte sich in der Verbandspolitik nie durchsetzen.[69] Umgekehrt äußerten sich Mitglieder unserer Vereinigung verächtlich über den VDH, weil dieser Lehrer aufnimmt.[70] Die IVR verzichtete auf ein Mitgliedschaftskriterium, jeder konnte gegen einen Mitgliedsbeitrag beitreten.[71] In der Satzung der IVR von 1948 heißt es dann: „Mitglied kann jeder werden, der an rechts- und sozialphilosophischen Fragen interessiert ist."[72] Die Deutsche Vereinigung für Politikwissenschaft sah ursprünglich vor, Personen aufzunehmen, „die publizistisch oder sonst im öffentlichen Leben für die Wissenschaft von der Politik wirken".[73] In den 1960er und 1970er Jahren wurde der Vorschlag diskutiert, nur noch Promovierte aufzunehmen. Dies scheiterte jedoch mehrfach und wurde schließlich ab Mitte der 1970er nicht weiter verfolgt.[74] Heute kann auf Antrag stimmberechtigtes Mitglied werden, „wer lehrend oder forschend politikwissenschaftlich tätig ist und die von der Mitgliederversammlung festgelegten Kriterien erfüllt".[75] Diese Kriterien erfüllt gegenwärtig jede Person, „die einen Master-Abschluss (oder äquivalent) in der Politikwissenschaft oder einer Nachbardis-

---

[65] *Franz Reimer*, in diesem Band, S. 190.

[66] *Stolleis*, Vereinigung (Fn. 6), KritV 1997, S. 339 Feststellung, dass die originären Aufnahmekriterien „nicht originell", sondern bei allen wissenschaftlichen Vereinigungen ähnlich gewesen seien, bedarf daher der Relativierung.

[67] Oben Fn. 1.

[68] § 5 Abs. 2 Satzung-DGS.

[69] *Matthias Berg*, Institutionalisierung als Pluralisierung (1893–1900), in: *ders./Blaschke/Sabrow* u. a., Die versammelte Zunft (Fn. 26), S. 27 (66 ff., 77 f.).

[70] So *Helmut Quaritsch*, dazu *Florian Meinel*, in diesem Band, S. 733 ff.

[71] Alle Statuten und Satzungen finden sich in Karl A. Mollnau (Hrsg.), ARSP Beiheft 38 (1989), S. 232.

[72] § 7 Abs. 1, diese findet sich heute in § 3 *IVR Constitution from 26th August 1987*. Die Verfassung ist abrufbar unter https://ivronlineblog.files.wordpress.com/2015/07/ivr_constitution.pdf, letzter Zugriff 20.12.2021.

[73] Zitat *Wilhelm Bleek*, Geschichte der Politikwissenschaften in Deutschland, 2001, S. 272.

[74] *Tobias Bartels*, Eine Disziplin – Zwei Fachgesellschaften!?, in: Knelangen/Stein (Hrsg.), Kontinuität und Kontroverse, 2013, S. 481 (485 f.).

[75] § 7 Abs. 2 S. 1 Satzung-DVPW.

ziplin hat und in wissenschaftlicher Lehre oder Forschung politikwissenschaftlich tätig ist, beispielsweise als wissenschaftliche*r Mitarbeiter*in an einer Universität oder einem Forschungsinstitut oder nachgewiesen durch eine politikwissenschaftliche Publikation bei einem Journal oder Verlag."[76]

Schließlich kennt auch die 1917, wenige Jahre vor der Staatsrechtslehrervereinigung gegründete Deutsche Gesellschaft für Völkerrecht, 2011 in „Deutsche Gesellschaft für Internationales Recht" umbenannt, eine offenere Mitgliedschaftsstruktur, in der ausdrücklich Praktiker in die Diskussionen einbezogen wurden und werden und in der der Nachwuchs, in der Sprache der Gründungssatzung das „heranwachsende Geschlecht", zu wissenschaftlicher Arbeit auf diesem Gebiet angeregt werden sollte.[77] Bis heute gelten keine materiellen Kriterien für die Aufnahme in die Gesellschaft.[78]

Rechtsphilosophen gründeten zudem 1995 ein eigenes Junges Forum für den wissenschaftlichen Nachwuchs, ohne dass dieser deswegen von der Mitgliedschaft im Hauptverband ausgeschlossen war. Auch die Deutsche Gesellschaft für Internationales Recht kann auf gemeinsame Veranstaltungen mit dem Arbeitskreis junger Völkerrechtler (AjV) verweisen.[79] Ein unverbundenes Nebeneinander, wie es die Arbeit von Staatsrechtslehrervereinigung und die seit 2021 „Junge Tagung Öffentliches Recht" genannte öffentlich-rechtliche Nachwuchstagung[80] aufweist, ist in beiden nicht gegeben. Nicht zufällig war es nach anekdotischer Überlieferung weniger ein wissenschaftliches Bedürfnis als vielmehr Ärger über die Überheblichkeit der Professoren, die 1961 zur Gründung der damaligen Assistententagung führte.[81] Damit wurde die Manier der Väter just im Akt der Abgrenzung von diesen nachgeahmt, indem auch diese Vereinigung sich über den Status des Assistenten[82] definierte.[83]

Indem die Mitgliedschaft in der Staatsrechtslehrervereinigung bestimmte Teile der Professorenschaft, den gesamten wissenschaftlichen Nachwuchs und die gesamte Praxis

---

76 https://www.dvpw.de/mitgliedschaft/mitglied-info/mitgliedschaft, letzter Zugriff 20.12.2021.

77 „I.", Satzung vom 24.03. bzw. 06.10.1917, in: Mitteilungen der Deutschen Gesellschaft für Völkerrecht, Band 1, 1918, S. 1. Dieser Zweck blieb erhalten: § 1 der Satzung vom 03.04.1952, in: Berichte der Deutschen Gesellschaft für Völkerrecht, Band 1, 1957, S. 98. Zum Miteinander von Theoretikern und Praktikern auch Mitteilungen der Deutschen Gesellschaft für Völkerrecht, 1918, Band 1, S. 9.

78 § 3 der Satzung vom 15.10.2012, abrufbar unter: https://dgfir.de/workspace/media/documents/dgir-satzung-2012-10-15.pdf, letzter Zugriff 20.12.2021.

79 https://dgfir.de/veranstaltungen/archiv/, letzter Zugriff 20.12.2021.

80 Zur Geschichte *Helmuth Schulze-Fielitz*, 25 Jahre Assistententagung. Über Geschichte und Funktion der Tagungen der wissenschaftlichen Mitarbeiter der Fachrichtung „Öffentliches Recht" 1961–1985, JöR 34 (1985), S. 35 (hier nach *ders.*, Staatsrechtslehre (Fn. 8), S. 47); *Dirk Heckmann*, Zwischen Spontaneität und Professionalität. Zehn weitere Jahre Assistententagung Öffentliches Recht (1986–1995), JöR 44 (1996), S. 237; *Florian Groeblinghoff/Konrad Lachmayer*, Die Assistententagung Öffentliches Recht auf dem Weg ins 21. Jahrhundert, JöR 55 (2007), S. 429; Bretthauer/Henrich/Völzmann/Wolckenhaar/Zimmermann (Hrsg.), Wandlungen im Öffentlichen Recht: Festschrift zu 60 Jahren Assistententagung – Junge Tagung Öffentliches Recht, 2021.

81 *Schulze-Fielitz*, 25 Jahre Assistententagung, in: *ders.*, Staatsrechtslehre (Fn. 8), S. 57 in Anm. 30.

82 Zur frühen Einladungspolitik *Schulze-Fielitz*, 25 Jahre Assistententagung, in: *ders.*, Staatsrechtslehre (Fn. 8), S. 63 f.

83 Recht idealisierend zur Atmosphäre der Diskussionen *Schulze-Fielitz*, 25 Jahre Assistententagung, in: *ders.*, Staatsrechtslehre (Fn. 8), S. 78 ff.

des öffentlichen Rechts von der Mitgliedschaft ausschließt, genügt sie keinem anerkannten Kriterium von Wissenschaftlichkeit mehr – übrigens auch nicht mehr dem verfassungsrechtlichen, für den sich der Ort der Wissenschaft personal nicht mehr am Status der Professorenschaft festmachen lässt.[84] Rechtfertigungen in der Sache sind dafür schwer auszumachen. Gesprächsweise wird vor allem auf die Größe der Vereinigung und die damit verbundenen Formate verwiesen. Dem entspricht übrigens auch *Triepels* frühe Bemerkung, die Mitgliedschaft sei durch die „Arbeitsfähigkeit" bestimmt und schließe daher auch zu enge Spezialisten „unbeschadet hoher Wertschätzung ihrer Leistungen" aus.[85] Dies führt zum Vergleich der Veranstaltungsformen.

2. *Veranstaltungsform*

Die wichtigste Konsequenz der Entscheidung für ein ständisches Mitgliedschaftskriterium – und vermutlich der Grund, es beizubehalten – dürfte in der quantitativen Überschaubarkeit der jährlichen Versammlungen liegen. Durch ein Format, das es gestattet, die Anwesenheit aller Mitglieder vorzusehen, ist die Form der Plenardiskussion zentral für die Vereinigung. Dies hat, wie gesehen, seine Grundlage bereits in der ursprünglichen Satzung.[86] Wie in der klassischen Demokratietheorie ist auch in der Vereinigung der Ausschluss der Vielen Bedingung der Möglichkeit der Einbeziehung aller „Zugehörigen". Wie in den klassischen Bürgerversammlungen ist damit die Offenheit der Aussprache aber nicht gesichert. Dass die Aussprachen lange Zeit wenig von republikanischer Gleichheit hatten, schon weil die aufgenommenen stellenlosen Privatdozenten nicht immer in der Stimmung zum offenen Wort waren, dürfte auf der Hand liegen.[87]

Dass sich die Form der Aussprache nicht unbedingt als diskursiv erweist, hatte früher viel mit informellen Hierarchien zu tun, es scheint heute aber mehr und mehr an der trotz Exklusivität angewachsenen Mitgliederzahl zu liegen. Die dialogische Struktur einer echten Diskussion erscheint heute in noch weiterer Ferne zu liegen als früher. Zwei Referaten folgt eine Sequenz von Fragen und eine Generalantwort, die mitunter sogar bereits vorab vorbereitet wurde und abgelesen wird. Die Referate sollen auf Wunsch des Vorstands im Moment des Vortrags bereits fertiggestellt sein, so dass die Diskussion keinen Einfluss mehr auf ihren Inhalt nehmen kann. Für eine Diskussion mit wissenschaftlichem Anspruch sind dies bemerkenswerte Eigenschaften.[88]

An den Debatten dürfen nur Mitglieder teilnehmen. Diese Vertraulichkeit ist der Satzung allenfalls indirekt zu entnehmen. Zwingend ist es nicht, dass den Versammlungen

---

[84] S. nur BVerfGE 35, 79 (113, 120) [1973]; 90, 1 (11) [1994]; sowie *Gabriele Britz*, in: Dreier (Hrsg.), Grundgesetz. Kommentar, Bd. 1, 3. Aufl. 2013, Art. 5 III (Wissenschaft) Rn. 18 ff., 68, 72 ff.; *Klaus Ferdinand Gärditz*, in: Dürig/Herzog/Scholz (Hrsg.), Grundgesetz. Kommentar, 95. EL Juli 2021, Art. 5 Abs. 3 Rn. 55 ff.

[85] *Heinrich Triepel*, Die Vereinigung der Deutschen Staatsrechtslehrer, AöR 43 (1922), 349 (350).

[86] Oben, I.; III. 1.

[87] Skeptisch zur Annahme vermachteter Debatten mit Blick auf die Durchsicht der Teilnehmer aber *Hinnerk Wißmann*, in diesem Band, S. 126, 149.

[88] Idealisierend dagegen *Schulze-Fielitz*, Das Staatsrechtslehrerreferat, in: *ders.*, Staatsrechtslehre (Fn. 8), S. 145 (S. 159 ff.).

keine Nichtmitglieder beiwohnen dürfen, zumal jeder Wortbeitrag protokolliert und veröffentlicht wird, selbst wenn er Drastisches zum Ausdruck bringt, etwa, dass man wegen des geringen wissenschaftlichen Niveaus besser keine Besucher zur Tagung zulassen sollte.[89] Die Frage, ob die Vereinigung Vertreter der Presse für die Treffen hinzubitten sollte, wurde auf der Tagung 2014 in Düsseldorf kontrovers diskutiert und letztlich von den Mitgliedern abgelehnt.[90]

Die Veranstaltungsformate der anderen Vereinigungen sind deutlich weniger vom Plenum geprägt, ohne dass man dies nur durch die in der Tat deutlich höhere Teilnehmerzahl etwa bei den Soziologen- und Historikertagen erklären könnte, die zugleich seltener, nämlich alle zwei Jahre stattfinden. Diese sind Großveranstaltungen mit tausenden Besuchern, in denen das Plenum nur eine von vielen Veranstaltungen ausmacht. Diese Treffen präsentieren sich als großes Programm einer Vielzahl unterschiedlicher Formate, Sektionen, Workshops. Zu dieser Fragmentierung der tagungseigenen Formate gehört auch die organisatorische Ausdifferenzierung in Untersektionen, in denen sich spezialisierte Teile des Fachs organisieren. Gleiches gilt für die schnell sehr groß gewordenen Tagungen der International Society of Constitutional Law, in denen Fragen des gesamten öffentlichen Rechts in einer Vielzahl systematisch gegliederter Panels diskutiert werden, die auf der Grundlage von Calls aufgebaut sind.[91]

Solche Veranstaltungen erfordern einen beträchtlichen organisatorischen Aufwand, zumal sie nicht allein auf die Disziplin im Ganzen zielen, sondern auch auf eine interessierte Öffentlichkeit. In ihnen finden Podiumsdiskussionen nicht allein unter Fachvertreterinnen ebenso wie Formate der Nachwuchsförderung und wissenschaftliche Vorträge ein Dach. Den größten Teil der im engeren Sinne wissenschaftlichen Veranstaltungen machen gleichzeitig stattfindende Workshops zu bestimmten ausdifferenzierten Überthemen aus, die die systematische Untergliederung der Vereinigungen abbilden und bei denen die Vortragenden durch einen Call for Papers ausgesucht wurden. Die Vereinigung hat erst relativ spät mit der Ausgliederung von mittlerweile drei Gesprächskreisen[92] einen vorsichtigen Schritt in diese Richtung getan. Diese gehen in den Veranstaltungen auf, Arbeitszusammenhänge außerhalb der Versammlungen begründen sie nicht.

Über die Tagungen der Soziologen, der Politikwissenschaftler und der Historiker wird auch wegen dieser allgemeinen Öffentlichkeit regelmäßig in großen Tageszeitungen berichtet. Durch die Vielfalt ihrer Formate sind diese Arten von Versammlungen beides, zugleich mehr auf eine nichtwissenschaftliche Öffentlichkeit gerichtet *und* wissenschaftlicher im Sinne einer sachbezogenen Untersuchung als die Beschränkung auf reine Mitgliederformate mit dem Plenum im Zentrum. Zur Wissenschaftlichkeit trägt wohl auch die Einbeziehung aller wissenschaftlichen Generationen bei, wenn man akzeptiert, dass wissenschaftlich Neues in aller Regel von den Jüngeren kommt.

---

89 *Stefan Huster*, Diskussionsbeitrag, VVDStRL 68 (2009), S. 463.

90 Dazu *Christian Waldhoff*, in diesem Band, S. 171.

91 Vergleiche nur etwa die Webseite der Tagung 2019 in Santiago, auf der das Programm und die einzelnen Panels eingesehen werden können, https://www.icon-society.org/previous-conferences/2019-conference/, letzter Zugriff 20.12.2021.

92 *Christian Waldhoff*, in diesem Band, S. 162.

3. Organisation

In der Staatsrechtslehrervereinigung wird ein dreiköpfiger Vorstand von den Mitgliedern satzungsmäßig gewählt.[93] Faktisch bestimmt der Vorgängervorstand aber seine Nachfolge, die dann immerhin seit 2011[94] per Einzelwahl von den Mitgliedern bestätigt wird. Darauf beschränkt sich abgesehen von den Rechnungsprüfern die Organisation der Vereinigung. Sie kennt kein Sekretariat oder irgendeine andere Form der verfestigten Organisation, sondern hat die originale Form des Honoratiorenvereins bewahrt. Bis auf spezielle Einzelheiten[95] sind die Aufgaben des Vorstands in der Satzung nicht geregelt. Die Möglichkeiten, die Disziplin über einen Teil der Professorenschaft zu sammeln, zu vereinigen und zu repräsentieren, sind auch von dieser Seite her begrenzt. Eine inklusivere Mitgliedschaftsstruktur würde eine anspruchsvollere Organisation erforderlich machen. Auch dies zeigt der Vergleich mit anderen Verbänden.

Zugleich mag man die Funktionalität der Vorstandstätigkeit in der Vereinigung auch wegen des faktischen Wahlverfahrens hinterfragen: Zum einen erscheint die Rekrutierung durch ein faktisches Ernennungsrecht des Vorgängervorstands für eine Vereinigung, die sich maßgeblich mit der Organisation von Herrschaftsstrukturen beschäftigt, schon als solche recht ungewöhnlich. Denn auf diese Weise ist von vornherein die Möglichkeit von Veränderung mehrfach beschränkt: durch das Beharrungsvermögen des alten ebenso wie durch die Dankesschuld des neuen Vorstands. Die inhaltliche Kontinuität wird zudem mit einer vollständigen personalen Diskontinuität verbunden, die institutionelle Lernprozesse nicht erleichtern dürften, denn der Vorstand wechselt immer als Ganzer. Zum Vergleich hat etwa die Zivilrechtslehrervereinigung nicht nur einen deutlich größeren, elfköpfigen Vorstand, sondern auch ein Wahlsystem, in dem der Austausch der Mitglieder kontinuierlich erfolgen kann.[96]

Besonders ungewöhnlich ist das Verfahren der Entwicklung von Themen und Referierenden. Während die Entwicklung von Dachthemen für die Vollversammlungen in den großen Verbänden auch über die Vorstände geschieht, werden einfache Vorträge, wie gesehen, durch Calls von unten eingeworben. Die Themen werden also dezentral über die eigentliche Forschungsaktivität rekrutiert, nicht zentral über eine in aller Regel relativ alte Organisationsleitung. Wie seltsam das Verfahren unserer Vereinigung ist, zeigt ein Gedankenexperiment: Man stelle sich vor, dass das – gleichfalls gewählte – Fachkollegium der DFG[97] Drittmittel derart vergeben würde, dass es ein selbst entwickeltes Thema einem ausgewählten Kreis von Kolleginnen zur weiteren Erforschung vorschlagen würde. Diese könnten das Angebot ablehnen, würde dann aber für längere Zeit keines

---

[93] Zur Funktion des Vorstands *Schulze-Fielitz*, Das Staatsrechtslehrerreferat, in: *ders.*, Staatsrechtslehre (Fn. 8), S. 156ff.

[94] *Helmuth Schulze-Fielitz*, in diesem Band, S. 225.

[95] Die Aufgaben sind überschaubar: Zur Mitgliedschaftsverwaltung s. §§ 3 Abs. 2 S. 2ff.; 9; 10 Satzung-VDStRL, zur Mitgliederversammlung s. §§ 5 Abs. 1, 2; 8 Satzung-VDStRL, zur rechtlichen Vertretung s. §§ 6 Abs. 2; 11 Satzung-VDStRL, zur Ausschussbestellung s. § 7 Satzung-VDStRL.

[96] § 7 Satzung-ZLV, insb. Abs. 2 S. 3: „kontinuierliche Erneuerung".

[97] Zu den Aufgaben „1. Aufgaben" RahmenGO-Fachkolleg-DFG, abrufbar unter https://www.dfg.de/formulare/70_02/70_02.pdf, letzter Zugriff 20.12.2021.

mehr erhalten. Die Verwunderung über ein solchen Vorgehen wäre groß, weil die Vorstellung, eine wissenschaftliche Themenfindung ließe sich zum einen zentralisieren und Forschungsfragen könnten zum anderen Forschenden ohne deren Beteiligung zugewiesen werden, schwer nachvollziehbar ist.[98]

Viele der volldisziplinären Vereinigungen sind in Sektionen gegliedert. So haben diese bei der Deutschen Vereinigung für Politikwissenschaft einen wichtigen Status, weil sie Teildisziplinen wie „Politische Theorie" oder „Internationale Beziehungen" repräsentieren, für die wissenschaftliche Positionen vergeben werden. Diese Sektionen sind ihrerseits in Untersektionen aufgeteilt, eine von ihnen arbeitet über „Recht und Politik", die eigene Veranstaltungen auch jenseits der Treffen der Gesamtvereinigung abhalten.[99] Die großen Vereinigungen sind auch aus diesem Grund stärker organisiert, sie verfügen in aller Regel über einen eigenen kleinen administrativen Stab. Zugleich ist die Wahl der Vorstände in diesen Vereinigungen oftmals stärker disziplinintern politisiert. Sie ist dann eine echte Wahl, die Absprachen nicht in gleicher Weise ratifiziert. Bei den Soziologen muss es sogar zwei Kandidaten für den Vorsitz geben.[100] So fallen Kandidaten durch und dieses Durchfallen ist auch Ausdruck einer verbandspolitischen Befindlichkeit.[101] Die Versammlungen sind damit immer auch demokratische Neugründungen der Vereinigung. Die Größe der Vereinigung öffnet den verbandsinternen politischen Prozess und gestattet es, Pfadabhängigkeiten zu überwinden und die Form der Organisation neu zu überdenken.[102]

Ein auffälliges Element fast aller verglichenen Organisationen liegt in der Einrichtung von intermediären Gremien, die zwischen dem Vorstand und der Mitgliedschaft vermitteln. Diese bei den Politikwissenschaftlern als „Rat", bei den Historikerinnen als „Ausschuss" und bei den Soziologen als „Konzil" bezeichneten Gremien, die man etwa auch aus wissenschaftlichen Akademien kennt,[103] erlauben es, die Willensbildung im Vorstand besser an die Mitgliedschaft anzubinden und vor hermetischer Verselbstständigung zu schützen. So wird es möglich, Fragen der Vereinspolitik in einem relevanten Rahmen zu diskutieren, ohne sie unvorbereitet einer Plenardebatte zuzuführen. Eine solche Struktur ist für gesamtdisziplinäre Vereinigungen einfacher zu schaffen als für

[98] Dezidiert anders *Schulze-Fielitz*, Das Staatsrechtslehrerreferat, in: *ders.*, Staatsrechtslehre (Fn. 8), S. 157f. Die kleine Zahl der Vorstandsmitglieder mache eine „kompromisshafte, selten innovative Themenstellung" unwahrscheinlich, ähnlich *Christian Starck*, Die Vereinigung der Deutschen Staatsrechtslehrer, RW 6 (2015), 118 (133). Charakteristisch erscheint, dass der Gedanke, einfache Mitglieder könnten selbst ein Thema anbieten, erst gar nicht in Erwägung gezogen wird.

[99] Hierzu historisch für die Zeit nach 1945 *Henning Borggräfe*, Die Ausdifferenzierung der westdeutschen Soziologie nach 1945 im Spiegel der Untergruppen, Fachausschüsse und Sektionen der DGS, in: Moebius/Ploder (Hrsg.), Handbuch Geschichte der deutschsprachigen Soziologie Bd. 1, 2018, S. 867.

[100] § 15 Abs. 1 Nr. 3 S. 1 Satzung-DGS.

[101] So etwa bei der Vorstandswahl 2015 in der DVPW. Zur normativen Grundlage in der DVPW s. § 10 Abs. 2ff. Satzung-DVPW.

[102] Vgl. auch die von der DVPW gesammelten „Debatten zum Fach" https://www.dvpw.de/informationen/debatte-zum-fach, letzter Zugriff 20.12.2021.

[103] Die Berlin-Brandenburgische Akademie der Wissenschaft verfügt bei einer Zahl von über 160 ordentlichen und etwas weniger entpflichteten Mitgliedern über einen Rat, einen Vorstand und ein Präsidium.

Teilvereinigungen, weil die Untergliederung zugleich Vorgaben für die repräsentative Gestaltung des Gremiums schafft. Ausgeschlossen ist eine solche Struktur für eine kleinere Vereinigung aber nicht.

IV. Funktionen jenseits der Zwecke

Welche Funktionen kann unsere Vereinigung angesichts dieser Mitgliedschafts- und Organisationsstrukturen erfüllen?[104]

1. Wissenschaftliches Gesprächsformat

Dass die Beschränkung der Teilnehmerzahl notwendige Voraussetzung für eine ergiebige wissenschaftliche Auseinandersetzung ist, kann man annehmen. Freilich ist sie nur notwendig, nicht hinreichend, und ist als Bedingung bei den Treffen der Vereinigung auch nicht erfüllt. Nicht nur sind die Plenartreffen für ein ergiebiges Diskussionsformat zu groß – die Klage über die Größe gehört seit dem Ausbau der Hochschulen und der entsprechenden Vergrößerung der Stellenzahl in den 1960ern zur beständigen Folklore der Vereinigung[105] –, sondern auch aus Gründen, die uns schon begegneten, nicht besonders gut dazu geeignet, wissenschaftlich interessante Ergebnisse zu produzieren. Die zentrale Themenvergabe durch eine sich faktisch selbst kooptierende Abfolge von Vorständen, das Fehlen eines Inputs durch Nachwuchswissenschaftler, die Immunisierung der fertigen Beiträge gegenüber der Diskussion machen interessante Ergebnisse noch unwahrscheinlicher. Die Qualität der Beiträge wird zwar in aller Regel Personen zugerechnet, sie wird aber maßgeblich das Ergebnis dieser Strukturen sein. Welche wissenschaftliche Relevanz die Vorträge haben, kann hier nicht weiter erörtert werden. Eine Zitationsanalyse wäre interessant. Der Eindruck des Verfassers, dass die Referate viel von ihrer Funktion als autoritative Referenz verloren haben, bedürfte der Überprüfung.

Nun mag man argumentieren, dass die Aufgabe der Plenarbeiträge weniger in der Schaffung von Neuem bestehe als in einer Orientierung über den status quo eines Themas. Diese Sicht hat sicherlich einen Punkt und entspricht der Überzeugung vieler Teilnehmender und Vorstände. Zweierlei sei aber bedacht: Zum einen könnte man den Eindruck gewinnen, dass diese Sicht auch Produkt eines Wandels ist, der einer Zeit entstammt, in der eine recht kleine und homogene Gruppe in der Tat auch im Plenarformat Innovatives zustande brachte. Lassen sich doch trotz der beschriebenen Umstände viele

---

[104] Ein anderes Angebot zur Funktionsbestimmung hier der Tagungen: *Schulze-Fielitz*, Das Staatsrechtslehrerreferat, in: *ders.*, Staatsrechtslehre (Fn. 8), S. 146 ff. Neben einer „Integrationsaufgabe" identifiziert er eine „Theorieaufgabe" und eine „Zunftaufgabe", letztere bezieht sich auf das Phänomen der Aufnahme nur von Habilitierten. *Schulze-Fielitz*, ebd., S. 153 f. sieht die Integration der Disziplin durch diese Abschließung praktisch erleichtert. Das stimmt freilich nur, soweit man die ausschließenden Effekte für irrelevant hält. Da ist es konsequent, dass die dort erwähnte Einsamkeit der älteren Mitglieder wichtiger wird als das Fehlen jüngerer Wissenschaftler.

[105] *Christian Waldhoff*, in diesem Band, S. 153 f.

Weimarer, aber natürlich auch manche bundesrepublikanischen Referate nicht auf ein bloßes „Berichtswesen" reduzieren. Zum anderen wäre die Frage zu diskutieren, ob unser Fach, in dem Lehrbücher, Kommentare und Handbücher einen großen Raum einnehmen, ein Format mehr braucht, in dem der Bestand zusammengefasst wird.

Überzeugender erscheinen in dieser Hinsicht die Arbeitskreise, deren Gründung freilich stets von der Furcht vor zu viel Fragmentierung der Disziplin begleitet war[106] und deren Struktur keiner systematischen Logik folgt, sondern aus Pfadabhängigkeiten entstanden ist. Diese führen dazu, dass die Mitglieder der Vereinigung über Fragen des Europarechts oder der Grundlagen mehr und intensivere Möglichkeiten zur Diskussion haben als zu solchen des Verfassungsrechts. Insgesamt ergibt sich damit eine durchaus gemischte Bilanz. Der Informationswert der Plenarvorträge wird durch die Themenfindungs- und Rekrutierungsverfahren sicherlich nicht belebt. Die Diskussionsform unterstellt immer noch eine Vereinigung mit einer viel kleineren Mitgliederzahl.

2. Ort disziplinärer Selbstfindung

Das Format der Staatsrechtslehrervereinigung ist klar auf Sammlung und Vereinheitlichung ausgerichtet, es war als Instrument der De-Fragmentierung der Disziplin gedacht und ist ein solches geblieben. Man könnte sagen, dass es der Zweck der Vereinigung war, die Spaltung der Disziplin zu verhindern und sie diesen Zweck erfüllt hat.[107] Doch ist diese Beobachtung vielleicht weniger zutreffend, als man denkt. Um die Emigranten bemühte sich die Vereinigung wenig.[108] Als *Ernst Forsthoff* die Vereinigung verlassen wollte, weil er meinte, sie wäre nicht hinreichend solidarisch mit ihm gewesen, bemühte sich der Vorstand dagegen eifrig um eine Lösung,[109] bei der die Entfremdung der Schweizer Kollegen aber nicht die entscheidende Rolle spielte.[110] Als die österreichischen Anhänger der Kelsen-Schule nach und nach die Vereinigung verließen, weil sie in den schönen Worten der Referate kein wissenschaftliches Fundament mehr erkennen konnten, fiel das kaum jemandem auf[111] und die Nichtaufnahme der unhabilitierten Bremer Kollegen,[112] für die die Satzung extra geändert war, stellt sich als Ausschluss aus politischen Gründen dar, mit welchem die Vereinigung selbst die Mitgliedschaft spaltete. Dass es keine Spaltungen gab, stimmt also nur, insofern man all die Exklusionsmechanismen übersieht, die die Funktion der Spaltung des Ganzen übernahmen.

Und selbst wenn man dennoch dabei bliebe, dass die Disziplin formell eine Einheit bildete, setzt diese Beobachtung eben, wie wir gesehen haben, einen recht selektiven Begriff der Disziplin selbst voraus. Die Gefahr, dass sich die ja auch nur noch relative Kompaktheit der Mitgliedschaft mehr als ein Treffen des gleichen Stands denn als eines des

[106] *Christian Waldhoff*, in diesem Band, S. 162.
[107] *Helmuth Schulze-Fielitz*, in diesem Band, S. 219, 235.
[108] *Anna-Bettina Kaiser*, in diesem Band, S. 85, 107.
[109] *Florian Meinel*, in diesem Band, S. 742 f.
[110] *Benjamin Schindler*, in diesem Band, S. 279 f.
[111] *Ewald Wiederin*, in diesem Band, S. 251 f.
[112] *Christian Waldhoff*, in diesem Band, S. 168.

gleichen Fachs erweist, ist auch im Vergleich mit anderen Vereinigungen nicht von der Hand zu weisen.[113] Die Selbstfindung einer wissenschaftlichen Disziplin ist zudem zwar etwas anderes als die wissenschaftliche Auseinandersetzung innerhalb dieser Disziplin,[114] doch ähneln sich die Voraussetzungen ihres Gelingens. Damit steht auch in dieser Hinsicht die Funktionalität der Vereinigung und ihrer Treffen in Frage. Dies ist umso mehr der Fall, weil Selbstfindung immer auch etwas mit der Außenwelt einer Disziplin zu tun hat, die im bestehenden Format außen vor bleibt.

Am deutlichsten wird dies in der Abschließung gegenüber dem wissenschaftlichen Nachwuchs, der in allen anderen Fachvereinigungen mit der charakteristischen Ausnahme der Zivil- und Strafrechtler eine wichtige Rolle spielt. Viele andere Vereinigungen sichern die Sorge um den eigenen Nachwuchs nicht allein durch Teilnahmemöglichkeiten an den Versammlungen, sondern auch durch spezielle Diskussionsformen, die wissenschaftliche Generationen miteinander verbinden, durch Dissertations- und Habilitationspreise oder Unterstützung bei der Suche nach Stellen und Stipendien.

Einer wissenschaftlichen Disziplin, diesem schwer zu greifenden sozialen Konstrukt,[115] einen Ort zu geben, ist nicht einfach. Auf der einen Seite bedarf eine solche Verortung eines institutionellen Rahmens, der auch nolens volens bestimmen muss, welche Personen und welche Fragestellungen und Themen nicht zur Disziplin gehört, auf der anderen Seite werden einer Organisation immer wieder wichtige Teile des disziplinären Geschehens entgehen – und das ist auch nicht schlimm. Nicht selten werden Disziplinen sich in ihrer Gänze auch nur in verschiedenen Organisationen wiederfinden, vielleicht sogar in Abspaltungen, wie sie aus den politischen Wissenschaften[116] und jüngst auch aus der Soziologie bekannt wurden,[117] in der sich die quantitativ orientierte Forschung einen eigenen Rahmen gegeben hat, weil sie sich in der DGS unterrepräsentiert wähnte. Im öffentlichen Recht könnte die Gründung des grundsätzlich allen offenstehenden und mit Calls arbeitenden deutschen Chapter der ICON-S im Jahre 2019 die Repräsentation des Fachs weiter pluralisieren, so wie es mit der Gründung der damaligen Assistententagung begonnen wurde. Trotzdem bleibt der Status quo mit Blick auf die Vereinigung unbefriedigend, die aufgrund ihres Alters und der binnenhierarchisch herausgehobenen Stellung ihrer Mitgliedschaft implizit den Anspruch auf Repräsentation der gesamten Disziplin erhebt.[118] Diesen Anspruch plausibel zu machen, würde Reformen in der Mitglied-

---

[113] Zur Sozialisierung als Zunft *Hermann Pünder*, in diesem Band, S. 995 ff, und sogleich IV. 4.

[114] Soeben unter IV. 1.

[115] *Niklas Luhmann*, Die Wissenschaft der Gesellschaft, 1990, S. 449 ff.

[116] *Bartels*, Eine Disziplin (Fn. 70), S. 481.

[117] Vgl. den Gründungsaufruf der Akademie für Soziologie: https://akademie-soziologie.de/wp-content/uploads/2019/12/Ziele-und-Aufgaben-Akademie-Soziologie-Gruendungsaufruf-04-2017.pdf, letzter Zugriff 20.12.2021.

[118] Vgl. das salbungsvolle Eigenlob im Vergleich mit anderen Gesellschaften und den ungebrochenen Anspruch auf Repräsentativität bei *Hans Peter Ipsen*, 50 Jahre deutsche Staatsrechtswissenschaft im Spiegel der Verhandlungen der Vereinigung der Deutschen Staatsrechtslehrer: II. Die Verhandlungen von 1949 (Heidelberg) bis 1971 (Regensburg), AöR 97 (1972), S. 375 (375 f.): „Die Vereinigung hat seit 1949 bis heute wohl ausnahmslos jeden Privatdozenten des öffentlichen Rechts aufgenommen. Zusammen mit den älteren Fachvertretern hat sie damit praktisch die ganze Zunft der Publizisten in sich zusammengeschlossen. Sie hat mit ihren satzungsmäßigen Anforderungen an die Mitgliedschaft bis heute

schaftsstruktur ebenso wie in den Veranstaltungsformaten erforderlich machen. Die Geschichte vom guten Professorenhandwerk, das alleine nicht nur besonderen „wissenschaftlichen Ernst", sondern auch „Verantwortung für das Gelingen des Verfassungsstaats"[119] garantiert, dürfte im ersten Teil nicht schlüssig, im zweiten schon 1933 widerlegt worden sein.

3. Forum öffentlicher Selbstdarstellung

Wenn aus den Tagungen der Vereinigung vor der Veröffentlichung der Tagungsbände wenig von innen nach außen dringt, so dringt ebenso wenig von außen nach innen. Wie wir gesehen haben, wurde die Zuladung von Gästen kontrovers diskutiert und von den Mitgliedern abgelehnt. Die Motive bleiben unklar, im Ergebnis begibt sich die Vereinigung damit der Möglichkeit, sich einer Öffentlichkeit vorzustellen, deren Interesse an aktuellen Problemen des öffentlichen Rechts nicht geringer sein dürfte als das an historischen oder soziologischen Fragen.

Das Verhältnis von Wissenschaft zu Öffentlichkeit ist komplex und gerade, aber nicht nur im Moment umstritten und im Fluss.[120] Keinesfalls ist es für eine Disziplin selbstverständlich angemessen, ihre eigenen Diskussionen an die Öffentlichkeit zu richten. Doch dürfte eine Sicht, die das Fach vor der Öffentlichkeit warnt, weil diese immer nur vereinfachend funktioniere, nicht mehr zu halten sein. Sie verkennt, dass die Verfassung ein Dokument ist, das sich an alle richtet, und überschätzt bei allem Respekt auch die Komplexität der eigenen Disziplin. Wenn sich die theoretische Physik für eine breitere Öffentlichkeit aufbereiten lässt, gelingt das auch für das Staatsrecht. Zugleich ist offensichtlich, dass das Verfassungsrecht nicht erst seit der Pandemie auf ein relativ großes öffentliches Interesse stößt, nicht zuletzt weil politische Auseinandersetzungen oft mit der Grammatik des Verfassungsrechts geführt werden.[121] Letzteres könnte man auch zum Anlass nehmen, die Vereinigung gerade *nicht* in öffentliche Debatten hineinzuziehen. Dies ist nicht der Ort, solche Fragen zu beantworten, sondern eben nur zu bemerken, dass der Kontakt mit der Öffentlichkeit, in Form von Podien oder Foren, zu einer recht normalen Aufgabe der meisten wissenschaftlichen Vereinigungen geworden ist, denen sich die Vereinigung bis auf weiteres entzogen hat.

---

auch erreicht, daß sie im überlieferten Sinne die gelehrten Vertreter der Staatsrechtswissenschaft in sich vereinigt. […] Entwicklung und Schicksal gelehrter Vereinigungen anderer Disziplinen zeigen, daß solche Arbeitsvoraussetzungen nicht geschenkt werden. Die StRLV dürfte befugt sein, ihre Arbeit nach Gegenstand und Beteiligten repräsentativ für die deutsche Staatsrechtswissenschaft zu nennen." [Anmerkung ausgelassen]. Wir schreiben das Reformjahr 1972.

119 So *Schulze-Fielitz*, in diesem Band, S. 218, unter Hinweis auf *Paul Kirchhof*, Das Staatsrecht als Gemeinschaftswerk, Festschrift Josef Isensee, 2007, S. 3 (23).

120 Vgl. nur *Caspar Hirschi*, Skandalexperten, Expertenskandale. Zur Geschichte eines Gegenwartsproblems, 2018.

121 Vgl. dazu die kontroverse Diskussion zur „Verfassungsrechtliche[n] Expertise im politischen Raum" in https://verfassungsblog.de/category/debates/verfassungsrechtliche-expertise-im-politischen-raum-erwartung-erfahrungen-verantwortung/, letzter Zugriff 20.12.2021.

4. Soziale Begegnung ausgewählter Forschender

Eine Vereinigung, die Mitglieder hat und deren Treffen jährlich gut besucht werden,[122] erfüllt eine Funktion, sie macht ein Angebot, für das es eine Nachfrage gibt. Die These, die Vereinigung sei funktionslos, erscheint vor diesem Hintergrund hinfällig. Zugleich dürfte sich diese Funktion aber nur teilweise als eine wissenschaftliche beschreiben lassen,[123] die maßgeblich durch eine kommunikative Funktion ergänzt wird. Die Versammlungen der Vereinigungen schaffen einen kommunikativen Zusammenhang zwischen den Mitgliedern, der von den Beteiligten geschätzt wird.[124] Es stellt sich dann die Frage, inwieweit die Erfüllung dieser Funktion davon abhängt, dass die Vereinigung andere Funktionen *nicht* erfüllt oder umgekehrt formuliert: Ist es notwendig der Fall, dass Änderungen in Mitgliedschaft und Organisation der Vereinigung auf Kosten dieser Funktion gehen müssen? Dies erscheint nicht zwingend. Es wirft vielmehr die Frage auf, ob die Funktionalität der Vereinigung nach den Erfahrungen mit anderen Organisationsmodellen erhöht werden kann, ohne dass sie ihren Charakter verliert. Dies führt zu einer Reformperspektive.

5. Reformperspektiven

Fragt man sich, wie es zu den ungewöhnlichen organisatorischen und mitgliedschaftlichen Strukturen der Staatsrechtslehrervereinigung kommt, so fällt eine weitere Besonderheit ins Auge. Die meisten großen wissenschaftlichen Vereinigungen haben mindestens zwei große Reformschübe hinter sich: einen nach dem Zweiten Weltkrieg und einen in den 1960er oder 70er Jahren.[125] In beiden wurden sowohl Zwecke als auch Organisationsformen modernisiert. Zumeist verband sich der zweite Schritt mit der Reflexion der Rolle des eigenen Fachs im Nationalsozialismus, die in unserer Vereinigung erst 2000 auf die Tagesordnung kam.[126] Solche Modernisierungen blieben bei der Staatsrechtslehrer-

---

[122] Zur tendenziell abnehmenden Besucherschaft aber *Schulze-Fielitz*, Das Staatsrechtslehrerreferat, in: *ders.*, Staatsrechtslehre (Fn. 8), S. 155.

[123] Oben, IV. 2.

[124] *Helmuth Schulze-Fielitz*, in diesem Band, S. 228 f.

[125] Für den Fall der DGS bei *Dörk/Borggräfe*, Wissen und Organisation (Fn. 33), Comparativ 25 (2015), S. 19 (28 ff., 34 f.) analysiert. Für die Historiker: *Winfried Schulze*, Der Neubeginn der deutschen Geschichtswissenschaft nach 1945: Einsichten und Absichtserklärungen der Historiker nach der Katastrophe, in: Schulin (Hrsg.), Deutsche Geschichtswissenschaft nach dem Zweiten Weltkrieg (1945–1965), 1989, S. 1 (23 ff.); *Matthias Berg*, Institutionelle Erbschaften? Zur Wiedergründung des Deutschen Historikerverbandes nach 1945, in: Elvert (Hrsg.), Geschichte jenseits der Universität. Netzwerke und Organisationen in der frühen Bundesrepublik, 2016, S. 53 (62 ff.). Die Politikwissenschaftler sind wie gesehen eine Nachkriegsgründung, dazu *Hubertus Buchstein*, Politikwissenschaft und Demokratie. Wissenschaftskonzeption und Demokratietheorie sozialdemokratischer Nachkriegspolitologen in Berlin, 1992.

[126] *Horst Dreier/Walter Pauly*, Die deutsche Staatsrechtslehre in der Zeit des Nationalsozialismus, VVDStRL 60 (2001), S. 9 (73). Vgl. dagegen etwa in der Germanistik schon den aus Münchner Germanistentag 1966 hervorgegangenen Band: *Eberhard Lämmert* u. a., Germanistik – eine deutsche Wissenschaft, 1967.

vereinigung aus,[127] ja, wie die Anpassungen bei den Mitgliedschaftsregeln zeigen, war die Vereinigung eher darauf gerichtet, sich weiter abzuschließen als zu öffnen. Heute ist die Vereinigung damit in einer schwierigen Situation, weil bei jedem Wandel der wissenschaftlichen und sozialen Umwelt jede denkbare Veränderung noch größer erscheint und die fehlende Erfahrung damit, überhaupt etwas zu verändern, die Identifizierung mit dem Status quo immer weiter verstärkt.

Nun spricht erst einmal nichts dafür, dass eine Organisation wie alle anderen Organisationen aussehen muss. Veränderungen müssen sich rechtfertigen lassen, man kann sich auch an der eigenen Unzeitgemäßheit erfreuen. Gründe für Veränderungen haben sich auf der anderen Seite in der Untersuchung durchaus gezeigt. Mit ihrer aktuellen Mitgliedschaftsstruktur und den vorhandenen Veranstaltungsformaten verschenkt die Vereinigung unter Umständen auch Möglichkeiten, die Disziplin zu sammeln, zu prägen und nach außen zu repräsentieren.

An dieser Stelle kann es weniger darum gehen, konkrete Vorschläge zu machen, als aus der vergleichenden Perspektive drei Beobachtungen zu deren Bedingungen zu machen. Auffällig ist *zum Ersten*, dass die tradierte Form der Vereinigung gar nicht erst zum Gegenstand einer Diskussion geworden ist. Das mag aber auch daran liegen, dass die Plenarform und der zeitliche Zuschnitt der Versammlungen eine solche Auseinandersetzung kaum zulässt. Jeder Veränderung müsste die Initiative zu einer Debatte mit einem entsprechenden Organisationsformat, etwa indem ein Ausschuss Vorschläge entwickelt, vorhergehen. Selbst wenn nichts dabei herauskäme, wäre die gegenwärtige Form der Vereinigung dann eben Ergebnis einer bewussten Entscheidung, nicht einer historisch eigentümlich wirkenden Pfadabhängigkeit. Öffnungen der Mitgliedschaftsstruktur müssten, *zum Zweiten*, nicht notwendig auf alle Kriterien verzichten. Warum die Vereinigung promovierte Forschende mit einem genuinen Interesse am Fach nicht zulässt, wäre aber ebenso zu überprüfen wie eine Öffnung gegenüber Praktikerinnen des Verfassungsrechts in Parlamenten und Ministerien, wie sie die Internationalrechtler schon seit ihrer Gründung vorgesehen haben. *Zum Dritten* müsste eine weitere Ergänzung der Diskussionsformate den Primat der Plenarform nicht notwendig in Frage stellen und könnte die zentralisierte Themenfindung zumindest ergänzen und das Verhältnis zur interessierten Öffentlichkeit modifizieren. Eine Konsequenz hätten aber wohl alle denkbaren Reformen: Die Mitglieder müssten sich für ihre Vereinigung mehr Zeit nehmen und mehr Interesse an ihr zeigen.

In der Selbstbeschreibung der Vereinigung ist gerne von „Integration" die Rede,[128] ein Topos, den bekanntlich der Mitbegründer *Rudolf Smend* in die Debatte einführte. Die Vereinigung wird also mit staatstheoretischen Mitteln beschrieben. Beim Weimarer *Smend* ist Integration ein restaurativer Begriff. Er sollte anzeigen, was die demokratische Form der Weimarer Reichverfassung, vermeintlich anders als die des Kaiserreichs, an

[127] Zu den beiden Epochen *Anna-Bettina Kaiser*, in diesem Band, S. 75 ff.; *Florian Meinel*, in diesem Band, S. 733 ff. Zur Zeit nach 1945 auch *Stolleis*, Vereinigung (Fn. 6), S. 346 ff.

[128] Vgl. etwa oben, Fn. 104.

Einheitsbildung *nicht* zu leisten vermochte.[129] Erst eine liberalisierte Version der Integrationstheorie der Bundesrepublik, am konsequentesten *Peter Häberle*,[130] drehte das Argument normativ um: Es ging nicht wie bei *Smend* darum, dass die demokratische Formalverfassung die Gesellschaft nicht erreichen konnte, sondern darum, dass die Verfassungsauslegung gesellschaftlichen Wandel rezipieren sollte. Lässt sich der Integrationsbegriff aber für die Vereinigung in diesem Sinne modernisieren und auf diese anwenden? Man darf es aus zwei Gründen bezweifeln: zum Ersten weil die Satzungsregeln eben nicht die hermeneutische Öffnung möglich machen, die man etwa auf Grundrechte anwenden kann; zum Zweiten weil dieser Wandel selbst durch formale (Satzung) und faktische (Geschlecht, Migrationshintergrund) Mitgliedschaftsbeschränkungen behindert wird. Damit bleibt der Hinweis auf Integration ganz im Sinne des Mitgründers *Smend* ein Instrument, um Veränderung zu verhindern.

V. Ausblick

Die Staatsrechtslehrervereinigung ist, dies zeigte der Vergleich mit anderen wissenschaftlichen Assoziationen, sicherlich keine Organisation wie jede andere. Ihre selektive Mitgliedschaftsstruktur, ihre zentralisierte Themenfindung, ihre bescheidene Organisationsform und ihre wissenschaftspolitische Enthaltsamkeit lassen sie als den letzten wissenschaftlichen Honoratiorenverein erscheinen – in der Weimarer Republik von Staatsrechtlern gegründet, die sich dem Kaiserreich verpflichtet fühlten, und seitdem in der Struktur im Wesentlichen unverändert. Wie eine Weiterentwicklung aussehen könnte, lässt sich am hier vorgestellten Vergleichsmaterial zeigen. Ob etwas verändert werden soll, kann aber kein Vergleich allein ermitteln. Eine Debatte unter den Mitgliedern wäre diese Frage freilich wert.

Als Studenten wurde dem Verfasser die Staatsrechtslehrervereinigung als „Kardinalskollegium des öffentlichen Rechts" angepriesen.[131] Ob sich das auf den Frauenanteil bezog oder auf die Innovationskraft, lässt sich nicht mehr aufklären. Das Bild jedenfalls könnte heute noch zu denken geben, gerade weil es gut gemeint war. Eine Institution, in der sich – noch einmal mit *Weber* gesprochen – „staatsrechtliche Kompetenz" versammelt, könnte auch anders aussehen als unsere.

---

[129] *Rudolf Smend*, Verfassung und Verfassungsrecht, in: Staatsrechtliche Abhandlungen und andere Aufsätze, 3. Aufl. 1994, S. 119 ff.

[130] *Peter Häberle*, Die offene Gesellschaft der Verfassungsinterpreten, JZ 1975, S. 297 ff.

[131] *Wolfgang Graf Vitzthum*, Universität Tübingen, Wintersemester 1990/91.

Zum Weg in die „Zunft“ der Staatsrechtslehre

Erfahrungen, Beobachtungen, Einordnungen

Hermann Pünder

Ich wohne in meinem eignen Haus,
Hab Niemandem nie nichts nachgemacht
Und – lachte noch jeden Meister aus,
Der nicht sich selber ausgelacht.
Ueber meiner Hausthür

Friedrich Nietzsche
Die fröhliche Wissenschaft, 1887

I. Das Ziel: „Meister“ unter „Meistern“ 997
1. Habitus der „Meister“ 997
2. Jährliche „Zunftversammlung“ 999
3. „Meistergesang“ 1004
II. „Zünftige“ Ausbildung 1007
1. Erste Schritte im Studium 1009
2. Doktoranden als „Lehrlinge“ 1012
3. „Gesellen“ auf dem Weg zur Professur 1014
4. „Freimeister“ auf Juniorprofessuren 1020
5. „Gesellenwanderung“ ins (vor allem anglo-amerikanische) Ausland 1021
III. Zusammenkünfte der „Lehrlinge“ und „Gesellen“ 1026
1. Jährliche „Krugtage“ 1026
2. „Gesellenbruderschaften“ 1028
3. „Zunftgeselligkeit“ 1029
IV. Ausblick: Festhalten am Althergebrachten? 1030

Wer sich aufmacht, eine Professorin oder ein Professor für Öffentliches Recht zu werden, bekommt rasch zugeraunt, was sich zu tun ziemt und was man besser lassen sollte.[1] Das unmittelbare Ziel ist klar: die Mitgliedschaft in der „Vereinigung der Deutschen Staatsrechtslehrer“. Dort treffen sich diejenigen, die letzlich über den ersehnten Ruf auf eine

[1] Ich widme diesen Beitrag der Erinnerung an meinen Vater *Tilman Pünder*, der kurz vor der Abgabe des Textes plötzlich verstorben ist. Auf meinem „Weg in die ‚Zunft‘ der Staatsrechtslehre“ hat er mir mit seinem Blick von außen häufig geholfen, das „Raunen“ einzuordnen und zu relativieren.

Professur entscheiden. Dass dieser Bund einer der „konservativsten und elitärsten Zirkel in Deutschland“[2] sein soll, hört man mit ehrfürchtigem Schrecken. Je mehr man erfährt, desto klarer wird: Es geht um den Weg in eine „Zunft“. Unter diesem Blickwinkel wird vieles verständlich, was in der Staatsrechtslehre – mehr noch als in anderen akademischen Disziplinen, auch mehr als in den anderen juristischen Fächern – eigenartig erscheint.[3] Zünfte waren elitäre Genossenschaften. Nur Meister (es gab gelegentlich auch Meisterinnen[4]) konnten auf die Aufnahme hoffen. Ähnlich handhabt dies die Vereinigung der Staatsrechtslehrer (und – heute zunehmend selbstverständlich – Staatsrechtslehrerinnen[5]). Man ist – besonders auf den jährlichen Tagungen der Vereinigung – ein „Meister“ unter „Meistern“ (I.). Auch der Weg dorthin ist von Umständen geprägt, die an das Zunftwesen erinnern (II.). Zunächst ist man ein „Lehrling“, dann ein „Geselle“, wenn man nicht als „Freimeister“ seinen Weg sucht. Zudem gehört eine „Gesellenwanderung“ mittlerweile zu einer „zünftigen“ Ausbildung. Schließlich schlägt sich das Zünftige bereits in den Zusammenkünften der „Lehrlinge“ und „Gesellen“ nieder (III.). Die „kleinen Staatsrechtslehrertagungen“ lassen sich mit den „Krugtagen“ der „Gesellenschaften“ vergleichen. Es gibt „Gesellenbruderschaften“ und – mehr noch als bei den Alten – „Zunftgeselligkeit“. Gelegentlich kann man sogar „Zechgesänge“ hören.

---

[2] So *Wikipedia* unter dem Lemma „Vereinigung der Deutschen Staatsrechtslehrer“ (abgerufen am 4. August 2019), mit Verweis auf *Heribert Prantl*, Verfassungsänderung, in: Süddeutsche Zeitung, Samstag/Sonntag, 9./10. April 2011, S. 3.

[3] Für das Folgende wurde ich besonders durch Arbeiten von *Helmuth Schulze-Fielitz* inspiriert, dem es gelingt, das häufig nur mündlich Tradierte und Eingeschätzte schriftlich zu überliefern und zugleich in die allgemeine Wissenschaftssoziologie einzuordnen. Wichtige Abhandlungen hat er in dem Band „Staatsrechtslehre als Mikrokosmos“, 2013, zusammengefasst. Vgl. von ihm auch „Die Wissenschaftskultur der Staatsrechtslehrer“, 2022, und (in diesem Band) „Elemente einer Kulturgeschichte der Staatsrechtslehrervereinigung“ (S. 215 ff.). Ich selbst fand meine Erfahrungen als Student, Doktorand und Habilitand (von *Dieter Birk* bzw. *Dirk Ehlers*, Universität Münster), Mitorganisator einer Assistententagung („Frieden und Recht“, Münster 1998), Lehrstuhlinhaber, „Doktorvater“ und Betreuer von Habilitationen (seit 2002 an der Bucerius Law School), Mitglied der Staatsrechtslehrervereinigung (Aufnahme in St. Gallen 2002), Referent auf einer Staatsrechtslehrertagung („Wahlrecht und Parlamentsrecht als Gelingensbedingungen repräsentativer Demokratie“, Kiel 2011, VVDStRL 72 (2012), S. 190 ff.), Sprecher des „Gesprächskreis Verwaltung“ der Vereinigung (2014–2017), Mitglied in vielen Berufungskommissionen und als Gastprofessor an ausländischen Hochschulen weitgehend bestätigt. Dass es nicht unproblematisch ist, eine „soziale Welt“ zu thematisieren, „in die man persönlich verstrickt ist“, weiß ich wohl. *Pierre Bourdieu* hat die Probleme in seinem Werk „Homo Academicus“ (1992, auf Französisch 1984) unter der Überschrift „Ein ‚Buch, das verbrannt gehört‘?“ klar beschrieben (S. 31 ff.) und betont, dass, „wer ‚Gruppengeheimnisse ausplaudert‘“, „bekanntlich von seiner Gruppe nicht sonderlich geliebt“ wird (S. 36). Ich selbst habe mich vor diesem Hintergrund für eine „teilnehmende Beobachtung“ (*Bourdieu*, a. a. O., S. 19) entschieden, die auch zu einem wohlwollenden Schmunzeln anregen soll. – Für diejenigen, die sich näher mit den Zünften beschäftigen wollen, sei für weiterführende Informationen und Nachweise auf das von mir oft zitierte grundlegende Werk von *Arnd Kluge* (Die Zünfte, 2009) verwiesen.

[4] Im Spätmittelalter waren Frauen in den Zünften zwar nicht die Regel, aber auch keine seltene Ausnahme. Frauen konnten eine Lehre machen, Gesellin und Meisterin werden. Es gab auch reine Frauenzünfte. Das änderte sich ab der zweiten Hälfte des 15. Jahrhunderts. Immer mehr Zünfte verschlossen sich weiblichen Mitgliedern. Frauenzünfte verschwanden komplett. Das Recht der Meistertochter, das Gewerbe des Vaters allein zu betreiben, erlosch. Auch das Recht zum Witwenbetrieb wurde zunehmend eingeschränkt. Näher *Kluge*, Zünfte (Fn. 3), S. 132 ff.

[5] Näher – auch zur Entwicklung – *Pascale Cancik*, in diesem Band, S. 795 ff.

I. Das Ziel: „Meister“ unter „Meistern“

1. Habitus der „Meister“

Meister zu sein, war in den mittelalterlichen Stadtgesellschaften etwas Besonderes.[6] Heute gilt das für Professorinnen und Professoren. Das „kulturelle Kapital“ hebt sie hervor.[7] Man gehört – um mit *Thorstein Veblen* zu sprechen – zu den „feinen Leuten“.[8] Jedenfalls denkt man das in der Rechtswissenschaft. Unbewusst wirkt fort, dass man schon im wilhelminischen Kaiserreich zur Elite, nach *Fritz K. Ringer* zu den „deutschen Madarinen“[9] gehörte.[10] Vielleicht auch um die ewige Diskussion um die Wissenschaftlichkeit der Jurisprudenz[11] und das *Proprium* im Verhältnis zu anderen Wissenschaften[12] zu

---

[6] Es erstaunt nicht, dass die akademischen Grade den handwerklichen Stufen folgten. Der *scholaris* entsprach dem Lehrling, der *baccalarius* dem Gesellen und der *magister* oder *doctor* (als Bezeichnung für die Lehrenden) dem Meister. Siehe *Rainer Schwinges*, Promotion in historischer Perspektive, in: Huber/Schelling/Hornbostel (Hrsg.), Der Doktortitel zwischen Status und Qualifikation, iFQ-Working Paper No. 12, 2012, S. 15 (17). Es heißt, dass sich die akademischen Stufungen auf frühe Berichte von Missionaren über chinesische Graduierungen zurückführen lassen. Siehe *Marian Füssel*, Prüfungs- und Graduierungsrituale in unterschiedlichen Kulturen, in: Huber/Schelling/Hornbostel, a. a. O., S. 101 (102 f.). Diese Wurzeln scheinen auf, wenn *Fritz K. Ringer*, Die Gelehrten, 1983, von den Universitätsprofessoren des 19. Jahrhunderts als „deutschen Mandarinen“ spricht.

[7] Zur soziologischen Einordnung der Universitätsprofessoren zwischen den Unternehmern auf der einen Seite und, als Inhaber einer „institutionalisierten Form von kulturellem Kapital“, den freien Schriftstellern und Künstlern auf der anderen Seite *Bourdieu* (Fn. 3), S. 82 ff. Ironisch zur gesellschaftlichen Stellung *Wulf Rehder*, Der deutsche Professor, 1985.

[8] Im gewissem Sinne passt das, was der Soziologe *Thorstein Veblen*, Theorie der feinen Leute, 3. Aufl. 2015, S. 53 (im Original: The Theorie of the Leisure Class, 1899), über die besitzende amerikanische Oberschicht schrieb, auch für die (gut besoldete) Professorenschaft: „Seit den Zeiten der griechischen Philosophen haben nachdenkliche Menschen von jeher ein gewisses Maß an Muße und an Freiheit von jener den unmittelbaren Bedürfnissen des Lebens dienenden Plackerei für die Vorbedingung eines würdigen und schönen Lebens gehalten. In den Augen aller zivilisierten Menschen ist ein Leben der Muße an sich und in seinen Folgen schön und adelt denjenigen, der es lebt.“ Ein Ausdruck dieser Einstellung ist, dass lukrative Rechtsgutachten für die Praxis zu schreiben in der „Zunft“ zum Teil kritisch gesehen wird (siehe unten in und bei Fn. 154).

[9] Allg. zur gesellschaftlichen Stellung der Universitätsprofessoren als „deutsche Mandarine“ *Ringer*, Die Gelehrten (Fn. 6), S. 15 f., 33 ff.

[10] *Christoph Schönberger*, in diesem Band, S. 14 f. Siehe auch die Hinweise von *Gerhard Anschütz* unten in Fn. 170.

[11] Klassisch *Julius von Kirchmann*, Die Werthlosigkeit der Jurisprudenz als Wissenschaft, 1848, der auf die „Beweglichkeit“ des Gegenstands der Rechtswissenschaft abstellt, was ihn zu der vielzitierten Feststellung führt: „Indem die Wissenschaft das Zufällige zu ihrem Gegenstand macht, wird sie selbst zur Zufälligkeit; drei berichtigende Worte des Gesetzgebers und ganze Bibliotheken werden zu Makulatur“ (S. 16). Ähnlich später *Rudolf Jhering*, Ist die Jurisprudenz eine Wissenschaft? (Antrittsvorlesung von 1868), 1998 (hrsgg. von C. Behrends), S. 48 f., und schon früher *Immanuel Kant*, Der Streit der Fakultäten (1798), in: Königlich Preußische Akademie der Wissenschaften (Hrsg.), Kant's Werke, Bd. 7, 1917, S. 24 ff. Allg. in historischer Perspektive zu den „Rangkonflikten innerhalb des gelehrten Feldes“ („*bellum academicum*“) *Marian Füssel*, Gelehrtenkultur als symbolische Praxis, 2006, S. 191 ff.

[12] Aus neuerer Zeit etwa *Horst Dreier*, Rechtswissenschaft als Wissenschaft, in: ders., Rechtswissenschaft als Beruf, 2018, S. 1 ff.; Engel/Schön (Hrsg.), Das Proprium der Rechtswissenschaft, 2007; *Thilo Kuntz*, Auf der Suche nach einem Proprium der Rechtswissenschaft, AcP 219 (2019), S. 254 (259 ff.); *Hubert Rottleuthner*, Methodologie und Organisation der Rechtswissenschaft, in: Hilgendorf/Schulze-Fielitz (Hrsg.), Selbstreflexion der Rechtswissenschaft, 2015, S. 207 ff.; *Jan Schröder*, Recht als Wissenschaft,

überdecken, zeichnen sich Juraprofessoren und -professorinnen durch einen spezifischen *Habitus* aus.[13] Typische Denk- und Verhaltensweisen sind es, die im Sinne von *Pierre Bourdieu* einen „feinen Unterschied" machen.[14]

Vor allem gilt dies für die „Staatsrechtslehre".[15] Man ist staatstragend. Das entspricht der Tradition.[16] Immerhin prägte das Frontispiz von *Hobbes' Leviathan* zeitweise die Homepage der Vereinigung im Internet.[17] Das Selbstbewusstsein der Professorinnen und Professoren des Öffentlichen Rechts ist hoch. Manche meinen gar, die Zunft sei das „Gewissen unseres demokratischen Gemeinwesens".[18] Da erstaunt es nicht, dass die Attitüde ihren Ausdruck in einer „Zunftkleidung" findet.[19] Zünftig gekleidet ist man als Staatsrechtslehrer (die Staatsrechtslehrerinnen haben einen etwas größeren Freiraum[20]) mit Anzug und Schlips.[21] Eher lässt sich ein „Yeti" aufspüren als ein Staatsrechtslehrer im *Hoodie*.[22] Ob Staatsrechtslehrer bei festlichen Veranstaltungen mehr als andere Professo-

---

2001; *Helmuth Schulze-Fielitz*, Staatsrechtslehre als Wissenschaft, in: ders., Mikrokosmos (Fn. 3), S. 219 ff.

[13] Nach *Kuntz*, Proprium (Fn. 12), S. 274 ff., findet sich im Habitus das eigentliche „Proprium der Rechtswissenschaft". Allgemein zu den unterschiedlichen „Lebensstilen" und „kulturellen Präferenzen" in den akademischen „Fachkulturen" und zu den Mühen der Verständigung zwischen den Disziplinen *Ludwig Huber*, Fachkulturen, in: Neue Sammlung 31 (1991), S. 3 (18 f.). Vgl. auch *Tony Becher/Paul Trowler*, Academic tribes and territories – Intellectual enquiry and the culture of disciplines, 2. Aufl. 2001.

[14] *Pierre Bourdieu*, Die feinen Unterschiede – Kritik der gesellschaftlichen Urteilskraft, 1987 (im Original: La distinction – Critique sociale du jugement, 1979).

[15] Zum „kollektiven Denkstil" im öffentlichen Recht *Oliver Lepsius*, Problemzugänge und Denktraditionen im Öffentlichen Recht, in: Hilgendorf/Schulze-Fielitz, Selbstreflexion (Fn. 12), S. 53 (61 ff.). Zur Formierung der „Denkkollektive" in der Nachkriegszeit *Frieder Günther*, Denken vom Staat her – Die bundesdeutsche Staatsrechtslehre zwischen Dezision und Integration, 2014, S. 112 ff. („Schmitt-Schule", „Smend-Schule"). Allgemein zu den „Denk-, Bewertungs- und Handlungsschemata" im rechtswissenschaftlichen „Feld" *Kuntz*, Proprium (Fn. 12), S. 275 ff. Zur Rechtsdogmatik als methodisches „Proprium" der Rechtswissenschaft unten bei Fn. 187.

[16] Vgl. *Michael Stolleis*, Geschichte des öffentlichen Rechts in Deutschland, Bd. 4, 2012, S. 356 ff. („Staatstheorie zwischen etatistischer Tradition und pluralistischer Öffnung"). Aus Sicht eines Historikers *Günther*, Denken (Fn. 15), etwa auf S. 356 ff. Differenzierend im Hinblick auf Österreich und die Schweiz *Benjamin Schindler*, in diesem Band, S. 292 ff.

[17] Nach einer kontroversen Diskussion auf der Freiburger Mitgliederversammlung im Jahr 2007 verzichtete man auf diese Ikonographie. Näher *Christian Waldhoff*, in diesem Band, S. 170 f.

[18] So *Horst Ehmke*, VVDStRL 20 (1963), S. 130 (133). Von der Rechtswissenschaft als „vierte Gewalt" im Staat spricht der Zivilrechtler *Thomas Gutmann*, Intra- und Interdisziplinarität, in: Hilgendorf/Schulze-Fielitz, Selbstreflexion (Fn. 12), S. 223 (225).

[19] Nach *Bourdieu*, Feine Unterschiede (Fn. 14), S. 405 ff. („Klassengeschmack und Lebensstil"), äußert sich der Habitus im „Lebensstil" einer Person, im Geschmack als „kulturellem Kapital", aber auch in der Kleidung.

[20] Vgl. dazu *Pascale Cancik*, in diesem Band, S. 817 ff.

[21] Vgl. zur Kleidung auf den Staatsrechtslehrertagungen *Helmuth Schulze-Fielitz*, in diesem Band, S. 235 f. Dass sich auch in den USA die Juraprofessoren traditionell nicht wie andere Professoren, sondern wie Juristen in der Praxis kleiden, hebt *Richard Posner*, Legal scholarship today, Harvard Law Review 115 (2002), S. 1314 (1315), hervor. – Auch bei den Zunftversammlungen wurde „beste Kleidung" verlangt. Das Auftreten in Arbeitskleidung war verpönt. Siehe *Kluge*, Zünfte (Fn. 3), S. 343.

[22] Eine gewisse Hoffnung kann sich machen, wer sich an der Universität Bielefeld auf die Suche nach *Franz Mayer* macht und an der Bucerius Law School nach *Felix Hanschmann* fragt. Auch verspricht eine Expedition ins Kleinwalsertal Erfolg, wenn dort *Wolfram Cremer* (Universität Bochum), *Thorsten Kingreen* (Regensburg) und *Bernhard Wegener* (Erlangen) gemeinsam ein Seminar veranstalten.

rinnen und Professoren den Talar vermissen, die Gelehrtenkleidung gar nicht so „muffig“ finden,[23] wurde bislang nicht empirisch untersucht.[24] So ganz schlecht, mögen einige im Stillen seufzen, war die alte „Ordinarienuniversität“ ja gar nicht gewesen.[25]

2. *Jährliche „Zunftversammlung“*

Auf den jährlichen Staatsrechtslehrertagungen ist jeder ein „Meister“. Wer nicht Mitglied der Vereinigung ist, darf nicht einmal zuhören.[26] Auch Journalistinnen und Journalisten sind ausgeschlossen.[27] Dass die Medien über die „Zunftversammlungen“ – anders als bei anderen wissenschaftlichen Vereinigungen – nicht berichten, wird hingenommen. Man „verhandelt“ – was immer mal wieder (zu Recht) kritisch diskutiert wird[28] und 1968 sogar ein studentisches *Go-In* auslöste[29] – unter dem „Ausschluss der Öffentlichkeit“. Auch dies war bei den Zünften nicht anders.[30] In der Staatsrechtslehrervereinigung fürchtet man den „schon längst bestehenden, auch politisch motivierten Drang zur Selbstdarstellung in der Medienöffentlichkeit“.[31] Allerdings gibt es bei den Staatsrechtslehrerinnen und -lehrern kein „Zunftgeheimnis“. Im Gegenteil: Das Gehörte

[23] Vgl. *Rainer Nicolaysen*, Stichtag 9. November 1967: „Unter den Talaren Muff von 1000 Jahren“, in: Forschungsstelle für Zeitgeschichte in Hamburg (Hrsg.), 19 Tage Hamburg, 2012, S. 110 ff.

[24] Zum Verschwinden des Talars Ende der 1960er Jahre und zu dessen Wiederkehr an einigen Universitäten seit den 1990er Jahren *Juliane Hoheisel*, Zwischen Muff und Würde, die hochschule 2/2017, S. 142 ff. Auch an der im Jahr 2000 gegründeten *Bucerius Law School* wurde das Talartragen diskutiert. Man kam davon ab, auch nachdem ein Probeexemplar nach Einschätzung der Kolleginnen und Kollegen allzu lächerlich wirkte. Es ist bemerkenswert, dass die Gelehrtenkleidung schon einmal Ende des 18. Jahrhunderts zeitweilig abgeschafft worden war, weil sie nicht zu den Rationalisierungstendenzen der Spätaufklärung passte. Vgl. *Füssel*, Gelehrtenkultur (Fn. 11), S. 406 ff. („68er Revolution avant la lettre“); *Hoheisel*, a. a. O., S. 143 f.

[25] Zur Staatsrechtslehre im Wandel der bürgerlichen Eliteuniversität zur Massenuniversität *Günther*, Denken (Fn. 15), S. 293 f.

[26] Ausgenommen sind Gäste aus dem Ausland und aus Verlagen. Positiv zur Habilitation als „Selektionsfilter“ *Helmuth Schulze-Fielitz*, Das Staatsrechtslehrerreferat, in: ders., Mikrokosmos (Fn. 3), S. 145 (153). Im Hinblick auf Assistenten *Gert Nicolaysen*, Erste Schritte – Einige Impressionen, in: FG 50 Jahre Assistententagung Öffentliches Recht, 2011, S. 45 (47 Fn. 5): „Der Vereinigung anzusinnen, einen Assistenten […] z. B. wegen einer Affinität zu einem Thema in das Auditorium zuzulassen, war nur denkbar aus liebenswürdiger Naivität und nur an der Grenze zum Eklat erfolgreich.“ In der Strafrechtslehre ist man insofern großzügiger. Vgl. *Klaus F. Gärditz*, in diesem Band, S. 960 ff.

[27] Zum historischen Hintergrund – *Hans Peter Ipsen* soll sich über einen Artikel in der Frankfurter Allgemeinen Zeitung geärgert haben – *Stolleis*, Geschichte (Fn. 16), S. 87.

[28] Kritisch etwa *Möllers*, in diesem Band, S. 991; *Michael Stolleis*, Die Vereinigung der Deutschen Staatsrechtslehrer, KritV 80 (1997), S. 339 (358). Vgl. zur Diskussion um die Öffentlichkeit der Tagung auch *Waldhoff*, in diesem Band, S. 171.

[29] Es ging auf der Tagung in Bochum um „Die Stellung der Studenten in der Universität“. Die Staatsrechtslehrer ließen sich nicht auf die von den Studierenden verlangte Diskussion ein, sondern verlagerten ihren Tagungsort aus dem rechtswissenschaftlichen Seminar in das Haus der Verwaltungs- und Wirtschaftsakademie. Siehe *Günther*, Denken (Fn. 15), S. 292; *Florian Meinel*, in diesem Band, S. 733 ff.; *Margrit Seckelmann*, in diesem Band, S. 665 ff.

[30] *Kluge*, Zünfte (Fn. 3), S. 343.

[31] *Helmuth Schulze-Fielitz*, Staatsrechtslehre als Mikrokosmos, in: ders., Mikrokosmos (Fn. 3), S. 3 (40).

wird vielfach kolportiert. Es kommt auch zu „Klatsch und Tratsch".[32] Immerhin kennt man sich persönlich häufig schon seit Jahren.[33]

„Meister" unter „Meistern" – dass das Besondere auf den Tagungen entfällt, ist für manche verwirrend. Mal führt dies zu einer sonst ungewohnten Bescheidenheit, mal wird versucht, die eigene Bedeutung im Kreis der Bedeutenden noch hervorzuheben.[34] Man klügelt, so gut man kann. Dass es unter den Mitgliedern der Vereinigung Wettbewerb gibt, ist nicht zu verkennen.[35] Dies gilt nicht nur für die Privatdozentinnen und Privatdozenten, die auf den Ruf auf eine Professur hoffen.[36] Auch bereits Etablierte sind nervös. Es geht um die wissenschaftliche Reputation.[37] Man will sich „einen Namen machen"[38],

---

[32] Allgemein dazu *Jörg Bergmann*, Klatsch, 1987 (zur „diskreten Indiskretion"); *Cheryll Bernhard/Edith Schlaffer*, Männerdiskurs und Frauentratsch, Soziale Welt 32 (1981), S. 119 ff. (zum „Doppelstandard in der Soziologie"); *Klaus Thiele-Dohrmann*, Unter dem Siegel der Verschwiegenheit, 1975 (zur „Psychologie des Klatsches"). Zum *gossip* in der Wissenschaft *Becher/Trowler*, Academic tribes (Fn. 13), S. 108 ff. In Bezug auf die Staatsrechtslehrertagung spricht *Schulze-Fielitz*, Mikrokosmos (Fn. 31), S. 13, von einer „Vielzahl von wertenden Einzelgesprächen ad personam (über An- wie Abwesende)".

[33] Zu den gemeinsamen Erfahrungen während der Assistentenzeit unten bei Fn. 252 ff.

[34] Näher zu den „Rückzugsstrategien durch Reputationsverzichte" und zu den „Offensivstrategien durch Selbstüberschätzung" *Helmuth Schulze-Fielitz*, Leicht spekulative Notizen zur Reputationshierarchie in der deutschen Staatsrechtslehre, in: ders., Mikrokosmos (Fn. 3), S. 187 (201 f.). Vgl. auch *Helmut Goerlich*, Die Rolle der Reputation in der Rechtswissenschaft, in: Hilgendorf/Schulze-Fielitz, Selbstreflexion (Fn. 12), S. 173 (199): „Ist der Ruf erst ruiniert, so lebt es sich ganz ungeniert." Zur *mid-life crisis* in der Wissenschaft *Becher/Trowler*, Academic tribes (Fn. 13), S. 140 ff.

[35] Allgemein zum Wettbewerb in der Wissenschaft *Becher/Trowler*, Academic tribes (Fn. 13), S. 118 ff. – Auch die Zunftmitglieder waren nicht Freunde, Partner oder Kollegen, sondern Konkurrenten. So *Kluge*, Zünfte (Fn. 3), S. 364.

[36] Schon bei den ersten Tagungen der Vereinigung war es – so *Gerhard Anschütz*, Aus meinem Leben, hrsgg. von W. Pauly, 1993, S. 294 – ein Ziel, „den Nachwuchs unseres Fachs kennenzulernen und uns über die wissenschaftlichen Fähigkeiten, auch über die persönlichen Eigenschaften dieser jungen Herren ein Urteil zu bilden, was insbesondere für eventuelle Fakultätsvorschläge zur Neubesetzung erledigter Professuren bedeutsam werden konnte". Zu den heutigen Berufungsverfahren *Helmuth Schulze-Fielitz*, Über Berufungen und Karrieren in der deutschen Staatsrechtslehre, in: FS für Helmut Goerlich, 2015, S. 13 ff. Zu den Rechtsgrundlagen *Hubert Detmer*, Das Recht der Universitätsprofessoren, in: Hartmer/Detmer (Hrsg.), Hochschulrecht, 3. Aufl. 2017, Rn. 70 ff. Kritisch im Hinblick auf die Chancengleichheit (vor allem für Frauen) *Christine Färber/Ulrike Spangenberg*, Wie werden Professuren besetzt?, 2008; *Phillip Hellwege/Julia Dorfschmidt/Katharina Scharrer/Martina Benecke*, Frauen in den Rechtswissenschaften, RW 2015, S. 300 ff.; *Rainer Kuhlen*, Berufungsverfahren an deutschen Universitäten, hochschule ost 3-4/99, S. 159 ff. Zu den so ganz anders gearteten zentralen *concours nationaux d'agrégation de l'enseignement supérieur* in Frankreich (und auch zur Kritik daran) *Silvia Pernice-Warnke*, Perspektiven des wissenschaftlichen Nachwuchses im deutsch-französischen Vergleich, RW 2013, S. 479 (494 ff.); *Dorothée Perrouin-Verbe/Samuel Fulli-Lemaire*, Career Paths into Legal Academia in France, RabelsZ 84 (2020), S. 299 (305 ff., 316 ff.); *Stefan Vogenauer*, Paths to the Chair – The French Experience, ZEuP 12 (2004), S. 218 ff.

[37] Vgl. *Goerlich*, Reputation (Fn. 34), S. 173 ff.; *Schulze-Fielitz*, Reputationshierarchie (Fn. 34), S. 187 ff. Allgemein *Peter Weingart*, Reputation in der Wissenschaft, in: Hilgendorf/Schulze-Fielitz, Selbstreflexion (Fn. 12), S. 150 ff. Zur „Orientierungsfunktion" des „Reputationscodes", „insbesondere in der Selektion dessen, was man zur Kenntnis nehmen muß", *Niklas Luhmann*, Die Wissenschaft der Gesellschaft, 1992, S. 249 ff. Zur Reputation als Steuerungsfaktor auch *Schulze-Fielitz*, Karrieren (Fn. 36), S. 18 f.

[38] Zur Bedeutung von Namen im Wissenschaftssystem *Luhmann*, Wissenschaft der Gesellschaft (Fn. 37), S. 247 ff., 354 („Das Gedächtnis des Systems wird mehr über Namen als über Sachinhalte organisiert."). Siehe auch schon *Robert K. Merton*, The Matthew Effect in Science, Sciene 159 (1968), S. 56 (57 ff.).

bemüht sich im Sinne von *Pierre Bourdieu* um „soziales Kapital".[39] Nicht offiziell, aber doch sehr spürbar, gibt es auch unter den „Meistern" eine Hierarchie. Von einer „Quasikirche" mit „Kardinälen", „Bischöfen" und „Kaplänen" wurde gesprochen.[40]

Umschwärmt wird, wem ein besonderer Einfluss zugetraut wird – auf die Mitwirkung in bedeutenden Handbüchern, Kommentaren und Zeitschriften, auf Einladungen zu wegweisenden Tagungen, auf die Besetzung von wichtigen Gremien, auf die Vergabe von Gutachten und Prozessvertretungen, auf Ehrungen (Ehrendoktorate, Gast- und Forschungsprofessuren, Drittmittel etc.) und auf die Berufung in bedeutende Staatsämter. Die Reputation hat viele Facetten.[41] Dabei gibt es – was *Robert K. Merton* allgemein für die Wissenschaft offengelegt hat[42] – den sog. *Matthäus*-Effekt: Wer schon hat, dem wird auch noch gegeben (Mt 25, 29). Die Reputation hat nach *Niklas Luhmann* eine „selbstverstärkende" Wirkung.[43]

Eines Tages am Bundesverfassungsgericht wirken zu dürfen, ist für viele ein Traum.[44] Dass man hinnehmen muss, dass es zu einem Berufswechsel kommt, der die für die Wissenschaft so typische – und für die „Eingebung" (*Max Weber*) so wichtige[45] – akade-

---

[39] Nach *Pierre Bourdieu*, Ökonomisches Kapital, kulturelles Kapital, soziales Kapital, in: Kreckel (Hrsg.), Soziale Ungleichheiten, 1983, S. 183 (190 ff.), geht es beim „sozialen Kapital" um die „Gesamtheit der aktuellen und potentiellen Ressourcen, die mit dem Besitz eines dauerhaften Netzes von [...] Beziehungen gegenseitigen Kennens oder Anerkennens verbunden sind. [...] Aus der Zugehörigkeit zu einer derartigen Gruppe ergeben sich materielle Profite, wie etwa die vielfältigen mit nützlichen Beziehungen verbundenen ‚Gefälligkeiten', und symbolische Profite, die z. B. aus der Mitgliedschaft in einer erlesenen und angesehenen Gruppe entstehen". Anders benutzt *Robert D. Putnam*, Bowling alone – America's declining social capital, Journal of Democracy 6 (1995), S. 65 ff., den Begriff. Hier geht es um den gesamtgesellschaftlichen Zusammenhalt.

[40] *Daniel Thürer*, Diskussionseröffnung, VVDStRL 58 (1999), S. 81. Einen ähnlichen Eindruck hatte schon 1931 der Schweizer Staatsrechtslehrer *Dietrich Schindler sen.* auf der Tagung in Halle. Siehe die Wiedergabe seines Notizbucheintrags vom 29. Oktober 1931 bei *Benjamin Schindler*, in diesem Band, S. 275 f., dort auch näher zur „klerikalen Vergleichsmetaphorik" aus Sicht eines Schweizers S. 296.

[41] *Schulze-Fielitz*, Reputationshierarchie (Fn. 34), S. 191 ff. Vgl. auch *Peter Häberle*, Vermachtungsprozesse in nationalen Wissenschaftlergemeinschaften, in: Schulze-Fielitz (Hrsg.), Staatsrechtslehre als Wissenschaft, 2007, S. 159 ff. Allgemein zum *quest for recognition* in der Wissenschaft *Becher/Trowler*, Academic tribes (Fn. 13), S. 75 ff.

[42] *Merton*, Matthew Effect (Fn. 38), S. 56 ff. Zur Rechtswissenschaft *Goerlich*, Reputation (Fn. 34), S. 191 f.; *Weingart*, Reputation (Fn. 37), S. 154 f.

[43] *Luhmann*, Wissenschaft der Gesellschaft (Fn. 37), S. 353; siehe auch S. 251 (Die Annahme „einmal gut, immer gut" als „Übertreibungseffekt" der Reputation).

[44] Derzeit sind acht der 16 Richterinnen und Richter des Bundesverfassungsgericht Professorinnen und Professoren des öffentlichen Rechts. Im ersten Senat sind dies *Susanne Baer* (Humboldt Universität zu Berlin), *Gabriele Britz* (Universität Gießen), *Ines Härtel* (Europa Universität Viadrina in Frankfurt/Oder) und *Andreas Paulus* (Universität Göttingen), im zweiten Senat *Doris König* (Bucerius Law School, auch Vizepräsidentin des Gerichts), *Peter Michael Huber* (Universität München), *Christine Langenfeld* (Universität Göttingen) und *Astrid Wallrabenstein* (Goethe Universität Frankfurt am Main). Zur „Expertise durch Professoren-Richter" als Element der Legitimation der bundesverfassungsgerichtlichen Entscheidungen *Christoph Möllers*, Legalität, Legitimität und Legitimation des Bundesverfassungsgerichts, in: Jestaedt/Lespius/Möllers/Schönberger, Das entgrenzte Gericht, 3. Aufl. 2019, S. 281 (361 ff.). Ausf. zum politischen und gerichtlichen Engagement der Mitglieder der Vereinigung – auch im Hinblick auf Österreich und die Schweiz – *Jens Kersten*, in diesem Band, S. 829 ff.

[45] Zur Notwendigkeit des persönlichen Freiraums für die „Eingebung" bzw. den „Einfall" *Max Weber*, Wissenschaft als Beruf, in: ders., Geistige Arbeit als Beruf, 1919, S. 11 f.: „Dieser Einfall aber lässt sich nicht erzwingen. [...] Nur auf dem Boden ganz harter Arbeit bereitet sich normalerweise der Einfall vor.

mische und persönliche Freiheit[46] (die „würdevolle Muße" im Sinne von *Henry James*)[47] kostet, hat nicht nur äußerliche Gründe. Es geht nicht bloß um die öffentliche Prominenz.[48] Vielmehr gilt die Berufung an das Bundesverfassungsgericht auch als die „Krönung einer wissenschaftlichen Karriere".[49] Denn das Grundgesetz gilt – was *Rudolf Smend* schon 1962 betonte – „praktisch so, wie das Bundesverfassungsgericht es auslegt, und die Literatur kommentiert es in diesem Sinne".[50] Die Staatsrechtswissenschaft wurde – so *Bernhard Schlink* – durch die Verfassungsgerichtsbarkeit „entthront"[51] (wenn sie denn je auf dem „Thron" saß)[52]. Es wird von der Gefahr gesprochen, dass die Staatsrechtslehre zu einer „Bundesverfassungsgerichtsauslegungswissenschaft" verkümmert.[53]

[…] Der Einfall ersetzt nicht die Arbeit. Und die Arbeit ihrerseits kann den Einfall nicht ersetzen oder erzwingen, so wenig wie die Leidenschaft es tut. Beide […] locken ihn. Aber er kommt, wenn es ihm, nicht, wenn es uns beliebt. Es ist in der Tat richtig, daß die besten Dinge einem so, wie Jhering es schildert: bei der Zigarre auf dem Kanapee, oder wie Helmholtz mit naturwissenschaftlicher Genauigkeit für sich angibt: beim Spaziergang auf langsam steigender Straße, oder ähnlich, jedenfalls dann, wenn man sie nicht erwartet, einfallen, und nicht während des Grübelns und Suchens am Schreibtisch. Sie wären einem nur freilich nicht eingefallen, wenn man jenes Grübeln am Schreibtisch und wenn man das leidenschaftliche Fragen nicht hinter sich gehabt hätte. […] Es kann einer ein vorzüglicher Arbeiter sein und doch nie einen eigenen wertvollen Einfall gehabt haben. […] Nun, ob jemand wissenschaftliche Eingebungen hat, das hängt ab von uns verborgenen Schicksalen, außerdem aber von ‚Gabe'."

[46] Zur „einzigartigen Freiheit des Universitätsprofessors" auch unter den heutigen Bedingungen einer „Massenuniversität" *Schulze-Fielitz*, Reputationshierarchie (Fn. 34), S. 187 f. Rechtlich speziell zur Gewährung von Forschungssemestern und zur Freiheit, den Ort und die Zeit der Arbeit selbst bestimmen zu können, *Detmer*, Universitätsprofessoren (Fn. 36), Rn. 194 ff., 209 ff. Zur Arbeitsweise prominenter Wissenschaftler *Katharina Fuhrin*, Der prominente Wissenschaftler, 2013, S. 122 ff.

[47] Dem amerikanisch-britischen Schriftsteller *Henry James* (1843–1916) wird der treffende Ausspruch zugeschrieben: „*Oxford lends sweetness to labour and dignity to leisure*".

[48] Zur Unterscheidung zwischen der wissenschaftlichen Reputation und der Prominenz in der allgemeinen Öffentlichkeit *Weingart*, Reputation (Fn. 37), S. 150 f., 163 ff.; *ders./Petra Pansegau*, Reputation in science and prominence in the media, in: Public Unterstanding of Sciene 8 (1999), S. 3 ff. Zu den Motiven für mediale Präsenz *Fuhrin*, Prominenter Wissenschaftler (Fn. 46), S. 152 (mit einer Typologisierung). Zu den Kriterien für das „Kapital an intellektueller Prominenz" (Mitarbeit in Zeitungen und Zeitschriften, Veröffentlichung von Taschenbüchern, Auftritte im Fernsehen) *Bourdieu* (Fn. 3), S. 82 ff., 98.

[49] So – auch in rechtsvergleichender Perspektive – *Armin von Bogdandy*, Wissenschaft vom Verfassungsrecht, in: ders./Cruz Villalón/Huber (Hrsg.), Offene Staatlichkeit, Wissenschaft vom Verfassungsrecht, Handbuch Jus Publicum Europaeum, Bd. 2, 2008, § 39 Rn. 70. Zu den Konflikten zwischen Politik und Wissenschaft in diesem Zusammenhang *Schulze-Fielitz*, Berufungen (Fn. 36), S. 37 ff.

[50] *Rudolf Smend*, Das Bundesverfassungsgericht, in: ders., Staatsrechtliche Abhandlungen, 3. Aufl. 1994, S. 581 (582). Vgl. auch *Christoph Gusy*, in diesem Band, S. 585 ff.

[51] *Bernhard Schlink*, Die Entthronung der Staatsrechtswissenschaft durch die Verfassungsgerichtsbarkeit, Der Staat 28 (1989), S. 161 ff. Näher *Oliver Lepsius*, Die maßstabssetzende Gewalt, in: Jestaedt/Lespius/Möllers/Schönberger, Entgrenztes Gericht (Fn. 44), S. 159 ff.

[52] Relativierend auch *Christoph Schönberger*, Der „German Approach", in: ders., Der „German Approach", 2015, S. 1 (31): „Auf einem Thron hatte die Staatsrechtswissenschaft […] auch in der hohen Zeit des Professorenrechts im langen neunzehnten Jahrhundert nicht gesessen." Rückgriffe auf eine monarchische Begrifflichkeit sind allerdings beliebt. Vgl. zum „Griff nach der Krone" der Verfassungsrechtswissenschaft mit dem Ziel der „Inthronisierung als rechtswissenschaftliche Königsdisziplin" *von Bogdandy*, Wissenschaft (Fn. 49), § 39 Rn. 38 ff. Aus britischer Sicht *Alan Rodger*, Judges and Academics in the United Kingdom, University of Queensland Law Review 29 (2010), S. 29 (32: „academics are king").

[53] *Thomas Oppermann*, Das Bundesverfassungsgericht und die Staatsrechtslehre, in: FS Bundesverfassungsgericht, Bd. 1, S. 421 ff. Relativierend *F. Reimer*, Fragmentierungen im Öffentlichen Recht – Dis-

Selbst das Verwaltungsrecht gilt mittlerweile weitgehend (was in rechtsvergleichender Perspektive nicht selbstverständlich ist)[54] als „konkretisiertes Verfassungsrecht".[55]

Politischen Einfluss zu haben, war auch das Ziel der Zünfte. Von den Staatsrechtslehrern schafften es zwei (*Karl Carstens* und *Roman Herzog*) gar in das Bundespräsidentenamt.[56] Zu einer „Zunftrevolution"[57] wird es freilich nicht kommen. Dass sich die Vereinigung – obwohl dies die Satzung nahelegt – nicht zu politischen Stellungenahmen durchringt, gilt nach wie vor als ein „guter Brauch".[58] Man muss in diesem Zusammenhang mit Scham daran erinnern: Auch im „Dritten Reich" gab es aus diesem Kreis kaum Widerstand.[59] Es wird von einer „sprechenden Stummheit" der Vereinigung bis zu ihrer Selbstauflösung 1938 gesprochen.[60] Und die Verstrickungen der Staatsrechtslehrer in den NS-Staat wurden erst 2001 – erst nachdem die Betroffenen gestorben und deren Schüler nicht mehr ganz so einflussreich waren – offiziell auf einer Staatsrechtslehrertagung zum Thema gemacht.[61]

---

kursvergleich im Verfassungs- und Verwaltungsrecht, VVDStRL 77 (2018), 413 (427 ff.). Anders herum zur „wissenschaftsorientierten Verfassungsjudikatur" *Matthias Jestaedt*, Phänomen Bundesverfassungsgericht, in: ders./Lespius/Möllers/Schönberger, Entgrenztes Gericht (Fn. 44), S. 77 (124 ff.). Zum französischen „Staatsratspositivismus" *Olivier Jouanjan.*, Fragmentierungen im Öffentlichen Recht: Diskursvergleich im Verfassungs- und Verwaltungsrecht, VVDStRL 79 (2020), 351 (401 f.).

[54] *Hermann Pünder*, Verwaltungsverfahren in rechtsvergleichender Perspektive, in: Kahl/Ludwigs (Hrsg.), Handbuch des Verwaltungsrechts, Bd. IV, 2022, § 117 Rn. 14.

[55] So das vielzitierte Diktum des seinerzeitigen Präsidenten des Bundesverwaltungsgerichts *Fritz Werner*, Verwaltungsrecht als konkretisiertes Verfassungsrecht, DVBl 1959, S. 527 ff. Zur Verknüpfung des Verwaltungsrechts mit dem Verfassungsrecht als Gegenstand der Staatsrechtlehrertagungen *Friedrich Schoch*, in diesem Band, S. 617 ff.; zur „Amalgamierung" der Diskurse *Reimer*, Fragmentierungen (Fn. 53), S. 415 ff., 435 ff.

[56] Dass *Andreas Voßkuhle* sich als Präsident des Bundesverfassungsgerichts der (zweimaligen!) Bitte der Bundeskanzlerin *Angela Merkel* verschloss, sich für dieses höchste Staatsamt zur Wahl zu stellen, hat viele Kolleginnen und Kollegen verwundert.

[57] *Kluge*, Zünfte (Fn. 3), S. 88 ff.

[58] So schon *Ulrich* Scheuner, Ansprache zur 50jährigen Wiederkehr der Gründung der Vereinigung, VVDStRL 31 (1973), S. 7 (8). Aus heutiger Sicht eher skeptisch zum Verhältnis der Vereinigung zur Öffentlichkeit *Franz Reimer*, in diesem Band, S. 183 ff.

[59] Zu den wissenschaftlichen Tätigkeiten der Staatsrechtslehrer und ihren Organisationen im „Dritten Reich" *Andreas Kley*, in diesem Band, S. 54 ff. Vgl zudem – auch im Hinblick auf Österreich und die Schweiz – *Jens Kersten*, in diesem Band, S. 837 ff.

[60] So *Michael Stolleis*, Im Bauch des Leviathan – Staatsrechtslehre im Nationalsozialismus, in: ders., Recht im Umrecht, 1994, S. 126 (143). Siehe auch *Franz Reimer*, in diesem Band, S. 201 f.

[61] *Horst Dreier* und *Walter Pauly*, Die deutsche Staatsrechtslehre in der Zeit des Nationalsozialismus, VVDStRL 60 (2001), S. 9 ff., 73 ff. Kritisch im Hinblick auf den späten Zeitpunkt der Auseinandersetzung und zur Aussprache, in der der „Mut" des Vorstands und der Vortragenden gerühmt wurde, auch *Bernhard Schlink*, Vergangenheitsschuld und gegenwärtiges Recht, 2002, S. 124 ff. („Unfähigkeit der Staatsrechtswissenschaft zu trauern?"). Näher zum Umgang der Staatsrechtslehrervereinigung mit der NS-Vergangenheit *Frieder Günther*, in diesem Band, S. 875 ff.; *Jan Thiessen*, in diesem Band, S. 697 ff. Zur Wiedergründung der Vereinigung 1949 *Anna-Bettina Kaiser*, in diesem Band, S. 75 ff.

3. *„Meistergesang“*

Dass es unter „Meistern“ nicht ausreicht, ein „Meister“ zu sein, wird am deutlichsten bei den Vorträgen auf den Jahrestagungen. Hier – wie auch in dem Begriff „Vorsingen“ für den Vortrag im Bewerbungsverfahren auf Professuren – taucht die Tradition des spätmittelalterlichen „Meistergesangs“[62] auf.

Schon vom Vorstand der Vereinigung – einem ohne Konkurrenz *de facto* durch „Akklamation“ bestellten Gremium[63] – zu einem Referat aufgefordert zu werden, gilt als Auszeichnung. Glückwünsche gibt es, Ratschläge[64] und möglicherweise auch Neid.[65] Denn bei weitem nicht jedes Mitglied erhält die Gelegenheit.[66] Bei anderen wissenschaftlichen Tagungen kann man sich – der internationalen Entwicklung folgend – zunehmend auf einen *Call for Papers* selbst um einen Vortrag bewerben. Für die Staatsrechtslehrertagungen gilt dies nicht. Man muss gefragt werden.[67] Und wenn dies geschieht, ist es ein „Angebot“, das man – wie es in den Mafiakreisen des *Paten Don Corleone* hieß – „nicht ablehnen kann“.[68] Pläne für das kommende Jahr werden über den Haufen geworfen; die Vorbereitung steht nun im Vordergrund. Immerhin gilt der Vortrag auf den Jahrestagungen als eine „große Herausforderung im Staatsrechtslehrerleben“.[69] Nie

---

[62] Dazu *Kluge*, Zünfte (Fn. 3), S. 386ff. Ausführlich *Reinhard Hahn*, Meistergesang, 1985.

[63] Formal gibt es seit 1967 geheime Wahlen (und damit auch einige Gegenstimmen). Zu einer Demokratisierung der Vereinigung mit Auswahlmöglichkeiten hat das allerdings nicht geführt. Kritisch etwa *Stolleis*, Vereinigung (Fn. 28), S. 355, 357f. Gegen die Kritik an der „aristokratischen Akklamation“ *Schulze-Fielitz*, Staatsrechtslehrerreferat (Fn. 26), S. 156ff. Zu den „aristokratischen Vereinsstrukturen“ ferner *ders.*, in diesem Band, S. 224ff. Die Bedeutung der „Machtfülle“ des Vorstands relativierend *Christian Waldhoff*, in diesem Band, S. 154ff. Auch in der Zivilrechtslehrervereinigung wird der Vorstand (seit 1971 ein „Elferrat“) nach wie vor faktisch „im Wege eines Kooptationssystem“ gebildet. Vgl. dazu – und zur Kritik daran – *Reinhard Zimmermann*, in diesem Band, S. 929ff. – Zur Selbstverwaltung der Zünfte und zur „Zunftdemokratie“ *Kluge*, Zünfte (Fn. 3), S. 335ff., 353ff.

[64] Für mich war es bewegend (aber auch zusätzlich verwirrend), als *Peter Häberle*, mit dem ich nicht persönlich bekannt war, mir nach meiner Auswahl als Referent für die Staatsrechtslehrertagung 2011 in Kiel schrieb, er könne mir Ratschläge für meinen Staatsrechtslehrervortrag geben. Ähnlich ist es allerdings auch schon *Roman Schnur* ergangen. Er erhielt wohl von mindestens sieben Kollegen Ratschläge, wie er seinen Vortrag zur Pressefreiheit 1963 am besten zu gestalten habe. Siehe *Günther*, Denken (Fn. 15), S. 23.

[65] So *Schulze-Fielitz*, Staatsrechtslehrerreferat (Fn. 26), S. 146 („Neid bei einer Vielzahl jener Kollegen, die noch nicht referiert haben oder nie referieren werden, aber gerne referieren würden“). Allgemein zum Neid auf die mediale Präsenz *Fuhrin*, Prominenter Wissenschaftler (Fn. 46), S. 117ff.

[66] *Schulze-Fielitz*, Staatsrechtslehrerreferat (Fn. 26), S. 159ff. Vgl. auch *Matthias Jestaedt*, Vom Beruf der Rechtswissenschaft, in: Dreier (Hrsg.), Rechtswissenschaft als Beruf, 2018, S. 227 (229). Zum ähnlichen Problem in der Zivilrechtslehre *Reinhard Zimmermann*, in diesem Band, S. 932ff.

[67] Zur Auswahl der Themen und Referenten *Matthias Jestaedt*, in diesem Band, S. 435; *Schulze-Fielitz*, Staatsrechtslehrerreferat (Fn. 26), S. 158f., 164f., 167ff.; *Christian Waldhoff*, in diesem Band, S. 165f. Entsprechendes gilt für die Zivilrechtslehrertagungen. Vgl. *Reinhard Zimmermann*, in diesem Band, S. 940ff. Kritisch im Hinblick auf andere Vereinigungen *Christoph Möllers*, in diesem Band, S. 986ff.

[68] *Hermann Pünder*, Schlussbemerkungen, in: VVDStRL 72 (2013), S. 353. Für die Kolleginnen und Kollegen aus Österreich gilt dies nicht. Vgl. *Ewald Wiederin*, in diesem Band, S. 262. Auch in der Schweiz spielen die Tagungen der Vereinigung keine so große Rolle. Vgl. *Benjamin Schindler*, in diesem Band, S. 283 (eher eine „Passivmitgliedschaft“) und S. 298ff. (zu den Beziehungsnetzwerken außerhalb der Vereinigung).

[69] *Schulze-Fielitz*, Staatsrechtslehrerreferat (Fn. 26), S. 145.

mehr wieder gibt es die Möglichkeit, sich vor einem so großen professoralen Fachkollegium vorzustellen, „ob im schlechten oder im guten Sinne".[70] Manche sprechen von einer „zweiten Habilitation"; ein Referat halten zu dürfen, gilt als „letzte große Ehre in der Zunft".[71] Manchmal ist gar von einem „Ritterschlag" die Rede, vom „vierten (!) Staatsexamen der Zunft", man ersehne Ruhm und fürchte Blamage.[72] Von einer „Löwengrube" wird dramatisierend gesprochen, in die man die jungen Kollegen „hetzt", um zu sehen, wie sie sich schlagen.[73] Die Vereinigung ist – so heißt es – „Bühne und Arena, Richtmaß und Richtstatt zugleich".[74]

Vorträge stehen in allen wissenschaftlichen Vereinigungen im Zentrum der Aktivitäten. Auf der Tagung der Staatsrechtslehrervereinigung gibt es allerdings eine weitere Besonderheit.[75] Regelmäßig halten zwei Mitglieder zu demselben Thema einen Vortrag! Dies mag die Vielfalt der Einsichten fördern,[76] hat aber auch ein kompetitives Element.[77] Wie bei den Wettbewerben der Meistersinger gibt es strenge Regeln. Bei diesen kam es darauf an, eine neue Melodie (einen neuen „Ton") zu erfinden und fehlerlos vorzutragen. Entsprechendes erwartet man in der Staatsrechtslehrer-Zunft. Dass traditionell bloß von „Berichten" die Rede ist, darf nicht täuschen.[78] Ein (freilich nur begrenzt)[79] innovativer Ansatz ist gefragt. Wer von den zwei Ausgewählten zuerst dran ist, bestimmt sich nach der „Hierarchie im Amte", bei Gleichrangigkeit des Amtsstatus nach der „Anciennität" (dem Zeitpunkt der Berufung in eine Professur, der Aufnahme in die Vereinigung oder sonst nach dem Lebensalter).[80] Fünfundvierzig Minuten lang darf heute jeder sprechen. Keinesfalls länger. Die Vorträge folgen direkt hintereinander. Anderthalb Stunden lang muss sich das Publikum konzentrieren. Dies fällt nicht leicht![81]

---

70 *Schulze-Fielitz*, Staatsrechtslehrerreferat (Fn. 26), S. 146.

71 *Peter Häberle*, Pädagogische Briefe an einen jungen Verfassungsjuristen, 2010, S. 102.

72 *Klaus Rennert*, Rezension von VVDStRL 70 (2011), DÖV 2011, S. 933 (936).

73 So *Martin Heckel* im Gespräch mit *Helmuth Schulze-Fielitz* am 8. Januar 2019, Archiv VDStRL, Ordner-Nr. 128, Reg.-Nr. 6.

74 So – aus österreichischer Sicht – *Ewald Wiederin*, in diesem Band, S. 265 f.

75 Näher zu den Staatsrechtslehrertagungen im Vergleich zu den Tagungen anderer wissenschaftlicher Vereinigungen *Christoph Möllers*, in diesem Band, S. 984 ff., 988 ff. Im Hinblick auf das Strafrecht *Klaus F. Gärditz*, in diesem Band, S. 951 ff. Zum Zivilrecht *Reinhard Zimmermann*, in diesem Band, S. 919 ff. Aus französischer Sicht *Michel Fromont/Aurore Gaillet*, in diesem Band, S. 901 ff.

76 *Schulze-Fielitz*, Mikrokosmos (Fn. 31), S. 10: „Versuch einer Kontrastbildung, die (…) zu kontroversen Erörterungen anregend soll".

77 Vgl. *Helmuth Schulze-Fielitz*, in diesem Band, S. 231 f. Zum Verhältnis der Referenten zueinander *ders.*, Staatsrechtslehrerreferat (Fn. 26), S. 162 ff. Üblich ist ein vom Vorstand organisiertes gemeinsames Treffen zur Vorbereitung der Referate (*Schulze-Fielitz*, ebda, S. 165 f.). Ich selbst konnte bei meinem Staatsrechtslehrerreferat daran wegen eines Auslandsaufenthalts nicht teilnehmen. Unangenehm war mir dies nicht. Ich wollte mich unbefangen mit meinem Thema (Fn. 3) beschäftigen.

78 Seit 2010 wird formal nicht mehr von „Berichten" gesprochen, sondern von einem „Referat".

79 Zur Frage „Wie innovativ, wie provozierend ‚darf' ein ‚neuer Ansatz' sein?" weist *Schulze-Fielitz*, Staatsrechtslehrerreferat (Fn. 26), S. 168, darauf hin, dass der Kreis der Tagungsteilnehmer „nicht notwendig auf höchste Innovation erpicht" ist. „Ganz neue Thesen oder auch nur Sprechweisen ‚in einer die Mehrheit verstörenden Art'" könnten „ein misstrauisches Abwehrverhalten provozieren, jedenfalls im informellen Tagungsteil." Allgemein zu rechtswissenschaftlichen Innovationen *ders.*, Was macht die Qualität öffentlich-rechtlicher Forschung aus?, in: ders., Mikrokosmos (Fn. 3), S. 288 (343 ff.).

80 *Schulze-Fielitz*, Staatsrechtslehrerreferat (Fn. 26), S. 167.

81 Dass den Vorträgen nicht leicht zu folgen ist, liegt auch an der eigentümlichen Regel der Vereini-

Dann folgt eine halbstündige Pause. Es findet ein reger Austausch über das Gehörte statt. Wer war besser? Hat einer „gepatzt" oder gar „versungen"? Die Reaktionen auf die Vorträge sind fast immer gespalten.[82] Glücklich sind Vortragende, die meinungsbildende Freundinnen und Freunde in der Vereinigung haben. Schließlich kommt es zu einer „Aussprache" von anderthalb Stunden im Plenum.[83] Früher ergriffen die „bedeutendsten" Personen als erste das Wort; Privatdozenten wurde eine Stellungnahme abgeraten.[84] Heute ist man großzügiger.[85] Zudem wurden die Diskussionsbeiträge strikt auf vier Minuten beschränkt (auch um eine „Selbstbeweihräucherung" in den Stellungnahmen einzudämmen).[86] In den „Veröffentlichungen der Vereinigung der Deutschen Staatsrechtslehrer" (VVDStRL)[87] werden nicht nur die Vorträge wörtlich dokumentiert (weshalb eine freie Rede nur sehr selten vorkommt[88]), sondern auch die Diskussionsbeiträge (die nicht selten schriftlich vorbereitet sind)[89]. Lob und Verriss bleiben für immer erhalten.[90]

Dass dieses Verfahren nicht zu mutigen Äußerungen anregt, liegt nahe.[91] Manch ein Referent hat Sorge vor einem *Sixtus Beckmesser*, der bei *Richard Wagners* „Meistersingern von Nürnberg" als „Merker" pedantisch über die Einhaltung der überkommenen

gung, dass der Redetext mit dem Abdruck im Tagungsband (Fn. 87) identisch sein muss. Dies verhindert nicht nur einen lockeren Votragsstil, sondern führt auch dazu, dass mündlich möglichst viel Inhaltliches kondensiert vorgetragen wird. Zur „Mündlichkeit als unverzichtbares Element der Wissenschaft" *Helmuth Schulze-Fielitz*, Der öffentlich-rechtliche Habilitationsvortrag, in: ders., Mikrokosmos (Fn. 3), S. 118 (119 f.). Allgemein zu den Anforderungen an mündliche Vorträge *ders.*, Qualität (Fn. 79), S. 316 f.

[82] *Schulze-Fielitz*, Staatsrechtslehrerreferat (Fn. 26), S. 186. Allgemein zu den Bewertungsmaßstäben (öffentlich-)rechtlicher Forschung *ders.*, Qualität (Fn. 79), S. 288 ff.

[83] Zur Rolle der Diskussionsleitung in den Aussprachen (durch ein Mitglied des Vorstands) *Häberle*, Briefe (Fn. 71), S. 98 f.

[84] *Häberle*, Briefe (Fn. 71), S. 101 ff., 107 f. *Stolleis*, Vereinigung (Fn. 28), S. 357, betont: „Die Älteren prägen den Stil, die Jüngeren passen sich an."

[85] *Christian Waldhoff*, in diesem Band, S. 161.

[86] Die Beschränkung auf vier Minuten wurde 2002 auf der Tagung in St. Gallen eingeführt. Vgl. *Helmuth Schulze-Fielitz*, Einleitung der Diskussion, in: VVDStRL 62 (2003), S. 85.

[87] Die Tagungsbände werden vom *De Gruyter*-Verlag vertrieben. Die Bände 1–78 sind im *open access* zugänglich.

[88] Fn. 81. Ausnahmen waren *Gunnar Folke Schuppert* (1983) und *Gertrude Lübbe-Wolff* (2000). In diesem Zusammenhang vermerkt *Schulze-Fielitz*, Staatsrechtslehrerreferat (Fn. 26), S. 180 (Fn. 160): „Die größere Leichtigkeit beim Zuhören wird dabei mitunter erkauft mit größerer Redundanz beim Vortrag zulasten analytischer Präzision."

[89] Von „vorbereiteter Spontaneität" sprach *Martin Kriele*, VVDStRL 46 (1988), S. 259 (260), als Diskussionsleiter. Hinzu kommt, dass die protokollierten Stellungnahmen den Diskutanten vor dem Abdruck zur Korrektur vorgelegt werden. Vgl. zur Verschriftlichung der mündlichen Diskussionsvoten auch *Günther*, Denken (Fn. 15), S. 23 f.

[90] Besonders scharf als Diskutant war *Hans Peter Ipsen*. Siehe etwa zum Referat von *Norbert Achterberg* („Deutschland nach 30 Jahren Grundgesetz") VVDStRL 38 (1980), S. 147 (148 f.).

[91] *Schulze-Fielitz*, Staatsrechtslehrerreferat (Fn. 26), S. 171, rät Vortragenden zu einem „Verzicht auf polarisierende Zuspitzungen"; es empfehle sich eine „‚gemischte' Linie ‚zu fahren', die allen Meinungsgruppen insofern gerecht zu werden sich bemüht, als auch diese sich in dem Referat in ihrem Zugang zum Recht wiederfinden können."

Regeln wachte.[92] Einen mutigen *Walther von Stolzing* gibt es nicht häufig.[93] Schon bei den Zünften wurde die Innovationsfeindlichkeit kritisiert.[94] Klagen hört man auch in der Staatsrechtslehre.[95] Zu grundlegenden Kontroversen – vergleichbar dem „Methoden- und Richtungsstreit" während der Weimarer Republik[96] – ist es in den letzten Jahren nur selten gekommen.[97] Jedenfalls muss man eine Spaltung der Vereinigung nicht fürchten.[98] Dass Öffentliches Recht „politisches Recht" ist,[99] schlägt sich heute kaum in Zuspitzungen nieder.[100] Der apolitische „Mann der Mitte" ist offensichtlich das Ideal.[101]

II. „Zünftige" Ausbildung

Zünfte waren exklusiv. Nur ein Meister konnte auf eine Aufnahme hoffen. Ähnlich verfährt man – wie erwähnt – in der Vereinigung der Staatsrechtslehrer. Nicht jede Person,

---

92 *Richard Wagner* (1813–1883), Die Meistersinger von Nürnberg, Uraufführung am 21. Juni 1868 in München. In der Figur des Beckmessers wird üblicherweise eine Parodie auf *Eduard Hanslick* (1825–1904) gesehen, der Wagner heftig kritisierte. Gegen den Vorwurf einer „Beckmesserei" verwahrte sich *Reinhard Mußgnug* in einer Diskussion (VVDStRL 48, 1990, S. 160).

93 Gegenüber den Kritikern des Lieds von *Walther von Stolzing* mahnt *Hans Sachs* in der Oper: „Halt Meister! Nicht so geeilt! / Nicht jeder eure Meinung teilt. / Des Ritters Lied und Weise, / sie fand ich neu, doch nicht verwirrt: / verließ er unsre Gleise / schritt er doch fest und unbeirrt. / Wollt ihr nach Regeln messen, / was nicht nach eurer Regeln Lauf, / der eignen Spur vergessen, / such davon erst die Regeln auf!" (Ende des ersten Akts).

94 Vgl. – die Kritik relativierend – *Kluge*, Zünfte (Fn. 3), S. 269 ff.

95 Zu den „Innovationsschwächen der Staatsrechtslehre" *Schulze-Fielitz*, Mikrokosmos (Fn. 31), S. 40 ff.

96 Dazu *Andreas Kley*, in diesem Band, S. 43 ff.; *Ute Sacksofsky*, in diesem Band, S. 483 f.; *Christoph Schönberger*, in diesem Band, S. 33 ff.

97 Immerhin wurde auf der Staatsrechtslehrertagung 2007 das Verwaltungsrecht „zwischen klassischem dogmatischen Verständnis und steuerungswissenschaftlichem Anspruch" diskutiert. Vgl. die Beiträge von *Ivo Appel* und *Martin Eifert* in VVDStRL 67 (2008), S. 226 ff. In historischer Perspektive zur Rezeption der „Verwaltungswirklichkeit" in der Staatsrechtslehrervereinigung *Margrit Seckelmann*, in diesem Band, S. 665 ff.

98 Anders ist die Lage in der Politikwissenschaft. Hier ist es zu einer Spaltung in die „Deutsche Vereinigung für Politikwissenschaft" und die „Deutsche Gesellschaft für Politikwissenschaft" gekommen. Vgl. *Tobias Bartels*, Eine Disziplin – zwei Fachtgesellschaften!?, in: Knelangen/Stein (Hrsg.), Kontinuität und Kontroverse – Die Geschichte der Politikwissenschaft an der Universität Kiel, 2013, S. 481 ff. Vor diesem Hintergrund die „Integrationsaufgabe" der Staatsrechtslehrervereinigung betonend *Schulze-Fielitz*, Staatsrechtslehrerreferat (Fn. 26), S. 148 m. Fn. 12.

99 Vgl. etwa *Josef Isensee*, Verfassungsrecht als „politisches Recht", in: ders./Kirchhof (Hrsg.), Handbuch des Staatsrechts, Bd. 12, 3. Aufl. 2014, § 268; *Christoph Möllers*, Staat als Argument, 2. Aufl. 2011, S. 177 ff.; *Andreas Voßkuhle*, Die politische Dimension der Staatsrechtslehre, in: Schulze-Fielitz, Staatsrechtslehre (Fn. 41), S. 135 ff. Aus der Zeit der Weimarer Republik *Rudolf Laun*, Der Staatsrechtslehrer und die Politik, AöR 43 (1922), S. 145 ff.; *Heinrich Triepel*, Staatsrecht und Politik, 1927.

100 Ebenso *Schulze-Fielitz*, Staatsrechtslehrerreferat (Fn. 26), S. 149. Zur „polarisierenden Frontstellung" im Gefolge der 1968er-„Kulturrevolution" *ders.*, Mikrokosmos (Fn. 31), S. 26. Allgemein zur „Apolizität der Diskurse" *Reimer*, Fragmentierungen (Fn. 53), S. 427 ff.

101 So bereits *Hubert Treiber*, Juristische Lebensläufe – Image und Imagepflege von Juristen in Laudationes und Nekrologen, KJ 12 (1979), S. 22 (34 ff.). Dem folgend *Ulrike Schultz/Anja Böning/Ilka Peppmeier*, Biographie und Recht, in: Lutz/Schiebel/Tuider (Hrsg.), Handbuch Biographieforschung, 2018, S. 339 (346).

die sich in Forschung und Lehre mit dem Öffentlichen Recht befasst, kann Mitglied werden.[102] Voraussetzung ist eine „zünftige“ Ausbildung. Und das heißt traditionell eine Habilitation an einer deutschsprachigen Fakultät mit einer *venia legendi* für das Öffentliche Recht.[103] Wenn es daran fehlt, bleibt man regelmäßig ausgeschlossen. Das gilt nicht nur für „bloße“ Honorarprofessorinnen und -professoren[104], sondern im Grundsatz auch für diejenigen, die ohne Habilitation eine „richtige“ Universitätsprofessur (ein Begriff, der gerne in Abgrenzung zu Professuren an Fachhochschulen verwandt wird) erlangt haben. In den Zünften sprach man von der nicht organisierten „Meinheit“ oder gar von „Pfuschern“, „Stümpern“, „Störern“ oder „Bönhasen“.[105] Dass die Habilitation als Berufungsvoraussetzung für eine Universitätsprofessur mittlerweile – worauf später näher einzugehen ist[106] – in vielen Fächern an Bedeutung verloren hat, kümmert die Staatsrechtslehrervereinigung kaum.[107] Wenn Habilitierte an einer nichtjuristischen Fakultät[108], einer nicht deutschsprachigen Universität im Ausland[109], einer Fachhochschule[110] oder ganz außerhalb des Akademischen (etwa in Gerichten, der Rechtsanwaltschaft oder in der öffentlichen Verwaltung) tätig sind, steht dies einer Mitgliedschaft in der Vereinigung allerdings nicht entgegen.

---

[102] Kritisch etwa *Stolleis*, Vereinigung (Fn. 28), S. 358. 1962 einigte man sich darauf, „reine Politologen“ nicht in die Vereinigung aufzunehmen. Siehe dazu und überhaupt zum Verhältnis der Staatsrechtslehrer zur „Wissenschaft von der Politik“ *Günther*, Denken (Fn. 15), S. 232 ff., 234 ff.

[103] Ursprünglich wurde ausdrücklich eine Habilitation („für das Fach des Staatsrechts und ein weiteres öffentlich-rechtliches Fach“) verlangt. Vgl. § 3 Abs. 1 der Vereinssatzung i. d. F. von 10. Okt. 1956. Mittlerweile ist die Formulierung offener, es genügt, dass die Befähigung zu Forschung und Lehre durch „hervorragende wissenschaftliche Leistung“ nachgewiesen ist. Allerdings gibt es insofern einen erläuternden Zusatz: „Eine hervorragende Leistung im Sinne dieser Vorschrift ist eine den bisher üblichen Anforderungen an die Habilitation entsprechende Leistung.“ Näher *Schulze-Fielitz*, Mikrokosmos (Fn. 31), S. 7 f.

[104] Anders handhaben dies die Strafrechtslehrer. Vgl. *Klaus F. Gärditz*, in diesem Band, S. 958. Allg. zur Honorarprofessur etwa *Hermann Horstkotte*, Mehr als eine Frage der Ehre – Der Dr. h.c. und der Honorarprofessor, hochschule ost 3-4/99, S. 229 ff.

[105] *Kluge*, Zünfte (Fn. 3), S. 249. Der Begriff „Bönhase“ leitet sich vom niederdeutschen Ausdruck „Böne“ für den Dachboden ab. Wie der „Dachhase“ – die Katze – auf dem Dachboden Mäuse fängt, arbeiten Bönhasen heimlich auf Dachböden für ihre „Mäuse“.

[106] Siehe zu den Juniorprofessuren unten bei Fn. 209 ff.

[107] Wie mit Personen umgegangen wird, die den Weg einer Juniorprofessur eingeschlagen haben, ist nach wie vor nicht klar. Gelegentlich kommt es noch vor Abschluss der Habilitation zur Aufnahme in die Vereinigung, wenn die Person eine dauerhafte Professur an einer juristischen Fakultät erlangt hat. Die erste war wohl *Anna-Bettina Kaiser* (Humboldt Universität zu Berlin), eine „Schülerin“ von *Andreas Voßkuhle*. Näher zur Diskussion über die Aufnahmekriterien *Christian Waldhoff*, in diesem Band, S. 179 ff. Zu den (ähnlich strengen) Aufnahmekriterien der Zivilrechtslehrervereinigung und zur Diskussion darüber *Reinhard Zimmermann*, in diesem Band, S. 934 ff.

[108] *Kuntz*, Proprium (Fn. 12), S. 274 Fn. 89, spricht etwas dispektierlich von „Dienstleistungslehre“.

[109] Siehe zu den ausländischen Mitgliedern der Vereinigung unten bei Fn. 295.

[110] Zum kategorialen Ausschluss von nicht habilitierten Fachhochschulprofessoren *Christian Waldhoff*, in diesem Band, S. 180: „Das ist nach wie vor überzeugend, findet dort (zumindest im juristischen Bereich) doch keine genuine Forschung statt.“ Anders im Hinblick auf andere Vereinigungen *Christoph Möllers*, in diesem Band, S. 981: „Im Ergebnis können mittelmäßige Hochschullehrer ohne weiteres, qualifizierte Fachhochschullehrer ohne weiteres nicht Mitglieder der Vereinigung werden.“

1. Erste Schritte im Studium

Die besondere Aura der „Staatsrechtslehrer" führt dazu, dass der Wunsch, es ihnen gleichzutun, häufig schon während des Studiums aufkommt. Nur selten – aber immerhin dann und wann – geschieht dies bereits in der Schulzeit.[111] Dann muss das familiäre Umfeld aber schon sehr akademisch geprägt sein.[112] Ein Glücksfall ist es, wenn man während des Studiums auf Gleichgesinnte trifft.[113] So können sich schon früh inspirierende „Seilschaften" bilden.[114] Dass das Gespräch die „Verfertigung der Gedanken" erleichtert, hatte ja schon *Heinrich von Kleist* erkannt.[115]

Ambitionierte suchen Kontakt nicht bloß zu begabten Kommilitoninnen und Kommilitonen oder zu wissenschaftlichen Mitarbeiterinnen und Mitarbeitern, die Arbeitsgemeinschaften leiten,[116] sondern direkt zu einer richtigen „Ordinaria" oder einem „Ordinarius".[117] Manchmal wird dann zugleich die professorale Sprechweise (als Teil der „Manieren", die zum „Sozialkapital" gehören)[118] übernommen.[119] Wissenschaft ist auch ein „Sozialisationsprozess".[120] Ohne Vorbilder geht es nicht. Üblicherweise sind es diejenigen Professorinnen und Professoren, für die das *Humboldt*'sche Ideal der „Einheit von Forschung und Lehre" und der „Gemeinschaft von Lehrenden und Lernenden"[121] auch im Zeitalter der „Massenuniversitäten" wichtig ist. Manche schwärmen gar von

---

111 Überliefert ist, dass sich *Christoph Möllers* (jetzt Humboldt Universität zu Berlin) schon so frühzeitig für diesen Beruf entschied.

112 Siehe zur sozialen Herkunft der Nachwuchswissenschaftler unten in und bei Fn. 141.

113 Ebenso *Häberle*, Briefe (Fn. 71), S. 20.

114 Ein Beispiel ist der Freundeskreis von *Oliver Lepsius* (jetzt Universität Münster), *Christian Waldhoff* und *Christoph Möllers* (beide jetzt Humboldt Universität zu Berlin) während der Studienzeit in München.

115 *Heinrich von Kleist*, Über die allmählige Verfertigung der Gedanken beim Reden, 1805/06.

116 Früher galten sie für die Studierenden – so jedenfalls *Ingo v. Münch*, Sein und Haben: Erinnerungen an eine Assistentenzeit, in: FG Assistententagung (Fn. 26), S. 21 (22) – als „3/4- oder Fast-Professoren".

117 „Ordinarius" ist der überkommene Begriff für planmäßige Professoren mit einem Lehrstuhl. Historisch zur „tribalistischen Traditionalität" der Ordinaren und ihrem Verhältnis zum wissenschaftlichen Nachwuchs *Jürgen Wilhelm*, Die Stammeskultur der Ordinarienuniversität, in: FS für H.P Bahrdt, 1983, S. 477 ff.

118 Nach *Bourdieu*, Kapital (Fn. 39), S. 191 Fn. 14, lassen sich die „Manieren" (ausdrücklich genannt werden das Benehmen und die Sprechweise) dem „Sozialkapital" zurechnen, weil sie „auf eine bestimmte Weise ihrer Aneignung hinweisen und damit die ursprüngliche Zugehörigkeit zu einer mehr oder weniger angesehenen Gruppe zu erkennen geben".

119 Ich selbst erinnere mich an das Zusammentreffen mit *Martin Eifert* (jetzt Humboldt Universität zu Berlin) während des Studiums in Genf (1989/90). Der Kommilitone sprach schon damals – geprägt von *Wolfgang Hoffmann-Riem* (jetzt Bucerius Law School in Hamburg) – gerne von der „regulierten Selbstregulierung" und vom öffentlichen Recht und Privatrecht als „wechselseitigen Auffangordnungen" – Konzepte, die denjenigen, die gerade erst die „kleinen Scheine" hinter sich hatten, völlig unbekannt waren.

120 *Schulze-Fielitz*, Mikrokosmos (Fn. 31), S. 13 ff., mit Verweis auf *Peter Weingart*, Wissensproduktion und soziale Struktur, 1976, S. 36, 51 f., 58 ff., 74.

121 *Wilhelm von Humboldt*, Ueber die mit dem Koenigsbergischen Schulwesen verzunehmenden Reformen, 1809; *ders.*, Über die innere und äussere Organisation der höheren wissenschaftlichen Anstalten in Berlin, 1810.

ihrem „pädagogischen Eros“ in der Tradition *Platons*[122] (ein Konzept, von dem man nach den Missbrauchsskandalen etwa an der Odenwaldschule nicht mehr unbefangen spricht[123]). Für die Studierenden können sich Anregungen aus Seminaren (heutzutage vor allem im „Schwerpunktbereich“[124]) ergeben, aber auch aus einer aktiven Mitarbeit in einer Vorlesung oder „Übung“. Auch die Tätigkeit als „studentische Hilfskraft“ an einem Lehrstuhl kann den Einstieg in eine wissenschaftliche Laufbahn erleichtern.[125]

Wirklich entscheidend für den Weg in die Wissenschaft sind allerdings die beiden juristischen (Staats-)Prüfungen.[126] Obwohl es in den Examina im Wesentlichen „bloß“ darum geht, in kurzer Zeit Fälle in „Klausuren“ zu lösen (was mit Wissenschaft eher wenig zu tun hat)[127], wirkt sich der bei Juristen übliche „Notenfetischismus“ auch in der akademischen Welt aus. Während Kollegen an führenden US-amerikanischen *law schools* gelegentlich damit kokettieren, dass sie mehrfach durch das *Bar Exam* gefallen sind[128], kann man es in Deutschland erleben, dass selbst sehr berühmte Jura-Professoren jüngeren Kolleginnen und Kollegen gerne erzählen, wie groß ihr Erfolg in den Staatsexamina war.[129]

---

[122] So *Häberle*, Briefe (Fn. 71), S. 2 ff. (und mehrfach in dem Buch).

[123] Vgl. Drieschner/Gaus (Hrsg.), Liebe in Zeiten pädagogischer Professionalisierung, 2011; *Sabine Seichter*, Pädagogische Liebe – Erfindung, Blütezeit, Verschwinden eines pädagogischen Konzepts, 2007.

[124] „Ständige Seminare“ (mit wöchentlichen Sitzungen sogar in der vorlesungsfreien Zeit), wie sie *Häberle*, Briefe (Fn. 71), S. 15 ff., nahelegt, dürften heutzutage die meisten Studierenden wie auch die meisten Professorinnen und Professoren überfordern. Die Lebenswirklichkeit hat sich inzwischen erheblich geändert (man denke bloß an die heute zunehmend selbstverständliche gemeinsame Alltagsbewältigung von Paaren). Zum Studium im „Schwerpunktbereich“ auch unten bei Fn. 238 f.

[125] Nach *Alexander Lenger*, Die Promotion – ein Reproduktionsmechanismus sozialer Ungleichheit, 2008, S. 104, waren – allerdings nicht nach Fächern differenziert – 74% der Promovierenden vorher als Hilfskraft tätig.

[126] Zur Bedeutung der Staatsprüfungen für die wissenschaftliche Laufbahn *Kuntz*, Proprium (Fn. 12), S. 278 f.; zu Berufungsverfahren *Schulze-Fielitz*, Berufungen (Fn. 36), S. 24. Die Studienzeit schließt seit 2003 allerdings nicht mehr nur mit einer staatlichen Pflichtfachprüfung ab. Eine universitäre Schwerpunktbereichsprüfung ist hinzugekommen (dazu auch unten bei Fn. 238 f.). Nur noch der Vorbereitungsdienst endet allein mit einer staatlichen Prüfung. Vgl. §§ 5, 5a DRiG.

[127] Ebenso *Christoph Möllers/Andreas Voßkuhle*, Die deutsche Staatsrechtswissenschaft im Zusammenhang der internationalisierten Wissenschaften, Die Verwaltung 36 (2003), S. 321 (325): Das Examen ist „nur eine notwendige, keine hinreichende Bedingung für juristische Wissenschaftsfähigkeit“.

[128] *Helge Dedek*, Recht an der Universität – „Wissenschaftlichkeit“ der Juristenausbildung in Nordamerika, JZ 2009, S. 540 (548) erklärt: „Die law schools des ‚top tier‘ legen Wert darauf, keine Anstalt zur Vorbereitung auf das bar exam zu sein; viel mehr sieht sich die ‚elite law school‘ typischerweise eher als ein ‚colonial outpost of the graduate school‘“. Vgl. auch *Uwe Kischel*, Rechtsvergleichung, 2015, S. 301 f. Diese herablassende Einstellung zur praktischen Ausbildung wird allerdings zunehmend kritisiert. Vgl. etwa *Harry T. Edwards*, The Growing Disjunction Between Legal Education and the Legal Profession, Michigan Law Review 91 (1992), S. 34 ff. (für eine *„healthy balance of theory and doctrine“*). Positiv dagegen *George L. Priest*, The Increasing Division Between Legal Practise and Legal Education, Buffalo Law Review 37 (1988/1989), S. 681 ff. Die großen Anwaltskanzleien nehmen es hin, dass sie im Wettbewerb um die „besten Köpfe“ die Absolventen der renommierten Hochschulen selbst für die praktische Rechtsarbeit schulen müssen. Eine gewisse juristische Grundausbildung wird dadurch sichergestellt, dass alle amerikanischen Law Schools von der *American Bar Association* akkreditiert werden müssen.

[129] Ganz herausragend hat etwa *Jochen Abraham Frowein*, später ein Direktor des Max-Planck-Instituts für ausländisches öffentliches Recht und Völkerrecht (Heidelberg), in den Staatsprüfungen abgeschnitten. Vgl. auch das Gespräch mit *Ewald Wiederin* am 7. Dezember 2018, Archiv VDStRL, Ordner-Nr. 128, Reg.-Nr. 6.

Gefragt ist in Berufungsverfahren ein „Doppelprädikat". Eine wissenschaftliche Karriere kann in Deutschland regelmäßig nur anstreben, wer auch die Referendarzeit mit dem zweiten Staatsexamen abgeschlossen hat und als ein (zum Richteramt befähigter) „Volljurist" – jedenfalls dem Anschein nach – auch in der Praxis reüssieren könnte.[130] Eine (positive) Folge ist, dass deutsche Gerichte rechtswissenschaftliche Stellungnahmen vergleichsweise sorgfältig zur Kenntnis nehmen (und zitieren) und sich die deutsche Rechtswissenschaft vergleichsweise intensiv mit der Rechtsprechung auseinandersetzt.[131] Die britische Gerichtspraxis ist ganz anders. Hier werden allenfalls bereits verstorbene akademische Autoren zitiert (*„not read till dead"*).[132] Über die deutschen Gepflogenheiten wird gar gespottet.[133] In den USA wird juristische Literatur von den Gerichten zwar berücksichtigt. Allerdings ist die Tendenz rückläufig.[134] Dies liegt auch daran, dass sich die amerikanische Rechtswissenschaft immer weniger für die spezifisch juristischen Bedürfnisse der Gerichts- (und Anwalts-)praxis interessiert. Hierauf wird später vergleichend zurückzukommen sein.[135]

---

130 Rechtlich möglich, aber heutzutage kaum noch vorstellbar ist es, den Weg in die Wissenschaft ohne die Absolvierung der Referendarzeit (wie es etwa noch bei *Ernst-Wolfgang Böckenförde* der Fall war) zu beschreiten. Vgl. zum Ideal eines „wissenschaftlich fundierten Praktikers" auch *Treiber*, Lebensläufe (Fn. 101), S. 31 ff., sowie *Schultz/Böning/Peppmeier*, Biographie (Fn. 101), S. 347. In Österreich ist dies anders. Wer eine akademische Laufbahn anstrebt, absolviert regelmäßig keine der Berufszulassungsprüfungen. Vgl. *Walter Doralt*, Akademische Karrierewege für Juristen in Deutschland und Österreich, RabelsZ 84 (2020), 268 (272 f.).

131 Näher zum Praxisbezug der deutschen Rechtswissenschaft, der sich vor allem in der für uns typischen Kommentarliteratur (an der auch Rechtspraktiker mitwirken) niederschlägt, *Dreier*, Rechtswissenschaft als Wissenschaft (Fn. 12), S. 45 ff. Vgl. zum *double bind* der Rechtswissenschaft auch *Jestaedt*, Beruf der Rechtswissenschaft (Fn. 66), S. 233 f. Speziell zur „wissenschaftsorientierten Verfassungsjudikatur" *Jestaedt*, Phänomen Bundesverfassungsgericht (Fn. 53). Kritisch zum „Distanzverlust" zu Lasten der Wissenschaft *Lepsius*, Problemzugänge (Fn. 15), S. 87 ff. Zu den Folgen im Publikationswesen im Vergleich zu den USA *Kuntz*, Proprium (Fn. 12), S. 289 f.

132 Siehe etwa *Peter Birks*, The academic and the pracitioner, Legal Studies 18 (1998), S. 397 ff.; *Neil Duxbury*, Jurists and Judges, 2011; *David Neuberger*, Judges and Professors, RabelsZ 77 (2013), S. 233 ff.; *Andrew Sweeney*, Career Paths into Legal Academia in Scotland, RabelsZ 84 (2020), S. 299 (364 ff.).

133 *Rodger*, Judges and Academics (Fn. 52), S. 32: „In German-speaking countries, where academics are king, the judges often quote extensively from literature. Indeed, it sometimes looks as if they cannot write a clause, far less than a whole sentence, without inserting some citation in brackets. […] The criticism is that judgements of that kind do not appear to be giving a clear and authoritative statement of the court's own view of the law."

134 Vgl. *Michael D. McClintock*, The Declining Use of Legal Scholarship by Courts, Oklahoma Law Review 51 (1998), S. 659 ff.

135 Siehe unten bei Fn. 243 ff.

2. *Doktoranden als „Lehrlinge“*

Doktorandinnen und Doktoranden kann man mit Lehrlingen bzw. „Lehrkindern“[136] in den Zünften vergleichen.[137] Deutlich macht dies schon die Rede von der „Doktormutter“ bzw. vom „Doktorvater“.

Zu den Voraussetzungen für die „Aufdingung“ eines Lehrlings in einer Zunft[138] gehörte die „ehrbare Geburt“.[139] Die Privilegien der „Meistersöhne“ wurden damals kritisiert.[140] Noch heute kommt der wissenschaftliche Nachwuchs in der Regel aus einer (Bildungs-)Bürgerfamilie. Um die soziale Durchlässigkeit ist es immer noch nicht gut bestellt.[141] Früher erlernte man in der Regel das Handwerk des Vaters (oder der Mutter[142]). Ähnliches lässt sich heute noch in der Rechtswissenschaft beobachten. Es gibt Familien, in denen sich Staatsrechtslehrer häufen.[143] Ursprünglich hatte die Habilitation als Zulassungsvoraussetzung – zuerst an der Berliner Universität 1816 – auch die Funktion, der bis dahin häufigen „faktische[n] Vererbung des Professorenamtes vom Vater auf dem Sohn“ entgegenzuwirken.[144] Von solchen Gefahren kann heute keine Rede sein.

---

[136] Vgl. *Kluge*, Zünfte (Fn. 3), S. 151 mit Verweis auf eine Urkunde der Bruderschaft der Drechsler in Köln aus dem Jahr 1180, wo von einem *discipulus, qui vulgariter dicitur leirkint*, die Rede ist.

[137] Von „Staatsrechtslehrlingen“ soll (immerhin mit Blick auf die Habilitanden) *Hans Peter Ipsen* gesprochen haben (so *Alexander Hollerbach*, Rückblicke auf die ersten vier Tagungen, in: FG Assistententagung (Fn. 26), S. 33 (36).

[138] *Kluge*, Zünfte (Fn. 3), S. 376 f.

[139] *Kluge*, Zünfte (Fn. 3), S. 107 ff., zur Aufnahme als Lehrling S. 154 ff.

[140] *Kluge*, Zünfte (Fn. 3), S. 242 ff.

[141] Speziell zum öffentlichen Recht *Anja Böning*, Zur sozialen Situation der Assistent*innen im Öffentlichen Recht, in: FS 60 Jahre Assistententagung/Junge Tagung Öffentliches Recht, 2020, S. 253 ff. Zu den „Aufstiegsnarrativen“ von Juraprofessoren aus „statusniedrigeren Herkunftsfamilien“ *dies./Frerk Blome/Christina Möller*, Vom kollektiven zum individualisierten Aufstieg?, ZfRSoz 40 (2020), S. 170 (im Hinblick auf die Eltern 198 ff.). Im Hinblick auf den sozio-ökonomischen Status von Personen mit einem Migrationshintergrund („People of Color“) *Michael Grünberger/Anna Katharina Mangold/Nora Markard/Mehrdad Payandeh/Emanuel Towfigh*, Diversität in der Rechtswissenschaft und Rechtspraxis, 2021, S. 28 ff. Allgemein *Sandra Beaufaÿs*, Zugänge zur Promotion, in: Huber/Schelling/Hornbostel, Doktortitel (Fn. 6), S. 163 ff.; *Lenger*, Promotion (Fn. 125); *ders.* Ökonomisches, kulturelles und soziales Kapital von Promovierenden, die hochschule 2009, S. 104 ff.; *Christina Möller*, Herkunft zählt (fast) immer, 2014; *Lena M. Zimmer*, Das Kapital der Juniorprofessur, 2018, S. 125 ff.

[142] Siehe oben Fn. 4.

[143] Man denke etwa an *Kay Hailbronner* und seine Tochter *Michaela Hailbronner*, an die Brüder *Jörn* und *Knut Ipsen*, die Brüder *Paul* und *Ferdinand Kirchhof* (beide waren Bundesverfassungsrichter), die Geschwister *Gregor Kirchhof* und *Charlotte Kreuter-Kirchhof* (die Kinder von *Paul Kirchhof*), die Brüder *Ekkehart* und *Franz Reimer*, an *Getrude Lübbe-Wolff* und ihre Tochter *Johanna Wolff*, an *Wolf-Rüdiger Schenke* und seinen Sohn *Ralf Peter Schenke*, an *Meinhard Schröder* und seinen gleichnamigen Sohn, an *Gunther Schwertfeger* und seine Nichte *Angela Schwerdtfeger*, an *Heinhard Steiger* und seinen Sohn *Dominik Steiger* oder schon an die Staatsrechtler *Georg Jellinek* (1851–1911) und *Walter Jellinek* (1885–1955). Zu dieser Familie ausführlich *Klaus Kempter*, Die Jellineks 1820–1955, 1998. Auch der Schweizer *Benjamin Schindler* (vgl. in diesem Band, S. 273 ff.) kommt aus einer Familie mit vielen Staatsrechtslehrern. *Dietrich Schindler sen.* (1890–1948) war sein Großvater (Fn. 40), *Dietrich Schindler jun.* (1924–2018) sein Onkel, *Max Huber* (1874–1960) sein Urgroßonkel. Allgemein zu „juristischen Familienromanen“ *Treiber*, Lebensläufe (Fn. 101), S. 29 ff. Zur „Berufsvererbung“ im Hinblick auf das „an einen Eigennamen gebundene soziale Kapital“ *Bourdieu* (Fn. 3), S. 116 f.

[144] *Zimmer*, Kapital (Fn. 141), S. 11 f.

Allenfalls lässt sich in der Wissenschaft das „kulturelle" und „soziale Kapital" „vererben".[145]

Die Lehrlinge wohnten im Haushalt des Meisters.[146] Auch für die akademische Laufbahn (und aus finanziellen Gründen) ist es nützlich, die Doktorarbeit nicht „extern", sondern als Teil des „akademischen Mittelbaus" an einem Lehrstuhl zu verfassen.[147] So erhält man den für die weitere wissenschaftliche Laufbahn nützlichen „Stallgeruch"[148] (durchaus im zwiespältigen Sinne dieses Wortes).[149] Lehrstuhl – dies ist schon wieder ein so altertümlicher Begriff. Die *Kathedra* ist seit jeher der Sitz der Professoren. Dass der Begriff heute noch in „Kathedralen", den Kirchen von Bischöfen, auftaucht, freut standesbewusste Professorinnen und Professoren. In der Ausstattung der Lehrstühle – vor allem mit Positionen für bereits examinierte Mitarbeiterinnen und Mitarbeiter – schlägt sich die Hierarchie in der Professorenschaft nieder.[150] Häufig werden die Stellen halbiert oder auch geviertelt.[151] So entsteht ein großer Kreis.

Dies geschieht auch zur Freude der Professorinnen und Professoren. Die „Lehrer-Schüler-Verhältnisse" gehören – so *Peter Häberle* – „zum Schönsten, was die akademische Welt bietet oder im Rückblick bot."[152] Häufig entwickeln sich lebenslange Freundschaften.[153] Dass Mitarbeiterinnen und Mitarbeiter gelegentlich übermäßig für Publika-

---

[145] *Zimmer*, Kapital (Fn. 141), S. 125 ff. Zur „sozialen Vererbung" auch *Schulze-Fielitz*, Berufungen (Fn. 36), S. 16. Zu den Unterschieden in den verschiedenen Fakultäten und den Indikatoren für „ererbtes oder erworbenes Kapital" (u. a. die sozio-professionelle Kategorie des Vaters) und für „Bildungskapital" (u. a. Ort des Hochschulbesuchs und Studium im Ausland) in Frankreich *Bourdieu* (Fn. 3), S. 82 ff., 307 ff.

[146] *Kluge*, Zünfte (Fn. 3), S. 157 ff.

[147] Zum „Lehrstuhl als akademische Einheit" *Häberle*, Briefe (Fn. 71), S. 36 f., 49 ff.

[148] Vgl. *Goerlich*, Reputation (Fn. 34), S. 187 („respektabler Stallgeruch, der durch brave Assistentenjahre an einem respektablen Lehrstuhl erworben wird").

[149] Ironisch *Julius Kyriandros Ekklesiandros* (Pseudonym von *Ingeborg Puppe* mit einer Anspielung auf *Julius von Kirchmanns* Vortrag zur „Wertlosigkeit der Jurisprudenz als Wissenschaft", 1848, Fn. 11), Besorgter Brief an einen künftigen Strafrechtswissenschaftler, GA 1999, S. 409: „Eh Du Dich auf Deine erste Langstrecke, die Promotion begibst, solltest Du vor allem Deinen Doktorvater sorgfältig aussuchen. Mit einem stillen Gelehrten, der womöglich zu vornehm ist, Reklame für seine Schüler zu machen und für sie seine Beziehungen spielen zu lassen, oder solche am Ende gar nicht hat, ist Dir nicht gedient. Suche Dir einen dynamischen weltläufigen Professor, der in der Fakultät und außerhalb derselben eine starke Stellung und natürlich auch einen bekannten Namen hat." Zur Bedeutung der Reputation der Betreuer für die Berufungschancen von Habilitanden *Schulze-Fielitz*, Berufungen (Fn. 36), S. 18. Zu den Alternativen zur „Meister-Schüler"-Promotion in Form von strukturierten Promotionsverfahren *Kalle Hauss/Marc Kaulisch*, Alte und neue Promotionswege, in: Huber/Schelling/Hornbostel, Doktortitel (Fn. 6), S. 173 ff.

[150] *Zimmer*, Kapital (Fn. 141), S. 14. Heute ist man mit zwei vollen Stellen (und zusätzlichen Mitteln für studentische „Hilfskräfte") gut bedient. Es gab aber Zeiten, in denen die Lehrstühle noch viel besser ausgestattet waren. Vgl. etwa *v. Münch*, Erinnerungen (Fn. 116), S. 27 f.

[151] Diejenigen, die durch ein Promotionsstipendium unterstützt werden, dürfen bloß in einem Umfang von einer Viertelstelle an einem Lehrstuhl arbeiten.

[152] *Häberle*, Briefe (Fn. 71), S. 24, ähnlich S. 49: „Die Betreuung von Doktoranden […] gehört zum Schönsten, was einem Hochschullehrer vergönnt ist". Kritisch gegenüber dem Bild von „Meister" und „Schüler" *Sandra Beaufaÿs*, Wie werden Wissenschaftler gemacht?, 2003, S. 125: „Der ‚Meister' hat jedoch einen Schüler, den er nach seinem Bilde formt und der ihm […] auf Gedeih und Verderb ausgeliefert ist."

[153] Von einem „wissenschaftlichen Generationenvertrag" spricht *Häberle*, Briefe (Fn. 71), S. 4 f. Wenn man liest, wie stolz er, auf „MdB Dr. K.-T. zu Guttenberg, einem ehemaligen Doktoranden" verweist

tionen (oder gar für – oft lukrative – Rechtsgutachten[154]) herangezogen werden, sei nur nebenbei bemerkt.[155] Dies war schon bei den Zünften ein Problem: Vorschriften darüber, welche Arbeitsgänge nur von einem Meister ausgeführt werden durften, belegen dies.[156] Auch die Staatsrechtslehrervereinigung musste klarstellen, was insofern zu einer „guten wissenschaftlichen Praxis" gehört.[157] Jedenfalls kann man an den Lehrstühlen viel lernen. Nicht selten sprechen „Schüler" heute noch von ihrem „sehr verehrten Lehrer" (in Italien ist vom *maestro* die Rede[158]). Schon die Meister in den Zünften hatten einen Anreiz, die Lehrlinge mit dem nötigen Rüstzeug auszustatten, da sie um die Konsequenzen einer schlechten Ausbildung für ihren Ruf wussten.[159]

3. *„Gesellen" auf dem Weg zur Professur*

Dass „Meister nicht vom Himmel fallen"[160], merkt man während der Arbeit an der Dissertation. Enttäuschungen bleiben nicht aus.[161] Ist das Werk – das „Gesellenstück" nach Abschluss der „Lehrzeit" – gelungen, kann man sich an den nächsten Schritt machen, an die Habilitation mit einem „Meisterstück".[162] Dazu wird man üblicherweise von denjeni-

(S. 19), tut einem der so besonders passionierte Staatsrechtslehrer nach den Skandalen um die Doktorarbeit des späteren Verteidigungsministers richtig leid.

154 Kritisch *Häberle*, Briefe (Fn. 71), S. 38 (Gutachten als „sublime Form der Korruption"). Siehe auch *Schulze-Fielitz*, Berufungen (Fn. 36), S. 35 („Geld als Steuerungsfaktor" für die Karriere). Zur Gutachtenliteratur *ders.*, Qualität (Fn. 79), S. 325 f. Die Wurzeln dieser Praxis liegen allerdings tief. Vgl. *Ulrich Falk*, Consilia – Studien zur Praxis der Rechtsgutachten in der frühen Neuzeit, 2006. Die Kritik relativierend *Möllers/Voßkuhle*, Staatsrechtswissenschaft (Fn. 127), S. 324 f.: „Der echte Wissenschaftler, der bei Wasser und Brot im Elfenbeinturm sitzt, ist eine Möglichkeit wissenschaftlicher Biografiegestaltung, aber sicherlich nicht die einzige und bei weitem nicht die verbreitetste. Man ist nicht notwendig ein schlechter Wissenschaftler, weil man pekuniären Anreizen folgt."

155 Legendär ist der Spott über den Zivilrechtsprofessor *Hans Carl Nipperdey*, von dem es hieß, dass seine große Produktivität auch ein Resultat einer außergewöhnlichen Inanspruchnahme von Mitarbeitern war. Überliefert ist das *Bonmot*, dass auf seinem Grabstein stehen werde: Hier ruht Professor Nipperdey, „diesmal wirklich er selbst". Vgl. etwa *Klaus Adomeit*, in: Grundmann/Riesenhuber (Hrsg.), Deutschsprachige Zivilrechtslehrer des 20. Jahrhunderts, Bd. 1 2007, S. 148 (154); *Dieter Leuze*, Die Urheberrechte der wissenschaftlichen Mitarbeiter, GRUR 2006, S. 552.

156 Zur „zünftigen Arbeitsteilung" *Kluge*, Zünfte (Fn. 3), S. 146 ff.

157 Die Leitsätze „Gute wissenschaftliche Praxis im öffentlichen Recht" wurden auf der Mitgliederversammlung in Kiel am 3. Oktober 2012 beschlossen (sie finden sich unter www.vvdstrl.de). Mit der (Mit-)Autorenschaft befassen sich die Nrn. 2–7. Zur Diskussion in der Vereinigung vor dem Hintergrund der „Affaire Guttenberg" *Christian Waldhoff*, in diesem Band, S. 172. Entsprechende Leitlinien gibt es in der Zivilrechtslehrereinigung. Ein Versuch, sich mit der Staatsrechtslehrervereinigung auf ein gemeinsames Papier zu einigen, scheiterte. Näher *Reinhard Zimmermann*, in diesem Band, S. 946 f.

158 Zur Bedeutung der *maestri* in Italien *Francesco Paolo Patti*, Career Paths into Legal Academia in Italy, RabelsZ 84 (2020), S. 324 (337 ff.).

159 *Kluge*, Zünfte (Fn. 3), S. 163.

160 Zu den „Abbrecherquoten" in den Zünften der frühen Neuzeit *Kluge*, Zünfte (Fn. 3), S. 159 f.

161 An der Bucerius Law School hat ein (externer) Doktorand (kein Alumnus!), der sich zu schlecht benotet fühlte, eine gerichtliche Klage mit dem Ziel einer Notenverbesserung (letztlich ohne Erfolg) erhoben. Solche Verfahren sind allerdings selten.

162 Zu den „Meisterstücken" als Prüfungsaufgabe in den Zünften *Kluge*, Zünfte (Fn. 3), S. 237 f. – Zur französischen *habilitation á diriger des recherches*, die allerdings keine zwingende Voraussetzung für eine Professur oder eine Stelle als *maître de conférence* ist, *Pernice-Warnke*, Nachwuchs (Fn. 36), S. 492 f.

gen aufgefordert, die die Dissertation betreut und begutachtet haben.[163] Das tut zunächst einmal sehr gut. Man ist geschmeichelt.[164] Dass Professorinnen und Professoren genauso scharf auf begabtes Personal und später stolz auf erfolgreiche „Schülerinnen und Schüler" oder gar eine „Schule" (ein inhaltlich inzwischen tendenziell eher überschätztes Phänomen[165]) sind, merkt man erst später.[166]

Nicht jeder, dem eine mit „höchstem Lob" (bzw. zumindest mit „großem Lob")[167] ausgezeichnete Doktorarbeit gelungen ist, eignet sich dazu, die Wissenschaft zum Beruf zu machen. Das hat schon *Max Weber* hervorgehoben.[168] Die Zeit als „Geselle", in der man an seiner Habilitationsschrift arbeitet, ist nicht leicht. „Lehrjahre" sind auch heute keine „Herrenjahre".[169] Für Promovierende ist das noch zu ertragen. Schwerer fällt es denjenigen, die ihre juristische Ausbildung abgeschlossen haben und bereits den Doktortitel führen. Zwar wird man als Habilitand am Lehrstuhl bezahlt. Das war früher anders.[170] Das Einkommen ist aber im Vergleich zu ähnlich gut Qualifizierten in der Anwaltschaft oder der Wirtschaft eher bescheiden. Zudem ist man in dieser Zeit in der

---

163 Anders hat dies *Max Weber* wegen der Gefahr, seine eigenen Schüler zu bevorzugen, gehandhabt. „Persönlich habe ich" – so sagte er (Wissenschaft als Beruf, Fn. 45, S. 4) – „den Grundsatz befolgt: daß ein bei mir promovierter Gelehrter sich bei einem anderen als mir und anderswo legitimieren und habilitieren müsse". „Aber" – das musste er zugestehen – „ das Resultat war: daß einer meiner tüchtigsten Schüler anderwärts abgewiesen wurde, weil niemand ihm glaubte, dass dies der Grund sei."

164 Zur Bedeutung der akademischen Lehrer für die Entscheidung für eine wissenschaftliche Laufbahn *Böning/Blome/Möller*, Aufstieg (Fn. 141), S. 200 ff. (Die Ausführungen beziehen sich zwar auf Juraprofessoren aus „statusniedrigeren Herkunftsfamilien", lassen sich aber verallgemeinern.).

165 Ebenso *Schulze-Fielitz*, Berufungen (Fn. 36), S. 25. Zum Einfluss der „Schulen" in der Nachfolge von *Carl Schmitt* und *Rudolf Smend* in den 1950er und 60er Jahren *Günther*, Denken (Fn. 15), etwa S. 112 ff., 264 ff. und 309 ff. In der Strafrechtslehre sind „Schulen" wohl nach wie vor bedeutsam. Vgl. *Klaus F. Gärditz*, in diesem Band, S. 968 f. („anachronistische Schulenkultur", die „bisweilen eine unversöhnliche Streitbarkeit an der Grenze gegenseitiger Sprachlosigkeit produziert").

166 Wie stolz akademische Lehrer auf den Erfolg ihre „Schüler" sind, zeigen die Rückblicke von Staatsrechtslehrern in der FG Assistententagung (Fn. 26), etwa von *Ingo v. Münch* (S. 26, 29). Näher zu den Habilitationsverhältnissen *Helmuth Schulze-Fielitz*, Die deutschen Staatsrechtslehrer der Gegenwart und ihre akademische Herkunft, in: ders., Mikrokosmos (Fn. 3), S. 453 ff. Eine graphische Zusammenstellung der Lehrer-Schüler-Verhältnisses findet sich unter der Überschrift „Ein Jahrhundert deutsche Staatsrechtslehrer" als „Ahnentafel" im Anhang des Werkes (S. 505 ff.). Aus der Perspektive eines Zivilrechtlers *Joachim Rückert*, Denktraditionen, Schulbildungen und Arbeitsweisen in der Rechtswissenschaft, in: Hilgendorf/Schulze-Fielitz, Selbstreflexion (Fn. 12), S. 13 ff.

167 Zum Erfordernis einer „Qualitätspromotion" *Detmer*, Universitätsprofessoren (Fn. 36), Rn. 46 f.

168 *Weber*, Wissenschaft als Beruf (Fn. 45).

169 Zu den Arbeits- und Lebensbedingungen der Gesellen *Kluge*, Zünfte (Fn. 3), S. 167 ff. Zur Rechtsstellung der wissenschaftlichen Mitarbeiter *Michael Hartmer*, Das Recht des wissenschaftlichen Nachwuchses, in: Hartmer/Detmer, Hochschulrecht (Fn. 36), Rn. 98 ff.; *Helmuth Schulze-Fielitz*, 25 Jahre Assistententagung, in: ders., Mikrokosmos (Fn. 3), S. 47 (48 ff., 51 ff.). Zur Entwicklung *v. Münch*, Erinnerungen (Fn. 116), S. 31 f. (Rechts-)vergleichend *Max-Emanuel Geis*, Europäisches Hochschullehrerdienstrecht, in: Hartmer/Detmer, Hochschulrecht (Fn. 36), S. 299 ff.; *Reinhard Kreckel*, Zur Lage des wissenschaftlichen Nachwuchses, Beiträge zur Hochschulforschung 1-2/2016, S. 12 ff.; *Pernice-Warnke*, Nachwuchs (Fn. 36), S. 479 ff.

170 Zur Lage als Privatdozent *Weber*, Wissenschaft als Beruf (Fn. 45), S. 3 f. Allgemein wurde in der Kaiserzeit das *„travailler pour le Roi de Prusse"* nicht besoldet. Der Staat konnte sich das leisten, so *Anschütz*, Aus meinem Leben (Fn. 36), S. 54 Fn. 6, weil die Gesellschaftsschichten, aus denen sich das höhere Beamtentum ergänzte, es sich ihrerseits leisten konnten, ihre Söhne dem Staat jahrelang gratis dienen zu lassen.

Regel bloß eine „wissenschaftliche Assistentin“ oder ein „wissenschaftlicher Assistent“. Dass dies in den Universitäten (in Abgrenzung zu bloßen „wissenschaftlichen Mitarbeiterinnen und Mitarbeitern“) schon etwas Besonderes ist, weiß außerhalb der akademischen Welt kaum einer.[171] Rechtsanwältin, Verwaltungsrichter, Regierungsrätin, *Attaché(e)* oder *Senior Consultant* macht deutlich mehr her. In den Rechtswissenschaften schreiben viele eine Doktorarbeit vor allem, um mit dem Doktortitel eine außeruniversitäre Karriere zu erleichtern („Statuspromotion“).[172] Das ist in anderen Ländern nicht so.[173]

Hinzu kommt die Unsicherheit, ob der Weg – ggf. nach einigen „Lehrstuhlvertretungen“[174] – auch wirklich zu einer Professur führt. Dass der Zufall eine Rolle spielt, ist in dieser Lebensphase besonders bedrückend.[175] Denn mit zunehmendem Alter schwinden selbst für hoch qualifizierte Juristinnen und Juristen die „Exit-Optionen“.[176] Der Titel eines „Privatdozenten“ nach Abschluss der Habilitation wird außerhalb der akademischen Welt kaum honoriert.[177] Manche denken vielleicht gar, es handele sich um einen

---

[171] Vgl. *Michael Kilian*, Die 22. Assistententagung 1982 in Tübingen, in: FG Assistententagung (Fn. 26), S. 275 f. Rechtlich bedeutsam ist die Unterscheidung zwischen wissenschaftlichen Mitarbeitern und wissenschaftlichen Assistenten (sowie Oberassistenten und Hochschuldozenten) ohnehin nicht mehr. Vielfach gibt es allerdings auch Stellen als Akademische Räte im Beamtenverhältnis auf Zeit.

[172] Der Anteil der promovierten Spitzenmanager liegt bei knapp 50 %. Siehe *Eugen Buß*, Die deutschen Spitzenmanager, 2007, Abb. 13. Für Politiker gilt dies nicht im gleichen Ausmaß. Der Promoviertenanteil von 38 Prozent in der Frankfurter Nationalversammlung von 1848 wurde nie mehr erreicht. Vgl. *Heinrich Best*, Promotionen von Politikern im historischen und internationalen Vergleich, in: Huber/Schelling/Hornbostel, Doktortitel (Fn. 6), S. 33 ff. In finanzieller Hinsicht *Guido Heineck/Britta Matthes*, Zahlt sich der Doktortitel aus?, in: Huber/Schelling/Hornbostel, Doktortitel (Fn. 6), S. 85 ff.

[173] Beispielsweise strebt in Frankreich das *doctorat* nur an, wer anschließend eine universitäre Tätigkeit plant. Vgl. *Pernice-Warnke*, Nachwuchs (Fn. 36), S. 491. Zu vier „hegemonialen Promotionskulturen“ (Frankreich, Deutschland, Großbritannien und USA) im Vergleich *Reinhard Kreckel*, Die Forschungspromotion, in: Huber/Schelling/Hornbostel, Doktortitel (Fn. 6), S. 141 (150 ff.).

[174] Zur Bedeutung der Vertretungsprofessuren *Doralt*, Karrierewege (Fn. 130), S. 284 ff.: „Nicht unterschätzen sollte man, wie sehr Gerüchte und Meinungen über Bewerber große Distanzen überbrücken und im passenden oder unpassendsten Moment in einer Berufungskommission wiedergegeben werden“ (285).

[175] Schon *Max Weber*, Wissenschaft als Beruf (Fn. 45), S. 6, betonte den Zufall („*Hazard*“), der mit der Universitätslaufbahn verbunden ist, und erklärte: „Ich kenne kaum eine Laufbahn auf Erden, wo er seine solche Rolle spielt.“ Gegen die Betonung des Zufalls in der wissenschaftlichen Laufbahn aus heutiger Sicht *Bernd Schünemann*, Vom schwindenen Beruf der Rechtswissenschaft unserer Zeit, in: Hilgendorf/Schulze-Fielitz, Selbstreflexion (Fn. 12), S. 223 f. Zur Abhängigkeit vom „Schweinezyklus“ im Verhältnis von Privatdozenten und freien Professorenstellen *Schulze-Fielitz*, Berufungen (Fn. 36), S. 17 ff. mit Verweis auf *Christoph Engel/Hanjo Hamann*, The Hog-Cycle of Law-Professors, 2012. Für statistische Daten und aktuelle Forschungsbefunde zu den Karrierewegen, Beschäftigungsbedingungen und Perspektiven des wissenschaftlichen Nachwuchses siehe den seit 2008 einmal pro Legislaturperiode erscheinenden *Bundesbericht Wissenschaftlicher Nachwuchs* (zuletzt 2021).

[176] In Frankreich bildet die Lebenszeitstellung als *maître de conférence* immerhin ein Auffangnetz, wenn man im *concours national d'agrégation de l'enseignement supérieur* für eine Professur scheitert. Vgl. *Michel Fromont/Aurore Gaillet*, in diesem Band, S. 898 f.; *Pernice-Warnke*, Nachwuchs (Fn. 36), S. 498.

[177] Zu den Möglichkeiten, nach Abschluss der Habilitation eine „außerplanmäßige“ Professur zu erlangen, die zwar unbesoldet, aber immerhin mit dem Professoren-Titel verbunden ist, *Hartmer*, Nachwuchs (Fn. 169), Rn. 90 ff.

privaten Nachhilfelehrer.[178] Zwar unterrichtet man an der Universität, man ist dazu sogar verpflichtet, diese sog. Titellehre ist aber unbesoldet.[179]

Und schließlich: Eine gute Doktorarbeit zu schreiben, ist schon sehr mühevoll.[180] Nicht jeder ist bereit (und in der Lage), sich danach mit langem Atem noch einmal an eine Monographie zu setzen.[181] Wenn jemand diese Herausforderung „meistert", spricht viel dafür, dass es ihr oder ihm dauerhaft gelingt, „die Individualforschung als universitäre Lebensform aus- oder durchhalten zu können".[182] Lapidar ist das nicht. Schon *Max Weber* erklärte, dass nur wenige den „wilden Hazard", der mit der akademischen Laufbahn verbunden ist, „ohne inneren Schaden" aushalten.[183]

Zünfte schrieben ihren Mitgliedern bestimmte Produktionsmethoden vor. Das sollte die Qualität der Arbeit sichern.[184] Dass Ähnliches in der Staatsrechtslehre gilt, zeigen die Themen der Doktorarbeiten und Habilitationsschriften.[185] Zumindest eine „dogmatische" Arbeit muss es geben.[186] Denn in der anwendungsorientierten Systematisierung des geltenden Rechts liegt nach dem überkommenen deutschen Verständnis das eigentliche methodische *Proprium* der Rechtswissenschaft.[187] „Rechtswissenschaft [...] ist sys-

---

178 In einigen Bundesländern kann allerdings der akademische Grad „Dr. habil" geführt werden.

179 Dies hat das Bundesverwaltungsgericht gebilligt (E 96, 136, 142). Näher dazu und sonst zur Rechtsstellung der Privatdozenten *Hartmer*, Nachwuchs (Fn. 169), Rn. 81 ff. Vgl. auch *v. Münch*, Erinnerungen (Fn. 116), S. 26 (Privatdozenten als „Have-nots").

180 Zur (nicht immer berechtigten) Kritik an dem Umfang von Doktorarbeiten und Habilitationsschriften *Helmuth Schulze-Fielitz*, Die öffentlich-rechtliche Habilitationsschrift, in: ders., Mikrokosmos (Fn. 3), S. 87 (102 ff.).

181 Vgl. den Ratschlag von *Ekklesiandros*, Besorgter Brief (Fn. 149), S. 412: „Aber nun mußt Du Dich hinsetzen und noch eine solche Arbeit schreiben, für die sich niemand interessieren wird, außer denen, die Dich vielleicht einmal berufen wollen: die Habilitationsschrift. Die sollte möglichst dick sein, damit keine Fakultät es über sich bringt, sie abzulehnen. Hier gilt es vor allem, Belesenheit zu beweisen."

182 *Schulze-Fielitz*, Habilitationsschrift (Fn. 180), S. 89: „Die mehrjährige erfolgreiche Arbeit an einer zweiten Monografie stellt zunächst die subjektive soziale Kompetenz unter Beweis, Individualforschung als universitäre Lebensform tendenziell auf Lebensdauer aus- oder durchhalten zu können; die Habilitationsschrift ist so Ausdruck einer spezifischen universitären Sozialisation, die eine positive (wenn auch widerlegliche) Prognose über beruflichen Erfolg erlaubt."

183 *Weber*, Wissenschaft als Beruf (Fn. 45), S. 9, betonte, man müsse junge Gelehrte, die wegen einer Habilitation um Rat fragen, „auf das Gewissen fragen: Glauben Sie, dass Sie es aushalten, daß Jahr um Jahr Mittelmäßigkeit nach Mittelmäßigkeit über Sie hinaussteigt, ohne innerlich zu verbittern und zu verderben?" Dann bekomme man selbstverständlich jedesmal die Antwort: „Natürlich, ich lebe nur meinem ‚Beruf'". Darauf *Weber*: „(A)ber ich wenigstens habe es nur von sehr wenigen erlebt, daß sie das ohne inneren Schaden für sich aushielten."

184 *Kluge*, Zünfte (Fn. 3), S. 293 ff.

185 *Schulze-Fielitz*, Habiliationsschrift (Fn. 180), S. 90 ff.

186 *Matthias Jestaedt*, Die deutsche Staatsrechtslehre im europäisierten Rechtswissenschaftsdiskurs, JZ 2012, S. 1 (2). In Österreich ist dies auch so. Kritisch *Doralt*, Karrierewege (Fn. 130), S. 283. In Frankreich reicht es hingegegen aus, sich bloß mit einem Rechtsgebiet zu befassen. Vgl. *Fromont/Gaillet*, in diesem Band, S. 900. Allgemein zur „Dogmatikkompetenz" als „Merkmal wissenschaftlicher Qualifikation" *Kuntz*, Proprium (Fn. 12), S. 279 f.

187 Vgl. etwa – auch kritisch – *Christian Bumke*, Rechtsdogmatik, 2017; *Franz Bydlinski*, Juristische Methodenlehre und Rechtsbegriff, 2. Aufl. 1991, S. 8 ff. („Jurisprudenz im engeren Sinne"); *Dreier*, Rechtswissenschaft als Wissenschaft (Fn. 12), S. 6 ff., 25 ff.; *Christoph Engel*, Herrschaftsausübung bei offener Wirklichkeitsdefinition – Das Proprium des Rechts aus der Perspektive des öffentlichen Rechts, in: Engel/Schön, Proprium (Fn. 12), S. 205 ff.; *Thomas Gutmann*, Intra- und Interdisziplinarität, in: Hilgendorf/Schulze-Fielitz, Selbstreflexion (Fn. 12), S. 93 (94 ff.); *Matthias Jestaedt*, „Öffentliches Recht" als wis-

tematisch oder sie ist nicht", hat der Verwaltungsrechtler *Hans-Julius Wolff* betont.[188] Außerdem wird mit Blick auf die Erwartungen der Berufungskommissionen geraten, sich bei den Publikationen nicht auf einen einzigen Themenbereich zu spezialisieren. Staatsrechtslehrer sehen sich als Generalisten. Das „Bedürfnis nach Einheit" ist im Öffentlichen Recht – anders als im Zivilrecht – sehr groß.[189]

In der Sache wird – so heißt es – eine „sozial mittlere Position in der Nähe der herrschenden Meinungen" eher „prämiert".[190] Dass dies für den wissenschaftlichen Diskurs nicht ungefährlich ist, liegt auf der Hand. Von „Duckmäusertum" zu sprechen,[191] geht aber zu weit. Allenfalls kann man beklagen, dass Habilitationsschriften in dem Bemühen, es allen recht zu machen, bisweilen zu ausführlich geraten und dass es schwerfällt, die Thesen der Untersuchung klar zu erkennen.[192] Die Habilitationsschrift wird nicht benotet. Auch geschieht es kaum, dass jemand damit „durchfällt".[193] Das war bei den Zünften nicht anders.[194]

Am Ende steht der Habilitationsvortrag.[195] Hier geht es zwar formell bloß um die „Lehrbefähigung". Üblicherweise wendet man sich jedoch an die Fachöffentlichkeit. Junge Wissenschaftlerinnen und Wissenschaftler lernen früh, dass (allerdings heute

---

senschaftliche Disziplin, in: Engel/Schön, Proprium (Fn. 12), S. 241 (247 ff.); *Wolfgang Kahl*, Wissenschaft, Praxis und Dogmatik im Verwaltungsrecht, 2020, S. 65 ff.; *Getrude Lübbe-Wolff*, Expropriation der Jurisprudenz?, in: Engel/Schön, Proprium (Fn. 12), S. 282 ff.; *Lepsius*, Problemzugänge (Fn. 15), S. 73 ff.; *Hubert Rottleuthner*, Methodologie und Organisation der Rechtswissenschaft, in: Hilgendorf/Schulze-Fielitz, Selbstreflexion (Fn. 12), S. 207 (212 ff.); *Eberhard Schmidt-Aßmann*, Verwaltungsrechtliche Dogmatik, 2013; *Friedrich Schoch*, in diesem Band, S. 612 ff.; *Alexander Stark*, Rechtsdogmatik zwischen Deskription und Präskription, in: FS Junge Tagung Öffentliches Recht (Fn. 141), S. 389 ff., sowie die Beiträge in Kirchhof/Margen/Schneider (Hrsg.), Was weiß Dogmatik?, 2012. Die Einwände gegen den methodenzentrierten Ansatz zusammenfassend *Kuntz*, Proprium (Fn. 12), S. 259 ff. – Die sog. Neue Verwaltungsrechtswissenschaft hat es sich zur Aufgabe gemacht, vor allem die Steuerungsfunktion des Rechts interdisziplinär stärker in den Blick zu nehmen. Vgl. Hoffmann-Riem/Schmidt-Aßmann/Voßkuhle (Hrsg.), Grundlagen des Verwaltungsrechts, Bd. 1–3, 2. Aufl. 2012/2013, sowie *Ivo Appel* und *Martin Eifert*, Das Verwaltungsrecht zwischen klassischem dogmatischem Verständnis und steuerungswissenschaftlichem Anspruch, VVDStRL 67 (2008), S. 226 ff., 286 ff. Siehe zur Forderung nach eine interdisziplinären Öffnung der Rechtswissenschaft auch unten bei Fn. 226.

188 *Hans-Julius Wolff*, Typen im Recht und in der Rechtswissenschaft, Studium Generale 5 (1952), S. 195, 205.

189 *Schulze-Fielitz*, Habilitationsvortrag (Fn. 81), S. 131 ff.

190 *Schulze-Fielitz*, Mikrokosmos (Fn. 31), S. 14.

191 So *Stolleis*, Vereinigung (Fn. 28), S. 358: „Ein Wissenschaftszweig, der wohlerwogene abweichende Meinungen nicht mehr honoriert, sondern missbilligt, verspielt seine Zukunft. […] Das Abschleifen der peiorativ so genannten ‚Mindermeinungen' zur sog. h. M. bedeutet einen Verlust an Kreativität und an denkerischen Alternativen. Wo ehemals geistige Auseinandersetzung war, breiten sich tendenziell Langeweile und Duckmäusertum aus."

192 Vgl. auch *Stolleis*, Geschichte (Fn. 16), S. 545: „Bei den Habilitationsschriften kann man beobachten, dass die Autoren immer seltener wagen, mit einer schlanken oder gar provozierenden These hervorzutreten. Meist geraten die Bücher zu enzyklopedischen Überblicken und dokumentieren eher Fleiß als Originalität."

193 Kolportiert wird, dass es früher Fakultäten gab, in denen sich Ordinarien gegenseitig die Habilitanden „abschossen". Davon wird heute nicht mehr berichtet. Vgl. zu „Rachefeldzügen" von Professoren allerdings *Goerlich*, Reputation (Fn. 34), S. 197 f.

194 *Kluge*, Zünfte (Fn. 3), S. 238.

195 Dazu näher *Schulze-Fielitz*, Habilitationsvortrag (Fn. 81), S. 118 ff.

nicht mehr durchgehend)[196] gilt: „Auf dem Feld der Lehre gibt's keine Ehre".[197] Dass von Staatsrechts-„Lehrern" die Rede ist, darf nicht täuschen. Vor allem bietet der Habilitationsvortrag die Gelegenheit, die beantragte *venia legendi* auf ein weiteres Gebiet zu erstrecken. Scheitern kann man auch in dieser Prüfung kaum.[198] Man „habilitiert sich" eben selbst an der Fakultät. Allerdings ist die Diskussion nach dem Vortrag ein letzter *rite de passage.*[199] Von den zukünftigen Kolleginnen und Kollegen wird das Vorgetragene – zum Teil sogar vom „Habilitationsvater" – außerordentlich kritisch analysiert.[200] Die damit verbundenen Zumutungen sind Teil des „Initiationsritus".[201]

Die Tradition eines opulenten „Meistermahls"[202] hat sich nicht erhalten. Allenfalls gibt es Sekt und Häppchen. Auch der mittelalterliche „Doktorschmaus" („*pradium aristotelis*") gehört der Vergangenheit an.[203] Dasselbe gilt für die sonst früher üblichen (am „Ritterschlag" orientierten[204]) „Einsetzungsrituale", den Doktoreid und die feierliche Investitur mit den Zeichen der Doktorwürde (Überreichen des Hutes und des Ringes, Zeigen eines geschlossenen und eines offenen Buches, Besteigen des Katheders und schließlich ein Kuss als Zeichen der Vermählung mit der Wissenschaft).[205] Selbst „Antrittsvorlesungen" und „Abschiedsvorlesungen" sind mit den damit verbundenen Festlichkeiten auch in der traditionsbewussten Staatsrechtslehre nicht mehr selbstverständ-

---

196 Zu den rechtlichen Anforderungen an den Nachweis der Lehrerfahrung *Pernice-Warnke*, Nachwuchs (Fn. 36), S. 484 f.

197 *Schulze-Fielitz*, Reputationshierarchie (Fn. 34), S. 198 f.; *ders.*, Berufungen (Fn. 36), S. 21, 34. Vgl. auch *Christoph Gramm*, „Die Lehre ist kein Feld der Ehre", ZRP 1991, S. 220 ff. Früher war das anders. *Max Weber*, Wissenschaft als Beruf (Fn. 45), S. 8 f., erklärte: „Wenn es von einem Dozenten heißt: er ist ein schlechter Lehrer, so ist das für ihn meist das akademische Todesurteil, mag er der allererste Gelehrte der Welt sein." Die „wissenschaftliche Schulung, wie wir sie nach der Tradition der deutschen Universitäten an diesen betreiben sollen", sei eine „geistesaristokratische Angelegenheit". Die Darlegung wissenschaftlicher Probleme so, „daß ein ungeschulter, aber aufnahmefähiger Kopf sie versteht, und daß er [...] zum selbständigen Denken darüber gelangt," sei „vielleicht die pädagogisch schwierigste Aufgabe von allen". Ob sich die Fähigkeiten, den Anforderungen der Forschung und Lehre gerecht zu werden, in einem Menschen zusammenfinden, sei „absoluter Zufall". Zur Frage, was „prominente Wissenschaftler" von der Lehre halten, *Fuhrin*, Prominenter Wissenschaftler (Fn. 46), S. 122 ff.

198 *Schulze-Fielitz*, Habilitationsvortrag (Fn. 81), S. 130.

199 Allgemein dazu *Arnold van Gennep*, Übergangsriten (*Les rites de passage*), 3. Aufl. 2005. Vgl. auch Bellinger/Krieger (Hrsg.), Ritualtheorie, 5. Aufl. 2013; *Pierre Bourdieu*, Einsetzungsriten, in: ders., Was heißt sprechen? Die Ökonomie des sprachlichen Tausches, 1990, S. 84 ff. Im Hinblick auf die akademischen Riten *Füssel*, Gelehrtenkultur (Fn. 11), S. 157 f.

200 Der Verfasser erinnert sich nicht nur an seinen eigenen Vortrag in Münster, sondern auch an den von seinem Habilitationskollegen *Thorsten Kingreen* (heute Uni Regensburg). Dessen Betreuer *Bodo Pieroth* stellte besonders anspruchsvolle und weitreichende Fragen (obwohl er mit seinem Schüler freundschaftlich verbunden war und ist).

201 Von „Institutionalisierungsriten" spricht *Bourdieu*, Kapital (Fn. 39), S. 192.

202 Zur Kritik an der Üppigkeit der Feste *Kluge*, Zünfte (Fn. 3), S. 239 ff., zu den sonstigen Übergangsriten in den Zünften S. 375 ff.

203 Zu den bisweilen immensen Kosten *Füssel*, Gelehrtenkultur (Fn. 11), S. 176 ff.

204 Zum Anspruch der Rechtsgelehrten auf einen adelsäquivalenten Status (*scientia nobilitat*) und zur Rivalität zwischen dem Schwert- und Gelehrtenadel *Füssel*, Gelehrtenkultur (Fn. 11), S. 109 ff.

205 Vgl. *Füssel*, Graduierungsrituale (Fn. 6), S. 105. Ausf. *ders.*, Gelehrtenkultur (Fn. 11), S. 126 ff. – Zu den Zeremonien bei der Verleihung eines Ehrendoktors in internationaler Perspektive *Ingo von Münch*, Ehre wem Ehre gebührt?, in: Huber/Schelling/Hornbostel, Doktortitel (Fn. 6), S. 47 (57 ff.).

lich.[206] Sogar die Übergabe von „Festschriften" („*liber amicorum et discipilorum*") wird mittlerweile kritisch gesehen.[207] Allgemein kann man (bedauernd) sagen, dass die „Übergänge" – Willkommen und Abschied – in der akademischen Welt wenig „gebührend gefeiert" werden.[208]

4. *„Freimeister" auf Juniorprofessuren*

Die Zeit als „Geselle" kann sich inzwischen ersparen, wer eine „Juniorprofessur" ergattert. Auf diesen Stellen sollen sich junge Wissenschaftlerinnen und Wissenschaftler nach einer herausragenden Promotion ohne Habilitation durch „unabhängige" – d.h. von Vorgesetzten nicht beeinflusste[209] – Forschung und Lehre für die Berufung auf eine Lebenszeitprofessur qualifizieren können.

Diesen Weg zu beschreiten, empfiehlt sich in der Rechtswissenschaft regelmäßig allerdings nur dann, wenn es einen *tenure track* – d.h. die Aussicht auf eine Lebenszeitstellung ohne ein neues Berufungsverfahren – gibt.[210] Auch wenn die Habilitation heute formal nicht mehr der einzige Weg zu einer Berufung ist[211], ohne ein „zweites Buch", das während einer Juniorprofessur wegen der damit verbundenen besonderen Belastungen nur mit Mühen zu schreiben ist,[212] wird man in der Rechtswissenschaft – wie in den

[206] Vgl. zu diesen Veranstaltungen *Schulze-Fielitz*, Habilitationsvortrag (Fn. 81), S. 123 ff. Immerhin bestimmt aber § 7 der Bonner Habilitationsordnung, dass eine „öffentliche Antrittsvorlesung" der Erteilung der *venia legendi* innerhalb eines halben Jahres folgen soll.

[207] *Helmuth Schulze-Fielitz*, Festschriften im Dienste der Wissenschaft, in: ders., Mikrokosmos (Fn. 3), S. 204 ff. Vgl. auch *Peter Häberle*, Festschriften im Kraftfeld ihrer Adressaten, AöR 105 (1980), S. 652 ff. Eine Festschriftenkultur gibt es allerdings auch in anderen Ländern. Vgl. etwa zu Österreich *Doralt*, Karrierewege (Fn. 130), S. 297; zu Japan *Harald Baum*, Akademische Karrierewege für Juristen in Japan, RabelsZ 84 (2020), S. 299 (395).

[208] Vgl. – auch zu jüngeren Entwicklungen – *Margaretha Schweiger-Wilhelm*, Willkommen und Abschied, 2010 (zu einer neuen akademischen Festkultur). Allgemein Brettschneider/Pasternack (Hrsg.), Akademische Rituale, 1999.

[209] Dass sich das berufliche Abhängigkeitsverhältnis vom Erstgutachter nicht in einer inhaltlichen Prägung der Habilitationsschriften niederschlägt, hebt *Schulze-Fielitz*, Habilitationsschrift (Fn. 180), S. 111 f., hervor.

[210] Der *Tenure track* geht auf eine (an US-amerikanische Erfahrungen gelehnte) Empfehlung des *Wissenschaftsrats*, Personalstruktur und Qualifizierung – Empfehlungen zur Förderung des wissenschaftlichen Nachwuchses, 2001, Drs. 4756/01, etwa S. 71 f., zurück. Kritisch zu diesem Verfahren in den USA *Kuntz*, Proprium (Fn. 12), S. 283 („inzestuöser Wissenschaftsmarkt"). Vgl. zu den Vor- und Nachteilen auch *Hartmer*, Nachwuchs (Fn. 169), Rn. 120 ff. (m. w. N.).

[211] Seit der Novelle des Hochschulrahmengesetzes 2002 können die „zusätzlichen wissenschaftlichen Leistungen" auch im Rahmen einer Juniorprofessur erbracht werden (nach § 15 Abs. 4 HambHG und § 100 Abs. 2 Berl HG ist dies sogar der Regelfall). Wissenschaftssoziologisch zu den Einflussfaktoren bei der Berufung von der Junior- auf die Lebenszeitprofessur *Zimmer*, Kapital (Fn. 141). Siehe zu den neuen und alten Qualifizierungswegen im Vergleich auch Burkhardt/Nickel (Hrsg.), Die Juniorprofessur, 2005.

[212] *Zimmer*, Kapital (Fn. 141), S. 28. Vgl. zur Arbeitszufriedenheit der Juniorprofessorinnen und -professoren *Nathalie Huber/Susan Böhmer*, Karrierewege von Promovierten in der Wissenschaft, in: Huber/Schelling/Hornbostel, Doktortitel (Fn. 6), S. 69 (76 f.). Zur Rechtslage *Hartmer*, Nachwuchs (Fn. 169), Rn. 126 ff.; *Vera Herkommer*, Die rechtliche Situation von Nachwuchswissenschaftlern, WissR 40 (2007), S. 36 ff. (im Vergleich zu drittmittelgeförderten Nachwuchswissenschaftlern).

anderen Geistes- bzw. Kulturwissenschaften – nach einer Ausschreibung kaum eine Professur erlangen.[213] Der „Zunftzwang"[214] ist nach wie vor mächtig. Schon im Zeitalter der Zünfte wurden „Freimeister" kritisch beäugt. Dies waren – wieder einmal eine bemerkenswerte Parallele[215] – Stellen, die von der Obrigkeit eingerichtet wurden, um „Zunftkartellen" und allgemein der Macht der Zünfte entgegenzuwirken.[216]

5. „Gesellenwanderung" ins (vor allem anglo-amerikanische) Ausland

Früher gingen zünftige Gesellen nach Abschluss ihrer Lehrzeit (durch die „Freisprechung")[217] „auf die Walz".[218] Die „Gesellenwanderung" – die in den „Kavalierstouren" der jungen Adeligen von Hof zu Hof eine Entsprechung fand[219] – war eine Voraussetzung für die Meisterprüfung. Man sollte durch die „Tippelei" an fremden Orten neue Arbeitspraktiken kennenlernen und auch Lebenserfahrung sammeln. Heute machen sich junge Rechtswissenschaftlerinnen und Rechtswissenschaftler häufig – manchmal ergänzend nach einem Auslandssemester während der Studienzeit[220] – nach dem Ersten bzw. (seltener) nach dem Zweiten Examen zu einem *Master of Laws*-Studium ins Ausland auf. Mehr und mehr gehört auch dies zu einer „zünftigen" Ausbildung.

Besonders beliebt und anregend ist der anglo-amerikanische Raum. Denn das *Common Law* unterscheidet sich erheblich vom (römisch geprägten) kontinentaleuropäischen Recht.[221] In den USA kommt hinzu, dass dort das Recht mehr als bei uns nicht bloß juristisch betrachtet, sondern – auch weil alle Juristen vor der *law school* ein anderes

---

[213] Zur Funktion des „zweiten Buches'" und zur „Zukunft der Habilitationsschrift" im öffentlichen Recht *Schulze-Fielitz*, Habilitationsschrift (Fn. 180), S. 88 ff., 116 f. Im Fächervergleich *Zimmer*, Kapital (Fn. 141), S. 107 ff. Zur „relativ hohen Habilitationsneigung" der Juniorprofessorinnen und -professoren *Huber/Böhmer*, Karrierewege (Fn. 212), S. 69.

[214] *Kluge*, Zünfte (Fn. 3), S. 248 ff.

[215] Ursprünglich sollten Habilitationsleistungen nach dem Willen der Bundesministerin für Bildung und Forschung *Edelgard Bulmahn* im Rahmen der Einstellungsentscheidung gar nicht mehr berücksichtigt werden dürfen. Dem hat sich das Bundesverfassungsgericht aus kompetenzrechtlichen Gründen entgegengestellt (E 111, 226, 257 ff.). Zum Streit um die verfassungsrechtliche Zulässigkeit einer gesetzlichen Abschaffung des Habilitationsverfahrens im Hinblick auf das (Grund-)Recht zur akademischen Selbstverwaltung etwa *Christina Alexa Baluch*, Der verfassungsrechtliche Schutz der Habilitation, 2007; *Hartmer*, Nachwuchs (Fn. 169), Rn. 52, 110; *Peter Michael Huber*, Die Habilitation, WissR 36 (2003), S. 2 ff.

[216] *Kluge*, Zünfte (Fn. 3), S. 253 ff.

[217] *Kluge*, Zünfte (Fn. 3), S. 162 ff.

[218] *Kluge*, Zünfte (Fn. 3), S. 174 ff.

[219] Babel (Hrsg.), Grand Tour – Adeliges Reisen und europäische Kultur vom 14. bis zum 18. Jahrhundert, 2005.

[220] Dies nahelegend *Häberle*, Briefe (Fn. 71), S. 8 f.

[221] Aus der Perspektive des öffentlichen Rechts *Oliver Lepsius*, Verwaltungsrecht unter dem Common Law, 1997; *ders.*, Was kann die deutsche Staatsrechtslehre von der amerikanischen Rechtswissenschaft lernen?, in: Schulze-Fielitz, Staatsrechtslehre als Wissenschaft (Fn. 41), S. 319 ff.; *ders.*, Sozialwissenschaften im Verfassungsrecht – Amerika als Vorbild?, JZ 2005, S. 1 ff. Allgemein *Kuntz*, Proprium (Fn. 12), S. 281 ff. (USA als „Gegenmodell"). Ausführlich vergleichend *Dedek*, Juristenausbildung (Fn. 128), S. 540 ff. Zur politischen Bedeutung der Austauschprogramme mit den USA für die „Westernisierung" der Staatsrechslehre in der Nachkriegszeit *Günther*, Denken (Fn. 15), S. 61.

Fach studiert haben und ein *Ph.D. in law* unüblich ist[222] – interdisziplinär analysiert wird.[223] Das ist inzwischen auch in Deutschland – wie die von dort aufgegriffene ökonomische Analyse des Rechts (*Law and Economics*")[224] und viele andere *Law and ...*-Diskussionen zeigen[225] – eine wichtige Perspektive.[226] Rechtswissenschaftliche Dogmatik ist wichtig, aber nicht alles. Man muss den „Kontext" der rechtlichen Entscheidungen erkennen, um sie wirklich zu verstehen und Vorschläge zur Verbesserung zu machen.[227] Interdisziplinarität ist allerdings ein anspruchsvolles Unterfangen.[228] Selbst *Max Weber* war insofern skeptisch. Er verlangte eine „strengste Spezialisierung".[229]

---

[222] Es gibt zwar juristische Promotionsstudiengänge (etwa in *Harvard* oder in *Yale*). Sie werden aber traditionell vor allem von Ausländern belegt. Amerikanische Rechtswissenschaftler interessieren sich sich üblicherweise eher für Wirtschaft, Mathematik, Philosophie, Psychologie oder Anthropologie – für Fächer, mit denen sich das Recht nichtjuristisch analysieren lässt. Siehe *Dedek*, Juristenausbildung (Fn. 128), S. 546 f. Zur zunehmenden Doppelqualifikation der amerikanischen Professoren auch *Posner*, Scholarship (Fn. 21), S. 1322 ff.

[223] Vgl. etwa *Uwe Kischel*, Fragmentierungen im Öffentlichen Recht – Diskursvergleich im internationalen und nationalen Recht, VVDStRL 77 (2018), S. 287 (290 ff.). Zur Entwicklung *Richard Posner*, The decline of law as an autonomous descipline (1962–1987), 100 Harv. L. Rev. (1987), S. 761 ff.; *ders.*, Scholarship (Fn. 21), S. 1314 ff.; *ders.*, Divergent Paths – The Academy and the Judiciary, 2016. Zu den Auswirkungen auf die Juristenausbildung vergleichend *Dedek*, Juristenausbildung (Fn. 128), S. 545 ff.

[224] Grundlegend *Richard A. Posner*, Economic Analysis of Law, 9. Aufl. 2014. Speziell zum öffentlichen Recht *Anne van Aaken/Armin Steinbach*, Die Bedeutung der ökonomischen Analyse für das Öffentliche Recht, in: FS Junge Tagung Öffentliches Recht (Fn. 141), S. 425 ff.

[225] In den USA erstreckt sich der interdisziplinäre Blickwinkel auf viele Aspekte. *Posner*, Scholarship (Fn. 21), S. 1316, nennt *law and economics, law and society, law and literature, critical legal studies, critical race theory, feminist jurisprudence, gaylaw, law and political theory, law and biology* und *law and cognitive science.*

[226] Die Forderung nach mehr Interdisziplinarität ist mittlerweile allgegenwärtig. Ausdrücklich hat der *Wissenschaftsrat*, Perspektiven der Rechtswissenschaft in Deutschland, 2012, eine „Intensivierung der interdisziplinären Ausstausches" (vor allem mit den geistes- und sozialwissenschaftlichen Nachbardisziplinen) verlangt (etwa S. 7 f.). Vgl. auch *Oliver Lepsius*, Titel des Beitrags, in diesem Band, S. 753 ff.

[227] Engagiert für eine „Dogmatik im Kontext" *Ulrich Haltern*, Europarecht, Bd. 1, 3. Aufl. 2017, S. 3 ff. Vgl. auch *Hans Peter Bull/Veith Mehde*, Allgemeines Verwaltungsrecht mit Verwaltungslehre, 9. Aufl. 2015, S. 2 ff.

[228] Zu den unterschiedlichen Fachkulturen und den Mühen der Verständigung zwischen den Disziplinen *Huber*, Fachkulturen (Fn. 13), S. 3 ff. Aus Sicht der Rechtswissenschaft etwa *Andreas v. Arnauld*, Die Öffnung der öffentlich-rechtlichen Methode durch Internationalisierung und Interdisziplinarität, VVDStRL 74 (2015), S. 39 ff.; *Susanne Baer*, Rechtssoziologie, 3. Aufl. 2017, S. 51 ff.; *Gutmann*, Intra- und Interdisziplinarität (Fn. 187), S. 93 ff.; *Kahl*, Wissenschaft (Fn. 187), S. 130 ff.; *Anna-Bettina Kaiser*, Die Öffnung der öffentlich-rechtlichen Methode durch Internationalisierung und Interdisziplinarität, DVBl. 2014, S. 1102 ff.; *Hans Christian Röhl*, Die Öffnung der öffentlich-rechtlichen Methode durch Internationalisierung und Interdisziplinarität, VVDStRL 74 (2015), S. 7 ff.; *Anne Röthel*, Interdisziplinarität in der Rechtswissenschaft, in: Vieweg (Hrsg.), FG Institut für Recht und Technik, 2018, S. 213 ff.; *Frank Saliger*, Intra- und Interdisziplinarität, in: Hilgendorf/Schulze-Fielitz, Selbstreflexion (Fn. 12), S. 117 ff.; *Schulze-Fielitz*, Mikrokosmos (Fn. 31), S. 32 ff.

[229] *Weber*, Wissenschaft als Beruf (Fn. 45), S. 9 f.: „Nicht nur äußerlich, nein, gerade innerlich liegt die Sache so: daß der einzelne das sichere Bewußtsein, etwas wirklich ganz Vollkommenes auf wissenschaftlichem Gebiet zu leisten, nur im Falle strengster Spezialisierung sich verschaffen kann. Alle Arbeiten, welche auf Nachbargebiete übergreifen, wie wir sie gelegentlich machen, [...] sind mit dem resignierten Bewußtsein belastet: daß man allenfalls dem Fachman nützliche Fragestellungen liefert, auf die dieser von seinen Fachgesichtspunkten aus nicht so leicht verfällt, daß aber die eigene Arbeit höchst unvollkommen bleiben muß. Nur durch strenge Spezialisierung kann der wissenschaftliche Arbeiter tatsächlich das Vollgefühl, einmal und vielleicht nie wieder im Leben, sich zu eigen machen: hier habe

Diese Einstellung schlägt sich noch heute in den Prüfungsgegenständen der deutschen Juristenausbildung nieder. Zwar werden in den rechtlichen Vorgaben auch die „philosophischen, geschichtlichen und gesellschaftlichen Grundlagen" genannt.[230] *De facto* geht es in den Staatsprüfungen aber im Wesentlichen um dogmatische Fragen. Hier setzt sich nach wie vor das traditionelle methodische „Proprium" der deutschen Rechtswissenschaft[231] durch. Das, was einen „guten Juristen" ausmacht, wird seit Generationen – wie früher in den Zünften – perpetuiert.[232] Richtig „examensrelevant" ist das Nichtdogmatische nicht. Natürlich haben die Staatsprüfungen Rückwirkung auf den akademischen Unterricht. Auch hier kommen interdisziplinäre Erkenntnisse oder Aspekte der Rechtsvergleichung – anders als in den USA[233] – kaum zur Sprache.

Dass dies auch diejenigen Juraprofessorinnen und -professoren kaum stört, die in Nordamerika studiert haben, muss nicht erstaunen. Dass man sich in seiner akademische Freiheit nicht eingeschränkt, durch den Anspruch, die Studierenden auf das Staatsexamen vorzubereiten, nicht gegängelt fühlt, zeigt, wie sehr das dogmatische Denken Teil der deutschen Rechtskultur ist.[234] Überlegungen, das Staatsexamen im Bologna-Prozess zugunsten rein universitärer *Bachelor/Master*-Studiengänge mit einer veränderten intellektuellen Schwerpunktsetzung abzuschaffen,[235] hatten von vornherein keine Erfolgsaussichten. Es konnte sich ja auch die „einstufige Juristenausbildung", in der Theorie und Praxis (zum Teil mit einem *Co-Teaching*) verzahnt waren, nicht durchsetzen.[236] Interdisziplinär und rechtsvergleichend ausgerichtete Studiengänge – wie es sie etwa an der *McGill University* in Montreal oder an der *European Law School* der Universität Maastricht gibt – haben in Deutschland keine Chance.[237] Immerhin ist die Lehre in den uni-

---

ich etwas geleistet, das dauern wird. Eine wirklich endgültige und tüchtige Leistung ist heute stets: eine spezialistische Leistung." Zu den Grenzen dieser „Lehnstuhlmethode" aus heutiger Sicht *Saliger*, Intra- und Interdisziplinarität (Fn. 228), S. 126 ff.

[230] Vgl. § 5a Abs. 2 S. 3 DRiG sowie etwa § 2 Abs. 1 der Prüfungsgegenständeverordnung von Hamburg.

[231] Oben bei Fn. 187.

[232] *Dedek*, Juristenausbildung (Fn. 128), S. 543.

[233] An den amerikanischen *law schools* muss man sich nur im ersten Jahr mit den typischen Pflichtfächern beschäftigen. Später kann man seine Fächer weitgehend frei wählen. Dies erlaubt es den Lehrenden, hochspezialisierte, an ihren Interessen orientierte Veranstaltungen anzubieten. Insofern ist der Begriff *professional school* missverständlich. Siehe *Dedek*, Juristenausbildung (Fn. 128), S. 547.

[234] Ebenso *Dedek*, Juristenausbildung (Fn. 128), S. 541.

[235] Hierfür vor allem *Hein Kötz*, Bologna als Chance, JZ 2006, S. 397 ff. Siehe auch schon *ders.*, Europäische Juristenausbildung, ZEuP 1993, S. 268 ff. Aus heutiger Sicht zum „alten Rechtsvergleichertraum" eines Studiums, das die Komparatistik in das Curriculum integriert, *Dedek*, Juristenausbildung (Fn. 128), S. 548. Vgl. auch *Kischel*, Fragmentierungen (Fn. 223), S. 313 f.

[236] Auf dem 48. Deutschen Juristentag wurde 1970 über die Frage diskutiert: „In welcher Weise empfiehlt es sich, die Ausbildung der Juristen zu reformieren" (Sitzungsbericht P). 1984 wurde die „Experimentierklausel" in § 5b DRiG gestrichen und damit die Juristenausbildung bundesweit wieder auf das zweistufige Modell zurückgeführt. Zur einstufigen Juristenausbildung etwa *Wolfgang Hoffmann-Riem*, Zwischenschritte zur Modernisierung der Rechtswissenschaft, JZ 2007, S. 645 ff.; *Wolfgang Köck*, Assistententagung 1991 in Bremen, in: FG Assistententagung (Fn. 26), S. 377 (382 ff.); *Janwillem van de Loo*, Die Ausbildung von Juristinnen und Juristen im Widerstreit, in: Kritische Justiz (Hrsg.), Streitbare Juristinnen – eine andere Tradition, 2016, S. 589 ff. (Interview mit *Wolfgang Hoffmann-Riem* und *Alfred Rinken*).

[237] Zur *Transsystemic Legal Education* in McGill *Dedek*, Juristenausbildung (Fn. 128), S. 549 ff.

versitären „Schwerpunktbereichen" freier. Diese dienen u. a. der „Vermittlung interdisziplinärer und internationaler Bezüge des Rechts".[238] Aber auch hier zeigt sich die Tradition: Zwar wird das Ergebnis der Schwerpunktbereichsprüfungen mit den Leistungen in den Staatsprüfungen verrechnet.[239] Die Zensur im „Staatsteil" der „Ersten Prüfung" wird aber separat ausgewiesen. Und die Studierenden wissen, dass Arbeitgeber nicht selten vor allem hierauf schauen.

In der internationalen Diskussion Gehör zu finden, ist für die deutsche Rechtswissenschaft nicht leicht. *Germanica non leguntur* – das ist klar. Man muss sich auf Englisch äußern, der neuen *lingua franca*.[240] Dass fremdsprachige Arbeiten von der deutschen Fachöffentlichkeit (derzeit noch) kaum beachtet werden und damit nur wenig zur Steigerung der „Reputation" beitragen, muss hinnehmen, wer sich am internationalen rechtsvergleichenden Gespräch beteiligt.[241] Hinzu kommt, dass die bei uns üblichen rechtsdogmatischen Überlegungen („*German doctrinalism*"[242]) im von den USA dominierten internationalen Diskurs kaum interessieren.[243] In Amerika wird der „*strictly legal point of view*" – wie ihn *Christopher Columbus Langdell*, der legendäre Dekan der *Havard Law School* (seit 1870) vertrat[244] – mittlerweile als pseudowissenschaftliche Verblendung ungehemmt verspottet.[245] Die Sichtweise gilt als „perverse or at best incomplete way of

---

[238] Vgl. § 5a Abs. 2 S. 4 DRiG.

[239] § 5d Abs. 2 S. 4 DRiG. Für die Abschaffung BR-Drs. 20/21, S. 18 f.

[240] Vgl. etwa – auch zu den Schwierigkeiten der Übersetzung gerade im Recht – *Armin von Bogdandy*, Internationalisierung der deutschen Rechtswissenschaft, in: Hilgendorf/Schulze-Fielitz, Selbstreflexion (Fn. 12), S. 133 (134 ff., 141 f.); *Matthias Jestaedt*, Wissenschaft im Recht, JZ 2014, S. 1 (9 f.); *Kischel*, Fragmentierungen (Fn. 223), S. 306 ff., 314 ff.; *Kuntz*, Proprium (Fn. 12), S. 291 f.; *Hermann Pünder*, Zu den Grundzügen des Verwaltungsrechts in Europa, Die Verwaltung 48 (2015), S. 405 (435); *Andreas Voßkuhle*, Das Leitbild des „europäischen Juristen", RW 2010, S. 326 (338). Zu den „internationalisierungshinderlichen Pfadabhängigkeiten" der Staatsrechtslehre auch *Jestaedt*, Europäisierter Rechtswissenschaftsdiskurs (Fn. 186), S. 9 f.

[241] Vgl. auch die Klage von *Kuntz*, Proprium (Fn. 12), S. 290. Für Personen, die sich mit dem Völkerrecht beschäftigen, gilt das allerdings nicht in dem gleichen Umfang. Zur Rechtsvergleichung im öffentlichen Recht *Michaela Hailbronner*, Yes We Can? Mehr Rechtsvergleichung wagen!, in: FS Junge Tagung Öffentliches Recht (Fn. 141), S. 409 (410: „Orchideenfach par excellence", „Liebhaberei, kein verlässlicher Weg zu Stellen oder Reputation").

[242] Begriff nach *Kristoffel Grechenig/Martin Gelter*, The Transatlantic Divergence in Legal Thought, Hastings International and Comparative Law Review 31 (2008), S. 295 ff.

[243] Vgl. zur Rechtsdomatik in internationaler Perspektive auch *Jestaedt*, Wissenschaft (Fn. 240), S. 1 ff. („zu deutsch, zu eigenbrötlerisch, zu vereinnahmend", „disziplinärer Provinzialismus"). Dagegen *Schünemann*, Beruf der Rechtswissenschaft (Fn. 175), S. 226 ff., die Kritik im Hinblick auf die französische und englische Strafrechtswissenschaft relativierend. – Aus US-amerikanischer Perspektive *Posner*, Decline of Law (Fn. 223), S. 773: „*Altough the classic works of traditional legal scholarship can still be read with profit and admiration, it is no longer easy for academic lawyers who want to be considered on the ‚cuting edge' of legal thought to imagine writing in the same vein. A […] purely lawyer's scholarship […] – a scholarship in which political consensus is assumend and the insights of other disciplines ignored – does not fit […] into today's scholarly* Zeitgeist." Vgl. auch die Aussage eines „well known law professor at a prominent law school", die *Edwards*, Disjunction (Fn. 128), S. 36, zitiert: „*We do not give tenure to stamp collectors.*"

[244] Ausführlich *Thomas C. Grey*, Langdell's Orthodoxy, University of Pittsburgh Law Review 45 (1983), S. 1 ff.

[245] So *Dedek*, Juristenausbildung (Fn. 128), S. 544 m. Verweis auf *Pierre Schlag*, Law and Phrenology, Harvard Law Review 110 (1997), S. 877 ff., der das rechtswissenschaftliche Denken *Langdells* mit der

thinking".[246] „The best writing about the legal system is interdisciplinary", erklärte *George L. Priest* von der *Yale University* schon vor fast vierzig Jahren.[247] Rechtswissenschaft im deutschen Sinne gibt es kaum noch (mit der Folge, dass sich US-amerikanische Gerichte immer weniger für das juristische Schrifttum interessieren[248]). Man muss sich auf diese Perspektive (die in Großbritannien übrigens nicht dominiert[249] und auch in den USA nicht unumstritten ist[250]) einstellen. Sonst übersteht man den im Ausland zunehmend üblichen *Peer-Review* vor der Veröffentlichung in führenden Rechtszeitschriften nicht.[251]

„Schädelkunde" vergleicht, die von einem Zusammenhang zwischen der Kopfform und den Charaktereigenschaften und Geistesgaben eines Menschen ausging. Vgl. auch die Kritik an der früheren Ausbildungspraxis von *George L. Priest*, Social Science Theory and Legal Education, Journal of Legal Education 33 (1983), S. 437 (440 f.): *„From the standpoint of the instructor […] legal education is more primitive than college education, and most closely resembles high school or pehaps junior high school education. […] In this respect, faculties of modern law schools resemble faculties of medieval universities. We await the Enlightment. The enlightment is comming. […] The law-school curriculum will come to consist of graduate courses in applied economics, social theory, and political science."*

[246] *Posner*, Decline of Law (Fn. 223), S. 762. Vgl. auch *ders.*, Scholarship (Fn. 21), S. 1321: *„Traditional doctrinal scholarship is disvalued at the leading law schools. They want their faculties to engage in ‚cutting edge' research and thus orient ther scholarship toward, and seek their primary readership among, other scholars, not even limited to law professors, though they are the principle audience."* Zu den Wurzeln dieser Kritik *Grey*, Langdell's Orthodoxy (Fn. 244), S. 50, mit Verweis auf *Oliver Wendell Holmes*, der als Antipode zu *Langdell* betonte, dass wahre Rechtswissenschaft nicht in der Entwicklung eines logisches Systems (*„as in mathematics"*) liegt, sondern in dem *„establishment of its postulates* […] *upon acurately measured social desires"*.

[247] *Priest*, Legal Education (Fn. 245), S. 440. Zu anderen Einflüssen – „money", „morals" und „social obligation" *Robert MacCrate*, Paradigm Lost – or Revised and Regained?, Journal of Legal Education, 38 (1988), S. 295 ff.

[248] *McClintock*, Scholarship (Fn. 134), S. 659, 667 ff. (*Judges & Practitioners v. Academia: The Great Debate Over Legal Scholarship*).

[249] Vgl. *Uwe Kischel*, Rechtsvergleichung, 2015, S. 373 ff. Siehe auch *Dedek*, Juristenausbildung (Fn. 128), S. 544 in Fn. 28 mit Verweis auf *Chaim Saimann*, Public Law, Private Law, and Legal Sciene, American Journal of Comparative Law 56 (2008), S. 691 ff., der zwischen dem amerikanischen und dem „anglo-kontinentalen" Diskurs unterscheidet (S. 695 ff., 702).

[250] Siehe oben in Fn. 128.

[251] Wie schwierig es ist, als in der deutschen Tradidition arbeitender Rechtsvergleicher in führenden internationalen Zeitschriften zu veröffentlichen, musste ich etwa mit meinen Beiträgen „Democratic Legitimation of Delegated Legislation – A Comparative View on the American, British and German Law" (International and Comparartive Law Quarterly, ICLQ, 58 (2009), S. 353 ff.) und „German Administrative Procedure in a Comparative Perspective – Observations on the Path to a Transnational ‚Ius Commune Proceduralis' in Administrative Law" (International Journal of Constitutional Law, ICon, 2013, S. 940 ff.) erfahren.

III. Zusammenkünfte der „Lehrlinge" und „Gesellen"

1. *Jährliche „Krugtage"*

Die Kluft zwischen den Meistern und den Gesellen war im Zeitalter der Zünfte sehr groß. Im Spätmittelalter bildeten sich gegen die Macht der Meister eigene „Gesellenschaften", die sich an „Krugtagen" versammelten.[252] Auch diese Entwicklung hat in der Staatsrechtslehre eine Entsprechung. Legendär sind die Umstände, die in den 1960er Jahren zur „kleinen Staatsrechtslehrertagung" geführt haben.[253] Anlass war – so wird erzählt – ein Kolloquium in Speyer. Noch nicht Habilitierte sollten sich am Buffet (es gab wohl Hummer!)[254] zurückhalten. Dies hat besonders Selbstbewusste genauso genervt wie der Umstand, dass Assistenten bei den Vorträgen und den Diskussionen auf der Staatsrechtslehrertagung noch nicht einmal zuhören durften. Die Idee kam auf, eigene Tagungen zu organisieren. Ursprünglich beschränkte man sich auf die (Haupt-)Assistenten, die mit einer Habilitation die wissenschaftliche Laufbahn einschlagen wollten. Das hat sich inzwischen zwar verändert. Diejenigen, die bereits einen Doktortitel haben, bilden sich darauf aber noch immer etwas ein.[255] „Nicht dazwischenplappern", hieß es auf der Assistententagung 1997 in München, „wenn sich Promovierte unterhalten".[256]

Die „Assistententagungen" haben sich zu einer ähnlich bedeutsamen Versammlung entwickelt wie die Staatsrechtslehrertagungen.[257] Manchmal sind sie eine – so der ehemalige Bundesverfassungsgerichtspräsident *Andreas Voßkuhle* – „Vitaminspritze" für den juristischen Diskurs.[258] Das Themenspektrum ist weit. Es reicht – wie bei den Staatsrechtslehrertagungen – vom Verfassungs- und Verwaltungsrecht mit den europa- und völkerrechtlichen Bezügen bis hin zu rechtsphilosophischen, methodologischen und rechtstheoretischen Grundsatzfragen und zur Rechtsgeschichte und Rechtsverglei-

---

252 Ausführlich zu den Entstehensbedingungen *Kluge*, Zünfte (Fn. 3), S. 199 ff.

253 Aus persönlichem Erleben *Hollerbach*, Rückblicke (Fn. 137), S. 33 ff.; *Nicolaysen*, Erste Schritte (Fn. 26), S. 45 ff. Aus späterer Sicht *Maurin Schunke*, Die Gründung der Assistententagung im Kontext ihrer Zeit, in: FS Junge Tagung Öffentliches Recht (Fn. 141), S. 21 ff.; *Schulze-Fielitz*, Assistententagung (Fn. 169), S. 56 ff.

254 In Erinnerung daran leistete man sich auf der 40. Assistententagung in Gießen (einen einzigen) Hummer am Buffet. Vgl. *Sebastian Heselhaus/Matthias Mayer/Arnd Schmehl/Astrid Wallrabenstein*, 40. Assistententagung 2000 in Gießen, in: FG Assistententagung (Fn. 26), S. 465 (483 f.).

255 Dass die Doktortitel in den Teilnehmerlisten aufgeführt werden, ist mittlerweile unumstritten. Der „Geist der Generation der 68er" hat sich nicht durchgesetzt. Vgl. *Schulze-Fielitz*, Assistententagung (Fn. 169), S. 66 f.

256 Nachhaltig beeindrucken ließ sich der Angesprochene – es war *Christoph Möllers* (jetzt Humboldt Universität zu Berlin), der gerade einen Vortrag gehalten hatte (Der Parlamentarische Bundesstaat, in: Aulehner u. a. (Hrsg.), Föderalismus – Auflösung oder Zukunft der Staatlichkeit, 1997, S. 81 ff.) – davon freilich nicht.

257 Vgl. die Rückblicke von *Schulze-Fielitz*, Assistententagung (Fn. 169), *Dirk Heckmann*, Zwischen Spontanität und Professionalität – Zehn weitere Jahre Assistententagung Öffentliches Recht (1986–1995), JöR NF 44 (1996), S. 237 ff., und *Florian Gröblinghoff/Konrad Lachmayer*, Die Assistententagung Öffentliches Recht auf dem Weg in 21. Jahrhundert, JöR 55 (2007), S. 429 ff., sowie die vielfältigen Beiträge in der FG Assistententagung (Fn. 26).

258 *Andreas Voßkuhle*, Grußwort, in: FG Assistententagung (Fn. 26), S. 8.

chung.[259] Die Tagungsbände werden in den Fachzeitschriften besprochen.[260] Die Fachöffentlichkeit will informiert werden. Mittlerweile gibt es in den anderen juristischen Disziplinen vergleichbare Veranstaltungen.[261]

Wenn eine Habilitandin oder ein Habilitand auf der Assistententagung vorträgt, wird dem eine besondere Aufmerksamkeit geschenkt.[262] Der Kampf um Reputation beginnt früh. Von „Schaukämpfen von (werdenden) ‚Platzhirschen'" wurde gesprochen.[263] Zwar sind Habilitierte auf den Tagungen nicht zugelassen. Der Nachwuchs will sich austauschen können, ohne Sorge zu haben, sich vor den „Eminenzen" die Blöße zu geben.[264] Professorinnen und Professoren lassen sich von ihren Mitarbeiterinnen und Mitarbeitern aber rasch von einem Erfolg oder Misserfolg der Vorträge berichten. So prägen sich auch bei ihnen Namen ein, was für spätere Berufungen erheblich sein kann.[265]

Besonders fortschrittlich sind auch die Assistententagungen nicht. Der Einsatz von *PowerPoint* – bei den Staatsrechtslehrertagungen verpönt – hat zwar zugenommen, sich aber noch nicht allgemein durchgesetzt.[266] Vertreter der Nachbarwissenschaften sind – wie bei den Staatsrechtslehrertagungen – nicht dabei.[267] Auch der „Zeitgeist" hat es bei den Jüngeren nicht leicht. Symptomatisch ist, dass sich der von den Organisatorinnen und Organisatoren der Versammlung in Luzern eingeführte („geschlechtsneutrale") Begriff „Assistenztagung" nicht durchgesetzt hat.[268] Die Frage, wie man die Veranstaltung be-

---

[259] Vgl. die Zusammenstellung der bisherigen Themen in: FS Junge Tagung Öffentliches Recht (Fn. 141), S. 623 ff.

[260] Siehe für Nachweise *Heckmann*, Assistententagung (Fn. 257), S. 245; *Gröblinghoff/Lachmayer*, Assistententagung (Fn. 257), S. 447 ff.

[261] Für einen Vergleich mit anderen rechtswissenschaftlichen und interdisziplinären Nachwuchstagungen *Gröblinghoff/Lachmayer*, Assistententagung (Fn. 257), S. 431 f. Speziell zur 1990 gegründeten „Gesellschaft junger Zivilrechtler" *Heckmann*, Assistententagung (Fn. 257), S. 248 f.

[262] Dass ein Referat auf Assistententagungen für den akademischen Weg als „zweitrangig" eingeschätzt wird (so *Schulze-Fielitz*, Assistententagung, Fn. 169, S. 64), kann der Verfasser nicht bestätigen.

[263] *Schulze-Fielitz*, Assistententagung (Fn. 169), S. 65.

[264] So *Isabel Lischewski*, 60 Jahre mitgemeint – Die Namensdiskussion auf der „Assistententagung", in: FS Junge Tagung Öffentliches Recht (Fn. 141), S. 311 (314, Eminenzen ohne Anführungsstriche). Ebenso *Karl-Ulrich Meyn*, Die Tagung in Göttingen 1974, in: FG Assistententagung (Fn. 26), S. 201 (Niemand soll Rücksicht darauf nehmen müssen, „dass möglicherweise ein Verriss der vorgetragenen Thesen den Referenten dauerhaft in seiner Karriere beeinträchtigen könnte"). Vgl. zudem – auch zur Frage, ob Inhaber von Juniorprofessuren zugelassen werden sollten – *Gröblinghoff/Lachmayer*, Assistententagung (Fn. 257), S. 446. – In den Anfangsjahren luden allerdings Professoren vor Ort die Tagungsteilnehmer zu sich nach Hause ein. Vgl. etwa *Nicolaysen*, Erste Schritte (Fn. 26), S. 47, im Hinblick auf *Rolf Stödter* (Einladung 1956 in eine repräsentative Villa, „in der ein echter Rubens hing").

[265] Zur Bedeutung von „Namen" oben bei Fn. 38.

[266] *Gröblinghoff/Lachmayer*, Assistententagung (Fn. 257), S. 431.

[267] Immerhin hielt auf 38. Assistententagung in Münster der Zivilrechtler *Christian Duve* einen Vortrag über „Mediation als Mittel der Konfliktbewältigung" (in: Erberich/Hörster/Hoffmann/Kingreen/Pünder/Störmer, Frieden und Recht, 1998, S. 135 ff.).

[268] Vgl. *Konrad W. Sahlfeld/Martina Caroni/Anna Chudozilow*, Integration und Recht – 43. Assistenztagung Öfffentliches Recht, Luzern 2003. Zum Teil war auch von „Assistierendentagung" die Rede. Vgl. etwa *Anne van Aaken*, 43. Assistierendentagung Öffentliches Recht, JZ 2003, S. 785 f. Vgl. zur Diskussion *Konrad Sahlfeld*, AssÖR – die Tagung in Luzern 2003, in: FG Assistententagung (Fn. 26), S. 485 (487).

zeichnet, ist nach wie vor auf der Tagungsordnung der Organisationsteams.[269] Im Jahr 2021 fand die Tagung unter dem Namen „Junge Tagung Öffentliches Recht" statt.[270] Die Referate werden – anders als bei der Staatsrechtslehrertagung – nach einem *Call for Papers* von dem jeweiligen Organisationsteam ausgewählt.[271] Auch halten nicht zwei Personen zu demselben Thema einen Vortrag. Zudem werden die Beiträge zur Diskussion im Plenum nicht dokumentiert.[272] Der Wettbewerb hat bei den Jüngeren noch nicht die gleiche Schärfe wie später beim „Meistergesang" in der Staatsrechtslehrervereinigung.

2. *„Gesellenbruderschaften"*

Auf informelle Kontakte kommt es auch dem „wissenschaftlichen Nachwuchs" an. „Netzwerken" hat auf den Assistententagungen eine große Bedeutung. Man weiß, dass so das entscheidende „soziale Kapital" entsteht.[273] Dass es in späteren Berufungsverfahren nützlich ist, als eine gewinnende Persönlichkeit angesehen zu sein, ist kein Geheimnis.[274] Früher gab es „Gesellenbruderschaften".[275] Heute schließen sich Habilitierende gerne zu „Kreisen" zusammen.[276] Die Verbindungen halten häufig das ganze Berufsleben lang. Zunächst werden üblicherweise vor allem die Habilitationsprojekte und die Habilitationsvorträge besprochen. Später kommt es zum Teil zu gemeinsamen Veröffentlichungen.[277] Ob es nach der Habilitation bei Berufungsverfahren zu „Nepotismus" kommt, sei dahingestellt.[278] In Hamburg wurden 2012 anlässlich der 53. Assistententagung die Vereinigung *Junge Wissenschaft im Öffentlichen Recht e.V.* und der *JuWissBlog*

---

269 Vgl. *Heselhaus/Mayer/Schmehl/Wallrabenstein*, 40. Assistententagung (Fn. 254), S. 480; *Gröblinghoff/Lachmayer*, Assistententagung (Fn. 257), S. 451 f.; *Florian Gröblinhoff/Jörg Philipp Terhechte*, 45. Assistententagung Öffentliches Recht in Bielefeld, in: FG Assistententagung (Fn. 26), S. 500 (506); *Lischewski*, Namensdiskussion (Fn. 264), S. 311 ff. Siehe auch schon *Heckmann*, Assistententagung (Fn. 257), S. 243.

270 Diese Bezeichnung scheint sich durchzusetzen, was auch der Titel der Festschrift zum 60-jährigen Jubiläum der Zusammenkünfte zeigt (Fn. 141).

271 Früher war es nicht leicht, Referenten zu finden. Vgl. etwa *Meyn*, Göttingen (Fn. 264), S. 203. Das ist heute anders. Näher zu den Vortragenden *Gröblinghoff/Lachmayer*, Assistententagung (Fn. 257), S. 438 ff.

272 Vgl. *Heckmann*, Assistententagung (Fn. 257), S. 241.

273 Zur Bedeutung der Netzwerksfähigkeit als soziale Kompetenz in Berufungsverfahren (neben der Teamfähigkeit, der Belastbarkeit, den Managementkompetenzen und der rhetorischen Selbstdarstellung) *Schulze-Fielitz*, Berufungen (Fn. 36), S. 22 f.

274 Siehe *Schulze-Fielitz*, Berufungen (Fn. 36), S. 28 („netter Kerl"). Vgl. auch *Goerlich*, Reputation (Fn. 34), S. 188 („Provinzialität des Auftretens" als „Reputationsrisiko").

275 *Kluge*, Zünfte (Fn. 3), S. 199 ff.

276 Man denke etwa an den Augsburger Kreis, den Elbe Kreis, den Erlanger Kreis, den Frankfurter Kreis, den Kasseler Kreis, den Karlsruher Kreis (von ehemaligen Mitarbeiterinnen und Mitarbeitern des Bundesverfassungsgerichts), den Luzerner Kreis, den Saarburger Kreis, den Staufener Kreis und den Zürcher Kreis (dem der Verf. angehört).

277 Vgl. etwa Fehling/Ruffert (Hrsg.), Regulierungsrecht, 2010 (mit Autoren aus dem Elbe-Kreis); Pünder/Waldhoff (Hrsg.), Debates in German Public Law, 2014 (Zürcher Kreis).

278 *Schulze-Fielitz*, Staatsrechtslehrerreferat (Fn. 26), S. 155 Fn. 32, meint, dass die Heterogenität der Zusammensetzung dieser Gruppen und die „dominierende Intensität des Interesses am wissenschaftlichen Diskurs" die „Nepotismusgefahren bändigen sollten". Vgl. auch *ders.*, Berufungen (Fn. 36), S. 27 f.

gegründet.[279] Diese Diskussionsplattform versteht sich als „Assistententagung de tous les jours"[280] und ist bis heute ein wichtiges Organ für Stellungnahmen aus der Nachwuchswissenschaft mit einer *Science to public*-Perspektive.[281]

3. *„Zunftgeselligkeit"*

Dass die „Zunftgeselligkeit"[282] bei den Tagungen der Assistentinnen und Assistenten eine größere Rolle spielt als bei den Zusammenkünften der Älteren, liegt nahe.[283] Immerhin sind die Teilnehmer, was das Alter angeht, relativ homogen. Dass man sich duzt, ist – mittlerweile – selbstverständlich.[284] Die Partys sind legendär. Oft wird bis in die frühen Morgenstunden gefeiert.[285] Gelegentlich kann man sogar ein „Zechsingen"[286] hören.[287]

---

279 Dass daran auch meine Mitarbeiter *Johannes Falter, Paul Gaitzsch* und *Laurence O'Hara* (jetzt MPI zur Erforschung von Gemeinschaftsgütern, Bonn) beteiligt waren, hat mich sehr gefreut. Meine Wissenschaftliche Assistentin *Anika Klafki* (jetzt Juniorprofessorin in Jena) war von 2016–2019 Vorsitzende des *Junge Wissenschaft im Öffentlichen Recht e.V.*

280 Vgl. www.juwiss.de (unter „Auf dem JuWissBlog veröffentlichen") .

281 Allgemein *Stefan Martini*, Die Rolle von Internetblogs im juristischen Diskurs, in: FS Junge Tagung Öffentliches Recht (Fn. 141), S. 335 ff.

282 Dazu *Kluge*, Zünfte (Fn. 3), S. 363 ff.

283 Zum Tagungsrahmen *Schulze-Fielitz*, Assistententagung (Fn. 169), S. 76 ff. Früher gab es noch ein „Damenprogramm". Vgl. *Bernd-Christian Funk*, Die erste Assistententagung in Wien, in: FG Assistententagung (Fn. 26), S. 169. Zum „geselligen Abschlussabend" im Rahmen der Staatsrechtslehrertagungen *Schulze-Fielitz*, in diesem Band, S. 222 f. Allg. zum „Begleitprogramm" *Christian Waldhoff*, in diesem Band, S. 158 ff.

284 Das war früher anders. Noch auf der 37. Assistententagung in München 1997 war es üblich, dass sich viele Habilitanden sietzten und erwarteten, zumindest von Doktoranden gesietzt zu werden. Mich hat das damals bedrückt. Auf der nächsten Tagung in Münster haben wir als Organisatoren schon bei der Begrüßung deutlich gemacht, dass das allgemeine Du angemessen ist. Auch dies hat zu etwas mehr jugendlicher „Leichtigkeit" geführt. Vgl. *Joachim Suerbaum/Christoph Brüning*, Frieden und Recht, DVBl. 1998, S. 1062 (1067): „Die augenscheinlich gute Stimmung zwischen den Organisatoren übertrug sich von Anfang an auf die Teilnehmer, die in ungezwungender Atmosphäre auch Kritisches austauschen konnten." Unentschlossen im Hinblick auf die Vorzugswürdigkeit des Duzens noch *Heckmann*, Assistententagung (Fn. 257), S. 242 Fn. 19.

285 Der „Tagungsgong" wurde uns als Organisatoren der nächsten Tagung auf dem Abschlussfest der Münchner Tagung 1997 um drei Uhr morgens (!) übergeben. Siehe *Ingo Erberich/Ansgar Hörster/Michael Hoffmann/Thorsten Kingreen/Hermann Pünder/Rainer Störmer*, Die Welt zu Gast in Münster, in: FG Assistententagung (Fn. 26), S. 455. Näher zum Tagungsgong und allgemein zur Bewältigung der Aufbau- und Ablauforganisation *Kay-Uwe Rhein*, Der Assistenzgong, in: FG Assistententagung (Fn. 26), S. 344 ff. Zum Tagungsgong auch *Gröblinghoff/Lachmayer*, Assistententagung (Fn. 257), S. 430 mit Fn. 3.

286 Dazu *Hahn*, Meistergesang (Fn. 62), S. 56 ff.; *Kluge*, Zünfte (Fn. 3), S. 387.

287 Auf dem Abschlussabend der 39. Assistententagung in Zürich sangen wir als Organisatoren der Vorjahreszusammenkunft eine Neuinterpretation des „Heidi"-Liedes: „Assistenten, unsere Welt sind die Tagungen. / Assistenten, denn hier können wir wichtig sein. / Referate, Diskussionen und blablabla. Assistenten, das brauchen wir zum Glücklichsein. / Drei Wochen vor der Tagung sitzt Assilein daheim, verfasst nen Diskussionsbeitrag, ein Staatsrechtslehrer klein. / Er klimmpert mit den Normen fein, er schwelgt in Theorien, will endlich mal Professor sein, die Blicke auf sich ziehen […]". Siehe – auch zu den anderen Liedern – *Erberich/Hörster/Hoffmann/Kingreen/Pünder/Störmer*, Münster (Fn. 285), S. 455 (461). Im Jahr zuvor wurden wir von den Organisatoren der Münchener Tagung verspottet, weil wir keine Referentin ausgewählt hatten. Gelehnt an das Lied „Ein bißchen Frieden" von *Nicole* wurde gesungen: „Ich weiß meine Lieder, die ändern nicht viel; ich bin nur ein Mädchen, das sagt, was es fühlt". Siehe

Das sind Erlebnisse, an die man später gerne zurückdenkt.[288] Eine Verbundenheit entsteht, die fruchtbar fortwirkt, wenn man selbst zu den „Meistern" zählt.[289] Von einer „verhängnisvollen Neigung zu maßloser Völlerei" – ein festes Sujet der Zunftkritik seit Jahrhunderten[290] – sollte freilich keine Rede sein. „Niemand soll mehr trinken als er bei sich behalten kann" und „niemand darf im Gelage einschlafen", hieß es damals.[291] Zu solchen Mahnungen besteht bei den Assistententagungen kein Anlass.

IV. Ausblick: Festhalten am Althergebrachten?

In den Zünften hielt man am Althergebrachten fest. Das führte zu ihrem Ende.[292] Das Überkommene prägt – das sollte deutlich geworden sein – auch die Vereinigung der deutschen Staatsrechtslehrer. Schon der Begriff „Staatsrechtslehre" ist altertümlich.[293] Und auch, dass von „Staatsrechtslehrern" im generischen Gebrauch des Maskulinums gesprochen wird, entspricht nicht dem Geist unserer Zeit.[294] Selbst der Umstand, dass von den „Deutschen" (auch noch mit einem großen „D") Staatsrechtslehrern gesprochen wird, erregt kaum Widerspruch, obwohl doch auch Kolleginnen und Kollegen aus Österreich und der Schweiz (und gelegentlich auch aus dem nicht deutschsprachigen Ausland[295]) Mitglied der Vereinigung sind.[296]

Christian Waldhoff, 37. Assistententagung Öffentliches Recht München 1997, in: FG Assistententagung (Fn. 26), S. 439 (433 Fn. 5). Zur Abschlussveranstaltung in Postdam 2001 *Heselhaus/Mayer/Schmehl/Wallrabenstein*, 40. Assistententagung (Fn. 254), S. 484.

288 *Waldhoff*, 37. Assistententagung (Fn. 287), S. 439, spricht von einem „Feuerzangenbowleneffekt".

289 Vgl. etwa *Lorenz Meyer* (Präsident des Schweizerischen Bundesgerichts), Grußwort, in: FG Assistententagung (Fn. 26), S. 11: „Die Zeit der Assistententagung gab uns eine gemeinsame Denkweise und führte zu persönlicher Verbundenheit, die uns das ganze berufliche Leben begleitete."

290 *Kluge*, Zünfte (Fn. 3), S. 363.

291 *Kluge*, Zünfte (Fn. 3), S. 371.

292 Ausführlich *Kluge*, Zünfte (Fn. 3), S. 389 ff.

293 Als die Vereinigung 1922 gegründet wurde, geschah dies unter dem Eindruck der neuen Verfassung. Die Monarchie war abgeschafft. Das Staatsrecht der Republik musste entwickelt werden. Näher etwa *Stolleis*, Vereinigung (Fn. 28), S. 339 ff. Heute geht es nicht mehr bloß um verfassungsrechtliche Fragen. Es wird das öffentliche Recht in seiner ganzen Breite – vom Völker- und Europarecht bis hin zum Verwaltungsrecht – erfasst. Vgl. zur „Verklammerung von Verfassungs- und Verwaltungsrechtswissenschaft in der Staatsrechtslehre" auch *Jestaedt*, Europäisierter Rechtswissenschaftsdiskurs (Fn. 186), S. 3 f. Speziell zum Völkerrecht *Bardo Fassbender*, in diesem Band, S. 567 ff.

294 Eine offizielle Namensdebate gab es bislang – anders als in anderen Fachvereinigungen – nicht. Vgl. *Pascale Cancik*, in diesem Band, S. 814, 816. Zur Diskussion bei den Jüngeren siehe in und bei den Fn. 268 ff. In der Zivilrechtslehrereinigung wurde 2019 über einen Antrag auf Änderung des Namens abgestimmt. Die erforderliche Dreiviertelmehrheit wurde allerdings um eine Stimme (!) verfehlt. Siehe *Zimmermann*, in diesem Band, S. 934.

295 Eine Habilitation wird dann – anders als bei Deutschen, die im Ausland lehren (oben bei Fn. 109) – naturgemäß nicht verlangt. Näher *Christian Waldhoff*, in diesem Band, S. 154.

296 Schon die Einladung zur ersten Staatsrechtslehrertagung 1922 ging auch an Österreicher (und an Kollegen an der deutschen Universität Prag). Es herrschte bei der Gründung – so *Anschütz*, Aus meinem Leben (Fn. 36), S. 294 f. – der „großdeutsche Gedanke". Man ging von einer kommenden Reichseinheit aus. *Heinrich Triepel* erklärte in in seinem „warmen Willkommensgruß" an die Kollegen aus Österreich zur Eröffnung der Tagung von 1924: „Daß unsere Wirkungsstätten getrennt sind durch eine Grenze, die

Um die „Zunft" der Staatsrechtslehre muss man sich hundert Jahre nach Gründung der Vereinigung der deutschen Staatsrechtslehrer allerdings keine Sorgen machen. Sich auf den Weg zu den Jahrestagungen zu machen, gilt – anders als bei der Schwestervereinigung im Zivilrecht[297] – auch für die bereits Etablierten immer noch weitgehend als *nobile officium.*[298] Den mit fachlichen Spezialisierungen (wie in anderen Gebieten der Wissenschaft) verbundenen „ernsthaften Wahrnehmungsstörungen"[299] wirkt dies im Öffentlichen Recht entgegen.[300] Und auch im Ausland schaut man – das vermitteln jedenfalls ausländische Gäste auf den Jahrestagungen – mit Respekt auf die Besonderheiten unserer Zunft.[301] Klar ist: Es ist nach wie vor attraktiv, dem „elitären Zirkel" der Staatsrechtslehrerinnen und Staatsrechtslehrer anzugehören.[302] Der „Zauber des Geweihten"– um zum Schluss noch einmal mit *Pierre Bourdieu* zu sprechen[303] – entschädigt für die Mühen, die mit dem Weg in die „Zunft" der Staatsrechtslehre verbunden sind.

---

eine neidische Hand gezogen hat, ist unser Kummer". Nichts sei gewisser als dies, „daß sich eine große Nation, wie die deutsche, die Einheit ihres Staates auf die Dauer von keiner äußeren Gewalt, und sei es das Diktat einer ganzen Welt, wird versagen lassen" (VVDStRL 1, 1924, S. 5 f.). Näher zur Gründung der Vereinigung aus der Angst der nationalkonservativen Staatsrechtsprofessoren vor ihrem Bedeutungsverlust in der jungen Republik *Christoph Schönberger,* in diesem Band, S. 11 f., 23 ff., 30. Aus östereichischer Sicht *Ewald Wiederin,* in diesem Band, S. 245 f. Für die Schweiz öffnete sich die Vereinigung formell erst 1956 durch eine Satzungsänderung. Es gab allerdings schon vorher einige Mitglieder aus dem Nachbarland. Näher *Benjamin Schindler,* in diesem Band, S. 273 ff. Der Name der Vereinigung ist für die Schweizer allerdings befremdlich; er trägt für sie (vor allem im Hinblick auf die Großschreibung des Adjektivs) „etwas Alldeutsches in sich". So *Benjamin Schindler,* in diesem Band, S. 282 f.

[297] Zu den Schwierigkeiten die „mittlere Altersstufe" (d. h. die Generation „von etwa Mitte/Ende 40 bis 60") zur Teilnahme an der Zivilrechtslehrertagung zu bewegen, *Reinhard Zimmermann*, in diesem Band, S. 932 f. („Verein alter Herren?") und S. 939.

[298] Die Teilnehmerquote liegt bei 40–60 %. Siehe *Schulze-Fielitz,* Mikrokosmos (Fn. 31), S. 10; *Christian Waldhoff,* in diesem Band, S. 156. Bei den Kolleginnen und Kollegen aus der Schweiz ist die Teilnahmebereitschaft allerdings nicht so ausgeprägt. Zu den Gründen *Benjamin Schindler,* in diesem Band, S. 273 ff., 282 ff., 286 ff., 292 ff. Ähnliches gilt für Österreich. Vgl. *Ewald Wiederin*, in diesem Band, S. 262. – Zur Anwesenheitspflicht bei der Zunftsversammlung *Kluge,* Zünfte (Fn. 3), S. 335 ff.

[299] *Stolleis*, Vereinigung (Fn. 28), S. 355.

[300] Dem soll es auch dienen, dass die Staatsrechtslehrervereinigung daran festhält, dass es auf ihren Tagungen (abgesehen von den vorgeschalteten Arbeitskreisen) nur Veranstaltungen im Plenum gibt. Von einer „babylonischen Sprachverwirrung" bei den Staatsrechtslehrertagungen spricht allerdings *Josef Isensee,* Staatsrechtslehre als Wissenschaft, JZ 2009, S. 949 (951). Ein „Pfingstwunder" sei ausgeblieben. Vgl. zu den Fragmentierungen auch *Reimer,* Fragmentierungen (Fn. 53), S. 447 ff.

[301] *Schlink*, Vergangenheitsschuld (Fn. 61), S. 142, meint allerdings, dass die Veranstaltungen nach einem „Ritual" ablaufen, das „nicht unsere japanischen, aber unsere amerikanischen Kollegen mit spöttischer Verwunderung wahrnehmen, die zu äußern sie nur zu höflich sind". Diese Einschätzung relativierend *Schulze-Fielitz*, Staatsrechtslehrerreferat (Fn. 26), S. 155 Fn. 34. Zur Staatrechtslehrervereinigung aus französischer Sicht *Michel Fromont/Aurore Gaillet*, in diesem Band, S. 893 ff., aus dem japanischen Blickwinkel (mit Hinweisen auf die Einflusse der Staatsrechtslehrervereinigung auf die Gründung der *Japan Public Law Association*) *Atsushi Takada*, in diesem Band, S. 909 ff.

[302] Von einem Aufstieg aus der „zweiten Liga" der Assistenten in die „erste Liga" der Professoren spricht *Hollerbach*, Rückblicke (Fn. 137), S. 43. Nach *Schulze-Fielitz*, Staatsrechtslehrerreferat (Fn. 26), S. 153, liegt der Organisationsgrad bei 97 %. Vgl. auch *ders.*, Mikrokosmos (Fn. 31), S. 8.

[303] *Bourdieu*, Kapital (Fn. 39), S. 192.

V. Die Staatsrechtslehrervereinigung in Daten und Zahlen

Die Mitglieder der Vereinigung der Deutschen Staatsrechtslehrer 1922–2022

Nr.	*Name*	*Geburt*	*Eintritt*	*Austritt*	*Tod*
1.	Abelein, Manfred	1930	1968		2008
2.	Abendroth, Wolfgang	1906	1949		1985
3.	Achterberg, Norbert	1932	1968		1988
4.	Adamovich, Ludwig	1890	1928/49		1955
5.	Adamovich, Ludwig K.	1932	1973		
6.	Adler, Franz	1899	1929		1944
7.	Albers, Marion	1961	2002		
8.	Alexy, Robert	1945	1984		
9.	Alleweldt, Ralf	1960	2005		
10.	Altwicker, Tilmann	1978	2019		
11.	Anderheiden, Michael	1963	2005		
12.	Anschütz, Gerhard	1867	1922		1948
13.	Antoniolli, Walter	1907	1956		2006
14.	Apelt, Willibalt	1877	1922/49		1965
15.	Appel, Ivo	1965	2001		
16.	Armbruster, Hubert	1911	1949		1995
17.	Arnauld, Andreas von	1970	2005		
18.	Arndt, Hans-Wolfgang	1945	1977	2011	
19.	Arnim, Hans Herbert von	1939	1976		
20.	Arnold, Rainer	1943	1973		
21.	Aschke, Manfred	1950	2006		
22.	Augsberg, Ino	1976	2013		
23.	Augsberg, Steffen	1976	2011		
24.	Aulehner, Josef	1962	2005		
25.	Aust, Helmut Philipp	1980	2016		
26.	Autexier, Christian	1940	1987		2011
27.	Axer, Peter	1965	1999		
28.	Baade, Hans	1929	1961		2016
29.	Bachof, Otto	1914	1950		2006
30.	Bäcker, Carsten	1979	2015		

Nr.	*Name*	*Geburt*	*Eintritt*	*Austritt*	*Tod*
31.	Bäcker, Matthias	1975	2015		
32.	Badura, Peter	1934	1962		
33.	Baer, Susanne	1964	2000		
34.	Baldus, Manfred	1963	1999		2021
35.	Barbey, Günther	1923	1972		1988
36.	Barczak, Tristan	1985	2021		
37.	Barfuß, Walter	1937	1970		
38.	Bartlsperger, Richard	1936	1969		
39.	Bast, Jürgen	1968	2010		
40.	Battis, Ulrich	1944	1975		
41.	Bauer, Hartmut	1954	1991		
42.	Baumeister, Peter	1963	2003		
43.	Baumgartner, Gerhard	1971	2005		
44.	Bäumlin, Richard	1927	1961	1984	
45.	Bausback, Winfried	1965	2002		
46.	Bayer, Hermann-Wilfried	1933	1968		2013
47.	Beaucamp, Guy	1964	2002		
48.	Becker, Erich	1906	1949		1981
49.	Becker, Florian	1971	2004		
50.	Becker, Joachim	1968	2000		
51.	Becker, Jürgen	1944	1983		
52.	Becker, Ulrich	1960	1995		
53.	Belser, Eva Maria	1970	2009		
54.	Berchtold, Klaus	1939	1970		2013
55.	Berg, Wilfried	1941	1975		
56.	Berger, Ariane	1978	2016		
57.	Berka, Walter	1948	1982		2021
58.	Bernhardt, Rudolf	1925	1963	2018	2021
59.	Bernstorff, Jochen von	1970	2011		
60.	Bethge, Herbert	1939	1976		
61.	Bettermann, Karl-August	1913	1956		2005
62.	Beusch, Michael	1969	2012		
63.	Beyerlin, Ulrich	1944	1988		2015
64.	Bezemek, Christoph	1981	2014		
65.	Biaggini, Giovanni	1960	1996		
66.	Bickenbach, Christian	1972	2013		

Nr.	*Name*	*Geburt*	*Eintritt*	*Austritt*	*Tod*
67.	Bieber, Roland	1942	1991		
68.	Biehler, Gernot	1961	2003		2009
69.	Bilfinger, Carl	1879	1924/49		1958
70.	Binder, Bruno	1948	1985		
71.	Birk, Dieter	1946	1981		2021
72.	Bisaz, Corsin	1977	2020		
73.	Blanke, Hermann-Josef	1957	1997		
74.	Blankenagel, Alexander	1946	1984		
75.	Bleckmann, Albert	1933	1971		2004
76.	Blümel, Willi	1929	1967		2015
77.	Blumenwitz, Dieter	1939	1970		2005
78.	Bock, Wolfgang	1952	2004		
79.	Böckenförde, Ernst-Wolfgang	1930	1965		2019
80.	Böckstiegel, Karl-Heinz	1936	1970	2006	
81.	Bogdandy, Armin von	1960	1996		
82.	Bogs, Harald	1938	1971		
83.	Böhm, Monika	1960	1996		
84.	Böhmert, Viktor	1902	1949		1975
85.	Bohne, Eberhard	1944	2007		
86.	Bornhak, Conrad	1861	1922		1944
87.	Borowski, Martin	1966	2004		
88.	Bothe, Michael	1938	1974		
89.	Boysen, Sigrid	1972	2018		
90.	Brandner, Thilo	1961	2002		2009
91.	Brandt, Edmund	1947	1992	2014	
92.	Braun Binder, Nadja	1975	2017		
93.	Breitenmoser, Stephan	1955	2001		
94.	Brenner, Michael	1960	1994		
95.	Breuer, Marten	1971	2010		
96.	Breuer, Rüdiger	1940	1976		
97.	Brie, Siegfried	1838	1924		1931
98.	Brill, Hermann Louis	1895	1949		1959
99.	Brinktrine, Ralf	1962	2005		
100.	Britz, Gabriele	1968	2000		
101.	Broemel, Roland	1980	2018		
102.	Brohm, Winfried	1932	1968		2012

Nr.	*Name*	*Geburt*	*Eintritt*	*Austritt*	*Tod*
103.	Bröhmer, Jürgen	1961	2002		
104.	Brosius-Gersdorf, Frauke	1971	2010		
105.	Brugger, Winfried	1950	1987		2010
106.	Brühl-Moser, Denise	1966	2007		
107.	Brüning, Christoph	1967	2002		
108.	Brünneck, Alexander von	1941	1984		
109.	Brünner, Christian	1942	1977	1991	
110.	Brunner, Georg	1936	1970		2002
111.	Bruns, Viktor	1884	1922		1943
112.	Bryde, Brun-Otto	1943	1981		
113.	Bühler, Ottmar	1884	1922/49		1965
114.	Bülck, Hartwig	1912	1953		1985
115.	Bull, Hans Peter	1936	1973		
116.	Bullinger, Martin	1930	1961		2021
117.	Bultmann, Peter Friedrich	1971	2004		
118.	Bumke, Christian	1963	2003		
119.	Bungenberg, Marc	1968	2006		
120.	Burgi, Martin	1964	1998		
121.	Burkert, Herbert	1947	1999		
122.	Burmeister, Joachim	1939	1974		1999
123.	Burri, Thomas	1976	2016		
124.	Bußjäger, Peter	1963	2001		
125.	Butzer, Hermann	1961	2000		
126.	Calker, Wilhelm van	1869	1924		1937
127.	Calliess, Christian	1964	2000		
128.	Campenhausen, Axel Freiherr von	1934	1967	2008	
129.	Cancik, Pascale	1967	2006		
130.	Capitant, David	1967	2019		
131.	Carstens, Karl	1914	1954		1992
132.	Caspar, Johannes	1962	1999		
133.	Classen, Claus Dieter	1960	1993		
134.	Coelln, Christian von	1967	2004		
135.	Collin, Peter	1967	2009		
136.	Cornils, Matthias	1965	2004		
137.	Cossalter, Philippe	1975	2017		
138.	Cremer, Hans-Joachim	1960	1999		

Nr.	*Name*	*Geburt*	*Eintritt*	*Austritt*	*Tod*
139.	Cremer, Wolfram	1963	2002		
140.	Czybulka, Detlef	1944	1989		
141.	Dagtoglou, Prodromos	1929	1962		
142.	Damjanovic, Dragana	1976	2016		
143.	Dann, Philipp	1972	2010		
144.	Danwitz, Thomas von	1962	1996		
145.	Davy, Benjamin	1956	1991		
146.	Davy, Ulrike	1955	1997		
147.	Decken, Kerstin von der (vorm. Odendahl)	1968	2004		
148.	Dederer, Hans-Georg	1967	2004		
149.	Degenhart, Christoph	1949	1980		
150.	Delbanco, Heike	1962	2005		
151.	Delbrück, Jost	1935	1971		2020
152.	Denninger, Erhard	1932	1966		2021
153.	Depenheuer, Otto	1953	1992		
154.	Desens, Marc	1974	2010		
155.	Determann, Lothar	1969	1999		
156.	Detterbeck, Steffen	1956	1993		
157.	Di Fabio, Udo	1954	1993		
158.	Dicke, Detlev Christian	1942	1976		1992
159.	Dietlein, Johannes	1963	1998		
160.	Dietz, Andreas	1967	2011		
161.	Diggelmann, Oliver	1967	2007		
162.	Dittmann, Armin	1945	1982		
163.	Dochow, Franz	1875	1924		1932
164.	Doehring, Karl	1919	1962		2011
165.	Dohna, Alexander Graf zu	1876	1931		1944
166.	Dolderer, Michael	1956	1998	2011	
167.	Dolzer, Rudolf	1944	1984	2014	2020
168.	Dörr, Dieter	1952	1987		
169.	Dörr, Oliver	1964	2002		
170.	Drath, Martin	1902	1949		1976
171.	Dreier, Horst	1954	1989		
172.	Dreier, Ralf	1931	1970		2018
173.	Droege, Michael	1973	2009		

Nr.	*Name*	*Geburt*	*Eintritt*	*Austritt*	*Tod*
174.	Drüen, Klaus-Dieter	1969	2006		
175.	Dürig, Günter	1920	1953		1996
176.	Durner, Wolfgang	1967	2004		
177.	Dürrschmidt, Daniel	1975	2021		
178.	Dyroff, Anton	1864	1922	1931	1948
179.	Eberhard, Harald	1978	2011		
180.	Eberle, Carl-Eugen	1946	1983		
181.	Ebers, Godehard Josef	1880	1924/49		1958
182.	Ebsen, Ingwer	1943	1984		
183.	Eckhoff, Rolf	1958	1999		
184.	Edenharter, Andrea	1985	2018		
185.	Egli, Patricia	1972	2010		
186.	Ehlers, Dirk	1945	1982		
187.	Ehmke, Horst	1927	1960	2014	2017
188.	Ehrenzeller, Bernhard	1953	1997		
189.	Eichenberger, Kurt	1922	1963		2005
190.	Eichenhofer, Johannes	1984	2020		
191.	Eifert, Martin	1965	2005		
192.	Eisenberger, Iris	1972	2017		
193.	Eisenmenger, Sven	1977	2012		
194.	Ekardt, Felix	1972	2004		
195.	Elicker, Michael	1969	2004		
196.	Emmerich-Fritsche, Angelika	1961	2006		
197.	Enders, Christoph	1957	1996		
198.	Engel, Christoph	1956	1992		
199.	Engels, Andreas	1981	2013		
200.	Englisch, Joachim	1973	2008		
201.	Ennöckl, Daniel	1973	2014		
202.	Ennuschat, Jörg	1965	2003		
203.	Epiney, Astrid	1965	1994		
204.	Epping, Volker	1959	1997		
205.	Erbel, Günter	1936	1972		
206.	Erbguth, Wilfried	1949	1986		
207.	Erichsen, Hans-Uwe	1934	1969		
208.	Erler, Georg	1905	1950		1981
209.	Ermacora, Felix	1923	1954		1995

Nr.	*Name*	*Geburt*	*Eintritt*	*Austritt*	*Tod*
210.	Ernst, Christian	1978	2017		
211.	Errass, Christoph	1962	2010		
212.	Evers, Hans-Ulrich	1922	1961		1987
213.	Faber, Angela	1961	2001		
214.	Faber, Heiko	1937	1974		2019
215.	Farahat, Anuscheh	1981	2021		
216.	Fassbender, Bardo	1963	2005		
217.	Faßbender, Kurt	1968	2006		
218.	Fastenrath, Ulrich	1949	1988		
219.	Fechner, Frank	1958	1996		
220.	Fehling, Michael	1963	2000		
221.	Feichtner, Isabel	1974	2020		
222.	Feik, Rudolf	1965	2005		
223.	Felix, Dagmar	1960	1997		
224.	Fetzer, Thomas	1974	2009		
225.	Fiedler, Wilfried	1940	1976		
226.	Finger, August	1858	1927		1935
227.	Fink, Udo	1957	1996		
228.	Finke, Jasper	1974	2016		
229.	Fisahn, Andreas	1960	2001		
230.	Fischer, Kristian	1966	2001		
231.	Fischer-Lescano, Andreas	1972	2008		
232.	Fister, Mathis	1981	2020		
233.	Fleiner, Fritz	1867	1928		1937
234.	Fleiner, Thomas	1938	1972		
235.	Fleischmann, Max	1872	1922		1943
236.	Folz, Hans-Ernst	1933	1969		2016
237.	Folz, Hans-Peter	1963	2004		
238.	Fontana, Sina-Vanessa	1986	2021		
239.	Forsthoff, Ernst	1902	1931/49		1974
240.	Fowkes, James	1984	2020		
241.	Fraenkel-Haeberle, Cristina	1964	2012		
242.	Frank, Götz	1944	1980		
243.	Frankenberg, Günter	1945	1997		
244.	Franz, Thorsten	1967	2004	2006	
245.	Franzius, Claudio	1963	2008		

Nr.	Name	Geburt	Eintritt	Austritt	Tod
246.	Frau, Robert	1979	2020		
247.	Fremuth, Michael Lysander	1979	2017		
248.	Frenzel, Eike Michael	1975	2013		
249.	Friauf, Karl Heinrich	1931	1966		2016
250.	Friesenhahn, Ernst	1901	1949		1984
251.	Frisch, Hans von	1875	1924		1941
252.	Froese, Judith	1985	2020		
253.	Fröhler, Ludwig	1920	1957		1995
254.	Fromont, Michel	1933	1963		
255.	Frotscher, Werner	1937	1974		
256.	Frowein, Jochen Abr.	1934	1967		
257.	Frye, Bernhard	1964	2011	2018	
258.	Führ, Martin	1958	2003		
259.	Funk, Bernd-Christian	1943	1976		
260.	Funke, Andreas	1972	2010		
261.	Fürstenau, Hermann	1868	1922		1928
262.	Fuß, Ernst-Werner	1924	1961		1982
263.	Gächter, Thomas	1971	2003		
264.	Gaillet, Aurore	1981	2022		
265.	Gaitanides, Charlotte	1965	2004	2017	
266.	Galetta, Diana-Urania	1967	2011		
267.	Gall, Caroline von	1979	2021		
268.	Gallent, Kurt	1920	1979		2010
269.	Gallwas, Hans-Ullrich	1934	1969		
270.	Gamper, Anna	1975	2004		
271.	Gärditz, Klaus Ferdinand	1975	2009		
272.	Gassner, Ulrich M.	1957	1995		
273.	Geck, Wilhelm Karl	1923	1962		1987
274.	Geis, Max-Emanuel	1960	1994		
275.	Gellermann, Martin	1961	2000		
276.	Genzmer, Felix	1878	1922/49	1952	1959
277.	Gerber, Hans	1889	1924/49		1981
278.	Germann, Michael	1967	2001		
279.	Germelmann, Claas Friedrich	1978	2012		
280.	Gersdorf, Hubertus	1962	1998		
281.	Giegerich, Thomas	1959	2001		

Nr.	*Name*	*Geburt*	*Eintritt*	*Austritt*	*Tod*
282.	Giese, Friedrich	1882	1922/49		1958
283.	Gillich, Ines	1982	2021		
284.	Glaser, Andreas	1977	2012		
285.	Glum, Friedrich	1891	1924/49		1974
286.	Gmelin, Hans	1878	1922		1941
287.	Goerlich, Helmut	1943	1981		
288.	Goldhammer, Michael	1978	2018		
289.	Göldner, Detlef	1934	1976		2008
290.	Gönnenwein, Otto	1896	1949		1963
291.	Görg, Hubert	1903	1955	1986	1991
292.	Görisch, Christoph	1970	2008		
293.	Gornig, Gilbert	1950	1987		
294.	Götz, Volkmar	1934	1966		
295.	Grabenwarter, Christoph	1966	1997		
296.	Grabitz, Eberhard	1934	1973		1992
297.	Gramlich, Ludwig	1951	1983		
298.	Gramm, Christof Gerhard	1958	1999	2015	
299.	Graser, Alexander	1970	2007		
300.	Grawert, Rolf	1936	1972		
301.	Grewe, Constance	1946	2010		
302.	Grewe, Wilhelm	1911	1949		2000
303.	Grewlich, Klaus Werner	1943	1997		2012
304.	Griebel, Jörn	1970	2019		
305.	Grigoleit, Klaus Joachim	1963	2003		
306.	Griller, Stefan	1956	1990		
307.	Grimm, Dieter	1937	1979		
308.	Groh, Kathrin	1969	2008		
309.	Gröll, Florian	1899	1969		1980
310.	Gromitsaris, Athanasios	1958	2005		
311.	Gröpl, Christoph	1966	2000		
312.	Grosche, Nils	1982	2019		
313.	Gröschner, Rolf	1947	1990		
314.	Groß, Thomas	1964	1999		
315.	Grote, Rainer	1961	2002		
316.	Grundmann, Siegfried	1916	1958		1967
317.	Grupp, Klaus	1940	1985		

Nr.	*Name*	*Geburt*	*Eintritt*	*Austritt*	*Tod*
318.	Grzeszick, Bernd	1965	2002		
319.	Guckelberger, Annette	1968	2003		
320.	Gundel, Jörg	1967	2002		
321.	Gurlit, Elke	1959	2000		
322.	Gusy, Christoph	1955	1987		
323.	Gygi, Fritz	1921	1968	1987	1989
324.	Haack, Stefan	1975	2007		
325.	Häberle, Peter	1934	1969		
326.	Häde, Ulrich	1960	1996		
327.	Haedrich, Martina	1948	2001		
328.	Häfelin, Ulrich	1924	1964	2007	2016
329.	Hafner, Felix	1956	1992		
330.	Hahn, Hugo Joseph	1927	1966		2010
331.	Hailbronner, Kay	1943	1977		
332.	Hain, Karl-Eberhard	1960	1998		
333.	Haller, Herbert	1940	1979		2021
334.	Haller, Walter	1939	1972		
335.	Haltern, Ulrich	1967	2003		
336.	Hamel, Walter	1896	1949		1979
337.	Hammer, Felix	1957	2000		
338.	Hammer, Stefan	1957	2005		
339.	Hangartner, Yvo	1933	1980		2013
340.	Hänni, Julia	1977	2022		
341.	Hänni, Peter	1950	1988		
342.	Hanschel, Dirk	1969	2010		
343.	Hanschmann, Felix	1973	2016		
344.	Haratsch, Andreas	1963	2003		
345.	Härtel, Ines	1972	2005		
346.	Hartmann, Bernd J.	1973	2011		
347.	Hase, Friedhelm	1949	2000		
348.	Hatje, Armin	1959	1996		
349.	Hauer, Andreas	1965	2015		
350.	Haverkate, Görg	1942	1981		2006
351.	Hebeler, Timo	1974	2007		
352.	Heckel, Johannes	1889	1924/49		1963
353.	Heckel, Martin	1929	1960		

Nr.	*Name*	*Geburt*	*Eintritt*	*Austritt*	*Tod*
354.	Hecker, Jan	1967	2005		2021
355.	Heckmann, Dirk	1960	1996		
356.	Heinig, Hans Michael	1971	2008		
357.	Heintschel von Heinegg, Wolff	1957	1995		
358.	Heintzen, Markus	1960	1994		
359.	Heißl, Gregor	1978	2016		
360.	Heitsch, Christian	1962	2001		
361.	Held, Hermann	1890	1949		1963
362.	Helfritz, Hans	1877	1922/49		1958
363.	Hellbling, Ernst Carl	1901	1970		1985
364.	Heller, Hermann	1891	1922		1933
365.	Hellermann, Johannes	1957	1998		
366.	Hendler, Reinhard	1947	1983		
367.	Hengstschläger, Johannes	1940	1978		
368.	Henke, Wilhelm	1926	1963		1992
369.	Henrich, Walter	1888	1924/49		1955
370.	Hense, Ansgar	1965	2005		
371.	Hensel, Albert	1895	1922		1933
372.	Herbst, Tobias	1963	2010		
373.	Herdegen, Matthias	1957	1989		
374.	Hermes, Georg	1958	1997		
375.	Herrfahrdt, Heinrich	1890	1927/49		1969
376.	Herrmann, Christoph	1973	2009		
377.	Herrmann, Günter	1931	1974		
378.	Herzog, Roman	1934	1964		2017
379.	Heselhaus, Sebastian	1960	2008		
380.	Hesse, Konrad	1919	1955		2005
381.	Hestermeyer, Holger P.	1975	2019		
382.	Hettich, Peter	1975	2016		
383.	Hettlage, Karl-Maria	1902	1931		1995
384.	Heun, Werner	1953	1989		2017
385.	Hey, Johanna	1970	2001		
386.	Heydte, August Freiherr von der	1907	1949		1994
387.	Heyen, Erk Volkmar	1944	1981		
388.	Heyer, Friedrich	1878	1931/49		1973
389.	Heyland, Carl	1889	1924/49		1952

Nr.	*Name*	*Geburt*	*Eintritt*	*Austritt*	*Tod*
390.	Hidien, Jürgen W.	1954	1998		
391.	Hilbert, Patrick	1985	2021		
392.	Hilf, Meinhard	1938	1981		
393.	Hill, Hermann	1951	1984		
394.	Hillgruber, Christian	1963	1997		
395.	Hindelang, Steffen	1978	2019		
396.	Hippel, Ernst von	1895	1925/49		1984
397.	Hobe, Stephan	1957	1997		
398.	Hochhuth, Martin	1960	2005		
399.	Hoegner, Wilhelm	1887	1949		1980
400.	Hoffmann, Gerhard	1917	1960		2009
401.	Hoffmann-Riem, Wolfgang	1940	1975		
402.	Höfling, Wolfram	1954	1992		
403.	Hofmann, Claudia Maria	1977	2018		
404.	Hofmann, Ekkehard	1966	2006		
405.	Hofmann, Hasso	1934	1970		2021
406.	Hofmann, Rainer	1953	1993		
407.	Hofstätter, Christoph	1986	2020		
408.	Hohenlohe, Diana Prinzessin zu	1970	2015		
409.	Hohmann, Harald	1956	1999		
410.	Höhn, Ernst	1930	1980	1992	
411.	Hollerbach, Alexander	1931	1964		2020
412.	Hollós, Franz-Tibor	1906	1949		1954
413.	Holoubek, Michael	1962	1996		
414.	Hölscheidt, Sven	1955	2001		
415.	Holstein, Günther	1892	1922		1931
416.	Holzinger, Gerhart	1947	1999	2018	
417.	Holznagel, Bernd	1957	1996		
418.	Holzner, Thomas	1975	2015		
419.	Hong, Mathias	1970	2016		
420.	Hoppe, Werner	1930	1970		2009
421.	Horn, Hans-Detlef	1960	1998		
422.	Hornung, Gerrit	1976	2014		
423.	Hösch, Ulrich	1964	1999		
424.	Hotz, Reinhold	1946	1987	2009	
425.	Huber, Ernst Rudolf	1903	1931/55		1990

Nr.	*Name*	*Geburt*	*Eintritt*	*Austritt*	*Tod*
426.	Huber, Hans	1901	1958		1987
427.	Huber, Peter M.	1959	1991		
428.	Hübner, Rudolf	1864	1924		1945
429.	Hufeld, Ulrich	1967	2002		
430.	Hufen, Friedhelm	1944	1982		
431.	Hugelmann, Karl Gottfried	1879	1928/49		1959
432.	Hummel, David	1978	2013		
433.	Huster, Stefan	1964	2002		
434.	Hwang, Shu-Perng	1975	2013		
435.	Ibler, Martin	1955	1998		
436.	Iliopoulos-Strangas, Julia	1949	2008		
437.	Imboden, Max	1915	1958		1969
438.	Ingold, Albert	1980	2014		
439.	Ipsen, Hans Peter	1907	1949		1998
440.	Ipsen, Jörn	1944	1980		
441.	Ipsen, Knut	1935	1973		
442.	Isay, Ernst	1880	1924		1943
443.	Isensee, Josef	1937	1970		
444.	Ismer, Roland	1974	2009		
445.	Jaag, Tobias	1947	1985		
446.	Jachmann-Michel, Monika	1963	1996		
447.	Jacobi, Erwin	1884	1922/49		1965
448.	Jaeckel, Liv	1969	2008		
449.	Jaenicke, Günther	1914	1957	2006	2008
450.	Jageman, Eugen von	1849	1924		1926
451.	Jahndorf, Christian	1966	2003		
452.	Jahrreiß, Hermann	1894	1925/49		1992
453.	Jakab, András	1978	2018		
454.	Jakob, Wolfgang	1941	1974	2007	
455.	Janko, Andreas	1965	2007		
456.	Janssen, Albert	1939	1987	2020	
457.	Janz, Norbert	1966	2009		
458.	Jarass, Hans Dieter	1945	1977		
459.	Jeand'Heur, Bernd	1956	1993		1997
460.	Jellinek, Walter	1885	1922/49		1955
461.	Jerusalem, Franz W.	1883	1922/49		1970

Nr.	*Name*	*Geburt*	*Eintritt*	*Austritt*	*Tod*
462.	Jesch, Dietrich	1923	1960		1963
463.	Jestaedt, Matthias	1961	1999		
464.	Jochum, Georg	1968	2004		
465.	Jochum, Heike	1968	2004		
466.	Jouanjan, Olivier	1961	2010		
467.	Kadelbach, Stefan	1959	1996		
468.	Kafka, Gustav E.	1907	1956		1974
469.	Kägi-Diener, Regula	1950	1999		
470.	Kahl, Arno	1970	2004		
471.	Kahl, Wilhelm	1849	1924		1932
472.	Kahl, Wolfgang	1965	2000		
473.	Kaiser, Anna-Bettina	1976	2014		
474.	Kaiser, Joseph H.	1921	1954		1998
475.	Kaltenborn, Markus	1966	2004		
476.	Kämmerer, Jörn Axel	1965	2000		
477.	Kanalan, Ibrahim	1980	2021		
478.	Karpen, Ulrich	1938	1981		
479.	Kästner, Karl-Hermann	1946	1990	2021	
480.	Kau, Marcel	1970	2013		
481.	Kaufhold, Ann-Katrin	1976	2015		
482.	Kaufmann, Christine	1962	2004		
483.	Kaufmann, Erich	1880	1922/49		1972
484.	Kaufmann, Marcel	1966	2001		
485.	Keller, Helen	1964	2005		
486.	Kelsen, Hans	1881	1924/–		1973
487.	Kemmler, Iris	1972	2014		
488.	Kempen, Bernhard	1960	1994		
489.	Kempny, Simon	1982	2017		
490.	Kersten, Jens	1967	2004		
491.	Kewenig, Wilhelm	1934	1970		1993
492.	Khakzadeh-Leiler, Lamiss	1975	2011		
493.	Khan, Daniel-Erasmus	1961	2003		
494.	Khol, Andreas	1941	1973	2004	
495.	Kielmansegg, Sebastian Graf von	1972	2012		
496.	Kießling, Andrea	1981	2021		
497.	Kilian, Michael	1949	1990		

Nr.	*Name*	*Geburt*	*Eintritt*	*Austritt*	*Tod*
498.	Kimminich, Otto	1932	1962		1997
499.	Kingreen, Thorsten	1965	2002		
500.	Kipp, Heinrich	1910	1956		1993
501.	Kirchhof, Ferdinand	1950	1985		
502.	Kirchhof, Gregor	1971	2009		
503.	Kirchhof, Paul	1943	1974		
504.	Kirchmair, Lando	1986	2021		
505.	Kirn, Michael	1939	1976	2019	
506.	Kirste, Stephan	1962	2004		
507.	Kischel, Uwe	1964	2002		
508.	Kisker, Gunter	1925	1967		2005
509.	Klatt, Matthias	1973	2014		
510.	Klaushofer, Reinhard	1973	2011		
511.	Klecatsky, Hans R.	1920	1965	1992	2015
512.	Klein, Eckart	1943	1980		
513.	Klein, Friedrich	1908	1949		1974
514.	Klein, Hans Hugo	1936	1967		
515.	Klein, Tonio, (vorm. Gas)	1970	2010		
516.	Kleinlein, Thomas	1976	2016		
517.	Klement, Jan Henrik	1975	2013		
518.	Kley, Andreas	1959	1998		
519.	Kloepfer, Michael	1943	1973		
520.	Kluckert, Sebastian	1974	2017		
521.	Kluth, Winfried	1959	1996		
522.	Kment, Martin	1975	2010		
523.	Knauff, Matthias	1978	2010		
524.	Kneihs, Benjamin	1971	2004		
525.	Knemeyer, Franz-Ludwig	1937	1969		
526.	Knies, Wolfgang	1934	1971		2019
527.	Knöpfle, Franz	1926	1966		2013
528.	Koch, Hans-Joachim	1944	1978		
529.	Koch, Thorsten	1960	1999		
530.	Köck, Wolfgang	1958	2001		
531.	Koellreutter, Otto	1883	1922/–		1972
532.	Koenig, Christian	1961	1994	2020	
533.	Köhler, Ludwig von	1868	1922/49		1953

Nr.	*Name*	*Geburt*	*Eintritt*	*Austritt*	*Tod*
534.	Koja, Friedrich	1933	1968	1981	1999
535.	Kokott, Juliane	1957	1992		
536.	Kolonovits, Dieter	1969	2004		
537.	König, Doris	1957	1999		
538.	König, Klaus	1934	1970		
539.	Kopetzki, Christian	1954	1995		
540.	Kopp, Ferdinand Otto	1932	1969		1995
541.	Kordt, Erich	1903	1950		1969
542.	Korinek, Karl	1940	1972		2017
543.	Korioth, Stefan	1960	1996		
544.	Korte, Stefan	1975	2013		
545.	Köttgen, Arnold	1902	1929/49		1967
546.	Kotulla, Michael	1960	2000		
547.	Kotzur, Markus	1968	2002		
548.	Krajewski, Markus	1969	2010		
549.	Kraus, Herbert	1884	1922/–		1965
550.	Krause, Peter	1936	1973		
551.	Krausnick, Daniel	1971	2010		
552.	Krawietz, Werner	1933	1974		2019
553.	Krebs, Walter	1946	1983		
554.	Kremer, Carsten	1973	2016		
555.	Kreßel, Eckhard	1957	1988		
556.	Kreuter-Kirchhof, Charlotte	1970	2013		
557.	Krieger, Heike	1968	2005		
558.	Kriele, Martin	1931	1966		2020
559.	Kröger, Klaus	1929	1970		
560.	Kröll, Thomas	1978	2016		
561.	Krönke, Christoph	1983	2020		
562.	Krüger, Hartmut	1943	1984		1998
563.	Krüger, Herbert	1905	1949		1989
564.	Krugmann, Michael	1961	2005		
565.	Krumm, Marcel	1978	2014		
566.	Krüper, Julian	1974	2012		
567.	Kube, Hanno	1970	2004		
568.	Küchenhoff, Erich	1922	1965		2008
569.	Küchenhoff, Günther	1907	1949		1983

Nr.	*Name*	*Geburt*	*Eintritt*	*Austritt*	*Tod*
570.	Kucsko-Stadlmayer, Gabriele	1955	2005		
571.	Kugelmann, Dieter	1963	2000		
572.	Kühling, Jürgen	1971	2004		
573.	Kühne, Jörg-Detlef	1943	1983		
574.	Kulick, Andreas	1982	2019		
575.	Kulisch, Max	1870	1924		1946
576.	Kunig, Philip	1951	1985		
577.	Küpper, Herbert	1964	2003		
578.	Lachmayer, Konrad	1978	2011		
579.	Ladeur, Karl-Heinz	1943	2001		
580.	Laforet, Wilhelm	1877	1931/49		1959
581.	Lamp, Karl	1866	1924/–	1927	1962
582.	Lampert, Steffen Matthias	1979	2016		
583.	Lang, Heinrich	1955	2003		
584.	Lange, Klaus	1939	1972		2020
585.	Langenfeld, Christine	1962	2000		
586.	Langer, Gottfried	1896	1929/–		1979
587.	Laskowski, Silke Ruth	1965	2006		
588.	Lassar, Gerhard	1888	1922		1936
589.	Laubinger, Hans-Werner	1936	1975		2018
590.	Laun, Rudolf von	1882	1922/49		1975
591.	Laurer, Hans René	1944	1979		
592.	Layer, Max	1866	1924		1941
593.	Le Divellec, Armel	1968	2022		
594.	Lecheler, Helmut	1941	1976		2016
595.	Lee, Chien-Liang	1961	2018		
596.	Leeb, David	1973	2015		
597.	Lege, Joachim	1957	1997		
598.	Lehner, Moris	1949	1992		
599.	Lehner, Roman	1978	2020		
600.	Leibholz, Gerhard	1901	1929/49		1982
601.	Leisner, Walter	1929	1960		
602.	Leisner, Walter Georg	1973	2006		
603.	Leisner-Egensperger, Anna	1970	2001		
604.	Leitl-Staudinger, Barbara	1974	2006		
605.	Lenze, Anne	1959	2005		

Nr.	*Name*	*Geburt*	*Eintritt*	*Austritt*	*Tod*
606.	Lepsius, Oliver	1964	2000		
607.	Lerche, Peter	1928	1958		2016
608.	Lewinski, Kai von	1970	2010		
609.	Lienbacher, Georg	1961	2001		
610.	Liermann, Hans	1893	1927/49		1976
611.	Lindner, Josef Franz	1966	2004		
612.	Link, Christoph	1933	1970		
613.	Linke, Tobias	1970	2014		
614.	Lipphardt, Hanns-Rudolf	1934	1977	2012	
615.	Listl, Joseph	1929	1977		2013
616.	Loewenstein, Karl	1891	1931/–		1973
617.	Lohse, Eva Julia	1979	2015		
618.	Lorenz, Dieter	1938	1972		
619.	Lorz, Ralph Alexander	1965	2000		
620.	Losch, Bernhard	1942	1992	2018	
621.	Loschelder, Wolfgang	1940	1981		2013
622.	Löwer, Wolfgang	1946	1984		
623.	Lübbe-Wolff, Gertrude	1953	1987		
624.	Luchterhandt, Otto	1943	1986		
625.	Lücke, Jörg	1944	1988		2002
626.	Lüdemann, Jörn	1970	2016		
627.	Ludwigs, Markus	1976	2012		
628.	Lühmann, Hans	1961	2003		
629.	Lukas, Josef	1875	1922		1929
630.	Luther, Jörg	1959	2010		2020
631.	Mächler, August	1954	2002		
632.	Magen, Stefan	1966	2010		
633.	Mager, Ute	1962	2002		
634.	Magiera, Siegfried	1941	1978		
635.	Mahlmann, Matthias	1966	2005		
636.	Majer, Diemut	1938	1985		
637.	Mallmann, Walter	1908	1957		1982
638.	Mangold, Anna Katharina	1977	2016		
639.	Mangoldt, Hans von	1940	1973		
640.	Mangoldt, Hermann von	1895	1949		1953
641.	Mann, Thomas	1963	2001		

Nr.	*Name*	*Geburt*	*Eintritt*	*Austritt*	*Tod*
642.	Manssen, Gerrit	1959	1993		
643.	Mantl, Wolfgang	1939	1975		
644.	Marauhn, Thilo	1963	2000		
645.	Marcic, René	1919	1965		1971
646.	Marko, Joseph	1955	1995		
647.	Markus, Till	1975	2020		
648.	Marsch, Nikolaus	1977	2017		
649.	Marschall von Bieberstein, Fritz Freiherr	1883	1922		1939
650.	Martens, Wolfgang	1934	1968		1985
651.	Marti, Arnold	1951	2001		
652.	Marti, Hans	1915	1960		2003
653.	Martinez y Soria, José	1968	2004		
654.	Martini, Mario	1969	2007		
655.	Marxsen, Christian	1981	2021		
656.	März, Wolfgang	1955	1996		
657.	Masing, Johannes	1959	1997		
658.	Mastronardi, Philippe Andrea	1946	2004	2012	
659.	Mathis, Klaus	1967	2019		
660.	Matz-Lück, Nele	1973	2017		
661.	Maunz, Theodor	1901	1949		1993
662.	Maurer, Hartmut	1931	1965		
663.	Mayer, Franz	1920	1959		1977
664.	Mayer, Franz C.	1968	2006		
665.	Mayer, Heinz	1946	1979	1986	
666.	Mayer, Otto	1846	1924		1924
667.	Mayer-Tasch, Peter Cornelius	1938	1971		
668.	Mayrhofer, Michael	1975	2015		
669.	Meder, Walter	1904	1951		1986
670.	Meessen, Karl Matthias	1939	1973		2015
671.	Mehde, Veith	1969	2005		
672.	Meinel, Florian	1981	2018		
673.	Meinzolt, Hans	1887	1949		1967
674.	Meissner, Boris	1915	1965		2003
675.	Melichar, Erwin	1913	1957		2000
676.	Meng, Werner	1948	1993		2016

Nr.	*Name*	*Geburt*	*Eintritt*	*Austritt*	*Tod*
677.	Menger, Christian-Friedrich	1915	1952		2007
678.	Menzel, Adolf	1857	1924		1938
679.	Menzel, Eberhard	1911	1949		1979
680.	Menzel, Jörg	1965	2008		2016
681.	Merk, Friedrich Wilhelm Georg	1887	1929		1970
682.	Merkl, Adolf	1890	1924/49		1970
683.	Merli, Franz	1958	1995		
684.	Merten, Detlef	1937	1972		
685.	Meßerschmidt, Klaus	1953	1999		
686.	Meyer, Ernst Wilhelm	1892	1949	1966	1969
687.	Meyer, Hans	1933	1971		
688.	Meyer, Stephan	1971	2011		
689.	Meyn, Karl-Ulrich	1939	1980		
690.	Michael, Lothar	1968	2002		
691.	Mirbt, Hermann	1891	1922/49		1968
692.	Moeckli, Daniel	1970	2014		
693.	Möllers, Christoph	1969	2004		
694.	Morgenthaler, Gerd	1962	1999		
695.	Morlok, Martin	1949	1991		
696.	Morscher, Siegbert	1939	1973		
697.	Mosler, Hermann	1912	1949		2001
698.	Mößle, Wilhelm	1940	1980		2002
699.	Mössner, Jörg Manfred	1941	1987	2008	
700.	Möstl, Markus	1969	2002		
701.	Muckel, Stefan	1961	1996		
702.	Mückl, Stefan	1970	2005		
703.	Müller, Andreas Th.	1977	2016		
704.	Müller, Bernhard	1973	2011		
705.	Müller, Friedrich	1938	1969	1989	
706.	Müller, Georg	1942	1978		
707.	Müller, Jörg Paul	1938	1970		
708.	Müller, Markus	1960	2013		
709.	Müller, Thomas	1977	2016		
710.	Müller-Franken, Sebastian	1963	2003		
711.	Müller-Terpitz, Ralf	1967	2005		
712.	Müller-Volbehr, Jörg	1936	1975		2010

Nr.	*Name*	*Geburt*	*Eintritt*	*Austritt*	*Tod*
713.	Münch, Fritz	1906	1956		1995
714.	Münch, Ingo von	1932	1963		
715.	Münkler, Laura	1985	2020		
716.	Murswiek, Dietrich	1948	1984		
717.	Musil, Andreas	1971	2005		
718.	Mußgnug, Reinhard	1935	1970		
719.	Mutius, Albert von	1942	1974		
720.	Muzak, Gerhard	1969	2016		
721.	Naumann, Richard	1906	1949		1978
722.	Nawiasky, Hans	1880	1922/49		1961
723.	Nettesheim, Martin	1964	2000		
724.	Neumann, Volker	1947	1992		
725.	Neuwiem, Ernst	1889	1922		1943
726.	Nicolaysen, Gert	1931	1973		2016
727.	Niedobitek, Matthias	1961	2000		
728.	Nierhaus, Michael	1943	1988		
729.	Nolte, Georg	1959	1998		
730.	Nolte, Jakob	1974	2013		
731.	Nolte, Martin	1967	2004		
732.	Novak, Richard	1939	1968		
733.	Nowak, Carsten	1965	2008		
734.	Nowrot, Karsten	1971	2013		
735.	Nußberger, Angelika	1963	2002		
736.	Obermayer, Klaus	1916	1958		1988
737.	Oberndorfer, Peter	1942	1971	2000	
738.	Oebbecke, Janbernd	1950	1986		
739.	Oesch, Matthias	1972	2013		
740.	Oeschey, Rudolf	1879	1924		1944
741.	Oeter, Stefan	1958	1997		
742.	Ogorek, Markus	1974	2013		
743.	Ohler, Christoph	1967	2005		
744.	Öhlinger, Theo	1939	1973		
745.	Oldiges, Martin	1940	1978		2016
746.	Olshausen, Henning von	1941	1977		2002
747.	Oppermann, Thomas	1931	1967		2019
748.	Ossenbühl, Fritz	1934	1968		

Nr.	*Name*	*Geburt*	*Eintritt*	*Austritt*	*Tod*
749.	Osterloh, Lerke	1944	1989		
750.	Pabel, Katharina	1969	2010		
751.	Pabst, Heinz-Joachim	1965	2006		
752.	Pache, Eckhard	1961	2001		
753.	Palm, Ulrich Eugen	1969	2012		
754.	Papier, Hans-Jürgen	1943	1973		
755.	Partsch, Karl Josef	1914	1953		1996
756.	Pauger, Dietmar	1941	1995	2007	
757.	Paulus, Andreas	1968	2006		
758.	Pauly, Walter	1960	1993		
759.	Payandeh, Mehrdad	1978	2016		
760.	Pechstein, Matthias	1958	1994		
761.	Peine, Franz-Joseph	1946	1983		2021
762.	Perels, Kurt	1878	1922		1933
763.	Pernice, Ingolf	1950	1988		
764.	Pernthaler, Peter	1935	1965	2006	
765.	Perthold-Stoitzner, Bettina	1961	2017		
766.	Pesendorfer, Wolfgang	1949	1996	2007	
767.	Pestalozza, Christian Graf von	1938	1973		
768.	Peters, Anne	1964	2001		
769.	Peters, Birgit	1978	2019		
770.	Peters, Hans	1896	1926/49		1966
771.	Petersen, Niels	1978	2014		
772.	Petersmann, Ernst-Ulrich	1945	1991	2005	
773.	Petz, Rudolf	1904	1966		1970
774.	Peuker, Enrico	1982	2019		
775.	Pfeifer, Helfried	1896	1953		1970
776.	Pielow, Johann-Christian	1957	1998		
777.	Pieper, Stefan Ulrich	1959	2001		
778.	Pieroth, Bodo	1945	1980		
779.	Pietzcker, Jost	1945	1978		
780.	Pilniok, Arne	1978	2021		
781.	Piloty, Robert	1863	1924		1926
782.	Pirker, Benedikt	1983	2017		
783.	Pirker, Jürgen	1985	2021		
784.	Pirson, Dietrich	1929	1963		2021

Nr.	*Name*	*Geburt*	*Eintritt*	*Austritt*	*Tod*
785.	Pitschas, Rainer	1944	1988		
786.	Pöcker, Markus	1968	2006	2014	
787.	Podlech, Adalbert	1929	1969	1994	2017
788.	Pohl, Heinrich	1883	1924		1931
789.	Poier, Klaus	1969	2020		
790.	Polzin, Monika	1977	2017		
791.	Poscher, Ralf	1962	2002		
792.	Pöschl, Magdalena	1970	2004		
793.	Potacs, Michael	1958	1991		
794.	Preuß, Hugo	1860	1922		1925
795.	Preuß, Ulrich K.	1939	1995		
796.	Proelß, Alexander	1973	2010		
797.	Puhl, Thomas	1955	1995		
798.	Pünder, Hermann	1966	2002		
799.	Pürgy, Erich	1975	2018		
800.	Puttler, Adelheid	1957	1999		
801.	Püttner, Günter	1936	1969		
802.	Quaritsch, Helmut	1930	1965		2011
803.	Rack, Reinhard	1945	1977	2008	
804.	Ramsauer, Ulrich	1948	2001		
805.	Randelzhofer, Albrecht	1938	1973		
806.	Raschauer, Bernhard	1948	1979		2019
807.	Raschauer, Nicolas	1976	2009		
808.	Rasenack, Christian A. L.	1938	1973		
809.	Rauschning, Dietrich	1931	1969		
810.	Redlich, Josef	1869	1924		1936
811.	Reich, Johannes	1975	2018		
812.	Reimer, Ekkehart	1969	2005		
813.	Reimer, Franz	1971	2007		
814.	Reimer, Philipp	1982	2015		
815.	Reinhardt, Michael	1961	1996		
816.	Remmert, Barbara	1964	2002		
817.	Rengeling, Hans-Werner	1938	1976		
818.	Rensmann, Thilo	1963	2006		
819.	Ress, Georg	1935	1976		
820.	Rhinow, René	1942	1978		

Nr.	*Name*	*Geburt*	*Eintritt*	*Austritt*	*Tod*
821.	Richter, Dagmar	1961	2002		
822.	Richter, Lutz	1891	1924		1945
823.	Ridder, Helmut	1919	1950	1981	2007
824.	Riedel, Eibe H.	1943	1984		
825.	Rieker, Karl	1857	1922		1927
826.	Rill, Heinz Peter	1935	1971		2015
827.	Ringhofer, Kurt	1926	1968	1992	1993
828.	Rinken, Alfred	1935	1995		
829.	Ritterbusch, Paul	1900	1929		1945
830.	Rixen, Stephan	1967	2004		
831.	Robbers, Gerhard	1950	1987		
832.	Röben, Volker	1965	2006		
833.	Rodi, Michael	1958	1998		
834.	Roellecke, Gerd	1927	1967		2011
835.	Röger, Ralf	1964	2000		
836.	Röhl, Hans Christian	1964	2002		
837.	Ronellenfitsch, Michael	1945	1981		
838.	Rosenthal, Eduard	1853	1924		1926
839.	Rossen-Stadtfeld, Helge	1955	1998		
840.	Rossi, Matthias	1968	2004		
841.	Roth, Wolfgang	1962	2000		
842.	Rothenbücher, Karl	1880	1924		1932
843.	Rozek, Jochen	1960	1996		
844.	Ruch, Alexander	1944	1992		
845.	Ruck, Erwin	1882	1924/–		1972
846.	Rudolf, Walter	1931	1965		2020
847.	Ruffert, Matthias	1966	2001		
848.	Rüfner, Wolfgang	1933	1966		
849.	Rühl, Ulli F.H.	1954	1998		
850.	Rühland, Curt	1891	1949		1987
851.	Ruland, Franz	1942	1979		
852.	Rumpf, Helmut	1915	1951		1986
853.	Rupp, Hans Heinrich	1926	1963		2020
854.	Ruppert, Stefan	1971	2012		
855.	Ruthig, Josef	1965	2001		
856.	Rütsche, Bernhard	1970	2009		

Nr.	*Name*	*Geburt*	*Eintritt*	*Austritt*	*Tod*
857.	Rux, Johannes	1967	2007		
858.	Sachs, Michael	1951	1985		
859.	Sacksofsky, Ute	1960	1999		
860.	Saladin, Peter	1935	1970		1997
861.	Salzwedel, Jürgen	1929	1961	2012	2020
862.	Sander, Fritz	1889	1931		1939
863.	Sarcevic, Edin	1958	2003		
864.	Sartorius, Carl Friedrich	1865	1922		1945
865.	Sasse, Christoph	1930	1973		1979
866.	Sattler, Andreas	1931	1967		2010
867.	Sauer, Heiko	1976	2014		
868.	Saurer, Johannes	1975	2011		
869.	Saxer, Urs	1957	2000		
870.	Schachtschneider, Karl Albrecht	1940	1986		
871.	Schack, Friedrich	1886	1949		1978
872.	Schaefer, Jan Philipp	1977	2013		
873.	Schäffer, Heinz	1941	1971		2008
874.	Schaks, Nils	1978	2021		
875.	Schambeck, Herbert	1934	1979		
876.	Schätzel, Walter	1890	1949		1961
877.	Schaumann, Wilfried	1923	1959		1971
878.	Schefer, Markus	1965	2002		
879.	Schefold, Dian	1936	1997		
880.	Schenke, Ralf Peter	1968	2004		
881.	Schenke, Wolf-Rüdiger	1941	1975		
882.	Scherer, Joachim	1953	1985		
883.	Scherzberg, Arno	1956	1998		
884.	Scheuing, Dieter H.	1941	1978		
885.	Scheuner, Ulrich	1903	1931/49		1981
886.	Schick, Walter	1933	1965		1997
887.	Schiedermair, Hartmut	1936	1974		2020
888.	Schiedermair, Stephanie	1977	2012		
889.	Schiess Rütimann, Patricia M.	1970	2019		
890.	Schiffbauer, Björn	1981	2021		
891.	Schilling, Theodor	1949	1994		
892.	Schindler, Benjamin	1971	2011		

Nr.	*Name*	*Geburt*	*Eintritt*	*Austritt*	*Tod*
893.	Schindler, Dietrich	1890	1931		1948
894.	Schindler, Dietrich	1924	1960		2018
895.	Schlacke, Sabine	1968	2007		
896.	Schladebach, Marcus	1972	2013		
897.	Schlaich, Klaus	1937	1971		2005
898.	Schlette, Volker	1961	1999	2012	
899.	Schlieffen, Katharina Gräfin von (vorm. Sobota)	1956	1995		
900.	Schliesky, Utz	1966	2003		
901.	Schlink, Bernhard	1944	1981		
902.	Schlochauer, Hans-Jürgen	1906	1949		1990
903.	Schmahl, Stefanie	1969	2004		
904.	Schmalenbach, Kirsten	1967	2003		
905.	Schmehl, Arndt	1970	2004		2015
906.	Schmid, Gerhard	1944	1981		
907.	Schmid, Karl (Carlo)	1896	1949		1979
908.	Schmid, Sebastian	1978	2018		
909.	Schmid, Viola	1960	1999		
910.	Schmidt, Reiner	1936	1971		
911.	Schmidt, Richard	1862	1922		1944
912.	Schmidt, Thorsten Ingo	1972	2005		
913.	Schmidt, Walter	1934	1968		
914.	Schmidt am Busch, Birgit	1960	2007		
915.	Schmidt-Aßmann, Eberhard	1938	1970		
916.	Schmidt-De Caluwe, Reimund	1956	1998		
917.	Schmidt-Jortzig, Edzard	1941	1977		
918.	Schmidt-Preuß, Matthias	1948	1992		
919.	Schmidt-Radefeldt, Roman	1969	2004		
920.	Schmitt, Carl	1888	1922/–		1985
921.	Schmitt Glaeser, Alexander	1964	2003		
922.	Schmitt Glaeser, Walter	1933	1968	2018	
923.	Schmitt-Kammler, Arnulf	1942	1983		
924.	Schmitz, Thomas	1960	2001		
925.	Schnapp, Friedrich E.	1938	1976		
926.	Schneider, Christian F.	1971	2014		
927.	Schneider, Hans	1912	1949		2010

Nr.	*Name*	*Geburt*	*Eintritt*	*Austritt*	*Tod*
928.	Schneider, Hans-Peter	1937	1972		2021
929.	Schneider, Jens-Peter	1963	1999		
930.	Schneider, Karsten	1975	2017		
931.	Schneider, Peter	1920	1955		2002
932.	Schnorr, Gerhard	1923	1966	1981	2004
933.	Schnur, Roman	1927	1962		1996
934.	Schöbener, Burkhard	1961	1998		
935.	Schoch, Friedrich	1952	1987		
936.	Schoen, Paul	1867	1924		1941
937.	Schoenborn, Walther	1883	1922/49		1956
938.	Scholler, Heinrich	1929	1968	2010	2015
939.	Scholz, Rupert	1937	1970		
940.	Schönberger, Christoph	1966	2005		
941.	Schönberger, Sophie-Charlotte (vorm. Lenski)	1979	2012		
942.	Schöndorf-Haubold, Bettina	1972	2015		
943.	Schorkopf, Frank	1970	2007		
944.	Schott, Markus	1971	2010		
945.	Schranil, Rudolf	1885	1926/49		1957
946.	Schröder, Meinhard	1942	1977		
947.	Schröder, Meinhard	1978	2014		
948.	Schröder, Rainer Johannes	1964	2006		
949.	Schröder, Ulrich Jan	1974	2014		
950.	Schroeder, Werner	1962	2000		
951.	Schubert, Mathias	1976	2014		
952.	Schüle, Adolf	1901	1949		1967
953.	Schuler-Harms, Margarete	1959	2004		
954.	Schulev-Steindl, Eva	1959	2004		
955.	Schulte, Martin	1959	1994		
956.	Schulz, Wolfgang	1963	2009		
957.	Schulze-Fielitz, Helmuth	1947	1986		
958.	Schuppert, Gunnar Folke	1943	1979		
959.	Schwabe, Jürgen	1937	1979	2016	
960.	Schwartmann, Rolf	1965	2004		
961.	Schwarz, Kyrill-Alexander	1968	2001		
962.	Schwarze, Jürgen	1944	1976		

Nr.	*Name*	*Geburt*	*Eintritt*	*Austritt*	*Tod*
963.	Schwarzer, Stephan	1956	1992		
964.	Schweitzer, Michael	1943	1975		
965.	Schweizer, Rainer	1943	1988		
966.	Schwerdtfeger, Angela	1980	2017		
967.	Schwerdtfeger, Gunther	1934	1971		
968.	Schwinge, Erich	1903	1951	1969	1994
969.	Scupin, Hans Ulrich	1903	1949		1990
970.	Seckelmann, Margrit	1970	2016		
971.	Seer, Roman	1960	2002		
972.	Seewald, Otfried	1942	1980		
973.	Seferovic, Goran	1977	2018		
974.	Seibert-Fohr, Anja	1969	2013		
975.	Seidel, Gerd	1943	2001	2010	
976.	Seidler, Gustav	1858	1924		1933
977.	Seidl-Hohenveldern, Ignaz	1918	1958		2001
978.	Seiler, Christian	1967	2003		
979.	Selmer, Peter	1934	1970		2022
980.	Shirvani, Foroud	1974	2009		
981.	Sieckmann, Jan-Reinhard	1960	1997		
982.	Siedentopf, Heinrich	1938	1971		2014
983.	Siegel, Thorsten	1967	2009		
984.	Siehr, Angelika	1961	2011		
985.	Siekmann, Helmut	1947	1993		
986.	Silagi, Michael	1948	1996		2013
987.	Simon, Sven	1978	2015		
988.	Simson, Werner von	1908	1965		1996
989.	Skouris, Vassilios	1948	1978		
990.	Smeddinck, Ulrich	1967	2010		
991.	Smend, Rudolf	1882	1922/49		1975
992.	Sodan, Helge	1959	1996		
993.	Soell, Hermann	1930	1969		1993
994.	Söhn, Hartmut	1938	1973		2020
995.	Somek, Alexander	1961	2001		
996.	Sommermann, Karl-Peter	1956	1996		
997.	Spanner, Hans	1908	1951		1991
998.	Spannowsky, Willy	1958	1994		

Nr.	*Name*	*Geburt*	*Eintritt*	*Austritt*	*Tod*
999.	Spiecker genannt Döhmann, Indra	1970	2007		
1000.	Spiegel, Ludwig	1864	1924		1926
1001.	Spilker, Bettina	1978	2013		
1002.	Spranger, Tade Matthias	1971	2009		
1003.	Staff, Ilse	1928	1970		2017
1004.	Stahn, Carsten	1971	2020		
1005.	Stanka, Rudolf	1898	1951		1956
1006.	Starck, Christian	1937	1969		
1007.	Starski, Paulina	1982	2020		
1008.	Steiger, Dominik	1978	2016		
1009.	Steiger, Heinhard	1933	1971		2019
1010.	Stein, Ekkehart	1932	1965		2008
1011.	Stein, Katrin	1970	2008		
1012.	Stein, Torsten	1944	1983	2012	
1013.	Steinbach, Armin	1978	2017		
1014.	Steinberg, Rudolf	1943	1978		
1015.	Steinberger, Helmut	1931	1971		2014
1016.	Steiner, Udo	1939	1972		
1017.	Steinhauer, Fabian	1970	2014	2018	
1018.	Stelkens, Ulrich	1967	2004		
1019.	Stelzer, Manfred	1958	1991		
1020.	Stender-Vorwachs, Jutta	1954	2003		2021
1021.	Stern, Klaus	1932	1961		
1022.	Stettner, Rupert	1945	1982		
1023.	Stier-Somlo, Fritz	1873	1922		1932
1024.	Stober, Rolf	1943	1979		
1025.	Stock, Martin	1933	1974		
1026.	Stödter, Rolf	1909	1949		1993
1027.	Stöger, Karl	1976	2009		
1028.	Stoll, Peter-Tobias	1959	2001		
1029.	Stolleis, Michael	1941	1973		2021
1030.	Stolzlechner, Harald	1948	1981		
1031.	Storr, Stefan	1968	2001		
1032.	Straßburger, Benjamin	1985	2020		
1033.	Streinz, Rudolf	1953	1987		
1034.	Strupp, Karl	1886	1924		1940

Nr.	Name	Geburt	Eintritt	Austritt	Tod
1035.	Stumpf, Christoph	1972	2002		
1036.	Suerbaum, Joachim	1965	2002		
1037.	Suhr, Dieter	1939	1973		1990
1038.	Suzuki, Hidemi	1959	2018		
1039.	Sydow, Gernot	1969	2004		
1040.	Talmon, Stefan	1965	2002		
1041.	Tappe, Henning	1975	2013		
1042.	Tatarin-Tarnhayden, Edgar	1882	1922/–		1966
1043.	Tettinger, Peter Josef	1947	1979		2005
1044.	Thiel, Markus	1973	2010		
1045.	Thielbörger, Pierre	1979	2021		
1046.	Thiele, Alexander	1979	2013		
1047.	Thiemann, Christian	1979	2016		
1048.	Thieme, Werner	1923	1955		2016
1049.	Thienel, Rudolf	1960	1995		
1050.	Thoma, Richard	1874	1922/49		1957
1051.	Thürer, Daniel	1945	1983		
1052.	Thurnherr, Daniela	1972	2013		
1053.	Thym, Daniel	1973	2009		
1054.	Tietje, Christian	1967	2001		
1055.	Tomuschat, Christian	1936	1970		
1056.	Towfigh, Emanuel V.	1978	2015		
1057.	Traulsen, Christian	1969	2012		
1058.	Triepel, Heinrich	1868	1922		1946
1059.	Trute, Hans-Heinrich	1952	1992		
1060.	Trzaskalik, Christoph	1943	1977		2003
1061.	Tsatsos, Dimitris Th.	1933	1969		2010
1062.	Tschentscher, Axel	1964	2004		
1063.	Uber, Giesbert	1919	1960		2006
1064.	Uebersax,Peter	1958	2009		
1065.	Uerpmann-Wittzack, Robert	1966	1999		
1066.	Uhle, Arnd	1971	2003		
1067.	Uhlmann, Felix	1969	2006		
1068.	Ule, Carl Hermann	1907	1949	1993	1999
1069.	Ullrich, Norbert	1965	2015		
1070.	Umbach, Dieter C.	1939	1988	2008	

Nr.	*Name*	*Geburt*	*Eintritt*	*Austritt*	*Tod*
1071.	Unger, Sebastian	1975	2014		
1072.	Ungern-Sternberg, Antje von	1974	2015		
1073.	Unruh, Georg Christoph von	1913	1965		2009
1074.	Unruh, Peter	1965	2001		
1075.	Vallender, Klaus	1941	1987		
1076.	Valta, Matthias	1982	2017		
1077.	Vašek, Markus	1984	2021		
1078.	Vedder, Christoph	1947	1989		
1079.	Vervier, Heinrich	1880	1924/–		1950
1080.	Vesting, Thomas	1958	1996		
1081.	Vismann, Cornelia	1961	2007		2010
1082.	Vitzthum, Wolfgang Graf	1941	1977		
1083.	Vogel, Klaus	1930	1963		2007
1084.	Vogel, Stefan	1970	2009		
1085.	Voigt, Alfred	1913	1949		1993
1086.	Volkmann, Uwe	1960	1998		
1087.	Vöneky, Silja	1969	2010		
1088.	Vosgerau, Ulrich	1974	2012		
1089.	Voßkuhle, Andreas	1963	1998		
1090.	Wacke, Gerhard	1902	1949		1976
1091.	Waechter, Kay	1954	1993		
1092.	Wagener, Frido	1926	1969		1985
1093.	Wagner, Eva Ellen	1984	2021		
1094.	Wagner, Heinz	1926	1964	2001	
1095.	Wahl, Rainer	1941	1976		
1096.	Waldecker, Ludwig	1881	1924		1946
1097.	Waldhoff, Christian	1965	2002		
1098.	Waldmann, Bernhard	1968	2004		
1099.	Wall, Heinrich de	1961	1998		
1100.	Wallerath, Maximilian	1941	1986		
1101.	Wallrabenstein, Astrid	1969	2008		
1102.	Walter, Christian	1966	2004		
1103.	Walter, Robert	1931	1963	1983	2010
1104.	Walz, Ernst	1859	1925		1941
1105.	Walz, Gustav Adolf	1897	1929		1948
1106.	Wapler, Friederike	1971	2013		

Nr.	*Name*	*Geburt*	*Eintritt*	*Austritt*	*Tod*
1107.	Warncke, Friedrich	1898	1950		1969
1108.	Weber, Albrecht	1945	1980		
1109.	Weber, Karl	1951	1988		
1110.	Weber, Teresa	1989	2022		
1111.	Weber, Werner	1904	1949		1976
1112.	Weber-Dürler, Beatrice	1944	1985		
1113.	Wegener, Bernhard W.	1965	2002		
1114.	Wehr, Matthias	1964	2004		
1115.	Wehrhahn, Herbert	1910	1954		1986
1116.	Weides, Peter	1934	1969		1991
1117.	Weiß, Norman	1964	2008		
1118.	Weiß, Wolfgang	1966	2001		
1119.	Welti, Felix	1967	2005		
1120.	Wendel, Mattias	1978	2017		
1121.	Wendt, Rudolf	1945	1983		
1122.	Wenger, Karl	1923	1970		2000
1123.	Wengler, Wilhelm	1907	1949		1995
1124.	Wenzel, Max	1882	1922/49		1967
1125.	Werner, Fritz	1906	1966		1969
1126.	Wernsmann, Rainer	1969	2003		
1127.	Wertenbruch, Wilhelm	1919	1958		1987
1128.	Weschpfennig, Armin von	1982	2020		
1129.	Wessely, Wolfgang	1970	2011		
1130.	Wiater, Patricia	1982	2019		
1131.	Wiederin, Ewald	1961	1995		
1132.	Wieland, Joachim	1951	1989		
1133.	Wielinger, Gerhart	1941	1975		
1134.	Wieser, Bernd	1963	1997		
1135.	Wildhaber, Luzius	1937	1970		2020
1136.	Wilke, Dieter	1935	1972	2018	
1137.	Will, Martin	1967	2007		
1138.	Will, Rosemarie	1949	2001		
1139.	Wilms, Heinrich	1959	1997		2010
1140.	Wimmer, Andreas W.	1981	2020		
1141.	Wimmer, Norbert	1942	1971		
1142.	Windoffer, Alexander	1972	2011		

Nr.	*Name*	*Geburt*	*Eintritt*	*Austritt*	*Tod*
1143.	Windthorst, Kay	1961	2008		
1144.	Winkler, Daniela	1976	2012		
1145.	Winkler, Günther	1929	1959		
1146.	Winkler, Markus	1966	2009		
1147.	Winkler, Roland	1971	2005		
1148.	Winter, Gerd	1943	1998		
1149.	Winterhoff, Christian	1971	2006		
1150.	Winzeler, Christoph	1956	2003		
1151.	Wischmeyer, Thomas	1983	2021		
1152.	Wißmann, Hinnerk	1971	2007		
1153.	Wittig, Peter	1937	1969		1970
1154.	Wittinger, Michaela	1969	2005		
1155.	Wittmann, Heinz	1948	1995		
1156.	Wittmayer, Leo	1876	1924		1936
1157.	Wittreck, Fabian	1968	2005		
1158.	Wolf, Joachim	1948	1992		
1159.	Wolff, Hans Julius	1898	1931/49		1976
1160.	Wolff, Heinrich Amadeus	1965	1998		
1161.	Wolff, Johanna	1980	2020		
1162.	Wolfrum, Rüdiger	1941	1981		
1163.	Wolgast, Ernst	1888	1922/49		1959
1164.	Wollenschläger, Ferdinand	1976	2010		
1165.	Wollenschläger, Michael	1946	1982		2008
1166.	Wolter, Henner	1944	1997	2013	
1167.	Wurmbrand, Norbert	1882	1928/–		1973
1168.	Würtenberger, Thomas	1943	1977		
1169.	Wutscher, Claudia	1987	2022		
1170.	Wyduckel, Dieter	1938	1994		2015
1171.	Wyss, Martin	1963	2002		
1172.	Zacher, Hans F.	1928	1962		2015
1173.	Zeh, Wolfgang	1942	1983		
1174.	Zeidler, Karl	1923	1959		1962
1175.	Zezschwitz, Friedrich von	1935	1974		
1176.	Zieger, Gottfried	1924	1968		1991
1177.	Ziegler, Andreas R.	1967	2005		
1178.	Ziekow, Jan	1960	1996		

Nr.	*Name*	*Geburt*	*Eintritt*	*Austritt*	*Tod*
1179.	Ziemske, Burkhardt	1956	1995		2001
1180.	Ziller, Jacques	1951	2011		
1181.	Zimmer, Gerhard	1941	1978	2016	
1182.	Zimmermann, Andreas	1961	1999		
1183.	Zippelius, Reinhold	1928	1962	2017	
1184.	Zitzelsberger, Heribert	1939	1991		2003
1185.	Zorn, Philipp	1850	1924		1928
1186.	Zuleeg, Manfred	1935	1968		2015

Die Vorstände der Vereinigung der Deutschen Staatsrechtslehrer 1922–2022[1]

1922–1926: *Heinrich Triepel* (Berlin); *Gerhard Anschütz* (Heidelberg); *Fritz Stier-Somlo* (Köln)
1926–1929: *Richard Thoma* (Heidelberg/Bonn); *Rudolf Smend* (Berlin); *Hans Nawiasky* (München)
1929–1933: *Carl Sartorius* (Tübingen); *Hans Kelsen* (Wien/Köln); *Otto Koellreutter* (Jena)
1949–1951: *Erich Kaufmann* (München); *Walter Jellinek* (Heidelberg); *Werner Weber* (Göttingen)
1952–1953: *Hans Julius Wolff* (Münster); *Hans Peter Ipsen* (Hamburg); *Wolfgang Abendroth* (Marburg)
1954–1955: *Hermann Jahrreiß* (Köln); *Friedrich Klein* (Münster); *Hans Schneider* (Tübingen/Heidelberg)
1956–1957: *Adolf Schüle* (Tübingen); *Karl Maria Hettlage* (Mainz); *Hans Spanner* (Graz/Erlangen)
1958–1959: *Hans Peters* (Köln); *Arnold Köttgen* (Göttingen); *Otto Bachof* (Tübingen)
1960–1961: *Ulrich Scheuner* (Bonn); *Max Imboden* (Basel); *Christian-Friedrich Menger* (Speyer)
1962–1963: *Herbert Krüger* (Hamburg); *Hans Ulrich Scupin* (Münster); *Joseph H. Kaiser* (Freiburg i. Br.)
1964–1965: *Werner Weber* (Göttingen); *Eberhard Menzel* (Kiel); *Günter Dürig* (Tübingen)
1966–1967: *Otto Bachof* (Tübingen); *Karl August Bettermann* (Berlin); *Horst Ehmke* (Freiburg i. Br.)
1968–1969: *Ernst Friesenhahn* (Bonn); *Werner Thieme* (Hamburg); *Helmut Quaritsch* (Berlin)
1970–1971: *Hans Schneider* (Heidelberg); *Hans F. Zacher* (Saarbrücken/München); *Alexander Hollerbach* (Freiburg i. Br.)
1972–1973: *Konrad Hesse* (Freiburg i. Br.); *Peter Lerche* (München); *Hans Heinrich Rupp* (Mainz)
1974–1975: *Hans Peter Ipsen* (Hamburg); *Klaus Vogel* (Heidelberg); *Fritz Ossenbühl* (Bonn)
1976–1977: *Peter Badura* (München); *Jochen Abr. Frowein* (Bielefeld); *Josef Isensee* (Bonn)
1978–1979: *Klaus Stern* (Köln); *Thomas Oppermann* (Tübingen); *Rupert Scholz* (München)
1980–1981: *Günther Winkler* (Wien); *Martin Bullinger* (Freiburg i. Br.); *Wolfgang Martens* (Hamburg)
1982–1983: *Peter Lerche* (München); *Walter Schmitt Glaeser* (Bayreuth); *Eberhard Schmidt-Aßmann* (Heidelberg)
1984–1985: *Hans Heinrich Rupp* (Mainz); *Peter Häberle* (Bayreuth); *Hans-Uwe Erichsen* (Münster)
1986–1987: *Hans F. Zacher* (München); *Martin Kriele* (Köln); *Christian Tomuschat* (Bonn)
1988–1989: *Martin Heckel* (Tübingen); *Erhard Denninger* (Frankfurt a. M.); *Christian Starck* (Göttingen)
1990–1991: *Klaus Vogel* (München); *Volkmar Götz* (Göttingen); *Hans-Jürgen Papier* (Bielefeld)

---

[1] Nicht aufgeführt sind die kooptierten Vorstandsmitglieder, deren Aufgaben und deren Status im Lauf der Vereinigungsgeschichte wechselten; durch Satzungsänderung vom 6.10.1999 sind sie Vorstandsmitglieder zur Vorbereitung der Jahrestagung ohne Stimmrecht.

Die Ortsnamen bezeichnen die Universitätszugehörigkeit während der Vorstandszeit; werden zwei Orte aufgeführt, fand während dieser Zeit ein Universitätswechsel statt.

1992–1993: *Thomas Oppermann* (Tübingen); *Hartmut Maurer* (Konstanz); *Thomas Fleiner-Gerster* (Freiburg i.Ue.)
1994–1995: *Walter Schmitt Glaeser* (Bayreuth); *Karl Korinek* (Wien); *Hans-Peter Schneider* (Hannover)
1996–1997: *Walter Rudolf* (Mainz); *Werner Hoppe* (Münster); *Eckart Klein* (Potsdam)
1998–1999: *Christian Starck* (Göttingen); *Rüdiger Breuer* (Bonn); *Daniel Thürer* (Zürich)
2000–2001: *Jochen Abr. Frowein* (Heidelberg); *Jörn Ipsen* (Osnabrück); *Hartmut Bauer* (Dresden)
2002–2003: *Gunnar Folke Schuppert* (Berlin); *Beatrice Weber-Dürler* (Zürich); *Helmuth Schulze-Fielitz* (Würzburg)
2004–2005: *Horst Dreier* (Würzburg); *Friedhelm Hufen* (Mainz); *Peter M. Huber* (München)
2006–2007: *Friedrich Schoch* (Freiburg i. Br.); *Bodo Pieroth* (Münster); *Ferdinand Kirchhof* (Tübingen)
2008–2009: *Helmuth Schulze-Fielitz* (Würzburg); *Christoph Engel* (Bonn); *Michael Holoubek* (Wien)
2010–2011: *Dirk Ehlers* (Münster); *Wolfram Höfling* (Köln); *Oliver Lepsius* (Bayreuth)
2012–2013: *Joachim Wieland* (Speyer); *Giovanni Biaggini* (Zürich); *Matthias Ruffert* (Jena)
2014–2015: *Martin Burgi* (München); *Uwe Volkmann* (Mainz/Frankfurt a. M.); *Anne Peters* (Heidelberg)
2016–2017: *Martin Morlok* (Düsseldorf); *Franz Merli* (Wien); *Matthias Jestaedt* (Freiburg i. Br.)
2018–2019: *Karl-Peter Sommermann* (Speyer); *Ute Sacksofsky* (Frankfurt a. M.); *Christian Waldhoff* (Berlin)
2020–2021: *Ewald Wiederin* (Wien); *Christian Walter* (München); *Pascale Cancik* (Osnabrück)
2022– : *Angelika Nußberger* (Köln); *Frank Schorkopf* (Göttingen); *Ekkehart Reimer* (Heidelberg)

Tagungsthemen, Tagungsorte und Tagungsberichte

<table>
<tr><td rowspan="2">Berlin
13./14.10.1922</td><td rowspan="2">Beratung der Satzung; Stellung des Staatsrechts in der Unterrichts- und Prüfungsordnung, Max Fleischmann, Carl Sartorius
Das richterliche Prüfungsrecht, Richard Thoma</td><td>Heinrich Triepel</td><td>AöR 43 (1922), 349–351</td></tr>
<tr><td>o.V.</td><td>DJZ 1922, Sp. 679 f.</td></tr>
<tr><td rowspan="2">Jena
14./15.4.1924</td><td rowspan="2">Der deutsche Föderalismus in Vergangenheit, Gegenwart und Zukunft, Gerhard Anschütz, Karl Bilfinger
Die Diktatur des Reichspräsidenten nach Art. 48 der Reichsverfassung, Carl Schmitt, Erwin Jacobi</td><td>Fritz Stier-Somlo</td><td>AöR 46 (1924), 88–105</td></tr>
<tr><td>Gerhard Lassar</td><td>DJZ 1924, Sp. 371 f.</td></tr>
<tr><td rowspan="2">Leipzig
10./11.3.1925</td><td rowspan="2">Der Schutz des öffentlichen Rechts durch ordentliche und durch Verwaltungsgerichte (Fortschritte, Rückschritte und Entwicklungstendenzen seit der Revolution), Walter Jellinek, Gerhard Lassar
Die neueste Entwicklung des Gemeindeverfassungsrechts in Deutschland, Fritz Stier-Somlo, Ludwig v. Köhler, Hans Helfritz</td><td>Fritz Stier-Somlo</td><td>AöR 48 (1925), 98–109</td></tr>
<tr><td>Lutz Richter</td><td>DJZ 1925, Sp. 569 f.</td></tr>
<tr><td rowspan="2">Münster
29./30.3.1926</td><td rowspan="2">Die Gleichheit vor dem Gesetz im Sinne des Art. 109 der Reichsverfassung, Erich Kaufmann, Hans Nawiasky
Der Einfluß des Steuerrechts auf die Begriffsbildung des öffentlichen Rechts, Albert Hensel, Ottmar Bühler</td><td>Günther Holstein</td><td>AöR 50 (1926), 1–40</td></tr>
<tr><td>Fritz Stier-Somlo</td><td>DJZ 1926, Sp. 652–656</td></tr>
<tr><td rowspan="2">München
24./25.3.1927</td><td rowspan="2">Das Recht der freien Meinungsäußerung, Karl Rothenbücher, Rudolf Smend
Der Begriff des Gesetzes in der Reichsverfassung, Hermann Heller, Max Wenzel</td><td>Albert Hensel</td><td>AöR 52 (1927), 97–121</td></tr>
<tr><td>Lutz Richter</td><td>DJZ 1927, Sp. 586 f.</td></tr>
<tr><td rowspan="2">Wien
23./24.4.1928</td><td rowspan="2">Wesen und Entwicklung der Staatsgerichtsbarkeit, Heinrich Triepel, Hans Kelsen
Überprüfung von Verwaltungsakten durch die ordentlichen Gerichte, Max Layer, Ernst v. Hippel</td><td>Lutz Richter</td><td>AöR 53 (1928), 441–459</td></tr>
<tr><td>Lutz Richter</td><td>DJZ 1928, Sp. 782 f.</td></tr>
<tr><td rowspan="2">Frankfurt
a. M.
25./26.4.1929</td><td rowspan="2">Bundesstaatliche und gliedstaatliche Rechtsordnung, Fritz Fleiner, Josef Lukas
Verwaltungsrecht der öffentlichen Anstalt, Lutz Richter, Arnold Köttgen</td><td>Hans Gerber</td><td>AöR 56 (1929), 253–286</td></tr>
<tr><td>Friedrich Giese</td><td>DJZ 1929, Sp. 691 f.</td></tr>
</table>

Halle 28./29.10.1931	Entwicklung und Reform des Beamtenrechts, *Hans Gerber, Adolf Merkl* Die Reform des Wahlrechtes, *Heinrich Pohl, Gerhard Leibholz*	Arnold Köttgen	AöR 60 (1932), 404–431
		Friedrich Giese	DJZ 1931, Sp. 1438 f.
		Ulrich Scheuner	RVBl. 1931, 934–936 (= DVBl. 1985, 952–954)
		Otto Koellreutter	ZfP 21 (1932), 472–478
Marburg 20.–22.4.1933 abgesagt	Die Reichsreform, *Willibalt Apelt, Heinrich Herrfahrdt* Die Reform des preußischen Polizeirechts, *Felix Genzmer, Hans Peters*	Ankündigung und Widerruf der Tagung	DJZ 1933, Sp. 485, 548
Heidelberg 20./21.10.1949	Kabinettsfrage und Gesetzgebungsnotstand nach dem Bonner Grundgesetz, *Walter Jellinek, Hans Schneider* Tragweite der Generalklausel im Art. 19 Abs. 4 des Bonner Grundgesetzes, *Friedrich Klein, Heinrich Herrfahrdt*	W.G. (Wilhelm Grewe)	AöR 75 (1949), 473 f.
		(Walter) Mallmann	DRZ 1949, 496 f.
		Carl Hermann Ule	DV 1949, 612 f.
		Otto Bachof	DÖV 1949, 434 f.
		o.V.	SJZ 1949, Sp. 883 f.
		Sch.	FAZ vom 2.11.1949, S. 5
München 20./21.10.1950	Die Grenzen der Verfassungsgerichtsbarkeit, *Erich Kaufmann, Martin Drath* Die Gestaltung des Polizei- und Ordnungsrechts in den Besatzungszonen Deutschlands, *Hans J. Wolff, Otto Gönnenwein*	Friedrich Klein	AöR 76 (1950/51), 483–490
		G.	DRZ 1950, 518
		Carl Hermann Ule	DVBl. 1950, 748 f.
		Theodor Maunz	NJW 1950, 900
Göttingen 18./19.10.1951	Ungeschriebenes Verfassungsrecht, *Ernst v. Hippel, Alfred Voigt* Enteignung und Sozialisierung, *Hans Peter Ipsen, Helmut K. J. Ridder*	Carl Hermann Ule	DVBl. 1951, 688 f.
		Otto Bachof	DÖV 1951, 634 f.
		M.	JZ 1951, 763 f.
Marburg 16./17.10.1952	Die staatliche Intervention im Bereich der Wirtschaft. Rechtsformen und Rechtsschutz, *Ulrich Scheuner, Adolf Schüle* Die Gegenwartslage des Staatskirchenrechts, *Werner Weber, Hans Peters*	Carl Hermann Ule	DVBl. 1952, 719–723
		Christian-Friedrich Menger	DVBl. 1952, 749–753
		Otto Bachof	DÖV 1952, 687–689
		Hans Peter Ipsen	JZ 1952, 759–761
		Herbert Wehrhahn	JZ 1952, 761–763
		Friedrich B. Sieveking	MDR 1952, 731 f.

Bonn 15./16.10.1953	Begriff und Wesen des sozialen Rechtsstaates, *Ernst Forsthoff, Otto Bachof* Die auswärtige Gewalt der Bundesrepublik, *Wilhelm Grewe, Eberhard Menzel*	Carl Hermann Ule	DVBl. 1953, 751 f.
		o.V.	DÖV 1953, 753 f.
		D./M.	JZ 1953, 707–709
		Friedrich B. Sieveking	MDR 1953, 727 f.
Tübingen 14./15.10.1954	Der deutsche Staat im Jahre 1945 und seither, *August Freiherr von der Heydte, Günter Dürig* Die Berufsbeamten und die Staatskrisen, *Richard Naumann, Hans Spanner*	(Fritz) Werner	DVBl. 1955, 16–18
		Otto Bachof	DÖV 1954, 657–659
		M.	JZ 1954, 764–766
		Friedrich B. Sieveking	MDR 1954, 720 f.
Hamburg 13./14.10.1955	Die Finanzverfassung im Rahmen der Staatsverfassung, *Karl M. Hettlage, Theodor Maunz* Verwaltung und Verwaltungsrechtsprechung, *Erich Becker, Helmut Rumpf*	Gerhard Wacke	AöR 80 (1955/56), 476–483
		Theodor Maunz	BayVBl. 1955, 272
		Werner Gross	DVBl. 1956, 83 f.
		rn.	DÖV 1955, 751 f.
		D.	JZ 1955, 761–763
		Friedrich B. Sieveking	MDR 1955, 720 f.
		o.V.	NJW 1955, 1828 f.
Mainz 11./12.10.1956	Das Gesetz als Norm und Maßnahme, *Christian-Friedrich Menger, Herbert Wehrhahn* Das besondere Gewaltverhältnis, *Herbert Krüger, Carl H. Ule*	Konrad Hesse	AöR 81 (1956), 475–483
		o.V.	BayVBl. 1956, 371
		Werner Thieme	DVBl. 1957, 13–15
		S.	DÖV 1956, 658 f.
		M./D.	JZ 1956, 776–779
		o.V.	NJW 1956, 1749
		bi.	FAZ vom 19.10.1956, S. 10
Berlin 10./11.10.1957	Parlament und Regierung im modernen Staat, *Ernst Friesenhahn, Karl J. Partsch* Die Organisationsgewalt, *Arnold Köttgen, Felix Ermacora*	Werner Thieme	AöR 82 (1957), 492–501
		(Martin) Baring	DVBl. 1958, 13–15
		S.	DÖV 1957, 821–824
		Günter Dürig/Peter Schneider	JZ 1958, 99–101
		Friedrich B. Sieveking	MDR 1957, 727 f.
		Walter Lewald	NJW 1957, 1827 f.

Wien 9./10.10.1958	Die verfassungsrechtliche Stellung der Parteien im modernen Staat, *Konrad Hesse, Gustav E. Kafka* Das Verwaltungsverfahren, *Karl A. Bettermann, Erwin Melichar*	Klaus Obermayer	AöR 84 (1959), 94–120
		o.V.	BayVBl. 1958, 370 f.
		o.V.	DVBl. 1959, 15–17
		Günther Jaenicke	DÖV 1958, 925–927
		Günter Dürig/ Walter Mallmann	JZ 1959, 291–293
		Friedrich B. Sieveking	MDR 1958, 898–900
		Walter Lewald	NJW 1959, 88 f.
Erlangen 7.–9.10.1959	Das Grundgesetz und die öffentliche Gewalt internationaler Staatengemeinschaften, *Georg Erler, Werner Thieme* Der Plan als verwaltungsrechtliches Institut, *Max Imboden, Klaus Obermayer*	Wilfried Schaumann	AöR 85 (1960), 85–95
		Franz Mayer	BayVBl. 1959, 406–408
		-r.	DÖV 1959, 853 f.
		Johann G. Reissmüller/Peter Lerche	JZ 1959, 782–784
		Friedrich B. Sieveking	MDR 1959, 986–988
		Walter Lewald	NJW 1960, 425
Köln 12.–15.10.1960	Verträge zwischen Gliedstaaten im Bundesstaat, *Hans Schneider, Wilfried Schaumann* Schranken nichthoheitlicher Verwaltung, *Walter Mallmann, Karl Zeidler*	Giesbert Uber	AöR 86 (1961), 101–121
		Klaus Stern	BayVBl. 1960, 373–375
		Klaus Stern	BayVBl. 1961, 13 f.
		Walter Tietgen	DVBl. 1961, 25–30
		Peter Lerche	DÖV 1960, 900 f.
		Dietrich Jesch/ Johann G. Reissmüller	JZ 1961, 33–36
		Friedrich B. Sieveking	MDR 1960, 992–994
		Walter Lewald	NJW 1960, 2281 f.

Freiburg i. Br. 4.–7.10.1961	Prinzipien der Verfassungsinterpretation, *Peter Schneider, Horst Ehmke* Gefährdungshaftung im öffentlichen Recht? *Günther Jaenicke, Walter Leisner*	Jürgen Salzwedel	AöR 87 (1962), 82–105
		Klaus Stern	BayVBl. 1962, 12–15
		Walter Tietgen	DVBl. 1961, 912–919
		(r)	DÖV 1961, 853 f.
		Martin Bullinger	JZ 1961, 709–711
		Friedrich B. Sieveking	MDR 1961, 997–999
		Walter Lewald	NJW 1962, 96–98
Münster 3.–6.10.1962	Föderalismus als nationales und internationales Ordnungsprinzip, *Hartwig Bülck, Peter Lerche* Die Öffentliche Sache, *Werner Weber, Klaus Stern*	Martin Bullinger	AöR 88 (1963), 81–95
		Hans F. Zacher	BayVBl. 1962, 373 f.
		Reinhold Zippelius	DVBl. 1962, 815–822
		ou.	DÖV 1962, 856–858
		Ernst-Werner Fuß	JZ 1962, 775–779
		Friedrich B. Sieveking	MDR 1963, 23–25
		Helmut Michel	NJW 1963, 96–98
Saarbrücken 9.–12.10.1963	Pressefreiheit, *Ulrich Scheuner, Roman Schnur* Staatsaufsicht in Verwaltung und Wirtschaft, *Jürgen Salzwedel, Martin Bullinger*	Hans H. Rupp	AöR 89 (1964), 242–255
		Prodromos Dagtoglou	DVBl. 1964, 17–26
		ck.	DÖV 1963, 865–867
		Otto Kimminich	JZ 1963, 769–772
		Friedrich B. Sieveking	MDR 1964, 111–113
		Walter Lewald	NJW 1964, 25 f.
Kiel 9.–12.10.1964	Bewahrung und Veränderung demokratischer und rechtsstaatlicher Verfassungsstruktur in den internationalen Gemeinschaften, *Joseph H. Kaiser, Peter Badura* Verwaltung und Schule, *Hans-Ulrich Evers, Ernst-Werner Fuß*	Heinz Wagner	AöR 89 (1964), 472–484
		Hans Schrödter/ Walter Tietgen	DVBl. 1965, 111–114 und 114–118
		dt./ou.	DÖV 1964, 803–805
		Ingo v. Münch	JZ 1964, 692–694
		Friedrich B. Sieveking	MDR 1965, 21–24
		Wilhelm Henke	NJW 1964, 2147 f.

Würzburg 6.–9.10.1965	Staat und Verbände, *Gerhard Leibholz, Günther Winkler* Gesetzgeber und Verwaltung, *Klaus Vogel, Roman Herzog*	Prodromos Dagtoglou	AöR 90 (1965), 481–497
		o.V.	BayVBl. 1965, 406 f.
		Hans Schrödter/ Walter Schick	DVBl. 1966, 138–140 und 140–142
		Walter Rudolf	DÖV 1965, 806–808
		Wilhelm Henke	JZ 1965, 776 f.
		Friedrich B. Sieveking	MDR 1966, 205–207
		Erich Küchenhoff	NJW 1966, 193 f.
Graz 12.–15.10.1966	Das Staatsoberhaupt in der parlamentarischen Demokratie, *Otto Kimminich, Peter Pernthaler* Verwaltung durch Subventionen, *Hans Peter Ipsen, Hans F. Zacher*	Hugo J. Hahn	AöR 92 (1967), 243–252
		Wilhelm Henke/ Karl Heinrich Friauf	DVBl. 1967, 142–145 und 145–149
		Martin Kriele	DÖV 1966, 821–823
		Hermann Weber	JuS 1966, 498 f.
		Hartmut Maurer	JZ 1967, 186–189
		Friedrich B. Sieveking	MDR 1967, 20–22
		Hermann Weber	NJW 1966, 2348 f.
Frankfurt a. M. 4.–7.10.1967	Die Kirchen unter dem Grundgesetz, *Martin Heckel, Alexander Hollerbach* Führung und Organisation der Streitkräfte im demokratisch-parlamentarischen Staat, *Georg Christoph v. Unruh, Helmut Quaritsch*	Thomas Oppermann	AöR 93 (1968), 384–394
		Axel Frhr. v. Campenhausen/Prodromos Dagtoglou	DVBl. 1968, 102 f. und 106–108
		Andreas Sattler	DÖV 1967, 807–809
		Hermann Weber	JuS 1968, 48 f.
		Jochen Frowein	JZ 1967, 713–716
		Friedrich B. Sieveking	MDR 1968, 292–294
		Herman Weber	NJW 1968, 584–586
		Rudolf Smend	ZevKR 13 (1967/68), 299 f.

Bochum 2.–5.10.1968	Öffentlicher Haushalt und Wirtschaft, *Karl Heinrich Friauf, Heinz Wagner* Die Stellung der Studenten in der Universität, *Hans Heinrich Rupp, Wilhelm K. Geck*	Walter Schmidt	AöR 94 (1969), 116–129
		Heinrich Scholler	BayVBl. 1969, 92 f.
		Wolfgang Rüfner	DVBl. 1969, 21–28
		Peter Wittig	DÖV 1968, 791–795
		Hermann Weber	JuS 1969, 44–46
		Fritz Ossenbühl	JZ 1968, 806–810
		Friedrich B. Sieveking	MDR 1968, 984–987
		Hermann Weber	NJW 1969, 26–28
Bern 2./3.10.1969	Das Grundrecht der Gewissensfreiheit, *Richard Bäumlin, Ernst-Wolfgang Böckenförde* Die Rechtsformen der sozialen Sicherung und das Allgemeine Verwaltungsrecht, *Wilhelm Henke, Wolfgang Rüfner*	Richard Bartlsperger	AöR 95 (1970), 126–134
		Franz-Ludwig Knemeyer	DVBl. 1970, 138–141
		Hans-Uwe Erichsen	DVBl. 1970, 166–168
		Fritz Ossenbühl	DÖV 1969, 706–708
		Hermann Weber	JuS 1970, 147 f.
		Christian Starck	JZ 1969, 802–804
		Günter Püttner	MDR 1970, 109–111
		Hermann Weber	NJW 1970, 933 f.
		Hans-Ernst Folz	ZSR 16 (1970), 129–137
Speyer 8./9.10.1970	Das demokratische Prinzip im Grundgesetz, *Werner v. Simson, Martin Kriele* Die Erfüllung von Verwaltungsaufgaben durch Private, *Fritz Ossenbühl, Hans-Ullrich Gallwas*	Heinrich Scholler	AöR 96 (1971), 85–99
		Klaus König	DVBl. 1971, 137–140
		Ferdinand O. Kopp	DVBl. 1971, 172–176
		Friedrich K. Fromme/Manfred Zuleeg	DÖV 1970, 735–739 und 739 f.
		Hermann Weber	JuS 1971, 111 f.
		Ralf Dreier	JZ 1971, 106–110
		Hermann Weber	NJW 1971, 740–742
		fr. [Friedrich Karl Fromme]	FAZ vom 14.10.1970, S. 6

Regensburg 29.9.–2.10.1971	Grundrechte im Leistungsstaat, *Wolfgang Martens, Peter Häberle* Die Dogmatik des Verwaltungsrechts vor den Gegenwartsaufgaben der Verwaltung, *Otto Bachof, Winfried Brohm*	Rupert Scholz	AöR 97 (1972), 124–139
		Heinrich Scholler	BayVBl. 1972, 66–69
		Christoph Link	DVBl. 1972, 67–72
		Hans Meyer	DVBl. 1972, 320–324
		Hans-Ernst Folz	DÖV 1971, 729–733
		Hermann Weber	JuS 1972, 353 f.
		Christian Starck	JZ 1971, 738–743
		Friedrich B. Sieveking	MDR 1972, 296–299
		Hermann Weber	NJW 1972, 1037–1039
Salzburg 4.–7.10.1972	Gemeinschaftsaufgaben im Bundesstaat, *Jochen A. Frowein, Ingo v. Münch* Partizipation an Verwaltungsentscheidungen, *Robert Walter, Walter Schmitt Glaeser*	Rolf Grawert	AöR 98 (1973), 103–114
		Walter Sandtner	BayVBl. 1973, 11–14
		Klaus Lange	DVBl. 1972, 914–917
		Udo Steiner	DVBl. 1973, 175–179
		Gunther Schwerdtfeger	DÖV 1972, 777–782
		Hermann Weber	JuS 1973, 258–260
		Peter Weides	JZ 1973, 327–333
		Friedrich B. Sieveking	MDR 1972, 1007–1009
		Hermann Weber	NJW 1973, 1113–1115

Mannheim 3.–6.10.1973	Die staatsrechtliche Stellung der Ausländer in der Bundesrepublik Deutschland, *Karl Doehring* *Josef Isensee* Vertrauensschutz im Verwaltungsrecht, *Gunter Kisker, Günter Püttner*	Christian Pestalozza	AöR 99 (1974), 111–124
		Hans-Ulrich Büchting	BayVBl. 1973, 663–665
		Hans v. Mangoldt/ Hans-Jürgen Papier	DVBl. 1974, 74–77 und 77–79
		Michael Kloepfer	DÖV 1973, 736–739
		Hermann Weber	JuS 1974, 406 f.
		Albrecht Randelzhofer	JZ 1973, 800–806
		Günther Barbey/ Friedrich B. Sieveking	MDR 1974, 116–119
		Hermann Weber	NJW 1974, 787–789
Bielefeld 2.–5.10.1974	Das parlamentarische Regierungssystem des Grundgesetzes, Anlage – Erfahrungen – Zukunftseignung, *Thomas Oppermann, Hans Meyer* Organisierte Einwirkungen auf die Verwaltung. Zur Lage der zweiten Gewalt, *Walter Schmidt, Richard Bartlsperger*	Peter Krause	AöR 100 (1975), 131–141
		Martin Stock	BayVBl. 1975, 108–111
		Paul Kirchhof	DVBl. 1975, 139–143
		Hartmut Schiedermair	DVBl. 1975, 249–254
		Eberhard Grabitz	DÖV 1974, 802–804
		Hermann Weber	JuS 1975, 265–267
		Hermann Weber	NJW 1975, 628–630
Augsburg 1.–4.10.1975	Die Bindung des Richters an Gesetz und Verfassung, *Gerd Roellecke, Christian Starck* Verwaltungsverantwortung und Verwaltungsgerichtsbarkeit, *Rupert Scholz, Eberhard Schmidt-Aßmann*	Wolfgang Hoffmann-Riem	AöR 101 (1976), 89–100
		Albrecht Randelzhofer	DVBl. 1975, 982–984
		Hans-Werner Laubinger	DVBl. 1976, 289–292
		Hans-Peter Schneider	DÖV 1975, 737–739
		Günter Erbel	JuS 1976, 341–344
		Friedrich B. Sieveking	MDR 1976, 195 f.
		Joachim Burmeister	NJW 1976, 554–556

Heidelberg 6.–9.10.1976	Unternehmen und Unternehmer in der verfassungsrechtlichen Ordnung der Wirtschaft, *Peter Saladin, Hans-Jürgen Papier* Der Schutz der Allgemeinheit und der individuellen Rechte durch die polizei- und ordnungsrechtlichen Handlungsvollmachten der Exekutive, *Hans-Uwe Erichsen, Franz-Ludwig Knemeyer*	Detlev C. Dicke	AöR 102 (1977), 264–279
		Friedrich E. Schnapp	DVBl. 1977, 30–33
		Ulrich Battis	DVBl. 1977, 243–247
		Wilfried Fiedler	DÖV 1976, 774–776
Basel 5.–8.10.1977	Der Verfassungsstaat im Geflecht der internationalen Beziehungen, *Christian Tomuschat, Reiner Schmidt* Gemeinden und Kreise vor den öffentlichen Aufgaben der Gegenwart, *Willi Blümel, Rolf Grawert*	Wolfgang Graf Vitzthum	AöR 103 (1978), 233–247
		Helmut Kalk-brenner/Franz-Ludwig Knemeyer	BayVBl. 1978, 42–47 und 47 f.
		Friedrich B. Sieveking	MDR 1978, 285–287
		Michael Bothe	NJW 1978, 27–29
Bonn 4.–7.10.1978	Verfassungstreue und Schutz der Verfassung, *Erhard Denninger, Hans H. Klein* Der öffentliche Dienst im Staat der Gegenwart, *Walter Rudolf, Frido Wagener*	Martin Oldiges	AöR 104 (1979), 299–313
		Helmut Kalkbrenner	BayVBl. 1978, 694–699 und 728–732
		Meinhard Schröder/ Helmut Lecheler	DVBl. 1978, 983–988
		Christoph Trzaskalik	JuS 1979, 74–76
		Paul Kirchhof	JZ 1978, 815–819
		Wilfried Berg	NJW 1978, 2544 f.
		Helmut Rumpf	Die Welt vom 10.10.1978, S. 29
		fr. [Friedrich Karl Fromme]	FAZ vom 18.10.1978, S. 6, vom 19.10.1978, S. 10, und vom 1.11.1978, S. 9

Berlin 3.–6.10.1979	Deutschland nach 30 Jahren Grundgesetz, *Rudolf Bernhardt, Norbert Achterberg* Staatsaufgabe Umweltschutz, *Dietrich Rauschning, Werner Hoppe* Länderberichte Österreich und Schweiz von *Karl Wenger, Luzius Wildhaber*	Peter J. Tettinger	AöR 105 (1980), 119–134
		Helmut Kalkbrenner	BayVBl. 1980, 205–208 und 237–241
		Hans-Werner Rengeling	DVBl. 1980, 45–49
		Christoph Trzaskalik	DVBl. 1980, 110–115
		Joachim Rottmann	DVBl. 1981, 439–443
		Jost Pietzcker	JuS 1980, 76–78
		Gunnar F. Schuppert	JZ 1979, 820–823
		Martin Oldiges	NJW 1980, 379–381
		fr. [Friedrich Karl Fromme]	FAZ vom 16.10.1979, S. 6
Innsbruck 1.–4.10.1980	Die Verfassungsgerichtsbarkeit im Gefüge der Staatsfunktionen, *Karl Korinek, Jörg P. Müller, Klaus Schlaich* Besteuerung und Eigentum, *Paul Kirchhof, Hans Herbert von Arnim*	Dieter Grimm	AöR 106 (1981), 115–129
		Eckart Klein/ Christoph Degenhart	DVBl. 1980, 990 f. und 994 f.
		Gunnar F. Schuppert	JZ 1980, 823–826
		Dieter H. Scheuing	NJW 1981, 324–327
		Dieter Birk	StuW 1980, 361–366
		fr. [Friedrich Karl Fromme]	FAZ vom 10.10.1980, S. 6
Trier 30.9.–3.10.1981	Gesetzgebung im Rechtsstaat, *Kurt Eichenberger, Richard Novak, Michael Kloepfer* Selbstbindungen der Verwaltung, *Dieter H. Scheuing, Wolfgang Hoffmann-Riem, Bernhard Raschauer*	Christoph Degenhart	AöR 106 (1981), 633–650
		Albrecht Weber	JZ 1981, 849–853
		Friedrich B. Sieveking	MDR 1982, 19 f.

Konstanz 6.–9.10.1982	Grundpflichten als verfassungsrechtliche Dimension, *Volkmar Götz, Hasso Hofmann* Verwaltungsverfahren zwischen Verwaltungseffizienz und Rechtsschutzauftrag, *Rainer Wahl, Jost Pietzcker*	Gunnar F. Schuppert	AöR 107 (1982), 614–629
		Victor Henle	BayVBl. 1982, 746–748
		Michael Wollenschläger	JZ 1983, 155–158
		Dirk Ehlers	NJW 1983, 19–21
Köln 28.9.–1.10.1983	Kulturauftrag im staatlichen Gemeinwesen, *Udo Steiner, Dieter Grimm* Länderberichte Österreich und Schweiz von *Norbert Wimmer, Thomas Fleiner-Gerster* Die Steuerung des Verwaltungshandelns durch Haushaltsrecht und Haushaltskontrolle, *Albert v. Mutius, Gunnar F. Schuppert*	Görg Haverkate	AöR 108 (1983), 625–644
		Paul Beinhofer	BayVBl. 1984, 42–45
		Franz-Joseph Peine	JZ 1983, 969–973
		Rudolf Wendt	NJW 1984, 780–783
Göttingen 3.–6.10.1984	Artikel 12 GG – Freiheit des Berufs und Grundrecht der Arbeit, *Hans-Peter Schneider, Helmut Lecheler* Der Verwaltungsvorbehalt, *Hartmut Maurer, Friedrich E. Schnapp*	Rudolf Steinberg	AöR 110 (1985), 255–267
		Paul Beinhofer	BayVBl. 1985, 10–14
		Jörg-Detlef Kühne	JZ 1984, 1091–1094
		Friedrich B. Sieveking	MDR 1985, 15 f.
		Reinhard Hendler	NJW 1985, 183–186
Freiburg i. Ü. 2.–5.10.1985	Parteienstaatlichkeit – Krisensymptome des demokratischen Verfassungsstaats? *Michael Stolleis, Heinz Schäffer, René A. Rhinow* Die öffentlichrechtliche Anstalt, *Klaus Lange, Rüdiger Breuer*	Hanns-Hendrik Braese	BayVBl. 1986, 7–13
		Friedrich B. Sieveking	MDR 1986, 16–18
		Franz-Joseph Peine	NJW 1986, 170–173
München 15.–18.10.1986	Verfassungsgarantie und sozialer Wandel – Das Beispiel von Ehe und Familie, *Axel Frhr. v. Campenhausen, Heinhard Steiger* Rechtsverhältnisse in der Leistungsverwaltung, *Thomas Fleiner-Gerster, Theo Öhlinger, Peter Krause*	Ferdinand Kirchhof	AöR 112 (1987), 264–278
		Hanns-Hendrik Braese	BayVBl. 1987, 198–202
		Helmut Lecheler/ Dirk Ehlers	DVBl. 1986, 905–911 und 912–922
		Philip Kunig	JZ 1987, 28–34
		Friedrich B. Sieveking	MDR 1987, 20 f.
		Alexander v. Brünneck	NJW 1987, 174 f.
		Helmut Goerlich	ZG 2 (1987), 168–174

Passau 7.–10.10.1987	Die Bedeutung gliedstaatlichen Verfassungsrechts in der Gegenwart, *Wolfgang Graf Vitzthum, Bernd-Christian Funk, Gerhard Schmid* Die Einheit der Verwaltung als Rechtsproblem, *Brun-Otto Bryde, Görg Haverkate*	Helmut Goerlich	AöR 113 (1988), 101–119
		Rudolf Mögele	BayVBl. 1988, 234–238
		Michael Sachs/ Janbernd Oebbecke	DVBl. 1987, 857–866 und 866–877
		Gerhard Robbers	JZ 1987, 1112–1114
		Dieter Dörr	NJW 1988, 33–35
		Wolfgang Zeh	ZG 3 (1988), 80–83
Tübingen 5.–8.10.1988	Der Gleichheitssatz, *Reinhold Zippelius, Georg Müller* Gesetzesgestaltung und Gesetzesanwendung im Leistungsrecht, *Reinhard Mußgnug, Friedhelm Hufen, Hermann Hill*	Gerhard Robbers	AöR 114 (1989), 113–124
		Volkhard Spilarewicz	BayVBl. 1989, 300–303 und 331–334
		Jörg Lücke	JZ 1988, 1111–1116
		Rudolf Streinz	NJW 1989, 447–449
Hannover 4.–7.10.1989	Staatszwecke im Verfassungsstaat – nach 40 Jahren Grundgesetz, *Christoph Link, Georg Ress* Die Bewältigung der wissenschaftlichen und technischen Entwicklungen durch das Verwaltungsrecht, *Jörn Ipsen, Dietrich Murswiek, Bernhard Schlink*	Christoph Vedder	AöR 115 (1990), 99–117
		Volkhard Spilarewicz	BayVBl. 1990, 394–397
		Werner Heun	JZ 1989, 1108–1113
		Helmuth Schulze-Fielitz	NJW 1990, 31–34
		Helmuth Schulze-Fielitz	StWStP 1 (1990), 223–240
Berlin 27.4.1990 Sondertagung	Deutschlands aktuelle Verfassungslage, *Jochen Abr. Frowein, Josef Isensee, Christian Tomuschat, Albrecht Randelzhofer*	Peter Badura	AöR 115 (1990), 314–328
		Volkhard Spilarewicz	BayVBl. 1990, 462–465
		Gilbert Gornig	Der Staat 1990, 371–388
		Dietrich Murswiek	JZ 1990, 682–686
		Friedrich B. Sieveking	MDR 1990, 788 f.
		Oliver Dörr/ Susanne Rublack	NJW 1990, 1894–1897

Zürich 3.–6.10.1990	Der Verfassungsstaat als Glied einer europäischen Gemeinschaft, *Helmut Steinberger, Eckart Klein, Daniel Thürer* Verwaltungsrecht als Vorgabe für Zivil- und Strafrecht, *Meinhard Schröder, Hans D. Jarass*	Joachim Wieland	AöR 116 (1991), 120–133
		Volkhard Spilarewicz	BayVBl. 1991, 297–300
		Rolf Gröschner	JZ 1990, 1064–1067
		Friedrich B. Sieveking	MDR 1991, 19f.
		Ludwig Gramlich	NJW 1990, 3186–3188
		Walter Haller	Neue Zürcher Zeitung vom 17.11.1990, S. 25
Gießen 2.–5.10.1991	Der Rechtsstaat und die Aufarbeitung der vor-rechtsstaatlichen Vergangenheit, *Christian Starck, Wilfried Berg, Bodo Pieroth* Eigentumsschutz, Sozialbindung und Enteignung bei der Nutzung von Boden und Umwelt, *Heinz P. Rill, Dirk Ehlers, Peter Hänni*	Hartmut Bauer	AöR 117 (1992), 239–258
		Volkhard Spilarewicz	BayVBl. 1992, 200–203
		Peter M. Huber	JZ 1992, 139–145
		Monika Böhm	NJW 1992, 30–32
Bayreuth 7.–10.10.1992	Grundsätze der Finanzverfassung des vereinten Deutschlands, *Peter Selmer, Ferdinand Kirchhof* Länderberichte Österreich und Schweiz von *Herbert Haller, Tobias Jaag* Verträge und Absprachen zwischen der Verwaltung und Privaten, *Joachim Burmeister, Walter Krebs* Länderberichte Frankreich, Österreich und Schweiz von *Christian J. Autexier, Johannes Hengstschläger, Rainer J. Schweizer*	Peter M. Huber	AöR 118 (1993), 289–320
		Thomas Gößl	BayVBl. 1993, 456–459 und 492–495
		Hans-Heinrich Trute	JZ 1993, 132–141
		Martin Morlok	NJW 1993, 906–909
		Wilfried Berg	ThürVBl. 1993, 106f.
Mainz 6.–9.10.1993	Europäische Union: Gefahr oder Chance für den Föderalismus in Deutschland, Österreich und der Schweiz? *Meinhard Hilf, Torsten Stein, Michael Schweitzer, Dietrich Schindler* Deutsches und europäisches Verwaltungsrecht – wechselseitige Einwirkungen, *Manfred Zuleeg, Hans-Werner Rengeling*	Rupert Stettner	AöR 119 (1994), 321–355
		Franz Dirnberger	BayVBl. 1994, 459–463 und 490–493
		Udo Di Fabio	JZ 1994, 30–33
		Friedrich B. Sieveking	MDR 1993, 1169f.

Halle 5.–8.10.1994	Erziehungsauftrag und Erziehungsmaßstab der Schule im freiheitlichen Verfassungsstaat, *Michael Bothe, Armin Dittmann* Länderberichte Österreich und Schweiz von *Wolfgang Mantl, Yvo Hangartner* Privatisierung von Verwaltungsaufgaben, *Johannes Hengstschläger, Lerke Osterloh, Hartmut Bauer* Länderbericht Schweiz von *Tobias Jaag*	Michael Brenner	AöR 120 (1995), 121–137
		Franz Dirnberger	BayVBl. 1995, 490–493 und 524–527
		Claus Dieter Classen	JZ 1995, 34–36
		Gunnar F. Schuppert	StWStP 5 (1994), 541–564
Wien 4.–7.10.1995	Bürgerverantwortung im demokratischen Verfassungsstaat, *Detlef Merten, Walter Berka, Otto Depenheuer* Kontrolle der Verwaltung durch Rechnungshöfe, *Christoph Degenhart, Helmuth Schulze-Fielitz* Länderberichte Österreich und Schweiz von *Heinz Schäffer, Alexander Ruch*	Ewald Wiederin	AöR 121 (1996), 96–113
		Erwin Lohner	BayVBl. 1996, 458–462 und 493–496
		Max-Emanuel Geis	JZ 1996, 241–245
Dresden 2.–5.10.1996	Kontrolle der auswärtigen Gewalt, *Kay Hailbronner, Rüdiger Wolfrum* Länderberichte Schweiz und Österreich von *Luzius Wildhaber, Theo Öhlinger* Verwaltung und Verwaltungsrecht zwischen gesellschaftlicher Selbstregulierung und staatlicher Steuerung, *Matthias Schmidt-Preuß, Udo Di Fabio*	Christoph Enders	AöR 122 (1997), 108–133
		Karl Hofmann	BayVBl. 1998, 394–398 und 428–431
		Udo Fink	JZ 1997, 248–251
Osnabrück 1.–4.10.1997	Der Grundrechtseingriff, *Herbert Bethge, Beatrice Weber-Dürler* Öffentlich-rechtliche Rahmenbedingungen einer Informationsordnung, *Friedrich Schoch, Hans-Heinrich Trute*	Winfried Kluth	AöR 123 (1998), 286–306
		Christian Hillgruber	JZ 1998, 31–35
Potsdam 7.–10.10.1998	Das parlamentarische Regierungssystem und der Bundesrat – Entwicklungsstand und Reformbedarf, *Rudolf Dolzer, Michael Sachs* Rechtliche Optimierungsgebote oder Rahmensetzungen für das Verwaltungshandeln? *Thomas Würtenberger, Herbert Haller, Eibe Riedel*	Johannes Dietlein	AöR 124 (1999), 87–107
		Winfried Brechmann	BayVBl. 1999, 490–492 und 528–530
		Karl-E. Hain	JZ 1999, 242–250
Heidelberg 6.–9.10.1999	Arbeitsmarkt und staatliche Lenkung, *Joachim Wieland, Christoph Engel, Thomas v. Danwitz* Staat und Religion, *Wilfried Fiedler, Gerhard Robbers, Michael Brenner*	Ute Sacksofsky	AöR 125 (2000), 280–298
		Winfried Brechmann	BayVBl. 2000, 520–525
		Volker Schlette	JZ 2000, 34–37

Leipzig 4.–6.10.2000	Die deutsche Staatsrechtslehre in der Zeit des Nationalsozialismus, *Horst Dreier, Walter Pauly* Europäisches und nationales Verfassungsrecht, *Ingolf Pernice, Peter M. Huber, Gertrude Lübbe-Wolff, Christoph Grabenwarter* Der Staat als Wirtschaftssubjekt und Auftraggeber, *Wolfgang Löwer, Thomas Puhl, Michael Holoubek*	Oliver Lepsius	AöR 126 (2001), 441–469
		Winfried Brechmann	BayVBl. 2001, 554–560
		Christine Langenfeld	JZ 2001, 185–192
Würzburg 3.–6.10.2001	Verfassungsrecht und einfaches Recht – Verfassungsgerichtsbarkeit und Fachgerichtsbarkeit, *Robert Alexy, Philip Kunig, Werner Heun, Georg Hermes* Primär- und Sekundärrechtsschutz im Öffentlichen Recht, *Wilfried Erbguth, Wolfram Höfling, Rudolf Streinz, Astrid Epiney*	Matthias Ruffert	AöR 127 (2002), 118–138
		Heinz Huber	BayVBl. 2002, 551–556
		Kyrill-A. Schwarz	JZ 2002, 84–89
St. Gallen 1.–5.10.2002	Leistungsgrenzen des Verfassungsrechts Informalisierung und Entparlamentarisierung politischer Entscheidungen als Gefährdungen der Verfassung? *Matthias Herdegen, Martin Morlok* Europäische und nationale Identität: Integration durch Verfassungsrecht? *Stefan Korioth, Armin v. Bogdandy* Öffentliche Gemeinwohlverantwortung im Wandel Beteiligung Privater an der Wahrnehmung öffentlicher Aufgaben und staatliche Verantwortung, *Markus Heintzen, Andreas Voßkuhle* Selbstverwaltung angesichts von Europäisierung und Ökonomisierung, *Janbernd Oebbecke, Martin Burgi*	Markus Möstl	AöR 128 (2003), 299–318
		Helmut Petz	BayVBl. 2003, 550–557
		Patrick Sutter	Jusletter, 28.10.2002
		Rainer Grote	JZ 2003, 510–515

Hamburg 1.–4.10.2003	Die Staatsrechtslehre und die Veränderung ihres Gegenstandes: Konsequenzen von Europäisierung und Internationalisierung, *Juliane Kokott, Thomas Vesting* Gewährleistung von Freiheit und Sicherheit im Lichte unterschiedlicher Staats- und Verfassungsverständnisse, *Winfried Brugger, Christoph Gusy* Risikosteuerung durch Verwaltungsrecht: Ermöglichung oder Begrenzung von Innovationen? *Arno Scherzberg, Oliver Lepsius* Transparente Verwaltung: Konturen eines Informationsverwaltungsrechts, *Rolf Gröschner, Johannes Masing*	Annette Guckelberger Cornelius Thum Christian Waldhoff	AöR 129 (2004), 263–281 BayVBl. 2004, 293–304 JZ 2004, 132–137
Jena 6.–9.10.2004	Der Sozialstaat in Deutschland und Europa Sozialstaatlichkeit im Spannungsfeld von Eigenverantwortung und Fürsorge, *Christoph Enders, Ewald Wiederin* Die Zukunft der sozialen Sicherungssysteme, *Rainer Pitschas, Helge Sodan* Verwaltungsrechtliche Instrumente des Sozialstaates, *Peter J. Tettinger, Jens-Peter Schneider* Diskriminierungsschutz und Privatautonomie, *Matthias Jestaedt, Gabriele Britz*	Matthias Cornils Christina Rölz Hans-Georg Dederer	AöR 130 (2005), 263–288 BayVBl. 2005, 262–270 JZ 2005, 345–351
Frankfurt a.M. 5.–8.10.2005	Kultur und Wissenschaft Kultur im Verfassungsstaat, *Karl-Peter Sommermann, Stefan Huster* Grund und Grenzen der Wissenschaftsfreiheit, *Martin Schulte, Matthias Ruffert* Die Universität im Zeichen von Ökonomisierung und Internationalisierung, *Reinhard Hendler, Ute Mager* Sprache als Kultur- und Rechtsgut, *Rainer J. Schweizer, Wolfgang Kahl*	Ansgar Hense Bettina Meermagen Arnd Uhle	AöR 131 (2006), 278–290 BayVBl. 2006, 359–367 JZ 2006, 506–512

Rostock 4.–7.10.2006	Bundesstaat und Europäische Union zwischen Konflikt und Kooperation Autonomie und Bindung der Rechtsetzung in gestuften Rechtsordnungen, *Stefan Kadelbach, Christian Tietje* Verantwortung und Effizienz in der Mehrebenenverwaltung, *Eckhard Pache, Thomas Groß* Finanzautonomie und Finanzverflechtung in gestuften Rechtsordnungen, *Christian Waldhoff, Johanna Hey* Rechtsprechungskonkurrenz zwischen nationalen Verfassungsgerichten, Europäischem Gerichtshof und Europäischem Gerichtshof für Menschenrechte, *Stefan Oeter, Franz Merli*	Ralf Müller-Terpitz Bettina Meermagen José Martinez	AöR 132 (2007), 287–302 BayVBl. 2007, 325–333 JZ 2007, 509–513
Freiburg i. Br. 3.–6.10.2007	Die Leistungsfähigkeit der Wissenschaft des Öffentlichen Rechts Verfassungsrecht zwischen normativem Anspruch und politischer Wirklichkeit, *Christian Hillgruber, Uwe Volkmann* Das Verfassungsrecht vor den Herausforderungen der Globalisierung, *Georg Nolte, Ralf Poscher* Das Verwaltungsrecht zwischen klassischem dogmatischen Verständnis und steuerungswissenschaftlichem Anspruch, *Ivo Appel, Martin Eifert* Die Entwicklung eines Internationalen Verwaltungsrechts als Aufgabe der Rechtswissenschaft, *Claus D. Classen, Giovanni Biaggini*	Frank Schorkopf Andreas Gaß Franz Reimer	AöR 132 (2007), 606–620 BayVBl. 2008, 330–339 JZ 2008, 506–508
Erlangen 1.–4.10.2008	Erosion von Verfassungsvoraussetzungen Religiöse Freiheit als Gefahr? *Ute Sacksofsky, Christoph Möllers* Soziale Gleichheit: Voraussetzung oder Aufgabe der Verfassung? *Ulrike Davy, Peter Axer* Demografischer Wandel und Generationengerechtigkeit, *Winfried Kluth, Susanne Baer* Erosion demokratischer Öffentlichkeit? *Bernd Holznagel, Hans-Detlef Horn*	Stefan Storr Karin Huber Martin Hochhuth	AöR 134 (2009), 106–119 BayVBl. 2009, 323–331 JZ 2009, 304 f.

Graz 7.–10.10.2009	Gemeinwohl durch Wettbewerb? Wettbewerb von Rechtsordnungen, *Anne Peters, Thomas Giegerich* Demokratie als Wettbewerbsordnung, *Armin Hatje, Markus Kotzur* Herstellung von Wettbewerb als Verwaltungsaufgabe, *Michael Potacs, Jens Kersten* Universitäten im Wettbewerb, *Max-Emanuel Geis, Christian Bumke*	Gregor Kirchhof Karin Huber Tade M. Spranger	AöR 135 (2010), 289–308 BayVBl. 2010, 489–500 JZ 2010, 459
Berlin 29.9.–2.10.2010	Der Schutzauftrag des Rechts Grundrechtsschutz der Privatheit, *Martin Nettesheim, Oliver Diggelmann* Knappheit und Verteilungsgerechtigkeit im Gesundheitswesen, *Joachim Lege, Thorsten Kingreen* Eigenwert des Verfahrens im Verwaltungsrecht, *Elke Gurlit, Michael Fehling* Schutz der Verbraucher durch Regulierungsrecht, *Johannes Hellermann, Wolfgang Durner*	Markus Thiel Andrej Martić Andreas Funke Helmuth Schulze-Fielitz	AöR 136 (2011), 130–146 BayVBl. 2011, 585–600 JZ 2011, 302–304 RW 1 (2010), 440–446
Münster 5.–8.10.2011	Grundsatzfragen der Rechtsetzung und Rechtsfindung Rationalitätsanforderungen an die parlamentarische Rechtsetzung im demokratischen Rechtsstaat, *Georg Lienbacher, Bernd Grzeszick* Finanzkrisen als Herausforderung der internationalen, europäischen und nationalen Rechtsetzung, *Christian Calliess, Frank Schorkopf* Höchstrichterliche Rechtsfindung und Auslegung gerichtlicher Entscheidungen, *Marion Albers, Christoph Schönberger* Rechtsetzungen der europäischen und nationalen Verwaltungen, *Ulrich Stelkens, Veith Mehde*	Robert Käß Bernhard Stüer Alexandra Kemmerer	BayVBl. 2012, 588–596 DVBl. 2011, 1530–1536 FAZ vom 2.11.2011, S. N4

Kiel 3.–6.10.2012	Repräsentative Demokratie in der Krise? Der Bürgerstatus im Lichte von Migration und europäischer Integration, *Christian Walter, Klaus F. Gärditz* Wahlrecht und Parlamentsrecht als Gelingensbedingungen repräsentativer Demokratie, *Hermann Pünder, Pascale Cancik* Elemente direkter Demokratie als Entwicklungsperspektive, *Markus Möstl, Margarete Schuler-Harms* Großvorhaben als Herausforderung für den demokratischen Rechtsstaat, *Kay Waechter, Thomas Mann*	Stefan Ruppert Hans Rötzer Julian Krüper	AöR 138 (2013), 464–480 BayVBl. 2013, 588–593 JZ 2013, 514–516
Greifswald 2.–5.10.2013	Zukunftsgestaltung durch Öffentliches Recht Der Bildungsföderalismus auf dem Prüfstand, *Bernhard Ehrenzeller, Astrid Wallrabenstein* Die künftige Ausgestaltung der bundesstaatlichen Finanzordnung, *Ulrich Haltern, Ekkehart Reimer* Dynamische Grundrechtsdogmatik von Ehe und Familie? *Monika Böhm, Michael Germann* Die Anforderungen an ein zukunftsfähiges Infrastrukturrecht, *Oliver Dörr, Hinnerk Wißmann*	Bettina Meermagen Bernhard Stüer Alexander Thiele	BayVBl. 2014, 590–596 DVBl. 2013, 1577–1583 JZ 2014, 78–81
Düsseldorf 1.–4.10.2014	Öffnung der öffentlich-rechtlichen Methode durch Internationalität und Interdisziplinarität: Erscheinungsformen, Chancen, Grenzen, *Hans C. Röhl, Andreas v. Arnauld* Dritte Gewalt im Wandel – Veränderte Anforderungen an Legitimität und Effektivität? *Fabian Wittreck, Frauke Brosius-Gersdorf* Gestaltung des demographischen Wandels als Verwaltungsaufgabe, *Jan Ziekow, Stephan Rixen* Sicherung grund- und menschenrechtlicher Standards gegenüber neuen Gefährdungen durch private und ausländische Akteure, *Thilo Marauhn, Magdalena Pöschl*	Andreas Engels Bernd Flurschütz Bernhard Stüer Christoph Bezemek	AöR 139 (2014), 596–618 BayVBl. 2015, 670–677 DVBl. 2014, 1573–1581 JZ 2015, 181–183

Speyer 7.–10.10.2015	Verfassung als Ordnungskonzept Verfassung im Nationalstaat: Von der Gesamtordnung zur europäischen Teilordnung? *Franz C. Mayer, Hans M. Heinig* Verfassung im Allgemeinen Verwaltungsrecht: Bedeutungsverlust durch Europäisierung und Emanzipation? *Lothar Michael, Ferdinand Wollenschläger* Verfassung in ausgewählten Teilrechtsordnungen: Konstitutionalisierung und Gegenbewegungen – Sicherheitsrecht/ Steuerrecht, *Bernhard W. Wegener, Christian Seiler* Verfassung im Völkerrecht: Konstitutionelle Elemente jenseits des Staates? *Axel Tschentscher, Heike Krieger*	Iris Kemmler Markus Lackermair Bernhard Stüer Carsten Bäcker	AöR 140 (2015), 626–646 BayVBl. 2016, 662–671 DVBl. 2016, 28–33 JZ 2016, 246–248
Linz 5.–8.10.2016	Grenzüberschreitungen Migration Migrationssteuerung im Mehrebenensystem, *Stephan Breitenmoser, Kerstin Odendahl* Status als Instrument des Migrationsrechts / Migrationsfolgenrecht, *Markus Krajewski, Daniel Thym* Entterritorialisierung des Öffentlichen Rechts Völker- und unionsrechtliche Anstöße zur Entterritorialisierung des Rechts, *Kirsten Schmalenbach, Jürgen Bast* Entterritorialisierung im Wirtschaftsrecht und im Kommunikationsrecht, *Arno Kahl, Matthias Cornils*	Thomas Kleinlein Katharina Lang Bernhard Stüer	AöR 142 (2017), 133–157 BayVBl. 2017, 619–629 DVBl. 2016, 1580–1586
Saarbrücken 4.–7.10.2017	Fragmentierungen Kontexte der Demokratie Parteien – Medien – Sozialstrukturen, *Indra Spiecker gen. Döhmann, Stefan Magen* Herrschaftsausübung in Arbeitsteilung, *Andreas Kley, Stephan Kirste* Fragmentierungen im Öffentlichen Recht Diskursvergleich im internationalen und nationalen Recht, *Stefan Griller, Uwe Kischel* Diskursvergleich im Verfassungs- und Verwaltungsrecht, *Olivier Jouanjan, Franz Reimer*	Mathias Hong Sven Pommer Bernhard Stüer Simon Kempny	AöR 143 (2018), 122–146 BayVBl. 2018, 660–666 DVBl. 2017, 1545–1551 JZ 2018, 197–199

Bonn 3.–6.10.2018	Gleichheit, Vielfalt, technischer Wandel Gleichheit und Vielfalt Gleichheit angesichts von Vielfalt als Gegenstand des philosophischen und des juristischen Diskurses, *Steffen Augsberg, Friederike Wapler* Rechtsanwendungsgleichheit in Mehrebenensystemen, *Wolfram Cremer, Benjamin Schindler* Rechtliche Verarbeitung des technischen und medizinischen Wandels E-Government: Ein Paradigmenwechsel in Verwaltung und Verwaltungsrecht? *Annette Guckelberger, Hanno Kube* Regulierungsauftrag für den Staat im Bereich der Fortpflanzungsmedizin? *Gernot Sydow, Angelika Siehr*	Florian Meinel Florian Jung Bernhard Stüer Michael Goldhammer	AöR 144 (2019), 133–141 BayVBl. 2019, 599–606 DVBl. 2018, 1606–1614 JZ 2019, 725–727
Marburg 9.–12.10.2019	Öffentliches Recht und Privatrecht Kategoriale Unterscheidung von Öffentlichem Recht und Privatrecht? *Alexander Somek, Julian Krüper* Verschränkungen öffentlich-rechtlicher und privatrechtlicher Regime im Verwaltungsrecht, *Klaus-Dieter Drüen, Sabine Schlacke* Wandel des Verhältnisses von Staat und Gesellschaft – Folgen für Grundrechtstheorie und Grundrechtsdogmatik, *Stefan Muckel, Sophie Schönberger* Die Rolle nicht-staatlicher Akteure bei der Entwicklung und Implementierung des Völker- und Europarechts, *Christoph Ohler, Jochen v. Bernstorff*	Rebekka Baumer Bernhard Stüer Enrico Peuker	BayVBl. 2020, 597–605 DVBl. 2019, 1525–1532 JZ 2020, 457–459
Wien 9.4.2021 Sondertagung	Staat und Gesellschaft in der Pandemie Relationale Freiheit. Grundrechte in der Pandemie, *Anna Katharina Mangold* Verwaltungsrecht der vulnerablen Gesellschaft, *Stephan Rixen* Demokratie im Notstand? Rechtliche und epistemische Bedingungen der Krisenresistenz der Demokratie, *Matthias Mahlmann* Europa und die Pandemie. Zuständigkeitsdefizite und Kooperationszwänge, *Andreas Th. Müller*	Bernhard Stüer	DVBl. 2021, 851–856

Mannheim 6.–9.10.2021	Machtverschiebungen Regieren: Staatliche Systeme im Umbruch? *Angelika Nußberger* Regieren: Global Governance auf dem Rückzug? *Philipp Dann* Die Organisation politischer Willensbildung: Parteien, *Anna-Bettina Kaiser* Die Organisation politischer Willensbildung: Parlamente, *Mehrdad Payandeh* Neutralität als Verfassungsgebot? Der Staat und religiöse oder weltanschauliche Überzeugungen, *Markus Müller* Neutralität als Verfassungsgebot? Die Exekutive und der politische Prozess, *Michael Droege* Prävention durch Verwaltungsrecht: Klimaschutz, *Claudio Franzius* Prävention durch Verwaltungsrecht: Sicherheit, *Heinrich Amadeus Wolff*	Bernhard Stüer	DVBl. 2021, 1549–1554
		Joachim Lege	RW 12 (2021), 432–438

Autorinnen und Autoren

Giovanni Biaggini, Prof. Dr. iur., Lehrstuhl für Staats-, Verwaltungs- und Europarecht, Universität Zürich

Pascale Cancik, Prof. Dr. iur., Institut für Staats-, Verwaltungs- und Wirtschaftsrecht, Universität Osnabrück

Ulrike Davy, Prof. Dr. iur., Lehrstuhl für öffentliches Recht, deutsches und internationales Sozialrecht, Rechtsvergleichung, Universität Bielefeld; Visiting Professor, Faculty of Law, University of Johannesburg

Udo Di Fabio, Prof. Dr. iur. Dr. rer.pol., Institut für Öffentliches Recht, Abteilung Staatsrecht, Rheinische Friedrich-Wilhelms-Universität Bonn

Horst Dreier, Prof. em. Dr. iur., Julius-Maximilians-Universität Würzburg

Bardo Fassbender, Prof. Dr. iur., LL.M. (Yale), Lehrstuhl für Völkerrecht, Europarecht und Öffentliches Recht, Universität St. Gallen

Michel Fromont, Prof. em. Dr. iur. Dr. h.c. mult., Universität Paris I Panthéon-Sorbonne

Klaus Ferdinand Gärditz, Prof. Dr. iur., Institut für Öffentliches Recht, Rheinische Friedrich-Wilhelms-Universität Bonn

Aurore Gaillet, Prof. Dr. iur., Universität Toulouse I Capitole

Frieder Günther, Dr. phil., Institut für Zeitgeschichte, München-Berlin

Christoph Gusy, Prof. Dr., Lehrstuhl für Öffentliches Recht, Staatslehre und Verfassungsgeschichte, Universität Bielefeld

Matthias Jestaedt, Prof. Dr. iur., Institut für Staatswissenschaft und Rechtsphilosophie, Albert-Ludwigs-Universität Freiburg i. Br.

Anna-Bettina Kaiser, Prof. Dr. iur., LL.M. (Cambridge), Lehrstuhl für Öffentliches Recht und Grundlagen des Rechts, Humboldt-Universität zu Berlin

Marcel Kau, Privatdozent Dr. iur., Fachbereich Rechtswissenschaft Universität, Konstanz

Jens Kersten, Prof. Dr. iur., Lehrstuhl für Öffentliches Recht und Verwaltungswissenschaften, Ludwig-Maximilians-Universität München

Andreas Kley, Prof. Dr. rer. publ., Lehrstuhl für öffentliches Recht, Verfassungsgeschichte sowie Staats- und Rechtsphilosophie, Universität Zürich

Julian Krüper, Prof. Dr. iur., Lehrstuhl für Öffentliches Recht, Verfassungstheorie und interdisziplinäre Rechtsforschung, Ruhr-Universität Bochum

Oliver Lepsius, Prof. Dr. iur., LL.M. (Chicago), Lehrstuhl für Öffentliches Recht und Verfassungstheorie, Westfälische Wilhelm-Universität Münster

Anna Katharina Mangold, Prof. Dr. iur., LL.M. (Cambridge), Abteilung Europa- und Völkerrecht, Europa-Universität Flensburg

Florian Meinel, Prof. Dr. iur., Lehrstuhl für Staatstheorie, Politische Wissenschaften und Vergleichendes Staatsrecht, Georg-August-Universität Göttingen

Franz Merli, Prof. Dr. iur., Institut für Staats- und Verwaltungsrecht, Universität Wien

Christoph Möllers, Prof. Dr. iur., LL.M. (Chicago), Lehrstuhl für Öffentliches Recht, insbesondere Verfassungsrecht und Rechtsphilosophie, Humboldt-Universität zu Berlin

Hermann Pünder, Prof. Dr. iur., LL.M. (Iowa), Lehrstuhl für Öffentliches Recht (einschließlich Europarecht), Verwaltungswissenschaft und Rechtsvergleichung, Bucerius-Law-School Hamburg

Ekkehart Reimer, Prof. Dr. iur., Lehrstuhl für Öffentliches Recht, Europäisches und Internationales Steuerrecht, Ruprecht-Karls-Universität Heidelberg

Franz Reimer, Prof. Dr. iur., Lehrstuhl für Öffentliches Recht und Rechtstheorie, Justus-Liebig-Universität Gießen

Ute Sacksofsky, Prof. Dr. iur. Dr. h.c., M.P.A. (Harvard), Lehrstuhl für Öffentliches Recht und Rechtsvergleichung, Goethe-Universität Frankfurt a.M.

Jan Philipp Schaefer, Privatdozent Dr. iur., Juristische Fakultät Ruprecht-Karls-Universität Heidelberg/Ludwig-Maximilians-Universität München

Benjamin Schindler, Prof. Dr. iur., MJur. (Oxon), Lehrstuhl für Öffentliches Recht, Universität St. Gallen

Christoph Schönberger, Prof. Dr. iur., Seminar für Staatsphilosophie und Rechtspolitik, Universität zu Köln

Friedrich Schoch, Prof. em. Dr. iur., Albert-Ludwigs-Universität Freiburg i.Br.

Helmuth Schulze-Fielitz, Prof. em. Dr. iur., Julius-Maximilians-Universität Würzburg

Margrit Seckelmann, Prof. Dr. iur., Leibniz-Universität Hannover

Atsushi Takada, Prof. Dr. iur., Universität Osaka

Jan Thiessen, Prof. Dr. iur., Lehrstuhl für Bürgerliches Recht, Juristische Zeitgeschichte und Wirtschaftsrechtsgeschichte, Humboldt-Universität zu Berlin

Christian Waldhoff, Prof. Dr. iur., Lehrstuhl für Öffentliches Recht und Finanzrecht, Humboldt-Universität zu Berlin

Ewald Wiederin, Prof. Dr. iur., Lehrstuhl für Öffentliches Recht, Universität Wien

Hinnerk Wißmann, Prof. Dr. iur., Kommunalwissenschaftliches Institut, Westfälische Wilhelms-Universität Münster

Reinhard Zimmermann, Prof. Dr. iur. Dr. h.c. mult., Max-Planck-Institut für ausländisches und internationales Privatrecht Hamburg

Bildquellennachweise

S. 5: Brandenburgisches Landesamt für Denkmalpflege und Archäologisches Landesamt, Zossen

S. 6: Brandenburgisches Landesamt für Denkmalpflege und Archäologisches Landesamt, Zossen

S. 8/9: Vereinigung der Deutschen Staatsrechtslehrer e.V., Heidelberg

S. 13: Verlag Duncker & Humblot, Berlin

Fototafel nach S. 28: Tagung Münster 1926: Friedrich Smend, Göttingen

S. 50/51: Vereinigung der Deutschen Staatsrechtslehrer e.V., Heidelberg

S. 53: Vereinigung der Deutschen Staatsrechtslehrer e.V., Heidelberg

S. 79: Schleswig-Holsteinische Landesbibliothek, Kiel

S. 81: Universitätsarchiv Bonn

S. 83: Getty images

S. 124: Fachbereich Rechtswissenschaft der Universität Hamburg

Fototafel nach S. 156: Tagung Bonn 2018: Barbara Fromman, Bonn

S. 186/187: Vereinigung der Deutschen Staatsrechtslehrer e.V., Heidelberg

S. 237: Peter Ivankovics, Graz

S. 801: Joachim Nocke, Hannover

Personenregister[1]

Abelein, Manfred 845, 1035
Abendroth, Wolfgang 89, 90, 105 f., 107, 110, 155, 392 Fn. 70 und 72, 591 Fn. 19, 708 Fn. 87, 717, 734 ff., 736, 773 Fn. 56, 839, 848, 877, 1035, 1069
Achatz, Markus 253 Fn. 32, 422 Fn. 170
Achterberg, Norbert 127 Fn. 21 und 23, 128 Fn. 25, 129 Fn. 33, 131 Fn. 40, 134 Fn. 52, 135, 394 Fn. 80, 400 Fn. 142, 458, 462, 527, 529, 559, 575 Fn. 49, 890 Fn. 86, 1006 Fn. 90, 1035, 1081
Ackerman, Bruce 182 Fn. 184
Adamovich, Ludwig, sen. 247 f., 835, 840, 848, 853, 861, 1035
Adamovich, Ludwig K., jun. 132 Fn. 42, 250, 267 Fn. 148, 858, 861, 1035
Adenauer, Konrad 84, 549 Fn. 19, 846
Adler, Franz 247 f., 831, 1035
Adorno, Theodor W. 735
Albers, Marion 165 Fn. 67, 348 Fn. 164, 469, 659 Fn. 332, 784 Fn. 116, 808, 1035, 1089
Albig, Torsten 159
Alexy, Robert 146 Fn. 115, 442, 599, 1035, 1086
Alleweldt, Ralf 1035
Altwicker, Tilmann 1035
Anderheiden, Michael 1035
Anschütz, Gerhard 7, 22, 24, 32, 33, 34, 45, 47, 55, 192 Fn. 35, 210 Fn. 157, 308, 355 ff., 374 Fn. 37, 437 Fn. 17, 470, 481, 570, 833 f., 838, 873, 975 Fn. 14, 1035, 1069, 1071
Antoniolli, Walter 249, 254, 255 Fn. 47, 262 Fn. 122, 849, 853, 1035
Anzinger, Heribert 422 Fn. 173
Apelt, Willibalt 48, 77 f., 525, 591, 699, 832, 834, 839, 841, 877, 1035, 1072
Appel, Ivo 165 Fn. 66, 475, 616 Fn. 53, 645 Fn. 254, 677 f., 684 Fn. 24, 690 Fn. 67, 691 Fn. 83, 782 Fn. 107, 830, 1007 Fn. 97, 1035, 1088
Arendt, Hannah 62
Armbruster, Hubert 90, 848, 1035
Arnauld, Andreas von 165 Fn. 68, 292 Fn. 138, 451, 476, 578 Fn. 71 f., 613 Fn. 37, 764 Fn. 34, 783, 1022 Fn. 228, 1035, 1090
Arndt, Adolf 704, 707, 785
Arndt, Hans-Wolfgang 1422 Fn. 172, 035
Arnim, Hans Herbert von 133 Fn. 48, 135 Fn. 58, 137, 140 Fn. 86, 141 Fn. 89, 142 Fn. 94, 144 Fn. 106, 145 Fn. 111, 148 Fn. 125, 196 Fn. 72, 393 Fn. 73, 399, 408 f., 421, 435 Fn. 10, 441, 444 Fn. 28, 445, 749, 857, 913 Fn. 18, 1035, 1081
Arnold, Rainer 1035
Asai, Kiyoshi 910 Fn. 6
Aschke, Manfred 1035
Auer, Andreas 288 Fn. 111
Augsberg, Ino 1035
Augsberg, Steffen 165 Fn. 70, 443, 493, 826 Fn. 137, 1035, 1092
Augspurg, Anita 797
Aulehner, Josef 1035
Aust, Helmut Philipp 1035
Autexier, Christian 473, 689 Fn. 55, 1286 Fn. 89, 035, 1084
Axer, Peter 398 Fn. 120, 399 Fn. 132, 400 Fn. 142, 423 Fn. 176, 435 Fn. 11, 442, 1035, 1088

Baade, Hans 1035
Bachmann, Gregor 816
Bachof, Otto 108, 111, 127, 128 Fn. 27, 129 Fn. 29 und 33, 131 Fn. 38 und 40, 132, 134 Fn. 50, 135 Fn. 61, 136 Fn. 63 und 65, 138 Fn. 71 und 74, 139 Fn. 77 und 79, 141 Fn. 89 und 91, 142 Fn. 97, 143 Fn. 101, 144 Fn. 104

[1] In das Personenregister wurden alle Eigennamen im Haupttext und im Anhang sowie Erwähnungen als Primärquelle in den Fußnoten aufgenommen; nicht berücksichtigt sind Autorinnen und Autoren von Sekundärliteratur.

und 106, 145 Fn. 111, 148 Fn. 129, 149 Fn. 132 und 134, 168, 195 Fn. 65, 204, 292 Fn. 139, 392 Fn. 69 und 71 f., 393, 394 Fn. 83 und 86 f., 395, 399 Fn. 123, 400 Fn. 142, 423 Fn. 176, 461, 472, 611 Fn. 21, 619 Fn. 77, 620 Fn. 82, 621 Fn. 92, 622 Fn. 95, 630 Fn. 146, 669, 672 ff., 700, 703, 719 ff. Fn. 168 ff., 730, 739, 744, 777 Fn. 81, 848, 1035, 1069, 1073, 1078
Bäcker, Carsten 1035
Bäcker, Matthias 957 Fn. 36, 1036
Bader Ginsburg, Ruth 487
Badura, Peter 125, 127 Fn. 23, 129 Fn. 33, 130 Fn. 36, 131 Fn. 38 und 40, 132 Fn. 42, 133 Fn. 48, 134 Fn. 54, 135 Fn. 58 und 61, 136 Fn. 63 und 65, 137 Fn. 67, 138 Fn. 71 und 74, 139 Fn. 79, 140 Fn. 84, 141 Fn. 89, 142 Fn. 97, 145 Fn. 108, 146 Fn. 118, 147 Fn. 120, 148 Fn. 125, 149 Fn. 132 und 134, 317, 318 Fn. 72, 328 Fn. 24, 331, 348 Fn. 168, 392 Fn. 69, 461, 506, 511, 555 ff., 559 Fn. 103, 580 Fn. 82, 622 Fn. 95, 623 Fn. 99, 625 Fn. 113, 632 Fn. 158, 778, 889,1036, 1069, 1075
Baer, Susanne 163 Fn. 51, 398 Fn. 119, 464, 804, 808, 810, 827 Fn. 140, 860, 1001 Fn. 44, 1036, 1088
Baldus, Manfred 860, 1036
Barbey, Günther 132 Fn. 42, 136 Fn. 63, 1036
Barczak, Tristan 1036
Barfuß, Walter 250, 1036
Bartlsperger, Richard 130, 131 Fn. 38, 132 Fn. 42, 135 Fn. 58, 136 Fn. 63, 138 Fn. 74, 146 Fn. 115, 472, 612 Fn. 28, 635 Fn. 187, 777 Fn. 84, 1036, 1079
Bast, Jürgen 477, 1036, 1091
Battis, Ulrich 133 Fn. 48, 138 Fn. 74, 139 Fn. 79, 141 Fn. 91, 142 Fn. 94, 143 Fn. 101, 146 Fn. 118, 778 Fn. 88, 1036
Bauer, Hartmut 155 Fn. 19, 197 Fn. 81, 467, 563, 650 Fn. 280, 655 Fn. 307, 956 Fn. 29, 1036, 1070, 1085
Baumeister, Peter 1036
Baumgartner, Gerhard 1036
Bäumlin, Richard 280, 287 Fn. 100, 435 Fn. 11, 441, 853, 1036, 1077
Baur, Fritz 922, 927
Bausback, Winfried 860, 1036
Bayer, Hermann-Wilfried 135 Fn. 61, 137 Fn. 67, 142 Fn. 97, 144 Fn. 104, 145 Fn. 108, 148 Fn. 125, 740 Fn. 40, 1036
Beaucaump, Guy 1036
Beck, Hermann 977 Fn. 33
Becker, Carl Heinrich 27
Becker, Enno 427
Becker, Erich 69, 70, 392 Fn. 69, 394 Fn. 85 ff., 399 Fn. 123, 402, 465, 622 Fn. 93, 1036, 1073
Becker, Florian 1036
Becker, Joachim 1036
Becker, Jürgen 1036
Becker, Ulrich 1036
Beckmesser, Sixtus 1006
Belser, Eva Maria 1036
Benz, Arthur 678
Berber, Friedrich 84 f., 87
Berchtold, Klaus 250, 300 Fn. 198, 858, 861, 1036
Berg, Wilfried 134 Fn. 50 und 54, 139 Fn. 77, 142 Fn. 97, 144 Fn. 106, 148, 155 Fn. 19, 196 Fn. 73, 467, 857, 1036, 1084
Berger, Ariane 1036
Bergstraesser, Arnold 202
Berka, Walter 143 Fn. 99, 252 Fn. 26, 256, 260, 285 Fn. 87, 300 Fn. 198, 399 Fn. 130, 467, 863, 1036, 1085
Bernatzik, Edmund 291 Fn. 134
Bernhardt, Rudolf 134 Fn. 52, 135, 466, 527 ff., 535, 559, 575, 855, 890 Fn. 86, 1036, 1081
Bernstorff, Jochen von 179 Fn. 169, 477, 579 Fn. 75, 903 Fn. 36, 1036, 1092
Bethge, Herbert 295 Fn. 161, 435 Fn. 11, 442, 1036, 1085
Bettermann, Karl-August 128 Fn. 27, 132 Fn. 42, 136 Fn. 65, 139 Fn. 79, 148 Fn. 125, 154, 193, 461, 611 Fn. 21, 626 Fn. 120, 684 Fn. 24, 692 Fn. 97, 720 Fn. 177, 721, 853, 1036, 1069, 1074
Beusch, Michael 686 Fn. 28, 862, 1036
Beyerlin, Ulrich 1036
Bezemek, Christoph 1036
Biaggini, Giovanni 281, 299 Fn. 186, 475, 647 Fn. 264, 689 Fn. 44, 692 Fn. 104, 1036, 1070, 1088
Bickenbach, Christian 616 Fn. 56, 1036
Bieber, Roland 1037
Biedenkopf, Kurt H. 740 Fn. 40, 926 Fn. 41
Biehler, Gernot 626 Fn. 119, 1037
Bilfinger, Carl (Karl) 47 f., 55, 82, 84, 192 Fn. 35, 210 Fn. 157, 355 ff., 374 Fn. 37, 470, 568, 575 f., 699 Fn. 10, 834, 975 Fn. 14, 1037, 1071

Binder, Bruno 252 Fn. 26, 1037
Bindschedler-Robert, Denise 815 Fn. 89
Birk, Dieter 996 Fn. 3, 1037
Bisaz, Corsin 1037
Blanke, Hermann-Josef 1037
Blankenagel, Alexander 1037
Bleckmann, Albert 1037
Blüm, Norbert 396
Blümel, Willi 128 Fn. 27, 129 Fn. 33, 131 Fn. 38, 134, 136 Fn. 63, 472, 636 Fn. 189, 662 Fn. 351, 683 Fn. 16, 1037, 1080
Blume, Wilhelm von 24
Blumenstein-Steiner, Irene 299 Fn. 189, 804 Fn. 38, 815
Blumenwitz, Dieter 147 Fn. 120, 531, 1037
Bock, Wolfgang 516, 1037
Böckenförde, Ernst-Wolfgang 123 Fn. 4, 127 Fn. 21, 129 Fn. 29 und 33, 130 Fn. 36, 131 Fn. 38, 135 Fn. 56 und 61, 136 Fn. 65, 139 Fn. 77, 140 Fn. 84, 143 Fn. 99, 145 Fn. 108, 199, 300, 334, 351 Fn. 185, 435 Fn. 11, 441, 444 Fn. 28, 445, 447 Fn. 50 f., 457 f., 529, 741, 746, 776, 852, 855 f., 1011 Fn. 130, 1037, 1077
Böckstiegel, Karl-Heinz 1037
Boehmer, Gustav 927
Bogdandy, Armin von 296 Fn. 172, 318 Fn. 77, 463, 557, 1037, 1086
Bogs, Harald 1037
Böhm, Franz 704, 707
Böhm, Monika 164 Fn. 56, 442, 452, 459 f., 803 Fn. 32, 804, 808, 823 Fn. 118, 860, 1037, 1090
Böhmert, Viktor 69, 1037
Bohne, Eberhard 1037
Böll, Heinrich 852
Bommer, Felix 962 Fn. 71
Borght, Richard van der 384 f.
Bornhak, Conrad 384, 1037
Borowski, Martin 1037
Bothe, Michael 134 Fn. 52, 135 Fn. 61, 143 Fn. 101, 146 Fn. 115 und 118, 147 Fn. 120, 441, 685 Fn. 24, 1037, 1085
Bötticher, Eduard 927
Bourdieu, Pierre 236, 239, 998, 1031
Boysen, Sigrid 1037
Bracher, Karl-Dietrich 735
Brandner, Thilo 1037
Brandt, Edmund 1037
Brandt, Willy 851, 854
Braun Binder, Nadja 1037
Brauneck, Anne-Eva 960
Brecht, Arnold 770 Fn. 46, 834
Bredt, Johann Viktor 32
Breining-Kaufmann, Christine 299 Fn. 186
Breitenmoser, Stephan 287 Fn. 95, 453 Fn. 63, 465, 575 Fn. 51, 647 Fn. 265, 685 Fn. 24, 1037, 1091
Brender, Nikolaus 207
Brenner, Michael 164 Fn. 59, 442, 509 ff., 517, 1037, 1085
Breuer, Marten 1037
Breuer, Rüdiger 134 Fn. 50 und 54, 135 Fn. 58, 136 Fn. 63, 137 Fn. 67, 138 Fn. 74, 139 Fn. 77 und 79, 140 Fn. 86, 141 Fn. 91, 142, 143 Fn. 101, 144 Fn. 106, 145 Fn. 111, 146 Fn. 118, 148 Fn. 125, 149 Fn. 132, 462, 625 Fn. 112, 631 Fn. 153, 645 Fn. 245, 658 Fn. 329, 682 Fn. 9, 1037, 1070, 1082
Brie, Siegfried 568, 570, 1037
Brill, Hermann Louis 90, 92, 99, 103, 107, 700 Fn. 16, 702, 709, 834, 839, 842 f., 845, 1037
Brinktrine, Ralf 1037
Britz, Gabriele 435 Fn. 10, 442, 444 Fn. 29, 446, 447 Fn. 50, 493, 804, 807, 810, 825 Fn. 134, 859 f., 1001 Fn. 44, 1037, 1087
Brockhausen, Karl 247
Broemel, Roland 1037
Brohm, Winfried 119, 127, 128 Fn. 25 und 27, 131 Fn. 38, 134 Fn. 52 und 54, 138 Fn. 74, 140 Fn. 84 und 86, 146 Fn. 115 und 118, 147 Fn. 120, 176, 472, 613 Fn. 29, 630 Fn. 146, 635 Fn. 185, 672 f., 677, 678 Fn. 81, 757 Fn. 12, 777, 793 Fn. 155, 1037, 1078
Bröhmer, Jürgen 1038
Brosius-Gersdorf, Frauke 465, 808, 823 Fn. 121, 860, 1038, 1090
Brugger, Winfried 463, 1038, 1087
Brühl-Moser, Denise 1038
Brunhöber, Beatrice 953 Fn. 11
Brüning, Christoph 860, 1038
Brünneck, Alexander von 855, 1038
Brünner, Christian 250 f., 857, 1038
Brunner, Georg 1038
Bruns, Viktor 568, 833, 1038
Bryde, Brun-Otto 140 Fn. 84, 144, 146 Fn. 118, 467, 600 Fn. 64, 601 Fn. 69, 625 Fn. 110, 638 Fn. 203, 859 f., 1038, 1083
Bühler, Ottmar 55, 90, 405 ff., 428, 470, 1038, 1071
Bülck, Hartwig 362, 378 Fn. 58, 466, 554, 573, 575 Fn. 51, 576, 579 Fn. 74, 848, 1038, 1075

Bull, Hans Peter 130 Fn. 36, 133 Fn. 48, 135 Fn. 56 und 58, 138 Fn. 71, 140 Fn. 86, 142 Fn. 94, 652 Fn. 291, 678 Fn. 81, 852, 1038
Bullinger, Martin 127 Fn. 23, 128 Fn. 27, 131 Fn. 38, 134 Fn. 50 und 54, 136 Fn. 65, 138 Fn. 74, 139 Fn. 77 und 79, 146 Fn. 118, 148 Fn. 125, 199, 472, 511, 609 Fn. 7, 611 Fn. 17, 651 Fn. 282, 658 Fn. 327, 885 Fn. 59, 1038, 1069, 1075
Bulmahn, Edelgard 1021 Fn. 215
Bultmann, Peter Friedrich 1038
Bumke, Christian 464, 685 Fn. 24, 1038, 1089
Bungenberg, Marc 1038
Burchard, Christoph 957 Fn. 36
Buresch, Karl 840
Burgi, Martin 181, 645 Fn. 250, 475, 661 Fn. 343, 678 Fn. 81, 682 Fn. 9, 683 Fn. 16, 685 Fn. 24, 946 Fn. 148, 947 Fn. 151, 1038, 1070, 1086
Burkert, Herbert 1038
Burmeister, Joachim 133 Fn. 48, 134 Fn. 54, 135 Fn. 58, 136 Fn. 65, 138 Fn. 71 und 74, 142 Fn. 97, 143 Fn. 101, 146 Fn. 115, 147 Fn. 120, 467, 625 Fn. 113, 956 Fn. 29, 1038, 1084
Burri, Thomas 1038
Bußjäger, Peter 300 Fn. 198, 861, 863, 1038
Butzer, Hermann 860, 1038
Bydlinski, Franz 932 Fn. 70

Caemmerer, Ernst von 928, 933
Calker, Fritz van 275 Fn. 14, 955
Calker, Wilhelm van 275 Fn. 14, 1038
Calliess, Christian 164 Fn. 54, 469, 659 Fn. 332, 418, 1038, 1089
Campenhausen, Axel Frhr. von 143, 395, 420 Fn. 158, 435 Fn. 10, 441, 459, 487 Fn. 49, 494, 803 Fn. 32, 1038, 1082
Canaris, Claus Wilhelm 932 Fn. 70, 933
Cancik, Pascale 155, 207 Fn. 146, 328 Fn. 22, 336, 340, 342 Fn. 132 f., 349 Fn. 177, 351 Fn. 188 f., 352 Fn. 192, 476, 616 Fn. 55, 662 Fn. 349, 791 Fn. 150, 792, 808 f., 1038, 1070, 1090
Capitant, David 908, 1038
Carré de Malberg, Raymond 10 Fn. 14, 900
Carstens, Karl 123 Fn. 3, 189 Fn. 18, 221 Fn. 43, 594 Fn. 36, 851, 1003, 1038
Caspar, Johannes 1038
Classen, Claus Dieter 155 Fn. 19, 299 Fn. 186, 468, 493 Fn. 96, 511, 516, 647 Fn. 264, 655 Fn. 301, 688 Fn. 42, 691 Fn. 76, 692 Fn. 90 und 107, 860, 1038, 1088
Coelln, Christian von 1038
Coester-Waltjen, Dagmar 814, 815 Fn. 89, 934
Collin, Peter 1038
Collings, Justin 182 Fn. 184
Cohn, Ernst Joseph 705 f.
Corleone, Vito (Don) 1004
Cornils, Matthias 465, 648 Fn. 268, 693 Fn. 114, 1038, 1091
Cossalter, Philippe 907, 1038
Cremer, Hans-Joachim 1038
Cremer, Wolfram 234 Fn. 131, 372 f., 378 Fn. 55, 435 Fn. 11, 442, 444 Fn. 28, 446, 581 Fn. 93, 645 Fn. 253, 998 Fn. 22, 1039, 1092
Czybulka, Detlef 1039

Dagtoglou, Prodromos 127 Fn. 23, 136 Fn. 65, 138 Fn. 71 und 74, 139 Fn. 77 und 79, 141 Fn. 89, 1039
Dahm, Georg 55
Dahrendorf, Ralf 666
Damjanovic, Dragana 254, 1039
Dann, Philipp 478, 1039, 1093
Danwitz, Thomas von 398 Fn. 115, 463, 863, 1039, 1085
Dauner-Lieb, Barbara 814, 930 Fn. 57 f.
Davy, Benjamin 252 Fn. 26, 1039
Davy, Ulrike 252 Fn. 28, 253, 257, 398 Fn. 120, 400 Fn. 142, 423 Fn. 176, 435 Fn. 11, 442, 804, 807, 1039, 1088
Decken, Kerstin von der 1039
Dederer, Hans-Georg 1039
Degenhart, Christoph 286 Fn. 88, 413 f., 474, 683 Fn. 18, 685 Fn. 24, 781, 857, 1039, 1085
Deiters, Mark 962 Fn. 71
Delbanco, Heike 1039
Delbrück, Jost 128 Fn. 27, 134 Fn. 52, 135 Fn. 56, 1039
Denninger, Erhard 128 Fn. 27, 132 Fn. 42, 134, 135 Fn. 56, 139 Fn. 71, 141 Fn. 91, 142 Fn. 97, 144 Fn. 106, 145 Fn. 108, 146 Fn. 115, 462, 492, 736, 745, 748 f., 857, 891 Fn. 90, 1039, 1069, 1080
Depenheuer, Otto 399 Fn. 123, 467, 1039, 1085
Desens, Marc 422 Fn. 172, 1039
Determann, Lothar 1039
Dethloff, Nina 934

Detterbeck, Steffen 860, 1039
Di Fabio, Udo 651 Fn. 283, 399 Fn. 130, 400 Fn. 136, 468, 676, 856, 860, 888, 1039, 1085
Dicke, Detlev Christian 133 Fn. 48, 134 Fn. 52, 142 Fn. 94, 147 Fn. 123, 287 Fn. 97, 289 Fn. 112, 447 Fn. 50, 858, 1039
Dietlein, Johannes 1039
Dietz, Andreas 1039
Dietz, Rolf 921 Fn. 9, 922 ff.
Diggelmann, Oliver 287 Fn. 100, 435 Fn. 11, 442, 453 Fn. 63, 574 Fn. 44, 1039, 1089
Dittmann, Armin 144 Fn. 104, 145 Fn. 111, 441, 1039, 1085
Dochow, Franz 404 Fn. 3, 1039
Doehring, Karl 128 f., 131 Fn. 38, 134 Fn. 52 und 54, 135 Fn. 56 und 61, 138 Fn. 71, 139 Fn. 77, 144 Fn. 104, 146 Fn. 115, 147 Fn. 120, 234 Fn. 128, 333, 341 Fn. 115, 462, 574 Fn. 44, 575 Fn. 51, 720 Fn. 177, 735 f., 749, 777 Fn. 82, 891 Fn. 89, 1039, 1079
Doering-Manteuffel, Anselm 868, 870, 878, 883
Dohna, Alexander Graf zu 1039
Doi, Takado 916 Fn. 26
Dolderer, Michael 1039
Dolzer, Rudolf 147 Fn. 120, 340, 369, 474, 574 Fn. 44, 576, 1039, 1085
Donner, André 136 Fn. 65, 598 Fn. 57
Doralt, Werner 253 Fn. 32, 422 Fn. 170
Dörr, Dieter 1039
Dörr, Oliver 469, 574 Fn. 44, 611 Fn. 17, 661 Fn. 341, 684 Fn. 24, 690 Fn. 61, 1039, 1090
Drath, Martin 69, 90, 103, 105, 107, 110, 465, 590 f., 594 Fn. 32 und 34, 773 Fn. 59, 831, 842 f., 845 f., 1039, 1072
Dreier, Horst 163, 212 Fn. 177, 474, 616 Fn. 56, 697, 728 ff., 875 Fn. 22, 959 Fn. 52 und 55, 1003 Fn. 61, 1039, 1070, 1086
Dreier, Ralf 146 Fn. 115, 1039
Droege, Michael 469, 1039, 1093
Drost, Heinrich 84
Drüen, Klaus-Dieter 166 Fn. 73, 178 Fn. 164, 179 Fn. 169, 197 Fn. 83, 420 Fn. 158, 477, 655 Fn. 308, 684 Fn. 24, 956 Fn. 29, 1040, 1092
Dürig, Günter 101, 108, 111, 127 Fn. 21, 129 Fn. 29 und 33, 131 Fn. 38 und 40, 132 Fn. 42, 135 Fn. 58, 136 Fn. 63, 189 Fn. 18, 195 Fn. 70, 199, 204, 212 Fn. 178, 333 Fn. 54, 346 Fn. 151, 347 Fn. 159, 457, 471, 520 Fn. 7, 523 ff., 575 Fn. 49, 594 Fn. 33, 611 Fn. 21, 620 Fn. 85, 667 Fn. 16, 739, 742, 745, 771, 877, 890 Fn. 86, 1040, 1069, 1073
Duguit, Léon 10 Fn. 14, 900
Dungern, Otto 247
Durner, Wolfgang 164 Fn. 53, 442, 654 Fn. 300, 1040, 1089
Dürrschmidt, Daniel 1040
Dyroff, Anton 1040

Eberhard, Harald 1040
Eberle, Carl-Eugen 1144 Fn. 106, 040
Ebers, Godehard Josef 24, 90, 99, 248, 568, 570, 839, 849, 1040
Ebert, Friedrich 832 f.
Ebsen, Ingwer 143 Fn. 99, 144 Fn. 106, 155 Fn. 19, 1040
Eckhoff, Rolf 1040
Edenharter, Andrea 1040
Egli, Patricia 1040
Ehlers, Dirk 148 f., 285 Fn. 88, 435 Fn. 11, 441, 444 Fn. 29, 446, 511, 655 Fn. 305, 687 Fn. 33, 996 Fn. 3, 1040, 1070, 1084
Ehmke, Horst 110 f., 113, 194 Fn. 58, 198, 204, 212 Fn. 178, 293 Fn. 148, 362, 461, 593 f., 611 Fn. 21, 622 Fn. 95, 629 Fn. 139, 720 Fn. 177, 737, 773 f., 793 Fn. 155, 848, 851, 879 f., 998 Fn. 18, 1040, 1069, 1075
Ehrenzeller, Bernhard 155 Fn. 19, 287 Fn. 95, 300 Fn. 198, 371 f., 375, 378 Fn. 57, 476, 863, 1040, 1090
Ehrke-Rabel, Tina 422 Fn. 170
Eichenberger, Kurt 104, 133 Fn. 50, 138, 227, 259, 279 f., 285 Fn. 87 f., 289 Fn. 112, 300, 400 Fn. 135, 466, 598 Fn. 60, 719 ff., 853 f., 913 Fn. 18, 1040, 1081
Eichenhofer, Johannes 1040
Eichler, Hermann 711 Fn. 109
Eifert, Martin 165 Fn. 66, 196, 197 Fn. 81, 475, 616 Fn. 53, 645 Fn. 254, 677, 782 Fn. 107, 1007 Fn. 97, 1009 Fn. 119, 1040, 1088
Eisenberger, Iris 254, 1040
Eisenmenger, Sven 1040
Ekardt, Felix 1040
Ekklesiandros, Julius Kyriandros 1013 Fn. 149,
Elicker, Michael 1040
Emmerich-Fritsche, Angelika 1040
Enders, Christoph 395, 398 Fn. 116, 399 Fn. 132, 401, 422 Fn. 176, 463, 1040, 1087

Engel, Christoph 342 Fn. 124, 372, 398 Fn. 115, 463, 515, 637 Fn. 193, 653 Fn. 295, 655 Fn. 307, 659 Fn. 332, 661 Fn. 342, 662 Fn. 349, 685 Fn. 24, 781, 1040, 1070, 1085
Englisch, Joachim 1422 Fn. 172, 040
Ennöckl, Daniel 1040
Ennuschat, Jörg 1040
Epiney, Astrid 197 Fn. 81, 474, 692 Fn. 105, 693 Fn. 116, 804, 807, 1040, 1086
Epping, Volker 1040
Erbel, Günter 129 Fn. 29, 1040
Erbguth, Wilfried 474, 624 Fn. 103, 685 Fn. 24, 1040, 1086
Erichsen, Hans-Uwe 133, 138 Fn. 71, 139 Fn. 77 und 79, 140 Fn. 84, 141 Fn. 91, 142 Fn. 97, 466, 610 Fn. 17, 618 Fn. 73, 1040, 1069, 1080
Erler, Georg 318 Fn. 71, 418 Fn. 133, 461, 551 ff., 578 Fn. 70, 1040, 1074
Ermacora, Felix 259, 285 Fn. 87, 339 Fn. 100, 471, 594 Fn. 35, 624 Fn. 105, 629 Fn. 138, 850, 853, 861, 1040, 1073
Ernst, Christian 1041
Errass, Christoph 1041
Eschenburg, Theodor 202 f.
Eser, Albin 962 Fn. 71
Esser, Josef 928
Evers, Hans-Ulrich 194 Fn. 56, 254, 394 Fn. 85, 461, 620 Fn. 84, 684 Fn. 24, 692 Fn. 99, 1041, 1075
Ewald, William 182 Fn. 184
Exner, Franz 843

Faber, Angela 1041
Faber, Heiko 1041
Fabius, Laurent 897
Farahat, Anuscheh 1041
Fassbender, Bardo 1041
Faßbender, Kurt 1041
Fastenrath, Ulrich 147 Fn. 123, 602 Fn. 77, 1041
Fechner, Frank 1041
Fehling, Michael 197 Fn. 84, 442, 453 Fn. 63, 627 Fn. 124, 689 Fn. 52, 693 Fn. 111, 903 Fn. 35, 1041, 1089
Feichtner, Isabel 1041
Feik, Rudolf 1041
Felgentraeger, Wilhelm 927
Felix, Dagmar 804, 1041
Fetzer, Thomas 1041
Feuerbach, Paul Johann Anselm 967 Fn. 91
Fiedler, Wilfried 144 Fn. 104 und 106, 147 Fn. 120, 164 Fn. 59, 442, 453 Fn. 63, 509, 574 Fn. 44, 1041, 1085
Finger, August 1041
Fink, Udo 1041
Finke, Jasper 1041
Fisahn, Andreas 1041
Fischer, Kristian 1041
Fischer-Lescano, Andreas 860, 1041
Fister, Mathis 1041
Fleck, Ludwik 231
Fleiner, Fritz 274, 276, 284, 286, 291, 295 f., 356 Fn. 2, 359 f., 375, 406 Fn. 19, 470, 836, 840, 1041, 1071
Fleiner(-Gerster), Thomas 131 Fn. 40, 134 Fn. 54, 136 Fn. 63, 139 Fn. 79, 140, 141 Fn. 91, 143, 144 Fn. 104 und 106, 147 Fn. 123, 149 Fn. 132, 281, 285 Fn. 87 ff., 378 Fn. 56, 466, 473, 631 Fn. 151, 685 Fn. 24, 687 Fn. 31 ff., 692 Fn. 105, 693 Fn. 112, 850, 854, 1041, 1069, 1082
Fleischmann, Max 7, 189, 197, 568, 570, 831, 833, 839, 1041, 1071
Flume, Werner 404 Fn. 3, 421, 422 Fn. 173, 925 f., 933
Folz, Hans-Ernst 1041
Folz, Hans-Peter 1041
Fontana, Sina-Vanessa 1041
Forsthoff, Ernst 70, 76, 82, 84 f., 87 ff., 96, 104 ff., 118, 195, 227, 279 ff., 284, 327 Fn. 16, 385 ff., 402, 408, 422, 423 Fn. 176, 447 Fn. 51, 471, 609 Fn. 17, 669, 699 f., 709, 718 ff., 730, 737 ff., 748, 771 f., 837, 843, 850, 890, 910 Fn. 3, 989, 1041, 1073
Fowkes, James 1041
Fraenkel, Ernst 55 f., 65 ff., 735, 750, 770 Fn. 46, 772 f.
Fraenkel-Haeberle, Cristina 1041
Frank, Götz 1041
Frankenberg, Günter 1041
Franz, Thorsten 1041
Franzius, Claudio 288 Fn. 110, 478, 642 Fn. 223, 1041, 1093
Frau, Robert 1042
Fremuth, Michael Lysander 1042
Frenzel, Eike Michael 1042
Frey, Gerhard 724
Freyer, Hans 385, 773 Fn. 57
Freytagh-Loringhoven, Axel von 32, 55, 830

Friauf, Karl Heinrich 130 Fn. 36, 131 Fn. 38, 133 Fn. 50, 137 Fn. 67, 140 Fn. 86, 149 Fn. 132, 178 Fn. 164, 352 Fn. 193, 409, 411 f., 466, 619 Fn. 75, 776, 885 Fn. 59, 1042, 1077
Frick, Verena 785
Frick, Wilhelm 834
Friedrich der Große 4
Friedman, Milton 884
Friedrich, Manfred 15
Friesenhahn, Ernst 69, 87, 99, 105, 108, 111, 113, 115 f., 136 Fn. 65, 194 Fn. 59, 204, 276, 278 ff., 340 f., 404 Fn. 3, 447 Fn. 50 f., 471, 508, 594 Fn. 36, 609 Fn. 7, 611 Fn. 21, 700, 703, 710, 723 f., 726, 741, 743 f., 846 f., 1042, 1069, 1073
Frisch, Hans (von) 247, 1042
Frister, Helmut 962 Fn. 71
Froese, Judith 1042
Fröhler, Ludwig 249, 1042
Fromme, Friedrich Karl 171
Fromont, Michel 131 Fn. 40, 133 Fn. 50, 135 Fn. 56, 141 Fn. 89, 142 Fn. 97, 198, 907, 1042
Frotscher, Werner 134 Fn. 54, 142 Fn, 94, 143 Fn. 101, 149 Fn. 132, 631 Fn. 153, 1042
Frowein, Jochen Abr. 127 Fn. 23, 128, 129 Fn. 29, 130 Fn. 36, 131 Fn. 38 und 40, 134 Fn. 52, 135 Fn. 61, 136 Fn. 65, 138 Fn. 71, 140 Fn. 84, 141 Fn. 91, 142 Fn. 94, 144 Fn. 104, 145 Fn. 108, 147, 206, 234 Fn. 126, 363 f., 472 f., 492 Fn. 89, 511, 520 Fn. 9, 534 ff., 541, 574 Fn. 44, 575 Fn. 47, 576, 638 Fn. 202, 728 ff., 740 Fn. 40, 802 Fn. 30, 821 Fn. 107, 851, 854, 856, 891 Fn. 87, 1010 Fn. 129, 1042, 1069, 1070, 1078, 1083
Frye, Bernhard 1042
Führ, Martin 1042
Funk, Bernd-Christian 133 Fn. 50, 144, 250, 257, 259, 285 Fn. 87 f., 365 f., 375, 467, 638 Fn. 202, 861, 1042, 1083
Funke, Andreas 616 Fn. 56
Furgler, Kurt 221 Fn. 43
Fürstenau, Hermann 1042
Fuß, Ernst-Werner 394 Fn. 82, 395, 461, 620 Fn. 84, 684 Fn. 24, 1042, 1075

Gächter, Thomas 1042
Gaillet, Aurore 1042
Gaitanides, Charlotte 1042
Galetta, Diana-Uriana 1042
Gall, Caroline von 1042
Gallent, Kurt 250, 1042
Gallwas, Hans-Ullrich 144 Fn. 106, 176, 234 Fn. 128, 472, 649 Fn. 276, 653 Fn. 294, 1042, 1077
Gamper, Anna 253, 1042
Gärditz, Klaus Ferdinand 160,164 Fn. 55, 166 Fn. 74, 333 ff., 401, 469, 860, 953 Fn. 11, 1042, 1090
Gassner, Wolfgang 422 Fn. 170
Gassner, Ulrich M. 1042
Gaulle, Charles de 739
Geck, Wilhelm Karl 127 Fn. 21, 134 Fn. 52, 135 Fn. 61, 441, 507, 574 Fn. 44, 662 Fn. 351, 666, 744, 776 Fn. 74, 853, 1042, 1077
Gehlen, Arnold 385, 399, 739, 773 Fn. 57
Geiler, Karl 404 Fn. 3
Geis, Max-Emanuel 155 Fn. 19, 464, 609 Fn. 6, 685 Fn. 24, 692 Fn. 94, 860, 1042, 1089
Gellermann, Martin 1042
Genscher, Hans-Dietrich 854
Genzmer, Felix 48, 55, 834, 1042, 1072
Gerber, Carl Friedrich von 673
Gerber, Hans 61, 82, 84, 210 Fn. 157, 311, 312, 435 Fn. 11, 461, 568, 620 Fn. 88, 684 Fn. 24, 838, 848, 1042, 1072
Germann, Michael 164 Fn. 56, 442, 452, 459 f., 516, 803 Fn. 32, 823 Fn. 118, 860, 1042, 1090
Germelmann, Claas Friedrich 1042
Gersdorf, Hubertus 155 Fn. 19, 655 Fn. 301, 1042
Gesell, Michael 736
Giacometti, Zaccaria 47, 288 Fn. 111, 296, 841
Giegerich, Thomas 155 Fn. 19, 164 Fn. 52, 469, 578 Fn. 72, 1042, 1089
Gierke, Otto von 976
Giese, Friedrich 24, 47, 55, 101, 192, 456, 501, 568, 570, 834, 1043
Gillich, Ines 1043
Glaser, Andreas 1043
Gleß, Sabine 962 Fn. 71
Glum, Friedrich 84, 1043
Gmelin, Hans 1043
Goebbels, Joseph 934
Goerdeler, Carl Friedrich 846
Goerlich, Helmut 141 Fn. 91, 146 Fn. 118, 738, 1043
Goldhammer, Michael 1043
Göldner, Detlef 1043
Golschmidt, James 952

Gönnenwein, Otto 471, 618 Fn. 71, 685 Fn. 24, 841, 847, 1043, 1072
Görg, Hubert 1043
Görisch, Christoph 1043
Gornig, Gilbert 1043
Götz, Volkmar 127 Fn. 23, 132 Fn. 42, 133 Fn. 48 und 50, 136 Fn. 63, 138 Fn. 74, 139, 143 Fn. 101, 146 Fn. 118, 147 Fn. 120 und 123, 148 Fn. 127, 399, 441, 534, 631 Fn. 154, 857, 1043, 1069, 1082
Grabenwarter, Christoph 252 Fn. 28, 257, 300 Fn. 198, 318 Fn. 76, 468, 861 ff., 1043, 1086
Grabitz, Eberhard 133 Fn. 48, 134 Fn. 52, 135 Fn. 56, 136 Fn. 65, 142 Fn. 94, 147 Fn. 120 und 123, 621 Fn. 92, 1043
Gramlich, Ludwig 142 Fn. 97, 145 Fn. 108 und 111, 489 Fn. 68, 1043
Gramm, Christof Gerhard 1043
Graser, Alexander 1043
Grawert, Rolf 134, 472, 662 Fn. 351, 683 Fn. 16, 1043, 1080
Greco, Luís 962 Fn. 71
Grewe, Constance 863, 908, 1043
Grewe, Wilhelm 69, 82, 96, 101, 134 Fn. 52, 142 Fn. 94, 315, 338 Fn. 91, 471, 530, 548 ff., 575 Fn. 50, 576, 591 Fn. 20, 699 Fn. 10, 844, 846, 1043, 1073
Grewlich, Klaus Werner 1043
Griebel, Jörn 1043
Grigoleit, Klaus Joachim 1043
Griller, Stefan 165 Fn. 69, 252 Fn. 26, 257, 267 Fn. 148, 469, 578 Fn. 72, 1043, 1091
Grimm, Dieter 123 Fn. 4, 135 Fn. 61, 136 Fn. 65, 138 Fn. 71, 139 Fn. 77, 140, 141 Fn. 89, 142 Fn. 94, 143 Fn. 99, 144 Fn. 104 und 106, 146 Fn. 115, 338 Fn. 93, 339 Fn. 101, 340, 366, 400 Fn. 135, 447 Fn. 50, 459, 462, 598 Fn. 57 f., 600 Fn. 68, 601 Fn. 70, 602 Fn. 78, 649 Fn. 274, 684 Fn. 24, 775, 852, 855 f., 1043, 1082
Grimm, Jakob 976
Groh, Kathrin 1043
Gröll, Florian 249, 1043
Gromitsaris, Athanasios 1043
Gröpl, Christoph 1043
Grosche, Nils 1043
Gröschner, Rolf 148 Fn. 125, 162, 163 Fn. 50, 196, Fn. 79, 463, 625 Fn. 115, 626 Fn. 118, 684 Fn. 24, 693 Fn. 110, 1043, 1087
Groß, Thomas 370 f., 379 Fn. 59, 475, 493 Fn. 96, 616 Fn. 55, 626 Fn. 117, 637 Fn. 193, 654 Fn. 299, 655 Fn. 302, 678 Fn. 81, 681 Fn. 3, 693 Fn. 108, 1043, 1088
Grote, Rainer 1043
Grundmann, Siegfried 1043
Grünhut, Max 954 Fn. 15
Grupp, Klaus 1043
Grzeszick, Bernd 226 Fn. 70, 464, 598 Fn. 61, 1044, 1089
Guckelberger, Annette 164 Fn. 57, 477, 612 Fn. 28, 662 Fn. 348, 808, 1044, 1092
Gumbel, Emil 59
Gundel, Jörg 1044
Günther, Frieder 204, 734
Gurlit, Elke 442, 627 Fn. 124, 804, 808, 811 Fn. 68, 860, 903 Fn. 35, 1044, 1089
Gürtler, Alfred 247
Gusy, Christoph 146 Fn. 118, 442, 860, 1044, 1087
Guttenberg, Karl Theodor von 172, 946, 1013 Fn. 153
Gygi, Fritz 142 Fn. 97, 854, 1044

Haack, Stefan 1044
Haacke, Hans 334
Häberle, Peter 119, 126 f., 128 Fn. 27, 130 Fn. 36, 131 Fn. 38 und 40, 132 Fn. 42, 133 Fn. 48 und 50, 134 Fn. 52 und 54, 135 Fn. 56, 58 und 61, 136 Fn. 63 und 65, 137 Fn. 67, 138 Fn. 71 und 74, 139 Fn. 77 und 79, 140 Fn. 84 und 86, 141 Fn. 89, 142 Fn. 94, 143 Fn. 99 und 101, 144 Fn. 104 und 106, 145 Fn. 108 und 111, 146 Fn. 115 und 118, 147 Fn. 120 und 123, 148 Fn. 125, 149 Fn. 132 und 134, 176, 194, 196 Fn. 74, 232 Fn. 116, 234 Fn. 128, 282, 283 Fn. 77, 285 Fn. 86, 286 Fn. 90 und 92, 287 Fn. 102, 288 Fn. 107, 290, 295 Fn. 161, 344 Fn. 142, 352 Fn. 197, 366 f., 370, 392 Fn. 70 und 72, 394 Fn. 80, 83 und 86, 399 Fn. 123, 441, 444 Fn. 28, 445, 448 Fn. 54, 457, 492, 577, 598 Fn. 56, 612 Fn. 22, 626 Fn. 119, 628 Fn. 131, 635 Fn. 182, 643 Fn. 230, 682 Fn. 9, 687 Fn. 32, 777, 802 f., 821 Fn. 107, 856, 880, 889, 994, 1004 Fn. 64, 1013, 1044, 1069, 1078
Habermas, Jürgen 735, 738
Häde, Ulrich 1044
Haedrich, Martina 155 Fn. 19, 806, 1044
Häfelin, Ulrich 1044

Hafner, Felix 1044
Hahn, Hugo J. 250, 1044
Hailbronner, Kay 135 Fn. 61, 139 Fn. 77, 147 Fn. 120, 166 Fn. 73, 318 Fn. 75, 463, 575 Fn. 50, 1012 Fn. 143, 1044, 1085
Hailbronner, Michaela 1012 Fn. 143
Hain, Karl-Eberhard 1044
Halberstam, Daniel 182 Fn. 184
Haller, Herbert 135 Fn. 56, 163 Fn. 145, 250, 257, 286 Fn. 89, 421, 473 f., 861 f., 1044, 1084, 1085
Haller, Walter 149 Fn. 130, 285 Fn. 87, 356, 1044
Haltern, Ulrich 166 Fn. 74, 371, 419, 476, 1044, 1090
Hamel, Walter 1044
Hamm-Brücher, Hildegard 169
Hammer, Felix 1044
Hammer, Stefan 1044
Haney, Gerhard 169 Fn. 91
Hangartner, Yvo 163 Fn. 45, 286 Fn. 89, 300 f. Fn. 198, 441, 687 Fn. 35, 854, 858, 863, 1044, 1085
Hänni, Julia 1044
Hänni, Peter 148 f., 285 Fn. 88, 435 Fn. 11, 441, 687 Fn. 33, 690 Fn. 58, 1044, 1084
Hanschel, Dirk 1044
Hanschmann, Felix 998 Fn. 22, 1044
Haratsch, Andreas 1044
Härtel, Ines 810, 827 Fn. 142, 860, 1001 Fn. 44, 1044
Harnack, Adolf von 24
Hartmann, Bernd J. 1044
Hartung, Fritz 961
Hartz, Peter 396
Hase, Friedhelm 1044
Hassemer, Winfried 969
Hatje, Armin 332 f., 469, 1044, 1089
Hatschek, Julius 17, 31, 830
Hauer, Andreas 252, 862, 1044
Haupt, Lucie 806
Hauriou, Maurice 10 Fn. 14, 43, 900
Haverkate, Görg 141 Fn. 89, 143 Fn. 101, 144, 145 Fn. 111, 462, 511, 625 Fn. 110, 1044, 1083
Hawelka, Friedrich 247
Hayashida, Kazuhiro 910 Fn. 6
Hayek, Friedrich August von 884
Hebeler, Timo 1044
Heck, Philipp 11
Heckel, Johannes 55, 59, 70, 71 f., 82, 84, 741, 837, 1044
Heckel, Martin 139 Fn. 77, 140 Fn. 84, 145 Fn. 108, 146 Fn. 118, 226 Fn. 69, 230 Fn. 101, 232 Fn. 118, 258 Fn. 87, 461, 489, 503 f., 511, 802 Fn. 30, 821 Fn. 107, 1044, 1069, 1076
Hecker, Jan 859, 1045
Heckmann, Dirk 860, 1045
Hedemann, Justus Wilhelm 923 f.
Hegel, Georg Wilhelm Friedrich 306, 968, 770
Heidi 297
Heinig, Hans Michael 160, 469, 516, 601 Fn. 73, 1045, 1091
Heinrich, Johannes 422 Fn. 170
Heintschel von Heinegg, Wolff 1045
Heintzen, Markus 399 Fn. 130, 463, 652 Fn. 293, 1045, 1086
Heißl, Georg 1045
Heitsch, Christian 1045
Held, Hermann 69, 70, 72, 1045
Helfritz, Hans 77 f., 82, 84, 87, 109, 470, 617 Fn. 65, 699, 1045, 1071
Hellfritz, Heinrich 59
Hellbling, Ernst Carl 128 Fn. 27, 250, 1045
Heller, Hermann 12, 24, 25, 34, 55, 247, 455, 465, 568, 588, 770 f., 831, 833 f., 839, 1045, 1071
Hellermann, Johannes 164 Fn. 53, 476, 654 Fn. 300, 1045, 1089
Hendler, Reinhard 142 Fn. 97, 144 Fn. 106, 463, 647 Fn. 263, 685 Fn. 24, 1045, 1087
Hengstschläger, Johannes 250, 256, 286 Fn. 89, 463, 473, 650 Fn. 280, 687 Fn. 35, 862, 1045, 1084, 1085
Henke, Wilhelm 394 Fn. 86, 423 Fn. 176, 462, 629 Fn. 141, 776 Fn. 76, 885 Fn. 59, 1045, 1077
Henkel, Heinrich 84
Hennis, Wilhelm 202, 735, 879
Henrich, Walter 247, 1045
Hense, Ansgar 1045
Hensel, Albert 404 Fn. 3, 405 ff., 428, 470, 1045, 1071
Henssler, Martin 930 Fn. 57 f., 934, 937 Fn. 95
Hentrich, Helmut 743
Herbst, Tobias 1045
Herdegen, Matthias 340 ff., 351, 352 Fn. 191, 468, 1045, 1086
Hermes, Georg 442, 600, 626 Fn. 119, 1045, 1086

Herrfahrdt, Heinrich 48f., 72, 115, 325, 348, 392, 402, 441, 620 Fn. 80, 623 Fn. 101, 668, 703, 772 Fn. 53, 1045, 1072
Herrmann, Christoph 1045
Herrmann, Günter 132 Fn. 42, 142 Fn. 97, 1045
Herrnritt, Rudolf 247f., 406 Fn. 19
Herz, John 107
Herzog, Roman 123 Fn. 4, 127 Fn. 21, 129 Fn. 29, 133 Fn. 50, 137 Fn. 67, 169, 193, 221 Fn. 43, 458, 461, 507, 620 Fn. 85, 622 Fn. 94, 742, 852, 855f., 859, 1003, 1045, 1076
Heselhaus, Sebastian 1045
Hesse, Konrad 110f., 113, 123 Fn. 4, 125, 127 Fn. 21, 137 Fn. 65, 200, 203f., 322, 328, 339, 341, 447 Fn. 50, 457, 461, 503ff., 598 Fn. 54, 738f., 746, 848, 852, 879f., 910 Fn. 2, 1045, 1069, 1074
Hestermeyer, Holger P. 1045
Hettich, Peter 1045
Hettlage, Karl-Maria 84, 128 Fn. 25, 393 Fn. 73, 407f., 411, 424 Fn. 183, 465, 835, 837, 846, 1069, 1073
Heun, Werner 442, 781 Fn. 100, 860, 1045, 1086
Heußner, Hermann 445
Hey, Johanna 166 Fn. 73, 371, 416f., 419, 464, 807, 1045, 1088
Heydte, August Frhr. von der 45, 94f., 194 Fn. 58, 287 Fn. 96, 471, 520 Fn. 7, 523ff., 575 Fn. 47, 622 Fn. 95, 714f., 734, 847f., 852, 877, 890 Fn. 86, 1045, 1073
Heyen, Erk Volkmar 1045
Heyer, Friedrich 1045
Heyland, Carl 1045
Hidien, Jürgen W. 1046
Hilbert, Patrick 1046
Hilf, Meinhard 144 Fn. 106, 285 Fn. 88, 367f., 474, 563, 578 Fn. 70, 1046, 1084
Hill, Hermann 145, 195 Fn. 68, 423 Fn. 176, 462, 631 Fn. 156, 856, 1046, 1083
Hillgruber, Christian 155 Fn. 19, 165 Fn. 66, 464, 516, 782 Fn. 106, 860, 1046, 1088
Himmler, Heinrich 838
Hindelang, Steffen 1046
Hippel, Ernst von 470f., 484, 617 Fn. 64, 1046, 1071, 1072
Hitler, Adolf 65, 70f., 722, 731, 834, 874
Hobbes, Thomas 170f., 998
Hobe, Stephan 1046
Hochhuth, Martin 1046
Hoegner, Wilhelm 103, 107f., 711, 833, 835, 839, 842, 845, 847, 1046
Höhn, Reinhard 87, 831
Hoffmann, Gerhard 1046
Hoffmann-Riem, Wolfgang 133 Fn. 48, 138, 140 Fn. 84 und 86, 143 Fn. 99, 145 Fn. 108 und 111, 149 Fn. 132, 176, 195 Fn. 69, 473, 491 Fn. 83, 609 Fn. 6, 626 Fn. 119, 658 Fn. 332, 676, 778, 781, 856f., 860, 888, 1009 Fn. 119, 1046, 1081
Höfling, Wolfram 230 Fn. 100, 232 Fn. 120, 446 Fn. 46, 463, 624 Fn. 103, 684 Fn. 24, 781 Fn. 100, 1046, 1070, 1086
Hofmann, Claudia Maria 1046
Hofmann, Ekkehard 1046
Hofmann, Hasso 139, 399, 441, 953 Fn. 11, 1046, 1082
Hofmann, Rainer 603 Fn. 79, 1046
Hofstätter, Christoph 1046
Hohenlohe, Diana Prinzessin zu 1046
Hohenwarter-Mayr, Daniela 422 Fn. 170
Hohmann, Harald 1046
Höhn, Ernst 1046
Hold-Ferneck, Alexander 247, 568
Hollerbach, Alexander 127 Fn. 21, 135 Fn. 61, 139 Fn. 77, 178 Fn. 165, 199, 461, 505ff., 747, 880, 1046, 1069, 1076
Hollóz, Franz 1046
Holmes, Oliver Wendell Jr. 346
Holoubek, Michael 252 Fn. 28, 255, 257, 474, 693 Fn. 115, 861f., 1046, 1070, 1086
Hölscheidt, Sven 1046
Holstein, Günther 28, 34, 40, 1046
Holzinger, Gerhard 252 Fn. 28, 858, 861f., 1046
Holznagel, Bernd 332 Fn. 45, 468, 682 Fn. 9, 1046, 1088
Holzner Thomas 1046
Hommelhoff, Peter 930 Fn. 57
Hong Mathias 1046
Honsell, Heinrich 930 Fn. 57f.
Hopkins, Nancy 822 Fn. 114
Hoppe, Werner 136, 149 Fn. 133, 194 Fn. 62f., 466, 561, 641 Fn. 219, 394 Fn. 80, 748, 1046, 1069, 1081
Horkheimer, Max 735
Horn, Hans-Detlef 332 Fn. 45, 1475, 046, 1088
Hörnle, Tatjana 957
Hornung, Gerrit 1046

Hösch, Ulrich 1046
Hotz, Reinhold 1046
Huber, Ernst Rudolf 39 f., 63 ff., 71 f., 76, 85, 87 ff., 96 ff., 108, 115, 117, 327 Fn. 16, 703 f., 708, 712 ff., 741, 831, 837, 875, 1046
Huber, Hans 130 Fn. 36, 227, 277, 285, 289 Fn. 112, 302, 362, 594 Fn. 32, 649 Fn. 276, 815, 840 f., 849, 853, 1047
Huber, Max 1012 Fn. 143
Huber, Peter M. 149 Fn. 132, 318 Fn. 76, 468, 616 Fn. 56, 860, 1001 Fn. 44, 1047, 1070, 1086
Hübner, Heinz 921 Fn. 9 und 11, 926, 936 Fn. 85
Hübner, Rudolf 1047
Hubrich, Eduard 24
Hueck, Alfred 925
Hufeld, Ulrich 1047
Hufen, Friedhelm 140 Fn. 86, 141 Fn. 91, 145, 146 Fn. 118, 148 Fn. 125, 194 Fn. 61, 195 Fn. 68, 336 Fn. 72, 372, 393 Fn. 79, 399 Fn. 133, 400 Fn. 135 und 142, 423 Fn. 176, 462, 631 Fn. 156, 682 Fn. 9, 684 Fn. 24, 860, 1047, 1070, 1083
Hugelmann, Karl Gottfried 247, 502, 1047
Hummel, David 1047
Huster, Stefan 442, 1047, 1087
Hüttemann, Rainer 422 Fn. 173
Hwang, Shu-Perng 154, 1047

Ibler, Martin 1047
Iliopoulos-Strangas, Julia 154, 1047
Imboden, Max 104, 227, 277 ff., 284 f., 290 f., 294, 466, 629 Fn. 140, 641 Fn. 220, 669 f., 719 ff., 742, 775 Fn. 69, 840, 849 f., 853, 1047, 1069, 1074
Ingold, Albert 1047
Ipsen, Hans Peter 69, 82, 124 f., 127 Fn. 23, 128 Fn. 25 und 27, 129 Fn. 33, 131 Fn. 38, 133 Fn. 48 und 50, 134 Fn. 52, 135 Fn. 56, 58 und 61, 136 Fn. 63 und 65, 137 Fn. 67, 139 Fn. 77, 140 Fn. 84, 141 Fn. 89 und 91, 143 Fn. 101, 144 Fn. 104 und 106, 145, 149 Fn. 134, 146 Fn. 118, 147 Fn. 123, 164, 167, 171, 203, 211 Fn. 166, 232 Fn. 113 und 117, 277 ff., 290, 366, 382 Fn. 2, 392 Fn. 66, 393, 394 Fn. 85 f., 395, 402, 435 Fn. 10, 441, 457, 466, 522, 554 ff., 609 Fn. 7, 611 Fn. 17 und 21, 625 Fn. 107, 629 Fn. 138, 657 Fn. 325, 669, 682 Fn. 9, 687 Fn. 32, 692 Fn. 96, 708 Fn. 87, 717, 772 Fn. 54, 803, 837 f., 885 Fn. 59, 890, 920, 1006 Fn. 90, 1047, 1069, 1072, 1076
Ipsen, Jörn 140 Fn. 86, 141 Fn. 89 und 91, 142 Fn. 94, 144 Fn. 104, 146, 148 Fn. 125, 155 Fn. 19, 467, 611 Fn. 18, 728 Fn. 228 und 232, 860, 1012 Fn. 143, 1047, 1070, 1083
Ipsen, Knut 131 Fn. 40, 1012 Fn. 143, 1047
Isay, Ernst 568, 1047
Isensee, Josef 128 f., 133 Fn. 50, 135 Fn. 56 und 58, 138 Fn. 74, 139 Fn. 77 und 79, 140 Fn. 84 und 86, 141 Fn. 89, 142 Fn. 97, 144 Fn. 104, 145 Fn. 111, 146 Fn. 115 und 118, 147, 206, 333 ff., 346 Fn. 151, 401, 429, 447 Fn. 51, 462, 467, 494, 511, 515 f., 520 Fn. 9, 531, 534, 536 f., 541, 560, 573, 575 Fn. 49, 600 Fn. 68, 601 Fn. 70, 609 Fn. 8, 662 Fn. 346, 749, 777 Fn. 82, 855, 857, 891 Fn. 89, 1047, 1069, 1079, 1083
Ismer, Roland 422 Fn. 172, 1047

Jaag, Tobias 163 Fn. 45, 286 Fn. 89, 467, 473, 650 Fn. 280, 421, 1047, 1084, 1085
Jabloner, Clemens 253
Jachmann-Michel, Monika 804, 1047
Jacobi, Erwin 55, 85, 106, 192, 210 Fn. 158, 309, 465, 834, 873, 962, 1047, 1071
Jaeckel, Liv 1047
Jaenicke, Günther 195, 461, 574 Fn. 44, 611 Fn. 21, 624 Fn. 102, 691 Fn. 71, 692 Fn. 95, 1047,1075
Jaffé, Edgar 382 Fn. 3
Jageman, Eugen von 1047
Jahn, Matthias 962 Fn. 71
Jahndorf, Christian 1047
Jahrreiß, Hermann 23, 95 f., 100 ff., 568, 699 Fn. 7, 700 Fn. 17, 702, 706 ff., 711 Fn. 109 ff., 712 ff., 730, 843 f., 1047, 1069
Jakab, András 1047
Jakob, Wolfgang 1047
Jakobs, Günther 962
James, Henry 1002
Janko, Andreas 1047
Jansen, Niels 948
Janssen, Albert 1047
Janz, Norbert 1047
Jarass, Hans Dieter 135 Fn. 61, 147, 148 Fn. 125, 467, 956, 1047, 1084
Jaspers, Karl 773 Fn. 57
Jeand'Heur, Bernd 1047
Jellinek, Georg 78, 528, 306

Jellinek, Walter 45, 55, 72, 77 ff., 88, 102, 192, 287 Fn. 101, 314, 340 f., 382 Fn. 1, 470, 570, 588 Fn. 12, 616 Fn. 64, 691 Fn. 88, 699 f., 704 f., 712 Fn. 121, 716 ff., 772 Fn. 53, 848, 873, 1047, 1069, 1071, 1072
Jenks, Edward 949 Fn. 156
Jerusalem, Franz W. 84, 568, 570, 711 Fn. 107, 1047
Jesch, Dietrich 204, 675, 739, 848, 1048
Jestaedt, Matthias 162, 351 f. Fn. 190, 353 Fn. 199, 435 Fn. 10, 442, 1048, 1070, 1087
Jochum, Georg 422 Fn. 172, 1048
Jochum, Heike 422 Fn. 172, 1048
Jodl, Alfred 843
Jouanjan, Olivier 154, 165 Fn. 69, 166, 477, 604 Fn. 82, 689 Fn. 47, 783 Fn. 113, 895, 898 Fn. 29, 904 Fn. 42 f., 908, 1003 Fn. 53, 1048, 1091
Juncker, Jean-Claude 945
Junk, Heike 962 Fn. 71

Kadelbach, Stefan 370, 379 Fn. 59, 468, 578 Fn. 72, 1048, 1088
Kafka, Gustav E. 198, 249, 254, 256, 259, 338 Fn. 94, 339, 471, 720 Fn. 177, 839, 880, 1048, 1074
Kägi, Werner 227, 276 f., 840
Kägi-Diener, Regula 804, 1048
Kahl, Arno 256 f., 477, 648 Fn. 267, 693 Fn. 114, 1048, 1091
Kahl, Wilhelm 570, 833, 1048
Kahl, Wolfgang 442, 682 Fn. 9, 953 Fn. 11, 1048, 1087
Kaiser, Anna-Bettina 162, 166 Fn. 74, 179 Fn. 171, 335 Fn. 68, 478, 767 Fn. 40, 808, 1048, 340, 351 Fn. 189, 1093
Kaiser, Joseph. H. 110, 127 Fn. 21, 130 Fn. 33 und 36, 131 Fn. 38 und 40, 133 Fn. 48, 138 Fn. 71, 140 Fn. 84, 142 Fn. 94, 147 Fn. 120 und 123, 206, 318 Fn. 72, 339 Fn. 99, 350 Fn. 180, 457, 472, 507, 555 ff., 580 Fn. 82, 725, 727, 1048, 1069, 1075
Kakei, Katsuhiko 911
Kaltenborn, Markus 1048
Kaltenbrunner, Ernst 843
Kämmerer, Jörn Axel 653 Fn. 295, 1048
Kanalan, Ibrahim 1048
Kant, Imanuel 968
Karpen, Ulrich 141 Fn. 89, 856, 1048
Kästner, Karl-Hermann 1048
Kau, Marcel 1048
Kaufhold, Ann-Katrin 1048
Kaufmann, Christine 1048
Kaufmann, Erich 34, 36, 44, 47 f., 55, 64, 78, 80, 83, 87, 91 f., 101 ff., 109, 125 Fn. 9, 175 Fn. 137, 287 Fn. 101, 404 Fn. 3, 428, 435 Fn. 10, 441, 444 Fn. 28, 445, 455 f., 465, 481 ff., 568, 570, 589, 591, 699, 700 Fn. 12, 704, 707, 717, 743, 769 Fn. 43, 770, 833, 839, 844, 846, 871, 873, 1048, 1069, 1071, 1072
Kaufmann, Hilde 960
Kaufmann, Marcel 1048
Kawamura, Matasuke 910 Fn. 6
Keller, Helen 862 f., 1048
Kelsen, Hans 12, 33, 34, 36, 44, 48 f., 55, 67, 85, 107, 232 Fn. 118, 247, 249, 254 ff., 268, 274 Fn. 4, 307 f., 318, 360, 435 Fn. 11, 455, 465, 519, 523 f., 568, 587 f., 715, 769 ff., 831, 835 f., 873, 877, 910, 1048, 1069, 1071
Kemmler, Iris 1048
Kempen, Bernhard 953 Fn. 11, 1048
Kempin, Emilie 816
Kempny, Simon 422 Fn. 172, 1048
Kersten, Jens 469, 653 Fn. 297, 689 Fn. 46, 692 Fn. 100, 1048, 1089
Kesselring, Albert 844
Kewenig, Wilhelm 128 Fn. 25, 129 Fn. 29, 130 Fn. 36, 135 Fn. 61, 334, 852, 1048
Khakzadeh-Leiler, Lamiss 254, 1048
Khan, Daniel-Erasmus 1048
Khol, Andreas 250, 853, 857, 861, 1048
Kielmansegg, Sebastian Graf von 1048
Kiesinger, Kurt-Georg 851
Kießling, Andrea 1048
Kilian, Michael 155 Fn. 19, 1048
Kimminich, Otto 472, 574 Fn. 44, 1049, 1076
Kingreen, Thorsten 398 Fn. 121, 464, 632 Fn. 160, 998 Fn. 22, 1049, 1089
Kipp, Heinrich 249, 1049
Kirchhof, Ferdinand 196 Fn. 73, 415 f., 419, 473, 860, 1012 Fn. 143, 1049, 1070, 1084
Kirchhof, Gregor 422 Fn. 172, 1012 Fn. 143, 1049
Kirchhof, Paul 123 Fn. 4, 132 Fn. 42, 134 Fn. 54, 137, 139 Fn. 77, 140 Fn. 86, 142 Fn. 94 und 97, 145 Fn. 111, 178 Fn. 164 f., 195 f. Fn. 72, 408 ff., 435 Fn. 10, 441, 444 Fn. 28, 445, 447 Fn. 50 f., 626 Fn. 118, 749, 781 Fn. 100, 852, 913 Fn. 18, 1012 Fn. 143, 1049, 1081
Kirchmair, Lando 1049

Kirchmann, Julius von 1013 Fn. 149
Kirchmayr-Schiesselberger, Sabine 422 Fn. 170
Kirn, Michael 138 Fn. 71, 140 Fn. 84, 147 Fn. 120, 1049
Kirste, Stephan 477, 691 Fn. 86, 1049, 1091
Kirsch, Guy 679
Kisch, Wilhelm 55, 70
Kischel, Uwe 165 Fn. 69, 290, 477, 613 f. Fn. 37, 689 Fn. 55, 692 Fn. 105, 783 Fn. 112, 1022 Fn. 223, 1049, 1091
Kisker, Gunter 127 Fn. 23, 128 Fn. 25 und 27, 129, 130 Fn. 36, 131 Fn. 38 und 40, 133 Fn. 48, 134 Fn. 54, 135 Fn. 58, 136 Fn. 65, 138 Fn. 74, 139 Fn. 79, 140 Fn. 86, 141 Fn. 91, 142 Fn. 97, 143 Fn. 99, 144 Fn. 104 und 106, 145 Fn. 108, 147 Fn. 123, 193, 466, 487 Fn 52, 621 Fn. 91, 1049, 1079
Kiyomiya, Shiro 910 Fn. 6, 911
Klatt, Matthias 1049
Klaushofer, Reinhard 1049
Klecatsky, Hans R. 249, 251, 849, 857, 861, 1049
Klein, Eckart 139 Fn. 77, 147, 162, 318 Fn. 74, 462, 578 Fn. 70, 579, 857, 859, 1049, 1069, 1084
Klein, Friedrich 69, 90, 95, 392 Fn. 66, 441, 550 Fn. 26, 611 Fn. 21, 623 Fn. 101, 668, 700 Fn. 22, 711 Fn. 110 f., 712 Fn. 117, 716, 772 Fn. 53, 1049, 1069, 1072
Klein, Hans Hugo 123 Fn. 4, 127 Fn. 21, 130 Fn. 36, 134, 135 Fn. 56, 458, 461, 531, 725, 747 ff., 851 f., 891 Fn. 90, 1049, 1080
Klein, Tonio 1049
Kleinlein, Thomas 1049
Kleist, Heinrich von 1009
Klement, Jan Henrik 155 Fn. 19, 1049
Klestil, Thomas 221 Fn. 43
Kley, Andreas 286 Fn. 94, 288 Fn. 107 und 110 f., 296 Fn. 166, 477, 690 Fn. 63, 783 Fn. 113, 815, 862, 1049, 1091
Kloepfer, Michael 136 Fn. 63, 137 Fn. 67, 138, 139 Fn. 77 und 79, 140 Fn. 86, 142 Fn. 97, 145 Fn. 108, 148 Fn. 125, 285 Fn. 88, 466, 598 Fn. 60, 682 Fn. 9, 913 Fn. 18, 1049, 1081
Kluckert, Sebastian 1049
Kluth, Winfried 163 Fn. 51, 398 Fn. 119, 464, 860, 1049, 1088
Kment, Martin 1049
Knauff, Matthias 661 Fn. 342 und 344, 1049
Kneihs, Benjamin 1049
Knemeyer, Franz-Ludwig 133, 134 Fn. 54, 142 Fn. 94, 155 Fn. 19, 466, 618 Fn. 73, 678 Fn. 81, 1049, 1080
Knies, Wolfgang 852 f., 1049
Knobbe-Keuk, Brigitte 422 Fn. 173
Knöpfle, Franz 130 Fn. 36, 132 Fn. 42, 1049
Koch, Hans-Joachim 1049
Koch, Roland 159
Koch, Thorsten 1049
Kocher, Eva 815 Fn. 89
Köck, Wolfgang 1049
Koellreutter, Otto 33, 46, 47 ff., 54 f., 59 f., 63 f., 72, 76, 85, 87 ff., 103 ff., 326, 570, 699 f. Fn. 11 f., 702, 704 ff., 718 ff., 740 f., 831, 837, 1049, 1069
Koenig, Christian 1049
Kofler, Eduard 422 Fn. 170
Kohl, Helmut 139, 396, 531, 852, 856
Köhler, Ludwig von 470, 617 Fn. 65, 685 Fn. 24, 833, 1049, 1071
Koja, Friedrich 249, 251, 853, 858, 1050
Kokott, Juliane 318 Fn. 78, 475, 511, 565, 578 Fn. 71, 581 Fn. 91, 804, 807, 863, 1050, 1087
Kolonovits, Dieter 252, 862, 1050
Kölz, Alfred 288 Fn. 111, 854
König, Doris 804, 810, 860, 863, 1001 Fn. 44, 1050
König, Klaus 127 Fn. 23, 671, 1050
Kopetzki, Christian 252 Fn. 27, 1050
Kopf, Hinrich Wilhelm 220 f.
Kopp, Ferdinand Otto 127 Fn. 23, 131 Fn. 40, 134 Fn. 52, 250, 1050
Kordt, Erich 839, 846, 1050
Korinek, Karl 131 Fn. 38, 133 Fn. 48, 136, 145 Fn. 108, 250, 255 ff., 259, 268 Fn. 154, 285 Fn. 88, 472, 596 f., 609 Fn. 6, 853, 858, 861, 1050, 1069, 1081
Korioth, Stefan 318 Fn. 77, 463, 1050, 1086
Korte, Stefan 1050
Köttgen, Arnold 47, 59, 82, 198, 203, 227 Fn. 72, 394 Fn. 85, 470 f., 624 Fn. 105, 708 Fn. 87, 739, 748, 848, 880, 954 Fn. 15, 1050, 1069, 1071, 1073
Kotulla, Michael 1050
Kotzur, Markus 328 Fn. 25, 332 f., 353 Fn. 198, 469, 574 Fn. 44, 578 Fn. 72, 1050, 1089
Koziol, Helmut 941 Fn. 118
Krajewski, Markus 453 Fn. 63, 465, 575 Fn. 51, 647 Fn. 266, 1050, 1091

Kramp-Karrenbauer, Annegret 159
Kraus, Herbert 568, 570, 833, 839, 843 f., 1050
Krause, Peter 132 Fn. 42, 136 Fn. 63, 142 Fn. 94, 143, 194 Fn. 61, 285 Fn. 88, 345, 423 Fn. 176, 466, 631 Fn. 151, 685 Fn. 24, 687 Fn. 31, 1050, 1082
Krausnick, Daniel 1050
Krawietz, Werner 131 Fn. 40, 1050
Krebs, Walter 473, 656 Fn. 310, 956 Fn. 29, 1050, 1084
Kremer, Carsten 1050
Kreß, Claus 953 Fn. 11
Kreßel, Eckhard 1050
Kreuter-Kirchhof, Charlotte 1012 Fn. 143, 860, 1050
Krieger, Heike 477, 579 Fn. 74, 808, 860, 903 Fn. 36, 1050, 1091
Kriele, Martin 127 Fn. 21, 131 Fn. 40, 132 Fn. 42, 133 Fn. 48, 135 Fn. 56, 142 Fn. 94, 143 Fn. 99, 144 Fn. 104, 326, 458, 472, 511, 635 Fn. 183, 747, 776 Fn. 77, 777, 853, 882, 886, 1006 Fn. 89, 1050, 1069, 1077
Kröger, Klaus 127 Fn. 21, 130 Fn. 36, 135 Fn. 58, 1050
Kröll, Thomas 1050
Krönke, Christoph 1050
Krüger, Hartmut 1050
Krüger, Herbert 69, 72, 82, 84, 101, 105, 130 Fn. 36, 198, 346, 363, 471, 611 Fn. 21, 619 Fn. 79, 624 Fn. 106, 629 Fn. 136 f., 721 ff., 730, 742, 837, 880, 1050, 1069, 1073
Krugmann, Michael 1050
Krumm, Marcel 422 Fn. 172, 1050
Krüper, Julian 165 Fn. 71, 477, 655 Fn. 304, 956 Fn. 29, 978 Fn. 36, 1050, 1092
Krupp, Gustav 843
Kruse, Heinrich Wilhelm 422 Fn. 168
Kube, Hanno 164 Fn. 57, 477, 612 Fn. 28, 662 Fn. 348, 1050, 1092
Kubota, Kinuko 916 Fn. 26
Küchenhoff, Erich 135 Fn. 56, 58 und 61, 147 Fn. 120, 332, 852, 1050
Küchenhoff, Günther 69, 72, 84, 837, 1050
Kucsko-Stadlmayer, Gabriele 252, 254, 858, 862, 1051
Kugelmann, Dieter 1051
Kühling, Jürgen 1051
Kuhlmann, Sabine 678
Kühne, Jörg-Detlef 803, 1051
Kühne, Josef 301 Fn. 198
Kulick, Andreas 1051
Kulisch, Max 247, 840, 1051
Kunig, Philip 442, 600, 857, 1051, 1086
Kunz, Josef 247
Küpper, Herbert 1051

Laband, Paul 11, 16, 41, 673
Lacan, Jacques 343
Lachmayer, Konrad 1051
Ladeur, Karl-Heinz 602 f. Fn. 78, 659 Fn. 332, 662 Fn. 350, 1051
Laforet, Wilhelm 55, 90, 107, 521, 842, 845, 1051
Lammasch, Heinrich 835
Lamp, Karl 247, 1051
Lampert, Steffen Matthias 1051
Lamprecht, Karl 18
Lang, Heinrich 1051
Lang, Joachim 422 Fn. 168
Lang, Michael 253 Fn. 32, 422 Fn. 170
Langdell, Christopher C. 770 Fn. 45
Lange, Klaus 135 Fn. 58, 138 Fn. 74, 142, 143 Fn. 99, 145 Fn. 108, 147 Fn. 120, 149 Fn. 132, 400 Fn. 135, 462, 492, 625 Fn. 112, 853, 1051, 1082
Langenfeld, Christine 804, 810, 860, 1001 Fn. 44, 1051
Langer, Gottfried 1051
Larenz, Karl 61 f., 327 Fn. 16, 928
Laschet, Armin 159
Laskowski, Silke Ruth 1051
Lassar, Gerhard 55, 470, 617 Fn. 64, 831, 839, 1192, 051, 1071
Laternser, Hans 844
Laubinger, Hans-Werner 1051
Laun, Rudolf (von) 12, 24, 55, 82, 191 Fn. 30, 247, 568, 573, 834, 848, 1051
Laurer, Hans René 250, 861, 1051
Layer, Max 247, 256, 267 Fn. 148, 470, 617 Fn. 64, 690 Fn. 68, 691 Fn. 82, 836, 840, 1051, 1071
Le Divellec, Armel 1051
Lecheler, Helmut 140, 141 Fn. 89, 146 Fn. 115, 295 Fn. 158, 435 Fn. 10, 441, 1051, 1082
Lechner, Eduard 422 Fn. 170
Lee, Chien-Liang 1051
Leeb, David 252, 1051
Lege, Joachim 333 Fn. 51, 337 Fn. 83, 398 Fn. 121, 464, 632 Fn. 160, 655 Fn. 306, 1051, 1089

Lehmann, Heinrich 922 ff.
Lehner, Moris 422 Fn. 172, 1051
Lehner, Roman 1051
Leibholz, Gerhard 34, 55, 90, 98, 108, 123 Fn. 4, 198, 210 Fn. 157, 255 Fn. 47, 313, 321, 325 f., 336 ff., 391 Fn. 61, 461, 470, 501, 594 Fn. 36, 700, 839, 847, 1051, 1072, 1076
Leisner, Walter 129 Fn. 29 und 33, 140 Fn. 84, 141 Fn. 89, 146 Fn. 115 und 118, 147 Fn. 123, 195, 461, 611 Fn. 21, 621 Fn. 92, 624 Fn. 102, 1051, 1075
Leisner, Walter Georg 1051
Leisner-Egensperger, Anna 422 Fn. 172, 678 Fn. 81, 810, 1051
Leistner, Friedrich 845
Leitl-Staudinger, Barbara 254, 862, 1051
Lenze, Anne 1051
Lepsius, Oliver 475, 613 Fn. 30, 626 Fn. 118, 679 f., 692 Fn. 106, 763 Fn. 30, 959 Fn. 55, 1052, 1070, 1087
Lerche, Peter 125, 128 Fn. 25, 129 Fn. 29, 132 Fn. 42, 134 Fn. 50, 136 Fn. 65, 138 Fn. 71, 141 Fn. 91, 144 Fn. 104, 145 Fn. 108, 146 Fn. 118, 169, 198, 200, 329 Fn. 26, 362 f., 377, 471, 579 Fn. 74, 619 Fn. 77, 623 Fn. 99, 725, 739, 774, 855 f., 881, 1052, 1069, 1075
Lesch, Heiko H. 928 Fn. 50
Lewinski, Kai von 1052
Li, Yao 953 Fn. 11
Lienbacher, Georg 257, 270 Fn. 161, 476, 598 Fn. 61, 861 f., 1052, 1089
Liermann, Hans 1052
Limbach, Jutta 810, 815 Fn. 89
Lindner, Josef Franz 1052
Link, Christoph 145, 146 Fn. 115, 399 Fn. 124 und 133, 400 Fn. 136, 462, 560, 1052, 1083
Linke, Tobias 1052
Lipphardt, Hanns-Rudolf 1052
Listl, Joseph 508, 1052
Liszt, Franz von 952
Litt, Theodor 770
Loewenstein, Karl 55, 66, 107, 337 Fn. 82, 770 Fn. 46, 831, 839 ff., 1052
Lohse, Eva Julia 1052
Lorenz, Dieter 1052
Lorz, Ralph Alexander 860, 1052
Losch, Bernhard 1052
Loschelder, Wolfgang 141 Fn. 91, 1052
Löwenthal, Richard 735
Löwer, Wolfgang 143 Fn. 101, 172, 463, 860, 956 Fn. 29, 1052, 1086
Lübbe-Wolff, Gertrude 123, 160, 166 Fn. 76, 318 Fn. 76, 474, 804, 807, 810, 813 Fn. 78, 860, 1006 Fn. 88, 1012 Fn. 143, 1052, 1086
Luchterhandt, Otto 1052
Lücke, Jörg 1052
Lüdemann, Jörn 1052
Ludwigs, Markus 1052
Lühmann, Hans 1052
Luhmann, Niklas 780, 1001
Lukas, Josef 247, 359 f., 465, 1052, 1071
Luther, Jörg 1052

Mächler, August 301 Fn. 198, 863, 1052
Magen, Stefan 332 Fn. 45, 469, 1052, 1091
Mager, Ute 464, 493 Fn. 96, 647 Fn. 263, 685 Fn. 24, 783 Fn. 114, 807, 1052, 1087
Magiera, Siegfried 142 Fn. 94, 1052
Mahlmann, Matthias 478, 1052, 1092
Mahrenholz, Ernst Gottfried 445
Maier, Hans 735
Majer, Diemut 123, 281, 803 ff., 1052
Mallmann, Walter 204, 392 Fn. 69, 394 Fn. 85, 471, 621 Fn. 89, 670, 684 Fn. 24, 691 Fn. 74, 848, 1052, 1074
Mangold, Anna Katharina 443, 808, 827 Fn. 140, 1052, 1092
Mangoldt, Hans von 857, 1052
Mangoldt, Hermann von 69, 90, 107, 521, 669, 700, 843, 845, 848, 1052
Mann, Klaus 842
Mann, Thomas 464, 636 Fn. 191, 678 Fn. 81, 1052, 1090
Manssen, Gerrit 1053
Mantl, Wolfgang 143 Fn. 99, 145 Fn. 108, 146 Fn. 115, 163 Fn. 45, 250, 256, 286 Fn. 89, 441, 511, 683 Fn. 19, 687 Fn. 35, 1053, 1085
Marauhn, Thilo 435 Fn. 11, 442, 453 Fn. 63, 578 Fn. 72, 1053, 1090
Marcic, René 249, 259, 1053
Marcuse, Herbert 735
Marko, Joseph 252 Fn. 27, 858, 1053
Markus, Till 1053
Marsch, Nikolaus 1053
Marschall von Bieberstein, Fritz Fhr. 1053
Martens, Wolfgang 126 f., 131 Fn. 38, 133 Fn. 50, 137 Fn. 67, 138 Fn. 71, 392 Fn. 69, 394 Fn. 83 und 89, 399 Fn. 125, 441, 448 Fn. 54, 457, 777 Fn. 81, 1053, 1069, 1078

Marti, Arnold 637 Fn. 192, 1053
Marti, Hans 1053
Martinez y Soria, José 1053
Martini, Mario 1053
Marxsen, Christian 1053
März, Wolfgang 1053
Masing, Johannes 163 Fn. 50, 197 Fn. 82, 475, 625 Fn. 115, 693 Fn. 110, 827 Fn. 142, 860, 1053, 1087
Mastronadi, Philippe Andrea 1053
Mathis, Klaus 1053
Matsuoka, Shutaro 911
Matter, Mani 302
Matz-Lück, Nele 860, 1053
Maunz, Theodor 63, 69, 72, 73, 82, 84, 87, 118 f., 169 f., 407, 411, 424 Fn. 183 f., 471, 522, 531, 709, 724 ff., 740 Fn. 40, 746, 834, 837, 842, 845, 847, 890, 1053, 1073
Maurer, Hartmut 127 Fn. 21, 128 Fn. 27, 130 Fn. 36, 132 Fn. 42, 141, 143 Fn. 101, 144 Fn. 104, 147 Fn. 120, 149 Fn. 132, 473, 625 Fn. 108, 631 Fn. 153, 684 Fn. 24, 1053, 1069, 1082
Maus, Ingeborg 738
Mayer, Franz 128 Fn. 25 und 27, 134 Fn. 54, 199, 635 Fn. 185, 678 Fn. 81, 1053
Mayer, Franz C. 318 f., 469, 601 Fn. 73, 998 Fn. 22, 1053, 1091
Mayer, Heinz 250 ff., 1053
Mayer, Otto 406, 570, 672, 1053
Mayer-Tasch, Peter Cornelius 127 Fn. 21, 130 Fn. 36, 134 Fn. 54, 136 Fn. 63, 1053
Mayntz, Renate 678
Mayr, Gunter 422 Fn. 170
Mayrhofer, Michael 252, 686 Fn. 28, 862, 1053
Meder, Walter 1053
Medicus, Dieter 926, 933, 935 Fn. 83, 944
Meessen, Karl Matthias 133 Fn. 48, 134 Fn. 52, 135 Fn. 61, 136 Fn. 65, 137 Fn. 67, 138 Fn. 74, 141 Fn. 89 und 91, 142 Fn. 94, 147 Fn. 120, 886 Fn. 66, 1053
Mehde, Veith 476, 645 Fn. 249, 654 Fn. 299, 678 Fn. 81, 690 Fn. 56, 693 Fn. 109, 1053, 1089
Meier, Bernd-Dieter 962 Fn. 71
Meincke, Jens Peter 928 Fn. 50
Meinecke, Friedrich 24
Meinel, Florian 1053
Meinzolt, Hans 1053
Meissner, Boris 530, 1053
Melichar, Erwin 249, 256, 471, 626 Fn. 120, 684 Fn. 24, 849, 853, 1053, 1074
Meng, Werner 1053
Menger, Christian-Friedrich 132 Fn. 42, 391 Fn. 61, 465, 612 Fn. 21, 839, 1054, 1069, 1073
Menzel, Adolf 247, 836. 1054
Menzel, Eberhard 69, 101, 315, 317, 471, 548 ff., 575 Fn. 50, 611 Fn. 21, 742, 848, 1054, 1069, 1073
Menzel, Jörg 1054
Merk, Wilhelm 115, 339 Fn. 100, 501 f., 620 Fn. 80, 629 Fn. 136, 1054
Merkel, Angela 859, 1003 Fn. 56
Merkl, Adolf 90, 94, 98, 101, 107, 210 Fn. 157, 247 ff., 256 ff., 435 Fn. 11, 470, 620 Fn. 88, 700, 835 f., 840, 861, 1054, 1072
Merli, Franz 155 Fn. 19, 252 Fn. 27, 255, 257, 435 Fn. 11, 442,453 Fn. 63, 602, 645 Fn. 252, 1054, 1070, 1088
Merten, Detlef 128 Fn. 27, 129 Fn. 29, 130 Fn. 36, 133 Fn. 48, 138 Fn. 74, 399, 467, 853, 1054, 1085
Merton, Robert K. 1001
Merz, Hans 927
Meßerschmidt, Klaus 342 Fn. 124, 511, 1054
Meyer, Ernst-Wilhelm 1054
Meyer, Hans 129 Fn. 29, 130, 131 Fn. 38 und 40, 132 Fn. 42, 133 Fn. 48, 134 Fn. 54, 135 Fn. 56, 136 Fn. 65, 137 Fn. 67, 138 Fn. 71, 139 Fn. 79, 140 Fn. 86, 141 Fn. 89, 142 Fn. 94 und 97, 143 Fn. 101, 144 Fn. 106, 145 Fn. 108 und 111, 146 Fn. 115 und 118, 147 Fn. 120 und 123, 148 Fn. 125, 149 Fn. 132 und 134, 328 Fn. 22, 333 Fn. 55, 335, 340 f., 347 Fn. 163, 349 Fn. 175, 350 Fn. 179, 352 Fn. 196, 472, 511, 542, 598 Fn. 58, 600 Fn. 68, 601 Fn. 70, 609 Fn. 7, 610 Fn. 14, 624 Fn. 103, 631 Fn. 153, 659 Fn. 332, 661 Fn. 343, 666 Fn. 5, 777 Fn. 80, 802 Fn. 27 und 29, 805 Fn. 41 f., 824 Fn. 127, 856, 1054, 1079
Meyer, Stephan 1054
Meyer-Tabellion, Marigret 821 f. Fn. 110 ff.
Meyn, Karl-Ulrich 141 Fn. 91, 142 Fn. 94, 857, 1054
Mezger, Edmund 716, 958 f.
Miyazawa, Toshiyoshi 910 Fn. 6, 911
Michael, Lothar 155 Fn. 19, 176 Fn. 147, 376 Fn. 46, 477, 609 Fn. 6, 616 Fn. 55, 684 Fn. 24, 690 Fn. 59 f., 691 Fn. 75, 1054, 1091
Michaelis, Karl 921 Fn. 8, 924, 939 Fn. 101

Mill, John Stuart 346
Miller, Russel A. 182 Fn. 184
Minobe, Tatsukichi 911
Mirbt, Hermann 85, 90, 106, 428, 1054
Mittermaier, Carl Joseph Anton 967 Fn. 91
Moeckli, Daniel 1054
Mohl, Robert von 674
Mokre, Johann 249
Möllers, Christoph 333, 435 Fn. 10, 442, 444 Fn. 28, 446, 514 f., 1009 Fn. 111, 1054, 1088
Morgenthaler, Gerd 1054
Morgenthau, Hans 770 Fn. 46
Morlok, Martin 232 Fn. 116, 336 Fn. 74, 340 ff., 350 Fn. 181, 352 Fn. 192 f., 468, 511, 603 Fn. 79, 1054, 1070, 1086
Morscher, Siegbert 135 Fn. 56, 250, 259, 285 Fn. 87, 858, 862, 1054
Morstein Marx, Fritz 64, 671, 831
Mosler, Hermann 97 f., 103, 129 Fn. 29, 135 Fn. 61, 550 Fn. 25, 700, 711 Fn. 111, 712 Fn. 115, 744, 843 f., 850, 855, 1054
Mößle, Wilhelm 1054
Mössner, Jörg Manfred 422 Fn. 168, 1054
Möstl, Markus 288 Fn. 109, 296 Fn. 165, 335 f., 476, 1054, 1090
Muckel, Stefan 435 Fn. 10, 443, 1054, 1092
Mückl, Stefan 1054
Müller, Andreas 256, 478, 686 Fn. 29 f., 1054, 1092
Müller, Bernhard 1054
Müller, Friedrich 133 Fn. 48, 1054
Müller, Gebhard 711
Müller, Georg 64 Fn. 126, 144 Fn. 106, 283 Fn. 71 und 73, 285 Fn. 87, 286 Fn. 90, 287 Fn. 100, 295 Fn. 158 und 161, 435 Fn. 11, 441, 488 ff., 805 Fn. 42, 858, 1054, 1083
Müller, Jörg Paul 134 Fn. 52, 136, 163 Fn. 46, 264 Fn. 126, 283 Fn. 71, 285 Fn. 87 f., 286 Fn. 90, 288 Fn. 105 und 110 f., 296 Fn. 166, 466, 597, 805 Fn. 42, 854, 1054, 1081
Müller, Markus 164 Fn. 59, 176 Fn. 147, 289 Fn. 112, 465, 497 Fn. 1, 762 Fn. 28, 1054, 1093
Müller, Reinhard 171
Müller, Thomas 1054
Müller-Franken, Sebastian 115 Fn. 19, 422 Fn. 172, 1054
Müller-Terpitz, Ralf 155 Fn. 19, 1054
Müller-Volbehr, Jörg 1054
Münch, Fritz 127 Fn. 21, 129 Fn. 29 und 33, 131 Fn. 40, 132 Fn. 42, 133 Fn. 48, 139 Fn. 79, 343 Fn. 136, 670, 745 Fn. 70, 848, 1055
Münch, Ingo von 128, 135 Fn. 61, 333 Fn. 51, 363 f., 458, 472, 506, 574 Fn. 44, 638 Fn. 202, 665 Fn. 2, 852, 857, 1055, 1078
Münkler, Laura 1055
Murswiek, Dietrich 145 Fn. 108, 146, 147 Fn. 120, 149 Fn. 132, 206 Fn. 137, 467, 490 Fn. 72, 491, 611 Fn. 18, 657 Fn. 325, 659 Fn. 332, 1055, 1083
Musil, Andreas 422 Fn. 172, 1055
Mußgnug, Reinhard 129 Fn. 29, 133 Fn. 48 und 50, 134 Fn. 52, 135 Fn. 56, 137 Fn. 67, 138 Fn. 74, 139 Fn. 79, 140 Fn. 86, 141 Fn. 91, 144 Fn. 106, 145, 146 Fn. 115, 155 Fn. 19, 148 Fn. 125, 178, 195 Fn. 68 f., 196 Fn. 72, 232 Fn. 116, 399, 420 Fn. 158, 421 Fn. 162, 423 Fn. 176, 473, 611 Fn. 17, 619 Fn. 77, 631 Fn. 156, 684 Fn. 24, 778 Fn. 88, 1007 Fn. 92, 1055, 1083
Mutius, Albert von 132 Fn. 42, 134 Fn. 50, 135 Fn. 58, 139 Fn. 79, 140, 144 Fn. 106, 145 Fn. 111, 412 f., 473, 1055, 1082
Muzak, Gerhard 1055

Nassehi, Armin 160, 961
Naumann, Richard 69, 115, 471, 620 Fn. 87, 668, 684 Fn. 24, 741, 848, 890 Fn. 85, 1055, 1073
Nawiasky, Hans 34, 44, 55, 66, 90, 94, 97, 107 f., 175 Fn. 137, 247 ff., 276 Fn. 21, 289, 300, 360, 428, 435 Fn. 10, 437 Fn. 17, 441, 455, 481 ff., 519, 523 ff., 711, 712 Fn. 114, 769 Fn. 43, 834, 839 ff., 845, 873, 877, 1055, 1069, 1071
Nettesheim, Martin 435 Fn. 11, 442, 452, 493 Fn. 96, 654 Fn. 298, 1055, 1089
Neumann, Franz 66, 750, 770 Fn. 46
Neumann, Volker 167 f., 736, 750, 1055
Neuwiem, Ernst 1055
Nguyen, Minh Son 299 Fn. 186
Nicolaysen, Gert 147 Fn. 123, 1055
Niedobitek, Matthias 1055
Niemeyer, Theodor 570
Nierhaus, Michael 155 Fn. 19, 1055
Nipperdey, Hans Carl 629 Fn. 136, 669 Fn. 32, 922 ff., 1014 Fn. 155
Nocke, Joachim 801
Nolte, Ernst 735

Nolte, Georg 442, 578 Fn. 72, 863, 1055, 1088
Nolte, Jakob 1055
Nolte, Martin 1055
Nomura, Junji 911
Novak, Richard 138, 139 Fn. 77, 149 Fn. 133, 137 Fn. 67, 249, 251, 256 f., 285 Fn. 88, 466, 598 Fn. 60, 857, 913 Fn. 18, 1055, 1081
Nowrot, Karsten 1055
Nußberger, Angelika 155, 239, 330, 808, 863, 1055, 1070, 1093

Obermayer, Klaus 111, 204, 471, 611 Fn. 21, 620 Fn. 85, 641 Fn. 220, 669 f., 673, 775 Fn. 69, 1055, 1074
Oberndorfer, Peter 250, 252 Fn. 29, 853, 858, 861, 1055
Odaka, Tomoo 911
Odendahl, Kerstin 453 Fn. 63, 465, 575 Fn. 51, 578 Fn. 72, 581 Fn. 93, 647 Fn. 265, 685 Fn. 24, 693 Fn. 113, 808, 1091
Oebbecke, Janbernd 155 Fn. 19, 372, 475, 645 Fn. 250, 678 Fn. 81, 683 Fn. 16, 1055, 1086
Oesch, Matthias 1055
Oeschey, Rudolf 1055
Oeter, Stefan 155 Fn. 19, 435 Fn. 11, 442, 444 Fn. 28, 453 Fn. 63, 578 Fn. 72, 602, 645 Fn. 252, 863, 1055, 1088
Ogorek, Markus 1055
Ohler, Christoph 179 Fn. 169, 333 Fn. 51, 477, 579 Fn. 75, 860, 903 Fn. 36, 1055, 1092
Öhlinger, Theo 136 Fn. 65, 140 Fn. 84, 141 Fn. 89 und 91, 143, 163 Fn. 45, 144 Fn. 104, 148 Fn. 125, 250, 257, 260 f., 263 Fn. 123, 268 Fn. 150, 285 Fn. 87 f., 286 Fn. 89 f., 318 Fn. 75, 423 Fn. 176, 466, 474, 575 Fn. 50, 631 Fn. 151, 683 Fn. 14, 685 Fn. 24, 687 Fn. 31 ff., 853, 857, 861, 1055, 1082, 1085
Oldiges, Martin 140 Fn. 86, 149 Fn. 132, 141 Fn. 91, 143 Fn. 101, 145 Fn. 108, 155 Fn. 19, 488 Fn. 60, 490 Fn. 72, 492, 860, 1055
Olshausen, Henning von 1055
Oltrogge, Helga 812
Onishi, Kunitosi 910 Fn. 6
Oppermann, Thomas 111, 127 Fn. 20 ff., 129 Fn. 29, 130, 131 Fn. 40, 132 Fn. 42, 135 Fn. 56 und 61, 139 Fn. 77, 140 Fn. 84, 141 Fn. 89, 142 Fn. 94, 143 Fn. 99, 145 Fn. 111, 147 Fn. 120, 199, 204, 335, 337 Fn. 83, 340 f., 352 Fn. 194, 458, 472, 609 Fn. 6, 725 ff., 777 Fn. 80, 852, 1055, 1069, 1079
Ossenbühl, Fritz 129 Fn. 33, 131 Fn. 38, 134 Fn. 54, 135 Fn. 58, 136 Fn. 65, 139 Fn. 79, 141 Fn. 91, 144 Fn. 106, 148 Fn. 125 f., 149 Fn. 132, 176, 281, 462, 649 Fn. 276, 682 Fn. 9, 888, 1055, 1069, 1077
Osterloh, Lerke 123, 166, 400 Fn. 139 und 142, 467, 650 Fn. 280, 804, 807, 810, 856, 860, 916, 956 Fn. 29, 1056, 1085
Oswald, Wilhelm 301 Fn. 198

Pabel, Katharina 155 Fn. 19, 255, 1056
Pabst, Heinz-Joachim 1056
Pache, Eckard 370 f., 475, 626 Fn. 117, 1056, 1088
Paeffgen, Hans-Ullrich 953 Fn. 11
Palm, Ulrich 1056
Papier, Hans-Jürgen 132, 133 Fn. 48, 136 Fn. 63, 149 Fn. 131 f., 137 Fn. 67, 138 Fn. 74, 140 Fn. 86, 148 Fn. 125, 441, 534, 600 Fn. 66, 682 Fn. 7 und 9, 778 Fn. 87 f., 856, 859, 886 f., 1056, 1069, 1080
Partsch, Karl Josef 101, 128 Fn. 25, 131 Fn. 40, 132 Fn. 42, 134 Fn. 52, 135 Fn. 58, 137 Fn. 67, 143 Fn. 99, 144 Fn. 104, 340, 365, 471, 574 Fn. 44, 848, 855, 1056, 1073
Pauger, Dietmar 252 Fn. 27 und 29, 1056
Paulus, Andreas 860, 1056
Pauly, Walter 163, 474, 697, 728 ff., 875 Fn. 22, 959 Fn. 62, 1003 Fn. 61, 1056, 1086
Payandeh, Mehrdad 176 Fn. 147, 341, 343, 478, 863, 1056, 1093
Pechstein, Matthias 1056
Peine, Franz-Joseph 1056
Perels, Kurt 55, 831, 839, 1056
Pernice, Ingolf 147 Fn. 120 und 123, 162, 176 Fn. 146, 318 Fn. 76, 468, 563 f., 626 Fn. 119, 645 Fn. 254, 1056, 1086
Pernthaler, Peter 136 Fn. 63, 249 f., 252 Fn. 29, 255 ff., 266 Fn. 145, 300, 472, 802 Fn. 29, 817 Fn. 100, 861, 1056, 1076
Perthold-Stoitzner, Bettina 254, 1056
Pesendorfer, Wolfgang 252 Fn. 28, 858, 862, 1056
Pestalozza, Christian Graf von 142 Fn. 94, 340, 1056
Peters, Anne 155, 164 Fn. 52, 475, 578 Fn. 72, 808 ff., 815 Fn. 89, 1056, 1070, 1089
Peters, Birgit 1056
Peters, Hans 48, 72, 89 ff., 99, 101, 105, 107, 110, 115, 119, 232 Fn. 118, 277 f., 290, 339

Fn. 99, 425 Fn. 193, 461, 620 Fn. 85, 671 Fn. 44, 700, 702, 708 Fn. 87, 834, 839, 844, 864, 1056, 1069, 1072
Petersen, Niels 1056
Petersmann, Ernst-Ulrich 1056
Petschnigg, Hubert 743
Petz, Rudolf 249, 1056
Peuker, Enrico 1056
Pfeifer, Helfried 248, 258, 594 Fn. 35, 620 Fn. 84, 629 Fn. 140 f., 715, 848, 1056
Pielow, Johann-Christian 1056
Pieper, Stefan Ulrich 1056
Pieroth, Bodo 148, 467, 726, 746, 750, 956 Fn. 33, 1056, 1070, 1084
Pietzcker, Jost 139, 462, 626 Fn. 122, 689 Fn. 54, 691 Fn. 87, 692 Fn. 93, 1056, 1082
Pignatelli, Luciana (Donna) 735
Pilniok, Arne 1056
Piloty, Robert 24, 833, 1056
Pirker, Benedikt 1056
Pirker, Jürgen 1056
Pirson, Dietrich 143 Fn. 99, 1056
Pitschas, Rainer 146 Fn. 118, 147 Fn. 123, 148 Fn. 125, 149 Fn. 132, 398 Fn. 117, 400 Fn. 138 ff., 423 Fn. 176, 463, 508, 659 Fn. 332, 1057, 1087
Platon 1010
Pleschinski, Hans 569
Plessner, Helmuth 773 Fn. 57
Pöcker, Markus 1057
Podlech, Adalbert 1057
Pohl, Heinrich 192, 210 Fn. 157, 325, 336, 337 Fn. 81, 470, 570, 1057, 1072
Poier, Klaus 861, 1057
Polak, Karl 87, 106
Polzin, Monika 254, 860, 1057
Popitz, Johannes 846
Poscher, Ralf 464, 957, 1057, 1088
Pöschl, Magdalena 253, 257 f., 435 Fn. 11, 442, 453 Fn. 63, 808, 1057, 1090
Potacs, Michael 252 Fn. 26, 256 f., 476, 653 Fn. 297, 861, 1057, 1089
Preuß, Hugo 24, 747, 832 f., 1057
Preuß, Ulrich K. 168, 511, 738, 853, 855 ff., 1057
Priest, George L. 1025
Proelß, Alexander 1057
Puhl, Thomas 463, 956 Fn. 29, 1057, 1086
Pünder, Hermann 166 Fn. 74, 207 Fn. 146, 336 f., 341, 342 Fn. 130 ff., 351 Fn. 185, 476, 678 Fn. 81, 1004 Fn. 68, 791 Fn. 150, 1057, 1090
Puppe, Ingeborg 1013 Fn. 149
Pürgy, Erich 1057
Puttler, Adelheid 804, 1057
Püttner, Günter 128 Fn. 27, 129, 130 Fn. 36, 131 Fn. 38 und 40, 132 Fn. 42, 134 Fn. 54, 136 Fn. 63, 137 Fn. 67, 138 Fn. 71 und 74, 139 Fn. 77 und 79, 140 Fn. 84 und 86, 141 Fn. 89, 143 Fn. 101, 144 Fn. 104 und 106, 145 Fn. 111, 149 Fn. 132, 193, 195 Fn. 65, 232 Fn. 116, 466, 609 Fn. 6, 621 Fn. 91, 678 Fn. 81, 682 Fn. 9, 1057, 1079

Quaritsch, Helmut 110, 127 Fn. 23, 130 Fn. 36, 131 Fn. 38, 133 Fn. 50, 135 Fn. 56, 58 und 61, 136 Fn. 65, 139 Fn. 79, 142 Fn. 94 und 97, 145 Fn. 111, 147 Fn. 120, 178, 194 Fn. 57, 205, 472, 503 f., 636 Fn. 189, 665 Fn. 2, 683 Fn. 14, 735 f., 744, 1057, 1069, 1076

Rack, Reinhard 144 Fn. 104, 147 Fn. 123, 250, 252 Fn. 29, 858, 861, 863, 1057
Radbruch, Gustav 24, 833
Radtke, Hennning 968
Ramsauer, Ulrich 857, 1057
Randelzhofer, Albrecht 147, 206, 473, 534 f., 539 f., 562, 855, 857, 1057, 1083
Raschauer, Bernhard 138, 141 Fn. 89 und 91, 143 Fn. 101, 155 Fn. 19, 250 f., 255 f., 268 Fn. 151, 472, 520 Fn. 9, 575 Fn. 47, 861, 1057, 1081
Rasenack, Christian A.L. 1057
Rathenau, Walther 4
Rau, Johannes 854
Rauschning, Dietrich 127 Fn. 21, 130 Fn. 36, 131 Fn. 40, 135 Fn. 61, 136, 138 Fn. 71 und 74, 139 Fn. 77 und 79, 140 Fn. 84, 141 Fn. 89 und 91, 142 Fn. 94, 146 Fn. 115, 146 Fn. 120, 394 Fn. 80, 462, 561, 574 Fn. 44, 641 Fn. 219, 748, 778 Fn. 88, 858, 1057, 1081
Redeker, Konrad 169
Redlich, Josef 247, 835, 839, 1057
Rehbinder, Eckart 194 Fn. 62
Reich, Johannes 1057
Reimer, Ekkehart 166 Fn. 73, 371, 662 Fn. 346 f., 419 f., 476, 1012 Fn. 143, 1057, 1070, 1090
Reimer, Franz 165 Fn. 69, 210 Fn. 161, 296 Fn. 172, 617 Fn. 60, 662 Fn. 346 f., 663

Fn. 355, 757 Fn. 13, 762 Fn. 28, 764 Fn. 31, 781 Fn. 96, 1003 Fn. 53, 1012 Fn. 143, 1057, 1091
Reimer, Philipp 1057
Reinhardt, Michael 1057
Reinhardt, Rudolf 922 ff.
Reinisch, August 253
Reiß, Wolfram 422 Fn. 168
Remmert, Barbara 811 Fn. 68, 860, 1057
Rengeling, Hans-Werner 141 Fn. 91, 166 Fn. 73, 467, 626 Fn. 118, 1057, 1084
Rengier, Rudolf 962 Fn. 71
Renner, Karl 835
Rensmann, Thilo 1057
Reschny, Anton 838
Ress, Georg 135 Fn. 61, 145, 146 Fn. 115, 147 Fn. 120 und 123, 462, 560, 574 Fn. 44, 628 Fn. 132, 643 Fn. 236, 682 Fn. 9, 859, 1057, 1083
Rhinow, René 141, 285 Fn. 88, 288 Fn. 107, 298 Fn. 186, 338 Fn. 92, 339 f., 349 Fn. 174, 352 Fn. 192, 473, 853, 1057, 1082
Ribbentrop, Joachim von 84
Richardi, Reinhard 925 Fn. 34
Richter, Dagmar 1058
Richter, Lutz 385, 470, 1058, 1071
Ridder, Helmut 98 f., 101, 107, 110, 435 Fn. 10, 441, 669, 700, 701 Fn. 22 und 25, 707 f., 736, 773 Fn. 56, 848, 885 Fn. 59, 1058, 1072
Riedel, Eibe H. 142 Fn. 97, 145 Fn. 108 und 111, 147 Fn. 120 und 123, 474, 574 Fn. 44, 611 Fn. 18, 682 Fn. 6 und 9, 689 Fn. 55, 692 Fn. 105, 693 Fn. 117, 863, 1058, 1085
Rieker, Karl 1058
Rieß, Peter 961, 962 Fn. 71
Riklin, Franz 962 Fn. 71
Rill, Heinz Peter 128 Fn. 25, 134 Fn. 54, 148, 149 Fn. 132, 250, 258 f., 285 Fn. 87 f., 364, 435 Fn. 11, 441, 687 Fn. 33, 1058, 1084
Ringer, Fritz K. 22, 997
Ringhofer, Kurt 249, 251, 858, 1058
Rinken, Alfred 168, 852, 1058
Ritterbusch, Paul 568, 837, 924 f., 1058
Rixen, Stephan 164 Fn. 51, 398 Fn. 122, 465, 478, 612 Fn. 28, 661 Fn. 345, 686 Fn. 28 f., 692 Fn. 89, 784 Fn. 121, 1058, 1090, 1092
Robbers, Gerhard 164 Fn. 59, 442, 509 ff., 860, 1058, 1085
Röben, Volker 1058
Rodi, Michael 1058
Roellecke, Gerhard 127 Fn. 21, 128 Fn. 27, 131, 133 Fn. 48, 134 Fn. 52, 135 Fn. 56, 138 Fn. 71, 139 Fn. 77, 140 Fn. 84, 143 Fn. 99, 146 Fn. 115, 149 Fn. 132, 170, 175, 472, 511, 727, 730 f., 1058, 1079
Roger, Benjamin 962 Fn. 71
Röger, Ralf 1058
Röhl, Hans Christian 165 Fn. 68, 451, 476, 578 Fn. 71, 782, 1022 Fn. 228, 1058, 1090
Rolinksi, Klaus 962 Fn. 71
Romieu, Jean 903
Ronellenfitsch, Michael 141 Fn. 91, 146 Fn. 118, 148 Fn. 125, 1058
Roosevelt, Franklin D. 877
Rosenthal, Eduard 833 f., 1058
Rosin, Heinrich 384
Ross, Alf 259
Rossen-Stadtfeld, Helge 1058
Rossi, Matthias 1058
Roth, Wolfgang 1058
Rothenbücher, Karl 24, 47, 432, 435 Fn. 10, 441, 444 Fn. 25 und 28, 445, 455, 769 Fn. 43, 1058, 1071
Rousseau, Jean-Jacques 325, 346 f., 350
Roxin, Claus 958, 962 Fn. 71
Rozek, Jochen 860, 1058
Ruch, Alexander 163 Fn. 45, 286 Fn. 88, 414, 421, 474, 687 Fn. 35, 1058, 1085
Ruck, Erwin 274 Fn. 9, 276 Fn. 21, 356 Fn. 2, 836, 1058
Rudolf, Walter 128 Fn. 25, 135, 147 Fn. 120, 255 Fn. 47, 472, 574 Fn. 44, 611 Fn. 17, 620 Fn. 87, 666 Fn. 4, 684 Fn. 24, 743, 802 Fn. 29, 809 Fn. 59, 1058, 1069, 1080
Ruffert, Matthias 166 Fn. 74, 442, 860, 1058, 1070, 1087
Rüfner, Wolfgang 129 Fn. 33, 133 Fn. 48, 137 Fn. 67, 394 Fn. 86 und 89, 423 Fn. 176, 462, 629 Fn. 141, 621 Fn. 92, 689 Fn. 48, 691 Fn. 72, 776 Fn. 76, 788, 885 Fn. 59, 1058, 1077
Rühl, Ulli F.H. 1058
Rühland, Curt 84, 1058
Ruland, Franz 142 Fn. 97, 632 Fn. 158, 1058
Rumpf, Helmut 135 Fn. 61, 193, 471, 622 Fn. 93, 689 Fn. 53, 691 Fn. 81, 1058, 1073
Rupp, Hans Heinrich 125, 127 Fn. 21 und 23, 128 Fn. 27, 129 Fn. 33, 132 Fn. 42, 141 Fn. 91, 147 Fn. 123, 148 Fn. 125, 200, 268 f., 441, 653 Fn. 295, 662 Fn. 351, 666, 675, 744, 776 Fn. 74, 881, 1058, 1069, 1077

Ruppe, Hans-Georg 253 Fn. 32, 422 Fn. 170
Ruppert, Stefan 859, 1058
Rupp-von Brünneck, Wiltraut 810
Rürup, Bert 396
Rust, Bernhard 68
Rüthers, Bernd 73
Ruthig, Josef 1058
Rütsche, Bernhard 1058
Rux, Johannes 1059

Sachs, Hans 1007 Fn. 93
Sachs, Michael 145 Fn. 108 und 111, 147 Fn. 120, 148 Fn. 125, 149 Fn. 132, 340, 369, 474, 493 Fn. 96, 511, 1059, 1085
Sacksofsky, Ute 155, 435 Fn. 10, 442, 513 f., 807, 809, 811 Fn. 68, 826 Fn. 137, 860, 1059, 1070, 1088
Saladin, Peter 128 Fn. 25, 129 Fn. 29, 132, 133 Fn. 48, 134 Fn. 54, 136 Fn. 63, 143 Fn. 99, 285 Fn. 87, 297, 364, 462, 804, 854, 885 ff., 1059, 1080
Salomon, Gottfried 59
Salzwedel, Jürgen 136 Fn. 63, 199, 461, 611 Fn. 17 und 21, 745, 885 Fn. 59, 1059, 1075
Sander, Fritz 247 f., 1059
Sarcevic, Edin 1059
Sartorius, Carl Friedrich 7, 24, 33, 36, 48, 52, 189, 197, 570, 833, 1059, 1069, 1071
Sasse, Christoph 1059
Sattler, Andreas 134 Fn. 52, 136 Fn. 65, 1059
Satzger, Helmut 958
Sauckel, Fritz 834
Sauer, Heiko 1059
Saurer, Johannes 616 Fn. 56, 1059
Saxer, Urs 1059
Schaarschmidt, Gisela 806
Schacht, Hjalmar 843
Schachtschneider, Albrecht 143 Fn. 99 und 101, 144 Fn. 106, 145 Fn. 108 und 111, 146 Fn. 115 und 118, 147 Fn. 123, 148 Fn. 125, 149 Fn. 132, 563, 1059
Schack, Friedrich 69, 1059
Schaefer, Jan Philipp 1059
Schäffer, Heinz 135 Fn. 58, 138 Fn. 71, 141, 144 Fn. 106, 163 Fn. 45, 250, 256 f., 260, 263 Fn. 123, 285 f. Fn. 87 f., 301 Fn. 198, 338 Fn. 92, 339, 351 Fn. 189, 414, 421, 473 f., 687 Fn. 35, 858, 861 f., 863, 1059, 1082, 1085
Schaks, Nils 1059
Schambeck, Herbert 250, 1059
Scharpf, Fritz W. 678
Schätzel, Walter 1059
Schaumann, Wilfried 278, 284, 286 Fn. 95, 360 ff., 375, 471, 575 Fn. 51, 576, 1059, 1074
Scheel, Walter 221 Fn. 43, 854
Schefer, Markus 1059
Scheffler, Erna 810
Schefold, Dian 168, 181, 281 f., 809 Fn. 59, 1059
Scheidemann, Philipp 4
Schelsky, Helmut 125, 385, 739, 773 Fn. 57
Schenke, Ralf Peter 656 Fn. 309, 1012 Fn. 143, 1059
Schenke, Wolf-Rüdiger 138 Fn. 74, 139 Fn. 79, 142 Fn. 97, 148 Fn. 125, 1012 Fn. 143, 1059
Scherer, Joachim 142 Fn. 97, 144 Fn. 106, 147 Fn. 123, 1059
Scherzberg, Arno 463, 600 Fn. 67, 613 Fn. 31, 652 Fn. 290, 658 Fn. 327, 663 Fn. 354, 690 Fn. 57, 692 Fn. 102, 1059, 1087
Scheuing, Dieter H. 138, 472, 611 Fn. 17, 1059, 1081
Scheuner, Ulrich 72, 82, 84 f., 95, 105, 126, 130 Fn. 36, 131 Fn. 40, 133 Fn. 50, 134 Fn. 54, 179 Fn. 165, 184, 194 Fn. 58, 203, 211, 232 Fn. 115, 276, 299 Fn. 187, 344 Fn. 142, 346 Fn. 151, 352 Fn. 193, 361, 392 Fn. 66, 393, 394 Fn. 87, 395, 402, 435 Fn. 10, 441, 457, 461, 501, 508, 522, 531, 554, 568 f., 580 Fn. 79, 611 Fn. 21, 616 Fn. 76, 630 Fn. 145, 669, 684 Fn. 24, 691 Fn. 77, 692 Fn. 98, 703, 714 f., 721, 730, 740 Fn. 40, 772 Fn. 52, 837, 885 Fn. 59, 920, 1003 Fn. 58, 1059, 1069, 1072, 1075
Schick, Walter 1059
Schiedermair, Hartmut 135 Fn. 61, 145 Fn. 108, 147 Fn. 120, 492 Fn. 87, 953 Fn. 11, 1059
Schiedermair, Stephanie 1059
Schiess Rütimann, Patricia M. 1059
Schiffbauer, Björn 1059
Schiller, Karl 407
Schilling, Theodor 1059
Schindler, Benjamin 234 Fn. 131, 287 Fn. 95, 301 Fn. 198, 372 f., 375, 377 Fn. 51, 378 Fn. 54 f., 379 Fn. 61, 435 Fn. 11, 442, 581 Fn. 93, 645 Fn. 253, 863, 1012 Fn. 143, 1059, 1092
Schindler, Dietrich jun. 135 Fn. 58, 163 Fn. 45, 198, 259, 285 Fn. 87 f., 286 Fn. 95, 367 f., 374 Fn. 39, 375, 474, 563, 568, 578 Fn. 70, 629

Fn. 138, 850, 855, 862, 1012 Fn. 143, 1060, 1084
Schindler, Dietrich sen. 33, 47, 275 f., 296, 836, 840 f., 850, 1012 Fn. 143, 1060
Schirach, Baldur von 834
Schlacke, Sabine 477, 655 Fn. 308, 808, 811 Fn. 68, 860, 956 Fn. 29, 1060, 1092
Schladebach, Marcus 1060
Schlaich, Klaus 135 Fn. 56, 136, 142 Fn. 94, 285 Fn. 88, 340, 466, 597 f., 1060, 1081
Schlette, Volker 1060
Schlieffen, Katharina Gräfin von 804, 1060
Schliesky, Utz 1060
Schlink, Bernhard 146, 164, 657 Fn. 325, 462, 734, 746, 750, 853, 855, 916 Fn. 25, 1002, 1060, 1083
Schlochauer, Hans-Jürgen 69, 90, 98, 103, 108, 839, 848, 1060
Schlotheuber, Eva 813 Fn. 80
Schmahl, Stefanie 860, 1060
Schmalenbach, Kirsten 253, 256 f., 465, 579 Fn. 75, 808, 1060, 1091
Schmehl, Arndt 422 Fn. 172, 1060
Schmid, Carlo 103, 107, 327, 521, 839, 842, 845, 851, 1060
Schmid, Gerhard 142 Fn. 94, 144, 285 Fn. 88, 293 Fn. 143, 365 ff., 467, 638 Fn. 202, 858, 1060, 1083
Schmid, Sebastian 1060
Schmid, Viola 804, 1060
Schmidt, Auguste 795, 797
Schmidt, Helmut 139, 851 f.
Schmidt, Karsten 927, 929, 941
Schmidt, Reimer 926
Schmidt, Reiner 131 Fn. 38, 134, 140 Fn. 86, 189 Fn. 73, 472, 559, 577, 580 Fn. 83, 581, 1060, 1080
Schmidt, Richard 24, 570, 1060
Schmidt, Thorsten Ingo 1060
Schmidt, Walter 129 Fn. 33, 130, 132 Fn. 42, 472, 610 Fn. 17, 612 Fn. 28, 635 Fn. 187, 679, 777 Fn. 84, 1060, 1079
Schmidt am Busch, Birgit 1060
Schmidt-Aßmann, Eberhard 131, 138 Fn. 74, 149 Fn. 132, 139 Fn. 77, 140 Fn. 86, 145 Fn. 111, 146 Fn. 118, 234 Fn. 128, 466, 511, 608 Fn. 3, 609 Fn. 8, 610 Fn. 11 f., 612 Fn. 29, 613 Fn. 36, 623 Fn. 98, 632 Fn. 159, 643 Fn. 237, 658 Fn. 327, 676, 1060, 1069, 1079
Schmidt-Aßmann, Ulrike 820 Fn. 106
Schmidt-De Caluwe, Reimund 1060
Schmidt-Jortzig, Edzard 137 Fn. 67, 140 Fn. 86, 141 Fn. 89 und 91, 143 Fn. 99, 144 Fn. 104 und 106, 145 Fn. 111, 516, 856, 858, 1060
Schmidt-Preuß, Matthias 197 Fn. 81, 468, 651 Fn. 283, 653 Fn. 294, 676, 784 Fn. 119, 887, 1060, 1085
Schmidt-Radefeldt, Roman 1060
Schmidt-Rimpler, Walter 927
Schmitt, Carl 42 f., 47 f., 54 f., 59, 61 ff., 71 f., 76, 80, 85, 87, 94 ff., 109, 118, 241, 275, 277 ff., 307, 309, 346, 382 Fn. 1, 388, 465, 551, 556, 587, 684 Fn. 22, 699 Fn. 10, 701 ff., 709 ff., 713 ff., 726, 741 f., 770 ff., 831, 834 f.,837, 872 f., 875, 879, 955, 1060, 1071
Schmitt Glaeser, Alexander 1060
Schmitt Glaeser, Walter 127 Fn. 21, 128, 131 Fn. 38, 139 Fn. 77, 140 Fn. 84, 193, 392 Fn. 69, 393, 394 Fn. 87, 399 Fn. 123, 458, 462, 635 Fn. 184, 685 Fn. 24, 852, 856, 1060, 1069, 1078
Schmitt-Kammler, Arnulf 1060
Schmitz, Thomas 1060
Schmoller, Gustav von 842
Schnapp, Friedrich E. 141, 473, 625 Fn. 108, 684 Fn. 24, 1060, 1082
Schneider, Christian F. 1060
Schneider, Hans 60, 69, 95, 100, 102, 106, 110, 125, 129 Fn. 33, 130 Fn. 36, 131 Fn. 38, 138 Fn. 71, 167, 198 f., 203, 237, 314 f., 340 f., 470 f., 711 Fn. 107 ff., 712 ff., 745, 747, 848, 1069, 1072, 1073
Schneider, Hans-Peter 130 Fn. 36, 133 Fn. 48, 134 Fn. 54, 135 Fn. 56, 136 Fn. 65, 138 Fn. 71, 139 Fn. 79, 140, 141 Fn. 89, 142 Fn. 94, 145 Fn. 108 und 111, 146 Fn. 118, 147 Fn. 123, 148 Fn. 125, 162, 195 Fn. 69, 333 Fn. 51, 340, 347 Fn. 162, 360 ff., 395, 435 Fn. 10, 441, 492, 597 Fn. 51 f., 704, 772 Fn. 53, 853, 856 f., 1061, 1069, 1082
Schneider, Jens-Peter 398 Fn. 118, 423 Fn. 176, 475, 631 Fn. 157, 662 Fn. 349, 691 Fn. 84, 1061, 1087
Schneider, Karsten 1061
Schneider, Peter 278, 284, 471, 593 f., 1061, 1075
Schniewind, Otto 844
Schnitzer, Monika 813 Fn. 82
Schnorr, Gerhard 249, 251, 441, 629 Fn. 141, 1061

Schnur, Roman 127 Fn. 21, 130 Fn. 36, 131 Fn. 38, 132 Fn. 42, 199, 279, 435 Fn. 10, 623 Fn. 99, 636 Fn. 188, 742 Fn. 55, 881, 1004 Fn. 64, 1061, 1075
Schöbener, Burkhard 1061
Schoenborn, Walther 82
Schoch, Friedrich 163 Fn. 50, 197 Fn. 81, 463, 611 Fn. 17, 616 Fn. 56, 655 Fn. 302, 659 Fn. 332, 661 Fn. 343, 685 Fn. 24, 691 Fn. 79 und 85, 848, 1061, 1070, 1085
Schöch, Heinz 962 Fn. 71
Schoen, Paul 570, 1061
Schön, Wolfgang 422 Fn. 173, 932
Schoenborn, Walther 106, 570, 1061
Scholler, Heinrich 127 Fn. 21, 132 Fn. 42, 143 Fn. 99, 348 Fn. 168, 1061
Scholz, Rupert 129 Fn. 29, 131, 132 Fn. 42, 134 Fn. 54, 135 Fn. 58, 136 Fn. 63, 147 Fn. 120, 200, 466, 531, 623 Fn. 98, 852, 856, 1061, 1069, 1079
Schönberger, Christoph 165 Fn. 67, 178, 379 Fn. 59, 435 Fn. 10, 476, 516, 655 Fn. 301 f., 374, 376 Fn. 47, 682 Fn. 9, 781 Fn. 96, 784 Fn. 116, 910 Fn. 5, 1061, 1089
Schönberger, Sophie-Charlotte 443, 604 Fn. 81, 808, 1061, 1092
Schöndorf-Haubold, Bettina 1061
Schorkopf, Frank 164 Fn. 54, 418 f., 469, 1061, 1070, 1089
Schott, Markus 1061
Schranil, Rudolf 247 f., 1061
Schreiber, Hans-Ludwig 962 Fn. 71
Schröder, Gerhard 396
Schröder, Meinhard jun. 1012 Fn. 143, 1061
Schröder, Meinhard sen. 147, 148 Fn. 125, 462, 956, 1012 Fn. 143, 1061, 1084
Schröder, Ulrich Jan 1061
Schroeder, Werner 1061
Schubert, Mathias 1061
Schuch, Josef 422 Fn. 170
Schücking, Walther 24, 568, 830
Schüle, Adolf 84 f., 99, 101, 103, 106, 198, 471, 684 Fn. 24, 700 Fn. 17, 709, 742, 848, 885 Fn. 59, 1061, 1069, 1072
Schuler-Harms, Margarete 335 f., 476, 808, 860, 1061, 1090
Schüler-Springorum, Horst 962 Fn. 71
Schulev-Steindl, Eva 253, 1061
Schulte, Martin 442, 675, 1061, 1087
Schulz, Wolfgang 1061
Schulze-Fielitz, Helmuth 155, 160, 173, 177, 181, 286 Fn. 88, 413 f., 474, 609 Fn. 6, 682 Fn. 9, 683 Fn. 18, 684 Fn. 24, 757 Fn. 27, 781, 799, 809, 811 Fn. 69, 920 f., 996 Fn. 3, 1006 Fn. 86, 1061, 1070, 1085
Schulze-Osterloh, Joachim 422 Fn. 173
Schünemann, Bernd 958
Schuppert, Gunnar Folke 40, 136 Fn. 65, 138 Fn. 71, 139 Fn. 77, 140, 144 Fn. 106, 145 Fn. 108 und 111, 146 Fn. 115 und 118, 155, 412 f., 473, 649 Fn. 273, 651 Fn. 282, 652 Fn. 290, 654 Fn. 298, 676, 678 Fn. 81, 786, 809, 888 f., 1006 Fn. 88, 1061, 1070, 1082
Schwabe, Jürgen 138 Fn. 71, 139 Fn. 79, 141 Fn. 91, 1061
Schwartmann, Rolf 1061
Schwarz, Kyrill-Alexander 1061
Schwarze, Jürgen 147 Fn. 123, 1061
Schwarzer, Stephan 1062
Schweitzer, Michael 163 Fn. 45, 285 Fn. 88, 367 f., 474, 563, 578 Fn. 70, 1062, 1084
Schweizer, Rainer J. 145 Fn. 111, 286 Fn. 89, 287 Fn. 95, 288 Fn. 105, 464, 474, 687 Fn. 35, 767 Fn. 40, 1062, 1084, 1087
Schwenzer, Ingeborg 934
Schwerdtfeger, Angela 811, 860, 1012 Fn. 143, 1062
Schwerdtfeger, Gunther 1012 Fn. 143, 1062
Schwind, Fritz 927
Schwinge, Erich 84, 838, 844, 847, 954, 1062
Scupin, Hans Ulrich 69, 84, 128 Fn. 25, 618 Fn. 72, 844, 1062, 1069
Seckelmann, Margrit 1062
Seer, Roman 178 Fn. 164, 420 Fn. 159, 422 Fn. 172, 686 Fn. 28, 1062
Seewald, Otfried 1062
Seferovic, Goran 1062
Seibert-Fohr, Anja 863, 1062
Seidel, Gerd 1062
Seidler, Gustav 247, 1062
Seidl-Hohenveldern, Ignaz 249, 861, 1062
Seifert, Jürgen 736
Seiler, Christian 107 Fn. 83, 410 f., 442, 860, 1062, 1091
Selmer, Peter 127 Fn. 21, 129 Fn. 33, 134 Fn. 50, 136 Fn. 65, 137 Fn. 67, 141 Fn. 89 und 91, 144 Fn. 104 und 106, 196 Fn. 73, 415 f., 473, 603 Fn. 78, 1062, 1084
Seyß-Inquart, Arthur 840
Shirvani, Foroud 1062

Sieckmann, Jan-Reinhard 346 Fn. 151, 1062
Siedentopf, Heinrich 134 Fn. 54, 140 Fn. 86, 1062
Siegel, Thorsten 1062
Siehr, Angelika 164 Fn. 58, 443, 656 Fn. 316, 450 Fn. 57, 808, 826 Fn. 137, 1062, 1092
Sieker, Susanne 422 Fn. 173
Siekmann, Helmut 1062
Simon, Helmut 445
Silagi, Michael 1062
Simma, Bruno 253
Simon, Sven 1062
Simons, Walter 49
Simson, Werner von 128 Fn. 25, 138 Fn. 71, 326 ff., 348 Fn. 164, 472, 574 Fn. 44, 635 Fn. 163, 747, 776 Fn. 77, 777, 839, 881, 1062, 1077
Skouris, Wassilios 154, 863, 1062
Smeddinck, Ulrich 1062
Smend, Rudolf 12, 23 ff., 33, 34, 36, 40, 47 ff., 55, 76, 99 f., 109 f., 117, 204, 241, 275, 432, 435 Fn. 10, 437 Fn. 17, 441, 444 Fn. 25 und 28, 445, 447 Fn. 51, 455 ff., 498 f., 506, 570, 587, 592, 699 Fn. 7, 701 f., 706, 769 Fn. 43, 770 f., 830, 834, 838, 848, 871, 873, 879, 976, 993 f., 1002, 1062, 1069, 1071
Sobota, Katharina 804
Sodan, Helge 398 Fn. 117, 400 Fn. 134, 423 Fn. 176, 463, 857, 1062, 1087
Soell, Hermann 128 Fn. 25, 130 Fn. 36, 131 Fn. 40, 132 Fn. 42, 133 Fn. 48, 134 Fn. 54, 135 Fn. 58, 136 Fn. 63 und 65, 137 Fn. 67, 138 Fn. 74, 140 Fn. 86, 141 Fn. 89 und 91, 143 Fn. 99, 145 Fn. 111, 1062
Sohm, Rudolf 384
Söhn, Hartmut 1062
Sombart, Werner 382 Fn. 3
Somek, Alexander 165 Fn. 71, 477, 655 Fn. 304, 956 Fn. 29, 1062, 1092
Sommermann, Karl-Peter 468, 826 Fn. 137, 1062, 1070, 1087
Spanner, Hans 248, 255, 257, 259, 268 Fn. 154, 465, 620 Fn. 87, 625 Fn. 107, 668, 684 Fn. 24, 741, 840, 890 Fn. 85, 1062, 1069, 1073
Spannowsky, Willy 1062
Speer, Albert 837, 843
Spiecker genannt Döhmann, Indra 332 Fn. 45, 465, 661 Fn. 344, 662 Fn. 350, 783 Fn. 114, 808, 1063, 1091
Spiegel, Ludwig 247 f., 1063
Spies, Caroline 422 Fn. 170
Spilker, Bettina 254, 1063
Spranger, Tade Matthias 1063
Spyri, Johanna 297
Staff, Ilse 72, 123, 135 Fn. 61, 138 Fn. 71, 141 Fn. 89, 143 Fn. 99, 239, 114, 667 Fn. 18, 803 f., 960, 1063
Stahn, Carsten 1063
Stanka, Rudolf 248, 408, 421, 1063
Starck, Christian 131, 134 Fn. 54, 135 Fn. 56, 138 Fn. 71, 139 Fn. 77, 141 Fn. 91, 144 Fn. 104, 145 Fn. 108 und 111, 148, 179 Fn. 165, 196 Fn. 73, 226 Fn. 66, 287 Fn. 103, 290 Fn. 126, 295 Fn. 161, 367, 466, 473, 488 Fn. 60, 573 Fn. 43, 603 Fn. 78, 699 Fn. 8, 728 f., 732, 853, 857, 956 Fn. 33, 1063, 1069, 1070, 1079, 1084
Staringer, Claus 422 Fn. 170
Starski, Paulina 254, 1063
Steiger, Dominik 1063
Steiger, Heinhard 131 Fn. 40, 132 Fn. 42, 136 Fn. 63, 140 Fn. 84, 141, 144 Fn. 104, 145 Fn. 111, 146 Fn. 115 und 118, 147 Fn. 120, 435 Fn. 10, 441, 459, 487 Fn. 50, 449, 493 Fn. 96, 560, 803 Fn. 32, 1063, 1082
Stein, Ekkehart 745, 1063
Stein, Katrin 1063
Stein, Lorenz von 674
Stein, Torsten 130 Fn. 36, 285 Fn. 88, 367 f., 474, 563, 578 Fn. 70, 1063, 1084
Steinbach, Armin 1063
Steinberg, Georg 953 Fn. 11
Steinberg, Rudolf 136 Fn. 63, 141 Fn. 89 und 91, 144 Fn. 106, 145 Fn. 111, 146 Fn. 118, 149 Fn. 132, 494, 682 Fn. 9, 803, 1063
Steinberger, Helmut 123 Fn. 4, 147, 318 Fn. 74, 467, 577 Fn. 68, 578 Fn. 70, 852, 1063, 1084
Steiner, Udo 139 Fn. 79, 140, 394 Fn. 81, 462, 600 Fn. 65, 860, 1063, 1082
Steinhauer, Fabian 1063
Steiniger, Peter Alfons 87, 93, 106, 705
Stelkens, Ulrich 232 Fn. 114, 476, 616 Fn. 56, 645 Fn. 249, 662 Fn. 350, 684 Fn. 24, 688 Fn. 41 und 43, 690 Fn. 66 und 69, 692 Fn. 101, 693 Fn. 109, 1063, 1089
Stelzer, Manfred 252 Fn. 26, 1063
Stender-Vorwachs, Jutta 1063
Stern, Klaus 125 Fn. 10, 128 Fn. 25, 130 Fn. 36, 131 Fn. 38, 133 Fn. 48, 138 Fn. 71, 141 Fn. 89, 142 Fn. 94, 144 Fn. 104, 145 Fn. 108, 147

Fn. 120, 258 Fn. 87, 340, 471, 515 f., 597 Fn. 50, 612 Fn. 21, 629 Fn. 137, 630 Fn. 145, 636 Fn. 189, 666 Fn. 5, 685 Fn. 24, 747 Fn. 78, 781 Fn. 100, 802 Fn. 29, 853, 1063, 1069, 1075
Stettner, Rupert 142 Fn. 94, 143 Fn. 99, 146 Fn. 115, 345, 349, 1063
Stier-Somlo, Fritz 7, 12, 24, 32, 44, 76, 213, 274 Fn. 4, 385, 437 Fn. 17, 470, 567 ff., 617 Fn. 65, 690 Fn. 62, 830, 833, 864, 1063, 1069, 1071
Stober, Rolf 1063
Stock, Martin 1063
Stödter, Rolf 69, 109, 699 Fn. 10, 1063
Stöger, Karl 252, 1063
Stoll, Gerold 253 Fn. 32, 422 Fn. 170
Stoll, Peter-Tobias 1063
Stolleis, Michael 73, 118, 141, 142 Fn. 94, 153, 169 ff., 173, 175, 285 Fn. 88, 337 Fn. 82, 339, 351 Fn. 189, 352 Fn. 191 und 195, 383 f., 473, 484, 582, 668, 724 ff., 776, 806, 831, 877, 920, 959 Fn. 53, 1063, 1082
Stolzing, Walther von 1007 Fn. 93
Stolzlechner, Harald 149 Fn. 132, 252 Fn. 26, 1063
Storr, Stefan 1063
Straßburger, Benjamin 1063
Strasser, Gregor 834
Strauß, Franz Josef 848
Strauß, Walter 107
Streicher, Julius 843
Streinz, Rudolf 288 Fn. 105, 446 Fn. 46, 611 Fn. 18, 624 Fn. 103, 692 Fn. 105, 1063, 1086
Strisower, Leo 247, 568
Strupp, Karl 570, 831, 833, 839, 1063
Stuckart, Wilhelm 63
Stumpf, Christoph 1064
Suerbaum, Joachim 1064
Suhr, Dieter 132 Fn. 42, 133 Fn. 48, 134 Fn. 52, 136 Fn. 63, 138 Fn. 74, 139 Fn. 77, 145 Fn. 108 und 111, 146 Fn. 115 und 118, 852, 1064
Suzuki, Hidemi 154, 910 Fn. 4, 1064
Sydow, Gernot 164 Fn. 58, 270 Fn. 169, 443, 450 Fn. 57, 656 Fn. 316, 826 Fn. 137, 1064, 1092

Takada, Atsushi 910 Fn. 5
Talmon, Stefan 1064
Tanaka, Jiro 911
Tappe, Henning 1064
Tatarin-Tarnhayden, Edgar 48, 76, 87 ff., 102 ff., 109, 702 Fn. 28, 703, 710, 713, 716 ff., 831, 1064
Teltschik, Horst 531
Tettinger, Peter Josef 398 Fn. 118, 423 Fn. 176, 468, 631 Fn. 157, 857, 1064, 1087
Teubner, Gunther 932 Fn. 70
Tezner, Friedrich 247 f.
Thiel, Markus 1064
Thielbörger, Pierre 1064
Thiele, Alexander 1064
Thiemann, Christian 1064
Thieme, Werner 127 Fn. 23, 131 Fn. 38, 132 Fn. 42, 134 Fn. 54, 139 Fn. 79, 140 Fn. 86, 141 Fn. 91, 143 Fn. 99, 146 Fn. 118, 148 Fn. 125, 199, 204, 249, 318 Fn. 71, 471, 551 ff., 580 Fn. 81, 678 Fn. 81, 744 f., 848, 853, 1064, 1069, 1074
Thienel, Rudolf 252, 861 f., 1064
Thoma, Richard 7, 22, 24, 33, 34, 40, 45, 78, 85, 117, 234 Fn. 125, 314, 326, 354, 437 Fn. 17, 548 Fn. 11, 568, 570, 588, 702, 764 Fn. 32, 838, 873 ff., 1064, 1069, 107,
Thürer, Daniel 143 Fn. 99, 147, 281, 285 Fn. 87, 286 Fn. 91, 287 Fn. 98, 288 Fn. 104, 297, 301 Fn. 198 und 200, 318 Fn. 74, 374 Fn. 40, 379 Fn. 61, 456, 467, 511, 577 Fn. 68, 578 Fn. 70, 581, 850, 858, 862, 1001 Fn. 40, 1064, 1070, 1084
Thurn, John Philipp 788
Thurnherr, Daniela 1064
Thym, Daniel 401, 465, 575 Fn. 51, 647 Fn. 266, 691 Fn. 80, 692 Fn. 103, 1064, 1091
Tiedemann, Klaus 954 Fn. 13
Tietje, Christian 370, 377, 468, 860, 1064, 1088
Tipke, Klaus 422 Fn. 168
Tomuschat, Christian 129 f. Fn. 29 und 33, 133 Fn. 48, 134, 135 Fn. 56 und 61, 138 Fn. 71, 141 Fn. 89, 143 Fn. 101, 144 Fn. 104 und 106, 147, 206, 287 Fn. 97, 318 Fn. 73, 366, 447 Fn. 51, 466, 473, 520 Fn. 9, 534, 538 f., 559, 570, 575 Fn. 47, 577 f., 580 Fn. 83, 581, 855 f., 886 Fn. 65, 1064, 1069, 1080, 1083
Towfigh, Emanuel V. 1064
Traulsen, Christian 1064
Triepel, Heinrich 5 ff., 13, 44, 54 f., 184, 186 f., 190 f., 197, 210 f., 212 Fn. 173, 245 f., 274 f., 289, 305 ff., 337 Fn. 82, 338, 356, 388 f., 435 Fn. 11, 437 Fn. 17, 455 f., 465, 486, 567 ff., 582, 587, 589, 700, 769 Fn. 43, 830, 833 f., 838, 871, 976 f., 984, 1030 Fn. 296, 1064, 1069, 1071

Troeltsch, Ernst 24
Trute, Hans-Heinrich 163 Fn. 50, 176 Fn. 145, 197 Fn. 82, 463, 692 Fn. 91, 857, 1064, 1085
Trzaskalik, Christoph 137 Fn. 67, 139 Fn. 79, 148 Fn. 125, 422 Fn. 172, 1064
Tsatsos, Dimitris Th. 854, 858, 1064
Tschannen, Pierre 288 Fn. 111
Tschentscher, Axel 477, 579 Fn. 74, 903 Fn. 36, 1064, 1091

Uber, Giesbert 1064
Uebersax, Peter 1064
Uerpmann-Wittzack, Robert 355 Fn. 301, 1064
Uhle, Arnd 179 Fn. 165, 860, 1064
Uhlmann, Felix 1064
Ukai, Nobushige 911
Ulbricht, Walter 842
Ule, Carl Hermann 69, 70, 72, 106, 132 Fn. 42, 461, 594 Fn. 32, 609 Fn. 7, 610 Fn. 17 und 21, 619 Fn. 79, 670 f., 684 Fn. 24, 709, 838, 910 Fn. 2, 1064, 1073
Ullrich, Norbert 1064
Ulmer, Peter 932 Fn. 70
Umbach, Dieter C. 1064
Unger, Sebastian 1065
Ungern-Sternberg, Antje von 1065
Unruh, Georg Christoph von 128 Fn. 27, 132 Fn. 42, 194, 466, 689 Fn. 45, 1065, 1076
Unruh, Peter 1065

Vallender, Klaus 301 Fn. 198, 858, 863, 1065
Valta, Matthias 422 Fn. 172, 1065
Vašek, Markus 1065
Veblen, Thorstein 997
Vedder Christoph 147 Fn. 120 und 123, 1065
Vékás, Lajos 937
Verdross, Alfred 247, 253, 568
Verrel, Torsten 962 Fn. 71
Vervier, Heinrich 1065
Vesting, Thomas 318 Fn. 78, 475, 578 Fn. 71, 1065, 1087
Vismann, Cornelia 1065
Vitzthum, Wolfgang Graf 144, 285 Fn. 88, 342 Fn. 125, 365 f., 378 Fn. 56, 467, 574 Fn. 44, 576, 638 Fn. 202, 1065, 1083
Voegelin, Eric 773 Fn. 57
Vogel, Emanuel Hugo 247
Vogel, Joachim 958
Vogel, Klaus 125, 127 Fn. 21 und 23, 129 Fn. 29, 130 Fn. 36, 131 Fn. 38 und 40, 132 Fn. 42, 133 Fn. 48 und 50, 134 Fn. 52, 136 Fn. 63 und 65, 137 Fn. 67, 138 Fn. 71 und 74, 139 Fn. 77, 140 Fn. 84, 143 Fn. 99 und 101, 144 Fn. 106, 145 Fn. 108, 146 Fn. 118, 147 Fn. 121, 148 Fn. 125, 178 Fn. 164, 194 Fn. 55, 334, 351 Fn. 186, 425, 458, 461, 534, 581, 619 Fn. 76, 622 Fn. 94, 658 Fn. 326, 725, 727, 739, 742, 781 Fn. 100, 1065, 1069, 1076
Vogel, Stefan 1065
Voigt, Alfred 175 Fn. 131, 471, 699 Fn. 10, 1065, 1072
Volkmann, Uwe 165 Fn. 66, 232 Fn. 113, 333 Fn. 51, 342 Fn. 127, 351 Fn. 185, 464, 609 Fn. 7, 663 Fn. 354, 782 Fn. 106 und 108, 1065, 1070, 1088
Vöneky, Silja 1065
Voscherau, Henning 856
Vosgerau, Ulrich 1065
Voßkuhle, Andreas 176 Fn. 145, 196 Fn. 78, 197 Fn. 81, 468, 632 Fn. 158, 652 Fn. 293, 676, 827 Fn. 142, 859, 1003 Fn. 56, 1026, 1065, 1086

Wacke, Gerhard 422 Fn. 172, 1065
Waechter, Kay 476, 692 Fn. 92, 1065, 1090
Wagener, Frido 134 Fn. 54, 135, 139 Fn. 79, 472, 620 Fn. 87, 636 Fn. 191, 670, 678, 1065, 1080
Wagner, Eva Ellen 1065
Wagner, Gerhard 921 Fn. 9, 930 Fn. 57 f., 938
Wagner, Heinz 411 f., 466, 776, 885 Fn. 59, 1065, 1077
Wagner, Richard 1006 f.
Wahl, Rainer 136 Fn. 65, 138 Fn. 74, 139, 142 Fn. 94 und 97, 144 Fn. 104 und 106, 146 Fn. 118, 149 Fn. 132, 141 Fn. 91, 143 Fn. 99, 195 Fn. 69, 466, 626 Fn. 122, 651 Fn. 286, 658 Fn. 330, 678 Fn. 81, 775, 778 Fn. 88, 954 Fn. 13, 1065, 1082
Waldecker, Ludwig 404 Fn. 3, 428, 1065
Waldhoff, Christian 166 Fn. 73, 371, 376 Fn. 49, 416 f., 419, 475, 516, 826 Fn. 137, 1065, 1070, 1088
Waldmann, Bernhard 1065
Wall, Heinrich de 516, 1065
Wallerath, Maximilian 144 Fn. 106, 145 Fn. 111, 857, 1065
Wallrabenstein, Astrid 371 f., 464, 631 Fn. 153, 808, 810, 827 Fn. 142, 860, 1001 Fn. 44, 1065, 1090

Walter, Christian 164 Fn. 55, 333 ff., 464, 575 Fn. 51, 578 Fn. 72, 777 Fn. 83, 1065, 1070, 1090
Walter, Robert 128, 136 Fn. 65, 249, 251 f., 256 f., 259, 269, 285 Fn. 87, 352 Fn. 195, 472, 635 Fn. 184, 685 Fn. 24, 857, 1065, 1078
Walz, Ernst 1065
Walz, Gustav Adolf 568, 837 f., 1065
Wapler, Friederike 165 Fn. 70, 443, 493, 808, 826 Fn. 137, 1065, 1092
Warncke, Friedrich 1066
Wassermann, Rudolf 812
Watanabe, Sotaro 910 Fn. 6
Weber, Albrecht 145 Fn. 108, 147 Fn. 120, 489 Fn. 72, 1066
Weber, Karl 252 Fn. 26, 1066
Weber, Max 24, 311, 313, 382 Fn. 3, 973, 977, 982, 994, 1001, 1015, 1022
Weber, Teresa 1066
Weber, Werner 69, 71, 72, 80, 82, 87 ff., 96, 104, 106, 110, 117, 227, 277 ff., 335, 421, 461, 471, 500 f., 517, 522, 611 Fn. 21, 620 Fn. 80, 630 Fn. 145, 669, 678 Fn. 79 und 81, 685 Fn. 24, 699 Fn. 10, 717, 719 ff., 742, 748, 848, 1066, 1069, 1072, 1075
Weber-Dürler, Beatrice 123, 148, 155, 195 Fn. 71, 239, 281, 285 Fn. 87, 287 Fn. 100, 295 Fn. 161, 435 Fn. 11, 442, 804, 807, 809, 816, 858, 1066, 1070, 1085
Wegener, Bernhard W. 442, 689 Fn. 50, 690 Fn. 64 und 70, 998 Fn. 22, 1066, 1091
Wehner, Herbert 851
Wehr, Matthias 1066
Wehrhahn, Herbert 198, 471, 502, 848, 1066, 1073
Weides, Peter 142 Fn. 97, 1066
Weiß, Norman 1066
Weiß, Wolfgang 155 Fn. 19, 1066
Weizsäcker, Richard von 221 Fn. 43, 534, 562
Welti, Felix 860, 1066
Wendel, Mattias 1066
Wendt, Rudolf 857, 1066
Wenger, Karl 128 Fn. 25 und 27, 129 Fn. 33, 132 Fn. 42, 133 Fn. 48, 136 Fn. 63 und 65, 142 Fn. 94 und 97, 144 Fn. 104 und 106, 145 Fn. 111, 194 Fn. 62, 250, 260, 365, 383 Fn. 6, 598 Fn. 55, 641 Fn. 219, 649 Fn. 276, 687 Fn. 34, 1066, 1081
Wengler, Wilhelm 90, 103, 105, 107, 119, 848, 1066
Wenzel, Max 84, 455, 470, 568, 834, 1066, 1071
Werner, Fritz 163, 894, 1066
Wernsmann, Rainer 422 Fn. 172, 1066
Wertenbruch, Wilhelm 1066
Weschpfennig, Armin von 1066
Wesel, Uwe 117
Wessely, Wolfgang 1066
Westermann, Harm Peter 927, 932 Fn. 70, 941 Fn. 118
Westermann, Harry 922 Fn. 16, 939 Fn. 101
Wewer, Göttrik 678
Weyl, Richard 384
Wieacker, Franz 925, 928, 935 Fn. 83
Wiater, Patricia 1066
Wiederin, Ewald 252 Fn. 27, 255, 268 Fn. 149, 398 Fn. 116, 400 Fn. 142, 423 Fn. 176, 463, 861, 1011 Fn. 129, 1066, 1070, 1087
Wieland, Joachim 146 Fn. 118, 148 Fn. 125, 149 Fn. 132, 398 Fn. 115, 400, 463, 860, 1066, 1070, 1085
Wielinger, Gerhart 131 Fn. 40, 134 Fn. 54, 138 Fn. 71, 141 Fn. 91, 142 Fn. 94, 144 Fn. 106, 146 Fn. 115, 250, 285 Fn. 87, 861, 1066
Wieser, Bernd 252 Fn. 28, 857, 1066
Wilburg, Walter 927
Wildhaber, Luzius 136 Fn. 63, 147 Fn. 123, 163 Fn. 45, 166 Fn. 73, 194 Fn. 62, 260, 286 Fn. 89, 301 Fn. 198, 318 Fn. 75, 383 Fn. 6, 474, 575 Fn. 50, 641 Fn. 219, 687 Fn. 34 f., 854, 858 f., 862, 1066, 1081, 1085
Wilhelmine Prinzessin von Preußen 4
Wilke, Dieter 130 Fn. 36, 133 Fn. 50, 135 Fn. 58, 137 Fn. 67, 138 Fn. 74, 139 Fn. 79, 140 Fn. 86, 141 Fn. 91, 1066
Will, Martin 1066
Will, Rosemarie 155 Fn. 19, 855 ff., 1066
Wilms, Heinrich 1066
Wimmer, Andreas W. 1066
Wimmer, Norbert 140, 250, 260, 286 Fn. 89, 301 Fn. 198, 383 Fn. 6, 462, 853, 858, 861, 1066
Windbichler, Christine 934
Windoffer, Alexander 1066
Windthorst, Kay 1067
Winkler, Daniela 1067
Winkler, Günther 125, 127 Fn. 23, 128 Fn. 27, 134 Fn. 52, 249 f., 253 Fn. 31, 255, 257, 259, 267 Fn. 149, 268 Fn. 151 ff., 285 Fn. 87, 461, 629 Fn. 140, 665, 744, 1067, 1069, 1076

Winkler, Markus 1067
Winkler, Roland 1067
Winter, Gerd 659 Fn. 332, 1067
Winterhoff, Christian 1067
Winzeler, Christoph 1067
Wirth, Joseph 192, 312
Wischmeyer, Thomas 1067
Wißmann, Hinnerk 378 Fn. 55, 469, 516, 616 Fn. 56, 617 Fn. 61, 661 Fn. 341 f., 662 Fn. 347, 1067, 1090
Wittig, Peter 1067
Wittinger, Michaela 1067
Wittmann, Heinz 1067
Wittmayer, Leo 247, 274 Fn. 4, 1067
Wittreck, Fabian 476, 1067, 1090
Wittschieben, Otto 247
Wolf, Joachim 1067
Wolff, Hans Julius 59, 72, 471, 618 Fn. 71, 668, 674, 685 Fn. 24, 708 Fn. 87, 716 f., 839, 1018, 1067, 1069, 1072
Wolff, Heinrich Amadeus 166 Fn. 76, 478, 1067, 1093
Wolff, Johanna 1012 Fn. 143, 1067
Wolfrum, Rüdiger 166 Fn. 73, 318 Fn. 75, 447 Fn. 51, 474, 575 Fn. 50, 859, 1067, 1085
Wolgast, Ernst 96, 568, 570, 843, 1067
Wollenschläger, Ferdinand 469, 616 Fn. 56, 683 Fn. 15, 684 Fn. 24, 691 Fn. 73, 692 Fn. 107, 1067, 1091
Wollenschläger, Michael 1067
Wolter, Henner 1067
Wurmbrand, Norbert 247, 1067
Würtenberger, Thomas 155 Fn. 19, 468, 627 Fn. 123, 685 Fn. 24, 690 Fn. 65, 691 Fn. 78, 1067, 1085
Wutscher, Claudia 1067
Wyduckel, Dieter 1067
Wyss, Martin 1067

Yamanouchi, Ichiro 910 Fn. 6

Zacher, Hans F. 125, 127 Fn. 21 und 23, 129 Fn. 29 und 33, 130 Fn. 36, 131 Fn. 38 und 40, 132 Fn. 42, 134 Fn. 52 und 54, 135 Fn. 56, 58 und 61, 136 Fn. 63 und 65, 137 Fn. 67, 138 Fn. 71 und 74, 139 Fn. 77 und 79, 140 Fn. 84 und 86, 141 Fn. 89 und 91, 143 Fn. 99 und 101, 144 Fn. 106, 145 Fn. 108, 146 Fn. 118, 147 Fn. 123, 149 Fn. 132 und 134, 228, 230, 232 Fn. 114, 331, 457, 466, 598 Fn. 56, 625 Fn. 110, 629 Fn. 138, 630 Fn. 144, 632 Fn. 162, 682 Fn. 9, 687 Fn. 32, 739, 747, 882, 1067, 1069, 1076
Zeh, Wolfgang 140 Fn. 86, 142 Fn. 94, 144 Fn. 104, 145 Fn. 111, 352 Fn. 194, 1067
Zeidler, Karl 441, 611 Fn. 21, 621 Fn. 89, 670, 684 Fn. 24, 1067, 1074
Zeuner, Albrecht 926
Zezschwitz, Friedrich von 1067
Zieger, Gottfried 134 Fn. 52, 135 Fn. 61, 1067
Ziegler, Andreas R. 1067
Ziekow, Jan 164 Fn. 51, 398 Fn. 122, 476, 661 Fn. 345, 1067, 1090
Ziemske, Burkhard 1068
Ziller, Jacques 908, 1068
Zimmer, Gerhard 1068
Zimmermann, Andreas 863, 1068
Zimmermann, Reinhard 930 Fn. 57 f.
Zippelius, Reinhold 130 Fn. 36, 134 Fn. 54, 139 Fn. 77, 144, 399 Fn. 123, 435 Fn. 11, 441, 488 ff., 1068, 1083
Zitelmann, Ernst 572
Zitzelsberger, Heribert 1068
Zöllner, Wolfgang 921 Fn. 8, 924 Fn. 28, 926 f., 933 Fn. 70, 939 Fn. 101
Zorn, Philipp 567, 570, 572, 1068
Zürcher, Paul 845
Zuleeg, Manfred 129 Fn. 29, 130 Fn. 36, 131 Fn. 38, 133 Fn. 50, 135 Fn. 56 und 61, 139 Fn. 79, 141 Fn. 91, 143 Fn. 99 und 101, 144 Fn. 104, 147 Fn. 123, 166 Fn. 73, 334, 467, 855, 1068, 1084
Zwirner, Henning 879

Sachregister

Abgabenordnung 405 f., 427
Abgabenrecht 404, 416
Abschlussabend 158, 223
Abwägungsmangel 691
Affäre Guttenberg 167, 172, 946
Affirmative action 491 f.
Agenda 2010 396
Akademie für Deutsches Recht 54, 63
Akademien der Wissenschaft 813, 987
Akademische Umgangsformen 235 f., 241 f.
Allgemeine Staatslehre 197 ff., 551, 760
Allgemeines Verwaltungsrecht 624, 630, 654, 662, 690, 895
– und Abgabenordnung 406, 427
– und Europarecht 644, 691 f.
– und Sozialrecht 629
– und Verfassungsrecht 689
Allgemeinheit des Gesetzes 481
Allgemeinverfügung 690
Alternativ-Entwürfe, gesetzespolitische 962
Altersstruktur 239
Amtstätigkeit 314
Anciennität 161, 242, 367, 1005
Anstalt, öffentlichrechtliche 142, 625
Antiliberalismus 867 ff., 875 f., 879 f., 883, 889
– Antwort auf die Industriemoderne 869
Antiparlamentarismus 873
Antipluralismus 26, 346
Antipositivismus 455, 871 ff., 877, 879
Antisemitismus 80, 88, 94, 105, 706, 869
Arbeitsförderung 389
Arbeitswillige 402
Arzneimittelzulassung in den USA 690
Assistententagung 170, 175, 180, 264, 816, 819, 898, 983, 990, 1026 ff.
– Podiumsdiskussion 1995 170, 175, 727, 730 f.
– Themenstellungen 1026
Asylsuchende 401
– Sozialer Teilhabeanspruch 691
Aufklärungstradition 870
Aufmerksamkeitsökonomie 231
Ausländer 129, 333 ff., 575, 692
Ausländer- und Asylrecht 647
– Staatliche Integrationspolitik 691
Ausnahmezustand 309 f., 872
Außenpolitik 316, 561, 846, 868
– Regierungsinterne Koordinierung 692
Außerparlamentarische Opposition 733
Auswärtige Gewalt 315 f., 548, 550, 575 f.

Ballabend 223, 238
Bayerischer Senat 856
Beamtenethos 312
Beamtenrecht
– s. Berufsbeamtentum
Beamtenurteil 114 f.
Beamtinnen-Zölibat 796
Begleitaufsätze 233 f., 410, 513
Begleitprogramm der Jahrestagungen 158 ff., 223, 238, 820 ff.
– Herrenrede 1982 821 f.
Begleitpersonen 148, 159, 242
Begriffsjurisprudenz 406
Behindertenrechtsbewegung 494
Bellizismus 705
Berliner Universität 4 f., 25
Berufsbeamtentum 311 f., 321, 620
– Funktion 115, 311 f.
– Grundrechte 311
– Kontinuität nach 1945 113, 115 f., 668 f., 703, 741
– Neutralität 311
Berufsfreiheit 140 f.
Besonderes Gewaltverhältnis 406, 619 f., 629
Beurteilungsspielraum 131
Bildungsbürgertum 14, 15 f., 27
– Kulturelle Enteignung nach 1918 19
– Protestantisches 19
– Trägerschicht der Monarchie 14
Bismarckverfassung 15 ff., 20, 22, 993
Brokdorf-Entscheidung 779
Bürgerinitiativen 130, 142
Bund Freiheit der Wissenschaft 735
Bund Nationalsozialistischer Deutscher Juristen 54

Bundesgericht in der Schweiz 690
Bundesrat 368 f., 688
Bundesstaat 15, 16, 275, 293, 335 ff., 375 ff.
- Aufgabenverteilung 639
- Bundestreue 363, 377
- Begriffsbildung 377
- Europäischer 367
- und Europäische Union 370 f., 378 f., 416 f.
- Finanzausgleich 407, 415, 420
- und Finanzgewalt 407, 417, 423 f.
- Gemeinschaftsaufgaben 128, 363 ff., 424
  - Österreich 364
  - Schweiz 364
- Gesetzgebung 372 f.
- Gleichwertige Lebensverhältnisse 371, 373, 415, 419
- Gliedstaatliches Verfassungsrecht 365 ff.
  - Gemeindeutsches Verfassungsrecht 365 ff.
  - Österreich 365
  - Schweiz 366 f.
  - Verfassungsautonomie 365, 375
- Konfliktlösungen
  - durch die Justiz 359, 361
  - durch Verfahren 363, 639
- Kooperation der Länder 365, 639
- Legitimation 362 f.
- Leitbild 376
- Neugliederung 415
- Österreich 359 f., 376, 379
- als Risiko 377
- Schweiz 359, 366 f.
- Staatlichkeit der Kantone 366
- Staatlichkeit der Länder 358, 361, 367
- Unitarismus 122, 144, 308 f., 357 f., 360, 362, 369, 372 ff., 376, 429
- Verflechtung 128, 359, 369, 371, 416, 639
- Verträge zwischen Gliedstaaten 360 ff., 691 f.
  - Kantonale 361
  - Ministerkonferenzbeschlüsse 361
  - Staatsverträge 361
  - Verwaltungsabkommen 361
- und Verwaltungsrecht 638 ff.
- Vorrang des Bundesrechts 359 f.
- Zusammenwirken der Länder 359, 375
- s. a. Föderalismus
Bundessteuergesetzbuch 197
Bundesverfassungsgericht 112, 846
- Bezugnahmen auf VVDStRL 443 ff., 614
- als *democracy's guardian* 598
- Einzelfallkontrolle 599, 787
- Entscheidungen
  - Begründungen 597, 603
  - Bindungswirkungen 597, 603
  - Folgenorientierung 597
  - Obiter dicta 598
  - Verwissenschaftlichung 605
- und Europarecht 601 ff.
- und Fachgerichtsbarkeit 599 ff.
- Funktion 590, 690
- und Gesetzgeber 459, 598 ff.
- Gründungsleistung 846 f.
- Hüter der Verfassung 589, 591
- Impulsgeber für Tagungsthemen 451 f., 459, 488, 593
- Kompetenzen 590 f.
- Legitimation 597, 605
- als Oppositionsgericht 596
- Politische Kontrolle 598
- Rechtsprechung 139, 176, 353, 425, 459 f., 507, 514, 537, 593, 595 ff., 603, 614, 741, 779, 846
- Richterwahl 590
- Statusbericht 592
- Verfassungsbeschwerde 590
- s. a. Richter des BVerfG
Bundesverfassungsgerichtspositivismus 164, 210, 595, 603, 1002
Bundesverfassungsgesetz 1920 356
Bundeswehr 689

Call for Papers 985 f., 1004, 1028
China 319
Civil control 689
Common Law 1021
Corona-Pandemie 208, 640, 732

Daseinsvorsorge 386 f., 390 ff., 394, 652, 690, 731, 737 f.
Datenschutz 692
Debellatio-Theorie 519, 523 f., 528
DDR 142, 146 ff., 169, 206, 522 ff., 528 ff., 532, 535 ff., 541, 543, 561 f., 575, 577, 716, 726, 732, 806, 824, 855 f., 877, 890, 956
Demographischer Wandel 163, 398, 400, 509, 661
Demokratie 42 f., 66, 116, 135, 208, 307, 314
- Begriff 327 f., 331, 343 ff., 353, 373, 633 f., 747, 882

- Direkte 130, 288 f., 296, 301, 335 f., 346 ff., 350, 366, 368 f., 636 ff.
- Griechische 346 f.
- Ideale 345 ff., 349, 352
- Indirekte 335 f.
- Individualistischer Ausgangspunkt 347 ff.
- Kritik 326
- Krisenbefunde 325, 351 f.
- Liberale 840, 870
- Neuaufbau nach 1945 77, 89 f., 117, 589 ff., 668, 841 f.
- als Organisationsproblem 341 f., 347 ff., 353
- in Österreich 259, 288
- Parlamentarische 311, 675, 871, 882
- Partizipation 349, 352, 635, 768
- Plebiszitäre 335 f.
- Pluralistische 127, 240
- Prinzip 332, 369, 417, 598, 633 ff., 651, 680, 881 f.
- Problemschichten 329 ff.
- als Prozess 882 f.
- Rechtsstaatliche 312, 863
- Repräsentative 288, 336 ff., 341 f., 348
- Schweizer 288, 301, 327, 373, 849
- Streitbare 134, 846
- Staatsrechtlich 331
- als Tagungsthema 112 f., 288, 325 ff., 351, 747, 785, 881 ff.
- Verfassungsstaatliche 314
- und Verwaltung 621, 633 ff., 638, 651, 672
- Westliches Verständnis 634, 882
- Wettbewerbsordnung 332 f., 346 f.
- Wirklichkeitsbezug 322, 344 ff.

Demokratieverfassungsrecht 331, 340, 342, 344
Demokratisierung 733, 881
- der Gesellschaft 330 ff., 666
Demokratisierungseuphorie 113
Deregulierung 332, 648, 651, 861
Deutsche Forschungsgemeinschaft 19, 986
- Fachkollegienwahlen 217, 944
Deutsche Gesellschaft für Völkerrecht (DGVR) bzw. für Internationales Recht (DIR) 49 f., 177, 569 ff., 573 f., 579, 765, 983, 901
- Tagung 1949 77, 82, 699
Deutsche Sprache 182, 295 f., 767 f.
Deutsche Steuerjuristische Gesellschaft 178, 429, 765
Deutsche Teilung 135, 146 f., 148, 519 ff., 890
- und Europäisches Gemeinschaftsrecht 539 f., 562
- als staatsrechtliche Frage 522 ff., 533 ff.
- als völkerrechtliche Frage 523, 525 ff., 531 f., 534 f., 538 ff., 575

Deutsche Universität zu Prag 246, 248, 274, 453
Deutscher Hochschulverband 19, 812, 946
Deutscher Juristentag 29, 188, 209, 273, 298 f., 417, 420, 429, 973, 977 ff.
Deutschland
- Deutschlandvertrag 576
- Rechtsstatus nach 1945 519 ff.
- Souveränität 527
- Völkerrechtliche Lage 520

Deutschsprachigkeit
- Länder 209, 292, 356, 909, 917, 931, 948, 1030
- Staatsrechtslehre 28 f., 121 f., 126, 230, 264, 282, 284, 301, 327, 447, 893, 910
- Universitäten 29, 154, 179, 243, 248 f., 276 f., 281, 453, 711, 903, 907, 1008

Deutungskonflikte 343 ff., 353
Deutungsmonopol der Geisteswissenschaften 15 f.
Dezisionismus 42 f.
Digitalisierung 662, 884 f.
Diktatur 64, 66, 192, 201 f., 309 f., 388, 530, 618, 684, 709, 725, 739, 836 f., 840 f., 843, 845, 851, 854, 872 f.
Diskriminierung
- von Frauen 254, 480, 490, 492, 805, 809, 812, 817
- Politische 236
- Rassistische 62, 65, 480, 490, 840, 855
- Sexistische 480, 490
- Strukturproblem 490, 493
- Umgekehrte 491
- Uneheliche Kinder 823

Diskriminierungsschutz 455, 480, 484 f., 489, 493 f., 552, 662, 809, 824 ff., 858
Diversität 172, 239, 798, 826, 828
Drei-Elemente-Lehre 525, 528
Dreiklassenwahlrecht 16, 313
Drittwirkung von Grundrechten 366, 450, 595, 709, 787, 928

Echokammern, Gefahr von 244, 429
EGMR 137, 320, 453, 509, 602, 850, 855, 859, 863

Ehe und Familie 143, 449, 452, 458 ff., 487, 494, 750, 803
Ehrenvorsitz 80, 85, 145, 890
Eigentum 43, 449, 455, 572, 737, 886, 902
- und Besteuerung 137, 408 f., 421, 749
- Geistiges 648
- und räumliche Ordnung 689
- Sozialbindung 148 f.
Eingriffsverwaltung 394, 622, 630
Einheit des Öffentlichen Rechts 177, 219, 230, 289, 406, 428, 662, 689, 764, 830, 893, 898, 908, 970, 974, 989, 1018
- Institutionelle Trennung 112, 182, 219, 264 f., 557, 760 f., 902, 952
  - In Österreich 179, 181, 247 f., 568
Einheit der Rechtsordnung 406
Einheit der Verwaltung 144, 260, 625
Einigungsvertrag 562
Elfes-Urteil 592, 846
Elternrecht 500
Emanzipationsbewegung 494
Empfänge auf Jahrestagungen 159 f., 220 f., 234, 263, 927
- Ansprachen der Vorsitzenden 212
- durch Bundespräsidenten 221
- durch Ministerpräsidenten 220 f.
EMRK 269 f., 287 f., 320, 432, 452 f., 509, 850, 855, 859
- Verfassungsrang in Österreich 432, 849
Englisch als Wissenschaftssprache 182, 768, 937, 947, 1024
Enquête-Kommission zur Verfassungsreform 364 f.
Enthierarchisierung 173, 242 f., 374
Entnazifizierung 80, 84, 117, 669, 699, 704, 709, 842, 846 f.
Entschließungsermessen 619
Erinnerungskultur 224
Ermächtigungsgesetz 1933 835
Ermessen 131, 622, 629, 635, 654, 675, 689
Erster Weltkrieg 11, 18, 20, 22, 27, 32, 43, 64, 274, 572, 705, 868, 870 f.
Essener Gespräche zum Thema Staat und Kirche 178 f.
Etatistisches Denken 307, 321, 618, 770, 777, 785 f., 879, 885, 888
EuGH 318, 320, 397, 550, 557, 602 f., 643, 689, 855, 863
- und Bundesverfassungsgericht 137, 602 f.
- Costa/ENEL 557, 642
- *Effet utile* 644
- Nichtigkeitsklage 688
- Teleologische Interpretation 550
- Van Gend & Loos 144, 642
- und Vorratsdatenspeicherung 689
Europäische Gemeinschaften 546
- Grundrechtsbindung 552
- *Pouvoir constituant* der Mitgliedstaaten 550, 556
Europäische Integration 122, 147, 283 f., 301, 365, 546 ff., 550, 554 ff., 562 ff., 577, 601, 850, 854, 858, 863
- Diskussionsanfänge 132
- Funktionale Sichtweise 549
Europäische Kommission 945
- Durchführungsrechtsakte 688
Europäische Rechtsdogmatik 602
Europäische Union 367 f., 378, 426, 859
- Demokratische Legitimation 549, 554 ff., 558
- Ministerrat 688
- Rechtsanwendungsgleichheit 372 f.
- Rechtsetzung 370, 372 f.
- und Österreich 368, 563
- und die Schweiz 368, 379, 563
- Unionsgrundrechte 432, 452 f.
Europäische Verteidigungsgemeinschaft 546, 548 ff., 554
Europäischer Verfassungsverbund 564, 602
Europäisches Parlament 556
Europäisches Vertragsrecht 945
Europäisierung 301, 368, 565, 578, 582, 891, 913 f., 917
- der Finanzgewalt 415 ff.
- von Staatszwecken 560
- des Strafrechts 971
- des Verwaltungsrechts 546, 616, 632, 638, 642 ff., 648, 650, 653 f., 659, 688 f., 692
- des Zivilrechts 945, 947
Europarat 576
Europarecht 129, 134, 163, 181 f., 199, 243, 253, 263 ff., 270, 490, 540, 579, 581 ff., 760
- Allgemeine Grundsätze 644
- Anwendungsvorrang 318, 557, 602, 642 ff.
- Bedeutungswachstum 884
- Diskriminierungsverbote 493
- Finalstruktur 644
- Gemeinschaftsrechtskonforme Auslegung 602, 644
- Grundfreiheiten 691

- und nationales Recht 547, 551 ff., 582, 644 f., 760
- und Rechtsdogmatik 613
- Rechtsprechungspositivismus 270
- im Rechtsvergleich 684 ff., 688, 694
- als Spezialmaterie 557 f.
- Staatliche Bedingtheit 319
- Teleologische Auslegung 550
- als völkerrechtliche Frage 547 ff.
- Werdendes Verfassungsrecht 550
- Währungsunion 418
- und Wettbewerbsfreiheit 689
- s. a. Unionsgrundrechte
Europarechtswissenschaft 558, 601
European Society of International Law 586
Evangelische Kirche 502
Ewigkeitsgarantie des Art.79 III GG 311, 335, 364, 367, 553 f.

Fachgesellschaften, wissenschaftliche 6 ff., 18, 29, 173, 179, 216 ff., 235, 238, 243 f., 254, 760, 763, 765, 901, 947
- Deutsche Gesellschaft für Soziologie 813, 816, 825, 974, 977 f., 982, 987
- Deutsche Vereinigung für Politische Wissenschaft 814, 978, 980, 982, 987
- Entstehungsgeschichte 976 ff.
- in Frankreich 901 ff.
- Internationale Vereinigung für Rechts- und Sozialphilosophie 765, 977, 982
- Verband der Historiker und Historikerinnen 10, 18, 117, 813, 816, 825, 977 f., 982, 987
- Verein für Socialpolitik 10, 18, 385
- und Wissenschaftspolitik 978
Fachhochschulprofessoren 180, 937, 981
Fachgerichtsbarkeit 586, 599 f.
- Binnenrationalität 600
- Fachdogmatik 600 f.
Fakultätentag 746, 946, 980
Familie und Beruf 812
Familienrecht 486 f., 823
Federalism 357
Féderation International de Droit Européen (FIDE) 178
Feindstrafrecht 963
Feministische Rechtswissenschaft 815, 825 f.
Feministisches Dilemma 809
Finanzkrise 2009 418 f.
Finanzmärkte 418, 884
Finanzrecht 253, 264 f., 404 ff.
- Bedeutungswachstum 429
- Finanzverantwortung 420
- und Staats- und Verwaltungsrecht 404, 406
- Vorbild für andere Rechtsgebiete 427
- und Wirtschaftsordnungsrecht 411
Finanzverfassung 405 ff., 424 ff.
- Kompetenznormen 410, 417, 419
- Reform 419 f.
Flakhelfergeneration 739, 881
Flick-Affäre 339
Föderalismus 276, 286 f., 308 f., 321, 355 ff., 362 f., 373 ff., 573, 575 f., 744
- Begriff 357
- Bildungsföderalismus 371 f., 376, 424
- und Europäische Union 367 f., 554, 563
- Exekutivföderalismus 368, 639, 647, 768
- und Finanzrecht 405, 417, 423 f.
- Internationales Prinzip 362, 378, 573
- Kooperativer 424, 640
- und Parteienwesen 366
- Schweiz 296, 301, 368, 373, 379
- Wettbewerbsföderalismus 372, 376
- s. a. Bundesstaat
Föderalismusreform 369, 372
Formelkompromiss 343
Fortschrittsskepsis 869 ff., 884
Fragmentierungen im Öffentlichen Recht 153, 244, 435, 755, 793, 953, 985, 989
Fraktionsfinanzierung 340
Frankfurter Schule 773
Frankreich 7 f., 263, 454, 509, 689, 841
- *Association de droit constitutionnel* 901
- *Association francaise pour la recherche en droit administratif* 902
- *Concours d'agrégation de l'enseignement supérieur* 899 f.
- *Conseil constitutionnel* 896 ff.
- *Conseil d'Etat* 895, 898, 904, 906
- Diskussion auf Tagungen 901 ff., 905
- *Maîtres de Conférences* 898 f.
- Nachwuchssicherung 902
- Normenkontrolle 896 f.
- Öffentliches Recht
  - Europarecht 900, 905
  - Fachliche Spezialisierung 900, 904 f.
  - Praxisbezug 906 f.
  - Zahl der Wissenschaftler 899
- Société de la législation comparée 901
- Staatsorganisationsrecht 895

- Verfassung der V. Republik 896
- Verhältnis von Verfassungsrecht und Verwaltungsrecht 894 ff., 905
Frauen
- Sichtbare Gruppe 797, 809
- Zugang zu juristischen Berufen 796 f., 809, 815 f.
Frauenbewegung 486 f., 490, 493 f., 797
Frauenförderung 811, 814, 817, 819
Freiburger Schule 880
Fundamentalismus, religiöser 514

Geburtstage 222 f.
Gefährdungshaftung im öffentlichen Recht 195, 690 f.
Gefahrenabwehrrecht 619, 641, 657 ff.
Gefahrstoffrecht 692
Gemeinden 134, 334, 417, 424
Gemeinsame Verfassungskommission 196, 856
Gemeinwohl 139, 144, 332, 340, 635, 649, 653 f., 674 ff., 689, 777, 874, 882, 884
Gender-Forschung 814 f., 817, 825 ff.
Genehmigungsverfahren 136, 657
Gerechtigkeit 43, 268, 343, 392, 479, 481 f., 488, 594, 628, 710, 788, 873
- Einzelfallgerechtigkeit 601
- Generationengerechtigkeit 398
- Geschlechtergerechtigkeit 803
- Selbstgerechtigkeit 713
Germanistentage 976
Gesellschaft 321 f.
- als Bezugsgegenstand 786 f.
- Industriegesellschaft 14, 16, 241, 385, 738, 869, 880, 883
- Intermediäre Kräfte 322
- Nachkriegsgesellschaft 116, 876, 878
- Pluralistische 745
- Volatile 313, 322
- Wandel 241 f., 321 ff., 458 ff., 772, 775, 780, 848, 934, 994
- Willensbildung 312 f., 634
Gesellschaft für Europarecht 178
Gesellschaft für Rechtsvergleichung 178, 765, 901, 929, 935
Gesellschaft für Umweltrecht 765
Gesetzesbindung 131, 589, 674 ff.
- der Rechtsprechung 599 ff.
Gesetzesgestaltung 145
Gesetzesvollzug 373 f.
Gesetzesvorbehalt 511, 621, 675, 691, 745
Gesetzgebung 137 f., 307, 383 ff., 389 ff., 396, 402, 411, 413, 491, 596, 622, 688, 766
- als Forschungsgegenstand 758 f.
- Grenzen 308
- Klassengesetzgebung 485
- Kontrolle 598
- Steuergesetzgebung 410, 417, 420
- Verfassungsändernde 335
Gesetzgebungskompetenzen 316, 358, 417, 420
Gesetzgebungslehre 189, 210, 631, 760
Gesetzgebungsnotstand 314 f.
Gesetzgebungspflichten 359, 596
Gesetzliche Rentenversicherung 690
Gesetzmäßigkeit der Verwaltung 624, 889
Gesprächskreise 230, 433, 904, 985, 989
- Europäisches Verfassungsrecht 162, 243, 564, 573, 810
- Grundlagen des Öffentlichen Rechts 162, 182
- Verwaltung(slehre) 162, 201, 422, 564, 677 ff., 686, 810, 826
Gesundheitswesen 632, 661
Gewährleistungsstaat 632, 651 ff., 676
Gewährleistungsverantwortung 651 ff., 888
- Verantwortungs(ver)teilung 652
Gewährleistungsverwaltungsrecht 196, 653 ff.
Gewaltenteilung 316, 362, 377, 407, 425, 621, 790
Gewissen 481
- des demokratischen Gemeinwesens 998
Gewissensfreiheit 445, 449, 746 f.
Gleichbehandlungsgebote 480
Gleichheitssatz 144 f., 297, 479 ff.
- Allgemeiner 482, 485 f., 488
- im Bildungssystem 488, 490
- Diskriminierungsgefährdung 485
- Diskriminierungsschutz 480, 484, 489 f., 824
- Entwicklungsdynamik 480
- und Gerechtigkeit 479, 488
- Geschlechterparität 253 f.
- beim Gesetzesvollzug 373 f., 481, 493
- und Gesetzgeber 479
  - Bindung des Gesetzgebers 481 ff., 485 f.
- Gleichberechtigung nach Art. 3 II, III GG 486 f., 489 ff.
  - Differenzierungsverbot 489
  - Dogmatik 489, 491, 592

– Gleichstellungsauftrag 492, 823 f.
– Quotendiskussion 490 ff.
– Maßstäbe 486, 488
– Menschenrecht 479, 490
– und Personengruppen 485
– Rationalitätskontrolle 479
– Soziale Gleichheit 398
– im Steuerrecht 410, 425
– als Tagungsthema 287, 480 ff., 488 ff.
– Fehlanzeigen 486 f., 823 f.
– Tatsächliche Gleichheit 488
– Universalitätsanspruch 479 f.
– Willkürverbot 144, 488
– s. a. Diskriminierung; Rechtsgleichheit
Gleichheitsverständnis
– Formales 493, 495
– Materielles 491
– Komplexes 493, 495
Globalisierung 319, 884
– s. a. Internationaliserung
Globalsteuerung 407, 411 f., 884, 887
Go-In 999
Görres-Gesellschaft 501
Governance 371, 786
Großraumtheorie 731
Großvorhaben, planerische 636, 657
Gründung der VDStRL 1922 4 ff., 212, 273 f., 289
– Elitäres Para-Parlament 28, 31
– Erfolg 31 f.
– Gründungstagung 189, 197, 979
– Lagerbildung 31
– Neutralisierung der politischen Pluralität 25, 34, 116, 872
– Neutralisierung republikanischer Staatsrechtslehrer 25, 76, 830, 974
– Politische Motive 22 ff., 28, 30, 974
– Wissenschaftliche Motive 29
– Zeitpunkt 10 ff.
– s. a. Wiederbegründung
Grundgesetz
– als Gerechtigkeitsreserve 594, 600
– als Grund- oder Rahmenordnung 599, 604, 788
– Kritik 875
– als Wertordnung 747, 876
Grundgesetzjubiläum 559
Grundkonsens 596
Grundlagenvertrag 526 ff.
Grundnorm 308, 317, 319 ff.
Grundpflichten 139, 399, 449 f., 749, 886
Grundrechte
– Bedeutungswachstum 456, 881
– im Leistungsstaat 126 f., 456 ff.
– als objektives Recht 409
– als Tagungsthema 113, 287, 431 ff., 437 ff., 447 ff.
– s. a. Soziale Grundrechte; Wertordnungsrechtsprechung
Grundrechtsdogmatik 176, 287, 291, 425, 431, 434, 436, 450 ff., 457 f., 592
– Ausweg aus ideologischen Konflikten 750 f.
– Konstitutionalisierung 366
Grundrechtshaltigkeit von Referaten 433, 438 ff., 447 f.
Grundvertrags-Urteil 526, 528 f.
Gute wissenschaftliche Praxis 172, 188, 946 f., 1014

Habilitandenkreise 1028
Habilitation 68, 168, 179 ff., 217 f., 236, 249 f., 252, 548, 747 f., 760, 898 f., 935 ff., 958, 960 f., 981, 1008, 1012, 1014 ff., 1020, 1028
– Frauenanteil 827
– Praxis der Venien-Vergabe 179, 253, 422, 428, 760 f., 1019
Habilitationsschriften 68 ff., 277, 302, 451, 670 f., 805, 879, 900, 946, 955, 1015, 1017 f.
Habilitationsvortrag 1019, 1028
Habitus von Staatsrechtslehrern 16, 27, 35, 173, 235 f., 242, 436, 817, 821, 997 f.
Handbuch des Staatsrechts 137, 799
Handlungs- und Kontrollmaßstäbe 594
Harmonisierung von Rechtsordnungen 688, 692
Haushaltsrecht 140, 145, 404 f., 411 ff.
– Haushaltsdefizite 418
– Haushaltskontrolle 411 ff.
Haushaltsverfassung 407
Historikertag 813, 985
Hochschulpolitik 19, 180, 666, 745 f.
Hochschulprobleme des Kaiserreichs 19
Hochschulrahmengesetz 200
Hochschulreform 667
– Drittelparität 744
– Partizipation von Studenten 744 f.
Hochschulurteil 126
Holocaust 546, 837, 841, 868
Honorarprofessoren 218, 234, 711 f., 904, 936, 958, 1008

Ideale der französischen Revolution 307, 870
Ideengeschichte der Bundesrepublik 739, 868
Identitätslehre, Deutsches Reich nach 1945 520 f., 523 ff., 528 f., 876 f.
Identitätspolitik 798, 822
In-camera-Verfahren 690
Individualisierung 159, 173, 241 f., 884
Inflation 19, 406, 408, 412, 418, 421, 423, 484
Informalisierung 342, 350
Informationsgesetzbuch 197
Informationsverwaltungsrecht 196, 625, 646
Infrastrukturplanung 425, 650, 661, 692
Institutionen 772
- Soziale 43, 216, 242
Institutionelles Rechtsdenken 43, 61
Integrationsaufgabe 76, 86, 110, 117, 119, 219, 244, 764, 993 f.
Integrationsgewalt 316
Integrationslehre 457, 879, 993 f.
Interdisziplinarität 198 f., 230, 244, 344, 350, 436, 604, 671 ff., 678 f., 753 ff., 961 f., 965, 1022, 1024
- Begriff 754, 793
- Internationalität 768
- Relevanz in der VDStRL 266, 755 f., 764 f., 769 ff., 793 f.
- als Sprachproblem 767 f.
- im Verwaltungsrecht 779 ff.
- in der Wissenschaft des Öffentlichen Rechts 755 ff., 774 ff., 791
  - materiell-rechtlich 758 f.
International Law Association (ILA) 579
International Society of Public Law (ICON-S) 178, 284, 973 f., 985, 990
Internationalität
- Deutschsprachige 28 f., 181 f., 226 ff., 243, 767 f.
Internationale Beziehungen 134, 559, 577, 581
Internationale Gesellschaft für Rechtsphilosophie 977
Internationale Kriminalistische Vereinigung 967
Internationale Organisationen 319, 556, 691, 836, 850, 855, 858 f., 863, 885
Internationale Staatengemeinschaften 113, 551, 554 ff.
Internationale Verwaltung
- Fachbruderschaften 688
Internationalisierung 163, 301, 316 ff., 560, 616, 642, 681, 913 f., 1024
- des öffentlichen Rechts 181, 565, 578, 582, 603
- des Strafrechts 971
- des Verwaltungsrechts 646 ff., 693 f.
  - in der Schweiz 688
Intradisziplinarität 148, 179, 230, 244, 423, 429, 782 f., 972
Islam 506 ff., 513 f.
Italien 182, 229, 296, 546, 844, 908, 1014

Jahrestagungen
- 1924 Jena 192, 245 f., 289, 305, 308 ff., 355, 357 ff., 465, 470, 572, 575, 872 ff.
- 1925 Leipzig 192, 470
- 1926 Münster 35 f., 44, 405 ff., 427 ff., 470, 481 ff., 486, 769 f.
- 1927 München 197, 432, 455 f., 465, 470, 769 f., 873 f.
- 1928 Wien 36, 45, 197, 254 f., 388, 465, 470, 586 ff., 769 f.
- 1929 Frankfurt 275, 359 f., 465, 470
- 1931 Halle 46 f., 192 f., 201 f., 310 ff., 325 f., 388, 461, 470, 620
- 1949 Heidelberg 84 ff., 112, 314 f., 470, 623 f.
- 1950 München 465, 471, 589 ff., 618
- 1951 Göttingen 393, 471
- 1952 Marburg 461, 471, 498 ff.
- 1953 Bonn 315 ff., 391, 461, 471, 548 ff., 628 f.
- 1954 Tübingen 113 ff., 465, 471, 523 ff., 703, 876 f.
- 1955 Hamburg 407 f., 421, 465, 471, 622
- 1956 Mainz 461, 465, 471, 619 f.
- 1957 Berlin 340 f., 471, 624 f.
- 1958 Wien 254 f., 290, 322, 339, 461, 471, 626, 879 f.
- 1959 Erlangen 461, 466, 471, 551 ff.
- 1960 Köln 360 ff., 471, 621
- 1961 Freiburg 195, 471, 593 f., 773 f., 784
- 1962 Münster 362 f., 466, 471, 573, 629
- 1963 Saarbrücken 113, 461, 472
- 1964 Kiel 461, 472, 554 ff., 620
- 1965 Würzburg 104 f., 193 f., 227, 280, 321 f., 461, 622 f., 719, 742
- 1966 Graz 466, 472, 629 f.
- 1967 Frankfurt 259, 461, 466, 472, 502 ff.
- 1968 Bochum 113, 199, 411 f., 466, 665 ff., 743 ff., 776, 999
- 1969 Bern 280, 462, 629

- 1970 Speyer 112 f., 259, 331 f., 462, 472, 635, 649 f., 776 f., 881 ff.
- 1971 Regensburg 119, 126 f., 176, 456 ff., 472, 630 f., 671 ff., 777
- 1972 Salzburg 128, 254, 259, 363 ff., 462, 472, 635
- 1973 Mannheim 128 f., 333 ff., 401, 462, 466, 621, 777
- 1974 Bielefeld 130 f., 340 ff., 472, 635 f., 777
- 1975 Augsburg 131 f., 466, 472, 623
- 1976 Heidelberg 132 f., 259, 297, 462, 466, 618 f., 885 ff.
- 1977 Basel 134, 259, 466, 472, 559, 577, 580 f.
- 1978 Bonn 134 f., 259 f., 462, 472, 726, 749
- 1979 Berlin 135 f., 260, 462, 466, 527 ff., 559 f., 574 f., 641
- 1980 Innsbruck 136 f., 254 f., 408 ff., 421, 466, 472, 595 ff.
- 1981 Trier 137 f., 466, 472 f., 778
- 1982 Konstanz 139, 399, 462, 466, 626 f.
- 1983 Köln 140, 260, 297, 412 f., 462, 473
- 1984 Göttingen 140 f., 473, 625
- 1985 Freiburg i.Ue./CH 141 f., 339 f., 345, 462, 473, 625
- 1986 München 143, 260, 458 f., 466, 488, 494, 631 f.
- 1987 Passau 144, 260, 365 ff., 462, 467, 625, 638
- 1988 Tübingen 144 f., 195, 462, 473, 488 ff., 631
- 1989 Hannover 145 f., 462, 467, 559 f., 649, 657 f.
- 1990 Zürich 147 f., 260, 462, 467, 581, 956
- 1991 Gießen 148 f., 467, 473, 726, 956
- 1992 Bayreuth 260, 415 f., 467, 473 f.
- 1993 Mainz 367 f., 467, 474, 563 f., 644 f.
- 1994 Halle 463, 467, 650 f., 807
- 1995 Wien 255 f., 413 f., 467, 474, 781
- 1996 Dresden 463, 468, 474, 651, 676, 887 ff.
- 1997 Osnabrück 463
- 1998 Potsdam 368 f., 468, 474
- 1999 Heidelberg 400, 463, 507 ff., 728 ff., 781
- 2000 Leipzig 163, 463, 468, 474, 697 f., 728 ff., 740, 783 f.
- 2001 Würzburg 463, 474, 599 ff.
- 2002 St. Gallen 342, 463, 468, 475, 645, 652 f.
- 2003 Hamburg 463, 475, 581, 625, 658 f., 820
- 2004 Jena 395, 401, 463, 468, 475, 493, 631 f.
- 2005 Frankfurt/M. 463 f., 468, 646 f.
- 2006 Rostock 370 f., 416 f., 464, 468, 475, 602 f., 625, 638 f., 645
- 2007 Freiburg i.Br. 196, 464, 468, 475, 647, 782
- 2008 Erlangen 464, 468, 475, 512 ff., 809
- 2009 Graz 255 f., 332 f., 464, 469, 475 f., 653 f.
- 2010 Berlin 464, 476, 627, 632, 652 f.
- 2011 Münster 418 f., 464, 469, 476
- 2012 Kiel 196, 333 ff., 342, 401, 464, 469, 476, 636 f.
- 2013 Greifswald 371 f., 419 f., 458 ff., 464 f., 469, 476, 661
- 2014 Düsseldorf 465, 476, 661 f., 782 f.
- 2015 Speyer 410, 469, 477
- 2016 Linz 255 f., 401, 465, 477, 647 f.
- 2017 Saarbrücken 465, 469, 477, 783
- 2018 Bonn 372 ff., 477, 493, 662
- 2019 Marburg 477, 653 f.
- 2021 Mannheim 340, 343, 353, 465, 469, 478
- 2022 Bremen 168
- Berichterstattung von Österreichern 256 ff., 266 ff., 375, 682, 687, 694
- Berichterstattung von Schweizern 280, 285 f., 375, 682, 687, 694
- Dialogische Struktur 35 f., 230 ff., 435, 975, 1005
- Diskussionsformat 230, 434, 762, 765, 988, 991
- Diskussionszusammenhang mit Institutionen 233
- Forum aller Öffentlichrechtler 211, 761
- Gäste 223, 229, 920, 991
  - Ausländische 154, 182, 229, 906, 908, 1031
  - Schweiz 227, 276 f., 281
- Grundsatzkontroversen 231, 733 f., 788
- Kinderbetreuung 158, 820
- Länderberichte 136, 140, 148, 163, 259 ff., 285 f., 408, 421, 682, 685 ff., 694
- Nichtöffentliche Diskussionen 171, 212, 230 f., 984 f., 999
- Organisation 254 f.
- Plenarveranstaltungen 122, 230, 435, 984 f., 988, 993
  - Wissenschaftssoziale Funktion 37, 177, 230, 244, 265 f., 448, 460, 761

- Politische Dimension 141, 344, 780, 830, 975
- Referate 432 f., 915
  - Bedeutung 174 ff., 265 f., 963 f., 988, 1004 f.
  - Innovationserwartungen 176, 266, 762
  - Klassikertexte 113
  - Länge 905, 1005 f.
  - Mythos der „großen Erzählung" 353, 460
  - Rezeption durch Rechtsprechung 409, 421, 619 f., 625, 650, 653, 658
  - Vorbereitungsaufwand 448, 964
  - Vortragsstil 166
  - Zuschnitt 266, 761
- Reformen 992 f.
- Reputationswettbewerb 225, 232, 963, 1000, 1005, 1027
- Tagungsatmosphäre 150, 235, 237, 242, 296, 697 f., 915
- Tagungsboykott 730
- Teilnehmer 611, 803, 905 f., 984 f., 988, 999
  - Altersstruktur 239
- Teilnehmerzahlen 35, 46, 156, 158, 174, 228 f., 237 f., 992, 1031
- Theorieanspruch 244, 294, 763
- Wissenschaftliche Wirkungen 175 f., 319 f., 323, 409, 417, 420, 608, 611, 763 f.
- Zentrum der Vereinigung 122, 156, 225 f., 975 f.
- s. a. Mitgliedschaft in der VDStRL; Referenten; Tagungsdiskussionen; Tagungsstruktur; Tagungsthemen

Japan 229, 909 ff.
Japan Public Law Association 909
- Austausch mit VDStRL 910
- Geschichte 910 ff.
- Obrigkeitliche Kräfte 911
- Referenten 915 f.
- Tagungsstruktur 914 ff.
- Themenstellungen 911 f., 915
- Wissenschaft des Öffentlichen Rechts 917

Jugendbewegung 869
Juniorprofessur 180, 218, 898, 936, 961, 1020 f.
Juristenausbildung 126, 189 f., 199 ff., 1023
- Einstufige 775 f., 1023
- Wahlfächer 199 f.

Juristische Rationalität 306, 312, 652, 679, 780

Kalter Krieg 733
Kartellverbot in den USA 689
Katholische Kirche 501
Katastrophenschutz 640
Keynesianismus 873, 885
Kieler Welle 554 ff.
Kirchen 498 ff., 768
- Empirische Statusveränderungen 500 f., 505, 507, 509, 516 f.
- Gestaltungsfaktor 501
- Gleichordnungsanspruch 501
  - Judikatur 502 f.
- Großkirchen 500, 507, 510, 516 f.
- Koordinationslehre 502 ff.
- Körperschaftsstatus 506, 510, 512, 516
- Öffentlichkeitsanspruch 501, 505
- Religiöser Auftrag 504
- und Schulen 500, 506, 512
- Selbstbestimmungsrecht 505
- Selbstverständnis 499, 509, 515
- und staatliche Neutralität 510, 512, 514 ff.
- und staatlicher Rechtsschutz 500, 507

Kirchenhoheit, staatliche 500 f., 503
Kirchenkampf 498
Kirchenrecht 21, 199 f.
Kirchenregiment, landesherrliches 504
Kirchensteuer 500, 506
Kirchenverträge 506
Kleidungsfragen 235, 998 f.
Kodifikationsgedanke 196, 406, 427, 690, 940, 948
Kohorte 240, 736, 756, 758, 764, 782, 817
Kollektive Sicherheitssysteme 315
Kommunale Selbstverwaltung 122, 134
Kommunikation
- Risikokommunikation 659 f.
- Wissenschaftliche 153, 216, 231
- Transterritoriale 693

Kommunikationsgrundrechte 346, 348
Konfessionsschule 500
Konfessionsstaat 505
Konkretes Ordnungsdenken 61 ff.
Konsensliberalismus
- s. Liberaler Konsens

Konstitutionalisierung 139, 540, 592 ff., 823
- Demokratische Kosten 426, 596, 600
- des Finanzrechts 404, 410, 423 ff.
- und Gerichtssystem 600
- von Grundrechtsdogmatik 366
- der Parteien 340
- der Rechtsordnung 433, 448, 594, 599, 690, 894 f., 905

– des Verwaltungsrechts 616
Konstitutionalismus, monarchischer 888
Kontaktpflege 300
Kontinuitätslehre nach 1945
– s. Identitätslehre
Konservatismus 137, 171, 240, 248, 831, 841, 847, 868, 876, 884
Kontextsteuerung 651, 653
KPD-Urteil 846
Kopftuch-Problematik 507, 512, 516, 518
Korpsgeist 292, 302, 920
Krankenversicherung 389, 398
Kriegsarchiv des Völkerrechts 570
Kriegsgerichtsbarkeit 838, 954 f.
Kriegsverbrecherprozesse 576
Krisengefühl als allgemeines Zeitbewusstsein 18 f.
Kritische Justiz 734
Kritischer Rationalismus 597
Kruzifix-Entscheidung 508, 511, 514, 516, 518
Kulturauftrag, staatlicher 140
Kulturbegriff 216
Kulturelles Gedächtnis 223 f.
Kulturgeschichte 159, 216 f., 921
Kulturkritik 869
Kulturpessimismus 870

ladies lunch 811, 819
Länder
– Finanzautonomie 371, 415
– Staatsqualität 575
– Verfassungsautonomie 309, 365
Länderberichte
– s. Jahrestagungen
Landesverfassungsgerichtsbarkeit 173, 365 f., 810 f., 852 f., 857, 860, 904
Landesverfassungsrecht 144, 309, 335 f., 365, 372, 590, 833, 842 f.
– Grundrechte 449
– Kircheneinfluss 499
– Landtage 369
– Renaissance 857
Lebensraum, beherrschter 386
legislative facts 758 f., 766, 778
Legitimation 362, 537, 539, 550, 605, 790
– Demokratische 309, 329, 336, 342 f., 373, 595 ff., 626, 690, 882
– der EU 318 ff., 370, 554 f.
– Fachliche 128
– Legitimationskette 880
– Scheinbare 56
– der Verwaltung 626, 632, 634, 636, 638, 654, 693
Legitimität 313 f.
Lehrer-Schüler-Verhältnis 1013 f.
Lehrstuhl 1013
Leipziger Schule 385
Leistungsstaat 394, 627 f., 630, 632, 889
– Grundrechtsdogmatik 126 f., 450, 456 ff., 628
Leistungsverwaltung 386 f., 628, 630 f.
LGBTQ-Bewegung 494
Liberaler Konsens 877 ff., 881, 883 f., 885 f., 889
Liberalisierung 242 f.
Liechtenstein 289, 300
– Staatsgerichtshof 300, 854, 858, 863
Lissabon-Urteil 317
Logik der Wissenschaft 221
Lobbyismus 342
Lüth-Urteil 592, 595, 599, 846

Maastricht-Urteil 320, 367, 562
Machtausübung im wissenschaftlichen Diskurs 217, 344, 756
Männliche Herrschaft 239
Markt
– Freiheit des 884
– Regulierung 653
– und Staat 411, 419, 652
Massendemokratie 22, 869
Massengesellschaft, industrielle 15 f.
Matthäus-Effekt 1001
Mehrebenensystem 370 f., 373, 377 f., 417, 579, 581, 626, 645, 942
Mehrebenenverwaltung 626, 638, 645, 693
Meinungsfreiheit 348, 445, 449, 455 f.
Menschenrechte 395, 397, 452, 509, 849 f.
Menschenwürde 348, 353, 449, 489 f., 552 f.
– Abstufungen 401
– Existenzminimum 393, 401
– Universalität 401
Metaphern in der Bundesstaatsdebatte 377
Methoden, juristische 34 f., 292, 294 f., 670, 942
– Interdisziplinäre Kontextualisierung 451, 671 ff., 767, 790 f.
– Offenheit 779
– als Tagungsthema 763, 774, 782 f.
– Traditionelle 673 f., 761, 782

- der Verfassungsinterpretation 593 ff., 597, 738, 774, 789
  - *in dubio pro libertate* 593
  - Grenzen 594, 597
  - und Verfassungsänderung 596
- Vorverständnisse 18, 21, 26, 754, 763, 791
- Wertorientierte 595

Methoden- und Richtungsstreit 21 f., 29 f., 33 ff., 43 f., 175, 231, 267, 307 f., 313, 455, 483, 587, 615, 667, 769 ff., 872, 975, 1007
- Geisteswissenschaftliche Richtung 587, 769 f., 794, 871, 873

Migration 129, 333, 647, 693
Milieupositivismus 209
Minderheiten 334, 347, 485
Mitgliedschaft in der VDStRL
- Abendessen mit Neumitgliedern 158
- Aufnahmekontroversen 88 ff., 106, 167 f., 219, 236, 281 f., 704 ff., 750, 805, 989
- Aufnahmepraxis 240, 297, 701 f.
- Aufnahmevoraussetzungen 122, 168, 179 ff., 217 f., 236, 246, 248 f., 277, 701 f., 711 f., 898, 975, 981, 983 f., 990 f., 993 f., 1008
- Ausländer 154, 174, 903, 907 f., 1030
- Austritte 48, 175, 221, 238, 242, 250 ff., 718, 734, 742, 989
- Austrittsmotive 91, 94, 222
- Beendigung 175, 221 f.
- als Berufungsvoraussetzung 96 f., 711 f.
- DDR 105 f., 116, 123, 148
- Emigranten 80, 85 f., 107, 114, 116, 119, 234, 321, 770, 831, 839, 989
- Folgen der Wiedervereinigung 153
- Frankreich 907 f.
- Hierarchische Ambiance 296 ff.
- Kulturelle Kontexte 221 ff.
- Mitgliederversammlungen 198 ff., 218, 225, 236 ff., 698, 701 ff.
  - 1931 Halle 202
  - 1949 Heidelberg 87
  - 1950 München 93, 707
  - 1951 Göttingen 93 f.
  - 1953 Bonn 95
  - 1955 Hamburg 99 ff., 103, 713
  - 1958 Wien 198
  - 1963 Saarbrücken 198
  - 1964 Kiel 198
  - 1965 Würzburg 720
  - 1966 Graz 720 f.
  - 1967 Frankfurt 105, 199, 721
  - 1970 Speyer 237
  - 1971 Regensburg 199 f., 236
  - 1983 Köln 201
  - 1985 Freiburg/i.Üe. 281
  - 1992 Bayreuth 167, 725, 727
  - 1995 Wien 168, 281 f.
  - 1997 Osnabrück 168, 282
  - 2000 Leipzig 728 ff.
  - 2007 Freiburg i.Br. 171
  - 2009 Graz 170 f.
  - 2012 Kiel 188
  - 2014 Düsseldorf 171
- Mitgliederzahlen 122, 153, 237, 239, 805 ff., 915
- NS-Belastete 72 f., 86 ff., 125, 278 f., 697, 699, 702 ff., 734, 740 ff., 832, 875, 890
- NS-Opfer 78, 102, 105, 109, 117, 234, 831, 838 f.
- Organisationsgrad 31 f., 174, 219, 760, 898
- Österreich 85, 114, 154, 174, 181, 246 ff., 273 f., 356, 422, 989
- Schweiz 85, 114, 154, 174, 181, 274 ff., 281 ff., 422, 719 ff., 741, 989
- Soziale Verbundenheit 31, 36 f., 175, 222 f., 1030
- Soziale Vorselektion 494, 734, 1012
- Soziales Geltungsbedürfnis 37
- Weibliche Mitglieder 123, 174, 239, 253 f., 494, 803 ff.
- Widerstandskämpfer 108, 234, 831, 839, 864, 1003
- s. a. Staatsrechtslehrer; Staatsrechtslehrerinnen

Montanunion 546, 548, 550 f., 576

Nachrufe 157, 224, 724
Nassauskiesungsbeschluss 149
Nation 305 ff., 319
Nationalismus 12, 729, 869
Nationalsozialismus 875
- Aktion Ritterbusch 924 f.
- Aufarbeitung 728 ff., 775, 843 ff.
- Kieler Schule 62
- und Rechtsstaat 60, 86, 104, 115, 707, 874
- und Rechtswissenschaft 58 f., 68, 717, 724
- und Sozialrecht 385 ff.
- als Tagungsgegenstand 73, 163, 728 ff., 783 f., 890, 959
- Verbrechen 89, 868, 877

- Verdrängung 233 f., 494, 698, 722 ff., 775 f., 959
- Verfall des Rechts 57 f.
- Widerstand 108, 234, 831, 834, 839
- s. a. Entnazifizierung; Staatsrechtslehre in der NS-Zeit, Staatsrechtslehrer während der NS-Zeit

Naturrecht 44, 483, 590
Namensschilder 237
Nebenstrafrecht 970
Neoliberalismus 867 f., 883 ff., 889
Neue Ostpolitik 525 f., 575, 851
Neue Verwaltungsrechtswissenschaft 429, 615, 645, 662, 672, 676 f., 782
Neutralität des Staates
- s. Kirchen

New Deal 877, 879
Normenvermehrung 138
Notstandsgesetze 193 f.
Notstandsverfassung 111, 113, 194, 204 ff., 740, 848
Notverordnungsrecht 46 f., 201 f., 309, 315
Nürnberger Prozesse 843 ff., 956

Oberste Bundesgerichte 600
Obrigkeitsstaat 618 f., 871
Offene Staatlichkeit 181, 331, 546
Öffentliche Ordnung 619
Öffentliche Sache 629
Öffentlicher Dienst 135
Öffentliches Recht 980
- Entpolitisierung 750, 1007
- Entstehung 755
- Fachliche Ausdifferenzierung 177, 182, 429, 583, 760, 952 f., 990
- Normenhierarchie 760
- und Privatrecht 653, 655, 674, 680, 884 f., 920, 948
- Probleme im Universitätsunterricht 745 f.
- als europäisiertes Recht 565

Öffentlichkeit
- Allgemeine 27 f., 58, 72, 89, 184, 205, 207, 330, 332, 414, 532 ff., 598 f., 665, 726, 739 f., 844, 863, 978 ff., 985
- Fachöffentlichkeit 28, 233, 434, 1019, 1024, 1027
- und Verwaltungsverfahren 636 f., 691

Ökonomisierung 645
Optimierungsgebote 600, 689
Österreich 188, 226 f., 245 ff., 338, 525, 683
- Anschlussverbot für Österreich 12, 572
- Fachgesellschaften 264, 579 f.
- Finanzverfassung 408
- Hoffnung auf Reichseinheit 245 f., 274
- Legalitätsprinzip 268
- *Modus austriacus*: Denken vom Recht 293
- Rechtskulturelle Unterschiede 267 ff.
- Stellenwert in der VDStRL 267 ff.
- Verfassungsdienst des Bundeskanzleramts 835, 861
- Verfassungsgerichtsbarkeit 836 f., 849, 861
- Verfassungstradition 335
- Verwaltungsaktbegriff 689
- Verwaltungsrechtslehre 269
- Verwaltungsverfahren 257
- Völkerrechtstag 264, 580
- Wissenschaftlicher Nachwuchs 253, 263

Ordinarienuniversität 16, 19, 999
Ordoliberalismus 885
Organisationen, politische 350
Organisationsgewalt 624
Ostverträge 577

Parlament 31, 203, 321, 340 ff., 364, 407, 414, 419, 484, 491, 598, 881, 896
- Ausschussarbeit 342
- Entparlamentarisierung 342
- Europäisches 556, 863, 945
- und Exekutive 622
- Fraktionen 343
- Funktionsbedürfnisse 350
- Kontrollrechte
  - von verselbständigten Verwaltungseinheiten 691
- Prärogative 882
- Spiegel der Gesellschaft 27 f.
- Suprematie 369

Parlamentarischer Rat 316, 327, 499, 521, 589 f., 669, 772, 842 f., 845, 882
Parlamentarisches Regierungssystem 20, 22, 130, 330, 335, 340 ff., 368 f., 691, 747, 768, 777, 789, 874
Parlamentarismus 130, 310 f., 313 f., 541
- Koalitionszwänge 314
- Funktionsfähigkeit 314
- Krise 792
- Kritik am 341, 484, 874

Parlamentsrecht 17, 196, 332, 343, 349
Parteien, politische 346, 348 f., 880, 882
- Konstitutionalisierung 340

- als Organisationen 349
- Parteienfinanzierung 340
- Parteienstaatlichkeit 141 f., 313 f., 321 f., 326, 335, 338 f., 366, 726
- Status 339, 880

Parteienrecht 329, 332, 338, 340
Parteiensystem 338, 340
Parteienwettbewerb 339
Partizipation an Verwaltungsentscheidungen 128, 130, 330, 393, 630, 633 ff., 679
- Legitimationsmechanismus 692
- Politischer Kampfbegriff 128
- Staatsrechtlich 128, 635

Parteiensystem 340
Petitionsrecht 342
Pflegeversicherung 396
Philosophie der Aufklärung 479
Planung 128, 134, 363, 641, 670 f., 775, 881
- als Tagungsthema 669 f.

Planungseuphorie 364, 633, 775
Planungsrecht 132, 661, 775
Pluralisierungsprozesse 167, 172, 227 f., 239 ff., 302, 376, 505 f., 516, 798, 884
- Politische 236, 240 f.
- Wissenschaftliche 236, 241, 774, 872

Pluralismus
- in der Demokratie 330 f., 511, 739, 790
- der Rechtsordnungen 290

Pluralismustheorie 772
Politikwissenschaft 132, 198 f., 241, 735, 750, 768, 770, 794, 826, 878, 990
Politische Romantik 59, 347
Politische Willensbildung 312, 322
Politischer Prozess 768
- Systemfragen 369, 780
- als Tagungsgenstand 789 ff.

Polizei- und Ordnungsrecht 133, 193, 619
- Anspruch auf Einschreiten 619
- Aufgabe und Befugnis 619

Positivismus
- Staatsrechtlicher 11, 17, 20 f., 34 f., 41 f., 44, 59, 269 f., 307, 389, 391, 455, 483 f., 769 f., 871 ff., 875 f., 889, 953, 966
- s. a. Methoden, juristische

Präambel des GG 146, 315, 521 f., 537, 577
Präventionsstaat 648 f., 656 f.
Pressekonzentration 332
Preußische Hegemonie 15, 358, 424
Privatdozenten 161, 166, 1000, 1016
Privatschulfreiheit 500
- Subventionierung 692

Privatisierung 884, 889
- Instrument der Verwaltung 650
- Post-Privatisierungsrecht 651
- und Verwaltungsrecht 642, 648 ff., 654

Privatisierungsdiskussion 332, 414
Professionalisierung, organisatorische 157, 238
Professorenbesoldung 827, 905
Promotion 198, 748, 1012 ff., 1019
Prozessrecht 427, 602, 758
PSPP-Entscheidung 208, 317

Rassenkunde 706
Rationalitätskontrolle 479
Rechnungshofkontrolle 410, 413 f., 683, 781
Recht und Politik 780, 791, 987
- Entpolitisierung des Rechts 750, 780
- Politisierung des Rechts 587, 589
- Rechtsgeschichte 253
- Strukturelle Kopplung 312, 317
- Trennung 26, 190, 456, 591, 790
- Verrechtlichung der Politik 587, 589

Rechtsdogmatik 114, 130, 164, 188, 292, 375, 377, 405, 602, 613, 675, 757, 779, 783, 794, 889, 967
- Leistung von Wissenschaft und Rechtsprechung 613, 906
- s. a. Grundrechtsdogmatik; Verfassungsrechtsdogmatik; Verwaltungsrechtsdogmatik

Rechtsextremismus 726
Rechtsgleichheit
- im Kaiserreich 485
- Persönliche 482, 484 f.
- Sachliche 482 f.

Rechtshistorikertag 765
Rechtspolitik 123, 191, 195, 298 f., 373, 375, 692, 920, 975, 977, 979
Rechtspositivismus
- s. Positivismus

Rechtsprechung 593, 597, 604, 758, 771, 1011
- Tatsachenbezug 759, 766, 787

Rechtsprechungskonkurrenzen 602
Rechtsrealismus 591
Rechtsetzung 370, 527, 757, 966
- Administrative 690 ff., 851
- zur NS-Zeit 58, 61, 66, 805
- und Verfahrensrechte 691

Rechtssoziologie 199, 783

Rechtsstaat 48, 60, 311
- Aufarbeitung der DDR-Vergangenheit 148
- Begriff 382, 774
- Bürgerlicher 42, 59, 388, 391 f., 402, 772
- und Demokratie 353, 776
- und Europarecht 555 f.
- und Finanzgewalt 407
- und Gesetzgebung 138
- und Grundrechtsschutz 618 ff., 650
- Herrschaftscharakter 737
- Kritik 388 f., 391 f.
- Nationaler vs. Bürgerlicher 59 f., 388 f., 402, 874
- Normativität 879
- Prinzip 388, 394, 623, 675
- und Sozialstaat 112 f., 381 ff., 390 ff., 402, 627 f., 648, 737, 772, 788
- Verschränkung von Staat und Recht 310
- und Verwaltungsrecht 618 ff., 630, 674 ff.
Rechtsvergleichung 269 f., 275, 284, 286, 290 f., 301, 368, 378 f., 409, 509, 583, 773, 901, 906, 948, 971, 1023 f.
- Diachrone 694
- Europäisierungs-Rechtsvergleichung 694
- Grundrechtsvergleichung 453 f.
- Intensitätsunterschiede 686
- Internationale 290, 684 f., 694 f.
- in Japan 914
- Machtfrage 694
- Nutzen 688 ff.
- Rechtspolitische Anregungen 692
- Synchrone 684
- als Tagungsthema 113, 631, 681 ff., 694 f., 914
- Verwaltungsverfahren 626 f., 632, 637
- Zukunft 693 ff.
- s. a. Verfassungsvergleichung; Verwaltungsrechtsvergleichung; Völkerrecht
Rechtsweggarantie 112, 449, 623, 902
Rechtswissenschaft 27, 35, 153, 289, 293, 343, 425, 592 f., 597, 766 f., 830, 890, 942, 946, 973, 997
- Abgrenzung zu Praxisdiskursen 757, 763, 794, 980
- Aufgaben 613, 647, 678, 1017 f.
- Europäische 43, 178
- Individualforschung 763
- Kultur- und Sozialwissenschaft 21, 1020 f.
- Normorientierung 767
- und Rechtsdogmatik 188, 292, 757, 794
- Schweizer 292, 294 f., 298, 373, 850
- Tatsachenorientierung 672, 677, 758 f., 793
- US-amerikanische 1011, 1021 f., 1025
reeducation-Politik 878
Referenten
- Absprachen 232, 361, 610 f., 681 f., 728 f.
- Alter 428, 436 f., 530
- Auswahl 165 ff., 226 f., 288, 435, 534 f., 986 f., 1004
- Privatdozenten 166, 175
- Weibliche 166, 257, 494, 807 ff., 916
Regelungsdichte 588, 599, 683
Regensburger Empfehlung 200
Regierung 321, 330, 590, 599
- Parlamentarisch gewählte 315 f.
Regulierungsbehörden
- Demokratische Legitimation 652 f.
Reichsministerium für Rüstung 837
Reichspräsident 872
- Notverordnungsrecht 201 f., 309, 979
- Präsidialsystem ab 1930 874
Reichsrat 358
Reichsverfassung von 1871 15, 20 ff., 306
- Kontrast zur WRV 20
- Reichstag 16 f.
- Wandlungen 16 f.
Reichsverwaltungsgericht 192
Reine Rechtslehre 251, 268 f., 308, 360, 524, 580, 588, 769, 989
Religionen 497, 508 ff.
- Ambivalenz 512 ff.
- Gemeinwohldienlichkeit 513
- Gleichbehandlung 510 f., 514
- Legitimierende Funktion 511
Religionsfreiheit 449, 506, 511
- Beschränkungen 515
- als Gefahr 512 ff., 516, 518
- Schutzbereich 514 f.
Religionsgemeinschaften 505, 507 f., 517
Religionsunterricht
- Islamischer 508 ff.
Religionsverfassungsrecht 512
Rentenreformen 389, 396
Repräsentation 130, 313, 337, 348, 352, 869, 882
Republikanischer Richterbund 25
Reputation 242, 282, 1000 f., 1024
Restauration nach 1945 118
Revolution
- Begriffliches 45, 388, 747

– in der DDR 206, 536, 541, 855, 857
– Informationstechnologische 851
– Nationalsozialistische 49, 58, 61, 65, 874 f.
– November 1918 11, 14 ff., 18 ff., 43 f., 57, 483, 832
Rezensionswesen 943
Richter
– Aufgabe 482
– Entscheidungsperspektive 766
– Gegenspieler zum Parlament 484
– Tätigkeit 131
Richter des BVerfG 123, 221, 590, 594, 846 f., 852, 856, 859 f., 969, 1001 f.
– Weibliche Richter 810, 827
Richter am EGMR 850, 855, 859, 863
Richter am EuGH 154, 558, 855, 858 f., 863
Richter am IGH 840, 855, 863
Richterrecht 131
Risiko
– Begriff 657 ff., 680, 692
– Restrisiko 657, 659
– Risikoabschätzung 146, 658
– Risikomanagement 660
– Risikosteuerung 658 f., 679
Risikoverwaltungsrecht 146, 656 ff., 679
Risikovorsorge 641, 657 ff., 692
Rundfunkfreiheit 451
– Dienende Funktion 691
– Förderpflichten 140
– *Must carry*-Verpflichtungen 692
– Rundfunkbeitrag 639
– ZDF-Verwaltungsrat und causa Brender 207
Rundschreiben des Vorstands 52, 54, 157, 220, 222 ff.

Salzburger Empfehlung 200
Samstagsausflug 158, 223
SBZ 5, 76, 80, 536, 842 f.
Schlichtes Verwaltungshandeln 621
Schuldrechtsmodernisierung 944 f.
Schulen, wissenschaftliche 241, 291, 344, 763, 968, 1015
– Schmitt-Schule 77, 107, 110 f., 117, 279, 715, 738
– Smend-Schule 77, 107, 110 f., 879 ff.
– im Strafrecht 968
Schulpflicht, allgemeine 515
Schulrecht 620
Schulwesen 455, 500
Schweiz 168, 227, 338, 816
– Bundesgerichtsrechtsprechung 287, 294, 359, 366
– Bundesstaat 359
– Fachgesellschaften 579 f.
– Französischsprachige 281, 289 f., 296
– Frauenwahlrecht 491
– Grundrechtsdogmatik 291
– Kantonales Staatsrecht 289
– Kulturelle Differenzen 228, 283, 292 ff., 374, 378 f.
– *Modus helveticus*: Denken vom Konkreten 293
– Nachkriegsvorbehalte 228, 276 ff.
– Notrechtsdebatte 47, 862 f.
– Öffentlichkeit 836, 840, 862
– Pragmatismus 294 f.
– Rechtsstellung des Nachbarn 690
– Souveränitätsfrage 293, 366
– Staatsrechtslehre 228
– Staatsverständnis 293 f.
– Totalrevision der BV 278, 283, 289, 841, 850, 853 f., 858
– Unterrepräsentation 227
– Verfassungstradition 335
– Verwaltungsrecht 285, 291, 295, 298
– Wachsende Distanz 283 f., 301
– Weimarer Jahre 227, 273 ff., 301
– Wissenschaftskultur 228, 283, 292
Schweizer Staatsrechtslehrertagung 185 f., 299, 815
Schweizerischer Juristenverein 298
Sekundärrechtsschutz 624, 645
Selbstregulierung, regulierte 145, 651, 887
Selbstverwaltung, demokratische 690
Senatsmodell 369
service publique 670
Sexuelle Revolution 733, 775
Societas Juris Publici Europaei (SIPE) 177 f., 182, 920
Society 321 f.
Sondertagungen 156, 163, 171
– 1990 Berlin 146 f., 195, 206, 467, 473, 533 ff., 562
– 2021 Wien 156 f., 160, 208, 478, 732
Souveränität, staatliche 293, 309, 503 f., 520, 527, 549, 552, 571, 576
Souveränitätsbegriff 315 f.
Sozialdemokratie 12, 28, 234, 739
Soziale Grundrechte 395, 402

Soziale Rechte 395, 397
Sozialinfrastrukturplanung 692
Sozialismus 383, 387 f.
Sozialgerichtsbarkeit 390
Sozialgesetzbuch 194, 389
Sozialhilferecht 389
Sozialpolitik 18, 382, 384 f., 394, 396 ff., 501
- als Tagungsthema 387, 788
Sozialrecht 143, 175, 177 ff., 219, 253, 264 f., 381, 789
- und Allgemeines Verwaltungsrecht 629 f.
- Entstehung 384 f.
- Gesetzgebung 383 f., 389, 396
- und Gleichheit 398
- und Staatsrecht 394
- und Steuerrecht 423, 428
- Sozialrechtsverhältnis 629
- Wissenschaft 384 f., 390, 395, 397 f.
Sozialrechtslehrertagung 390, 765
Sozialstaat 381 ff.
- Aufgabenlast 400
- Begriff 382
- und Diskriminierungsschutz 490, 492 f.
- Eigenverantwortung im 398 f.
- Gesetzgebungsauftrag 393
- Grenzen 401
- als Interventionsstaat 885
- Rechtsnatur 393 f.
- Rückschrittsverbot 400
- Staatszielbestimmung 393
- als Tagungsthema 390 ff., 398 ff., 628, 632, 788 f.
- Umbau 400
- Verantwortung 393
- Verwaltungsrecht 628 ff.
- unter der WRV 382 ff.
- s. a. Daseinsvorsorge; Gewährleistungsstaat; Leistungsstaat; Rechtsstaat
Sozialversicherung 382 ff., 396, 629
Sozialverwaltungsrecht 631 ff.
- Demokratische Legitimation 632
Soziologentag 813, 816, 985
Soziologie 132, 350, 739, 756, 770, 773 ff., 787, 794, 870, 978, 990
Spaltungsgefahren 23 f., 26, 44, 76, 88, 93, 95 f., 98 f., 105, 167 f., 219, 235, 280 ff., 700 f., 742, 830, 989 f., 1007
Spiegel-Affäre 1962 113, 202 ff., 733 f., 739, 848
Staat
- Erosion deutscher Staatlichkeit 560, 581
- und Gesellschaft 132 f., 314, 319, 321 ff., 339, 455, 649 ff., 653 f., 674, 772, 784, 787, 880 f.
- der Industriegesellschaft 738, 772
- nationalsozialistischer 63, 67, 70
- Ordnungsaufgabe 28, 888
- Planender 878, 887
- als rationale Institution 310 f.
- und Recht 44, 310
- Resilienz 319
- Schlanker Staat 887
- und Schweizer Eidgenossenschaft 293
- Steuerungsverlust 650
- Totaler 46, 104, 386
- Vertragstheoretische Begründung 306 f.
- Vorverfassungsrechtlicher Vorrang 306
- als Wirklichkeit 769
- Wirtschaftstätigkeit 693
- Zweckgeschöpf 323
- s. a. Staatsverständnis
Staatenbund 357, 379
Staatenverbund 316 f., 320
Staatsbürgerschaft 333 ff.
Staatsexamen 763, 904, 1005, 1010 f., 1023 f.
Staatsgerichtsbarkeit
- s. Verfassungsgerichtsbarkeit
Staatsgerichtshof 833 f.
- Preussen contra Reich 834
Staatshaftung
- Verursachungshaftung in der Schweiz 692
Staatskirchenrecht 497, 499 ff., 504 ff., 508
- Staatskirche 505
- Trennung von Staat und Kirche 498, 505, 510, 514
Staatsmetaphysik 306 f., 321
Staatsorganisationsrecht 257, 480, 746, 789
Staatsräson 307, 576
Staatsrechtslehre 216
- Arten rechtswissenschaftlichen Denkens 41 ff.
- Aufgaben 598, 601, 603 f., 613, 631
- Distanz zur Staatspraxis 14
- Distanz zum Völkerrecht 571 f.
- und Europarecht 582, 601 f.
- Fachliche Autorität 27, 30
- Fachliche Identität 782
- Faktor der Verfassungsentwicklung 592, 966
- Funktion 314
- Funktionswandel 604 f.
- als Grundrechtswissenschaft 447 f.

- institutioneller Rahmen 990
- im Kaiserreich 14, 16 ff., 20 ff., 35
- Leistungsfähigkeit 604, 614, 830
- Organisatorische Zersplitterung 230
- und Politikwissenschaft 739, 773
- Politisierung 220, 344, 532, 778
- Pfadabhängigkeiten 369
- Praxisorientierung 210, 344, 351, 593, 604, 690, 756, 767, 830, 904, 966 ff., 980, 1011
- Selbstverständnis 28, 152, 589, 604, 668, 764, 791, 794
- und Sozialwissenschaften 596, 636, 667 f., 671, 677, 739, 753 f., 772 ff.
  - Empirie 780
  - Ideologieverdacht 667
  - Theorie 780
- Spätwilhelminische 17 f., 591
- Stand der Wissenschaft 586
- Stimme der demokratischen Öffentlichkeit 89
- und Strafrecht 952 f., 956 f., 972
- und Verfassungsgerichtsbarkeit 320, 586 ff., 593 f., 601, 604 f.
- Vorbildwirkung 229
- s. a. Jahrestagungen; Staatsrechtslehrer; Vereinigung der Deutschen Staatsrechtslehrer; Verfassungsrechtswissenschaft

Staatsrechtslehre in der NS-Zeit 86, 710, 716 f., 731
- Aufsatzliteratur 67 f.
- Bekenntnis- und Wendeschriften 59 ff.
- Exilliteratur 66 f.
- Gesamtdarstellungen 63 ff.
- Habilitationsschriften 68 ff.
- Nachwuchssicherung 68
- Phasen des Schifttums 57 ff.
- Zerfall der Rechtsordnung 70 f.

Staatsrechtslehrer
- als Berater 833 f., 846, 848, 857 ff.
- Erinnerungen 736, 800, 802, 805, 817 f., 820
- Mitwirkung bei Nürnberger Prozessen 843 f.
- als politische Akteure 202 ff., 576, 830 ff., 969
  - Asynchronität zur Mitgliedschaft in VDStRL 832
  - Bundespräsidenten 135, 846, 852, 856, 1003
  - Minister 832 ff., 842, 847, 849, 851 f., 854, 856, 860
  - in Österreich 835 f., 839f,, 848 f., 853, 857 f., 861 f.
  - in Parlamenten 833 f., 842, 845 ff., 851 ff., 856, 858 f.
  - Repräsentativität für Mitgliedschaft in VDStRL 832
  - in der Schweiz 836, 849 f., 853 f., 858
- im Parlamentarischen Rat 327, 521, 845
- in der richterlichen Praxis 830 ff., 834, 850, 852 ff., 856 ff., 863, 904
  - in Frankreich 904 f.
  - in Österreich 836, 839 f., 848 f., 853, 858, 861 f.
  - in der Schweiz 840, 862
- in Prozessen der Verfassunggebung 833 f., 841 ff., 845, 853 ff., 861
- im Prozess der Wiedervereinigung 206, 530 f., 855 f.
- Selbstwertgefühl 667, 998
- als Verfassungsrichter 408 f., 592, 594, 605, 833, 846 ff., 852 f., 856 ff., 948, 969
- Wandel von Weltbildern 868 ff., 885 ff., 889
- Wirtschaftspolitischs Leitbild 885
- s. a. Mitgliedschaft in der VDStRL

Staatsrechtslehrer während der NS-Zeit
- Nationalsozialistische 40, 47 f., 56, 60, 63 ff., 82 ff., 87 ff., 94 ff., 169, 240, 312, 392, 700, 703 ff., 722 ff., 831, 837 f., 864, 874, 890, 1003
- in Österreich 715, 839 f.
- in der Schweiz 840 f.
- Virtuelle Gruppen 55 ff., 26
- im Widerstand 839

Staatsrechtslehrer in Weimar 832 ff., 871 ff.
- National-konservative 11 f., 16 f., 20 ff., 27, 30, 240, 389, 871, 994
- Linksliberale 12, 21 f., 24 f., 32, 43 ff., 864
- Orthodoxe vs. Modernisierer 22
- s. a. Weimarer Kreis

Staatsrechtslehrerinnen 123, 148, 798 f., 802 ff.
- in der DDR 806
- Erfahrungen 817 ff., 822, 826
  - als Erste 818 f.
  - Familienvereinbarkeit 819 f., 822
  - als Minderheit 818
- Generationen 817
- als Verfassungsrichter 810 f.

Staatsschuldenrecht 404, 418

Staats- und Verwaltungsrecht 174, 177
- Nationales als Zentrum der Erörterungen 243, 453, 568, 578 f., 582 f., 767

Staatstheorie
- Konstitutionelle 315
Staatsverständnis 627, 785
- Kritik 785
- Organisches 307
- Pluralistisches 879, 969
Staatszwecke 145 f., 560, 649
Stadionverbot-Beschluss 787
Standespolitische Interessen 19, 22 f., 190, 982
Steuerrecht 175, 177 ff., 404 ff., 633, 656
- Begriffsbildung 405
- Folgerichtigkeit 425
- Leistungsfähigkeit 410
- Lenkungsnormen 409
- Referenzgebiet für Verwaltungsrechtsdogmatik 405, 410, 412 f.
- Steuerarten 410
- Steuerverfassungsrecht 408 ff.
- Verwissenschaftlichung 427 f.
- Vollzugsdefizit 425
- Wettbewerb 416
Steuerungswissenschaftlicher Ansatz 145, 615
Strafgefangenenentscheidung 458, 620
Strafprozessrecht 970 f.
Strafrecht
- Militärstrafrecht 954 f.
- und Öffentliches Recht 952 f.
- und Verfassungsrecht 955 ff., 972
Strafrechtslehre
- Fachliche Identität 952, 970
- Gesetzgebungskritik 965 f.
- Philosophische Prägung 966 ff.
- Politische Bedeutungslosigkeit 967
- Pulikationsforen 953, 970 f.
- Schulendenken 968
- Selbstreflexion 957
- und Staatsrechtslehre 952 f., 956 f., 966 ff.
- Wirklichkeitsferne 966 f.
- Wissenschaftskultur 965 ff.
Strafrechtslehrer
- NS-Belastete 954, 959
- und Staatsrechtslehrer 954 f.
- weibliche 958, 960 f.
Strafrechtslehrertagung
- Gäste 960 f.
- Referenten 962
- Tagung 1952 954 f., 958 f.
- Tagung 1954 102
- Tagung 1995 962
- Tagung 2003 959
- Tagungsberichte 964 f.
- Tagungsrhythmus 960
- Teilnehmer 960 f.
- Themen 957, 962 f., 970
- Trinationalität 958
- Veröffentlichungen 964
- Wissenschaftliche Wirkungen 962 f.
Strafrechtslehrervereinigung 716, 951 ff.
- Geschichte 958 f.
- Informale Organisation 958
- Vergleich mit der VDStRL 951 ff., 979, 980
Strafverfassungsrecht 957
Studenten 16, 19, 68, 200, 878
- Stellung in der Universität 744 f., 776
Studentenbewegung 1968 113, 167 f., 240, 331, 665 ff., 722, 733 ff., 740, 743, 746 ff., 775, 881, 884
Studentinnen der Rechtswissenschaft 797, 811 f.
Studienreform 199, 928
Stufenbau der Rechtsordnung 308, 760
Subjektives Recht 62, 629, 691
Subventionsrecht 629, 631
Subventionsverwaltung 145, 629
- in Österreich 692
Supranationalisierung 316 ff., 509, 548, 551 f., 556, 601 ff., 642 ff., 646
Systemfrage 133, 369, 667
Systemtheorie 777, 780

Tag der deutschen Einheit 143, 147
Tagungsbände 156, 171 f., 231, 234, 357, 776, 822, 903, 914, 991, 1027
Tagungsberichte 233, 964
Tagungsdiskussionen 916, 975
- Beteiligungvon Österreichern 258 ff., 358
- Diskussionseröffnung 161, 232, 364 f.
- Diskussionskultur 150, 171, 191, 344, 608, 611 f., 732, 901, 903, 908, 916
- Hierarchie 149, 161, 275, 984, 1001, 1006
- Integrationsprozess 122, 132, 150
- Pausen 263, 1006
- Redezeitampel 161, 232, 938
- Redezeitbegrenzung 232, 1006
- Spontanbeiträge 137, 612
- Strukturierung 149, 160 f., 231 f.
Tagungsorte 117, 126, 132, 137, 142, 156 f., 223, 228 f., 254 f., 281
Tagungsörtlichkeiten 4, 234, 527, 665
Tagungsrhythmus 228, 435

Tagungsstruktur 125, 159 f., 163, 174, 177, 230 f., 610, 903
- Experimente 137 ff., 149, 160, 285 f., 563
- Podiumsdiskussion 160
Tagungsthemen 112 ff., 162 ff., 209, 229, 286 ff., 333, 375, 414, 564, 578 f., 903, 913 f., 963
- Aktualität 112 f., 163 f., 226, 365, 435 f., 744, 748, 776 ff., 891
- Entwicklung zu metadogmatischen Grundsatzfragen 164 f., 436, 450 f., 604, 774 ff., 965 f., 970
- Fehlanzeigen 28, 113 f., 150, 193 ff., 196, 210, 326 f., 330, 418, 421 ff., 448 ff., 452 f., 486 f., 497, 557, 562, 639, 740, 823 ff., 890 f., 955 ff.
- Grundrechtshaltigkeit 438 ff.
- Interdisziplinarität 436, 758 f., 765 f., 769 ff., 782 ff.
- und Judikatur des BVerfG 451 f.
- Konservative Themen 749 f.
- Krisenperspektive 112, 351 ff., 418 f., 791 f.
- Österreich 257 f.
- Perspektiven des Wandels 791 f.
- Reaktionen auf „1968" 743 ff., 746 ff., 778 f.
- Staats-Bezug 784 ff.
Tagungsreformen 166, 226, 232, 284, 610, 990 f., 993
Technikfeindlichkeit 386
Techniksteuerung 658
Technische Entwicklungen 146, 659, 677, 885
Technisches Sicherheitsrecht 657 f.
Teilhabe, bürgerschaftliche
- s. Partizipation
Telekommunikationsrecht 654
Tenure-Track 181
Topik 880
Traditionsbewusstsein 233 f.
Transnationale Rechtsakte 552, 582, 626
Transparenz 372, 416, 625, 630, 646, 651, 658, 693

Umweltgesetzbuch 194, 197, 642
Umweltrecht
- Gesetzgebung 196 f.
- Konkretisiertes Unionsrecht 641
- als Referenzgebiet 642, 651
- als Tagungsthema 641 f., 655
Umweltschutz
- Grundrecht 136
- durch Planung 136, 641
- Staatsaufgabe 133, 136, 194, 394, 561, 641 f., 647
Umweltstaat 640 f.
Umweltverträglichkeitsprüfung (UVP) 561
Universitäten der Bundeswehr 179
Unternehmen 132 f., 491, 884
- Freiheit 885 ff.
- Soziale Verantwortung 886 f.
- Steuerrecht 422
Universitätsmilieu der Kaiserzeit 11 f., 20, 23, 27

Verband der Deutschen Hochschulen 19, 23
Verbände 19, 54, 128, 130, 142, 240, 306, 321 ff., 390, 692, 789, 881, 886
Verbraucherschutzrecht 654
Vereinigtes Königreich 263, 321, 454, 509, 841, 1011, 1025 f.
Vereinigte Staaten 263, 321, 359, 361, 454, 770, 841, 879
- Bundesstaat 361
- Politikwissenschaft 768
- Rechtswissenschaft 766, 1011, 1021, 1023 ff.
- Verfassungsrecht 591
Vereinigung der Deutschen Staatsrechtslehrer
- Abwehrhaltung gegen Linke 831
- Aufgaben 30 f., 184 ff., 234 f., 567, 573 f.
- Auflösung 1938 52 ff.
- Aura 171, 173, 920, 1009
- Ausbildungsfragen 184 f., 189 f., 197 ff., 210
- Außendarstellung 191, 212, 233, 993, 999
- Bedeutung in Österreich 262 ff.
- Bedeutung in der Schweiz 282 ff.
- Definitionsmacht 226, 233, 344
- Distanz zu Staat und Politik 150, 220 f., 235, 830
- Einfluss in Japan 910 ff.
- Erkenntnisinteresse 289, 758 f., 778
- Exklusivität 301, 996 f., 1031
- Frauen 795 ff.
- Funktionen 988 ff.
- Kontaktforum 263 f., 905 f., 992
- Markt 262
- Maßstab für Wissenschaft des Öffentlichen Rechts 265 f., 460, 761, 907
- Gesetzgebungsfragen 30 f., 131, 137 f., 184 ff., 192 ff., 209 f., 212, 234, 373, 567, 789, 822, 974, 977
- Homepage 157, 170, 998
- Honoratiorenverein 986, 994

- Institutionalisierte Staatsrechtslehre 40, 290, 337, 990 f.
- Introvertiertheit 113, 235, 643, 694, 767
- Kollektives Gedächtnis 197, 224, 456, 821
- Konservatismus
  - Grundstimmung 137, 174, 240, 282, 392, 735, 738 f., 763, 826, 883 f., 890, 996
  - Liberaler 78, 744
  - Nationaler in Weimar 11 f., 16, 19, 21, 23 ff., 30 ff., 830, 870 ff., 974
  - Vorstand 32 f., 155, 225
- Moralische Verantwortung 142, 169 f., 212, 218, 724 ff., 991
- Nachwuchssicherung 174, 178 ff., 236, 263, 827, 990, 1012 ff.
- Name 174, 181, 282, 799
- Normalisierung 168, 173
- und Öffentlichkeit 31, 47, 167, 171, 184 f., 191, 211 f., 230 f., 434 f., 979 f., 991, 993, 999
- als Organisation 747 f., 981 ff., 986, 992, 994
- Organisationskultur 225
- Politiknähe 974 f.
- Politische Stellungnahmen 46 f., 111, 184, 190 ff., 199, 201 ff., 211, 236, 979 f.
- Profilverlust 173
- Rechtsform 157
- Reformbedarf 990, 992 ff., 1012
- Repräsentationsanspruch 173, 814, 973, 990
- Satzungsänderungen 154, 157, 221, 224, 236, 277, 280
- Satzungsaufträge 30 f., 184 ff., 209 ff., 234 f., 700 f., 710, 822, 975 f., 979
- Satzungsregeln 6 f., 30 f., 80, 86, 100, 217, 711, 981
  - Auslegung 189
  - Zweidrittelmehrheit bei Abstimmungen 189 ff., 235
- Selbstbespiegelung 152, 172
- Selbstverständnis 28, 31, 37, 76, 90 ff., 99, 167, 173, 183, 193, 218, 224, 608, 616, 646, 700 f., 814, 830, 864, 920
- Staatsnähe 220, 344
- Stilllegung 1933 48 ff.
- und Studentenbewegung 240, 331, 734 ff., 746, 749, 881
- Symbolische Funktion 216
- Trinationale Diskurse 286, 290, 296, 301, 432, 435, 448, 452, 460
- und Verfassungsgerichtsbarkeit 257, 320, 328, 344, 585 ff., 604
- Vergleich mit anderen Fachgesellschaften 974 ff.
- Weimar als Vorbild 76, 80, 116, 154, 160, 162, 219 f., 223, 233 f., 576
- Wissenschaftlicher Charakter 22, 29, 188 ff., 210, 343 f.
- Zerrissenheit 742
- Ziele 22 ff., 109, 184 ff., 974 f., 979
- Zusammenhalt des Fachs 26, 31, 36 f.
- s. a. Gründung der VDStRL; Mitgliedschaft in der Vereinigung; Staatsrechtslehre; Vorstand der Vereinigung

Vereinigung für Rechtssoziologie/Recht und Gesellschaft 765
Vereinigung für Verfassungsgeschichte 178, 573, 765
Vereinigung der Zivilprozessrechtslehrer 922
Vereinigungskultur 228, 233, 238, 939
- Unterschiede 292, 962
- Zukunft 243 f., 732

Vereinte Nationen (UNO) 526, 577
Verfallshypothesen 325 f., 342, 351, 500
Verfassung
- Formgebung der Nation 305
- Funktionen 350
- Justiziabilität 587 ff., 591
- Normativität 322 f., 341 f., 739, 780 f.
- und Staat 305 ff., 314, 320, 322, 764, 786
- Verschränkung von Politik und Recht 317
- als Wertordnung 308
- Wandel durch Internationalisierung 318
- Wirklichkeitsbezug 322 f., 334, 341 f., 352 f., 790, 792 f.

Verfassunggebende Gewalt 315, 498
Verfassungsauslegung
- s. Methoden, juristische

Verfassungsänderungen 196, 539, 856
Verfassungsbindung
- der Justiz 589, 594

Verfassungsdenken 448, 576, 786
Verfassungsgerichtsbarkeit 136 f., 738
- Entgrenzung 594 f.
- als Errungenschaft 595, 598
- und Fachgerichtsbarkeit 586, 599 ff.
- Grenzen 588 ff., 597, 603
- Grundrechtsentwicklung 451 f.
- Grundrechtsschutz 588
- Konstitutionalisierung 589 ff.
- Normenkontrolle 587 ff.
- Selbstbindung 136, 591, 594

– als Tagungsthema 585 ff.
– Traditionen 585
– Verordnungskontrolle 691
– Verselbständigung 586
– und Wissenschaft 176 f., 588, 591 f., 597 f., 601
– s. a. Bundesverfassungsgericht; Verfassung
Verfassungsgerichtshof in Österreich 853, 861 f.
Verfassungsgerichtsverbund 320, 426, 602, 645
Verfassungsidentität 323, 537, 554, 560
Verfassungsinterpretation
– s. Methoden, juristische
Verfassungsrecht
– und politische Instrumentalisierung 780, 790 f., 886
– und politische Ökonomie 737
– Sanktionierung 780 f.
– und Verwaltungsrecht 608, 616 ff., 639, 894 ff.
  – in Frankreich 893 ff.
  – in Italien 182
  – in Österreich 683
  – Verklammerung 112, 684
– als Vollzugsproblem 780 f.
Verfassungsrechtsdogmatik 425, 591, 594, 597, 601, 750 f., 906 f., 957, 965, 1017, 1023 f.
Verfassungsrechtswissenschaft
– Freiheit vom Entscheidungszwang 593, 597
– Ideologische Vorverständnisse 968
– Kontrollperspektive des Verfassungsgerichts 353, 789
– Leistungsfähigkeit 597, 830
– Praktische Wirksamkeit 220, 750 f.
– als Verfassungsgerichtswissenschaft 210, 593, 595, 603
– s. a. Staatsrechtslehre
Verfassungsschutz 134 f., 749
Verfassungsstaat
– Demokratischer 314 f.
– Europäischer 581
– Kooperativer 577, 648, 651
– Offener 315, 546, 581
Verfassungstheorie 344 f., 350, 377, 426, 586, 588, 591, 594, 601, 738 ff., 774, 790
Verfassungstradition 335
Verfassungstreue 134, 749
Verfassungsvergleichung 356 f., 362, 371 f., 377 ff., 602, 604
Verfassungsverständnis 379, 596
Verfassungsvoraussetzungen 399, 514
Verhältnismäßigkeitsprinzip 691
– im Steuerrecht 409
Verhältniswahlsystem 313 f.
Verjährung der NS-Morde 204
Verlagsvertreter 229
Verlegenheitsrepublikaner 12
Veröffentlichungsreihe (VVDStRL) 80, 171, 231, 234, 964
Versailler Vertrag 12, 483, 572, 870
Vertrag von Maastricht 367, 562 f.
Vertrauensschutz 129, 400, 621
Verwaltung
– Akzeptanz 637
– Angleichung an die Justiz 690
– Aufgaben 623, 628, 630, 636, 649, 651, 671
  – Beteiligung Privater 652 f., 662, 887 ff.
– Demokratisierung 330 f.
– Eigenständigkeit 623
– Fiskalische 629
– Funktionswandel 888
– Gebundene 405
– Grundrechtsbindung 621
– Handlungsformen 885, 887
– Kontrolle 683 f.
– Legitimation 626, 634
– Leistungsträger 622
– und Öffentlichkeit 691
– Ökonomisierung 888 f.
– Organisierte Einwirkungen 130, 635 f.
– Pluralisierte 144
– Selbstbindungen 138, 778
– Selbstprogrammierung 131
– Steuerung 142, 677
– Transparenz 625, 630, 646, 693
– Untätigkeit
  – Rechtsschutz 691
– Unterscheidung zur Justiz 690 f.
– Verhaltenserwartungen 635
Verwaltungsakte
– Einsichtsrechte 692
– Fiktive 691
Verwaltungsgerichtsbarkeit 131, 414, 674, 679, 683, 688, 693, 794, 843
– Individualrechtsschutz 624
– Rechtskontrolle 623 f., 657, 782
– und Rechtswissenschaft 614
– Vollkontrolle 139, 689
Verwaltungsgerichtsordnung 193, 674

Verwaltungskontrolle 413, 632
Verwaltungskooperation 626, 651
Verwaltungskultur 636
Verwaltungslehre 199 ff., 622, 669 f., 677 f.
– s. a. Verwaltungswissenschaften
Verwaltungsorganisation 624, 638, 644, 888
Verwaltungsprivatrecht 144, 621, 649
Verwaltungsrecht 615, 760, 780
– Begriffsunterschiede 683
– Besonderes 199
– Europäisches 427, 643, 691
– in Frankreich 895 f.
– Geschlossenes System 691
– Internationales 646 f., 692
– als konkretisiertes Gemeinschaftsrecht 565
– als konkretisiertes Verfassungsrecht 163, 617 ff., 633, 1003
– Konstitutionalisierung 616
– Modernisierung 649
– Selbststand 129
– Sozialstaatliche Instrumente 398
– Systembildung 613
– als Tagungsthema 112, 146, 291, 412, 162 f., 608 ff., 617, 662 f., 668 f., 779 f.
– US-amerikanisches 689
– Vorgabe für Zivil- und Strafrecht 147 f., 956
– in Weimar 617
– s. a. Europäisierung; Internationalisierung
Verwaltungsrechtsdogmatik 127, 291, 412, 612 ff., 668 ff., 675, 906 f., 965, 1017, 1023 f.
– Aufgabenbezug 628, 630, 673
– Funktionen 612 f., 672 f.
– Gestaltungsfunktion 127
– Haushaltsrechtliche Steuerungseffekte 412 f.
– Kritik 612 f.
– Modernisierung 651 f.
– und privater Sektor 649 ff., 661, 887
– Rücknahmeentscheidungen 129
– und Steuerrecht 405, 410, 412
– Wirklichkeitsbezug 127, 612 ff., 635, 649, 662 f., 669, 672 ff., 677 f., 888
– als Zukunftswissenschaft 176, 630, 648, 657, 661, 672, 888
Verwaltungsrechtsschutz
– s. Verwaltungsgerichtsbarkeit
Verwaltungsrechtsvergleichung 681 ff.
– Deutsches Recht als Vergleichsobjekt 686 f.
– als Tagungsthema 686 ff., 694 f.
Verwaltungsrechtsverhältnis 143, 629, 631
– in der Leistungsverwaltung 693
– Mehrpoliges 634
Verwaltungsrechtswissenschaft
– s. Verwaltungsrechtsdogmatik
Verwaltungsstrafrecht 952
Verwaltungsverantwortung 131 f., 387, 623, 627, 637, 641, 650, 659
Verwaltungsverfahren 780
– Aufwertung 626 f.
– Eigenwert 627, 646
– Effizienz 139, 626
– Entscheidungsorientierung 627
– Fehlerfolgen 626 f., 644, 689
– Funktionen 623, 626 f., 634
– Grundrechtsschutz 636
– Komplexe 131, 138, 146, 630, 636
– Mitwirkung Privater 634 ff.
– Öffentlichkeitsbeteiligung 636 ff., 691
– Verfahrensgarantien 693
– s. a. Partizipation
Verwaltungsverfahrensgesetze 129, 193, 227, 427, 626, 674
– in Österreich 692
– in der Schweiz 850
Verwaltungsverfahrensrecht 626 f., 644, 775
Verwaltungsvertrag 653, 656
Verwaltungsvorbehalt 141, 622, 625
Verwaltungsvorschriften 620, 629
– Bindungswirkung 690
Verwaltungswissenschaft 413 f., 639, 665, 670 ff., 678, 774
Verwaltungswirklichkeit 138, 140, 622, 665, 672, 778, 888
Verwaltungszwecke 622 f., 651, 653
Verwestlichung 883
Vier-Mächte-Verantwortung 536
Völkerbund 572
Völkerrecht 134, 175, 177, 179, 199, 253, 264 f., 310, 315, 419, 522, 548 ff., 572 f., 577, 647 f.
– Anerkannte Regeln 571
– Begriff 567
– Distanz der Staatsrechtslehre 571 ff., 576
– Dualistische Lehre 569, 571, 573, 580, 582
– Expansion 578, 580
– Forschungsinstitutionen 579 f.
– bei innerbundesstaatlicher Konfliktlösung 361 f.
– als öffentliches Recht 567 f.
– Rechtsdogmatischer Zugriff 613
– im Rechtsvergleich 685

– als „Siegerrecht“ 576
– als Tagungsthema 135, 181, 520, 523 ff., 534 ff., 538 ff., 548 ff., 560, 568 f., 574 ff., 578 ff., 581, 583, 641, 647 f., 687, 903
– Verwaltungsrechtliche Züge 647
Völkerrechtslehrer 80, 118, 177, 181, 452, 568, 570 f., 574 f., 578, 589, 744, 952
Völkerstrafrecht 971
Volk als Legitimationssubjekt 20, 309, 317, 319, 322, 334
Volksgemeinschaft 40, 62, 86, 731, 870, 874
Volkskirche 507, 509, 511
Volksrepräsentation 307
Vollzugsdefizit 425
Volonté générale 346
Vorbehalt des Gesetzes 620 ff., 630
Vorrang des Gesetzes 622
Vorstand der Vereinigung 111, 124 f., 154 f., 170, 707 ff., 711 ff., 723 ff., 728 f., 986, 1004
– Amtsdauer 123, 154 f., 225, 437
– Aristokratischer Grundzug 154 f., 224
– Brief-Korrespondenzen 76 ff., 87 ff., 698, 702 ff.
– Gestaltungsmacht 154, 212, 226, 284, 435, 437
– Gründungsvorstand 6 f., 32 f.
– Kooptiertes Mitglied 155, 223
– Österreich 255 f., 262
– Rücktritt 49, 52
– Schweiz 277, 281, 283
– Themenwahl 73, 285 ff., 339, 345, 375, 435 ff., 609 f., 681 f., 744, 747, 809, 823 ff., 986 f., 989
– Vereinigte Gesamtvorstände 96, 102, 712, 717
– Vorstandsproporz 32 f., 155, 749
– Wahlen 225, 238, 416, 986, 1004
– Weibliche Mitglieder 155 f., 809 f.
– Wiedergründungsvorstand 87, 704
– Zusammensetzung 123 f., 224, 779
Vorstellungsrunde der Neumitglieder 237

Währungsreform 1948 523
Währungsunion 1990 418, 523
Währungs- und Wirtschaftssystem 134
Wahlbeteiligung 341
Wahlrecht 16, 20, 192, 196, 207 f., 312 ff., 326, 329, 332, 336 f., 342, 349, 740, 789
– Ausländerwahlrecht 334 f.
– Dreiklassenwahlrecht 16, 313
– Frauen 16, 796
– Frauenwahlrecht Schweiz 366, 491
– Gleichheit 349 f., 480, 556
– Mehrheitswahlrecht 313, 337, 740
– Offener Brief Verkleinerung des Bundestages 207 f., 235
– Quotenregelungen 492
– Paritätsgesetze 313
– Verhältniswahlrecht 313 f., 337, 349
– Wahlalter 337
– Wahlsysteme 313, 337 f.
Weimarer Republik 11 ff., 14 f., 19, 21 ff., 27 ff., 31 ff., 43, 46 ff., 57 ff., 64, 69, 86, 192 f., 197, 202, 210, 306 f., 309, 381 f., 429, 497, 700, 732, 796, 835, 867, 870 f., 891
– Bedeutungsgewinn des Verfassungsrechts 20, 33, 35
– Belastung durch Kriegsniederlage 12, 870 f.
Weimarer Kreis 45 ff.
Weimarer System 65
Weimarer Verfassung 15, 20, 23 f., 27 f., 33, 35 ff., 42 ff., 57 f., 63 f., 66 f., 100, 234, 308 f., 311, 321, 326, 356, 382, 424, 432, 499 f., 586, 668, 870, 872 ff., 993
– Kritik 12, 21, 33, 321, 388 f., 890
– Fortwirkung von Weimarer Debatten 37, 112, 552, 573, 589 f., 770 f., 875
– Neuanfang unter dem GG 176 f., 314 f., 485 f., 593, 667, 675, 703, 726, 875, 879
– Staatsrechtswissenschaftliche Debatten 33 ff., 46, 326, 406, 423, 445, 448 ff., 456 f., 481, 484 ff., 569, 738, 778, 792, 876, 989
– Staatsrechtliche Denkrichtungen 22, 41 ff., 57, 871
– s. a. Methoden- und Richtungsstreit
Weimarer Zeit 10, 22 f., 27 ff., 37, 47, 78, 106, 176, 314, 384, 390 f., 454, 569, 573, 826
Weltgesellschaft 885
Weltordnung 319, 321
Wertordnung 876 f.
Wertordnungsrechtsprechung 599, 876
Wertphilosophie 877
Wesentlichkeitslehre 599
Wettbewerb 332
– Demokratischer 332 f.
– Föderaler 376
– Herstellung 654
– Optimierter 689
– Schutz 692
– Steuerlicher 417

Widerspruchsfreiheit der Rechtsordnung 370
Wiederbegründung der VDStRL 40, 75 ff., 169, 233, 548, 573, 699 ff., 708, 831, 912, 959
- Einladungsliste 80 ff., 87 f., 118
- Lagerbildung 77, 80 ff., 89 ff., 93 f., 102 f., 107 ff., 700 f.
- und Österreich 85, 248, 264
- und Schweiz 85
Wiedervereinigung 148, 196, 206, 283, 301, 382, 402, 415, 458, 507, 509, 522, 527, 529 ff., 562, 877, 887, 890 f., 956
- Folgen für Gleichberechtigung 806, 824
- Folgen für Tagungen 153, 156
- Kooperation mit DDR 530
- System- und Wirtschaftstransfer 530
- Wege zur 206, 522, 524 f., 531 ff., 855 f.
- Wille zur staatlichen Einheit 523 f.
- s. a. Deutsche Teilung; Sondertagungen
Wiedervereinigungsgebot 146 f., 206, 521, 528, 577
Wirtschaftlichkeitskontrolle 413 f.
Wirtschaftspolitik 133, 407, 411, 627, 776, 885
Wirtschaftsrecht 257, 630
- Entterritorialisierung 693
- Internationales 559
Wissenschaft
- Akademische Sozialisation 33, 235 f., 240, 817, 1009
- Autonomie 218, 221
- Fehlverhalten 692, 946
- Transnationalisierung 243, 583
- Weites Verständnis 188
Wissenschaft des Öffentlichen Rechts
- s. Staatsrechtslehre; Verfassungsrechtsdogmatik; Verwaltungsrechtsdogmatik
Wissenschaft von der Politik
- s. Politikwissenschaft
Wissenschaftsfreiheit 126, 445, 449, 745
Wissenschaftsrat 753 f., 942, 946 f.
Witwen 223

Zeitgeschichte 121, 586, 604, 776, 867 ff.
Zeitschriften 63, 229, 233, 262, 390, 397, 533, 603, 734, 901, 964, 970 f., 1001, 1025
Zivilehe 501
Zivilrechtslehrer 629, 816, 920
- Gefühlslage gegenüber VDStRL 920
- NS-Vergangenheit 924 f.
Zivilrechtslehrertagungen
- *Ad personam*-Vortrag 932 f., 938
- Begleitprogramm 931 f., 939
- Diskussionen 938
- Diskussionsberichte 943
- Gäste 927, 937, 940, 945
- Gesamtthema 942
- Planung 931
- Podiumsdiskussion 940
- Referenten 928, 940 ff.
- Sondertagungen 944 f.
- Tagungen 1951–1957 922 ff.
- Tagungsberichte 928
- Tagungsorganisation 931 f.
- Tagungsorte 931, 938 f.
- Tagungspräsidium 927, 938
- Tagungsreformen 928, 939 ff.
- Tagungsrhythmus 929
- Tagungsstruktur 927, 929, 937 f., 940 ff.
- Teilnehmerstruktur
  - Alter 932, 939
  - Diversifizierung 933 f.
- Teilnehmerzahlen 925, 927, 931, 938 f.
- Themenwahl 940 ff.
- Veröffentlichungen 928, 942 f.
- Zentrum der Vereinigung 937 f.
Zivilrechtslehrervereinigung 185, 814 f., 919 ff.
- Aufnahmevoraussetzungen 935 ff., 981
- Folgen der Wiedervereinigung 936
- Geschichte 921 ff., 929 ff.
- Homepage 947
- Leitlinien für Gute Wissenschaft 172, 920 f., 946 f.
- Internationalisierung 937
- Kölner Netzwerk 923
- Mitgliederentwicklung 935
- Mitgliederversammlungen 929, 933 f., 936, 939 f., 947
- Mitgliedsbeitrag 943 f.
- Name 816, 934
- Öffentlichkeitswirkung 920
- Podiumsdiskussion 940
- Rechtsformumwandlung 934
- Reformen 928, 940
- Selbstverständnis 937, 948
- Sondertagungen 942, 944 f.
- Stellungnahmen 185, 944 ff.
- Trinationalität 927, 929, 931, 935, 941 f., 945
- Verbindungen zum Öffentlichen Recht 925
- Verhältnis zur VDStRL 920 f., 946, 948
- Verhaltenskodex 926
- Vorgeschichte 924 f.

- Vorstände 814, 921, 925 ff., 929 ff., 933 f., 939, 986
  - Weibliche 814, 933 f.
- Vorstandswahlen 929 ff., 986
- Ziele 947 f., 978 f.

Zollkodex 427

Zunft
- der Historiker 813 f., 825
- der Soziologen 813 f.
- der Staatsrechtslehrer 21, 24, 27, 163, 167, 169 f., 172, 238, 246, 278, 292, 296, 302, 435, 448, 459, 528, 724, 795, 799, 875, 920, 974, 995 ff., 1005, 1031

Zunftwesen 996
- Freimeister 1020 f.
- Gesellen 1014 ff.
- Gesellenbruderschaften 1028 f.
- Gesellenwanderung 1021
- Krugtage 1026
- Lehrlinge 1012 ff.
- Meister 997 ff.
- Meistergesang 1004
- Zunftgeselligkeit 1029 f.
- Zunftversammlung 999 ff.

Zweiter Weltkrieg 248, 263, 295, 382, 389, 498, 546, 549, 573, 576, 750, 770, 838, 841, 849, 868, 877, 992